# COLLECTION

DES

# AUTEURS LATINS

AVEC LA TRADUCTION EN FRANÇAIS

PUBLIÉE SOUS LA DIRECTION

## DE M. NISARD

DE L'ACADÉMIE FRANÇAISE
INSPECTEUR GÉNÉRAL DE L'ENSEIGNEMENT SUPÉRIEUR

# HISTOIRE
NATURELLE
# DE PLINE

TOME II

PARIS. — TYPOGRAPHIE DE FIRMIN-DIDOT ET C<sup>IE</sup>, RUE JACOB, 56.

# HISTOIRE
## NATURELLE
# DE PLINE

AVEC LA TRADUCTION EN FRANÇAIS

## PAR M. É. LITTRÉ

DE L'ACADÉMIE FRANÇAISE
INSPECTEUR GÉNÉRAL DE L'ENSEIGNEMENT SUPÉRIEUR

TOME SECOND

PARIS
CHEZ FIRMIN-DIDOT ET C<sup>ie</sup>, LIBRAIRES
IMPRIMEURS DE L'INSTITUT DE FRANCE
RUE JACOB, 56

M DCCC LXXVII

# HISTOIRE NATURELLE DE PLINE.

## LIVRE XX.

1 I. Ici nous entrons dans l'œuvre la plus grande de la nature : nous allons parler à l'homme de ses aliments, et le forcer d'avouer qu'il ignore ce par quoi il vit. Qu'on n'aille pas, trompé par la trivialité des dénominations, regarder ce sujet comme petit et mesquin. J'expliquerai la paix et la guerre naturelles, les haines et les amitiés de choses sourdes et insensibles, faites toutes pour l'homme; merveilleux concours que les Grecs ont nommé sympathie, et où l'on voit, l'eau et le feu étant les principes de toute chose, l'eau éteindre le feu, le soleil la dévorer, la lune la produire, et ces deux astres s'éclipser l'un 2 par l'autre; où l'on voit, pour descendre de ces hauteurs, l'aimant attirer à soi le fer, une autre pierre le repousser ( XXXVI, 25 ); le diamant, la joie de l'opulence, réfractaire et invincible à toutes les violences, se briser par l'action du sang de bouc; et tant d'autres merveilles dont nous parlerons en lieu et place, égales ou plus grandes. Seulement, qu'on nous pardonne de commencer par les objets les plus petits, mais salutaires, et d'abord par les plantes de jardin.

1 II. (1.) Nous avons dit ( XIX, 24 ) qu'il est un concombre sauvage ( *momordica elaterium*, L. ), beaucoup moins gros que le concombre cultivé. On en prépare un médicament dit elatérion; c'est le suc exprimé du fruit. Ce suc en jaillit, même avec danger pour les yeux, si pour le recueillir on n'incise pas le fruit avant la maturité. Cueilli, on garde le fruit une nuit; le lendemain, on l'incise avec un roseau. Quelquefois on le saupoudre de cendre, pour retenir une plus grande quantité de suc. Ce suc, exprimé, est reçu dans de l'eau de pluie, et va au fond. Épaissi au soleil, on en fait des pastilles, gran- 2 dement utiles aux mortels. Il guérit l'obscurcissement de la vue, les maux d'yeux et les ulcérations des paupières. On dit que si on touche les racines de la vigne avec ce suc, les oiseaux n'attaquent pas le raisin. Avec la racine cuite dans du vinaigre on fait des applications contre la goutte, et le suc est un remède pour le mal de dents. Séchée et mêlée à la résine, elle guérit l'impétigo, la gale, les maladies appelées psore et lichen, les parotides et les tumeurs; elle colore les cicatrices. Le suc des feuilles avec du vinaigre s'instille dans les oreilles en cas de surdité.

III. Le moment de faire l'élatérion est l'au- 1

## C. PLINII SECUNDI
## NATURALIS HISTORIÆ
### LIBER XX.

1 I. Maximum hinc opus naturæ ordiemur, et cibos suos homini narrabimus, faterique cogemus ignota esse, per quæ vivat. Nemo id parvum ac modicum existimaverit, nominum vilitate deceptus. Pax simul in his aut bellum naturæ dicetur, odia, amicitiæque rerum surdarum ac sensu carentium : et, quo magis miremur, omnia ea hominum causa, quod Græci sympathiam appellavere : quibus cuncta constant, ignes aquis restinguentibus, aquas sole devorante, luna pariente, altero alterius injuria de-2 ficiente sidere. Atque ut a sublimioribus recedamus, ferrum ad se trahente magnete lapide, et alio rursus abigente a sese : adamantem opum gaudium, infragilem omni cætera vi et invictum, sanguine hircino rumpente, quæque alia in suis dicemus locis, paria, vel majora mira. Tantum venia sit, a minimis, sed a salutaribus ordienti, primumque ab hortensiis.

II. (1.) Cucumim silvestrem esse diximus, multo infra magnitudinem sativi. Ex eo fit medicamentum, quod vocatur elaterium, succo expresso e semine. Cujus causa nisi maturius incidatur semen, exsilit, oculorum etiam periclo. Servatur autem decerptus una nocte : postero die inciditur arundine. Semen quoque cinere conspergitur, ad coercendam succi abundantiam : qui expressus suscipitur aqua cælesti, atque subsidit : deinde sole cogitur in pastillos, ad magnos mortalium usus. Obscuritates et 2 vitia oculorum sanat, genarumque hulcera. Tradunt hoc succo tactis radicibus, vitium, non attingi uvas ab avibus. Radix autem ex aceto cocta podagris illinitur, succoque dentium dolori medetur. Arida cum resina impetigines et scabiem, quæ psoram et lichenas vocant, parotidas et panos sanat, et cicatricibus colorem reddit. Et foliorum succus auribus surdis cum aceto instillatur.

tomne. Aucun médicament ne se conserve plus longtemps. Il commence à être bon au bout de trois ans. Si on veut l'employer plus tôt, on adoucira les pastilles en les mettant avec du vinaigre dans un pot neuf sur un feu lent. Il vaut d'autant mieux qu'il est plus ancien ; et, d'après Théophraste, on a eu de l'élatérion conservé pendant deux cents ans. Jusqu'à la cinquantième année il éteint la lumière des lampes. Voici, en effet, le procédé pour l'éprouver : le bout, approché d'une lumière, doit, avant de l'éteindre, la faire scintiller en haut et en bas. L'élatérion, pâle, lisse et légèrement amer, vaut mieux que celui qui est de couleur d'herbe et rude au toucher. On pense que la graine facilite la conception si les femmes la portent attachée avant qu'elle ait touché la terre ; et l'accouchement, si on la met enveloppée dans de la laine de bélier sous les reins des femmes, sans qu'elles le sachent ; mais il faut l'emporter hors de la maison aussitôt après la délivrance. Ceux qui vantent le concombre sauvage disent que le meilleur est celui d'Arabie, puis celui d'Arcadie ( d'autres assurent que c'est celui de Cyrène); qu'il est semblable à l'héliotrope (XXII, 29); que le fruit placé dans l'aisselle des feuilles est de la grosseur d'une noix ; que la graine représente une queue réfléchie comme celle du scorpion, mais blanche. Pour cette raison, quelques-uns nomment ce concombre scorpionien, et le disent très-efficace, par sa graine et son suc, contre les piqûres des scorpions, et très-bon pour purger la matrice et le ventre. La dose, suivant les forces du malade, est depuis une demi-obole jusqu'à une obole entière (0 gr., 75). A une plus haute dose il donne la mort. On en fait boire de la sorte contre la maladie pédiculaire et les hydropisies. En topique, avec du miel et de la vieille huile, il guérit les angines et les affections de la trachée-artère.

IV. (II.) Beaucoup pensent que l'espèce dite chez nous concombre de serpent ou concombre erratique (*cucumis flexuosus*, L.) est la même que la précédente. Les rats ne touchent pas aux objets aspergés avec la décoction de cette plante. Bouillie dans du vinaigre, ces auteurs en font, dans la goutte avec maladie de l'articulation, des applications soulageant aussitôt. Contre le lumbago, on sèche la graine au soleil, on la pile, et on en donne une dose de trente deniers ( 11 gr., 57 ) dans une hémine (0 litr., 27) d'eau. Appliquée avec du lait de femme, elle guérit encore les tuméfactions subites. L'élatérion provoque les règles, mais chez les femmes grosses, l'avortement. Il est utile aux asthmatiques. Pour l'ictère on l'injecte dans les narines. En friction au soleil, il ôte le lentigo et les taches de la face.

V. Beaucoup attribuent toutes les mêmes propriétés aux concombres (1) cultivés. Ceux-ci ont aussi une grande efficacité : une pincée de leur graine, pilée avec du cumin, et bue dans du vin, est un secours contre la toux; contre les affections phrénétiques, bue dans du lait de femme ; contre la dyssenterie, à la dose d'un acétabule (0 litr., 068) ; contre les expectorations purulentes, mêlée à un poids égal de cumin ; contre les affections du foie, dans l'hydromel. Prise avec du vin doux, elle est diurétique, et dans les douleurs néphrétiques on la donne en lavement avec du cumin.

VI. Les pépons ( *cucurbita pepo*, L. ) sont un aliment très-rafraîchissant, et relâchent le ventre. On fait des applications avec la pulpe dans les

---

1 III. Elaterio tempestivus est autumno ; nec ullum ex medicamentis longiore ævo durat. Incipit a trimatu. Si quis recentiore uti velit, pastillos in novo fictili igne lento in aceto domet. Melius, quo vetustius : fuitque jam ducentis annis servatum, ut auctor est Theophrastus. Et usque ad quinquagesimum lucernarum lumina exstinguit. Hoc enim veri experimentum est, si admotum prius quam exstinguat, scintillare sursum ac deorsum cogat. Pallidum ac læve herbaceo ac scabro melius, ac leniter amarum. Putant conceptus adalligato semine adjuvari, si terram non attigerit. Partus vero, si in arietis lana alligatum inscientis lumbis fuerit, ita ut protinus ab enixu raptatur 2 extra domum. Ipsum cucumim qui magnificant, nasci præcipuum in Arabia, mox in Arcadia, Cyrenis alii tradunt, similem heliotropio, cujus inter folia et ramos provenire magnitudine nucis juglandis. Semen autem esse ad speciem scorpionum cauda replexa, sed candida. Aliqui etiam ab eo scorpionium cucumim vocant, efficacissimum contra scorpionum ictus et semine et elaterio, et ad purgandam uterum alvosque. Modus portione virium ab dimidio obolo ad solidum. Copiosius necat. Sic et contra phthiriasin bibitur, et hydropises. Illitum anginas et arterias cum melle et oleo vetere sanat.

IV. (II.) Multi hunc esse apud nos qui anguinus vocetur, ab aliis erraticus, arbitrantur. Quo decocto sparsa mures non attingunt. Iidem podagris cum articuli morbis decoctum in aceto illinunt, præsentaneo remedio. Lumborum vero dolori semine sole siccato, dein trito, triginta denariorum pondere in hemina dato aquæ. Sanat et tumores subitos illitum cum lacte mulierum. Purgat eas elaterium : sed gravidis abortum facit. Suspiriosis prodest. Morbo vero regio in nares conjectum. Lentigines ac maculas e facie tollit in sole illitum.

V. Multi eadem omnia sativis cucumeribus attribuunt. Magnum etiam in eis momentum : namque et eorum semen, quantum tres digiti apprehenderint, cum cumino tritum, potumque in vino, tussientibus auxiliatur. Sed et phreniticis in lacte mulieris ; et dysentericis acetabuli mensura. Purulenta autem exspuentibus, cum cumino pari pondere, et jocineris vitiis in aqua mulsa. Urinam movet ex vino dulci, et in renum dolore clysteribus simul cum cumino infunditur.

VI. Pepones qui vocantur, refrigerant maxime in cibo, et emolliunt alvum. Caro eorum epiphoris oculorum

épiphoras ou dans les douleurs des yeux. La racine guérit les ulcérations (*favus*) qu'on nomme ceria, à cause de leur disposition en forme de gâteau de ruche; elle provoque les vomissements; séchée et réduite en farine, on la donne à la dose de quatre oboles (3 grammes) dans de l'hydromel, et celui qui a pris cette potion doit faire à pied cinq cents pas. On mêle cette 2 farine aussi dans les cosmétiques. L'écorce excite aussi le vomissement; elle nettoie la peau du visage, effet qui est produit également par l'application des feuilles de tous les concombres cultivés. Ces feuilles, avec le miel, guérissent encore les épinyctides; avec le vin, les morsures des chiens, ainsi que les piqûres de l'animal nommé par les Latins millepeda (XXIX, 39) (à mille pieds), par les Grecs seps, allongé, aux pieds velus, nuisible surtout au bétail; la piqûre est suivie de tuméfaction, et l'endroit piqué se pourrit. Le concombre lui-même, par son odeur, dissipe (2) l'évanouissement. Il est certain que, pelés et cuits avec de l'huile et du miel, les concombres sont plus agréables.

1 VII. (III.) On trouve encore une courge sauvage, nommée somphos (3) par les Grecs, vide (c'est de là que lui vient ce nom), grosse comme le doigt, et ne croissant que dans les terrains pierreux. Mâchée, elle donne un suc très-bon pour l'estomac.

1 VIII. On donne à une autre courge le nom de coloquinte (*cucumis colocynthis*, L.); elle est pleine, mais elle est plus petite que l'espèce cultivée. La coloquinte pâle est meilleure, et on l'emploie en médecine. Desséchée quand elle est verte, elle évacue toute seule par le bas. En lavements, elle remédie à tous les maux des intestins, des reins, des lombes, et à la paralysie; après en avoir ôté la graine, on la fait bouillir dans de l'hydromel jusqu'à réduction de moitié; on injecte en toute sûreté cette préparation à la dose de quatre oboles (3 grammes). Elle est bonne aussi à l'estomac, prise en pilules composées de poudre et de miel bouilli. Dans l'ictère, on prend avec avantage les graines, et de 2 l'hydromel aussitôt après. La pulpe, avec de l'absinthe et du sel, dissipe les maux de dents. Le suc chauffé avec du vinaigre raffermit les dents mobiles; en friction avec de l'huile, il enlève les douleurs de l'épine, des lombes et des hanches. En outre, chose merveilleuse, les graines, en nombre pair, portées dans un linge, guérissent (4), dit-on, les fièvres appelées périodiques par les Grecs. Le suc des râclures de la courge cultivée, tiède, guérit le mal d'oreilles; la pulpe, sans la graine, les clous des pieds, et les suppurations que les Grecs appellent apostèmes. Bouillie tout entière, le suc raffermit les 3 dents ébranlées et suspend les douleurs. Le vin bouilli avec cette plante arrête même les fluxions qui se jettent sur les yeux. L'application des feuilles pilées avec des feuilles fraîches de cyprès, ou celle des feuilles cuites dans un vase d'argile, et pilées avec de la graisse d'oie, est un remède pour les plaies. Les râclures de l'écorce calment les gouttes récentes et les chaleurs de la tête, surtout chez les petits enfants; l'application de ces râclures ou celle des graines est utile contre les érysipèles. Le suc de ces râclures, en liniment avec l'huile rosat et le vinaigre, amortit les ardeurs de la fièvre. La poudre de la courge sèche, en application, guérit merveilleusement les brûlures. Le médecin Chrysippe condamnait les courges comme aliment; mais, de l'aveu de tous, elles sont très-bonnes pour l'estomac et

---

aut doloribus imponitur. Radix sanat hulcera concreta in modum favi, quæ ceria vocant. Eadem contrahit vomitiones : siccatur, et in farinam tusa datur quatuor obolis in aqua mulsa, ita ut qui biberit, quingentos postea passus ambulet. Hæc farina et in smegmata adjicitur.
2 Cortex quoque vomitionem movet, faciem purgat. Hoc et folia cujuscumque sativi illita. Eadem cum melle et epinyctidas sanant : cum vino, canis morsus. Item millepedæ : sepa Græci vocant, oblongam, pilosis pedibus, pecori præcipue nocivam. Morsum tumor insequitur, et putrescit locus. Ipse cucumis odore defectum animi refovet. Coctos deraso cortice, ex oleo, et melle, jucundiores esse certum est.
1 VII. (III.) Cucurbita quoque silvestris invenitur, somphos a Græcis appellata, inanis (unde et nomen), digitali crassitudine, non nisi in saxosis nascens. Hujus commanducatæ succus stomacho admodum prodest.
1 VIII. Colocynthis vocatur alia, ipsa plena, sed minor quam sativa. Utilior pallida, quando ejus sunt medicinæ. Herbacea arefacta per se inanit alvum. Infusa quoque clysteribus, intestinorum omnibus vitiis medetur, et renum, et lumborum, et paralysi : ejecto semine, aqua mulsa in ea decoquitur ad dimidias : tutissimo infunduntur oboli quatuor. Prodest et stomacho, farinæ aridæ pilulis cum decocto melle sumtis. In morbo regio utiliter semina ejus sumuntur, et protinus aqua mulsa. Carnes ejus cum ab- 2 sinthio et sale dentium dolorem tollunt. Succus vero cum aceto calefactus mobiles sistit. Item spinæ, et lumborum, ac coxendicum dolores, cum oleo si infricetur. Præterea, mirum dictu, semina ejus si fuerint pari numero adalligata in linteo, febribus mederi dicuntur, quas Græci periodicas vocant. Sativæ quoque rasæ succus tepefactus auribus medetur. Caro ejus interior sine semine, clavis pedum, et suppurationibus, quæ Græci vocant apostemata. Decoctæ autem universæ succus, dentium motus stabilit, 3 et dolores inhibet. Vinum cum ea fervefactum, oculorum etiam impetus. Folia ejus cum recentibus cupressi, contusa, et imposita : ipsoque tosta in argilla, ac trita cum adipe anseris vulneribus medetur. Nec non ramenti corticis recentes podagras refrigerat, et ardores capitis, infantium maxime. Et ignes sacros, de strigmentis, vel his impositis, vel seminibus. Succus ex strigmentis, illitus cum rosaceo et aceto, febrium ardores refrigerat. Aridæ cinis impositus mire combusta sanat. Chrysippus medicus

pour les ulcérations des intestins et de la vessie.

1 IX. La rave a aussi des vertus médicinales; appliquée chaude, elle guérit les engelures. Elle dissipe le froid des pieds. Une décoction chaude de rave guérit les gouttes froides. La rave crue, pilée avec du sel, remédie à toutes les affections des pieds. La graine en liniment et en boisson, dans le vin, passe pour être salutaire contre les morsures des serpents et les venins; beaucoup lui attribuent les propriétés d'un antidote, prise dans le vin et l'huile. Démocrite l'a absolument condamnée en tant que substance alimentaire, à cause des flatuosités qu'elle produit. Dioclès en a fait de grands éloges, disant même qu'elle est aphrodisiaque. Dionysius dit la même chose, surtout si on l'assaisonne avec la roquette. Il ajoute que, grillée et mêlée avec de la graisse, la rave est bonne contre les douleurs des articulations.

1 X. La rave sauvage (*bunias erucago*, L.) vient surtout dans les champs; touffue, à graine blanche, et deux fois grosse comme celle du pavot. On l'emploie pour rendre unie la peau du visage et de tout le corps; on y mêle une quantité égale de farine d'ers (XXII, 78), d'orge, de blé et de lupin; la racine est sans aucun usage.

1 XI. (IV.) Les Grecs distinguent deux espèces de navets (XVIII, 35; XIX, 25) employés en médecine. Le navet à tiges anguleuses, que l'on nomme bunion (*bunium pumilum*, Sm.) (5), est utile pour les menstrues, les affections de vessie et l'urine : on en fait bouillir les feuilles quand il est en fleur; on prend cette décoction avec de l'hydromel ou avec une drachme (4 gr., 5) du suc de la plante. La graine rôtie et pilée, dans de l'eau chaude, est bonne contre la dyssenterie; on en prend quatre cyathes (0 litr., 18). Mais elle suspend le cours de l'urine si l'on ne boit pas en même temps de la graine de lin. L'autre espèce de navet (chou-navet, *brassica napobrassica*, L.) se nomme bunias; elle ressemble au raifort et à la rave. La graine est très-célèbre contre les poisons; aussi l'emploie-t-on dans les antidotes.

XII. Nous avons dit qu'il y avait aussi un rai- 1 fort sauvage (XIX, 26) (*cochlearia armoracia*, L.). Le plus estimé est celui d'Arcadie; toutefois on en trouve ailleurs qui sont plus efficaces comme diurétiques seulement. Du reste, en Italie on emploie le raifort d'été, et on l'appelle armoracia.

XIII. Le raifort cultivé, outre ce que nous en 1 avons déjà dit, purge l'estomac, atténue la pituite, provoque l'urine, détache la bile. Une décoction d'écorce de raifort dans du vin, bue le matin à la dose de trois cyathes (0 litr., 135), brise et expulse les calculs. Cette même écorce bouillie dans l'oxycrat s'emploie en liniment contre les morsures des serpents. Pris à jeun le matin avec du miel, le raifort est bon contre la toux. La graine rôtie et le raifort lui-même mâché soulagent les douleurs des flancs. La décoction des feuilles en boisson ou le suc de la plante à la dose de deux cyathes (0 litr., 09) est bon contre la maladie pédiculaire. Le raifort pilé s'emploie en liniment contre le phlegmon; l'écorce avec le miel, contre les meurtrissures récentes. Les personnes assoupies doivent manger des raiforts aussi âcres que possible; les asthmatiques, la graine rôtie, puis pilée avec du miel. Le raifort est utile aussi contre les ve- 2 nins; il combat celui des cérastes et des scorpions. Après vous être frotté les mains avec le raifort ou avec la graine, vous manierez impunément

---

damnabat eas in cibis : sed omnium consensu stomacho utilissimæ judicantur, et interaneorum vesicarumque exhulcerationibus.

1 IX. Est et rapo vis medica. Perniones fervens impositum sanat. Item frigus pellit e pedibus. Aqua decocti ejus fervens podagris etiam frigidis medetur : et crudum tusum cum sale, cuicumque vitio pedum. Semen illitum et potum in vino, contra serpentes et toxica salutare esse proditur. A multis vero antidoti vim habere in vino et oleo. Democritus in totum ea abdicavit in cibis, propter inflationes. Diocles magnis laudibus tulit, etiam Venerem stimulari ab eis professus : item Dionysius, magisque, si eruca condirentur. Tosta quoque articulorum dolori cum adipe prodesse.

1 X. Silvestre rapum in arvis maxime nascitur, fruticosum, semine candido, duplo majore, quam papaveris. Hoc ad lævigandam cutem in facie, totoque corpore, utuntur, mixta farina, pari mensura, ervi, hordei, tritici, et lupini. Radix ad omnia inutilis.

1 XI. (IV.) Naporum duas differentias et in medicina Græci servant. Angulosis foliorum caulibus florentis, quod bunion vocant, purgationibus feminarum, et vesicæ, et urinæ utile decoctum, potum ex aqua mulsa, vel succi drachma. Semen dysentericis tostum, tritumque in aqua calida, e cyathis quatuor. Sed urinam inhibet, si non lini semen una bibatur. Alterum genus buniada appellant, et raphano et rapo simile : seminis præclari contra venena : ob id et in antidotis utuntur illo.

XII. Raphanum et silvestrem esse diximus. Laudatissi- 1 mus in Arcadia : quanquam et alibi nascitur, utilior urinæ dumtaxat ciendæ. Cæteroæstivo usus in Italia, et armoraciam vocant.

XIII. Et sativi vero, præter ea, quæ circa eos dicta sunt, 1 stomachum purgant, pituitam extenuant, urinam concitant, bilem detrahunt. Præterea corticis in vino decocti, mane poti ad ternos cyathos, comminuunt et ejiciunt calculos. Iidem in posca decocti contra serpentium morsus illinuntur. Ad tussim etiam mane jejunis raphanus prodest cum melle : semen eorum tostum, ipsumque commanducatum, ad lagonoponon : aquam foliis ejus decoctis bibere, vel succum ipsius cyathis binis contra phthiriases : phlegmonæ ipsos illinere tusos, livori vero recenti corticem cum melle : veternosis autem quam acerrimos mandere : semenque tostum, dein contritum cum melle, suspiriosis. Iidem et contra venena prosunt. Cerastis et scorpionibus adversa- 2 tur : vel ipso, vel semine infectis manibus impune tracta-

ces animaux. Un raifort mis sur un scorpion le fait mourir. Le raifort est utile aussi contre les empoisonnements par les champignons ou la jusquiame, et, au dire de Nicandre, contre le sang de taureau (6). Les deux Apollodore recommandent encore de le donner contre l'empoisonnement par le gui; mais l'Apollodore de Citium recommande la graine pilée dans l'eau, et celui de Tarente le suc. Le raifort diminue le volume de la rate, est utile au foie et contre les douleurs des lombes; pris avec du vinaigre ou de la moutarde, il est avantageux dans l'hydropisie et la léthargie. Praxagore pense qu'il faut donner le raifort dans l'iléus; Plistonicus, dans la maladie cœliaque. Le raifort guérit les ulcérations des intestins et les suppurations des organes thoraciques, mangé 3 avec du miel. Quelques-uns aiment mieux pour ces affections faire cuire le raifort dans de la terre détrempée, disant que de la sorte c'est aussi un emménagogue. Pris avec du vinaigre et du miel, il est anthelminthique; bouilli jusqu'à réduction aux deux tiers, et pris dans du vin, il a la même propriété. Il est utile contre l'entérocèle; il fait sortir le sang inutile. Médius recommande en outre de le donner cuit aux hémoptoïques, ainsi qu'aux femmes en couches, pour augmenter le lait. Hippocrate ( *De morb. mul.*, II, 67 ) recommande aux femmes qui perdent leurs cheveux de se frotter la tête avec des raiforts; il conseille ( *Ib.*, II, 78) aussi d'en mettre sur l'ombilic, contre les douleurs de matrice. Le raifort ramène les cicatrices à la couleur naturelle. La graine, dans de l'eau, arrête les ulcères qu'on nomme phagédéniques. Démocrite regarde cet aliment comme aphrodisiaque. C'est peut-être pour cela que quel-
4 ques-uns l'ont dit nuisible à la voix. Les feuilles, mais seulement celles des raiforts allongés, pas-
sent pour rendre la vue plus nette. Quand les raiforts agissent trop fortement, on recommande de donner aussitôt l'hysope; il y a antipathie entre ces deux plantes. Pour la dureté de l'ouïe, on instille le suc de raifort dans l'oreille. Quand on veut vomir, il est très-avantageux d'en manger à jeun.

XIV. L'hibisque ( *pastinaca latifolia silves-* 1 *tris* ) ressemble au panais ( XIX, 27 ); on l'appelle aussi mauve sauvage ou plistoloche (7); il est bon pour les ulcères des cartilages et pour les fractures des os. Les feuilles relâchent le ventre, prises dans de l'eau; elles chassent les serpents; en liniment elles guérissent les piqûres des abeilles, des guêpes et des frelons. La racine cueillie avant le lever du soleil et enveloppée dans de la laine ayant la couleur qu'on nomme native ( VIII, 73), et en outre venant d'une brebis qui ait mis bas une femelle, se porte attachée sur les écrouelles, même en suppuration; quelques-uns pensent que pour cet usage il faut l'arracher avec un instrument d'or, et prendre garde qu'elle ne touche la terre. Celse ( *De re med.*, IV, 24 ) recommande de mettre la racine bouillie dans du vin sur la goutte sans enflure.

XV. (v.) Le staphylinos ( XIX, 27 ) ( *daucus* 1 *carota*, L.) est une autre espèce de panais : on l'appelle panais errant (8). La graine pilée et bue dans du vin diminue tellement la tuméfaction du ventre, la suffocation hystérique et les douleurs, qu'elle remet l'utérus en son état naturel. Appliquée avec du vin cuit, elle est bonne contre les tranchées des femmes; chez les hommes, elle est bonne aussi contre les coliques, pilée avec une portion égale de pain, et bue dans du vin. Elle est diurétique; elle arrête les ulcères phagédéniques, mise fraîche avec du miel, ou sèche et

---

bis : impositoque raphano scorpiones moriuntur. Salutares et contra fungorum aut hyoscyami venena, atque, ut Nicander tradit, et contra sanguinem tauri. Et contra viscum quoque dari Apollodori duo jubent : sed Citieus semen ex aqua tritum, Tarentinus succum. Lienem item extenuant : jocineri prosunt, et lumborum doloribus. Hydropicis quoque ex aceto aut sinapi sumti, et lethargicis. Praxagoras et iliosis dandos censet : Plistonicus et cœliacis. Intestinorum hulcera sanant : ac purulenta præcor-
3 diorum, si cum melle edantur. Quidam ad hæc coquere eos in luto illitos malunt : sic et feminas purgari. Ex aceto et melle sumti, intestinorum animalia detrahunt. Item ad tertias decocto eorum poto cum vino. Enterocelis prosunt : sanguinem quoque inutilem sic extrahunt. Medius ad hæc et sanguinem exscreantibus coctos dari jubet : et puerperis ad lactis copiam augendam. Hippocrates capitis mulierum defluvia fricari raphanis : et super umbilicum imponi contra tormenta vulvæ. Reducunt et cicatricem ad colorem. Semen quoque ex aqua impositum, sistit hulcera, quæ phagedænas vocant. Democritus Venerem hoc cibo stimulari putat : ob id fortassis voci nocere aliqui
4 tradiderunt. Folia quæ in oblongis dumtaxat nascuntur,
excitare oculorum aciem dicuntur. Ubi vero acrior raphani medicina admota sit, hyssopum dari protinus imperant. Hæc antipathia est. At aurium gravitati succum raphani instillant : nam vomituris summo cibo esse eos, utilissimum est.

XIV. Pastinacæ simile hibiscum, quod molochen agriam 1 vocant, et aliqui plistolochiam, hulceribus cartilaginis et ossibus fractis medetur. Folia ejus ex aqua pota alvum solvunt, serpentes abigunt. Apum, vesparum, crabronum ictibus illita medentur. Radicem ejus ante solis ortum erutam involvunt lana coloris, quem nativum vocant, præterea ovis quæ feminam peperit, strumisque vel suppuratis alligant. Quidam ad hunc usum auro effodiendam censent; cavendumque ne terram attingat. Celsus et podagris quæ sine tumore sint, radicem ejus ex vino decoctam imponi jubet.

XV. (v.) Alterum genus est staphylinos, quod pasti- 1 nacam erraticam vocant. Ejus semen contritum et in vino potum, tumentem alvum, et suffocationes mulierum, doloresque lenit in tantum, ut vulvas corrigat : illitum quoque e passo vetri earum prosit : viris vero prodest, cum panis portione æqua tritum, ex vino potum contra ventris

saupoudrée de farine. Dieuchès recommande d'en donner la racine dans de l'hydromel pour les affections du foie, de la rate, des flancs, des lombes 2 et des reins. Cléophante la recommande aussi dans les dyssenteries anciennes. Philistion la fait cuire dans du lait; il donne quatre onces de la racine contre la strangurie. Il la donne dans l'eau contre l'hydropisie, et semblablement contre l'opisthotonos, la pleurésie et l'épilepsie. On assure que ceux qui en portent sur eux ne sont pas mordus par les serpents, ou que ceux qui viennent d'en manger ne souffrent pas de la morsure de ces animaux. Avec l'axonge elle se met sur les morsures des reptiles. On mange les feuilles contre les indigestions. Orphée a dit que le staphylinos était un philtre, peut-être parce qu'il est certain que cet aliment est aphrodisiaque; aussi quelques-uns ont-ils prétendu qu'il favorisait les conceptions. Le panais cultivé jouit des mêmes propriétés; toutefois le panais sauvage a plus d'efficacité, et surtout celui qui est venu dans des terrains pierreux. La graine du panais cultivé, prise dans du vin ou dans de l'oxycrat, est salutaire contre les piqûres des scorpions. Les dents frottées avec la racine de cette plante cessent d'être douloureuses.

1 XVI. Les Syriens s'adonnent particulièrement à la culture des jardins; de là le proverbe grec : Il y a beaucoup de légumes en Syrie. Ce pays produit une herbe très-semblable au staphylinos, appelée ailleurs gingidion ( *daucus gingidium*, L.), mais plus petite et plus amère que le staphylinos, et ayant les mêmes propriétés. Mangée cuite ou crue, elle est très-bonne pour l'estomac : elle absorbe toutes les humeurs qu'il renferme.

1 XVII. Le siser erratique, semblable au siser cultivé (XIX, 28), produit les mêmes effets; il excite l'estomac; pris avec du vinaigre au silphium (XIX, 15) ou avec du poivre et de l'hydromel, ou avec du garum, il dissipe les dégoûts. Opion le croit diurétique et aphrodisiaque; Dioclès est du même avis, ajoutant qu'il a des vertus cordiales pour les convalescents, et est très-utile après des vomissements nombreux; Héraclide l'a donné contre le vif-argent, contre l'impuissance, et aux convalescents. Hicésius a dit que le siser paraissait en effet bon pour l'estomac, mais parce que personne ne pouvait manger trois sisers de suite; toutefois, qu'il est utile aux convalescents qu'on met à l'usage du vin. Le suc du siser cultivé, pris avec le lait de chèvre, arrête le flux de ventre.

XVIII. Et comme la ressemblance des noms 1 grecs jette de la confusion dans la plupart des écrits, nous avons fait un chapitre à part sur le sili (séséli, *seseli tortuosum*, L.). Cette plante est généralement connue. Le meilleur sili est celui de Marseille; la graine en est large et roussâtre. Celui d'Ethiopie est au second rang; la graine est plus foncée. Celui de Crète est le plus odorant de tous; la racine a une odeur agréable. On dit que les vautours mangent la graine. Le sili, chez l'homme, est bon pour les vieilles toux, les ruptures, les convulsions; on le boit dans du vin blanc; de même contre l'opisthotonos, les affections du foie, les tranchées, la strangurie, à la dose de deux ou trois cuillerées. Les feuilles aussi 2 sont utiles, elles facilitent même le part des quadrupèdes; on dit que les biches près de mettre bas se nourrissent surtout de cette plante (VIII, 50). On en fait des topiques contre l'érysipèle : la feuille ou la graine est très-bonne, prise à jeun, pour aider à la digestion. Le sili arrête le

---

dolores. Pellit et urinam : et phagedænas hulcerum sistit recens cum melle impositum, vel aridum farina inspersum. Radicem ejus Dieuches contra jocineris, ac lienis, ilium, lumborum, et renum vitia, ex aqua mulsa dari jubet. 2 Cleophantus et dysentericis veteribus. Philistion in lacte coquit, et ad stranguriam dat radicis uncias quatuor : ex aqua hydropicis, similiter et opisthotonicis, et pleuriticis, et comitialibus. Habentes eam seri a serpentibus negantur : aut qui ante gustaverint, non lædi. Percussis imponitur cum axungia. Folia contra cruditates manduntur. Orpheus amatorium inesse staphylino dixit, fortassis quoniam Venerem stimulari hoc cibo certum est : ideo conceptus adjuvari aliqui prodiderunt. Ad reliqua et sativa pollet. Efficacior tamen silvestris, magisque in petrosis nata. Semen sativæ quoque contra scorpionum ictus, ex vino et posca, salutare est. Radice ejus circumscalpti dentes, dolore liberantur.

1 XVI. Syria in hortis operosissima est; indeque proverbium Græcis : multa Syrorum olera. Simillimam staphylino herbam serit, quam alii gingidion vocant, tenulus tantum et amarius, ejusdemque effectus. Estur coctum crudumque stomachi magna utilitate. Siccat enim ex alto omnes ejus humores.

1 XVII. Siser erraticum sativo simile est, et effectu : stomachum excitat, fastidium absterget, ex aceto laserpitiato sumitum; aut ex pipere et mulso, vel ex garo. Urinam ciet, ut Opion credit, et Venerem. In eadem sententia est et Diocles. Præterea cordi convenire convalescentium, aut post multas vomitiones perquam utile. Heraclides contra argentum vivum dedit, et Veneri subinde offensanti, ægrisque se recolligentibus. Hicesius ideo stomacho utile videri dixit, quoniam nemo tres siseres edendo continuaret : esse tamen utile convalescentibus ad vinum transeuntibus. Sativi privatim succus cum lacte caprino potus sistit alvum.

XVIII. Et quoniam plerosque similitudo nominum 1 græcorum confundit, contexuimus et de sili : sed hoc est vulgatæ notitiæ. Optimum Massiliense : lato enim grano et fulvo est. Secundum Æthiopicum, nigrius. Creticum odoratissimum omnium. Radix jucundi odoris est. Semen esse et vultures dicuntur. Prodest homini ad tussim veterem, rupta, convulsa, in vino albo potum. Item opisthotonicis, et jocinerum vitiis, et torminibus, et stranguriæ, duarum aut trium ligularum mensura. Sunt et 2 folia utilia, ut quæ partus adjuvent etiam quadrupedum. Hoc maxime pasci dicuntur cervæ parituræ. Illinuntur et igni sacro; multumque in summo cibo concoctionibus confert, vel folio, vel semine. Quadrupedum quoque al-

cours de ventre des bestiaux, soit qu'on le mette pilé dans leur boisson, soit qu'on le leur fasse manger avec du sel. On le fait prendre pilé aux bœufs malades.

XIX. L'aunée (*inula helenium*, L.), mâchée à jeun, raffermit les dents, si, du moment qu'elle a été arrachée, elle ne touche plus la terre; confite, elle guérit la toux. Le suc de la racine bouillie chasse le ténia; séchée à l'ombre et réduite en poudre, elle remédie à la toux, aux convulsions, aux flatuosités, et aux affections de la trachée-artère. Elle guérit les morsures des animaux venimeux. Les feuilles dans du vin s'emploient en topique contre la douleur des lombes.

XX. Il n'y a pas d'oignon sauvage. L'oignon cultivé éclaircit la vue: pour cela on le flaire et il fait pleurer, ou encore mieux on se frotte les yeux avec le suc. On dit qu'il est soporifique, et qu'il guérit les ulcérations de la bouche, mâché avec du pain. L'oignon frais dans du vinaigre et en topique, ou l'oignon sec avec du miel et du vin, est bon pour les morsures des chiens; on doit ne l'ôter qu'au bout de trois jours. L'oignon guérit encore les écorchures [ causées par les chaussures ]. Cuit sous la cendre, beaucoup l'ont appliqué, avec la farine d'orge, sur les épiphoras et sur les ulcérations des parties génitales. On emploie le suc en onctions contre les cicatrices des yeux, les albugo et les taches. Avec du miel, on s'en sert contre les morsures des serpents et toutes les plaies. On s'en sert pour les affections des oreilles, avec du lait de femme; contre les bourdonnements d'oreille et la dureté de l'ouïe, on l'a instillé avec de la graisse d'oie et du miel. On l'a fait boire dans de l'eau aux personnes frappées d'un mutisme soudain. On l'a mis dans la bouche pour s'en laver les dents quand elles faisaient mal; il est bon dans les blessures faites par toutes les bêtes, et surtout par les scorpions. On a fait des frictions avec l'oignon pilé contre l'alopécie et les affections psoriques. Cuit, ou l'a donné à manger aux dyssentériques et contre les douleurs des lombes. La cendre de pelures d'oignon dans du vinaigre, en topique, est bonne contre les morsures des serpents et du seps multipède (xx, 6). Pour le reste, divergence étonnante entre les médecins: les modernes ont dit que l'oignon était bon pour les organes thoraciques et pour la digestion, mais qu'il causait des flatuosités et de la soif; l'école d'Asclépiade, que cet aliment donne du teint; que, mangé journellement à jeun, il assure et maintient la santé; qu'il est bon pour l'estomac en agitant les esprits; qu'il relâche le ventre; que, mis en suppositoire, il dissipe les hémorroïdes; que le suc pris avec du suc de fenouil est merveilleux contre les hydropisies commençantes; qu'avec la rue et le miel, il réussit contre l'angine; qu'il réveille les léthargiques. Varron assure que l'oignon pilé avec du sel et du vinaigre, et puis desséché, n'est pas attaqué des vers.

XXI. (VI.) Le poireau taillé (XIX, 33) arrête les épistaxis, si l'on bouche les narines avec cette plante pilée ou mêlée soit à de la noix de galle, soit à de la menthe; il arrête encore les pertes après l'avortement: pour cela on en boit le suc avec du lait de femme. Il remédie à la vieille toux et aux affections de la poitrine et des poumons. Les feuilles, en topique, guérissent les brûlures et les épinyctides; on appelle épinyctide une ulcération, aussi nommée syce (figue), située dans l'angle de l'œil et donnant un écoulement perpétuel; d'autres

vum sistit, sive tritum potui infusum, sive mandendo commanducatum e sale. Boum morbis tritum infunditur.

XIX. Inula quoque a jejunis commanducata, dentes confirmat, si, ut cruta est, terram non attingat: condita tussim emendat. Radicis vero decoctae succus lineas pellit: siccatae autem in umbra farina tussi, et convulsis, et inflationibus, et arteriis medetur. Venenatorum morsus abigit. Folia ex vino lumborum dolori illinuntur.

XX. Caepae silvestres non sunt. Sativae olfactu ipso et delacrymatione caligini medentur, magis vero succi inunctione. Somnum etiam facere traduntur, et hulcera oris sanare, commanducatae cum pane. Et canis morsus, virides ex aceto illitae, aut siccae cum melle et vino, ita, ut post diem tertium solvantur. Sic et attrita sanant. Coctam in cinere et epiphoris multi imposuere cum farina hordeacea, et genitalium hulceribus. Succo et cicatrices oculorum, et albugines, et argema inunxere: et serpentium morsus, et omnia vulnera cum melle. Item auricularum cum lacte mulierum: et in iisdem sonitum ac gravitatem emendantes, cum adipe anserino, aut cum melle stillavere: et ex aqua bibendum dedere repente obmutescentibus. In dolore quoque ad dentes colluendos instillavere, et plagis bestiarum omnium, privatim scorpionum. Alopecias fricuere, et psoras, tusis caepis. Coctas dysentericis vescendas dedere, et contra lumborum dolores: purgamenta quoque earum cremata in cinerem illinentes ex aceto serpentium morsibus, sepisque multipedae ex aceto. Reliqua inter medicos mira diversitas. Proximi utiles esse praecordiis et concoctioni, inflationemque et sitim facere dixerunt. Asclepiadis schola, ad colorem quoque validum profici hoc cibo. Et si jejuni quotidie edant, firmitatem valetudinis custodiri: stomacho utiles esse, spiritus agitatione: ventrem mollire, haemorrhoidas pellere, subdita pro balanis: succum cum succo feniculi contra incipientes hydropises mire proficere. Item contra anginas, cum ruta et melle. Excitari eisdem lethargicos. Varro, quae sale, et aceto pista est arefactaque, vermiculis non infestari, auctor est.

XXI. (VI.) Porrum sectivum profluvia sanguinis sistit in naribus contrito eo obturatis, vel galliae mixto, aut mentae: item ex abortu profluvia, poto succo cum lacte mulierum. Tussi etiam veteri, ac pectoris et pulmonis vitiis medetur. Illitis foliis sanantur et ambusta, et epinyctides: ita vocatur hulcus, quae et syce, in angulo oculi perpetuo humore manans. Quidam eodem nomine appellant pusulas liventes, ac noctibus inquietantes. Et

donnent le nom d'épinyctides à des pustules livides, et qui tourmentent la nuit. Broyé avec du miel, le poireau guérit les autres ulcérations; avec du vinaigre, les morsures des bêtes, et aussi celles des serpents et des autres animaux venimeux (9) ; les affections des oreilles, avec de la bile de chèvre, ou avec une quantité égale de vin miellé; les tintements, avec du lait de femme ; les douleurs de tête, instillé dans les narines , ou , quand on va s'endormir, versé dans l'oreille à la dose de deux cuillerées de suc et une de miel. On boit le suc avec du vin pur contre les blessures faites par les serpents et les scorpions, et avec une hémine de vin ( 0 lit., 27 ) contre les douleurs des lombes. Le suc ou le poireau lui-même mangé est bon pour les hémoptysies, les phthisies, les rhumes invétérés; il est bon aussi dans l'ictère ou l'hydropisie ; contre les douleurs néphrétiques, avec le suc de la ptisane ( eau d'orge), à la dose d'un acétabule (o litr., 068 ) ; à la même dose, dans du miel, il purge la matrice. On le mange contre l'empoisonnement par les champignons; on l'applique sur les plaies. Il est aphrodisiaque, apaise la soif, dissipe l'ivresse ; mais on dit qu'il affaiblit la vue, qu'il cause des flatuosités , qui cependant ne sont pas nuisibles à l'estomac et qui relâchent le ventre. Il donne de l'éclat à la voix ( XIX, 33 ).

1 XXII. Le poireau à tête produit les mêmes effets, avec plus de force. Le suc se donne avec de la noix de galle ou de l'encens en poudre, ou du suc d'acacia, dans les crachements de sang. Hippocrate ( *De morb. mulier.*, II, text. 89, et *De steril.*, text. 13) recommande de le donner sans mélange ; il pense que le poireau à tête ouvre les matrices fermées, et que, pris comme aliment, il augmente la fécondité des femmes.

Pilé et dans le miel, il nettoie les ulcères. Il guérit la toux, les catarrhes, les affections du poumon et de la trachée-artère, donné dans la ptisane ( potage d'orge ) ou cru, excepté la tête, sans pain, mais pris de deux jours l'un, même si on crache du pus. De cette façon encore il embellit la voix , ou excite à l'amour, ou fait dormir. Les têtes, cuites dans deux eaux, arrêtent le cours de ventre et les flux anciens. La pelure bouillie, en liniment, noircit les cheveux blancs.

XXIII. L'ail a beaucoup d'énergie; il est d'une 1 grande utilité quand on change d'eaux et de lieux. Il chasse les serpents et les scorpions par son odeur; et, comme quelques-uns l'ont rapporté, c'est, contre les blessures faites par toutes les bêtes, un remède soit en boisson, soit en aliment, soit en topique. En particulier il est utile contre le serpent hémorrhoïs : pour cela il faut le prendre avec du vin, et le rendre par le vomissement. Nous ne serons pas surpris qu'il ait de la vertu contre la morsure venimeuse de la musaraigne, puisqu'il neutralise l'aconit ( XXVII, 2 ), autrement dit pardalianches. Il neutralise la jusquiame ; il guérit les morsures des chiens, quand on l'applique avec du miel sur les plaies. Contre les morsu- 2 res des serpents on le prend en breuvage, et l'on fait avec les feuilles, dans de l'huile, un topique très-efficace. Il est bon pour les meurtrissures, même quand il s'y est formé des ampoules. Hippocrate ( *De morb. mul.*, I, 74) a pensé que les fumigations faites avec l'ail provoquaient la sortie de l'arrière-faix. Il en a employé la cendre dans de l'huile pour guérir les ulcérations humides de la tête. On a prescrit aux asthmatiques l'ail cuit, on a prescrit aussi l'ail cru et pilé. Dioclès le donne aux hydropiques avec la centaurée, ou dans une figue fendue en deux, pour procurer

---

alia hulcera cum melle trito : vel bestiarum morsus ex 2 aceto : item serpentium aliorumque venenatorum. Aurium vero vitia cum felle caprino, vel pari mensura mulsi : stridores cum lacte mulieris : capitis dolores, si in nares fundatur; dormiturisve, in aurem adjiciat succi cochlearibus, uno mellis. Succus et ad serpentium scorpionumque ictus bibitur cum mero, et ad lumborum dolores cum vini hemina potus. Sanguinem vero exscreantibus et phthisicis, distillationibus longis, vel succus, vel ex ipso ci- 3 bus prodest : item morbo regio, vel hydropicis : ac renum dolores, cum ptisanæ succo acetabuli mensura. Idem modus cum melle, vulvas purgat. Estur vero et contra fungorum venena : imponitur et vulneribus. Venerem stimulat, sitim sedat, ebrietates discutit ; sed oculorum aciem hebetare traditur : inflationem quoque facere, quæ tamen stomacho non noceat, ventremque molliat. Voci splendorem affert.

1 XXII. Capitato major est ad eadem effectus. Sanguinem rejicientibus succus ejus cum galla aut thuris farina, vel acacia, datur. Hippocrates et sine alia mixtura dari jubet ; vulvasque contractas aperire putat : fecunditatem etiam feminarum hoc cibo augeri. Contritum ex melle hulcera

purgat. Tussim et distillationes thoracis, pulmonis et arteriæ vitia sanat, datum in sorbitione ptisanæ : vel crudum, præter capita , sine pane, ita ut alternis diebus sumatur : vel si pura exscreentur. Sic et voci, vel Veneri somnoque multum confert. Capita bis aqua mutata cocta, alvum sistunt, et fluxiones veteres. Cortex decoctus illitusque inficit canos.

XXIII. Allio magna vis, magnæ utilitates contra aqua- 1 rum et locorum mutationes. Serpentes abigit, et scorpiones odore ; atque , ut aliqui tradidere , et bestiarum omnium ictibus medetur, potu , vel cibo, vel illitu. Privatim contra hæmorrhoidas prodest, cum vino redditum vomitu. Ac ne contra arancorum murium venenatum morsum valere miremur, aconitum, quod alio nomine pardalianches vocatur, debellat : item hyoscyamum: canum morsus, in quæ vulnera cum melle imponitur. Ad serpentium quidem ictus potum 2 cum restibus suis efficacissime ex oleo illinitur; attritisque corporum partibus , vel si in vesicas intumuerit. Quin et suffitu eo secundas partus evocari existimavit Hippocrates, cinere eorum cum oleo capitis hulcera manantia sanitati restituens. Suspiriosis coctum, aliqui crudum id tritum dedere. Diocles hydropicis cum centaurio, aut in fico duplici, ad eva-

des évacuations alvines ; l'ail bu frais dans du vin pur avec la coriandre procure ce résultat avec plus d'efficacité. Quelques-uns l'ont donné pilé dans du lait aux asthmatiques. Praxagore le fait prendre dans du vin contre la jaunisse, et dans de l'huile et de la bouillie contre l'iléus ; il en fait aussi un topique contre les écrouelles. Les anciens le donnaient cru aux fous. Dioclès l'a donné bouilli aux phrénétiques. Contre les angines il est bon, pilé en application et en gargarisme. Trois gousses d'ail pilées dans du vinaigre diminuent la douleur des dents ; on obtient le même résultat en se lavant la bouche avec une décoction d'ail, et en mettant l'ail lui-même dans les dents creuses. On en instille le suc avec de la graisse d'oie (xxix, 39) dans les oreilles. Il arrête la maladie pédiculaire et le porrigo, bu ou pilé avec du vinaigre et du nitre ; les catarrhes, avec du lait, ou broyé et mêlé avec du fromage mou. De cette façon il est bon pour l'enrouement et pour la phthisie, pris dans un bouillon de fèves. En général il vaut mieux cuit que cru, bouilli que rôti, et de cette façon il est utile à la voix. Il expulse les ténias et les autres vers intestinaux, cuit dans de l'oxymel. Dans une bouillie, il guérit le ténesme. Bouilli et en topique, il guérit les douleurs des tempes. Cuit avec du miel, puis pilé, il est bon contre les pustules. Il est bon contre la toux, cuit avec de la vieille graisse ou avec du lait ; contre le crachement de sang ou le crachement de pus, cuit sous la cendre et pris avec une quantité égale de miel ; contre les convulsions et les ruptures, avec du sel et de l'huile. Avec la graisse, il guérit les tumeurs suspectes ; avec du soufre et de la résine, il attire au dehors l'humeur des fistules ; avec de la poix, il fait sortir les flèches. Il déterge la lèpre, le lichen, le lentigo, et les guérit, avec l'origan, ou réduit en cendres et appliqué en liniment avec l'huile et le garum. Il s'emploie de la même façon contre l'érysipèle. Brûlé et incorporé au miel, il rend aux parties contuses ou livides leur couleur naturelle. Pris dans les aliments et dans les boissons, il passe pour guérir l'épilepsie. Une gousse avalée avec une obole (0 gr., 75) de silphion (xix, 15), dans du vin astringent, passe pour dissiper la fièvre quarte. Il guérit la toux et les suppurations de poitrine, quelque grandes qu'elles soient : on le fait cuire avec de la fève concassée, et on use de cet aliment jusqu'à ce que la santé soit recouvrée. Il est soporifique, et en général il donne au corps une couleur plus vive. Il est aphrodisiaque, pilé avec de la coriandre fraîche et bu dans du vin pur. Les inconvénients de l'ail sont d'affaiblir la vue, de causer des flatuosités, de faire, pris en trop grande quantité, mal à l'estomac, et de donner de la soif. Du reste, mêlé avec le blé, et donné en aliment aux poules et à la volaille, il les préserve de la pépie (x, 78). On dit que les bêtes de somme urinent facilement et sans douleur si on leur frotte avec l'ail pilé les parties sexuelles.

XXIV. (vii.) La première espèce de laitue sauvage est celle qu'on nomme laitue de chèvre (xxvi, 39) ; jetée dans la mer, elle tue aussitôt les poissons dans le voisinage. Le suc laiteux de cette plante, épaissi, puis mis dans du vinaigre à la dose de deux oboles (1 gr., 5), avec addition d'un cyathe (0 litr., 045) d'eau, est donné aux hydropiques. La tige et les feuilles, pilées, et saupoudrées de sel, guérissent les nerfs coupés. Pilées dans du vinaigre, et employées en ablution de la bouche le matin deux fois par mois, elles empêchent les douleurs de dents.

XXV. La seconde espèce est celle que les Grecs

---

cuandam alvum : quod efficacius præstat viride cum coriandro in mero potum. Suspiriosis aliqui et tritum in lacte dederunt. Praxagoras et contra morbum regium vino miscuit ; et contra ileum in oleo et pulte : sic illinens strumis quoque. Antiqui et insanientibus dabant crudum. Diocles phreneticis elixum. Contra anginas tritum imponi, et gargarizare prodest. Dentium dolorem tribus capitibus in aceto tritis imminuit, vel si decocti aqua colluantur, addaturque ipsum in cava dentium. Auribus etiam instillatur succus cum adipe anserino : phthiriases et porrigines potum, tusum item cum aceto et nitro compescit : distillationes cum lacte, vel tritum permixtumve caseo molli : quo genere et raucitatem extenuat ; vel phthisin, in fabæ sorbitione. In totum autem coctum utilius est crudo, elixumque tosto : sic et voci confert. Tineas et reliqua animalia interaneorum pellit, in aceto mulso coctum. Tenesmo in pulte medetur. Temporum doloribus illitum elixum : et pusulis coctum cum melle, deinde tritum. Tussi cum adipe vetusto decoctum, vel cum lacte : aut si sanguis etiam exscreetur, vel pura, sub pruna coctum, et cum mellis pari modo sumtum : convulsis, ruptis, cum sale et oleo. Nam cum adipe tumores suspectos sanat. Extrahit fistulis vitia cum sulphure et resina, etiam arundines cum pice. Lepras, lichenas, lentigines exhulcerat, sanatque cum origano, vel cinis ejus ex oleo et garo illitus : sic et sacros ignes. Suggillata aut liventia ad colorem reducit, combustum ex melle. Credunt et comitialem morbum sanari, si quis eo in cibo utatur ac potione. Quartanas quoque excutere potum caput unum cum laserpitii obolo in vino austero. Tussim et alio modo, ac pectorum suppurationes quantaslibet sanat, fractæ incoctum fabæ, atque ita in cibo sumtum, donec sanitatem restituat. Facit et somnos, atque in totum rubicundiora corpora. Venerem quoque stimulat cum coriandro viridi tritum, potumque e mero. Vitia ejus sunt, quod oculos hebetat, inflationes facit, stomachum lædit copiosius sumtum, sitim gignit. Cætero contra pituitam, et gallinis et gallinaceis prodest mixtum farre in cibo. Jumenta urinam reddere, atque non torqueri tradunt, si trito natura tangatur.

XXIV. (vii.) Lactucæ sponte nascentis primum est genus ejus, quam caprinam vocant, qua pisces in mare dejecta protinus necantur, qui sunt in proximo. Hujus lac spissatum, mox in aceto oboloram duum, adjecto aquæ uno cyatho, hydropicis datur. Caule ad foliis contusis, asperso sale, nervi incisi sanantur. Eadem trita ex aceto, colluta matutinis bis mense, dentium dolorem prohibent.

XXV. Alterum est genus quod Græci cæsapon vocant.

nomment cæsapon; les feuilles pilées, et appliquées avec de la polenta, guérissent les plaies. Celle-ci vient dans les champs. La troisième vient dans les bois; on la nomme isatis (10). Les feuilles pilées avec de la polenta sont bonnes pour les blessures. La quatrième est employée par les teinturiers en laine; elle ressemblerait au lapathum sauvage (*rumex crispus*, L.) par les feuilles si elle ne les avait plus nombreuses et plus noires. Elle arrête le sang, guérit les ulcères phagédéniques et les ulcères putrides et serpigineux, ainsi que les tumeurs avant la suppuration. Elle est bonne contre l'érysipèle par sa racine ou ses feuilles; on la fait boire contre les affections de la rate. Telles sont les propriétés de chaque espèce.

1  XXVI. Les propriétés communes aux laitues sauvages sont la blancheur, une tige haute quelquefois d'une coudée, et des feuilles rudes ainsi que la tige elle-même. Celle qui a les feuilles rondes et courtes est appelée par quelques-uns hieracia (*tragopogon picroides*, L.), parce que l'épervier (ἱέραξ), en la grattant, et en s'humectant les yeux avec le suc, s'éclaircit la vue quand il sent qu'elle est trouble. Le suc de toutes est blanc, et, pour les propriétés, semblable au pavot; on le recueille dans le temps de la moisson en incisant la tige; on le garde dans un vase de terre neuf : c'est un excellent remède pour mainte affection. Il guérit toutes les maladies des yeux, avec du lait de femme : l'argema, les nuages, les cicatrices, toutes les ulcérations croûteuses, et sur-
2 tout les brouillards. On s'en sert en application dans de la laine contre l'épiphora. Le même suc purge le ventre, bu dans de l'oxycrat à la dose de deux oboles (1 gr., 5); il remédie aux blessures faites par les serpents, bu dans du vin; on en boit aussi les feuilles et les têtes pilées dans du vinaigre. On en fait des applications surtout contre les piqûres de scorpion; on les mêle avec du vin et du vinaigre contre les araignées phalanges; elles combattent aussi d'autres poisons, excepté ceux qui tuent par suffocation ou qui attaquent la vessie, excepté aussi la céruse. Dans du miel et du vinaigre, on les met sur le ventre pour expulser les humeurs viciées. Le suc est bon contre les dysuries. Cratevas recommande de le donner aux hydropiques à la dose de deux oboles dans du vinaigre et dans un cyathe de vin. Quelques-uns recueillent aussi le suc des laitues 3 cultivées : il est moins efficace. Nous avons déjà exposé (XIX, 38) les propriétés particulières des laitues cultivées : c'est de procurer du sommeil, d'éteindre les feux de l'amour, de calmer la chaleur, de purger l'estomac, d'augmenter le sang. Elles en ont beaucoup d'autres encore : elles dissipent les flatuosités, et en rendent l'expulsion facile; elles aident la digestion, sans être elles-mêmes jamais indigestes. Il faut noter qu'aucune substance alimentaire ne peut, prise de même, donner et ôter l'appétit; c'est la mesure qui change l'effet : ainsi les laitues, en grande quantité, relâ- 4 chent; en petite, resserrent. Elles dissolvent la pituite épaisse, et, comme quelques-uns l'ont dit, elles purgent les sens. Elles sont un excellent secours pour les estomacs débilités; dans ce cas, on y ajoute une obole (0 gr., 75) d'oxypore (*assaisonnement ou médicament acide*), dont on tempère l'âpreté par du vin cuit, jusqu'à lui donner le goût d'une sauce au vinaigre; si la pituite est plus épaisse, on y ajoute du vin de scille ou du vin d'absinthe; et s'il y a de la toux, on y mêle du vin d'hysope. On donne les laitues avec la chicorée sauvage dans les affections céliaques et dans les engorgements des vis-

---

Hujus folia trita, et cum polenta illita, hulceribus medentur. Hæc in arvis nascitur. Tertium genus est in silvis nascens; isatin vocat. Hujus folia trita cum polenta vulneribus prosunt. Quarto infectores lanarum utuntur : simile erat lapatho silvestri foliis, nisi plura haberet et nigriora. Sanguinem sistit. Phagedænas et putrescentia hulcera, quæ serpunt, sanat : item tumores ante suppurationem. Contra ignem sacrum radice vel foliis prodest; vel ad lienes pota. Hæc propria singulis.

1  XXVI. Communia autem sponte nascentibus, candor, caulis interdum cubitali longitudine, et ipsi, et foliis scabritia. Ex his rotunda folia et brevia habentem sunt qui hieraciam vocent, quoniam accipitres scalpendo eam, succoque oculos tingendo, obscuritatem, quum sensere, discutiant. Succus omnibus candidus, viribus quoque papaveti similis : carpitur per messes inciso caule, custoditque in fictili novo, ad multa præclarus. Sanat omnia oculorum vitia cum lacte mulierum : argema, nubeculas, cicatrices,
2 adustionesque omnes, præcipue caligines. Imponitur etiam oculis in lana contra epiphoras. Idem succus alvum purgat, in posca potus ad duos obolos. Serpentium ictibus medetur in vino potus. Et folia, thyrsique triti, ex aceto bibuntur. Vulneri illinuntur maxime contra scorpionum ictus. Verum contra phalangia comminxto vino ex aceto. Aliis quoque venenis resistunt, exceptis quæ strangulando necant, aut iis quæ vesicæ nocent : item psimmythio excepto. Imponuntur et ventri ex melle atque aceto, ad detrahenda vitia alvi. Urinæ difficultates succus emendat. Cratevas eum et hydropicis obolis duobus in aceto et cyatho vini dari jubet. Quidam et sativis colligunt succum, 3 minus efficacem. Peculiares earum vires partim jam dictæ sunt, somnum faciendi Veneremque inhibendi, æstum refrigerandi, stomachum purgandi, sanguinem augendi. Non paucæ restant : quoniam et inflationes discutiunt, ructusque lenes faciunt, concoctiones adjuvant, cruditates ipsæ nunquam faciunt. Nec ulla res in cibis aviditatem incitat inhibetque eadem : in causa alterutraque modus est. Sic et 4 alvum copiosiores solvunt, modicæ sistunt. Lentitiam pituitæ digerunt, atque, ut aliqui tradiderunt, sensus purgant. Stomachi dissoluti utilissime adjuvantur : in eo usu et oxypori obolis, asperitatem addito dulci ad intinctum aceti temperantes : si crassior pituita sit, scillite aut vino absinthite : et si tussis sentiatur, hyssopite admixto. Dantur cœliacis cum intubo erratico, et ad duritiam præcordiorum.

cères. On donne les laitues blanches en abondance dans la mélancolie et dans les affections de vessie. Praxagore les a données aux dyssentériques. Elles sont bonnes aussi contre les brûlures récentes, avant qu'il s'y forme des ampoules ; 5 on les applique avec du sel. Elles arrêtent les ulcères serpigineux, appliquées d'abord avec la fleur de nitre, puis dans du vin. Pilées, on en fait des applications sur l'érysipèle. Les tiges pilées avec de la polenta, dans de l'eau froide, calment les contractions et les luxations ; dans du vin et de la polenta, les éruptions de papules. Dans le choléra, on les a données cuites dans la poêle : en ce cas, ce sont les laitues amères et à grande tige qui sont les plus avantageuses. Quelques-uns les administrent en lavement dans du lait. Ces tiges bouillies sont, dit-on, très-bonnes pour l'estomac. La laitue d'été surtout, et la laitue amère et pleine de lait, que nous avons appelée méconide ( XIX, 38), font dormir. Ce lait avec du lait de femme est donné comme très-utile pour éclaircir la vue, quand on en fait à temps 6 des onctions sur la tête. Il remédie aux maux d'yeux qui sont un résultat de l'action du froid. Je trouve encore de merveilleuses louanges sur la laitue : avec du miel attique elle est bonne pour les affections de poitrine, non moins que l'aurone ; prise en aliment, elle purge les femmes ; la graine de la laitue cultivée se donne contre les scorpions ; la graine pilée et bue dans du vin empêche les rêves lascifs ; les eaux malfaisantes ( XXXI, 11, 12, etc.) ne nuisent pas à ceux qui mangent de la laitue. Cependant quelques-uns ont dit que lorsqu'on en mange trop souvent elle nuit à la clarté de la vue.

1 XXVII. (VIII.) Les deux bettes fournissent aussi des remèdes. La racine des blanches et des noires, récente, mouillée, et suspendue à un cordon, est, dit-on, efficace contre les morsures des serpents. La bette blanche, cuite et prise avec de l'ail cru, est bonne contre le ténia ; les racines de la noire, cuites ainsi dans l'eau, enlèvent le porrigo. En somme, la noire passe pour plus efficace. Le suc de cette dernière guérit les vieilles douleurs de tête et les vertiges ; instillé dans les oreilles, il fait cesser les bourdonnements ; il est diurétique ; en lavement, il remé- 2 die à la dyssenterie et à l'ictère. Le suc calme le mal de dents ; il est bon contre les blessures faites par les serpents, mais il faut qu'il soit exprimé de la racine. La bette en décoction sert contre les engelures. Le suc de la bette blanche arrête les épiphoras, appliqué sur le front ; l'érysipèle, mêlé à un peu d'alun. Pilée, bien que sans huile, elle guérit les brûlures et les éruptions de papules ; cuite, on l'applique sur les ulcères serpigineux ; crue, on l'emploie contre l'alopécie et les ulcères humides de la tête. Le suc instillé avec du miel dans les narines purge la tête. On fait cuire la bette avec des lentilles et du vinaigre, pour qu'elle relâche le ventre ; cuite davantage, elle arrête les flux d'estomac et de ventre.

XXVIII. Il est aussi une bette sauvage (*statice* 1 *limonium*, L.), que certains nomment limonion, d'autres névroïdes ; les feuilles sont beaucoup plus petites, plus minces et plus serrées que celles de la bette, au nombre de onze souvent ; la tige est celle du lis. Les feuilles en sont bonnes pour les brûlures ; elles arrêtent les écoulements (11). La graine, à la dose d'un acétabule (0 litr., 068), est bonne pour la dyssenterie. On dit que la décoction

---

Dantur et melancholicis candidæ copiosiores, et ad vesicæ vitia. Praxagoras et dysentericis dedit. Ambustis quoque prosunt recentibus, priusquam pustulæ fiant, cum sale 5 illitæ. Hulcera etiam, quæ serpunt, coercent, initio cum aphronitro, mox in vino. Tritæ igni sacro illinuntur. Convulsa et luxata caulibus tritis cum polenta ex aqua frigida leniunt. Eruptiones papularum, ex vino et polenta. In cholera quoque coctas patinis dederunt : ad quod utilissimæ quam maximi caulis et amaræ. Quidam in lacte infundunt. Defervefacti hi caules et stomacho utilissimi traduntur : sicut somno æstiva maxime lactuca, et amara lactensque, quam meconidem vocavimus. Hoc lac et oculorum claritati cum muliebri lacte utilissimum esse præcipitur, dum 6 tempestive capiti inungantur. Oculorum quoque vitiis, quæ frigore in iis facta sunt. Miras et alias invenio laudes : thoracis etiam vitiis prodesse, non secus quam abrotonum, cum melle attico. Purgari et feminas hoc cibo. Semen sativarum contra scorpiones dari. Semine trito ex vino poto et libidinum imaginationes in somno compesci. Tentantes aquas non nocere lactucam edentibus. Quidam tamen frequentiores in cibo officere claritati oculorum tradiderunt.

1 XXVII. (VIII.) Nec beta sine remedio est utraque. Sive candidæ, sive nigræ, radix recens et madefacta, suspensa funiculo, contra serpentium morsus efficax esse dicitur. Candida beta cocta, et cum allio crudo sumta contra tineas : nigræ radices ita in aqua coctæ, porriginem tollunt ; atque in totum efficacior esse traditur nigra. Succus ejus capitis dolores veteres, et vertigines : item sonitum aurium sedat, infusus iis : ciet urinam. Medetur dysen- 2 tericis injecta, et morbo regio. Dolores quoque dentium sedat illitus succus ; et contra serpentium ictus valet, sed hujus radici dumtaxat expressus. Ipsa vero decocta, pernionibus occurrit. Albæ succus epiphoras sedat, fronte illita : aluminis pauco admixto, ignem sacrum. Sine oleo trita licet, adustis medetur. Et contra eruptiones papularum, coctæque eadem contra hulcera quæ serpunt, illinitur : et alopeciis cruda, et hulceribus quæ in capite manant. Succus ejus cum melle naribus inditus caput purgat. Coquitur et cum lenticula addito aceto, ut ventrem molliat. Validius cocta fluxiones stomachi sistit et ventris.

XXVIII. Est et beta silvestris, quam limonion vocant, 1 alii neuroides, multum minoribus tenuioribusque ac densioribus foliis, undecim sæpe, caule lilii. Hujus folia ambustis utilia, guttantia adstringunt. Semen acetabuli mensura dysentericis prodest. Aqua et e radice coctæ

de la plante avec sa racine enlève les taches des étoffes, et aussi du parchemin.

1 XXIX. Les chicorées ne sont pas non plus en dehors de l'usage médical. Le suc avec de l'huile rosat et du vinaigre apaise les douleurs de tête; bu avec du vin, les douleurs de foie et de vessie; on l'applique sur les épiphoras. La chicorée sauvage est appelée par quelques-uns, chez les Latins, ambula; en Égypte, on nomme cichorium l'espèce sauvage, et seris l'espèce cultivée, qui est plus petite et a plus de nervures.

1 XXX. La chicorée (*cichorium intybus*, L.) sauvage en aliment rafraîchit, et en application elle résout les collections; en décoction, elle relâche le ventre. Elle est bonne pour le foie, les reins et l'estomac. Bouillie dans du vinaigre, elle dissipe les douleurs de la dysurie; dans du vin miellé, elle guérit l'ictère, s'il est sans fièvre. Elle est avantageuse à la vessie. Bouillie dans l'eau, elle est tellement bonne pour les menstrues, qu'elle fait sortir les fœtus morts. Les mages ajoutent que ceux qui s'oignent avec le suc de la plante entière mêlé à l'huile trouvent plus de faveur, et obtiennent plus facilement ce qu'ils désirent. Cette plante, à cause de ses vertus salutaires, est appelée par quelques-uns chreston, par d'autres pancration.

1 XXXI. Il est une espèce sauvage dite par d'autres hedypnoïs (*leontodon palustre*, Smith); elle a la feuille plus large. Cuite, elle resserre l'estomac relâché; crue, elle constipe; elle est bonne aux dyssentériques, surtout avec les lentilles. Cette espèce, comme la précédente, sert dans les ruptures et les contractions spasmodiques; elle sert encore dans les flux de semence.

1 XXXII. La seris (*cichorium endivia*, L.), très-semblable, elle aussi, à la laitue, est de deux espèces : la sauvage, qui est la meilleure, est noire et d'été; l'autre est d'hiver, moins bonne et plus blanche; toutes deux sont amères, excellentes pour l'estomac, surtout quand il est tourmenté par l'humeur. Elles rafraîchissent, mangées avec du vinaigre, ou appliquées. Elles dissipent d'autres humeurs que celles de l'estomac. On prend avec de la polenta les racines des espèces sauvages, pour l'estomac. Dans la maladie cardiaque, on les applique dans du vinaigre sur la mamelle gauche. Elles sont utiles aux goutteux et aux hémoptoïques; elles le sont aux personnes affligées d'écoulement de semence, bues de deux jours l'un. Pétronius Diodotus, qui a écrit une Anthologie, a condamné absolument la seris, et il s'est appuyé sur beaucoup d'arguments; mais son opinion est combattue par celle de tous les autres.

XXXIII. (IX.) Il serait long d'énumérer les 1 mérites du chou; le médecin Chrysippe lui a consacré un volume tout entier, divisé selon les différentes parties du corps; Dieuchès en a fait autant; mais Pythagore avant tous et Caton n'ont pas moins célébré cette plante. Il convient d'exposer l'opinion de Caton, avec d'autant plus de soin qu'on verra de quelle médecine le peuple romain a usé pendant six cents ans. Les plus anciens auteurs grecs en ont distingué trois espèces (XIX, 41) : le chou frisé, qu'ils ont appelé sélinoïde, pour sa ressemblance avec les feuilles du persil (σέλινον); il est bon à l'estomac et relâche modérément le ventre; le chou lisse, 2 à larges feuilles garnissant une véritable tige, ce qui lui a fait donner par quelques-uns le nom de caulode, sans importance en médecine; le chou proprement appelé crambe, à feuilles minces, simples et très-serrées : il est plus

---

maculas vestium elui dicunt, itemque membranarum.

1 XXIX. Intubi quoque non extra remedia sunt. Succus eorum cum rosaceo et aceto capitis dolores lenit : idemque cum vino potus, jocineris, et vesicæ; et epiphoris imponitur. Erraticum apud nos quidam ambulam appellavere. In Ægypto cichorium vocant, quod silvestre sit. Sativum autem serin, quod est minus et venosius.

1 XXX. Cichorium refrigerat in cibo sumtum, et illitum collectiones, succusque decocti ventrem solvit. Jocineri, et renibus, et stomacho prodest. Item si in aceto decoquatur, urinæ tormina discutit. Item morbum regium e mulso, si sine febre sit. Vesicam adjuvat. Mulierum quidem purgationibus decoctum in aqua adeo prodest, ut emortuos partus trahat. Adjiciunt Magi, succo totius cum oleo perunctos favorabiliores fieri, et quæ velint, faciliusimpetrare. Quod quidem propter singularem salubritatem aliqui chreston appellant, alii pancration.

1 XXXI. Et silvestre genus, alii hedypnoida vocant, latioris folii. Stomachum dissolutum adstringit cocta; crudaque sistit alvum; et dysentericis prodest, magis cum lente. Rupta et convulsa utroque genere juvantur. Item quibus genitura valetudinis morbo effluat.

1 XXXII. Seris et ipsa lactucæ simillima, duorum generum est : silvestris melior. Nigra ista, et æstiva; deterior hiberna, et candidior : utraque amara, stomacho utilissima, præcipue quem humor vexat. Cum aceto in cibo refrigerant vel illitæ; discutiuntque et alios, quam stomachi. Cum polenta silvestrium radices stomachi causa sorbentur: et cardiacis illinuntur super sinistram mammam ex aceto. Omnes hæ et podagricis utiles, et sanguinem rejicientibus : item quibus genitura fluat, alterno dierum potu. Petronius Diodotus, qui Anthologoumena scripsit, in totum damnavit serin multis modis arguens. Sed aliorum omnium opinio resistit.

XXXIII. (IX.) Brassicæ laudes longum est exsequi, 1 quum et Chrysippus medicus privatim volumen ei dicaverit, per singula membra hominis digestum, et Dieuches : ante omnes autem Pythagoras et Cato non parcius celebrarint. Cujus sententiam vel eo diligentius persequi par est, ut noscatur qua medicina usus sit annis DC rom. populus. In tres species divisere eam Græci antiquissimi. Crispam, quam selinoidea vocaverunt, a similitudine apii foliorum, stomacho utilem, alvum modice mollientem. Alteram leam, latis foliis e caule exeuntibus. Unde cau- 2 lodem quidam vocavere, nullius in medicina momenti. Tertia est proprie appellata crambe, tenuioribus foliis,

amer, mais très-efficace. Caton (*De re rust.*, CLVII) estime le plus le chou frisé, puis le chou lisse à feuilles grandes, à tige grosse. Il le dit utile aux douleurs de tête, aux brouillards de la vue, aux bluettes, à la rate, à l'estomac, aux organes précordiaux, cru avec du vinaigre, du miel, de la coriandre, de la rue, de la menthe, de la racine de silphion (XIX, 15), et pris le matin à la dose de deux acétabules (0 litr., 136); la vertu en est, assure-t-il, si grande, que celui qui pile ce mélange se sent devenir plus fort : aussi veut-il qu'on le prenne pilé avec ces ingrédients, sinon qu'on mange du chou avec cette sauce. Contre la goutte et les maladies articulaires, en faire des applications avec un peu de rue, de coriandre, de sel et de la farine d'orge; employer l'eau de la décoction (12), qui est d'un merveilleux secours pour les nerfs et les articulations, en fomentation (13). Pour les plaies anciennes et récentes, même pour les carcinomes, qui ne peuvent être guéris par nul autre médicament, il recommande de faire des fomentations avec de l'eau chaude, et puis d'y appliquer deux fois par jour du chou pilé; il dit qu'il faut traiter de même les fistules et les luxations; que le chou appelle au dehors les tumeurs (14) et tout ce qui a besoin d'être dissipé; que bouilli il empêche les rêves et les veilles, si à jeun on en mange beaucoup dans de l'huile et du sel; que si, bouilli, on le fait bouillir une seconde fois, il guérit les tranchées (*De re rust.*, CLVI et CLVII), avec l'addition d'huile, de sel, de cumin et de polenta; que si on le mange ainsi sans pain, il est plus avantageux; que, pris avec du vin noir, il fait couler la bile; que l'on garde même l'urine de celui qui a mangé du chou, et que chauffée elle est un remède pour les nerfs. Je rapporterai ici les paroles mêmes dont Caton s'est servi : « Si vous lavez les petits enfants avec cette urine, ils ne deviennent jamais faibles. » Il conseille aussi d'instiller dans les oreilles le suc tiède du chou, mêlé à du vin; il assure que cela est bon pour la dureté de l'ouïe, et que le chou guérit l'impétigo sans ulcères.

XXXIV. Puisque nous avons déjà cité Caton, il convient d'exposer aussi les opinions des Grecs, mais seulement dans les choses que cet auteur a omises. Ils pensent que le chou non complètement cuit évacue la bile et relâche le ventre, et que cuit deux fois il le resserre; qu'ennemi des vignes, il combat les effets du vin (XX, 36); que si on en mange avant de boire, il prévient l'ivresse, et qu'il la dissipe pris après boire; que cet aliment éclaircit beaucoup la vue, mais que le suc du chou cru produit encore mieux cet effet, même si l'on ne fait que toucher avec ce suc et du miel attique le coin des yeux; que le chou est de très-facile digestion, et que cet aliment purge les sens. L'école d'Érasistrate crie qu'il n'y a rien de plus utile à l'estomac et aux nerfs : aussi recommande-t-elle de le donner aux paralytiques, à ceux qui tremblent, et à ceux qui crachent du sang. Hippocrate (*De morb. mul.*, II) le donne cuit deux fois avec du sel aux personnes affectées de flux céliaque et aux dyssentériques. Il le donne encore pour le ténesme et les reins; il pense que cet aliment augmente la quantité du lait chez les nouvelles accouchées, et favorise les menstrues (*De morb. mul.*, I, 73 et 74; *De nat. mul.*, 29 et 31). La tige mangée crue expulse aussi les fœtus morts. Apollodore pense qu'il en faut prendre la graine ou le suc contre l'empoisonnement par les champignons. Philistion donne le suc aux malades affectés d'opisthotonos, dans du lait de chèvre, avec du sel et du miel. Je trouve que des goutteux ont été guéris en mangeant du chou et en buvant la décoction de cette plante. Cette décoction a été donnée aux cardiaques (15) et aux épileptiques, avec addition de sel; elle a été donnée contre les affections de la rate, dans du vin blanc, pendant quarante jours. D'après Philistion, le suc de la racine crue doit être donné en gargarisme et en boisson dans l'ictère et dans la phrénitis; contre le hoquet, avec la coriandre et l'aneth, le miel et le poivre dans du vinaigre; en topique, le chou sert contre les gonflements d'estomac; l'eau même de chou avec la farine d'orge est un remède contre les morsures des serpents, les ulcères sordides et anciens, ou bien le suc dans du vinaigre ou avec du fenugrec. C'est aussi de cette façon que quelques-uns en font des applications sur les articulations et sur la goutte. Appliqué, le chou guérit les épinyctides et toutes les affections serpigineuses, et aussi les éblouissements soudains; mangé dans du vinaigre, il guérit encore ce dernier accident. Appliqué seul, il guérit les sugillations et les autres lividités; les lèpres et les psores, avec de l'alun rond dans du vinaigre: de cette façon encore il empêche la chute des cheveux. Épicharme assure qu'en application il est très-bon pour les affections des testicules et des parties génitales, et meilleur encore avec de la fève pilée; bon dans les convulsions, avec de la rue; contre la chaleur fébrile et les affections d'estomac, avec la graine de rue; et aussi pour la sortie de l'arrière-faix, et contre les morsures de la musaraigne (16). La poudre des feuilles sèches purge par le haut et par le bas.

XXXV. Dans toutes les espèces de choux la partie la plus agréable à manger est la cyma (XIX, 41); mais on ne s'en sert pas en médecine, parce qu'elle est difficile à digérer, et contraire aux reins. Il ne faut pas omettre que l'eau de la décoction, vantée pour tant d'usages, exhale, répandue à terre, une mauvaise odeur. La cendre des tiges sèches de chou est mise au rang des substances caustiques; on s'en sert contre la coxalgie, avec de la vieille graisse; appliquée comme liniment, en guise d'épilatoire, avec du silphion (XIX, 15) et du vinaigre, elle empêche les poils arrachés de repousser; on la prend chauffée dans de l'huile, ou bouillie seule, dans les convulsions, les ruptures intérieures, et les chutes de haut. Est-ce à dire que le chou n'a aucun inconvénient? Les mêmes auteurs nous apprennent qu'il rend l'haleine mauvaise, et qu'il nuit aux dents et aux gencives. En Égypte on ne le mange pas, à cause de son amertume.

XXXVI. Caton (*De re rust.*, CLVII) vante infiniment plus les effets du chou sauvage ou erratique, au point d'affirmer que la poudre de ce chou desséché, recueillie dans une boîte à parfums, suffit, même flairée seulement, pour guérir les affections et la mauvaise odeur des narines. D'autres nomment ce chou pétré; il est très-opposé au vin; car la vigne le fuit par-dessus tout (XX, 34; XXIV, 1), et meurt si elle ne peut le fuir. Il a des feuilles uniformes, petites, rondes, lisses; ressemble au chou cultivé, est plus blanc et plus velu (*lepidium latifolium*, L.). D'après Chrysippe, il remédie aux flatuosités, à la mélancolie, aux plaies récentes, avec du miel, et on ne doit pas l'ôter avant le septième jour; pilé dans l'eau, aux scrofules et aux fistules. Suivant d'autres, il met un terme aux ulcérations serpigineuses, dites noma; il consume les excroissances;

---

Philistion opisthotonicis succum ex lacte caprino cum sale et melle. Invenio et a podagra liberatos edendo eam, decoctaeque jus bibendo. Hoc et cardiacis datum et comitialibus morbis addito sale. Item splenicis in vino albo per dies XL. Ictericis, nec non et phreneticis radicis crudae succum gargarizandum bibendumque demonstrat. Contra vero singultus cum coriandro et anetho, melle ac pipere, ex aceto. Illitam quoque prodesse inflationibus stomachi. Item serpentium ictibus, et sordidis ulceribus, ac vetustis, vel ipsam aquam cum hordeacea farina : succum ex aceto, vel cum feno græco. Sic aliqui et articulis, podagrisque imponunt. Epinyctidas, ac quidquid aliud serpit in corpore, imposita levat. Item repentinas caligines : has et si manditur ex aceto. Suggillata vero et alios livores pura illita. Lepras et psoras cum alumine rotundo ex aceto. Sic et fluentes capillos retinet. Epicharmus testium et genitalium malis hanc utilissime imponi asserit. Efficacius eamdem cum faba trita. Item convulsis cum ruta. Contra ardorem febrium et stomachi vitia cum rutæ semine : et ad secundas, et muris aranei morsus; foliorum aridorum farina alterutra parte exinanit.

XXXV. Ex omnibus brassicæ generibus suavissima est cyma, etsi inutilis habetur, difficilis in coquendo, et renibus contraria. Illud quoque non est omittendum, aquam decoctæ, ad tot usus laudatam, fœtere humi effusam. Stirpium brassicæ aridorum cinis, inter caustica intelligitur. Ad coxendicum dolores cum adipe vetusto. In lasere et aceto in vicem psilothri evulsis illitus pilis, nasci alios prohibet. Bibitur et cum oleo subfervefactus, vel per se elixus, ad convulsa et rupta intus, lapsumque ex alto. Nulla ergo sunt crimina brassicæ? Immo vero apud eosdem animæ gravitatem facere, dentibus et gingivis nocere : et in Ægypto propter amaritudinem non estur.

XXXVI. Silvestris, sive erraticæ, immenso plus effectus laudat Cato : adeo ut aridæ quoque farinam in olfactorio collectam, vel odore tantum naribus rapto, vitia earum gravolentiamque sanare affirmet. Hanc alii petræam vocant, inimicissimam vino, quam præcipue vitis fugiat; aut si non possit fugere, moriatur. Folia habet una, parva, rotunda, lævia, plantis oleris similior, candidior sativa, et hirsutior. Hanc inflationibus mederi, melancholicis quoque, ac vulneribus recentibus, cum melle, ita ne solvantur ante diem septimum · strumis, fistulis, in aqua contritam.

il rend unies les cicatrices ; mâché cru avec du miel, il guérit les ulcérations de la bouche et les amygdalites ; la décoction, en gargarisme avec 3 du miel, produit le même effet ; trois parties avec deux d'alun dans de fort vinaigre, appliquées à l'extérieur, guérissent les psores et les lèpres invétérées. Épicharme dit que contre la morsure du chien enragé il suffit d'en faire des applications ; qu'avec du silphion et du fort vinaigre, ce moyen est plus efficace ; qu'il tue les chiens, si on le leur fait manger dans de la viande. La graine de cette plante est bonne contre les empoisonnements par les serpents, les champignons, le sang de taureau. Les feuilles, cuites et prises en aliment, ou crues et appliquées avec du soufre et du nitre, sont bonnes contre les engorgements de la rate, ainsi que contre l'endurcis-
4 sement des mamelles. On guérit le gonflement de la luette en la touchant avec la cendre de la racine ; cette cendre, appliquée avec du miel, réprime les parotides ; elle guérit les morsures des serpents. Nous n'ajouterons plus qu'une seule preuve, grande et admirable, de la force du chou : dans tout vase où l'on fait bouillir l'eau, les incrustations, tellement adhérentes qu'on ne peut les ôter, tombent, si l'on y fait cuire du chou.

1 XXXVII. Parmi les choux sauvages est aussi la lapsana (*sinapis incana*) (XIX, 41), haute d'un pied, aux feuilles velues, très-semblables à celles du navet ; la fleur est plus blanche. On la mange cuite ; elle adoucit et relâche le ventre.

1 XXXVIII. Le chou marin (*convolvulus soldanella*, L.) est celui qui purge avec le plus de force ; on le fait cuire, à cause de son âcreté, avec de la chair grasse ; il est fort contraire à l'estomac.

XXXIX. En médecine on donne le nom de scille mâle à la blanche, et de scille femelle à la noire (XIX, 30). La scille la plus blanche est la meilleure. On ôte les enveloppes sèches, on coupe par morceaux ce qui reste de vif, on suspend ces morceaux, enfilés à une certaine distance les uns des autres ; ensuite les morceaux, ainsi séchés, sont mis dans une jarre du plus fort vinaigre, suspendus de manière à ne la toucher d'aucun côté. Cela se fait quarante-huit jours avant le solstice d'été. Puis, la jarre, fermée avec du plâtre, se met sous des tuiles qui reçoivent le soleil pendant toute la journée. Quarante-huit 2 jours après, on enlève la jarre, on ôte la scille, on transvase le vinaigre. Ce vinaigre éclaircit la vue ; il est bon pour les douleurs d'estomac et de côté, pris en petite quantité tous les deux jours ; mais la force en est si grande, que, pris à trop forte dose, il met pendant quelque temps dans un état semblable à la mort. La scille est bonne aux gencives, aux dents, même mâchée seule ; prise dans du vinaigre et du miel, elle expulse le ténia et les autres vers intestinaux. Mise fraîche sous la langue, elle empêche les hydropiques d'être altérés. On la fait cuire de plusieurs façons : dans un pot luté ou enduit de graisse que l'on met dans une tourtière ou dans un four, ou par morceaux dans la poêle. On la fait sécher crue, 2 et puis cuire par morceaux dans du vinaigre ; alors on l'applique sur les morsures des serpents. Rôtie, on la nettoie, et puis on en cuit de nouveau l'intérieur dans de l'eau. Ainsi cuite, elle s'emploie chez les hydropiques, comme diurétique, à la dose de trois oboles (2 gr., 25), dans du miel et du vinaigre ; elle s'emploie de la même façon contre les engorgements de la rate et les affections d'estomac où les aliments ne sont pas supportés, pourvu

---

Chrysippus auctor est. Et alii vero compescere mala corporis quæ serpant : nomas vocant. Item excrescentia absumere. Cicatrices ad planum redigere. Oris hulcera et tonsillas, manducatam et coctam, succo gargarizato cum
3 melle tollere. Item psoras et lepras veteres, ipsius tribus partibus cum duabus aluminis in aceto acri illitis. Epicharmus satis esse quam contra canis rabiosi morsum imponi. Melius si cum lasere, et aceto acri. Necari quoque canes ea, si detur, ex carne. Semen ejus tostum auxiliatur contra serpentes, fungos, tauri sanguinem. Folia cocta splenicis in cibo data, et cruda illita cum sulphure et nitro prosunt. Item
4 mammarum duritiæ. Radicum cinis uvæ in faucibus tumenti tactu medetur : et parotidas cum melle illitus reprimit : serpentium morsus sanat. Virium brassicæ unum et magnum argumentum addemus, et mirabile. Crustæ si occupent intus vasa omnia, in quibus aquæ fervent, in tantum, ut non sit eas avellere, si brassica in iis decoquatur, abscedunt.

1 XXXVII. Inter silvestres brassicas et lapsana est, pedalis altitudinis, hirsutis foliis, napi simillimis, nisi candidior esset flore. Coquitur in cibo. Alvum lenit et mollit.

1 XXXVIII. Marina brassica vehementissime ex omnibus alvum ciet. Coquitur propter acrimoniam cum pingui carne, stomacho inimicissima.

XXXIX. Scillarum in medicina alba est quæ masculus, 1 femina nigra. Quæ candidissima fuerit, utilissima erit. Huic aridis tunicis direptis quod reliquum e vivo est, consectum suspenditur lino, modicis intervallis. Postea arida frusta in cadum aceti quam asperrimi pendentia immerguntur, ita ne ulla parte vas contingant. Hoc fit ante solstitium diebus XLVIII. Gypso deinde oblitus cadus ponitur sub tegulis, totius diei solem accipientibus. Post eum numerum dierum tollitur vas, scilla eximitur, acetum transfunditur. Hoc clariorem oculorum aciem facit. Salutare est stomachi laterumque doloribus, parum sumtum binis diebus. Sed tanta vis est, ut avidius haustum exstinctæ animæ momento aliquo speciem præbeat. Prodest et gingivis, et dentibus, vel per se commanducata. Tineas et reliqua ventris animalia pellit ex aceto et melle sumta. Linguæ quoque recens subjecta præstat, ne hydropici sitiant. Coquitur plurimis modis : in olla, quæ conjicitur in clibanum aut furnum, vel adipe aut luto illita, aut frustatim in patinis. Et cruda siccatur, deinde conciditur, 3 coquiturque in aceto, tum serpentium ictibus imponitur. Tosta quoque purgatur, et medium ejus iterum in aqua coquitur. Usus sic coctæ ad hydropicos, ad urinam ciendam tribus obolis cum melle et aceto potæ. Item ad splenicos, et stomachicos (si non sentiant hulcus), quibus innatet cibus.

qu'il n'y ait pas d'ulcère; elle s'emploie contre les tranchées, l'ictère, les vieilles toux avec asthme. Un cataplasme de feuilles de scille, qu'on n'ôte qu'au bout de quatre jours, dissipe les scrofules. Cuite dans l'huile, et en application, la scille guérit les furfures de la tête et les ulcérations humides. On la sert aussi sur les tables, cuite dans le miel, surtout pour aider à la digestion. De cette façon encore, elle purge l'intérieur. Elle guérit les rhagades des pieds, cuite dans l'huile et mêlée à la résine. Dans le lumbago, on en applique la graine dans du miel. Pythagore dit que la scille, suspendue au linteau de la porte, ferme l'accès aux maléfices.

1 XL. Du reste, les bulbes dans du vinaigre et du soufre guérissent les plaies de la face. Pilés seuls, ils guérissent les contractions des nerfs; dans du vin, le porrigo; avec du miel, les morsures des chiens : dans ce cas, Érasistrate veut qu'on les mêle avec de la poix; le même auteur assure qu'appliqués avec du miel ils arrêtent l'écoulement du sang; d'autres, en cas d'épistaxis, joignent aux bulbes de la coriandre et de la farine. Théodore guérit les lichens avec des bulbes dans du vinaigre; les éruptions à la tête, avec les bulbes dans du vin astringent ou dans un œuf. Le même auteur applique les bulbes sur les épiphoras; c'est 2 de la même façon qu'il traite l'ophthalmie. Les bulbes, surtout ceux qui sont rouges, font disparaître les défectuosités du visage, si l'on s'en frotte au soleil avec du miel et du nitre; le lentigo, avec du vin ou du concombre cuit; ils sont merveilleusement utiles dans les blessures, ou seuls, ou, comme Damion le prescrit, avec du vin miellé; mais il faut ne les enlever que le cinquième jour. Le même auteur les emploie pour traiter la fracture de l'oreille et les engorgements pituiteux des testicules. Pour les douleurs des articulations, on les mêle à la farine. Cuits dans le vin et appliqués sur le ventre, ils ramollissent les engorgements des viscères. On les donne dans du vin coupé d'eau de pluie contre la dyssenterie; avec le silphion (XIX, 15), en pilules de la grosseur d'une fève, contre les convulsions intérieures; broyés, on en fait des applications pour arrêter la sueur. Ils sont bons pour les nerfs; aussi les donne-t-on aux paralytiques. Les bulbes roux guérissent très-promptement, avec du miel et du sel, les entorses des pieds. Ceux de Mégare (XIX, 30) sont très-aphrodisiaques. Ceux des jardins activent l'accouchement, pris avec du vin cuit ou du vin de raisin sec. Les bulbes sauvages pris en pilules avec le silphion guérissent les plaies et les affections des intestins. La graine provenant des bulbes cultivés se boit dans du vin contre les piqûres des araignées phalanges. Ces bulbes eux-mêmes dans du vinaigre s'appliquent contre les morsures des serpents. Les anciens en faisaient prendre la graine aux fous. La fleur pilée enlève les taches des cuisses, et les vergetures que le feu y produit. Dioclès croit que les bulbes affaiblissent la vue; il ajoute que bouillis ils sont moins bons que rôtis, et que le défaut commun de tous les bulbes est d'être de difficile digestion.

3

XLI. Les Grecs appellent bulbine ( *muscari comosum*, L. ) une plante à feuilles de poireau et à bulbes rouges; on la dit merveilleusement bonne pour les plaies, mais seulement les plaies récentes. Le bulbe (jonquille) qu'on appelle émétique, à cause de l'effet qu'il produit, a les feuilles noires, et plus longues que les autres.

XLII. (x.) Les asperges passent pour un aliment très-bon à l'estomac. Avec addition de cumin, elles dissipent les gonflements de l'estomac

1

---

Ad tormina, regios morbos, tussim veterem cum suspirio. Discutit et foliis strumas, quadrinis diebus soluta. Furfures capitis, et hulcera manantia illita, ex oleo cocta. Coquitur et in melle cibi gratia, maxime uti condimenti facias. Sic et interiora purgat. Rimas pedum sanat in oleo cocta, et mixta resinæ. Semen ejus lumborum dolori ex melle imponitur. Pythagoras scillam in limine quoque januæ suspensam malorum medicamentorum introitum pellere tradit.

1 XL. Cæterum bulbi ex aceto et sulphure vulneribus in facie medentur. Per se vero triti nervorum contractioni, et ex vino porrigini : cum melle, canum morsibus : Erasistrato placet cum pice. Sanguinem eos sistere tradit illitos cum melle. Alii, si e naribus fluat, coriandrum et farinam adjiciunt. Theodorus et lichenas ex aceto bulbis curat : et erumpentia in capite, cum vino austero, aut ovo : et bulbos epiphoris illinit, et sic lippitudini 2 medetur. Æque vitia quæ sunt in facie, eorum rubentes maxime, in sole illiti cum melle et nitro, emendant : lentiginem cum vino, aut cucumi cocto. Vulneribus quoque mire prosunt per se : aut ut Damion, ex mulso, si quinto die solvantur. Iisdem et auriculas fractas curat, et testium pituitas : in articulorum doloribus miscent farinam. In vino cocti illiti ventri, duritiam præcordiorum emolliunt. Dysentericis in vino ex aqua cælesti temperato dantur. Ad convulsa intus, cum silphio pilulis fabæ magnitudine. Ad sudorem tusi illinuntur. Nervis utiles : ideo et paralyticis dantur. Luxata in pedibus, qui sunt rufi ex his, citissime sanant cum melle et sale. Venerem maxime Megarici stimulant : hortensii, partum cum sapa aut passo sumti : silvestres, interaneorum plagas et vitia, cum silphio pilulis devoratis sedant. Et sativorum semen contra phalangia bibitur in vino. Ipsi ex aceto illinuntur contra serpentium ictus. Semen antiqui bibendum insanientibus dabant. Flos bulborum tritus crurum maculas varietatesque igne factas emendat. Diocles oculos hebetari ab iis putat. Elixos assis minus utiles esse adjicit, et difficile concoqui ex vi uniuscujusque naturæ.

3

XLI. Bulbinem Græci vocant herbam porraceis foliis, rubicundo bulbo. Hæc traditur vulneribus mire utilis dumtaxat recentibus. Bulbus quem vomitorium vocant ab effectu, folia habet nigra, cæteris longiora.

XLII. (x.) Utilissimus stomacho cibus asparagi traduntur. Cumino quidem addito inflationes stomachi coli-

1

et du côlon. Elles éclaircissent la vue; elles relâchent doucement le ventre; elles sont bonnes pour les douleurs de la poitrine et de l'épine, et pour les affections des intestins, cuites avec addition de vin. Pour les douleurs des lombes et des reins, on en fait prendre la graine à la dose de trois oboles, avec une égale quantité de cumin. Elles sont aphrodisiaques. Elles constituent un excellent diurétique, mais elles ulcèrent la vessie. La racine pilée et prise dans du vin blanc est vantée par plusieurs auteurs comme chassant les calculs, et calmant les douleurs des lombes et des reins. Quelques-uns font boire cette racine avec du vin doux, pour les douleurs de matrice. Bouillie dans du vinaigre, elle est bonne contre l'éléphantiasis. On assure qu'une personne frottée avec l'asperge pilée dans de l'huile n'est pas piquée par les abeilles.

XLIII. L'asperge sauvage (*asparagus aculifolius*, L.) est appelée par quelques-uns corruda (17), par d'autres asperge de Libye, par les Athéniens ormenum (XIX, 42). Elle a pour toutes les affections qui viennent d'être énumérées une vertu plus puissante, et d'autant plus grande qu'elle est plus blanche. Elle guérit l'ictère. On conseille de boire à la dose d'une hémine l'eau où elle a bouilli (0 litr., 27), comme aphrodisiaque; la graine avec l'aneth, à la dose l'une et l'autre de trois oboles (2 gr., 25), est aussi aphrodisiaque. La décoction se donne contre les morsures des serpents. La racine mêlée à celle du marathrum (fenouil) est au nombre des secours les plus efficaces. Dans les cas d'hématurie, Chrysippe recommande de donner tous les cinq jours la graine d'asperge, de persil et de cumin à la dose de trois oboles dans deux cyathes (0 litr., 09) de vin. Il enseigne que de cette façon la graine est contraire aux hydropiques, bien qu'elle soit diurétique; qu'elle est aussi antiaphrodisiaque; qu'elle est nuisible à la vessie, à moins d'avoir bouilli, et que si on donne aux chiens l'eau où elle a bouilli, on les fait périr; que le suc de la racine bouillie dans du vin est un remède pour les dents, gardé dans la bouche.

XLIV. (XI.) L'ache est généralement estimée. Elle nage en grande quantité dans les sauces, et est particulièrement recherchée dans les assaisonnements. C'est un secours merveilleux pour les écoulements des yeux et pour ceux des autres parties, soit appliquée sur les yeux, qu'on bassinera en outre de temps en temps avec la décoction chaude, soit pilée et appliquée seule ou avec du pain ou de la polenta. On rétablit avec l'ache fraîche les poissons qui deviennent malades dans les viviers. Au reste, il n'y a aucune production de la terre sur laquelle les opinions des savants soient plus diverses. On distingue l'ache en mâle et en femelle. D'après Chrysippe, l'ache femelle a les feuilles dures et plus frisées, la tige grosse, la saveur âcre et chaude; d'après Dionysius, elle est plus foncée, à racines plus courtes, et engendre des vermisseaux. Tous deux disent qu'il ne faut admettre ni l'une ni l'autre parmi les aliments; que c'est même un sacrilége, attendu que l'ache est consacrée aux repas funèbres des morts: ils ajoutent qu'elle nuit à la clarté de la vue; que la tige de l'ache femelle engendre des vermisseaux; que pour cette raison ceux qui en mangent deviennent stériles, hommes ou femmes; que les enfants qui tettent des nourrices mangeant de l'ache deviennent épileptiques; toutefois que l'ache mâle est moins malfaisante: c'est pour cette raison qu'on ne la met pas au nombre des plantes néfastes. Les feuilles en cataplasme amollissent les engorgements durs des

---

que discutiunt: iidem oculis claritatem afferunt. Ventrem leniter molliunt. Pectoris et spinæ doloribus, intestinorumque vitiis prosunt, vino quum coquuntur addito. Ad lumborum et renum dolores, semen trium obolorum pondere, pari cumini bibitur. Venerem stimulant. Urinam cient utilissime, præterquam vesicam exhulcerant. Radix quoque, plurimorum prædicatione, trita, et ex vino albo pota, calculos quoque exturbat, lumborum et renum dolores sedat. Quidam et ad vulvæ dolorem radicem cum vino dulci propinant. Eadem in aceto decocta contra elephantiasin proficit. Asparago trito ex oleo perunctum pungi ab apibus negant.

XLIII. Silvestrem asparagum aliqui corrudam, aliqui Libycum vocant. Attici hormenum. Hujus ad supra dicta omnia efficacior vis, et candidiori major. Regium morbum extenuat. Veneris causa aquam eorum decoctam bibi jubent ad heminam. Ad idem et semen valet cum anetho, ternis utriusque obolis. Datur et ad serpentium ictus succus decoctus. Radix miscetur radici marathri inter efficacissima auxilia. Si sanguis per urinam reddatur, semen asparagi, et apii, et cumini ternis obolis in vini cyathis duobus, quinis diebus, Chrysippus dari jubet. Sic et hydropicis contrarium esse, quamvis urinam moveat, docet: item Veneri: vesicæ quoque, nisi decoctum: quæ aqua si canibus detur, occidi eos. In vino decoctæ radicis succum, si ore contineatur, dentibus mederi.

XLIV. (XI.) Apio gratia in vulgo est. Namque rami largis portionibus per jura innatant, et in condimentis peculiarem gratiam habent. Præterea oculis illitum cum melle, ita ut subinde foveantur ferventi succo decocti, aliisque membrorum epiphoris: per se tritum, aut cum pane, vel polenta impositum, mire auxiliatur. Pisces quoque si ægrotent in piscinis, apio viridi recreantur. Verum apud eruditos non aliud erutum terra in majore sententiarum varietate est. Distinguitur sexu. Chrysippus feminam esse dicit crispioribus foliis et duris, crasso caule, sapore acri et fervido. Dionysius nigriorem, brevioris radicis, vermiculos gignentem: ambo neutrum ad cibos admittendum, immo omnino nefas: nam id defunctorum epulis feralibus dicatum esse: visus quoque claritati inimicum. Caule feminæ vermiculos gigni: ideoque eos qui ederint, sterilescere, mares feminasque. In puerperiis vero ab eo cibo comitiales fieri qui ubera hauriunt. Innocentiorem tamen esse marem; eaque causa est, ne inter ne-

mamelles. De l'eau dans laquelle de l'ache a bouilli est plus agréable à boire. Le suc surtout de la racine, bu avec du vin, apaise les douleurs des lombes ; instillé dans les oreilles, il diminue la dureté de l'ouïe. Par sa graine l'ache provoque l'écoulement de l'urine, le flux menstruel et la sortie de l'arrière-faix ; elle rend à leur couleur naturelle les parties meurtries, si on les fomente avec la décoction de la graine ; appliquée avec le blanc d'œuf ou cuite dans l'eau et avalée, c'est un remède pour les reins ; pilée dans l'eau froide, elle guérit les ulcérations de la bouche. La graine avec du vin, ou la racine avec du vin vieux, brise les calculs de la vessie. La graine dans du vin blanc se donne aussi aux ictériques.

XLV. Le mélissophyllon (xxi, 29) est appelé par Hyginus apiastrum. Mais il y a aussi un apiastrum vénéneux en Sardaigne (xxv, 109) (18), condamné de tous ; j'en parle parce qu'il faut mettre sous les yeux du lecteur tout ce que les Grecs ont classé sous le même nom.

XLVI. L'olusatrum (xix, 48), qu'on nomme hipposelinum, est contraire au scorpion ; la graine prise en boisson guérit les tranchées et les affections intestinales ; bouillie et bue dans du vin miellé, elle guérit la dysurie. La racine bouillie dans du vin fait sortir les calculs, et guérit les douleurs des lombes et du côté. Cette plante en boisson et en application guérit les morsures des chiens enragés. Le suc en boisson réchauffe les personnes engourdies par le froid. Quelques auteurs font de l'oréosélinon (seseli annuum, L.) une quatrième espèce de sélinon : la tige est haute d'un palme, la graine est allongée, et semblable à celle du cumin ; cette plante est bonne pour l'urine et les menstrues. L'héléosélinon (céleri sauvage) a une vertu particulière contre les araignées ; l'oréosélinon pris dans du vin facilite le flux menstruel.

XLVII. (xii.) Une autre espèce qui croit dans les rochers est appelée par quelques auteurs pétrosélinon (persil) ; il est excellent contre les vomiques, à la dose de deux cuillerées de suc, avec un cyathe (0 litr., 045) de suc de marrube dans trois cyathes d'eau chaude. Quelques-uns ont ajouté le busélinon, qui diffère du céleri cultivé par la brièveté de la tige et par la couleur rousse de la racine : les propriétés en sont les mêmes ; il est excellent, en boisson et en application, contre les serpents.

XLVIII. Chrysippe a autant déclamé contre l'ocimum (basilic?) que contre l'ache (xx, 44), disant qu'il est contraire à l'estomac, à l'urine, à la clarté de la vue ; qu'il cause la folie, les fièvres léthargiques et les affections du foie ; que pour cela les chèvres le dédaignent, et qu'il doit être rejeté aussi par les hommes. Quelques-uns ajoutent que, pilé et couvert d'une pierre, il engendre un scorpion (ix, 51) ; que, mâché et mis au soleil, il produit des vers. Les Africains prétendent qu'une personne piquée par un scorpion le jour où elle a mangé de l'ocimum ne peut être sauvée. Bien plus, d'autres racontent qu'une poignée d'ocimum pilé avec dix écrevisses de mer ou de rivière attire les scorpions du voisinage. Diodotus, dans son livre Des recettes, prétend que l'ocimum pris en aliment produit des poux. L'âge suivant a défendu vivement l'ocimum ; on a soutenu que les chèvres en mangeaient ; que personne n'en avait eu l'esprit troublé ; que dans du vin, avec addition d'un peu de vinaigre, c'était un remède contre les blessures des scorpions de terre et le venin de ceux de mer ; que l'expé-

---

fastos frutices damnetur. Mammarum duritiam impositis foliis emollit. Suaviores aquas potui incoctum præstat. Succo maxime radicis cum vino lumborum dolores mitigat. Eodem jure instillato gravitatem aurium. Semine urinam ciet, menstrua, ac secundas partus. Et, si foveantur semine decocto, suggillata reddit colori. Cum ovi albo illitum, aut ex aqua coctum potumque renibus medetur : in frigida tritum oris ulceribus. Semen cum vino, vel radix cum veteri vino vesicæ calculos frangunt. Semen datur et arquatis ex vino albo.

XLV. Apiastrum Hyginus quidem melissophyllon appellat. Sed et in confessa damnatione est venenatum in Sardinia. Contexenda enim sunt omnia, ex eodem nomine apud Græcos pendentia.

XLVI. Olusatrum, quod hipposelinum vocant, adversatur scorpionibus. Poto semine torminibus, et intraneis medetur. Itemque difficultatibus urinæ semen ejus decoctum ex mulso potum. Radix ejus in vino decocta calculos pellit, et lumborum ac lateris dolores. Canis rabiosi morsibus potum et illitum medetur. Succus ejus algentes calefacit potus. Quartum genus ex eodem faciunt aliqui oreoselinon, palmum alto frutice ac recto semine, cumino simili, urinæ et menstruis efficax. Heleoselino vis privata contra araneos. Sed et oreoselino feminæ purgantur e vino.

XLVII. (xii.) Alio genere petroselinon quidam appellant in saxis natum, præcipuum ad vomicas, cochlearibus binis succi additis in cyathum marrubii succi, atque ita aquæ calidæ tribus cyathis. Addidere quidam buselinon, differens brevitate caulis a sativo et radicis colore rufo, ejusdem effectus. Prævalere contra serpentes potu et linitu.

XLVIII. Ocimum quoque Chrysippus graviter increpuit, inutile stomacho, urinæ, oculorum quoque claritati. Præterea insaniam facere, et lethargos, et jecinoris vitia ideoque capras id aspernari, hominibus quoque fugiendum censet. Addunt quidam, tritum si operiatur lapide, scorpionem gignere ; commanducatum, et in sole positum, vermes afferre. Afri vero, si eo die feriatur quispiam a scorpione, quo ederit ocimum, servari non posse. Quin immo tradunt aliqui, manipulo ocimi cum cancris decem marinis vel fluviatilibus trito, convenire ad id scorpiones ex proximo. Diodotus in empiricis, etiam pediculos facere ocimi cibum. Sequuta ætas acriter defendit : nam id esse capras. Nec cuiquam mentem motam : et scorpionum terrestrium ictibus, marinorumque venenis mederi ex vino, addito aceto exiguo. Usu quoque compertum deficien-

rience avait montré que l'odeur de cette plante dans du vinaigre était bonne pour les évanouissements et la léthargie; qu'elle rafraîchissait ce 3 qui était enflammé; qu'appliqué sur la tête avec de l'huile rosat, ou de l'huile de myrte, ou du vinaigre, l'ocimum calmait les douleurs de tête; qu'appliqué sur les yeux avec du vin, il guérissait l'épiphora; qu'il était bon pour l'estomac; que pris dans le vinaigre il dissipait les gonflements et les flatuosités; qu'appliqué il arrêtait le flux de ventre; qu'il était diurétique; que de cette façon il était avantageux dans l'ictère et l'hydropisie; qu'il arrêtait le choléra et les flux d'estomac. Aussi Philistion l'a-t-il donné même dans l'affection céliaque; et Plistonicus l'a donné cuit dans la dyssenterie et la colique. Quelques-uns l'ont prescrit, dans du vin, contre le ténesme et le crachement de sang, et aussi contre l'endurcissement des viscères. On en fait des applications sur les mamelles, et il arrête la production du lait. Il est très-bon pour les oreilles des en-
4 fants, surtout avec la graisse d'oie. La graine pulvérisée, aspirée dans les narines, provoque l'éternument, et, appliquée sur la tête, les flux par le nez; prise en aliment dans du vinaigre, elle purge la matrice. Mêlée à du noir de cordonnier, elle fait disparaître les verrues. Elle est aphrodisiaque; aussi la fait-on prendre aux chevaux
5 et aux ânes lors de la monte. (XIII.) L'ocimum sauvage a toutes les mêmes propriétés, mais plus actives; il est particulièrement bon pour les affections que les vomissements fréquents entraînent; la racine dans le vin est très-efficace contre les abcès de la matrice et les morsures des bêtes.

1 XLIX. La graine de la roquette (*brassica eruca*, L.) est un remède contre le venin du scorpion et de la musaraigne; elle chasse tous les insectes parasites du corps; en friction avec du miel, elle guérit les taches de la peau du visage; avec du vinaigre, le lentigo; avec du fiel de bœuf elle rend blanches les cicatrices noires. On dit que bue dans du vin elle rend moins sensibles aux coups ceux qui doivent subir la fustigation. L'agrément en est tel dans l'assaisonnement des mets, que les Grecs lui ont donné le nom d'euzomon (bonne pour sauces). On pense que la roquette broyée légèrement, en fomentation sur les yeux, rend la clarté à la vue; qu'elle calme la toux des enfants en bas âge. La racine bouillie dans de l'eau fait sortir les esquilles osseuses. Nous en avons indiqué la propriété aphrodisiaque (XIX, 44). Trois feuilles de roquette sauvage cueillies de la main gauche, pilées dans de l'eau miellée, et prises en boisson, ont la même propriété.

L. Au contraire, le cresson (*lepidium sativum*, 1 L.) est antiaphrodisiaque; il aiguise l'esprit, comme nous l'avons dit (XIX, 44). Il y en a deux espèces. L'une est purgative, et évacue la bile, bue dans l'eau à la dose d'un denier d'argent; appliquée sur les scrofules avec de la farine de fève, et recouverte de chou, c'est un remède excellent. L'autre espèce est plus foncée; elle purge la tête, elle nettoie la vue; prise dans du vinaigre, elle calme l'émotion de l'esprit; bue dans du vin ou avec une figue, elle guérit la rate; dans du miel, prise chaque jour à jeun, la toux. La graine 2 dans du vin expulse tous les vers des intestins; plus efficacement, avec addition de mentastrum (*mentha tomentosa*, d'Urv.). Elle est bonne contre l'asthme et la toux, avec l'origan et du vin doux; contre les douleurs de poitrine, bouillie dans du lait de chèvre; avec de la poix, elle dissipe les tumeurs, et fait sortir les épines enfon-

tibus ex aceto odoratum salutare esse. Item lethargicis,
3 et inflammatis refrigerationi. Illitum capitis doloribus cum rosaceo, aut myrteo, aut aceto : item oculorum epiphoris impositum ex vino. Stomacho quoque utile, inflationes et ructum ex aceto dissolvere sumtum. Alvum sistere impositum, urinam ciere. Sic et morbo regio et hydropicis prodesse. Choleras eo et distillationes stomachi inhiberi. Ergo etiam cœliacis Philistion dedit : et coctum dysentericis, et colicis Plistonicus. Aliqui et in tenesmo, et sanguinem exscreantibus, in vino : duritia quoque præcordiorum. Illinitur mammis, exstinguitque lactis proventum. Auribus utilissimum infantium, præcipue cum
4 adipe anserino. Semen tritum et haustum naribus sternutamenta movet, et distillationes quoque capiti illitum : vulvas purgat in cibo, ex aceto. Verrucas mixto atramento sutorio tollit. Venerem stimulat. Ideo etiam equis
5 asinisque admissuræ tempore ingeritur. (XIII.) Silvestri ocimo vis efficacior ad eadem omnia : peculiaris ad vitia quæ vomitionibus crebris contrahuntur : vomicisque vulvæ, contraque bestiarum morsus e vino radice efficacissima.

1 XLIX. Erucæ semen scorpionum venenis et muris aranei medetur. Bestiolas omnes innascentes corpori ar-
cet : vitia cutis in facie cum melle illitum. Lentigines ex aceto. Cicatrices nigras reducit ad candorem cum felle bubulo. Aiunt verbera subituris potum ex vino duritiam quamdam contra sensum inducere. In condiendis obsoniis tanta est suavitas, ut Græci enzomon appellaverint. Putant subtrita eruca si foveantur oculi, claritatem restitui : tussim infantium sedari. Radix ejus in aqua decocta fracta ossa extrahit. Nam de Venere stimulanda diximus : tria folia silvestris erucæ sinistra manu decerpta, et trita in aqua mulsa si bibantur.

L. E contrario nasturtium Venerem inhibet, animum 1 exacuit, ut diximus : duo ejus genera. Alvum purgat, detrahit bilem potum in aqua x pondere. Cum lomento strumis illitum, opertumque brassica, præclare medetur. Alterum est nigrius, quod capitis vitia purgat. Visum compurgat. Commotas mentes sedat ex aceto sumtum. Lienem ex vino potum vel cum fico. Tussim ex melle, si quotidie jejuni sumant. Semen ex vino omnia intestinorum animalia pellit : efficacius addito mentastro. Prodest et contra suspiria et tussim, cum origano et vino dulci. Pectoris doloribus decoctum in lacte caprino. Panos discutit cum pice, extrahitque corpori aculeos. Et ma-

cées dans le corps; en liniment dans du vinaigre, elle fait disparaître les taches; contre les carcinomes, on y ajoute le blanc d'œuf; dans du vinaigre, on en fait des applications pour la rate. Dans le miel, elle est très-utile aux enfants. Sextius ajoute que le cresson brûlé met en fuite les serpents et neutralise le venin des scorpions; que pilé il soulage les maux de tête, et qu'avec l'addition de la moutarde il guérit l'alopécie; que pilé, et appliqué avec une figue, il remédie à la 3 dureté de l'ouïe; que le suc instillé dans les oreilles soulage les maux de dents; qu'avec la graisse d'oie il guérit le porrigo et les ulcères de la tête. Le cresson avec du levain fait mûrir les furoncles; il mène à suppuration les charbons et les fait ouvrir. Avec du miel, il mondifie les ulcères phagédéniques. On en fait des applications, avec du vinaigre et la polenta, dans la coxalgie et le lumbago; de la même façon, dans le lichen, ainsi que pour les ongles raboteux : en effet, il a naturellement quelque chose de caustique. Le meilleur est celui de la Babylonie. Le cresson sauvage possède toutes les mêmes propriétés, mais avec plus d'efficacité.

1 LI. La rue (*ruta graveolens*, L.) est au nombre des médicaments les plus efficaces. La rue cultivée a les feuilles plus larges et les rameaux plus forts. La rue sauvage a des effets violents, et elle est plus active en tout. Pilée et modérément humectée, on en exprime le suc, qu'on garde dans une boîte de cuivre. Donné en trop grande quantité, c'est un poison, surtout celui de la rue de Macédoine, sur les bords du fleuve Aliacmon : chose singulière, le suc de la ciguë le neutralise; ainsi il est vrai qu'il y a des poisons de poisons, et le suc de la ciguë protège les mains de ceux qui récoltent la rue. Du reste, c'est un des premiers ingrédients des antidotes, et surtout de l'antidote de Galatie. Toute espèce de rue, seule, a la vertu d'un antidote, si on en pile les feuilles et qu'on les prenne dans du vin; elle est surtout 2 bonne contre l'aconit et le gui, aussi contre les champignons, soit en boisson, soit en aliment; de la même façon, contre les morsures de serpents, à tel point que les belettes (VIII, 41), près de livrer combat à ces reptiles, se prémunissent en mangeant d'abord de la rue. Elle est bonne contre les piqûres des scorpions, des araignées, des abeilles, des frelons, des guêpes, contre les cantharides, les salamandres, et contre les morsures des chiens enragés; le suc, à la dose d'un acétabule, se boit dans du vin; les feuilles pilées ou mâchées sont appliquées avec du miel et du sel, ou, bouillies, avec du vinaigre et de la poix. On assure que les personnes frottées avec 3 ce suc ou en ayant sur elles ne sont pas attaquées par ces animaux malfaisants, et que les serpents fuient l'odeur de la rue que l'on brûle. Toutefois la racine de la rue sauvage, prise avec du vin, est ce qu'il y a de plus efficace; on ajoute qu'elle est surtout bue en plein air. Pythagore a distingué la rue en mâle et en femelle; la rue mâle a les feuilles plus petites et d'une couleur herbacée; la rue femelle a des feuilles et une couleur plus belles. Le même auteur l'a crue nuisible aux 4 yeux; c'est une erreur, car les graveurs et les peintres en mangent, pour leur vue, avec du pain ou du cresson; les chèvres sauvages en mangent, dit-on, aussi pour leur vue. Beaucoup se sont guéris de taches sur les yeux en se les frottant avec le suc mêlé à du miel attique, ou à du lait d'une femme qui vient d'accoucher d'un garçon, ou en se frottant le coin des yeux avec le suc pur. En application avec de la polenta, elle

---

culas illitum ex aceto. Contra carcinomata adjicitur ovorum album. Et lienibus illinitur ex aceto. Infantibus vero e melle utilissime. Sextius adjicit, ustum serpentes fugare, scorpionibus resistere. Capitis dolores contrito, et alopecias emendari addito sinapi : gravitatem aurium trito 3 imposito auribus cum fico. Dentium dolores infuso in aures succo. Porriginem et hulcera capitis cum adipe anserino. Furunculos concoquit cum fermento. Carbunculos ad suppurationem perducit, et rumpit. Phagedænas hulcerum expurgat cum melle. Coxendicibus et lumbis cum polenta ex aceto illinitur : item licheni : item unguibus scabris : quippe natura ejus caustica est. Optimum autem Babylonium. Silvestri vero ad omnia ea effectus major.

1 LI. In præcipuis autem medicaminibus ruta est. Latiora sativæ folia, rami fruticosiores. Silvestris horrida ad effectum est, et ad omnia acrior. Succus exprimitur, tusa et aspersa modice, et in pyxide cypria asservatur. Hic copiosior datus veneni noxiam obtinet, in Macedonia maxime juxta flumen Aliacmonem : mirumque, cicutæ succo exstinguitur : adeo etiam venenorum venena sunt, quando cicutæ succus prodest manibus colligentium rutam. Cætero inter prima miscetur antidotis, præcipueque Galatica. Quæcumque autem ruta et per se pro antidoto valet, foliis tritis, et ex vino sumtis. Contra aconitum 2 maxime, et viscum. Item fungos, sive in potu detur, sive in cibo. Simili modo contra serpentium ictus, utpote quum mustelæ dimicaturæ cum his, rutam prius edendo se muniant. Valent et contra scorpionum, aranearum, apum, crabronum, vesparum aculeos, et cantharidas, ac salamandras, canisve rabiosi morsus : acetabuli mensura succus e vino bibitur, et folia trita vel commanducata imponuntur cum melle et sale, vel cum aceto et pice decocta. Succo vero perunctos aut eam habentes, negant feriri ab his maleficiis; serpentesque, si uratur ruta, nidorem fugere. Efficacissima tamen est silvestris radix cum vino sumta. Eamdem adjiciunt efficaciorem esse sub dio potam. Pythagoras et in hac marem minoribus herbaceique coloris foliis a femina discrevit : eam lætioribus foliis et colore. Idem oculis noxiam putavit : falsum, quoniam 4 sculptores et pictores hoc cibo utuntur oculorum causa, cum pane vel nasturtio : capræ quoque silvestres propter visum, ut aiunt. Multi succo ejus cum melle Attico inuncti discusserunt caligines, vel cum lacte mulieris puerum enixæ, vel puro succo angulis oculorum tactis. Epi-

guérit les épiphoras. Elle guérit les douleurs de tête, bue avec du vin, ou en application avec du vinaigre et de l'huile rosat; mais si la douleur de tête est invétérée, avec de la farine d'orge et du vinaigre. Elle dissipe les crudités, les gonfle-
5 ments, les vieilles douleurs d'estomac; elle ouvre la matrice fermée, elle la remet en place quand elle est déplacée : pour cela on l'applique dans du miel sur tout le ventre et toute la poitrine. La rue avec des figues, et bouillie jusqu'à réduction de moitié, prise avec du vin, est bonne contre l'hydropisie. On la prend de la même façon contre les douleurs de la poitrine, des côtés et des lombes, contre la toux, contre l'asthme, contre les affections des poumons, du foie et des reins, contre les frissons. Ceux qui vont boire en font bouillir les feuilles, pour prévenir les maux de tête causés par l'ivresse. Elle est bonne aussi mangée crue, ou cuite ou confite. Elle est bonne encore contre les tranchées, bouillie avec de l'hysope ou prise avec du vin. Elle arrête l'hémoptysie, et, mise dans les narines, l'épistaxis; tenue
6 dans la bouche, elle est bonne pour les dents. En cas de douleur d'oreilles, on instille le suc dans cette partie, en ayant soin de modérer la dose, comme nous l'avons dit, si c'est de la rue sauvage; contre la dureté d'ouïe et les bourdonnements on l'instille avec l'huile rosat ou avec l'huile de laurier, ou avec le cumin et le miel. Le suc de la rue pilée dans du vinaigre s'applique, dans la phrénitis, sur les tempes et la tête; quelques-uns y ont ajouté du serpolet et du laurier, et en ont frotté la tête et le cou. On l'a fait respirer dans du vinaigre aux personnes en léthargie; on en a donné aussi à boire dans l'épilepsie la décoction, à la dose de quatre cyathes (0 litr., 18), et avant (19) les accès fébriles dont le froid est intolérable; on

l'a fait manger crue aux gens frileux. Elle est diurétique, même jusqu'au sang; bue dans du 7 vin noir doux, elle provoque le flux menstruel, la sortie de l'arrière-faix, et même des fœtus morts, selon Hippocrate (*De morb. mul.*, 1, 128); aussi recommande-t-il d'en faire des applications et même des fumigations pour la matrice. Dans la maladie cardiaque, Dioclès en fait des applications avec le vinaigre, le miel et la farine d'orge; dans l'iléus, avec de la farine bouillie dans l'huile et mise sur de la laine en toison. Beaucoup recommandent de faire prendre deux drachmes de rue sèche avec une drachme et demie de soufre, contre les crachements de pus; et trois branches bouillies dans du vin, contre les crachements de sang. On la prescrit contre la dyssenterie, avec 8 du fromage et pilée dans du vin. Concassée avec du bitume, on la fait prendre en potion pour l'essoufflement. On a donné trois onces de graine à ceux qui avaient fait une chute de haut. Une livre d'huile dans laquelle les feuilles ont bouilli, et un setier de vin, composent un liniment pour les parties qui ont été gelées. Si la rue, comme le pense Hippocrate (*De diæta*, II, 26), est diurétique, il est singulier que quelques-uns la donnent contre l'incontinence d'urine comme antidiurétique. Appliquée avec le miel et l'alun, elle guérit les psores et les lèpres; avec le strychnos (*solanum nigrum*, L.), la graisse de porc et le suif de taureau, le vitiligo, les verrues, les scrofules et choses semblables; avec le vinaigre et l'huile, ou la 9 céruse, l'érysipèle; avec le vinaigre, le charbon; quelques-uns recommandent d'appliquer en même temps le silphion, mais ils ne l'appliquent pas pour les pustules des épinyctides. On applique la rue bouillie sur les mamelles gonflées, et, avec de la cire, sur les éruptions dues à la pituite. On

---

phoras cum polenta imposita lenit. Item capitis dolores pota cum vino, aut cum aceto et rosaceo illita. Si vero sit cephalæa, cum farina hordeacea, et aceto. Eadem cruditates discutit, mox inflationes, dolores stomachi veteres.
5 Vulvas aperit, corrigitque conversas, illita in melle, toto ventre et pectore. Hydropicis cum fico, et decocta ad dimidias partes, potaque ex vino. Sic bibitur et ad pectoris dolores, laterumque, et lumborum, tusses, suspiria : pulmonum, jocinerum, renum vitia, horrores frigidos. Ad crapulæ gravedines decoquuntur folia poturis. Et in cibo vel cruda, vel decocta conditave prodest. Item torminibus in hyssopo decocta, et cum vino. Sic et sanguinem sistit interiorem, et narium indita : sic et collutis dentibus
6 prodest. Auribus quoque in dolore succus infunditur, custodito, ut diximus, modo, in silvestri. Contra tarditatem vero sonitumque, cum rosaceo, vel cum laureo oleo, aut cumino et melle. Succus et phreneticis ex aceto tritæ instillatur in tempora et cerebrum. Adjecerunt aliqui et serpyllum, et laurum, illinentes capita, et colla. Dederunt et lethargicis ex aceto olfaciendum. Dederunt et comitialibus bibendum decoctæ succum in cyathis quatuor, et ante accessiones, quarum frigus intolerabile est; alsiosisque

crudam in cibo. Urinam quoque vel cruentam pellit. Feminarum etiam purgationes, secundasque, etiam emor- 7 tuos partus, ut Hippocrati videtur, ex vino dulci nigro pota. Itaque illitam et vulvarum causa etiam suffire jubet. Diocles et cardiacis imponit ex aceto et melle cum farina hordeacea. Et contra ileum decocta farina in oleo, et velleribus collecta. Multi vero et contra purulentas exscreationes siccæ drachmas duas, sulphuris unam et dimidiam sumi censent : et contra cruentas, ramos tres in vino decoctos. Datur et dysentericis cum caseo in vino contrita. 8 Dederunt et cum bitumine infriatam potioni propter anhelitum. Ex alto lapsis seminis tres uncias. Olei libra vinique sextario illinitur cum oleo coctis foliis partibus, quas frigus adusserit. Si urinam movet, ut Hippocrati videtur, mirum est quosdam dare velut inhibentem potui, contra incontinentiam urinæ. Psoras et lepras cum melle et alumine illita emendant. Item vitiligines, verrucas, strumas, et similia, cum strychno et adipe suillo ac taurino sevo. Item ignem sacrum ex aceto et oleo, 9 vel psimmythio : carbunculum ex aceto. Nonnulli laserpitium una illini jubent, sine quo epinyctidas pustulas curant. Imponunt et mammis turgentibus decoctam, et

l'applique avec des branches tendres de laurier, en cas de fluxion sur les testicules ; et elle a une action si spéciale sur ces organes, que la rue sauvage appliquée avec de la vieille graisse guérit, dit-on, les hernies. La graine pilée, appliquée avec de la cire, est un remède pour les membres cassés. La racine de rue en application guérit les épanchements de sang dans les yeux, les cicatrices ou les taches sur toute la surface du corps. Parmi les autres propriétés qu'on lui attribue, il est singulier que, la rue étant de nature chaude, de l'aveu de tout le monde, une botte de cette plante bouillie dans de l'huile rosat, avec addition d'une once d'aloès, empêche de suer ceux qui s'en frottent, et que prise en aliment elle rende inhabile à la génération ; aussi la donne-t-on dans le flux spermatique, et à ceux qui sont sujets aux rêves lascifs. Les femmes enceintes doivent s'abstenir de cet aliment, car je trouve qu'il cause la mort des embryons. De toutes les plantes cultivées la rue est la plus employée dans les maladies des bestiaux soit respirant difficilement, soit blessés par des animaux malfaisants ( et alors on leur verse la rue avec du vin dans les narines), soit épuisés par une sangsue avalée (20) (on leur fait prendre la rue dans du vinaigre) : dans toutes leurs maladies on l'emploie préparée comme pour l'homme en cas semblable.

1 LII. (xiv.) Le mentastrum (*menta tomentosa*, d'Urv.) est une menthe sauvage (xix, 47) différant par ses feuilles, qui ont la forme de celles de l'ocimum et la couleur de celles du pouliot, ce qui fait que quelques-uns l'appellent pouliot sauvage. Les feuilles mâchées et appliquées guérissent l'éléphantiasis. Une expérience due au hasard a fait reconnaître cette propriété du temps du grand Pompée, un malade honteux de cette affection s'étant couvert la figure avec ces feuilles. On les emploie en application et en boisson contre les scolopendres et les serpents, à la dose de deux drachmes dans deux cyathes de vin ; contre les scorpions, avec le sel, l'huile et le vinaigre. On 2 donne encore contre les scolopendres la décoction. On garde contre tous les venins les feuilles sèches, réduites en poudre. Répandu sur le sol, ou brûlé, le mentastrum met en fuite les scorpions. En boisson il favorise l'écoulement des lochies après le part ; mais avant, il cause la mort des fœtus. Il est très-efficace (21) dans l'orthopnée, dans les tranchées, dans le choléra ; en application il est bon dans le lumbago et dans la goutte. On en instille le suc dans les oreilles qui ont des vers ; on le boit dans l'ictère ; on l'applique sur les tumeurs strumeuses ; il empêche les songes lascifs. Bu dans du vinaigre, il expulse le ténia (xx, 50). Contre le porrigo on le met dans du vinaigre, et on s'en lave la tête au soleil.

LIII. La menthe a une odeur qui éveille l'esprit 1 et une saveur qui excite l'appétit : aussi entre-t-elle ordinairement dans les sauces. Elle empêche le lait de s'aigrir ou de se cailler : aussi l'ajoute-t-on au lait que l'on boit, de peur d'être étouffé par la coagulation de ce liquide. On la donne dans de l'eau ou du vin miellé. On pense que par la même propriété elle s'oppose à la génération, en empêchant la coagulation du sperme. Chez les hommes comme chez les femmes, elle arrête l'écoulement du sang ; elle suspend le flux menstruel. Bue dans de l'eau avec l'amidon, elle arrête le flux céliaque. Syriation l'a employée dans le traitement des abcès de la matrice ; à la dose de trois oboles dans du vin miellé, contre les obstructions

---

pituitæ eruptionibus cum cera. Testium vero epiphoris cum ramis laureæ teneris, adeo peculiari in visceribus his effectu, ut silvestri ruta cum axungia veteri illitos ramices sanari prodant. Fracta quoque membra semine trito cum cera imposito. Radix rutæ sanguinem oculis suffusum, et toto corpore cicatrices aut maculas illita emendat. Ex reliquis quæ traduntur, mirum est, quum ferventem rutæ naturam esse conveniat, fasciculum ejus in rosaceo decoctum addita uncia aloes, perunctis sudorem reprimere : itemque generationes impediri hoc cibo : ideo in profluvio genitali datur, et Venerem crebro per somnia imaginantibus. Præcavendum est gravidis alimentum hoc cibo : necari enim partus invenio. Eadem ex omnibus satis quadrupedum quoque morbis in maximo usu est, sive difficile spirantibus, sive contra maleficorum animalium ictus, infusa per nares ex vino ; aut si sanguisuga exhauserit, ex aceto ; et quocumque in simili morborum genere, ut in homine, temperata.

1 LII. (xiv.) Mentastrum silvestris menta est, differens specie foliorum, quæ sunt figura ocimi, pulegii colore. Propter quod quidam silvestre pulegium vocant. Iis commanducatis et impositis sanari elephantiasin, Magni Pompeii ætate, fortuito cujusdam experimento propter pudorem facie illita compertum est. Eadem illinuntur bibunturque adversus scolopendras, et serpentium ictus, drachmis duabus in vini cyathis duobus. Adversus scorpionum ictus cum sale, oleo, et aceto. Item adversus scolopendras 2 jus decocti : adversus omnia venena servantur folia arida, ad farinæ modum. Substratum vel accensum fugat etiam scorpiones. Potum feminas purgat a partu : sed partus necat. Orthopnoicis, torminibus, choleris, efficacissimum : item lumbis, podagris impositum. Succus auribus verminosis instillatur. In regio morbo bibitur. Strumis illinitur. Somnia Veneris inhibet. Tineas pellit ex aceto potum. Contra porriginem ex aceto infunditur capiti in sole.

LIII. Mentæ ipsius odor animum excitat, et sapor aviditatem in cibis, ideo embammatum mixturæ familiaris. Ipsa acescere, aut coire, denserique lac non patitur. Quare lactis potionibus additur, ne hujus coagulati potu strangulentur. Datur in aqua aut mulso : eadem vi resistere generationi creditur, cohibendo genitalia denseri. Æque maribus ac feminis sistit sanguinem : et purgationes feminarum inhibet : cum amylo ex aqua pota, cœliacorum impetus. Syriation et vomicas vulvæ curavit illa. Jocine- 2 rum vitia ternis obolis ex mulso datis. Item sanguinem ex-

du foie ; en potage, contre l'hémoptysie. Elle guérit merveilleusement les ulcérations à la tête chez les enfants. Elle dessèche la trachée-artère quand elle est humide, et la resserre quand elle est sèche. Dans le vin miellé et l'eau, elle purge la pituite corrompue. Le suc est utile à la voix dans les combats de la parole, mais seulement pris immédiatement auparavant. On l'emploie en gargarisme dans les gonflements de la luette, en y ajoutant de la rue et de la coriandre dans du lait. Avec l'alun il est bon contre l'amygdalite ; avec du miel, contre l'âpreté de la langue ; seul, contre les convulsions intérieures et les affections du poumon. D'après Démocrite, avec le suc de grenade il arrête le hoquet et le vomissement. Le suc de menthe fraîche, aspiré par le nez, guérit les affections des narines. Pilée et bue dans du vinaigre, la menthe guérit le choléra et les fluxions intérieures du sang ; appliquée avec de la polenta, l'iléus et la tension des mamelles. On en fait des applications sur les tempes dans la douleur de la tête. On la prend contre les scolopendres, les scorpions marins et les serpents. On l'applique sur les épiphoras et toutes les éruptions de la tête, ainsi que sur les affections du siége. Elle empêche les écorchures [*dues à l'équitation ou à d'autres exercices*], même tenue seulement à la main. On l'instille avec du vin miellé dans les oreilles. On assure qu'elle guérit les affections de la rate si on y goûte dans un jardin pendant neuf jours de suite sans l'arracher, et si en y mordant on dit qu'on fait cela pour se guérir la rate ; que séchée, réduite en poudre, une pincée dans de l'eau calme la douleur d'estomac ; et que prise en boisson sous cette forme elle expulse les vers intestinaux.

1 LIV. Le pouliot (*menta pulegium*, L.), non moins que la menthe, rappelle à elles les personnes en défaillance : on garde les branches de l'une et l'autre plante dans des bouteilles de verre pleines de vinaigre. Pour cette raison, Varron a prononcé qu'une couronne de pouliot méritait mieux d'orner nos appartements qu'une couronne de roses : on dit encore que mise sur la tête elle dissipe la céphalalgie. On assure que respirée elle protège la tête contre l'action nuisible du froid et du chaud, et défend de la soif ; que ceux qui au soleil ont deux branches de pouliot derrière les oreilles ne sont pas incommodés par la chaleur. Dans les douleurs on en fait des applications, avec la polenta et le vinaigre. Le pouliot femelle est plus efficace ; il a la feuille pourprée, le mâle l'a blanche. Pris dans de l'eau froide avec du sel et de la polenta, il empêche les nausées, ainsi que les douleurs de poitrine et de ventre. Pris dans de l'eau, il calme le sentiment d'érosion dans l'estomac, et, avec du vinaigre et de la polenta, les vomissements. Bouilli avec du miel et du nitre, il guérit les lésions intestinales. Dans du vin, il est diurétique ; et si le vin est de la vigne amminéenne (xv, 5, 2) il chasse les calculs et toutes les douleurs intérieures. Dans du miel et du vinaigre, il pousse les menstrues et l'arrière-faix ; il remet en place la matrice déplacée ; il chasse les fœtus morts. On fait respirer la graine aux personnes frappées soudainement de mutisme. Contre l'épilepsie on le donne dans du vinaigre, à la dose d'un cyathe (0 litr., 045) ; si les eaux sont malsaines on y jette du pouliot pilé. Pris avec du vin, il diminue les âcretés du corps ; pour les nerfs, dans les contractions spasmodiques, on le donne avec du sel et du vinaigre ; avec le miel on en fait des frictions dans l'opisthotonos. On en boit la décoction contre les blessures faites

---

screantibus in sorbitionem. Hulcera in capite infantium mire sanat. Arterias humidas siccat, siccas adstringit. Pituitas corruptas purgat in mulso et aqua. Voci succus sub certamine utilis dumtaxat, qui et gargarizatur uva tumente, adjecta ruta et coriandro in lacte. Utilis et contra tonsillas cum alumine : linguæ asperæ cum melle. Ad convulsa intus per se, vitiisque pulmonis. Singultus et vomitiones sistit cum succo granati, ut Democritus monstrat. Recentis succus narium vitia spiritu subductus emendat. Ipsa trita choleras, in aceto quidem pota. Sanguinis fluxiones intus. Ileum etiam imposita cum polenta : et si mammæ tendantur. Illinitur et temporibus in capitis dolore. Sumitur et contra scolopendras, et scorpiones marinos, et ad serpentes. Epiphoris illinitur, et omnibus in capite eruptionibus : item sedis vitiis. Intertrigines quoque, vel si teneatur tantum, prohibet. Auribus cum mulso instillatur. Aiunt et lieni mederi eam in horto gustatam, ita ne vellatur : si is qui mordeat, dicat se lieni mederi, per dies ix. Aridæ quoque farinam tribus digitis apprehensam, et stomachi dolorem sedare in aqua : et similiter aspersam in potionem, ventris animalia expellere.

LIV. Magna societas cum hac ad recreandos defectos animo pulegio, cum surculis suis in ampullas vitreas aceti utrisque dejectis. Qua de causa dignior e pulegio corona Varroni, quam e rosis, cubiculis nostris pronuntiata est : nam et capitis dolores imposita dicitur levare. Quin et olfactu capita tueri, contra frigorum æstusque injuriam, et ab siti traditur ; neque æstuare eos, qui duos e pulegio surculos impositos auribus in sole habeant. Illinitur etiam in doloribus cum polenta et aceto. Femina efficacior. Est autem hæc flore purpureo : mas candidum habet. Nauseas cum sale et polenta in frigida aqua pota inhibet. Sic et pectoris ac ventris dolorem. Stomachi autem ex aqua item rosiones sistit, et vomitiones cum aceto et polenta. Intestinorum vitia melle decocta et nitro sanat. Urinam pellit ex vino : et si amminéum sit, et calculos, et interiores omnes dolores. Ex melle et aceto sedat menstrua, et secundas. Vulvas conversas corrigit. Defunctos partus ejicit. Semen obmutescentibus olfactu admovetur. Comitialibus in aceto cyathi mensura datur. Si aquæ insalubres bibendæ sint, tritum aspergitur. Salsitudines corporis, si cum vino tradatur, minuit. Nervorum causa, et in contractione, cum sale et aceto, et melle confricatur in opisthotono. Bibitur ad serpentium ictus decoctum : ad scor-

par les serpents; pilé dans du vin (surtout le pouliot venu dans des lieux secs), on le fait prendre contre les piqûres des scorpions. Il passe pour efficace contre les ulcérations de la bouche et la toux. La fleur fraîche, brûlée, tue les puces par son odeur. Xénocrate, parmi les remèdes, rapporte qu'on donne à flairer dans les fièvres tierces, avant l'accès, une branche de pouliot roulée dans de la laine, ou qu'on la met sous les couvertures du lit où est couché le malade.

1 LV. Le pouliot sauvage (22) a les mêmes propriétés, mais plus énergiques; il est semblable à l'origan, et a les feuilles moindres que le pouliot cultivé; quelques-uns le nomment dictame. Brouté par les moutons et les chèvres, il les fait bêler; aussi certains Grecs, changeant une lettre dans son nom (γλήχων), l'ont-ils appelé blechon (βλήχων, de βληχή, bêlement). Il est tellement chaud, qu'il ulcère les parties sur lesquelles on l'applique. Dans la toux résultat d'un refroidissement, il est utile de s'en frotter avant le bain; on s'en frotte également dans les accès fébriles avant le frisson, ainsi que dans les convulsions et les tranchées. Il est merveilleusement avantageux dans la goutte. On le donne à boire, avec du miel et du sel, dans les affections du foie; il rend l'expectoration facile dans les affections du poumon. Avec le sel il est bon pour la rate, la vessie, l'asthme et les flatuosités; la décoction a les mêmes avantages; il redresse la matrice. On le prescrit contre la scolopendre terrestre ou marine, et contre les scorpions. En particulier, il est excellent contre la morsure faite par un homme. La racine fraîche est très-efficace contre les ulcérations végétantes; sèche, elle efface les difformités des cicatrices.

1 LVI. La nepeta (mentha gentilis, L.) agit aussi comme le pouliot: bouillies dans l'eau jusqu'à réduction du tiers, ces deux plantes dissipent le froid des accès fébriles; elles activent le flux menstruel; en été elles tempèrent la chaleur. La nepeta a aussi des vertus contre les serpents; ils en fuient la fumée et l'odeur, et les personnes qui doivent dormir dans des lieux suspects feront bien d'en mettre sous elles. Pilée, on l'applique sur les fistules lacrymales; fraîche et mêlée à un tiers de pain avec du vinaigre, on l'applique dans les douleurs de tête. Le jus instillé dans les narines, la tête renversée, arrête l'épistaxis; il en est de même de la racine, qui en gargarisme avec de la graine de myrte dans du vin cuit, tiède, guérit l'esquinancie.

LVII. Le cumin sauvage (cuminum cymi- 1 num, L.) est très-menu; il a quatre ou cinq feuilles dentelées en scie. Le cumin cultivé est d'un grand usage, surtout parmi les remèdes stomachiques. Pilé et pris avec du pain, ou bu avec de l'eau et du vin, il dissipe la pituite, les flatuosités, les tranchées et les douleurs intestinales. Cependant tout cumin rend pâles ceux qui en boivent; du moins on assure que les disciples de Porcius Latron, célèbre parmi les professeurs d'éloquence, imitaient de cette façon la pâleur que leur maître devait à ses études: et, il y a peu de temps, Julius Vindex, ce défenseur de la liberté contre Néron, employa ce moyen pour donner le change à l'empereur, qui voulait sa succession. En pas- 2 tilles ou frais, et dans du vinaigre, le cumin arrête le saignement de nez; appliqué seul, il est bon pour les épiphoras; avec le miel, pour le gonflement des yeux. Chez les enfants en bas âge, il suffit de l'appliquer sur le ventre. En cas d'ictère, on le donne dans du vin blanc après le bain. (xv.) Le cumin d'Éthiopie se donne surtout dans

---

pionum et in vino tritum, maxime quod in siccis nascitur. Ad oris exhulcerationes, ad tussim efficax habetur. Flos recentis incensus, pulices necat odore. Xenocrates pulegii ramum lana involutum, in tertianis ante accessionem olfactandum dari, aut stragulis subjici, et ita collocari ægrum, inter remedia tradit.

1 LV. Silvestri ad eadem vis efficacior est, quod simile est origano, minoribus foliis, quam sativum: et a quibusdam dictamnus vocatur. Gustatum a pecore caprisque, balatum conciliat. Unde quidam Græci littera mutata blechona vocaverunt. Natura tam fervens est, ut illitas partes exhulceret. Tussi in perfrictione fricari ante balnea convenit: et ante accessionum horrorem, convulsis, et torminibus. Podagris mire prodest. Hepaticis cum melle et sale bibendum datur: pulmonum vitia exscreabilia facit. Ad lienem cum sale utile est, et vesicæ, et suspiriis, et inflationibus: decoctum succo æqualiter, et vulvas corrigit: et contra scolopendram terrestrem vel marinam: item scorpiones: privatimque valet contra hominis morsum. Radix contra increscentia hulcera recens potentissima. Arida vero cicatricibus decorem affert.

1 LVI. Item pulegio est nepetæque societas. Decocta enim in aqua ad tertias discutiunt frigora, mulierumque menstruis prosunt. Et æstate sedant calores. Nepeta quoque vires contra serpentes habet. Fumum ex ea nidoremque fugiunt, quam et substernere in metu obdormituris utile est. Tusa ægilopiis imponitur, et capitis doloribus recens cum tertia parte panis temperata aceto illinitur. Succus ejus instillatus naribus supinis, profluvium sanguinis sistit. Item radix, quæ cum myrti semine in passo tepido gargarizata anginis medetur.

LVII. Cuminum silvestre est prætenue, quaternis aut qui- 1 nis foliis veluti serratis. Sed et sativo magnus usus, in stomachi præcipue remediis. Discutit pituitas, et inflationes, tritum et cum pane sumtum, vel potum, ex aqua vinoque: tormina quoque et intestinorum dolores. Verumtamen omne pallorem bibentibus gignit. Ita certe ferunt Porcii Latronis clari inter magistros dicendi, adsectatores, similitudinem coloris studiis contracti imitatos: et paulo ante Julium Vindicem adsertorem illum a Nerone libertatis, captatione testamenti sic lenocinatum. Narium sanguinem 2 pastillis inditum vel ex aceto recens sistit: et oculorum epiphoris per se impositum, tumentibus cum melle prodest. Infantibus imponi in ventre satis est. Morbo regio

les gencives, pour les dents, et propre à rendre l'haleine agréable et à prévenir les flatuosités (24).

LXVII. L'origan, qui, comme nous l'avons dit (XIX, 50), rivalise pour le goût avec la cunila, a plusieurs espèces usitées en médecine. On donne le nom d'onitis (*origanum creticum*, L.) ou de prasion à une des espèces qui a quelque ressemblance avec l'hysope ; elle s'emploie en particulier dans de l'eau tiède, contre le sentiment d'érosion de l'estomac et contre les indigestions ; dans du vin blanc, contre les araignées et les scorpions ; dans du vinaigre, de l'huile et de la laine, contre les luxations et les coups.

LXVIII. Le tragorigan (*thymus graveolens*, L.) ressemble davantage au serpolet sauvage. Il est diurétique ; il dissipe les tumeurs. En boisson, il est très-bon contre l'empoisonnement par le gui, contre la morsure de la vipère, contre les rapports acides venant de l'estomac, et pour les viscères. On le donne avec du miel dans la toux, la pleurésie et la péripneumonie.

LXIX. L'origan héracléotique (XX, 62) offre trois espèces : la première, plus noire, a les feuilles plus larges et est gluante ; la seconde les a plus grêles, est plus molle, ressemble assez à la marjolaine, et est appelée de préférence, par quelques auteurs, prasion (XX, 67); la troisième, tenant le milieu entre les deux premières, est moins efficace que l'une et l'autre. Le meilleur origan est celui de Crète, car il a une odeur agréable ; le plus estimé ensuite est celui de Smyrne, qui a une odeur plus forte; l'héracléotique est plus avantageux en boisson, on le nomme onitis. En général, l'origan a la propriété de mettre en fuite les serpents ; on le donne à manger bouilli aux personnes blessées. En boisson, il est diurétique. Il guérit les ruptures et les convulsions avec la racine de panax ; les hydropisies, avec les figues ou avec l'hyssope, à la dose d'un acétabule (0 litr., 068) réduit des cinq sixièmes par la décoction. Il est bon contre la gale, le prurigo, les psores, pris quand on entre dans le bain. Le suc avec du lait s'instille dans les oreilles ; c'est un remède pour les tonsilles, la luette et les ulcères de la tête. Bouilli, et pris avec de la cendre dans du vin, l'origan neutralise le poison de l'opium et du plâtre. Il relâche le ventre à la dose d'un acétabule. On l'applique sur les meurtrissures ; on l'emploie contre les maux des dents, auxquelles il donne même de la blancheur, avec du miel et du nitre. Il arrête l'épistaxis. Contre les parotides, on le fait bouillir avec de la farine; contre l'enrouement, on le pile avec de la noix de galle et du miel ; pour la rate, les feuilles avec du miel et du sel. Il atténue la pituite épaisse et noire, cuit avec du vinaigre et du sel, et pris à petite dose. Pour l'ictère on l'introduit dans les narines, pilé avec de l'huile. Les personnes fatiguées en font des frictions, évitant de toucher le ventre. Avec la poix, il guérit les épinyctides; avec des figues broyées (25), il ouvre les furoncles ; avec l'huile, le vinaigre et la farine d'orge, les tumeurs strumeuses ; il guérit les douleurs de côté, appliqué avec les figues ; les fluxions sanguines sur les parties génitales, pilé et appliqué avec du vinaigre ; il active la sortie du reste des vidanges après l'accouchement.

LXX. Le lepidium (cresson, *lepidium sativum*, L.) est rangé parmi les plantes âcres. Par cette propriété, il nettoie la peau du visage en l'excoriant ; mais ces excoriations se guérissent facilement avec de la cire et de l'huile rosat ;

par la même propriété il enlève toujours sans peine les lèpres, les psores, et les marques des cicatrices. On dit que dans le mal de dents, attaché au bras du côté souffrant, il attire la douleur sur ce bras.

LXXI. La nielle (*nigella sativa*, L.) est appelée par les Grecs tantôt mélanthion, tantôt mélanspermon. La meilleure est celle qui a l'odeur la plus pénétrante, et qui est la plus noire. C'est un remède pour les blessures faites par les serpents et les scorpions; je trouve que dans ce cas on l'emploie en applications avec du vinaigre et du miel, et que brûlée elle met en fuite les serpents. On la prend en boisson à la dose d'une drachme (4 gr., 5) contre les araignées. Elle guérit les fluxions nasales, pilée, mise dans un nouet, et respirée; les douleurs de tête, appliquée avec du vinaigre et instillée dans les narines; les épiphoras et les douleurs des yeux, avec de l'huile d'iris; les maux de dents, cuite avec du vinaigre; les ulcérations de la bouche, pilée ou mâchée; les lèpres et le lentigo, dans du vinaigre; la dyspnée, en boisson avec addition de nitre; les duretés, les vieilles tumeurs et les suppurations, en application. Elle augmente, prise plusieurs jours de suite, la quantité du lait chez les femmes. On en recueille le suc, comme celui de la jusquiame (xxv, 17); et comme celui de la jusquiame, pris à trop forte dose c'est un poison : effet étonnant, car la graine est un assaisonnement très-agréable pour le pain (xix, 52). Cette graine purge les yeux; elle active le flux de l'urine et des règles; bien plus, je trouve que trente grains seulement, mis dans un nouet, font sortir l'arrière-faix. On dit que broyée dans de l'urine elle guérit les cors des pieds, et qu'en fumigation elle tue les moucherons et aussi les mouches.

LXXII. L'anis (*pimpinella anisum*, L.), du petit nombre des plantes louées par Pythagore, se prend dans du vin contre les scorpions, cru ou bouilli. Frais ou sec, il est recherché dans tous les assaisonnements, dans toutes les sauces. On en saupoudre la croûte inférieure du pain. On le met aussi dans les chausses à filtrer le vin (xiv, 28); avec les amandes amères, il donne de l'agrément au vin. Il rend l'haleine plus douce, et ôte la mauvaise odeur de la bouche, mangé le matin avec du smyrnion (*smyrnium perfoliatum*, L.) et un peu de miel, puis pris avec du vin en collutoire. Il rend le visage plus jeune. Attaché à l'oreiller de manière qu'on le flaire en dormant, il chasse les mauvais songes. Il donne de l'appétit; l'appétit, que la mollesse de nos jours demande à une plante depuis que le travail a cessé de le procurer. C'est pour cela que quelques-uns l'ont nommé anicetum (*invincible*).

LXXIII. Le plus estimé est celui de Crète, puis celui d'Égypte. Il remplace le ligusticum (xx, 60) dans les assaisonnements. Aspiré en fumigation par les narines, il soulage les maux de tête. Évenor en applique la racine pilée sur les épiphoras des yeux. Iollas applique l'anis lui-même pilé avec du safran et du vin, ou pilé seul avec de la polenta, contre les grandes fluxions, et pour l'extraction des corps étrangers qui peuvent être entrés dans l'œil. Appliqué avec de l'eau, il détruit les chancres du nez. Il guérit les angines, en gargarisme avec le miel et l'hysope dans du vinaigre. On l'instille dans les oreilles avec de l'huile rosat. Rôti, il purge la pituite de la poitrine; pris avec du miel, encore mieux. Pilez, avec un acétabule (0 litr., 068) d'anis dans du

---

facile, et cicatricum hulcera. Tradunt in dolore dentium adalligatum brachio qua doleat, convertere dolorem.

LXXI. Gith ex Græcis, alii melanthion, alii melanspermon vocant. Optimum quam excitatissimi odoris, et quam nigerrimum. Medetur serpentium plagis et scorpionum. Illini ex aceto ac melle reperio, incensoque serpentes fugari. Bibitur drachma una et contra araneos. Distillationem narium discutit tusum in linteolo olfactum. Capitis dolores illitum ex aceto et infusum naribus. Cum irino oculorum epiphoras et tumores. Dentium dolores coctum cum aceto. Hulcera oris tritum aut commanducatum. Item lepras et lentigines ex aceto. Difficultates spirandi addito nitro potum. Duritias, tumoresque veteres, et suppurationes, illitum. Lacte mulierum auget continuis diebus sumtum. Colligitur succus ejus, ut hyoscyami : similiterque largior, venenum est, quod miremur; quum semen gratissime panes etiam condiat. Oculos quoque purgat : urinam et menses ciet. Quin immo linteolo deligatis tantum granis xxx secundas trahi reperio. Aiunt et clavis in pedibus mederi tritum in urina : culices suffitu necare : item muscas.

LXXII. Et anisum adversus scorpiones ex vino bibitur, Pythagoræ inter pauca laudatum, sive crudum, sive decoctum. Item viride aridumve, omnibus quæ condiuntur, quæque intinguntur, desideratum. Panis etiam crustis inferioribus subditum. Saccis quoque additur : cum amaris nucibus vina commendat. Quin ipsum oris halitum jucundiorem facit, fœtoremque tollit manducatum matutinis cum smyrnio, et melle exiguo, mox vino collutum. Vultum juniorem præstat. Insomnia levat suspensum in pulvino, ut dormientes olfaciant. Appetentiam ciborum præstat, quando id quoque inter artificia deliciæ fecere, ex quo labor desiit cibos poscere. Ob has causas quidam anicetum id vocavere.

LXXIII. Laudatissimum est Creticum, proximum Ægyptium. Hoc ligustici vicem præstat in condimentis. Dolores capitis levat suffitum naribus. Epiphoris oculorum Evenor, radicem ipsa tusam imponit : Iollas ipsum cum croco pari modo et vino, et per se tritum cum polenta ad magnas fluxiones, extrahendisque, si qua in oculos inciderint. Narium quoque carcinodes consumit illitum ex aqua. Sedat anginas cum melle et hyssopo ex aceto gargarizatum. Auribus infunditur cum rosaceo. Thoracis pituitas purgat tostum : cum melle sumtum, melius. Cum acetabulo

miel, cinquante amandes amères mondées, pour la toux. Un remède très-facile, c'est de faire avec trois drachmes d'anis, deux de pavot et du miel, un mélange dont on prend pendant trois jours gros comme une fève. Il est surtout excellent comme carminatif; aussi remédie-t-il aux gonflements d'estomac, aux tranchées et aux affections céliaques. Bouilli, et flairé ou pris en boisson, il arrête le hoquet. Les feuilles bouillies font passer les indigestions. La décoction avec de l'ache, flairée, arrête les éternuments. En boisson l'anis provoque le sommeil, chasse les calculs, arrête les vomissements et les gonflements des 3 viscères; il est très-bon pour les affections de la poitrine et pour le diaphragme. La décoction se verse, avec de l'huile, sur la tête, et calme la céphalalgie. On pense que rien n'est meilleur pour le ventre et les intestins; aussi le donne-t-on rôti dans la dyssenterie et le ténesme. Quelques-uns y ajoutent de l'opium, et font prendre, par jour, de ce mélange trois pilules de la grosseur d'un lupin, délayées dans un cyathe de vin (0 litr., 045). Dieuchès en a employé le suc pour le lumbago; il a donné contre l'hydropisie, et l'affection céliaque, la graine pilée avec de la menthe; Évenor, la racine pour les affections des reins. Dalion, herboriste, en a fait avec l'ache un cataplasme pour les femmes en couche, et aussi pour la douleur de matrice; il l'a fait boire avec l'aneth aux femmes en couche; il l'a appliqué frais avec de la polenta, dans le cas de phrénitis; de la même façon, aux enfants ressentant des atteintes 4 d'épilepsie ou des convulsions. Pythagore assure que ceux qui en tiennent à la main ne sont pas saisis par l'épilepsie, et qu'aussi il importe d'en semer le plus qu'on peut chez soi; que les femmes qui en respirent l'odeur accouchent plus facilement, et qu'aussitôt après l'accouchement il faut le faire boire avec de la polenta. Sosimène l'a employé contre toutes les duretés, avec du vinaigre; et contre les lassitudes il l'a fait cuire dans l'huile, avec addition de nitre; il a promis aux voyageurs qu'en prenant en boisson la graine de l'anis ils se préserveraient de la fatigue. Héraclide a donné pour les gonflements de l'estomac une pincée de la graine, avec deux oboles (1 gr., 5) de castoréum, dans du vin miellé; il a prescrit la même préparation pour les gonflements du ventre et des intestins; il a fait prendre dans l'orthopnée une pincée de graine d'anis et autant de graine de jusquiame, avec du lait d'ânesse. Beaucoup con- 5 seillent aux personnes qui doivent vomir de prendre pendant le souper un acétabule (0 litr., 068) d'anis avec dix feuilles de laurier, le tout pilé dans l'eau. Il calme les suffocations hystériques, mangé et appliqué chaud, ou pris en boisson avec le castoréum dans du vinaigre et du miel. Il dissipe les vertiges après l'accouchement, avec une pincée de graine de concombre et une pincée de graine de lin, dans trois cyathes de vin blanc. Tlépolème a employé contre la fièvre quarte une pincée de graine d'anis et de fenouil dans du vinaigre et un cyathe de miel. Appliqué avec des amandes amères, l'anis guérit les maladies articulaires. Il en est qui 6 le regardent comme un antidote du venin des aspics. Il est diurétique; il calme la soif; il est aphrodisiaque. Avec le vin il procure une douce sueur; il défend aussi les étoffes contre les insectes. Il est d'autant plus efficace qu'il est plus frais et plus noir. Toutefois, il n'est pas bon pour l'estomac, si ce n'est en cas de gonflement.

LXXIV. ( XVIII. ) L'aneth ( *anethum gra-* 1

---

anisi nuces amaras L purgatas tere in melle ad tussim. Facillime vero anisi drachmæ tres, papaveris duæ miscentur melle ad fabæ magnitudinem, et ternis diebus sumuntur. Præcipuum autem est ad ructus : ideo inflationibus stomachi, et intestinorum torminibus, et cœliacis medetur. Singultus et olfactum decoctum, potumque, inhibet. Foliis decoctis digerit cruditates. Succus decocti cum apio olfactus sternumenta inhibet. Potum somnum concitat, calculos pellit; vomitiones cohibet, et 3 præcordiorum tumores : et pectorum vitiis, nervis quoque, quibus succinctum est corpus, utilissimum. Prodest et capitis doloribus instillari succum cum oleo decocti. Non aliud utilius ventri et intestinis putatur : ideo dysentericis et in tenesmo datur tostum. Aliqui addunt et opium, pilulis in die ternis lupini magnitudine in vini cyatho dilutis. Dieuches et ad lumborum dolores succo usus est. Semen hydropicis et cœliacis dedit tritum cum menta : Evenor radicem ad renes. Dalion herbarius parturientibus ex eo cataplasma imposuit cum apio : item vulvarum dolori; deditque bibendum cum anetho parturientibus. Phreneticis quoque illinivit recens cum polenta. Sic et infantibus comitiale vitium, aut contractiones sentientibus. 4 Pythagoras quidem negat corripi vitio comitiali in manu habentes; ideoque quam plurimum domi serendum. Parere quoque facilius olfactantes : et statim a partu dandum potui polenta aspersa. Sosimenes contra omnes duritias ex aceto usus est eo; et contra lassitudines, in oleo decoquens addito nitro. Semine ejus poto, lassitudinis auxilium viatoribus spopondit. Heraclides ad inflationes stomachi semen tribus digitis cum castorei obolis duobus ex mulso dedit. Similiter ad ventris aut intestinorum inflationes. Et orthopnoicis, quod ternis digitis prehenderit seminis, tantumdem hyoscyami cum lacte asinino. Multi vomituris ace- 5 tabula ejus, et folia lauri decem trita in aqua, bibenda inter cœnam suadent. Strangulatus vulvæ, si manducetur et linatur calidum, vel si bibatur cum castoreo in aceto et melle, sedat. Vertigines a partu cum semine cucumeris et lini pari mensura ternum digitorum, vini albi tribus cyathis discutit. Tlepolemus ad quartanas ternis digitis seminis anisi et feniculi usus est in aceto et mellis cyatho uno. Lenit articulares morbos, cum amaris nucibus illitum. Sunt qui et aspidum venenis adversari naturam ejus pu- 6 tent : urinam ciet : sitim cohibet : venerem stimulat : cum vino sudorem leniter præstat : vestes quoque a tineis defendit : efficacius semper recens, et quo nigrius : stomacho tamen inutile est, præterquam inflato.

veolens, L.) aussi est carminatif, et calme les tranchées; il arrête les flux de ventre. On applique la racine dans de l'eau ou dans du vin sur les épiphoras. La graine chaude flairée arrête le hoquet; prise dans de l'eau, elle dissipe les indigestions. La cendre remédie au gonflement de la luette; elle affaiblit la vue et la force génératrice.

LXXV. Le sacopenium (*ferula communis*) (XIX, 52), que produit l'Italie, est tout à fait différent de celui d'outre-mer : ce dernier en effet, semblable à la gomme ammoniaque, se nomme sagapenum (*ferula persica*, L.); il est bon pour les douleurs de côté et de poitrine, pour les convulsions, pour les vieilles toux, pour les expectorations, pour les tumeurs des viscères; il guérit les vertiges, les tremblements, l'opisthotonos, les affections de la rate, les douleurs des lombes, les refroidissements ; on le fait flairer dans du vinaigre pour les suffocations hystériques ; du reste, on l'emploie en boisson, en friction avec l'huile; il est bon aussi contre les poisons.

LXXVI. Nous avons dit (XIX, 53) qu'il y a trois espèces de pavots cultivés, et nous avons promis de parler des espèces sauvages. Pour les pavots cultivés, on pile le calice du pavot blanc, et on le prend dans du vin comme soporifique. La graine guérit l'éléphantiasis. Le pavot noir est soporifique par le suc que fournit l'incision de la tige au moment où la plante commence à fleurir, d'après Diagoras; mais, d'après Iollas, quand la fleur est passée, par un temps serein, à la troisième heure (26) (trois heures après le soleil levé), c'est-à-dire quand il n'y a plus de rosée sur le pavot. On recommande d'inciser le dessous de la tête et du calice ; c'est la seule espèce que l'on incise à la tête. Ce suc, comme celui de toute plante, se reçoit sur de la laine, ou, s'il n'y en a que peu, on le râcle avec l'ongle du pouce comme sur les laitues, et, surtout le lendemain, on ramasse la partie qui s'est desséchée. Obtenu en assez grande quantité, il s'épaissit : on le pétrit par petits pains, qu'on sèche à l'ombre. Ce suc non-seulement a une propriété soporifique, mais encore, si on le prend à trop haute dose, il cause la mort par le sommeil; on le nomme opium. C'est de cette façon que mourut en Espagne, à Bavilum, le père du personnage prétorien Publius Licinius Cécina : une maladie qu'il ne pouvait supporter lui avait rendu la vie odieuse. Plusieurs autres se sont donné la mort de la même façon. Aussi l'opium a-t-il été l'objet de grands débats : Diagoras et Érasistrate l'ont condamné complétement, défendant de l'instiller comme étant un poison mortel, et en outre parce qu'il nuisait à la vue; Andréas a ajouté qu'il ne causait pas immédiatement la cécité, parce qu'il était sophistiqué à Alexandrie. Mais dans la suite on n'en a pas condamné l'usage dans une préparation célèbre nommée diacode (διὰ, *de*, κωδιῶν, *pavots*). On fait aussi de la graine pilée des pastilles, qu'on prend dans du lait, comme soporifiques. On l'emploie contre les douleurs de tête avec l'huile rosat. Avec cette huile on l'instille dans l'oreille, pour en calmer la douleur. Avec du lait de femme on l'applique sur les parties affectées de goutte ; on emploie les feuilles de même. On s'en sert dans du vinaigre pour l'érysipèle et les plaies. Quant à moi, je n'approuve pas qu'on ajoute l'opium aux collyres, et encore moins aux préparations appelées lexipyrètes (*fébrifuges*), et aux préparations appelées digestives et céliaques. Toutefois, on donne le pavot noir dans du vin contre les affections céliaques. Tous les pavots cultivés sont plus grands, et ont la tête ronde. Le pavot sauvage l'a longue, petite, et douée de pro-

---

LXXIV. (XVIII.) Anethum quoque ructus movet, et tormina sedat : alvum sistit : epiphoris radices illinuntur ex aqua vel vino : singultus cohibet semen fervens, olfactum : sumtum ex aqua, sedat cruditates : cinis ejus uvam in faucibus levat : oculos et genituram hebetat.

LXXV. Sacopenium, quod apud nos gignitur, in totum transmarino alienatur : illud enim Hammoniaci lacrymæ simile, sagapenon vocatur : prodest laterum et pectoris doloribus, convulsis, tussibus vetustis, excreationibusque, præcordiorum tumoribus : sanat et vertigines, tremulos, opisthotonicos, lienes, lumbos, perfrictiones : datur et olfactandum ex aceto in strangulatu vulvæ : cæteris et potui datur, et cum oleo infricatur : prodest et contra mala medicamenta.

LXXVI. Papaveris sativi tria diximus genera : et sponte nascentis alia promisimus. E sativis albi, calyx ipse teritur, et e vino bibitur somni causa. Semen elephantiasi medetur. E nigro papavere sopor gignitur scapo inciso, ut Diagoras suadet, quum turgescit : ut Iollas, quum deflorescit, hora serenâ diei tertia, hoc est, quum ros in eo exaruerit. Incidi jubent sub capite et calyce : nec in alio genere ipsum inciditur caput. Succus et hic et herbæ cujuscumque lana, excipitur : aut si exiguus est, ungue pollicis, ut lactucis, et postero die magis quod inaruit. Papaveris vero largus densatur, et in pastillos tritus in umbra siccatur, non vi soporifera modo, verum, si copiosior hauriatur, etiam mortifera per somnos : opion vocant. Sic scimus interemtum P. Licinii Cæcinæ Prætorii viri patrem in Hispania Bavili, quum valetudo impatibilis odium vitæ fecisset : item plerosque alios. Qua de causa magna concertatio exstitit. Diagoras et Erasistratus in totum damnavere, ut mortiferum, infundi votantes : præterea, quoniam visui noceret. Addidit Andreas, ideo non protinus excæcari eo, quoniam adulteraretur Alexandriæ. Sed postea usus ejus non improbatus est medicamento nobili, quod diacodion vocant. Semine quoque apud nos trito in pastillos, e lacte utuntur ad somnum : item ad capitis dolores cum rosaceo : cum hoc et aurium dolori instillatur. Podagris illinitur cum lacte mulierum. Sic et foliis ipsis utuntur. Item ad sacros ignes et vulnera ex aceto. Ego tamen damnaverim collyriis addi; multoque magis quos vocant lexipyretos, quasque pepticas et cœliacas. Nigrum tamen cœliacis in vino datur. Sativum omne majus : rotunda ei capita ; at silvestri longa, ac pusilla et ad omnes effectus valentiora. Decoquitur et

priétés plus actives. On le fait bouillir, et on en boit la décoction contre l'insomnie; avec cette eau on se lave la bouche. Le meilleur pavot vient dans les lieux secs, et là où il pleut rarement. Quand on fait bouillir les têtes et les feuilles, le produit de cette décoction se nomme méconium, et est beaucoup plus faible que l'opium. Le premier caractère auquel on reconnaît la bonté de l'opium est l'odeur; on ne peut résister à celle de l'opium pur. Le second caractère, c'est que, allumé à une lampe, il donne une flamme brillante, et que, après avoir été éteint, il répande de l'odeur; ce qui n'arrive pas dans l'opium falsifié, qui s'allume aussi plus difficilement et qui s'éteint souvent. On reconnaît aussi l'opium pur par l'épreuve de l'eau: il y surnage en forme de nuage, tandis que l'opium falsifié s'y met en grumeaux. Mais ce qu'il y a de plus étonnant, c'est que le soleil d'été fournit aussi un caractère: l'opium pur sue et se fond, jusqu'à ce qu'il devienne semblable au suc récent. Mnésidès pense que le meilleur moyen de conserver l'opium, c'est de le mêler à de la graine de jusquiame; d'autres recommandent de le mettre avec des fèves.

LXXVII. (XIX.) Le pavot que nous avons nommé rhéas et erratique (coquelicot, *papaver rhœas*, L.) (XIX, 53) forme une espèce intermédiaire entre les pavots cultivés et les pavots sauvages, parce qu'il vient dans les champs, il est vrai, mais spontanément. Quelques-uns le mangent avec le calice entier aussitôt après l'avoir cueilli. Cinq têtes bouillies dans trois hémines ( o litr., 81 ) de vin, et prises en boisson, évacuent par le bas et procurent du sommeil.

LXXVIII. Il est une espèce de pavot sauvage, appelé cératitis (pavot cornu, *glaucium flavum*), noir, haut d'une coudée, à racine grosse et garnie d'écorce, à tête recourbée comme une petite corne. Les feuilles sont plus petites et plus minces que dans les autres espèces sauvages; la graine, menue, est mûre à l'époque des moissons. Elle purge à la dose d'un demi-acétabule (o litr., 034 ) dans du vin miellé. Les feuilles broyées avec de l'huile guérissent les taches blanches des yeux chez les bêtes de somme. La racine à la dose d'un acétabule, bouillie dans deux setiers d'eau jusqu'à réduction de moitié, se donne contre les affections des lombes et du foie. Les feuilles, dans du miel, guérissent les charbons. Quelques-uns nomment cette espèce glaucion, d'autres paralion: elle vient, en effet, dans les lieux exposés aux exhalaisons de la mer, ou dans les terrains nitreux.

LXXIX. Une autre espèce de pavot sauvage est nommée héraclion (*silene inflata*, L.) par les uns, aphron par les autres. Les feuilles, si vous les regardez de loin, offrent l'apparence de moineaux (27); la racine est à la superficie du sol; la graine est couleur d'écume (ἄφρος). Cette plante sert en été à blanchir les toiles de lin (XIX, 4). On la broie dans un mortier, et on la donne contre l'épilepsie à la dose d'un acétabule dans du vin blanc; elle provoque en effet le vomissement. Elle est extrêmement utile pour la préparation qu'on nomme diacode et artériaque. Cette préparation se fait avec cent vingt têtes de ce pavot ou de tout autre pavot sauvage, macérées pendant deux jours dans trois setiers d'eau de pluie et bouillies dans la même eau, puis passées à la chausse; on les fait bouillir une seconde fois à petit feu, avec du miel, jusqu'à réduction de moitié. Dans la suite on y a ajouté six drachmes de safran, d'hypocistis (*cytinus hypocistis*, L.), d'encens, de suc d'acacia et un setier de vin cuit de Crète. Cela est pour l'ostentation; la vertu de cette simple et antique préparation dépend du pavot et du miel.

LXXX. La troisième espèce est le tithymale

---

bibitur contra vigilias, eademque aqua fovent ora. Optimum in siccis, et ubi raro pluat Quum capita ipsa et folia decoquuntur, succus meconium vocatur, multum opio ignavior. Experimentum opii est primum in odore: sincerum enim perpeti non est; mox in lucernis, ut pura luceat flamma, et ut exstinctum demum oleat; quæ in fucato non eveniunt. Accenditur quoque difficilius, et crebro exstinguitur. Est sinceri experimentum et in aqua, quoniam in nubila innatat: fictum in pustulas coit. Sed maxime mirum, æstivo sole deprehendi. Sincerum enim sudat, et se diluit, donec succo recenti simile fiat. Mnesides optime servari putat hyoscyami semine adjecto: alii in faba.

LXXVII. (XIX.) Inter sativa et silvestria medium genus, quoniam in arvis, sed sponte nasceretur, rhœam vocavimus et erraticum. Quidam id decerptum protinus cum toto calyce manduct. Alvum exinaniunt capita quinque decocta in vini tribus heminis pota, et somnum faciunt.

LXXVIII. Silvestrium unum genus, ceratitin vocant, nigrum, cubitali altitudine, radice crassa et corticosa, calyculo inflexo, ut cornicula. Folia minora, et tenuiora quam cæteris silvestribus. Semen exile, tempestivum est messibus: alvum purgat dimidio acetabulo in mulso. Folia trita cum oleo, argema jumentorum sanant. Radix acetabuli mensura cocta in duobus sextariis ad dimidias, datur ad lumborum vitia et jocineris. Carbunculis medentur ex melle folia. Quidam hoc genus glaucion vocant, alii paralion: nascitur enim in afflatu maris, aut nitroso loco.

LXXIX. Alterum e silvestribus genus heraclion vocatur, ab aliis aphron, foliis (si procul intuearis) speciem passerum præbentibus, radice in summa terræ cute, semine spumeo. Ex hoc lina splendorem trahunt æstate. Tunditur in pila comitialibus morbis, acetabuli mensura in vino albo; vomitionem enim facit. Medicamento, quod diacodion et arteriace vocatur, utilissimum. Fit autem hujus papaveris aut cujuscumque silvestris capitibus cxx in aquæ cœlestis sextariis tribus biduo maceratis, in eademque decoctis: deinde saccatis, iterumque cum melle decoctis ad dimidias partes vapore tenui. Addidere postea drachmas senas croci, hypocisthidis, thuris, acaciæ, et passi Cretici sextarium. Hæc ostentatione: simplex quidem et antiqua illa salubritas papavere et melle constat.

(*euphorbia paralias*, L.), appelé par les uns mécon, par les autres paralion (XXVI, 41), à feuille de lin et blanche, à tête de la grosseur d'une fève. On le recueille à l'époque de la floraison de la vigne; on le fait sécher à l'ombre. La graine, prise en boisson, évacue par le bas, à la dose d'un demi-acétabule (0 litr., 034) dans du vin miellé. La tête de toute espèce de pavot, fraîche ou sèche, en application, calme les épiphoras des yeux. L'opium, pris dans du vin pur aussitôt après la piqûre d'un scorpion, en empêche les mauvais effets. Quelques-uns attribuent cette vertu au pavot noir seulement, dont on pile les têtes ou les feuilles.

1 LXXXI. (XX.) On a encore le pourpier sauvage, appelé peplis (*euphorbia peplis*, L.), qui ne l'emporte pas beaucoup en vertu sur le pourpier cultivé (XIII, 40), duquel on cite des effets remarquables : il neutralise le venin des flèches empoisonnées, du serpent hæmorrhoïs et du serpent prester; pris en aliment, et mis sur les plaies, il fait sortir ces venins; il fait aussi (le suc exprimé bu dans du vin cuit) sortir le poison de la jusquiame. Quand on n'a pas la plante même, la graine produit le même effet. Il corrige la mauvaise qualité des eaux, guérit la douleur et les ulcères de la tête, pilé dans du vin et appliqué. Mâché avec du miel, il guérit les autres plaies.
2 On l'applique ainsi sur la tête des enfants en bas âge, et sur leurs hernies ombilicales; dans les épiphoras à tout âge, sur le front et les tempes, avec de la polenta; sur les yeux mêmes, dans du lait et du miel; en cas de procidence de l'œil, les feuilles pilées avec des cosses de fève; sur les pustules, avec de la polenta, du sel et du vinaigre. Mâché cru, il guérit les ulcérations de la bouche et le gonflement des gencives, ainsi que le mal de dents; en décoction, les ulcérations des tonsilles; quelques-uns y ont ajouté un peu de myrrhe : mâché, il raffermit les dents ébranlées; il dissipe les crudités, donne de la fermeté à la voix, et ôte la soif. Il calme les douleurs du cou, 3 avec la noix de galle, la graine de lin et le miel, à quantités égales; il guérit les affections des mamelles, avec le miel ou la terre cimoliée. La graine, prise avec du miel, est bonne pour l'asthme. Mangée en salade, la plante fortifie l'estomac. Dans les fièvres ardentes, on en fait des applications avec la polenta; d'ailleurs, comme aliment, elle rafraîchit aussi les intestins. Elle arrête les vomissements. Dans les dyssenteries et les vomiques, on la mange dans du vinaigre, ou on la prend en boisson avec du cumin. Cuite, et prise en aliment ou en boisson, elle est bonne pour le ténesme et l'épilepsie; pour le flux menstruel, à la 4 dose d'un acétabule (0 litr., 068) dans du vin cuit; dans les gouttes chaudes et l'érysipèle, appliqué avec du sel. Le suc, en boisson, soulage les reins et la vessie. La plante expulse les vers intestinaux; on l'applique, dans de l'huile, avec de la polenta, pour calmer les douleurs des plaies. Elle amollit les duretés des nerfs. Métrodore, qui a composé un *Abrégé de botanique*, pense qu'il faut la donner après l'accouchement pour les vidanges. Elle est anti-aphrodisiaque, et empêche les songes lascifs. Un des personnages principaux de l'Espagne, dont le fils a été préteur, en porte, à ma connaissance, à cause d'une affection intolérable de la luette, excepté dans le bain, la racine suspendue au cou par un fil; précaution qui l'a délivré de toute incommodité. J'ai trouvé même dans les auteurs que, si l'on s'en frotte la tête, on n'a, de toute l'année, aucun rhume de cerveau. Cependant on pense qu'elle affaiblit la vue.

1 LXXX. Tertium genus est tithymalon, mecona vocant, alii paralion, folio lini, albo, capite magnitudinis fabæ. Colligitur uva florente. Siccatur in umbra. Semen potum purgat alvum, dimidio acetabulo in mulso. Cujuscumque autem papaveris caput viride, vel siccum, illitum epiphoras oculorum lenit. Opium ex vino meraculo si protinus detur, scorpionum ictibus resistit. Aliqui hoc tantum nigro tribuunt, si capita ejus vel folia terantur.
1 LXXXI. (XX.) Est et porcilaca, quam peplin vocant, non multum saliva efficacior, cujus memorabiles usus traduntur. Sagittarum venena, et serpentium hæmorrhoidum et presterium restingui : pro cibo sumta, et plagis imposita, extrahi. Item hyoscyami, pota e passo expresso succo. Quum ipsa non est, semen ejus simili effectu prodest. Resistit et aquarum vitiis, capitis dolori, hulceribusque, in vino tusa et imposita. Reliqua hulcera commandu-
2 cata cum melle sanat. Sic et infantium cerebro imponitur, umbilicoque procidus. In epiphoris vero omnium, fronti temporibusque cum polenta. Sed ipsis oculis, e lacte et melle. Eadem, si procidunt oculi, foliis tritis cum corticibus fabæ. Pustulis cum polenta et sale et aceto. Hulcera oris tumoremque gingivarum commanducata cruda sedat : item dentium dolores. Tonsillarum hulcera, succus decoctæ. Quidam adjecere paulum myrrhæ : nam et mobiles dentes stabilit commanducata. Cruditates sedat, vocemque firmat, et sitim arcet. Cervicis dolores, cum galla, et lini 3 semine, et melle, pari mensura sedat. Mammarum vitia, cum melle, aut Cimolia creta. Salutaris est suspiriosis, semine cum melle hausto. Stomachum in acetariis sumta corroborat. Ardentibus febribus imponitur cum polenta. Et alias manducata refrigerat etiam intestina. Vomitiones sistit. Dysenteriæ et vomicis estur ex aceto, vel bibitur cum cumino. Tenesmis autem cocta, et comitialibus cibo vel potu prodest. Purgationibus mulierum, acetabuli mensura in sapa. Podagris calidis, cum sale illita, et sacro 4 igni. Succus ejus potus renes juvat, ac vesicas. Ventris animalia pellit. Ad vulnerum dolores ex oleo cum polenta imponitur. Nervorum duritias emollit. Metrodorus, qui ἐπιτομήν τῶν ῥιζοτομουμένων scripsit, purgationibus a partu dandam censuit. Venerem inhibet, Venerisque somnia. Prætorii viri pater est, Hispaniæ princeps, quem scio propter impatibiles uvæ morbos, radicem ejus filo suspensam e collo gerere, præterquam in balineis : ita liberatum incommodo omni. Quin etiam inveni apud auctores, caput

1 LXXXII. On ne trouve pas de coriandre sauvage; il est constant que la meilleure est celle d'Égypte. Elle a ( *coriandrum sativum*, L. ), en boisson et en application, de la vertu contre une seule espèce de serpents qu'on nomme amphisbène; elle guérit aussi les autres plaies; pilée, les épinyctides, les pustules; pilée et avec du miel ou des raisins secs, toutes les tumeurs et toutes les collections; pilée dans du vinaigre, le panus. Quelques-uns, dans la fièvre tierce, en font, avant l'accès, prendre trois graines; on en applique sur le front un plus grand nombre. Il en est qui pensent qu'il est avantageux de mettre de la coriandre sous l'oreiller avant le lever du soleil. Verte, elle a de grandes propriétés rafraî-
2 chissantes. Elle guérit, avec du miel ou du raisin sec, les ulcères serpigineux, ainsi que les testicules, les brûlures, les charbons, les oreilles; avec du lait de femme, les épiphoras des yeux; les flux de ventre et des intestins, la graine prise dans de l'eau. On la prend en boisson avec de la rue, dans le choléra. La graine expulse les vers intestinaux, prise en boisson avec le suc de la grenade et l'huile. Xénocrate rapporte une chose merveilleuse, si elle est vraie : les règles s'arrêtent un jour chez les femmes qui prennent un grain de la semence; deux jours, chez celles qui en prennent deux, et ainsi de suite, d'après le nombre de grains pris. M. Varron pense qu'avec de la coriandre légèrement pilée, du cumin et du vinaigre, on empêche (28) toute espèce de viande de se gâter pendant l'été.

1 LXXXIII. L'arroche ( *atriplex hortensis*, L.) est sauvage et cultivée. Pythagore l'a accusée de causer l'hydropisie, l'ictère, la pâleur, de se digérer très-difficilement, disant que dans les jardins même tout ce qui vient auprès de cette plante est languissant. Dionysius et Dioclès ont ajouté qu'elle engendrait beaucoup de maladies; qu'il fallait ne la faire cuire qu'en changeant souvent l'eau; qu'elle était contraire à l'estomac, et qu'elle causait le lentigo et des papules. Je ne sais pourquoi Solon de Smyrne a dit qu'elle venait difficilement en Italie. Hippocrate ( *De morb. mul.*, II, 57 ) en fait avec la bette une injection pour les affections de matrice. Lycus de Naples l'a fait boire contre les empoisonnements par les cantharides; il a pensé que, crue 2 ou cuite, en application, elle était bonne pour le panus, les furoncles commençants, et toutes les duretés; contre l'érysipèle, avec le miel, le vinaigre et le nitre; de la même façon, contre la goutte. On dit qu'elle fait tomber, sans ulcération, les ongles malades. Il en est qui en donnent la graine avec du miel contre l'ictère, qui en font frotter le gosier et les amygdales avec addition de nitre, qui l'emploient pour évacuer par le bas, provoquant le vomissement à l'aide de cette graine cuite soit seule, soit avec de la mauve ou de la lentille. On se sert de l'arroche sauvage pour teindre les cheveux, et pour tout ce qui est énuméré ci-dessus.

LXXXIV. (XXI.) Au contraire les deux mau- 1 ves ( *malva sativa*, L.), cultivée et sauvage, sont l'objet de grandes louanges. On en distingue deux espèces par les dimensions de la feuille. La mauve à grandes feuilles, parmi les mauves cultivées, est nommée par les Grecs malope; l'autre, nommée malache, doit, pense-t-on, cette dénomination à ce qu'elle relâche le ventre. Parmi les mauves sauvages, celle qui a la feuille grande et la racine blanche se nomme althæa, à cause de ses excellents effets; quelques-uns l'appellent plistolycia. Tout terrain où on les sème devient 2 plus gras. Cette plante a des propriétés efficaces contre les piqûres de tous les aiguillons, surtout de ceux des scorpions, des guêpes et insectes semblables, et contre la morsure de la musaraigne. Bien plus, ceux qui se sont frottés préalablement avec l'une quelconque des mauves pilées et dans de l'huile, ou qui en ont sur eux, ne sont pas piqués. La feuille mise sur les scorpions, les frappe d'engourdissement. Les mau- 3 ves ont de la vertu contre les poisons; appliquées crues avec du nitre, elles font sortir tous les aiguillons; bouillies avec leur racine et prises en boisson, elles neutralisent le venin du lièvre marin, et, selon quelques-uns, pourvu que l'on vomisse. On raconte encore d'autres merveilles sur les mauves; mais la plus grande, c'est que celui qui boira journellement un demi-cyathe du suc d'une quelconque des mauves, sera exempt de toutes les maladies. Pourries dans l'urine, elles guérissent les ulcères humides de la tête; avec du miel, les lichens et les altérations de la bouche. La racine bouillie guérit les furfurs de la tête et la mobilité des dents. Avec la racine de la mauve unicaule on pique les environs de la dent douloureuse, jusqu'à ce que la douleur cesse. Avec l'addition de salive humaine, elle guérit, sans faire de plaie, les strumes, les parotides et les panus. Sa graine, prise dans du vin rouge, délivre de la pituite et des 4 nausées. La racine, attachée avec de la laine noire, préserve des affections les mamelles. Bouillie dans du lait et prise en potage, elle guérit la toux en cinq jours. Sextius Niger dit que les mauves ne sont pas bonnes pour l'estomac; Olympias, Thébaine, qu'avec la graisse d'oie elles causent l'avortement: quelques-uns pensent qu'une pleine poignée de feuilles prise dans de l'huile et du vin aide le flux menstruel. En tout cas, il est sûr que les feuilles mises sous les femmes en couche rendent la délivrance plus prompte, et qu'il faut les retirer aussitôt après l'accouchement, de peur que la matrice ne vienne aussi; on en donne encore à boire aux femmes en couche, à jeun, une hémine de la décoction dans du vin. Bien plus, on en attache la graine au bras de ceux qui ont des pertes séminales; et les mauves naissent tellement pour Vénus, que la graine de l'espèce unicaule appliquée sur les parties génitales augmente infiniment, d'après Xénocrate, les désirs des femmes, et que trois racines attachées dans le voisinage des parties produisent le même effet. Le même auteur dit que les injections en sont très-bonnes pour le ténesme et la dyssenterie, et que les mauves guérissent les affections du siège, même en fomentation. Le suc tiède se donne aux mélan- 5 coliques à la dose de trois cyathes, et aux fous à la dose de quatre. Une hémine de la décoction se donne aux épileptiques. On fait des fomentations avec le suc tiède aux épileptiques, aux calculeux, à ceux qui sont affectés de gonflements, de tranchées ou d'opisthotonos. Les feuilles bouillies dans l'huile sont appliquées sur l'érysipèle et sur les brûlures. On emploie les feuilles crues, avec du pain, en application pour arrêter l'inflammation des plaies. La décoction est bonne pour les nerfs, pour la vessie et pour les érosions intestinales. En aliment et en injection avec de l'huile, la mauve relâche la matrice; la décoction rend plus aisé le passage de l'urine. Dans 6 tout ce qui vient d'être énuméré, la racine d'althæa (guimauve, *althæa officinalis*, L.) est plus efficace, surtout pour les convulsions et les ruptures. Cuite dans l'eau, elle arrête le flux de

---

a quibusdam plistolycia. Omne solum, in quo serantur, 2 pinguius faciunt. Huic contra omnes aculeatos ictus efficax vis, præcipue scorpionum, vesparum, similiumque, et muris aranei. Quin et trita cum oleo qualibet earum peruncti ante, vel habentes eas, non feriuntur. Folium impositum scorpionibus torporem affert. Valent et contra ve- 3 nena: aculeos omnes extrahunt illitæ crudæ cum nitro: potæ vero decoctæ cum radice sua, leporis marini venena restinguunt, et, ut quidam dicunt, si vomatur. Ex eisdem mira et alia traduntur. Sed maxime, si quotidie quis succi ex qualibet earum sorbeat cyathum dimidium, omnibus morbis cariturum. Hulcera manantia in capite sanant in urina putrefactæ, lichenas et hulcera oris cum melle. Radix decocta, furfures capitis et dentium mobilitates. Ejus, quæ unum caulem habet, radice circa dentem qui doleat pungunt, donec desinat dolor. Eadem strumas et protidas panosque, addita hominis saliva, purgat citra vulnus. Semen in vino nigro potum a pituita et 4 nauseis liberat. Radix mammarum vitiis occurrit, adalligata in lana nigra. Tussim in lacte cocta, et sorbitionis modo sumta, quinis diebus emendat. Stomacho inutiles Sextius Niger dicit. Olympias Thebana, abortivas esse cum adipe anseris: aliqui purgari feminas, foliis earum manus plenæ mensura in oleo et vino sumtis. Utique constat parturientes foliis substratis celerius solvi: protinus a partu revocandum, ne vulva sequatur. Dant et succum bibendum parturientibus jejunis, in vino decoctæ hemina. Quin et semen adalligant brachio, genitale non continentium: adeoque eæ Veneri nascuntur, ut semen unicaulis aspersum genitali, feminarum aviditates augere ad infinitum Xenocrates tradat: itemque tres radices juxta adalligatas: tenesmo et dysentericis utilissime infundi: item sedis vitiis, vel si foveantur. Melancholicis quoque 5 succus datur cyathis ternis tepidus, et insanientibus, quaternis. Decoctæ comitialibus heminæ succi. His et calculosis, et inflatione, et torminibus, aut opisthotonico laborantibus, tepidus illinitur. Et sacris ignibus, et ambustis, decocta in oleum folia imponuntur: et ad vulnerum impetus cruda cum pane. Succus decoctæ nervis prodest, et vesicæ, et intestinorum rosionibus. Vulvas et cibo et infusione emollit in oleo: succus decoctæ pori meatus suaves facit. Althææ in omnibus supra dictis efficacior 6

ventre. Dans du vin blanc, elle dissipe les tumeurs strumeuses, les parotides et les inflammations des mamelles. Les feuilles, bouillies dans du vin et appliquées, enlèvent les panus; sèches et bouillies dans du lait, elles guérissent très-promptement la toux la plus pernicieuse. Hippocrate faisait boire la décoction de la racine aux blessés, et à ceux qui étaient altérés par perte de sang. Il appliquait la mauve même sur les plaies avec le miel et la résine. Il l'appliquait sur les contusions, les luxations, les tumeurs, les muscles, les nerfs et les articulations. Il la faisait prendre dans du vin aux asthmatiques et aux dyssentériques. Chose singulière! l'eau à laquelle on a ajouté cette racine s'épaissit en plein air et devient laiteuse; cette racine est d'autant plus efficace qu'elle est plus récente.

1 LXXXV. Le lapathum n'a pas des effets dissemblables. Il y a un lapathum sauvage que quelques-uns appellent oxalis, très-voisin du lapathum cultivé (29), et ayant les feuilles aiguës, la couleur de la bette blanche et la racine très-petite; les Latins l'appellent rumex (XIX, 60); d'autres, lapathum cantherinum. Avec l'axonge il est très-efficace contre les écrouelles. Il est encore un lapathum appelé oxylapathum (*rumex crispus*, L.), formant à peine une espèce à part, encore plus semblable que le précédent au lapathum cultivé (*rumex patientia*, L.), ayant les feuilles plus aiguës et plus rouges, et ne venant 2 que dans les lieux marécageux. Des auteurs parlent de l'hydrolapathum (*rumex maritimus*, L.), qui naît dans l'eau. On distingue encore une autre espèce, l'hippolapathum (*rumex aquaticus*, L.), plus grand, plus blanc et à feuilles plus serrées que le lapathum cultivé. Les lapathums sauvages guérissent les blessures faites par les scorpions, et empêchent ceux qui en portent d'être piqués. La décoction de la racine dans du vinaigre, en gargarisme (30), est un remède pour les dents; et, si on la boit, pour l'ictère. La graine guérit les maladies d'estomac les plus opiniâtres. La racine de l'hippolapathum en particulier fait tomber les ongles malades. La graine, à la dose de deux drachmes, prise dans du vin, guérit la dyssenterie. La graine de l'oxylapathum lavée dans l'eau de pluie est bonne, avec addition de gros comme une lentille de gomme d'acacia, pour ceux qui rejettent du sang. On fait d'excellentes pastilles avec les feuilles et la racine, en y ajoutant du nitre et un peu d'encens; on les délaye dans du vinaigre pour s'en servir.

LXXXVI. Le lapathum cultivé est bon en 1 application sur le front pour l'épiphora des yeux; la racine guérit les lichens et les lèpres; bouillie dans du vin, elle guérit les tumeurs strumeuses, les parotides et les calculs; en boisson dans du vin et en application, les maladies de la rate, l'affection cœliaque, la dyssenterie et le ténesme. Le suc de lapathum a toutes ces mêmes propriétés, et plus actives; il cause des rapports, il est diurétique, il dissipe l'obscurcissement de la vue; si on le met dans la baignoire, ou si, avant de se baigner, on s'en frotte sans l'huile, il fait disparaître les démangeaisons; la racine mâchée raffermit les dents; bouillie avec du vin, elle resserre le ventre; les feuilles le relâchent. Pour ne rien omettre, nous dirons que Solon a ajouté aux lapathums le bulapathum (*rumex scutatus*), qui ne diffère que par la longueur de la racine, laquelle, prise dans du vin, est bonne contre la dyssenterie.

LXXXVII. (XXII.) La moutarde, dont nous 1 avons fait trois espèces en parlant des plantes potagères (xix, 54), est placée par Pythagore au premier rang parmi celles dont la force se porte en haut, parce qu'il n'en est aucune qui pénètre davantage dans les narines et le cerveau. Pilée avec le vinaigre, on l'applique pour les blessures faites par les serpents et les scorpions. Elle neutralise le principe vénéneux des champignons. Contre la pituite on la tient dans la bouche jusqu'à ce qu'elle se fonde, ou on s'en gargarise avec de l'eau miellée. On la mâche pour les douleurs de dents. Pour le gonflement de la luette, on en fait un gargarisme avec le vinaigre et le miel. Elle est très-bonne contre toutes les affections de l'estomac et des poumons; prise 2 en aliment, elle rend l'expectoration facile. On la donne dans l'asthme; on la donne tiède avec le jus de concombre, dans l'épilepsie. Elle purge les sens, elle purge la tête par les éternuments, elle relâche le ventre, elle provoque les menstrues et l'urine; pilée avec des figues et du cumin (un tiers de chaque ingrédient), on l'applique en cas d'hydropisie. Mêlée avec le vinaigre, elle réveille par son odeur les personnes qui ont perdu connaissance par l'épilepsie ou par la suffocation hystérique, ainsi que les léthargiques : on y ajoute le tordylion (c'est la graine du séseli). Si un sommeil plus profond accable les léthargiques, on l'applique avec des figues, dans du vinaigre, sur les jambes ou même sur la tête. 3 Appliquée, elle guérit par sa vertu mordante, en produisant des vésicules, les vieilles douleurs de la poitrine, des lombes, des hanches, des épaules, et en général tout ce qu'il faut faire sortir des profondeurs du corps, en quelque endroit que ce soit. On la met sans figues là où la peau est très-dure, tandis qu'on place un linge plié en double, si l'on craint une rubéfaction trop considérable. On s'en sert avec la rubrique contre l'alopécie, les psores, les lèpres, le phthiriasis (31) et l'opisthotonos. On en frotte les paupières granuleuses ou les yeux obscurcis, avec du miel. Le suc se recueille de trois façons dans un vase de terre, où on le laisse s'échauffer modérément au soleil. Il sort aussi de la petite tige un suc laiteux, qui lorsqu'il s'est durci guérit les douleurs de dents. La graine et la racine qu'on a laissées 4 tremper dans du moût sont pilées, et on en prend autant qu'il en peut tenir dans le creux de la main, pour fortifier la gorge, l'estomac, les yeux, la tête et tous les sens. C'est aussi un excellent remède pour les lassitudes des femmes. Prise dans du vinaigre, la moutarde dissout les calculs. On l'applique sur les lividités et sur les meurtrissures avec du miel et de la graisse d'oie, ou de la cire de Chypre. Avec cette graine qu'on exprime, après l'avoir fait tremper dans l'huile, on prépare une huile, dont on se sert pour les rigidités des nerfs, et pour les froids des lombes et des hanches.

LXXXVIII. L'adarca passe pour être de la 1 même nature et produire les mêmes effets que la moutarde; nous en avons dit un mot à propos des arbres forestiers (xvi, 66, 3) : il naît sur l'écorce des roseaux, au-dessous de la tête.

LXXXIX. Le marrube (*marrubium vulgare*, 1 L.) est vanté par la plupart comme une plante de premier rang. Parmi les Grecs, les uns le nomment prasion, les autres linostrophon, quelques-uns philopæs ou philocharès; il est trop connu pour qu'il soit nécessaire de le décrire. La feuille et la graine pilées sont bonnes contre les morsures des serpents, les douleurs de poitrine et de côté, et la toux invétérée. Les rameaux bouillis dans l'eau avec du panic, afin que l'âcreté en soit

---

sublime vis feratur, judicavit, quoniam non aliud magis in nares et cerebrum penetret. Ad serpentium ictus et scorpionum tritum cum aceto illinitur. Fungorum venena discutit. Contra pituitam tenetur in ore, donec liquescat, aut gargarizatur cum aqua mulsa. Ad dentium dolorem manditur : ad uvam gargarizatur cum aceto et melle. Stomacho utilissimum contra omnia vitia, pulmonibusque. Exscreationes 2 faciles facit in cibo sumtum : datur et suspiriosis : item comitialibus tepidum cum succo cucumerum. Sensus, atque sternutamentis caput purgat, alvum mollit, menstrua et urinam ciet. Hydropicis imponitur, cum fico et cumino tusum ternis partibus. Comitiali morbo, et vulvarum conversione suffocatas excitat odore, aceto mixto : item lethargicos. Adjicitur tordylion. Est autem id semen ex seseli. Et si vehementior somnus lethargicos premat, 3 cruribus aut etiam capiti illinitur cum fico ex aceto. Veteres dolores thoracis, lumborum, coxendicum, humerorum, et in quacumque parte corporis ex alto vitia extrahenda sunt, illitum caustica vi emendat, pustulas faciendo. At in magna duritia sine fico impositum : vel si vehementior ustio timeatur, per duplices pannos. Utuntur ad alopecias cum rubrica, psoras, lepras, phthiriases lithanicos, opisthotonicos. Inungunt quoque scabras genas, aut caligantes oculos cum melle : succusque tribus modis exprimitur in fictili, calescitque in eo sole modice. Exit et e cauliculo succus lacteus, qui ita quum induruit, dentium dolori medetur. Semen ac radix, quum imma- 4 duere musto, conteruntur, manusque plenæ mensura sorbentur ad firmandas fauces, stomachum, oculos, caput, sensusque omnes : mulierum etiam lassitudines, saluberrimæ genere medicinæ. Calculos quoque discutit potum in aceto. Illinitur et livoribus suggillatisque cum melle et adipe anserino, aut cera Cypria. Fit et oleum ex eo semine madefacto in oleo expressoque, quo utuntur ad nervorum rigores, lumborumque et coxendicum perfrictiones.

LXXXVIII. Sinapis naturam effectusque eosdem habere 1 traditur adarca, inter silvas tacta, in cortice calamorum sub ipsa coma nascente.

LXXXIX. Marrubium plerique inter primas herbas com- 1 mendavere, quod Græci prasion vocant, alii linostrophon, nonnulli philopœla, aut philochares, notius quam ut indicandum sit. Hujus folia semenque contrita prosunt contra serpentes, pectorum et lateris dolores, tussim ve-

adoucie, sont extrêmement utiles à ceux qui rejettent du sang. On applique le marrube avec de la graisse sur les tumeurs strumeuses. Certains prescrivent de prendre à jeun, pour la toux, une pincée de graine fraîche de marrube bouillie, avec une pincée de froment et addition d'un peu d'huile et de sel. D'autres regardent comme incomparable pour le même objet le suc du marrube et du fenouil, obtenu par expression, à la dose de trois setiers; on fait bouillir jusqu'à réduction à deux setiers; alors on ajoute un setier de miel; on fait bouillir derechef jusqu'à réduction à deux setiers : on doit prendre par jour cette préparation à la dose d'une cuillerée dans un cyathe d'eau (0 litr., 045). Pilé avec du miel, le marrube est excellent pour les affections des parties viriles. Dans du vinaigre, il nettoie le lichen; il est salutaire pour les ruptures, les convulsions, les contractions de nerfs. En boisson, avec du sel et du vinaigre, il relâche le ventre; de la même façon il active les menstrues et la sortie de l'arrière-faix. Séché et en poudre, avec du miel, il est très-efficace pour la toux sèche; de même pour la gangrène et les ptérygions. Le suc avec du miel est bon pour les oreilles, les narines, pour l'ictère, et pour diminuer la quantité de la bile; il est des plus puissants contre les venins. La plante même, avec l'iris et le miel, purge l'estomac et facilite l'expectoration; elle est diurétique; toutefois, il faut s'en garder quand la vessie est ulcérée et le rein malade. On dit que le suc éclaircit la vue. Castor distingue deux espèces de marrube : le noir (*ballota nigra*, L.) et le blanc, qui est meilleur; il en met le suc dans une coquille d'œuf; il y mêle l'œuf même avec quantité égale de miel, et fait chauffer. : il assure que cette préparation ouvre les vomiques, les mondifie et les guérit. Le marrube pilé avec de la vieille graisse guérit, en topique, les morsures faites par les chiens.

XC. Le serpolet (*thymus serpyllum*, L.) est ainsi appelé, dit-on, parce que c'est une plante rampante (*serpere*); c'est ce qu'on voit dans le serpolet sauvage (*thymus glabratus*, Lk.), surtout en lieux pierreux. Le serpolet cultivé ne rampe pas, mais il s'élève à la hauteur d'un palme. Le serpolet spontané est mieux nourri; il a les feuilles et les branches plus blanches; il est efficace contre les serpents, surtout le cenchris, contre les scolopendres terrestres et marines, les scorpions (branches et feuilles bouillies dans du vin). Brûlé, il met en fuite, par l'odeur, tous les animaux venimeux. Il a surtout de la vertu contre le venin des animaux marins. Bouilli dans le vinaigre, on l'applique dans les douleurs de tête, avec de l'huile rosat, sur les tempes et le front; de même, dans la phrénitis et la léthargie; on le donne, à la dose de quatre drachmes, contre les tranchées, la dysurie, l'angine, le vomissement. On le prend avec de l'eau pour tous les besoins du foie. On donne les feuilles à la dose de quatre oboles, dans du vinaigre, pour les affections de la rate. On le broie dans deux cyathes de vinaigre et de miel pour les crachements de sang.

XCI. Le sisymbrium sauvage (*menta hirsuta*, DC.), appelé par quelques-uns thymbrée, n'a pas plus d'un pied de haut. Celui qui vient dans les lieux humides (*sisymbrion nasturtium*, L.) est semblable au cresson. Ces deux espèces sont efficaces contre les animaux à aiguillon, tels que les frelons et les insectes semblables. Celui qui vient dans les lieux secs est odorant, et entre dans la composition des couronnes; la feuille est

---

terem : et iis qui sanguinem rejecerint, eximie utile, scopis ejus cum panico aqua decoctis, ut asperitas succi mitigetur. Imponitur strumis cum adipe. Sunt qui viridis semen quantum duobus digitis capiant, cum farris pugillo decoctum, addito exiguo olei et salis, sorbere jejunos ad tussim jubeant. Alii nihil comparant in eamdem causam marrubii et feniculi succis ad sextarios ternos expressis, decoctisque ad sextarios duos, tum addito mellis sextario, rursus decocta ad sextarios duos, si cochlearii mensura in die sorbeatur in aquae cyatho. Et virilium vitiis tusum cum melle mire prodest. Lichenas purgat ex aceto. Ruptis, convulsis, spasticis nervis salutare. Potum alvum solvit cum sale et aceto : item menstrua et secundas mulierum. Arida farina cum melle ad tussim siccam efficacissima est : item ad gangraenas, et pterygia. Succus vero auriculis, et naribus, et morbo regio, minuendaeque bili cum melle prodest. Item contra venena inter pauca potens. Ipsa herba stomachum et exscreationes pectoris purgat, cum iride et melle. Urinam ciet : cavenda tamen exhulceratae vesicae, et renum vitiis. Dicitur succus et claritatem oculorum adjuvare. Castor marrubii duo genera tradit : nigrum, et quod magis probat, candidum. In ovum inane succum addit io, ipsumque ovum infundit melle aequis portionibus, tepefactum; vomicas rumpere, purgare, persanare promittens : illitis etiam vulneribus a cane factis tuso cum axungia veteri.

XC. Serpyllum a serpendo putant dictum : quod in silvestri evenit, in petris maxime. Sativum non serpit, sed ad palmae altitudinem increscit. Pinguius voluntarium, et candidioribus foliis ramisque, adversus serpentes efficax, maxime cenchrin, et scolopendras terrestres ac marinas, et scorpiones, decoctis ex vino ramis foliisque. Fugat et odore omnes, si uratur. Et contra marinorum venena praecipue valet. Capitis doloribus decoctum in aceto illinitur temporibus ac fronti cum rosaceo. Item phreneticis, lethargicis : contra tormina, et urinae difficultates, anginas, vomitiones, drachmis quatuor datur. Ex aqua bibitur et ad jocinerum desideria. Folia obolis quatuor dantur ad lienem ex aceto. Ad cruentas exscreationes teritur in cyathis duobus aceti et mellis.

XCI. Sisymbrium silvestre a quibusdam thymbraeum appellatum, pedali non amplius altitudine. Quod in riguis nascitur, simile nasturtio est. Utrumque efficax adversus aculeata animalia, ut crabrones, et similia. Quod in sicco ortum, odoratum est, et inseritur coronis, angustiore folio. Sedant utraque capitis dolorem : item epiphoras, ut Phi..

plus étroite. Tous deux guérissent le mal de tête, et, d'après Philinus, l'épiphora des yeux. D'autres ajoutent du pain; d'autres le font bouillir seul dans du vin. Il guérit les épinyctides; il guérit les taches de la peau de la figure, chez les femmes, en quatre jours; on l'applique pendant la nuit, et on l'ôte pendant la journée. Il arrête les vomissements, les hoquets, les tranchées, les dissolutions de l'estomac, soit qu'on le prenne en aliment, soit qu'on en boive le suc. Les femmes grosses ne doivent pas en manger, à moins que le fœtus ne soit mort; car l'application seule de cette plante suffit pour provoquer l'avortement. Pris avec du vin, il est diurétique; le sisymbrium sauvage expulse même les calculs. En application sur la tête avec du vinaigre, il empêche de dormir ceux qui ont besoin de veiller.

1 XCII. La graine de lin s'emploie avec d'autres substances; seule, elle fait disparaître les taches de la peau à la face chez les femmes; le suc éclaircit la vue. Avec l'encens et l'eau, ou avec la myrrhe et le vin, elle guérit l'épiphora; avec le miel, la graisse ou la cire, les parotides; préparée en guise de polenta, les dissolutions d'estomac; bouillie dans l'eau et l'huile, et appliquée avec l'anis, l'angine. On la fait rôtir, pour arrêter le flux de ventre; dans du vinaigre, on l'applique pour l'affection céliaque et la dyssenterie. On la mange avec du raisin sec pour les douleurs de foie; on en fait, pour la phthisie, d'excellents électuaires. La farine de graine de lin, avec addition de nitre, ou de sel, ou de cendre, adoucit les duretés des muscles, des nerfs, des articulations,
2 du cou, et les membranes du cerveau. Avec la figue, elle amène à maturité; avec la racine du concombre sauvage, elle fait sortir tous les corps étrangers, ainsi que les esquilles des os. Bouillie dans du vin, la farine de graine de lin empêche les ulcères de serpenter; avec du miel, elle guérit les éruptions pituiteuses; avec une dose égale de cresson, les ongles malades; avec la résine et la myrrhe, les affections des testicules et les hernies; dans l'eau, la gangrène; les douleurs d'estomac, avec le fenugrec, à la dose, l'une et l'autre, d'un setier qu'on fait bouillir dans de l'eau miellée; en lavement dans de l'huile ou du miel, les affections dangereuses des intestins et de la poitrine.

XCIII. La blette (*amarantus blitum*, L.) paraît 1 inerte, sans saveur et sans âcreté; aussi, dans Ménandre, les maris, pour se moquer de leurs femmes, les appellent blettes. Elle ne vaut rien pour l'estomac; elle trouble tellement le ventre, qu'elle produit chez quelques-uns le choléra. On dit cependant que, prise dans du vin, elle est bonne contre les piqûres des scorpions; qu'on l'applique sur les cors aux pieds; que dans l'huile on l'applique sur la rate et sur les tempes douloureuses. Hippocrate pense que prise en aliment la blette arrête les menstrues.

XCIV. (XXIII.) Le meum (*meum athamanticum*, Jacq.) n'est cultivé en Italie que par les médecins, et encore par un petit nombre. Il y en a deux espèces; on nomme la meilleure athamantique, soit parce qu'elle aurait été découverte par Athamas, soit parce que la plus estimée se trouve sur le mont Athamas (IV, 8). La feuille est semblable à celle de l'aneth (32); la tige atteint quelquefois deux coudées; les racines sont nombreuses et noirâtres, quelques-unes très-longues. L'autre espèce est moins rousse que l'athamantique (33). La racine pilée ou bouillie, prise dans de l'eau, est diurétique. Le meum dissipe merveilleusement les gonflements de l'estomac, ainsi que les tranchées et les affections de la vessie; appliqué avec du miel sur la vulve, avec de l'ache sur le bas-ventre des enfants, il est diurétique.

XCV. Le fenouil (*anethum feniculum*, L.) a été rendu célèbre par les serpents, qui, comme nous l'avons dit (VIII, 41), en mangent en quittant leur vieille peau, et s'éclaircissent la vue avec le suc de cette plante ; ce qui fit comprendre que chez les hommes aussi ce suc était un remède excellent pour l'obscurcissement de la vue. On le recueille quand la tige commence à pousser des bourgeons. On le fait sécher au soleil, et on en fait des onctions avec le miel. Le fenouil se trouve partout. Le suc le plus estimé se prépare en Espagne avec les larmes de la tige et avec la graine récente ; il se tire aussi des racines incisées dès le premier bourgeonnement de la plante.

XCVI. Il y a aussi un fenouil sauvage, que les uns nomment hippomarathron (*cachrys libanotis*, L.), les autres myrsineum ; il a les feuilles plus grandes, le goût plus âcre ; il est plus haut, à la grosseur du bras et la racine blanche. Il naît dans les endroits chauds, mais pierreux. Dioclès parle d'une autre espèce d'hippomarathron (*seseli hippomarathrum*, L.), à feuille longue et étroite, à graine de coriandre. Quant aux remèdes fournis par le fenouil cultivé, la graine prise dans du vin est bonne pour les blessures faites par les scorpions et les serpents. Le suc s'instille dans les oreilles, et y tue les petits vers. Le fenouil entre dans presque tous les assaisonnements, et surtout dans les sauces au vinaigre. On en garnit la croûte inférieure du pain. La graine prise même dans les fièvres resserre l'estomac relâché ; pilée dans l'eau, elle calme les nausées ; elle est très-estimée pour les affections du poumon et du foie. Prise en quantité médiocre, elle resserre le ventre, et elle est diurétique ; en décoction, elle fait cesser les tranchées ; en boisson, elle fait revenir le lait qui s'est perdu. La racine prise avec la ptisane (*orge mondé*), ou la décoction, ou la graine, purifie les reins. La racine cuite dans du vin est bonne pour l'hydropisie et les convulsions. Les feuilles dans du vinaigre s'appliquent sur les tumeurs brûlantes ; elles chassent les calculs de la vessie ; elles sont aphrodisiaques (34). Pris en boisson de quelque manière que ce soit, le fenouil augmente la quantité du sperme. Il est très-bon pour les parties génitales, soit qu'on emploie en fomentation la racine cuite avec du vin, soit qu'on l'applique pilée dans l'huile. Beaucoup l'appliquent avec la cire sur les tumeurs et les meurtrissures. On emploie la racine, dans le suc de la plante ou avec du miel, contre la morsure des chiens ; dans du vin, contre la piqûre du millepieds. L'hippomarathron a plus d'efficacité pour toutes choses : il expulse surtout les calculs ; pris avec un vin faible, il est bon pour la vessie et pour la suppression du flux menstruel. Dans cette plante la graine est plus efficace que la racine. La dose de la graine et de la racine, c'est une pincée que l'on pile et que l'on ajoute à sa boisson habituelle. Petrichus, qui a écrit sur les serpents, et Micton, qui a fait un traité de botanique, n'ont jugé rien de plus efficace que l'hippomarathron contre les serpents. Nicandre, de son côté (*Theriac.*, p., 43) n'a pas mis cette plante au dernier rang.

XCVII. Le chanvre est originaire des forêts (*althœa cannabina*, L.) (35), où il a la feuille plus noire et plus rude ; la semence passe pour rendre l'homme impuissant. Le suc de cette semence fait sortir de l'oreille les petits vers et tous les insectes qui y sont entrés, mais il cause du mal de tête. La

---

discutit : item tormina, et vesicæ vitia ; vulvarumque articulis cum melle, infantibus cum apio illitum imo ventri urinas movet.

XCV. Feniculum nobilitavere serpentes gustatu, ut diximus, senectam exuendo, oculorumque aciem succo ejus reficiendo ; unde intellectum est, hominum quoque caliginem præcipue eo levari. Colligitur hic caule turgescente. In sole siccatur, inungiturque ex melle. Ubique hoc est. Laudatissimus in Iberia e lacrymis fit, et ex semine recenti. Fit etiam et e radicibus, prima germinatione incisis.

XCVI. Est et in hoc genere silvestre, quod alii hippomarathron, alii myrsineum vocant, foliis majoribus, gustu acriore, procerius, brachiali crassitudine, radice candida. Nascitur in calidis, sed saxosis. Diocles et aliud hippomarathri genus tradit, longo et angusto folio, semine coriandri. Medicinæ in sativo, ad scorpionum ictus et serpentium, semine in vino poto. Succus et auribus instillatur, vermiculosque in his necat. Ipsum condimentis prope omnibus inseritur : oxyporis etiam aptissime. Quin et panis crustis subditur. Semen stomachum dissolutum adstringit, vel in febribus sumtum. Nauseam ex aqua tritum sedat : pulmonibus et jocineribus laudatissimum. Ventrem sistit, quum modice sumitur, urinam exciet, et tormina mitigat decoctum, lactisque defectu potum mammas replet. Radix cum ptisana sumta renes purgat, sive decocto succo, sive semine sumto. Prodest et hydropicis radix ex vino cocta : item convulsis. Illinuntur folia tumoribus ardentibus ex aceto ; calculos vesicæ pellunt ; venerem stimulant ; genituræ abundantiam quoquo modo haustum facit. Verendis amicissimum, sive ad fovendum radice cum vino cocta, sive contrita in oleo illitum. Multi tumoribus et suggillatis cum cera illinunt. Et radice in succo vel cum melle contra canis morsum utuntur, et contra multipedam ex vino. Hippomarathron ad omnia vehementius. Calculos præcipue pellit : prodest vesicæ cum vino leni, et feminarum menstruis hærentibus. Efficacius in eo semen, quam radix : modus in utroque, quod duobus digitis tritum additur in potionem. Petrichus, qui Ophiaca scripsit, et Micton, qui Rhizotomumena, adversus serpentes nihil hippomarathro efficacius putavere. Sine et Nicander non in novissimis posuit.

XCVII. Cannabis in silvis primum nata est, nigrior foliis, et asperior. Semen ejus exstinguere genituram virorum dicitur. Succus ex eo vermiculos aurium, et quodcumque animal intraverit, ejicit, sed cum dolore capitis :

force du chanvre est si grande, qu'en infusion dans l'eau il la coagule, dit-on; aussi le chanvre pris dans de l'eau arrête-t-il le flux de ventre chez les bêtes de somme. La racine cuite dans l'eau relâche les articulations contractées, et s'emploie pour la goutte et les affections semblables. On l'applique crue sur les brûlures; mais, pour ne pas la laisser sécher, on la renouvelle souvent.

1 XCVIII. La férule (*ferula communis*, L.) a une graine semblable à celle de l'aneth. On regarde comme femelle celle qui n'ayant qu'une tige est bifurquée au sommet. On mange la tige bouillie (XIX, 56), et dans du moût et du miel on la recommande comme bonne pour l'estomac; prise en trop grande quantité, elle cause du mal de tête. La racine, à la dose d'un denier (3 gr., 85) dans deux cyathes de vin, se prend contre les serpents. On emploie la racine elle-même en application : c'est de cette façon qu'elle guérit les tranchées. Avec de l'huile et du vinaigre elle est bonne contre les sueurs excessives, même dans 2 les fièvres. Le suc de la férule, pris gros comme une fève, évacue par le bas. La moelle de la plante verte est bonne pour les affections de la matrice et pour tous les cas précités. Pour arrêter les hémorragies, on prend, pilés dans du vin, dix grains de la semence, ou la moelle. Il en est qui pensent qu'il faut donner cette plante dans l'épilepsie, à la dose d'une cuillerée, le quatrième jour de la lune, le sixième, le septième. Les férules sont très-contraires aux murènes, que le seul contact de cette plante suffit pour tuer. Castor pensait que le suc de la racine contribuait beaucoup à éclaircir la vue.

1 XCIX. Nous avons, parmi les plantes de jardin, parlé de la culture des chardons (XIX, 43); ainsi, exposons sans préambule les remèdes qu'ils fournissent. Il y a deux espèces de chardons sauvages : l'un (*cinara carduncellus*, DC.) jette plusieurs tiges immédiatement au sortir de terre ; l'autre (artichaut, *cinara scolymus*, L.) est unicaule, mais plus gros; l'un et l'autre ont des feuilles en petit nombre, épineuses, et la tête garnie de piquants. Le chardon unicaule produit au milieu des piquants une fleur pourpre qui blanchit rapidement et qui tombe au premier vent; les Grecs le nomment scolymos. Pilé et exprimé avant la floraison, il donne un suc dont l'application fait repousser les cheveux. On dit que la racine d'un chardon quelconque, bouillie dans l'eau, donne de la soif aux buveurs. Elle fortifie l'estomac ; et, si nous ajoutons foi à ce qu'on dit, elle n'est pas sans influence pour disposer les femmes à engendrer des garçons : c'est du moins ce qu'ont écrit Chæréas l'Athénien et Glaucias, qui paraît l'auteur le plus exact au sujet des chardons. Le suc du chardon rend l'haleine agréable.

C. (XXIV.) Avant de quitter les plantes des 1 jardins, nous donnerons une composition très-célèbre qu'elles fournissent contre les animaux venimeux; elle est gravée en vers sur une pierre, à Cos, dans le temple d'Esculape (36) : Serpolet, deux deniers; opoponax et meum, deux deniers de chaque; trèfle, un denier; graine d'anis, de fenouil, d'ammi, d'ache, six deniers de chaque; farine d'ers, douze deniers; pilez, tamisez, et avec le vin le meilleur possible faites des pastilles du poids d'un victoriat (1 gr., 92); on en fait prendre une seule délayée dans trois cyathes de vin (1 litr., 35). Le roi Antiochus le Grand s'est, dit-on, servi de cette thériaque contre tous les animaux venimeux, excepté l'aspic (37).

---

tantaque vis ei est, ut aquæ infusa, coagulare eam dicatur. Et ideo jumentorum alvo succurrit pota in aqua. Radix contractos articulos emollit in aqua cocta : item podagras, et similes impetus. Ambustis cruda illinitur, sed sæpius mutatur priusquam arescat.

XCVIII. Ferula semen anetho simile habet. Quæ ab uno caule dividitur in cacumine, femina putatur. Caules eduntur decocti, commendanturque musto ac melle, stomacho utiles. Sin plures sumti, capitis dolorem faciunt. Radix denarii pondere in vini cyathis duobus, bibitur adversus serpentes : et ipsa radix imponitur : sic et torminibus medetur ; ex oleo autem et aceto, contra 2 sudores immodicos, vel in febribus proficit. Succus ferulæ alvum solvit fabæ magnitudine devoratus. E viridi medulla vulvis utilis , et ad omnia ea vitia. Ad sanguinem sistendum decem grana seminis bibuntur, in vino trita, vel medulla. Sunt qui comitialibus morbis dandum putant luna quarta, sexta, septima, ligulæ mensura. Natura ferularum murænis infestissima est : tactæ siquidem ea moriuntur. Castor radicis succum et oculorum claritati conferre multum putavit.

XCIX. Et de carduorum satu inter hortensia diximus : quapropter et medicinam ex iis non differamus. Silvestrium genera sunt duo, unum fruticosius a terra statim : alterum unicaule crassius. Utrique folia pauca, spinosa, muricatis cacuminibus. Sed alter florem purpureum mittit inter medios aculeos, celeriter canescentem, et abeuntem cum aura : scolymon Græci vocant. Hic antequam floreat contusus atque expressus, illito succo alopecias replet. Radix cujuscumque ex aqua decocta potoribus sitim facere narratur. Stomachum corroborat : et vulvis (si credimus) etiam conferre aliquid traditur, ut mares gignantur. Ita enim Chæreas Atheniensis scripsit, et Glaucias, qui circa carduos diligentissimus videtur. Mastiche cardui odorem commendat oris.

C. (XXIV.) Sed discessuri ab hortensiis, unam compo- 1 sitionem ex his clarissimam subtexemus, adversus venenata animalia, incisam lapide versibus Coi in æde Æsculapii. Serpylli duum denariorum pondus : opopanacis, et mei, tantumdem singulorum, trifolii pondus denarii; anisi, et feniculi seminis, et ammii, et apii, denariorum senum singulis generibus, ervi farinæ duodecim. Hæc tusa cribrataque vino quam possit excellenti, digeruntur in pastillos, victoriati pondere. Ex his singuli dantur ex vini mixti cyathis ternis. Hac theriaca magnus Antiochus rex adversus omnia venenata usus traditur, aspide excepta.

# NOTES DU VINGTIÈME LIVRE.

(1) Cucumeribus om. Vulg. — Cucumeribus est donné par le Pseudo-Apulée, Sillig, p. 24.
(2) Refovet om. Vulg. — Refovet est donné par le Pseudo-Apulée, Sillig, p. 24.
(3) Spongos Vulg. — Somphos Editt. Vett., et Pseudo-Apul., Sillig, p. 20.
(4) Adalligata febribus, sanare dicuntur Vulg. — Adalligata in linteo, febribus mederi dicuntur Pseudo-Apul., Sillig, p. 24.
(5) D'après M. Fraas, p. 140, le bunion est le bunium pumilum Sm. Suivant lui, le bunium bulbocastanum, auquel on a rapporté d'ordinaire le bunion de Dioscoride, est étranger à la flore de la Grèce.
(6) Venena æque, ut Nicander tradit. Vulg. — Venena, atque, ut Nicander tradit, et contra sanguinem tauri, Sillig ex Pseudo-Apul., p. 26. — M. Sillig pense qu'il faut rapporter à ce passage de Pline ainsi restitué le vers de Nicandre, Alex. 330 : Καὶ σπέραδος κραμβῆεν ἅλις μεμορυγμένον ὄξει. D'après lui, Pline aura confondu ῥαφανίς, raphanus, et ῥάφανος employé chez les Attiques pour κράμβη.
(7) Pistolochiam Vulg. — Plistolochiam Sillig ex Pseudo-Apul., p. 20.
(8) Erraticam om. Vulg. — Ce mot est donné par le Pseudo-Apulée, Sillig, p. 28.
(9) Aliorumque venenatorum om. Vulg. — Ces mots sont donnés par le Pseudo-Apulée, Sillig, p. 28.
(10) La troisième espèce de laitue nommée isatis paraît être l'isatis tinctoria, L., sauvage; et la quatrième espèce de laitue, l'isatis tinctoria cultivée.
(11) Guttantia adstringunt Editt. Vett. — Gustantium os adstringunt Vulg.
(12) Decocta Vulg. — Decoctæ Sillig.
(13) Juvari, si foveantur vulnera, et recentia et vetera, etiam carcinomata, quæ nullis aliis medicamentis sanari possint. Foveri vulg. — J'ai changé la ponctuation.
(14) Tumores Editt. Vett. — Humores Harduinus ex conjectura.
(15) Voy. pour les cardiaques, livre XI, note 20.
(16) Secundas. Et muris aranei morsus foliorum aridorum, etc. Vulg. — J'ai changé la ponctuation.
(17) Aliqui corrudam om. Vulg. — Cette addition est donnée par M. Jan, Münchener gelehrte Anzeigen, 1839, n° 207.
(18) D'après Harduin, le melissophyllon est la mélisse. L'apiastrum de Sardaigne est un des rauunculus dont parle Pline, XXV, 109. En effet, Apulée, cap. vIII, dit que le batrachion ou ranunculus est nommé aussi apium rusticum, et apiastellum.
(19) Et ante Vet. Dalech. — Et om. Vulg.
(20) Sanguisuga exhauserit Editt. Vett., Sillig. — Sanguisugam exhauserint Vulg.
(21) Ruptis, convulsis, sed parcius, orthopnoicis Vulg. — Les mots ruptis, convulsis, sed parcius, manquent dans les anciennes éditions ; Harduoin les a ajoutés d'après quelques-uns de ses mss. ; ces mots ne paraissent pas nécessaires.
(22) Ce pouliot sauvage n'est pas une plante différente du pouliot cultivé.
(23) Auriumque vermiculos Editt. Vett. — Vermiculosque Vulg.
(24) On ne sait pas ce qu'est cette plante, montrée à Pline par le botaniste Castor.
(25) Trita Ed. Princeps. — Trito Vulg.
(26) Tertia Cod. Voss. — Tertia om. Vulg.
(27) Pline a mal compris Théophraste : l'auteur grec dit (Hist. IX, 31), en parlant du papaver heraclium : « Il a la feuille comme le struthios, avec lequel on blanchit la toile. » Le struthos ou struthion est la saponaire, qui n'est pas le papaver heraclium.
(28) Subtrito cum aceto carnem incorruptam Vulg. — Subtrito et cumino acetoque carnem omnem incorruptam, Sillig ex Pseudo-Apul., p. 28.
(29) Sapore Vulg. — Sativo Editt. Vett.
(30) Si coletur Vulg. — Si colluatur Vet. Dalech.
(31) Je n'ai pas traduit lithanicos. On ne sait ce qu'est ce mot. On a proposé de lire en place, soit tetanicos, soit lichenas.
(32) Aniso Vulg. — Anetho Vet. Dalech. et Dioscoride, I, 3.
(33) Minus rufum, quam illud alterum Vulg. — J'ai ponctué autrement.
(34) Venerem stimulant om. Vulg. — Ces mots sont donnés par le Pseudo-Apulée, p. 29, Sillig.
(35) Il s'agit ici d'une plante toute différente du chanvre, à savoir, d'une espèce de guimauve.
(36) Versibus in limine ædis Æsculapii Vulg. — Versibus Coi in æde Æsculapii Pseudo-Ap., p. 29, Sillig.
(37) Venena Vulg. — Venenata Pseudo-Apul., p. 29, qui donne aussi aspide excepta, mots qui ne sont pas dans Vulg.

# LIVRE XXI.

I. (1.) Caton a recommandé de semer aussi dans les jardins les fleurs à tresser les couronnes, fleurs remarquables surtout par une délicatesse qu'on ne saurait exprimer ; car nul ne peut parler avec la même facilité que la nature peut colorer ; la nature, qui s'égaye et se joue dans la joie infinie d'une fécondité si variée. Les autres végétaux, elle les a produits pour les besoins et la nourriture ; aussi leur a-t-elle accordé des années et des siècles : mais les fleurs et leurs parfums, elle ne les engendre que pour durer un jour ; grande leçon, qui manifestement montre aux hommes que ce qui fleurit avec le plus d'éclat se fane avec le plus de promptitude. La peinture même ne suffit pas à reproduire ces couleurs dans la variété de leurs combinaisons, soit que des fleurs nombreuses entrent alternativement dans la composition des tresses, soit qu'un faisceau d'une fleur spéciale, disposé circulairement, obliquement, en spirale, coure comme une couronne dans la couronne elle-même.

II. (II.) Les anciens se servaient de couronnes minces, qu'ils nommaient *stroppes* ; d'où vient le nom des *strophioles*. Le nom même de couronnes ne s'est généralisé que tardivement ; il était exclusivement réservé aux couronnes employées dans les sacrifices, ou comme récompense militaire. Quand elles se faisaient avec des fleurs, on les appelait *serta* de *serere* (tresser), ou de *series* (série) (1). L'usage n'en est pas fort ancien chez les Grecs eux-mêmes.

III. La coutume fut d'abord de couronner les vainqueurs dans les combats sacrés avec des branches d'arbre. Dans la suite on commença à varier les nuances par une combinaison de fleurs qui relevât à la fois l'odeur et la couleur ; invention due, dans la ville de Sicyone, au génie du peintre Pausias ( XXXV, 40, 1, 3 et 12) et de la bouquetière Glycère, qu'il aimait passionnément. Le peintre reproduisait par la peinture les ouvrages de la bouquetière ; la bouquetière le défiait en les variant ; c'était un combat de l'art et de la nature. On possède encore les tableaux de cet artiste, et surtout celui qu'on nomme Stephaneplocos ( *la Bouquetière* ), où il peignit Glycère elle-même. Cette invention remonte à la centième olympiade. Les couronnes de fleurs étant ainsi de mode, on vit venir celles qu'on nomme Égyptiennes, puis les couronnes d'hiver pour le temps où la terre refuse des fleurs, et qui sont faites de lamelles de corne colorées. Peu à peu l'usage s'établit à Rome de les appeler *corolles*, désignation due d'abord à la délicatesse de ces ouvrages ; les couronnes que l'on donna dans la suite, faites avec de minces lames d'airain dorées ou argentées, se nommaient *corollaires*.

IV. (III.) Crassus le riche fut le premier qui, ayant fait faire des feuilles artificielles en argent et en or, distribua de pareilles couronnes lors de ses jeux. Pour embellir les couronnes elles-mêmes, on y ajouta des *lemnisques* (*espèces de bandelettes*), à l'imitation des couronnes étrusques, qui ne devaient avoir que des lemnisques d'or. Long-

## LIBER XXI.

I. (1.) In hortis seri et coronamenta jussit Cato, inenarrabili florum maxime subtilitate : quando nulli potest facilius esse loqui, quam rerum naturæ pingere, lascivienti præsertim et in magno gaudio fertilitatis tam variæ ludenti. Quippe reliqua usus alimentique gratia genuit ; ideoque sæcula annosque tribuit iis. Flores vero odoresque in diem gignit : magna, ut palam est, admonitione hominum, quæ spectatissime floreant, celerrime marcescere. Sed ne pictura quidem sufficiente imagini colorum reddendæ, mixturarumque varietati, sive alterni atque multiplices inter se nectantur, sive privatis generum funiculis in orbem, in obliquum, in ambitum, quædam coronæ per coronas currant.

II. (II.) Tenuioribus utebantur antiqui, stroppos appellantes : unde nata strophiola. Quin et vocabulum ipsum tarde communicatum est, inter sacra tantum et bellicos honores coronis suum nomen vindicantibus. Quum vero e floribus fierent, serta a serendo serieve appellabantur : quod apud Græcos quoque non adeo antiquitus placuit.

III. Arborum enim ramis coronari in sacris certaminibus, mos erat primum. Postea variari cœptum mixtura versicolori florum, quæ invicem odores coloresque accenderet, Sicyone, ex ingenio Pausiæ pictoris atque Glyceræ coronariæ, dilectæ admodum illi, quum opera ejus pictura imitaretur, et illa provocans variaret, essetque certamen artis ac naturæ : quales etiam nunc exstant artificis illius tabellæ, atque in primis appellata Stephaneplocos, qua pinxit ipsam : idque factum est post Olympiadem centesimam. Sic coronis e floribus receptis, paulo mox subiere, quæ vocantur Ægyptiæ, ac deinde hibernæ, quum terra flores negat, ramento e cornibus tincto : paulatimque et Romæ subrepsit appellatio, corollis inter initia propter gracilitatem nominatis : mox et corollariis, postquam e lamina ærea tenui inaurata aut inargentata dabantur.

IV. (III.) Crassus dives, primus argento auroque folia imitatus, ludis suis coronas dedit ; accesseruntque et lemnisci, quos adjici ipsarum coronarum honos erat, propter

temps ils furent sans ornement. P. Claudius Pulcher (an de Rome 570) fut le premier qui les fit ciseler, et ajouta des bractées d'or à la mince lamelle qui faisait le lemnisque.

V. Toutefois, on estima toujours beaucoup les couronnes gagnées même dans les jeux; car les citoyens, lors des jeux [consulaires], descendaient eux-mêmes dans le cirque pour prendre part au combat, et y envoyaient leurs esclaves. De là cette loi des Douze Tables : « Si quelqu'un gagne une couronne par lui-même ou par son argent, qu'elle lui soit donnée à cause de son mérite. » Il n'est pas douteux que par ces mots, *gagnée par son argent*, la loi n'ait entendu une couronne gagnée par ses esclaves ou ses chevaux. Or quel était l'honneur qu'elle procurait ? C'était qu'après leur mort le vainqueur et ses père et mère avaient le droit d'être couronnés pendant que le corps était exposé dans la maison, ou porté au lieu des funérailles. Du reste, les couronnes, même celles des jeux, ne se mettaient pas indifféremment en toute circonstance.

VI. En ceci la sévérité était fort grande. L. Fulvius, banquier, dans la seconde guerre punique, accusé d'avoir pendant le jour, de son balcon, regardé dans le forum, ayant une couronne de roses sur la tête, fut emprisonné par l'ordre du sénat, et il ne fut relâché qu'après la fin de la guerre. P. Munatius, ayant mis sur sa tête une couronne de fleurs enlevée à la statue de Marsyas, fut condamné aux fers par les triumvirs; il en appela aux tribuns du peuple, mais ceux-ci n'intercédèrent pas. Il en était autrement à Athènes, où des jeunes gens en débauche, avant midi, entraient même dans les écoles des philosophes. Chez nous on ne trouve pas d'exemple d'une licence pareille, si ce n'est chez la fille (VII, 46) du dieu Auguste, laquelle, dans ses débauches nocturnes, couronna la statue de Marsyas (2), comme le déplore la lettre de son divin père.

VII. Le peuple romain n'a honoré de fleurs que le seul Scipion, surnommé Sérapion (VII, 10) à cause de sa ressemblance avec un certain marchand de porcs. Cette circonstance l'avait rendu très-cher au peuple pendant son tribunat; du reste, il était digne de la famille des Africains. Il ne laissa pas assez de bien pour se faire enterrer; le peuple se cotisa pour la dépense des funérailles, et de toutes les ouvertures des maisons on jeta des fleurs sur le convoi.

VIII. Dès lors les couronnes étaient employées à honorer les dieux, les lares publics et particuliers, les tombeaux et les mânes. Les plus estimées étaient tressées : quant aux couronnes cousues, nous les trouvons dans les sacrifices des Saliens, et elles étaient d'apparat dans leurs repas. On en vint ensuite aux couronnes de roses; et enfin le luxe fut poussé au point qu'on n'estima plus que les couronnes faites avec les seuls pétales de la fleur; puis on alla demander à l'Inde ou au delà de l'Inde la matière des couronnes cousues; car aujourd'hui il est du grand ton de les donner en feuilles de nard, ou faites de diverses couleurs, avec des étoffes de soie parfumées. C'est là le dernier terme auquel en est le luxe des femmes.

IX. Parmi les Grecs, les médecins Mnésithée et Callimaque ont écrit des traités spéciaux sur les couronnes, et indiqué celles qui faisaient mal à la tête. En effet, la santé y est jusqu'à un certain point intéressée : c'est surtout pendant qu'on boit et qu'on se livre à la gaieté, que les odeurs actives s'insinuent traîtreusement; et l'on connaît l'adresse scélérate de Cléopâtre. Lors des apprêts de la guerre d'Actium, Antoine redoutait jus-

---

Etruscas, quibus jungi nisi aurei non debebant. Puri diu fuere ii. Cælare eos primus instituit P. Claudius Pulcher, bracteasque etiam philyræ dedit.

V. Semper tamen auctoritas vel ludicro quæsitarum fuit. Namque ad certamina in Circum per ludos et ipsi descendebant, et servos suos quique mittebant. Inde illa XII Tabularum lex : « Qui coronam parit ipse, pecuniave ejus, virtutis ergo duitor ei. » Quam servi equive meruissent, pecuniam partam lege dici, nemo dubitavit. Quis ergo honos? ut ipsi mortuo, parentibusque ejus, dum intus positus esset, forisve ferretur, sine fraude esset imposita. Alius in usu promiscuo ne ludicræ quidem erant.

VI. Ingensque et hic severitas. L. Fulvius argentarius, bello punico secundo, cum corona rosacea interdiu e pergula sua in forum prospexisse dictus, ex auctoritate Senatus in carcerem abductus, non ante finem belli emissus est. P. Munatius, quum demtam Marsyæ coronam e floribus capiti suo imposuisset, atque ob id duci eum in vincula Triumviri jussissent, appellasset tribunos plebis. Nec intercessere illi ; aliter quam Athenis, ubi comessabundi juvenes ante meridiem conventus sapientium quoque doctrinæ frequentabant. Apud nos exemplum licentiæ hujus non est aliud quam filia divi Augusti, cujus luxuriæ noctibus coronatum Marsyam, litteræ illius dei gemunt.

VII. Florum quidem populus romanus honorem Scipioni tantum habuit. Serapio cognominabatur, propter similitudinem suarii cujusdam negotiatoris. Ob id erat in tribunatu plebi admodum gratus, dignusque Africanorum familia. Nec erat in bonis funeris impensa. Asses ergo contulit populus, ac funus elocavit; quaque præferebatur, flores e prospectu omni sparsit.

VIII. Et jam tunc coronæ deorum honos erant, et Larium publicorum privatorumque, ac sepulchrorum, et Manium ; summaque auctoritas pactili coronæ. Sutiles Saliorum sacris invenimus, et solemnes cœnis. Transiere deinde ad rosaria ; eoque luxuria processit, ut non esset gratia nisi mero folio : sutilibus mox petitis ab India, aut ultra Indos. Lautissimum quippe habetur, e nardi folio eas dari, aut veste serica versicolores unguentis madidas. Hunc habet novissime exitum luxuria feminarum.

IX. Et apud Græcos quidem de coronis privatim scripsere Mnesitheus atque Callimachus medici, quæ nocerent capiti : quoniam et in hoc est aliqua valetudinis portio, in potu atque hilaritate præcipue odorum vi surrepente fal-

qu'aux présents de cette reine, et ne prenait d'aliments qu'après les avoir fait déguster : on rapporte que, voulant se jouer de ses craintes, elle enduisit de poison l'extrémité des fleurs d'une couronne ; ayant cette couronne sur sa tête, et la gaieté faisant des progrès, elle invita Antoine à boire les couronnes. Qui dans cette circonstance aurait redouté des embûches? La couronne est effeuillée, jetée dans une coupe... Antoine va boire; elle l'arrête de la main : « C'est donc, dit-elle, Marc-Antoine, contre moi que vous prenez la précaution nouvelle des dégustateurs ? Et voyez, si je pouvais vivre sans vous, comment les occasions ou les moyens me manqueraient ! » Elle fit venir de la prison un homme, qui but et expira aussitôt. Outre les deux auteurs nommés plus haut, Théophraste (*Hist.*, VI, 6 et 7), chez les Grecs, a écrit sur les fleurs. Chez nous quelques-uns ont, il est vrai, intitulé leurs livres *Anthologie*; mais personne, à ma connaissance du moins, n'a traité expressément des fleurs. Quant à nous, nous n'avons pas l'intention ici de tresser des couronnes, cela serait frivole ; mais nous dirons sur les fleurs ce qui nous paraîtra digne d'être rapporté.

X. (IV.) Les Romains n'avaient dans leurs jardins qu'un très-petit nombre d'espèces de fleurs à couronnes, et presque uniquement les violettes et les roses. Le végétal qui porte la rose est, à vrai dire, plutôt une épine qu'un arbuste ; cette fleur vient aussi sur une espèce de ronce (*rosa canina*) (XVI, 71), et là même elle est d'une odeur agréable, quoique peu pénétrante. Toutes les roses sont d'abord enfermées dans un bouton dont l'enveloppe est grenue ; ce bouton ne tarde pas à se gonfler, et à former une sorte de cône vert. Peu à peu la fleur prend une teinte rouge, s'entr'ouvre et s'épanouit, embrassant des filaments jaunes placés au centre. L'emploi qu'on en fait dans les couronnes est, pour ainsi dire, le moindre parti qu'on en tire : on la fait macérer dans l'huile, et cela dès la guerre de Troie, d'après le témoignage d'Homère (*Il.*, XXIII, 186); de plus, on l'incorpore dans des parfums, comme nous l'avons dit (XIII, 2); on l'emploie aussi seule en médecine ; on la fait entrer dans des emplâtres et des collyres, à cause de ses qualités pénétrantes ; on s'en sert encore à parfumer les tables dans les festins, et jamais elle ne cause de mal. Les espèces les plus célèbres parmi nous sont la rose de Préneste et celle de Campanie ; d'autres ont ajouté celle de Milet, qui est d'un rouge très-vif, et qui n'a pas plus de douze feuilles ; vient ensuite celle de Trachinie (IV, 14), qui est moins rouge, puis celle d'Alabanda, dont les feuilles sont blanchâtres : la moins estimée est la rose épineuse, qui a beaucoup de feuilles, mais très-petites. Les roses diffèrent, en effet, par le nombre des feuilles, par la rudesse, le poli, la couleur, l'odeur. Le nombre des feuilles, qui n'est jamais de moins de cinq, va toujours croissant, au point qu'il est une espèce à cent feuilles : elle vient en Italie, dans la Campanie, et en Grèce, dans les environs de Philippes ; mais dans ce dernier lieu elle ne croît pas naturellement : elle vient du mont Pangée, qui est dans le voisinage, et qui produit des roses à feuilles nombreuses et petites ; les habitants les transplantent, et les améliorent par cela même. Cette espèce n'est pas très-odorante, non plus que celle dont la feuille est très-large et très-grande. On peut dire, en peu de mots, que le parfum de la fleur est en rapport avec la rudesse du calice. Cæpion, qui vivait sous le règne de l'empereur Tibère, a prétendu que la rose à cent feuilles ne s'employait

---

laciter, scelerata Cleopatræ solertia. Namque in apparatu belli Actiaci gratificationem ipsius reginæ Antonio timente, nec nisi præguslatos cibos sumente, fertur pavore ejus lusisse, extremis coronæ floribus veneno illitis, ipsaque capiti imposita, mox procedente hilaritate invitavit Antonium, ut coronas biberent. Quis ita timeret insidias ? Ergo concerpta in scyphum incipiente haurire opposita manu : « En ego sum, inquit, illa, Marce Antoni, quam tu nova prægustantium diligentia caves : adeo mihi, si possim sine te vivere, occasio aut ratio deest. » Inde eductum custodia bibere jussit, illico exspirantem. De floribus supra dictos scripsit Theophrastus apud Græcos. Ex nostris autem inscripsere aliqui libros Anthologicon : flores vero persequutus est nemo, quod equidem inveniam. Nec nos nunc scilicet coronas nectemus : id enim frivolum est ; sed de floribus, quæ videbuntur digna, memorabimus.

X. (IV.) Paucissima nostri genera coronamentorum inter hortensia novere, ac pæne violas rosasque tantum. Rosa nascitur spina verius, quam frutice, in rubo quoque proveniens, illic etiam jucundi odoris, quamvis angusti. Germinat omnis primo inclusa granoso cortice. Quo mox intumescente, et in virides alabastros fastigato, paulatim rubescens dehiscit, ac sese pandit, in calycis medio sui stantis complexa luteos apices. Usus ejus in coronis prope minimus est. Oleo maceratur, idque jam a Trojanis temporibus, Homero teste. Præterea in unguenta transit, ut diximus. Per se medicas artes præbet. Emplastris atque collyriis inseritur mordaci subtilitate. Mensarum etiam deliciis perungendis minime noxia. Genera ejus nostri fecere celeberrima, Prænestinam et Campanam. Addidere alii Milesiam, cui sit ardentissimus colos, non excedenti duodena folia. Proximam ei Trachiniam minus rubentem. Mox Alabandicam viliorem, albicantibus foliis. Vilissimam vero plurimis, sed minutissimis, spineolam. Differunt enim multitudine foliorum, asperitate, lævore, colore, odore. Paucissima quina folia, ac deinde numerosiora : quum sit genus ejus, quam centifoliam vocant : quæ est in Campania Italiæ, Græciæ vero circa Philippos : sed ibi non suæ terræ proventu. Pangæus mons in vicino fert, numerosis foliis ac parvis : unde accolæ transferentes conserunt, ipsaque plantatione proficiunt. Non autem talis odoratissima est, nec cui latissimum maximumque folium : breviterque indicium est odoris, scabritia corticis. Cæpio Tiberii Cæsaris principatu, negavit centifoliam in coronas addi, præ-

pas dans les couronnes, ou bien qu'on la reléguait à la jonction des deux branches, n'étant remarqua-4 ble ni par le parfum ni par la forme (3). Celle que les Latins nomment grecque, et les Grecs lychnis (*agrostema coronaria*, L.) ne vient que dans les lieux humides, n'a jamais plus de cinq feuilles, n'est pas plus grosse qu'une violette, et n'a aucune odeur. Une autre, nommée *græcula*, a les feuilles réunies en peloton; elle ne s'épanouit que lorsqu'on la presse avec la main, et semble toujours être en bouton; les feuilles en sont très-larges. Une autre est portée sur une tige semblable à celle de la mauve, et dont les feuilles sont celles de l'olivier; on la nomme mosceuton. La rose d'automne, appelée coroneola, tient le milieu pour la grosseur entre les précédentes. Toutes ces roses sont sans odeur, excepté la coroneola et celle qui vient sur une ronce; tant il y a de fausses 5 roses! Au reste, la vraie rose doit elle-même beaucoup au terroir : c'est à Cyrène qu'elle est le plus odorante; aussi le parfum qu'on y fait est-il excellent; à Carthagène en Espagne [grâce au terroir], il y a des roses précoces pendant tout l'hiver. La température n'est pas non plus sans influence : en certaines années, les roses sont moins odorantes. En outre, elles sont toutes plus parfumées dans les lieux secs que dans les lieux humides. Le rosier ne veut être planté ni dans les terrains gras, ni dans les terrains argileux, ni dans les terrains arrosés; il se contente d'une terre légère, et aime particulièrement un sol couvert de gravois. La rose de Campanie est précoce, celle de Milet est tardive; cependant c'est celle de Préneste qui finit la dernière. Pour le rosier on travaille la terre plus profondément que pour le blé, plus superficiellement que pour la vigne. 6 Il vient très-lentement de graine (la graine est dans le calice, sous la fleur même, et recouverte d'un duvet); aussi préfère-t-on le planter de bouture. Une seule espèce se plante, comme le roseau (XVI, 67), par des yeux de racine : c'est le rosier à roses pâles, épineuses, à cinq pétales, à branches très-longues; cette rose est la seconde des roses grecques. Tous les rosiers gagnent à être taillés et passés au feu. La transplantation les fait, comme la vigne, pousser très-bien et très-vite : on a des boutures de quatre doigts de long ou plus, on les plante après le coucher des Pléiades; puis, lorsque le Favonius [vent d'occident] souffle, on les replante à des intervalles d'un pied, et l'on remue fréquemment la terre alentour. Ceux qui veulent rendre les rosiers hâtifs font une fosse d'un pied autour de la racine, et y versent de l'eau chaude au moment où les boutons commencent à pousser.

XI. (v.) Le lis tient le premier rang après 1 la rose, et il a quelque analogie avec elle en raison du parfum et de l'huile qu'on en tire, et qu'on nomme lirinon (XIII, 2). Placé au milieu des rosiers, il produit le meilleur effet, car il commence à donner des fleurs quand les rosiers sont à moitié de leur saison. Aucune fleur ne s'élève plus haut, le lis atteignant parfois trois coudées; la tête en est toujours languissamment penchée, comme si elle était trop pesante pour la tige. La blancheur du lis est admirable : il est strié à l'extérieur; étroit par le bas, il va peu à peu s'élargissant en forme de coupe; le limbe en est renversé, et un filament ténu, la graine et des espèces de safrans se dressent dans le centre. L'odeur, comme la couleur, est double, et autre pour les pétales, autre pour les étamines : il y a une petite différence; mais, dans la composition du parfum et de l'huile, on ne rejette pas les pétales. Une fleur 2 assez semblable est produite par la plante her-

---

terquam extremos velut ad cardines, nec odore nec specie 4 probabilem. Est et quæ Græca appellatur a nostris, a Græcis lychnis, non nisi in humidis locis proveniens, nec umquam excedens quinque folia, violæque magnitudine, odorem nullo. Est et alia Græcula appellata, convolutis foliorum paniculis, nec dehiscens nisi manu coacta, semperque nascenti similis, latissimis foliis. Alia funditur e caule malvaceo, folia oleæ habente, mosceuton vocant. Atque inter has media magnitudine autumnalis, quam coroneolam vocant. Omnes sine odore, præter coroneolam et in 5 rubo natam : tot modis adulterantur. Et alias vera quoque plurimum solo prævalet. Cyrenis odoratissima est, ideoque ibi unguentum pulcherrimum. Carthagine Hispaniæ, hieme tota præcox. Refert et cæli temperies. Quibusdam enim annis minus odorata provenit. Præterea omnis siccis quam humidis odoratior. Seri nec pinguibus vult, nec argillosis locis, nec riguis, contenta raris, proprieque ruderatum agrum amat. Præcox Campana est, sera Milesia. Novissime tamen desinit Prænestina. Fodiuntur altius 6 quam fruges, levius quam vites. Tardissime proveniunt semine, quod in ipso cortice est, sub ipso flore, oportum lanugine : ob id potius caule conciso inseruntur : et ocellis radicis, ut arundo, unum genus inseritur pallidæ, spinosæ, longissimis virgis, quinquefoliæ, quæ e Græcis altera est. Omnis autem recisione atque ustione proficit : translatione quoque, ut vitis, optime ocyssimeque provenit, surculis quaternum digitorum longitudine, aut ampliore, post Vergiliarum occasum sata : dein per Favonium translata, pedalibus intervallis, crebroque circumfossa. Qui præcocem faciunt, pedali circa radicem scrobe aquam calidam infundunt, germinare incipiente calyce.

XI. (v.) Lilium rosæ nobilitate proximum est, et qua- 1 dam cognatione unguenti oleique, quod lirinon appellatur. Et impositum etiam maxime rosas decet, medio proventu earum incipiens. Nec ulli florum excelsitas major, interdum cubitorum trium, languido semper collo, et non sufficiente capitis oneri. Candor ejus eximius, foris striati, et ab angustiis in latitudinem paulatim sese laxantis effigie calathi, resupinis per ambitum labris, tenuique filo et semine, stantibus in medio crocis. Ita odor, colorque duplex et alius calycis, alius staminis, differentia angusta. In unguenti vero oleique usu, et folia non spernuntur. Est 2

bacée qu'on nomme liseron (*convolvulus sepium*, L.). Elle vient dans les buissons, est sans odeur, et n'a point à l'intérieur de safrans (filaments jaunes), ne reproduisant que la blancheur, sorte d'ébauche de la nature s'essayant à la production du lis. Le lis blanc se propage par tous les procédés dont on se sert pour le rosier, et de plus, comme l'hipposelinum (xix, 48) (*smyrnium olusatrum*, L.), à l'aide d'une gomme qui lui est propre. Rien n'est plus fécond, une racine portant souvent cinquante bulbes. Il y a aussi un lis rouge (*lilium chalcedonicum*, L.), nommé crinon par les Grecs. D'autres auteurs en nomment la fleur cynorrhodon. Le plus estimé est celui d'Antioche, puis celui de Laodicée de Syrie, puis celui de la Phasélide (xiii, 9); au quatrième rang est celui de l'Italie.

XII. On connaît encore des lis pourprés; la tige en est parfois double; la racine est seulement plus charnue; le bulbe est plus gros, mais unique : on les nomme narcisses (*narcissus serotinus*, L.) Une seconde espèce a la fleur blanche et la corolle pourpre (*n. poeticus*, L.) Il y a encore cette différence avec les lis, que les feuilles des narcisses sont à la racine. Les plus beaux viennent dans les montagnes de la Lycie. Une troisième espèce a tout semblable aux autres, excepté la corolle, qui est verte (*n. tazetta*, L.). Tous sont tardifs, fleurissant après le coucher d'Arcturus (xviii, 76) et vers l'équinoxe d'automne.

XIII. Il a été aussi inventé un procédé particulier de reproduction, grâce au goût que les hommes ont pour les choses monstrueuses. On ramasse au mois de juillet des tiges sèches de lis, et on les suspend à la fumée; puis, au mois de mars, quand les petits nœuds commencent à pousser, on les fait macérer dans la lie de vin noir ou grec, afin qu'ils prennent couleur, et on les plante ainsi dans de petites fosses où l'on répand quelques hémines (0 litr., 27) de lie. De la sorte on obtient des lis pourprés : il est singulier de teindre une tige pour qu'il en naisse une fleur colorée.

XIV. (vi.) La fleur la plus estimée ensuite est la violette; il y en a plusieurs espèces : pourprés, jaunes, blanches (*mathiola incana*). Elles se reproduisent toutes de plant, comme les herbes potagères. Les violettes pourprés (*viola odorata*, L.), qui poussent spontanément dans les terrains bien exposés et maigres, ont les pétales assez larges et sortent immédiatement de la racine, qui est charnue. Les Grecs n'appliquent qu'à elles seules le nom d'*ia*, et c'est d'après elles qu'est dénommée l'étoffe ianthine (violette). Parmi les violettes cultivées, les plus estimées sont les jaunes (*cheiranthus cheiri*, L.); espèces : la tusculane, celle qu'on nomme marine, à pétales un peu plus larges mais moins odorants, et la calathiane tout à fait inodore, à pétales très-petits. Celle-ci est un présent de l'automne; les autres sont un présent du printemps.

XV. La caltha (*calendula officinalis*, L.) ressemble beaucoup à la violette calathiane; elle est de même couleur et de même grandeur; elle l'emporte pour le nombre des pétales sur la violette marine, qui n'en a pas plus de cinq; mais elle lui est inférieure pour l'odeur : en effet, celle de la caltha est forte. L'odeur n'est pas moins forte dans la plante appelée scopa royale (*chenopodium scoparium*, L.); mais ici ce sont les feuilles, et non les fleurs qui sont odorantes.

XVI. Le bacchar (*gnaphalium sanguineum*, L.) n'a que la racine d'odorante; quelques-uns le nomment nard des champs (xii, 27). On faisait

---

flos non dissimilis illi in herba, quam convolvulum vocant, nascens per frutecta, nullo odore, nec crocis intus : candorem tantum referens, ac veluti naturæ rudimentum lilia facere condiscentis. Alba lilia iisdem omnibus modis seruntur, quibus rosa : et hoc amplius lacryma sua, ut hipposelinum; nihilque est fecundius, una radice quinquagenos sæpe emittente bulbos. Est et rubens lilium, quod Græci crinon vocant. Alii florem ejus cynorrhodon. Laudatissimum in Antiochia, et Laodicea Syriæ, mox in Phaselide. Quartum locum obtinet in Italia nascens.

XII. Sunt et purpurea lilia, aliquando gemino caule, carnosiore tantum radice, majorisque bulbi, sed unius : narcissum vocant. Hujus alterum genus flore candido, calyce purpureo. Differentia a liliis est et hæc, quod narcissis folia in radice sunt, probatissimis in Lyciæ montibus. Tertio generi cætera eadem, calyx herbaceus. Omnes serotini. Post Arcturum enim florent ac per æquinoctium autumnum.

XIII. Inventa est et in his ratio inserendi, monstrificis hominum ingeniis. Colliguntur namque mense julio scapi arescentes, liliaque suspenduntur in fumo. Dein nudantibus se nodulis, in fæce nigri vini, vel græci, mense martio macerantur, ut colorem percipiant, atque ita in scrobiculis seruntur, heminis fæcis circumfusis. Sic fiunt purpurea lilia, mirumque, tingi aliquid, ut nascatur infectum.

XIV. (vi.) Violis honos proximus; earumque plura genera. Purpureæ, luteæ, albæ : plantis omnes, ut olus, satæ. Ex iis vero, quæ sponte apricis et macris locis proveniunt, purpureæ, latiore folio, statim ab radice carnoso, exeunt : solæque græco nomine a cæteris discernuntur, appellatæ ia, et ab his ianthina vestis. E sativis maxima auctoritas luteis. Genera iis : Tusculana, et quæ marina appellatur, folio aliquanto latiore, sed minus odorato. In totum vero sine odore, minutæque folio Calathiana, munus autumni, cæteræ veris.

XV. Proxima ei caltha est concolori amplitudine. Vincit numero foliorum marinam, quinque non excedentem. Eadem odore superatur : est enim gravis calthæ. Non levior ei, quam scopam regiam appellant : quamquam folia ejus olent, non flores.

XVI. Bacchar quoque radicis tantum odoratæ est, a quibusdam nardum rusticum appellatum. Unguenta ex

autrefois des parfums avec cette racine. Aristophane, poète de l'ancienne comédie, le témoigne. Quelques-uns ont donné, à tort, l'épithète d'exotique à cette plante. L'odeur en est très-voisine de celle du cinnamome. Le bacchar vient dans un sol maigre et non humide. On donne le nom de combretum (*juncus maximus*, L.) à une plante qui lui ressemble beaucoup, dont les feuilles vont en s'amincissant comme des fils, et qui est plus haute que le bacchar. Mais ce n'est pas tout (4), il faut aussi corriger l'erreur de ceux qui ont appliqué au bacchar le nom de nard des champs : c'est une autre plante qui porte ce surnom; les Grecs la nomment asaron : nous en avons donné ( XII , 27 ) la description en parlant des espèces du nard. J'ajouterai l'étymologie de ce nom, telle que je la trouve : l'asaron est, dit-on, ainsi appelé parce qu'il n'entre point dans les couronnes (*asarum europæum*).

1 XVII. Le safran sauvage (*crocus vernus*, L.) est le meilleur; il ne convient nullement de le semer en Italie, chaque carré ne rapportant que le vingt-quatrième du coût. On le multiplie par caïeux. Le safran cultivé (*c. sativus*, L.) est plus large, plus grand et plus beau; mais il a beaucoup moins de force; il dégénère toujours, et il est d'un faible rapport même à Cyrène, où les autres fleurs sont toujours les plus estimées. Le plus recherché est celui de Cilicie, et dans ce pays celui du mont Corycus; au second rang est celui du mont Olympe en Lycie; au troisième rang, celui de Centuripinum en Sicile. Quelques-uns ont donné la seconde place au safran phlégréen. Il n'est rien qu'on falsifie autant. On reconnaît qu'il est pur lorsqu'il craque sous la main qui le presse, comme s'il était friable; en effet, quand il est humide, ce qui est dû à la falsification, il cède à la pression. Une 2 seconde épreuve, c'est de porter la main à la figure : il devra picoter le visage et les yeux. Il y a une espèce particulière de safran cultivé qui est extrêmement goûtée; comme elle a du blanc au milieu, on l'appelle dialeucon (5). Le safran de la Cyrénaïque a le défaut opposé; il est le plus foncé de tous; il se gâte aussi très-promptement. Partout le meilleur est celui qui est le plus épais et le plus court; le plus mauvais est celui qui sent le moisi. Mucien dit qu'en Lycie, au bout de sept à huit ans, on le transplante dans un terrain préparé, et que ce procédé le renouvelle au moment où il dégénère. On ne fait jamais entrer le safran dans les couronnes, les feuilles en étant étroites et formant une espèce de chevelu; mais il va 3 merveilleusement avec le vin, et surtout avec le vin doux. Réduit en poudre, on s'en sert pour parfumer les théâtres. La floraison a lieu lors du coucher des Pléiades, et dure peu de jours; la feuille chasse la fleur. Il est verdoyant au solstice d'hiver, et on le récolte; on le fait sécher à l'ombre, de préférence par un temps froid. La racine en est charnue, et plus vivace que celle des autres plantes. Elle aime à être battue et foulée aux pieds, et elle n'en vient que mieux (6); aussi le safran prospère-t-il surtout le long des sentiers et des fontaines. Il était estimé dès le temps de la guerre de Troie; du moins Homère ( *Il.* XIV, 348 ) fait-il mention de trois fleurs, le lotus, le safran et l'hyacinthe (*gladiolus segetum*).

XVIII. (VII.) Toutes les substances odorantes 1 et par conséquent les herbes diffèrent par la couleur, l'odeur et le suc. Il est rare qu'une substance odorante ne soit pas amère, et réciproquement les substances douces sont rarement odorantes. Ainsi le vin est-il plus odorant que le moût, et

---

ea radice fieri solita apud antiquos, Aristophanes priscæ comœdiæ poeta testis est. Unde quidam errore falso barbaricam eam appellabant. Odor est ei cinnamomo proximus : gracili solo nec humido provenit. Simillimum ei, combretum appellatur, foliorum exilitate usque in fila attenuata, et procerius quam bacchar. Nec hæc sunt tantum; sed eorum quoque error corrigendus est, qui bacchar rusticum nardum appellavere : est enim alia herba sic cognominata, quam Græci asaron vocant, cujus speciem figuramque diximus in nardi generibus. Quin immo asaron invenio vocitari, quoniam in coronas non addatur.

1 XVII. Crocum silvestre optimum : serere in Italia minime expedit , ad scripula usque singula areis decoquentibus. Seritur radicis bulbo. Sativum latius, majusque, et nitidius, sed multo lenius, degenerans ubique, nec fecundum etiam Cyrenis, ubi semper flores laudatissimi. Prima nobilitas Cilicio, et ibi in Coryco monte : dein Lycio monte Olympo : mox Centuripino Siciliæ. Aliqui Phlegræo secundum locum dedere. Adulteratur nihil æque. Probatio sinceri, si imposita manu crepat, veluti fragile. Humidum enim quod evenit adulteratione, 2 cedit. Altera probatio : si manu prolata ad ora leniter faciem oculosque mordeat. Est per se genus sativi blandissimum vulgo, quum sit medio candidum, dialeucon vocant. Contra Cyrenaico vitium, quod omni croco nigrius est , et celerrime marcescit. Optimum ubicumque quod pinguissimum, et brevis capilli : pessimum vero, quod situm redolet. Mucianus auctor est, in Lycia anno septimo aut octavo transferri in locum subactum, atque ita degenerans renovari. Usus ejus in coronis nusquam. Herba enim est folio angusto pæne in capillamenti modum. Sed 3 vino mire congruit, præcipue dulci; tritum ad theatra replenda. Floret Vergiliarum occasu paucis diebus , folioque florem expellit. Viret bruma, et colligitur : siccatur umbra, melius etiam hiberna. Carnosa et illi radix, vivaciorque quam cæteris. Gaudet calcari et atteri pede, quo melius provenit. Ideo juxta semitas ac fontes lætissimum. Trojanis temporibus jam erat honos ei. Hos certe flores Homerus tres laudat, loton, crocon, hyacinthum.

XVIII. (VII.) Omnium autem odoramentorum, atque adeo 1 herbarum differentia est in colore, et odore, et succo. Odorato sapor raro ulli non amarus : e contrario dulcia raro odorata. Itaque et vina mustis odoratiora, et silvestria magis omnia sativis. Quorumdam odor suavior e longinquo ,

les productions sauvages plus que celles qui sont dues à la culture. Quelques fleurs ont une bonne odeur de loin, et de près n'en ont presque plus; telle est la violette. La rose fraîche a meilleure odeur de loin; la rose sèche, de près. Toutes les fleurs ont une odeur plus pénétrante au printemps et le matin. Au fur et à mesure que s'approche l'heure de midi, l'odeur s'affaiblit. Les fleurs des jeunes plantes sont aussi moins odorantes que celles des vieilles; toutefois c'est dans l'âge intermédiaire que les fleurs ont le plus de parfum (7). La rose et le safran sont plus odorants quand on les récolte par un temps serein. Au reste, tout est plus parfumé dans les contrées chaudes que dans les contrées froides; en Égypte pourtant les fleurs sont très-peu odorantes, parce que l'air y est brumeux et chargé de rosée, à cause du Nil. Quelques fleurs ont une odeur forte, quoique suave; d'autres, tant qu'elles sont vertes, ne sentent rien, à cause d'un excès d'humidité, par exemple le bucéros, qui est le fenugrec. Toutes les fleurs qui ont une odeur pénétrante ne sont pas sans suc : par exemple la violette, la rose, le safran; mais celles qui, douées d'une odeur pénétrante, n'ont pas de suc, ont toutes une odeur forte : par exemple les deux espèces de lis (XXI, 11). L'aurone et la marjolaine ont des odeurs pénétrantes. Dans certaines plantes la fleur seule est suave, les autres parties sont inodores, comme dans la violette et le rosier. Parmi les plantes de jardin, les plus odorantes sont les plantes sèches, telles que la rue, la menthe, l'ache; il en est de même de celles qui croissent dans les lieux secs. Quelques fruits deviennent plus odorants en vieillissant; tel est le coing. Ces mêmes fruits, cueillis, le sont plus que sur l'arbre; d'autres n'ont d'odeur que concassés ou froissés; d'autres, que dépouillés de leur écorce. Certaines substances ne sont odorantes que brûlées, par exemple l'encens et la myrrhe. Toutes les fleurs sont plus amères pilées qu'intactes. Quelques plantes conservent plus longtemps leur odeur, étant sèches, par exemple le mélilot; certaines rendent plus odorantes le lieu où elles croissent, telles que l'iris (XII, 53) (8), qui va jusqu'à parfumer l'arbre tout entier, quel qu'il soit, avec les racines duquel il aura été en contact. L'hespéris (giroflée triste, *cheiranthus tristis*, L.) a plus d'odeur la nuit, ce qui lui a valu ce nom. Aucun des animaux n'est odorant, à moins que nous n'ajoutions foi à ce qui est dit de la panthère (VIII, 23).

XIX. Il est encore une distinction qu'il ne faut pas omettre : c'est que plusieurs des plantes odorantes n'entrent pas dans les couronnes, par exemple l'iris et la saliunca, quoique doués tous deux d'une odeur très-recherchée. Dans l'iris (XIII, 2) il n'y a d'odorant que la racine, employée pour la parfumerie et la médecine. L'iris le plus estimé est celui de l'Illyric, et dans ce pays même celui non des contrées maritimes, mais des forêts sur les bords du Drilon et de la Narone; au second rang est celui de la Macédoine, qui est très-allongé, blanchâtre et mince; au troisième rang, celui d'Afrique, le plus grand de tous et d'une saveur très-amère. L'iris d'Illyrie comprend deux espèces : le raphanitis, ainsi nommé à cause de sa ressemblance avec le raifort, et le rhizotomos, qui est roussâtre et d'une qualité supérieure (XXI, 38). Le meilleur iris est celui qui, manié, excite l'éternument. La tige de l'iris est longue d'une coudée, et droite; la fleur est de diverses couleurs, comme l'arc-en-ciel, d'où il a pris son nom. On estime aussi l'iris de Pisidie. Ceux qui doivent arracher l'iris répandent tout autour, trois mois à l'avance, de

---

propius admotus hebetatur, ut violæ. Rosa recens a longinquo olet, sicca propius. Omnis autem verno tempore acrior, et matutinis : quidquid ad meridianas horas diei vergit, hebetatur. Novella quoque vetustis minus odorata. Acerrimus tamen odor omnium ætate media. Rosa et crocum odoratiora, quum serenis diebus leguntur : et omnia in calidis, quam in frigidis. In Ægypto tamen minime odorati flores, quia nebulosus et roscidus aer est a Nilo flumine. Quorumdam suavitati gravitas inest. Quædam, dum virent, non olent, propter humorem nimium : ut buceros, quod est fenum græcum. Acutus odor non omnium sine succo est, ut violæ, rosæ, croco. Quæ vero ex acutis succo carent, eorum omnium odor gravis, ut in lilio utriusque generis. Abrotonum et amaracus acres habent odores. Quorumdam flos tantum jucundus, reliquæ partes ignavæ, ut violæ ac rosæ. Hortensiorum odoratissima quæ sicca : ut ruta, menta, apium, et quæ in siccis nascantur. Quædam vetustate odoratiora, ut cotonea : eademque decerpta, quam in suis radicibus. Quædam non nisi defracta, aut ex attritu olent : alia non nisi detracto cortice : quædam vero non nisi usta, sicut thura myrrhæque. Flores triti omnes amariores, quam intacti. Aliqua arida diutius odorem continent, ut melilotos. Quædam locum ipsum odoratiorem faciunt, ut iris : quin et arborem totam, cujuscumque radices attingit. Hesperis noctu magis olet, inde nomine invento. Animalium nullum odoratum, nisi si de pantheris, quod dictum est, credimus.

XIX. Illa quoque non omittenda differentia est, odoramentorum multa nihil pertinere ad coronamenta, ut iris, atque saliuncam, quanquam nobilissimi odoris utramque. Sed iris radice tantum commendatur, unguentis et medicinæ nascens. Laudatissima in Illyrico, et ibi quoque non in maritimis, sed in silvestribus Drilonis, et Naronæ. Proxima in Macedonia, longissima hæc et candicans, et exilis. Tertium locum habet Africana, amplissima inter omnes, gustuque amarissima. Illyrica quoque duorum generum est : raphanitis a similitudine, et quæ melior, rhizotomos subrufa. Optima, quæ sternumenta tactu movet. Caulem habet cubitalem, erectum. Floret diversi coloris specie, sicut arcus cælestis, unde et nomen. Non improbatur et Pisidica. Et fossuri tribus ante mensibus mulsa aqua circumfusa, hoc veluti placamento terræ blandiuntur, cir-

l'eau miellée, comme s'ils voulaient par ce sacrifice apaiser la terre; avec la pointe d'une épée ils tracent autour de l'iris trois cercles, et, dès qu'ils l'ont recueilli, ils le lèvent vers le ciel. C'est une plante à propriétés caustiques; et, maniée, elle fait venir des ampoules comme la brûlure. On recommande surtout d'être, pour le récolter, en état de continence. La racine sèche, et même encore dans la terre, est très-promptement attaquée par les vers. Autrefois c'étaient Leucade et l'Élide, où depuis longtemps on cultive cette plante, qui fournissaient la meilleure huile d'iris (XIII, 2); maintenant la meilleure vient de la Pamphylie, mais on estime beaucoup aussi celle de la Cilicie et des contrées septentrionales.

XX. La saliunca (*valeriana cellica*, L.), dont la feuille un peu courte n'est pas susceptible d'être tressée, a de nombreuses racines, herbe plutôt que fleur, tellement serrée qu'elle semble avoir été pressée avec la main, en un mot gazon d'un genre particulier. Elle vient dans la Pannonie, dans la Norique, sur les pentes des Alpes exposées au soleil, et, parmi les villes, à Éporédia. L'odeur en est tellement agréable, que l'exploitation commence à en valoir celle d'une mine : on aime beaucoup à la placer dans les vêtements.

XXI. Il en est de même chez les Grecs du polion, plante célébrée par Musée et Hésiode, qui la disent bonne à tout, et propre spécialement à faire acquérir la renommée et les dignités; herbe véritablement merveilleuse, si, comme on le rapporte, les feuilles en sont blanches le matin, pourpres à midi, bleues au coucher du soleil. Il y en a de deux espèces : le polion des champs (*teucrium polium*, L.), plus grand; le polion sauvage, plus petit (*teucrium montanum*, L.) : quelques-uns nomment ce dernier teuthrion. Les feuilles en sont semblables aux cheveux blancs de l'homme; elles naissent immédiatement de la racine, et ne s'élèvent jamais à plus d'un palme.

XXII. (VIII.) C'en est assez sur les fleurs odorantes : le luxe, qui se glorifie d'avoir vaincu sur ce point la nature par la composition des parfums, a voulu rivaliser aussi dans les étoffes avec les fleurs que recommande l'éclat de leurs couleurs. Je remarque qu'il y a trois couleurs principales : le rouge de coccus (IX, 65), qui brille de tout son éclat dans les roses, et dont on retrouve le reflet (XXXVII, 40) dans la pourpre de Tyr, dans la pourpre deux fois teinte, et dans celle de Laconie; la couleur d'améthyste, qui brille dans les violettes (XXXVII, 40), et qui se retrouve dans la couleur pourpre et celle que nous avons nommée ianthine (nous ne parlons que des genres qui offrent plusieurs subdivisions); enfin la couleur conchylienne proprement dite (IX, 64), de plusieurs sortes : l'une semblable à l'héliotrope, et généralement plus foncée; l'autre ressemblant à la mauve, et tirant sur le pourpre; une troisième ressemblant à la violette tardive, et c'est celle qui a le plus de vivacité (9). Voilà les rivaux en présence; la nature et le luxe se livrent le combat. Je vois dans les auteurs que le jaune était en honneur dès les temps les plus anciens, mais on le réservait exclusivement aux femmes pour les voiles nuptiaux; et de là vient peut-être qu'il n'est pas compté parmi les couleurs principales, c'est-à-dire communes aux hommes et aux femmes; c'est en effet cette communauté qui donna le premier rang.

XXIII. Nous sommes sans aucun doute vaincus par l'amarante (amarante passe-velours, *celosia cristata*. L.) : c'est, à vrai dire, plutôt un épi de pourpre qu'une fleur; et de fait elle est inodore. Chose merveilleuse, elle se plaît à être cueillie, et n'en repousse que mieux! Elle vient au mois d'août, et dure jusqu'en automne. La palme est à l'amarante d'Alexandrie, que l'on recueille pour la conserver : quand toutes les fleurs ont passé, on la trempe dans l'eau, et, par une propriété singulière, elle revit; aussi sert-elle à faire les couronnes d'hiver. La qualité spéciale de l'amarante, ainsi appelée parce qu'elle ne se flétrit pas, est indiquée par son nom.

1 XXIV. Le nom aussi du cyanus (le bluet) en exprime la couleur. De même pour l'holochrysi (XXI, 85) (immortelle, *gnaphalium stœchas*, L.). Aucune de ces fleurs n'était employée du temps d'Alexandre le Grand ; car les auteurs de l'époque immédiatement suivante n'en ont pas parlé, ce qui prouve qu'elles ne sont venues en faveur que plus tard. Toutefois, qui pourrait douter que la connaissance n'en soit due aux Grecs, puisque l'Italie n'a que des noms grecs pour les désigner?

1 XXV. Mais certes c'est l'Italie qui a dénommé le petilium (*geum rivale*, L.?), plante automnale, naissant auprès des buissons, et recommandable seulement par sa couleur, qui est celle de la rose sauvage. Les feuilles, petites, sont au nombre de cinq. Chose singulière, dans cette fleur la tête se recourbe ; et ce n'est qu'après qu'elle s'est redressée que naissent les pétales, formant une corolle petite et de couleur variée, avec une 2 graine jaune au dedans. Le bellion (*chrysanthemum segetum*, L.?) est jaune aussi ; il a une couronne de cinquante-cinq barbules, en forme de pastille. Ce sont des fleurs des prés, et les fleurs des prés sont la plupart sans usage, et sans nom par conséquent ; ces deux fleurs mêmes portent tantôt un nom, tantôt un autre.

XXVI. La chrysocome (*chrysocome lino-* 1 *siris*, L.) ou chrysitis n'a pas de dénomination latine ; elle a un palme de hauteur, les fleurs en corymbe, d'un jaune d'or; la racine noire, un goût passant de l'astringent au doux : elle croît dans les lieux pierreux et ombragés.

XXVII. (IX.) Après avoir passé en revue 1 presque toutes les couleurs les plus célèbres, venons à ces couronnes qui plaisent par la seule variété. Il y a deux espèces de ces couronnes : les unes sont faites de fleurs, les autres de feuilles. Les couronnes à fleurs sont les couronnes du genêt (XXIV, 40), cueilli avec sa fleur jaune; du rhododendron (XVI, 33; XXIV, 53); du jujubier, qu'on nomme aussi arbre de Cappadoce, et qui a une fleur odorante semblable à celle de l'olivier ; du cyclaminum, qui croît parmi les ronces, dont nous parlerons davantage ailleurs (XXV, 67), et dont la fleur est couleur de pourpre.

XXVIII. Quant aux couronnes à feuilles, le 1 premier rang appartient à celles qui sont faites avec les feuilles du smilax et du lierre, plantes dont nous avons suffisamment parlé à propos des arbrisseaux (XVI, 63 et 62 ; XXIV, 47 et 49). On emploie encore d'autres espèces qu'il faut indiquer par des noms grecs, attendu que la langue latine présente beaucoup de lacunes dans cette nomenclature. La plupart, il est vrai, sont exotiques; toutefois, il nous faut en faire mention, puisque nous traitons de la nature, et non de l'Italie.

XXIX. Ainsi, on emploie dans les couronnes la 1 feuille du mélothron (XXIII, 16), de la spiræa (*ligustrum vulgare*, L.?), de l'origan (XX, 67), du cneorum (*daphne gnidium*, L.) appelé casia par Hygin, du cunilago (XX, 63) ou conyza, du melissophyllon ou apiastrum (XX, 45), du mélilot

---

rum in eo, gaudere decerpi et lætius renasci. Provenit Augusto mense : durat in autumnum. Alexandrino palma, qui decerptus asservatur ; mireque, postquam defecere cuncti flores, madefactus aqua revivescit, et hibernas coronas facit. Summa ejus natura in nomine est, appellato, quoniam non marcescat.

1 XXIV. In nomine et cyani colos : item holochrysi. Omnes autem hi flores non fuere in usu Alexandri Magni ætate, quoniam proximi a morte ejus auctores siluere de illis : quo manifestum est postea placuisse. A Græcis tamen repertos quis dubitet : non aliter Italia usurpante nomina illorum?

1 XXV. At Hercules petilio ipsa nomen imposuit, autumnali, circaque vepres nascenti, et tantum colore commendato, qui est rosæ silvestris. Folia parva, quina. Mirumque in eo flore, inflecti cacumen, et non nisi retorto folia nasci, parvo calyce, ac versicolori, luteum semen inclu- 2 dente. Luteus et bellio pastillicantibus quinquagenis quinis barbulis coronatur. Pratenses hi flores, sine usu plerique, et ideo sine nominibus. Quin et his ipsis alia alii vocabula imponunt.

1 XXVI. Chrysocome sive chrysitis, non habet latinam appellationem. Palmi altitudine est, comantibus fulgore auri corymbis, radice nigra, ex austero dulci, in petrosis opacisque nascens.

XXVII. (IX.) Et fere peractis colorum quoque celeber- 1 rimis, transeat ratio ad eas coronas, quæ varietate sola placent. Duo earum genera, quando aliæ flore constant, aliæ folio. Florem esse dixerim genistas, namque et iis decerpitur luteus : item rhododendron : item zizipha, quæ et Cappadocia vocatur : his odoratus, similis olearum floribus. In vepribus nascitur cyclaminum, de quo plura alias. Flos ejus colossinus in coronas admittitur.

XXVIII. Folia in coronamentis smilacis et ederæ, co- 1 rymbique earum obtinent principatum, de quibus in fruticum loco abunde diximus. Sunt et alia genera nominibus græcis indicanda, quia nostris majore ex parte hujus nomenclaturæ defuit cura. Et pleraque eorum in exteris terris nascuntur, nobis tamen consectanda, quoniam de natura sermo, non de Italia est.

XXIX. Ergo in coronamenta folio venere melothron, 1 spiræa, origanon, cneoron, quod casiam Hyginus vocat : et quod cunilaginem, quæ conyza : melissophyllon, quod apiastrum : meliloton, quod sertulam Campanam vocamus.

(*melilotus officinalis*, L.), que nous appelons sertula de Campanie ; car le mélilot le plus estimé de l'Italie est celui de la Campanie, comme le meilleur de la Grèce est celui du cap Sunium : viennent ensuite celui de Chalcis et celui de Crète. Partout cette plante croît dans des lieux âpres et sauvages ; le nom de sertula qu'elle porte prouve qu'autrefois on en faisait des couronnes. L'odeur, ainsi que la fleur, approche de celle du safran. La tige est blanche : plus les feuilles sont courtes et épaisses, plus on estime le mélilot.

1 XXX. La feuille du trèfle entre aussi dans la composition des couronnes. Il y a trois espèces de trèfle : le premier est nommé chez les Grecs tantôt minyanthes, tantôt asphaltion (*psoralea bituminosa*, L.); la feuille en est plus grande, et les fabricants de couronnes l'emploient : le second, nommé oxytriphyllon, a la feuille aiguë ; le troisième est de tous le plus petit. Parmi ces plantes il en est qui ont les tiges fortes, comme le marathron (fenouil), l'hippomarathron (*cachrys sicula*) (xx, 95 et 96), le myophonum (xxvii, 2) (*aconitum napellus*, L.). On se sert aussi des ombelles des férules et de la fleur purpurine du lierre (xvi, 62). Il est encore une espèce différente de lierre qui est semblable aux roses sauvages (xvi, 62); la 2 couleur seule en plaît ; elle est inodore. (x.) On connaît aussi deux cneoron, l'un foncé (*daphne cneorum*, L.), l'autre blanc (*d. gnidium*, L.); ce dernier est odorant ; tous deux sont ramifiés. Ils fleurissent après l'équinoxe d'automne. Deux origans aussi sont employés dans les couronnes : l'un n'a point de graine ; l'autre, qui est odorant, se nomme crétois (xx, 69).

1 XXXI. Même nombre de thyms : l'un blanc, l'autre foncé. Le thym fleurit vers le solstice d'été ; alors les abeilles viennent à la récolte, et c'est un présage pour le miel : en effet, les apiculteurs espèrent un bon produit quand la floraison du thym est abondante. Les pluies lui nuisent, et en font tomber la fleur. On ne peut apercevoir la graine du thym, et cependant la graine de l'origan, très-petite, n'échappe pas à la vue. Mais qu'importe que la nature l'ait cachée ? On sait qu'elle est dans la fleur ; on sème celle-ci, et la plante se multiplie. Que n'ont pas tenté les hommes ? Le miel de l'Attique passe pour le meilleur du monde entier : on a donc transplanté 2 du thym de l'Attique, plante qu'à grand'peine, comme nous disons, ou reproduit par sa fleur. Mais une autre condition naturelle rendit vaines ces tentatives : le thym de l'Attique ne vit qu'à proximité des exhalaisons marines. Autrefois on pensait qu'il en était ainsi de toute espèce de thym, et que pour cette raison il n'en venait pas en Arcadie. Alors on croyait aussi qu'à plus de trois cents stades de la mer l'olivier ne poussait pas (xv, 1). Aujourd'hui nous savons que dans la province Narbonnaise les campagnes pierreuses sont remplies de thym ; c'est presque le seul revenu du pays, des milliers de moutons y venant de contrées lointaines paître cette plante.

XXXII. Deux espèces de conyza (xx, 63 et 1 64), le mâle (*erigeron viscosum*, L.) et la femelle (*erigeron graveolens*, L.), entrent dans les couronnes ; la différence est dans la feuille : la femelle l'a plus menue, plus effilée et plus étroite ; le mâle l'a en forme de tuile, et plus divisée. La fleur du mâle est aussi plus éclatante ; celle des deux espèces est tardive, et vient après le lever d'Arcturus. L'odeur de la conyza mâle est plus forte, celle de la conyza femelle est plus pénétrante ; aussi la conyza femelle a-t-elle plus

---

Est enim in Campania Italiæ laudatissima, Græcis in Sunio : mox Chalcidica et Cretica, ubicumque vero asperis et silvestribus nata. Coronas ex ea antiquitus factitatas, indicio est nomen sertulæ, quod occupavit. Odor ejus croco vicinus est, et flos, ipsa cana. Placet maxime tollis brevissimis atque pinguissimis.

1 XXX. Folio coronat et trifolium. Tria ejus genera. Minyanthes vocant Græci, alii asphaltion, majore folio, quo utuntur coronarii. Alterum acuto, oxytriphyllon. Tertium ex omnibus minutissimum. Inter hæc nervosi cauliculi quibusdam, ut marathro, hippomarathro, myophono. Utuntur e ferulis et corymbis, et ederæ flore purpureo. Est et in alio genere earum silvestribus rosis similis; et in iis quoque colos tantum delectat, odor au-2 tem abest. (x.) Et cneori duo genera, nigri atque candidi; hoc et odoratum : ramosa ambo. Florent post æquinoctium autumnum. Totidem et origani in coronamentis species. Alterius enim nullum semen. Id, cui odor est, Creticum vocatur.

1 XXXI. Totidem et thymi : candidum, ac nigricans. Floret autem circa solstitia, quum et apes decerpunt, et augurium mellis est. Proventum enim sperant apiarii large florescente eo. Læditur imbribus, amittitque florem. Semen thymi non potest deprehendi, quum origani perquam minutum, non tamen fallat. Sed quid interest occultasse id naturam ? In flore ipso intelligitur, satoque eo nascitur. Quid non tentavere homines ? Mellis Attici in toto orbe summa laus existimatur. Ergo translatum est 2 ex Attica thymum, et vix flore, uti docemus, satum. Sed alia ratio naturæ obstitit, non durante Attico thymo, nisi in afflatu maris. Erat quidem hæc opinio antiqua in omni thymo, ideoque non nasci in Arcadia. Tunc oleam non putabant gigni, nisi intra ccc stadia a mari. Thymis quidem nunc etiam lapideos campos in provincia Narbonensi refertos scimus : hoc pæne solo reditu, e longinquis regionibus pecudum millibus convenientibus, ut thymo vescantur.

XXXII. Et conyzæ duo genera in coronamentis, mas ac 1 femina. Differentia in folio. Tenuius feminæ, et constrictius, angustiusque : imbricatum maris, et ramosius. Flos quoque magis splendet ejus, serotinus utrique post Arcturum. Mas odore gravior, femina acutior, et ideo contra

de vertu contre les morsures des bêtes. Les feuilles de la conyza femelle ont l'odeur du miel ; la racine du mâle est nommée par quelques-uns libanotis : nous en avons parlé (xx, 64).

1. XXXIII. Dans les conyza ce n'est que la feuille qui entre dans les couronnes ; mais dans la fleur de Jupiter (*agrostemma flos Jovis*, L.), l'amaracus (*marjolaine*), l'hémérocalle (xxi, 90) (*pancratium maritimum*, L.), l'aurone, l'hélénium, le sisymbrium et le serpolet, toutes plantes ligneuses, on emploie la fleur à la façon de la rose. La fleur de Jupiter ne plaît que par sa couleur ; elle est inodore, de même que celle qui en grec se nomme phlox (*silene vespertina*). Mais les branches et les feuilles sont odorantes dans les végétaux susdits, excepté dans le serpolet. L'hélénium passe pour être né des larmes d'Hélène, aussi celui de l'île d'Hélène est-il le plus estimé. C'est une plante rameuse, qui étend sur le sol ses petites branches, longues de neuf pouces ; la feuille est semblable à celle du serpolet.

1. XXXIV. La fleur de l'aurone a une odeur forte, mais agréable ; elle est de couleur d'or. Abandonnée à elle-même, l'aurone se propage spontanément ; elle se provigne par son sommet. Mais si on la multiplie, c'est de graine plutôt que de racine ou de bouture ; et encore vient-elle difficilement de graine. On la transplante ainsi que l'adonium (10), opérations qui se font l'été pour l'une et l'autre : ces plantes sont en effet très-frileuses, néanmoins trop de soleil leur nuit ; mais quand elles ont pris de la force, elles poussent des rameaux à la façon de la rue. Le leucanthemum (xxii, 26) (camomille) a l'odeur de l'aurone : il a la fleur blanche, et est feuillé.

1. XXXV. (xi.) Dioclès le médecin et les Siciliens donnent le nom d'amaracus (*origanum majorana*, L.) à la plante appelée sampsuchum en Égypte et en Syrie : on la multiplie des deux façons, de graine et de bouture ; elle est plus vivace que les précédentes, et a meilleure odeur. L'amaracus a, comme l'aurone, beaucoup de graines ; mais, tandis que l'aurone n'a qu'une racine qui s'enfonce profondément, celle des autres est à fleur de terre, et tient à peine au sol. On sème au commencement de l'automne, et même en certaines localités au printemps, celles de ces plantes qui aiment l'ombre, l'eau et l'engrais.

1. XXXVI. Le nyctegreton (*cæsalpinia pulcherrima*, L.?) a été pour Démocrite au nombre des rares merveilles. Selon cet auteur, il est de couleur hysgine, il a la feuille de l'épine, il rampe sur le sol ; le plus beau se trouve en Gédrosie ; on l'arrache après l'équinoxe du printemps, on le fait sécher pendant trente jours au clair de la lune ; ainsi préparé, il brille la nuit. Les mages et les rois des Parthes emploient cette plante lorsqu'ils prononcent des vœux ; elle se nomme aussi chénomychon, parce que la vue seule en fait fuir les oies ; d'autres la nomment nyctalops, parce que la nuit elle brille de loin.

1. XXXVII. Le mélilot vient partout ; cependant le plus estimé est celui de l'Attique : en tout pays on préfère celui qui est récent, qui n'est pas blanchâtre, et qui a le plus de ressemblance avec le safran ; en Italie toutefois le blanc est plus odorant.

1. XXXVIII. La violette blanche (*mathiola incana*, L.) est la première des fleurs qui annoncent le printemps ; dans les localités chaudes, elle s'épanouit même dès l'hiver. Viennent ensuite la violette appelée ion, la violette pourprée, la violette couleur de flamme, autrement phlox (xxi, 33), du

---

bestiarum morsus aptior. Folia feminæ mellis odorem habent. Masculæ radix a quibusdam libanotis appellatur, de qua diximus.

1. XXXIII. Et tantum folio coronant. Jovis flos, amaracus, hemerocalles, abrotonum, helenium, sisymbrium, serpyllum, omnia surculosa, rosæ modo. Colore tantum placet Jovis flos, odor abest : sicut et illi, qui græce phlox vocatur : et ramis autem, et folio odorata sunt, excepto serpyllo. Helenium et lacrymis Helenæ dicitur natum, et ideo in Helene insula laudatissimum. Est autem frutex humi se spargens dodrantalibus ramulis, folio simili serpyllo.

1. XXXIV. Abrotonum odore jucunde gravi floret. Est autem flos aurei coloris. Vacuum sponte provenit. Cacumine suo se propagat. Seritur autem semine melius, quam radice aut surculo : semine quoque non sine negotio : plantaria transferuntur : sic et Adonium. Utrumque æstate : alsiosa enim admodum sunt, et sole tamen nimio læduntur. Sed ubi convaluere, rutæ vice fruticant. Abrotono simile odore leucanthemum est, flore albo foliosum.

1. XXXV. (xi.) Amaracum Diocles medicus et Sicula gens appellavere, quod Ægyptus et Syria sampsuchum. Seritur utroque genere, et semine, et ramo, vivacius supra dictis, et odore melius. Copiosum amaraco æque, quam abrotono, semen : sed abrotono radix una et alte descendens : cæteris in summa terra leviter hærens. Reliquorum satio autumno fere incipiente, nec non et vere quibusdam locis, quæ umbra gaudent, et aqua, ac fimo.

1. XXXVI. Nyctegreton inter pauca miratus est Democritus, coloris hysgini, folio spinæ, nec a terra se attollentem, præcipuam in Gedrosia narrat. Erui post æquinoctium vernum radicitus, siccariaque ad lunam triginta diebus, ita lucere noctibus. Magos Parthorumque reges uti hac herba ad vota suscipienda. Eamdem vocat chenomychon, quoniam anseres a primo conspectu ejus expavescant : ab aliis nyctalopa, quoniam e longinquo noctibus fulgeat.

1. XXXVII. Melilotos ubique nascitur : laudatissima tamen in Attica : ubicumque vero recens nec candicans, et croco quam simillima : quanquam in Italia odoratior candida.

1. XXXVIII. Florum prima ver nuntiantium viola alba. Tepidioribus vero locis etiam hieme emicat. Postea quæ ion appellatur, et purpurea. Proxime flammea, quæ et

moins l'espèce sauvage. Le cyclaminum (xxv, 67) fleurit deux fois par an, au printemps et à l'automne; il craint l'été et l'hiver. Le narcisse et le lis au delà des mers sont un peu plus tardifs que les plantes précédentes; en Italie, comme nous l'avons dit (xxi, 11), ils fleurissent après les roses; en Grèce, l'anémone est encore plus tardive : c'est la fleur d'un bulbe sauvage; elle est différente de celle dont nous parlerons à propos des plantes médicinales (xxi, 94). Viennent ensuite l'œnanthe (xxi, 95), le mélianthum (11), et, parmi les plantes sauvages, l'héliochrysos 2 (xxi, 24), puis une autre espèce d'anémone nommée limonia, puis le glaïeul, accompagné de l'hyacinthe; en dernier lieu, la rose parmi les fleurs printanières. La rose est aussi la fleur qui passe le plus vite, excepté la rose cultivée; parmi les autres, celles qui durent le plus sont l'hyacinthe, la violette blanche et l'œnanthe; mais, pour faire durer longtemps cette dernière il faut, en la cueillant souvent, l'empêcher de monter en graine. L'œnanthe vient dans les lieux chauds; elle a l'odeur de la vigne en fleur, ce qui lui a valu le nom 3 qu'elle porte. L'hyacinthe (*gladiolus segetum*) est l'objet de deux fables : d'après l'une, elle porte le deuil de celui qu'avait aimé Apollon; d'après l'autre, elle est née du sang d'Ajax, les veinures de la fleur étant disposées de manière à figurer les 4 lettres grecques AI (Αἴας, Ajax). L'héliochrysos a la fleur couleur d'or, la feuille menue, la tige grêle, mais dure. D'après les mages, celui qui s'en couronne, et qui prend des parfums d'une boîte d'or apyre (qui n'a pas éprouvé le feu), obtient crédit et gloire parmi les hommes. Telles sont les fleurs du printemps.

1 XXXIX. Viennent ensuite les fleurs d'été, la lychnis (*agrostemma coronaria*, L.), la fleur de Jupiter, et une autre espèce de lis, ainsi que le tiphyon (*scilla autumnalis*, L.) et l'amaracus dit de Phrygie; mais la fleur la plus remarquable est le pothos (*silene sibthorpiana*). On en distingue deux : l'un qui a la fleur de l'hyacinthe; l'autre qui est plus blanc (*s. otites*, L.), et qu'on ne sème guère qu'autour des tombeaux, parce qu'il dure davantage. L'iris aussi fleurit en été. Mais ces fleurs à leur tour passent et se fanent; d'autres les remplacent en automne : une troisième espèce de lis; le safran et l'orsinum (12), ayant l'un et l'autre deux espèces, l'une inodore, l'autre odorante : dès les premières pluies toutes ces fleurs s'épanouissent. Les fabricants de couronnes 2 emploient même la fleur de l'épine (xxiv, 66); on conçoit bien, pour flatter le palais, les pousses de l'épine blanche! Tel est l'ordre des fleurs d'outre-mer. En Italie, à la violette succède la rose; le lis vient pendant que celle-ci dure; la rose est remplacée par le bluet; le bluet, par l'amarante : quant à la pervenche, elle est toujours verte. Les feuilles en entourent chaque nœud en forme de couronne, c'est une plante topiaire (13); elle sert quelquefois à défaut d'autres. Les Grecs lui donnent le nom de chamædaphné.

XL. La violette blanche (xxi, 38) dure au plus 1 trois ans : passé ce temps, elle dégénère. Le rosier va jusqu'à cinq ans sans être ni taillé ni brûlé, opérations qui le rajeunissent. Nous avons dit (xxi, 10) que le terrain importe aussi beaucoup : en Égypte toutes ces plantes sont inodores; le myrte seul a une odeur excellente. Il est même certains pays où la floraison se fait deux mois plus tôt que dans d'autres. Les plantations de rosiers doivent être bêchées aussitôt après le Fa-

---

phlox vocatur, silvestris dumtaxat. Cyclaminum bis anno, vere et autumno : æstates hiemesque fugit. Seriores supra dictis aliquanto narcissus et lilium trans maria : in Italia quidem, ut diximus, post rosam. Nam in Græcia tardius etiamnum anemone. Est autem hæc silvestrium bulborum flos, aliaque quam quæ dicetur in medicinis. Sequitur œnanthe, melianthum : ex silvestribus heliochrysos. Deinde alterum genus anemones, quæ limonia vocatur. Post hanc gladiolus comitatus hyacinthis. Novissima rosa; eademque prima deficit, excepta sativa : e cæteris hyacinthus maxime durat, et viola alba, et œnanthe : sed hæc ita, si divulsa crebro prohibeatur in semen abire. Nascitur locis tepidis. Odor idem ei, qui germinan-
3 tibus uvis, atque inde nomen. Hyacinthum comitatur fabula duplex, luctum præferens ejus quem Apollo dilexerat, aut ex Ajacis cruore editi, ita discurrentibus venis,
4 ut græcarum litterarum figura AI legatur inscripta. Heliochrysos florem habet auro similem, folium tenue, cauliculum quoque gracilem, sed durum. Hoc coronare se Magi, si et unguenta sumantur ex auro, quod apyron vocant, ad gratiam quoque vitæ gloriamque pertinere arbitrantur. Et verni quidem flores hi sunt.
1 XXXIX. Succedunt illis æstivi, lychnis, et Jovis flos, et alterum genus lilii. Item tiphyon, et amaracus, quem Phrygium cognominant. Sed maxime spectabilis pothos. Duo genera hujus : unum, cui flos hyacinthi est : alterum candidius, qui fere nascitur in tumulis, quoniam fortius durat. Et iris æstate floret. Abeunt et hi, marcescuntque. Alii rursus subeunt autumno : tertium genus lilii : et crocum et orsinum, in utroque genere : unum hebes, alterum odoratum : primis omnia imbribus emicantia. Coronarii 2 quidem et spinæ flore utuntur : quippe quum spinæ albæ cauliculi inter oblectamenta gulæ quoque condiantur. Hic est trans maria ordo florum. In Italia violis succedit rosa : huic intervenit lilium : rosam cyanus excipit, cyanum amarantus. Nam vincapervinca semper viret, in modum lineæ foliis geniculatim circumdata, topiaria herba : inopiam tamen florum aliquando supplet. Hæc a Græcis chamædaphne vocatur.
XL. Vita longissima violæ albæ est trimatu; ab eo 1 tempore degenerat. Rosa et quinquennium perfert, nec recisa, nec adusta. Illo enim modo juvenescit. Diximus et terram referre plurimum. Nam et in Ægypto sine odore hæc omnia; tantumque myrtis odor præcipuus. Alicubi etiam binis mensibus antecedit germinatio omnium. Rosaria a Favonio fossa oportet esse, iterumque solstitio.

vonius, et une seconde fois au solstice d'été : on aura soin, entre les deux façons, que le terrain soit parfaitement nettoyé.

XLI. (XII) Les ruches et les abeilles vont très-bien avec les jardins et les plantes à couronnes, et sont, sans grands frais, d'un bon rapport quand elles réussissent. Pour les abeilles, il faut semer le thym, l'apiastrum (*melissa officinalis*, L.), le rosier, la violette, le lis, le cytise, la fève, l'ervilie (*vicia ervilia*, L.), la cunila (sarriette) (XIX, 50), le pavot, la conyza, la casia, le mélilot, le mélissophyllum (XXI, 29), le cérinthe (*cerinthe major*, L.). Le cérinthe a la feuille blanche et recourbée, une coudée de haut, la fleur offrant une concavité pleine d'un suc mielleux. Les abeilles sont très-avides de la fleur de ces plantes, et même de la fleur du sénevé; chose étonnante, car il est certain qu'elles ne touchent pas à la fleur de l'olivier (XI, 8); aussi vaut-il mieux tenir cet arbre loin d'elles. Il est d'autres arbres, au contraire, qu'il convient de mettre à leur proximité, attendu qu'ils invitent les essaims qui s'envolent, et les empêchent de s'écarter.

XLII. Il faut aussi prendre garde au cornouiller : les abeilles qui en goûtent la fleur meurent de flux de ventre; le remède, c'est de leur donner des sorbes pilées avec du miel, ou de l'urine d'homme ou de bœuf, ou des grains de grenade humectés avec du vin amminéen (XIV, 5, 2). Il est très-agréable aux ruches d'avoir du genêt planté tout autour.

XLIII. J'ai trouvé sur la nourriture des abeilles un fait singulier, et digne d'être rapporté. Il est un bourg appelé Hostilia, et baigné par le Pô; les habitants, quand la nourriture manque dans les environs, mettent les ruches sur des bateaux, et chaque nuit ils leur font remonter un espace de cinq mille pas; au jour, les abeilles sortent et vont butiner; elles reviennent aux bateaux, et ainsi on les change de lieu jusqu'à ce que, le poids faisant enfoncer davantage les bateaux, on comprend que les ruches sont pleines : on revient alors, et on recueille le miel. (XIII.) En Espagne, pour une même raison, on fait voyager les ruches sur des mulets.

XLIV. La nourriture a tant d'influence qu'il est même des miels vénéneux. A Héraclée du Pont, en certaines années, le miel devient très-pernicieux, quoiqu'il soit toujours fait par les mêmes abeilles. Les auteurs n'ont pas dit de quelles fleurs provenait ce miel; pour nous, nous transcrirons ce que nous avons lu. Il est une plante funeste aux bêtes de somme, plus encore aux chèvres, et pour cela nommée ægolethron (*azalea pontica*) : les fleurs de cette plante, macérées par un printemps pluvieux, contractent des propriétés nuisibles; aussi cette altération ne se produit pas tous les ans. Voici les signes du miel empoisonné : ne s'épaississant point; d'une couleur plus rouge, d'une odeur toute particulière et provoquant aussitôt des éternuments; plus pesant que le bon miel. Ceux qui en ont mangé se couchent à terre cherchant le frais; ils sont, en effet, baignés de sueur. Il y a beaucoup de remèdes dont nous parlerons en lieu et place (XXIX, 31); mais comme il faut en citer immédiatement quelques-uns pour un cas aussi insidieux, je mentionnerai l'hydromel vieux, avec d'excellent miel et de la rue; les salaisons aussi, pourvu qu'on en prenne à plusieurs reprises, mais pour les revomir aussitôt. Il est certain que les chiens qui mangent les déjections des malades contractent cette affection, et éprouvent les mêmes

---

Et id agendum, ut intra id tempus perpurgata ac pura sint.

XLI. (XII.) Verum hortis coronamentisque maxime alvearia et apes conveniunt, res præcipui quæstus compendiique, quum favit. Harum ergo causa oportet serere thymum, apiastrum, rosam, violas, lilium, cytisum, fabam, erviliam, cunilam, papaver, conyzam, casiam, melilotum, melissophyllum, cerinthen. Est autem cerinthe folio candido, incurvo, cubitalis, capite concavo, mellis succum habente. Horum floris avidissimæ sunt, atque etiam sinapis, quod miremur, quum olivæ florem ab his non attingi constet; ideoque hanc arborem procul esse melius sit : quum aliquas quam proxime seri conveniat, quæ et evolantium examina invitent, nec longius abire patiantur.

XLII. Cornum quoque arborem caveri oportet : flore ejus degustato, alvo cita moriuntur. Remedium, sorba contusa e melle præbere his, vel urinam hominum, vel boum, aut grana punici mali, ammineo vino conspersa. At genistas circumseri alvearis gratissimum.

XLIII. Mirum est dignumque memoratu, de alimentis quod comperi. Hostilia vicus alluitur Pado. Hujus inquilini pabulo circa deficiente imponunt navibus alvos, noctibusque quina millia passuum contrario amne naves subvehunt. Egressæ luce apes pastæque, ad naves quotidie remeant, mutantes locum, donec pondere ipso pressis navibus plenæ alvi intelligantur, revectisque eximantur mella. (XIII) Et in Hispania mulis provehunt, simili de causa.

XLIV. Tantumque pabulum refert, ut mella quoque venenata fiant. Heracleæ in Ponto, quibusdam annis perniciosissima exsistunt, ab iisdem apibus facta. Nec dixere auctores, e quibus floribus ea fierent. Nos trademus, quæ comperimus. Herba est ab exitio et jumentorum quidem, sed præcipue caprarum, appellata ægolethron. Hujus flores concipiunt noxium virus, aquoso vere marcescentes : ita fit, ut non omnibus annis sentiatur hoc malum. Venenati signa sunt, quod omnino non densatur, quod color magis rutilus est, odor alienus, sternumenta protinus movens, quod ponderosius innoxio. Qui edere, abjiciunt, se humi, refrigerationem quærentes : nam et sudore diffluunt. Remedia sunt multa, quæ suis locis dicemus. Sed quoniam statim repræsentari aliqua in tantis insidiis oportet, mulsum vetus e melle optimo et ruta; salsamenta etiam, si rejiciantur sumta crebro : certumque est id malum per excrementa ad canes etiam pervenire,

douleurs. Néanmoins l'hydromel préparé avec ce miel est, quand il a vieilli, innocent; cela est reconnu. Rien non plus n'est meilleur que ce miel, avec le costus, pour adoucir la peau des femmes; avec l'aloès, pour guérir les meurtrissures.

1 XLV. Dans la même partie du Pont, au pays des Sannes, il est une autre espèce de miel, appelée mænomenon, à cause de la folie qu'il produit : on attribue cette malfaisance à la fleur du rhododendron, dont les forêts sont remplies; et cette nation, bien qu'elle paye aux Romains un tribut de cire, ne peut tirer aucun parti d'un miel aussi pernicieux. Dans la Perse et dans la Gétulie, partie de la Mauritanie Césarienne et limitrophe du pays des Massæsyliens, il se produit des rayons vénéneux; et même quelques-uns ne le sont qu'en partie, circonstance excessivement insidieuse, si la couleur livide ne mettait en garde. Quelles intentions attribuer à la nature en ce piége d'un miel vénéneux, non dans toutes les années ni dans les rayons tout entiers, et dû cependant aux mê- 2 mes abeilles? C'était peu d'avoir produit une substance dans laquelle il est si facile de donner du poison: fallait-il qu'elle-même en incorporât dans le miel, au détriment de tant d'animaux? Mais qu'a-t-elle voulu, sinon rendre l'homme plus précautionné et moins avide? Et en effet, n'avait-elle pas armé les abeilles elles-mêmes d'aiguillons, et d'aiguillons empoisonnés? Le remède contre ces piqûres, je le rapporterai sans différer : 3 On fomentera l'endroit piqué avec du jus de mauve ou de feuilles de lierre; ou bien on boira le jus de ces plantes. Il est étrange cependant que ces insectes, qui portent des poisons dans leur bouche et qui en distillent, n'en meurent pas: sans doute la nature, maîtresse des choses, a donné aux abeilles contre ces poisons la résistance qu'elle a donnée contre les serpents aux Psylles (VII, 2), et aux Marses parmi les hommes.

XLVI. (XIV.) La Crète offre un autre miel mer- 1 veilleux. Sur le mont Carina, qui a neuf mille pas de tour et sur lequel on ne trouve pas de mouches, les abeilles font un miel auquel les mouches ne touchent en aucun pays. Cela même fait reconnaître ce miel, qu'on préfère pour les préparations médicinales.

XLVII. Les ruches doivent regarder le lever 1 équinoxial, et éviter l'Aquilon aussi bien que le Favonius. Les meilleures ruches sont celles d'écorce, ensuite celles de férules, en troisième lieu celles d'osier; on en a fait faire en pierre spéculaire, afin d'observer le travail des abeilles à l'intérieur (XI, 16). Il est très-avantageux d'oindre tout autour les ruches avec de la fiente de bœuf. L'opercule doit être mobile par derrière, afin qu'on puisse le pousser en dedans, si la ruche est grande ou l'opération peu productive, de peur que, découragées, les abeilles ne renoncent à travailler; puis on le ramène peu à peu en arrière, les trompant ainsi sur le progrès de leur ouvrage. En hiver 2 on couvrira les ruches avec de la paille; on fera de fréquentes fumigations, surtout avec la fumée de fiente de bœuf. Elle leur est bonne, tue les insectes qui se développent, les araignées, les papillons, les vers, et même excite les abeilles. Il est facile de les débarrasser des araignées, mais le papillon est un ennemi plus dangereux : pour le détruire, on choisit au printemps, quand la mauve mûrit, une nuit sans lune, par un ciel serein, et on allume des flambeaux devant la ruche : les papillons se jettent dans la flamme.

XLVIII. Si l'on pense que les abeilles n'ont plus 1 d'aliments, on mettra à la porte de la ruche des raisins secs et des figues pilées, ou bien de la

---

similiterque torqueri eos. Mulsum tamen ex eo inveteratum, innocuum esse constat : et feminarum cutem nullo melius emendari cum costo, sugillata cum aloe.

1 XLV. Aliud genus in eodem Ponti situ, gente Sannorum, mellis, quod ab insania, quam gignit, mænomenon vocant. Id existimatur contrahi flore rhododendri, quo scatent silvæ. Gensque ea, quum ceram in tributa Romanis præstet, mel, quoniam exitiale est, non vendit. Et in Perside, et in Mauretaniæ Cæsariensis Gætulia, contermina Massæsylis, venenati favi gignuntur; quidamque a parte, quo nihil esse fallacius potest, nisi quod livore deprehenduntur. Quid sibi voluisse naturam iis arbitremur insidiis, ut ab iisdem apibus, nec omnibus annis fierent, 2 aut non totis favis? Parum erat genuisse rem, in qua venenum facillime daretur : etiamne hoc ipsa in melle tot animalibus dedit? Quid sibi voluit, nisi ut cautiorem minusque avidum faceret hominem? Non enim et ipsis jam apibus cuspides dederat, et quidem venenatas? remedio 3 adversus has ulique non differendo. Ergo malvæ succo, aut foliorum ederæ perungi salutare est, vel percussos eas bibere. Mirum tamen est, venena portantes ore, fingentesque ipsas non mori : nisi quod illa domina rerum omnium hanc dedit repugnantiam apibus, sicut contra serpentes Psyllis Marsisque inter homines.

XLVI. (XIV.) Aliud in Creta miraculum mellis. Mons 1 est Carina ix M. passuum ambitu : intra quod spatium muscæ non reperiuntur, natumque ibi mel nusquam attingunt. Hoc experimento singulare medicamentis eligitur.

XLVII. Alvearia orientem æquinoctialem spectare con- 1 venit. Aquilonem evitent; nec Favonium minus. Alvos optimas e cortice, secundas ferula, tertias vimine. Multi eas et e speculari lapide fecere, ut operantes intus spectarent. Circumlini alvos fimo bubulo utilissimum, operculum a tergo esse ambulatorium, ut proferatur intus, si magna sit alvus, aut sterilis operatio, ne desperatione curam abjiciant : id paulatim reduci, fallente operis incremento. Alvos hieme stramento operiri, crebro suffiri, 2 maxime fimo bubulo. Cognatum hoc iis, innascentes bestiolas necat, araneos, papiliones, teredines; apesque ipsas excitat. Et araneorum quidem exitium facilius est : papilio pestis major. Tollitur vere, quum maturescit malva, noctu, interlunio, cælo sereno, accensis lucernis ante alvos. In eam flammam sese ingerunt.

XLVIII. Si cibus deesse censeatur apibus, uvas passas 1

laine cardée, humectée avec du vin cuit ou du raisiné, ou de l'eau miellée. On y met aussi de la chair de poule crue. En certains étés même, où une sécheresse continue leur a enlevé l'aliment fourni par les fleurs, il faut leur donner de la nourriture comme il vient d'être dit. Quand on récolte le miel, on frotte les issues des ruches avec le mélissophyllon (mélisse) ou le genêt broyés, ou bien on les entoure par le milieu avec la vigne blanche, de peur que les abeilles ne se dispersent. On recommande de laver avec de l'eau les pots à miel et les rayons : cette eau, bouillie, fait, dit-on, un vinaigre très-salutaire.

1 XLIX. La cire se fait avec les rayons dont on a exprimé le miel ; pour cela on les passe à l'eau, on les fait sécher pendant trois jours dans l'obscurité ; le quatrième jour, on les fait fondre sur le feu dans un vase de terre neuf, avec assez d'eau pour qu'ils en soient recouverts ; puis on filtre le liquide dans un panier. Alors on fait cuire la cire dans le même vase avec la même eau, et on la verse dans des vases enduits de miel et contenant de l'eau froide. La meilleure est la cire appelée punique ; au second rang est une cire très-jaune, ayant l'odeur du miel lorsqu'elle est pure, provenant du Pont, et qui, chose étrange ! n'est pas altérée par le miel vénéneux (XXI, 44 et 45). Au troisième rang est la cire de Crète ; elle a le plus de propolis, substance dont nous avons parlé en traitant des abeilles (XI, 6). Après toutes ces cires vient celle de Corse ; et comme elle provient du buis, on lui attribue certaine vertu médica-
2 menteuse. La cire punique se prépare de cette façon : On expose souvent à l'air de la cire jaune, puis on la fait bouillir dans de l'eau de mer prise au large, et à laquelle on ajoute du nitre ; puis avec des cuillers on enlève la fleur de la cire, c'est-à-dire, la partie la plus blanche, et on la verse dans un pot contenant un peu d'eau froide ; on fait de nouveau bouillir à part cette portion dans de l'eau de mer, puis on refroidit le vase. Après avoir renouvelé cette opération trois fois, on fait sécher la cire sur une claie de jonc, en plein air, à la lumière du soleil et à celle de la lune : la lune la blanchit, le soleil la sèche ; et pour qu'il ne la liquéfie pas, on la protège avec une toile fine. On l'obtient aussi blanche que possible, si après l'insolation on la fait encore recuire. La cire punique est la meilleure pour les préparations médicinales. On rend noire la cire en y incorporant de la cendre de papyrus ; rouge, en y incorporant de l'orcanette ; enfin, on lui 3 donne toutes sortes de couleurs avec différentes drogues, et l'on s'en sert pour modeler, pour un nombre infini d'usages, et même pour vernir les murailles et les armes. Nous avons, à propos des abeilles (XI, 6), donné les autres détails sur le miel et ces insectes ; et maintenant ce qu'il y avait à dire sur les jardins est à peu près complet.

L. (XV.) Passons aux plantes croissant spon- 1 tanément, et employées comme aliment dans la plupart des pays, et surtout en Égypte ; là elles croissent en telle quantité, que cette contrée est peut-être la seule qui pourrait se passer de céréales, dont pourtant elle abonde. En Italie nous n'en connaissons que très-peu, le fraisier, le tamnus (*tamnus communis*, L), le ruscus (*ruscus aculeatus*) (XXIII, 83), le batis marin (*crithmum maritimum*), le batis de jardin (XXVI, 50), nommé par quelques-uns asperge des Gaules, le panais des prés (*daucus carotta*), le houblon ; et encore sont-ce plutôt des hors-d'œuvre que des aliments.

LI. La plante de ce genre la plus célèbre en 1 Égypte est la colocase (*arum colocasia*, L.), que

---

siccasve, ficosque tusas, ad fores earum posuisse conveniat. Item lanas tractas madentes passo, aut defruto, aut aqua mulsa ; gallinarum etiam crudas carnes. Quibusdam etiam æstatibus iidem cibi præstandi, quum siccitas continua florum alimentum abstulit. Alvorum, quum mel eximitur, illini oportet exitus, melissophyllo aut genista tritis ; aut medias alba vite præcingere, ne apes diffugiant. Vasa mellaria aut favos lavari aqua præcipiunt : hac decocta, fieri saluberrimum acetum.

1 XLIX. Cera fit expressis favis, sed ante purificatis aqua, et triduo in tenebris siccatis, quarto die liquatis igni in novo lebeti, aqua favos tegente, tunc sporta colatis. Rursus in eadem olla coquitur cera cum eadem aqua, excipiturque alia frigida, vasis melle circumlitis. Optima, quæ Punica vocatur. Proxima quam maxime fulva, odorique mellei, pura, natione autem Pontica, quam constare equidem miror inter venenata mella : deinde Cretica, plurimum enim ex propoli habet, de qua diximus in natura apum. Post has Corsica, quoniam ex buxo fit, habere
2 quamdam vim medicaminis putatur. Punica fit hoc modo : ventilatur sub divo sæpius cera fulva : deinde fervet in aqua marina, ex alto petita, addito nitro : inde lingulis hauriunt florem, id est, candidissima quæque, transfunduntque in vas, quod exiguum frigidæ habeat. Et rursus marina decoquunt separatim ; dein vas ipsum refrigerant. Et quum hæc ter fecere, juncea crate sub dio siccant sole, lunaque ; hæc enim candorem facit. Sol siccat : et ne liquefaciat, protegunt tenui linteo. Candidissima vero fit post insolationem etiamnum recocta. Punica medicinis utilissima. Nigrescit cera addito chartarum cinere, sicut anchusa admixta rubet. Variosque in colores pigmentis 3 traditur, ad edendas similitudines, et innumeros mortalium usus, parietumque etiam et armorum tutelam. Cætera de melle apibusque in natura earum dicta sunt. Et hortorum quidem omnis fere ratio peracta est.

L. (XV.) Sequuntur herbæ sponte nascentes, quibus 1 pleræque gentium utuntur in cibis, maximeque Ægyptus, frugum quidem fertilissima, sed ut prope sola iis carere possit : tanta est ciborum ex herbis abundantia. In Italia paucissimas novimus, fraga, tamnum, ruscum, batin marinam, batin hortensiam, quam aliqui asparagum gallicum vocant. Præter has pastinacam pratensem, lupum salictarium, eaque verius oblectamenta, quam cibos.

LI. In Ægypto nobilissima est colocasia, quam cyamon 1

quelques-uns nomment cyamos (fève). On la trouve dans le Nil; la tige, cuite, se divise sous la dent en filaments ténus; le thyrse, qui sort d'entre les feuilles, est remarquable ; les feuilles, très-larges par comparaison avec celles des arbres, ressemblent à celles de la plante que nous nommons personata (xxv, 58), et qui vient dans nos rivières. Les indigènes se complaisent tellement dans les présents de leur fleuve, qu'avec des feuilles de colocasia entrelacées ils font des vases de différentes formes, où ils aiment à boire. Maintenant on cultive cette plante en Italie.

1 LII. En Égypte, le second rang est donné au cichorium (chicorée) (xx, 29), que nous avons nommé endive erratique. Il vient après le lever des Pléiades, et fleurit par portions. La racine en est tenace; aussi l'emploie-t-on pour faire des liens. L'anthalium (*cyperus esculentus*, L.) croît plus loin du Nil ; le fruit est gros et rond comme la nèfle, sans noyau, sans écorce; la feuille est celle du cyperus. On le mange cuit, ainsi que l'œtum (pistache de terre, *arachis hypogea*, L.), plante qui n'a que peu de feuilles, et des feuilles très-petites, mais dont la racine est grosse. On mange encore l'arachis (*lathyrus amphicarpos*, L.) et l'aracos (*lathyrus tuberosus*, L.), qui ont des racines rameuses et multiples ; du reste point de feuilles; point de partie
2 herbacée, rien qui soit hors du sol. Les autres plantes mangées communément en Égypte sont la condrilla (*condrilla juncea*, L.), l'hypochœris ( *hyoseris lucida*, L.), le caucalis (*pimpinella saxifraga*, L.), l'anthriscus, le scandix (xxii, 38), appelé par d'autres tragopogon, à feuille de safran, le parthenium (xxi, 104), le strychnum (xxi, 105), le corchorus (*anagallis arvensis*, L.), l'aphace (*leontodon taraxacum*, L.), qui vient à l'équinoxe, l'acinos (*thymus acinos*, L.), l'épipétron (*sedum rupestre*, L.), qui ne fleurit jamais, tandis que l'aphace, remplaçant à mesure les fleurs qui se fanent, fleurit tout l'hiver, tout le printemps, et jusqu'en été.

LIII. Les Égyptiens ont en outre beaucoup 1 d'autres plantes peu connues; ils vantent surtout le cnicos (*carthamus tinctorius*, L.), inconnu à l'Italie, et qu'ils aiment, non comme aliment, mais pour l'huile qu'ils tirent de sa graine. On distingue d'abord le cnicos en sauvage et en cultivé, puis le cnicos sauvage en deux espèces : l'une est moins épineuse que le cnicos cultivé, et a une tige semblable, si ce n'est qu'elle est plus droite ; aussi l'antiquité les femmes s'en servaient pour quenouilles, ce qui l'a fait appeler atractylis ( *carthamus lanatus*, L.) par quelques-uns; la graine en est blanche, grosse, amère. L'autre espèce est plus hérissée ; la tige en est plus grosse et presque rampante, la graine menue. Le cnicos est du genre des plantes épineuses; car il faut aussi distinguer les genres.

LIV. Certaines plantes en effet sont épineuses, 1 d'autres ne le sont pas. Les épineuses se subdivisent en beaucoup d'espèces : l'asperge (*asparagus aphylle*) et le scorpio (*spartium scorpius*, L.) sont totalement épineux, et n'ont aucune feuille. Quelques plantes ont des épines et des feuilles, comme le chardon, l'éryngion (xxii, 8), la réglisse (xxii, 11), l'ortie; toutes ces plantes, en effet, ont des feuilles piquantes. D'autres ont des feuilles près des épines, comme l'ononis et le tribulus (xxi, 58). Certaines ont des épines et à la feuille et à la tige, comme le phéos, nommé par quelques-uns stœbe ( *poterium spinosum* ). L'hippophaes (xxii, 14) a des épines aux nœuds; le tribulus offre cela de particulier, que le fruit même est épineux.

---

aliqui vocant. Hanc e Nilo metunt, caule, quum coctus est, araneoso in mandendo : thyrso autem, qui inter folia emicat, spectabili : foliis latissimis, si arboreis comparentur, ad similitudinem eorum quæ personata in nostris amnibus vocamus : adeoque Nili sui dotibus gaudent, ut implexis colocasiæ foliis in variam speciem vasorum, potare gratissimum habeant. Seritur jam hæc in Italia.

1 LII. In Ægypto proxima auctoritas cichorio est, quam diximus intubum erraticum. Nascitur post Vergilias. Floret particulatim. Radix ei lenta, quare etiam ad vincula utuntur illa. Anthalium longius a flumine nascitur, mespili magnitudine et rotunditate, sine nucleo, sine cortice, folio cyperi. Manduntigni paratum : mandunt et œtum, cui pauca folia minimaque, verum radix magna. Arachidna quidem et aracos, quum habeant radices ramosas ac multiplices, nec folium, nec herbam ullam, aut quidquam
2 aliud supra terram habent. Reliqua vulgarium in cibis apud eos herbarum nomina, condrilla, hypochœris, et caucalis, anthriscum, scandix, quæ ab aliis tragopogon vocatur, foliis croco simillimis : parthenium, strychnum, corchorus, et æquinoctio nascens aphace, acinos : epipetron vocant quæ numquam floret. At e contrario aphace subinde marcescente flore emittit alium, tota hieme, totoque vere, usque in æstatem.

LIII. Multas præterea ignobiles habent : sed maxime 1 celebrant cnicon Italiæ ignotam, ipsis autem oleo, non cibo gratam : hoc faciunt e semine ejus. Differentia prima, silvestris et sativæ. Silvestrium duæ species : una mitior est, simili caule, tamen rigido : itaque et colu antiquæ mulieres utebantur ex illis ; quare quidam atractylida vocant. Semen ejus candidum et grande, amarum. Altera hirsutior, torosiore caule, et qui pæne humi serpat, minuto semine. Aculeatarum generis hæc est : quoniam distinguenda sunt et genera.

LIV. Ergo quædam herbarum spinosæ sunt, quædam 1 sine spinis. Spinosarum multæ species. In totum spina est asparagus, scorpio : nullum enim folium habet. Quædam spinosa, foliata sunt, ut carduus, eryngion, glycyrrhiza, urtica. Iis enim omnibus foliis inest aculeata mordacitas. Aliqua et secundum spinam habent folium, ut tribulus, et ononis. Quædam in folio habent et in caule, ut pheos, quod alqui stœben appellavere. Hippophaes spinis geniculatum : tribulo proprietas, quod et fructum spinosum habet.

LV. De toutes ces plantes la plus connue est l'ortie, dont les godets, lors de la floraison, produisent un duvet purpurin ; elle dépasse souvent deux coudées. Il y en a plusieurs espèces : on remarque l'ortie sauvage, qu'on nomme aussi femelle, et qui est moins piquante ; et, parmi les orties sauvages, celle qui est nommée canine (14), qui pique davantage, dont la tige même est mordicante, et dont les feuilles sont dentelées : on remarque encore celle qui a de l'odeur, et qu'on nomme herculanea. Toutes les orties ont une graine abondante et noire. Chose singulière, sans aiguillons un simple duvet fait du mal ; et il suffit de le toucher légèrement, pour qu'il excite du prurit et des élevures qui deviennent sur-le-champ semblables aux brûlures. Le remède en est connu : c'est l'huile. La propriété pongitive ne naît pas avec la plante elle-même, elle ne se développe qu'avec l'influence du soleil. L'ortie commence à pousser au printemps ; c'est alors un aliment qui n'est pas désagréable ; et même il est l'objet d'une superstition pour beaucoup, qui pensent par là se préserver de maladies pendant toute l'année. La racine des orties sauvages rend plus tendres toutes les viandes avec lesquelles on la fait cuire, et ne cause aucun mal. L'ortie privée de propriétés pongitives se nomme lamium (xxii, 16). Nous parlerons du scorpion à propos des herbes médicinales (xxii, 17).

LVI. (xvi.) Le chardon a les feuilles et les tiges garnies d'un duvet épineux ; de même l'acorna (*cnicus acarna*, L.), le leucacanthos (*centaurea dalmatica*, Petter.), le chalceos (*carlina corymbosa*, L.), le cnicos (*carthamus tinctorius*, L.), le polyacanthos (*cirsium spinosissimum*, DC.), l'onopyxos (*onopordon illyricum*, L.), l'helxine (*acarna gummifera*, L.), le scolymus (*scolymus maculatus*). Le chamæléon (xxii, 21) n'a pas d'aiguillons aux feuilles. Autre différence : certaines de ces plantes sont multicaules et rameuses, comme le chardon ; d'autres sont unicaules et non rameuses, comme le cnicos ; quelques-unes sont épineuses à la tête seulement, comme l'éryngium. Certaines fleurissent en été, comme le tétralix (*centaurea solstitialis*) et l'helxine. Le scolymus aussi fleurit tard et longtemps. L'acorna ne se distingue que par sa couleur rousse et son suc gras ; l'atractylis serait semblable s'il n'avait pas plus de blancheur, et s'il ne rendait un suc couleur de sang, ce qui le fait appeler phonos par quelques-uns (*carthamus lanatus*, L.) ; l'odeur en est forte ; la graine mûrit tardivement, pas avant l'automne, remarque qui s'applique à toutes les plantes épineuses. Ces plantes viennent toutes de graine et de rejeton. Le scolymus, qui appartient au genre des chardons, en diffère en ce que la racine, étant cuite, se mange (xx, 99). Ce qui est singulier dans cette espèce, c'est que pendant tout l'été, sans interruption, elle porte des fleurs, des bourgeons et des fruits ; les aiguillons, quand la feuille est desséchée, cessent de piquer. L'helxine ne se trouve que rarement, et dans quelques pays seulement. Elle offre des feuilles radicales, du milieu desquelles sort une espèce de pomme couverte de feuilles particulières ; la tête contient un suc d'un goût agréable, qu'on appelle mastic d'épine.

LVII. Le cactus (*cinara cardunculus*, L.) est spécial à la Sicile, et il a aussi des caractères spéciaux : la racine émet des tiges qui rampent à terre, à feuilles larges et épineuses ; ces tiges se nomment cactus, et on ne les dédaigne pas comme aliment, même lorsqu'elles sont vieilles. La plante porte une autre tige qui est droite (15),

---

LV. Ex omnibus his generibus urtica maxime noscitur, acetabulis in flore purpuream lanuginem fundentibus, sæpe altior binis cubitis. Plures ejus differentiæ : silvestris, quam et feminam vocant, mitiorque. Et in silvestri, quæ dicitur canina, acrior, caule quoque mordaci, fimbriatis foliis. Quæ vero etiam odorem fundit, Herculanea vocatur. Semen omnibus copiosum, nigrum. Mirum sine ullis spinarum aculeis lanuginem ipsam esse noxiam, et tactu tantum leni pruritum, pusulasque confestim adusto similes exsistere. Notum est et remedium olei. Sed mordacitas non protinus cum ipsa herba gignitur, nec nisi solibus roborata. Incipiens quidem ipsa nasci vere, non ingrato, multis etiam religioso in cibo est, ad pellendos totius anni morbos. Silvestrium quoque radix omnem carnem teneriorem facit, simulque cocta innoxia est. Morsu carens, lamium vocatur. De scorpione dicemus inter medicas.

LVI. (xvi.) Carduus et folia et caules spinosæ lanuginis habet. Item acorna, leucacanthos, chalceos, cnicos, polyacanthos, onopyxos, helxine, scolymos. Chamæleon, in foliis non habet aculeos. Est et illa differentia, quod quædam in iis multicaulia ramosaque sunt, ut carduus. Uno autem caule, nec ramosum, cnicos. Quædam cacumine tantum spinosa sunt, ut eryngium. Quædam æstate florent, ut tetralix, et helxine. Scolymus quoque floret sero et diu. Acorna colore tantum rufo distinguitur, et pinguiore succo. Idem erat atractylis quoque, nisi candidior esset, et nisi sanguineum succum funderet. Qua de causa phonos vocatur a quibusdam, odore etiam gravis, sero maturescente semine, nec ante autumnum : quanquam id de omnibus spinosis dici potest. Verum omnia hæc et semine, et radice nasci possunt. Scolymus carduorum generis ab iis distat, quod radix ejus vescendo est decocta. Mirum, quod sine intervallo tota æstate aliud floret in eo genere, aliud concipit, aliud parturit. Aculei arescente folio desinunt pungere. Helxine rara visu est, neque in omnibus terris : est a radice foliosa, ex qua media veluti malum extuberat, contectum sua fronde. Hujus vertex summus lacrymam continet jucundi saporis, acanthicen mastichen appellatam.

LVII. Et cactos quoque in Sicilia tantum nascitur, suæ proprietatis et ipse : in terra serpunt caules, a radice emissi, lato folio et spinoso. Caules vocant cactos : nec fastidiunt in cibis, inveteratos quoque. Unum caulem

et qu'on nomme pternix (*silybum marianum*, L.): elle n'est pas moins agréable au goût, mais ne peut se garder. La graine est garnie d'un duvet qu'on nomme pappos (aigrette). Cette aigrette ôtée, ainsi que l'écorce, le fruit est tendre, et semblable à la moelle du palmier; on le nomme ascalia.

LVIII. Le tribulus (châtaigne d'eau, *trapa natans*, L.) ne croît que dans les lieux marécageux; détestable ailleurs, il se mange sur les bords du Nil et du Strymon. Il penche vers le fond de l'eau; il a une feuille semblable à celle de l'orme, et portée sur un long pédicule. Dans les autres pays on a deux espèces de tribulus: l'un (*tribulus terrestris*, L.) a les feuilles de la cicercule (xix, 61), l'autre (*fagonia cretica*, L.) a les feuilles munies de piquants. Ce dernier fleurit aussi plus tard, et on le trouve plus fréquemment dans les haies des métairies. La graine en est noire, plus ronde, renfermée dans une gousse; celle de l'autre est semblable à du sable. Parmi les plantes épineuses, il faut aussi ranger l'ononis (arrête-bœuf, *ononis antiquorum*, L.). Il a en effet des piquants aux branches; les feuilles, semblables à celles de la rue, sont placées auprès des piquants, et garnissent toute la tige, en forme de couronne. L'ononis vient après les céréales; elle est incommode pour la charrue, et particulièrement vivace.

LIX. Certaines plantes épineuses ont la tige rampante, comme celle qu'on nomme coronopus (*lotus ornithopodioides*, L.). Au contraire, ont la tige droite: l'orcanette, dont la racine est employée à teindre le bois et la cire, et, parmi les plantes moins hérissées, l'anthémis (xxii, 26), le phyllanthes (*centaurea nigra*), l'anémone, l'aphace (pissenlit). Le crepis (16) et le lotos (*melilotus officinalis*, L.) ont la tige foliacée.

LX. Ici, mêmes différences que dans les arbres quant à la brièveté et à la longueur du pédicule de la feuille, quant aux dimensions de la feuille elle-même, quant à ses angles et à ses dentelures, quant à l'odeur et à la fleur. La fleur dure plus longtemps chez les plantes dont la floraison est successive, comme l'ocimum (le basilic?), l'héliotrope (xxii, 29), l'aphace et l'onochill (*echium rubrum*, L.). (xvii.) Beaucoup de ces plantes, comme aussi certains arbres, ne perdent pas leurs feuilles, particulièrement l'héliotrope, l'adiante (*adiantum capillus Veneris*, L.), le polium (*teucrium polium*, L.).

LXI. Il est un autre genre, celui des plantes à épi, auquel appartiennent le cynops (*plantago cynops*), l'alopecuros (*polypogon monspeliense*), le stelephuros (*plantago lagopus*, L.), nommé par quelques-uns ortyx, par d'autres plantain (nous en parlerons plus au long à propos des herbes médicinales), et le thryallis (*verbascum limnense*, L.). L'alopecuros a un épi mou, et garni d'un duvet serré; offrant de la ressemblance avec une queue de renard, il en a reçu le nom. Le stelephuros, n'était la floraison successive de l'alopecuros, lui ressemble beaucoup. Dans la chicorée et les plantes analogues, les feuilles sont près de terre et sortent de la racine, après le lever des Pléiades (xviii, 66).

LXII. Ce n'est pas seulement en Égypte que se mange le perdicium (17)(xxii, 19): ce nom lui vient de la perdrix, qui aime à l'arracher. Il a des racines grosses et nombreuses. De même l'ornithogale (*ornithogalum umbellatum*, L.) a une tige tendre, blanche, une racine d'un demi-pied, bulbeuse, molle, et pourvue de trois ou quatre rejetons. On fait cuire cette plante dans de la bouillie.

LXIII. Chose singulière! le lotos (*melilotus cœrulea*, L.) et l'ægilops (*avena fatua*, L.) ne

---

rectum habent, quem vocant pternica, ejusdem suavitatis, sed vetustatis impatientem. Semen ei lanuginis, quam pappon vocant : quo detracto et cortice, teneritas similis cerebro palmæ est : vocant ascalian.

LVIII. Tribulus non nisi in palustribus nascitur, dira res alibi, juxta Nilum et Strymonem amnes excipitur in cibis, inclinatus in vadum, folio ad effigiem ulmi, pediculo longo. At in reliquo orbe genera duo: uni cicerculæ folia, alteri aculeata. Hic et serius floret, magisque septa obsidet villarum. Semen ei rotundum, nigrum, in siliqua : alteri arenaceum. Spinosorum etiamnum aliud genus ononis. In ramis enim spinas habet, apposito folio rutæ simili, toto caule foliata in modum coronæ : sequitur a frugibus, aratro inimica, et phyllanthes, et vivaxque præcipue.

LIX. Aculeatarum caules aliquarum per terram serpunt, ut ejus quam coronopum vocant. E diverso stant, anchusa inficiendo ligno cerisque radice apta : et e milioribus anthemis, et phyllanthes, et anemone, et aphace. Caule foliato est et crepis, et lotos.

LX. Differentia foliorum et hic, quæ in arboribus, brevitate pediculi ac longitudine, angustiis ipsius folii, amplitudine, angulis, incisuris, odore, flore. Diuturnior hic quibusdam per partes florentibus, ut ocimo, heliotropio, aphacæ, onochili. (xvii.) Multis inter hæc æterna folia, sicut quibusdam arborum : in primisque heliotropio, adianto, polio.

LXI. Aliud rursus spicatarum genus, ex quo et cynops, alopecuros, stelephuros (quam quidam ortygem vocant, alii plantaginem, de qua plura dicemus inter medicas) : thryallis. Ex iis alopecuros spicam habet mollem, et lanuginem densam, non dissimilem vulpium caudis, unde ei et nomen. Proxima est ei et stelephuros, nisi quod illa particulatim floret. Cichorion, et similia, circa terram folia habent, germinantibus ab radice post Vergilias.

LXII. Perdicium et aliæ gentes, quam Ægyptii, edunt : nomen dedit avis, id maxime eruens. Crassas plurimasque habet radices. Item ornithogale, caule tenero, candido, semipedali radice, et phyllanthes, bulbosa, molli, tribus aut quatuor agnatis. Coquitur in pulte.

LXIII. Mirum, loton herbam, et ægilopa, non nisi

lèvent qu'au bout d'un an. L'anthémis (xxii, 26) offre aussi la particularité remarquable de commencer à fleurir par le haut, tandis que toutes les plantes dont la floraison est successive commencent par le bas.

LXIV. La lappa (*galium aparine*, L.), qui s'attache à tout, présente une singularité : c'est de donner naissance à une fleur qui ne se montre pas, mais qui reste cachée, et qui produit à l'intérieur les graines; semblable en cela aux animaux dont les œufs n'éclosent qu'au dedans du corps. Dans les environs de la ville d'Oponte, croît l'opuntia (*cactus opuntia*, L.), manger agréable même pour l'homme. Chose étonnante ! la feuille de cette plante prend racine, et c'est ainsi qu'elle se multiplie.

LXV. L'iasione (xxii, 39) (*convolvulus sepium*, L.) n'a qu'une feuille, mais tellement repliée qu'elle paraît en avoir plusieurs. La condrylla (xxi, 52) est amère, et le suc de la racine est âcre. Amers aussi sont et l'aphace (pissenlit) et la plante nommée picris (xxii, 31), qui fleurit toute l'année, et qui doit à son amertume le nom qu'elle porte.

LXVI. On doit remarquer aussi la scille et le safran : tandis que toutes les autres plantes produisent d'abord des feuilles, puis s'arrondissent en tiges, celles-là montrent la tige avant la feuille; mais dans le safran la fleur est poussée par la tige; dans la scille, la tige paraît, puis la fleur en sort. Cette plante fleurit trois fois, comme nous l'avons dit (xviii, 65, 7), indiquant ainsi les trois époques du labourage.

LXVII. Quelques-uns rangent parmi les bulbes la racine du cypirus ou glaïeul. Cette racine est bonne à manger; bouillie et pétrie avec la pâte, elle rend le pain plus agréable au goût et plus pesant. La plante nommée thésion (xxii, 31) ressemble assez au glaïeul, mais la saveur en est âpre.

LXVIII. Les autres plantes du même genre diffèrent par la feuille : celle de l'asphodèle est oblongue et étroite, celle de la scille large et maniable, celle du glaïeul (*gladiolus*, petite épée) semblable à son nom. On mange dans l'asphodèle et la graine grillée et le bulbe, mais ce dernier se fait cuire sous la cendre, puis on y ajoute du sel et de l'huile; on le pile encore avec des figues, ce qui, d'après Hésiode, est un mets très-délicat. On prétend que, semé devant la porte des métairies, l'asphodèle est un préservatif contre les maléfices. Homère (*Od.*, xi, 539 et xxiv, 13) a fait aussi mention de cette plante. Les bulbes en sont semblables à des navets de médiocre grosseur, et aucune plante n'en a davantage; on en compte souvent quatre-vingts. Théophraste, presque tous les Grecs, et à leur tête Pythagore, ont appelé anthéricon la tige, qui a une coudée et souvent deux, et des feuilles de poireau sauvage, en réservant le nom d'asphodèle à la racine, c'est-à-dire aux bulbes. Les Latins appellent cette plante albucus, et hastula regia l'asphodèle, dont la tige porte des grains semblables à ceux du raisin, distinguant ainsi deux espèces. L'albucus a une tige d'une coudée, grosse, nue, unie; Magon recommande de le couper à la fin du mois de mars et au commencement d'avril, avant la floraison et avant que la graine ne grossisse; de fendre les tiges, de les exposer au soleil le quatrième jour, et d'en faire des bottes lorsqu'elles seront sèches. Le même auteur dit que les Grecs donnent le nom de pistana à la plante aquatique que nous appelons flèche (*sagittaria sagittæfolia*, L.). Il recommande de l'écorcer depuis les ides de mai (15 mai) jusqu'à la fin d'octobre, et

---

post annum e semine suo nasci. Mira et anthemidis natura, quod a summo flore incipit : quum cæteræ omnes, quæ particulatim florent, ab ima sui parte incipiunt.

LXIV. Notabile et in lappa, quæ adhærescit, quoniam in ipsa flos nascitur, non evidens, sed intus occultus et intra seminat, velut animalia, quæ in se pariunt. Circa Opuntem Opuntia est herba, etiam homini dulcis; mirumque e folio ejus radicem fieri, ac sic eam nasci.

LXV. Iasione unum folium habet, sed ita implicatum, ut plura videantur. Condrylla amara est, et acris in radice succi. Amara et aphace, et quæ picris nominatur, et ipsa toto anno florens : nomen ei amaritudo imposuit.

LXVI. Notabilis et scillæ crocique natura, quod quum omnes herbæ folium primum emittant, mox in caulem rotundentur, in iis caulis prior intelligitur, quam folium. Et in croco quidem flos impellitur caule : in scilla vero caulis exit, deinde flos ex eo emergit : eademque ter floret, anno florens, tria tempora arationum ostendens.

LXVII. Bulborum generi quidam adnumerant et cypiri, hoc est, gladioli, radicem. Dulcis ea est, et quæ decocta panem etiam gratiorem faciat, ponderosioremque simul subacta. Non dissimilis est et quæ thesion vocatur, gustu aspera.

LXVIII. Cæteræ ejusdem generis folio differunt. Asphodelus oblongum et angustum habet, scilla latum et tractabile, gladiolus simile nomini. Asphodelus manditur, et semine tosto, et bulbo : sed hoc in cinere tosto, dein sale et oleo addito : præterea tuso cum ficis, præcipua voluptate, ut videtur Hesiodo. Traditur et ante portas villarum satum, remedio esse contra veneficiorum noxiam. Asphodeli mentionem et Homerus fecit. Radix ejus napis modicis similis est : neque alia numerosior, LXXX simul acervatis sæpe bulbis. Theophrastus, et fere Græci, princepsque Pythagoras, caulem ejus cubitalem, et sæpe duum cubitorum, foliis porri silvestris, anthericon vocavere : radicem vero, id est, bulbos, asphodelon. Nostri illud albucum vocant, et asphodelum hastulam regiam, caulis acinosi; ac duo genera faciunt. Albuco est scapus cubitalis, amplus, purus, lævis. De quo Mago præcipit, exitu mensis martii, et initio aprilis, quum floruerit, nondum semine ejus intumescente, demetendum; findendosque scapos, et quarto die in solem proferendos : ita siccatis manipulos faciendos. Idem pistanam dicit a Græcis vo-

de la faire sécher à un soleil doux. Il veut encore que l'on coupe durant tout le mois de juillet, jusqu'à la racine, l'autre glaïeul nommé cypirus, et qui est aussi une plante de marais, et de le faire sécher au soleil à partir du troisième jour jusqu'à ce qu'il devienne blanc, avec la précaution de le rentrer tous les jours avant le soleil couché, attendu que la rosée de la nuit est nuisible aux plantes de marais qui sont coupées.

LXIX. (XVIII.) Magon fait les mêmes recommandations pour le jonc qu'il nomme mariscus (grand jonc, *schœnus mariscus*, L.), et qui est employé à tresser des nattes. Il conseille de le cueillir depuis le mois de juin jusqu'à la mi-juillet; et pour le faire sécher il indique les mêmes pratiques que celles que nous avons rapportées en lieu et place pour le jonc de marais (18). Il fait un second genre du jonc marin (*juncus maritimus*, L.), appelé par les Grecs oxyschœnos. Il y a trois espèces de joncs : le jonc aigu, stérile, que les Grecs nomment mâle et oxys; les deux autres espèces sont : le jonc femelle, portant une graine noire, et nommé mélancranis, plus gros et plus rameux que le précédent, et l'holoschœnos (*scirpus holoschœnus*, L.), encore plus gros et plus rameux. Le mélancranis naît isolé, mais l'oxys et l'holoschœnos croissent sur la même motte. L'holoschœnos vaut le mieux pour la vannerie, parce qu'il est souple et charnu; il porte des fruits semblables à des œufs attachés les uns aux autres. On multiplie le jonc mâle par la sommité, que l'on plante en terre (19); on multiplie le mélancranis de graine. Au reste, les racines de tous les joncs meurent chaque année. On emploie le jonc à faire des nasses de pêcheur et d'élégants ouvrages de vannerie. La moelle en est très-bonne pour les lampes; et près des Alpes maritimes les joncs sont tellement gros, que, fendus et ouverts, ils ont près d'un pouce de largeur; et en Égypte tellement minces, qu'on en fait des cribles; et c'est le meilleur parti qu'on en tire. Quelques-uns distinguent encore comme espèce particulière le jonc triangulaire nommé cypérus (XXI, 70), mais beaucoup ne le discernent pas du cypirus, à cause de la ressemblance de nom; pour nous, nous ferons la distinction. Le cypirus est, comme nous l'avons dit (XXI, 67), le glaïeul; il a une racine bulbeuse; le plus estimé est celui de la Crète, puis celui de Naxos, en troisième lieu celui de la Phénicie; celui de Crète est blanc, et a une odeur approchant de celle du nard; l'odeur de celui de Naxos est plus âcre; celui de Phénicie n'a qu'une faible senteur; celui d'Égypte (car il en vient aussi dans ce pays) est inodore. Cette plante dissipe les tumeurs dures; car déjà nous allons entrer dans l'exposition des remèdes, les fleurs et les parfums étant d'un grand usage en médecine. Pour le cypirus je suivrai Apollodore, qui défendait de le prendre en boisson : toutefois, le reconnaissant pour très-efficace contre les calculs (20), il s'en sert en fomentation. Il ne doute pas qu'il ne provoque l'avortement, et il rapporte cette particularité singulière, que les barbares se font diminuer la rate en recevant dans la bouche la fumée de cette plante; qu'ils ne sortent jamais qu'après cette fumigation; et que de la sorte ils deviennent chaque jour plus vigoureux et plus robustes. Suivant lui, employé en onction avec l'huile, c'est un remède non douteux pour les écorchures et la mauvaise odeur des aisselles.

LXX. Le cypérus (souchet, *cyperus longus*

---

cari, quam inter ulvas sagittam appellamus. Hanc ab idibus maii usque ad finem octobris mensis decorticari, atque leni sole siccari jubet. Idem et gladiolum alterum, quem cypiron vocant, et ipsum palustrem, julio mense toto secari jubet ad radicem, tertioque die in sole siccari, donec candidus fiat. Quotidie autem ante solem occidentem in tectum referri, quoniam palustribus desectis nocturni rores noceant.

LXIX. (XVIII.) Similia præcipit et de junco, quem mariscon appellat, ad texendas tegetes : et ipsum junio mense eximi ad julium medium præcipiens. Cætera de siccando, eadem quæ de ulva suo loco diximus. Alterum genus juncorum facit, quod marinum, et a Græcis oxyschœnon vocari invenio. Tria genera ejus : acuti, sterilis, quem marem, et oxyn Græci vocant : reliqua feminini, ferentis semen nigrum, quem melancranin vocant. Crassior hic et fruticosior; magisque etiamnum tertius, qui vocatur holoschœnos. Ex his melancranis sine aliis generibus nascitur. Oxys autem et holoschœnos eodem cespite. Utilissimus ad vitilia holoschœnos, quia mollis et carnosus est. Fert fructum ovorum cohærentium modo. Nascitur autem is, quem marem appellavimus, ex semetipso, cacumine in terram defixo : melancranis autem suo semine. Alioqui omnium radices omnibus annis intermoriuntur. Usus ad nassas marinas, vitilium elegantiam, lucernarum lumina, præcipua medulla, amplitudine juxta maritimas Alpes tanta, ut inciso ventre impleant pæne unciarum latitudinem : in Ægypto vero cribrorum longitudinem, non alias utiliorem. Quidam etiamnum unum genus faciunt junci trianguli : cyperon vocant. Multi vero non discernunt a cypiro vicinitate nominis. Nos distinguemus utrumque. Cypirus est gladiolus, ut diximus, radice bulbosa, laudatissimus in insulis Creta, dein Naxo, et postea in Phœnice. Cretico candor odorque vicinus nardo, Naxio acrior, Phœnicio exiguum spirans, nullus Ægyptio. Nam et ibi nascitur. Discutit durities corporum. Jam enim remedia dicemus : quoniam et florum odorumque generi est magnus usus in medicina. Quod ad cypiron attinet, Apollodorum quidem sequar, qui negabat bibendum : quanquam professus efficacissimum esse adversus calculosos, eo fovet. Feminis quidem abortus facere non dubitat; mirumque tradit, barbaros suffitum hujus herbæ excipientes ore, lienes consumere : et non egredi die omni, nisi ab hoc suffitu : vegetiores enim firmioresque sic etiam in dies fieri. Intertriginum et alarum vitiis perfrictionibusque cum oleo illitum, non dubie mederi.

L.), comme nous venons de le dire (XXI, 69), est un jonc anguleux, blanc près de terre, noir et gros au sommet. Les feuilles du bas sont plus grêles que celles du poireau ; celles du haut sont menues, et entre elles est la graine. La racine ressemble à une olive noire ; quand elle est oblongue, on la nomme cyperis ; elle est d'un grand usage en médecine. Le cypérus le plus estimé est celui du pays d'Ammon (V, 5), en second lieu celui de Rhodes, en troisième celui de Théra, en dernier celui d'Égypte ; ce qui ajoute à la confusion, car ce pays produit aussi le cypirus (glaïeul) ; mais le cypirus est très-dur et à peine odorant, tandis que le cypérus a toujours 2 une odeur qui joue celle du nard. Il y a aussi une plante de l'Inde qu'on nomme cypira ( *curcuma longa*, L.); elle ressemble au gingembre; mâchée, elle a le goût du safran. Le cypérus a des propriétés épilatoires. On l'applique sur les ptérygions, sur les ulcères des parties génitales, sur ceux de la bouche, en un mot sur ceux de toutes les parties humides. La racine est un remède efficace contre les piqûres des serpents et des scorpions. Prise en boisson, elle est emménagogue ; à trop haute dose, elle a tant de force qu'elle provoque même la chute de la matrice. Favorisant la sortie des calculs et des urines, elle est très-utile aux hydropiques. On l'applique sur les ulcères serpigineux et surtout sur ceux de la gorge, dans du vin ou du vinaigre.

1 LXXI. La racine de jonc bouillie dans trois hémines (0 litr., 81) d'eau, jusqu'à réduction du tiers, est un remède contre la toux. La graine, grillée et bue dans de l'eau, arrête le flux de ventre et les menstrues. Le jonc appelé holoschœnos cause des douleurs de tête ; on en mâche les parties voisines de la racine contre la morsure des araignées. Je trouve aussi la mention d'une espèce de jonc nommée euripice (21), dont la graine est soporifique, mais ne doit être prise qu'avec mesure, de peur qu'elle ne jette dans le narcotisme.

LXXII. Nous indiquerons aussi les propriétés 1 médicinales du jonc odorant (*andropogon schœnanthus*, L.), qui vient, comme nous l'avons dit en lieu et place (XII, 48), dans la Cœlé-Syrie. Le plus estimé est celui du pays des Nabatéens : on l'appelle teuchite ; au second rang est celui de Babylone ; le plus mauvais est celui d'Afrique, qui est inodore. Le jonc odorant est rond, et laisse sur la langue un goût âpre et vineux. Le vrai donne, frotté, une odeur de rose, et la cassure en est rougeâtre. Il dissipe les flatuosités ; aussi est-il bon pour l'estomac, et dans les vomissements de bile et de sang. Il calme le hoquet, provoque des éructations, pousse aux urines, et guérit la vessie. Les femmes en emploient la décoction. Dans l'opisthotonos on en fait des applications avec la résine sèche, qui a des vertus échauffantes.

LXXIII. La rose est astringente et réfrigé- 1 rante ; on emploie les pétales, les fleurs et les têtes. La partie blanche des pétales se nomme onglet ; la fleur renferme la graine et les filaments ; la tête, le bouton et le calice. On en fait sécher les pétales, ou bien, par trois procédés différents, on en tire le suc : dans le premier on se contente de les exprimer sans ôter les onglets, qui en effet contiennent le plus de suc ; dans le second, on ôte les onglets, et on fait macérer le reste avec de l'huile ou du vin, au soleil, dans des vases de verre. Quelques-uns ajoutent du sel,

LXX. Cyperos juncus est, qualiter diximus, angulosus, juxta terram candidus, cacumine niger, pinguisque. Folia ima porraceis exiliora, in cacumine minuta, inter quæ est semen. Radix olivæ nigræ similis, quam, quum oblonga est, cyperida vocant, magni in medicina usus. Laus cypero prima Hammoniaco, secunda Rhodio, tertia Thereæo, novissima Ægyptio : quod et confundit intellectum, quoniam et cypiros ibi nascitur. Sed cypiros durissima, vixque spirans. Cæteris odor et ipsis nardum imitans.
2 Est et per se Indica herba, quæ cypira vocatur, zingiberis effigie : commanducata croci vim reddit. Cypero vis in medicina psilothri. Illinitur pterygiis, hulceribusque genitalium, et quæ in humore sunt omnibus, sicut oris hulceribus. Radix adversus serpentium ictus, et scorpionum, præsenti remedio est. Vulvas aperit pota. Largiori tanta vis, ut expellat eas. Urinam ciet, et calculos, ob id utilissima hydropicis. Illinitur et hulceribus, quæ serpunt, sed his præcipue, quæ in stomacho sunt, ex vino vel aceto illita.
1 LXXI. Junci radix in tribus heminis aquæ decocta ad tertias, tussi medetur. Semen tostum et in aqua potum, sistit alvum, et feminarum menses. Capitis dolores facit, qui vocatur holoschœnos : ejus quæ proxima sunt radicis, commanducantur adversus araneorum morsus. Invenio etiamnum unum junci genus, quod euripicem vocant. Hujus semine somnum allici, sed modum servandum, ne sopor fiat.
LXXII. Ob id et odorati junci medicinæ dicentur, 1 quoniam et in Syria Cœle, ut suo loco retulimus, nascitur. Laudatissimus ex Nabatæa, cognomine teuchites, proximus Babylonius, pessimus ex Africa, ac sine odore. Est autem rotundus, vinosæ mordacitatis ad linguam. Sincerus in confricando odorem rosæ emittit, rubentibus fragmentis. Discutit inflationes, ob id stomacho utilis, bilemque et sanguinem rejicientibus. Singultus sedat, ructus movet, urinam ciet, vesicæ medetur. Ad muliebres usus decoquitur. Opisthotonicis cum resina arida imponitur excalfactoria.
LXXIII. Et rosa adstringit, refrigerat. Usus ejus di- 1 viditur in folia, et flores, et capita. Foliorum partes quæ candidæ, ungues vocantur : in flore aliud est semen, aliud capillus : in capite, aliud cortex, aliud calyx. Folium siccatur, aut tribus modis exprimitur. Per se, quum ungues non detrahuntur : ibi enim humoris plurimum : aut quum detractis unguibus, reliqua pars aut oleo, aut vino maceratur in sole vasis vitreis. Quidam et salem ad-

d'autres, de l'orcanette, ou de l'aspalathe (*spartium horridum*), ou du jonc odorant, parce qu'alors c'est un bon remède pour la matrice et dans la dyssenterie. Dans le troisième procédé on ôte les onglets, on pile les feuilles, on les exprime à travers un linge serré, on reçoit le suc dans un vase d'airain, et on le fait cuire à un feu doux jusqu'à consistance de miel; pour cela il faut choisir les pétales les plus odorants. (XIX.) Nous avons dit, en parlant des vins (XIV, 19), comment se fait le vin de roses. Le suc de rose est bon pour les oreilles; en gargarisme, pour les ulcérations de la bouche, pour les gencives, pour les amygdales; on l'emploie pour la gorge, pour la matrice, pour les affections du siége, pour les douleurs de tête. Dans la fièvre, seul ou avec du vinaigre, on s'en sert contre l'insomnie, contre les nausées. Les pétales brûlés entrent dans le calliblépharum (cosmétique des paupières); réduits en poudre, on en saupoudre les cuisses; secs, ils adoucissent l'épiphora. La fleur est soporifique; prise dans de l'hydromel, elle arrête les flux des femmes, et surtout les flux blancs et les crachements de sang; prise dans trois cyathes (0 litr., 135) de vin, et en quantité suffisante pour les parfumer, elle apaise les douleurs d'estomac. Le fruit est très-bon quand il est jaune et n'a pas plus d'un an; on le fait sécher à l'ombre: le noir est sans usage. On en frictionne les dents douloureuses; il est diurétique; on l'applique sur l'estomac et sur les érysipèles récents; mis sous les narines, il purge le cerveau. Les têtes prises en boisson arrêtent le flux du ventre et l'hémorragie. Les onglets sont utiles contre l'épiphora. La rose rend sordides les ulcères des yeux, si ce n'est au commencement de l'épiphora, appliquée sèche avec du pain; les pétales sont avantageux dans les affections de l'estomac, dans les tranchées, dans les maux de ventre et d'intestins, et sur les hypocondres, même en topique. On les confit aussi comme le lapathum (patience) pour les manger. Il faut prendre garde à la moisissure, qui s'en empare promptement. Les pétales dont on a exprimé le suc ne sont pas sans quelque usage. On en fait une poudre qui sert à réprimer la sueur; on la jette sur le corps à la sortie du bain, on l'y laisse sécher, puis on l'enlève avec de l'eau froide. La tête du rosier sauvage, avec de la graisse d'ours, est merveilleuse contre l'alopécie.

LXXIV. Si la beauté de la fleur de lis est célèbre, l'utilité multipliée des oignons ne l'est pas moins : pris en breuvage dans du vin, ils sont bons contre les morsures des serpents et les champignons vénéneux. Pour les cors aux pieds on les fait cuire dans du vin, et on les laisse appliqués pendant trois jours. Cuits avec de la graisse ou de l'huile, ils font revenir le poil sur les parties brûlées; pris dans du vin miellé, ils évacuent par le bas le mauvais sang. Ils sont bons pour la rate, pour les hernies, pour les spasmes et pour les menstrues. Bouillis dans du vin et appliqués avec du miel, ils guérissent les plaies des parties nerveuses, dissipent les lichens, les lèpres, et les taches lentigineuses de la face. Ils effacent les rides. Les feuilles, cuites dans du vinaigre, se mettent sur les plaies, sur les testicules enflammés; mais alors il vaut mieux les appliquer avec la josquiame et la farine de froment. On applique la graine sur les érysipèles; la fleur et les feuilles, sur les vieux ulcères. Le suc exprimé de la fleur est appelé par les uns miel, par les autres syrium; on l'emploie pour détendre la matrice, exciter la sueur et mûrir les suppurations.

---

miscent, et anchusam nonnulli, aut aspalathum, aut juncum odoratum : quia talis maxime prodest vulvæ ac dysentericis. Exprimuntur eadem folia detractis unguibus, trita per linteum spissum in æreum vas, leniqne igni succus coquitur, donec fiat crassitudo mellis. Ad hoc eligi oportet odoratissima quæque folia. (XIX.) Vinum quomodo fieret e rosa, diximus inter genera vini. Usus succi ad aures, oris hulcera, gingivas, tonsillas, gargarizatus, stomachum, vulvas, sedis vitia, capitis dolores. In febre per se, vel cum aceto, ad somnos, nauseas. Folia uruntur in callibleparum. Et siccis femina asperguntur. Epiphoras quoque arida leniunt. Flos somnum facit. Inhibet fluxiones mulierum, maxime albas, in posca potus : et sanguinis exscrationes. Stomachi quoque dolores, quantum in vini cyathis tribus. Semen his optimum crocinum, nec anniculo vetustius : et in umbra siccatur. Nigrum inutile. Dentium dolori illinitur. Urinam ciet. Stomacho imponitur. Item igni sacro non veteri. Naribus subductum caput purgat. Capita pota ventrem et sanguinem sistunt. Ungues rosæ epiphoris salubres. Hulcera enim oculorum rosa sordescunt, præterquam initiis epiphoræ, ita ut arida cum pane imponatur. Folia quidem vitiis stomachi, rosionibus et vitiis ventris, et intestinorum, et præcordiis utilissima, vel illita. Cibo quoque lapathi modo condiuntur. Cavendus in his situs celeriter insidens. Et aridis et expressis aliquis usus. Diapasmata inde fiunt ad sudores coercendos, ita ut a balineis inarescant corpori, dein frigida abluantur. Silvestris pilulæ cum adipe ursino alopecias mirifice emendant.

LXXIV. Lilii radices multis modis florem suum nobilitavere, contra serpentium ictus ex vino potæ, et contra fungorum venena. Propter clavos pedum in vino decoquuntur, triduoque non solvuntur. Cum adipe aut oleo decoctæ, pilos quoque adustis reddunt. E mulso potæ inutilem sanguinem cum alvo trahunt : lienique, et ruptis, vulsis prosunt, et mensibus feminarum. In vino vero decoctæ, impositæque cum melle nervis præcisis medentur. Lichenas et lepras, et furfures in facie emendant. Erugant corpora. Folia in aceto cocta, vulneribus imponuntur : epiphoris testium, melius cum hyoscyamo et farina tritici. Semen illinitur igni sacro : flos et folia hulcerum vetustati. Succus, qui flore expressus est, ab aliis mel vocatur, ab aliis syrium, ad emolliendas vulvas, sudoresque faciendos, et suppurationes concoquendas.

1 LXXV. Deux espèces de narcisse sont employées en médecine : le narcisse à fleur purpurine (XXI, 12) (*narcissus poeticus*, L.) et le narcisse à fleur herbacée (*narcissus tazetta*, L.). Ce dernier est contraire à l'estomac, aussi est-il vomitif et purgatif; il attaque les nerfs, il rend la tête pesante; appelé narcisse, du narcotisme, et non de l'enfant de la Fable. L'oignon des deux espèces a un goût mielleux. Appliqué avec un peu de miel sur les brûlures, il est utile; de même pour les plaies et les luxations. Avec du miel et de la farine d'avoine, il est bon contre le panus; la même préparation fait sortir les corps enfoncés dans les chairs. Pilé dans de la polenta et de l'huile, il guérit les contusions et les coups de pierre; il nettoie les plaies, mélangé avec de la farine. Il efface les taches noires de la peau. Les fleurs donnent l'huile de narcisse, bonne pour amollir les duretés et réchauffer les parties gelées. Elle est très-avantageuse pour les oreilles, mais elle cause en même temps des douleurs de tête.

1 LXXVI. Il y a des violettes sauvages et des violettes cultivées. Les violettes pourpres sont réfrigérentes. Contre les inflammations, on les applique sur l'estomac brûlant, et dans les chaleurs de la tête, sur le front. On s'en sert en particulier pour les fluxions des yeux, pour la chute du siége et de la matrice, et contre les suppurations. Portées en couronnes ou simplement flairées, elles dissipent l'ivresse et les pesanteurs de tête; bues dans de l'eau, l'esquinancie. La partie purpurine prise dans de l'eau guérit l'épilepsie, surtout chez les enfants. La graine de violettes est bonne contre la piqûre des scorpions. La fleur de la violette blanche fait ouvrir les abcès; la plante même les résout. La violette blanche et la violette jaune diminuent les menstrues et font couler les urines; fraîches, elles ont moins de vertu; aussi les em- 2 ploie-t-on sèches, gardées depuis un an. La violette jaune, à la dose d'un demi-cyathe dans trois cyathes (0 litr.,135) d'eau, est emménagogue. Les racines, appliquées avec du vinaigre, apaisent les maux de rate, la goutte; avec de la myrrhe et du safran, les inflammations des yeux. Les feuilles avec du miel nettoient les ulcères de la tête; avec du cérat, les rhagades du siége et les autres fissures des parties humides; avec du vinaigre, elles guérissent les abcès.

LXXVII. Le bacchar (*digitale pourprée?*), 1 appelé par quelques-uns en latin *perpressa*, est employé en médecine. Il est utile contre les morsures des serpents, contre les douleurs et les chaleurs de la tête, contre les fluxions. On l'applique sur les mamelles tuméfiées après l'accouchement, sur l'ægilops commençant, et sur l'érysipèle. L'odeur en est soporitive. Il est bon de faire boire une décoction de la racine dans les spasmes, dans les chutes graves, dans les convulsions, dans l'asthme. Contre les toux invétérées, on fait bouillir trois ou quatre des racines jusqu'à réduction au tiers : cette boisson purge les femmes après une fausse couche; elle dissipe les points de côté, et chasse les pierres de la vessie. On fait aussi avec le bacchar une poudre siccative [de la sueur]. On met du bacchar dans les vêtements, à cause de l'odeur. Le combretum, que nous avons dit semblable au bacchar (XXI, 16), pilé avec de l'axonge, guérit merveilleusement les blessures.

LXXVIII. On prétend que l'asaret (*asarum* 1 *europæum*, L.) est bon pour les affections du foie, pris à la dose d'une once dans une hémine (0 litr., 27) de vin miellé coupé d'eau. Il évacue par le bas comme l'ellébore. Il est bon dans l'hydropisie,

---

1 LXXV. Narcissi duo genera in usu medici recipiunt. Unum purpureo flore, et alterum herbaceum. Hunc stomacho inutilem, et ideo vomitorium, alvosque solventem, nervis inimicum, caput gravantem, et a narce narcissum dictum, non a fabuloso puero. Utriusque radix mulsei saporis est. Ambustis prodest cum exiguo melle : sic et vulneribus, et luxatis. Panis vero cum melle et avenæ farina : sic et infixa corpori extrahit. In polenta tritus oleoque, contusis medetur, et lapide percussis. Purgat vulnera permixtus farinæ. Nigras vitiligines emaculat. Ex hoc flore fit narcissinum oleum ad emolliendas duritias, calfacienda quæ alserint. Auribus utilissimum : sed et capitis dolores facit.

1 LXXVI. Violæ silvestres, et sativæ. Purpureæ refrigerant. Contra inflammationes illinuntur stomacho ardenti. Imponuntur et capiti in fronte. Oculorum privatim epiphoris et sede procidente, vulvæ : et contra suppurationes. Crapulam, et gravedines capitis impositis coronis olfactuque discutiunt : anginas ex aqua potæ. Id quod purpureum ex iis, comitialibus medetur, maxime pueris, in aqua potum. Semen violæ scorpionibus adversatur. Contra flos albæ suppurata aperit : ipsa discutit. Et alba autem, et lutea, extenuant menstrua, urinam cient. Minor vis est recentibus; ideoque aridis post annum utendum. Lutea dimidio cyatho in aquæ tribus, menses trahit. Radices ejus cum aceto illitæ sedant lienem : item podagram : oculorum autem inflammationes cum myrrha et croco. Folia cum melle purgant capitis hulcera : cum cerato rimas sedis, et quæ in humidis sunt. Ex aceto vero collectiones sanant.

LXXVII. Bacchar in medicinæ usu aliqui ex nostris per- 1 pressam vocant. Auxiliare contra serpentes, capitis dolores fervoresque : item epiphoras. Imponitur mammis tumentibus a partu, et ægilopis incipientibus, et ignibus sacris. Odor somnum gignit. Radicem decoctam bibere spasticis, eversis, convulsis, suspiriosis, salutare est. In tussi vetere radicis ejus tres quatuorve decoquuntur ad tertias partes. Hæc potio mulieres ex abortu purgat. Laterum punctiones tollit, et vesicæ calculos. Tunditur et in diapasmata. Vestibus odoris gratia inseritur. Combretum, quod simile ei diximus, tritum cum axungia, vulnera mire sanat.

LXXVIII. Asarum jocinerum vitiis salutare esse tra- 1 ditur, uncia sumptum in hemina mulsi mixti. Alvum pur-

dans les affections des hypocondres, de la matrice, et dans l'ictère; mêlé à du moût, il fait un vin diurétique. On l'arrache dès qu'il jette des feuilles; on le fait sécher à l'ombre. Il se moisit très-promptement.

LXXIX. (xx.) Quelques-uns, comme nous l'avons dit (xxi, 16), ayant appelé nard des champs la racine du bacchar, nous mettrons ici les propriétés médicinales du nard celtique, conformément à ce que nous avons promis en traitant des arbres exotiques (xii, 26). Il est avantageux, à la dose de deux drachmes (8 gram.) dans du vin, contre la morsure des serpents; dans de l'eau ou dans du vin, contre les inflammations du colon, du foie et des reins, et contre l'ictère; seul ou avec l'absinthe, contre l'hidropysie. Il arrête les métrorrhagies (*valeriana celtica*).

LXXX. La racine de la plante qu'au même endroit nous avons appelée phu (*valeriana Dioscoridis*, Sibth.), pilée ou bouillie, se prend en boisson dans les suffocations hystériques, dans les douleurs de la poitrine ou des côtés. Dans du vin, elle est emménagogue.

LXXXI. Le safran ne se mêle ni au miel ni à aucune substance douce, mais il se mêle très-bien au vin ou à l'eau; il est très-utile en médecine. On le garde dans des boîtes de corne. Appliqué avec de l'œuf, il dissipe toutes les inflammations, mais surtout celles des yeux; il dissipe aussi les suffocations hystériques, les ulcérations de l'estomac, de la poitrine, des reins, du foie, du poumon et de la vessie; il est particulièrement utile dans l'inflammation de ces parties, ainsi que dans la toux et la pleurésie. Il guérit les démangeaisons; il est diurétique. Ceux qui auront bu préalablement du safran ne ressentiront pas la pesanteur de tête que cause le vin, et résisteront à l'ivresse. Une couronne de safran dissipe les fumées du vin. Le safran est soporitif; il émeut doucement la tête; il est aphrodisiaque. La fleur, réduite en liniment avec la terre cimoliée, s'applique sur l'érysipèle. Le safran entre dans la composition de plusieurs médicaments.

LXXXII. Il y a même un collyre qui lui doit son nom. Le marc de l'onguent de safran (*crocinum*), qu'on appelle crocomagma, n'est pas sans utilité contre la cataracte; il est diurétique, plus échauffant que le safran lui-même; le meilleur est celui qui, mis dans la bouche, laisse aux dents et à la salive la couleur du safran.

LXXXIII. L'iris roux est meilleur que le blanc. Il est bon d'en faire porter aux enfants, surtout quand ils font des dents et quand ils toussent, et de faire prendre quelques gouttes du suc de la plante à ceux qui ont des vers. Les autres propriétés ne diffèrent guère de celles du miel. L'iris déterge les ulcères de la tête et surtout les vieux abcès. A la dose de deux drachmes (8 gram.) avec du miel, il lâche le ventre. En infusion, il est bon pour la toux, les tranchées, les flatuosités; avec du vinaigre, contre les affections de la rate; avec de l'oxycrat, contre les morsures des serpents et des araignées; à la dose de deux drachmes, dans du pain ou de l'eau, contre la piqûre des scorpions; en application avec de l'huile, contre les morsures des chiens, contre les refroidissements, contre les douleurs des nerfs. On l'applique, avec la résine, sur les lombes et les hanches. Il a une vertu échauffante. Présenté sous les narines, il excite l'éternument et purge le cerveau. Dans les douleurs de tête, on s'en sert en application avec le coing ou le

---

gat ellebori modo. Hydropicis prodest, et præcordiis vulvisque, ac morbo regio. In mustum si addatur, facit vinum urinis ciendis. Effoditur quum folia emittit. Siccatur in umbra. Situm celerrime sentit.

LXXIX. (xx.) Et quoniam quidam, ut diximus, nardum rusticum nominavere radicem baccharis, contexemus et gallici nardi remedia in hunc locum dilata in peregrinis arboribus. Ergo adversus serpentes duabus drachmis in vino succurrit. Inflammationibus coli, vel ex aqua, vel ex vino. Item jocineris et renum; suffusisque felle. Et hydropicis per se, vel cum absinthio. Sistit purgationum mulierum impetus.

LXXX. Ejus vero quod phu eodem loco appellavimus, radix datur potui trita, vel decocta, ad strangulatus, vel pectoris dolores, vel laterum. Menses quoque ciet. Bibitur cum vino.

LXXXI. Crocum melle non solvitur, nulloque dulci : facillime autem vino, aut aqua. Utilissimum in medicina. Asservatur cornea pyxide. Discutit inflammationes omnes quidem, sed oculorum maxime, ex ovo illitum. Vulvarum quoque strangulatus, stomachi exulcerationes, pectoris, et renum, jocinerum, pulmonum, vesicarumque : peculiariter inflammationi earum vehementer utile. Item tussi et pleuriticis. Tollit et pruritus. Urinas ciet. Qui crocum prius biberint, crapulam non sentient, ebrietati resistent. Coronæ quoque ex eo mulcent ebrietatem. Somnum facit. Caput leniter movet. Venerem stimulat. Flos ejus igni sacro illinitur cum creta Cimolia. Ipsum plurimis medicaminibus miscetur.

LXXXII. Collyrio uni etiam nomen dedit. Fæx quoque expressi unguento crocino, quod crocomagma appellant, habet suas utilitates contra suffusiones oculorum; urinas. Magis excalfacit, quam crocum ipsum. Optimum, quod gustatu salivam dentesque inficit.

LXXXIII. Iris rufa melior quam candida. Infantibus eam circumligari salutare est, dentientibus præcipue, et tussientibus, tinearumve vitio laborantibus instillari. Cæteri effectus ejus non multum a melle differunt. Hulcera purgat capitis, præcipue suppurationes veteres. Alvum solvit duabus drachmis cum melle. Tussim, tormina, inflationes, pota : lienes ex aceto. Contra serpentium et araneorum morsus, ex posca valet. Contra scorpiones, duarum drachmarum pondere in pane vel aqua sumitur. Contra canum morsus, ex oleo imponitur; et contra perfrictiones. Sic et nervorum doloribus. Lumbis vero et coxendicibus cum resina illinitur. Vis ei concalfactoria.

struthée [espèce de coing]. Il dissipe les fumées du vin et l'orthopnée. Il est vomitif, à la dose de deux oboles (1 gr., 5). Il fait sortir les esquilles, appliqué avec du miel. En poudre, on l'emploie dans le panaris. On mêle cette poudre avec du vin, on l'applique sur les cors et les verrues, 3 la laissant trois jours en place. Mâché, l'iris corrige la mauvaise haleine et l'odeur désagréable des aisselles. Le suc ramollit toutes les duretés. L'iris est soporatif, mais il consume la liqueur séminale; il guérit les rhagades du siége, les condylomes, et toutes les excroissances. Il est des auteurs qui appellent xyris (*iris fetidissima*, L.) l'iris sauvage. Celui-ci dissipe les scrofules, les panus, les tumeurs inguinales : on recommande de le cueillir de la main gauche quand il est destiné à cet usage, et de nommer la personne pour qui on le cueille. A ce sujet, nous dévoilerons le crime des herboristes : ils gardent une partie de cet iris et de quelques autres herbes, comme le plantain ; et s'ils ne se croient pas assez bien payés, et qu'ils veulent être employés une seconde fois, ils enterrent cette partie dans l'endroit même où ils ont cueilli la plante, avec l'intention, je pense, de raviver le mal qu'ils avaient guéri. La racine de la saliunca (XXI, 20), cuite dans du vin, arrête le vomissement, et fortifie l'estomac.

1 LXXXIV. Quant au polion (XXI, 21), selon Musée et Hésiode, ceux qui ambitionnent les honneurs et la gloire doivent s'en frotter, le manier, le cultiver; contre les serpents on doit le mettre sous son lit, le brûler, ou le prendre en breuvage, ou en faire des applications, bouilli, frais ou sec, dans du vin. On le fait boire dans du vinaigre contre les affections de la rate ; dans du vin, contre l'ictère ; bouilli dans du vin, contre l'hydropisie commençante : de cette dernière façon, on l'applique aussi sur les plaies. Il fait sortir l'arrière-faix et les fœtus morts ; il dissipe les douleurs générales ; il évacue la vessie; on l'applique dans les fluxions des yeux. Il n'est point de simple qui mérite mieux d'entrer dans la composition alexipharmaque. Qu'il soit mauvais à 2 l'estomac, qu'il charge la tête, et que, pris en boisson, il fasse avorter, c'est ce que nient quelques-uns. Ils disent encore superstitieusement qu'il faut, dès qu'on l'a trouvé, se l'attacher au cou contre la cataracte, en prenant garde qu'il ne touche à terre. Ils disent qu'il a les feuilles semblables à celles du thym, si ce n'est qu'elles sont plus molles, plus blanches et plus cotonneuses. Pilé avec la rue sauvage dans de l'eau de pluie, on prétend qu'il adoucit les aspics ; et, non moins que la fleur de grenadier, il resserre les plaies, les arrête, et les empêche de s'étendre.

LXXXV. L'holochrysos (XXI, 24) (*gnaphalium stœchas*, L.) est bon pour la strangurie, bu dans du vin, et pour les fluxions des yeux, en application; avec de la lie de vin brûlée et de la polenta, il guérit les lichens. La racine de chrysocome (XXI, 26) est échauffante et astringente. On la donne en boisson contre les affections du foie et des poumons; dans de l'eau miellée, contre les douleurs de matrice : elle est emménagogue, et, administrée crue, elle évacue les eaux de l'hydropisie.

LXXXVI. Le mélissophyllon ou mélittène 1 (*melissa officinalis*, L.), si on en frotte les ruches, empêche les abeilles de fuir : il n'est, en effet, point de fleur qu'elles aiment mieux. Il est

---

Naribus subducta, sternumenta movet, caputque purgat. Dolori capitis cum cotoneis malis aut strutheis illinitur. Crapulas quoque et orthopnœas discutit. Vomitiones ciet, duobus obolis sumta. Ossa fracta extrahit, imposita cum melle. Ad paronychias farina ejus utuntur : cum vino, ad 3 clavos, vel verrucas, triduoque non solvitur. Halitus oris commanducata abolet, alarumque vitia. Succo duritias omnes emollit. Somnum conciliat, sed genituram consumit. Sedis rimas, et condylomata, omniaque in corpore excrescentia sanat. Sunt qui silvestrem, xyrin vocent. Strumas hæc, vel panos, vel inguina discutit. Præcipitur, ut sinistra manu ad hos usus eruatur, colligentesque dicant, cujus hominis utique causa eximant. Scelus herbariorum aperietur in hac mentione. Partem ejus servant, et quarumdam aliarum herbarum, sicut plantaginis : et si parum mercedis tulisse se arbitrantur, rursusque opus quærunt, partem eam quam servavere, eodem loco infodiunt : credo, ut vitia, quæ sanaverint, faciant rebellare. Saliuncæ radix in vino decocta sistit vomitiones, corroborat stomachum.

1 LXXXIV. Polio Musæus et Hesiodus perungi jubent dignationis gloriæque avidos : polium tractari, coli : polium contra serpentes substerni, uri, vel potari : in vino decoqui recens, vel aridum, illinique. Splenicis propinant ex aceto : morbo regio in vino : et hydropicis incipientibus in vino decoctum. Vulneribus quoque sic illinunt. Secundas mulierum, partusque emortuos pellit : item dolores corporis. Vesicas inanit; et epiphoris illinitur. Nec magis alia herba convenit medicamento, quod alexipharmacon vocant. Stomacho tamen inutile esse, caput- 2 que eo impleri, et abortum fieri poto, aliqui negant. Ad religionem addunt, ubi inventum sit, protinus adalligandum contra oculorum suffusiones, cavendumque ne terram attingat. Hi et folia ejus thymo similia tradunt, nisi quod molliora sunt, et lanatiore canitie. Cum ruta silvestri, et si teratur ex aqua cælesti, aspidas mitigare dicitur : et non secus atque cytinus adstringit et cohibet vulnera prohibetque serpere.

LXXXV. Holochrysos medetur stranguriæ in vino pota, 1 et oculorum epiphoris illita. Cum fæce vero vini cremata et polenta, lichenas emendat. Chrysocomes radix calfacit, et stringit. Datur potui ad jocinerum vitia : item pulmonum: vulvæ dolores in aqua mulsa decocta. Ciet menstrua : et si cruda detur, hydropicorum aquam.

LXXXVI. Melissophyllo sive melittæna si perungan- 1 tur alvearia, non fugient apes. Nullo enim magis gaudent flore. Copia istius examina facillime continentur. Idem præsentissimum est contra ictus earum vesparumque, et

très-aisé de conserver les essaims dans les lieux où elle abonde. C'est un excellent remède contre les piqûres de ces insectes, des guêpes et autres semblables, comme aussi des araignées et des scorpions; excellent aussi contre les suffocations hystériques, avec addition de nitre; contre les tranchées intestinales, avec du vin. On se sert des feuilles avec du sel, en application, contre les écrouelles et les affections du siége. La décoction en est emménagogue, résout les inflammations, guérit les ulcères, est bonne contre les maladies articulaires et les morsures des chiens. On l'emploie utilement dans les dyssenteries invétérées, dans le flux céliaque, dans l'orthopnée, dans les affections de la rate, dans les ulcères de la poitrine. On regarde comme un excellent remède pour éclaircir la vue, de s'en frotter les yeux, mélangée avec du miel.

LXXXVII. Le mélilot (*melilotus officinalis*, L.) aussi guérit les maux des yeux, avec un jaune d'œuf ou la graine de lin. Il apaise les douleurs des mâchoires et celles de la tête, avec de l'huile rosat; avec du vin cuit, les douleurs des oreilles ainsi que les enflures et les crevasses qui viennent aux mains; les douleurs d'estomac, cuit dans du vin, ou pilé cru. Il produit le même effet dans les affections de matrice. On l'emploie pour guérir les testicules, la chute du fondement et les affections de cette partie, bouilli frais dans de l'eau ou dans du vin cuit; avec addition d'huile rosat, on l'applique sur les carcinomes. On le fait bouillir dans du vin doux. Il est particulièrement efficace contre les méliséris.

LXXXVIII. (XXI.) On regarde, je le sais, le trèfle (XXI, 30) comme excellent contre les blessures des serpents et des scorpions, la graine à la dose de vingt grains dans du vin ou de l'oxycrat, ou bien la feuille ou l'herbe tout entière en décoction; et on assure qu'il ne se voit jamais de serpents dans le trèfle. Des auteurs célèbres, je le sais encore, ont prétendu que le trèfle que nous avons appelé minyanthes (XXI, 30) est un antidote universel, à la dose de vingt-cinq grains seulement; sans compter beaucoup d'autres propriétés médicinales qui lui sont attribuées. Mais ces opinions sont contre-balancées dans mon esprit par une autorité très-imposante : le poëte Sophocle dit que cette plante est vénéneuse. Le médecin Simus, de son côté, assure que la décoction ou le suc versé sur le corps cause le sentiment de cuisson qu'éprouvent les personnes blessées par un serpent, auxquelles on applique le trèfle. Je pense donc qu'il ne doit être employé que comme contre-poison : peut-être, en effet, le venin en est-il contraire à celui qu'il s'agit de combattre, phénomène qu'on a observé dans beaucoup d'autres cas. Je remarque que la graine du trèfle à petites feuilles, réduite en onguent pour le visage, est utile aux femmes pour entretenir la fraîcheur de la peau.

LXXXIX. Le thym doit être cueilli en fleur et séché à l'ombre. Il y en a de deux sortes : le blanc, à racine ligneuse, et croissant sur les coteaux; il est plus estimé; l'autre, qui est plus foncé et porte des fleurs noires. L'un et l'autre passent pour très-propres à éclaircir la vue, pris soit dans les aliments, soit dans les médicaments; préparés de même, ils sont bons contre la toux invétérée. En loch, avec du vinaigre et du sel, ils facilitent l'expectoration; avec du miel, ils dissolvent les grumeaux de sang; appliqués extérieurement avec de la moutarde, ils diminuent les fluxions chroniques de la gorge, ainsi que les affections de l'estomac et du ventre. Toutefois il faut en user modérément, parce qu'ils échauffent. Ils resserrent le ventre. S'il y a des ulcérations dans les intestins, il faut en mettre le poids d'un denier (3 gr., 85) dans un setier (0 litr., 54) de vinaigre et de miel ; même précaution si la douleur est dans le côté, ou entre les épaules ou dans la poitrine. Dans du vinaigre avec du miel, ils sont avantageux pour les affections des hypocondres : cette potion se donne aussi dans l'aliénation mentale et dans la mélancolie. On la donne dans l'épilepsie; lors de l'accès, l'odeur du thym fait revenir les malades. On dit même que les épileptiques doivent dormir sur du thym mollet. Le thym soulage dans l'orthopnée, dans l'asthme et dans les retards des règles. Il expulse les fœtus morts, bouilli dans de l'eau jusqu'à réduction du tiers : aux hommes on le donne, avec du miel et du vinaigre, contre les flatuosités comme aussi contre les gonflements du ventre et des testicules, et contre les douleurs de vessie ; appliqué avec du vin, il guérit les tumeurs et les fluxions ; avec du vinaigre, les callosités et les verrues. On l'applique avec du vin, dans la coxalgie ; pilé avec de l'huile et versé sur de la laine, dans les maladies articulaires et dans les luxations. On en fait prendre en boisson dans les maladies articulaires, à la dose de trois oboles (2 gr., 25), dans trois de vinaigre et de miel ; pilé avec du sel, dans l'anorexie.

1 XC. L'hémérocalle (*hemerocallis fulva*, L.) a la feuille tendre et d'un vert pâle, la racine odorante et bulbeuse. Cette racine, appliquée, en pessaire, avec du miel, évacue les eaux et même le mauvais sang. Les feuilles s'appliquent sur les fluxions des yeux et sur les seins douloureux après l'accouchement.

1 XCI. L'hélénium, né, comme nous l'avons dit (XXI, 33) (*thymus incanus*), des larmes d'Hélène, passe pour augmenter la beauté et pour entretenir la délicatesse de la peau chez les femmes, tant au visage que dans le reste du corps. En outre, on prétend que cette plante donne de la grâce et de l'attrait à celles qui en font usage, et que, prise avec du vin, elle excite la gaieté, produisant le même effet que le népenthès vanté par Homère (*Od.*, IV, 221), qui faisait oublier tout sujet de tristesse. Le suc de l'hélénium est fort doux ; la racine prise à jeun, dans de l'eau, soulage dans l'orthopnée ; elle est blanche en dedans, et a une saveur douce ; on la prend en breuvage dans du vin, contre les morsures des serpents ; on dit encore que broyée elle tue les rats.

XCII. On distingue deux espèces d'aurone : 1 l'une des champs, l'autre des montagnes ; cette dernière est pour nous l'aurone femelle (*santolina chamæcyparissos*), l'autre, l'aurone mâle (*artemisia abrotanum*). L'une et l'autre sont amères comme l'absinthe. La plus estimée est celle de Sicile, puis celle de Galatie. Les feuilles sont employées, mais la semence a plus de force pour échauffer ; aussi est-elle bonne aux nerfs, à la toux, à l'orthopnée, aux convulsions, aux ruptures, aux lombes, aux stranguries. On fait bouillir des poignées de cette plante jusqu'à réduction du tiers, et l'on donne quatre cyathes de cette décoction. On prescrit la graine pilée, dans de l'eau, à la dose d'une drachme. Elle est bonne pour la matrice. Avec la farine d'orge, elle mûrit les tumeurs. Avec la pulpe de coing que l'on aura fait cuire, on l'applique sur les yeux enflammés. Elle chasse les serpents : contre leur morsure 2 on s'en sert, ou en boisson dans du vin, ou en application. Elle est très-efficace contre les animaux dont le venin produit des tremblements et du

his tamen utendum est, quoniam excalfaciunt, quamvis sistunt alvum : quæ si exhulcerata sit, denarii pondus in sextarium aceti et mellis addi oportet. Item si lateris dolor sit, aut inter scapulas, aut in thorace. Præcordiis medentur ex aceto cum melle : quæ potio datur et in aliena-3 tione mentis ac melancholicis. Datur et comitialibus, quos correptos olfactus excitat thymi. Aiunt et dormire eos oportere in molli thymo. Prodest et orthopnoicis, et anhelatoribus, mulierumque mensibus retardatis : vel si emortui sint in utero partus, decoctum in aqua ad tertias : et viris vero contra inflationes cum melle et aceto ; et si venter turgeat, testesve, aut si vesicæ dolor exigat. E vino tumores et impetus tollit, impositum. Item cum aceto callum et verrucas. Coxendicibus imponitur cum vino : articulariis morbis, et luxatis, tritum ac lanæ inspersum ex oleo. Dant et potionem articularibus morbis trium obolorum pondere in tribus aceti et mellis. Et in fastidio, tritum cum sale.

1 XC. Hemerocalles pallidum e viridi et molle folium habet, radice odorata atque bulbosa : quæ cum melle imposita ventri, aquas pellit, et sanguinem etiam inutilem. Folia epiphoris oculorum, mammarumque post partum doloribus illinuntur.

XCI. Helenium ab Helena, ut diximus, natum, favere 1 creditur formæ : cutem mulierum in facie reliquoque corpore nutrire incorruptam. Præterea putant usu ejus quamdam gratiam iis veneremque conciliari. Attribuunt et hilaritatis effectum eidem potæ in vino, eumque quem habuerit nepenthes illud prædicatum ab Homero, quo tristitia omnis aboleatur. Est autem succi prædulcis. Prodest et orthopnoicis radix ejus in aqua jejunis pota. Est autem candida intus et dulcis. Bibitur et contra serpentium ictus ex vino. Mures quoque contrita dicitur necare.

XCII. Abrotonum duorum traditur generum, cam-1 pestro ac montanum. Hoc feminam, illud marem intelligi volumus. Amaritudo absinthii in utroque. Siculum laudatissimum, dein Galaticum. Usus et foliis, sed major semini ad excalfaciendum : ideo nervis utile, tussi, orthopnϾ, convulsis, ruptis, lumbis, urinæ angustiis. Datur bibendum manualibus fasciculis decoctis ad tertias partes. Ex his quaternis cyathis bibitur. Datur et semen tusum in aqua drachmæ pondere. Prodest et vulvæ. Concoquit panos cum farina hordeacea, et oculorum inflammationibus illinitur, cum cotoneo malo cocto. Serpentes fugat. Contra ictus earum bibitur cum vino, illiniturque. 2 Efficacissimum contra ea, quorum veneno tremores et

froid, tels que les scorpions et les araignées phalanges. En boisson, elle est bonne aussi contre les autres poisons, contre les frissons, d'où qu'ils proviennent, et pour l'extraction des corps étrangers. Elle chasse aussi les vers intestinaux. On prétend qu'une branche d'aurone, mise sous le chevet, est aphrodisiaque, et que cette plante est très-efficace contre tous les maléfices qui causent l'impuissance.

1 XCIII. (XXII.) Le leucanthème (XXI, 34), mêlé avec deux parties de vinaigre, est salutaire dans l'asthme. Le sampsuchum ou amaracum (XXI, 35) (celui de Chypre est le plus estimé et le plus odorant) guérit les piqûres des scorpions, eu topique, avec du vinaigre et du sel. En pessaire, il est emménagogue; en boisson, il a moins de force; avec la polenta, il arrête les fluxions des yeux. La décoction dissipe les tranchées. Il est diurétique; il est bon dans l'hydropisie. Sec, il est sternutatoire. On en extrait une huile appelée sampsuchine ou amaracine : elle échauffe et ramollit les nerfs; elle échauffe aussi la matrice. Les feuilles sont bonnes, avec du miel, dans les meurtrissures; avec du cérat, dans les luxations.

1 XCIV. (XXIII.) Ci-dessus (XXI, 38) nous n'avons parlé que des anémones à couronne (*anemone coronaria*, L.); maintenant parlons des anémones médicinales. Quelques-uns appellent l'anémone phrénion. Il y en a de deux sortes : l'une sauvage (*anemone apennina*), l'autre (*a. hortensis*, L.) croissant dans les lieux cultivés, toutes deux aimant les terrains sablonneux. L'anémone cultivée a plusieurs espèces : les unes, et ce sont les plus communes, portent des fleurs écarlates; les autres, des fleurs pourpres; d'autres, des fleurs blanches. Ces trois espèces ont les feuilles semblables à celles de l'ache; elles ne passent guère un demi-pied en hauteur, et le sommet en est comme celui de l'asperge. La fleur ne s'épanouit 2 que quand le vent souffle, et c'est ce qui a valu à l'anémone le nom qu'elle porte (ἄνεμος, vent). L'anémone sauvage est plus grande, a les feuilles plus larges, et porte des fleurs écarlates. Quelques-uns, par erreur, prennent pour l'anémone sauvage l'argemone (XXV, 56); d'autres, le pavot que nous avons appelé rhœas (XIX, 53). Mais la différence est grande : ces deux dernières plantes fleurissent plus tard; l'anémone n'en a ni le suc ni le calice, outre qu'elle se termine en pointe d'asperge. Les anémones conviennent dans les douleurs et les inflammations de la tête, dans les maladies de la matrice, et pour faire venir le lait. Elles sont emménagogues, prises avec de la décoction d'orge, ou en pessaire, avec de la laine. La racine, mâchée, attire la pituite, 3 guérit le mal de dents : en décoction, elle guérit les fluxions des yeux et efface les cicatrices. Les mages ont attribué de grands effets à ces plantes, ordonnant de cueillir aussitôt la première qu'on aura aperçue de l'année, et de dire qu'on la cueille pour guérir de la fièvre tierce ou de la fièvre quarte; après quoi on enveloppera la fleur dans du drap incarnat, on la gardera à l'ombre, pour la porter en amulette quand il en sera besoin. La racine de l'anémone à fleur écarlate, broyée et appliquée sur un animal quelconque, y fait plaie par sa vertu corrosive; aussi s'en sert-on pour déterger les ulcères.

XCV. (XXIV.) L'œnanthe (*spiræa filipen-* 1 *dula*, L.) est une plante qui croît dans les lieux pierreux; elle a les feuilles du panais, et les racines grosses et nombreuses. La tige et les feuilles, prises en boisson avec du miel et du vin

---

frigus accidunt, ut scorpionum et phalangiorum; et contra venena alia pota prodest, et quoquo modo algentibus, et ad extrahenda ea, quæ inhærent corporibus. Pellit et interaneorum mala. Ramo ejus, si subjiciatur pulvino, Venerem stimulari aiunt : efficacissimamque esse herbam contra omnia veneficia, quibus coitus inhibeatur.

1 XCIII. (XXII.) Leucanthemum suspiriosis medetur, duabus partibus aceti permixtum. Sampsuchum sive amaracum, in Cypro laudatissimum et odoratissimum, scorpionibus adversatur, ex aceto ac sale illitum. Menstruis quoque multum confert impositum. Minor est eidem poto vis. Cohibet et oculorum epiphoras cum polenta. Succus decocti tormina discutit. Et urinis, et hydropicis utile. Movet et aridum sternutamenta. Fit ex eo et oleum, quod sampsuchinum vocatur aut amaracinum, ad excalfaciendos molliendosque nervos; et vulvas calfacit. Et folia sugillatis cum melle, et luxatis cum cera prosunt.

1 XCIV. (XXIII.) Anemonas coronarias tantum diximus : nunc reddemus et medicas. Sunt qui phrenion vocent. Duo ejus genera : silvestris prima, altera in cultis nascens, utraque sabulosis. Hujus plures species. Aut enim phœniceum florem habet, quæ et copiosissima est : aut purpureum, aut lacteum. Harum trium folia apio similia sunt. Nec temere semipedem altitudine excedunt, cacumine asparagi. Flos nunquam se aperit, nisi vento spirante : 2 unde et nomen accepere. Silvestri amplitudo major, latioribusque foliis, flore phœniceo. Hanc, errore ducti, argemonen putant multi : alii rursus papaver, quod rhœan appellavimus. Sed distinctio magna, quod utraque hæc postea floret. Nec aut succum illarum anemonæ reddunt, aut calyces habent, nec nisi asparagi cacumen. Prosunt anemonæ capitis doloribus et inflammationibus, vulvis mulierum, lacti quoque. Et menstrua cient cum ptisana sumtæ, aut vellere appositæ. Radix comman- 3 ducata pituitam trahit, dentes sanat : decocta oculorum epiphoras et cicatrices. Magi multum quidem iis tribuere, quamprimum aspiciatur, eo anno tolli jubentes; dicique, colligi eam tertianis et quartanis remedio. Postea alligari florem panno roseo, et in umbra asservari, ita, quum opus sit, adalligari. Quæ ex his phœniceum florem habet, radice contrita, cuicumque animalium imposita, bulcus facit septica vi. Et ideo expurgandis hulceribus adhibetur.

XCV. (XXIV.) Œnanthe herba nascitur in petris, folio 1 pastinacæ, radice magna, numerosa. Caulis ejus et folia cum melle ac vino nigro pota, facilitatem pariendi præ-

rouge, facilitent l'accouchement et font sortir l'arrière-faix ; dans du miel, elles apaisent la toux et sont diurétiques: la racine convient aussi aux affections de vessie.

XCVI. (xxv.) L'héliochrysum, nommé par d'autres chrysanthemon, a de petits rameaux blancs et les feuilles blanchâtres, semblables à celles de l'aurone. Les bouquets, disposés en rond, et brillant comme l'or aux rayons du soleil, pendent en grappes et ne se flétrissent jamais ; aussi en fait-on des couronnes pour les dieux, usage auquel Ptolémée, roi d'Égypte, fut constamment fidèle. Il croît parmi les buissons. Pris avec du vin, il est diurétique et emménagogue ; il résout les duretés et les inflammations ; avec du miel, on en fait un topique pour les brûlures ; en potion, on l'emploie contre la morsure des serpents et les douleurs lombaires ; avec du vin miellé, il fond le sang caillé dans le ventre ou la vessie. Les feuilles broyées, à la dose de trois oboles dans du vin blanc, arrêtent les pertes chez les femmes. Il conserve les vêtements par son odeur, qui n'est pas sans agrément (immortelle, *gnaphalium stœchas*).

XCVII. (xxvi.) L'hyacinthe (xvi, 31 ; xxi, 38) croît surtout dans la Gaule, où elle est employée pour la teinture écarlate nommée hysgine. La racine (xvi, 31) est bulbeuse, et fort connue des marchands d'esclaves : appliquée avec du vin doux, elle arrête la marche et retarde les signes de la puberté. Elle guérit les tranchées et les piqûres d'araignées ; elle est diurétique. On en donne la graine avec l'aurone, dans les blessures faites par les serpents et les scorpions, et dans l'ictère (*delphinium peregrinum*, L.)

XCVIII. La graine de celychnis (xxi, 10) couleur de feu, pilée dans du vin, se boit contre les blessures faites par les serpents, les scorpions, les frelons et autres animaux venimeux. Le lychnis sauvage (*githago segetum*, L.) est contraire à l'estomac ; il lâche le ventre. A la dose de deux drachmes, il est très-bon pour évacuer la bile. Il est tellement contraire aux scorpions, que la vue seule en engourdit ces insectes. Les Asiatiques appellent la racine bolite ; on dit qu'attachée près de l'œil elle efface les taies.

XCIX. (xxvii.) La vincapervinca ou chamædaphné, pilée sèche, se donne dans de l'eau aux hydropiques, à la dose d'une cuiller, et évacue très-promptement le liquide épanché ; cuite dans la cendre et arrosée de vin, elle résout les tumeurs. Le suc est un remède pour les oreilles. En suppositoire, on dit que cette plante est très-bonne dans la diarrhée (*vinca minor*, L.)

C. La racine du ruscus en décoction se prend, de deux jours l'un, dans l'affection calculeuse, dans les cas où l'urine sort difficilement ou est sanguinolente. Il faut que la racine ait été cueillie la veille, que le lendemain matin on la fasse cuire, et qu'on en mêle un setier à deux cyathes (0 litr., 09) de vin. Quelques-uns pilent cette racine crue, et la prennent dans de l'eau ; enfin on prétend que rien n'est plus utile pour les parties viriles que les jeunes tiges broyées dans du vinaigre (*ruscus aculeatus*, L.)

CI. Le batis (xxvi, 50) relâche le ventre. Pilé cru, on en fait un topique pour les goutteux. L'acinos (*thymus acinos*, L.) est cultivé par les Égyptiens, qui en font des couronnes et qui le mangent ; on le prendrait pour l'ocimum, si les tiges et les feuilles n'étaient pas plus velues, et s'il n'avait beaucoup d'odeur. Il est emménagogue et diurétique.

CII. (xxviii.) La colocase (xxi, 51), suivant

Glaucias, adoucit l'acrimonie des humeurs, et est bonne à l'estomac.

1 CIII. (xxix.) Les Égyptiens mangent l'anthalion (xxi, 52); je ne trouve pas qu'il serve à d'autre usage. Mais il est une autre plante nommée anthyllion, que quelques-uns appellent anthyllus, et dont on distingue deux espèces : l'une (*cressa cretica*, L.) semblable par les feuilles et les branches à la lentille, haute d'un palme, croissant dans les terrains sablonneux et exposés au soleil, et d'une saveur un peu salée ; l'autre (*ajuga iva*, L.) ressemblant au chamæpitys, plus petite et plus velue, à fleur pourpre, d'une odeur forte, et croissant dans les lieux pierreux. La première, avec de l'huile rosat et du lait, forme un excellent topique pour la matrice et pour les plaies ; on la prend en breuvage, à la dose de trois drachmes, dans la stranguire et dans la gravelle. L'autre se prend en breuvage, avec du miel et du vinaigre, à la dose de quatre drachmes, pour les duretés de matrice, les tranchées et l'épilepsie.

1 CIV. (xxx.) Le parthénion (*parietaria diffusa*, L.) est appelé par les uns leucanthes, par les autres amnacus. Celse (*De re med.*, II, 33), entre les Latins, le nomme perdicium et muralis. Il croît dans les haies de jardins, porte une fleur blanche, est d'une odeur désagréable (22) et d'un goût amer. Avec la décoction on fait un bain de siége, dans les duretés et les inflammations de matrice. Sec, avec du miel et du vinaigre, en suppositoire, il évacue l'atrabile, propriété qui le rend avantageux contre les vertiges et les calculs. On en fait un topique pour l'érysipèle, et, avec du vieux oing, pour les écrouelles. Pour les fièvres tierces, les mages recommandent de le cueillir de la main gauche, et de dire, sans se retourner, pour qui on la cueille ; puis, d'en mettre une feuille sous la langue du malade, et de la lui faire avaler un moment après dans un cyathe (0 litr., 045) d'eau.

CV. (xxxi.) Le trychnos (xxvii, 108) est écrit par quelques-uns strychnon (*solanum nigrum*, L.). Plût au ciel qu'il ne fût pas employé, en Égypte, même par les fabricants de couronnes, que trompe la ressemblance de ses fleurs avec celles de l'autre espèce ! Cette autre espèce porte des baies rouges renfermées dans des follicules (23), et est appelée tantôt halicacabus, tantôt callion (*physalis alkekengi*, L.) ; les Latins la nomment vesicaria, parce qu'elle est bonne pour la vessie et les calculs : c'est plutôt un arbrisseau qu'une herbe, à follicules grands, larges, turbinés, contenant dans l'intérieur un grain volumineux, qui mûrit en novembre. Il y a une troisième espèce (*solanum villosum*, Lamarck), qui a les feuilles de l'ocimum ; je ne veux pas en donner une description exacte, car je traite des remèdes et non des poisons : or, quelques gouttes du suc suffisent pour troubler la raison. Toutefois les auteurs grecs en ont fait un jeu : suivant eux, à la dose d'une drachme, cette plante produit des imaginations lascives, des visions fantastiques, que l'on croit réelles ; à une dose double, une vraie folie ; à toute dose plus forte, la mort. C'est là la plante vénéneuse que les auteurs les plus loyaux ont appelée sans détour dorycnion, nom qui vient de ce qu'on empoisonnait les armes avec cette plante, qui croît partout ; d'autres, avec moins de franchise, l'ont surnommée manicon (*qui cause la folie*) ; ceux qui en dissimulaient criminellement les propriétés lui donnaient le nom d'érythron, de nevras, de périsson. On ne doit entrer dans ces

---

1 CII. (xxviii.) Colocasia Glaucias acria corporis leniri putavit, et stomachum juvari.

1 CIII. (xxix.) Anthalii, quod Ægyptii edunt, nullum alium reperi usum. Sed est herba anthyllion, quam alii anthyllum vocant, duorum generum, foliis et ramis lenticulae similis, palmi altitudine, sabulosis apricis nascens, subsalsa gustanti. Altera chamæpityi similis, brevior et hirsutior, purpurei floris, odore gravis, in saxosis nascens. Prior vulvis aptissima, ex rosaceo ac lacte imposita, et vulneribus. Bibitur in stranguria, renumque arenis, tribus drachmis. Altera bibitur in duritia vulvarum, et in torminibus, et in comitiali morbo, cum melle et aceto, quatuor drachmis.

1 CIV. (xxx.) Parthenium, alii leucanthes, alii amnacum vocant. Celsus apud nos, perdicium et muralem. Nascitur in hortorum sepibus, flore albo, odore mali, sapore amaro. Ad insidendum, decoctum in duritia vulvarum, et inflammationibus. Sicca cum melle, et aceto imposita, bilem detrahit atram. Ob hoc contra vertigines utilis, et calculosis. Illinitur et sacro igni : item strumis, cum axungia inveterata. Magi contra tertianas sinistra manu evelli eam jubent, dicique cujus causa vellatur, nec respicere. Dein ejus folium ægri linguæ subjicere, ut mox in cyatho aquæ devoretur.

CV. (xxxi.) Trychno, quam quidam strychnon scripsere, utinam nec coronarii in Ægypto uterentur, quos invitat florum similitudo, in duobus ejus generibus. Quorum alterum, cui acini coccinei, granosi in folliculis, halicacabum vocant, alii callion. Nostri autem vesicariam, quoniam vesicae et calculis prosit. Frutex est surculosus verius, quam herba : folliculis magnis, latisque, et turbinatis, grandi intus acino, qui maturescit novembri mense. Tertio folia sunt ocimi, minime diligenter demonstrando, remedia non venena tractantibus : quippe insaniam facit, parvo quoque succo. Quanquam et græci auctores in jocum vertere. Drachmæ enim pondere, lusum pudoris gigni dixerunt : species vanas imaginesque conspicuas obversari demonstrantes. Duplicatum hunc modum, legitimam insaniam facere. Quidquid vero adjiciatur ponderi, repræsentari mortem. Hoc est venenum, quod innocentissimi auctores simpliciter dorycnion appellavere, ab eo, quod cuspides in præliis tingerentur illo passim nascente. Qui parcius insectabantur, manicon cognominavere : qui nequiter occultabant, erythron, aut nevrada : ut nonnulli, perisson : cavendi

détails que pour mettre les gens sur leurs gardes. 4 Il y a encore une autre espèce d'halicacabon ; elle est narcotique, et conduit à la mort plus promptement même que l'opium. Quelques-uns la nomment morion, d'autres moly ; elle a été préconisée par Dioclès et Evenor ; Timariste même l'a célébrée dans des vers : grave oubli des devoirs du médecin ! car, en vantant un gargarisme d'halicacabon dans du vin comme un remède efficace pour raffermir les dents ébranlées, ils ont ajouté qu'il ne faut pas le tenir longtemps dans la bouche, parce qu'il cause le délire. C'est là indiquer des remèdes plus dangereux que le mal même 5 (*physalis somnifera*). Il est (24) une troisième espèce d'halicacabon (*solanum melongena*, L.), qui est bonne à manger, quoiqu'on lui préfère pour le goût celle des jardins ; et Xénocrate assure qu'il n'est pas de maladie corporelle dans laquelle le strychnos ne soit salutaire. Mais de tels remèdes ne sont pas assez précieux pour que je croie permis, en vue de l'utilité qui en pourrait résulter, de les publier, surtout quand on en a tant d'autres qui sont sans danger. Ceux qui font le métier de devins prennent en breuvage de la racine d'halicacabon, parce qu'ils veulent paraître agités d'une fureur prophétique, pour donner plus de 6 crédit à leurs impostures. Le remède contre l'halicacabon ( et j'indique plus volontiers le remède que le poison) est de boire beaucoup d'eau miellée chaude. Je ne dois pas omettre non plus que l'halicacabon est si contraire à l'aspic, que la racine placée près de ce reptile l'engourdit, lui qui tue par l'engourdissement. Aussi, pilée avec de l'huile, est-elle salutaire contre la morsure de l'aspic.

CVI. (xxxii.) Le corchoron (*corchorus olitorius*, L.) est une plante qu'on mange à Alexandrie. Les feuilles sont roulées sur elles-mêmes, comme celles du mûrier. On le croit salutaire aux hypocondres, et bon pour l'alopécie et le lentigo. J'ai lu encore qu'il guérissait très-promptement la gale des bœufs ; et, d'après Nicandre ( *Theriac.*, p. 44 ), c'est un bon remède contre la morsure des serpents, avant qu'il ait fleuri.

CVII. Il ne conviendrait pas de s'arrêter à 1 parler du cnicos ou atractylis (xxi, 53), plante d'Égypte, s'il n'offrait un puissant secours contre les animaux venimeux et les champignons. On a observé que les personnes piquées par un scorpion ne ressentent point de douleur tant qu'elles tiennent cette herbe.

CVIII. (xxxiii.) Les Égyptiens cultivent dans 1 les jardins la persoluta, qu'ils emploient dans les couronnes. Il y en a de deux sortes, le mâle et la femelle ; on prétend que l'un et l'autre, si on en met sous la personne, sont un obstacle aux plaisirs de l'amour, surtout pour les hommes ( *plante inconnue* ).

CIX. (xxxiv.) Comme pour les poids et mesures il nous faut souvent employer les noms grecs, je vais en donner ici, une fois pour toutes, l'explication. La drachme attique ( les médecins ne suivent guère que le système attique) pèse un denier d'argent (3 gram., 85) ; elle équivaut encore à six oboles, l'obole pesant dix chalques. Le cyathe pèse dix drachmes. Quand on dit acétabule, on entend la quatrième partie d'une hémine, c'est-à-dire quinze drachmes. La mine, en grec mna, pèse cent drachmes attiques.

---

causa curiosius dicendum. Quin et alterum genus, quod halicacabon vocant, soporiferum est, atque etiam opio velocius ad mortem : ab aliis morion, ab aliis moly appellatum. Laudatum vero a Diocle et Evenore ; Timaristo quidem etiam carmine, mira oblivione innocentiæ : quippe præsentaneum remedium, ad dentium mobiles firmandos, si colluerentur halicacabo in vino : exceptionem addidere, ne diutius id fieret : delirationem enim gigni. En demonstranda remedia, quorum medicina, majoris mali periculum 5 afferat. Commendatur et in cibis tertium genus, licet præferatur hortensium saporibus. Et nihil esse corporis malorum, cui non salutare sit strychnos, Xenocrates prædicat. Non tamen auxilia eorum tanti sunt, ut vel profutura de iis commemorare fas putem, præsertim tanta copia innoxiorum medicaminum. Halicacabi radicem bibunt, qui sunt vaticinandi callentes, quod furere ad confirmandas super- 6 stitiones aspici se volunt. Remedio est ( id enim libentius retulerim) aqua copiosa mulsa calida potui data. Nec illud præteribo, aspidibus naturam halicacabon in tantum adversam, ut radice ejus propius admota soporetur illa sopore enecans vis earum. Ergo trita ex oleo percussis auxiliatur.

1 CVI. (xxxii.) Corchorum Alexandrini cibi herba est, convolutis foliis ad similitudinem mori, præcordiis, ut ferunt, utilis, alopeciisque, et lentigini. Boum quoque scabiem celerrime sanari ea invenio : apud Nicandrum quidem et serpentium morsus, antequam floreat.

CVII. Nec de cnico sive atractylide verbosius dici par 1 esset, Ægyptia herba, ni magnum contra venenata animalia præberet auxilium : item adversus fungos. Constat a scorpione percussos, quamdiu teneant eam herbam, non sentire cruciatum.

CVIII. (xxxiii.) Et persolutam Ægyptus in hortis serit, 1 coronarum gratia. Duo genera ejus : femina ac mas : utraque subdita Venerem inhiberi, virorum maxime, tradunt.

CIX. (xxxiv.) Et quoniam in mensuris quoque ac pon- 1 deribus crebro græcis nominibus utendum est, interpretationem eorum semel in hoc loco ponemus. Drachma Attica ( fere enim Attica observatione medici utuntur ) denarii argenti habet pondus ; eademque sex obolos pondere efficit. Obolus x chalcos. Cyathus pendet drachmas x. Quin acetabuli mensura dicitur, significat heminæ quartam partem, id est, drachmas xv. Mna, quam nostri minam vocant, pendet drachmas Atticas centum.

# NOTES DU VINGT ET UNIÈME LIVRE.

(1) Fierent serta, a serendo serviæ appellabantur Vulg. — Plusieurs manuscrits, au lieu de *serviæ*, ont *serive*; de là Saumaise et Brotier ont lu *serieve*. Cette correction me paraît très-bonne; et je l'adopte, en changeant la ponctuation de Vulg.

(2) Il y avait dans le Forum une statue de Marsyas, autour de laquelle se rassemblaient les prostituées.

(3) *Cardines. Nec odore nec specie probabilis est, quæ* Græca Vulg. — Cardines, nec odore nec specie probabilem. Est et quæ Græca Editt. Vett.

(4) Hæc Vulg. — Nec, au lieu de hæc, est dans les anciennes éditions.

(5) Quum sit mediocre, dialeucon vocant Vulg. — Quum sit medio candidum, dialeucon vocant Editt. Vett.

(6) Alteri, pereundoque melius provenit Vulg. — Atteri, quo melius provenit Cod. Reg. I, Edit. Princeps, Brotier.

(7) Il faut lire ætate, tant parce que les plantes ne fleurissent pas toutes au milieu de l'été, qu'à cause du passage suivant de Théophraste (*de Causis*, VI, 25) : κατὰ δὲ τὰς ἡλικίας οὐκ ἐν ταῖς ἄκραις, ἀλλ' ἐν ταῖς ἀκμαῖς εὐοσμότατα. « Quant à l'âge, les plantes sont les plus odorantes non aux extrémités, mais au milieu. »

(8) C'est de l'iris, arc-en-ciel, que Pline lui-même (XII, 53) et Théophraste (*de Causis*, VI, 25) ont dit que les arbres voisins s'en trouvaient parfumés. Trompé par le nom, Pline a appliqué ceci à l'iris plante.

(9) D'après M. le docteur Bizio, le *murex brandaris* fournissait la pourpre tyrienne, et le *murex trunculus* la pourpre améthyste (*Dissertazione sopra la porpora antica*, p. 61).

(10) Pline paraît avoir pris l'adonium pour une plante à part, ou du moins pour une variété d'abrotonum, surnommée adonienne. Mais Théophraste (*Hist.*, VI, 7) dit de l'abrotonum : « Transplanté dans des tessons, comme on fait pour les jardins d'Adonis. » προμοσχευόμενον ἐν ὀστράκοις, ὥσπερ οἱ Ἀδώνιδος κῆποι. En effet, les jardins d'Adonis se faisaient avec des fleurs en pots. Pline s'est gravement mépris.

(11) On ne sait ce qu'est le melianthum; dans Théophraste (*Hist.*, VI, 7) il y a : *violette noire*, μέλαν ἴον.

(12) Et orsinum om. Vulg. — M. Jan, Münchner gelehrte Anzeigen, 1839, n° 207, rappelle que *et orsinum* est donné par plusieurs manuscrits, et qu'il doit être reçu, attendu qu'il provient d'une erreur de Pline, lisant dans Théophraste (*Hist.*, VI, 7) ὀρσινὸς au lieu d'ὀρεινός, *de montagne*, faisant de ce mot un nom de plante, et traduisant ἥμερος, *cultivé*, par *hebes*.

(13) *Voy.* livre XV, note 14.

(14) Canina Chiffl. — Cania Vulg.

(15) Ἕτερον δὲ καυλὸν ὀρθὸν ἀφίησιν, ὃν καλοῦσι πτέρνικα, dit Théophraste (*Hist.*, VI, 4).

(16) On ne sait ce qu'est le crepis. Il semble qu'il faudrait lire picris (*helminthia echioides*), Théophraste ayant πίκρις dans le passage parrallèle (*Hist.* VII, 9).

(17) On ne sait ce qu'est ce perdicium. On a désigné le polygonum maritimum, la pariétaire officinale.

(18) D'après Hardouin, Pline se réfère à ce qu'il a dit, XVIII, 67, sur la manière de sécher le foin. Cela ne paraît pas vraisemblable. Du reste, on ne voit pas où Pline a parlé de la dessication du jonc.

(19) Pline s'est trompé sur le texte de Théophraste, qui dit (*Hist.*, IV, 13) non que le sommet du jonc est planté en terre, mais qu'on met en terre la tête, c'est-à-dire, le bulbe du jonc.

(20) Calculos, os eo Vulg. — Calculosos, eo Edit. Princeps.

(21) On ne sait ce qu'est le jonc euripice.

(22) Odore mali Vulg. — Odore malo Vet. Dalech. — Ὀσμῇ ὑπόδρομον Dioscor. III, 155.

(23) Granosi folliculi Vulg. — Granosis in folliculis Cod. Reg. II, Brotier.

(24) Commendatur ergo in cibis Vulg. — Commendatur et in cibis Edit. Princeps.

# LIVRE XXII.

I. La nature et la terre avaient, on peut le dire, comblé la mesure de leurs merveilles, à ne considérer que les propriétés énumérées dans le volume précédent et tant de plantes produites pour nos besoins ou nos plaisirs. Et pourtant combien plus en reste-t-il à décrire, et de plus admirables encore? La plupart recommandables par le goût, l'odeur ou la beauté, les plantes du livre précédent ont conduit à de nombreuses expériences; celles qui restent prouvent, par leur efficacité, que la nature n'engendre rien sans quelque secret dessein.

II. (1.) Je remarque d'abord que, pour s'embellir et obéir à des usages constants, des nations étrangères emploient certaines herbes : chez les peuples barbares, les femmes se fardent le visage avec différentes plantes; et les hommes même, chez les Daces et les Sarmates, se tatouent le corps. On donne dans la Gaule le nom de glastum (guède, *isatis tinctoria*, L.) à une plante semblable au plantain : les femmes et les filles des Bretons s'en teignent le corps, et, noires comme des Éthiopiennes, paraissent, nues, dans certaines cérémonies religieuses.

III. (II.) Nous savons que les plantes fournissent d'admirables couleurs pour la teinture des étoffes. Sans parler des graines de Galatie (IX, 63), d'Afrique et de Lusitanie, qui fournissent le coccus (kermès végétal produit par le *quercus coccifera*, L.), réservé aux cottes d'armes des généraux, les Gaulois Transalpins reproduisent avec des herbes (XVI, 31) la pourpre tyrienne, la conchylienne, et toutes les autres couleurs; ils ne vont pas chercher le murex au fond des mers; ils ne s'exposent pas à être dévorés en l'enlevant aux monstres marins; ils ne sondent pas les profondeurs où les ancres même ne sont pas descendues, pour donner des moyens plus faciles aux grandes dames de plaire à un adultère; aux séducteurs, de corrompre une femme mariée. La récolte se fait debout et en terre ferme, comme celle des céréales; mais cette teinture a le défaut de ne pas supporter le lavage, sans quoi le luxe se serait pourvu avec plus de magnificence, en tout cas, au prix de moins de dangers. Ce n'est pas notre but d'entrer ici dans ces détails; et nous n'irons pas, substituant des choses moins dangereuses, essayer d'enfermer le luxe dans les limites du bon marché, encore bien que nous expliquions ailleurs que les herbes servent à teindre les pierres, à peindre les murailles (XXXV, 1) : mais je ne me serais pas dispensé non plus de parler de la teinture si elle avait jamais appartenu aux arts libéraux. En attendant, nous nous mettrons au-dessus des préjugés, et nous dirons en quelle estime il faut tenir même des herbes muettes, c'est-à-dire sans renom. Les auteurs et fondateurs de l'empire romain en ont tiré d'immenses résultats, puisque ces herbes constituèrent les sagmina des calamités publiques, et les verbenæ des sacrifices et des ambassades : ces deux noms signifient la même chose, à savoir le gazon arraché de la citadelle avec sa

## LIBER XXII.

I. Implesse poterant miraculum sui natura atque tellus, reputantium vel prioris tantum voluminis dotes, totque genera herbarum, utilitatibus hominum, aut voluptatibus genita. Sed quanto plura restant? quantoque mirabiliora inventu? Illa enim majore in parte cibi aut odoris decorisve commendatio ad numerosa experimenta duxit. Reliquarum potentia approbat, nihil a rerum natura sine aliqua occultiore causa gigni.

II. (1.) Equidem et formæ gratia ritusque perpetui, in corporibus suis aliquas exterarum gentium uti herbis quibusdam, adverto animum. Illinunt certe aliis aliæ faciem in populis barbarorum feminæ, maresque etiam apud Dacos et Sarmatas corpora sua inscribunt. Simile plantagini glastum in Gallia vocatur, quo Britannorum conjuges nurusque toto corpore oblitæ, quibusdam in sacris et nudæ incedunt, Æthiopum colorem imitantes.

III. (II.) Jam vero inficí vestes scimus admirabili foco. Atque ut sileamus Galatiæ, Africæ, Lusitaniæ granis, coccum imperatoriis dicatum paludamentis, Transalpina Gallia herbis Tyrium atque conchylium tingit, omnesque alios colores. Nec quærit in profundis murices, seque objiciendo escam, dum præripit belluis marinis, intacta etiam ancoris scrutatur vada, ut inveniat per quod facilius matrona adultero placeat, corruptor insideatur nuptæ. Stans et in sicco carpit, quo fruges modo : sed culpa, non ablui usu : alioqui fulgentius instrui poterat luxuria, certe innocentius. Non est nunc propositum ista consectari : nec committemus, ut subjiciendo tutiora luxuriam vilitate circumscribamus, dicturi et alias herbis tingi lapides, parietesque pingi. Nec tingendi tamen rationem omisissemus, si umquam ea liberalium artium fuisset. Interim fortius agetur; auctoritasque quanta debeatur etiam surdis, hoc est, ignobilibus herbis, perhibebitur. Siquidem auctores imperii romani conditoresque immensum ex illis et hinc sumsere, quoniam non aliunde sagmina in remediis publicis fuere, et in sacris legationibusque verbenæ. Certe utroque nomine idem significatur, hoc est, gramen ex arce cum sua terra evulsum : ac semper e legatis, quum ad

motte de terre; et toujours, parmi les députés envoyés à l'ennemi pour la *clarigation*, c'est-à-dire pour redemander *clairement* les choses enlevées, un s'appelait verbenaire (xxv, 59).

1 IV. (III.) Aucune couronne (xvi, 3) n'eut plus d'éclat que la couronne de gazon aux temps de la majesté du peuple roi, quand il distribuait les prix de la gloire. Les couronnes enrichies d'or et de pierreries, vallaire, murale, rostrale, civique, triomphale, ne venaient qu'après, à une grande distance; et on y faisait une différence infinie. Toutes les autres, un seul individu a pu les donner : de simples chefs, des généraux les ont accordées à des soldats, quelquefois même à des corporations; (IV.) le sénat délivré des soins de la guerre et le peuple en repos les ont décernées dans les triomphes; mais la couronne de gazon n'a jamais été obtenue que dans une situation désespérée, votée alors par une armée 2 entière à celui qui l'avait sauvée. Les autres étaient données par les généraux; celle-là seule était donnée par les soldats au général. On l'appelait aussi obsidionale, quand un camp tout entier avait été délivré d'un siége et préservé de quelque affreux désastre. S'il faut regarder comme une récompense éclatante et sacrée la couronne civique donnée pour avoir sauvé un seul citoyen, même le plus obscur, que penser de la conservation d'une armée entière, due à un seul homme? Cette couronne se faisait avec du gazon vert, pris à l'endroit même où les troupes sauvées avaient été assiégées; en effet, chez les anciens, c'était le signe suprême de la victoire que les vaincus présentassent l'herbe : par là ils déclaraient céder le pays, la terre même qui les avait nourris, et le droit d'y être enterré, usage qui, à ma connaissance, subsiste encore chez les Germains.

V. (v.) L. Siccius Dentatus (vii, 29) n'en fut 1 honoré qu'une seule fois, quoiqu'il eût gagné quatorze couronnes civiques et qu'il fût sorti vainqueur de cent vingt combats; tant il est rare qu'une multitude sauvée n'ait à récompenser qu'un seul sauveur! Quelques généraux en ont reçu plus d'une, par exemple P. Décius Mus (xvi, 5), tribun militaire : l'armée lui en décerna une; la garnison qu'il délivra, une autre. Il témoigna par un acte religieux combien était éminent un pareil honneur : orné de ces insignes, il immola à Mars un bœuf blanc, et cent bœufs de poil roux qui lui avaient été, en même temps que la couronne, donnés par les assiégés comme récompense de sa valeur. Ce même Décius, étant plus tard consul avec Imperiosus (an de Rome 414), se dévoua pour obtenir la victoire. Cette 2 couronne fut donnée aussi par le sénat et le peuple romain ( honneur au-dessus duquel je ne vois rien dans les choses humaines) à ce Fabius qui rétablit la puissance romaine en ne combattant pas; et elle ne lui fut pas donnée quand il eut sauvé le maître de la cavalerie et son armée; sa couronne alors fut un nom nouveau, le nom de père décerné par ceux qui lui durent leur salut; mais elle lui fut donnée avec l'unanimité dont je viens de parler, quand Annibal eut été chassé de l'Italie : c'est la seule couronne qui jusqu'à présent ait été posée sur la tête d'un citoyen par l'empire lui-même; et ce qui la distingue, c'est la seule qui ait été donnée par l'Italie entière.

VI. (vi.) L'honneur de cette couronne a encore 1 été décerné à M. Calpurnius Flamma, tribun

---

hostes clarigatumque mitterentur, id est, res raptas clare repetitum, unus utique Verbenarius vocabatur.
1 IV. (III.) Corona quidem nulla fuit graminea nobilior, in majestate populi terrarum principis, præmiisque gloriæ. Gemmatæ et aureæ, vallares, murales, castrenses, civicæ, triumphales, post hanc fuere, suntque cunctæ magno intervallo, magnaque differentia. Cæteras omnes singuli, et duces ipsi, imperatoresque militibus, aut aliquando collegiis dedere : (IV.) decrevit in triumphis senatus, cura belli solutus, et populus otiosus : graminea nunquam nisi in desperatione suprema contigit, nulli nisi ab uni-
2 verso exercitu servato decreta. Cæteras imperatores dedere, hanc solam miles imperatori. Eadem vocatur obsidionalis, liberatis obsidione abominandoque exitio totis castris. Quod si civicæ honos uno aliquo ac vel humillimo cive servato, præclarus sacerque habetur, quid tandem existimari debet, unius virtute servatus universus exercitus? Dabatur hæc viridi e gramine, decerpto inde ubi obsessos servasset aliquis : namque summum apud antiquos signum victoriæ erat, herbam porrigere victos, hoc est, terra et altrice ipsa humo, et humatione etiam cedere : quem morem etiam nunc durare apud Germanos scio.

V. (v.) Donatus est ea L. Siccius Dentatus semel, quum 1 civicas quatuordecim meruisset, depugnassetque cxx præliis semper victor. Tanto rarius est servatorem unum a servatis donari! Quidam imperatores et sæpius donati sunt, veluti P. Decius Mus, tribunus militum, ab exercitu; altera ab his, qui in præsidio obsessi fuerant, quanta esset ejus honoris auctoritas, confessus religione : siquidem donatus bovem album Marti immolavit, et centum fulvos, qui ei virtutis causa dati fuerant simul ab obsessis. Hic Decius postea se consul, Imperioso collega, pro victoria devovit. Data est et a senatu populoque romano, 2 qua claritate nihil equidem in rebus humanis sublimius duco, Fabio illi, qui rem omnem romanam restituit non pugnando. Nec data, quum magistrum equitum et exercitum ejus servasset : tunc satius fuit nomine novo coronari, appellatum patrem ab his quos servaverat : sed quo dictum est consensu honoratus est Hannibale ex Italia pulso. Quæ corona adhuc sola ipsius imperii manibus imposita est; et quod peculiare ei est, sola a tota Italia data.

VI. (vi.) Præter hos contigit ejus coronæ honos, M. Cal- 1 purnio Flammæ, tribuno militum in Sicilia : centurioni vero uni ad hoc tempus Cn. Petreio Atinati, Cimbrico

militaire en Sicile, et jusqu'à présent à un seul centurion, Cn. Petreius d'Atina, lors de la guerre des Cimbres. Il était primipile sous Catulus; sa légion fut coupée; il l'exhorta à se faire jour à travers le camp ennemi : comme son tribun hésitait à prendre ce parti, il le tua, et ramena la légion. Je lis dans les auteurs que, outre cet honneur, ce même centurion, revêtu de la prétexte, en présence des consuls Marius et Catulus (an de Rome 652), immola la victime au son de la flûte, le réchaud allumé. Le dictateur Sylla a écrit qu'étant lieutenant dans la guerre des Marses, la couronne de gazon lui fut décernée par l'armée, près de Nola. Il fit même peindre cet événement dans sa villa de Tusculum, qui appartint plus tard à Cicéron. Si le fait est vrai, je dirai que Sylla n'en est que plus exécrable, puisque, par ses proscriptions, il a fait tomber de ses propres mains cette couronne de dessus sa tête, sauveur de quelques citoyens, bourreau de tant de milliers. Qu'il ajoute à cette gloire le surnom superbe d'Heureux; lui-même, en assiégeant dans l'univers entier les proscrits, a cédé cette couronne à Sertorius. Scipion l'Émilien, d'après Varron, reçut la couronne obsidionale en Afrique, sous le consulat de Manilius (an de Rome 605), pour avoir sauvé plusieurs cohortes en en conduisant un nombre égal à leur secours, événement qui a été gravé sur le socle de la statue de Scipion, par les ordres du dieu Auguste, dans le forum qui porte le nom de cet empereur. Auguste lui-même, sous le consulat de M. Cicéron, le fils (an de Rome, 723), aux ides de septembre (le 13 septembre), reçut du sénat la couronne obsidionale, tant la couronne civique paraissait insuffisante! Depuis, je ne trouve plus personne qui l'ait obtenue.

VII. Aucune plante n'était spécialement employée dans cette couronne; mais on prenait celles qui se trouvaient sur le lieu du danger; et, quoique obscures elles-mêmes et sans renom, elles donnaient un renom glorieux. Tout cela est mis de côté aujourd'hui, et je ne m'en étonne guère, voyant qu'on néglige même ce qui sert à conserver la santé, à dissiper les douleurs corporelles, à éloigner la mort. Mais qui ne s'élèverait contre les mœurs du jour? Les délices et le luxe ont augmenté le prix de la vie; jamais on ne désira plus de vivre, jamais on n'en prit moins de soin. C'est l'affaire d'autrui, pensons-nous; d'autres s'en occupent sans même que nous les en ayons chargés, et les médecins y pourvoient. Nous, nous jouissons des plaisirs; et, chose, à mon avis, la plus ignominieuse, nous vivons sur la foi d'autrui. Que dis-je! le monde raille les recherches auxquelles je me livre, et tourne en ridicule mes travaux; mais dans ce labeur, immense, il est vrai, ce m'est une grande consolation de partager ce dédain avec la nature; la nature, qui certes, je le montrerai, ne fait pas défaut aux hommes, et qui a mis des remèdes même dans les plantes haïes, puisqu'elle en a mis dans les plantes épineuses. C'est, en effet, de ces dernières qu'il nous reste maintenant à parler, à la suite de celles que nous avons nommées dans le livre précédent; et là même nous ne pouvons assez admirer et bénir la providence de la nature. Elle nous avait donné, comme nous l'avons dit, des plantes douces au toucher et bonnes à manger; dans les fleurs elle avait orné de couleurs les remèdes, nous attirant par le plaisir des yeux, et mêlant l'agréable à l'utile. Maintenant elle imagine d'autres plantes menaçantes à voir, dangereuses à toucher; et il me

---

bello. Primum pilum is capessens sub Catulo, exclusam ab hoste legionem suam hortatus, tribunum suum dubitantem per castra hostium erumpere interfecit, legionemque eduxit. Invenio apud auctores eumdem præter hunc honorem, adstantibus Mario et Catulo coss., prætextatum immolasse ad tibicinem foculo posito. Scripsit et Sylla dictator, ab exercitu se quoque donatum apud Nolam, legatum bello Marsico : idque etiam in villa sua Tusculana, quæ fuit postea Ciceronis, pinxit. Quod si verum est, hoc exsecrabiliorem eum dixerim, quandoquidem eam capiti suo proscriptione sua ipse detraxit, tanto paucioribus civium servatis, quam postea occisis. Addat etiamnum huic gloriæ superbum cognomen Felicem: ipse tamen obsessis in toto orbe proscriptis, hac corona Sertorio cessit. Æmilianum quoque Scipionem Varro auctor est donatum obsidionali in Africa, Manilio consule, cohortibus servatis, totidemque ad servandas eas eductis : quod et statuæ ejus in foro suo divus Augustus subscripsit. Ipsum Augustum M. Cicerone filio consule idibus septembris senatus obsidionali donavit. Adeo civica non satis videbatur. Nec præterea quemquam hac invenimus donatum.

VII. Nullæ ergo herbæ fuere certæ in hoc honore : sed quæcumque fuerant in periculi sede, quamvis ignobiles ignotæque, honorem nobilem faciebant : quod latere apud nos minus quidem miror, cernens negligi ea quoque, quæ ad valetudinem conservandam, cruciatusque corporis propulsandos, et mortem arcendam pertinent. Sed quis non mores jure castiget? Addidere vivendi pretia deliciæ luxusque. Nunquam fuit cupido vitæ major, nec minor cura. Aliorum hanc operæ esse credimus : ne mandato quidem nostro alios id agere, medicisque provisum esse pro nobis. Ipsi fruimur voluptatibus, et (quo nihil equidem probrosius duco) vivimus aliena fiducia. Immo vero plerisque ultro etiam irrisui sumus ista commentantes, atque frivoli operis arguimur ; magno, quanquam immensi laboris, solatio, sperni cum rerum natura : quam certe non defuisse nobis docebimus, et invisis quoque herbis inseruisse remedia : quippe quum medicinas dederit etiam aculeatis. Hæc enim proxime restant ex his, quas priore libro nominavimus, in quibus ipsis providentiam naturæ satis mirari, amplectique non est. Dederat, quas diximus, molles cibisque gratas. Pinxerat remedia in floribus, visuque ipso animos invitaverat, etiam deliciis auxilia permiscens. Excogitavit aliquas aspectu hispidas, tactu truces,

semble entendre la voix de la nature qui les crée, et qui nous explique ses motifs : c'est pour qu'un quadrupède avide ne les broute pas, pour que des mains indiscrètes ne les enlèvent pas, pour qu'un pied inattentif ne les foule pas, pour qu'un oiseau s'y perchant ne les brise pas. En les munissant d'aiguillons, en leur donnant des armes, elle a voulu mettre à l'abri des atteintes les remèdes qu'elles portent. Ainsi, même ce que nous haïssons en elles a été imaginé pour l'avantage des hommes.

1 VIII. (VII.) Au premier rang parmi les plantes épineuses, l'érynge ou éryngion (XXI, 56) est célèbre comme antidote contre les morsures des serpents et toutes les bêtes venimeuses. On en fait prendre la racine, à la dose d'une drachme (4 gram., 5) dans du vin, contre les coups et les morsures ; ou si, comme c'est l'ordinaire dans de pareilles lésions, il s'y joint de la fièvre, dans de l'eau. On en fait un topique pour les plaies : il est particulièrement efficace contre les hydres de terre et les grenouilles. Le médecin Héraclide pense que cuit dans du bouillon d'oie il surpasse en vertu tous les antidotes contre l'aconit et les autres poisons. Apollodore le fait cuire avec une grenouille, contre les poisons, tandis que les autres le font cuire dans de l'eau. C'est une plante dure, ayant le port d'un arbrisseau, les feuilles épineuses, la tige articulée, haute d'une coudée et quelquefois plus, tantôt blanchâtre (*eryngium viride*, L.), tantôt noire (*eryngium cyaneum*, Sibth.), à racine odorante ; on la cultive dans les jardins, mais elle croît aussi d'elle-même dans les endroits âpres et pierreux ; on la trouve encore sur les bords de la mer (*eryngium maritimum*, L.), et là elle est plus dure, plus noire, et a les feuilles de l'ache.

1 IX. (VIII.) L'éryngion blanc est appelé par les Latins centum capita, l'herbe aux cent têtes (*eryngium campestre*). Il a tous les effets précédents ; les Grecs en mangent la tige et la racine de deux façons, cuite ou crue. On raconte des choses prodigieuses de cette plante : La racine, dit-on, a la figure des parties naturelles de l'homme ou de la femme ; elle est rare : si un homme trouve celle qui représente les parties mâles, cela le fait aimer ; et telle fut la cause de la passion de Sapho pour Phaon de Lesbos. Et à ce sujet il y a beaucoup de rêveries, non-seulement des mages, mais encore des pythagoriciens. Quant à l'usage médical, outre les affections susdites, cette plante est bonne pour les flatuosités, les tranchées, les maladies du cœur, de l'estomac, du foie, des hypocondres, prise dans de l'eau miellée ; pour celles de la rate, prise dans de l'oxycrat. On la donne encore dans de l'eau 2 miellée pour les maux de reins, pour la stangurie, pour l'opisthotonos, pour les douleurs lombaires, pour l'hydropisie, pour l'épilepsie, pour la suppression ou l'excès du flux menstruel, et pour toutes les affections de la matrice. Avec du miel, elle fait sortir les corps étrangers ; avec de l'axonge salée et du cérat, elle guérit les scrofules, les parotides, les tumeurs, les dénudations des os, les fractures. Prise avant de boire, elle empêche l'ivresse ; elle arrête le cours de ventre. Quelques auteurs latins ont recommandé de la cueillir au solstice d'été, et de l'appliquer, avec de l'eau de pluie, dans toutes les affections du cou. On a prétendu aussi qu'attachée elle guérit les taies des yeux.

X. (IX.) Quelques-uns font de l'acanos (*ono-* 1 *pordum acanthium*, L.) une espèce d'éryngion. C'est une plante épineuse, basse, assez

---

ut tantum non vocem ipsius fingentis illas, rationemque reddentis exaudire videamur, ne se depascat avida quadrupes, ne procaces manus rapiant, ne neglecta vestigia obterant, ne insidens ales infringat : his muniendo aculeis, telisque armando, remediis ut tuta ac salva sint. Ita hoc quoque, quod in iis odimus, hominum causa excogitatum est.

1 VIII. (VII.) Clara in primis aculeatarum erynge est, sive eryngion, contra serpentes et venenata omnia nascens. Adversus ictus morsusque radix ejus bibitur drachmæ pondere in vino : aut si plerumque tales injurias comitatur et febris, ex aqua. Illinitur plagis, peculiariter efficax contra chersydros ac ranas. Omnibus vero contra toxica et aconita efficaciorem Heraclides medicus, in jure anseris decoctam, arbitratur. Apollodorus adversus toxica cum rana decoquit, cæteri in aqua. Ipsa dura, fruticosa, spinosis foliis, caule geniculato, cubitali, et majore aliquanto, alia albicans, alia nigra, radice odorata ; et sativa quidem est ; sed et sponte nascitur in asperis et saxosis ; et in littoribus maris, durior, nigriorque, folio apii.

1 IX. (VIII.) Ex his candidam nostri centum capita vocant. Omnes ejusdem effectus, caule et radice in cibos Græcorum receptis utroque modo, sive coquere libeat, sive cruda vesci. Portentosum est, quod de ea traditur, radicem ejus alterutrius sexus similitudinem referre, raram inventu : sed si viris contigerit mas, amabiles fieri : ob hoc et Phaonem Lesbium dilectum a Sappho. Multæ circa hoc non Magorum solum vanitates, sed etiam Pythagoricorum. Sed in medico usu præter supra dicta auxiliare inflationibus, torminibus, cordis vitiis, stomacho, jocineri, præcordiis in aqua mulsa, lieni in posca. Item ex 2 mulsa renibus, stranguriæ, opisthotonicis spasmis, lumbis, hydropicis, comitialibus, mulierum mensibus, sive subsidant, sive abundent, vulvarumque omnibus vitiis. Extrahit infixa corpori cum melle. Strumas, parotidas, panos, recedentes ab ossibus carnes, sanat cum axungia salsa, et cerato : item fracturas. Crapulam præsumta arcet, alvum sistit. Aliqui e nostris sub solstitio colligi eam jussere. Ex aqua cælesti imponi omnibus cervicis vitiis. Oculorum quoque albugines sanare adalligatam tradiderunt.

X. (IX.) Sunt qui et acanon eryngio adscribant, spi- 1 nosam brevemque, ac latam herbam, spinisque latioribus. Hanc impositam, sanguinem mire sistere.

XI. Alii eryngen falso eamdem putaverunt esse et gly- 1

étalée; elle a de larges piquants; en topique, c'est un remède admirable pour arrêter les hémorragies.

1 XI. D'autres auteurs ont pris mal à propos la réglisse pour une espèce d'éryngion; c'est pour cela que je vais en parler immédiatement. La réglisse est sans contredit une plante épineuse; les feuilles en sont hérissées de piquants(1), grasses et gluantes; elle a le port d'un arbrisseau, une hauteur de deux coudées, la fleur de l'hyacinthe, un fruit de la grosseur de celui du platane. La meilleure est celle de Cilicie, ensuite celle du Pont; la racine est douce, et c'est la seule partie qui soit en usage. On la récolte au coucher des Pléiades; elle est longue comme celle de la vigne. Jaune comme le buis, elle vaut mieux que noire, et flexible que cassante. On s'en sert dans les pessaires, en la faisant bouillir jusqu'à réduction du tiers. Dans les autres cas, on la fait bouillir jusqu'à consistance de miel. Quelquefois on l'emploie pilée; c'est de cette façon qu'on en fait un topique pour les plaies et pour
2 toutes les affections de la gorge. Le suc en est très-avantageux à la voix; on le fait épaissir, et on le met sous la langue. Cette racine est excellente pour la poitrine et le foie. Nous avons dit (XI, 119) qu'elle apaise la faim et la soif; c'est pour cela que quelques-uns l'ont appelée adipsos (sans-soif), et l'ont prescrite aux hydropiques pour prévenir l'altération. Mâchée, elle est favorable à la bouche, et guérit les ulcérations de cette cavité; l'application, souvent renouvelée, de la poudre est bonne pour les ptérygions. La réglisse guérit encore la psore de la vessie, les douleurs des reins, les condylomes, les ulcérations des parties génitales. Quelques-uns l'ont donnée en potion dans les fièvres quartes, à la dose de deux drachmes, avec du poivre dans une hémine

(0 litr., 27) d'eau. Mâchée et appliquée sur une plaie, elle arrête l'hémorragie. Des auteurs ont rapporté qu'elle expulse les calculs.

XII. (x.) Des deux espèces de tribulus (XXI, 58), 1 l'une vient dans les jardins (*fagonia cretica*, L.), l'autre ne se trouve que dans les rivières (*trapa natans*, L.). On en tire un suc employé dans les compositions ophthalmiques; car il est rafraîchissant, et par conséquent très-bon contre les inflammations et les fluxions. Avec du miel il guérit les ulcérations spontanées, surtout dans la bouche; il guérit aussi les affections des amygdales. Pris en boisson, il brise les calculs. Les Thraces qui habitent les rives du Strymon engraissent leurs chevaux avec les feuilles de cette plante; et ils en emploient les amandes à faire un pain très-agréable au goût, et qui resserre le ventre. La racine, récoltée par des personnes chastes et pures, dissipe les écrouelles. La graine appliquée sur les varices en apaise les douleurs; broyée et mêlée dans de l'eau, elle tue les puces.

XIII. (XI.) Le stœbé, que quelques-uns appel- 1 lent phléon (*poterium spinosum*), cuit dans du vin, est un bon remède surtout pour la suppuration des oreilles et pour l'extravasation du sang dans les yeux, à la suite d'un coup. En injection, on l'emploie contre les hémorragies et la dyssenterie.

XIV. (XII.) L'hippophyes (*euphorbia spinosa*, 1 L.) croît dans les lieux sablonneux et sur le bord de la mer. Il a des épines blanches; il produit des grappes comme le lierre, et les grains en sont blancs et rouges en partie. La racine donne un suc que l'on emploie seul, ou en tablettes, avec de la farine; elle évacue la bile à la dose d'une obole, salutaire surtout avec du vin miellé. Il est un autre hippophyes (XXVII, 66), sans tige, sans fleurs, n'ayant que de petites feuilles (*centaurea spinosa*, L.). Le suc en est merveilleusement utile aux hy-

---

cyrrhizam, quare subjungi eam protinus refert. Et ipsa sine dubio inter aculeatas est, foliis echinatis, pinguibus, tactuque gummosis, fruticosa, binum cubitorum altitudine, flore hyacinthi, fructu pilularum platani magnitudinis. Præstantissima in Cilicia, secunda Ponto, radice dulci, et hæc tantum in usu. Capitur ea Vergiliarum occasu, longa ceu vitium: coloris buxei melior, quam nigra, quæque lenta, quam quæ fragilis. Usus in subditis decoctæ ad tertias, cætero ad mellis crassitudinem, aliquando et tusæ: quo genere et vulneribus imponitur, et faucium
2 vitiis omnibus. Item voci utilissimo succo: sic ut spissatus est, linguæ subdito: item thoraci, jocineri. Hac diximus sitim famemque sedari. Ob id quidam adipson appellavere eam, et hydropicis dedere, ne sitirent. Ideo et commanducata stomatice est, et hulceribus oris; inspersa sæpe, et pterygiis. Sanat et vesicæ scabiem, renum dolores, condylomata, hulcera genitalium. Dedere eam quidam potui in quartanis, drachmarum duarum pondere, et pipere, hemina aquæ. Commanducata sanguinem ex vulnere sistit. Sunt et qui calculos ea pelli tradiderunt.

1 XII. (x.) Tribuli unum genus in hortis nascitur, al-terum in fluminibus tantum. Succus ex his colligitur ad oculorum medicinas. Est enim refrigerantis naturæ, et ideo utilis contra inflammationes collectionesque. Hulcera per se erumpentia, et præcipue in ore, cum melle sanat: item tonsillas. Potus calculos frangit. Thraces, qui ad Strymona habitant, foliis tribuli equos saginant: ipsi nucleo vivunt, panem facientes prædulcem, et qui contrahat ventrem. Radix caste pureque collecta, discutit strumas. Semen adalligatum, varicum dolores sedat: tritum vero et in aquam sparsum, pulices necat.

XIII. (XI.) Stœbe, quam aliqui phleon vocant, decocta 1 in vino, præcipue auribus purulentis medetur: item oculis ictu cruentatis: hæmorrhagiæ quoque et dysenteriæ infusa.

XIV. (XII.) Hippophyes in sabulosis maritimisque na- 1 scitur, spinis albis. Ederæ modo racemosa est, candidis; et ex parte rubentibus acinis. Radix succo medet, qui aut per se conditur, aut pastillis farinæ. Hæc bilem detrahit obolo pondere, saluberrime cum mulso. Est altera hippophyes, sine caule, sine flore, foliis tantum minutis. Hujus quoque succus hydropicis mire prodest. Debent

dropiques. Il y a apparence que ces deux plantes ont de grandes propriétés pour les chevaux, et que c'est pour cela qu'elles ont été nommées hippophyes. En effet, il naît des remèdes pour les animaux. La Divinité prodigue les secours, et l'on ne peut assez admirer sa sagesse à les répartir suivant les espèces, suivant les causes, suivant les temps; de la sorte il n'est point de classe, point de saison, et, pour ainsi dire, point de jour sans remède.

1 XV. (XIII.) Qu'y a-t-il de plus odieux que l'ortie (XXI, 55)? mais, sans parler de l'huile qu'on en tire en Égypte, comme nous l'avons dit (XV, 7, 5), elle a de nombreuses propriétés. La graine, selon Nicandre (*Alexiph.*), est un antidote contre la ciguë, les champignons et le vif-argent. Apollodore la prescrit, cuite avec du bouillon de tortue, contre les salamandres, et aussi contre la jusquiame, les serpents et les scorpions. Même l'amertume mordicante de l'ortie remédie par le contact au relâchement de la luette, à la chute de la matrice, à la procidence de l'anus chez les enfants. En touchant avec des orties les jambes et surtout le front des léthargiques, on 2 les réveille. Appliquée avec du sel, cette plante est utile contre la morsure des chiens. Pilée et introduite dans les narines, elle arrête l'épistaxis; pour cet usage la racine est préférable. Mélangée avec du sel, on l'emploie contre les carcinomes et les ulcères sordides; de la même façon, elle guérit les luxations, les panus, les parotides, les dénudations des os. La graine, bue avec du vin cuit, dissipe les suffocations hystériques; en topique, elle arrête les épistaxis. Prise dans de l'eau miellée, au poids de deux oboles (1 gr., 5), elle procure des vomissements faciles après le dîner. A la dose d'une obole (0 gr., 75), dans du vin,

elle dissipe la lassitude. On la prescrit grillée, à la 3 dose d'un acétabule (0 litr., 068), dans les affections de matrice. Prise dans du vin cuit, elle remédie au gonflement de l'estomac; avec du miel, elle soulage dans l'orthopnée et aide à l'expectoration; avec la graine de lin, elle apaise les douleurs de côté; on y ajoute de l'hysope et un peu de poivre. On l'emploie en topique sur la rate. Grillée et prise avec les aliments, elle relâche le ventre. Hippocrate dit (*De morb. mul.*, I, 47) que, prise en boisson, elle purge la matrice; qu'elle en dissipe les douleurs, grillée et prise à la dose d'un acétabule (0 litr., 068) dans du vin doux (*Ib.* I, 88), ou en topique avec le suc de mauve (*De nat. mul.*, 105); qu'avec de l'hydromel et 4 du sel elle expulse les vers intestinaux; qu'en topique, elle remédie à l'alopécie (*De morb. mul.*) (II, 67). Plusieurs emploient en topique, dans les maladies articulaires et la goutte, la graine avec de la vieille huile, ou les feuilles pilées avec de la graisse d'ours. La racine (2), pilée avec du vinaigre, n'est pas moins utile dans les mêmes maladies, ainsi que pour la rate. Cuite dans du vin, et appliquée avec du vieux oing salé, elle résout les panus; sèche, c'est un dépilatoire. Le physicien Phanias s'étend beaucoup sur les 5 vertus de l'ortie, prétendant que cuite ou confite, et prise avec les aliments, elle est très-bonne pour les affections de la trachée-artère, pour la toux, pour les flux de ventre, pour l'estomac, pour les panus, pour les parotides, pour les engelures; qu'avec l'huile elle provoque la sueur; que bouillie avec des coquillages elle lâche le ventre; qu'avec la décoction d'orge elle facilite l'expectoration et est emménagogue; qu'avec le sel elle arrête les ulcères serpigineux. Le suc est aussi en usage: appliqué sur le front, il arrête l'épistaxis;

---

accommodatæ esse et equorum naturæ, neque ex alia causa nomen accepisse. Quippe quædam animalium remediis nascuntur, locupleti divinitate ad generanda præsidia: ut non sit mirari satis ingenium ejus, disponentis auxilia in genera, in causas, in tempora, ut aliis prosit aliud horis, diesque nullus prope sine præsidiis reperiatur.

1 XV. (XIII.) Urtica quid esse invisius potest? At illa præter oleum, quod in Ægypto ex ea fieri diximus, vel plurimis scatet remediis. Semen ejus cicutæ contrarium esse Nicander affirmat: item fungis et argento vivo. Apollodorus et salamandris cum jure decoctæ testudinis. Item adversari hyoscyamo, et serpentibus, et scorpionibus. Quin illa ipsa amaritudo mordax, uvas in ore, procidentesque vulvas, et infantium sedes, tactu resilire cogit: lethargicos expergisci, tactis cruribus, magisque fronte.
2 Eadem canis morsibus addito sale medetur. Sanguinem trita naribus indita sistit, et magis radice. Carcinomata et sordida hulcera, sale admixto: item luxata sanat, et panos, parotidas, carnesque ab ossibus recedentes. Semen potum cum sapa, vulvas strangulantes aperit, et profluvia narium sistit impositum: vomitiones in aqua

mulsa sumtum a coena faciles præstat, duobus obolis: uno autem in vino poto lassitudines recreat. Vulvæ vitiis tos-3 tum, acetabuli mensura: potum in sapa resistit stomachi inflationibus. Orthopnoicis prodest cum melle: et thoracem purgat eodem eclignate. Et lateri medetur cum semine lini. Addunt hyssopum et piperis aliquid. Illinitur lieni. Difficilem ventrem tostum cibo emollit. Hippocrates vulvam purgari poto eo pronuntiat. Dolore levari tosto acetabuli mensura, dulci poto, et imposito cum succo malvæ. Intestinorum animalia pelli cum hydromelite et sale. 4 Defluvia capitis, semine illito cohonestari. Articulariis morbis et podagricis plurimi cum oleo vetere, aut folia cum ursino adipe trita imponunt. Ad eadem radix tusa cum aceto non minus utilis: item lieni. Et cocta in vino discutit panos, cum ax ungia vetere salsa. Eadem psilothrum est sicca. Condidit laudes ejus Phanias physicus, utilissimam 5 cibis coctam conditamve professus, arteriæ, tussi, ventris destillationi, stomacho, panis, parotidibus, pernionibus: cum oleo sudorem, coctam cum conchyliis ciere alvum: cum ptisana pectus purgare, mulierumque menses: cum sale, hulcera quæ serpant cohibere. Succo quoque in usu est. Expressus illitusque fronti, sanguinem narium

en boisson, il est diurétique et brise les calculs. En gargarisme, il resserre la luette. Il faut recueillir la graine à l'époque des moissons ; celle d'Alexandrie est très-estimée. Pour tous ces différents usages les orties les plus douces et les plus tendres sont les plus efficaces, surtout l'ortie sauvage (XXI, 55), qui a de plus la propriété de dissiper la lèpre du visage, prise dans du vin. Quand les quadrupèdes refusent de s'accoupler, on recommande de leur frotter les parties naturelles avec de l'ortie.

XVI. (XIV.) L'espèce d'ortie que nous avons appelée lamium (XXI, 55) (*lamium maculatum*, L.), qui est la plus douce et dont les feuilles se laissent manier, est, avec un grain de sel, un remède dans les contusions, les meurtrissures, les brûlures, les écrouelles, les tumeurs, la goutte, les plaies. Elle a au milieu de la feuille une partie blanche qui est bonne contre l'érysipèle. Certains auteurs latins ont distingué les espèces suivant la saison de chacune : ainsi la racine de l'ortie d'automne portée en amulette guérit les fièvres tierces, pourvu qu'en l'arrachant on nomme le malade et qu'on dise le nom de ses père et mère. Elle est, de la même façon, un spécifique contre la fièvre quarte. Ces auteurs prétendent encore que la racine d'ortie, avec addition de sel, fait sortir les corps étrangers ; que les feuilles, avec l'axonge, dissipent les écrouelles, ou, si ces tumeurs suppurent, les rongent, et y font renaître des chairs nouvelles.

XVII. (XV.) L'herbe appelée scorpion (*scorpiurus sulcata*, L.) a reçu ce nom, parce que la graine ressemble à la queue de cet insecte ; les feuilles sont peu nombreuses. Elle a de l'efficacité contre la piqûre de l'animal dont elle porte le nom. Il y a aussi une autre plante de même nom (XXVII, 116 ; *ephedra distachya*, L.) et de mêmes propriétés, sans feuilles, à tige d'asperge, portant au sommet un aiguillon, d'où le nom qu'elle a reçu.

XVIII. (XVI.) La leucacantha (XXI, 55), appelée aussi phyllos, ischias, polygonatos, a la racine du cyperus. Cette racine, mâchée, calme les douleurs de dents. D'après Hicésius, la graine ou le suc pris à la dose de huit drachmes guérit les douleurs de côté et celle des lombes. Cette plante est employée dans les ruptures et les spasmes (*centaurea dalmatica*, Petter.).

XIX. (XVII.) L'helxine est appelée par quelques-uns perdicium, parce que les perdrix s'en nourrissent principalement. Elle porte aussi les noms de sidéritis et de parthenium (pariétaire, *parietaria officinalis*, L.). Elle a des feuilles dont la forme est entre celles du plantain et celles du marrube, des tiges nombreuses rougeâtres, des graines qui, renfermées dans des têtes comme celles de la lappa (XXI, 64), s'accrochent aux habits, d'où lui vient, dit-on, le nom d'helxine. Mais nous avons caractérisé la véritable helxine dans le livre précédent (XXI, 56) ; celle dont nous parlons sert à teindre les laines (3), et guérit l'érysipèle, les tumeurs, les collections de toute espèce et les brûlures. Le suc, avec la céruse, guérit les panus et les goîtres commençants ; les toux invétérées, à la dose d'un cyathe : il est bon pour toutes les parties humides, telles que les amygdales ; il est bon aussi pour les varices, avec l'huile rosat. On en fait un topique pour la goutte avec la graisse de chèvre et la cire de Chypre.

XX. Le perdicium ou parthenium (*parietaria diffusa*, L.) (le sidéritis est tout autre chose), appelé par les Latins herbe urcéolaire, nommé aussi astericum, a des feuilles semblables à celles de

---

sistit : potus urinam ciet, calculos rumpit : uvam gargarizatus reprimit. Semen colligi messibus oportet. Alexandrinum maxime laudatur. Ad omnia hæc et mitiores quidem teneræque efficaces, sed præcipue silvestris illa, et amplius lepras e facie tollit, in vino pota. Si quadrupes fetum non admittat, urtica naturam fricandam monstrant.

XVI. (XIV.) Ea quoque num, quam lamium inter genera earum appellavimus, mitissima, et foliis non mordentibus, medetur cum mica salis contusis, incussisque, inustis, et strumis, tumoribus, podagris, vulneribus. Album habet in medio folio, quod ignibus sacris medetur. Quidam e nostris tempore discrevere genera. Autumnalis urticæ radicem alligatam in tertianis, ita ut ægri nuncupentur, quum eruitur ea radix, dicaturque cui, et quorum filio eximatur, liberare morbo tradiderunt. Hoc idem et contra quartanas pollere. Iidem urticæ radice addito sale, infixa corpori extrahi. Foliis cum axungia strumas discuti : vel si suppuraverint, erodi complerique.

XVII. (XV.) Ex argumento nomen accepit scorpio herba. Semen enim habet ad similitudinem caudæ scorpionis, folia pauca. Valet et adversus animal nominis sui. Est et alia ejusdem nominis effectusque, sine foliis, asparagi caule, in cacumine aculeum habens, et inde nomen.

XVIII. (XVI.) Leucacantham alii phyllon, alii ischiada, alii polygonaton appellant, radice cyperi, quæ commanducata dentium dolores sedat. Item laterum et lumborum, ut Hicesius tradit, semine poto drachmis octo, aut succo. Eadem ruptis, convulsis medetur.

XIX. (XVII.) Helxinen aliqui perdicium vocant, quoniam perdices ea præcipue vescantur. Alii sideritin, nonnulli parthenium. Folia habet mixtæ similitudinis plantagini et marrubio, cauliculos densos, leviter rubentes, semina in capitibus lappaceis adhærentia vestibus : unde et helxinen dictam volunt. Sed nos, qualis vera esset helxine, diximus priori libro. Hæc autem inficit lanas, sanat ignes sacros, et tumores, collectionesque omnes, et adusta. Panos succus cum psimmythio, et guttura incipientia turgescere. Item veterem tussim cyatho hausto ; et omnia in humido, sicut tonsillas, et varices, cum rosaceo. Imponitur et podagris cum caprino sevo, ceraque Cypria.

XX. Perdicium, sive parthenium (nam sideritis alia est) a nostris herba urceolaris vocatur, ab aliis astericum folio similis ocimo, nigrior tantum, nascens in tegulis,

l'ocimum ; seulement il est plus noir; il vient sur les toits et les murailles. Broyé avec un grain de sel, il a toutes les propriétés du lamium (xxii, 16) et s'emploie de la même manière; le suc, chaud, est bon pour les vomiques. Mais il a des vertus toutes spéciales pour les plaies, les ruptures, les chutes d'un lieu élevé ou du haut d'une voiture. Un esclave chéri de Périclès, le chef des Athéniens, travaillait à la construction du temple dans la citadelle : il tomba du sommet de cet édifice sur lequel il grimpait, et fut, dit-on, guéri par cette plante, que Minerve indiqua à Périclès dans un songe. De là elle fut appelée parthenium (πάρθενος, *vierge*), et consacrée à la déesse. C'est cet esclave dont on a fait une statue en bronze, qui est le fameux Splanchnoptes (xxxiv, 19, 31).

1 XXI. (xviii.) Le chaméléon (*atractylis gummifera*, L.) est nommé par quelques auteurs ixias. On en connaît deux espèces. Le plus blanc a les feuilles plus rudes ; il rampe à terre, redressant ses pointes comme un hérisson ; la racine en est douce, l'odeur très-forte. En certains lieux il produit, comme on dit que fait l'encens (xii, 33), une glu blanche à l'aisselle des feuilles, surtout vers le lever du Chien, ce qui l'a fait appeler ixia (glu); les femmes se servent de cette production comme du mastic. Quant au nom de chaméléon, il provient de l'apparence variée des feuilles; en effet, avec le terrain, elles changent de couleur : ici noires, là vertes, ailleurs bleues, parfois jaunes, et d'autres couleurs encore. La décoction de 2 la racine du chaméléon blanc guérit les hydropiques ; on la boit, à la dose d'une drachme, dans du vin de raisins cuits au soleil. Cette même décoction chasse les vers intestinaux, à la dose d'un acétabule ( 0 litr., 068 ) dans du vin astringent, avec une poignée d'origan. Elle est bonne dans la dysurie. Dans de la farine d'orge, elle tue les chiens et les cochons. Avec addition d'eau et d'huile, elle tue les rats en les contractant, à moins qu'ils ne boivent aussitôt de l'eau. Quelques-uns recommandent de garder la racine, coupée par morceaux et pendue au plancher, pour, au besoin, la faire cuire et manger contre les fluxions que les Grecs nomment rhumatismes. Quant aux chaméléons noirs ( *brotera corymbosa*), d'après quelques auteurs le chaméléon mâle est à fleur pourpre, le femelle à fleur violette. Ils naissent sur une tige semblable, haute d'une coudée, grosse comme le doigt. La racine, cuite avec du soufre et du bitume, guérit le lichen. Mâchée, ou cuite dans du vinaigre, elle raffermit les dents ébranlées. Avec le suc, on guérit la gale des quadrupèdes, on tue la vermine des chiens ; chez les jeunes bœufs il produit une sorte d'angine qui les étouffe : cette plante est appelée par quelques-uns ulophyton (4), à cause de cette propriété meurtrière, et cynozolon, à cause de sa mauvaise odeur. Ces chaméléons produisent aussi une glu très-bonne pour les ulcères. Au reste, les racines de toutes les espèces sont un antidote contre les scorpions.

XXII. (xix.) Le coronopus (*lotus ornithopodiodes*, L.) est une herbe allongée et découpée. On le cultive, parce que la racine, cuite dans la cendre, est excellente contre les affections cœliaques.

XXIII. (xx.) On se sert aussi de la racine d'anchusa (orcanette, *anchusa tinctoria*), qui est grosse comme le doigt. Elle se fend par feuillets comme le papyrus ; quand on la manie, elle rend les mains rouges comme le sang, et fournit de riches couleurs à la teinture des laines.

---

parietinisque. Medetur cum mica salis trita iisdem omnibus, quibus lamium, et eodem modo : item vomicæ, calfacto succo potu. Sed contra hulcera, rupta, lapsusque et præcipitia, aut vehiculorum eversiones, singularis. Verna carus Pericli Atheniensium principi, quum is in arce templum ædificaret, repsissetque super fastigii fastigii, et inde cecidisset, hac herba dicitur sanatus, monstrata Pericli somnio a Minerva. Quare parthenium vocari cœpta est, assignaturque ei deæ. Hic est vernula, cujus effigies ex ære fusa est, et nobilis ille Splanchnoptes.

1 XXI. (xviii.) Chamæleonem aliqui ixiam vocant. Duo genera ejus. Candidior asperiora folia habet : serpit in terra echini modo spinas erigens, radice dulci, odore gravissimo. Quibusdam in locis viscum gignit album sub alis foliorum, maxime circa Canis ortum, quo modo thura nasci dicuntur : unde et ixia appellatur. Hoc, ut mastiche, utuntur mulieres. Quare et chamæleon vocetur, varietate foliorum evenit. Mutat enim cum terra colores, hic niger, illic viridis, aliubi cyaneus, aliubi croceus, 2 atque aliis coloribus. Ex his candidus hydropicos sanat succo radicis decoctæ. Bibitur drachma in passo. Pellit et interaneorum animalia acetabuli mensura succi ejusdem, in vino austero, cum origani scopis. Facit ad difficultatem urinæ. Hic succus occidit et canes, suesque, in polenta. Addita aqua et oleo contrahit in se mures ac necat, nisi protinus aquam sorbeant. Radicem ejus aliqui concisam servari jubent funiculis pendentem, decoquuntque in cibo contra fluxiones, quas Græci rheumatismos vocant. Ex 3 nigris aliqui marem dixere, cui flos purpureus esset : et feminam, cui violaceus. Uno nascuntur caule cubitali, crassitudine digitali. Radicibus earum lichenes curantur, cum sulphure et bitumine una coctis : commanducatis vero dentes mobiles, aut in aceto decoctis. Succo scabiem etiam quadrupedum sanant. Et ricinos canum necant : juvencos quoque anginæ modo. Quare a quibusdam ulophyton vocatur et cynozolon, propter gravitatem odoris. Ferunt et hæc viscum hulceribus utilissimum. Omnium autem generum eorum radices scorpionibus adversantur.

XXII. (xix.) Coronopus oblonga herba est cum fissuris. Seritur interim, quoniam radix cœliacis præclare facit in cinere tosta.

XXIII. (xx.) Et anchusæ radix in usu est, digitali crassitudine. Finditur papyri modo ; manusque inficit sanguineo colore ; præparat lanas pretiosis coloribus. Sanat hulcera in cerato, præcipue seorum : item adusta. Liquari non potest in aqua : oleo dissolvitur ; idque sinceræ ex-

Dans du cérat, elle guérit les ulcères, surtout chez les vieillards; elle guérit aussi les brûlures. Insoluble dans l'eau, elle se dissout dans l'huile; et c'est le moyen de reconnaître la véritable. Pour les douleurs néphrétiques, on la fait prendre à la dose d'une drachme dans du vin, ou, s'il y a fièvre, dans une décoction de balan (XII, 46). On la donne de la même façon dans les affections du foie, dans celles de la rate, et dans l'ictère. Avec le vinaigre, on en fait un topique pour la lèpre et le lentigo. Les feuilles, pilées avec du miel et de la farine, s'appliquent sur les luxations; prises dans du vin miellé, à la dose de deux drachmes, elles arrêtent le flux de ventre. La racine, bouillie dans l'eau, tue, dit-on, les puces.

XXIV. Il est une autre plante qui ressemble à la précédente, appelée pour cette raison fausse anchuse; quelques-uns la nomment échis ou doris, et d'autres façons encore. Elle est plus cotonneuse et moins grasse; la feuille en est plus mince et plus faible. La racine, traitée par l'huile, ne donne pas de suc rouge, épreuve par laquelle on la distingue de l'orcanette. Les feuilles ou les graines, prises en breuvage, sont très-efficaces contre les serpents; les feuilles se mettent aussi en topique sur la plaie. Son odeur forte chasse les serpents (5). On boit une préparation de cette plante, dans les douleurs de la colonne vertébrale. Les mages recommandent de cueillir les feuilles de la main gauche, de dire pour qui on les cueille, et de les faire porter en amulette contre les fièvres tierces (*echium rubrum*, L.).

XXV. (XXI.) Une autre plante dont le nom spécial est onochiles (*echium creticum*, L.), mais qu'on appelle encore anchusa, arcebion, onochelis, rhexla, et surtout enchrysa (6), a de petites tiges, la fleur pourpre, les feuilles et les branches rudes, la racine d'un rouge de sang à l'époque de la moisson, noire le reste du temps; elle vient dans les terrains sablonneux. Elle est très-efficace contre les serpents, principalement contre les vipères, la racine ou les feuilles en aliment ou en boisson. Elle a de la vertu lors de la moisson. Les feuilles, pilées, exhalent l'odeur de concombre. On la donne, à la dose de trois cyathes (0 litr., 135), dans les chutes de matrice. Avec l'hysope elle chasse les vers. Dans les douleurs rénales ou hépatiques, on la fait boire avec de l'eau miellée, s'il y a fièvre; sinon, avec du vin. Avec la racine on fait un topique pour le lentigo et la lèpre. Ceux qui portent sur eux de cette racine ne sont pas mordus, dit-on, par les serpents. Il y a une autre plante semblable à celle-ci : elle a les fleurs rouges (*lithospermum fruticosum*, L.); elle est plus petite, et possède les mêmes propriétés. On prétend de plus qu'en la mâchant et la crachant sur un serpent on le fait mourir.

XXVI. L'anthémis a été très-célébrée par Asclépiade. Quelques-uns l'appellent leucanthemis ou leucanthemum (*matricaria chamomilla*, L.); d'autres, eranthemon, parce qu'elle fleurit au printemps; d'autres, chamæmelon, parce qu'elle a l'odeur de la pomme; d'autres, mélanthemon. Il y en a trois espèces; elles ne diffèrent que par la fleur; elles n'ont pas plus d'un palme de haut; les fleurs sont petites comme celles de la rue, et blanches, ou jaunes, ou pourpres. Cette plante vient dans un sol maigre, ou le long des sentiers. On la recueille au printemps, et on la garde pour en faire des couronnes. Dans la même saison, les médecins pilent les feuilles et en font des tablettes; même préparation pour les fleurs et la racine. Toutes les parties de la plante, mélangées, se donnent, à

---

perimentum est. Datur et ad renum dolores drachma ejus potui in vino : aut si febris sit, in decocto balani. Item in jocinerum vitiis, et lienis, et bile suffosis. Lepris et lentigini illinitur ex aceto. Folia trita cum melle et farina, luxatis imponuntur : et pota drachmis duabus in mulso alvum sistunt. Pulices necare radix in aqua decocta traditur.

XXIV. Est et alia similis, pseudanchusa ob id appellata, a quibusdam vero echis, aut doris, et multis aliis nominibus : lanuginosior, et minus pinguis, tenuioribus foliis et languidioribus. Radix in oleo non fundit rubentem succum : et hoc ab anchusa discernitur. Contra serpentes efficacissima potu foliorum, vel seminis. Folia ictibus imponuntur. Virus serpentes fugat. Bibitur et propter spinam. Foliium ejus sinistra decerpi jubent Magi, et cujus causa sumatur dici, tertianisque febribus adalligari.

XXV. (XXI.) Est et alia herba proprio nomine onochiles, quam aliqui anchusam vocant, alii arcebion, alii onochelim, aliqui rhexiam, multi enchrysa, parvo frutice, flore purpureo, asperis foliis et ramis, radice messibus sanguinea, cætero nigra, in sabulosis nascens, efficax contra serpentes maximeque viperas, et radice et foliis, æque cibo ac potu. Vires habet messibus. Folia trita odorem cucumeris reddunt. Datur in cyathis tribus vulva procidente. Pellit et tineas cum hyssopo. Et in dolore renum aut jocineris ex aqua mulsa, si febris sit : sin aliter, ex vino bibitur. Lentigini ac lepris radix illinitur. Habentes eam, a serpentibus feriri negantur. Est et alia huic similis, flore rubro, minor, et ipsa ad eosdem usus; traduntque commanducata ea, si inspuatur, mori serpentem.

XXVI. Anthemis magnis laudibus celebratur ab Asclepiade. Aliqui leucanthemida vocant, alii leucanthemum, alii eranthemon, quoniam vere floreat : alii chamæmelon, quoniam odorem mali habeat. Nonnulli melanthemon vocant. Genera ejus tria flore tantum distant, palmum non excedentia, parvisque floribus, ut rutæ, candidis, aut melinis, aut purpureis. In macro solo, aut juxta semitas colligitur vere, et in coronamenta reponitur. Eodem tempore et medici folia tusa in pastillis digerunt : item florem et radicem. Dantur omnia mixta drachmæ unius pondere, contra serpentium omnium ictus. Pellit mortuos

la dose d'une drachme, contre les morsures de toutes les espèces de serpents. En boisson, cette plante expulse les fœtus morts; elle est emménagogue, elle est diurétique, et chasse les calculs. On l'emploie contre les gonflements, les affections du foie, l'ictère, l'ægilops. Mâchée, elle guérit les ulcères humides. De toutes les espèces, la plus efficace pour les calculs est celle qui a la fleur pourpre (*anthemis rosea*, Sibth.), et dont les feuilles et la tige sont un peu plus grandes. Quelques-uns nomment proprement cette dernière éranthemon.

XXVII. Ceux qui pensent que par lotus on entend toujours un arbre peuvent être réfutés par le témoignage même d'Homère : ce poëte (Il., xiv, 347) a nommé tout d'abord le lotos (*melilotus officinalis*, L.) parmi les herbes qui naissent pour les plaisirs des dieux. Les feuilles du lotos herbe (xiii, 32), avec du miel, dissipent les taies, les ulcérations, les nuages des yeux.

XXVIII. Le lotometra (*nymphæa lotus*, L.) est un lotus cultivé. Avec la graine, qui est semblable au millet (xiii, 32), on fait en Égypte, les bergers surtout, un pain que l'on pétrit avec de l'eau ou avec du lait. On prétend que rien n'est plus salutaire ni plus léger que ce pain, pourvu qu'il soit chaud; refroidi, il se digère plus difficilement, et devient pesant. On a observé que ceux qui s'en nourrissent ne sont atteints ni de la dyssenterie, ni du ténesme, ni des autres affections abdominales : aussi le range-t-on parmi les remèdes de ces maladies.

XXIX. Nous avons parlé plusieurs fois (xviii, 67, 1; xix, 58) de la merveille de l'héliotrope (*heliotropium europæum*, L.), lequel tourne avec le soleil, même par un temps couvert, tant il a de sympathie pour cet astre. La nuit, comme s'il le regrettait, il ferme sa fleur bleue. Il y en a deux espèces, le tricoccum (tournesol, *croton tinctorium*, L.) et l'hélioscope ; ni l'une ni l'autre ne dépassent la hauteur d'un demi-pied; cependant l'hélioscope est le plus grand, et rameux dès la racine. La graine, renfermée dans un follicule, se récolte au temps de la moisson. Il ne vient que dans un terrain gras, et cultivé surtout. Le tricoccum vient partout. Je lis que l'hélioscope cuit est agréable à manger ; que dans du lait il lâche doucement le ventre, et que si on en boit la décoction il purge avec beaucoup d'efficacité. Le suc se recueille en été, à la sixième heure (midi); on le mêle avec du vin, et il se garde mieux. Mêlé à l'huile rosat, il calme les douleurs de tête. Le suc exprimé de la feuille, avec du sel, enlève les verrues, ce qui a fait nommer par les auteurs latins verrucaria cette plante, qui méritait d'être dénommée d'après d'autres propriétés. En effet, elle est un antidote contre le venin des serpents et des scorpions, prise dans du vin ou de l'eau miellée, d'après le dire d'Apollophane et d'Apollodore. Les feuilles s'emploient en topique dans l'affection cérébrale des enfants, qu'on nomme siriasis; dans les convulsions aussi, même quand elles sont épileptiques. Il est très-salutaire de se gargariser avec la décoction. En boisson, elle chasse les vers et les graviers; si on ajoute le cumin, elle brise les calculs. De la plante, cuite avec la racine et les feuilles, on fait, en y incorporant du suif de bouc, un topique pour la goutte. La seconde espèce, que nous avons appelée tricoccum, et qui porte aussi le nom de scorpiuron, a les feuilles non-seulement plus petites, mais encore tournées vers la terre. La graine a la forme de la queue du scorpion, d'où lui vient le nom

---

partus : item menstrua in potu, et urinam, calculosque. Inflationes, jocinerum vitia, bilem suffusam, ægilopia; commanducata, hulcerum eruptiones manantes sanat. Ex omnibus his generibus ad calculos efficacissima est, quæ florem purpureum habet : cujus et foliorum, et fruticis amplitudo majuscula est. Hanc proprie quidam eranthemon vocant.

XXVII. Loton qui arborem putant tantum esse, vel Homero auctore coargui possunt. Is enim inter herbas subnascentes deorum voluptati loton primam nominavit. Folia ejus cum melle, oculorum cicatrices, argema, nubeculas discutiunt.

XXVIII. Est et lotometra, quæ fit ex loto sata, ex cujus semine simili milio fiunt panes in Ægypto a pastoribus, maxime aqua vel lacte subacto. Negatur quidquam illo pane salubrius esse, aut levius, dum caleat : refrigeratus, difficilius concoquitur, fitque ponderosus. Constat eos qui illo vivant, nec dysenteria, nec tenesmo, neque aliis morbis ventris infestari. Itaque inter remedia eorum habetur.

XXIX. Heliotropii miraculum sæpius diximus, cum sole se circumagentis, etiam nubilo die : tantus sideris amor est : noctu velut desiderio contrahi cæruleum florem. Genera ejus duo : tricoccum, et helioscopium. Hoc altius (quanquam utrumque semipedalem altitudinem non excedit) ab ima radice ramosum. Semen in folliculo messibus colligitur. Nascitur nonnisi in pingui solo, cultoque maxime : tricoccum ubique. Si decoquatur, invenio cibis placere : et in lacte jucundius alvum molliri : et, si decocti succus bibatur, efficacissime exinaniri. Majoris succus excipitur æstate, hora sexta : miscetur cum vino, sic firmior. Capitis dolores sedat, rosaceo admixto. Verrucas cum sale tollit succus e folio : unde nostri verrucariam herbam appellavere, aliis cognominari effectibus digniorem : namque et serpentibus, et scorpionibus resistit, ex vino aut aqua mulsa, ut Apollophanes et Apollodorus tradunt. Folia infantium destillationibus, quod siriasin vocant, illita medentur. Item contractionibus, etiam si id comitialiter accidat. Decocto quoque foveri os saluberrimum est. Potum id pellit tineas, et renum arenas. Si cuminum adjiciatur, calculos frangit. Decoqui cum radice oportet, quæ cum foliis et hircino sevo podagris illinitur. Alterum genus, quod tricoccum appellavimus, et alio nomine scorpiuron vocatur, foliis non solum minoribus,

qu'elle porte. Elle a de l'efficacité contre tous les animaux venimeux et les araignées phalanges, mais surtout contre les scorpions, en topique : quand on en a sur soi on n'est pas piqué; et si on trace sur le sol avec un rameau d'héliotrope un cercle autour d'un scorpion, cet insecte, dit-on, n'en sort pas, comme aussi il meurt immédiatement si on le couvre de la plante même, ou si seulement on l'asperge avec l'eau qui l'a humectée. Quatre graines prises en boisson passent pour guérir la fièvre quarte; trois, la fièvre tierce : même effet si, après avoir porté la plante trois fois autour du malade, on la met sous son chevet. 5 La graine est aphrodisiaque; avec le miel, elle dissipe les panus. Cette espèce d'héliotrope extirpe radicalement les verrues et les excroissances anales. La graine en topique fait sortir le sang corrompu de l'épine et des lombes. Même action, cuite dans du bouillon de poulet, ou avec des bettes et des lentilles. L'écorce dissipe les lividités. D'après les mages, le malade doit nouer l'héliotrope quatre fois dans les fièvres quartes, trois fois dans les fièvres tierces, sans l'arracher, en promettant de défaire ces nœuds dès qu'il sera rétabli.

1 XXX. Autre est la merveille que présente l'adiantum (*asplenium trichomanes*, L.) : il est vert pendant l'été; il ne se fane point pendant l'hiver; il repousse l'eau; arrosé ou submergé, il semble être sec, tant est grande l'antipathie. C'est aussi de là que vient son nom grec (ἀδίαντος, *qui ne se mouille pas*). Au reste, il ressemble aux arbrisseaux qu'on emploie dans la topiaire (7). Quelques-uns l'appellent callitrichos, d'autres polytrichos, noms relatifs à ses propriétés. En effet, il noircit les cheveux. Pour cela on le fait cuire dans du vin avec de la graine d'ache, et l'on y ajoute de l'huile en abondance si l'on veut qu'il rende la chevelure épaisse et crépue; il empêche aussi les cheveux de tomber. Il y en a deux 2 espèces : l'une plus blanche, l'autre foncée et plus courte. La plus grande est appelée polytrichos, quelquefois trichomanes. Toutes deux ont de petits rameaux d'un noir brillant, et les feuilles de la fougère; celles d'en bas sont rudes et brunes; toutes sont serrées, et portées sur des pétioles opposés; la racine est nulle. Elle recherche les rochers ombragés, les murailles humides, et surtout les grottes des fontaines et les pierres qui laissent l'eau sourdre, chose étrange dans une plante insensible à l'eau. L'adiantum chasse merveilleusement les calculs : ou les brise, surtout le noir. Aussi est-ce plutôt, je 3 crois, à cause de cette vertu que parce qu'il vient dans les pierres, que les Latins l'ont nommé saxifrage. On le boit dans du vin, à la dose d'une pincée. Les adiantum sont diurétiques; ils sont un antidote contre le venin des serpents et des araignées; cuits dans du vin, ils arrêtent le flux de ventre; en couronne, ils calment les douleurs de tête; contre les morsures des scolopendres on en fait un topique qu'il faut renouveler souvent, de peur qu'il ne devienne corrosif; on s'en sert de même dans l'alopécie. Ils dissipent les écrouelles, les dartres farineuses du visage et les ulcères humides de la tête. La décoction 4 est utile dans l'asthme, dans les affections du foie et de la rate, dans l'ictère et dans l'hydropisie. Avec l'absinthe, on en fait un topique pour la stranguire et les affections rénales; ces plantes font sortir l'arrière-faix, et sont emménagogues. Prises avec du vinaigre ou du suc de ronce, elles arrêtent les hémorragies. Avec l'huile rosat, on en fait un liniment pour les ex-

---

sed etiam in terram vergentibus. Semen ei est effigie scorpionis caudæ : quare ei nomen. Vis ad omnia venenata et phalangia, sed contra scorpiones præcipue illita. Non feriuntur habentes. Et si terram surculo heliotropii circumscribat aliquis, negant scorpionem egredi. Imposita vero herba, aut uda omnino respersum, protinus mori. Seminis grana quatuor pota, quartanis prodesse dicuntur, tria vero tertianis : vel si herba ipsa ter circumlata subji-
5 ciatur capiti. Semen et Venerem stimulat. Cum melle panos discutit. Et verrucas hoc utique heliotropium radicitus extrahit, et excrescentia in sedibus. Spinæ quoque ac lumborum sanguinem corruptum trahit illitum semen, et potum, in jure gallinaceo decoctum, aut cum beta et lente. Cortex vero liventibus colorem reddit. Magi heliotropium quartanis quater, in tertianis ter alligari jubent ab ipso ægro, precarique eum, soluturum se nodos liberatum, et ita facere non exemta herba.

1 XXX. Aliud adianto miraculum : æstate viret, bruma non marcescit : aquas respuit, perfusum mersumve sicco simile est : tanta dissociatio deprehenditur : unde et nomen a Græcis : alioqui frutici topiario. Quidam callitrichon vocant, alii polytrichon, utrumque ab effectu. Tingit enim capillum; et ad hoc decoquitur in vino cum semine apii, adjecto oleo copiose, ut crispum densumque faciat : defluere autem prohibet. Duo ejus genera : can- 2 didius, et nigrum breviusque. Id quod majus est, polytrichon : aliqui trichomanes vocant. Utrique ramuli nigro colore nitent, foliis filicis : ex quibus inferiora aspera ac fusca sunt : omnia autem contrariis pediculis densa inter se ex adverso : radix nulla. Umbrosas petras, parietumque aspergines ac fontium maxime specus sequitur, et saxa manantia : quod miremur, quum aquas non sentiat. Calculos e corpore mire pellit, frangitque, utique nigrum. Qua de causa potius, quam quod in saxis nascerertur, a 3 nostris saxifragum appellatum crediderim. Bibitur e vino, quantum terni decerpsere digiti. Urinam cient. Serpentium et araneorum venenis resistunt. In vino decocti alvum sistunt. Capitis dolores corona ex his sedat. Contra scolopendræ morsus illinuntur, crebro auferendi, ne perurant : hoc et in alopeciis. Strumas discutiunt, furfuresque in facie, et capitis manantia hulcera. Decoctum ex 4 his prodest suspiriosis, et jocineri, et lieni, et felle suffusis, et hydropicis. Strangurii illinuntur, et renibus cum absinthio. Secundas cient, et menstrua. Sanguinem sis-

coriations des enfants, que l'on bassine d'abord avec du vin. Les feuilles, mises dans l'urine d'un garçon impubère et pilées avec de l'aphronitre, composent un topique qui, mis sur le ventre des femmes, empêche, dit-on, les rides de s'y former. On croit que l'adiantum mêlé aux aliments des perdrix et des coqs les rend plus belliqueux; et qu'il est fort avantageux aux troupeaux.

1 XXXI. (XXII.) La picris (*picris asplenioides*, L.) a été ainsi dénommée d'après son insigne amertume, comme nous l'avons dit (XXI, 65). Elle a la feuille ronde; elle enlève merveilleusement les verrues. Le thesium (XXI, 67) n'est guère moins amer, mais il est purgatif, usage pour lequel on le pile dans de l'eau.

1 XXXII. L'asphodèle (XXI, 68) est parmi les plantes les plus célèbres. Quelques-uns l'ont nommé héroïon. Hésiode a dit qu'il croissait aussi dans les forêts; Dyonisius, qu'il était mâle et femelle. On a observé que les bulbes, cuits avec la décoction d'orge, conviennent très-bien dans les consomptions et la phthisie, et que le pain où on en mêle en les pétrissant avec de la farine est très-salutaire. Nicandre (*Thériac.*, p. 39) donne contre les serpents et les scorpions, ou la tige que nous avons appelée anthéricon (XXI, 68), ou la graine, ou les bulbes, dans du vin, à la dose de trois drachmes; et il en fait mettre sous le chevet, pour écarter ces bêtes malfaisantes.
2 On s'en sert aussi contre les animaux marins venimeux et contre les scolopendres terrestres. Dans la Campanie, les escargots recherchent singulièrement la tige, et la dessèchent en la suçant. Avec les feuilles dans du vin, on compose un topique pour les plaies faites par les animaux venimeux. Les bulbes, pilés avec la farine d'orge, sont un topique pour les nerfs et les articulations; hachés et avec du vinaigre, on en frotte les lichens; avec de l'eau, on les met sur les ulcères putrides, et sur les seins et les testicules enflammés; cuits dans la lie de vin et mis entre deux linges, on les emploie dans les fluxions des yeux. Dans quelque maladie que ce soit, les médecins ne les emploient guère que cuits. Secs et 3 réduits en poudre, on s'en sert contre les ulcères hideux des jambes et contre toutes les gerçures du corps. On les recueille en automne, saison de leur plus grande vertu. Le suc exprimé ou la décoction est, avec du miel, utile contre les douleurs du corps; avec l'iris sec et un peu de sel, à ceux qui veulent sentir bon. Les feuilles guérissent les maladies précédentes, et de plus, cuites dans du vin, les écrouelles, les tumeurs, les ulcérations de la face. La cendre de la racine remédie à l'alopécie et aux rhagades des pieds. Le suc de la racine bouillie dans l'huile est bon 4 pour les engelures et les brûlures. On en instille dans les oreilles pour la surdité, et pour les douleurs de dents, dans l'oreille opposée au siége du mal. Une médiocre quantité de la racine, prise en breuvage, provoque les urines, les menstrues, et remédie aux douleurs de côté; elle remédie aux ruptures, aux spasmes et aux toux, bue dans du vin à la dose d'une drachme. Mâchée, elle facilite encore les vomissements. La graine, prise à l'intérieur, trouble le ventre. Chryserme s'est servi contre les parotides de la racine bouillie dans du vin, et, en y mêlant du cachrys (XVI, 11) dans du vin, contre les écrouelles. Certains prétendent que si après avoir appliqué de cette racine sur les écrouelles on en met

tunt ex aceto, aut rubi succo poti. Infantes quoque exhulcerati peronguntur ex iis cum rosaceo et vino prius. Folium in urina pueri impubis, tritum quidem cum aphronitro, et illitum ventri mulierum, ne rugosus fiat, præstare dicitur. Perdices et gallinaceos pugnaciores fieri putant, in cibum eorum additis; pecorique esse utilissimos.
1 XXXI. (XXII.) Picris ab insigni amaritudine cognominatur, ut diximus : rotundo folio. Tollit eximie verrucas. Thesium quoque non dissimili amaritudine est : sed purgat alvum : in quem usum teritur ex aqua.
XXXII. Asphodelum de clarissimis herbarum, quam heroion aliqui appellaverunt. Hesiodus et in silvis nasci dixit : Dionysius, marem ac feminam esse. Defectis corporibus et phthisicis constat bulbos ejus cum ptisana decoctos, aptissime dari; pauemque ex his cum farina subactis, saluberrimum esse. Nicander et contra serpentes ac scorpiones, vel caulem, quem anthericon vocavimus, vel semen, vel bulbos dedit in vino tribus drachmis;
2 substravitque somno contra hos metus. Datur et contra venenata marina, et contra scolopendras terrestres. Cochleæ mire in Campania caulem eum persequuntur, et sugendo arefaciunt. Folia quoque illinuntur venenatorum vulneribus ex vino. Bulbi nervis articulisque cum polenta tusi illinuntur. Prodest et concisis ex aceto lichenas fricare : item hulceribus putrescentibus ex aqua imponere : mammarum quoque et testium inflammationibus. Decocti in fæce vini, oculorum epiphoris supposito linteolo medentur. Fere in quocumque morbo magis decoctis medici utuntur. Item ad tibiarum tetra hulcera, rimasque corporum quacumque in parte, farina arefactorum. Autumno autem colliguntur, quum plurimum valent. Succus quoque tusis expressus aut decoctis utilis fit corporis dolori, cum melle : item odorem corporis jucundum affectantibus, cum iri arida et salis exiguo. Folia etiam supra dictis medentur, et strumis, et panis, hulceribus in facie, decocta in vino. Cinis e radice alopecias emendat, et rimas pedum. Decoctæ radicis in oleo succus, perniones et ambusta. Et ad gravitatem aurium infunditur : a contraria aure in dolore dentium. Prodest et urinæ pota modice radix, et menstruis, et lateris doloribus : item ruptis, convulsis, tussibus, drachmæ pondere in vino pota. Eadem et vomitiones adjuvat commanducata. Semine sumto turbatur venter. Chrysermus et parotidas in vino decocta radice curavit : item strumas, admixta cachry ex vino. Quidam aiunt, si imposita radice pars ejus in fumo suspendatur, quartoque die solvatur, una cum ra-

sécher une partie à la cheminée pendant quatre jours, les écrouelles se dessèchent en même temps que cette portion de racine. Sophocle l'a employée, cuite et crue, pour la goutte; bouillie dans l'huile pour les engelures, dans du vin pour l'ictère et l'hydropisie. On a dit aussi qu'en friction avec du miel et en breuvage elle est aphrodisiaque. Xénocrate assure que la racine cuite dans du vinaigre emporte les lichens, les affections psoriques et lépreuses; que cuite avec de la jusquiame et de la poix liquide elle corrige la mauvaise odeur des aisselles et des cuisses, et qu'elle rend la chevelure plus crépue si on s'en frotte la tête après l'avoir fait raser. Simus la prescrit, cuite dans du vin et en breuvage, contre les calculs rénaux. Hippocrate (*De intern. affect.*, *text.* 33) en ordonne la graine contre les engorgements de la rate. La racine, ou la décoction de la racine, en topique, fait revenir le poil détruit par les ulcères et par la gale chez les bêtes de somme. Enfin, elle chasse les rats; elle les fait mourir, si on en met à l'entrée de leurs trous.

XXXIII. Des auteurs ont pensé que l'asphodèle avait été nommé alimon par Hésiode, ce qui me paraît une erreur; car ce nom appartient à l'alimon proprement dit (*atriplex halimus*, L.), qui lui-même a singulièrement divisé les auteurs. Selon les uns, c'est une plante frutescente, touffue, blanche, sans épines, ayant les feuilles de l'olivier, mais plus molles et qu'on mange cuites. La racine, prise à la dose d'une drachme dans de l'eau miellée, dissipe les tranchées ainsi que les spasmes et les ruptures. Selon les autres, c'est une plante venant sur les bords de la mer, d'un goût salé (d'où le nom qu'elle porte), ayant les feuilles longues et arrondies, et bonnes à manger. Il y en a deux espèces, l'une sauvage, l'autre cultivée : toutes deux s'emploient, avec du pain, dans la dyssenterie même ulcérée, avec du vinaigre, dans les affections de l'estomac; crues, on les applique sur les vieux ulcères. Elles adoucissent l'inflammation des plaies nouvelles, et les douleurs que causent la luxation du pied et la vessie. L'espèce sauvage a les feuilles plus ténues, mais elle est plus efficace dans toutes ces circonstances, et dans le traitement de la gale des hommes et des animaux. La racine, en friction, rend la peau nette et les dents blanches. Si on met de la graine sous la langue, on ne sent pas la soif. On mange aussi cette espèce d'alimon, et on les confit toutes deux. Cratevas a parlé d'une troisième espèce, à feuilles plus longues et plus velues, à odeur de cyprès, qui croît surtout sous le lierre, et qui est bonne dans l'opisthotonos et les convulsions, à la dose de trois oboles (2 gr., 25) dans un setier d'eau.

XXXIV. L'acanthe est une herbe de ville, et employée dans la topiaire (8). Elle a les feuilles dressées et longues; elle revêt les rebords des bassins et les carreaux des parterres. Il y en a deux espèces : l'une (*acanthus spinosus*, L.), épineuse et frisée, est la plus courte; l'autre est lisse, et appelée aussi pæderos et mélamphyllos (*acanthus mollis*, L.). La racine de cette dernière est excellente pour les brûlures et les luxations. Mangée cuite, surtout avec la décoction d'orge, elle est très-bonne pour les ruptures, pour les spasmes, et pour ceux qui sont menacés de phthisie. Pilée et chaude, on en fait un topique pour les gouttes avec sentiment de chaleur.

XXXV. Le bupleuron (*bupleuron baldense*) est mis par les Grecs au nombre des légumes qui croissent spontanément : tige haute d'une coudée,

---

dice arescere strumam. Sophocles ad podagras utroque modo, cocta crudaque, usus est. Ad perniones decoctam ex oleo dedit, et suffusis felle in vino, et hydropicis. Venerem quoque concitari cum melle perunctis, aut bibentibus tradidere. Xenocrates et lichenas, psoras, lepras, radice in aceto decocta, tolli dicit. Item si cocta sit cum hyoscyamo et pice liquida, alarum quoque et feminum vitia : et capillum crispiorem fieri, raso prius capite, si radice ea fricetur. Simus lapides renum in vino decocta atque pota eximit. Hippocrates semine ejus ad impetus lienis dari censet. Jumentorum quoque hulcera ac scabiem, radix illita, aut decoctæ succus ad pilum reducit. Mures etiam eadem fugantur, caverna præclusa moriuntur.

XXXIII. Asphodelon ab Hesiodo quidam alimon appellari existimavere, quod falsum arbitror. Est enim suo nomine, alimon, non parvi et ipsum erroris inter auctores. Alii enim fruticem esse dicunt densum, candidum, sine spina, foliis oleæ, sed mollioribus : coqui autem hæc ciborum gratia. Radix tormina discutit, drachmæ pondere in aqua mulsa pota : item convulsa, et rupta. Alii olus maritimum esse dixere salsum, et inde nomen, foliis in rotunditatem longis, laudatum in cibis. Duorum præterea generum, silvestre, et mitius : utrumque prodesse dysentericis etiam exhulceratis cum pane, stomacho vero ex aceto. Hulceribus vetustis illini crudum, et vulnerum recentium impetus leniri, et luxatorum pedum ac vesicæ dolores. Silvestri tenuiora folia, sed in eisdem remediis effectus majores, et in sananda hominum ac pecorum scabie. Præterea nitorem corpori fieri; dentibusque candorem, si fricentur radice ea. Semine linguæ subdito sitim non sentiri. Hoc quoque mandi, et utraque etiam condiri. Cratevas tertium quoque genus tradidit, longioribus foliis et hirsutioribus, odore cupressi : nasci sub edera maxime; prodesse opisthotonis, contractionibus nervorum, tribus obolis in sextarium aquæ.

XXXIV. Acanthos est topiaria et urbana herba; elato longoque folio; crepidines marginum, adsurgentiumque pulvinorum toros vestiens. Duo genera sunt, aculeatum et crispum, quod brevius : alterum læve, quod aliqui pæderota vocant, alii melamphyllum. Hujus radices ustis luxatisque mire prosunt; item ruptis, convulsis, et phthisin metuentibus incoctæ cibo, maxime ptisana. Podagris quoque illinuntur tritæ et calefactæ calidis.

XXXV. Bupleuron in sponte nascentium olerum nu-

feuilles nombreuses et longues, tête semblable à celle de l'aneth. Il a été cité comme aliment par Hippocrate, comme médicament par Glaucon et Nicandre (*Thériac.*, p. 43). La graine est bonne contre les serpents. Les feuilles ou le suc des feuilles, avec du vin, font, en topique, sortir l'arrière-faix. Les feuilles, avec du sel et du vin, s'emploient contre les écrouelles. La racine se prescrit dans du vin contre la morsure des serpents, et comme diurétique.

XXXVI. Avec une grande inconséquence, les Grecs, tout en louant comme aliment le buprestis, indiquent des antidotes contre lui comme contre un poison. Le nom même montre certainement qu'il est vénéneux pour les bœufs; et on convient qu'il fait crever ces animaux s'ils en mangent (xxx, 10); aussi n'en dirons-nous rien de plus. Il n'y a pas de motif (9) pour indiquer des poisons en traitant des couronnes de gazon; mais peut-être quelqu'un regrettera-t-il cette omission, à cause des vertus aphrodisiaques dont on prétend que cette plante, en breuvage, est douée au plus haut degré (10).

XXXVII. L'élaphoboscon (panais, *pastinaca sativa*, L.) est férulacé, articulé, de la grosseur du doigt; la graine pend en ombelles qui ressemblent à celles du sili (xx, 18), mais qui ne sont pas amères. Les feuilles sont celles de l'olusatrum (xx, 46). L'élaphoboscon est cité comme aliment; de plus, on le confit et on le garde pour provoquer l'urine, calmer les douleurs de côté, guérir les ruptures et les spasmes, dissiper les gonflements et les coliques. Il est bon contre les morsures des serpents et les piqûres de tous les animaux; on assure que les cerfs, en en mangeant, résistent au poison des serpents. La racine, en topique avec addition de nitre, guérit les fistules; mais dans ce cas il faut la dessécher, de peur qu'elle ne garde son suc, qui, d'un autre côté, ne la rend pas (11) moins efficace contre la morsure des serpents.

XXXVIII. Le scandix (xxi, 52) (*scandix, pecten Veneris*, L.) aussi est considéré par les Grecs comme un légume sauvage, suivant Opion et Érasistrate. Cuit, il arrête le cours de ventre. La graine avec du vinaigre calme aussitôt le hoquet. La plante se met sur les brûlures; elle est diurétique. La décoction est bonne à l'estomac, au foie, aux reins, à la vessie. C'est cette plante qui a fourni à Aristophane (*Acharn.*, act. ii, sc. 4) une plaisanterie contre le poëte Euripide, dont la mère, disait-il, avait été non pas même marchande de vrais légumes, mais une marchande de scandix. L'anthriscus (xxi, 52) (*scandix australis*, L.) serait tout à fait semblable s'il avait les feuilles plus petites et plus odorantes. Le principal mérite en est de ranimer le corps épuisé par les excès vénériens, et d'exciter aux plaisirs de l'amour la langueur des vieillards. Il arrête les flueurs blanches.

XXXIX. L'iasione (xxi, 65), considérée encore comme un légume sauvage, est une plante rampante, et remplie d'un suc laiteux; elle porte une fleur blanche qu'on nomme concilium. Elle est recommandée aussi comme aphrodisiaque; mangée crue avec du vinaigre, elle donne du lait en abondance aux nourrices. Elle est salutaire aux phthisiques. En topique sur la tête des enfants, elle fait croître les cheveux et raffermit le cuir chevelu (liseron, *convolvulus sepium*).

XL. On mange aussi la caucalis (xxi, 52) (*pimpinella saxifraga*, L.), semblable au fenouil, à tige courte, à fleur blanche; elle est cor-

---

mero Græci habent, caule cubitali, foliis multis longisque, capite anethi, laudatum in cibis ab Hippocrate : in medicina a Glaucone, et Nicandro. Semen contra serpentes valet. Folia ad secundas feminarum, vel succum ex vino illinunt : et strumis folia cum sale et vino. Radix contra serpentes datur in vino, et urinæ ciendæ.

XXXVI. Buprestim magna inconstantia Græci in laudibus ciborum etiam habuere; iidemque remedia tamquam contra venenum prodiderunt. Et ipsum nomen indicio est boum certe venenum esse, quos dissilire degustata fatentur. Quapropter nec de hac plura dicemus. Nec vero causa est, quare venena monstremus inter gramineas coronas, nisi libidinis causa expetenda alicui videtur, quam non aliter magis accendi putant, quam pota ea.

XXXVII. Elaphoboscon ferulaceum est, geniculatum, digiti crassitudine, semine corymbis dependentibus, silis effigie, sed non amaris, foliis olusatri : et hoc laudatum in cibis. Quippe etiam conditum prorogatur ad urinam ciendam, lateris dolores sedandos, rupta, convulsa sananda, inflationes discutiendas, colique tormenta. Contra serpentium omniumque aculeatorum ictus. Quippe fama est, hoc pabulo cervos resistere serpentibus. Fistulas quoque radix nitro addito illita sanat. Siccanda autem in eos usus prius est, ne succo suo madeat, qui contra serpentium ictus non facit eam deteriorem.

XXXVIII. Scandix quoque in olere silvestri a Græcis ponitur, ut Opion et Erasistratus tradunt. Item decocta alvum sistit. Semine singultus confestim ex aceto sedat. Illinitur ambustis, urinas ciet. Decoctæ succus prodest stomacho, jocineri, renibus, vesicæ. Hæc est, quam Aristophanes Euripidi poetæ objicit joculariter, matrem ejus ne olus quidem legitimum vendisse, sed scandicem. Eadem. erat anthriscus, si tenuiora folia et odoratiora haberet. Peculiaris laus ejus, quod fatigato Venere corpori succurrit, marcentesque senio jam coitus excitat. Sistit profluvia alba feminarum.

XXXIX. Et iasione olus silvestre habetur, in terra repens, cum lacte multo : florem fert candidum : concilium vocant. Et hujus eadem commendatio ad stimulandos coitus. Cruda ex aceto in cibo sumta, mulieribus lactis ubertatem præstat. Salutaris est phthisin sentientibus. Infantium capiti illita, nutrit capillum, tenacioremque ejus cutem efficit.

XL. Estur et caucalis, feniculo similis, brevi caule, flore candido, cordi utilis. Succus quoque ejus bibitur,

diale. On en boit aussi le suc, très-estimé comme stomachique, comme diurétique, comme propre à chasser les calculs et la gravelle, et à guérir la psore de la vessie. Il atténue la pituite de la rate, du foie et des reins. La graine est emménagogue, et purge la bile après l'accouchement; on la prescrit aussi aux hommes pour les pertes séminales. Chrysippe pense que cette plante favorise beaucoup la conception : on la fait boire dans du vin aux femmes, à jeun. On l'emploie aussi en topique sur les plaies faites par les animaux marins venimeux ; c'est du moins ce que dit Petrichus dans son poëme.

1. XLI. On range encore dans cette catégorie le sion (*sium latifolium*, L.), croissant dans l'eau, plus large que l'ache, plus épais et plus foncé, ayant beaucoup de graine, et le goût du cresson. Il est bon pour l'urine, les reins, la rate, les menstrues, soit la plante elle-même en aliment, soit la décoction, soit la graine dans du vin, à la dose de deux drachmes. Il brise les calculs, et neutralise l'action des eaux qui les engendrent. En lavement, il fait du bien dans la dyssenterie. On en fait un topique pour le lentigo ; les femmes se l'appliquent la nuit sur la figure pour effacer les taches, effet qu'il produit très-promptement. On l'emploie pour les hernies et pour la gale des chevaux.

1. XLII. Le silybum (xxvi, 28) (*carduus marianus*, L.) ressemble au chaméléon blanc, et est également épineux. En Cilicie, en Syrie et en Phénicie, contrées où il croît, on ne se donne pas la peine de le faire cuire, tant il est difficile à apprêter ; il est sans usage en médecine.

1. XLIII. Le scolymos (xx, 99) (*scolymus maculatus*, L.) est aussi un aliment dans l'Orient, où il porte encore le nom de limonia. C'est une plante rameuse, qui ne dépasse jamais une coudée en hauteur, à feuilles à côtes, à racine noire, mais douce ; Ératosthène la cite comme un aliment des pauvres. On lui attribue surtout une vertu diurétique, comme aussi celle de guérir, avec du vinaigre, le lichen et la lèpre. Dans du vin il est aphrodisiaque, suivant Hésiode (*Op.* 582) et Alcée, qui ont écrit que pendant sa floraison les cigales chantent le plus fort et les femmes sont le plus amoureuses, tandis que les hommes sont le moins portés au coït : par une sorte de prévision de la nature, cet aphrodisiaque est alors dans la plus grande force. La racine, privée de sa moelle, corrige la mauvaise odeur des aisselles, à la dose d'une once dans trois hémines de vin de Falerne qu'on fait bouillir jusqu'à réduction du tiers, et dont on prend un cyathe à jeun après le bain, et un cyathe (0 litr., 045) après le repas. Chose singulière, et dont Xénocrate assure avoir fait l'expérience, cette mauvaise odeur des aisselles s'en va par les urines.

XLIV. On mange encore le sonchus, puisque 1 c'est la plante que Hécale sert à Thésée, dans Callimaque : deux espèces, l'une blanche (laitron, *sonchus oleraceus*, L.), l'autre noire (*sonchus oleraceus*, var. *asper*, L.) ; toutes deux semblables à la laitue, excepté qu'elles sont épineuses ; tige d'une coudée, anguleuse, fistuleuse : quand on la rompt, il s'en écoule en abondance un suc laiteux. Le blanc, qui tire sa blancheur de son lait (12), est utile dans l'orthopnée, assaisonné à la façon des laitues. Érasistrate dit qu'il chasse les calculs par les voies urinaires, et que mâché il corrige la mauvaise odeur de l'haleine. Le suc, à la dose de trois cyathes, chauffé dans du vin blanc et de l'huile, facilite l'accouchement, à tel point que les femmes marchent aussitôt après ; dans ce cas (13), on le donne aussi en potage. La

---

stomacho perquam commendatus, et urinæ, calculisque et arenis pellendis, et vesicæ pruritibus. Extenuat et lienis, jocineris, renumque pituitas. Semen menses feminarum adjuvat, bilemque a partu siccat. Datur et contra profluvia geniturae viris. Chrysippus et conceptionibus eam putat conferre multum : bibitur in vino jejunis. Illinitur et contra venena marinorum, sicut Petrichus in carmine suo significat.

1. XLI. His adnumerant et sion, latius apio, in aqua nascens, pinguius, nigriusque, copiosum semine, sapore nasturtii. Prodest urinis, renibus, lienibus, mulierumque mensibus, sive ipsum in cibo sumtum, sive jus decocti ; sive semen e vino drachmis duabus. Calculos rumpit aquisque quæ gignunt eos, resistit. Dysentericis prodest infusum. Item illitum lentigini, et mulierum vitiis in facie noctu illitum, momentoque cutem emendat, et ramices lenit, et scabiem equorum.

1. XLII. Silybum, chamæleoni albo similem, æque spinosam, ne in Cilicia quidem, aut Syria, aut Phœnice, ubi nascitur, coquere tanti est : ita operosa ejus culina traditur. In medicina nullum usum habet.

1. XLIII. Scolymon quoque in cibos recipit Oriens, et alio nomine limoniam appellat. Frutex est numquam cubitali altior, cristisque foliorum ac radice nigra, sed dulci : Eratostheni quoque laudata in pauperis cœna. Urinam ciere præcipue traditur : sanare lichenas et lepras ex aceto. Venerem stimulare in vino, Hesiodo et Alcæo testibus : qui florente ea cicadas acerrimi cantus esse, et mulieres libidinis avidissimas, virosque in coitum pigerrimos scripsere, velut providentia naturæ hoc adjumento tunc valentissimo. Item graveolentiam alarum emendat radicis emedullatæ uncia, in vini Falerni heminis tribus decocta ad tertias, et a balineo jejuno, itemque post cibum cyathis singulis pota. Mirum est, quod Xenocrates promittit experimento, vitium id ex alis per urinam effluere.

XLIV. Estur et sonchos (ut quem Theseo apud Cal- 1 limachum apponat Hecale), uterque, albus et niger : lactucae similes ambo, nisi spinosi essent, caule cubitali, anguloso, intus cavo, sed qui fractus copioso lacte manet. Albus, cui a lacte nitor, utilis orthopnoicis lactucarum modo, ex embammate. Erasistratus calculos per urinam pelli eo monstrat, et oris graveolentiam commanducato corrigi. Succus trium cyathorum mensura, in vino albo et oleo calefactus, adjuvat partus, ita ut a partu ambu-

tige bouillie rend le lait abondant chez les nourrices, et donne aux enfants une bonne coloration. Elle est très-avantageuse aux femmes chez qui le lait se coagule dans les mamelles. 2 On instille le suc dans les oreilles. On le fait boire chaud dans la strangurie, à la dose d'un cyathe; et dans les ardeurs d'estomac, avec de la graine de concombre et des pignons. On en fait un topique pour les abcès du siége. Contre les blessures faites par les serpents et les scorpions, on boit le suc, on applique la racine. Cette même racine bouillie dans l'huile, avec l'écorce d'une grenade, est un remède pour les maux d'oreille. Tout ceci appartient au sonchus blanc: quant au noir, Cléempore défend d'en manger, comme malsain; mais il approuve l'usage du blanc. Agathocle en recommande le suc contre l'empoisonnement par le sang de taureau. Cependant on reconnaît que le noir a une vertu réfrigérante, et que pour cela on peut en faire des cataplasmes avec de la farine d'orge. Zénon enseigne que la racine du blanc guérit la strangurie.

1 XLV. Le condrillon ou condrille (*chondrilla juncea*, L.) a les feuilles de la chicorée, comme rongées à la circonférence; une tige de moins d'un pied, et remplie d'un suc amer; la racine, semblable à celle de la fève, est quelquefois très-ramifiée. Il produit presque à fleur de terre gros comme une fève d'une sorte de mastic, lequel, en pessaire, est, dit-on, emménagogue. Broyé tout entier avec ses racines, on en fait des pastilles qu'on emploie contre les serpents, avec raison, ce semble; car on dit que les rats des champs blessés par ces reptiles mangent de cette herbe. La décoction faite dans du vin arrête le cours de ventre. On se sert de cette plante comme d'une gomme excellente pour lisser les cils, même les plus rebelles. Dorotheus dit, dans ses poëmes, qu'elle est bonne pour l'estomac et la digestion. Quelques-uns prétendent qu'elle est contraire aux femmes, nuisible à la vue, et qu'elle empêche les hommes d'engendrer.

XLVI. Parmi les plantes qu'il est imprudent 1 de manger je placerai avec raison les bolets (oronge et fausse oronge); aliment sans doute fort agréable, mais décrié depuis que, par un attentat éclatant, Agrippine s'en est servie pour donner du poison à l'empereur Claude, son mari, donnant du même coup, dans la personne de son Néron, un autre poison funeste au monde, funeste à elle-même. Quelques bolets vénéneux sont faciles à reconnaître : ils sont d'un rouge faible, ils paraissent moisis; la couleur en est livide en dedans; les feuillets en sont crevassés, et le pourtour en est pâle : d'autres ne présentent pas 2 ces marques; mais ils sont secs; ils ont l'aspect du nitre, et offrent, sur le chapeau, des taches blanches venant de leur enveloppe. La terre, en effet, produit d'abord l'enveloppe, puis le bolet dans l'enveloppe, comme le jaune dans l'œuf; et cette enveloppe n'est pas moins utile à la nutrition du jeune bolet [que le blanc à celle du poussin]. Elle se fend dès qu'il paraît, puis, à mesure qu'il croît, elle se transforme en pédicule; et il est rare qu'on trouve deux bolets sur un seul pied. Le principe générateur des bolets est dans le limon et dans le suc acide de la terre humide, ou des racines de presque tous les arbres à gland. Il paraît d'abord une espèce d'écume visqueuse, puis un corps semblable à une membrane, enfin le bolet lui-même. En général ils sont, je le répète, dangereux, et il faut se les interdire, car si par 3 hasard ils naissent près d'un clou de bottine

---

lent; gravidæ datur et in sorbitione. Ipse caulis decoctus facit lactis abundantiam nutricibus, coloremque meliorem infantium: utilissimus his, quæ lac sibi coire sentiant. 2 Instillatur auribus succus, calidusque in stranguria bibitur cyathi mensura, et in stomachi rosionibus cum semine cucumeris, nucleisque pineis. Illinitur et sedis collectionibus. Bibitur contra serpentes scorpionesque: radix vero illinitur. Eadem decocta in oleo, Punici mali calyce, aurium morbis præsidium est. Hæc omnia ex albo. Cleemporus nigro prohibet vesci, ut morbos faciente, de albo consentiens. Agathocles etiam contra sanguinem tauri demonstrat succum ejus. Refrigeratoriam tamen vim esse convenit nigro, et hac causa imponendum cum polenta. Zenon radice albi stranguriam docet sanari.

1 XLV. Condrillon, sive condrille, folia habet intubi, circumrosia similia, caulem minus pedali, succo madentem amaro, radice fabæ simili, aliquando numerosa. Habet proximam terræ mastichen tuberculo fabæ, quæ apposita feminarum menses trahere dicitur. Tusa cum radicibus tota dividitur in pastillos, contra serpentes, argumento probabili; siquidem mures agrestes læsi ab his, hanc esse dicuntur. Succus ex vino coctæ, alvum sistit. Eadem palpebrarum pilos inordinatissimos, pro gummi efficacissime regit. Dorotheus stomacho et concoctionibus utilem carminibus suis pronuntiavit. Aliqui feminis, et oculis, generationique virorum contrariam putavere.

XLVI. Inter ea quæ temere manduntur, et boletos 1 merito posuerim, optimi quidem hos cibi, sed immenso exemplo in crimen adductos, veneno Tiberio Claudio Principi per hanc occasionem a conjuge Agrippina dato: quo facto illa terris venenum alterum, sibique ante omnes, Neronem suum dedit. Quorumdam ex his facile noscuntur venena, diluto rubore, rancido aspectu, livido intus colore, rimosa stria, pallido per ambitum labro. Non sunt hæc in quibusdam; siccique, et nitri similes, 2 veluti guttas in vertice albas ex tunica sua gerunt. Volvam enim terra ob hoc prius gignit, ipsum postea in volva, ceu in ovo est luteum. Nec tunicæ minor gratia in cibo infantis boleti. Rumpitur hæc primo nascente : mox increscente, in pediculi corpus absumitur, raroque unquam geminis ex uno pede. Origo prima causaque e limo, et acescente succo madentis terræ, aut radicis fere glandiferæ; initioque spuma lentior, dein corpus membranæ simile, mox partus. Ut diximus, illa perniciulia, prorsus

militaire, d'un morceau de fer rouillé, ou d'une étoffe pourrie, aussitôt ils transforment en poison tous les sucs étrangers qu'ils pompent. Qui peut les reconnaître, si ce n'est un paysan et ceux qui les récoltent? D'autres choses encore les rendent vénéneux : par exemple, croître auprès du trou d'un serpent, et être frappés de son haleine lorsqu'ils commencent à s'ouvrir, disposés à prendre le venin des reptiles par leur puissante affinité pour les poisons. En conséquence, il faudra se tenir sur ses gardes tant que les serpents seront dehors. On aura pour signe une multitude d'herbes, d'arbres et d'arbrisseaux qui restent verts depuis la sortie jusqu'à la retraite de ces animaux : il suffirait du frêne, dont les feuilles ne poussent pas après, ne tombent pas auparavant (XVI, 24). Tous les bolets naissent et passent en sept jours.

1 XLVII. (XXIII.) Les champignons sont d'une nature plus humide. Il y en a beaucoup d'espèces, toutes produites par l'humeur pituiteuse des arbres. Les plus sûrs sont ceux dont la chair est rouge, et d'un rouge moins clair que celle des bolets; au second rang sont les blancs, dont le pédicule est assez semblable à la houppe de laine que portent les flamines; au troisième rang sont les champignons dits de pourceau, avec lesquels on s'empoisonne souvent : récemment ils ont fait périr des familles entières, tous les convives d'un festin, Annæus Serenus, le préfet des gardes de Néron, des tribuns, des centurions. Quel plaisir si grand à user d'un mets si suspect? Quelques-uns ont distingué les champignons suivant les arbres où ils se forment, comme le figuier, la férule, et les arbres à gomme; nous-même nous avons cité (XVI, 11) ceux du hêtre, du rouvre et 2 du cyprès. Mais qui nous donnera ces garanties pour les champignons vendus au marché? Tous les champignons vénéneux sont livides; et plus la couleur se rapproche de celle du figuier, plus ils sont dangereux. Nous avons indiqué (XX, 13) les remèdes qu'il faut leur opposer, et nous en parlerons encore. En attendant, citons quelques remèdes qu'ils fournissent. Glaucias croit les bolets bons à l'estomac. On fait sécher les champignons de pourceau, enfilés dans un jonc; c'est comme cela qu'ils viennent de Bithynie : ils remédient au débordement intestinal qu'on nomme rhumatisme, et on en met sur les excroissances à l'anus : ils les rongent et les consument peu à peu. On s'en sert aussi pour le lentigo et les taches du visage chez les femmes. En outre ils se lavent comme le plomb (XXXIV, 50), pour être employés aux maladies des yeux. On en fait un topique avec l'eau pour les ulcères sordides, pour les éruptions de la tête et les morsures des chiens. Je veux bien donner quelques règles générales 3 pour la cuisson des champignons, puisque les voluptueux du siècle, pourvus de couteaux de succin et de plats d'argent, préparent de leurs mains ce seul aliment, que par avance ils mangent des yeux. On regardera comme mauvais les champignons qui durcissent en cuisant, comme moins malfaisants ceux qui cuisent avec addition de nitre, pourvu que de cette façon ils cuisent complètement. Il y aura plus de sécurité à les faire cuire avec de la viande ou avec des queues de poire. Il est bon aussi de manger des poires aussitôt après. Le vinaigre, étant d'une nature opposée, en corrige la malignité.

XLVIII. De la pluie viennent toutes ces pro- 1 ductions; de la pluie aussi vient le silphium. On l'a d'abord apporté de Cyrène, comme nous l'avons dit (XIX, 15); maintenant on l'apporte sur-

---

3 improbanda. Si enim caligaris clavus, ferrive aliqua rubigo, aut panni marcor affuerit nascenti, omnem illico succum alienum saporemque in venenum concoquit : deprehendisse qui, nisi agrestes, possunt, atque qui colligunt? Ducunt ipsi alia vitia : et quidem si serpentis caverna juxta fuerit, si patescentem primo adhalaverit, capaci venenorum cognatione ad virus accipiendum. Itaque caveri conveniet, prius quam se condant serpentes. Signa erunt tot herbæ, tot arbores fruticesque, ab emersu earum ad latebram usque vernantes : et vel fraxini tantum folia, nec postea nascentia, nec ante decidentia. Et boletis quidem ortu occasuque omnis intra dies septem est.

1 XLVII. (XXIII.) Fungorum lentior natura, et numerosa genera, sed origo non nisi ex pituita arborum. Tutissimi, qui rubent callo, minus diluto rubore, quam boleti. Mox candidi, velut apice Flaminis insignibus pediculis. Tertium genus suilli, venenis accommodatissimi. Familias nuper interemere, et tota convivia, Annæum Serenum præfectum Neronis vigilum, et tribunos, centurionesque. Quæ voluptas tanta ancipitis cibi? Quidam discrevere arborum generibus, fico, ferula, et gummim ferentibus : nos item fago, aut robore, aut cupresso, ut diximus. Sed ista quis spondet in venalibus? Omnium 2 color lividus. Hic habebit veneni argumentum, quo similior fuerit arborum fici. Adversus hæc diximus remedia, dicemusque : interim sunt aliqua et in his. Glaucias stomacho utiles putat boletos. Siccantur pendentes suilli, junco transfixi, quales e Bithynia veniunt. Hi fluxionibus alvi, quas rheumatismos vocant, medentur, excrescentibusque in sede carnibus : minuunt enim eas, et tempore absumunt. Item lentiginem et mulierum vitia in facie. Lavantur etiam, ut plumbum, oculorum medicamento. Sordidis ulceribus et capitis eruptionibus, canum morsibus ex aqua illinuntur. Libet et coquendi dare aliquas 3 communes in omni eo genere observationes, quando ipsæ suis manibus deliciæ præparant hunc cibum solum, et cogitatione ante pascuntur, succineis novaculis, aut argenteo apparatu comitante. Noxii erunt fungi, qui in coquendo duriores fient : innocentiores, qui nitro addito coquentur, si utique percoquantur. Tutiores fiunt cum carne cocti, aut cum pediculo piri. Prosunt et pira confestim sumta. Debellat eos et aceti natura, contraria ils.

XLVIII. Imbribus proveniunt omnia hæc. Imbre et 1 silphion. Venit primo e Cyrenis, ut dictum est. Ex Syria

tout de Syrie ; inférieur à celui des Parthes, il vaut mieux que celui de la Médie : il n'y en a plus dans la Cyrénaïque, comme nous l'avons noté. On s'en sert en médecine : les feuilles sont employées à la purgation de la matrice et à l'expulsion du fœtus mort; on les fait cuire dans du vin blanc et odorant, et boire à la dose d'un acétabule (0 litr., 068) après le bain. La racine est bonne dans les irritations de la trachée-artère ; on en fait un topique pour les dépôts sanguins ; mais en aliment elle se digère difficilement ; elle produit des flatuosités et des éructations ; elle nuit aussi à la vessie : avec du vin et de l'huile, elle est excellente pour les meurtrissures, et avec la cire pour les écrouelles. Les fumigations répétées avec cette racine font tomber les verrues de l'anus.

1 XLIX. Le laser, découlant du silphium comme nous l'avons dit (xix, 15), est compté parmi les dons précieux de la nature, et entre dans plusieurs compositions médicamenteuses. Employé seul, il réchauffe ceux qui sont transis de froid ; en breuvage, il remédie aux maladies des nerfs. On le donne aux femmes dans du vin. On en fait avec de la laine douce un pessaire pour provoquer l'écoulement menstruel; incorporé avec la cire, il enlève les cors préalablement mis à vif avec le fer ; délayé et pris à la grosseur d'un pois chiche,
2 il est diurétique. Andreas assure qu'à dose assez considérable il ne cause pas de flatuosités, et facilite beaucoup la digestion chez les vieillards et les femmes; qu'il vaut mieux en hiver qu'en été, pour ceux qui boivent de l'eau ; mais qu'on doit prendre garde qu'il n'y ait quelque ulcération intérieure. Le laser en aliment est efficace dans les convalescences ; en effet, donné à propos, il a une vertu siccative. Il est plus salutaire aux personnes qui en usent habituellement qu'à celles qui n'en font point usage. Il n'y a 3 qu'une voix pour en établir l'efficacité dans les maladies extérieures. Pris en boisson, il neutralise le venin des armes empoisonnées et des serpents ; avec l'eau on en fait un topique qu'on met sur ces plaies; avec l'huile on ne le met que sur les piqûres des scorpions; avec la farine d'orge ou les figues sèches, sur les ulcères qui ne viennent pas à maturité ; sur les charbons, avec la rue ou (14) avec le miel, ou seul avec de la glu qui le fasse adhérer; sur les morsures des chiens, de la même façon; sur les excroissances de l'anus, bouilli dans du vinaigre avec une écorce de grenade. On s'en 4 sert, avec mélange de nitre, pour les clous vulgairement appelés clous de mort; dans les alopécies traitées préalablement par le nitre, il fait repousser les cheveux, employé avec du vin et du safran, ou du poivre, ou de la fiente de rat et du vinaigre. Pour les engelures, on en fait avec du vin des fomentations, et, cuit avec de l'huile, un topique. On l'emploie de même pour les durillons. Il est surtout très-bon pour les cors, si l'on a soin de les couper auparavant. C'est un utile préservatif contre les eaux malsaines, les contrées ou les temps insalubres. On le prescrit dans la toux, dans les affections de la luette, dans les anciens ictères, dans l'hydropisie, dans l'enrouement ; aussitôt il nettoie la gorge et rétablit la voix. Délayé dans l'oxycrat et appliqué avec une éponge, il adoucit les douleurs de goutte. Aux pleurétiques on le fait prendre dans de la décoction d'orge, puis on leur donne du vin. Dans les convulsions et l'opisthotonos on en donne une pilule grosse comme un pois chiche, et enduite de cire. Dans l'angine, on le prescrit en gargarisme; dans l'asthme et dans les toux invétérées, avec du 5 porreau dans du vinaigre ; dans du vinaigre aussi,

---

nunc maxime importatur, deterius Parthico, sed Medico melius, exstincto omni Cyrenaico, ut diximus. Usus silphii in medicina : foliorum ad purgandas vulvas pellendosque emortuos partus : decoquuntur in vino albo et odorato, ut bibatur mensura acetabuli a balineis. Radix prodest arteriis exasperatis : et collectionibus sanguinis illinitur. Sed in cibis concoquitur ægre. Inflationes facit et ructus. Urinæ quoque noxia. Sugillatis cum vino et oleo amicissima, et cum cera strumis. Verrucæ sedis crebriore ejus suffitu cadunt.

1 XLIX. Laser e silphio profluens, quo diximus modo, inter eximia naturæ dona numeratum, plurimis compositionibus inseritur. Per se autem algores excalfacit, potum nervorum vitia extenuat. Feminis datur in vino. Et lanis mollibus admovetur vulvæ ad menses ciendos. Pedum clavos circumscarificatos ferro, mixtum ceræ dilutum. Uri-
2 nam ciet ciceris magnitudine dilutum. Andreas spondet, copiosius sumtum nec inflationes facere, et concoctioni plurimum conferre senibus et feminis : item hieme, quam æstate, utilius, et tum aquam bibentibus; cavendumque ne qua intus sit exhulceratio. Ab ægritudine recreationi efficax in cibo. Tempestive enim datum, cauterii vim obtinet : assuetis etiam utilius, quam expertibus. Ad extera 3 corporum, indubitatas confessiones habet. Venena telorum et serpentium exstinguit potum : ex aqua vulneribus his circumlinitur: scorpionum tantum plagis ex oleo : hulceribus vero non maturescentibus cum farina hordeacea, vel fico sicca. Carbunculis cum ruta, vel cum melle, vel per se visco superlitum, ut hæreat : sic et ad canis morsus. Excrescentias circa sedem, cum tegmine punici mali ex aceto decoctum. Clavis, qui vulgo morticini 4 appellantur, nitro mixto. Alopecias nitro ante subactas replet cum vino et croco, aut pipere, aut murium fimo, et aceto. Perniones ex vino fovet, et ex oleo coctum imponitur : sic et callo. Clavis superrasis præcipuæ utilitatis. Contra aquas malas, pestilentes tractus, vel dies. In tussi, uva, feltis veteri suffusione, hydropisi, raucitatibus : confestim enim purgat fauces, vocemque reddit. Podagras in spongia dilutum posca lenit. Pleuriticis in sorbitione vinum poturis datur : contractionibus, opisthotonicis, ciceris magnitudine cera circumlitum. In angina gargarizatur. Anhelatoribus, et in tussi vetusta cum porro ex 5 aceto datur : æque ex aceto his qui coagulum lactis sorbuerint. Præcordiorum vitiis syntecticis, comitialibus

à ceux chez qui du lait s'est caillé dans l'estomac ; avec du vin, dans les affections consomptives des viscères et dans l'épilepsie ; avec de l'eau miellée, dans la paralysie de la langue : on en fait avec le miel bouilli un topique pour la coxalgie et les douleurs lombaires. Je ne conseillerai pas de suivre l'avis des auteurs, et d'en mettre une boulette couverte de cire dans la cavité d'une dent douloureuse, instruit que je suis par l'exemple éclatant d'un homme qui, ayant ainsi fait, se précipita. On remarque en effet que si on en frotte le mufle des taureaux il les échauffe extraordinairement, et que mêlé avec du vin il fait crever les serpents, très-avides de cette liqueur. Aussi ne conseillerai-je pas non plus de s'en frotter avec le miel attique, quoiqu'on le recommande. Ce serait un travail immense que d'énumérer tous les usages auxquels il sert dans les compositions où il entre ; d'ailleurs nous nous occupons des remèdes simples où se montre la nature, tandis que dans les autres dominent des conjectures souvent trompeuses, car on n'observe pas assez l'analogie ou l'opposition réciproque des ingrédients que l'on emploie. Ce sujet nous fournira bientôt matière à d'autres réflexions (XXII, 56).

1 L. (XXIV.) Le miel ne serait pas en moindre estime que le laser si tous les pays n'en produisaient pas. Si la nature a créé elle-même le laser, elle a pour produire le miel créé un animal, comme nous l'avons dit (XI, 4). Les usages du miel sont innombrables, si nous songeons à tous les 2 mélanges où il entre. Et d'abord la propolis, dont nous avons parlé (XI, 6), fait sortir les aiguillons et tous les corps étrangers, résout les tumeurs, mûrit les duretés, adoucit les douleurs des nerfs, 3 et cicatrise les ulcères les plus rebelles. Quant au miel lui-même, il a la propriété d'empêcher la putréfaction des corps, grâce à sa douceur, et non à aucune qualité âpre, étant d'une tout autre nature que le sel. On l'emploie avec succès pour la gorge, les amygdales, l'angine, tous les besoins de la bouche, et dans les fièvres, quand la langue se sèche. Bouilli, on le donne dans la péripneumonie et la pleurésie, ainsi que dans les blessures, dans les morsures des serpents, dans l'empoisonnement par les champignons. On le prescrit aux paralytiques dans le vin miellé, lequel a d'ailleurs des vertus particulières. Avec 4 l'huile rosat, on l'instille dans les oreilles. Il détruit les lentes et la vermine de la tête. Il vaut toujours mieux l'écumer pour s'en servir. Toutefois il gonfle l'estomac, augmente la bile, cause du dégoût, et, selon quelques-uns, est nuisible à la vue. D'un autre côté, des auteurs recommandent de toucher avec le miel les ulcérations de l'angle de l'œil. Quant aux origines du miel, à ses différences, à ses provenances, à ses caractères, nous en avons parlé, d'abord dans le livre des abeilles (XI, 13), puis dans celui des fleurs (XXI, 44), le plan de cet ouvrage nous forçant à séparer ce qui doit être réuni, quand on veut connaître à fond la nature des choses.

LI. A propos des usages du miel, il faut aussi 1 traiter de l'hydromel ; il y en a deux espèces (XIV, 20) : l'un qui se prépare sur-le-champ, l'autre qui se garde. Le premier, qui se fait avec du miel écumé, est une boisson très-salutaire aux malades qui ne prennent qu'une nourriture légère, comme l'alica (XVIII, 29) lavée (XXII, 61) ; il rétablit les forces, humecte la bouche et l'estomac, et apaise la chaleur. Je lis dans les auteurs que pour relâcher le ventre il vaut mieux le donner froid ; que ce breuvage convient aux gens transis et à ceux d'un naturel bas et porté à la lésinerie,

in vino, in aqua mulsa linguæ paralysi. Coxendicibus et lumborum doloribus cum decocto melle illinitur. Non censuerim, quod auctores suadent, cavernis dentium in dolore indito cera includi : magno experimento hominis, qui se ea de causa præcipitavit ex alto. Quippe tauros inflammat naribus illitis : serpentes avidissimos vini admixtum rumpit. Ideo nec inungi suaserim cum Attico melle, licet præcipiant. Quas habeat utilitates admixtum aliis, immensum est referre : et nos simplicia tractamus : quoniam in his naturam esse apparet, in illis conjecturam sæpius fallacem, nulli satis custodita in mixturis concordia naturæ ac repugnantia. Qua de re mox plura.

1 L. (XXIV.) Non esset mellis auctoritas in pretio minor, quam laseris, ni ubique nasceretur. Illud ipsa fabricata sit natura : sed huic gignendo animal, ut diximus : innu- 2 meros ad usus, si quoties misceatur æstimemus. Prima propolis alvorum (de qua diximus) aculeos et omnia infixa corpori extrahit, tubera discutit, dura concoquit, dolores nervorum mulcet, hulceraque jam desperantia cicatrice 3 includit. Mellis quidem ipsius natura talis est, ut putrescere corpora non sinat, jucundo sapore atque non aspero, alia quam salis natura. Faucibus, tonsillis, anginæ, omnibusque oris desideriis utilissimum, arescentique in febribus linguæ. Jam vero peripneumonicis, pleuriticis decoctum. Item vulneribus, a serpente percussis. Et contra venena fungorum. Paralyticis in mulso : quanquam suæ mulso dotes constant. Mel auribus instillatur cum rosaceo : 4 lendes et fœda capitis animalia necat. Usus despumati semper aptior. Stomachum tamen inflat, bilem auget, fastidium creat, et oculis per se inutile aliqui arbitrantur. Rursus quidam angulos exhulceratos melle tangi suadent. Mellis causas, ac differentias, nationesque, et indicationem, in apium, ac deinde florum natura diximus, quum ratio operis dividi cogeret miscenda rursus, naturam rerum pernoscere volentibus.

LI. In mellis operibus et aqua mulsa tractari debet. 1 Duo genera ejus : subitæ ac recentis, alterum inveteratæ. Repentina despumato melle præclaram utilitatem habet in cibo ægrotantium levi, hoc est, alicæ elutæ : viribus recreandis, ore stomachoque mulcendo, ardore refrigerando. Frigidam enim utilius dari ventri molliendo, invenio apud auctores. Hunc potum bibendum alsiosis : item animi humilis et præparci, quos illi dixere micropsychos. Et est ratio subtilitatis immensæ a Platone descendens : 2

appelés par les Grecs micropsychi (âmes petites). C'est, au reste, une théorie infiniment ingénieuse et qui provient de Platon, à savoir que les corpuscules unis, âpres, anguleux, ronds, affectant différemment les différents individus, les mêmes substances ne sont pas amères ou douces pour tous; et que de la même façon, dans la lassitude et dans la soif, on est plus porté à la colère. En conséquence, un breuvage doux calme cette âpreté de l'esprit ou plutôt des esprits; il adoucit le trajet du souffle, en amollit les voies; de sorte qu'il passe et repasse sans se briser. Il n'est personne qui n'en ait fait l'expérience : la colère, l'affliction, la tristesse, tous les mouvements tumultueux de l'âme, se calment par l'alimentation. Il faut donc observer ce qui est un remède non-seulement pour le physique, mais encore pour le moral.

LII. L'hydromel est, dit-on, utile aussi dans la toux; chaud, il provoque le vomissement. C'est un contre-poison de la céruse, avec addition d'huile; de la jusquiame et, comme nous l'avons dit (XXI, 105), de l'halicacabus, avec du lait, et surtout du lait d'ânesse. On l'instille dans les oreilles et dans les conduits des parties génitales. Avec du pain tendre on en fait un topique pour la vulve, pour les tumeurs subites, pour les luxations, pour tout ce qui a besoin d'être adouci. Les modernes ont désapprouvé l'usage de l'hydromel de garde, comme étant moins innocent que l'eau, moins substantiel que le vin. Toutefois, à force de vieillir, il se transforme en un vin qui, d'après toutes les observations, est très-mauvais à l'estomac, et contraire aux nerfs.

LIII. Quant au vin miellé, le meilleur est celui qui se fait de vin vieux : le miel s'y incorpore très-facilement, ce qui n'a pas lieu avec un vin doux. Fait avec du vin astringent, il ne gonfle pas l'estomac; il ne le gonfle pas non plus si le miel a bouilli, et il cause moins de flatuosités, inconvénient ordinaire du vin miellé. Ce breuvage rappelle l'appétit; pris froid, il relâche le ventre, et pris chaud il le resserre communément. Il donne 2 de l'embonpoint. Beaucoup sont parvenus à une longue vieillesse en ne prenant pour toute nourriture que du pain (15) dans du vin miellé; Pollion Romilius en offre un exemple célèbre. Il était plus que centenaire lorsque le dieu Auguste, son hôte, lui demanda par quel moyen il s'était maintenu dans une telle vigueur de corps et d'esprit : « Vin miellé au dedans, huile au dehors, répondit-il. » D'après Varron, l'ictère a été surnommé maladie royale parce qu'on le traite avec le vin miellé.

LIV. Nous avons dit, dans le livre du vin (XIV, 1 11), comment le mélitites se fabriquait avec le moût et le miel. Il y a des siècles, je pense, qu'on n'en fait plus; il cause des flatuosités. Pourtant, quand il avait vieilli, on le donnait dans la fièvre pour lâcher le ventre; on le donnait aussi aux personnes affectées d'arthrite, de faiblesse des nerfs, et aux femmes qui ne buvaient pas de vin.

LV. Au miel tient la cire, dont l'origine, les 1 qualités et les provenances ont été indiquées en lieu et place (XI, 8; XXI, 49). Toute cire est émolliente, échauffante, incarnante. La nouvelle est la meilleure. On donne la cire dans un potage aux dyssentériques; on donne les rayons même dans une bouillie d'alica, d'abord grillée. La cire combat les effets du lait : si on prend dix pilules de cire grosses comme un grain de millet, elles empêchent le lait de se coaguler dans l'estomac. Quand l'aine se gonfle, il suffit, pour la guérir,

corpusculis rerum lævibus, scabris, angulosis, rotundis, magis aut minus ad aliorum naturam accedentibus : ideo non eadem omnibus amara, aut dulcia esse. Sic et in lassitudine proniores esse ad iracundiam, et in siti Ergo et hæc animi asperitas, seu potius animæ, dulciore succo mitigatur. Lenit transitum spiritus, et molliores facit meatus, ne scindant euntem redeuntemque. Experimenta in se cuique : nullius non ira luctusque, tristitia et omnis animi impetus cibo mollitur. Ideoque observanda sunt, quæ non solum corporum medicinam, sed et morum habent.

LII. Aqua mulsa et tussientibus utilis traditur, calefacta invitat vomitiones. Contra venenum psimmythii salutaris, addito oleo. Item contra hyoscyamum, cum lacte maxime asinino, et contra halicacabum, ut diximus. Infunditur et auribus, et genitalium fistulis. Vulvis imponitur cum pane molli, subitis tumoribus, luxatis, leniendisque omnibus. Inveteratæ usum damnavere posteri, minus innocentem aqua, minusque vino firmum. Longa tamen vetustate transit in vinum, ut constat inter omnes, stomacho inutilissimum, nervisque contrarium.

LIII. Semper mulsum ex vetere vino utilissimum, facillimeque cum melle concorporatur, quod in dulci nun- quam evenit. Ex austero factum non implet stomachum, neque ex decocto melle, minusque inflat, quod fere evenit. Appetendi quoque revocat aviditatem cibi. Alvum mollit frigide potu, pluribus calido sistit. Corpora auget. Multi 2 senectam longam mulsi tantum intrita toleravere, neque alio ullo cibo, celebri Pollionis Romilii exemplo. Centesimum annum excedentem eum divus Augustus hospes interrogavit, quanam maxime ratione vigorem illum animi corporisque custodisset. At ille respondit : « Intus mulso, foris oleo. » Varro regium cognominatum morbum arquatum tradit, quoniam mulso curetur.

LIV. Melitites quo fieret modo ex musto et melle, do- 1 cuimus in ratione vini. Seculis jam fieri non arbitror hoc genus, inflationibus obnoxium. Solebat tamen inveteratum alvi causa dari in febre : item articulario morbo, et nervorum infirmitate laborantibus, et mulieribus vini abstemiis.

LV. Mellis naturæ adnexa cera est : de cujus origine, 1 bonitate, nationibus, suis diximus locis. Omnis autem mollit, calefacit, explet corpora : recens melior. Datur in sorbitione dysentericis, favique ipsi, in pulte alicæ prius tostæ. Adversatur lactis naturæ; ac milii magnitudine x grana ceræ hausta non patiuntur coagulari lac in

d'appliquer de la cire blanche sur le pubis.

1 LVI. Quant aux différents usages de la cire mêlée avec d'autres médicaments, la médecine ne peut pas plus en faire l'énumération que des autres ingrédients des compositions médicinales. Ces compositions, nous l'avons dit (XXII, 49), sont des inventions humaines. Cérat, onguents, emplâtres, collyres, antidotes, rien de tout cela n'a été créé par la nature, mère et ouvrière divine des choses ; ce sont les produits des officines, ou plutôt de la cupidité. Les œuvres de la nature naissent achevées et parfaites, et elle ne permet que des combinaisons de peu d'éléments, inspirées non par la conjecture, mais par la chose même : par exemple, quand il s'agit d'unir un liquide à une substance sèche pour la rendre coulante, et une substance sèche à un liquide pour le rendre
2 consistant. Mais l'homme, quand il prétend, la balance à la main, réunir et combiner les propriétés des éléments, fait œuvre non de conjecture, mais d'impudence. Je ne parlerai pas non plus des remèdes fournis par les drogues de l'Inde, de l'Arabie et des climats étrangers ; je n'aime pas les médicaments qui naissent si loin : ils ne sont pas produits pour nous, ils ne le sont pas même pour les gens du pays ; autrement on ne nous les vendrait pas. Qu'on les achète, si on veut, à titre d'essences, de parfums, d'objets délicieux, voire même pour un emploi superstitieux, puisqu'il nous faut de l'encens et du costus pour implorer les dieux ; mais quant à la santé, ce sont choses inutiles, nous le prouverons, ne serait-ce que pour faire rougir nos voluptueux.

1 LVII. Mais, après avoir exposé les remèdes tirés des fleurs, des fleurs à couronnes, des plantes de jardin et de celles qui servent d'aliment, comment omettre les remèdes tirés des céréales ? Il faut aussi les indiquer. (XXV.) D'abord c'est des céréales que se nourrissent les plus intelligents des animaux, cela est d'observation. Des grains de siligo (XVIII, 20) grillé et broyé, dans du vin amminéen (XIV, 5), mis en topique sur les yeux, en calment les fluxions ; des grains de froment grillés sur une plaque de fer s'appliquent avec succès sur les parties qui ont été gelées. La farine 2 de froment, cuite dans du vinaigre, est bonne pour les contractions nerveuses. Le son, avec de l'huile rosat, des figues sèches et des sébestes bouillis, forme un gargarisme dans les affections des amygdales et de la gorge. Sextus Pomponius, qui eut un fils préteur, et qui tenait le premier rang dans l'Espagne citérieure, était occupé à faire vanner ses grains, quand il fut saisi par une douleur de goutte ; aussitôt il s'enfonça jusqu'au-dessus des genoux dans un tas de blé. Il fut soulagé ; ses pieds se dégonflèrent merveilleusement, et depuis il se servit de ce remède : l'action du blé en tas est si puissante, qu'il met à sec des tonneaux pleins. Suivant les gens de l'art, il faut mettre de la paille chaude de blé ou d'orge sur les hernies, et faire des fomentations avec l'eau où elle a bouilli. Il y a dans le blé far (XVIII, 19) un vermisseau semblable au térédon (XVI, 80). On lui attribue la propriété de faire tomber les dents cariées ; pour cela on le met enveloppé de cire dans le trou de la dent cariée, ou bien on en frotte la dent. L'olyra (*épeautre*), comme nous l'avons dit (XVIII, 20), se nomme encore arinca. Bouillie, elle constitue un remède que les Égyptiens appellent athéra, et qui est très-bon pour les enfants ; mais les adultes l'emploient en topique.

LVIII. La farine d'orge crue et cuite résout, 1 adoucit, mûrit les fluxions et les inflammations.

---

stomacho. Si inguen tumeat, albam ceram in pube fixisse remedio est.

1 LVI. Nec hujus usus, quos mixta aliis præstat, enumerare medicina possit : sicuti nec cæterorum, quæ cum aliis prosunt. Ista, ut diximus, ingeniis constant. Non fecit cerotum, malagmata, emplastra, collyria, antidota, parens illa ac divina rerum artifex : officinarum hæc, immo verius avaritiæ commenta sunt. Naturæ quidem opera absoluta atque perfecta gignuntur : paucis ex causa, non ex conjectura, rebus assumtis, ut succo aliquo sicca temperentur ad meatus : aut corpore alio humentia, ad noxua.
2 Scrupulatim quidem colligere ac miscere vires, non conjecturæ humanæ opus, sed impudentiæ est. Nos nec indicarum arabicarumque mercium, aut externi orbis, attingimus medicinas. Non placent remediis tam longe nascentia : non nobis gignuntur ; immo ne illis quidem ; alioqui non venderent. Odorum causa unguentorumque et deliciarum, si placet, etiam superstitionis gratia emantur, quoniam thure supplicamus et costo. Salutem quidem sine istis posse constare, vel ob id probabimus, ut tanto magis sui delicias pudeat.

1 LVII. Sed medicinas e floribus coronamentisque et hortensiis, quæque manduntur herbis, prosequuti, quonam modo frugum omittimus ? Nimirum et has indicare conveniat. (XXV.) In primis sapientissima animalium esse constat, quæ fruge vescantur. Siliginis grana combusta et trita in vino ammineo, oculis illita epiphoras sedant ; tritici vero, ferro combusta iis, quæ frigus usserit, præsentaneo sunt remedio. Farina tritici ex aceto cocta, nervorum contractionibus ; cum rosaceo vero, et fico sicca, myxisque decoctis, furfures tonsillis faucibusque gargarizatione prosunt. Sextus Pomponius prætorii viri pater, Hispaniæ citerioris princeps, quum horreis suis ventilandis præsideret, correptus dolore podagræ, mersit in triticum sese super genua ; levatusque siccatis pedibus mirabilem in modum, hoc postea remedio usus est. Vis tanta est, ut cados plenos siccet. Paleam quoque tritici, vel hor-3 dei, calidam imponi ramicum incommodis experti jubent, quæque decoctæ sunt aqua foveri. Est et in farre vermiculus teredini similis : quo cavis dentium cera incluso, cadere vitiati dicuntur, etiam si fricentur. Olyram, arincam diximus vocari. Hac decocta fit medicamentum, quod Ægyptii atheram vocant, infantibus utilissimum : sed et adultos illinunt eo.

Pour les autres cas on la fait cuire dans de l'eau miellée, ou avec des figues sèches. Pour les douleurs de foie il est nécessaire qu'elle soit cuite dans de l'oxycrat ou du vin. Est-on incertain s'il faut faire suppurer ou résoudre, alors il vaut mieux la faire cuire dans du vinaigre ou de la lie de vinaigre, avec ou des coings ou des poires cuites. On l'emploie pour les piqûres des scolopendres avec du miel; pour les morsures des serpents, avec du vinaigre; pour les suppurations et l'évacuation du pus, dans de l'oxycrat avec addition de résine et de noix de galle; pour les maturations et les vieux ulcères, avec la résine; pour les duretés, avec la fiente de pigeon, ou des figues sèches ou de la cendre; pour les inflammations des nerfs, ou des intestins ou des côtés, ou pour les douleurs des parties viriles, ou pour les cas dans lesquels la chair se sépare des os, avec le pavot ou le mélilot; pour les scrofules, avec de la poix et de l'urine d'un garçon impubère, et avec de l'huile; pour les tumeurs des hypocondres, avec le fenugrec; pour les fièvres, avec du miel ou de vieux oing. Pour les suppurations la farine de froment est beaucoup plus douce. On en fait un topique pour les nerfs avec le suc de la jusquiame, pour le lentigo avec le vinaigre et le miel. La farine de la zéa, dont on fait, avons-nous dit (XVIII, 29), l'alica, paraît encore plus efficace que la farine d'orge. Celle du grain de trois mois (XVIII, 12) est plus douce; on l'emploie tiède dans du vin rouge pour les piqûres des scorpions, pour les hémoptysies, pour les affections de la trachée-artère; avec du suif de chèvre ou du beurre, pour la toux. La farine de fenugrec est la plus douce de toutes. Cuite avec du vin et du nitre, elle guérit les ulcères humides, les dartres farineuses, les douleurs d'estomac, les pieds et les mamelles. La farine d'ivraie déterge plus que les autres les vieux ulcères et la gangrène. Elle guérit, avec des raiforts, du sel et du vinaigre, le lichen; avec du soufre vif, la lèpre; appliquée sur le front avec de la graisse d'oie, les douleurs de tête. Elle mûrit les scrofules et les panus, cuite dans du vin avec de la fiente de pigeon et de la graine de lin.

LIX. Dans le livre des céréales (XVIII, 14) nous avons suffisamment parlé des espèces de polenta, qui varient suivant les lieux. Ce n'est pas autre chose que de la farine d'orge grillée, préparation qui la rend bonne à l'estomac. Elle arrête le cours de ventre, et remédie aux tumeurs rouges et phlegmoneuses. On en fait un topique pour les yeux, et, avec la menthe ou une autre herbe réfrigérante, pour les douleurs de tête. De la même façon, pour les engelures et les morsures des serpents; dans du vin, pour les brûlures. Elle empêche aussi les éruptions pustuleuses.

LX. La fleur de farine en pâte a la propriété d'attirer les humeurs au dehors; aussi, appliquée sur les meurtrissures, elle en fait sortir le sang, qui vient teindre les bandes; avec plus d'efficacité encore, dans du vin cuit. On l'applique sur les cors et les durillons des pieds. Cuite avec de l'huile vieille et de la poix, et appliquée aussi chaude que possible, elle guérit merveilleusement les condylomes et toutes les autres affections du siége. La bouillie qu'on en fait donne de l'embonpoint. La pâte à coller le papyrus, prise tiède, est bonne pour l'hémoptysie.

LXI. L'alica est une invention romaine, et qui n'est pas fort ancienne. Les Grecs, s'ils l'eussent

---

1 LVIII. Farina ex hordeo, et cruda, et decocta, collectiones, impetusque discutit, lenit, concoquitque. Decoquitur alias in mulsa aqua, aut fico sicca. Jocineris doloribus cum posca concoqui opus est, aut cum vino. Quum vero inter coquendum discutiendumque cura est, tunc in aceto melius, aut in fæce aceti, aut in cotoneis pirisve decoctis. Ad multipedarum morsus cum melle : ad serpentium, in aceto : et contra suppurantia, ad extrahendas suppurationes, ex posca, addita resina et galla. Ad concoctiones vero 2 et hulcera vetera, cum resina. Ad duritias cum fimo columbarum, aut fico sicca, aut cinere. Ad nervorum inflammationes, aut intestinorum, vel laterum, vel virilium dolores, cum papavere aut meliloto, et quoties ab ossibus caro recedit. Ad strumas cum pice et impubis pueri urina, cum oleo. Cum græco feno contra tumores præcordiorum, 3 vel in febribus cum melle, vel adipe vetusto. Suppuratis triticea farina multo lenior. Nervis cum hyoscyami succo illinitur : ex aceto et melle, lentigini. Zeæ, ex qua alicam fieri diximus, efficacior etiam hordeacea videtur : trimestris, mollior. Ex vino rubro ad scorpionum ictus tepida, et sanguinem exscreantibus : item arteriæ. Tussi cum caprino sebo, aut butyro. Ex feno græco mollissima omnium. Hulcera manantia sanat, et furfures corporis, stomachi dolores, pedes et mammas, cum vino et nitro cocta. Ærina magis cæteris purgat hulcera vetera, et gangrænas : cum raphano et sale, et aceto, lichenas : lepras cum sulphure vivo : et capitis dolores cum adipe anserino imposita fronti. Strumas et panus coquit, cum fimo columbino, et lini semine decocta in vino.

LIX. De polentæ generibus in frugum loco satis diximus, locorum ratione. A farina hordei distat eo quod torretur, ob id stomacho utilis. Alvum sistit, impetusque rubicundi tumoris, et oculis illinitur, et capitis dolori cum menta, aut alia refrigerante herba. Item pernionibus, et serpentium plagis : item ambustis ex vino. Inhibet quoque pusulas.

LX. Farina in pollinem subacta, vim extrahendi humoris habet : ideo et cruore suffusis in fascias usque sanguinem perducit : efficacius in sapa. Imponitur et pedum callo, clavisque. Nam cum oleo vetere ac pice decocto polline, condylomata, et alia omnia sedis vitia, quam maxime calido mirabilem in modum curantur. Pulte corpus augetur. Farina, qua chartæ glutinantur, sanguinem exscreantibus datur tepida sorbenda efficaciter.

LXI. Alica res romana est, et non pridem excogitata : alioqui non ptisanæ potius laudes scripsissent Græci. Non-

connue, n'auraient pas tant vanté la ptisane (orge mondé). Je pense qu'elle n'était pas encore en usage du temps du grand Pompée, ce qui explique qu'il en soit à peine fait mention dans les écrits de l'école d'Asclépiade. C'est une préparation excellente, personne n'en doute, soit qu'on la donne délayée dans de l'eau miellée, soit qu'on la fasse prendre cuite en potage ou en bouillie. Pour arrêter le cours de ventre on grille l'alica, puis on la fait cuire avec de la cire en rayons, comme nous l'avons dit plus haut (XXII, 55). Mais elle convient particulièrement dans la disposition au marasme, après une longue maladie : pour cela on en fait cuire, à petit feu, trois cyathes (0 litr., 135) dans un setier d'eau jusqu'à complète évaporation; puis on y ajoute un setier de lait de brebis ou de chèvre, et enfin du miel; on continue ce régime pendant plusieurs jours. Ce genre d'aliment guérit les consomptions.

1 LXII. Le mil (XVIII, 24), préalablement grillé, arrête le cours de ventre et dissipe les tranchées. Pour les douleurs, et particulièrement celles des nerfs, on l'applique chaud, dans un sachet. C'est le meilleur topique; car il est très-léger, très-doux, et conserve très-longtemps la chaleur; aussi l'emploie-t-on dans tous les cas où la chaleur doit faire du bien. La farine, avec la poix liquide, se met sur les blessures des serpents et des scolopendres.

1 LXIII. Le panic (XVIII, 25) a été appelé par le médecin Dioclès miel des blés ; il a les mêmes vertus que le mil. Bu dans du vin, il est bon pour la dyssenterie. On l'applique chaud sur les parties qui ont besoin de chaleur sèche. Bouilli dans du lait de chèvre, et pris deux fois par jour, il arrête le flux de ventre ; de la même façon, il est utile dans les tranchées.

LXIV. Le sésame pilé, pris dans du vin, 1 arrête les vomissements; on en fait un topique pour les inflammations de l'oreille et pour les brûlures. Quand il est encore en herbe, il a les mêmes vertus, et de plus, cuit dans du vin, on en fait un topique pour les yeux. Le sésame est un aliment contraire à l'estomac, et qui donne mauvaise odeur à l'haleine. Il est bon contre les morsures des lézards et contre les ulcères appelés malins. L'huile qu'on en fait, avons-nous dit (XV, 7), est utile dans les maux d'oreille (XXIII, 49). Le sésamoïde, ainsi nommé par 2 analogie (*aubrietia deltoidea*, DC.), a la graine amère et la feuille plus petite. Il vient dans les terrains sablonneux. Bu dans de l'eau, il évacue la bile. Avec la graine on fait un topique pour l'érysipèle; elle résout les panus. Il est encore un autre sésamoïde (*reseda undata*, L.) croissant à Anticyre, et pour cela appelé par quelques-uns anticyricon. Semblable en tout à l'érigéron, dont nous parlerons en son lieu (XXV, 106), il a la graine du sésame. Il est vomitif, dans du vin doux, à la dose d'une pincée, et mêlé avec une obole et demie (1 gr., 12) d'ellébore blanc; on emploie cette préparation principalement dans la mélancolie, l'épilepsie et la goutte. Donné seul, il évacue par le bas, à la dose d'une drachme.

LXV. L'orge la plus blanche est la meilleure. 1 Bouillie dans l'eau de pluie, le suc qu'on en tire, mis en pastilles, sert à faire des injections pour les ulcérations des intestins et de la matrice. Avec la cendre on fait un topique pour les brûlures, pour les chairs qui se séparent des os, pour les éruptions pituiteuses, pour les morsures

---

dum arbitror Pompeii Magni ætate in usu fuisse, et ideo vix quidquam de ea scriptum ab Asclepiadis schola. Esse quidem eximie utilem nemo dubitat, sive eluta detur ex aqua mulsa, sive in sorbitiones decocta, sive in pultem. Eadem in alvo sistenda torretur : dein favorum cera coquitur, ut supra diximus. Peculiariter tamen longo morbo ad tabitudinem redactis subvenit, ternis ejus cyathis in sextarium aquæ sensim decoctis, donec omnis aqua consumatur. Postea sextario lactis ovilli aut caprini addito per continuos dies, mox adjecto melle. Tali sorbitionis genere emendantur syntexes.

1 LXII. Milio sistitur alvus, discutiuntur tormina, in quem usum torretur ante. Nervorum doloribus, et aliis fervens in sacco imponitur : neque aliud utilius; quoniam levissimum mollissimumque est, et caloris capacissimum. Itaque talis usus ejus est ad omnia, quibus calor profuturus est. Farina ejus cum pice liquida, serpentium et multipedæ plagis imponitur.

1 LXIII. Panicum Diocles medicus mel frugum appellavit. Effectus habet, quos milium. In vino potum prodest dysentericis. Similiter his, quæ vaporanda sunt, excalfactum imponitur. Sistit alvum in lacte caprino decoctum et bis die haustum : sic prodest et ad tormina.

LXIV. Sesama trita, in vino sumta, inhibet vomitio- 1 nes. Aurium inflammationi illinitur, et ambustis. Eadem efficit, et dum in herba est. Hoc amplius, oculis imponitur decocta in vino. Stomacho inutilis cibus, et animæ gravitatem facit. Stellionum morsibus resistit. Item hulceribus, quæ cacoethe vocant; et auribus oleum, quod ex ea fit, prodesse diximus. Sesamoides a similitudine 2 nomen accepit, grano amaro, folio minore. Nascitur in glareosis. Detrahit bilem in aqua potum. Semen illinitur igni sacro : discutit panos. Est etiamnum aliud sesamoides Anticyræ nascens, quod ideo aliqui Anticyricon vocant : cætera simile erigeronti herbæ, de qua suo dicemus loco : granum sesamæ. Datur in vino dulci ad detractiones, quantum tribus digitis capitur, miscentque ellebori albi unum et dimidium obolum; purgationem eam adhibentes, maxime insaniæ melancholicæ, comitialibus, podagricis. Et per se drachmæ pondere exiunant.

LXV. Hordeum optimum, quod candidissimum. Succus 1 decocti in aqua cælesti digeritur in pastillos, ut infundatur exhulceratis interaneis et vulvis. Cinis ejus ambustis illinitur, et carnibus quæ recedunt ab ossibus, et eruptionibus pituitæ, muris aranei morsibus. Idem asperso sale ac melle, candorem dentibus, et suavitatem oris facit. Eos

des musaraignes. Cette même cendre, avec du sel et du miel, donne de la blancheur aux dents, de la douceur à l'haleine. On prétend que ceux qui mangent du pain d'orge ne sont pas attaqués de la goutte aux pieds. Prenez neuf grains d'orge, et de la main gauche cernez trois fois un furoncle avec chaque grain; puis jetez-les tous dans le feu, et le furoncle se trouve, dit-on, aussitôt guéri. Il est une plante appelée par les Grecs phœnicea (*lollium perenne*, L.), et par les Latins hordeum murinum : pilée et bue dans du vin, c'est un très-bon emménagogue.

LXVI. A la ptisane, qui se fait d'orge (XVIII, 15), Hippocrate (*De diæta in acutis*) a consacré un volume, louanges qui maintenant passent de droit à l'alica. Combien l'alica n'est-elle pas plus salutaire? Et cependant Hippocrate prescrit la ptisane comme potage, parce qu'elle est glissante et s'avale facilement, parce qu'elle calme la soif, parce qu'elle ne se gonfle pas dans l'estomac, parce qu'elle passe aisément, et parce que c'est le seul aliment qui dans la fièvre puisse être donné deux fois par jour à ceux qui sont habitués à deux repas; tant ce médecin se montre éloigné de ceux qui affament leurs malades! Il défend de donner la ptisane sans la passer, et autre chose que la crème elle-même; il la défend aussi tant que les pieds sont froids, et même il ne veut pas qu'on donne à boire alors. On fait aussi avec le froment une ptisane plus visqueuse et meilleure pour les ulcérations de la trachée-artère.

LXVII. L'amidon affaiblit la vue. Il ne vaut rien pour la gorge, malgré l'opinion contraire. Il arrête le cours de ventre; il guérit les fluxions et les ulcérations des yeux, ainsi que les pustules et les congestions sanguines. Il ramollit les duretés des paupières; on le donne dans un œuf aux hémoptoïques. Dans les douleurs de la vessie, on prescrit une demi once d'amidon avec un œuf, et autant de vin cuit que trois coquilles d'œuf peuvent en contenir, le tout un peu chauffé, et à la sortie du bain. Quant à la farine d'avoine, elle enlève, cuite dans du vinaigre, les taches du visage.

LXVIII. Le pain même, dont nous vivons, renferme un nombre presque infini de remèdes. Dans l'eau et l'huile ou le miel rosat, il amollit les dépôts; avec l'eau miellée, c'est un bon résolutif. On l'ordonne aussi dans du vin pour produire la délitescence quand elle est nécessaire, et, s'il est besoin de plus d'activité, dans du vinaigre, pour dissiper les fluxions aiguës de la pituite, appelées par les Grecs rhumatismes; on l'emploie de même pour les coups et les luxations. Pour tout cela le pain fait avec le levain, et qu'on nomme autopyros (pain bis), vaut mieux. Avec du vinaigre on en fait un topique pour les panaris et les durillons des pieds. Le pain vieux ou le biscuit de mer pilés, et cuits de nouveau, arrêtent le cours de ventre. Quand on soigne sa voix et qu'on veut se défendre des rhumes, il est très-bon de déjeuner avec du pain sec. Le pain sitanius (XVIII, 12), c'est-à-dire, fait avec du blé de trois mois, guérit très-bien, dans du miel, les contusions de la face ou les desquamations. Le pain blanc, humecté avec de l'eau chaude ou froide, fournit aux malades un aliment très-léger. Avec du vin, on en fait un topique pour la tuméfaction des yeux; avec du vin aussi, ou avec du myrte sec, pour les pustules de la tête. On recommande aux personnes qui tremblent de manger du pain dans de l'eau, à jeun, immédiatement après le bain. Brûlé, le pain ôte la mauvaise odeur des appartements, et, mis dans les filtres, celle du vin.

LXIX. Les fèves fournissent aussi des secours.

---

qui pane hordeaceo utuntur, morbo pedum tentari negant. Novem granis si furunculum quis circumducat, singulis ter, manu sinistra, et omnia in ignem abjiciat, confestim sanari aiunt. Est et herba phœnicea appellata Græcis, nostris vero hordeum murinum. Hæc, trita e vino pota præclare ciet menses.

LXVI. Ptisanæ, quæ ex hordeo fit, laudes uno volumine condidit Hippocrates, quæ nunc omnes in alicam transeunt. Contra quanto innocentior est alica? Hippocrates tamen sorbitionis gratia laudavit, quoniam lubrica ex facili hauriretur, quoniam sitim arceret, quoniam in alvo non intumesceret, quoniam facile redderetur, et assuetis hic solus cibus in febri bis die possit dari : tantum remotus ab istis, qui medicinam fame exercent. Sorbitionem tamen dari totam vetuit, aliudve quam succum ptisanæ. Item quamdiu pedes frigidi essent, tunc nec potionem dandam. Fit et ex tritico glutinosior, arteriæque exhulceratæ utilior.

LXVII. Amylon hebetat oculos, gulæ inutile, contra quam creditur. Item sistit alvum, epiphoras oculorum inhibet, et hulcera sanat: item pusulas et fluxiones sanguinis. Genas duras emollit. Datur cum ovo his qui sanguinem rejecerint. In vesicæ vero dolore, semuncia amyli cum ovo, et passi tribus ovis suffervefacta, a balineo. Quin et avenacea farina decocta in aceto nævos tollit.

LXVIII. Panis hic ipse, quo vivitur, innumeras pæne continet medicinas. Ex aqua et oleo aut rosaceo mollit collectiones, ex aqua mulsa duritias valde mitigat. Datur et ex vino ad discutienda quæ præstringi opus sit, et si magis etiamnum, ex aceto, adversus acutas pituitæ fluxiones, quas Græci rheumatismos vocant : item ad percussa, luxata. Ad omnia autem hæc fermentatus, qui vocatur autopyros, utilior. Illinitur et paronychiis, et callo pedum in aceto. Vetus aut nauticus panis tusus, atque iterum coctus, sistit alvum. Vocis studiosis, et contra distillationes, siccum esse primo cibo, utilissimum est. Sitanius (hoc est, e trimestri) incussa in facie, aut desquamata, cum melle aptissime curat. Candidus ægris, aqua calida frigidave madefactus, levissimum cibum præbet. Oculorum tumori ex vino imponitur. Sic et pusulis capitis, aut adjecta arida myrto. Tremulis panem ex aqua esse jejunis statim a balineis demonstrant. Quin et gravitatem odorum in cubiculis ustus emendat : et vini, in saccos additus.

Grillées entières et jetées chaudes dans du fort vinaigre, elles guérissent les tranchées. Concassées et cuites avec de l'ail, on les prend en aliment quotidien pour les toux désespérées et les suppurations de poitrine. Mâchées à jeun, on en fait un topique pour mûrir ou résoudre les furoncles; cuites dans du vin, pour les tumeurs des testicules et des parties génitales. La farine, cuite dans du vinaigre, fait mûrir et percer les tumeurs; elle est un remède pour les contusions et les brûlures. La fève est bonne pour la voix, d'après M. Varron. La cendre des tiges et des gousses s'emploie avec du vieux oing pour les coxalgies et les douleurs des nerfs invétérées. Les robes, données seules bouillies jusqu'à réduction des deux tiers, arrêtent le cours de ventre.

1 LXX. Les lentilles qui cuisent le plus facilement et qui absorbent le plus d'eau sont les meilleures. Elles affaiblissent, il est vrai, la vue et gonflent l'estomac, mais, prises en aliment, elles resserrent le ventre bien cuites dans de l'eau de pluie, et moins cuites le relâchent. Elles font tomber les croûtes des ulcères; elles mondifient et cicatrisent les ulcérations de la bouche. En topique elles adoucissent tous les dépôts, surtout quand ils sont ulcérés et crevassés. On les applique avec le mélilot ou le coing sur les fluxions des yeux, avec la polenta sur les suppurations. La décoction s'emploie pour les ulcérations de la bouche et des parties génitales; pour les affections du siége, avec l'huile rosat ou le 2 coing; pour les affections qui demandent un remède plus actif, avec l'écorce de la grenade et addition d'un peu de miel, préparation à laquelle, pour l'empêcher de se dessécher trop vite, on ajoute des feuilles de bette. On en fait un topique, cuites dans du vinaigre, pour les scrofules et pour les tumeurs ou mûres, ou mûrissantes; cuites dans l'eau miellée, pour les gerçures; avec l'écorce de grenade, pour la gangrène; avec la polenta, pour la goutte, pour la vulve, les reins, les engelures, et les ulcérations se cicatrisant difficilement. Dans les vomissements on fait avaler trente lentilles. Pour le choléra et la dyssenterie, on fait cuire les lentilles dans trois eaux, et elles sont plus efficaces. Dans ce cas, il vaut toujours mieux les griller et les broyer auparavant en une farine aussi fine que possible, qu'on donne ou seule, ou avec le coing, ou les poires, ou le myrte, ou la chicorée sauvage, ou la bette noire, ou le plantain. Les 3 lentilles ne valent rien pour le poumon, pour la douleur de tête, pour toutes les affections nerveuses, pour la bile; elles troublent le sommeil. Elles sont bonnes pour les pustules, pour l'érysipèle, pour les seins, cuites dans l'eau de mer; dans le vinaigre, elles résolvent les duretés et les scrofules. Pour l'estomac, on en met sous forme de gruau dans la boisson des malades. Elles guérissent la brûlure, demi-cuites dans l'eau, puis pilées, enfin débarrassées de leur son par le tamis; et, à mesure que la cure avance, avec addition de miel. On les fait cuire dans l'oxycrat pour les maux de gorge. Il y a une espèce de lentille de marais qui vient spontanément dans les eaux stagnantes (*lemna minor*). Elle est de nature réfrigérante; aussi l'emploie-t-on en topique pour les dépôts et surtout pour la goutte, soit seule, soit avec la polenta. C'est un bon topique pour les hernies intestinales.

LXXI. La plante appelée par les Grecs élélis- 1

---

1 LXIX. Auxiliatur et faba: namque solida fricta, fervensque in acre acetum conjecta, torminibus medetur. In cibo fressa, et cum allio cocta, contra deploratas tusses, suppurationesque pectorum, quotidiano cibo sumitur : et commanducata jejuno ore, etiam ad furunculos maturandos, discutiendosve imponitur : et in vino decocta, ad testium tumores et genitalium. Lomento quoque ex aceto, decocto, tumores maturat atque aperit : item livoribus, combustis medetur. Voci eam prodesse, auctor est M. Varro. Fabalium etiam siliquarumque cinis, ad coxendices, et ad nervorum veteres dolores cum adipis suilli vetustate prodest. Et per se cortices decocti ad tertias sistunt alvum.

1 LXX. Lens optima, quæ facillime coquitur, et ea quæ maxime aquam absorbet. Aciem quidem oculorum obtundit, et stomachum inflat: sed alvum sistit in cibo, magisque discocta cælesti aqua: eadem solvit, minus percocta. Crustulas ulcerum rumpit, eæque quæ intra os sunt, purgat et adstringit. Collectiones omnes imposita sedat, maximeque exulceratas et rimosas. Oculorum autem epiphoras cum meliloto, aut cotoneo. Contra suppurantia cum polenta imponitur. Decoctæ succus ad oris exulcerationes et genitalium adhibetur: ad sedem, 2 cum rosaceo, aut cotoneo. In his, quæ acrius remedium exigunt, cum putamine punici, melle modico adjecto. Ad id demum, ne celeriter inarescat, adjiciunt et betæ folia. Imponitur et strumis panisque, vel maturis, vel maturescentibus, ex aceto discocta. Rimis ex aqua mulsa; et gangrænis cum punici tegmine. Item podagris cum polenta, et vulvis, et renibus, pernionibus, hulceribus difficile cicatricem trahentibus. Propter dissolutionem stomachi triginta grana lentis devorantur. In choleris quoque et dysenteria efficacior est in tribus aquis cocta : in quo usu melius semper eam torrere et ante tundere, ut quam tenuissima detur, vel per se, vel cum cotoneo malo, aut piris, aut myrto, aut intubo erratico, aut beta nigra, aut plantagine. Pulmoni est inutilis, et capitis 3 dolori, nervosisque omnibus, et felli: nec somno facilis: ad pusulas utilis, ignique sacro, et mammis in aqua marina decocta; in aceto autem duritias et strumas discutit. Stomachi quidem causa, polentæ modo potionibus inspergitur. Quæ sunt ambusta, aqua semicocta curat, postea trita, et per cribrum effuso furfure, mox procedente curatione addito melle. Ex posca coquitur ad guttura. Est et palustris lens per se nascens in aqua non profluente, refrigeratoriæ naturæ: propter quod collectionibus illinitur, et maxime podagris, et per se, et cum polenta: glutinat et interanea procidentia.

phacos ou sphacos (*salvia pomifera*, L.) (16) est une espèce de lentille sauvage plus légère que la lentille cultivée, à feuilles plus petites, plus sèches et plus odorantes. Il y a encore une autre herbe de ce nom, plus sauvage, d'une odeur forte (*salvia calycina*, L.). La première est plus douce; les feuilles ressemblent à celles du coignassier, mais elles sont blanches et plus petites; on les fait cuire avec les branches. Cette plante est emménagogue et diurétique. Elle remédie aux piqûres de la pastenague : elle engourdit la partie blessée. On la fait boire avec l'absinthe pour la dyssenterie. Avec le vin, elle fait venir les règles en retard; en décoction, elle arrête les règles trop abondantes; appliquée seule, elle étanche le sang des plaies. Elle guérit la morsure des serpents. Bouillie dans du vin, elle calme la démangeaison des testicules. Nos herboristes d'aujourd'hui prennent pour l'élélisphacos des Grecs la salvia (sauge), plante semblable à la menthe, blanche et aromatique. En topique, elle fait sortir les fœtus morts; elle expulse aussi les vers qui s'engendrent dans les oreilles et dans les ulcères.

LXXII. On connaît un cicer sauvage, ressemblant par les feuilles au cicer cultivé (XVIII, 32), et d'une odeur forte. Pris en quantité considérable, il lâche le ventre et cause des gonflements et des tranchées; rôti, il passe pour plus sain. La cicercule (*lathyrus sativus*) est meilleure pour l'estomac. La farine des deux cicers guérit les ulcères humides de la tête (celle du cicer sauvage avec plus d'efficacité), ainsi que l'épilepsie, les tumeurs du foie, et les blessures faites par les serpents. Le cicer est emménagogue et diurétique, surtout quand on emploie le grain. Il guérit les lichens, les inflammations des testicules, l'ictère, l'hydropisie. Toutes ces espèces sont nuisibles dans les ulcérations de la vessie et des reins. Avec du miel, elles sont bonnes dans la gangrène et dans les ulcères appelés malins. Voici un moyen par lequel on croit faire disparaître les verrues : à la première lune on touche chacune des verrues avec un grain, et on met ces grains dans un nouet que l'on jette derrière soi. Les auteurs latins recommandent de faire très-bien cuire le cicer arietinum dans de l'eau avec du sel, et d'en boire deux cyathes (0 litr., 9) dans les dysuries. De cette façon aussi il est bon pour les calculs et l'ictère. L'eau dans laquelle ont bouilli les feuilles et les tiges adoucit la goutte des pieds, en fomentation aussi chaude que possible, ainsi que le cicer lui-même pilé et appliqué chaud. La décoction du cicer columbinum (XVIII, 32) passe pour diminuer le frisson des fièvres tierces ou quartes. Le cicer noir, pilé avec la moitié d'une noix de galle, guérit, dans du vin de raisins cuits, les ulcères des yeux.

LXXIII. En parlant de l'ers (XVIII, 38), nous en avons mentionné certaines propriétés. Les anciens ne lui ont pas attribué une vertu moindre qu'au chou. Dans du vinaigre, on l'emploie contre les blessures faites par les serpents, et contre la morsure des crocodiles et des hommes. Si l'on prend chaque jour, à jeun, de l'ers, la rate diminue peu à peu, suivant des écrivains très-autorisés. La farine efface les taches de la peau tant au visage que sur le reste du corps. L'ers empêche les ulcérations de s'étendre; il est très-efficace pour les mamelles. Dans du vin, il fait percer les charbons; grillé et pris avec du miel en bols de la grosseur d'une aveline, il guérit les dysuries, les flatuosités, les affections du foie, le

---

1 LXXI. Est et silvestris elelisphacos dicta a Græcis, ab aliis sphacos. Ea est sativa lente levior, et folio minore, atque sicciore, et odoratiore. Est et alterum genus ejus silvestrius, odore gravi : hæc mitior. Folia habet cotonei mali effigie, sed minora et candida, quæ cum ramis decoquuntur. Menses ciet et urinas, et pastinacæ ictus sanat. Torporem autem obducit percusso loco. Bibitur cum absinthio ad dysenteriam. Cum vino eadem commorantes menses trahit : abundantes sistit decocto ejus poto. Per se imposita herba vulnerum sanguinem cohibet : sanat et serpentium morsus. Et si in vino decoquatur, pruritus testium sedat. Nostri, qui nunc sunt, herbarii elelisphacon græce, latine salviam vocant, mentæ similem, canam, odoratam. Partus emortuos ea apposita extrahunt : item vermes aurium hulcerumque.

1 LXXII. Cicer et silvestre est, foliis sativo simile, odore gravi. Si largius sumatur, alvus solvitur, et inflatio contrahitur, et tormina. Tostum salubrius habetur. Cicercula etiamnum magis in alvo proficit. Farina utriusque hulcera manantia capitis sanat, efficacius silvestris. Item comitiales, et jocinerum tumores, et serpentium ictus. Ciet menses et urinas, grano maxime. Emendat et lichenas, et testium inflammationes, regium morbum, hydropicos. Lædunt omnia hæc genera exhulceratam vesicam, et renes. Gangrænis utiliora cum melle, et his quæ cacoethe vocantur. Verrucarum in omni genere prima luna singulis granis singulas tangunt, eaque grana in linteolo deligata post se abjiciunt, ita fugari vitium arbitrantes. Nostri præcipiunt arietinum in aqua cum sale discoquere, ex eo bibere cyathos binos in difficultatibus urinæ. Sic et calculos pellit, morbumque regium. Ejusdem foliis sarmentisque decoctis, aqua quam maxime calida morbos pedum mollit, et ipsum calidum tritumque illitum. Columbini decocti aqua, horrorem tertianæ et quartanæ minuere creditur. Nigrum autem cum gallæ dimidio tritum, oculorum hulceribus ex passo medetur.

LXXIII. De ervo quædam in mentione ejus diximus : nec potentiam ei minorem veteres, quam brassicæ tribuere. Contra serpentium ictus ex aceto, ad crocodilorum hominumque morsum. Si quis ervum quotidie jejunus edat, lienem ejus absumi certissimi auctores affirmant. Farina ejus varos, sed et maculas toto corpore emendat. Serpere hulcera non patitur : in mammis efficacissimum. Carbunculos rumpit ex vino. Urinæ difficultates, inflationem, vitia jocineris, tenesmon, et quæ cibum non sentiunt, atropha appellata, tostum, et in nucis avellanæ magnitudinem

ténesme, et cet état où les aliments ne profitent pas, et qu'on nomme atrophie. Pour l'impétigo on en fait, cuit dans du vinaigre, un cataplasme, qu'on laisse en place quatre jours. Appliqué avec du miel, il empêche les panus de suppurer. La décoction, en fomentation, guérit les engelures et les démangeaisons. De plus, on prétend que si on en boit tous les jours à jeun, elle donne à tout le corps une meilleure coloration. L'ers est un aliment qui ne convient pas à l'homme : il provoque des vomissements, dérange le ventre, charge la tête et l'estomac, et affaiblit les genoux ; mais on le corrige en le faisant tremper plusieurs jours dans l'eau, et alors il devient très-bon pour les bœufs et les bêtes de somme. Les gousses vertes, et avant qu'elles durcissent, pilées avec la tige et les feuilles, teignent les cheveux en noir.

LXXIV. Il y a aussi des lupins sauvages, inférieurs en tout aux lupins cultivés, excepté pour l'amertume. De toutes les substances alimentaires, il n'en est aucune qui soit moins pesante et plus utile que les lupins secs. Les lupins s'adoucissent sur les cendres chaudes ou dans l'eau bouillante. Quand on en mange souvent, ils rendent le teint plus vif. Les lupins amers sont bons contre les aspics. Secs, dépouillés de leur écorce et pilés, on les applique, dans un linge, sur les ulcères noirs, dont ils ravivent les chairs. Cuits dans du vinaigre, ils résolvent les scrofules et les parotides. La décoction avec la rue et le poivre se donne, même dans la fièvre, pour chasser les vers intestinaux, aux malades au-dessous de trente ans ; chez les enfants on applique à jeun, comme vermifuge, un cataplasme de lupins sur le ventre (XVIII, 36); et d'une autre façon on les donne rôtis soit en breuvage dans du vin cuit, soit en électuaire avec du miel. Les lupins excitent l'appétit et dissipent les dégoûts. La farine, pétrie avec du vinaigre et appliquée dans le bain, fait disparaître les papules et les démangeaisons; seule, elle fait sécher les ulcères. Elle guérit les meurtrissures. Avec la polenta, elle calme les inflammations. Les lupins sauvages ont plus d'efficacité pour la faiblesse des hanches et des lombes. La décoction, en fomentation, dissipe le lentigo et rend la peau plus belle. Sauvages ou cultivés, si on les fait bouillir jusqu'à consistance de miel, ils font disparaître le vitiligo noir et la lèpre. Les lupins cultivés, en topique, font percer les charbons. Cuits dans du vinaigre, ils diminuent ou mûrissent les tumeurs et les scrofules. Ils donnent aux cicatrices une couleur blanche. Parfaitement cuits dans de l'eau de pluie, ils fournissent une liqueur savonneuse qu'on emploie très-utilement en fomentation dans la gangrène, dans les éruptions pituiteuses, dans les ulcères humides. Il convient d'en boire pour les affections de la rate, et d'y ajouter du miel pour les retards de la menstruation. Crus, pilés avec des figues sèches et dans du vinaigre, on les applique sur la région de la rate. La décoction de la racine est diurétique. On fait bouillir les lupins avec l'herbe chaméléon (XXII, 21), et on verse cette décoction dans le breuvage des bestiaux. Les lupins cuits avec du marc d'huile, ou la décoction de lupin mêlée ensuite avec ce marc, guérissent la gale de tous les quadrupèdes. La fumée de lupin tue les moucherons.

LXXV. En parlant des céréales (XVIII, 22), nous avons dit que l'irion, semblable au sésame, est appelé par les Grecs érysimon ; les Gaulois le nomment véla (le velar). Il a beaucoup de branches, les feuilles de la roquette, mais un peu plus étroites, et la graine du cresson. Avec le miel, il est très-bon dans la toux et dans les expectora-

melle collectum devoratumque corrigit : item impetigines, ex aceto coctum et quarto die solutum. Panos in melle impositum suppurare prohibet. Aqua decocti perniones et pruritus sanat fovendo. Quin et universo corpori, si quis quotidie jejunus biberit, meliorem fieri colorem existimant. Cibis idem hominis alienum. Vomitiones movet, alvum turbat, capiti et stomacho onerosum. Genua quoque degravat. Sed madefactum pluribus diebus, mitescit : bubus jumentisque utilissimum. Siliquæ ejus virides, priusquam indurescant, cum suo caule foliisque contritæ, capillos nigro colore inficiunt.

LXXIV. Lupini quoque silvestres sunt ; omni modo minores sativis, præterquam amaritudine. Ex omnibus quæ eduntur, sicco nulli minus ponderis est, nec plus utilitatis. Mitescunt cinere aut aqua calidis. Colorem hominis frequentiores in cibo exhilarant : amari contra aspidas valent. Hulcera atra, aridi decorticati triti, suppositio linteolo, ad vivum corpus redigunt. Strumas, parotidas, in aceto cocti discutiunt. Succus decoctorum cum ruta et pipere vel in febri datur ad ventris animalia pellenda, minoribus triginta annorum : pueris vero impositi in ventrem jejunis prosunt. Et alio genere tosti, et in defruto poti, vel ex melle sumti, Iidem aviditatem cibi faciunt, fastidium detrahunt. Farina eorum aceto subacta, papulas pruritusque in balineis illita cohibet, et per se siccat hulcera. Livores emendat. Inflammationes cum polenta sedat. Silvestrium efficacior vis est contra coxendicum et lumborum debilitatem. Ex iisdem decocta lentigines, et foventium cutem corrigunt : si vero ex mellis crassitudinem decoquantur vel sativi, vitiligines nigras et lepras emendant. Sativi quoque rumpunt carbunculos impositi : panos et strumas minuunt, aut maturant, cocti ex aceto : cicatricibus candidum colorem reddunt. Si vero cælesti aqua discoquantur, succus ille smegmati fit : quo fovere gangrænas, eruptiones pituitæ, hulcera manantia, utilissimum. Expedit ad lienem bibere, cum melle menstruis hærentibus. Lieni crudi cum fico sicca triti ex aceto imponuntur. Radix quoque in aqua decocta, urinas pellit. Medentur pecori cum chamæleone herba decocti, aqua in potum collata. Sanant et scabiem quadrupedum omnium, in amurca decocti, vel utroque liquore postea mixto. Fumus crematorum culices necat.

LXXV. Irionem inter fruges sesamæ similem esse diximus, et a Græcis erysimon vocari ; Galli velam appellant. Est autem fruticosum, foliis erucæ, angustioribus paulo,

tions purulentes. On le donne aussi dans l'ictère, dans les affections des lombes, dans la pleurésie, les tranchées, et la maladie céliaque. On en fait un topique pour les parotides et les affections carcinomateuses; avec l'eau ou avec le miel, pour les inflammations des testicules. Il est très-avantageux aux enfants. Avec le miel et les figues, on l'emploie dans les affections du siége et les maladies articulaires. En boisson, c'est un bon antidote. On s'en sert dans la dyspnée. Avec du vieux oing, il est bon pour les fistules, mais il ne doit pas entrer dans la cavité.

LXXVI. L'horminum ressemble, comme nous l'avons dit (XVIII, 22), par la graine au cumin et par le reste au poireau. Il croît à la hauteur de neuf pouces. Il y en a deux espèces : l'un, qui a la graine oblongue et plus noire, est employé comme aphrodisiaque, et pour guérir les taches et les taies des yeux ; l'autre a la graine plus blanche et plus ronde. Tous deux, pilés et appliqués avec de l'eau, font sortir les épines enfoncées dans le corps. Les feuilles, trempées dans le vinaigre, résolvent les tumeurs, appliquées seules ou avec du miel; elles résolvent aussi les furoncles avant qu'ils s'élèvent en pointe, et toutes les éruptions dues à des humeurs âcres.

LXXVII. Il y a plus : les herbes mêmes qui sont le fléau des céréales ne sont pas sans usage. L'ivraie a été appelée malheureuse par Virgile (*Georg.*, I, 153); cependant, moulue, cuite dans du vinaigre et appliquée, elle guérit l'impétigo, d'autant plus vite qu'on renouvelle plus souvent le topique. Dans l'oxymel, elle guérit la podagre et les autres douleurs. Ce traitement diffère des autres : pour un setier de vinaigre, deux onces de miel sont la proportion convenable ; trois setiers étant ainsi préparés, on y met deux setiers de farine d'ivraie ; on fait cuire ce mélange jusqu'à consistance suffisante, et on l'applique chaud sur les membres douloureux. Cette farine fait sortir aussi les esquilles osseuses.

LXXVIII. On appelle miliaria (*cuscuta europæa*, L.) une herbe qui tue le millet; elle passe pour guérir la goutte des bêtes de somme, auxquelles on la fait prendre pilée et dans du vin, à l'aide d'une corne.

LXXIX. Le bromos (avoine) est la graine d'une herbe portant épi. Il est du nombre des plantes nuisibles aux moissons; c'est une espèce d'avoine, dont les feuilles et la paille ressemblent à celles du froment; au sommet, il porte comme de petites locustes penchées. La graine s'emploie en cataplasme, comme l'orge et les autres grains. La décoction est bonne dans la toux.

LXXX. Nous avons appelé orobanche (XVIII, 44) une herbe qui tue l'ers et les légumes. D'autres la nomment cynomorion, à cause de sa ressemblance avec les parties génitales du chien. La tige n'a point de sang ; les feuilles sont rougeâtres. On la mange ou crue ou cuite sur le plat, quand elle est tendre.

LXXXI. Il se forme dans les légumes des insectes venimeux du genre des solipuges (VIII, 43), qui piquent les mains et mettent la vie en danger. Ces piqûres se guérissent par tous les moyens qui sont indiqués contre les araignées et les phalanges. Telles sont les propriétés médicales des céréales.

LXXXII. Les céréales fournissent aussi des boissons : le zythum en Égypte, la célia et la

---

semine nasturtii. Utilissimum tussientibus cum melle, et in thoracis purulentis exscreationibus. Datur et regio morbo, et lumborum vitiis, pleuriticis, torminibus, cœliacis. Illinitur vero parotidum et carcinomatum malis. Testium ardoribus ex aqua, aliis cum melle. Infantibus quoque utilissimum. Item sedis vitiis, et articulariis morbis, cum melle et fico. Contra venena etiam efficax potum. Medetur et suspiriosis : item fistulis, cum axungia veteri, ita ne intus addatur.

LXXVI. Horminum semine, ut diximus, cumino simile est cætero porro, dodrantali altitudine. Duorum generum[: alteri semen nigrius, et oblongum. Hoc ad Venerem stimulandam, et ad oculorum argema et albugines. Alteri candidius semen et rotundius. Utroque tuso extrahuntur aculei ex corpore, per se illito ex aqua : folia ex aceto imposita, panos per se vel cum melle discutiunt : item furunculos, priusquam capita faciant, omnesque acrimonias.

LXXVII. Quin et ipsæ frugum pestes in aliquo sunt usu. Infelix dictum est a Virgilio lolium. Hoc tamen molitum, ex aceto coctum, impositumque, sanat impetigines ; celerius, quo sæpius mutatum est. Medetur et podagris, aliisque doloribus, ex oxymelite. Curatio hæc a cæteris differt. Aceti sextario uno dilui mellis uncias duas justum est : ita temperatis sextariis tribus, decocta farina lolii sextariis duobus usque ad crassitudinem, calidumque ipsum imponi dolentibus membris. Eadem farina extrahit ossa fracta.

LXXVIII. Miliaria appellatur herba, quæ necat milium. Hæc trita, et cornu cum vino infusa, podagras jumentorum dicitur sanare.

LXXIX. Bromos semen est spicam ferentis herbæ : nascitur inter vitia segetis, avenæ genere : folio et stipula triticum imitatur. In cacuminibus dependentes parvulas velut locustas habet. Semen utile ad cataplasmata, atque hordeum, et similia. Prodest tussientibus succus.

LXXX. Orobanchen appellavimus necantem ervum et legumina; alii cynomorion eam appellant, a similitudine canini genitalis : cauliculus est sine sanguine, foliis rubens. Estur et per se, et in patinis, quum tenera est decocta.

LXXXI. Et leguminibus innascuntur bestiolæ venenatæ, quæ manus pungunt, et periculum vitæ afferunt, solipugarum generis. Adversus omnia eadem medentur, quæ contra araneos et phalangia demonstrantur. Et frugum quidem hæc sunt in usu medico.

céria en Espagne, la cervoise et d'autres breuvages dans la Gaule et certaines provinces. L'écume de toutes ces boissons est un cosmétique que les femmes emploient pour entretenir la fraîcheur du teint. Mais puisque nous parlons de boissons, il vaut mieux passer au vin, et commencer par la vigne l'exposé des remèdes que fournissent les arbres.

---

1. LXXXII. Ex iisdem fiunt et potus, zythum in Ægypto, celia et ceria in Hispania, cervisia et plura genera in Gallia, aliisque provinciis, quorum omnium spuma cutem feminarum in facie nutrit. Nam quod ad potum ipsum attinet, præstat ad vini transire mentionem, atque a vite ordiri medicinas arborum.

# NOTES DU VINGT-DEUXIÈME LIVRE.

(1) Dioscoride, III, 37, dit que la réglisse a les feuilles semblables au lentisque, ἐοικότα σχίνῳ. Pline aura lu ἐχίνῳ; d'où il a tiré *foliis echinatis*.

(2) At eadem Vulg. — Je lis *ad* au lieu de *at*.

(3) Comme l'helxine ou pariétaire ne sert pas à teindre les laines, Daléchamp conjecture que Pline, par erreur, a lu βαφικὴν au lieu de ψυκτικὴν, qu'avait l'auteur copié par lui. Du moins Dioscoride, IV, 86, a δύναμιν ψυκτικήν.

(4) Ulophonon Vulg. — Ulophyton Edit. princeps, Brotier. — Ulophyton signifie herbe pernicieuse.

(5) Virus serpentium Vulg. — Virus serpentes Cod. Reg. III.

(6) Anchusam Vulg. — Encrisam Cod. Reg. II. — Enchrysam Brotier.

(7) Voy. livre XV, note 14.

(8) Voy. livre XV, note 14.

(9) Est vero causa Vulg. — Nec vero causa est Vet. Daléch.

(10) Pline accuse à tort les Grecs : c'est lui qui se trompe, confondant le buprestis, herbe (*bupleurum protractum*, Lk.), plante inoffensive, avec le buprestis, insecte voisin des cantharides, et vénéneux comme elles.

(11) Facit eam Vulg. — Non facit eam Editt. Vet., Brotier.

(12) Qui Vulg. — Je lis Cui.

(13) Ambulent gravidæ. Datur Vulg. — J'aime mieux, changeant la ponctuation, lire : ambulent ; gravidæ datur.

(14) Vel cum melle Edit. Gronov. — Vel manque dans Vulg.

(15) Mulsi tantum nutritu Vulg. — Mulsi tantum intrita Codd. Regg.

(16) Pline paraît avoir été trompé par le mot σφάκος, voisin de φάκος, *lentille*, et avoir pris une sauge (*salvia pomifera*) pour une espèce de lentille.

# LIVRE XXIII.

I. Nous avons achevé d'exposer les propriétés, même médicales, des céréales et de tout ce qui naît à la surface de la terre, en fait d'aliments, de fleurs et de parfums. Là aussi Pomone a rivalisé, et elle a donné des vertus médicinales aux fruits suspendus : non contente de protéger et de nourrir, à l'ombre de ses arbres, les plantes que nous avons indiquées (XVII, 18), elle s'indigne, pour ainsi dire, qu'on tire plus de secours des productions les plus éloignées du ciel, et qui n'ont été en usage que les dernières ; elle avertit l'homme que les fruits des arbres ont été sa première nourriture et lui ont fait tourner les regards vers les cieux, et qu'il peut, aujourd'hui encore, s'en nourrir, et se passer des céréales.

II. Ces vertus médicinales, elle les a accordées surtout à la vigne, comme si ce n'était pas assez d'y avoir généreusement préparé des délices, des odeurs, des essences, l'omphacium, l'œnanthe, le massaris, desquels nous avons parlé en lieu et place (XII, 60 et 61). C'est à moi, dit Pomone, que les hommes doivent le plus de jouissances ; c'est moi qui fais couler l'huile et le vin ; c'est moi qui mûris les dattes et les fruits si variés, sans faire, comme la terre, tout acheter par le travail : il n'est pas besoin de labourer avec des taureaux, de battre sur l'aire, de broyer sous la meule, pour obtenir des aliments au prix de combien de temps, de combien de peine! Mes dons, à moi, sont tous préparés ; il n'y a pas à se courber péniblement ; ils s'offrent spontanément, ils tombent même, si l'on ne veut pas se donner la peine de les détacher. Pomone a rivalisé avec elle-même, et elle a encore plus fait pour notre utilité que pour notre plaisir.

III. Les feuilles de vigne et les pousses, avec de la polenta, calment les douleurs de tête et les inflammations ; les feuilles, appliquées seules avec de l'eau froide, les ardeurs d'estomac ; avec de la farine d'orge, les maladies articulaires. Les pousses, pilées et appliquées, résolvent toutes les tumeurs ; leur suc, en lavement, guérit la dyssenterie. Les larmes de la vigne, qui sont comme une espèce de gomme, sont bonnes pour la lèpre, le lichen et les dartres, traitées auparavant par le nitre ; avec de l'huile, elles font, en frictions fréquentes, l'effet d'un dépilatoire, surtout celles que distillent les vignes vertes qu'on brûle : ce dernier liquide enlève aussi les verrues. Les pousses, infusées dans l'eau et prises en breuvage, sont bonnes pour les hémoptoïques, et pour les défaillances qui suivent la conception. L'écorce et les feuilles sèches arrêtent le sang des plaies, et cicatrisent la plaie elle-même. Le suc de la vigne blanche (1), pilée encore verte, dissipe l'impétigo. La cendre des sarments, des ceps et du marc de raisin, guérit, dans du vinaigre, les condylomes et les affections du siége ; avec l'huile rosat, la rue et le vinaigre, on s'en sert pour les luxations, les brûlures et les gonflements de la rate. Avec du vin, sans huile, on en fait des fomentations sur les érysipèles et l'intertrigo ; et

## LIBER XXIII.

I. Peracta cerealium in medendo quoque natura est, omniumque quæ ciborum aut florum, odorumque gratia proveniunt supina tellure. Non cessit his Pomona, partesque medicas et pendentibus dedit, non contenta protegere, arborumque alere umbra quæ diximus ; immo velut indignata plus auxilii inesse his quæ longius a cælo abessent, quæque postea cœpissent. Primum enim homini cibum fuisse inde, et sic inducto cælum spectare, pascique et nunc ex se posse sine frugibus.

II. Ergo hercule has in primis dedit vitibus, non contenta delicias etiam, et odores atque unguenta, omphacio, et œnanthe ac massari, quæ suis locis diximus, nobiliter instruxisse. Plurimum, inquit, homini voluptatis ex me est. Ego succum vini, liquorem olei gigno. Ego palmas et poma, totque varietates : neque ut tellus, omnia per labores, araudą tauris, terenda areis, deinde saxis, ut quando, quantove opere cibi fiant ? At ex me parata omnia, nec curvo laboranda, sed sese porrigentia ultro ; et si pigeat attingere, etiam cadentia. Certavit ipsa secum, plusque utilitatis causa genuit etiam, quam voluptatis.

III. Folia vitium et pampini capitis dolores, inflammationesque corporum mitigant cum polenta. Folia per se ardores stomachi ex aqua frigida : cum farina vero hordei, articularios morbos. Pampini triti et impositi, tumorem omnem siccant. Succus eorum dysentericis infusus medetur. Lacryma vitium, quæ veluti gummis est, lepras et lichenas, et psoras nitro ante præparatas sanat. Eadem cum oleo sæpius pilis illitis, psilothri effectum habet, maximeque quam virides accensæ vites exsudant : qua et verrucæ tolluntur. Pampini sanguinem exscreantibus, et mulierum a conceptu defectioni, diluti potu prosunt. Cortex vitium et folia arida, vulnerum sanguinem sistunt, ipsumque vulnus conglutinant. Vitis albæ viridis jusæ succo impetigines tolluntur. Cinis sarmentorum vitiumque et vinaceorum, condylomatis et sedis vitiis medetur ex aceto : item luxatis et ambustis, et lienis

elle fait aussi tomber les poils. On donne à boire, pour les affections de la rate, de la cendre de sarment humectée avec du vinaigre, à la dose de deux cyathes (0 litr., 09) dans de l'eau tiède; le malade doit ensuite se tenir couché du côté gauche.
3 Les vrilles avec lesquelles la vigne grimpe, pilées et bues dans de l'eau, arrêtent les vomissements habituels. La cendre de vigne, avec du vieux oing, résout les tumeurs, déterge les fistules et les guérit radicalement, ainsi que les douleurs de nerfs nées du froid et les contractures. Elle est bonne, avec de l'huile, pour les contusions; avec du vinaigre et du nitre, pour les excroissances charnues qui naissent sur les os; avec de l'huile, pour les piqûres des scorpions et les morsures des chiens. La cendre de l'écorce, employée seule, fait renaître le poil des parties brûlées.

1 IV. Nous avons dit en parlant des parfums (XII, 60) de quelle façon l'omphacium se faisait avec la jeunesse du raisin qui commence; maintenant nous allons en indiquer les propriétés médicinales. L'omphacium guérit les ulcérations des parties humides, telles que la bouche, les amygdales et les parties génitales. Il est excellent pour éclaircir la vue, pour les granulations des paupières, pour les ulcères de l'angle de l'œil, pour les taies, pour les ulcères humides en quelque partie qu'ils soient, pour les cicatrices baveuses, pour les suppurations sordides des os. On en adoucit la force avec du miel ou du vin cuit. Il est bon dans la dyssenterie, l'hémoptysie, l'angine.

1 V. A l'omphacium tient l'œnanthe, produite par la vigne sauvage, et dont nous avons parlé à propos des parfums (XII, 61). La plus estimée est celle qui vient en Syrie, surtout autour des montagnes d'Antioche et de Laodicée. L'œnanthe de la vigne blanche rafraîchit, resserre; on en saupoudre les plaies; on l'applique sur la région stomacale; elle est bonne pour les urines, pour le foie, les douleurs de tête, la dyssenterie; contre les dégoûts, on la fait boire à la dose d'une obole (0 gr., 75), dans du vinaigre. Elle sèche les éruptions humides de la tête; elle est très-efficace pour les affections siégeant aux parties humides: aussi l'emploie-t-on avec le miel et le safran pour les ulcérations de la bouche, et pour les affections des parties génitales et du siége. Elle arrête le cours de ventre; elle corrige la gale des paupières et le larmoiement. Avec du vin, elle arrête le vomissement; avec de l'eau froide, l'hémoptysie. La cendre est estimée comme ingrédient des collyres, ainsi que pour déterger les ulcères et traiter le panaris et le ptérygion. Pour avoir cette cendre on met l'œnanthe dans un four, et on l'y laisse jusqu'à ce que le pain soit complètement cuit. Pour le massaris (XII, 61), il ne sert qu'aux parfums. Le renom de toutes ces préparations est dû à l'avidité humaine, qui cueille les choses avant leur maturité.

VI. (1.) Quant aux raisins qu'on laisse mûrir, 1 les noirs sont les plus forts; aussi le vin qu'ils donnent est-il moins agréable : les blancs sont plus doux, parce qu'étant transparents ils se laissent plus facilement pénétrer par l'air. Les raisins frais cueillis engendrent des flatuosités, gonflent l'estomac et dérangent le ventre; aussi les défend-on dans la fièvre, surtout pris en trop grande quantité: en effet, ils appesantissent la tête et causent la maladie appelée léthargus (2). Ceux qu'on laisse longtemps suspendus, après les avoir cueillis, sont plus salutaires; cette sorte de ven-

---

tumori, cum rosaceo, et ruta, et aceto. Item igni sacro ex vino citra oleum aspergitur, et intertrigini : et pilos absumit. Dant et bibendum cinerem sarmentorum ad lienis remedia aceto conspersum, ita ut bini cyathi in tepida aqua bibantur; utque qui biberit, in lienem jaceat. 3 Claviculæ ipsæ, quibus repunt vites, tritæ, et ex aqua potæ, sistunt vomitionum consuetudinem. Cinis vitium cum axungia vetere contra tumores proficit, fistulas purgat, mox et persanat : item nervorum dolores frigore ortos, contractionesque : contusas vero partes cum oleo, carnes excrescentes in ossibus cum aceto et nitro, scorpionum et canum plagas cum oleo. Corticis per se cinis combustis pilos reddit.

1 IV. Omphacium qua fieret ratione incipientis uvæ pubertate, in unguentorum loco docuimus. Nunc ad medicinam de eo pertinentia indicabimus. Sanat ea, quæ in humido sunt hulcera, ut oris, tonsillarum, genitalium. Oculorum claritati plurimum confert. Scabritiæ genarum, hulceribusque angulorum, nubeculis, hulceribus quacumque in parte manantibus, cicatricibus marcidis, ossibus purulente limosis. Mitigatur vehementia ejus melle aut passo. Prodest et dysentericis, sanguinem exscreantibus, anginis.

V. Omphacio cohæret œnanthe, quam vites silvestres 1 ferunt, dicta a nobis in unguentaria ratione. Laudatissima in Syria, maxime circa Antiochiæ et Laodiceæ montes : et ex alba vite refrigerat, adstringit, vulneribus inspergitur, stomacho illinitur, utilis urinæ, jocineri, capitis doloribus, dysentericis. Contra fastidia obolo ex aceto pota. Siccat manantes capitis eruptiones, efficacissima ad vitia quæ sunt in humidis : ideo et oris hulceribus, et verendis, ac sedi, cum melle et croco. Alvum sistit. Genarum scabiem emendat, oculorumque lacrymationes : ex vino stomachi dissolutionem : ex aqua frigida pota sanguinis exscreationes. Cinis ejus ad collyria, et ad hulcera purganda, et paronychia, et pterygia, probatur. Uritur in furno, donec panis percoquatur. Massaris odoribus tantum gignitur; omniaque ab aviditas humani ingenii nobilitavit, rapere festinando.

VI. (1.) Maturescentium autem uvæ vehementiores ni- 1 græ, ideoque vinum ex his minus jucundum : suaviores albæ, quoniam e translucido facilius accipitur aer. Recentes stomachum, et spiritum inflant, alvumque turbant : itaque in febri damnantur, utique largiores. Gravedinem enim capiti, morbumque lethargicum faciunt. Innocentiores, quæ decerptæ diu pependere : qua ven-

tilation les rend bons pour l'estomac et pour les malades. Ils sont légèrement rafraîchissants, et dissipent les dégoûts.

1 VII. Les raisins confits dans du vin doux portent à la tête. Après ceux qui ont été suspendus à l'air, les meilleurs sont les raisins gardés sur la paille. Quant aux raisins gardés sur le marc, ils font mal à la tête, à la vessie et à l'estomac ; cependant ils arrêtent le flux de ventre, et sont très-bons dans les hémoptysies. Les raisins gardés dans le moût (XIV, 3) sont encore pires que les raisins gardés sur le marc; le vin cuit les rend 2 mauvais aussi à l'estomac. Suivant les médecins, les raisins gardés à l'eau de pluie sont les plus salubres, bien que les moins agréables : on sent le bien-être qu'ils causent dans les ardeurs d'estomac, dans les amertumes bilieuses, dans le vomissement de bile par l'effet du choléra, dans les hydropisies, dans les fièvres ardentes. Les raisins gardés dans des pots de terre excitent la bouche, l'estomac, l'appétit ; on pense néanmoins que la vapeur du marc dont on les couvre (XIV, 3) les rend un peu pesants. La volaille à laquelle on donne à manger parmi ses aliments de la fleur de vigne ne touche plus au raisin (XIV, 18).

1 VIII. Les sarments de vigne où il y a eu des raisins sont astringents, et surtout quand ils ont été conservés dans des pots de terre.

1 IX. Les pepins ont la même propriété ; c'est par eux que le vin cause des maux de tête. Brûlés et pilés, ils sont bons à l'estomac; on saupoudre avec cette farine, en guise de polenta, le breuvage des malades affectés de dyssenterie, de maladie céliaque et de vomissement. Il est avantageux de fomenter avec la décoction les affections psoriques et prurigineuses.

X. Le marc, seul, est moins nuisible à la tête 1 et à la vessie que les pepins. Pilé avec le sel, on l'emploie pour l'inflammation des mamelles. La décoction, en boisson et en fomentation, est bonne pour les anciennes dyssenteries et les affections céliaques.

XI. Le raisin thériacal, dont nous avons parlé 1 en son lieu (XIV, 22), se mange comme antidote contre la morsure des serpents ; on conseille même d'en manger les feuilles, et de les employer en topique; le vin et le vinaigre faits avec ce raisin ont la même propriété salutaire.

XII. Le raisin sec qu'on nomme astaphis serait 1 nuisible à l'estomac, au ventre et aux intestins, sans les pepins qu'il renferme, et qui corrigent ces mauvaises qualités. Les pepins étant ôtés, ce raisin est regardé comme bon pour la vessie, pour la toux aussi ; mais dans ce cas on estime davantage le blanc. Il est avantageux à la trachée-artère et aux reins ; et le vin cuit qu'on en fait est en particulier efficace contre le serpent hémorrhois. On en fait un topique avec la farine de cumin ou de coriandre, pour les testicules enflammés ; pilé sans les pepins, avec la rue, pour les charbons et les maladies des articulations ; il faut auparavant fomenter les plaies avec du vin. Avec les pepins, il guérit les épinyctides, les favus et la dyssenterie. Cuit dans l'huile, on en fait un topique avec la pelure de raifort et avec du miel, pour la gangrène ; avec le panax, pour la goutte et la mobilité des ongles ; seul et mâché avec du poivre, on l'emploie pour nettoyer la bouche et purger le cerveau.

XIII. La staphisaigre (*delphinium staphisa-* 1 *gria*, L.), astaphis ou staphis agria, est appelée à tort par quelques-uns uva taminia ; elle forme en effet une espèce particulière à tiges noires, droites,

---

tilatione etiam utiles fiunt stomacho, ægrisque. Nam et refrigerant leviter, et fastidium auferunt.

1 VII. Quæ autem in vino dulci conditæ fuere, caput tentant. Proximæ sunt pensilibus in palea servatæ; nam in vinaceis servatæ, et caput, et vesicam, et stomachum infestant : sistunt tamen alvum, sanguinem exscreantibus utilissimæ. Quæ vero in musto fuere, pejorem vim etiamnum habent, quam quæ in vinaceis. Sapa quoque stomacho 2 inutiles facit. Saluberrimas putant medici in cælesti aqua servatas, etiamsi minime jucundas : sed voluptatem earum in stomachi ardore sentiri, et in amaritudine jecoris, fellisque vomitione in choleris : hydropicis, cum ardore febrium ægrotantibus. At in ollis servatæ, et os, et stomachum, et aviditatem excitant. Paulo tamen graviores existimantur fieri vinaceorum halitu. Uvæ florem in cibis si edere gallinacei, uvas non attingunt.

1 VIII. Sarmenta earum, in quibus acini fuere, adstringendi vim habent, efficaciora ex ollis.

1 IX. Nuclei acinorum eamdem vim obtinent : hi sunt qui in vino capitis dolorem faciunt. Tosti tritique stomacho utiles sunt. Inspergitur farina eorum, polentæ modo, potioni, dysentericis, et cœliacis, et dissoluto stomacho. Decocto etiam eorum fovere psoras et pruritum utile est.

X. Vinacei per se minus capiti aut vesicæ nocent, quam 1 nuclei : mammarum inflammationi triti cum sale utiles. Decoctum eorum veteres dysentericos et cœliacos juvat et potione, et fotu.

XI. Uva theriace, de qua suo loco diximus, contra serpentium ictus estur. Pampinos quoque ejus edendos censent, imponendosque, vinumque et acetum ex his factum auxiliarem contra eadem vim habet.

XII. Uva passa, quam astaphida vocant, stomachum, 1 ventrem et interanea tentaret, nisi pro remedio in ipsis acinis nuclei essent : iis exemtis vesicæ utilis habetur; et tussi, alba utilior. Utilis et arteriæ, et renibus : sicut ex his passum privatim e serpentibus contra hæmorrhoida potens. Testium inflammationi cum farina cumini, aut coriandri imponuntur ; item carbunculis, articulariis morbis, sine nucleis tritæ cum ruta : fovere ante vino hulcera oportet. Sanant epinyctidas et ceria, et dysenteriam cum suis nucleis. Et in oleo coctæ gangraenis illinuntur cum cortice raphani et melle. Podagris et unguium mobilibus cum panace, et per se ad purgandum os caputque, cum pipere commanducantur.

XIII. Astaphis agria, sive staphis, quam uvam tami- 1 niam aliqui vocant falso : suum enim genus habet, cau-

à feuilles semblables à celles de la labrusca; elle porte non des grains, mais des follicules verts, semblables au pois chiche et renfermant une graine triangulaire. Ses fruits mûrissent avec les raisins et deviennent noirs, tandis que les grains du taminia sont rouges; et d'ailleurs ce dernier ne vient que dans les lieux ombragés, et la staphisaigre aime l'exposition au soleil. Je ne conseillerais pas d'employer la graine de la staphisaigre comme purgatif, car elle pourrait étouffer le malade. Je ne la conseillerais pas non plus comme 2 sialagogue, car elle irrite la gorge. Pilée, cette graine tue la vermine de la tête et du reste du corps, surtout si on y mêle de la sandaraque; on l'emploie aussi contre les affections psoriques et prurigineuses. On la fait cuire dans du vinaigre pour les douleurs de dents, pour les maux d'oreilles, pour les cicatrices baveuses (3), pour les ulcères humides. La fleur pilée se prend dans du vin contre la morsure des serpents; mais ici encore je rejette la graine, comme ayant trop d'âcreté. Quelques-uns nomment cette plante pituitaire, et l'emploient constamment en topique contre les morsures des serpents.

1 XIV. La labrusca, de son côté, porte l'œnanthe, dont nous avons suffisamment parlé (XII, 61); elle est appelée vigne sauvage par les Grecs. Les feuilles sont épaisses et blanchâtres, la tige est noueuse, l'écorce fendillée; elle porte des grappes rouges comme l'écarlate, dont les femmes se servent pour éclaircir leur teint et effacer les taches 2 du visage. Ces grappes, pilées avec les feuilles et le suc, sont employées dans les coxalgies et les affections lombaires. La racine, cuite dans l'eau et bue dans deux cyathes (0 litr., 09) de vin de Cos, fait rendre des selles aqueuses; aussi la donne-t-on aux hydropiques. Je suis porté à croire que c'est là la plante appelée vulgairement uva taminia; on s'en sert comme d'un amulette; on l'emploie aussi dans l'hémoptysie, en gargarisme seulement, prenant garde d'en rien avaler, et ajoutant du sel, du thym et du vinaigre miellé. On ne pense pas en effet pouvoir l'employer avec sûreté comme purgatif (4).

XV. Il est une autre plante semblable à celle-là, 1 mais venant dans les saussaies; on l'en distingue par le nom, les usages étant les mêmes, et on la nomme salicastrum. Elle fait disparaître avec plus d'efficacité, pilée dans du vinaigre miellé, les affections scabieuses et prurigineuses des hommes et des bestiaux (la douce amère?)

XVI. La vigne blanche est appelée par les Grecs 1 ampéloleuce, ophiostaphylon, melothron, psilothrum, archezostis, cedrostis, madon (*bryonia cretica*). Les tiges, sarmenteuses et grimpantes, ont des nœuds; les entre-nœuds sont longs et minces. Les feuilles, garnies de vrilles et grandes comme celles du lierre, sont découpées comme celles de la vigne. La racine est blanche, grosse, et semblable dans le commencement au raifort; il en part des tiges semblables à l'asperge. Cuites, elles sont purgatives et diurétiques. Les feuilles et les tiges ont une propriété ulcérative; on les 2 emploie en topique avec du sel pour les ulcérations phagédéniques, pour les gangrènes, pour les ulcères putrides des jambes. Les fruits sont des baies pendant en grappes et peu serrées, ayant un suc rouge, puis safrané. Ce fruit est connu des corroyeurs, qui l'emploient. On en fait des topiques pour les affections psoriques et lépreuses. Cuit avec du froment et pris en boisson, il fait venir le lait. La racine, renommée pour ses nombreux usages, se prend contre les morsures des serpents, pilée, en boisson, à la dose de deux drachmes.

---

liculis nigris, rectis, foliis labruscæ : fert folliculos verius, quam acinos, virides, similes ciceri : in his nucleum triangulum. Maturescit cum vindemia, nigrescitque : quum taminiæ rubentes norimus acinos, sciamusque illam in apricis nasci, hanc non nisi in opacis. His nucleis ad purgationem uti non censuerim, propter ancipitem strangulationem : nec ad pituitam oris siccandam, fauces enim 2 lædunt. Phthiriasi caput et reliquum corpus liberant triti, facilius admixta sandaracha : item pruritu, et psoris. Ad dentium dolores decoquuntur in aceto, ad aurium vitia, rheumatismum cicatricum, hulcerum manantia. Flos tritus in vino contra serpentes bibitur : semen enim abdicaverim, propter nimiam vim ardoris. Quidam eam pituitariam vocant, et plagis serpentium utique illinunt.

1 XIV. Labrusca quoque œnanthen fert, satis dictam : quæ a Græcis ampelos agria appellatur, spissis et candicantibus foliis, geniculata, rimoso cortice : fert uvas rubentes cocci modo, quæ cutem in facie mulierum ex-
2 gant, et varos : coxendicum et lumborum vitiis tusæ cum foliis et succo prosunt. Radix decocta in aqua, pota in vini Coi cyathis duobus, humorem alvi ciet : ideo hydropicis datur. Hanc potius crediderim esse, quam vulgus uvam taminiam vocat. Utuntur ea pro amuleto : et ad exspuitionem sanguinis quoque adhibent, non ultra gargarizationes, et ne quid devoretur, addito sale, thymo, aceto mulso. Ideo et purgationibus ancipitem putant.

XV. Est huic similis, sed in salictis nascens : ideo dis- 1 tinguitur nomine, quum eosdem usus habeat, et salicastrum vocatur. Scabiem et pruriginem hominum quadrupedumque aceto mulso trita hæc efficacius tollit.

XVI. Vitis alba est, quam Græci ampeloleucen, alii 1 ophiostaphylon, alii melothron, alii psilothrum, alii archezostin, alii cedrostin, alii madon appellant. Hujus sarmenta longis et exilibus internodiis geniculata scandunt. Folia pampinosa ad magnitudinem ederæ, dividuntur ut vitium. Radix alba, grandis, raphano similis initio : ex ea caules asparagi similitudine exeunt. Hi decocti in cibo alvum et urinam cient. Folia et caules exhulcerant cor- 2 pus : utique hulcerum phagedænis et gangrænis, tibiarumque tædio cum sale illinuntur. Semen in uvas raris acinis dependet, succo rubente, postea croci. Novere id qui coria perficiunt : illo enim utuntur. Psoris et lepris illinitur : lactis abundantiam facit coctum cum tritico, potumque. Radix numerosis utilitatibus nobilis, contra

Elle efface les taches de la peau au visage, les pustules, le lentigo, les meurtrissures et les cicatrices ; elle produit les mêmes effets, cuite dans 3 de l'huile. On fait boire la décoction aux épileptiques, à ceux dont l'esprit est troublé, ou qui sont affectés de vertiges, à la dose d'une drachme chaque jour, pendant une année entière. A une dose un peu trop forte, elle trouble les sens (5). Elle a une propriété remarquable : c'est de faire sortir, appliquée dans de l'eau en topique, les esquilles osseuses, propriété qu'elle partage avec la bryone ; aussi quelques-uns la nomment-ils bryone blanche ; mais pour le même usage la noire est plus efficace, avec du miel et de 4 l'encens. La vigne blanche résout les suppurations commençantes ; elle mûrit et déterge les suppurations anciennes. Elle est emménagogue et diurétique. On en fait un éclegme pour la dyspnée, pour les douleurs de côté, pour les ruptures et les déchirures. Prise en boisson pendant trente jours, à la dose de trois oboles (a gr., 05), elle fait diminuer la rate. On en fait, avec une figue, un topique pour les excroissances des doigts. En pessaire, dans du vin, elle fait sortir l'arrière-faix. Le suc de cette racine à la dose d'une drachme, bu dans de l'eau miellée, évacue la pituite. Ce suc doit être recueilli avant la maturité du fruit ; appliqué seul et avec la farine d'ers, il donne à la peau une couleur plus fraîche et plus de souplesse ; il chasse les serpents (6). La racine pilée avec des figues grasses efface aussi les rides, pourvu qu'aussitôt après on parcoure en se promenant deux stades (360 mètres) ; elle brûle la peau, à moins qu'on ne se lave avec de l'eau froide. Au reste, la vigne noire est, pour cet usage, préférable à la blanche, qui cause du prurit.

1 XVII. Il y a en effet une vigne noire (*bryonia alba*, L.), et c'est elle qu'on nomme proprement bryone ; on la nomme aussi chironia, gynæcanthe, apronia. Elle ne diffère de la précédente que par la couleur, qui, comme nous l'avons dit, est noire. Dioclès préférait les jets en forme d'asperges qu'elle porte, aux vraies asperges, comme aliment diurétique et propre à diminuer la rate. Elle croît surtout dans les taillis et parmi les roseaux. La racine, noire au dehors, de couleur de buis au dedans, fait sortir les esquilles osseuses avec plus d'efficacité même que la précédente. Au reste, elle a la propriété d'être un remède unique pour les écorchures du cou des bêtes de somme. On prétend que si on en plante autour d'une métairie, elle écarte les oiseaux de proie et met en sûreté la volaille. Attachée autour des talons, elle est utile tant aux hommes qu'aux bêtes de charge, pour résoudre le sang qui s'est jeté dans les pieds. Voilà ce que j'avais à dire sur les espèces de vignes.

XVIII. Les moûts ont des différences naturel- 1 les : les uns sont blancs, les autres noirs, d'autres entre deux ; ceux dont on fait le vin sont autres que ceux dont on fait le vin cuit. Quant aux différences dues à l'industrie, elles sont innombrables : nous nous bornerons donc à parler du moût d'une manière générale. Toute espèce de moût est mauvais à l'estomac et bon pour le système vasculaire. Bu d'un seul trait, à la sortie du bain, le moût donne la mort (XXIII, 30). Il est un antidote pour les cantharides et pour les morsures des serpents, surtout 2 de l'hémorrhoïs et de la salamandre ; il fait mal à la tête et à la gorge ; il est avantageux aux reins, au foie et aux parois de la vessie, car il les lubréfie. Il a une vertu particulière contre le buprestis (sorte de cantharide). Bu avec de l'huile

---

serpentium ictus trita drachmis duabus bibitur. Vitia cutis in facie, varosque, et lentigines, et sugillata emendat, et 3 cicatrices : eademque præstat decocta in oleo. Decoctæ datur et comitialibus potus : item mente commotis, et vertigine laborantibus, drachmæ pondere quotidie anno toto. Et ipsa autem largior aliquanto sensus turbat. Illa vis præclara, quod ossa infracta extrahit in aqua, imposita, ut bryonia : quare quidam hanc albam bryoniam vocant. Alia vero nigra efficacior in eodem usu cum melle 4 et thure. Suppurationes incipientes discutit, veteres maturat et purgat. Ciet menses et urinam. Eclegma ex ea fit suspiriosis, et contra lateris dolores, vulsis, ruptis. Splenem ternis obolis pota triginta diebus consumit. Illinitur eadem cum fico et pterygiis digitorum. Ex vino secundas feminarum apposita trahit : et pituitam, drachma pota in aqua mulsa, succus radicis. Colligi debet ante maturitatem seminis : qui illitus per se et cum ervo, lætiore quodam colore et cutis teneritate mangonizat corpora : fugat serpentes. Tunditur ipsa radix cum pingui fico, erugatque corpus, si statim bina stadia ambulentur : alias urit, nisi frigida abluatur. Jucundius hoc idem præstat nigra vitis; quoniam alba pruritum affert.

XVII. Est ergo et nigra, quam proprie bryoniam vocant, 1 alii Chironiam, alii gynæcanthen, aut aproniam, similem priori, præterquam colore. Hujus enim nigrum esse diximus. Asparagos ejus Diocles prætulit veris asparagis in cibo, urinæ ciendæ, lienique minuendo. In frutectis et arundinetis maxime nascitur. Radix foris nigra, intus buxeo colore, ossa infracta vel efficacius extrahit, quam supra dicta. Cæterum eidem peculiare est, quod jumentorum cervicibus unice medetur. Aiunt si quis vilium ea præcinxerit, fugere accipitres, tutasque fieri villaticas alites. Eadem in jumento homineque, flexura, aut sanguinem, qui se ad talos dejecerit, circumligata sanat. Et hactenus de vitium generibus.

XVIII. Musta differentias habent naturales has, quod 1 sunt candida, aut nigra, aut inter utrumque : aliaque, ex quibus vinum fiat, alia ex quibus passum : cura differentias innumerabiles facit. In plenum ergo hæc dixisse conveniat. Mustum omne stomacho inutile, venis jucundum. A balineis raptim et sine interspiratione potum, necat. Cantharidum naturæ adversatur. Item serpentibus, 2 maxime hæmorrhoidi, et salamandræ. Capitis dolores facit, et gutturi inutile : prodest renibus, jocineri, et in-

et revomi, il empêche les mauvais effets de l'opium, du lait coagulé dans l'estomac, de la ciguë, des venins, du dorycnium (xxi, 105); pour tout cela le moût blanc a moins d'efficacité. Le moût de raisin sec est plus agréable, et d'ailleurs il est moins sujet à causer des maux de tête.

XIX. Nous avons exposé (xiv, 8, 9, 10) les espèces de vins, les différences nombreuses qu'elles présentent, et presque toutes les propriétés qu'elles possèdent. Il n'est pas de matière plus abondante et plus difficile à traiter : en effet, on ne saurait dire si l'usage du vin est plus généralement utile que nuisible; mais, en outre, combien est incertain l'effet immédiat en bien ou en mal que le vin produit? Or, c'est uniquement des propriétés médicales du vin que nous parlons. Asclépiade a composé sur l'administration de cette liqueur tout un livre, dont le titre vient de là, et qui a donné lieu à un nombre infini de commentaires. Pour nous, fidèles à la gravité romaine et soucieux des études libérales, nous examinerons diligemment cet objet, non en médecin de profession, mais en juge de la santé publique. Traiter de chaque espèce en particulier serait d'un travail immense et sans terme, d'autant que les médecins ne s'accordent pas entre eux.

XX. Nos ancêtres ont surtout recommandé le vin de Surrente; l'âge suivant donna la préférence au vin d'Albe ou au Falerne; ensuite d'autres espèces furent mises en vogue, grâce à cette très-injuste manière de procéder par laquelle on impose à tous son goût particulier. Mais fût-on d'accord sur les meilleurs, combien peu en pourraient faire usage! Que dis-je? les riches même ne les boivent pas naturels. L'immoralité est telle, qu'on ne vend plus que le nom des crus, et que les vins sont frelatés dès la cuve. Aussi, chose singulière, les vins les moins estimés sont les plus innocents. Cependant, les trois espèces dont nous avons parlé paraissent toujours conserver la vogue. Le Falerne, si l'on veut savoir aussi quand il est à son vrai point, est nuisible à la santé trop nouveau ou trop vieux; à quinze ans il commence à être d'âge moyen; alors il est bon à l'estomac, si on ne le boit ni trop froid ni trop chaud. Dans les vieilles toux et dans les fièvres quartes il est avantageux de le boire pur, à jeun; aucun n'excite autant le mouvement des vaisseaux. Il resserre le ventre, il nourrit le corps. On a pensé qu'il obscurcissait la vue, et qu'il n'était bon ni pour les nerfs ni pour la vessie. Les vins d'Albe sont meilleurs pour les nerfs. Les vins d'Albe doux ne conviennent pas à l'estomac; les vins d'Albe astringents conviennent mieux même que le Falerne. Ils aident moins à la digestion; ils gonflent médiocrement l'estomac. Les vins de Surrente ne le gonflent pas du tout; ils ne portent pas à la tête; ils arrêtent les débordements de l'estomac et des intestins. Quant au Cécube, on n'en fait plus.

XXI. Mais un vin qui existe encore, le vin de Setia, active la digestion; le Surrente a plus de force, l'Albe plus d'astringence; le Falerne est moins capiteux. Le Stata n'est guère inférieur à ces vins. Il est d'observation que le vin de Signia est très-bon pour le cours de ventre.

XXII. Parlons maintenant du vin en général. Le vin entretient les forces, le sang, le teint. C'est lui qui fait la différence entre la zone moyenne et tempérée et les zones extrêmes; le jus de la

---

terancis vesicæ : collævnt enim ea. Privatim contra buprestim valet. Contra meconium, lactis coagulationem, cicutam, toxica, dorycnium, ex oleo potum, redditumque vomitionibus. Ad omnia infirmius album, jucundius passi mustum, et quod minorem capitis dolorem afferat.

XIX. Vini genera differentiasque perquam multas exposuimus, et fere cujusque proprietates. Neque ulla pars difficilior tractatu, aut numerosior : quippe quum sit tardum dictu, pluribus prosit an noceat : præterea quam ancipiti eventu potu statim auxilium fit, aut venenum? Etenim de natura ad remedia tantum pertinente nunc loquimur. Unum de dando eo volumen Asclepiades condidit, ab eo cognominatum : qui vero postea de volumine illo disseruere, innumera. Nos ista romana gravitate, artiumque liberalium appetentia, non ut medici, sed ut judices salutis humanæ, diligenter distinguemus. De generibus singulis disserere immensum et inexplicabile est, discordibus medicorum sententiis.

XX. Surrentinum veteres maxime probavere : sequens ætas Albanum aut Falernum. Deinde alia alii iniquissimo genere decreti, quod cuique gratissimum, cæteris omnibus pronuntiando. Quin, ut constarent sententiæ, quota portio tamen mortalium his generibus posset uti? Jam vero nec proceres usquam sinceris. Eo venere mores, ut nomina modo cellarum veneant, statimque in lacubus vindemiæ adulterentur. Ergo hercle, mirum dictu, innocentius jam est quodcumque et ignobilius. Hæc tamen facere constantissime videntur victoriam, quorum mentionem fecimus. Si quis hoc quoque discrimen exigit, Falernum nec in novitate, nec in nimia vetustate corpori salubre est. Media ejus ætas a quinto decimo anno incipit. Hoc non rigido potu stomacho utile, non item in calido. Et in diutina tussi sorbetur merum utiliter a jejunis : item in quartanis. Nullo æque venæ excitantur. Alvum sistit, corpus alit. Creditum est obscuritatem visus facere : nec prodesse nervis, aut vesicæ. Albana nervis utiliora. Stomacho minus, quæ sunt dulcia : austera vel Falerno utiliora. Concoctionem minus adjuvant : stomachum modice implent. At Surrentina nullo modo, nec caput tentant : stomachi et intestinorum rheumatismos cohibent. Cæcuba jam non gignuntur.

XXI. At quæ supersunt Setina, cibos concoqui cogunt. Virium plus Surrentina, austeritatis Albana, vehementiæ minus Falerna habent. Ab his Statana non longo intervallo abfuerint. Alvo citæ Signinum maxime conducere indubitatum est.

XXII. Reliqua in commune dicantur. Vino aluntur vires, sanguis, colosque hominum. Hoc quoque distat orbis me-

vigne nous donne autant de vigueur qu'en donnent à leurs habitants ces plages rigoureuses. Le lait nourrit les os, les liqueurs tirées des céréales nourrissent les nerfs, l'eau nourrit les chairs. Aussi les hommes qui usent de ces boissons sont-ils moins colorés, moins robustes, moins résistants à la fatigue. Un peu de vin fait du bien aux nerfs, trop de vin leur fait du mal; de même pour les yeux. Il récrée l'estomac, il excite l'appétit, il amortit le chagrin et les soucis; il est diurétique;
2 il réchauffe; il procure le sommeil. En outre, il arrête les vomissements; des compresses de laine trempées dans du vin et appliquées sur les dépôts font du bien. Au dire d'Asclépiade, peu s'en faut que les vertus de cette liqueur ne l'emportent sur le pouvoir des dieux. Le vin vieux porte mieux l'eau et est plus diurétique; il désaltère moins. Le vin doux enivre moins, mais il reste sur l'estomac. Le vin astringent se digère plus aisément. Le vin qui vieillit le plus vite est le plus léger; celui qui s'adoucit en vieillissant fait moins de mal aux nerfs. Les vins épais et noirs sont moins bons pour l'estomac, mais ils nourrissent davantage. Les vins astringents et de peu de corps nourrissent moins, et sont meilleurs à l'estomac; ils passent plus rapidement par les urines, et portent d'autant plus à la tête : remarque une fois faite pour toutes les autres liqueurs. Le vin auquel on a fait contracter un goût de vieux à la fumée est très-insalubre; c'est une fraude inventée dans les celliers des marchands. Déjà même, dans les maisons particulières, on emploie ce procédé pour rendre la verdeur (7) aux vins *cariés* [c'est-à-dire passés par le seul effet du
3 temps]. Ce mot de *carie*, employé par les anciens, est par soi seul un avis, puisque dans les bois aussi la fumée détruit la carie; et nous, nous prétendons vieillir les vins par l'amertume de la fumée! Les vins qui sont très-blancs deviennent insalubres en vieillissant. Plus un vin est généreux (XIV, 6), plus l'âge l'épaissit, et lui donne une amertume qui n'est rien moins que salutaire; s'en servir pour couper un vin moins vieux, c'est faire un mélange insalubre. Chaque vin est d'autant plus innocent qu'il a son goût propre, d'autant plus agréable qu'il a son âge propre; et cet âge est l'âge moyen.

XXIII. Quand on veut acquérir de l'embonpoint 1 ou avoir le ventre libre, il importe de boire en mangeant. Ceux, au contraire, qui se trouvent trop replets et qui veulent avoir le ventre moins libre doivent rester sur leur soif en mangeant, et boire peu après le repas. Boire du vin à jeun est une coutume nouvelle (XIV, 28), et très-mauvaise quand on a des affaires sérieuses, et besoin de vigueur d'esprit pour les traiter. En prendre à jeun était jadis en usage, mais comme préparation au sommeil et au repos : c'est ainsi que, dans Homère (Od., IV, 19), Hélène en offre avant le repas. Le vin, dit le proverbe, obscurcit la raison. L'homme doit au vin d'être le seul animal à boire sans soif. En buvant du vin, il est très-bon d'avaler par intervalles quelques verres d'eau, comme aussi, quand on a bu sans cette précaution, d'avaler de l'eau par-dessus. Le fait est qu'un coup d'eau froide dissipe instantanément l'ivresse. Si l'on en croit Hésiode (Op., 594), il est bon de 2 boire du vin trempé vingt jours avant le lever du Chien et vingt jours après. Le vin pur est un antidote contre la ciguë, la coriandre, l'aconit, le gui, l'opium, le vif-argent, les abeilles, les guêpes, les frelons, les araignées-phalanges,

dius, et mitior plaga a circumjectis : quantum illis feritas facit roboris, tantum nobis hic succus. Lactis potus ossa alit, frugum nervos, aquæ carnes. Ideo minus ruboris est in corporibus illis, et minus roboris, contraque labores patientiæ. Vino modico nervi juvantur, copiosiore læduntur : sic et oculi. Stomachus recreatur : appetentia ciborum invitatur : tristitia et cura hebetatur : urina et
2 algor expellitur : somnus conciliatur. Præterea vomitiones sistit : collectiones extra lanis humidis impositis mitigat. Asclepiades utilitatem vini æquari vix deorum potentia pronuntiavit. Vetus copiosiore aqua miscetur, magisque urinam expellit : minus siti resistit. Dulce minus inebriat, sed stomacho innatat : austerum facilius concoquitur. Levissimum est, quod celerrime inveteratur. Minus infestat nervos, quod vetustate dulcescit. Stomacho minus utile est pingue, nigrum, sed corpora magis alit. Tenue et austerum minus alit, magis stomachum nutrit. Celerius per urinam transit, tantoque magis capita tentat : hoc et in omni alio succo semel dictum sit. Vinum si sit fumo inveteratum, insaluberrimum est. Mangones ista in apothecis excogitavere. Jam et patres familias ætatem ademere his,
3 quæ per se cariem traxere. Quo certe vocabulo satis consilii dedere prisci : quoniam et in materiis cariem fumus erodit : at nos e diverso fumi amaritudine vetustatem indui persuasum habemus. Quæ sunt admodum exalbida, hæc vetustate insalubria fiunt. Quo generosius vinum est, hoc magis vetustate crassescit, et in amaritudinem corpori minime utilem coit. Condire eo aliud minus annosum, insalubre est. Sua cuique vino saliva innocentissima, sua cuique ætas gratissima, hoc est, media.

XXIII. Corpus augere volentibus, aut mollire alvum, 1 conducit inter cibos bibere. Contra minuentibus, alvumque cohibentibus, sitire in edendo, postea parum bibere. Vinum jejunos bibere, novitio invento, inutilissimum est curis, vigoremque animi, ad procinctum tendentibus : somno vero ac securitatibus jamdudum hoc fuit, quod Homerica illa Helena ante cibum ministravit. Sic quoque in proverbium cessit, sapientiam vino obumbrari. Vino debemus homines, quod soli animalium non sitientes bibimus. Aquæ potum interponere utilissimum : itemque jugi superbibere. Ebrietatem quidem frigidæ potus exemplo discutit. Meracis potionibus per viginti dies ante Canis 2 ortum, totidemque postea suadet Hesiodus uti. Merum quidem remedio est contra cicutas, coriandrum, aconita, viscum, meconium, argentum vivum, apes, vespas, crabrones, phalangia, serpentium scorpionumque ictus, con-

les serpents, les scorpions, enfin contre tous les venins froids en général, et en particulier contre les serpents hemorrhoïs et prester, et les champignons. Il est bon contre les gonflements et les douleurs aiguës des hypocondres, les vomissements excessifs, et les débordements d'humeurs dans le ventre ou les intestins. On donne le vin trempé dans la dyssenterie, les sueurs excessives, les toux chroniques et les fluxions. Dans la maladie cardiaque (8), il est bon d'appliquer sur la mamelle gauche une éponge imbibée de vin pur. Dans tous ces cas, le meilleur est le vin blanc vieux. Une fomentation avec du vin chaud sur les parties génitales des bêtes de somme leur fait du bien. On dit aussi qu'on les délasse en leur en faisant avaler à l'aide d'une corne (xiv, 28). On assure que les singes et les autres quadrupèdes digités ne croissent pas quand on les accoutume à boire du vin pur.

XXIV. Maintenant nous parlerons du vin relativement à son usage médical. Les vins de Campanie qui ont le moins de corps sont la boisson la plus saine pour les gens comme il faut; pour les gens du peuple, le plus salutaire est celui qui leur plaît le mieux; pour tous, le meilleur est un vin fort qui a été dépouillé à l'aide du filtre (9). Souvenons-nous que le vin n'est autre chose que le moût auquel la fermentation a donné de la force. Le mélange de plusieurs espèces de vins fait une boisson nuisible à tout le monde. Le vin le plus salubre est celui auquel on n'a rien ajouté dans le moût; et il est encore meilleur si les vaisseaux qui le renferment n'ont pas été poissés (xiv, 25). Quant aux vins traités par le marbre, le plâtre ou la chaux (xiv, 24), quel est l'homme, même robuste, qui ne les redouterait? Ceux qu'on a préparés avec l'eau de mer (xiv, 9 et 10) sont des plus contraires à l'estomac, aux nerfs, à la vessie.

Ceux qu'on a traités avec la résine passent pour avantageux aux estomacs froids; ils ne conviennent pas dans les vomissements, non plus que le moût, le vin cuit, et le vin fait avec du raisin sec. Les vins nouveaux, préparés avec la résine, ne sont bons pour personne : ils causent de la céphalalgie et des vertiges. De là vient qu'on appelle du nom de crapula et la résine et l'ivresse (xiv, 25). Les vins susdits sont bons pour la toux, pour le rhumatisme, pour l'affection cœliaque, pour la dyssenterie, pour les règles. Ceux des vins de cette espèce qui sont rouges ou noirs sont plus astringents et plus échauffants. Les vins préparés avec la poix seule sont plus innocents. Il est bon de se souvenir que la poix n'est pas autre chose que de la résine fondue au feu (xiv, 25). Ces vins poissés échauffent, aident à la digestion, nettoient le corps, et sont avantageux à la poitrine, au ventre, aux douleurs apyrétiques de matrice, aux vieilles fluxions, aux ulcérations, aux ruptures, aux spasmes, aux vomiques, à la débilité des nerfs, aux gonflements, à la toux, à l'asthme, dans les luxations, en topique avec de la laine en suint. Pour toutes ces affections on préfère le vin qui naturellement a un goût de poix (xiv, 3 et 4), et qu'on nomme goudronné. Cependant on convient que les vins goudronnés du territoire helvénaque portent à la tête, pris en trop grande quantité. Quant aux affections fébriles, il est certain qu'il ne faut pas donner le vin aux malades, à moins que la fièvre ne soit ancienne ou sur son déclin. Dans les fièvres aiguës, on ne le donne qu'à ceux qui ont des rémissions manifestes, surtout si elles ont lieu la nuit; en effet, le danger du vin est diminué de moitié quand on le boit la nuit, c'est-à-dire avec probabilité de sommeil. On l'interdit aussi après l'accouchement ou l'avorte-

ment, à ceux qui sont malades par excès de libertinage, dans les douleurs de tête, dans les maladies où les redoublements s'accompagnent du froid des extrémités, dans les toux avec fièvres, dans les tremblements et douleurs de nerfs, dans les maux de la gorge, dans les cas où la maladie paraît se jeter sur cette partie, dans l'endurcissement des hypocondres, chez ceux qui ont le pouls élevé, dans l'opisthotonos, dans le tétanos, dans le hoquet, dans la dyspnée avec 5 fièvre. Le vin est absolument contraire aux malades qui ont les yeux fixes, à ceux qui ont les paupières immobiles ou relâchées et pesantes, à ceux dont les yeux brillent, malgré le rapprochement des paupières, à ceux dont les paupières ne se rapprochent pas, à ceux qui présentent ce phénomène dans le sommeil, à ceux dont les yeux offrent une suffusion sanguine ou sont remplis de chassie. Il l'est aussi à ceux qui ont la langue épaisse, pesante, et qui, par intervalles, articulent imparfaitement; à ceux qui urinent difficilement, à ceux qui sont saisis de terreurs subites, à ceux qui éprouvent des mouvements convulsifs et des alternatives de torpeur, à ceux qui ont des pertes séminales pendant le sommeil.

1 XXV. Dans la maladie cardiaque (10), il est certain que le vin est une ressource unique. Mais il faut le donner, suivant quelques-uns, dans l'accès seulement; suivant d'autres, seulement dans la rémission, ceux-là pour arrêter la sueur, ceux-ci parce qu'ils en regardent l'administration comme plus sûre au déclin de la maladie : cette dernière opinion est celle du plus grand nombre. En tout cas il faut le donner toujours après un aliment, jamais après le sommeil, jamais après une autre boisson, par conséquent toujours à un malade altéré, jamais hors des cas de toute extrémité, plus facilement à un homme qu'à une femme, à un vieillard qu'à un jeune homme, à un jeune homme qu'à un enfant, pendant l'hiver que pendant l'été, aux personnes habituées qu'à celles qui ne le sont pas. On se règle sur la force du vin, tant pour la quantité à donner que pour la manière de le tremper. On pense généralement que c'est assez d'un verre de vin sur deux verres d'eau. Si l'estomac rejette les aliments, il faut donner du vin, et aussi quand ils ne passent pas.

XXVI. Quant aux vins artificiels dont nous 1 avons indiqué la composition (XIV, 18, 19, 20), je pense qu'il ne s'en fait plus et qu'on peut s'en passer, puisque j'enseigne les propriétés des éléments de ces sortes de boissons. D'ailleurs, là-dessus les vanteries des médecins avaient passé la mesure : par exemple, ils prétendaient que le vin de navet était utile pour se remettre de la fatigue causée par l'exercice des armes ou de l'équitation; et, pour ne rien dire des autres, ils attribuaient la même vertu au vin de genièvre. Qui, en effet, préférerait le vin d'absinthe à l'absinthe elle-même? Je passe encore sous silence le vin de palmier (XIII, 9), qui porte à la tête, et qui seulement n'est pas sans avantages pour relâcher le ventre et arrêter l'hémoptysie. On ne peut 2 pas considérer comme un vin artificiel celui que nous avons appelé bion (XIV, 10), puisque tout l'art de le faire consiste à employer les raisins avant leur maturité. Il est bon quand l'estomac ne garde pas les aliments ou les digère mal, pour les langueurs des femmes enceintes, pour les paralysies, pour les tremblements, pour les vertiges, pour les tranchées, pour les coxalgies. Dans les temps de peste et en voyage, on dit que c'est une boisson d'un grand secours.

XXVII. L'altération même du vin devient un 1

---

siones cum frigore extremitatum fiant, nec in febri tussientibus, nec in tremore nervorumque doloribus, vel faucium, aut si vis morbi circa illa intelligatur : nec in duritia præcordiorum, venarum vehementia : neque in opisthotono, tetano : nec singultientibus, nec si cum 5 febre dyspnœa sit. Minime vero oculis rigentibus, et genis stantibus, aut defectis gravibusque : nec quorum conniventium pellucebunt oculi, palpebrisve non coeuntibus, vel si dormientibus hoc idem eveniet : aut si cruore suffunduntur oculi, vel si lemæ in oculis erunt. Minime lingua fungosa, nec gravi, et subinde imperfecta loquentibus : nec si urina difficile reddetur, neque expavescentibus repente, nec spasticis, aut rursus torpentibus, nec si per somnos genitura effundatur.

1 XXV. Cardiacorum morbo unicam spem in vino esse certum est. Sed id dandum quidam non nisi in accessione censent, alii non nisi in remissione. Illi, ut sudorem coerceant: hi, quia tutius putant, minuente se morbo : quam plurium sententiam esse video. Dari utique non nisi in cibo debet, nec a somno : nec præcedente alio potu, hoc est, utique sitienti : nec nisi in desperatione suprema; et viro facilius quam feminæ: seni, quam juveni : juveni, quam puero : hieme, quam æstate: assuetis potius, quam expertibus. Modus dandi pro vehementia vini : item mixtura. Atque vulgo satis putant unum vini cyathum duobus aquæ misceri. Si dissolutio sit stomachi, dandum : et si cibus non descendat.

XXVI. Inter vini genera, quæ fingi docuimus, nec fieri jam arbitror, et supervacuum eorum usum : quum ipsis rebus, ex quibus finguntur, doceamus uti. Et alias modum excesserat medicorum in his ostentatio, veluti e napis vinum utile esse ab armorum equitandive lassitudine præcipientium : atque ut reliqua omittamus, etiam e junipero. Et quis satius censeat, absinthite vino utendum potius, quam absinthio ipso? In reliquis omittetur et palmeum, capiti noxium, ventrique tantum molliendo, et sanguinem exscreantibus non inutile. Fictitium non potest videri, quod 2 bion appellavimus, quum sit in eo sola pro arte festinatio. Prodest stomacho dissoluto, aut cibos non perficienti, prægnantibus defectis, paralyticis, tremulis, vertiginis, torminibus, ischiadicis. In pestilentia quoque ac peregrinationibus, vim magnam auxiliandi habere dicitur.

XXVII. Vini etiam vitium transit in remedia. Aceto 1 summa vis est in refrigerando, non tamen minor in dis-

remède : le vinaigre est un excellent réfrigérant, et un résolutif non moins puissant ; aussi, versé à terre, il fait effervescence. Nous avons dit plusieurs fois et nous dirons les combinaisons médicamenteuses dans lesquelles il entre. Pris seul, il dissipe les dégoûts, il suspend le hoquet; respiré, il arrête l'éternument ; tenu dans la bouche, il empêche qu'on ne soit incommodé par la chaleur des bains. Avec l'eau, on en fait un breuvage. Ce breuvage, en gargarisme, fortifie l'estomac ; il le fortifie aussi chez les convalescents et chez ceux qui ont souffert de l'ardeur du soleil; et de cette façon aussi, en fomentation, il est très-bon pour les yeux. Le vinaigre est un remède 2 quand on a avalé une sangsue : c'en est un aussi pour la lèpre, pour les éruptions furfuracées, pour les ulcères humides, pour les morsures des chiens, pour les piqûres des scorpions, des scolopendres, des musaraignes, contre les piqûres venimeuses et prurigineuses de tous les animaux à aiguillon, contre la piqûre du mille pieds. Appliqué chaud dans une éponge, à la dose de trois setiers auxquels on ajoute deux onces de soufre ou un paquet d'hysope, il remédie aux affections du siége. Pour arrêter l'hémorragie qui suit l'opération de la taille, et toutes les autres hémorragies, on applique le vinaigre le plus fort, à l'extérieur, dans une éponge, et on le fait prendre à l'intérieur à la dose de deux cyathes (0 litr., 09). Il dissout les caillots de sang. On s'en sert à l'intérieur et à l'extérieur contre le lichen, et en lavement contre le flux de ventre et les débordements d'humeurs dans les intestins ; on l'emploie 3 dans les chutes de la matrice et du rectum ; il dissipe la toux invétérée, les fluxions de la gorge et l'orthopnée; il raffermit les dents; il nuit a la vessie et aux nerfs débiles. Les médecins ont ignoré longtemps combien il était puissant contre les aspics : tout récemment un homme piqué par un aspic sur lequel il avait marché sentait la blessure chaque fois qu'il posait à terre une outre de vinaigre qu'il portait, et cessait de souffrir dès qu'il reprenait son outre ; cela fit comprendre la vertu du vinaigre, et dès lors on l'a donné en potion contre l'aspic. Ceux qui sucent les plaies empoisonnées ne se servent pas d'un autre collutoire. En somme, le vinaigre triomphe non seu- 4 lement des aliments, mais de plusieurs autres substances. Des affusions de vinaigre brisent des rochers (XXXIII, 21) sur lesquels même le feu n'avait pu agir. Il n'est point d'assaisonnement plus agréable et plus piquant pour les aliments. Quand on l'emploie à cet usage, on l'adoucit avec du pain grillé ou avec du vin, ou on l'aiguise avec du poivre et du laser (XIX, 15). Dans tous les cas, le sel le prive de sa force. Il ne faut pas omettre ici un cas très-remarquable : M. Agrippa, dans les dernières années de sa vie, était violemment tourmenté par la goutte; comme il ne pouvait supporter la souffrance, sur l'avis téméraire d'un seul médecin, et à l'insu du dieu Auguste, au plus fort d'un accès, il plongea ses jambes dans un bain de vinaigre chaud, content d'acheter au prix de l'usage et de la vie de ces parties l'exemption des cruelles douleurs qu'il souffrait.

XXVIII. (II.) Le vinaigre scillitique est d'au- 1 tant plus estimé qu'il est plus vieux. Outre les propriétés dont nous avons parlé (XX, 39), il est bon pour les aigreurs ; il suffit d'en prendre quelques gouttes. Il est bon aussi à ceux qui vomissent à jeun, car il fortifie la gorge et l'estomac. Il dissipe la fétidité de la bouche, il resserre les gencives, il raffermit les dents, il rend le teint meilleur. En gargarismes, il remédie à la dureté

cutiendo : ita fit ut infusum terræ spumet. Dictum est sæpius, diceturque quoties cum aliis prosit. Per se haustum fastidia discutit, singultus cohibet, sternutamenta olfactu. Vim in balineis æstus arcet, si contineatur ore. Quin et cum aqua bibitur. Multorum stomacho utiliter gargarizatur : cum eadem convalescentium et a solis ardoribus. Oculis quoque illo modo saluberrimum fotu. Me-2 detur potæ hirudini. Item lepris, furfuribus, hulceribus manantibus, canis morsibus, scorpionum ictibus, scolopendrarum, muris aranei, contraque omnium aculeatorum venena et pruritus. Item contra multipedæ morsum. Calidum in spongia, adjecto sulphuris sextante sextariis tribus aceti, aut hyssopi fasciculo, medetur sedis vitiis. In sanguinis fluvione post excisos calculos, et omni alia, foris in spongia impositum, intus potum cyathis binis quam acerrimum. Conglobatum utique sanguinem discutit. Contra lichenas et bibitur, et imponitur. Sistit alvum, et rheumatismos interaneorum fluxiones; item procidentia 3 sedis, vulvæque. Tussim veterem inhibet, et gutturis rheumatismos, orthopnœam, dentium labefactationem. Vesicæ nocet, nervorumque infirmitatibus. Nescire medici, quantum contra aspidas polleret. Nuper ab aspide calcata percussus, utrem aceti ferens, quoties deposuisset, sentiebat ictum, alias illæso similis : intellectum ibi remedium est, potuque succursum. Neque altero os colluunt venena exsugentes. In totum domitrix vis hæc non cibo- 4 rum modo est, verum et rerum plurimarum. Saxa rumpit infusum, quæ non ruperit ignis antecedens. Cibos quidem et sapores non alius magis succus commendat aut excitat : in quo usu mitigatur usto pane, aut cum vino : vel accenditur pipere ac lasere : utique sale compescitur. Non est prætereundum in eo exemplum ingens. Siquidem M. Agrippa supremis suis annis conflictatus gravi morbo pedum, quum dolorem eum perpeti nequiret, unius medicorum portentosa scientia, ignorante divo Augusto, tanti putavit usu pedum sensuque omni carere, dummodo et dolore illo careret, demersis in acetum calidum cruribus in acerrimo impetu morbi.

XXVIII. (II.) Acetum scillinum inveteratum magis pro- 1 batur. Prodest, super ea quæ diximus, acescentibus cibis : gustatum enim discutit pœnam eam. Et his qui jejuni vomunt : callum enim faucium facit, ac stomachi : odorem oris tollit, gingivas adstringit, dentes firmat, colorem meliorem præstat. Tarditatem quoque aurium gargariza-

de l'ouïe et ouvre les voies auditives. Il éclaircit la vue. Il est très-avantageux dans l'épilepsie, la mélancolie, le vertige, l'hystérie, les coups, les chutes, les ecchymoses qui en sont la suite, la débilité des nerfs, et les maladies des reins. Il est interdit à ceux qui ont des ulcérations internes.

1. XXIX. L'oxymel chez les anciens, témoin Dieuchès, se préparait de cette manière (XIV, 21) : On mettait dans une chaudière dix mines de miel (4 kil., 5), cinq hémines (1 litr., 35) de vinaigre vieux, une livre et un quart de sel marin, cinq setiers d'eau de mer; on faisait bouillir le tout ensemble à dix reprises, on transvasait et on laissait vieillir. Asclépiade, qui bannit complètement l'oxymel, fit le procès à cette boisson, qu'on donnait même dans les fièvres; cependant on convient qu'elle était utile contre les serpents appelés seps, contre l'opium et le gui, et en gargarismes chauds contre l'angine et les affections de l'oreille, de la bouche et de la gorge, usages pour lesquels on emploie maintenant l'oxalme (*saumure vinaigrée*); l'oxalme la meilleure se fait avec mélange de sel et de vinaigre récent.

1. XXX. La sapa (XIV, 11) a de l'affinité avec le vin; c'est du moût cuit jusqu'à réduction des deux tiers. Celui qui est fait avec du moût blanc vaut mieux. On s'en sert contre les cantharides, le buprestis (XXIII, 18), les chenilles du pin appelées pityocampes, contre les salamandres et les morsures venimeuses. Pris avec des oignons, il fait sortir l'arrière-faix et le fœtus mort. D'après Fabianus, c'est un poison quand on le boit à jeun, au sortir du bain (XXIII, 18).

1. XXXI. Maintenant, pour suivre l'ordre naturel des choses, nous avons à parler de la lie du vin de toute espèce. Elle a tant de force, qu'elle tue ceux qui descendent dans les cuves. La précaution à prendre est d'y introduire une lumière : tant que la lumière s'y éteint, il y a danger. La lie sans être lavée s'incorpore aux médicaments. Avec un poids égal d'iris, on en fait un topique pour les éruptions phlegmatiques; humide ou sèche, contre les piqûres des phalanges, contre les inflammations des testicules, des mamelles ou de toute autre partie. On la fait bouillir dans du vin avec de la farine d'orge et de la poudre d'encens, après quoi on la brûle et on la fait sécher. On reconnaît qu'elle est bien cuite quand refroidie elle fait sur la langue une impression brûlante. Elle perd rapidement toutes ses forces quand on la laisse exposée à l'air; l'action du feu en augmente beaucoup la vertu. Cuite avec des figues, elle est très-bonne pour les lichens et les dartres farineuses, ainsi que pour la lèpre et les ulcères humides. En boisson c'est un contre-poison des champignons, surtout prise crue; cuite et lavée, on l'incorpore dans des compositions ophthalmiques. On l'emploie en topique sur les testicules et les parties génitales. On la prend dans du vin pour la strangurie. Quand elle a perdu sa force elle est bonne encore pour nettoyer le corps et les vêtements, et alors on l'emploie comme le suc d'acacia (XXIV, 67).

XXXII. La lie de vinaigre, en raison de la matière qui la fournit, est plus âcre et plus caustique. Elle s'oppose à la formation du pus. En topique elle est bonne pour les intestins, l'estomac et le ventre. Elle arrête les fluxions humorales dans ces parties et les règles trop abondantes. Elle résout les panus non encore ulcérés et les angines. Avec la cire, elle guérit l'érysipèle. Elle

---

tione purgat, et transitum auditus aperit. Oculorum aciem obiter exacuit. Comitialibus, melancholicis, vertiginosis, vulvarum strangulationibus, percussis, aut præcipitatis, et ob id sanguine conglobato, nervis infirmis, renum vitiis perquam utile. Cavendum exhulceratis.

1. XXIX. Oxymeli antiqui, ut Dieuches tradit, hoc modo temperabant : mellis minas decem, aceti veteris heminas quinque, salis marini pondo libram et quadrantem, aquæ marinæ sextarios quinque pariter coquebant, decies defervescente cortina, atque ita diffundebant, inveterabantque. Sustulit totum id Asclepiades, coarguitque : nam etiam in febribus dabant. Profuisse tamen fatentur contra serpentes, quas sepas vocant, et contra meconium, ac viscum : et anginis calidum gargarizatum, et auribus, et oris gutturisque desideriis, quæ nunc omnia oxalme contingunt : id sale et aceto recente efficacius est.

1. XXX. Vino cognata res sapa est, musto decocto, donec tertia pars supersit. Ex albo hoc melius. Usus contra cantharidas, buprestim, pinorum erucas, quas pityocampas vocant, salamandras, et contra mordentia venenata. Secundas partusque emortuos trahit, cum bulbis potum. Fabianus auctor est venenum esse, si quis jejunus a balineis id bibat.

XXXI. Consequens horum est vini fæx, cujusque generis. Ergo vini fæci tanta vis est, ut descendentes in cupas enecet. Experimentum demissa præbet lucerna, quamdiu exstinguatur, periculum denuntians. Illota miscetur medicamentis. Cum iridis vero pari pondere, eruptionibus pituitæ illinitur : et sicca vel madida contra phalangia, et testium mammarumque inflammationes, vel in quacunque parte corporis. Item cum hordeacea farina, et thuris polline in vino decocta crematur et siccatur. Experimentum est legitime coctæ, ut refrigerata linguam tactu videatur urere. Celerrime exanimatur, loco non incluso condita. Crematio ei multum virium adjicit. Utilissima est ad compescendos lichenas furfuresque cum fico decocta; sic et lepris et hulceribus manantibus imponitur. Fungorum naturæ contraria est pota, sed magis cruda. Oculorum medicamentis cocta et lota miscetur; medetur illita et testibus, et genitalibus; in vino autem adversus strangurias bibitur. Quum exspiravit quoque, lavandis corporibus et vestibus utilis; tuncque usum acaciæ habet.

XXXII. Fæx aceti pro materia acrior sit necesse est, multoque magis exhulceret. Resistit suppurationum incrementis : stomachum, interanea, ventrem illita adjuvat. Sistit earum partium rheumatismos, et mulierum menses.

dégonfle les mamelles impatientes de leur propre lait; elle fait tomber les ongles malades. Elle est très-efficace avec la polenta contre la morsure du serpent céraste, avec le mélanthium ( nielle cultivée) contre la morsure du crocodile et du chien. Elle a aussi plus de force quand elle a été brûlée. Alors si on y incorpore de l'huile de lentisque, et qu'on l'applique sur la tête, en une nuit elle rend les cheveux blonds; appliquée avec de l'eau dans un linge, en pessaire, elle purge la matrice.

XXXIII. La lie de la sapa ( vin cuit) guérit les brûlures, en quoi elle agit mieux si on y ajoute du duvet de roseau. Bouillie et prise en boisson, elle apaise les vieilles toux. On la fait cuire dans un plat avec du sel et de la graisse, ce qui forme un onguent pour les tumeurs des mâchoires et du cou.

XXXIV. (III.) Après la vigne, le premier rang appartient à l'olivier. Les feuilles, avec beaucoup de force, resserrent, détergent, suppriment. Mâchées et appliquées sur les plaies, elles les guérissent; avec l'huile, en topique, elles sont bonnes pour les douleurs de tête. La décoction, avec du miel, sert à fomenter les parties cautérisées par les médecins, les gencives enflammées, les panaris, les ulcères sordides et putrides. Avec le miel aussi, elle arrête le sang qui s'écoule des parties nerveuses. Le suc des feuilles est efficace pour les ulcérations et pustules charbonneuses autour des yeux, et pour la procidence de l'iris; aussi le fait-on entrer dans les collyres. Il guérit en effet les anciens larmoiements et l'érosion des paupières. On l'exprime en pilant les feuilles, sur lesquelles on verse du vin et de l'eau de pluie; on le fait sécher, et on en forme des trochisques. En pessaire, avec de la laine, il arrête les pertes chez les femmes. Il est bon pour les ulcères sanieux, pour les condylomes, pour l'érysipèle, pour les ulcères serpigineux, pour les épinyctides.

XXXV. Les fleurs de l'olivier ont les mêmes vertus. On brûle aussi les jeunes tiges bourgeonnantes, pour faire de leur cendre une espèce de spodium (*cendre alcaline*) (XXXIV, 52). On arrose de vin cette cendre, et on la brûle de nouveau. Pour les suppurations et les tumeurs, on fait un topique avec cette cendre ou avec les feuilles pilées dans du miel. Pour les yeux, c'est avec la polenta. L'eau qui sort du bois d'olivier, quand on le brûle vert, guérit les lichens, les dartres farineuses, les ulcères humides. Quant au suc qui distille naturellement de l'olivier, et surtout de l'olivier d'Éthiopie, on ne peut s'étonner assez qu'il se soit trouvé des auteurs pour le recommander en frictions dans les douleurs de dents, tout en le déclarant un poison, et pour conseiller de l'aller chercher dans l'olivier sauvage. L'écorce des plus tendres racines de l'olivier, prise souvent avec du miel, est salutaire dans l'hémoptysie et l'expectoration purulente. La cendre de l'arbre même, incorporée avec de l'axonge, est bonne pour les tumeurs, et guérit les fistules en détruisant le vice qui les entretient.

XXXVI. Les olives blanches sont meilleures à l'estomac qu'au ventre. Mangées seules et toutes fraîches, avant d'être confites, elles forment un excellent remède pour la gravelle et pour les dents usées ou ébranlées par l'usage de la viande. L'olive noire est mauvaise pour l'estomac, et bonne pour le ventre; elle ne convient pas à la tête et aux yeux. Les unes et les autres, pilées, s'emploient en topique pour les brûlures; les noi-

---

Panos discutit nondum exhulceratos, et anginas : sacros ignes cum cera : mammas lactis sui impatientes eadem extinguit : ungues scabros aufert. E serpentibus contra cerastas validissima cum polenta; cum melanthio autem contra crocodili morsus, et canis. Et hæc cremata ampliat vires : tunc addito lentiscino oleo illita una nocte rufat capillum. Eadem ex aqua in linteolo apposita, vulvas purgat.

XXXIII. Sapæ fæce ambusta sanantur, melius addita lanugine arundinis; eadem fæce decocta potaque, tusses veteres. Decoquitur in patinis cum sale et adipe ad tumorem quoque maxillarum et cervicum.

XXXIV. (III.) Olearum proxima auctoritas intelligitur. Folia earum vehementissime adstringunt, purgant, sistunt. Itaque commanducata imposita hulceribus medentur, et capitis doloribus illita cum oleo. Decoctum eorum cum melle his quæ medici usserint, gingivarum inflammationibus, paronychiis, sordidisque hulceribus, et putrescentibus. Cum melle profluvium sanguinis e nervosis partibus cohibet. Succus eorum carbunculantibus circa oculos hulceribus et pusulis, procidentique pupillæ efficax : quapropter in collyria additur; nam et veteres lacrymationes sanat, et genarum erosiones. Exprimitur autem succus tusis, affuso vino et aqua cælesti, siccatusque in pastillos digeritur. Sistit menses in lana admotus vulvæ : utilis et sanie manantibus; item condylomatis, ignibus sacris quæque serpunt hulcera, epinyctidi.

XXXV. Eosdem et flos earum habet effectus. Uruntur et canliculi florescentes, ut spodii vicem cinis præstet; vinoque infuso iterum uritur. Suppurationes et panos illinunt cinere eo, vel foliis tusis cum melle, oculos vero cum polenta. Succus fruticis recentis accensi distillans sanat lichenas, furfures, manantia hulcera. Nam et lacryma quæ ex arbore ipsa distillat, Æthiopicæ maxime oleæ, mirari satis non est repertos, qui dentium dolores illinendos censerent, venenum esse prædicantes, atque etiam in oleastro quærendum. E radice oleæ quam tenerrimæ cortex derasus, in melle crebro gustatu medetur sanguinem rejicientibus, et suppurata extussientibus. Ipsius oleæ cinis cum axungia tumores sanat; extrahitque fistulis vitia, et ipsas sanat.

XXXVI. Olivæ albæ stomacho utiliores, ventri minus. Præclarum habent, antequam condiantur, usum recentes, per se cibi modo devoratæ. Medentur enim arenosæ urinæ, item dentibus carnem mandendo attritis, aut convulsis. Nigra oliva stomacho inutilior, ventri facilior, capiti et oculis non convenit. Utraque ambusta prodest trita et

res s'appliquent sur le mal après avoir été mâchées, et elles empêchent la formation d'ampoules. Les colymbades (*olives confites*) détergent les ulcères sordides ; elles ne valent rien dans les dysuries.

XXXVII. Quant au marc d'olive, nous pourrions paraître en avoir dit assez (xv, 8), nous étant guidés sur Caton ; mais il faut aussi parler des usages médicaux de cette substance. Le marc d'olive est très-bon pour fortifier les gencives, cicatriser les ulcères de la bouche, raffermir les dents. On s'en sert en affusion dans les érysipèles et les ulcères serpigineux. Le marc de l'olive noire vaut mieux pour les engelures, ainsi que pour fomenter les enfants ; le marc de l'olive blanche s'emploie en pessaire dans de la laine ; mais l'un et l'autre ont beaucoup plus de vertu quand on les fait cuire. Pour cela on les fait bouillir dans un vase de cuivre, jusqu'à consistance de miel. Ainsi préparé, le marc s'emploie, suivant les circonstances, avec du vinaigre, ou du vin vieux, ou de l'hydromel, dans le traitement de la bouche, des dents, des oreilles, des ulcères humides, des parties génitales, des rhagades. On en fait un topique, dans du linge pour les plaies, dans de la laine pour les luxations ; et il est d'une grande utilité, surtout s'il a vieilli, car alors il guérit les fistules. On s'en sert en injection dans les ulcérations du siége, des parties génitales et de la matrice. On en fait un topique pour la goutte commençante, ainsi que pour toutes les maladies des articulations. Si on le fait recuire jusqu'à consistance de miel avec l'omphacium (*huile d'olives vertes*), il fait tomber les dents gâtées. Avec une décoction de lupins et l'herbe chaméléon (xxii, 21), il guérit merveilleusement la gale des bêtes de somme. Des fomentations avec le marc d'olive cru sont très-utiles dans la goutte.

XXXVIII. (iv.) Les feuilles de l'olivier sauvage ont les mêmes propriétés. Le spodium (*cendre alcaline*) que l'on fait en brûlant les jeunes tiges arrête avec plus de force encore les fluxions ; il apaise les inflammations des yeux, il déterge les ulcères, il incarne les plaies, il réprime légèrement les chairs bourgeonnantes, il les sèche et les mène à la cicatrisation. Les autres propriétés sont les mêmes que celles de l'olivier cultivé ; mais il a cela de particulier, que les feuilles, cuites dans du miel et données par cuillerées, sont bonnes dans l'hémoptysie. L'huile est plus âpre et plus efficace ; on s'en lave la bouche pour raffermir les dents. On fait un topique avec les feuilles, dans du vin, pour les panaris, les charbons et tous les dépôts ; dans du miel, pour ce qui a besoin d'être détergé. On incorpore dans les compositions ophthalmiques et la décoction des feuilles et le suc de l'olivier sauvage. On instille ce suc avec du miel dans les oreilles, même lorsqu'elles donnent du pus. Avec la fleur de l'olivier sauvage, on fait un topique pour les condylomes et les épinyctides. On l'applique avec la farine d'orge sur le ventre, dans la diarrhée ; avec l'huile, sur la tête, dans la céphalalgie. Les jeunes tiges cuites et appliquées avec du miel produisent le recollement de la peau détachée des os du crâne. On mange ces tiges, quand elles ont pris de la consistance, pour arrêter le cours de ventre. Rôties et pilées avec du miel, elles détergent les ulcères rongeants et font percer les charbons.

XXXIX. Quant à l'huile, nous en avons suffisamment exposé la nature et la production (xv, 2). Maintenant disons les usages médicinaux des différentes sortes d'huiles. La plus utile est l'omphacium (*huile d'olives vertes*) (xii, 60), puis l'huile

---

illita. Sed nigra commanducatur, et protinus ex ore imposita, pusulas gigni prohibet. Colymbades sordida hulcera purgant, inutiles difficultatibus urinæ.

XXXVII. De amurca poteramus videri satis dixisse, Catonem sequuti : sed reddenda medicinæ quoque est. Gingivis et oris hulceribus, dentium stabilitati efficacissime subvenit : item ignibus sacris infusa, et his quæ serpunt. Perniuonibus nigræ olivæ amurca utilior : item infantibus fovendis. Albæ vero, mulierum vulvæ in lana admovetur. Multo autem omnis amurca decocta efficacior. Coquitur in cyprio vase ad crassitudinem mellis. Usus ejus cum aceto, aut vino vetere, aut mulso, ut quæque causa exigat, in curatione oris, dentium, aurium, hulcerum manantium, genitalium, rhagadum. Vulneribus in linteolis imponitur, luxatis in lana : ingens hic usus, utique inveterato medicamento : tale enim fistulas sanat. Infunditur sedis, genitalium, vulvæ exhulcerationi. Illinitur vero podagris incipientibus : item articulariis morbis. Si vero cum omphacio recoquatur ad mellis crassitudinem, casuros dentes extrahit. Item jumentorum scabiem, cum decocto lupinorum, et chamæleone herba, mire sanat. Cruda amurca podagras foveri utilissimum.

XXXVIII. (iv.) Oleastri foliorum eadem natura. Spodium e cauliculis vehementius inhibet rheumatismos. Sedat et inflammationes oculorum, purgat hulcera, alienata explet, excrescentia leniter erodit, siccatque, et ad cicatricem perducit : cætera, ut in oleis. Peculiare autem, quod folia decoquuntur ex melle, et dantur cochlearibus contra sanguinis exscreationes. Oleum tantum acrius, efficaciusque : et de eo os quoque colluitur ad dentium firmitatem. Imponuntur folia et paronychiis, et carbunculis, et contra omnem collectionem cum vino : iis vero quæ purganda sunt, cum melle. Miscentur oculorum medicamentis, et decoctum foliorum, et succus oleastri. Utiliter etiam auribus instillatur cum melle, vel si pus effluat. Flore oleastri condylomata illinuntur, et epinyctides ; item cum farina hordeacea venter, in rheumatismo : cum oleo, capitis dolores. Cutem in capite ab ossibus recedentem cauliculi decocti, et cum melle impositi comprimunt. Ex oleastro maturi in cibo sumti sistunt alvum. Tosti autem et cum melle triti, nomas repurgant, carbunculos rumpunt.

XXXIX. Olei naturam causasque abunde diximus. Ad medicinam ex olei generibus hæc pertinent. Utilissimum

verte (XII, 60). En outre, l'huile doit être aussi nouvelle que possible, excepté les cas particuliers où l'on recherche la plus vieille, et en même temps très-fluide, de bonne odeur, et qui n'ait pas d'âcreté, au rebours de l'huile à manger (11). L'omphacium est bon pour les gencives. Il n'est rien de mieux pour se conserver les dents blanches que d'en tenir de temps en temps dans la bouche. Il arrête les sueurs.

XL. L'huile d'œnanthe (XIII, 61) a les mêmes vertus que l'huile rosat. L'huile en général assouplit le corps, et lui donne de la force et de la vigueur; elle ne vaut rien à l'estomac; elle incarne les plaies; elle irrite la gorge; elle amortit tous les poisons, surtout la céruse et le plâtre, en boisson dans l'eau miellée ou une décoction de figues sèches; dans l'eau, l'opium, les cantharides, le buprestis, la salamandre, les chenilles du pin; bue seule et revomie, tous les venins susdits. Elle est un grand remède pour les lassitudes et les refroidissements. Bue chaude à la dose de six cyathes (0 litr., 27), et surtout quand on y a fait bouillir de la rue, elle apaise les tranchées et chasse les vers intestinaux. Elle relâche le ventre, bue à la dose d'une hémine (0 litr., 27), avec du vin et de l'eau chaude, ou de la décoction d'orge filtrée. Elle entre dans les emplâtres vulnéraires. Elle nettoie le visage; elle dissipe la tympanite des bœufs, injectée par les naseaux, jusqu'à ce qu'ils la rejettent par éructation. L'huile vieille est plus échauffante, plus sudorifique et plus résolutive. Elle convient aux léthargiques, surtout dans le déclin de la maladie. C'est un assez bon remède pour éclaircir la vue, avec partie égale d'un miel qui n'a pas senti la fumée. On l'emploie contre les douleurs de tête; contre les ardeurs de la fièvre, avec de l'eau; et si l'huile qu'on a n'est pas vieille, on la fait bouillir pour lui donner les propriétés de la vieille huile.

XLI. L'huile de ricin (XV, 7) purge, prise avec une quantité égale d'eau chaude. On prétend que la vertu purgative de cette huile agit principalement sur les hypocondres. Elle est bonne pour les maladies des articulations, pour toutes les duretés, pour les affections de la matrice et des oreilles, pour les brûlures; avec la cendre du murex, pour les inflammations du siége et pour la gale. Elle donne une bonne couleur à la peau, et fait croître les cheveux. Aucun animal ne touche à la graine d'où on tire cette huile. On fait avec la grappe du ricin des mèches (XV, 7) qui donnent beaucoup de clarté. Quant à l'huile même, elle ne donne que peu de lumière, parce qu'elle est trop grasse. Les feuilles, dans du vinaigre, s'appliquent sur l'érysipèle. Seules et fraîches, on en fait un topique pour les mamelles et les fluxions. Bouillies dans du vin, on s'en sert dans les inflammations, avec de la polenta et du safran. Bouillies et appliquées seules pendant trois jours sur la face, elles la nettoient.

XLII. L'huile d'amandes est laxative et émolliente. Elle efface les rides, et donne plus d'éclat à la peau. Avec du miel, elle emporte les boutons du visage. Bouillie avec de l'huile rosat, du miel et des bourgeons de grenadier, elle est bonne pour les oreilles, tue les petits vers qui s'y trouvent, dissipe la dureté de l'ouïe, les bruissements, les tintements, les douleurs de tête, les douleurs des yeux. Avec de la cire, elle guérit les furoncles et les coups de soleil; avec le vin, elle nettoie les ulcères humides et les dartres furfuracées. Avec le mélilot, elle fait disparaître les

---

est omphacium, proxime viride. Præterea quam maxime recens, nisi quum vetustissimum quæritur, tenue, odoratum, quodque non mordeat, e diverso quam in cibos eligitur. Omphacium prodest gingivis. Si contineatur in ore, colorem dentium custodit magis, quam aliud : sudores cohibet.

XL. Œnanthino idem est effectus, qui rosaceo. Omni autem oleo mollitur corpus, vigorem et robur accipit : stomacho contrarium. Auget ulcerum incrementa : fauces exasperat, et venena omnia hebetat, præcipue psimmythii, et gypsi, in aqua mulsa, aut ficorum siccarum decocto potum : contra meconium, ex aqua : contra cantharidas, buprestim, salamandras, pityocampas : per se potum, redditumque vomitionibus, contra omnia supra dicta. Et lassitudinum perfrictionumque refectio est. Tormina calidum potum cyathis sex, magisque ruta simul decocta pellit : item ventris animalia. Solvit alvum heminæ mensura, cum vino et calida aqua potum, aut ptisanæ succo. Vulnerariis emplastris utile. Faciem purgat. Bubus infusum per nares, donec ructent, inflationem sedat. Vetus autem magis excalfacit corpora, magisque discutit sudores. Duritias magis diffundit. Lethargicis auxiliare, et inclinato morbo. Oculorum claritati confert aliquid, cum pari portione mellis acapni. Capitis doloribus remedium est; item ardoribus in febri cum aqua : et si vetusti non sit occasio, decoquitur, ut vetustatem repræsentet.

XLI. Oleum cicinum bibitur ad purgationes ventris cum pari caldæ mensura. Privatim dicitur purgare præcordia. Prodest et articulorum morbis, duritiis omnibus, vulvis, auribus, ambustis. Cum cinere vero muricum, sedis inflammationibus, item psoræ. Colorem cutis commendat, capillumque fertili natura evocat. Semen ex quo fit, nulla animans attingit. Ellychnia ex uva fiunt, claritatis præcipuæ : ex oleo lumen obscurum propter nimiam pinguitudinem. Folia igni sacro illinuntur ex aceto : per se autem recentia mammis et epiphoris. Eadem decocta in vino inflammationibus, cum polenta et croco : per se autem triduo imposita faciem purgant.

XLII. Oleum amygdalinum purgat, mollit corpora, cutem erugat, nitorem commendat, varos cum melle tollit e facie. Prodest et auribus, cum rosaceo et melle, et mali punici germine decoctum, vermiculosque in his necat, et gravitatem auditus discutit, sonos incertos et tinnitus, obiter capitis dolores, et oculorum. Medetur furunculis, et a sole ustis cum cera. Ulcera manantia et furfuras cum

condylomes. Appliquée seule sur la tête, elle provoque le sommeil.

XLIII. Quant à l'huile de laurier, plus elle est nouvelle et verte, mieux elle vaut. Les propriétés en sont échauffantes; aussi l'emploie-t-on, chauffée dans l'écorce d'une grenade, pour la paralysie, le spasme, la coxalgie, les meurtrissures, les céphalalgies, les vieux catarrhes, les maux d'oreilles.

XLIV. Mêmes propriétés dans l'huile de myrte. Elle resserre, elle endurcit; avec de la cire et des écailles de cuivre, elle est bonne pour les gencives, pour les maux de dents, pour la dyssenterie, pour les ulcérations de la matrice, pour la vessie, pour les ulcères vieux et humides, ainsi que pour les éruptions et la brûlure. Elle guérit les meurtrissures, les dartres furfuracées, les rhagades, les condylomes, les luxations, et fait disparaître la mauvaise odeur de certaines personnes. C'est un antidote pour les cantharides, le buprestis et tous les venins corrosifs.

XLV. L'huile de chamæmyrsine ou oxymyrsine (xv, 7) (*ruscus aculeatus*) a les mêmes vertus. L'huile de cyprès produit les mêmes effets que celle de myrte et celle de citre. L'huile de noix, que nous avons appelée caryinon (xv, 7), est bonne pour l'alopécie; instillée dans l'oreille, pour la dureté d'ouïe; en friction sur la tête, pour la céphalalgie; du reste, inerte et d'un goût désagréable: en effet, s'il se trouve quelque chose de pourri dans la noix, toute la cuvée en est infectée. L'huile des graines du Gnidium (*daphne Gnidium*) a les mêmes vertus que l'huile de ricin. L'huile de lentisque est très-bonne dans les compositions médicamenteuses appelées acopes (qui ôtent la fatigue); et elle serait aussi estimée que l'huile rosat, sans sa vertu un peu trop styptique. On s'en sert aussi contre les sueurs excessives et les sudamina. C'est un remède souverain pour la gale des bêtes de somme. L'huile de ben (xii, 46) nettoie les boutons, les furoncles, le lentigo, les gencives (12).

XLVI. Nous avons dit ce qu'était le cypros (*lawsonia inermis*, L.), et comment on en retirait l'huile (xii, 51). Cette huile est échauffante; elle relâche les nerfs. Les feuilles s'appliquent sur l'estomac. Le suc de ces feuilles, en pessaire, calme les troubles de la matrice. Les feuilles fraîches, mâchées, sont bonnes pour les ulcères humides de la tête et pour les aphthes, ainsi que pour les abcès et les condylomes. La décoction des feuilles est utile dans les brûlures et les luxations. Pilées et appliquées avec du jus de coing (13), elles rendent les cheveux blonds. La fleur appliquée avec du vinaigre sur la tête calme la céphalalgie. Brûlée dans un pot de terre crue, elle guérit les ulcères rongeants. Seule ou avec du miel, on l'emploie contre les ulcères putrides. L'odeur que la fleur exhale provoque le sommeil. L'huile appelée gleucinum (xv, 7, 4) resserre et rafraîchit, de la même manière que l'huile d'œnanthe.

XLVII. L'huile de baume est la plus précieuse de toutes, comme nous l'avons dit à l'article des parfums (xii, 54). Elle est efficace contre le venin de tous les serpents; elle est très-bonne pour éclaircir la vue, elle dissipe les nuages des yeux; elle est bonne pour la dyspnée, pour tous les dépôts, toutes les duretés; elle empêche le sang de se coaguler; elle déterge les ulcères; elle est très-avantageuse pour les maux d'oreilles, les céphalalgies, les tremblements, les spasmes,

---

vino expurgat : condylomata cum meliloto. Per se vero capiti illitum, somnum allicit.

XLIII. Oleum laurinum utilius quo recentius, quoque viridius colore. Vis ejus excalfactoria ; et ideo paralyticis, spasticis, ischiadicis, sugillatis, capitis doloribus, inveteratis distillationibus, auribus, in calyce punici calfactum illinitur.

XLIV. Similis et myrtei olei ratio : adstringit, indurat : medetur gingivis, dentium dolori, dysenteriæ, vulvæ exhulceratæ, vesicis, hulceribus vetustis vel manantibus, cum squama æris et cera. Item eruptionibus, ambustionibus. Attrita sanat, et furfures, et rhagadas, condylomata, articulos luxatos, odorem gravem corporis. Adversatur cantharidi, bupresti, aliisque malis medicamentis, quæ exhulcerando nocent.

XLV. Chamæmyrsinæ, sive oxymyrsinæ eadem natura. Cupressinum oleum eosdem effectus habet, quos myrteum : item citreum. E nuce vero juglande, quod caryinon appellavimus, alopeciis utile est, et tarditati aurium infusum; item capitis dolori illitum. Cæterum iners et gravi sapore. Enimvero si quid in nucleo putridi fuerit, totus modus deperit. Ex Gnidio grano factum, eamdem vim habet, quam cicinum. E lentisco factum, utilissimum acopo est : idemque proficeret æque ut rosaceum, ni durius paulo intelligeretur. Utuntur eo et contra nimios sudores, papulasque sudorum. Scabiem jumentorum efficacissime sanat. Balaninum oleum repurgat varos, furunculos, lentigines, gingivas.

XLVI. Cypros qualis esset, et quemadmodum ex ea fieret oleum docuimus. Natura ejus excalfacit, emollit nervos. Folia stomacho illinuntur : et vulvæ concitatæ succus quoque eorum apponitur. Folia recentia commanducata, hulceribus in capite manantibus, item oris medentur, et collectionibus, condylomatis. Decoctum foliorum ambustis et luxatis prodest. Ipsa rufant capillium tusa, adjecto struthei mali succo. Flos capitis dolores sedat cum aceto illitus. Idem combustus in cruda olla nomas sanat, et putrescentia hulcera per se, vel cum melle. Odor floris olet, qui somnum facit. Adstringit gleucinum, et refrigerat, eadem ratione qua et œnanthinum.

XLVII. Balsaminum longe pretiosissimum omnium, ut in unguentis diximus, contra omnes serpentes efficax. Oculorum claritati plurimum confert, caliginem discutit. Item dyspnœas, collectiones omnes duritiasque lenit. Sanguinem densari prohibet, hulcera purgat : auribus, capitis doloribus, tremulis, spasticis, ruptis perquam utile.

les ruptures. Prise dans du lait, elle est l'antidote de l'aconit. Employée en liniment dans le frisson de la fièvre, elle en diminue la violence; cependant il faut en user avec modération, parce qu'elle échauffe beaucoup, et qu'elle augmente le mal si on passe la mesure.

XLVIII. Nous avons déjà parlé du malobathrum et de ses espèces (XII, 59). Il est diurétique. Exprimé dans du vin, on s'en sert en topique dans les fluxions des yeux. On l'applique sur le front de ceux qu'on veut faire dormir, et il agit encore plus efficacement si on en frotte les narines, ou si on l'administre dans de l'eau. La feuille tenue sous la langue embaume la bouche et l'haleine, ainsi que les vêtements entre lesquels on l'interpose.

XLIX. L'huile de jusquiame est émolliente, mais contraire aux nerfs; en boisson, elle trouble le cerveau. L'huile de lupin est émolliente, et produit à peu près les mêmes effets que l'huile rosat. Quant à l'huile du narcisse, nous en avons parlé avec la fleur de cette plante (XXI, 75). L'huile de raifort guérit le phthiriasis contracté à la suite d'une longue maladie, et efface les rugosités du visage. L'huile de sésame guérit les douleurs d'oreilles, les ulcères serpigineux, les ulcères dits malins. L'huile de lis, que nous avons appelée aussi huile de Phaselis et huile de Syrie (XXI, 11), est très-bonne pour les reins, pour provoquer les sueurs, pour amollir la matrice et pour mûrir à l'intérieur. Quant à l'huile selgitique, nous avons dit qu'elle était bonne pour les nerfs (XV, 7). Il en est de même de l'huile herbacée (*faite de certaines herbes*) que les gens d'Iguvium vendent sur la voie Flaminienne.

L. L'élæomeli, qui, avons-nous dit (XV, 7), découle des oliviers dans la Syrie, a un goût mielleux et un peu nauséabond. Il relâche le ventre, il évacue surtout la bile, à la dose de deux cyathes (0 litr., 09) dans une hemine d'eau. Ceux qui en ont bu tombent dans la torpeur, et il faut les éveiller fréquemment. Les buveurs qui vont faire assaut commencent par en avaler un verre (14). Quant à l'huile de poix (XV, 7), on l'emploie communément pour la toux (15), et pour la gale des quadrupèdes.

LI. Après la vigne et l'olivier, le premier rang appartient au palmier. Les dattes fraîches enivrent et causent de la céphalalgie; elles sont moins nuisibles étant sèches. Elles ne sont pas aussi bonnes à l'estomac qu'on le croit; elles exaspèrent la toux; elles sont nourrissantes. Les anciens en donnaient la décoction, en guise d'hydromel, aux malades, pour rétablir les forces et apaiser la soif, et employaient à cet effet les dattes de la Thébaïde de préférence. Les hémoptoïques se trouvent très-bien d'en manger. On en fait, avec le coing, la cire et le safran, un topique pour l'estomac, la vessie, le ventre et les intestins. Elles sont bonnes pour les meurtrissures. Les noyaux de dattes, brûlés dans un vase de terre neuf, donnent une cendre qui, lavée, tient lieu de spodium et s'incorpore dans les collyres, ou, avec addition de nard, dans les pommades pour les paupières.

LII. (v.) Quant au palmier qui porte le myrobalan (XII, 47), l'espèce la plus estimée croît en Égypte; ses dattes, à la différence des autres, n'ont pas de noyau. Avec du vin astringent, elles arrêtent (16) la diarrhée et les pertes. Elles favorisent la réunion des plaies.

LIII. Le palmier élate (XII, 62) ou spathe fournit à la médecine ses bourgeons, ses feuilles et son écorce. On applique les feuilles sur les hypo-

---

Adversatur aconito ex lacte potum. Febres cum horrore venientes perunctis leviores facit. Utendum tamen modico, quoniam adurit, augetque vitia non servato temperamento.

XLVIII. Malobathri quoque naturam et genera exposuimus. Urinam ciet. Oculorum epiphoris vino expressum utilissime imponitur : item frontibus, dormire volentibus : efficacius, si et nares illinantur; aut si ex aqua bibatur. Oris et halitus suavitatem commendat linguae subditum folium, sicut et vestium odorem interpositum.

XLIX. Hyoscyaminum emolliendo utile est, nervis inutile. Potum quidem cerebri motus facit. Therminum e lupinis emollit, proximum rosaceo effectum habens. Narcissinum dictum est cum suo flore. Raphaninum phthiriases longa valetudine contractas tollit, scabritiasque cutis in facie emendat. Sesaminum aurium dolores sanat; et hulcera quae serpunt, et quae cacoethe vocant. Lirinon, quod et Phaselinum et Syrium vocavimus, renibus utilissimum est sudoribusque evocandis, vulvæ molliendæ, concoquendoque intus. Selgiticum nervis utile esse diximus, sicut herbaceum quoque, quod Iguvini circa Flaminiam viam vendunt.

L. Elæomeli, quod in Syria ex ipsis oleis manare diximus, sapore melleo, non sine nausea, alvum solvit : bilem præcipue detrahit, duobus cyathis in hemina aquæ datis : qui bibere, torpescunt, excitanturque crebro. Potores certaturi præsumunt ex eo cyathum unum. Pissino oleo usus ad tussim et ad quadrupedum scabiem est.

LI. A vitibus oleisque proxima nobilitas palmis : inebriant recentes : capitis dolorem afferunt : minus, exsiccatae: nec, quantum videtur, utiles stomacho : tussim exasperant, corpus alunt. Succum decoctarum antiqui pro hydromelite dabant aegris ad vires recreandas, sitim sedandam, in quo usu præferebant Thebaicas. Sanguinem quoque exscreantibus utiles, in cibo maxime. Illinuntur caryotae stomacho, vesicae, ventri, intestinis, cum cotoneis et cera, et croco. Sugillata emendant. Nuclei palmarum cremati in fictili novo, cinere loto spodii vicem efficiunt, misceuturque collyriis, et calliblephara faciunt addito nardo.

LII. (v.) Palma quæ fert myrobalanum, probalissima in Ægypto, ossa non habet reliquarum modo in balanis. Alvum et menses sistit in vino austero, et vulnera conglutinat.

LIII. Palma elate, sive spathe, medicinae confert ger-

condres, l'estomac, le foie, les ulcères serpigineux de cicatrisation difficile. L'écorce encore tendre, avec de la résine et de la cire, guérit la gale en vingt jours. On la fait bouillir pour les maladies des testicules. En fumigation, elle noircit les cheveux et fait sortir les fœtus. On la fait prendre en boisson dans les affections des reins, de la vessie et des hypocondres ; elle ne vaut rien pour la tête et les nerfs. La décoction de cette écorce arrête les flux utérins et la diarrhée. La cendre se prend en boisson, dans du vin blanc, pour les tranchées ; elle est souveraine dans les affections de matrice.

1 LIV. (VI.) Viennent maintenant les propriétés médicales des différentes espèces de pommiers. Les différentes pommes du printemps, qui ont le goût acerbe, sont contraires à l'estomac ; elles troublent le ventre et la vessie ; elles nuisent aux nerfs ; cuites, elles valent mieux. Les coings sont plus agréables quand ils sont cuits ; cependant, crus, pourvu qu'ils soient mûrs, ils sont avantageux dans l'hémoptysie, la dyssenterie, le choléra, le flux céliaque ; ils n'ont plus la même utilité quand ils sont cuits, parce qu'alors ils perdent la vertu astringente qui leur appartient ; ou les applique encore sur la poitrine dans les ardeurs de la fièvre ; et cependant on les fait cuire dans l'eau de pluie pour les affections 2 énumérées plus haut. Cuits ou crus, on les applique en forme de cérat dans les douleurs d'estomac. Le duvet qui les couvre guérit les anthrax. Cuits dans du vin et appliqués avec de la cire, les coings rendent les cheveux aux têtes chauves. Ceux que l'on confit crus dans du miel sont laxatifs ; ils ajoutent beaucoup à la suavité du miel, et le rendent meilleur à l'estomac. Quant à ceux que l'on confit cuits dans du miel, quelques-uns les font piler avec des feuilles de roses bouillies, et les donnent pour aliment dans les maladies de l'estomac. Le suc des coings crus est bon pour 3 la rate, pour l'orthopnée, pour l'hydropisie ainsi que pour les affections des mamelles, pour les condylomes et les varices. Les fleurs fraîches ou séchées s'emploient dans les ophthalmies, les hémoptysies et les pertes. En les pilant avec du vin doux, on en fait un suc adoucissant, qui est avantageux dans le flux céliaque et dans les affections du foie. Avec la décoction de ces fleurs on fait des fomentations dans les chutes de la matrice et du rectum. On tire des coings une huile que nous avons appelée mélinum (XIII, 2,6) : pour cela il faut qu'ils ne soient pas venus dans des lieux humides, ce qui fait qu'on estime le plus ceux de la Sicile. Le coing struthie, quoique très-voisin des précédents, est moins bon. On trace sur le sol, autour de la racine de ce coignassier, un cercle avec la main gauche, et on l'arrache en la nommant, et en disant pour qui on l'arrache : portée en amulette, elle guérit les écrouelles.

LV. Les pommes nommées mélimela (XV, 15,2) 1 et les autres pommes douces relâchent l'estomac et le ventre ; elles causent de la soif et de la chaleur, mais elles ne nuisent pas aux nerfs. Les pommes rondes arrêtent la diarrhée et les vomissements ; elles sont diurétiques. Les pommes sauvages ressemblent aux pommes acerbes du printemps ; elles resserrent le ventre. Pour cet usage on les emploie avant maturité.

LVI. Le citron, pulpe ou graine, se prend en 1 boisson dans du vin contre les poisons. La décoction ou le suc exprimé, en collutoire, rend l'haleine douce. On en fait manger la graine aux femmes grosses atteintes de pica. Le citron est

---

mina, folia, corticem. Folia imponuntur præcordiis, stomacho, jocineri, hulceribus quæ serpunt, cicatrici repugnantia. Psoras cortex ejus tener cum resina et cera sanat diebus XX. Decoquitur et ad testium vitia. Capillum denigrat suffitu, partus extrahit. Datur bibendus renum vitiis, et vesicæ, et præcordiorum : et capiti, et nervis inimicus. Vulvæ ac ventris fluxiones sistit decoctum ejus. Item cinis ad tormina potus in vino albo, in vulvarum vitiis efficacissimus.

1 LIV. (VI.) Proximæ varietates generum medicinarumque, quæ mala habent. Ex his verna acerba, stomacho inutilia sunt : alvum, vesicam circumagunt, nervos lædunt : cocta meliora. Cotonea cocta suaviora : cruda tamen, dumtaxat matura, prosunt sanguinem exscreantibus ac dysentericis, cholericis, cœliacis. Non idem prosunt decocta, quoniam amittunt constringentem illam vim succi. Imponuntur in febris ardoribus : et tamen decoquuntur in aqua cælesti ad eadem quæ supra scripta sunt. 2 Ad stomachi autem dolores cruda decoctave cerati modo imponuntur. Lanugo eorum carbunculos sanat. Cocta in vino, et illita cum cera, alopeciis capillum reddunt. Quæ ex his cruda in melle condiuntur, alvum movent. Mulla autem suavitati multum adjiciunt, stomachoque utilius id faciunt. Quæ vero in melle condiuntur cocta, quidam ad stomachi vitia, trita cum rosæ foliis decoctis dant pro cibo. Succus crudorum lienibus, orthopnoicis, hydropicis 3 prodest. Item mammis, condylomatis, varicibus. Flos et viridis, et siccus inflammationibus oculorum, exscreationibus sanguinis, mensibus mulierum. Fit et succus ex his mitis, cum vino dulci tusis, utilis et cœliacis, et jocineri. Decocto quoque eorum foventur, si procidant vulvæ et interanea. Fit et oleum ex his, quod melinum vocavimus, quoties non fuerint in humidis nata : ideo utilissima, quæ ex Sicilia veniunt. Minus utilia struthia, quamvis cognata. Radix eorum circumscripta terra manu sinistra capitur, ita ut qui id faciet, dicat quæ capiat, et cujus causa : sic adalligata, strumis medetur.

LV. Melimela et reliqua dulcia, stomachum et ven- 1 trem solvunt, siticulosa, æstuosa, sed nervos non lædunt. Orbiculata sistunt alvum, et vomitiones, urinas cient. Silvestria mala siuiilia sunt vernis acerbis, alvumque sistunt. Sane in hunc usum immatura opus sunt.

LVI. Citrea contra venenum in vino bibuntur, vel 1 ipsa, vel semen. Faciunt oris suavitatem, decocto eorum colluti, aut succo expresso. Horum semen edendum præcipiunt in malacia prægnantibus : ipsa vero contra infir-

bon dans les faiblesses d'estomac ; mais on ne saurait guère en manger sans vinaigre.

LVII. Il est inutile de reparler des neuf espèces de grenades (XIII, 34). Les grenades douces, auxquelles nous avons donné le nom d'apyrina (sans pepins), passent pour mauvaises à l'estomac. Elles produisent des flatuosités, et attaquent les dents et les gencives. Celles dont le goût approche le plus de ces dernières, et que nous avons appelées vineuses (XIII, 34), ont de petits pepins et passent pour un peu meilleures. Elles resserrent le ventre et l'estomac, pourvu qu'on n'en prenne qu'en petite quantité et sans se rassasier ; mais dans la fièvre, à laquelle ne conviennent ni la pulpe des grains ni le jus, il ne faut pas donner de ces grenades ; et, à vrai dire, il n'en faut donner d'aucune espèce. On doit pareillement s'en défier dans les vomissements et les évacuations bilieuses. Dans ce fruit la nature nous a donné du raisin, et je ne dirai pas du moût, mais du vin tout fait ; et elle a renfermé ce raisin et ce vin dans une enveloppe coriace. L'enveloppe des grenades acerbes est très-employée. On s'en sert pour le tannage des cuirs (XIII, 34) ; c'est pour cela qu'on l'appelle malicorium. Les médecins (17) assurent qu'elle est diurétique, et que bouillie avec de la noix de galle dans du vinaigre elle raffermit les dents mobiles. Cette écorce est bonne dans le pica des femmes enceintes, parce que lorsqu'elles en mâchent cela ranime l'enfant. On coupe par quartiers une grenade, et on la laisse tremper dans de l'eau de pluie pendant trois jours environ ; on fait boire cette infusion froide dans le flux céliaque et l'hémoptysie.

LVIII. Avec les grenades acerbes on fait une composition appelée stomatice, très bonne pour les affections de la bouche, des narines, des oreilles, pour l'obscurcissement de la vue, pour les ptérygions, pour les maladies des parties génitales, pour les ulcères rongeants, pour les fongosités des plaies, contre le venin du lièvre marin (18). Elle se fait ainsi : Après avoir dépouillé la grenade de son écorce, on pile les grains et on fait cuire le jus jusqu'à réduction du tiers, avec safran, alun de roche, myrrhe, miel attique, de chaque, demi-livre. D'autres la font de la manière suivante : On pile plusieurs grenades aigres, on en fait cuire le jus dans une chaudière neuve, jusqu'à consistance de miel. On l'emploie pour les affections des parties génitales et du siège, et pour tout ce que le lycium (XII, 15 ; XXIV, 77) guérit, écoulements purulents par l'oreille, fluxions commençantes des yeux, taches rouges. Une branche de grenadier tenue à la main met en fuite les serpents. L'écorce d'une grenade bouillie dans du vin, en topique, guérit les engelures. Une grenade pilée dans trois hémines (0 litr., 81) de vin, qu'on fait bouillir jusqu'à réduction des deux tiers, délivre des tranchées et des vers intestinaux. Une grenade mise dans un vase neuf et bien luté, brûlée dans un four, puis pulvérisée et bue dans du vin, arrête le cours de ventre et dissipe les tranchées.

LIX. Les Grecs donnent le nom de cytinus aux premiers bourgeons du grenadier qui annoncent la fleur. Ils jouissent d'une propriété singulière, dont on a fait plus d'une fois l'épreuve : si après avoir ôté tout lien, défait sa ceinture, dénoué sa chaussure et même retiré son anneau, on cueille un cytinus avec deux doigts de la main gauche, le pouce et l'annulaire ; si on s'en frotte légèrement les yeux, et enfin si on le jette dans la bouche et qu'on l'avale sans qu'il touche les dents, on n'éprouvera de l'année aucune maladie des yeux. Ces

---

tuitatem stomachi, sed non nisi ex aceto facile manduntur.

LVII. Punici mali novem genera nunc iterare supervacuum. Ex his dulcia, quæ apyrina alio nomine appellavimus, stomacho inutilia habentur, inflationes pariunt, dentes gingivasque lædunt. Quæ vero ab his sapore proxima vinosa diximus, parvum nucleum habentia, utiliora paulo intelliguntur. Alvum sistunt, et stomachum, dumtaxat pauca, citraque satietatem. Sed hæc minime danda : quanquam omnino nulla, in febri, nec carne acinorum utili, nec succo. Caventur æque vomitionibus, ac bilem rejicientibus. Uvam in his, ac ne mustum quidem, sed protinus vinum aperuit natura ; utrumque asperiore cortice. Hic ex acerbis in magno usu. Vulgus coria maxime perficere illo novit : ob id malicorium appellant. Medici urinam cieri eodem monstrant ; mixtaque galla in aceto decoctum, mobiles dentes stabilire. Expetitur gravidarum malaciæ, quoniam gustatu moveat infantem. Dividitur malum, cælestique aqua madescit ternis fere diebus. Hæc bibitur frigida cœliacis, et sanguinem exscreantibus.

LVIII. Ex acerbo fit medicamentum, quod stomatice vocatur, utilissimum oris vitiis, narium, aurium, oculorum caligini : pterygiis, genitalibus, et his quas nomas vocant, et quæ in hulceribus excrescunt ; contra leporem marinum ; hoc modo : acinis detracto cortice tusis, succoque decocto ad tertias, cum croci, et aluminis scissi, myrrhæ, mellis Attici selibris. Alii et hoc modo faciunt : punica acida multa tunduntur : succus in cacabo novo coquitur mellis crassitudine, ad virilitatis et sedis vitia, et omnia quæ lycio curantur, aures purulentas, epiphoras incipientes, rubras maculas. In manibus rami punicorum serpentes fugant. Cortice punici ex vino decocti et impositi, perniones sanantur. Contusum malum ex tribus heminis vini, decoctum ad heminam, tormina et tænias pellit. Punicum in olla nova, cooperculo inlito, in furno exustum, et contritum, potumque in vino, sistit alvum, discutit tormina.

LIX. Primus pomi hujus partus florere incipientis, cytinus vocatur Græcis, miræ observationis multorum experimento. Si quis unum ex his, solutus vinculo omni cinctus et calceatus, atque etiam annuli, decerpserit duobus digitis, pollice et quarto sinistræ manus, atque ita lustratis levi tactu oculis, mox in os additum devoraverit, ne dente contingat, affirmatur nullam oculorum imbecillitatem passurus eo anno. Iidem cytini siccati tritique,

mêmes cytinus séchés et pulvérisés répriment les fongosités ; ils sont bons pour les gencives et les dents ; ou si les dents sont mobiles, la décoction de cytinus les raffermit. Les corpuscules que les cytinus renferment, pilés, s'appliquent sur les ulcères serpigineux ou putrides. On les emploie aussi contre l'inflammation des yeux et des intestins, et en général dans tous les cas où l'on se sert de l'écorce de grenadier ; ils sont excellents contre la piqûre des scorpions.

1 LX. On ne saurait trop admirer les soins diligents des anciens, qui, ayant tout recherché, ont tout essayé. Du sein du cytinus, avant que la grenade paraisse, naissent de petites fleurs qui, avonsnous dit (XIII, 34,), se nomment balaustes. Ces fleurs n'ont pas non plus échappé à leurs expérimentations ; et ils ont trouvé que c'était un remède contre les piqûres du scorpion. En boisson, elles arrêtent les pertes. Elles guérissent les aphthes, les amygdalites, l'inflammation de la luette, l'hémoptysie, les dérangements de ventre et d'estomac, les parties génitales et les ulcères humi-
2 des, en quelque partie qu'ils soient. Les anciens les ont même fait sécher pour les expérimenter en cet état ; et ils ont reconnu que pulvérisées elles rappelaient de la mort les dyssentériques et arrêtaient les flux de ventre. Ils n'ont pas même dédaigné d'essayer les pepins de la grenade : ces pepins, grillés et pulvérisés, sont bons à l'estomac ; on en saupoudre les aliments ou les boissons. Pour arrêter le flux de ventre on les prend dans l'eau de pluie. La décoction de la racine tue le tenia, à la dose d'un victoriat (1 gr., 62). Cuite dans l'eau jusqu'à consistance de bouillie, elle rend les mêmes services que le lycium (XXIV, 77).

1 LXI. Il y a un arbrisseau qu'on nomme grenadier sauvage, à cause de sa ressemblance avec le grenadier. La racine a l'écorce rouge. A la dose d'un denier (3 gr., 85), prise en boisson dans du vin, elle endort. La graine prise en boisson guérit l'anasarque. La fumée de l'écorce de grenade chasse les cousins.

LXII. (VII.) Toutes les poires, en aliment, sont 1 pesantes même pour les personnes bien portantes : on les défend, comme le vin, aux malades ; mais cuites elles sont merveilleusement salutaires et agréables, surtout celles de Crustuminum. Toutes les poires cuites avec du miel sont bonnes à l'estomac. On en fait des cataplasmes résolutifs. On se sert de leur décoction pour résoudre les duretés. Les poires mêmes sont efficaces contre les bolets et les champignons ; elles les précipitent, tant par leur poids que par la vertu neutralisante de leur suc. La poire sauvage mûrit très-tardivement. Coupée par quartiers et séchée à l'air, on l'emploie pour arrêter le flux de ventre, effet que la décoction produit aussi ; pour le même usage on fait cuire les feuilles avec le fruit. La cendre du poirier est efficace contre les champignons. Une charge, même petite, de pommes ou de poires est un fardeau singulièrement fatigant pour les bêtes de somme (XXIV, 1) : le remède est, dit-on, de leur en faire manger ou seulement de leur en montrer quelques-unes avant de les charger.

LXIII. Le suc laiteux du figuier a les pro- 1 priétés du vinaigre. Il coagule le lait comme la présure. On le recueille avant la maturité du fruit, on le sèche à l'ombre, et on s'en sert, soit en topique avec un jaune d'œuf, soit en boisson avec l'amidon, comme maturatif et comme emménagogue. On l'applique sur les pieds goutteux avec de la farine de fenugrec et du vinaigre. Il

---

carnes excrescentes cohibent : gingivis et dentibus medentur : vel si mobiles sint, decocto succo. Ipsa corpuscula trita, hulceribus quæ serpunt putrescuntve, illinuntur. Item oculorum inflammationi intestinorumque : et fere ad omnia, quæ cortices malorum. Adversantur scorpionibus.
1 LX. Non est satis mirari curam diligentiamque priscorum, qui omnia scrutati, nihil intentatum reliquere. In hoc ipso cytino flosculi sunt, antequam scilicet malum ipsum prodeat, erumpentes, quos balaustium vocari diximus. Hos quoque ergo experti invenerunt scorpionibus adversari. Sistunt potu menses feminarum : sanant oris hulcera, et tonsillas, uvam, sanguinis exscreationes, ventris et stomachi solutiones, genitalia, hulcera quacumque
2 in parte manantia. Siccavere etiam, ut sic quoque experirentur, inveneruntque tusorum farina dysentericos a morte revocari, alvum sisti. Quin et nucleos ipsos acinorum experiri non piguit. Tosti tusique stomachum juvant, cibo aut potioni inspersi. Bibuntur ex aqua cælesti ad sistendam alvum. Radix decocta succum emittit, qui tænias necat, victoriati pondere. Eadem discocta in aqua, quas lycium, præstat utilitates.

LXI. Est et silvestre punicum, a similitudine appella- 1 tum. Ejus radices rubro cortice denarii pondere ex vino potæ somnos faciunt. Semine poto, aqua quæ subierit cutem, siccatur. Mali punici corticis fumo culices fugantur.
LXII. (VII.) Pirorum omnium cibus etiam valentibus 1 onerosus, ægris quoque vini modo negatur. Decocta eadem mire salubria et grata, præcipue Crustumina. Quæcumque vero cum melle decocta, stomachum adjuvant. Fiunt cataplasmata e piris, ad discutienda corporum vitia ; et decocto eorum ad duritias utuntur. Ipsa adversantur bolotis atque fungis, pelluntque pondere et pugnante succo. Pirum silvestre tardissime maturescit. Conciditur, suspensumque siccatur ad sistendam alvum : quod et decoctum ejus potu præstat. Decoquuntur et folia cum pomo ad eosdem usus. Pirorum ligni cinis contra fungos efficacius proficit. Mala piraque portatu jumentis mire gravia sunt vel pauca. Remedio aiunt esse, si prius edenda dentur aliqua, aut utique ostendantur.
LXIII. Fici succus lacteus, aceti naturam habet. Ita- 1 que coaguli modo lac contrahit. Excipitur ante maturitatem pomi, et in umbra siccatur, ad aperienda hulcera, cienda menstrua apposito cum luteo ovi, aut poto cum

fait tomber les poils, il guérit les boutons des paupières, les lichens et la gale. Il relâche le ventre. Il guérit les piqûres des frelons, des guêpes et autres insectes, et en particulier des scorpions. Avec de la graisse, il fait tomber les verrues. Avec les feuilles et les figues encore vertes on fait un topique pour les écrouelles, et dans tous 2 les cas où il faut ramollir ou résoudre. Les feuilles employées seules produisent le même effet. On les emploie encore à d'autres usages, par exemple, en frictions dans les lichens, les alopécies, et tout ce qu'il est besoin d'excorier. Les jeunes pousses s'appliquent sur la peau, contre la morsure des chiens. Avec du miel, on en fait un topique pour les ulcères appelés ceria (*favus*); avec les feuilles du pavot sauvage, elles font sortir les esquilles; avec les feuilles pilées dans du vinaigre, elles guérissent la morsure des chiens enragés. Les jeunes pousses blanches du figuier noir s'emploient avec la cire en topique pour les furoncles et la morsure des musaraignes. La cendre des feuilles de ce figuier s'emploie dans les 3 gangrènes, et pour consumer les fongosités. Les figues mûres sont diurétiques, laxatives; elles provoquent la sueur et font venir des papules; aussi sont-elles mauvaises en automne, parce que les sueurs qu'elles excitent sont alors suivies de refroidissement. Elles font mal à l'estomac, mais pendant peu de temps. On prétend qu'elles gâtent la voix. Les figues qui mûrissent les dernières sont plus salubres que les premières; mais il faut toujours se défier de celles qui ont mûri à l'aide de quelque préparation (XVI, 51). Ce fruit augmente la force des jeunes gens, améliore la santé des vieillards, et fait qu'ils sont moins ridés. Il étanche la soif; il tempère la chaleur; aussi ne faut-il pas le refuser dans les fièvres où la fibre est resserrée, et qu'on appelle stègnes (*resserrées*). Les figues sèches sont nuisibles 4 à l'estomac, mais merveilleusement avantageuses à la gorge et au gosier. Elles sont échauffantes, causent de la soif, relâchent le ventre, et nuisent dans les fluxions des intestins et de l'estomac. Elles sont toujours utiles pour la vessie, la dyspnée, l'asthme, les maladies du foie, des reins et de la rate. Elles sont nourrissantes et fortifiantes; aussi jadis les athlètes en usaient comme aliment: c'est le gymnaste Pythagore qui le premier les mit à l'usage de la viande. Les figues sèches sont très-avantageuses 5 dans les convalescences après une longue maladie, dans l'épilepsie, dans l'hydropisie. On en fait des topiques pour tout ce qui a besoin de mûrir ou de se résoudre; elles sont plus efficaces mélangées de chaux ou de nitre. Cuites avec de l'hysope, elles nettoient la poitrine, évacuent la pituite et guérissent les vieilles toux. Cuites avec du vin, on les emploie pour les affections du siége et les tumeurs maxillaires. Bouillies, on les applique sur les furoncles, sur les panus, sur les parotides. Des fomentations avec leur décoction sont utiles aux femmes. Bouillies avec 6 le fenugrec, on s'en sert dans la pleurésie et la péripneumonie. Cuites avec de la rue, elles soulagent les tranchées. On s'en sert pour les ulcères des jambes, avec de la fleur de cuivre; dans les ptérygions, avec de la grenade; dans les brûlures et les engelures, avec de la cire; dans les hydropisies, cuites dans du vin, avec de l'absinthe, de la farine d'orge et du nitre. En aliment, elles resserrent le ventre. Pilées avec du sel, on en fait un topique pour les piqûres des scorpions. Cuites dans du vin et appliquées sur les anthrax, elles les font percer. Dans les car-

---

amylo. Podagris illinitur cum farina Græci feni et aceto. Pilos quoque detrahit, palpebrarumque scabiem emendat: item lichenas et psoras. Alvum solvit. Lactis ficului natura adversatur crabronum, vesparumque, et similium venenis, privatim scorpionum. Idem cum axungia verrucas 2 tollit. Folia, et quæ non maturuere fici, strumis illinuntur, omnibusque quæ emollienda sint, discutiendave: præstant hoc et per se folia. Et alii usus eorum, tamquam in fricando lichene, et alopeciis, et quæcumque exhulcerari opus sit. Et adversus canis morsus ramorum teneri cauliculi cuti imponuntur. Iidem cum melle ulcerinus, quæ ceria vocantur, illinuntur. Extrahunt infracta ossa cum papaveris silvestris foliis. Canum rabiosorum morsus folio trito ex aceto restringunt. E nigra ficu candidi cauliculi illinuntur furunculis, muris aranei morsibus cum cera. Cinis earum e foliis, gangrænis, consumendisque quæ ex- 3 crescunt. Fici maturæ urinam cient, alvum solvunt, sudorem movent, papulasque. Ob id autumno insalubres, quoniam sudantia hujus cibi opera corpora perfrigescunt. Nec stomacho utiles, sed ad breve tempus; et voci contrariæ intelliguntur. Novissimæ salubriores, quam primæ: medicatæ vero numquam. Juvenum vires augent: senibus meliorem valetudinem faciunt, minusque rugarum. Sitim sedant: calorem refrigerant. Ob id non negandæ in febribus constrictis, quas stegnas vocant. Siccæ fici stomachum 4 lædunt: gutturi et faucibus magnifice utiles. Natura his excalfaciendi: sitim adferunt: alvum molliunt, rheumatismis ejus, et stomacho contrariæ. Vesicæ semper utiles, et anhelatoribus, ac suspiriosis. Item jocinerum, renum, lienum vitiis. Corpus et vires adjuvant: ob id ante athletæ hoc cibo pascebantur: Pythagoras exercitator, primus ad carnes eos transtulit. Recolligenti se a longa valetudine 5 utilissimæ; item comitialibus, et hydropicis, omnibusque, quæ maturanda aut discutienda sunt, imponuntur: efficacius calce aut nitro admixto. Coctæ cum hyssopo pectus purgant, pituitam, tussim veterem. Cum vino autem ad sedem et tumores maxillarum. Ad furunculos, panos, parotidas decoctæ illinuntur. Utile et decocto earum fovere feminas. Decoctæ quoque eædem cum feno Græco utiles 6 sunt pleuriticis et peripneumonicis. Cum ruta coctæ torminibus prosunt: tibiarum ulceribus cum æris flore; pterygiis cum punico malo: ambustis, pernionibus cum cera: hydropicis coctæ in vino, cum absinthio et farina hordeacea, nitro addito. Manducatæ, alvum sistunt. Scor-

cinomes, pourvu qu'ils ne soient pas ulcérés, appliquer des figues très-grasses est un remède presque souverain : de même pour les ulcères 7 phagédéniques. Quant à la cendre du figuier, il n'en est pas de plus âcre. Elle déterge, elle agglutine, elle remplit, elle resserre. Prise en breuvage, elle résout le sang coagulé. On la donne dans un cyathe d'eau et un d'huile pour les coups, les chutes, les convulsions et les ruptures. On la prescrit dans le tétanos et le spasme. On la donne en boisson ou en lavement dans l'affection céliaque et la dyssenterie. En liniment avec de l'huile, elle échauffe; pétrie avec de la cire et de l'huile rosat, elle guérit les brûlures, en ne laissant qu'une cicatrice très-légère. En liniment avec l'huile, elle est bonne pour les myopes. On l'emploie comme 8 dentifrice contre les maladies des dents. On dit que si un malade attire à soi une branche de figuier, en arrache un nœud avec les dents sans être vu de personne, et le porte dans un sachet suspendu au cou par un fil, cela le guérira des écrouelles et des parotides. L'écorce pilée avec de l'huile guérit les ulcères du ventre. Les figues encore vertes, appliquées crues avec du nitre et de la farine, enlèvent les verrues et les poireaux. La cendre des rejetons qui partent de la racine tient lieu de spodium (cendre alcaline). Brûlée une seconde fois, et mise en trochisque avec de la céruse, elle guérit les ulcérations et les granulations des yeux.

1 LXIV. Le figuier sauvage a encore plus d'efficacité que le figuier cultivé. Il a moins de suc laiteux : un selon mis dans du lait le caille. Le suc laiteux recueilli et durci donne bon goût aux viandes : on les en frotte après l'avoir délayé dans du vinaigre. On l'incorpore dans les médicaments ulcératifs. Il relâche le ventre. Avec l'amidon, il ouvre les voies utérines. Le figuier sauvage en boisson avec un jaune d'œuf est emménagogue; avec la farine de fenugrec, on en fait des topiques pour la goutte. On l'emploie pour la 2 lèpre, la gale, le lichen, le lentigo, les blessures faites par les animaux venimeux, et les morsures des chiens. Le suc laiteux apaise les douleurs des dents, appliqué avec de la laine ou introduit dans la cavité des dents cariées. Les jeunes pousses et les feuilles, mêlées avec la farine d'ers, sont bonnes contre le venin de certains animaux marins; on y ajoute aussi du vin. Quand on fait cuire du bœuf, on économise beaucoup de bois en mettant de ces tiges dans la marmite. Les figues encore vertes, en topique, amollissent et résolvent les écrouelles et toute espèce de dépôts; les feuilles (19) ont aussi, jusqu'à un certain point, la même propriété, du moins les plus tendres. Ces figues guérissent avec du vinaigre les ulcères humides, les épinyctides et les dartres furfuracées; avec du miel et les feuilles, les ul- 3 cères appelés ceria (*favus*) et les morsures des chiens; fraîches, avec du vin, les ulcères phagédéniques. Avec les feuilles du pavot, elles font sortir les esquilles. Les figues sauvages vertes, en fumigation, dissipent les gonflements; en breuvage, elles combattent les mauvais effets du sang de taureau, de la céruse, et du lait coagulé dans l'estomac. Bouillies dans l'eau et en cataplasme, elles guérissent les parotides. Les plus petits de ces fruits ou les jeunes pousses, dans du vin, sont efficaces contre la piqûre des scorpions. On instille aussi le lait dans la plaie, et on applique les feuilles dessus. Même recette pour la morsure de la musaraigne. La cendre des jeunes pousses guérit le relâchement de la luette; la cendre de

---

plonum ictibus cum sale tritæ illinuntur. Carbunculos extrahunt in vino coctæ et impositæ. Carcinomati, si sine hulcere est, quam pinguissimam ficum imponi, pæne sin- 7 gulare remedium est : item phagedænæ. Cinis non ex alia arbore acrior : purgat, conglutinat, replet, adstringit. Bibitur et ad discutiendum sanguinem concretum. Item percussis, præcipitatis, convulsis, ruptis, cyathis singulis aquæ et olei. Datur tetanicis et spasticis : item potus vel infusus cœliacis, et dysentericis. Et si quis eo cum oleo perungatur, excalfacit. Idem cum cera et rosaceo subactus, ambustis cicatricem tenuissimam obducit. Lusciosos ex 8 oleo illitus emendat, dentiumque vitia crebro fricatu. Produnt etiam, si quis inclinata arbore, supino ore aliquem nodum ejus morsu abstulerit, nullo vidente, atque cum aluta illigatum licio et collo suspenderit, strumas et parotidas discuti. Cortex tritus cum oleo, ventris hulcera sanat. Crudæ grossi verrucas et thymos, nitro farinaque additis tollunt. Spodii vicem exhibet fruticum a radice exeuntium cinis. Bis tostus adjecto psimmythio digeritur in pastillos, ad hulcera oculorum et scabritiam.

1 LXIV. Caprificus etiamnum multo efficacior fico. Lactis minus habet : surculo quoque ejus lac coagulatur in caseum. Exceptum id coactumque in duritiam, suavitatem carnibus affert; fricatur diluto ex aceto. Miscetur exhulceratoriis medicamentis. Alvum solvit : vulvam cum amylo aperit. Pota menses ciet cum luteo ovi. Podagris cum farina Græci feni illinitur. Lepras, psoras, lichenas, lenti- 2 gines expurgat : item venenatorum ictus, et canis morsus. Dentium quoque dolori hic succus appositus in lana prodest, aut in cava eorum additus. Cauliculi et folia, admixto ervo, contra marinorum venena prosunt : adjicitur et vinum. Bubulas carnes additi caules magno ligni compendio percoquunt. Grossi illitæ, strumas, et omnem collectionem emolliunt, et discutiunt. Aliquatenus et folia, quæ mollissima sunt ex his. Cum aceto hulcera manantia, et epinyctidas, et furfures sanant. Cum melle foliis ceria 3 sanant, et canis morsus. Recentes cum vino, phagedænas. Cum papaveris foliis ossa extrahunt. Grossi caprifici inflationes discutiunt suffitu. Resistunt et sanguini taurino poto, et psimmythio, et lacti coagulato potæ. Item in aqua decoctæ atque illitæ parotidas sanant. Cauliculi aut grossi ejus quam minutissimæ ad scorpionum ictus e vino bibuntur. Lac quoque instillatur plagæ, et folia imponuntur : item adversus murem araneum. Cauliculorum cinis uvam

l'arbre même avec du miel, les rhagades; la racine, bouillie dans du vin, les maux de dents. Le figuier sauvage d'hiver, cuit dans du vinaigre et broyé, enlève les dartres impétigineuses. Les râclures de rameaux écorcés, aussi fines que de la sciure de bois, sont employées en topique. On attribue encore au figuier sauvage une propriété merveilleuse : Si un garçon impubère casse une branche, et en arrache avec les dents l'écorce gonflée par la séve, on assure que la moelle de cette branche, attachée en amulette avant le lever du soleil, préserve des écrouelles. Un rameau de cet arbre lié au cou d'un taureau, quelque indompté qu'il soit, apaise sa férocité par une vertu merveilleuse, et le rend immobile.

LXV. Il faut, à cause du rapport des noms, parler ici de l'herbe appelée par les Grecs érinéon (ἐρινεὸς, figuier sauvage) (*campanula ramosissima*, Sibth.). Elle est haute d'un palme, porte ordinairement cinq petites tiges, ressemble à l'ocimum, et a la fleur blanche, la graine noire et petite. Cette graine, pilée avec du miel attique, guérit les fluxions des yeux. Cette plante, de quelque manière qu'on la cueille, rend un lait abondant et doux. Mêlée avec un peu de nitre, elle est très-avantageuse dans les douleurs d'oreille. Les feuilles combattent les venins.

LXVI. Les feuilles de prunier bouillies guérissent les amygdales et les gencives. Si on les fait cuire dans du vin, et qu'on s'en lave de temps en temps la bouche, elles sont bonnes pour la luette. Les prunes mêmes relâchent le ventre. Elles font mal à l'estomac, mais pour peu de temps.

LXVII. Les pêches sont plus salutaires, de même que le suc de ce fruit seul, ou exprimé dans du vin ou du vinaigre. Il n'est pas de fruit de ce genre plus innocent, qui ait moins d'odeur et plus de suc, tout en excitant la soif. Les feuilles pilées, en topique, arrêtent les hémorragies. Les noyaux, avec de l'huile et du vinaigre, s'emploient en topique dans les douleurs de tête.

LXVIII. Les prunes sauvages ou l'écorce de la racine de l'arbre, bouillies dans une hémine (0 litr., 27) de vin astringent jusqu'à réduction des deux tiers, guérissent le flux de ventre et les tranchées : la dose est d'un cyathe (0, 45) à chaque fois.

LXIX. Sur les pruniers sauvage et cultivé on trouve une mousse appelée par les Grecs lichen, et merveilleusement bonne pour les rhagades et les condylomes.

LXX. L'Égypte et l'île de Chypre ont, comme nous l'avons dit (XIII, 14 et 15), un mûrier d'une espèce particulière; il verse un suc abondant si on entame légèrement l'écorce; mais, chose singulière, il reste sec si l'incision est plus profonde. Ce suc combat le venin des serpents, est bon dans la dyssenterie, résout les panus et tous les dépôts, agglutine les plaies, calme les maux de tête et d'oreille, et s'emploie en boisson et en topique contre les affections de la rate et les refroidissements. Il se corrompt très-promptement. Le suc de nos mûriers n'a pas moins de propriétés. En boisson dans du vin, il combat l'aconit et le venin des araignées [phalanges]; il relâche le ventre; il fait sortir la pituite, le ténia et autres parasites, des intestins. L'écorce broyée produit le même effet. Les feuilles, cuites dans de l'eau de pluie avec l'écorce du figuier noir et de la vigne,

---

faucium sedat : arboris ipsius cinis ex melle, rhagadia : radix defervefacta in vino, dentium dolores. Hiberna caprificus in aceto cocta et trita, impetigines tollit. Illinuntur ramenta rami sine cortice quam minutissima ad scobis modum. Caprifico quoque medicinæ unius miraculum additur : corticem ejus impubescentem puer impubis si defracto ramo detrahat dentibus, medullam ipsam adalligatam ante solis ortum, prohibere strumas. Caprificus tauros quamlibet feroces, collo eorum circumdata, in tantum mirabili natura compescit, ut immobiles præstet.

LXV. Herba quoque, quam Græci erineon vocant, reddenda in hoc loco propter gentilitatem. Palmum alta est, cauliculis quinis fere, ocimi similitudine, flos candidus, semen nigrum, parvum : tritum cum melle Attico, oculorum epiphoris medetur : uteumque autem decerpta manat lacte multo et dulci. Herba perquam utilis aurium dolori, nitri exiguo addito. Folia resistunt venenis.

LXVI. Pruni folia decocta tonsillis, gingivis : uvæ prosunt in vino, decocto eo subinde ore colluto. Ipsa pruna alvum molliunt, stomacho non utilissima, sed brevi momento.

LXVII. Utiliora persica, succusque eorum, etiamnum in vino aut in aceto expressus. Nec est alius eis pomis innocentior cibus. Nusquam minus odoris, succi plus, qui tamen sitim stimulet. Folia ejus trita illita, hæmorrhagiam sistunt. Nuclei persicorum cum oleo et aceto, capitis doloribus illinuntur.

LXVIII. Silvestrium quidem prunorum baccæ, vel e radice cortex, in vino austero si decoquantur, ita ut triens ex hemina supersit, alvum et tormina sistunt. Satis est singulos cyathos decocti sumi.

LXIX. Et in iis, et sativis prunis est limus arborum, quem Græci lichena appellant, rhagadiis et condylomatis mire utilis.

LXX. Mora in Ægypto et Cypro sui generis, ut diximus, largo succo abundant, summo cortice desquamato : altiore plaga siccantur, mirabili natura. Succus adversatur venenis serpentium, prodest dysentericis, discutit panos omnesque collectiones : vulnera conglutinat, capitis dolores sedat, item aurium : splenicis bibitur, atque illinitur; et contra perfrictiones. Celerrime teredinem sentit. Neque apud nos succo usus minor. Adversatur aconito et araneis, in vino potus. Alvum solvit : pituitas, tæniasque et similia ventris animalia extrahit. Hoc idem præstat et cortex tritus. Folia tingunt capillum cum fici nigræ et vitis corticibus simul coctis in aqua cælesti. Pomi ip-

teignent les cheveux. Le jus de mûres relâche incontinent le ventre. Les mûres font un bien momentané à l'estomac : elles sont réfrigérantes, elles causent de la soif ; si on ne mange rien par-dessus, elles causent du gonflement. Le suc des mûres vertes resserre le ventre. Les merveilles que présente cet arbre, et que nous avons exposées à son article (XVI, 41, 4), semblent, en vérité, appartenir à un animal intelligent.

1 LXXI. On fait avec les mûres une composition appelée panchrestos (bonne à tous maux), stomatice, artériaque : à une chaleur douce, on réduit jusqu'à consistance de miel trois setiers de jus des mûres ; on prend deux deniers d'omphacium sec (XII, 60), ou un denier (3 gr., 85) de myrrhe, et autant de safran : ces substances broyées ensemble sont mises dans le jus bouilli. Il n'est point de remède meilleur pour la bouche, la trachée-artère, la luette et l'estomac. On le prépare encore de cette manière-ci : Prenez deux setiers de jus et un setier de miel attique, et faites cuire comme nous avons dit plus haut. On parle encore 2 de propriétés merveilleuses. Quand le mûrier commence à bourgeonner, et avant que les feuilles sortent, on recommande de cueillir de la main gauche les baies en germe, que les Grecs nomment ricins. Si elles n'ont pas touché la terre, elles arrêtent, portées en amulette, les hémorragies provenant soit d'une plaie, soit de la bouche, soit des narines, soit des hémorroïdes ; on en garde à cet effet. On attribue la même vertu à un rameau cassé durant la pleine lune et commençant à avoir du fruit, pourvu toutefois qu'il n'ait pas touché la terre ; ce rameau, attaché aux bras, passe surtout pour efficace contre les pertes utérines. Même effet encore quand les femmes elles-mêmes le cueillent, quelle que soit l'époque, sans qu'il touche la terre, et le portent en amulette. Les feuilles, fraîches et pilées, ou sèches et bouillies, s'emploient en topique pour les morsures des serpents ; ou bien on les donne en breuvage. Le suc de l'écorce de la racine, bu dans du vin ou de l'oxycrat, combat le venin des scorpions. Il faut aussi indiquer la manière dont les anciens faisaient la composition susdite : ils prenaient du 3 fruit mûr et non mûr, ils en mélangeaient le jus, et le faisaient cuire dans un vase de cuivre jusqu'à consistance de miel. Quelques-uns y ajoutaient de la myrrhe et du cyprès, et faisaient cuire et durcir ce mélange au soleil, en le remuant trois fois par jour avec une spatule. Telle était la stomatice qu'ils employaient aussi pour la cicatrisation des plaies. Autre recette : ils exprimaient le suc des mûres, qui, ainsi desséchées, relevaient beaucoup le goût des aliments. En médecine cette poudre s'employait contre les ulcères rongeants, contre la pituite de la poitrine, et dans tous les cas où il s'agissait de donner de l'astriction aux viscères. On s'en servait aussi pour se nettoyer les dents. Troisième recette : On fait bouillir les feuilles et la racine, et l'on emploie cette décoction avec de l'huile pour oindre les parties brûlées. On se sert aussi des feuilles seules en topique. La racine, incisée dans le temps de la moisson, donne un suc très-bon pour les maux de dents, pour les dépôts et les suppurations. Elle est purgative. Les feuilles, détrempées dans de l'urine, enlèvent le poil des peaux.

LXXII. Les cerises relâchent le ventre, et ne 1 valent rien pour l'estomac ; sèches, elles resserrent le ventre et sont diurétiques. Suivant certains auteurs, si le matin l'on mange des cerises toutes

---

sius succus alvum solvit protinus. Ipsa poma ad præsens stomacho utilia, refrigerant, sitim faciunt. Si non superveniat alius cibus, intumescunt. Ex immaturis succus sistit alvum : veluti animalis alicujus, in hac arbore observandis miraculis, quæ in natura ejus diximus.

1 LXXI. Fit ex pomo panchrestos, stomatice, eadem arteriace appellata, hoc modo : Sextarii tres succi e pomo, leni vapore ad crassitudinem mellis rediguntur. Post additur omphacii aridi pondus x duorum, aut myrrhæ x unius, croci x unius. Hæc simul trita miscentur decocto. Neque est aliud oris, arteriæ, uvæ, stomachi, jucundius remedium. Fit et alio modo : succi sextarii duo, mellis 2 Attici sextarius, decoquuntur, ut supra diximus. Mira sunt præterea quæ produntur. Mori germinatione, priusquam folia exeant, sinistra decerpi jubentur futura poma : ricinos Græci vocant. Ili terram si non attigere, sanguinem sistunt adalligati, sive ex vulnere fluat, sive ore, sive naribus, sive hæmorrhoidis : ad hoc servantur repositi. Idem præstare et ramus dicitur luna plena defractus, incipiens fructum habere, si terram non attigerit, privatim mulieribus adalligatus lacerto, contra abundantiam mensium. Hoc et quocumque tempore ab ipsis decerptum, ita ut terram non attingat, adalligatumque existentium præ-stare. Folia mori trita, aut arida decocta, serpentium ictibus imponuntur : ad idemque potu proficitur. Scorpionibus adversatur e radice corticis succus, ex vino aut posca potus. Reddenda est et antiquorum compositio. Succum ex- 3 pressum pomi maturi immaturique mixtum, coquebant in vase æreo ad mellis crassitudinem. Aliqui myrrha adjecta et cupresso præduratum ad solem torrebant, permiscentes spatha ter die. Hæc erat stomatice, qua et vulnera ad cicatricem perducebant. Alia ratio : succum siccato exprimebant pomo, multum sapori obsoniorum conferente. In medicina vero contra nomas, et pectoris pituitas, et ubicumque opus esset, adstringi viscera. Dentes quoque colluebant eo. Tertium genus : succi foliis et radice decoctis ad ambusta ex oleo illinenda. Imponuntur et per se folia. Radix per messes incisa succum dat aptissimum dentium dolori, collectionibusque, et suppurationibus. Alvum purgat. Folia mori in urina madefacta, pilum coriis detrahunt.

LXXII. Cerasa alvum molliunt, stomacho inutilia : 1 eadem siccata alvum sistunt, urinam cient. Invenio apud auctores, si quis matutino roscida cum suis nucleis devoret, in tantum levari alvum, ut pedes morbo liberentur.

couvertes de rosée, et dont on avale le noyau, cela procure des évacuations alvines qui dissipent la goutte des pieds.

LXXIII. Les nèfles, excepté les sétaniennes (xv, 22), qui ont à peu près les mêmes propriétés que les pommes, sont astringentes pour l'estomac. et resserrent le ventre. Il en est de même des sorbes sèches : quant aux sorbes fraîches, elles sont bonnes pour l'estomac et dans le flux de ventre.

LXXIV. (VIII.) Les pommes de pin résineuses, légèrement concassées, cuites jusqu'à réduction de moitié dans l'eau, à raison d'un setier pour chaque, remédient à l'hémoptysie : la dose est de deux cyathes de cette préparation. L'écorce de pin, cuite dans du vin, se donne contre les tranchées. Les pignons calment la soif, les âcretés et les tiraillements d'estomac : ils tempèrent les humeurs nuisibles qui se trouvent dans ce viscère; ils rétablissent les forces débilitées; ils sont salutaires aux reins et à la vessie; ils paraissent irriter la gorge et exaspérer la toux ; ils évacuent la bile pris dans de l'eau ou du vin, ou du vin cuit, ou une décoction de dattes. On les joint, contre les tiraillements violents d'estomac, à la graine de concombre et au suc de pourpier; de même pour les ulcérations de la vessie et pour les reins, attendu qu'ils sont en même temps diurétiques.

LXXV. La racine de l'amandier amer, bouillie, adoucit la peau du visage et embellit le teint. Les amandes amères procurent du sommeil et donnent de l'appétit. Elles sont diurétiques et emménagogues. On en fait un topique pour la tête dans les céphalalgies, surtout quand il y a fièvre. Si la céphalalgie provient de l'ivresse, on prépare ce topique avec du vinaigre, du miel rosat, et un setier d'eau. Avec l'amidon et la menthe, elles arrêtent le sang. Elles sont bonnes dans la léthargie et l'épilepsie : on en frotte la tête du malade. Elles guérissent les épinyctides dans du vin vieux; les ulcères putrides, les morsures des chiens, dans du miel. Elles enlèvent les dartres farineuses du visage; mais il faut préalablement fomenter la partie. Elles guérissent les douleurs du foie et des reins, prises dans de l'eau ou dans un électuaire avec de la térébenthine ; prises avec du vin cuit, elles sont bonnes dans la gravelle et la dysurie. Pilées dans de l'eau miellée, elles nettoient la peau. En électuaire, avec une petite addition de sauge, elles sont salutaires dans les affections du foie, du colon, et dans la toux; on en prend dans du miel, gros comme une aveline. On dit que les buveurs, s'ils en prennent préalablement cinq, ne s'enivrent pas, et que les renards qui en ont mangé meurent s'ils ne trouvent pas d'eau à boire dans le voisinage. Quant aux amandes douces, elles ont moins de vertus médicinales; cependant elles sont purgatives et diurétiques. Fraîches, elles gonflent l'estomac.

LXXVI. Les noix grecques (xv, 24, 4), prises dans du vinaigre avec de la graine d'absinthe, guérissent, dit-on, l'ictère. Seules, elles guérissent, en topique, les affections du siége, et en particulier les condylomes, ainsi que la toux et l'hémoptysie.

LXXVII. Le noyer (xv, 24) a en grec un nom (κάρυα, *noix*, κάρος, *somnolence*) exprimant la pesanteur de tête : en effet, les émanations de l'arbre et des feuilles portent au cerveau. Les noix, même en aliment, produisent cet effet, mais à un moindre degré. Les noix fraîches sont plus agréables ; les sèches, plus huileuses; elles ne valent rien pour l'estomac; elles se digèrent difficilement; elles causent de la céphalalgie ; elles sont nuisibles à

---

LXXIII. Mespila, exceptis setaniis, quæ malo propiorem vim habent, reliqua adstringunt stomachum, sistuntque alvum. Item sorba sicca : nam recentia stomacho et alvo citæ prosunt.

LXXIV. (VIII.) Nuces pineæ, quæ resinam habent, contusæ leviter, additis in singulas sextariis aquæ ad dimidium decoctæ, sanguinis exscreationi medentur, ita ut cyathi bini bibantur ex eo. Corticis e pinu in vino decoctum contra tormina datur. Nuclei nucis pineæ sitim sedant, et acrimoniam stomachi rosionesque et contrarios humores consistentes ibi : et infirmitatem virium roborant, renibus et vesicæ utiles. Fauces videntur exasperare, et tussim. Bilem pellunt poti ex aqua, aut vino, aut passo, aut balanorum decocto. Miscetur his contra vehementiores stomachi rosiones cucumeris semen et succus porcilacæ. Item ad vesicæ hulcera et renes, quoniam et urinam cient.

LXXV. Amygdalæ amaræ radicum decoctum cutem in facie corrigit, coloremque hilariorem facit. Nuces ipsæ somnum faciunt, et aviditatem. Urinam et menses cient. Capitis dolori illinuntur, maximeque in febri : si ab ebrietate, ex aceto et rosaceo, et aquæ sextario. Et sanguinis sistunt, cum amylo et menta. Lethargicis, et comitialibus prosunt, capite peruncto. Epinyctidas sanant e vino vetere; hulcera putrescentia, canum morsus, cum melle. Et furfures ex facie, ante fotu præparata. Item jocineris et renum dolores ex aqua potæ : et sæpe ex ecligmate cum resina terebinthina. Calculosis et difficili urinæ in passo : et ad purgandam cutem in aqua mulsa tritæ, sunt efficaces. Prosunt ecligmate jocineri, tussi, et colo, cum elisphaco modice addito. In melle sumitur nucis avellanæ magnitudo. Aiunt, quinis fere præsumptis ebrietatem non sentire potores, vulpesque, si ederint eas, nec contingat e vicino aquam lambere, mori. Minus valent in remediis dulces, et hæ tamen purgant, et urinam cient. Recentes stomachum implent.

LXXVI. Nucibus græcis cum absinthii semine ex aceto sumtis, morbus regius sanari dicitur : item illitis per se vitia sedis, et privatim condylomata. Item tussis et sanguinis rejectio.

LXXVII. Nuces juglandes Græci a capitis gravedine appellavere. Etenim arborum ipsarum foliorumque vires, in cerebrum penetrant: hoc minore tormento, et in cibis, nuclei faciunt. Sunt autem recentes jucundiores, siccæ unguinosiores, et stomacho inutiles, difficiles concoctu, dolorem capitis inferentes, tussientibus inimicæ, et vo-

ceux qui toussent et à ceux qui se font vomir à jeun. Elles ne conviennent que dans le ténesme, attendu qu'elles entraînent la pituite. Mangées préalablement, elles amortissent les poisons que l'on pourrait prendre ensuite. Avec la rue et l'huile, 2 elles guérissent l'angine. Mangées avec l'oignon, elles en corrigent l'acrimonie et en adoucissent le goût. On en fait un topique, avec un peu de miel, pour les oreilles enflammées; avec de la rue, pour les mamelles et les luxations; avec de l'oignon, du sel et du miel, pour les morsures soit des chiens, soit des hommes. On se sert des coquilles pour cautériser la cavité des dents cariées; brûlées et pilées dans de l'huile ou du vin, on en frotte la tête des enfants pour faire croître les cheveux; on les emploie de la même façon dans l'alopécie. Les noix, si on en mange un bon nom-
3 bre, expulsent les vers intestinaux. Celles qui sont très-vieilles guérissent la gangrène, l'anthrax et les meurtrissures. Le brou de noix guérit le lichen et la dyssenterie; les feuilles, pilées avec du vinaigre, la douleur d'oreilles. Après la défaite de Mithridate, puissant monarque, Cn. Pompée trouva dans ses archives secrètes une recette que ce prince avait écrite de sa propre main; c'était un antidote ainsi composé : Prenez deux noix sèches, deux figues, vingt feuilles de rue; broyez le tout ensemble, après avoir ajouté un grain de sel : celui qui prendra ce mélange à jeun sera pour un jour à l'abri de tout poison. Les noix mâchées par un homme à jeun sont, dit-on, un topique efficace contre la morsure des chiens enragés.

1 LXXVIII. Les avelines (xv, 24, 3) causent des douleurs de tête et des gonflements d'estomac; elles donnent de l'embonpoint plus qu'on ne pourrait le croire. Grillées, elles sont un remède pour les catarrhes; pilées et bues dans de l'eau miellée, pour les vieilles toux; quelques-uns y ajoutent des grains de poivre, d'autres les prennent dans du vin cuit. Les pistaches ont les mêmes usages et les mêmes vertus que les pignons. De plus, mangées ou prises en breuvage, elles sont bonnes contre le venin des serpents. Les châtaignes (xv, 25) 2 arrêtent puissamment les débordements d'humeur soit de l'estomac, soit du ventre; elles relâchent le ventre; elles sont utiles dans les hémoptysies; elles donnent de l'embonpoint.

LXXIX. Les carouges (xv, 26) fraîches ne 1 valent rien à l'estomac; elles donnent la diarrhée; sèches, elles resserrent le ventre, et deviennent meilleures pour l'estomac. Elles sont diurétiques. Dans les douleurs d'estomac, quelques-uns font bouillir trois carouges de Syrie (xiii, 16) dans un setier d'eau jusqu'à réduction de moitié, et boivent cette décoction. Le suc qui sort d'une branche de cornouiller se reçoit sur une lame de fer rouge, sans que le bois la touche; la rouille qui en résulte, appliquée sur les lichens commençants, les guérit. L'arbousier ou unedo (xv, 28) porte un fruit de difficile digestion et mauvais à l'estomac.

LXXX. Tout dans le laurier (xv, 39) a des 1 propriétés échauffantes, les feuilles, l'écorce et les baies; aussi la décoction, surtout des feuilles, est-elle reconnue pour utile à la matrice et à la vessie. Les feuilles en topique combattent le venin des guêpes, des frelons, des abeilles, des serpents, et surtout du seps, de la dipsade et de la vipère. Cuites dans de l'huile, elles sont bonnes pour les règles. Celles qui sont molles s'emploient, pilées avec de la polenta, pour les ophthalmies; avec de la rue, pour les orchites; avec de l'huile rosat

---

mituris jejunis : aptæ in tenesmo solo; trahunt enim pituitam. Eædem præsumtæ venena hebetant : item anginam
2 cum ruta et oleo. Item adversantur cæpis, leniuntque earum saporem. Aurium inflammationi imponuntur cum mellis exiguo : item cum ruta mammis, et luxatis : cum cæpa autem et sale, et melle, canis hominisque morsui. Putamine nucis juglandis, dens cavus inuritur. Putamen combustum tritumque in oleo aut vino, infantium capite peruncto, nutrit capillum : et alopecias eo sic utuntur.
3 Quo plures nuces quis ederit, hoc facilius tineas pellit. Quæ perveteres sunt nuces, gangrænis et carbunculis medentur : item suggillatis. Cortex juglandium, lichenum vitio, et dysentericis. Folia trita cum aceto, aurium dolori. In sanctuariis Mithridatis maximi regis devicti, Cn. Pompeius invenit in peculiari commentario ipsius manu compositionem antidoti, e duabus nucibus siccis, item ficis totidem, et rutæ foliis viginti simul tritis, addito salis grano : et qui hoc jejunus sumat, nullum venenum nociturum illo die. Contra rabiosi quoque canis morsum, nuclei a jejuno homine commanducati illitique præsentl remedio esse dicuntur.
1 LXXVIII. Nuces avellanæ capitis dolorem faciunt, inflationem stomachi : et pinguitudini corporis conferunt, plus quam sit verisimile. Tostæ et destillationi medentur. Tussi quoque veteri tritæ, et in aqua mulsa potæ. Quidam adjiciunt grana piperis, alii e passo bibunt. Pistacia eosdem usus et effectus habent, quos pinei nuclei, præterque ad serpentium ictus, sive edantur, sive bibantur. Castaneæ 2 vehementer sistunt stomachi et ventris fluxiones, alvum cient, sanguinem exscreantibus prosunt, carnes alunt.
LXXIX. Siliquæ recentes, stomacho inutiles, alvum 1 solvunt. Eædem siccatæ sistunt, stomachoque utiliores fiunt. Urinam cient. Syriacas in dolore stomachi ternas in aquæ sextariis decoquunt quidam ad dimidium, eumque succum bibunt. Sudor virgæ corni arboris lamina ferrea candente exceptus, non contingente ligno, illitaque inde ferrugo incipientes lichenas sanat. Arbutus sive unedo, fructum fert difficilem concoctioni, et stomacho inutilem.
LXXX. Laurus excalfactoriam naturam habet, et foliis, et cortice, et baccis : itaque decoctum ex his, maxime e foliis, prodesse vulvis et vesicis convenit. Illita vero vesparum, crabronumque, et apium, item serpentium venenis resistunt, maxime sepis, dipsadis, et viperæ. Prosunt et mensibus feminarum cum oleo cocta. Cum polenta autem, quæ tenera sunt trita, ad inflammationes oculorum; cum ruta, testium; cum rosaceo, capitis do-

2 ou de l'huile d'iris, pour les céphalalgies. Trois feuilles de laurier mâchées et avalées, et cela pendant trois jours, délivrent de la toux. Ces feuilles, pilées avec du miel, sont bonnes dans l'asthme. L'écorce de la racine est dangereuse pour les femmes grosses. La racine même dissout les calculs, fait du bien au foie, prise à la dose de trois oboles dans du vin odorant. Les feuilles prises en boisson excitent le vomissement. Les baies pilées et en pessaire, ou prises en breuvage, sont emménagogues. Deux baies dépouillées de leur peau et bues dans du vin guérissent les vieilles toux et l'orthopnée; s'il y a fièvre, on les donne dans de l'eau, ou en électuaire dans de l'eau miellée, ou bouillies dans du vin cuit. Employées de la sorte, elles sont bonnes dans la phthisie et dans tous les catarrhes de la poitrine; en effet, elles procurent la coction de la pituite
3 et la font sortir. Contre la piqûre des scorpions, on en prend quatre dans du vin. Avec l'huile, on en fait un topique pour les épinyctides, le lentigo, les ulcères humides, les aphthes et les dartres furfuracées. Le suc des baies guérit les démangeaisons et le phthiriasis. On l'instille dans les oreilles en cas de douleur ou de surdité, avec du vin vieux et de l'huile rosat. Tous les animaux venimeux fuient ceux qui s'en sont frottés. Ce suc, surtout celui du laurier à petites feuilles (xv, 39), pris en boisson, est bon contre les blessures faites par ces animaux. Les baies, avec du
4 vin, combattent le venin des serpents, des scorpions et des araignées. On en fait un topique avec l'huile et le vinaigre, pour la rate et le foie; avec le miel, pour la gangrène. Dans les lassitudes et les refroidissements il est avantageux de se faire oindre avec ce suc, auquel on a ajouté du nitre. Suivant quelques auteurs, la racine prise à la dose d'un acétabule (0 litr.,068) dans de l'eau, hâte beaucoup les accouchements. Pour cela la fraîche est plus efficace que la sèche. Quelques-uns prescrivent dix baies en breuvage contre la piqûre des scorpions. Dans les relâchements de la luette, il faut, suivant les mêmes auteurs, faire bouillir trois onces de baies ou de feuilles dans trois setiers d'eau jusqu'à réduction du tiers, et se gargariser avec cette décoction chaude. Quant à la douleur de tête, il faut piler, avec de l'huile, des baies en nombre impair, et les faire chauffer. Les 5 feuilles du laurier de Delphes broyées et flairées de temps en temps sont un préservatif contre les contagions pestilentielles, surtout si on les fait brûler. L'huile du laurier de Delphes est employée dans les cérats, dans la préparation appelée acope (*qui délasse*). On s'en sert pour dissiper les refroidissements, relâcher les nerfs, ainsi que dans les douleurs de côté et les fièvres froides. On s'en sert aussi dans les douleurs d'oreilles, après l'avoir fait chauffer dans l'écorce d'une grenade. On fait bouillir les feuilles dans de l'eau jusqu'à réduction du tiers. Cette décoction, en gargarisme, resserre la luette, en breuvage calme les douleurs du ventre et des intestins. Les plus molles, broyées dans du vin et appliquées pendant la nuit, guérissent les papules et les démangeaisons. Les autres espèces de laurier ont des vertus 6 fort analogues. La racine du laurier d'Alexandrie ou du mont Ida (xv, 39) accélère l'accouchement, à la dose de trois deniers dans trois cyathes de vin doux. Elle provoque l'expulsion de l'arrière-faix, et est emménagogue. Pris en breuvage, le laurier sauvage connu aussi sous le nom de daphnoïde (*daphne laureola*, L.), ou sous d'autres noms que nous avons rapportés (xv, 39), a les mêmes effets. La feuille fraîche ou sèche, prise

2 lores, aut cum irino. Quin et commanducata atque devorata per triduum terna, liberant a tussi. Eadem prosunt suspiriis trita cum melle. Cortex radicis cavendus gravidis. Ipsa radix calculos rumpit, jocineri prodest tribus obolis in vino odorato pota. Folia pota vomitiones movent. Baccae menses trahunt appositae tritae, vel potae. Tussim veterem et orthopnoeam sanant binae, detracto cortice in vino potae. Si et febris sit, ex aqua, aut eclignate ex aqua mulsa, aut ex passo decoctae. Prosunt et phthisicis eodem modo, et omnibus thoracis rheumatismis. Nam et con-
3 coquunt pituitam et extrahunt. Adversus scorpiones quaternae ex vino bibuntur. Epinyctidas ex oleo illitae, et lentigines, et hulcera manantia, et hulcera oris, et furfures. Cutis pruriginem succus baccarum emendat, et phthiriasin. Aurium dolori et gravitati instillatur, cum vino vetere et rosaceo. Perunctos eo fugiunt venenata omnia. Prodest contra ictus et potus, maxime autem ejus
4 laurus. quae tenuiora habet folia. Baccae cum vino serpentibus, et scorpionibus, et araneis resistunt. Ex oleo et aceto illinuntur et lieni, et jocineri : gangraenis cum melle. Et in fatigatione etiam aut perfrictione succo eo perungi, nitro adjecto, prodest. Sunt qui celeritati partus multum conferre putent radicem, acetabuli mensura in aqua potam : efficacius recentem, quam aridam. Quidam adversus scorpionum ictus, decem baccas dari jubent potui. Item et in remedio uvae jacentis, quadrantem pondo baccarum foliorumve decoqui in aquae sextariis tribus ad tertias, eamque calidam gargarizare : et in capitis dolore, impari numero baccas cum oleo conterere, et calfacere. Laurus Delphicae folia trita olfactaque subinde, pestilentiae 5 contagia prohibent : tanto magis si et urantur. Oleum ex Delphica, ad cerata, acopumque, ad perfrictiones discutiendas, nervos laxandos, lateris dolores, febresque frigidas utile est. Item et ad aurium dolorem, in mali punici cortice tepefactum. Folia decocta ad tertias partes aquae, uvam cohibent gargarizatione : potu alvi dolores, intestinorumque. Teuerrima ex his trita in vino, papulas, pruritusque, illita noctibus. Proxime valent caetera lauri 6 genera. Laurus Alexandrina, sive Idaea, partus celeres facit, radice pota trium denariorum pondere, in vini dulcis cyathis tribus. Secundas etiam pellit, mensesque. Eodem modo pota daphnoides, sive his nominibus quae diximus, silvestris laurus prodest; alvum solvit, vel recenti folio, vel arido, drachmis tribus cum sale in hydromelite man-

à la dose de trois drachmes, avec du sel, dans de l'hydromel, relâche le ventre. Cette feuille évacue la pituite, excite le vomissement; elle ne vaut rien pour l'estomac. Avec quinze baies on se purge.

1 LXXXI. (ix.) Le myrte cultivé, blanc, est moins utile à la médecine que le noir (xv, 37). Les baies sont un remède contre l'hémoptysie; prises dans du vin, contre les champignons. Elles donnent à l'haleine une bonne odeur, qui dure même le lendemain. Aussi dans les Synaristoses (*les Femmes qui dînent ensemble*), comédie de Ménandre, mange-t-on de ces baies. On les donne pour la dyssenterie, à la dose d'un denier (3 gr., 85) dans du vin. Légèrement chauffées dans du vin, elles guérissent les ulcères rebelles des extrémités. On en fait un topique avec la polenta, pour l'ophthalmie et pour la maladie cardiaque (20) (dans ce cas on l'applique sur la mamelle gauche); dans du vin pur, pour les piqûres des scorpions, pour les affections de la vessie, les douleurs de tête, les ægilops avant qu'ils suppurent, et les tumeurs. Après en avoir ôté les pepins, on les pile dans du vin vieux, et on les applique sur les éruptions pituiteuses. Le suc des baies resserre le ventre, et est

2 diurétique. Avec le cérat on en fait un topique pour les pustules, les éruptions pituiteuses et la morsure des araignées-phalanges. Il noircit les cheveux. L'huile de ce même myrte est plus adoucissante que le suc; il en est de même du vin (xv, 37) qu'on en tire, et qui n'enivre jamais. Ce vin, vieilli, resserre le ventre et l'estomac, guérit les tranchées et remédie aux dégoûts. La poudre des feuilles sèches jetée sur le corps arrête les sueurs, même dans la fièvre. En fomentation on s'en sert dans la maladie céliaque, dans la procidence de la matrice, dans les affections du siége, dans les ulcères humides, dans l'érysipèle, dans la chute des cheveux, dans les dartres furfuracées, dans les autres éruptions, dans les brûlures. On la fait entrer dans les médicaments appelés lipares (*gras*), par la même raison qu'on y fait entrer l'huile des feuilles, très-efficace pour les parties humides, telles que la bouche et la vulve. Les feuilles mêmes combattent, pilées 3 avec du vin, les champignons; avec de la cire, les maladies articulaires et les dépôts. Bouillies dans du vin, on les fait prendre en breuvage aux dyssentériques et aux hydropiques. Sèches, on les réduit en une poudre, dont on se sert pour les ulcères et les hémorragies. Elles guérissent le lentigo, le ptérygion, le panaris, les épinyctides, les condylomes, les affections des testicules, les ulcères de mauvaise nature. On s'en sert avec du cérat dans les brûlures. Dans les écoulements purulents de l'oreille on emploie et la cendre des feuilles, et le suc, et la décoction. Cette cendre entre aussi dans la composition des antidotes, ainsi que les tiges fleuries, qu'on met dans un vase de terre neuf et fermé d'un couvercle, qu'on brûle dans le four, et qu'on pile dans du vin. La cendre des feuilles guérit les brûlures. Pour empêcher qu'une ulcération ne cause la tuméfaction des glandes de l'aine, il suffit de porter sur soi une branche de myrte qui n'ait touché ni à la terre ni à aucun instrument de fer.

LXXXII. Nous avons dit comment se faisait 1 le vin de myrte (xiv, 19, 4). On s'en sert pour la matrice en pessaire, en fomentation, en liniment. Il est beaucoup plus efficace que l'écorce, les feuilles ou les baies. On exprime aussi un suc des feuilles les plus tendres, que l'on pile dans un mortier, en y ajoutant peu à peu du vin astringent ou de l'eau de pluie. On se sert de cette pré-

---

ducata. Pituitas extrahit folium et vomitus, stomacho inutile. Sic et baccæ quinæ denæ purgationis causa sumuntur.

1 LXXXI. (ix.) Myrtus sativa candida, minus utilis est medicinæ, quam nigra. Semen ejus medetur sanguinem exscreantibus. Item contra fungos in vino potum. Odorem oris commendat vel pridie commanducatum. Item apud Menandrum Synaristosæ hoc edunt. Datur et dysentericis denarii pondere in vino. Hulcera difficilia in extremitatibus corporis sanat, cum vino subferveſactum. Imponitur lippitudini cum polenta, et cardiacis in mamma sinistra : et contra scorpionis ictus in mero : et ad vesicæ vitia, capitis dolores, et ægilopas, antequam suppurent : item tumoribus : exemtisque nucleis in vino

2 vetere tritum eruptionibus pituitæ. Succus seminis alvum sistit, urinam ciet. Ad eruptiones pustularum, pituitæque, cum cerato illinitur : et contra phalangia. Capillum denigrat. Lenius succo oleum est ex eadem myrto : lenius et vinum, quo numquam inebriatur. Inveteratum sistit alvum et stomachum : tormina sanat, fastidium abigit. Foliorum arentium farina sudores cohibet inspersa, vel in febri. Utilis et cœliacis, et procidentiæ vulvarum, sedis vitiis, hulceribus manantibus, igni sacro fotu, capillis fluentibus, furfuribus : item aliis eruptionibus, ambustis. Additur quoque in medicamento, quod liparas vocant, eadem in causa qua oleum ex his, efficacissimum ad ea quæ in humore sunt, tamquam in ore et vulva. Folia ipsa 3 fungis adversantur trita ex vino, cum cera vero articularibus morbis et collectionibus. Eadem in vino decocta dysentericis et hydropicis potui dantur. Siccantur in farinam, quæ inspergitur hulceribus, aut hæmorrhagiæ. Purgant et lentigines, pterygia, et paronychias, et epinyctidas, condylomata, testes, tetra hulcera, item ambusta cum cerato. Ad aures purulentas et foliis crematis utuntur, et succo, et decocto. Comburuntur et in antidota. Item cauliculi flore decerpti, in novo fictili operto cremati in furno, dein triti ex vino. Et ambustis foliorum cinis medetur. Inguen ne intumescat ex hulcere, satis est surculum tantum myrti habere secum, non ferro, nec terra contactum.

LXXXII. Myrtidanum diximus quomodo fieret. Vulvæ 1 prodest, apposito, fotu, et illitu. Multo efficacius et cortice, et folio, et semine. Exprimitur et foliis succus mollissimis in pila tusis, affuso paulatim vino austero, alias

paration pour les aphthes et les ulcérations du siége, de la vulve et du ventre, pour se noircir les cheveux, pour se frotter les joues, pour effacer le lentigo, et dans tous les cas où il y a quelque astringence à exercer.

LXXXIII. Le myrte sauvage (petit houx, *ruscus aculeatus*, L.), ou oxymyrsine, ou chamæmyrsine, diffère du myrte cultivé par ses baies rouges et son peu de hauteur. La racine en est estimée : bouillie dans du vin, on la fait prendre dans la douleur des reins et dans la dysurie, surtout quand l'urine est épaisse et fétide ; pilée avec du vin, dans l'ictère, et pour purger la matrice. Mêmes propriétés dans les jeunes pousses cuites sous la cendre et mangées en guise d'asperges. Les baies prises avec du vin, ou de l'huile, ou du vinaigre, dissolvent les calculs. Pilées dans du vinaigre et de l'huile rosat, elles calment les céphalalgies. Prises en breuvage, elles guérissent l'ictère. Castor appelle ruscus l'oxymyrsine ou myrte à feuilles piquantes (petit houx), dont les villageois font des balais. Les propriétés en sont les mêmes. Voilà ce que nous avions à dire sur les propriétés médicinales des arbres cultivés ; passons aux arbres sauvages.

---

aqua cælesti : atque ita expresso utuntur ad oris sedisque hulcera, vulvæ, et ventris : capillorum nigritiam, malarum perfusiones, purgationes lentiginum, et ubi constringendum aliquid est.

LXXXIII. Myrtus silvestris, sive oxymyrsine, sive chamæmyrsine, baccis rubentibus et brevitate a sativa distat. Radix ejus in honore est, decocta vino, ad renum dolores pota, et difficili urinæ, præcipueque crassæ, et graveolenti : morbo regio, et vulvarum purgationi trita cum vino. Cauliculi quoque incipientes asparagorum modo in cibo sumti, et in cinere cocti. Semen cum vino potum, aut oleo, aut aceto, calculos frangit. Item in aceto et rosaceo tritum, capitis dolores sedat : et potum, morbum regium. Castor oxymyrsinen myrti foliis acutis, ex quâ fiunt ruri scopæ, ruscum vocavit, ad eosdem usus. Et hactenus habent se medicinæ urbanarum arborum. Transeamus ad silvestres.

# NOTES DU VINGT-TROISIÈME LIVRE.

(1) Il s'agit ici de quelque variété de la vigne, et non de la bryone ou vigne blanche.

(2) Sous le nom de lethargus les anciens ont particulièrement décrit une maladie fébrile, qui paraît appartenir aux fièvres pseudo-continues. *Voyez* Cœlius Aurelianus, Acut. Morb. II, 1. *Voyez* aussi ce que j'en ai dit dans mon édition d'Hippocrate, t. II, p. 572.

(3) Οὐλά τε ῥευματιζόμενα, *les fluxions des gencives*, dit Dioscoride, IV, 156. Pline a pris οὖλον, *gencive*, pour οὐλή, *cicatrice*.

(4) Pline paraît traiter, au commencement de ce chapitre, de la vigne sauvage, et, à la fin, d'une plante à propriétés actives, qui est sans doute le tamus communis.

(5) Purgat Vulg. — Turbat est une conjecture d'Hardouin, qui me paraît très-sûre, d'autant plus que Dioscoride (IV, 184) a ὑποταράττει δ' ἐνίοτε τὴν διάνοιαν.

(6) Fugat serpentes Editt. Vett — Fugat serpentes om. Vulg.

(7) Ætatem addi his, quæ Vulg. — Ætatem ademere his, quæ Editt. Vett.

(8) La maladie cardiaque était une maladie où l'on avait des défaillances et des sueurs excessives. *Voyez* livre XI, note 20.

(9) Validum. Utilissimum Vulg. — J'ai changé la ponctuation.

(10) *Voy.* note 8.

(11) Il est singulier que dans l'huile à manger les anciens recherchassent un goût âcre.

(12) Ici encore, comme plus haut (*Voyez* note 3), Pline a pris οὐλὰς, *cicatrices*, pour οὖλα, *gencives* (Dioscoride, I, 10).

(13) Dioscoride (I, 124) dit que les feuilles du cypros, humectées avec le suc du *struthion*, rendent les cheveux blonds. Or, le struthion est la saponaire, *saponaria officinalis*, et non le struthée, sorte de coing. La ressemblance des noms a trompé Pline.

(14) « Les buveurs qui font assaut boivent préalablement un verre d'éléomel. » C'est sans doute comme substance huileuse qu'agit l'éléomel pour empêcher l'ivresse. On lit dans *Handwœrterbuch der Physiologie*, herausgegeben von Dr. Rudolph Wagner, t. I, p. 63 : « Des buveurs de profession soutiennent qu'en prenant quelques cuillerées d'huile avant de boire de grandes quantités de liqueurs spiritueuses, on en retarde beaucoup l'effet enivrant. Par conséquent l'absorption est retardée pendant quelque temps. » Les corps gras en effet paraissent gêner l'imbibition et l'absorption.

(15) Usus et passim ad quadrupedum. Vulg. — Usus et tussim et ad quadrupedum Edit. Princeps, Brotier.

(16) Ciet Vulg. — Sistit Gronov. — C'est aussi *sistit* qu'exige le passage parallèle dans Dioscoride, I, 148.

(17) Appellant medici. Urinam Vulg. — Il faut évidemment changer la ponctuation.

(18) Excrescunt. Contra leporem marinum hoc modo Vulg. — J'ai changé la ponctuation. Le texte de Vulg. signifie que la *stomatice* se fait de la manière décrite contre le lièvre marin. Or, Plinius Valerianus (IV, 40) omet, il est vrai, le *lièvre marin*, mais du reste transcrit textuellement le passage de Pline. Cela prouve que, pour Plinius Valerianus, la préparation indiquée par Pline n'était pas seulement appropriée au lièvre marin, mais était générale. C'est le sens que j'ai cherché, en modifiant la ponctuation.

(19) Aliquatenus et folia. Quæ mollissima sunt ex his, cum aceto Vulg. — J'ai changé la ponctuation d'après le passage parallèle de Dioscoride, I, 186.

(20) *Voyez* pour la maladie cardiaque livre XI, note 20.

# LIVRE XXIV.

1. (1.) Les forêts même, et les lieux où l'aspect de la nature est sauvage, ne sont pas dépourvus de remèdes. Cette mère divine de toutes choses, qui en a partout préparé pour l'homme, lui en a ménagé jusqu'au sein des déserts; mais à chaque pas elle présente des exemples merveilleux d'antipathie et de sympathie. Le chêne et l'olivier ont une antipathie si opiniâtre (XVII, 30, 3), que, transplantés l'un à la place de l'autre, ils meurent. Le chêne meurt aussi près du noyer. 2 La vigne et le chou se portent une haine mortelle (XX, 36); et le chou, qui est si redoutable à la vigne, sèche en présence du cyclamen et de l'origan. On prétend même que des arbres déjà âgés, et bons pour être abattus, se coupent avec plus de peine et se sèchent avec plus de rapidité si on les touche avec la main avant de les toucher avec le fer. Les bêtes de somme sentent aussitôt quand elles ont une charge de fruits (XXIII, 62); et elles entrent immédiatement en sueur, la charge fût-elle petite, à moins qu'on ne leur montre ces fruits préalablement. Les férules sont un fourrage très-agréable aux ânes, et un poison mortel pour les autres bêtes de somme; aussi cet animal est-il consacré à Bacchus, dont 3 la férule est un des attributs. Les choses insensibles, même les plus petites, ont aussi leurs contraires. Les cuisiniers dégagent les viandes du sel dont elles sont imprégnées, avec de la fleur de farine et l'écorce fine du tilleul. Le sel ôte la fadeur des choses trop douces. Les eaux nitreuses ou amères sont corrigées avec de la polenta, au point qu'on les rend potables en deux heures; pour la même raison, on met de la polenta dans les chausses à vin. La même propriété appartient à la craie de Rhodes et à notre argile. Voici des exemples d'affinité : L'huile emporte la poix, parce qu'elles sont l'une et l'autre de nature grasse. L'huile seule se mêle à la chaux, parce que toutes deux sont ennemies de l'eau. La gomme est aisément enlevée par le vinaigre, l'encre (1) par l'eau pure. Enfin il est une infinité d'autres sympathies et antipathies que nous aurons soin de mentionner en leur lieu. De là est née la médecine. Les seuls remèdes que la nature 4 nous avait destinés sont ceux qu'on trouve facilement, tout préparés et sans aucune dépense; les substances mêmes qui nous font vivre. Plus tard la fraude humaine et des inventions lucratives ont produit ces officines, où l'on promet à chacun la vie pour de l'argent. Aussitôt on nous vante des compositions et des mélanges inexplicables. On prise parmi nous l'Inde et l'Arabie; pour un petit ulcère on demande un remède à la mer Rouge, tandis que chaque jour le plus pauvre d'entre nous dîne avec de vrais remèdes. Si on prenait les remèdes dans nos jardins, si on employait l'herbe ou l'arbrisseau qui y croissent, la profession médicale serait sans crédit. Nous en sommes venus là : le peuple romain, en étendant ses

## LIBER XXIV.

1. (1.) Ne silvæ quidem, horridiorque naturæ facies, medicinis carent, sacra illa parente rerum omnium, nusquam non remedia disponente homini, ut medicina fieret etiam solitudo ipsa : sed ad singula, illius discordiæ atque concordiæ miraculis occursantibus. Quercus et olea tam pertinaci odio dissident, ut altera in alterius scrobe depactæ moriantur : quercus vero et juxta nucem juglandem. 2 Pernicialia et brassicæ cum vite odia : ipsum olus, quo vitis fugatur, adversum cyclamino et origano arescit. Quin et annosas jam, et quæ sternantur arbores, difficilius cædi, ac celerius inarescere tradunt, si prius manu, quam ferro, attingantur. Pomorum onera a jumentis statim sentiri : ac nisi prius ostendantur his, quamvis pauca portent, sudare illico. Ferulæ asinis gratissimæ sunt in pabulo, cæteris vero jumentis præsentaneo veneno : qua de causa id animal Libero Patri assignatur, cui et ferula. Surdis etiam rerum sua cuique sunt venena, ac minimis quoque. Phylira coci et polline nimium salem cibis eximunt. Prædulcium fastidium sal temperat. Nitrosæ aut 3 amaræ aquæ, polenta addita mitigantur, ut intra duas horas bibi possint. Qua de causa et in saccos vinarios additur polenta. Similis vis Rhodiæ cretæ, et argillæ nostrati. Concordia valent, quum pix oleo extrahitur, quando utrumque pinguis naturæ est. Oleum solum calci miscetur, quando utrumque aquas odit. Gummi aceto facilius eluitur, atramentum aqua. Innumera præterea alia, quæ suis locis dicentur assidue. Hinc nata medicina. Hæ 4 sola naturæ placuerat esse remedia parata vulgo, inventu facilia, ac sine impendio, et quibus vivimus. Postea fraudes hominum et ingeniorum capturæ officinas invenere istas, quibus sua cuique homini venalis promittitur vita. Statim compositiones et mixturæ inexplicabiles decantantur. Arabia atque India in medio æstimantur; hulcerique parvo medicina a Rubro mari imputatur, quum remedia vera quotidie pauperrimus quisque cœnet. Nam si ex horto petantur, aut herba, vel frutex quæratur, nulla artium vilior fiat. Ita est profecto : magnitudo

conquêtes, a perdu ses anciennes mœurs ; vainqueurs, nous avons été vaincus. Nous obéissons aux étrangers ; et, à l'aide d'une seule profession, ils commandent à leurs conquérants. Mais là-dessus nous nous étendrons davantage ailleurs (XXIX, 1-9).

II. (II.) Nous avons déjà parlé du lotus herbe, et de la plante d'Égypte du même nom, appelée aussi arbre des Syrtes (XIII, 32). Les baies du lotus, que chez nous on nomme fèves grecques, arrêtent le cours de ventre. La râclure de son bois, bouillie dans du vin, est utile dans la dyssenterie, les pertes, les vertiges et l'épilepsie ; elle empêche aussi les cheveux de tomber. Chose singulière ! rien de plus amer que cette râclure, rien de plus doux que le fruit de la plante. On fait encore avec cette râclure, bouillie dans de l'eau de myrte et réduite en trochisques, un médicament très-bon contre la dyssenterie, à la dose d'un victoriat (1 gr., 92) dans trois cyathes d'eau.

III. (III.) Les glands pilés avec de l'axonge salée guérissent les duretés qu'on appelle malignes. Le bois des arbres glandifères, et dans tous particulièrement l'écorce ainsi que la peau qui est sous l'écorce, ont encore plus de vertu. Cette dernière, bouillie, est bonne dans l'affection céliaque ; dans la dyssenterie on s'en sert en topique ; on se sert de même du gland. Le gland combat le venin des serpents, les fluxions et les suppurations. Les feuilles, les fruits, l'écorce, la décoction de l'écorce, sont bons contre les poisons. L'écorce, bouillie dans du lait de vache, est employée en topique dans les blessures faites par les serpents. On la donne aussi dans du vin pour la dyssenterie. L'yeuse a les mêmes vertus.

IV. (IV.) Le coccum ou écarlate de l'ilex (*quercus coccifera*, L.) est employé en topique avec du vinaigre pour les plaies récentes ; avec de l'eau, on l'instille dans les yeux en cas de fluxions ou d'ecchymose. Il en croît dans l'Attique et dans l'Asie une espèce qui se change très-promptement en un petit ver, et que les Grecs pour cette raison appellent scolécion (vermiculaire) ; on la rejette. Nous avons exposé les principales espèces de l'écarlate (XVI, 12).

V. Nous n'avons pas moins distingué d'espèces de galles : la pleine, la perforée, la blanche, la noire, la grosse, la petite (XVI, 9). Toutes ont les mêmes propriétés ; celle de la Commagène est la meilleure. Les galles enlèvent les excroissances. Elles sont bonnes pour les gencives, pour la luette, pour les aphthes. Brûlées et éteintes dans du vin, on les emploie en topique pour l'affection céliaque et la dyssenterie ; dans du miel, pour le panaris, les ongles raboteux, les ptérygions, les ulcères humides, les condylomes, les ulcérations phagédéniques : bouillies dans du vin, on en fait des injections dans les oreilles ; on les applique sur les yeux, avec du vinaigre ; on les emploie contre les éruptions et les panus. Le dedans de la galle, mâché, calme le mal de dents ; il guérit les écorchures et les brûlures. Les galles non mûres, bues dans du vinaigre, réduisent le volume de la rate ; les mêmes, brûlées et éteintes dans du vinaigre salé, arrêtent, en fomentation, le flux menstruel et la chute de la matrice. Toutes les galles noircissent les cheveux.

VI. Nous avons dit que le meilleur gui est celui du chêne, et nous avons indiqué la manière de faire la glu (XVI, 11, 93, 94). Quelques-uns, après l'avoir concassé, le font bouillir dans l'eau jusqu'à ce que la glu surnage. D'autres mâchent les grains et rejettent la peau. La meilleure glu

---

populi romani perdidit ritus, vincendoque victi sumus. Paremus externis, et una artium imperatoribus quoque imperaverunt. Verum de his alias plura.

II. (II.) Loton herbam, itemque Ægyptiam eodem nomine, alias et Syrticam arborem, diximus suis locis. Hæc lotos, quæ faba-græca appellatur a nostris, alvum baccis sistit. Ramenta ligni decocta in vino prosunt dysentericis, menstruis, vertigini, comitialibus. Cohibent et capillum. Mirum, his ramentis nihil esse amarius, fructuque dulcius. Fit et e scobe ejus medicamentum, ex aqua myrti decocta, subacta et divisa in pastillos, dysentericis utilissimum, pondere victoriati cum aquæ cyathis tribus.

III. (III.) Glans intrita durities, quas cacoethes vocant, cum salsa axungia sanat. Vehementiora sunt ligna et in omnibus cortex ipse, corticique tunica subjecta : hæc decocta juvat cœliacos. Dysentericis etiam illinuntur, vel ipsa glans : eademque resistit serpentium ictibus, rheumatismis, suppurationibus. Folia et baccæ, vel cortex, vel succus decocti prosunt contra toxica. Cortex illinitur decoctus lacte vaccino, serpentis plagæ. Datur et ex vino dysentericis. Eadem et ilici vis.

IV. (IV.) Coccum ilicis vulneribus recentibus ex aceto imponitur. Epiphoris ex aqua, et oculis suffusis sanguine, instillatur. Est autem genus ex eo in Attica fere et Asia nascens, celerrime in vermiculum se mutans, quod ideo scolecion vocant, improbantque. Principalia ejus genera diximus.

V. Nec pauciora gallæ genera fecimus, solidam ; perforatam : item albam, nigram majorem, minorem. Vis omnium similis : optima Commagena. Excrescentia in corpore tollunt. Prosunt gingivis, uvæ, oris exhulcerationi. Crematæ et in vino exstinctæ, cœliacis, dysentericis illinuntur. Paronychiis ex melle, et unguibus scabris, pterygiis, ulceribus manantibus, condylomatis, vulneribus quæ phagedænica vocantur. In vino autem decoctæ auribus instillantur, oculis illinuntur : adversus eruptiones, et panos cum aceto. Nucleus commanducatus dentium dolorem sedat : item intertrigines, et ambusta. Immaturæ ex his ex aceto potæ, lienem consumunt. Eædem crematæ, et aceto salso exstinctæ, menses sistunt, vulvasque procidentes fotu. Omnis capillos denigrat.

VI. Viscum e robore præcipuum diximus haberi, et conficeretur modo. Quidam contusum in aqua deco-

est celle où il ne se trouve pas de peau, qui est très-légère, jaune en dehors, verte en dedans, et d'une viscosité parfaite. Elle amollit et résout les gonflements, elle dessèche les écrouelles; avec de la résine et de la cire, elle guérit les tumeurs de tout genre; quelques-uns y ajoutent du galbanum, en mettant une dose égale de chaque ingrédient, et ils se servent de cette préparation pour les plaies. La glu polit les aspérités des ongles; mais il faut l'enlever au bout de sept jours, et laver les ongles avec du nitre. Quelques-uns, par superstition, pensent que le gui est plus efficace cueilli sur le chêne au commencement de la lune et sans avoir senti l'atteinte du fer; qu'il guérit l'épilepsie s'il n'a point touché la terre; qu'il fait concevoir les femmes qui en portent toujours sur elles; que mâché et appliqué sur les ulcères il est souverain pour leur guérison.

VII. Les excroissances du chêne, avec la graisse d'ours, remédient à l'alopécie. Les feuilles, l'écorce et le gland du cerrus (XVI, 8) dessèchent les dépôts et les suppurations, et arrêtent les fluxions. La décoction en fomentation fortifie les parties paralysées; on s'en sert aussi en bain de siége pour sécher ou resserrer les parties. La racine combat le venin des scorpions.

VIII. L'écorce du liége pulvérisée et bue dans de l'eau chaude arrête les hémorragies venant de l'une ou l'autre ouverture (bouche ou narines). La cendre de cette écorce dans du vin chaud est très-vantée pour les hémoptysies.

IX. (v.) On mâche les feuilles du hêtre dans les maladies des gencives et des lèvres. On fait avec la cendre de faines un topique pour la pierre, avec le miel pour l'alopécie.

X. Les feuilles de cyprès pilées s'appliquent sur les morsures de serpents; avec de la polenta, sur la tête en cas de coup de soleil, ainsi que sur les hernies; on les prend aussi en boisson dans cette dernière affection; avec de la cire, on les applique sur les testicules tuméfiés; dans du vinaigre, elles noircissent les cheveux. Broyées avec deux parties de pain mollet et pétries dans du vin amminéen (XIV, 4, 2), elles calment les douleurs goutteuses et nerveuses. Les excroissances du cèdre sont prescrites en boisson contre les morsures des serpents, et en cas d'hémoptysies; on les applique aussi sur les dépôts. Fraîches et pilées avec de l'axonge et de la farine de fèves, on les applique sur les hernies; on les prend en breuvage pour la même raison. On les applique avec de la farine sur les parotides et les tumeurs scrofuleuses. On les pile avec la graine, et on en exprime un suc qui mêlé à l'huile enlève les taies. Bu dans du vin à la dose d'un victoriat (0 gr., 92), et appliqué avec une figue grasse, sèche, dont on a ôté les grains, ce suc guérit les affections des testicules et résout les tumeurs; avec du levain, il guérit les écrouelles. La racine pilée avec les feuilles et prise en boisson est bonne pour les affections de vessie, pour la strangurie, et pour la piqûre des araignées-phalanges. La rêclure prise en boisson est emménagogue, et combat le venin des serpents.

XI. Le grand cèdre qu'on nomme cédrelate donne une poix connue sous le nom de cédria, très-bonne pour les maux de dents. Elle brise les dents et les fait sortir, ôtant ainsi la cause de la douleur. Nous avons déjà dit comment on obtient le suc de cèdre (XIV, 25; XVI, 21), très-bon pour l'éclairage, mais qui a l'inconvénient d'entêter. Il conserve les cadavres pendant des siècles, et

---

quunt, donec innatet. Quidam commanducantes acinos, exspuunt cortices. Optimum est, quod sine cortice est, quodque levissimum, extra fulvum, intus porraceum, quo nihil est glutinosius. Emollit, discutit tumores, siccat strumas. Cum resina et cera panos mitigat omnis generis. Quidam et galbanum adjiciunt, pari pondere singulorum : eoque modo et ad vulnera utuntur. Unguium scabritias expolit, si septenis diebus solvantur, nitroque colluantur. Quidam id religione efficacius fieri putant, prima luna collectum e robore sine ferro. Si terram non attigit, comitialibus mederi. Conceptum feminarum adjuvare, si omnino secum habeant. Hulcera commanducato impositoque efficacissime sanari.

VII. Roboris pilulæ ex adipe ursino alopecias capillo replent. Cerri folia, et cortex, et glans, siccat collectiones suppurationesque : fluxiones sistit. Torpentes membrorum partes corroborat decoctum ejus fotu : cui et insidere expedit, siccandis adstringendisve partibus. Radix cerri adversatur scorpionibus.

VIII. Suberis cortex tritus, ex aqua calida potus, sanguinem fluentem ex utralibet parte sistit. Ejusdem cinis ex vino calido, sanguinem exscreantibus magnopere laudatur.

IX. (v.) Fagi folia manducantur in gingivarum labiorumque vitiis. Calculis glandis fagineæ cinis illinitur : item cum melle alopeciis.

X. Cupressi folia trita, serpentium ictibus imponuntur : et capiti cum polenta, si a sole doleat : item ramici : qua de causa et bibuntur. Testium quoque tumori cum cera illinuntur. Capillum denigrant ex aceto. Eadem trita cum duabus partibus panis mollis, et e vino amminæo subacta, pedum ac nervorum dolores sedant. Pilulæ adversus serpentium ictus bibuntur, aut si ejiciatur sanguis : collectionibus illinuntur. Ramici quoque teneræ tusæ cum axungia et lomento, prosunt. Bibuntur ex eadem causa. Parotidi et strumæ cum farina imponuntur. Exprimitur succus tusis cum semine, qui mixtus oleo caliginem oculorum aufert. Item victoriati pondere in vino potus illitusque cum fico sicca pingui, exemtis granis, vitia testium sanat, tumores discutit ; et cum fermento strumas. Radix cum foliis trita potaque, vesicæ et stranguriæ medetur : et contra phalangia. Ramenta pota menses cient, scorpionum ictibus adversantur.

XI. Cedrus magna, quam cedrelaten vocant, dat picem, quæ cedria vocatur, dentium doloribus utilissimam. Frangit enim eos et extrahit : dolores sedat. Cedri succus ex ea quomodo fieret, diximus, magni ad lumina usus, ni capiti dolorem inferret. Defuncta corpora incor-

attaque les corps vivants, propriété étonnante, d'ôter la vie à ce qui respire et de donner une sorte de vie aux morts. Il attaque jusqu'aux habits, et est mortel aux animaux : aussi je ne crois pas qu'il faille en user dans l'esquinancie ni en goûter dans l'indigestion, comme quelques-uns l'ont conseillé. Je craindrais encore de laver les dents douloureuses avec ce suc mêlé a du vinaigre, ou d'en instiller dans les oreilles pour la surdité ou pour les vers. On en raconte un effet prodigieux : c'est qu'il empêche la fécondation si avant l'acte vénérien les parties de l'homme en ont été enduites. Je n'hésiterais pas à conseiller de l'employer en onction contre le phthiriasis et la teigne. On le recommande encore, dans du vin cuit, contre le venin du lièvre marin ; je le conseillerais plus facilement en liniment dans l'éléphantiasis. Quelques auteurs l'ont prescrit en onction pour les ulcères sordides, pour les fongosités qui s'y développent, pour les taches et les taies des yeux ; ils ont recommandé d'en boire un cyathe (0 litr., 045) pour les ulcérations du poumon et pour le ténia. On en fait aussi une huile nommée pisselæon (xv, 7, 3 ; xxv, 22), dont la vertu est plus active, dans les mêmes maladies. Il est certain que la sciure de cèdre met en fuite les serpents, et que le même effet est produit quand on se frotte avec les baies pilées dans l'huile.

XII. Les cédrides, c'est-à-dire les fruits du cèdre, guérissent la toux, sont diurétiques, resserrent le ventre. Ils sont bons pour les ruptures, les convulsions, les spasmes, la strangurie, et en pessaire pour la matrice; ils sont bons aussi pour le venin du lièvre marin, toutes les affections susdites, les dépôts et les inflammations.

XIII. Nous avons parlé du galbanum (xii, 56) ; pour être bon il ne doit être ni humide ni sec, mais tel que nous l'avons dit. Seul, on le prend en breuvage pour les vieilles toux, l'asthme, les ruptures, les convulsions. On en fait un topique pour la coxalgie, les douleurs de côté, les tumeurs, les furoncles, les chairs qui se détachent des os, les écrouelles, les tophus et les maux de dents. Avec le miel, on s'en sert pour les ulcères de la tête. Avec l'huile rosat ou le nard, on l'instille dans les oreilles qui suppurent. Par son odeur, il est utile dans l'épilepsie, l'hystérie et les défaillances d'estomac. Dans les fausses couches qui ne se terminent pas il provoque la sortie du fœtus, employé en pessaire ou en fumigation ; enveloppé dans des branches d'ellébore il produit le même effet. Nous avons dit que l'odeur du galbanum qu'on brûle met en fuite les serpents (xii, 56) ; ils fuient aussi ceux qui sont frottés avec cette substance. Le galbanum guérit les piqûres des scorpions. Dans les accouchements laborieux on en prend gros comme une fève dans un cyathe de vin. Il redresse la matrice déplacée. Avec la myrrhe et dans du vin, il fait sortir les fœtus morts. Préparé de même, c'est un antidote contre toute espèce de venin. Mêlé avec l'huile et le spondylion (xii, 58), il suffit d'en toucher les serpents pour les tuer. On pense qu'il cause de la dysurie.

XIV. (vi.) La gomme ammoniaque, tant en sorte qu'en larmes, a les mêmes propriétés. En larmes, elle doit être essayée comme nous l'avons dit (xii, 49). Elle amollit, échauffe, résout, dissout. En collyre, elle éclaircit la vue. Elle dissipe les démangeaisons, les cicatrices des yeux et les taies. Elle apaise les maux de dents, surtout si on la fait brûler. Elle est bonne en

---

rupta ævis servat, viventia corrumpit : mira differentia, quum vitam auferat spirantibus, defunctisque pro vita sit. Vestes quoque corrumpit, et animalia necat. Ob hoc non censeam in anginis hoc remedio utendum : neque in cruditatibus, quod suasere aliqui, gustu. Dentes quoque colluere ex aceto in dolore timuerim, vel gravitati aut vermiculos aurium instillare. Portentum est, quod tradunt, abortivum fieri in Venere, ante perfusa virilitate. Phthiriases perungere eo non dubitaverim, item porrigines. Suadent et contra venenum leporis marini bibere in passo. Facilius in elephantiasi illinatur. Et hulcera sordida et excrescentia in iis auctores quidam, et oculorum albugines caliginesque inunxere eo : et contra pulmonis hulcera cyathum ejus sorbere jusserunt : item adversus tænias. Fit ex eo et oleum, quod pisselæon vocant, vehementius ad omnia eadem usus. Cedri scobe serpentes fugari certum est : item baccis tritis cum oleo, si qui perungantur.

XII. Cedrides, hoc est, fructus cedri, tussim sanant, urinam cient, alvum sistunt : utiles ruptis, convulsis, spasticis, stranguriæ, vulvis, admoti : contra lepores marinos, eademque quæ supra : collectionibus, inflammationibusque.

XIII. De galbano diximus. Neque humidum, neque aridum probatur, sed quale docuimus. Per se bibitur ad tussim veterem, suspiria, rupta, convulsa. Imponitur ischiadicis, lateris doloribus, panis, furunculis, corpori ab ossibus recedenti, strumis, articulorum nodis, dentium quoque doloribus. Illinitur et cum melle capitis hulceribus. Purulentis infunditur auribus cum rosaceo, aut nardo. Odore comitialibus subvenit, et vulvæ strangulante, et in stomachi defectu. Abortus non exeuntes trahit apposita vel suffitu : item ramis ellebori circumlitum atque subjectum. Serpentes nidore ureuntium fugari diximus. Fugiunt et perunctos galbano. Medetur et a scorpione percussis. Bibitur et in difficili partu fabæ magnitudine in vini cyatho ; vulvasque conversas corrigit. Cum myrrha autem et in vino mortuos partus extrahit. Adversator et venenis, maxime toxicis, cum myrrha, et in vino. Serpentes oleo et spondylio mixto tactu necat. Nocere urinæ existimatur.

XIV. (vi.) Similis hammoniaci natura atque lacrymæ, probandæ, ut diximus : mollit, calfacit, discutit, dissolvit. Claritati visus in collyriis convenit : pruritum, cicatrices, albugines oculorum tollit ; dentium dolores sedat, efficacius accensum. Prodest dyspnoicis, pleuriticis, pul-

boisson pour la dyspnée, la pleurésie, les poumons, la vessie, l'hématurie, la rate, la coxalgie, ainsi que pour relâcher le ventre; cuite avec un poids égal de poix ou de cire et de l'huile rosat, pour les articulations et la goutte. Avec du miel, elle mûrit les tumeurs, déracine les cors et amollit les duretés. Avec le vinaigre et la cire de Chypre ou l'huile rosat, on en fait un topique très-efficace pour la rate. Dans la courbature il est avantageux de se frictionner avec cette substance mêlée à du vinaigre, de l'huile et un peu de nitre.

XV. En traitant des arbres exotiques, nous avons parlé des propriétés du styrax (XII, 55). Outre les qualités que nous avons indiquées, il doit être très-gras, pur, et offrir des grumeaux blanchâtres. Il est bon pour la toux, la gorge, les affections de poitrine, l'obstruction ou la dureté de la matrice. Il est emménagogue, en boisson ou en pessaire. Il relâche le ventre. Je lis que pris à dose médiocre il égaye, et qu'à dose considérable il attriste. Il dissipe les bourdonnements d'oreilles en injection; en friction, les écrouelles et les nodosités des nerfs. Il est l'antidote des poisons froids, et par conséquent de la ciguë.

XVI. Le spondylion, dont nous avons parlé en même temps que du styrax (XII, 58), s'emploie en affusion sur la tête, dans la phrénitis et le léthargus, ainsi que dans les céphalalgies de longue durée. On le prend en boisson avec de la vieille huile, dans les affections du foie, l'ictère, l'épilepsie, l'orthopnée, l'hystérie, maladies pour lesquelles il est bon aussi en fumigation. Il relâche le ventre. Avec la rue, on en fait un topique pour les ulcérations serpigineuses. Le suc de la fleur s'instille avantageusement dans les oreilles qui suppurent; quand on l'exprime il faut avoir soin de le couvrir, parce que les mouches et autres insectes semblables en sont très-avides. La racine râpée et introduite dans les fistules en consume les callosités. On en fait aussi, mêlée au suc, des injections dans les oreilles. On prescrit encore la racine contre la jaunisse et dans les maladies du foie et de la matrice. Si on s'en frotte la tête elle rend les cheveux crépus.

XVII. Le sphagnos ou sphacos ou bryon croit, comme nous l'avons dit, dans la Gaule (XII, 50). On l'emploie en bain de siège pour les affections de la matrice; mêlé avec le cresson et pilé dans de l'eau salée, pour les affections des genoux et les tumeurs des cuisses. En breuvage avec du vin et de la résine sèche, c'est un très-prompt diurétique. Pilé dans du vin avec des baies de genièvre et pris en boisson, il évacue les eaux de l'hydropisie.

XVIII. Les feuilles et la racine du térébinthe (XIII, 12) s'appliquent sur les dépôts. La décoction fortifie l'estomac. La graine se prend dans du vin contre la céphalalgie et la dysurie; elle relâche doucement le ventre; elle est aphrodisiaque.

XIX. Les feuilles du picéa (XVI, 18) et du mélèze, pilées et bouillies dans du vinaigre, sont bonnes pour le mal de dents. La cendre de leurs écorces s'emploie pour les écorchures et les brûlures; en boisson, elle resserre le ventre et est diurétique; en fumigation, elle redresse la matrice déplacée. Les feuilles de picéa en particulier sont bonnes pour le foie, à la dose d'une drachme, dans de l'eau miellée. Les forêts composées uniquement d'arbres qu'on exploite pour la poix et la résine sont très-avantageuses pour les phthisiques, et pour ceux qui ne peuvent se rétablir à la suite d'une affection de longue durée: cela est d'observation; et respirer cet air est dans ce cas

---

monibus, vesicis, urinæ cruentæ, lieni, ischiadicis potum : sic et alvum solvit. Articulis et podagræ cum pari pondere picis aut ceræ et rosaceo coctum. Maturat panos, extrahit clavos cum melle : sic et durities emollit. Lieni cum aceto et cera Cypria, vel rosaceo, efficacissime imponitur. Lassitudines perungi cum aceto et oleo, exiguoque nitro, utile est.

XV. Et styracis naturam in peregrinis arboribus exposuimus. Placet præter illa quæ diximus, maxime pinguis, purus, albicantibus fragmentis. Medetur tussi, faucibus, pectoris vitiis, vulvæ præclusæ duritieve laboranti. Ciet menses potu, appositive, alvum mollit. Invenio potu modico tristitiam animi resolvi, largiore contrahi. Sonitus aurium emendat infusu : strumas illitu, nervorumque nodos. Adversatur venenis, quæ frigore nocent : ideo et cicutæ.

XVI. Spondylion una demonstratum, infunditur capitibus phreneticorum et lethargicorum : item capitis doloribus longis. Cum oleo vetere bibitur, et in jocinerum vitiis, morbo regio, comitialibus, orthopnoicis, vulvarum strangulatione : quibus et suffitu prodest. Alvum mollit. Illinitur ulceribus serpentibus cum ruta. Flos auribus purulentis efficaciter infunditur. Sed succus quum exprimitur, integendus est, quoniam mire appetitur a muscis et similibus. Radix derasa, et in fistulas conjecta, callum earum erodit. Auribus quoque instillatur cum succo. Datur et ipsa contra morbum regium, et in jocineris vitio et vulvarum. Capillos crispos facit peruncto capite.

XVII. Sphagnos, sive sphacos, sive bryon, et in Gallia, ut indicavimus, nascitur, vulvis decocto insidentium utilis : item genibus et feminum tumoribus, mixtus nasturtio, et aqua salsa tritus. Cum vino autem ac resina sicca potus, urinam pellit celerrime. Hydropicus inanit, cum vino et juniperis tritus ac potus.

XVIII. Terebinthi folia et radix collectionibus imponuntur. Decoctum eorum stomachum firmat. Semen in capitis dolore bibitur in vino, et contra difficultatem urinæ. Ventrem leniter emollit. Venerem excitat.

XIX. Piceæ et laricis folia trita, et in aceto decocta, dentium dolori prosunt. Cinis corticum, intertrigini et ambustis. Potus alvum sistit, urinam movet. Suffitu vulvas corrigit. Piceæ folia privatim jocineri utilia sunt, drachmæ pondere in aqua mulsa pota. Silvas eas dumtaxat, quæ picis resinæque gratia radantur, utilissimas esse phthisi-

plus avantageux que de se rendre par mer en Égypte (xxxi, 33), ou d'aller en été sur les montagnes boire le lait imprégné du parfum des plantes.

XX. Le chamæpitys, appelé en latin abiga (*ajuga iva*, L.), parce qu'il provoque l'avortement, nommé par d'autres encens de la terre, a des branches d'une coudée, la fleur et l'odeur du pin. Il en est une espèce plus petite (*passerina hirsuta*, L.), et qui est comme incurvée. Une troisième espèce (*ajuga chia*, L.), ayant même odeur et par conséquent même nom, est toute petite, et a la tige grosse comme le doigt, les feuilles rudes, petites et blanches; elle naît dans les terrains pierreux. Ce sont tous des végétaux herbacés; mais je n'ai pas voulu les renvoyer ailleurs, à cause de la ressemblance de leur nom avec celui des arbres dont nous venons de parler (πίτυς, picea). Ces plantes sont bonnes contre les piqûres des scorpions. On s'en sert, avec les dattes ou les coings, en topique pour les maladies du foie; avec la farine d'orge, en décoction, pour les affections de reins et de la vessie; en décoction dans l'eau, pour l'ictère et la dysurie. La dernière espèce, avec du miel, est bonne contre les serpents; avec du miel aussi, en pessaire, elle déterge la matrice. En boisson, elle fait sortir les grumeaux de sang. Quand on s'en frotte elle est sudorifique, et particulièrement avantageuse dans les affections des reins. On en fait aussi pour les hydropiques, avec une figue, des bols qui sont purgatifs. Dans du vin, à la dose d'un victoriat (1 gr., 92), elle guérit les douleurs des lombes et la toux récente. Cuite dans du vinaigre et prise en boisson, on dit qu'elle provoque l'expulsion instantanée des fœtus morts.

XXI. Nous accorderons une place honorable à la pityuse (*euphorbia pityusa*, L.), qui tire aussi son nom du pitys (*picea*), et que quelques auteurs rangent parmi les tithymales. C'est un arbrisseau semblable au picéa, à fleurs petites, pourpres. La racine en décoction, à la dose d'une hémine, évacue par le bas la bile et la pituite. Une cuillerée de la graine, en suppositoire, produit le même effet. Les feuilles, bouillies dans du vinaigre, guérissent les dartres furfuracées; et avec une décoction de rue, les affections des mamelles, les tranchées, les blessures faites par des serpents, et en général les dépôts commençants.

XXII. En traitant du vin (xiv, 25) et des arbres (xvi, 16), nous avons dit que la résine provient des arbres indiqués plus haut; nous en avons exposé les espèces et les provenances. Il y en a deux espèces principales, la sèche et la liquide. La sèche se tire du pin (*pinus picea*, L.) et du picca (*abies excelsa*); la liquide, du térébinthe, du mélèze, du lentisque et du cyprès : ces arbres en produisent dans la province d'Asie et dans la Syrie. C'est une erreur de croire que la résine du picéa soit la même que celle du mélèze. Le picéa en donne une grasse, et de même consistance que l'encens; le mélèze, une qui est fluide, semblable à du miel, et qui a une odeur forte. Les médecins emploient rarement la résine liquide, et la font prendre presque toujours dans un œuf. On se sert de la résine du mélèze contre la toux et les ulcères des viscères. La résine de pin n'est pas non plus en grand usage. On n'use des autres que cuites, et nous avons suffisamment traité des différentes manières de les cuire (xvi, 22). Quant aux arbres, on aime mieux la résine du térébinthe, qui est la plus odorante et la plus légère; quant aux provenances, celles de Chypre et de Syrie : toutes deux ont la couleur du miel attique;

---

cis, aut qui longa ægritudine non recolligant vires, satis constat : et illum cœli aera plus ita, quam navigationem Ægyptiam, proficere, plus quam lactis herbidos per montium æstiva potus.

XX. Chamæpitys latine abiga vocatur propter abortus, ab aliis thus terræ : cubitalibus ramis, flore pinus et odore. Altera brevior, et incurvæ similis. Tertia eodem odore, et ideo nomine quoque, parvula, caulículo crassitudine digitali, foliis scabris, exilibus, albis, in petris nascens. Omnes herbæ, sed propter cognationem nominis non differendæ. Prosunt adversus scorpionum ictus. Item jocineri illitæ cum palmis, aut cotoneis. Renibus et vesicæ, decoctum earum cum farina hordeacea. Morbo quoque regio, et urinæ difficultatibus, in aqua decoctæ bibuntur. Novissima contra serpentes valet cum melle. Sic et apposita vulvas purgat. Sanguinem densatum extrahit pota. Sudores facit perunctis ea, peculiariter renibus utilis. Fiunt ex ea et hydropicis pilulæ, cum fico alvum trahentes. Lumborum dolorem victoriati pondere in vino finit, et tussim recentem. Mortuos partus, ex aceto cocta, et pota, ejicere protinus dicitur.

XXI. Cum honore et pityusa simili de causa dicetur, quam quidam in tithymali genere numerant. Frutex est similis piceæ, flore parvo, purpureo. Bilem et pituitam per alvum detrahit radix, decocti hemina : aut seminis lingula in balanis. Folia in aceto decocta, furfures cutis emendant : mammas quoque mixto rutæ decocto et tormina, et serpentium ictus, et in totum collectiones incipientes.

XXII. Resinam e supra dictis arboribus gigni docuimus, et genera ejus, et nationes in ratione vini, ac postea in arboribus. Summæ species duæ : sicca, et liquida. Sicca e pinu et picea fit : liquida e terebintho, larice, lentisco, cupresso. Nam et eæ ferunt in Asia et Syria. Falluntur qui eamdem putant esse, e picea atque larice. Picea enim pinguem, et thuris modo succosam fundit : larix gracilem, ac mellei liquoris, virus redolentem. Medici liquida raro utuntur, et in ovo fere : e larice propter tussim ulceraque viscerum : nec pinea magnopere in usu : cæteris non nisi coctis. Et coquendi genera satis demonstravimus. In arborum differentia placet terebinthina, odoratissima atque levissima : nationum, Cypria et Syriaca : utraque mellis Attici colore : sed Cypria carnosior, sicciorque. In sicco genere quærunt, ut sit candida, pura,

mais celle de Chypre a plus de corps et de consistance. Pour les résines sèches, on veut qu'elles soient blanches, pures, transparentes. Dans toutes on préfère celles qui viennent des montagnes à celles qui viennent des plaines; celles qui viennent de localités tournées au nord, à celles qui viennent de toute autre exposition. On dissout la résine dans de l'huile, pour l'employer au pansement des plaies et pour faire les onguents. On la dissout dans l'huile d'amandes amères, pour la faire prendre en potion. La propriété de cette substance est de réunir les plaies, de déterger et de résoudre les dépôts. La térébenthine est bonne pour les affections de poitrine. Chaude, on s'en sert pour frotter au soleil les membres douloureux et contractés; on en frictionne aussi tout le corps, pratique à laquelle les marchands d'esclaves surtout ont recours, pour corriger la maigreur, cette substance ayant la propriété de relâcher la peau, et de rendre le corps plus apte à profiter de la nourriture. Au second rang est la résine de lentisque. Elle a la propriété d'être astringente, et elle est la plus diurétique de toutes. Les autres relâchent le ventre, mûrissent les crudités, guérissent les vieilles toux, et, en fumigation, débarrassent la matrice des corps étrangers qui la surchargent. En particulier, elles combattent le gui. Avec du suif de taureau et du miel, elles guérissent les tumeurs. La résine de lentisque est très-bonne pour combattre le renversement des cils. On s'en sert avantageusement dans les fractures, la suppuration des oreilles, la demangeaison des parties génitales. La résine de pin guérit très-bien les plaies de tête.

XXIII. (VII.) Nous avons indiqué d'où se tirait la poix, et comment elle se préparait (XIV, 25). Il y en a de deux sortes, l'épaisse et la liquide. Des poix épaisses, la plus utile à la médecine est celle du Brutium, parce que, étant très-grasse et très-résineuse, elle réunit les propriétés de la résine et de la poix, surtout celle qui est d'un jaune tirant sur le rouge. Quant à ce qu'on ajoute, que celle qui provient d'un arbre mâle est la meilleure, je ne crois pas la distinction possible. La poix est échauffante, cicatrisante. Elle est bonne, avec de la polenta, pour les morsures du céraste en particulier; avec du miel, pour l'angine, les catarrhes et les éternuments qui proviennent de la pituite. On en fait pour les oreilles des injections avec l'huile rosat, des applications avec la cire. Elle guérit le lichen, elle relâche le ventre. En électuaire, elle facilite l'expectoration. Avec du miel, on l'applique sur les amygdales. Sous cette forme encore elle déterge et cicatrise les ulcères. Avec des raisins secs et de l'axonge elle déterge les anthrax et les ulcères putrides; avec l'écorce de pin ou le soufre, les ulcères serpigineux. Quelques-uns l'ont donnée, à la dose d'un cyathe, contre la phthisie et les vieilles toux. Elle guérit les rhagades du siége et des pieds, les panus, les maladies des ongles. En fumigation, on l'emploie pour les duretés et les déplacements de la matrice, et pour la léthargie. Cuite avec de la farine d'orge et l'urine d'un garçon impubère, elle mène à suppuration les tumeurs strumeuses. On se sert de la poix sèche contre l'alopécie. Pour les affections des mamelles, on fait chauffer la poix du Brutium dans du vin avec de la farine de froment, et on applique le tout aussi chaud que possible.

XXIV. Nous avons exposé le mode de préparation de la poix liquide (XVI, 21) et de l'huile nommée pisselæon (XV, 7, 4). Quelques-uns font bouillir de nouveau cette poix, et la nomment

---

perlucida. In omni autem, ut montana potius, quam campestris : item aquilonia potius, quam ab alio vento. Resolvitur resina ad vulnerum usus et malagmata, oleo : in potiones, amygdalis amaris. Natura in medendo contrahere vulnera, purgare, discutere collectiones : item pectoris vitia terebinthina. Illinitur eadem calida membrorum doloribus, spasticisque in sole. Illinitur et totis corporibus, mangonum maxime cura, ad gracilitatem emendandam, spatiis ita laxantium cutem per singula membra, capacioraque ciborum facienda corpora. Proximum locum obtinet e lentisco. Inest ei vis et adstringendi. Movet et ante cæteras urinam. Reliquæ ventrem molliunt, cruda concoquunt, tussim veterem sedant, vulvæ onera extrahunt etiam suffitæ. Privatim adversantur visco. Panos et similia, cum sevo taurino et melle sanant. Palpebras lentiscina commodissime replicat. Fractis quoque utilissima, et auribus purulentis : item in pruritu genitalium. Pinea capitis vulneribus optime medetur.

XXIII. (VII.) Pix quoque unde et quibus conficeretur modis, indicavimus : et ejus duo genera, spissum, liquidumque. Spissarum utilissima medicinæ Brutia, quoniam pinguissima et resinosissima utraque præbet utilitates : ob id magis rutila, quam cæteræ. Id enim quod in hoc adjicitur, e mascula arbore meliorem esse, non arbitror posse intelligi. Picis natura excalfacit, explet. Adversatur privatim cerastæ morsibus cum polenta : item anginæ cum melle, distillationibus et sternutamentis a pituita. Auribus infunditur cum rosaceo : illinitur cum cera. Sanat lichenas, alvum solvit, exscreationes pectoris adjuvat eclignate, aut illita tonsillis cum melle. Sic, et hulcera purgat, explet. Cum uva passa et axungia, carbunculos purgat, et putrescentia hulcera : quæ vero serpunt, cum pineo cortice, aut sulphure. Phthisicis etiam cyathi mensura quidam dederunt, et contra veterem tussim. Rhagadas sedis et pedum, panosque et ungues scabros emendat : vulvæ duritias et conversiones odore : item lethargicos. Strumas item cum farina hordeacea, et pueri impubis urina decocta ad suppurationem perducit. Et ad alopecias sicca pice utuntur. Ad mulierum mammas Brutia, ex vino subfervefacta cum polline farraceo, quam calidissimis imposita.

XXIV. Liquida pix, oleumque quod pisselæon vocant, quemadmodum fieret, diximus. Quidam iterum decoquunt, et vocant palimpissam. Liquida anginæ perunguntur in-

palimpissa. Dans l'angine et dans les affections de la luette, on enduit de poix liquide les parties intérieures. On l'emploie pour les douleurs d'oreilles, pour éclaircir la vue, pour enduire les lèvres, pour l'asthme, pour les affections de la matrice, pour les vieilles toux, les expectorations abondantes, les spasmes, les tremblements, l'opisthotonos, la paralysie et les douleurs de nerfs. Elle est excellente pour la gale des chiens et des bêtes de somme.

1 XXV. Il y a encore la pissasphalte, mélange naturel de bitume et de poix qu'on trouve dans le territoire des Apolloniates (XVI, 23, 3). Quelques-uns font ce mélange eux-mêmes. C'est un très-bon remède pour la gale des bestiaux, et pour les blessures que les petits font aux mamelles. La portion la plus estimée est celle qui surnage lors de la cuisson.

1 XXVI. Nous avons dit que la zopissa est la poix qu'on racle des navires, poix qui a macéré dans l'eau de mer (XVI, 23). La meilleure est celle qu'on tire des vaisseaux qui ont été pour la première fois à la mer. On l'incorpore dans les onguents pour résoudre les dépôts.

1 XXVII. La téda (XVI, 19), bouillie dans du vinaigre, fait un collutoire efficace pour les maux de dents.

1 XXVIII. La graine, l'écorce et le suc en larmes du lentisque sont diurétiques, et resserrent le ventre. La décoction en fomentation guérit les ulcères serpigineux. On s'en sert en topique pour les ulcères humides et l'érysipèle, et en collutoire pour les gencives. On mâche les feuilles dans les maux de dents; on les emploie en décoction quand les dents sont mobiles; elles teignent les cheveux. Le suc en larmes est bon pour les affections du siége, et dans tous les cas où il est besoin de dessécher ou d'échauffer. La décoction en est bonne aussi à l'estomac; elle est carminative, diurétique; et dans les douleurs de tête on en fait un topique avec la polenta. Les 2 feuilles les plus tendres sont employées en topique dans l'inflammation des yeux. Le mastic du lentisque est employé pour le renversement des cils, pour étendre et unir la peau du visage, et pour nettoyer les dents. On s'en sert dans l'hémoptysie, les vieilles toux, et dans tous les cas où la gomme ammoniaque a de la vertu. On emploie aussi le mastic sur les parties meurtries, qu'on fomente (2) soit avec l'huile tirée de la graine et mêlée à de la cire, soit avec la décoction des feuilles dans de l'huile, soit avec de l'eau où il a trempé. Je sais que le médecin Damocrates, dans la maladie de Considia, fille de M. Servilius, personnage consulaire, laquelle se refusait à tout traitement sévère, la mit avec succès à l'usage prolongé du lait de chèvres qu'il nourrissait avec du lentisque.

XXIX. (VIII.) Le platane (XII, 3) combat les 1 chauves-souris. Les excroissances prises dans du vin, à la dose de quatre deniers (15 gr., 4), guérissent tous les venins des serpents et des scorpions, ainsi que les brûlures. Pilées avec du fort vinaigre et surtout avec du vinaigre scillitique, elles arrêtent tous les écoulements de sang; avec addition de miel, elles guérissent le lentigo, les carcinomes, et les taches noires invétérées. On fait 2 avec les feuilles et l'écorce, ainsi qu'avec la décoction de ces parties, un topique pour les dépôts et les suppurations. La décoction de l'écorce dans du vinaigre est un remède pour les dents; celle des feuilles les plus tendres dans du vin blanc, pour les yeux. Le duvet des feuilles fait du mal aux oreilles et aux yeux. La cendre des excroissances guérit les parties brûlées par le feu ou par

---

tus, et uva. Ad aurium dolores, claritatem oculorum, oris circumlitiones, suspiriosos, vulvas, tussim veterem, et crebras exscreationes pectoris, spasmos, tremores, opisthotonos, paralyses, nervorum dolores. Præstantissimum ad canum et jumentorum scabiem.

1 XXV. Est et pissaspbaltos, mixta bitumini pice naturaliter ex Apolloniatarum agro. Quidam ipsi miscent, præcipuum ad scabiem pecorum remedium, aut si fœtus mammas læserit. Maturum optimum ex eo, quod quum fervet, innatat.

1 XXVI. Zopissam eradi navibus diximus cera marino sale macerata. Optima hæc a tirocinio navium. Additur autem in malagmata ad discutiendas collectiones.

1 XXVII. Teda decocta in aceto, dentium dolores efficaciter colluunt.

1 XXVIII. Lentisci ex arbore, et semen, et cortex, et lacryma, urinam cient, alvum sistunt. Decoctum eorum hulcera quæ serpunt, fotu. Illinitur in humidis, et igni sacro: gingivas colluit. Folia dentibus in dolore alterantur: mobiles decocto colluuntur. Capillum tingunt. Lacryma sedis vitiis prodest, quum quid siccari excalfierive opus sit. Decoctum et e lacryma stomacho utile, ructum et urinam movens, quod et capitis doloribus cum polenta illinitur. Folia tenera oculis inflammatis illinuntur. Item 2 mastiche lentisci replicandis palpebris, et ad extendendam cutem in facie, et smegmata, adhibetur, et sanguinem rejicientibus, tussi veteri: et ad omnia quæ hammoniaci vis. Medetur et attritis partibus, sive oleo e semine ejus facto cerœque mixto, sive foliis, ex oleo decoctis, sive cum aqua, ut ita foveantur. Scio Democratem medicum in valetudine Considiæ M. Servilii consularis filiæ, omnem curationem austeram recusantis, diu efficaciter usum lacte caprarum, quas lentisco pascebat.

XXIX. (VIII.) Platani adversantur vespertilionibus. 1 Pilulæ earum in vino potæ denariorum quatuor pondere, omnibus serpentium et scorpionum venenis medentur: item ambustis. Tusæ autem cum aceto acri, magisque scilliti, sanguinem omnem sistunt. Et lentigines, et carcinomata, melanismata veteres, addito melle emendant. Folia et cortex illinuntur collectionibus et suppuratio- 2 nibus, et decoctum eorum. Corticis autem in aceto, dentium remedium est: foliorum tenerrima in vino albo decocta, oculorum. Lanugo foliorum, et auribus, et oculis inutilis. Cinis pilularum sanat ambusta igni

froid. L'écorce dans du vin éteint l'inflammation causée par les piqûres des scorpions.

XXX. Nous avons précédemment fait voir la vertu du frêne contre la morsure des serpents (xvi, 24). La graine est renfermée dans des feuilles; on l'emploie, dans du vin, pour les douleurs de foie et de côté; on s'en sert pour évacuer les eaux de l'anasarque. On diminue l'obésité, et l'on fait maigrir peu à peu, en donnant ces mêmes feuilles pilées avec du vin, en quantité proportionnée aux forces : ainsi pour un enfant cinq feuilles dans trois cyathes, et pour des individus plus forts, sept feuilles dans cinq cyathes de vin. Il ne faut pas omettre que les râclures et les sciures du bois de frêne sont dangereuses, suivant quelques-uns.

XXXI. La racine de l'érable (xvi, 26) concassée dans du vin fait un topique très-efficace pour les douleurs de foie.

XXXII. Nous avons exposé l'emploi des grappes du peuplier blanc dans les parfums (xii, 61). L'écorce en breuvage est bonne pour la coxalgie et la strangurie; le suc des feuilles chaud, pour les douleurs d'oreilles. Quand on tient à la main une baguette de peuplier, il n'y a aucune sorte d'écorchure à craindre. Le peuplier noir qui croît en Crète passe pour très-efficace. La graine, dans du vinaigre, est utile pour l'épilepsie. Cet arbre donne aussi une résine peu abondante, qu'on emploie dans des onguents. Avec les feuilles bouillies dans du vinaigre on fait un topique pour les pieds, dans la goutte. L'humeur qui coule des fentes du peuplier noir emporte les verrues, et les papules que le frottement a fait élever. Les peupliers ont aussi sur leurs feuilles un suc dont les abeilles font de la propolis, et qui délayé dans l'eau a les mêmes vertus que cette dernière substance (xxii, 50).

XXXIII. Les feuilles, l'écorce et les branches de l'orme (xvi, 29) ont la propriété de remplir et de rapprocher les blessures. Les lames intérieures de l'écorce et les feuilles dans du vinaigre font un topique qui guérit la lèpre. L'écorce prise en breuvage, à la dose d'un denier (3 gr., 85) dans une hémine (0 litr., 27) d'eau froide, est purgative, et évacue particulièrement la pituite et l'eau. On fait avec la gomme un topique pour les dépôts, les plaies et les brûlures, qu'il convient de fomenter avec la décoction. L'humeur qu'on trouve dans les follicules de cet arbre donne de l'éclat à la peau et embellit le visage. Les pétioles des premières feuilles bouillis dans du vin guérissent les tumeurs, et les font aboutir par fistule. Les lames intérieures de l'écorce produisent le même effet. Bien des gens pensent que l'écorce mâchée constitue un excellent topique pour les plaies, et les feuilles pilées et humectées avec de l'eau, pour la goutte. L'humeur qui s'écoule de la moelle de l'arbre après qu'on l'a incisé, comme nous l'avons dit (xvi, 74, 3), fait revenir les cheveux et les empêche de tomber, si l'on s'en frotte la tête.

XXXIV. Le tilleul légèrement concassé est bon à peu près aux mêmes usages que l'olivier sauvage; mais on n'emploie que les feuilles. On les fait mâcher aux enfants pour les aphthes. En décoction, elles sont diurétiques; en pessaire, elles arrêtent les menstrues; en boisson, elles évacuent le sang superflu.

XXXV. Il y a deux espèces de sureau, dont l'une, plus sauvage et beaucoup plus petite que l'autre (sureau noir, *sambucus nigra*, L.), est nommée par les Grecs chamæacte, ou hélios

---

vel frigore. Cortex e vino scorpionum ictus restinguit.

XXX. Fraxinus quam vim adversus serpentes haberet, indicavimus. Semen foliis ejus inest; quo medentur jocineris et lateris doloribus in vino. Aquam quæ subit cutem, extrahunt. Corpus obesum levant onere, sensim ad maciem reducentes, iisdem foliis cum vino tritis ad virium portionem : ita ut puero quinque folia tribus cyathis dituantur, robustioribus septem folia, quinis cyathis vini. Non omittendum, ramenta ejus et scobem a quibusdam cavenda prædici.

XXXI. Aceris radix contusa e vino jocineris doloribus efficacissime imponitur.

XXXII. Populi albæ uvarum in unguentis usum exposuimus. Cortex potus ischiadicis et stranguriæ prodest. Foliorum succus calidus aurium dolori. Virgam populi in manu tenentibus intertrigo non metuatur. Populus nigra efficacissima habetur, quæ in Creta nascitur. Comitialibus semen ex aceto utile. Fundit illa et resinam exiguam, qua utuntur ad malagmata. Folia podagris in aceto decocta imponuntur. Humor e cavis populi nigræ effluens, verrucas, papulasque ex attritu ortas tollit. Populi ferunt et in foliis guttam, ex qua apes propolim faciunt. Gutta æque propoli ex aqua efficax.

XXXIII. Ulmi et folia, et cortex, et rami, vim habent spissandi, et vulnera contrahendi. Corticis utique interior tilia lepras sedat, et folia ex aceto illita. Corticis denarii pondus potum in hemina aquæ frigidæ, alvum purgat, pituitasque et aquas privatim trahit. Imponitur et collectionibus lacryma, et vulneribus, et ambustis, quæ decocto fovere prodest. Humor in folliculis arboris hujus nascens, cuti nitorem inducit, faciemque gratiorem præstat. Cauliculi foliorum primi, vino decocti, tumores sanant, extrahuntque per fistulas. Idem præstant et tiliæ corticis. Multi corticem commanducatum vulneribus utilissimum putant : folia trita aqua aspersa pedum tumori. Humor quoque e medulla, uti diximus, castratæ arboris effluens, capillum reddit capiti illitus, defluentesque continet.

XXXIV. Arbor tilia leniter tusa ad eadem fere utilis est, atque oleaster. Folia autem tantum in usu, et ad infantium hulcera in ore commanducata : decocta urinam cient : menses sistunt illita : sanguinem pota detrahunt.

XXXV. Sambucus habet alterum genus magis silvestre, quod Græci chamæacten, alii helion vocant, multo brevius. Utriusque decoctum in vino veteri foliorum, vel seminis, vel radicis, ad cyathos binos potum, stomacho inutile est, alvo detrahens aquam. Refrigerat etiam inflam-

(hièble, *sambucus ebulus*, L.). Les feuilles ou les baies, ou la racine de l'une et de l'autre, en décoction, dans du vin vieux, et prise à la dose de deux cyathes, font mal à l'estomac, mais évacuent l'eau du bas-ventre. Cette décoction tempère l'inflammation surtout des brûlures récentes; on en fait un topique, avec la polenta et les feuilles les plus tendres, pour la morsure des chiens. Le suc du sureau, en fomentation, diminue les fluxions du cerveau, et en particulier de la membrane qui enveloppe cet organe. Les baies, qui ont moins de vertu que le reste, servent à teindre les cheveux. En potion, à la dose d'un acétabule (0 litr., 068), elles sont diurétiques. On fait manger avec de l'huile et du sel les feuilles les plus molles, pour évacuer la pituite et la bile. La petite espèce est pour tout plus efficace. La racine bouillie dans du vin, et prise à la dose de deux cyathes, évacue les eaux des hydropiques. Elle amollit la matrice, effet que produit aussi un bain de siége dans la décoction des feuilles. Les pousses tendres de l'espèce non sauvage cuites sur le plat relâchent le ventre. Les feuilles prises dans du vin combattent le venin des serpents. On fait avec les jeunes pousses et le suif de bouc un topique très-avantageux aux goutteux. On fait aussi macérer ces mêmes pousses dans de l'eau, et avec cette eau on tue les puces. Si on asperge un lieu avec la décoction des feuilles cela fait mourir les mouches. On donne le nom de boa à des papules rouges qui couvrent tout le corps; on guérit cette maladie en frappant le malade avec une branche de sureau. L'écorce intérieure pilée, et bue dans du vin blanc, relâche le ventre.

XXXVI. Le genévrier est plus que toute autre plante échauffant et atténuant, semblable en cela au cèdre. Il en est de deux espèces : l'un, plus grand que l'autre. Tous deux, brûlés, font fuir les serpents. La graine est bonne dans les douleurs d'estomac, de poitrine et de côté; elle dissipe les gonflements et le froid; elle mûrit la toux et les duretés; en topique, elle arrête le progrès des tumeurs; bue dans du vin noir, elle resserre le ventre; en topique, elle résout les tumeurs abdominales; elle entre dans les antidotes et les digestifs; elle est diurétique. On l'emploie en collyre dans les fluxions des yeux. Pour les convulsions, les ruptures, les tranchées, les affections de la matrice; la coxalgie, on l'administre soit à la dose de quatre baies dans du vin blanc, soit à la dose de vingt baies bouillies dans du vin. Il en est qui se frottent le corps avec ces baies, pour se préserver des serpents.

XXXVII. (IX.) Le fruit du saule, avant de mûrir, se garnit de fils aussi déliés que ceux de l'araignée. Si on le recueille auparavant, il est bon pour l'hémoptysie. La cendre de l'écorce des premiers rameaux, délayée dans de l'eau, guérit les cors et les durillons aux pieds; elle efface les taches du visage, et plus efficacement si l'on y mêle le suc même de l'arbre. Le saule fournit trois sucs différents : l'un exsude de l'arbre même, à la façon des gommes; l'autre distille de la plaie faite au saule quand il est en fleur, par une incision à l'écorce, large de trois doigts; celui-ci est bon pour dissiper les humeurs qui obscurcissent les yeux, ainsi que pour épaissir ce qui a besoin d'être épaissi, pour provoquer les urines et pour faire aboutir tous les dépôts. Le troisième coule des branches coupées avec la serpe. Chacun de ces sucs, chauffé avec de l'huile rosat dans une écorce de grenade, s'instille dans les oreilles. Les feuilles, cuites et pilées avec de la cire, forment un topique employé au même usage, et dont on se sert aussi pour la goutte. L'écorce et les feuilles, bouillies dans du vin, constituent

---

mationem, maxime recentis ambusti : et canis morsum cum polenta mollissimis foliorum illitis. Succus cerebri collectiones, privatimque membranæ, quæ circa cerebrum est, lenit infusus. Acini ejus infirmiores, quam reliqua, tingunt capillum. Poti acetabuli mensura, urinam movent. Foliorum mollissima ex oleo et sale eduntur, ad pituitam bilemque detrahendam. Ad omnia efficacior, quæ minor. Radicis ejus in vino decoctæ duo cyathi poti, hydropicos exinaniunt : vulvas emolliunt, has et foliorum decoctum insidentium. Caules teneri mitioris sambuci, in patinis cocti, alvum solvunt. Resistunt folia et serpentium ictibus in vino pota. Podagricis cum sevo hircino vehementer prosunt cauliculi illiti : iidemque in aqua macerantur, ut ea sparsa pulices necentur. Foliorum decocto si locus spargatur, muscæ necantur. Boa appellatur morbus papularum, quum rubent corpora; sambuci ramo verberatur. Cortex interior tritus, ex vino albo potus, alvum solvit.

XXXVI. Juniperus vel ante cætera omnia excalfacit, extenuat, cedro assimilis. Et ejus duo genera : altera major, altera minor. Utraque accensa serpentes fugat. Semen stomachi, pectoris, lateris doloribus utile. Inflationes algoresque discutit, tusses concoquit et duritias. Illitum tumores sistit : item alvum, baccis ex vino nigro potis : item ventris tumores illitis. Miscetur et antidotis, oxyporis. Urinas ciet. Illinitur et oculis in epiphoris. Datur convulsis, ruptis, torminibus, vulvis, ischiadicis cum vino albo potum pilulis quaternis, aut decoctis viginti in vino. Sunt qui et perungant corpus e semine ejus in serpentium metu.

XXXVII. (IX.) Salicis fructus ante maturitatem in araneam abit : sed si prius colligatur, sanguinem rejicientibus prodest. Corticis e ramis primis cinis, clavum et callum aqua mixta sanat. Vitia cutis in facie emendat, magis admixto succo suo. Est autem hic trium generum : Unum arbor ipsa exsudat gummium modo. Alterum manat in plaga, quum floret, exciso cortice trium digitorum magnitudine. Hic ad expurganda, quæ obstent oculis : item ad spissanda quæ opus sunt, ciendamque urinam, et ad omnes collectiones intus extrahendas. Tertius succus est detruncatione ramorum a falce distillans. Ex his ergo aliquis cum rosaceo in calyce punici calfactus auribus infunditur : vel folia cocta, et cum cera trita imponuntur : item podagricis. Cortice et foliis in vino decoctis foveri nervos utilissimum.

une fomentation très-utile aux nerfs. La fleur, pilée avec les feuilles, guérit les dartres furfuracées de la face. Les feuilles, pilées et prises en boisson, tempèrent les feux de l'amour et les éteignent complétement, si l'on fait souvent usage de cette préparation. La graine du saule noir d'Amérie, avec de la litharge à poids égal, est un dépilatoire; on s'en frotte à la sortie du bain.

XXXVIII. Le vitex (*vitex agnus*, L.) s'emploie pour la vannerie à peu près comme le saule, dont il a les feuilles et l'aspect; mais l'odeur en est plus agréable. Les Grecs le nomment lygos ou agnos, parce que les femmes d'Athènes, pendant les Thesmophories, temps où elles observent une exacte continence, jonchent leur lit des feuilles de cette plante. Il y en a de deux espèces : l'un, plus grand, s'élève, comme le saule, à la hauteur d'un arbre; l'autre, plus petit, est rameux, et a les feuilles lanugineuses et plus blanches. Le premier, nommé vitex blanc, porte une fleur d'un blanc mêlé de pourpre. Le noir a des fleurs seulement purpurines. Tous deux croissent dans les plaines marécageuses (xxxi, 27). La graine, prise en boisson, a un certain goût vineux, et passe pour fébrifuge; pour sudorifique, si on s'en frotte avec de l'huile; on dit aussi que de cette façon elle dissipe les courbatures. Les deux vitex sont diurétiques et emménagogues. Ils portent à la tête comme le vin, dont ils ont l'odeur. Ils chassent les flatuosités par le bas; ils resserrent le ventre. Ils sont très-bons dans l'hydropisie et les affections de la rate. Ils font venir le lait en abondance. Ils combattent le venin des serpents, surtout les venins froids. Le petit vitex est plus efficace contre les serpents; on en prend la graine à la dose d'une drachme dans du vin ou de l'eau miellée, ou les feuilles tendres à la dose de deux drachmes. On fait avec les deux vitex un topique contre la piqûre des araignées. Il suffit de s'en frotter, d'en faire des fumigations ou de coucher dessus, pour mettre en fuite les animaux venimeux. Ils répriment les ardeurs vénériennes, et, par cette propriété surtout, ils combattent le venin des araignées-phalanges, dont la piqûre excite les organes génitaux. La fleur et les jeunes pousses, avec de l'huile rosat, calment le mal de tête causé par l'ivresse. La décoction de la graine, en fomentation, dissipe les céphalalgies intenses. La graine, en fumigation et en pessaire, déterge la matrice; en boisson, avec le pouliot et le miel, elle est purgative; avec la farine d'orge, elle amollit les vomiques et les tumeurs dont la maturation est difficile; avec le salpêtre et le vinaigre, elle guérit le lichen et le lentigo; avec le miel, les aphthes et les éruptions dans la bouche; avec du beurre et des feuilles de vigne, les gonflements des testicules; avec de l'eau, en topique, les rhagades du siège; avec le sel, le nitre et la cire, les luxations. La graine et les feuilles entrent dans les onguents pour les nerfs, et dans les applications qu'on fait aux goutteux. On se sert d'une décoction de la graine dans l'huile, en affusion sur la tête, pour le léthargus et la phrénitis. On assure que ceux qui en portent une baguette à la main, ou à la ceinture, sont préservés d'écorchures entre les cuisses.

XXXIX. Les Grecs donnent le nom d'érice (xiii, 35) (*erica arborea*, L.) à une plante qui diffère peu de la myrice (xiii, 37). Elle a la couleur et presque la feuille du romarin; on assure qu'elle combat le venin des serpents.

XL. Le genêt sert à faire des liens. Les fleurs en sont très-agréables aux abeilles. Je doute que ce soit la plante nommée par les auteurs grecs

---

Flos tritus cum foliis furfures purgat in facie. Folia contrita et pota intemperantiam libidinis coercent, atque in totum auferunt usum sæpius sumta. Amerinæ nigræ semen cum spuma argenti pari pondere, a balneo illitum, psilothrum est.

XXXVIII. Non multum a salice vitilium usu distat vitex, foliorum quoque aspectu, nisi odore gratior esset. Græci lygon vocant, alii agnon, quoniam matronæ Thesmophoriis Atheniensium castitatem custodientes, his foliis cubitus sibi sternunt. Duo genera ejus : major in arborem salicis modo assurgit : minor ramosa, foliis candidioribus lanuginosis. Prima album florem mittit cum purpureo, quæ candida vocatur : nigra, quæ tantum purpureum. Nascuntur in palustribus campis. Semen potum vini quemdam saporem habet, et dicitur febres solvere : et quum unguntur oleo admixto, sudorem facere : sic et lassitudines dissolvere. Urinam cient, et menses. Caput tentant vini modo : nam et odor similis est. Inflationes pellunt in inferiora. Alvum sistunt : hydropicis, et lienibus perquam utiles. Lactis ubertatem faciunt. Adversantur venenis serpentium, maxime quæ frigus inferunt. Minor efficacior ad serpentes : bibitur seminis drachma in vino vel posca, aut duabus foliorum tenerrimorum. Et illinuntur utraque adversus araneorum morsus : vel perunctis tantum, suffitu quoque aut substratu fugant venenata. Ad Venerem impetus inhibent; eoque maxime phalangiis adversantur, quorum morsus genitale excitat. Capitis dolorem ex ebrietate sedant cum rosaceo flos, teneriqne cauliculi. Seminis decoctum vehementiorem capitis dolorem dissolvit fotu : et vulvam etiam suffitu vel apposita purgat : alvum cum pulegio et melle potum. Vomicas panosque difficile concoquentes, cum farina hordeacea mollit. Lichenas et lentigines cum aphronitro et aceto semen sanat : et oris hulcera, et eruptiones cum melle : testium, cum butyro et foliis vitium : rhagadas sedis, cum aqua illitum : luxata cum sale, et nitro, et cera. Et semen, et folium, additur in malagmata nervorum, et podagras. Semen instillatur in oleo decoctum capiti in lethargia, et phrenesi. Virgam qui in manu habeant, aut in cinctu, negantur intertriginem sentire.

XXXIX. Ericen Græci vocant fruticem non multum a myrice differentem, colore rorismarini, et pæne folio. Hoc adversari serpentibus tradunt.

XL. Genista quoque vinculi usum præstat. Flores api-

sparton, et avec laquelle on fait chez eux, comme je l'ai dit (XIX, 2, 7), des filets pour la pêche. Je doute aussi que ce soit celle qu'Homère désigne quand il parle des câbles (*sparta*) relâchés des vaisseaux (Il., II, 135); car il est certain qu'alors le spart (*spartium junceum*, L.) d'Afrique ou d'Espagne (XIX, 7) n'était pas encore en usage, et que pour les embarcations faites de pièces cousues 2 on employait le lin et non le spart. La graine, que les Grecs nomment aussi sparton, vient dans des gousses, comme les haricots. Elle n'est pas moins purgative que l'ellébore, à la dose d'une drachme et demie dans quatre cyathes (0 litr., 18) d'eau miellée, à jeûn. Les branches avec le feuillage, macérées dans du vinaigre pendant plusieurs jours et broyées, donnent un suc bon pour la coxalgie, à la dose d'un cyathe en potion. Quelques-uns aiment mieux les faire infuser dans de l'eau de mer et donner cette infusion en lavement. Dans la coxalgie on fait des frictions avec ce même suc, auquel on ajoute de l'huile. Quelques-uns emploient la graine pour la stranguire. Le genêt pilé avec de la graisse guérit les douleurs de genou.

1 XLI. La myrice (XIII, 37) (*tamarix africana*, Desfont.)(3) est appelée érice par Pompeius Lenæus. Cet auteur dit qu'elle ressemble aux balais de saule d'Amérie, et que bouillie dans du vin et pilée elle forme avec du miel un topique qui guérit les carcinomes. Quelques-uns pensent que c'est la même que le tamarix. Quoi qu'il en soit, elle est excellente pour la rate; pour cela on en exprime le suc, qu'on fait boire dans du vin; et telle est, assure-t-on, la merveilleuse antipathie qu'elle a pour ce seul viscère, que quand des porcs ont bu dans des sébiles faites de ce bois, on ne leur trouve point de rate. Aussi dans les affections spléniques donne-t-on les aliments et la boisson dans des vases de ce même bois. Un auteur grave en médecine affirme qu'une baguette arrachée de l'arbuste, sans toucher ni le fer ni la terre, calme les douleurs de ventre, si elle est tenue appliquée au corps par les vêtements et par la ceinture. Le peuple, comme nous l'avons dit (XVI, 45), la nomme l'arbre malheureux, parce qu'elle ne rapporte rien et qu'on ne la plante pas.

XLII. A Corinthe et dans le voisinage on 1 donne le nom de brya (XIII, 37) (*tamarix africana*, L.) à une plante dont on fait deux espèces : la brya sauvage, qui est stérile, et l'autre, qui se prête à la culture. Celle-ci (*tamarix orientalis*, Delile) en Égypte et en Syrie produit abondamment un fruit ligneux, plus gros que la noix de galle, âpre au goût, que les médecins emploient, à défaut de la noix de galle, dans les compositions nommées anthères (*fleuries*). Le bois, la fleur, les feuilles et l'écorce servent aux mêmes usages, quoique de vertu moindre. L'é- 2 corce pilée se donne dans l'hémoptysie, les pertes et le flux céliaque. Pilée et en topique, elle arrête tous les dépôts. On exprime des feuilles un suc qui a les mêmes propriétés; on les fait aussi bouillir dans du vin. Avec addition de miel, elles forment un topique pour la gangrène; en décoction et prises dans du vin, ou appliquées avec de l'huile rosat et de la cire, elles sont sédatives. De la même façon, elles guérissent les épinyctides. Cette décoction est encore bonne pour les maux de dents et d'oreilles. La racine s'emploie de même et pour les mêmes affections. Les feuilles ont de 3 plus cette propriété, qu'avec la polenta on en fait un topique pour les affections serpigineuses. On administre en boisson la graine, à la dose

---

bus gratissimi. Dubito an hæc sit, quam græci auctores sparton appellavere, quum ex ea lina piscatoria apud eos factitari docuerint : et numquid hanc designaverit Homerus, quum dixit navium sparta dissoluta. Nondum enim fuisse Africanum vel Hispanum spartum in usu , certum est : et quum sutiles fierent naves, lino tamen, non sparto,
2 unquam sutas. Semen ejus, quod Græci eodem nomine appellant, in folliculis, phaseolorum modo, nascens, purgat ellebori vice, drachma et dimidia pota in aquæ mulsæ cyathis quatuor jejunis. Rami similiter cum fronde in aceto macerati pluribus diebus, et tusi, succum dant ischiadicis utilem, cyathi unius potu. Quidam marina aqua macerare malunt, et infundere clystere. Perunguntur eodem succo ischiadici addito oleo. Quidam ad stranguriam utuntur semine. Genista tusa cum axungia, genua dolentia sanat.
1 XLI. Myricen, quam ericen vocat Lenæus, similem scopis Amerinis dicit. Sanari ea carcinomata in vino decocta tritaque cum melle illita. Arbitrantur quidam hanc esse tamaricen : sed ad lienem præcipua est, si succus ejus expressus in vino bibatur : adeoque mirabilem ejus antipathiam contra solum hoc viscerum faciunt, ut affirment, si ex ea alveis factis bibant sues, sine liene inveniri. Et ideo homini quoque splenico cibum potumque dant in vasis ex ea factis. Gravis auctor in medicina, virgam ex ea defractam, ut neque terram, neque ferrum attingeret, sedare ventris dolores asseverat impositam, ita ut tunica cinctuque corpori apprimeretur. Vulgus infelicem arborem eam appellat, ut diximus, quoniam nihil ferat, nec seratur umquam.

XLII. Corinthus, et quæ circa est regio, bryam vocat, 1 ejusque duo genera facit : silvestrem plane sterilem; alteram mitiorem. Hæc fert in Ægypto Syriaque etiam abundanter lignosum fructum, majorem galla, asperum gustu, quo medici utuntur vice gallæ, in compositionibus, quas antheras vocant. Et lignum autem, et flos, et folia, et cortex in eosdem usus adhibentur, quanquam remissiora. Datur sanguinem rejicientibus cortex tritus, et contra 2 profluvia feminarum, cœliacis quoque. Idem tusus impositusque collectiones omnes inhibet. Foliis exprimitur succus ad hæc eadem. Et in vino decoquuntur : ipsa vero adjecto melle gangrænis illinuntur : decoctum eorum in vino potum, vel imposita cum rosaceo et cera sedant. Sic et epinyctidas sanant. Ad dentium dolorem auriumque, decoctum eorum salutare est : radix ad eadem similiter. Folia hoc amplius, ad ea quæ serpunt, imponuntur 3, cum polenta. Semen drachmæ pondere adversus phalangia

d'une drachme, contre la piqûre des araignées, des phalanges spécialement. Avec la graisse de volaille on en fait un topique pour les furoncles. Elle est efficace aussi contre la morsure des serpents, excepté celle de l'aspic. La décoction en affusion est bonne pour l'ictère, le phthiriasis et les lentes ; elle arrête les pertes. La cendre de l'arbre s'emploie dans tous les mêmes cas. On dit que mêlée à de l'urine de bœuf, et prise en boisson ou en aliment, elle fait cesser pour jamais les désirs vénériens. Le charbon de ce même bois, éteint dans de l'urine de bœuf et gardé à l'ombre, se résout en cendre quand on veut l'allumer. Suivant la tradition des mages, l'urine d'un eunuque produit le même effet.

XLIII. (x.) L'arbrisseau nommé sanguin (XVI, 30, 2) ne passe pas pour une plante moins malheureuse que la myricé. L'écorce intérieure rouvre les plaies qui se sont fermées trop vite.

XLIV. Les feuilles du siler (XVI, 31) (*salix vitellina*, L.) appliquées sur le front calment la céphalalgie. La graine pilée dans de l'huile arrête le phthiriasis. Les serpents redoutent aussi cet arbrisseau ; et pour cette raison les gens de la campagne en portent d'ordinaire une baguette.

XLV. Le troène, si c'est la même plante que le cypros (XII, 51) de l'Orient, est aussi employé en Europe à des usages médicaux. On se sert du suc pour les nerfs, les articulations, les refroidissements ; partout on use des feuilles avec un grain de sel, pour le traitement des vieux ulcères et des aphthes. La graine est bonne pour le phthiriasis et les écorchures, pour lesquelles on se sert aussi des feuilles. Elle guérit encore la pépie de la volaille.

XLVI. Les feuilles de l'aune dans de l'eau bouillante sont un remède assuré pour les tumeurs.

XLVII. Nous avons énuméré vingt espèces de lierre (XVI, 62). Toutes en médecine sont d'un usage équivoque : prises à forte dose elles troublent l'esprit et purgent la tête. A l'intérieur elles attaquent les nerfs, tandis qu'à l'extérieur elles les fortifient. Elles ont les mêmes propriétés que le vinaigre ; toutes sont réfrigérantes. En boisson, elles sont diurétiques. Les feuilles les plus molles, appliquées sur la tête, calment la céphalalgie, et elles agissent principalement sur le cerveau et la méninge. On les emploie aussi à cet effet pilées avec du vinaigre et de l'huile rosat, puis bouillies, et mêlées à une nouvelle dose d'huile rosat. On les applique sur le front, et avec leur décoction on fomente la bouche et on frotte la tête. Elles sont bonnes pour la rate, en boisson et en topique. On en fait une décoction, ou on les broie dans du vin, contre les frissons fébriles et les éruptions pituiteuses. Les grappes guérissent, en boisson ou en topique, la rate ; en topique, le foie ; en pessaire, elles sont emménagogues. Le suc du lierre, et surtout du lierre blanc cultivé, guérit les affections et la mauvaise odeur des narines. Instillé dans le nez il purge la tête ; plus efficacement avec addition de nitre. On l'instille aussi avec de l'huile dans les oreilles qui suppurent ou qui sont douloureuses. Il corrige la difformité des cicatrices. Le suc du lierre blanc chauffé sur une plaque de fer vaut mieux pour la rate ; il suffit encore d'en prendre six baies dans deux cyathes de vin : trois baies du même lierre blanc prises dans du vinaigre miellé chassent les vers ; et l'on aide à la vertu du remède en en faisant aussi une applica-

---

et araneos bibitur. Cum altilium vero pingui furunculis imponitur. Efficax et contra serpentium ictus, præterquam aspidum. Nec non morbo regio, phthiriasi, lendibusque decoctum infusum prodest, abundantiamque mulierum sistit. Cinis arboris ad omnia eadem capitur. Aiunt, si bovis castrati urinæ inmisceatur, in potu, vel in cibo, Venerem finiri. Carboque ex eo genere urina ea restinctus in umbra conditur : idem quum libeat accendere, resolvitur. Magi id et ex spadonis urina fieri tradiderunt.

XLIII. (x.) Nec virga sanguinea felicior habetur. Cortex ejus interior cicatrices, quæ præsanavere, aperit.

XLIV. Sileris folia illita fronti capitis dolores sedant. Ejusdem semen tritum, in oleo phthiriases coercet. Serpentes et hunc fruticem refugiunt ; baculumque rustici ob id ex eo gerunt.

XLV. Ligustrum si eadem arbor est, quæ in Oriente cypros, suos in Europa usus habet. Succus ejus nervis, articulis, algoribus ; folia ubique veteri hulceri cum salis mica, et oris exhulcerationibus prosunt. Acini contra phthiriasin : item contra intertrigines, foliae. Sanant et gallinaceorum pituitas acini.

XLVI. Folia alni ex ferventi aqua certissimo remedio sunt tumori.

XLVII. Ederæ genera viginti demonstravimus. Natura omnium in medicina anceps. Mentem turbat, et caput purgat largius pota : nervis intus nocet : iisdem nervis adhibita foris prodest. Eadem natura, quæ aceto, ei est. Omnia genera ejus refrigerant. Urinam cient potu : capitis dolorem sedant, præcipue cerebro, continentique cerebrum membranæ, utiliter mollibus impositis foliis : cum aceto et rosaceo tritis et decoctis, addito postea rosaceo oleo. Illinuntur autem fronti : et decocto eorum fovetur os, caputque perungitur. Lieni et pota, et illita prosunt. Decoquuntur et contra horrores febrium, eruptionesque pituitæ, aut in vino teruntur. Corymbi quoque poti vel illiti lienem sanant : jocinera autem illiti. Trahunt et menses appositi. Succus ederæ tædia narium graveolentiamque emendat, præcipue albæ sativæ. Idem infusus naribus caput purgat, efficacius addito nitro. Infunditur etiam purulentis auribus, aut dolentibus cum oleo. Cicatricibus quoque decorem facit. Ad lienes efficacior albæ est, ferro calefactus : satisque est acinos sex in vini cyathis duobus sumi. Acini quoque ex eadem alba terni, in aceto mulso poti, lineas pellunt, in qua curatione ventri quoque imposuisse eos utile est. Ederæ, quam chrysocarpon appellavimus, baccis aurei coloris

tion sur le ventre. Érasistrate prenait du lierre que nous avons appelé chrysocarpos (XVI, 62) vingt baies de couleur d'or, les broyait dans un setier de vin, administrait trois cyathes de cette préparation, et évacuait ainsi par les urines les eaux de l'anasarque. En cas de mal de dents, il injectait dans l'oreille du côté opposé cinq baies du même lierre broyées dans de l'huile, rosat et chauffées dans l'écorce d'une grenade. Les baies qui ont le suc safrané, en breuvage, sont un préservatif contre l'ivresse. Elles guérissent aussi l'hémoptysie et les tranchées. Les grappes les plus blanches du lierre noir, en boisson, causent la stérilité, même aux hommes. Toutes les espèces, bouillies dans du vin, forment un topique pour les ulcères de toute nature, même les ulcères malins. La larme qui distille du lierre est un dépilatoire, et guérit le phthiriasis. La fleur de toutes les espèces prise deux fois par jour dans du vin astringent, à la dose d'une pincée, guérit la dyssenterie et le dévoiement; avec la cire on en fait un topique utile dans les brûlures. Les grappes noircissent les cheveux. Le suc de la racine bu dans du vinaigre est bon contre les araignées phalanges. Je trouve que ceux qui ont une maladie de la rate guérissent en buvant dans un vase fait de ce bois. On broie les baies, puis on les brûle, et on en fait un topique pour les brûlures, qu'on arrose auparavant avec de l'eau chaude. Il en est qui incisent le lierre pour en obtenir le suc, et qui se servent de ce suc pour les dents cariées, assurant que la dent se brise, et qu'il faut protéger avec de la cire les dents voisines contre l'action de cette substance. On recherche encore la gomme de lierre, et on prétend que dans du vinaigre elle est très-bonne pour les dents.

XLVIII. Les Grecs donnent le nom de cisthos, 1 nom très-voisin de cissos (lierre), à une plante plus grande que le thym, et qui a les feuilles de l'ocimum. Il y en a deux espèces. La plante mâle (*cisthus pilosus*, L.) a la fleur rose; la plante femelle (*cisthus salvifolius*, L.), blanche. La fleur de toutes deux dans du vin astringent, à la dose d'une pincée, et prise deux fois par jour comme le lierre, est bonne pour la dyssenterie et les dérangements de ventre; avec la cire, pour les vieux ulcères et les brûlures; seule, pour les aphthes. C'est surtout au pied de ces plantes que vient l'hypocisthis, dont nous parlerons en traitant des herbes (XXVI, 31) (*cytinus hypocisthis*).

XLIX. Les Grecs nomment encore cissos erythranos (XVI, 62) une plante semblable au lierre, et qui prise dans du vin est bonne pour la coxalgie et le lumbago. La graine en a, dit-on, tant de force, qu'elle produit de l'hématurie. Ils nomment aussi chamæcissos (*glechoma hederacea*, L.) (XVI, 62) (4) un lierre qui rampe à terre sans s'élever; broyé dans du vin à la dose d'un acétabule, il est bon pour la rate. Les feuilles avec de la graisse s'emploient pour les brûlures. Le smilax (XVI, 63), nommé aussi nicophoros, ressemble au lierre, mais a les feuilles plus petites. Une couronne faite avec les feuilles en nombre impair guérit, dit-on, la céphalalgie. Quelques auteurs ont distingué deux espèces de smilax : l'un, extrêmement vivace, croissant dans les 2 vallons ombragés, grimpant le long des arbres et produisant des graines en grappe, qui sont très-efficaces contre tous les venins, à tel point que des enfants auxquels on fait boire souvent le suc de ces graines deviennent réfractaires, pour le reste de leur vie, à tous les poisons; l'autre, qui se plaît dans les lieux cultivés et y croît, mais

viginti, in vini sextario tritis, ita ut terni cyathi potentur, aquam quæ cutem subierit, urina educit Erasistratus.
4 Ejusdem acinos quinque tritos in rosaceo oleo, calefactosque in cortice punici, instillavit dentium dolori a contraria aure. Acini, qui croci succum habent, præsumpti potu a crapula tutos præstant : item sanguinem exscreantes, aut torminibus laborantes. Ederæ nigræ candidiores corymbi poti, steriles etiam viros faciunt. Illinitur decocta quæcumque in vino omnium hulcerum generi, etiamsi cacoethe sint. Lacryma ederæ psilothrum est, phthiriasinque tollit. Flos cujuscumque generis trium digitorum captu, dysentericis et alvum etiam emendat, in vino austero
5 bis die potus. Et ambustis illinitur utiliter cum cera. Denigrant capillum corymbi. Radicis succus in aceto potus, contra phalangia prodest. Hujus quoque ligni vase splenicos bibentes sanari invenio. Et acinos terunt, moxque comburunt, et ita illinunt ambusta, prius perfusa aqua calida. Sunt qui et incidant succi gratia, eoque utantur ad dentes erosos; frangique tradunt, proximis cera munitis, ne lædantur. Gummi etiam in edera quærunt, quod ex aceto utilissimum dentibus promittunt.
1 XLVIII. Græci vicino vocabulo cisthon appellant fruticem majorem thymo, foliis ocimi. Duo ejus genera. Flos masculo rosaceus, feminæ albus. Ambo prosunt dysentericis et solutionibus ventris, in vino austero, ternis digitis flore capto, et similiter bis die poto : hulceribus veteribus et ambustis cum cera : et per se oris hulceribus. Sub his maxime nascitur hypocisthis, quam inter herbas dicemus.
XLIX. Cissos erythranos ab iisdem appellatur similis 1 ederæ, coxendicibus utilis e vino potus : item lumbis. Tantam vim acini aiunt, ut sanguinem urina detrahat. Item chamæcisson appellant ederam, non attollentem se a terra. Et hæc contusa in vino acetabuli mensura lieni medetur. Folia ambustis cum axungia. Smilax quoque, qui et nicophoros cognominatur, similitudinem ederæ habet, tenuioribus foliis. Coronam ex eo factam impari foliorum numero, aiunt capitis dolori bus mederi. Quidam duo genera smilacis dixere. Alterum immortalitati proximum, in convallibus opacis, scandentem arbores, comantibus acinorum corymbis, contra venenata omnia efficacissimis, in tantum, ut acinorum succo infantibus sæpe instillato, nulla postea venena nocitura sint. Alterum genus culta amare, et in his gigni, nullius effectus. Illam

n'a aucune vertu. Ces auteurs ajoutent que le premier smilax est celui dont le bois, comme nous l'avons dit (XVI, 63), rend à l'oreille un certain son ; d'autres nomment clématis (clématite des haies, *clematis viticella*, L.) une plante semblable au second smilax. Elle grimpe de même autour des arbres, et elle a des nœuds. Les feuilles guérissent les affections lépreuses ; la graine purge, à la dose d'un acétabule dans une hémine d'eau, ou dans de l'eau miellée. On a fait encore une décoction pour le même usage.

1 L. (XI.) Nous avons indiqué vingt-neuf espèces de roseaux (XVI, 64). Nulle part cette force de la nature que nous signalons dans cette partie de notre ouvrage n'est plus évidente qu'ici. En effet, la racine de roseau pilée et appliquée fait sortir les échardes de fougère entrées dans les chairs, et réciproquement la racine de fougère, les échardes de roseau. Parmi les diverses sortes que nous avons spécifiées, celle qui croît en Judée et en Syrie (XII, 48), la même dont on se sert pour la parfumerie, est diurétique en décoction avec du gramen ou de la graine d'ache, et emménagogue en pessaire. Elle est bonne en breuvage à la dose de deux oboles pour les convulsions, pour le foie, pour les reins, pour l'hydropisie ; pour la toux, en fumigation et surtout avec la résine ; pour les dartres furfuracées et les ulcères humides, en décoction avec la myrrhe. On en tire un suc qui a les mêmes propriétés que l'é-
2 latérium (XX,3). Dans toute espèce de roseau la partie la plus efficace, c'est la plus voisine de la racine. Les nœuds sont efficaces aussi. La cendre du roseau de Chypre appelé donax (XVI, 66, 2) guérit l'alopécie et les ulcères putrides. On se sert, pour tirer les corps aigus enfoncés dans les chairs, des feuilles, qui sont efficaces aussi contre l'érysipèle et tous les dépôts. Le roseau commun, broyé tout frais, a une vertu attractive très-puissante, qui ne réside pas seulement dans la racine, mais aussi dans toute la plante. La racine dans du vinaigre, en topique, guérit les luxations et les douleurs de l'épine du dos. Broyée fraîche et bue dans du vin, elle est aphrodisiaque. Le duvet des roseaux, mis dans les oreilles, rend sourd.

LI. Au roseau se rattache le papyrus d'Égypte 1 (XIII, 21), très-utile, quand il est sec, pour dilater et dessécher les fistules, dont en se renflant il ouvre l'entrée aux médicaments. Le papier qu'on prépare avec le papyrus étant brûlé devient cathérétique. La cendre du papyrus bue dans du vin est somnifère ; le papyrus même dans de l'eau, en topique, guérit les callosités.

LII. L'ébène ne croît pas même en Égypte, 1 comme nous l'avons dit (XII, 8). Mais quoiqu'il ne soit point ici question des plantes médicinales des climats étrangers, cependant nous n'omettrons pas l'ébène, à cause des merveilles qu'on en raconte : la sciure, assure-t-on, est un remède souverain pour les yeux ; et la râclure de ce même bois, frotté contre une meule à aiguiser, dissipe, dans du vin cuit, les brouillards de la vue ; la racine, dans de l'eau, les taies, et avec une égale portion de racine de dracunculus (XXIV,91) et du miel, la toux. Les médecins rangent l'ébène parmi les cathérétiques.

LIII. Le rhododendros (laurier-rose) n'a pas 1 même trouvé un nom latin ; on l'appelle aussi rhododaphné ou nérion. Chose singulière ! les feuilles (XVI, 33) sont un poison pour les quadrupèdes ; et pour l'homme, prises dans du vin avec addition de rue, un préservatif contre les

---

esse smilacem priorem, cujus lignum ad aures sonare diximus. Similem huic aliqui clematida appellaverunt, repentem per arbores, geniculatam et ipsam. Folia ejus lepras purgant. Semen alvum solvit acetabuli mensura, in aquae hemina aut aqua mulsa. Datur ex eadem causa et decoctum ejus.

1 L. (XI.) Arundinis genera XXIX demonstravimus, non aliter evidentiore illa naturae vi, quam continuis his voluminibus tractamus. Siquidem arundinis radix contrita et imposita, filicis stirpem corpore extrahit : item arundinem filicis radix. Et quoniam plura genera fecimus, illa quae in Judaea Syriaque nascitur odorum unguentorumque causa, urinam movet cum gramine aut apii semine decocta. Ciet menstrua admota. Medetur convulsis duobus obolis pota, jocineri, renibus, hydropi, tussi etiam suffitu, magisque cum resina. Furfuribus hulceribusque manantibus cum myrrha decocta. Excipitur et succus ejus,
2 fitque elaterio similis. Efficacissima autem in omni arundine quae proxima radici. Efficacia et genicula. Arundo Cypria, quae donax vocatur, corticis cinere alopecias emendat : item putrescentia hulcera. Foliis ejus ad extrahendos aculeos utuntur : efficacibus et contra ignes sacros, collectionesque omnes. Vulgaris arundo extracto-riam vim habet, et recens tusa, non in radice tantum. Multum enim et ipsam arundinem valere tradunt. Medetur et luxatis, et spinae doloribus radix in aceto illita. Eadem recens trita in vino pota, Venerem concitat. Arundinum lanugo illita auribus, obtundit auditum.

LI. Cognata in Aegypto res est arundini papyrus, prae- 1 cipuae utilitatis, quum inaruit, ad laxandas siccandasque fistulas, et intumescendo ad introitum medicamentorum aperiendas. Charta quae fit ex ea, cremata, inter caustica est. Cinis ejus ex vino potus somnum facit ; ipsa ex aqua imposita callum sanat.

LII. Ne in Aegypto quidem nascitur ebenus, ut do- 1 cuimus : nec tractamus in medicina alienos orbes : non omittetur tamen propter miraculum. Scobem ejus oculis unice mederi dicunt ; lignoque ad cotem trito cum passo, caliginem discutit ; ex aqua vero radice, albugines oculorum. Item tussim, pari modo dracunculi radicis adjecto cum melle. Ebenum medici et inter erodentia assumunt.

LIII. Rhododendros ne nomen quidem apud nos in- 1 venit latinum : rhododaphnen vocant, aut nerium. Mirum, folia ejus quadrupedum venenum esse, homini vero contra serpentes praesidium, ruta addita e vino pota. Pecus

serpents. Les moutons et les chèvres qui boivent de l'eau où ces feuilles ont trempé en meurent, dit-on.

LIV. Le rhus (XIII, 13) n'a pas non plus de nom latin, quoiqu'on l'emploie de plusieurs manières. On comprend sous ce nom et une plante sauvage à feuilles de myrte (*coriaria myrtifolia*, L.), à tiges courtes, qui chasse les teignes, et la coriaire (*rhus coriaria*, L.), arbrisseau rougeâtre, haut d'une coudée, de la grosseur du doigt, dont les feuilles étant sèches servent à travailler les cuirs comme l'écorce de grenade. Les médecins emploient les feuilles du rhus pour les contusions, pour le flux cœliaque, pour les ulcères du siége ou les ulcérations phagédéniques : on les pile avec du miel, et on les applique avec du vinaigre. On en instille la décoction dans les oreilles qui suppurent. On fait avec les branches bouillies une stomatice (*remède pour la bouche*) employée aux mêmes usages que celles de mûres (XXIII, 71), mais qu'on rend plus efficace en y ajoutant de l'alun. On en fait un topique contre l'enflure dans l'hydropisie.

LV. Ce qu'on nomme le rhus érythros est la graine de cet arbrisseau. Cette graine est astringente et rafraîchissante ; on en assaisonne les mets en guise de sel. Elle relâche le ventre ; et mêlée avec du silphium elle donne bon goût aux viandes. Avec du miel elle remédie aux ulcères humides, aux aspérités de la langue, aux coups, aux meurtrissures, aux écorchures ; elle cicatrise très-rapidement les ulcérations de la tête, et en aliment elle arrête les écoulements chez les femmes.

LVI. L'érythrodanus, nommé par d'autres ereuthodanus, et en latin rubia (garance) (XIX, 17), est une tout autre plante. Elle sert à teindre les laines et à corroyer les cuirs. En médecine elle est diurétique ; dans de l'eau miellée elle guérit l'ictère ; dans du vinaigre en topique, le lichen. On en fait une boisson pour la coxalgie et la paralysie ; mais il faut qu'en même temps les malades prennent un bain chaque jour. La racine et la graine sont emménagogues, resserrent le ventre, et résolvent les dépôts. Avec les branches et les feuilles on fait un topique contre les morsures des serpents. Les feuilles teignent aussi les cheveux. Je lis dans quelques auteurs que cette plante guérit l'ictère, quand on ne ferait que la porter en amulette et la regarder.

LVII. Celle qu'on nomme alyssos (α, sans, λύσσα, rage) (*rubia lucida*, L.) ne diffère de la précédente que par ses feuilles et par des branches plus petites. Le nom vient de ce que, bue dans du vinaigre et portée en amulette, elle préserve de la rage les personnes mordues par un chien. On ajoute une circonstance merveilleuse : c'est que la sanie qui sort des plaies se sèche, rien qu'à regarder la plante.

LVIII. La radicule, que les Grecs, comme nous avons dit (XIX, 18), nomment struthion, sert encore aux teinturiers à préparer les laines. En décoction, et à l'intérieur, elle guérit l'ictère ainsi que les affections de poitrine. Elle est diurétique, minorative, et déterge la matrice ; aussi les médecins la nomment-ils un breuvage d'or. Elle est souveraine dans du miel pour la toux ; pour l'orthopnée, à la dose d'une cuillerée. Avec la polenta et le vinaigre elle dissipe la lèpre ; avec le panax et la racine du câprier elle dissout et expulse les calculs. Cuite avec la farine d'orge et du vin elle résout les tumeurs. On l'incorpore dans les emplâtres ; et pour éclaircir la vue,

---

etiam, et capræ, si aquam biberint, in qua folia ea maduerint, mori dicuntur.

LIV. Nec rhus latinum nomen habet, quum in usum pluribus modis veniat. Nam et herba est silvestris, foliis myrti, cauliculis brevibus, quæ tineas pellit : et frutex coriarius appellatur, subrutilus, cubitalis, crassitudine digiti : cujus aridis foliis, ut malicorio, coria perficiuntur. Medici autem rhoicis utuntur ad contusa ; item cœliacos, et sedis hulcera, aut quæ phagedænica vocant, trita cum melle, et illita cum aceto. Decoctum eorum instillatur auribus purulentis. Fit et stomatice decoctis ramis ad eadem, quæ ex moris : sed efficacior admixto alumine. Illinitur eadem hydropicorum tumori.

LV. Rhus, qui erythros appellatur, semen est hujus fruticis. Vim habet adstringendi refrigerandique. Aspergitur pro sale obsoniis. Alvos solvit, omnesque carnes cum silphio suaviores facit. Hulceribus medetur manantibus cum melle : asperitati linguæ, percussis, lividis, desquamatis eodem modo. Capitis hulcera ad cicatricem celerrime perducit : et feminarum abundantiam sistit cibo.

LVI. Alia res erythrodanus, quam aliqui ereuthodanum vocant, nos rubiam, qua tinguntur lanæ, pellesque perficiuntur : in medicina urinam ciet : morbum regium sanat ex aqua mulsa, et lichenas ex aceto illita : et ischiadicos, et paralyticos, ita ut bibentes laventur quotidie. Radix semenque trahunt menses, alvum sistunt, et collectiones discutiunt. Contra serpentes rami cum foliis imponuntur. Folia et capillum inficiunt. Invenio apud quosdam morbum regium sanari hoc frutice, etiamsi adalligatus spectetur tantum.

LVII. Distat ab eo, qui alysson vocatur, foliis tantum et ramis minoribus : nomen accepit, quod a cane morsos rabiem sentire non patitur, potus ex aceto adalligatusque. Mirum est quod additur, saniem conspecto omnino frutice eo siccari.

LVIII. Tingentibus et radicula lanas præparat, quam struthion a Græcis vocari diximus. Medetur morbo regio et ipsa decocto ejus poto, item pectoris vitiis. Urinam ciet, alvum solvit, et vulvas purgat. Quamobrem aureum poculum medici vocant. Ea ex melle prodest magnifice ad tussim, orthopnœæ cochlearis mensura. Cum polenta vero et aceto lepras tollit. Eadem cum panace et capparis radice calculos frangit, pellitque. Panos discutit, cum farina hordeacea et vino decocta. Miscetur et malagmatis,

dans les collyres. C'est un des meilleurs sternutatoires ; elle est bonne aussi pour la rate et le foie. Prise à la dose d'un denier dans de l'eau miellée, elle guérit l'asthme; la graine à la même dose, dans de l'eau, guérit la pleurésie et toutes les douleurs de côté (5). L'apocynum (*cynanchum erectum*, L.) a la feuille du lierre, plus molle cependant, les tiges moins longues, la graine pointue, cloisonnée, lanugineuse, et d'une odeur forte ; elle tue les chiens et tous les quadrupèdes qui en mangent.

LIX. Il y a deux espèces de romarin : l'un stérile, l'autre portant une tige et un fruit résineux appelé cachrys ; les feuilles ont une odeur d'encens. La racine, appliquée fraîche, guérit les plaies, la providence du rectum, les condylomes et les hémorroïdes. Le suc de la plante et de la racine guérit l'ictère et ce qui a besoin d'être purgé ; il éclaircit la vue. La graine se donne en breuvage pour les vieilles affections de poitrine ; avec le vin et le poivre, pour la matrice. Elle est emménagogue ; on en fait pour la goutte un topique avec la farine d'ivraie ; on s'en sert en topique pour le lentigo, et pour les cas dans lesquels il est besoin d'échauffer ou de provoquer la sueur, ainsi que pour les convulsions. Prise dans du vin elle augmente le lait ; de même la racine. La plante même s'emploie en topique avec du vinaigre pour les scrofules. Avec le miel elle est bonne pour la toux.

LX. Il y a plusieurs espèces de cachrys, comme nous l'avons dit (XVI, 11). Celui qui provient du romarin susdit exhale par le frottement une odeur de résine ; il combat les poisons et les animaux venimeux, excepté les serpents. Il est sudorifique ; il dissipe les tranchées, et donne beaucoup de lait aux nourrices.

LXI. La sabine, appelée brathy par les Grecs, est de deux espèces : l'une dont la feuille ressemble à celle du tamarix (XIII, 37), l'autre à celle du cyprès, et que pour cette raison quelques-uns ont appelée cyprès de Crète. Beaucoup de personnes l'emploient en parfum, au lieu d'encens. Dans les médicaments elle produit, dit-on, à dose double, les mêmes effets que le cinnamome. Elle arrête les progrès des dépôts et des ulcères rongeants. En topique elle déterge les plaies ; en pessaire et en fumigation elle fait sortir les fœtus morts. On s'en sert en topique pour l'érysipèle et les charbons. Prise avec du miel et du vin, elle remédie à l'ictère. La fumée de cette plante guérit, dit-on, la pépie de la volaille (X, 78).

LXII. A la sabine ressemble la plante appelée selago (*lycopodium selago*, L.). On la cueille sans l'entremise du fer, avec la main droite passée à cet effet par l'ouverture gauche de la tunique, comme si on voulait faire un larcin ; il faut être couvert d'un vêtement blanc, avoir les pieds nus et bien lavés, et avoir préalablement sacrifié avec du pain et du vin. On l'emporte dans une serviette neuve. Les druides gaulois ont prétendu qu'il faut toujours l'avoir sur soi contre les accidents, et que la fumée en est utile pour toutes les maladies des yeux.

LXIII. Les mêmes druides ont donné le nom de samolus (*samolus valerandi*, L.) à une plante qui croît dans les lieux humides. Celle-ci doit être cueillie de la main gauche, à jeun, pour préserver de maladie les bœufs et les porcs. Celui qui la cueille ne doit pas la regarder, ni la mettre ailleurs que dans l'auge, où on la broie pour que ces animaux puissent l'avaler.

LXIV. Nous avons parlé des diverses espèces de gomme (XIII, 20). La meilleure produira les

---

et collyriis, claritatis causa : sternutamento utilis inter pauca : lieni quoque ac jocineri. Eadem pota denarii unius pondere ex mulsa aqua, suspiriosos sanat. Sic et pleuriticos, et omnes lateris dolores, semen ex aqua. Apocynum frutex est folio ederæ, molliore tamen, et minus longis viticulis, semine acuto, diviso, lanuginoso, gravi odore. Canes et omnes quadrupedes necat in cibo datum.

LIX. Est et rosmarinum. Duo genera ejus. Alterum sterile, alterum cui et caulis, et semen resinaceum, quod cachrys vocatur. Foliis odor thuris. Radix vulnera sanat viridis imposita, et sedis procidentia, condylomata, et hæmorrhoidas. Succus et fruticis, et radicis morbum regium, et ea quæ repurganda sunt. Oculorum aciem exacuit. Semen ad vetera pectoris vitia datur potui : et ad vulvas cum vino et pipere Menses adjuvat : podagris illinitur cum ærina farina. Purgat etiam lentigines, et quæ excalfacienda sunt, aut quum sudor quærendus, illitum : item convulsis. Auget et lac in vino potum : item radix. Ipsa herba strumis cum aceto illinitur : ad tussim cum melle prodest.

LX. Cachrys multa genera habet, ut diximus. Sed hæc, quæ ex rore supra dicto nascitur, si fricetur, resinosa est. Adversatur venenis et venenatis, præterquam anguibus.

Sudores movet, tormina discutit, lactis ubertatem facit.

LXI. Herba Sabina, brathy appellata a Græcis, duorum generum est : altera tamarici similis folio, altera cupresso. Quare quidam Creticam cupressum dixerunt. A multis in suffitus pro thure assumitur : in medicamentis vero duplicato pondere eosdem effectus habere, quos cinnamum, traditur. Collectiones minuit, et nomas compescit. Illita hulcera purgat. Partus emortuos apposita extrahit, et suffitu. Illinitur igni sacro et carbunculis. Cum melle et vino pota, regio morbo medetur. Gallinacei generis pituitas fumo ejus herbæ sanari tradunt.

LXII. Similis herbæ huic Sabinæ est selago appellata. Legitur sine ferro dextra manu per tunicam, qua sinistra exuitur, velut a furante, candida veste vestito, pureque lotis nudis pedibus, sacro facto prius quam legatur, pane vinoque. Fertur in mappa nova. Hanc contra omnem perniciem habendam prodidere druidæ Gallorum, et contra omnia oculorum vitia fumum ejus prodesse.

LXIII. Iidem samolum herbam nominavere nascentem in humidis : et hanc sinistra manu legi a jejunis contra morbos suum boumque, nec respicere legentem : nec alibi, quam in canali, deponere, ibique conterere poturis.

meilleurs effets. Les gommes ne valent rien pour les dents. Elles coagulent le sang, et aussi sont-elles bonnes pour l'hémoptysie. On s'en sert dans les brûlures et les affections de la trachée-artère. Elles évacuent les urines nuisibles; elles amortissent les humeurs âcres et enveloppent les autres. La gomme de l'amandier amer, qui est la plus astringente de toutes, a des propriétés échauffantes. Cependant on préfère celle des pruniers, des cerisiers et de la vigne (XIII, 20); en topique elles dessèchent et resserrent; dans du vinaigre elles guérissent le lichen des enfants. Elles sont bonnes aussi pour les vieilles toux, à la dose de quatre oboles, dans une potion composée. Bues dans du vin cuit, elles passent pour embellir le teint, pour donner de l'appétit, et pour soulager les calculeux. Elles conviennent principalement pour les yeux et pour les plaies.

1 LXV. (XII.) En traitant des parfums, nous avons exposé les mérites de l'épine égyptienne ou arabique (XIII, 19) : elle est, elle aussi, astringente; elle supprime tous les flux catarrheux, les hémoptysies, les pertes utérines, en quoi la racine est encore plus efficace.

1 LXVI. La graine de l'épine blanche (XIII, 19) est un remède contre la piqûre des scorpions. Une couronne de cette plante, mise sur la tête, diminue la céphalalgie. L'espèce que les Grecs nomment acanthion (*onopordum acanthium*, L.) ressemble à l'épine blanche, si ce n'est qu'elle a les feuilles beaucoup plus petites, garnies de piquants aux extrémités, et couvertes d'un duvet semblable à des fils d'araignée. On recueille ce duvet en Orient, et on en fait certaines étoffes imitant les étoffes de soie. Les feuilles ou la racine se prennent en boisson dans le traitement de l'opisthotonos.

LXVII. La gomme nommée acacia provient 1 aussi d'un arbre épineux (*mimosa nilotica*, L.). On la tire en Égypte (XIII, 19), soit de l'acacia blanc, soit de l'acacia noir, soit même de l'acacia vert; mais la meilleure, à beaucoup près, vient des deux premiers. On trouve aussi en Galatie une gomme semblable, très-molle, et provenant d'un acacia plus épineux. La graine de tous ces végétaux ressemble à la lentille ; seulement elle est plus petite, ainsi que la gousse qui la contient. On la recueille en automne; plus tôt, elle aurait trop de force. On laisse épaissir le suc dans les follicules humectés d'eau de pluie ; puis on les pile dans un mortier, et on en extrait le suc à l'aide de presses; on le fait sécher au soleil dans des vases, et on le met en pastilles. On en extrait aussi 2 des feuilles, mais il est moins efficace. On se sert des graines au lieu de noix de galle, pour préparer les cuirs. On n'estime pas le suc qui provient des feuilles, ni le suc noir de l'acacia de Galatie, ni celui qui est d'un roux foncé. La gomme tirant sur le rouge ou blanchâtre, et se dissolvant très-aisément, a les qualités les plus astringentes et les plus réfrigérantes. Ces gommes sont les meilleures pour les médicaments des yeux. Pour cet usage les uns lavent les pastilles, les autres les torréfient. Elles teignent les cheveux; elles guérissent les érysipèles, les ulcères serpigineux, les ulcères des parties humides, les dépôts, la contusion des articulations, les engelures, les ptérygions. Elles arrêtent les pertes utérines; elles remédient à la chute de la matrice et du fondement, ainsi qu'aux affections des yeux, de la bouche et des parties génitales.

LXVIII. (XIII.) Cette épine vulgaire (XXVII, 66) 1 (*cnicus spinosa*, L.) dont on remplit les cuves

---

1 LXIV. Gummium genera diximus. Ex his majores effectus melioris cujusque erunt. Dentibus inutiles sunt. Sanguinem coagulant, et ideo rejicientibus sanguinem prosunt : item ambustis, arteriæ vitiis. Inutilem urinam cient, amaritudines hebetant, adstrictis cæteris. Quæ ex amygdala amara est, spissandique viribus efficacior, habet excalfactorias vires. Præponuntur autem prunorum, et cerasorum, ac vitium. Siccant illitæ et adstringunt : ex aceto vero infantium lichenas sanant. Prosunt et tussi veteri, quatuor obolis in mixto potis. Creduntur et colorem gratiorem facere, ciborumque appetentiam, et calculosis prodesse cum passo potæ. Oculorum et vulnerum utilitatibus maxime conveniunt.

1 LXV. (XII.) Spinæ Ægyptiæ, sive Arabicæ, laudes in odorum loco diximus : et ipsa spissat stringitque distillationes omnes, et sanguinis excreationes, mensiumque abundantiam, etiamnum radice valentior.

1 LXVI. Spinæ albæ semen contra scorpiones auxiliatur. Corona ex ea imposita, capitis dolores minuit. Huic similis est spina illa, quam Græci acanthion vocant, minoribus multo foliis, aculeatis per extremitates, et araneosa lanugine obductis : qua collecta, etiam vestes quædam bombycinis similes fiunt in Oriente. Ipsa folia vel radices ad remedia opisthotoni bibuntur.

LXVII. Est et acacia e spina. Fit in Ægypto alba ni- 1 graque arbore, item viridi, sed longe melior e prioribus. Fit et in Galatia tenerrima, spinosiore arbore. Semen omnium lenticulæ simile : minore est tantum et grano, et folliculo. Colligitur autumno : ante collectum nimio validius. Spissatur succus ex folliculis aqua cælestis perfusis : mox in pila tusis exprimitur organis : tunc densatur in sole mortariis in pastillos. Fit et ex foliis minus efficax. Ad 2 coria perficienda semine pro galla utuntur. Foliorum succus et Galaticæ acaciæ nigerrimus improbatur : item qui valde rufus. Purpurea aut leucophæa, et quæ facillime diluitur, vi summa ad spissandum refrigerandumque est, oculorum medicamentis ante alias utiles. Lavantur in eos usus pastilli ab aliis, torrentur ab aliis. Capillum tingunt. Sanant ignem sacrum, hulcera quæ serpunt, et humida vitia corporis, collectiones, articulos contusos, perniones, pterygia. Abundantiam mensium in feminis sistunt, vulvamque, et sedem, procidentes. Item oculos, oris vitia, et genitalium.

LXVIII. (XIII.) Vulgaris quoque hæc spina, ex qua t

à foulon sert aux mêmes usages que la radicule (saponaire) (6) (XIX, 18). En Espagne, elle est communément employée par les parfumeurs sous le nom d'aspalathe. Il y a sans aucun doute, de ce même nom en Orient, comme nous avons dit (XII, 52), une épine sauvage blanche, et de la hauteur ordinaire d'un arbre.

LXIX. On trouve dans les îles de Nisyros et de Rhodes un arbuste plus petit, également épineux, et nommé erysisceptrum, ou adipsatheon, ou diacheton (*genista acanthoclada*, DC.) (7). Le meilleur est celui qui tient le moins de la férule, et qui, dépouillé de son écorce, est d'un rouge tirant sur le pourpre. Il vient en plusieurs endroits, mais il n'est pas odorant partout. Nous avons dit (XII, 52) quelle odeur il acquiert quand l'arc-en-ciel porte sur lui. Il guérit les ulcères fétides de la bouche, l'ozène, les ulcérations ou le charbon des parties génitales, les rhagades. En boisson il dissipe les gonflements et les stranguries. L'écorce est bonne pour ceux qui rendent du sang. La décoction resserre le ventre. On pense aussi que l'espèce sauvage produit les mêmes effets.

LXX. Il y a une épine appelée appendix (vinettier, *berberis vulgaris*, L.), parce qu'on donne le nom d'appendice à ses baies rouges et pendantes. Ces baies, mangées crues seules, ou séchées et cuites dans du vin, resserrent le ventre et arrêtent les tranchées. Les baies de la pyracantha (*mespilus pyracantha*, L.) se prennent en boisson contre les morsures des serpents.

LXXI. Le paliure (XIII, 23) (*paliurus aculeatus*, DC.) est aussi une espèce d'épine. La graine appelée par les Africains zura est très-efficace contre les piqûres des scorpions, ainsi que pour les calculs et la toux. Les feuilles ont une vertu astringente. La racine dissipe les tumeurs, les dépôts, les vomiques. En boisson, elle est diurétique. La décoction prise dans du vin resserre le ventre, et combat le venin des serpents. La racine s'administre principalement dans du vin.

LXXII. L'agrifolium (le houx, *ilex aquifolium*, L.) pilé avec addition de sel est bon pour les maladies articulaires. Les baies s'emploient dans les pertes utérines, l'affection céliaque, la dyssenterie et le choléra; prises dans du vin elles resserrent le ventre. La racine bouillie, en topique, fait sortir les corps étrangers enfoncés dans les chairs; elle est très-avantageuse dans les luxations et les tumeurs. L'arbre nommé aquifolia (XVI, 12), planté dans une maison de ville ou de campagne, préserve des maléfices. Pythagore rapporte que la fleur congèle l'eau, et qu'un bâton de ce bois, lancé contre une bête quelconque, roule de lui-même jusqu'à l'animal, par une propriété particulière à cet arbre, quand même, par le défaut de force de celui qui le jette, ce bâton tomberait en deçà. La fumée de l'if (XVI, 20) tue les rats.

LXXIII. La nature n'a point destiné les ronces à être uniquement malfaisantes. Elle leur a donné les mûres, c'est-à-dire un aliment même pour les hommes. Ces mûres sont dessiccatives et astringentes. Elles conviennent très-bien aux maladies des gencives, des amygdales et des parties génitales. Les fleurs ou les mûres combattent le venin des serpents les plus dangereux, l'hémorrhoïs et le prester. On les applique sur les piqûres des scorpions, pour empêcher l'enflure. Elles sont diurétiques. On pile les jeunes pousses, on en exprime le suc, on le fait épaissir au soleil

---

cortinæ fulloniæ implentur, radicis usus habet. Per Hispanias quidem multi, et inter odores, et ad unguenta utuntur illa, aspalathum vocantes. Est sine dubio hoc nomine spina silvestris in Oriente, ut diximus, candida, magnitudine arboris justæ.

LXIX. Sed et frutex humilior, æque spinosus, in Nisyro, et Rhodiorum insulis, quem alii erysisceptrum, alii adipsatheon, sive diacheton vocant. Optimus, qui minime ferulaceus, rubens, et in purpuram vergens, detracto cortice. Nascitur pluribus locis, sed non ubique odoratus. Quam vim haberet cælesti arcu in eum innixo, diximus. Sanat tetra oris hulcera et ozænas, genitalia exhulcerata aut carbunculantia: item rhagadia: inflationes potu discutit, et strangurias. Cortex sanguinem reddentibus medetur. Decoctum ejus alvum sistit. Similia præstare silvestrem quoque putant.

LXX. Spina est appendix appellata, quoniam baccæ puniceo colore in ea appendices vocantur. Hæ crudæ per se, et aridæ in vino decoctæ, alvum citam, ac tormina compescunt. Pyracanthæ baccæ contra serpentium ictus bibuntur.

LXXI. Paliurus quoque spinæ genus est. Semen ejus Afri zuram vocant, contra scorpiones efficacissimum: item calculosis et tussi. Folia adstrictoriam vim habent. Radix discutit panos, collectiones, vomicas: urinas trahit pota. Decoctum ejus potum in vino alvum sistit: serpentibus adversatur. Radix præcipue datur in vino.

LXXII. Agrifolia contusa addito sale, articulorum morbis prosunt: baccæ purgationi feminarum, cœliacis, dysentericis, ac cholericis. In vino potæ alvum sistunt. Radix decocta et illita extrahit infixa corpori. Utilissima est et luxatis, tumoribusque. Aquifolia arbor in domo aut villa sata, veneficia arcet. Flore ejus aquam glaciari Pythagoras tradit: item baculum ex ea factum, in quodvis animal emissum, etiamsi citra ceciderit defectu mittentis, ipsum per sese recubitu propius allabi: tam præcipuam naturam inesse arbori. Taxi arboris fumus mures necat.

LXXIII. Nec rubos ad maleficia tantum genuit natura; ideoque et mora his, hoc est, vel hominibus cibos dedit. Vim habent siccandi adstringendique: gingivis, tonsillis, genitalibus accommodatissimi. Adversantur serpentium sceleratissimis, hæmorrhoidi et presteri, flos, aut mora. Scorpionum vulnera sine collectionem periculo inungunt, urinam cient. Caules eorum tunduntur teneri, exprimitur succus, mox sole cogitur in crassitudinem mel-

jusqu'à consistance de miel ; en boisson ou en topique, c'est un remède excellent contre les affections de la bouche, celles des yeux, l'hémoptysie, l'angine, les maladies de la matrice, celles du siége, le flux céliaque. Les feuilles, mâchées, sont bonnes pour les maladies de la bouche, et on en fait un topique pour les ulcères humides et autres maladies de la tête. Dans la maladie cardiaque, on les applique seules de la même manière sur la mamelle gauche. On s'en sert aussi en topique dans les douleurs d'estomac et les exophthalmies. On en instille le suc dans les oreilles. Avec le cérat de roses il guérit les condylomes. La décoction des jeunes tiges dans du vin est un remède souverain pour la luette. Mangées seules comme les cyma (xix, 41, 2), ou bouillies dans du vin astringent, elles raffermissent les dents. Elles arrêtent le flux de ventre et les hémorragies ; elles sont bonnes dans la dyssenterie. On les sèche à l'ombre, puis on les brûle ; et cette cendre remédie au relâchement de la luette. Les feuilles séchées et broyées passent pour utiles dans les ulcères des bêtes de somme. Les mûres produites par cette plante fourniraient une stomatice (xxiii, 71) plus efficace même que les mûres cultivées. Sous cette forme, ou seulement avec l'hypocisthis (xxvi, 31) et le miel, on les administre dans le choléra, la maladie cardiaque, et contre les araignées. Parmi les médicaments nommés styptiques, aucun n'est plus efficace que la décoction dans du vin, réduite du tiers, de la racine de la ronce qui porte des mûres : on en fait un collutoire pour les aphthes, et des fomentations pour les ulcérations du siége ; elle est d'une si grande force, qu'elle rend les éponges aussi dures que la pierre.

LXXIV. Il y a une autre espèce de ronce qui porte des roses (xvi, 71). Elle produit une excroissance semblable à la châtaigne, remède excellent pour les calculeux. Cette production n'est pas la cynorrhoda, dont nous parlerons au livre suivant (xxv, 6). (xiv.) Le cynosbatos est appelé aussi cynospastos et nevrospastos (cacis) (8). La feuille ressemble à la trace du pied de l'homme. Il porte une grappe noire, dont les grains ont un petit nerf qui l'a fait nommer nevrospastos. Il est différent du câprier, que les médecins ont appelé cynosbatos. On en fait manger la grappe, confite dans du vinaigre, pour guérir la rate et les gonflements ; le nerf, mâché avec du mastic de Chios, nettoie la bouche. La rose de la ronce avec l'axonge guérit l'alopécie ; les mûres avec l'huile d'olive verte (omphacium, xii, 60) teignent les cheveux ; la fleur se recueille pendant la moisson ; la fleur blanche prise dans du vin est excellente pour la pleurésie et pour le flux céliaque. La racine, bouillie jusqu'à réduction du tiers, arrête le cours de ventre et les hémorragies ; en collutoire, elle guérit le mal de dents. On s'en sert pour fomenter les ulcérations du siége et des parties génitales. La cendre de la racine resserre la luette.

LXXV. Le rubus idæus (xvi, 71) (framboisier) est ainsi appelé, parce qu'il n'en vient pas d'autre sur le mont Ida. Il est plus tendre, plus petit, moins garni de branches et moins piquant, et il croît à l'ombre des arbres. On se sert de la fleur avec du miel en topique pour les fluxions des yeux et l'érysipèle ; on la fait prendre dans de l'eau pour les affections de l'estomac (xvi, 71). Du reste, cette plante a les mêmes vertus que les espèces énumérées plus haut.

LXXVI. Parmi les ronces on range le rhamnos des Grecs. L'un est plus blanc (*rhamnus saxa-*

---

lis, singulari remedio contra mala oris, oculorumque, sanguinem exscreantes, anginas, vulvas, sedes, cœliacos, potus aut illitus. Oris quidem vitiis etiam folia commanducata prosunt, et hulceribus manantibus, aut quibuscumque in capite illinuntur. Cardiacis vel sic per se imponuntur a mamma sinistra : item stomachi doloribus, oculisque procidentibus. Instillatur succus eorum et auribus. Sanat condylomata cum rosaceo cerato. Cauliculorum ex vino decoctum, uvæ præsentaneum remedium est. Iidem per se in cibo sumti cymæ modo, aut decocti in vino austero, labantes dentes firmant. Alvum sistunt et profluvia sanguinis : dysentericis prosunt. Siccantur in umbra, ut cinis crematorum uvam reprimat. Folia quoque arefacta et contusa, jumentorum hulceribus utilia traduntur. Mora, quæ in his nascuntur, vel efficaciorem stomaticen præbuerint, quam sativa morus. Eadem compositione, vel cum hypocisthide tantum et melle bibuntur in cholera, et a cardiacis, et contra araneos. Inter medicamenta, quæ styptica vocant, nihil efficacius rubi mora ferentis radice decocta in vino ad tertias partes, ut colluantur eo oris hulcera, et sedis foveantur ; tantaque vis est, ut spongiæ ipsæ lapidescant.

LXXIV. Alterum genus rubi est, in quo rosa nascitur. Gignit pilulam castaneæ similem, præcipuo remedio calculosis. Alia est cynorrhoda, quam proximo dicemus volumine. (xiv.) Cyaosbaton, alii cynospaston, alii neurospaston vocant : folium habet vestigio hominis simile. Fert et uvam nigram, in cujus acino nervum habet, unde neurospastos dicitur. Alia est a cappari, quam medici cynosbaton appellaverunt. Hujus thyrsus, ad remedia splenis et inflationes, conditus ex aceto manditur. Nervus ejus cum mastiche Chia commanducatus os purgat. Ruborum rosa alopecias cum axungia emendat. Mora capillum tingunt cum omphacino oleo. Flos mori per messes colligitur. Candidus pleuriticis præcipuus ex vino potus, item cœliacis. Radix ad tertias decocta, alvum sistit, et sanguinem : item dentes collutos decocto. Eodem succo foventur sedis atque genitalium hulcera. Cinis e radice deprimit uvam.

LXXV. Idæus rubus appellatus est, quoniam in Ida non alius nascitur. Est autem tenerior ac minor, rariorque calamis innocentioribusque, sub arborum umbra nascens. Hujus flos cum melle epiphoris illinitur, et ignibus sacris ; stomachicisque ex aqua bibendus datur. Cætera eadem præstat, quæ supra dicta.

LXXVI. Inter genera ruborum rhamnos appellatur

*tilis,* L.) et a plus de tiges; en fleurissant il jette des rameaux, dont les piquants sont droits et non courbés, comme ceux des autres espèces; il a les feuilles plus grandes. L'autre (*rhamnus oleoides,* L.) croît dans les bois, est plus noir et tirant sur le rouge; il porte une sorte de follicule. Avec la racine bouillie dans de l'eau on fait un médicament appelé lycium. La graine fait sortir l'arrière-faix. L'espèce blanche est plus astringente, plus réfrigérante, et convient mieux pour les dépôts et les plaies. Des feuilles de l'une et l'autre espèce, crues et bouillies, on fait avec de l'huile un topique.

1 LXXVII. Le meilleur lycium (cachou) se fait, dit-on, de l'épine de même nom, dite aussi pyracanthe de Chiron (*lycium europæum*). Nous en avons parlé en traitant des arbres de l'Inde (XII, 15), d'autant que celui de cette contrée passe pour être d'une qualité infiniment supérieure. On pile les branches et les racines, qui sont d'une extrême amertume, et on les fait cuire avec de l'eau dans un vase de cuivre pendant trois jours; après avoir ôté le bois, on fait bouillir de nouveau la décoction jusqu'à consistance de miel. On le sophistique (XII, 15) avec des substances amères, même avec du marc d'huile et du fiel de bœuf. L'écume ou fleur qui surnage s'incorpore dans les compositions ophthalmiques. Le suc qui reste nettoie le visage et guérit les affections psoriques, l'éraillement des yeux, les vieilles fluxions, la suppuration des oreilles, les amygdales, les gencives, la toux, l'hémoptysie : on en donne gros comme une fève; on l'applique sur les plaies, si le sang en coule; on s'en sert de même pour les rhagades, les ulcérations des parties génitales, les meurtrissures, les ulcères
2 récents, serpigineux, putrides, les clous des narines, les suppurations. On l'administre dans du lait contre les pertes utérines. On reconnaît le lycium indien à ce que les morceaux en sont noirs en dehors et ont la cassure rousse, passant bientôt au noir. C'est un astringent amer et actif. On s'en sert dans tous les cas décrits plus haut, mais surtout pour les affections des parties génitales.

LXXVIII. D'après quelques auteurs, la sarco- 1 colle (XIII, 20), substance découlant en larmes d'une épine, est semblable à la poudre d'encens, d'une douceur mêlée d'un peu d'amertume, et gommeuse. Broyée dans du vin, elle arrête les fluxions. On s'en sert en topique chez les enfants. Elle devient très-noire en vieillissant; plus elle est blanche, mieux elle vaut.

LXXIX. La médecine doit encore aux arbres 1 un médicament célèbre, appelé oporice (ὀπώρα, fruit). On s'en sert dans la dyssenterie et les affections de l'estomac. On le prépare ainsi : Dans un conge (3 lit., 24) de vin blanc nouveau on met cinq coings avec leurs pepins, autant de grenades, un setier de sorbes, pareille mesure de rhus de Syrie (sumac, *rhus coriaria*) et une demi-once de safran. On fait cuire le tout à feu lent, jusqu'à consistance de miel.

LXXX. Nous joindrons ici les végétaux des- 1 quels les Grecs ont fait douter si c'étaient des arbres, en leur appliquant des noms d'arbres. (XV.) Le chamædrys (chêne de terre) (*teucrium* 2 *lucidum,* L.) (9) est une herbe appelée en latin *trixago*; on le nomme encore chamærops et teucrion. Les feuilles sont de la grandeur de celles de la menthe, de la couleur des feuilles du chêne, et dentelées de même. D'autres ont dit qu'il avait les feuilles en forme de scie, et qu'il avait suggéré l'idée de cet instrument. La fleur

a Græcis, candidior et fruticosior. Is floret, ramos spargens rectis aculeis; non, ut cæteri, aduncis : foliis majoribus. Alterum genus est silvestre, nigrius, et quadamtenus rubens : fert veluti folliculos. Hujus radice decocta in aqua fit medicamentum, quod vocatur lycium. Semen secundas trahit. Alter ille candidior adstringit magis, refrigerat, collectionibus et vulneribus accommodatior. Folia utriusque et cruda, et decocta illinuntur cum oleo.

1 LXXVII. Lycium præstantius e spina fieri tradunt, quam et pyxacanthon Chironiam vocant, quales in Indicis arboribus diximus, quoniam longe præstantissimum existimatur Indicum. Coquuntur in aqua tusi rami, radicesque, summæ amaritudinis, æreo vase per triduum, iterumque exempto ligno, donec mellis crassitudo fiat. Adulteratur amaris succis, etiam amurca, ac felle bubulo. Spuma ejus ac flos quidam oculorum medicamentis additur. Reliquo succo faciem purgat, et psoras sanat, erosos angulos oculorum, veteresque fluxiones, aures purulentas, tonsillas, gingivas, tussim, sanguinis exscreationes, fabæ magnitudine devoratum : aut si ex vulneribus fluat, illitum : rhagadas, genitalium hulcera, attritus,
2 hulcera recentia, et serpentia, ac putrescentia. In naribus clavos, suppurationes. Bibitur et a mulieribus in lacte contra profluvia. Indici differentia, glebis extrinsecus nigris, intus rufis, quum fregeris, cito nigrescentibus : adstringit vehementer cum amaritudine. Ad eadem omnia utile est, sed præcipue ad genitalia.

LXXVIII. Sunt qui et sarcocollam spinæ lacrymam 1 putent, pollini thuris similem, cum quadam acrimonia dulcem, gommosam. Cum vino tusa sistit fluxiones : illinitur infantibus. Vetustate et hæc maxime nigrescit : melior, quo candidior.

LXXIX. Unum etiamnum arborum medicinis debetur 1 nobile medicamentum, quod oporicen vocant. Fit ad dysentericos stomachique vitia, in congio musti albi, lento vapore decoctis cotoneis quinque cum suis seminibus, punicis totidem, sorborum sextario, pari mensura ejus, quod rhun syriacon vocant, croci semuncia. Coquitur usque ad crassitudinem mellis.

LXXX. His subtexemus ea, quæ Græci communica- 1 tione nominum in ambiguo fecere, anne arborum essent. (XV.) Chamædrys herba est, quæ latine trixago dicitur. 2 Aliqui eam chamæropen, alii teucrion appellavere. Folia habet magnitudine mentæ, colore et divisura quercus.

en est presque pourpre. On le cueille lorsqu'il est en pleine séve, dans les terrains pierreux ; en boisson et en topique, il est très-efficace contre le venin des serpents, ainsi que pour l'estomac, les vieilles toux, la pituite qui s'attache à la gorge, les ruptures, les convulsions, les douleurs de côté. Il diminue le volume de la rate ; il est 3 diurétique et emménagogue ; aussi est-il bon au commencement des hydropisies : on le donne à la dose d'une poignée, en décoction dans trois hémines d'eau réduites du tiers. On en fait aussi des pastilles pour les usages susdits, en le broyant dans de l'eau. Avec du miel, il guérit les vomiques, les vieux ulcères, les ulcères sordides. On en fait un vin (XIV, 19, 9) pour les affections de poitrine. Le suc des feuilles avec de l'huile dissipe le brouillard des yeux. On le prend dans du vinaigre pour la rate ; il échauffe en frictions.

1 LXXXI. Le chamædaphné (laurier de terre, laurier-nain) a une seule petite tige, d'une coudée environ. Les feuilles sont plus menues que celles du laurier. La graine rouge et annexée (10) aux feuilles est employée en topique, fraîche, pour les douleurs de tête. Elle tempère les chaleurs immodérées ; on la boit avec du vin pour les tranchées. Le suc de cette plante en boisson est emménagogue et diurétique ; en pessaire, dans de la laine, il facilite les accouchements laborieux.

1 LXXXII. Le chamelæa (olivier de terre) (*daphne oleoides*, L.) a les feuilles semblables à celles de l'olivier ; elles sont amères, d'une odeur forte. Cette plante vient dans les terrains pierreux, et ne dépasse pas un palme en hauteur. Elle est purgative ; elle évacue la pituite et la bile : pour cela on fait bouillir les feuilles avec deux parties d'absinthe, et on boit cette décoction avec du miel. Les feuilles, en topique, détergent les ulcères. On prétend qu'en la cueillant avant le lever du soleil, et en prononçant la formule : C'est pour les taies des yeux, il suffit de la porter en amulette pour être guéri. On ajoute que, de quelque manière qu'on la cueille, elle est très-bonne pour les yeux des bêtes de somme et du bétail.

LXXXIII. Le chamæsyce (figuier de terre) 1 (*euphorbia chamæsyce*, L.) a les feuilles semblables à celles de la lentille, et couchées à terre ; il vient dans les lieux arides et pierreux. Cuit dans du vin, c'est un très-bon collyre pour éclaircir les yeux, et contre les cataractes, les cicatrices, les brouillards, les nuages ; en pessaire, dans un linge, il calme les douleurs de matrice ; en topique, il fait disparaître toute espèce de verrues. Il est bon aussi pour l'orthopnée.

LXXXIV. Le chamæcissos (XVI, 62 ; XXIV, 1 49) (11) a des épis comme le blé, cinq petites branches environ, et beaucoup de feuilles. Quand il est en fleur, on le prendrait pour la violette blanche. La racine est menue. Pour la coxalgie, on administre les feuilles à la dose de trois oboles dans deux cyathes de vin pendant sept jours ; c'est une potion très-amère.

LXXXV. Le chamæleucé (XXVI, 16) se nomme 1 chez nous farfarum ou farfugium (tussilage, *tussilago farfara*, L). Il vient le long des rivières ; il a la feuille du peuplier, mais plus grande. On en fait brûler la racine sur des charbons de cyprès, et dans les vieilles toux on en inspire la fumée à l'aide d'un entonnoir.

LXXXVI. Le chamæpeucé (pin de terre) 1 (*serratula chamæpeuce*, L.), semblable par les feuilles au mélèze, est bon pour les douleurs des lombes et de l'épine. Le chamæcyparissos (cyprès de terre) (*santolina chamæcyparissus*, L.)

---

Alii serratam, et ab ea serram inventam esse dixere, flore pæne purpureo. Carpitur prægnans succo in petrosis, adversus serpentium venena potu illituque efficacissima : item stomacho, tussi vetustæ, pituitæ in gula cohærescenti, ruptis, convulsis, lateris doloribus. Lienem con-
3 sumit, urinam et menses ciet. Ob id incipientibus hydropicis efficax, manualibus scopis ejus in tribus heminis aquæ decoctæ usque ad tertias. Faciunt et pastillos, terentes eam ex aqua, ad supra dicta. Sanat et vomicas, et vetera hulcera, vel sordida cum melle. Fit et vinum ex ea pectoris vitiis. Foliorum succus cum oleo caliginem oculorum discutit. Ad splenem ex aceto sumitur. Excalfacit perunctione.

1 LXXXI. Chamædaphne unico ramulo est, cubitali fere : folia tenuiora lauri folio. Semen rubens adnexum foliis illinitur capitis doloribus recens. Ardores refrigerat : ad tormina cum vino bibitur. Menses succus ejus, et urinam ciet potu, partusque difficiles in lana appositus.

1 LXXXII. Chamelæa similitudinem foliorum oleæ habet. Sunt autem amara, odorata, in petrosis, palmum altitudine non excedente. Alvum purgat : detrahit pituitam bilemque : foliis in duabus absinthii partibus decoctis, suc-

coque eo cum melle poto. Foliis impositis et hulcera purgantur. Aiunt, si quis ante solis ortum eam capiat, dicatque ad albugines oculorum se capere, adalligata discuti id vitium : quoquo modo vero collectam, jumentorum pecorumque oculis salutarem esse.

LXXXIII. Chamæsyce lentis folia habet, nihil se attol-1 lentia, in aridis petrosisque nascens. Claritati oculorum, et contra suffusiones utilissima, et cicatrices, caligines, nubeculas in vino cocta, inuncta. Vulvæ dolores sedat apposita in linteolo. Tollit et verrucas omnium generum illita. Prodest et orthopnoicis.

LXXXIV. Chamæcissos spicata est tritici modo, ra-1 mulis quinis fere, foliosa : quum floret, existimari potest alba viola, radice tenui : cujus bibunt ischiadici folia tribus obolis, in vini cyathis duobus septem diebus, admodum amara potione.

LXXXV. Chamælencen apud nos farfarum, sive far-1 fugium vocant. Nascitur secus fluvios, folio populi, sed ampliore. Radix ejus imponitur carbonibus cupressi, atque is nidor per infundibulum imbibitur in vetere tussi.

LXXXVI. Chamæpeuce larici foliis similis, lumborum 1 et spinæ doloribus propria est. Chamæcyparissos herba ex

st une herbe qui, bue dans du vin, a de la vertu contre le venin de tous les serpents et des scorpions. L'ampéloprason ( *allium ampeloprason*, L.) croît dans les vignobles ; il a les feuilles du porreau, et cause des rapports désagréables. Il est efficace contre les blessures faites par les serpents ; il est diurétique et emménagogue. En boisson et en topique, il arrête les éruptions de sang qui se font par les parties génitales. On le donne après l'accouchement et contre les morsures des chiens. La plante appelée stachys *stachys germanica*, L.) a aussi de la ressemblance avec le porreau ; elle a les feuilles plus longues et plus nombreuses ; elle est d'une odeur agréable et d'une couleur tirant sur le jaune ; elle est emménagogue.

LXXXVII. Le clinopodion, ou cléonicion, ou zopyron, ou ocymoïdes (*clinopodium Plumieri*) est une plante ressemblant au serpolet, ligneuse, et de la hauteur d'un palme ; il vient dans les terrains pierreux ; les feuilles sont orbiculaires, et présentent, la forme d'un pied de lit. On le prend en boisson ainsi qu'en décoction pour les convulsions, les ruptures, la strangurie, les morsures des serpents.

LXXXVIII. Nous joindrons ici des plantes merveilleuses sans doute, mais moins célèbres, et nous réserverons pour les livres suivants celles qui ont le plus de réputation. Les Latins nomment centunculus (*polygonum convolvulus*, L.) une plante rampante, dont les feuilles ont de la ressemblance avec le capuchon des casaques. Les Grecs lui donnent le nom de clématis. Dans du vin astringent, elle est excellente pour arrêter la diarrhée ; à la dose d'un denier, pilée dans cinq cyathes d'oxymel ou d'eau chaude, elle arrête les hémorragies et facilite la sortie de l'arrière-faix.

LXXXIX. Mais les Grecs ont encore d'autres clématis : l'une, appelée aussi échite, lagine, petite scammonée (*asclepias nigra*, L.), a des tiges hautes de deux pieds, garnies de feuilles et assez semblables aux branches de la scammonée, si ce n'est que les feuilles sont plus noires et plus petites ; on la trouve dans les vignobles et les terres labourées. On la mange comme les herbes potagères avec de l'huile et du sel. Elle relâche le ventre. On l'administre aux dyssentériques avec la graine de lin dans du vin astringent. On fait des feuilles avec la polenta un topique pour les fluxions de l'œil, que l'on couvre auparavant avec un linge mouillé ; en topique, elles mènent à suppuration les tumeurs scrofuleuses, puis, avec de l'axonge, à guérison parfaite ; elles soulagent les hémorrhoïdes, avec de l'huile verte ; la phthisie, avec du miel ; mêlées dans les aliments des nourrices, elles leur donnent beaucoup de lait. Elles font croître les cheveux des enfants dont on en frotte la tête. Mangées dans du vinaigre, elles sont aphrodisiaques.

XC. Il y a une autre espèce dite clématis d'Égypte, ou daphnoïde ou polygonoïde ( la petite pervenche, *vinca minor*) ; elle a la feuille du laurier, et est longue et menue ; bue dans du vinaigre, elle est efficace contre les serpents, et en particulier contre l'aspic.

XCI. (xvi.) C'est l'Égypte qui produit surtout la clématite appelée aron (*arum colocasia*, L.), dont nous avons parlé en traitant des plantes bulbeuses (xix, 30), et qui est avec le dracontium l'objet d'un grand débat : quelques-uns soutiennent l'identité de ces deux plantes ; Glaucias les a distinguées par le lieu de leur croissance, di-

---

vino pota contra venena serpentium omnium scorpionumque pollet. Ampeloprason in vinetis nascitur, foliis porri, uctu gravis. Contra serpentium ictus efficax. Urinam et menses ciet : eruptiones sanguinis per genitale inhibet potum impositumque. Datur et a partu mulieribus, et contra canis morsum. Ea quoque quæ stachys vocatur, porri similitudinem habet, longioribus foliis pluribusque, et odoris jucundi, colorisque in luteum inclinati. Pellit menstrua.

LXXXVII. Clinopodion, alii cleonicion, alii zopyron, alii ocymoides appellant, serpyllo similem, surculosam, palmi altitudine : nascitur in petrosis, orbiculato foliorum ambitu, speciem lecti pedum præbens. Bibitur ad convulsa, rupta, strangurias, serpentium ictus. Item decoctæ succus.

LXXXVIII. Nunc subtexemus herbas mirabiles quidem, sed minus claras, nobilibus in sequentia volumina dilatis. Centunculum vocant nostri, foliis ad similitudinem capitis penularum, jacentem in arvis : Græci clematidem : egregii effectus ad sistendam alvum in vino austero. Item sanguinem sistit tritus cum oxymelitis, aut aquæ calidæ cyathis quinque, denarii unius pondere : sic et ad secundas mulierum efficax.

LXXXIX. Sed Græci clematidas et alias habent : unam quam aliqui echiten vocant, alii laginem, nonnulli tenuem scammoniam ; ramos habet bipedales, foliosos, non dissimiles scammoniæ, nisi quod nigriora minoraque sunt folia. Invenitur in vineis arvisque. Estur, ut olus, cum oleo ac sale : alvum ciet. Eadem a dysentericis cum lini semine ex vino austero sorbetur. Folia epiphoris imposita cum polenta, supposito udo linteolo. Strumas imposita ad suppurationem perducunt, deinde axungia adjecta percurrunt. Item hæmorrhoidas cum oleo viridi, phthisicos juvant cum melle. Lactis quoque ubertatem faciunt in cibis sumta. Et infantibus illita capillum alunt. Ex aceto edentium Venerem stimulant.

XC. Est et alia clematis, Ægyptia cognomine, quæ ab aliis daphnoides, ab aliis polygonoides vocatur : folio lauri, longa tenuisque : adversus serpentes, ac privatim aspidas, ex aceto pota efficax.

XCI. (xvi.) Ægyptus hanc maxime gignit, quæ et aron, de qua inter bulbos diximus, magnæ cum dracontio litis. Quidam enim eamdem esse dixerunt. Glaucias satu discrevit, dracontium silvestrem arum pronuntiando. Aliqui radicem aron appellarunt, caulem vero dracontium, in totum alium, si modo hic est, qui apud nos dracunculus

sant que le dracontium (*arum dracunculus*, L.) est un aron sauvage ; d'autres ont nommé la racine aron, la tige dracontium ; mais si le dracontium est ce que nous appelons dracunculus, c'est une plante toute différente. En effet, l'aron a une racine noire, large, arrondie, beaucoup plus grosse, et remplissant la main ; le dracunculus, une racine roussâtre et contournée comme un serpent, d'où lui vient le nom qu'il porte.

1 XCII. Les Grecs eux-mêmes ont établi une différence immense en attribuant à la graine du dracunculus des qualités chaudes et mordantes, et une odeur tellement forte qu'elle provoque l'avortement ; au contraire, ils ont donné à l'aron de merveilleuses louanges. En aliment, ils préfèrent l'aron femelle, l'aron mâle étant plus dur et plus lent à cuire. Ils ajoutent qu'il débarrasse la poitrine ; qu'en poudre, et dans une potion ou un électuaire, il est diurétique et emménagogue ;
2 qu'en poudre aussi, et dans l'oxymel, il est bon pour l'estomac ; qu'on l'administre dans du lait de brebis pour l'ulcération des intestins, et pour la toux, avec de l'huile, cuit dans la cendre ; d'autres l'ont fait cuire dans du lait, et ont administré cette décoction. On l'a appliqué, bouilli, sur les fluxions des yeux, sur les contusions et pour les maux de gorge. On en a fait des injections, avec de l'huile, pour les affections hémorroïdales. On en a fait, dans le miel, un topique pour le lentigo. Cléophante l'a loué comme un antidote contre les venins, l'a administré dans la pleurésie et la péripneumonie, préparé comme pour la toux, et a injecté dans les oreilles, en cas de douleur, la graine broyée avec de l'huile ou de l'huile rosat. Dieuchès l'a donné mélangé avec de la farine, dans du pain cuit, pour la toux, l'asthme, l'orthopnée et l'expec-
3 toration purulente. Diodote l'a prescrit avec du miel, en électuaire, pour la phthisie et les affections pulmonaires, et en a fait même un topique pour les fractures. Cette plante procure une prompte délivrance à tous les animaux dont les parties naturelles en sont enduites. Le suc de la racine, avec du miel attique, dissipe les brouillards de la vue et les maux d'estomac. La décoction avec du miel guérit la toux. Le suc est un remède merveilleux pour les ulcères de toute espèce, soit phagédéniques, soit carcinomateux, soit serpigineux, et pour les polypes des narines. Les feuilles, cuites dans du vin et de l'huile, sont bonnes pour les brûlures ; prises avec du sel et du vinaigre, elles sont purgatives ; cuites avec du miel, elles sont avantageuses aux luxations ; fraîches ou sèches, avec du sel, on s'en sert pour les articulations goutteuses. Hippocrate les emploie, fraîches ou sèches, avec du miel, en topique pour les dépôts. Deux drachmes de la graine ou de la racine, dans deux cyathes de vin, suffisent pour amener les règles. La même potion fait encore évacuer l'arrière-faix (VIII, 50), s'il tarde à sortir après l'accouchement ; et Hippocrate faisait appliquer la racine même. On dit que dans les maladies pestilentielles l'usage de l'aron en aliment est salutaire. Il dissipe l'ivresse. L'odeur de l'aron brûlé chasse les serpents et en particulier les aspics, ou les enivre de façon qu'on les trouve engourdis : ces reptiles fuient aussi les personnes qui se sont frottées d'aron préparé avec de l'huile de laurier. Aussi on regarde comme utile de l'administrer en boisson, dans du vin noir, pour les morsures de serpents. Le fromage, dit-on, se conserve très-bien dans des feuilles d'aron.

XCIII. La plante que j'ai appelée dracunculus (XXIV, 91) se tire de terre dans le temps où

---

vocatur : namque aros radicem nigram in latitudinem rotundam habet, multoque majorem, et qua manus impleatur. Dracunculus subrutilam, et draconis convoluti modo : unde et ei nomen.
1 XCII. Quin et ipsi Græci immensam posuere differentiam, semen dracunculi fervens mordaxque tradendo : tantumque ei virus, ut olfactum gravidis abortum inferat. Aron miris laudibus extulere : primum in cibis feminam præferentes, quoniam mas durior esset, et in coquendo lentior. Pectoris vitia purgare : et aridum in potione ins-
2 persum, aut eclegmate, urinam et menses ciere. Sic et in oxymelite potum stomacho ; interaneisque exhulceratis ex lacte ovillo bibendum : ad tussim, in cinere coctum ex oleo dedere. Alii coxere in lacte, ut decoctum biberetur. Epiphoris elixum imposuere : item suggillatis, tonsillis. Ex oleo hæmorrhoidum vitio infudere, lentigines ex melle illinentes. Laudavit Cleophantus pro antidoto contra venena : pleuriticis, peripneumonicis, quo tussientibus modo : semen intritum cum oleo aut rosaceo infundens aurium dolori. Dieuches tussientibus, aut suspiriosis, et orthopnoicis, et pura exscreantibus, farina permixtum in
3 pane cocto dedit. Diodotus phthisicis e melle eclegmate, et pulmonis vitiis : ossibus etiam fractis imposuit. Partus omnium animalium extrahit, naturæ circumlitum. Succus radicis cum melle Attico, oculorum caligines, ac stomachi vitia discutit, tussim decocti jus cum melle. Hulcera omnium generum, sive phagedænæ sint, sive carcinomata, sive serpant, sive polypi in naribus, succus mire sanat. Folia ambustis prosunt ex vino et oleo cocta. Alvum inaniunt ex sale et aceto sumta : et luxatis cocta cum melle prosunt : item articulis podagricis cum sale, recentia vel sicca. Hippocrates utralibet ad collectiones cum melle imposuit. Ad menses trahendos seminis vel radicis drachmæ duæ in vini cyathis duobus sufficiunt. Eadem potio, si a partu non purgantur, et secundas trahit. Hippocrates et radicem ipsam apposuit. Dicunt et in pestilentia salutarem esse in cibis. Ebrietatem discutit. Serpentes nidore, quum crematur, privatimque aspidas fugat, aut inebriat, ita ut torpentes inveniantur. Perunctos quoque aro e laureo oleo fugiunt. Ideo et contra ictus dari potu in vino nigro putant utile. In foliis ari caseus optime servari traditur.

XCIII. Dracunculus, quem dixi, hordeo maturescente effoditur, luna crescente. Omnino habentem serpentes fugiunt. Ideo percussis prodesse in potu aiunt majorem : ut

ge mûrit, et au croissant de la lune. Il suffit [d']*en* avoir sur soi pour que les serpents prennent [la f]uite. Aussi dit-on que le grand dracunculus [en] boisson est utile à ceux qui ont été mordus [par] ces reptiles; on dit encore qu'il arrête le flux [me]nstruel, s'il n'a point été touché par le fer. Le [suc] en est bon dans les douleurs d'oreilles. Quant [à la] plante que les Grecs nomment dracontion, [on] me l'a fait connaître sous trois formes différe[n]tes : la première (*arum italicum*, Lamark) [au]x feuilles de la bette, n'est pas dépourvue de [tig]e, et a la fleur pourpre; elle est semblable à [l'ar]on. La seconde (*arum maculatum*, L.) a la [rac]ine longue, comme marquetée et remplie de [nœu]ds; elle n'a que trois petites tiges. Ceux qui [me] l'ont montrée m'ont dit que les feuilles, cuit[es] dans du vinaigre, s'administraient contre les [mor]sures des serpents. La troisième espèce (*[ca]lla palustris*, L.) qu'on m'a fait voir a les [feu]illes plus larges que le cornouiller, et la ra[cin]e semblable à celle du roseau. On m'a assuré [que] cette racine avait autant de nœuds, la plante [aut]ant de feuilles que d'années. On en recom[ma]ndait l'usage, dans du vin ou de l'eau, contre [le] venin des serpents.

XCIV. Il croit encore en Égypte une plante [no]mmée aris (*arum arisaron*, L.), semblable à [l'ar]on, plus petite cependant et ayant les feuilles [pl]us petites, ainsi que la racine, qui toutefois a [le] volume d'une grosse olive. L'aris blanche [pou]sse deux tiges, et l'autre une seule. Toutes [de]ux guérissent les ulcères humides, les brû[lur]es, et, en injection, les fistules. Cuites dans [de] l'eau, puis triturées avec de l'huile rosat, elles [arr]êtent les ulcères rongeants; mais, chose tout [à f]ait merveilleuse! il suffit d'en toucher les par[tie]s naturelles d'une femelle quelconque pour lui [ca]user la mort.

XCV. Le myriophyllon (*myriophyllum spicatum*, L.), que chez nous on appelle millefeuille, a une tige tendre, ressemble au fenouil, et est garni de beaucoup de feuilles, d'où lui vient le nom qu'il porte. Il croît dans les endroits marécageux. C'est un remède merveilleux pour les plaies. On l'administre avec du vinaigre dans la dysurie, les affections de vessie, l'asthme et les chutes de haut. Il est très-efficace pour les maux de dents. En Étrurie, on donne le nom de millefeuille (*achillea millefolium*) à une petite plante des prés (xxv, 19), garnie des deux côtés de feuilles en forme de chevelu; elle est souveraine pour les plaies. Les Étrusques affirment qu'avec de l'axonge elle rapproche et cicatrise chez les bœufs les tendons qui ont été tranchés par le coutre.

XCVI. Le pseudobunion (*trinia dioica*, Gaud.) a les feuilles du navet; il s'élève à la hauteur d'un palme, en forme d'arbrisseau. Le plus estimé est celui de Crète. Contre les tranchées, la strangurie, les douleurs de côté et les maux d'entrailles, on en administre en boisson cinq ou six rameaux.

XCVII. La myrrhis, ou smyrrhiza, ou myrrha (*scandix odorata*, L.), est très-semblable à la ciguë pour les tiges, les feuilles et la fleur; elle est seulement plus petite et plus menue. Avec du vin, elle est emménagogue et facilite l'accouchement. On dit que prise en boisson elle est salutaire dans les temps de maladies pestilentielles. Prise dans un bouillon elle est bonne pour la phthisie. Elle donne de l'appétit; elle amortit le venin des araignées phalanges. Le suc de cette plante qu'on a laissé macérer trois jours dans l'eau guérit les ulcères de la face ou de la tête.

XCVIII. L'onobrychis (*onobrychis caput galli*, L.) a les feuilles de la lentille, mais un peu plus longues; la fleur rougeâtre, la ra-

---

menses, si ferro non attingatur, sistat. Succus ejus et [au]rium dolori prodest. Id autem, quod Græci dracontion [vo]cant, triplici effigie demonstratum mihi est : foliis betæ, [no]n sine thyrso, flore purpureo. Hoc est simile aro. Alii [rad]ice longa, veluti signata articulosaque, monstravere : [tri]bus omnino cauliculis : folia ejus ex aceto decoqui contra [ser]pentium ictus jubentes. Tertia demonstratio fuit, folio [ma]jore, quam cornus, radice arundinea, totidem, ut affir[ma]bant, geniculata nodis, quot haberet annos, totidemque [ess]e folia. Hi ea ex vino vel aqua contra serpentes dabant.

XCIV. Est et aris, quæ in eadem Ægypto nascitur, simi[lis] aro, minor tantum minoribusque foliis, et utique ra[dic]e, quæ tamen olivæ grandis magnitudinem implet: alba [ge]minum caulem, altera unum tantum emittens. Medetur [utr]aque hulceribus manantibus : item combustis, ac fis[tul]is collyrio immisso. Nomas sistunt decocta earum in [aq]ua, et postea tritarum rosaceo addito. Sed unum mira[cul]um ingens : contacto genitali cujusque feminini sexus, [an]imal in perniciem agi.

XCV. Myriophyllon, quod nostri millefolium vocant, [cau]lis est tener, similis feniculo, plurimis foliis : unde et nomen accepit. Nascitur in palustribus, magnifici usus ad vulnera. Cum aceto bibitur ad difficultates urinæ et vesicæ; et suspiria, præcipitatisque ex alto. Efficacissima eadem ad dentium dolores. Etruria hoc nomine appellat herbam in pratis tenuem a lateribus capillamenti modo foliosam, eximii usus ad vulnera : boum nervos abscissos vomere solidari ea, rursusque jungi addita axungia affirmans.

XCVI. Pseudobunion napi folia habet, fruticans palmi altitudine. Laudatissima in Creta. Contra tormina atque stranguriam, laterum præcordiorumque dolores, bibuntur rami ejus quini senive.

XCVII. Myrrhis, quam alii smyrrhizam, alii myrrham vocant, simillima est cicutæ, caule foliisque et flore, minor tantum et exilior, cibo non insuavis. Ciet menstrua et partus cum vino. Aiunt eamdem potam in pestilentia salutarem esse. Subvenit et phthisicis in sorbitione. Aviditatem cibi facit. Phalangiorum morsus restringit Hulcera quoque in facie aut capite succus ejus in aqua triduo maceratæ sanat.

XCVIII. Onobrychis folia habet lentis, longiora paulo,

cine petite et menue. Il croît près des fontaines. Séché, réduit en poudre et jeté dans du vin blanc, il guérit la strangurie. Il resserre le ventre. Il est sudorifique, quand on se frotte avec le suc mêlé à de l'huile.

¶ XCIX. (XVII.) Occupé à traiter des herbes merveilleuses, je suis amené à dire aussi quelque chose des herbes magiques. Où, en effet, trouver des herbes plus merveilleuses? Les premiers qui les ont célébrées dans notre Europe sont Pythagore et Démocrite, à la suite des mages. Suivant Pythagore, la coracesia et la callicia congèlent l'eau. Je ne trouve aucun autre auteur qui fasse mention de ces plantes, et lui-même n'en dit rien de plus.

¶ C. Pythagore donne le nom de minyas ou de corysidia à une plante dont la décoction, employée en fomentation, guérit, dit-il, instantanément les morsures des serpents. Il ajoute que si on touche du pied cette décoction répandue sur l'herbe, ou si par hasard on en est aspergé, on est perdu sans ressource, tant la nature de ce venin est monstrueusement maligne, excepté contre les venins.

¶ CI. Le même Pythagore donne le nom d'aproxis à une plante dont la racine prend feu de loin comme le naphthe, dont nous avons parlé en traitant des merveilles de la terre (II, 109). S'il est survenu quelque maladie au corps humain pendant la floraison de l'aproxis, dit ce philosophe, on en éprouve, même guéri, des ressentiments autant de fois que fleurit cette plante; propriété qu'il assigne aussi au froment, à la ciguë et à la violette. Je n'ignore pas que l'ouvrage que je viens de citer est attribué par quelques-uns au médecin Cléemporus; mais la tradition et l'antiquité s'obstinent à le réclamer pour Pythagore. C'est toujours faire l'éloge de ce livre, que de dire que l'auteur a jugé son œuvre digne d'un si grand homme; mais cet auteur ne saurait être Cléemporus, lui qui a publié d'autres ouvrages sous son propre nom.

CII. Quant à Démocrite, il est certain que le livre intitulé *Chirocmeta* (12) est de lui. Or, ce philosophe, qui après Pythagore a le plus étudié la doctrine des mages, rapporte des choses encore plus étranges. Suivant lui, l'herbe aglaophotis qui doit ce nom à l'admiration des hommes pour la beauté de sa couleur, croît parmi les marbres de l'Arabie du côté de la Perse, ce qui l'a fait aussi appeler marmoritis (13). Les mages s'en servent toujours quand ils veulent évoquer les dieux. L'achæmenis (14), de la couleur de l'ambre, est sans feuilles, croît dans l'Inde au pays des Tardisiliens. La racine, mise en pastilles et avalée pendant le jour dans du vin, tourmente tellement la nuit les coupables, en leur représentant sous diverses formes les dieux vengeurs, qu'ils confessent tous leurs crimes. Il la nomme hippophobas, parce que les juments la craignent et l'évitent. Le théombrotion vient à trente schènes (XII, 30, 2) du fleuve Choaspes; il représente les couleurs du paon, et l'odeur en est excellente. Les rois des Perses le prennent en aliment ou en boisson contre toutes les incommodités corporelles, et contre les dérangements de l'esprit. Il est appelé semnion, de l'usage qu'en font les souverains. L'Arménie et la Cappadoce nourrissent une autre plante appelée adamantis, qu'il suffit de présenter aux lions pour les faire tomber à la renverse la gueule béante; le nom qu'elle a reçu vient de ce qu'on ne peut la broyer. L'arianis vient dans

---

florem rubentem, radicem exiguam et gracilem. Nascitur circa fontes. Siccata in farinæ modum, et inspersa vino albo, strangurias finit. Alvum sistit. Succus ejus perunctis cum oleo sudores movet.

¶ XCIX. (XVII.) In promisso herbarum mirabilium, occurrit aliqua dicere et de magicis. Quæ enim mirabiliores sunt? Primi eas in nostro orbe celebravere Pythagoras atque Democritus, consectati Magos. Coracesia et callicia Pythagoras aquam glaciari tradit : quarum mentionem apud alios non reperio, nec apud eum alia de his.

¶ C. Idem minyada appellat, nomine alio corysidiam, cujus decocto in aqua succo, protinus sanari ictus serpentium, si foveantur, dicit. Eumdem effusum in herba qui vestigio contigerint, aut forte respersi fuerint, insanabili leto perire, monstrifica prorsus natura veneni, præterquam contra venena.

¶ CI. Ab eodem Pythagora aproxis appellatur herba, cujus radix e longinquo concipiat ignes, ut naphtha, de qua in terræ miraculis diximus. Idem tradit : si qui morbi humano corpori acciderint florente aproxi, quamvis sanatos admonitionem eorum sentire, quoties florere eam contigerit : et frumentum, et cicutam, et violam similem conditionem habere. Nec me fallit, hoc volumen ejus a quibusdam Cleemporo medico adscribi : Pythagoræ pertinax fama antiquitasque vindicant. Et id ipsum auctoritatem voluminibus affert, si quis alius curæ suæ opus, illo viro dignum judicavit : quod fecisse Cleemporum, quum alia suo et nomine ederet, quis credat?

CII. Democriti certe Chirocmeta esse constat. At his ille post Pythagoram Magorum studiosissimus, quam portentosiora tradit? Aglaophotin herbam, quæ admiratione hominum propter eximium colorem acceperit nomen, in marmoribus Arabiæ nascentem Persico latere. Qua de causa et marmoritin vocari. Magos utique ea uti, quum velint Deos evocare. Achæmenida, colore electri sine folio, nasci in Tardisilis Indiæ : cujus radice in pastillos digesta, in dieque pota in vino, noxii per cruciatus nocte confiteantur omnia, per varias numinum imaginationes. Eamdem hippophobada appellat, quoniam equæ præcipue caveant eam. Theombrotion XXX schœnis Choaspe nasci, pavonis picturis similem, odore eximio. Hanc a regibus Persarum comedi aut bibi contra omnia corporum incommoda, instabilitatemque mentis : eamdem semnion a potentiæ majestate appellari. Aliam deinde adamantida, Armeniæ Cappadociæque alumnam. Hac admota leones resupinari cum hiatu laxo. Nomin-

l'Ariane ; elle est de couleur de feu ; on la récolte quand le soleil est dans le signe du Lion. Les bois frottés d'huile s'enflamment quand on les touche avec cette plante. La thérionarca, qui croît dans la Cappadoce et la Mysie, frappe tous les animaux d'un engourdissement qui ne se dissipe que par des aspersions d'urine d'hyène. L'æthiopis vient dans le pays de Méroé ; aussi porte-t-elle encore le nom de méroïs. Elle a la feuille de la laitue. Prise dans du vin miellé, elle est très-bonne pour l'hydropisie. L'ophiuse, qui croît dans l'île d'Éléphantine, appartenant aussi à l'Éthiopie, est une plante hideuse et livide. Prise en boisson, elle inspire une telle frayeur des serpents, dont on se croit sans cesse assailli, qu'on se donne la mort ; c'est pourquoi on la fait boire de force aux sacriléges : l'antidote, c'est le vin de palmier. La thalassègle se trouve sur les rives du fleuve Indus ; aussi l'appelle-t-on encore potamantis : en boisson, elle cause un délire qui fait voir des choses extraordinaires. La théangelis, qui croît dans le Liban de la Syrie, dans la chaîne des montagnes de Crète appelée Dicté, dans le territoire de Babylone et dans la Susiane, en Perse, donne, prise en boisson, la faculté divinatoire aux mages. La gélotophyllis vient dans la Bactriane et sur les bords du Borysthène. Si on la prend avec de la myrrhe et du vin, on s'imagine voir des figures fantastiques, et on ne cesse de rire qu'après avoir avalé les pignons d'une pomme de pin, avec du poivre et du miel, dans du vin de palmier. En Perse, l'hestiatoris est ainsi nommée des repas où elle répand la gaieté ; on l'appelle aussi protomédia, parce que les courtisans qui en mangent obtiennent le premier rang auprès des rois. La casignète (fraternelle) a reçu ce nom, parce qu'elle ne croît qu'à côté de plantes de son espèce, sans se mêler avec d'autres herbes. On la nomme encore dionysonymphas, parce qu'elle va très-bien avec le vin. L'hélianthès est une plante de la contrée de Thémiscyre et des montagnes maritimes de la Cilicie, à feuilles de myrte. On la fait bouillir avec de la graisse de lion, on y ajoute du safran et du vin de palmier ; et les mages et les rois de Perse se frictionnent avec ce mélange pour donner à leur corps un aspect agréable ; aussi porte-t-elle encore le nom d'héliocallis. Ce que le même auteur appelle hermésias, a la vertu de faire engendrer des enfants beaux et bons. Ce n'est pas une herbe, c'est une composition où entrent les pignons d'une pomme de pin pilés avec du miel, de la myrrhe, du safran, du vin de palmier, et à laquelle on ajoute aussi du théombrotium et du lait. Il recommande d'en boire à ceux qui vont engendrer, et aux femmes après la conception, pendant la nutrition du fœtus ; de la sorte les enfants deviennent aussi bien conformés de corps que d'esprit, et d'honnêtes gens. Démocrite donne aussi les noms magiques de toutes 6 ces plantes. Apollodore, un de ses sectateurs, a ajouté l'herbe æschynomène, ainsi nommée parce qu'elle resserre ses feuilles quand la main s'en approche (XIII, 19, 2), et la crocis, dont le contact cause la mort aux araignées phalanges ; Cratevas, l'œnotheris, qui adoucit la férocité de tous les animaux sur lesquels on jette de son infusion dans du vin. Un grammairien célèbre, qui vivait il y a quelques années, parle de l'anacampseros, dont le seul attouchement rappelle l'amour même, remplacé par la haine. Il suffit pour le présent d'avoir touché quelque chose des vertus attribuées à ces herbes par les mages ; nous y reviendrons dans un endroit plus convenable.

---

causam esse, quod conteri nequeat. Arianidem in Arianis gigni, igneam colore : colligi, quum sol in Leone sit. Hujus tactu peruncta oleo ligna accendi. Therionarca in Cappadocia et Mysia nascente, omnes feras torpescere, nec nisi hyænæ urinæ aspersu recreari. Æthiopida in Meroe nasci : ob id et meroida appellari, folio lactucæ, hydropicis utilissimam e mulso potam. Ophiusam in Elephantine ejusdem Æthiopiæ, lividam, difficilemque aspectu, qua pota terrorem minasque serpentum obversari, ita ut mortem sibi eo metu consciscant : ob id cogi sacrilegos illam bibere. Adversari autem ei palmeum vinum. Thalasseglen circa Indum amnem inveniri, quæ ob id nomine alio potamantis appellatur : hac pota lymphari homines, obversantibus miraculis. Theangelida in Libano Syriæ, Dicte Cretæ montibus, et Babylone, et Susis Persidis nasci, qua pota Magi divinent. Gelotophyllida in Bactris, et circa Borysthenen. Hæc si bibatur cum myrrha et vino, varias obversari species, ridendique finem non fieri, nisi potis nucleis pineæ nucis cum pipere et melle in vino palmeo. Hestiatorida a convictu in Perside nominari, quoniam hilarentur illa. Eamdem protomediam, qua primatum apud reges obtineant. Casigneten, quoniam secum ipsa nascatur, nec cum ullis aliis herbis. Eamdem Dionysonymphadem, quoniam vino mire conveniat. Helianthes vocat in Themiscyrena regione et Ciliciæ montibus maritimis, folio myrti. Hac cum adipe leonino decocta, addito croco et palmeo vino, perungi Magos et Persarum reges, ut fiat corpus aspectu jucundum. Ideo eamdem heliocallidem nominari. Hermesias ab eodem vocatur, ad liberos generandos pulchros bonosque, non herba, sed compositio e nucleis pineæ nucis tritis cum melle, myrrha, croco, vino palmeo, postea admixto theombrotio et lacte, bibere generaturos jubet, et a conceptu puerperas partum nutrientes : ita fieri excellentes animo et forma, atque bonos. Harum omnium magica 6 quoque vocabula ponit. Adjecit his Apollodorus assectator ejus, herbam æschynomenen, quoniam appropriquante manu folia contraheret. Aliam crocida, cujus tactu phalangia morerentur. Cratevas œnotheridem, cujus aspersu e vino, feritas omnium animalium mitigaretur. Anacampserotem celeber arte grammatica paulo ante, cujus omnino tactu redirent amores, vel cum odio depositi. Et abunde sit hactenus attigisse insignia Magorum in his herbis, alio de his aptiore dicturis loco.

CIII. (XVIII.) Plusieurs auteurs ont parlé de l'ériphia, dont le tuyau contient un scarabée qui monte et descend en produisant le cri du chevreau, d'où vient le nom de la plante (ἔριφος, *chevreau*): rien, dit-on, ne vaut mieux pour la voix.

CIV. L'herbe à la laine (saponaire) (XIX, 18) (15), donnée aux brebis à jeun, leur fait venir abondamment du lait. La plante appelée vulgairement lactoris n'est pas moins connue ; elle est pleine d'un lait dont on ne peut goûter sans vomir. Quelques-uns disent qu'elle est identique, d'autres qu'elle est semblable à la plante qu'on nomme militaire, parce que appliquée avec de l'huile elle guérit en cinq jours toute blessure faite avec le fer.

CV. Les Grecs vantent aussi le stratiotès (*pistia stratiotes*, L.); mais il ne croît que dans l'Égypte et dans les lieux inondés par le Nil ; il ressemble à l'aizoon (XIX, 58); seulement il a les feuilles plus grandes. Il est singulièrement réfrigérant ; et appliqué avec du vinaigre il guérit les plaies, ainsi que les érysipèles et les suppurations ; bu avec de l'encens mâle il arrête merveilleusement l'hématurie.

CVI. (XIX.) On prétend que l'herbe née sur la tête d'une statue, ramassée par quelqu'un dans le pan de son habit, et pendue au cou dans du lin roussâtre, apaise sur-le-champ le mal de tête.

CVII. Une herbe quelconque qu'on a cueillie au bord des ruisseaux ou des rivières, avant le lever du soleil, sans être vu de personne, attachée au bras gauche sans que le malade se doute de ce que c'est, préserve, dit-on, de la fièvre tierce.

CVIII. L'herbe appelée langue (XXV, 84) (scolopendre, *scolopendrium officinarum*, Willd.) croît autour des fontaines. La racine, brûlée et broyée avec de la graisse de truie (on veut que la truie soit noire et stérile), guérit l'alopécie, quand on s'en frotte au soleil.

CIX. Les herbes poussant au dedans d'un crible qu'on a jeté dans un chemin, attachées au cou des femmes grosses, accélèrent l'accouchement.

CX. L'herbe qui vient sur les fumiers de la campagne est très-efficace, bue dans de l'eau, contre les angines.

CXI. L'herbe sur laquelle les chiens urinent, arrachée sans être touchée du fer, guérit très-promptement les luxations.

CXII. Nous avons, dans le chapitre des vignobles sur arbres (XIV, 3, 2), parlé du rumbotinus (*acer opalus*): auprès de cet arbre, quand il n'est pas marié à la vigne, croît une herbe appelée par les Gaulois rhodora (*spiræa ulmaria*, L.). La tige est garnie de nœuds, comme une branche de figuier ; les feuilles, semblables à celles de l'ortie, sont blanchâtres au milieu, mais deviennent toutes rouges avec le temps. La fleur est argentine. Cette plante, broyée avec du vieux oing et sans être touchée par le fer, est excellente pour les tumeurs, les ardeurs et les dépôts : celui qui a été frotté avec ce mélange crache trois fois à sa droite. Le remède est plus efficace encore si l'on s'en fait frotter du côté droit par trois personnes de trois nations différentes.

CXIII. L'herbe appelée impie (*filago gallica*, L.) est blanchâtre, ressemble au romarin, est garnie de feuilles en manière de thyrse et se termine par une tête d'où sortent d'autres petites branches qui toutes sont terminées de même. Cette configuration où les enfants s'é-

---

CIII. (XVIII.) Eriphiam multi prodidere. Scarabæum hæc in avena habet, sursum deorsum decurrentem cum sono hœdi, unde et nomen accepit. Hac ad vocem nihil præstantius esse tradunt.

CIV. Herba lanaria ovibus jejunis data, lactis abundantiam facit. Æque nota lactoris vulgo est, plena lactis, quod degustatum vomitiones concitat. Eamdem hanc aliqui esse dicunt, alii similem illi, quam militarem vocant : quoniam vulnus ferro factum, nullum non intra dies quinque sanat, ex oleo imposita.

CV. Celebratur autem et a Græcis stratiotes, sed ea in Ægypto tantum et inundatione Nili nascitur, aizoo similis, ni majora haberet folia. Refrigerat mire, et vulnera sanat ex aceto illita. Item ignes sacros, ac suppurationes. Sanguinem quoque qui defluit a renibus, pota cum thure masculo mirifice sistit.

CVI. (XIX.) Herba in capite statuæ nata, collectaque alicujus in vestis panno, et alligata in lino rufo, capitis dolorem confestim sedare traditur.

CVII. Herba quæcumque a rivis aut fluminibus ante solis ortum collecta, ita ut nemo colligentem videat, adalligata lævo brachio, ita ut æger quid sit illud ignoret, tertianas arcere traditur.

CVIII. Lingua herba nascitur circa fontes. Radix ejus combusta et trita cum adipe suis (adjiciunt ut nigra sit et sterilis), alopecias emendat ungentium in sole.

CIX. Cribro in limite adjecto, herbæ intus exstantes decerptæ adalligatæque gravidis, partus accelerant.

CX. Herba quæ gignitur supra fimeta ruris, contra anginas efficacissime pollet ex aqua pota.

CXI. Herba, juxta quam canes urinam fundunt, evulsa ni ferro attingatur, luxatis celerrime medetur.

CXII. Rumbotinum arborem demonstravimus inter arbusta. Juxta hanc viduam vite nascitur herba, quam Galli rhodoram vocant : caulem habet virgæ ficulneæ modo geniculatum, folia urticæ in medio exalbida, eadem procedente tempore tota rubentia, florem argenteum : præcipua contra tumores, fervoresque, et collectiones, cum axungia vetere tusa, ita ut ferro non attingatur : qui perunctus est, despuit ad suam dextram ter. Efficacius remedium esse aiunt, si tres quoque trium nationum homines perungant dextrorsus.

CXIII. Herba impia vocatur incana, rorismarini aspectu, thyrsi modo vestita atque capitata. Inde alii ramuli exsurgunt sua capitula gerentes : ob id impiam appellavere, quoniam liberi super parentem excellunt. Alii potius

lèvent au-dessus du père l'a fait nommer impie; selon d'autres, c'est plutôt parce qu'aucun animal n'y touche. Broyée entre deux pierres, elle s'échauffe, et le suc mêlé avec du lait et du vin est un remède souverain pour les angines; on assure, propriété merveilleuse! que ceux qui en ont usé une fois ne sont plus sujets à ce mal, qu'en conséquence on la donne aux porcs, et que ceux de ces animaux qui refusent de prendre ce remède meurent d'esquinancie. Il y a même des personnes qui pensent que des brins de cette herbe, mis dans le nid des oiseaux, empêchent les petits de s'étrangler en mangeant avec trop d'avidité.

CXIV. On nomme peigne de Vénus (*scandix pecten Veneris*, L.), à cause de quelque ressemblance avec nos peignes, une herbe dont la racine, broyée avec la mauve, fait sortir des chairs tous les corps étrangers.

CXV. L'exedum ou nodia (16), herbe très-connue dans les ateliers des corroyeurs, délivre de la léthargie. Elle porte encore le nom de mularis (herbe à mule) et quelques autres noms; elle guérit les ulcères rongeants. Je trouve dans des auteurs que bue dans du vin ou de l'oxycrat elle est très-efficace contre les piqûres des scorpions.

CXVI. Les Grecs donnent le nom de philanthropos à une herbe velue qui s'attache aux vêtements (XXI, 64) (gratteron, *galium aparine*, L.). Une couronne de cette plante, mise sur la tête, calme la céphalalgie. Celle qu'on appelle lappa canaria (17) (XXVI, 65), pilée avec le plantain et la millefeuille dans du vin, guérit les carcinomes; il faut renouveler ce topique tous les trois jours. Elle guérit aussi les porcs, tirée de terre sans l'entremise du fer, et jetée dans la lavure qu'on leur fait boire, ou donnée avec du lait et du vin. Quelques-uns ajoutent qu'il faut en l'arrachant prononcer ces paroles : C'est l'herbe argemon, remède trouvé par Minerve pour les porcs qui en mangent.

CXVII. Le tordylon (*tordylium officinale*, L.) est, selon les uns, la graine du silis (XX, 18 et 87,2); selon les autres, une plante à part nommée aussi syréon. Je ne trouve d'autre particularité sur cette plante, sinon qu'elle croît sur les montagnes; que brûlée et prise en boisson elle est emménagogue et favorise l'expectoration; que pour cela la racine est plus efficace; que le suc pris à la dose de trois oboles guérit les reins; et qu'en outre on incorpore la racine dans les onguents.

CXVIII. Le gramen (chiendent, *triticum repens*, L.) est de toutes les herbes la plus commune. Il jette en rampant de petits tuyaux pleins de nœuds, d'où sortent souvent, ainsi que du haut de la tige, de nouvelles racines. Partout les feuilles vont en se rétrécissant et se terminent en pointe, excepté sur le mont Parnasse, où elles ressemblent à celles du lierre, et où la plante croît plus fournie que partout ailleurs, avec une fleur blanche et odorante (*epipactis grandiflora*, Sm.). Il n'y a point d'herbe plus agréable aux bêtes de somme, soit verte, soit sèche et en foin, pourvu qu'on la mouille un peu. On dit que sur le Parnasse on en exprime le suc, qui est très-abondant et doux. Ailleurs, à défaut de ce suc, on emploie la décoction pour agglutiner les plaies; l'herbe même, pilée, remplit cet office, et les préserve d'inflammation. A la décoction on ajoute du vin et du miel; quelques-uns y font entrer encore un tiers d'encens, de poivre et de myrrhe; on la fait cuire de nouveau dans un vase d'airain, pour les maux de dents et les fluxions des yeux. La racine, bouillie dans du vin, guérit les tranchées,

---

ita appellatam, quod nullum animal eam attingat, existimavere. Hæc inter duos lapides trita fervet, præcipuo adversus anginas succo, lacte et vino admixto. Mirum traditur, numquam ab eo morbo tentari qui gustaverint. Itaque et suibus dari : quæque medicamentum id noluerint haurire, eo morbo interimi. Sunt qui et in avium nidis inseri aliquid ex eo putent, atque ita non strangulari pullos avidius devorantes.

CXIV. Veneris pectinem appellant a similitudine pectinum, cujus radix cum malva tusa, omnia corpori infixa extrahit.

CXV. Veterno liberat, quæ exedum vocatur, nodia herba coriariorum officinis nota : ea mularis est aliis, aliisve nominibus. Nomas curat : efficacissimamque adversus scorpiones esse potam in vino aut posca reperio.

CXVI. Philanthropon herbam Græci appellant hirsutam, quoniam vestibus adhærescat. Ex hac corona imposita capitis dolores sedat. Nam quæ canaria appellatur lappa, cum plantagine et millefolio trita ex vino carcinomata sanat, ternis diebus soluta. Medetur et suibus effossa sine ferro, et addita in colluviem poturis, vel ex lacte ac vino. Quidam adjiciunt et fodientem dicere oportere : hæc est herba argemon, quam Minerva reperit suibus remedium, qui de illa gustaverint.

CXVII. Tordylon alii semen silis esse dixerunt : alii herbam per se, quam et syreon vocaverunt. Neque aliud de ea proditum invenio, quam in montibus nasci : combustam potu ciere menses, et pectoris exscreationes, efficaciore etiamnum radice : succo ejus ternis obolis hausto renes sanari : addi radicem ejus et in malagmata.

CXVIII. Gramen ipsum est inter herbas vulgatissimum. Geniculatis serpit internodiis, crebroque ab his, et ex cacumine nova radices spargit. Folia ejus in reliquo orbe in exilitatem fastigantur. In Parnasso tantum ederacea specie, densius, quam usquam fruticant, flore odorato candidoque. Jumentis herba non alia gratior, sive viridis, sive in feno siccata, quum detur aspersa aqua. Succum quoque ejus in Parnasso excipi tradunt propter ubertatem. Dulcis hic est. In vicem ejus in reliqua parte terrarum succedit decoctum ad vulnera conglutinanda, quod et ipsa herba tusa præstat, tueturque ab inflammationibus plagas. Decocto adjicitur vinum ac mel : ab aliquibus et thuris, et piperis, myrrhæque tertiæ portiones. Rursusque coquitur in æreo vase ad dentium dolores et epiphoras.

la dysurie et les ulcères de la vessie; elle brise les calculs. La graine est plus diurétique; elle arrête 3 la diarrhée et les vomissements; elle remédie en particulier aux morsures des dragons. Quelques auteurs prescrivent pour la guérison des écrouelles et des tumeurs de prendre les nœuds d'un, de deux ou de trois pieds de gramen, jusqu'au nombre de neuf, et de les envelopper dans de la laine grasse noire : celui qui cueille doit être à jeun, et aller en cet état dans la maison du malade, tandis qu'il n'y est pas; en le voyant rentrer, il lui dira trois fois : Je viens à jeun apporter un remède à un homme à jeun; ensuite il lui attachera l'amulette, et il fera la même chose trois jours consécutifs. L'espèce de gramen qui a sept nœuds est un amulette excellent pour les maux de tête. Quelques-uns recommandent, contre les grandes douleurs de la vessie, de boire en sortant du bain une décoction de ce gramen, faite avec du vin et réduite à moitié.

1 CXIX. Le gramen à pointes est distingué par certains auteurs en trois espèces : celui qui porte à la sommité cinq pointes au plus est nommé dactylon (*cynodon dactylon*, Pers.); on introduit dans les narines ces pointes roulées, et en les retirant on provoque un écoulement de sang. La seconde espèce, qui ressemble à l'aizoon (xxv, 102), s'emploie avec le sain-doux pour les panaris, les ptérygions, et les excroissances de chair qui surviennent aux ongles; aussi l'appelle-t-on dactylon, parce que c'est un remède pour les doigts. La troisième espèce de dactylon (quelque espèce de crassulacée), qui est plus petite, croît sur les murailles et sur les toits; elle a une vertu caustique, elle arrête les ulcères serpi-

gineux. En mettant du gramen autour de la tête, on fait cesser l'épistaxis. On dit que dans la Babylonie le gramen qui croît le long des chemins (*sorghum aleppense*, L.) fait mourir les chameaux (18).

CXX. Le fenugrec n'est pas moins accrédité. 1 On l'appelle encore telis, carphos, bucéras, ægocéras, a cause de la ressemblance de sa gousse avec des cornes; les Latins le nomment silicia. Nous avons dit en son lieu comment on le semait (xviii, 39). Il a la propriété de dessécher, d'amollir et de résoudre. La décoction guérit plusieurs maladies des femmes. En cas de dureté, de tumeur ou de contraction de la matrice, on l'emploie en fomentation et en bain de siége; il est utile aussi en injection. Il dissipe les taches du visage. Cuit avec du nitre ou avec du vinaigre, il guérit, en topique, les affections de la rate ainsi que celles du foie. Dans les accou- 2 chements difficiles, Dioclès en donnait la graine pilée à la dose d'un acétabule dans neuf cyathes de vin cuit : il ordonnait de prendre un bain chaud après avoir bu un tiers de cette composition, de boire ensuite le second tiers lorsque le bain avait mis en sueur, et le troisième à la sortie du bain. C'était, suivant lui, un secours suprême. Il faisait aussi contre les affections douloureuses de la matrice un pessaire avec de la farine de fenugrec, de l'orge ou de la graine de lin, le tout cuit dans de l'eau miellée. Il appliquait aussi ce mélange sur le bas-ventre. Le 3 même médecin guérissait les lèpres et le lentigo par un mélange de farine de fenugrec avec une égale portion de soufre, après avoir préparé la peau avec le nitre; il ordonnait qu'on appliquât plusieurs fois par jour cette composition, mais

---

Radix decocta in vino torminibus medetur, et urinæ difficultatibus, hulceribusque vesicæ. Calculos frangit : semen vehementius urinam impellit. Alvum vomitiones- 3 que sistit. Privatim autem draconum morsibus auxiliatur. Sunt qui genicula novem, vel unius, vel e duabus tribusve herbis, ad hunc articulorum numerum involvi lana succida nigra jubeant, ad remedia strumæ, panorumve. Jejunum debere esse qui colligat : ita ire in domum absentis cui medeatur, supervenientique ter dicere, jejuno jejunum medicamentum dare, atque ita adalligare, triduoque id facere. Quod e graminum genere septem internodia habet, efficacissime capiti contra dolores adalligatur. Quidam propter vesicæ cruciatus decoctum ex vino gramen ad dimidias a balineis bibi jubent.

1 CXIX. Sunt qui et aculeatum gramen vocant trium generum : quum in cacumine aculei sunt plurimum quini, dactylon appellant : hos convolutos naribus inserunt, extrahuntque sanguinis ciendi gratia. Altero, quod est aizoo simile, ad paronychia et pterygia unguium, et quum caro unguibus increvit, utuntur cum axungia : ideo dactylon appellantes, quia digitis medetur. Tertium genus dactyli, sed tenuis, nascitur in parietinis, aut tegulis. Huic caustica vis est. Sistit hulcera quæ serpunt. Gramen capiti circum-

datum, sanguinis e naribus fluxiones sistit. Camelos necare traditur in Babylonis regione, id quod juxta vias nascitur.

CXX. Nec feno græco minor auctoritas, quod telin 1 vocant, alii carphos : aliqui buceras, alii ægoceras, quoniam corniculis semen est simile, nos siliciam : quomodo sereretur, suo loco docuimus. Vis ejus siccare, mollire, dissolvere. Succus decocti feminarum pluribus malis subvenit : sive duritia, sive tumor, sive contractio sit vulvæ, foventur, insidunt : infusum quoque prodest. Furfures in facie extenuat. Spleni addito nitro decoctum et impositum medetur : item ex aceto. Sic et jocineri decoctum. Diocles 2 difficile parientibus semen ejus dedit acetabuli mensura tritum in novem cyathis sapæ, ut quum tertias partes biberint, calida lavarentur : et in balneo sudantibus dimidium ex relicto iterum dedit : mox a balneo reliquum pro summo auxilio. Farinam feni græci cum hordeo, aut lini semine decoctam aqua mulsa contra vulvæ cruciatus subjecit. Item imposuit imo ventri. Lepras, lentigines, sulphuris pari portione mixta farina curavit, nitro ante præparata cute, sæpius die illineus, perungique prohibens. Theodorus feno miscuit quartam partem purgati nasturtii acerrimo aceto ad lepras. Damon semen feni acetabuli di-

il défendait qu'on en frottât la partie. Théodore pour les lèpres mêlait au fenugrec un quart de cresson mondé, et macéré dans de très-fort vinaigre. Damon donnait en boisson comme emménagogue la graine de fenugrec, à la dose d'un demi-acétabule dans neuf cyathes de vin cuit et d'eau (19). Il est incontestable que la décoction en est très-bonne pour la matrice et pour les intestins ulcérés, ainsi que la graine pour les articulations et les douleurs d'entrailles. Le fenugrec bouilli avec de la mauve, puis bu avec du vin miellé, est très-recommandé pour les affections de la matrice et des intestins. Le fait est que la vapeur même de la décoction est très-utile; cette décoction détruit aussi la mauvaise odeur des aisselles. La farine de fenugrec, avec du vin et du nitre, enlève promptement la teigne et les furfurs de la tête. Bouillie dans de l'hydromel, avec addition d'axonge, elle guérit les affections des parties génitales, ainsi que les tumeurs, les parotides, la goutte aux pieds et aux mains, les maladies articulaires, et les chairs qui se détachent des os. Pétrie avec du vinaigre, elle guérit les luxations. Cuite dans du vinaigre et du miel seulement, on en fait un topique pour la rate. Pétrie avec du vin, elle déterge les carcinomes, puis, avec addition de miel, elle les mène à guérison. On fait avec cette farine un potage bon pour les ulcérations de la poitrine et les toux invétérées; on la fait cuire longtemps, pour en ôter toute amertume; puis on y ajoute du miel. Venons maintenant aux plantes les plus célèbres.

---

midii mensura cum sapæ et aquæ novem cyathis ad menses ciendos dedit potu. Nec dubitatur, quin decoctum ejus utilissimum sit vulvis, interaneisque exhulceratis : sicuti semen articulis atque præcordiis. Si vero cum malva decoquatur, postea addito mulso potus, ante cætera vulvis interaneisque laudatur : quippe quum vapor quoque decocti plurimum prosit; alarumque etiam graveolentiam decoctum feni emendat. Farina porrigines capitis furfuresque cum vino et nitro celeriter tollit. In hydromelite autem decocta addita axungia genitalibus medetur : item pano, parotidi, podagræ, chiragræ, articulis, carnibusque, quæ recedunt ab ossibus : aceto vero subacta luxatis. Illinitur et lieni decocta in aceto et melle tantum. Carcinomata subacta ex vino purgat : mox addito melle persanat. Sumitur et sorbitio e farina ad pectus exhulceratum, longamque tussim. Diu decoquitur, donec amaritudo desinat. Postea mel additur. Nunc ipsa claritas herbarum dicetur.

# NOTES DU VINGT-QUATRIÈME LIVRE.

(1) Ce passage prouve que l'encre des anciens était soluble dans l'eau.

(2) Sive cum aqua virilia foveantur Vulg. — Sive cum aqua, ut ita foveantur Cod. Tolet. — Virilia ne va pas avec le contexte, tandis que la variante *ut ita* donne un sens satisfaisant.

(3) M. Fraas, *Synopsis*, etc., p. 109, donne pour synonyme de la myrice le *tamarix africana* de Desfontaines; mais il remarque qu'il est bien possible que les anciens aient compris sous cette dénomination le *tamarix gallica*.

(4) D'après Fraas, *Synopsis*, p. 189, le chamæcissos est non le *glechoma hederacea*, mais l'*antirrhinum asarina*.

(5) Dolores, apocyni semen ex aqua. Frutex est Vulg. — Dolores, semen ex aqua. Apocynum frutex est Edit. princeps, Brotier.

(6) La radicule est la saponaire, στρούθιον; Pline, XIX, 18, confond le struthium avec une plante de Syrie; il est fort douteux que cette plante de Syrie soit la *gypsophila struthium*, comme je l'ai indiqué d'après les commentateurs.

(7) Dans le passage parallèle, XII, 52, j'ai indiqué comme synonyme de l'aspalathos le *convolvulus scoparius*; mais M. Fraas, *Synopsis*, p. 49, indique le *genista acanthoclada*. Au reste, le passage de Pline est fort embrouillé. Ici, XXIV, 68 et 69, il indique 1° une épine sauvage de la grosseur d'un arbre, croissant en Orient; 2° l'érysisceptrum. Or, si l'on se réfère à XII, 52, on voit qu'il ne fait là qu'une seule espèce qu'il nomme aspalathos, erysisceptrum, etc.

(8) Le cynosbatos des Grecs est rapporté à *rosa sempervirens*; le fait est que sous ce nom Pline ne parle pas d'un rosier, mais bien de quelque groseillier.

(9) Dans un passage (XIV, 19, 9) où Pline cite le chamædrys, j'ai dit, d'après Sprengel, que c'était la germandrée, *teucrium chamædrys*, L. — M. Fraas, ib., p. 173, y reconnaît le *teucrium lucidum*, 1° à cause de l'habitat : Dioscoride, III, 102, dit que le chamædrys habite les lieux âpres et rocheux; or, le *teucrium chamædrys* n'y croît pas, mais bien le *teucrium lucidum*; 2° le chamædrys, dit Dioscoride, est un petit arbrisseau; ce qui est vrai du *teucrium lucidum*, et non de la germandrée; 3° Théophraste, IX, 10, le dit de bonne odeur; or, ce caractère se trouve dans le *teucrium lucidum*, et manque dans le *teucrium chamædrys*.

(10) Adnixum Vulg. — Adnexum Brotier ex Cod. Regio II.

(11) Voyez la note 4 de ce livre.

(12) Chirocineta Vulg. — Chirocmeta Salmas. *Exercit.* p. 775 a. D., Brotier, Sillig. — Hirocmeta Cod. Tolet. — χειρόχμητος, *ce qui est fait par la main.*

(13) Marmaritin Vulg. — Marmoritin, Brotier ex Cod. Reg. II.

(14) M. Eloi Johanneau (Lettre à un horticulteur sur l'origine étymologique des noms des plantes achimènes et achæmenis) a fait voir que l'achimènes des botanistes modernes tire son nom de l'achæmenis de Pline. « J'ai prouvé, dit-il, que le nom de la plante *achimènes* de Brown devait, malgré une légère différence d'orthographe, être le même que celui de l'*achæmenis* de Pline, soit parce que Brown avait trouvé ce nom écrit ainsi dans quelques compilations sans critique, soit parce qu'il l'a écrit lui-même comme on le prononce en anglais. D'où il suit qu'il faut écrire en latin *achæmenes* par *æ*, et en français *achemènes* par *e*, et non pas *achimènes* par *i*, et encore moins *achimenes* sans *s* finale, comme l'écrit le *Complément du Dictionnaire de l'Académie.* »

(15) L'herbe à la laine est la radicule (XIX, 18) ou saponaire. Voy. note 6 de ce livre.

(16) On ne sait quelle est la plante nommée exedum ou nodia.

(17) D'après Hardouin, la lappa canaria est le mollugo (XXVI 65), qu'on rapporte au gallium mollugo; d'après M. Fée, c'est la bardane tomenteuse, *lappa tomentosa*, Lamark.

(18) Ce gramen malfaisant est le καλαμάγρωστις de Dioscoride, IV, 31; suivant cet auteur, il tue les bêtes de somme, et particulièrement les chameaux. M. Fraas, *Synopsis*, p. 301, qui a rapporté le calamagrostis au sorghum aleppense, ajoute : « Le sorghum aleppense est nuisible aux animaux, ainsi que j'ai eu occasion de m'en assurer dans l'Attique et à Mesolonghi. Des expériences faites à Athènes montrèrent 1° que cette plante est malfaisante particulièrement pour les moutons et les bêtes à cornes; 2° que la cause en est surtout dans l'eau de rosée qui reste dans les aisselles des feuilles et qui s'y corrompt; 3° que d'ailleurs la plante ne se montre que dans les mauvais pâturages, dans des marais et des bas-fonds humides et malsains. La racine est, du reste, tout à fait semblable au rhizome du cynodon dactylon. »

(19) Un cyathe = 0 litre, 045; une hémine = 0 litre, 27; un acétabule = 0 litre, 068.

# LIVRE XXV.

I. (1.) Les herbes célèbres dont nous allons parler, et que la terre ne produit que pour des usages médicinaux, m'inspirent de l'admiration pour les soins diligents de l'antiquité. Il n'est rien que les anciens n'aient éprouvé et essayé, rien ensuite qu'ils aient caché et dont ils aient voulu dérober l'utilité à la postérité. Nous, au contraire, nous cherchons à celer et à supprimer leurs travaux, et nous privons les hommes de biens qui même ne sont pas nôtres. Oui, certes, aujourd'hui ceux qui ont quelques connaissances les cachent et les envient aux autres; et n'instruire personne c'est donner une plus haute idée de son savoir. Loin que les mœurs actuelles nous portent à imaginer rien de nouveau et à améliorer la condition humaine, le plus grand effort d'esprit est depuis longtemps de garder pour soi et d'anéantir pour les autres les expériences qui ont réussi aux anciens. Cependant la découverte d'une plante a donné à certains hommes l'apothéose, aux autres la célébrité; car la reconnaissance s'est complu à imposer aux végétaux le nom de ceux qui les avaient trouvés. Il ne faut pas tant admirer les anciens pour s'être occupés des végétaux cultivés par agrément ou pour le besoin de la nourriture, que pour avoir gravi les sommets inaccessibles des montagnes, pénétré au fond des déserts, scruté toutes les veines de la terre, afin de découvrir les vertus de chaque racine, les usages des feuilles, convertissant en instruments de santé des plantes même auxquelles les quadrupèdes ne touchaient pas.

II. (II.) Cette étude n'a pas été poursuivie autant qu'elle le méritait par nos Latins, ardents à s'emparer de tout ce qui était utile et bon. M. Caton, maître dans toutes les connaissances usuelles, a été le premier et longtemps le seul qui ait touché cette matière, sommairement toutefois, mais ne négligeant pas la médecine des bœufs. Après lui, un autre personnage illustre, C. Valgius, distingué par son érudition, a abordé ce même sujet dans un livre inachevé, dédié au dieu Auguste. Dans un pieux préambule, il exprime le vœu que la majesté de ce prince soit toujours, et avant tout autre, le remède des maux de l'humanité.

III. Le seul historien des plantes qu'avant ce dernier je trouve parmi nous est Pompeius Lenæus, affranchi du grand Pompée; et c'est aussi le temps où je vois que cette science a commencé d'être cultivée par les Latins. Mithridate, le plus puissant des rois de son époque, et dont Pompée acheva la défaite, fut, plus qu'aucun des hommes qui l'avaient précédé, curieux des faits de médecine; nous en avons des preuves certaines, indépendamment de la réputation qu'il s'est faite : lui seul s'est avisé d'avaler, après avoir pris des préservatifs, chaque jour du poison, afin d'en neutraliser par l'habitude les effets malfaisants. Il est l'inventeur d'antidotes, dont l'un

## LIBER XXV.

I. (1.) Ipsa quæ nunc dicetur herbarum claritas, medicinæ tantum gignente eas tellure, in admirationem curæ priscorum diligentiæque animum agit. Nihil ergo intentatum inexpertumque illis fuit : nihil deinde occultatum, quodque non prodesse posteris vellent. At nos elaborata is abscondere atque supprimere cupimus, et fraudare vitam etiam alienis bonis. Ita certe recondunt, qui pauca aliqua novere, invidentes aliis : et neminem docere, in auctoritatem scientiæ est. Tantum ab excogitandis novis, ac juvanda vita mores absunt, summumque opus ingeniorum diu jam hoc fuit, ut intra unumquemque recte facta veterum perirent. At hercules singula quosdam inventa deorum numero addidere : omnium utique vitam clariorem fecere cognominibus herbarum, tam benigne gratiam memoria referente. Non æque hæc cura eorum mira in his, quæ satu blandiuntur, aut cibo invitant : culmina quoque montium invia et solitudines abditas, omnisque terræ fibras scrutati invenere, quid quæque radix polleret, ad quos usus herbarum folia pertinerent, etiam quadrupedum pabulo intacta ad salutis usus vertentes.

II. (II.) Minus hoc, quam par erat, nostri celebravere, omnium utilitatum et virtutum rapacissimi : primusque et diu solus idem ille M. Cato, omnium bonarum artium magister, paucis dumtaxat attigit, boum etiam medicina non omissa. Post eum unus illustrium tentavit C. Valgius eruditione spectatus, imperfecto volumine ad divum Augustum, inchoata etiam præfatione religiosa, ut omnibus malis humanis illius potissimum principis semper mederetur majestas.

III. Antea condiderat solus apud nos, quod equidem inveni, Pompeius Lenæus, Magni libertus : quo primum tempore hanc scientiam ad nostros pervenisse animo adverto. Namque Mithridates, maximus sua ætate regum, quem debellavit Pompeius, omnium ante se genitorum diligentissimus vitæ fuisse, argumentis, præterquam fama intelligitur. Uni ei excogitatum, quotidie venenum bibere præsumptis remediis, ut consuetudine ipsa innoxium fieret. Primo inventa genera antidoti, ex quibus unum

conserve encore son nom. On croit qu'il imagina le premier de mêler aux antidotes le sang des canards du Pont, parce qu'ils vivent d'animaux venimeux. Nous avons des ouvrages d'Asclépiade, fameux médecin, adressés à ce prince, et que lui envoya l'auteur, sollicité de quitter Rome pour sa cour. Il est le seul homme, cela est certain, qui ait parlé vingt-deux langues (VII, 24); et pendant les cinquante-six ans qu'il régna il ne se servit jamais d'interprète avec les peuples qui lui étaient soumis. Ce prince, parmi les éminentes qualités de son esprit, avait un goût vif pour la médecine; et, recherchant des renseignements auprès de tous ses sujets, qui occupaient une partie considérable de la terre, il laissa dans ses archives secrètes une cassette remplie de mémoires sur cette matière, avec les originaux des recettes et les effets qu'elles avaient produits. Or, Pompée, s'étant emparé du trésor royal, chargea le grammairien Lenæus, son affranchi, de traduire ce recueil en notre langue, et ainsi, par cette victoire, il servit également la république et le genre humain.

IV. Outre ces auteurs, des médecins grecs, que nous avons cités en leur lieu, se sont occupés de l'histoire des plantes. Parmi eux, Cratevas, Denys et Métrodore ont employé une méthode très-attrayante, mais qui ne fait guère que prouver la difficulté de la chose : en effet, ils ont figuré les plantes, puis, au-dessous, ils en ont décrit les effets. Mais la peinture est trompeuse, et, dans cette multitude de couleurs qu'exige l'imitation de la nature, la diversité de mains compromet beaucoup l'exactitude de la ressemblance. C'est peu d'ailleurs de représenter chacune de ces plantes considérées dans un seul âge, puisqu'elles changent d'aspect dans les quatre saisons de l'année.

V. Aussi les autres médecins se sont bornés à une description verbale; quelques-uns même n'ont pas donné cette description, et se sont contentés généralement de noter les noms, croyant faire assez d'indiquer les propriétés et les vertus à ceux qui s'occupent de la recherche des plantes. Et cette connaissance n'est pas difficile à acquérir. Nous du moins, à l'exception d'un très-petit nombre, nous avons eu l'avantage de les examiner toutes, aidé des lumières d'Antonius Castor, qui, de notre temps, avait le plus de réputation dans cette partie. Nous avons visité son petit jardin, où les cultivait en grand nombre ce vieillard plus que centenaire, sans avoir jamais eu de maladie, et sans que l'âge eût même altéré sa mémoire et sa vigueur. La connaissance des plantes est ce que l'antiquité paraît avoir le plus admiré. Il y a longtemps qu'on a trouvé le moyen de calculer à l'avance non-seulement la nuit où le jour, mais encore l'heure des éclipses du soleil et de la lune; et pourtant une grande partie du vulgaire reste persuadé que ces éclipses sont produites par des enchantements et des herbes, et que cette science est le partage des femmes. Et, de fait, quelle contrée n'est pas remplie des fables touchant la Médée de Colchos, d'autres magiciennes, et surtout la Circé italienne, qui a même été mise au rang des dieux? C'est à cause d'elle, je pense, qu'Eschyle, un des poëtes les plus anciens, a écrit que l'Italie était couverte d'herbes très-puissantes, et que beaucoup en ont dit autant de Circéi, où elle habitait; et une grande preuve s'en voit encore chez les Marses (VII, 2, 7), nation descendue de son fils, et que l'on sait être en possession de

---

etiam nomen ejus retinet. Illius inventum autumant, sanguinem anatum Ponticarum miscere antidotis, quoniam veneno viverent. Ad illum Asclepiadis medendi arte clari, volumina composita exstant, quum sollicitatus ex urbe Roma, præcepta pro se mitteret. Illum solum mortalium viginti duabus linguis loquutum certum est, nec de subjectis gentibus ullum hominem per interpretem appellatum ab eo annis LVI, quibus regnavit. Is ergo in reliqua ingenii magnitudine medicinæ peculiariter curiosus, et ab omnibus subjectis, qui fuere pars magna terrarum, singula exquirens, scrinium commentationum harum et exemplaria, effectusque, in arcanis suis reliquit. Pompeius autem omni regia præda politus, transferre ea sermone nostro libertum suum Lenæum, grammaticæ artis, jussit : vitæque ita profuit non minus, quam reipublicæ victoria illa.

IV. Præter hos græci auctores medicinæ prodidere, quos suis locis diximus. Ex his Cratevas, Dionysius, Metrodorus, ratione blandissima, sed qua nihil pæne aliud, quam rei difficultas intelligatur. Pinxere namque effigies herbarum, atque ita subscripsere effectus. Verum et pictura fallax est, et coloribus tam numerosis, præsertim in æmulatione naturæ, multum degenerat transcribentium sors varia. Præterea parum est singulas earum ætates pingi, quum quadripartitis varietatibus anni faciem mutent.

V. Quare cæteri sermone eas tradidere : aliqui ne effigie quidem indicata, et nudis plerumque nominibus defuncti, quoniam satis videbatur potestates vimque demonstrare quærere volentibus. Nec est difficile cogniti. Nobis certe, exceptis admodum paucis, contigit reliquas contemplari scientia Antonii Castoris, cui summa auctoritas erat in ea arte nostro ævo, visendo hortulo ejus, in quo plurimas alebat, centesimum ætatis annum excedens, nullum corporis malum expertus, ac ne ætate quidem memoria aut vigore concussis. Neque aliud mirata magis antiquitas reperietur. Inventa jampridem ratio est prænuntians horas, non modo dies ac noctes, solis lunæque defectum. Durat tamen tradita persuasio in magna parte vulgi, veneficiis et herbis id cogi, eamque num feminarum scientiam prævalere. Certe quid non replevere fabulis Colchis Medea, aliæque, in primis Itala Circe, diis etiam adscripta? unde arbitror natum, ut Æschylus e vetustissimis in poetica, refertam Italiam herbarum potentia proderet; multique Circeios, ubi habitavit illa, magno argumento etiamnum durante in Marsis a filio ejus

soumettre les serpents. Homère, le père de la doctrine et des traditions de l'antiquité, tout en célébrant Circé, attribue à l'Égypte la gloire d'avoir connu les herbes, et cela dans un temps où n'existait pas encore la portion de ce pays arrosée maintenant par le Nil, et créée subséquemment par les alluvions de ce fleuve (II, 87). Il raconte, en effet (*Od.*, IV, 228), que des herbes égyptiennes furent remises à son Hélène par la femme du roi de ce pays, ainsi que ce célèbre népenthès (XXI, 91) qui procurait l'oubli des chagrins et de leur cause, et qu'en conséquence Hélène aurait dû faire boire à tous les mortels. Le premier dont le souvenir se soit conservé, et qui ait écrit avec quelque soin sur les herbes, est Orphée. Après lui viennent Musée et Hésiode ; nous avons dit combien ils ont admiré le polion (XXI, 21 et 84). Orphée et Hésiode ont recommandé les fumigations. Homère cite nominativement d'autres plantes, dont nous parlerons en leur lieu. Après lui Pythagore, philosophe renommé, a le premier composé un livre sur les effets des plantes, dont il attribue l'origine ou la découverte à Apollon, à Esculape, et en général aux dieux immortels. Démocrite en a composé un aussi. Ces deux philosophes avaient visité les mages de la Perse, de l'Arabie, de l'Éthiopie et de l'Égypte ; et l'antiquité s'émerveilla tellement de leurs récits, qu'elle affirma même des choses incroyables. Xanthus, dont on a des histoires, rapporte, dans la première, que le petit d'un dragon, ayant été tué, fut rappelé à la vie par son père, à l'aide d'une herbe nommée balis ; et qu'un certain Thylon, ayant été tué par un dragon, fut ressuscité par le même moyen. Juba aussi assure qu'en Arabie une certaine herbe rappela un homme à la vie. Démocrite a dit, Théophraste a cru qu'il y avait une plante qui, apportée par l'oiseau que nous avons nommé (X, 20), faisait sortir, par le seul contact, le coin enfoncé par des bergers dans un arbre. Ces merveilles, tout incroyables qu'elles sont, excitent néanmoins l'admiration, et nous forcent d'avouer que, même en en rabattant, il y reste beaucoup de vrai. Aussi je vois la plupart des hommes dans l'opinion qu'il n'est rien qui ne puisse se faire par la vertu des plantes, mais que les propriétés du plus grand nombre nous sont inconnues. C'était le sentiment d'Hérophile, médecin célèbre, dont on rapporte ce mot : que certaines herbes étant foulées aux pieds, même par hasard, étaient utiles. On a du moins observé que les plaies et les maladies s'enflammaient quand il survenait des gens qui avaient fait route à pied.

VI. Voilà toute l'ancienne médecine, telle qu'elle était renfermée dans la littérature grecque. Mais si l'on ne connaît pas un plus grand nombre de plantes, c'est qu'elles ne sont guère éprouvées que par des gens rustiques et illettrés, les seuls qui vivent parmi les herbes ; en outre, on se dispense d'en chercher, comptant sur la multitude des médecins. Beaucoup de plantes, même découvertes, n'ont pas de nom ; telle est celle dont nous avons parlé à propos de la culture des céréales (XVIII, 45, 3), et que nous savons écarter les oiseaux d'un champ de blé, lorsqu'on a la précaution d'en enterrer à chaque coin. La cause la plus honteuse de la lenteur de nos progrès, c'est que même ceux qui savent ne veulent pas enseigner, comme s'ils devaient perdre ce qu'ils auraient transmis aux autres. Ajoutez qu'on n'a point de procédé sûr pour reconnaître les plantes ; car de celles qui sont connues, les unes sont dues au hasard, les autres, à vrai dire, à un dieu. Jusqu'à nos jours, la morsure du chien enragé, qui cause la crainte de l'eau et l'aversion pour toute boisson, était incurable ; récemment, la mère d'un garde prétorien reçut en songe l'avis d'envoyer à son fils la racine du rosier sauvage nommé cynorrhodon, dont la vue l'avait frappée agréablement la veille dans un taillis, et de lui en faire boire le suc. Ceci se passait dans la Lacétanie, partie de l'Espagne la plus proche de nous. Le hasard fit que le soldat mordu par un chien reçut la lettre où sa mère le priait de suivre cet avis divin, alors qu'il commençait à éprouver de l'horreur pour l'eau : il obéit, et fut sauvé contre toute espérance, ainsi que l'ont été depuis tous ceux qui ont essayé du même remède. Auparavant les auteurs n'indiquaient qu'un seul usage médical du cynorrhodon : la cendre du fruit qui croît au milieu de ses épines, mêlée avec du miel, était donnée pour guérir l'alopécie. Dans la même province et dans le champ d'une personne chez qui je logeais, j'ai vu une plante nommée dracunculus (*arum serpentaria*, L.), qu'on y avait nouvellement découverte. Elle était de la grosseur du pouce, marquée des mêmes couleurs que les vipères ; et l'on prétendait que c'était un spécifique contre la morsure de tous les serpents. Elle est différente du dracunculus dont nous avons parlé dans le livre précédent (xxiv, 93). Elle est d'une autre figure, et elle offre une propriété merveilleuse : au printemps, lors de la première mue des serpents, elle s'élève de terre à la hauteur de deux pieds, puis elle se renfonce dans le sol avec eux ; et, dès qu'elle est complètement cachée, aucun serpent ne paraît. Quand même cette plante ne ferait que nous avertir du danger, et nous en signaler le temps, cela seul serait une propriété naturelle assez précieuse. (III.) Ce ne sont pas seulement les animaux dont l'action est malfaisante, ce sont aussi parfois les eaux et les lieux. En Germanie, Germanicus César avait porté son camp au delà du Rhin ; et là, dans la partie maritime, il ne se trouvait qu'une seule source d'eau douce. En deux ans l'usage de cette eau fit tomber les dents et causa un relâchement de l'articulation du genou. Les médecins donnaient à ces affections les noms de stomacace (*mal de bouche*) et de sceletyrbe (*mal de jambe*) (1). On en trouva le remède dans la plante appelée britannica (*rumex aquaticus*, L.) (2), qui est bonne non-seulement pour les maladies des nerfs et de la bouche, mais aussi pour les angines et les morsures des serpents. Elle a les feuilles oblongues et noires, la racine noire. On exprime le suc et de la tige et de la racine. La fleur se nomme vibones ; cueillie et mangée avant que le tonnerre se soit fait entendre, elle donne toute sécurité contre ce météore. Les Frisons, chez qui était placé le camp, indiquèrent cette plante à nos soldats ; aussi m'étonné-je qu'on l'ait nommée britannica (3), à moins que ce n'ait été à cause du voisinage de la Bretagne, qui est baignée de ce côté par l'océan Germanique. En tout cas, ce n'est pas en raison de son abondance dans cette île qu'elle a été ainsi appelée, car alors la Bretagne était indépendante.

VII. On avait autrefois l'ambition d'adopter pour ainsi dire les plantes, en leur donnant son nom ; des rois même ont agi ainsi, comme nous le montrerons (xxv, 33 et suiv.), tant on estimait glorieux de découvrir une herbe, et de contribuer à l'avantage du genre humain ! Aujourd'hui les soins que nous prenons paraîtront peut-être

---

2 *rim*) deus. Insanabile ad hosce annos fuit rabidi canis morsus, pavoremque aquæ, potusque omnis afferens odium. Nuper cujusdam militantis in prætorio mater vidit in quiete, ut radicem silvestris rosæ, quam cynorrhodon vocant, blanditam sibi aspectu pridie in frutecto, mitteret filio hibendam : in Lacetania res gerebatur, Hispaniæ proxima parte ; casuque accidit, ut milite a morsu canis incipiente aquas expavescere, superveniret epistola orantis ut pareret religioni ; servatusque est ex insperato, et postea quisquis auxilium simile tentavit. Alias apud auctores cynorrhodi una medicina erat : spongiolæ, quæ in mediis spinis ejus nascitur, cinere cum melle, alopecias capitis expleri. In eadem provincia cognovi in agro hospitis nuper ibi repertum dracunculum appellatum caulem, pollicari crassitudine, versicoloribus viperarum maculis, quem ferebant contra omnium morsus esse remedio : alium, quam quos in priori volumine ejusdem nominis diximus : sed huic alia figura, aliudque miraculum exserentis se terra ad primas serpentium vernationes, bipedali fere altitudine, rursusque cum iisdem in terram condentis : nec omnino occultato eo apparet serpens : vel hoc per se satis officioso naturæ munere, si tantum præmoneret, tempusque formidinis demonstraret. (III.) Nec bestiarum solum ad nocendum scelera sunt, sed interim aquarum quoque ac locorum. In Germania trans Rhenum castris a Germanico Cæsare promotis, maritimo tractu fons erat aquæ dulcis solus, qua pota intra biennium dentes deciderent, compagesque in genibus solverentur. Stomacacen medici vocabant, et sceletyrben, ea mala. Reperta auxilio est herba, quæ vocatur Britannica, non nervis modo et oris malis salutaris, sed contra anginas quoque, et contra serpentes. Folia habet oblonga, nigra, radicem nigram. Succus ejus exprimitur et ex radice. Florem vibones vocant : qui collectus prius, quam tonitrua audiantur, et devoratus, securos in totum reddit. Frisii, qua castra erant, nostris demonstravere illam ; mirorque nominis causam : nisi forte confines Oceano Britanniæ, velut propinquæ, dicavere. Non enim inde appellatam eam, quoniam ibi plurima nasceretur, certum est, etiamnum Britannia libera.

VII. Fuit quidem et hic quondam ambitus, nominibus suis eas adoptandi, ut docebimus fecisse reges : tanta res videbatur, herbam invenire, vitam juvare, nunc fortassis aliquibus curam nostram frivolam quoque existimaturis : adeo deliciis sordent etiam quæ ad salutem per-

frivoles à quelques uns, parce qu'une vie voluptueuse dégoûte même de ce qui intéresse la santé. Il convient de faire d'abord mention des plantes dont on connaît les auteurs, en ayant soin d'en classer les effets suivant les espèces des maladies; 2 et, dans cette revue, on ne peut s'empêcher de plaindre le malheureux sort de l'homme, sujet, outre les accidents fortuits et ces nouvelles affections pour lesquelles on invente des noms à toute heure, sujet, dis-je, à des milliers d'affections qui menacent chaque mortel. Il y aurait une sorte de folie à vouloir distinguer quelles sont les maladies les plus insupportables, chaque malade trouvant la sienne, celle du moment, la plus cruelle de toutes. L'expérience (4) a cependant fait dire que ce qui cause les plus affreux tourments, c'est d'abord la strangurie, effet d'une affection calculeuse; en second lieu, les maux d'estomac; en troisième lieu, les maux de tête : ce n'est guère que 3 pour ces affections qu'on se donne la mort. Je m'étonne que les Grecs aient fait connaître jusqu'aux plantes malfaisantes; passe encore pour les poisons, puisque telle est la condition humaine, que la mort est souvent le meilleur des asiles : et d'ailleurs M. Varron rapporte que Servius Clodius, chevalier romain, vaincu par la violence des douleurs de la goutte, se frotta les jambes avec des sucs vénéneux, et que depuis lors ces parties restèrent sans aucun sentiment comme sans douleur. Mais pourquoi donner la connaissance des herbes avec lesquelles on peut troubler l'esprit, produire l'avortement, ou causer beaucoup d'autres effets non moins pernicieux ? Pour moi, je ne parlerai pas des médicaments abortifs et pas même des philtres, me souvenant que Lucullus, très-célèbre capitaine, est mort par l'effet d'un philtre. Je rejette également les maléfices de la magie, si ce n'est pour mettre en défense ou en défiance contre eux; et surtout je condamne la créance qu'on y donne. J'ai cru en avoir assez fait pour le bien des hommes en indiquant les plantes salutaires que la suite des temps a fait découvrir.

VIII. (IV.) La plante la plus célèbre est, d'après Homère, celle qu'il croit être appelée moly (*allium magicum*, L.) par les dieux : ce poète en attribue la découverte à Mercure, et il en signale l'efficacité contre les plus puissants maléfices (*Od.*, X, 302). Aujourd'hui, dit-on, elle croît aux environs du lac Phénée, et dans la contrée de Cyllène en Arcadie. Elle est semblable à la description d'Homère; elle a la racine ronde et noire, la grosseur d'un oignon et la feuille de la scille; on a de la peine à l'arracher. Les auteurs grecs nous en peignent la fleur tirant sur le jaune, tandis qu'Homère a dit qu'elle était blanche. J'ai rencontré un médecin habile dans la connaissance des herbes, qui m'a assuré que cette plante croissait en Italie, et qui m'en a fait apporter quelques jours après de la Campanie un échantillon qu'on avait tiré à grand'peine des difficultés d'un terrain pierreux. La racine avait trente pieds de long, et encore elle n'était pas entière; elle s'était cassée.

IX. La plante la plus estimée après le moly est celle qu'on nomme dodécathéon (douze-dieux) (*primula officinalis*, L.), la plaçant ainsi sous l'invocation de tous les dieux réunis. Prise dans de l'eau, elle guérit, dit-on, toutes les maladies. Les feuilles, au nombre de sept, très-semblables à celles de la laitue, sortent d'une racine jaune.

X. L'herbe nommée pæonia est celle dont la découverte est la plus ancienne. Elle garde le nom de celui qui l'a trouvée : quelques-uns l'appellent pentorobon; d'autres, glycyside (pivoine officinale, *pæonia officinalis*, L.). C'est encore une des difficultés que les mêmes plantes aient différents noms dans les différents pays. Celle-ci croît sur les montagnes couvertes de bois; la tige a quatre doigts d'intervalle d'un nœud à un autre; elle porte à son sommet quatre ou cinq fruits ressemblant aux noix grecques (amandes); ces fruits renferment beaucoup de graines rouges et noires. Cette plante est un préservatif contre les illusions nocturnes causées par les faunes (cauchemar). On recommande de l'arracher pendant la nuit, parce que si l'on est aperçu par le pivert, il attaque aux yeux, pour la défendre, celui qui la cueille.

XI. Le panacès, par son nom même, promet des remèdes à tous les maux (πᾶν, *tout*, ἄκος, *remède*); on en attribue la découverte aux dieux, et il offre plusieurs espèces : l'une est appelée asclépion (*echinophora tenuifolia*, L.), parce que Esculape donna le nom de Panacée à sa fille. Le suc, ainsi que nous l'avons fait remarquer (XII, 57), se coagule comme celui de la férule. La racine est couverte d'une écorce épaisse et un peu amère. Après qu'elle a été arrachée de terre, on se fait un point de religion de remplir le trou de toutes sortes de graines, sorte d'expiation due à la terre. En parlant des productions exotiques, nous avons enseigné (XII, 57) où et de quelle façon se préparait ce suc, et quel était celui qu'on estimait le plus. Le suc qu'on apporte de Macédoine se nomme bucolicon, parce que les bouviers le recueillent au moment où il s'écoule spontanément; il s'évapore très-rapidement. Quant aux autres espèces de suc, on rejette surtout celui qui est noir et mou : c'est en effet une marque qu'il a été sophistiqué avec de la cire.

XII. La seconde espèce de panacès (*laserpitium chironium*, L.) se nomme héracléon; on en attribue la découverte à Hercule. D'autres le nomment origan sauvage d'Hercule, parce qu'il ressemble à l'origan dont nous avons parlé (XX, 62); la racine n'en sert à rien.

XIII. Le troisième panacès est surnommé chironion (*hypericum olympicum*, L.) (5), du nom de celui qui l'a trouvé. La feuille ressemble à celle du lapathum (*rumex patientia*, L.), mais plus large et plus velue; la fleur est couleur d'or; la racine est petite. Il croît dans les terrains gras. La fleur a le plus de vertu; aussi est-elle plus employée que celle des espèces précédentes.

XIV. Le quatrième panacès, découvert par le même Chiron (VII, 57, 5), est appelé centaurion (la grande centaurée, *centaurea centaurium*, L.); on le nomme aussi pharnacéon, du nom du roi Pharnace (XXXIII, 54), parce que l'on dispute sur sa découverte par le centaure ou par le prince. On le sème; il a les feuilles plus longues que les autres, et dentelées. La racine, odorante, se sèche à l'ombre, et elle donne du bouquet au vin. On en a distingué deux variétés : l'une à feuille lisse, l'autre à feuille plus menue (6).

XV. L'héraclion sidérion (*scrophularia chrysanthemifolia*, L.) (7) est encore une découverte d'Hercule. La tige est menue, haute de quatre doigts; la fleur rouge, et la feuille semblable à celle de la coriandre. On le trouve près des lacs et des rivières; il guérit très-sûrement toutes les blessures faites par le fer.

XVI. L'ampelos chironia est due à Chiron; nous en avons parlé à propos des vignes (XXIII, 17); nous avons aussi parlé de l'herbe (XXII, 20) dont la découverte est attribuée à Minerve.

XVII. On rapporte encore à Hercule la plante appelée apollinaire, chez les Arabes alterum ou alterangenon (8), chez les Grecs hyoscyamos (jus-

---

nuncupantur. Nascitur opacis montibus, caule inter folia digitorum quatuor, ferente in cacumine veluti græcas nuces quatuor aut quinque. Inest iis semen copiosum, rubrum nigrumque. Hæc medetur et Faunorum in quiete ludibriis. Præcipiunt eruere noctu, quoniam si picus Martius videat, tuendo in oculos impetum faciat.

XI. Panaces ipso nomine omnium morborum remedia promittit, numerosum et diis inventoribus adscriptum. Unum quippe Asclepion cognominatur, quoniam is filiam Panaceam appellavit. Succus coactus ferulæ, qualem diximus, radice multi corticis et salsi. Hac evulsa scrobem repleri vario genere frugum religio est, ac terræ piamentum. Ubi, et quonam fieret modo, et quale maxime probaretur, inter peregrina docuimus. Id quod e Macedonia affertur, bucolicon vocant, armentariis sponte erumpentem succum excipientibus : hoc celerrime evanescit. Et in aliis autem generibus improbatur maxime nigrum ac molle. Id enim argumento est cera adulterati.

XII. Alterum genus heraclion vocant, et ab Hercule inventum tradunt : alii origanum heracleoticum silvestre, quoniam est origano simile, radice inutili : de quo origano diximus.

XIII. Tertium panaces Chironion cognominatur ab inventore. Folium ejus lapatho simile, majus tamen et hirsutius. Flos aureus, radix parva. Nascitur pinguibus locis. Hujus flos efficacissimus, eoque amplius, quam supra dicta, prodest.

XIV. Quartum genus panacis ab eodem Chirone repertum, centaurion cognominatur : sed et Pharnaceon, in controversiam inventionis, a Pharnace rege deductum. Seritur hoc, longioribus, quam cætera, foliis, et serratis. Radix odorata in umbra siccatur, vinoque gratiam adjicit. Hujus genera duo fecere, alterum lævioris folii, alterum tenuioris.

XV. Heracleon siderion et ipsum ab Hercule inventum est, caule tenui digitorum quatuor altitudine, flore puniceo, foliis coriandri. Juxta lacus et amnes invenitur, omniaque vulnera ferro illata efficacissime sanat.

XVI. Est Chironis inventum ampelos, quæ vocatur Chironia, de qua diximus inter vites, sicuti de herba, cujus inventio assignatur Minervæ.

XVII. Herculi eam quoque adscribunt, quæ Apollinaris, apud Arabas alterum sive alterangenon, apud Græcos

quiame). Il y en a plusieurs espèces : l'une (*hyoscyamus reticulatus*, L.) a la graine noire, la fleur presque pourpre, et est épineuse; celle-ci croît dans la Galatie. L'espèce vulgaire (jusquiame noire, *hyoscyamus niger*, L.) est plus blanche, plus garnie de branches et plus haute que le pavot. La graine de la troisième espèce (*hyosciamus aureus*, L.) est semblable à celle de l'irion (xviii, 22). Toutes causent la folie et des vertiges. La quatrième espèce (*hyosciamus albus*, L.) est molle, lanugineuse, plus grasse que les autres, à graine blanche, et croît dans les lieux maritimes. C'est d'elle que les médecins font usage, ainsi que d'une autre à graine roussâtre. Mais quelquefois la graine blanche devient rousse si elle n'a pas mûri parfaitement, et alors on la rejette. Au reste, on n'en cueille d'aucune espèce qui ne soit tout à fait sèche. Cette plante a, comme le vin, la propriété de porter à la tête et de troubler l'esprit. On se sert de la graine en nature, ou l'on en extrait le suc; on exprime séparément aussi le suc de la tige et des feuilles. On emploie même la racine. En général, l'emploi de cette plante est, selon moi, très-hasardeux. En effet, il est certain que les feuilles même dérangent l'esprit, si on en prend plus de quatre. Les anciens pensaient que les feuilles, dans du vin, chassaient la fièvre. On fait aussi avec la graine, comme nous l'avons dit (xv, 7, 5 ; xxiii, 49), une huile qui, instillée dans l'oreille, dérange l'intelligence. Chose singulière, on a indiqué des remèdes pour ceux qui avaient bu de ce suc comme étant un poison, et on a indiqué ce suc même parmi les remèdes : c'est ainsi qu'on multiplie sans fin les expériences, et qu'on force les poisons même à devenir utiles.

XVIII. (v.) Le linozostis ou parthénion (mercuriale, *mercurialis annua*, L.) est une découverte attribuée à Mercure; aussi, chez les Grecs, beaucoup le nomment hermupoa (herbe d'Hermès), et chez nous tout le monde l'appelle mercuriale. Il y en a deux espèces : la mercuriale mâle et la mercuriale femelle; celle-ci, plus efficace, a la tige haute d'une coudée, quelquefois ramifiée au sommet, les feuilles plus étroites que le basilic, les articulations serrées, des aisselles nombreuses ; la graine pend aux articulations. Dans la mercuriale femelle la graine est abondante; dans la mercuriale mâle elle est placée près des articulations, moins abondante, courte et contournée. Dans la mercuriale femelle la graine est libre et blanche. Les feuilles sont dans la mercuriale mâle plus foncées, dans la mercuriale femelle plus blanches. La racine, qui ne sert à rien, est très-grêle. Elles croissent toutes deux dans les campagnes cultivées. On rapporte de l'une et de l'autre une particularité singulière : la mercuriale mâle fait engendrer des garçons, la mercuriale femelle des filles, résultat qu'on obtient si, aussitôt après la conception, on fait boire le suc dans du vin cuit, ou manger les feuilles soit bouillies avec de l'huile et du sel, soit crues, dans du vinaigre. Quelques-uns la font bouillir dans un vase de terre neuf, avec de l'héliotrope et deux ou trois épis, jusqu'à ce qu'elle soit bien cuite; ils recommandent de prendre cette décoction en boisson, et la plante même en aliment, pendant trois jours à partir du lendemain des règles; et ils veulent que le quatrième jour, après le bain, la femme s'approche de son mari. Hippocrate (*De morb. mul.*, I, t. 63, t. 74, t. 82, t. 85; *De nat. mul.*, t. 8, t. 11, t. 18; *De morb.*, II, t. 12) a singulièrement vanté les deux mercuriales pour les maladies des femmes; aujourd'hui aucun médecin ne les emploie pour cet usage. Quant à lui, il les employait pour la matrice, en pessaire avec le miel, ou l'huile rosat, ou l'huile d'iris, ou l'huile de lis. Il s'en servait aussi pour provoquer les règles et la sortie de l'arrière-faix. Suivant lui, elles produisent les mêmes effets (*De nat. mul.*, t. 29) en boisson ou en fomentation. Il en instillait le suc pour la mauvaise odeur des oreilles (*De int. affect.*, t. 34), qu'il bassinait ensuite avec du vin vieux. Il se servait des feuilles en cataplasme, pour les maux de ventre, pour les épiphora, la strangurie et les affections de vessie; il en donnait la décoction avec la myrrhe et l'encens. Pour relâcher le ventre, ou dans les cas de fièvre, on en fait bouillir une poignée dans deux setiers d'eau jusqu'à réduction de moitié, et on boit cette décoction avec du sel et du miel. Cette décoction, avec un pied de cochon ou une volaille, est encore plus salutaire. Quelques-uns ont pensé que pour purger il fallait donner les deux mercuriales en même temps, ou en faire une décoction avec la mauve. Elles purgent la poitrine, évacuent la bile, mais font du mal à l'estomac. Nous en exposerons les autres usages en lieu et place.

1 XIX. Achille, élève de Chiron, a aussi découvert une plante qui guérit les blessures, appelée pour cela achilléos (*achillea tomentosa; achillea millefolium; achillea magna*). C'est avec cette plante qu'il guérit, dit-on, Téléphe. D'autres prétendent qu'il trouva le premier dans la rouille (XXXIV, 45) un ingrédient très-utile dans les emplâtres; aussi le représente-t-on faisant tomber avec son épée la rouille d'une lance dans la plaie de Téléphe. D'autres veulent qu'il ait employé à la fois les deux remèdes. Quelques-uns nomment cette plante panacès héracléon, d'autres sidéritis, et ils en font chez nous la mille-feuille (XXIV, 95): ils disent qu'elle a une tige d'une coudée, et est rameuse, et couverte dès le bas de feuilles plus petites que celles du fenouil. D'autres, tout en convenant que cette dernière plante est bonne pour les plaies, affirment que la vraie achilléos a une tige bleuâtre, haute d'un pied, sans branches, et garnie élégamment de tous côtés de feuilles rondes isolées. D'autres lui attribuent une 2 tige carrée, les sommités du marrube, et la feuille du chêne; ils prétendent aussi que cette plante cicatrise les nerfs coupés. D'autres disent que la sidéritis (XXV, 15) croît dans les décombres, et exhale quand on la broie une odeur fétide; et qu'il y en a encore une autre semblable à cette dernière, mais à feuilles plus blanches et plus grasses, à tiges plus menues, et croissant dans les vignobles; qu'enfin une troisième espèce (9) est haute de deux coudées, a des rameaux grêles, triangulaires, la feuille de la fougère, avec un long pétiole et la graine de la bette, et que toutes sont excellentes pour les plaies. Les Latins nomment scopa regia (XXI, 15) celle qui a la feuille la plus large (*chenopodium scoparia*, L.); elle guérit l'angine des pourceaux.

XX. A la même époque Teucer a trouvé le 1 teucrion, nommé par quelques-uns hémionion (*asplenium ceterach*, L.). Cette plante jette des scions déliés et de petites feuilles, croît dans les lieux incultes, a un goût astringent, et ne fleurit jamais; elle ne produit pas non plus de graine. C'est un remède pour les affections de la rate. Le fait est qu'elle fut reconnue de la manière suivante: Des entrailles de victimes furent jetées dessus; elle s'attacha à la rate et la consuma: aussi est-elle nommée par quelques-uns splénion. On dit qu'on trouve sans rate les pourceaux qui ont mangé de sa racine. Quelques auteurs donnent ce nom à une plante rameuse (la germandrée à feuilles luisantes, *teucrium lucidum*, L.), ayant les branches de l'hysope et la feuille de la

idem præstare potu fotuque dixit. Instillavit auribus olidis succum, inunxitque cum vino vetere. Alvo folia imposuit, epiphoris, stranguriæ, et vesicæ. Decoctum ejus dedit cum myrrha et thure. Alvo quidem solvendæ, vel in febri, decoquitur quantum manus capiat in duobus sextariis aquæ ad dimidias: bibitur sale et melle admixto: nec non cum ungula suis, aut gallinaceo decoctum salubrius. Purgationis causa putavere aliqui utramque dandam, sive cum malva decoctum. Thoracem purgant, bilem detrahunt, sed stomachum lædunt. Reliquos usus dicemus suis locis.

1 XIX. Invenit et Achilles discipulus Chironis, qua vulneribus mederetur, quæ ob id Achilleos vocatur. Hac sanasse Telephum dicitur. Alii primum æruginem invenisse utilissimam emplastris, ideoque pingitur a cuspide decutiens eam gladio in vulnus Telephi. Alii utroque usum medicamento volunt. Aliqui et hanc panacem heracleon, alii sideritin, et apud nos millefoliam vocant, cubitali scapo, ramosam, minutioribus quam feniculi foliis vestitam ab imo. Alii fatentur quidem illam vulneribus uti-

lem, sed veram achilleon esse scapo cæruleo pedali, sine ramis, ex omni parte singulis foliis rotundis eleganter vestitam. Alii quadrato caule, capitulis marrubii, folio quer- 2 cus. Hanc etiam præcisos nervos glutinare faciunt. Alii sideritin in maceriis nascentem, quum teratur, fœdi odoris. Etiamnum aliam similem huic, sed candidioribus foliis et pinguioribus, tenuioribus cauliculis, in vineis nascentem. Aliam vero binum cubitorum, ramulis exilibus, triangulis, folio filicis, pediculo longo, betæ semine, omnes vulneribus præcipuas. Nostri eam, quæ est latissimo folio, scopam regiam vocant. Medetur anginis suum.

XX. Invenit et Teucer eadem ætate Teucrion, quam 1 quidam hemionion vocant, spargentem juncos tenues, folia parva, asperis locis nascentem, austero sapore, numquam florentem: neque semen gignit. Medetur lienibus: constatque sic inventam: quum exta super eam projecta essent, adhæsisse lieni, eumque exinanisse. Ob id a quibusdam splenion vocatur. Narrant sues, qui radicem ejus ederint, sine spléne inveniri. Quidam ramis hyssopi surculosam, folio fabæ, eodem nomine appellant, et colligi flo-

fève, et ils prescrivent de la récolter pendant qu'elle est encore en fleur; ainsi ils ne doutent pas qu'elle ne fleurisse; ils vantent surtout celle qui croît dans les montagnes de la Cilicie et de la Pisidie.

XXI. On connaît la réputation de Mélampus (VII, 33) dans les arts de la divination; il a donné son nom à une espèce d'ellébore, le mélampodion. Quelques-uns attribuent la découverte de cette plante à un berger de ce nom, qui remarqua que les chèvres étaient purgées quand elles en avaient mangé, et qui guérit la folie des filles de Prœtus en leur donnant le lait de ces chèvres. Il convient donc de parler en même temps de toutes les espèces d'ellébore. Il y en a deux principales, la blanche (*veratrum album et nigrum*, L.), et la noire (*helleborus orientalis*, L.); d'après la plupart des auteurs, cette différence ne porte que sur la racine. D'autres assurent que l'ellébore noir a les feuilles semblables à celle du platane, mais plus petites, plus noires et plus découpées, et que l'ellébore blanc a les feuilles de la bette naissante, mais plus noires aussi, et rougeâtres dans le dessous, le long des nervures. Tous deux ont la tige férulacée, haute d'un palme et enveloppée de tuniques comme les bulbes, et la racine frangée comme celle de l'oignon. Le noir tue les chevaux, les bœufs, les pourceaux; aussi ces animaux n'y touchent pas, tandis qu'ils mangent le blanc. On dit que celui-ci est bon à cueillir au temps des moissons. Il croît en grande quantité sur le mont Œta, et le meilleur se trouve en un point de cette montagne, autour de Pyra. Le noir vient partout, mais il est meilleur sur l'Hélicon, montagne renommée encore pour d'autres plantes. L'ellébore blanc du mont Œta a le premier rang; au second est celui du Pont; au troisième, celui d'Élée, qui croît, dit-on, dans les vignobles; au quatrième, celui du Parnasse, que la commodité du voisinage fait sophistiquer avec celui d'Étolie. De ces espèces, le noir seul est appelé mélampodion. On s'en sert pour parfumer et purifier les maisons, et aussi pour asperger le bétail, en y joignant une formule de prière. On le cueille aussi avec plus de cérémonies : En effet, on trace d'abord autour de la plante un cercle avec une épée; ensuite celui qui doit la couper se tourne vers l'Orient, et il demande aux dieux de lui permettre de faire cette opération. Il observe s'il ne vole point d'aigle; il en paraît presque toujours lorsqu'on récolte cette plante; et si l'aigle vole près de celui qui la récolte, c'est un présage que celui-ci mourra dans l'année. On ne recueille pas non plus facilement l'ellébore blanc; il porte à la tête, surtout si l'on n'a pas la précaution de manger auparavant de l'ail, de boire de temps en temps du vin, et de fouiller promptement la terre. L'ellébore noir est appelé par quelques-uns ectomon, par d'autres polyrrhizon; il purge par le bas; le blanc purge par le haut, et emporte par cette voie la cause des maladies. Ce remède, si redoutable autrefois, est devenu si familier, que beaucoup d'hommes studieux en ont fait un fréquent usage pour se donner plus de sagacité dans leurs travaux littéraires. Carnéade en prit pour répondre aux écrits de Zénon; et chez nous, Drusus, le plus célèbre des tribuns du peuple, le même qui reçut avant tous les autres les applaudissements des plébéiens debout, et à qui les patriciens imputèrent la guerre des Marses, fut guéri de l'épilepsie par ce remède, dans l'île d'Anticyre. Là, en effet, on en use avec plus de sûreté qu'ailleurs, parce qu'on y mêle le sésamoïde, comme nous avons dit (XXII, 64). En Italie on le nomme vératrum. La poudre des

---

rentem adhuc jubent : adeo florere non dubitant; maximeque ex Ciliciis et Pisidiæ montibus laudant.

XXI. Melampodis fama, divinationis artibus nota est. Ab hoc appellatur unum ellebori genus Melampodion. Alii pastorem eodem nomine invenisse tradunt, capras purgari pasto illo animadvertentem, datoque lacte earum sanasse Prœtidas furentes. Quamobrem de omnibus ejus generibus dici simul convenit. Prima duo sunt, candidum et nigrum. Hoc radicibus tantum intelligi tradunt plerique. Alii folia nigri, platano similia, sed minora, nigrioraque et pluribus divisuris scissa : albi, betæ incipientis : hac quoque nigriora, et canalium dorso rubescentia. Utraque caule palmi ferulaceo, bulborum tunicis convoluto, radice fimbriata cæparum modo. Nigro equi, boves, sues necantur; itaque cavent id, quum candido vescantur. Tempestivum esse tradunt messibus. Plurimum autem nascitur in Œta monte : et optimum uno ejus loco circa Pyram. Nigrum ubique provenit, sed melius in Helicone, qui mons et aliis laudatur herbis. Candidum probatur Œtæum : secundum Ponticum; tertio loco Eleaticum, quod in vitibus nasci ferunt, quarto Parnassium, quod adulteratur Ætolico, ex vicino. Nigrum ex his Melampodion vocant, quo et domos suffiunt purgantque, spargentes et pecora, cum precatione solenni : hoc et religiosius colligitur. Primum enim gladio circumscribitur. Dein qui succisurus est, ortum spectat : et precatur, ut id liceat sibi concedentibus diis facere, observatque aquilæ volatus : fere enim secantibus interest : et si prope advolavit, moriturum illo anno qui succidat, augurium est. Nec album licet colligitur, caput aggravans, maxime nisi præsumatur allium, et subinde vinum sorbeatur, celeriterque fodiatur. Nigrum alii ectomon vocant, alii polyrrhizon : purgat per inferna : candidum autem vomitione, causasque morborum extrahit; quondam terribile, postea tam promiscuum, ut plerique studiorum gratia ad pervidenda acrius, quæ commentabantur, sæpius sumtitaverint. Carneadem responsurum Zenonis libris : Drusum quoque apud nos, tribunorum popularium clarissimum ( cui ante omnes plebs stans plausit, optimates vero bellum Marsicum imputavere ), constat hoc medicamento liberatum comitiali morbo in Anticyra insula. Ibi enim tutissime sumitur, quoniam, ut diximus, sesamoides admiscent. Italia veratrum vocat. Farina eo-

ellébores, seule ou mêlée avec la radicule (saponaire), qui, avons-nous dit (XIX, 18), est employée au lavage des laines, est un sternutatoire. Les deux ellébores sont narcotiques. On en choisit les racines les plus déliées, les plus courtes, et encore faut-il qu'elles soient comme tronquées; car le haut de la racine, qui en est le gros et qui ressemble aux oignons, ne sert qu'à purger les chiens. Les anciens choisissaient la racine dont l'écorce était la plus charnue, afin d'en tirer une substance plus délicate. Ils la couvraient d'éponges humides; puis, gonflée, ils l'effilaient à l'aide d'une aiguille; enfin ils faisaient sécher à l'ombre ces filaments, pour s'en servir au besoin. Aujourd'hui on donne immédiatement le chevelu de la racine dont l'écorce est la plus épaisse. Le meilleur ellébore est celui qui, âcre et brûlant au goût, répand une sorte de poussière quand on le rompt. La force s'en conserve, dit-on, pendant trente ans.

1 XXII. L'ellébore noir s'administre pour la paralysie, la folie, l'hydropisie, pourvu qu'il n'y ait point de fièvre, pour la goutte invétérée et les maladies articulaires. Il évacue par le bas la bile et la pituite. On en donne dans l'eau, pour relâcher doucement le ventre, une drachme au plus, et, pour dose moyenne, quatre oboles (3 gramm.). Quelques-uns y ont adjoint la scammonée; le plus sûr adjuvant est le sel. Dans un véhicule doux, pour peu qu'on passe la dose, il est dangereux. En fomentation, il dissipe les taies des yeux; aussi quelques-uns l'ont pilé, et en ont fait un collyre. Il mûrit et déterge les scrofules, les suppurations, les duretés, ainsi que les fistules où on l'introduit, mais il faut le retirer le troisième jour. Avec les râclures de cuivre et la sandaraque, il enlève les verrues.

Avec la farine d'orge et le vin, on l'emploie en topique sur le ventre des hydropiques. On s'en sert pour guérir les catarrhes du bétail et des bêtes de somme, en passant à travers l'oreille de l'animal une tige d'ellébore, que l'on retire le lendemain à la même heure. Avec l'encens ou la cire et la poix, ou avec l'huile de poix (XXIV, 11), il guérit la gale des quadrupèdes.

XXIII. Le meilleur ellébore blanc est celui 1 qui fait le plus promptement éternuer; mais il paraît bien plus formidable que le noir, surtout quand on lit dans les anciens auteurs les précautions par lesquelles on cherchait à défendre ceux qui l'avaient pris contre les frissons, les suffocations, les assoupissements inopportuns, les hoquets ou les éternuments éternels, les troubles de l'estomac, les vomissements trop tardifs ou trop prolongés, trop peu abondants ou excessifs. En effet, on était dans l'usage d'administrer d'autres substances qui excitaient le vomissement, et de faire sortir l'ellébore soit par des évacuants, soit par des clystères; souvent même on pratiquait la saignée. De plus, quelque heureux effet qu'il produise, il est toujours effrayant, à cause des diverses couleurs des matières vomies; et, après le vomissement, à cause de l'attention du médecin à observer le bas-ventre, à cause de l'administration des bains, à cause du soin donné au corps entier; et tout cela précédé par les terreurs qu'inspire la réputation de ce remède, car on dit que cuit avec de la chair il la consume. L'erreur des anciens était de le donner, à cause 2 de ces craintes, avec trop de parcimonie; en effet, plus on le prend à haute dose, plus il fait promptement éruption. Thémison n'en donnait pas plus de deux drachmes; plus tard, on en a donné jusqu'à quatre, sur l'autorité d'Hérophile (10), qui

---

rum per se, et mixta radicula, qua lanas diximus lavari, sternumentum facit, amboque somnum. Leguntur autem tenuissimæ radices brevesque, ac velut decurtatæ etiam hæ. Nam summa, quæ est crassissima, cæpis similis, canibus tantum datur purgationis causa. Antiqui radicem cortice quam carnosissimo seligebant, quo tenuior eximeretur medulla. Hanc humidis spongiis opertam, turgescentemque acu in longitudinem findebant. Deinde fila in umbra siccabant, iis utentes : nunc ramulos ipsos ab radice quam gravissimi corticis ita dant. Optimum, quod acre gustu fervensque, in frangendo pulverem emittit. Durare vim ejus XXX annis ferunt.

1 XXII. Nigrum medetur paralyticis, insanientibus, hydropicis, dum citra febrim, podagris veteribus, articulariis morbis. Trahit alvum, et bilem, pituitasque. Ex aqua datur ad leniter molliendam alvum, plurimum drachma, modice quatuor obolis. Miscuere aliqui et scammoneam, sed tutius salem. In dulcibus datum copiosius periculum infert; oculorum caliginem fotu discutit : ob id quidam et inunxere trito. Strumas, suppurata, duritias concoquit et purgat : item fistulas, tertia die exemtum. Verrucas tollit cum squamis æris et sandaracha. Hydro-

picorum ventri imponitur cum farina hordeacea et vino. Pecorum et jumentorum pituitas sanat, surculo per aurem trajecto, et postero die eadem hora exemto. Scabiem quadrupedum cum thure aut cera, ac pice, vel cum pisselæo.

XXIII. Album optimum, quod celerrime movet sternu- 1 menta : sed multum terribilius nigro, præcipue si quis apparatum poturorum apud antiquos legat, contra horrores, strangulatus, intempestivos somni vires, singultus infinitos aut sternumenta, stomachi dissolutiones, tardiores vomitus aut longiores, exiguos aut nimios. Quippe alia dare soliti, quæ concitarent vomitiones, ipsumque elleborum extraherent medicamentis, aut clysteribus : sæpe etiam sanguine venis emisso. Jam vero et quum prospere cedat, terribili visu, variis coloribus vomitionum, et post vomitiones observatione alvi, balinearum dispensatione, totius corporis cura, antecedente omnia hæc magno terrore famæ : namque tradunt absumi carnem, si coquatur una. Sed antiquorum vitium erat, quod propter hos metus 2 parcius dabant : quum celerius erumpat, quo largius sumitur. Themison binas non amplius drachmas dabat : ut sequentes et quaternas dedere, claro Herophili præconio,

comparait l'ellébore à un vaillant capitaine, disant qu'après avoir tout mis en mouvement, il sortait le premier. On a fait de plus une découverte singulière : ce qui, comme nous l'avons dit (xxv, 21) (11), a été coupé avec de petits ciseaux, on le passe par le crible; l'écorce reste, la moelle tombe; l'écorce est l'évacuant, tandis que la moelle, donnée quand l'évacuation est excessive, arrête les vomissements.

1 XXIV. Au reste, pour obtenir de bons effets, il faut prendre garde de l'administrer par un temps couvert, car alors il cause des tourments insupportables; et il n'est pas douteux qu'il faut le donner plutôt dans l'été que dans l'hiver. Le corps doit être préparé sept jours à l'avance par des aliments âcres, par l'abstinence du vin; le quatrième jour et l'avant-veille, par des vomissements; la veille, par l'omission du repas du soir. L'ellébore blanc se donne aussi dans un véhicule doux, mais il se prend le mieux dans une purée de lentilles ou dans de la bouillie. On a tout nouvellement imaginé de fendre des raiforts, d'y insérer de l'ellébore, puis de comprimer le tout ensemble, afin que la force du remède se partage; et on le donne ainsi adouci. Environ quatre 2 heures après on commence à le rendre, et l'opération en est complète au bout de sept heures. Administré de la manière indiquée, il est bon pour l'épilepsie, comme nous l'avons dit (xxv, 21); pour les vertiges, la mélancolie, la folie, le délire, l'éléphantiasis blanc, la lèpre, le tétanos, le tremblement, la podagre, l'hydropisie, la tympanite commençante, les affections de l'estomac, le spasme cynique (tic douloureux), la coxalgie, les fièvres quartes qui ne se termineraient pas autrement, les vieilles toux, les gonflements, et les tranchées qui reviennent.

1 XXV. On défend de le donner aux vieillards et aux enfants, aux personnes d'un corps ou d'un esprit mou et efféminé, aux gens grêles ou délicats; on le donne moins aux femmes qu'aux hommes; on le défend encore aux individus timides, et dans les cas où les viscères sont ulcérés ou tuméfiés; on le défend surtout aux hémoptoïques et à ceux qui se plaignent de la poitrine ou de la gorge. A l'extérieur, l'ellébore appliqué avec de l'axonge salée est bon pour les éruptions pituiteuses ainsi que pour les vieilles suppurations. Mêlé avec de la farine, il tue les rats. Les chasseurs gaulois empoisonnent leurs flèches avec l'ellébore, coupent autour de la blessure la chair des animaux qu'ils tuent, et assurent que le reste est plus tendre. L'ellébore blanc broyé et humecté de lait fait mourir les mouches; il guérit le phthiriasis.

XXVI. (VI.) Cratevas a attribué à Mithridate 1 lui-même une plante appelée mithridatia (*erythronium dens canis*, L.); elle a à la racine deux feuilles qui ressemblent à celle de l'acanthe; la tige s'élève entre ces deux feuilles, et porte une fleur couleur de rose.

XXVII. Lenæus attribue à Mithridate la dé- 1 couverte d'une seconde plante, le scordotis ou scordion (*nepeta scordotis*, L.), qui a été décrit de la main même de ce prince : cette plante est haute d'une coudée, à tige quadrangulaire, rameuse, semblable au chêne (12), et portant des feuilles lanugineuses; elle se trouve au royaume de Pont, dans les campagnes grasses et humides; la saveur en est amère. Il en existe aussi une autre espèce (*teucrium scorodonia*, L.), à feuilles plus larges, ressemblant à la menthe sauvage. Toutes deux ont isolément de nombreux usages, ou avec d'autres ingrédients elles entrent dans les antidotes.

XXVIII. La polémonia ou philétæria (*hyperi*- 1

---

qui elleborum fortissimi ducis similitudini æquabat. Concitatis enim intus omnibus, ipsum in primis exire. Præterea mirum inventum est, quod incisum forficulis, ut diximus, cribrant : cortex remanet, hoc inaniunt : medulla cadit; hæc in nimia purgatione data vomitiones sistit.

1 XXIV. Cavendum est felici quoque cura, ne nubilo die detur : quippe impetibiles cruciatus exsistunt. Nam æstate potius, quam hieme dandum, non est in dubio. Corpus septem diebus ante præparandum cibis acribus, abstinentia vini, quarto et tertie die vomitionibus, pridie cœnæ abstinentia. Album et in dulci datur, aptissime vero in lente aut pulte. Nuper invenere, dissectis raphanis inserere elleborum, rursusque comprimere raphanos, ut transeat vis, atque ita lenimento dare. Reddi post quatuor 2 fere horas incipit. Totum opus septenis peragitur horis. Medetur ita morbis comitialibus, ut diximus, vertigini, melancholicis, insanientibus, lymphaticis, elephantiasi albæ, lepris, tetano, tremulis, podagricis, hydropicis, incipientibusque tympaniticis, stomachicis, spasticis cynicis, ischiadicis, quartanis, quæ aliter non desinant; tussi veteri, inflationibus, torminibus redeuntibus.

XXV. Vetant dari senibus et pueris : item mollis ac fe- 1 minei corporis animive, exilibus aut teneris : et feminis minus quam viris. Item timidis, aut si exulcerata sint præcordia, vel tumeant : minime sanguinem exscreantibus, causariis vel latere, vel faucibus. Medetur extra corporis, eruptionibus pituitæ cum axungia salsa illitum : item suppurationi veteri. Mures polentæ admixtum necat. Galli sagittas in venatu elleboro tingunt, circumcisoque vulnere teneriorem sentiri carnem affirmant. Muscæ quoque necantur albo trito, et cum lacte sparso. Eodem et phthiriasis emendatur.

XXVI. (VI.) Ipsi Mithridati Cratevas adscripsit unam 1 mithridatiam vocatam. Huic folia duo a radice acantho similia. Caulis inter utraque sustinens roseum florem.

XXVII. Alteram Lenæus, scordotin, sive scordion, ip- 1 sius manu adscriptam, magnitudine cubitali, quadrangulo caule, ramosam quernæ similitudine, foliis lanuginosis : reperitur in Ponto, campis pinguibus humidisque, gustus amari. Est et alterius generis, latioribus foliis, mentastro similis, plurimosque utraque ad usus per se, et inter alia in antidotis.

*cum olympicum*, L.) (18) doit ce double nom à la contestation des rois qui s'en sont disputé la découverte. Les Cappadociens la nomment chiliodynama (mille vertus). Elle a une racine grosse, des branches menues, à l'extrémité desquelles pend une sorte de grappe, une graine noire; du reste, elle ressemble à la rue. Elle croît dans les terrains montueux.

XXIX. L'eupatoire (*agrimonia eupatorium*, L.) a aussi un patronage royal (Mithridate Eupator). La tige en est ligneuse, noirâtre, velue, haute d'une coudée, et quelquefois plus. Les feuilles, disposées d'intervalle en intervalle, ressemblent à celles de la quintefeuille ou du chanvre; elles sont découpées en cinq parties, et elles sont noires aussi et velues. La racine ne sert à rien. La graine, prise dans du vin, est un remède souverain pour la dyssenterie.

XXX. La centaurée (*centaurea centaurium*, L.) a, dit-on, guéri Chiron : le centaure maniait les armes d'Hercule, qu'il avait reçu chez lui, et il s'était blessé en laissant tomber une flèche sur son pied; aussi quelques-uns appellent-ils la centaurée chironion. Les feuilles sont larges et oblongues, dentelées tout autour, et touffues dès la racine. Les tiges, hautes de trois coudées et garnies de nœuds, portent des têtes semblables à celles du pavot. La racine est volumineuse, rougeâtre, tendre, cassante, longue de deux coudées, pleine de suc, et d'une amertume mélangée d'une certaine douceur. La centaurée croît sur les collines, dans un terrain gras. La plus estimée est celle de l'Arcadie, de l'Élide, de la Messénie, du mont Pholoé et de la Lycie; elle est très-bonne aussi sur les Alpes et dans d'autres lieux. Dans la Lycie on en fait le lycium. Elle a tant de vertu pour réunir les plaies, qu'elle fait, dit-on, adhérer entre elles les viandes avec lesquelles on la met cuire. On n'emploie que la racine, qu'on fait prendre à la dose de deux drachmes pour les cas dont nous parlerons, pilée dans de l'eau s'il y a fièvre, sinon dans du vin. La décoction de cette racine guérit les mêmes maladies.

XXXI. Il est une autre centaurée, surnommée lepton (*erythræa centaurium*, Pers.), à feuilles menues, appelée par quelques-uns libadion, parce qu'elle croît sur le bord des fontaines. Elle ressemble à l'origan, si ce n'est qu'elle a les feuilles plus étroites et plus longues. La tige est anguleuse, peu élevée, garnie de rejets; la fleur est celle du lychnis (*agrostemma coronaria*, L.); la racine est menue, et sans usage. C'est par son suc que cette plante est efficace. Elle se récolte en automne; on extrait le suc des feuilles. Quelques-uns hachent les tiges, et les font macérer dans l'eau pendant dix-huit jours avant de les exprimer. En Italie on nomme cette centaurée le fiel de la terre, à cause de son extrême amertume. Les Gaulois la nomment exacon, parce que, prise en breuvage, elle fait évacuer par le bas toutes les substances vénéneuses.

XXXII. Il est une troisième centaurée surnommée triorchis (14) : il est rare qu'on la coupe sans se blesser; le suc en est couleur de sang. Théophraste (*Hist.*, IX, 9) rapporte qu'elle est défendue par le triorchis, espèce d'épervier qui attaque ceux qui la cueillent, et qui lui a donné son nom. Les gens ignorants confondent tout cela, et font tout rentrer dans la première espèce.

XXXIII. (VII.) Le clymenus (chèvrefeuille des bois, *lonicera periclymenum*, L.) porte le nom d'un roi. Il a les feuilles du lierre, beaucoup de branches, la tige creuse et garnie de nœuds,

---

XXVIII. Polemoniam, alii philetæriam, a certamine regum inventionis appellant. Cappadoces autem chiliodynamam, radice crassa, exilibus ramis, quibus in summis corymbi dependent, nigro semine : cætero rutæ similis, nascitur in montuosis.

XXIX. Eupatoria quoque regiam auctoritatem habet, caulis lignosi, nigricantis, hirsuti, cubitalis, et aliquando amplioris, foliis per intervalla quinquefolii, aut cannabis, per ambitum incisis quinquepartito, nigris et ipsis, plumosisque : radice supervacua. Semen dysentericis in vino potum auxiliatur unice.

XXX. Centaurio curatus dicitur Chiron, quum Herculis excepti hospitio pertractanti arma, sagitta excidisset in pedem : quare aliqui Chironion vocant. Folia sunt lata et oblonga, serrato ambitu, densa ab radice, caules ternum cubitorum, geniculati. In his capita ceu papaverum. Radix vasta, rubescens, tenera fragilisque, ad bina cubita, madida succo, amara cum quadam dulcedine. Nascitur in collibus pingui solo. Laudatissima in Arcadia, Elide, Messenia, Pholoe, et Lycia : et in Alpibus vero plurimisque aliis locis. In Lycia quidem et ex ea lycium faciunt. Vis in vulneribus tanta, ut cohærescere etiam carnes tradant, si coquantur simul. In usu radix tantum duabus drachmis bibenda, quibus dicetur : si febris sit, in aqua trita, cæteris, in vino. Medetur et iisdem morbis decoctæ succus.

XXXI. Est alterum centaurion cognomine lepton, minutis foliis, quod aliqui libadion vocant, quoniam secundum fontes nascitur, origano simile, angustioribus et longioribus foliis, anguloso caule paululum alto, fruticante, flore lychnidis, radice tenui et supervacua, succo efficax. Ipsa herba autumno legitur, succus e fronde. Quidam caules concisos madefaciunt diebus XVIII, atque ita exprimunt. Hoc centaurion nostri fel terræ vocant, propter amaritudinem summam. Galli exacon, quoniam omnia mala medicamenta potum e corpore exigat per alvum.

XXXII. Tertia est centauris, cognomine triorchis. Qui eam secat, rarum est, ut non vulneret sese. Hæc succum sanguineum mittit. Theophrastus defendi eam, impugnarique colligentes tradit a triorche accipitrum genere, a quo et nomen accepit. Imperiti confundunt hæc omnia, et primo generi assignant.

XXXIII. (VII.) Clymenus a rege herba appellata est, ederæ foliis, ramosa, caule inani, articulis præcincta, odore

l'odeur forte, la graine du lierre ; il croît dans les lieux boisés et montueux. Nous indiquerons quelles maladies il guérit, pris en boisson ; mais il faut dire ici qu'en opérant la guérison il rend inhabiles à la génération les hommes qui en prennent. Celui des Grecs (*calendula arvensis*), semblable au plantain, a la tige carrée et des follicules pleins de graine, entrelacés entre eux comme les bras des poulpes. Le suc en est employé, et possède à un haut degré la vertu réfrigérante.

XXXIV. Gentius, roi des Illyriens, a découvert la gentiane ; elle croît partout, mais la plus estimée est celle de l'Illyrie. Elle a la feuille du frêne, mais de la grandeur de celle de la laitue ; la tige tendre, grosse comme le pouce, creuse et vide, garnie de feuilles par intervalles, atteignant parfois la hauteur de trois coudées, la racine flexible, noirâtre, et sans odeur. Elle abonde au pied des Alpes, dans les endroits humides. On emploie le suc et la racine. La racine a des propriétés échauffantes ; il ne faut pas la faire prendre aux femmes enceintes.

XXXV. Le roi Lysimaque a trouvé la plante appelée d'après lui lysimachia (*lysimachia atropurpurea*, L.), et qu'Érasistrate a vantée ; elle a les feuilles vertes du saule, la fleur pourpre, le port d'un arbrisseau, les branches dressées, l'odeur âcre ; elle vient dans les lieux humides. La force en est si grande, que mise sur le joug de bêtes de somme rétives elle fait cesser leur mutinerie.

XXXVI. Des femmes même ont ambitionné de donner leur nom à des plantes : ainsi Artémise, femme de Mausole, adopta la plante appelée auparavant parthenis. D'autres prétendent que cette plante a été ainsi nommée de la déesse Artémis Ilithye, attendu qu'elle est employée particulièrement pour les maladies des femmes. Elle jette beaucoup de rejetons, comme l'absinthe, mais elle a les feuilles plus grandes et grasses. On en distingue deux espèces : l'une à feuilles plus larges (*artemisia arborescens*), l'autre plus délicate, à feuilles plus menues (armoise des champs, *artemisia campestris*, L.), et ne croissant que dans les parages maritimes. Quant à la plante (*artemisia camphorata*, L.) à laquelle quelques-uns donnent le même nom, et qui vient au milieu des terres, elle a une tige simple, des feuilles très-petites, beaucoup de fleurs qui éclosent lors de la maturité du raisin, et une odeur qui n'est pas désagréable. On l'appelle encore botrys et ambrosia ; elle croît dans la Cappadoce.

XXXVII. La plante nommée nymphæa (*nymphæa alba*, L.) provient, dit-on, d'une nymphe morte de jalousie pour Hercule. Pour cela quelques-uns la nomment héracléon, et d'autres rhopalon, à cause de sa racine semblable à une massue ; et on ajoute que ceux qui en prennent pendant douze jours perdent la faculté du coït. La plus estimée est celle d'Orchomène et de Marathon. Les Béotiens, qui en mangent la graine, la nomment madon. Elle vient dans l'eau ; de larges feuilles flottent à la surface, et d'autres partent de la racine ; la fleur ressemble au lis, et, quand elle est passée, laisse une tête semblable à celle du pavot. La tige est grêle. On la récolte en automne. La racine, noire, se sèche au soleil : c'est un remède pour le cours de ventre. Il y a encore une autre nymphæa (*nymphæa lutea*, L.) qui croît en Thessalie, dans le fleuve Pénée. La racine est blanche, la tête jaune, de la grandeur d'une rose.

XXXVIII. Du temps de nos pères, le roi Juba

---

gravi, et semine ederæ, silvestribus et montuosis nascens. Quibus morbis pota medeatur, dicemus. Sed hic indicandum est, dum medeatur, sterilitatem pota etiam viris fieri. Græci plantagini similem esse dixerunt, caule quadrato, folliculis cum semine inter se implexis, velut in polyporum cirris : et succus autem in usu, vi summa in refrigerando.

XXXIV. Gentianam invenit Gentius rex Illyriorum, ubique nascentem, in Illyrico tamen præstantissimam, folio fraxini : sed magnitudine lactucæ, caule tenero, pollicis crassitudine, cavo et inani, ex intervallis foliato, trium aliquando cubitorum, radice lenta, subnigra, sine odore, aquosis montibus Subalpinis plurima. Usus in radice et succo. Radicis natura est excalfactoria, sed prægnantibus non bibenda.

XXXV. Invenit et Lysimachus herbam Lysimachiam, quæ ab eo nomen retinet, celebrata Erasistrato. Folia habet salicis viridia, florem purpureum, fruticosa, ramulis erectis, odore acri : gignitur in aquosis. Vis ejus tanta est, ut jumentis discordantibus jugo imposita, asperitatem cohibeat.

XXXVI. Mulieres quoque hanc gloriam affectavere : in quibus Artemisia uxor Mausoli, adoptata herba quæ antea parthenis vocabatur. Sunt qui ab Artemide Ilithyia cognominant putant, quoniam privatim medeatur feminarum malis. Est autem absinthii modo fruticosa, majoribus foliis pinguibusque. Ipsius duo genera : altera latioribus foliis, altera tenera tenuioribus, et non nisi in maritimis nascens. Sunt qui in mediterraneis eodem nomine appellant, simplici caule, minimis foliis, floris copiosi, erumpentis, quum uva maturescit, odore non injucundo : quam quidam botryn, alii ambrosiam vocant. Talis in Cappadocia nascitur.

XXXVII. Nymphæa nata traditur Nympha zelotypia erga Herculem mortua. Quare heracleon vocant aliqui, alii rhopalon, a radice clavæ simili ; ideoque eos qui biberint eam duodecim diebus, coitu genituraque privari. Laudatissima in Orchomeno et Marathone. Bœoti madon vocant, qui et semen edunt. Nascitur in aquosis, foliis magnis, in summa aqua, et aliis ex radice prodeuntibus, flore lilio simili, et quum defloruit, capite papaveris, tenui caule : secatur autumno. Radix nigra in sole siccatur, adversaturque alvinis. Est et alia nymphæa in Thessalia, amne Peneo, radice alba, capite luteo, rosæ magnitudine.

a découvert (v, 1, 16) la plante qu'il a nommée euphorbe (*euphorbia officinarum*, L.), du nom de son médecin. Euphorbe fut le frère de Musa (xix, 38, 4), qui, comme nous l'avons dit (xix, 38), sauva la vie au dieu Auguste. Ces deux frères ont introduit l'usage de se faire arroser après le bain chaud avec beaucoup d'eau froide, pour resserrer le corps. Autrefois on ne se baignait qu'à l'eau chaude, comme nous le voyons dans Homère même (*Il.*, xii, 444). Il existe sur l'euphorbe un traité de Juba, où il vante beaucoup cette plante. Il la trouva sur le mont Atlas ; elle est droite comme un thyrse, et a les feuilles de l'acanthe. Elle a une telle force, qu'on en recueille le suc à distance. On l'incise avec une perche armée d'un fer, et on met dessous un récipient fait en peau de chèvre. Le liquide qui s'écoule a l'apparence du lait, et, quand il est séché, celle de l'encens. Ceux qui le recueillent 2 ont la vue plus claire. C'est un remède contre le venin des serpents : en quelque endroit que soit la morsure, on fait une incision à la tête, et on y introduit le suc. Les Gétules qui le recueillent le falsifient avec le lait de chèvre, mais on reconnaît cette falsification à l'aide du feu : celui qui n'est pas pur répand une odeur dégoûtante. On met beaucoup au-dessous de ce suc celui qu'on tire dans la Gaule (Cisalpine) du chamelæa (xiii, 35), plante qui porte le grain de coccus. Le suc de l'euphorbe a la cassure semblable à celle de l'ammoniaque. Pour peu qu'on en goûte, il laisse dans la bouche une chaleur qui dure longtemps et qui s'augmente peu à peu, jusqu'à dessécher la gorge.

1 XXXIX. (viii.) Le médecin Thémison a vanté une herbe commune, le plantain, dont il parle dans un traité spécial, comme s'il l'avait découverte. Il y en a deux espèces : l'une plus petite, à feuilles plus étroites et plus noires (*plantago lagopus*, L.), qui ressemblent beaucoup à la langue des moutons, à tige angulaire et penchée vers la terre; elle croît dans les prés. L'autre, plus grande (*plantago altissima*, L.), a les feuilles garnies de côtes ; ces côtes sont au nombre de sept : aussi quelques-uns l'ont-ils nommée heptapleuron. La tige est haute d'une coudée, et semblable à celle du navet. Le plantain des terrains humides a le plus de vertu. Il a une force merveilleuse pour dessécher et resserrer. Il produit l'effet d'un cautère. Rien n'arrête aussi bien les fluxions que les Grecs nomment rhumatismes.

XL. Nous y adjoindrons la buglose (*anchusa* 1 *italica*, Retz.), dont la feuille ressemble à la langue du bœuf. Infusée dans du vin, elle procure, et c'en est la propriété principale, l'hilarité. On l'appelle aussi euphrosyne (réjouissante).

XLI. On y adjoint encore la cynoglosse (*cy-* 1 *noglossum pictum*, Ait.), dont la feuille ressemble à la langue du chien, et qui produit un très-bon effet dans la topiaire (15). On dit que la racine de celle qui a trois rejetons portant graine, bue dans de l'eau, guérit la fièvre tierce ; et que la racine de celle qui en a quatre guérit la fièvre quarte. Il est une autre plante (*myosotis lappula*) qui lui ressemble, et qui porte des fruits comme ceux de la lappa (xxi, 64), mais plus petits. La racine prise dans de l'eau est un remède contre les grenouilles et les serpents.

XLII. Le buphthalmos (*chrysanthemum co-* 1 *ronarium*, L.), semblable à l'œil du bœuf, a les feuilles du fenouil ; il croît autour des villes ; il a beaucoup de tiges ; on les fait cuire et on les mange ; quelques-uns le nomment cachla. Incorporé avec de la cire, il résout les squirres.

---

1 XXXVIII. Invenit et patrum nostrorum ætate rex Juba, quam appellavit Euphorbiam, medici sui nomine. Frater is fuit Musæ, a quo divum Augustum conservatum indicavimus. Iidem fratres instituere a balineis frigida multa corpora adstringere. Antea non erat mos, nisi calida tantum lavari, sicut apud Homerum etiam invenimus. Sed Jubæ volumen quoque exstat de ea herba et clarum præconium. Invenit eam in monte Atlante : specie thyrsi, foliis acanthinis. Vis tanta est, ut e longinquo succus excipiatur : incisæ conto, subditis excipulis ventriculo hœdino, humor lactis videtur effluere : siccatus quum coiit, thuris effigiem habet ; qui colligunt, 2 clarius vident. Contra serpentes medetur : quacumque parte percussa, vertice inciso, et medicamento addito. Ibi Gætuli, qui legunt, hœdino lacte adulterant : sed discernitur igni. Id enim, quod sincerum non est, fastidiendum odorem habet. Multum infra hunc succum est, qui in Gallia fit ex herba chamelæa, granum cocci ferente. Fractus hammoniaco similis est, etiam levi gustu os accensum diu detinens, et magis ex intervallo, donec fauces quoque siccet.

1 XXXIX. (viii.) Celebravit et Themison medicus vulgarem herbam plantaginem, tamquam inventor, volumine de ea edito. Duo ejus genera : minor angustioribus foliis et nigrioribus, linguæ pecorum simillimis, caule anguloso, in terram inclinato, in pratis nascens ; altera major, foliis laterum modo inclusa : quæ quia septena sunt, quidam eam heptapleuron vocavere. Hujus et caulis cubitalis est, et napi similis. Nascitur in humidis multo efficacior. Vis mira in siccando densandoque corpore, cauterii vicem obtinens. Nulla res æque sistit fluxiones, quas Græci rheumatismos vocant.

XL. Jungitur huic buglossos, boum linguæ similis, cui 1 præcipuum, quod in vinum dejecta, animi voluptates auget ; et vocatur euphrosynum.

XLI. Jungitur et cynoglossos, caninas imitans linguas, 1 topiariis operibus gratissima : aiuntque quæ tres thyrsos seminis emittit, ejus radicem potam ex aqua ad tertianas prodesse : quæ quatuor, ad quartanas. Est alia similis ei, quæ ferat lappas minutas : ejus radix pota ex aqua, ranis et serpentibus adversatur.

XLII. Est et buphthalmos, similis boum oculis, folio 1 feniculi, circa oppida nascens, fruticosa caulibus, qui et manduntur decocti : quidam cachlam vocant. Hæc cum cera scirrhomata discutit.

XLIII. Invenere herbas et universæ gentes. Scythia 1

XLIII. Il y a même des plantes qui ont été découvertes par des nations entières. Les Scythes ont découvert la plante appelée scythice (réglisse), qui croît autour des Palus-Méotides (XXVII, 1) (16). Elle est, entre autres qualités, très-douce, et très-utile pour les affections appelées ruptures. Elle est aussi en grande recommandation, parce que, tenue dans la bouche, elle empêche de sentir la faim et la soif.

XLIV. Chez les Scythes encore une propriété semblable appartient à une plante qu'on appelle hippace (17), parce qu'elle produit le même effet sur les chevaux. Avec ces deux herbes les Scythes endurent, dit-on, la faim et la soif pendant douze jours.

XLV. Les Thraces ont découvert l'ischæmon (*andropogon ischæmum*, L.), qui, dit-on, arrête le sang non-seulement d'un vaisseau ouvert, mais même d'un vaisseau coupé. Cette plante rampe à sa sortie de terre; elle est semblable au millet; elle a les feuilles âpres et lanugineuses. On en tamponne les narines, en cas d'hémorragie. L'ischæmon qui croît en Italie, attaché auprès de la partie qui donne du sang, arrête aussi l'écoulement de ce liquide.

XLVI. Les Vettons, peuple d'Espagne, ont trouvé la plante appelée vettonica (bétoine, queue de renard, *betonica alopecurus*, L.) en Gaule, serratula en Italie, cestros ou psychotrophon en Grèce (18). Cette plante, la plus estimée de toutes, produit une tige anguleuse haute de deux coudées; et dès la racine elle jette des feuilles dentelées, et assez semblables à celles du lapathum (patience). La graine est pourpre. On sèche et on pulvérise les feuilles; on s'en sert en beaucoup de cas. Avec cette plante on fait un vin et un vinaigre qu'on emploie pour fortifier l'estomac et éclaircir les yeux. Cette plante a d'ailleurs tant de renom, que l'on regarde comme en sûreté contre tous les maléfices une maison dans laquelle elle a été semée.

XLVII. Dans l'Espagne encore a été trouvée la cantabrique (*convolvulus cantabrica*, L.), que les Cantabres ont découverte du temps du dieu Auguste. Elle croît partout, sur une tige droite comme un jonc, haute d'un pied, et chargée de petites fleurs oblongues, en forme de corbeilles. La graine est extrêmement petite. Au reste, en Espagne, les recherches des simples n'ont jamais fait défaut : aujourd'hui encore, en ce pays, dans les repas nombreux et gais, on sert la boisson aux cent herbes, où entre le vin miellé; on la regarde comme très-salubre et très-agréable (19) : maintenant on ne sait plus ni quelles espèces y entraient, ni à quelles doses; le nom seul témoigne du nombre d'ingrédients.

XLVIII. Notre âge conserve la mémoire de la découverte d'une plante par les Marses. Elle croît dans la contrée des Équicoles, aux environs du bourg de Nervesia; on la nomme consiligo (*pulmonaria officinalis*, L.). Elle est bonne, comme nous le dirons dans son lieu (XXVI, 21), aux phthisiques désespérés.

XLIX. Tout récemment Servilius Damocrates (20), un de nos premiers médecins, a appelé ibéris (*iberis amara*, L.) une plante qu'il a découverte lui-même, quoiqu'il lui ait donné un nom de fantaisie; et il a consacré un poëme à cette découverte. Cette plante croît pour l'ordinaire autour des vieux monuments et des masures, et sur les bords incultes des chemins. Elle est toujours verdoyante, à feuille de cresson, à tige haute d'une coudée, à graine si petite qu'on peut à peine la distinguer. La racine a l'odeur du cresson. Cette plante a plus de vertu en été; on ne l'emploie que fraîche; elle se pile difficilement. Avec un peu

---

primum eam, quæ scythice vocatur, circa Mæotin nascens, prædulcem alias, utilissimamque ad ea quæ spasmata vocant. Magna et ea commendatio, quod in ore eam habentes, famem sitimque non sentiunt.

XLIV. Idem præstat apud eosdem hippace dicta, quod in equis quoque eumdem effectum habeat : traduntque his duabus herbis Scythas etiam in duodenos dies durare in fame sitique.

XLV. Ischæmonem Thracia invenit, qua ferunt sanguinem sisti, non aperta modo vena, sed etiam præcisa. Serpit e terra milio similis, foliis asperis et lanuginosis, farcitur in nares. Quæ in Italia nascitur, et sanguinem eadem adalligata sistit.

XLVI. Vettones in Hispania eam, quæ vettonica dicitur in Gallia, in Italia autem serratula, a Græcis cestros, aut psychotrophon, ante cunctas laudatissima. Exit anguloso caule, cubitorum duum, a radice spargens folia fere lapathi, serrata, semine purpureo. Folia siccantur in farinam plurimos ad usus. Fit vinum ex ea et acetum, stomacho et claritati oculorum : tantumque gloriæ habet, ut domus in qua sata sit, tuta existimetur a piaculis omnibus.

XLVII. In eadem Hispania inventa sic Cantabrica, per divi Augusti tempora a Cantabris reperta. Nascitur ubique caule junceo pedali, in quo sunt flosculi oblongi, veluti calathi : in his semen perquam minutum. Nec alias defuere Hispaniæ herbis exquirendis : ut quæ etiamnum hodie in numeroso et lætiore convictu, potionem e centum herbis mulso additis, credant saluberrimam suavissimamque : nec quisquam genera earum jam novit, aut multitudinem : numerus tamen constat in nomine.

XLVIII. Nostra ætas meminit herbam in Marsis repertam. Nascitur et in Æquicolis circa vicum Nervesiæ : vocatur consiligo. Prodest, ut demonstrabimus suo loco, deploratis in phthisi.

XLIX. Invenit nuper et Servilius Damocrates e primis medentium, quam appellavit iberida, quamquam ficto nomine, inventioni ejus assignato carmine. Nascitur maxime circa vetera monumenta parietinasque, et inculta itinerum. Floret semper folio nasturtii, caule cubitali, semine tam parvo, ut vix aspici possit. Radici odor nasturtii. Usus æstate efficacior, et recenti tantum. Tunditur difficulter. Coxendicibus et articulis omnibus cum axungia

d'axonge, elle est très-bonne pour les affections de la hanche et de toutes les articulations; on l'applique chez les hommes, ordinairement pendant quatre heures; chez les femmes, pendant moitié moins de temps; puis le malade prend un bain chaud, à la suite de quoi il se fait frotter le corps avec de l'huile et du vin : après un intervalle de vingt jours on recommence, s'il reste encore quelque ressentiment du mal. De cette façon l'ibéris guérit tous les rhumatismes cachés; on l'applique, non dans le fort, mais au déclin de l'inflammation.

L. Des animaux aussi ont découvert des plantes, et entre autres la chélidoine. C'est avec cette plante que les hirondelles rétablissent la vue de leurs petits dans le nid, même, assurent quelques-uns, quand ils ont les yeux crevés. Il y en a deux espèces : la plus grande (*chelidonium majus*, L.) a la tige garnie de branches, la feuille du pastinaca sauvage (XXV, 64), mais plus large, et deux coudées de haut. La couleur de la plante est blanchâtre, celle de la fleur est jaune. La plus petite espèce (*ranunculus ficaria*, L.) a la feuille du lierre, mais plus ronde et moins blanche. Le suc, qui a la couleur du safran, est âcre; la graine ressemble à celle du pavot. Les chélidoines fleurissent à l'arrivée des hirondelles, et se fanent à leur départ. On exprime le suc quand elles sont en fleur, et on le fait cuire doucement dans un vase de cuivre, avec du miel attique, sur de la cendre chaude. C'est un remède souverain pour les taies des yeux. On emploie aussi ce suc tout pur dans les collyres appelés, du nom de la plante, chélidoniens.

LI. Les chiens ont trouvé aussi la canaria (une graminée), avec laquelle ils se guérissent du défaut d'appétit. Ils mangent cette plante en notre présence, mais de manière qu'on ne distingue jamais ce que c'est, parce qu'on ne la voit que bien mâchée. On a encore noté une méchanceté plus grande de cet animal au sujet d'une autre plante : on dit que, mordu par un serpent il se guérit avec une certaine herbe, mais qu'il ne la cueille pas quand un homme le regarde.

LII. Les biches, moins envieuses, nous ont enseigné l'élaphoboscos (*pastinaca sativa*, L.), dont nous avons parlé (XXII, 37), ainsi que le séséli (XX, 18), dont elles usent après avoir mis bas.

LIII. Ce sont aussi les biches, comme nous l'avons indiqué (VIII, 41), qui ont fait connaître le dictame (*origanum dictamnus*, L.) : blessées, elles mangent de cette plante, et les flèches se détachent aussitôt de leur corps. Le dictame ne se trouve pas ailleurs qu'en Crète. Il a les branches très-menues, ressemble au pouliot, est chaud et âcre au goût. On n'emploie que les feuilles; il ne porte ni fleurs, ni graine, ni tige (21); la racine est menue et sans usage. Dans la Crète même, il ne croît que dans un canton peu étendu. Les chèvres le recherchent singulièrement. On le remplace par le pseudo-dictame (*marrubium pseudo-dictamus*, L.), qui croît dans beaucoup de contrées, dont la feuille est semblable, dont les branches sont plus petites, et qui est nommé par quelques-uns chondris. On reconnaît tout d'abord qu'il a moins de vertu; car il ne faut que la moindre partie du vrai dictame pour enflammer la bouche. Ceux qui le cueillent le serrent dans des férules ou des roseaux, et le lient, de peur qu'il ne s'évente. Certains disent que les deux dictames sont une seule et même plante, mais que le moins bon vient dans les terrains gras, tandis que le vrai dictame ne vient que dans les terrains âpres. Il est encore une troisième espèce de dictame

---

modica utilissima, viris plurimum quaternis horis, feminis minus dimidio adalligata, ut deinde in balineis descendatur in calidam, et postea oleo ac vino corpus perungatur; diebusque vicenis interpositis idem fiat, si qua admonitio doloris supersit. Hoc modo rheumatismos omnes sanat occultos. Imponitur non in ipsa inflammatione, sed imminuta.

L. Animalia quoque invenere herbas, in primisque chelidoniam. Hac enim hirundines oculis pullorum in nido restituunt visum, ut quidam volunt, etiam erutis oculis. Genera ejus duo : major fruticosa caule, folio pastinacæ erraticæ ampliore, ipsa altitudine duum cubitorum. Colos albicans, flos luteus. Minori folia ederæ rotundiora, minus candida. Succus croci mordax, semen papaveris. Florent adventu hirundinum, discessu marcescunt. Florentibus succus exprimitur, et in æreo vase cum melle Attico leniter cinere ferventi decoquitur, singulari remedio contra caligines oculorum. Utuntur et per se succo in collyriis, quæ chelidonia appellantur ab ea.

LI. Invenerunt et canes canariam, qua fastidium deducunt, eamque in nostro conspectu manduunt, sed ita ut numquam intelligatur quæ sit : etenim depasta cernitur. Notata est hæc animalis hujus malignitas in alia herba major. Percussus enim a serpente mederi quadam sibi dicitur : sed illam homine inspectante non decerpit.

LII. Simpliciter cervæ monstravere elaphoboscon, de qua diximus. Item seseli, enixæ a partu.

LIII. Dictamnum ostendere, ut indicavimus, vulneratæ, pastu statim decidentibus telis. Non est alibi, quam in Creta, ramis prætenue, pulegio simile, ferveus et acre gustu : folia tantum utuntur. Flos nullus ei, aut semen, aut caulis. Radix tenuis ac supervacua. Et in Creta autem non spatiose nascitur : mireque capris expetitur. Pro eo est et pseudodictamnum, multis in terris nascens, folio simile, ramulis minoribus, a quibusdam chondris vocatum. Minoris effectus statim intelligitur. Dictamnum enim minima portione accendit os. Qui legere eam, in ferula vel arundine condunt, prælligantque, ne potentia evanescat. Sunt qui dicant, utramque nasci multifariam, sed deteriores in agris pinguibus : veram quidem dictamnum non nisi in asperis. Est et tertium genus dictamnum vocatum, sed neque facie, neque effectu simile, folio sisym-

(*origanum creticum*, L.) qui n'en a que le nom, sans en avoir l'apparence et la vertu ; la feuille est celle du sisymbrium (xx, 91), les branches sont plus grandes. Pour toutes les plantes qui viennent en Crète, on est persuadé qu'elles l'emportent infiniment sur les mêmes espèces nées dans un autre pays ; on met au second rang les productions du Parnasse. Au reste, on dit que les simples abondent et sur le mont Pélion en Thessalie, et sur le mont Téléthrius en Eubée, et dans l'Arcadie et la Laconie entières. On assure que les Arcadiens emploient, non pas les simples eux-mêmes, mais du lait vers le printemps, époque à laquelle les herbes sont le plus gonflées de sucs, et rendent le lait médicinal ; c'est le lait de vache qu'ils boivent, parce que les vaches mangent à peu près toutes sortes d'herbes. La puissance des simples se manifeste encore par les quadrupèdes dans deux exemples remarquables : les chevaux aux environs d'Abdère et de l'endroit appelé Limite de Diomède, les ânes dans la contrée de Potnia, deviennent enragés après la pâture.

LIV. Au nombre des plantes les plus célèbres est l'aristoloche, à laquelle les femmes enceintes paraissent avoir donné le nom, attendu qu'elle est ἀρίστη λεχούσαις (*très-bonne pour les femmes en couches*). Les Latins la nomment pomme de la terre (xxvi, 56), et ils en distinguent quatre espèces. L'une (*aristolochia pallida*, W.) a la racine garnie de tubercules arrondis, les feuilles intermédiaires entre celles de la mauve et du lierre, mais plus noires et plus molles. La seconde espèce (*aristolochia parvifolia*, Sibth.) est l'aristoloche mâle à racine allongée, longue de quatre doigts, et de la grosseur d'un bâton. La troisième (*aristolochia bœtica*, L.) est très-mince et très-longue, comme une jeune vigne (22) ; c'est la plus efficace : on la nomme clématitis, et, selon d'autres, crétoise. Toutes ces espèces ont la couleur du buis, de petites tiges, une fleur pourpre, et portent de petites baies comme le câprier ; la racine seule a de la vertu. Enfin la quatrième espèce, qui se nomme plistolochia (*aristolochia plistolochia*, L.), est plus mince que la précédente, a beaucoup de chevelu à la racine, et est de la grosseur d'un jonc bien venu ; quelques-uns l'appellent polyrrhizos. Ces quatre espèces ont une odeur parfumée, mais qui est plus agréable dans l'espèce à racine oblongue, et plus mince ; cette dernière, en effet, qui a l'écorce charnue, entre dans la composition des parfums de nard. Elles viennent dans les terrains gras et de plaine ; le temps de les arracher est celui de la moisson ; on en fait tomber la terre, et on les garde. L'aristoloche la plus estimée est celle du Pont ; au reste, dans chacune des quatre espèces, la plus lourde est celle qui convient le mieux à la médecine. L'aristoloche à racine ronde est recommandée contre le venin des serpents ; mais l'aristoloche à racine oblongue a le plus de renom, puisque, assure-t-on, employée avec de la chair de bœuf, en pessaire, aussitôt après la conception, elle procure un enfant mâle (xxvi, 91). Les pêcheurs de la Campanie appellent la racine ronde poison de la terre ; nous les avons vus concasser cette racine, y mêler de la chaux, et la jeter dans la mer. Les poissons accouraient avec une avidité surprenante, mouraient à l'instant, et flottaient sur l'eau. Celle qui est surnommée polyrrhizos (à racines nombreuses) est, dit-on, très-bonne pour les convulsions, les contusions, les chutes de haut, cas dans lesquels on donne la racine avec de l'eau ; pour la pleurésie et les affections des nerfs, cas dans lesquels on donne la graine. Elle passe pour affermir et échauffer, et on dit qu'elle a les mêmes vertus que le satyrion.

---

brii, ramis majoribus, præcedente persuasione illa, quidquid in Creta nascitur, infinito præstare cæteris ejusdem generis alibi genitis : proxime quod in Parnasso. Alioqui herbiferum esse et Pelium montem in Thessalia, et Telethrium in Eubœa, et totam Arcadiam ac Laconicam tradunt. Arcades quidem non medicaminibus uti, sed lacte circa ver, quoniam tunc maxime succis herbæ turgeant, medicenturque ubera pascuis. Bibunt autem vaccinum, quoniam boves omnivoræ fere sunt in herbis. Potentia earum per quadrupedes etiamnum duobus claris exemplis manifesta fit. Circa Abderam, et limitem, qui Diomedis vocatur, equi pasti inflammantur rabie : circa Potnias vero et asini.

LIV. Inter nobilissimas aristolochiæ nomen dedisse gravidæ videtur, quoniam esset ἀρίστη λεχούσαις. Nostri malum terræ vocant, et quatuor genera ejus servant. Unum tuberibus radicis rotundis, foliis inter malvam et ederam, nigrioribus mollioribusque. Alterum masculæ, radice longa quatuor digitorum longitudine, baculi crassitudine. Tertium longissimæ tenuitatis, vitis novellæ, cujus sit præcipua vis, quæ clematitis vocatur, ab aliis Cretica.

Omnes colore buxeo, caulibus parvis, flore purpureo : ferunt bacculas parvas, ut capparis : valent radice tantum. Est et quæ plistolochia vocatur, quarti generis, tenuior, quam proxime dicta, densis radicis capillamentis, junci plenioris crassitudine. Hanc quidam polyrrhizon cognominant. Odor omnium medicatus, sed oblongæ radici tenuiorique gratior. Carnosi enim est corticis, unguentis quoque nardinis conveniens. Nascuntur pinguibus locis et campestribus. Effodere eas messibus tempestivum : ita desquamato terreno servantur. Maxime tamen laudatur Pontica : et in quocumque genere ponderosissima quæque, medicinis aptior. Rotunda contra serpentes. Oblonga tamen in summa gloria est, si modo a conceptu admota vulvis in carne bubula, mares figurat, ut traditur. Piscatores Campaniæ radicem eam quæ rotunda est, venenum terræ vocant, coramque nobis contusam immixta calce, in mare sparsere : advolant pisces cupiditate mira, statimque exanimati fluitant. Quæ polyrrhizos cognominatur, convulsis, contusis, ex alto præcipitatis, radice pota ex aqua, utilissima esse traditur : semine pleuriticis et nervis : confirmare, excalfacere, eadem satyrion esse.

1 LV. Maintenant exposons les usages et les effets de ces plantes, et commençons par le mal le plus dangereux de tous, c'est-à-dire par la morsure des serpents. On y remédie donc avec l'herbe britannica; avec la racine, prise dans du vin, de toutes les espèces de panacès; avec la fleur et la graine du panacès chironion, prise en boisson ou appliquée en topique dans du vin et de l'huile; particulièrement avec la cunila bubula ( XX, 61 ) (labiée indéterminée ); avec la racine de la polemonia ou philetæria, à la dose de quatre drachmes, dans du vin pur; avec la teucria ( XXIV, 80 ), la sidéritis ( XXV, 15 ), la scordotis ( XXV, 27 ), dans du vin, plantes surtout bonnes contre les couleuvres, et dont on emploie ou le suc, ou la feuille, ou la décoction, en boisson ou en topique; avec la racine de la grande centaurée, à la dose d'une drachme, dans trois cyathes de vin blanc; avec la gentiane, particulièrement contre les couleuvres, à la dose de deux drachmes, soit verte, soit sèche, et unie au poivre et à la rue, dans six cyathes de vin. Les serpents fuient l'odeur de la lysimachia. On fait prendre la chélidonia dans du vin à ceux qui ont été blessés par ces 2 reptiles. On applique sur ces plaies la bétoine principalement, dont la vertu, dit-on, est si grande, que des serpents renfermés dans un cercle formé avec cette plante se flagellent de leur queue au point d'en mourir ( XVI, 24 ). On en donne dans le même cas la graine, au poids d'un denier, dans trois cyathes (0 lit., 135) de vin, ou bien on fait un topique avec la poudre à la dose de trois drachmes dans un setier d'eau. La cantabrica, le dictame, l'aristoloche, ont même usage : il faut prendre à diverses reprises la racine de cette dernière plante, à la dose d'une drachme dans une hémine (0 lit., 27 ) de vin. On en fait aussi un topique avec le vinaigre; de même pour la plistolochia ( XXV, 51 ). Au reste, il suffit de suspendre celle-ci au-dessus du foyer pour chasser des maisons les serpents.

LVI. (IX.) L'argémone ( *papaver argemone*, L.) est aussi un remède pour ces cas. On 1 en prend la racine à la dose d'un denier dans trois cyathes de vin. Il convient de donner plus de détails sur cette plante et sur celles qui vont venir immédiatement après, et de citer d'abord dans chaque genre de traitement celles qui ont le plus d'efficacité. L'argémone a les feuilles semblables à celles de l'anémone, mais découpées comme celles de l'ache; la tête portée sur une petite tige, comme celle du pavot sauvage, dont elle a aussi la racine ; le suc, safrané, est âcre et piquant. Cette plante croît chez nous dans les champs. Les Latins en distinguent trois espèces, et ils n'estiment que celle dont la racine a l'odeur d'encens(XXI, 94, 2; XXIV, 116; XXVI, 59).

LVII. L'agaric, semblable à un champignon, 1 croît sur les arbres. On le trouve aux environs du Bosphore; il est de couleur blanche. On le donne à la dose de quatre oboles (3 gr.), pilé dans deux cyathes (0 lit., 09 ) de vinaigre miellé. Celui qui vient dans la Gaule ( XVI, 13 ) passe pour plus faible. L'agaric mâle est plus dense et plus amer. Il cause de la céphalalgie. L'agaric femelle est plus lâche; il a une saveur qui, douce d'abord, passe bientôt à l'amertume.

LVIII. L'échios est de deux espèces. L'une 1 ( *silene gallica*, L.) ressemble au pouliot; les feuilles forment une couronne. On donne cette plante à la dose de deux drachmes dans quatre cyathes de vin. La seconde espèce ( *echium rubrum*, L.), distinguée par des poils épineux, a le fruit semblable à une petite tête de vipère. On donne cette plante dans du vin et du vinaigre. Quelques-uns appellent échios personata ( la grande bardane, *arctium lappa*,

---

1 LV. Verum et effectus earum ususque dicendi sunt : ordiendumque a malorum omnium pessimo, id est, serpentium ictu. Medentur ergo Britannica herba : panacisque generum omnium radix e vino, Chironii flos et semen potum, illitumve ex vino et oleo : privatimque, quæ cunila bubula appellatur : Polemonia vel Philetæria radicis drachmis quatuor ex mero : Teucria, sideritis, scordotis ex vino, privatim ad angues, potæ et illitæ, sive succo, sive folio, sive decocto : centaurii majoris radix drachma in vini albi cyathis tribus : gentiana præcipue adversus angues, duabus drachmis cum pipere et ruta, vini cyathis sex, sive viridis, sive sicca. Et lysimachiæ odo-
2 rem fugiunt. Datur ex vino percussis chelidonia. Morsibus imponitur Vettonica præcipue : cui vis tanta perhibetur, ut inclusæ circulo ejus serpentes, ipsæ sese interimant flagellando. Datur ad ictus semen ejus denarii pondere cum tribus cyathis vini : vel farina drachmis tribus sextario aquæ imponitur. Cantabrica, dictamnum, aristolochia : radicis drachma in vini hemina sapius bibenda. Prodest et illita ex aceto: similiter plistolochia. Quin et omnino suspensa supra focum fugat e domibus serpentes.

LVI. (IX. ) Argemonia quoque, radice ejus denarii 1 pondere in vini cyathis tribus pota. Plura de ea convenit dici, cæterisque quæ primum nominabuntur : in eo autem genere medendi primum nominari quamque, in quo maxime valebit. Folia habet, qualia anemone, divisa apii modo, caput in cauliculo papaveris silvestris, item radicem. Succum croci colore acrem et acutum. Nascitur et in arvis apud nos. Nostri tria genera ejus faciunt, et id demum probant, cujus radix thus redoleat.

LVII. Agaricon ut fungus nascitur in arboribus circa 1 Bosporum, colore candido. Datur obolis quatuor contritum cum binis cyathis aceti mulsi. Id quod in Gallia nascitur, infirmius habetur. Præterea mas spissior, amariorque. Hic et capitis dolores facit. Femina solutior, initio gustu dulcis, mox in amaritudinem transit.

LVIII. Echios utriusque generis : pulegio similis, foliis 1 coronata : drachmis duabus ex vini cyathis quatuor datur. Item altera, quæ lanugine distinguitur spinosa, cui capitula viperæ similia sunt, hæc ex vino et aceto. Qui-

L. ) celui dont la feuille est la plus large, et qui porte de grands fruits, semblables à ceux de la lappa (*galium aparine*). On en donne en boisson dans du vinaigre la racine bouillie. La jusquiame pilée avec les feuilles s'administre dans du vin contre les aspics en particulier.

LIX. Mais aucune plante n'a parmi les Romains plus de renom que l'hiérabotane (herbe sainte). Quelques-uns la nomment péristéréos (herbe à pigeon); les Latins, verveine. C'est l'herbe, comme nous l'avons dit (XXII, 3, 3), que portaient dans leurs mains les ambassadeurs envoyés à l'ennemi. C'est avec elle qu'on balaye la table de Jupiter, qu'on fait les purifications et expiations pour les maisons. Il y en a deux espèces : l'une très-feuillée, que l'on croit être la femelle (*verbena supina*); l'autre, la verveine mâle (*v. officinalis*), à feuilles plus clair-semées. Toutes deux ont des branches nombreuses, menues, longues d'une coudée et anguleuses. Les feuilles sont plus petites que celles du chêne, plus étroites, et plus profondément divisées. La fleur est glauque, la racine longue et menue. Cette plante croît partout, dans les plaines humides. Quelques-uns n'admettent aucune distinction, et des deux ne font qu'une espèce, vu que les effets sont les mêmes. Les Gaulois emploient l'une et l'autre pour tirer les sorts et prédire l'avenir. Mais les mages surtout débitent des folies sur cette plante : ils disent que si on s'en frotte on obtient ce qu'on veut, on chasse les fièvres, on se concilie les amitiés, on guérit toute maladie; qu'il faut la cueillir vers le lever du Chien, de manière à n'être vu ni de la lune ni du soleil, et après avoir donné en expiation à la terre des rayons et du miel; qu'il faut la circonscrire avec le fer, l'arracher de la main gauche et l'élever en l'air, puis faire sécher à l'ombre, séparément, les feuilles, la tige et la racine. Ils ajoutent que si on asperge une salle à manger avec l'eau où elle a trempé, les repas deviennent plus gais. On la pile dans du vin, contre les morsures des serpents.

LX. Il est une herbe (*phlomis fruticosa*, L.) assez semblable au verbascum; elle trompe souvent au point d'être confondue avec elle. Elle a les feuilles moins blanches, les jets plus nombreux et la fleur jaune. Jetée à terre, cette plante attire les blattes; aussi l'appelle-t-on à Rome blattaria.

LXI. Le lemonium (XXII, 43) (*scolymus maculatus*, L.) fournit un suc laiteux, qui se prend comme la gomme; il vient dans les lieux humides; on le donne, à la dose d'un denier, dans du vin.

LXII. Le quinquefolium n'est inconnu de personne, étant même recommandé par l'espèce de fraise qu'il produit (quintefeuille, *potentilla reptans*, L.). Les Grecs le nomment pentapetes ou pentaphyllon. La racine, quand elle vient d'être arrachée, est rouge; mais, en séchant, elle noircit et devient anguleuse. Le nom qu'il a lui vient du nombre de ses feuilles. Cette plante commence et passe avec la vigne. On l'emploie aussi pour purifier les maisons.

LXIII. On prend encore en boisson, dans du vin blanc, contre la morsure des serpents, la racine de la plante appelée sparganion (*butomus umbellatus*, L.).

LXIV. Petronius Diodotus a distingué quatre espèces de daucus qu'il est inutile de détailler, attendu qu'il n'y en a réellement que deux. Le daucus le plus estimé est celui de la Crète (*athamanta cretensis*, L.), puis celui de l'Achaïe et

---

dam echion personatam vocant, cujus folio nullum est latius, grandes lappas ferentem. Hujus radicem decoctam ex aceto dant potui. Hyoscyamum contusum cum foliis ex vino datur peculiariter contra aspidas.

LIX. Nulla tamen romanæ nobilitatis plus habet, quam hierabotane. Aliqui peristereona, nostri verbenacam vocant. Hæc est, quam legatos ferre ad hostes indicavimus. Hac Jovis mensa verritur, domus purgantur lustranturque. Genera ejus duo sunt : foliosa, quam feminam putant : mas rarioribus foliis. Ramuli utriusque plures, tenues, cubitales, angulosi. Folia minora, quam quercus, angustioraque, divisuris majoribus, flos glaucus, radix longa, tenuis. Nascitur ubique in planis aquosis. Quidam non distinguunt, sed unum omnino genus faciunt, quoniam eosdem effectus habeat. Utraque sortiuntur Galli, et præcinunt responsa. Sed magi utique circa hanc insaniunt. Hac perunctos impetrare quæ velint, febres abigere, amicitias conciliare, nullique non morbo mederi. Colligi circa Canis ortum debere, ita ut ne luna aut sol conspiciat, favis ante et melle terræ ad piamentum datis. Circumscriptam ferro effodi sinistra manu, et in sublime tolli. Siccari in umbra separatim folia, caulem, radicem : aiuntque, si aqua spargatur triclinium, qua maduerit, lætiores convictus fieri. Adversus serpentes conteritur ex vino.

LX. Est similis verbasco herba, quæ sæpe fallit pro ea capta, foliis minus candidis, cauliculis pluribus, flore luteo. Hæc abjecta blattas in se contrahit, ideoque Romæ blattaria vocatur.

LXI. Lemonium succum lacteum mittit, concrescentem gummi modo, humidis locis. Datur denarii pondus in vino.

LXII. Quinquefolium nulli ignotum est, quum etiam fraga gignendo commendetur : Græci vocant pentapetes, sive pentaphyllon. Quum effoditur, rubram habet radicem. Hæc inarescens, nigrescit, et angulosa fit. Nomen a numero foliorum habet. Et ipsa herba incipit et desinit cum vite. Adhibetur et purgandis domibus.

LXIII. Adversus serpentes bibitur et ejus radix, quæ sparganion vocatur, ex vino albo.

LXIV. Dauci genera quatuor fecit Petronius Diodotus, quæ persequi nihil attinet, quum sint differentiæ duæ : probatissimi in Creta, mox in Achaia, et in siccis ubicumque nati, feniculi similitudine, candidioribus foliis et mi-

de tous les lieux secs. Il ressemble au fenouil ; mais les feuilles sont plus blanches, plus petites, et velues. La tige est haute d'un pied, dressée. La racine a une odeur et une saveur très-agréables. Il croît dans les terrains pierreux exposés au midi. Les autres espèces viennent partout sur les coteaux, sur la lisière des champs, mais toujours dans une terre grasse. Elles ont les feuilles de la coriandre, la tige haute d'une coudée, des têtes rondes, souvent au nombre de plus de trois, la racine ligneuse, et qui n'est bonne à rien quand elle est sèche (*ammi majus*, L.). La graine de ces dernières espèces [ou plutôt de cette dernière espèce] ressemble à celle du cumin; la graine de la première espèce, au millet. Dans toutes elle est blanche, âcre, odorante et chaude. La graine de la seconde espèce est plus active que celle de la première; aussi doit-on la donner avec réserve. Si l'on veut absolument faire une troisième espèce (XIX, 27), il y a une plante semblable au staphylinos (*daucus carotta*, Sibth.), appelée pastinaca sauvage, à graine oblongue, à racine douce. Les quadrupèdes ne touchent à aucune de ces plantes, ni en hiver ni en été, si ce n'est après avoir avorté. On se sert de la graine du daucus, sauf du daucus de Crète, dont on emploie la racine. Les mages la font prendre dans du vin, à la dose d'une drachme, contre la morsure des serpents. On la donne aussi aux quadrupèdes blessés par ces reptiles.

LXV. La thérionarca, qui est différente de la thérionarca des mages (XXIV, 102) et qui croît dans nos climats, pousse beaucoup de branches, et a les feuilles verdâtres et la fleur rose. Elle tue les serpents, et par son seul contact engourdit toute bête sauvage (plante inconnue).

LXVI. La persolata (bardane, *arctium lappa*, L.), que tout le monde connaît et que les Grecs nomment arcion, a les feuilles encore plus larges, plus velues, plus noires et plus épaisses que celles de la courge, avec une racine blanche et longue. On prend cette racine dans du vin, à la dose de deux deniers (7 gr., 7).

LXVII. La racine du cyclaminos (*cyclamen græcum*, Lamark), est bonne aussi contre tous les serpents. Il a les feuilles plus petites que le lierre, plus noires, plus minces, dépourvues d'angles et marquées de taches blanchâtres. La tige est menue et creuse; les fleurs sont pourpres; la racine est large, à peau noire, et telle qu'on pourrait la prendre pour un raifort. Cette plante croît dans les lieux ombragés. En latin on l'appelle *tubérosité de terre*. On doit en semer dans toutes les maisons, s'il est vrai que partout où elle croît les maléfices ne peuvent nuire. C'est ce qu'on appelle un amulette. On dit que mise dans du vin elle produit les effets de l'ivresse. On garde la racine séchée et coupée par morceaux comme la scille ; on en fait une décoction, qu'on laisse épaissir jusqu'à consistance de miel. Cette plante n'est cependant pas sans propriétés malfaisantes; et l'on dit qu'une femme grosse avorte si elle passe par-dessus cette racine.

LXVIII. Il est une autre espèce de cyclaminos (*lonicera periclymenum*, L.), appelée cissanthemos; la tige, garnie de nœuds, ne sert à rien. Cette plante est très-différente de la précédente ; elle s'entortille autour des arbres. Elle porte des baies comme le lierre, mais molles. La fleur est blanche et a de l'éclat. La racine n'est d'aucun usage. On ne se sert que des baies, qui ont une saveur âcre, mais qui sont visqueuses. On les sèche à l'ombre, puis on les pile, et on en fait des pastilles.

LXIX. On m'a encore montré un troisième

---

noribus hirsutisque : caule pedali recto, radice suavissimi gustus et odoris. Hoc in saxosis meridianis. Reliqua genera ubique nascuntur terrenis collibus limitibusque, nec nisi pingui solo, foliis coriandri, caule cubitali, capitibus rotundis, sæpe pluribus quam ternis, radice lignosa ; et quum inaruit supervacua. Semen hujus cumino simile : prioris, milio : album, acre, odoratum omnibus, et fervens. Secundum priore vehementius est, ideoque parce sumi debet. Si jam maxime tertium genus facere libeat, est simile staphylino, quod pastinacam erraticam appellant, semine oblongo, radice dulci. Omnia hæc hieme et æstate sunt intacta quadrupedi, nisi post abortus. Ex aliis usus seminis, ex Cretico, radicis est : magis ad serpentes bibitur e vino drachma una. Datur et quadrupedibus percussis.

LXV. Therionarca alia quam Magica, et in nostro orbe nascitur fruticosa, foliis subviridibus, flore roseo : serpentes necat : cuicumque admota feræ, et hæc torporem efferat.

LXVI. Persolata, quam nemo ignorat, Græci vero arcion vocant, folia habet majora etiam cucurbitis et hirsutiora, nigrioraque et crassiora, radicem albam et grandem. Hæc ex vino bibitur denariorum duum pondere.

LXVII. Item cyclamini radix contra serpentes omnes. Folia habet minora, quam edera, nigrioraque et tenuiora, sine angulis : in quibus albicant maculæ. Caule exiguo, inani, floribus purpureis, radice lata, ut rapum videri possit, cortice nigro. Nascitur in umbrosis : a nostris tuber terræ vocatur : in omnibus serenda domibus, si verum est, ubi sata sit, nihil nocere mala medicamenta : amuletum vocant. Narrant et ebriotatem repræsentari ad dita in vinum. Radix siccata, scillæ modo concisa, reponitur : decoquitur eadem ad crassitudinem mellis. Suum tamen venenum ei est; traduntque, si prægnans radicem transgrediatur, abortum fieri.

LXVIII. Est et altera cyclaminos cognomine cissanthemos, geniculatis caulibus, supervacuis, a priore distans, circa arbores se volvens, acinis ederæ, sed mollibus, flore candido, specioso, radice supervacua, Acini tantum in usu, gustu acri, sed lenti. Siccantur in umbra, tusique dividuntur in pastillos.

LXIX. Mihi et tertia cyclaminos demonstrata est, co-

cyclaminos (*antirrhinum asarina*, L.), appelé chamæcissos (XXVI, 34, 3). Il n'a qu'une seule feuille; la racine est rameuse; il fait mourir les poissons.

LXX. Mais au premier rang des simples on vante le peucedanum (*peucedanum officinale*, L.), dont le plus estimé est celui d'Arcadie, puis celui de Samothrace. La tige est menue, longue, semblable au fenouil, garnie de feuilles près de terre; la racine, noire, épaisse, d'une odeur forte, juteuse. Il croît sur les montagnes couvertes de bois. On le tire de terre à la fin de l'automne. On recherche les racines les plus tendres et les plus longues. On les coupe de quatre doigts en quatre doigts avec de petits couteaux d'os, et on les laisse rendre leur suc à l'ombre. Avant cette opération on a eu soin de se frotter la tête et les narines avec de l'huile rosat, pour se préserver des étourdissements. On emploie encore un autre suc qui provient des tiges, et qu'on obtient à l'aide d'incisions. Il est bon quand il a la consistance du miel, une couleur rousse, une odeur forte mais agréable, une saveur chaude. Ce suc, ainsi que la racine et sa décoction, entre dans beaucoup de compositions médicamenteuses; toutefois c'est le suc qui a le plus de vertu : on le délaye avec des amandes amères ou de la rue, et on le prend en boisson contre le venin des serpents. Il garantit aussi ceux qui s'en frottent avec de l'huile.

LXXI. (x.) La fumée de l'hièble (XXVI, 49), que tout le monde connaît, met en fuite les serpents.

LXXII. La racine de la polemonia, même portée simplement en amulette, est l'antidote particulier des scorpions, ainsi que de l'araignée phalange et des autres petits animaux venimeux. Aux scorpions on oppose l'aristoloche; l'agaric, à la dose de quatre oboles, dans quatre cyathes de vin coupé ; à l'araignée phalange, la verveine avec du vin ou de l'oxycrat, ainsi que la quintefeuille et le daucus.

LXXIII. Le verbascum est appelé phlomos par les Grecs; il y en a deux espèces principales : le blanc (bouillon blanc, (*verbascum thapsus*, L.), que l'on reconnaît pour le mâle, et le noir (*verbascum sinuatum*, L.), qui est le verbascum femelle. Une troisième espèce (*phlomis fruticosa*, L.) ne se trouve que dans les bois. Les feuilles sont plus larges que celles du chou, velues; la tige est dressée, et de plus d'une coudée; la graine, noire, sans usage ; la racine simple, de la grosseur du doigt. Les deux verbascum croissent dans les campagnes. Dans le verbascum sauvage les feuilles sont celles de la sauge et hautes, les branches sont ligneuses.

LXXIV. Il y a aussi deux phlomis; ils sont velus (*sideritis romana* et *sideritis elegans*, L.), à feuille ronde, et peu élevés de terre. Une troisième espèce (*phlomis lychnitis*, L.) s'appelle lychnitis ou thryallis; elle a trois feuilles, ou quatre au plus, qui sont épaisses, onctueuses, et propres à faire des mèches de lampe. On prétend que les figues enveloppées dans les feuilles du phlomos que nous avons appelé femelle sont absolument préservées de la pourriture. Il est presque inutile de distinguer ces trois espèces, les effets en étant les mêmes. Contre les scorpions on prend dans de l'eau, avec de la rue, la racine, aussi efficace qu'elle est amère.

LXXV. Le thélyphonon (un aconit) (XXVII, 2) est appelé par quelques-uns scorpion, à cause de la forme de sa racine, dont le contact fait mourir les scorpions ; aussi la prend-on en boisson contre la piqûre de ces insectes. Un scorpion mort, frotté avec de l'ellébore blanc, revient, dit-on, à la vie. Le thélyphonon tue tous les quadrupèdes; il suffit d'appliquer la racine sur leurs parties génitales. La feuille, qui ressemble à celle du cyclaminos, produit cet effet dans le jour même. Cette plante est garnie de nœuds, et croît dans les lieux ombragés. Le suc de la bétoine et celui du plantain sont aussi des antidotes contre les scorpions.

LXXVI. Les grenouilles, et surtout les rubètes, ont aussi leur venin : nous avons vu les Psylles, dans leurs exhibitions, se faire mordre par ces animaux, qu'on irritait en les chauffant sur des plats, et qui donnent la mort plus promptement même que les aspics. Le remède à leur venin est le phrynion (xxvii, 97), pris dans du vin nommé par quelques-uns nevras; par d'autres, potérion (*astragalus creticus*, L.) : il a de petites fleurs, des racines nerveuses, nombreuses, et de bonne odeur.

LXXVII. Même propriété dans l'alisma (plantain aquatique, *alisma plantago*, L.), nommé par quelques-uns damasonion, par d'autres lyron. Il aurait les feuilles du plantain si elles n'étaient pas plus étroites, plus découpées, et penchées vers le sol. Du reste, elles sont veinées de même. La tige est simple, menue, haute d'une coudée, et terminée par une tête en bouquet. Les racines sont nombreuses, menues comme celles de l'ellébore noir, âcres, odorantes, grasses. Cette plante croît dans l'eau. Il y en a une autre espèce qui vient dans les forêts, qui est plus noire et à feuilles plus grandes. La racine de l'une et l'autre espèce s'emploie contre les grenouilles et les lièvres marins, à la dose d'une drachme dans du vin. Le cyclaminos est aussi un antidote contre le lièvre marin. La morsure du chien enragé a des propriétés venimeuses, contre lesquelles on a le cynorrhodon, dont nous avons parlé (xxv, 6). Le plantain est bon contre les morsures de tous les animaux, en boisson ou en topique. La bétoine se prend dans du vin pur, vieux.

LXXVIII. On donne le nom de péristéréos (verveine) (xxv, 59) à une plante dont la tige est haute, garnie de feuilles, et qui pousse d'autres tiges de sa tête. Cette plante est très-recherchée des pigeons, d'où lui vient le nom qu'elle porte. Les chiens n'aboient pas, dit-on, après ceux qui en ont sur eux.

LXXIX. Rien n'approche plus de ces venins que les poisons inventés par les hommes pour eux-mêmes : contre tous ces poisons et contre les maléfices magiques on a d'abord le moly d'Homère (xxv, 8), puis le mithridation (xxv, 26), la scordotis et la centaurée. La graine de la bétoine fait évacuer par le bas toutes les substances nuisibles; on la prend dans du vin miellé ou du vin cuit, ou, pulvérisée, à la dose d'une drachme dans quatre cyathes de vin vieux ; il faut faire vomir, puis administrer de nouveau la potion. Ceux qui prennent chaque jour de cette plante n'éprouveront, dit-on, aucun mal des substances nuisibles. Quand du poison a été pris on a pour remède l'aristoloche à la dose indiquée contre la morsure des serpents (xxv, 55), le suc de la quintefeuille, l'agaric, que l'on donne, après avoir fait vomir, à la dose d'un denier dans trois cyathes d'eau miellée.

LXXX. On donne le nom d'antirrhinon (*antirrhinon majus*, L.), ou d'anarrhinon, ou de lychnis sauvage, à une plante qui ressemble au lin, sans racine, à fleur d'hyacinthe, et dont la graine a la forme d'un mufle de veau. Au dire des mages, ceux qui en sont frottés embellissent, et

---

mortuum si quis elleboro candido linat, reviviscere aiunt. Thelyphonon omnem quadrupedem necat, imposita verendis radice : folio quidem intra eumdem diem, quod est simile cyclamino. Ipsa geniculata nascitur in opacis. Scorpionibus adversatur et vettonicæ succus, ac plantaginis.

LXXVI. Sunt et ranis venena, rubetis maxime; vidimusque Psyllos in certamine patinis candefactis admittentes, ocyore etiam quam aspidum pernicie. Auxiliatur eis phrynion in vino pota. Aliqui neurada appellant, alii poterion, floribus parvis, radicibus multis, nervosis, bono olentibus.

LXXVII. Item alisma, quam alii damasonion, alii lyron appellant. Folia erant plantaginis, nisi angustiora essent, et magis laciniosa, convexaque in terram, alias etiam venosa similiter, caule simplici et tenui, cubitali, capite thyrsi, radicibus densis, tenuibus, ut veratri nigri, acribus, odoratis, pinguibus. Nascitur in aquosis. Alterum genus ejusdem in silvis, nigrius, majoribus foliis. Usus in radice utriusque adversus ranas et lepores marinos, drachmæ pondere in vini potu. Lepori marino adversatur et cyclaminos. Veneni vim canis quoque rabidi morsus habent, contra quos erit cynorrhodum, de quo diximus. Plantago ad omnes bestiarum morsus pota atque illita prodest. Vettonica ex mero vetere.

LXXVIII. Peristereos vocatur, caule alto, foliato, cacumine in alios caules se spargens, columbis admodum familiaris, unde et nomen. Hanc habentes negant latrari a canibus.

LXXIX. Proxima ab his malis venena sunt, quæ sibimetipsi homines excogitant. Contra hæc omnia magicasque artes erit primum illud Homericum moly, dein Mithridation, et scordotis, et centaurium. Potu omnia mala medicamenta exigit per alvum Vettonicæ semen in mulso aut passo, vel farinæ drachma in vini veteris cyathis iv. Vomere cogendi, atque iterum bibere. Iis qui quotidie gustent eam, nulla nocitura mala medicamenta tradunt. Poto veneno aristolochia subvenit eadem mensura, qua contra serpentes : quinquefolii succus : Agaricum postquam vomuerint, denarii pondere ex aquæ mulsæ cyathis tribus.

LXXX. Antirrhinon vocatur, sive anarrhinon, sive lychnis agria, similis lino, radice nulla, flore hyacinthi, semine vituli narium. Et hoc perunctos venustiores fieri, nec

ceux qui en portent dans un bracelet ne peuvent recevoir aucun mal des substances nuisibles ou des poisons.

LXXXI. Il en est de même de celle qu'on nomme euplée (23); et l'on dit que si l'on s'en frotte on gagne en considération. On assure encore que ceux qui portent sur eux de l'armoise n'ont rien à craindre ni des substances nuisibles, ni d'aucune bête, ni même du soleil. On la prend aussi dans du vin contre l'empoisonnement par l'opium. En amulette ou en boisson, elle est, dit-on, particulièrement efficace contre les grenouilles.

LXXXII. Le péricarpum est un genre de bulbe. Il y en a deux espèces : l'une (*ornithogalum nutans*) a l'écorce rouge, l'autre (*muscari comosum*) ressemble au pavot noir, et a plus d'efficacité que la précédente. Toutes deux sont échauffantes ; aussi les prescrit-on contre la ciguë, à laquelle on oppose aussi l'encens, le panacès, et surtout le panacès chironium. Celui-ci se donne en outre contre les champignons.

LXXXIII. (XI.) Nous allons maintenant indiquer, suivant l'ordre des parties du corps et suivant les maladies, les remèdes pour chaque affection : nous commençons par la tête.

L'alopécie se guérit avec la racine du nymphæa (XXVI, 28) et celle de la ciguë, pilées ensemble et appliquées. Le polythrix (XXII, 30) diffère du callithrix en ce qu'il a des scions blancs et des feuilles plus nombreuses et plus grandes ; la tige aussi est plus haute. Il prévient la chute des cheveux, et les fait épaissir.

LXXXIV. Il en est de même de la lingulaca (scolopendre), qui croît autour des fontaines (XXIV, 108). La racine avec le reste de la plante se brûle, et puis se pile avec la graisse d'une truie noire ; il faut aussi que cet animal n'ait point porté ; et lorsqu'on s'en frotte, l'onction a plus d'efficacité si elle se fait aux rayons du soleil. On emploie de la même façon la racine du cyclaminos. Le porrigo est guéri par la racine de l'ellébore bouillie dans l'huile ou dans l'eau ; la céphalalgie, par la racine de toutes les espèces de panacès broyée dans de l'huile, par l'aristoloche, et par l'ibéris appliquée pendant une heure, et plus si on peut la supporter ; on y joint l'usage du bain. Le daucus guérit aussi la céphalalgie. Le cyclaminos, introduit dans les narines avec du miel, purge la tête, et en topique il guérit les ulcères de cette partie. Le péristéréos (verveine) est bon aussi pour la céphalalgie.

LXXXV. On donne le nom de cacalia (*cacalia verbascifolia*, Sibth.) ou léontice à une plante dont la graine, semblable à de petites perles, est pendante entre de grandes feuilles. Elle ne croît guère que dans les montagnes. On en fait macérer quinze graines dans de l'huile, et on s'en frotte la tête à contre-poil.

LXXXVI. On fait avec le callithrix (XXII, 30 ; XXV, 83 ; XXVII, 111) un sternutatoire. Les feuilles sont celles de la lentille ; les tiges ressemblent à un jonc délié ; la racine est très-petite. Il croît dans les lieux ombragés et humides ; il a une saveur brûlante (*adiantum trichomanes*).

LXXXVII. L'hysope broyé dans de l'huile guérit le phthiriasis et les démangeaisons de la tête. Le meilleur est celui du mont Taurus dans la Cilicie, puis celui de Pamphylie et celui de Smyrne. Il ne vaut rien pour l'estomac. Il évacue par le bas, pris avec des figues ; par le haut, pris avec du miel. On pense que pilé avec du miel, du sel et du cumin, c'est aussi un antidote contre le venin des serpents (*origanum smyrnæum*, L. (24)).

LXXXVIII. Le lonchitis (*serapias lingua*, L.)

---

ullo malo medicamento lædi posse, aut veneno, si quis in brachiali habeat, arbitrantur magi.

LXXXI. Similiter ea, quam eupleam vocant, tradunt-que ea perunctos commendatioris esse famæ. Artemisiam quoque secum habentibus negant nocere mala medicamenta, bestiamve ullam, ne solem quidem. Bibitur et hæc ex vino adversus opium. Alligata privatim potens traditur, potave, adversus ranas.

LXXXII. Pericarpum bulbi genus est. Duæ ejus species : cortice rubro alterum, alterum nigro papaveri simile. Sed vis major quam priori : utrique autem excalfaciendi. Ideo contra cicutam dantur ; contra quam et thus, et panaces, Chironium præcipue. Hoc et contra fungos.

LXXXIII. (XI.) Verum et generatim membratimque singulis corporum morbis remedia subtexemus, orsi a capite.

Alopecias emendat nymphææ et cicutæ radix, si una tritæ illinantur. Polythrix distat a callitriche, quod juncos albos habet, et folia plura, majoraque. Frutice quoque major est : defluentem capillum confirmat et densat.

LXXXIV. Item lingulaca circa fontes nascens, cujus radix admixta combusta teritur cum adipe suis nigræ. Id quoque excipitur, ut ejus sit suis quæ numquam peperit. Sol deinde plurimum confert illitæ. Similis usus est cyclamini radicis. Porriginem veratri radix tollit in oleo decocta, vel in aqua. Capitis dolori medetur panacis omnium generum radix in oleo contrita : aristolochia, et iberis adalligata hora, vel diutius, si pati possit, comitante balinei usu. Medetur et daucum. Purgat autem cyclaminos cum melle in nares addita : et hulcera capitis sanat illita. Medetur et peristereos.

LXXXV. Cacalia sive leontice vocatur, semen margaritis minutis simile, dependens inter folia grandia, in montibus fere. Hujus grana quindecim in oleo macerantur, atque ita adverso capillo caput ungitur.

LXXXVI. Fit et ex callitriche sternutamentum. Folia sunt lenticulæ : caules junci tenuis similes : radice minima. Nascitur in opacis et humidis, gustatu fervens.

LXXXVII. Hyssopum in oleo contritum phthiriasi resistit, et prurigini in capite. Est autem optimum Cilicium e Tauro monte, dein Pamphylium, ac Smyrnæum : stomacho contrarium. Purgat cum fico sumtum per inferna : cum melle, vomitionibus. Putant et serpentibus ictibus adversari, tritum cum melle, et sale, et cumino.

LXXXVIII. Lonchitis non, ut plerique existimaverunt,

n'est pas, ce que plupart ont pensé, la même plante que le xiphion ou phasganion (*gladiolus communis*, L.), quoique la graine en soit en fer de lance : en effet, le lonchitis a les feuilles du poireau, rougeâtres vers la racine, et là plus nombreuses qu'à la tige. Il porte des capitules qui sont semblables aux masques de comédie, d'où sort une petite langue. Les racines de cette plante sont très-longues. Elle croît dans les lieux arides.

1 LXXXIX. Au contraire, le xiphion ou phasganion (*gladiolus communis*, L.) croît dans les lieux humides. En sortant du sol il a la forme d'une épée, la tige haute de deux coudées, la racine frangée, et semblable à une aveline. Il faut arracher cette racine avant le temps de la moisson, et la faire sécher à l'ombre. Le haut de la racine pilé avec de l'encens, et mêlé à un poids égal de vin, fait sortir les esquilles des os du crâne, le pus en quelque point qu'il se forme, et les os de serpent si on a marché dessus; il est efficace 2 aussi contre les venins. Pour la céphalalgie il faut se frotter la tête avec l'ellébore bouilli et pilé, soit dans de l'huile, soit dans de l'huile rosat, ou avec le peucedanum préparé, soit à l'huile, soit à l'huile rosat, soit au vinaigre. Cette dernière plante, employée tiède, est bonne aussi pour la migraine et le vertige; on se frotte encore avec sa racine pour se faire suer, car elle est échauffante.

1 XC. Le psyllion (*plantago psyllium*, L.), ou cynoïdes, ou crystallion, ou sicelicon, ou cynomyia (mouche de chien), a une racine menue, qui n'est pas employée; il est sarmenteux, a le haut des tiges en forme de fève; les feuilles ont une sorte de ressemblance avec une tête de chien, et la graine, qui est dans des baies, avec la puce : c'est de là que vient le nom de psyllion. Cette plante croît dans les vignes; elle est très-rafraîchissante et très-résolutive; c'est la graine qu'on emploie. Dans la céphalalgie on l'applique sur le front et sur les tempes avec du vinaigre et de l'huile rosat ou de l'oxycrat; pour les autres cas 2 on l'emploie en liniment, à la dose d'un acétabule (0 lit., 068) dans un setier d'eau; elle se condense et se resserre; alors on la broie : il en résulte une solution épaisse, dont on se sert en liniment pour toute douleur, toute tumeur, toute inflammation. L'aristoloche est un remède pour les plaies de tête. Elle fait sortir les esquilles osseuses de toutes les parties du corps, et surtout de la tête. Il en est de même de la plistolochia. Le thysselium (25) n'est pas différent de l'ache; la racine, mâchée, purge les pituites de la tête.

XCI. (xii.) On prétend que la grande centaurée fortifie la vue si on s'en bassine les yeux avec de l'eau; que le suc de la petite centaurée avec du miel dissipe les mouches volantes de la vue, les nuages et l'obscurcissement, et fait disparaître les cicatrices; et que la sidéritis enlève les taies des bêtes de somme. La chélidoine est un remède merveilleux pour toutes ces affections. Pour les fluxions des yeux on fait un cataplasme avec la racine de panacès et la polenta; pour les arrêter on fait boire la graine de jusquiame à la dose d'une obole (0 gr., 75), avec autant de suc de pavot et du vin. On y met aussi du suc de gen- 2 tiane, qu'on fait entrer dans les collyres actifs au lieu de suc de pavot. L'euphorbe en frictions éclaircit la vue. Pour l'ophthalmie on instille le suc de plantain. L'aristoloche dissipe les nuages de la vue. L'ibéris attachée à la tête avec la quintefeuille guérit les fluxions des yeux et les autres affections

---

eadem est quæ xiphion, aut phasganion, quanquam cuspidi similis semine. Habet enim folia porri, rubentia ad radicem, et plura, quam in caule, capitula personis comicis similia, parvam exserentibus linguam, radicibus prælongis. Nascitur in sitientibus.

1 LXXXIX. E diverso xiphion, et phasganion in humidis : quum primum exit, gladii præbet speciem, caule duum cubitorum, radicis ad nucis avellanæ figuram fimbriatæ, quam effodi ante messes oportet, siccari in umbra. Superior pars ejus cum thure trita, æquo pondere admixto vino, ossa fracta e capite extrahit; sed et si quid in corpore suppurat, vel si calcata sunt ossa serpentis; eadem contra ve- 2 nena efficax. Caput in dolore veratro, vel oleo, vel rosaceo decocto tritoque ungi convenit : peucedano ex oleo, vel rosaceo, et aceto. Tepidum hoc prodest et doloribus, qui plerumque ex dimidia parte capitis sentiuntur, et vertigini. Perungunt et radice ejus sudoris causa elicienti, quoniam caustica vis ei est.

1 XC. Psyllion, alii cynoides, alii crystallion, alii sicelicon, alii cynomyiam appellant, radice tenui, supervacua, sarmentosum, fabæ granis in cacuminibus, foliis canino capiti non dissimilibus, semine autem pulici, unde et nomen : hoc in baccis, ipsa herba in vineis invenitur. Vis ei ad refrigerandum et discutiendum ingens. Semen in usu. Fronti imponitur in dolore et temporibus, ex aceto et rosaceo, aut posca. Ad cætera illinitur acetabuli mensura 2 sextario aquæ; densat se ac contrahit : tunc terere, et crassitudinem illinire oportet cuicumque dolori, et collectioni, inflammationique. Et vulneribus capitis medetur aristolochia, fracta extrahens ossa, et in alia quidem parte corporis, sed maxime capite : similiter plistolochia. Thysselium est non dissimile apio. Hujus radix commanducata purgat capitis pituitas.

XCI. (xii.) Oculorum aciem centaurio majore putant 1 adjuvari, si addita aqua foveantur. Succo vero minoris cum melle, culices, nubeculas, obscuritatem discuti, cicatrices extenuari : albugines quidem etiam jumentorum sideriti. Jam chelidonia supra dictis omnibus mire medetur. Panacis radicem cum polenta epiphoris imponunt. Hyoscyami semen bibunt obolo, tantumdem meconii adjicientes, vinumque, ad epiphoras inhibendas. Adjungunt et gen- 2 tianæ succum, quem collyriis quoque acrioribus pro meconio miscent. Facit claritatem et euphorbium inunctis. Instillatur plantaginis succus lippitudini. Caligines aristolochia discutit. Iberis adalligata capiti cum quinquefolio, epiphoras, et si qua in oculis vitia sunt, emendat. Ver-

de ces organes. Le verbascum s'emploie en cataplasmes pour les fluxions des yeux, ainsi que la verveine avec de l'huile rosat ou du vinaigre. Pour la cataracte et les nuages des yeux on réduit en trochisques le cyclaminos. Le suc du peucedanum, comme nous l'avons dit (xxv, 70), est bon avec le suc du pavot et l'huile rosat pour éclaircir la vue et dissiper les nuages. Le psyllion appliqué au front arrête les fluxions des yeux.

XCII. (XIII.) L'anagallis est appelé par quelques-uns corchoron; il y en a deux espèces : l'anagallis mâle, à fleurs rouges (mouron rouge, *anagallis arvensis*, L.), et l'anagallis femelle (mouron bleu), à fleurs bleues. Ces deux anagallis n'ont pas plus d'un palme de haut. Ils ont une tige tendre, de très-petites feuilles rondes et gisant à terre; ils croissent dans les jardins et dans les lieux humides. L'anagallis bleu fleurit le premier. Le suc de l'un et de l'autre, mêlé avec du miel et surtout avec du miel attique, et employé en onction, dissipe les brouillards de la vue, les ecchymoses des yeux à la suite d'un coup, et les taches rouges du blanc des yeux; il dilate la pupille : aussi l'emploie-t-on en onction préalablement à l'opération de la cataracte. Ces plantes sont aussi un remède pour les maladies des yeux des bêtes de somme. Le suc injecté dans les narines, qu'on lave ensuite avec du vin, purge la tête. On le prend aussi, à la dose d'une drachme, dans du vin, contre le venin des serpents. Chose singulière, les bestiaux ne touchent pas à l'anagallis femelle : si, trompés par la ressemblance (les deux espèces ne diffèrent que par la fleur), ils en ont goûté par hasard, aussitôt ils cherchent un remède dans la plante appelée asyla (26); en latin nous la nommons *ferus oculus* (œil sauvage). Quelques-uns prescrivent à ceux qui récoltent cette plante, de la saluer trois fois avant le lever du soleil et avant d'avoir prononcé aucune parole, puis de l'enlever de terre et d'en exprimer le suc, prétendant que ces précautions lui donnent plus de force. Nous avons suffisamment parlé du suc de l'euphorbe (xxv, 38). Dans l'ophthalmie, s'il y a gonflement, on emploiera avec avantage l'absinthe broyée avec du miel, ainsi que la bétoine en poudre.

XCIII. L'ægilops se guérit avec la plante (*ægilops ovata*, L.) de même nom (xviii, 44, 5), qui croît parmi l'orge, et qui a la feuille du froment; on applique ou la graine pilée avec de la farine, ou le suc. Ce suc s'exprime de la tige et des feuilles turgescentes, après qu'on a ôté l'épi; on l'incorpore dans de la farine de blé de trois mois, et on en fait des trochisques.

XCIV. Quelques-uns employaient jadis la mandragore; puis on y a renoncé pour le traitement de l'ægilops. Ce qui est certain, c'est que la racine pilée avec de l'huile rosat et du vin guérit les fluxions et les maux des yeux. Quant au suc, on l'incorpore à maintes compositions ophthalmiques. La mandragore est encore appelée circæum. Il y en a deux espèces (*atropa mandragora vernalis et autumnalis*) : la mandragore mâle, qui est blanche; la mandragore femelle, qui est noire, à feuilles plus étroites que celles de la laitue, à tige velue, à racine double ou triple, roussâtre, blanche intérieurement, charnue et molle, longue de près d'une coudée. Les deux portent un fruit de la grosseur d'une aveline, renfermant une graine semblable aux pepins de la poire. On donne à la blanche les noms d'arsen, de morion, d'hippophlomos; les feuilles en sont blanches, plus larges que celles de l'autre, et semblables à celles du lapathum cultivé (patience). Ceux qui la cueillent se gardent d'avoir

---

bascum epiphoris imponitur. Peristereos ex rosaceo, vel aceto. Ad hypochysin et caliginem, cyclaminon in pastillos diluunt. Peucedani succum, ut diximus, ad claritatem et caligines, cum meconio et rosaceo. Psyllion illitum fronti epiphoras suspendit.

XCII. (XIII.) Anagallida aliqui corchoron vocant. Duo genera ejus : mas flore phœniceo, femina cæruleo, non altiores palmo : frutice tenero, foliis pusillis, rotundis, in terra jacentibus : nascuntur in hortis et aquosis. Prior floret cærulea. Utriusque succus oculorum caliginem discutit cum melle, et exictu cruorem, et argema rubens, magis cum Attico melle inunctis. Pupillas dilatat, et ideo hoc inunguntur ante, quibus paracentesis fit. Jumentorum quoque oculis medentur. Succus caput purgat per nares infusus, ita ut deinde vino colluatur. Bibitur et contra angues succi drachma in vino. Mirum, quod pecora feminam vitant. At si decepta similitudine (flore enim tantum distant) degustavere, statim eam, quæ asyla appellatur, in remedio quærunt : ea a nostris ferus oculus vocatur. Præcipiunt aliqui effossuris, ante solis ortum, priusquam quidquam aliud loquantur, ter salutare eam, tum sublatam exprimere : ita præcipuas esse vires. De euphorbii succo satis dictum est. Lippitudini, si tumor erit, absinthium, cum melle tritum, itemque vettonicæ farina conveniet.

XCIII. Ægilops sanat herba eodem nomine, quæ in hordeo nascitur, tritici folio, semine contrito cum farina permixta impositaque, vel succo. Exprimitur hic e caule foliisque prægnantibus, demta spica, et in trimestri farina digeritur in pastillos.

XCIV. Aliqui et mandragora utebantur : postea abdicatus in hac curatione est. Epiphoris (quod certum est) medetur, et oculorum dolori, radix tusa cum rosaceo et vino. Nam succus multis oculorum medicamentis miscetur. Mandragoram, alii Circæum vocant. Duo ejus genera : candidus, qui et mas : qui femina existimatur, angustioribus foliis, quam lactucæ, hirsutis et caulibus, radicibus binis ternisve rufulis, intus albis, carnosis tenerisque, pæne cubitalibus. Ferunt mala avellanarum nucum magnitudine, et in iis semen ceu pirorum. Album hoc alii arsena, alii morion, alii hippophlomon vocant. Hujus folia alba, quam alterius latiora, ut lapathi sativæ.

le vent en face, et, préliminairement, ils décrivent autour de la plante, avec une épée, trois cercles; puis ils l'arrachent en se tournant vers le couchant. On tire le suc et du fruit, et de la tige après l'avoir étêtée, et de la racine, qu'on pique ou qu'on fait bouillir. La racine 3 s'emploie même en brin; d'autres fois on la coupe en rondelles, et on la conserve dans du vin. La mandragore ne donne pas partout du suc, et là où elle en donne c'est vers l'époque de la vendange qu'il faut le recueillir. Il a une odeur forte, mais celle de la racine et du fruit l'est encore davantage. Les fruits de la mandragore blanche étant mûrs se sèchent à l'ombre. On fait épaissir au soleil le suc qu'on en tire; de même pour celui de la racine: on la pile, ou bien on la fait bouillir dans du vin noir jusqu'à réduction au tiers. Les feuilles valent mieux conservées dans la saumure. Le suc qu'elles rendent fraîches est un véritable poison; et encore la saumure n'en ôte pas complètement les propriétés malfaisantes. L'odeur seule en porte à la tête. En quelques contrées on en mange les fruits: cependant la violence de cette odeur étourdit ceux qui n'y sont pas habitués; et une dose trop forte du suc donne la mort. A une dose variable suivant les forces du sujet il est soporifique; la dose moyenne est d'un cyathe (0 lit.,045). On l'administre et contre les serpents, et avant les incisions, et les ponctions pour engourdir la sensibilité. Il suffit pour cet effet à quelques personnes de s'être procuré le sommeil par l'odeur qu'il exhale. On boit encore de ce suc, en place d'ellébore, à la dose de deux oboles, dans du vin miellé; mais l'ellébore est plus efficace pour faire vomir et pour évacuer la bile noire.

1 XCV. La ciguë aussi est un poison, odieuse par l'usage qu'on en faisait à Athènes pour le supplice des condamnés, mais ayant cependant divers emplois qu'il ne faut pas omettre. La graine est malfaisante, mais la tige se mange très-fréquemment crue et cuite: elle est lisse, articulée comme les roseaux, noirâtre, haute souvent de deux coudées, et rameuse au sommet. Les feuilles sont celles de la coriandre, mais plus molles et d'une odeur plus forte. La graine est plus grosse que l'anis; la racine, creuse, n'est d'aucun usage. La graine et les feuilles ont des propriétés réfrigérantes. Ceux que la ciguë fait mourir commencent à se glacer par les extrémités du corps. Le remède, avant que le poison ne soit 2 parvenu aux parties vitales, est le vin, qui de sa nature est échauffant. Mais la ciguë, avalée dans le vin même, est regardée comme absolument sans remède. Le suc s'exprime des feuilles et des fleurs; c'est en effet lors de la floraison qu'il est dans toute sa force. Le suc qu'on tire de la graine en la pilant, et qui, épaissi au soleil, est divisé en trochisques, donne la mort en coagulant le sang (seconde propriété de la ciguë); aussi ceux qu'il tue ont-ils le corps parsemé de taches. On s'en sert au lieu d'eau pour délayer certains médicaments. On en prépare un emplâtre pour rafraîchir l'estomac. Il est spécialement bon en topique pour arrêter les fluxions des yeux qui surviennent pendant l'été, et pour calmer la douleur de ces organes. Il entre dans les collyres, et il arrête toutes les autres fluxions. Les feuilles aussi cal- 3 ment toute tuméfaction, toute douleur, toute fluxion des yeux. Anaxilaüs prétend que les mamelles frottées de ciguë avant la puberté demeurent stationnaires: ce qui est certain, c'est qu'en topique sur les mamelles cette substance tarit le lait des nouvelles accouchées, et qu'appliquée vers l'époque de la puberté sur les testicules elle éteint tout désir vénérien. Nous

---

Cavent effossuri contrarium ventum, et tribus circulis ante gladio circumscribunt: postea fodiunt ad occasum spectantes. Succus fit e malis, et caule, deciso cacumine, et radice punctis aperta, aut decocta: utilis hæc 3 vel surculo. Concisa quoque in orbiculos servatur in vino. Succus non ubique invenitur, sed ubi potest, circa vindemias quæritur. Odor gravis et: sed radicis, et mali gravior. Ex albo mala matura in umbra siccantur: succus ex iis sole densatur; item radicis tusæ, vel in vino nigro ad tertias decoctæ. Folia servantur in muria officinoïs, alias recentium succus pestis est: sic quoque 4 noxiæ vires. Gravedinem etiam afferunt olfactu: quanquam mala in aliquibus terris manduntur, nimio tamen odore obmutescunt ignari. Potu quidem largiore etiam moriuntur. Vis somnifica pro viribus bibentium. Media potio cyathi unius. Bibitur et contra serpentes, et ante sectiones punctionesque, ne sentiantur. Ob hæc satis est aliquibus somnum odore quæsisse. Bibitur et pro elleboro duobus obolis in mulso. Efficacius ellehorum ad vomitiones, et ad bilem nigram extrahendam.

1 XCV. Cicuta quoque venenum est, publica Atheniensium pœna invisa, ad multa tamen usus non omittendi. Semen habet noxium. Caulis autem et viridis estur e risque et in patinis. Lævis hic et geniculatus, ut calami, nigricans, altior sæpe binis cubitis, in cacuminibus ramosus: folia coriandri teneriora, gravi odorato: semen aniso crassius: radix concava, nullius usus. Semini et foliis refrigeratoria vis: quos enecat, incipiunt algere ab extremitatibus corporis. Remedio est, priusquam perveniat 2 ad vitalia, vini natura excalfactoria: sed in vino pota, irremediabilis existimatur. Succus exprimitur foliis floribusque, tunc enim maxime tempestivus est. Semine trito expressus, et sole densatus in pastillis, necat sanguine spissando. Hæc altera vis: et ideo sic necatorum maculæ in corporibus apparent. Ad resolvenda medicamenta utuntur illo pro aqua. Fit ex eo ad refrigerandum stomachum malagma. Præcipuus tamen ad cohibendas epiphoras æstivas, oculorumque dolores sedandos circumlitus. Miscetur collyriis, et alios omnes rheumatismos cohibet. Folia quoque tumorem omnem, doloremque, et epiphoras sedant. Anaxilaüs auctor est, mammas a virginitate illitas, semper staturas. Quod certum est, lac puerperarum

nous garderons bien d'enseigner les recettes abortives dans lesquelles on la fait entrer. La plus active ciguë est celle qui croît à Suse, chez les Parthes, puis celle de la Laconie, de la Crète et de la province d'Asie. En Grèce, au premier rang est celle de Mégare, au second celle de l'Attique (*conium maculatum*, L.).

XCVI. Le crethmos sauvage (*crithmum maritimum*, L.), appliqué sur les yeux, enlève la chassie, et, avec addition de polenta, en fait disparaître la tuméfaction.

XCVII. La molybdæna (*plumbago europea*, L.), en latin plumbago, croît même en plein champ ; elle a les feuilles (27) du lapathum (patience), la racine grosse et chevelue. Si on la mâche et qu'on s'en frotte de temps en temps les yeux, on guérit le plomb, sorte de maladie qui affecte ces organes.

XCVIII. La première espèce de capnos (*corydalis digitata*, Pers.), qu'on appelle pied de poule, croît dans les masures et les haies : elle a les branches très-ténues et écartées, et la fleur rouge. On l'emploie verte, et le suc dissipe les taies ; aussi la fait-on entrer dans les compositions ophthalmiques.

XCIX. Il y a une autre espèce de capnos (*fumaria officinalis*, L.) semblable de nom et d'effet, mais de figure différente. Elle est touffue et fort tendre ; elle a les feuilles de la coriandre, la couleur cendrée, et la fleur pourpre ; elle croît dans les jardins et les champs d'orge. Employée en onctions, elle éclaircit la vue et provoque le larmoiement comme la fumée, d'où le nom qu'elle porte. Elle empêche aussi les cils une fois arrachés de repousser.

C. L'acoron (*acorus calamus*) a les feuilles de l'iris, seulement plus étroites et portées sur un long pétiole ; les racines noires et moins veinées, du reste, semblables aussi à celles de l'iris, d'un goût âcre, d'une odeur non désagréable, et provoquant des éructations. Les meilleures racines viennent du Pont, puis de la Galatie, en troisième lieu de la Crète ; mais elles abondent (28) dans la Colchide, auprès du Phase, et dans tous les lieux humides. Fraîches, elles ont une odeur plus forte que vieilles. Celles de la Crète sont plus blanches que celles du Pont. On les coupe en rouelles de l'épaisseur du doigt, et on les fait sécher à l'ombre, dans des outres. Il est des auteurs qui donnent le nom d'acoron à la racine d'oxymyrsine (xv, 7, 3) ; aussi quelques-uns préfèrent-ils appeler cette dernière plante acoron sauvage. L'acoron a une grande force pour échauffer et atténuer ; on en fait boire le suc pour la cataracte, les brouillards de la vue et le venin des serpents.

CI. Le cotylédon (*cotyledon umbilicus*, L.) est une petite herbe dont la tige est basse et faible, la feuille grasse et concave comme la cavité cotyloïde. Il croît dans les lieux maritimes et pierreux ; il est vert, et a la racine ovale comme une olive. Le suc est un remède pour les yeux. Il en est une autre espèce (*saxifraga media*, Gouan), dont les feuilles sont d'un vert sale, plus larges et plus touffues autour de la racine, qui en est entourée comme l'œil l'est de l'orbite, d'un goût très-âpre, et portées sur une tige très-longue, mais très-déliée. On l'emploie aux mêmes usages que l'iris.

CII. Il y a deux espèces d'aizoon. Le plus grand (joubarbe des toits), qui se sème dans des vases de terre, est appelé par quelques-uns buphthalmos, par d'autres zoophthalmos, par d'autres stergethron, parce qu'il entre dans les philtres ; par d'autres hypogéson, parce qu'il croît sur la par-

---

mammis imposita exstinguit, Veneremque testibus circa pubertatem illita. Remedia liberationi, quibus bibenda censetur, non equidem præceperimus. Maximæ vis natæ Susis Parthorum, mox Laconicæ, Creticæ, Asiaticæ. In Græcia vero Megaricæ, deinde Atticæ.

XCVI. Crethmos agrios gramias tollit oculorum impositus, tumorem quoque polenta addita.

XCVII. Nascitur vulgo molybdæna, id est, plumbago, etiam in arvo, folio lapathi, crassa radice, hispida. Hac commanducata si oculus subinde elingatur, plumbum (quod est genus vitii) ex oculo tollitur.

XCVIII. Capnos prima, quam pedes gallinaceos vocant, nascens in parietinis et sepibus, ramis tenuissimis sparsisque, flore purpureo, viridis, succo caliginem discutit : itaque in medicamenta oculorum additur.

XCIX. Similis et nomine, et effectu, sed alia est capnos fruticosa, prætenera, foliis coriandri, cineracei coloris, flore purpureo. Nascitur in hortis et segetibus hordeaceis. Claritatem facit inunctis oculis, delacrymationemque, ceu fumus : unde nomen. Eadem evulsas palpebras renasci prohibet.

C. Acoron iridis folia habet, angustiora tantum, et longiore pediculo, radices nigras, minusque venosas : cætero et has similes iridis, gustu acres, odore non ingratas, ructu faciles. Optimæ Ponticæ, dein Galaticæ, mox Creticæ. Sed plurimæ in Colchide juxta Phasin amnem, et ubicumque in aquosis. Recentibus virus majus, quam vetustis. Creticæ candidiores Ponticis. Siccantur utribus in umbra digitalibus frustis. Necnon inveniuntur, qui oxymyrsinæ radicem acoron vocant, ideoque quidam hanc acoron agrium vocare malunt. Vis ei ad calfaciendum, extenuandumque efficax : contra suffusiones et caligines oculorum succo ejusdem poto, contraque serpentes.

CI. Cotyledon parvula herba, cauliculo tenero pusillo, pingui folio et concavo, ut coxendices : nascitur in maritimis petrosisque, viridis, radice olivæ modo rotunda : oculis medetur succo. Est aliud genus ejusdem, sordidis foliis, latioribus densioribusque circa radicem velut oculum cingentibus, asperrimi gustus, longiore caule, sed pergracili. Usus ejus ad eadem, quæ iris.

CII. Aizoi duo genera. Majus in fictilibus vasculis seritur, quod aliqui buphthalmum vocant, alii zoophthalmon, alii stergethron, quod amatoriis conveniat : alii hypogeson, quoniam in subgrundiis fere nascitur. Sunt qui

tie la plus avancée des toits. Il y en a qui lui donnent plus volontiers le nom d'ambroisie ou celui d'amérimnos (sans-souci). Les Italiens le nomment le grand sedum ou l'œil, ou le digitellus. L'autre aizoon (*sedum amplexicaule*, DC.), qui est très-petit, est appelé par les uns erithales, par les autres trithales, parce qu'il fleurit trois fois; par d'autres, chrysothales; par quelques-uns, isoetes; mais tous deux portent le nom d'aizoon, parce qu'ils sont toujours verts; d'où quelques-uns les 2 ont nommés sempervivum. Le plus grand dépasse une coudée en hauteur, et est plus gros que le pouce. Les feuilles ont à leur extrémité la forme d'une langue; elles sont charnues, grasses, pleines de suc, de la largeur du pouce; les unes sont courbées vers la terre, les autres dressées, de manière à représenter le tour d'un œil. Le petit aizoon croît dans les murailles, dans les mazures et sur les toits. Touffu dès la racine, il est garni de feuilles jusqu'au sommet; ces feuilles sont étroites, pointues, juteuses; la tige est haute d'un palme, la racine ne sert à rien.

1 CIII. A cette plante ressemble celle que les Grecs nomment andrachne sauvage (*sedum stellatum*, L.), et les Italiens *illecebra*. Celle-ci a les feuilles petites, mais plus larges, et la tige plus courte. Elle croît dans les terrains pierreux, et on la cueille pour la manger. Toutes ces plantes ont la même propriété : elles sont rafraîchissantes et astringentes. Les feuilles en topique, ou le suc en onction, guérissent les fluxions oculaires. Ce suc déterge les ulcères des yeux, les remplit et les cicatrise; il décolle les paupières. En topique sur les tempes, le suc ou les feuilles guérissent la céphalalgie. Ces plantes combattent le venin des araignées phalanges. Le grand aizoon est en particulier l'antidote de l'aconit. On assure encore que celui qui porte de l'aizoon sur lui n'est pas piqué par les scorpions. Ces plantes guérissent 2 la douleur d'oreilles, comme aussi le suc de la jusquiame, dont on fait une onction légère; le suc de l'achillea; celui de la petite centaurée; celui du plantain; celui du peucedanum, avec l'huile rosat et le suc de pavot; et celui de l'acoron, avec la rose. Tous ces sucs doivent être instillés chauds dans l'oreille, à l'aide du strigilis (seringue à oreille). Le cotylédon est bon même pour la suppuration des oreilles, avec la moelle de cerf chaude. Le suc de la racine d'hièble pilée, d'abord passé par un linge, puis épaissi au soleil, enfin, quand on s'en sert, délayé avec l'huile rosat et chauffé, guérit les parotides; ainsi fait la verveine, ainsi le plantain, ainsi la sidéritis avec du vieux oing.

CIV. L'aristoloche avec le cyperus (souchet) 1 corrige l'ozène.

CV. Les remèdes pour les dents sont : la racine 1 du panacès mâchée, et surtout du panacès chironien, le suc en collutoire; la racine de jusquiame mangée avec du vinaigre, la racine de polemonia. On mâche encore la racine de plantain, ou on se lave la bouche avec la décoction de cette racine dans du vinaigre. Les feuilles aussi sont bonnes pour les gencives, même quand le sang de ces parties est corrompu. La graine du plantain guérit les abcès et les fluxions des gencives. L'aristoloche raffermit les gencives et les dents. La verveine, mâchée avec la racine, ou bouillie avec du vin ou du vinaigre, qu'on emploie en collutoire, produit le même effet. Il en est de 2 même de la racine de la quintefeuille (xxv, 62) bouillie dans du vin ou du vinaigre, jusqu'à réduction au tiers; avant de la faire bouillir il faut la laver avec de l'eau de mer ou de l'eau

---

ambrosiam potius vocant, et qui amerimnon : Itali sedum magnum, aut oculum, aut digitellum. Alterum minusculum, quod erithales vocant, alii trithales, quia ter floreat : alii chrysothales, aliqui isoetes : sed aizoum utrumque, quoniam viret semper, aliqui sempervivum. Majus 2 cubiti altitudinem excedit, crassitudine plusquam pollicari. Folia cacumine linguæ similia, carnosa, pinguia, larga succo, latitudine pollicari, alia in terram convexa, alia stantia, ita ut ambitu effigiem imitentur oculi. Quod minus est, in muris parietinisque nascitur, et tegulis : fruticosum a radice, et foliosum usque ad cacumen : foliis angustis, mucronatis, succosis, palmo alto caule : radix inutilis.

1 CIII. Huic similis est, quam Græci andrachnen agriam vocant, Itali illecebram, pusillis latioribus foliis, breviori cacumine. Nascitur in petris, et colligitur cibi causa. Omnium harum vis eadem, refrigerare et adstringere. Medentur epiphoris folia imposita, vel succus inunctis. Purgat enim hulcera oculorum, expletque, et ad cicatricem perducit : palpebras deglutinat. Eædem capitis doloribus medentur, succo vel folio temporibus illitis. Adversantur phalangiorum ictibus : aconito vero majus aizoum præcipue. A scorpionibus quoque habentem id feriri negant. Medentur et aurium dolori. Item succus inunctus hyos- 2 cyami modice : item achilleæa, et minoris centaurii, et plantaginis : peucedani cum rosaceo et meconio : acori succus cum rosa. Omnis autem strigili calefactus infunditur. Cotyledon etiam purulentis, et cum medulla cervina calefacta. Ebuli radicis tritæ succus linteo colatus, mox in sole densatus, et quum opus sit, rosaceo dilutus et calefactus, parotidas sanat. Verbenaca quoque : item plantago : item sideritis, cum axungia vetere.

CIV. Narium ozænas emendat aristolochia cum cypero. 1

CV. Dentibus remedio sunt panacis radix commanducata, præcipue chironiæ, item succus collutus : radix hyoscyami ex aceto manducata, item polemoniæ. Commanducantur et plantaginis radices, aut colluuntur in aceto decoctæ succo. Et folia sunt utilia, vel si sanguine gingivæ putrescant. Semen ejusdem apostemata, et collectiones gingivarum sanat. Et aristolochia gingivas dentesque confirmat. Verbenaca cum radice commanducata, et decocta ex vino aut aceto succus collutus. Item quinquefolii ra- 2 dices, decoctæ ad tertias vino aut aceto. Prius vero quam decoquantur, aqua marina aut salsa lavantur : decoctum

salée : on garde cette décoction longtemps dans la bouche. D'autres aiment mieux se frotter les dents avec la cendre de la quintefeuille. On fait encore bouillir la racine du verbascum dans du vin, pour, avec la décoction, se laver les dents. On se les lave aussi avec l'hysope, avec le suc de peucedanum mêlé au suc de pavot; le suc des racines de l'anagallis, et préférablement de l'anagallis femelle, s'injecte, pour le même effet, dans la narine opposée au côté des dents où l'on sent du mal.

1 CVI. L'érigéron est appelé en latin senecio (séneçon) (*senecio vulgaris*, L.). On dit que si, après avoir circonscrit cette plante avec un instrument de fer, et l'avoir arrachée, on en touche trois fois la dent malade en crachant à chaque fois, et qu'ensuite on remette la plante dans le trou, de manière qu'elle reprenne, on n'aura jamais mal à cette dent. Cette plante a l'apparence et la mollesse du trixago (XXIV, 80), avec de petites tiges rougeâtres. Elle croît sur les toits et dans les murs. Les Grecs l'ont nommée érigéron (vieillard du printemps), parce qu'elle blanchit au printemps. La tête se divise en de nombreux filaments cotonneux qui ressemblent à ceux de l'épine, et qui s'échappent entre les divisions ; c'est pour cela que Callimaque l'a appelée acanthis (épineuse), et d'autres, pappus (aigrette). Au reste, les Grecs ne sont pas d'accord sur cette plante : les uns ont dit qu'elle a les feuilles de la roquette; les autres, celles du chêne, mais beaucoup plus petites. Les uns prétendent que la racine est inutile ; les autres, qu'elle est bonne pour les nerfs ; d'autres, 2 que prise en boisson elle suffoque. D'autre part, quelques-uns l'ont donnée avec du vin pour la jaunisse et pour toutes les maladies de la vessie, ainsi que pour celles du cœur et du foie. Ils ont dit qu'elle faisait sortir le sable des reins. Ils l'ont administrée dans les douleurs coxalgiques, à la dose d'une drachme avec de l'oxymel, après la promenade; ils l'ont vantée, dans du vin cuit, contre les coliques; ils ont assuré qu'avec du vinaigre c'était un aliment avantageux aux viscères, et ils l'ont fait semer dans les jardins pour ces différents usages. Ce n'est pas tout : quelques-uns en ont admis une seconde espèce, mais sans en indiquer les caractères, la donnant à prendre dans l'eau contre le venin des serpents, à manger, contre l'épilepsie : pour nous, nous en parlerons d'après des usages établis par l'expérience des Romains. Le duvet de cette plante, pilé avec du safran et un peu d'eau froide, s'emploie en topique dans les fluxions des yeux; grillé avec du sel, dans les scrofules.

CVII. L'éphéméron (*convallaria multiflora*, 1 L.) a les feuilles du lis, mais plus petites, une tige de même hauteur, la fleur bleue; la graine ne sert à rien. La racine, unique, de la grosseur du doigt, est excellente pour les dents : on la coupe par morceaux, on la fait bouillir dans du vinaigre, et on se lave la bouche avec cette décoction tiède. La racine, employée seule, raffermit les dents ébranlées; on l'applique sur celles qui sont creuses et rongées par la carie. La racine de la chélidoine, broyée dans du vinaigre, se garde dans la bouche. L'ellébore noir s'applique sur les dents cariées : l'une et l'autre plante, bouillie dans du vinaigre, raffermit les dents ébranlées.

CVIII. On donne le nom de labrum venereum 1 (bassin de Vénus, *dipsacus silvestris*, L.) à une plante qui croît dans les eaux courantes. Elle porte un petit ver (XXVII, 62; XXX, 8), que l'on écrase contre les dents, ou que l'on renferme avec de la cire dans les dents creuses. Il faut prendre garde que la plante arrachée ne touche la terre.

---

diu tenendum in ore. Quidam cinere quinquefolii fricare malunt. Et verbasci radix decoquitur in vino ad colluendos dentes. Et hyssopo colluuntur, et peucedani succo, cum meconio : vel radicum anagallidis magis feminæ succo, ab altera nare, quam doleat, infuso.

1 CVI. Erigeron a nostris vocatur senecio. Hanc si ferro circumscriptam effodiat aliquis, tangatque ea dentem, et alternis ter despuat, ac reponat in eumdem locum, ita ut vivat herba, aiunt dentem eum postea non doliturum. Herba est trixaginis specie et mollitia, cauliculis subrubicundis. Nascitur et in tegulis, et in muris. Nomen hoc Græci dederunt, quia vere canescit. Caput ejus numerosa dividitur lanugine, qualis est spinæ, inter divisuras exeunte. Quare eam Callimachus acanthida appellat, alii pappum. Nec deinde Græcis de ea constat. Alii erucæ foliis esse dixerunt, alii roboris, sed minoribus multo. Radice alii supervacua, alii nervis utili, alii potu strangulante.
2 E diverso quidam regio morbo cum vino dederunt, et contra omnia vesicæ vitia : item cordis et jocineris. Renibus extrahere arenam dixere. Ischiadicis drachmam cum oxymelite ab ambulatione propinavere : torminibus quoque in passo utilissimam : præcordiis etiam cibo ex aceto eam prædicantes, serentesque in hortis. Nec defuere qui et alterum genus facerent, nec quale esset, demonstrarent, contra serpentes in aqua bibendam edendamque comitialibus dantes. Nos eam romanis experimentis per usus digeremus. Lanugo ejus cum croco et exiguo aquæ frigidæ trita illinitur epiphoris : tosta cum mica salis, strumis.

CVII. Ephemeron folia habet lilii, sed minora, caulem 1 parem, florem cæruleum, semen supervacuum, radicem unam digitali crassitudine, dentibus præcipuam, concisam in aceto, decoctamque, ut tepido colluantur. Et ipsa etiam radix mobiles sistit : cavis et exesis imprimitur. Chelidoniæ radix ex aceto trita continetur ore. Erosis veratrum nigrum imponitur: mobiles utralibet decocta in aceto firmantur.

CVIII. Labrum Venereum vocant in flumine nascentem. 1 Est ei vermiculus, qui circa dentes necatur, aut cavis dentium cera includitur. Cavendum, ne avulsa herba terram tangat.

CIX. Ranunculum vocamus, quem Græci batrachion. Genera ejus quatuor : unum pinguioribus, quam coriau-1

1 CIX. Nous appelons renoncule la plante que les Grecs appellent batrachion; il y en a quatre espèces : l'une (*ranunculus asiaticus*, L.) a les feuilles plus grasses que celles de la coriandre, presque aussi larges que celles de la mauve, d'une couleur terne, la tige blanche et grêle, la racine blanche. Elle croît dans les sentiers humides et ombragés. La seconde (*ranunculus lanuginosus*, L.) est plus touffue; les feuilles sont plus découpées; les tiges sont hautes. La troisième (*ranunculus muricatus*, L.) est très-petite, a une odeur forte, et la fleur d'un jaune d'or. La quatrième (*ranunculus aquatilis*, L.) ressemble à cette dernière, mais elle a la fleur couleur de lait (29). Toutes agissent comme caustiques, si on en applique les feuilles crues, et elles font lever des ampoules comme le feu; aussi s'en sert-on pour la lèpre, la psore, et pour effacer toutes les marques sur la 2 peau; elles entrent dans tous les caustiques. On s'en sert en topique dans l'alopécie, mais on les ôte promptement. La racine, mâchée trop longtemps quand on a mal aux dents, les fait casser. Sèche et pulvérisée, elle constitue un sternutatoire. Nos herboristes nomment cette plante strumea, parce qu'elle guérit les strumes et les tumeurs, employée en fumigation sur la partie malade; ils croient que si on la replante les maux qu'elle a guéris renaissent; usage criminel qu'ils font aussi du plantain. Le suc du plantain guérit les ulcérations de la bouche. Il en est de même des feuilles et des racines mâchées, la bouche fût-elle affectée de fluxion. La quintefeuille détruit les ulcères et la mauvaise odeur de la bouche. Le psyllium guérit les ulcères.

CX. Donnons aussi les compositions pour la 1 guérison de cette mauvaise odeur de la bouche, incommodité très-honteuse. On prend un poids égal de feuilles de myrte et de lentisque, la moitié moins de galle de Syrie; on broie ces substances ensemble, et on les arrose de vin vieux. On mange le matin de cette composition, qui est très-usitée. On se sert encore des baies du lierre avec la casia (XII, 43) et la myrrhe à poids égal, dans du vin. Pour la mauvaise odeur des narines, même quand il y aurait des chancres dans cette partie, on recommande la graine de la serpentaire, pilée dans du miel. L'hysope fait disparaître les meurtrissures. On efface les marques du visage en se frottant avec la mandragore.

---

dri, foliis, et ad latitudinem malvae accedentibus, colore livido, caule albo, gracili, et radice alba : nascitur in limitibus humidis et opacis. Alterum foliosius, pluribus foliorum incisuris, altis caulibus. Tertium minimum est, gravi odore, flore aureo. Quartum simile huic, flore lacteo. Omnibus vis caustica, si cruda folia imponantur : pusulasque, ut ignis, faciunt. Ideo ad lepras et psoras eis utuntur, et ad tollenda stigmata; causticisque omnibus miscent. 2 Alopeciis imponunt, celeriter removentes. Radix in dolore commanducata diutius, rumpit dentes. Eadem sicca concisa, sternumentum est. Nostri herbarii strumeam vocant, quoniam medetur strumis, et panis, parte in fumo suspensa : creduntque ea rursus sata, rebellare quae curaverint vitia : quo scelere et plantagine utuntur. Oris hulcera intus succus plantaginis emendat, et folia radicesque commanducata, vel si rheumatismo laboret os. Hulcera fœtoremque, quinquefolium : hulcera psyllium.

CX. Composita quoque ad fœtorem, vel maxime pu- 1 dendum vitium, trademus. Ergo folia myrti et lentisci pari pondere, gallae Syriacae dimidium pondus, simul terere, et vino vetusto sparsa mandere matutino, ex usu est. Vel ederae baccas cum casia et myrrha, pari pondere ex vino. Naribus utilissimum est dracontii semen contritum ex melle, etiamsi carcinomata in his sint. Suggillata hyssopo emendantur. Stigmata in facie mandragoras illitus delet.

# NOTES DU VINGT-CINQUIÈME LIVRE.

(1) Cette affection a de grandes ressemblances avec le scorbut.

(2) D'après M. Fée, la britannica est l'inula britannica.

(3) Cette remarque de Pline est fort juste. Pourquoi une herbe trouvée en Frise, et à une époque où la Bretagne n'était pas conquise par les Romains, fut-elle appelée *britannica?* D'après Juste-Lipse (*ad Tacit. Ann.* I, 63), ce nom dérive non de la Bretagne, mais d'une appellation locale : les marais sur l'Ems, entre Lingen et Covoerden, se nomment encore aujourd'hui *Bretaasche heide*.

(4) Avi Vulg. — Ævi Broter. ex Codd. regg.

(5) D'après M. Fraas, *Synopsis*, p. 139, le panaces chironion est non pas, comme le veut Sprengel, l'hypericum origanifolium, qui est sans vertu, mais l'hypericum olympicum, qui a de l'odeur.

(6) Alterum lævis folii, alterum tenuius Vulg. — Alterum lævioris folii, alterum tenuioris Gronov. et al. Editt. ante Hard.

(7) Sprengel rapporte l'heraclion siderion au phellandrium mutellina, L.; M. Fraas, ib., p. 189, à la scrofularia chrysanthemifolia, L.

(8) Sive altercangenon om. Vulg. — Ces mots sont donnés par Gronov. et les éditions avant Hardouin, et approuvés par M. Ian.

(9) La troisième sideritis de Dioscoride est l'heraclion siderion de Pline.

(10) La phrase de Pline porterait à croire qu'Hérophile est postérieur à Thémison. Pline s'est exprimé négligemment, et sur un objet qui, étant bien connu alors, ne pouvait laisser de doute. Thémison, qui vivait sur la fin de la république, avait laissé une grande réputation à Rome; Hérophile, de beaucoup antérieur, avait passé sa vie à Alexandrie, et auprès des premiers rois grecs de l'Égypte.

(11) Pline, XXV, 21, a dit que les anciens fendaient l'ellébore avec une aiguille; ici il dit que c'est avec de petits ciseaux : soit; mais il renvoie au passage précédent, où il n'a parlé que d'aiguille. C'est un manque de mémoire.

(12) Hardouin pense qu'il faut lire *querna* au lieu de *quernæ*, qui en effet n'est pas correct.

(13) Sprengel croit que la polemonia est le polemonium cæruleum; mais M. Fraas, quoique avec doute, y rapporte (*Synopsis*, p. 111) l'hypericum olympicum; voyez aussi, note 5, une autre plante que M. Fraas rapporte à l'hypericum olympicum.

(14) Pline s'est trompé : Théophraste (*Hist.*, IX, 9) ne dit pas qu'il y a une espèce de centaurée surnommée triorchis, mais que la centaurée est défendue par l'épervier triorchis. Il faut donc admettre, malgré Pline, que cette prétendue troisième centaurée n'est que la grande centaurée. Cependant quelques commentateurs y ont vu le rumex sanguineus.

(15) Voyez livre XV, note 14.

(16) Bœotiam Vulg. — Mœotin est une correction proposée par Pintianus, et qui doit être adoptée. En effet, Théophraste (*Hist.*, IX, 13) dit que l'herbe scythique croît autour du Palus Méotide; et, d'autre part, ce qui est décisif, Pline lui-même dit ailleurs (XXVII, 1) : Scythicam herbam a Mæotidis paludibus.

(17) L'hippace, chez les auteurs grecs, est un fromage fait avec du lait de jument. Pline, lisant négligemment, a pris un fromage pour une plante.

(18) M. Fraas (*Synopsis*, p. 175) pense que le cestros des Grecs est différent de la vettonica des Romains, et est la *sideritis syriaca*, attendu que Dioscoride, IV, 1, dit que le cestros a les feuilles odorantes, et vient dans les lieux très-froids. Or, parmi les labiées il n'y a que la sideritis syriaca et la sideritis cretica qui viennent dans des lieux froids et aient les feuilles aromatiques.

(19) Ut in quibus etiamnum...... credidere saluberrimam Vulg. — Ut quæ etiamnum...... credant saluberrimam Vet. Dalech.

(20) Democrates Vulg. — Il faut lire Damocrates; voyez le catalogue des auteurs, t. I, p. 94.

(21) Hardouin veut que la phrase signifie : *On ne se sert ni des fleurs, ni de la graine, ni de la tige*. Mais le latin ne permet pas, évidemment, cette interprétation forcée. De plus, Dioscoride dit de son côté, III, 37 : Οὔτε ἄνθος, οὔτε καρπὸν φέρει, *il ne porte ni fleur ni graine*. Il faut donc bien admettre le sens naturel du texte, quoique ce soit une grosse erreur.

(22) Tenuitatis, radicum vitis, cujus Vulg. — Tenuitatis, vitis novellæ, cujus Gron. et aliæ editt. ante Hard., Sillig.

(23) Eupleæ, εὔπλοια, bonne navigation. Il faut sans doute lire εὔκλεια, gloire, considération; car c'est ce mot que porte le texte parallèle de Théophraste, *Hist.*, IX, 21. Mais alors Pline a commis une singulière erreur; Théophraste dit : Καὶ τὰ περὶ τῆς εὐκλείας καὶ εὐδοξίας ὁμοίως· καὶ μᾶλλον, εὔκλειαν γὰρ φασιν ἀεὶ ποιεῖν τὸ ἀντίρρινον καλούμενον. *Il en est de même pour la gloire et la considération; car on dit que l'antirrhinon procure constamment la gloire*. Ainsi Pline a pris εὔκλεια ou εὔπλοια pour un nom de plante. Voyez une erreur analogue pour l'*hippace*, note 17.

(24) L'hysope officinal est étranger à la flore de la Grèce. M. Fraas (*Synopsis*, p. 182) croit que le ὕσσωπος de Dioscoride est l'origanum smyrnæum ou syriacum.

(25) On ne sait ce qu'est le thysselium. Brotier, qui a mis rhysselium d'après l'édition princeps, dit que c'est un persil sauvage.

(26) On ne sait ce qu'est la plante *asyla*.

(27) Folia lapathi Vulg. — Folio lapathi Ed. princeps, Brotier.

(28) Primæ Vulg. — Plurimæ Cod. Chiffl.

(29) Luteo Vulg. — Lacteo Brot. ex Diosc.

# LIVRE XXVI.

1 I. (1.) Le visage même de l'homme a éprouvé des maladies nouvelles, et inconnues à toute l'antiquité, non-seulement en Italie, mais presque dans l'Europe entière; et alors même ces maladies ne se sont guère répandues dans l'Italie, l'Illyrie, les Gaules et l'Espagne, ni ailleurs; mais elles ont sévi à Rome et dans les environs. Elles n'étaient ni dangereuses pour la vie ni douloureuses; mais elles étaient si dégoûtantes, qu'on eût préféré la mort, sous quelque forme qu'elle se fût présentée.

1 II. La plus insupportable de toutes fut celle qu'on appela, d'un nom grec, lichen (1) : comme elle commençait généralement par le menton, les Latins, par plaisanterie d'abord (tant le commun des hommes est porté à plaisanter des maux d'autrui) lui donnèrent le nom de mentagre, dénomination qui est restée. Chez beaucoup de malades elle occupait le visage entier, à l'exception seulement des yeux ; mais elle descendait aussi sur le cou, la poitrine et les mains, en laissant sur la peau de sales croûtes farineuses.

1 III. Ce fléau n'était point connu de nos aïeux ni de nos pères; c'est vers le milieu du règne de l'empereur Tibère qu'il se glissa pour la première fois en Italie. Il fut apporté d'Asie, où il avait apparu, par un certain chevalier romain de Pérouse, greffier du questeur. Cet homme en fut l'introducteur. Le mal ne gagna pas les femmes, les esclaves, le bas peuple ou même la classe moyenne; mais il attaqua les grands, se propageant surtout par le contact rapide d'un simple baiser. Plusieurs de ceux qui avaient pu se résoudre à souffrir l'application des remèdes en conservaient des cicatrices plus hideuses que le mal. On le traitait, en effet, par les caustiques; et si l'on ne cautérisait pas jusqu'aux os, le mal repullulait. Il vint alors 2 d'Égypte, mère d'affections semblables, des médecins qui n'avaient que cette spécialité, et qui en firent bonne curée : il est certain que Manilius Cornutus, personnage prétorien, lieutenant de la province d'Aquitaine, s'engagea à payer pour le traitement deux cent mille sesterces (42,000 fr.). Plus souvent, au contraire, il est arrivé que de nouveaux genres de maladies ont attaqué les classes inférieures. Que peut-on voir de plus singulier? Des épidémies soudaines surviennent dans certaines contrées, s'attachent, comme par une sorte d'élection, à certaines parties du corps, à certains âges, même à certaines conditions; les unes frappent les enfants, les autres les adultes; celles-ci les grands, celles-là les pauvres.

IV. Ce fut, est-il écrit dans les *Annales*, 1 pendant la censure de L. Paullus et de Q. Marcius (an de Rome 590), que parut pour la première fois en Italie le charbon (2), maladie particulière à la province Narbonnaise. Il est mort de cette affection, dans la même année, et pendant que nous écrivions ceci, deux personnages consulaires, Julius Rufus et Q. Lecanius Bassus;

## LIBER XXVI.

1 I. (1.) Sensit et facies hominum novos, omnique ævo priore incognitos, non Italiæ modo, verum etiam universæ prope Europæ, morbos : tunc quoque non tota Italia, nec per Illyricum, Galliasve, aut Hispanias magnopere vagatos, aut alibi, quam Romæ, circaque : sine dolore quidem illos, ac sine pernicie vitæ : sed tanta fœditate, ut quæcumque mors præferenda esset.

1 II. Gravissimum ex his lichenas appellavere græco nomine : latine, quoniam a mento fere oriebatur, joculari primum lascivia ( ut est procax natura multorum in alienis miseriis ), mox et usurpato vocabulo, mentagram : occupantem in multis totos utique vultus, oculis tantum immunibus, descendentem vero et in colla pectusque ac manus, fœdo cutis furfure.

1 III. Non fuerat hæc lues apud majores patresque nostros. Et primum Tiberii Claudii Cæsaris principatu medio irrepsit in Italiam, quodam Perusino equite romano quæstorio scriba, quum in Asia apparuisset, inde conta- gionem ejus importante. Nec sensere id malum feminæ, aut servitia, plebesque humilis, aut media; sed proceres veloci transitu osculi maxime : fœdiore multorum qui perpeti medicinam toleraverant, cicatrice, quam morbo. Causticis namque curabatur ; ni usque in ossa corpus exustum esset, rebellante tædio : advenerunt<br>que ex Ægypto genitrice talium vitiorum medici, hanc solam operam afferentes, magna sua præda. Siquidem certum est, Manilium Cornutum e prætoriis legatum Aquitanicæ provinciæ, H-S CC elocasse in eo morbo curandum sese. Acciditque sæpius, ut nova contra genera morborum gregatim sentirentur. Quo mirabilius quid potest reperiri? aliqua gigni repente vitia terrarum in parte certa, membrisque hominum certis, vel ætatibus, aut etiam fortunis, tamquam malo eligente, hæc in pueris grassari, illa in adultis : hæc proceres sentire, illa pauperes.

IV. L. Paullo, Q. Marcio censoribus, primum in Italiam carbunculum venisse, Annalibus conscriptum est, peculiare Narbonensis provinciæ malum : quo duo consulares obiere condentibus hæc nobis eodem anno, Julius Rufus, et Q. Lecanius Bassus, ille medicorum inscientia sectus : hic vero pollice lævæ manus evulso acu ab

le premier par l'ignorance des médecins qui pratiquèrent des incisions, le second s'étant fait lui-même une plaie au pouce gauche avec une aiguille, plaie si petite qu'on pouvait à peine l'apercevoir. Le charbon naît dans les parties les plus cachées du corps, et communément sous la langue. Il prend la forme d'un bouton dur et rouge, mais dont le sommet est noirâtre, d'autres fois livide. Il y a tension, sans enflure toutefois, sans douleur, sans démangeaison, sans autre symptôme qu'un assoupissement qui accable le malade et l'emporte en trois jours. Quelquefois il s'y joint du frisson, de petites pustules autour du charbon, et rarement de la fièvre. Quand il a gagné la gorge et le pharynx il tue très-promptement.

V. Nous avons dit (xx, 52) que l'éléphantiasis (3) n'avait pas paru en Italie avant le temps de Pompée le Grand. Cette maladie commence, elle aussi, d'ordinaire par la face. Il se forme d'abord au nez une sorte de petite lentille; puis la peau devient aride par tout le corps, marquée de taches de diverses couleurs, et inégale, ici épaisse, là mince, ailleurs dure et couverte d'aspérités galeuses; à la fin elle prend une teinte noire, et presse les chairs sur les os; les doigts se tuméfient aux pieds et aux mains. Ce mal est particulier à l'Égypte; et il était funeste au peuple quand il attaquait les rois, parce qu'on leur faisait alors, pour les guérir, des bains où entrait le sang humain. Au reste, cette maladie s'est promptement éteinte en Italie, ainsi que celle qu'on nommait anciennement gemursa (4). Celle-ci se logeait entre les orteils; aujourd'hui le nom même en est oublié.

VI. Une chose singulière, c'est de voir chez nous certaines maladies disparaître, d'autres se maintenir, comme, par exemple, le colum (5). Cette affection s'introduisit en Italie sous l'empire de Tibère, qui en fut attaqué des premiers; et ce fut une grande perplexité à Rome lorsque, dans un édit où ce prince s'excusait sur sa mauvaise santé, on lut le nom alors inconnu de cette affection. A quelle cause attribuer tant de maux? ou quel est ce courroux des dieux? Était-ce donc peu pour l'homme d'être exposé à des maladies déterminées qui montaient à plus de trois cents, s'il n'en avait encore à craindre de nouvelles? Au reste, les tourments que les hommes se créent à eux-mêmes ne sont pas moins nombreux. Les remèdes que nous rapportons étaient ceux que l'antiquité employait, la nature faisant, pour ainsi dire, tous les frais de la médecine; et longtemps il n'y en eut pas d'autres. (II.) Toujours est-il qu'Hippocrate, qui le premier a formulé avec une admirable clarté les préceptes médicaux, a rempli ses ouvrages de notions sur les plantes; en quoi il a été suivi par Dioclès de Caryste, le premier après lui pour l'époque et la réputation; puis par Praxagore et Chrysippe, et enfin par Érasistrate (XXIX, 3). Hérophile (XXIX, 5) lui-même, quoique fondateur d'une secte trop subtile, a recommandé avant tout cette méthode. Mais peu à peu l'expérience, qui est le meilleur maître en toutes choses, et particulièrement en médecine, se perdit en paroles (6) et en vain verbiage. En effet, il était plus agréable d'être assis dans les écoles et d'entendre à son aise le professeur, que d'aller dans les déserts chercher telle ou telle plante en telle ou telle saison de l'année.

VII. (III.) Cependant l'ancienne méthode se maintenait, sans être ébranlée; et il lui restait l'autorité imposante d'un témoignage unanime,

---

semetipso, tam parvo vulnere, ut vix cerni posset. Nascitur in occultissimis corporum partibus, et plerumque sub lingua, duritia rubens veluti modo, sed nigricans capite : alias livida, corpus intendens, neque intumescens, sine dolore, sine pruritu, sine alio quam somni indicio, quo gravatos in triduo aufert : aliquando et horrorem afferens, circaque pusulas parvas, rarius febrem : stomachum faucesque quum invasit, ocyssime exanimans.

V. Diximus elephantiasin ante Pompeii Magni aetatem non accidisse in Italia, et ipsam a facie saepius incipientem, in nare primum veluti lenticula : mox inarescente per totum corpus, maculosa, variis coloribus, et inaequali cute, alibi crassa, alibi tenui, dura alibi, ceu scabie aspera : ad postremum vero nigrescente, et ad ossa carnes apprimente, intumescentibus digitis in pedibus manibusque. Ægypti peculiare hoc malum : et quum in reges incidisset, populis funebre. Quippe in balineis solia temperabantur humano sanguine ad medicinam eam. Et hic quidem morbus celeriter in Italia restinctus est : sicut et ille, quem gemursam appellavere prisci, inter digitos pedum nascentem, etiam nomine obliterato.

VI. Id ipsum mirabile, alios desinere in nobis, alios durare, sicuti colum. Tiberii Caesaris principatu irrepsit id malum. Nec quisquam id prior imperatore ipso sensit, magna civitatis ambage, quum edicto ejus excusantis valetudinem, legeretur nomen incognitum. Quid hoc esse dicamus, aut quas deorum iras? Parum enim erat homini certa morborum genera, quum supra CCC essent, nisi etiam nova timerentur? Neque ipsi autem homines pauciora sibi opera sua negotia important. Haec apud priscos erant, quae memoramus, remedia, medicinam ipsa quodammodo rerum natura faciente, et diu fuere. (II.) Hippocratis certe, qui primus medendi praecepta clarissima condidit, referta herbarum mentione invenimus volumina : nec minus Dioclis Carystii, qui secundus aetate famaque exstitit : item Praxagorae, et Chrysippi, ac deinde Erasistrati : Herophilo quidem, quanquam subtilioris sectae conditori, ante omnes celebratae rationis eam : paulatim usu efficacissimo rerum omnium magistro, peculiariter utique medicinae, ad verba garrulitatemque descendente. Sedere namque his in scholis auditioni operatos gratius erat, quam ire per solitudines, et quaerere herbas alias aliis diebus anni.

VII. (III.) Durabat tamen antiquitas firma, magnaque

lorsque, du temps de Pompée le Grand, Asclépiade, professeur de rhétorique, qui ne gagnait pas assez dans cet art, mais que la sagacité de son esprit rendait propre à autre chose (7), se tourna tout à coup vers la médecine. Il ne l'avait point pratiquée, il ne possédait pas la connaissance des remèdes, laquelle ne s'acquiert que par les yeux et l'expérience : nécessairement il lui fallut, captant journellement le public par des discours entraînants et médités, renoncer à toutes les anciennes méthodes. Il rappela la médecine entière à la recherche des causes, et la rendit ainsi toute conjecturale. Il reconnaissait essentiellement cinq ordres de secours généraux : la diète, l'abstinence du vin, les frictions, l'exercice à pied, l'exercice en litière. Chacun comprenait qu'on pouvait se procurer à soi-même ces sortes de secours; tout le monde s'intéressa à trouver vrai ce qui était si facile; et de cette façon Asclépiade attira sur lui les yeux de presque tout le genre humain, comme s'il eût été un envoyé du ciel.

1 VIII. Il gagnait en outre la confiance avec une adresse admirable, tantôt promettant du vin aux malades et leur en donnant à propos, tantôt leur prescrivant de l'eau froide. Chez les anciens, Hérophile s'était mis le premier à scruter la cause des maladies; Cléophante avait donné la théorie de l'emploi du vin; Asclépiade voulut aussi devoir son surnom à l'usage de l'eau froide, ainsi que le rapporte M. Varron. Il imagina encore d'autres délicatesses : ainsi, il suspendait les lits des malades, dont le balancement ou diminuait le mal, ou provoquait le sommeil; il instituait l'usage des bains, accueilli avec le plus vif empressement; et tant d'autres pratiques douces et agréables. De là lui vint une grande vogue; et sa gloire ne fut pas moindre quand, ayant rencontré le convoi d'un homme qu'il ne connaissait pas, et que l'on conduisait au bûcher, il fit rapporter le corps, et le rendit à la vie (VII, 87). Je cite ce fait, pour qu'on n'attribue pas à de frivoles motifs une aussi grande révolution. Une seule chose peut nous indigner : c'est qu'un homme appartenant à la nation la plus frivole, né dans l'indigence, ait, pour faire fortune, donné subitement au genre humain des lois médicales, qu'à la vérité bien des médecins ont abrogées depuis. Le succès 2 d'Asclépiade fut favorisé par beaucoup de pratiques de la médecine ancienne, qui étaient fatigantes et mal entendues : ainsi, on accablait les malades de couvertures, et on provoquait la sueur de toutes façons; on les faisait, pour ainsi dire, griller au feu; on leur recommandait de chercher continuellement le soleil dans une ville où le temps est souvent couvert, inconvénient qui est même celui de l'Italie entière, dominatrice du monde. Asclépiade introduisit le premier l'usage spécial des bains suspendus (IX, 79), ce qui flattait infiniment les malades. En outre, dans certaines maladies, il supprima les traitements douloureux, par exemple dans l'angine, que l'on traitait en introduisant un instrument dans la gorge. Il proscrivit encore avec raison les vomissements, dont on abusait extraordinairement. Il condamna l'usage intérieur des médicaments nuisibles à l'estomac, condamnation approuvée en grande partie par les médecins; aussi indiquons-nous en premier lieu les médicaments bons à l'estomac.

IX. (IV.) Ce qui le seconda plus que le reste, 1 ce furent les sottises magiques, portées au point de détruire toute confiance dans les vertus des végétaux : ainsi l'œthiopis (XXIV, 102,) jetée dans

---

confessæ rei vindicabat reliquias, donec Asclepiades ætate Magni Pompeii orandi magister, nec satis in arte ea quæstuosus, ut ad alia sagacis ingenii, huc se repente convertit : atque, ut necesse erat, homini, qui nec id egisset, nec remedia nosset, oculis usuque percipienda; torrenti ac meditata quotidie oratione blandiens omnia abdicavit : totamque medicinam ad causam revocando, conjecturæ fecit : quinque res maxime communium auxiliorum professus : abstinentiam cibi, alias vini, frictionem corporis, ambulationem, gestationes : quæ quum unusquisque semetipsum sibi præstare posse intelligeret, faventibus cunctis, ut essent vera quæ facilium erant, universum prope humanum genus circumegit in se, non alio modo, quam si cælo emissus advenisset.

1 VIII. Trahebat præterea mentes artificio mirabili, vinum promittendo ægris, dandoque tempestive, tum frigidam aquam. Et quoniam causas morborum scrutari prior Herophilus instituerat, vini rationem illustraverat Cleophantus apud priscos, ipse cognominari se frigida danda præferens, ut auctor est M. Varro, alia quoque blandimenta excogitabat, jam suspendendo lectulos, quorum jactatu aut morbos extenuaret, aut somnos alliceret : jam balineas avidissima hominum cupidine instituendo, et alia multa dictu grata atque jucunda : magna auctoritate; nec minore fama, quum occurrisset ignoto funeri, relato homine ab rogo, atque servato : ne quis levibus momentis tantam conversionem factam existimet. Id solum possumus indignari, unum hominem e levissima gente, sine opibus ullis orsum, vectigalis sui causa, repente leges salutis humano generi dedisse, quas tamen postea abrogavere multi. Asclepiadem adjuvere multa, in antiquorum cura 2 nimis anxia et rudia, ut obruendi ægros veste, sudoresque omni modo ciendi : nunc corpora ad ignes torrendi, solesve assiduo quærendi, in urbe nimbosa, immo vero tota Italia imperatrice : tum primum pensili balinearum usu ad infinitum blandientem. Præterea in quibusdam morbis medendi cruciatus detraxit, ut in angine, quas curabant in fauces organo demisso. Damnavit merito et vomitiones, tunc supra modum frequentes. Arguit et medicamentorum potus stomacho inimicos, quod est magna ex parte vetitum. Itaque nos in primis quæ sunt stomacho utilia signamus.

IX. (IV.) Super omnia adjuvere eum magicæ vanitates, 1 in tantum evectæ, ut abrogare herbis fidem cunctis pos-

les rivières et les étangs, les desséchait; le seul contact de cette plante ouvrait toutes les portes. Il suffisait de jeter l'achéménis (XXIV, 102) dans une armée pour troubler les bataillons et leur faire prendre la fuite. Les rois de Perse étaient dans l'usage de donner le latacé à leurs envoyés, afin que ceux-ci trouvassent partout où ils iraient abondance de toutes choses; et tant d'autres contes semblables. Où étaient ces herbes quand les Cimbres et les Teutons poussaient leurs terribles hurlements, ou quand Lucullus défaisait avec quelques légions tant de rois qui commandaient 2 aux mages? Pourquoi les généraux romains ont-ils dans la guerre songé toujours, avant tout, à pourvoir aux subsistances? et pourquoi l'armée de César a-t-elle souffert de la famine à Pharsale, si pour avoir abondance de tout il suffisait de l'heureuse vertu d'une seule plante? N'aurait-il pas mieux valu pour Scipion l'Émilien ouvrir les portes de Carthage en les touchant avec une herbe, que d'en battre pendant tant d'années les remparts avec des machines? Qu'aujourd'hui avec l'herbe méroïs (XXIV, 102) on dessèche les marais Pontins (III, 9), et qu'on rende tant de terrain à la 3 campagne de Rome. Démocrite indique une recette pour engendrer des enfants beaux, bons et heureux : à quel roi de Perse a-t-elle jamais réussi? Il y aurait lieu certes de s'étonner que la crédulité des anciens, partie de commencements très-salutaires, eût été portée si loin, si l'esprit humain pouvait jamais se renfermer dans de justes bornes, et si la méthode même inventée par Asclépiade n'avait pas dépassé jusqu'aux folies des mages, comme nous le prouverons en son lieu (XXIX, 5). Mais telle est en tout la condition de l'homme : on commence par le nécessaire, et l'on arrive à l'excès. Reprenons donc ce qui nous reste à dire sur les propriétés des plantes dénommées dans le livre précédent; nous y ajouterons celles que nous jugerons nécessaires.

X. Pour les traitements du lichen, mal si dégoûtant, nous accumulerons les remèdes, quoique nous en ayons déjà signalé un grand nombre. On emploie le plantain pilé, la quintefeuille, la racine de l'asphodèle (XXI, 68), dans du vinaigre; les jeunes pousses du figuier cuites dans du vinaigre, la racine de guimauve bouillie avec de la colle et du vinaigre fort, jusqu'à réduction des trois quarts. On passe encore la pierre ponce sur le lichen, pour l'étuver ensuite avec la racine de patience broyée dans du vinaigre, et avec l'écume de glu mêlée à la chaux. On recommande la décoction de tithymale avec la résine. Mais à tous ces remèdes on préfère la plante appelée lichen (*marchantia polymorpha*, L.), en raison même de sa propriété. Le lichen croît dans les 2 pierres; il a une seule feuille large à la racine, une petite tige, et de longues feuilles qui pendent. Il efface même les stigmates de la peau. On le broie avec du miel. Il y a une autre espèce de lichen (*lecanora parella*, Ack.) entièrement attaché aux pierres comme la mousse, et qu'on emploie aussi en topique; on en instille le suc dans les plaies, et il arrête le sang; on en fait un topique pour les tumeurs; avec le miel, il guérit l'ictère, et pour cela on s'en frotte la bouche et la langue : dans ce traitement le malade se lave avec de l'eau salée, se frotte avec de l'huile d'amande, et s'abstient des plantes potagères. On se sert encore pour le lichen de la racine de thapsia (XIII, 43) broyée dans du miel.

XI. Pour l'angine on recommande l'argémone

sent. Æthiopide herba amnes ac stagna siccari conjectu, tactu clausa omnia aperiri. Achæmenide conjecta in aciem hostium trepidare agmina, ac terga vertere. Latacen dari solitam a Persarum rege legatis, ut quocumque venissent, omnium rerum copia abundarent : ac multa similia. Ubinam istæ fuere, quum Cimbri Teutonique terribili Marte ululareut, aut quum Lucullus tot reges Magorum paucis 2 legionibus sterneret? Curve romani duces primam semper in bellis commerciorum habuere curam? Cur hercule Cæsaris miles ad Pharsaliam famem sensit, si abundantia omnis contingere unius herbæ felicitate poterat? Non satius fuit Æmilianum Scipionem Carthaginis portas herba patefacere, quam machinis claustra per tot annos quatere? Siccentur hodie Meroide Pontinæ paludes, tantumque 3 agri suburbanæ reddatur Italiæ. Nam quæ apud eumdem Democritum invenitur compositio medicamenti, quo pulchri bonique et fortunati gignantur liberi, cui umquam Persarum regi tales dedit? Mirum esset profecto, lucusque provectam credulitatem antiquorum, saluberrimis ortam initiis, si in ulla re modum humana ingenia novissent, atque non hanc ipsam medicinam ab Asclepiade repertam, suo loco probaturi essemus evectam ultra magos etiam. Sed hæc est omni in re animorum conditio, ut a necessariis orsa primo, cuncta pervenerint ad nimium. Igitur demonstratarum priore libro herbarum reliquos effectus reddemus : adjiciemus, ut quasque ratio dictaverit.

X. Sed in lichenis remediis, atque tam fœdo malo, 1 plura undique acervabimus, quanquam non paucis jam demonstratis. Medetur ergo plantago trita, quinquefolium, radix albuci ex aceto, ficulni caules aceto decocti, hibisci radix cum glutino et aceto acri decocta ad quartas. Defricantur etiam pumice, ut rumicis radix trita ex aceto illinatur, et flos visci cum calce subactus. Laudatur et tithymali cum resina decoctum. Lichen vero herba omnibus his præfertur, inde nomine invento. Nascitur in 2 saxosis, folio uno ad radicem lato, caule uno parvo, longis foliis dependentibus. Hæc delet et stigmata. Teritur cum melle. Est aliud genus lichenis, petris totum inhærens, ut muscus, qui et ipse illinitur. Hic et sanguinem sistit vulneribus instillatus, et collectionis illitus. Morbum quoque regium cum melle sanat ore illito, et lingua. Qui ita curantur, salsa lavari jubentur, ungi oleo amygdalino, hortensiis abstinere. Ad lichenas et thapsiæ radice utuntur trita cum melle.

XI. Anginæ argemonia medetur sumta ex vino : hyssopum cum vino decoctum et gargarizatum : peucedanum

prise (xxv, 56) avec du vin; l'hysope bouilli avec du vin, et employé en gargarismes; le peucedanum avec partie égale de présure de veau marin; la proserpinaca (xxvii, 104) broyée avec de la saumure d'anchois et de l'huile, ou tenue seule sous la langue; le suc de quintefeuille pris à la dose de trois cyathes (0 lit., 135): ce suc en gargarisme guérit toutes les affections de la gorge. Le verbascum (xxv, 73), pris dans l'eau, guérit spécialement les affections des amygdales.

1 XII. (v.) Pour les écrouelles on a le plantain, la chélidoine avec du miel et de l'axonge, la quintefeuille, la racine de persolata (xxv, 66), avec de l'axonge aussi, en topique, et recouverte de la feuille de la plante; l'armoise, la racine de mandragore dans de l'eau. Les larges feuilles de la sidéritis (*chenopodium scoparia*) (xxv, 19), arrachées de la main gauche avec un clou, se portent attachées à la partie malade; mais il faut après la guérison conserver la plante avec soin, de peur que, remise en terre par un herboriste perfide, elle ne provoque la récidive du mal, comme il arrive dans quelques autres cas (xxi, 83, 3; xxv, 109). Je trouve dans les auteurs que les personnes guéries par l'armoise ou par le plantain doivent prendre la même précaution. Le damasonion (xxv, 77), qu'on nomme aussi alcea, étant cueilli au solstice d'été, s'emploie en topique dans de l'eau de pluie. On se sert soit de la feuille broyée, soit de la racine pilée avec de l'axonge, et qu'on a soin, après l'avoir appliquée, de recouvrir de la feuille de la plante; c'est de cette façon qu'on en fait usage pour toutes les douleurs du cou et pour toutes les tumeurs, en quelque partie que ce soit.

1 XIII. Le bellis (pâquerette, *bellis perennis*, L.), qui croît dans les prés, a la fleur blanche avec une teinte rouge; on dit qu'appliqué avec l'armoise il est plus efficace.

XIV. Le condurdum (8) est une herbe du solstice d'été; il a la fleur rouge. Suspendu au cou, il arrête, dit-on, le progrès des scrofules; il en est de même de la verveine avec le plantain. Tous les maux des doigts, et en particulier les ptérygions, sont guéris par la quintefeuille.

XV. De toutes les affections de poitrine la plus fatigante est la toux: la racine du panacès dans du vin doux la guérit, ainsi que le suc de jusquiame même, quand elle est compliquée d'hémoptysie. La jusquiame, en fumigation, est bonne pour la toux. Le scordotis (xxv, 27), mêlé à du cresson et à de la résine pilée sèche avec du miel, a la même vertu; employé seul, il facilite l'expectoration, ainsi que la grande centaurée, même en cas d'hémoptysie, accident pour lequel on se sert aussi du suc de plantain. La bétoine, à la dose de trois oboles dans de l'eau, s'emploie contre les expectorations purulentes ou sanguinolentes, ainsi que la racine de persolata, à la dose d'une drachme, avec onze pignons. Le suc du peucedanum est un remède 2 pour les douleurs de poitrine, comme aussi l'acorum (xxv, 100), qui pour cette raison entre dans les antidotes. Le daucus et l'herbe scythique (xxii, 11) guérissent la toux: cette dernière, à la dose de trois oboles dans du vin cuit, s'administre pour toutes les affections de poitrine, pour la toux et l'expectoration purulente. (vi.) Même dose pour le verbascum, dont la fleur est couleur d'or (xxv, 60): cette dernière plante est si énergique, qu'en boisson elle soulage les bêtes de somme non-seulement toussant, mais encore poussives, vertu que je trouve aussi attribuée à la gentiane. La racine de la cacalia (xxv, 85),

---

cum coagulo vituli marini æquis partibus. Proserpinaca cum muria ex mænis et oleo trita vel sub lingua habita. Item succus de quinquefolio, potus cyathis tribus. Hic et omnibus faucium vitiis medetur gargarizatus: verbascum privatim tonsillis in aqua potum.

1 XII. (v.) Strumis plantago: chelidonia cum melle et axongia: quinquefolium: radix persolatæ, item cum axungia, operitur folio suo imposita. Item artemisia: radix mandragoræ ex aqua. Sideritis lata folia, clavo sinistra manu circumfossa adalligantur, custodienda sanatis, ne rursus sata diro herbariorum scelere, ut in quibusdam, rebellet: quod et in his, quos artemisia sanaverit, prædici reperio: item in his, quos plantago. Damasonion, quæ et alcea vocatur, sub solstitio collecta, imponitur ex aqua cœlesti, folium tritum, vel radix cum axungia lusa, ita ut imposita folio suo operiatur. Sic et ad omnes cervicis dolores, tumoresque quacumque in parte.

1 XIII. Bellis in pratis nascitur, flore albo, aliquatenus rubente. Hanc cum artemisia illitam, efficaciorem esse produnt.

1 XIV. Condurdum herba solstitialis, flore rubro, sus-

pensa in collo, comprimere dicitur strumas. Item verbenaca cum plantagine. Digitorum vitiis omnibus, et privatim pterygiis, quinquefolium medetur.

XV. In pectoris vitiis vel gravissimum est tussis: huic medetur panacis radix in vino dulci. Succus hyoscyami etiam sanguinem exscreantibus: nidor quoque accensi tussientibus. Item scordotis mixto nasturtio, et resina, cum melle tusa arida. Facit et per se faciles exscreationes. Item centaurium majus, vel sanguinem rejicientibus: cui vitio et plantaginis succus medetur. Et vettonica obolis tribus in aqua, contra purulentas, contraque cruentas exscreationes. Persolatæ radix drachmæ pondere, cum pineis nucleis undecim. Peucedani succus, pectoris do- 2 loribus, et acorum subvenit, et ideo antidotis miscetur. Tussi daucum: item scythica herba. Ea demum omnibus pectoris vitiis, tussi et purulenta exscreantibus, obolis tribus in passo. (vi.) Totidem verbascum, cujus flos est aureus. Tanta huic vis est, ut jumentis etiam non tussientibus modo, sed ilia quoque accensi trahentibus, auxilietur potu: quod et de gentiana reperio. Radix cacaliæ commanducata, et in vino madefacta, non tussi tantum, sed

mâchée et trempée dans du vin, est bonne non-seulement pour la toux, mais aussi pour la gorge. Cinq tiges d'hysope cuites avec deux tiges de rue et trois figues purgent la poitrine.

XVI. La toux est calmée par le béchion (xxiv, 85), appelé aussi tussilage. Il y a deux espèces de béchion : là où croît le béchion sauvage on pense qu'il y a une source; et c'est un signe consulté par ceux qui recherchent les eaux. Les feuilles, un peu plus grandes que celles du lierre, sont au nombre de cinq ou sept, blanchâtres en dessous, d'un vert pâle en dessus. Le béchion n'a ni tige, ni fleur, ni graine; la racine est menue : quelques-uns pensent que le béchion est, sous un autre nom, la même plante que le chamæleuce (xxiv, 85). La fumée de la racine sèche, aspirée à l'aide d'un roseau, guérit, dit-on, les vieilles toux; mais à chaque gorgée de fumée il faut boire un peu de vin cuit.

XVII. L'autre béchion est appelé par quelques-uns salvia (xxv, 73) (*verbascum lychnitis* L.); il ressemble au verbascum; on le pile, on le passe, on fait chauffer le suc, et on le prend en boisson pour la toux et les douleurs de poitrine, préparation qui est efficace aussi contre le venin des scorpions et des dragons marins; on s'en frotte utilement avec de l'huile contre la morsure des serpents. On fait cuire aussi pour la toux un paquet d'hysope, avec un quarteron de miel.

XVIII. (VII.) Contre les douleurs de côté et de poitrine on prescrit le verbascum avec de la rue dans de l'eau, la bétoine en poudre dans de l'eau chaude. On fortifie l'estomac avec le suc de scordotis, avec la centaurée et la gentiane bues dans de l'eau, avec le plantain soit pris seul en aliment, soit pris avec des lentilles ou dans un potage d'alica (xviii, 29). La bétoine, contraire en général à l'estomac, guérit pourtant les affections de cet organe, soit prise en boisson, soit mâchée en feuilles, ainsi que l'aristoloche en breuvage, l'agaric que l'on mange sec en buvant de temps en temps du vin pur, le nymphæa héraclia (xxv, 37) en topique, le suc du peucedanum. On emploie en topique, pour les ardeurs d'estomac, le psyllion (xxv, 90), ou le cotylédon (xxv, 101) pilé avec de la polenta, ou l'aizoon.

XIX. Le molon (xxv, 8) (9) a la tige cannelée, de petites feuilles molles, la racine longue de quatre doigts, à l'extrémité de laquelle est une espèce de gousse d'ail; quelques-uns le nomment syron. Dans du vin, c'est un remède pour les maux d'estomac et pour la dyspnée. La grande centaurée se prescrit en loch; le plantain, en suc ou en aliment; la bétoine pilée, à la dose d'une livre avec une demi-once de miel attique, à prendre chaque jour dans de l'eau chaude; l'aristoloche ou l'agaric, en boisson, à la dose de trois oboles, dans de l'eau chaude ou du lait d'ânesse. On prend en boisson le cissanthemos (xxv, 68) pour l'orthopnée; l'hysope, pour l'orthopnée et pour l'asthme. Le suc du peucedanum est bon dans les maladies du foie, les maux de poitrine et de côté, s'il n'y a pas de fièvre. L'agaric s'emploie dans l'hémoptysie, pilé, à la dose d'un victoriat (1 gr., 92), et donné dans cinq cyathes de vin miellé. L'amomon produit le même effet (xii, 28). La teucria fraîche se prend, pour le foie particulièrement, en boisson à la dose de quatre drachmes dans une hémine d'oxycrat. La bétoine s'administre à la dose d'une drachme dans trois cyathes d'eau chaude; on la donne dans deux cyathes d'eau froide pour la cardialgie. Le suc de la quintefeuille remédie aux maladies

---

et faucibus prodest. Hyssopi quinque rami cum duobus rutæ et ficis tribus decocti thoracem purgant.

XVI. Tussim sedat bechion, quæ et tussilago dicitur. Duo ejus genera. Silvestris ubi nascitur, subesse aquas credunt : et hoc habent signum aquileges. Folia sunt majuscula, quam ederæ, quinque aut septem, subalbida a terra, superne pallida, sine caule, sine flore, sine semine, radice tenui. Quidam eamdem esse bechion et alio nomine chamæleucen putant. Hujus aridæ cum radice fumus per arundinem haustus et devoratus, veterem sanare dicitur tussim : sed in singulos haustus passum gustandum est.

XVII. Altera a quibusdam salvia appellatur, similis verbasco : conteritur ea et colata calefit, atque ita ad tussim laterisque dolores bibitur : contra scorpiones eadem et dracones marinos efficax. Contra serpentes quoque ex oleo perungi ea prodest. Hyssopi fasciculus cum quadrante mellis decoquitur ad tussim.

XVIII. (VII.) Lateris et pectoris doloribus verbascum cum ruta ex aqua : vettonicæ farina bibitur ex aqua calida. Stomachum corroborat scordotis succus : centaurium, gentiana ex aqua potæ. Plantago aut per se sumpta in cibo, aut cum lente, alicæve sorbitione. Vettonica alias gravis stomacho, vitia tamen sanat pota, vel foliis commanducata. Item aristolochia pota : agaricum manducatum siccum, ut ex intervallo merum sorbeatur : nymphæa heraclia illita : peucedani succus. Psyllion ardoribus imponitur, vel cotylédon trita cum polenta, vel aizoum.

XIX. Molon scapo est striato, foliis mollibus, parvis, radice iv digitorum, in qua extrema allii caput est. Vocatur a quibusdam syron. Ex vino stomacho, et dyspnœæ medetur : centaurium majus ecligmate : plantago succo vel cibo : vettonicæ tusæ pondo libra, mellis Attici semuncia, ex aqua calida quotidie bibentibus. Aristolochia, vel agaricon, obolis ternis ex aqua calida, aut lacte asini dosi. Cissanthemos ad orthopnœas bibitur, item hyssopum et asthmaticis. Peucedani succus in jocineris doloribus, et pectoris laterisque, si febres non sint. Sanguinem quoque exspuentibus subvenit agaricum, victoriati pondere tritum, et in mulsi v cyathis datum. Idem et amomon facit. Jocineri privatim teucria bibitur recens, drachmis iv in posceæ hemina. Vettonicæ drachma una in aqua calida cyathis iii : ad cordis vitia, in frigidæ cyathis duobus. Quinquefolii succus jocineris, et pulmonis vitiis, sanguinemque rejicientibus, et cuicumque sanguinis vitio lotus oc-

du foie et du poumon, à l'hémoptysie, et à tout vice du sang. Les anagallis (XXV, 92) sont singulièrement bons pour le foie. Ceux qui mangent du capnos (XXV, 99) rendent la bile avec l'urine. L'acoron est un remède pour le foie, pour la poitrine et les viscères.

XX. L'éphédra (*ephedra fragilis*, L.), nommé par d'autres anabasis, croît d'ordinaire dans les lieux exposés au vent. Il grimpe le long des arbres, et pend de leurs branches; il n'a point de feuilles, mais il a des jets nombreux, garnis de nœuds comme les joncs; la racine est blanchâtre. On le donne pilé, dans du vin noir astringent, pour la toux, l'asthme et les tranchées. On en fait aussi un potage, auquel il convient d'ajouter du vin. On emploie au même usage la gentiane détrempée la veille, broyée, à la dose d'un denier, dans trois cyathes de vin.

XXI. Le geum (la benoîte, *geum urbanum*, L.) a de petites racines menues, noires, et de bonne odeur : non-seulement il guérit les douleurs de poitrine et de côté, mais encore il dissipe les crudités, en raison de sa saveur agréable. La verveine est bonne pour tous les viscères, pour le côté, pour le poumon, pour le foie, pour la poitrine. Mais un remède spécial pour le poumon et pour les personnes menacées de phthisie pulmonaire, c'est la racine du consiligo, plante découverte récemment, comme nous l'avons dit (XXV, 48). Elle guérit souverainement les affections pulmonaires chez les cochons et tout le bétail, même quand on ne fait que la passer à travers l'oreille de l'animal. Il faut la prendre en boisson dans de l'eau, et en garder continuellement dans la bouche, sous la langue; on ne sait pas encore si la partie de la plante qui est hors de terre est propre à quelque usage. Le plantain en aliment, la bétoine en boisson, l'agaric en boisson, comme dans la toux, sont bons pour les reins.

XXII. Le tripolium (*statice limonium*, L.) croît sur les rochers qui bordent la mer et où le flot vient se briser, c'est-à-dire, dans un terrain qui n'est ni absolument humide ni absolument sec. Il a la feuille de l'isatis (XX, 25), mais plus épaisse; la tige haute d'un palme, et divisée à l'extrémité; la racine blanche, odorante, épaisse, d'une saveur chaude. Pour les maladies du foie, on le donne cuit dans de la farine. Suivant quelques-uns, cette plante est la même que le polium, dont nous avons parlé en son lieu (XXI, 21).

XXIII. La gromphæna (10), dont la tige est garnie alternativement de feuilles vertes et de feuilles roses, guérit, dans l'oxymel, l'hémoptysie.

XXIV. Pour le foie on prescrit le malundrum, qui croît dans les blés et les prairies, à fleur blanche et odorante : on en broie les petites tiges dans du vin vieux (*lychnis dioica?*).

XXV. Le chalcetum (plante inconnue), qui croît dans les vignobles, s'emploie, pilé, en topique pour le foie. La racine de bétoine procure des vomissements faciles, à la manière de l'ellébore, à la dose de quatre drachmes, dans du vin cuit ou miellé. L'hysope pilé avec du miel devient plus efficace, si l'on prend auparavant du cresson ou de l'irion (XVIII, 10).

Le molemonium (XXV, 61) (11) se prend à la dose d'un denier. Le silybum (*sonchus palustris*, L.) a un suc laiteux, qui, épaissi en gomme, se prend avec du miel à la dose indiquée plus haut; il évacue surtout la bile. D'un autre côté, le vomissement est arrêté par le cumin sauvage et par la poudre de bétoine; on les prend dans de l'eau. On dissipe le dégoût et les crudités à

---

currit. Jocineri anagallides mire prosunt. Capnon herbam qui edere, bilem per urinam reddunt. Acoron jocineri medetur, thoraci quoque, et præcordiis.

XX. Ephedra, ab aliis anabasis vocata, nascitur ventoso fere tractu, scandens arborem et ex ramis propendens, folio nullo, cirris numerosa, qui sunt junci geniculati, radice pallida. Datur ex vino nigro austero trita ad tussim, suspiria, tormina; et sorbitione facta, in quam vinum addi convenit. Item gentiana madefacta pridie, contrita, denarii pondere in vini cyathis tribus.

XXI. Goum radiculas tenues habet, nigras, bene olentes. Medetur non modo pectoris doloribus, aut lateris, sed et cruditates discutit, jucundo sapore. Verbenaca vero omnibus visceribus medetur, lateribus, pulmonibus, jocineribus, thoraci. Peculiariter autem pulmonibus, et quos ab his phthisis tentat, radix herbæ consiliginis, quam nuper inventam diximus : suum quidem et pecoris omnis remedium præsens est pulmonum vitio, vel trajecta tantum in auricula. Bibi debet ex aqua, haberique in ore assidue sub lingua. Superficies ejus herbæ an sit in aliquo usu, adhuc incertum est. Renibus prodest plantaginis cibus. Vettonicæ potus, agaricum potum, ut in tussi.

XXII. Tripolium in maritimis nascitur saxis, ubi alludit unda, neque in mari, neque in sicco, folio isatis crassiore, palmo alto, in mucrone diviso, radice alba, odorata, crassa, calidi gustus. Datur hepaticis in farre decocta. Hæc herba eadem videtur quibusdam, quæ polium, de qua suo loco diximus.

XXIII. Gromphæna, alternis viridibus roseisque per caulem foliis, in posca sanguinem rejicientibus medetur.

XXIV. Jocineri autem herba malundrum, nascens in segete ac pratis, flore albo odorata. Ejus cauliculos conteritur ex vino vetere.

XXV. Item herba chalcetum e vineis contrita imponitur. Faciles præstat vomitiones radix vettonicæ, ellebori modo, IV drachmis in passo aut mulso. Hyssopum tritum cum melle utilius, præsumpto nasturtio aut irione.

Molemonium denarii pondere. Est et silybo lacteus succus, qui densatus in gummi, sumitur cum melle supra dicto pondere; præcipueque bilem trahit. Rursus sistunt vomitionem cuminum silvestre, vettonicæ farina : sumuntur ex aqua. Abstergunt fastidia, cruditatesque digerunt, daucum, vettonicæ farina ex aqua mulsa; plantago de-

l'aide du daucus, de la poudre de vettonica (bétoine) dans l'eau miellée, du plantain cuit comme une plante potagère. Le hoquet est calmé par l'hémionium (*asplenium celerach*, L.), par l'aristoloche; l'asthme, par le clymenos (xxv, 33). Aux pleurétiques et aux péripneumoniques on prescrit la grande centaurée, ainsi que l'hysope en boisson; aux pleurétiques, le suc de peucedanum.

XXVI. La plante nommée par les Gaulois halus (xxvii, 24), et par les Vénètes cotonea, guérit les douleurs de côté, les reins, les convulsions, les ruptures. Elle ressemble à la cunila bubula (xxv, 55), et, par le haut de la tige, au thym. Elle est douce, et apaise la soif. La racine est tantôt blanche, tantôt noire.

XXVII. La même vertu pour les douleurs de côté se trouve dans le chamærops (xxiv, 80) (*teucrium chamædrys*, L.), dont les feuilles, semblables à celles du myrte, sont rangées par couple autour de la tige; les sommités ressemblent à la rose grecque; on le prend dans du vin. L'agaric en boisson, comme pour la toux (xxvi, 18), soulage la coxalgie et les douleurs de l'épine.

Il en est de même de la poudre de stœchas (*lavandula stœchas*, L.) ou de bétoine, dans de l'eau miellée.

XXVIII. (viii.) Mais ce qui cause le plus de souffrances, c'est le ventre, pour lequel vivent la plupart des hommes. Tantôt il ne laisse pas les aliments passer, tantôt il ne les garde pas, tantôt il ne peut les contenir, tantôt il ne peut les digérer. Les mœurs en sont venues à ce point, que l'homme périt surtout par ses aliments. Cet organe, le pire du corps humain, est pressant comme un créancier, et nous interpelle plusieurs fois par jour. C'est pour lui que l'avarice est insatiable, la sensualité raffinée; c'est pour lui qu'on navigue jusqu'au Phase, et qu'on fouille les profondeurs de la mer. Et personne n'en mesure l'ignominie (12) au dégoût du résultat final. En définitive, aucun viscère ne donne autant d'occupation à la médecine. Le scordotis frais, à la dose d'une drachme, broyé avec du vin ou bouilli, en boisson, arrête le cours de ventre. La polemonia dans du vin s'administre contre la dyssenterie; pour le même objet on prend en boisson long comme deux doigts de racine de verbascum dans de l'eau, la graine du nymphæa héraclia avec du vin, la racine supérieure (xxv, 89) du xiphion à la dose d'une drachme dans du vinaigre, la graine de plantain pilée dans du vin, le plantain cuit dans du vinaigre, ou un potage d'alica (xviii, 29) fait avec le suc de cette plante, le plantain cuit avec la lentille, la poudre de plantain desséché dans un breuvage avec du pavot grillé et pilé, ou le suc de plantain en lavement, ou celui de bétoine dans du vin échauffé à l'aide d'un fer chaud. Pour la maladie céliaque on donne la bétoine dans du vin astringent; on fait un topique avec l'ibéris, comme il a été dit (xxv, 84). Pour le ténesme on prend la racine du nymphæa heraclia dans du vin, le psyllium dans de l'eau, la racine d'acoron en décoction. Le suc d'aizoon arrête le cours de ventre, la dyssenterie, et chasse les vers ronds. La racine de la grande consoude et celle du daucus arrêtent la dyssenterie. Dans du vin, les feuilles broyées de l'aizoon, et l'alcéa (xxvii, 6) desséchée et réduite en poudre, dissipent les tranchées.

XXIX. L'astragalus (*orobus sessilifolius*, Sibth.) a les feuilles longues, à découpures nombreuses, obliques vers les racines, trois ou quatre tiges garnies de feuilles, la fleur de l'hya-

---

cocta caulium modo. Singultus hemionium sedat : item aristolochia. Suspiria clymenos. Pleuriticis et peripneumonicis centaurium majus : item hyssopum bibitur. Pleuriticis peucedani succus.

XXVI. Halus autem, quam Galli sic vocant, Veneti cotoneam, medetur lateri : item renibus, convulsisque et ruptis. Similis est cunilæ bubulæ, cacuminibus thymo, dulcis, et sitim sedans, radicis alibi albæ, alibi nigræ.

XXVII. Eosdem effectus in lateris doloribus habet chamærops, myrteis circa caulem geminis foliis, capitulis Græculæ rosæ, ex vino pota. Ischiadicos dolores et spinæ levat agaricum potum, ut in tussi.

Item stœchadis, aut vettonicæ farina ex aqua mulsa.

XXVIII. (viii.) Plurimum tamen homini negotii alvus exhibet, cujus causa major pars mortalium vivit. Alias enim cibos non transmittit, alias non continet, alias non capit, alias non conficit : eoque mores venere, ut homo maxime cibo pereat. Pessimum corporum vas instat, ut creditor, et sæpius die appellat. Hujus gratia præcipue avaritia expetitur : huic luxuria conditur : huic navigatur ad Phasin : huic profundi vada exquiruntur. Et nemo vilitatem ejus æstimat, consummationis fœditate. Ergo numerosissima est circa hanc medicinæ opera. Sistit eam scordotis recens, drachma cum vino trita, vel decocta potu. Polemonia quoque et dysentericis ex vino datur : verbasci radix pota ex aqua duorum digitorum magnitudine : nymphææ heracliæ semen cum vino potum : radix superior e xiphio, drachmæ pondere ex aceto. Semen plantaginis in vino tritum, vel ipsa ex aceto cocta, aut alica ex succo ejus sumta. Item cum lenticula cocta, vel aridæ farina inspersa potioni cum papavere tosto et trito, vel succus infusus, aut succus vettonicæ, in vino ferro calefacto. Eadem cœliacis in vino austero datur : his et iberis imponitur, ut dictum est. Tenesmo radix nymphææ heracliæ e vino bibitur : psyllium in aqua : acori radicis decoctum. Aizoi succus alvum sistit, et dysenterias, et tineas rotundas pellit. Symphyti radix dysenterias sistit : item dauci. Aizoum foliis contritis ex vino torminibus resistit. Alceæ siccæ farina torminibus pota cum vino.

XXIX. Astragalus folia habet longa incisuris multis, obliqua circa radices, caules tres aut quatuor foliorum plenos, florem hyacinthi, radices villosas, implicatas, rubras, præduras. Nascitur in petrosis, apricis, et iisdem nivalibus, sicut Pheneo Arcadiæ. Vis ei ad spissanda cor-

cinthe, les racines chevelues, entortillées, rouges, très-dures. Il croît dans les terrains pierreux, bien exposés, et en même temps neigeux, comme autour du lac Phénée en Arcadie. Les propriétés en sont astringentes. La racine prise dans du vin arrête le cours de ventre; aussi, forçant les humeurs à prendre une autre voie, elle est diurétique, ainsi que la plupart des substances qui resserrent le ventre. Pilée dans du vin rouge, elle guérit la dyssenterie. Mais elle est difficile à piler. Il est très-avantageux d'en fomenter les gencives qui suppurent. On la récolte, à la fin de l'automne, quand les feuilles de la plante sont tombées; on la fait sécher à l'ombre.

1 XXX. On arrête encore le cours de ventre avec les deux espèces de ladanum (XII, 37). Celui qui croît dans les blés (13) se pile, se passe au tamis, et se boit dans de l'eau miellée ou dans de bon vin. On donne le nom de lédon à la plante de laquelle se tire le ladanum en Chypre; il s'attache à la barbe des chèvres; celui de l'Arabie est plus renommé. Actuellement on en prépare aussi en Syrie et en Afrique, et on lui donne le nom de toxicon (de τόξον, arc), parce que pour le ramasser on passe sur la plante un arc dont les cordes tendues sont entourées de laine, à laquelle s'attachent les flocons de ladanum. Nous en avons plus amplement parlé à l'article des parfums (XII, 37). Ce ladanum est d'une odeur très-forte, et très-dur au toucher; en effet, il contient beaucoup de terre. On estime le plus celui qui est pur, parfumé, mou, vert et résineux. Il a la propriété d'amollir, de dessécher, de mûrir et d'endormir; il empêche les cheveux de tomber et en conserve la couleur noire; on l'instille dans les oreilles avec de l'hydromel ou de l'huile rosat. Avec addition de sel il guérit les éruptions furfuracées et les ulcères humides;

pris avec le styrax, il guérit la toux invétérée; il est souverain contre les rapports.

XXXI. On resserre encore le ventre avec le chondris ou pseudodictame (XXV, 53).

L'hypocisthis (*cytinus hypocisthis*, L.), appelé par quelques-uns orobéthron, est semblable à une grenade non encore mûre; il croît, comme nous l'avons dit (XXIV, 48), au pied du cisthus, d'où lui vient le nom qu'il porte. Séchés à l'ombre et pris dans du vin astringent et noir, les deux hypocisthis arrêtent le cours de ventre. Il y en a en effet de deux espèces : le blanc et le roux. C'est le suc qu'on emploie; il est astringent et dessiccatif; le roux convient mieux pour le traitement des fluxions de l'estomac. Pris en boisson, à la dose de trois oboles, avec de l'amidon, il arrête les hémoptysies; en boisson et en lavement, la dyssenterie. Il en est de même de la verveine donnée dans de l'eau ou, quand il n'y a pas de fièvre, dans du vin amminéon (XIV, 3, 2), à la dose de cinq cuillerées dans trois cyathes de vin.

XXXII. Le laver [ou sion] (XXII, 41), qui croît dans les ruisseaux, cuit et assaisonné, guérit les tranchées.

XXXIII. Le potamogeton (*potamogetum natans*, L.), dans du vin, est un remède pour la dyssenterie et le flux cœliaque; il a les feuilles semblables à celles de la bette, plus petites seulement et plus velues; il ne s'élève que de peu au-dessus du niveau de l'eau. Ce sont les feuilles qu'on emploie; elles sont réfrigérantes, astringentes et bonnes, avec du miel ou du vinaigre, particulièrement contre les maladies des jambes et contre les ulcères rongeants. Castor en a donné une autre description. Suivant lui, c'est une plante à feuilles déliées comme des crins de cheval, à tige longue et lisse, et crois-

---

pora. Alvum sistit radix in vino pota : quo fit, ut moveat urinam repercusso liquore, sicut pleraque quæ alvum sistunt. Sanat et dysentericos in vino rubro tusa. Difficile autem tunditur. Eadem gingivarum suppurationi utilissima est fotu. Colligitur exitu autumni, quum folia amisit : siccatur in umbra.

1 XXX. Et ladano sistitur alvus utroque : quod in segetibus nascitur, contuso et cribrato : bibitur ex aqua mulsa : item nobili e vino. Ledon appellatur herba, ex qua ladanum fit in Cypro, barbis caprarum adhærescens. Nobilius in Arabia. Fit jam et in Syria atque Africa, quod toxicon vocant. Nervos enim in arcu circumdatos lanis trahunt, adhærescente roscida lanugine. Plura de eo diximus inter unguenta. Hoc gravissimum odore est, durissimumque tactu. Plurimum enim terræ colligit : quum probetur maxime, purum, odoratum, molle, viride, resinosum. Natura ei molliendi, siccandi, concoquendi, somnum alliciendi. Capillum fluentem cohibet, nigritiamque custodit. Auribus cum hydromelite aut rosaceo infunditur. Furfures cutis et manantia hulcera sale addito sanat. Tussim veterem cum styrace sumtum. Efficacissimum ad ructus.

XXXI. Alvum sistit et chondris, sive pseudodictamnum.

Hypocisthis, orobethron quibusdam dicta, malo granato immaturo similis. Nascitur, ut diximus, sub cistho, unde nomen. Hæc arefacta in umbra sistit alvum ex vino austero nigroque utraque. Duo enim genera ejus, candida et rufa. Usus in succo : spissat, siccat. Et rufa magis stomachi rheumatismos emendat. Pota, tribus obolis, sanguinis excreationes, cum amylo. Dysenterias pota, et infusa. Item verbenaca ex aqua data, aut carentibus febre ex vino amminneo, cochlearibus quinque additis in cyathos tres vini.

XXXII. Laver quoque nascens in rivis condita et cocta torminibus medetur.

XXXIII. Potamogeton vero ex vino dysentericis etiam et cœliacis, similis betæ foliis, minoribus tantum hirsutioribusque, paulum supereminens extra aquam. Usus in foliis : refrigerant, spissant : peculiariter cruribus vitiosis utilia, et contra hulcerum nomas, cum melle vel aceto. Castor hanc aliter noverat, tenui folio velut equinis setis, thyrso longo et lævi, in aquosis nascentem. Radice sanabat

ant dans les eaux (*equisetum telmateia*). Avec la racine il traitait les scrofules et les duretés. Le potamogeton est antipathique au crocodile; aussi ceux qui chassent cet animal en portent sur eux. L'achillea arrête aussi le cours de ventre.

La même vertu appartient au statice (*statice armeria*, L.), qui porte comme des têtes de roses sur sept tiges.

XXXIV. La cératia (*convallaria bifolia*, L.), qui a une seule feuille, une racine noueuse et longue, guérit, prise eu aliment, le flux céliaque et la dyssenterie.

Le léontopodion (xxvII, 72), ou leucéoron, ou doripétron, ou thoribétron, arrête, par sa racine, le cours de ventre, et évacue la bile, à la dose de deux deniers (7 gr., 7) dans de l'eau miellée. Il croit dans les champs et les terrains maigres. La graine, prise en boisson, provoque, dit-on, les rêves extravagants.

Le cours de ventre est arrêté par le lagopus ( trèfle des champs, *trifolium arvense*, L. ) pris dans du vin, ou, s'il y a fièvre, dans de l'eau ; on l'attache à l'aine quand cette partie est tuméfiée. Il croit dans les champs de blé. Plusieurs médecins recommandent par-dessus tout pour les dyssenteries désespérées la quintefeuille, dont on prend les racines cuites dans du lait, et l'aristoloche, à la dose d'un victoriat ( 1 gr., 92 ) dans trois cyathes de vin. Parmi les substances dénommées ci-dessus, celles qu'on prendra chaudes doivent être préparées à l'aide d'un fer rouge qu'on y éteint. Au contraire, le suc de la petite centaurée à la dose d'une drachme dans une hémine d'eau, avec un peu de sel et de vinaigre, est purgatif, et évacue la bile. La grande centaurée dissipe les tranchées. La bétoine procure des évacuations alvines à la dose de quatre drachmes dans neuf cyathes d'hydromel ; de même l'euphorbe ( xxv, 38) ou l'agaric, à la dose de deux drachmes, avec un peu de sel, dans de l'eau, ou, à la dose de trois oboles, dans du vin miellé ; de même le cyclaminos pris dans de l'eau ou en suppositoire ; de même le chamæcissos (xxv, 69) en suppositoire. Une poignée d'hysope bouillie jusqu'à réduction des deux tiers, avec du sel, ou pilée avec de l'oxymel et du sel, provoque, en topique, des évacuations pituiteuses, et chasse les vers intestinaux. La racine de peucedanum évacue la pituite et la bile.

XXXV. L'anagallis dans de l'eau miellée est purgatif. Il en est de même de l'épithymon (cuscute, *cuscuta epithymum*, L.), qui est la fleur d'une espèce de thym semblable à la sarriette : la seule différence, c'est que cette fleur est verte, et que celle de l'autre thym est blanche. Quelques-uns le nomment hippophéon. Cette plante provoque des vomissements qui fatiguent l'estomac (14); mais elle dissipe les tranchées et les flatuosités. On la prend en loch pour les affections pectorales, avec du miel et parfois de l'iris. Elle est purgative à la dose de quatre à six drachmes, avec un peu de miel, de sel et de vinaigre. Quelques-uns décrivent autrement l'épithymon (la cuscute aussi) : suivant eux, c'est une plante sans racine, menue, en forme de petit chapeau et rougeâtre ; on la fait sécher à l'ombre ; on la prend dans de l'eau, à la dose d'un demi-acétabule, et de cette façon elle évacue la pituite et la bile. Le nymphæa, dans du vin astringent, est aussi un doux purgatif.

XXXVI. Le pycnocomon ( *leonurus marrubiastrum*, L.) est encore un purgatif ; il a les feuilles de la roquette, mais plus épaisses et d'un goût plus âcre ; la racine ronde, jaune, sentant la

---

strumas et duritias. Potamogeton adversatur et crocodilis : itaque secum habent eam, qui venantur. Alvum sistit et achillea.

Eosdem effectus præstat et statice, septem caulibus, veluti rosæ capita sustinens.

XXXIV. Ceratia uno folio, radice nodosa magna, in cibo cœliacis et dysentericis medetur.

Leontopodion, alii leucéoron, alii doripetron, alii thorybetron vocant, cujus radix alvum sistit, purgatque bilem, in aquam mulsam addito pondere denariorum duorum. Nascitur in campestri et gracili solo. Semen ejus potum, lymphatica somnia facere dicitur.

Lagopus sistit alvum e vino pota, aut in febri ex aqua. Eadem inguini adalligatur in tumore. Nascitur in segetibus. Multi super omnia laudant ad deploratos dysentericos quinquefolium, decoctis in lacte radicibus potis : et aristolochiam victoriati pondere in cyathis vini tribus. Quæ ex supra dictis calida sumentur, hæc candente ferro temperari aptius erit. E diverso purgat alvum succus centaurii minoris drachma in hemina aquæ cum exiguo salis et aceti, bilemque detrahit. Majore tormina discutiuntur. Vettonica alvum solvit drachmis quatuor, in hydromelitis cyathis novem. Item euphorbium, vel agaricum, drachmis duabus cum sale modico potum ex aqua, aut in mulso obolis tribus. Solvit et cyclaminos ex aqua pota, aut balanis subditis, item chamæcissi balanus. Hyssopi manipulus decoctus ad tertias cum sale, pituitas trahit illitus, vel contritus cum oxymelite et sale ; pelliique ventris animalia. Pituitam et bilem detrahit peucedani radix.

XXXV. Alvum purgat anagallis ex aqua mulsa : item epithymon, qui est flos e thymo, satureiæ simili. Differentia, quod hic herbaceus est, alterius thymi albus : quidam hippopheon vocant : stomacho minus utiles vomitiones movet : sed tormina et inflationes discutit. Sumitur et eclïgmate ad pectoris vitia cum melle, et aliquando iride. Alvum solvit, a quatuor drachmis ad sex cum mellis exiguo salisque et aceti. Quidam aliter epithymum tradunt sine radice nasci, tenue, similitudine pallioli, rubens : siccari in umbra, bibi ex aqua acetabuli parte dimidia, detrahere pituitam bilemque. Alvum leniter solvit et nymphæa in vino austero.

XXXVI. Solvit et pycnocomon, erucæ foliis crassioribus, et acrioribus, radice rotunda, lutei coloris, terram

terre; la tige carrée, peu élevée, menue, et la fleur de l'ocimum. On le trouve dans les terrains pierreux. La racine, à la dose de deux deniers dans de l'eau miellée, est purgative, et évacue la bile et la pituite. La graine provoque des songes tumultueux, à la dose d'une drachme dans du vin. Le capnos, par les urines, évacue la bile.

XXXVII. Le polypode (15) (*polypodium vulgare*, L.), appelé par les Romains filicula, ressemble à la fougère (*filix*). C'est la racine qu'on emploie : elle est chevelue, verte intérieurement, de la grosseur du petit doigt, et garnie de ventouses semblables à celles que portent les bras des polypes ; elle est d'une saveur douceâtre. Cette plante croît dans les pierres ou sous les vieux arbres. On en tire le suc après l'avoir fait tremper dans l'eau : la plante même se hache menu et se prend avec des choux, avec de la bette, ou de la mauve, ou des salaisons ; ou bien on la fait cuire avec une bouillie, pour relâcher doucement le ventre, même en cas de fièvre. Elle évacue la bile et la pituite. Elle fait mal à l'estomac. En poudre, on l'introduit dans les narines, et elle y consume les polypes. Elle ne porte ni graine ni fleur.

XXXVIII. La scammonée aussi (*convolvulus scammonia*, L.) évacue la bile, provoque des selles et fait mal à l'estomac, à moins qu'on n'ajoute deux drachmes d'aloès pour deux oboles (1 gr., 5) de scammonée. Cette drogue est le suc d'une plante rameuse dès la racine, à feuilles grasses, triangulaires, blanches ; à racine épaisse, humide et nauséabonde. Elle croît dans une terre blanche et grasse. Vers le lever du Chien on fait un trou à la racine pour que le suc y afflue. Ce suc séché au soleil est divisé en trochisques. On fait sécher aussi la plante même ou l'écorce.

On estime pour la provenance la scammonée de Colophon, de Mysie, de Priène ; pour l'aspect, celle qui est brillante, ressemblant beaucoup à la colle forte, fongueuse, criblée de petits trous, très-facile à fondre, d'une odeur vireuse, ayant l'apparence de la gomme, laiteuse au contact de la langue, très-légère, et blanchissant quand on la délaye. La même chose arrive à la fausse scammonée, qui se fait avec la farine d'ers et le suc de tithymale marin; celle-ci vient presque toute de la Judée. Elle saisit à la gorge quand on en prend. On la reconnaît au goût ; en effet, le tithymale brûle la langue. Pour être employée, la scammonée doit avoir deux ans; elle ne vaut rien ni avant ni après. On l'a donnée seule, à la dose de quatre oboles, dans de l'eau miellée et du sel ; mais la meilleure manière est de l'adjoindre à l'aloès, et, quand la purgation commence, de faire boire du vin miellé. On en fait bouillir aussi la racine dans du vinaigre jusqu'à consistance de miel, préparation qu'on emploie à l'extérieur contre la lèpre, et dont on frotte la tête avec de l'huile, en cas de céphalalgie.

XXXIX. Le tithymale est appelé par les Latins herbe au lait, ou laitue de chèvre (xx, 24). On dit que si l'on trace des caractères sur quelque partie du corps avec le lait de cette plante, et que secs on les saupoudre de cendre, les lettres paraissent ; et on ajoute que des amants ont préféré aux billets ce moyen de correspondance avec leurs maîtresses adultères. Il y a plusieurs espèces de tithymales. Le premier est appelé characias (*euphorbia characias*, L.); on le regarde comme le tithymale mâle. Les branches sont de la grosseur du doigt, rouges, juteuses, au nombre de cinq ou six, et longues

---

olente, caule quadrangulo, modico, tenui, flore ocimi. Invenitur in saxosis locis. Radix ejus in aqua mulsa denariorum duum pondere, et alvum, et bilem, et pituitam exinanit. Semen somnia tumultuosa facit, una drachma in vino potum. Et capnos urina detrahit bilem.

XXXVII. Polypodion, quam nostri filiculam vocant, similis est filici. Radix in usu, pilosa, coloris intus herbacei, crassitudine digiti minimi, acetabulis cavernosa, ceu polyporum cirri, subdulcis, in petris nascens, aut sub arboribus vetustis. Exprimitur succus aqua madefactæ : ipsa minute concisa inspergitur oleri, vel betæ, vel malvæ, vel salsamento : aut cum pulticula coquitur ad alvum vel in febri leniter solvendam. Detrahit bilem et pituitam, stomachum offendit. Aridæ farina indita naribus polypum consumit. Florem et semen non fert.

XXXVIII. Scammonium quoque dissolutionem stomachi facit, bilem detrahit, alvum solvit, præterquam si adjiciantur aloes drachmæ duæ obolis ejus duobus. Est autem succus herbæ ab radice ramosæ, pinguibus foliis, triangulis, albis, radice crassa, madida, nauseosa. Nascitur pingui et albo solo. Radix circa Canis ortum excavatur, ut in ipsam confluat succus : qui sole siccatus, digeritur in pastillos. Siccatur et ipsa, vel cortex. Laudatur natione Colophonium, Mysium, Prienense : specie autem nitidum, et quam simillimum taurino glutini, fungosum tenuissimis fistulis, cito liquescens, virus redolens, cumminosum, linguæ tactu lactescens, quam levissimum, quum diluitur albescens. Hoc evenit et adulterino, quod fit ervi farina, et tithymali marini succo, in Judæa fere : quod etiam strangulat sumtum. Deprehenditur gustu : tithymalus enim linguam excalfacit. Usus bimo : nec ante, nec postea utili. Dedere et per se ex aqua mulsa et sale quaternis obolis, sed utilissime cum aloe, ita ut incipiente purgatione mulsum bibatur. Fit et decoctum radicis in aceto ad crassitudinem mellis, quo lepræ illinuntur, et caput ungitur in dolore cum oleo.

XXXIX. Tithymalum nostri herbam lactariam vocant, alii lactucam caprinam : narrantque lacte ejus inscripto corpore, quum inaruerit, si cinis inspergatur, apparere litteras, et ita quidam adulteras alloqui maluere quam codicillis. Genera ejus multa. Primus cognominatur characias, qui et masculus existimatur, ramis digitali crassitudine, rubris, succosis, quinque aut sex, cubitali longitudine; a radice foliis pæne oleæ, in cacuminibus coma

d'une coudée. Les feuilles vers la racine sont presque semblables à celles de l'olivier; la sommité de la tige ressemble aux têtes du jonc. Il croit dans des lieux âpres, sur le bord de la mer. La graine se recueille en automne, avec les sommités; on la sèche au soleil, on la bat, et on la met en réserve. Quant au suc, aussitôt que les fruits commencent à se cotonner, on l'obtient des branches qu'on casse, et on le recueille sur de la farine d'ers ou sur des figues, afin qu'il sèche avec ces substances; il suffit que chaque figue en reçoive cinq gouttes; et on prétend que prenant une figue ainsi préparée les hydropiques ont autant de selles que la figue a reçu de gouttes. Quand on recueille le suc il faut prendre garde qu'il ne touche les yeux. On tire encore des feuilles pilées un suc moins actif que le précédent. On fait une décoction des branches. On se sert aussi de la graine bouillie avec du miel, et on en prépare des pilules purgatives. On remplit avec la graine dans de la cire les dents creuses. On se rince la bouche avec la décoction de la racine dans du vin ou de l'huile. On emploie le suc à l'extérieur pour le lichen; et on le boit pour procurer des évacuations, tant par le haut que par le bas : du reste, il ne vaut rien à l'estomac. En boisson il évacue la pituite avec addition de sel, et la bile avec addition d'aphronitre (XXXI, 46, 7). Si l'on veut se purger par le bas on le prend dans de l'oxymel; si par le haut, dans du vin cuit ou de l'eau miellée. La dose moyenne est de trois oboles. La meilleure manière est d'avaler aussitôt après le repas des figues préparées. Il laisse dans la gorge un léger sentiment d'ardeur. Il est en effet d'une qualité si chaude, qu'appliqué seul sur un endroit du corps il y cause des ampoules comme le feu, et qu'il est employé en guise de caustique.

XL. Le second tithymale est appelé myrsinites ou caryites (*euphorbia myrsinites*, L.). Il a les feuilles du myrte, pointues et piquantes, mais plus molles; il croit aussi dans les lieux âpres. On en cueille les sommités quand l'orge commence à grossir; et après les avoir fait ressuyer à l'ombre pendant neuf jours, on les fait sécher au soleil. Le fruit ne mûrit pas tout à la fois; il en mûrit une partie la seconde année, et c'est ce qu'on appelle la noix, d'où le nom de caryites que les Grecs ont donné à ce tithymale (κάρυον, noix). On le recueille à la maturité des moissons; on le lave, on le sèche, et on le donne avec deux parties de pavot noir, de sorte que le tout fasse un acétabule (olit., 068). Ce tithymale, ainsi que les suivants, est moins vomitif que le précédent. Quelques médecins ont fait prendre la feuille comme il vient d'être dit, mais la noix dans du vin miellé ou dans du vin cuit, ou avec du sésame. Il évacue par le bas la bile et la pituite; il guérit les ulcères de la bouche. La feuille se mange avec du miel pour les ulcères rongeants de la bouche.

XLI. Le troisième tithymale (XX, 80) se nomme paralios ou tithymalis (*euphorbia paralias*, L.). Il a la feuille ronde, la tige haute d'un palme, les branches rougeâtres et la graine blanche. On recueille cette graine quand le raisin commence à se former; après l'avoir fait sécher, on la broie, et on la prend pour se purger, à la dose d'un acétabule.

XLII. Le quatrième tithymale, appelé hélioscopios (*euphorbia helioscopia*, L.), a les feuilles du pourpier (XX, 81), les rameaux dressés au nombre de quatre ou cinq, partant de la racine, rougeâtres, hauts d'un demi-pied, et pleins de suc. Il croit autour des villes. La graine est blanche, et les pigeons en sont très-friands. Le nom vient de ce que les sommités tournent avec le so-

leil. Il évacue la bile par le bas, à la dose d'un demi-acétabule dans de l'oxymel. Il a d'ailleurs les autres usages du characias.

XLIII. Le cinquième (*euphorbia aleppica*, L.) est appelé cyparissias, à cause de la ressemblance de ses feuilles avec celles du cyprès. Il a la tige double ou triple; il croît dans les campagnes; il a les mêmes propriétés que l'hélioscopios ou le characias.

XLIV. Le sixième est appelé platyphyllos (*euphorbia platyphyllos*, L.), ou corymbites, ou amygdalites, à cause de sa ressemblance avec l'amandier. C'est celui de tous qui a les plus larges feuilles; il fait mourir les poissons. La racine, les feuilles, le suc, pris dans du vin miellé ou de l'eau miellée, à la dose de quatre drachmes, sont purgatifs; en particulier, il évacue les eaux des hydropiques.

XLV. Le septième est surnommé dendroïdes (*euphorbia dendroides*, L.), ou cobios, ou leptophyllos. Il croît dans les pierres; c'est le plus touffu de tous. Il a de petites tiges rougeâtres, et beaucoup de graine. Mêmes propriétés que le characias.

XLVI. L'apios ischas (*euphorbia apios*, L.), ou raifort sauvage, étale à terre deux ou trois tiges en forme de jonc, rougeâtres. Il a les feuilles de la rue, la racine de l'oignon, mais plus grosse; aussi quelques-uns le nomment-ils raifort sauvage. L'intérieur de cette racine est plein d'un suc blanc, mais l'écorce est noire. Cette plante croît dans les lieux montagneux et âpres, et quelquefois dans les herbages. On la tire de terre au printemps; on la pile, on la met dans un vaisseau de terre; on jette ce qui surnage; le suc qui reste purge par le haut et par le bas, à la dose d'une demi-obole dans de l'eau miellée. On le donne de la même façon aux hydropiques, à la dose d'un acétabule. On met encore la racine en poudre dans une potion; et l'on prétend que la partie supérieure de la racine évacue la bile par le haut, et la partie inférieure les eaux par le bas.

XLVII. Toutes les espèces de panacès guérissent les tranchées, ainsi que la bétoine, excepté les tranchées qui proviennent d'indigestion. Le suc du peucedanum guérit les flatuosités, en procurant des éructations. Il en est de même de la racine d'acoron, et du daucus mangé en salade. Le ladanum de Chypre, pris en boisson, guérit les affections intestinales; il en est de même de la gentiane en poudre, dont on prend gros comme une fève dans de l'eau tiède; de même du plantain pris le matin, à la dose de deux cuillerées, avec une cuillerée de pavot, dans quatre cyathes d'un vin qui ne doit pas être vieux. On le donne encore au moment du sommeil, avec addition de nitre ou de polenta, s'il y a longtemps qu'on a mangé. On en donne le suc en lavement, à la dose d'une hémine, même quand il y a fièvre.

XLVIII. L'agaric en boisson, à la dose de trois oboles, dans un cyathe de vin vieux, guérit la rate. Il en est de même de la racine de toutes les espèces de panacès, dans du vin miellé; mais surtout de la teucria sèche, à la dose d'une poignée, que l'on prend bouillie dans trois hémines de vinaigre. On applique la teucria, avec du vinaigre, sur les plaies, ou, si cette préparation ne peut être supportée, avec des figues ou de l'eau. La polemonia se boit dans du vin; la vettonica (bétoine), à la dose d'une drachme, dans trois cyathes d'oxymel; l'aristoloche, comme pour les morsures des serpents (xxv, 55). On prétend que l'argémone, prise pendant sept jours en aliment, consume la rate; même effet attribué à l'agaric, pris à la

---

bilem per inferna in oxymelite dimidio acetabulo : cæteri usus, qui characiæ.

XLIII. Quintum cyparissian vocant, propter foliorum similitudinem, caule gemino aut triplici, nascentem in campestribus : cui eadem vis, quæ helioscopio, aut characiæ.

XLIV. Sextum platyphyllon vocant : alii corymbiten, alii amygdaliten a similitudine. Nec ullius latiora sunt folia. Pisces necat, alvum solvit, radice, vel foliis, vel succo in mulso, aut aqua mulsa drachmis quatuor. Detrahit privatim aquas.

XLV. Septimum dendroides cognominant, alii cobion, alii leptophyllon, in petris nascens, comosissimum ex omnibus maxime, cauliculis rubentibus, et semine copiosissimum : ejusdem effectus, cujus characias.

XLVI. Apios ischas, sive raphanos agria, juncos duos, sive tres, spargit in terra rubentes, foliis rutæ : radix cæpæ, sed amplior : quare quidam raphanum silvestrem vocant. Intus habet mammam candidam : extra, cortices nigros. Nascitur in montuosis asperis, aliquando et in herbosis. Effoditur vere, tusaque in fictili mergitur, dejectoque quod supernatat, reliquus succus purgat utraque parte, sesquiobolo in aqua mulsa. Sic et hydropicis datur acetabuli mensura. Inspergitur et aridæ radicis farina potioni : aiuntque superiorem partem ejus vomitione biles extrahere : inferiorem, per alvum, aquas.

XLVII. Tormina discutit quodcumque panaces, et vettonica, præterquam a cruditate : peucedani succus et inflationes, ructus gignens : item acori radix, daucumve, si lactucæ modo sumatur. Ladanum Cyprium potum interaneorum vitiis occurrit : item gentianæ farina, ex aqua tepida fabæ magnitudine. Plantago mane sumta duabus linguis, et tertia papaveris in vini cyathis iv non veteris. Datur et in somnum euntibus, addito nitro vel polenta, si multo post cibum detur. Colo infunditur hemina succi, vel in febri.

XLVIII. Agaricum potum obolis tribus in vini veteris cyatho uno, lieni medetur : et panacis omnium generum radix in mulso. Sed teucria præcipue, pota arida et decocta quantum manus capiat, in aceti heminis tribus. Ad vulnus illinitur eadem cum aceto : aut si tolerari non possit, ex ficu vel aqua. Polemonia bibitur ex vino. Vettonica drachma in oxymelitis cyathis tribus. Aristolochia, ut contra serpentes. Argemonia septem diebus in cibo

dose de deux oboles dans de l'oxymel ; à la racine du nymphæa heraclea prise dans du vin. Le cissanthemos (XXV, 68) pris à la dose d'une drachme deux fois par jour, dans deux cyathes de vin blanc, pendant quarante jours, fait, dit-on, rendre peu à peu la rate par les urines. On emploie encore l'hysope bouilli avec des figues ; la racine du lonchitis (*aspidium lonchitis*, L.), bouillie avant que la plante ait grené. La racine du peucedanum, bouillie, est bonne pour la rate et les reins. L'acoron, en boisson, consume la rate. La racine de cette plante est excellente pour les viscères et les flancs. Pour la rate on administre la graine de clymenos (XXV, 33) pendant trente jours, à la dose d'un denier dans du vin blanc ; la poudre de bétoine, dans du miel et du vinaigre scillitique en boisson. On emploie en topique la racine du lonchitis, dans de l'eau ; le teucrium, le scordium avec du cérat, l'agaric avec du fenugrec en poudre.

XLIX. Pour les affections de la vessie et les calculs (ce qui, comme nous l'avons dit (XXV, 7), cause les tourments les plus cruels), on emploie la polemonia en boisson dans du vin ; l'agaric, la racine ou les feuilles du plantain, dans du vin cuit ; la bétoine, comme nous l'avons dit pour les affections du foie (XXVI, 19). On se sert aussi de cette plante, en boisson et en topique, pour les hernies ; elle est très-efficace pour la strangurie. Pour les calculs, quelques-uns recommandent comme un remède souverain la bétoine, la verveine et la millefeuille, à doses égales, dans de l'eau. Il est certain que le dictamne dissipe la strangurie ; de même, la quintefeuille bouillie dans du vin jusqu'à réduction des deux tiers : cette dernière plante est très-bonne, à l'intérieur et en topique, pour l'entérocèle. La racine supérieure du xiphium est diurétique chez les enfants. On la donne dans l'eau pour l'entérocèle, et on en fait un topique pour les affections de la vessie. Le suc de peucedanum s'emploie pour les hernies des enfants ; et le psyllium, en topique, pour les hernies ombilicales. Sont diurétiques les anagallis, la décoction de la racine d'acoron, ou cette racine même broyée et prise en boisson, laquelle d'ailleurs est bonne pour toutes les affections de la vessie. La tige et la racine du cotylédon s'emploient contre les calculs, et aussi contre toute inflammation des parties génitales, à doses égales de la tige, de la graine et de myrrhe. Les feuilles tendres de l'hièble, pilées et prises dans du vin, chassent les calculs ; appliquées sur les testicules, elles les guérissent. L'érigéron, avec de la poudre d'encens et du vin doux, guérit les inflammations des testicules. La racine de grande consoude, en topique, contient l'entérocèle. L'hypocisthis blanc guérit les ulcères rongeants des parties génitales. L'armoise se donne aussi dans du vin doux pour les calculs et pour la strangurie. La racine du nymphæa heraclia, dans du vin, calme les douleurs de la vessie.

L. La même propriété appartient au crethmos (*crithmum maritimum*, L.) (XXI, 50 ; XXV, 96), beaucoup vanté par Hippocrate (*De nat. mul.*, t. 20 ; *De morb. mul.* I, t. 10). Il est du nombre des plantes sauvages qui se mangent ; du moins c'est le met que sert, dans un poëme de Callimaque (XXII, 44), la villageoise Hécale. Le crethmos est une espèce voisine du batis des jardins (XXI, 50). La tige est unique, haute d'un palme ; la graine est odorante, ronde comme celle du libanotis ; sèche, elle se brise : dans l'intérieur elle a un noyau blanc, nommé par quelques-uns

sumta lienem consumere dicitur : agaricum in aceto mulso obolis duobus. Nymphææ heracliæ radix e vino pota, et ipsa consumit. Cissanthemos, drachma bis die sumta, in vini albi cyathis n per dies XL, lienem dicitur paulatim emittere per urinam. Prodest et hyssopum cum fico decoctum. Lonchitidis radix decocta, priusquam semen emittat. Peucedani quoque radix decocta, et lieni, et renibus. Lien acori potu consumitur. Præcordiis et ilibus utilissimæ radices. Clymeni semen potum diebus triginta pondere denarii in vino albo. Vettonicæ farina ex melle et aceto scillite pota. Radix lonchitidis in aqua, et teucrium illinitur. Item scordium cum cera, agaricum cum farina feni græci.

XLIX. Vesicæ malis, contraque calculos, gravissimis cruciatibus, ut diximus, auxilio est polemonia ex vino pota : item agaricum. Plantago radice vel foliis potis ex passo. Et vettonica, ut in jocinere diximus. Item ramici, pota atque illita : eadem ad strangurias efficacissima. Ad calculos quidam vettonicam et verbenacam, et millefolium æquis portionibus, ex aqua, pro singulari remedio bibere suadent. Stranguria discuti et dictamno certum est. Item quinquefolio decocto ad tertias in vino : hoc et enterocelicis dari atque illini, utilissimum est. Xiphii quoque radix superior urinam ciet infantibus. Enterocelicis datur ex aqua : et illinitur vesicæ vitiis. Peucedani succus infantium ramici : et umbilicis eminentibus psyllion illinitur : urinam cient anagallides , acoriquc radicis decoctum, vel ipsa trita potaque : et omnia vesicæ vitia sanat. Et calculos herba et radix cotyledonis : itemque genitalium inflammationem omnem, pari pondere caulis, et seminis, et myrrhæ. Ebulum teneris cum foliis tritum, ex vino potum, calculos pellit : impositum testes sanat. Erigeron quoque cum farina thuris et vino dulci, testium inflammationes sanat. Symphyti radix illita enteroceles cohibet : genitalium nomas hypocisthis alba. Artemisia quoque datur contra calculos ex vino dulci, et ad stranguriam. Dolores vesicæ sedat ex vino nymphææ heracliæ radix.

L. Eadem vis crethmo ab Hippocrate admodum laudatæ. Est autem inter eas quæ eduntur silvestrium herbarum. Hanc certe apud Callimachum apponit rustica illa Hecale : speciosæ est batis hortensiæ. Caulis unus palmum altus, semen ferens odoratum, ceu libanotidis rotundum, siccatum rumpitur : habet intus nucleum can-

cachrys. La feuille est grasse, blanchâtre, comme celle de l'olivier, plus épaisse, d'une saveur salée. Les racines, grosses comme le doigt, sont au nombre de trois ou quatre. Il croît sur le bord de la mer, dans les terrains pierreux. On le mange cru ou cuit, avec le chou; le goût et le parfum

2 en sont agréables. On le garde même dans de la saumure. On l'emploie surtout pour la strangurie : on se sert de la feuille, ou de la tige, ou de la racine, dans du vin. Il donne aussi à la peau une couleur plus agréable; mais, pris en trop grande quantité, il cause des flatuosités. En décoction, il relâche le ventre, et fait couler l'urine et l'humeur des reins. De la même façon la poudre d'alcéa (16) (XXVII, 6) desséchée, prise dans du vin, dissipe la strangurie; elle est plus efficace avec addition de daucus; elle est bonne aussi pour la rate; on la boit contre le venin des serpents; mêlée à l'orge, on l'emploie pour les bêtes de somme qui souffrent de catarrhe ou de strangurie.

1 LI. L'anthyllion (*cressa cretica*, L.) est très-semblable à la lentille. Pris dans du vin, il délivre des maux de vessie, il arrête le sang. Il y a encore l'anthyllis (XXI, 103), semblable au chamæpitys, à fleur pourpre, à odeur forte, à racine de la chicorée.

1 LII. La cepæa (*sedum cepæa*, L.) est encore un meilleur remède (17). Elle ressemble au pourpier; mais la racine est plus noire, et ne sert à rien. Elle croît sur le bord de la mer, dans les sables. La saveur en est amère. Dans du vin, avec la racine d'asperge, elle est très-bonne pour la vessie.

1 LIII. Même propriété dans l'hypéricon, appelé encore chamæpitys, ou corion ( *hypericum crispum*, L.). La tige est celle d'une plante potagère; elle est menue, haute d'une coudée et

rougeâtre; la feuille, semblable à celle de la rue, a une odeur âcre. La graine, dans une gousse, est noire, et mûrit en même temps que l'orge. Cette graine est astringente; elle resserre le ventre; elle est diurétique; on la prend avec du vin pour les maux de vessie.

LIV. Il est un autre hypéricon ( *hypericum coris*, L.), appelé encore coris; il a la feuille du tamarix (XVI, 45 ; XXIV, 41), sous lequel il croît, mais plus grasse et moins rouge. Il est odorant, haut de plus d'un palme, d'une saveur suave, légèrement piquante. La graine est d'une qualité chaude; aussi produit-elle des flatuosités : cependant elle n'est pas mauvaise à l'estomac. Cette plante est souveraine pour la strangurie, pourvu que la vessie ne soit pas ulcérée; prise dans du vin, elle guérit aussi la pleurésie.

LV. Un autre remède pour la vessie est le callithrix (*adiantum capillus Veneris*, L.), pilé avec du cumin et donné avec du vin blanc. La verveine, bouillie avec ses feuilles jusqu'à réduction des deux tiers, ou la racine dans du vin miellé chaud, fait sortir les graviers.

Il en est de même de la perpressa (18), qui croît aux environs d'Aretium et dans l'Illyrie, qu'on fait bouillir dans deux hémines d'eau jusqu'à réduction des deux tiers, et qu'on prend en boisson; de même du trèfle (XXI, 30), qu'on prend dans du vin; de même de la chrysanthème (XXII, 26). L'anthemum ( XXII, 26, 3) (*anthemis rosea*, L.) aussi fait sortir les graviers. Cette plante a cinq petites feuilles à la racine, deux longues tiges, et la fleur couleur de rose. La racine pilée se donne seule, comme le laver (XXVI, 32) cru.

LVI. Le silaus (*peucedanum silaus*, L.) croît dans les eaux vives et coulant sur du gravier.

---

didum, quem aliqui cachryn vocant. Folio pingui, albicante veluti olivæ, crassiore, et salso gustu : radices digiti crassitudine tres aut quatuor. Nascitur in maritimis petrosis. Estur crudum coctumve cum olere, odorati

2 saporis et jucundi. Servatur etiam in muria : præcipui usus ad stranguriam, folio, vel caule, vel radice ex vino. Colorem quoque corporis gratiorem facit : verum æquo largior inflationes. Alvum solvit decocto, urinamque, et a renibus humorem trahit. Sic et alceæ siccæ farina in vino pota, stranguriam tollit, efficacius addito dauco. Lieni quoque utilis. Adversus serpentes bibitur. Jumentis quoque in pituita, aut stranguria hordeo inspersa succurrit.

1 LI. Anthyllion est lenti simillima, quæ in vino pota vesicas vitiis liberat, sanguinem sistit. Altera est anthyllis, chamæpityos similis, flore purpureo, odore gravi, radice intubi.

1 LII. Vel magis medetur cepæa, similis portulacæ, nigriore radice, sed inutili, nascens in littoribus arenosis, gustu amara. In vino cum asparagi radice vesicæ plurimum prodest.

1 LIII. Eadem præstat hypericon, quam alii chamæpityn, alii corion appellant, oleraceo frutice, tenui,

cubitali, rubente, folio rutæ, odore acri, semine in siliqua nigro, maturescente cum hordeo. Natura semini spissandi : alvum sistit : urinam ciet : vesicæ cum vino bibitur.

LIV. Est aliud hypericon, quod alii corin appellant, folio tamaricis, et sub ea nascitur, sed pinguioribus foliis et minus rubentibus, odoratum, palmo altius, suave, leniter acutum. Vis semini excalfactoria : et ideo inflationem facit : sed stomacho non inutile : præcipuum ad stranguriam, si exhulcerata non sit vesica. Medetur et pleuriticis ex vino potum.

LV. Vesicæ autem callithrix trita simul cum cumino, et data ex vino albo. Verbenaca quoque cum foliis decocta ad tertias, vel radix ejus e mulso calido, calculos ejicit.

Item perpressa, quæ Aretii et in Illyrico nascitur, in aqua decocta e tribus heminis ad unam, et pota. Trifolium ex vino sumtum.

Et chrysanthemum.

Anthemum quoque calculos ejicit, parvis a radice foliis quinis, caulibus longis duobus, flore roseo : radices tritæ per se, seu laver crudum.

LVI. Silaus nascitur glareosis et perennibus rivis,

Il ressemble à l'ache, et est haut d'une coudée. On le fait cuire comme les légumes acides; il est excellent pour la vessie. Si cet organe est affecté de psore, on le guérit avec la racine du panacès, mauvaise (19) dans les autres affections vésicales. La pomme erratique (xxv, 54) (20) chasse aussi les graviers. On fait bouillir une livre de la racine dans un conge de vin (3lit., 24) jusqu'à réduction de moitié; puis on prend une hémine de cette décoction pendant trois jours : ce qui reste se prend dans du vin avec le sion (xxii, 41). On emploie au même usage l'ortie marine (21), le daucus, et la graine de plantain dans du vin.

LVII. L'herbe fulvienne (22) (ce nom vient de celui qui l'a découverte, et elle est bien connue des botanistes) est diurétique, broyée dans du vin.

LVIII. Le scordion arrête le progrès des tumeurs des testicules. La jusquiame guérit les parties génitales. La strangurie est guérie par le suc de peucedanum dans du miel, et par la graine de cette plante; par l'agaric, à la dose de trois oboles dans un cyathe de vin vieux ; par la racine de trèfle (xxi, 30), à la dose de deux drachmes dans du vin; par la racine ou la graine de daucus, à la dose d'une drachme. La coxalgie est guérie par la graine et les feuilles de la garance broyées, par le panacès en boisson, par la polemonia en friction, par les feuilles d'aristoloche en décoction. L'agaric en boisson, à la dose de trois oboles dans un cyathe de vin vieux, guérit le nerf appelé platys (tendon d'Achille?) et la douleur d'épaule. On use, en boisson et en cataplasme, de la quintefeuille pour la coxalgie. On emploie de même la scammonée bouillie avec de la farine d'orge. La graine des deux hypéricons se prend dans du vin. Les affections du siége et les écorchures sont très-promptement guéries par le plantain; les condylomes, par la quintefeuille; les chutes du rectum, par la racine du cyclaminos dans du vinaigre. L'anagallis bleu fait rentrer le fondement tombé; au contraire, l'anagallis rouge le fait sortir; le cotylédon guérit merveilleusement les condylomes et les hémorroïdes ; la racine d'acoron bouillie dans du vin, pilée et appliquée, les tumeurs des testicules. Au dire de Caton (*De re rust.*, CLIX), ceux qui ont sur eux de l'absinthe du Pont (xxvii, 28) ne s'écorchent point entre les cuisses. (ix.) D'autres en disent autant du pouliot, et prétendent que si après l'avoir cueilli à jeun on l'attache derrière soi, il préserve de toute douleur aux aines, ou fait cesser celles qui existent déjà. Quant à l'inguinalis (*aster amellus*, L.), que quelques-uns nomment argémone, et qui croît communément dans les buissons épineux, il suffit de la tenir à la main pour en éprouver de bons effets dans les aines.

LIX. Les tumeurs sont guéries par le panacès avec du miel, par le plantain avec du sel, par la quintefeuille, par la racine de persolata employée comme pour les scrofules (xxvi, 12), par le damasonium, par le verbascum pilé avec sa racine, arrosé de vin, enveloppé dans ses feuilles, chauffé de la sorte dans de la cendre, et appliqué chaud. Des personnes qui en ont fait l'expérience ont assuré qu'il importe beaucoup que cette application soit faite par une jeune fille nue, à jeun ainsi que le malade, et que cette personne, touchant le mal du dos de la main, dise: Apollon défend que le feu de la peste puisse s'accroître chez le malade qui le fait éteindre par une vierge nue. Après avoir retourné sa main, elle prononcera trois fois cette formule, et elle et le malade cracheront trois fois. On emploie encore la racine de mandragore dans de l'eau ; la décoction de la racine de scammonée avec du

---

cubitalis apii similitudine. Coquitur, ut olus acidum, magna utilitate vesicæ : quæ si scabiem sentiat, panacis radice sanatur, aliter inutili vesici. Calculos pellit malum erraticum, radicis libra ex vini congio decocta ad dimidias : inde heminæ sumuntur per triduum : reliquum ex vino cum sio : et urtica marina, et daucum, et plantaginis semen ex vino.

LVII. Et herba Fulviana trita ex vino (et hæc nomen inventoris habet, nota tractantibus), urinas ciet.

LVIII. Scordion testium tumores sedat. Hyoscyamum genitalibus medetur : peucedani succus ex melle, et semen, stranguriæ : agaricum obolis tribus in vini veteris cyatho uno : trifolii radix drachmis duabus in vino : dauci una drachma, vel seminis. Ischiadici et semine, et foliis erythrodani tritis sanantur : panace poto : et infricata polemonia, aristolochiæ decocto folii. Agarico quidem et nervus, qui platys appellatur, et humerorum dolor sanatur, obolis tribus in vini veteris cyatho uno poto. Quinquefolium ischiadicis et bibitur, et imponitur. Item scammonia decocta cum hordei farina. Semen hyperici utriusque bibitur ex vino. Sedis vitia et attritus celerrime sanat plantago : condylomata quinquefolium : sedem eversam cyclamini radix ex aceto. Anagallidum cærulea procidentiam sedis retro agit : e diverso rubens proritat. Cotyledon condylomata et hæmorrhoidas mire curat. Testium tumores acori radix decocta in vino, tritaque, et illita. Intertrigines negat fieri Cato, absinthium ponticum secum habentibus. (ix.) Alii adjiciunt et pulegium : quod jejunus qui legerit, si post se alliget, inguinis dolores prohibet, aut sedat cœptos. Inguinalis, quam quidam argemonem vocant, passim in vepribus nascens, ut prosit inguinibus, in manu tantum habenda est.

LIX. Panos sanat panaces cum melle : plantago cum sale : quinquefolium : persolatæ radix, ut in strumis : item damasonium : verbascum cum sua radice tusum, vino aspersum, folioque involutum, et ita in cinere calfactum, ut imponatur calidum. Experti affirmavere, plurimum referre si virgo imponat nuda, jejuna jejuno, et manu supina tangens dicat : « Negat Apollo pestem posse crescere, cui nuda virgo restinguat; » atque ita retrorsa manu ter dicat, totiesque despuant ambo. Medetur et radix mandragoræ ex aqua : radicis scammoniæ decoctum cum melle : side-

miel, le sidéritis avec du vieux oing, ou la chrysippea (23) avec des figues grasses : le nom de cette dernière plante vient de celui qui l'a découverte.

LX. (x.) Le nymphæa heraclia ( *nénuphar* ) éteint pour jamais les désirs amoureux, employé comme nous l'avons dit (xxv, 37); et pour quarante jours, pris une seule fois en boisson. Bu à jeun et pris en aliment, il empêche les rêves érotiques. La racine, appliquée sur les parties génitales, réprime non-seulement les désirs amoureux, mais encore l'afflux du sperme ; aussi dit-on qu'elle est propre à donner de l'embonpoint et à entretenir la voix (xx, 13, 4).

LXI. La racine supérieure du xiphium (xxv, 89) excite les désirs vénériens, donnée à boire dans du vin. Il en est de même du crethmos sauvage ; de même de l'horminos sauvage (24) ( *salvia horminum*, L.) (xviii, 22), pilé avec de la polenta.

LXII. Mais il y a peu de plantes aussi merveilleuses que l'orchis ou serapias (*orchis undulatifolia*, Biv.), herbe à feuilles de poireau, à tige haute d'un palme, à fleur pourpre, à racine formée de deux tubercules qui ressemblent aux testicules. Le tubercule le plus gros, ou, comme quelques-uns disent, le plus dur, pris dans de l'eau, excite à l'amour ; le plus petit ou le plus mou, pris dans du lait de chèvre, réprime les désirs amoureux. Quelques-uns dépeignent cette plante avec une feuille semblable à celle de la scille, mais plus petite et plus lisse, et avec une tige épineuse (*limodorum abortivum*, Sw.). Les racines de cette plante guérissent les ulcères de la bouche. Prises dans du vin, elles arrêtent les pituites de la poitrine et le cours de ventre. Le satyrion est stimulant ; il y en a deux espèces : l'une (*orchis morio*, L.) à feuilles d'olivier, mais plus longues, à tige haute de quatre doigts, à fleur pourpre, à racine double configurée comme les testicules humains,

laquelle se gonfle une année, et revient l'année suivante à son volume primitif. L'autre espèce est surnommée satyrios orchis, et passe pour être la plante femelle (25). On la distingue à l'espacement de ses nœuds, à sa tige plus touffue ; la racine s'emploie dans les fascinations. Cette plante croit ordinairement près de la mer. Appliquée avec de la polenta ou seule, elle guérit les tumeurs et les affections des parties génitales. La racine de la première espèce, donnée dans le lait d'une brebis de ferme, excite l'érection, et, prise dans de l'eau, la fait cesser.

LXIII. Les Grecs donnent le nom de satyrion (*aceras anthropophora*, L.) à une plante qui a les feuilles du lis rouge, mais plus petites et ne sortant pas de terre au nombre de plus de trois, une tige lisse, haute d'une coudée, nue, et une racine double, dont la partie inférieure et plus grosse fait concevoir des garçons, et la partie supérieure et plus petite, des filles. Ils connaissent encore une autre espèce de satyrion, qu'ils nomment erythraicon (*fritillaria pyrenaica*, L.) (26) ; il a la graine du vitex (*vitex agnus*), mais plus grosse, lisse, la racine dure, l'écorce rouge, l'intérieur blanc et d'un goût douceâtre ; il se trouve ordinairement dans les endroits montueux : ils assurent qu'il suffit d'en tenir la racine à la main pour en éprouver la vertu aphrodisiaque, effet encore plus marqué si on la prend dans du vin astringent ; qu'on l'administre en boisson aux béliers et aux boucs trop lents à saillir, et que les Sarmates la donnent à leurs chevaux qu'un travail trop soutenu a rendus paresseux à s'accoupler, maladie appelée par eux prosedamum. On éteint les ardeurs produites par le satyrion en buvant de l'eau miellée, ou en mangeant de la laitue (xix, 38, 3). Au reste, les Grecs donnent le nom de satyrion à toute substance aphrodisiaque,

---

ritis cum adipe vetere : vel Chrysippea cum ficis pinguibus : et hæc ab inventore habet nomen.

LX. (x.) Venerem in totum adimit, ut diximus, nymphæa heraclia : eadem semel pota, in XL dies. Insomnia quoque Veneris a jejuno pota, et in cibo sumta. Illita quoque radix genitalibus, inhibet non solum Venerem, sed et affluentiam geniturae, ob id corpus alere vocemque dicitur.

LXI. Appetentiam Veneris facit radix e xiphio superiore, data potu in vino. Item quam crethmon agrion appellant : et horminos agrios, cum polenta contrita.

LXII. Sed inter pauca mirabilis est orchis herba : sive serapias, foliis porri, caule palmeo, flore purpureo, gemina radice, testiculis simili, ita ut major, sive (ut aliqui dicunt) durior, ex aqua pota excitet libidinem : minor sive mollior, e lacte caprino inhibeat. Quidam folio scillæ esse dicunt, læviore ac minore, caule spinoso. Radices sanant oris hulcera : thoracis pituitas, alvum sistunt e vino potæ. Concitatricem vim habet satyrion. Duo ejus genera : una longioribus foliis, quam oleæ, caule quatuor digitorum, flore purpureo, radice gemina ad formam hominis testium,

alternis annis intumescente ea ac residente. Altera satyrios orchis cognominatur, et femina esse creditur. Distinguitur internodiis et ramosiore frutice, radice fascinis utili. Nascitur fere juxta mare. Hæc tumores et vitia partium earum cum polenta illita sedat, vel per se. Superioris radix in lacte ovis colonicæ data, nervos intendit : eadem ex aqua remittit.

LXIII. Græci satyrion, foliis lilii rubri, minoribus, et tribus non amplius e terra exeuntibus tradunt, caule lævi, cubitali, nudo, radice gemina : cujus inferior pars et major mares gignat, superior ac minor feminas. Et aliud genus satyrii erythraicon appellant, semine viticis majore, lævi : duræ radicis, cortice rubro, intus album includi, sapore subdulce, fere in montuosis inveniri. Venerem, etiamsi omnino manu teneatur radix, stimulari : adeo si bibatur in vino austero. Arietibus quoque et hircis segnioribus in potu dari. Et a Sarmatis, equis ob assiduum laborem pigrioribus in coitu, quod vitium prosedamum vocant. Vim ejus restinguit aqua mulsa, aut lactuca sumta. In totum quidem Græci, quum concitationem hanc volunt significare, satyrion appellant : sic et cratægin co-

par exemple au cratægis, au thelygonon et à l'arrhenogonon (xxvii, 40), plantes dont la graine ressemble aux testicules. Ceux qui ont sur eux de la moelle des branches de tithymale deviennent, dit-on, plus enclins à l'amour. Théophraste (*Hist.*, ix, 20), auteur si grave d'ailleurs, raconte là-dessus des choses incroyables, entre autres que par le seul contact d'une herbe dont il ne marque ni le nom ni l'espèce un homme a pu exercer soixante-dix fois l'acte du coït.

1 LXIV. Le sidéritis, attaché à la partie malade, diminue les varices, et les guérit sans douleur. La goutte était rare, non-seulement du temps de nos pères et de nos aïeux, mais même aussi de nos jours; en effet, c'est encore là une maladie étrangère : si elle eût anciennement régné en Italie elle aurait un nom latin. Il ne faut pas la regarder comme incurable, car elle cesse chez beaucoup spontanément, et chez un nombre plus grand, par le traitement. On emploie les racines de panacès avec du raisin cuit, le suc ou la graine de jusquiame avec de la farine, le scordion dans du vinaigre, l'ibéris comme nous
2 l'avons dit (xxv, 49), la verveine broyée avec de la graisse, la racine de cyclaminos, dont la décoction est bonne aussi pour les engelures. Pour ôter le feu de la goutte on applique la racine du xiphium, la graine du psyllium, la ciguë avec de la litharge ou de l'axonge, l'aizoon au premier accès du mal lorsqu'il y a rougeur, c'est-à-dire lorsque la goutte est chaude. Aux deux espèces de gouttes conviennent l'érigeron avec l'axonge, les feuilles du plantain broyées avec un peu de sel, et l'argémone pilée avec du miel. On guérit encore la goutte en appliquant de la verveine, ou en faisant tremper les pieds dans la décoction de la même plante.

LXV. On emploie aussi le lappago (xxiv, 116), 1 qui ressemblerait à l'anagallis s'il n'était plus garni de branches, hérissé de plus de feuilles et rugueux, s'il n'avait un suc plus âcre et une odeur forte. L'espèce de lappago qui est comme l'anagallis s'appelle mollugo (*galium mollugo*, L.).

L'asperugo (27) est semblable, mais il a les feuilles plus âpres. Le suc du premier, tiré par expression, se prend tous les jours à la dose de onze deniers (42 gr., 35) dans deux cyathes de vin.

LXVI. Mais un remède excellent pour la 1 goutte, c'est le phycos thalassion, ou algue marine, qui ressemble à la laitue, et qu'on emploie dans la préparation des teintures de pourpre. Cette plante s'applique, avant d'être sèche, non-seulement sur les parties goutteuses, mais aussi sur toutes les articulations malades. Il y en a trois espèces : l'une à feuilles larges, l'autre à feuilles plus longues et à teinte rougeâtre; la troisième à feuilles crépues; on l'emploie en Crète pour teindre les étoffes. Toutes trois ont les mêmes propriétés. Nicandre (*Ther.*, p. 60) les a même données dans du vin contre le venin des serpents. On se sert encore de la graine de la plante que nous avons appelée psyllion (xxv, 90); on la fait tremper dans de l'eau, mettant pour une hémine de graine deux cuillerées de résine de colophon, et une d'encens. On vante encore les feuilles de la mandragore, pilées avec de la polenta. (xi.) Pour l'enflure des talons le limon pétri 2 avec de l'huile est d'un effet admirable ; pour l'enflure des articulations, le suc de la petite centaurée, lequel est très-bon pour les nerfs. Il en est de même de la centauris (xxv, 32). La bétoine remédie aux douleurs des nerfs qui se font sentir aux omoplates, aux épaules, à l'épine, aux lombes; on la prend en boisson de la manière que

---

gnominantes, et thelygonon, et arrhenogonon, quarum semen testium simile est. Tithymali quoque ramorum medullam habentes, ad Venerem proniores fieri dicuntur. Prodigiosa sunt, quæ circa hoc tradidit Theophrastus, auctor alioqui gravis, septuageno coitu durasse libidinem contactu herbæ cujusdam, cujus nomen genusque non posuit.
1 LXIV. Sideritis adalligata varices minuit, et sine dolore persanat. Podagræ morbus rarior solebat esse non modo patrum avorumque memoria, verum etiam nostra, peregrinus et ipse. Nam si Italiæ fuisset antiquitus, latinum nomen invenisset. Insanabilis non est credendus : quippe quoniam et in multis sponte desiit, et in pluribus cura. Medentur panacis radices, cum uva passa : succus hyoscyami cum farina, vel semen : scordion ex aceto : iberis,
2 uti dictum est. Verbenaca cum axungia trita, cyclamini radix, cujus decoctum et pernionibus prodest. Podagras refrigerat radix e xiphio, semen e psyllio, cicuta cum lithargyro aut axungia, aizoum in primo impetu podagræ rubentis, hoc est, calidæ. Utrilibet vero convenit erigeron cum axungia; plantaginis folia trita addito sale modico, argemonia tusa ex melle. Medetur et verbenaca illita, aut si pedes macerentur in aqua, in qua decocta sit.

LXV. Et lappago, similis anagallidi, nisi esset ramo- 1 sior, ac pluribus foliis aspera, rugosa, asperioris succi, gravis odoris : quæ talis est, mollugo vocatur.
Similis, sed asperioribus foliis, asperugo. Superioris succus expressus pondere xi denariorum in vini cyathis duobus quotidie sumitur.
LXVI. Præcipue vero liberat eo malo phycos thalassion, 1 id est, fucus marinus, lactucæ similis, qui conchyliis substernitur : non podagræ modo, sed omnibus articulorum morbis impositus, priusquam exarefiat. Tria autem genera ejus : latum, et alterum longius, quadamtenus rubens : tertium crispis foliis, quo in Creta vestes tingunt : omnia ejusdem usus. Nicander ea et adversus serpentes in vino dedit. Salutare est et semen ejus herbæ, quam psyllion appellavimus, madefactum aqua, admixtis in heminam seminis resinæ colophoniæ cochlearibus duobus, thuris uno. Laudantur et mandragoræ folia cum polenta tusa. (xi.) Talis vero tumentibus limus aquaticus cum oleo 2 subactus mire prodest. Articulis succus e centaurio minore. Idem nervis utilissimus. Item centauris. Vettonica nervis discurrentibus per scapulas, humeris, spinæ, lumbis, pota, ut in jocinere. Articulis quinquefolium imposi-

nous avons indiquée pour le foie (xxvi, 19). On emploie sur les articulations la quintefeuille en cataplasme, ainsi que les feuilles de la mandragore avec la polenta, ou la racine fraîche, soit pilée avec le concombre sauvage (xx, 2), soit bouillie dans de l'eau. La racine du polypode guérit les crevasses des orteils. Pour les articulations on emploie le suc de la jusquiame avec l'axonge, le suc d'amomum avec la décoction de la plante, le centunculus (xxiv, 88) bouilli, la mousse récente, mouillée, et attachée aux parties malades jusqu'à ce qu'elle soit sèche.

3  La racine de la lappa boaria (28) prise dans du vin a le même effet. Le cyclaminos bouilli dans de l'eau guérit les engelures et toutes les autres maladies produites par le froid. On emploie encore contre les engelures le cotylédon avec l'axonge, les feuilles du batrachion (xxv, 109), le suc de l'épithymum. Le ladanum avec le castoréum, et dans du vin la verveine, déracinent les cors des pieds.

1  LXVII. Ayant fini le détail des maux qui se font sentir dans chaque partie, nous allons parler de ceux qui attaquent le corps entier. Voici les remèdes généraux que je trouve indiqués. Avant tout il faut user en boisson du dodecatheos, dont nous avons parlé (xxv, 9), puis des racines de toutes les espèces de panacès, particulièrement dans les maladies de longue durée, ainsi que de la graine pour les affections des intestins. On recommande pour toutes les douleurs du corps le suc de scordium, celui de la bétoine, laquelle prise en boisson dissipe spécialement la couleur plombée du teint, et donne une meilleure coloration à la peau.

1  LXVIII. Le géranion est appelé encore myrrhis (*erodium moschatum*, L.) ou merthrys; il ressemble à la ciguë, mais il a les feuilles plus petites, et la tige plus courte et ronde (29); il a un goût et une odeur agréables : c'est ainsi du moins que le décrivent nos herboristes; mais les Grecs le décrivent (*erodium malachoides*, L.) avec des feuilles un peu plus blanches que celles de la mauve, avec des tiges déliées, velues, garnies par intervalle de branches longues de deux palmes, et portant à leur extrémité, au milieu des feuilles, des têtes en forme de becs de grues. Il y en a une troisième espèce (*geranium tuberosum*, L.) qui a les feuilles de l'anémone, mais plus profondément incisées; la racine ronde comme une pomme, douce, et très-bonne pour les convalescents qui réparent leurs forces : celle-ci paraît être le vrai géranion. On en prend, contre la phthisie, une drachme dans trois cyathes de vin, deux fois par jour; de même contre les flatuosités : 2 mangée crue, elle produit des effets pareils. Le suc de la racine guérit les maux d'oreilles. Dans l'opisthotonos on fait prendre la graine à la dose de quatre drachmes, avec du poivre et de la myrrhe. Le suc du plantain en boisson, et la décoction de la plante, guérissent la phthisie. Le plantain en aliment avec du sel et de l'huile, et pris dès le matin en se levant, est rafraîchissant; on le donne dans l'atrophie, mais en laissant des jours d'intervalle. On donne la bétoine aux phthisiques, gros comme une fève, en loch, avec du miel; l'agaric, en boisson, à la dose de deux oboles dans du vin cuit; le daucus, avec la grande centaurée, dans du vin. La phagédène, nom commun à une faim désordonnée et à une espèce d'ulcère, est guérie par les tithymales pris avec le sésame.

LXIX. Entre les maux qui attaquent tout le 1 corps, l'insomnie est des plus ordinaires. On indique pour remède le panacès, le clymenos, l'aris-

---

tum. Mandragoræ folia cum polenta, vel radix recens tusa cum cucumere silvestri, vel decocta in aqua. Digitorum in pedibus rimis polypodii radix. Articulis succus hyoscyami cum axungia : amomi succus cum decocto : item centunculus decocta, vel muscus recens ex aqua obligatus, donec inarescat.

3  Item lappæ boariæ radix e vino pota. Cyclaminos decocta in aqua perniunculos curat, omniaque alia frigoris vitia. Perniunculos et cotyledon cum axungia : folia ex batrachio : epithymi succus. Clavos pedum extrahit ladanum cum castoreo : verbenaca ex vino.

1  LXVII. Nunc peractis malis quæ membratim sentiuntur, dicemus de his, quæ totis corporibus grassantur. Remedia autem hæc communia invenio. Ante omnes potandam dodecatheum, de qua diximus : deinde panacis omnium generum radices, peculiariter longinquis morbis, et semen interaneorum vitiis. Ad omnes vero corporis dolores succum e scordio : item vettonicæ, quæ pota colorem plumbeum corporis privatim emendat, gratioremque reducit.

1  LXVIII. Geranion aliqui myrrhin : alii merthryda appellant. Similis est cicutæ, foliis minutioribus, et caule brevior, rotundo, saporis et odoris jucundi. Nostri sic eam tradunt. Græci foliis candidioribus paulo quam malvæ, caulibus tenuibus, pilosis, ramosam ex intervallis, binum palmorum : et in his foliis, inter quæ in cacuminibus capitula sint gruum. Alterum genus foliis anemones, divisuris longioribus, radice mali modo rotunda, dulci, reficientibus se ab imbecillitate utilissima : et fere talis vera est. Bibitur contra phthisin drachma in vini cyathis tribus bis die. Item contra inflationes : et cruda 2 idem præstat. Succus radicis auribus medetur. Opisthotonicis semen drachmis quatuor cum pipere et myrrha potum, Phthisin sanat et plantaginis succus, si bibatur, et ipsa decocta. In cibo cum sale et oleo, et a somno matutino, refrigerat. Eadem datur his, quos atrophos vocant, interpositis diebus. Vettonica vero phthisicis, eclignate cum melle, fabæ magnitudine : agaricum potum duobus obolis in passo, vel daucon cum centaurio majore in vino. Phagedænis ( quod nomen sine modo esurientium est, et alias hulcerum ) tithymali medentur cum sesamis sumti.

LXIX. Inter mala universi corporis vigiliæ sunt plerisque. Harum remedio monstratur panaces, clymenos, aristolochio, et odore, et peruncto capite : aizoum, sive se-

tolòche, dont il faut respirer l'odeur et se frotter la tête, l'aizoon ou sedum, qu'on enveloppe dans un morceau d'étoffe noire, et qu'on met sous le chevet du malade, sans qu'il le sache; l'œnotheras (30) ou onuris (*epilobium hirsutum*, L.), qui dans du vin a des propriétés exhilarantes. Cette plante a la feuille de l'amandier, la fleur rose, des tiges nombreuses, une longue racine qui quand elle est sèche a l'odeur du vin. Elle adoucit jusqu'aux bêtes, auxquelles on la donne en breuvage. La bétoine dissipe les indigestions (XXVI, 25) qui causent des nausées; la même plante prise en boisson, après le repas, facilite la digestion: on la donne à la dose d'une drachme dans trois cyathes d'oxymel; elle dissipe l'ivresse. Il en est de même de l'agaric pris dans de l'eau chaude après le repas. La bétoine guérit, dit-on, la paralysie, ainsi que l'ibéris, employée comme nous l'avons dit (XXV, 49). Cette dernière plante est bonne encore pour les membres perclus; il en est de même de l'argémone, qui dissipe tout ce qui peut exposer au bistouri.

LXX. L'épilepsie est guérie par les racines du panacès que nous avons appelé héraclion (XXV, 12), prises avec la présure du veau marin, à la dose de trois parties de la plante sur une de présure; par le plantain en boisson; par la bétoine ou l'agaric dans de l'oxymel, l'une à la dose d'une drachme, l'autre à la dose de trois oboles; par les feuilles de la quintefeuille, dans de l'eau; par l'archezostis (XXIII, 16, 1), qu'il faut boire pendant un an; par la racine du bacchar (XXI, 16), séchée, réduite en poudre, et prise dans trois cyathes d'eau chaude, avec un cyathe de coriandre; par le centunculus broyé dans du vinaigre, ou du miel, ou de l'eau chaude; par la verveine, qui se boit dans du vin; par trois baies d'hysope (XXV, 87), broyées et bues dans de l'eau pendant seize jours; par le peucedanum, avec la présure du veau marin à égale portion, encore en breuvage; par les feuilles de la quintefeuille broyées et bues dans du vin pendant trente et un jours; par la bétoine en poudre, à la dose de trois deniers, avec un cyathe de vinaigre scillitique et une once de miel attique; par la scammonée, à la dose de deux oboles, avec quatre drachmes de castoreum.

LXXI. L'agaric, bu dans de l'eau chaude, soulage les fièvres froides; le sidéritis avec de l'huile, les fièvres tierces: de même le ladanum, qui croît dans les champs de blé (XXVI, 30), et que l'on pile; le plantain pris à la dose de deux drachmes, dans de l'eau miellée, deux heures avant l'accès; le suc de la racine de plantain détrempée ou pilée, ou la racine même pilée dans de l'eau, et chauffée par l'immersion d'un fer chaud. Quelques médecins ont donné trois racines de cette plante dans trois cyathes d'eau; et les mêmes, quatre racines dans les fièvres quartes. Quand la buglosse commence à sécher, si on en tire la moelle de la tige en disant que c'est pour délivrer de la fièvre telle personne, et si l'on attache ensuite à cette personne, avant l'accès, sept feuilles de la plante, le malade est, dit-on, délivré de sa fièvre. On guérit encore particulièrement les fièvres qui sont accompagnées de frisson, avec une drachme de bétoine dans trois cyathes d'eau miellée, ou avec de l'agaric. Quelques-uns ont donné trois feuilles de quintefeuille dans les fièvres tierces, quatre dans les fièvres quartes, et un plus grand nombre pour les autres fièvres; d'autres en donnent pour toutes les fièvres la dose de trois oboles, avec du poivre, dans de l'eau miellée. La verveine, dans du vin, guérit les fièvres même des bêtes de somme: mais il faut couper la plante, pour les fièvres tierces, au troisième nœud; pour les fièvres quartes, au quatrième. On prend encore en potion la graine des deux espèces d'hypéricon, dans les fièvres quartes et les frissons; la bétoine en poudre, qui arrête toute sorte de frissons; le panacès, dont la qualité est si chaude qu'on recommande d'en boire et de s'en frotter à ceux qui vont faire un trajet à travers les neiges. L'aristoloche arrête aussi les frissons.

LXXII. La phrénésie se guérit par le sommeil, qu'on provoque avec une infusion de peucedanum versée sur la tête, ou avec le suc des anagallis. Au contraire, il est difficile de réveiller les léthargiques : on prétend y réussir en touchant les narines avec du suc de peucedanum mêlé à du vinaigre. Contre la folie on administre la bétoine. Le panacès amène la rupture des anthrax; on les guérit avec la poudre de bétoine dans de l'eau; avec le chou uni à l'encens, et beaucoup d'eau chaude en boisson; avec un charbon qu'on laisse éteindre en sa présence, dont on applique la cendre chaude à l'aide du doigt; avec du plantain pilé (xxv, 39).

LXXIII. On guérit les hydropiques par le tithymale characias; par le plantain en aliment, on mange préalablement du pain sec sans boire; par la bétoine, à la dose de deux drachmes dans deux cyathes de vin ou de vin miellé; par l'agaric ou par la graine de lonchitis (xxv, 88), deux cuillerées dans de l'eau; par le psyllium dans du vin; par le suc des anagallis; par la racine du cotylédon dans du vin miellé; par la racine d'hièble fraîche, dont on secoue seulement la terre sans la laver, une pincée dans une hémine de vin vieux, chaud; par la racine de trèfle, deux drachmes dans du vin; par le tithymale platyphyllos (xxvi, 44); par la graine de l'hypéricon, surnommé coris (xxvi, 54); par l'acté (sureau), qui, suivant quelques-uns, est l'hièble, la racine pilée, dans trois cyathes de vin, s'il n'y a pas de fièvre, ou la graine dans du vin rouge; par la verveine, une pleine poignée bouillie dans de l'eau jusqu'à réduction de moitié; mais surtout par le suc de chamæacté (hièble), qu'on regarde comme souverain. Les éruptions pituiteuses se traitent par le plantain; par la racine de cyclaminos dans du miel; par les feuilles pilées de l'hièble, lesquelles en cataplasme avec du vin vieux guérissent aussi le boa, sorte de papules rouges. Le suc de strychnos en onction est un remède pour le prurit.

LXXIV. Pour l'érysipèle on emploie : l'aizoon, les feuilles pilées de la ciguë, la racine de la mandragore. On la coupe en rondelles comme le concombre, et d'abord on la suspend sur du vin qui cuve, puis à la fumée; ensuite on la broie dans du vin ou du vinaigre. Il est encore bon d'employer en topique : le vin de myrte, deux onces de menthe, une once de soufre vif, le tout pilé ensemble dans du vinaigre; la suie, dans du vinaigre. Il y a plusieurs espèces d'érysipèles, entre autres celui qui, occupant la demi-circonférence du corps, est appelé zoster, et qui tue s'il en occupe toute la circonférence : pour cet érysipèle on emploie le plantain avec la terre cimoliée, la verveine seule, la racine de la persolata; pour les érysipèles serpigineux, la racine du cotylédon avec du vin miellé, l'aizoon, le suc de la mercuriale dans du vinaigre.

LXXV. (xii.) On emploie en topique pour les luxations la racine de polypode. La douleur et

---

naca quidem et jumentorum febribus in vino medetur : sed in tertianis a tertio geniculo incisa, quartanis a quarto. Bibitur et semen hyperici utriusque in quartanis, et horroribus. Vettonicæ farina, quæ omnes horrores coercet. Item panaces, adeo excalfactoria natura, ut per nivem ituris bibere id perungique eo præcipiant. Et aristolochia perfrictionibus resistit.

LXXII. Phreneticos somnus sanat, qui contingit peucedano ex aceto capiti infuso, anagallidum succo. E diverso lethargicos excitare labor est : hoc præstante, ut perhibent, ex aceto naribus tactis peucedani succo. Contra insanias vettonica bibitur. Carbunculos rumpit panaces. Sanat vettonicæ farina ex aqua, aut brassica cum thure, frequenti potu calidæ : vel e carbone in conspectu exstincto, favilla digito sublata et illita : vel plantago tusa.

LXXIII. Tithymalus characias hydropicos sanat : plantago in cibo, quum prius panem siccum ederint sine potu : vettonica drachmis duabus in duobus cyathis vini aut mulsi : vel agaricum, vel semen lonchitidis duabus linguis ex aqua potum : psyllion ex vino : anagallidum succus : cotyledonis radix e mulso : ebuli recentis radix, excussa tantum, nec colluta, quod duo digiti comprehendant, ex vini veteris calidi hemina : trifolii radix drachmis duabus ex vino : tithymalum, platyphyllon cognomine : semen hyperici, quod coris appellatur.

Acte, quam quidam esse ebulum putant, radice contrita in vini cyathis tribus, si febris absit, vel semine ex vino nigro. Item verbenaca, fasciculo manus plenæ decocta in aqua ad dimidias.

Præcipue tamen chamæactes succus aptissimus creditur. Eruptiones pituitæ emendant plantago, cyclamini radix e melle : ebuli folia trita, et e vetere vino imposita etiam boam sanant, id est, rubentes pustulas. Pruriginem succus strychni illitus.

LXXIV. Igni sacro medetur aizoum : folia trita cicutæ : mandragoræ radix. Secatur in asses ut cucumis : primoque super mustum suspenditur; mox in fumo : dein tunditur in vino aut aceto. Prodest et vino myrteo fovere : mentæ sextans, vivi sulphuris uncia, ex aceto simul trita : fuligo ex aceto. Ignis sacri plura sunt genera, inter quæ medium hominem ambiens, qui zoster appellatur, et enecat, si cinxerit. Medetur plantago cum creta Cimolia, et peristereos per se : radix persolatæ. Aliis quæ serpunt, cotyledonis radix cum mulso, aizoum, succus linozostis ex aceto.

LXXV. (xii.) Radix polypodii illita luxatis medetur : doloremque et tumores tollunt semen psyllii, folia plan-

les gonflements sont guéris par la graine de psyllium, par les feuilles de plantain pilées avec un peu de sel, par la graine de verbascum bouillie dans du vin et pilée, par la ciguë avec de l'axonge. On emploie en topique les feuilles de l'éphémerum (xxv, 107) sur les tumeurs et les engorgements qui sont encore susceptibles de résolution.

LXXVI. C'est surtout dans les yeux que l'effet de la jaunisse paraît singulier : comment la bile pénètre-t-elle des membranes aussi ténues et aussi denses? Hippocrate (*Aph.*, iv, 62 et 64) a enseigné que dans la fièvre la jaunisse après le septième jour est un symptôme mortel; nous savons pourtant que plusieurs ont vécu même après ce funeste pronostic. Au reste, la jaunisse vient aussi sans fièvre; on la combat par la grande centaurée, prise comme nous avons dit (xxv, 30) en boisson; par la bétoine; par l'agaric, trois oboles dans un cyathe de vin vieux; par les feuilles de verveine, trois oboles dans une hémine de vin chaud, pendant quatre jours. Mais le remède le plus actif est le suc de la quintefeuille, trois cyathes en potion avec du sel et du miel. On prend en potion la racine de cyclaminos à la dose de trois drachmes, dans un lieu chaud et à l'abri de tout refroidissement; en effet, elle provoque des sueurs couleur de bile. On emploie les feuilles de tussilage dans de l'eau; la graine des deux espèces de mercuriale, mêlée à la boisson, ou bouillie soit avec de l'absinthe, soit avec des pois chiches; les baies de l'hysope prises avec de l'eau; le lichen, en observant, pendant qu'on en use, de s'abstenir de toute autre sorte d'herbage; le polythrix (xxv, 83), donné dans du vin; la saponaire, dans du vin miellé.

LXXVII. Il survient assez communément, et dans toutes les parties du corps, une éruption qui cause de très-grandes incommodités, et qu'on nomme furoncle, maladie quelquefois mortelle chez les personnes épuisées; on emploie dans ce cas les feuilles de pycnocomum (*scabiosa ambrosioides*, Sibth.) pilées avec de la polenta; il faut que le furoncle n'ait pas encore fait pointe. Les feuilles de l'éphedrum (xxvi, 20), en topique, dissipent aussi les furoncles.

LXXVIII. Des fistules se creusent dans toutes les parties du corps, par la faute des médecins qui pratiquent mal les incisions. On les traite par la petite centaurée, en y ajoutant des lotions avec le miel bouilli; par le suc de plantain en injection; par la quintefeuille, avec du sel et du miel; par le ladanum, avec le castoréum; par le cotylédon, avec de la moelle de cerf, le tout appliqué chaud; par la moelle de la racine du verbascum, réduite à la ténuité d'un collyre, et injectée dans la fistule; par la racine de l'aristoloche; par le suc du tithymale.

LXXIX. Les collections et les inflammations se guérissent par les feuilles de l'argémone en cataplasme. Pour les duretés et collections de toute sorte on emploie la verveine, ou la quintefeuille bouillie dans du vinaigre; les feuilles ou la racine du verbascum; l'hysope appliquée dans du vin; la racine de l'acoron, tout en fomentant la partie malade avec la décoction de cette plante; par l'aizoon. On traite les contusions, les duretés et les ulcères sinueux, par l'illecebra (*sedum acre*, L.) (xxv, 103). On obtient l'extraction de tous les corps étrangers entrés dans les chairs, à l'aide des feuilles du tussilage, du daucus, de la graine de léontopodium (*evax pygmæus*) pilée dans de l'eau avec de la polenta. Sur les suppurations on applique les feuilles du pycnocomum (xxvi, 77) pilées avec la polenta, ou la graine de cette plante, ou l'orchis. Un remède excellent pour les affections des os, c'est, dit-on, la racine du satyrion en topique. Pour les ulcères rongeants et toutes les collections on emploie l'algue marine (xxvi, 66) avant qu'elle soit desséchée. La racine d'alcea (xxvii, 6) dissipe les collections.

1 LXXX. Les brûlures se guérissent à l'aide du plantain, de la bardane, au point qu'on n'en voit pas la marque. On emploie en topique les feuilles de cette dernière plante, bouillies dans l'eau et pilées ; les racines du cyclaminos, avec l'aizoon ; l'espèce d'hypéricon que nous avons appelé corion (xxvi, 53).

1 LXXXI. Aux nerfs et aux articulations conviennent : le plantain pilé avec du sel, l'argémone broyée dans du miel. On frotte avec le suc du peucedanum les personnes affectées de spasme, de tétanos. Pour les duretés des nerfs on emploie en topique le suc de l'ægilops (xxv, 93); pour les douleurs, l'érigeron dans du vinaigre. En cas de spasme et d'opisthotonos, il est avantageux d'être frotté avec l'épithymum (xxvi, 35), avec la graine de l'hypéricon appelé coris (xxvi, 53), et de prendre en boisson cette même graine. Le phryuion (xxv, 76) guérit, dit-on, même les nerfs coupés si on l'applique immédiatement, pilé ou mâché. Pour le spasme, le tremblement, l'opisthotonos, on administre en boisson la racine d'alcea (xxvii, 6) dans de l'eau miellée. De cette manière aussi elle réchauffe dans les frissons.

1 LXXXII. La graine rouge de la pivoine arrête l'écoulement du sang ; même propriété dans la racine ; mais c'est au clymenos (xxv, 33) qu'il faut avoir recours quand le sang est rejeté ou par la bouche, ou par les narines, ou par le siège, ou par l'utérus. On emploie la lysimachia, soit en boisson, soit en topique, soit introduite dans les narines ; la graine du plantain ; la quintefeuille en boisson et en topique ; la graine de ciguë pilée dans de l'eau et introduite dans les narines, si le sang s'échappe par cette voie ; l'aizoon (xxv, 102), la racine d'astragale. Le sang est encore arrêté par l'ischæmon (xxv, 45) et par l'achillea.

LXXXIII. (xiii.) L'equisetum, appelé hippuris 1 par les Grecs (*equisetum limosum*, L.)(31), et que nous avons condamné en parlant des prés (xviii, 67, 8) (c'est une espèce de poil de la terre, semblable à des crins de cheval), l'equisetum consume la rate des coureurs (xi, 80) : on le fait bouillir dans un vase de terre neuf, autant que le vase en peut contenir, jusqu'à réduction de deux tiers : pendant trois jours on boit une hémine de cette décoction ; avant de s'y mettre, on s'abstient pendant un jour entier de tout aliment gras. Les Grecs varient sur cette plante : suivant les uns, qui le nomment hippuris, il a les feuilles semblables à celles du pin, et est noirâtre ; il possède des vertus tellement admirables, qu'il suffit d'en toucher le malade pour arrêter les hémorragies ; suivant les autres, cette plante, appelée tantôt hippuris, tantôt ephedros, tantôt anabase (*ephedra fragilis*, L.), croît auprès des arbres, sur lesquels elle grimpe, et d'où elle pend en touffes chevelues, nombreuses, noires, comme est la queue des chevaux : elle a les branches articulées ; peu de feuilles, minces et petites ; la 2 graine ronde, semblable à celle de la coriandre ; la racine ligneuse ; on la trouve principalement dans les lieux boisés. Elle a des propriétés astringentes. Le suc, renfermé dans les narines, arrête l'épistaxis ; il arrête aussi le cours de ventre. Pris à la dose de trois cyathes dans du vin doux, il guérit la dyssenterie ; il est diurétique. Il guérit la toux, l'orthopnée, les ruptures, les affections serpigineuses. On prend en potion les feuilles pour les maladies des intestins et de la vessie.

---

men : item orchis. Vitia, quæ sint in ossibus, satyrii radice imposita, efficacissime sanari dicuntur. Nomæ et collectiones omnes fuco maris, priusquam inarescat. Et alceæ radix collectiones discutit.

1 LXXX. Ambusta sanantur plantagine, arctio, ita ut cicatrix fallat. Folia ejus in aqua decocta et contrita illinuntur : radices cyclamini cum aizoo : herba ipsa hyperici, quod corion appellavimus.

1 LXXXI. Nervis et articulis convenit plantago trita cum sale : argemonia tusa ex melle. Peucedani succo perunguntur spastici, tetanici. Nervorum duritiæ ægilops succo, doloribus erigeron ex aceto illinitur. Epithymo spasticis, et opisthotonicis perungi : semine hyperici, quod coris vocatur, idemque bibere prodest. Phrynion dicitur etiam abscissos sanare nervos, si confestim imponatur trita vel mansa. Spasticis, tremulis, opisthotonicis, alceæ radix bibitur ex aqua mulsa. Sic et rigores excalfacit.

1 LXXXII. Sanguinis profluvium sistit herbæ pæoniæ semen rubrum. Eadem et in radice vis. Clymenos vero, si ore sanguis rejiciatur, sive e naribus, sive alvo fluat, sive feminarum utero. Item lysimachia pota vel illita, vel naribus indita : item plantaginis semen : quinquefolium potum et illitum : cicutæ semen in nares, si inde fluat, tritum ex aqua inditum : aizoum, astragali radix : sistit et ischæmon, et achillea.

LXXXIII. (xiii.) Equisetum hippuris a Græcis dicta, 1 et in pratis vituperata nobis ( est autem pilus terræ, equinæ setæ similis), lienes cursorum exstinguit decocta fictili novo ad tertias, quantum vas capiat, et per triduum heminis pota : unctis esculentis ante diem unum interdicitur. Græcorum varia circa hanc opinio. Alii pinus foliis similem, nigricantem, eodem nomine appellant, vim ejus admirabilem tradentes, sanguinis profluvia vel tacto tantum ea homine sisti. Alii hippurin, alii ephedron, alii anabasin vocant : traduntque juxta arbores nasci, et scandentem eas dependere comis junceis multis nigris, ut est equorum cauda, geniculatis ramulis, folia habere pauca, tenuia, exigua. Semen rotundum, simile coriandro, radice 2 lignosa : nasci in arbustis maxime. Vis ejus spissare corpora. Succus sanguinem e naribus fluentem inclusus sistit : item alvum. Medetur dysentericis in vino dulci, potus cyathis tribus. Urinam ciet : tussim, orthopnœam sanat : item rupta, et quæ serpunt. Intestinis et vesicæ folia bibuntur. Enterocelem cohibet. Faciunt et aliam hippurin,

Il contient l'entérocèle. On décrit encore un autre hippuris (*equisetum telmateia*), à touffes plus courtes, plus molles, plus blanches. On prétend que celui-ci est très-bon pour la coxalgie, et, appliqué avec du vinaigre, pour les plaies, à cause de sa propriété hémostatique. On applique aussi sur les plaies le nymphæa pilé. Le peucedanum avec la graine de cyprès se prend en potion, lorsque le sang est rejeté par la bouche ou s'échappe par les voies inférieures. Le sideritis (xxv, 15) a tant de puissance, qu'attaché à la blessure même récente d'un gladiateur il ferme le passage au sang, effet que produisent aussi la cendre ou le charbon de la férule, et, avec plus d'efficacité encore, le champignon qui croît près de la racine de cette plante.

LXXXIV. Pour l'épistaxis on regarde comme efficace la graine de ciguë pilée dans de l'eau et introduite dans la narine, la stéphanomélis (32) dans de l'eau. La poudre de bétoine prise dans du lait de chèvre et le plantain pilé arrêtent le sang qui s'échappe par la mamelle. On donne dans les vomissements de sang le suc de plantain. Pour les éruptions erratiques du sang on recommande la racine de persolata, appliquée avec du vieux oing.

LXXXV. Pour les ruptures, les convulsions, les chutes de haut, on recommande la grande centaurée, la racine de gentiane pilée ou bouillie, le suc de bétoine, qui convient aussi aux maladies causées par les efforts de la voix ou de la poitrine, le panacès, le scordion, l'aristoloche en boisson. Pour les contusions et les chutes on emploie l'agaric en boisson, à la dose de deux oboles dans trois cyathes de vin miellé, ou, s'il y a fièvre, dans de l'eau miellée; le verbascum à la fleur d'un jaune d'or, la racine d'acoron, toutes les espèces d'aizoon; mais le suc de la plus grande a le plus d'efficacité; la décoction de la racine de grande consoude, le daucus cru. L'érysithales (*cnicus erysithales*, Wild.), dont la fleur est jaune et la feuille semblable à celle de l'acanthe, se prend en potion dans du vin; de même le chamærops (xxiv, 80); l'irio (xviii, 10, 7), dans un potage; le plantain, de toutes les façons.

LXXXVI. Le phthiriasis, qui enleva le dictateur Sylla (xi, 39; xx, 82), et qui engendre dans le sang même du patient les insectes destinés à ronger le corps, est combattu par le suc de l'uva taminia (xxiii, 13 et 14) ou celui de l'ellébore; on frotte le malade avec ces sucs, mêlés à l'huile. L'uva taminia, bouilli dans du vinaigre, débarrasse les hardes de cette vermine.

LXXXVII. (xiv.) Il y a des ulcères de beaucoup d'espèces, et on les traite de plusieurs manières différentes. La racine de tous les panacès, dans du vin chaud, s'emploie en topique sur les ulcères fluents. Le panacès que nous avons appelé chironion (xxv, 13) est particulièrement dessiccatif. Pilé avec du miel, il ouvre les tumeurs; on s'en sert pour les ulcères serpigineux qui sont désespérés, en l'amalgamant avec la fleur de cuivre traitée par le vin; et pour cela on se sert soit de la fleur, soit de la graine, soit de la racine. La même plante, avec la polenta, est bonne pour les vieilles plaies, que détergent aussi l'héraclion sidérion (xxv, 15), l'apollinaris, le psyllium, la tragacantha, le scordotis avec du miel. La poudre de scordotis jetée seule sur les fongosités les consume. La polemonia guérit les ulcères appelés cacoèthes. La grande centaurée, en cataplasme ou saupoudrée sur le mal, les feuilles de la petite bouillies ou pilées, détergent aussi et guérissent les vieux ulcères. On applique

sur les plaies récentes les follicules du clymenos. Sur les ulcères serpigineux on applique de la gentiane, soit la racine pilée ou bouillie dans de l'eau jusqu'à consistance de miel, soit le suc ; sur les plaies, le lycium (sorte d'onguent) (xxiv, 77) pré-
3 paré avec la gentiane. La lysimachia guérit les plaies récentes ; le plantain, les plaies de toute espèce, particulièrement celles des femmes, des vieillards et des enfants. Cette plante, attendrie par l'action du feu, est meilleure : avec du cérat, elle déterge les ulcères à bords épais, et elle arrête les ulcères rongeants ; il faut, après l'avoir appliquée pilée, la recouvrir de ses propres feuilles. La chélidoine dessèche les suppurations, les collections et les clapiers. Elle dessèche si bien les plaies, qu'on l'emploie au lieu de spode. On l'applique avec de l'axonge sur les plaies désespérées. Le dictame (xxv, 53) à l'intérieur fait tomber les flèches, et à l'extérieur fait sortir des
4 chairs les autres traits ; on la prend en boisson, une obole des feuilles dans un cyathe d'eau. Même propriété à peu près dans le pseudo-dictame. Ces deux plantes dissipent aussi les suppurations. L'aristoloche cautérise les ulcères putrides, déterge, avec du miel, les ulcères sordides, et enlève les vers ainsi que les callosités qui se forment dans les ulcères, tous les corps étrangers enfoncés dans les chairs, particulièrement les flèches, et, avec de la résine, les esquilles osseuses ; seule, elle remplit les cavités des ulcères ; avec l'iris, dans du vinaigre, elle ferme les plaies récentes. La verveine, la quintefeuille avec du
5 sel et du miel, cicatrisent les vieux ulcères. Les racines de la persolata s'appliquent sur les blessures récentes faites par le fer ; les feuilles, sur les vieilles plaies ; les unes et les autres avec de l'axonge, et par-dessus on met les feuilles de la plante. Le damasonium s'emploie comme pour les scrofules (xxvi, 12). Les feuilles du verbascum s'emploient dans du vinaigre ou dans du vin. La verveine est bonne pour toutes les espèces d'ulcères soit calleux, soit putrides. La racine du nymphæa heraclia guérit les ulcères fluents ; de même la racine du cyclaminos, soit seule, soit dans du vinaigre, soit avec du miel. La même racine est bonne contre les stéatomes ; l'hysope, contre les ulcères fluents, ainsi que le peucedanum, qui a tant de puissance pour les plaies récentes, qu'il fait exfolier les os. Les anagallis ont les mêmes propriétés ; ils arrêtent les ulcères rongeants et les fluxions ; ils sont avantageux aussi dans les plaies récentes, surtout chez les vieillards. Les feuilles fraîches de la mandragore 6 avec le cérat s'emploient pour les apostèmes et les ulcères de mauvaise nature ; pour les plaies on se sert de la racine, avec du miel ou de l'huile. La ciguë incorporée à de la farine avec du vin, et l'aizoon, guérissent les herpès, les ulcères rongeants, les ulcères putrides. L'érigeron s'emploie pour les ulcères vermineux. Pour les plaies récentes on se sert de la racine d'astragale. Les vieux ulcères sont détergés par les deux espèces d'hypocisthis. La graine du léontopodium pilée dans de l'eau, et appliquée avec de la polenta, fait sortir des chairs le fer des flèches ; de même la graine du pycnocome. Le tithymale characias, soit par son suc, soit par la décoction de ses branches avec de la polenta et de l'huile, arrête les ulcères gangréneux, phagédéniques, putrides. Autant font les racines de l'orchis ; et de plus, soit sèches, soit récentes, dans du vinaigre et du miel, elles guérissent les ulcères cacoèthes. L'œnothéra (xxvi, 69), employé seul, guérit les ulcères qui deviennent malins (33). Les Scythes traitent les plaies avec la scythice (xxv, 43). L'argémone dans du miel est très-bonne pour 7

---

liculi clymeni recentibus plagis imponuntur. Illinitur autem gentiana hulceribus, quæ serpunt, radice tusa vel decocta in aqua ad mellis crassitudinem, vel succo : vul-
3 neribus, ex ea factum lycium. Lysimachia recentibus plagis medetur. Plantago omnium generum hulceribus, peculiariter feminarum, senum, et infantium. Igni emollita melior, et cum ceroto, crassa hulcerum labra purgat, nomas sistit. Tritam suis foliis integere oportet. Suppurationes, collectiones, sinus hulcerum, chelidonia quoque siccantur : vulnera adeo, ut etiam pro spodio utantur. Eadem jam desperatis cum axungia imponitur. Dictamnum
4 pota sagittas pellit, et alia tela extrahit illita. Bibitur ex aquæ cyatho foliorum obolo. Proxime pseudodictamnum. Utraque etiam suppurationes discutit. Aristolochia quoque putria hulcera exest : sordida expurgat cum melle, vermesque extrahit : item clavos in hulcere natos, et infixa corpori omnia, præcipue sagittas, et ossa fracta cum resina. Cava vero hulcera explet per se. Et cum iride recentia vulnera ex aceto. Vetera hulcera verbenaca, quin-
5 quefolium cum sale et melle. Radices persolatæ, vulneribus ferro illatis recentibus imponuntur : folia veteribus. Cum axungia utrumque : et suo folio operitur. Damasonium, ut in struma : folia verbasci ex aceto aut vino. Peristereos ad omnia genera, vel callosorum putrescentiumque hulcerum facit. Manantia nymphææ heracliæ radix sanat. Item cyclamini radix vel per se, vel ex aceto, vel cum melle. Eadem et contra steatomata efficax, sicut ad hulcera manantia hyssopum : item peucedanum, cui ad recentia vulnera vis tanta est, ut squamam ossibus extrahat. Præstant hoc et anagallides, cohibentque quas vocant nomas, et rheumatismos. Utiles et recentibus plagis, sed præcipue senum corpori. Cum ceroto apostemata et 6 hulcera tetra, folia mandragoræ recentia : radix vulnera cum melle aut oleo : cicuta cum siligine mixta mero : aizoon herpetas quoque et nomas, ac putrescentia, sicut erigeron verminosa : recentia autem vulnera astragali radix : et vetera quoque hulcera purgat hypocisthis utraque. Leontopodii semen tritum in aqua, et cum polenta illitum, spicula sagittarum extrahit : item pycnocomi semen. Tithymalus characias succo gangrænas, phagedænas, putria, vel decocto ramorum cum polenta et oleo : orchis radices hoc amplius, et cacoethe ex aceto cum melle,

les carcinomes. Pour les plaies trop tôt fermées on emploie la racine d'asphodèle bouillie comme nous avons dit (XXII, 33), pilée avec de la polenta, et appliquée ; pour toutes les espèces de plaies, l'apollinaris. La racine d'astragale réduite en poudre est bonne pour les ulcères humides; de même le callithrix (XXII, 30) bouilli dans de l'eau. On se sert en particulier, pour les ulcérations produites par la chaussure, de la verveine, de la lysimachia pilée, du nymphæa séché, et réduit en poudre. Pour ces mêmes ulcérations invétérées le polythrix vaut mieux.

LXXXVIII. Le polycnemon (*ziziphora capitata*, L.) ressemble à la cunila bubula : il a la graine du pouliot, beaucoup de rejetons, de nombreuses articulations, des têtes de fleur d'une odeur forte et agréable. Mâché on l'applique sur les plaies faites par le fer, et on ne l'enlève que le cinquième jour. La grande consoude cicatrise rapidement; de même le sidéritis. On fait de ce dernier un cataplasme avec le miel. La graine et les feuilles du verbascum, cuites dans du vin et pilées, font sortir tous les corps étrangers enfoncés dans les chairs; de même les feuilles de la mandragore avec de la polenta ; de même les racines du cyclaminos avec du miel. Les feuilles du trixago broyées dans de l'huile s'appliquent surtout sur les ulcères serpigineux, ainsi que l'algue broyée dans du miel. La bétoine s'emploie pour les carcinomes et les vieilles taches noires, avec addition de sel.

LXXXIX. Les verrues sont enlevées par l'argémone dans du vinaigre, ou par la racine du batrachion (XXV, 109), qui fait tomber aussi les ongles malades, par les feuilles ou le suc, employé en topique, des deux mercuriales. Toutes les espèces de tithymale enlèvent toutes sortes de verrues, toutes les excroissances membraneuses, et les boutons du visage. Le ladanum donne une belle couleur aux cicatrices. (XV.) Le voyageur qui porte de l'armoise (XXV, 81) et de la sauge attachées sur lui ne ressent point, dit-on, de lassitude.

XC. Un spécifique universel pour les maladies des femmes est la graine noire de la pivoine (XXV, 10) dans de l'eau miellée ; une vertu emménagogue appartient à la racine de la même plante. La graine du panacès avec l'absinthe, le scordotis à l'intérieur et à l'extérieur, provoquent les règles et les sueurs. La bétoine, à la dose d'une drachme dans trois cyathes de vin, se prend contre toutes les affections de matrice ou les suites de couches. On arrête les règles trop abondantes avec un cataplasme d'achillea ou un bain de siége dans la décoction de cette plante. Sur les mamelles on applique la graine de la jusquiame dans du vin ; sur la vulve la racine en cataplasme; sur les mamelles, la chélidoine. Les racines de panacès en pessaire font sortir l'arrière-faix en retard ou le fœtus mort. Le panacès même, pris dans du vin ou appliqué en pessaire avec du miel, déterge la matrice. La polemonia prise dans du vin chasse l'arrière-faix. L'odeur de cette plante brûlée est bonne pour l'hystérie. Le suc de la petite centaurée, en boisson et en fomentation, est emménagogue, ainsi que la racine de la grande, qui est bonne de la même manière pour les douleurs de la matrice. Cette racine, ratissée et en pessaire, fait sortir le fœtus mort. Pour les douleurs de matrice on fait avec le plantain un pessaire dans de la laine; pour les suffocations hystériques on le prend en boisson. Mais ce qui a le plus d'efficacité, c'est le dictame;

---

siccæ et recentes : per se œnothera efferantia sese hulcera sanat. Scythæ vulnera scythice curant. Ad carcinomata, argemonia ex melle, efficacissima est. Vulneribus præsanatis asphodeli radix decocta, ut diximus, trita cum polenta et illita; quibuscumque vero Apollinaris. Astragali radix in pulverem trita humidis hulceribus prodest : item callithrix decocta in aqua. Privatim vero iis quæ calceamento facta sint, verbenaca : nec non et lysimachia contrita, ac nymphæa arida infriata. Polythrix inveteratis iisdem utilior.

LXXXVIII. Polycnemon cunilæ bubulæ similis est, semine pulegii, surculosa, multis geniculis, corymbo odorato, acri et dulci odore : ferro factis vulneribus commanducata imponitur, quinto die solvitur. Symphyton ad cicatricem celerrime perducit : item sideritis. Hæc imponitur ex melle. Verbasci semine ac foliis ex vino decoctis ac tritis omnia corpori infixa extrahuntur : item mandragoræ foliis cum polenta : cyclamini radicibus cum melle. Trixaginis folia in oleo contrita iis maxime adhibentur hulceribus, quæ serpunt : et alga in melle trita. Vettonica ad carcinomata, et melanias veteres, addito sale.

LXXXIX. Verrucas tollit argemonia ex aceto, vel batrachii radix, quæ et ungues scabros aufert. Linozostidis utriusque folia, vel succus illitus. Tithymali omnes genera verrucarum omnia : item omnia pterygia, varosque tollunt. Cicatrices cum elegantia ad colorem reducit ladanum. (XV.) Artemisiam et elelisphacum alligatas qui habeat viator, negatur lassitudinem sentire.

XC. Muliebribus morbis medetur maxime in universum pæoniæ herbæ semen nigrum ex aqua mulsa. Eadem et in radice ipsa vi menses ciet : panacis semen cum absinthio menses et sudores : scordotis potu et illitu. Vettonica drachma in vini cyathis tribus bibitur contra omnia vulvarum vitia, aut quæ a partu fiunt. Menses nimios sistit achillea imposita, et decoctum ejus insidentibus. Mammis imponitur hyoscyami semen ex vino : locis radix et cataplasmate : et mammis etiam chelidonia. Secundas morantes, vel partus emortuos, radices panacis appositæ extrahunt. Ipsum panaces in vino potum vulvas purgat, appositumque cum melle. Polemonia pota ex vino, secundas pellit : nidore corrigit vulvas. Centaurei minoris succus potu, fotuque menses ciet. Item majoris radix, in vulvæ doloribus iisdem modis prodest. Derasa vero et apposita, extrahit partus emortuos. Plantago apponitur in lana in dolore vulvæ : in strangulatu bibitur. Sed præcipua dictamno vis est. Menses ciet, partus emortuos vel transversos ejicit : bibitur ex aqua foliorum obolo, adeo ad hæc efficax, ut ne in cubiculum quidem prægnantium inferatur. Nec potu tantum, sed et illitu, et suffitu valet.

il est emménagogue; il fait sortir les fœtus morts et ceux qui sont placés de travers. On prend dans de l'eau une obole des feuilles; et il est tellement actif, qu'on se garde même d'en porter dans la chambre de femmes enceintes. Il opère non-seulement en boisson, mais encore en topique et en fumigation. Le pseudo-dictame vient après : pour qu'il soit emménagogue, il faut le faire bouillir à la dose d'un denier avec du vin pur. Mais l'aristoloche a plus d'usages : avec de la myrrhe et du poivre, en boisson ou en pessaire, elle est emménagogue, et provoque la sortie de l'arrière-faix et du fœtus mort. Cette plante, surtout la petite espèce (XXV, 54), en fomentation, en fumigation ou en pessaire, empêche la chute de la matrice. On guérit les suffocations hystériques et la dysmenorrhée, avec l'agaric, trois oboles dans un cyathe de vin vieux ; avec la verveine en pessaire, dans de la graisse de porc récente; avec l'antirrhinon, dans de l'huile rosat et du miel. La racine du nymphæa de Thessalie (XXV, 37) en pessaire guérit les douleurs de matrice ; prise dans du vin rouge, elle arrête les pertes : au contraire, la racine du cyclaminos en boisson et en pessaire est emménagogue. Un bain de siége dans la décoction de cette plante guérit les affections de la vessie. Le cissanthemos, en boisson, chasse l'arrière-faix, guérit la matrice. La racine supérieure du xiphium est emménagogue, une drachme en boisson dans du vinaigre. Le peucedanum, brûlé, soulage par son odeur les suffocations hystériques. Le psyllium, à la dose d'une drachme dans trois cyathes d'eau miellée, fait très-bien couler les flueurs blanches. La graine de la mandragore, en potion, déterge la matrice; le suc, en pessaire, provoque l'éruption des règles et la sortie du fœtus mort; d'un autre côté, la graine avec du soufre vif (XXXV, 50) arrête les règles trop abondantes : au contraire, le batrachion, en boisson ou en aliment, est emménagogue. Cette plante, qui, comme nous l'avons dit (XXV, 109), est âcre et brûlante lorsqu'elle est crue, est, lors qu'elle est cuite, d'un bon usage, avec du sel, de l'huile et du cumin. Le daucus en boisson détermine très-aisément l'éruption des règles et la sortie de l'arrière-faix. Le ladanum, en fumigation, guérit l'hystérie. Dans les douleurs et les ulcérations de la matrice on l'emploie en topique. La scammonée en boisson ou en pessaire fait sortir les fœtus morts. Les deux hypéricons (XXVI, 53 et 54) en pessaire sont emménagogues. Mais la plante qui paraît à Hippocrate (De morb. mul., I, t. 10) la plus efficace est le crethmos dans du vin, soit la graine, soit la racine. L'écorce fait sortir aussi l'arrière-faix. Cette plante prise dans de l'eau est bonne pour les suffocations hystériques ; de même la racine du géranion, qui convient particulièrement pour l'arrière-faix et pour les pneumatoses de la matrice. L'hippuris en boisson et en pessaire déterge l'utérus. Le polygonus (XXVII, 91) en boisson et la racine d'althæa sont emménagogues, ainsi que les feuilles du plantain et l'agaric dans de l'eau miellée. L'armoise pilée, en pessaire, dans de l'huile d'iris, ou avec une figue, ou avec de la myrrhe, guérit les affections de matrice. La racine en boisson est tellement active, qu'elle fait sortir les fœtus morts. Un bain de siége dans une décoction des branches de cette plante est emménagogue, et facilite la sortie de l'arrière-faix; de même les feuilles en boisson, à la dose d'une drachme. Elles produisent encore les mêmes effets, appliquées seules sur le ventre ou avec de la farine d'orge. Pour les maladies intérieures des femmes on recommande encore l'acoron, les deux conyza (XXI, 29), et le crethmos. Les deux anthyllis, en potion dans du vin, sont très-bons

---

Proxime pseudodictamnum. Sed menses ciet cum mero decoctum pondere denarii. Pluribus tamen modis aristolochia prodest : nam et menses, et secundas ciet, et emortuos partus extrahit, myrrha et pipere additis, pota, vel subdita. Vulvas quoque procidentes inhibet fotu, vel suffitu, vel subjectu, maxime tenuis. Strangulatum ab his, mensiumque difficultatem, agaricum tribus obolis in vini veteris cyatho potum, emendat : peristereos apposita in adipe suillo recenti : antirrhinon cum rosaceo et melle. Item apposita nymphææ Thessalæ radix, dolori medetur. In vino nigro pota, profluvia inhibet. E diverso ciet cyclamini radix pota et apposita : et vesicæ insidientium decocto medetur. Secundas pota cissanthemos pellit, vulvam sanat. E xiphio radix superior menses ciet, drachma ex aceto pota. Peucedanum strangulatus vulvæ nidore ustum recreat. Menses albos præcipue psyllium drachma in cyathis tribus aquæ mulsæ ciet : semen mandragoræ potum vulvam purgat. Menses ciet succus appositus, et emortuos partus. Nimia rursus profluvia sistit semen cum vivo sulphure : contra facit batrachion potu vel cibo, ardens alias, ut diximus, cruda. Sed cocta commendatur sale, et oleo, et cumino. Daucum et menses, et secundas potu facillime pellit. Ladanum suffitu corrigit vulvas : dolori earum exhulceratisque imponitur. Emortua scammonium pellit, potum vel appositum. Menses ciet hypericum utrumque, appositum. Ante alia vero, ut Hippocrati videtur, crethmos e vino, semine, vel radice : cortice trahit et secundas : succurrit et strangulationibus ex aqua pota. Item radix e geranio peculiariter secundis, inflationibusque vulvarum conveniens : purgat hippuris pota et apposita vulvas. Polygonus pota menses ciet, et althææ radix. Folia plantaginis pellunt, item agaricum ex aqua mulsa. Artemisia vulvæ medetur trita, ex oleo irino, aut ficco, aut cum myrrha apposita. Ejusdem radix pota in tantum purgat, ut partus enectos extrahat. Menses et secundas ciet ramorum decoctum insidentibus: item folia pota drachma. Ad eadem omnia prosunt vel imposita ventri, immo cum farina hordeacea. Acoron quoque utile est interioribus feminarum morbis, et conyza utraque, et crethmos. Et anthyllides duæ vulvis utilissimæ, torminibusque, secundarum moræ,

pour la matrice, pour les tranchées utérines, pour le retard de l'arrière-faix. Le callithrix en fomentation guérit les parties secrètes, enlève les pellicules blanches de la tête, et, pilé dans de l'huile, colore les cheveux. Le géranion dans du vin blanc (34), l'hypocisthis dans du vin rouge, arrêtent les pertes. L'hysope soulage les suffo-
7 cations utérines. La racine de verveine, en boisson dans de l'eau, est excellente pour tous les accidents qui surviennent pendant ou après l'accouchement. Au peucedanum quelques-uns mêlent dans du vin rouge la graine de cyprès pilée. La graine du psyllium bouillie dans l'eau, et tiède, adoucit toutes les inflammations de l'utérus. La grande consoude broyée dans du vin rouge est emménagogue. Le scordotis en boisson, une drachme de suc dans quatre cyathes d'eau miellée, accélère l'accouchement. On donne aussi pour cela avec succès les feuilles de dictame dans de l'eau : il est certain qu'une obole de ces feuilles, quand même l'enfant serait mort dans l'utérus, le fait sortir sur-le-champ sans aucun mal pour la femme; même effet avec le pseudo-dictame, mais plus lent; avec le cyclaminos en amulette; avec le cissanthémos en boisson; avec la bétoine en poudre dans de l'eau miellée.

1 XCI. L'arsénogonon et le thélygonon (*mercurialis perennis*, L.) sont des herbes qui ont des grappes semblables aux fleurs de l'olivier, mais plus pâles, et une graine blanche comme celle du pavot. On prétend que le thélygonon pris en boisson fait concevoir des filles. L'arsénogonon n'en diffère que par sa graine, qui ressemble à celle de l'olivier. Ajouterons-nous foi à ce qu'on dit, que l'arsénogonon pris en boisson fait concevoir des garçons? D'autres prétendent que ces deux plantes ressemblent à l'ocimum, mais que la graine de l'arsénogonon, laquelle est double, a de la ressemblance avec les testicules.

XCII. L'aizoon, que nous avons nommé digi- 1 tellus (XXV, 102), est souverain pour les affections des mamelles. On fait venir le lait en abondance avec l'érigeron dans du vin cuit; avec le sonchus (XXII, 44), cuit dans de la farine. La plante appelée mastos (mamelle) (35), en topique, guérit l'affection des mamelles appelée poil, qui survient après l'accouchement, ainsi que le masque des nouvelles accouchées et d'autres affections de la peau. La gentiane, le nymphæa heraclia en topique, la racine de cyclaminos, enlèvent toutes les taches de la peau. Les grains de la cacalia, incorporés à de la cire liquide, font une pommade qui tend la peau du visage et en efface les rides. La racine de l'acoron corrige tous les vices de la peau.

XCIII. La lysimachia rend les cheveux blonds. 1 L'hypéricon, nommé aussi corion, les rend noirs; de même l'ophrys (*ophrys bifolia*, L.), qui ressemble au chou dentelé, et qui n'a que deux feuilles; de même la polemonia bouillie dans de l'huile. Nous rangeons, nous, les épilatoires parmi les cosmétiques propres aux femmes, encore que les hommes en fassent maintenant usage. On regarde comme très-efficace l'archézostis (XXVI, 70), le suc du tithymale, dont on se frotte soit au soleil, avec de l'huile, à plusieurs reprises, soit après s'être arraché les poils. L'hysope, dans de l'huile, guérit la gale des quadrupèdes; le sidéritis, en particulier, l'esquinancie des cochons. Maintenant passons aux espèces de plantes dont il nous reste à parler.

---

in vino potæ. Callithrix fotu locis medetur, albugines in capite tollit, capillos inficit oleo trita. Geranion in vino albo potum, hypocisthis in rubro, profluvium sistunt. Hys-
7 sopum suffocationes laxat. Radix verbenacæ pota ex aqua, ad omnia in partu aut ex partu mala, præstantissima est. Peucedano quidam miscent in vino nigro semen cupressi contritum. Nam semen psyllii defervefactum in aqua, quum intepuit, epiphoras omnes uteri lenit. Symphyton tritum in vino nigro evocat menses. Partus accelerat scordotis pota, drachma succi in aqua mulsa cyathis quatuor : dictamni folia præclare dantur ex aqua. Constat unius oboli pondere, vel si mortui sint in utero infantes, protinus reddi sine vexatione puerperæ. Similiter prodest pseudodictamnum, sed tardius : cyclaminos adalligata : cissanthemos pota : item vettonicæ farina ex aqua mulsa.
1 XCI. Arsenogonon et thelygonon herbæ sunt habentes uvas floribus oleæ similes, pallidiores tamen, semen album papaveris modo. Thelygoni potu feminam concipi narrant. Arsenogonon ab ea semine oleæ, nec alio distat. Hujus potu mares generari perhibentur, si credimus. Alii utramque ocimo similem tradunt. Arsenogoni autem semen geminum esse testibus simile.

XCII. Mammarum vitiis aizoum, quod digitellum ap- 1 pellavimus, unice medetur. Erigeron ex passo mammas uberiores facit : sonchum in farre coctum. Quæ vero mastos vocatur, illita, pilos mammarum e partu nascentium aufert, et testas in facie; aliaque cutis vitia emendat. Gentiana, nymphæa heraclia illita, cyclamini radix, maculas omnes. Cacaliæ grana mixta ceræ liquidæ extendunt cutem in facie, eruguntque : vitia omnia acori radix emendat.
XCIII. Capillum lysimachia flavum facit : denigrat 1 hypericon, quod et corion vocatur.
Item ophrys herba denticulato oleri similis : foliis duobus. Nigritiam dat et polemonia in oleo decocta. Psilothrum nos quidem in muliebribus medicamentis tractamus : verum jam et viris est in usu. Efficacissimum autem habetur archezostis : item tithymali succo, vel in sole, cum oleo illito crebro, vel evulsis pilis. Quadrupedum scabiem sanat hyssopum ex oleo, suum anginas peculiariter sideritis. Verum et reliqua genera herbarum reddamus.

## NOTES DU VINGT-SIXIÈME LIVRE.

(1) Ce lichen épidémique paraît se rattacher à une forme particulière de l'éléphantiasis des Grecs, ou lèpre du moyen âge.

(2) Ce charbon a beaucoup d'analogie avec la maladie que nous connaissons sous ce nom, et avec la pustule maligne, qui ressemble tant au charbon. Cependant la préférence que le charbon de Pline affectait pour la bouche et le dessous de la langue est quelque chose de tout à fait étranger à la maladie charbonneuse de notre temps.

(3) L'éléphantiasis dont il s'agit ici est l'éléphantiasis des Grecs, ou lèpre du moyen âge.

(4) On ne sait ce qu'était cette maladie appelée *gemursa*. Gruner a rassemblé tous les passages de Pline qui peuvent se rapporter, soit à la lèpre, soit à ses différents symptômes (*Morborum antiquitates*, Vratislaviæ, in-8°, 1774, p. 166). Il range parmi les accidents de l'éléphantiasis le *gemursa* de Pline (*H. N.*, 26, 1.). En cela, son opinion diffère de celle de Triller, qui veut que cette affection soit le *gumretha* des talmudistes (*Add. ad diss. de vespert. Morb. Cur. div.* § 17, p. 264, t. III). Conf. Mögling, *Diss. de gemursa pliniana clavi pedis maligniori specie*, præs. El. Camerario.

(5) D'après l'étymologie, le mot *colum* doit désigner quelque maladie intestinale. Mais il est impossible de déterminer quelle affection nouvelle a pu être ainsi dénommée.

(6) Defendente Vulg. — Descendente est la leçon des anciennes éditions, changée conjecturalement et à tort par Hardouin. *Rationem* est régi par *invenimus*.

(7) Alia quam forum sagacis Vulg. — Les mots *quam forum* manquent dans les anciennes éditions, et ne sont pas nécessaires.

(8) D'après Sprengel, le condurdum est la *saponaria vaccaria*.

(9) Les commentateurs croient que le molon de Pline est le même que le moly de Dioscoride. *Voyez* XXV, 8.

(10) La gromphæna est une plante à synonymie fort douteuse. On y a vu l'*amarantus tricolor*.

(11) Les commentateurs regardent le molemonium comme le même que le lemonium de XXV, 61.

(12) Utilitatem Vulg. — Vilitatem Voss.

(13) On ne sait ce qu'est le ladanum qui croît dans les blés. Les commentateurs ont indiqué le *galeopsis ladanum*, L.

(14) Stomacho minus utilis, vomitiones minus movet Vulg. — Stomacho minus utiles vomitiones movet Cod. Tolet.

(15) Potum. Et panos discutit. XXXVII. Detrahit bilem polypodium, quam nostri filiculam vocant; similis enim est filici Vulg. — Potum. XXXVII. Ut capnos urina detrahit bilem polypodium, quam nostri filiculam vocant; similis enim est filici Ian *Obss.* p. 28. — Potum. Et capnos urina detrahit bilem. XXXVII. Polypodion, quam nostri filiculam appellant, similis filici Sillig, *Ephem. lit. Ien.*, 1831, n° 32, p. 252, et dans son édition de Pline. — *enim de* Vulg. manque dans un ms.; il faut le supprimer; et dès lors on doit adopter la forme générale de la correction de Ian et de Sillig. Comparez le passage parallèle XXVI, 19, *in fine*.

(16) Althææ Vulg. — Alceæ Brot. ex Cod. et Editt. Vett.

(17) Medetur Edit. Princeps, Brotier. — Medetur om. Vulg.

(18) On ne sait ce qu'est la perpressa.

(19) Inutile Vulg. — Inutili Vet. Dalech.

(20) Les commentateurs pensent que la pomme erratique est la même que la pomme de terre ou aristoloche; XXV, 54.

(21) S'agit-il ici de l'animal appelé ortie de mer ou de quelque plante, c'est ce qu'on ignore.

(22) On ne sait ce qu'est l'herbe fulvienne.

(23) La description manque, et il est impossible de déterminer la chrysippea.

(24) J'ai dit, dans la note 13 du dix-huitième livre, que l'horminum était une labiée indéterminée. Je trouve dans la *Synopsis* de M. Fraas, p. 184, la *salvia horminum*, L., indiquée pour l'horminum des Grecs; je suis, comme d'ordinaire, la synonymie de cet auteur.

(25) Pline ne parle plus ici d'une orchidée; les commentateurs pensent qu'il a fait confusion avec le cratæogonon; *Voy.* XXVII, 40. *voyez* aussi XXVI, 63, où Pline rapproche le cratægis ou cratæogonon du satyrion; ce qui explique plus facilement la confusion.

(26) M. Fraas, *Synopsis*, p. 279, indique la *fritillaria pyrenaica*, remarquant que l'*erythronium dens canis*, que les commentateurs indiquent pour la seconde espèce de satyrion, n'a pas encore été trouvé en Grèce.

(27) On donne pour synonyme de l'asperugo de Pline l'*asperugo procumbens*, L. Mais M. Fée remarque qu'il doit encore être ici question d'une rubiacée, puisque Pline dit que l'asperugo ressemble au mollugo. Or, les borraginées, auxquelles appartient l'*asperugo procumbens*, ne ressemblent pas aux rubiacées.

(28) Cette lappa boaria est indéterminée: est-ce la même que la lappa canaria, XXIV, 116?

(29) Rotunda Vulg. — Rotundo Gron. et al. Editt. ante Hard.

(30) Œnothera Vulg. — Œnotheras libri ap. Salmas. *de Hyle*, p. 31 b, C, Ed. Princeps, Sillig.

(31) Dans le passage parallèle XVIII, 67, 8, j'ai indiqué pour synonyme de l'equisetum ou equisetis, l'*equisetum fluviatile*. Je donne ici la synonymie de M. Fraas, *Synopsis*, p. 314.

(32) La stéphanomélis n'étant pas décrite, on ne peut faire aucune conjecture sur la détermination de cette plante.

(33) Efferentia Vulg. — Efferantia Vet. Dalech., Sillig.

(34) Vino albo Editt. ante Hard., Sillig. — Albo om. Vulg.

(35) Plante non décrite, et par conséquent indéterminable.

# LIVRE XXVII.

I. (1.) Certes, à mesure que j'avance dans mon travail, mon admiration pour l'antiquité augmente. Plus le nombre des plantes dont il me reste à parler est grand, plus je me sens enclin à vénérer chez les anciens tant de zèle à faire des découvertes, tant de générosité à nous les transmettre. Leur libéralité à cet égard semblerait avoir dépassé la munificence même de la nature, si la connaissance des plantes était une œuvre humaine; mais maintenant il est bien évident que c'est l'œuvre des dieux, ou du moins une inspiration divine (1), là même où l'homme a été l'inventeur (2); et que c'est la mère commune de toutes choses qui à la fois les a engendrées et enseignées. Est-il, si nous voulons convenir de la vérité, est-il dans la civilisation quelque chose de plus merveilleux que de voir l'herbe scythique (XXV, 43) nous arriver des Palus-Méotides, et l'euphorbe du mont Atlas et de par delà les colonnes d'Hercule? de voir dans une autre direction, et là où la nature semble expirer, l'herbe britannica (XXV, 6, 4) apportée des îles de l'Océan situées hors des limites terrestres, et l'herbe æthiopis (XXVII, 3), des contrées brûlées par les astres? de voir enfin cet échange perpétuel, entre les différents points du globe, de plantes utiles à la santé des hommes? Nous le devons à l'immensité majestueuse de la paix romaine, cette paix qui fait connaître aux plages et aux nations les plus éloignées les unes des autres, non-seulement les hommes, mais encore les montagnes et leurs pics sourcilleux perdus dans les nuages, leurs productions et leurs végétaux. Puisse être éternel ce bienfait des dieux, qui semblent avoir donné les Romains au monde comme une seconde lumière pour l'éclairer!

II. (II.) Qui pourrait être, je le répète, assez reconnaissant des soins et de la diligence des anciens? Il est certain que de tous les poisons le plus prompt est l'aconit, jusque-là que les femelles des animaux, si on en frotte seulement leurs parties naturelles (XXV, 75), meurent le même jour; c'est le poison avec lequel M. Cœlius (3) (VII, 50, 5; XXXV, 46, 5) accusa Calpurnius Bestia d'avoir donné la mort à ses femmes endormies; de là cette péroraison violente contre le doigt meurtrier du coupable. C'est ce poison qui, d'après la mythologie, naquit de l'écume de Cerbère tiré des enfers par Hercule, et qui, pour cette raison, abonde dans les environs d'Héraclée du Pont, où l'on montre le trou conduisant aux enfers (VI, 1). Et cependant les anciens ont fait tourner l'aconit au profit de la santé de l'homme : il combat le venin des scorpions, ce qu'on a expérimenté en le donnant dans du vin chaud. Telle est la nature de cette plante vénéneuse, qu'elle tue l'homme, à moins qu'elle n'ait chez l'homme quelque chose à tuer; elle s'attaque à cela seul, comme ayant trouvé au dedans un ennemi digne d'elle : tout se borne à ce combat de venin à venin, quand elle en rencontre un dans le corps de l'homme; et, chose admirable! deux principes également pernicieux s'anéantissent ainsi l'un l'autre dans l'homme, pour que l'homme

## LIBER XXVII.

I. (1.) Crescit profecto apud me certe tractatu ipso admiratio antiquitatis; quantoque major copia herbarum dicenda restat, tanto magis adorare priscorum in inveniendo curam, in tradendo benignitatem subit. Nec dubie superata hoc modo posset videri etiam rerum naturæ ipsius munificentia, si humani operis esset inventio. Nunc vero deorum fuisse eam apparet, aut certe divinam, etiam quum homo inveniret, eamdemque omnium parentem et genuisse hæc, et ostendisse; nullo vitæ miraculo majore, si verum fateri volumus, scythicam herbam a Mæotis paludibus, et euphorbiam e monte Atlante ultraque Herculis columnas : et ipso rerum naturæ defectu, parte alia britannicam ex Oceani insulis extra terras positis, itemque æthiopidem ab exusto sideribus axe : alias præterea aliunde ultro citroque humanæ saluti in toto orbe portari, immensa romanæ pacis majestate, non homines modo diversis inter se terris gentibusque, verum etiam montes et excedentia in nubes juga, partusque eorum et herbas quoque invicem ostentante. Æternum, quæso, deorum sit munus istud. Adeo Romanos, velut alteram lucem, dedisse rebus humanis videntur.

II. (II.) Sed antiquorum curam diligentiamque quis possit satis venerari, quum constet omnium venenorum ocyssimum esse aconitum : et tactis quoque genitalibus feminini sexus animalium, eodem die inferre mortem? Hoc fuit venenum, quo interemtas dormientes a Calpurnio Bestia uxores M. Cælius accusator objecit. Hinc illa atrox peroratio ejus in digitum. Ortum fabulæ narravere, e spumis Cerberi canis, extrahente ab inferis Hercule, ideoque apud Heracleam Ponticam, ubi monstratur is ad inferos aditus, gigni. Hoc quoque tamen in usus humanæ salutis vertere : scorpionum ictibus adversari experiendo, datum in vino calido. Ea est natura ut hominem occidat, nisi invenerit quod in homine perimat. Cum eo solo colluctatur, velut pari intus invento. Sola hæc pugna est, quum venenum in visceribus reperit; mirumque, exitialia per se ambo quum sint, duo venena in homine commoriuntur, ut homo supersit. Immo vero

ne soit pas anéanti. Bien plus, les anciens nous ont transmis des remèdes neutralisants les bêtes, et ils nous ont appris comment se neutralisent même des animaux venimeux. Au seul attouchement de l'aconit, les scorpions sont frappés de torpeur (xxv, 75); ils restent sans couleur et sans mouvement, et semblent avouer leur défaite. L'ellébore blanc (xxv, 21, 23 et 75) les secourt; le contact de cette plante dissipe leur engourdissement; l'aconit cède alors à deux ennemis, au sien propre, et à celui de tous. Après cela, celui qui penserait qu'aucun homme ait pu jamais faire ces découvertes serait ingrat envers les dieux et leurs présents. On frotte de la chair avec l'aconit, et, pour peu que les panthères en goûtent, elles meurent; sans ce moyen, elles rempliraient le pays qu'elles habitent : c'est pour cela que quelques-uns ont nommé cette plante pardalianches. Mais il est reconnu que ces animaux, en pareil cas, évitent la mort en mangeant des excréments humains (viii, 41, 4). Qui peut douter que le hasard seul ait fait trouver ce remède, et que toutes les fois que le cas arrive, encore aujourd'hui, il ne soit nouveau pour l'animal, puisque, entre animaux, ni procédés ni expériences ne peuvent se transmettre? 4 (III.) Le hasard, oui le hasard, voilà donc la divinité à qui nous devons tant d'inventions utiles à la vie! bien entendu que sous ce nom on comprend la nature, qui produit et enseigne toutes choses; et nous sommes placés entre deux alternatives égales, ou d'admettre qu'à chaque fois les panthères font la découverte dont il s'agit, ou d'admettre que cette connaissance est innée chez elles. A un autre point de vue, il est honteux que tous les animaux, excepté l'homme, connaissent ce qui leur est salutaire. Nos ancêtres ont déclaré que l'aconit est un ingrédient très-bon à mêler dans les compositions ophthalmiques, professant de la sorte qu'il n'existe aucun mal sans quelque mélange de bien. En conséquence, quoique nous n'ayons décrit aucun poison, il doit nous être permis de décrire celui-ci, quand ce ne serait que pour le faire reconnaître. L'aconit (*doronichum pardalianches*, L.) a les feuilles du cyclaminos (xxv, 67) ou du concombre, jamais plus de quatre, partant de la racine et légèrement velues. La racine, de médiocre grosseur, ressemble à une écrevisse de mer (cammaron); aussi quelques-uns l'ont-ils appelé cammaron. D'autres l'ont nommé thélyphonon (tue-femelle), pour la cause que nous avons dite. La racine est un peu recourbée, à la façon de la queue des scorpions; de là le nom de scorpion donné par des auteurs à la plante. D'autres ont préféré l'appeler myoctonos (tue-rat), parce que l'odeur fait mourir les rats de fort loin. L'aconit naît sur les pierres nues qu'on nomme acones (sans poussière); et de là, suivant quelques auteurs, le nom d'aconit, parce que cette plante n'a rien autour d'elle, pas même de la poussière, pour se nourrir; car telle est la raison que ces derniers donnent du nom d'aconit. D'après d'autres, le nom provient de ce que cette plante a pour faire mourir la même force que l'acone (ἀκονή), ou pierre à aiguiser, a pour user l'acier, et que, dès qu'elle est appliquée, l'activité s'en fait sentir.

III. (IV.) L'æthiopis (*salvia œthiopis*, L.) a les feuilles semblables à celles du phlomos (xxv, 73) grandes, nombreuses et velues dès la racine; la tige carrée, raboteuse, ressemblant à celle de la bardane, et offrant de nombreux goussets; la graine semblable à l'ers, blanche et double; les racines nombreuses, longues, charnues, mollasses, et d'un goût visqueux : sèches, elles noir-

---

etiam ferarum remedia antiqui prodiderunt, demonstrando quomodo venenata quoque ipsa sanarentur. Torpescunt scorpiones aconiti tactu, stupentque pallentes, et vinci 3 se confitentur. Auxiliatur his elleborum album, tactu resolvente; ceditque aconitum duobus malis, suo et omnium. Quæ si quis ullo forte ab homine excogitari potuisse credit, ingrate deorum munera intelliget. Tangunt carnes aconito, necantque gustatu earum pantheras : nisi hoc fieret, repleturas illos situs. Ob id quidam pardalianches appellavere. At illas statim liberari morte, excrementorum hominis gustu, demonstratum. Quod certe casu repertum quis dubitet? et quoties fiat etiam nunc, ut novum nasci? quoniam feris ratio et usus 4 inter se tradi non possit. (III.) Hic ergo casus, hic est ille, qui plurima in vita invenit deus. Hoc habet nomen, per quem intelligitur eadem et parens rerum omnium, et magistra natura, utraque conjectura pari, sive ista quotidie feras invenire, sive semper scire judicemus : pudendumque rursus, omnia animalia, quæ sint salutaria ipsis, nosse, præter hominem. Sed majores oculorum quoque medicamentis aconitum misceri saluberrime promulgavere : aperta professione, malum quidem nullum esse sine aliquo bono. Fas ergo nobis erit, qui nulla diximus venena, 5 monstrare quale sit aconitum, vel deprehendendi gratia. Folia habet cyclamini aut cucumeris, non plura quatuor, ab radice leniter hirsuta. Radicem modicam cammaro similem marino. Quare quidam cammaron appellavere, alii thelyphonon, ex qua diximus causa. Radix incurvatur paulum scorpionum modo, quare et scorpion aliqui appellavere. Nec defuere, qui myoctonon appellare mallent, quoniam procul et e longinquo odore mures necat. Nascitur in nudis cautibus, quas aconas nominant; et ideo aconitum aliqui dixere, nullo juxta, ne pulvere quidem nutriente. Hanc aliqui rationem nominis attulere. Alii, quoniam vis eadem in morte esset, quæ cotibus ad ferri aciem deterendam, statimque admota velocitas sentiretur.

III. (IV.) Æthiopis folia habet phlomo similia, magna et multa, et hirsuta ab radice. Caulem quadrangulum, scabrum, similem arctio, multis concavum alis : semen ervo simile, candidum, geminum : radices numerosas, longas, plenas, molles, glutinosas gustu. Siccæ nigrescunt, duranturque, ut cornua videri possint. Præter Æthiopiam

cissent, et deviennent si dures qu'on les prendrait pour des cornes. Outre l'Éthiopie, cette plante croît sur le mont Ida de la Troade et en Messénie. On récolte la racine en automne, et on la fait sécher au soleil pendant quelques jours, pour qu'elle ne se moisisse pas. On l'administre en boisson dans du vin blanc, pour les affections de la matrice; en décoction, pour la coxalgie, la pleurésie et les maux de gorge. Mais celle qui vient d'Éthiopie est la meilleure et soulage immédiatement.

1 IV. L'agératon, plante férulacée (*hypericon origanifolium*), haute de deux palmes, ressemble à l'origan, et porte une fleur en forme de bulle d'or. La fumée de cette plante, qu'on brûle, est diurétique et emménagogue. Elle est encore plus active quand on l'emploie en bain de siége. Son nom vient de ce qu'elle se conserve très-longtemps sans se faner (ἀγήρατον, sans-vieillesse).

1 V. L'aloès a de la ressemblance avec la scille, si ce n'est qu'il est plus grand, et qu'il a les feuilles plus grasses et à dentelures obliques. La tige est délicate, rouge au milieu, assez semblable à l'anthericum (XXII, 68, 2). Il n'a qu'une racine, enfoncée en terre comme un pieu. L'odeur en est forte, la saveur amère. L'aloès le plus estimé vient de l'Inde, mais l'Asie en produit aussi ; toutefois on n'emploie pas ce dernier, si ce n'est les feuilles fraîches, pour les plaies ; en effet, ces feuilles, ainsi que le suc, sont merveilleusement agglutinatives. C'est en vue de cette propriété qu'on le cultive ; et on le sème, comme le grand aizoon, dans des vases qui se terminent en cône. Quelques-uns incisent la tige avant la maturité de la graine, pour obtenir le suc; d'autres incisent les
2 feuilles mêmes. On trouve aussi des larmes qui s'échappent d'elles-mêmes et se collent ; aussi recommande-t-on de battre l'endroit où l'aloès est planté, afin que ces larmes ne soient pas absorbées par le sol. Des auteurs ont écrit qu'on trouvait en Judée, au-dessus de Jérusalem, un aloès minéral (*espèce de bitume*); mais c'est l'espèce la plus mauvaise, la plus noire et la plus humide. Le meilleur aloès est gras, luisant, roux, friable, compact comme la substance du foie, et se liquéfiant aisément. Il faut rejeter celui qui est noir, dur, mêlé de sable, et dont le goût d'ailleurs fait connaître la mauvaise qualité. On le 3 falsifie avec la gomme et le suc d'acacia. Il est astringent, il resserre et échauffe doucement. On l'emploie à beaucoup d'usages, mais principalement à relâcher le ventre; car, de tous les médicaments qui produisent cet effet, il est presque le seul qui soit en même temps stomachique, tant il est loin d'avoir aucune qualité nuisible à l'estomac. On le prend à la dose d'une drachme. Quand l'estomac ne garde pas les aliments, on le donne dans deux cyathes d'eau tiède ou froide, à la dose d'une cuillerée, à prendre deux ou trois fois par jour, à des intervalles réglés d'après les circonstances. On l'administre fréquemment aussi comme purgatif, à la dose de trois drachmes. Il agit davantage si on mange après l'avoir pris. Avec du vin astringent, il empêche les cheveux de tomber : il faut à cet effet s'en frotter la tête au soleil, à rebrousse-poil. Appliqué sur 4 les tempes et le front, dans du vinaigre ou de l'huile rosat, ou employé, mais plus délayé, en affusion sur la tête, il calme la céphalalgie. On reconnaît généralement qu'il guérit toutes les affections des yeux, mais particulièrement les démangeaisons et les granulations des paupières, ainsi que les taches et les sugillations, en topique avec du miel, surtout le miel du Pont. On l'emploie pour les amygdales, les gencives et

---

nascuntur, et in Ida monte Troadis, et in Messenia. Colliguntur autumno, siccantur in sole aliquot diebus, ne situm sentiant. Medentur vulvis potæ in vino albo, ischiadicis, pleuriticis, faucibus scabris, decoctæ potu dantur. Sed quæ ex Æthiopia venit, eximia est, atque illico prodest.

IV. Ageraton ferulacea est, duorum palmorum altitudine, origano similis, flore bullis aureis. Hujus ustæ nidor urinam ciet, vulvasque purgat, tanto magis insidentibus. Causa nominis, quoniam diutissime non marcescit.

V. Aloe scillæ similitudinem habet, major, et pinguioribus foliis, ex obliquo striata. Caulis ejus tener est, rubens medius, non dissimilis antherico : radice una, ceu palo, in terram demissa : gravi odore, gustu amara. Laudatissima ex India affertur, sed nascitur et in Asia : non tamen ea utuntur, nisi ad vulnera recentibus foliis : mirifice enim conglutinat, vel succo. Ob id in turbinibus cadorum eam serunt, ut aizoum majus. Quidam et caulem ante maturitatem seminis incidunt succi gratia,
2 aliqui et folia. Invenitur et per se lacryma adhærens. Ergo pavimentandum, ubi sata sit, censent, ut lacryma non absorbeatur. Fuere, qui traderent in Judæa super Hierosolyma metallicam ejus naturam : sed nulla magis improba est, neque alia nigrior est, aut humidior. Erit ergo optima pinguis ac nitida, rufi coloris, friabilis, ac jocineris modo coacta, facile liquescens. Improbanda nigra et dura, arenosa quoque, quæ et gustu intelligitur. Gummi adulteratur, et acacia. Natura ejus spissare, 3 densare, et leniter calfacere : usus in multis, sed principalis alvum solvere, quum pæne sola medicamentorum, quæ id præstant, confirmet etiam stomachum, adeo non infestet ulla vi contraria. Bibitur drachma : ad stomachi vero dissolutionem, in duobus cyathis aquæ tepidæ vel frigidæ, cochlearis mensura, bis terve in die ex intervallis, ut res exigit. Purgationis etiam causa plurimum tribus drachmis. Efficacior, si pota ea sumatur cibus. Capillum fluentem continet cum vino austero, capite in sole contra capillum peruncto. Dolorem capitis sedat 4 temporibus et fronti imposita ex aceto et rosaceo, diluttiorque infusa. Oculorum vitia omnia sanari ea convenit : privatim pruigines et scabiem genarum : item insignita ac livida, illita cum melle, maxime pontico. Tonsillas, gingivas, et omnia oris ulcera Sanguinis excreationes, si modicæ sint, drachma ex aqua : si

15.

toutes les ulcérations de la bouche. Les crachements de sang, s'ils sont peu considérables, se guérissent avec une drachme d'aloès bue dans de l'eau ou bien dans du vinaigre. Seul ou dans du vinaigre, il arrête les hémorragies qui viennent des plaies ou de tout autre endroit. C'est d'ailleurs un très-bon médicament pour les plaies, qu'il amène à cicatrisation. On l'emploie pour les ulcérations du membre viril, pour les condylomes, pour les rhagades du siège, tantôt dans du vin, tantôt dans du vin cuit, tantôt sec et seul, suivant que le traitement exige qu'on adoucisse ou réprime le mal. Il arrête doucement l'excès du flux hémorroïdal. On le donne en lavement dans la dyssenterie. Si les digestions sont pénibles, on en prend peu de temps après le repas. On le donne dans la jaunisse, trois oboles dans de l'eau. Pour nettoyer l'intérieur, on en administre des pilules composées de miel cuit ou de térébenthine. Il enlève les excroissances membraneuses des doigts. Pour les compositions ophthalmiques on le lave, afin de faire tomber au fond la partie terreuse, ou bien on le grille sur un tesson en le remuant de temps en temps avec une plume, pour qu'il soit grillé également partout.

VI. L'alcea (*malope malachoides*, L.) a les feuilles semblables à celles de la verveine (XXV, 59), qu'on appelle aussi aristéréon, trois ou quatre tiges pleines de feuilles, la fleur de la rose, des racines blanches, ordinairement au nombre de six, longues d'une coudée, obliques. Il faut pour cette plante une terre grasse, qui ne soit pas sèche. La racine avec du vin ou de l'eau se donne dans la dyssenterie, le cours de ventre, les ruptures et le spasme.

VII. L'alypon (*globularia alypum*, L.) est une petite tige à tête molle, peu différente de la bette, âcre et visqueuse au goût, très-piquante et très-chaude. Cette plante est purgative dans de l'eau miellée, avec un peu de sel. La moindre dose est de deux drachmes, la moyenne de quatre, et la plus forte de six. On donne quelquefois ce purgatif dans du bouillon de poulet (4).

VIII. L'alsine ou myosoton (*parietaria cretica*, L.) croît dans les bois; c'est de là que vient le nom d'alsine. Elle commence à se montrer vers le milieu de l'hiver, et se sèche au milieu de l'été. Quand elle sort de terre, les feuilles ressemblent aux oreilles des rats. Mais nous ferons connaître (XXVII, 80) une autre plante qui mérite mieux le nom de myosotis (oreille de rat). L'alsine serait la même chose que l'helxine (*parietaria diffusa*, L.), si elle n'était plus petite et moins velue. Elle croît dans les jardins et surtout dans les murailles (5). Quand on la broie elle exhale une odeur de concombre. On s'en sert pour les collections, les inflammations, et pour tous les cas où on emploie l'helxine; mais elle est moins active. On s'en sert en topique, particulièrement pour les fluxions des yeux. On s'en sert aussi pour les parties honteuses et pour les ulcères, avec de la farine d'orge. On en instille le suc dans les oreilles.

IX. L'androsaces (*madrepora acetabulum*, L.) est une plante blanche, amère, sans feuilles, portant, sur de petites tiges, des follicules qui contiennent la graine. Elle croît particulièrement en Syrie, dans les lieux maritimes. On la donne aux hydropiques, à la dose de deux drachmes, pilée ou bouillie, dans de l'eau, ou du vinaigre, ou du vin. Elle est, en effet, très-diurétique. On s'en sert dans la goutte, à l'intérieur et à l'extérieur. La graine a les mêmes propriétés.

---

minus, ex aceto pota. Vulnerum quoque sanguinem, et undecumque fluentem sistit per se, vel ex aceto. Alias etiam est vulneribus utilissima, ad cicatricem perducens. Eadem inspergitur exhulceratis genitalibus virorum, condylomatis, rimisque sedis alias ex vino, alias ex passo, alias sicca per se, ut exigit mitiganda curatio, aut coercenda. Hæmorrhoidum quoque abundantiam leniter sistit. Dysenteriæ infunditur. Et si difficilius concoquantur cibi, bibitur a cœna modico intervallo : et in regio morbo tribus obolis ex aqua. Devorantur et pilulæ cum melle decocto, aut resina terebinthina, ad purganda interiora. Digitorum pterygia tollit. Oculorum medicamentis lavatur, ut quod sit arenosissimum subsidat. Aut torretur in testa, pennaque subinde versatur, ut possit æqualiter torreri.

VI. Alcea folia habet similia verbenacæ, quæ aristereon cognominatur, caules tres aut quatuor, foliorum plenos, florem rosæ, radices albas, quum plurimum sex, cubitales, obliquas. Nascitur in pingui solo, nec sicco. Usus radicis ex vino vel ex aqua dysentericis, alvo citæ : et ruptis, convulsis.

VII. Alypon cauliculus est molli capite, non dissimilis betæ, acre gustatu ac lentum, mordensque vehementer

et accendens. Alvum solvit in aqua mulsa, addito sale modico. Minima potio duarum drachmarum, media quatuor, maxima sex : ea purgatio quibusdam datur e gallinaceo jure.

VIII. Alsine, quam quidam myosoton appellant, nascitur in lucis, unde et alsine dicta est. Incipit a media hieme, arescit æstate media : quum prorepit, musculorum aures imitatur foliis. Sed aliam docebimus esse, quæ justius myosotis vocetur. Hæc eadem erat quæ helxine, nisi minor minusque hirsuta esset. Nascitur in hortis, et maxime in parietibus. Quum teritur, odorem cucumeris reddit. Usus ejus ad collectiones inflammationesque : et in eadem omnia quæ helxine, sed infirmius. Epiphoris peculiariter imponitur : item verendis, hulceribusque cum farina hordeacea. Succus ejus auribus infunditur.

IX. Androsaces herba est alba, amara, sine foliis, folliculos in cirris habens, et in his semen : nascitur in maritimis Syriæ maxime. Datur hydropicis drachmis duabus tusa, aut decocta in aqua, vel aceto, vel vino. Vehementer enim urinas ciet. Datur et podagricis illiniturque. Idem effectus et seminis.

X. Androsæmon sive (ut alii appellavere) ascyron, non

X. L'androsæmon ( *hypericum perfoliatum*, Wild.), ou, suivant d'autres, ascyron, a de la ressemblance avec l'hypéricon dont nous avons parlé (XXVI, 53 et 54), mais il a les tiges plus grandes, plus touffues et plus rouges. Les feuilles, blanches, ont la figure de celles de la rue; les graines, des graines du pavot noir. Les branches supérieures, broyées, rendent un suc couleur de sang; elles ont une odeur résineuse. Cette plante croît dans les vignes. On l'ôte de terre vers le milieu de l'automne, et on la suspend. On l'emploie en purgatif, pilée avec la graine et prise en potion le matin, ou après le repas, à la dose de deux drachmes, soit dans de l'eau miellée, soit dans du vin, soit dans de l'eau pure, la potion entière allant à un setier. Elle évacue la bile. Elle est surtout excellente pour la coxalgie; mais le lendemain il faut avaler de la racine de câprier, mêlée avec de la résine, à la dose d'une drachme, puis recommencer au bout de quatre jours; après la purgation même, on fait boire du vin aux personnes robustes, de l'eau aux personnes faibles. On s'en sert en topique pour la goutte, les brûlures et les plaies; elle est hémostatique.

XI. L'ambrosia (*ambrosia maritima*, L.) est un nom vague, qui a flotté entre beaucoup de plantes, mais qui en désigne spécialement une, touffue, garnie de branches, à tige mince, haute d'environ trois palmes, ayant la racine plus courte d'un tiers, et les feuilles vers le bas de la tige semblables à celles de la rue. La graine, portée sur de petites branches, est en grappes pendantes, d'une odeur vineuse; aussi cette plante est-elle nommée par quelques-uns botrys (raisin); d'autres la nomment artemisia (armoise). Les Cappadociens s'en font des couronnes. On l'emploie comme résolutif.

XII. L'anonis (XXI, 58), que quelques-uns préfèrent nommer ononis, a beaucoup de branches, et ressemblerait au fenugrec s'il n'était plus garni de rejets et plus velu. Il est d'une odeur agréable; après le printemps il devient épineux. On le mange confit dans de la saumure. Appliqué frais sur les ulcères, il en ronge les bords. On fait cuire la racine dans de l'oxycrat pour le mal de dents. Pris en potion avec du miel, il expulse les calculs. Pour l'épilepsie on le donne dans de l'oxymel, bouilli jusqu'à réduction de moitié.

XIII. L'anagyros (*anagyris fœtida*, L.), appelée par quelques-uns acopos (délassante), est rameuse, d'une odeur forte, à fleur de chou; la graine est dans des cornets assez longs, et de figure rénale; elle se durcit au temps de la moisson. On applique les feuilles sur les collections; on les attache aux femmes dont l'accouchement est laborieux, en ayant soin de les ôter aussitôt après le part. Si le fœtus mort ne sort pas, si l'arrière-faix ou les règles sont en retard, on administre une drachme de feuilles dans du vin cuit. C'est de cette façon qu'on les donne pour l'asthme. On les prescrit dans du vin vieux pour la piqûre des araignées phalanges. La racine s'emploie comme résolutive et maturative. La graine, mâchée, provoque le vomissement.

XIV. Pour l'anonyme (6), ç'a été un nom de n'en avoir pas. On l'apporte de la Scythie. Elle a été vantée par Ilicésius, médecin qui n'est pas une petite autorité, et par Aristogiton. Elle est excellente pour les plaies, pilée dans de l'eau et appliquée; en boisson, pour les coups qui ont porté sur les mamelles ou la région précordiale, ainsi que pour les crachements de sang. On a pensé aussi qu'en cas de plaie il fallait la faire prendre en boisson. On ajoute,

---

absimile est hyperico, de qua diximus, cauliculis majoribus, densioribusque, et magis rubentibus. Folia alba rutæ figura : semen papaveris nigri. Comæ tritæ sanguineo succo manant. Odor eis resinosus. Gignitur in vineis. Fere medio autumno effoditur, suspendiurque. Usus ad purgandam alvum tusæ cum semine, potæque matutino, vel a cœna, duabus drachmis in aqua mulsa, vel vino, vel aqua pura, totius potionis sextario. Trahit bilem : prodest ischiadi maxime. Sed postera die capparis radicem resinæ permixtam devorare oportet drachmæ pondere, iterumque quatridui intervallo eadem facere : a purgatione autem ipsa robustiores vinum bibere, infirmiores aquam. Imponitur et podagris, et ambustis, et vulneribus, cohibens sanguinem.

XI. Ambrosia vagi nominis est, et circa alias herbas fluctuati : unam habet certam, densam, ramosam, tenuem, trium fere palmorum, tertia parte radice breviore, foliis rutæ circa imum caulem. In ramulis semen est uvis dependentibus, odore vinoso : qua de causa botrys a quibusdam vocatur, ab aliis artemisia. Coronantur illa Cappadoces. Usus ejus ad ea quæ discuti opus sit.

XII. Anonin quidam ononida malunt vocare, ramosam, similem feno græco, nisi fruticosior hirsutiorque esset, odore jucunda, post ver spinosa. Estur etiam muria condita. Recens vero margines hulcerum erodit. Radix decoquitur in posca dolori dentium. Eadem cum melle pota, calculos pellit. Comitialibus datur in oxymelite decocta ad dimidias.

XIII. Anagyros, quam aliqui acopon vocant, fruticosa est, gravis odore, flore oleris; semen in corniculis non brevibus gignit, simile renibus, quod durescit per messes. Folia collectionibus imponuntur, difficulterque parientibus adalligantur, ita ut a partu statim auferantur. Quod si emortuus hæreat, et secundæ menseque morentur, drachma bibuntur in passo folia. Sic et suspiriosis dantur : et in vino vetere ad phalangiorum morsus. Radix discutiendis concoquendisque adhibetur. Semen commanducatum vomitiones facit.

XIV. Anonymos non inveniendo nomen invenit. Affertur e Scythia, celebrata Hicesio, non parvæ auctoritatis medico : Item Aristogitoni : in vulneribus præclara, ex aqua tusa et imposita : pota vero, mammis præcordiisque

ce qui est, je crois, un conte, que fraîche si on la brûle elle sert de soudure et pour le fer et pour le cuivre.

XV. (v.) L'aparine (*galium aparine*, L.), ou omphacocarpos ou philanthropos (XXIV, 116), est rameuse, velue, portant d'intervalle en intervalle cinq ou six feuilles, rangées circulairement autour des branches. La graine est ronde, dure, concave et douceâtre. Elle croît dans les champs de blé, dans les jardins ou les prés; elle s'attache aux vêtements par ses aspérités. On emploie contre la morsure des serpents la graine, en boisson dans du vin, une drachme; ainsi que contre la piqûre des araignées phalanges. Les feuilles, en topique, arrêtent les hémorragies des plaies. On instille le suc dans les oreilles.

XVI. L'arction (*arctium lappa*, L.), nommé par quelques-uns arcturus, a les feuilles semblables à celles du verbascum, si ce n'est qu'elles sont plus velues, la tige longue, molle, la graine du cumin. Il croît dans les terrains pierreux. La racine en est tendre, blanche et douce. On le fait bouillir dans du vin pour le mal de dents, et on garde cette décoction dans la bouche. On le prend en boisson pour la coxalgie et la strangurie. On l'applique, avec du vin, sur les brûlures et les engelures, qu'on fomente aussi avec la racine et la graine pilée, dans du vin.

XVII. L'asplenum (*asplenium ceterach*, L.), nommé par quelques-uns hémionion, a des feuilles nombreuses, longues d'un tiers de pied, une racine limoneuse, percée de trous comme celle de la fougère, blanche et chevelue. Il n'a ni tige, ni fleur, ni graine. Il croît dans les pierres, sur les murailles ombragées, humides. Le plus estimé est celui de Crète. La décoction de ses feuilles dans du vinaigre prise en boisson pendant quarante jours consume, dit-on, la rate; il faut en même temps mettre ces feuilles en cataplasme sur l'hypocondre gauche. L'asplenum fait aussi cesser le hoquet. Il ne faut pas en donner aux femmes, car il les rend stériles.

XVIII. L'asclépias (*asclepias vincetoxicum*, L.) (7) a les feuilles du lierre, de longues branches, des racines nombreuses, menues, odorantes; la fleur d'une odeur forte et désagréable, la graine de la securidaca (*coronilla securidaca*, L.). Il croît dans les montagnes. Les racines guérissent les tranchées et les blessures faites par les serpents, tant en boisson qu'en topique.

XIX. L'aster (*aster amellus*, L.) (XXVI, 58) est appelé par quelques-uns bubonion, vu que c'est un remède souverain pour les affections des aines. C'est une petite tige, portant des feuilles oblongues au nombre de deux ou trois, et ayant, à la sommité, de petites têtes rayonnées, en forme d'étoile. On le prend en boisson contre le venin des serpents. Mais quand il s'agit de l'aine, on recommande de le cueillir de la main gauche, et de l'attacher à la ceinture. Il est utile aussi porté en amulette, dans les douleurs coxalgiques.

XX. L'ascyron et l'ascyroïdes (*hypericum perforatum*, L.) sont semblables entre eux et à l'hypéricon (XXVI, 53); mais l'ascyroïdès a les branches plus grandes, férulacées, tout à fait rouges, avec de petites têtes jaunes. La graine, renfermée dans de petits calices, est menue, noire, résineuse. Les sommités, écrasées, tachent comme du sang. Aussi, quelques-uns l'ont-ils appelé androsæmon (sang d'homme). On emploie la graine pour la coxalgie, en boisson,

---

percussis : item sanguinem exscreantibus. Putavere et bibendam vulneratis. Fabulosa arbitror, quæ adjiciuntur : recente ea, si uratur, ferrum aut æs ferruminari.

XV. (v.) Aparinen aliqui omphacocarpon, alii philanthropon vocant, ramosam, hirsutam, quinis senisve in orbem circa ramos foliis per intervalla. Semen rotundum, durum, concavum, subdulce. Nascitur in frumentario agro, aut hortis pratisve, asperitate etiam vestium tenaci. Efficax contra serpentes, semine poto ex vino drachma : et contra phalangia. Sanguinis abundantiam ex vulneribus reprimunt folia imposita : succus auribus infunditur.

XVI. Arction aliqui arcturum vocant : similis est verbasco foliis, nisi quod hirsutiora sunt : caule longo, molli, semine cumini. Nascitur in petrosis, radice tenera, alba, dulcique. Decoquitur in vino ad dentium dolorem, ita ut contineatur ore decoctum. Bibitur propter ischiada et stranguriam : e vino ambustis imponitur, et perniionibus. Foventur eadem cum radice semine trito in vino.

XVII. Asplenum sunt qui hemionion vocant, foliis trientalibus multis, radice limosa, cavernosa, sicut filicis, candida, hirsuta : nec caulem, nec florem, nec semen habet. Nascitur in petris, parietibusque opacis, humidis : laudatissima in Creta. Hujus foliorum in aceto decocto per dies XL poto lienem absumi aiunt; et illinuntur autem : eadem sedante singultus. Non danda feminis, quoniam sterilitatem facit.

XVIII. Asclepias folia ederæ habet, ramos longos, radices numerosas, tenues, odoratas : floris virus grave, semen securidacæ. Nascitur in montibus. Radices torminibus medentur, et contra serpentium ictus, non solum potu, sed etiam illitu.

XIX. Aster ab aliquibus bubonion appellatur, quoniam inguinum præsentaneum remedium est. Cauliculus foliis oblongis duobus aut tribus : in cacumine capitula stellæ modo radiata. Bibitur et adversus serpentes. Sed ad inguinum medicinam, sinistra manu decerpi jubent, et juxta cinctus alligari. Prodest et coxendicis dolori adalligata.

XX. Ascyron et ascyroides, similia sunt inter se, et hyperico : sed majores habet ramos, quod ascyroides vocatur, ferulaceos, omnino rubentes : capitulis parvis, luteis. Semen in calyculis pusillum, nigrum, resinosum. Comæ tritæ velut cruentant. Qua de causa quidam hanc androsæmon vocavere. Usus seminis ad ischiadicos, poti

deux drachmes dans un setier d'hydromel. Elle lâche le ventre et évacue la bile. On s'en sert en topique pour la brûlure.

XXI. L'aphaca (*vicia cracca*, L.) a les feuilles extrêmement petites ; elle est un peu plus haute que la lentille. Elle porte de plus grandes gousses, qui renferment trois ou quatre graines plus noires, plus humides et plus petites que la lentille. Elle croît dans les champs. Elle a des qualités plus astringentes que la lentille, du reste s'emploie de même et produit les mêmes effets. La graine en décoction arrête les débordements d'estomac et de ventre.

XXII. Je n'ai point trouvé dans les auteurs ce que c'est que l'alciblon (*echium rubrum*, Jacq.); mais j'ai trouvé qu'on se sert de la racine et des feuilles pilées, à l'intérieur et à l'extérieur, pour les morsures des serpents ; les feuilles, une poignée, pilée avec trois cyathes de vin pur ; la racine, trois drachmes pour la même quantité de vin.

XXIII. L'alectorolophos (*rhinanthus crista galli*, L.) ou la crête, comme nous l'appelons, a les feuilles semblables à une crête de coq et nombreuses, la tige menue, la graine noire dans des gousses. Il est bon pour la toux, cuit avec des fèves concassées et du miel ; il est bon aussi pour les taies des yeux. On jette la graine entière dans l'œil ; loin de troubler la vue, elle attire à soi tout ce qui l'offusquait ; alors elle change de couleur : de noire qu'elle était, elle commence à blanchir, se gonfle, et sort d'elle-même.

XXIV. (VI.) La plante que nous nommons alus (*coris monspeliensis*, L.) (XXVI, 26), et que les Grecs nomment symphyton des pierres, ressemble à la cunila bubula (XXVI, 26), a les feuilles petites, trois ou quatre branches partant de la racine, des sommités semblables à celles du thym.

Elle est ligneuse, odorante, d'une saveur douce et qui provoque la salive. La racine est longue et rousse. Elle croît parmi les pierres, d'où vient le surnom de pétrée qu'elle porte. Elle est très-bonne pour les douleurs de côté, pour les reins, pour les tranchées, pour la poitrine, pour les poumons, pour l'hémoptysie, pour les maux de gorge. On emploie à l'intérieur la racine pilée et bouillie dans du vin, et parfois aussi à l'extérieur. De plus, mâchée elle calme la soif, et elle est particulièrement rafraîchissante pour le poumon. On s'en sert en cataplasme pour les luxations et les contusions. Elle adoucit les intestins. Cette plante resserre le ventre, cuite dans de la cendre, dépouillée de ses follicules, pilée avec neuf grains de poivre, et prise dans de l'eau. Elle a une telle efficacité pour la guérison des blessures, qu'elle agglutine ensemble les viandes avec lesquelles on la fait cuire; de là le nom que les Grecs lui ont donné (σύμφυτον, consoude). C'est aussi un remède pour les os fracturés.

XXV. (VII.) L'algue rousse (XXVI, 66) est bonne contre les piqûres des scorpions.

XXVI. L'actæa (*actæa spicata*, L.) a les feuilles d'une odeur forte, les tiges raboteuses et garnies de nœuds, une graine noire comme celle du lierre et des baies molles. Elle croît dans des lieux ombragés, incultes, humides. On en donne plein un acétabule (0 litr., 068) pour les maladies internes des femmes.

XXVII. L'ampelos agria (vigne sauvage) (*tamus communis*) a les feuilles dures, d'une couleur cendrée, comme nous l'avons dit en traitant des plantes cultivées (XXIII, 14); des sarments longs, noueux, rouges comme la fleur que nous avons appelée flamme de Jupiter, en traitant des violettes (XXI, 33 et 38). La semence ressemble au grain de la grenade. La racine, bouillie dans

---

duabus drachmis in hydromelitis sextario. Alvum solvit, bilem detrahit. Illinitur et ambustis.

XXI. Aphaca tenuia admodum folia habet : pusillo altior lenticula est. Siliquas majores fert, in quibus terna aut quaterna semina sunt nigriora, madidiora et minora lenticula. Nascitur in arvis. Natura ei ad spissandum efficacior, quam lenti : reliquo usu eosdem effectus habet. Stomachi alvique fluxiones sistit semen decoctum.

XXII. Alcibion qualis esset herba, apud auctores non reperi. Sed radicem ejus et folia trita, ad serpentis morsum imponi et bibi : folia, quantum manus capiat, trita cum vini meri cyathis tribus, aut radicem drachmarum trium pondere cum vini eadem mensura.

XXIII. Alectorolophos, quæ apud nos crista dicitur, folia habet similia gallinacei cristæ, plura, caulem tenuem, semen nigrum in siliquis. Utilis tussientibus cocta cum faba fresa, melle addito : et caligini oculorum. Solidum semen conjicitur in oculum, nec turbat, sed in se caliginem contrahit. Mutat colorem, sed ex nigro albicare incipit et intumescit, ac per se exit.

XXIV. (VI.) Alum nos vocamus, Græci symphyton petræum, simile cunilæ bubulæ, foliis parvis, ramis tribus aut quatuor a radice, cacuminibus thymi, surculosum, odoratum, gustu dulce, salivam ciens, radice longa rutila. Nascitur in petris, ideo petræum cognominatum : utilissimum lateribus, renibus, torminibus, pectori, pulmonibus, sanguinem rejicientibus, faucibus asperis. Bibitur radix trita, et in vino decocta, et aliquando superlinitur. Quin et commanducata sitim sedat, præcipueque pulmonem refrigerat. Luxatis quoque imponitur, et contusis : lenit interanea. Alvum sistit cocta in cinere, detractisque folliculis trita cum piperis novem granis, et ex aqua pota. Vulneribus sanandis tanta præstantia est, ut carnes quoque, dum coquuntur, conglutinet addita : unde et Græci nomen imposuere. Ossibus quoque fractis medetur.

XXV. (VII.) Alga rufa, et scorpionum ictibus.

XXVI. Actæa gravi foliorum odore, caulibus asperis geniculatis, semine nigro, ut ederæ, baccis mollibus, nascitur in opacis et asperis, aquosisque. Datur acetabulo pleno interioribus feminarum morbis.

XXVII. Ampelos agria vocatur herba, foliis duris cineracei coloris, qualem in satis diximus, viticulis longis

trois cyathes d'eau avec addition de deux cyathes de vin de Cos, relâche doucement le ventre, et se donne pour cette raison aux hydropiques. Elle guérit les affections de la matrice et les taches du visage chez les femmes. Dans la coxalgie, on se sert utilement de cette plante pilée avec ses feuilles, et appliquée avec son suc.

1 XXVIII. Il y a plusieurs espèces d'absinthe : la santonique (*artemisia santonica*, L.), appelée ainsi d'une cité des Gaules ; la pontique, du Pont, où les bestiaux s'en engraissent, ce qui fait qu'on les trouve sans fiel (XI, 75) : c'est la meilleure absinthe ; celle d'Italie est beaucoup plus amère ; l'intérieur de celle du Pont est doux. Il convient de faire connaître l'usage de cette plante, l'une des plus aisées à trouver et des plus utiles, d'ailleurs employée spécialement dans les cérémonies religieuses du peuple romain. En effet, dans les fêtes latines il se fait des courses de quadriges au pied du Capitole, et on donne au vainqueur de l'absinthe à boire, nos ancêtres ayant jugé sans doute que c'était assez l'honorer que de lui donner pour prix la santé. L'absinthe fortifie l'estomac ; aussi fait-on, comme nous l'avons dit (XIV, 19, 7), un vin d'absin-
2 the. On en donne à boire la décoction dans l'eau, décoction ainsi préparée : on fait bouillir six drachmes de feuilles, avec les branches, dans trois setiers d'eau de pluie, et on laisse refroidir cette décoction à l'air pendant un jour et une nuit. Il faut aussi y ajouter du sel. L'usage de cette préparation est très-ancien. On se sert aussi de l'infusion d'absinthe, car c'est le nom qu'il faut donner à cette façon de l'employer. Lorsqu'on la fait infuser dans quelque quantité d'eau que ce soit, il faut que le vase reste couvert pendant trois jours. On use rarement de l'absinthe pilée,

ainsi que du suc tiré par expression. Ce suc s'exprime de la graine lorsqu'elle commence à grossir : on la fait tremper dans l'eau pendant trois jours si elle est fraîche, ou pendant sept jours si elle est sèche ; ensuite on en met dix hémines (2 litr., 7) dans quarante-cinq setiers d'eau ; on fait cuire dans un vase de cuivre jusqu'à réduction au tiers ; on filtre, puis on fait cuire lentement jusqu'à consistance de miel, comme le suc qu'on tire de la petite centaurée. Mais le suc d'absinthe préparé de cette manière fait mal à l'estomac et à la tête, au lieu que la décoction dont nous avons parlé est très-salutaire. En effet, celle-ci resserre 3 l'estomac, fait sortir la bile, est diurétique, amollit le ventre, le guérit s'il est douloureux, chasse les vers, et dissipe les faiblesses d'estomac et les flatuosités, avec le sili (XX, 18), le nard celtique et un peu de vinaigre. Elle fait cesser le dégoût, elle aide la digestion ; elle enlève les crudités, avec la rue, le poivre et le sel. Les anciens donnaient l'absinthe en purgatif : six drachmes de la graine dans un setier d'eau de mer gardée, avec trois drachmes de sel et un cyathe de miel. On rend cette préparation plus efficace en doublant la dose de sel ; mais comme la graine ne se broie pas aisément, il faut y mettre du soin. Quelques-uns l'ont même donnée dans de la polenta à la dose susdite, en y ajoutant du pouliot. D'autres ont fait 4 prendre aux enfants les feuilles dans une figue sèche, pour en masquer l'amertume. Prise avec de l'iris, l'absinthe nettoie la poitrine. Dans l'ictère on la prescrit crue, en boisson, avec de l'ache ou de l'adiante (XXII, 30). Contre les flatuosités, on la prend par petits coups, chaude dans de l'eau ; pour les affections du foie, avec le nard celtique ; pour les affections de la rate, avec du vinaigre, ou de la bouillie, ou une figue. Dans du

---

callosis, rubentibus, qualiter flos, quem Jovis flammam appellavimus in violis : fert semen simile punici mali acinis. Radix ejus decocta in aquæ cyathis ternis, additis vini Coi cyathis duobus, alvum solvit leniter, ideoque hydropicis datur. Vulvæ vitia et cutis in facie mulierum emendat. Ischiadicos quoque uti hac herba prodest, tusa cum foliis, et illita cum succo suo.

1 XXVIII. Absinthii genera sunt plura : santonicum appellatur a Galliæ civitate : ponticum a Ponto, ubi pecora pinguescunt illo, et ob id sine felle reperiuntur : neque aliud præstantius : multoque italicum amarius, sed medulla pontici dulcis. De usu ejus convenit dicere, herbæ facillimæ, atque inter paucas utilissimæ, præterea sacris populi romani celebratæ peculiariter. Siquidem Latinarum feriis quadrigæ certant in Capitolio, victorque absinthium bibit : credo, sanitatem præmio dari honorifice arbitratis majoribus. Stomachum corroborat, et ob hoc sapor ejus
2 in vina transfertur, ut diximus. Bibitur et decoctum aqua, ac postea nocte et die refrigeratum sub dio, decoctis sex drachmis foliorum cum ramis suis in cælestis aquæ sextariis tribus : oportet et salem addi. Vetustissime in usu est. Bibitur et madefacti dilutum : ita enim appellatur hoc

genus. Diluti ratio, ut ( quisquis fuerit modus aquæ ) tegatur per triduum. Tritum raro in usu est, sicut et succus expressi. Exprimitur autem, quum primum semen turgescit, madefactum aqua triduo recens, aut siccum septem diebus. Deinde coctum in æneo vase ad tertias, x heminis in aquæ sextariis XLV, iterumque percolatum lente coquitur ad crassitudinem mellis, qualiter ex minore centaureo quæritur succus. Sed hic absinthii inutilis stomacho capiteque est, quum sit ille decocti saluberrimus. Namque 3 adstringit stomachum bilemque detrahit, urinam ciet, alvum emollit, et in dolore sanat : ventris animalia pellit, malaciam stomachi et inflationes discutit cum sili et nardo gallico, aceto exiguo addito. Fastidia absterget : concoctiones adjuvat. Cruditates detrahit cum ruta, et pipere, et sale. Antiqui purgationis causa dabant, cum marinæ aquæ veteris sextario, seminis sex drachmis, cum tribus salis, et mellis cyatho. Efficacius purgat duplicato sale. Diligenter autem teri debet, propter difficultatem. Quidam 4 et in polenta dedere supra dictum pondus, additio pulegio : alii pueris folia in fico sicca, ut amaritudinem fallerent. Thoracem purgat cum iride sumptum. In regio morbo crudum bibitur cum apio, aut adianto. Adversus inflationes,

vinaigre, elle combat les mauvais effets des champignons et ceux de la glu (*ixias*, XXII, 21) (8); dans du vin, ceux de la ciguë, et le venin de la musaraigne, du dragon marin et du scorpion. L'absinthe est très-bonne pour éclaircir la vue : on en fait un topique avec le vin cuit, pour les fluxions des yeux; avec le miel, pour les contusions. La vapeur de la décoction guérit les oreilles, ou si elles suppurent on pile l'absinthe avec du miel. Trois ou quatre petites branches d'absinthe, avec une racine de nard celtique et six cyathes d'eau, sont diurétiques et emménagogues. L'absinthe est en particulier emménagogue, prise avec du miel ou en pessaire dans de la laine. Avec du miel et du nitre, c'est un remède pour l'angine. Dans de l'eau, elle guérit les épinyctides. On en fait un topique pour les plaies récentes avant qu'elles aient été touchées par l'eau; on s'en sert en outre pour les ulcérations de la tête. On l'emploie particulièrement en cataplasme pour les douleurs viscérales, avec de la cire de Chypre ou avec des figues. Elle guérit les démangeaisons. Il ne faut pas la donner dans la fièvre. Bue pendant la navigation, elle empêche le mal de mer; portée sur le ventre, elle empêche le gonflement des aines. Flairée, elle provoque le sommeil. Elle produit le même effet mise sous le chevet à l'insu de la personne. Placée dans les hardes elle les préserve des vers. En onction, dans l'huile, ou brûlée, en fumigation, elle chasse les cousins. L'encre à écrire dans laquelle on a mêlé du suc de cette plante garantit l'écriture contre les rats. La cendre d'absinthe mêlée avec de l'huile rosat et de l'onguent rosat noircit les cheveux.

XXIX. Il est aussi une absinthe marine (XXXII, 31, 5) (*artemisia maritima*, L.), nommée par quelques-uns seriphium; la plus estimée croit à Taposiris d'Égypte. Les initiés aux mystères d'Isis en portent un rameau à la main. Elle a la feuille plus étroite que la précédente, et est moins amère. Elle fait mal à l'estomac, relâche le ventre, et chasse les vers intestinaux. On la prend en breuvage avec de l'huile et du sel, ou délayée dans un potage fait avec la farine de blé de trois mois. On en fait cuire une poignée dans un setier d'eau jusqu'à réduction de moitié.

XXX. (VIII.) Les Grecs donnent le nom de ballote (*ballota nigra*, L.), ou melamprasion (XX, 89) (9), à une plante rameuse à tige noire, quadrangulaire, à feuilles velues, couvrant les tiges, plus grandes que celles du poireau, plus foncées, et d'odeur forte. Les feuilles pilées, et appliquées avec du sel, ont de l'efficacité contre les morsures de chien; cuites dans la cendre et enveloppées dans une feuille de chou, contre les condylomes. Cette plante avec du miel déterge les ulcères sordides.

XXXI. Le botrys (*chenopodium botrys*, L.) est une plante touffue, à petites branches jaunes; la graine est tout autour des branches; les feuilles ressemblent à celles de la chicorée. Cette plante se trouve sur le bord des torrents. C'est un remède pour l'orthopnée. Les Cappadociens la nomment ambrosia; d'autres, artemisia.

XXXII. La brabyla (*prune de damas*) a des propriétés astringentes, à la façon du coing : c'est tout ce que les auteurs en disent.

XXXIII. Le bryon marin est (XXXII, 36) (*ulva lactuca*, L.), sans aucun doute, une plante portant des feuilles semblables à celles de la laitue; il est rugueux et comme resserré sur

---

calidum paulatim sorbetur ex aqua : jocineris causa cum gallico nardo : lienis, cum aceto, aut pulte, aut fico sumitur. Adversatur fungis ex aceto : item visco : cicutæ ex vino : et muris aranei morsibus, draconi marino, scorpionibus. Oculorum claritati multum confert. Epiphoris cum passo imponitur, suggillatis cum melle. Aures decoctum ejus vaporis suffitu sanat : aut si manent sanie, cum melle tritum. Urinam ac menses cient tres quatuorve ramuli, cum gallici nardi radice una, cyathis aquæ VI. Menses privatim cum melle sumtum, et in vellere appositum. Anginis subvenit cum melle et nitro. Epinyctidas ex aqua sanat : vulnera recentia, priusquam aqua tangantur, imposita : præterea capitis hulcera. Peculiariter ilibus imponitur, cum cypria cera, aut cum fico. Sanat et pruritus. Non est dandum in febri. Nauseam maris arcet in navigationibus potum : inguinum tumorem in ventrali habitum. Somnos allicit olfactum, aut inscio sub capite positum. Vestibus insertum tineas arcet. Culices ex oleo perunctis abigit : et fumo, si uratur. Atramentum librarium ex diluto ejus temperato, litteras a musculis tuetur. Capillum denigrat absinthii cinis, unguento rosaceoque permixtus.

XXIX. Est et absinthium marinum, quod quidam seriphium vocant, probatissimum in Taposiri Ægypti. Hujus ramum Isiaci præferre solemne habent. Angustius priore, minusque amarum, stomacho inimicum, alvum mollit, pellitque animalia interaneorum. Bibitur cum oleo et sale, aut in farinæ trimestris sorbitione dilutum. Coquitur, quantum manus capiat, in aquæ sextario ad dimidias.

XXX. (VIII.) Balloten alio nomine melamprasion Græci vocant, herbam fruticosam, angulosis caulibus nigris, hirsutis foliis vestientibus, majoribus quam porri, et nigrioribus, graveolentibus. Vis ejus efficax adversus canis morsus, ex sale foliis tritis impositæ : item ad condylomata, coctis cinere, in folio oleris. Purgat et sordida hulcera cum melle.

XXXI. Botrys fruticosa herba est, luteis ramulis. Semen circa totos nascitur : folia cichorio similia. Invenitur in torrentium ripis. Medetur orthopnoicis. Hoc Cappadoces ambrosiam vocant, alii artemisiam.

XXXII. Brabyla spissandi vim habet, cotonei mali modo : nec amplius de ea tradunt auctores.

XXXIII. Bryon marinum, herba sine dubitatione est, lactucæ foliis similis, rugosa, veluti contracta, sine caule, ab ima radice exeuntibus foliis. Nascitur in scopulis maxime, testisque terra comprehensis. Præcipua siccandi

lui-même, sans tige, les feuilles s'échappant du haut de la racine. Le bryon croît principalement sur les rochers et sur les coquillages engagés dans le sable. Il a pour propriété spéciale de sécher, de resserrer. Il arrête toutes les collections, toutes les inflammations, surtout celles de la goutte, et il est bon dans tous les cas où il s'agit de rafraîchir.

XXXIV. Je trouve que l'on donne la graine d bupleuron (xxii, 35) pour les morsures des serpents, et qu'on fomente les plaies avec la décoction de cette plante, en y ajoutant des feuilles de mûrier ou d'origan.

XXXV. Le catanance (*ornithopus compressus*, L.) est une herbe de Thessalie, qu'il est inutile que nous décrivions, car on ne l'emploie que dans les philtres. Pour faire voir la vanité des arts magiques, il n'est pas hors de propos de remarquer que cette plante a été choisie pour l'usage indiqué parce qu'en se desséchant elle se recoquille comme les serres d'un milan mort. Pour la même raison, nous passerons sous silence le cemos (*gnaphalium leontopodium*, L.).

XXXVI. Il y a deux espèces de calsa. L'une (*arum arisarum*) est semblable à l'arum (xxiv, 94) et croît dans les terres labourées ; on la recueille avant qu'elle se dessèche. Mêmes usages que ceux de l'arum. On prend en boisson la racine, comme purgatif et comme emménagogue. La tige, bouillie avec ses feuilles parmi des légumes, guérit le ténesme.

XXXVII. L'autre espèce (*anchusa tinctoria*) est appelée par quelques-uns anchusa (xxii, 23); par d'autres, rhinochisia. Les feuilles sont celles de la laitue, mais plus longues, velues. La racine est rouge, et en topique avec de la polenta e guérit les érysipèles ; prise à l'intérieur avec du vin blanc, les affections du foie.

XXXVIII. La circæa (*circæa lutetiana*, L.) ressemble au strychnos cultivé (*solanum nigrum*) : fleur noire, très-petite ; graine menue comme le millet, se formant dans des espèces de cornets ; racine haute d'un demi-pied, ordinairement triple ou quadruple, blanche, odorante, d'une saveur chaude. Elle croît sur les rochers exposés au soleil. On la fait infuser dans du vin, et on l'administre pour les douleurs et les affections de la matrice ; il faut que trois onces de la racine pilée aient macéré dans trois setiers de vin pendant un jour et une nuit. Cette même potion fait sortir l'arrière-faix. La graine prise dans du vin ou de l'eau miellée diminue le lait.

XXXIX. Le cirsion (*carduus tenuiflorus*, L.) est une tige menue et tendre, haute de deux coudées, triangulaire, et entourée de feuilles épineuses ; les piquants sont mous. Les feuilles sont semblables à celles de la buglosse, plus petites, blanchâtres. Au sommet le cirsion a de petites têtes pourpres qui tombent en duvet. Cette plante, ou la racine, attachée au lieu douloureux, guérit, dit-on, les douleurs des varices.

XL. Le cratæogonon (*crucianella monspeliaca*, L.) est semblable à un épi de froment. Il est formé de plusieurs tuyaux qui partent d'une seule racine, et il est rempli de nœuds. Il croît dans les lieux ombragés ; la graine est semblable au millet, et d'un goût très-âpre. Si un homme et une femme en avalent dans du vin, avant le repas, trois oboles dans trois cyathes d'eau, l'enfant, même conçu depuis quarante jours, sera, dit-on, du sexe masculin. Il est un autre cratæogonos appelé thélygonos (xxvi, 91). On recon-

---

ei spissandique vis, et collectiones omnes inflammationesque cohibendi, præcipue podagræ, et quidquid refrigerare opus sit.

XXXIV. Bupleuri semen ad ictus serpentium dari reperio, foverique plagas decocta ea herba, adjectis foliis mori, aut origani.

XXXV. Catanancen Thessalam herbam, qualis sit, a nobis describi supervacuum est, quum sit usus ejus ad amatoria tantum. Illud non ab re est dixisse ad detegendas magicas vanitates, electam ad hunc usum conjectura, quoniam arescens contraheret se ad speciem unguium milvi examinati. Eadem ex causa et cemos silebitur a nobis.

XXXVI. Calsa duorum generum est. Una similis aro. Nascitur in arationibus. Colligitur antequam inarescat, ususque omnem habet, quos arum. Bibitur quoque radix hujus ad exinaniendas alvos, mensesque mulierum : item caulis cum foliis in leguminibus decoctus sanat tenesmon.

XXXVII. Alterum genus ejus quidam anchusam vocant, alii rhinochisiam. Folia lactucæ longiora, plumosa, radice rubra, quæ ignes sacros cum flore polentæ sanat imposita : jocineris autem vitia, in vino albo pota.

XXXVIII. Circæa strychno sativo similis est, flore nigro, pusillo, parvo semine, ut milii, nascente in quibusdam corniculis, radice semipedali, triplici ferme, aut quadruplici, alba, odorata, gustu calidi. Nascitur in apricis saxis. Diluitur in vino, bibiturque ad dolorem vulvæ et vitia. Macerari oportet in sextariis tribus quadrantem radicis tusæ, noctem et diem. Trahit eadem potio et secundas : semine lac minuitur, in vino aut mulsa aqua poto.

XXXIX. Cirsion cauliculus est tener duum cubitorum, triangulo similis, foliis spinosis circumdatus. Spinæ molles sunt. Folia bovis linguæ similia, minora, subcandida, et in cacumine capitula purpurea, quæ solvuntur in lanugines. Hanc herbam radicemve ejus adalligatam, dolores varicum sanare tradunt.

XL. Cratæogonon spicæ tritici simile est, multis calamis ex una radice emicantibus, multorumque geniculorum. Nascitur in opacis, semine milii, vehementer aspero gustu : quod si bibant ex vino ante cœnam, tribus obolis in cyathis aquæ totidem, mulier ac vir, ante conceptum diebus xl, virilis sexus partum futurum aiunt. Est et alia cratæogonos, quæ thelygonos vocatur. Differentia intelligitur lenitate gustus. Sunt qui florem cratæogoni bibentes mulieres intra xl diem concipere tradant. Eadem sanant

naît celui-ci à la douceur du goût. Des auteurs prétendent que des femmes qui prennent en boisson la fleur du cratæogonos conçoivent avant quarante jours. Ces mêmes plantes, avec du miel, guérissent les vieux ulcères noirs, en remplissent les sinus, et rendent de la chair aux parties atrophiées. Elles détergent les parties suppurantes; elles dissipent les tumeurs; elles adoucissent la goutte, toutes les fluxions, et surtout celles des mamelles. Sous le nom de cratægos ou de cratægon, Théophraste (Hist. III, 15) entend un arbre appelé en Italie aquifolia (XXIV, 72) (11).

XLI. Le crocodilion (*carduus pycnocephalus*, L.) a la forme du chamæléon noir (*brotera corymbosa*). La racine est longue, uniformément grosse, et d'une odeur piquante. Il croît dans les terrains sablonneux. En boisson, il fait sortir par les narines beaucoup de sang épais, et de la sorte, dit-on, consume la rate.

XLII. Le cynosorchis, appelé par quelques-uns orchis, a les feuilles de l'olivier, molles, au nombre de trois, étendues sur le sol dans la longueur d'un demi-pied, la racine bulbeuse, oblongue, et divisée en deux parties (XXVI, 62): l'une supérieure, qui est plus dure, l'autre inférieure, qui est plus molle. Cette racine se mange cuite, comme des bulbes; on la trouve ordinairement dans les vignobles. Si les hommes mangent la grosse partie, des enfants mâles, dit-on, seront engendrés; si les femmes mangent la petite, des enfants femelles. En Thessalie, les hommes prennent en boisson, dans du lait de chèvre, la partie la plus molle, pour s'exciter au coït, et la plus dure, pour réprimer leurs désirs; l'une détruit l'effet de l'autre.

XLIII. Le chrysolachanum (*atriplex hortensis*, L.) croît dans les lieux plantés de pins. Il ressemble à la laitue. Appliqué sans délai, il guérit les nerfs coupés. On indique aussi une autre espèce de chrysolachanum (xx, 93) à fleurs d'or, à feuilles de chou; on la mange cuite, comme un légume tendre. Cette plante, portée par les ictériques de manière qu'ils puissent la voir, guérit, dit-on, l'ictère. Je ne sais pas si c'est là tout ce qu'il y a à dire sur le chrysolachanum, mais c'est tout ce que je trouve. Car c'est un défaut commun à nos derniers botanistes d'indiquer brièvement, par le nom seul, et comme vulgairement connues, les plantes qui leur sont familières : c'est ainsi qu'ils disent que le coagulum terrestre (12) pris en boisson dans du vin ou de l'eau arrête le cours de ventre et guérit la rétention d'urine.

XLIV. Ils disent de même que les feuilles du cuculus (*solanum nigrum*, L.) (XXI, 105) pilées avec du vinaigre guérissent les blessures faites par les serpents et les scorpions; quelques-uns le nomment strumus, d'autres lui donnent le nom grec de strychnos. Il porte des grains noirs. Un cyathe du suc de ces grains, avec deux cyathes de vin miellé, guérit les douleurs lombaires; versé sur la tête avec de l'huile rosat, la céphalalgie. La plante même s'emploie contre les scrofules.

XLV. La conferve est particulière aux rivières, et surtout à celles qui descendent des Alpes. Elle est ainsi nommée, de ses propriétés agglutinatives. C'est plutôt une éponge d'eau douce qu'une mousse ou une herbe; elle est serrée, filamenteuse et fistuleuse. Je sais qu'un émondeur qui, étant tombé du haut d'un arbre, s'était fracturé presque tous les os, a été guéri par cette plante. On lui en entoura tout le corps; et toutes les fois qu'elle séchait on l'arrosait avec l'eau où elle avait trempé. On ne l'ôtait que rarement, et seulement pour en mettre d'autre, quand celle

---

hulcera vetera nigra cum melle : explent sinus hulcerum, et atropha carnosiora faciunt : purulenta expurgant : panos discutiunt : podagras collectionesque omnes leniunt, peculiariter mammarum. Theophrastus arboris genus intelligi voluit cratægon, sive cratægona, quam Itali aquifoliam vocant.

XLI. Crocodilion chamæleonis herbæ nigræ figuram habet, radice longa, æqualiter crassa, odoris asperi. Nascitur in subuletis. Pota sanguinem per nares pellit copiosum crassumque, atque ita lienem consumere dicitur.

XLII. Cynosorchin aliqui orchin vocant, foliis oleæ, mollibus, ternis per semipedem longitudinis in terra stratis, radice bulbosa, oblonga, duplici ordine : superiore, quæ durior est, et inferiore, quæ mollior. Edunter ut bulbi cocti, in vineis fere inventæ. Ex his radicibus si majorem edant viri, mares generari dicunt : si minorem feminæ, alterum sexum. In Thessalia molliorem in lacte caprino viri bibunt ad stimulandos coitus, duriorem vero ad inhibendos. Adversantur alter alteri.

XLIII. Chrysolachanum in pineto, lactucæ simile nascitur. Sanat nervos incisos, si confestim imponatur. Et aliud genus chrysolachani traditur, flore aureo, foliis oleris. Coctum estur, ut olus molle. Herba hac adalligata morbum regium habentibus, ita ut spectari ab his possit, sanari id malum traditur. De chrysolachano nec satis dici scio, nec plura reperio. Namque et hoc vitio laboravere proximi utique herbarii nostri, quod ipsis notas velut vulgares, strictim, et nominibus tantum indicavere : tanquam coagulo terræ alvum sisti, stranguriam dissolvi, si bibatur ex vino aut aqua.

XLIV. Cuculi folia trita cum aceto, serpentium ictibus et scorpionum mederi. Quidam hanc alio nomine strumum appellant, alii græce strychnon : acinos habet nigros. Ex his cyathus succi cum mulsi duobus, medetur lumbis : item capitis dolori cum rosaceo infusus. Ipsa strumis illita.

XLV. Peculiaris est Alpinis maxime fluminibus conferva, appellata a conferruminando, spongia aquarum dulcium verius, quam muscus aut herba, villosæ densitatis atque fistulosæ. Curatum ea scio, omnibus fere ossibus confractis, prolapsum ex arbore alta putatorem, circumdata universo corpori, aquam suam inspergentibus, quoties marescerel : raroque, nec nisi deficientem herbam

qui y était faisait défaut. Il se rétablit avec une rapidité à peine croyable.

1 XLVI. (IX.) Le coccus de Gnide (*daphne gnidium* (XIII, 35) a la couleur du coccus ou graine d'écarlate. Il est plus gros qu'un grain de poivre, et d'une qualité extrêmement chaude; aussi l'avale-t-on dans du pain, pour qu'il ne brûle pas la gorge en la traversant: c'est un antidote souverain contre la ciguë.

1 XLVII. Le dipsacos (XXVI, 108) (chardon à foulon) arrête le cours de ventre. Il a les feuilles de la laitue, et au milieu de ces feuilles, sur le dos, des tubercules épineux. La tige, haute de deux coudées, est hérissée de ces mêmes épines. Deux feuilles embrassent les nœuds, et forment une aisselle dans laquelle se ramasse une rosée salée. Au sommet sont de petites têtes hérissées encore d'épines. Il croît dans les lieux humides. Il guérit les crevasses du siège; il guérit aussi les fistules: pour cela on fait bouillir la racine dans du vin jusqu'à consistance de cire, afin que cette préparation puisse être introduite dans la fistule. Il guérit aussi les verrues de toute espèce, auxquelles quelques-uns appliquent le suc contenu, comme nous avons dit, dans l'aisselle des feuilles.

1 XLVIII. Le dryopteris (*asplenium adiantum nigrum*, L.), semblable à la fougère, croît sur les arbres: feuilles douceâtres, à dentelures fines; racine chevelue. Il est caustique; aussi la racine pilée sert-elle d'épilatoire: on s'en frotte jusqu'à ce qu'elle excite la sueur; puis on s'en frotte une seconde fois et une troisième, sans essuyer la sueur.

1 XLIX. Le dryophonon (*lepidium draba*, L.) est une plante semblable, à tiges menues, hautes d'une coudée, entourées de tous côtés de feuilles de la grandeur du pouce, et qui ressemblent à celles de l'oxymyrsine (petit houx), mais plus blanches et plus molles; à fleur blanche, semblable à celle du sureau. On mange les tiges bouillies; on emploie la graine en guise de poivre.

L. L'élatine (*linaria græca*, Bory) a les 1 feuilles de l'helxine, très-petites, velues, rondes; de petits rejets, hauts d'un demi-pied, au nombre de cinq ou six, garnis de feuilles dès la racine. Elle croît dans les blés. Elle est acerbe au goût, et pour cela efficace dans les fluxions des yeux: on pile les feuilles avec de la polenta, et on les applique entre deux linges. L'élatine cuite avec de la graine de lin, et prise en potage, délivre de la dyssenterie.

LI. L'empetros (*frankenia pulverulenta*, L.), 1 nommé chez nous calcifraga (brise-chaux), croît dans les montagnes maritimes, et presque sur la pierre. Plus il est voisin de la mer, moins il est salé. Pris en boisson, il évacue la bile et la pituite. Plus il est éloigné dans les terres, plus on le trouve amer. Il évacue les eaux. On le prend dans un bouillon ou dans de l'hydromel. En vieillissant il devient inerte. Frais et bouilli dans l'eau ou pilé, il est diurétique, et brise les calculs. Ceux qui veulent donner créance à cette propriété affirment que les cailloux avec lesquels on le fait bouillir se brisent.

LII. L'épipactis (*neottia spiralis*), appelé par 1 d'autres ellèborine (XIII, 35), est une petite plante à feuilles exiguës, excellente en boisson contre les affections du foie et les poisons.

LIII. L'épimédion (*marsilea quadrifolia*, L.) 1 est une tige de médiocre grandeur, portant des feuilles semblables à celles du lierre, au nombre de dix ou de douze, ne fleurissant jamais, à ra-

---

mutationis causa resolventibus, convaluisse vix credibili celeritate.

1 XLVI. (IX.) Cocco gnidio color cocci, magnitudo grano piperis major, vis ardens. Itaque in pane devoratur ne adurat, quum gulam transit: huic vis præsentanea contra cicutam

1 XLVII. Sistit alvum dipsacos: folia habet lactucæ, bullasque spinosas in dorsi medio, caulem duum cubitorum, iisdem spinis horridum, genicula ejus binis foliis amplectentibus, concavo alarum sinu, in quo substitit ros salsus. In cacumine capitula sunt echinata spinis. Nascitur in aquosis. Sanat rimas sedis. Item fistulas, decocta in vino radice, usque dum sit crassitudo ceræ, ut possit in fistulas collyrium mitti. Item verrucas omnium generum. Quidam et alarum, quas supra diximus, succum illinunt his.

1 XLVIII. Dryopteris filici similis, in arboribus nascitur, tenui foliorum subdulcium incisura, radice hirsuta. Vis ei caustica est. Ideo psilothrum est radix tusa: illinitur enim, quoad sudores evocet; iterumque et tertio, ita ne sudor abluatur.

1 XLIX. Dryophonon similis herba est, cauliculis tenuibus, cubitalibus, circumdatis utrimque foliis pollicari amplitudine, qualia oxymyrsines, sed candidioribus mollioribusque, flore candido sambuci. Edunt cauliculos decoctos. Semine vero ejus pro pipere utuntur.

L. Elatine folia habet helxinæ, pusilla, pilosa, rotunda, 1 semipedalibus ramulis quinis senisve a radice statim foliosis. Nascitur in segetibus, acerba gustu, et ideo oculorum fluxionibus efficax, foliis cum pulenta tritis et impositis, subdito linteolo. Eadem cum lini semine cocta sorbitionis usu dysenteria liberat.

LI. Empetros, quam nostri calcifragam vocant, nasci- 1 tur in montibus maritimis, fere in saxo: quo propius mari fuerit, minus salsa est: potaque bilem trahit, ac pituitas: quo longius magisque terrena, amarior sentitur. Trahit aquam. Sumitur autem in jure alique, aut in hydromelite. Vetustate vires perdit. Recens urinas ciet decoctum in aqua vel tritum, calculosque frangit. Qui fidem promisso huic quærunt, affirmant lapillos, qui subferveliant una, rumpi.

LII. Epipactis, ab aliis elleborine vocatur, parva herba, 1 exiguis foliis, jocineris vitiis utilissima, et contra venena pota.

LIII. Epimedion caulis est non magnus, ederæ foliis 1 denis atque duodenis, nunquam florens, radice tenui,

cine menue, noire, d'une odeur forte. Il croît dans les lieux humides. Il a des propriétés astringentes et réfrigérantes, dont les femmes doivent se garder. Les feuilles, pilées dans du vin, empêchent la gorge des jeunes filles de croître.

LIV. L'ennéaphyllon (*dentaria enneaphylla*, L.), qui a neuf longues feuilles, est de qualité caustique. On en fait un topique, mais on l'enveloppe dans de la laine, de peur qu'il ne brûle le côté; en effet, il fait venir aussitôt des cloches. Il est excellent pour les douleurs des lombes et de la hanche.

LV. Il y a deux espèces de fougères. Elles n'ont ni fleurs ni graines. En grec, on nomme ptéris ou blechnos (*aspidium filix mas*, L.) celle qui d'une seule racine produit de nombreux rejetons dépassant souvent deux coudées en hauteur, et n'ayant pas une odeur forte; c'est la fougère mâle. L'autre est nommée en grec thélypteris ou nymphæa pteris (*pteris aquilina*, L.). Celle-ci n'a qu'une seule tige, peu garnie de branches; elle est plus courte, plus molle, plus touffue, et revêtue de feuilles engaînantes dès la racine. La racine de l'une et de l'autre engraisse les cochons. Les feuilles de toutes deux sont découpées en forme d'ailes, d'où le nom grec (ptéris). Les racines de toutes deux s'étendent obliquement, et sont noires, surtout ayant séché. Il faut les faire sécher au soleil. Les fougères croissent partout, mais surtout dans une terre froide. Le temps de les lever de terre est au coucher des Pléiades (XVIII, 59). On n'emploie cette racine qu'au bout de trois ans, jamais avant ni après. Les fougères chassent les vers intestinaux; les tænia, avec du miel; les autres, en boisson dans du vin doux pendant trois jours. Les deux espèces sont très-contraires à l'estomac; elles relâchent le ventre, évacuant d'abord la bile, puis les eaux. Elles débarrassent encore plus sûrement du tænia, avec une dose égale de scammonée. Contre les rhumatismes, la racine, à la dose de deux oboles, se prend dans de l'eau après un jour d'abstinence; mais on mange auparavant du miel. On ne doit donner ni l'une ni l'autre aux femmes, car elles causent l'avortement chez les femmes enceintes, la stérilité chez les autres. On répand sur les ulcères de mauvaise apparence la poudre de fougère, ainsi que sur le cou des bêtes de somme. Les feuilles tuent les punaises et écartent les serpents; aussi est-il bon d'en joncher les endroits suspects. Brûlées, elles mettent en fuite par leur odeur ces animaux. Les médecins font un choix dans les fougères : la meilleure est celle de Macédoine; au second rang est celle de Cassiope.

LVI. On donne le nom de cuisse de bœuf (13) à une plante qui a aussi son utilité; elle est bonne pour les nerfs; on l'emploie fraîche, pilée dans du vinaigre et du sel.

LVII. Le galéopsis, ou galeobdolon (*scrofularia peregrina*, L.), ou galion, a la tige et les feuilles de l'ortie, mais plus lisses, et exhalant, pilées, une odeur forte. La fleur est pourpre. Il croît partout, le long des haies et des sentiers. Les feuilles et les tiges, pilées dans du vinaigre et appliquées, guérissent les duretés, les carcinomes, les scrofules, et dissipent les tumeurs et les parotides. Il est utile aussi de fomenter la partie avec la décoction. Cette plante, avec du sel, guérit les ulcères putrides et la gangrène.

LVIII. Le glaux (*sennebiera coronopus*, Poir.) s'appelait jadis eugalactos (bon-au-lait). Il ressemble par les feuilles au cytise et à la lentille,

---

nigra, gravi odore. Nascitur in humidis, et huic spissandi refrigerandique natura, feminis cavenda. Folia in vino trita virginum mammas cohibent.

LIV. Enneaphyllon, longa folia novena habet, causticæ naturæ. Imponitur lana circumdatum, ne urat latus : continuo enim pusulas excitat : lumborum doloribus, et coxendicum utilissimum.

LV. Filicis duo genera; nec florem habent, nec semen. Pterin Græci vocant, alii blechnon, cujus ex una radice complures exeunt filices, bina etiam cubita excedentes longitudine, non graves odore. Hanc marem existimant. Alterum genus thelypterin Græci vocant, alii nymphæam pterin. Est autem singularis, parva, non fruticosa, brevior, molliorque et densior, foliis ad radicem caniculata. Utriusque radice sues pinguescunt. Folia utriusque lateribus pinnata, unde nomen Græci imposuere. Radices utrique longæ in obliquum, nigræ, præcipue quum inaruere. Siccari autem eas sole oportet. Nascuntur ubique, sed maxime frigido solo. Effodi debent Vergiliis occidentibus. Usus radicis in trimatu tantum, neque antea, neque postea. Pellunt interaneorum animalia : ex his tænias cum melle : cætera ex vino dulci triduo potæ. Utraque stomacho inutilissima. Alvum solvit : primo bilem trahens, mox aquam : melius tænias cum scammonii pari pondere. Radix ejus duum obolorum pondere ex aqua, post unius diei abstinentiam bibitur, melle prægustato, contra rheumatismos. Neutra danda mulieribus, quoniam gravidis abortum, cæteris sterilitatem facit. Farina earum hulceribus tetris inspergitur : jumentorum quoque cervicibus. Folia cimicem necant : serpentem non recipiunt. Ideo substerni utile est in locis suspectis : ustæ etiam fugant nidore. Fecere medici hujus quoque herbæ discrimen. Optima Macedonica est, secunda Cassiopica.

LVI. Femur bubulum appellatur herba, nervis et ipsa utilis, recens in aceto ac sale trita.

LVII. Galeopsis, aut, ut alii, galeobdolon, vel galion, caulem et folia habet urticæ læviora, et quæ gravem odorem trita reddant : flore purpureo. Nascitur circa sepes ac semitas ubique. Folia caulesque duritias et carcinomata sanant, ex aceto, trita et imposita : item strumas. Panos et parotidas discutiunt. Ex usu est et decoctæ succo fovere. Putrescentia quoque et gangrænas sanat cum sale.

LVIII. Glaux antiquitus eugalacton vocabatur, cytiso et lenticulæ foliis similis : aversa candidiora. Rami in terram

si ce n'est que le dessous en est plus blanc. Les branches, au nombre de cinq ou six, rampent à terre; très-menues à la racine. Il en sort de petites fleurs pourprés. Il se trouve près de la mer. On le fait cuire dans un potage de fleur de farine, pour augmenter la quantité du lait. Il convient, en en prenant, d'user de bains.

1 LIX. (x.) Le glaucion (*glaucium flavum*, L.) (xx, 78) croît dans la Syrie et la Parthie : plante peu élevée, feuilles touffues, presque semblables à celles du pavot, plus petites cependant et plus sales; odeur repoussante, saveur amère et astringente. Il produit une graine de couleur safranée; on la met dans un vase enduit d'un lut de terre, qu'on place dans une tourtière; puis on la retire pour en exprimer un suc qui prend le même nom. On emploie et ce suc et les feuilles pilées contre les fluxions des yeux, qui toutes se dissipent à l'instant; aussi en fait-on un collyre appelé par les médecins diaglaucion. Cette plante rappelle aussi le lait supprimé; à cet effet, on la prend dans de l'eau.

1 LX. Le glycyside, ou pæonia, ou pentorobos, (pivoine) a une tige de deux coudées, accompagnée de deux ou trois autres, un peu rousse, à peau de laurier; des feuilles semblables à celles de l'isatis (pastel), mais plus grasses, plus rondes et plus petites; des graines qui sont dans des gousses, et dont les unes sont rougeâtres et les autres noires. Le glycyside est de deux espèces : on regarde comme femelle celui aux racines duquel adhèrent des espèces de glands allongés, au nombre de six ou huit environ. Le mâle (xxv, 10) en a davantage, parce qu'il jette plusieurs racines longues d'un palme, et blanches; il (14) est d'une sa-
2 veur astringente. Les feuilles du glycyside femelle sentent la myrrhe, et sont plus touffues. Les deux espèces croissent dans les forêts. On dit (xxv, 10) qu'il faut les arracher de nuit : de jour, ce serait dangereux, parce qu'on serait assailli par le pivert, qui s'attaque aux yeux. On ajoute qu'en arrachant la racine on s'expose à une chute du rectum. Ce sont là, je pense, de vaines fables imaginées par le charlatanisme. Cette plante est employée à divers usages : les graines rouges arrêtent les pertes rouges; on en prend à peu près quinze dans du vin noir. Les graines noires guérissent la matrice : on en prend le même nombre dans du vin cuit ou du vin ordinaire. La racine, dans du vin, guérit toutes 3 les douleurs de ventre, et est purgative. Elle guérit l'opisthotonos, l'ictère, les reins, la vessie; bouillie dans du vin, la trachée-artère et l'estomac. Elle arrête la diarrhée. On la mange contre l'aliénation mentale; mais dans ce cas il ne faut pas en prendre plus de quatre drachmes. Les grains noirs, pris dans du vin à la dose indiquée, guérissent le cauchemar. Dans la cardialgie il est bon de s'en servir à l'intérieur et à l'extérieur. La graine noire guérit les suppurations récentes; la graine rouge, les vieilles suppurations. Les deux graines sont un remède contre les morsures des serpents, et chez les enfants contre les calculs, quand la difficulté d'uriner commence.

LXI. Le gnaphalion ou chamæzelon (*santo-* 1 *lina maritima*) a les feuilles blanches et molles: on s'en sert en guise de bourre, à laquelle en effet elles ressemblent. On l'administre dans du vin astringent pour la dyssenterie. Il arrête le flux de ventre et les pertes. On le donne en lavement dans le ténesme; on l'applique sur les ulcères putrides.

---

serpunt quini senive, admodum tenues ab radice. Flosculi purpurei exeunt. Invenitur juxta mare. Coquitur in sorbitione similaginis, ad excitandam ubertatem lactis. Eam qui hauserint, balineis uti convenit.

1 LIX. (x.) Glaucion in Syria et Parthia nascitur, humilis herba, densis foliis, fere papaveris, minoribus tamen sordidioribusque : odoris tetri, gustus amari cum adstrictione. Granum habet crocei coloris. Hoc in olla fictili luto circumlitum, in clibanis calefaciunt : deinde exemto succum exprimunt ejusdem nominis : usus est et succi, et foliorum, si terantur, adversus epiphoras, quæ universæ uno impetu cadunt. Hinc temperatur collyrium, quod medici diaglaucion vocant. Lactis quoque ubertas intermissa restituitur. Sumitur ejus rei causa ex aqua.

1 LX. Glycyside, quam aliqui pæoniam, aut pentorobon vocant, caulem habet duum cubitorum, comitantibus duobus aut tribus, subrutilum, cute lauri : folia qualia isatis, pinguiora, rotundioraque, et minora : semen in siliquis, aliud grano rubente, aliud nigro. Duo autem genera sunt. Femina existimatur, cujus radicibus ceu balani longiores circiter octo, aut sex adhærent. Mas plures habet, quoniam non una radice nixus est, palmi altitudine, candidaque. Gustu adstringit. Feminæ folia myrrham re- 2 dolent, et densiora sunt. Nascuntur in silvis. Tradunt noctu effodiendas, quoniam pico Martio impetum in oculos faciente, interdiu periculosum sit. Radix vero quum effodiatur, periculum esse ne sedes procidat. Magna id vanitate ad ostentationem rei fictum arbitror. Usus in his diversus. Rubra enim grana rubentes menses sistunt, xv fere pota in vino nigro. Nigra grana vulvis medentur, ex passo aut vino totidem pota. Radix omnes ventris dolores 3 sedat in vino, alvumque purgat : sanat opisthotonum, morbum regium, renes, vesicam : arteriam autem et stomachum decocta in vino; alvumque sistit : estur etiam contra malum mentis : sed in medendo quatuor drachmæ satis sunt. Grana nigra auxiliantur et suppressionibus nocturnis, in vino pota, quo dictum est numero. Stomachi vero erosionibus, et esse ea, et illinire prodest. Suppurationes quoque discutiuntur, recentes nigro semine, veteres rubro. Utrumque auxiliatur a serpente percussis : et pueris contra calculos, incipiente stranguria.

LXI. Gnaphalion alii chamæzelon vocant, cujus foliis albis mollibusque pro tomento utuntur : sane et similia sunt. Datur in vino austero ad dysenteriam : ventris solutiones mensesque mulierum sistit. Infunditur

1 LXII. Xénocrate nomme gallidraga (*dipsacus pilosus*, L.) une plante ressemblant au leucacanthus (*centaurea dalmatica*, Peter.). Elle croît dans les marais; épineuse, à tige férulacée, haute, et portant au sommet quelque chose de semblable à un œuf. Là, la plante grandissant, se forment, dit-on, de petits vers (xxv, 108) qu'on met dans une boîte, et qu'on porte en amulette avec du pain au bras du côté où l'on a mal aux dents, ce qui enlève soudain la douleur ; mais ils ne peuvent servir plus d'un an, et encore faut-il qu'ils n'aient point touché la terre.

1 LXIII. L'holcus (*hordeum murinum*, L.) croît dans les rochers arides ; il a un épi au sommet, un chaume menu ; il ressemble à l'orge, qui repousse après avoir été coupée. L'holcus, attaché autour de la tête ou du bras, fait sortir les barbes d'épis entrées dans les chairs ; pour cela quelques-uns le nomment aristida (arista, *épi*).

1 LXIV. L'hyoseris (15) (*centaurea nigra*, L.) ressemble à la chicorée ; mais il est plus petit et plus rude au toucher ; pilé c'est pour les blessures un topique excellent.

1 LXV. L'holosteon (tout-os) (*holosteum umbellatum*) est très-mou, nommé ainsi par antiphrase par les Grecs, qui appellent la bile *le doux* (τὰ γλυκέα). Il est délié, au point de ressembler à des cheveux, long de quatre doigts, semblable au gramen, à feuilles étroites et d'une saveur astringente. Il croît sur les collines terreuses. En boisson dans du vin, on l'emploie pour les convulsions et les ruptures. Il agglutine aussi les plaies. En effet, il colle ensemble les viandes auxquelles on le mêle.

1 LXVI. L'hippophæston (*centaurea spinosa*) (16) est une de ces épines qu'emploient les foulons (xxiv, 68) ; il est sans tige, sans fleur ne portant que de petites têtes vides ; les feuilles sont petites, nombreuses ; il est de couleur d'herbe, et a de petites racines blanches, molles. On exprime l'été le suc de ces racines, pour lâcher le ventre, à la dose de trois oboles, surtout dans l'épilepsie, les tremblements, l'hydropisie, les vertiges, l'orthopnée, les paralysies commençantes.

1 LXVII. (xi.) L'hypoglossa (*ruscus hypoglossum*, L.) a les feuilles semblables à celles du myrte sauvage, concaves, épineuses, et présentant une petite feuille qui sort en forme de langue. Une couronne faite avec ces feuilles, et mise sur la tête, diminue la céphalalgie.

1 LXVIII. L'hypécoon (*hypecoum procumbens*, L.) croît dans les champs de blé ; il a les feuilles de la rue ; même propriété que le suc de pavot.

1 LXIX. La plante nommée idæa (*uvularia amplexifolia*) a les feuilles de l'oxymyrsine (petit houx). A ces feuilles sont adhérents des espèces de pampres qui portent la fleur. Cette plante arrête le cours de ventre, le flux menstruel et toutes les pertes de sang. Elle est de nature astringente et réprimante.

1 LXX. L'isopyron (*fumaria capreolata*, L.) est appelé par quelques-uns phasioles (haricot), parce que la feuille, semblable à celle de l'anis, se tortille comme une vrille. Au haut de la tige il y a comme de petites têtes pleines d'une graine semblable à celle du mélanthion (*nigella sativa*, L.). Dans du miel ou de l'eau miellée, elle est très-bonne pour la toux et les autres affections de poitrine, ainsi que pour le foie.

1 LXXI. Le lathyris (*euphorbia lathyris*) a des feuilles nombreuses, semblables à celles de la laitue, et plusieurs bourgeons menus (17) où la graine est renfermée comme la câpre dans un follicule. Quand ces boutons sont secs, on en tire des grains

---

autem tenesmo. Illinitur et putrescentibus hulcerum.
1 LXII. Gallidragam vocat Xenocrates leucacantho similem, palustrem et spinosam, caule ferulaceo, alto, cui summo capite inhæret simile ovo. In hoc crescente ætate vermiculos nasci tradunt, quos pyxide conditos adalligari cum pane brachio ad eam partem, qua dens doleat, mireque illico dolorem tolli. Valere non diutius anno, et ita si terram non attigerint.

1 LXIII. Holcus in saxis nascitur siccis. Aristas habet in cacumine, tenui culmo : quale hordeum restibile. Hæc circa caput alligata, vel circa lacertum, educit e corpore aristas. Quidam ob id aristidam vocant.

1 LXIV. Hyoseris intubo similis, sed minor, et tactu asperior : vulneribus contusa præclare medetur.

1 LXV. Holosteon sine duritia est, herba ex adverso appellata a Græcis, sicut fel dulce, tenuis usque in capillamenti speciem, longitudine quatuor digitorum, ceu gramen : foliis angustis, adstringens gustu. Nascitur in collibus terrenis. Usus ejus ad convulsa, rupta, in vino pota. Et vulnera quoque conglutinat ; nam et carnes coguntur, addita.

LXVI. Hippophæston nascitur in spinis, ex quibus fiunt æneæ fulloniæ, sine caulículo, sine flore, capitulis tantum inanibus, et foliis parvis, multis, herbacei coloris, radiculas habens albas, molles. Succus earum exprimitur æstate, ad solvendam alvum, tribus obolis, maxime in comitialibus morbis, et tremulis, hydropicis. Contra vertigines, orthopnœas, paralyses incipientes.

1 LXVII. (xi.) Hypoglossa folia habet figura silvestris myrti, concava, spinosa, et in his ceu linguas, folio parvo exeunte de foliis. Capitis dolorem corona ex his imposita minuit.

1 LXVIII. Hypecoon in segetibus nascitur, foliis rutæ. Natura ejus eadem, quæ papaveris succo.

1 LXIX. Idææ herbæ folia sunt, quæ oxymyrsines : adhærent his velut pampini, in quibus flos. Ipsa alvum, mensesque, et omnem abundantiam sanguinis sistit. Spissandi cohibendique naturam habet.

1 LXX. Isopyron aliqui phasiolon vocant, quoniam folium, quod est aniso simile, in pampinos torquetur. Capitula sunt in summo caule tenuia, plena seminis melanthii. Contra tussim, et cætera pectoris vitia, ex melle aut aqua mulsa : item jocineri utilissima.

1 LXXI. Lathyris folia habet multa lactucæ similia, tenuiora germina multa, in quibus semen tuniculis continetur, ut capparis : quæ quum inaruere, eximuntur grana piperis

gros comme le poivre blanc, doux, faciles à décortiquer. Vingt de ces grains, dans de l'eau pure ou dans de l'eau miellée, guérissent les hydropiques; ils évacuent aussi la bile. Ceux qui veulent être purgés plus fortement les prennent avec les follicules mêmes. Comme ils font mal à l'estomac, on a imaginé de les donner avec du poisson, ou dans du bouillon de poulet.

1. LXXII. Le leontopetalon (XXVI, 34) (*evax pygmæus*, L.) (18), appelé par d'autres rhapeion, a la feuille du chou, la tige haute d'un demi-pied, beaucoup de branches latérales, la graine au sommet, dans des gousses, et pareille au pois chiche la racine semblable au raifort, grande et noire. Il croît dans les champs. La racine, prise dans du vin, combat le venin de toutes les espèces de serpents. Aucune substance n'est plus rapidement efficace. On la donne aussi dans la coxalgie.

1. LXXIII. Le lycapsos (*echium italicum*, L.) a les feuilles plus longues et plus grosses que la laitue ne les a; la tige longue, velue, accompagnée de plusieurs autres tiges hautes d'une coudée; la fleur petite et rouge. Il croît dans les campagnes. On en fait avec la farine d'orge un topique pour l'érysipèle. Dans les fièvres, le suc, mêlé à l'eau chaude, est sudorifique.

1. LXXIV. Parmi toutes les plantes aucune n'est plus admirable que le lithospermon (*lithospermum tenuiflorum*, L.), appelé aussi ægonychon, ou diospyron, ou heracleos. Cette plante est haute de cinq pouces environ; elle a les feuilles une fois plus grandes que celles de la rue; les branches ligneuses, de la grosseur du jonc. Elle porte près des feuilles des espèces de petites barbes solitaires, et, au haut de ces barbes, de petites pierres blanches et rondes comme des perles, de la grosseur d'un pois chiche, et dures comme des cailloux. Ces pierres, là où elles sont attachées aux pédicules, ont de petits trous, et à l'intérieur la graine. Le lithospermon croît, il est vrai, en Italie; mais le plus estimé est celui de Crète. Je n'ai rien vu parmi les plantes qui m'ait causé plus d'étonnement : l'ornement est tel, qu'on croirait 2 qu'un lapidaire a disposé des perles blanches symétriquement entre les feuilles, tant est recherché et difficile le travail qui a disposé ainsi une pierre naissant d'une plante. Des auteurs rapportent que le lithospermon est rampant à terre; pour moi, je l'ai vu arraché, et non sur pied. Il est certain que ces petites pierres, prises à la dose d'une drachme dans du vin blanc, brisent les calculs, les chassent, et dissipent la difficulté d'uriner. Nulle autre plante, à sa seule vue, ne montre avec autant d'évidence à quel remède elle est propre. D'ailleurs l'aspect en est tel, que, même sans recourir à un herboriste de profession, on peut la reconnaître immédiatement.

LXXV. Il croît près des rivières, sur des pierres communes, une mousse sèche et blanche. On frotte la pierre qui porte cette mousse avec une autre pierre et de la salive, puis, avec la première pierre, on touche l'impétigo; celui qui touche dit : Φεύγετε, κανθαρίδες; λύκος ἄγριος ὕμμε διώκει (Fuyez, cantharides; le loup sauvage vous poursuit).

LXXVI. Les Gaulois donnent le nom de limeum (19) à une plante avec laquelle les chasseurs empoisonnent leurs flèches (XXV, 25), préparation qu'ils appellent le poison du cerf. On met dans trois modius (25 litr., 92) de salivatum (potion qu'employaient les vétérinaires) autant de cette plante qu'il en faut pour empoisonner une seule flèche (20); et, dans les maladies des bœufs, on

---

magnitudine, candida, dulcia, facilia purgatu. Hæc vicena in aqua pura aut mulsa pota hydropicos sanant. Trahunt et bilem. Qui vehementius purgari volunt, cum folliculis ipsis sumunt ea : nam stomachum lædunt. Itaque inventum est, ut cum pisce aut jure gallinacei sumerentur.

1. LXXII. Leontopetalon, alii rhapeion vocant, folio brassicæ, caule semipedali : alæ multæ, semen in cacumine, in siliquis, ciceris modo : radix rapo similis, grandis, nigra. Nascitur in arvis. Radix adversatur omnium serpentium generibus ex vino pota : nec alia res celerius prolicit. Datur et ischiadicis.

1. LXXIII. Lycapsos longioribus, quam lactuca, est foliis, crassioribusque. Caule longo, hirsuto, adnatis multis cubitalibus, flore parvo, purpureo. Nascitur in campestribus. Illinitur cum farina hordeacea igni sacro. Sudores in febribus movet, succo aquæ calidæ admixto.

1. LXXIV. Inter omnes herbas lithospermo nihil est mirabilius. Aliqui ægonychon vocant, alii diospyron, alii heracleos. Herba quincuncialis fere, foliis duplo majoribus, quam rutæ, ramulis surculosis, crassitudine junci; gerit juxta folia singulas veluti barbulas et earum in cacuminibus lapillos candore et rotunditate margaritarum, magnitudine ciceris, duritia vero lapidea. Ipsi, qua pediculis adhærent, cavernulas habent, et intus semen. Nascitur et in Italia, sed laudatissimum in Creta. Nec quidquam inter herbas majore quidem miraculo adspexi. Tantus est decor, velut aurificum arte alternis inter folia 2 candicantibus margaritis : tam exquisita difficultas lapidis ex herba nascentis. Jacere atque humi serpere auctores tradunt. Ego vulsam, non hærentem vidi. Illis lapillis drachmæ pondere potis in vino albo calculos frangi, pellique constat, et stranguriam discuti. Neque in alia herbarum fides est visu statim, ad quam medicinam nata sit. Est autem ejus species, ut etiam sine auctore visa statim nosci possit.

LXXV. Lapis vulgaris juxta flumina fert muscum siccum, canum. Hic fricatur altero lapide, addita hominis saliva : illo lapide tangitur impetigo. Qui tangit, dicit : Φεύγετε, κανθαρίδες, λύκος ἄγριος ὕμμε διώκει.

LXXVI. Limeum herba appellatur a Gallis, qua sagittas in venatu tingunt medicamento, quod venenum cervarium vocant. Ex hac in tres modios salivati additur, quantum in unam sagittam addi solet : ita offa demittitur boum faucibus in morbis. Alligari postea ad præsepia

leur fait avaler une forte dose de cette préparation. Il faut ensuite les attacher à la crèche jusqu'à ce qu'ils soient purgés, car ordinairement ce remède les rend furieux ; s'il survient de la sueur, on leur fait des affusions d'eau froide.

LXXVII. Le leuce (*lamium maculatum*, L.), semblable à la mercuriale, a été ainsi nommé parce qu'une ligne blanche parcourt le milieu de la feuille ; aussi, quelques-uns l'appellent-ils mesoleucon. Le suc guérit les fistules ; la plante même broyée, les carcinomes. Peut-être est-elle la même que le leucas (*lamium striatum*, L.), qui est efficace contre tous les animaux venimeux de la mer. Les auteurs n'en donnent pas la description, disant seulement que le leucas sauvage, dont les feuilles sont plus larges, est plus efficace, et que l'autre a la graine plus âcre.

LXXVIII. Je n'ai trouvé dans aucun livre ce qu'est le leucographis (*carduus leucographus*, L.). Cela m'étonne d'autant plus qu'on dit cette plante bonne dans l'hémoptysie, à la dose de trois oboles avec du safran ; bonne aussi dans le flux cœliaque, et pilée dans l'eau, et en topique, propre à guérir les pertes des femmes, à entrer dans les compositions ophthalmiques, et à cicatriser les ulcères qui se forment dans les parties délicates du corps.

LXXIX. (XII.) Le médion (*convolvulus althæoides*, L.) a les feuilles de l'iris cultivé, la tige haute de trois pieds, et, sur cette tige, une fleur grande, pourpre, ronde ; la graine menue ; la racine d'un demi-pied. Il croît dans les rochers ombragés. La racine à la dose de deux drachmes dans du miel arrête les règles : on prend cette préparation pendant quelques jours. La graine pilée dans du vin arrête aussi les pertes.

LXXX. Le myosota, ou myosotis (*asperugo procumbens*, L.), est une plante lisse, poussant d'une seule racine plusieurs tiges un peu rouges, fistuleuses, garnie dès le bas de feuilles étroites, oblongues, aiguës sur le dos, noires, opposées à des intervalles réguliers, avec de petites tiges secondaires, qui partent de l'aisselle des feuilles ; la fleur est bleue. La racine, grosse comme le doigt, est pourvue d'un chevelu abondant. La qualité de cette racine est septique et exulcérante ; aussi guérit-elle l'ægilops. Les Égyptiens prétendent que si le vingt-sept du mois qu'ils appellent thot (21), jour qui tombe d'ordinaire dans notre mois d'août, on se frotte le matin, avant d'avoir parlé, avec le suc de cette herbe, on n'aura pas mal aux yeux de l'année.

LXXXI. Le myagros (*neslia paniculata*, Desv.) est une plante férulacée, semblable par ses feuilles à la garance, et haute de trois pieds. La graine est huileuse, et on en tire en effet une huile. On guérit les ulcérations de la bouche en les frottant avec ce suc.

LXXXII. La plante appelée nigina (plante inconnue) a trois longues feuilles, semblables à celles de la chicorée ; appliquée sur les cicatrices, elle leur donne une bonne couleur.

LXXXIII. On nomme natrix (*ononis natrix*, L.) une plante dont la racine, tirée de terre, sent le bouc. On l'emploie dans le Picenum pour écarter des femmes tout ce que la crédulité populaire comprend sous le nom de Fatui (démons nocturnes) ; pour moi, je crois que les personnes qu'une pareille recette soulage doivent être mises au nombre des hallucinées.

LXXXIV. L'odontitis (*euphrasia odontites*, L.) est une espèce de foin. Il jette d'une seule racine plusieurs petites tiges serrées, pleines de nœuds, triangulaires, noirâtres. Les nœuds

---

oportet, donec purgentur, insanire enim solent : si sudor insequitur, aqua frigida perfundi.

LXXVII. Leuce mercuriali similis, nomen ex causa accepit, per medium folium candida linea transcurrente : quare mesoleucon quidam vocant. Succus ejus fistulas sanat : ipsa contrita, carcinomata. Fortassis eadem sit, quæ leucas appellatur, contra omnia marina venena efficax. Speciem ejus auctores non tradunt : nec aliud, quam silvestrem latioribus foliis esse efficaciorem, hanc semine acriorem.

LXXVIII. Leucographis qualis esset, scriptum non reperi : quod eo magis miror, quoniam utilis proditur sanguinem exscreantibus, tribus obolis cum croco : item cœliacis : trita ex aqua et apposita, profluvio feminarum, oculorum quoque medicamentis, et explendis hulceribus, quæ fiunt in teneris partibus corporis.

LXXIX. (XII.) Medion folia habet iridis sativæ, caulem tripedalem, et in eo florem grandem, purpureum, rotundum, semine minuto, radicem semipedalem. In saxis opacis nascitur. Radix drachmis duabus cum melle menses feminarum sistit, ecligmate per aliquot dies sumto. Semen quoque in vino, tritum, contra abundantiam feminarum datur.

LXXX. Myosota, sive myosotis, lævis herba, caulibus pluribus ab una radice, aliquatenus rubentibus, concavis, ab imo foliis angustis, oblongis, dorso acuto, nigris, per intervalla assidue geminatis, tenuibus cauliculis ex alis prodeuntibus, flore cæruleo. Radix digitali crassitudine multis capillamentis fimbriata. Vis ei septica et exulceratrix, ideoque ægilopas sanat. Tradunt Ægyptii, mensis quem thoti vocant die XXVII fere in augustum mensem incurrente, si quis hujus herbæ succo inungatur mane priusquam loquatur, non lippiturum eo anno.

LXXXI. Myagros herba ferulacea est foliis similis rubiæ, tripedanea. Semen oleosum, quod et fit ex eo. Medetur oris hulceribus perunctis hoc succo.

LXXXII. Herba, quæ vocatur nigina, tribus foliis longis, intubaceis, illita cicatrices ad colorem reducit.

LXXXIII. Natrix vocatur herba, cujus radix evulsa virus hirci redolet. Hac in Piceno a feminis abigunt, quos mira persuasione Fatuos vocant : ego species lymphantium hoc modo animorum esse crediderim, qui tali medicamento juventur.

LXXXIV. Odontitis inter feni genera est, cauliculis densis ab eadem radice, geniculatis, triangulis, nigris. In geniculis folia parva habet, longiora tamen quam poly-

sont garnis de petites feuilles, plus longues cependant que celles du polygonon (XXVII, 91). La graine, semblable à l'orge, est dans les aisselles des feuilles. La fleur est pourpre, petite. Il croit dans les prés. Une poignée des tiges bouillie dans du vin astringent guérit le mal de dents : il faut garder cette décoction dans la bouche.

LXXXV. L'othonna (22), qui croît dans la Syrie, ressemble à la roquette : feuilles percées de beaucoup de trous, fleur du safran, ce qui l'a fait nommer par quelques-uns anémone. Le suc est employé dans les compositions ophthalmiques : en effet, il est un peu piquant et échauffant, et il resserre en desséchant. Il nettoie les cicatrices, les taies, et tout ce qui offusque la vue. Quelques-uns recommandent de laver cette plante, de la faire sécher, et d'en former des pastilles.

LXXXVI. L'onosma (*onosma echioïdes*, L.) a trois feuilles, longues d'environ trois doigts, étalées sur la terre, découpées comme celles de l'anchuse, sans tige, sans fleur, sans graine. Une femme grosse si elle en mange, ou si elle marche dessus, avorte, dit-on.

LXXXVII. L'onopordon (*onopordum acanthium*, L.) fait rendre, dit-on, des vents bruyants aux ânes qui en mangent. Il est diurétique et emménagogue, arrête le cours de ventre, dissipe les suppurations et les collections.

LXXXVIII. L'osyris (*osyris alba*, L.) porte de petites branches noires, menues, flexibles, et sur ces branches des feuilles foncées comme celles du lin. La graine qui est sur les branches, noire d'abord, change ensuite de couleur et rougit; on en fait des cosmétiques pour les femmes. La décoction des racines, en boisson, guérit l'ictère. Ces racines, coupées avant la maturité de la graine et séchées au soleil arrêtent le cours de ventre ; recueillies après la maturité et bouillies dans un potage, elles guérissent les fluxions abdominales ; on les prend aussi seules, pilées dans de l'eau de pluie.

LXXXIX. L'oxys (*oxalis acetosella*, L.) a trois feuilles ; on le donne pour les relâchements de l'estomac ; ceux qui ont une entérocèle en mangent.

XC. Le polyanthemum (XXV, 109) (*ranunculus polyanthemos*, L.), appelé par quelques-uns batrachion, excorie par sa propriété caustique les cicatrices, et leur donne une bonne couleur ; il efface aussi les taches de la peau.

XCI. Les Grecs donnent le nom de polygonon à la plante que nous appelons sanguinaria (renouée, *polygonum aviculare*, L.). Elle ne s'élève pas de terre. Elle a les feuilles de la rue et la semence du gramen. Le suc, instillé dans les narines, arrête l'épistaxis. Pris avec du vin, il supprime l'écoulement de sang, d'où qu'il vienne, et les hémoptysies. Ceux qui distinguent plusieurs espèces de polygonon veulent que celui-ci soit le mâle, et qu'il soit appelé calligonon, soit à cause de la quantité de sa graine, soit à cause de ses branches touffues. On le nomme encore polygonaton, eu égard à la multitude de ses nœuds, ou teuthalis, ou carcinethron, ou clema ; beaucoup lui donnent le nom de myrtopetalon. D'autres, au contraire, prétendent que c'est la plante femelle, et que le mâle est plus grand, moins noir, plus noueux, et que la graine vient sous toutes les feuilles. Quoi qu'il en soit, ces plantes ont des propriétés astringentes et réfrigérantes. La graine relâche le ventre ; prise à plus haute dose, elle est diurétique, et arrête les fluxions ; s'il n'y a

---

gonon : semen in alis hordeo simile, florem purpureum, pusillum. Nascitur in pratis. Decoctum cauliculorum ejus in vino austero, quantum manus capiat, dentium dolori medetur, ita ut contineatur ore.

LXXXV. Othonna in Syria nascitur, similis erucæ, perforatis crebro foliis, flore croci : quare quidam anemonem vocaverunt. Succus ejus oculorum medicamentis convenit. Mordet enim leniter et excalfacit, adstringitque siccando. Purgat cicatrices, et nubeculas, et quidquid obstat. Quidam tradunt lavari, atque ita siccatam digeri in pastillos.

LXXXVI. Onosma longa folia habet fere ad tres digitos, in terra jacentia, tria, ad similitudinem anchusæ incisa, sine caule, sine flore, sine semine : prægnans si edat eam, aut supergrediatur, abortum facere dicitur.

LXXXVII. Onopordon si comederint asini, crepitus reddere dicuntur. Trahit urinas et menses : alvum sistit : suppurationes et collectiones discutit.

LXXXVIII. Osyris ramulos fert nigros, tenues, lentos : et in iis folia nigra, ceu lini ; semenque in ramulis nigrum initio, dein colore mutato rubescens. Smegmata mulieribus faciunt ex his. Radicum decoctum potum, sanat arquatos. Eædem, priusquam maturescat semen, concisæ, et sole siccatæ, alvum sistunt. Post maturitatem vero collectæ, et in sorbitione decoctæ, rheumatismis ventris medentur, et per se tritæ ex aqua cælesti bibuntur.

LXXXIX. Oxys folia terna habet. Datur ad stomachum dissolutum. Edunt ei qui enterocelen habent.

XC. Polyanthemum, quam quidam batrachion appellant, caustica vi exhulcerat cicatrices, et ad colorem reducit : eademque vitiligines concorporat.

XCI. Polygonon Græci vocant, quam nos sanguinariam : non attollitur a terra, foliis rutæ, semine graminis : succus ejus infusus naribus supprimit sanguinem : et potus cum vino, cujuslibet partis profluvium, exscreationesque cruentas inhibet. Qui plura genera polygoni faciunt, hunc marem intelligi volunt, appellarique a multitudine seminis, aut densitate fruticis calligonon. Alii polygonaton, a frequentia geniculorum : alii teuthalida, alii carcinethron, alii clema, multi myrtopetalon. Necnon inveniuntur, qui hanc feminam esse dicunt : marem autem majorem, minusque nigram, et geniculis pleniorem, semine sub omnibus foliis turgescentem. Quocumque hæc modo se habeant, vis earum est spissare ac refrigerare. Semina alvum solvunt, largius sumta urinam cient, rheumatismos cohibent : qui si non fuere, non

3 point de fluxions, elle est sans effet. Dans les ardeurs d'estomac on emploie les feuilles en topique. On les emploie encore en topique pour les douleurs de vessie et l'érysipèle. On instille le suc dans les oreilles qui suppurent. On l'emploie seul pour les maux d'yeux. On le donnait dans les fièvres, avant l'accès, à la dose de deux cyathes, surtout dans les fièvres tierces et quartes, ainsi que pour le choléra, la dyssenterie et le relâchement d'estomac. La troisième espèce se nomme oréon (*equisetum pallidum*, Bory), croissant dans les montagnes, semblable à un roseau tendre, n'ayant qu'une tige, des nœuds nombreux et emboîtés les uns dans les autres, les feuilles du sapin, et une racine qui n'est d'aucun usage. Cette espèce est moins active que les précédentes. On l'emploie particulièrement dans la coxalgie.
4 La quatrième espèce est nommée polygonon sauvage (*ephedra distachya*, L.). C'est un arbrisseau qui est presque un arbre; la racine est ligneuse, la tige rouge comme celle du cèdre; les rameaux, semblables à ceux du spart, sont longs de deux palmes, avec trois ou quatre nœuds noirâtres. Cette espèce est aussi de nature astringente, et a le goût du coing. On la fait cuire dans de l'eau jusqu'à réduction des deux tiers, ou, après l'avoir réduite en poudre, étant sèche, on en saupoudre les ulcérations de la bouche et les parties écorchées. On la mâche pour les maladies des gencives. Elle arrête les ulcères rongeants, les ulcères serpigineux, ou ceux qui se cicatrisent difficilement; en particulier, elle guérit les ulcérations causées par la neige. Les herboristes l'emploient pour l'angine; dans la céphalalgie, ils en font une couronne qu'ils mettent sur la tête; ils en entourent le col pour les fluxions des yeux. Dans les fièvres tierces, quelques-uns l'arrachent de la main gauche, et l'attachent en amulette; ils en font même autant pour les hémorragies; et il n'est pas de plante qu'ils gardent à l'état sec plus que le polygonon.

XCII. Le pancration (*pancratium maritimum*, L.) est appelé plus volontiers par quelques-uns petite scille : feuilles du lis blanc, plus longues et plus épaisses; racine consistant en un grand oignon de couleur rousse. Il relâche le ventre, le suc pris avec la farine d'ers. Il déterge les ulcères. On le donne avec du miel pour l'hydropisie et les maladies de la rate. D'autres le font bouillir jusqu'à ce que l'eau devienne douce; ensuite ils jettent cette eau, pilent la racine, et en forment des trochisques qu'ils font sécher au soleil; ils s'en servent pour les ulcères de la tête, et pour tout ce qui a besoin d'être détergé; ils en donnent pour la toux une pincée dans du vin, et ils prescrivent cette substance en loch pour les douleurs de côté ou la péripneumonie. On l'administre dans du vin pour la sciatique, pour les tranchées, et pour provoquer les règles.

XCIII. Le péplis (*euphorbia peplis*, L.), ou syce, ou méconion, ou mécon aphrodes, est frutescent sur une seule racine mince : feuilles semblables à celles de la rue, un peu plus larges; graine logée sous les feuilles, ronde, plus petite que celle du pavot blanc. On le cueille d'ordinaire dans les vignobles, au temps de la moisson; on le fait sécher avec la graine en mettant au-dessous de quoi la recevoir. En boisson, la graine purge, évacuant la bile et la pituite. La dose moyenne est un acétabule dans trois hémines d'eau miellée. On en mêle dans les aliments et les ragoûts, pour tenir le ventre libre.

XCIV. Le périclyménos (xxv, 33) (*lonicera periclymenum*, L.) est frutescent aussi; il a d'espace en espace, deux feuilles blanchâtres et molles. Au sommet, entre les feuilles, est la graine, dure et difficile à arracher. Il croît dans les terres de labour et les haies, s'entortillant autour de tous les appuis qu'il rencontre. On fait sécher la graine à l'ombre, on la pile, et on en fait des pastilles. Ces pastilles, dissoutes, se donnent dans trois cyathes de vin blanc, pendant trente jours, pour les maux de la rate, qu'il consume et fait rendre, soit par des urines sanguinolentes, soit par les selles, ce qu'on reconnaît dès le dixième jour. Les feuilles, bouillies, sont diurétiques. On les emploie dans l'orthopnée. Prises en boisson de la même façon, elles facilitent l'accouchement et chassent l'arrière-faix.

XCV. Le pélécinus (*coronilla securidaca*, L.), que nous avons dit croître dans les champs de blé (XVIII, 44, 5), pousse beaucoup de rejetons, et a les feuilles du pois chiche. La graine est dans des gousses recourbées comme des cornets, et au nombre de trois ou quatre; elle ressemble à celle de la nielle; elle est amère et stomachique; on l'incorpore dans les antidotes.

XCVI. Le polygala (*polygala venulosa*, Sibth.) atteint la hauteur d'un palme; les feuilles, semblables à celles de la lentille, sont placées en haut de la tige; la saveur est astringente. En boisson, il fait venir abondamment le lait.

XCVII. Le potérion (XXV, 76) (*astragalus creticus*, L.), suivant d'autres phrynion, ou névras, étale un grand nombre de rejetons, est hérissé d'épines avec un duvet épais, des feuilles petites, rondes; des branches longues, molles, ployantes, grêles; une fleur allongée et verte. La graine n'est d'aucun usage, mais elle est d'un goût piquant, et odorante. Il se trouve sur les collines arrosées. Il a deux ou trois racines, longues de deux coudées, nerveuses, blanches, fermes. On la lève de terre en automne. La tige, coupée, donne un suc gommeux. La racine est, dit-on, admirable pour la guérison des blessures, surtout, en topique, pour celles des nerfs, même tranchés. La décoction, prise avec du miel, est bonne aussi pour les relâchements, les faiblesses et les coupures des nerfs.

XCVIII. Le phalangites (*hemerocallis lilias-trum*, L.) (23) est appelé par quelques-uns phalangion, par d'autres leucanthémon, ou, comme je trouve dans quelques livres, leucacantha. Il n'a jamais moins de deux petites branches, qui vont en sens opposé : fleur blanche, semblable au lis rouge; graine noire, large, ayant la forme d'une demi-lentille, mais beaucoup plus mince; racine menue et verte. La feuille, ou la fleur, ou la graine, s'emploie contre les blessures faites par les scorpions, les araignées phalanges et les serpents, et aussi contre les tranchées.

XCIX. Je crois inutile de décrire le phyteuma (*reseda phyteuma*, L.), car on ne l'emploie que dans les philtres.

C. Les Grecs nomment phyllon (XXVI, 91) (*mercurialis perennis*, L.) une plante qui croît dans les montagnes, parmi les rochers. Le phyllon femelle est plus vert; il a une tige menue, la racine petite, la graine ronde, semblable à celle du pavot. Ce phyllon fait engendrer des filles. Le phyllon mâle, qui ne diffère de l'autre que par la graine, laquelle ressemble à une olive naissante, fait engendrer des garçons. L'un et l'autre se prennent dans du vin.

CI. Le phellandrion (24) croît dans les endroits marécageux : il a la feuille de l'ache; on en prend

---

mon inter folia durum, et quod difficile vellatur. Nascitur in arvis ac sepibus, convolvens se adminiculis quibuscumque; semen ejus in umbra siccatum tunditur, et in pastillos digeritur. Hi resoluti dantur in vini albi cyathis tribus, tricenis diebus ad lienem; eumque urina cruenta, aut per alvum absumit : quod intelligitur a decimo statim die. Urinam cient et folia decocta : quæ et orthopnoicis prosunt. Partum quoque adjuvant, secundasque pellunt pota simili modo.

XCV. Pelecinum in segetibus diximus nasci, fruticosam cauliculis, foliis ciceris. Semen in siliquis fert, corniculorum modo aduncis, ternis quaternisve, quale gith novimus, amarum, stomacho utile. Additur in antidota.

XCVI. Polygala palmi altitudinem petit, in caule summo foliis lenticulæ, gustu adstricto : quæ pota lactis abundantiam facit.

XCVII. Poterion, aut (ut alii vocant) phrynion, vel neurada, large fruticat, spinis retorrida, lanugine spissa, foliis parvis, rotundis, ramulis longis, mollibus, lentis, tenuibus, flore longo, herbacei coloris : seminis nulli usus, sed gustu acuto et odorato. Invenitur in aquosis collibus. Radices habet duas aut tres, binum cubitorum in altitudine, nervosas, candidas, firmas. Circumfoditur autumno : præciso frutice dat succum gummi similem. Radix mira vulneribus sanandis traditur, præcipueque nervis vel præcisis illita. Decoctum quoque ejus cum melle potum dissolutiones nervorum, et infirmitates, et incisuras juvat.

XCVIII. Phalangites, a quibusdam phalangion vocatur, ab aliis leucanthemon, vel (ut in quibusdam exemplaribus invenio) leucacantha. Ramuli sunt ei numquam pauciores duobus, in diversa tendentes : flos candidus, lilio rubro similis; semine nigro, lato, ad lenticulæ dimidiæ figuram, multo tenuiore; radice tenui herbacei coloris. Hujus folio vel flore, vel semine auxiliantur contra scorpionum, phalangiorumque, et serpentium ictus : item contra tormina.

XCIX. Phyteuma quale sit, describere supervacuum habeo, quum sit usus ejus tantum ad amatoria.

C. Phyllon a Græcis vocatur herba in saxosis montibus, femina magis herbacei coloris, caule tenui, radice parva, semine rotundo, papaveris simili. Hæc sui sexus facit partus : mares autem semine tantum differens, quod est incipientis olivæ. Utrumque bibitur in vino.

CI. Phellandrion nascitur in palustribus, folio apii. Bibitur semen ejus propter calculos et vesicæ incommoda.

1 CII. Le phalaris (*phalaris nodosa*, L.) a une tige longue, menue, semblable à un chaume; au sommet, une fleur penchée. La graine ressemble au sésame. Cette graine, prise dans du vin ou du vinaigre, avec du miel et du lait, brise les calculs. Elle guérit aussi les affections de la vessie.

1 CIII. Le polyrrhizon (25) a les feuilles du myrte et des racines nombreuses. Ces racines, pilées, se donnent dans du vin contre la morsure des serpents; elles sont bonnes aussi pour les quadrupèdes.

1 CIV. La proserpinaca (*polygonum aviculare*, L.) (26), plante commune, est un remède excellent contre la piqûre des scorpions. Pilée avec addition de saumure et d'huile où des anchois ont été confits, elle guérit, dit-on, admirablement l'angine (xxvi, 11); on ajoute même que, quelque fatigué qu'on soit, la voix manquât-elle par lassitude, il suffit d'en mettre sous la langue pour être aussitôt délassé, et que si on l'avale il s'en suit un vomissement salutaire.

1 CV. Le rhacoma (rhubarbe, *rheum rhaponticum*, L.) est apporté des contrées situées au delà du Pont. La racine est semblable au costus noir (xii, 25), mais plus petite et un peu plus rousse, sans odeur, d'un goût échauffant et astringent; pilée, elle donne un suc de la couleur du vin, un peu safrané. En topique, elle calme les inflammations et les fluxions; elle guérit les plaies. Appliquée avec du vin cuit, elle adoucit les fluxions des yeux; avec du miel, elle est bonne pour les ecchymoses; avec du vinaigre, pour les autres lividités. Réduite en poudre, on la met sur les ulcères malins, et on la donne à l'intérieur, à la dose d'une drachme, dans de l'eau, pour l'hémoptysie; ou l'administre pour la dyssenterie et le flux céliaque, dans du vin s'il n'y a pas de fièvre, dans de l'eau s'il y en a. On la broie plus aisément quand on l'a fait tremper auparavant pendant la nuit. La décoction se donne en boisson, à double mesure, pour les ruptures, les convulsions, les contusions, les chutes de haut. Quand il y a douleur 2 de poitrine, on ajoute un peu de poivre et de myrrhe. Si l'estomac est relâché, on l'administre dans de l'eau froide; de même pour les toux invétérées et l'expectoration purulente; de même pour le foie, la rate, la coxalgie, les affections des reins, l'asthme, l'orthopnée. Pilée à la dose de trois oboles, et prise dans du vin cuit, elle guérit les irritations de la trachée-artère; la décoction produit le même effet. Dans du vinaigre, en topique, elle guérit le lichen. On la prend en boisson pour les flatuosités, les refroidissements, les fièvres froides, le hoquet, les tranchées, les distensions intestinales, les pesanteurs de tête, les vertiges mélancoliques, les courbatures et les convulsions.

CVI. Aux environs d'Ariminum on connaît 1 une plante appelée réséda (*reseda alba*, L.): elle dissipe les fluxions et toutes les inflammations. Ceux qui l'emploient ajoutent ces paroles: Réséda, sois le réséda (sédatif) des maladies; sais-tu, sais-tu qui a ici fait ses petits? que les racines n'aient ni tête ni pieds. On doit dire ces paroles trois fois et cracher trois fois.

CVII. Le stœchas (*lavandula stœchas*, L.) 1 ne croît que dans les îles (iii, 11, 3) de même nom. C'est une plante odorante. Elle a le feuillage de l'hysope, et le goût amer. En boisson elle est emménagogue; elle soulage les douleurs de poitrine. On l'incorpore aussi dans les antidotes.

---

1 CII. Phalaris thyrsum habet longum, tenuem, ceu calamum, in summo florem inclinatum: semen simile sesamæ. Et hoc calculos frangit, potum ex vino vel aceto cum melle et lacte. Idem et vitia vesicæ sanat.

1 CIII. Polyrrhizon folia habet myrti, radices multas. Hæ tusæ dantur in vino contra serpentes: prosunt et quadrupedibus.

1 CIV. Proserpinaca herba vulgaris est, eximii adversus scorpiones remedii. Eadem contrita, addita muria et oleo e mænis, anginam eximie curari tradunt. Præterea et in quantalibet lassitudine recreari defessos, etiam quum obmutuerint, si subjiciatur linguæ. Si devoretur, vomitionem sequi salutarem.

1 CV. Rhacoma affertur ex his, quæ supra Pontum sunt, regionibus. Radix costo nigro similis, minor et rufior paullo, sine odore, calfaciens gustu et adstringens. Eadem trita vini colorem reddit, ad crocum inclinantem. Illita collectiones inflammationesque sedat: vulnera sanat: epiphoras oculorum sedat ex passo illita: insignita cum melle, et alia liventia ex aceto. Farina ejus inspergitur contra cacoethe, et sanguinem rejicientibus drachmæ pondere in aqua. Dysentericis etiam et cœliacis, si febri carent, in vino: sin aliter, ex aqua. Facilius teritur, nocte antecedente madefacta. Datur et decoctum ejus bibendum duplici mensura ad rupta, convulsa, contusis, ex sublimi devolutis. Si pectoris sint dolores, additur piperis aliquid 2 et myrrhæ: si dissolutio stomachi, ex frigida aqua sumitur: sic et in tussi vetere, ac purulentis exscreationibus: item hepaticis, splenicis, ischiadicis: ad renum vitia, suspiria, orthopnœas. Arteriæ scabritias sanat ex passo, tribus obolis potis trita, aut decoctum ejus Lichenas quoque ex aceto imposita sanat. Bibitur contra inflationes, et perfrictiones, febres frigidas, singultus, tormina, asperitates, capitis gravitates, melancholicas vertigines, lassitudinum dolores et convulsiones.

CVI. Circa Ariminum nota est herba, quam resedam 1 vocant. Discutit collectiones, inflammationesque omnes: qui curant ea, addunt hæc verba: Reseda, morbos reseda, scisne, scisne quis hic pullos egerit? radices, nec caput, nec pedes habeant. Hæc ter dicunt, totiesque despuunt.

CVII. Stœchas in insulis tantum ejusdem nominis 1 gignitur, odorata herba, coma hyssopi, amara gustu. Menses ciet potu: pectoris dolores levat. Antidotis quoque miscetur.

1 CVIII. (XIII.) Le solanum (XXI, 105) (*solanum nigrum*, L.) est appelé par les Grecs strychnos, comme le marque Corn. Celse (*De re med.*, II, 33), et est astringent et réfrigérant.

1 CIX. Le smyrnion (XIX, 48 et 62) (*smyrnium perfoliatum*, L.) a la tige de l'ache, les feuilles plus larges, placées principalement autour des rejetons, qui sont nombreux. C'est de ces rejetons que sortent les feuilles, grasses et repliées vers la terre. Cette plante a une odeur parfumée et agréable, avec une certaine âcreté. La couleur est d'un jaune pâle. Elle porte sur ses tiges des ombelles comme l'aneth. La graine est ronde, noire, et se sèche au commencement de l'été. La racine aussi est odorante, d'un goût âcre et piquant, juteuse et molle; elle est noire extérieurement, blanche intérieurement. L'odeur est à peu près celle de la myrrhe, d'où le nom de la plante. Le smyrnion croît sur les collines pierreuses ou couvertes de terre. On l'emploie comme échauffant. Les feuilles et la racine sont diurétiques et emménagogues. La graine arrête le cours de ventre. La racine, en topique, dissipe les fluxions, les suppurations non ancien-
2 nes, et les duretés. Elle est bonne contre les araignées phalanges et les serpents, prise dans du vin, avec addition de cachrys, ou de polion, ou de mélisse; mais il faut fractionner la dose, parce que, prise tout à la fois, elle est vomitive; aussi l'administre-t-on quelquefois avec de la rue. La graine ou la racine guérissent la toux et l'orthopnée, ainsi que les affections de la poitrine, de la rate, des reins, de la vessie; la racine, les ruptures, les convulsions. Elle facilite aussi les
3 accouchements et la sortie de l'arrière-faix. On la donne encore dans du vin, avec le crethmos (*crithmum maritimum*, L.), pour la coxalgie.

Elle est sudorifique et carminative; aussi dissipe-t-elle les flatuosités de l'estomac. Elle mène à cicatrisation les plaies. On exprime aussi de cette racine un suc utile pour les femmes et pour les besoins de la poitrine et des viscères; il est en effet échauffant, digestif et purgatif. La graine se donne en particulier, à l'intérieur, aux hydropiques, chez lesquels on emploie aussi à l'extérieur et le suc et un cataplasme fait avec l'écorce sèche. On s'en sert enfin dans les ragoûts avec le vin miellé, l'huile et le garum, surtout pour les viandes bouillies. Le sinon (*sison amomum*, L.) (27), d'une saveur très-semblable à celle du poivre, est digestif; il est efficace dans les maux d'estomac.

CX. Le téléphion (*cerinthe aspera*) ressem- 1 ble, par sa tige et ses feuilles, au pourpier. Il part de la racine sept ou huit rameaux bien garnis de feuilles épaisses et charnues. Il croît dans les lieux cultivés, et surtout entre les vignes. On l'emploie en topique pour le lentigo; quand il est sec, on l'enlève. On l'emploie de même pour le vitiligo, pendant trois mois environ, l'espace de six heures le jour ou la nuit; puis on applique de la farine d'orge. Le téléphion guérit les blessures et les fistules.

CXI. Le trichomanes (*asclepium trichomanes*) 1 (XXV, 86) ressemble à l'adianton (XXII, 30), mais il est plus grêle et plus foncé. Les feuilles, semblables à celles de la lentille, sont serrées, amères et opposées. La décoction, prise dans du vin blanc avec addition de cumin sauvage, guérit la strangurie. En topique, elle empêche les cheveux de tomber, ou s'ils sont déjà tombés, elle les fait repousser. Le trichomanes, pilé et appliqué avec de l'huile, guérit l'alopécie. Il suffit d'en goûter pour éternuer.

CXII. Le thalitruum (*thalictrum flavum*, L.) 1

---

1 CVIII. (XIII.) Solanum Græci strychnon vocant, ut tradit Cornelius Celsus. Huic vis reprimendi refrigerandique.
1 CIX. Smyrnion caulem habet apii, foliis latiora, et maxime circa stolones multos, quorum a sinu exsiliunt pinguia, ad terram infracta, odore medicato, et cum quadam acrimonia jucundo, colore in luteum languescente, capitibus caulium orbiculatis, ut anethi; semine rotundo, nigro, quod arescit incipiente æstate. Radix quoque odorata, gustu acri mordet, succosa, mollis. Cortex ejus foris niger, intus pallidus. Odor myrrhæ habet qualitatem: unde et nomen. Nascitur et in saxosis collibus et in terrenis. Usus ejus excalfacere. Urinam et menses cient folia et radix. Semen alvum sistit. Radix collectiones et sup-
2 purationes non veteres, item duritias discutit illita. Prodest et contra phalangia ac serpentes, admixto cachry, aut polio, aut melissophyllo, in vino pota; sed particulatim, quoniam universitate vomitionem movet. Qua de causa aliquando cum ruta datur. Medetur tussi et orthopnœæ semen, vel radix: item thoracis, aut lienis, aut renum, aut vesicæ vitiis. Radix autem ruptis, convulsis. Partus quoque adjuvat, et secundas
3 pellit. Datur et ischiadicis cum crethmo in vino. Sudores ciet et ructus: ideo inflationem stomachi discutit. Vulnera ad cicatricem perducit. Exprimitur et succus radici, utilis feminis, et thoracis præcordiorumque desideriis: calfacit enim, et concoquit, et purgat. Semen peculiariter hydropicis datur potu; quibus et succus illinitur, et malagmate e cortice arido. Et ad obsonia utuntur cum mulso et oleo, et garo, maxime in elixis carnibus. Sinon concoctiones facit, sapore simillima piperi. Eadem in dolore stomachi efficax.

CX. Telephion portulacæ similis est et caule et foliis. 1 Rami a radice septeni octonive fruticant, foliis crassis, carnosis. Nascitur in cultis, et maxime inter vites. Illinitur lentigini: et quum inaruit, detrahitur. Illinitur et vitiligini, ternis fere mensibus, senis horis noctis aut diei: postea farina hordeacea illinitur. Medetur et vulneribus et fistulis.

CXI. Trichomanes adianto similis est, exilius modo, 1 nigriusque, foliis lenticulæ densis, amaris, adversis inter se. Decoctum ejus stranguriam sanat in vino albo potum, admixto cumino rustico. Illitum cohibet capillos defluentes: aut si effluxerint, reparat. Alopeciasque densat tritum et in oleo illitum. Sternumenta quoque gustatu movet.

CXII. Thalitruum folia coriandri habet, pinguiora paulo, 1

a les feuilles de la coriandre, mais un peu plus grasses, et la tige du pavot. Il croît partout, principalement dans les campagnes. Les feuilles, avec du miel, guérissent les ulcères.

CXIII. Le thlaspi est de deux espèces : l'un (*capsella bursa pastoris*) a les feuilles étroites, de la longueur et de la largeur du doigt, tournées vers la terre, divisées à la pointe; la tige d'un demi-pied, non sans branches; la graine renfermée dans une espèce de disque et ressemblant à la lentille, si ce n'est qu'elle a des brisures, d'où le nom de la plante; la fleur est blanchâtre. Ce thlaspi croît dans les sentiers et les haies. La graine, d'un goût âpre, évacue par haut et par bas la bile et la pituite; la dose en est un acétabule (0 litr., 068). On donne cette plante en lavement pour la coxalgie, jusqu'à ce que le malade rende du sang par les selles (28). Elle est emménagogue aussi; mais elle tue le fœtus. L'autre thlaspi (*lanaria annua*, L.) (29), nommé par quelques-uns napy (moutarde) persique, a de larges feuilles et de grandes racines. On s'en sert aussi pour la coxalgie, en lavement. Les deux thlaspis sont bons pour les aines; on recommande à celui qui les cueille de dire qu'il les prend contre les maux des aines, contre toutes les fluxions et contre les plaies, et de les arracher d'une seule main.

CXIV. Les auteurs ne décrivent pas la trachinia (30), et je crois que la promesse de Démocrite est fausse; car ce serait un prodige si cette plante, portée en amulette, consumait la rate en trois jours.

CXV. Le tragonis (XIII, 36), ou tragion (*hypericum hircinum*) (31), ne croît que dans les plages maritimes de l'île de Crète. Il ressemble au genévrier par la graine, la feuille et les branches. Le suc laiteux de cette plante épaissi en gomme, ou la graine, fait, en topique, sortir les dards enfoncés dans les chairs. On pile la plante récente, et on l'applique avec du vin, ou on emploie la plante sèche pulvérisée, avec du miel. Elle fait venir le lait en abondance, et est un remède unique pour les mamelles.

CXVI. Il y a encore une autre plante appelée tragos (*salsola tragus*) (32) (XIII, 37), et par quelques-uns scorpion, haute d'un demi-pied, poussant beaucoup de rejetons, dépourvue de feuilles, portant de petites grappes rougeâtres, et donnant un grain semblable à celui du froment, dont le bout est aigu. Cette plante croît, comme la précédente, sur les plages maritimes. Dix ou douze sommités des rameaux de cette plante, pilées et prises dans du vin, sont un remède pour le flux céliaque, la dyssenterie, l'hémoptysie et les pertes.

CXVII. Le tragopogon (*tragopogon crocifolium*, L.), nommé par d'autres come, a la tige petite, les feuilles du safran, la racine longue et douce, et au haut de la tige un calice large et noir. Il croît dans les terrains rocailleux, et est sans usage.

CXVIII. Voilà tout ce que nous avons appris ou découvert sur les plantes qui soit digne de mémoire. En terminant cette matière, il ne nous paraît pas hors de propos de remarquer que les propriétés des substances végétales varient suivant leur ancienneté. C'est, comme nous l'avons dit (XX, 3), l'élatérion qui dure le plus longtemps. Le chaméléon noir dure quarante ans; la centaurée n'en passe pas douze; le peucedanum, six; l'aristoloche et la vigne sauvage se gardent pendant une année, à l'ombre. Remarquons qu'aucun animal, en dehors de ceux qui vivent dans les plantes, n'attaque les racines dont nous avons parlé, excepté le spondyle, espèce d'insecte qui les attaque toutes.

---

caulem papaveris. Nascitur ubique, præcipue in campestribus. Medentur hulceribus folia cum melle.

CXIII. Thlaspi duorum generum est, angustis foliis, digitali longitudine et latitudine, in terram versis, in cacumine divisis, cauliculo semipedali, non sine ramis, peltarum specie semine incluso, lenticulæ effigie, nisi quod infringitur, unde nomen. Flos albicat. Nascitur in semitis et sepibus. Semen asperi gustus, bilem et pituitam utrumque extrahit. Modus sumendi, acetabuli mensura. Prodest et ischiadicis infusum, donec sanguinem trahat. Menses quoque ciet, sed partus necat. Alterum thlaspi, aliqui Persicum napy vocant, latis foliis, radicibus magnis, et ipsum utile ischiadicorum infusioni. Prodest et inguinibus utrumque. Præcipitur, ut qui colligit, dicat sumere se contra inguina, et contra omnes collectiones, et contra vulnera, unaque manu tollat.

CXIV. Trachinia herba qualis sit, non traditur. Credo et falsum esse promissum Democriti. Portentosum enim est adalligatam triduo absumere lienes.

CXV. Tragonis, sive tragion, nascitur in Cretæ tantum insulæ maritimis, junipero similis, et semine, et folio, et ramis. Succus ejus lacteus in gummi spissatus, vel semen, impositione spicula e corpore ejicit : tunditur recens et cum vino illinitur, aut siccæ farina cum melle. Eadem lactis abundantiam facit, mammisque unice medetur.

CXVI. Est et alia herba tragos, quam aliqui scorpion vocant, semipedem alta, fruticosa, sine foliis, pusillis racemis rubentibus, grano tritici, acuto cacumine, et ipsa in maritimis nascens. Hujus ramorum x, aut XII, cacumina trita ex vino pota cœliacis, dysentericis, sanguinem exscreantibus, mensiumque abundantiæ auxiliantur.

CXVII. Est et tragopogon, quem alii comen vocant, caule parvo, foliis croci, radice longa, dulci, super caulem calyce lato, nigro. Nascitur in asperis, sine usu.

CXVIII. Et de herbis quidem memoria digna hactenus aut accepimus, aut comperimus. In fine earum admonere non ab re judicamus, aliis alias virium ætates esse. Longissimo tempore durat elaterium, ut diximus; chamæleon niger XL annis : centaureum non ultra XII. Peucedanum sex : et a i tolochia ac vitis silvestris anno in umbra servantur. Et animalium quidem exterorum nullum aliud radices a nobis dictas attingit, excepta

1 CXIX. C'est aussi un fait reconnu, que la force et l'efficacité de toutes les racines est moindre si elles sont recueillies après la maturité du fruit; et qu'il en est de même des graines si on incise avant leur maturité la racine pour en tirer le suc. Au reste, l'habitude amortit l'effet de toutes les plantes; et les substances dont on s'est servi journellement se trouvent sans action utile ou nuisible alors qu'on a besoin de les employer. Toutes les plantes ont des effets plus puissants dans les lieux froids et exposés à l'aquilon, ainsi que dans les lieux secs.

1 CXX. Il y a de plus parmi les nations des différences considérables. Ainsi nous apprenons que les Égyptiens, les Arabes, les Syriens, les Ciliciens, sont sujets aux vers et aux lombrics, tandis que les Grecs et les Phygiens en sont complétement exempts. Cela est encore moins surprenant que de voir, l'Attique et la Béotie étant limitrophes, les Thébains sujets à cette incommodité, qui épargne les Athéniens. Cette considération nous ramène aux propriétés des animaux eux-mêmes et aux remèdes qu'ils apportent en naissant, les plus sûrs de tous peut-être. En effet, la nature, cette mère de tous les êtres, n'a produit aucun animal uniquement pour se repaître ou pour être la pâture des autres; elle a encore enfermé dans leurs entrailles des moyens salutaires, elle qui en a mis dans les choses même insensibles: mais ici elle a voulu que ces secours de notre vie, les plus puissants de tous, fussent puisés dans une autre vie; grand et admirable objet qui s'offre maintenant à notre contemplation.

spondyle, quæ omnes persequitur. Genus id serpentis est.
1 CXIX. Ne illud quidem dubitatur, omnium radicum vim effectusque minui, si fructus prius maturescant : item seminum, ante radice propter succum incisa. Resolvitur autem omnium vis consuetudine : et desinunt prodesse, quum opus est, quæ quotidie in usu fuere, æque quam nocere. Omnes vero herbæ vehementiores effectu viribusque sunt in frigidis locis, et in aquiloniis : item siccis.
1 CXX. Sunt et gentium differentiæ non mediocres : sicut accepimus de tineis lumbricisque, inesse Ægypti, Arabiæ, Syriæ, Ciliciæ populis : e diverso Græciæ, Phrygiæ omnino non innasci. Minus id mirum, quam quod in confinio Atticæ Bœotiæque Thebanis innascuntur, quum absint Atheniensibus. Quæ contemplatio aufert rursus nos ad ipsorum animalium naturas, ingenitasque iis vel certiores morborum omnium medicinas. Enimvero rerum omnium parens, nullum animal ad hoc tantum ut pasceretur, aut alia satiaret, nasci voluit : artesque salutares inseruit et visceribus, quippe quum surdis etiam rebus inseruerit. Tum vero illa animæ auxilia præstantissima ex anima alia esse voluit, contemplatione ante cuncta mirabili.

# NOTES DU VINGT-SEPTIÈME LIVRE.

(1) Divinum Vulg. — Divinam Editt. ante Hard., Brotier, Sillig.

(2) Etiam quum homo inveniret; eamdemque omnium parentem et genuisse hæc et ostendisse, nullo vitæ miraculo majore, si verum fateri volumus. Scythicam herbam Vulg. — J'ai changé la ponctuation.

(3) Cæcilius Vulg. — Il faut lire Cælius; voyez la note 25 du livre VII.

(4) Ea purgatione quibus datur Vulg. — Ea purgatio quibusdam datur Vet. Dalech.

(5) Pline dit au commencement que l'alsine croît dans les bois; et ici, qu'elle croît dans les jardins et sur les murs. Il s'est exprimé négligemment, en divisant ainsi ce qui est relatif aux lieux de croissance de cette plante. Le fait est qu'elle vient sur les murs de jardin, sur les décombres, dans les plaines, mais aussi dans les montagnes jusqu'à une hauteur de 1,500 pieds, et sur des rochers ombragés. Voy. Fraas, *Synopsis*, p. 235.

(6) On a désigné pour cette plante l'*ajuga pyramidalis* et l'*ajuga iva*; mais Pline ne donnant aucune description, et nul autre auteur ancien ne parlant de cette plante, il est impossible de la déterminer.

(7) M. Fraas, *Synopsis*, p. 159, détermine ainsi l'asclépias des auteurs grecs : « Asclepias Dioscoridis mihi, caule recto velutino, foliis ovato-cordatis, acuminatis, floribus umbellatis, axillaribus, sessilibus, nigro-purpureis. »

(8) Il paraît qu'ici Pline, par le mot de gui, *viscum*, entend l'ixias ou chamæleon (XXII, 21); c'est du moins ce qui résulte d'un passage de Scribonius Largus, comp. CXCI : Ixia, quam quidam chamæleonta vocant.... pota mentem abalienat.... Adjuvantur autem læsi ab eo absinthio poto cum vino.

(9) Porrum nigrum Vulg. — Melamprasion Vett. Ed. ante Hard.

(10) M. Fraas, *Synopsis*, p. 160, propose, mais avec doute, le *cynanchum monspeliacum*.

(11) Pline se trompe. Le cratægos de Théophraste est le *cratægus azarolla*, et l'aquifolia des Latins est le houx.

(12) On ne sait ce qu'est le coagulum terrestre. Quelques-uns ont indiqué le *serapias abortiva*. Mais, comme dit Hardouin, c'est une pure divination.

(13) La cuisse-de-bœuf, n'étant pas décrite, ne peut être déterminée. Des commentateurs ont indiqué le *leonurus cardiaca*.

(14) Ea gustu Vulg. — Ea om. Regg. Codd., Edit. Princeps, Brotier.

(15) Hyosiris Vulg. — Hyoseris Reg. 1, Brotier.

(16) D'après M. Fraas, *Synopsis*, p. 204, l'hippophæston de Dioscoride est la *centaurea spinosa*. Cependant il avoue que la phrase, Il n'a ni tige ni fleur, ne convient pas à la *centaurea spinosa*; mais il ajoute que cette phrase ne convient pas non plus à nulle autre synonymie. Il serait porté à croire que Dioscoride a fait quelque confusion, et que l'emploi industriel de la plante indique la *centaurea nigra*, et l'emploi médical l'*euphorbia spinosa*.

(17) Tenuiora germina multa, in quibus semen tuniculis continetur Editt. ante Hard., Sillig. — Tenuiora..... continetur om. Vulg.

(18) Le léontopétalon et le léontopodion sont la même plante. Voy. Dioscoride in Nothis : οἱ δὲ λεοντοπόδιον, οἱ δὲ λευκήορον... οἱ δὲ ῥαπήιον.

(19) On ne sait ce qu'est le limeum : des commentateurs ont désigné le *ranunculus thora*, L., d'autres le *doronicum pardalianches*. On ne connaît pas en Gaule de plante assez vénéneuse pour produire les effets indiqués dans ce chapitre.

(20) Una sagitta Vulg. — Unam sagittam Chifflet, Sillig.

(21) Thiatin Vulg. — Thoti Cod. Reg., Brotier, Sillig.

(22) L'othonna est une plante indéterminée. Sprengel a désigné le *tagetes patula*, L.; mais tous les *tagetes* sont indigènes de l'Amérique méridionale.

(23) Les commentateurs ont désigné l'anthericum liliastrum; mais M. Fraas, *Synopsis*, p. 288, désigne le *lloydia græca*, Salisb. Il s'appuie sur Dioscoride. A la vérité, il convient que la fin de la description de Pline est en désaccord avec cette détermination; mais il pense que le jugement de Pline, si constamment faux dans les choses botaniques, ne doit pas être ici pris en considération. Les autres espèces d'anthericum qu'on a proposées n'ont pas encore été trouvées en Grèce; mais le *lloydia græca* est commun, dans tout le territoire, sur des collines et des promontoires de 600 à 1,500 pieds d'élévation (dans le Péloponnèse, dans l'Attique et dans les îles).

(24) On ne sait ce qu'est le phellandrion; les auteurs grecs ne l'ont pas décrit. On a songé au *phellandrium aquaticum*, L.

(25) Le polyrrhizon a été rapporté à l'*aristolochia pistolochia*, L., parce que Pline, XXV, 54, donne le nom de polyrrhizon à une espèce d'aristoloche. Mais cette aristoloche n'a pas les feuilles de myrte que Pline attribue ici à son polyrrhizon. Il ne paraît donc pas possible de déterminer celui-ci.

(26) Apulée, c. 18, dit : De proserpinaca, sive polygono. Polygonon alii,.... alii polygonatum,.... Romani sanguinariam, Itali proserpinacam. Les commentateurs en ont conclu que la proserpinaca et le polygonon (voy. XXVII, 91) étaient la même plante.

(27) D'après les commentateurs, le sinon de Pline est le sison de Dioscoride, soit par une faute de lecture de la part de Pline, soit par une faute des copistes.

(28) Le texte de Dioscoride est · Ἐγκλύζεται δὲ καὶ πρὸς ἰσχιαδικούς· ἄγει δὲ καὶ αἷμα πoεῖν : *Le thlaspi se donne en lavement pour la coxalgie; en boisson, il fait sortir le sang.* Il est évident que Pline a lu trop rapidement son texte grec, où il n'est pas question de lavement purgatif qui aille jusqu'au sang.

(29) Pour le second thlaspi les commentateurs ont désigné la *lanaria annua*, L. Mais la description est si écourtée, qu'il n'y a aucune confiance à mettre en cette détermination.

(30) On ne sait ce qu'est la trachinia; la description manque.

(31) La détermination de cette plante est fort incertaine; M. Fée la rapporte avec doute au pistachier; M. Fraas, *Synopsis*, p. 182, à l'*origanum maru*, mais avec un point d'interrogation.

(32) M. Fraas, ib., p. 257, voit dans le tragos l'*ephedra distachya*.

# LIVRE XXVIII.

1. I. (1.) Nous aurions épuisé l'exposition de toutes les choses produites entre le ciel et la terre, et il ne resterait à parler que des substances fossiles, si l'étude des propriétés médicinales des herbes et des arbrisseaux ne nous détournait de notre chemin, et ne nous conduisait vers les remèdes, plus puissants, que fournissent les animaux, eux-mêmes sujets aux remèdes. Nous qui avons décrit les plantes, la beauté des fleurs, et tant de végétaux rares et difficiles à trouver, nous tairons-nous sur les ressources qu'il y a dans l'homme même pour l'homme, et sur tous ces remèdes vivants qui sont parmi nous? Non; d'autant que la vie est un tourment si elle n'est exempte 2 de douleurs et de maladies. Nous mettrons ici tous nos soins, au risque de faire naître l'ennui, notre projet étant d'avoir moins d'égard à l'agrément qu'à l'utilité. Nos recherches s'étendront jusqu'aux choses étrangères et aux usages des barbares ; ce que nous rapportons, nous le rapportons sous la garantie des auteurs : cependant nous nous sommes appliqué à ne choisir que des faits établis par l'uniformité des témoignages, et nous avons préféré l'exactitude à l'abondance. Mais il est un avertissement très-nécessaire à donner : nous avons déjà parlé des propriétés des animaux et des découvertes qui leur sont dues (en effet, ils ne nous ont pas moins servi en découvrant des remèdes, qu'ils ne nous servent en nous en fournissant ) : ici nous indiquerons seulement les secours médicinaux qu'on y trouve ; sujet, du reste, que nous n'avons pas complétement omis dans les livres consacrés aux animaux. Ce qui nous reste à dire, quoique d'un genre différent, y est donc lié.

II. Nous commencerons par l'homme, et notre première recherche sera en lui pour lui-même, où tout d'abord se présente une immense difficulté (XXVIII, 3). Les épileptiques boivent le sang des gladiateurs, sorte de coupes vivantes. Quoi! on ne peut sans horreur voir les bêtes féroces en faire autant dans la même arène ; et ces malades regardent comme très efficace de recueillir sur l'homme même, et de la plaie béante, le sang chaud, fumant, et pour ainsi dire la vie elle-même, tandis qu'on regarderait comme une monstruosité d'approcher une bouche humaine de la plaie saignante d'une bête farouche! D'autres recherchent la moelle des fémurs et la cervelle des enfants. Il y a même eu parmi les Grecs bon nombre 2 de gens qui ont indiqué la saveur de chaque viscère, de chaque partie, ayant tout essayé jusqu'aux rognures des ongles, comme s'il fallait pour recouvrer la santé devenir bête féroce, et mériter la maladie par le remède même : tentatives justement frappées d'inutilité, si elles échouent. On ne se permet point de regarder les entrailles humaines : que sera-ce de les manger! Qui a inventé ces horreurs? C'est toi que j'accuse ici, destructeur de tout droit

## LIBER XXVIII.

1. I. (1.) Dictæ erant omnium rerum naturæ, inter cælum ac terram nascentium, restabantque quæ ex ipsa tellure fodiuntur, si non herbarum ac fruticum tractata remedia auferrent transversos, ex ipsis animalibus quæ sanantur, reperta majore medicina. Qui ergo dixerimus herbas, et florum imagines, ac pleraque inventu rara ac difficilia, iidem, tacebimus quid in ipso homine prosit homini, cæteraque genera remediorum inter nos viventia? quum præsertim, nisi carenti doloribus morbisque, vita ipsa 2 pœna fiat. Minime vero : omnemque insumemus operam, licet fastidii periculum urgeat ; quando ita decretum est, minorem gratiæ, quam utilitatibus vitæ respectum habere. Quin immo externa quoque, et barbaros etiam ritus indagabimus. Fides tantum auctores appellet. Quamquam et ipsi consensu prope judicata eligere laboravimus, potiusque curæ rerum, quam copiæ instituimus. Illud admonuisse perquam necessarium est, dictas jam a nobis naturas animalium, et quæ cujusque essent inventa (neque enim minus profuere medicinas reperiendo, quam prosunt præbendo), nunc quæ in ipsis auxilientur indicari, neque illic in totum omissa. Itaque hæc esse quidem alia, illis tamen connexa.

II. Incipiemus autem ab homine, ipsum sibi exquiren- 1 tes, immensa statim difficultate obvia. Sanguinem quoque gladiatorum bibunt, ut viventibus poculis, comitiales morbi : quod spectare facientes in eadem arena feras quoque horror est. At hercule illi ex homine ipso sorbere efficacissimum putant calidum spirantemque, et una ipsam animam ex osculo vulnerum : quum plagis ne ferarum quidem admoveri ora fas sit humana. Alii medullas crurum quærunt, et cerebrum infantium. Nec 2 pauci apud Græcos, singulorum viscerum membrumque etiam sapores dixere, omnia persequuti usque ad resegmina unguium : quasi vero sanitas videri possit, feram ex homine fieri, morboque dignum in ipsa medicina : egregia hercule frustratione, si non prosit. Adspici humana exta nefas habetur : quid mandi? Quis ista invenit ostenta? Tecum enim res erit, eversor juris humani,

humain, artisan de monstruosités, qui as le premier fait de tels essais, sans doute pour 3 que les hommes ne l'oubliassent point! Quel est celui qui a songé à goûter de chaque partie humaine? Quelle conjecture l'a conduit? Quelle peut avoir été l'origine d'une telle médecine? Qui a su rendre les poisons plus innocents que les remèdes? Je veux que ces horribles usages soient dus à des barbares, à des étrangers... Mais les Grecs ne les ont-ils pas faits leurs? Il existe des mémoires de Démocrite où l'on trouve que les os de la tête d'un malfaiteur sont plus utiles pour certaines maladies, et pour d'autres ceux de la tête d'un ami et d'un 4 hôte. Apollonius a écrit que c'était un excellent remède pour le mal de dents, de scarifier les gencives avec une dent d'un homme mort de mort de violente; Miletus, que le fiel de l'homme guérissait les cataractes. Artémon a fait boire, dans le crâne d'un homme tué et non brûlé, de l'eau puisée à une fontaine la nuit, pour l'épilepsie; Antæus a fait avec le crâne d'un pendu des pilules pour la morsure du chien enragé. Bien plus, les hommes ont servi à guérir les bêtes : dans la tympanite des bœufs, on a perforé les cornes, et on y a introduit des os humains; dans certaines maladies des porcs, on leur a donné du froment qui avait passé la nuit dans un endroit où avait été tué ou brûlé un homme. Loin de 5 nous, loin de nos écrits de pareilles choses! Nous ne rapporterons pas d'abominables pratiques, mais nous indiquerons les remèdes que peut fournir l'homme : ainsi le lait des nouvelles accouchées a pu être utile, de même que la salive, les attouchements et choses semblables. Nous ne regardons pas la vie comme tellement désirable, qu'il faille la prolonger à tout prix. Qui que tu sois qui penses autrement, tu n'en mourras pas moins, et tu auras vécu souillé ou abominable. Aussi, parmi les remèdes de l'âme on doit mettre au premier rang cette maxime : De tous les biens donnés à l'homme par la nature, il n'en est pas de plus grand qu'une mort opportune; et ce qu'il y a de mieux en cela, c'est que chacun peut se la procurer.

III. (II.) Au sujet des remèdes fournis par 1 l'homme, il s'élève d'abord une grande question toujours pendante : Les paroles et les charmes magiques ont-ils quelque puissance? S'ils en ont, il conviendra de les rapporter à l'homme. Consultés en particulier, les gens les plus sages n'en croient rien; et cependant, en masse, les actes de tous les instants impliquent, sans qu'on s'en aperçoive, la croyance à cette puissance. Ainsi on pense que sans une formule de prière il serait inutile d'immoler des victimes, et que les dieux ne pourraient être convenablement consultés. De plus, il y a des paroles diverses, les unes d'impétration, les autres de dépulsion, d'autres de recommandation. Nous avons vu que des personnes revê- 2 tues de magistratures souveraines ont prononcé des formules déterminées : pour n'omettre ou ne transposer aucun mot, un homme prononce la formule qu'il lit sur le rituel, un autre est préposé pour suivre toutes les paroles, un autre est chargé de faire observer le silence, un musicien joue de la flûte pour qu'aucune autre parole ne soit entendue; et ces deux faits remarquables sont consignés, à savoir : que toutes les fois qu'un sacrifice a été troublé par des imprécations, ou que la prière a été mal récitée, aussitôt le lobe du foie ou le cœur de la victime a disparu ou a été doublé, sans que la victime ait bougé. On conserve encore, comme un témoi- 3 gnage immense, la formule que les Décius, père et fils, prononcèrent en se dévouant. On

monstrorumque artifex, qui primus ea condidisti : credo,
3 ne vita tui obliviceretur. Quis invenit singula membra humana mandere? qua conjectura inductus? Quam potest medicina ista originem habuisse? Quis veneficia innocentiora effecit, quam remedia? Esto, barbari externique ritus invenerint : etiamne Græci suas fecere has artes? Exstant commentationes Democriti, ad alia noxii hominis e capite
4 ossa plus prodesse : ad alia, amici et hospitis. Jam vero vi interemti dente gingivas in dolore scarificari, Apollonius efficacissimum scripsit : Miletus, oculorum suffusiones felle hominis sanari. Artemon calvaria interfecti, neque cremati, propinavit aquam e fonte noctu comitialibus morbis. Ex eadem suspendio interemti catapotia fecit, contra canis rabiosi morsus Antæus. Atque etiam quadrupedes homines sanavere : contra inflationes boum, perforatis cornibus inserentes ossa humana : ubi homo occisus esset, aut crematus, siliginem quæ pernoctasset, suum morbis dando. Procul a nobis nostrisque litteris
5 absint ista. Nos auxilia dicemus, non piacula : sicubi lactis puerperarum usus mederi potuit, sicubi saliva, tactusve corporis, cæteraque similia. Vitam quidem non adeo expetendam censemus, ut quoquo modo trahenda sit. Quisquis es talis, æque moriere, etiam quum obscœnus vixeris, aut nefandus. Quapropter hoc primum quisque in remediis animi sui habeat : ex omnibus bonis quæ homini tribuit natura, nullum melius esse tempestiva morte : idque in ea optimum, quod illam sibi quisque præstare poterit.

III. (II.) Ex homine remediorum primum maximæ 1 quæstionis, et semper incertæ est, valeantne aliquid verba et incantamenta carminum. Quod si verum est, homini acceptum ferri oportere conveniet. Sed viritim sapientissimi cujusque respuit fides. In universum vero omnibus horis credit vita, nec sentit. Quippe victimas cædi sine precatione non videtur referre, nec deos rite consuli. Præterea alia sunt verba impetriti, alia depulsoriis, alia commentationis : vidimusque certis precationibus 2 obsecrasse summos magistratus. Et ne quid verborum præteretur, aut præposterum dicatur, de scripto præire aliquem : rursusque alium custodem dari qui attendat : alium vero præponi, qui faveri linguis jubeat : tibicinem canere, ne quid aliud exaudiatur : utraque memoria insigni, quoties ipsæ diræ obstrepentes nocuerint, quotiesve

a la prière récitée par la vestale Tuccia, lorsque, accusée d'inceste, elle porta de l'eau dans un crible, l'an de Rome 609. Un homme et une femme, Grecs d'origine ou de quelqu'une des autres nations avec qui nous étions alors en guerre, ont été enterrés vivants dans le marché aux bœufs; et cela s'est vu même de notre temps.

4. La prière usitée dans ce sacrifice, laquelle est récitée d'abord par le chef du collége des Quindécemvirs, arrachera certainement à celui qui la lira l'aveu de la puissance de ces formules, puissance confirmée par huit cent trente ans de succès. Aujourd'hui nous croyons que nos vestales retiennent sur place, par une simple prière, les esclaves fugitifs qui ne sont point encore sortis de Rome. Si l'on admet cela, si l'on pense que les dieux exaucent quelques prières ou se laissent ébranler par ces formules, il faut concéder le tout (1). Le fait est que nos pères ont perpétuellement rapporté des exemples confirmatifs, assurant même qu'on peut, ce qui est le plus difficile de tout ceci, attirer la foudre du ciel, comme nous l'avons dit en son lieu (II, 54).

1. IV. L. Pison, dans le premier livre de ses Annales, rapporte que le roi Tullus Hostilius (II, 54), ayant voulu, d'après les livres de Numa, évoquer Jupiter du ciel à l'aide du sacrifice prescrit par ce prince, fut frappé de la foudre pour n'avoir pas accompli exactement le rit. D'ailleurs beaucoup d'auteurs font voir, qu'avec des paroles on change de grandes destinées et d'importants présages : pendant qu'on jetait sur le mont Tarpéien les fondements du temple, on trouva une tête humaine ; des députés furent pour cela envoyés (2) à Olenus Calenus, le plus célèbre des devins d'Étrurie ;

celui-ci, comprenant la gloire et le succès attachés à ce présage, essaya de les transporter à sa nation par une question : il traça devant lui sur la terre, avec son bâton, la figure d'un temple ; et s'adressant aux députés : « Voici donc ce que vous 2 dites, Romains : c'est ici que sera le temple de Jupiter très-bon, très-grand, c'est ici que nous avons trouvé la tête. » La tradition constante des Annales est que le destin aurait passé à l'Étrurie si les députés, prévenus par le fils du devin, n'avaient répondu : « Ce n'est pas ici précisément que nous disons que la tête a été trouvée; c'est à Rome. » On rapporte qu'il en fut de même quand un quadrige de terre cuite, destiné à être placé sur le sommet du même temple, eut extraordinairement grossi dans le four, et que, une seconde fois, le présage fut fixé à Rome de la même façon. Cela suffit pour montrer par des exemples que l'effet des présages est en notre puissance, et que la valeur qu'ils ont dépend de la manière dont on les reçoit. Du moins, dans la doctrine des augu- 3 res, c'est un principe que les imprécations et les auspices, quels qu'ils soient, sont nuls pour ceux qui au début d'une entreprise quelconque déclarent n'y donner aucune attention, ce qui est un des plus grands bienfaits de la bonté divine; car enfin ne lit-on pas dans les lois mêmes des Douze Tables, en termes précis : Celui qui jettera un sort sur les moissons...; et dans un autre endroit : Celui qui prononcera un maléfice... Ver- 4 rius Flaccus cite ses auteurs, auteurs qu'il juge dignes de foi, lorsqu'il dit que dans les siéges on faisait avant tout évoquer par des prêtres romains le dieu tutélaire de la ville, et qu'on lui promettait à Rome le même culte ou un culte plus grand. Ce rit est resté dans la discipline des pontifes,

---

precatio erraverit : sic repente extis adimi capita vel corda,
3 aut geminari victima stante. Durat immenso exemplo Deciorum patris filiique, quo se devovere, carmen. Exstat Tucciæ vestalis incestæ precatio, qua usa aquam in cribro tulit, anno Urbis DCIX. Boario vero in foro Græcum Græcamque defossos, aut aliarum gentium, cum quibus
4 tum res esset, etiam nostra ætas vidit. Cujus sacri precationem, qua solet præire Quindecimvirum collegii magister, si quis legat, profecto vim carminum fateatur, ea omnia approbantibus octingentorum triginta annorum eventibus. Vestales nostras hodie credimus nondum egressa Urbe mancipia fugitiva retinere in loco precationis : quum si semel recipiatur ea ratio, et deos preces aliquas exaudire, aut illis moveri verbis, confitendum sit de tota conjectione. Prisci quidem nostri perpetuo talia prodidere, difficillimumque ex his, etiam fulmina elici, ut suo loco docuimus.

1 IV. L. Piso primo Annalium auctor est, Tullum Hostilium regem ex Numæ libris eodem, quo illum, sacrificio Jovem cælo devocare conatum, quoniam parum rite quædam fecisset, fulmine ictum : multi vero, magnarum rerum fata et ostenta verbis permutari. Quum in Tarpeio fodientes delubro fundamenta, caput humanum invenissent,

missis ob id ad se legatis, Etruriæ celeberrimus vates Olenus Calenus, præclarum id fortunatumque cernens, interrogatione in suam gentem transferre tentavit, scipione prius determinata templi imagine in solo ante se : hoc ergo dicitis, Romani? hic templum Jovis optimi maximi 2 futurum est : hic caput invenimus : constantissima Annalium affirmatione, transiturum fuisse fatum in Etruriam, ni præmoniti a filio vatis legati romani respondissent : non plane hic, sed Romæ inventum caput dicimus. Iterum id accidisse tradunt, quum in fastigium ejusdem delubri præparatæ quadrigæ fictiles in fornace crevissent : et iterum simili modo retentum angurium. Hæc satis sint, exempli ut appareat, ostentorum vires et in nostra potestate esse : ac prout quæque accepta sint, ita valere. In 3 augurum certe disciplina constat, neque diras, neque ulla auspicia pertinere ad eos, qui quamque rem ingredientes, observare se ea negaverint : quo munere divinæ indulgentiæ majus nullum est. Quid? non et legum ipsarum in duodecim tabulis verba sunt? Qui fruges excantassit. Et alibi, Qui malum carmen incantassit. Verrius Flaccus auctores 4 ponit, quibus credat, in oppugnationibus ante omnia solitum a Romanis sacerdotibus evocari deum, cujus in tutela id oppidum esset : promittique illi cumdem, aut au-

et il est certain que l'on a tenu caché le nom (3) de la divinité tutélaire de Rome, pour empêcher quelque ennemi d'en faire autant. Au reste, tout le monde craint pour soi d'être l'objet d'imprécations; de là l'usage quand on a avalé des œufs ou des escargots d'en briser aussitôt les coquilles, ou de les percer avec la cuiller. De là cette imitation amoureuse des enchantements, dans Théocrite chez les Grecs, dans Catulle chez les Latins, et en dernier lieu dans Virgile (Ecl. VIII). Beaucoup croient aussi que les ouvrages de poterie se brisent par les paroles; d'autres admettent que les serpents mêmes répondent à l'enchantement par l'enchantement, qu'ils n'ont que cette sorte d'intelligence, et qu'ils se rassemblent au chant des Marses, même dans le repos de la nuit. On va jusqu'à écrire sur les murailles certaines paroles contre les incendies. Mais il n'est pas aisé de dire ce qui décrédite le plus tout cela, ou les mots barbares et impossibles à prononcer, ou les mots latins bizarres, et qu'on peut d'autant moins s'empêcher de trouver ridicules, que notre imagination attend toujours quelque chose d'infini, de capable d'ébranler la divinité, ou plutôt d'assez puissant pour lui commander. Homère (*Od.*, XIX, 457) a dit qu'Ulysse arrêta par un charme le sang qui s'échappait d'une blessure reçue à la cuisse; Théophraste (*De enthusiasmo*, ap. Athen. XIV, p. 624), que la coxalgie est guérie par le même moyen. Caton a rapporté une formule bonne pour les luxations (XVII, 46, 6); M. Varron, pour la goutte. Le dictateur César, après une chute dangereuse de voiture, ne manquait jamais, à ce qu'on rapporte, dès qu'il était assis en voiture, de répéter trois fois une certaine formule, pour être garanti d'accident en voyage; précaution qu'aujourd'hui, à notre connaissance, on prend généralement.

V. Pour confirmer ce qui vient d'être dit, je veux en appeler au sentiment intime de chacun. Pourquoi, en effet, nous souhaitons-nous réciproquement une heureuse année au premier jour de l'an? Pourquoi, dans les purifications publiques, choisit-on pour conduire les victimes des gens porteurs de noms heureux? Pourquoi usons-nous d'adoration particulière pour prévenir les maléfices, invoquant la Némésis grecque, dont, pour cette raison, la statue est à Rome dans le Capitole, bien que cette déesse n'ait point de nom en latin (XI, 103)? Pourquoi, lorsque nous parlons des morts, protestons-nous que nous n'en voulons point à leur mémoire? Pourquoi croyons-nous que les nombres impairs ont pour toute chose plus de vertu, vertu qui se reconnaît dans les fièvres à l'observation des jours? Pourquoi aux premiers fruits disons-nous que ceux-ci sont vieux, et que nous en souhaitons de nouveaux? Pourquoi salue-t-on ceux qui éternuent, ce que Tibère, qui était certainement le plus sombre des hommes, exigeait, dit-on, même en voiture? Quelques personnes trouvent qu'il est plus religieux alors de nommer ceux qu'on salue. Les absents (c'est une opinion reçue) sont avertis que l'on parle d'eux par le tintement de leurs oreilles. Attale [Philométor] assure que si en voyant un scorpion on dit deux, l'insecte s'arrête, et ne pique point. Et, à propos de scorpion, personne en Afrique n'entreprend quoi que ce soit sans avoir prononcé auparavant le mot Afrique; tandis que dans les autres pays on commence par demander aux dieux leur bonne volonté. Est-on à table, nous voyons chacun

---

phorem apud Romanos cultum. Et durat in Pontificum disciplina id sacrum; constatque ideo occultatum, in cujus dei tutela Roma esset, ne qui hostium simili modo agerent. Defigi quidem diris deprecationibus nemo non metuit. Huc pertinet ovorum, ut exsorbuerit quisque, calyces, cochlearumque, protinus frangi, aut eosdem cochleariberis perforari. Hinc Theocriti apud Græcos, Catulli apud nos, proximeque Virgilii incantamentorum amatoria imitatio. Figlinarum opera multi rumpi credunt tali modo : non pauci etiam serpentes ipsas recanere : et hunc unum illis esse intellectum, contrahique Marsorum cantu, etiam in nocturna quiete. Etiam parietes incendiorum deprecationibus conscribuntur. Neque est facile dictu, externa verba atque ineffabilia abrogent fidem validius, an latina inopinata, et quæ ridicula videri cogit animus, semper aliquid immensum exspectans, ac dignum Deo movendo, immo vero quod numini imperet. Dixit Homerus, profluvium sanguinis vulnerato femine Ulyssem inhibuisse carmine : Theophrastus, ischiadicos sanari. Cato prodidit luxatis membris carmen auxiliare; M. Varro podagris. Cæsarem dictatorem post unum ancipitem vehiculi casum, ferunt semper, ut primum consedisset, id quod plerosque nunc facere scimus, carmine ter repetito securitatem itineris aucupari solitum.

V. Libet hanc partem singulorum quoque conscientia coarguere. Cur enim primum anni incipientis diem lætis precationibus invicem faustum ominamur? Cur publicis lustris etiam nomina victimas ducentium prospera legimus? Cur et fascinationibus adoratione peculiari occurrimus alii, græcam Nemesin invocantes : cujus ob id Romæ simulacrum in Capitolio est, quamvis latinum nomen non sit? Cur ad mentionem defunctorum, testamur memoriam eorum a nobis non sollicitari? Cur impares numeros ad omnia vehementiores credimus : idque in febribus dierum observatione intelligitur? Cur ad primitias pomorum, hæc vetera esse dicimus, alia nova optamus? Cur sternumentis salutamus? quod etiam Tiberium Cæsarem, tristissimum (ut constat) hominum, in vehiculo exegisse tradunt. Et aliqui nomine quoque consalutare, religiosius putant. Quin et absentes tinnitu aurium præsentire sermones de se, receptum est. Attalus affirmat, scorpione viso, si quis dicat duo, coliberi, nec vibrare ictus. Et quoniam scorpio admonuit, in Africa nemo destinat aliquid, nisi præfatus Africam. In cæteris vero gentibus, deos ante obtestatur, ut velint. Nam si mensa adsit, annulum ponere tralatitium videmus. Quin etiam multas religiones pollere manifestum est. Alius saliva post aurem digito relata, sollicitudinem animi

ôter l'anneau qui est au doigt. Il est encore bien d'autres pratiques religieuses. En portant de la salive avec son doigt derrière son oreille, on croit adoucir les inquiétudes de l'esprit. Quand on veut marquer de la faveur le proverbe nous ordonne de nous presser les pouces. Pour saluer nous portons la main droite à la bouche, et nous tournons tout le corps à droite; inflexion que les Gaulois font à gauche, la regardant comme plus religieuse. Les hommes de toutes les nations s'accordent à frapper dans leurs mains quand il éclaire. Si dans un repas on vient à parler d'incendie nous répandons, pour écarter le présage, de l'eau sous les tables. On regarde comme un très-mauvais présage de balayer le plancher quand quelqu'un se lève de table, ou d'ôter la table ou le buffet pendant que boit un convive. Il y a de Servius Sulpicius, homme du premier rang, un écrit où il explique pourquoi il ne faut pas quitter la table; car de son temps on ne comptait pas encore plus de tables que de convives. Après un éternument on regarde comme un détestable présage de rapporter un plat ou une table si l'on ne mange pas après cela quelque chose, ou de cesser complétement de manger. Ces pratiques ont été établies par ceux qui croyaient les dieux présents dans toutes les affaires et à tous les instants, et qui par cette piété nous les ont laissés propices, malgré nos vices. On a encore noté qu'il ne s'établit un silence complet et soudain dans une table que lorsque le nombre des convives est pair, et qu'il en résulte danger pour la considération de l'un quelconque d'entre eux. Anciennement on rendait un morceau tombé de la main, du moins à table; et on défendait de souffler dessus pour le nettoyer. On tire augure des paroles ou des pensées dans le moment où cet accident arrive, accident qui est du plus funeste présage s'il échoit à un pontife célébrant le repas de Pluton. L'expiation est de remettre le morceau sur la table, et de le brûler en présence du dieu Lare. On assure que les médicaments sont inutiles si avant de les administrer on les a posés par hasard sur une table. Se couper les ongles pendant les marchés de Rome sans dire mot et en commençant par l'index est regardé comme de mauvais augure pour les affaires pécuniaires. On dit que toucher à ses cheveux le dix-septième jour de la lune et le vingt-neuvième les empêche de tomber et préserve du mal de tête. Une loi rurale observée dans la plupart des métairies de l'Italie défend aux femmes en marchant dans la campagne de tourner leurs fuseaux, ou même de les porter découverts, parce que c'est contraire à toute chose espérée, et particulièrement aux moissons. Il n'y a pas longtemps, M. Servilius Nonianus, prince de la cité, à la première crainte de l'ophthalmie, avant d'articuler le nom du mal, et avant que personne lui en eût parlé, portait au cou un papier enveloppé dans du linge, et marqué des deux lettres grecques P et A : Mutianus, trois fois consul, portait de la même façon une mouche vivante dans un petit linge blanc; et ces deux personnages affirmaient qu'à l'aide de ces amulettes ils étaient préservés de l'ophthalmie. Il existe contre la grêle contre plusieurs sortes de maladies, contre les brûlures, certaines incantations, dont quelques-unes même ont été éprouvées; mais, au milieu de la grande diversité des opinions, je n'ose les faire connaître, et là-dessus je laisse chacun penser ce qu'il voudra.

VI. (III.) En parlant des singularités des nations (VII, 2), nous avons fait connaître des

---

propitiat. Pollices, quum faveamus, premere etiam proverbio jubemur. In adorando dexteram ad osculum referimus, totumque corpus circumagimus : quod in lævum fecisse, Galliæ religiosius credunt. Fulgetras poppysmis adorare, consensus gentium est. Incendia inter epulas nominata, aquis sub mensas profusis abominamur. Recedente aliquo ab epulis, simul verri solum : aut bibente conviva, mensam vel repositorium tolli, inauspicatissimum judicatur. Servii Sulpitii principis viri commentatio est, quamobrem mensa linquenda non sit : nondum enim plures, quam convivæ, numerabantur. Nam sternumento revocari ferculum mensamve, si non postea gustetur aliquid, inter diras habetur, aut omnino non esse. Hæc instituere illi, qui omnibus negotiis horisque interesse credebant deos : et ideo placatos etiam vitiis nostris reliquerunt. Quin et repente conticescere convivium adnotatum est, non nisi in pari præsentium numero : isque famæ labor est, ad quemcumque eorum pertinens. Cibus etiam e manu prolapsus reddebatur, utique per mensas : vetabantque munditiarum causa deflare. Et sunt condita auguria, quid loquenti cogitantive id acciderit : inter exsecratissima, si pontifici accidat Ditis causa epulanti. In mensa utique id reponi, adolerique ad Larem, piatio est. Medicamenta, priusquam adhibeantur, in mensa forte deposita, negant prodesse. Ungues resecari nundinis Romanis tacenti, atque a digito indice, multorum pecuniæ religiosum est. Capillum vero contrectari, contra defluvia ac dolores capitis XVII luna, atque XXIX. Pagana lege in plerisque Italiæ prædiis cavetur, ne mulieres per itinera ambulantes torqueant fusos aut omnino detectos ferant, quoniam adversetur id omnium spei, præcipueque frugum. M. Servilius Nonianus, princeps civitatis, non pridem in metu lippitudinis, priusquam ipse eam nominaret, aliusve ei prædiceret, duabus litteris græcis P et A, chartam inscriptam, circumligatam lino, subnectebat collo : Mutianus ter consul, eadem observatione viventem muscam in linteolo albo : his remediis carere ipsos lippitudine prædicantes. Carmina quædam exstant contra grandines, contraque morborum genera, contraque ambusta, quædam etiam experta : sed prodendo obstat ingens verecundia in tanta animorum varietate. Quapropter de his, ut libitum cuique fuerit, opinetur.

VI. (III.) Hominum monstrificas naturas et veneficos aspectus, diximus in portentis gentium, et multas anima-

hommes à nature monstrueuse et à regard malfaisant, ainsi que plusieurs propriétés des animaux, qu'il est superflu de répéter. Le corps de certains hommes est tout entier médicinal : par exemple, les hommes de ces familles redoutées des serpents guérissent les personnes mordues, soit par un simple attouchement, soit par une légère succion. A cette catégorie appartiennent les Psylles, les Marses, et ceux qu'on nomme Ophiogènes (VII, 2, 5) dans l'île de Chypre (4). Un certain Évagon, appartenant à cette famille et député à Rome, fut, par forme d'expérience, mis par les consuls dans un tonneau rempli de serpents, qui, à l'admiration universelle, ne firent que le lécher. Le signe commun à cette famille, si elle subsiste encore, est une odeur forte qui se fait sentir au printemps. La sueur même de ces hommes n'était pas moins un remède que leur salive. Les individus qui naissent à Tentyris, île du Nil, sont si redoutés des crocodiles (VIII, 38), que leur voix seule fait fuir ces animaux. La présence de ces différentes espèces d'hommes antipathiques aux serpents suffit pour guérir, cela est certain; de même que les plaies s'aggravent à l'entrée de ceux qui ont été autrefois mordus par un serpent ou un chien. Ces derniers font également avorter les couvées des poules et le fruit du bétail. Quand le venin est une fois entré dans le corps, il en reste tant, que les personnes qui ont été infectées deviennent elles-mêmes venimeuses : le remède est de leur faire d'abord laver les mains, et d'asperger avec cette eau ceux que l'on traite. D'un autre côté, les individus qui ont été piqués par le scorpion ne le sont jamais à l'avenir par les frelons, les guêpes et les abeilles : on s'en étonnera moins quand on saura qu'un habit qui a été porté à un enterrement n'est pas attaqué par les vers, et qu'on ne peut guère tirer les serpents de leurs trous si ce n'est en employant la main gauche; (IV.) quand on saura que des secrets trouvés par Pythagore un des plus certains est celui-ci, à savoir, que dans les noms imposés aux enfants un nombre impair de voyelles annonce claudication, perte de la vue, ou autre accident du côté droit; et un nombre pair, du côté gauche. Les accouchements laborieux se terminent, dit-on, à l'instant lorsque quelqu'un fait passer par-dessus la maison où est la femme en travail une pierre ou un trait qui ait tué en trois coups trois animaux, un homme, un sanglier et un ours : le succès est plus probable quand on se sert d'un javelot de vélite tiré, sans avoir touché terre, du corps d'un homme; porté dans la maison, ce javelot produit les mêmes effets. De la même façon, les flèches tirées du corps sans avoir touché la terre, et mises sous le lit, produisent l'effet des philtres : c'est ce qu'on lit dans Orphée et Archélaüs; et encore, que l'on guérit les épileptiques en leur faisant manger de la chair d'une bête percée du fer avec lequel un homme a été tué. Quelques individus ont une vertu médicinale en certaines parties de leur corps; tel était le pouce du roi Pyrrhus, comme nous l'avons dit (VII, 2, 12). A Élis on montrait une côte de Pélops, qu'on assurait être d'ivoire. Aujourd'hui encore, bien des gens, par religion, ne veulent pas se raser les signes au visage.

VII. La salive d'un homme à jeun est, comme nous l'avons enseigné (VII, 2, 7), le premier des antidotes contre les serpents; mais il importe d'en signaler à la société les autres propriétés. Nous crachons pour nous préserver de l'épilepsie, c'est-à-dire que nous repoussons la contagion. De la

lium proprietates, quæ repeti supervacuum est. Quorumdam hominum tota corpora prosunt : ut ex his familiis quæ sunt terrori serpentibus, tactu ipso levant percussos, suctuve modico. Quorum e genere sunt Psylli, Marsique, et qui Ophiogenes vocantur in insula Cypro : ex qua familia legatus Evagon nomine, a consulibus Romæ in dolium serpentium conjectus experimenti causa, circummulcentibus linguis miraculum præbuit. Signum ejus familiæ est, si modo adhuc durat, vernis temporibus odoris virus. Atque eorum sudor quoque medebatur, non modo saliva. Nam in insula Nili Tentyri nascentes tanto sunt crocodilis terrori, ut vocem quoque eorum fugiant. Horum omnium generum in sua repugnantia interventum quoque mederi constat; sicuti aggravari vulnera introitu eorum, qui umquam fuerint serpentium, canisve dente læsi. Iidem gallinarum incubitus, pecorum fetus, abortu vitiant. Tantum remanet virus, excepto semel malo, ut venefici fiant venena passi. Remedio est, ablui prius manus eorum, aquaque illa eos, quibus medearis, inspergi. Rursus a scorpione aliquando percussi, numquam postea a crabronibus, vespis, apibusve feriuntur. Minus miretur hoc qui sciat, vestem a tineis non attingi, quæ fuerit in funere : serpentes ægre præterquam læva manu extrahi; (IV.) e Pythagoræ inventis non temere fallere, impositivorum nominum imparem vocalium numerum, claudítates, oculive orbitatem, ac similes casus dextris assignare partibus, parem lævis. Ferunt difficiles partus statim solvi, quum quis tectum, in quo sit gravida, transmiserit lapide, vel missili, ex his, qui tria animalia singulis ictibus interfecerint, hominem, aprum, ursum. Probabilius id facit hasta velitaris, evulsa e corpore hominis, si terram non attigerit. Eosdem enim illata effectus habet. Sic et sagittas corpore eductas, si terram non attigerint, subjectas cubantibus, amatorium esse, Orpheus et Archelaus scribunt. Quin et comitialem morbum sanari cibo e carne feræ occisæ eodem ferro, quo homo interfectus sit. Quorumdam partes medicæ sunt, sicuti diximus de Pyrrhi regis pollice. Et Elide solebat ostendi Pelopis costa, quam eburneam affirmabant. Nævos in facie tondere, religionem habent etiam nunc multi.

VII. Hominum vero in primis jejunam salivam, contra serpentes præsidio esse, docuimus. Sed et alios efficaces ejus usus recognoscat vita. Despuimus comitiales morbos, hoc est, contagia regerimus. Simili modo et fascinationes repercutimus, dextræque claudítatis occursum. Veniam

même façon, nous écartons les fascinations et le mauvais présage de la rencontre d'une personne boitant du pied droit. Nous demandons aux dieux grâce pour quelque espérance trop présomptueuse en crachant dans notre sein. Par la même raison, il est d'usage dans tous les remèdes de cracher trois fois en conjurant le mal, et d'aider ainsi les effets des médicaments, comme aussi de marquer trois fois avec de la salive, à jeun, les furoncles naissants. Voici quelque chose de merveilleux, mais facile à expérimenter : si on se repent d'avoir porté un coup de près ou de loin, il n'y a qu'à cracher aussitôt dans la paume de la main avec laquelle on a frappé : à l'instant la personne frappée cesse de ressentir de la douleur. C'est ce qu'on vérifie souvent après avoir roué de coups une bête de somme, à laquelle ce moyen fait aussitôt reprendre son allure. Quelques-uns, au contraire, rendent les coups plus pesants en crachant auparavant dans leur main, de la manière susdite. Ne refusons donc pas de croire qu'on guérit les lichens et les lèpres en les frottant tous les jours avec de la salive, à jeun ; qu'on guérit l'ophthalmie en y faisant pareille onction le matin ; les carcinomes, en pétrissant avec de la salive la plante appelée mal de la terre (XXV, 54, 3) ; le torticolis, en portant de la salive, à jeun, avec la main droite au jarret droit, avec la main gauche au jarret gauche ; qu'enfin, si quelque animalcule est entré dans l'oreille, il suffit de cracher dans cette partie pour l'en faire sortir. C'est un préservatif contre les sortilèges, de cracher sur son urine après l'avoir rendue, de cracher dans le soulier du pied droit avant de le mettre, de cracher en traversant un endroit où l'on a couru quelque danger. Marcion de Smyrne, qui a écrit un livre sur les effets des médicaments non composés, rapporte que la salive fait crever les scolopendres marines, ainsi que les rubètes et les grenouilles. Opilius dit qu'elle fait crever les serpents si on leur crache dans la gueule au moment où ils l'ont béante. Salpé prétend qu'on dissipe l'engourdissement d'un membre quelconque en crachant dans son sein, ou en touchant avec de la salive la paupière supérieure. Si nous ajoutons foi à ce qui vient d'être dit, croyons encore à l'efficacité des pratiques suivantes : A l'arrivée d'un étranger, ou quand on regarde un enfant endormi, la nourrice crache trois fois, quoiqu'il soit déjà sous la protection du dieu Fascinus, protecteur non-seulement des enfants, mais encore des généraux, divinité dont le culte, confié aux vestales, fait partie de la religion romaine ; ce Fascinus qu'on attache au char des triomphateurs comme le médecin de l'envie, de même qu'une voix chargée d'une semblable expiation les avertit de se retourner (5), afin de conjurer derrière eux la fortune, ce bourreau de la gloire.

VIII. La morsure de l'homme compte parmi les plus dangereuses. Le remède est le cérumen ; ce qui ne doit point étonner, puisque cette matière, appliquée sur-le-champ, guérit les blessures faites par les scorpions et les serpents. Le cérumen provenant des oreilles de la personne blessée vaut mieux pour elle ; il guérit aussi les envies. Une dent humaine réduite en poudre est un antidote contre la morsure des serpents.

IX. Les premiers cheveux qu'on coupe aux enfants, et en général les cheveux de tous les impubères, attachés autour des membres goutteux, calment, dit-on, les attaques. Les cheveux des hommes guérissent dans du vinaigre les morsures des chiens, dans de l'huile ou du

---

quoque a deis spei alicujus audacioris petimus, in sinum spuendo. Etiam eadem ratione terna despuere deprecatione, in omni medicina mos est, atque ita effectus adjuvare : incipientes furunculos ter præsignare jejuna saliva. Mirum dicemus, sed experimento facile : si quem pœniteat ictus eminus cominusve illati, et statim exspuat mediam in manum, qua percussit, levatur illico percussus a pœna. Hoc sæpe delumbata quadrupede approbatur, statim a tali remedio correcto animalis ingressu. Quidam vero aggravant ictus, ante conatum simili modo saliva in manu ingesta. Credamus ergo lichenas leprasque jejunæ illitu assiduo arceri : item lippitudines, matutina quotidio velut inunctione : carcinomata, malo terræ subacto : cervicis dolorem, saliva jejuni dextra manu ad dextrum poplitem relata, læva ad sinistrum : si quod animal aurem intravit, et inspuatur, exire. Inter amuleta est, editæ quemque urinæ inspuere : similiter in calceamentum dextri pedis, antequam induatur : item quum quis transeat locum, in quo aliquod periculum adierit. Marcion Smyrnæus, qui de simplicibus effectibus scripsit, rumpi scolopendras marinas sputo tradit : item rubetas, aliasque ranas : Opilius, serpentes, si quis in hiatum earum exspuat. Salpe, torporem sedari quocumque membro insupente, si quis in sinum exspuat : aut si superior palpebra saliva tangatur. Nos si hæc, et illa credamus rite fieri : extranei interventu, aut si dormiens spectetur infans, a nutrice terna adspui : quamquam illos religione tutatur et Fascinus, imperatorum quoque, non solum infantium custos, qui deus inter sacra romana a vestalibus colitur, et currus triumphantium, sub his pendens, defendit medicus invidiæ : jubetque eosdem respicere similis medicina linguæ, ut sit exorata a tergo Fortuna gloriæ carnifex.

VIII. Morsus hominis inter asperrimos quoque numeratur. Medentur sordes ex auribus : ac ne quis miretur, etiam scorpionum ictibus serpentiumque, statim impositæ. Melius e percussi auribus prosunt : ita et reduviæ sanari. Serpentium vero ictum, contusi dentis humani farina.

IX. Capillus puerorum, qui primum decisus est, podagræ impetus dicitur levare circumligatus : et in totum impubium impositus. Virorum quoque capillus canis morsibus medetur ex aceto : et capitum vulneribus ex oleo aut vino. Si credimus, a revulso cruci, quartanis. Combustus æque capillus, carcinomati. Pueri qui primum

vin les plaies de tête. On dit, s'il faut le croire, que les cheveux d'un homme détaché de la croix guérissent les fièvres quartes. La cendre de cheveux guérit les carcinomes. La première dent qui tombe à un enfant, pourvu qu'elle ne touche pas la terre, enchâssée dans un bracelet et portée continuellement au bras, garantit des maux de matrice. Le gros orteil, lié à l'orteil voisin, guérit les tumeurs des aines. A la main droite, les deux doigts du milieu, légèrement attachés ensemble avec une bandelette de lin, préservent des catarrhes et des ophthalmies. Une pierre rendue par un calculeux, attachée sur le pubis, soulage, dit-on, les autres calculeux, guérit aussi les douleurs de foie, et accélère l'accouchement. Granius a ajouté qu'une pierre tirée par la taille était plus efficace. On procure un prompt accouchement à une femme en travail si l'homme dont elle a conçu, déliant sa ceinture, la met à cette femme, l'ôte ensuite, après avoir prononcé pour formule : « Je l'ai liée et je la délierai, » et se retire aussitôt.

X. Le sang de l'homme même, de quelque partie qu'il sorte, est un topique très-efficace pour l'angine, au dire d'Orphée et d'Archélaüs; et, appliqué sur la bouche de ceux qui viennent de tomber d'épilepsie, il les fait se relever aussitôt. Suivant d'autres, pour l'épilepsie il faut piquer les gros orteils et mettre au visage quelques gouttes du sang qui sort, ou bien qu'une vierge touche le malade du pouce droit ; d'où ils conjecturent que dans cette maladie il faut user de la chair d'animaux vierges. Eschine, d'Athènes, guérissait avec la cendre des excréments les angines, les amygdalites, la chute de la luette et les carcinomes : il appelait ce médicament botryon. Plusieurs sortes de maladies se résolvent au premier coït ou à la première éruption des règles (vii, 51, 4); sinon, ces maladies, surtout l'épilepsie, deviennent chroniques. Bien plus, on assure que les personnes blessées par les serpents et les scorpions sont soulagées par le coït, mais que les femmes qui s'y prêtent souffrent de cette copulation. On assure que ceux qui, en se lavant les pieds, se touchent trois fois les yeux avec l'eau du bain, ne sont sujets ni à l'ophthalmie ni à aucune incommodité de la vue.

XI. La main d'un individu enlevé par une mort prématurée guérit, assure-t-on, par le contact les scrofules, les parotides, les angines. Quelques-uns prétendent qu'il suffit d'être touché du revers de la main gauche d'un mort quelconque, pourvu qu'il soit du sexe du malade. Arracher avec les dents, en tenant les mains derrière le dos, un fragment d'un bois frappé par la foudre, et appliquer ce fragment sur une dent douloureuse, est, dit-on, propre à enlever la douleur. Il en est qui prescrivent de recevoir sur la dent malade la fumée de la dent d'une personne de son sexe, ou d'y attacher une dent canine prise à un mort non enseveli. On dit que la terre trouvée dans un crâne fait tomber les cils ; que s'il y a crû quelque herbe cette herbe mâchée fait tomber les dents, et que les ulcères circonscrits avec un ossement humain ne font pas de progrès. D'autres prennent de l'eau de trois puits différents à mesures égales, mêlent ces eaux ensemble, en font d'abord une libation dans un vase de terre neuf, et administrent le restant en boisson pour les fièvres tierces, dans l'accès : les mêmes, pour les fièvres quartes, attachent au cou du malade un fragment, enveloppé dans de la laine, d'un clou pris à une croix, ou une corde ayant servi à un crucifiement ; et après la guérison ils cachent cet amu-

---

ceciderit dens, ut terram non attingat, inclusus in armillam, et assidue in brachio habitus, muliebrium locorum dolores prohibet. Pollex in pede alligatusque proximo digito, tumores inguinum sedat. In manu dextra duo medii lino leviter colligati, destillationes atque lippitudines arcent. Quin et ejectus lapillus calculoso, alligatus supra pubem, levare cæteros dicitur, ac jocineris etiam dolores ; ac celeritatem partus facere. Addidit Granius, efficaciorem ad hoc esse ferro exemtum. Partus accelerat vicinos, ex quo quæque concepterit, si cinctu suo soluto feminam cinxerit, dein solverit, adjecta precatione se vinxisse, eumdem et soluturum, atque abierit.

X. Sanguine ipsius hominis, ex quacumque parte emisso, efficacissime anginam illini tradunt Orpheus et Archelaus : item ora, comitiali morbo lapsorum : exsurgere enim protinus. Quidam, si pollices pedum pungantur, exque his guttæ referantur in faciem : aut si virgo dextro pollice attingat : hac conjectura censentes virgines carnes edendas. Æschines Atheniensis excrementorum cinere anginis medebatur, et tonsillis, uvisque, et carcinomatis. Hoc medicamentum vocabat botryon. Multa genera morborum primo coitu solvuntur, primoque feminarum mense. Aut si hoc non contingit, longinqua fiunt, maximeque comitiales. Quin et a serpente ac scorpione percussos coitu levari produnt : verum feminas Venere ea lædi. Oculorum vitia fieri negant, nec lippire eos, qui quum pedes lavant, aqua inde ter oculos tangant.

XI. Immatura morte raptorum manu, strumas, parotidas, guttura, tactu sanari affirmant. Quidam vero cujuscumque defuncti, dumtaxat sui sexus, læva manu aversa. Et e ligno fulgure icto, rejectis post terga manibus demordere aliquid, et ad dentem qui doleat, admoveri, remedio esse produnt. Sunt qui præcipiant dentem suffiri dente hominis sui sexus : et eum qui caninus vocetur, insepulto exemtum adalligari. Terram et calvaria, psilothrum esse palpebrarum tradunt. Herba vero, si qua ibi genita sit, commanducata, dentes cadere. Ulcera non serpere osse hominis circumscripta. Alii e tribus puteis pari mensura aquas miscent, et prolibant novo fictili : reliquum dant in tertianis accessu febrium bibendum. Iidem in quartanis fragmentum clavi e cruce, involutum lana, collo subnectunt ; aut spartum e cruce : liberatoque condunt caverna, quam sol non attingat.

XII. Magorum hæc commenta sunt : Ut cotem, qua

lette dans une caverne où le soleil ne pénètre pas.

1 XII. Voici des rêveries des mages : Une pierre à rémouleur, sur laquelle on a aiguisé beaucoup de ferrements, mise, sans qu'il le sache, sous l'oreiller d'un homme défaillant par l'effet de quelque poison, lui fait déclarer ce qu'on lui a donné, en quel lieu, en quel temps, mais sans lui faire nommer l'auteur du crime. Un homme foudroyé qu'on retourne du côté de sa blessure parle aussitôt, cela est certain. Quelques-uns, pour guérir les tumeurs des aines, y attachent un fil pris à la toile, auquel ils font neuf ou sept nœuds, nommant à chaque nœud quelque veuve ; on attache encore avec un fil un clou ou quelque autre chose sur quoi on ait marché, et on fait porter le tout au malade, pour que la plaie ne fasse aucun mal.

2 On arrache les verrues depuis le vingtième jour de la lune en regardant cet astre, couché sur le dos dans un sentier, en tenant les bras étendus au-dessus de la tête, et en se frottant avec tout ce qu'on peut attraper. On dit qu'en extirpant un cor au moment où tombe une étoile, on le guérit sur-le-champ ; que si on verse du vinaigre (6) sur les gonds des portes, il s'y forme une boue qui, appliquée au front, guérit le mal de tête ; que la corde d'un pendu dont on s'entoure les tempes produit le même effet. Si une arête de poisson s'est fixée dans la gorge, il suffit, pour la faire tomber, de plonger les pieds dans l'eau froide ; si c'est un os de quelque autre animal, on applique sur la tête des fragments du même os (7) ; si c'est du pain, on met du même pain dans l'une et l'autre oreille.

1 XIII. En Grèce, où l'on fait argent de tout, les gymnases ont mis au rang des remèdes les plus efficaces jusqu'à la crasse du corps humain (xv, 5). Les raclures du corps des athlètes sont émollientes, échauffantes, résolutives, incarnantes, propriétés résultant du mélange de la sueur et de l'huile. On les emploie en pessaire dans l'inflammation et la contraction de la matrice. Employées ainsi, elles sont emménagogues. Elles guérissent l'inflammation du siége et les condylomes, les douleurs des nerfs, les luxations, les nodosités des articulations. Les raclures obtenues à la suite des bains sont plus efficaces pour les mêmes usages; aussi les incorpore-t-on aux médicaments suppuratifs. Les raclures auxquelles on mêle du cérat et de la boue relâchent à la vérité les articulations, réchauffent et résolvent avec plus d'efficacité, mais ont moins de vertu pour le reste. Des auteurs très-célèbres 2 ont proclamé (recherche impudente et qui dépasse toute croyance) le fluide spermatique comme un remède souverain contre les piqûres des scorpions. D'un autre côté, on recommande pour les femmes, en pessaire, contre la stérilité, le premier excrément rendu par les enfants, et nommé méconium. Que dis-je ? on est allé jusqu'à râcler les murailles mêmes des gymnases ; et on prétend que ces ordures ont une propriété échauffante, et résolvent les tumeurs. On les applique sur les ulcères des vieillards et des enfants, sur les écorchures et sur les brûlures.

XIV. Il ne faut pas non plus oublier les remè- 1 des qui dépendent de la volonté humaine : s'abstenir de tout aliment ou de toutes boissons, ou seulement de vin, ou de viande, ou de bains, quand la santé exige un de ces retranchements, est rangé parmi les remèdes les plus utiles. Dans cette catégorie entrent l'exercice du corps, celui de la voix, les onctions, les frictions suivant l'art. Une friction forte resserre, une friction douce amollit; fréquente, elle amaigrit; modérée, elle engraisse. Mais rien n'est plus salutaire que de se promener ou de se faire porter, et cela de plusieurs façons : l'équitation est très-bonne à l'estomac et aux cuisses; la navigation, à la phthisie (XXXI, 33); le changement de lieu, aux maladies de longue durée. On peut encore se guérir par le sommeil ou par le lit, ou par des vomissements non trop répétés. Coucher sur le dos est avantageux à la vue; sur le ventre, à la toux; sur les côtés, au rhume. Suivant Aristote et Fabianus, c'est vers le printemps et l'automne qu'on rêve le plus, et dans le coucher sur le dos; tandis que dans le coucher sur le ventre on ne rêve pas. Théophraste prétend que la digestion se fait plus rapidement sur le côté droit, et plus difficilement sur le dos. Le plus puissant des remèdes, qu'on peut toujours s'administrer soi-même, c'est le soleil, ainsi que les frictions avec les linges et les brosses. Se faire verser de l'eau chaude sur la tête avant le bain de vapeur, et de l'eau froide ensuite, est une pratique très-salutaire; de même, prendre de l'eau froide avant les aliments, en boire de temps en temps en mangeant, en avaler avant de s'endormir, et, si cela convient, interrompre son sommeil pour en reprendre encore. Il faut remarquer qu'aucun animal n'aime à boire chaud, et qu'ainsi boire chaud n'est pas naturel. On a des expériences qui prouvent que pour empêcher la mauvaise haleine il faut se laver la bouche avec du vin pur avant de s'endormir; qu'il faut se la rincer le matin avec de l'eau froide, un nombre impair de fois, pour se préserver du mal de dents; qu'on se garantit de l'ophthalmie en se lavant les yeux avec de l'oxycrat; (v.) qu'enfin un régime varié, sur lequel on ne s'observe pas (8), contribue à la santé générale. Hippocrate (*De rat. vict. acut.*) assure que les entrailles des personnes qui ne déjeunent pas se fatiguent plus tôt que celles des autres; mais il a fait cette observation en vue d'un régime modéré, et non des festins; car dans le fait la tempérance est ce qu'il y a de plus utile. L. Lucullus avait chargé un de ses esclaves de réprimer sa gourmandise, et, comble d'ignominie, un vieillard chargé de triomphes se faisait arrêter la main à table, même quand'il dînait au Capitole. N'est-il pas honteux d'obéir plus facilement à son esclave qu'à soi-même?

XV. (VI.) Les éternuments provoqués par une plume soulagent la pesanteur de tête. On dit que baiser les naseaux d'une mule produit le même effet. Les éternuments font cesser le hoquet. Pour le hoquet, Varron conseille de se gratter alternativement la paume de chaque main; et on prescrit communément de transporter son anneau de la main gauche au plus long doigt de la droite, ou de plonger les mains dans de l'eau chaude. Théophraste dit que les vieillards éternuent plus difficilement que les autres.

XVI. Démocrite condamnait les plaisirs de l'amour comme une action violente, dans laquelle s'élance du corps humain un autre homme. Il est certain que le mieux est d'en user rarement : cependant ils donnent du ton aux athlètes devenus trop pesants, et rétablissent la voix quand de claire elle devient voilée. Ils guérissent les douleurs des lombes, l'obscurcissement de la vue, l'aliénation et la mélancolie.

XVII. Se tenir assis, les doigts entrelacés les uns dans les autres en engrenure, auprès d'une femme grosse ou d'une personne à qui l'on administre un médicament, est un maléfice; découverte qu'on fit, dit-on, quand Alcmène accoucha d'Hercule. C'est encore pis si les doigts embrassent un seul genou ou tous les deux. Il y a encore maléfice à mettre les cuisses tantôt sur un genou, tantôt sur l'autre; aussi nos ancêtres ont défendu, dans les assemblées des généraux et des magistrats, cette posture, comme mettant obstacle à tout ce qui pouvait s'y traiter. Ils l'ont défendue aussi dans les sacrifices et les prières publiques. Quant à l'usage de se découvrir la tête en présence des magistrats, ils l'ont établi, non comme marque de respect, mais pour la santé, d'après Varron, parce que la tête se fortifie par l'habitude d'être découverte. Quand il est entré quelque chose dans un œil, il est bon de comprimer l'autre; quand de l'eau a pénétré dans l'oreille droite, de sauter sur le pied gauche, la tête penchée sur l'épaule droite, et de faire la même chose en sens contraire pour l'oreille gauche. Si la salive cause de la toux, il faut se faire souffler au front par quelqu'un. Si la luette est tombée il faut qu'un homme prenant le malade par le sommet de la tête, avec les dents, le tienne suspendu. Dans la douleur de cou on frotte les jarrets, dans la douleur de jarret on frotte le cou. Si on est pris au lit de crampes dans les jarrets ou dans les jambes, on mettra les pieds à terre; si la crampe occupe le membre gauche, on saisit avec la main droite le gros orteil gauche, *et vice versa* pour le membre droit. On serre les extrémités du corps ou le bout de l'oreille, pour faire cesser les frissons ou une épistaxis excessive. On attache avec de la toile ou du papyrus les parties génitales à leur extrémité, ou la cuisse au milieu, pour arrêter l'incontinence d'urine. Pour les faiblesses d'estomac on se serre les pieds, ou on met les mains dans de l'eau chaude. Il est très-salutaire dans beaucoup de cas de parler peu : on sait que Mécène Melissus (9) s'assujettit pendant trois ans au silence, après une hémoptysie suite d'une convulsion. Quand on tombe de voiture; quand, montant ou étendu, on est menacé de quelque accident, et quand un coup arrive, il est très-avantageux de retenir sa respiration ; procédé dont on doit l'indication à un animal, comme nous l'avons dit (VIII, 58). Enfoncer un clou de fer dans l'endroit où a porté d'abord la tête d'un épileptique qui tombe, passe pour délivrer de cette maladie. Uriner dans le bain, couché sur le ventre, calme, dit-on, les douleurs des reins, des lombes et de la vessie. Il est étonnant combien les blessures guérissent plus promptement lorsqu'on attache l'appareil avec le nœud d'Hercule : on dit même qu'une ceinture attachée avec ce nœud et portée tous les jours a une certaine utilité, qui est due à Hercule, inventeur de ce nœud. Démétrius a fait un livre sur le nombre quatre, et il explique pourquoi il ne faut jamais boire quatre cyathes ou quatre setiers. Il est bon de se frotter le derrière des oreilles dans l'ophthalmie, et le front dans le larmoiement. Un présage tiré de l'homme lui-même, et montrant que la mort n'est pas à craindre dans la maladie actuelle, c'est la possibilité de se voir dans la pupille du malade comme dans un miroir.

XVIII. L'urine est dans les auteurs un sujet considérable non-seulement de spéculations théoriques, mais encore d'observations religieuses. On y a fait des distinctions méthodiques. Celle des eunuques est, dit-on, bonne pour rendre les femmes fécondes. Parmi les remèdes tirés de l'urine dont on peut parler honnêtement, celle des enfants impubères est souveraine contre la bave de l'aspic ptyas, ainsi nommé parce qu'il lance, comme en crachant, son venin dans les yeux des hommes. Elle l'est aussi contre l'al-

---

riente. Pejus, si circa unum ambove genua. Item poplites alternis genibus imponi. Ideo hæc in conciliis ducum potestatumve fieri vetuere majores, velut omnem actum impedientia. Vetuere et sacris, votisve, simili modo interesse. 2 Capita autem aperiri adspectu magistratuum, non venerationis causa jussere, sed (ut Varro auctor est) valetudinis, quoniam firmiora consuetudine ea fierent. Quum quid oculo inciderit, alterum comprimi prodest. Quum aqua dextræ auriculæ, sinistro pede exsultare, capite in dextrum humerum devexo; invicem e diversa aure. Si tussim concitet saliva, in fronte ab alio afflari. Si jacet uva, a vertice morsu alterius suspendi. In cervicis dolore poplites 3 fricare, aut cervicem in poplitum. Pedes in humo deponi, si nervi in his cruribusve tendantur in lectulo. Aut si in læva parte id accidat, sinistræ plantæ pollicem dextra manu apprehendi. Item e diverso. Extremitates corporis vel aurium perstringi contra horrores corporis, sanguinemve narium immodicum. Lino vel papyro principia genitalium : femur medium, ad cohibenda urinæ profluvia. In stomachi solutione pedes pressare, aut manus in ferventem aquam dimittere. Jam et sermoni parci, multis de causis salutare est. Triennio Mæcenatem Melissum accepi-

mus silentium sibi imperavisse, a convulsione reddito sanguine. Nam eversos, scandentesque ac jacentes, si quid ingruat, contraque ictus spiritum cohibere, singularis præsidii est : quod inventum esse animalis docuimus. Clavum ferreum defigere, in quo loco primum caput defixerit corruens morbo comitiali, absolutorium ejus mali dicitur. Contra renum, aut lumborum, vesicæque cruciatus, in balinearum soliis pronos urinam reddere mitigatorium habetur. Vulnera nodo Herculis præligare, mirum quantum ocyor medicina est. Atque etiam quotidiani cinctus tali nodo, vim quamdam habere utilem dicuntur : quippe quum Hercules eum prodiderit. Numerum quoque quaternarium Demetrius condito volumine, et quare quaterni cyathi sextariive non essent potandi. Contra lippitudinem retro aures fricare prodest, et lacrymosis oculis frontem. Augurium ex homine ipso est, non timendi mortem in ægritudine, quamdiu oculorum pupillæ imaginem reddant.

XVIII. Magna et urinæ non ratio solum, sed etiam religio apud auctores invenitur, digesta in genera. Spadonum quoque ad fecunditatis beneficia. Verum ex his quæ referre fas sit, impubium puerorum contra salivas aspidum, quas ptyadas vocant, quoniam venena in oculos hominum ex-

bugo, les taches, les taies, l'argema, les maladies des paupières ; contre les brûlures, avec la farine d'ers ; contre la suppuration des oreilles et les petits vers qui s'y engendrent, bouillie jusqu'à réduction de moitié avec une tête de poireau dans un vase de terre neuf. La vapeur de cette décoc-
2 tion est encore emménagogue. Salpé recommande d'en étuver les yeux pour raffermir la vue, et en fait un liniment pour les coups de soleil, avec un blanc d'œuf, et plus efficacement avec celui d'un œuf d'autruche, liniment qu'on laisse appliqué deux heures. On se sert de l'urine pour enlever les taches d'encre. L'urine d'homme guérit la goutte ; ce qui le prouve, ce sont les foulons, qui, assure-t-on, sont préservés de la sorte de cette maladie. A de l'urine vieille on mêle de la cendre d'huître calcinée, pour les éruptions qui surviennent au corps des enfants et pour tous les ulcères humides ; on en fait un topique pour les chairs rongées, les brûlures, les affections du siège, les
3 rhagades et les piqûres des scorpions. Les accoucheuses les plus célèbres ont déclaré qu'aucune autre lotion ne guérit plus efficacement les démangeaisons du corps, et, avec addition de nitre, les ulcères de la tête, le porrigo, les ulcères rongeants, et surtout ceux des parties génitales. Au reste, l'urine de chacun (qu'on nous permette de le dire) vaut le mieux, appliquée toute récente et seule, pour les morsures des chiens, ou les piquants que les hérissons ont laissés dans les chairs ; on l'applique avec une éponge ou de la laine. Pétrie avec de la cendre, elle est bonne pour la morsure des chiens enragés et pour celle des serpents. Quant aux scolopendres, on dit une chose merveilleuse : il suffit que celui qui a été blessé par ces animaux se touche le haut de la tête avec une goutte de son urine, pour être aussitôt guéri.

XIX. L'inspection de l'urine fournit des indications sur la santé. Si le matin elle est incolore et ensuite jaune, le premier état indique que la digestion se fait ; le second, qu'elle est faite. Quand l'urine est rouge, mauvais signe ; très-mauvais quand elle est noire. Une urine bulleuse et épaisse est mauvaise. Un sédiment blanc menace de l'invasion d'une douleur les articulations ou les viscères. Une urine verte annonce une maladie des viscères ; pâle, une maladie bilieuse ; rouge, une maladie du sang. Mauvaise aussi est l'urine où 2 se montrent comme du son et de petits nuages. Une urine ténue et claire est mauvaise. Une urine épaisse et puante est mortelle, et chez les enfants une urine ténue et aqueuse. Les mages défendent que pour uriner on se découvre en face du soleil ou de la lune, ou qu'on arrose avec l'urine l'ombre de qui que ce soit. Hésiode (*Op. et Dies*, 727) conseille d'uriner contre un corps placé en face, de peur qu'en se découvrant on n'offense quelque divinité. Osthanes assure que pour se préserver contre toute substance funeste il faut, le matin, faire tomber de son urine sur son pied.

XX. (VII.) Les remèdes qu'on dit tirés du corps de la femme approchent des plus étonnants prodiges : et nous ne parlons pas ici des enfants nés avant terme, coupés par morceaux pour de criminelles pratiques, ni des horreurs du sang menstruel, ni de tant d'autres recettes révélées non-seulement par les sages-femmes, mais encore par les courtisanes elles-mêmes. On dit que l'odeur des cheveux de femme brûlés fait fuir les serpents ; que la même odeur dissipe les suffocations hystériques ; que la cendre, s'ils ont été brûlés dans un vase de terre ou avec de l'écume d'argent (litharge), guérit les granulations et le prurigo des yeux ; avec du miel, les ulcères des enfants et les verrues ; avec du miel et de l'encens, les

---

spuant : contra oculorum albugines, obscuritates, cicatrices, argema, palpebras : et cum ervi farina contra adustiones : contra aurium pura, vermiculosque, sit decoquatur ad dimidias partes cum porro capitato novo fictili. Vapo-
2 ratio quoque ea menses feminarum ciet. Salpe fovet illa oculos firmitatis causa : illinit sole usta, cum ovi albumine, efficacius struthiocameli, binis horis. Hac et atramenti liturae abluuntur. Virilis podagris medetur, argumento fullonum, quos ideo tentari eo morbo negant. Veteri miscetur cinis ostreorum, adversus eruptiones in corpore infantium, et omnia ulcera manantia. Ea exesis, ambustis,
3 sedis vitiis, rhagadiis et scorpionum ictibus illinitur. Obstetricum nobilitas non alio succo efficacius curari pronuntiavit corporum pruritus, nitro addito, ulcera capitum, porrigines, nomas, praecipue genitalium. Sua cuique autem (quod fas sit dixisse) maxime prodest, confestim per se, canis morsui, echinorumque spinis inhaerentibus, in spongia lanisve imposita, aut adversus canis rabidi morsus, cinere ex ea subacto ; contraque serpentium ictus. Nam contra scolopendras mirum proditur, vertice tacto urinae suae gutta, liberari protinus laesos.

XIX. Auguria valetudinis ex ea traduntur. Si mane candida, dein rufa sit ; illo modo concoquere, hoc concoxisse 1 significatur. Mala signa rubrae, pessima nigrae : mala bullantis, et crassae : in qua quod subsidit, si album est, significat circa articulos aut viscera dolorem imminere. Eadem viridis, morbum viscerum : pallida, bilis : rubens, sanguinis. Mala, et in qua veluti furfures, atque nube- 2 culae apparent. Diluta quoque alba vitiosa est : mortifera vero crassa, gravi odore : et in pueris tenuis ac diluta. Magi vetant ejus causa contra solem lunamque nudari, aut umbram cujusquam ab ipsa respergi. Hesiodus juxta obstantia reddi suadet, ne quam aliquem nudatio offendat. Osthanes contra mala medicamenta omnia promisit auxiliari, matutinis horis suam cuique instillatam in pedem.

XX. (VII.) Quae ex mulierum corporibus traduntur, ad portentorum miracula accedunt, ut sileamus divisos membratim in scelera abortus, mensium piacula, quaeque alia non obstetrices modo, verum etiam ipsae meretrices prodidere. Capilli si crementur, odore serpentes fugari. Eodem odore vulvae morbo strangulatas respirare. Cinere

plaies de tête et tous les clapiers des ulcères; avec de la graisse de porc, les tumeurs et la goutte; qu'en topique elle arrête l'érysipèle, l'hémorragie et les fourmillements.

XXI. Quant à l'usage du lait de femme, on s'accorde à dire que ce liquide est très-doux, très-délicat, très-bon, dans les fièvres de longue durée et le flux céliaque, surtout le lait d'une femme qui a sevré. On le trouve très efficace dans le malacia, dans les déchirements d'estomac, dans les fièvres; avec de l'encens, dans les fluxions des mamelles. Si on l'instille directement dans l'œil, où un coup a fait extravaser le sang, qui est douloureux ou pris de fluxion, il produit de très-bons effets, surtout avec du miel et du suc de narcisse, ou de la fleur d'encens. Dans tous les cas le lait d'une femme qui a accouché d'un enfant mâle est le plus efficace, et encore plus celui d'une femme qui a mis au monde deux jumeaux mâles; il faut qu'elle s'abstienne de vin et d'aliments âcres. Mêlé à du blanc d'œuf, et appliqué sur le front avec de la laine, il fait cesser les fluxions des yeux. Quand une grenouille a aspergé l'œil de sa bave, c'est un remède excellent. Contre la morsure du même animal on l'emploie à l'intérieur et à l'extérieur. On assure qu'une personne qui a été frottée avec le lait de la mère et de la fille en même temps est préservée pour la durée entière de sa vie de toute affection des yeux. Mélangé avec un peu d'huile il guérit les affections des oreilles; chauffé avec de la graisse d'oie il fait cesser la douleur d'oreille causée par un coup. Si l'oreille exhale une mauvaise odeur, comme cela est ordinaire dans les longues maladies de cette partie, on y introduit de la laine imbibée avec ce lait où on a délayé du miel. On l'instille avec de l'élatérion (xx, 2) dans les yeux qui restent jaunes à la suite de l'ictère. En boisson c'est un remède souverain contre les breuvages empoisonnés, préparés avec le lièvre marin, le bupreste; contre le dorycnion (*convolvulus dorycnium*), au dire d'Aristote; contre la folie produite par un breuvage de jusquiame. On recommande d'en faire un topique avec la ciguë pour la goutte; d'autres emploient (xxx, 23, 1) le suint de la laine et la graisse d'oie; préparation dont on se sert aussi pour les douleurs de la matrice. En boisson, au dire de Rabirius, il arrête le cours de ventre, et est emménagogue. Le lait d'une femme accouchée d'une fille n'est souverain que pour la guérison des affections du visage. Le lait de femme guérit les maladies des poumons; si on y mêle l'urine d'un garçon impubère ou du miel attique, à la dose d'une cuillerée chaque, je trouve que cette préparation fait cesser les bourdonnements d'oreilles. On prétend que les chiens auxquels on fait boire du lait d'une femme accouchée d'un garçon ne deviennent jamais enragés.

XXII. La salive d'une femme à jeun passe pour bonne aux yeux pleins de sang; bonne aussi contre les fluxions, cas auquel il faut en mouiller de temps en temps les coins des yeux enflammés; pratique encore plus efficace si la femme s'est abstenue la veille d'aliment et de vin. Je trouve aussi que l'on soulage la céphalalgie en attachant autour de la tête une bandelette de femme.

XXIII. Après cela il n'y a plus de limites: la grêle, les tourbillons, la foudre, toutes les tempêtes célestes, sont détournées par une femme qui,

---

eo quidem, si in testa sint cremati, vel cum spuma argenti, scabritias oculorum ac prurigines emendari : item verrucas, et infantium ulcera cum melle. Capitis quoque vulnera, et omnium ulcerum sinus, addito melle ac thure. Panos, podagras, cum adipe suillo, sacrum ignem, sanguinemque sisti illito et formicationes corporum.

XXI. De lactis usu convenit, dulcissimum esse mollissimumque, et in longa febre, cœliacisque utilissimum, maxime ejus quæ jam infantem removerit. Et in malacia stomachi, in febribus, rosionibusque efficacissimum experiuntur. Item mammarum collectionibus cum thure : oculo ab ictu cruore suffuso, et in dolore, aut epiphoris, si immulgeatur, plurimum prodest; magisque cum melle et narcissi succo, aut thuris polline. Semperque in omni usu efficacius ejus, quæ marem enixa sit; multoque efficacissimum ejus, quæ geminos mares; et si vino ipsa cibisque acrioribus abstineat. Mixto præterea ovorum candido liquore, madidaque lana frontibus impositum, fluxiones oculorum suspendit. Nam si rana saliva sua oculum asperserit, præcipuum est remedium. Et contra morsum ejusdem bibitur instillaturque. Eum qui simul matris filiæque lacte inunctus sit, liberari omni oculorum metu in totam vitam affirmant. Aurium quoque vitiis medetur, admixto modice oleo; aut si ab ictu doleant, anserino adipe tepefactum. Si odor gravior sit, ut plerumque fit longiu vitiis, diluto melle lana includitur. Et contra morbum regium in oculis relictum, instillatur cum elaterio. Peculiariter valet potum contra venena, quæ data sunt e marino lepore, buprestique, et ut Aristoteles tradit, dorycnion : et contra insaniam, quæ facta sit hyoscyami potu. Podagris quoque jubent illini cum cicuta. Alii cum œsypo et adipe anserino : qualiter etiam vulvarum doloribus imponitur. Alvum etiam sistit potum, ut Rabirius scribit, et menses ciet. Ejus vero quæ feminam enixa sit, ad vitia tantum in facie sananda prævalet. Pulmonum quoque incommoda lacte mulieris sanantur : cui si admisceatur impubis pueri urina, vel mel Atticum, omnia singulorum cochlearium mensura, murmura quoque aurium ejici invenio. Ejus quæ marem peperit lacte gustato, canes rabiosos fieri negant.

XXII. Mulieris quoque salivam jejunæ potentem dijudicant oculis cruentatis. Et si contra epiphoras, ferventes anguli oculorum subinde madefiant : efficacius, si cibo vinoque se pridie ea abstinuerit. Invenio et fascia mulieris alligato capite, dolores minui.

XXIII. Post hæc nullus est modus. Jam primum abigi grandines turbinesque contra fulgura, ipsa in mense connudata, sic averti violentiam cæli : in navigando quidem

ayant ses règles, se découvre. Sur mer il n'est pas besoin qu'elle ait ses règles; il suffit qu'elle se découvre pour calmer l'orage. Quant aux règles mêmes, qui produisent des choses monstrueuses, comme nous l'avons dit en lieu et place (VII, 13), on en tire de sinistres présages. Qu'il nous soit permis d'en rapporter quelques-uns. Si les règles coïncident avec une éclipse de lune ou de soleil, les maux qu'elles causent sont irrémédiables; il en est de même quand elles coïncident avec l'absence de la lune : alors le coït est 2 funeste et mortel pour les mâles. C'est dans ce temps qu'elles ternissent la pourpre, tant ces circonstances en augmentent la force. Dans toute autre époque les règles coulant, si la femme fait nue le tour d'un champ de blé, on voit tomber les chenilles, les vers, les scarabées, et les autres insectes nuisibles. Métrodore de Scepsis dit que ce procédé a été découvert, en Cappadoce, à propos de la pullulation des cantharides, et qu'en conséquence les femmes y parcourent les champs avec leurs jupes retroussées. Ailleurs l'usage veut qu'elles aillent pieds nus, avec la chevelure et la ceinture dénouées; mais il faut prendre garde que cela ne se fasse au lever du soleil, car la semence se dessécherait. L'attouchement d'une femme en cet état gâte sans ressource les jeunes vignes, et fait mourir incontinent la rue et le lierre, plantes 3 douées de vertus très-puissantes. En voilà beaucoup sur la force de ces purgations : cependant il est encore certain que les abeilles désertent leur ruche touchée par une femme en cet état; que les lins noircissent dans la chaudière; que le fil du rasoir s'émousse dans la main du barbier; que les vases de cuivre touchés contractent une odeur fétide et se rouillent, surtout si la lune est alors à son décours; que les cavales, si elles sont pleines, avortent par l'attouchement, bien plus, par le seul regard de la femme, même de loin, si elle est à sa première menstruation après la perte de sa virginité, ou si vierge elle est alors menstruée pour la première fois. Le bitume de Judée ne cède qu'à la force du sang menstruel : un fil d'une étoffe qui a été imbibée de ce sang en détruit l'adhérence, comme nous l'avons dit (VII, 13). Le feu même, qui triomphe de tout, ne peut 4 triompher du sang menstruel : ce sang incinéré, si on en saupoudre les étoffes à laver, altère en effet la pourpre, et ternit l'éclat des couleurs. Cette substance malfaisante n'épargne même pas le sexe qui en est la source : elle provoque l'avortement chez une femme enceinte qu'on en frotte, ou qui seulement passe par-dessus. Laïs et Éléphantis ont écrit au sujet des abortifs des choses tout à fait contradictoires, indiquant, par exemple, un charbon de racine de chou, ou de myrte, ou de tamarix, éteint dans ce sang; disant que les ânesses sont sans concevoir autant d'années qu'elles ont mangé de grains d'orge trempés dans ce sang; énumérant enfin tant d'autres propriétés monstrueuses ou inconciliables, car l'une assure que la fécondité est procurée par les mêmes moyens que l'autre indique pour rendre une femme stérile : le meilleur est de n'en rien croire. Bythus de Dyrrachium prétend que les miroirs 5 ternis (VII, 13) par l'aspect de femmes ayant leurs règles redeviennent brillants si ces mêmes femmes regardent ces miroirs par derrière; et que toute mauvaise influence des menstrues est détruite si les femmes ont sur elles le poisson appelé surmulet. D'un autre côté, beaucoup de gens attribuent des vertus médicinales à une substance aussi malfaisante, assurant qu'on en fait un topique pour la goutte, et que les femmes en cet état adoucissent les écrouelles, les parotides, les tumeurs, les érysipèles, les furoncles, les fluxions des yeux. D'après Laïs et Salpé, la morsure des chiens enragés et les fièvres tierces et quartes

---

tempestates etiam sine menstruis. Ex ipsis vero mensibus, monstrificis aliis, uti suo loco indicavimus, dira et infanda vaticinantur : e quibus dixisse non pudeat, si in defectu lunæ solisve congruat vis illa, irremediabilem fieri : non segnius et in silente luna; coitusque tum maribus exitiales 2 esse atque pestiferos. Purpuram quoque ab his eo tempore pollui : tanto vim esse majorem. Quocumque autem alio menstruo, si nudatæ segetem ambiant, erucas, ac vermiculos, scarabæosque, ac noxia alia decidere. Metrodorus Scepsius in Cappadocia inventum prodit, ob multitudinem cantharidum. Ire ergo per media arva, retectis super clunes vestibus. Alibi servatur, ut nudis pedibus eant, capillo cinctuque dissoluto. Cavendum ne id oriente sole faciant; sementem enim arescere. Item novellas vites ejus tactu in perpetuum lædi : rutam et ederas, res medicatissimas, il3 lico mori. Multa diximus de hac violentia. Sed præter illa certum est, apes tactis alveariis fugere : lina, quum coquantur, nigrescere : aciem in cultris tonsorum hebetescere : æs contactum grave virus odoris accipere et æruginem, magis si decrescente luna id accidat : equas, si sint gravidæ, tactas abortum pati. Quin et aspectu omnino, quamvis procul visas, si purgatio illa post virginitatem prima sit, aut in virgine ætatis sponte. Nam bitumen in Judæa nascens, sola hac vi superari, filo vestis contacta, docuimus. Ne igne quidem vincitur, quo cuncta; cinisque 4 etiam ille, si quis aspergat lavandis vestibus, purpuras mutat, florem coloribus adimit, ne ipsis quidem feminis malo suo inter se immunibus. Abortum facit illitus, aut si omnino prægnans supergrediatur. Quæ Lais et Elephantis inter se contraria prodidere de abortivis, carbone a radice brassicæ, vel myrti, vel tamaricis in eo sanguine exstincto : item asinas non concipere tot annis, quot grana hordei contacta ederint : quæque alia nuncupavere monstrifica, aut inter ipsas pugnantia : quum hæc fecunditatem fieri iisdem modis, quibus illa sterilitatem, prænunciaret, melius est non credere. Bythus Dyrrachenus hebetata aspectu specula 5 recipere nitorem tradit, iisdem aversa rursus contuentibus; omnemque vim talem resolvi, si mullum piscem secum habeant. Multi vero inesse etiam remedia tanto malo aiunt : podagras illini : strumas et parotidas, panos, sacros

sont guéries avec de la laine de bélier noir imbibée de sang menstruel, et renfermée dans un bracelet d'argent; d'après Diotimus de Thèbes, il suffit d'un petit morceau d'étoffe quelconque, ou même d'un fil, ainsi trempé dans ce sang et porté dans un bracelet. La sage-femme Sotira dit qu'un moyen très-efficace de guérir les fièvres tierces et quartes est d'en frotter la plante des pieds du malade, ce qui est d'un effet encore bien plus sûr si l'opération est faite par la femme elle-même, et à l'insu du malade. C'est aussi, d'après elle, un moyen de faire cesser l'accès des épileptiques. Le médecin Icétidas garantit la guérison de la fièvre quarte par le coït, pourvu que ce soit au début des règles. Tout le monde convient que si une personne mordue par un chien a de l'horreur pour l'eau et les boissons, il suffit de mettre sous sa coupe un lambeau d'étoffe imprégné de ce sang, pour dissiper l'hydrophobie : sans doute elle cesse, grâce à la sympathie signalée par les Grecs, attendu que les chiens qui goûtent de ce sang deviennent enragés, comme nous l'avons dit (VII, 7 13). Ce sang incinéré, avec addition de farine de cheminée (suie) et de cire, guérit les ulcères de toutes les bêtes de somme : cela est certain. Il est certain aussi que les taches faites aux étoffes par ce sang ne peuvent être enlevées que par l'urine de la femme dont il provient ; que ce sang incinéré, mêlé seul à l'huile rosat, calme, appliqué au front, les douleurs de tête, surtout chez les femmes, et que cet écoulement est de la qualité la plus violente chez les femmes dont la virginité a été détruite par la nature seule et l'âge. On convient aussi, et c'est ce que je crois le plus volontiers, qu'il suffit de toucher avec ce sang les poteaux d'une porte pour rendre vains les maléfices des mages, espèce d'hommes très-menteurs, comme on peut s'en convaincre Voici, en effet, une de leurs promesses les plus modestes : Prendre les rognures des ongles des pieds et des mains du malade, les amalgamer avec de la cire ; dire qu'on cherche un remède pour la fièvre tierce, quotidienne ou quarte, et appliquer le tout, avant le lever du soleil, à la porte d'une autre maison, voilà le remède qu'ils recommandent pour ces maladies. Combien menteurs si la recette est fausse ! combien coupables si la maladie se transporte, en effet, par ce moyen ! Ceux dont les secrets sont les plus innocents prescrivent de jeter les rognures des ongles de tous les doigts à l'entrée des fourmilières, de prendre la première fourmi qui entraîne de ces rognures, et de l'attacher au cou, ce qui guérit la maladie.

XXIV. (VIII.) Voilà ce qu'il est permis de rapporter, et encore, le plus souvent, il a fallu demander pardon au lecteur. Le reste n'est qu'un tissu d'horreurs et d'infamies, et nous nous hâtons de laisser l'exposé des remèdes tirés de l'homme. Maintenant nous allons parler des animaux, et des effets les plus remarquables. Le sang de l'éléphant, surtout de l'éléphant mâle, arrête toutes les fluxions qu'on nomme rhumatismes. On enlève, dit-on, avec la râclure d'ivoire incorporée à du miel attique les taches de la face ; avec la sciure, les paronychies. L'attouchement de la trompe calme la douleur de tête, surtout si l'animal éternue en même temps. La partie droite de la trompe, appliquée avec de la terre rouge de Lemnos, est aphrodisiaque. Le sang est bon dans la consomption ; le foie, dans l'épilepsie.

XXV. La graisse de lion avec de l'huile rosat préserve la peau du visage de toute espèce de

---

ignes, furunculos, epiphoras tractatu earum mulierum leniri : Lais et Salpe canum rabiosorum morsus, et tertianas quartanasque febres menstruo in lana arietis nigri, argenteo brachiali incluso. Diotimus Thebanus, vel omnino vestis ita infectae portiuncula, ac vel licio, brachiali inserta. Sotira obstetrix, tertianis quartanisque efficacissimum dixit plantas ægri subterlini, multoque efficacius ab ipsa muliere, et ignoranti. Sic et comitiales excitari. Icetidas medicus quartanas coitu finiri, incipientibus dumtaxat menstruis, spopondit. Inter omnes vero convenit, si aqua potusque formidetur a morsu canis, supposita tantum calyci lacinia tali, statim metum eum discuti : videlicet prævalente sympathia illa Græcorum, quum rabiem canum ejus sanguinis gustatu incipere dixerimus. Cinere eo jumentorum omnium ulcera sanari certum est, addita caminorum farina et cera. Maculas autem e veste eas, non nisi ejusdem urina ablui. Cinerem per se rosaceo mixtum, feminarum præcipue, capitis sedare dolores illitum fronti; asperrimamque vim profluvii ejus esse per se annis virginitate soluta. Id quoque convenit, quo nihil equidem libentius crediderim, tactis omnino menstruo postibus, irritas fieri Magorum artes, generis vanissimi, ut æstimare licet. Ponam enim vel modestissimum e promissis eorum : ex homine siquidem resegmina unguium e pedibus manibusque cera permixta, ita ut dicatur tertianæ vel quotidianæ, vel quartanæ febri remedium quæri, ante solis ortum alienæ januæ affigi jubent, ad remedia in iis morbis : quanta vanitate, si falsum est? quantave noxia, si transferunt morbos? Innocentiores ex his omnium digitorum resegmina unguium, ad cavernas formicarum abjici jubent : eamque quæ prima cœperit trahere, correptam subnecti collo, ita discuti morbum.

XXIV. (VIII.) Hæc sunt quæ retulisse fas sit, ac pleraque ex iis non nisi honore dicto. Reliqua intestabilia et infanda, ut festinet oratio ab homine fugere. In cæteris claritates animalium aut operum sequemur. Elephanti sanguis, præcipue maris, fluxiones omnes, quas rheumatismos vocant, sistit. Ramentis eboris cum melle Attico (ut aiunt) nubeculæ in facie, scobe paronychia tolluntur. Proboscidis tactu capitis dolor levatur, efficacius si et sternuat. Dextra pars proboscidis cum Lemnia rubrica alligata, impetus libidinum stimulat. Sanguis et syntecticis prodest, jecurque comitialibus morbis.

XXV. Leonis adipes cum rosaceo cutem in facie custodiunt a vitiis, candoremque servant. Sanant et adusta nivibus, articulorumque tumores. Magorum vanitas per-

taches, et en conserve la blancheur. Elle guérit les parties gelées par la neige et les tumeurs des articulations. Les mages imposteurs promettent un crédit facile auprès du peuple et des rois à ceux qui se sont frottés avec cette graisse, surtout avec celle d'entre les sourcils de l'animal, endroit où il ne peut y en avoir. Même promesse avec les dents du lion, surtout celles du côté droit, et avec les barbes de la mâchoire inférieure. Le fiel, avec addition d'eau, employé en onction, éclaircit la vue; avec addition de la graisse du même animal, il dissipe l'épilepsie; mais il faut ne faire qu'en goûter, et, aussitôt après l'avoir pris, courir pour le digérer. Le cœur, en aliment, guérit la fièvre quarte; la graisse, avec l'huile rosat, les fièvres quotidiennes. Les bêtes fuient ceux qui s'en sont frottés; on croit même qu'elle sauve des embûches.

1 XXVI. La cervelle de chameau, desséchée et prise en boisson dans du vinaigre, guérit, dit-on, l'épilepsie; de même le fiel, bu avec du miel, ce qui de plus guérit l'angine. On prétend que la queue desséchée relâche le ventre, et que la cendre de la fiente, avec de l'huile, rend les cheveux bouclés. La cendre guérit la dyssenterie, en topique, et en boisson à la dose d'une pincée; elle guérit aussi l'épilepsie. On dit que l'urine est très-bonne pour les foulons; qu'elle l'est aussi pour les ulcères humides; que les barbares la gardent pendant cinq ans, et qu'ils la prennent en boisson à la dose d'une hémine comme purgatif; que les soies de la queue, tordues et portées au bras gauche, guérissent les fièvres quartes.

1 XXVII. De tous les animaux l'hyène est celui duquel les mages racontent le plus de merveilles, allant jusqu'à lui attribuer même la connaissance des arts magiques et la vertu d'attirer à soi (VIII, 44) les hommes, auxquels elle fait perdre l'esprit. Nous avons rapporté (VIII, 44) le changement de sexe auquel l'hyène est assujettie annuellement, et les autres monstruosités qu'elle présente : maintenant nous exposerons tout ce qu'on en rapporte dans la médecine. On dit que l'hyène est particulièrement l'effroi des panthères, à tel point que celles-ci ne cherchent même pas à se défendre, et qu'elles n'attaquent pas un homme ayant sur soi de la peau d'hyène. Chose 2 merveilleuse ! si l'on suspend vis-à-vis l'une de l'autre les peaux d'une hyène et d'une panthère, les poils de la peau de panthère tombent. Quand l'hyène fuit devant le chasseur, elle tourne, dit-on, à droite, et va occuper les traces du chasseur, qu'elle laisse passer devant elle; si elle réussit le chasseur est frappé d'aliénation, et même tombe de cheval; mais si elle tourne à gauche c'est la preuve qu'elle faiblit et qu'elle sera bientôt prise. On la prend, ajoute-t-on, plus facilement quand le chasseur a fait sept nœuds à sa ceinture, et au fouet qui fait obéir son cheval. De plus, comme le charlatanisme des mages est subtil et plein de subterfuges, ils recommandent de la prendre à l'époque où la lune passe par le signe des Gémeaux, la peau conservant alors presque tous ses poils. On prétend que la peau de la tête attachée à la tête 3 du malade guérit la céphalalgie; que le fiel, appliqué sur le front, guérit l'ophthalmie ou préserve même complétement de cette affection, bouilli dans trois cyathes de miel attique, et employé en onction avec une once de safran; que cette préparation dissipe les nuages et la cataracte, et que si on l'a laissée vieillir, elle éclaircit mieux la vue; qu'il faut la garder dans une boîte de cuivre; qu'elle guérit l'argema, les granulations des yeux;

---

unctis eo adipe, faciliorem gratiam apud populos regesve promittit : præcipue tamen eo pingui, quod sit inter supercilia, ubi esse nullum potest. Similia dentis, maxime a dextra parte, villique e rostro inferiori, promissa sunt. Fel aqua addita, claritatem oculis inunctis facit : et cum adipe ejusdem, comitiales morbos discutit, levi gustu, et ut protinus, qui sumsere, cursu id digerant. Cor in cibo sumtum, quartanis medetur : adeps cum rosaceo quotidianis febribus. Perunctos eo bestiæ fugiunt. Resistere etiam insidiis videtur.

1 XXVI. Cameli cerebrum arefactum, potumque ex aceto, comitialibus morbis aiunt mederi : item fel cum melle potum : hoc et anginae. Cauda arefacta solvi alvum : fimi cinere crispari capillum cum oleo. Et dysentericis prodest illitus cinis potusque quantum tribus digitis capiatur, et comitialibus morbis. Urinam fullonibus utilissimam esse tradunt : itemque ulceribus manantibus : barbaros eam servare quinquennio et heminis pota ciere alvum. Setas e cauda contortas, et sinistro brachio alligatas, quartanis mederi.

1 XXVII. Hyænam Magi ex omnibus animalibus in maxima admiratione posuerunt, ut pote cui et ipsi Magicas artes dederint; vimque qua alliciat ad se homines mente alienatos. De permutatione sexus annua vice diximus, cæteraque de monstrifica natura ejus : nunc persequemur quæcumque medicinis produntur. Præcipue pantheris terrori esse traditur, ut ne conentur quidem resistere : et aliquid e corio ejus habentem non appeti. Mi- 2 rumque dictu, si pelles utriusque contrariæ suspendantur, decidere pilos pantheræ. Quum fugiant venantem, declinare ad dextram, ut prætergressi hominis vestigia occupent. Quod si successerit, alienari mente, ac vel ex equo hominem decidere. At si in lævam detorserit, deficientis argumentum esse, celeremque capturam. Facilius autem capi, si cinctus suos venator, flagellumque imperitans equo septenis alligaverit nodis. Mox, ut est solers ambagibus vanitas Magorum, capi jubent Geminorum signum transeunte luna, singulosque prope pilos servari. Capitis 3 dolori alligatam cutem prodesse, quæ fuerit in capite ejus. Lippitudini fel illitum frontibus; aut ne omnino lippiatur, decoctum cum mellis Attici cyathis tribus, et croci uncia inunctum : sic et caligines discuti, et suffusiones. Claritatem excitari melius inveterato medicamento. Asservari autem in Cypria pyxide. Eodem sanari argema,

les excroissances, les tales ; qu'on guérit la cataracte en frottant l'œil du suc qui sort du foie de l'hyène, cuit frais avec du miel bien écumé ; qu'on fait cesser le mal des dents en les touchant avec les dents d'hyène correspondantes, ou en les y attachant ; que les épaules de l'animal calment les douleurs des épaules et des bras ; que les dents arrachées du côté gauche de sa mâchoire, étant enveloppées dans de la peau de mouton ou de bouc, et portées en amulette, guérissent les maux d'estomac ; que les poumons pris en aliment sont bons pour le flux cœliaque ; que la cendre des poumons appliquée avec de l'huile soulage les maux d'estomac ; que la moelle du dos avec de l'huile vieille et le fiel est bonne pour les nerfs ; que le foie goûté trois fois avant l'accès guérit la fièvre quarte ; que la goutte est guérie par la cendre de l'épine dorsale, avec la langue et le pied droit d'un veau marin et du fiel de taureau, le tout cuit également, et appliqué dans une peau d'hyène ; que pour la même maladie on emploie le fiel avec la pierre d'Assos (XXXVI, 27) ; que pour le tremblement, le spasme, les soubresauts, les palpitations de cœur, il faut manger un peu du cœur cuit, incinérer le reste, et appliquer la cendre avec la cervelle d'hyène ; que cette même composition ou le fiel seul est dépilatoire, pourvu qu'on ait préalablement arraché les poils qu'on ne veut pas laisser revenir ; qu'on ôte par ce moyen les cils nuisibles ; que la chair des lombes mangée et appliquée avec de l'huile guérit les douleurs lombaires ; qu'on guérit la stérilité des femmes en donnant à manger un œil d'hyène avec de la réglisse et de l'aneth, tellement qu'on garantit la conception en trois jours. On raconte qu'une des grandes dents attachée avec un fil préserve des frayeurs nocturnes, et de la terreur qu'inspirent les ombres. On recommande dans le délire de faire des fumigations avec une de ces dents, et de l'attacher sur la poitrine du malade avec la graisse des reins, ou le foie ou la peau. On garantit une femme contre les fausses couches si elle porte au cou, dans une peau de gazelle, la chair blanche de la poitrine de l'hyène, sept poils, et les parties génitales du cerf. Les parties naturelles du même animal prises dans du miel sont aphrodisiaques, suivant le sexe, même chez les hommes qui auraient de l'aversion pour les femmes. Bien plus, on assure que ces mêmes parties naturelles et une certaine vertèbre conservées avec le cuir adhérent maintiennent la concorde dans une maison entière : cette vertèbre est appelée atlantion, c'est la première de l'épine. C'est aussi un remède pour l'épilepsie. L'odeur de la graisse brûlée met en fuite les serpents. La mâchoire broyée avec de l'anis, et prise en aliment, calme le frisson. En fumigation elle est emménagogue. On pousse le charlatanisme jusqu'à assurer qu'un homme portant au bras une dent du côté droit de la mâchoire supérieure ne manquera jamais avec un javelot l'objet qu'il vise. Le palais de l'hyène desséché et chauffé avec de l'alun d'Égypte guérit la mauvaise odeur et les ulcères de la bouche ; il faut renouveler trois fois dans la bouche ce mélange. Les chiens n'aboient pas après ceux qui ont une langue d'hyène dans leur soulier, sous la plante du pied. La partie gauche de la cervelle appliquée au nez adoucit les maladies pernicieuses, soit des hommes, soit des animaux. La peau du front préserve des fascinations. La chair du cou, soit mangée, soit séchée, et prise en boisson, guérit les douleurs

scabritias, excrescentia in oculis : item cicatrices. Glaucomata vero jocineris recentis inassati sanie, cum despumato melle inunctis. Dentes ejus dentium doloribus tactu prodesse, vel adalligatos ordine, humeros humerorum et lacertorum doloribus. Ejusdem dentes, si de sinistra parte rostri eruti sint, illigatos pecoris aut capri pelle stomachi cruciatibus. Pulmones in cibo sumtos cœliacis. Ventriculis, cinerem cum oleo illitum. Nervis, medullas e dorso cum oleo vetere ac felle. Febribus quartanis, jecur degustatum ter ante accessiones. Podagris, spinæ cinerem cum lingua et dextro pede vituli marini, addito felle taurino, omnia pariter cocta atque illita hyænæ pelle. In eodem morbo prodesse et fel cum lapide Assio. Tremulis, spasticis, exsilientibus, et quibus cor palpitet, aliquid ex corde coctum mandendum, ita ut reliquæ partis cinis cum cerebro hyænæ illinatur. Pilos etiam auferri hac compositione illita, aut per se felle, evulsis prius quos renasci non libeat. Sic et palpebris inutiles tolli. Lumborum doloribus carnes e lumbis edendas, illinendasque cum oleo. Sterilitatem mulierum emendari, oculo cum glycyrrhiza et anetho sumto in cibo, promisso intra triduum conceptu. Contra nocturnos pavores, umbrarumque terrorem, unus e magnis dentibus lino alligatus succurrere narratur. Furentes suffiri eodem, et circumligari ante pectus, cum adipe renium, aut jocinere, aut pelle præcipiunt. Mulieri candida a pectore hyænæ caro, et pili septem, et genitale cervi, si illigentur dorcadis pelle, collo suspensa, continere partus promittuntur. Venerem stimulare genitalia ad sexus suos in melle sumta, etiamsi viri mulierum coitus oderint. Quinimmo totius domus concordiam, eodem genitali et articulo spinæ cum adhærente corio asservatis, constare : hunc spinæ articulum, sive nodum, Atlantion vocant : est autem primus. In comitialibus quoque remediis habent eum. Adipe accenso, serpentes fugari dicunt. Maxilla comminuta in aniso, et in cibo sumta, horrores sedari. Eodem suffitu mulierum menses evocari : tantumque est vanitatis, ut si ad brachium alligetur superioris rostri dextræ partis dens, jaculantium ictus deerraturos negent. Palato ejusdem arefacto, et cum alumine Ægyptio calefacto, ac ter in ore permutato, fœtores et ulcera oris emendari. Eos vero qui linguam in calceamento sub pede habeant, non latrari a canibus. Sinistra parte cerebri naribus illita, morbos perniciosos mitigari, sive hominum, sive quadrupedum. Frontis corium fascinationibus resistere. Cervicis carnes, sive mandantur, sive bibantur, arefactæ, lumborum doloribus. Nervis a dorso armisque, suffiendos ner-

des lombes; les nerfs du dos et des épaules en fumigation, les douleurs nerveuses. Les barbes approchées des lèvres d'une femme sont un philtre amoureux. Le foie donné en breuvage délivre des tranchées et des calculs. Le cœur pris en aliment ou en boisson est un remède pour toutes les douleurs du corps; la rate, pour la rate; l'épiploon avec de l'huile, pour les ulcères enflammés; la moelle, pour les douleurs de l'épine 9 et pour les courbatures. Les nerfs des reins pris en boisson dans du vin avec de l'encens restituent la fécondité enlevée par un maléfice. La matrice donnée en boisson avec l'écorce d'une grenade douce est bonne pour la matrice des femmes. Dans un accouchement laborieux, la graisse des lombes en fumigations délivre aussitôt la femme. La moelle du dos en amulette est un secours contre les vaines imaginations. Les parties génitales de l'hyène mâle en fumigation guérissent le spasme. Pour l'ophthalmie, les ruptures, les inflammations, on emploie l'attouchement des pattes, qu'on a conservées, les pattes gauches pour les parties droites, les pattes droites pour les parties gauches. La patte gauche portée par-dessus une femme en travail est mortelle; la patte droite procure un accouchement facile. La vésicule qui a contenu le fiel prise dans du vin ou en aliment guérit la maladie cardiaque (10); 0 la vessie prise dans du vin, l'incontinence d'urine. L'urine qu'on trouve dans la vessie même, avalée avec de l'huile, du sésame et du miel, est avantageuse dans les maladies invétérées. On emploie en fumigation, pour les ruptures, la première côte et la huitième; pour les accouchements, les os de l'épine; pour les tranchées, le sang pris avec de la polenta. En marquant avec ce sang les poteaux des portes on arrête partout les pratiques des mages, qui ne peuvent plus ni évoquer les dieux ni leur parler, de quelque façon qu'ils l'essayent, soit par les lampes, soit par le bassin, soit par l'eau, soit par la boule (xxx, 5). La chair mangée est efficace contre la morsure du chien enragé; le foie est encore plus efficace. Des chairs ou des ossements humains, 11 lorsqu'il s'en trouve dans l'estomac d'une hyène tuée, sont, en fumigation, un remède pour la goutte. Si parmi ces restes il se rencontre des ongles, c'est un présage de mort pour quelqu'un de ceux qui ont pris l'animal. Les excréments ou les os qu'il rend lorsqu'on le tue sont des préservatifs contre les maléfices des mages. La fiente qu'on trouve dans les intestins, desséchée, est bonne en boisson pour la dyssenterie. Appliquée avec la graisse d'oie elle soulage ceux dont la santé générale a été dérangée par une substance malfaisante. Se frotter avec la graisse et coucher sur la peau d'une hyène guérit les personnes mordues par un chien. D'un autre côté, en frottant quelqu'un avec la cendre de l'astragale gauche et le sang de belette bouillis ensemble on le rend odieux à tout le monde; même résultat si l'on fait cuire un œil d'hyène. Mais voici qui l'emporte 12 surtout : on indique le rectum de l'hyène comme un moyen de se défendre des iniquités des chefs et des puissants, de réussir dans les demandes, les jugements et les procès; il suffit de l'avoir sur soi. L'anus, attaché au bras gauche, est un philtre si puissant, qu'il suffit que celui qui le porte regarde une femme pour être suivi par elle aussitôt. La cendre des poils de cette partie, appliquée avec de l'huile sur les hommes qui sont livrés à des débauches honteuses, les rend non-seulement pudiques, mais encore austères.

---

vorum dolores. Pilos rostri admotos mulierum labris amatorium esse. Jecur in potu datum, torminibus et calculis mederi. Jam cor in cibo potuve sumtum, omnibus doloribus corporum auxiliari: lienem lienibus: omentum, ulcerum inflammationibus cum oleo: medullas, doloribus spinæ 9 et nervorum lassitudini. Renium nervos potos in vino cum thure, fecunditatem restituere ademtam veneficio. Vulvam cum mali Punici dulcis cortice in potu datam prodesse mulierum vulvæ. Adipe e lumbis suffiri difficulter parientes, et statim parere. E dorso medullam adalligatam contra vanas species opitulari. Spasticis, genitale e maribus suffitu. Item lippientibus, ruptis, et contra inflammationes, servatos pedes, tactu : lævos dextris partibus, dextros lævis. Sinistrum pedem superlatum parturienti, lethalem esse : dextro illato, facile eniti. Membranam quæ fel continuerit, cardiacis potam in vino, vel in cibo sumtam, succurrere : 10 vesicam in vino potam, contra urinæ incontinentiam. Quæ autem in vesica inventa sit urina, additis oleo ac sesamo, et melle, haustam prodesse ægrimoniæ veteri. Costarum primam et octavam, suffitu ruptis salutarem esse : ex spina vero parturientibus ossa : sanguinem cum polenta sumtum torminibus. Eodem tactis postibus, ubicumque Magorum infestari artes, non elici deos, nec colloqui, sive lucernis, sive pelvi, sive aqua, sive pila, sive quo alio genere tententur. Carnes si edantur, contra canis rabidi morsus efficaces esse : etiamnum jecur efficacius. Carnes vel ossa 11 hominis, si quæ in ventriculo occisæ inveniantur, suffitu podagricis auxiliari. Si ungues inveniantur in his, mortem alicujus capientium significari. Excrementa sive ossa reddita, quum interimitur, contra Magicas insidias pollere. Fimum, quod in intestinis inventum sit, arefactum, ad dysentericos valere potum; illitumque cum adipe anserino opitulari toto corpore læsis malo medicamento : a cane vero morsis adipem illitum, et corium substratum. Rursus tali sinistri cinere decocto cum sanguine mustelæ, peruncto omnibus odio venire : idem fieri oculo decocto. Super 12 omnia est, quod extremam fistulam intestini contra ducum ac potestatum iniquitates commonstrant, et ad successus petitionum, judiciorumque ac litium eventus, si omnino tantum aliquis secum habeat. Ejusdem caverna sinistro lacerto alligata, si quis mulierem respiciat, amatorium esse tam præsens, ut illico sequatur. Ejusdem loci pilorum cinerem ex oleo illitum viris, qui sint probrosæ mollitiei, severos, non modo pudicos mores inducere.

XXVIII. On ne compte guère moins de fables sur le crocodile. Celui qui vit sur la terre et sur l'eau est très-grand ; on en distingue en effet deux espèces. Les dents de la mâchoire droite du crocodile amphibie attachées au bras droit sont, si nous y ajoutons foi, aphrodisiaques. Les dents canines remplies d'encens, car elles sont creuses, guérissent les fièvres réglées ; mais il faut que le malade reste cinq jours sans voir celui qui les lui a attachées. On attribue la même vertu contre l'invasion des frissons fébriles aux petites pierres tirées du ventre. Pour le même effet les Égyptiens frottent de sa graisse leurs malades. L'autre crocodile (VIII, 38) lui ressemble, mais il est beaucoup plus petit ; il ne vit que sur la terre et parmi les fleurs les plus odorantes ; aussi recherche-t-on beaucoup ses intestins, imprégnés d'une odeur agréable. Ce qu'on nomme crocodilée est une substance très-bonne pour les affections des yeux, et pour les cataractes ou les nuages ; on l'emploie en onction avec le suc de poireau. Appliquée avec de l'huile de cyprus (XII, 51) elle enlève les boutons de la face ; avec de l'eau elle guérit toutes les maladies dont la nature est de s'étendre sur le visage, et elle rend à la peau son éclat. Elle fait disparaître le lentigo, les boutons et toutes les taches. Contre l'épilepsie on la prend dans du vinaigre miellé, à la dose de deux oboles. En pessaire elle est emménagogue. La meilleure est la plus blanche, friable, la moins pesante, et donnant une odeur de ferment entre les doigts quand on la comprime. Elle se lave comme la céruse. On la sophistique avec de l'amidon ou de la terre cimoliée ; mais la sophistication la plus ordinaire est de prendre des crocodiles, et de ne les nourrir que de riz. On recommande comme un remède souverain contre la cataracte de se frotter les yeux avec du fiel incorporé dans du miel. On assure qu'il est salutaire dans les affections de matrice de faire des fumigations avec les intestins et le reste du corps de l'animal ; ou bien d'entourer la femme avec de la laine imprégnée de cette vapeur. La cendre de la peau des deux crocodiles appliquée avec du vinaigre sur les parties qu'il est besoin d'inciser, ou l'odeur de cette peau brûlée, rend complètement insensible à l'action de l'instrument tranchant. Le sang des deux crocodiles, en onction, éclaircit la vue et efface les taies. Le corps même, à l'exception de la tête et des pieds, se donne, bouilli, pour la coxalgie, et guérit la toux invétérée, particulièrement chez les enfants, ainsi que les douleurs lombaires. Ces animaux ont aussi une graisse dont le contact fait tomber les poils. Cette graisse, en onction, protège contre les crocodiles ; et on l'instille dans les morsures qu'ils ont faites. Le cœur, attaché dans la laine d'une brebis noire sans mélange d'aucune autre couleur, et provenant d'une première portée, guérit, dit-on, la fièvre quarte.

XXIX. Aux crocodiles nous joindrons des animaux très-semblables, et pareillement exotiques. Et d'abord le caméléon, que Démocrite a jugé digne d'être l'objet d'un livre spécial, et dont chaque membre est consacré. Nous avons lu, non sans un grand divertissement, ce livre, qui nous a découvert et dévoilé les mensonges et le charlatanisme des Grecs. Le caméléon ressemble pour la grosseur au crocodile terrestre ; il n'en diffère que parce que la courbure de son épine forme un angle plus sensible, et qu'il a la queue plus large. Il est, dit-on, le plus timide des animaux, et c'est pour cela qu'il change de couleur. Il a un ascendant particulier sur toute l'espèce des éperviers : on prétend qu'il les attire lorsqu'ils

1 XXVIII. Proxime fabulosus est crocodilus, ingens quoque ille, cui vita in aqua terraque communis. Duo enim genera eorum : illius e dextra maxilla dentes adalligati dextro lacerto, coitus (si credimus) stimulant. Canini ejus dentes febres statas arcent thure repleti, sunt enim cavi : ita ne diebus quinque ab aegro cernatur, qui adalligaverit. Idem pollere et ventre exemtos lapillos, adversus febrium horrores venientes tradunt. Eadem de causa Ægyptii perungunt et adipe aegros suos. Alter illi similis, multum infra magnitudine, in terra tantum odoratissimis-
2 que floribus vivit. Ob id intestina ejus diligenter exquiruntur jucundo nidore referta. Crocodileam vocant, oculorum vitiis utilissimam, cum porri succo inunctis, et contra suffusiones vel caligines. Illita quoque ex oleo cyprino, molestias in facie enascentes tollit : ex aqua vero morbos omnes, quorum natura serpit in facie, nitoremque reddit. Lentigines tollit ac varos, maculasque omnes. Et contra comitiales morbos bibitur ex aceto mulso binis obolis.
3 Apposita menses ciet. Optima quae candidissima, et friabilis, minimeque ponderosa : quum teratur, inter digitos fermentescens. Lavatur, ut cerussa. Adulterant amylo, aut Cimolia, sed maxime, qui captos oryza tantum pas- cunt. Felle inunctis oculis ex melle contra suffusiones, nihil utilius praedicant. Intestinis et reliquo corpore ejus suffiri vulva laborantes salutare tradunt. Item velleribus circumdari vapore ejusdem infectis. Corii utriusque cinis ex aceto illitus his partibus, quas secari opus sit, aut nidor cremati, sensum omnem scalpelli aufert. Sanguis 4 utriusque claritatem visus inunctis donat, et cicatrices oculorum emendat. Corpus ipsum, excepto capite pedibusque, elixum manditur ischiadicis, tussimque veterem sanat, praecipue in pueris : item lumborum dolores. Habent et adipem, quo tactus pilus defluit. Hic perunctos, a crocodilis tuetur, instillaturque morsibus. Cor annexum in lana ovis nigrae, cui nullus alius color incursaverit, et primo partu genitae, quartanas abigere dicitur.

XXIX. Jungemus illis simillima et peregrina aeque animalia ; priusque chamaeleonem, peculiari volumine dignum existimatum Democrito, ac per singula membra desecratum, non sine magna voluptate nostra, cognitis proditisque mendaciis graecae vanitatis. Similis et magnitudine est supra dicto crocodilo, spinae tantum acutiore curvatura, et caudae amplitudine distans. Nullum animal pavidius existimatur, et ideo versicoloris esse mutationis.

volent au-dessus de lui, et qu'il les livre ainsi sans résistance aux autres animaux, qui les mettent en pièces. Démocrite raconte que la tête et le gosier du caméléon, brûlés avec du bois de chêne, déterminent la pluie et le tonnerre : même effet avec le foie brûlé sur une tuile. Les autres particularités qu'il rapporte appartenant aux maléfices, nous les omettrons, bien que les regardant comme fausses, et nous ne continuons que pour faire voir le ridicule de ces choses : par exemple, l'œil droit arraché à l'animal vivant efface avec le lait de chèvre les taies ; la langue, en amulette, garantit des dangers de l'accouchement ; le caméléon favorise l'accouchement s'il se trouve alors dans la maison, mais si on l'y apporte du dehors il est très-pernicieux. La langue, enlevée à l'animal vivant, a de l'influence sur l'issue des procès. Le cœur, attaché avec de la laine noire de la première tonte, guérit la fièvre quarte. La patte droite de devant, attachée au bras gauche avec de la peau d'hyène, est souveraine contre les vols et les terreurs nocturnes. La mâchoire (11) du côté droit préserve des frayeurs et des paniques. La patte gauche, brûlée dans un four avec la plante appelée également chamæléon (xx, 21), est, avec addition d'onguent, mise en pastilles : ces pastilles, renfermées dans un vase de bois, rendent, si nous y ajoutons foi, invisible celui qui les a. L'épaule droite donne la victoire sur les adversaires ou les ennemis, surtout si, après avoir jeté à terre les nerfs du même membre, on les foule aux pieds. Quant à dire à quelles monstruosités Démocrite consacre l'épaule gauche, et comme on envoie les songes que l'on veut et à qui l'on veut, j'en ai honte ; tous ces songes sont dissipés par l'attouchement du pied droit.

La léthargie causée par le pied droit est dissipée par le pied gauche. On guérit la céphalalgie en versant sur la tête du vin dans lequel on a fait macérer un des flancs de l'animal. En frottant les pieds avec de la cendre de la cuisse ou du pied gauche, mêlée avec du lait de truie, on y fait venir la goutte. On est tenté de croire que des 5 onctions faites pendant trois jours avec le fiel guérissent la cataracte (12) ; que ce fiel versé goutte à goutte sur du feu met en fuite les serpents ; que jeté dans de l'eau il force les belettes à se rassembler ; qu'appliqué sur le corps il est dépilatoire. On attribue le même effet au foie appliqué avec un poumon de grenouille buissonnière. En outre, on affirme que le foie triomphe des philtres amoureux ; que les mélancoliques se guérissent en buvant dans de la peau de caméléon le suc de la plante appelée chamæléon ; que si avec les intestins et ce qu'ils contiennent ( or on sait que cet animal ne prend (VIII, 51) aucune nourriture), mis dans de l'urine de guenon, on frotte la porte de ses ennemis, ceux-ci deviennent l'objet de la haine universelle ; que la queue 6 arrête le cours des fleuves et des torrents, et endort les serpents ; que cette même queue, préparée avec le cèdre et la myrrhe, et attachée à une branche double de palmier, fend les eaux que l'on en frappe, de sorte qu'on voit distinctement tout ce qu'elles renferment : et plût aux dieux que Démocrite lui-même eût été touché de ce merveilleux rameau, auquel il attribue encore la vertu d'arrêter un bavardage immodéré ! Il est évident que ce philosophe, d'ailleurs sagace et qui a bien mérité du genre humain, a été égaré par un désir excessif d'être utile aux hommes.

XXX. A la même catégorie appartient le 1

---

Vis ejus maxima contra accipitrum genus. Detrahere enim supervolantem ad se traditur, et voluntarium præbere lacerandum cæteris animalibus. Caput ejus et guttur si roboreis lignis accendantur, imbrium et tonitruum concursus facere, Democritus narrat : item jecur in tegulis ustum. Reliqua ad veneficia pertinentia quæ dicit, quamquam falsa existimamus, omittemus, præterquam ubi irrisu coarguendum. Dextro oculo, si viventi eruatur, albugines oculorum cum lacte caprino tolli : lingua adalligata, pericula puerperii. Eumdem salutarem esse parturientibus, si sit domi : si vero inferatur, perniciosissimum. Linguam, si viventi ademta sit, ad judiciorum eventus pollere. Cor adversus quartanas illigatum nigra lana primæ tonsuræ. Pedem e prioribus dextrum, hyænæ pelle adalligatum sinistro brachio, contra latrocinia terroresque nocturnos pollere. Item dextram maxillam contra formidines, pavoresque. Sinistrum vero pedem torreri in furno cum herba, quæ æque chamæleon vocetur, additoque unguento in pastillis digeri : eos in ligneum vas conditos præstare, si credimus, ne cernatur ab aliis qui habeat. Armum dextrum ad vincendos adversarios vel hostes valere, utique si abjecerit ejusdem nervos calcaverit. Sinistrum humerum quibus monstris consecret, qualiter somnia quæ velis, et quibus velis, mittantur, pudet referre. Omnia ea dextro pede resolvi : sicut sinistro latere lethargos, quos fecerit dexter. Capitis dolores, insperso vino, in quo latus alterutrum maceratum sit, sanari. Feminis sinistri, vel pedis cineri si misceatur lac suillum, podagricos fieri illitis pedibus. Felle glaucomata et suf- 5 fusiones corrigi prope creditur, tridui inunctione : serpentes fugari ignibus instillato : mustelas contrahi in aquam conjecto : corpore vero illito detrahi pilos. Idem præstare narrant jecur, cum ranæ rubetæ pulmone illitum. Præterea jocinere amatoria dissolvi. Melancholicos autem sanari, si ex corio chamæleonis herbæ succus bibatur. Intestina et fartum eorum, quum id animal nullo cibo vivat, cum simiarum urina illita inimicorum januæ, odium omnium hominum his conciliare. Cauda flumina et aquarum 6 impetus sisti, serpentes soporari. Eadem medicata cedro et myrrha, illigataque gemino ramo palmæ, percussam aquam discuti, ut quæ intus sint omnia appareant : utinamque eo ramo contactus esset Democritus, quoniam ita loquacitates immodicas promisit inhiberi. Palamque est, virum alias sagacem et vitæ utilissimum, nimio juvandi mortales studio prolapsum.

XXX. Ex eadem similitudine est scincus, quem quidam 1

scinque (VIII, 38), que quelques-uns ont appelé crocodile de terre, mais dont la peau est plus blanche et plus mince. Toutefois la différence principale qui le sépare du crocodile, c'est l'arrangement de ses écailles, tournées de la queue vers la tête. Le plus grand est celui de l'Inde, puis celui de l'Arabie. On les apporte salés. La tête et les pieds, pris dans du vin blanc, sont aphrodisiaques, surtout avec le satyrion (XXVI, 62) et la graine de roquette, chaque substance à la dose d'une drachme, avec addition de deux drachmes de poivre ; on en fait des pastilles d'une drachme, qu'on prend en boisson. La chair des flancs, à la dose de deux oboles, avec de la myrrhe et du poivre, prise à l'intérieur de la même façon, passe pour produire le même effet, avec plus d'énergie. Au dire d'Apelle, le scinque est bon contre les blessures faites par les flèches empoisonnées, pris avant et après. C'est aussi un ingrédient des antidotes célèbres. Sextius prétend que bu dans une hémine de vin, à la dose de plus d'une drachme, il cause la mort. Il ajoute que le bouillon de scinque pris avec du miel est antiaphrodisiaque.

1 XXXI. Il est entre le crocodile et l'hippopotame une certaine affinité, habitant le même fleuve, et étant l'un et l'autre amphibies. L'hippopotame est, comme nous l'avons dit (VIII, 40), l'inventeur de la saignée. Il abonde au-dessus de la préfecture de Saïs. La cendre de sa peau, appliquée avec de l'eau, guérit les tumeurs ; sa graisse, les fièvres froides, ainsi que sa fiente en fumigation. Les dents du côté gauche guérissent les douleurs de dents : on scarifie les gencives avec. La peau du côté gauche du front appliquée sur les aines est antiaphrodisiaque. La cendre de la même partie répare la perte des cheveux. On prend une drachme du testicule, dans de l'eau, contre les serpents. Les peintres emploient le sang de cet animal.

XXXII. Aux pays étrangers appartiennent 1 encore les lynx, qui, de tous les quadrupèdes, ont la vue la plus perçante. On prétend dans l'île de Carpathos obtenir un remède très-efficace en brûlant tous leurs ongles avec la peau : cette cendre prise en boisson réprime le libertinage des hommes ; et il suffit d'en asperger les femmes pour obtenir chez elles le même effet. Elle guérit aussi les démangeaisons. L'urine du lynx est un remède contre la dysurie ; aussi cet animal s'empresse-t-il, dit-on, de la recouvrir de terre avec ses pattes aussitôt qu'il l'a rendue (VIII, 57) : on l'indique encore comme un remède pour le mal de gorge. Voilà pour les animaux étrangers.

XXXIII. Maintenant retournons au monde romain, et parlons d'abord des remèdes communs, mais excellents, que nous tirons des animaux ; (IX.) par exemple, du lait. Le meilleur à chacun est le lait maternel. Il est très-mauvais que les nourrices conçoivent ; les enfants ainsi nourris se nomment colostrats (XI, 96), attendu que le lait se coagule en fromage dans leur estomac : on donne le nom de colostrum au premier lait après les couches, lequel forme un coagulum spongieux. Le lait le plus nourrissant est celui de femme, quel qu'il soit, ensuite celui de chèvre ; d'où peut-être la mythologie a dit que Jupiter fut nourri de ce dernier lait. Le lait le plus doux après celui de femme est celui de chamelle ; le plus actif est celui d'ânesse. Celui des espèces et 2 des individus de grande taille passe plus facilement que tout autre. Le lait de chèvre est le plus convenable à l'estomac, parce que cet animal vit

---

terrestrem crocodilum esse dixerunt, candidiore autem, et tenuiore cute. Præcipua tamen differentia dignoscitur a crocodilo, squamarum serie a cauda ad caput versa. Maximus Indicus, deinde Arabicus. Afferuntur salsi. Rostrum ejus et pedes in vino albo poti, cupiditates Veneris accendunt : utique cum satyrio et erucæ semine, singulis drachmis omnium, ac piperis duabus admixtis, ita ut pastilli singularum drachmarum bibantur : per se laterum carnes obolis binis cum myrrha et pipere pari modo potæ, efficaciores ad idem creduntur. Prodest et contra sagittarum venena, ut Apelles tradit, ante posteaque sumtus. In antidota quoque nobilia additur. Sextius plus quam drachmæ pondere in vini hemina potum, perniciem afferre tradit. Præterea ejusdem decocti jus cum melle sumtum, Venerem inhibere.

1 XXXI. Est crocodilo cognatio quædam amnis ejusdem, geminique victus, cum hippopotamo, repertore detrahendi sanguinis, ut diximus. Plurimi autem super Saiticam præfecturam. Hujus corii cinis cum aqua illitus, panos sanat : adeps frigidas febres : item fimum suffitu. Dentes e parte læva dolores dentium, scarificatis gingivis. Pellis ejus e sinistra parte frontis in inguina adalligata, Venerem inhibet. Ejusdem cinis alopecias explet. Testiculi drachma ex aqua contra serpentes bibitur. Sanguine pictores utuntur.

XXXII. Peregrinæ sunt et lynces, quæ clarissime om- 1 nium quadrupedum cernunt. Ungues earum omnes cum corio exuri efficacissime in Carpatho insula tradunt. Hoc cinere poto propudia virorum, ejusdem adspersu, feminarum libidines inhiberi ; item pruritus corporum : urina, stillicidia vesicæ. Itaque eam protinus terra pedibus aggesta obruere traditur. Eadem autem et jugulorum dolori monstratur in remedio. Hactenus de externis.

XXXIII. Nunc revertemur ad nostrum orbem : primum- 1 que communia animalium remedia atque eximia dicemus ; (IX.) sicuti de lactis usu. Utilissimum cuique maternum. Concipere nutrices exitiosum est : hi sunt enim infantes, qui colostrati appellantur, densato lacte in casei speciem. Est autem colostra, prima a partu spongiosa densitas lactis. Maxime autem alit quodcumque humanum, mox caprinum : unde fortassis fabulæ Jovem ita nutritum dixere. Dulcissimum ad hominis camelinum, efficacissimum ex asinis. Magnorum animalium et corporum facilius redditur. Stomacho accommodatissimum caprinum, quoniam fronde magis, quam herba, vescuntur. Bubulum medicatius. Ovillum dulcius et magis alit, stomacho mi-

plus de feuilles que d'herbe. Celui de vache est plus médicinal. Celui de brebis est plus doux et plus nutritif, mais convient moins à l'estomac, parce qu'il est plus gras. Toute espèce de lait est plus aqueux au printemps qu'en été, et provenant de pâturages verts. Le meilleur est celui qui reste sur l'ongle sans couler. Il fait moins de mal quand il a bouilli, surtout avec des cailloux de mer. Le lait de vache est le plus relâchant. Tout 3 lait qui a bouilli gonfle moins. On emploie le lait en boisson pour toutes les ulcérations internes, surtout pour celles des reins, de la vessie, des intestins, de la gorge, des poumons; à l'extérieur, pour les démangeaisons de la peau, pour les éruptions pituiteuses, après un peu de diète. Nous avons dit, en parlant des plantes (xxv, 53,3), comment en Arcadie on fait prendre le lait de vache pour la phthisie, la consomption et la cachexie. On cite des exemples de guérison (13) de la podagre et de la chiragre, par l'usage du lait d'ânesse. A ces espèces de lait les médecins en ont ajouté un qu'ils ont appelé schistos (caillé); on le prépare de cette manière : On prend du lait de chèvre de préférence, on le fait bouillir dans un vase de terre neuf, on le remue avec des branches de figuier fraîches, en ajoutant autant de cyathes (0 litr., 045) de vin miellé qu'il y a d'hémines (0 litr., 27) de 4 lait. Quand le mélange bout, pour qu'il ne se répande pas, on y met un cyathe d'argent plein d'eau froide, et l'on prend garde qu'il ne tombe de cette eau dans le lait. Tiré du feu, il se divise en se refroidissant, et le sérum se sépare du lait. Quelques-uns font bouillir jusqu'à réduction des deux tiers ce même sérum, déjà rendu très-puissant par le vin miellé, et le laissent refroidir à l'air. La meilleure manière de prendre ce sérum est par hémines, à des intervalles réglés, pendant cinq jours. Il est avantageux, après avoir bu, de se faire porter en voiture ou autrement. On le donne pour l'épilepsie, la mélancolie, la paralysie, la lèpre, l'éléphantiasis, les maladies articulaires. Le lait s'administre en lavement pour 5 les érosions produites par les médicaments, et, dans l'ardeur de la dyssenterie, bouilli avec des cailloux de mer ou de la décoction d'orge. Le lait de vache ou de brebis est meilleur pour les érosions d'intestins. On le donne aussi en lavement, trait fraîchement, pour la dyssenterie. On le donne cru pour les affections du colon, de la matrice; pour les morsures de serpents, ou contre le venin, pris à l'intérieur, de la chenille de pin, du bupreste, de la cantharide ou de la salamandre. On recommande en particulier le lait de vache à ceux qui ont pris du colchique, de la ciguë, du dorycnion (*convolvulus dorycnium*) ou du lièvre marin. On recommande le lait d'ânesse pour le plâtre, la céruse, le soufre et le vif-argent, ainsi que pour la constipation dans les fièvres. C'est un très-bon gargarisme pour l'ulcération de la gorge. On le donne à l'intérieur aux malades affaiblis qui veulent réparer leurs forces et qui sont affectés de ce qu'on appelle atrophie, ainsi qu'aux fébricitants sans céphalalgie. Les anciens faisaient 6 un grand secret d'administrer aux enfants avant de manger, ou lorsqu'ils sentaient de la chaleur au fondement en allant à la selle, une hémine de lait d'ânesse, ou, à défaut de lait d'ânesse, de lait de chèvre. Un remède souverain dans l'orthopnée, c'est le sérum de lait de vache, avec addition de cresson. On étuve les yeux dans l'ophthalmie avec un mélange composé d'une hémine de lait et de quatre drachmes de sésame pilé. Le lait de chèvre guérit les affections de la rate : pour cela, après avoir fait jeûner les

---

nus utile, quoniam est pinguius. Omne autem vernum aquatius æstivo, et de novellis : probatissimum vero, quod in ungue hæret, nec defluit. Innocentius decoctum, præcipue cum calculis marinis. Alvus maxime solvitur bu-
3 bulo. Minus autem inflat quodcumque decoctum. Usus lactis ad omnia intus exulcerata, maxime renes, vesicam, interanea, fauces, pulmones : foris pruritum cutis, eruptiones pituitæ, post abstinentiam. Nam ut in Arcadia bubulum biberent phthisici, syntecticique, et cachectæ, diximus in ratione herbarum. Sunt inter exempla, qui asininum bibendo liberati sunt podagra, chiragrave. Medici speciem unam addidere lactis generibus, quod schiston appellavere. Id fit hoc modo : fictili novo fervet caprinum maxime, ramisque ficulneis recentibus miscetur, additis
4 totidem cyathis mulsi, quot sint heminæ lactis. Quum fervet, ne circumfundatur, præstat cyathus argenteus cum frigida aqua demissus, ita ne quid infundat : ablatum deinde igni, refrigeratione dividitur, et discedit serum a lacte. Quidam et ipsum serum jam mulso potentissimum, decoquunt ad tertias partes, et sub dio refrigerant. Bibitur autem efficacissime heminis per intervalla singulis, diebus quinis : melius a potu gestari. Datur comitialibus, melancholicis, paralyticis, in lepris, elephantiasi, articularibus morbis. Infunditur quoque lac contra rosiones a 5 medicamentis factas. Et si urat dysenteria, decoctum cum marinis lapillis, aut cum ptisana hordeacea. Item ad rosiones intestinorum, bubulum aut ovillum utilius. Recens quoque dysentericis infunditur : ad colum autem, crudum; item vulvæ, et propter serpentium ictus : potisve pityocampes, buprestis, cantharidum, aut salamandræ venenis. Privatim bubulum his qui colchicon biberint, aut cicutam, aut dorycnion, aut leporem marinum; sicut asininum contra gypsum, et cerussam, et sulphur, et argentum vivum : item duræ alvo in febri. Gargarizatur quoque faucibus exulceratis utilissime. Et bibitur ab imbecillitate vires recolligentibus, quos atrophos vocant : in febri etiam quæ careat dolore capitis. Pueris ante cibum, lactis asinini he- 6 minam dari, aut si exitus cibi rosiones sentirent, antiqui in arcanis habuerunt : si hoc non esset, caprini. Bubuli serum orthopnoicis prodest ante cætera, addito nasturtio. Inunguntur etiam oculi, in lactis heminis sesamæ additis drachmis quatuor tritis in lippitudine. Caprino lienes sanantur, post bidui inediam tertia die edera pastis capris, per triduum poto sine alio cibo. Lactis usus alias contrarius

chèvres pendant deux jours, on les alimente le troisième avec du lierre ; et alors on boit leur lait pendant trois jours consécutifs, sans autre nourriture. D'un autre côté, l'usage du lait est contraire à la céphalalgie, aux affections du foie, de la rate, des nerfs ; aux fièvres, aux vertiges, à moins qu'on ne veuille purger ; aux catarrhes, à la toux, à l'ophthalmie. Le lait de truie est excellent pour le ténesme, la dyssenterie, et aussi la phthisie. Des auteurs ont soutenu qu'il était aussi très-salutaire aux femmes.

XXXIV. Nous avons parlé des différentes sortes de fromages, en traitant des mamelles et des autres parties des animaux (XI, 97). Sextius attribue les mêmes qualités au fromage fait du lait de cavale et appelé hippace qu'à celui de vache. Les fromages non salés, c'est-à-dire frais, conviennent à l'estomac. Le vieux fromage resserre le ventre, diminue l'embonpoint, et vaut encore mieux pour l'estomac. En général, les salaisons diminuent l'embonpoint, et les aliments doux l'augmentent. Le fromage récent, avec du miel, efface les meurtrissures. Le fromage mou resserre le ventre. En pastilles que l'on fait bouillir dans du vin astringent, puis griller sur un plat avec du miel, il apaise les tranchées. Le fromage appelé sapron (avancé), broyé dans du vin avec du sel et des sorbes sèches, et pris à l'intérieur, guérit le flux céliaque. Le fromage de chèvre, broyé et appliqué, guérit le charbon des parties génitales : même effet quand il est aigre, appliqué avec de l'oxymel. Dans le bain, on le fait alterner avec l'huile, en friction, pour enlever les taches du corps.

XXXV. Du lait aussi provient le beurre, mets exquis pour les nations barbares, et dont chez elles l'usage distingue les riches du peuple. Il se fait surtout de lait de vache ; d'où le nom qu'il porte (βούτυρον, fromage de vache). Le plus gras est celui de brebis. On en fait aussi avec le lait de chèvre. En hiver on chauffe le lait, en été on se borne à l'agiter beaucoup en de longs vases qui ne reçoivent l'air que par un petit trou pratiqué au-dessous de leur orifice lui-même, bien bouché. On ajoute un peu d'eau pour le faire aigrir. La partie la plus caillée surnage ; on l'ôte en mettant du sel, c'est ce qu'on nomme oxygala ; on fait cuire le reste en des pots : là ce qui surnage est le beurre, qui est de nature huileuse. Plus l'odeur est forte, plus on en fait cas. Vieux, il entre dans plusieurs compositions. Il est, de sa nature, astringent, adoucissant, incarnant, purgatif.

XXXVI. On prépare encore l'oxygala d'une autre manière, en mêlant du lait aigre avec le lait récent qu'on veut faire aigrir ; ainsi préparé il est très-bon pour l'estomac : nous en dirons les propriétés en lieu et place (14).

XXXVII. Parmi les remèdes communs, le plus estimé ensuite est la graisse, surtout la graisse de porc, dont les anciens faisaient même un usage religieux. Aujourd'hui encore les nouvelles mariées en entrant dans la demeure conjugale ont pour habitude de mettre, avec le doigt, de cette graisse aux poteaux de la porte. On la fait rancir de deux manières, ou avec du sel ou sans sel ; plus elle est vieille, mieux elle vaut. On l'appelle axonge (15), mot que les Grecs ont commencé à introduire dans leurs livres. La cause des propriétés de la graisse de porc n'est rien moins qu'occulte, puisque cet animal se nourrit de la racine des plantes ; aussi son fumier même sert-il à une infinité d'usages. Pour cette raison, nous ne parlons ici que du porc nourri en plein champ, dont la femelle, surtout celle qui n'a point porté, donne

---

capitis doloribus, hepaticis, splenicis, nervorum vitio, febres habentibus, vertigini, præterquam purgationis gratia, gravedini, tussientibus, lippis. Suillum utilissimum tenesmo, dysenteriæ, nec non phthisicis. Hoc et mulieribus saluberrimum qui dicerent, fuerunt.

XXXIV. De generibus caseorum diximus, quum de uberibus singulisque animalium membris diceremus. Sextius eosdem effectus equino, quos bubulo, tradit. Hunc vocant hippacen. Stomacho utiles, qui non sint salsi, id est, recentes. Veteres alvum sistunt, corpusque minuunt, stomacho utiliores : et in totum salsa minuunt corpus, alunt mollia. Caseus recens cum melle, sugillata emendat, mollis alvum sistit. Sedat tormina pastillis in vino austero decoctis, rursusque in patina tostis cum melle. Sapron vocant, qui cum sale et sorbis siccis e vino tritus potusque medetur cœliacis. Genitalium carbunculis caprinus tritus et impositus : item acidus cum oxymelite. Maculis in balineo illitus oleo interlinitur.

XXXV. E lacte fit et butyrum, barbararum gentium lautissimus cibus, et qui divites a plebe discernat. Plurimum e bubulo, et inde nomen : pinguissimum ex ovibus. Fit et ex caprino, sed hieme, calefacto lacte : æstate, expresso tantum crebro jactatu in longis vasis, angusto foramine spiritum accipientibus sub ipso ore, alias præligato. Additur paululum aquæ, ut acescat. Quod est maxime coactum, in summo fluitat : id exemtum addito sale, oxygala appellant. Reliquum decoquunt in ollis. Ibi quod supernatat, butyrum est, oleosum natura. Quo magis virus resipit, hoc præstantius judicatur. Pluribus compositionibus miscetur inveteratum. Natura ejus adstringere, mollire, replere, purgare.

XXXVI. Oxygala fit et alio modo, acido lacte addito in recens quod velis inacescere, utilissimum stomacho. Effectus dicemus suis locis.

XXXVII. Proxima in communibus adipi laus est, sed maxime suillo, apud antiquos etiam religiosius. Certe novæ nuptæ intrantes, etiamnum solenne habent postes eo attingere. Inveteratur duobus modis, aut cum sale, aut sincerus : tanto utilior, quanto sit vetustior. Axungiam Græci etiam appellavere jam in voluminibus suis. Neque est occulta virium causa, quoniam id animal herbarum radicibus vescitur. Itaque etiam fimo innumeri usus. Quamobrem non de alia loquimur sue, multo efficaciore femina, et quæ non peperit. Multo vero præstantior in apris est. Usus igi-

le lard le plus utile. Toutefois, celui du sanglier l'est encore davantage. On emploie l'axonge pour amollir, échauffer, résoudre, déterger. Quelques médecins la recommandent pour la goutte avec de la graisse d'oie, du suif de taureau et du suint; si la douleur persiste, avec de la cire, du myrte, de la résine et de la poix. L'axonge préparée sans sel guérit les brûlures, même celles que produit la neige; avec de la cendre d'orge et de la noix de galle en quantités égales, les engelures. Elle est bonne pour les écorchures, ainsi que pour dissiper les fatigues et les courbatures causées par de longues marches. Pour les toux invétérées on fait cuire de la graisse fraîche, à la dose de trois onces, dans trois cyathes de vin, avec du miel. La vieille graisse même, quand elle s'est rancie sans sel, prise en pilules, guérit la phthisie; car, en général, on n'emploie la graisse salée que dans les cas où il faut déterger, et lorsqu'il n'y a point d'ulcération. Quelques-uns font cuire pour la phthisie trois onces d'axonge et de vin miellé dans trois cyathes de vin; et, attachant des compresses trempées dans ce mélange aux flancs, à la poitrine et aux épaules de ceux qui ressentent les atteintes de cette maladie, ils leur font prendre, tous les quatre jours, de la poix liquide dans un œuf; et telle est la force de cette graisse, qu'appliquée même au genou elle revient à la bouche, et que les malades croient la cracher. Les femmes se servent très-avantageusement, comme cosmétique, de la graisse d'une truie qui n'a pas porté. Toute espèce de graisse est bonne contre la gale: on y mêle un tiers de suif avec de la poix, et on fait chauffer le tout ensemble. L'axonge non salée, employée en pessaire, arrête les avortements imminents. Avec de la céruse ou de l'écume d'argent (litharge), elle donne aux cicatrices la couleur du reste de la peau. Avec du soufre, elle guérit les ongles rugueux. Elle empêche les cheveux de 5 tomber. Avec un quart de noix de galle, elle cicatrise les ulcères de la tête des femmes. Fumée elle empêche les cils de tomber. On la donne aux phthisiques par once, bouillie avec une hémine de vin vieux, jusqu'à ce que le tout soit réduit à trois onces; quelques-uns y ajoutent un peu de miel. Avec de la chaux on en fait un topique pour les tumeurs, les furoncles, l'endurcissement des mamelles. Elle guérit les ruptures, les convulsions, les luxations; avec l'ellébore blanc, les clous, les crevasses, les callosités; avec la poudre d'un pot qui a contenu des salaisons, les parotides ainsi que les scrophules. En friction, dans le bain, elle fait disparaître les démangeaisons et les papules. On l'emploie encore pour la goutte, d'une autre façon: mêlez avec de la graisse de la vieille huile, et ajoutez de la pierre sarcophage (XXXVI, 27) en poudre, et de la quintefeuille pilée dans du vin, ou avec de la chaux, ou avec de la cendre. On en fait encore un emplâtre particulier, très-bon contre l'inflammation des ulcères: on mêle avec soixante-quinze deniers de graisse en poids cent deniers d'écume d'argent. On regarde comme utile d'appliquer sur les ulcères de la graisse de verrat, et si l'ulcère est serpigineux, d'y ajouter de la résine. Les anciens employaient surtout l'axonge à graisser les essieux pour faire tourner plus aisément les roues: c'est de là que vient le nom d'axonge (axis, *essieu*; ungere, *oindre*). Dans cet emploi, où elle se mêle à la rouille des roues, elle devient un remède pour les affections du siège et des parties viriles. Les anciens médecins estimaient surtout la graisse tirée des reins; ils en ôtaient les veines, la lavaient plusieurs fois dans de l'eau de pluie, la faisaient cuire à diverses reprises dans un vase de terre neuf, et alors la mettaient en réserve. Il est certain que salée elle est plus émolliente, échauffante, résolutive, et qu'elle est encore plus utile ayant été lavée dans le vin. Masurius rapporte que les anciens donnaient la palme à la graisse de loup, et que pour cette raison les nouvelles mariées étaient dans l'usage d'en frotter les poteaux des portes pour détourner les maléfices.

XXXVIII. Le suif est chez les ruminants ce que la graisse est chez le porc. On l'emploie à d'autres usages, mais il n'a pas moins d'efficacité. Pour préparer toute espèce de suif on ôte les veines, on le lave dans de l'eau de mer ou de l'eau salée ; on le pile dans un mortier en y versant de l'eau de mer, puis on le fait cuire à diverses reprises jusqu'à ce qu'il n'ait plus aucune odeur, et enfin on le fait blanchir en l'exposant continuellement au soleil. Le plus estimé est celui des reins. Si on veut employer du vieux suif en médicament, on recommande de le faire fondre d'abord, puis de le laver à plusieurs reprises avec de l'eau froide, de le faire fondre de nouveau en y versant un vin qui ait beaucoup de parfum, et de le faire cuire et recuire de cette façon jusqu'à ce que toute mauvaise odeur disparaisse. Plusieurs prescrivent en particulier de traiter de la même manière la graisse des taureaux, des lions, des panthères et des chameaux ; nous en dirons les usages en lieu et place.

XXXIX. Les moelles rentrent encore dans la même catégorie. Toutes sont émollientes, incarnantes, siccatives, échauffantes. La plus estimée est celle de cerf, puis celle de veau, puis celle de bouc et de chèvre. On les prépare avant l'automne, en les lavant fraîches et en les faisant sécher à l'ombre. On les fond et on les passe au tamis ; on les exprime avec des linges, et on les met en réserve dans des pots de terre, en des endroits frais.

XL. Entre tous les remèdes communs fournis par les animaux, on peut dire que le fiel est au rang des plus efficaces. Par sa vertu, il échauffe, il mord, il divise, il attire, il résout. On regarde comme plus pénétrant celui des petits animaux ; aussi le préfère-t-on pour les compositions ophthalmiques. Le fiel de taureau est le plus puissant ; on l'emploie même comme mordant pour dorer le bronze et les cuirs. Tout fiel se prépare de la façon suivante : On le prend frais ; on lie avec un gros fil l'orifice de la poche ; on le met tremper pendant une demi-heure dans l'eau bouillante, puis on le fait sécher à l'ombre, et on le garde dans le miel. On rejette le fiel du cheval ; il est rangé parmi les poisons. C'est pour cela qu'il n'est pas permis au flamine des sacrifices de toucher un cheval ; et cependant on immole un cheval à Rome dans les cérémonies publiques.

XLI. Bien plus, le sang de cheval est corrosif ; de même le sang des cavales, excepté des cavales vierges, ronge le bord des ulcères et les élargit. Le sang de taureau, frais, est réputé un poison, excepté à Ægira (IV, 6, 1) ; car dans ce lieu la prêtresse de la Terre, lorsqu'elle va rendre quelque oracle, boit du sang de taureau avant de descendre dans la caverne. Telle est la force de la sympathie souvent signalée, qu'elle est quelquefois produite par la religion, ou par la nature du lieu. On rapporte que Drusus (XXXIII, 6, 4), tribun du peuple, but du sang de chèvre, voulant par sa pâleur accuser Q. Cæpion, son ennemi, de lui avoir donné du poison, et exciter la haine contre lui. Le sang de bouc a tant de force, qu'il n'y a point de meilleure trempe pour le fer, qui se polit

---

cælesti fricabant crebro, decoquebantque fictili novo sæpius, tum demum asservantes. Convenit salsam magis emollire, excalfacere, discutere, utilioremque esse vino lotam. Masurius palmam lupino adipi dedisse antiquos tradit. Ideo novas nuptas, illo perungere postes solitas, ne quid mali medicamenti inferretur.

XXXVIII. Quæ ratio adipis, eadem in his quæ ruminant sevi est, aliis modis, non minoris potentiæ. Perficitur omne exemptis venis aqua marina vel salsa lotum, mox in pila tusum, aspersa marina. Crebro postea coquitur, donec odor omnis aboleatur. Mox assiduo sole ad candorem reducitur. A renibus autem laudatissimum est. Si vero vetus revocetur ad curam, liquefieri prius jubent : mox frigida aqua lavari sæpius, dein liquefacere affuso vino quam odoratissimo ; eodemque modo iterum ac sæpius coquunt, donec virus evanescat. Multi privatim sic taurorum, leonumque, ac pantherarum, et camelorum pinguia curari jubent. Usus dicetur suis locis.

XXXIX. Communis et ratio medullarum est. Omnes molliunt, explent, siccant, excalfaciunt. Laudatissima cervina, mox vitulina, dein hircina, et caprina. Curantur ante autumnum recentes lotæ, siccatæque in umbra : per cribrum dein liquatæ, per lintea exprimuntur, ac reponuntur in fictili, locis frigidis.

XL. Inter omnia autem communia animalium vel præstantissimi effectus fel est. Vis ejus excalfacere, mordere, scindere, extrahere, discutere. Minorum animalium subtilius intelligitur, et ideo ad oculorum medicamenta utilius existimatur. Taurino præcipua potentia, etiam in ære pellibusque colore aureo ducendis. Omne autem curatur recens præligato ore lino crasso, demissum in ferventem aquam semihora, mox siccatum sine sole, atque in melle conditum. Damnatur equinum, tantum inter venena : ideo Flamini sacrorum equum tangere non licet, quum Romæ publicis sacris equus etiam immoletur.

XLI. Quin et sanguis eorum septicam vim habet. Item equarum, præterquam virginum, erodit, emarginat ulcera. Taurinus quidem recens inter venena est, excepta Ægira. Ibi enim sacerdos Terræ vaticinatura, tauri sanguinem bibit, priusquam in specum descendat. Tantum potest sympathia illa, quum siccatum aut aliquando religione, aut loco fiat. Drusum tribunum plebei traditur caprinum bibisse, quum pallore et invidia veneni sibi dati insimulare Q. Cæpionem inimicum vellet. Hircorum san-

mieux avec la rouille produite par ce sang, qu'avec la lime. Le sang des animaux ne pouvant être regardé comme un remède général, il faut parler séparément des propriétés de chaque espèce.

XLII. Nous allons donc exposer les remèdes, maladie par maladie : c'est contre les serpents qu'il y en a le plus. Personne n'ignore que les cerfs sont destructeurs de ces reptiles (VIII, 50, 7), et qu'ils les tirent de leurs trous pour les manger. Ce n'est pas seulement le cerf entier et vivant qui est funeste aux serpents ; ses membres, séparément, ont la même vertu. La fumée du bois brûlé les met en fuite, comme nous avons dit (VIII, 50) ; mais on prétend que les os du haut du gosier, brûlés, les rassemblent. L'on dort en sûreté sur des peaux de cerf, sans craindre l'approche de ces reptiles. La présure de cerf, prise dans du vinaigre, est un antidote contre la blessure faite par les serpents ; et si on en a seulement touché, on est à l'abri pour ce jour-là de leur attaque. Les testicules séchés, ou l'organe mâle, sont salutaires, donnés dans du vin ; de même l'estomac, nommé centipellio (le bonnet). Il suffit d'avoir sur soi une dent de cerf, ou d'avoir été frotté de la moelle ou du suif de cerf ou de faon, pour mettre en fuite les serpents. On préfère aux plus grands remèdes la caillette d'un faon tiré de l'utérus de sa mère, comme nous l'avons dit (VIII, 50). Du sang de cerf, si l'on brûle en même temps du dracontion (XXIV, 91), du cunilago (XX, 63), de l'anchuse, à un feu de bois de lentisque, rassemble, dit-on, les serpents, qui se dispersent si, ôtant le sang, on ajoute du pyrèthre. Je trouve dans les auteurs grecs un animal plus petit que le cerf, lui ressemblant par le pelage, qui se nommerait ophion (XXX, 52), et ne se verrait qu'en Sardaigne : je pense qu'il n'existe plus, aussi ne dirai-je rien des remèdes qu'on en tirait. (X.) Contre les serpents on vante la cervelle de sanglier avec le sang, ainsi que le foie desséché et pris avec de la rue dans du vin, ou la graisse avec du miel et de la résine. Même propriété du foie de verrat, mais seulement du lobe de la vésicule, à la dose de quatre deniers, et de la cervelle avalée dans du vin. On dit que la corne de chèvre ou le poil brûlés mettent en fuite les serpents ; que la cendre de cette corne, à l'intérieur ou à l'extérieur, est souveraine contre les morsures de ces reptiles ; que le lait de chèvre pris avec l'uva taminia (XXIII, 13 et 14), ou l'urine du même animal avec le vinaigre scillitique, ont la même propriété, ainsi que le fromage de chèvre appliqué avec de l'origan, ou le suif avec de la cire. On indique encore, comme on le verra, mille remèdes tirés de cet animal, ce qui m'étonne ; car on prétend qu'il n'est jamais sans fièvre (VIII, 76). Les animaux sauvages du même genre, qui est très-nombreux, comme nous l'avons dit (VIII, 79), sont encore plus efficaces. Les boucs ont des propriétés particulières. Démocrite en attribue encore davantage au bouc dont la mère n'a porté que lui. On recommande d'appliquer sur les morsures des serpents la fiente de chèvre bouillie dans du vinaigre, et la cendre de cette fiente fraîche dans du vin. En général, les personnes qui se rétablissent difficilement, après avoir été mordues par les serpents, se refont très-bien dans les étables à chèvres. Ceux qui veulent un remède plus efficace attachent sur-le-champ à la plaie les intestins d'une chèvre tuée exprès, avec les excréments qui s'y trouvent. D'autres font brûler de la chair fraîche de chevreau avec le poil, et par cette fumigation chassent les serpents. On emploie encore pour les morsures de serpent, et aussi pour le scorpion et la musaraigne, la peau récente de chevreau, ainsi que la chair et la fiente d'un cheval nourri dans les champs, ou la présure de lièvre dans du vinaigre. On dit que les personnes frottées avec la présure de lièvre sont à l'abri de toutes les piqûres venimeuses. La crotte de chèvre, bouillie avec du vinaigre, est un remède excellent pour les piqûres des scorpions ; le lard et le bouillon de porc, pour ceux qui ont avalé un bupreste. Bien plus, si une personne dit à un âne, à l'oreille, qu'elle a été piquée par un scorpion, le mal passe, dit-on, aussitôt à l'âne. Toutes les bêtes venimeuses sont d'ailleurs mises en fuite par la fumée du poumon de cet animal. Il est avantageux de faire faire aux individus piqués par un scorpion des fumigations avec la fiente de veau.

XLIII. Quelques-uns coupent jusqu'au vif autour des blessures faites par un chien enragé ; puis ils y appliquent de la chair de veau, et donnent à l'intérieur ou du bouillon de veau ou de l'axonge broyée avec de la chaux. On affirme que l'application d'un foie de bouc garantit de toute atteinte de l'hydrophobie. On recommande encore la crotte de chèvre appliquée avec du vin, les excréments de blaireau, de coucou et d'hirondelle, bouillis, et pris en boisson. Pour les autres morsures des bêtes, on applique du fromage de chèvre sec avec de l'origan, et on en administre à l'intérieur ; pour les morsures faites par l'homme, de la chair de bœuf cuite, celle de veau est plus efficace, pourvu qu'on ne l'ôte pas avant le cinquième jour.

XLIV. On dit qu'un mufle de loup séché protège contre les maléfices ; et pour cette raison on en attache à la porte des maisons de la campagne. La peau du cou tout entier passe pour avoir la même vertu ; car l'influence de l'animal est si puissante, que, sans compter ce que nous en avons dit (VIII, 34), il suffit que les chevaux mettent le pied sur ses traces, pour être frappés de torpeur (XXVIII, 81).

XLV. Quand on a avalé du vif-argent, le lard est le remède. Le lait d'ânesse, à l'intérieur, amortit les poisons, et en particulier la jusquiame, le gui, la ciguë, le lièvre marin, l'opocarpathum (16), le pharicon (17), le dorycnion (XXVIII, 21), et l'effet du lait caillé dans l'estomac ; car le lait qui vient à se cailler dans cet organe est aussi un poison (XX, 53). Nous indiquerons plusieurs autres usages du lait d'ânesse : seulement on se souviendra qu'il doit être pris fraîchement trait ou chauffé peu de temps après, car aucun ne s'évente plus tôt. Les os de l'âne, concassés et bouillis, se donnent contre le poison du lièvre marin. Les ânes sauvages ont les mêmes propriétés, mais plus actives. Les Grecs n'ont point parlé du cheval sauvage (VIII, 16), parce qu'il n'y en avait point dans leur pays : néanmoins on doit penser qu'il a les mêmes propriétés, mais plus fortes, que le cheval. Le lait de cavale triomphe du venin du lièvre marin et des poisons des flèches. Les Grecs n'ont point expérimenté les propriétés des urus ou bisons, qui remplissent les forêts de l'Inde ; on doit croire que chez cet animal tout est proportionnément plus fort. On dit que le lait de vache est le remède de tous les poisons, et surtout des poisons indiqués plus haut ; que si on a pris de l'ephemerum (colchique) ou des cantharides, il les fait revomir, et que le bouillon de chèvre neutralise de même les cantharides. Contre les poisons qui

recente ad plagas, carne et fimo equi in agro pasti, coagulo leporis ex aceto, contraque scorpionem et murem araneum. Aiunt autem non feriri leporis coagulo perunctos. A scorpione percussis, fimum capræ efficacius cum aceto decoctum auxiliatur : lardum jusque decocti potum his, qui buprestin hauserint. Quinetiam si quis asino in aurem percussum a scorpione se dicat, transire malum protinus tradunt, venenataque omnia accenso ejus pulmone fugere. Et fimo vituli suffiri percussos a scorpione prodest.

XLIII. Canis rabiosi morsu facta vulnera circumcidunt ad vivas usque partes quidam, carnemque vituli admovent, et jus ex eodem carnis decoctæ dant potui, aut axungiam cum calce tusam. Hirci jecore imposito, ne tentari quidem aquæ metu affirmant. Laudant et capræ fimum ex vino illitum : melis, et cuculi, et hirundinis decoctum et potum. Ad reliquos bestiarum morsus caprinum caseum siccum cum origano imponunt, et bibi jubent : ad hominis morsus carnem bubulam coctam, efficacius vituli, si non ante quintum diem solvant.

XLIV. Veneficiis rostrum lupi resistere inveteratum aiunt, ob idque villarum portis præligunt. Hoc idem præstare et pellis e cervice solida existimatur : quippe tanta vis est animalis, præter ea quæ retulimus, ut vestigia ejus calcata equis afferant torporem.

XLV. Iis qui argentum vivum biberint, lardum remedio est. Asinino lacte poto venena restinguuntur, peculiariter si hyoscyamum potum sit, aut viscum, aut cicuta, aut lepus marinus, aut opocarpathum, aut pharicon, aut dorycnium, et si coagulum alicui nocuerit : nam id quoque venenum est prima lactis coagulatione. Multos ejus et alios usus dicemus. Sed meminisse oportebit recenti mulctum, aut non multo postea tepefacto. Nullum enim celerius evanescit. Ossa quoque asini confracta et decocta, contra leporis marini venenum dantur. Omnia eadem onagris efficaciora. De equiferis non scripserunt Græci, quoniam terræ illæ non gignebant. Verumtamen fortiora omnia eadem, quam in equis intelligi debent. Lacte equino venena leporis marini, et toxica expugnantur. Nec uros aut bisontes habuerunt Græci in experimentis, quanquam bove fero refertis Indiæ silvis : portione tamen eadem efficaciora omnia ex his credi par est. Sic quoque lacte bubulo cuncta venena expugnari tradunt, maxime supra dicta : et si ephemerum impactum sit : aut si cantharides datæ, vomitioue omnia egeri : sic et caprino jure cantha-

tuent par ulcération on a recours au suif de veau ou de bœuf. Quand on a avalé des sangsues le beurre est le remède, avec du vinaigre que l'on a chauffé à l'aide d'un ferrement. Il est, même seul, utile contre les poisons; car si on n'a pas d'huile il en tient lieu. Avec du miel il guérit les morsures des mille-pieds. Le bouillon de tripes pris à l'intérieur passe pour triompher des poisons susdits, et en particulier de l'aconit et de la ciguë: la même propriété est attribuée au suif de veau. Le fromage de chèvre frais se donne à ceux qui ont bu du gui. Le lait de chèvre est un remède contre les cantharides, et, avec l'uva taminia (XXIII, 13 et 14), contre un breuvage d'ephemerum (colchique). Le sang de chèvre, cuit avec la moelle, se prend contre le venin des flèches; le sang de chevreau, contre les autres poisons; la présure de chevreau, contre la glu provenant du chamæléon blanc (XXII, 21) et contre le sang de taureau, contre lequel on a aussi la présure de lièvre dans du vinaigre. La présure de lièvre, ou de chevreau ou d'agneau, à la dose d'une drachme dans du vin, est bonne contre la pastenague et contre la piqûre ou la morsure de tous les animaux marins. On incorpore aussi la présure de lièvre dans les antidotes. Le papillon que la lumière des lampes attire est compté parmi les substances malfaisantes; on lui oppose le foie de chèvre. Le fiel de la chèvre est un préservatif contre les maléfices faits avec la belette des champs (XXIX, 16). (XI.) Maintenant revenons à l'exposition des maladies par espèces.

XLVI. La graisse d'ours, avec addition de ladanum et d'adiantum (XXII, 30), empêche les cheveux de tomber, et guérit l'alopécie et la chute des sourcils, avec les champignons des lampes et la suie qui se trouve à leur bec. Avec le vin elle est bonne pour le porrigo, maladie que guérit aussi la cendre de corne de cerf dans du vin. Cette substance empêche la vermine de se mettre dans les cheveux. Pour le porrigo on emploie encore le fiel de chèvre, avec de la terre cimoliée et du vinaigre; on laisse un peu sécher cette préparation sur la tête. Le fiel de truie avec l'urine de taureau a la même propriété; s'il est vieux, il guérit de plus, avec addition de soufre, les éruptions furfuracées. La cendre des parties génitales d'un âne rend, dit-on, les cheveux plus épais, et les empêche de blanchir; il faut l'appliquer, broyée avec du plomb et de l'huile, sur la tête rasée. Les parties génitales d'un ânon, avec l'urine, ont la même vertu; on y ajoute du nard pour rendre cette préparation moins dégoûtante. On traite l'alopécie par le fiel de taureau, chauffé avec de l'alun d'Égypte. On guérit très-bien les ulcères humides de la tête avec l'urine de taureau, et aussi avec de la vieille urine d'homme, pourvu qu'on y ajoute du cyclaminos (XXV, 67) et du soufre. Mais le fiel de veau est encore plus efficace. Cette substance, chauffée avec du vinaigre, détruit aussi les lentes. Le suif de veau pilé avec du sel est très-bon pour les ulcères de la tête; on vante aussi la graisse de renard, mais particulièrement les excréments de chat appliqués avec une quantité égale de moutarde. La poudre ou la cendre de corne de chèvre, et surtout de bouc, avec addition de nitre, de graine de tamarix, de beurre et d'huile, empêche merveilleusement les cheveux de tomber; il faut préalablement raser la tête. La cendre de chair de chèvre, appliquée avec de l'huile, rend les sourcils noirs. Le lait de chèvre enlève, dit-on, les lentes; la fiente avec du miel guérit l'alopécie. La cendre de la corne des pattes avec de la

---

ridas. Contra ea vero quæ exhulceratione enecant, sebum vitulinum vel bubulum auxiliatur. Nam contra sanguisugas potas butyrum remedio est, cum aceto ferro calefacto: quod et per se prodest contra venena. Nam si oleum non sit, vicem ejus repræsentat. Multipedæ morsus cum melle sanat. Omasi quoque jure poto venena supra dicta expugnari putant, privatim vero aconita et cicutas: itemque vitulino sebo. Caprinus caseus recens, his qui viscum biberint: lac vero contra cantharidas remedio est, et contra ephemeri potum cum taminia uva. Sanguis caprinus decoctus cum medulla contra toxica venena sumitur: hœdinus contra reliqua. Coagulum hœdi contra viscum, et chamæleonem album, sanguinemque taurinum, contra quem et leporis coagulum est ex aceto. Contra pastinacam vero et omnium marinorum ictus vel morsus, coagulum leporis, vel hœdi, vel agni, drachmæ pondere ex vino. Leporis coagulum et contra venena additur antidotis. Papilio quoque lucernarum luminibus advolans, inter mala medicamenta numeratur. Huic contrarium est jecur caprinum: sicut fel veneficiis ex mustela rustica factis. (XI.) Hinc deinde revertemur ad genera morborum.

XLVI. Capilli defluvia ursinus adeps admixto ladano et adianto continet, alopeciasque emendat, et raritatem superciliorum, cum fungis lucernarum, ac fuligine, quæ est in rostris earum. Porrigini cum vino prodest. Ad hanc et cornus cervini cinis e vino, utque non tædia animalium capillis increscant. Item fel caprinum cum creta Cimolia et aceto, sic ut paulum capiti inarescat. Item fel scrofinum cum urina tauri. Si vero vetus sit, etiam furfures adjecto sulphure emendat. Cinere genitalis asinini, spissari capillum putant, et a canitie vindicari, si rasis illinatur, plumboque tritus cum oleo. Densari et asinini pulli cum urina: adminiscentque nardum fastidii gratia. Alopecias felle taurino cum Ægyptio alumine tepefactis illinunt. Capitis ulcera manantia urina tauri efficaciter sanat: item hominis vetus, si cyclaminum adjiciatur et sulphur. Efficacius tamen et vitulinum fel: quo cum aceto calefacto et lendes tolluntur. Sevum vitulinum cum sale tritum, capitis hulceribus utilissimum. Laudatur et vulpium adeps: sed præcipue felis fimum cum sinapis pari modo illitum. Caprini cornus farina vel cinis, magisque hircini, addito nitro et tamaricis semine, et butyro oleoque, prius capite raso, mire continet ita fluentem capillum. Sicuti carnis cinere ex oleo illito supercilia nigrescunt. Lacte caprino lendes tolli tradunt: fimo cum melle alopecias expleri: item ungularum cinere cum pice, fluentem capillum continet. Le-

poix empêche les cheveux de tomber. On calme la douleur de tête avec la cendre de lièvre et de l'huile de myrte; on la guérit aussi en buvant l'eau qui reste de la boisson d'un bœuf ou d'un âne, et, si nous y ajoutons foi, en portant en amulette les parties génitales d'un renard mâle. La cendre de corne de cerf appliquée avec du vinaigre, ou de l'huile rosat, ou de l'huile d'iris, a le même effet.

1 XLVII. Pour les fluxions des yeux on emploie en topique le suif de bœuf cuit avec de l'huile. La cendre de corne de cerf s'emploie de la même façon pour les granulations des yeux; on regarde comme plus efficaces les pointes mêmes du bois. Il est avantageux dans la cataracte de faire des frictions avec les excréments du loup. La cendre de ces mêmes excréments avec du miel attique est bonne en onctions pour la vue trouble; il en est de même du fiel d'ours. La graisse de sanglier avec de l'huile rosat est bonne pour les épinyctides. La cendre de corne d'âne appliquée avec du lait d'ânesse enlève les taies 2 et taches des yeux. La moelle de bœuf prise à la jambe droite de devant, et pilée avec de la suie, est bonne aux affections causées par les cils, aux maux des paupières et des angles de l'œil. Pour cet usage on en fait avec la suie une espèce de calliblépharon (fard des paupières). La meilleure suie se fait avec une mèche de papyrus et de l'huile de sésame; on fait tomber cette suie dans un vase neuf, avec une plume. Elle est très-efficace pour empêcher de repousser les cils qu'on a arrachés. On fait des collyres avec le fiel de bœuf et un blanc d'œuf; on délaye cette préparation dans de l'eau, et on s'en frotte pendant quatre jours.
3 Le suif de veau avec la graisse d'oie et le suc d'ocimum (basilic?) est excellent pour les affections des paupières. La moelle de veau avec un poids

égal de cire et d'huile, ou d'huile rosat et addition d'un œuf, forme un topique pour les granulations des paupières. Le fromage de chèvre mou appliqué avec de l'eau chaude calme les fluxions des yeux; s'il y a gonflement on l'applique avec du miel : dans les deux cas il faut fomenter l'œil avec du sérum chaud. Dans les ophthalmies sèches on emploie en topique des rognons de porc brûlés et pilés. On prétend que les chèvres n'ont jamais d'ophthalmies, parce qu'elles mangent certaines herbes. Il en est de même des chevreuils; aussi recommande-t-on d'avaler, à la nouvelle lune, la fiente de ces animaux, enveloppée dans de la cire; et comme ils voient aussi bien la nuit que le jour, on pense que le sang de bouc guérit cette affection de la vue appelée par les Grecs nyctalopie. On attribue la même vertu au foie de chèvre cuit dans du vin astringent. Quelques-uns 4 frottent les yeux avec le suc qui s'écoule d'un foie de chèvre rôti, ou avec le fiel du même animal, et préservent de se nourrir de cette viande, et d'exposer, pendant qu'elle cuit, les yeux malades à la vapeur qui en sort: d'après eux, il importe aussi que le foie soit de couleur rousse. On recommande encore d'exposer les yeux à la vapeur d'un foie bouilli dans un pot de terre, ou, suivant d'autres, rôti. Le fiel de chèvre s'emploie à plusieurs usages : avec le miel, contre les brouillards de la vue; avec un tiers d'ellébore blanc, contre la cataracte; avec du vin, contre les taies, l'albugo, les brouillards, le ptérygion, l'argema; avec le suc de chou, pour les paupières : on arrache d'abord les cils, et on laisse la préparation sécher sur la partie; avec du lait de femme, contre les éraillements des yeux: pour toutes ces affections on regarde comme plus efficace le fiel vieux. On ne rejette pas non plus la fiente appli- 5 quée avec du miel pour les fluxions des yeux;

---

porinus cinis cum oleo myrteo capitis dolorem sedat : item aqua pota, quae e bovis aut asini potu relicta est : et, si credimus, vulpis masculae genitale circumligatum : cornus cervini cinis illitus ex aceto aut rosaceo, aut ex irino.

1 XLVII. Oculorum epiphoras bubulo sevo cum oleo cocto illinunt. Cervini cornus cinere scabritias eorumdem inungunt : mucrones autem ipsos efficaciores putant. Lupi excrementis circumlini suffusiones prodest. Cinere eorum cum Attico melle inungi obscuritates : item felle ursino. Epinyctidas, adipe aprugno cum rosaceo. Ungulae asininae cinis inunctus e suo lacte, cicatrices oculorum, et albu-
2 gines tollit. Medulla bubula ex dextro crure priore trita cum fuligine, pilis et palpebrarum vitiis angulorumque occurrit : calliblephari modo fuligo in hoc usu temperatur : optime ellychnio papyraceo, oleoque sesamino, fuligine in novum vas pennis detersa. Efficacissime tamen evulsos ibi pilos coercet. Felle tauri cum ovi albo, collyria fiunt :
3 aquaque dissoluta inungunt per quatriduum. Sevum vituli cum anseris adipe et ocimi succo, genarum vitiis aptissimum est. Ejusdem medullae cum pari pondere cerae et olei vel rosacei, addito ovo, durities genarum illinuntur.

Caseo molli caprino imposito ex aqua calida epiphorae sedantur : si tumor sit, ex melle. Utrumque vero sero calido fovendum. Sicca lippitudo, lumbulis suum exustis atque contritis, et impositis, tollitur. Capras negant lippire, quoniam eae quasdam herbas edant : item dorcadas : et ob id fimum earum cera circumdatum nova luna devorare jubent. Et quoniam noctu aeque quoque cernant, sanguine hircino sanari luscicosos putant, nyctalopas a Graecis dictos : capras vero jocinera, in vino austero decocto. Quidam 4 inassati jocineris succo inungunt, aut felle caprae, carnesque eas vesci, et, dum coquantur, oculos vaporari his praecipiunt. Id quoque referre arbitrantur, ut rutili coloris fuerit. Volunt et oculos suffiri, jocinere in ollis decocto : quidam inassato. Fel quidem caprinum pluribus modis assumunt : cum melle, contra caligines : cum veratri candidi tertia parte, contra glaucomata : cum vino, contra cicatrices, et albugines, et caligines, et pterygia, et argema : ad palpebras vero evulso prius pilo, cum succo oleris, ita ut inucto inarescat. Contra ruptas tuniculas, cum lacte mulieris. Ad omnia inveteratum fel efficacius putant. Nec 5 abdicant fimum ex melle illitum, epiphoris : contraque do-

la moelle de chèvre ou le poumon de lièvre, pour les douleurs des yeux; le fiel de chèvre avec du vin cuit ou du miel, pour les brouillards de la vue. On recommande contre l'ophthalmie de frotter les yeux avec de la graisse de loup ou de la moelle de porc. On assure que ceux qui portent dans un bracelet une langue de renard sont à l'abri de l'ophthalmie.

1 XLVIII. La douleur et les affections de l'oreille sont guéries par l'urine de sanglier conservée dans un vase de verre; par le fiel de sanglier, ou de porc ou de bœuf, avec parties égales d'huile de ricin et d'huile rosat; mais surtout par le fiel de taureau chauffé avec du suc de poireau, ou avec du miel s'il y a suppuration : ce dernier, chauffé seul dans une écorce de grenade, est bon contre la mauvaise odeur des oreilles. Avec du lait de femme, il guérit très-bien les fractures des oreilles. Quelques-uns pensent qu'il faut se laver les oreilles avec cette substance quand l'ouïe devient dure; d'autres, après avoir lavé les oreilles avec de l'eau chaude, y font mettre un mélange de ce fiel, de vieille peau de serpent et de 2 vinaigre, le tout enveloppé dans de la laine. Si la surdité est considérable on instille dans les oreilles ce fiel chauffé avec la myrrhe et la rue dans une écorce de grenade, ou du lard très-gras, ou des excréments d'âne récents, avec de l'huile rosat: tout cela doit être chauffé. On préfère l'écume de cheval, ou la cendre d'excréments de cheval récents, avec de l'huile rosat; le suif de bœuf avec de la graisse d'oie; le beurre fais; l'urine de chèvre ou de taureau, ou de la vieille urine de foulon chauffée au point que la vapeur sorte par le col du bocal; on y mêle aussi un tiers de vinaigre, et un peu de l'urine d'un veau qui n'a point encore goûté d'herbe. On applique aussi aux oreilles, après les avoir échauffées, la bouse du veau mêlée avec son fiel, la peau que quittent les serpents : tous ces remèdes s'enveloppent dans de la laine. On emploie encore le suif de veau avec de la graisse d'oie et du suc d'ocimum (basilic?); de la moelle de veau, à laquelle on mêle du cumin broyé, et qu'on injecte; contre les douleurs d'oreilles on se sert du sperme de verrat, recueilli de la truie avant qu'il tombe à terre. La colle faite avec les parties génitales du veau, et dissoute dans l'eau, s'emploie pour les fractures de l'oreille. Dans les autres affections de cette partie on se sert de la graisse de renard, du fiel de chèvre, avec de l'huile rosat tiède ou du jus de poireau; et quand il y a quelque rupture, avec du lait de femme. On recommande le fiel de bœuf avec l'urine de chèvre ou de bouc, en cas de dureté de l'oreille ou de suppuration. Pour quoi que ce soit, on pense que ces substances sont plus efficaces lorsqu'elles ont été fumées vingt jours dans une corne de chèvre. On vante encore la présure de lièvre à la dose d'un tiers de denier, avec un demi-denier de sacopenum (XX, 75), dans du vin amminéen (XIV, 4, 2). La graisse d'ours, mêlée à poids égal avec de la cire et du suif de taureau, dissipe les parotides; quelques-uns emploient aussi l'hypocisthis (XXVI, 31) et le beurre appliqué seul, pourvu qu'on fomente préalablement la partie avec une décoction de fenugrec, ce qui est plus efficace avec le strychnos (XXI, 105). On se sert aussi des testicules de renard et du sang de taureau séché et broyé. L'urine de chèvre échauffée s'instille dans les oreilles. On applique encore les excréments de cet animal avec de l'axonge.

XLIX. La cendre de corne de cerf raffermit 1 les dents et calme les douleurs qu'elles causent, soit en friction, soit en collutoire; quelques-uns

---

lores, medullam, item pulmonem leporis : et ad caligines fel cum passo aut melle. Lupino quoque adipe, vel medulla suum, lricari oculos contra lippitudines præcipiunt. Nam vulpinam linguam habentes in armilla, lippituros negant.

1 XLVIII. Aurium dolori et vitiis medetur urina apri in vitro servata : fel apri vel suis, vel bubulum cum oleo cicino et rosaceo æquis portionibus. Præcipue vero taurinum, cum porri succo tepidum, vel cum melle, si suppuret. Contraque odorem gravem per se tepefactum in malicorio. In ea parte rupta cum lacte mulierum efficaciter sanat. Quidam etiam ingravatas aures sic perluendas putant. Alii cum senecta serpentium et aceto includunt lana collutas 2 ante calida aqua. Aut si major sit gravitas aurium, fel cum myrrha et ruta in malicorio excalfactum infundunt : lardum quoque pingue : item fimum asini recens cum rosaceo instillant : omniaque ea tepefacta. Utilior equi spuma, vel equini fimi recentis cinis cum rosaceo. Sevum bubulum cum adipe anserino, butyrum recens. Urina capræ, vel tauri, aut fullonia vetus calfacta, vapore per lagenæ collum subeunte. Admiscent et aceti tertiam partem : et aliquid urinæ vituli, qui nondum herbam gustaverit. Fimum etiam mixto felle ejusdem. Et cutem, quam relinquunt angues, excalfactis prius auribus. Lana autem, medica- 3 mina ea includuntur. Prodest et sevum vituli cum anseris adipe, et ocimi succo : ejusdem medulla admixto cumino trito infusa. Virus verrinum e scrofa exceptum priusquam terram attingat, contra dolores. Auribus fractis glutinum, e naturis vitulorum factum, et in aqua liquatum. Aliis vitiis adeps vulpinus. Item fel caprinum cum rosaceo tepido, aut porri succo : aut si sint rupta ibi aliqua, e lacte mulieris. Si gravitas sit audiendi, fel bubulum cum urina capræ, vel hirci, vel si pus sit. In quocumque autem usu putant hæc efficaciora in cornu caprino per dies viginti infumata. Laudant et coagulum leporis tertia denarii parte, dimidiaque sacopeni in amminco vino. Parotidas ursinus adeps comprimit pari pondere ceræ et taurini sevi. Addunt quidam hypocisthidem, et per se butyrum illitum, si prius foveatur fœni Græci decocti succo. Efficacius cum strychno. Prosunt et vulpium testes, et taurinus sanguis aridus tritus. Urina capræ calefacta, instillata auribus : fimumque ejusdem cum axungia illitum.

XLIX. Dentes mobiles confirmat cervini cornus cinis, 1 doloresque eorum mitigat, sive infricentur, sive colluantur. Quidam efficaciorem ad omnes eosdem usus crudi

regardent la poudre de corne non brûlée comme plus efficace pour les mêmes usages. On fait des dentifrices de ces deux façons. La cendre de la tête du loup est un grand remède; et il est certain qu'il se trouve presque toujours dans ses excréments des os qui en amulette ont la même efficacité. On instille dans l'oreille de la présure de lièvre contre la douleur de dent. La cendre de la tête du lièvre est un dentifrice; avec addition de nard, elle dissipe la mauvaise odeur de la bouche; quelques-uns aiment mieux y mêler de la cendre de tête de souris. On trouve latéralement dans le lièvre un os pointu comme une aiguille; on conseille, dans le mal de dents, de faire
2 des scarifications avec cet os. L'os de l'astragale du bœuf raffermit les dents ébranlées et douloureuses dont on l'approche allumé. La cendre de ce même os avec de la myrrhe est un dentifrice. Les os des pieds de cochon brûlés ont le même effet; de même ceux qui s'emboîtent dans la cavité cotyloïde. On sait qu'introduits dans le gosier des bêtes de somme ils guérissent les vers des dents, et que brûlés ils raffermissent les dents. Les dents ébranlées par un coup sont raffermies par le lait d'ânesse ou par la cendre des dents du même animal, ainsi que par la poudre des lichens du cheval, injectée dans l'oreille avec de l'huile. Par lichen j'entends non l'hippomane (VIII, 66), substance malfaisante que j'omets, mais des durillons qui se forment au genou du cheval et au-
3 dessus du sabot. De plus, dans le cœur du cheval (XI, 70) on trouve un os semblable aux plus grandes dents canines. On prétend qu'une dent malade dont on scarifie la gencive avec cet os ou avec une dent tirée de la mâchoire d'un cheval mort et de l'ordre de celle qui fait mal, cesse aussitôt d'être douloureuse. Anaxilaüs a écrit que

brûler dans des lampes la liqueur qui s'échappe des cavales après qu'elles ont été saillies fait paraître (18) les assistants monstrueusement affublés de têtes de cheval, et qu'il en est de même des ânesses. Quant à l'hippomane, il a une telle force pour les maléfices, que, jeté dans la fonte d'une figure d'airain qui doit représenter une jument d'Olympie, il excite le rut le plus furieux chez les étalons qui en approchent. Un autre remède pour 4 les dents est la colle de menuisier bouillie dans de l'eau, appliquée, et ôtée peu après; on lave aussitôt les dents avec du vin dans lequel ont bouilli des écorces de grenades douces. On regarde aussi comme un remède de se laver les dents avec du lait de chèvre ou du fiel de taureau. La cendre de l'os frais de l'astragale des chèvres, et, pour ne pas nous répéter, de tous les quadrupèdes nourris dans les fermes, forme un bon dentifrice.

L. (XII.) On croit que le lait d'ânesse efface 1 les rides du visage, rend la peau plus délicate, et en entretient la blancheur. On sait que certaines femmes s'en fomentent le visage sept cents fois par jour, observant scrupuleusement ce nombre. Poppée, femme de l'empereur Néron, mit le lait d'ânesse à la mode; elle s'en faisait même des bains, et pour cela elle avait des troupeaux d'ânesses qui la suivaient dans ses voyages (XI, 96). Les boutons que l'âcreté de la pituite produit sur le visage disparaissent frottés avec du beurre, et encore mieux si on y mêle de la céruse. Du beurre pur, et par-dessus de la farine d'orge, guérissent les affections serpigineuses de la face. On guérit les ulcères du visage en y appliquant, encore humide, la poche d'une vache qui vient de mettre bas. Ce qui suit paraîtra frivole; cependant il ne faut pas l'omettre, en faveur des femmes qui tiennent à leur teint : l'astragale d'un jeune

---

cornus farinam arbitrantur. Dentifricia utroque modo fiunt. Magnum remedium est in luporum capitis cinere: certumque est in excrementis eorum plerumque inveniri ossa. Hæc adalligata eumdem effectum habent. Item leporina coagula per aurem infusa contra dolores: et capitis eorum cinis dentifricium est, adjectoque nardo mulcet graveolentiam oris. Aliqui murinorum capitum cinerem miscuisse malunt. Reperitur in latere leporis acui os simile: hoc
2 scarificari dentes in dolore suadent. Talus bubulus accensus, eos qui labant cum dolore, admotus confirmat: ejusdem cinis cum myrrha, dentifricium est. Ossa quoque ex ungulis suum combusta, eumdem usum præbent: item ossa ex acetabulis peruarum, circa quæ coxendices vertuntur. Iisdem sanari, demissis in fauces jumentorum, verminationes notum est: sed et combustis dentes confirmari. Asinino quoque lacte percussu vexatos, aut dentium ejusdem cinere: lichene item equi cum oleo infuso per aurem. Est autem hoc non hippomanes, quod alioqui noxium omitto, sed in equorum genibus, ac super ungulas.
3 Præterea in corde equorum invenitur os, dentibus caninis maximis simile: hoc scarificari dolorem, aut exempto dente emortui equi maxillis, ad numerum ejus qui doleat,

demonstrant. Equarum virus a coitu in lychnis accensum Anaxilaus prodidit, equinorum capitum visus repræsentare monstrifice: similiter ex asinis. Nam hippomanes tantas in veneficio vires habet, ut affusum æris mixturæ in effigiem equæ Olympiæ, admotos mares equos ad rabiem coitus agat. Medetur dentibus et fabrile glutinum, in 4 aqua decoctum, illitumque, et mox paulo detractum, ita ut confestim colluantur vino, in quo decocti sunt cortices mali Punici dulcis. Efficax habetur et caprino lacte collui dentes, vel felle taurino. Talorum capræ recentium cinis dentifricio placet, et omnium fere villaticarum quadrupedum, ne sæpius eadem dicantur.

L. (XII.) Cutem in facie erugari et tenerescere, et can- 1 dorem custodiri lacte asinino putant: notumque est quasdam quotidie septingenties custodito numero fovere. Poppæa hoc Neronis principis instituit, balnearum quoque solia sic temperans, asinarum gregibus ob hoc eam comitantibus. Impetus pituitæ in facie, butyro illito tolluntur: efficacius cum cerussa. Sincero vero vitia quæ serpunt, insuper imposita farina hordeacea. Hulcera in facie membrana e partu bovis madida. Frivolum videatur, non tamen omittendum, propter desideria mulierum, talum candidi

taureau blanc, bouilli pendant quarante jours et quarante nuits, jusqu'à ce qu'il soit liquéfié, et appliqué sur un linge, entretient la blancheur de la peau et en efface les rides. On dit que la bouse de taureau donne du vermillon aux joues ; que la crocodilée même (XXVIII, 28) ne fait pas mieux, mais qu'il faut se laver avant et après avec de l'eau froide. Le hâle, et tout ce qui altère la coloration de la peau, se corrige à l'aide de la bouse de veau pétrie à la main, avec de l'huile et 3 de la gomme. Les ulcérations et les crevasses de la bouche se guérissent avec du suif de veau ou de bœuf, joint à de la graisse d'oie et du suc d'ocimum ( basilic? ). Il est une autre mixture faite avec le suif de veau, la moelle de cerf et les feuilles de l'aubépine, le tout pilé ensemble. La moelle avec de la résine, quand même ce ne serait que de la moelle de vache, et le bouillon de vache, ont la même vertu. Un remède souverain contre les lichens du visage, c'est la colle préparée avec les parties génitales des veaux, fondue dans du vinaigre avec le soufre vif, et remuée avec une branche de figuier : on s'en met deux fois par jour, et elle doit être récente. Cette même colle, bouillie dans du miel et du vinaigre, guérit la lèpre, contre laquelle on a aussi le foie de bouc appliqué chaud. L'éléphantiasis est guéri par le fiel de chèvre; les éruptions lépreuses et furfuracées, par le fiel de taureau avec addition de nitre, par l'urine d'âne vers le lever du Chien. Les taches du visage sont enlevées par le fiel de taureau ou d'âne délayé dans de l'eau sans addition ; on a soin, lorsque le visage a pelé, d'éviter le soleil et le grand air. Pour le même effet on 4 emploie le fiel de taureau ou de veau, avec de la graine de cunila ( XX, 61 ) et de la cendre d'une corne de cerf, qui doit avoir été brûlée au lever de la Canicule. Le suif de l'âne fait revenir la couleur aux cicatrices et aux parties attaquées par le lichen et la lèpre. Le fiel de bouc efface de plus le lentigo, avec addition de fromage, de soufre vif et de cendre d'éponge, jusqu'à consistance de miel. Certains ont préféré se servir de vieux fiel en y mêlant du son chaud au poids d'une obole, et quatre fois autant de miel ; mais il faut auparavant bien frotter les taches. Le suif de bouc est efficace aussi avec la nielle, le soufre et l'iris. On s'en sert pour les crevasses des lèvres, avec la graisse d'oie, la moelle de cerf, la résine et la chaux. Je lis, dans certains auteurs, que ceux qui ont des taches de lentigo ne sont point propres aux cérémonies magiques.

LI. Le lait de vache ou de chèvre est bon pour 1 les ulcérations des tonsiles ou de la trachée-artère. On l'emploie en gargarisme, tiède, comme il vient d'être trait ou chauffé ; le lait de chèvre vaut mieux bouilli avec de la mauve et un peu de sel. Le bouillon de tripes, en gargarisme, est bon pour les ulcérations de la langue et de la trachée-artère. On emploie particulièrement pour les amygdales, en topique, les reins de renard séchés et broyés avec du miel; pour l'angine, le fiel de taureau ou de chèvre avec du miel. Le foie de blaireau, dans de l'eau, guérit la mauvaise odeur de la bouche ; le beurre, les ulcérations. Frotter à l'extérieur avec de la bouse fait, 2 dit-on, rendre par la bouche ou tomber dans l'estomac une épine ou tout autre corps engagé dans le gosier. Les scrofules sont dissipées par le fiel de sanglier ou de bœuf, appliqué chaud. Quant à la présure de lièvre avec du vin, sur un linge, on ne l'applique que sur les scrofules ulcérées. On résout encore les tumeurs scrofuleuses par la cendre de la corne du pied d'un âne ou d'un che-

---

juvenci, quadraginta diebus noctibusque, donec resolvatur in liquorem, decoctum, et illitum linteolo, candorem, cutisque erugationem præstare. Fimo taurino malas rubescere aiunt : non crocodileam illini melius; sed foveri frigida et ante, et postea jubent. Æstates, et quæ decolorem faciunt cutem, fimum vituli cum oleo et gummi manu sub-
3 actum emendat. Hulcera oris ac rimas, sevum vituli vel bovis cum adipe anserino, et ocimi succo. Est et alia mixtura, e sevo vituli cum medulla cervi, et albæ spinæ foliis una tritis. Idem præstat et medulla cum resina, vel si vaccina sit, et jus e carne vaccina. Lichenas oris præstantissime vincit glutinum factum e genitalibus vitulorum, liquatum aceto cum sulphure vivo, ramo ficulneo permixtum, ita ut bis die recens illinatur. Item lepras ex melle et aceto decoctum, quas et jecur hirci calidum illitum tollit: sicut elephantiasin fel caprinum : etiamnum lepras ac furfures, tauri fel, addito nitro : urina asini circa Canis ortum : maculas in facie, fel utriusque per sese aqua infractum, evitatisque solibus ac ventis post detractam cu-
4 tem. Similis effectus et in taurino vitulinove felle, cum semine cunilæ, ac cinere e cornu cervino, si Canicula exoriente comburatur. Asinino sevo cicatricibus ac licheni leprisque maxime color redditur. Hirci fel et lentigines tollit, admixto caseo, cum vivo sulphure spongiæque cinere, ut mellis sit crassitudo. Aliqui inveterato felle uti maluere, mixtis calidis furfuribus pondere oboli unius, quatuorque mellis, prius defricatis maculis. Efficax ejusdem et sevum cum melanthio, et sulphure, et iride. Labrorum fissuris cum adipe anserino, ac medulla cervina resinaque et calce. Invenio apud auctores, his qui lentigines habeant, negari Magices sacrificiorum usus.

LI. Lacte bubulo aut caprino tonsillæ et arteriæ exulceratæ juvantur. Gargarizatur tepidum, ut est expressum, aut calefactum. Caprinum utilius, cum malva decoctum et sale exiguo. Linguæ exhulcerationi et arteriarum prodest jus omasi gargarizatu : tonsillis autem privatim renes vulpium aridi, cum melle triti illitique : anginæ fel taurinum vel caprinum cum melle. Jecur melis ex aqua oris gravitatem, hulceraque butyrum emendat. Spinam 2 aliudve quid faucibus adhærens, extrinsecus fimo perfricatis, aut reddi, aut delabi tradunt. Strumas discutit fel aprinum, vel bubulum tepidum illitum. Nam coagulum leporis e vino in linteolo exhulceratis dumtaxat imponitur. Discutit et ungula asini vel equi cinis, ex oleo, ve

val, appliquée dans de l'huile ou de l'eau ; par l'urine chaude ; par la cendre d'un pied de bœuf, dans de l'eau ; par de la bouse très-chaude, dans du vinaigre ; par du suif de chèvre, avec de la chaux ; par des excréments de chèvre bouillis dans du vinaigre ; par des testicules de renard. On emploie aussi le savon inventé dans les Gaules pour rendre les cheveux blonds : il se prépare avec du suif et des cendres ; le meilleur se fait avec des cendres de hêtre et du suif de chèvre ; il est de deux sortes, mou et liquide. L'un et l'autre sont en usage chez les Germains, et les hommes s'en servent plus que les femmes.

1 LII. Pour les douleurs du cou on se frotte avec du beurre ou de la graisse d'ours ; pour le torticolis, avec le suif de bœuf, lequel est bon aussi contre les scrofules avec de l'huile. La douleur avec inflexibilité, qu'on nomme opisthotonos, est guérie avec de l'urine de chèvre instillée dans les oreilles, ou avec des excréments de chèvre appliqués avec des oignons. On traite les ongles contus en y attachant le fiel d'un animal quelconque ; les excroissances des doigts, avec le fiel de taureau séché et dissous dans de l'eau chaude. Quelques-uns y ajoutent du soufre et de l'alun, le tout à poids égal.

1 LIII. La toux se traite par le foie de loup dans du vin chaud, par le fiel d'ours avec addition de miel, par la cendre des sommités d'une corne de bœuf, par la salive de cheval bue pendant trois jours (mais on prétend que le cheval meurt), par le poumon de cerf, avec le gosier du même animal, séché à la fumée, puis broyé dans du miel et donné chaque jour en éclegme : pour cela celui du cerf daguet est plus efficace. L'hémoptysie se guérit par la cendre de corne de cerf, par la présure de lièvre à la dose d'un tiers de denier, avec de la terre de Samos et du vin de myrte, à l'intérieur. La cendre des excréments du lièvre, prise le soir dans du vin, calme la toux de la nuit. La fumée des poils de lièvre brûlés fait sortir du poumon les matières qu'on a peine à cracher. Les ulcérations purulentes de la poitrine et du 2 poumon, et la mauvaise haleine provenant du poumon sont très-bien guéries par le beurre, cuit avec une dose égale de miel attique jusqu'à ce qu'il devienne roux, et pris le matin à la dose d'une cuillerée. Quelques-uns, au lieu de miel, ont conseillé d'ajouter la résine du mélèse. S'il y a hémoptysie, on indique comme utile le sang de bœuf pris en petite quantité et avec du vinaigre ; le sang de bœuf, car il y aurait imprudence à se fier au sang de taureau. Pour les crachements de sang invétérés on prend, dans de l'eau chaude, trois oboles de colle de taureau.

LIV. (XIII.) On traite les ulcérations de l'es- 1 tomac par le lait d'ânesse et aussi par le lait de vache ; les déchirements, par la chair de bœuf cuite avec du vinaigre et du vin ; les fluxions, par la cendre de corne de cerf ; les hématémèses, par le sang de chevreau récent, bu chaud à la dose de trois cyathes, avec une quantité égale de fort vinaigre ; par de la présure de chevreau, prise à la dose d'une partie sur deux parties de vinaigre.

LV. Les douleurs de foie se guérissent par le 1 foie de loup sec, pris dans du vin miellé ; par le foie d'âne sec, avec deux parties de persil et trois noix, broyé dans du miel et pris en aliment ; par le sang de bouc, préparé en aliment. Pour l'asthme ce qu'il y a de plus efficace, c'est le sang des chevaux sauvages (VIII, 16), en boisson ; puis le lait d'ânesse bouilli avec des oignons, et

---

aqua illitus, et urina calefacta : et bovis ungulæ cinis ex aqua : fimum quoque fervens ex aceto. Item sevum caprinum cum calce, aut fimum ex aceto decoctum, testesque vulpini. Prodest et sapo : Galliarum hoc inventum rutilandis capillis : fit ex sebo et cinere. Optimus fagino et caprino, duobus modis, spissus ac liquidus : uterque apud Germanos majore in usu viris quam feminis.

1 LII. Cervicum dolores butyro aut adipe ursino perfricantur : rigores bubulo sevo : quod et strumis prodest cum oleo. Dolorem inflexibilem (opisthotonon vocant) levat urina capræ auribus infusa, aut fimum cum bulbis illitum : ungues contusos fel cujuscumque animalis circumligatum : pterygia digitorum fel tauri aridum aqua calida dissolutum. Quidam adjiciunt sulphur et alumen, pari pondere omnium.

1 LIII. Tussim jecur lupi ex vino tepido sanat : ursinumque fel admixto melle, aut ex cornus bubuli summis partibus cinis : vel saliva equi triduo pota : at equum mori tradunt : pulmo cervinus cum gula sua arefactus in fumo, dein tusus ex melle, quotidiano eclegmate. Efficacior est ad id subulo cervorum generis. Sanguinem exspuentes, cervini cornus cinis : coagulum leporis tertia parte denarii cum terra Samia et vino myrteo potum sanat. Ejusdem fimi cinis in vino vesperi potus, nocturnas tusses : pili quoque leporis suffiti, extrahunt pulmonibus difficiles exscreationes. Purulentas autem exhulcerationes pectoris 2 pulmonisque, et a pulmone graveolentiam halitus, butyrum efficacissime juvat, cum pari modo mellis Attici decoctum, donec rufescat, et matutinis sumtum ad mensuram lingulæ. Quidam pro melle, laricis resinam addere maluere. Si sanguis rejiciatur, efficacem tradunt bubulum sanguinem, modice et cum aceto sumtum : nam de taurino credere, temerarium est. Sed glutinum taurinum tribus obolis cum calida aqua bibitur in vetere sanguinis exscreatione.

LIV. (XIII.) Stomachum exhulceratum lactis asinini 1 potus reficit : item bubuli. Rosiones ejus caro bubula admixto aceto et vino cocta. Rheumatismos cornus cervini cinis. Sanguinis exscreationes hœdinus sanguis recens, ad cyathos ternos cum aceto acri pari modo fervens potus, coagulum tertia parte ex aceto potum.

LV. Jocineris dolores, lupi jecur aridum ex mulso : 1 asini jecur aridum cum petroselini partibus duabus, ex nucibus tribus, ex melle tritum et in cibo sumtum : sanguis hircinus cibo aptatus. Suspiriosis ante omnia efficax est potus equiferorum sanguinis. Proxime lactis asinini te-

réduit de cette façon en petit lait, qu'on prend tiède : on ajoute sur trois hémines de lait un cyathe de cresson infusé dans de l'eau, puis délayé dans du miel. Le foie de renard ou le poumon dans du vin noir, ou le fiel d'ours dans de l'eau, rend aussi la respiration plus libre.

1 LVI. Pour les douleurs lombaires et tout ce qui a besoin d'émollients, il convient de faire des frictions avec de la graisse d'ours, ou de mêler dans le vin qu'on boit la cendre de vieux excréments de sanglier ou de pourceau. Les mages apportent ici aussi leurs mensonges. D'abord on calme la rage des boucs en leur frottant la barbe avec cette composition; si on la leur coupe ensuite, ils ne passent jamais dans un autre troupeau. Ils mêlent à la fiente de porc de la fiente de chèvre, et ils recommandent de la tenir aussi chaude que possible dans le creux de la main, sur un linge mouillé; mais il faut si la douleur est à gauche faire cela de la main droite; si à droite, de la gauche. Ils veulent aussi que pour cet emploi on ramasse ce crottin avec la pointe 2 d'une aiguille d'airain. La prescription est de tenir le remède dans la main jusqu'à ce qu'on sente que la chaleur est parvenue aux lombes. Puis ils font frotter la main avec un poireau pilé, et les lombes avec le crottin même, incorporé dans du miel. Ils conseillent encore pour le même mal d'avaler des testicules de lièvre. Pour la coxalgie, ils appliquent de la bouse de vache chauffée dans des feuilles sur la cendre. Pour les douleurs des reins, ils prescrivent d'avaler crus les reins d'un lièvre, ou cuits, mais sans y toucher avec les dents. Ils assurent qu'il suffit d'avoir sur soi un astragale de lièvre pour être à l'abri des maux de ventre.

1 LVII. Les affections de la rate se guérissent par le fiel de sanglier ou de porc en boisson, ou par la cendre de corne de cerf dans du vinaigre, mais surtout par une vieille rate d'âne (on en ressent l'effet au bout de trois jours). Les premiers excréments rendus par un ânon (les Syriens donnent à cela le nom de polea) s'administrent dans du vinaigre miellé. On donne encore une langue de cheval sèche dans du vin, remède souverain que Cæcilius Bion dit avoir appris des barbares. La rate de bœuf s'emploie de la même manière; mais si elle est fraîche on la fait manger rôtie ou bouillie. On fait encore avec vingt gousses d'ail pilées et un setier de vinaigre, le tout dans une vessie de bœuf, un topique pour les douleurs de la rate. Les mages recommandent pour le 2 même mal d'acheter la rate d'un veau au prix qu'on la fait, sans marchander, circonstance importante pour leur superstition; de la couper en long, d'en attacher un morceau de chaque côté de la tunique du malade; de laisser tomber ces morceaux à ses pieds en lui mettant cette tunique, puis de les ramasser, et de les faire sécher à l'ombre. Pendant que tout cela se fait, la rate du malade se dégonfle, et bientôt la guérison est complète. On emploie utilement aussi le poumon de renard séché dans la cendre et pris dans de l'eau, et en topique la rate de chevreau.

LVIII. (XIV.) Le cours de ventre est arrêté 1 par le sang de cerf, par la cendre de corne de cerf, par le foie de sanglier pris frais, sans sel, dans du vin; par le foie de porc rôti, ou le foie de bouc bouilli dans cinq hémines de vin; par la présure de lièvre, gros comme un pois chiche, dans du vin, ou s'il y a fièvre, dans de l'eau. D'autres ajoutent de la noix de galle; d'autres encore se contentent du sang de lièvre seul, avec du lait bouilli. On prend, dans de l'eau, la cen-

---

pidi cum bulbis decocti, ita ut serum ex eo bibatur : addito in tres heminas cyatho nasturtii perfusi aqua, deinde melle diluti. Jecur quoque vulpinum, aut pulmo, in vino nigro, aut fel ursinum in aqua, laxat meatus spirandi.

1 LVI. Lumborum dolores, et quæcumque alia molliri opus sit, ursino adipe fricari convenit : cinerem aprini aut suilli fimi inveterati adspergi potioni vini. Afferunt et Magi sua commenta. Primum omnium, rabiem hircorum, si mulceatur barba, mitigari : eadem præcisa, non abire eos in alienum gregem. Huic admiscent fimum caprinum, et subdito linteolo uncto, cava manu, quantum jubet potest, fervens sustinere jubent : ita ut si læva pars doleat, hæc medicina in dextra manu fiat, aut e contrario. Fimum 2 quoque ad eum usum acus æreæ punctis tolli jubent. Modus curationis est, donec vapor ad lumbos perveniisse sentiatur. Postea vero manum porro tuso illinunt, item lumbos ipso fimo cum melle, suadentque in eodem dolore et testes leporis devorare. Ischiadicis fimum bubulum imponunt, calfactum in foliis cinere ferventi. In renumque dolore leporis renes crudos devorari jubent, aut certe coctos, ita ne dente contingantur. Ventris quidem dolore tentari negant talum leporis habentes.

LVII. Lienem sedat fel apri vel suis potum, vel cer- 1 vini cornus cinis in aceto. Efficacissime tamen inveteratus lien asini, ita ut in triduo sentiatur utilitas. Asinini pulli fimum, quod primum edidit (poleam vocant Syri), dant in aceto mulso : datur et equi lingua inveterata, ex vino, præsentaneo medicamento, ut didicisse se ex barbaris Cæcilius Bion tradidit : et lien bubulus simili modo : recens autem assus vel elixus in cibo. In vesica quoque bovis, allii capita XX tusa, cum aceti sextario, imponuntur ad lienis dolores. Eadem ex causa emi lienem vituli, quanti 2 indicatus sit, jubent Magi, nulla pretii cunctatione : quoniam hoc quoque religiose pertineat : divisumque per longitudinem annecti tunicæ utrimque, et induentem pati decidere ad pedes : dein collectum in umbra arefacere. Quum hoc fiat, simul residere lienem ægri vitiatum, liberarique morbo dicitur. Prodest et pulmo vulpium cinere siccatus, atque in aqua potus. Item hædorum lien imposita.

LVIII. (XIV.) Alvum sistit cervi sanguis : item cornus 1 cinis : jecur aprinum ex vino potum citra salem, recensque : item assum suillum, vel hircinum decoctum ad quintam heminam in vino. Coagulum leporis in vino ciceris magnitudine : aut si febris sit, ex aqua. Aliqui et gallam adjiciunt,

dre de crottin de cheval, la cendre de la base d'une vieille corne de taureau, qu'on met simplement dans de l'eau ; le sang de bouc cuit sur la braise, la décoction d'une peau de chèvre cuite 2 avec son poil. La présure de cheval, le sang ou la moelle ou le foie de chèvre, relâche le ventre ; de même le fiel de loup, attaché à l'ombilic avec de l'élatérion (xx, 2), le lait de cavale en boisson, le lait de chèvre avec du sel et du miel, le fiel de chèvre avec du suc de cyclaminos (xxv, 67) et un petit morceau d'alun ( quelques-uns y ajoutent de préférence du nitre et de l'eau), le fiel du taureau pilé avec de l'absinthe et réduit en forme de suppositoire, le beurre pris en grande quantité.

3 L'affection cœliaque et la dyssenterie sont guéries par le foie de vache, la cendre de corne de cerf à la dose d'une pincée dans de l'eau, la présure de lièvre pétrie dans du pain, ou s'il y a flux de sang, dans de la polenta, la cendre des excréments de sanglier, ou de porc, ou de lièvre, mêlée dans du vin tiède, en boisson. On compte aussi parmi les remèdes du flux cœliaque et de la dyssenterie le bouillon de veau, qu'on donne communément. Le lait d'ânesse en boisson est plus avantageux si on ajoute du miel. La cendre de crottin d'âne dans du vin n'est pas moins efficace pour ces deux affections. De même la polea indiquée plus haut (xxviii, 57). On recommande même, s'il y a flux de sang, la présure de cheval, que quelques-uns nomment hippace, la cendre de crottin de cheval, la poudre des dents pilées du même animal, le lait de vache cuit en boisson.

4 Pour la dyssenterie on recommande d'ajouter un peu de miel, et s'il y a des tranchées, de la cendre de corne de cerf ou du fiel de taureau mêlé à du cumin, et d'appliquer sur l'ombilic des tranches de citrouille. Pour les deux affections on donne en lavement du fromage de vache frais ; du beurre, à la dose de quatre hémines, avec deux onces de térébenthine, ou avec une décoction de mauve ou avec de l'huile rosat. On donne encore le suif de veau ou de bœuf. On fait cuire la moelle de ces animaux avec de la farine, un peu de cire et de l'huile, de manière que cela puisse être avalé. On pétrit cette moelle dans du pain. On administre le lait de chèvre bouilli jusqu'à réduction de moitié ; s'il y a des tranchées on y ajoute du vin de mère-goutte. Pour les tranchées quel- 5 ques-uns pensent qu'il suffit d'administrer même une seule prise de présure de lièvre dans du vin tiède. Ceux qui sont plus prudents appliquent sur le ventre un topique fait avec du sang de chèvre, de la farine d'orge et de la résine. On recommande pour toutes les inflammations du ventre d'appliquer du fromage mou ; pour l'affection cœliaque et la dyssenterie, du fromage vieux pilé dans de la farine, un cyathe de fromage dans trois cyathes de vin. Le sang de chèvre cuit avec 6 la moelle guérit la dyssenterie. On traite le flux cœliaque par le foie rôti de chèvre, et mieux par le foie de bouc cuit dans du vin astringent et pris en boisson, ou appliqué sur l'ombilic avec de l'huile de myrte ; quelques-uns le font cuire dans trois setiers d'eau, jusqu'à ce qu'il soit réduit à une hémine, et y ajoutent de la rue. On se sert de la rate rôtie de chèvre ou de bouc, du suif de bouc dans du pain cuit à la cendre, de la graisse des reins de la chèvre : on l'avale seule aussitôt, et on la prend dans de l'eau médiocrement froide ; quelques-uns administrent le suif de chèvre bouilli dans de l'eau, avec de la polenta, du cumin, de l'aneth et du vinaigre. Dans l'affection cœliaque,

alii per se leporis sanguine contenti sunt lacte cocto. Equini fimi cinis in aqua potus. Taurini cornus veteris ex parte ima cinis, inspersus potioni aquæ. Sanguis hircinus in carbone decoctus : corium caprinum cum suo pilo decoctum, 2 succo epoto. Coagulum equi, et sanguis caprinus, vel medulla, vel jecur, alvum solvit. Fel lupi cum elaterio umbilico illigatum. Vel lactis equini potus : item caprini cum sale et melle. Capræ fel cum cyclamini succo et aluminis momento. Aliqui et nitrum et aquam adjecisse malunt. Fel tauri cum absinthio tritum ac subditum pastillo. Butyrum 3 largius sumtum. Cœliacis et dysentericis medetur jecur vaccinum. Cornus cervini cinis tribus digitis captus in potione aquæ. Coagulum leporis subactum in pane : si vero sanguinem detrahunt, in polenta. Aprini vel suilli vel leporini fimi cinis, inspersus potioni tepidi vini. Vituli quoque jus vulgariter datum, inter auxilia cœliacorum et dysentericorum tradunt. Lactis asinini potus utilior, addito melle. Nec minus efficax fimi cinis ex vino utrique vitio. Item polea supra dicta. Equi coagulum, quod aliqui hippacen appellant, etiam si sanguinem detrahant, vel fimi cinis, dentiumque ejusdem tusorum farina, salutaris dici- 4 tur : et bubuli lactis decocti potus. Dysentericis addi mellis exiguum præcipiunt : et si tormina sint, cornus cervini cinerem ; aut fel taurinum cumino mixtum, et cucurbitæ carnes umbilico imponere. Caseus recens vaccinus immittitur ad utrumque vitium. Item butyrum heminis quatuor, cum resinæ terebinthinæ sextante, aut cum malva decocta, aut rosaceo. Datur et sevum vitulinum, aut bubulum. Item medullæ excoquuntur cum farina cereæque exiguo, et oleo, ut sorberi possint. Medulla et in pane subigitur. Lac caprinum ad dimidias partes decoctum. Si sint et tormina, additur protropum. Torminibus satis esse remedii in leporis 5 coagulo poto e vino tepido, vel semel, arbitrantur aliqui. Cautiores et sanguine caprino cum farina hordeacea et resina, ventrem illinunt. Ad omnes epiphoras ventris illini caseum mollem suadent : veterem autem in farina tritum cœliacis et dysentericis dari, cyatho casei in cyathis vini tribus. Sanguis caprinus decoctus cum medulla dysente- 6 ricis. Jecur assum capræ cœliacis subvenit, magisque etiam hirci, in vino austero decoctum potumque, vel ex oleo myrteo umbilico impositum. Quidam decoquunt a tribus sextariis aquæ ad heminam, addita ruta. Utuntur et liene asso capræ hircive, et sevo hirci in pane qui cinere coctus sit : capræ a renibus maxime, ut per se hauriatur protinus ; inque modice frigida sorberi jubent. Aliqui et in aqua decoctum sevum admixta polenta, et cumino, et anetho,

on applique sur le ventre du crottin de chèvre, cuit avec du miel. Pour l'affection cœliaque et la dyssenterie on se sert de la présure de chevreau, gros comme une fève dans du vin de myrte, en boisson; du sang de chevreau arrangé en un mets appelé sanguiculus. Pour la dyssenterie on donne en lavement la colle de taureau fondue dans de l'eau chaude. La fiente de veau bouillie dans du vin dissipe les flatuosités. On recommande beaucoup pour les affections intestinales la présure de cerf cuite avec des lentilles et de la bette, et prise en aliment; la cendre du poil de lièvre bouillie avec du miel, le lait de chèvre en boisson, cuit avec de la mauve et un peu de sel: si on y ajoute de la présure, le remède n'en vaut que mieux. La même vertu appartient au suif de chèvre dans un potage quelconque; on avale, aussitôt après, de l'eau froide. La cendre des cuisses de chevreau est, dit-on, un merveilleux remède pour les hernies, ainsi que la fiente de lièvre bouillie avec du miel, et dont on prend tous les jours gros comme une fève: ces deux remèdes passent pour avoir guéri des personnes dans un état désespéré. On vante encore la décoction d'une tête de chèvre avec son poil.

LIX. Le ténesme, c'est-à-dire une envie fréquente et sans effet d'aller à la selle, se guérit par le lait d'ânesse ou le lait de vache en boisson. Les vers intestinaux sont expulsés par la cendre de corne de cerf en boisson. Les os que nous avons dit se trouver dans les excréments du loup (XXVIII, 49), attachés au bras, guérissent les affections du colon, pourvu qu'ils n'aient point touché la terre. La polea, dont nous avons parlé ci-dessus (XXVIII, 57), est excellente, cuite dans du sapa (XIV, 11, 2); de même la poudre d'excréments de porc avec addition de cumin, dans une décoction de rue; de même la cendre d'un jeune bois de cerf mêlée à des escargots d'Afrique pilés avec leur coquille, et bue dans du vin.

LX. (XV.) On traite les maux de vessie et l'affection calculeuse par l'urine de sanglier et par la vessie même de cet animal, prise en aliment: ces deux substances sont plus efficaces si préalablement on les a mises à la fumée. Il faut manger cette vessie bouillie; et si c'est pour une femme, on prend la vessie d'une truie. On trouve dans le foie du sanglier et du porc commun de petits calculs ou des corps blancs, semblables par la dureté à de petites pierres; on les pile et on les prend dans du vin, ce qui, dit-on, fait sortir les calculs. L'urine du sanglier lui est tellement à charge (VIII, 77, 4), que s'il ne l'a rendue il n'a pas la force de s'enfuir, et qu'il est accablé par les chasseurs comme s'il était enchaîné; on dit qu'elle brûle et consume les calculs. Les reins de lièvre séchés pris dans du vin font sortir les pierres. Dans la cuisse de porc nous avons dit (XXVIII, 49) qu'il y a des os articulaires; la décoction en est utile aux affections urinaires. Les reins d'âne, séchés, pilés et donnés dans du vin pur, guérissent la vessie. Les lichens ou tubérosités calleuses des jambes du cheval, prises dans du vin ou dans du vin miellé pendant quarante jours, font sortir les calculs. On recommande la cendre du sabot de cheval dans du vin ou de l'eau; les excréments, dans du vin miellé, des chèvres, et mieux des chèvres sauvages; la cendre de poil de chèvre. Pour le charbon des parties génitales on emploie la cervelle ou le sang de sanglier ou de porc; pour les affections serpigineuses de ces parties, le foie de ces animaux brûlé, surtout

---

acetoque. Illinunt et ventrem cœliacis, fimo cum melle decocto. Utuntur ad utrumque vitium et coagulo hœdi in vino myrtite, magnitudine fabæ poto : et sanguine ejusdem in cibum formato, quem sanguiculum vocant. Infundunt dysentericis et glutinum taurinum aqua calida resolutum. Inflationes discutit vitulinum fimum in vino decoctum. Intestinorum vitiis magnopere prodest coagulum cervorum, decoctum, cum lente betaque, atque in cibo sumtum. Leporis pilorum cinis cum melle decoctus. Lactis caprini potus, decocti cum malva, exiguo sale addito. Si et coagulum addatur, majoribus emolumentis fiat. Eadem vis est et in sevo caprino in sorbitione aliqua, uti protinus hauriatur frigida aqua. Item feminum hœdi cinis rupta intestina sarcire mire traditur. Fimum leporis cum melle decoctum, et quotidie fabæ magnitudine sumtum : ita ut deploratos sanaverint. Laudant et caprini capitis cum suis pilis decocti succum.

LIX. Tenesmos, id est crebra et inanis voluntas desurgendi tollitur poto lacte asinino; item bubulo. Tæniarum genera pellit cervini cornus cinis potus. Quæ in excrementis lupi diximus inveniri ossa, si terram non attigerint, colo medentur, adalligata brachio. Polea quoque supra dicta, magnopere prodest in sapa decocta. Item suilli fimi farina addito cumino in aqua rutæ decoctæ. Cornus cervini teneri cinis, cochleis Africanis cum testa sua tusis mixtus, in vini potione.

LX. (XV.) Vesicæ calculorumque cruciatibus auxiliatur urina apri, et ipsa vesica pro cibo sumta; efficacius si prius fumo maceretur utrumque. Vesicam elixam mandi oportet : et a muliere, feminæ suis. Inveniuntur in jocineribus eorum lapilli, aut duritie lapillis similes, candidi sicuti in vulgari sue : quibus contritis atque potis in vino, pelli calculos aiunt. Ipsi apro tam gravis sua urina est, ut nisi egesta, fugæ non sufficiat, ac velut devinctus opprimatur. Exuri illa tradunt eos. Leporis renes inveterati, in vino poti, calculos pellunt. In perna suum articulos esse diximus, quorum decoctum jus facit urinæ utile. Asini renes inveterati, tritique, et in vino mero dati, vesicæ medentur. Calculos expellunt lichenes equini ex vino aut mulso poti diebus XL. Prodest et ungulæ equinæ cinis, in vino, aut aqua. Item fimum caprarum in mulso, efficacius silvestrium. Pili quoque caprini cinis. Verendorum carbunculis, cerebrum apri vel suis, sanguisque. Vitia vero, quæ in eadem parte serpunt, jecur eorum combustum,

avec du bois de genièvre, du papyrus et de l'arsenic ; la cendre des excréments de ces animaux ; le fiel de bœuf avec de l'alun d'Égypte et de la myrrhe en consistance de miel ; par-dessus on met de la bette cuite dans du vin : on use encore pareillement de la viande de bœuf. Les ulcères humides de ces parties se traitent par le suif et la moelle de veau cuite dans du vin, par le fiel de chèvre avec du miel et du suc de ronce : si ces ulcères s'étendent, on recommande les excréments de chèvre avec du miel ou avec du vinaigre, et le beurre seul. On arrête le gonflement des testicules par le suif de veau avec addition de nitre, ou par les excréments du même cuits dans du vinaigre. La vessie de sanglier mangée rôtie guérit l'incontinence d'urine ; de même la cendre des pieds du sanglier ou du porc mise dans une boisson ; la vessie de truie, brûlée et prise en boisson ; la vessie ou le poumon d'un chevreau ; la cervelle de lièvre dans du vin ; les testicules de lièvre grillés ; la présure de lièvre avec de la graisse d'oie, dans de la polenta ; les reins d'âne broyés dans du vin pur et pris en boisson. Les mages enseignent qu'après avoir bu dans du vin doux la cendre des parties génitales d'un verrat il faut aller uriner dans la niche d'un chien, et dire en même temps : C'est pour ne pas pisser au lit comme un chien. D'un autre côté, une vessie de cochon mise sur le pubis, pourvu qu'elle n'ait point touché à terre, facilite l'émission de l'urine.

LXI. Pour les affections du siége on a un excellent remède dans le fiel d'ours avec la graisse ; quelques-uns ajoutent de l'écume d'argent (litharge) et de l'encens. Le beurre aussi est bon avec de la graisse d'oie et de l'huile rosat ; les doses de ces ingrédients sont réglées par la nature même, car il faut qu'ils soient faciles à appliquer en onction. Le fiel de taureau sur de la charpie est un excellent remède ; il cicatrise les rhagades. Pour les enflures dans cette partie on emploie le suif de veau, pris surtout aux aines ; on y mêle de la rue. Pour les autres affections on a le sang de chèvre avec de la polenta. Le fiel de chèvre guérit spécialement les condylomes, ainsi que le fiel de loup dans du vin. Le sang d'ours dissipe les tumeurs et les apostèmes de toutes les parties ; de même le sang de taureau sec et pilé. Mais le remède par excellence est, dit-on, le calcul de l'onagre, que cet animal, quand on le tue, rend avec son urine : ce calcul, d'abord liquide, se solidifie à terre ; attaché à la cuisse, il dissipe toutes les fluxions et délivre de toutes les suppurations ; mais il est rare à trouver, tous les onagres n'en ont pas : le remède n'en est que plus célèbre. On se loue de l'urine d'âne avec la nielle, de la cendre de sabot de cheval appliquée avec de l'huile et de l'eau ; du sang de cheval, surtout d'étalon ; du sang de bœuf, du fiel de bœuf. La viande de bœuf appliquée chaude a les mêmes effets, ainsi que la cendre de la corne du pied de bœuf dans de l'eau ou du miel ; l'urine de chèvre ; la chair de bouc cuite dans de l'eau ; les excréments de bouc cuits avec du miel ; le fiel de verrat ; l'urine de porc appliquée dans de la laine. On sait que l'équitation écorche les cuisses, ce qui cause de fortes cuissons : le meilleur remède est de se frotter les parties avec de l'écume ramassée à la bouche même du cheval. Les aines se tuméflent aussi à la suite d'ulcères ; on les guérit en mettant dans la plaie trois crins de cheval noués de trois nœuds.

LXII. (XVI.) Pour la goutte on emploie la

---

maxime juniperi ligno, cum charta et arrhenico sanat : fimi cinis : fel bubulum cum alumine Ægyptio ac myrrha ad crassitudinem mellis subactum : insuper beta ex vino cocta imposita : caro quoque. Manantia vero hulcera, sevum cum medulla vituli in vino decoctum, fel caprinum cum melle rubique succo ; vel si serpant, fimum etiam prodesse cum melle dicunt, aut cum aceto, et per se butyrum. Testium tumor sevo vituli, addito nitro cohibetur : vel fimo ejusdem ex aceto decocto. Urinæ incontinentiam cohibet vesica aprina, si assa mandatur. Ungularum apri vel suis cinis potioni inspersus. Vesica feminæ suis combusta ac pota : item hœdi, vel pulmo : cerebrum leporis in vino. Ejusdem testiculi tosti, vel coagulum cum anserino adipe in polenta : renes asinini in mero triti potique. Magi verrini genitalis cinere poto ex vino dulci demonstrant urinam facere in canis cubili, ac verba adjicere, ne ipse urinam faciat, ut canis, in suo cubili. Rursus ciet urinam vesica suis, si terram non attigerit, imposita pubi.

LXI. Sedis vitiis præclare prodest fel ursinum cum adipe. Quidam adjiciunt spumam argenti ac thus. Prodest et butyrum cum adipe anserino ac rosaceo. Modum ipsæ res statuunt, ut sint illitu faciles. Præclare medetur et taurinum fel, in linteolis conceptis ; rimasque perducit ad cicatricem. Inflationibus in ea parte, sevum vituli, maxime ab inguinibus cum ruta : cæteris vitiis medetur sanguis caprinus cum polenta. Item fel caprinum condylomatis per se. Item fel lupinum ex vino. Panos et apostemata in quacumque parte sanguis ursinus discutit : item taurinus aridus tritus. Præcipuum tamen remedium traditur in calculo onagri : quem dicitur, quum interficiatur, reddere urina, liquidiorem initio, sed in terra spissantem se. Hic adalligatus femini, omnes impetus discutit, omnique suppuratione liberat. Est autem rarus inventu, nec ex omni onagro, sed celebri remedio. Prodest et urina asini cum melanthio. Et ungulæ equinæ cinis cum oleo et aqua illitus. Sanguis equi, præcipue admissarii : et sanguis bubulus : item fel. Caro quoque eosdem effectus habet calida imposita : et ungulæ cinis ex aqua aut melle : urina caprarum : hircorum quoque carnes in aqua decoctæ : aut fimum ex his cum melle decoctum : verrinum fel : urina suum in lana imposita. Femina atteri adurique equitatu notum est. Utilissimum est ad omnes inde causas, spumam equi ex ore, inguinibus illinere. Inguina et ex hulcerum causa intumescunt. Remedio sunt equi setæ tres totidem nodis alligatæ intra hulcus.

LXII. (XVI.) Podagris medetur ursinus adeps, tauri-

graisse d'ours et le suif de taureau à poids égal avec de la cire ; quelques-uns ajoutent de l'hypocisthis (XXVI, 31) et de la noix de galle ; d'autres préfèrent le suif de bouc avec les excréments de chèvre, le safran, la moutarde ou des tiges de lierre pilées, de la pariétaire ou des fleurs de concombre sauvage. On se sert de la bouse de vache avec la lie de vinaigre. On vante les excréments d'un veau qui n'a pas encore mangé d'herbe, ou le sang de taureau sans autre addition ; un renard cuit vivant, jusqu'à ce qu'il ne reste plus que les os ; un loup cuit vivant dans de l'huile, jusqu'à consistance de cérat ; le suif de bouc, avec partie égale d'helxine (XXI, 56) et un tiers de moutarde ; la cendre des excréments de chèvre avec de l'axonge. On dit encore qu'il est très-avantageux, dans la coxalgie, de brûler le dessous des gros orteils avec ces excréments bouillants ; que le fiel 2 d'ours et les pattes de lièvre attachées à la partie malade sont un excellent remède pour les affections articulaires ; qu'on adoucit la goutte en portant sur soi continuellement une patte de lièvre coupée sur l'animal vivant. La graisse d'ours guérit les engelures et les crevasses des pieds ; elle est plus efficace avec addition d'alun. Même propriété dans le suif de chèvre, dans la poudre de dents de cheval, dans le fiel de sanglier ou de porc, dans le poumon de ces animaux appliqué avec la graisse, quand même les pieds auraient été blessés ou meurtris par quelque choc. Pour les pieds gelés on a la cendre de poil de lièvre ; pour la contusion des pieds on a le poumon de lièvre haché ou incinéré. Les coups de soleil se traitent très-bien par la graisse d'âne ou par le suif de bœuf, avec de l'huile rosat ; les cors, les crevasses, les oignons, par la fiente de sanglier ou de porc appliquée fraîche, et ôtée le troisième jour ; par la cendre de l'astragale de ces animaux, par le poumon de sanglier, ou de porc, ou de cerf. Les écorchures causées 3 par les chaussures se traitent par l'urine d'âne appliquée avec la boue qui s'y est mêlée ; les cors, par le suif de bœuf avec la fleur d'encens ; les engelures, par du cuir brûlé, surtout si ce cuir vient d'un vieux soulier ; les lésions que produit la chaussure, par la cendre d'une peau de chèvre dans de l'huile. On calme les douleurs des varices par la cendre de fiente de veau cuite avec des bulbes de lis et un peu de miel ; préparation qui convient pour toutes les inflammations et les menaces de suppuration (19) ; elle convient aussi pour la goutte et les maladies articulaires, mais encore mieux la fiente de veau mâle. Pour les articulations foulées on emploie le fiel de sanglier ou de porc appliqué sur un linge chaud, la fiente d'un veau qui n'a pas encore mangé d'herbe, la fiente de chèvre cuite avec du miel dans du vinaigre. On traite les ongles malades par le suif de veau, par le suif de chèvre, en y mêlant de la sandaraque. On enlève les verrues à l'aide de la cendre d'excréments de veau dans du vinaigre, à l'aide de la boue produite par l'urine d'âne.

LXIII. Dans l'épilepsie il est bon de manger 1 des testicules d'ours, ou d'avaler, dans du lait de cavale ou dans de l'eau, des testicules de sanglier ; d'avaler de l'urine de sanglier dans du vinaigre miellé : elle est plus efficace quand elle s'est desséchée dans sa vessie. On donne encore des testicules de porc séchés et broyés dans du lait de truie ; avant et après, pendant plusieurs jours, on s'abstient de vin. On donne des poumons de lièvre salés, avec un tiers d'encens, dans du vin blanc, pendant trente jours ; la présure du même

animal; la cervelle d'âne dans de l'eau miellée, exposée auparavant à la fumée dans des feuilles, à la dose d'une demi-once par jour; la cendre du sabot d'âne prise en boisson pendant un mois entier, à la dose de deux cuillerées; les testicules d'âne gardés dans du sel et mêlés à une boisson, surtout au lait d'ânesse ou à de l'eau. La poche dans laquelle est enveloppé l'ânon, surtout quand c'est un mâle, mise sous le nez d'un épi-
2 leptique à l'approche de l'accès, le prévient. Il en est qui recommandent de manger le cœur d'un âne mâle et noir, avec du pain, en plein air, à la première ou à la seconde lune; d'autres prescrivent la chair, d'autres le sang délayé avec du vinaigre, pendant quarante jours; quelques-uns mêlent de l'urine de cheval avec de l'eau ferrée prise chez les serruriers, et la même boisson leur sert à guérir la folie. Pour l'épilepsie on donne en boisson le lait de cavale, et, dans du vinaigre miellé, les lichens ou callosités des jambes des chevaux. On donne la chair de chèvre rôtie sur le bûcher d'un homme, prescription des mages. On donne le suif de chèvre cuit dans la vésicule biliaire de cet animal, avec un poids égal de fiel de taureau; il faut que la vésicule n'ait pas touché la terre, et on doit le boire debout, dans de l'eau. L'odeur de corne de chèvre ou de cerf brûlée fait déclarer l'épilepsie. On dit que l'urine d'ânon en onction avec du nard est bonne pour les coups de sang.

1 LXIV. Contre l'ictère on a la cendre de corne de cerf, le sang d'ânon dans du vin. La fiente rendue par un ânon aussitôt après sa naissance, gros comme une fève dans du vin, guérit l'ictère en trois jours; la fiente de poulain a la même propriété.

LXV. On a pour les fractures un remède souverain: la cendre des mâchoires d'un sanglier ou d'un porc. Le lard bouilli, et attaché autour de la partie, les consolide avec une merveilleuse rapidité. Pour les fractures de côtes on recommande comme remède unique la fiente de chèvre dans du vin vieux; elle ouvre, elle attire, elle guérit.

LXVI. La chair de cerf est un fébrifuge, comme nous l'avons dit (VIII, 50, 8). Les fièvres réglées sont guéries, si nous en croyons les mages, par l'œil droit d'un loup, salé, et porté en amulette. Il est une espèce de fièvre qu'on appelle amphémérine: on s'en guérit, dit-on, en avalant dans deux hémines d'eau trois gouttes de sang tirées de la veine de l'oreille d'un âne. Pour la fièvre quarte les mages recommandent d'attacher des excréments de chat avec le doigt d'un hibou, et, pour qu'il n'y ait pas récidive, de garder cela jusqu'après le terme du septième accès. Qui a pu, dites-moi, inventer un pareil 2 remède? Quel est ce mélange? Pourquoi a-t-on choisi de préférence le doigt d'un hibou? De plus modestes ont dit qu'il fallait prendre dans du vin, avant l'accès de la fièvre quarte, le foie d'un chat tué au décours de la lune, gardé dans du sel. Les mêmes mages appliquent sur les doigts des pieds la cendre de la bouse de bœuf arrosée avec de l'urine d'enfant, et attachent aux mains un cœur de lièvre. Avant l'accès, ils font boire de la présure. On donne aussi avec du miel du fromage de chèvre frais, dont on a exprimé avec soin le petit-lait.

LXVII. (XVII.) Pour la mélancolie on donne la bouse de veau cuite dans du vin. On réveille les léthargiques avec les callosités des jambes de

fumatum prius in foliis, semuncia per dies: vel ungularum ejus cinis cochlearibus binis toto mense potus. Item testes sale asservati et inspersi potioni, in asinarum maxime lacte, vel ex aqua. Membrana partus earum, præcipue si marem pepererint, olfactata accedente morbo
2 comitialium resistit. Sunt qui e mare nigroque cor edendum cum pane sub dio prima aut secunda luna præcipiant. Alii carnem, aliqui sanguinem aceto dilutum, per dies XL bibendum. Quidam urinam equi aquæ ferrariæ ex officinis miscent, eademque potione et lymphaticis medentur. Comitialibus datur et lactis equini potus, lichenque in aceto mulso bibendus. Dantur et carnes caprinæ in rogo hominis tostæ, ut volunt Magi. Sevum earum cum felle taurino pari pondere decoctum, et in folliculo fellis reconditum, ita ne terram attingat, potum vero ex aqua sub limine. Morbum ipsum deprehendit caprini cornus vel cervini usti nidor. Sideratis urina pulli asinini nardo admixto perunctione prodesse dicitur.

1 LXIV. Regio morbo cornus cervini cinis: sanguis asinini pulli ex vino. Item fimum asinini pulli, quod primum edidit a partu, datum fabæ magnitudine e vino, medetur intra diem tertium. Eadem et ex equino pullo similiterque vis est.

LXV. Fractis ossibus præsentaneus maxillarum apri cinis vel suis. Item lardum elixum atque circumligatum mira celeritate solidat. Costis quidem fractis laudatur unice caprinum fimum ex vino vetere; aperit, extrahit, persanat.

LXVI. Febres arcet cervorum caro, ut diximus. Eas quidem quæ certo dierum numero redeunt, oculus lupi dexter salsus adalligatusque, si credimus Magis. Est genus febrium, quod amphemerinon vocant. Hoc liberari tradunt, si quis e vena auris asini tres guttas sanguinis in duabus heminis aquæ hauserit. Quartanis Magi excrementa felis cum digito bubonis adalligari jubent, ne recidant, non removeri septeno circuitu. Quis hoc, quæso, invenire 2 potuit? quæve est ista mixtura? cur digitus potissimum bubonis electus est? Modestiores jecur felis decrescente luna occisæ inveteratum sale, ex vino bibendum ante accessiones quartanæ dixere. Iidem Magi fimi bubuli cinere consperso puerorum urina illinunt digitos pedum, manibusque leporis cor adalligant. Coagulum ante accessiones propinant. Datur et caseus caprinus recens cum melle, diligenter ex presso.

LXVII. (XVII.) Melancholicis fimum vituli in vino decoctum remedio est. Lethargicos excitat asini lichen, naribus illitus ex aceto: caprini cornus nidor aut pilorum:

l'âne appliquées aux narines dans du vinaigre; avec la fumée de la corne ou des poils de chèvre; avec le foie de sanglier; aussi le donne-t-on aux personnes engourdies. Pour la phthisie on a le foie de loup dans du vin, le lard d'une truie maigre nourrie d'herbe, la chair d'âne avec le bouillon qui en provient : c'est de cette façon qu'on guérit généralement dans l'Achaïe cette maladie. On dit que la fumée de la bouse de vache sèche, quand l'animal est au vert, avalée à l'aide d'un roseau, est bonne pour les phthisiques. On donne en boisson la pointe de la corne de bœuf brûlée, avec du miel, à la dose de deux cuillerées. Le suif de chèvre dans un potage d'alica, (XVIII, 29, 4) ou frais, fondu avec du vin miellé à la dose d'une once par cyathe, et remué avec une branche de rue, est, au dire de bon nombre de personnes, un remède pour la phthisie et la toux. Un auteur digne de foi affirme qu'un phthisique désespéré fut rétabli par un cyathe de suif de bouquetin et pareille mesure de lait. Il en est qui ont écrit s'être bien trouvés de la cendre de fiente de porc dans du vin de raisin sec et du poumon de cerf, surtout de cerf daguet, séché à la fumée et broyé dans du vin.

LXVIII. Pour l'hydropisie on a l'urine contenue dans la vessie de sanglier, et donnée à petite dose; celle qui a séché dans la vessie est plus efficace. On donne, à la dose de trois cuillerées dans une hémine de vin miellé, la cendre de la bouse de taureau de préférence, mais aussi de bœuf (je parle d'animaux élevés dans les herbages); on appelle cette bouse bolbiton (ordure) : on prend de la bouse de vache pour les femmes, de la bouse de taureau pour les hommes, distinction dont les mages ont voulu faire un mystère. On emploie en topique la bouse de veau mâle, la cendre de la fiente de veau avec la graine du staphylinus (*daucus carotta*, Sibth.) par égale portion, dans du vin; le sang de chèvre avec la moelle : on croit le sang de bouc encore plus efficace, surtout si l'animal a été nourri de lentisque.

LXIX. Pour l'érysipèle on emploie en topique la graisse d'ours, surtout celle des reins, la bouse de veau récente ou la bouse de vache, le fromage de chèvre sec avec du poireau, des raclures de peau de cerf obtenues avec la pierre ponce et broyées dans du vinaigre; quand il y a rougeur et prurit, l'écume de cheval ou la cendre du sabot : pour les éruptions pituiteuses, la cendre du crottin d'âne avec du beurre; pour les papules noires, le fromage de chèvre sec, délayé dans du miel et du vinaigre : l'opération se fait dans le bain, et on n'emploie pas d'huile; pour les pustules, la cendre de fiente de porc dans de l'eau, en topique, ou la cendre de corne de cerf.

LXX. Pour les luxations on a la fiente récente de sanglier ou de porc, la bouse de veau, l'écume de verrat récente avec du vinaigre, les crottes de chèvre avec du miel, la chair de bœuf en topique. Pour les gonflements on emploie la fiente de porc chauffée dans un test, et pilée avec de l'huile. Toutes les duretés du corps sont très-bien amollies par la graisse de loup en topique. Quant aux abcès dont il s'agit de procurer l'ouverture, on a un excellent remède dans la bouse de vache chauffée sur la cendre, ou dans la crotte de chèvre cuite avec du vin ou du vinaigre. On traite les furoncles par le suif de bœuf mêlé au sel, ou s'il y a douleur, trempé dans l'huile, liquéfié et sans sel; on emploie de la même manière le suif de chèvre.

LXXI. Pour les brûlures on a la graisse d'ours avec les oignons de lis, la fiente sèche de sanglier

---

jecur aprinum. Itaque et veternosis datur. Phthisicis medentur, jecur lupi ex vino, macræ suis feminæ herbis pastæ lardum, carnes asininæ ex jure sumtæ. Hoc genere maxime in Achaia curant id malum. Fimi quoque aridi, sed pabulo viridi pasto bove, fumum arundine haustum prodesse tradunt. Bubuli quoque cornus mucronem exustum, duorum cochlearium mensura, addito melle, pilulis devoratis. Capræ sevo in pulte ex alica et phthisin et tussim sanari, vel recenti, cum mulso liquefacto, ita ut uncia in cyathum addatur, rutæque ramo permisceatur, non pauci tradunt. Rupicapræ sevi cyatho, et lactis pari mensura, deploratum phthisicum convaluisse certus auctor affirmat. Sunt et qui suum fimi cinerem profuisse scripserint in passo : et cervi pulmonem, maxime subulonis, siccatum in fumo, tritumque in vino.

LXVIII. Hydropicis auxiliatur urina vesicæ apri paulatim data in potus : efficacius quæ inaruerit cum vesica sua. Fimi taurini maxime, sed et bubuli, de armentivis loquor (quod bolbiton vocant), cinis cochlearium trium in mulsi hemina, bovis feminæ in mulieribus, et ex altero sexu in viris, quod veluti mysterium occultarunt Magi. Fimum vituli masculi illitum, fimi vitulini cinis cum semine staphylini, æqua portione ex vino : sanguis caprinus cum medulla. Efficaciorem putant hircorum, utique si lentisco pascantur.

LXIX. Igni sacro ursinus adeps illinitur : maxime qui est ad renes : vitulinum fimum recens, vel bubulum : caseus caprinus siccus cum porro : ramenta pellis cervinæ dejecta pumice, ex aceto trita. Rubori cum prurigine, equi spuma, aut ungulæ cinis. Eruptionibus pituitæ, asinini fimi cinis cum butyro. Papulis nigris, caseus caprinus siccus ex melle et aceto in balineis, oleo remoto. Pusulis suilli fimi cinis aqua illitus, vel cornus cervini cinis.

LXX. Luxatis recens fimum aprinum vel suillum; Item vitulinum : verris spuma recens cum aceto : fimum caprinum cum melle : bubula caro imposita. Ad tumores fimum suillum in testa calefactum tritumque cum oleo. Duritias corporum omnes mollit optime adeps a lupis illitus. In his quæ rumpere opus est, plurimum proficit fimum bubulum in cinere calfactum, aut caprinum in vino vel aceto decoctum. In furunculis sevum bubulum cum sale : aut si dolor est, intinctum oleo, liquefactum sine sale : similique modo caprinum.

LXXI. In ambustis ursinus adeps cum lilii radicibus :

ou de porc, la cendre de leurs soies provenant des brosses qui servent à blanchir les murailles, broyée avec de la graisse ; la cendre de l'astragale d'un bœuf avec de la cire et de la moelle de cerf ou de taureau, la fiente de lièvre. Les crottes de chèvre guérissent, dit-on, les brûlures sans cicatrice. On fait avec les oreilles et les parties génitales de taureau une excellente colle, qui est tout ce qu'il y a de mieux pour les brûlures ; mais aussi rien de plus sujet à être falsifié avec de vieilles peaux quelconques, et même des souliers bouillis. La colle de Rhodes est celle qui trompe le moins ; aussi les peintres et les médecins l'emploient-ils. Plus elle est blanche, meilleure elle est ; on rejette celle qui est noire et ligneuse.

1 LXXII. Pour les douleurs de nerfs on regarde comme très-utile la crotte de chèvre cuite dans du vinaigre avec du miel, quand même le nerf tendrait à la putréfaction. On traite les ruptures et les contusions par la fiente de sanglier ramassée au printemps et séchée. On traite de même ceux qui se sont donné un effort en conduisant les quadriges, ceux qui ont été blessés par la roue, ceux qui ont des meurtrissures, de quelque façon que ce soit ; on peut l'employer même récente ; il en est qui la croient plus efficace cuite dans du vinaigre. On prétend même que cette fiente réduite en poudre, et bue dans du vinaigre, est bonne pour les ruptures, les blessures et les chutes. Les plus difficiles en prennent la cendre dans de l'eau ; et l'on rapporte que l'empereur Néron était dans l'usage de se rafraîchir avec cette boisson, voulant, même de la sorte, se recommander auprès des conducteurs de char. La fiente de porc passe pour avoir presque autant de vertu.

1 LXXIII. (XVIII.) On arrête les hémorragies par la présure de cerf dans du vinaigre, par la présure de lièvre, par la cendre du poil de lièvre, par la cendre du crottin d'âne : le crottin venant des mâles est plus efficace ; on y mêle du vinaigre, et on l'applique avec de la laine sur toutes les hémorragies. On emploie de même le poil de la tête et de la cuisse du cheval ; la cendre de la bouse du veau, dans du vinaigre ; la cendre de la corne ou de la fiente de chèvre, dans du vinaigre ; le suc qui s'écoule du foie de bouc haché, et qui passe pour plus efficace ; la cendre du foie de chèvre, ou de bouc prise dans du vin ou appliquée dans du vinaigre aux narines ; la cendre d'une outre de bouc à mettre le vin, avec un poids égal de résine : ce remède arrête le sang et agglutine la plaie. La présure de chevreau dans du vinaigre, et la cendre des cuisses brûlées de cet animal passent pour avoir la même vertu.

LXXIV. Les ulcères des jambes et des cuisses 1 se traitent par la graisse d'ours avec de la terre rouge ; les ulcères serpigineux, par le fiel de sanglier avec de la résine et de la céruse, par la cendre des mâchoires de sanglier ou de porc, par la fiente de porc appliquée sèche, par la fiente de chèvre chauffée dans du vinaigre. On déterge et on cicatrise les autres ulcères par le beurre, par la cendre de corne de cerf, par la moelle de cerf, par le fiel de taureau avec de l'huile de cyprus (XII, 51) ou d'iris. Sur les blessures faites par le fer on applique la fiente récente de porc, ou cette fiente séchée en poudre. Quand les ulcères sont phagédéniques et fistuleux on y 2 met du fiel de taureau avec du suc de poireau ou du lait de femme ; on y met encore du sang en poudre avec la plante appelée cotylédon (XXV, 101). On traite les carcinomes par la présure de

aprinum aut suillum fimum inveteratum : setarum ex his e penicillis tectoriis cinis cum adipe tritus : tali bubuli cinis cum cera et medulla cervina, vel tauri : fimum leporis. Et caprarum fimus sine cicatrice sanare dicitur. Glutinum præstantissimum fit ex auribus taurorum, et genitalibus. Nec quidquam efficacius prodest ambustis. Sed adulteratur nihil æque, quibusvis pellibus inveteratis, calceamentisque etiam decoctis. Rhodiacum fidelissimum : eoque pictores et medici utuntur. Id quoque quo candidius, eo probatius. Nigrum et lignosum damnatur.

1 LXXII. Nervorum doloribus, fimum caprinum decoctum in aceto cum melle, utilissimum putant, vel putrescente nervo. Spasmata, et percussu vitiata, fimo aprugno curant, vere collecto et arefacto. Sic et quadrigis agendis tractos, rotave vulneratos : et quoquo modo sanguine contuso, vel si recens illinatur. Sunt qui incoxisse aceto utilius putent. Quin et in potu farinam eam ruptis, convulneratisque, et eversis, ex aceto salutarem promittunt. Reverentiores cinerem ejus ex aqua bibunt. Feruntque et Neronem principem hac potione recreari solitum, quum sic quoque se trigario approbare vellet. Proximam suillo fimo vim putant.

1 LXXIII. (XVIII.) Sanguinem sistit coagulum cervinum ex aceto : item leporis. Hujus quidem et pilorum cinis : item ex fimo asini cinis illitus. Efficacior vis e maribus aceto admixto, et in lana ad omne profluvium imposito : similiter ex equino capite et femine. Aut fimi vitulorum cinis illitus ex aceto. Item caprini cornus vel fimi ex aceto. Hircini vero jocineris dissecti sanies efficacior : et cinis utriusque ex vino potus, vel naribus ex aceto illitus. Hircini quoque utris vinarii dumtaxat cinis, cum pari pondere resinæ : quo genere sistitur sanguis, et vulnus glutinatur. Hœdinum quoque coagulum ex aceto, et feminum ejus combustorum cinis, similiter pollere traduntur.

LXXIV. Hulcera sanat in tibiis cruribusque adeps ursinus, admixta rubrica. Quæ vero serpunt, fel aprugnum 1 cum resina et cerussa, maxillarum apri vel suum cinis : fimum suum illitum siccum, item caprinum ex aceto subfervefactum. Cætera purgantur et explentur butyro : cornus cervini cinere, vel medulla cervi, felle taurino cum cyprino oleo, aut irino. Fimum recens suum, vel inveterati farina illinitur vulneribus ferro factis. Phage- 2 dænis et fistulis immittitur fel tauri, cum succo porri, aut lacte mulierum, vel sanguis aridus cum cotyledone herba. Carcinomata curat coagulum leporis, cum pari pondere capparis aspersum vino : gangrænas ursinum fel

lièvre arrosée de vin, avec pareil poids de câpres ; la gangrène, par le fiel d'ours appliqué avec une plume ; les ulcères serpigineux, en les saupoudrant avec la cendre de sabot d'âne. Le sang de cheval corrode les chairs par une vertu septique ; il en est de même du charbon de crottin sec de cheval : on traite les ulcères phagédéniques par la cendre de cuir de bœuf avec du miel. La chair de veau, ainsi que la bouse de vache avec du miel, 3 empêche le gonflement des plaies récentes. La cendre de cuisse de veau dans du lait de femme guérit les ulcères sordides et les ulcères cacoèthes ; la colle de taureau fondue, ôtée au bout de trois jours, les plaies récentes faites par le fer. Le fromage de chèvre sec, dans du vinaigre et du miel, déterge les ulcères. Le suif avec de la cire arrête le progrès des ulcères serpigineux, et, avec de la poix et du soufre, les guérit entièrement. La cendre des cuisses de chevreau, dans du lait de femme, a la même vertu pour les ulcères cacoèthes. La cervelle de truie guérit les charbons, rôtie et en topique.

1 LXXV. La gale de l'homme se guérit très-bien par la moelle d'âne, par l'urine du même animal appliquée avec la boue ; par le beurre, qui réussit dans la gale des bêtes de somme avec de la résine chaude ; par la colle de taureau fondue dans du vinaigre, avec addition de chaux ; par le fiel de chèvre, avec de l'alun calciné. La fiente de bœuf guérit l'éruption appelée boa ( xxiv, 35, 3 ) du nom du remède qu'on emploie. On traite la gale des chiens avec le sang frais de bœuf ; on frotte l'animal une seconde fois avec ce sang lorsqu'il est sec, et le lendemain on le nettoie avec de la cendre de lessive.

1 LXXVI. On fait sortir les épines et autres corps étrangers par les excréments de chat, par la crotte de chèvre dans du vin, par une présure quelconque, mais surtout par celle de lièvre, avec de la fleur d'encens et de l'huile, ou avec un poids égal de glu, ou avec la propolis. On ramène à la couleur du reste du corps les cicatrices noires, avec du suif d'âne ; le fiel de veau échauffé les efface : les médecins y ajoutent de la myrrhe, du miel et du safran, et le gardent dans une boîte de cuivre ; d'autres y mêlent de la fleur de cuivre ( xxxiv, 24 ).

LXXVII. (xix.) On provoque les menstrues 1 avec le fiel de taureau en pessaire dans de la laine en suint (Olympias de Thèbes y ajoute de l'hysope et du nitre), avec la cendre de corne de cerf en boisson ; la même cendre, en topique, est bonne pour les maux de la matrice, ainsi que le fiel de taureau en pessaire à la dose de deux oboles, avec de l'opium. Il est bon de faire des fumigations pour la matrice avec le poil de cerf. On prétend que les biches se sentant pleines avalent un petit caillou ; ce caillou, trouvé dans leurs excréments ou dans la matrice (car il se rencontre quelquefois aussi dans cet organe), empêche, porté en amulette, l'avortement. On trouve encore dans le cœur et dans la matrice de petits os très-bons pour les femmes enceintes et pour celles qui accouchent. Quant à l'espèce de pierre ponce 2 qu'on rencontre de même dans le ventre des vaches, nous en avons parlé à propos des bœufs (xi, 79, 3). La graisse de loup en topique amollit la matrice ; le foie en calme les douleurs. Il est avantageux aux femmes qui vont accoucher de manger de la chair de loup, ou, si elles sont en travail, d'avoir auprès d'elles une personne qui en ait mangé, tant cet animal a de vertu contre les maléfices ; mais quand cette personne vient de dehors elle gâte tout. Le lièvre est aussi d'un 3

---

penna illitum : asini ungularum cinis ea, quæ serpunt hulcera, inspersus. Sanguis equi adrodit carnes septica vi : item fimi equini inveterati favilla. Ea vero quæ phagedænas vocant in hulcerum genere, corii bubuli cinis cum melle. Caro vituli recentia vulnera non patitur intumescere : fi- 3 mum bubulum cum melle. Feminum vituli cinis sordida hulcera, et quæ cacoethe vocant, e lacte mulieris sanat. Recentia vero plagas ferro illatas, glutinum taurinum liquefactum, tertio die solutum. Caseus caprinus siccus ex aceto ac melle purgat hulcera. Quæ vero serpant, cohibet sevum cum cera : item addita pice ac sulphure percurat. Similiter proficit ad cacoethe, hœdi feminum cinis e lacte mulieris. Et ad carbunculos, suis feminæ cerebrum tostum illitumque.

1 LXXV. Scabiem hominis, asininæ medullæ maxime abolent : et urinæ ejusdem cum suo luto illitæ. Butyrum etiam, quod in jumentis proficit cum resina calida : glutinum taurinum in aceto liquefactum, addita calce : fel caprinum cum aluminis cinere : boas fimum bobulum : unde et nomen traxere. Canum scabies sanatur bubulo sanguine recenti : iterumque, quum inarescat, illito et, postero die abluto cinere lixivio.

LXXVI. Spinæ ac similia corpori extrahuntur felis ex- 1 crementis : item capræ ex vino : coagulo quocumque, sed maxime leporis, cum thuris polline et oleo, aut cum visci pari pondere, aut cum propoli. Cicatrices nigras sevum asininum reducit ad colorem. Fel vituli extenuat calefactum. Medici adjiciunt myrrham, et mel, et crocum, æreaque pyxide condunt. Aliqui et florem æris admiscent.

LXXVII. (xix.) Mulierum purgationes adjuvat fel tauri 1 in lana succida appositum. Olympias Thebana addit hyssopum et nitrum. Cornus cervini cinis potus. Item vulvæ laborantes, illitu quoque : et fel taurinum cum opio appositum obolis binis. Vulvas et pilo cervino suffire prodest. Tradunt cervas, quum senserint se gravidas, lapillum devorare : quem in excrementis repertum, aut in vulva ( nam et ibi invenitur) custodire partus adalligatum. Inveniuntur et ossicula in corde et in vulva, perquam utilia gravidis parturientibusque. Nam de pumice, qui in vaccarum 2 utero simili modo invenitur, diximus in natura boum. Lupi adeps illitus vulvas mollit ; dolores earum, jecur. Carnes lupi edisse parituris prodest ; aut si incipientibus parturire sit juxta qui ederit : adeo, ut etiam contra illatas noxias valeat. Eumdem supervenire, perniciosum est.

grand usage pour les femmes; le poumon sec, en boisson, est favorable à la matrice; le foie, pris dans de l'eau avec de la terre de Samos, est emménagogue. La présure facilite la sortie de l'arrière-faix (il faut s'abstenir de bain la veille); en pessaire dans de la laine avec du safran et du suc de poireau, elle fait sortir les fœtus morts. On pense que les parties génitales femelles d'un lièvre, en aliment, font concevoir des mâles; qu'il en est de même des testicules et de la présure de cet animal; que l'embryon arraché du ventre d'une hase rend la fécondité à une femme qui a cessé de concevoir; mais, au lieu de l'embryon, les mages font boire à l'homme de la sanie de lièvre. Ils donnent à une jeune fille neuf grains de fiente de lièvre, pour que les mamelles n'augmentent pas de volume; ils appliquent la présure avec du miel, pour le même motif; le sang de lièvre, là où ils veulent empêcher les poils arrachés de 4 repousser. Pour les gonflements de la matrice, il est avantageux d'employer en topique la fiente de sanglier ou de porc, avec de l'huile; cette même fiente séchée et en poudre, mise dans la boisson, dissipe encore mieux ces flatuosités, quand même les femmes affectées seraient grosses ou en couche. En administrant du lait de truie avec du vin miellé, on facilite l'accouchement; pris seul, ce lait fait venir le lait aux accouchées qui en manquent. En frottant le sein d'une femme avec du sang de truie, on l'empêche de trop grossir. Si le sein est douloureux, on calme la douleur en faisant boire du lait d'ânesse; ce lait, pris avec du miel, est emménagogue. Le vieux suif d'âne guérit les ulcérations de la matrice; en pessaire sur de la 5 laine, il en ramollit les duretés: seul, appliqué dans de l'eau, frais ou vieux, il est une sorte de dépilatoire. Une vieille rate du même animal, appliquée dans de l'eau sur le sein, fait venir le lait abondamment. Brûlée, la fumée dissipe l'hystérie. La fumée de sabot d'âne active l'accouchement, et fait même sortir les avortons. On ne l'emploie pas non plus en d'autres cas, car elle fait mourir le fruit vivant. Le crottin d'âne appliqué frais arrête, dit-on, merveilleusement les pertes. Il en est de même de la cendre de ce crottin, qui en pessaire est bonne pour la matrice. L'écume de cheval appliquée pendant quarante jours avant que les premiers poils sortent les empêche de paraître. Il en est de même de la décoction de corne de cerf, qui est plus efficace si la corne est récente. Le lait de cavale en injection est bon pour la matrice. Lorsqu'on sent 6 que l'enfant est mort dans le ventre de la mère, la callosité des jambes de cheval prise dans de l'eau douce le fait sortir; même effet avec la fumée de sabot de cheval ou avec le crottin sec. Le beurre en injection empêche la chute de la matrice. Le fiel de bœuf avec de l'huile rosat ouvre une matrice durcie; à l'extérieur on applique une peau de mouton avec de la térébenthine. On dit que la fumée de bouse de taureau empêche la chute de la matrice et facilite l'accouchement, et que l'usage du lait de vache en boisson aide à la conception. Il est certain que des femmes deviennent stériles pour avoir souffert dans le travail de l'accouchement: Olympias de Thèbes assure qu'on guérit cette cause de stérilité en frottant la partie avant le rapprochement avec du fiel de taureau, de la graisse de serpent, du vert-de-gris et du miel. Le fiel de veau, dont 7 on enduit les parties pendant les règles au moment des approches, amollit la dureté du ventre;

---

3 Magnus et leporis usus mulieribus. Vulvas adjuvat pulmo aridus potus: profluvia jecur cum Samia terra ex aqua potum: secundas coagulum: caventur pridiana balinea. Illitum quoque cum croco et porri succo, vellere appositum, abortus mortuos expellit. Si vulvæ leporum in cibis sumantur, mares concipi putant. Hoc et testiculis eorum, et coagulo profici. Conceptum leporis utero exemtum his quæ parere desierint, restituendæ fecunditatem afferre. Sed pro concepta, leporis saniem et viro Magi propinant. Item virgini novem grana fimi, ut stent perpetuo mammæ. Coagulum quoque ob id cum melle illinunt: sanguinem, 4 ubi evulsos pilos renasci nolunt. Inflationi vulvæ, fimum aprugnum suillumve cum oleo illini prodest. Efficacius sistit farina aridi, ut aspergatur potioni, vel si gravidæ aut puerperæ torqueantur. Lacte suis poto cum mulso adjuvantur partus mulierum. Per se vero potum, deficientia ubera puerperarum replet. Eadem circumlita sanguine feminæ suis, minus crescent. Si dolent, lactis asinini potu mulceantur: quod addito melle sumtum et purgationes earum adjuvat. Sanat et vulvarum exhulcerationes ejusdem animalis sevum inveteratum, et in vellere appositum 5 duritiem vulvarum emollit. Per se vero recens vel inveteratum, ex aqua illitum, psilothri vim obtinet. Ejusdem animalis lien inveteratus, ex aqua illitus mammis, abundantiam facit: vulvas suffitu corrigit. Ungulæ asininæ suffitæ partum maturant, ut vel abortum evocetur: nec aliter adhibentur, quoniam viventem partum necant. Ejusdem animalis fimum si recens imponatur, profluvia sanguinis mire sedare dicitur. Necnon et cinis ejusdem fimi, qui et vulvæ prodest impositus. Equi spuma illita per dies XL, prius quam primum nascantur pili, restinguuntur. Item cornus cervini decocto: melius, si recentia sint cornua. Lacte equino juvantur vulvæ collutæ. Quod si mor- 6 tuus partus sentiatur, lichen ex aqua dulci potus ejicit. Item ungulæ suffitæ, aut fimum aridum. Vulvas procidentes butyrum infusum sistit. Induratam vulvam aperit fel bubulum rosaceo admixto, foris vellere cum resina terebinthina imposito. Aiunt et suffitu fimi e mare bove, procidentes vulvas reprimi, partus adjuvari: conceptus vero vaccini lactis potu. Sterilitatem ob partus vexationem fieri, certum est. Hanc emendari Olympias Thebana affirmat felle taurino, et adipe serpentium, et ærugine ac melle, medicatis locis ante coitus. Vitulinum quoque fel, in pur- 7 gationibus sub coitu aspersum vulvæ, etiam duritiam ventris emollit, et profluvium minuit umbilico peruncto: atque in totum vulvæ prodest. Modum statuunt fellis

en onction sur l'ombilic il diminue le flux menstruel, et en général il est bon pour la matrice : la dose est un denier de fiel, un tiers de denier d'opium, quantité suffisante d'huile d'amandes ; le tout s'applique avec de la peau de mouton. Le fiel du veau mâle, broyé avec la moitié de son poids de miel, se conserve pour les maux de matrice. Si une femme mange vers l'époque de la conception de la chair de veau grillée avec de l'aristoloche, on lui promet qu'elle engendrera un garçon. La moelle de veau cuite dans de l'eau avec du suif et appliquée avec du vin est bonne en pessaire pour les ulcérations de la matrice : il en est de même de la graisse de renard et de la fiente de chat. Cette dernière s'applique avec de la résine et de l'huile rosat. On regarde comme très-utiles à la matrice les fumigations avec la corne de chèvre. Le sang des chèvres sauvages avec le palmier de mer (XIII, 49) est dépilatoire. Le fiel des autres chèvres, injecté, amollit les callosités de la matrice, et après le flux menstruel facilite la conception. Il a aussi des propriétés dépilatoires si on le laisse appliqué pendant trois jours sur l'endroit épilé. Les sages-femmes assurent que l'urine de chèvre en boisson et la fiente en topique arrêtent les pertes, quelque considérables qu'elles soient. La membrane où le chevreau naissant est enveloppé, desséchée et avalée dans du vin, fait sortir l'arrière-faix. On croit utile dans les affections de matrice de faire des fumigations avec le poil de chevreau, et dans les pertes d'administrer la présure de chevreau, ou d'appliquer la graine de jusquiame. Si l'on frotte les lombes d'une femme avec le sang des tiques prises à un bœuf sauvage noir, on lui inspire de l'aversion pour les plaisirs de l'amour, au dire d'Osthanes : on produit le même effet en faisant boire de l'urine de bouc, où l'on mêle du nard pour en ôter le dégoût.

LXXVIII. Aux enfants rien n'est plus utile que le beurre, soit seul, soit avec du miel, en particulier dans la dentition, pour les ulcérations des gencives et pour les ulcérations de la bouche. Une dent de loup en amulette empêche les enfants d'avoir peur, et les préserve des maladies de la dentition ; la peau de loup produit le même effet. Les plus grosses dents d'un loup attachées au cou des chevaux les rendent, dit-on, infatigables à la course. La présure de lièvre appliquée sur le sein des nourrices arrête la diarrhée des enfants. Le foie d'âne avec un peu de panax, instillé dans la bouche, préserve les enfants de l'épilepsie et d'autres maladies ; on recommande de faire cela pendant quarante jours. En jetant une peau d'âne sur un enfant on l'empêche d'être sujet aux frayeurs. Les premières dents qui tombent aux poulains, attachées au cou des enfants, rendent la dentition facile ; plus sûrement encore si elles n'ont pas touché la terre. Pour les maux de rate on fait manger la rate de bœuf dans du miel, et on l'emploie en topique. Pour les ulcères humides on l'emploie avec du miel. La rate de veau cuite dans du vin, broyée et appliquée, guérit les aphthes. Les mages font passer une cervelle de chèvre par un anneau d'or, et en font distiller dans la bouche des enfants avant qu'on leur ait donné à teter, pour les préserver de l'épilepsie et des autres maladies de l'enfance. La crotte de chèvre attachée au cou des enfants dans un morceau d'étoffe les empêche de se tourmenter, et surtout les filles. Si on frotte les gencives avec du lait de chèvre ou de la cervelle de lièvre, on rend la dentition facile.

LXXIX. Caton pense que la chair de lièvre en aliment fait dormir. L'opinion vulgaire est qu'elle embellit pour neuf jours, pur jeu de mots sans doute (lepus, *lièvre;* lepos, *grâce*); mais cette opinion est trop accréditée pour qu'il n'y ait point quelque raison au fond. D'après les mages, le fiel de chèvre, mais seulement d'une chèvre sacrifiée, appliqué en onction sur les yeux ou mis sous l'oreiller, procure le sommeil. On empêche la sueur en se frottant avec de la cendre de corne de chèvre, incorporée dans de l'huile de myrte.

1 LXXX. Parmi les aphrodisiaques on compte le fiel de sanglier à l'extérieur, la moelle de porc à l'intérieur, le suif d'âne avec de la graisse de jars à l'extérieur, l'humeur qui s'échappe d'une cavale qui vient d'être saillie, et que Virgile même (*Géorg.*, III, 280) a décrite, les testicules de cheval séchés et pulvérisés, de manière à être mis dans une boisson ; le testicule droit d'un âne pris dans du vin à dose convenable, ou attaché au bracelet; l'écume du même animal recueillie après le coït sur un morceau d'étoffe rose, et mise dans de l'argent, comme le prescrit Osthanes. Salpé ordonne de tremper sept fois les parties génitales d'un âne dans de l'huile bouillante, et de frotter avec cette huile les parties naturelles ; Bialcon veut qu'on en avale la cendre, ou qu'on boive l'urine d'un taureau qui vient de saillir, et qu'on se frotte le pubis avec la boue de cette urine. Au contraire les crottes de souris en topique ont pour les hommes une propriété antiaphrodisiaque. Le poumon rôti de sanglier ou de porc garantit de l'ivresse ; il faut le manger à jeun le jour même : celui de chevreau produit le même effet.

1 LXXXI. (XX.) On raconte en outre des merveilles des mêmes animaux. Un fer de cheval détaché du sabot, ce qui arrive souvent, mis en dépôt quelque part, est un remède pour le hoquet ; il suffit de se rappeler l'endroit où on l'a mis. Le foie de loup ressemble à un sabot de cheval ; et les chevaux qui montés par un cavalier suivent la trace des loups ne tardent pas à crever. Les astragales des porcs ont la propriété d'exciter la discorde. Dans les incendies, si on peut ôter des étables un peu de fumier, on en fait sortir plus aisément les animaux, et les brebis et les bœufs ne s'y rejettent pas. La chair des boucs perd l'odeur 2 forte qui lui est naturelle si le jour qu'on les tue on leur donne à manger du pain d'orge ou à boire du laser (XIX, 15) délayé dans de l'eau. Aucune viande salée au décours de la lune n'est sujette aux vers. Enfin on a tellement tout examiné, que je trouve qu'un lièvre sourd s'engraisse plus promptement. Quant aux remèdes pour les animaux, si une bête de somme a un flux de sang, il faut lui administrer en lavement de la fiente de porc dans du vin. Dans les maladies des bœufs on emploie le suif, le soufre vif, l'ail sauvage, un œuf cuit ; tout cela pilé se donne dans du vin : on emploie encore la graisse de renard. Le bouillon de chair de cheval en boisson guérit les maladies des porcs. On guérit les maladies de tous les quadrupèdes en faisant cuire une chèvre tout entière avec sa peau, et une grenouille buissonnière. Les renards ne touchent jamais aux volailles qui ont mangé un foie sec de renard, ou si le coq père de ces volailles a coché les poules, ayant au cou un morceau de la peau de ce même animal. La même propriété appartient au fiel de belette. Les bœufs dans l'île 3 de Chypre se guérissent des tranchées en mangeant des excréments humains. Leurs pieds ne s'usent point si avant de les mettre en marche on leur frotte les cornes avec de la poix liquide.

---

bitrator : vulgus et gratiam corpori in novem dies, frivolo quidem joco, cui tamen aliqua debeat subesse causa in tanta persuasione. Magi felle capræ, sacrificatæ dumtaxat, illito oculis, vel sub pulvino posito, somnum allici dicunt. Sudores inhibet cornus caprini cinis e myrteo oleo peruuctis.

1 LXXX. Coitus stimulat fel aprugnum illitum : item medullæ suum haustæ : sevum asininum, anseris masculi adipe admixto illitum. Item a coitu equi Virgilio quoque descriptum virus, et testiculi equini aridi, ut potioni interi possint : dexterve asini testis in vino potus pro portione, vel adalligatus brachiali. Ejusdem a coitu spuma collecta roseo panno, et inclusa argento, ut Osthanes tradit. Salpe genitale in oleum fervens mergi jubet septies, coque perungi pertinentes partes. Bialcon cinerem ex eodem bibi, vel tauri a coitu urinam, lutoque ipso illini pubem. At e diverso muris fimo illito cohibetur virorum Venus. Ebrietatem arcet pulmo apri aut suis assus, jejuni cibo sumtus eo die, item hædinus.

1 LXXXI. (XX.) Mira præterea traduntur in iisdem animalibus. Vestigium equi excussum ungula (ut solet plerumque) si quis collectum reponat, singultus remedium esse recordantibus quonam loco id reposuerint. Jecur luporum equinæ ungulæ simile esse, et rumpi equos qui vestigia luporum subequite sequantur. Talis suum discordiæ vim quandam inesse. In incendiis si fimi aliquid egeratur e stabulis, facilius extrahi, nec recurrere oves bovesque. Hircorum carnes virus non resipere, si panem 2 hordeaceum eo die, quo interficiantur, ederint, laservo dilutum biberint. Nullas vero teredinem sentire, luna decrescente induratas sale. Adeoque nihil omissum est, ut leporem surdum celerius pinguescere reperiamus. Animalium vero medicinas : si sanguis profluat jumentis, suillum fimum ex vino infundendum. Boum autem morbis sevum, sulphur vivum, allium silvestre, ovum coctum : omnia hæc trita in vino danda, aut vulpis adipem. Carnem caballinam discoctam, potu suum morbis mederi. Omnium vero quadrupedum morbis, capram solidam cum corio, et ranam rubetam discoctas. Gallinaceos non attingi a vulpibus, qui jecur animalis ejus aridum ederint : vel si pellicula ex eo collo induta, galli inierint. Similia in felle mustelæ. Boves in Cypro contra 3 tormina, hominum excrementis sibi mederi. Non subteri pedes boum, si prius cornua pice liquida perungantur.

Les loups n'approchent pas d'un champ si, après en avoir pris un, après lui avoir rompu les pattes et l'avoir égorgé, on répand peu à peu son sang autour du champ, et si on l'enterre ensuite à l'endroit d'où l'on a commencé de le traîner. On peut encore faire consumer au foyer des dieux Lares, où se rassemble la famille, le soc, ôté de la charrue, avec lequel on a tracé le premier sillon de l'année : le loup n'attaquera aucun animal dans le champ tant qu'on observera cet usage. Nous allons maintenant revenir à des animaux spéciaux, qui ne sont ni privés ni sauvages.

Lupos in agrum non accedere, si capti unius pedibus infractis, cultroque adacto paulatim sanguis circa fines agri spargatur : atque ipse defodiatur in eo loco, ex quo cœperit trahi. Aut si vomerem, quo primus sulcus eo anno in agro ductus sit, excussum aratro, focus Larium, quo familia convenit, absumat : ac lupum nulli animali nociturum in eo agro, quamdiu id fiat. Hinc deinde revertemur ad animalia sui generis, quæ aut placida non sunt, aut fera.

# NOTES DU VINGT-HUITIÈME LIVRE.

(1) Confitendum sit. De tota conjectione prisci quidem Vulg. — La ponctuation que j'ai suivie a été indiquée par Pintianus. Cette correction me paraît indubitable.

(2) Ad se Cod. Reg. II. — A se Vulg.

(3) Voyez la note 33 du livre III.

(4) Dans le passage parallèle, VII, 2, 5, Pline dit que les Ophiogènes étaient de la ville de Parium, sur la côte de l'Hellespont.

(5) Recipere Vulg. — Respicere Dalech., Sillig.

(6) Aiunt, cardinibus ostiorum aceto affuso : lutum Vulg. — J'ai changé la ponctuation.

(7) Pisce Vulg. — Vase Chifflet., Reg. II, Sillig. — Osse Editt. ante Hard.

(8) Valetudini in varietatem Vulg. — In om. Sillig ex Othouv.

(9) Ce Mécène Mélissus était un grammairien; voyez 'Index des auteurs, au mot *Melissus*.

(10) Voy. livre XI, note 20.

(11) Mamillam Vulg. — Maxillam Vet. Dalech.

(12) J'ai traduit *glaucomata et suffusiones* par un seul mot : *cataracte*. Voici pourquoi : M. Sichel a fait voir (*Mémoire sur le glaucôme*, p. 135) que le *glaucoma* des Grecs est la cataracte. D'un autre côté, la cataracte s'appelle en latin *suffusio*. Je pense donc qu'ici Pline a réuni les deux noms, grec et latin, d'une même affection.

(13) Liberati siut Vulg. — Liberati sunt Vet. Dalech.

(14) Pline a oublié cette promesse.

(15) Axungia : ce mot latin avait passé dans les livres des Grecs qui écrivaient sur la matière médicale.

(16) L'opocarpathum est le suc du carpathum. Le carpathon ou carpason était regardé comme un poison; et Galien, *Antidot.* 1, remarque qu'on s'en servait souvent pour sophistiquer l'aloès. Bruce, dans les *Transact. phil.*, vol. 65, voit l'opocarpathum des anciens dans une certaine gomme, *sassa*, avec laquelle l'aloès est encore aujourd'hui falsifié en Abyssinie.

(17) Le pharicon était une sorte de poison composé, qui nous est complétement inconnu.

(18) Usus Vulg. — Visus Elzev.

(19) Suppurationes. Sed podagricis Vulg. — Suppurationes minantia. Eadem res et podagricis Editt. Vett. ante Harduin.

# LIVRE XXIX.

I. La nature des remèdes et la multiplicité des médicaments déjà dits et encore à dire nous oblige à entrer dans quelques détails sur l'art même de la médecine. Je n'ignore pas cependant qu'avant moi (1) personne n'a traité ce sujet en latin, et que si toute entreprise nouvelle est difficile et d'un succès douteux, cela est vrai surtout pour cette matière, si peu susceptible d'agrément et si laborieuse à exposer. Tous ceux qui sont au fait des choses demanderont vraisemblablement comment on a pu abandonner, dans la pratique de la médecine, des moyens tout préparés et si convenables : on s'étonnera, on s'indignera qu'aucun art n'ait été plus inconstant et ne soit encore sujet à plus de variations, bien que le plus lucratif de tous. Le fait est que la médecine a commencé par mettre ses inventeurs au rang des dieux, et leur donner la consécration du ciel; et encore aujourd'hui on implore pour les maladies, de plusieurs manières, le secours des oracles. Elle augmenta ensuite sa célébrité en se chargeant d'un attentat, et feignant qu'Esculape avait été frappé de la foudre pour avoir ressuscité Tyndarée. Néanmoins elle ne cessa pas de raconter que d'autres, par son moyen, avaient été rendus à la vie. Elle avait déjà un certain éclat dès le temps de la guerre de Troie, époque où les traditions deviennent plus certaines; mais elle était bornée au traitement des blessures.

II. La suite de son histoire, chose étrange, reste cachée dans la nuit la plus profonde jusqu'à la guerre du Péloponnèse; alors elle fut remise en honneur par Hippocrate, né à Cos, île des plus célèbres et des plus puissantes, et consacrée à Esculape. C'était l'usage que les personnes guéries écrivissent dans le temple de ce dieu les remèdes qui leur avaient réussi, afin qu'on en pût profiter dans les cas semblables : Hippocrate, dit-on, copia ces inscriptions, et, après avoir (c'est du moins l'opinion de Varron chez nous) incendié le temple, il institua la médecine appelée clinique. Dans la suite, la profession devint de plus en plus lucrative; car Prodicus (2), né à Selymbrie, et l'un de ses disciples, fonda ce qu'on appelle l'iatraleptique, et trouva moyen d'enrichir jusqu'aux baigneurs et frotteurs employés par les médecins.

III. Les règles de ces anciens furent changées par Chrysippe (3) avec un verbiage immense; mais à lui aussi sa doctrine fut grandement modifiée, et elle le fut par son disciple Érasistrate, fils de la fille d'Aristote. Érasistrate ayant guéri le roi Antiochus, nous rappellerons, afin de commencer à inscrire les profits de la médecine, qu'il fut gratifié de cent talents (575,000 fr.) par le roi Ptolémée, fils d'Antiochus.

IV. Une autre secte, surnommée empirique parce qu'elle ne consultait que l'expérience, prit naissance dans la Sicile, et eut pour chef Acron

## LIBER XXIX

I. Natura remediorum, atque multitudo instantium ac præceptorum, plura de ipsa medendi arte cogunt dicere : quanquam non ignarus sim, nullius ante hæc latino sermone condita, ancepsque lubricum esse rerum omnium novarum, talium utique, tam sterilis gratiæ, tantæque difficultatis, in promendo. Sed quoniam occurrere verisimile est omnium qui hæc cognoscant cogitationi, quonam modo exoleverint in medicinæ usu, quæ tam parata atque pertinentia erant : mirumque et indignum protinus subit, nullam artium inconstantiorem fuisse, et etiamnum sæpius mutari, quum sit fructuosior nulla : diis primum inventores suos assignavit, et cælo dicavit. Necnon et hodie multifariam ab oraculis medicina petitur. Auxit deinde famam etiam crimine, ictum fulmine Æsculapium fabulata, quoniam Tyndareum revocavisset ad vitam. Nec tamen cessavit narrare alios revixisse opera sua, clara Trojanis temporibus, quibus fama certior, vulnerum tamen duntaxat remediis.

II. Sequentia ejus (mirum dictu) in nocte densissima latuere usque ad Peloponnesiacum bellum : tunc eam revocavit in lucem Hippocrates, genitus in insula Coo, in primis clara ac valida, et Æsculapio dicata. Is quum fuisset mos, liberatos morbis scribere in templo ejus dei quid auxiliatum esset, ut postea similitudo proficeret, exscripsisse ea traditur, atque (ut Varro apud nos credit) templo cremato, instituisse medicinam hanc, quæ clinice vocatur. Nec fuit postea quæstus modus : quoniam Prodicus Selymbriæ natus, e discipulis ejus, instituens quam vocant iatralepticen, reunctoribus quoque medicorum ac mediastinis vectigal invenit.

III. Horum placita Chrysippus ingenti garrulitate mutavit, plurimumque et ex Chrysippo discipulus ejus Erasistratus, Aristotelis filia genitus. Hic Antiocho rege sanato c talentis donatus est a rege Ptolemæo filio ejus, ut incipiamus et præmia artis ostendere.

IV. Alia factio (ab experimentis cognominant empiricen),

d'Agrigente, recommandé par le témoignage d'Empédocle le physicien.

1 V. Ces écoles, longtemps en dissidence, furent toutes condamnées par Hérophile, qui fit correspondre, suivant les âges, les battements du pouls à des mesures musicales (XI, 88). Cette secte fut à son tour abandonnée, parce qu'on ne pouvait lui appartenir sans être lettré. Celle même dont Asclépiade fut, comme nous avons dit ( XXVI, 7 et 8 ), le fondateur, éprouva aussi des modifications. Son disciple Thémison, qui y fut fidèle dans ses premiers écrits, la modifia, après la mort du maître, qui ne tarda pas à survenir, en un système à lui. Ce système fut renversé par Antonius Musa (XIX, 38, 4), disciple de Thémison, et autorisé par le dieu Auguste, qu'il avait tiré d'une maladie dangereuse par une méthode con-
2 traire. Je passe sous silence beaucoup de médecins et de très-célèbres, tels que les Cassius, les Calpetanus, les Arruntius, les Albutius, les Rubrius. Les honoraires qu'ils recevaient annuellement des princes montaient à deux cent cinquante mille sesterces (52,500 fr.). Q. Stertinius voulait que les princes lui sussent gré de sa modération, parce qu'il se contentait de cinq cent mille sesterces par an (105,000 fr.) ; et, en effet, il montrait, en énumérant les maisons, que la ville lui en rapportait six cent mille ( 126,000 fr. ). L'empereur Claude donnait au frère de ce médecin de pareils honoraires ; et les deux frères, quoiqu'ils eussent épuisé leur fortune à orner Naples d'édifices publics, laissèrent à leurs héritiers trente millions de sesterces (6,300,000 fr. ). Arruntius était jusque-là le seul qui eût eu autant d'argent. Puis vint Vectius Valens, célèbre par ses liaisons adultères avec Messaline, femme de l'empereur Claude, et qui, outre la médecine, cultivait l'éloquence. Étant ainsi dans la faveur, il établit une nouvelle secte. La même époque vit, sous le règne de 3 Néron, la médecine passer entre les mains de Thessalus, qui ne laissait debout aucun des préceptes des anciens, et déclamait avec une sorte de fureur contre les médecins de tous les siècles ; avec quelle discrétion et avec quel esprit ? c'est ce qu'on peut apprécier par un seul trait : il se donna sur son tombeau, qui est le long de la voie Appienne, le titre d'Iatronice ( vainqueur des médecins ). Aucun histrion, aucun palefrenier des cavales du Cirque n'avait, quand il sortait en public, un cortège plus nombreux. Au milieu de cette vogue, son crédit fut éclipsé par celui de Crinas, de Marseille. Crinas, pour paraître plus précautionné et plus religieux, joignait deux arts : il donnait les aliments d'après le mouvement des astres, consigné sur des éphémérides mathématiques, et observait les heures. Tout récemment, il vient de laisser dix millions 4 de sesterces (2,100,000 fr.), après avoir dépensé une somme presque égale à construire les murailles de sa ville natale, et à bâtir dans d'autres villes. C'étaient là les maîtres de nos destinées, quand tout à coup Charmis, de la même ville de Marseille, fit invasion dans Rome. Non-seulement il condamna les anciens médecins, mais encore il proscrivit les bains chauds, et il persuada, même dans la rigueur de l'hiver, de se baigner à l'eau froide. Il plongea les malades dans les bassins ; on voyait des vieillards consulaires mettre de l'ostentation à se geler ; nous avons même sur cela le témoignage (4) personnel de Sénèque ( Epist. 53 et 83 ). Il n'est pas douteux que tous ces gens-là, cherchant la vogue par quelque nouveauté, l'achetaient aux dépens

---

cœpit in Sicilia, Acrone Agrigentino Empedoclis physici auctoritate commendato.

1 V. Dissederuntque hæ diu scholæ : et omnes eas damnavit Herophilus, in musicos pedes venarum pulsu descripto per ætatum gradus. Deserta deinde et hæc secta est : quoniam necesse erat in ea litteras scire. Mutata et quam postea Asclepiades (ut retulimus) invenerat. Auditor ejus Themison fuit, qui quæ inter initia scripsit, illo
2 mox recedente a vita, ad sua placita mutavit. Sed et illa Antonius Musa ejusdem auctoritate divi Augusti, quem contraria medicina gravi periculo exemerat. Multos præter eo medicos, celeberrimosque ex iis Cassios, Calpetanos, Arruntios, Albutios, Rubrios. Ducena quinquagena H-S annua mercede iis fuere apud principes. Q. vero Stertinius imputavit principibus, quod H-S quingenis annuis contentus esset : sexcena enim sibi quæstu urbis fuisse numeratis domibus ostendebat. Par et fratri ejus merces a Claudio Cæsare infusa est : censusque, quanquam exhausti, operibus Neapoli exornata, heredi II-S ccc reliquere, quantum ad eam ætatem Arruntius solus. Exortus deinde est Vectius Valens, adulterio Messalinæ Claudii Cæsaris nobilitatus, pariterque eloquentiæ assectator. Is eam potentiam nactus, novam instituit sectam. Eadem 3 ætas Neronis principatu ad Thessalum transilivit : delentem cuncta majorum placita, et rabie quadam in omnis ævi medicos perorantem : quali prudentia ingenioque, æstimari vel uno argumento abunde potest, quum monumento suo (quod est Appia via) latronicen se inscripserit. Nullius histrionum equarumque trigarii comitatior egressus in publico erat : quum Crinas Massiliensis arte geminata, ut cautior religiosiorque, ad siderum motus ex ephemeride mathematica cibos dando, horasque observando, auctoritate eum præcessit : nuperque centies H-S reliquit, 4 muris patriæ, mœnibusque aliis pæne non minori summa exstructis. Hi regebant fata, quum repente civitatem Charmis ex eadem Massilia invasit, damnatis non solum prioribus medicis, verum et balineis : frigidaque etiam libernis algoribus lavari persuasit. Mersit ægros in lacus. Videbamus senes consulares usque in ostentationem rigentes. Qua de re exstat etiam Annæi Senecæ adstipulatio. Nec dubium est, omnes istos famam novitate aliqua aucupantes anima statim nostra negotiari. Hinc illæ circa 5 ægros miseræ sententiarum concertationes, nullo idem censente, ne videatur accessio alterius. Hinc illa infelicis

5 de notre vie. De là ces misérables débats au chevet des malades, personne n'accédant à l'avis déjà émis, de peur de paraître subordonné à un autre; de là cette funeste inscription sur un tombeau : LE GRAND NOMBRE DE MÉDECINS M'A TUÉ.

La médecine varie tous les jours, après avoir été tant de fois modifiée. Nous sommes poussés par le vent du charlatanisme grec; et il est évident que le premier d'entre eux habile à pérorer devient aussitôt l'arbitre de notre vie et de notre mort; comme si des milliers de peuples ne vivaient pas sans médecins, non pas, il est vrai, sans médecine; tel fut le peuple romain (xx, 33) pendant plus de six cents ans; cependant il n'a jamais été lent à recevoir les arts utiles; il a même accueilli la médecine avec avidité, jusqu'à ce que, épreuve faite, il l'ait condamnée.

VI. C'est ici le lieu de retracer ce qui s'est passé de plus remarquable chez nos pères à ce sujet. Cassius Hemina, auteur des plus anciens, rapporte que le premier médecin qui vint à Rome fut Archagathus du Péloponnèse, fils de Lysanias, sous le consulat de L. Æmilius et de L. Julius, l'an de Rome 535, qu'on lui donna le droit quiritaire, et qu'on lui acheta des deniers publics une boutique, (5) dans le carrefour Acilien ; qu'il fut appelé Vulnerarius (médecin des plaies), à cause de sa spécialité; que d'abord la venue fut merveilleusement agréable, mais qu'ensuite sa cruauté à couper et à brûler lui fit donner le nom de bourreau, et dégoûta de l'art et de tous les médecins. C'est ce qu'on peut très-bien comprendre d'après M. Caton, personnage à l'autorité duquel le triomphe et la censure n'ont que la moindre part, tant il vaut par lui-même. Nous rapportons ses propres paroles.

VII. « Je vous parlerai de ces Grecs, mon fils Marcus, en temps et lieu. Je vous marquerai ce que je trouve d'excellent à Athènes, et je démontrerai qu'il est bon de prendre une teinture de leurs lettres, mais non de les approfondir. C'est une race perverse et indocile. Croyez qu'un oracle vous parle quand je vous dis : Toutes les fois que cette nation apportera ses connaissances elle corrompra tout. Ce sera bien pis si elle nous envoie ses médecins : ils ont juré entre eux de tuer tous les barbares à l'aide de la médecine ; ils exercent cette profession moyennant salaire, pour gagner leur confiance et les perdre facilement. Nous aussi ils nous appellent barbares, et nous flétrissent même plus que les autres, en nous donnant le sobriquet d'Opiques (6). Une fois pour toutes, je vous interdis les médecins. »

VIII. Caton, qui écrivait ceci, est mort l'an 605 de Rome, et à l'âge de quatre-vingt-cinq ans : on ne niera donc pas qu'il ait eu une expérience suffisante, soit dans la durée de la république, soit dans la durée de sa propre vie. Quoi donc! penserons-nous qu'il ait condamné une chose excellente? Non sans doute, car il retrace les moyens médicaux par lesquels il a procuré à lui et à sa femme une longue vieillesse; or, ces moyens sont ceux dont nous traitons ici. Il déclare encore qu'il a un livre de recettes à l'aide duquel il soigne son fils, ses esclaves et ses amis; c'est ce livre que nous donnons ici, divisé suivant l'ordre des maladies. Les anciens condamnaient l'art, mais non la chose; surtout ils ne voulaient pas que la vie des hommes fût au prix d'un énorme salaire; et c'est pour cela, dit-on, que, même en recevant Esculape, ils lui construisirent un temple hors de la ville, et puis dans une île; c'est pour cela que lorsqu'ils chassèrent les Grecs de l'Italie, longtemps après Caton, les mé-

---

monumenti inscriptio, TURBA SE MEDICORUM PERISSE. Mutatur ars quotidie, toties interpolis, et ingeniorum Græciæ flatu impellimur : palamque est, ut quisque inter istos loquendo valuerit, imperatorem illico vitæ nostræ necisque fieri ; ceu vero non millia gentium sine medicis degant, nec tamen sine medicina : sicut populus romanus ultra sexcentesimum annum, nec ipse in accipiendis artibus lentus, medicinæ vero etiam avidus, donec expertam damnavit.

VI. Etenim percensere insignia priscorum in his moribus convenit. Cassius Hemina, ex antiquissimis auctor est, primum e medicis venisse Romam Peloponneso Archagathum Lysaniæ filium, L. Æmilio, L. Julio coss. anno Urbis DXXXV, eique jus Quiritium datum, et tabernam in compito Acilio emtam ob id publice : vulnerarium eum fuisse e re dictum ; mireque gratum adventum ejus initio, mox a sævitia secandi urendique, transisse nomen in carnificem, et in tædium artem omnesque medicos : quod clarissime intelligi potest ex M. Catone, cujus auctoritati triumphus atque censura minimum conferunt : tanto plus in ipso est. Quamobrem verba ejus ipsa ponemus.

VII. « Dicam de istis Græcis suo loco, Marce fili : quid Athenis exquisitum habeam, et quod bonum sit illorum litteras inspicere, non perdiscere, vincam. Nequissimum et indocile genus illorum ; et hoc puta vatem dixisse : Quandocumque ista gens suas litteras dabit, omnia corrumpet : tum etiam magis, si medicos suos huc mittet. Jurarunt inter se barbaros necare omnes medicina. Et hoc ipsum mercede faciunt, ut fides iis sit, et facile disperdant. Nos quoque dictitant barbaros, et spurcius nos quam alios opicos appellatione fœdant. Interdixi tibi de medicis. »

VIII. Atque hic Cato DCV anno urbis nostræ obiit, LXXXV suo, ne quis illi defuisse publice tempora, aut privatim vitæ spatia ad experiendum arbitretur. Quid ergo? damnatam ab eo rem utilissimam credimus? Minime hercules : subjicit enim qua medicina, et se, et conjugem usque ad longam senectam perduxerit, iis ipsis scilicet, quæ nunc nos tractamus ; profiteturque esse commentarium sibi, quo medeatur filio, servis, familiaribus, quem nos per genera usus sui digerimus. Non rem antiqui damnabant, sed artem. Maxime vero quæstum esse immani pretio vitæ, recusabant. Ideo templum Æsculapii, etiam quum reciperetur is deus, extra urbem fecisse, iterumque in insula traduntur. Et quum Græcos Italia pellerent, diu

decins furent spécialement compris dans le décret. J'enchérirai sur leur prévoyance. La médecine est le seul des arts de la Grèce que jusqu'à présent la gravité romaine ne cultive pas, quelque lucratif qu'il soit. Peu de Romains s'en sont mêlés, et ceux-là même se sont faits Grecs aussitôt. Bien plus, il n'y a d'autorité, même chez les ignorants et ceux qui ne savent pas le grec, que pour les médecins qui écrivent dans cette langue; et l'on a moins de confiance pour ce qui concerne 3 la santé si l'on comprend. Dans le fait, c'est le seul art où l'on en croit tout d'abord quiconque se dit expert, quoique jamais l'imposture ne soit plus dangereuse. Mais c'est ce qu'on n'envisage point, tant on est séduit par la douceur d'espérer. Il n'y a d'ailleurs aucune loi qui châtie l'ignorance, aucun exemple de punition capitale. Les médecins apprennent à nos risques et périls; ils expérimentent en tuant avec une impunité souveraine, et le médecin est le seul qui puisse donner la mort. Que dis-je? on rejette le tort sur le malade; on accuse son intempérance, et l'on 4 fait le procès de ceux qui ont succombé. Il est d'usage que les juges des décuries soient passés par la censure des empereurs; les informations vont jusqu'à pénétrer dans l'intérieur des maisons; on fait venir de Cadix et des Colonnes d'Hercule un homme pour juger une affaire d'un écu; l'exil ne peut être prononcé que par quarante-cinq personnes légalement élues; mais quand il s'agit de la vie du juge lui-même, les quelques gens est composé le conseil qui peut le tuer immédiatement! Nous n'avons que ce que nous méritons. Personne ne veut savoir ce qui est nécessaire à son propre salut. Nous nous promenons par les jambes d'autrui, nous reconnaissons par les yeux d'autrui,

nous saluons grâce à la mémoire d'autrui, nous ne vivons que par autrui; les biens précieux de la nature et les instruments de la vie sont perdus pour nous; nous ne regardons comme à nous que nos délices. Je n'abandonnerai pas Caton exposé par 5 moi à la haine d'une profession si ambitieuse, ni ce sénat qui pensait comme lui; et je le ferai sans rappeler les crimes de la médecine, comme on pourrait s'y attendre. Quelle profession en effet est plus fertile en empoisonnements ou en captations frauduleuses de testaments? Ajoutons les adultères même dans le palais des princes, par exemple l'adultère d'Eudémus avec Livie, femme de Drusus César (7), et celui de Valens avec l'impératrice que j'ai citée. N'imputons point, si l'on veut, ces désordres à l'art; ne les imputons qu'aux individus. Caton, je pense, n'y songeait pas plus pour Rome qu'il ne songeait aux impératrices. Je passerai même sous silence l'avarice, les mar- 6 chés cupides quand la destinée est pendante, les douleurs taxées, les arrhes prélevées sur la mort, et ces secrets du métier, par exemple : déplacer seulement, au lieu de l'extraire, le corps opaque dans l'œil. Aussi, rien ne paraît-il plus avantageux que le grand nombre de ces aventuriers; ce n'est pas la pudeur, c'est la concurrence qui leur fait baisser leurs prix. On sait que ce Charmis, dont nous avons parlé, passa marché avec un malade de province pour deux cent mille sesterces (42,000 fr.); que l'empereur Claude confisqua sur Alcon le chirurgien, condamné, dix millions de sesterces (2,100,000 fr.); et que ce chirurgien, exilé dans les Gaules, ayant été rappelé, en gagna autant en peu d'années. Mais que ces faits soient personnels; n'accusons même pas l'ignorance et la bas- 7 sesse de la tourbe médicale, l'abus qu'ils font des re-

etiam post Catonem, excepisse medicos. Angebo providentiam illorum. Solam hanc artium græcarum nondum exercet romana gravitas in tanto fructu : paucissimi Quiritium attigere, et ipsi statim ad Græcos transfugæ : immo vero auctoritas aliter quam græce eam tractantibus, etiam apud imperitos expertesque linguæ, non est. Ac minus credunt, quæ ad salutem suam pertinent, si intelligunt.
3 Itaque hercule in hac artium sola evenit, ut cuicumque medicum se professo statim credatur, quum sit periculum in nullo mendacio majus. Non tamen illud intuemur, adeo blanda est sperandi pro se cuique dulcedo! Nulla præterea lex, quæ puniat inscitiam : capitale nullum exemplum vindictæ. Discunt periculis nostris, et experimenta per mortes agunt : medicoque tantum hominem occidisse impunitas summa est. Quinimmo transit convitium, et intemperantia culpatur : utroque qui periere arguuntur.
4 Sed decuriæ pro more censuris principum examinantur, inquisitio per parietes agitur : et qui de nummo judicet, a Gadibus columnisque Herculis accersitur : de exilio vero non nisi XLV electis viris datur tabella. At de judice ipso quales in consilium eunt, statim occisuri? Merito, dum nemini nostrum libet scire, quid saluti suæ opus sit. Alienis pedibus ambulamus : alienis oculis agnoscimus :

aliena memoria salutamus : aliena vivimus opera; periuntque rerum naturæ pretia, et vitæ argumenta. Nihil aliud pro nostro habemus, quam delicias. Non deseram 5 Catonem tam ambitiosæ artis invidiæ a me objectum, aut senatum illum, qui ita censebat, idque non criminibus artis arreptis, ut aliquis exspectaverit. Quid enim venenorum fertilius, aut unde plures testamentorum insidiæ? Jam vero et adulteria etiam in principum domibus, ut Eudemi in Livia Drusi Cæsaris : item Valentis, in qua dictum est regina. Ne sint artis ista, sed hominum. Non magis hæc urbi timuit Cato, ut equidem credo, quam reginas. Ne avaritiam quidem arguam, rapacesque nundinas 6 pendentibus fatis, et dolorum indicaturam, ac mortis arrham, aut arcana præcepta, squamam in oculis emovendam potius, quam extrahendam : per quæ effectum est, ut nihil magis prodesse videretur, quam multitudo grassantium. Neque enim pudor, sed æmuli pretia summittunt. Notum est ab eodem Charmide unum ægrum ex provincialibus HS ducentis reconductum : Alconti vulnerum medico HS c damnato ademisse Claudium principem; eidemque in Gallia exulanti, deinde restituto, acquisitum non minus intra paucos annos. Et hæc personis imputentur. Ne 7 fæcem quidem, aut inscitiam ejus turbæ arguamus, ipso-

mèdes et des bains chauds où ils promènent leurs malades, la diète impitoyable qu'ils imposent, les aliments dont les mêmes accablent plusieurs fois le jour des hommes défaillants, mille tâtonnements pour réparer le mal qu'ils ont fait, les ordres qu'ils donnent même pour la cuisine et la composition des parfums, car ils n'ont rien omis de ce qui flatte la sensualité. L'importation de drogues exotiques, et ces tarifs fixés par les étrangers (xxiv, 1, 4), auraient sans doute déplu à nos ancêtres; mais ce n'est pas là non plus ce que prévoyait Caton quand il condamnait l'art 8 médical. On donne le nom de thériaque à une composition que le luxe a imaginée; on la prépare avec des substances étrangères, tandis que la nature a donné tant de remèdes qui suffiraient pris un à un. L'antidote de Mithridate est fait avec cinquante-quatre ingrédients dont aucun n'est à la même dose, et il y a tel qu'on prescrit de mettre à la soixantième partie d'un denier. Quel dieu malfaisant leur a enseigné ces duperies? car la subtilité humaine ne pouvait aller jusque-là. C'est manifestement une vaine ostentation de science, et un charlatanisme monstrueux. Au reste, les médecins eux-mêmes ne savent pas ce qu'ils font; et j'ai appris que communément, au lieu de cinabre des Indes (sang-dragon), ils mettent dans les compositions médicales du minium (8), faute de distinguer les noms; or le minium est un poison: nous le montrerons en parlant 9 des couleurs (xxxiii, 38). Ces erreurs, à la vérité, n'intéressent le salut que de tel ou tel individu; mais les pratiques redoutées de Caton et prévues par lui, pratiques regardées comme beaucoup plus innocentes et de peu de conséquence, au point que les premiers médecins de Rome n'hésitent pas à les avouer, ces pratiques auxquelles nous nous soumettons même en santé, voilà ce qui a perdu les mœurs de l'empire; ce sont ces frictions avec l'huile et la cire comme pour les combats de la lutte, frictions qu'on prétend purement médicinales; ce sont ces bains brûlants dont on nous a persuadé que l'usage est salutaire pour la digestion des aliments, ces bains d'où chacun sort affaibli, et d'où l'on emporte les plus obéissants pour les enterrer; ce sont ces boissons prises à jeun, ces vomissements qu'on excite pour boire ensuite sans mesure; ces épilations efféminées pour lesquelles ils nous fournissent leurs résines, et le pubis des femmes cessant même d'être partie secrète. Disons la vérité: la corruption morale n'a pas de cause plus active que la médecine, et elle justifie tous les jours la prédiction de Caton, et cet oracle de sa sagesse; qu'il faut prendre une teinture des sciences grecques sans les approfondir. Voilà ce qu'il y avait à dire pour le 11 sénat, pour six cents ans d'existence de la république romaine, contre un art où, par la plus fallacieuse des conditions, les gens de bien donnent de l'autorité aux plus dangereux charlatans, et aussi contre les préventions stupides de quelques-uns, qui s'imaginent qu'il n'y a de bons remèdes que les remèdes chers. Aussi je m'attends bien que certains dédaigneront ce que j'ai à dire sur les animaux; et pourtant Virgile (*Georg.*, I, 184, et IV, 243) n'a pas dédaigné de nommer sans aucune nécessité les fourmis, les charançons et les blattes ennemies de la lumière, qui forment leurs nids dans les ruches; Homère (*Il.*, XVII, 570) n'a pas dédaigné de décrire, au milieu des combats des dieux, l'acharnement de la mouche; ni la nature, qui a engendré l'homme, d'engendrer ces animalcules. Apprécions donc non les choses, mais les causes et les effets.

rum intemperantiam in morbis, aquarum calidarum diverticulis: imperiosam inediam, et ab iisdem deficientibus cibos sæpius die ingestos, mille præterea pœnitentiæ modis, culinarum etiam præceptis et unguentorum mixturis, quando nullas omisere vitæ illecebras. Invehi peregrinas merces, conciliarique externa pretia, displicuisse majoribus crediderim equidem: non tamen hoc Catonem 8 providisse, quum damnaret artem. Theriace vocatur excogitata compositio luxuriæ. Fit ex rebus externis, quum tot remedia dederit natura, quæ singula sufficerent. Mithridaticum antidotum ex rebus LIV componitur, interim nullo pondere æquali, et quarumdam rerum sexagesima denarii unius imperata. Quo deorum perfidiam istam monstrante? Hominum enim subtilitas tanta esse non potuit. Ostentatio artis et portentosa scientiæ venditatio manifesta est. Ac ne ipsi quidem illam novere: comperique vulgo pro cinnabari Indica in medicamenta minium addi, inscitia nominis, quod esse venenum docebimus inter pigmenta. Verum hæc ad singulorum salutem pertinent. 9 Illa autem, quæ timuit Cato, atque providit, innocentiora multo et parva opinatu, quæ proceres artis ejus de semetipsis fateantur. Illa perdidere imperii mores, illa quæ sani patimur, luctatus ceromata, ceu valetudinis causa instituta: balineæ ardentes, quibus persuasere in corporibus cibos coqui, ut nemo non minus validus exiret, obedientissimi vero efferrentur. Potus deinde jejunorum ac vomitiones, et rursus perpotationes, ac pilorum eviratio instituta resinis eorum: itemque pectines in feminis quidem publicati. Ita est profecto: lues morum, nec aliunde major quam e medicina, vatem prorsus quotidie facit Catonem, et oraculum: satis esse ingenia Græcorum « inspicere, non perdiscere. » Hæc fuerint dicenda pro senatu illo, sexcentisque 11 populi romani annis, adversus artem, in qua conditione insidiosissima auctoritatem pessimi boni faciunt: simul contra attonitas quorumdam persuasiones, qui prodesse nisi pretiosa non putant. Neque enim dubitaverim aliquibus fastidio futura, quæ dicentur animalia: at non Virgilio fuit nominare formicas nulla necessitate, et curculiones, ac lucifugis congesta cubilia blattis: non Homero inter prælia deorum improbitatem muscæ describere: non naturæ gignere ista, quum gignat hominem. Proinde causas quisque et effectus, non res, æstimet.

IX. Ordiemur autem a confessis, hoc est, lanis ovisque, ut obiter rebus præcipuis honos in primis perhibeatur.

1 IX. Nous commencerons par des remèdes reconnus, c'est-à-dire par les laines et les œufs, pour donner la première place aux substances principales. Toutefois, chemin faisant, il sera nécessaire d'en mentionner quelques-unes hors de leur place. Après tout, la pompe des expressions ne ferait pas défaut à la matière, si notre seul but n'était pas de rechercher ce qui est digne de foi ; car tout d'abord on cite des remèdes tirés de la cendre et du nid du phénix, comme si cela avait quelque certitude, et n'était pas une fable : c'est une dérision d'indiquer des remèdes qui ne peuvent revenir qu'au bout de mille ans. (II.) Les anciens Romains avaient attribué à la laine une importance même religieuse, ordonnant que les nouvelles mariées toucheraient avec la 2 laine la porte de leur demeure. Outre l'habillement et la protection contre le froid, la laine fournit, étant en suint, plusieurs remèdes dans de l'huile, du vin ou du vinaigre, suivant qu'il faut adoucir ou exciter, resserrer ou dilater. On l'applique sur les membres luxés, sur les nerfs douloureux, et on l'humecte fréquemment; quelques-uns ajoutent même du sel pour les luxations ; d'autres appliquent, avec la laine, de la rue pilée et de la graisse. On s'en sert de même pour les contusions et les tumeurs. Elle rend, dit-on, l'haleine agréable, si l'on s'en frotte les dents et 3 les gencives avec addition de miel. Elle est bonne pour la phrénitis (9), en fumigation. Pour arrêter l'épistaxis, on l'introduit dans les narines avec de l'huile rosat, ou, d'une autre façon, on en tamponne les oreilles. On en fait avec le miel un topique pour les vieux ulcères. Trempée dans du vin ou du vinaigre ou de l'eau froide et de l'huile, et exprimée, elle guérit les plaies. La laine de bélier lavée dans de l'eau froide, puis trempée dans de l'huile, calme les inflammations de la matrice dans les maladies des femmes. S'il y a chute de matrice, la fumigation de cette laine y remédie. La laine grasse, en cataplasme et en pessaire, fait sortir les fœtus morts ; elle arrête les pertes. On en tamponne les morsures des chiens enragés, et on ne la détache qu'au bout de sept jours. Avec de l'eau froide elle guérit les envies. Humectée avec 4 un mélange chaud de nitre, de soufre, d'huile, de vinaigre et de poix liquide, et appliquée deux fois par jour aussi chaude que possible, elle calme les douleurs lombaires. On arrête les hémorragies en faisant autour des membres des ligatures avec la laine en suint de bélier. La plus estimée est celle du cou ; quant à la provenance, la meilleure est celle de la Galatie, de Tarente, de l'Attique et de Milet. Pour les écorchures, les coups, les meurtrissures, les contusions, les foulures, les bosses, les chutes, les douleurs de tête et autres, l'inflammation d'estomac, on fait un topique avec la laine en suint, le vinaigre et l'huile rosat. On en applique la cendre sur les contusions, les blessures, les brûlures. Elle entre dans les compositions ophthalmiques. On l'emploie dans les fistules et dans les suppurations de l'oreille. Outre 5 cela, quelques-uns prennent de cette même laine venant de la tonte ou arrachée de la toison, en coupent le bout, la font sécher et la cardent, puis la mettent dans un vase de terre qui n'ait point été cuit au feu, l'arrosent de miel, et la brûlent ; d'autres la disposent par lits avec des copeaux de pin, et, après l'avoir arrosée d'huile, y mettent le feu ; ils en broient ensuite avec la main la cendre dans de petits pots de terre en l'imbibant d'eau, puis la laissent reposer ; ils répètent plusieurs fois cette opération en changeant l'eau, jusqu'à ce que cette cendre ne soit plus que légèrement astringente, sans être mordante. Mise en réserve, c'est une substance déter-

---

Quædam etiam sic alienis locis, tamen obiter dici necesse erit. Nec deerat materiæ pompa, si quidquam aliud intueri liberet, quam fidem operis. Quippe inter prima prodits etiam ex cinere phœnicis nidoque medicinis, ceu vero id certum esset, atque non fabulosum. Irridere est, vitæ remedia post millesimum annum reditura monstrare. (II.) Lanis auctoritatem veteres Romani etiam religiosam ha-
2 buere, postes a nubentibus attingi jubentes : præterque cultum et tutelam contra frigora, succida plurima præstant remedia ex oleo vinoque, aut aceto, prout quæque mulceri morderive opus sit, et adstringi, laxarive, luxatis membris, dolentibusque nervis impositæ, et crebro suffusæ. Quidam etiam salem admiscent luxatis. Alii cum lana rutam tritam adipemque imponunt. Item contusis tumentibusque. Halitus quoque oris gratiores facere traditur,
3 confricatis dentibus atque gingivis, admixto melle. Prodest et phreneticis suffitu. Sanguinem in naribus sistit cum oleo rosaceo : et alio modo indita auribus obturatis spissius. Quin et hulcerius vetustis imponitur cum melle. Vulnera ex vino, vel aceto, vel aqua frigida et oleo expressa sanat. Arietis vellera lota frigida ex oleo madefacta, in muliebribus malis inflammationes vulvæ sedant. Et si procidant, suffitu reprimunt. Succida lana imposita subditaque mortuos partus evocat. Sistit etiam profluvia earum. At canis rabiosi morsibus inculcata post diem septimum solvitur. Reduvias sanat ex aqua frigida. Eadem nitro, 4 sulphure, oleo, aceto, pice liquida ferventibus tincta, quam calidissima imposita bis die, lumborum dolores sedat. Sanguinem sistit ex arietis succida, articulos extremitatum præligans. Laudatissima omnis e collo : natione vero Galatica, Tarentina, Attica, Milesia. Succidam imponunt et desquamatis, percussis, lividis, incussis, collisis, contritis, dejectis, capitis et aliis doloribus, stomachi inflammationi, ex aceto et rosaceo. Cinis ejus illinitur attritis, vulneratis, ambustis. Et in oculorum medicamenta additur : item in fistulis, auresque suppuratas. Ad hæc detonsam eam, alii 5 evulsam, decisis summis partibus siccant, carpuntque, et in fictili crudo componunt, ac melle perfundunt, uruntque. Alii assulis tedæ subjectis, et subinde interstratis, oleo aspersam accendunt, cineremque in labellis aqua additа confricant manu, et considere patiuntur, idque sæpius mutantes aquam, donec linguam adstringat leniter,

sive, très-efficace pour nettoyer les paupières.

1 X. Bien plus, la crasse des moutons, la sueur de leurs cuisses et de leurs aisselles, qui s'attache aux laines ( c'est ce qu'on nomme suint), ont des usages presque innombrables. On donne la préférence au suint des moutons de l'Attique. On l'obtient de plusieurs façons; voici la meilleure : On ramasse la laine fraîchement tondue des dites parties, ou toutes les crasses de l'animal pénétrées de suint; on les fait un peu bouillir, à feu lent, dans un vase de cuivre; on laisse refroidir; on recueille dans un vase de terre la graisse qui surnage, et l'on fait bouillir une seconde fois la première matière; on lave dans de l'eau froide les deux graisses obtenues; on les passe à la toile; on les expose à l'action du soleil jusqu'à ce qu'elles deviennent blanches et trans-
2 parentes; alors on les garde dans une boîte d'étain. Pour être bonne, il faut que cette graisse conserve l'odeur de la crasse, et que, frottée avec la main dans de l'eau, elle ne se liquéfie pas, mais blanchisse comme de la céruse. C'est un très-bon remède pour les inflammations des yeux et les duretés des paupières. Quelques-uns font griller sur un test la matière première jusqu'à ce qu'il n'y reste plus de graisse, la croyant, de cette façon, meilleure pour les excoriations et les duretés des paupières, pour les granulations de l'angle de l'œil et pour le larmoiement. Le suint guérit les ulcérations, non-seulement des yeux, mais encore de la bouche et des parties génitales, avec de la graisse d'oie; les inflammations de la vulve, les rhagades du siége et les condylomes, avec du mélilot et du beurre. Nous en détaillerons les autres
3 usages en lieu et place. La crasse de la queue du mouton, formée en pilules, puis séchée à l'ombre et pulvérisée, est un topique excellent pour les dents même branlantes et pour les gencives, si des ulcérations carcinomateuses s'y étendent. La laine nettoyée, appliquée ou seule ou avec du soufre, guérit les douleurs sourdes; la cendre, les affections des parties génitales. La laine a tant de vertu, qu'on l'applique même par-dessus les médicaments (10). C'est avant tout un remède pour les moutons eux-mêmes, lorsqu'ils sont dégoûtés et ne mangent pas; car, en leur liant très-fortement la queue avec de la laine qu'on en arrache, on leur rend aussitôt l'appétit. On prétend que le bout de la queue qui est au delà du nœud ne tarde pas à mourir.

XI. (III.) On associe la laine avec les œufs, et 1 on s'en sert en topique sur le front contre l'inflammation oculaire : pour cet usage, il n'est pas besoin qu'elle ait été traitée par la saponaire; il suffit d'y mêler un blanc d'œuf avec de la fleur d'encens. Le blanc d'œuf, appliqué seul, arrête l'inflammation des yeux, et en calme la chaleur; quelques-uns préfèrent le combiner au safran, et ils l'emploient au lieu d'eau dans les collyres. Chez les enfants, pour l'ophthalmie, on ne se sert guère d'autre remède : on l'unit au beurre frais. Les œufs broyés avec de l'huile adoucissent l'érysipèle; par-dessus on attache des feuilles de bette. On emploie le blanc 2 d'œuf battu avec la gomme ammoniaque, pour redresser les cils; avec les pignons et un peu de miel, pour les boutons du visage. On s'en frotte le visage pour n'être pas hâlé. Si on applique aussitôt un œuf sur les brûlures faites par l'eau chaude, il ne s'y forme point d'ampoule. Quelques-uns y mêlent de la farine d'orge et un peu de sel. Pour les plaies provenant de brûlures,

---

nec mordeat. Tunc cinerem reponunt. Vis ejus septica est, efficacissimeque genas purgat.

1 X. Quin ipsæ sordes pecudum, sudorque feminum, et alarum, adhærentes lanis (œsypum vocant), innumeros prope usus habent. In Atticis ovibus genito palma. Fit pluribus modis : sed probatissimum, lana ab his partibus recenti concerpta, aut quibuscumque sordibus succidis primum collectis, ac lento igni in æneo subfervefactis, et refrigeratis, pinguique quod supernatet, collecto in fictili vase, iterumque decocta priori materia : quæ pinguitudo utraque frigida aqua lavatur, et in linteo saccatur, ac sole
2 torretur, donec candida fiat ac translucida. Tum in stannea pyxide conditur. Probatio autem, ut sordium virus oleat, et manu fricante ex aqua non liquetur, sed albescat ut cerussa. Oculis utilissimum contra inflammationes, genarumque callum. Quidam in testa torrent, donec pinguitudinem amittat, utilius tale existimantes erosis et duris genis, angulis scabiosis et lacrymantibus. Hulcera non oculorum modo sanat, sed oris etiam et genitalium, cum anserino adipe. Medetur et vulvæ inflammationibus, et sedis rhagadiis, et condylomatis cum meliloto ac butyro. Reliquos usus
3 ejus suo loco digeremus. Sordes quoque caudarum concretæ in pilulas, ac siccatæ per se tusæque in farinam et fillitæ dentibus mire prosunt, etiam labantibus : gingivisque, si carcinoma serpat. Jam vero pura vellera, aut per se imposita cæcis doloribus, aut accepto sulphure : et cinis eorum genitalium vitiis. Tantumque pollent, ut medicamentis quoque superponantur. Medetur ante omnia et pecori ipsi, si fastidio non pascatur. Cauda enim quam arctissime præligata, evulsa inde lana statim vescuntur. Traduntque quod extra nodum sit e cauda præmori.

XI. (III.) Lanæ habent et cum ovis societatem simul 1 fronti impositæ contra epiphoras. Non opus est eas in hoc usu radicula esse curatas, neque aliud, quam candidum ex ovo infundi, ac pollinem thuris. Ova per se infuso candido oculis epiphoras cohibent, urentesque refrigerant. Quidam cum croco præferunt, et pro aqua miscent collyriis. Infantibus vero contra lippitudines vix aliud remedium est, butyro admixto recenti. Eadem cum oleo trita ignes sacros leniunt, betæ foliis superilligatis. Candido ovorum 2 in oculis et pili reclinantur Hammoniaco trito admixtoque. Et vari in facie cum pineis nucleis ac melle modico. Ipsa facies illita sole non aduritur. Ambusta aquis si statim ovo occupentur, pusulas non sentiunt. Quidam admiscent farinam hordeaceam, et salis parum. Hulceribus vero ex ambusto, cum candido ovorum tostum hordeum, et suillo

rien de meilleur que l'orge grillée, un blanc d'œuf et du saindoux. On se sert du même remède pour les affections du siége, surtout chez les enfants, même lorsqu'il y a chute du fondement. On emploie pour les crevasses des pieds un blanc d'œuf cuit avec deux deniers de céruse, pareil poids d'écume d'argent (litharge), un peu de myrrhe et du vin. Pour l'érysipèle, on bat un blanc d'œuf avec de l'amidon. On dit aussi que le blanc d'œuf agglutine les plaies et expulse les calculs. Le jaune d'œuf, cuit jusqu'à être dur, avec un peu de safran, du miel et du lait de femme, forme un topique qui adoucit les maux d'yeux. On applique aussi sur les yeux de la laine avec de l'huile rosat et du vin miellé, ou bien de la laine avec de la graine pilée d'ache et de la polenta dans du vin miellé. Un jaune seul, avalé liquide et sans toucher les dents, est bon pour la toux, pour les catarrhes et les irritations de la gorge. On l'emploie en particulier cru, à l'intérieur et à l'extérieur, contre la morsure du serpent hémorrhois. Il est bon pour les reins, pour les irritations et les ulcérations de la vessie, et pour l'hémoptysie. On fait prendre pour la dyssenterie cinq jaunes d'œuf crus, dans une hémine de vin, avec la cendre de la coquille et un mélange de suc de pavot et de vin. On donne dans le flux céliaque le jaune d'œuf, avec un poids égal de raisin cuit et gras et d'écorce de grenade pendant trois jours, par égales portions; ou, d'une autre façon, les jaunes de trois œufs avec trois onces de vieux lard et de miel, trois cyathes de vin vieux, le tout broyé jusqu'à consistance de miel; on en donne, quand besoin est, dans de l'eau, gros comme une noisette; ou bien, après avoir fait macérer la veille trois œufs en coque dans le vinaigre, on en fait frire les jaunes dans l'huile. C'est ainsi qu'on s'en sert pour la lienterie; mais pour l'hémoptysie on administre le jaune avec trois cyathes de moût. Les jaunes d'œuf s'appliquent sur les meurtrissures, si elles sont un peu anciennes, avec des oignons et du miel. Cuits et pris dans du vin, ils arrêtent les pertes. Crus et appliqués avec de l'huile ou du vin, on les emploie pour les gonflements de matrice. Ils sont bons pour les douleurs du cou, avec la graisse d'oie et l'huile rosat. On les emploie pour les maladies du siége, durcis au feu et encore chauds; pour les condylomes, avec de l'huile rosat. Pour les brûlures on les fait durcir dans l'eau, puis on les met sur des charbons jusqu'à ce que les coquilles soient brûlées; alors on applique le jaune avec de l'huile rosat. L'œuf est tourné tout entier en jaune, et on l'appelle sitiste (nourri) quand on le retire après une incubation de trois jours. Les petits encore contenus dans les œufs raffermissent l'estomac relâché; on les prend avec moitié d'une noix de galle, et on a soin de ne manger rien autre avant deux heures. On donne encore aux dyssentériques les poulets cuits dans l'œuf même, avec une hémine de vin astringent et une quantité égale d'huile et de polenta. La pellicule de la coquille d'un œuf cru ou cuit guérit les fissures des lèvres. La cendre de la coquille, avalée dans du vin, les éruptions de sang; mais il faut brûler la coquille sans la pellicule: on prépare aussi de la sorte un dentifrice. La même cendre en topique avec la myrrhe arrête les pertes. La résistance des coquilles est si grande que, dans une direction perpendiculaire aucune force, aucun poids ne peut les briser tant qu'on ne dévie pas de cette direction. Les œufs entiers pris dans du vin avec de la rue,

---

adipe, mire prodest Eadem curatione ad sedis vitia utuntur: infantibus quidem, etiam si quid ibi procidat. Ad pedum rimas ovorum candido decocto cum cerussæ denariorum duum pondere, pari spumæ argenti, myrrhæ exiguo, deinde vino. Ad ignem sacrum, candido ovorum trito cum amylo. Aiunt et vulnera candido glutinari, calculosque pelli. Lutea ovorum cocta et indurescant, admixto croco modice, item melle et lacte mulieris illita, dolores oculorum mitigant. Vel cum rosaceo et mulso lana oculis imposita, vel cum trito apii semine, ac polenta in mulso illita. Prodest et tussientibus per se luteum devoratum liquidum, ita ut dentibus non attingatur: thoracis destillationibus, faucium scabritiæ. Privatim contra hæmorrhoi dum morsum illinitur, sorbeturque crudum. Prodest et renibus, vesicæ rosionibus exhulcerationibusque, et cruenta exscreantibus. Quinque ovorum lutea in vini hemina cruda sorbentur dysentericis, cum cinere putaminis sui, et papaveris succo, ac vino. Dantur cœliacis cum uvæ passæ pinguis pari pondere et malicorii, per triduum æquis portionibus. Et alio modo lutea ovorum trium, lardi veteris et mellis quadrantibus: vini veteris cyathis tribus, trita ad crassitudinem mellis, et quum opus sit, avellanæ nucis magnitudine ex aqua pota. Item ex oleo fricta terna, totis ovis pridie maceratis in aceto. Sic et lientericis. Sanguinem autem rejicientibus cum tribus cyathis musti. Utuntur iisdem ad liventia, si vetustiora sint, cum bulbis ac melle. Sistunt et menses mulierum cocta, et ex vino pota: et inflationes quoque vulvæ cruda cum oleo, aut vino illita. Utilia sunt et cervicis doloribus cum anserino adipe et rosaceo. Sedis etiam vitiis indurata igni, ut calore quoque prosint. Et condylomatis cum rosaceo. Item ambustis durata in aqua, mox in pruna putaminibus exustis: tum lutea ex rosaceo illinuntur. Fiunt et tota lutea, quæ vocant sitista, quum triduo incubita tolluntur. Stomachum dissolutum confirmant pulli ovorum cum gallæ dimidio, ita ne ante duas horas alius cibus sumatur. Dant et dysentericis pullos in ipso ovo decoctos, admixta vini austeri hemina, et pari modo olei polentæque. Membrana putaminis detracta sive crudo, sive cocto, labiorum fissuris medetur. Putaminis cinis in vino potus, sanguinis eruptionibus. Comburi sine membrana oportet: sic fit et dentifricium. Idem cinis et mulierum menses cum myrrha illitus sistit. Firmitas putaminum tanta est, ut recta, nec vi, nec pondere ullo frangantur, nec nisi paululum inflexa rotunditate. Tota ova adjuvant partum, cum ruta, et anetho, et cumino pota e vino. Scabiem corporum ac pruritum oleo

de l'aneth et du cumin, facilitent l'accouchement. Avec de l'huile et de la résine de cèdre ils guérissent la gale et le prurit; avec du cyclaminos (xxv, 67), les ulcères humides de la tête. Pour l'expectoration purulente et sanguinolente, on administre un œuf cru chauffé avec du suc de poireau et du miel grec en quantité égale. On donne dans la toux des œufs cuits et broyés avec du miel, ou crus, avec du vin de raisins secs et de l'huile en quantité égale. Pour les affections des parties viriles on compose un topique avec un œuf, trois cyathes de ce même vin et une demi-once d'amidon ; on s'en sert après le bain. On fait pour les morsures de serpents un topique avec des œufs cuits et broyés et du cresson. On sait de combien de façons ils sont utiles comme nourriture, arrivant dans l'estomac malgré le gonflement de la gorge, et adoucissant en passant la partie par leur chaleur. C'est la seule substance qui, dans les maladies, nourrisse sans charger, et réunisse les avantages des aliments solides et liquides. Nous avons dit que la coquille d'œuf macérée dans du vinaigre se ramollit (x, 80) : on restaure les malades atteints de flux cœliaque à l'aide d'œufs ainsi préparés, qu'on pétrit avec la farine en une sorte de pain : quelques-uns aiment mieux les faire rôtir, ramollis de la sorte, sur un plat ; de cette façon les œufs arrêtent non-seulement le cours de ventre, mais encore les pertes ; ou si le flux est plus impétueux, on les fait prendre crus, dans de l'eau, avec la farine. On emploie encore les jaunes seuls, bouillis dans du vinaigre jusqu'à ce qu'ils deviennent durs ; puis on les fait griller avec du poivre pilé, pour arrêter le flux de ventre. On prépare pour la dyssenterie un remède souverain, que voici : Versez un œuf dans un vase de terre neuf, puis, pour que toutes les doses soient égales, ajoutez du miel, du vinaigre et de l'huile, de chaque plein la coquille de l'œuf ; battez et mêlez le tout : plus ces ingrédients ont de qualité plus le remède est efficace. D'autres, au lieu d'huile et de vinaigre, ajoutent, à même dose, de la résine rouge et du vin. Il y a encore une autre préparation : la quantité d'huile seulement reste la même ; on met deux soixantièmes de denier d'écorce de pin, un soixantième d'écorce du végétal que nous avons appelé rhus (xxiv, 54), cinq oboles de miel ; on fait bouillir le tout ensemble, et on ne prend de nourriture que quatre heures après le remède. Beaucoup guérissent les tranchées en administrant en boisson deux œufs et quatre gousses d'ail, le tout broyé ensemble, et chauffé dans une hémine de vin. Enfin, pour n'oublier aucun des mérites des œufs, j'ajouterai que le blanc uni à la chaux vive sert à raccommoder le verre cassé. Telle est la puissance de l'œuf, que du bois qui en a été arrosé ne prend pas feu, et qu'une étoffe qu'on en a mouillée ne brûle pas. Nous n'avons encore parlé que des œufs de poule, et cependant ceux des autres oiseaux rendent de grands services, comme nous le dirons en son lieu.

XII. En outre, il est une espèce d'œuf très-renommé dans les Gaules, et dont les Grecs n'ont pas parlé : en été il se rassemble une multitude innombrable de serpents qui s'enlacent, et sont collés les uns aux autres, tant par la bave qu'ils jettent que par l'écume qui transpire de leur corps ; il en résulte une boule appelée œuf de serpent. Les druides disent que cet œuf est lancé en l'air par les sifflements de ces reptiles ; qu'il faut alors le recevoir dans une saie sans lui laisser toucher la terre ; que le ravisseur doit s'enfuir à cheval, attendu que les serpents le poursuivent jusqu'à ce qu'une rivière mette une barrière entre eux et lui ; qu'on reconnaît cet œuf s'il flotte contre le courant, même attaché à de l'or.

2 Mais comme les mages sont ingénieux à donner le change sur leurs fraudes, ils prétendent qu'il faut choisir une certaine lune pour se procurer cet œuf, comme s'il dépendait de la volonté humaine de faire cadrer l'opération des serpents avec l'époque indiquée. J'ai vu, pour mon compte, un de ces œufs fameux chez les druides ; il était de la grosseur d'une moyenne pomme ronde ; la coque en était cartilagineuse, avec de nombreuses cupules semblables à celles des bras des poulpes. On le préconise merveilleusement pour le gain des procès et l'accès auprès des souverains ; mais cela est si faux, qu'un chevalier romain du pays des Vocontiens, qui pendant un procès portait un de ces œufs dans son sein, fut mis à mort par le dieu Claude, empereur, sans aucun autre motif que je sache. Toutefois ces entrelacements de serpents, cette concorde d'animaux féroces, paraissent être le motif pour lequel les nations étrangères ont entouré de serpents le caducée, en symbole de paix : l'usage est que ces serpents du caducée n'aient pas de crête.

1 XIII. Ayant à parler, dans ce livre, des œufs d'oie, qui sont très-utiles, et de l'oie elle-même, nous devons faire honneur à la Commagène d'une préparation très-célèbre : cette composition, qui est du plus grand usage, se fait avec la graisse d'oie ; on y ajoute dans la Commagène, partie de la Syrie, du cinnamome, de la casia (XII, 43), du poivre blanc, de l'herbe appelée commagène (11) ; les vaisseaux où on met ce mélange s'enfouissent dans la neige. Il est d'une odeur agréable, très-utile dans les frissons, les convulsions, les douleurs sourdes ou subites, et pour toutes les affections qu'on traite par les compositions acopes (ἄκοπος, qui ôte la fatigue) ; c'est à la fois un parfum et un médicament. On le prépare encore ailleurs, dans la 2 Syrie, mais d'une autre manière : on épure la graisse de l'oiseau comme nous avons dit (XXVIII, 38), on y ajoute de l'érycisceptrum (XXIV, 69), du xylobalsamum (XII, 54, 5), de l'élate-palmier (XII, 62), du jonc, de chaque autant que de graisse ; on fait faire à ce mélange deux ou trois bouillons avec du vin. On fait cette préparation pendant l'hiver, parce qu'elle ne prend point en été, à moins qu'on n'y mêle de la cire. On tire encore beaucoup de remèdes de l'oie aussi bien que du corbeau ; et cela m'étonne, car l'oie et le (X, 15) corbeau sont, dit-on, malades à la fin de l'été et au commencement de l'automne.

XIV. Nous avons parlé de l'honneur qu'ont 1 mérité les oies en faisant découvrir les Gaulois escaladant le Capitole (X, 26). (IV.) Pour le même sujet, on fait subir tous les ans à des chiens la peine de leur négligence en les crucifiant vifs sur une fourche de sureau, entre le temple de la Jeunesse et celui de Summanus. Mais quant à ce dernier animal, nous sommes forcé d'entrer dans quelque détail, à cause des usages des anciens. Nos pères regardaient les petits chiens qui tetaient encore comme un aliment si pur, qu'ils s'en servaient même comme victimes pour les sacrifices expiatoires. On immole un jeune chien à Genita Mana ; et encore aujourd'hui on sert de la chair de jeune chien dans les repas faits en l'honneur des dieux. Cette viande était employée solennellement dans les repas d'inauguration des pontifes, comme le montrent les comédies de Plaute. On regarde le sang de chien comme souverain contre les poisons des flèches. Cet animal paraît aussi avoir enseigné à l'homme à vomir. Nous rapporterons encore en lieu et place d'autres remèdes très-vantés fournis par le chien.

---

2 vinctum. Atque, ut est Magorum solertia occultandis fraudibus sagax, certa luna capiendum censent, tanquam congruere operationem eam serpentium, humani sit arbitrii. Vidi equidem id ovum mali orbiculati modici magnitudine, crusta cartilaginis, velut acetabulis brachiorum polypi crebris, insigne druidis. Ad victorias litium, ac regum aditus, mire laudatur : tantae vanitatis, ut habentem id in lite in sinu equitem romanum e Vocontiis, a divo Claudio principe interemtum non ob aliud sciam. Hic tamen complexus anguium et efferatorum concordia, causa videtur esse, quare exterae gentes caduceum in pacis argumentis circumdata effigie anguium fecerint. Neque enim cristatos esse in caduceo mos est.

1 XIII. De anserum ovis magnae utilitatis, ipsoque ansere dicturi hoc in volumine, debemus honorem et Commagenorum clarissimae rei. Fit ex adipe anserum : alioqui celeberrimi usus est : ad hoc in Commagene Syriae parte cum cinnamo, casia, pipere albo, herba quae Commagene vocatur, obrutis nive vasis, odore jucundo, utilissimum ad perfrictiones, convulsiones, caecos aut subitos dolores, omniaque quae acopis curantur : unguentumque pariter, ac medicamentum est. Fit et in Syria alio modo, adipe 2 avium curato, ut diximus, additis erysisceptro, xylobalsamo, phoenice elate, item calamo, singulorum pondere, qui sit adipis, cum vino bis aut ter subfervefactum. Fit autem hieme, quoniam aestate non glaciat : nisi accepta cera. Multa praeterea remedia sunt ex ansere (quod miror), aeque quam in corvis. Namque anser corvusque ab aestate in autumnum morbo conflictari dicuntur.

XIV. De anserum honore, quem meruere Gallorum in 1 Capitolium ascensu deprehenso, diximus. (IV.) Eadem de causa supplicia annua canes pendunt inter aedem Juventatis et Summani, vivi in furca sambucea arbore fixi. Sed plura de hoc animali dici cogunt priscorum mores. Catulos lactentes adeo puros existimabant ad cibum, ut etiam placandis numinibus hostiarum vice uterentur his. Genitae Manae catulo res divina fit, et in coenis deum etiamnum ponitur catulina. Aditialibus quidem epulis celebrem fuisse, Plauti fabulae indicio sunt. Sanguine canino contra toxica nihil praestantius putant. Vomitiones quoque hoc animal monstrasse homini videtur. Et alios usus ex eo mire laudatos referemus suis locis.

XV. Maintenant reprenons l'ordre que nous nous sommes prescrit. Contre les morsures des serpents on tient pour efficace la fiente récente de brebis cuite dans du vin, et employée en topique; des rats coupés en deux, et appliqués. Cet animal a des propriétés qui ne sont pas à mépriser, surtout lors de l'ascension des astres, comme nous l'avons dit (xi, 76), époque à laquelle le nombre des lobes de son foie croît et décroît avec la lune. Les mages prétendent que le porc suit celui qui lui donne à manger un foie de rat dans une figue, et que cela a le même effet sur l'homme; mais qu'on détruit le charme en avalant un verre d'huile.

XVI. Il y a deux espèces de belettes : l'une sauvage, plus grande, nommée par les Grecs ictis (furet), a un fiel qu'on dit très-efficace contre les aspics, et vénéneux dans les autres cas (xxix, 33). L'autre (belette), qui erre dans nos maisons, et qui, suivant Cicéron, chaque jour transporte ses petits et change de retraite, fait la chasse aux serpents. La chair de cette dernière, gardée dans du sel, se donne à la dose d'un denier, dans trois cyathes, aux personnes blessées par les animaux venimeux ; ou bien on fait boire dans du vin l'estomac du même animal, farci avec de la coriandre et gardé. Le petit de la belette est encore plus efficace.

XVII. Il est des choses révoltantes, recommandées par les auteurs avec une telle assurance, qu'il n'est pas possible de les omettre, puisque enfin c'est de la sympathie ou de l'antipathie des choses que proviennent les remèdes. Ainsi les punaises, animal infect et dont le nom seul cause du dégoût, sont vantées contre les morsures des serpents et surtout de l'aspic, ainsi que contre toute sorte de venins ; et la preuve, c'est, dit-on, que les poules ne meurent pas de la piqûre de l'aspic le jour qu'elles ont mangé des punaises, et que leur chair alors est très-avantageuse à ceux qui ont été blessés par ce reptile. De ces recettes qu'on rapporte, la plus supportable est d'appliquer les punaises sur la morsure avec du sang de tortue; on les emploie en fumigation pour faire lâcher prise aux sangsues; on les donne en breuvage pour tuer les sangsues avalées par les animaux. Quelques-uns les écrasent avec du sel et du lait de femme, et humectent les yeux avec ce mélange, ou y mêlent du miel et de l'huile rosat, et s'en servent pour les oreilles. On brûle les punaises des champs qui naissent dans les mauves, et on injecte dans les oreilles la cendre, mêlée à l'huile rosat. Quant aux autres remèdes que l'on rapporte pour la guérison des vomiques, des fièvres quartes et d'autres maladies, et qui consistent à avaler des punaises dans un œuf, dans de la cire, ou dans une fève, je les regarde comme mensongers et indignes d'être relatés : cependant on les emploie dans le traitement de la léthargie, sur cet argument qu'elles triomphent des propriétés soporifiques de l'aspic ; on en donne sept dans un cyathe d'eau, quatre seulement aux enfants. Dans la strangurie, on les applique au canal de l'urèthre. Tant il est vrai que la nature, cette mère de toutes choses, n'a rien engendré sans de puissantes raisons ! Bien plus, on a assuré que deux punaises attachées au bras gauche avec de la laine volée à des bergers guérissent les fièvres nocturnes, et, attachées avec une étoffe rose, les fièvres diurnes. D'un autre côté, la scolopendre est l'ennemie des punaises; aussi, en fumigation, elle les tue.

XVIII. Les aspics (hadje) tuent par l'engourdissement et le sommeil. De tous les serpents ce

---

XV. Nunc ad statutum ordinem pergemus. Adversus serpentium ictus efficacia habentur, fimum pecudis recens in vino decoctum illitumque : mures dissecti et impositi, quorum natura non est spernenda, præcipue in ascensu siderum, ut diximus, cum lumine lunæ fibrarum numero crescente atque decrescente. Tradunt Magi, jocinere muris dato porcis in fico, sequi dantem id animal. In homine quoque similiter valere, sed resolvi cyatho olei poto.

XVI. Mustelarum duo genera : alterum silvestre, distans magnitudine. Græci vocant ictidas. Harum fel contra aspides dicitur efficax, cætera venenum. Hæc autem quæ in domibus nostris oberrat, et catulos suos ( ut auctor est Cicero) quotidie transfert, mutatque sedem, serpentes persequitur. Ex ea inveterata sale denarii pondus in cyathis tribus datur percussis; aut ventriculus coriandro fartus inveteratusque et in vino potus. Et catulus mustelæ etiam efficacius.

XVII. Quædam pudenda dictu tanta auctorum asseveratione commendantur, ut præterire fas non sit. Siquidem illa concordia rerum, aut repugnantia medicinæ gignuntur : veluti cimicum, animalis fœdissimi, et dictu quoque fastidiendi natura, contra serpentium morsus, et præci-

pue aspidum, valere dicitur. Item contra venena omnia : argumento, quod dicant gallinas, quo die id ederint, non interfici ab aspide ; carnesque earum percussis plurimum prodesse. Ex his quæ tradunt, humanissimum est, illinire morsibus cum sanguine testudinis : item suffitu eorum abigere sanguisugas adhærentes, haustasque ab animalibus restinguere in potu datos. Quamquam et oculos quidam iis inungunt tritis cum sale et lacte mulierum : auresque, cum melle et rosaceo admixtis. Eos qui agrestes sint, et in malva nascantur, crematos, cinere permixto rosaceo infundunt auribus. Cætera quæ de his tradunt, vomicæ et quartanarum remedia, aliorumque morborum, quamquam ovo, aut cera, aut faba inclusos censeant devorandos, falsa, nec referenda arbitror. Lethargi tamen medicinæ cum argumento adhibent, quoniam vincatur aspidum somnifica vis, septenos in cyatho aquæ dantes, puerilibus annis quaternos. Et in stranguria fistulæ imposuere. Adeo nihil parens illa rerum omnium sine ingentibus causis genuit. Quin et adalligatos lævo brachio binos lana subrepta pastoribus, resistere nocturnis febribus prodiderunt, diurnis in roseo panno. Rursus iis adversatur scolopendra, suffituque enecat.

sont ceux qui font les blessures les moins curables. Leur venin, s'il entre dans le sang ou s'il touche une plaie récente, donne la mort aussitôt; plus lentement, s'il touche un vieil ulcère; mais, avalé en quelque grande quantité que ce soit, il ne nuit point. En effet, il n'est pas d'une qualité corrosive; aussi peut-on manger impunément les animaux qu'il a tués. J'hésiterais à rapporter la recette suivante, si M. Varron, à l'âge de quatre-vingt-huit ans, n'avait écrit que le plus sûr remède contre la blessure faite par les aspics est que la personne blessée boive sa propre urine.

1 XIX. Quant au basilic (VIII, 33), que fuient les serpents eux-mêmes, qui tue par sa seule odeur, et qui, dit-on, donne même par le regard la mort à l'homme, son sang a été merveilleusement célébré par les mages. Il se fige comme la poix, dont il a la couleur; délayé, il devient d'un rouge plus vif que le cinabre. Ils lui attribuent encore la propriété de faire réussir près des puissances dans les demandes, près des dieux dans les prières; de guérir les maladies et de préserver des maléfices: certains le nomment sang de Saturne.

1 XX. Le dragon est sans venin. Sa tête, mise sous le seuil d'une porte après qu'on s'est rendu les dieux propices par des prières convenables, appelle, dit-on, le bonheur sur la maison. Ses yeux, gardés puis broyés avec du miel et employés en onction, empêchent les personnes même tim des de s'effrayer de spectres nocturnes. La graisse du cœur, attachée au bras dans la peau de chevreuil avec des nerfs de cerf, fait gagner les procès. La première vertèbre facilite l'accès auprès des puissances. Les dents, attachées dans de la peau de chevreuil avec des nerfs de cerf, rendent les maîtres doux, et disposent les grands à accorder des grâces. Mais ce qui passe tout, c'est la composition 2 par laquelle les mages menteurs rendent invincible: prenez la queue et la tête du dragon, les poils du front du lion, la moelle du même animal, l'écume d'un cheval victorieux, les ongles d'un chien attachés alternativement dans de la peau de cerf avec des nerfs de cerf et de chevreuil. Il n'importe pas moins de réfuter de pareilles recettes que d'indiquer les remèdes des morsures de serpent, car de pareilles fourberies empoisonnent les mœurs. La graisse de dragon met en fuite les animaux venimeux; il en est de même de la fumée de la graisse d'ichneumon; ils fuient aussi les individus frottés avec des orties pilées dans du vinaigre.

XXI. La tête d'une vipère, même d'une autre 1 que celle qui a fait la morsure, est un topique dont l'utilité n'a pas de limites. Il est aussi très-avantageux de tenir la bête même, avec un bâton, à la vapeur de l'eau bouillante; on dit qu'alors elle rappelle son enchantement. On peut encore employer en topique la cendre de la vipère. D'après Nigidius, les serpents, par une nécessité naturelle, reviennent à l'individu qu'ils ont blessé. Les Scythes fendent en deux la tête entre les ouïes, pour tirer une petite pierre que la vipère effrayée avale, dit-on; d'autres emploient la tête tout 2 entière. On fait avec la vipère des pastilles nommées par les Grecs thériaques: pour cela on coupe l'animal à trois doigts de la tête et de la queue, on ôte les intestins et la lividité adhérente à l'épine; le reste du corps se fait cuire dans une terrine avec de l'eau et de l'aneth; on retire les os, on ajoute de la farine de froment, et on forme des pastilles qu'on fait sécher à l'ombre; elles servent dans plusieurs médicaments. Il est bon

---

1 XVIII. Aspides percussos torpore et somno necant, omnium serpentium minime sanabiles. Sed et venenum earum si sanguinem attingit, aut recens vulnus, statim interimit: inveteratum hulcus, tardius. De cætero potum quantalibet copia, non nocet. Non est enim tabifica vis: itaque occisa morsu earum animalia, cibis innoxia sunt. Cunctarer in proferendo ex his remedio, nisi M. Varronem scirem LXXXVIII vitæ anno prodidisse, aspidum ictus efficacissime sanari, hausta a percussis ipsorum urina.

1 XIX. Basilisci, quem etiam serpentes ipsæ fugiunt, alias olfactu necantem, qui hominem vel si adspicia tantum, dicitur interimere, sanguinem Magi miris laudibus celebrant, coeuntem picis modo et colore, dilutum cinnabari clariorem fieri. Tribuunt ei et successus petitionum a potestatibus, et a diis etiam precum, morborumque remedia, veneficiorum amuleta. Quidam id Saturni sanguinem appellant.

1 XX. Draco non habet venena. Caput ejus limini januarum subditum, propitiatis adoratione diis, fortunatam domum facere promittitur. Oculis ejus inveteratis, et cum melle tritis, iunctos non pavescere ad nocturnas imagines, etiam pavidos. Cordis pingue in pelle dorcadum nervis cervinis adalligatum in lacerto, conferre judiciorum victorias. Primum spondylum aditus potestatum mul-cere. Dentes ejus illigatos pellibus caprearum cervinis nervis, mites præstare dominos, potestatesque exorabiles. Sed super omnia est compositio, qua invictos faciunt 2 Magorum mendacia: cauda draconis et capite, pilis leonis e fronte, et medulla ejusdem, equi victoris spuma, canis unguibus adalligatis cervino corio, nervisque cervi alternatis et dorcadis; quæ coargusse non minus refert, quam contraria serpentibus remedia demonstrasse, quoniam hæc morum veneficia sunt. Draconum adipem venenata fugiunt; item, si uratur, ichneumonum; fugiunt et urticis tritis in aceto peruncti.

XXI. Viperæ caput impositum vel alterius quam quæ percusserit, sine fine prodest. Item si quis eam ipsam in vapore baculo sustineat: aiunt enim præcanere: item si percussum serpentes necessitate naturæ, Nigidius auctor est. Caput quidem dissecant Scythæ inter aures ad eximendum lapillum, quem aiunt ab ea devorari territa. Alii ipso toto 2 capite utuntur. Fiunt ex vipera pastilli, qui theriaci vocantur a Græcis, ternis digitis utrimque amputatis, exemtisque interaneis, et livore spinæ adhærente, reliquo corpore in patina ex aqua et anetho discocto, spinisque exemtis, et addita similagine, atque ita in umbra siccatis pastillis, quibus ad multa medicamenta utuntur.

de faire remarquer que cette préparation ne se fait qu'avec la vipère. Quelques-uns, après avoir nettoyé la vipère comme il vient d'être dit, font cuire la graisse avec un setier d'huile jusqu'à réduction de moitié : de cette préparation, quand besoin est, on ajoute trois gouttes dans de l'huile, et on s'en frotte pour mettre en fuite tous les animaux.

1 XXII. De plus, il est certain que contre toutes les blessures faites par les serpents, même les blessures incurables, on a un secours dans les entrailles des serpents eux-mêmes employées en topique, et que ceux qui ont une fois avalé un foie de vipère cuit ne sont jamais, dans la suite, blessés par les serpents. La couleuvre n'est pas venimeuse, si ce n'est à certains jours du mois où elle est irritée par la lune; mais on n'a qu'à la prendre vive, la broyer dans de l'eau, et fomenter la plaie avec cette préparation. Bien plus, on suppose qu'elle fournit un grand nombre de remèdes, comme nous l'exposerons au fur et à mesure ; et pour cela elle est consacrée à Esculape. Démocrite en a donné des préparations monstrueuses pour entendre le langage des oiseaux. Le serpent d'Esculape a été apporté d'Épidaure à Rome ; depuis, on en nourrit communément même dans 2 les maisons; en sorte que si les incendies n'en détruisaient de temps en temps les germes, on ne pourrait résister à leur fécondité. Il existe aussi une très-belle espèce de serpent qui vit sur la terre et dans l'eau : ce sont les hydres, dont le venin ne le cède à celui d'aucun autre serpent. Leur foie, gardé, est le remède des morsures qu'ils ont faites. Un scorpion écrasé combat le venin des lézards. On fait aussi avec les lézards un maléfice que voici : On noie un de ces animaux dans du vin, et ceux qui boivent de ce vin ont bientôt la face couverte de lentigo; c'est pour cela que les femmes jalouses de la beauté de leurs rivales font étouffer des lézards dans des pommades ; on y remédie avec un jaune d'œuf, du miel et du nitre. Le foie de lézard pilé dans de l'eau rassemble, dit-on, les belettes.

XXIII. De tous les animaux venimeux le plus 1 formidable est la salamandre; les autres ne frappent que des individus, ne tuent jamais d'un seul coup plusieurs personnes, sans compter qu'après avoir tué un homme ils périssent, dit-on, du remords de leur crime, et que la terre ne les reçoit plus (11, 63, 3); mais la salamandre peut donner la mort à des populations imprudentes. Si elle grimpe sur un arbre, elle infecte de son venin tous les fruits, et fait périr ceux qui en mangent par sa propriété frigorifique, aussi redoutable que l'aconit. Bien plus, si elle touche même de la patte le bois dans lequel on fait cuire le pain, ou si elle tombe dans un puits, le pain et l'eau sont empoisonnés. Sa bave répandue sur une partie quel- 2 conque du corps, même au bout du pied, fait tomber tous les poils. Cependant ce reptile si venimeux est mangé par certains animaux, les cochons par exemple, grâce à cette antipathie signalée entre les choses. D'après ce qui est rapporté, il est vraisemblable qu'après les animaux qui mangent la salamandre, ce sont, avant tout, les cantharides en breuvage (12) ou le lézard en aliment qui neutralisent ce venin. Nous avons indiqué, et nous indiquerons en lieu et place, les autres antidotes. Quant aux propriétés que les 3 mages lui attribuent contre les incendies, attendu que c'est le seul animal qui éteigne le feu, si elles étaient vraies, Rome en aurait déjà fait

---

Significandum videtur e vipera tantum hoc fieri. Quidam purgatæ, ut supra dictum est, adipem cum olei sextario decoquunt ad dimidias. Ex eo, quum opus sit, ternis stillis additis in oleum perunguntur, ut omnes bestiæ fugiant eos..

1 XXII. Præterea constat contra omnium serpentium ictus, quamvis insanabiles, ipsarum serpentium exta imposita auxiliari : eosque qui aliquando viperæ jecur coctum hauserint, nunquam postea feriri a serpente. Neque anguis venenatus est, nisi per mensem luna instigatus. Sed prodest vivus comprehensus, et in aqua contusus, si foveatur ita morsus. Quin et inesse ei remedia multa creduntur, ut digeremus, et ideo Æsculapio dicatur. Democritus quidem monstra quædam ex his conficit, ut possint avium sermones intelligi. Anguis Æsculapius Epidauro Romam 2 advectus est : vulgoque pascitur et in domibus. Ac nisi incendiis semina exurerentur, non esset fecunditati eorum resistere. In orbe terrarum pulcherrimum anguium genus est, quod et in aqua vivit, hydri vocantur, nullis serpentium inferiores veneno. Horum jecur servatum adversus percussos ab his auxilium est. Scorpio tritus stellionum veneno adversatur. Fit enim et e stellionibus malum medicamentum. Nam quum immortuus est vino, faciem eorum qui biberint lentigine obducit. Ob hoc in unguento necant eum, insidiantes pellicum formæ. Remedium est ovi luteum, et mel ac nitrum. Pel stellionum tritum in aqua mustelas congregare dicitur.

XXIII. Inter omnia venenata salamandræ scelus maxi- 1 mum est. Cætera enim singulos feriunt, nec plures pariter interimunt : ut omittam, quod perire conscientia dicuntur homine percusso, neque amplius admitti ad terras. Salamandra populos pariter necare improvidos potest. Nam si arbori irrepsit, omnia poma inficit veneno, et eos qui ederint, necat frigida vi, nihil aconito distans. Quin immo si contacto ab ea ligno vel pede crusta panis incoquatur, idem veneficium est : vel si in puteum cadat. Quippe quum 2 saliva ejus quacumque parte corporis vel in pede imo respersa, omnis in toto corpore defluat pilus. Tamen talis ac tanti veneni a quibusdam animalium, ut subus, manditur, dominante eadem illa rerum dissidentia. Venenum ejus restingui primum omnium ab his quæ vescantur illa, ex his verisimile est quæ produntur, cantharidum potu, aut lacerta in cibo sumta : cætera adversantia diximus, dicemusque suis locis. Ex ipsa quæ Magi tradunt contra 3 incendia, quoniam ignes sola animalium exstinguat, si forent vera, jam esset experta Roma. Sextius Vonerem

l'expérience. Sextius dit que la salamandre conservée dans du miel après qu'on a ôté les intestins, les pattes et la tête, est un aphrodisiaque ; il nie qu'elle éteigne le feu.

XXIV. Parmi les oiseaux, les vautours sont ceux dont on retire le plus de secours contre les serpents. On a noté que les noirs ont moins de vertu. L'odeur de leurs plumes brûlées met, dit-on, les reptiles en fuite. On assure qu'en portant sur soi le cœur de cet oiseau, on est à l'abri, non-seulement des attaques des serpents, mais encore de celles des bêtes féroces, des voleurs, et de la colère des rois.

XXV. La chair d'une volaille vivante, appliquée toute chaude, dompte le venin des serpents ; il en est de même de la cervelle de volaille prise dans du vin. Les Parthes préfèrent appliquer sur la plaie la cervelle de poule. Le bouillon de volaille est excellent dans ce cas, et pour beaucoup d'autres encore il est d'une utilité merveilleuse. Les panthères et les lions ne touchent pas ceux qui s'en sont frottés, surtout si on y a fait cuire de l'ail. Le bouillon d'un vieux coq relâche davantage le ventre ; il est bon aussi pour les fièvres de longue durée, l'engourdissement des membres, le tremblement et les douleurs articulaires, pour les douleurs de tête, les épiphoras, les flatuosités, le dégoût, le ténesme commençant, les maladies du foie, des reins, de la vessie, les indigestions, l'asthme ; aussi existe-t-il des formules pour le préparer. Il est plus efficace si on le fait avec le chou marin (XXII, 33), ou le cybium (thon mariné) (IX, 15), ou le câprier, ou l'ache, ou la mercuriale, ou le polypode, ou l'aneth. Le mieux est de faire bouillir la volaille avec les herbes susdites dans trois conges d'eau jusqu'à réduction à trois hémines, de laisser refroidir au grand air, et donner en temps opportun, après un vomissement préalable. Je ne passerai pas sous silence une merveille, quoiqu'elle ne regarde pas la médecine : si on met de la chair de poule avec de l'or qui se fond, cette chair absorbe le métal ; ainsi elle est le poison de l'or : mais, en revanche, si l'on attache au cou des coqs un collier de bois de sarment, ils ne chantent pas.

XXVI. On a contre les serpents la chair fraîche de pigeon ou d'hirondelle hachée menu, les pattes de hibou brûlées avec l'herbe appelée plumbago (XXV, 97). A l'occasion de cet oiseau je n'omettrai pas un exemple du charlatanisme des mages : entre autres mensonges prodigieux, ils prétendent que le cœur de hibou appliqué sur la mamelle gauche d'une femme qui dort lui fait dire tous ses secrets; en outre, que ceux qui dans la bataille ont ce cœur sur eux s'y comportent vaillamment. Ils tirent aussi de l'œuf de cet oiseau des remèdes pour les cheveux ; or, je le demande, qui a pu jamais voir un œuf de hibou, puisque c'est un prodige de voir seulement l'oiseau ? Qui d'ailleurs en a pu faire l'expérience, et sur les cheveux ? Les mages promettent encore de faire boucler les cheveux avec le sang d'un jeune hibou. Ce qu'ils disent de la chauve-souris paraît être du même genre : si, après avoir porté un de ces animaux vivant trois fois autour de la maison, on le cloue en dehors de la fenêtre, la tête en bas, c'est un amulette ; il protège également les bergeries quand on l'a porté autant de fois alentour, et qu'on le suspend par les pattes au haut de la porte. On recommande, parmi les principaux remèdes contre les serpents, le sang de la chauve-souris avec un chardon.

XXVII. L'araignée phalange est inconnue à

---

accendi cibo earum, si detractis interaneis, et pedibus, et capite, in melle serventur, tradit : negatque restingui ignem ab iis.

XXIV. Ex volucribus in auxilio contra serpentes primi vultures. Annotatum quoque minus virium esse nigris. Pennarum ex his nidore, si urantur, fugari eas dicunt. Item cor ejus alitis habentes, tutos esse ab impetu non solum serpentium, sed etiam ferarum, latronumque, et regum ira.

XXV. Carnibus gallinaceorum, ita ut tepebant avulsæ, appositis, venena serpentium domantur : item cerebro in vino poto. Parthi gallinæ malunt cerebrum plagis imponere. Jus quoque ex his potum præclaro modetur, et in multis aliis usibus mirabile. Pantheræ leonesque non attingunt perunctos eo, præcipue si et allium fuerit incoctum. Alvum solvit validius e vetere gallinaceo. Prodest et contra longinquas febres, et torpentibus membris, tremulisque, et articulariis morbis : in capitis doloribus, epiphoris, inflationibus, fastidiis, incipiente tenesmo, jocineri, renibus, vesicæ : contra cruditates, suspiria. Itaque etiam faciendi ejus exstant præcepta. Efficacius enim cocti cum olere marino, aut cybio, aut cappari, aut apio, aut herba Mercuriali, aut polypodio, aut anetho : utilissime autem in congiis tribus aquæ ad tres heminas cum supradictis herbis, et refrigeratum sub dio dari tempestivis antecedente vomitione. Non præteribo miraculum, quanquam ad medicinam non pertinens : si auro liquescenti gallinarum membra misceantur, consumunt id in se. Ita hoc venenum auri est. At gallinacei ipsi circulo e sarmentis addito in collum, non canunt.

XXVI. Auxiliatur contra serpentes et columbarum caro recens concerpta, et hirundinum : bubonis pedes usti cum plumbagine herba. Nec omittam in hac quoque alite exemplum Magicæ vanitatis. Quippe præter reliqua portentosa mendacia, cor ejus impositum mammæ mulieris dormientis sinistræ, tradunt efficere, ut omnia secreta pronuntiet. Præterea in pugnam ferentes idem, fortes fieri. Ejusdem ovo ad capillum remedia demonstrant. Quis autem, quæso, ovum bubonis unquam videre potuit, quum ipsum avem vidisse prodigium sit ? quis utique experiri, et præcipue in capillo ? Sanguine quidem pulli bubonis etiam crispari capillum promittunt. Cujus generis prope videri possint, quæ tradunt et de vespertilione : si ter circumlatus domui vivus, per fenestram inverso capite infigatur, amuletum esse : privatimque ovilibus circumraptum toties, et pedibus suspensum in supero limine. Sanguinem quoque ejus cum carduo, contra serpentium ictus inter præcipua laudant.

l'Italie ; il y en a de plusieurs espèces : l'une ressemble à la fourmi, mais est beaucoup plus grosse; elle a la tête rousse, le reste du corps noir, et semé çà et là de taches blanches. La piqûre en est plus douloureuse que celle de la guêpe. Elle vit ordinairement autour des fours et des moulins. Le remède est de montrer à la personne blessée une autre araignée de la même espèce; aussi en conserve-t-on de mortes pour cet effet. On en trouve de desséchées, qui, pilées et prises en breuvage, guérissent la même piqûre. Les petits de la belette, comme nous l'avons dit plus haut (xxix, 16), ont 2 la même propriété. Les Grecs donnent aussi le nom de phalange à une autre araignée, qu'ils distinguent par le surnom de loup (xi, 28). La troisième espèce, aussi nommée phalange, est une araignée velue, à tête fort grosse. Quand on l'ouvre, on y trouve, dit-on, deux petits vers, qui, mis sur une femme, dans de la peau de cerf, avant le lever du soleil, l'empêchent de concevoir : c'est ce qu'on lit dans les mémoires de Cécilius. Cette propriété n'agit qu'un an. De tous les moyens empêchant de concevoir, c'est le seul que je me permette de rapporter, faveur dont ont besoin quelques femmes surchargées d'enfants par leur fécondité. La quatrième espèce, appelée rhagion, a la forme d'un grain de raisin noir, une très-petite bouche sous le ventre, des pieds très-3 courts et comme ébauchés. Elle cause, par sa piqûre, autant de douleur que le scorpion. L'urine que rend le blessé présente comme des toiles d'araignées. L'astérion serait en tout semblable s'il ne s'en distinguait par des raies blanches; sa piqûre fait trembler les genoux. La phalange bleue est pire que ces deux-là; elle est couverte d'un duvet noir; sa piqûre trouble la vue, et fait vomir des matières semblables à des toiles d'araignées.

Une espèce encore plus mauvaise est celle qui ne diffère du frelon qu'en ce qu'elle n'a point d'ailes; sa piqûre cause le marasme. Le myrmécion ressemble par la tête à la fourmi ; il a le ventre noir, mais moucheté de blanc, et sa piqûre fait autant de mal que celle d'une guêpe. Il y a deux espèces 4 de tétragnathes : la plus mauvaise a sur le milieu de la tête deux lignes blanches qui se croisent; sa piqûre fait enfler le visage ; l'autre est cendrée, et a la partie postérieure du corps blanche ; elle est moins disposée à piquer. L'araignée la moins malfaisante est celle qui tend le long des murailles ses larges toiles, pour prendre les mouches ; elle est aussi de couleur cendrée. Contre la piqûre de toutes les araignées on a à la cervelle de coq prise avec un peu de poivre dans de l'oxycrat, cinq fourmis qu'on avale, la cendre de crotte de brebis appliquée avec du vinaigre, les araignées elles-mêmes, de quelque espèce qu'elles soient, pourries dans de l'huile. On guérit la morsure de 5 la musaraigne avec de la présure d'agneau prise dans du vin, avec la cendre de la patte de bélier dans du miel, avec le petit d'une belette, préparé comme nous l'avons dit à propos des serpents (xxix, 16). Si elle mord des bêtes de somme, on applique sur la plaie un rat frais avec du sel, ou le fiel de la chauve-souris avec du vinaigre. La musaraigne elle-même est un remède contre sa propre morsure : on la fend en deux et on l'applique ; car si elle était pleine lorsqu'elle a mordu elle crève sur-le-champ. Ce qu'il y a de mieux, c'est d'appliquer celle qui a mordu ; néanmoins on en garde pour cet usage dans de l'huile ou dans du limon. On guérit cette morsure avec la boue d'une ornière : on dit en effet que cet animal ne franchit point les ornières (viii, 83, 3), empêché par un certain engourdissement naturel.

---

1 XXVII. Phalangium est Italiæ ignotum, et plurium generum : unum simile formicæ, sed multo majus, rufo capite, reliqua parte corporis nigra, albis incursantibus respersum guttis. Acerbior hujus, quam vespæ ictus. Vivit maxime circa furnos et molas. In remedio est, si quis ejusdem generis alterum percusso ostendat. Et ad hoc servantur mortui. Inveniuntur et cortices eorum, qui triti et poti medentur : et mustelæ catuli, ut diximus supra.
2 Æque phalangion Græci vocant inter genera araneorum, sed distinguunt lupi nomine. Tertium est eodem phalangii nomine araneus lanuginosus, grandissimo capite. Quo dissecto inveniri dicuntur intus vermiculi duo, adalligatique mulieribus cervina pelle ante Solis ortum, præstare ne concipiant, ut Cæcilius in commentariis reliquit. Vis ea annua est : quam solam ex omni atocio dixisse fas sit, quoniam aliquarum fecunditas plena liberis tali venia indiget. Vocatur et rhagion acino nigro similis, ore minimo sub alvo, pedibus brevissimis, tamquam imperfectis.
3 Dolor a morsu ejus qualis a scorpione. Urina similis araneis textis. Idem erat asterion, nisi distingueretur virgulis albis. Hujus morsus genua labefactat. Pejor utroque est cæruleus, lanugine nigra, caliginem concitans, et vo-

mitus araneosos. Etiamnum deterior, a crabrone penna tantum differens. Hic et ad maciem perducit. Myrmecion formicæ similis capite, alvo nigra, guttis albis distinguentibus, vesparum dolore torquet. Tetragnathii duo genera 4 habent : pejor medium caput distinguente linea alba, et transversa altera. Hic oris tumorem facit. At cinereus posteriori parte candicans, lentior. Minime autem noxius eodem colore, qui telas muscis in parietibus latissime pandit. Contra omnium morsus remedio est gallinaceum cerebrum cum piperis exiguo potum in posca. Item formicæ quinque potæ : pecudum fimi cinis illitus ex aceto, et ipsi aranei quicumque, in oleo putrefacti. Muris aranei 5 morsus sanatur coagulo agnino in vino poto : ungulæ arietinæ cinere cum melle, mustelæ catulo, ut in serpentibus dictum est. Si jumenta momorderit, mus recens cum sale imponitur, aut fel vespertilionis ex aceto. Et ipse mus araneus contra se remedium est, divulsus et impositus. Nam si prægnans momorderit, protinus dissilit. Optimum, si imponatur qui momorderit. Sed et aliis ad hunc usum servant in oleo, aut luto circumlitos. Est contra morsum ejus remedio terra ex orbita. Ferunt enim non transiri ab eo orbitam, torpore quodam naturæ.

1 XXVIII. Le stellion (gecko) est, dit-on, à son tour (xix, 22, 2) tout à fait contraire aux scorpions, au point que sa vue seule les effraye, et leur cause de l'engourdissement et une sueur froide ; aussi le fait-on pourrir dans de l'huile, afin d'oindre les plaies avec cette préparation. D'autres font bouillir dans cette huile de l'écume d'argent (litharge), et en forment un emplâtre pour les morsures de scorpion. Les Grecs appellent ce lézard colotes, ou ascalabotes, ou galeotes. Il n'y en a point en Italie ; il est tout parsemé de petites taches, a un cri aigu, et il mange ; toutes particularités étrangères à nos lézards.

1 XXIX. Contre les piqûres de scorpion on a encore la cendre de fiente de poule en topique, le foie de dragon, un lézard ou un rat fendus en deux, le scorpion lui-même appliqué sur la plaie qu'il a faite, ou grillé et mangé, ou avalé dans deux cyathes de vin pur. Une singularité des scorpions, c'est qu'ils ne piquent jamais la paume de la main, et qu'ils ne touchent qu'aux parties velues. Un caillou quelconque appliqué sur la plaie, du côté par lequel il touchait le sol, apaise la douleur. On prétend de même qu'un tesson couvert de terre par quelque endroit, et appliqué par cet endroit sur la plaie, guérit le blessé. Ceux qui font cette application ne doivent pas regarder, et il faut qu'ils prennent garde d'être en vue 2 du soleil. Des vers de terre pilés et en topique sont utiles. On tire encore de ces vers plusieurs remèdes pour lesquels on les garde dans du miel. La chouette est un préservatif contre les abeilles, les guêpes, les frelons et les sangsues. Ces insectes ne piquent pas les personnes qui portent sur elles le bec d'un pivert. Les très-petites sauterelles sans ailes, qu'on nomme attelabes, sont bonnes aussi dans ce cas. Il est une espèce de fourmi venimeuse ; on ne la trouve guère en Italie ; Cicéron la nomme solipuga ; dans la Bétique elle est appelée solpuga (viii, 43). Le remède contre son venin et contre celui de toutes les fourmis est un cœur de chauve-souris. Nous avons dit (xxix, 23) que les cantharides sont l'antidote de la salamandre.

XXX. Mais les cantharides sont l'objet d'une 1 grande controverse, car, prises à l'intérieur, elles sont un poison causant particulièrement de violentes douleurs de vessie. Cossinus, chevalier romain, connu par l'amitié que lui portait Néron, fut attaqué du lichen (xxvi, 2); l'empereur fit venir d'Égypte un médecin pour la guérison de cette maladie : celui-ci tua le malade par une potion de cantharides qu'il voulut préparer. Cependant il n'est pas douteux qu'à l'extérieur elles sont utiles avec du suc d'uva taminia (xxiii, 14) et du suif de brebis ou de chèvre. Les auteurs ne s'accordent pas sur la partie où réside le venin des cantharides : les uns pensent qu'il est dans les pattes et 2 dans la tête, les autres nient que cela soit ; le seul point dont on convienne, c'est que les ailes en sont l'antidote, où qu'il réside. Les cantharides naissent d'un petit ver, principalement sur le fruit spongieux qui se forme à la tige de l'églantier (xxiv, 74); toutefois c'est sur le frêne qu'on en trouve le plus. Celles qu'on rencontre sur le rosier blanc ont moins de vertu. Les plus actives sont bigarrées, et offrent des lignes jaunes transversales sur les ailes ; elles sont très-grasses. Les moins actives sont petites, larges, velues. Les inertes sont d'une seule couleur, et maigres. On les conserve dans un petit pot de terre non enduit de poix, et fermé seulement avec un linge.

---

XXVIII. Scorpionibus contrarius maxime invicem stellio traditur, ut visu quoque pavorem iis afferat, et torporem frigidi sudoris. Itaque in oleo putrefaciunt eum, et ita ea vulnera perungunt. Quidam oleo illo spumam argenteam decoquunt ad emplastri genus, atque ita illinunt. Hunc Græci coloten vocant, et ascalaboten, et galeoten. In Italia non nascitur. Est enim hic plenus lentigine, stridoris acerbi, et vescitur : quæ omnia a nostris stellionibus aliena sunt.

XXIX. Prodest et gallinarum fimi cinis illitus, draconis jecur, lacerta divulsa, mus divulsus, scorpio ipse suæ plagæ impositus, aut assus in cibo sumtus, aut potus in meri cyathis duobus. Proprium est scorpionum, quod manus palmam non feriunt, nec nisi pilos attigere. Lapillus qualiscumque, ab ea parte qua in terra erat, impositus plagæ, levat dolorem. Item testa terra operta ex aliqua parte, sicut erat, imposita, liberare dicitur. Non debent 2 respicere qui imponunt, et cavere ne sol adspiciat. Vermes terreni triti impositi prosunt. Multa et alia ex his remedia sunt, propter quæ in melle servantur. Noctua apibus contraria, et vespis, crabronibusque, et sanguisugis : pici quoque Martii rostrum secum habentes non feriuntur ab iis. Adversantur et locustarum minimæ sine pennis, quos attelabos vocant. Est et formicarum genus venenatum : non fere in Italia. Solipugas Cicero appellat ; solpugas Bætica. Iis cor vespertilionis contrarium, omnibusque formicis : salamandris cantharidas diximus resistere.

XXX. Sed in iis magna quæstio, quoniam ipsæ venena 1 sunt potæ, vesicæ cum cruciatu præcipuo. Cossinum equitem romanum, amicitia Neronis principis notum, quum is lichene correptus esset, vocatus ex Ægypto medicus ob hanc valetudinem ejus a Cæsare, quum cantharidum potum præparare voluisset, interemit. Verum illitas prodesse non dubium est, cum succo taminiæ uvæ et sevo ovis vel capræ. Ipsarum cantharidum venenum in qua parte sit, non constat inter auctores. Alii in pedibus et capite exis- 2 timant esse ; alii negant. Convenit tantum pennas earum auxiliari, in quacumque parte sit venenum. Ipsæ nascuntur ex vermiculo, in spongia maxime cynorhodi quæ fit in caule, sed fecundissime in fraxino : cæteræ in alba rosa, minus efficaces. Potentissimæ inter omnes variæ, luteis lineis, quas in pennis transversas habent, multum pingues : inertiores minutæ, latæ, pilosæ : inutilissimæ vero, unius coloris, macræque. Conduntur in calice fictili non picato, et linteo colligato, congestæ rosa matura,

On les y entasse avec des roses épanouies, et on les suspend au-dessus de vinaigre salé qu'on fait bouillir, jusqu'à ce que la vapeur traversant le linge les étouffe; ensuite on les conserve. Elles ont caustiques, et produisent des croûtes. La même propriété appartient à l'insecte appelé pityocampe, parce qu'il naît sur le pin, et au bupreste (13); l'un et l'autre se préparent de même. Tous ces insectes sont, dit-on, très-efficaces pour guérir les lèpres et les lichens, et comme emménagogues et diurétiques; aussi Hippocrate les donnait-il aux hydropiques. On a reproché à Caton d'Utique d'avoir vendu du poison, parce que dans la vente à l'encan des biens d'un roi (Ptolémée roi de Chypre) il avait adjugé des cantharides pour la somme de soixante mille sesterces (12,600 fr.). (v.) Disons qu'alors de la graisse d'autruche se vendit trente mille sesterces (6,300 fr.). Cette graisse est préférable pour tous les usages à la graisse d'oie.

XXXI. Nous avons parlé de miels vénéneux (xxi, 44); l'antidote est du miel dans lequel sont mortes des abeilles. Ce même miel, pris dans du vin, guérit les incommodités causées par le poisson qu'on a mangé.

XXXII. Dans la morsure du chien enragé, on préserve de l'hydrophobie en appliquant sur la plaie la cendre d'une tête de chien. Toutes ces cendres, je le dis une fois pour toutes, se préparent de la même manière. On place la substance dans un pot de terre neuf, on lute avec l'argile, et on met au four. Cette cendre de tête de chien est bonne aussi en breuvage. Quelques-uns font manger la tête même; d'autres attachent au blessé un ver pris d'un cadavre de chien, ou mettent du sang menstruel d'une chienne dans un linge, sous le gobelet du malade, ou introduisent dans la plaie de la cendre des poils de la queue d'un chien. Les chiens fuient un individu portant sur soi le cœur d'un chien; ils n'aboient pas si l'on porte dans son soulier, sous le gros orteil, une langue de chien, ou la queue d'une belette qu'on a laissée aller après l'opération. Il y a sous la langue d'un chien enragé une salive bourbeuse qui donnée en boisson prévient l'hydrophobie; mais ce qui est bien plus utile, c'est le foie du chien enragé qui a mordu, mangé cru s'il est possible; sinon, cuit d'une façon quelconque, ou encore du bouillon préparé avec la chair de ce chien. Les chiens ont à la langue un petit ver appelé par les Grecs lytta (rage): quand on l'ôte aux jeunes chiens, ils ne deviennent point enragés et ne perdent jamais l'appétit. Ce même ver porté trois fois autour du feu se donne aux individus mordus par un chien enragé, pour prévenir la rage; on la prévient encore avec la cervelle de coq; mais cette substance, prise à l'intérieur, ne garantit que pour l'année courante. On dit que la crête de coq broyée, ou la graisse d'oie avec du miel, est un topique efficace. On sale la chair des chiens enragés, et on la fait manger contre la rage. Bien plus, on noie immédiatement dans l'eau de petits chiens du sexe de l'animal qui a mordu, et l'on en fait manger par l'individu mordu le foie cru. La fiente de coq, pourvu qu'elle soit rousse, est utile; on l'applique avec du vinaigre, ainsi que la cendre de la queue de musaraigne, pourvu qu'on laisse aller vivant l'animal mutilé; un morceau de nid d'hirondelle appliqué avec du vinaigre, des petits d'hirondelle incinérés, la vieille peau dont un serpent s'est dépouillé au printemps, broyée avec une écrevisse mâle dans du vin : cette peau seule,

---

et suspenduntur super acetum cum sale fervens, donec per linteolum vaporentur, postea reponuntur. Vis earum adurere corpus, crustas obducere. Eadem pityocampis, in picea nascentibus : eadem buprestī, similiterque præparantur. Efficacissimæ omnes ad lepras lichenasque dicuntur et menses ciere et urinam. Ideo Hippocrates et hydropicis dabat. Cantharides objectæ sunt Catoni Uticensi, ceu venenum vendidisset in auctione regia, quoniam eas sestertiis LX addixerat. (v.) Et sevum autem struthiocamelinum tunc venisse sestertiis xxx obiter dictum sit, efficacioris ad omnia usus, quam est adeps anserinus.

XXXI. Diximus et mellis venenati genera : contra quod utuntur melle, in quo apes sint mortuæ. Idem potum in vino, remedium est vitiorum, quæ e cibo piscium gignuntur.

XXXII. In canis rabiosi morsu tuetur a pavore aquæ, capitis canini cinis illitus vulneri. Oportet autem comburi omnia eodem modo, ut semel dicamus, in vase fictili novo, argilla circumlito, atque ita in furnum indito. Idem et in potione proficit. Quidam ob id edendum dederunt. Aliqui et vermem e cadavere canino adalligavere : menstruave canis in panno subdidere calici, aut intus ipsius caudæ pilos combustos insuere vulneri. Cor caninum habentem fugiunt canes. Non latrant vero, lingua canina in calceamento subdita pollici : aut caudam mustelæ, quæ abscissa dimissa sit, habentes. Est limus salivæ sub lingua rabiosi canis, qui datus in potu, fieri hydrophobos non patitur. Multo tamen utilissime jecur ejus, qui in rabie momorderit, datur, si possit fieri, crudum mandendum : si minus, quoquo modo coctum, aut jus coctis carnibus. Est vermiculus in lingua canum, qui vocatur a Græcis lytta; quo exempto infantibus catulis, nec rabidi fiunt, nec fastidium sentiunt. Idem ter igni circumlatus, datur morsis a rabioso, ne rabidi fiant. Et cerebello gallinaceo occurritur. Sed id devoratum anno tantum eo prodest. Aiunt et cristam galli contritam efficaciter imponi, et anseris adipem cum melle. Saliuntur et carnes eorum, qui rabidi fuerunt, ad eadem remedia in cibo daudæ. Quin et necantur catuli statim in aqua, ad sexum ejus qui momorderit, ut jecur crudum devoretur ex iis. Prodest et fimum gallinaceum, dumtaxat rufum, ex aceto impositum : et muris aranei caudæ cinis, ita ut ipse, cui abscissa sit, vivus dimittatur : glebula ex hirundinis nido illita ex aceto : vel pulli hirundinis combusti : membrana sive senectus anguium, vernatione exuta, cum cancro masculo ex vino trita. Nam etiam per

mise dans les coffres et les armoires, tue les vers.
5 Telle est la force de la rage, qu'on ne marche point impunément sur l'urine d'un chien enragé, surtout si l'on a quelque ulcère ; le remède alors est d'appliquer du crottin de cheval humecté de vinaigre et chauffé, dans une figue. On s'étonnera moins de ces effets violents si l'on songe qu'une pierre mordue par un chien est passée en proverbe pour exprimer les querelles. Celui qui urine sur de l'urine de chien éprouve, dit-on, de l'engourdissement dans les lombes. Le lézard nommé par les uns seps (14), par les autres chalcidice, avalé dans du vin guérit les morsures qu'il a faites.

1 XXXIII. Contre les maléfices préparés avec la belette sauvage (furet), on a le bouillon d'un vieux coq à large dose ; contre l'aconit, en particulier, il faut ajouter à ce bouillon un peu de sel. La fiente de poules, pourvu qu'elle soit blanche, bouillie avec de l'hysope ou du vin miellé, est l'antidote contre l'empoisonnement par les champignons et les bolets ; elle guérit aussi les gonflements et les suffocations, ce qui doit nous étonner, car un autre animal qui vient à goûter de cette fiente est saisi de tranchées et de gonflement. Le sang d'oie avec quantité égale d'huile est bon
2 contre le lièvre marin. On le garde contre toutes les mauvaises drogues, en pastilles, avec de la terre rouge de Lemnos et du suc d'épine blanche, et on en prend cinq drachmes dans trois cyathes d'eau. La même propriété appartient aux petits de belette préparés comme nous avons dit plus haut (XXIX, 16). La présure d'agneau est excellente contre toutes les mauvaises drogues, ainsi que le sang des canards du Pont ; aussi le garde-
3 t-on figé, et on le délaye dans du vin : d'après quelques-uns, le sang de cane est plus efficace.

De la même façon, contre tous les venins on a l'estomac de cigogne et la présure de mouton. Le bouillon de la chair de bélier est en particulier un remède contre les cantharides, ainsi que le lait chaud de brebis, qui en outre est bon contre le bupreste ou l'aconit. La fiente de pigeon ramier est utile contre le vif-argent pris à l'intérieur. On a contre les poisons des flèches la belette commune longtemps gardée, et prise à l'intérieur à la dose de deux drachmes.

XXXIV. (VI.) Pour l'alopécie on emploie la cen- 1 dre de crottes de brebis avec de l'huile de cyprus (XII, 51) et du miel, la cendre du sabot d'un mulet ou d'une mule dans de l'huile de myrte ; en outre, selon notre Varron, la fiente de rat nommée par lui muscerda ; les têtes fraîches de mouches : on frotte d'abord la partie dépouillée de cheveux avec une feuille de figuier ; d'autres se servent du sang de mouche ; d'autres appliquent de la cendre de mouches pendant dix jours avec de la cendre de papyrus ou de noix, deux parties sur une de cendre de mouches ; d'autres pétrissent de la cendre de mouches et du chou avec du lait de femme ; d'autres ne mettent que du miel. On 2 croit qu'aucun animal n'est moins docile et moins intelligent que la mouche, ce qui doit d'autant plus nous faire admirer le prodige de ces nuées de mouches qui, dans les jeux sacrés d'Olympie, après l'immolation du taureau au dieu nommé Myiodes (X, 40), abandonnent tout le territoire. La cendre de tête de rat, de queue de rat, d'un rat tout entier, guérit l'alopécie, surtout si la chute des cheveux est le fait d'un maléfice. On obtient le même effet par la cendre d'un hérisson avec du miel, ou par sa peau brûlée avec de la poix liquide. La tête de cet animal, brûlée seule, fait même repousser les poils sur les cicatrices. Quand on fait ce remède, il faut préparer l'endroit atteint d'alopécie avec le rasoir et la moutarde; quelques-uns préfèrent le vinaigre. Toutes les propriétés attribuées au hérisson se retrouvent à un plus haut degré dans le porc-épic (VIII, 53). Un lézard étant brûlé, comme nous l'avons dit (XXIX, 32), et de plus avec la racine fraîche d'un roseau qu'il faut couper par petits morceaux pour qu'on puisse l'incinérer en même temps, la cendre, mêlée avec de l'huile de myrte, empêche la chute des cheveux. Les lézards verts procurent tout cela avec plus d'efficacité, et le remède est encore plus sûr si l'on ajoute du sel, de la graisse d'ours et de l'oignon pilé. Quelques-uns font cuire dix lézards verts dans dix setiers de vieille huile, et se contentent de faire par mois une friction avec ce mélange. On guérit très-promptement l'alopécie avec la cendre de peau de vipère, avec la fiente de poule appliquée fraîche. Un œuf de corbeau, battu dans un vase de cuivre et appliqué sur la tête rasée, rend les cheveux noirs; mais, jusqu'à ce qu'il soit sec, il faut tenir de l'huile dans la bouche, de peur que les dents ne noircissent aussi. Il faut faire cette opération à l'ombre, et ne pas se laver la tête avant le quatrième jour; d'autres emploient le sang et la cervelle de corbeau avec du vin noir; d'autres font cuire l'oiseau lui-même, et le mettent, au milieu de la nuit, dans un vase de plomb. Quelques-uns appliquent sur les endroits frappés d'alopécie des cantharides pilées avec de la poix liquide; on prépare auparavant la peau avec du nitre. Les cantharides sont caustiques, et il faut prendre garde qu'elles n'ulcèrent profondément : pour les ulcérations ainsi produites on recommande d'appliquer des têtes de rat, du fiel de rat, de la fiente de rat, avec de l'ellébore et du poivre.

XXXV. On détruit les lentes avec de la graisse de chien, ou avec des serpents mangés en guise d'anguilles, ou avec la vieille peau dont ils se dépouillent, prise dans un breuvage. On guérit le porrigo en appliquant sur la tête du fiel de mouton avec de la terre cimoliée, jusqu'à ce que le mélange se sèche.

XXXVI. On a pour les maux de tête la tête d'escargot prise sur des escargots sans coquilles et encore informes : il s'y trouve une concrétion pierreuse, du volume d'un caillou; on ôte ces concrétions, on les attache, et on pile les petites pour en faire des frictions sur le front. On a encore le suint, les os de la tête d'un vautour portés en amulette, la cervelle de cet oiseau avec de l'huile et de la résine de cèdre; on frotte la tête avec ce mélange, et on en introduit dans les narines. La cervelle, cuite, de corneille ou de hibou, prise en aliment, produit le même effet. Si on enferme un poulet, et qu'on le fasse jeûner un jour et une nuit; si celui qui a mal à la tête se soumet à la même abstinence, et qu'il s'attache à la tête les plumes arrachées du cou ou la crête, il se guérit de son mal. On traite le mal de tête par la cendre de belette en topique, par un rameau pris au nid d'un milan et placé sous le chevet, par une peau de rat qu'on fait brûler et dont on applique la cendre avec du vinaigre, par le petit os d'une limace trouvée entre deux ornières; on passe ce petit os à travers l'oreille avec une aiguille d'ivoire, ou on le pend au cou dans un sac de peau de chien : ce remède réussit constamment à beaucoup de personnes. Sur les fractures du crâne on applique une toile d'araignée avec de l'huile et du vinaigre; elle ne se détache qu'après la gué-

---

tum cum pice liquida. Caput quidem ejus ustum per se, etiam cicatricibus pilos reddit. Alopecias autem in ea curatione præparari oportet novacula, et sinapi. Quidam ex aceto uti maluerunt. Quæ de herinaceo dicuntur, omnia tanto magis valebunt in hystrice. Lacertæ quoque, ut docuimus, combustæ, cum radice recentis arundinis, quæ ut una cremari possit minutim findenda est : ita myrteo oleo permixto cineres capillorum defluvia continent. Efficacius virides lacertæ omnia eadem præstant. Etiamnum utilius admixto sale, et adipe ursino, et cæpa tusa. Quidam denas virides in decem sextariis olei veteris discoquunt, contenti semel in mense ungere. Pellium viperinarum cinis, alopecias celerrime explet : item gallinarum fimum recens illitum. Corvi ovum in æreo vase permixtum illitumque deraso capite nigritiam capilli affert: sed donec inarescat, oleum in ore habendum est, ne et dentes simul nigrescant. Idque in umbra faciendum, neque ante quatriduum abluendum. Alii sanguine et cerebro ejus utuntur cum vino nigro. Alii excoquunt ipsum, et nocte in concubia in plumbeum vas condunt. Aliqui alopecias cantharide trita illinunt cum pice liquida, nitro præparata cute. Caustica vis earum, cavendumque ne exulcerent alte. Postea ad hulcera ita facta, capita murium, et fel murium, et fimum, cum elleboro et pipere illini jubent.

XXXV. Lendes tolluntur adipe canino, vel anguibus in cibo sumtis anguillarum modo, aut vernatione eorum, quam exuunt, pota. Porrigines felle ovillo cum creta Cimolia, linito capite, donec inarescat.

XXXVI. Capitis doloribus remedio sunt cochlearum, quæ nudæ inveniuntur nondum peractæ, ablata capita, ex his lapidea duritia exemta : est autem calculi latitudine : quæ adalligantur, et minutæ fronti illinuntur tritæ. Item œsypum : ossa a capite vulturis adalligata, aut cerebrum cum oleo et cedria peruncto capite et intus naribus illitis. Cornicis cerebrum coctum, in cibo sumtum, vel noctuæ, idem præstat: gallinaceusque inclusus abstineatur die ac nocte, pari inedia ejus qui doleat, evulsis collo plumis circumligatisque, vel cristis : mustelæ cinis illitus : surculus ex nido milvi pulvino subjectus : murina pellis cremata ex aceto illito cinere. Limacis inter duas orbitas inventæ ossiculum per aurem cum ebore trajectum, vel in pellicula canina adalligatum : quod remedium pluribus semperque prodest. Fracto capiti aranei tela ex oleo et aceto imposita, non nisi vulnere sanato, abscedit. Hæc et vulneribus tonstrinarum

rison de la plaie. Cette même toile arrête le sang des coupures faites par le rasoir. On arrête le sang qui coule du cerveau avec du sang d'oie ou de canard, ou avec de la graisse de ces mêmes animaux mêlée à de l'huile rosat. La tête d'un escargot paissant le matin, coupée avec un roseau, surtout pendant la pleine lune, se porte pour les douleurs de tête dans une étoffe de lin attachée avec un ruban; ou bien on en fait avec la cire blanche un liniment pour le front. On porte aussi, attachés dans une étoffe, des poils de chien.

XXXVII. On fait repousser, dit-on, les cils en mangeant de la cervelle de corneille, ou en oignant, à l'aide d'un stylet, les paupières avec du suint chaud, uni à la myrrhe. On promet le même résultat avec la préparation suivante : Prenez cendre de mouche et cendre de crotte de rat, quantités égales; en tout, un demi-denier; ajoutez deux sixièmes de denier d'antimoine; appliquez le tout avec du suint. On emploie encore des petits de rat pilés dans du vin vieux jusqu'à consistance des préparations acopes (délassantes). Quand on a arraché les cils qui blessent, on les empêche de repousser avec le fiel de hérisson, la partie liquide des œufs de stellion, la cendre de salamandre, le fiel de lézard vert, dans du vin blanc, et épaissi au soleil jusqu'à consistance de miel en un vase de cuivre; avec la cendre de petits d'hirondelle unie au suc de tithymale (XXVI, 39) et à la bave d'escargot.

XXXVIII. On guérit, d'après les mages, la cataracte avec la cervelle d'un jeune chien de sept jours. La sonde doit être enfoncée du côté droit du chien, s'il s'agit de l'œil droit; du côté gauche, s'il s'agit de l'œil gauche. On la guérit encore avec le fiel récent de l'asion (x, 33, 4), espèce d'oiseau de nuit, dont les plumes lui font comme des oreilles. Apollonius de Pitane aimait mieux traiter la cataracte avec le fiel de chien qu'avec le fiel d'hyène; il y joignait du miel; il employait le même moyen pour les taies. La cendre de la tête et de la queue de rat, employée avec du miel en onction, éclaircit la vue; on obtient bien mieux ce résultat avec de la cendre de loir ou de rat des champs, avec de la cervelle ou du fiel d'aigle. La cendre et la graisse de souris, broyées avec du miel attique et de l'antimoine (15), sont très-bonnes pour le larmoiement : ce qu'est l'antimoine, nous le dirons en parlant des métaux (XXXIII, 33). Pour la cataracte on a la cendre de belette, la cervelle de lézard ou d'hirondelle; ces animaux pilés ou cuits, appliqués sur le front, calment les fluxions oculaires, soit seuls, soit avec la fleur de farine, soit avec l'encens; ils sont très-utiles dans les coups de soleil : il est aussi très-avantageux de les brûler vifs, et de faire, avec leur cendre et le miel de Crète, un liniment pour les taies. La vieille peau dont l'aspic se dépouille, avec la graisse du même reptile, éclaircit les yeux des bêtes de somme. Brûler une vipère vivante dans un pot neuf de terre avec un cyathe de suc de fenouil et une miette d'encens, et oindre avec ce mélange les yeux, est très-avantageux dans la cataracte et les nuages; on nomme ce médicament échion (de serpent). On fait pourrir une vipère dans un vase, on pile avec du safran les vers qui en naissent : cela fait encore un collyre. On brûle une vipère dans un vase avec du sel, et on en fait prendre sur la langue, tant pour éclaircir la vue que pour maintenir l'estomac et le corps tout entier en bon état. Ce sel se donne aux moutons

---

sanguinem sistit. A cerebro vero profluentem, anseris sanguis aut anatis infusus; adepsque earumdem alitum cum rosaceo. Cochleæ matutino pascentis arundine caput præcisum, maxime luna plena, lineo panno adalligant capitis doloribus licio : aut cera alba fronti illinunt, et pilos caninos panno adalligant.

XXXVII. Cerebrum cornicis in cibo sumtum, palpebras gignere dicitur : œsypum cum myrrha calidum specillo illitum. Idem præstare muscarum, fimique murini cinerem æquis portionibus, ut efficiatur dimidium pondus denarii, promittitur, additis duabus sextis denarii e stibi, ut omnia œsypo illinantur : item murini catuli triti in vino vetere ad crassitudinem acopi. Pilos in his incommodos, evulsos renasci non patitur fel herinacei : ovorum stellionis liquor : salamandræ cinis : lacertæ viridis fel in vino albo, sole coactum ad crassitudinem mellis in æreo vase : hirundinis pullorum cinis cum lacte tithymali spumanque cochlearum.

XXXVIII. Glaucomata dicunt Magi cerebro catuli septem dierum emendari, specillo demisso in dextram partem, si dexter oculus curetur : in sinistram, si sinister : aut felle recenti asionis. Noctuarum est id genus, quibus pluma aurium modo micat. Suffusionem oculorum canino felle malebat, quam hyænæ curare Apollonius Pitaneus cum melle : item albugines. Murium capitum caudarumque cinere ex melle inunctis, claritatem visus restitui dicunt ; multoque magis gliris aut muris silvestris cinere, aut aquilæ cerebro vel felle. Cum Attico melle cinis et adeps soricis cum stibi tritus, lacrymosis oculis plurimum confert : stibis quid est, dicemus in metallis. Mustelæ cinis in suffusionibus : item lacertæ hirundinisve cerebrum : quæ etiam trita coctæve fronti tritæ, epiphoras sedant, sive per se, sive cum polline, sive cum thure. Sic et solatis, id est, sole correptis prosunt. Vivas quoque cremare, et cinere earum cum melle Cretico inungi caligines, utilissimum est. Medicamentum id echion vocatur. Fit et collyrium ex vipera, in olla putrefacta, vermiculisque enatis cum croco tritis. Exuritur in olla cum sale : quem lingendo claritatem oculorum consequuntur, et stomachi totiusque corporis tempestivitates. Hic sal et pecori datur salubritatis causa, et in antidotum contra serpentes additur. Quidam et vipe-

pour les conserver en santé; on l'incorpore dans les antidotes contre les serpents. Quelques-uns usent même des vipères en aliment : avant tout, dès qu'elles sont tuées, on prescrit de leur mettre dans la gueule du sel qu'on y laisse fondre ; on les coupe à quatre doigts de la tête et de la queue, on ôte les intestins, on les fait cuire dans de l'eau ou de l'huile avec du sel et de l'aneth ; on mange le tout sur-le-champ, ou on le met dans un pain pour en manger de temps en temps. Le bouillon de vipère, outre les propriétés susdites, chasse les poux de tout le corps, et fait même cesser les démangeaisons de la peau. La cendre de la tête de vipère, sans autre ingrédient, est efficace ; on l'emploie très-utilement en onction pour les yeux ; il en est de même de la graisse de vipère. Je n'oserais conseiller, comme on fait, l'usage du fiel ; car, comme nous l'avons dit en son lieu (XI, 62), le fiel est justement le principe vénéneux des serpents. La graisse de couleuvre, mêlée avec du vert de gris, guérit les blessures des yeux. La vieille peau dont les couleuvres se dépouillent au printemps, employée en frictions, éclaircit la vue. On vante le fiel du boa (VIII, 14) pour les taies, la cataracte, les taches ; la graisse, pour éclaircir la vue. Le fiel de l'aigle, qui, comme nous l'avons dit (X, 3, 5), éprouve ses aiglons en leur faisant regarder le soleil, forme avec le miel attique un collyre bon pour les nuages, les taies et la cataracte. La même propriété appartient au foie de vautour, avec du suc de poireau et un peu de miel ; au fiel de poulet délayé dans l'eau, pour l'argéma et les taies ; au fiel d'un coq très-blanc, pour la cataracte. On recommande d'appliquer sur l'œil pour la vue basse la fiente de poulet, pourvu qu'elle soit rousse. On recommande le fiel de poule, et surtout la graisse, contre les pustules qui surviennent à la pupille, et on en engraisse exprès pour cela. Cette substance est merveilleuse aussi pour les déchirures des tuniques de l'œil, avec du schiste et de la pierre hématite ; on garde encore pour les taies, dans de la vieille huile et des boîtes de corne, leur fiente, pourvu qu'elle soit blanche. Et à ce propos il faut remarquer que les paons avalent, dit-on, leur fiente, comme s'ils nous en enviaient l'usage. Un épervier cuit dans de l'huile rosat passe pour faire un liniment très-efficace dans toutes les affections des yeux ; il en est de même de la cendre de sa fiente avec le miel attique. On loue encore le foie de milan. La fiente de pigeon dans du vinaigre est bonne pour l'ægilops, ainsi que pour les taies et les cicatrices. Le fiel d'oie, le sang de canard, sont utiles dans les contusions des yeux ; mais il faut ensuite faire des onctions avec le suint et le miel. On recommande pour le même cas le fiel de perdrix, avec quantité égale de miel ; seul, il éclaircit la vue ; à quoi l'on ajoute, et à ce qu'on prétend sur l'autorité d'Hippocrate, qu'il faut le garder dans une boîte d'argent. Les œufs de perdrix cuits dans un vase de cuivre avec du miel guérissent les ulcères des yeux et la cataracte. Le sang du pigeon, de la tourterelle, du ramier, de la perdrix, est excellent pour les ecchymoses des yeux ; le sang du mâle, chez les pigeons, est considéré comme plus efficace. Pour cet usage, on ouvre la veine qui est sous l'aile, parce que c'est le plus chaud, et par conséquent le meilleur. Il faut par-dessus appliquer une compresse bouillie dans du miel et de la laine grasse, avec de l'huile et du vin. On guérit la nyctalopie avec le sang des mêmes oiseaux, avec le foie de brebis. Le plus efficace

---

4 ris utuntur in cibis. Primum omnium occisæ statim salem in os addi jubent, donec liquescat : quatuor digitorum mensura utrimque præcisa, exemtisque interaneis discoquunt in aqua, aut oleo, sale, anetho, et omnibus aut statim vescuntur, aut pane colligunt, ut sæpius utantur. Jus præter supra dicta pediculos e toto corpore expellit, pruritusque etiam summæ cutis. Effectum ostendit et per se capitis viperini cinis : utilissime oculos inungit ; itemque adeps viperinus. De felle non audacter suaserim quæ præcipiunt, quoniam (ut suo loco docuimus) non aliud est serpentium venenum. Anguium adeps ærugini mixtus, ruptas oculeuvres partes sanat : et membrana sive senectus vernatione eorum exuta si adfricetur, claritatem facit. Boæ quoque fel prædicatur ad albugines, suffusio- 5 nes, caligines : adeps similiter ad claritatem. Aquilæ, quam diximus pullos ad contuendum solem experiri, mixto felle cum melle Attico inunguntur nubeculæ, et caligationes, suffusionesque oculorum. Eadem vis et in vulturino felle est cum porri succo, et melle exiguo. Item in gallinacei felle ad argema, et ad albugines ex aqua diluto : item ad suffusiones oculorum, maxime candidi gallinacei. Fimum quoque gallinaceorum, dumtaxat rubrum, lusciosis illini monstrant. Laudant et gallinæ fel, sed præcipue adipem, contra pusulas in pupillis. Has scilicet ejus rei gratia saginant. Adjuvat mirifice et ruptas oculorum tuniculas, admixtis schisto et hæmatite lapidibus. Fimum 6 quoque earum dumtaxat candidum, in oleo vetere corneisque pyxidibus adservant, ad pupillarum albugines. Qua in mentione significandum est, pavones fimum suum resorbere tradi, invidentes hominum utilitatibus. Accipiter decoctus in rosaceo efficacissimus ad inunctiones omnium vitiorum putatur : item fimi ejus cinis cum Attico melle. Laudatur et milvi jecur. Fimum quoque columbarum ex aceto ad ægilopas : similiter ad albugines et cicatrices. Fel anserinum, sanguis anatum, contusis oculis, ita ut postea œsypo et melle inungantur. Fel perdicum cum mellis æquo 7 pondere : per se vero, ad claritatem. Hippocratis putant auctoritate adjici, quod in argentea pyxide id servari jubent. Ova perdicum in vase æreo decocta cum melle, hulcerinus oculorum et glaucomatis medentur. Columbarum, turturum, palumbium, perdicum sanguis, oculis cruore suffusis eximie prodest. In columbis masculæ efficaciorem putant. Vena autem sub ala ad hunc usum inciditur, quoniam suo calore utilior est. Superponi oportet splenium e melle decoctum, lanamque succidam ex oleo ac vino. Earumdem avium sanguis nyctalopas sanat, et jecur ovium ;

est celui d'une brebis rousse, comme nous l'avons dit en parlant des chèvres (XXVIII, 47, 4). On recommande de se laver les yeux avec le bouillon de mouton, de se frotter avec la moelle de mouton quand les yeux sont douloureux et tuméfiés. La cendre des yeux de hibou, mise dans un collyre, rend, assure-t-on, la vue plus claire. On fait disparaître les taies avec la fiente de tourterelle, avec la cendre d'escargot, avec la fiente du cenchris, espèce d'épervier, suivant les Grecs (crécerelle, x, 52, 6). Toutes les substances susdites, avec du miel, guérissent l'argéma. Le miel dans lequel des abeilles sont mortes est très-bon pour les yeux. Quiconque a mangé un petit de cigogne est préservé, dit-on, plusieurs années de suite, de l'ophthalmie ; de même celui qui a sur soi une tête de dragon. On prétend que la graisse de dragon avec du miel et de la vieille huile dissipe les taies commençantes. On aveugle en pleine lune des petits d'hirondelle, et quand leur vue est rétablie, on incinère leur tête ; on se sert de cette cendre avec du miel pour éclaircir la vue, pour les douleurs, les inflammations et les contusions de l'œil. On emploie aussi les lézards de plusieurs façons pour les maladies des yeux. Les uns enferment un lézard vert dans un vase de terre neuf, avec neuf de ces pierres nommées cinædia (XXXVII, 56, 2) qu'on a coutume d'attacher aux aines en cas de tumeur ; ils font une marque à chacune, et en ôtent une chaque jour ; le neuvième ils lâchent le lézard, et gardent les pierres pour les maux d'yeux. Les autres mettent de la terre sous un lézard vert aveuglé, et enferment avec l'animal, dans un vase de verre, des anneaux de fer massif ou d'or : quand ils reconnaissent à travers le vase que le lézard a recouvré la vue, ils le mettent en liberté, et se servent des anneaux contre l'ophthalmie. D'autres usent de la cendre de la tête de lézard au lieu d'antimoine pour les granulations oculaires ; quelques-uns incinèrent le lézard vert à long cou qu'on trouve dans les sablonnières, et emploient cette cendre en frictions pour les fluxions commençantes et les cataractes. On dit que si on crève les yeux aux belettes par une ponction, elles recouvrent la vue ; et on en fait le même usage que des lézards avec les anneaux. On dit que l'œil droit d'un serpent, porté en amulette, est bon contre les fluxions oculaires, si on lâche le serpent vivant. La cendre de la tête d'un stellion avec l'antimoine guérit merveilleusement les larmoiements perpétuels. La toile d'une araignée à mouches, et particulièrement la retraite qu'elle se construit, appliquée sur le front, d'une tempe à l'autre, à l'aide d'une compresse, est, dit-on, un remède souverain pour les fluxions des yeux : il faut que cette substance soit prise et appliquée par un garçon impubère, que celui-ci reste trois jours sans se montrer au malade, et que pendant ces trois jours ni l'un ni l'autre ne touche la terre à pieds nus. L'araignée blanche, à pattes très-longues et très-déliées, pilée dans de vieille huile et employée en onction, guérit, dit-on, les taches blanches des yeux. Et celle même dont la toile très-épaisse se trouve généralement dans les charpentes des maisons, portée en amulette dans un morceau d'étoffe, passe pour guérir les fluxions oculaires. Le scarabée vert a la propriété de rendre, quand on le regarde, la vue plus perçante ; aussi les graveurs en pierres fines reposent-ils leur vue en considérant cet animal.

XXXIX. Le fiel de brebis avec du miel déterge les oreilles. On calme la douleur d'oreilles en instillant du lait de chienne ; on remédie à la dureté

---

8 atque (ut in capris diximus) efficacius fulvæ. Decocto quoque ejus oculos abluere suadent : et medulla dolores tumoresque illinere. Bubonis oculorum cinis collyrio mixtus claritatem oculis facere promittitur. Turturis fimum albugines extenuat : item cochlearum cinis : fimum cenchridis : accipitrum generis hanc Græci faciunt. Argema ex melle omnibus, quæ supra scripta sunt, sanatur. Mel 9 utilissimum oculis, in quo sunt apes immortuæ. Ciconiæ pullum qui ederit, negatur annis continuis lippiturus : item qui draconis caput habeat. Hujus adipe et melle cum oleo veteri, incipientes caligines discuti tradunt. Hirundinum pullos plena luna excæcant, restitutaque eorum acie capita comburunt : hoc cinere cum melle utuntur ad 10 claritatem, et dolores, ac lippitudines et ictus. Lacertas quoque pluribus modis ad oculorum remedia assumunt. Alii viridem includunt novo fictili : ac lapillis qui vocantur cinædia, quæ ad inguinum tumoribus adalligari solent, novem signis signantes, et singulos detrahunt per dies. Nono emittunt lacertam : lapillos servant ad oculorum dolores. Alii terram substernunt lacertæ viridi excæcatæ, et una in vitreo vase annulos includunt e ferro solido vel auro : quum recepisse visum lacertam apparuit per vitrum, emissa ea, annulis contra lippitudinem utuntur. Alii capitis cinere pro stibi ad scabritias. Quidam viridem longo collo in sabulosis nascentem comburunt, et incipientem epiphoram inungunt, contra glaucomata. Mustelæ etiam oculis puncto erutis, aiunt visum reverti, eademque quæ in lacertis et annulis faciunt. Serpentis oculum dextrum adalligatum contra epiphoras prodesse, si serpens viva dimittatur. Lacrymantibus sine fine oculis, cinis stellionis capitis cum stibi eximie medetur. Aranei muscarii tela, et præcipue spelunca ipsa imposita super frontem ad duo tempora, in splenio aliquo, ita ut a puero impube et capiatur et imponatur, nec is triduo se ostendat ei cui medeatur, neve alteruter nudis pedibus terram attingat his diebus, mirabiliter epiphoris mederi dicuntur. Albugines quoque dicitur tollere inunctione araneus candidus, longissimis ac tenuissimis pedibus, contritus in oleo vetere. Sed is etiam, cujus crassissimum textum est, in contignationibus fere, adalligatus panno epiphoras sanare traditur. Scarabæi viridis natura contuentium visum exacuit. Itaque gemmarum sculptores contuitu eorum acquiescunt.

XXXIX. Aures purgat fel pecudis cum melle : canini lactis instillatio sedat dolores. Gravitatem adeps cum ab-

d'ouie avec la graisse jointe à l'absinthe et à l'huile vieille ; avec la graisse d'oie. Quelques-uns ajoutent du suc d'oignon et d'ail (xx, 23, 4) en quantité égale. On emploie encore seuls les œufs de fourmis. Cet insecte, en effet, a aussi des propriétés médicinales, et il est certain que les ours malades se guérissent en en mangeant (viii, 41, 6). La graisse de l'oie et de tous les oiseaux se prépare ainsi : on en ôte toutes les veines ; on la fait fondre dans un plat de terre neuf couvert, au soleil, et à la chaleur de l'eau bouillante qu'on met dessous ; on la passe dans des chausses de lin ; on la met alors dans un pot de terre neuf, et on la garde au frais ; elle se rancit moins si on y 2 ajoute du miel. La cendre de rat instillée avec du miel, soit bouillie avec de l'huile rosat, calme les douleurs d'oreilles. Si quelque insecte s'est introduit dans le conduit auditif, le principal remède est d'y injecter du fiel de rat délayé avec du vinaigre ; s'il y est entré de l'eau, on se sert de la graisse d'oie avec le suc d'oignon. On écorche un loir, on le vide, on le fait cuire avec du miel dans un vase neuf ; les médecins préfèrent le faire cuire avec du nard jusqu'à réduction au tiers, et recommandent de le garder en cet état, et, lorsqu'il en est besoin, d'injecter dans l'oreille cette composition tiède, avec une strigile (instrument pour les oreilles) : il est certain que ce remède guérit les maux d'oreilles désespérés, ainsi qu'une injection de vers de terre cuits avec 3 la graisse d'oie. Les vers rouges pris sur les arbres et pilés avec de l'huile guérissent merveilleusement les ulcérations et les déchirures des oreilles. Des lézards qu'on a gardés longtemps suspendus, après leur avoir mis du sel dans la gueule, guérissent les contusions et les blessures des oreilles. Les plus efficaces sont ceux qui ont des taches ferrugineuses et la queue rayée. Le mille-pieds, appelé aussi centipède ou multipède, est du genre des vers de terre, velu, rampant en arc avec ses pattes nombreuses, et se contractant au moindre attouchement : les Grecs le nomment oniscos ; d'autres, tylos. On le dit efficace pour les maux d'oreilles, cuit dans une écorce de grenade avec du suc de poireau ; on y ajoute de 4 l'huile rosat, et on injecte le tout dans l'oreille opposée. L'espèce qui ne fait point de sinuosités en marchant, nommée par les Grecs seps et par d'autres scolopendre, est plus petite et venimeuse. Les escargots comestibles s'appliquent avec de la myrrhe ou de la fleur d'encens ; les escargots petits et larges, avec du miel, sur les oreilles fracturées. La vieille dépouille des serpents, brûlée dans un tesson très-chaud et mêlée avec de l'huile rosat, s'instille dans les oreilles. Ce remède, efficace contre toutes les maladies de cette partie, l'est surtout contre la mauvaise odeur ; si l'oreille suppure, au lieu d'huile rosat c'est du vinaigre, et mieux encore du fiel de chèvre, ou de bœuf, ou de tortue marine. Cette dépouille, si 5 elle a plus d'un an, n'est bonne à rien ; quelques-uns pensent qu'elle est également sans vertu, si elle a été mouillée par la pluie. On emploie pour les oreilles l'humeur d'une araignée broyée avec de l'huile rosat, ou cette humeur seule dans de la laine, ou avec du safran ; le grillon tiré de son trou avec la terre, en topique. Une grande puissance est attribuée à cet insecte par Nigidius, une plus grande par les mages, parce qu'il marche à reculons, perce la terre, et jette la nuit un cri aigu ; on se le procure en jetant une fourmi, retenue à l'aide d'un cheveu, dans son trou, après en avoir auparavant soufflé la poussière pour qu'elle ne s'y cache pas ; il saisit la fourmi,

---

sinthio et oleo vetere : item adeps anserinus. Quidam adjiciunt succum cæpæ et allii, pari modo. Utuntur et per se ovis formicarum : namque et huic animali est medicina ; constatque ursos ægros hoc cibo sanari. Anserum, omniumque avium adeps præparatur, exemptis venis omnibus patina novo fictili operta in sole, subdita aqua ferventi liquatur : saccatusque lineis saccis, et in fictili novo reposita loco frigido : minus putrescit addito melle. 2 Murium cinis cum melle instillatus, aut cum rosaceo decoctus, aurium dolores sedat. Si aliquod animal intraverit, præcipuum remedium est murium fel aceto dilutum. Si aqua intraverit, adeps anserinus cum cæpæ succo. Gliris detracta pelle, intestinisque exemtis, discoquitur melle in vase novo. Medici malunt e nardo decoqui usque ad tertias, atque ita asservari : deinde quum opus sit, strigili tepefacta infundere. Constat deplorata aurium vitia eo remedio sanari : aut si terreni vermes cum adipe anseris de- 3 cocti infundantur. Item ex arboribus rubri oleo triti exhulceratis et ruptis auribus præclare medentur. Lacerti inveterati in os pendentium addito sale contusas et ab ictu læsas aures sanant : efficacissime autem ferrugineas maculas habentes, lineis etiam per caudam distincti. Mille-peda, ab aliis centipeda, aut multipeda dicta, animal est e vermibus terræ, pilosum, multis pedibus arcuatim repens, tactuque contrahens se : oniscon Græci vocant, alii tylon : efficacem narrant ad aurium dolores, in cortice Punici mali decoctum et porri succo. Addunt et rosaceum, 4 et in alteram aurem infundunt. Illam autem quæ non arcuatur, sepa Græci vocant, alii scolopendram, minorem, perniciosamque. Cochleæ, quæ sunt in usu cibi, cum myrrha aut thuris polline appositæ : item minutæ, et latæ, fracturis aurium illinuntur cum melle. Senectus serpentium fervente testa usta instillatur rosaceo admixto, contra omnia quidem vitia efficax, sed contra graveolentiam præcipue : aut si purulentæ sunt, ex aceto : melius cum felle caprino vel bubulo, aut testudinis marinæ. Vetustior anno 5 eadem membrana non prodest, nec imbre perfusa, ut aliqui putant. Item aranei sanies cum rosaceo, aut per se in lana, vel cum croco, auribus prodest ; gryllus cum sua terra effossus et illitus. Magnam auctoritatem huic animali perhibet Nigidius, majorem Magi quoniam retro ambulet, terramque terebret, stridat noctibus. Venantur eum formica circumligata capillo, in cavernam ejus conjecta, efflato prius pulvere, ne sese condat : ita formicæ complexu ex-

et on les retire tous les deux. Le jabot des volailles, que l'on jette ordinairement, gardé et broyé dans du vin, s'injecte chaud dans les oreilles qui suppurent, ainsi que la graisse de poule. Les blattes, quand on leur coupe la tête, donnent aussi une espèce de graisse, laquelle, broyée avec de l'huile rosat, est, dit-on, merveilleuse pour les oreilles; mais il faut ôter peu après la laine qui l'enveloppe, car on prétend que cette graisse s'anime rapidement, et se change en un petit ver. D'autres écrivent que deux ou trois blattes cuites dans l'huile sont très-efficaces pour les oreilles, et que, en cas de contusion de cette partie, il faut les piler, et les appliquer sur un linge. Cet insecte est au nombre de ceux qui dégoûtent; mais l'admiration pour la nature et pour la diligence des anciens m'oblige à rapporter tout ce qui le concerne. On en a distingué plusieurs espèces. Il y a des blattes molles que l'on fait cuire dans l'huile, et dont on frotte les verrues avec un succès éprouvé. Une seconde espèce, nommée mylœcos (μυλοικός, habitant les moulins), ne se trouve guère qu'autour des meules de moulin : celle-ci, privée de la tête et pilée, guérit la lèpre; du moins Musa (XIX, 38) et Pictor ont cité des exemples de ces guérisons. Une troisième espèce est odieuse par son odeur dégoûtante; elle a l'extrémité postérieure du corps terminée en pointe. On dit qu'avec le pisselæon (XXIV, 11, 3) elle guérit des ulcères d'ailleurs incurables; qu'appliquée pendant vingt et un jours elle guérit les scrofules et les tumeurs; que, les pattes et les ailes ôtées, elle guérit les coups, les contusions, les ulcères malins, la gale, les furoncles. Nous-même nous ne répétons qu'avec répugnance ce que nous avons entendu dire; et cependant Diodore rapporte qu'il a donné ce remède avec la résine et le miel dans l'orthopnée; tant la médecine est en possession d'administrer pour remède tout ce qu'il lui plaît! Les médecins les plus accommodants se contentent de faire garder pour les mêmes usages la cendre de ces insectes dans une boîte de corne, ou de les faire prendre pilés, en lavement, pour l'orthopnée ou le rhumatisme. En tout cas, il est certain qu'en topique ces insectes font sortir les corps étrangers enfoncés dans les chairs. Le miel où des abeilles sont mortes est aussi très-bon pour les oreilles. La fiente de pigeon, soit seule, soit avec de la farine d'orge ou d'avoine, arrête le progrès des parotides. On obtient le même résultat en injectant dans l'oreille ou en appliquant sur la parotide de l'huile avec de la cervelle ou du foie de hibou, en appliquant des mille-pieds avec un tiers de résine, en employant en onguent ou en amulette les grillons. Nous parlerons dans le volume suivant des autres espèces de maladies, et des remèdes tirés des mêmes animaux, ou d'animaux du même genre.

trahitur. Ventris gallinaceorum membrana quæ abjici solet, inveterata, et in vino trita, auribus purulentis calida infunditur, gallinarum quoque adeps. Est et quædam pinguitudo blattæ, si caput avellatur : hanc tritam una cum rosaceo auribus mire prodesse dicunt ; sed lanam, qua incluserint, post paulum extrahendam. Celerrime enim id pingue transire in animal fierique vermiculum. Alii binas ternasve in oleo decoctas efficacissime auribus mederi scribunt, et tritas in linteolo imponi contusis. Hoc quoque animal inter pudenda est : sed propter admirationem naturæ, priscorumque curæ, totum in hoc loco explicandum. Plura earum genera fecerunt. Molles, quas in oleo decoctas, verrucis efficaciter illini experti sunt. Alterum genus mylœcon appellavere, circa molas fere nascens. Has capite detracto attritas, lepras sanasse, Musa et Pictor in exemplis reliquerunt. Tertium genus et odoris tædio invisum, exacuta clune, cum pisselæo sanare hulcera alias insanabilia : strumas, panos, diebus viginti uno impositas, percussa, contusa, cacoethe, scabiem, furunculosque, detractis pedibus et pennis. Nos hæc etiam audita fastidimus. At hercule Diodorus et in morbo regio, et orthopnoicis se id dedisse tradit cum resina et melle. Tantum potestatis habet ea ars pro medicamento dandi quidquid velit. Humanissimi eorum cinerem crematarum servandum ad hos usus in cornea pyxide censuere, aut tritas clysteribus infundendas orthopnoicis, aut rheumaticis. Infixa utique corpori illitas extrahere constat. Mel utilissimum auribus quoque est, in quo apes emortuæ sunt. Parotidas comprimit columbinum stercus vel per se, vel cum farina hordeacea aut avenacea. Noctuæque cerebrum vel jecur cum oleo infusum auriculæ aut parotidi : multipeda cum resinæ tertia parte illita : grylli sive illiti, sive adalligati. At reliqua morborum genera medicinasque ex iisdem animalibus, aut ejusdem generis, sequenti dicemus volumine.

# NOTES DU VINGT-NEUVIÈME LIVRE.

(1) Il est étonnant que Pline dise qu'avant lui personne n'a traité en latin de la médecine. Il avait cependant entre les mains le livre de Celse ; du moins il cite plusieurs fois l'ouvrage de cet auteur sur l'agriculture.

(2) Il s'agit ici d'Hérodicus, et non de Prodicus : ces deux noms ont souvent été confondus.

(3) On croit, et cela est très-vraisemblable, que Pline a confondu ici le médecin Chrysippe, maître d'Érasistrate, avec le philosophe stoïcien Chrysippe, qui en effet avait composé un nombre infini d'ouvrages.

(4) Adstipulatio Voss., Andeg., Sillig. — Stipulatio Vulg.

(5) Une boutique, c'est-à-dire ce que les Grecs appelaient un iatrion. Un iatrion était un local où le médecin traitait et pansait les malades, et avait à cet effet, placés sous sa main, les appareils de réduction, les appareils pour les fractures, les instruments, les médicaments, etc.

(6) Le nom d'opique était pris aussi dans le sens de grossier, ignorant.

(7) Cette Livie était fille de Drusus Néron, le frère de Tibère ; et ce Drusus César était le fils de Tibère.

(8) Le minium porte le nom de cinabre, comme le sang-dragon ; de là l'erreur reprochée par Pline aux médecins.

(9) La phrénitis désignait une forme des fièvres que les modernes connaissent sous le nom de pseudo-continues.

(10) Les anciens médecins, entre autres Hippocrate, mettaient dans les fractures compliquées de la laine par-dessus les applications qu'ils avaient jugées convenables.

(11) On croit que l'herbe appelée Commagène est le nard de Syrie.

(12) Schneider, *Animadv. in Nic. Alexiph.*, p. 263, 1792, oppose ce passage de Pline à un passage d'Aétius où ce médecin, traitant du poison de la salamandre, dit qu'il faut donner dans ce cas ce qui est prescrit pour l'empoisonnement par les cantharides. En conséquence, Schneider propose de lire : quæ produntur in cantharidum potu. Mais Schneider remarque lui-même que Pline (XXIX, 29) rappelle la mention faite par lui de la propriété qu'ont les cantharides d'être l'antidote de la salamandre. Il n'y a donc rien à changer dans le texte de Pline.

(13) Le bupreste des anciens est très-douteux. Belon, à en juger par les renseignements qu'il donne, a entendu le *lixus paraplecticus* sous le βούπρηστις.

(14) On croit que ce lézard, appelé seps ou chalcidice, est le tridactylus saurius.

(15) Soricis combusti tritus Vulg. — Soricis cum stibi tritus Voss.

# LIVRE XXX.

1 I. Dans les parties antérieures de cet ouvrage nous avons réfuté plus d'une fois, quand le sujet et le lieu l'exigeaient, les impostures magiques. Nous allons encore en révéler la vanité. La magie est du petit nombre des choses sur lesquelles il importe de s'étendre, ne fût-ce qu'à ce titre qu'étant le plus trompeur des arts, elle a eu, par tout le monde et en tout temps, le plus grand crédit. On ne s'étonnera pas de l'influence extrême qu'elle s'est acquise, car elle a seule embrassé et confondu les trois arts qui ont le plus de pouvoir sur l'esprit humain. Elle est née d'abord 2 de la médecine, cela n'est pas douteux ; et, sous l'apparence d'avoir pour objet notre salut, elle s'est glissée comme une autre médecine plus profonde et plus sainte. En second lieu, aux promesses les plus flatteuses et les plus séduisantes elle a joint le ressort de la religion, sujet sur lequel le genre humain est encore aujourd'hui le plus aveugle. Enfin, pour comble, elle s'est incorporé l'art astrologique ; or, tout homme est avide de connaître son avenir, et tout homme pense que cette connaissance se tire du ciel avec le plus de certitude. Ainsi, tenant enchaînés les esprits par un triple lien, la magie s'est élevée à un tel point, qu'aujourd'hui même elle prévaut chez un grand nombre de nations, et dans l'Orient commande aux rois des rois.

1 II. C'est dans l'Orient sans doute qu'elle a été inventée, dans la Perse, par Zoroastre ; les auteurs s'accordent sur ce point : mais n'y a-t-il eu qu'un Zoroastre ? y en a-t-il eu deux ? C'est une question indécise. Eudoxe, qui a prétendu que parmi les sectes philosophiques la magie était la plus illustre et la plus utile, plaçait ce Zoroastre six mille ans avant la mort de Platon ; autant en faisait Aristote. Hermippe, qui a écrit avec beaucoup d'exactitude sur toutes les parties de cet art, et qui a commenté les deux millions de vers composés par Zoroastre, et mis des tables aux ouvrages de cet auteur, rapporte que Zoroastre a puisé sa doctrine chez Azonaces, et vécu cinq mille ans avant la guerre de Troie. Il faut d'a- 2 bord s'étonner que ces souvenirs et cet art aient subsisté pendant tant de siècles sans que les monuments écrits aient péri, et en outre sans que la tradition ait été entretenue par des intermédiaires illustres et continus. En effet, est-il beaucoup de personnes qui connaissent, même par ouï-dire, ces mages qu'on cite seuls, Apuscorus et Zaratus de Médie, Marmarus et Arabantiphocus de Babylonie, Tarmoendas d'Assyrie, tous hommes dont il ne reste aucun écrit ? Mais ce qu'il y a de plus étonnant encore, c'est qu'Homère garde sur cet art un silence complet dans l'*Iliade*, tandis que dans l'*Odyssée* il est continuellement question de magie, au point que ce poëme n'a guère d'autre fondement. En effet, d'après les mages, on ne doit pas expliquer autrement Protée, le chant des sirènes, Circé, et l'évocation des en-

## LIBER XXX.

1 I. Magicas vanitates sæplus quidem antecedente operis parte, ubicumque causæ locusque poscebant, coarguimus, detegemusque etiamnum : in paucis tamen digna res est, de qua plura dicantur, vel eo ipso quod fraudulentissima artium plurimum in toto terrarum orbe, plurimisque seculis valuit. Auctoritatem ei maximam fuisse nemo miretur, quandoquidem sola artium tres alias imperiosis- 2 simas humanæ mentis complexa in unam se redigit. Natam primum et medicina nemo dubitat, ac specie salutari irrepsisse velut altiorem sanctioremque medicinam : ita blandissimis desideratissimisque promissis addidisse vires religionis, ad quas maxime etiamnum caligat humanum genus. Atque ut hoc quoque suggesserit, miscuisse artes mathematicas, nullo non avido futura de sese sciendi, atque ea e cælo verissime peti credente. Ita possessis hominum sensibus triplici vinculo, in tantum fastigii adolevit, ut hodieque etiam in magna parte gentium prævaleat, et in Oriente regum regibus imperet.

II. Sine dubio illic orta in Perside a Zoroastre, ut inter 1 auctores convenit. Sed unus hic fuerit, an postea et alius, non satis constat. Eudoxus, qui inter sapientiæ sectas clarissimam utilissimamque eam intelligi voluit, Zoroastrem hunc sex millibus annorum ante Platonis mortem fuisse prodidit. Sic et Aristoteles. Hermippus, qui de tota ea arte diligentissime scripsit, et vicies centum millia versuum a Zoroastre condita, indicibus quoque voluminum ejus positis, explanavit, præceptorem, a quo institutum diceret, tradidit Azonacem, ipsum vero v millibus annorum ante Trojanum bellum fuisse. Mirum hoc in primis, du- 2 rasse memoriam artemque tam longo ævo, commentariis non intercidentibus, præterea nec claris, nec continuis successionibus custoditam. Quotus enim quisque auditu saltem cognitos habet, qui soli cognominantur, Apuscorum et Zaratum Medos, Babyloniosque Marmarum et Arabantiphocum, aut Assyrium Tarmoendam, quorum nulla exstant monumenta ? Maxime tamen mirum est, in bello Trojano tantum de arte ea silentium fuisse Homero, tantumque operis ex eadem in Ulyssis erroribus, adeo ut totum opus non aliunde conslet. Siquidem Protea et Sirenum cantus apud eum non aliter intelligi volunt : Circe utique et inferum

3 fers. Personne n'a dit non plus dans la suite comment la magie était venue à Telmesse (v, 28), ville extrêmement religieuse; en quel temps elle avait passé chez les femmes thessaliennes, qui longtemps ont servi de surnom dans nos contrées; surnom emprunté à une nation qui était sans rapport avec la magie (1), qui, du moins au temps de Troie, se bornait aux remèdes de Chiron, et qui n'avait pas d'autres foudres que les foudres de Mars. Certes je m'étonne que le renom de magie se soit attaché aux Thessaliens d'Achille, si bien que Ménandre, sans rival dans les connaissances littéraires, a intitulé *Thessalienne* une comédie représentant les cérémonies mystérieuses par lesquelles des femmes faisaient descendre la lune sur la terre (II, 9). Je croirais qu'Orphée a le premier transporté de proche en proche les superstitions magiques avec les découvertes de la médecine, si la Thrace, où il faisait son séjour, n'eût été 4 totalement étrangère à la magie. Le premier, d'après le résultat de mes recherches, qui ait écrit sur ce sujet et dont les ouvrages subsistent, est Osthanes. Il avait accompagné Xerxès dans la guerre faite aux Grecs par ce prince; il dissémina pour ainsi dire les germes de cet art monstrueux, et en infecta tous les lieux qu'il parcourut. Les auteurs exacts placent peu de temps avant lui un autre Zoroastre de Proconnèse. C'est cet Osthanes, cela est certain, qui inspira aux peuples de la Grèce, non l'amour, mais la rage de cette science. Toutefois je remarque qu'anciennement et presque toujours on chercha dans cette science le plus haut point de l'éclat 5 et de la gloire littéraires; du moins Pythagore, Empédocle, Démocrite, Platon, pour s'y instruire, traversèrent les mers, exilés à vrai dire plutôt que voyageurs. Revenus dans leur patrie, ils vantèrent la magie, ils la tinrent en arcane. Démocrite a fait connaître Apollobèches de Coptos et Dardanus de Phénicie. Il alla chercher les écrits de Dardanus dans le tombeau de ce personnage: quant aux siens, ils ont été composés d'après la doctrine de ces deux hommes. Que tout cela ait été reçu par d'autres et se soit conservé dans la mémoire, c'est ce qui m'étonne le plus au monde. Ici tout est si peu croyable et si révoltant, que ceux qui donnent leur approbation aux autres écrits de Démocrite regardent comme apocryphes les livres magiques qui portent son nom. Mais il 6 n'est que trop vrai: c'est lui qui a surtout infatué les esprits de cette attrayante chimère. Il faut aussi remarquer, comme une circonstance singulière, que les deux arts, médecine et magie, se soient développés simultanément, la médecine par Hippocrate, la magie par Démocrite, au temps de la guerre du Péloponèse, répondant à l'an 300 de Rome. Il est une autre secte magique formée par Moïse, Jamnès, et Jotapes (2), tous trois Juifs, mais postérieurs de plusieurs milliers d'années à Zoroastre. Quant à la secte de l'île de Chypre, elle est beaucoup plus récente. Du temps d'Alexandre le Grand la magie reçut un surcroît non petit d'influence par le second Osthanes, qui eut l'honneur d'accompagner ce prince, et qui, ce dont personne ne doute, parcourut presque toute la terre.

III. Il existe certainement aussi chez les nations italiennes des traces de la magie, par exemple dans nos lois des Douze Tables et d'autres monuments, comme je l'ai fait voir dans un livre précédent (XXVIII, 4). Ce n'est que l'an 657 de Rome, sous le consulat de Cn. Cornélius Lentulus et de P. Licinius Crassus, qu'il

---

3 evocatione hoc solum agi. Nec postea quisquam dixit, quonam modo venisset Telmessum religiosissimam urbem, quando transisset ad Thessalas matres, quarum cognomen diu obtinuit in nostro orbe, aliena gente, Trojanis utique temporibus Chironis medicina contenta, et solo Marte fulminante. Miror equidem Achillis populis famam ejus in tantum adhæsisse, ut Menander quoque litterarum subtilitati sine æmulo genitus, Thessalam cognominaret fabulam, complexam ambages feminarum detrahentium Lunam. Orphea putarem e propinquo primum intulisse, ad vicina usque, superstitionem ac medicinæ profectum, si 4 non expers sedes ejus tota Thrace Magices fuisset. Primus, quod exstet, ut equidem invenio, commentatus de ea Osthanes, Xerxem regem Persarum bello, quod is Græciæ intulit, comitatus; ac velut semina artis portentosæ sparsisse, obiter infecto, quacumque commeaverat, mundo. Diligentiores paulo ante hunc ponunt Zoroastrem alium Proconnesium. Quod certum est, hic maxime Osthanes ad rabiem, non aviditatem modo scientiæ ejus, Græcorum populos egit. Quamquam animadverto summam litterarum claritatem gloriamque ex ea scientia antiquitus et pæne semper petitam. Certe Pythagoras, Empedocles, Democri-5 tus, Plato, ad hanc discendam navigavere, exsiliis verius, quam peregrinationibus, susceptis. Hanc reversi prædicavere: hanc in arcanis habuere. Democritus Apollobechen Coptiten, et Dardanum e Phœnice illustravit, voluminibus Dardani in sepulcrum ejus petitis: suis vero ex disciplina eorum editis: quæ recepta ab aliis hominum, atque transiisse per memoriam, æque ac nihil in vita mirandum est. In tantum fides istis fasque omne deest, adeo ut ii qui cætera in viro illo probant, hæc ejus esse opera inficientur. Sed frustra. Hunc enim maxime afflixisse animis eam dulcedinem 6 constat. Plerumque miraculi et hoc, pariter utrasque artes effloruisse; medicinam dico, Magicenque, eadem ætate, illam Hippocrate, hanc Democrito illustrantibus, circa Peloponesiacum Græciæ bellum, quod gestum est a CCC urbis nostræ anno. Est et alia Magices factio, a Mose, et Jamne, et Jotape, Judæis, pendens, sed multis millibus annorum post Zoroastrem. Tanto recentior est Cypria. Non levem et Alexandri Magni temporibus auctoritatem addidit professioni secundus Osthanes, comitatu ejus exornatus, planeque, quod nemo dubitet, orbem terrarum peragravit.

III. Exstant certe et apud Italas gentes vestigia ejus in duodecim tabulis nostris, aliisque argumentis, quæ priore volumine exposui. DLVII demum anno urbis, Cn. Cornelio Lentulo, P. Licinio Crasso coss. senatus-consul-

21.

fut défendu par un sénatus-consulte d'immoler un homme (XXVIII, 3, 3); ce qui prouve que jusqu'à cette époque on faisait de ces horribles sacrifices.

IV. Les Gaules ont été aussi possédées par la magie, et même jusqu'à notre temps; car c'est l'empereur Tibère qui a supprimé leurs druides, et cette tourbe de prophètes et de médecins. Mais à quoi bon rapporter ces prohibitions au sujet d'un art qui a franchi l'Océan, et qui a pénétré jusqu'où cesse la nature? La Bretagne cultive aujourd'hui même l'art magique avec foi et de telles cérémonies, qu'elle semblerait l'avoir transmis aux Perses. Ainsi tous les peuples, quoiqu'en discorde et inconnus les uns aux autres, se sont accordés sur ce point. On ne saurait donc suffisamment estimer l'obligation due aux Romains pour avoir supprimé ces monstruosités dans lesquelles tuer un homme était faire acte de religion, et manger de la chair humaine une pratique salutaire.

V. (II.) Comme l'enseignait Osthanes, il y a plusieurs espèces de magie : la magie emploie l'eau, les boules, l'air, les étoiles, les lampes, les bassins, les haches, et beaucoup d'autres moyens ; toutes pratiques qui promettent la divination, et en outre les colloques avec les ombres et les enfers. De notre temps, l'empereur Néron a eu la preuve que ces choses n'étaient que vanité et chimères. En effet, non moins que pour les chants de la cithare et de la tragédie, il se passionna pour la magie : quel excitant que la plus haute des fortunes humaines avec les vices profonds de l'âme ! Avant tout il désira de commander aux dieux, et rien chez lui ne fut (3) plus magnanime. Jamais personne ne prodigua plus d'encouragements à un art; pour cela rien ne lui manquait, ni richesses, ni pouvoir, ni intelligence pour apprendre, ni le reste (4), dans un naturel qui fatigua le monde. C'est une preuve immense, indubitable, de la fausseté de cet art, que Néron y ait renoncé. Et plût au ciel qu'il eût consulté sur ses soupçons les enfers et tous les dieux qu'on voudra, plutôt que d'avoir remis son odieuse inquisition aux prostituées et aux suppôts de mauvais lieux ! Il n'y a point de superstition, quelque barbare et farouche qu'on la suppose, qui n'eût été plus douce que les pensées qui l'agitaient. Par là, et d'une façon plus sanglante, il peupla d'ombres nos demeures.

VI. Les magiciens ont certaines défaites : ainsi ils disent que les dieux n'obéissent pas ou ne se laissent pas voir à ceux qui ont des taches de rousseur. Serait-ce là l'obstacle qui arrêta Néron? Du côté du corps, rien ne lui manquait. Quant au reste, il lui était loisible de choisir les jours convenables, facile d'avoir des brebis complétement noires, agréable même d'immoler des hommes. Le mage Tiridates était venu le trouver à Rome, apportant dans sa personne le triomphe d'Arménie, et, à cause de cela, foulant les provinces sur son passage. Il n'avait pas voulu aller par mer, parce que les mages regardent comme interdit de cracher dans la mer, et de souiller cet élément par quelques-unes des excrétions nécessaires à l'humanité. Il avait avec lui amené des mages, il avait initié Néron à des festins magiques ; et cependant l'empereur, qui lui donnait un royaume, ne put recevoir de lui l'art de la magie. Soyons donc bien persuadés que c'est une chose détestable, impuissante, vaine, ayant pourtant quelques secrets trop réels; mais alors ce n'est plus l'art de la magie, c'est l'art des empoisonnements. Qu'on se figure les men-

---

um factum est, ne homo immolaretur; palamque fuit in empus illud sacri prodigiosi celebratio.

IV. Gallias utique possedit, et quidem ad nostram memoriam. Namque Tiberii Cæsaris principatus sustulit Druidas eorum, et hoc genus vatum medicorumque. Sed quid ego hæc commemorem in arte Oceanum quoque transgressa, et ad naturæ inane pervecta? Britannia hodieque eam attonite celebrat tantis cerimoniis, ut dedisse Persis videri possit. Adeo ista toto mundo consensere, quamquam discordi et sibi ignoto. Nec satis æstimari potest, quantum Romanis debeatur, qui sustulere monstra, in quibus hominem occidere religiosissimum erat, mandi vero etiam saluberrimum.

V. (II.) Ut narravit Osthanes, species ejus plures sunt. Namque et aqua, et sphæris, et aere, et stellis, et lucernis, ac pelvibus, securibusque, et multis aliis modis divina promittit : præterea umbrarum, inferorumque colloquia : quæ omnia ætate nostra princeps Nero vana falsaque comperit : quippe non citharæ tragicæque cantus libido illi major fuit, fortuna rerum humanarum summa gestiente in profundis animi vitiis. Primumque imperare Diis concupivit, nec quidquam generosius voluit. Nemo unquam ulli artium validius favit. Ad hæc, non opes ei defuere, non vires, non discentis ingenium, aliaque non patiente mundo. Immensum et indubitatum exemplum est falsæ artis quam dereliquit Nero : utinamque inferos potius et quoscumque de suspicionibus suis deos consuluisset, quam lupanaribus atque prostitutis mandasset inquisitiones eas : nulla profecto sacra, barbari licet, ferique ritus, non mitiora quam cogitationes ejus, fuissent. Sævius sic nos replevit umbris.

VI. Sunt quædam Magis perfugia, veluti lentiginem habentibus non obsequi numina, aut cerui. Obstet forte hoc in illo? Nihil membris defuit. Nam dies eligere certos liberum erat : pecudes vero, quibus non nisi ater colos esset, facile. Nam homines immolare etiam gratissimum. Magus ad eum Tiridates venerat, Armeniacum de se triumphum afferens, et ideo provinciis gravis. Navigare noluerat, quoniam exspuere in maria, aliisque mortalium necessitatibus violare naturam eam fas non putant. Magos secum ad duxerat. Magicis etiam cœnis eum initiaverat. Non tamen quum regnum ei daret, hauc ab eo accipere artem valuit. Proinde ita persuasum sit, intestabilem, irritam, inanem esse, habentem tamen quasdam veritatis umbras : sed in his veneficas artes pollere, non magicas. Quærat aliquis, quæ sint mentiti veteres Magi, quum adolescentibus no-

songes des anciens mages, puisque le grammairien Apion, que nous-même avons vu dans notre jeunesse, a écrit que la plante cynocéphalie (XXV, 80) (5), appelée en Égypte osirites, est propre à la divination et bonne contre tous les maléfices, mais que si on l'arrache tout entière, celui qui l'arrache meurt aussitôt; que lui-même avait évoqué des ombres pour interroger Homère sur sa patrie et sur ses parents : toutefois il n'osait pas publier ce qu'il prétendait lui avoir été répondu par le poëte.

1 VII. (III.) Je citerai une preuve particulière de la vanité de l'art des magiciens : de tous les animaux, c'est la taupe qu'ils admirent le plus, la taupe, maltraitée à tant d'égards par la nature, condamnée à une cécité perpétuelle, ajoutant à ces ténèbres les ténèbres souterraines où elle est enfouie et comme enterrée. Les entrailles de la taupe sont celles auxquelles ils ont le plus de confiance. C'est l'animal qu'ils regardent comme le plus propre aux mystères religieux; si bien qu'à celui qui avalera un cœur de taupe récent et palpitant ils promettent le don de deviner et la connaissance des événements futurs. Ils assurent qu'on guérit le mal de dents en y attachant une dent arrachée à une taupe vivante. Nous indiquerons en lieu et place leurs autres assertions sur cet animal. Ce qu'on y trouvera de plus vraisemblable, c'est que les taupes guérissent la morsure de la musaraigne, puisque, comme nous l'avons dit (XXIX, 27, 5), la terre prise aux ornières est aussi un remède dans ce cas.

1 VIII. Au reste, toujours selon le dire des mages, on guérit le mal de dents avec la cendre de la tête d'un chien mort de la rage. Cette tête doit être brûlée sans les chairs, et on injecte la cendre avec de l'huile de cyprus (XII, 51) dans l'oreille, du côté de la douleur. On guérit le même mal en scarifiant la gencive de la dent malade avec la plus grosse dent gauche d'un chien, avec un os de l'épine d'un dragon ou d'un serpent d'eau (XXXII, 26); ce serpent doit être mâle et blanc : on scarifie aussi la gencive avec la plus grosse dent de cet animal. Quand ce sont les dents d'en haut qui font mal, on attache au cou du malade deux dents de la mâchoire supérieure, et quand la douleur est en bas, deux dents de la mâchoire inférieure. On se frotte de sa graisse quand on va à la chasse du crocodile. On scarifie les gencives avec les os du front d'un lézard, qu'on extrait pendant la pleine lune, sans leur laisser toucher la terre. On fait un collutoire avec les 2 dents de chien bouillies dans du vin, jusqu'à réduction de moitié. La cendre de ces dents avec du miel est utile aux enfants dont la dentition est difficile. On en fait aussi un dentifrice. Dans les dents creuses on met de la cendre de crottes de rat, ou du foie sec de lézard. Mordre le cœur d'une couleuvre, ou le porter au cou, passe pour efficace. Il en est parmi les mages qui recommandent de manger un rat deux fois par mois, ce qui est, suivant eux, un préservatif. Les vers de terre bouillis dans de l'huile, et injectés dans l'oreille du côté dolent, donnent du soulagement. La cendre de ces vers introduite dans les dents cariées les fait tomber facilement, et, en friction, apaise la douleur des dents intactes. Il faut brûler ces vers dans un tesson. Ils sont encore utiles bouillis avec la racine de mûrier dans du vinaigre scillitique ; on emploie cette préparation en collutoire. Le ver qu'on trouve dans l'herbe 3 appelée bassin de Vénus (XXV, 108), introduit dans les dents creuses, est merveilleusement utile. Quant à la chenille du chou, elle fait tom-

---

bis visus Apion grammaticæ artis, prodiderit cynocephaliam herbam, quæ in Ægypto vocaretur osirites, divinam, et contra omnia veneficia : sed si tota erueretur, statim eum qui eruisset, mori : seque evocasse umbras ad percontandum Homerum, quanam patria, quibusque parentibus genitus esset, non tamen ausus profiteri, quid sibi respondisse diceret.

1 VII. (III.) Peculiare vanitatis sit argumentum, quod animalium cunctorum talpas maxime mirantur, tot modis a rerum natura damnatas, cæcitate perpetua, tenebris etiamnum aliis defossas, sepultisque similes. Nullis æque credunt extis : nullum religionis capacius judicant animal : ut si quis cor ejus recens palpitansque devoret, divinationis et rerum efficiendarum eventus promittant. Dente talpæ vivæ exempto, sanari dentium dolores adalligato affirmant. Cætera ex eo animali placita eorum, suis reddemus locis. Nec quidquam probabilius invenietur, quam muris aranei morsibus adversari ea, quoniam et terra orbitis (ut diximus) depressa adversatur.

1 VIII. Cætero dentium doloribus (ut iidem narrant) medetur canum qui rabie perierunt, capitum cinis crematorum sine carnibus, instillatus ex oleo cyprino per aurem, cujus e parte doleant. Caninus dens sinister maximus, circumscarificato eo qui doleat; aut draconis os e spina: item enhydridis. Est autem serpens masculus et albus. Hujus maximo dente circumscarificant. In superiorum dolore duos superiores adalligant, e diverso inferiores. Hujus adipe perunguntur, qui crocodilum captant. Dentes scarificantur ossibus lacertæ e fronte luna plena exemtis, ita ne terram attingant. Colluunt caninis 2 dentibus decoctis in vino ad dimidias partes. Cinis eorum pueros tarde dentientes adjuvat cum melle. Fit eodem modo et dentifricium. Cavis dentibus cinis e murino fimo inditur, vel jecur lacertarum aridum. Anguinum cor si mordeatur, aut alligetur, efficax habetur. Sunt inter eos, qui murem bis in mense jubeant mandi, doloresque ita cavere. Vermes terreni decocti in oleo, infusique auriculæ, cujus a parte doleant, præstant levamentum. Eorumdem cinis exesis dentibus conjectus, ex facili cadere eos cogit : integros dolentes illitus juvat. Comburi autem oportet in testa. Prosunt et cum mori radice in aceto scillite decocti, ita ut colluantur dentes. Is quoque vermiculus, qui in herba, Veneris labro appellata, invenitur, cavis dentium inditus mire prodest. Nam erucæ brassicæ, ejus contactu cadunt. Et e

ber les dents par son contact. On fait des injections dans l'oreille avec les punaises de la mauve mêlées à l'huile rosat. Les petits grains de sable qu'on trouve dans les cornes des limaçons, introduits (6) dans les dents creuses, enlèvent sur-le-champ la douleur. La cendre de coquilles de limaçon, avec de la myrrhe, est bonne pour les gencives, ainsi que la cendre d'un serpent brûlé avec du sel dans un pot de terre, injectée avec de l'huile rosat dans l'oreille du côté opposé; la vieille peau que les couleuvres quittent au printemps, chauffée avec de l'huile et de la résine de teda (XVI, 19, 2), et injectée dans l'une ou l'autre oreille : quelques-uns ajoutent de l'encens et de l'huile rosat. Cette même préparation introduite dans les dents creuses les fait tomber sans souffrance. C'est un conte, je pense, de dire que les couleuvres blanches se dépouillent de cette peau vers le lever du Chien; cela ne se voit pas en Italie; et il est encore beaucoup moins croyable que la mue soit aussi tardive dans les pays chauds. On ajoute, au reste, que cette peau, même étant vieille, avec la cire, fait promptement tomber les dents. Une dent de couleuvre attachée au cou calme le mal de dents. Des gens prétendent que c'est un bon remède de prendre de la main gauche une araignée, de la piler dans de l'huile rosat, et d'injecter cela dans l'oreille du côté dolent. 5 Des os de poule conservés dans un trou de muraille, pourvu que le canal médullaire soit intact, font, dit-on, cesser à l'instant la douleur, si on touche la dent ou si on scarifie la gencive; mais il faut jeter l'os aussitôt. On obtient le même résultat avec de la fiente de corbeau enveloppée dans de la laine, ou avec de la fiente de moineau chauffée dans de l'huile, et injectée dans l'oreille du côté malade. Ce dernier remède cause une démangeaison insupportable; et pour cela il vaut mieux frotter la partie de cendre de jeunes moineaux brûlés avec des sarments : on délaye cette cendre dans du vinaigre.

IX. (IV.) On recommande, comme un moyen propre à donner bonne haleine, de se frotter les dents avec de la cendre de rat et du miel; quelques-uns y mêlent de la racine de marathrum (fenouil). Se curer les dents avec une plume de vautour rend l'haleine aigre; se servir pour cure-dents d'une épine de porc-épic les affermit. On guérit les ulcérations de la langue et des lèvres avec des hirondelles cuites dans du vin miellé; les crevasses de la bouche, avec de la graisse d'oie ou de poule, avec du suint uni à la noix de galle, avec des toiles blanches d'araignée, ou avec les petites toiles que cet insecte tisse entre les poutres. Si on se brûle la bouche avec quelque chose de trop chaud, on se guérit immédiatement avec du lait de chienne.

X. On fait disparaître les taches de la face par le suint avec le miel de Corse, qui passe pour très-âpre; les petites écailles de la peau du visage, par le suint appliqué avec de l'huile rosat et de la laine; quelques uns ajoutent du beurre. Si ce sont des taches de vitiligo, on emploie, après les avoir piquées avec une aiguille, le fiel de chien. Pour les meurtrissures et les ecchymoses, on se sert du poumon de bélier et de brebis coupé par petites tranches et appliqué chaud, ou de fiente de pigeon. La graisse d'oie ou de poule entretient la peau du visage. Pour le lichen on emploie en topique la fiente de rat dans du vinaigre, et la cendre de hérisson dans de l'huile. Dans ce traitement on recommande d'étuver préalablement le visage avec du nitre dans du vinaigre. On fait disparaître les affections de la face avec la cendre, dans du miel, des limaçons gros et petits, qu'on rencontre communément. La cendre

---

malva cimices infunduntur auribus cum rosaceo. Arenulæ, quæ inveniuntur in cornibus cochlearum, cavis dentium 4 inditæ, statim liberant dolore. Cochlearum inanium cinis cum myrrha gingivis prodest : serpentis cum sale in olla exustæ cinis cum rosaceo in contrariam aurem infusus. Anguinæ vernationis membrana cum oleo, tedæque resina calefacta, et auri alterutri infusa : adjiciunt aliqui thus et rosaceum : eadem cavis indita, ut sine molestia cadant, præstant. Vanum arbitror esse, circa Canis ortum angues candidos membranam eam exuere, quoniam nec in Italia visum est, multoque minus credibile in tepidis regionibus tam sero exui. Hanc autem vel inveteratam cum cera celerrime dentes evellere tradunt. Et dens anguium adalligatus dolores mitigat. Sunt qui et araneum animal ipsum sinistra manu captum, tritumque in rosaceo, et in aurem 5 infusum, cujus a parte doleat, prodesse arbitrentur. Ossiculis gallinarum in pariete servatis, fistula salva, adacto dente vel gingiva scarificata, projectoque ossiculo, statim dolorem abire tradunt. Item fimo corvi lana adalligato, vel passerum cum oleo calefacto, et proximæ auriculæ infuso, pruritum quidem intolerabilem facit, et ideo tolera-

bilius est passeris pullorum sarmentis crematorum cinerem ex aceto infricare.

IX. (IV.) Oris saporem commendari affirmant, murino cinere cum melle, si fricentur dentes. Ad miscent quidam marathri radices. Penna vulturis si scalpantur dentes, acidum halitum faciunt. Hoc idem hystricis spina fecisse, ad firmitatem pertinet. Linguæ hulcera et labrorum, hirundines in mulso decoctæ sanant. Adeps anseris aut gallinæ rimas; œsypum cum galla; araneorum telæ candidæ, et quæ in trabibus parvæ texuntur. Si ferventia os intus exusserint, lacte canino statim sanabitur.

X. Maculas in facie, œsypum cum melle Corsico; quod asperrimum habetur, extenuat. Item scobem cutis in facie cum rosaceo impositum vellere, quidam et butyrum addunt. Si vero vitiligines sint, fel caninum prius acu compunctas. Liventia et sugillata pulmones arietum pecudumque in tenues consecti membranas, calidi impositi, vel columbinum fimum. Cutem in facie adeps anseris, vel gallinæ custodit. Lichenas et murino fimo ex aceto illinunt, et cinere herinacei ex oleo. In hac curatione prius nitro ex aceto faciem foveri præcipiunt. Tollit ex facie vitia et

de tous les limaçons condense et échauffe, par une vertu détersive qui lui est propre; c'est pour cela qu'on l'incorpore dans les caustiques, et qu'on l'emploie en topique pour les affections psoriques et le lentigo. Je trouve encore qu'on donne le nom de fourmis d'Hercule (7) à des fourmis qui, pilées avec un peu de sel, guérissent ces affections. Le bupreste (xxii, 36) (8) est un insecte rare en Italie, très-semblable au scarabée à longues pattes. Au milieu des herbes, le bœuf particulièrement l'avale sans s'en apercevoir : le bupreste (et c'est de là que lui vient son nom) cause chez le bœuf, en lui touchant le fiel, une telle 2 inflammation, qu'il le fait crever. Cet insecte, avec du suif de bouc en topique, enlève le lichen de la face par une vertu septique, comme il a été dit plus haut (xxix, 30, 3). Le sang de vautour broyé avec la racine du chamæléon blanc, que nous avons dit être une herbe (xxii, 21), et avec de la résine de cèdre, et recouvert d'une feuille de chou, guérit la lèpre; il en est de même des pattes de sauterelle broyées avec du suif de bouc. On guérit les boutons par la graisse de volaille pilée, et pétrie avec de l'oignon. Une très-bonne substance pour le visage est le miel dans lequel des abeilles sont mortes; mais ce qu'il y a de mieux pour nettoyer la face et en effacer les rides, c'est la graisse de cygne. Les stigmates imprimés sur le visage s'effacent avec de la fiente de pigeon dans du vinaigre.

1 XI. Je trouve qu'on guérit le coryza en baisant une mule sur le museau. On traite les affections de la luette et le mal de gorge avec la fiente, séchée à l'ombre, d'agneaux qui n'ont pas encore mangé d'herbe. On guérit la luette avec du jus d'escargots percés avec une aiguille; il faut que les escargots soient suspendus à la fumée. Pour la même affection on emploie la cendre d'hirondelle avec du miel, ce qui est bon aussi pour le mal de gorge. Le lait de brebis en gargarisme soulage les affections des amygdales et de la gorge. Les millepieds pilés, la fiente de pigeon, soit en gargarisme avec du vin de raisin sec, soit appliquée à l'extérieur avec des figues sèches et du nitre, adoucissent les âcretés de la gorge et les fluxions. Il faut faire cuire les escargots sans les laver, en ôter seulement la terre, les piler, et les donner en boisson dans du vin de raisin sec. Quelques-uns pensent que les escargots d'Astypalée sont les plus efficaces, ainsi que la préparation détersive qu'on en tire. On adoucit encore ces affections en frottant la partie avec un grillon, ou en touchant les amygdales avec les mains qui l'ont broyé.

XII. Pour l'angine on a un remède très-prompt 1 dans le fiel d'oie avec l'élatérion (xx, 2) et le miel, dans la cervelle de chouette, dans la cendre d'hirondelle avalée avec de l'eau chaude : ce dernier remède est dû au poëte Ovide. Mais de tous les remèdes tirés des hirondelles le plus efficace est celui que fournissent les petits des hirondelles sauvages; on les reconnaît à la forme de leur nid (x, 49). Cependant les petits des hirondelles de rivage sont encore plus efficaces; on donne ce nom à celles qui font leur nid dans les trous des rivages. D'après quelques-uns, il faut manger un petit d'hirondelle d'une espèce quelconque, et alors on est garanti des angines pour toute l'année. On les étouffe et on les brûle avec le sang dans un pot; on administre cette cendre avec du pain ou en boisson. Quelques-uns y mê- 2 lent égale portion de cendre de belette. C'est un remède pour les écrouelles; on le fait prendre chaque jour en boisson aux épileptiques. On

---

cochlearum, quæ latæ et minutæ passim inveniuntur, cum melle cinis. Omnium quidem cochlearum cinis spissat, calfacit smectica vi : et ideo causticis commiscetur, psorisque, et lentigini illinitur. Invenio et formicas Herculaneas appellari, quibus tritis adjecto sale exiguo, talia vitia sanentur. Buprestis animal est rarum in Italia, simillimum scarabeo longipedi. Fallit inter herbas bovem maxime, unde et nomen invenit, devoratumque tacto felle ita in-
2 flammat, ut rumpat. Hæc cum hircino sevo illita lichenas ex facie tollit septica vi, ut supra dictum est. Vulturinus sanguis cum chamæ leonis albæ (quam herbam esse diximus ) radice, et cedria tritus, contectusque brassica, lepras sanat : item pedes locustarum cum sevo hircino triti. Varos adeps gallinaceus cum cæpa tritus et subactus. Utilissimum in facie mel, in quo apes sint immortuæ, præcipue tamen faciem purgat atque erugat cygni adeps. Stigmata delentur columbino fimo ex aceto.

1 XI. Gravedinem invenio finiri, si quis nares mulinas osculetur. Uva et faucium dolor mitigatur fimo agnorum, priusquam herbam gustaverint, in umbra arefacto. Uva succo cochleæ acu transfossæ illita, ut cochlea ipsa in fumo suspendatur. Hirundinum cinere cum melle : sic et tonsillis succurritur. Tonsillas et fauces lactis ovilli gargarizatio adjuvat. Multipeda trita, fimum columbinum cum passo gargarizatum, etiam cum fico arida ac nitro impositum extra, asperitatem faucium et distillationes liniunt. Cochleæ coqui debent illotæ demtoque tantum terreno conteri, et in passo dari potui. Sunt qui Astypalæicas efficacissimas putent, et smegma earum. Lenit et gryllus infricatus : aut si quis manibus, quibus eum contriverit, tonsillas attingat.

XII. Anginis felle anserino cum elaterio et melle citissime 1 succurritur : cerebro noctuæ, cinere hirundinis, ex aqua calida poto. Hujus medicinæ auctor est Ovidius poeta. Sed efficaciores ad omnia quæ ex hirundinibus monstrantur, pulli silvestrium. Figura nidorum eas deprehendit. Multo tamen efficacissimi ripariarum pulli. Ita vocant in riparum cavis nidificantes. Sunt qui cujuscumque hirundinis pullum edendum censent, ne toto anno metuatur id malum. Strangulatos cum sanguine comburunt in vase et cinerem cum pane aut potu dant. Quidam et mustelæ cineres pari 2 modo admiscent. Sic et ad strumæ remedia dant : et comi-

prend encore en breuvage pour l'angine, à la dose d'une drachme, les hirondelles conservées dans du sel. Le nid de cet oiseau, pris en boisson, passe pour guérir la même affection. On regarde le mille-pieds (XXIX, 39, 3) comme un topique très-efficace dans l'angine. D'autres font prendre vingt et un de ces insectes broyés dans une hémine d'eau miellée, à l'aide d'un roseau, attendu que s'ils touchent les dents ils sont inefficaces. On donne encore comme remède le bouillon d'un rat cuit avec de la verveine, une courroie de peau de chien dont on fait trois tours autour du cou, de la fiente de pigeon délayée dans de l'huile et du vin. Un brin de vitex du nid d'un milan guérit, dit-on, en amulette, la rigidité des nerfs 3 du cou et l'opisthotonos. (v.) Pour les scrofules ulcérées on a le sang de belette, la belette même bouillie dans du vin : cependant on ne s'en sert pas quand la tumeur a été ouverte avec l'instrument tranchant. On dit que prise en aliment elle produit le même effet; ou bien on la fait brûler avec des sarments, et à la cendre on mêle de l'axonge. On attache au malade un lézard vert; au bout de trente jours, il faut en attacher un autre. Quelques-uns conservent le cœur de cet animal dans un petit vase d'argent, pour les scrofules des femmes. Les vieux escargots, ceux principalement qui s'attachent aux jeunes arbrisseaux, pilés avec leur coquille, constituent un topique, de même que la cendre d'aspic avec le suif de taureau; la graisse de couleuvre avec de l'huile; la cendre de couleuvre avec de l'huile ou 4 de la cire. Il est encore avantageux contre les scrofules de manger des couleuvres dont on a coupé la tête et la queue, ou de boire la cendre de couleuvres ainsi préparées et brûlées dans un vase de terre neuf. Elles sont beaucoup plus efficaces si on les a tuées entre deux ornières. On recommande encore d'appliquer un grillon tiré de son trou avec la terre qui le recouvre ; de la fiente de pigeon, soit seule, soit avec de la farine d'orge ou d'avoine dans du vinaigre; de la cendre de taupe dans du miel. D'autres appliquent le foie de taupe écrasé entre les mains, et ne lavent la partie qu'au bout de trois jours. On affirme 5 que la patte droite de cet animal est un remède pour les scrofules. D'autres coupent la tête d'une taupe, la pilent avec la terre que cet animal soulève, en forment des pastilles, les mettent dans une boîte d'étain, et s'en servent pour tous les gonflements, pour les apostèmes et pour les affections siégeant au cou ; ils interdisent alors la chair de porc. On appelle taureaux des scarabées de terre qui ressemblent à la tique, et dont le nom vient des petites cornes qu'ils portent ; d'autres les nomment poux de terre (9). Avec la terre que ces insectes ont fouillée on fait un topique pour les scrofules et maux semblables, et pour la goutte; on reste trois jours sans laver la partie : 6 ce remède sert pour un an, et on lui attribue toutes les propriétés que nous avons rapportées à l'article du grillon (XXIX, 39). Quelques-uns emploient de la même façon la terre remuée par les fourmis. D'autres attachent autant de vers de terre qu'il y a de tumeurs scrofuleuses, lesquelles se dessèchent en même temps que les vers. D'autres coupent, comme nous l'avons dit (XXIX, 21), une vipère, vers le lever du Chien ; ils en font brûler le milieu, puis ils donnent une pincée de cette cendre à boire pendant trois fois sept jours ; c'est ainsi qu'ils guérissent les scrofules. Quelques-uns passent autour des tumeurs scrofuleuses le fil de lin auquel a été suspendue par le cou une vipère, jusqu'à ce qu'elle fût morte. On emploie

tialibus quotidie potu. In sale quoque servatae hirundines ad anginam una drachma bibuntur : cui malo et nidus earum mederi dicitur potus. Millepedam illini anginis, efficacissimum putant. Alii XXI tritas in aquae mulsae hemina dari per arundinem, quoniam dentibus tactis nihil prosint. Tradunt et murem cum verbenaca excoctum, si bibatur is liquor, remedio esse. Et corrigiam caninam ter collo circumdatam : fimum columbinum vino et oleo permixtum. Cervicis nervis et opisthotono, ex milvi nido surculus viticis 3 adalligatus auxiliari dicitur. (v.) Strumis exhulceratis mustelae sanguis : ipsa decocta in vino : non tamen sectis admovetur. Aiunt et cibo sumtam idem efficere. Vel cineri ejus sarmentis combustae miscetur axungia. Lacertus viridis adalligatur: post dies XXX oportet alium adalligari. Quidam cor ejus in argenteo vasculo servant, ad feminarum strumas. Veteres cochleae cum testa sua tusae illinuntur, maxime quae frutectis adhaerent. Item cinis aspidum cum sevo taurino imponitur. Anguinus adeps mixtus oleo : 4 item anguium cinis ex oleo illitus, vel cum cera. Edisse quoque eos medios, abscissis utrimque extremis artubus, adversus strumas prodest : vel cinerem bibisse in novo fictili ita crematorum : efficacius multo inter duas orbitas occisorum. Et gryllum illinire cum sua terra effossum suadent : item fimum columbarum per se, vel cum farina hordeacea, aut avenacea ex aceto. Talpae cinerem ex melle illinire. Alii jecur ejusdem contritum inter manus illinunt, et triduo non abluunt. Dextrum quoque pedem is ejus remedio esse strumis affirmant. Alii praecidunt caput, et cum terra a talpis excitata tusum digerunt in pastillos, pyxide stannea, et utuntur ad omnia quae intumescunt, et quae apostemata vocant, quaeque in cervice sint: vesciquae suillae tunc vetant. Tauri vocantur scarabaei terrestres, ricino similes : nomen cornicula dedere. Alii pediculos terrae vocant. Ab his quoque terram egestam illinunt strumis, et similibus vitiis, et podagris. Tri luo non ab- 6 luunt ; prodestque haec medicina in annum; omniaque his adscribunt, quae nos in gryllis retulimus. Quidam et a formicis terra egesta sic utuntur. Alii vermes terrenos totidem, quot sint strumae, adalligant, pariterque cum his arescunt. Alii viperam circa Canis ortum circumcidunt, ut diximus, dein mediam comburunt; deinceps cinerem eum dant bibendum ter septenis diebus, quantum prehenditur ternis digitis: sic strumis medentur. Aliqui vero circumligant eas lino, quo praeligata infra caput vipera pependerit, donec

encore les mille-pieds avec un quart de térébenthine, remède qu'on recommande pour tous les apostèmes.

XIII. La cendre de belette avec la cire guérit les douleurs d'épaule. Pour empêcher les aisselles des enfants de se garnir de poils, il faut les leur frotter avec des œufs de fourmis. Les marchands d'esclaves, pour empêcher le poil des adolescents de venir trop tôt, emploient le sang des testicules des agneaux qu'on châtre. Ce sang, appliqué après l'avulsion des poils, ôte aussi la mauvaise odeur de ces parties.

XIV. Nous appelons d'un seul mot, præcordia, les viscères de l'homme. Quand ils sont douloureux en quelque partie que ce soit, un jeune chien qui tette, pressé sur la partie douloureuse, gagne, à ce qu'on prétend, le mal. C'est ce qu'on reconnaît en éventrant le chien, et en arrosant ses entrailles avec du vin; on trouve alors gâté dans l'animal le viscère où l'homme sentait du mal; c'est une obligation religieuse d'enterrer l'animal. Ceux que nous nommons chiens de Melita (III, 30, 3), appliqués fréquemment à l'estomac, en apaisent les douleurs; et on s'aperçoit que l'affection du malade passe à ces animaux; car ils perdent la santé, et le plus souvent ils meurent. (VI.) On guérit les affections du poumon avec des rats et surtout avec des rats d'Afrique, qu'on écorche, qu'on fait cuire dans de l'huile et du sel, et qu'on mange. Cette préparation est bonne aussi pour les crachements de pus ou de sang.

XV. Un des meilleurs remèdes pour l'estomac est de manger des escargots. Il faut leur faire jeter un bouillon en les laissant intacts, puis les faire griller sur les charbons sans y rien ajouter; ensuite les prendre avec du vin et du garum (XXXI, 43). Les escargots d'Afrique sont les meilleurs. On a récemment reconnu l'efficacité de ce moyen sur nombre de personnes. On fait aussi la recommandation de les prendre en nombre impair. Toutefois ils ont un suc qui rend l'haleine forte. Pour les hémoptysies, on ôte la coquille, on écrase l'animal, et on le donne dans de l'eau. Les plus estimés sont ceux d'Afrique, et parmi ceux d'Afrique ceux du promontoire du Soleil (IX, 82), puis les escargots d'Astypalée, puis ceux de Sicile, pourvu qu'ils soient de médiocre grosseur, car les gros sont durs et sans suc; puis ceux des Baléares, nommés cavatiques, parce qu'ils viennent dans les cavernes. Parmi les escargots des îles on estime ceux de Caprée (III, 12). Mais de toutes ces espèces aucunes, ni vieilles ni fraîches, ne font un mets agréable. Les escargots de rivière et les escargots blancs ont une odeur fétide. Les escargots des bois font mal à l'estomac et relâchent le ventre, comme tous ceux d'une petite espèce. Au contraire, les escargots de mer sont bons en général pour l'estomac; toutefois c'est dans les douleurs de ce viscère que l'efficacité en est le plus grande. On dit qu'en ce cas qu'il y a de mieux, quelle qu'en soit l'espèce, c'est de les avaler vivants, avec du vinaigre. Il y a en outre un escargot nommé scérate (sans cornes); il est large, et naît de différentes manières. Nous parlerons de ses usages en lieu et place (10). Le jabot des volailles, séché et mêlé dans la boisson, ou grillé frais, calme les catarrhes de poitrine et la toux humide. Avaler des escargots crus, pilés dans trois cyathes d'eau tiède, apaise la toux. On guérit les catarrhes en s'enveloppant un doigt quelconque avec de la peau de chien. Le bouillon de perdrix récrée l'estomac.

XVI. Pour les douleurs de foie on a la belette

---

exanimaretur : et millepedis utuntur, addita resinæ terebinthinæ parte quarta: quo medicamento omnia apostemata curari jubent.

XIII. Humeri doloribus mustelæ cinis cum cera medetur. Ne sint alæ hirsutæ, formicarum ova pueris infricata præstant. Item mangonibus, ut lanugo tardior sit pubescentium, sanguis e testiculis agnorum, qui castrantur : qui evulsis pilis illitus et contra virus proficit.

XIV. Præcordia vocamus uno nomine exta in homine; quorum in dolore cujuscumque partis, si catulus lactens admoveatur, apprimaturque his partibus, transire in eum morbus dicitur : idque in exenterato perfusoque vino deprehendi, vitiato viscere illo quod doluerit hominis : et obrui tales religio est. Hi quoque, quos Melitæos vocamus, stomachi dolorem sedant applicati sæpius : transireque morbos ægritudine eorum intelligitur, plerumque et mori. (VI.) Pulmonis quoque vitiis medentur et mures, maxime Africani, detracta cute in oleo et sale decocti, atque in cibo sumti. Eadem res et purulentis, vel cruentis exscreationibus medetur.

XV. Præcipue vero cochlearum cibus stomacho: in aqua eas subferveferi intacto corpore earum oportet, mox et in pruna torreri, nihilo addito, atque ita e vino garoque sumi, præcipue Africanas. Nuper hoc compertum plurimis prodesse. Id quoque observant, ut numero impari sumantur. Virus tamen earum gravitatem halitus facit. Prosunt et sanguinem exscreantibus, demta testa tritæ in aquæ potu. Laudatissimæ autem sunt Africanæ : ex his Solitanæ : Astypalæicæ, et Siculæ modicæ, quoniam magnitudo duras facit et sine succo : Balearicæ, quas cavaticas vocant, quoniam in speluncis nascuntur. Laudatæ et ex insulis, Capreæarum. Nullæ autem cibis gratæ, neque veteres, neque recentes. Fluviatiles et albæ virus habent : nec silvestres stomacho utiles, alvum solvunt. Item omnes minutæ. Contra marinæ stomacho utiliores: efficacissimæ tamen in dolore stomachi. Laudatiores traduntur quæcumque vivæ cum aceto devoratæ. Præterea sunt quæ aceratæ vocantur, latæ, multifariam nascentes, de quarum usu suis dicemus locis. Gallinaceorum ventris membrana inveterata et inspersa potioni destillationes pectoris et humidam tussim, vel recens tosta lenit. Cochleæ crudæ tritæ cum aquæ tepidæ cyathis tribus si sorbeantur, tussim sedant. Destillationes sedat et canina cutis cuilibet digito circumdata. Jure perdicum stomachus recreatur.

sauvage prise en aliment, son foie, un furet cuit comme un cochon de lait. Dans l'asthme on se sert du mille-pieds; on en délaye trois fois sept dans du miel attique, et on boit ce mélange avec un roseau; car le contact de ces insectes noircit tous les vases (XXX, 12). Quelques-uns en font griller un setier dans un plat jusqu'à ce qu'ils deviennent blancs; alors ils y mêlent du miel. D'autres nomment cet insecte centipède, et recommandent de le donner dans de l'eau. On fait manger des escargots à ceux qui ont des défaillances, à ceux dont l'esprit est aliéné, à ceux qui ont des vertiges : on pile un escargot avec sa coquille dans trois cyathes de vin; on chauffe ce mélange, et on le donne à boire ordinairement pendant neuf jours. Quelques-uns donnent un escargot le premier jour, deux le suivant, trois le troisième, deux le quatrième, un le cinquième; c'est aussi de cette façon qu'ils traitent l'asthme et les vomiques. Il est, suivant quelques-uns, un animal semblable à la sauterelle, sans ailes, et qui, nommé troxalis en grec, n'a pas de nom en latin. Bon nombre d'auteurs pensent que c'est le même que le grillon. On recommande d'en faire griller vingt et de les prendre dans du vin miellé pour l'orthopnée et l'hémoptysie. Il y en a qui versent sur les escargots, sans les laver, du vin de mère-goutte ou de l'eau de mer, qui les font cuire de cette manière et qui les mangent, ou qui les avalent broyés avec leur coquille dans le vin de mère-goutte. C'est aussi un remède pour la toux. Le miel dans lequel des abeilles sont mortes guérit en particulier les vomiques. Pour l'hémoptysie on emploie le poumon de vautour brûlé avec des sarments, mêlé avec moitié de fleurs de grenadier ou bien uni à des portions égales de coing et de lis, et pris soir et matin dans du vin, s'il n'y a pas de fièvre; s'il y a fièvre on le donne dans de l'eau où des coings ont bouilli.

XVII. La rate fraîche de mouton, d'après les préceptes des mages, s'applique sur la rate douloureuse; et celui qui fait la médication dit que c'est pour la rate. Ensuite on recommande d'enfermer cette rate avec du mortier dans la muraille de la chambre à coucher, de la sceller d'un anneau, et de réciter trois fois neuf fois certaines paroles. La rate d'un chien, enlevée à l'animal vivant et mangée, guérit des maux de rate. Quelques-uns l'attachent fraîche sur la partie même. D'autres font manger au malade, sans qu'il le sache, la rate d'un chien de deux jours dans du vinaigre scillitique, ou la rate d'un hérisson. On emploie encore la cendre d'escargot avec de la graine de lin et d'ortie, et du miel, jusqu'à guérison complète; un lézard vert suspendu vivant dans un pot, à l'entrée de la chambre à coucher du malade, qui, en entrant et sortant, doit toucher l'animal de la main; la cendre de la tête d'un hibou incorporée à un onguent; le miel dans lequel des abeilles sont mortes; l'araignée, et surtout l'araignée loup (XI, 28).

XVIII. Dans les maux de côté on recommande le cœur d'une huppe et la cendre d'escargots bouillis dans une décoction d'orge; on fait encore de ces escargots seuls un topique. On saupoudre les breuvages avec la cendre du crâne d'un chien enragé. Pour les douleurs lombaires on a le stellion d'outre-mer, auquel on ôte la tête et les intestins, et dont on boit la décoction dans du vin avec un demi-denier de pavot noir; le lézard vert, dont on ôte les pattes et la tête et qu'on mange; trois escargots écrasés avec leur coquille

---

1 XVI. Jocineris doloribus medetur mustela silvestris in cibo sumta, vel jocinera ejus. Item viverra porcelli modo inassata. Suspiriosis multipedæ, ita ut ter septenæ in Attico melle diluantur, et per arundinem bibantur. Omne enim vas earum nigrescit contactu. Quidam torrent ex his sextarium in patina, donec candidæ fiant : tunc melle miscent. Alii centipedam vocant, et ex aqua dari jubent. Cochleæ in cibos his quos linquit animus, aut quorum alienatur mens, aut quibus vertigines fiunt, ex passi cyathis tribus singulæ contritæ cum sua testa et calefactæ, in potu datæ 2 diebus plurimum novem. Aliqui singulas primo die dedere, sequenti binas, tertio ternas, quarto duas, quinto unam. Sic et suspiria emendant et vomicas. Esse animal locustæ simile sine pennis, quod troxalis Græce vocetur, Latinum nomen non habeat, aliqui arbitrantur : nec pauci auctores hoc esse quod gryllus vocetur. Ex his XX torreri jubent, ac bibi e mulso contra orthopnœas, sanguinemque exspuentibus. Est qui cochleis illotis protropum infundat, vel marinam aquam, ita decoquat, et in cibo sumat : aut si tritæ cum testis suis sumantur cum protropo : sic et 3 tussi medentur. Vomicas privatim sanat mel in quo apes sint demortuæ. Sanguinem rejicientibus pulmo vulturinus vitigineis lignis combustus, adjecto flore mali Punici ex parte dimidia, item cotoneorum liliorumque iisdem portionibus potus mane atque vesperi in vino, si febres absint. Si minus, ex aqua, in qua cotonea decocta sint.

XVII. Pecudis lien recens Magicis præceptis super dolentem lienem extenditur, dicente eo qui medetur, lieni se remedium facere. Post hoc jubent eum in pariete dormitorii, ejus tectorio includi, et obsignari annulo, terque novies carmen dici. Caninus si viventi eximatur, et in cibo sumatur, liberat eo vitio. Quidam recentem superalligant. Alii duum dierum catuli ex aceto scillitico dant ignoranti, vel herinacei lienem. Item cochlearum cinerem cum semine lini et urticae addito melle, donec persanet. Eo liberat et lacerta viridis, viva in olla ante cubiculum dormitorium ejus, cui medeatur; suspensa, ut egrediens revertensque attingat manu; cinis e capite bubonis cum unguento; mel in quo apes sint mortuæ : araneus, et maxime qui lycos vocatur.

XVIII. Upupæ cor in lateris doloribus laudatur, et cochlearum cinis in ptisana decoctarum, quæ et per se illinuntur. Canis rabiosi calvariæ cinis potioni inspergitur. Lumborum dolori stellio transmarinus, capite ablato et intestinis, decoctus in vino cum papaveris nigri denarii pondere dimidio, eo succo bibitur. Lacertæ virides, decisis pedibus

et bouillis dans du vin avec quinze grains de poivre. On rompt les pattes d'un aigle dans un sens contraire au pli du jarret, et on attache la patte droite à droite et la patte gauche à gauche, suivant le côté douloureux. Le mille-pieds, que nous avons appelé oniscos (XXIX, 39, 3), guérit la même affection, à la dose d'un denier dans deux cyathes de vin. Les mages recommandent de mettre un ver de terre dans une écuelle de bois fendue d'abord, puis raccommodée avec un fil de fer, de l'humecter, et de l'enfouir là d'où on a tiré le ver, puis de boire de l'eau dans l'écuelle : ils affirment que cela est merveilleux pour la coxalgie.

XIX. (VII.) On guérit la dyssenterie par du bouillon de gigot de mouton cuit dans de l'eau avec de la graine de lin; par du vieux fromage de brebis; par du suif de mouton bouilli dans du vin astringent, ce qui est bon aussi pour l'iléus et les vieilles toux; par le stellion d'outre-mer, auquel on a ôté les intestins, la tête, les pattes et la peau, qu'on fait bouillir et qu'on mange; par deux escargots et un œuf, pilés avec la coquille, chauffés dans un pot neuf avec du sel et deux cyathes de vin de raisin sec, ou du suc de dattes et trois cyathes d'eau, et donnés en boisson. On fait encore brûler les escargots, et on en administre la cendre dans du vin, avec un peu de résine. Les escargots nus dont nous avons parlé (XXIX, 36) se trouvent surtout en Afrique; ils sont très-bons pour la dyssenterie : on en fait brûler cinq avec un demi-denier d'acacia, et on fait avaler deux cuillerées de cette cendre dans du vin de myrte ou un vin astringent quelconque, avec une égale quantité d'eau chaude. Quelques-uns emploient de cette manière tous les escargots d'Afrique; d'autres, de préférence, donnent en lavement un même nombre d'escargots d'Afrique ou gros escargots. Si le flux de ventre est considérable, ils y joignent gros comme une fève d'acacia. Pour la dyssenterie et le ténesme, on fait bouillir dans un vase d'étain avec de l'huile rosat la vieille peau laissée par les serpents, ou, si on la fait bouillir dans un vase d'autre matière, on l'administre avec un instrument d'étain. Le bouillon de poulet guérit les mêmes affections; mais le bouillon d'une vieille volaille, fortement salé, relâche le ventre. Le jabot d'une poule, grillé et donné dans de l'huile et du sel, calme les douleurs du flux céliaque; mais il faut que, préalablement, la poule et le malade se soient abstenus de nourriture (XXIX, 36, 1). On emploie encore la fiente de pigeon grillée et en boisson. La chair de ramier, cuite dans du vinaigre, guérit la dyssenterie et l'affection céliaque. Pour la dyssenterie on emploie une grive rôtie avec des baies de myrte; un merle; du miel dans lequel les abeilles sont mortes, bouilli.

XX. On donne le nom d'iléus à une affection très-grave. On soulage, dit-on, le malade avec le sang d'une chauve-souris qu'on a mise en pièces, ou en lui en frottant le ventre. On arrête le cours de ventre, d'abord avec des escargots préparés comme nous l'avons dit pour l'asthme (XXX, 16), puis avec la cendre des escargots brûlés vivants, qu'on prend dans du vin astringent, avec le foie rôti de volailles, avec le jabot, qu'on jette ordinairement, gardé et humecté de suc de pavot (d'autres le font griller, récent, et le donnent à boire dans du vin), avec le bouillon de perdrix, avec le jabot de

---

et capite, in cibo sumuntur. Cochleæ tres contritæ cum testis suis, atque in vino decoctæ cum piperis granis XV. Aquilæ pedes evellunt in aversum a suffragine, ita ut dexter dexteræ partis doloribus adalligetur, sinister lævæ. Multipeda quoque, quam oniscon appellavimus, medetur denarii pondere ex vino cyathis duobus pota. Vermem terrenum catillo ligneo ante fisso et ferro viucto imposium, aqua excepta perfundere, et defodere, unde effoderis, Magi jubent, mox aquam bibere catillo, mire id prodesse ischiadicis affirmantes.

XIX. (VII.) Dysentericos recreant femina pecudum decocta cum lini semine aqua pota. Caseus ovillus vetus, sevum ovium decoctum in vino austero. Hoc et ileo medetur, et tussi veteri. Dysentericis stellio transmarinus, ablatis intestinis et capite, pedibusque ac cute, decoctus æque et cibo sumtus. Cochleæ duæ cum ovo, utraque cum putamine contrita, atque in vase novo, addito sale et passi cyathis duobus, aut palmarum succo et aquæ cyathis tribus subfervefactis et in potu datis. Prosunt et combustæ, ut cinis earum bibatur in vino addito resinæ momento. Cochleæ nudæ, de quibus diximus, in Africa maxime inveniuntur, utilissimæ dysentericis, quinæ combustæ cum denarii pondere dimidii acaciæ, exque eo cinere dantur cochlearia bina in vino myrtite, aut quolibet austero cum pari modo caldæ. Quidam omnibus Africanis ita utuntur. Alii totidem Africanas, vel latas, infundunt potius : et si major fluxio sit, addunt acaciam fabæ magnitudine. Senectus anguium dysentericis, et tenesmis in stanneo vase decoquitur cum rosaceo; vel si in alio, cum stanno illinitur. Jus e gallinaceo iisdem medetur : sed veteris gallinacei vehementius salsum jus alvum ciet. Membrana gallinarum tosta et data in oleo ac sale, cœliacorum dolores mulcet. Abstineri autem a frugibus ante et gallinam et hominem oportet. Fimum columbinum tostum potumque. Caro palumbi in aceto decocta dysentericis et cœliacis medetur. Turdus inassatus cum myrti baccis, dysentericis : item merulæ. Mel, in quo sint immortuæ apes, decoctum.

XX. Gravissimum vitium ileos appellatur. Huic resisti aiunt discerpti vespertilionis sanguine : etiam illito ventre subveniri. Sistit alvum primum cochlea, sicut diximus in suspiriosis, temperata. Item cinis earum quæ vivæ crematæ sint, potus ex vino austero. Gallinaceorum jecur assum, aut ventriculi membrana, quæ abjici solet, inveterata, admixto papaveris succo. Alii recentem torrent ex vino bibendam. Jus perdicum, et per se ventriculus con-

perdrix broyé seul dans du vin noir, avec un ramier sauvage cuit dans de l'oxycrat, avec une rate de mouton grillée et broyée dans du vin, avec la fiente de pigeon qu'on mêle à du miel, et qu'on emploie en topique. Le ventre d'une orfraie, desséché et pris en breuvage, est excellent pour ceux qui ne digèrent pas ; il suffit même de le tenir à la main en mangeant ; quelques-uns, pour cette raison, le font porter en amulette ; mais il ne faut pas le garder trop longtemps, parce qu'il fait maigrir. Le sang des canards mâles arrête aussi le cours de ventre. Les escargots en aliment dissipent les flatuosités. On traite les tranchées par la rate de brebis grillée et prise dans du vin, par un ramier bouilli dans de l'oxycrat, par les apodes (martinets, x, 55) dans du vin, par la cendre, prise en breuvage, d'un ibis brûlé sans ses plumes. Une autre recette qu'on donne pour les tranchées tient du merveilleux : si on applique sur le ventre un canard, le mal passe à cet animal, qui meurt. Le miel dans lequel des abeilles sont mortes, bouilli, guérit encore les tranchées. On traite très-bien la colique avec une alouette rôtie et mangée. Quelques-uns recommandent de la brûler avec ses plumes dans un vase neuf, de la pulvériser, et de prendre de cette cendre trois cuillerées dans de l'eau pendant quatre jours. Suivant d'autres, il faut s'attacher à la cuisse un cœur d'alouette ; suivant d'autres, il faut avaler ce cœur récent et encore chaud. Il existe une maison consulaire, du nom d'Asprenas, dans laquelle, de deux frères, l'un s'est guéri de la colique en mangeant une alouette, et en portant le cœur de cet oiseau renfermé dans un bracelet d'or ; l'autre, par un certain sacrifice qui fut fait dans une chapelle de briques crues, en forme de fourneau, et qui fut murée après l'accomplissement de la cérémonie. L'orfraie n'a qu'un seul intestin, qui, par une propriété merveilleuse, digère tout ce qui est ingéré. Il est certain que la partie inférieure de cet intestin, portée en amulette, est bonne contre la colique. Il est des maladies cachées des intestins au sujet desquelles on raconte des choses merveilleuses : Si à l'estomac surtout, et à la poitrine, on applique pendant trois jours de petits chiens (xxx, 14) avant qu'ils y voient, et s'ils reçoivent des gorgées de lait de la bouche du malade, ils contractent la maladie et s'affaiblissent ; si on les ouvre, on reconnaît la cause de l'affection de l'homme. Il faut que ces animaux en meurent et qu'on les inhume en les couvrant de terre. D'après les mages, si on se frotte le ventre avec du sang de chauve-souris, on est préservé de la colique pendant toute une année, ou si la colique est actuelle on se guérit en ayant le courage d'avaler l'eau dans laquelle on se lave les pieds.

XXI. (viii.) Contre les calculs il est bon de se frotter le ventre avec de la fiente de rat. On dit que la chair du hérisson est agréable si on le tue d'un seul coup sur la tête, avant qu'il se soit mouillé de son urine, et que ceux qui ont mangé de cette chair ne sont plus susceptibles de contracter la strangurie. La chair de cet animal ainsi tué guérit la dysurie ; de même les fumigations que l'on fait avec. Au contraire, si le hérisson s'est mouillé de son urine (viii, 56), ceux qui en mangent sont, dit-on, attaqués de strangurie. Comme lithontriptique, on recommande de prendre dans du vin ou dans du vin de raisin sec des vers de terre ou des escargots bouillis, comme il a été dit par l'asthme (xxx, 16). Pour guérir la dysurie on ôte les escargots de leur coquille, on les broie, et on en prend trois dans

---

tritus ex vino nigro. Item palumbus ferus, e posca decoctus. Lien pecudis tostus, et in vino tritus. Fimum columbinum cum melle illitum. Ossifragi venter arefactus et potus, iis qui cibos non conficiunt, utilissimus, vel si manu tantum teneant capientes cibum. Quidam adalligant ex hac causa, sed continuare non debent : maciem enim facit. Sistit et anatum masculorum sanguis. Inflationem discutit cochlearum cibus. Tormina lien ovium tostus, atque e vino potus : palumbus ferus ex posca decoctus : apodes ex vino : cinis ibidis sine pennis crematae potus. Quod praeterea traditur in torminibus, mirum est : anate apposita ventri transire morbum, anatemque emori. Tormina et melle curantur, in quo sunt apes immortuae, decocto. Coli vitium efficacissime sanatur, ave galerita assa in cibo sumta. Quidam in vase novo cum plumis exuri jubent, conteriqueue in cinerem, bibique ex aqua cochlearibus ternis per quatriduum : quidam cor ejus adalligari femini : alii recens tepensque adhuc devorari. Consularis Asprenatum domus est, in qua alter e fratribus colo liberatus est, ave hac in cibo sumta, et corde ejus armilla aurea incluso : alter sacrificio quodam, facto crudis lateruculis ad formam camini, atque, ut sacrum peractum erat, obstructo sacello. Unum est ossifrago intestinum mirabili natura, omnia devorata conficiens. Hujus partem extremam adalligatam prodesse contra colum constat. Sunt occulti interaneorum morbi, de quibus mirum proditur. Si catuli, priusquam videant, applicentur triduo stomacho maxime ac pectori, et ex ore aegri suctum lactis accipiant, transire vim morbi, postremo exanimari, dissectisque palam fieri aegri causas. Mori et humari debere eos obrutos terra. Magi quidem vespertilionis sanguine contacto ventre, in totum annum caveri dolorem tradunt, aut in dolore, si quis aquam per pedes fluentem haurire sustineat.

XXI. (viii.) Murino fimo contra calculos illinire ventrem prodest. Herinacei carnem jucundam esse aiunt, si capite percusso uno ictu interficiatur, prius quam in se urinam reddat : eos qui carnem ederint, stranguriae morbum contrahere minime posse. Haec caro ad hunc modum occisi, stillicidia in vesica emendat : item suffitus ex eodem. Quod si urinam in se reddiderit, eos qui carnem ederint, stranguriae morbum contrahere traditur. Jubent et vermes terrenos bibi ex vino aut passo ad comminuendos calculos, vel cochleas decoctas, ut in suspiriosis. Easdem exemtas testis tritasque, tres in vini cyatho bibi, sequenti die

un cyathe de vin, deux le jour suivant et un le jour d'après. Pour chasser les calculs on fait prendre en boisson la cendre de coquilles d'escargot ou le foie de l'hydre, la cendre de scorpion dans du pain ou avec une sauterelle, les petites pierres qui se trouvent dans la poche des volailles ou dans le ventricule des ramiers broyées et mises dans les boissons, le jabot des volailles sec, ou, s'il est frais, rôti. On prend encore la fiente de ramier avec de la bouillie de fèves contre les calculs et les autres maux de la vessie; semblablement, la cendre des plumes de ramier dans du vinaigre miellé; la cendre des intestins de cet oiseau, à la dose de trois cuillerées; un petit morceau d'un nid d'hirondelle délayé dans de l'eau chaude; le ventre desséché de l'orfraie; la fiente de tourterelle bouillie dans du vin miellé, ou le bouillon de tourterelle. Il est bon encore pour les affections urinaires de manger des grives avec des baies de myrte, des cigales grillées dans des plats, de prendre en breuvage le mille-pieds appelé ouiscos (XXIX, 39); dans les douleurs de vessie, la décoction de pieds d'agneau. Le bouillon de volailles très-cuites relâche le ventre et adoucit les âcretés; il en est de même de la fiente d'hirondelle avec du miel, en suppositoire.

1 XXII. Des remèdes très-efficaces pour les affections du siége sont : le suint, auquel quelques-uns ajoutent de la tuthie et de l'huile rosat; la cendre d'une tête de chien; la vieille dépouille d'un serpent, dans du vinaigre; s'il y a des rhagades, la cendre de crottes blanches de chien avec de l'huile rosat, préparation qu'on dit être une invention d'Esculape, et enlever aussi très-bien les verrues; la cendre de fiente de rat; la graisse de cygne; le suif de bœuf. On guérit la chute du rectum avec le suc qu'on extrait des escargots en les piquant. Les contusions de cette partie se guérissent par la cendre du rat des champs, avec du miel; par le fiel de hérisson, avec le fiel de chauve-souris; par la graisse d'oie avec la cervelle du même oiseau, de l'alun et du suint; par la fiente de pigeon avec du miel. Une araignée dont on a ôté la tête et les pattes, employée en frictions, guérit en particulier les condylomes. Contre les cuissons causées par l'âcreté des matières, on a la graisse d'oie avec de la cire de Carthage, de la céruse et de l'huile rosat; la graisse de cygne. On dit que ces substances guérissent aussi les hémorroïdes. Dans la coxalgie, on se trouve bien, dit-on, d'escargots crus, pilés, et pris en breuvage dans du vin amminéen (XIV, 4, 2) et du poivre; d'un lézard vert mangé après qu'on lui a ôté les pattes, les intestins et la tête; d'un stellion avec trois oboles de pavot noir. Pour les ruptures et les convulsions on a le fiel de brebis avec du lait de femme. La liqueur qui s'écoule d'un poumon rôti de bélier guérit les démangeaisons et les verrues des parties génitales. Pour les autres affections de ces 3 parties on a la cendre des toisons, même sales, avec de l'eau; le suif de la panse de mouton, surtout du côté des reins, avec du sel et de la poudre de pierre ponce; la laine en suint, dans de l'eau froide; la chair de mouton, brûlée, dans de l'eau; la cendre du sabot d'une mule; la poudre de dents de cheval pilées. Pour les testicules on donne la poudre des os d'une tête de chien broyée sans la chair. Si l'une des bourses est pendante, on indique pour remède la bave des escargots en friction. Dans le traitement des ulcères mauvais de cette partie et des ulcères hu-

duas, tertia die unam, ut stillicidium urinæ emendent. Testarum vero inanium cinerem ad calculos pellendos. Idem hydri jecur bibi, vel cinerem scorpionum in pane sumi, vel si quis cum locusta edit. Lapillos qui in gallinaceorum vesica, aut in palumbium ventriculo inveniantur, conteri, ac potioni inspergi. Item membranam e ventriculo gallinacei aridam : vel si recens sit, tostam. Fimum quoque palumbinum in faba sumi contra calculos et alias difficultates vesicæ. Similiter plumarum cinerem palumbium 3 ferorum ex aceto mulso. Et intestinorum ex his cinerem coclearibus tribus. E nido hirundinum glebulam dilutam aqua calida; ossifragi ventrem arefactum. Turturis fimum in mulso decoctum, vel ipsius discoctæ jus. Turdos quoque edisse cum baccis myrti prodest urinæ : cicadas tostas in patellis : millepedam onisconbibisse : et in vesicæ doloribus decoctum agninorum pedum. Alvum ciet gallinaceorum discoctorum jus, et acria mollit. Ciet et hirundinum fimum, adjecto melle subditum.

1 XXII. Sedis vitiis efficacissima sunt, œsypum : quidam adjiciunt pompholygem et rosaceum : canini capitis cinis : senecta serpentis ex aceto : si rhagades sint, cinis fimi canini candidi cum rosaceo : aiuntque inventum Æsculapii esse, eodemque et verrucas efficacissime tolli. murini fimi cinis, adeps cygni, sevum bovis. Procidentia ibi succus cochlearum punctis evocatus illitu repellit. Attritis medetur cinis muris silvatici cum melle: fel herinacei cum vespertilionis : et anserinus cum cerebro, et alumine, et œsypo. Fimum columbinum cum melle. Condylomatis 2 privatim araneus demto capite pedibusque infricatus. Ne acria perurant, adeps anserinus cum cera Punica, cerussa, rosaceo : adeps cygni. Hæc et hæmorrhoidas sanare dicuntur. Ischiadicis cochleas crudas tritas cum vino amminco et pipere potu prodesse dicunt : lacertam viridem in cibo ablatis pedibus, interaneis, capite. Sic et stellionem, adjectis huic papaveris nigri obolis tribus. Ruptis, convulsis fel ovium cum lacte mulierum. Verendorum formicationibus verrucisque medetur arietini pulmonis inassati sanies. Cæ- 3 teris vitiis, vellerum ejus vel sordidorum cinis ex aqua : sevum ex omento pecudis, præcipue a renibus, admixto cinere pumicis et sale : lana succida ex aqua frigida : carnes pecudis combustæ ex aqua : mulæ ungularum cinis; dentis caballini contusi farina insperso. Testibus vero, farina ex ossibus canini capitis sine carne tusis. Si decidat testium alter, spumam cochlearum illitam remedio esse tradunt. Tetris ibi ulceribus, et manantibus, auxiliantur canini capitis recentes cineres: cochleæ latæ,

mides on emploie la cendre d'une tête de chien fraîche; les escargots, gros ou petits, broyés dans du vinaigre; la dépouille des couleuvres dans du vinaigre, ou la cendre de cette dépouille; le miel dans lequel des abeilles sont mortes, avec de la résine; les escargots sans coquille, qui, avons-nous dit (xxx, 19 et xxix, 86), viennent en Afrique, broyés avec de la fleur d'encens et du blanc d'œuf : on ne les enlève qu'au bout de trente jours; quelques-uns, au lieu d'encens, y 4 mettent un oignon. On recommande singulièrement pour l'hydrocèle le stellion; on ôte la tête, les pattes et les intestins; on fait griller le reste, et on en mange souvent. Pour l'incontinence d'urine (xxxii, 35) on donne de la graisse de chien avec de l'alun fondu gros comme une fève; des escargots d'Afrique brûlés avec leur coquille et pris en boisson; trois langues d'oie rôties et mangées : ce remède vient d'Anaxilaüs. Le suif de mouton, avec du sel grillé, ouvre les tumeurs, qu'on résout par la fiente de rat avec de la fleur d'encens et de la sandaraque, par la cendre de lézard, par le lézard lui-même, fendu et appliqué, par des mille-pieds broyés et mélangés avec un tiers de 5 térébenthine; quelques-uns mêlent de la terre de Sinope (terre rouge) avec un escargot écrasé. La cendre de coquilles d'escargot, mêlée à de la cire, a une vertu résolutive, ainsi que la fiente de pigeon en topique, soit seule, soit avec de la farine d'orge ou d'avoine. Les cantharides, avec de la chaux, enlèvent les tumeurs comme ferait le scalpel. Les petits escargots employés en topique avec du miel soulagent les tumeurs des aines.

1 XXIII. (ix.) Pour prévenir les varices on frotte les jambes des enfants avec du sang de lézard : le frotteur et le malade doivent être à jeun. Pour calmer la goutte on a le suint avec du lait de femme et de la céruse; la fiente liquide de mouton; les poumons de mouton; le fiel de bélier, avec du suif; les rats fendus, en topique; le sang de belette avec du plantain, en topique; la cendre d'une belette brûlée vivante, dans du vinaigre et de l'huile rosat, appliquée avec une plume, ou cette même cendre incorporée avec de la cire et de l'huile rosat; le fiel de chien, qu'on applique non pas avec les doigts, mais avec une plume; la fiente de poule; la cendre de vers de terre avec le miel, on ne l'enlève qu'au bout de trois jours : d'autres aiment mieux l'ap- 2 pliquer avec de l'eau; d'autres appliquent les vers eux-mêmes à la dose d'un acétabule (11), avec trois cyathes de miel, faisant auparavant frictionner les pieds malades avec de l'huile rosat. Les gros escargots enlèvent, dit-on, les douleurs des pieds et des articulations : on en fait prendre deux, pilés dans du vin; on les applique aussi avec le suc de l'herbe helxine (xxi, 56, 1); quelques-uns se contentent de les écraser dans du vinaigre; d'autres prétendent que du sel brûlé avec une vipère dans un pot de terre neuf délivre de la goutte, pourvu qu'on en prenne souvent, et qu'il est utile aussi de se frotter les pieds avec de la graisse de vipère. On affirme qu'on obtient le même effet de la chair de milan gardée quelque temps, broyée, et prise à la dose d'une pincée dans de l'eau; du sang de cet oiseau en topique sur les 3 pieds avec l'ortie; des premières plumes du ramier, broyées avec l'ortie. Pour les douleurs articulaires, on fait un topique de la fiente de pigeon, de la cendre de belette ou d'escargot, avec de l'amidon ou de la gomme adragant. Les foulures des articulations se guérissent très-bien avec la toile d'araignée; il en est qui préfèrent la cen-

parvæ, contritæ ex aceto : senectus anguium ex aceto, vel cinis ejus : mel, in quo apes sint immortuæ, cum resina : cochleæ nudæ, quas in Africa gigni diximus, tritæ cum thuris polline et ovorum albo : tricesimoque die resolvunt.
4 Aliqui pro thure bulbum admiscent. Hydrocelicis stelliones mire prodesse tradunt, capite, pedibus, interaneis ademtis, reliquum corpus inassatum : in cibo id sæpius datur : sicut ad urinæ incontinentiam, caninum adipem cum alumine scisso, fabæ magnitudine : cochleas Africanas cum sua carne et tosta crematas poto cinere. Anserum trium linguas inassatas in cibo : hujus rei auctor est Anaxilaus. Panos aperit sevum pecudum cum sale tosto. Murinum fimum admixto thuris polline, et sandaraca discutit. Lacertæ cinis, et ipsa divisa imposita : item multipeda con5 trita, admixta resina terebinthina ex parte tertia. Quidam et sinopidem admiscent cochleæ contusæ. Et per se cinis inanium cochlearum, cum cera mixtus, discussoriam vim habet. Fimum columbarum per se, vel cum farina hordeacea, aut avenacea illitum. Cantharides mixta calce panos scalpelli vice auferunt. Inguinum tumorem cochleæ minutæ cum melle illitæ leniunt.

1 XXIII. (ix.) Varices ne nascantur lacertæ sanguine pueris crura jejunis a jejuno illinuntur. Podagras lenit œsypum cum lacte mulieris et cerussa : fimum pecudum, quod liquidum reddunt : pulmones pecudum, fel arietis cum sevo : mures dissecti impositi : sanguis mustelæ cum plantagine illitus, et vivæ combustæ cinis ex aceto, et rosaceo, si penna illinatur, vel si cera et rosaceum admisceatur : fel caninum, ita ne manu attingatur, sed penna illinatur : fimum gallinarum : vermium terrenorum cinis cum melle, ita ut tertio die solvantur. Alii ex aqua illiniri maluunt. 2 Alii ipsos acetabuli mensura cum melle cyathis tribus, pedibus ante rosaceo perunctis. Cochleæ latæ potæ tollere dicuntur pedum et articulorum dolores. Bibuntur autem binæ in vino tritæ. Eædem illinuntur cum helxines herbæ succo. Quidam ex aceto intrivisse contenti sunt. Quidam sale cum vipera cremato in olla nova, et sæpius sumto, aiunt podagra liberari. Utile esse et adipe viperino pedes perungi. Et de milvo affirmant, si inveterati tritoque, quantum tres digiti capiant, bibatur ex aqua. Aut si pedes 3 sanguine cum urtica : vel pennis palumborum, quum primum nascentur, tritis cum urtica. Quin et fimus eorum articulorum doloribus illinitur : item cinis mustelæ aut cochlearum, et cum amylo, vel tragacantha. Incussos articu-

dre de ces toiles ou la cendre de fiente de pigeon avec de la polenta et du vin blanc. Pour les luxations, un remède souverain est le suif de mouton avec la cendre de cheveux de femme. 4 Sur les engelures on applique du suif de mouton avec de l'alun, de la cendre de tête de chien ou de fiente de rat. Les mêmes substances, avec addition de cire, mènent à cicatrisation les ulcères détergés. Pour le même objet on a le charbon de loir brûlé, avec de l'huile; le charbon de rat des champs, avec du miel; le charbon de vers de terre, avec de vieille huile; le charbon de l'escargot nu. Tous les ulcères des pieds se guérissent par la cendre d'escargots brûlés vivants. La cendre de fiente de poule, celle de fiente de pigeon dans de l'huile, guérissent les ulcérations des pieds. Pour les écorchures causées par les chaussures on a la cendre d'une vieille semelle, le poumon d'agneau, le poumon 5 de bélier. La poudre de dents de cheval pilées guérit en particulier les suppurations qui se forment sous les ongles. Le sang de lézard vert, légèrement broyé, guérit, en topique, les pieds des hommes et des bêtes de somme. Pour détruire les cors des pieds on a l'urine de mulet ou de mule, appliquée avec la boue où elle a été rendue; la fiente de brebis; le foie d'un lézard vert, ou son sang appliqué sur un flocon de laine; les vers de terre dans de l'huile, la tête d'un stellion, broyée avec pareil poids de vitex, dans de l'huile; la fiente de pigeon, bouillie dans du 6 vinaigre. Pour les verrues de toute espèce on a l'urine de chien nouvelle, appliquée avec la boue où elle a été rendue; la cendre de crottes de chien, avec de la cire; la fiente de brebis; le sang frais d'un rat, ou le rat lui-même fendu, en topique; le fiel de hérisson; la tête de lézard, ou le sang ou la cendre de l'animal tout entier; la vieille peau quittée par les couleuvres; la fiente de volaille avec de l'huile et du nitre. Les cantharides, écrasées avec l'uva taminia (XXIII, 13), corrodent les verrues, et il faut guérir les érosions qui restent avec les moyens que nous avons indiqués pour la cicatrisation des ulcères.

XXIV. (x.) Maintenant revenons aux affections qui attaquent le corps entier. D'après les mages, le fiel d'un chien mâle, noir, est un amulette pour toute une maison : il suffit d'y faire avec ce fiel des fumigations ou des purifications pour la préserver de tous les maléfices. Il en est de même du sang de chien, si on en asperge les murailles; ou des parties génitales de cet animal, si on les enfouit sous le seuil de la porte. Ceci surprendra moins ceux qui savent combien les mages racontent de merveilles de la tique, le plus immonde des êtres vivants, parce que c'est le seul qui n'ait point d'issue pour les excréments (XI, 40), et que sa digestion ne finit que par sa mort, ce qui fait qu'il vit plus longtemps quand il ne mange pas; ils prétendent qu'il vit 2 ainsi sept jours, mais que mangeant il crève plus tôt. D'après eux, une tique prise à l'oreille gauche d'un chien et portée en amulette calme toutes les douleurs. Ils en tirent aussi des présages pour la vie : si le malade répond à celui qui apporte la tique, et qui, se tenant debout au pied du lit, l'interroge sur sa maladie, la mort n'est pas à craindre; si au contraire il ne répond rien, il succombera. Ils ajoutent que le chien à l'oreille gauche duquel on la prend doit être complètement noir. Nigidius a laissé par écrit que les chiens fuient toute la journée la présence d'un homme qui a pris une tique sur un cochon. Les mages assurent que les individus en délira

---

los aranei telæ commodissime curant. Sunt qui cinere earum uti malint, sicut fimi columbini cinere, cum polenta et vino albo. Articulis luxatis præsentaneum est et sevum 4 pecudis cum cinere e capillo mulierum. Pernionibus quoque imponitur sevum pecudum cum alumine, canini capitis cinis, aut fimi murini. Quod si pura sint hulcera, cera addita ad cicatricem perducunt: vel glirium crematorum favilla ex oleo: item muris silvatici cum melle: vermium quoque terrenorum cum oleo vetere : et cochleæ, quæ nudæ inveniuntur. Hulcera omnia pedum sanat cinis earum, quæ vivæ combustæ sint: fimi gallinarum cinis exhulcerationes, columbini fimi ex oleo. Attritus etiam calceamentorum, veteris soleæ crematæ cinis, agninus 5 pulmo et arietis sanat. Dentis caballini contusi farina privatim subluviem. Lacertæ viridis sanguis subtritus, et hominum et jumentorum pedes sublitus sanat. Clavos pedum urina muli mulæve cum luto suo illita: fimum ovium. Jecur lacertæ viridis, vel sanguis flocco impositus: vermes terreni ex oleo: stellionis caput cum viticis pari modo tritum 6 ex oleo : fimum columbinum decoctum ex aceto. Verrucas vero omnium generum urina canis recens cum suo luto illita : fimi canini cinis cum cera : fimum ovium : sanguis recens murinus illitus, vel ipse mus divulsus: herinacei fel: caput lacertæ, vel sanguis, vel cinis totius: membrana senectutis anguium : fimum gallinaceum cum oleo et nitro. Cantharides cum uva taminia intritæ exedunt : sed ita erosas aliis, quæ ad persananda hulcera monstravimus, curari oportet.

XXIV. (x.) Nunc revertemur ad ea, quæ totis corpori- 1 bus metuenda sunt. Fel canis nigri masculi amuletum esse Magi dicunt domus totius, suffite eo purificatæve, contra omnia mala medicamenta. Item sanguine canis respersis parietibus, genitalique ejus sub limine januæ defosso. Minus mirentur hoc, qui sciunt fœdissimum animalium in quantum magnificent ricinum, quoniam uni nullus sit exitus saginæ, nec finis alia quam morte, diutius in fame viventi. Septenis ita diebus durasse tradunt, at in 2 satietate paucioribus dehiscere. Hunc ex aure sinistra canis omnes dolores sedare adalligatum. Eumdem in augurio vitalium habent. Nam si æger ei respondeat qui intulerit, a pedibus stanti interrogantique de morbo, spem vitæ certam esse : moriturum nihil respondere. Adjiciunt, ut evellatur ex aure læva canis, cui non sit alius, quam niger color. Nigidius fugere tota die canes conspectum ejus,

reprennent la raison si on les asperge avec du sang de taupe, et que ceux qui sont tourmentés par les dieux nocturnes et par les faunes sont délivrés de leurs visions s'ils se frottent matin et soir avec la langue, les yeux, le fiel et les intestins d'un dragon, bouillis dans du vin et de l'huile et refroidis pendant la nuit au grand air.

1 XXV. D'après Nicandre, on remédie au refroidissement en attachant au malade un amphisbène mort, ou seulement sa peau; il ajoute que si on l'attache à un arbre qu'on abat, les bûcherons n'éprouvent pas de froid, et coupent l'arbre plus aisément. Aussi est-ce le seul des serpents qui s'expose au froid; il est le premier qui reparaisse avant même le chant du coucou. Autre merveille relative au coucou : Si dans l'endroit où quelqu'un entend cet oiseau pour la première fois on circonscrit l'espace occupé par le pied droit; et qu'on enlève la terre, il ne viendra point de puces partout où vous répandrez cette terre.

1 XXVI. Pour les personnes menacées de paralysie on recommande comme très-utile la graisse de loir et de souris bouillie; pour les phthisiques, les mille-pieds pris en breuvage, comme nous avons dit pour l'angine (XXX, 12); le lézard vert cuit dans trois setiers de vin qu'on fait réduire à un cyathe, et dont on prend une cuillerée par jour, jusqu'à parfaite guérison; la cendre d'escargot prise dans du vin.

1 XXVII. Pour l'épilepsie on a le suint avec un peu de myrrhe, délayé, gros comme une noisette, dans deux cyathes de vin, et pris après le bain; les testicules de bélier séchés et pilés, à la dose d'un demi-denier dans de l'eau ou une hémine de lait d'ânesse; pendant cinq jours avant et après ce traitement on défend de boire du vin. On fait un magnifique éloge du sang de mouton en boisson; du fiel de mouton, et surtout d'agneau, avec du miel; de la chair d'un petit chien 2 qui tette (on coupe la tête et les pieds, et on la prend dans du vin et de la myrrhe); du lichen ou callosités d'une mule prises dans trois cyathes d'oxymel; de la cendre du stellion d'outre-mer, prise dans du vinaigre; de la peau, prise en boisson, que le stellion quitte comme la couleuvre; quelques-uns ont donné à prendre dans un breuvage ce lézard même, éventré avec un roseau et séché; d'autres l'ont fait manger, rôti sur une broche de bois. Il est important de connaître les moyens de lui prendre la vieille peau d'hiver qu'il quitte; autrement il l'avale, car c'est, dit-on, de tous les animaux le plus rusé pour frustrer l'homme (VIII, 49); aussi le nom de cet animal (stellion) est-il devenu une injure. On remarque les endroits où il se retire pendant l'été. C'est ordinairement dans les cor- 3 niches des portes et des fenêtres, dans les lieux voûtés, dans les tombeaux. Aux premiers jours du printemps on place au-devant de ces trous des cages faites de roseaux fendus; plus elles sont étroites plus elles lui plaisent, parce qu'il se dépouille plus facilement de sa vieille peau; mais aussi, dès qu'il l'a quittée, il ne peut plus regagner son trou. Il n'y a rien qu'on préfère à ce remède pour l'épilepsie. On emploie encore la cervelle de belette séchée et prise en breuvage, le foie de cet animal, ses testicules, sa vulve, son estomac séché et pris avec de la coriandre, comme nous avons dit (XXIX, 16); la cendre de cet animal, la belette sauvage mangée tout entière;

---

qui e sue id animal evellerit, scriptum reliquit. Rursus Magi tradunt, lymphatos sanguinis talpæ aspersu resipiscere : eos vero qui a nocturnis diis Faunisque agitentur, draconis lingua, et oculis et felle intestinisque in vino et oleo decoctis, ac sub dio noctu refrigeratis, perunctos matutinis vespertinisque liberari.

1 XXV. Perfrictionibus remedio esse tradit Nicander amphisbænam mortuam adalligatam, vel pellem tantum ejus. Quinimo arbori, quæ cædatur, adalligata, non algere cædentes, faciliusque succidere. Itaque sola serpentium frigori se committit, prima omnium procedens, et ante cuculi cantum. Aliud est cuculo miraculum, quo quis loco primo audiat alitem illam, si dexter pes circumscribatur, ac vestigium id effodiatur, non gigni pulices, ubicumque spargatur.

1 XXVI. Paralysin caventibus pinguia glirium decoctorum et soricum utilissima tradunt esse : millepedas, ut in angiis diximus, potas phthisin sentientibus : lacertam viridem decoctam in vini sextariis tribus ad cyathum unum, singulis cochlearibus sumtis per dies, donec convalescant : cochlearum cinerem potum in vino.

1 XXVII. Comitialibus morbis œsypum cum myrrhæ momento, et vini cyathis duobus dilutum, magnitudine nucis avellanæ, a balineo potum. Testiculos arietinos inveteratos, tritosque dimidio denarii pondere in aqua vel lactis asinini hemina. Interdicitur vini potus quinis diebus ante et postea. Magnifice laudatur et sanguis pecudum potus : item fel cum melle, præcipue agninum. Catulus lactens 2 sumtus, abscisso capite pedibusque, ex vino et myrrha. Lichen mulæ potus in oxymelite cyathis tribus. Stellionis transmarini cinis potus in aceto. Tunicula stellionis, quam eodem modo, ut anguis, exuit, pota. Quidam, et ipsum arundine exenteratum inveteratumque bibendum dedere. Alii in cibo in ligneis verubus inassatum. Operæ pretium est scire quomodo præripiatur, quum exuitur membrana hiberna, alias devoranti enim, quoniam nullum animal fraudulentius invidere homini tradunt. Inde stellionum nomen aiunt in maledictum translatum. Observant cubilo ejus æstatibus. Est autem in loricis ostiorum fenestrarum- 3 que, aut cameris sepulcrisve : ibi vere incipiente fissis arundinibus textas opponunt casas, quarum angustiis illum gaudet, eo facilius exuens circumdatum torporem. Sed eo derelicto non potest remeare. Nihil ei remedio in comitialibus morbis præfertur. Prodest et cerebrum mustelæ inveteratum potumque, et jecur ejus : testiculi, vulvæque, aut ventriculus inveteratus cum coriandro, ut diximus : item cinis : silvestris vero tota in cibo sumta. Eadem omnia prædicantur ex viverra. Lacerta viridis cum condimen- 4

# LIVRE XXX.

le furet, auquel on attribue les mêmes propriétés; le lézard vert, dont on coupe les pattes et la tête, et qu'on assaisonne pour prévenir le dégoût; la cendre d'escargots avec de la graine de lin et d'ortie, et du miel, en onction. Les mages recommandent la queue de dragon attachée avec des nerfs de cerf dans de la peau de chevreuil, les petites pierres tirées du ventre des petits d'hirondelle et portées au bras gauche : on dit en effet que l'hirondelle fait avaler une petite pierre à ses petits dès qu'ils sont sortis de la coquille. Si au commencement de la première attaque on fait manger à un épileptique le premier petit pondu par une hirondelle, il est délivré de la maladie. On emploie le sang d'hirondelle avec l'encens, ou le cœur avalé chaud. De plus, une petite pierre prise dans leur nid appliquée sur l'épileptique le soulage incontinent, et portée en amulette le garantit pour toujours. On vante le foie de milan que le malade avale, et la vieille peau des serpents; le foie de vautour pilé avec le sang de l'animal et pris pendant trois fois sept jours; le cœur d'un petit de vautour en amulette. Quant au vautour lui-même, on recommande d'en faire manger au malade, et cela après qu'il s'est rassasié de la chair d'un cadavre humain. Quelques-uns recommandent de prendre en breuvage l'estomac de cet oiseau, dans une coupe de bois de cerrus (chêne; XVI, 6); ou des testicules de coq dans de l'eau et du lait : il faut auparavant s'être abstenu de vin pendant cinq jours; on garde de ces testicules pour cet usage. On a même fait prendre en breuvage vingt et une mouches rousses trouvées mortes; on en donne moins à des individus faibles.

XXVIII. (XI.) Pour l'ictère on a la crasse des oreilles ou des mamelles de brebis, à la dose d'un denier, avec un peu de myrrhe et deux cyathes de vin; la cendre d'une tête de chien dans du vin miellé; un mille-pieds dans une hémine de vin; des vers de terre dans du vinaigre miellé, avec de la myrrhe, en boisson; le vin dans lequel on a lavé les pattes d'une poule, d'abord nettoyées avec de l'eau (il faut que ces pattes soient jaunes); la cervelle de perdrix ou d'aigle dans trois cyathes de vin; la cendre des plumes ou des intestins d'un ramier, dans du vin miellé, à la dose de trois cuillerées; la cendre de moineaux brûlés à un feu de sarments, à la dose de deux cuillerées dans de l'eau miellée. Il est un oiseau auquel sa couleur a fait donner le nom d'ictère; il suffit, dit-on, de le regarder pour être guéri de la jaunisse, et l'oiseau meurt. Je pense que c'est celui qu'on nomme en latin galgule (X, 50).

XXIX. Dans la phrénitis, le poumon de mouton attaché chaud autour de la tête paraît avantageux : quant à faire boire de la cervelle de rat dans de l'eau ou de la cendre de belette, ou même des chairs gardées de hérisson, qui le pourrait, à un homme saisi d'un délire furieux, quand même l'effet du remède serait certain? Je rangerai la cendre des yeux de hibou au nombre de ces recettes ridicules par lesquelles les charlatans se jouent de la crédulité des hommes. C'est surtout dans les fièvres que la médecine renonce à leurs prescriptions : ils ont partagé ce traitement en douze signes, suivant les passages du soleil et ceux de la lune, ce qu'il faut complétement rejeter, ainsi que je vais le montrer en rapportant quelques-unes de leurs recettes, prises dans un grand nombre. Ils recommandent, quand le soleil traverse les Gémeaux, de frotter le malade avec la cendre, pulvérisée et incorporée à de l'huile, des crêtes, des ouïes et des ongles d'un coq; si c'est la lune, avec ses épe-

---

tis, quæ fastidium abstergeant, ablatis pedibus et capite. Cochlearum cinis addito semine lini et urticæ cum melle. unctu sanat. Magis placet draconis cauda in pelle dorcadis adalligata cervinis nervis : vel lapilli e ventre pullorum hirundinum sinistro lacerto annexi. Dicuntur enim excluso pullo lapillum dare. Quod si pullus is detur incipienti in cibo, quem primum pepererit, quum quis primum tentatus sit, liberatur eo malo. Postea medetur hirundinum sanguis cum thure, vel cor recens devoratum. Quin et e nido earum lapillus impositus recreare dicitur confestim, et adalligatus in perpetuum tueri. Prædicatur et jecur milvi devoratum, et senectus serpentium. Jecur vulturis tritum cum suo sanguine ter septenis diebus potum. Cor pulli vulturini adalligatum. Sed ipsum vulturem in cibo dari jubent, et quidem satiatum humano cadavere. Quidam pectus ejus bibendum censent, et in cerrino calyce. Aut testes gallinacei ex aqua et lacte, antecedente quinque dierum abstinentia vini, ob id inveteratos. Fuere et qui viginti unam muscas rufas, et quidem emortuas, in potu darent, infirmioribus pauciores.

XXVIII. (XI.) Morbo regio resistunt sordes aurium, aut mammarum pecudis denarii pondere cum myrrhæ momento, et vini cyathis duobus : canini capitis cinis in mulso : multipeda in vini hemina : vermes terreni in aceto mulso cum myrrha. Gallina si sit luteis pedibus prius aqua purificatis, dein collutis vino, quod bibatur. Cerebrum perdicis aut aquilæ in vini cyathis tribus. Cinis plumarum aut interaneorum palumbis in mulso ad cochlearia tria. Passerum cinis sarmentis crematorum cochlearibus duobus in aqua mulsa. Avis ictera vocatur a colore, quæ si spectetur, sanari id malum tradunt, et avem mori. Hanc puto latine vocari galgulum.

XXIX. Phreneticis prodesse videtur pulmo pecudum calidus circa caput alligatus. Nam muris cerebrum dare potui ex aqua, aut cinerem mustelæ, vel etiam inveteratas herinacei carnes, quis possit furenti, etiamsi certa sit medicina? Bubonis certe oculorum cinerem inter ea, quibus prodigiose vitam ludificantur, acceperim. Præcipueque febrium medicina placitis eorum renuntiat. Namque et in XII signa digessere eam sole transmeante, iterumque luna : quod totum abdicandum paucis e pluribus edocebo. Siquidem crematis tritisque cum oleo perungi jubent ægros,

rons et ses barbes; si l'un ou l'autre de ces deux astres traverse la Vierge, avec des grains d'orge; si le Sagittaire, avec des ailes de chauve-souris; si la lune traverse le signe du Lion, avec les feuilles du tamarix, et, ajoutent-ils, du tamarix cultivé; si le Verseau, avec des charbons de buis réduits en poudre. Parmi ces remèdes nous n'omettrons point ce qu'il y a de reconnu pour bon, ou du moins de vraisemblable : ainsi, ils recommandent d'exciter les léthargiques par de fortes odeurs, et entre autres sans doute, en brûlant des testicules gardés, ou du foie de belette. Ils regardent aussi comme utile d'attacher autour de la tête des léthargiques un poumon chaud de mouton.

1 XXX. Dans la fièvre quarte la médecine clinique est à peu près impuissante; aussi nous allons indiquer pour cette affection bon nombre de remèdes des mages, et d'abord ceux qu'ils recommandent de porter en amulettes : la poussière dans laquelle un épervier s'est roulé (on la met dans un petit linge, qu'on attache avec un fil rouge); la dent la plus longue d'un chien noir; la guêpe qui vole toujours seule, et qu'on nomme peudosphex (fausse guêpe) (on la prend de la main gauche et on l'attache au cou du fébricitant; d'autres emploient la première guêpe vue de l'année); la tête coupée d'une vipère, ou le cœur arraché à l'animal encore vivant, le tout porté dans un 2 petit linge; le museau et le bout des oreilles coupés à un rat, qu'on laisse aller après cette opération (on les porte dans une étoffe rose); l'œil droit arraché à un lézard vivant, et renfermé, avec la tête de l'animal qu'on a coupée sur-le-champ, dans de la peau de chèvre; le scarabée qui forme de petites boules. A cause de cet insecte, la plus grande partie de l'Égypte met les scarabées au nombre des divinités; fait dont Apion donne une interprétation curieuse, disant, pour justifier les rites de sa nation, que ce scarabée imite les travaux du soleil. Les mages font encore porter en amulette un autre scarabée, qui a les cornes repliées (XI, 34), et qu'il faut prendre de la main gauche. Ils recomman- 3 dent d'attacher à l'un et à l'autre bras un troisième scarabée, coupé en deux, qu'on nomme foulon et qui est tacheté de blanc; les autres se portent au bras gauche. En outre, ils indiquent le cœur de couleuvre, arraché de la main gauche à l'animal vivant; quatre nœuds de la queue du scorpion, avec son aiguillon, attachés avec une étoffe noire : il faut que le malade ne voie pas le scorpion, qu'on lâche, et reste trois jours sans apercevoir celui qui a attaché l'amulette, qu'on enfouit dans la terre après la troisième période de la fièvre. On enveloppe encore une chenille dans un petit linge, qu'on entoure trois fois d'un fil, en y faisant autant de nœuds, et en disant à chaque fois pourquoi l'on fait cette opération; une limace, 4 dans une petite peau, ou quatre têtes de limaces coupées avec un roseau; un mille-pieds roulé dans de la laine; les petits vers (XI, 38) qui produisent le taon, avant que les ailes de l'insecte poussent; d'autres vers velus qu'on trouve sur les arbrisseaux épineux : quelques-uns attachent en amulette quatre de ces vers, renfermés dans une coquille de noix. On emploie encore les escargots nus. On met sous l'oreiller du malade un stellion renfermé dans une boîte, et on lui donne la liberté à la fin de l'accès. On recommande d'avaler le cœur d'un plongeon de mer arraché sans fer du corps de l'oiseau, de l'écraser après l'avoir fait sécher, et de le prendre dans de l'eau chaude. On prescrit le cœur d'hirondelle avec du miel. D'autres font prendre avant l'accès 5 une drachme de fiente d'hirondelle dans trois

---

quum Geminos transit sol, cristis, et auribus, et unguibus gallinaceorum : si luna, radiis barbisque eorum : si Virginem alteruter, hordei granis : si Sagittarium, vespertilionis alis : si Leonem luna, tamaricis fronde, et adjiciunt, sativae : si Aquarium, e buxo carbonibus tritis. Ex istis confessa, aut certe verisimilia ponemus, sicut et lethargum olfactoriis excitari : inter ea fortassis mustelae testiculis inveteratis, aut jocinera usto. His quoque pulmonem pecudis calidum circa caput adalligari putant utile.

1 XXX. In quartanis medicina clinice propemodum nihil pollet. Quamobrem plura eorum remedia ponemus, primumque ea, quae adalligari jubent : pulverem, in quo se accipiter volutaverit, lino rutilo in linteolo : canis nigri dentem longissimum. Pseudosphecem vocant vespam, quae singularis volitat : hanc sinistra manu apprehensam subnectunt : alii vero, quam quis eo anno viderit primam. Viperae caput abscissum in linteolo, vel cor viventis exem- 2 tum. Muris rostellum auriculasque summas roseo panno, ipsumque dimittunt. Lacertae vivae dextrum oculum effossum, mox cum capite suo deciso, in pellicula caprina. Scarabaeum qui pilas volvit. Propter hunc Aegypti magna pars scarabaeos inter numina colit, curiosa Apionis interpretatione, qua colligat solis operum similitudinem huic animali esse, ad excusandos gentis suae ritus. Sed et alium adalligant magi, cui sunt cornicula reflexa, sinistra manu collectum. Tertium, qui vocatur fullo, albis guttis, dis- 3 sectum utrique lacerto adalligant : caetera sinistro. Cor anguium sinistra manu exemtum viventibus. Scorpionis caudae quatuor articulos cum aculeo, panno nigro, ita ut nec scorpionem dimissum, nec eum qui alligaverit videat aeger triduo. Post tertium circuitum id condat. Erucam in linteolo ter lino circumdant totidem nodis, ad singulos dicentes, quare faciat qui medebitur. Limacem in pellicula, 4 vel quatuor limacum capita, praecisa arundine. Multipedam lana involutam. Vermiculos ex quibus tabani fiunt, antequam pennas germinent. Alios e spinosis frutectis lanuginosos. Quidam ex illis quaternos inclusos juglandis nucis putamine adalligant : cochleasque, que nudae inveniuntur. Stellionem inclusum capsulis subjiciunt capiti, et sub decessu febris emittunt. Devorari autem jubent cor mergi marini sine ferro exemtum, inveteratumque conteri, et in calida aqua bibi. Corda hirundinum cum melle

cyathes de lait de chèvre ou de brebis, ou de vin de raisin sec. Il en est qui conseillent d'avaler les hirondelles tout entières. Les Parthes, pour se guérir de la fièvre quarte, prennent de la peau d'aspic à la dose d'un sixième de denier, avec une dose égale de poivre. D'après le philosophe Chrysippe, le phryganion (12) porté en amulette est un remède pour la fièvre quarte ; mais il ne dit point quel animal c'est, et nous n'avons trouvé personne qui le connût. Cependant nous avons dû faire mention d'un animal indiqué par un auteur si grave, dans le cas où un autre serait plus heureux en ses recherches. Manger de la chair de corneille, et faire des frictions avec le nid de cet oiseau, passe pour très-utile dans les longues maladies. On pourra encore, puisqu'il est vrai que dans la souffrance on aime à trouver de nombreux motifs d'espérer, expérimenter dans les fièvres tierces si la toile de l'araignée nommée loup est utile, appliquée, avec l'insecte même, sur les deux tempes et le front, dans une compresse enduite de résine et de cire ; ou si cet insecte porté en amulette dans un roseau guérit cette fièvre comme il guérit, dit-on, les autres ; ou si enfin il en est de même avec un lézard vert renfermé vivant dans un vase dont il remplit la cavité, et porté en amulette : on affirme que ce moyen délivre souvent des récidives.

XXXI. Pour l'hydropisie on donne en breuvage gros comme une noisette de suint dans du vin, avec un peu de myrrhe ; quelques-uns ajoutent de la graisse d'oie dans du vin de myrte. La crasse des mamelles de brebis a le même effet, ainsi que la chair de hérisson séchée, et prise en aliment. Les matières vomies par les chiens et appliquées sur le ventre procurent, dit-on, l'évacuation des eaux.

XXXII. (XII.) Pour l'érysipèle on a le suint avec la tuthie et l'huile rosat ; le sang de tique ; les vers de terre, appliqués avec du vinaigre ; un grillon écrasé avec les mains : l'effet de ce dernier moyen est que celui qui l'emploie avant que le mal ait commencé en est garanti pour toute l'année ; mais il faut se servir du fer pour enlever le grillon avec la terre de son trou. On a encore la graisse d'oie ; la tête de vipère, séchée, brûlée, et appliquée avec du vinaigre ; la vieille peau quittée par les serpents, appliquée à la sortie du bain avec de l'eau, du bitume et du suif d'agneau.

XXXIII. On guérit le charbon par la fiente de pigeon appliquée seule sur-le-champ, ou appliquée avec de la graine de lin dans du vinaigre miellé ; par l'application d'abeilles mortes dans du miel. On le guérit encore en le saupoudrant de polenta. Dans le charbon et les autres ulcérations des parties génitales, on emploie le suint dans du miel, avec des scories de plomb. Pour les charbons qui commencent on se sert de la fiente de mouton. Les tumeurs et tout ce qui a besoin d'émollients se traitent très-bien par la graisse d'oie ainsi que par la graisse de grue.

XXXIV. Comme remède des furoncles on indique : une araignée appliquée sans qu'on en ait prononcé le nom, et détachée au bout de trois jours ; une musaraigne que l'on fait mourir en la suspendant, et qui ne doit plus toucher la terre, passée trois fois autour du furoncle, pendant que l'opérateur et le malade crachent trois fois aussi ; la fiente de poule, surtout celle qui est rousse, appliquée fraîche dans du vinaigre ;

5 Alii fimum drachma una in lactis caprini et ovilli, vel passi cyathis tribus, ante accessiones. Sunt qui totas censeant devorandas. Aspidis cutem pondere sexta parte denarii cum piperis pari modo, Parthorum gentes in remedium quartanæ bibunt. Chrysippus philosophus tradidit phryganion adalligatum remedio esse quartanis. Quod esset animal neque ille descripsit, nec nos invenimus qui novisset. Demonstrandum tamen fuit a tam gravi auctore 6 dictum, si cujus cura efficacior esset, inquirentis. Cornicis carnes esse, et nidum illinire, in longis morbis utilissimum putant. Et in tertianis fiat potestas experiendi, quoniam miseriarum copia spei delectat, anne aranei, quem lycon vocant, tela cum ipso, in splenio resinæ cereæque imposita utrisque temporibus et fronti prosit : aut ipse calamo adalligatus, qualiter et aliis febribus prodesse traditur : item lacerta viridis adalligata viva in eo vase quod capiat. Quo genere et recidivas frequenter abigi affirmant.

XXXI. Hydropicis œsypum ex vino addita myrrha modice potui datur, nucis avellanæ magnitudine. Aliqui addunt et anserinum adipem ex vino myrteo. Sordes ab uberibus ovium eumdem effectum habent. Item carnes inveteratæ herinacei sumtæ. Vomitus quoque canum illitus ventri, aquam trahere promittitur.

XXXII. (XII.) Igni sacro medetur œsypum cum pompholyge et rosaceo, ricini sanguis, vermes terreni ex aceto illiti, gryllus contritus in manibus. Quo genere præstat, ut qui id fecerit, antequam incipiat vitium, toto eo anno careat. Oportet autem eum ferro cum terra cavernæ suæ tolli. Adeps anseris. Viperæ caput aridum asservatum et combustum, deinde ex aceto impositum. Senectus serpentium ex aqua illita a balineo cum bitumine et sevo agnino.

XXXIII. Carbunculus fimo columbino aboletur per se illico, vel cum lini semine ex aceto mulso. Item apibus, quæ in melle sint mortuæ, impositis : polentaque imposita inspersa. In verendis, cæterisque ibi ulceribus, occurrit e melle œsypum cum plumbi squamis. Item fimum pecudum incipientibus carbunculis. Tubera et quæcumque molliri opus est, efficacissime anserino adipe curantur. Idem præstat et gruum adeps.

XXXIV. Furunculis mederi dicitur araneus, priusquam nominetur, impositus, et tertio die solutus. Mus araneus pendens enecatus, sic ut terram ne postea attingat, ter circumdatus furunculo, toties exspuentibus medente, et cui is medebitur. Ex gallinaceo fimo, quod est rufum maxime, recens illitum ex aceto. Ventriculus ciconiæ ex vino

l'estomac d'une cigogne, cuit dans du vin ; des mouches, en nombre impair, dont on frotte la partie malade avec le doigt annulaire ; les ordures provenant de l'oreille des moutons ; le vieux suif de brebis avec de la cendre de cheveux de femme ; le suif de bélier avec de la poudre de pierre ponce et un poids égal de sel.

XXXV. Pour les brûlures on se sert de la cendre de tête de chien ; de la cendre de loir avec de l'huile ; de la fiente de brebis avec de la cire ; de la cendre de rats ; de la cendre d'escargots, laquelle efface jusqu'à la cicatrice ; de la graisse de vipère ; de la cendre de fiente de pigeon, appliquée avec de l'huile.

XXXVI. Pour les nodosités des nerfs on emploie la cendre de la tête de vipère dans de l'huile de cyprus (XII, 51) ; les vers de terre, appliqués avec du miel ; pour les douleurs de nerfs, un amphisbène mort, porté en amulette ; la graisse de vautour séchée avec l'estomac de l'oiseau et broyée avec du vieux oing ; la cendre de tête de hibou prise dans du vin miellé avec un oignon de lis, si nous en croyons les mages. Dans les contractions nerveuses on emploie de la chair de ramier gardée, en aliment ; pour les spasmes, la chair de hérisson, la cendre de belette. La vieille peau quittée par les serpents, portée en amulette dans de la peau de taureau, préserve des spasmes. Le foie de milan, séché, pris à la dose de trois oboles dans trois cyathes d'eau miellée, garantit de l'opisthotonos.

XXXVII. Les envies et les excroissances qui se forment aux doigts se guérissent par la cendre de tête de chien ; par la vulve de chienne, bouillie dans de l'huile, après des onctions de beurre de brebis avec du miel ; par la vésicule du fiel d'un animal quelconque. Pour les rugosités des ongles, on a : les cantharides appliquées avec de la poix, et détachées le troisième jour ; les sauterelles avec du suif de bouc ; le suif de mouton : quelques-uns y mêlent du gui et du pourpier ; d'autres, de la fleur de cuivre et du gui, et détachent ce topique au bout de trois jours.

XXXVIII. (XIII.) On arrête l'épistaxis par le suif de mouton pris à la panse, et introduit dans les narines ; par la présure, surtout celle d'agneau, introduite ou injectée dans les narines, remède qui réussit là même où d'autres ont échoué ; par la graisse d'oie, avec égale quantité de beurre, que l'on introduit dans les narines en forme de pastilles ; par la terre attachée aux escargots ; par les escargots eux-mêmes tirés de leur coquille. On arrête le sang qui coule des narines par des escargots pilés et appliqués sur le front ; par la toile d'araignée. La cervelle ou le sang de coq arrête les hémorragies qui viennent du cerveau ; il en est de même du sang de pigeon, conservé coagulé pour cet usage. Quand il s'écoule d'une blessure du sang en trop grande quantité, on a, pour l'arrêter, un remède merveilleux : c'est d'appliquer de la cendre de crottin de cheval, brûlé avec des coquilles d'œuf.

XXXIX. On traite les plaies par le suint avec la cendre d'orge, et le vert-de-gris, à parties égales. Cette préparation est bonne aussi pour les ulcères carcinomateux et serpigineux. Elle ronge les bords des ulcères, et réduit au niveau de la peau les excroissances fongueuses. Elle est incarnante aussi et mène les plaies à cicatrisation. La cendre de crottes de brebis, avec du nitre, est d'une grande vertu pour la guérison des carcinomes, ainsi que la cendre de l'os de la cuisse d'agneau, principalement pour les ulcères qui ne tendent pas à se cicatriser ; grande aussi est la vertu des poumons,

---

decoctus. Muscæ impari numero infricatæ digito medico. Sordes ex pecudum auriculis. Sevum ovium vetus cum cinere e capillis mulierum. Sevum arietis cum cinere pumicis et salis pari pondere.

XXXV. Ambustis canini capitis cinis medetur. Item glirium cum oleo. Fimum ovium cum cera. Murium cinis : cochlearum quoque : sic ut ne cicatrix quidem appareat. Item adeps viperinus. Fimi columbini cinis ex oleo illitus.

XXXVI. Nervorum nodis medetur capitis viperini cinis ex oleo cyprino. Terreni vermes cum melle illiti. Doloribus eorum amphisbæna mortua adalligata. Adeps vulturinus cum ventre arefactus, contritusque cum adipe suillo inveterato. Cinis e capite bubonis in mulso potus cum lilii radice, si Magis credimus. In contractione nervorum caro palumbina in cibis prodest et inveterata : herinacei, spasticis : item mustelæ cinis. Serpentium senectus in pelle taurina adalligata spasmos fieri prohibet. Opisthotonos milvi jecur aridum tribus obolis in aquæ mulsæ cyathis tribus potum.

XXXVII. Reduvias, et quæ in digitis nascuntur pterygia, tollunt, canini capitis cinis, aut vulva decocta in oleo, superillito butyro ovillo cum melle. Item folliculus cujuslibet animalium fellis. Unguium scabritiam cantharides cum pice tertio die solutæ, aut locustæ, cum sevo hircino. Pecudum sevum. Aliqui miscent viscum et portulacam, alii æris florem et viscum, ita ut tertio die solvant.

XXXVIII. (XIII.) Sanguinem sistit in naribus sevum ex omento pecudum inditum. Item coagulum ex aqua, maxime agninum, subductum vel infusum, etiamsi alia non prosint. Adeps anserinus cum butyro pari pondere pastillis ingestus. Cochlearum terrena. Sed et ipsæ extractæ testis. E naribus fluentem sistunt cochleæ contritæ fronti illitæ : aranei tela : gallinacei cerebellum, vel sanguis, profluvia ex cerebro : item columbinus, ob id servatus concretusque. Si vero ex vulnere immodice fluat, fimi caballini cum putaminibus ovorum cremati cinis impositus mire sistit.

XXXIX. Vulneribus medetur œsypum cum hordei cinere et ærugine æquis partibus. Ad carcinomata quoque ac serpentia valet. Erodit et hulcerum margines : carnesque excrescentes ad æqualitatem redigit. Explet quoque, et ad cicatricem perducit. Magna vis et in cinere pecudum fimi ad carcinomata, addito nitro : aut in cinere ex ossibus feminum agninorum, præcipue in his hulceribus, quæ cica-

du bélier surtout, lesquels ramenent avec beaucoup d'efficacité au niveau de la peau les excroissances formées par les ulcères. Avec la fiente de mouton chauffée dans un four de cuisine et pétrie, on fait tomber le gonflement des plaies, on déterge et on guérit les fistules ainsi que les épinyctides. Mais c'est surtout la cendre de tête de chien qui est efficace. Elle ronge, comme le spodium (XXXIV, 34), toutes les excroissances, et les guérit. Il en est de même de la fiente de rat, de la cendre de fiente de belette. Le mille-pieds, broyé et mélangé avec de la térébenthine et de la terre de Sinope (terre rouge), poursuit les duretés jusque dans la profondeur des ulcères et les carcinomes. Ces mêmes substances sont très-bonnes pour les ulcères envenimés par les vers. Les vers de différentes espèces servent eux-mêmes à des usages admirables. Les cosses qui s'engendrent dans le bois guérissent tous les ulcères. Brûlés avec un poids égal d'anis et appliqués dans de l'huile, ils guérissent les ulcères rongeants. Les vers de terre agglutinent les plaies récentes, et l'on est même persuadé que ce topique réunit en sept jours les nerfs coupés; aussi conseille-t-on de conserver ces vers dans du miel. Leur cendre, avec de la poix liquide ou du miel de Simblos (en Sicile), consume les duretés du bord des ulcères. Quelques-uns les font sécher au soleil et les emploient pour les plaies, dans du vinaigre; ils n'enlèvent ce topique qu'au bout de deux jours. La terre adhérente aux escargots est utile de la même façon. Les escargots tout entiers, tirés de leur coquille, écrasés et en topique, agglutinent les plaies récentes et arrêtent les ulcères rongeants. Les Grecs nomment herpès un animal très-bon pour guérir tous les ulcères serpigineux. Pour cette espèce d'ulcère, on broie les escargots avec leur coquille; on dit même qu'avec de la myrrhe et de l'encens ils guérissent les nerfs coupés. La graisse de dragon, séchée au soleil, est très-utile. On se sert de la cervelle de coq dans les plaies récentes. Le sel de vipère, pris en aliment, rend, dit-on, les ulcères plus aisés à traiter, et en accélère la guérison. Le fait est que le médecin Antonius Musa, quand il avait opéré des ulcères réputés incurables, donnait des vipères à manger, et guérissait le mal avec une merveilleuse rapidité. La cendre de troxalis (XXX, 16) avec du miel emporte les bords endurcis des ulcères. La cendre de fiente de pigeon avec de l'arsenic et du miel consume ce qui doit être consumé. La cervelle de hibou avec de la graisse d'oie agglutine, dit-on, les plaies merveilleusement. Pour les ulcères appelés cacoëthes on emploie la cendre des cuisses de bélier avec du lait de femme, après avoir humecté soigneusement avec ce liquide les compresses; le chat-huant cuit dans l'huile; le tout étant bien consommé, on ajoute du beurre de brebis et du miel. Les abeilles mortes dans du miel amollissent les bords endurcis des ulcères. Pour l'éléphantiasis on se sert du sang et de la cendre de belette. On efface les plaies et les autres marques des coups de fouet, en y appliquant de la peau de mouton fraîchement écorché.

XL. Pour les fractures des membres on a en particulier la cendre de cuisses de mouton, qui est plus efficace avec de la cire. On fait un pareil remède avec des mâchoires de mouton brûlées ensemble, de la corne de cerf, et de la cire fondue dans de l'huile rosat. La cervelle de chien étendue sur un linge, avec de la laine qu'on met par-dessus et qu'on arrose de temps en temps, consolide en quatorze jours environ les fractures des os; la consolidation est aussi prompte avec la cendre de rats des champs incorporée dans du miel, ou avec celle de vers de terre, laquelle fait même sortir les esquilles.

XLI. Pour redonner de la couleur aux cicatrices, on a le poumon de mouton, particulièrement de bélier, le suif de mouton avec du nitre, la cendre de lézard vert, la peau quittée au printemps par les couleuvres et bouillie dans du vin, la fiente de pigeon avec du miel, laquelle, dans du vin, efface aussi le vitiligo blanc. Pour le vitiligo on emploie encore les cantharides avec deux parties de feuilles de rue : il faut garder ce topique au soleil jusqu'à ce que la peau démange, puis faire des fomentations et frictionner avec de l'huile; après quoi on réapplique le topique, ce que l'on répète plusieurs jours de suite, en prenant garde que la partie ne s'ulcère profondément. Pour le même vitiligo on recommande de faire un liniment avec des mouches et de la racine de patience; avec de la fiente blanche de poule, conservée dans de l'huile vieille et dans une boîte de corne; avec le sang de chauve-souris; avec le fiel de hérisson dans de l'eau. On guérit la gale avec la cervelle de hibou jointe à la fleur de nitre, mais surtout avec le sang de chien. Les escargots, gros ou petits, écrasés et en topique, calment les démangeaisons.

XLII. On fait sortir les flèches, les traits et tous les corps étrangers qu'il s'agit de tirer des chairs, par l'application d'un rat coupé en deux, mais surtout d'un lézard fendu, ou seulement de sa tête écrasée avec du sel; de ces escargots qui s'attachent par troupes aux feuilles, pilés avec leur coquille; de ceux qu'on mange, dépouillés de leur coquille, surtout avec la présure de lièvre. Les os de couleuvre, avec la présure d'un quadrupède quelconque, produisent en trois jours le même effet. On vante aussi les cantharides pilées, avec de la farine d'orge.

XLIII. (XIV.) Dans les maladies des femmes on recommande le placenta de brebis, comme nous l'avons dit dans le chapitre des chèvres (XXVIII, 77, 8). La crotte de mouton a le même usage. Les sauterelles employées en fumigation guérissent la strangurie, surtout chez les femmes. Si après la conception une femme mange de temps en temps des testicules de coq, l'enfant qui est dans l'utérus devient, dit-on, mâle. La cendre de porc-épic, en boisson, prévient l'avortement. Le lait de chienne en boisson hâte l'accouchement, qui est provoqué par l'arrière-faix du même animal, pourvu que cet arrière-faix n'ait point touché la terre. Le lait en boisson fortifie les reins des femmes en travail. La fiente de rat, délayée dans de l'eau de pluie, rétablit les mamelles gonflées après l'accouchement. Se frotter avec de la cendre de hérisson et de l'huile prévient l'avortement. Le travail est plus facile chez celles qui ont avalé de la fiente d'oie avec deux cyathes d'eau ou les eaux s'écoulant de l'utérus par les parties génitales d'une belette. Les vers de terre, en topique, préviennent les douleurs du cou et des épaules; pris dans du vin de raisin sec, ils expulsent l'arrière-faix lent à sortir; appliqués seuls, ils mûrissent les abcès du sein, les ouvrent, en font sortir l'humeur, et les mènent à cicatrisation. Pris avec du vin miellé, ils font venir le lait. Il se trouve aussi de petits vers qui attachés au cou conduisent l'enfant à terme; on les ôte au moment du tra-

---

xiv diebus solidat : nec tardius cinis silvestris muris cum melle, aut vermium terrenorum, qui etiam ossa extrahit.

XLI. Cicatrices ad colorem reducit pecudum pulmo, præcipue ex ariete, sevum ex nitro : lacertæ viridis cinis : vernatio anguium ex vino decocta : fimum columbinum cum melle. Item vitiligines albas ex vino. Ad vitiliginem et cantharides cum muscis foliorum duabus partibus in sole, donec formicet cutis, tolerandæ sunt. Postea fovere, oleoque perungere, necessarium : iterumque illinire, idque diebus pluribus facere, caventes exhulcerationem altam. Ad easdem vitiligines linimentum ex muscis illini jubent cum radice lapathorum : gallinarum fimum candidum, servatum in oleo vetere cornea pyxide : vespertilionum sanguinem : fel herinacei ex aqua. Scabiem vero, bubonis cerebrum cum aphronitro, sed ante omnia sanguis caninus, sedant : pruritum cochleæ minutæ, latæ, contritæ, illitæ.

XLII. Arundines, et tela, quæque alia extrahenda sunt corpori, evocat mus dissectus impositus. Præcipue vero lacerta dissecta, ut vel caput ejus tantum contusum cum sale inpositum. Cochleæ ex his quæ gregatim folia sectantur, contusæ impositæque cum testis : et eæ quæ manduntur, exemtæ testis : sed cum leporis coagulo efficacissime. Ossa anguium eumdem cum coagulo cujuscumque quadrupedis intra tertium diem approbant effectum. Laudantur et cantharides tritæ cum farina hordei.

XLIII. (XIV.) In muliebribus malis membranæ a partu ovium proficiunt, sicut in capris retulimus. Fimum quoque pecudum eosdem usus habet. Locustarum suffitu stranguriæ maxime mulierum juvantur. Gallinaceorum testes subinde si a conceptu edat mulier, mares in utero fieri dicuntur. Partus conceptos hystricum cinis potus continet : maturat caninum lac potum, evocat membrana e canum secundis, si terram non attigerit. Lumbos parturientium potus lactis, fimum murinum aqua pluvia dilutum, mammas mulierum a partu tumentes reficit. Cinis herinaceorum cum oleo perunctarum custodit partus contra abortus. Facilius enituntur, quæ fimum anserinum cum aquæ cyathis duobus sorbuere : aut ex utriculo mustelino per genitale effluentes aquas. Vermes terreni illiti, ne cervicis scapularumque nervi doleant, præstant. Graves secundas pellunt in passo poti. Iidem per se impositi, mammarum suppurationes concoquunt et aperiunt, extrahuntque, et ad cicatricem perducunt. Lac devocant poti cum mulso. Inveniuntur et vermiculi, qui adalligati collo, continent

vail, autrement ils empêcheraient l'accouchement; il faut encore avoir soin de ne pas les poser à terre. Pour faire concevoir, on en donne en boisson cinq ou sept. Les escargots pris en aliment accélèrent l'accouchement; appliqués avec du safran, la conception; avec de l'amidon et de la gomme adragante, en topique, ils arrêtent les pertes. En aliment, ils sont bons pour les règles. Ils remédient aux déplacements de la matrice, avec un denier de moelle de cerf et autant de cyperus (souchet) pour chaque escargot. Ils dissipent les gonflements de la matrice, tirés de leur coquille et écrasés avec de l'huile rosat. Pour tout cela on choisit de préférence des escargots d'Astypalée. Ceux d'Afrique s'emploient d'une autre façon : on en écrase deux avec une pincée de fenugrec, on ajoute quatre cuillerées de miel, et on applique cette préparation sur le ventre d'abord, 4 frotté avec de l'huile d'iris. Il y a des escargots blancs, petits et allongés, que l'on voit errer de tous côtés. Ceux-ci, séchés au soleil sur des tuiles et pulvérisés, se mélangent avec de la bouillie de fèves par parties égales; c'est un cosmétique qui blanchit et adoucit la peau. Les escargots, gros et petits, avec de la polenta, ôtent les démangeaisons. Si une femme grosse passe par-dessus une vipère, elle avorte; de même si elle passe par-dessus un amphisbène, pourvu qu'il soit mort; que si elle a un amphisbène vivant dans une boîte, elle peut passer impunément par-dessus un amphisbène mort. Un amphisbène gardé, même mort, facilite les accouchements. Ce qu'il y a d'étonnant, c'est qu'une femme en passant par-dessus un amphisbène non gardé n'en reçoit aucun mal, pourvu qu'elle passe incontinent par-dessus un amphisbène gardé. La fumigation faite avec une couleuvre desséchée est emménagogue.

XLIV. La vieille peau quittée par les couleu- 1 vres, attachée aux lombes, facilite l'accouchement; il faut l'ôter aussitôt après le travail terminé. On la donne aussi à boire dans du vin avec de l'encens. Prise autrement, elle est abortive. Le bâton avec lequel on a ôté une grenouille à une couleuvre facilite l'accouchement. La cendre de troxalis (xxx, 16) appliquée avec du miel est emménagogue. L'araignée qui descend le long de son fil, de quelque endroit élevé, a la même vertu : il faut la prendre dans le creux de la main, l'écraser, et l'appliquer à la partie; si on la prend au moment où elle remonte, elle arrête la purgation menstruelle. La pierre aëtite (xxxvi, 39), trouvée dans l'aire d'un aigle, préserve le fœtus contre toute manœuvre d'avortement. Une plume de vautour mise sous les pieds aide l'accouchement. Il est certain que les femmes grosses doivent prendre garde à l'œuf du corbeau, parce que si elles passent par-dessus il les fait avorter par la bouche (x, 15). La fiente d'épervier prise dans du vin miellé paraît rendre les femmes fécondes. La graisse d'oie ou de cygne amollit les duretés et les tumeurs de la matrice.

XLV. La graisse d'oie avec de l'huile rosat 1 et une araignée maintient après l'accouchement le sein dans son état naturel. Les Phrygiens et les Lycaoniens ont trouvé que la graisse d'outarde est bonne pour les maux qui surviennent au sein des nouvelles accouchées. Dans les suffocations hystériques ils font aussi une application de blattes. La cendre de coquilles d'œufs de perdrix, mêlée avec de la cadmie et de la cire, conserve au sein sa fermeté (xxviii, 77, 3). On pense aussi que si on passe trois fois autour du sein un œuf de perdrix, il ne devient pas pendant, et que ces œufs pris à l'intérieur rendent la femme fé-

---

3 partum. Detrahuntur autem sub partu : alias eniti non patiuntur. Cavendum etiam ne in terra ponantur. Conceptus quoque causa dantur in potu quini aut septeni. Cochleæ in cibo sumtæ accelerant partum : item conceptum impositæ cum croco. Eædem ex amylo et tragacantha illitæ profluvia sistunt. Prosunt et purgationibus sumtæ in cibo, et vulvam aversam corrigunt cum medulla cervina, ita ut uni cochleæ denarii pondus addatur et cyperi : inflationes quoque vulvarum discutiunt exemtæ testis, tritæque cum rosaceo. Ad hæc Astypalæicæ maxime eliguntur. Alio modo Africanæ binæ tritæ cum fœni Græci quod tribus digitis capiatur, addito melle cochlearibus quatuor, illinuntur 4 alvo, prius irino succo peruuctæ. Sunt et minutæ longæque, candidæ cochleæ, passim oberrantes : eæ arefactæ sole in tegulis, tusæque in farina, miscentur lomento æquis partibus, candoremque et lævorem corpori afferunt. Scabendi desideria tollunt minutæ et latæ cum polenta. Viperam mulier prægnans si transcenderit, abortum faciet: item amphisbænam, mortuam dumtaxat. Nam vivam habentes in pyxide, impune transeunt, etiam si mortua sit : atque asservata, partus faciles præstat vel mortua. Mirum, si non asservatam transcenderit gravida, innoxiam

fieri, si protinus transcendat asservatam. Anguis inveterati suffitus menstrua adjuvant.

XLIV. Anguium senectus adalligata lumbis, faciliores 1 partus facit, protinus à puerperio removenda. Dant et in vino bibendam cum thure : aliter sumta, abortum facit. Baculum, quo angui rana excussa sit, parturientes adjuvat : troxalidum cinis illitus cum melle, purgationes. Item araneus, qui filum deducit ex alto, capi debet manu cava, tritusque admoveri : quod si redeuntem prehenderit, inhibebit idem purgationes. Lapis aetites in aquilæ repertus nido, custodit partus contra omnes abortuum insidias. Penna vulturina subjecta pedibus adjuvat parturientes. Ovum corvi gravidis cavendum constat, quoniam transgressis abortum per os faciat. Fimum accipitris in mulso potum, videtur fecundas facere. Vulvarum durities et collectiones adeps anserinus aut cygni emollit.

XLV. Mammas a partu custodit adeps anserinus cum rosa- 1 ceo et aranco. Phryges et Lycaones mammis puerperio vexatis invenere otidum adipem utilem esse : his quæ vulva strangulentur, et blattas illinunt. Ovorum perdicis putaminum cinis cadmiæ mixtus, et ceræ, stantes mammas servat Putant et ter circumductus ovo perdicis non incli-

conde et lui donnent du lait en abondance. On ajoute qu'en frottant les mamelles avec de la graisse d'oie on diminue les douleurs; qu'on résout les môles formées dans l'utérus, et qu'on dissipe les démangeaisons des parties génitales en faisant un liniment avec des punaises écrasées.

1 XLVI. Le sang de chauve-souris a une vertu dépilatoire; mais, appliqué sur la joue des enfants, il n'est pas suffisamment efficace, si l'on n'applique ensuite du vert-de-gris ou de la graine de ciguë : de cette façon, ou bien on détruit complétement les poils, ou bien ils ne sont jamais que du duvet. On pense obtenir le même résultat avec la cervelle de chauve-souris. La cervelle est de deux sortes, rouge et blanche. Quelques-uns mêlent ensemble le sang et le foie de ce même animal. D'autres font consommer une vipère dans trois hémines d'huile, la désossent, et s'en servent en guise d'épilatoire, arrachant préalablement les poils qu'ils veulent empêcher 2 de renaître. Le fiel de hérisson est dépilatoire; mais il faut y mêler de la cervelle de chauve-souris et du lait de chèvre. La cendre de hérisson, sans rien autre, a la même vertu. Frottez avec du lait de chienne à sa première portée les endroits où l'on veut empêcher le poil de venir; arrachez préalablement les poils, dans le cas où il y en a déjà : par ce moyen il n'en poussera pas. Le même effet est produit, dit-on, par le sang d'une tique prise à un chien, par le sang ou le fiel d'une hirondelle. (xv.) On assure que les œufs de fourmis pilés avec des mouches noircissent les sourcils; que si l'on veut que les enfants aient les yeux noirs la femme enceinte doit manger une souris; et que la cendre de vers de terre, avec de l'huile, empêche les cheveux de blanchir.

1 XLVII. Les enfants sujets à être malades par la coagulation du lait en sont préservés par la présure d'agneau prise dans de l'eau. Si la coagulation du lait s'est déjà faite dans l'estomac, on la dissipe avec la présure donnée dans du vinaigre. Pour la dentition la cervelle de mouton est très-bonne. On guérit l'inflammation des enfants appelée siriasis en leur attachant des os trouvés dans de la fiente de chien. On guérit les hernies des enfants en les faisant mordre pendant qu'ils dorment par un lézard vert; puis on suspend avec un roseau le lézard à la fumée, et l'on prétend que l'enfant est guéri quand l'animal meurt. La bave 2 d'escargot appliquée sur les yeux des enfants redresse les cils et les fait pousser. La cendre d'escargots avec de l'encens, délayée dans du jus de raisin blanc, guérit les hernies : ce topique doit être employé pendant trente jours. On trouve dans les cornes des escargots de petits grains de sable (xxx, 8, 8) qui portés en amulette rendent la dentition facile. La cendre de coquilles d'escargots incorporée avec de la cire empêche la chute du fondement; mais avec cette cendre il faut mêler la sanie que l'on fait sortir par des piqûres de la cervelle d'une vipère. La cervelle de vipère, attachée avec une petite peau, aide la dentition. Il en est de même des plus grosses dents des serpents. La fiente de corbeau attachée avec de la laine au cou des enfants les guérit de la toux. Il est difficile de garder son 3 sérieux en rapportant certaines recettes; il ne faut cependant pas les omettre, puisqu'elles ont été consignées. Pour les hernies des enfants on recommande de les traiter par un lézard; ce lézard doit être mâle, ce qu'on reconnaît à ce qu'il n'a qu'un trou sous la queue. On lui fait mordre la partie malade à travers une étoffe d'or, ou d'argent, ou de pourpre; puis on l'attache

---

nari : et si sorbeantur eadem, fecunditatem facere : lactis quoque copiam. Cum anserino adipe perunctis mammis, dolores minuere, molas uteri rumpere, scabiem vulvarum sedare, si cum cimice trito illinantur.

1 XLVI. Vespertilionum sanguis psilothri vim habet : sed malis puerorum illitus non satis proficit, nisi ærugo, vel cicutæ semen postea inducatur; sic enim aut in totum toluntur pili, aut non excedunt lanuginem. Idem et cerebro eorum profici putant. Est autem duplex, rubens utique et candidum. Aliqui sanguinem et jecur ejusdem admiscent. Quidam in tribus herniis olei discoquunt viperam, exemp- tis ossibus psilothri vice utuntur, evulsis prius pilis quos 2 renasci nolunt. Fel herinacei psilothrum est, utique mixto cerebro vespertilionis et lacte caprino. Item per se cinis. Lacte canis primi partus, evulsis pilis quos renasci nolunt, vel nondum natis, perunctis partibus, alii non surgunt. Idem evenire traditur sanguine ricini evulsi cani : item hirundinino sanguine vel felle. (xv.) Ovis formicarum supercilia denigrari cum muscis tritis tradunt. Si vero oculi nigri nascentium placeant, soricem prægnanti edendum. Capilli ne canescant, vermium terrenorum cinere præstari admixto oleo.

XLVII. Infantibus, qui lacte concreto vexantur, præsi- 1 dio est agninum coagulum ex aqua potum. Aut si coagulatio lactis acciderit, discutitur coagulo ex aceto dato. Ad dentitiones, cerebrum pecoris utilissimum est. Ossibus in canino fimo inventis, adustio infantium, quæ vocatur siriasis, adalligatis emendatur : ramices infantium lacertæ viridis admotæ dormientibus morsu. Postea arundini alligata, suspenditur in fumo : traduntque pariter cum ea exspirante sanari infantem. Cochlearum saliva illita infantium oculis, 2 palpebras corrigit, gignitque. Ramicosis cochlearum cinis cum thure ex uvis albo succo illitus per dies triginta medetur. Inveniuntur in corniculis cochlearum arenaceæ durities : eæ dentitionem facilem præstant adalligatæ. Cochlearum inanium cinis admixtus ceræ, procidentium interaneorum partes extremas prohibet. Oportet autem cineri misceri saniem punctis emissam e cerebro viperæ. Cerebrum viperæ illigatum pelliculæ dentitiones adjuvat. Idem valent et grandissimi dentes serpentium. Fimum corvi lana adalligatum infantium tussi medetur. Vix 3 est serio complecti quædam : non omittenda tamen, quia sunt prodita. Ramici infantium lacerta mederi jubent. Marem hunc prehendi. Id intelligi et quod sub cauda unam

dans une coupe qui n'ait pas encore servi, et on l'expose à la fumée. On arrête l'incontinence d'urine chez les enfants en leur faisant manger des rats bouillis. Les grandes cornes des scarabées, lesquelles sont dentelées, attachées au cou des enfants, ont la propriété des amulettes. On dit qu'il est dans la tête du serpent boa une petite pierre qu'il rejette quand il craint d'être tué : si, le surprenant, on lui coupe la tête et qu'on en tire cette pierre, elle aide admirablement à la dentition, étant attachée au cou des enfants. On demande d'y attacher pour le même usage la cervelle du même serpent; la petite pierre, ou petit os, qu'on trouve dans le dos de la limace. Un remède admirable est la cervelle de mouton, dont on frotte les gencives; de même que la graisse d'oie appliquée avec le suc d'ocymum (basilic) est merveilleuse pour les maux d'oreille. Dans les plantes épineuses il est de petits vers hérissés de duvet; on les attache au cou des enfants, et ils les guérissent, dit-on, incontinent quand ils ont dans le gosier quelque arête.

XLVIII. On emploie comme soporatif le suint délayé avec un peu de myrrhe dans deux cyathes de vin, ou mêlé avec de la graisse d'oie et du vin de myrte ; le coucou, attaché avec de la peau de lièvre; le bec d'un héron, attaché au front dans un morceau de peau d'âne : on croit que le bec seul, trempé dans du vin, a le même effet. Au contraire, la tête d'une chauve-souris, sèche et portée en amulette, empêche le sommeil.

XLIX. Un lézard qu'on a fait mourir dans de l'urine d'homme est antiaphrodisiaque pour celui qui a rendu l'urine; car, selon les mages, cet animal entre dans les philtres. On attribue la même propriété à la fiente d'escargot et à celle de pigeon prise avec de l'huile et du vin. On range parmi les aphrodisiaques pour les hommes : la partie droite d'un poumon de vautour, attachée avec un morceau de peau de grue; cinq jaunes d'œufs de pigeon, avalés dans du miel avec un denier de saindoux; les moineaux ou les œufs de moineau, en aliment; le testicule droit d'un coq, attaché avec de la peau de bélier. On prétend que la cendre d'ibis, employée en friction avec de la graisse d'oie et de l'huile d'iris après la conception, empêche l'avortement, et que les testicules d'un coq de combat, qu'on frotte de graisse d'oie et qu'on attache avec de la peau de bélier, sont antiaphrodisiaques ; même effet si l'on place sous le lit les testicules d'un coq quelconque avec du sang de l'oiseau. Les crins de la queue d'une mule, arrachés pendant qu'elle est saillie, font concevoir les femmes malgré elles, si on les attache entre eux pendant le coït. Un homme qui urine dans de l'urine de chien devient, dit-on, plus froid pour l'amour. Chose singulière, si elle est vraie ! de la cendre de stellion enveloppée dans un linge est aphrodisiaque tenue dans la main gauche, et antiaphrodisiaque tenue dans la main droite. Le sang de chauve-souris reçu sur des flocons de laine, et mis sous la tête des femmes, les excite à l'amour, ainsi que la langue d'oie prise en aliment ou en boisson.

L. Dans le phthiriasis on tue toute la vermine en trois jours avec la vieille peau quittée par les couleuvres et prise en breuvage, avec le petit-lait dépouillé de sa substance caséeuse et pris avec un peu de sel. On assure que les fromages, si au caillé on mêle de la cervelle de belette, ne se gâtent pas en vieillissant, et sont préservés de la dent des rats. On dit encore que la cendre de belette mise dans la pâtée des poulets et des pigeonneaux les met à l'abri de l'attaque des belettes. On guérit les bêtes de somme de la difficulté d'uriner en leur attachant une chauve-souris; des vers intestinaux, en passant trois fois un ramier autour de leurs parties génitales. Chose merveilleuse! le ramier, lâché, meurt, et la bête est incontinent délivrée de son mal.

1 LI. En faisant prendre pendant trois jours, dans du vin, des œufs de chat-huant à des ivrognes, on les dégoûte du vin. Un poumon grillé de mouton prévient l'ivresse, mangé d'avance (xxviii, 80). La cendre de becs d'hirondelle, broyée avec de la myrrhe et jetée dans le vin qu'on boit, empêche qu'on ne s'enivre. Ce moyen est dû à Horus roi des Assyriens.

1 LII. Il y a encore des singularités présentées par les animaux appartenant à ce volume. Quelques auteurs disent qu'il y a en Sardaigne un oiseau nommé gromphena (13), semblable à la grue, mais qui, je crois, n'est plus connu, même des Sardes. Dans la même province est l'ophion (moufflon), qui ne ressemble au cerf que par le poil, et qu'on ne trouve pas ailleurs (viii, 75; xxviii, 42). Les mêmes auteurs ont parlé du subjugus (14), sans dire quel animal c'était et où on le trouvait. Je ne doute pourtant pas qu'il n'ait existé, puisqu'on nous indique des remèdes qui en sont tirés. M. Cicéron rapporte qu'il y a des animaux nommés biures, qui rongent les vignes dans la Campanie.

1 LIII. (xvi.) Voici d'autres merveilles qu'on raconte des animaux dont nous avons parlé : Un chien n'aboie pas après un individu tenant une membrane de l'arrière-faix d'une chienne, ou de la fiente ou des poils de lièvre. Parmi les moucherons, les mulions (xi, 19, 3) ne vivent pas plus d'un jour. Ceux qui retirent le miel des ruches, en ayant sur eux le bec du pivert qui creuse les arbres (x, 20), ne sont pas piqués par les abeilles. Les porcs suivent celui qui leur a donné dans une boulette de la cervelle de corbeau. La poussière dans laquelle une mule s'est vautrée calme les ardeurs de l'amour, jetée sur le corps. On met en fuite les souris si on châtre une souris mâle et qu'on la lâche. Pilez ensemble une peau de couleuvre, du sel, de la farine et du serpolet; faites avaler cela avec du vin aux bêtes à cornes dans le temps que le raisin mûrit, et elles se porteront bien toute l'année; même résultat si on leur donne des petits d'hirondelle dans trois boulettes. Si l'on ramasse la poussière 2 sur les traces des couleuvres, cette poussière rappelle dans la ruche les abeilles dispersées. En attachant le testicule droit du bélier, il n'engendre que des brebis (viii, 72, 2). Aucun travail ne fatigue ceux qui portent des nerfs pris aux ailes et aux pattes de grue. Les mules ne ruent pas quand elles ont bu du vin. Parmi toutes les substances il n'y a que le sabot de mule qui ne soit pas corrodé par le poison de la fontaine du Styx. Lorsque Antipater en envoya pour le faire prendre à Alexandre le Grand, Aristote lui indiqua cette propriété du sabot de mule, propriété mémorable, mais dont l'indication couvre le philosophe d'infamie. Maintenant passons aux poissons.

dem mustelæ cinis si detur in offa gallinaceis pullis et columbinis, tutos esse a mustelis. Jumentorum urinæ tormina vespertilione adalligato finiuntur : verminatio ter circumlato verendis palumbo : mirum dictu, palumbus emissus moritur, jumentum liberatur confestim.

1 LI. Ebriosis ova noctuæ per triduum data in vino, tædium ejus adducunt. Ebrietatem arcet pecudum assus pulmo præsumptus. Hirundinis rostri cinis cum myrrha tritus, et in vino quod bibetur inspersus, securos præstabit a temulentia. Invenit hoc Horus Assyriorum rex.

1 LII. Præter hæc sunt notabilia animalium ad hoc volumen pertinentium. Gromphenam avem in Sardinia narrant grui similem, ignotam jam etiam Sardis, ut existimo. In eadem provincia est ophion, cervis tantum pilo similis, nec alibi nascens. Iidem auctores nominavere subjugum, quod nec quale esset animal, nec ubi nasceretur, tradiderunt. Fuisse quidem non dubito, quum et medicinæ ex eo sint demonstratæ. M. Cicero tradit animalia biuros vocari, qui vites in Campania erodant.

1 LIII. (xvi.) Reliqua mirabilia ex his, quæ diximus. Non latrari a cane membranam ex secundis canis habentem, aut leporis fimum vel pilos tenentem. In culicum genere muliones non amplius, quam uno die, vivere; eosque qui arborarii pici rostrum habeant, et mella eximant, ab apibus non attingi. Porcos sequi eum, a quo cerebrum corvi acceperint in offa. Pulverem, in quo se mula volutaverit, corpori inspersum mitigare ardores amoris. Sorices fugari, si unus castratus emittatur. Anguina pelle, et sale, et farre cum serpyllo contritis una, dejectisque cum vino in fauces boum, uva maturescente, toto anno eos valere : vel si hirundinum pulli tribus offis dentur. Pulvere e vestigio anguium collecto, sparsas apes in alvos reverti. Arietis dextro teste præligato oves tantum gigni. Non lassari in ullo labore, qui nervos ex alis et cruribus gruis habeant. Mulas non calcitrare, quum vinum biberint. Ungulas tantum mularum repertas, neque aliam ullam materiam, quæ non perroderetur a veneno Stygis aquæ, quum id dandum Alexandro Magno Antipater mitteret, memoria dignum est, magna Aristotelis infamia excogitatum. Nunc ad aquatilia revertemur.

# NOTES DU TRENTIÈME LIVRE.

(1) In nostro orbe alienæ gentis. Trojanis itaque temporibus Chironis medicinis contenta et solo Marte fulminante, miror equidem Vulg. — Ce texte n'est pas intelligible. Je mets une virgule après *orbe*; je prends *aliena gente* des mss. de Chifflet et de Vossius; je mets une virgule après *gente*; je lis, avec les mss. de Tolède et de Chifflet, *utique* au lieu de *itaque*; et je mets un point avant *miror*.
(2) Sillig a édité : A Mose etiamnum et Lotapæa Judæis pendens. Ce qui est la leçon de manuscrits et d'éditions.
(3) Valuit Vulg. — Voluit Edit. princeps.
(4) Non alia patiente mundo Vulg. — Aliaque non patiente mundo Editt. Vett., Sillig.
(5) Les commentateurs pensent que la Cynocéphalie est la même que l'Antirrhinon, XXV, 80.
(6) Illitæ Vulg. — Inditæ Editt. Vet., Sillig.
(7) On suppose que ces fourmis dites d'Hercule sont des fourmis plus grosses que les autres.
(8) D'après les renseignements donnés par Belon, le bupreste des anciens serait le lixus paraplecticus.
(9) Il paraît être ici question d'un lamellicorne (6ᵉ tribu des coléoptères pentamères); mais on n'a aucun moyen de déterminer l'espèce. Il est manifeste qu'il ne s'agit pas des cerfs-volants, comme l'avait pensé Dalechamp.
(10) Pline ne s'est plus souvenu de cette promesse; du moins on ne sait pas à quel endroit il renvoie.
(11) Aceto Vulg. — Acetabuli Dalechamp.
(12) On ne sait pas plus que Pline ce qu'est le phryzanion. Des commentateurs pensent que Chrysippe avait écrit *phrynion*, animal bien connu; mais que Pline a été trompé par un mauvais exemplaire portant *phryganion*. C'est une pure conjecture.
(13) La gromphena est sans doute quelque espèce de grue.
(14) On ne sait ce qu'est le subjugus.

# LIVRE XXXI.

1 I. (1.) Il s'agit maintenant des secours fournis à la médecine par les choses de l'eau. La nature, ouvrière, ne s'y est pas oubliée, et elle déploie sans relâche ses forces infatigables à travers les ondes, les flots, les marées, et le rapide courant des fleuves. Et, à dire vrai, nulle part sa puissance n'est plus grande. En effet, l'eau est un élément qui domine tous les autres : les eaux engloutissent les terrains, tuent les flammes, s'élèvent dans les hauteurs, envahissent même le ciel, et, sous forme de nuages, interceptent l'air qui nous fait vivre ; ce qui provoque l'explosion de la foudre, effet du conflit des éléments. Quoi de plus merveilleux que les eaux suspen-
2 dues dans le ciel ! Mais, comme si c'était peu de parvenir à une si grande élévation, elles emportent avec elles des essaims de poissons, souvent même des pierres, et c'est chargées de ces poids étrangers qu'elles montent au haut des airs. Retombant sur la terre, elles font naître toutes les productions végétales ; propriété bien admirable, si l'on considère que, pour donner la naissance aux grains et la vie aux arbres et aux plantes, les eaux gagnent le ciel, et de là rapportent aux végétaux le souffle de vie. Avouons donc que toutes les propriétés de la terre sont un bienfait des eaux. Ainsi nous retracerons avant tout quelques exemples de la puissance de ce fluide ; car quel mortel pourrait tous les décrire ?

1 II. (II.) Les eaux sortent salutaires de tous côtés dans mille pays, là froides, ici chaudes, ailleurs chaudes et froides, comme à Tarbelles (Dax) d'Aquitaine et dans les Pyrénées, où elles ne sont séparées que par un petit intervalle, ou bien encore tièdes et simplement dégourdies, annonçant les secours qu'elles donnent aux malades, et ne sortant de terre que pour l'homme seul, entre tous les animaux. Sous des noms divers, elles augmentent le nombre des divinités, et fondent des villes comme Putéoles (III, 9, 9) dans la Campanie, Statyelles (III, 7) dans la Ligurie, Aix (III, 5,6) dans la province Narbonnaise. Mais elles ne coulent nulle part avec plus 2 d'abondance et avec des propriétés médicinales plus diverses que dans le golfe de Baïes : sulfureuses, alumineuses, salées, nitreuses, bitumineuses, quelques-unes même mêlées d'acide et de sel, tout s'y trouve. Certaines sont utiles par leur chaleur même, qui est si grande qu'elles échauffent les bains, et vont jusqu'à forcer l'eau froide à bouillir dans les baignoires : celles-ci s'appellent à Baïes Posidiennes, du nom d'un affranchi de l'empereur Claude. Elles font aussi cuire les aliments. D'autres ( elles ont appartenu à Licinius Crassus) bouillonnent au sein même de la mer, et du milieu des flots jaillit quelque chose de salutaire pour l'homme.

III. Suivant leurs espèces, ces eaux sont bonnes 1 aux nerfs, aux pieds, aux hanches, aux luxations, aux fractures. Elles purgent, elles guéris-

## LIBER XXXI.

I. (1.) Aquatilium sequuntur in medicina beneficia, opificæ natura ne in illis quidem cessante, et per undas fluctusque ac reciprocos æstus, amniumque rapidos cursus improbas exercente vires : nusquam potentia majore, si verum fateri volumus ; quippe hoc elementum cæteris omnibus imperat. Terras devorant aquæ, flammas necant, scandunt in sublime, et cælum quoque sibi vindicant, ac nubium obtentu vitalem spiritum strangulant : quæ causa fulmina elidit, ipso secum discordante mundo. Quid esse
2 mirabilius potest aquis in cælo stantibus ! At illæ, ceu parum sit in tantam pervenire altitudinem, rapiunt eo secum piscium examina, sæpe etiam lapides ; subeuntque, portantes aliena pondera. Eædem cadentes omnium terra nascentium causa fiunt, prorsus mirabili natura, si quis velit reputare ut fruges gigantur, arbores fruticesque vivant, in cælum migrare aquas, animamque etiam herbis vitalem inde deferre : justa confessione, omnes terræ quoque vires aquarum esse beneficii. Quapropter ante omnia ipsarum potentiæ exempla ponemus. Cunctas enim quis mortalium enumerare queat ?

II. (II.) Emicant benigne passimque in plurimis terris, 1 alibi frigidæ, alibi calidæ, alibi junctæ, sicut in Tarbellis Aquitanica gente, et in Pyrenæis montibus, tenui intervallo discernente. Alibi tepidæ egelidæque auxilia morborum profitentes, et e cunctis animalium hominum tantum causa erumpentes. Augent numerum deorum nominibus variis, urbesque condunt, sicut Puteolos in Campania, Statyellas in Liguria, Sextias in Narbonensi provincia. Nusquam tamen largius quam in Baiano sinu, nec pluribus 2 auxiliandi generibus, aliæ sulphuris, aliæ aluminis, aliæ salis, aliæ nitri, aliæ bituminis, nonnullæ etiam acida salsave mixtura. Vapore quoque ipso aliquæ prosunt. Tantaque eis vis, ut balineas calefaciant, ac frigidam etiam in soliis fervere cogant, quæ in Baiano Posidianæ vocantur, nomine accepto a Claudii Cæsaris liberto. Obsonia quoque percoquunt. Vaporant et in mari ipso, quæ Licinii Crassi fuere : mediosque inter fluctus exsistit aliquid valetudini salutare.

III. Jam generatim nervis prosunt pedibusve, aut coxen- 1 dicibus, aliæ luxatis, fractisve. Inaniunt alvos. Sanant

sent les plaies; elles sont en particulier bonnes pour la tête et les oreilles; celles de Cicéron sont bonnes pour les yeux. La maison où celles-ci se trouvent est digne d'être mentionnée ici : en allant du lac Averne à Putéoles, on la rencontre sur le rivage de la mer; elle est distinguée par un portique et un bois. Cicéron l'appelait Académie, à l'exemple de l'Académie d'Athènes. C'est là qu'il composa ses *Académiques*, c'est là qu'il s'était élevé un monument, comme s'il lui en avait fallu d'autres que ses écrits répandus dans l'univers entier. A l'entrée de cette maison, peu après la mort de Cicéron, alors qu'Antistius Vétus en était le propriétaire, on vit sourdre des eaux chaudes excellentes pour les yeux. Elles ont été célébrées en vers par Lauréa Tullius, l'un des affranchis de Cicéron. Ces vers prouvent tout d'abord que même les serviteurs avaient été fécondés par ce génie majestueux; je vais les rapporter, car ils méritent d'être lus partout, et non pas sur le lieu seulement. « Ornement immortel de l'éloquence romaine, ton bois a repris de l'éclat et de la verdure. Ta campagne, célébrée sous le nom d'Académie, est maintenant réparée et embellie par Vétus. Pour surcroît apparaissent des eaux qu'on n'y connaissait pas, des eaux bienfaisantes, qui guérissent les yeux malades. Sans doute la campagne même de Cicéron a voulu honorer son ancien possesseur quand elle a mis au jour ces sources salutaires; ses écrits, lus sans cesse dans l'univers entier, demandaient pour les yeux le secours de nouvelles eaux. »

IV. Dans la même contrée de la Campanie sont les eaux de Sinuesse, qui, dit-on, guérissent la stérilité chez les femmes et la folie chez les hommes.

V. Celles de l'île Ænaria guérissent les calculeux, ainsi que les eaux acidules froides qu'on trouve à quatre mille pas de Téanum Sidicinum (III, 9, 11), les eaux de Stabies, qu'on nomme demi-acidules, et dans le canton de Vénafrum celles qui proviennent de la fontaine Acidule. On se guérit encore de la pierre en buvant les eaux du lac de Vélia. Il en est de même d'une source de Syrie auprès du mont Taurus, d'après M. Varron, et du fleuve Gallus de Phrygie, d'après Callimaque. Mais pour celui-ci il faut en boire modérément, de peur qu'il ne rende fou, ce qui arrive en Éthiopie à ceux qui boivent de la fontaine Rouge, au rapport de Ctésias.

VI. Auprès de Rome, les eaux de l'Albula guérissent les plaies; elles sont dégourdies. Celles de Cutilie (III, 17, 3), chez les Sabins, sont très-froides, et pénètrent si vivement le corps, qu'elles semblent y faire l'impression d'une morsure; elles sont très-bonnes pour l'estomac, pour les nerfs, et pour le corps entier.

VII. Les Thespiens (IV, 12) ont une source qui fait concevoir les femmes. Il en est de même en Arcadie du fleuve Élate. La source du Linus, dans la même Arcadie, maintient le fœtus et empêche les avortements. Au contraire, dans la Pyrrhée, un fleuve nommé Aphrodisius cause la stérilité.

VIII. Le lac Alphion enlève l'alphos (1); d'après Varron, un certain Titius, ex-préteur, en avait le visage tellement couvert, qu'on eût dit un masque de marbre. Le Cydnus (V, 22), fleuve de Cilicie, guérit la goutte, comme on le voit par une lettre de Cassius de Parme à Marc-Antoine. Au contraire, à Trézène tout le monde a les pieds malades par la mauvaise qualité des

---

vulnera. Capiti auribusque privatim medentur : oculis vero Ciceronianæ. Digna memoratu villa est, ab Averno lacu Puteolos tendentibus imposita littori, celebrata porticu ac nemore, quam vocabat Cicero Academiam, ab exemplo Athenarum ( ibi compositis voluminibus ejusdem nominis ), in qua et monumentum sibi instauraverat, ceu vero non in toto terrarum orbe fecisset. Hujus in parte prima, exiguo post obitum ipsius, Antistio Vetere possidente, eruperunt fontes calidi, perquam salubres oculis, celebrati carmine Laureæ Tullii, qui fuit e libertis ejus, ut protinus noscatur etiam ministeriorum haustus ex illa majestate ingenii. Ponam enim ipsum carmen, dignum ubique, et non ibi tantum legi :

Quod tua, romanæ vindex clarissime linguæ,
Silva loco melius surgere jussa viret :
Atque Academiæ celebratam nomine villam
Nunc reparat cultu sub potiore Vetus :
Hic etiam apparent lymphæ non ante repertæ,
Languida quæ infuso lumina rore levant.
Nimirum locus ipse sui Ciceronis honori
Hoc dedit, hac fontes quum patefecit ope,
Ut, quoniam totum legitur sine fine per orbem,
Sint plures oculis quæ medeantur aquæ.

IV. In eadem Campaniæ regione Sinuessanæ aquæ sterilitatem feminarum, et virorum insaniam abolere produntur.

V. In Ænaria insula, calculosis mederi. Et quæ vocatur Acidula, ab Teano Sidicino quatuor millibus passuum : hæc frigida. Item in Stabiano, quæ dimidia vocatur : et in Venafrano, ex fonte Acidulo. Idem contingit in Velino lacu potantibus. Item in Syriæ fonte juxta Taurum montem, auctor est M. Varro : et in Phrygiæ Gallo flumine Callimachus : sed ibi in potando necessarius modus, ne lymphatos agat : quod in Æthiopia accidere his, qui e fonte Rubro biberint, Ctesias scribit.

VI. Juxta Romam Albulæ aquæ vulneribus medentur : egelidæ hæ : sed Cutiliæ in Sabinis gelidissimæ, suctu quodam corpora invadunt, ut prope morsus videri possit, aptissimæ stomacho, nervis, universo corpori.

VII. Thespiarum fons conceptus mulieribus repræsentat : item in Arcadia flumen Elatum. Custodit autem fetum Linus fons in eadem Arcadia, abortusque fieri non patitur. E diverso in Pyrrhæa flumen, quod Aphrodisium vocatur, steriles facit.

VIII. Lacus Alphion vitiligines tollit. Varro auctor est, Titium quemdam prætura functum, marmorei signi faciem habuisse propter id vitium. Cydnus Ciliciæ amnis podagricis medetur, sicut apparet in epistola Cassii Parmensis

2 eaux. La cité de Tongres, dans les Gaules, a une fontaine fameuse (Spa) dont l'eau, toute petillante de bulles, a un goût ferrugineux, qui ne se fait sentir que quand on finit de boire. Cette eau est purgative, guérit les fièvres tierces, et dissipe les affections calculeuses. La même eau, mise sur le feu, se trouble, et finit par rougir. Les sources Leucogées, entre Putéoles et Naples, sont bonnes pour les yeux et les plaies. Cicéron a noté, dans son livre *des Choses admirables*, que la corne du pied des bêtes de somme ne s'endurcissait que dans les marais de Réates.

1 IX. D'après Eudicus, il y a dans l'Hestiæotide deux sources, dont l'une, le Céron, rend noires les brebis qui en boivent, et l'autre, le Nélée, les rend blanches. Celles qui boivent de l'une et de l'autre sont pies. D'après Théophraste, à Thurium l'eau du Crathis blanchit et celle du Sybaris noircit les bestiaux qui en boivent.

1 X. Ces eaux, d'après le même Théophraste, opèrent aussi sur les hommes : ceux qui boivent celles du Sybaris sont plus bruns, plus durs, et ont les cheveux crépus ; ceux qui boivent celles du Crathis sont blancs, plus mous, et ont les cheveux pendants. De même en Macédoine ceux qui veulent avoir des troupeaux blancs les mènent au fleuve Aliacmon ; ceux qui les veulent noirs ou bruns, au fleuve Axius. Le même raconte que dans certains lieux toutes les productions naissent brunes, et les céréales aussi, comme chez les Messapiens ; et que dans une certaine fontaine d'Arcadie, nommée les Luses, les rats de terre vivent et s'habituent. A Érythres, le fleuve Aléos fait venir du poil sur le corps.

1 XI. Dans la Béotie, près du temple du dieu Trophonius et du fleuve Orchomène, sont deux sources, dont l'une donne la mémoire et l'autre la fait perdre ; de là viennent les noms qu'elles portent (Mnémosyne et Léthé).

XII. En Cilicie, près de la ville de Cescum, 1 coule le Nus (νοῦς, intelligence), dont l'eau, d'après Varron, donne de la sagacité à ceux qui en boivent ; tandis que dans l'île de Céos est une source qui rend stupide, et à Zama (v, 4, 5), en Afrique, une source qui rend la voix plus belle.

XIII. Eudoxe dit que ceux qui boivent de 1 l'eau du lac Clitorius prennent le vin en dégoût ; Théopompe, que les fontaines que nous avons nommées (II, 106, 11) enivrent ; Mucianus (II, 106, 11), qu'à Andros il coule de la fontaine de Bacchus pendant les sept jours consacrés tous les ans à ce dieu, du vin, qui redevient de l'eau si on le transporte hors de la vue du temple.

XIV. Polycrite dit que près de Soles, en Cili- 1 cie, l'eau d'une source tient lieu d'huile ; Théophraste, que le même phénomène est présenté en Éthiopie par une source de même vertu (2) ; Lycus, que dans l'Inde est une source dont l'eau brûle dans les lanternes. On parle d'une eau semblable à Ecbatane. D'après Théopompe, il y a à Scotussa un lac qui guérit les plaies.

XV. D'après Juba, chez les Troglodytes est 1 un lac appelé lac de la Démence, à cause de ses propriétés malfaisantes : trois fois par jour il devient amer et salé, puis doux ; trois fois le même changement s'opère dans la nuit. Il est rempli de serpents blancs, longs de vingt coudées. Au dire du même auteur, est en Arabie une source jaillissant avec tant de force, qu'elle repousse instantanément tout objet, même pesant.

XVI. Au rapport de Théophraste, la fontaine 1

---

ad M. Antonium. Contra, aquarum culpa in Trœzene 2 omnium pedes vitia sentiunt. Tungri civitas Galliæ fontem habet insignem, plurimis bullis stellantem, ferruginei saporis : quod ipsum non nisi in fine potus intelligitur. Purgat hic corpora, tertianas febres discutit, calculorumque vitia. Eadem aqua igne admoto turbida fit, ac postremo rubescit. Leucogæi fontes inter Puteolos et Neapolim oculis et vulneribus medentur. Cicero in Admirandis posuit, Reatinis tantum paludibus ungulas jumentorum indurari.

1 IX. Eudicus in Hestiæotide fontes duos tradit esse : Ceronem, ex quo bibentes oves nigras fieri : Nelea, ex quo albas, ex utroque autem varias. Theophrastus in Thuriis Crathim candorem facere, Sybarim nigritiam bobus ac pecori.

1 X. Quin et homines sentire differentiam eam. Nam qui e Sybari bibant, nigriores esse, durioresque et crispo capillo : qui ex Crathi, candidos mollioresque, ac porrecta coma. Item in Macedonia, qui velint sibi candida nasci, ad Aliacmonem ducere : qui nigra aut fusca, ad Axium. Idem omnia fusca quibusdam in locis tradit nasci, et fruges quoque, sicut in Messapiis. At in Lusis Arcadiæ quodam fonte mures terrestres vivere et conversari. Erythris Aleos amnis pilos gignit in corporibus.

XI. In Bœotia ad Trophonium deum juxta flumen Or- 1 chomenon duo sunt fontes, quorum alter memoriam, alter oblivionem affert, inde nominibus inventis.

XII. In Cilicia apud oppidum Cescum rivus fluit Nus, 1 ex quo bibentium subtiliores sensus fieri M. Varro tradit. At in Cea insula fontem esse, quo hebetes fiant : Zamæ in Africa, quo canoræ voces.

XIII. Vinum in tædium venire his qui ex Clitorio lacu 1 biberint, ait Eudoxus : Theopompus, inebriari fontibus iis quos diximus. Mucianus Andri e fonte Liberi Patris, statis diebus septenis ejus Dei vinum fluere, si auferatur a conspectu templi, sapore in aquam transeunte.

XIV. Polycritus explere olei vicem juxta Solos Ciliciæ 1 fontem. Theophrastus hoc idem fieri in Æthiopia ejusdem virtutis fonte ; Lycus, in Indiæ terris fontem esse, cujus aqua lucernæ ardeant. Idem Ecbatanis traditur. Theopompus in Scotussa lacum esse dicit, qui vulneribus medetur.

XV. Juba in Trogodytis lacum, insanum malefica vi ap- 1 pellatum, ter die fieri amarum salsumque, ac deinde dulcem, totiesque etiam noctu, scatentem albis serpentibus viceuum cubitorum. Idem in Arabia fontem exsilire tanta vi, ut nulla mora pondus impactum respuat.

XVI. Theophrastus Marsyæ fontem in Phrygia ad Ce- 1

de Marsyas, en Phrygie, auprès de la ville de Celænes, rejette des pierres. Non loin de là sont deux sources : le Clæon (pleurant) et le Gélon (riant), nommées ainsi par les Grecs, d'après l'effet qu'elles produisent. A Cyzique est la source de Cupidon, qui guérit de l'amour ceux qui en boivent, à ce que croit Mucianus.

XVII. A Cranon est une source chaude sans l'être extrêmement, dont l'eau, mêlée à du vin, conserve pendant trois jours dans les vases le breuvage chaud. Il y a de même à Mattiacum (Wisbad), en Germanie, au delà du Rhin, des sources chaudes dont l'eau garde sa chaleur pendant trois jours. Les bords en sont couverts de pierres ponces, formées par les eaux.

XVIII. Si quelqu'un tient pour incroyable quelqu'un de ces récits, qu'il sache qu'aucune autre partie de la nature ne présente plus de merveilles, indépendamment des nombreuses singularités que nous avons rapportées au commencement de cet ouvrage (II, 106). Ctésias écrit qu'il y a dans l'Inde un étang, nommé Side, dans lequel rien ne surnage et tout se précipite au fond. Cælius dit que chez nous, dans le lac Averne, les feuilles même s'enfoncent; et Varron, que les oiseaux qui volent sur ses bords expirent. Au contraire, en Afrique, dans le lac Apuscidamus, tout surnage, rien ne va au fond ; il en est de même en Sicile de la fontaine appelée Phinthia, au rapport d'Apion, comme aussi du lac des Mèdes et du puits de Saturne. La fontaine de Limyra passe quelquefois dans les lieux voisins, et alors elle annonce quelque événement. Chose singulière ! les poissons la suivent. Les habitants de la contrée consultent ces poissons, en leur jetant à manger : quand la réponse est favorable, les poissons saisissent avidement ce qui leur est jeté; sinon, ils le repoussent avec leur queue. Le fleuve Olachas, en Bithynie, arrose Briazus (c'est le nom d'un temple et d'un dieu) : on prétend que les parjures ne peuvent en supporter l'eau, qui les brûle comme le feu. Dans la Cantabrie, les sources du Tamaricus (IV, 34, 3) fournissent aussi des présages : elles sont au nombre de trois, séparées par un intervalle de huit pieds. Elles se réunissent en un seul lit, chacune formant une grosse rivière. Ces sources sont à sec pendant douze jours, quelquefois vingt, sans qu'on puisse y soupçonner un filet d'eau; et pendant ce temps une source voisine conserve sans interruption un large courant. C'est un mauvais présage lorsque ceux qui veulent les voir les trouvent à sec, comme il est arrivé récemment à Lartius Licinius (XIX, 11), lieutenant après sa préture : il mourut au bout de sept jours. Dans la Judée un ruisseau est à sec tous les sabbats.

XIX. Dans d'autres cas les propriétés merveilleuses sont malfaisantes. Ctésias écrit qu'il est en Arménie une fontaine contenant des poissons noirs qui, mangés, donnent une mort instantanée. La même chose, à ce que j'ai ouï dire, se voit à l'origine du Danube, jusqu'à ce qu'on soit arrivé à une source placée près de son lit. Là s'arrête cette espèce de poisson vénéneux, ce qui fait aussi que communément on place à cet endroit la source du fleuve. On dit encore la même chose de l'étang des Nymphes, en Lydie. Dans l'Achaïe, près du fleuve Phénée, sort des rochers une source appelée Styx, qui donne une mort instantanée, comme nous l'avons dit (II, 106; XXX, 53). Mais, d'après Théophraste, cette source contient de petits poissons, mortels aussi ; ce qu'on ne trouve point dans les autres eaux vénéneuses. Théopompe dit qu'en Thrace, auprès de Cychros, les eaux donnent la mort ; Lycus, qu'à

---

lænarum oppidum saxa egerere. Non procul ab eo duo sunt fontes, Clæon et Gelon, ab effectu græcorum nominum dicti. Cyzici fons Cupidinis vocatur, ex quo potantes amorem deponere Mucianus credit.

XVII. Cranone est fons calidus citra summum fervorem, qui in vinum additus, triduo calorem potionis custodit in vasis. Sunt et Mattiaci in Germania fontes calidi trans Rhenum, quorum haustus triduo fervet. Circa margines vero pumicem faciunt aquæ.

XVIII. Quod si quis fide carere ex his aliqua arbitratur, discat in nulla parte naturæ majora esse miracula : quanquam inter initia operis abunde multa retulimus. Ctesias tradit Sidèn vocari stagnum in Indis, in quo nihil innatet, omnia mergantur. Cælius apud nos in Averno ait etiam folia subsidere : Varro, aves, quæ advolaverint, emori. Contra in Africæ lacu Apuscidamo omnia fluitant, nihil mergitur : item in Siciliæ fonte Phinthia, ut Apion tradit : et in Medorum lacu puteoque Saturni. Fons Limyræ transire solet in loca vicina, portendens aliquid : mirumque, quod cum piscibus transit. Responsa ab his petunt incolæ cibo, quem rapiunt annuentes : si vero eventum negent, caudis abigunt. Amnis Olachas in Bithynia Bryazum alluit (hoc et templo et deo nomen) : cujus gurgitem perjuri negantur pati, velut flammam urentem. Et in Cantabria fontes Tamarici in auguriis habentur. Tres sunt, octonis pedibus distantes. In unum alveum coeunt vasto singuli amne. Siccantur duodecim diebus, aliquando vicenis, citra suspicionem ullam aquæ, quum sit vicinus illis fons sine intermissione largus. Dirum est, non profluere eos aspicere volentibus : sicut proxime Lartio Licinio legato post præturam ; post septem enim dies occidit. In Judæa fons sabbatis omnibus siccatur.

XIX. E diverso miracula alia dira. Ctesias in Armenia scribit esse fontem, ex quo nigros pisces illico mortem afferre in cibis : quod et circa Danubii exortum audivi, donec veniatur ad fontem alveo apposituum, ubi finitur id genus piscium. Ideoque ibi caput ejus amnis intelligi fama. Hoc idem et in Lydia in stagno Nympharum tradunt. In Achaia ad Pheneum aqua profluit e saxis, Styx appellatur, quæ illico necat, ut diximus. Sed esse pisces parvos in ea tradit Theophrastus, lethales et ipsos, quod non in alio genere mortiferorum fontium. Necare aquas

Léontium est une source qui tue, au bout de trois jours, celui qui en a bu; Varron, qu'il est près du mont Soracte une fontaine, large de quatre pieds, qui au lever du soleil bouillonne comme si elle était chauffée, et que les oiseaux qui en goûtent tombent morts auprès. En effet, par une circonstance insidieuse, quelques-unes de ces eaux ont même un aspect attrayant, comme celles d'Arcadie, près de Nonacris : là aucune qualité apparente ne détourne d'y goûter ; on croit que la grande fraîcheur de celles-ci les rend malfaisantes, attendu qu'elles se pétrifient même en coulant. Il en est autrement de l'eau de Tempé, en Thessalie ; la vue seule inspire la terreur, et l'on dit qu'elle ronge l'airain et le fer. Elle coule, comme nous l'avons dit (IV, 15, 3), dans un espace peu étendu ; et, chose singulière, on dit qu'elle est entourée des racines d'une plante à gousses, sauvage, et toujours chargée de fleurs pourpres, et que les bords sont tapissés d'une herbe d'une espèce particulière. Dans la Macédoine, non loin du tombeau du poëte Euripide, coulent deux ruisseaux, l'un très-salutaire, l'autre mortel.

XX. A Perperènes est une source qui pétrifie tout le terrain qu'elle arrose, ce que font aussi des eaux chaudes à Delium dans l'Eubée ; car là où tombent ces eaux il se forme des pierres qui s'accumulent les unes sur les autres. A Eurymènes, les couronnes que l'on jette dans une certaine fontaine se pétrifient. A Colosses est un fleuve où se changent en pierres les briques qu'on y jette. Dans les mines de Scyros tous les arbres arrosés par les eaux qui y coulent se pétrifient avec leurs branches. Dans les antres du mont Corycus, l'eau qui dégoutte se durcit en pierre. A Mieza, en Macédoine, la goutte d'eau se pétrifie au haut même de la voûte ; à Corycus, elle ne se pétrifie que lorsqu'elle est tombée. Dans certaines cavernes la pétrification se fait des deux façons, et il se forme des colonnes, comme à Phausia, ville de la Chersonèse des Rhodiens, dans une grande grotte; et même ces colonnes sont de différentes couleurs. Pour le moment, ces exemples nous suffiront.

XXI. (III.) Les médecins agitent la question de savoir quelles sont les meilleures eaux. Ils condamnent avec raison les eaux stagnantes et sans mouvement, et pensent que les eaux courantes sont meilleures, et qu'elles deviennent plus légères et plus salubres par leur cours même et leur agitation ; aussi suis-je étonné que certains préfèrent les eaux des citernes. La raison que ces derniers donnent, c'est que l'eau de pluie est la plus légère, puisqu'elle a pu monter et rester suspendue dans les airs. Pour le même motif ils préfèrent encore la neige à la pluie, et la glace à la neige, comme étant le dernier terme de l'atténuation en des substances voisines ; ajoutant que l'eau de pluie et l'eau de neige sont les plus légères, que la glace est beaucoup plus légère que l'eau. Il importe, pour le bien des hommes, de réfuter cette opinion. D'abord cette légèreté ne peut guère être reconnue que par la sensation, la pesanteur de toutes les eaux étant à peu près la même. En second lieu, pour l'eau de pluie, ce n'est pas une preuve de légèreté de s'être élevée dans les airs, car on voit des pierres en faire autant (II, 38, 3) ; et d'ailleurs cette eau en tombant s'imprègne des vapeurs terrestres. Aussi sent-on qu'il se trouve dans l'eau de pluie beaucoup d'impuretés, et elle s'échauffe très-promptement. Je

---

Theopompus et in Thracia apud Cychros dicit : Lycus in Leontinis tertio die, quam quis biberit. Varro ad Soracten in fonte, cujus sit latitudo quatuor pedum, sole oriente eum exundare ferventi similem : aves quæ degustaverint, juxta mortuas jacere. Namque et hæc insidiosa conditio est, quod quædam etiam blandiuntur aspectu, ut ad Nonacrin Arcadiæ. Omnino enim nulla deterrent qualitate. Hanc putant nimio frigore esse noxiam, utpote quum profluens ipsa lapidescat. Aliter circa Thessalica Tempe, quoniam visus omnibus terrori est : traduntque etiam æs ac ferrum erodi illa aqua. Profluit ( ut indicavimus ) brevi spatio : mirumque, siliqua silvestris amplecti radicibus fontem eum dicitur, semper florens purpura. Et quædam sui generis herba in labris fontis viret. In Macedonia, non procul Euripidis poetæ sepulchro, duo rivi confluunt, alter saluberrimi potus, alter mortiferi.

XX. In Perperenis fons est, quamcumque rigat, lapideam faciens terram : item calidæ aquæ in Eubœæ Delio. Nam qua cadit rivus, saxa in altitudinem crescunt. In Eurymenis dejectæ coronæ in fontem, lapides fiunt. In Colossis flumen est, quo lateres conjecti, lapides extrahuntur. In Scyretico metallo arbores quæcumque flumine alluuntur, saxa fiunt cum ramis. Destillantes quoque guttæ in lapides durescunt in antris Coryciis : nam Miezæ in Macedonia, etiam pendentes in ipsis cameris : at in Coryco, quum cecidere. In quibusdam speluncis utroque modo, columnasque faciunt, ut in Phausia Chersonesi Rhodiorum in antro magno, etiam discolori aspectu. Et hactenus contenti simus exemplis.

XXI. ( III. ) Quæritur inter medicos, cujus generis aquæ sint utilissimæ. Stagnantes pigrasque merito damnant, utiliores quæ profluunt existimantes, cursu enim percussuque ipso extenuari atque proficere. Eoque miror, cisternarum ab aliquibus maxime probari. Sed hi rationem afferunt, quoniam levissima sit imbrium aqua, ut quæ subire potuerit ac pendere in aere. Ideo et nives præterunt imbribus, nivibusque etiam glaciem, velut affinium coacta subtilitate. Leviora enim hæc esse, et glaciem multo leviorem aqua. Horum sententiam refelli interest vitæ. In primis enim levitas illa deprehendi aliter, quam sensu, vix potest, nullo pæne momento ponderis aquis inter se distantibus. Nec levitatis in pluvia aqua argumentum est subisse eam in coelum, quum etiam lapides subire appareat, cadensque inficiatur halitu terræ. Quo fit ut pluviæ aquæ sordium inesse plurimum sentiatur, citissimeque ideo calefiat aqua pluvia. Nivem quidem glaciemque subtilissimum

# LIVRE XXXI.

m'étonne que la neige et la glace soient regardées comme les parties les plus subtiles de l'eau, à côté du fait de la grêle, dont l'eau, de l'aveu commun, est une boisson très-malfaisante. Par opposition, nombre de médecins regardent l'usage des eaux de glace et de neige comme très-insalubre, la congélation en ayant chassé les parties 3 les plus ténues. Au moins est-il certain que tout liquide diminue par la congélation, et que les rosées excessives causent la rouille des grains, et les gelées blanches, la brûlure; or, la rosée et la gelée blanche tiennent de près à la neige. On convient que l'eau de pluie se putréfie très-rapidement, et qu'en mer elle se garde très-peu. Épigène assure qu'une eau qui, sept fois corrompue, s'est purifiée n'est plus susceptible de se corrompre. Quant à l'eau de citerne, les médecins avouent qu'elle ne vaut rien, et qu'elle cause des engorgements dans le ventre et au cou; ils conviennent encore qu'il n'y en a pas où l'on trouve plus de bourbe et plus d'insectes dégoûtants. 4 Mais, remarquent-ils, il n'en résulte pas que celle des rivières non plus que des torrents soit la meilleure, et plusieurs lacs en ont d'excellente. En certains lieux, il est des eaux de rivière qui sont très-bonnes : les rois des Parthes ne boivent que de l'eau du Choaspes et de l'Eulæus, et ils en font porter à leur suite, même dans de longs voyages. Évidemment ce n'est pas comme eau de rivière que cette eau leur plaît, puisqu'ils ne boivent de l'eau ni du Tigre, ni de l'Euphrate, et de tant d'autres fleuves.

1 XXII. Le limon est le défaut des eaux : cependant si une rivière limoneuse est remplie d'anguilles, cela passe pour l'indice que l'eau en est salutaire; comme aussi c'est une marque de fraîcheur lorsqu'il se produit de petits vers dans une fontaine. Avant tout, on condamne les eaux amères et celles qui, après avoir été bues, gonflent l'estomac, ce qui arrive à Trézène. Quant aux eaux nitreuses et saumâtres, ceux qui gagnent la mer Rouge à travers les déserts les rendent potables en deux heures en y ajoutant de la polenta, et ils n'en mangent pas moins la polenta. On réprouve encore tout à fait les sources qui sont bourbeuses, et celles qui donnent une couleur maladive. Il est bon encore d'observer si elles produisent des taches sur les vases de cuivre, si les légumes s'y cuisent difficilement, si décantées doucement elles laissent un dépôt terreux, si bouillies elles couvrent les vaisseaux d'une croûte épaisse. C'est encore un défaut pour une eau d'a- 2 voir non pas seulement une mauvaise odeur, mais une odeur quelconque (xv, 32), quand même cette odeur serait agréable et douce, et approcherait, comme cela arrive souvent, de celle du lait. Une eau pour être salubre doit ressembler autant que possible à l'air. Il n'y a, assure t-on, dans l'univers entier qu'une seule source qui ait une odeur agréable : c'est celle de Chabura, en Mésopotamie. La raison qu'en donne la mythologie, c'est que Junon s'y est baignée. Du reste, une eau pour être salubre ne doit avoir ni saveur ni odeur.

XXIII. Quelques uns jugent à la balance de 1 la salubrité des eaux; vaine recherche, puisqu'il est très-rare qu'une eau soit plus légère qu'une autre. Il est une expérience plus sûre : entre des eaux égales d'ailleurs la meilleure est celle qui s'échauffe et se refroidit le plus vite. Bien plus, on affirme que puisée dans des vases que l'on pose à terre elle devient tiède aussitôt (3). Quelle est donc l'espèce d'eau qui devra être considérée comme la meilleure? Celle des puits; et je vois

---

elementi ejus videri miror, apposito grandinum argumento, e quibus pestilentissimum potum esse convenit. Nec vero pauci inter ipsos e contrario ex gelu ac nivibus insaluberrimos potus prædicant, quoniam exactum sit 3 inde, quod tenuissimum fuerit. Minui certe liquorem omnem congelatione deprehenditur, et rore nimio scabiem fieri, pruina uredinem, cognatis et nivis causis. Pluvias quidem aquas celerrime putrescere convenit minimeque durare in navigatione. Epigenes autem, aquam quæ septies putrefacta purgata sit, perhibet amplius non putrescere. Nam cisternas etiam medici confitentur inutiles, alvo duritias facientes, faucibusque : etiam limi non aliis inesse plus, aut animalium quæ faciunt tædium, confitendum habent. 4 Nec statim amnium utilissimas esse, sicuti nec torrentium ullius, lacusque plurimos salubres maxime. Quædam igitur et hujus generis aptissimæ aliæ alibi. Parthorum reges ex Choaspe et Euleo tantum bibunt : et eæ quamvis in longinqua comitantur illos. Et horum placere potum, non quia sint amnes, apparet : quoniam nec e Tigri, nec Euphrate, nec e multis aliis bibunt.

1 XXII. Limus aquarum vitium est : si tamen idem amnis anguillis scateat, salubritatis indicium habetur; sicuti frigoris, tineas in fonte gigni. Ante omnia autem damnantur amaræ : et quæ, quum sorbentur, statim implent : quod evenit Trœzene. Nam nitrosas atque salmacidas in desertis Rubrum mare petentes, addita polenta, utiles intra duas horas faciunt, ipsaque vescuntur polenta. Damnantur in primis fontes, qui cœnum faciunt, quique malum colorem bibentibus : refert et si vasa ærea inficiunt, aut si legumina tarde percoquant, si liquatæ leniter terram relinquunt, decoctæque crassis obducunt vasa crustis. Est 2 etiamnum vitium non fœtidæ modo, verum omnino quidquam resipientis, jucundum sit illud licet gratumque, et ut sæpe, ad viciniam lactis accedens. Aquam salubrem aeri quam simillimam esse oportet. Unus in toto orbe traditur fons aquæ jucunde olentis in Mesopotamia, Chabura. Fabulæ rationem afferunt, quoniam eo Juno perfusa sit. De cætero aquarum salubrium sapor odorve nullus esse debet.

XXIII. Quidam statera judicant de salubritate, frustrante 1 diligentia, quando perrarum est, ut levior sit aliqua. Certior subtilitas, inter pares meliorem esse, quæ calefiat refrigereturque celerius. Quin et haustam vasis, ne manus pendentis, depositisque in humum, tepescere affirmant. Ex

que c'est ainsi qu'on en use dans les villes, mais de puits où l'eau puisée souvent ne se repose guère et est épurée par la terre, qui la filtre. Ces conditions suffisent pour la salubrité des eaux : quant à la fraîcheur, il faut qu'elles aient de l'ombre, et cependant qu'elles aient de l'air. Il y a surtout à observer une chose dont dépend aussi la durée des eaux vives : c'est que la veine doit partir du milieu de la nappe, et non des côtés du puits. On peut même obtenir par l'art que l'eau soit froide au toucher : il suffit que lancée en l'air, ou tombant de haut, elle frappe l'air et s'en pénètre. En nageant quand on retient son haleine on sent l'eau plus froide. C'est l'empereur Néron qui a inventé de faire bouillir l'eau, de la mettre dans des flacons de verre, et de la faire rafraîchir dans la neige ; de cette façon on a l'agrément de boire frais, sans les inconvénients attachés à l'eau de neige. Au reste, il est certain que toute eau qui a bouilli est meilleure, et, ce qui est une invention très-subtile, que l'eau qui a été échauffée se refroidit davantage. Le moyen de corriger de l'eau malsaine est de la faire bouillir jusqu'à réduction de moitié. On arrête les hémorragies en faisant boire de l'eau froide. On ne ressent point la trop grande chaleur du bain si on tient de l'eau dans sa bouche. C'est une expérience familière faite par beaucoup de personnes, que les eaux les plus froides à boire ne le sont pas également au tact, la fraîcheur se rendant sensible tantôt d'une façon, tantôt d'une autre.

XXIV. L'eau la plus célèbre dans tout l'univers, celle à laquelle Rome donne la palme de la fraîcheur et de la salubrité, est l'eau Marcia, accordée à Rome entre autres bienfaits par la faveur des dieux. Elle était nommée autrefois Auféia, et la source même, Pitonia. Elle naît à l'extrémité des montagnes des Péligniens ; elle traverse le territoire des Marses et le lac Fucin, se dirigeant, on le voit, vers Rome; puis, se perdant dans des cavernes, elle reparaît dans le territoire de Tibur, et est amenée par un aqueduc de neuf mille pas. Ancus Marcius, un des rois, fut le premier qui entreprit de la conduire à Rome. Quintus Marcius Rex, dans sa préture, fit dans la suite travailler à cette conduite, qui fut une seconde fois rétablie (an de Rome 720) par M. Agrippa (XXXVI, 24, 17).

XXV. Le même Agrippa amena encore (an de Rome 735) l'eau Vierge depuis le chemin de traverse qui aboutit à la huitième pierre milliaire, dans l'espace de deux mille pas sur la route de Préneste. Auprès est le ruisseau d'Hercule, qu'elle semble éviter, ce qui lui a fait donner le nom d'eau Vierge. En comparant ces eaux, on trouve la différence ci-dessus signalée (XXXI, 28) : autant l'eau Vierge est fraîche au tact, autant l'eau Marcia l'est à boire. Au reste, depuis longtemps l'agrément de l'une et de l'autre est perdu pour Rome : l'ambition et l'avarice détournent dans les maisons de campagne et dans les faubourgs ce qui est un bien commun.

XXVI. Il ne sera pas hors de propos de joindre à ceci la manière de rechercher les eaux. On les trouve généralement dans les vallées, soit à l'intersection des pentes, soit au pied des montagnes. Plusieurs ont cru que toutes les parties septentrionales étaient aquatiques. Sur ce point il convient d'exposer les diversités de la nature. Dans les montagnes de l'Hyrcanie il ne pleut pas du côté du midi; aussi ne sont-elles boisées que du côté du nord. Mais l'Olympe, l'Ossa, le Parnasse, les Apennins, les Alpes, sont boisés de tous les côtés et arrosés par des cours d'eau. Quel-

---

quonam ergo genere maxime probabilis continget ? Puteis nimirum, ut in oppidis constare video : sed his, quibus exercitationis ratio crebro haustu contingit, et illa tenuitas colante terra. Salubritati hæc satis sunt. Frigori et opacitas necessaria, utque cælum videant. Super omnia observatio una, eadem et ad perennitatem pertinet, ut illa vado exsiliat vena, non e lateribus. Nam ut tactu gelida sit, etiam arte continget : si etiam expressa in altum, aut e sublimi dejecta, verberatu corripiat aera. In natando quidem spiritum continentibus frigidior sentitur eadem. Neronis principis inventum est, decoquere aquam, vitroque demissam in nives refrigerare. Ita voluptas frigoris contingit sine vitiis nivis. Omnem utique decoctam utiliorem esse convenit : item calefactam magis refrigerari, subtilissimo invento. Vitiosæ aquæ remedium est, si decoquatur ad dimidias partes. Aqua frigida ingesta sistitur sanguis. Æstus in balineis arcetur, si quis ore teneat. Quæ sunt haustu frigidissimæ, non perinde et tactu esse, alternante hoc bono, multi familiari exemplo colligunt.

XXIV. Clarissima aquarum omnium in toto orbe, frigoris salubritatisque palma præconio Urbis, Marcia est, inter reliqua deum munere Urbi tributa. Vocabatur hæc quondam Auféia, fons autem ipse Pitonia. Oritur in ultimis montibus Pelignorum : transit Marsos et Fucinum lacum, Romam non dubie petens. Mox in specus mersa, in Tiburtina se aperit, novem millibus pass. fornicibus structis perducta. Primus eam in Urbem ducere auspicatus est Ancus Marcius, unus e regibus. Postea Q. Marcius Rex in prætura. Rursusque restituit M. Agrippa.

XXV. Idem et Virginem adduxit ab octavi lapidis diverticulo duobus millibus pass. Prænestina via. Juxta est Herculaneus rivus, quem refugiens Virginis nomen obtinuit. Horum amnium comparatione, differentia supra dicta deprehenditur, quum quantum Virgo tactu, tantum præstet Marcia haustu. Quanquam utriusque jam pridem Urbi periit voluptas, ambitione avaritiaque in villas ac suburbana detorquentibus publicam salutem.

XXVI. Non ab re sit, quærendi aquas junxisse rationem. Reperiuntur in convallibus maxime, et quodam convexitatis cardine, aut montium radicibus. Multi septentrionales ubique partes aquosas existimavere. Qua in re varietatem naturæ aperuisse conveniat. In Hyrcanis montibus a meridiano latere non pluit. Ideo silvigeri ab Aquilonis tantum parte sunt. At Olympus, Ossa, Parnassus, Apenninus,

ques montagnes sont boisées du côté du midi, comme en Crète les montagnes Blanches : il n'y a donc rien de constant à cet égard.

XXVII. Les indices des eaux sont les joncs, ou les roseaux, ou l'herbe dont nous avons parlé (XXVI, 16), ou les grenouilles demeurant longtemps posées sur le ventre en un même lieu. Quant au saule erratique, à l'aune, au vitex, au roseau, au lierre, qui viennent spontanément, et qui sont arrosés par l'eau de pluie descendant des hauteurs dans les bas-fonds, ce sont des indices trompeurs. Un indice beaucoup plus sûr, c'est une exhalaison nébuleuse visible de loin avant le lever du soleil; quelques-uns l'observent d'un lieu élevé, couchés sur le ventre, et touchant la terre du menton. Il est encore un moyen particulier, connu seulement des gens experts : au plus fort de l'été et aux heures du jour les plus chaudes, on examine comment le soleil est réfléchi en chaque endroit : si malgré la sécheresse générale de la terre un endroit a quelque humidité, on est sûr d'y trouver de l'eau. Mais cette recherche est fatigante pour les yeux, et y cause de la douleur. Pour éviter cet inconvénient, on a recours à d'autres épreuves : on creuse, dans un lieu, à une profondeur de cinq pieds; on couvre ce trou avec des pots de terre crue ou avec un bassin de cuivre frotté d'huile; on met une lampe allumée, qu'on renferme dans une niche faite de feuillage et de terre. Si le pot de terre est humide ou fêlé, si le vase d'airain est mouillé, si la lampe s'est éteinte sans avoir manqué d'huile, ou si même une toison de brebis qu'on y aura placée se trouve humide, on promet de l'eau sans aucun doute. Quelques-uns allument d'abord un feu sur la place avant de faire le trou, ce qui rend l'expérience des vases encore plus concluante.

XXVIII. Le creusement même du sol indique la présence des eaux, en offrant, soit des veines blanchâtres, soit une masse uniformément glauque. Dans la couche noire on ne trouve guère de sources permanentes. La terre à potier enlève toujours l'espérance d'en rencontrer, et alors on ne creuse pas plus avant. Ceux qui ont étudié les couches de la terre demandent qu'elles offrent à partir de la couche noire l'ordre indiqué ci-dessus. L'eau est toujours douce dans une terre argileuse; elle est plus froide dans le tuf, qui d'ailleurs est un fond qu'on aime à rencontrer: en effet, il rend les eaux douces et très-légères, et, comme un filtre, il en retient toutes les impuretés. Le sable ne fait espérer que de petits filets et des eaux limoneuses. Le gravier donne des veines peu sûres, mais de bonne qualité. Le sable mâle, le sablon et l'espèce appelée charbonnée (XVII, 3, 4) donnent certainement des eaux permanentes et salubres. Les rocailles rouges donnent des espérances très-assurées, et l'eau qu'elles fournissent est excellente. Les racines pierreuses des montagnes et le silex en donnent aussi, qui de plus sont froides. Il faut qu'en fouillant on rencontre des couches de plus en plus humides, et que les outils pénètrent de plus en plus facilement. Dans les puits profonds les substances sulfureuses ou alumineuses qui se rencontrent tuent les mineurs; on reconnaît le danger quand une lampe qu'on y introduit allumée s'éteint : alors près du puits, à droite et à gauche, on creuse des soupiraux qui reçoivent ces exhalaisons dangereuses. Indépendamment de ces qualités malfaisantes, l'air devient malsain par la seule profondeur du puits; on y remédie par une ventilation qu'on pratique en agitant continuellement des linges. Quand on est arrivé jusqu'à l'eau, on construit sans ciment

---

Alpes, undique vestiuntur, amnibusque perfunduntur. Aliqui ab Austro, sicut in Creta Albi montes. Nihil ergo in his perpetuæ observationis judicabitur.

XXVII. Aquarum sunt notæ, juncus aut arundo, aut herba, de qua dictum est : multumque alicui loco pectore incubans rana. Salix enim erratica, et alnus, aut vitex, aut arundo, aut edera sponte proveniunt, et corrivatione aquæ pluviæ in locum humiliorem e superioribus defluentis, augurio fallaci. Certior multo nebulosa exhalatio est, ante ortum solis longius intuentibus : quod ex edito quidam speculantur, proni terram mento attingente. Est et peculiaris æstimatio peritis tantum nota, quam ferventissimo æstu sequuntur, dieique horis ardentissimis, qualis ex quoque loco repercussus splendeat. Nam si terra sitiente humidior est ille, indubitata spes promittitur. Sed tanta intentione oculorum opus est, ut indolescant : quod fugientes ad alia experimenta decurrunt, loco in altitudinem pedum quinque defosso, ollisque e figlino opere crudis, aut peruncta pelvi ærea cooperto, lucernaque ardente concamerata frondibus, dein terra, si figlinum humidum ruptumve, aut in ære sudor, vel lucerna sine defectu olei restincta, aut etiam vellus lanæ maditum reperiatur, non dubie promittunt aquas. Quidam et igne prius excoquunt locum, tanto efficaciore vasorum argumento.

XXVIII. Terra vero ipsa promittit candicantibus maculis, aut tota glauci coloris. In nigra enim scaturigines non fere sunt perennes. Figularis creta semper adimit spes. Nec amplius puteum fodiunt, coria terræ observantes, ut a nigra descendat ordo supra dictus. Aqua semper dulcis in argillosa terra, frigidior in topho. Namque et hic probatur. Dulces enim levissimasque facit, et colando continet sordes. Sabulum exiles limosasque promittit. Glarea incertas venas, sed boni saporis. Sabulum masculum, et arena, et carbunculus, certas stabilesque et salubres. Rubra saxa optimas, speique certissimæ. Radices montium saxosæ, et silex, hoc amplius rigentes. Oportet autem fodientibus humidiores assidue respondere glebas, faciliusque ferramenta descendere. Depressis puteis sulphurata vel aluminosa occurrentia puteorios necant. Experimentum hujus periculi est demissa ardens lucerna, si exstinguatur. Tunc secundum puteum dextra ac sinistra fodiunt æstuaria, quæ graviorem illum halitum recipiant. Fit et sine his vitiis altitudine ipsa gravior aer, quem emendant assiduo linteorum jactatu eventilando. Quum

le mur du puits, pour qu'elle puisse passer en liberté. Certaines eaux dont la source n'est pas dans un lieu élevé sont plus froides au commencement du printemps : elles sont en effet alimentées par les pluies d'hiver. D'autres, au contraire, sont plus froides au lever du Chien ; ces deux particularités se voient à Pella, en Macédoine : au-devant de la ville est une source de marais qui est froide au commencement de l'été; et dans les lieux élevés de la ville est une source glacée au plus fort de la chaleur. On observe la même chose à Chios : les eaux du port et celles de la ville sont dans le même rapport que pour le cas précédent. A Athènes, la fontaine Ennéacrunos (IV, 11) est plus froide dans les étés nuageux que le puits du jardin de Jupiter, mais ce puits est très-froid dans les sécheresses ; (IV.) les puits le sont surtout vers le lever d'Arcturus (XVIII, 74); l'eau n'y manque point dans l'été même, mais elle s'arrête pendant les quatre jours de cette constellation. Plusieurs puits manquent d'eau pendant tout l'hiver, par exemple aux environs du mont Olympe, où l'eau revient avec le printemps. En Sicile, aux environs de Messine et de Myles, les sources tarissent complétement pendant l'hiver; en été elles débordent et forment une rivière. A Apollonie du Pont on voit près de la mer une fontaine qui ne coule que pendant l'été, et principalement vers le lever du Chien ; si l'été est froid elle est moins abondante. Certaines terres deviennent plus sèches par les pluies, comme dans le territoire de Narni ; ce que M. Cicéron a inséré dans son livre *Sur les choses admirables*, disant que la sécheresse y produit de la boue, et la pluie de la poussière.

1 XXIX. Toute sorte d'eau est plus douce en hiver et moins en été, beaucoup moins en automne, encore moins dans les sécheresses. Les eaux des rivières n'ont pas non plus toutes le même goût, le lit où elles coulent faisant de grandes différences. En effet, les eaux sont telles que le sol qu'elles traversent et que le suc des végétaux qu'elles arrosent (II, 106, n° 12). Aussi une rivière peut-elle se trouver insalubre en quelques endroits de son cours. Il arrive aussi que les affluents en changent le goût, comme pour le Borysthène, en se mêlant dans le fleuve qui les absorbe. Les pluies même font changer le goût de quelques rivières. Il est arrivé trois fois, au Bosphore, que des pluies salées ont fait mourir les céréales; trois fois aussi les pluies ont répandu sur les champs arrosés par le Nil une amertume qui a causé un désastre en Égypte.

XXX. Souvent, après qu'on a coupé des bois, 1 naissent des sources que les arbres consommaient pour leur nourriture : par exemple sur le mont Hémus, lorsque Cassandre assiégeait les Gaulois, qui coupèrent une forêt pour se faire un retranchement. Souvent, en abattant les bois qui couvraient une colline, et qui retenaient les nuages et s'en alimentaient, on a vu se former des torrents désastreux. Il est important, pour avoir des eaux, de cultiver et de remuer la terre, de détruire les duretés de la couche supérieure : du moins on rapporte que, dans la Crète, une ville nommée Arcadia ayant été rasée, les sources et les cours d'eau qui étaient abondants en cette contrée se tarirent; la ville ayant été rebâtie au bout de six ans, les eaux reparurent au fur et à mesure de la culture des terres. (V.) Les tremblements de 2 terre font jaillir et engloutissent des eaux (II, 84), phénomène qui est certainement arrivé cinq fois aux environs du Phénée, dans l'Arcadie. De même, sur le mont Corycus, on vit surgir une rivière, et

---

ad aquam ventum est, sine arenato opus surgit, ne venæ obstruantur. Quædam aquæ vere statim incipiente frigidiores sunt, quarum non in alto origo est : hibernis enim constant imbribus: quædam Canis ortu, sicut in Macedoniæ Pella utrumque. Ante oppidum enim incipiente æstate, 4 frigida est palustris; dein maximo æstu in excelsioribus oppidi riget. Hoc et in Chio evenit, simili ratione portus et oppidi. Athenis Enneacrunos nimbosa æstate frigidior est, quam puteus in Jovis horto. At ille siccitatibus riget : (IV.) maxime autem putei circa Arcturum. Non ipsa æstate deficiunt, omnesque quatridua eo subsidunt. Jam vero multi hieme tota; ut circa Olympum, vere primum aquis 5 redeuntibus. In Sicilia quidem circa Messanam et Mylas hieme in totum inarescunt fontes ; æstate exundant, amnemque faciunt. Apolloniæ in Ponto fons juxta mare æstate tantum superfluit, et maxime circa Canis ortum : parcius, si frigidior sit æstas. Quædam terræ imbribus sicciores fiunt, velut in Narniensi agro : quod Admirandis suis inseruit M. Cicero, siccitate lutum fieri prodens, imbre pulverem.

1 XXIX. Omnis aqua hieme dulcior, æstate autem minus, autumno minime ; minusque per siccitates. Neque æqualis amnium plerumque gustus est, magna alvei differentia. Quippe tales sunt aquæ, qualis terra per quam fluunt; qualesque herbarum, quas lavant, succi. Ergo iidem amnes parte aliqua reperiuntur insalubres. Mutant saporem et influentes rivi, ut Borysthenem, victique diluuntur. Aliqui vero et imbre mutantur. Ter accidit in Bosporo, ut salsi deciderent, necarentque frumenta : toties et Nili rigua pluviæ amara fecere, magna pestilentia Ægypti.

XXX. Nascuntur fontes decisis plerumque silvis, quos 1 arborum alimenta consumebant : sicut in Hæmo, obsidente Gallos Cassandro, quum valli gratia silvas cecidissent. Plerumque vero damnosi torrentes corrivantur detracta collibus silva, continere nimbos ac digerere consueta. Et coli moverique terram, callumque summæ cutis solvi, aquarum interest. Proditor certe in Creta expugnato oppido, quod vocabatur Arcadia, cessasse fontes, amnesque qui in eo situ multi erant: rursus condito post sex annos emersisse, uti quæque cœpissent partes coli. (V.) Terræ 2 quoque motus profundunt, sorbentque aquas : sicut circa Pheneum Arcadiæ quinquies accidisse constat. Sic et in Coryco monte amnis erupit, postea que cœptus est coli. Illa mutatio mira, ubi causa nulla evidens apparet : sicut

# LIVRE XXXI.

dans la suite la montagne put être cultivée. Ces changements sont très-surprenants quand on n'en aperçoit aucune cause apparente, comme à Magnésie, où des eaux chaudes devinrent froides sans perdre le goût de sel qu'elles avaient; et en Carie, là où est le temple de Neptune, une rivière, de douce qu'elle était, devint entièrement salée. Voici encore des particularités merveilleuses : à Syracuse, la fontaine d'Aréthuse (III, 14, 3) a un goût de fumier pendant la célébration des jeux Olympiques, ce qui vraisemblablement provient de ce que l'Alphée pénètre dans la Sicile par-dessous le fond de la mer. Une source, dans la Chersonèse des Rhodiens, rejette des impuretés tous les neuf ans. Les eaux changent même de couleur : à Babylone, un lac a l'eau rouge pendant onze jours. Durant l'été, le Borysthène coule bleu, quoique les eaux de ce fleuve soient les plus légères de toutes, et, pour cette raison, surnagent sur celles de l'Hypanis; mais, nouvelle singularité, l'eau de l'Hypanis surnage à son tour, lorsque souffle le vent du midi. Une autre preuve de la légèreté des eaux du Borysthène, c'est qu'il n'exhale pas de brouillards, pas même de vapeurs. Les auteurs qui se piquent d'exactitude au sujet des eaux prétendent qu'elles deviennent plus pesantes après le solstice d'hiver.

XXXI. (VI.) Au reste, pour conduire les eaux d'une source, ce qu'il y a de mieux ce sont des tuyaux de terre de deux doigts d'épaisseur, emboîtés les uns dans les autres, de manière que le premier entre dans le suivant, et enduits de chaux vive détrempée d'huile. La pente doit être au moins de la quatrième partie d'un pouce sur cent pieds. Si la conduite est construite en pierre, il doit y avoir des soupiraux de deux en deux actus (XVIII, 3, 1). Quand il faut faire monter l'eau, on emploie des tuyaux de plomb; elle s'élève à la hauteur de sa source; si elle vient de loin, il faut la faire souvent monter et descendre, pour qu'elle ne perde pas son impulsion. La juste mesure des 2 tuyaux est de dix pieds de long; s'ils sont de cinq doigts, ils doivent peser soixante livres; si de huit doigts, cent livres; si de dix, cent vingt; et ainsi de suite. On appelle tuyau de dix doigts celui dont la lame, avant d'être roulée, a dix doigts de large. La moitié de cette largeur donne le tuyau de cinq doigts. Dans toutes les courbures d'un terrain montueux il faut employer des tuyaux de cinq doigts pour dompter l'impétuosité de l'eau : on construira aussi des regards, autant qu'il en sera besoin.

XXXII. Je m'étonne qu'Homère n'ait pas fait mention des eaux thermales, lui qui, d'ailleurs, parle souvent de bains chauds; c'est qu'apparemment on n'usait pas alors de la ressource médicale qu'offrent les eaux thermales. Les eaux sulfureuses sont bonnes pour les nerfs; les eaux alumineuses, pour la paralysie ou autre résolution nerveuse; les eaux bitumineuses ou nitreuses, telles que celles de Cutilie (III, 17, 3), se prennent en boisson et sont purgatives. Bien des gens se piquent d'endurer pendant plusieurs heures la chaleur des eaux thermales; cela est très-pernicieux, car il n'y faut guère rester plus de temps que dans le bain ordinaire; puis on doit faire une lotion avec de l'eau froide simple, et ne pas s'en aller sans se faire frotter d'huile. On regarde généralement cette dernière précaution comme étrangère à l'objet du bain; aussi n'est-on nulle part plus exposé aux maladies, d'autant que l'odeur que ces eaux exhalent abondamment porte à la tête, laquelle, étant en sueur, est exposée au froid, tandis que le reste du corps est immergé.

---

in Magnesia calidas factas frigidas, salis non mutato sapore. Et in Caria, ubi Neptuni templum est, amnis qui fuerat ante dulcis, mutatus in salem est. Et illa miraculi plena, Arethusam Syracusis fimum redolere per Olympia : verique simile, quoniam Alpheus in eam insulam sub ima maria permeet. Rhodiorum fons in Chersoneso nono anno purgamenta egerit. Mutantur et colores aquarum; sicut Babylone lacus æstate rubras habet diebus XI. Et Borysthenes æstatis temporibus cæruleus fertur, quanquam omnium aquarum tenuissimus : ideoque innatans Hypani. In quo et illud mirabile, Austris flantibus superiorem Hypanim fieri. Sed tenuitatis argumentum et aliud est, quod nullum halitum, non modo nebulam emittat. Qui volunt diligentes circa hoc videri, dicunt aquas graviores post brumam fieri.

XXXI. (VI.) Cæterum a fonte duci fictilibus tubis utilissimum est crassitudine binum digitorum, commissuris pyxidatis, ita ut superior intret, calce viva ex oleo lævigatis. Libramentum aquæ in centenos pedes sicilici minimum erit : si cuniculo veniet, in binos actus lumina esse debebunt. Quam surgere in sublime opus fuerit, e plumbo veniat. Subit altitudinem exortus sui. Si longiore tractu veniet, subeat crebro descendatque, ne libramenta pereant. Fistulas denum pedum longitudinis esse legitimum est : et si quinariæ erunt, sexagena pondo pendere : si octonariæ, centena : si denariæ, centena vicena, ac deinde ad has portiones. Denariæ appellantur, cujus laminæ latitudo, antequam curvetur, digitorum decem est, dimidioque ejus quinaria. In omni amfractu collis quinariam fieri, ubi dometur impetus, necessarium est : item castella, prout res exiget.

XXXII. Homerum calidorum fontium mentionem non fecisse demiror, quum alioquin lavari calida frequenter induceret : videlicet quia medicina tunc non erat hæc, quæ nunc aquarum perfugio utitur. Est autem utilis sulphurata nervis, aluminata paralyticis, aut simili modo solutis : bituminata aut nitrosa, qualis Cutilia, bibendo atque purgationibus. Plerique in gloria ducunt, plurimis horis perpeti calorem earum : quod est inimicissimum : namque paulo diutius, quam balineis, uti oportet, ac postea frigida dulci, nec sine oleo discedentes : quod vulgus alienum arbitratur, idcirco non alibi corporibus magis obnoxiis. Quippe et vastitate odoris capita replentur, et frigore infestantur sudantia, corporum parte mersa. Similis error,

C'est par une erreur semblable qu'on se fait gloire de boire beaucoup d'eau minérale. J'ai vu des gens gonflés à force d'en boire, et dont la peau était tellement tendue qu'elle recouvrait leurs bagues, parce qu'ils ne pouvaient rendre la quantité d'eau qu'ils avaient avalée. On ne doit pas en boire beaucoup sans prendre en même temps 3 fréquemment du sel. La boue même des sources minérales est salutaire; mais il faut, après s'en être frotté, la laisser sécher au soleil. On ne doit pas regarder comme médicinales toutes les eaux chaudes, par exemple celles de Ségeste en Sicile, de Larisse, de la Troade, de Magnésie, de Mélos, de Lipari. Beaucoup ont pensé, à tort, que lorsqu'elles sont médicamenteuses elles altèrent la couleur de l'airain et de l'argent; car les eaux de Padoue ne produisent aucun de ces effets, et l'on n'y sent même aucune odeur qui les distingue de l'eau commune.

1 XXXIII. On emploiera en médecine, de la même manière, l'eau de mer. On la fait chauffer pour les douleurs de nerfs, pour la réunion des fractures, pour les os contus, et aussi pour rendre le corps plus sec. Pour ce dernier effet on se sert également de l'eau de mer froide. On tire encore bien d'autres secours de la mer. Le principal est la navigation pour les phthisiques, comme nous l'avons dit (XXIV, 19; XXVIII, 14), ou pour les hémoptoïques, ce dont Annæus Gallion (4) a tout récemment usé après son consulat. En effet, on s'embarque pour l'Égypte non en raison du pays même, mais en raison de la longueur du voyage. 2 De plus, les vomissements causés par le mouvement du vaisseau sont favorables dans plusieurs maladies de la tête, des yeux, de la poitrine, et dans toutes celles pour lesquelles on prend l'ellébore. Les médecins regardent l'eau de mer seule comme efficace pour résoudre les tumeurs, et, bouillie avec de la farine d'orge, pour résoudre les parotides. On la mêle encore dans les emplâtres, surtout les emplâtres blancs, et dans les cataplasmes. Elle est bonne, employée en douches. On l'administre aussi, quoiqu'elle fasse mal à l'estomac, comme purgative, et pour faire rendre par haut ou par bas la bile noire et les grumeaux de sang. Quelques-uns la prescrivent 3 à l'intérieur dans les fièvres quartes, et la donnent gardée depuis longtemps, et dépouillée par là de ses qualités malfaisantes, dans le ténesme et les affections articulaires. D'autres la prescrivent bouillie. Tous veulent qu'elle soit puisée au large, et pure du mélange d'aucune substance douce, et que l'on vomisse avant d'en faire usage. Ils y font alors mêler du vinaigre ou du vin. Ceux qui la donnent pure recommandent de manger par-dessus des raiforts avec du vinaigre miellé, pour faciliter le vomissement. On donne aussi l'eau de mer tiède en lavement. Il n'est rien qu'on lui préfère pour fomenter les testicules tuméfiés, ainsi que les engelures, avant l'ulcération. On l'emploie de même pour les démangeaisons, les affections psoriques et le lichen. Elle détruit les lentes et la vermine de la 4 tête. Elle ramène à la couleur naturelle les parties livides. Dans ces traitements, il est très-avantageux de faire, après l'eau de mer, des fomentations avec le vinaigre chaud. On la regarde aussi comme salutaire pour les piqûres venimeuses, telles que celles de l'araignée phalange et du scorpion, et contre la bave de l'aspic ptyas (cracheur). Dans ces cas, on l'emploie chaude. On en fait des fumigations avec le vinaigre, pour les

---

quam plurimo potu gloriantium : vidique jam turgidos bibendo : in tantum ut anuli integerentur cute, quum reddi non posset hausta multitudo aquæ. Nec hoc ergo fieri 3 convenit sine crebro salis gustu. Utuntur et cœno fontium ipsorum utiliter : sed ita, si illitum sole inarescat. Nec vero omnes quæ sint calidæ, medicatas esse credendum, sicut in Segesta Siciliæ, Larissa, Troade, Magnesia, Melo, Lipara. Nec decolor species æris argentive ( ut multi existimavere) medicaminum argumentum est : quando nihil eorum in Patavinis fontibus, ne odoris quidem differentia aliqua deprehenditur.

1 XXXIII. Medendi modus idem et in marinis erit, quæ calefiunt ad nervorum dolores, ferruminandas fracturas, ossaque contusa : item corpora siccant, qua de causa et frigido mari utuntur. Præterea est alius usus multiplex, principalis vero navigandi phthisi affectis, ut diximus, aut sanguinem egerentibus : sicut proxime Annæum Gallionem fecisse post consulatum meminimus. Neque enim Ægyptus propter se petitur, sed propter longinquitatem 2 navigandi. Quin et vomitiones ipsæ instabili volutatione commotæ plurimis morbis capitis, oculorum, pectoris medentur, omnibusque, propter quæ elleborum bibitur. Aquam vero maris per se efficaciorem discutiendis tumoribus putant medici; si illa decoquatur hordeacea farina, ad parotidas. Emplastris etiam, maxime albis, et malagmatis miscent. Prodest et infusa crebro ictu. Bibitur quoque, quamvis non sine injuria stomachi, ad purganda corpora, bilemque atram, aut sanguinem concretum reddendum alterutra parte. Quidam et in quartanis dedere 3 eam bibendam, et in tenesmis articularisque morbis asservatam, et in hoc vetustate virus deponentem. Aliqui decoctam, omnes ex alto haustam, nullaque dulcium mixtura corruptam, in quo usu præcedere vomitum volunt. Tunc quoque acetum aut vinum aqua miscent. Qui puram dedere, raphanos supermandi ex mulso aceto jubent, ut ad vomitiones revocent. Clysteribus quoque marinam infundunt tepefactam. Testium quidem tumori fovendo non aliud præferunt. Item pernionum vitio ante hulcera. Simili modo pruritibus, psoris, et lichenum curationi. Lendes 4 quoque et tetra capitis animalia hac curantur : et liventia reducit eadem ad colorem. In quibus curationibus post marinam aceto calido fovere plurimum prodest. Quin et ad ictus venenatos salutaris intelligitur, ut phalangiorum et scorpionum : et ptyade aspide respersis. Calida autem in his assumitur. Suffitur eadem cum aceto capitis doloribus. Tormina quoque et choleram calida infusa clyste-

douleurs de tête. Donnée chaude, en lavement, elle calme les tranchées et le choléra. Après un bain d'eau de mer chaude, on se refroidit plus lentement. L'usage des bains de mer guérit les gonflements des mamelles, les douleurs d'entrailles et la maigreur du corps. La vapeur de l'eau de mer bouillante, avec du vinaigre, s'emploie pour la dureté d'ouïe et les douleurs de tête. L'eau de mer nettoie promptement la rouille du fer. Elle guérit aussi la gale des moutons, et en assouplit la laine.

XXXIV. Je n'ignore pas que ces détails peuvent paraître inutiles à des gens qui vivent au milieu des terres. Mais l'industrie y a pourvu en mettant chacun en état de faire de l'eau de mer. Ce qu'il y a de singulier dans cette invention, c'est que si l'on met plus d'un setier de sel dans quatre setiers d'eau l'eau est vaincue, le sel ne se fond pas. Au reste, un setier de sel sur quatre setiers d'eau représente les propriétés et la force de l'eau de mer la plus salée; mais on pense que la dose la plus convenable est de mettre dans la même quantité d'eau seulement huit cyathes de sel (0 lit., 36). Ainsi préparée, l'eau échauffe les nerfs sans irriter le corps.

XXXV. On fait vieillir encore ce qu'on appelle le thalassomeli, liqueur préparée avec parties égales d'eau de mer, de miel et d'eau de pluie. Pour cet usage on prend aussi l'eau de mer au large. On conserve le thalassomeli dans un vase de terre goudronné. C'est un très-bon purgatif, qui ne fatigue pas l'estomac; le goût et l'odeur en sont agréables.

XXXVI. L'hydromel (XIV, 20; XXII, 51) se faisait aussi jadis avec l'eau de pluie pure et du miel. Aux malades qui désiraient du vin, on le donnait à titre de boisson plus innocente. Depuis longtemps ce breuvage est condamné : il a les mêmes inconvénients que le vin, sans en avoir les avantages.

XXXVII. Comme souvent les navigateurs souffrent du manque d'eau douce, nous indiquerons les moyens d'y suppléer : On étend autour du navire des toisons qui s'humectent en recevant les exhalaisons de la mer, et on en exprime l'eau, qui est douce; on plonge encore dans la mer, avec des filets, des boules de cire creuses ou des vases vides et bouchés : il se rassemble de l'eau douce à l'intérieur. Le fait est que sur terre on adoucit l'eau de mer en la filtrant dans l'argile. En nageant dans quelque eau que ce soit, hommes et quadrupèdes se remettent très-facilement les articulations luxées. Les voyageurs ont aussi la crainte d'altérer leur santé en buvant des eaux qui leur sont inconnues : ils en font l'épreuve en avalant froide, aussitôt après la sortie du bain, l'eau suspecte.

XXXVIII. La mousse marine forme un bon topique pour la goutte. Avec de l'huile on s'en sert pour la douleur et le gonflement des pieds. L'écume de l'eau de mer, employée en frictions, fait disparaître les verrues. Le sable des bords de la mer, surtout fin et échauffé par le soleil, est excellent pour dessécher le corps, que l'on en couvre entièrement, des hydropiques et des rhumatisants. En voilà assez sur les eaux; parlons maintenant des productions aquatiques. Nous commencerons, comme nous avons fait jusqu'ici, par les substances principales, qui sont le sel et l'éponge.

XXXIX. (VII.) Tout sel est natif ou factice; l'un et l'autre se forment de plusieurs manières,

---

ribus sedat. Difficilius perfrigescunt marina calefacti. Mammas sororiantes, præcordia, maciemque corporis piscinæ maris corrigunt. Aurium gravitatem, capitis dolores, cum aceto ferventium vapor. Rubiginem ferro marinæ celerrime exerunt. Pecorum quoque scabiem sanant, lanasque emolliunt.

XXXIV. Nec ignoro, hæc mediterraneis supervacua videri posse. Verum et hoc cura providit, inventa ratione, qua sibi quisque aquam maris faceret. Illud in ea ratione mirum, si plus quam sextarius salis in quatuor aquæ sextarios mergatur, vinci aquam, salemque non liquari. Cætero sextarius salis cum quatuor aquæ sextariis, salsissimi maris vim et naturam implet. Moderatissimum autem putant, supradictam aquæ mensuram octonis cyathis salis temperari, quoniam ita et nervos excalefaciat, et corpus non exasperet.

XXXV. Inveteratur, et quod vocant thalassomeli, æquis portionibus maris, mellis, imbris : ex alto et ad hunc usum advehunt, fictilique vase et picato condunt. Prodest ad purgationes maxime sine stomachi vexatione, et sapore grato et odore.

XXXVI. Hydromeli quoque ex imbre puro cum melle temperabatur quondam, quod daretur appetentibus vini ægris, veluti innocentiore polu, damnatum jam multis annis, iisdem vitiis, quibus vinum, nec iisdem utilitatibus.

XXXVII. Quia sæpe navigantes defectu aquæ dulcis laborant, hæc quoque subsidia demonstrabimus. Expansa circa navim vellera madescunt accepto halitu maris, quibus humor dulcis exprimitur : item demissæ reticulis in mare concavæ e cera pilæ, vel vasa inania obturata, dulcem intra se colligunt humorem. Nam in terra marina aqua argilla percolata dulcescit. Luxata corpora et hominum et quadrupedum, natando in cujus libeat generis aqua, facillime in artus redeunt. Est et in metu peregrinantium, ut tentent valetudinem aquæ ignotæ : hoc cavent e balineis egressi statim frigidam suspectam hauriendo.

XXXVIII. Muscus, qui in aqua fuerit, podagris illitus prodest : item oleo admixto, talorum dolori tumurique. Spuma aquæ affrictu verrucas tollit. Nec non arena littorum maris, præcipue tenuis et sole candens, in medicina est siccandis corporibus coopertis hydropicorum, aut rheumatismos sentientium. Et hactenus de aquis : nunc de aquatilibus. Ordiemur autem, ut in reliquis, a principalibus eorum, quæ sunt sal et spongia.

XXXIX. (VII.) Sal omnis, aut fit, aut gignitur: utrumque pluribus modis, sed causa gemina, coacto humore,

mais proviennent de l'une de ces deux causes : la condensation ou la dessiccation du liquide. L'eau, dans le lac de Tarente, est desséchée par le soleil d'été; et toute cette pièce d'eau, peu profonde du reste, puisqu'on n'y enfonce que jusqu'au genou, est changée en sel. Il en est de même en Sicile d'un lac nommé Cocanicus, et d'un autre, voisin de Géla. Pour ces deux lacs, il n'y a que les bords qui se dessèchent, au lieu qu'en Phrygie, en Cappadoce, à Aspendus, la dessiccation est plus étendue, et va jusqu'à la partie moyenne du marais salant. Il y a encore une chose admirable en cela : c'est qu'autant on enlève de sel pendant le jour, autant il s'en reforme pendant la nuit. Toute cette espèce de sel est en 2 grain, et non en bloc. Les eaux de mer produisent spontanément un autre sel par l'écume qu'elles laissent à l'extrémité du rivage et des rochers. Tout ce sel est condensé par la rosée, et celui qu'on ramasse sur les rochers est le plus âcre. Il y a encore trois différences naturelles : dans la Bactriane sont deux grands lacs, l'un du côté de la Scythie, l'autre du côté de l'Arie, qui sont pleins de sel. Auprès de Citium, dans l'île de Chypre, et dans les environs de Memphis, on tire d'un lac le sel qu'on fait sécher au soleil. Ailleurs la surface des fleuves se condense en sel, tandis que le reste de l'eau coule sous cette croûte, comme sous la glace; telles sont, près des portes Caspiennes, les eaux nommées Rivières de sel. On voit la même chose chez les Mardes et les Arméniens. De plus, dans la Bactriane, les fleuves Ochus et Oxus charrient beaucoup de sel des montagnes situées sur leurs bords. Il y a en Afrique des lacs troubles qui donnent du sel. Il y a même des sources chaudes qui en donnent, comme à Pagasa. Voilà les espèces de sel qui proviennent spontanément des eaux. Certaines montagnes produisent aussi 3 du sel natif, comme dans les Indes l'Oroménus, où il se taille comme des pierres dans une carrière; il se reproduit à mesure, et c'est pour les souverains la source d'un revenu plus considérable que l'or et les perles. On en tire encore de la terre, où il se forme, cela est évident, par la condensation du liquide, exemple la Cappadoce. Là on le coupe par lames comme la pierre spéculaire; les blocs sont très-pesants; on les appelle communément mica. A Gerrhes, ville d'Arabie, les remparts et les maisons sont construits avec des blocs de sels (VI, 32, 6) que l'on cimente en les mouillant. Le roi Ptolémée trouva du sel auprès de Pélusium, dans un campement qu'il y fit. D'après cet exem- 4 ple, on en a recherché et trouvé entre l'Égypte et l'Arabie, dans les lieux arides, au-dessous du sable. On en rencontre également dans les déserts de l'Afrique, jusqu'à l'oracle d'Ammon; là le sel croît pendant la nuit avec la lune. Quant à la Cyrénaïque, elle est célèbre par le sel ammoniac, appelé ainsi parce qu'on le trouve sous le sable (ἄμμος, sable): il a la couleur de l'alun schiste; il est en longues aiguilles non très-brillantes, d'un goût désagréable, mais utile en médecine. On es- 5 time surtout celui qui est transparent, et dont les scissures sont en ligne droite. On rapporte sur ce sel un phénomène remarquable : très-léger dans l'endroit où il se forme, il augmente, dès qu'il est exposé au grand jour, en poids d'une manière à peine croyable. La cause en est évidente : la vapeur humide des excavations facilite, comme le ferait de l'eau, l'enlèvement de ce sel. On le sophistique avec le sel de Sicile, que nous avons appelé Cocanicus, et avec celui de Chypre, qui lui

---

aut siccato. Siccatur in lacu Tarentino æstivis solibus, totumque stagnum in salem abit, modicum alioquin, altitudine genua non excedens. Item in Sicilia in lacu qui Cocanicus vocatur, et alio juxta Gelam. Horum extremitates tantum inarescunt, sicut in Phrygia, Cappadocia, Aspendi, ubi largius coquitur, et usque ad medium lacum. Aliud etiam in eo mirabile, quod tantumdem noctu subvenit, quantum die auferas. Omnis est talis sal minutus, 2 atque non gleba est. Aliud genus ex aquis maris sponte gignitur, spuma in extremis littoribus ac scopulis relicta. Hic omnis rore densatur : et est acrior qui in scopulis invenitur. Sunt etiamnum naturales differentiæ tres. Namque in Bactris duo lacus vasti, alter ad Scythas versus, alter ad Arios, sale exæstuant : sicut ad Citium in Cypro, et circa Memphin, extrahunt e lacu, dein sole siccant. Sed et summa fluminum densantur in salem, amne reliquo veluti sub gelu fluente, ut apud Caspias portas, quæ salis flumina appellantur. Item circa Mardos et Armenios. Præterea apud Bactros amnes Ochus et Oxus, et appositis montibus deferunt salis ramenta. Sunt et in Africa lacus, et quidem turbidi, salem ferentes. Ferunt quidem et calidi fontes, sicut Pagasæi. Et hactenus habent 3 se genera ex aquis sponte provenientia. Sunt et montes nativi salis, ut in Indis Oromenus, in quo lapicidinarum modo cæditur renascens : majusque regum vectigal ex eo, quam ex auro est atque margaritis. Effoditur et e terra, ut palam est, humore densato, in Cappadocia. Ibi quidem cæditur specularium lapidum modo. Pondus magnum glebis, quas micas vulgus appellant. Gerrhis Arabiæ oppido, muros domosque massis salis faciunt, aqua ferruminantes. Invenit et juxta Pelusium Ptolemæus rex, quum castra faceret. Quo exemplo postea inter Ægyptum et Ara- 4 biam, etiam squalentibus locis, cœptus est inveniri, detractis arenis : qualiter et per Africæ sitientia usque ad Hammonis oraculum. Is quidem crescens cum luna noctibus. Nam Cyrenaici tractus nobilitantur Hammoniaco et ipso, quia sub arenis inveniatur, appellato. Similis est colore alumini, quod schiston vocant, longis glebis, neque perlucidis, ingratus sapore, sed medicinæ utilis. Probatur 5 quam maxime perspicuus, rectis scissuris. Insigne de eo proditur, quod levissimus intra specus suos, in lucem universam prolatus, vix credibili pondere ingravescat. Causa evidens, cuniculorum spiritu madido sic adjuvante molientes, ut adjuvant aquæ. Adulteratur Siculo, quem Cocanicum appellavimus, nec non et Cyprio mire simili. In Hispania quoque citeriore Egelastæ cæditur, glebis pæne

ressemble beaucoup. Dans l'Espagne citérieure, à Égélaste, on extrait un sel à blocs presque transparents et auquel, depuis longtemps, la plupart des médecins donnent la préférence sur toutes les autres espèces. Tout lieu où l'on trouve du sel est frappé de stérilité et ne produit rien. Voilà tout ce 6 qu'il y a de sels natifs. Quant au sel factice, il est de diverses sortes. Le sel commun, et le plus abondant, se fait dans les salines avec l'eau de la mer qu'on y répand, non sans y faire arriver de l'eau douce, mais surtout avec le secours de la pluie et beaucoup de soleil, sans quoi le sel ne sécherait pas. En Afrique, aux environs d'Utique, on forme des amas de sel semblables à des collines; quand ils se sont durcis par l'action du soleil et de la lune, l'eau ne peut plus les liquéfier, et c'est 7 à peine si le fer les entame. Dans la Crète, cependant, on fait du sel sans eau douce; on se contente d'introduire l'eau de mer dans les salines. En Égypte, le sel est formé par la mer elle-même, qui se répand dans le sol, où, je pense, le Nil a déposé un suc. Il se fait encore avec l'eau de puits qu'on amène dans les salines. A Babylone, le premier produit de la condensation est un bitume liquide semblable à l'huile, et dont on se sert même pour les lampes. Cette substance enlevée, le sel se trouve dessous. En Cappadoce, on introduit dans les salines de l'eau de puits et de fontaine. En Chaonie, on fait bouillir l'eau d'une fontaine, et par le refroidissement on obtient un sel faible qui n'est même pas blanc. Dans la Gaule et la Germanie, on verse de l'eau salée sur des bois enflammés.

1 XL. Dans une partie de l'Espagne on tire des puits une eau appelée saumure, et on croit qu'il n'est pas indifférent de la verser sur tel ou tel bois : le meilleur est le chêne, la cendre qui en provient ayant par elle-même le goût du sel. Ailleurs on recommande le coudrier. Ainsi, en versant de l'eau salée sur du bois on change le charbon même en sel. Tout sel fait avec du bois est noir. Je trouve dans Théophraste que les Ombriens étaient dans l'habitude de faire bouillir dans de l'eau des cendres de roseaux et de joncs, jusqu'à ce qu'il ne restât plus que peu de liquide. On fait aussi recuire la saumure des salaisons, et quand tout l'humide est évaporé, le sel reprend sa forme. Le plus agréable est celui qui provient de la saumure de mènes.

XLI. Parmi les sels marins, le plus estimé est 1 celui de Salamine de Chypre; parmi les sels d'étangs, celui de Tarente et celui de Phrygie, qu'on nomme de Tatta; ces deux sels sont bons pour les yeux. Celui qu'on apporte de Cappadoce dans des vaisseaux de brique donne, dit-on, de l'éclat à la peau; celui que nous avons appelé de Citium (XXXI, 39) en efface mieux les rides; aussi en frotte-t-on, avec de la nielle, le ventre après l'accouchement. Plus le sel est sec, plus il est salé. De tous, celui de Tarente est le plus agréable et le plus blanc. Au reste, plus le sel est blanc, plus il est friable. La pluie adoucit toute espèce de sel; mais la rosée le rend plus agréable. Le vent d'aquilon en rend la formation plus abondante; il ne s'en fait pas par le vent du midi. La fleur de sel ne se forme que par 2 les vents de l'aquilon. Le sel de Tragasa et le sel d'Acanthus (IV, 17, 5), ainsi nommé du nom d'une ville, ne décrépitent ni ne pétillent au feu, non plus que l'écume et les raclures de sel, ni le sel très-fin. Le sel d'Agrigente résiste au feu, et décrépite dans l'eau. Il y a aussi des différences de couleur : rouge à Memphis, le sel est roux sur les bords de l'Oxus, et pourpré à Centuripes.

A Géla en Sicile, il est si luisant, qu'il réfléchit les images des objets. En Cappadoce, on a un sel fossile, couleur de safran, transparent et de très-bonne odeur. Pour les usages médicaux, les anciens estimaient surtout le sel de Tarente; après celui-là, tous les sels marins; et, parmi ces derniers, principalement celui qui provient de 3 l'écume de mer. Pour les maladies des yeux des bêtes de somme et des bœufs on se sert du sel de Tragasa et du sel de la Bétique. On aime d'autant plus pour les ragoûts et les aliments un sel, qu'il se fond plus facilement et aussi qu'il est plus humide; en effet, le goût en est moins amer : tels sont les sels de l'Attique et de l'Eubée. Un sel piquant et sec, comme celui de Mégare, est plus propre à la conservation des viandes. On confit aussi le sel en y ajoutant des substances odoriférantes. Il sert de sauce, il excite l'appétit, il relève tous les aliments; et le fait est que parmi les innombrables assaisonnements dont nous usons 4 le goût propre au sel domine toujours. En mangeant du garum, c'est encore la saveur du sel qu'on recherche. Bien plus, rien mieux que le sel ne fait manger les moutons, les bêtes à cornes et les bêtes de somme; il augmente la quantité du lait, et donne meilleur goût au fromage. On ne peut donc vivre agréablement sans sel; et c'est une substance tellement nécessaire, que le nom en est appliqué même aux plaisirs de l'esprit; on les nomme en effet *sales* (sels). Tous les agréments de la vie, l'extrême gaieté, le délassement du travail, n'ont pas de mot qui les caractérise 5 mieux. Il entre aussi pour quelque chose dans les honneurs et les rétributions militaires, puisque c'est de là que vient le mot de salaire. Le sel était en grande estime chez les anciens, comme on le voit par le nom de la voie Salaria, ainsi nommée parce que, en vertu d'une convention, les Sabins faisaient venir leur sel par cette voie. Le roi Ancus Marcius donna au peuple, dans un congiaire, six mille boisseaux de sel, et il fut le premier qui établit des salines. Varron rapporte que les anciens faisaient du sel un plat; et le proverbe nous montre qu'ils le mangeaient avec du pain. Mais c'est surtout dans les sacrifices que l'on voit l'importance du sel : il ne s'en fait aucun où l'on n'offre des gâteaux salés.

XLII. Ce qui distingue les salines dont les 1 produits sont purs, c'est une certaine efflorescence de sel très-légère et très-blanche. On donne encore le nom de fleur de sel (5) à une substance totalement différente, plus humide, safranée, ou rousse; on dirait la rouille du sel; elle se distingue non-seulement de l'écume du sel, mais du sel lui-même, par une odeur désagréable qui ressemble à celle du garum. Cette substance se trouve en Égypte, et il paraît qu'elle y est portée par le Nil; cependant on la rencontre aussi dans quelques fontaines, où elle surnage. Ce qui en est le meilleur est une espèce de substance huileuse; car il y a (et ceci mérite d'être observé) de la graisse même dans le sel. On sophistique et on 2 colore cette substance avec de la terre rouge, ou le plus souvent avec de la brique pilée. Cette sophistication se découvre avec l'eau qui enlève cette fausse couleur; au lieu que la coloration naturelle ne peut être enlevée que par l'huile. Les parfumeurs se servent beaucoup de cette substance pour colorer leurs drogues. Dans les vases, cette fleur de sel est blanche à la surface; le milieu est plus humide, comme nous venons de le dire. Elle est âcre, échauffante, mauvaise à l'estomac, sudorifique. Dans du vin et de l'eau, elle purge. On l'emploie dans les médicaments

---

in eadem Sicilia tanti splendoris, ut imaginem recipiat. In Cappadocia croceus effoditur, translucidus et odoratissimus. Ad medicinæ usus, antiqui Tarentinum maxime laudabant. Ab hoc quemcumque e marinis : ex eo genere 3 spumeum præcipue. Jumentorum vero et boum oculis, Tragasæum et Bæticum. Ad obsonium et cibum utilior, quisquis facile liquescit : item humidior : minorem enim amaritudinem habent, ut Atticus et Euboicus. Servandis carnibus aptior acer et siccus, ut Megaricus. Conditur etiam odoribus additis, et pulmentarii vicem implet, excitans aviditatem. Invitansque in omnibus cibis, ita ut sit 4 peculiaris ex eo intellectus inter innumera condimenta. Ita est in mandendo quæsitus garo. Quin et pecudes armentaque et jumenta sale maxime sollicitantur ad pastum, multo largiore lacte, multoque gratiore etiam in caseo dote. Ergo hercule vita humanior sine sale non quit degere : adeoque necessarium elementum est, ut transierit intellectus ad voluptates animi quoque. Nam ita sales appellantur : omnisque vitæ lepos et summa hilaritas, laborumque requies 5 non alio magis vocabulo constat. Honoribus etiam militiæque interponitur, salariis inde dictis, magna apud antiquos auctoritate, sicut apparet ex nomine Salariæ viæ, quoniam illa salem in Sabinos portari convenerat. Ancus Marcius rex salis modios sex mille in congiario dedit populo, et salinas primus instituit. Varro etiam pulmentarii vice usos veteres, auctor est : et salem cum pane esitasse eos proverbio apparet. Maxime tamen in sacris intelligitur auctoritas, quando nulla conficiuntur sine mola salsa.

XLII. Salinarum sinceritas summam facit suam diffe- 1 rentiam, quamdam favillam salis, quæ levissima ex eo est et candidissima : appellatur et flos salis, in totum diversa res, humidiorisque naturæ, et crocei coloris, aut rufi, veluti rubigo salis, odore quoque ingrato, ceu gari, dissentiens a sale, non modo à spuma. Ægyptus invenit, viduturque Nilo deferri. Et fontibus tamen quibusdam innatat. Optimum ex eo, quod olei quamdam pinguitudinem reddit. Est enim etiam in sale pinguitudo, quod miremur. Adul- 2 teratur autem tingiturque rubrica, aut plerumque testa trita : qui fucus aqua deprehenditur, diluente factitium colorem : quum verus ille non nisi oleo resolvatur, et unguentarii propter colorem eo maxime utantur. Canitia in vasis summa est : media vero pars humidior, ut diximus. Floris natura aspera, excalfactoria, stomacho inutilis. Sudorem ciet, alvum solvit in vino et aqua; acopis et smegmatis

acopes (délassants) et dans les liniments détersifs. Elle est très-efficace pour faire tomber les cils. On agite le sédiment qui se forme au fond, pour faire reparaître la couleur de safran. Outre ces substances, on donne encore dans les salines le nom de salsugo, ou salsilago, à une substance entièrement liquide, plus salée que l'eau de mer, mais moins active.

1 XLIII. On nomme garum une autre espèce de liqueur fort recherchée. On le prépare avec des intestins de poisson et d'autres parties qu'autrement on jetterait ; on les fait macérer dans le sel, de sorte que c'est le résultat de la putréfaction de ces ingrédients. Le garum se faisait autrefois avec un poisson appelé garus (XXXII, 53) par les Grecs, qui prétendaient que la vapeur de sa tête brûlée avait la propriété de faire sortir l'arrière-
2 faix. (VIII.) Aujourd'hui le meilleur se fait avec le scombre, dans les poissonneries de Carthage Spartaria (Carthagène fabricant le spart) (XIX, 7). On l'appelle le garum des alliés, et deux conges (6 litr., 48) ne se payent guère moins de mille pièces d'argent. Il n'y a pour ainsi dire pas de substance, à l'exception des parfums, qui se paye aussi cher. Le garum fait même la réputation des pays d'où il vient. Les scombres se pêchent sur les côtes de la Mauritanie et sur celles de la Bétique, à Cartéia, lorsqu'ils entrent de l'Océan dans la Méditerranée, et on n'en fait aucun autre usage. On renomme encore pour le garum Clazomènes, Pompéi, Leptis, comme pour la saumure Antipolis (Antibes), Thurium, et déjà même la Dalmatie.

1 XLIV. L'alex, rebut du garum, est une lie grossière et mal filtrée : cependant on commence à le préparer séparément avec un tout petit poisson, du reste sans usage ; c'est l'apua (IX, 74, 5) des Latins, l'aphye des Grecs (anchois), ainsi nommé parce qu'il est engendré de la pluie (ἀ, φύω, non engendré). Les habitants de Forum-Julii (Fréjus) font l'alex avec un poisson qu'ils nomment loup. L'alex est devenu ensuite un objet de luxe, et on en a fait une infinité d'espèces. De même du garum : on en prépare ayant la couleur de vin vieux miellé, et si agréablement délayé qu'on peut le boire. On en prépare aussi un autre, consacré aux observances religieuses et aux rites des Juifs ; on le fait avec des poissons sans écaille. C'est de la 2 sorte que l'alex s'est étendu aux huîtres, aux hérissons de mer, aux orties marines, aux homards, aux foies de surmulet. On s'est mis à faire putréfier le sel de mille manières pour piquer la sensualité. Nous nous sommes laissé aller à cette excursion en faveur des goûts de notre temps. Toutefois ces substances ne laissent pas que d'être de quelque usage en médecine. L'alex guérit la gale des moutons : on le verse sur la peau, qu'on incise. Il est bon contre les morsures du chien et du dragon marin (vive) : on l'applique dans de la charpie. Le garum guérit les brûlures récentes ; mais il faut le verser sans en prononcer le nom. Il est utile aussi contre la morsure des chiens, et surtout du crocodile ; contre les ulcères serpigineux ou sordides. Il est d'un merveilleux secours contre les ulcérations et les douleurs de la bouche et des 3 oreilles. La saumure ou ce salsugo dont nous avons parlé ont des propriétés astringentes, piquantes, atténuantes, siccatives. On s'en sert dans la dyssenterie, même quand les ulcérations ont envahi les intestins. On en fait des lavements pour la coxalgie et le flux cœliaque invétéré. Dans l'intérieur des terres on en use en fomentation, à la place de l'eau de mer.

XLV. (IX.) Le sel est par lui-même d'une 1 nature ignée ; cependant il est ennemi du feu, et

---

utilis. Detrahit et ex palpebris pilos efficacissime. Fæces imæ concutiuntur, ut color croci redeat. Præter hæc etiamnum appellatur in salinis salsugo, ab aliis salsilago, tota liquida, marina aqua salsior, vi distans.

1 XLIII. Aliud etiamnum liquoris exquisiti genus, quod garon vocavere, intestinis piscium cæterisque quæ abjicienda essent, sale maceratis, ut sit illa putrescentium sanies. Hoc olim conficiebatur ex pisce, quem Græci garon vocabant : capite ejus usto, suffitu extrahi secundas
2 monstrantes. (VIII.) Nunc e scombro pisce laudatissimum in Carthaginis Spartariæ cetariis : Sociorum id appellatur, singulis millibus nummum permutantibus congios fere binos. Nec liquor ullus pæne præter unguenta majore in pretio esse cœpit, nobilitatis etiam gentibus. Scombros quidem, et Mauretania Bæticæque Carteia, ex Oceano intrantes capiunt, ad nihil aliud utiles. Laudantur et Clazomenæ garo, Pompeiique et Leptis : sicut muria Antipolis ac Thurii, jam vero et Dalmatia.

1 XLIV. Vitium hujus est alex, imperfecta nec colata fæx. Cœpit tamen et privatim ex inutili pisciculo, minimoque confici. Apuam nostri, aphyen Græci vocant, quoniam is pisciculus e pluvia nascitur. Forojulienses piscem ex quo faciunt, lupum appellant. Transiit deinde in luxuriam, creveruntque genera ad infinitum : sicuti garum ad colorem mulsi veteris, adeoque dilutam suavitatem, ut bibi possit. Aliud vero castimoniarum superstitioni etiam, sacrisque Judæis dicatum, quod fit e piscibus squama carentibus. Sic alex pervenit ad ostreas, 2 echinos, urticas, cammaros, mullorum jocinera : innumerisque generibus ad saporem gulæ cœpit sal tabescere. Hæc obiter indicata sint desideriis vitæ : et ipsa tamen nonnullius usus in medendo : namque et alece scabies pecoris sanatur, infusa per cutem incisam : et contra canis morsus draconisque marini prodest. In linteolis autem conceptis imponitur. Et garo ambusta recentia sanantur, si quis infundat ac non nominet garum. Contra canum quoque morsum prodest, maximeque crocodili, et hulceribus quæ serpunt, aut sordidis. Oris quoque et aurium hulce-3 ribus aut doloribus mirifice prodest. Muria quoque, sive illa salsugo, spissat, mordet, extenuat, siccat. Dysentericis utilis est, etiam si nomæ intestina corripit. Ischiadicis, cœliacis veteribus, infunditur. Fotu quoque apud mediterraneos aquæ marinæ vicem pensat.

XLV. (IX.) Salis natura est per se ignea, et inimica 1

le fuit ; il corrode tout. Il est, pour le corps vivant, astringent, siccatif et resserrant. Il préserve même les cadavres de la putréfaction, les faisant ainsi durer pendant des siècles. En fait de propriétés médicales, il est piquant, échauffant, détersif, atténuant, résolutif; seulement il est mauvais à l'estomac, si ce n'est pour exciter l'appétit. On l'emploie contre les morsures des serpents, avec l'origan, le miel et l'hysope; contre le céraste, avec l'origan, ou la poix de cèdre, ou la poix ordinaire, ou le miel. Il est bon contre les scolopendres, à l'intérieur, dans du vinaigre; contre les piqûres des scorpions, à l'extérieur, dans de l'huile ou du vinaigre, avec un quart de graine de lin ; contre les frelons et les guêpes, et autres insectes semblables, dans du vinaigre; contre les migraines, les ulcères de la tête, les pustules ou papules, et les verrues commençantes de cette partie, avec du suif de veau. On s'en sert pour les maladies des yeux, pour réprimer les excroissances qui se font sur ces organes et les végétations qui se forment sur tout le corps, mais spécialement les végétations des yeux ; aussi le fait-on entrer dans les collyres et les emplâtres. Pour ces usages on recherche surtout le sel de Tatta ou de Caunus. Pour les ecchymoses des yeux, suite de coups, on emploie le sel avec quantité égale de myrrhe et de miel, ou avec de l'hysope dans de l'eau chaude, et on 3 fomente la partie avec le salsugo. Pour cela on préfère le sel d'Espagne ; et pour la cataracte on le broie avec du lait sur de petites pierres. On l'applique en particulier sur les contusions, enveloppé dans un petit linge ; on renouvelle fréquemment cette application, qu'on fait avec de l'eau chaude. On le met dans de la charpie sur les ulcères de la bouche qui jettent; on en frotte les gencives tuméfiées. Égrugé bien fin, il dissipe les granulations de la langue. On dit que les dents ne se carient ni ne se gâtent si tous les matins, à jeun, on tient du sel sous la langue jusqu'à ce qu'il soit fondu. Il guérit les lèpres, les furoncles, le lichen, les affections psoriques, avec du raisin sec dont on a ôté les pepins, du suif de bœuf, de l'origan, du levain ou du pain. Pour cela on se sert surtout du sel de Thèbes, que l'on choisit aussi pour les démangeaisons. Ce sel est bon encore 4 avec du miel pour les amygdales et la luette. Tout sel est bon pour l'angine; mais, de plus, il faut en même temps faire des frictions sur les parties extérieures avec de l'huile, du vinaigre et de la poix liquide. Le sel mêlé à du vin purge sans faire de mal. Bu dans du vin, il chasse les vers intestinaux. Tenu sous la langue, il permet aux convalescents de supporter la chaleur des bains. Mis dans des sacs, et fréquemment humecté avec de l'eau chaude, il soulage les douleurs nerveuses, surtout aux épaules et aux reins. A l'intérieur et à l'extérieur, employé chaud dans ces mêmes sacs, il guérit les coliques, les tranchées et les douleurs des hanches ; broyé avec de la farine dans du miel et de l'huile, il guérit la goutte. C'est surtout dans cette maladie qu'il faut mettre à profit la remarque d'après laquelle, pour le corps entier, rien n'est plus utile que le sel et le soleil ; aussi voyons-nous que les pêcheurs ont le corps dur comme la corne ; mais cette remarque ne pouvait être mieux placée qu'à propos de la goutte. Le sel enlève les cors 5 aux pieds et les engelures. Pour les brûlures on l'emploie en topique ou on le fait manger, et il empêche le développement des ampoules. Pour les érysipèles et les ulcères serpigineux on s'en sert avec le vinaigre ou l'hysope ; pour les car-

---

ignibus, fugiens eos, omnia erodens. Corpora vero astringens, siccans, alligans : defuncta etiam a putrescendo vindicans, ut durent ita per secula. In medendo vero mordens, adurens, repurgans, extenuans, dissolvens. Stomacho tantum inutilis, præterquam ad excitandam aviditatem. Adversus serpentium morsus cum origano, melle, hyssopo. Contra cerasten cum origano, aut cedria, aut 2 pice, aut melle. Auxiliatur contra scolopendras ex aceto potus : adversus scorpionum ictus, cum quarta parte lini seminis, ex oleo vel aceto illitus : adversus crabrones vero vel vespas, similiaque, ex aceto. Ad heterocraneas, capitisque hulcera, et pusulas, papulasve, et incipientea verrucas, cum sevo vitulino : item oculorum remediis, et ad excrescentes ibi carnes, totiusque corporis pterygia : sed in oculis peculiariter : ob id collyriis emplastrisque additur. Ad hæc maxime probatur Tattæus, aut Caunites. Ex ictu vero suffusis cruore oculis sugillatisque, cum myrrha pari pondere ac melle, aut cum hyssopo ex aqua 3 calida, utque foveantur salsugine. Ad hæc Hispaniensis eligitur, contraque suffusiones oculorum cum lacte in coticulis teritur. Privatim sugillationibus in linteolo involutus, crebroque ex aqua ferventi impositus. Hulceribus oris manantibus in linteolo concerpto. Gingivarum tumori infricatus. Et contra scabritiem linguæ fractus comminutusque. Aiunt dentes non erodi, nec putrescere, si quis quotidie mane jejunus salem contineat sub lingua, donec liquescat. Lepras idem, et furunculos, et lichenas, et psoras emendat cum passa uva, exemto ejus ligno, et sevo bubulo atque origano, ac fermento vel pane, maxime Thebaicus. Hic et ad pruritos eligitur. Tonsillis et uvis 4 cum melle prodest. Quicumque ad anginas : hoc amplius, cum oleo et aceto eodem tempore extra faucibus illitus cum pice liquida. Emollit et alvum in vino mixtus innoxie : et tæniarum genera pellit in vino potus. Æstus balinearum convalescentes ut tolerare possint, linguæ subditus præstat. Nervorum dolorem, maxime circa humeros et renes, in saccis aqua ferventi crebro madefactus levat. Colum torminaque et coxarum dolores potus, et iisdem saccis impositus candens. Podagras cum farina ex melle et oleo tritus, ibi maxime usurpanda observatione, quæ totis corporibus nihil esse utilius sale et sole dixit. Itaque cornea videmus corpora piscatorum. Sed hoc præcipuum dicatur in podagris. Tollit et clavos pedum ; item perniones. Ambustis ex oleo imponitur, aut commanducatus, pusulasque 5

# LIVRE XXXI.

einomes, avec l'uva taminia (XXIII, 13); pour les ulcères phagédéniques, grillé avec la farine d'orge; on applique par-dessus un linge trempé dans du vin. Chez les ictériques on en fait des frictions, avec de l'huile et du vinaigre, à côté du feu, jusqu'à ce qu'ils suent, pour les délivrer des démangeaisons qu'ils ressentent. On frotte les personnes lasses avec du sel et de l'huile. Beaucoup 6 ont traité les hydropiques avec le sel, ont fait des onctions avec le sel et l'huile dans les ardeurs de la fièvre, et ont dissipé les toux invétérées en en mettant sur la langue. On l'a employé en lavement dans les coxalgies; on en a fait un topique pour les ulcères fongueux ou putrides. On l'applique sur les morsures des crocodiles, avec du vinaigre, dans des linges, de manière à engourdir préalablement la plaie (6). On le donne à l'intérieur, dans du vinaigre miellé, contre l'opium. Avec de la farine et du miel on l'applique sur les luxations et sur les excroissances de chair. Dans le mal de dents on en fait un collu7 toire avec le vinaigre, ou l'on frotte la dent douloureuse avec du sel et de la résine. Pour tous ces usages l'écume de sel est plus agréable et plus efficace. Mais toute espèce de sel est bonne dans les médicaments acopes (délassants), quand il s'agit d'échauffer, et dans les médicaments détersifs, quand il s'agit d'atténuer et de rendre plus lisse la peau. En topique le sel guérit la gale des moutons et des bœufs: on le leur donne à lécher. On le jette avec la salive dans les yeux des bêtes de somme. Voilà ce que nous avons à dire sur le sel.

1 XLVI. (X.) C'est ici l'endroit de parler du nitre, qui ne diffère pas beaucoup du sel; et il faut en parler avec d'autant plus de soin, qu'il est évident que les médecins qui en ont traité n'en ont pas connu la nature; de tous les auteurs Théophraste est celui qui a été le moins inexact. On trouve en Médie, dans des vallées toutes blanches de sécheresse, un nitre en petite quantité, qu'on nomme halmyrhax. En Thrace, les environs de Philippes en donnent, en moins grande quantité encore, un qui est terreux, et qu'on nomme nitre sauvage. Quant à celui qui provient des cendres de chêne, on n'en a jamais fait beaucoup, et depuis longtemps on y a complétement renoncé. On rencontre en plusieurs lieux des eaux 2 nitreuses, mais elles sont trop peu chargées pour se condenser. Il s'en trouve de très-bon, et abondamment, à Lites, en Macédoine; on le nomme chalastrique; il est blanc, pur, et très-semblable au sel. Au milieu du lac qui le produit, jaillit une petite source d'eau douce. Le nitre s'y forme vers le lever du Chien, pendant neuf jours; puis il cesse de se produire pendant neuf autres jours, après quoi il y a encore neuf jours de formation, et puis un repos. D'où l'on voit que c'est la nature du sol qui produit le nitre; car, hors des époques de formation, ni le soleil ni les pluies n'y font rien. Il faut remarquer encore cette particularité: bien que la petite source 3 soit toujours jaillissante, le lac ne croît pas et n'a pas d'écoulement. S'il pleut dans les jours où se forme le nitre, la pluie le rend plus salé; les vents de l'Aquilon le détériorent, parce qu'ils remuent fortement la vase. Voilà pour le nitre natif.

L'Égypte fabrique du nitre en beaucoup plus 4 grande abondance, mais d'une qualité inférieure, car il est brun et pierreux. Il se prépare à peu près de la même manière que le sel: seulement, tandis qu'on introduit l'eau de la mer dans les salines, on introduit l'eau du Nil dans les nitrières;

---

reprimit. Ignibus vero sacris, hulceribusque quæ serpunt, ex aceto aut hyssopo. Carcinomatis cum uva taminia. Phagedænis hulcerum, tostus cum farina hordei, superimposito linteolo madente vino. Morbo regio laborantes, donec sudent ad ignem, contra pruritus quos sentiunt, ex 6 oleo et aceto infricatus juvat: et fatigatos ex oleo. Multi et hydropicos sale curavere, fervoresque febrium cum oleo perunxere, et tussim veterem linctu ejus discussere. Clysteribus infudere ischiadicis. Hulcerum excrescentibus vel putrescentibus imposuere. Crocodilorum morsibus ex aceto in linteolis, ita ut hebetarentur antehac hulcera. Bibitur et contra opium ex aceto mulso. Luxatis imponitur 7 cum farina et melle: item exuberationibus. Dentium dolori cum aceto fotus, et illitus cum resina prodest. Ad omnia autem spuma salis jucundior utiliorque. Sed quicumque sal acopis additur ad excalfactiones: item smegmatis ad extenuandam cutem levandamque. Pecorum quoque scabiem et boum illitus tollit: daturque lingendus: et oculis jumentorum inspuitur. Hæc et de sale dicta sint.

1 XLVI. (X.) Non est differenda et nitri natura, non multum a sale distans: et eo diligentius dicenda, quia palam est ac medicos, qui de eo scripsere, ignorasse naturam, nec quemquam Theophrasto diligentius tradidisse. Exiguum fit apud Medos, canescentibus siccitate convallibus, quod vocant halmyrhaga. Minus etiam in Thracia juxta Philippos, sordidum terra, quod appellant agrium. Nam quercu cremata numquam multum factitatum est, et jam pridem in totum omissum. Aquæ vero nitrosæ pluribus 2 locis reperiuntur, sed sine viribus densandi. Optimum copiosumque in Litis Macedoniæ, quod vocant Chalastricum, candidum, purumque, proximum sali. Lacus est nitrosus, exsiliente e medio dulci fonticulo. Ibi fit nitrum circa Canis ortum novenis diebus, totidemque cessat, ac rursus innatat, et deinde cessat. Quo apparet, soli naturam esse quæ gignat: quoniam compertum est, nec soles proficere quidquam, quum cesset, nec imbres. Mirum est et illud, 3 scatebra fonticuli semper emicante, lacum neque augeri, neque fluere. Iis diebus, quibus gignitur, si fuere imbres, salsius nitrum faciunt: aquilones deterius, quia validius commovent limum. Et hoc quidem nascitur.

In Ægypto autem conficitur multo abundantius, sed deterius. Nam fuscum lapidosumque est. Fit pæne eodem modo quo sal, nisi quod salinis mare infundunt, Nilum autem nitrariis. Hæ, cedente Nilo, madent succo nitri XL

celles-ci, quand le Nil se retire, sont imbibées d'un suc nitreux pendant quarante jours consécutifs, et non, comme en Macédoine, avec des intermittences. S'il a plu, on introduit moins d'eau du fleuve. Dès que le nitre commence à se former, on l'enlève, pour qu'il ne se fonde pas dans les nitrières. Ce nitre contient aussi une sorte 5 d'huile propre à guérir la gale des animaux. Mis en tas, il se conserve longtemps. Chose singulière, dans le lac Ascanius et dans quelques fontaines près de Chalcis, les eaux sont douces et potables à la surface, et nitreuses au fond. La partie la plus ténue du nitre est la meilleure ; aussi préfère-t-on l'écume de nitre : cependant on a besoin du nitre impur pour quelques usages ; par exemple pour teindre en pourpre, et pour toutes sortes de teintures ; on l'emploie aussi beaucoup pour la fabrication du verre, de laquelle nous parlerons en son lieu (XXXVI, 65).
6 Il n'y avait autrefois en Égypte de nitrières qu'aux environs de Naucratis et de Memphis. Les moins bonnes étaient celles de Memphis ; car là le nitre en tas prend la dureté de la pierre, et beaucoup de ces tas ont formé de véritables rocs. On en fait des vases ; on fond fréquemment la pierre de nitre avec du soufre, et l'on fait cuire le tout au feu de charbon. On se sert aussi de ce nitre pour tout ce qu'on veut garder longtemps. En Égypte, il y a des nitrières où le nitre est roux comme la terre d'où il provient. L'écume de nitre, dont on fait le plus de cas, ne se produisait, suivant les anciens, que quand la rosée était tombée ; il fallait que cela arrivât quand la nitrière, sur le point de donner du nitre, n'en donnait pas encore ; et il ne se formait point d'écume de nitre dans une nitrière en pleine activité, même quand il y tombait de la 7 rosée. D'autres en attribuaient la formation à la fermentation des tas de nitre. D'après les médecins de l'âge suivant, l'écume de nitre se recueille en Asie, dans des grottes où cette substance découle des rochers : ces grottes sont appelées Colyces ; le produit qu'elles fournissent se sèche au soleil. L'écume de nitre qui vient de Lydie est regardée comme la meilleure. On la reconnaît à ces caractères : elle est très-peu pesante, très-friable, et presque de couleur de pourpre. On l'apporte en petites masses. Celle d'Égypte vient dans des vases enduits de poix, pour qu'elle ne se fonde pas ; et on donne à ces vases la dernière façon en les faisant sécher au soleil.

Pour être bon, le nitre doit être très-menu et 8 très-spongieux, et poreux. En Égypte, on le falsifie avec de la chaux, falsification qui se reconnaît au goût : le nitre pur se fond facilement, tandis que le nitre falsifié reste sur la langue, qu'il pique. Le nitre qu'on saupoudre de chaux exhale une odeur forte. On le brûle dans un vaisseau couvert, pour qu'il n'éclate pas. Du reste, le nitre ne pétille point dans le feu ; il n'engendre et ne nourrit rien, tandis que les salines produisent des herbes, et la mer tant d'animaux ; la mer, qui du reste ne donne naissance qu'à des algues. Mais on reconnaît que le nitre est plus âcre que le sel, non-seulement d'après ce fait, mais encore parce que les nitrières détruisent très-vite les souliers. D'ailleurs les nitrières sont salubres ; elles éclaircissent la vue ; on n'y contracte point 9 d'ophthalmies ; les ulcérations qu'on y apporte se guérissent très-promptement, mais celles qu'on y gagne, tardivement. Le nitre en friction avec de l'huile provoque la sueur et relâche le corps. On met dans le pain du nitre de Chalastra, en guise de sel. Avec les raiforts (XIX, 26, 5), on se sert du nitre d'Égypte ; il les attendrit, mais il blanchit et gâte les autres mets. Il donne aux choux

---

diebus continuis, non ( ut in Macedonia) statis. Si etiam imbres affuerint, minus de flumine addunt : statimque ut densari est cœptum, rapitur, ne resolvatur in nitrariis. Sic quoque olei natura intervenit, ad scabiem animalium 5 utilis. Ipsum autem conditum in acervis durat. Mirum, in lacu Ascanio, et quibusdam circa Chalcida fontibus, summas aquas dulces esse potarique, inferiores nitrosas. In nitro optimum, quod tenuissimum et ideo spuma melior. Ad aliqua tamen sordidum, tamquam ad inficiendas purpuras tincturasque omnes. Magnus et vitro usus, qui dicetur suo loco.
6 Nitrariæ Ægypti circa Naucratim et Memphim tantum solebant esse, circa Memphim deteriores. Nam et lapidescit ibi in acervis : multique sunt cumuli ea de causa saxei. Faciunt ex his vasa, nec non frequenter liquatum cum sulphure coquentes in carbonibus. Ad ea quoque, quæ inveterari volunt, illo nitro utuntur. Sunt ibi nitrariæ, in quibus et rufum exit a colore terræ. Spumam nitri, quæ maxime laudatur, antiqui negabant fieri, nisi quum ros cecidisset, prægnantibus nitrariis, sed nondum parien-
7 tibus. Itaque non fieri incitatis, etiamsi caderet. Alii acervorum fermento gigni existimavere. Proxima ætas medicorum aphronitrum tradidit in Asia colligi, in speluncis, mollibus distillans. Specus eos colycas vocant : dein siccant sole. Optimum putatur Lydium ; probatio, ut sit minime ponderosum, et maxime friabile, colore pæne purpureo. Hoc in pastillis affertur. Ægyptium in vasis picatis, ne liquescat. Vasa quoque ea sole inarescentia perficiuntur.

Nitri probatio, ut sit tenuissimum et quam maxime 8 spongiosum fistulosumque. Adulteratur in Ægypto calce : deprehenditur gustu. Sincerum enim facile resolvitur ; adulteratum pungit. Calce aspersum reddit odorem vehementem. Uritur in testa opertum, ne exsultet : alias igni non exsilit nitrum ; nihilque gignit aut alit, quum in salinis herbæ gignantur, et in mari tot animalia, tantum algæ. Sed majorem esse acrimoniam nitri apparet, non hoc tantum argumento, sed in illo, quod nitrariæ calceamenta protinus consumunt ; alias salubres, oculorumque claritati utiles. In nitrariis non lippiunt. Hulcera allata eo celerrime 9 sanantur : ibi facta, tarde. Ciet et sudores cum oleo perunctis, corpusque emollit. In pane salis vice utuntur Chalastræo : ad raphanos Ægyptio : teneriores eos facit : sed

une couleur plus verte. En médecine il est échauffant, atténuant, mordicant, astringent, siccatif, ulcératif. Il est bon dans les cas où il faut appeler quelque humeur, ou résoudre ou picoter doucement et atténuer, comme pour les papules et les pustules. Quelques-uns pour cet usage le brûlent, l'éteignent avec du vin astringent, le broient, et l'emploient ainsi préparé, sans huile, dans les bains. Avec de l'iris en poudre et de l'huile verte, 10 il réprime les sueurs excessives. On s'en sert en topique avec une figue, ou bouilli dans du vin de raisin sec jusqu'à réduction de moitié, pour effacer les cicatrices des yeux et les granulations des paupières, et pour dissiper les taies. Bouilli avec du vin de raisin sec dans une écorce de grenade, il est bon pour les ptérygions. En onction avec du miel, il éclaircit la vue. Il guérit le mal de dents, en collutoire dans du vin avec du poivre, ou bouilli avec des poireaux. Brûlé et employé en dentifrice, il nettoie les dents qui noircissent. Il tue la vermine de la tête et les lentes, appliqué dans de l'huile avec de la terre de Samos. Dissous dans du vin, on l'injecte dans 11 les oreilles qui suppurent. Dans du vinaigre, il enlève les saletés des oreilles. Introduit sec dans cette partie, il fait passer les bourdonnements et les tintements. A poids égal, avec la terre cimoliée et le vinaigre, on en fait un liniment dont on se frotte au soleil pour guérir le vitiligo blanc. Mêlé avec de la résine ou avec du raisin sec, blanc, dont on broie les pepins avec le nitre, il emporte les furoncles. Il guérit l'inflammation des testicules; avec l'axonge, les éruptions pituiteuses de tout le corps. Contre la morsure des chiens, on y ajoute de la résine, et on l'applique 12 dès le début avec du vinaigre. Avec la chaux et le vinaigre, on en fait un topique pour les morsures des serpents, pour les ulcères phagédéniques, pour les ulcères serpigineux ou putrides. Broyé avec une figue, on l'emploie, chez les hydropiques, à l'intérieur et à l'extérieur. Il dissipe les tranchées, pris en décoction, à la dose d'une drachme, avec de la rue, ou de l'aneth, ou du cumin. Il remet les personnes fatiguées, en friction avec l'huile et le vinaigre. Contre les refroidissements et les frissons, on en frotte les pieds et les mains du malade avec de l'huile; il remédie aux démangeaisons chez les ictériques, surtout donné avec du vinaigre. Bu dans de l'oxycrat, 13 c'est un antidote pour les champignons vénéneux. Bu dans de l'eau, il guérit ceux qui ont avalé le buprestre (7), et provoque le vomissement. On le donne, avec le laser (xix, 15), à ceux qui ont bu du sang de taureau. Avec du miel et du lait de vache, il guérit les ulcérations de la face. Pour les brûlures, on le fait griller jusqu'à ce qu'il noircisse, et on l'applique pilé. On le donne en lavement pour les douleurs du ventre et des reins, pour le tétanos, pour les douleurs des nerfs. En cas de paralysie de la langue, on le donne dans du pain. Pour l'asthme, on le prend dans de la ptisane (décoction d'orge). La fleur de nitre guérit les vieilles toux: on l'unit à poids égal au galbanum et à la térébenthine, et on donne de ce mélange gros comme une fève. On fait cuire le nitre, puis, après 14 l'avoir délayé avec la poix liquide, on l'administre dans l'angine. La fleur de nitre avec l'huile de cyprus (xii, 51), employée en friction au soleil, soulage les goutteux. En boisson dans du vin, il guérit l'ictère. Il dissipe les flatuosités. Il arrête l'épistaxis, si on en respire la vapeur dans de l'eau bouillante. Mélangé avec l'alun, il guérit le por-

obsonia alba et deteriora, olera viridiora. In medicina autem calfacit, extenuat, mordet, spissat, siccat, exhulcerat. Utile his, quæ evocanda sint, aut discutienda, et lenius mordenda atque extenuanda, sicut in papulis pusulisque. Quidam in hoc usu accensum vino austero restinguunt, atque ita trito in balineis utuntur sine oleo. Sudores nimios inhibet cum arida iride, adjecto oleo viridi. 10 Extenuat et cicatrices oculorum, et scabritias genarum cum fico illitum, aut decoctum, in passo ad dimidias partes : item contra argema oculorum. Ungues decoctum cum passo in mali punici calyce adjuvat : claritatem visus cum melle inunctum. Prodest dentium dolori ex vino, si cum pipere colluantur : item cum porro decoctum. Nigrescentes dentes crematum dentifricio ad colorem reducit. Capitis animalia et lendes necat, cum Samia terra illitum ex oleo. 11 Auribus purulentis vino liquatum infunditur. Sordes ejusdem partis erodit ex aceto. Sonitus et tinnitus discutit siccum additum. Vitiligines albas cum Cimolia creta, æquo pondere ex aceto, in sole illitum emendat. Furunculos admixtum resinæ extrahit, aut cum uva alba passa, nucleis ejus simul tritis. Testium inflammationi occurrit : item eruptionibus pituitæ in toto corpore cum axungia : contraque canis morsus, addita et resina initiis cum aceto illinitur. Sic et serpentium morsibus, phagedæ- 12 nis, et hulceribus quæ serpunt aut putrescunt, cum calce ex aceto. Hydropicis cum fico tusum datur illiniturque. Discutit et tormina, si decoctum bibatur pondere drachmæ cum ruta, vel anetho, vel cumino. Reficit lassitudines cum oleo et aceto perunctorum : et contra algores horroresque prodest, manibus pedibusque confricatis cum oleo. Comprimit et pruritus suffusorum felle, maxime cum aceto datum. Succurrit et venenis fungorum ex posca po- 13 tum : aut si buprestis pasta sit, ex aqua, vomitionesque evocat. His qui sanguinem tauri biberint, cum lasere datur. In facie quoque exhulcerationes sanat cum melle et lacte bubulo. Ambustis tostum, donec nigrescat, tritumque illinitur. Infunditur ventris et renium doloribus, aut rigori corporum, nervorumque doloribus. Paralysi in lingua cum pane imponitur. Suspiriosis in ptisana sumitur. Tussim veterem sanat flore, mixto galbano resinæ terebinthinæ, pari pondere omnium, ita ut fabæ magnitudo devoretur. Coquitur, dilutumque postea cum pice liquida 14 sorbendum in angina datur : flos ejus cum oleo cyprino articulorum doloribus in sole jucundus est. Regium quoque morbum extenuat in potione vini. Et inflationes discutit : sanguinis profluvium e naribus sistit ex ferventi

rigo. Dans de l'eau, et employé chaque jour en fomentation, il dissipe la mauvaise odeur des aisselles. Mêlé avec la cire, il cicatrise les ulcères nés de la pituite; de cette façon aussi, il est bon pour les nerfs. On le donne en lavement pour le flux cœliaque. Beaucoup ont recommandé de l'employer en friction, avec de l'huile, avant l'accès en froid, ainsi que contre les lèpres et les taches de rousseur. Il est avantageux de prendre un bain de nitre pour la goutte, l'atrophie, l'opisthotonos et le tétanos. Le nitre, cuit avec du soufre, se change en pierre.

[1] XLVII. (XI.) Nous avons, en parlant des productions marines, indiqué les espèces d'éponges (IX, 69). Quelques-uns les divisent ainsi : On a regardé comme mâles les éponges qui sont percées de petits trous, épaisses, promptes à s'imbiber, et que, par luxe, on teint quelquefois même en pourpre; comme femelles, celles qui ont des trous plus grands et non interrompus. Parmi les éponges mâles, il en est d'une espèce plus dure, qu'on nomme boucs : ce sont celles qui ont les trous les plus petits et les plus rapprochés. On a trouvé le moyen de les blanchir : on choisit les plus fines; on les prend fraîches, quand elles ont reçu pendant l'été l'écume du sel marin. Puis on les expose à la lune et aux gelées blanches, retournées, c'est-à-dire par le côté qui était adhérent; et cela pour que la blancheur les pénètre. Nous avons dit que c'était un animal (IX, 69); les éponges ont même du sang. Quelques-uns rapportent qu'elles se gouvernent par le sens de l'ouïe; qu'elles se contractent au son qui les frappe, en rendant une humeur abondante; qu'on ne peut les détacher de la pierre, et que c'est pour cela qu'on les coupe, opération pendant laquelle il s'en échappe une matière sanieuse. [2] On préfère à toutes les autres celles qui ont été produites du côté de l'aquilon. Les médecins assurent que c'est dans ce cas que l'esprit qui les anime dure le plus longtemps; qu'elles nous sont utiles par cet esprit même, en le mêlant au nôtre; que par cette raison on préfère les éponges les plus récentes et les plus humides; qu'elles valent moins si on s'en sert dans de l'eau chaude, moins si on les huile, moins si on les applique sur une personne dont on a huilé le corps; enfin, que les éponges épaisses ont le moins d'adhérence. Les éponges les plus fines sont employées à faire des plumasseaux : appliquées avec du vin miellé sur les yeux, ces plumasseaux en dissipent le gonflement; ils sont très-bons pour absterger la chassie, et pour cela il faut qu'ils soient très-fins et très-souples. Dans les fluxions oculaires, on applique les éponges elles-mêmes, avec de l'oxycrat. Pour la céphalalgie, on s'en sert en topique avec du vinaigre chaud. Du reste, les éponges récentes sont résolutives, émollientes, adoucissantes. Vieilles, elles ne réunissent pas les plaies. On s'en sert pour nettoyer, pour [3] étuver, pour couvrir après la fomentation les parties malades, jusqu'à ce qu'on applique un autre appareil. En topique, elles sèchent les ulcères humides et ceux des vieillards. Les éponges sont très-bonnes pour fomenter les fractures et les plaies. On s'en sert pour absorber le sang dans les incisions, pour qu'on puisse voir les parties que l'on coupe. Sur les plaies enflammées, on les applique elles-mêmes, tantôt sèches, tantôt imbibées, soit de vinaigre, soit de vin ou d'eau fraîche. Lorsqu'on les applique imbibées d'eau de pluie, elles empêchent de se tuméfier les parties récemment incisées. On les applique encore sur les parties intactes, mais affectées d'une congestion occulte qu'il s'agit de résoudre, et sur les tumeurs qu'on appelle apostèmes : on fait

---

aqua vapore naribus rapto. Porriginem alumine permixto tollit : alarum virus ex aqua quotidiano fotu : hulcera ex pituita nata cera permixtum ; quo genere nervis quoque prodest : cœliacis infunditur ; perungi ante accessiones frigidas nitro et oleo multi præcepere; sicut adversus lepras, lentigines : podagricis in balineis uti solio nitri prodest, atrophis, opisthotonis, tetanis : sal nitrum sulphuri concoctum in lapidem vertitur.

[1] XLVII. (XI.) Spongiarum genera diximus in naturis aquatilium marinorum. Quidam eas ita distinguunt. Alias ex his mares existimavere, tenui fistula, spissioresque, persorbentes, quæ et tinguntur in deliciis, aliquando et purpura : alias feminas, majoribus fistulis ac perpetuis. E maribus duriores alias, quas appellant tragos, tenuissimis fistulis atque densissimis. Candidæ cura fiunt, e mollissimis recentes per æstatem tinctæ salis spuma, ad lunam et pruinas sternuntur inversæ, hoc est, qua parte adhæsere, ut candorem bibant. Animal esse docuimus, etiam cruore inhærente. Aliqui narrant et auditu regi eas, contrahique ad sonum, exprimentes abundantiam humoris, nec avelli [2] petris posse, ideo abscindi ac saniem emittere. Quin et eas quæ ab Aquilone sint genitæ, præferunt cæteris. Nec usquam diutius durare spiritum, medici affirmant. Sic et prodesse corporibus, quia nostro suum misceant, et ideo magis recentes magisque humidas; sed minus in calida aqua, minusque unctas, aut unctis corporibus impositas : et spissas minus adhærescere. Mollissimum genus earum penicilli : oculorum tumores levant ex mulso impositi. Iidem abstergendæ lippitudini utilissimi; eosque tenuissimos et mollissimos esse oportet. Imponuntur et spongiæ ipsæ epiphoris ex posca : ex aceto calido ad capitis dolores. De cætero recentes discutiunt, molliunt, mitigant : veteres non glutinant vulnera. Usus earum ad abster- [3] genda, fovenda, operienda, a fotu, dum aliud imponatur. Hulcera quoque humida et senilia impositæ siccant : fracturæ et vulnera spongiis utilissime foventur. Sanguis rapitur in secando, ut curatio perspici possit. Et ipsæ vulnerum inflammationibus imponuntur, nunc siccæ, nunc aceto adspersæ, nunc vino, nunc aqua frigida. Ex aqua vero cælesti impositæ, secta recentia non patiuntur intumescere. Imponuntur et integris partibus, sed fluctione occulta laborantibus, quæ discutienda sit, et iis quæ apo-

4 d'abord une onction avec le miel cuit. On les applique sur les articulations, imbibées tantôt avec du vinaigre salé, tantôt avec de l'oxycrat; et si l'inflammation est vive, avec de l'eau. On les trempe dans l'eau salée, pour les appliquer sur les callosités; dans le vinaigre, pour les appliquer sur les piqûres de scorpions. Dans le traitement des plaies elles remplacent la laine en suint, employées soit avec le vin et l'huile, soit avec l'eau salée. La différence qui s'y trouve, c'est que la laine est émolliente, et que les éponges sont astringentes, et absorbent les humeurs viciées. On attache autour des hydropiques des éponges soit sèches, soit imbibées d'eau tiède ou d'oxycrat, suivant qu'il est besoin de couvrir ou dessécher doucement la peau. On les applique aussi dans les maladies où il est besoin de chaleur : on les arrose d'eau bouillante, et on les exprime entre deux planches. De cette façon, elles constituent aussi un topique bon pour l'estomac et pour les trop grandes ardeurs de la fièvre. Rien de plus efficace que l'éponge imbibée d'oxycrat pour les affections de la rate, de vi-
5 naigre pour l'érysipèle. Il faut l'appliquer de manière qu'elle s'étende largement jusque sur les parties saines. Une éponge imbibée de vinaigre ou d'eau froide arrête l'hémorragie; imbibée d'eau salée chaude et fréquemment renouvelée, elle fait disparaître la lividité produite par un coup récent. Humectée d'oxycrat, elle enlève la tuméfaction et la douleur des testicules. Sur la morsure des chiens on met avec avantage de l'éponge hachée, qu'on humecte de temps en temps de vinaigre, ou d'eau froide, ou de miel. La cendre d'éponge d'Afrique (IX, 69), avec du suc de poireau et un breuvage de sel et d'eau froide, est bonne pour l'hémoptysie. La même cendre, en topique sur le front, soit avec de l'huile, soit avec du vinaigre, guérit la fièvre tierce; l'éponge d'Afrique en particulier, imbibée d'oxycrat, résout les tumeurs. La cendre de toutes les éponges brûlées avec de la poix arrête le sang des blessures. Quelques-uns, pour cet usage, ne brûlent avec la poix que les éponges à larges pores.
Pour les yeux, on les brûle dans un pot de terre 5 crue; cette cendre est excellente pour les granulations des paupières, pour les excroissances charnues, et pour tout ce qu'on veut déterger, resserrer, remplir : pour cet usage, le mieux est de laver la cendre. Dans les maladies, les éponges remplacent les strigiles (instruments à nettoyer le corps) et les linges. Elles défendent très-bien la tête contre l'action du soleil. Les médecins, par ignorance, les comprennent toutes sous deux noms : les éponges d'Afrique, qu'ils regardent comme plus fortes, et celles de Rhodes, qui sont plus douces pour les fomentations. Aujourd'hui les plus fines se trouvent dans les environs de la ville d'Antiphellos (V, 28, 1). Trogue-Pompée rapporte que du côté de la Lycie, dans la haute mer, là d'où on a retiré des éponges, il se forme les plumasseaux les plus fins; et Polybe, que ces plumasseaux, suspendus au-dessus d'un malade, lui font passer des nuits plus tranquilles. Maintenant nous allons revenir aux animaux de la mer et des eaux.

---

4 clemata vocant, melle decocto perunctis. Item articulis, alias aceto salso madidæ, alias e posca. Si ferveat impetus, ex aqua. Eædem et callo, e salsa : at contra scorpionum ictus, ex aceto. In vulnerum curatione et succidæ lanæ vicem implent, nunc ex vino et oleo, nunc ex eadem. Differentia hæc, quod lanæ emolliunt, spongiæ coercent, rapiuntque vitia hulcerum. Circumligantur et hydropicis siccæ, vel ex aqua tepida poscave, utcumque blandioribus opus est operirive aut siccari cutem. Imponuntur et his morbis, quos vaporari oporteat, ferventi aqua perfusæ, expressæque inter duas tabulas. Sic et impositæ stomacho prosunt, et in febri contra nimios ardores. Sed splenicis e
5 posca, ignibus sacris ex aceto, efficaciores quam aliud. Imponi oportet sic, ut sanas quoque partes spatiose operiant : sanguinis profluvium sistunt ex aceto, aut frigida. Livorem ab ictu recentem ex aqua salsa calida sæpius mutata tollunt, testium tumorum doloremque ex posca. Ad canum morsus utiliter concisæ imponuntur ex aceto, aut frigida, aut melle, subinde humectandæ. Africanæ cinis cum porri sectivi succo sanguinem rejicientibus haustu salis ex frigida prodest. Idem cinis vel cum oleo vel aceto fronti illitus, tertianas tollit. Privatim Africanæ ex posca tumorem discutiunt. Omnium autem cinis cum pice crematarum, sanguinem sistit vulnerum. Aliqui raras tantum, ad hoc cum pice urunt. Et oculorum causa comburuntur in cruda 6 olla figulini operis, plurimum proficiente eo cinere contra scabritias genarum, excrescentesque carnes, et quidquid opus sit ibi destringere, spissare, explere. Utilius in eo usu lavare cinerem. Præstant et strigilum vicem, linteolorumque, affectis corporibus. Et contra solem apte protegunt capita. Medici inscitia ad duo nomina eas redegere : Africanas, quarum firmius sit robur : Rhodiacasque, ad fovendum molliores. Nunc autem mollissimæ circa muros Antiphelli urbis reperiuntur. Trogus auctor est, circa Lyciam penicillos mollissimos nasci in alto, unde ablatæ sint spongiæ. Polybius super ægrum suspensos, quietiores facere noctes. Nunc revertemur ad marina animalia, et aquatilia.

# NOTES DU TRENTE ET UNIÈME LIVRE.

(1) Alphos ou vitiligo, variété de la lèpre.

(2) Ejusdem nominis Vulg. — Ejusdem virtutis Editt. Vett. — Lycos Vulg. — Lycus Edit. 1668, in marg. — Il faut lire Lycus, comme un peu plus bas, XXXI, 19.

(3) Je n'ai pas traduit, de cette phrase, la partie qui fait difficulté : *ne manus pendeant*. Aucun commentateur n'a pu l'expliquer. Les mss. n'offrent aucune ressource. Il faut donc considérer la phrase tout entière comme restant avec un sens incertain, et comme n'étant pas réellement traduite.

(4) Annæus Gallion est le frère de Sénèque. On ne sait en quelle année il fut consul.

(5) On ne sait ce qu'est cette fleur de sel.

(6) Ita ut paverentur ante hic ulcera Vulg. — Les anciennes éditions portent : ita ut batuerentur antehac ulcera. Les manuscrits ont ou *batuerentur* ou *batuantur*. Hardouin a corrigé ce texte inintelligible ( nec infelici plane Minerva, ut remur, dit-il en se félicitant) de cette façon : ita ut paverentur ante hic hulcera ; ce qu'il explique en disant : De sorte qu'avant l'emploi du sel dans ces sortes de plaie, on craignait qu'il ne s'y formât un ulcère. Je n'ai pas besoin de faire voir combien ce sens est alambiqué et peu naturel ; il me suffit d'indiquer ce qui me paraît, à mon tour, une bonne correction (non infelici, ut remur, Minerva). Dioscoride (il faut autant que possible recourir pour Pline aux originaux grecs) dit (V, 126) : Καὶ κροκοδειλοδήκτοις βοηθοῦσιν, ἐνδεθέντες εἰς ὀθόνιον λεῖοι, καὶ βαπτόμενοι εἰς ὄξους, στυφομένων τῶν μερῶν τοῖς ἐνδέσμοις. « Le sel est bon dans les morsures de crocodile ; on l'applique broyé dans un linge ; on *engourdit* la partie à l'aide d'un bandage. » Là est, je crois, la rectification du texte de Pline ; il faut lire : ita ut hebetarentur antehac ulcera.

(7) D'après les renseignements donnés par Belon, le bupreste des anciens serait le lixus paraplecticus.

# LIVRE XXXII.

1 I. Nous voilà arrivés, en suivant l'ordre des choses, au point culminant de la nature et de ses merveilles. Et tout d'abord se présente spontanément un exemple incomparable de sa puissance mystérieuse; il n'est pas besoin de rien chercher au delà; rien n'est égal ou analogue à ce phénomène, dans lequel la nature triomphe d'elle-même, et en triomphe de plus d'une façon. Qu'y a-t-il de plus violent que la mer, les vents, les tourbillons et les tempêtes? Et où les hommes ont-ils travaillé avec plus d'industrie à la seconder, que sur les flots, avec leurs voiles et leurs rames? Ajoutons à tout cela la force indicible des marées, et la mer entière qui se change en un 2 fleuve. (1.) Cependant toutes ces puissances, alors même qu'elles agissent dans le même sens, un seul et très-petit poisson, appelé échénéis (IX, 41), suffit pour les contre-balancer. Que les vents soufflent, que les tempêtes se déchaînent, il commande à leur fureur, comprime ces agents formidables, et force les navires à rester immobiles, les navires que ne retiendraient pas les câbles les plus gros, les ancres les plus pesantes; il met un frein à cette violence; il dompte la rage des éléments, et cela sans aucun effort, sans tirer sur le bâtiment, sans faire rien autre que s'y attacher. C'est bien peu de chose, et contre tant de forces combinées cela suffit pour empêcher les vaisseaux de marcher. Les flottes armées en guerre se garnissent de tours, pour que sur la mer même on puisse combattre comme de dessus un rempart. O vanité humaine! ces 3 proues garnies d'airain et de fer, afin de porter des coups redoutables, peuvent être enchaînées et retenues prisonnières par un chétif poisson d'un demi-pied! On dit qu'à la bataille d'Actium il retint la galère prétorienne d'Antoine, pressé de parcourir la ligne et d'exhorter les siens, et le força de passer sur un autre bâtiment. La flotte Césarienne, profitant de ces délais, eut l'avantage de l'impétuosité dans l'attaque. De notre temps, il retint le navire de l'empereur Caligula, qui revenait d'Astura à Antium. De la sorte, un petit poisson doit figurer parmi les présages; car à peine ce prince fut-il revenu à Rome, qu'il fut percé par les armes mêmes qui le gardaient. L'immo- 4 bilité du vaisseau n'avait pas été longtemps un mystère; on en avait compris aussitôt la cause en voyant que de toute la flotte la seule quinquérème de l'empereur n'avançait pas : à l'instant on plongea autour du navire pour chercher ce qui l'arrêtait, et l'on trouva un échénéis attaché au gouvernail; on le montra à Caligula, indigné qu'un tel obstacle eût ralenti sa marche, et rendu impuissante la bonne volonté de quatre cents rameurs. Il est certain que ce qui l'étonna le plus, c'est que ce poisson, qui par son adhérence arrêtait le navire, n'eut plus le même pouvoir lorsqu'il fut dedans. D'après ceux qui le virent alors et ceux qui l'ont vu depuis, il ressemble à un grand limaçon. Nous avons rapporté des opinions diverses quand nous avons parlé de l'échénéis,

## LIBER XXXII.

1 I. Ventum est ad summa naturæ exemplorumque, per rerum ordinem : et ipsum sua sponte occurrit immensum potentiæ occultæ documentum, ut prorsus nec aliud ultra quæri debeat, nec par aut simile possit inveniri, ipsa se vincente natura, et quidem numerosis modis. Quid enim violentius mari ventisve, et turbinibus, et procellis? quo majore hominum ingenio in ulla sui parte adjuta est, quam velis remisque? Addatur his et reciproci æstus inenar- 2 rabilis vis, versumque totum mare in flumen. (1.) Tamen omnia hæc, pariterque eodem impellentia, unus ac parvus admodum pisciculus, echeneis appellatus, in se tenet. Ruant venti licet, et sæviant procellæ, imperat furori, viresque tantas compescit, et cogit stare navigia : quod nulla vincula, non ancoræ pondere irrevocabili jactæ. Infrenat impetus, et domat mundi rabiem nullo suo labore; non retinendo, aut alio modo, quam adhæ- rendo. Hoc tantulo satis est contra tot impetus, ut vetet ire navigia. Sed armatæ classes imponunt sibi turrium propugnacula, ut in mari quoque pugnetur, velut e muris. Heu vanitas humana! quum rostra illa ære ferroque 3 ad ictus armata, semipedalis inhibere possit ac tenere devincta pisciculus. Fertur Actiaco Marte tenuisse prætoriam navim Antonii properantis circumire et exhortari suos, donec transiret in aliam : ideoque Cæsariana classis impetu majore protinus venit. Tenuit et nostra memoria Caii principis ab Astura Antium renavigantis : ut res est etiam auspicalis pisciculus. Siquidem novissime tum in Urbem reversus ille imperator, suis telis confossus est. Nec longa fuit illius moræ admiratio, statim causa intel- 4 lecta, quum e tota classe quinqueremis sola non proficeret, exsilientibus protinus qui id quærerent circa navim, invenere adhærentem gubernaculo, ostenderuntque Caio, indignanti quod non fuisse quod se revocaret, quadringentorumque remigum obsequio contra se intercederet. Constabat peculiariter miratum quomodo adhærens tenuisset, nec idem polleret in navigium receptus. Qui tunc posteaque

5 en traitant des poissons (ix, 41); et nous ne doutons pas que toutes les espèces d'échénéis n'aient la même puissance, comme le témoignent ces conques célèbres consacrées dans le temple de Vénus à Gnide (ix, 41), pour avoir pareillement arrêté un vaisseau. Quelques auteurs latins ont donné à l'échénéis le nom de remora (*echeneis remora*, L.). Chose singulière! parmi les Grecs les uns ont prétendu que porté en amulette, comme nous l'avons dit (ix, 41), il prévient les fausses couches et conduit à terme les femmes disposées à avorter; et les autres, que gardé dans le sel et porté également en amulette il hâte l'accouchement, ce qui lui a fait donner le surnom d'odinolytès (1) (faisant cesser les douleurs puerpérales). Quoi qu'il en soit, après l'exemple d'un navire ainsi retenu, comment révoquer en doute aucune puissance de la nature, aucune de ses forces effectives (2) dans les remèdes fournis par ses productions spontanées?

1 II. Eh quoi! (3) sans même l'exemple de l'échénéis, ne suffirait-il pas de citer la torpille (ix, 67), autre habitant de la mer? Même de loin, même touchée seulement du bout d'un bâton ou d'une verge, elle engourdit les bras les plus vigoureux, elle enchaîne les pieds les plus rapides à la course. Si cet exemple nous oblige à confesser qu'il est une force capable d'affecter les membres par l'odeur seule et par une espèce d'exhalaison, que ne devons-nous point espérer de la puissance de tous les remèdes?

1 III. Ce qu'on raconte du lièvre marin (ix, 72) n'est pas moins admirable : c'est un poison pour les uns, pris en boisson ou en aliment; pour les autres, regardé seulement. Une femme enceinte ne fit-elle qu'apercevoir un lièvre marin femelle est prise aussitôt de nausées et de vomissements, et ne tarde pas à avorter. Le préservatif est le mâle, que l'on fait durcir dans du sel, de manière qu'il puisse être porté dans un bracelet. Ce même être, dans la mer, n'est plus nuisible, même si on le touche (4). Le seul animal qui le mange sans en mourir, c'est le surmulet; il en est quitte pour devenir mou, et sa chair est alors fade et moins agréable. Les personnes empoisonnées par le lièvre 2 marin sentent le poisson; c'est le premier signe qui décèle cet empoisonnement. Au reste, elles meurent au bout d'autant de jours qu'en a vécu le lièvre; aussi Licinius Macer dit que ce poison n'agit point en temps déterminé. On assure que dans l'Inde le lièvre marin n'est jamais pris vivant; qu'à son tour il trouve dans l'homme un poison qui le tue, et qu'il meurt touché seulement du doigt dans la mer : là il est beaucoup plus gros, comme aussi tous les autres animaux.

IV. Juba, dans ces livres sur l'Arabie qu'il a 1 adressés à Caïus César, fils d'Auguste, dit qu'il y a des moules (5) dont les coquilles tiennent trois hémines (0 litr., 81); qu'un cétacé de six cents pieds de long et de trois cent soixante de large entra dans un fleuve d'Arabie; qu'on fait commerce de la graisse de cette espèce d'animal, et que dans cette contrée on frotte les chameaux avec la graisse de toute espèce de poisson, pour les préserver des taons (xi, 34, 3) par l'odeur de cette graisse.

V. (ii.) Je trouve digne d'admiration ce qu'O- 1 vide a rapporté sur l'instinct des poissons dans son livre intitulé *Halieutique*. Le scare pris dans la nasse ne cherche pas à s'échapper par la tête, et se garde bien de s'engager dans les osiers perfides; mais il se tourne, à coups de queue il élargit les orifices, et s'échappe de la sorte à recu-

---

videre, eum limaci magnæ similem esse dicunt. Nos plurium opiniones posuimus in natura aquatilium, quum de
5 eo diceremus. Nec dubitamus idem valere omnia genera, quum celebri et consecrato etiam exemplo apud Gnidiam Venerem conchas quoque ejusdem potentiæ credi necesse sit. E nostris quidam latine remoram appellavere eum : mirumque e Græcis alii lubricos partus atque procidentes contineri ad maturitatem, adalligato eo ( ut diximus ) prodiderunt : alii sale adservatum adalligatumque gravidis partus solvere, ob id alio nomine odinolytem appellari. Quocumque modo ista se habeant, quis ab hoc tenendi navigia exemplo de ulla potentia naturæ vique et effectu, in remediis sponte nascentium rerum dubitet?

1 II. Quid? non et sine hoc exemplo per se satis esset ex eodem mari torpedo : etiam procul, et e longinquo, vel si hasta virgave attingatur, quamvis prævalidos lacertos torpescere, quamlibet ad cursum veloces alligari pedes? Quod si necesse habemus fateri hoc exemplo esse vim aliquam, quæ odore tantum et quadam aura sui corporis afficiat membra, quid non de remediorum omnium momentis sperandum est?

1 III. Non sunt minus mira, quæ de lepore marino traduntur. Venenum est aliis in potu, aut in cibo datus, aliis etiam visus. Siquidem gravidæ si omnino adspexerint feminam, ex eo genere dumtaxat, statim nausea et redundatione stomachi vitium fatentur, ac deinde abortum faciunt. Remedio est mas, ob id induratus sale, ut in brachialibus habeant. Eadem res in mari ne tactu quidem nocet. Vescitur eo unum tantum animalium, ut non intereat, mullus piscis : tenerescit tantum, et ingratior, viliorque fit. Homines quibus impactus est, piscem olent, hoc primo 2 argumento veneficium id deprehenditur. Cætero moriuntur totidem diebus, quot vixerit lepus. Incertissime temporis veneficium id esse, auctor est Licinius Macer. In India affirmant non capi viventem; invicemque ibi hominem illi pro veneno esse, ac vel digito omnino in mari attacum mori. Esse autem ampliorem multo, sicut reliqua animalia.

IV. Juba in his voluminibus quæ scripsit ad Caium 1 Cæsarem, Augusti filium, de Arabia, tradit mitulos marinos ternas heminas capere. Cetos sexcentorum pedum longitudinis, et trecentorum sexaginta latitudinis in flumen Arabiæ intrasse, pinguique ejus mercatores negotiatos et omnium piscium adipe camelos perungi in eo situ, ut asilos ab his fugent odore.

V. ( ii. ) Mihi videntur mira et quæ Ovidius prodidit 1 piscium ingenia , in eo volumine, quod Halieuticon inscribitur. Scarum inclusum nassis, non fronte erumpere, nec infestis viminibus caput inserere : sed aversum caudæ ic-

lons : si un autre scare, en dehors de la nasse, l'aperçoit engagé dans ces efforts, il le saisit par la queue, et le seconde ainsi dans ses tentatives de délivrance. Le loup de mer (IX, 24), entouré par le filet, laboure le sable avec sa queue, 2 et s'y enterre jusqu'à ce que le filet soit passé. La murène, loin de fuir les mailles, les recherche, sachant bien qu'avec son dos rond et glissant, et sa souplesse à se replier, elle élargira les ouvertures du filet, et s'échappera. Le poulpe recherche les hameçons, les saisit de ses bras sans les mordre, et ne les quitte pas qu'il n'ait rongé l'amorce tout autour, ou qu'il ne se sente tiré hors de l'eau. Le muge sait très-bien aussi qu'il y a un hameçon sous l'amorce, et il n'est pas dupe de l'embûche; inspiré par son avidité, il frappe l'hameçon de sa queue, et fait tomber l'ap-3 pât. Le loup de mer a moins de prévoyance et d'adresse, mais le remords de son imprudence lui donne un grand courage; car, dès qu'il se sent pris à l'hameçon, il se démène violemment, déchire la plaie, et échappe au piége. Les murènes avalent au delà de l'hameçon, atteignent la ligne de leurs dents, et la coupent. Le même poëte rapporte que l'anthias (IX, 85) (6), pris à l'hameçon (7), se retourne, et coupe la ligne avec une arête 4 tranchante dont il a le dos armé. D'après Licinius Macer, les murènes ne sont que femelles, et elles fraient avec les serpents, comme nous l'avons dit (IX, 39) : en conséquence les pêcheurs, pour les attirer et les prendre, contrefont le sifflement des serpents. Il ajoute qu'elles engraissent dans les eaux battues, qu'un coup de bâton ne les tue pas, mais qu'il suffit de les toucher avec la férule (XX, 98) pour leur donner la mort. Chez elles, la vie réside dans la queue; cela est constant.

On les tue très-rapidement en les frappant sur cette partie, difficilement en les frappant sur la tête. Ce qui a été touché par le poisson appelé rasoir (*le rason*), sent le fer. L'orbe (*la mole* ou *meule*) est incontestablement le plus dur des poissons; il est rond, sans écailles, et tout tête.

VI. Trébius Niger rapporte que le milvago (IX, 43) annonce changement de temps toutes les fois qu'on le voit voltiger hors de l'eau; que le xiphias ou espadon a le museau aigu; qu'avec cette arme il perce les vaisseaux et les coule bas dans l'Océan, près d'un endroit de la Mauritanie appelé Cotta, non loin du fleuve Lixus. Le même dit que les calmars s'élancent en si grande quantité hors de l'eau, qu'ils submergent les vaisseaux.

VII. Les poissons viennent manger à la main ; cela se voit dans plusieurs maisons de campagne impériales. Mais ce que les anciens ont rapporté à cet égard, ils l'ont vu avec admiration, non dans les piscines, mais dans les étangs naturels; par exemple, au château d'Élore en Sicile, non loin de Syracuse. Dans la fontaine de Jupiter Labrandéen, les anguilles mangent à la main (8) ; elles portent en outre des boucles d'oreilles. Il en est de même à Chios, auprès du temple des Vieillards; en Mésopotamie, dans la fontaine de Chabura, dont nous avons parlé (XXXI, 22).

VIII. A Myres, en Lycie, les poissons de la fontaine d'Apollon Curien viennent, appelés trois fois par la flûte, donner des présages : dévorent-ils avidement les viandes qu'on leur jette, c'est bon signe pour le consultant; c'est mauvais signe s'ils les repoussent avec la queue. A Hiérapolis en Syrie, les poissons du lac de Vénus obéissent à la voix des officiers du temple : ils viennent, parés d'anneaux d'or; ils flattent pour

---

tibus crebris laxare fores, atque ita retrorsum erumpere. Quem luctatum ejus si forte alius scarus extrinsecus videat, apprehensa mordicus cauda adjuvare nisus erumpentis. Lupum rete circumdatum arenas arare cauda atque 2 ita condi, dum transeat rete. Muraenam maculas appetere ipsas, consciam teretis ac lubrici tergi, tum multiplici flexu laxare, donec evadat. Polypum hamos appetere, brachiisque complecti, non morsu : nec prius dimittere, quam escam circumroserit, aut arundine levatum extra aquam. Scit et mugil esse in esca hamum, insidiasque non ignorat : aviditas tamen tanta est, ut cauda verberando 3 excutiat cibum. Minus in providendo lupus solertiae habet, sed magnum robur in poenitendo. Nam ut haesit in hamo, tumultuoso discursu laxat vulnera, donec excidant insidiae. Muraenae amplius devorant, quam hamum, admoventque dentibus lineas, atque ita erodunt. Anthiam tradit idem infixo hamo invertere se, quoniam sit dorso cultellato ei 4 spina eaque lineam praesecare. Licinius Macer muraenas tantum feminini sexus esse tradit, et concipere e serpentibus, ut diximus : ob id sibilo a piscatoribus, tamquam serpentibus, evocari et capi : pinguescere jactatu, fuste non interimi, easdem ferula protinus. Animam in cauda habere certum est, eaque icta celerrime exanimari : at capitis ictu difficulter. Novacula pisce quae tacta sunt, ferrum olent. Durissimum esse piscium constat, qui orbis vocetur : rotundus est, et sine squamis, totusque capite constat.

VI. Milvago quoties cernatur extra aquam volitans, tempestates mutari, Trebius Niger auctor est. Xiphiam, id est, gladium, rostro mucronato esse : ab hoc naves perfossas mergi in Oceano ad locum Mauretaniae, qui Cotta vocetur, non procul Lixo flumine. Idem loligines evolare ex aqua tradit, tanta multitudine ut navigia demergant.

VII. E manu vescuntur pisces in pluribus quidem Caesaris villis : sed quae veteres prodidere, in stagnis, non piscinis, admirati, in Eloro Siciliae castello, non procul Syracusis. Item in Labrandei Jovis fonte anguillae : et inaures additas gerunt. Similiter in Chio juxta Senum delubrum : in Mesopotamiae quoque fonte Chabura, de quo diximus.

VIII. Nam in Lyciae Myris in fonte Apollinis, quem Curium appellant, ter fistula evocati veniunt ad augurium. Diripere eos carnes objectas, laetum est consultantibus : caudis abigere, dirum. Hierapoli Syriae in lacu Veneris aedituorum vocibus parent vocati : exornati auro veniunt : adulantes scalpuntur : ora hiantia manibus inserenda

qu'on les gratte, et tiennent la gueule ouverte pour qu'on y introduise la main. A la roche d'Hercule, sur la côte du territoire Stabien, en Campanie, les mélanures prennent avidement le pain qu'on leur jette dans la mer; mais ils ne s'approchent d'aucun aliment où il y ait un hameçon.

1 IX. Voici encore des particularités non moins merveilleuses : les poissons sont amers à l'île de Pelé (v, 38, 2), à Clazomènes, à côté (9) de la roche de Scylla (III, 14, 2) en Sicile, à Leptis d'Afrique, sur la côte d'Eubée, à Dyrrachium. Ailleurs ils sont si salés qu'on les prendrait pour des salaisons, autour de Céphalénie, d'Ampélos (IV, 17, 4, ou IV, 20, 3), de Paros et des rochers de Délos : dans le port de cette dernière île, ils ont une saveur douce; différences qu'il faut sans contredit attribuer à l'alimentation. Apion dit que le plus gros des poissons est le porc (10), appelé orthragoriscos par les Lacédémoniens, et qu'il grogne quand on le prend. De telles variations naturelles de saveur peuvent tenir non à la nourriture, mais, ce qui est plus singulier, à certaines localités; nous en avons un exemple sous la main : il est constant qu'à Bénévent, en Italie, il faut saler de nouveau toutes les salaisons.

1 X. Cassius Hémina dit que les poissons de mer ont été en usage à Rome dès sa fondation; je cite textuellement ses paroles : « Numa fit une loi par laquelle il interdisait dans les banquets funéraires (11) l'usage des poissons sans écailles; c'était une loi d'épargne, qui avait pour but de diminuer les frais des festins publics et privés, et des repas près des pulvinaires (sorte de reposoirs); il voulut empêcher qu'en achetant les poissons sans écailles pour les repas funéraires on n'en fît hausser le prix, et qu'on ne les accaparât. »

XI. Autant nous attachons de prix aux perles 1 de l'Inde, desquelles nous avons suffisamment parlé (IX, 54), autant les Indiens en attachent au corail (12). Dans le fait, c'est l'imagination des peuples qui fait le prix de ces choses. Il vient, il est vrai, du corail dans la mer Rouge, mais plus noir que le nôtre. Dans le golfe Persique on nomme le corail lace. Le plus estimé se trouve dans le golfe Gallique, autour des îles Stœchades, et dans la mer de Sicile, autour des îles Éoliennes et du cap Drépanum. Il en vient aussi à Gravisque, et devant Naples de Campanie. A Érythres il est très-rouge, mais tendre, et pour cela de peu de prix. Le corail a la configuration d'un arbris- 2 seau; il est de couleur verte; les baies qu'il porte sont blanches et molles sous l'eau; au dehors elles deviennent aussitôt dures et rouges, et ont l'apparence et le volume des cornouilles. On dit qu'il suffit de le toucher pendant qu'il est encore vivant pour le pétrifier, et que pour cette raison on cherche à le prévenir, l'arrachant avec un filet ou le coupant avec un fer bien aiguisé : c'est cette espèce de tonte qui lui a fait, ajoute-t-on, donner le nom de corail (κουρά, tonte). On estime surtout celui qui est le plus rouge et le plus rameux, qui n'est ni raboteux ni pierreux, et, d'un autre côté, sans vides ni trous. Les grains de corail sont aussi estimés dans l'Inde, même par les hommes, que les grosses perles de l'Inde le sont par nos femmes; leurs aruspices et leurs 3 devins pensent que c'est un amulette excellent pour écarter les périls; de la sorte (13), le corail est pour eux un objet d'ornement et de religion. Avant qu'on connût la prédilection des Indiens pour le corail, les Gaulois en ornaient leurs glaives, leurs boucliers et leurs casques. Maintenant l'exportation rend cette matière si rare, qu'on

---

præbent. In Stabiano Campaniæ ad Herculis petram, melanuri in mari panem abjectum rapiunt : iidem ad nullum cibum, in quo hamus sit, accedunt.

1 IX. Nec illa in novissimis mira, amaros esse pisces ad Pelen insulam, et ad Clazomenas, contra scopulum Siciliæ, ac Leptin Africæ, et Eubœam, et Dyrrachium. Rursus ita salsos, ut possint salsamenta existimari, circa Cephaleniam et Ampelon, et Paron, et Deli petras : in portu ejusdem insulæ, dulces. Quam differentiam pabulo constare non est dubium. Apion maximum piscium esse tradit porcum, quem Lacedæmonii orthragoriscum vocant : grunnire enim, quum capiatur. Esse vero illam naturæ accidentiam, quod magis miremur, etiam in locis quibusdam, apposito occurrit exemplo. Siquidem salsamenta omnium generum in Italia Beneventi refici constat.

1 X. Pisces marinos in usu fuisse protinus a condita Roma, auctor est Cassius Hemina, cujus verba de ea re hic subjiciam : « Numa constituit, ut pisces qui squamosi non essent, ni pollucerent : parcimonia commentus, ut convivia publica et privata, cœnæque ad pulvinaria facilius compararentur : ni qui ad polluctum emerent, pretio minus parcerent, eaque præmercarentur. »

XI. Quantum apud nos Indicis margaritis pretium est, 1 de quibus suo loco satis diximus, tantum apud Indos curalio : namque ista persuasione gentium constant. Gignitur quidem et in Rubro mari, sed nigrius : item in Persico vocatur Iace : laudatissimum in Gallico sinu circa Stœchadas insulas, et in Siculo circa Æolias, ac Drepanum. Nascitur et apud Graviscas, et ante Neapolim Campaniæ; maximeque rubens, sed molle, et ideo vilissimum Erythris. Forma est ei fruticis, colos viridis. Baccæ ejus can- 2 didæ sub aqua ac molles : exemtæ confestim durantur et rubescunt, quasi corna sativa specie atque magnitudine. Aiunt tactu protinus lapidescere, si vivat. Itaque occupari, evellique retibus, aut acri ferramento præcidi. Qua de causa curalium vocitatum interpretantur. Probatissimum quam maxime rubens, et quam ramosissimum, nec scabiosum, aut lapideum, aut rursus inane, et concavum. Auctoritas baccarum ejus non minus Indorum viris quoque pretiosa est, quam feminis nostris uniones Indici. Arus- 3 pices eorum vatesque inprimis religiosum id gestamen amoliendis periculis arbitrantur. Ita et decore et religione gaudent. Prius quam hoc notesceret, Galli gladios, scuta, galeas adornabant eo. Nunc tanta penuria est ven-

# LIVRE XXXII.

ne la voit plus guère dans les pays qui la produisent. Une branche de corail pendue au cou d'un enfant passe pour le mettre en sûreté. Calciné, pulvérisé et bu dans de l'eau, le corail est bon pour les tranchées, les affections vésicales et calculeuses. Pris de la même façon dans du vin, ou, s'il y a de la fièvre, dans de l'eau, il est soporatif. Il résiste longtemps au feu. On ajoute que ce médicament, pris souvent à l'intérieur, consume la rate. Il est excellent pour ceux qui rejettent ou qui crachent du sang. On en incorpore la cendre aux compositions ophthalmiques ; il est en effet astringent et réfrigérant. Il remplit les creux des ulcères ; il efface les cicatrices.

XII. Quant à la répugnance des choses entre elles, appelée par les Grecs antipathie (14), il n'y a rien de plus vénéneux que la pastenague, poisson de mer dont le piquant tue les arbres, comme nous l'avons dit (ix, 72). Cependant le galéos (*le milandre*) la poursuit. Il donne, il est vrai, la chasse à d'autres poissons, mais particulièrement aux pastenagues, comme sur terre la belette aux serpents, tant ces animaux sont friands du poisson même. Les personnes piquées par la pastenague sont guéries par le galéos ; elles le sont aussi par le surmulet et le laser.

XIII. (III.) Il faut admirer encore la puissance de la nature dans les animaux qui vivent sur la terre et dans l'eau. Tels sont les bièvres (viii, 47), qu'on nomme castors (15) ; leurs testicules portent le nom de castoréum. Sextius, auteur très-exact en matière médicale, assure que ces animaux, quand on les prend, ne se coupent pas les testicules. Il ajoute que ces organes sont petits, resserrés et adhérents à l'épine, et qu'on ne peut les enlever sans donner la mort à l'animal ; qu'on falsifie le castoréum avec les reins du castor, qui sont gros, tandis que les vrais testicules sont très-petits ; qu'en outre il ne faut pas les confondre avec deux vésicules qu'on ne voit chez aucun autre animal ; que dans ces vésicules se trouve une liqueur que l'on conserve en la salant ; qu'ainsi on distingue le vrai du faux, parce que le premier est dans deux vésicules suspendues à un cordon commun ; que le vrai même se sophistique avec un mélange de sang et de gomme, ou de gomme ammoniaque ; qu'en effet ces follicules doivent avoir la couleur de cette dernière gomme, être revêtus de leur tunique, contenir une liqueur ayant la consistance d'un miel mêlé de cire, répandre une odeur forte, avoir un goût amer et âcre, et être friables. Le castoréum le plus efficace vient du Pont et de la Galatie, puis de l'Afrique. Flairé, il provoque l'éternument. Il est soporatif, si on en frotte la tête avec de l'huile rosat et du peucedanum ; il produit, bu dans de l'eau pure, le même effet, ce qui le rend utile dans les phrénitis. En fumigation, il réveille les léthargiques ; en fumigation ou en pessaire, il dissipe les suffocations hystériques. Il fait venir les règles et l'arrière-faix, pris à la dose de deux drachmes dans de l'eau, avec du pouliot. Il guérit le vertige, l'opisthotonos, le tremblement, le spasme, les affections nerveuses, la coxalgie, les maux d'estomac, la paralysie, en onction, ou broyé jusqu'à consistance de miel avec la graine du vitex, dans du vinaigre ou de l'huile rosat ; on l'emploie de cette dernière façon contre l'épilepsie. En breuvage on s'en sert contre les flatuosités, les tranchées et les poisons ; seulement, suivant l'espèce de poison, on l'incorpore différemment : contre les scorpions, on le fait boire

dibili merce, ut perquam raro cernatur in suo orbe. Surculi infantiæ adalligati, tutelam habere creduntur : contraque torminum ac vesicæ et calculorum mala in pulverem igne redacti, potique cum aqua auxiliantur. Simili modo ex vino poti, aut si febris sit, ex aqua, somnum afferunt. Ignibus diu repugnant. Sed eodem medicamine sæpius poto tradunt lienem quoque absumi. Sanguinem rejicientibus exscreantibusve medentur. Cinis eorum miscetur oculorum medicamentis. Spissat enim ac refrigerat : hulcerum cava explet : cicatrices extenuat.

XII. Quod ad repugnantiam rerum attinet, quam Græci antipathian vocant, nihil est usquam venenatius, quam in mari pastinaca, utpote quum radio ejus arbores necari dixerimus. Hanc tamen persequitur galeos. Idem et alios quidem pisces, sed pastinacas præcipue, sicut in terra serpentes mustela. Tanta est aviditas ipsius veneni. Percussis vero ab ea medetur et hic quidem, sed et mullus, ac laser.

XIII. (III.) Spectabilis naturæ potentia in his quoque, quibus et in terris et in aqua victus est, sicut et fibris, quos castoras vocant, et castorea testes eorum. Amputari hos ab ipsis, quum capiantur, negat Sextius diligentissimus medicinæ. Quin immo parvos esse substrictosque, et adhærentes spinæ, nec adimi sine vita animalis posse. Adulterari autem renibus ejusdem, qui sint grandes, quum veri testes parvi admodum reperiantur. Præterea ne vesicas quidem esse, quum sint geminæ, quod nulli animalium. In his folliculis inveniri liquorem et asservari sale. Itaque inter probationes falsi, esse folliculos geminos ex uno nexu dependentes, quod ipsum corrumpi fraude conjicientium gummi cum sanguine, aut Hammoniacum : quoniam Hammoniaci coloris esse debeant, tunicis circumdati, liquore veluti mellis cerosi, odore graves, gustu amaro et acri, friabiles. Efficacissimi e Ponto, Galatiaque, mox Africa. Sternumenta olfactu movent. Somnum conciliant, cum rosaceo et peucedano peruncto capite, et per se poti in aqua : ob id phreneticis utiles. Item lethargicos odoris sufitu excitant, vulvarumque exanimationes, vel subditi. Et menses ac secundas cient, duabus drachmis ex aqua cum pulegio poti. Medentur et vertigini, opisthotonis, tremulis, spasticis, nervorum vitiis, ischiadicis, stomachicis, paralyticis, perunctis omnibus : vel triti ad crassitudinem mellis cum semine viticis, ex aceto aut rosaceo. Sic et contra comitiales sumti : poti vero contra inflationes, tormina, venena. Differentia tantum contra genera est mixturæ. Quippe adversus scorpiones ex vino

dans du vin ; contre les phalanges et les autres araignées, dans du vin miellé, si on veut provoquer le vomissement, ou, si on veut le faire garder, avec de la rue ; contre le lézard chalcis (XXIX, 82), avec du vin de myrte ; contre le céraste et le prester, avec le panax ou la rue, dans du vin ; contre les autres serpents, avec du vin.

4 La dose suffisante est deux drachmes de castoréum sur une drachme des autres ingrédients. Il est bon en particulier contre le gui, dans du vinaigre ; contre l'aconit, dans du lait ou de l'eau ; contre l'ellébore blanc, dans de l'eau miellée et nitrée. Il guérit aussi les maux de dents : pour cela on le broie et on l'injecte avec de l'huile dans l'oreille du côté souffrant. Il vaut mieux pour les douleurs d'oreilles, si on le mêle au méconium (sorte d'opium ; XX, 76, 4). En onction avec du miel attique, il éclaircit la vue ; dans du vinaigre, il arrête le hoquet. L'urine même du castor combat les venins, et, pour cette raison, on l'incorpore dans les antidotes. D'après l'opinion de quelques-uns, on ne saurait mieux la conserver que dans la vessie même de l'animal.

1 XIV. (IV.) Les tortues sont également amphibies, et leurs propriétés ne sont pas moindres, méritant d'ailleurs une place honorable, soit à cause de l'emploi de leur écaille (IX, 12), soit à cause de la singularité de leur conformation (10). On distingue les tortues en terrestres, marines, tortues des eaux fangeuses, tortues d'eau douce ; ces dernières sont appelées, par certains Grecs, émydes. La chair des tortues de terre s'emploie particulièrement en fumigation, et on la dit salutaire pour écarter les artifices magiques et pour combattre les poisons. Ces tortues abondent en Afrique ; là, dit-on, on leur coupe la tête et les pattes, et on les donne en antidote. On ajoute que mangées dans leur propre jus elles dissipent les écrouelles, les maladies de la rate, et l'épilepsie. Le sang éclaircit la vue et enlève la cataracte. On met ce sang en pilules dans de la farine, on le garde, et, quand il en est besoin, on le donne dans du vin contre le venin de tous les serpents, des araignées et autres animaux venimeux. Il est avantageux d'employer contre la cataracte, en onction, le fiel de tortue avec du miel attique, et de l'instiller dans la piqûre des scorpions. La cendre de la carapace, pétrie avec du vin et de l'huile, guérit les crevasses et les ulcérations des pieds. Les raclures de la superficie de l'écaille, données en boisson, sont antiaphrodisiaques ; ce qui est d'autant plus étonnant, que la poudre de la carapace entière passe pour être un aphrodisiaque actif. Quant à l'urine de tortue, je ne 3 pense pas qu'on puisse se la procurer autrement qu'en ouvrant l'animal vivant. Parmi les prodiges que les mages en racontent, il y a ceci, qu'elle est souveraine contre la piqûre de l'aspic, mais plus efficace encore si on y mêle des punaises. Les œufs de tortue durcis s'appliquent sur les tumeurs scrofuleuses, et sur les ulcères produits par la brûlure ou par le froid. On les fait avaler pour 4 les douleurs d'estomac. La chair de la tortue de mer, mêlée avec celle de la grenouille, est un remède admirable contre la salamandre. Le fait est que rien n'est plus contraire à la salamandre que la tortue. Le sang guérit le vide de l'alopécie, le porrigo, et tous les ulcères de la tête ; il faut le laisser dessécher, et ensuite le laver doucement. Pour les douleurs d'oreilles, on l'instille avec du lait de femme. Contre l'épilepsie, on le mange dans de la fleur de farine : on mêle trois hémines

bibuntur : adversus phalangia et araneos, ex mulso, ita ut vomitione reddantur : aut ut retineantur, cum ruta : adversus chalcidas cum myrtite : adversus cerasten et presteras, cum panace, aut ruta, ex vino : adversus cæte-
4 ras serpentes, cum vino. Dari binas drachmas satis est : eorum quæ adjiciantur, singulas. Auxiliantur privatim contra viscum ex aceto : adversus aconitum ex lacte, aut aqua : adversus elleborum album, ex aqua mulsa nitroque. Medentur et dentibus, infusi cum oleo triti in aurem, a cujus parte doleant : aurium doloribus melius, si cum meconio. Claritatem visus faciunt cum melle Attico inuncti. Cohibent singultus ex aceto. Urina quoque fibri resistit venenis, et ob id in antidota additur. Adservatur autem optime in sua vesica, ut aliqui existimant.

1 XIV. (IV.) Geminus similiter victus in aquis terraque testudinum, effectusque par, honore habendo, vel propter excellens in usu pretium, figuræque proprietatem. Sunt ergo testudinum genera, terrestres, marinæ, lutariæ, et quæ in dulci aqua vivunt. Has quidam e Græcis emydas appellant. Terrestrium carnes suffitionibus propriæ, Magicisque artibus refutandis, et contra venena salutares producuntur. Plurimæ in Africa. Hæ ibi amputato capite pedibusque, pro antidoto dari dicuntur : et ex jure in cibo sumtæ, strumas discutere, lienes tollere ; item comitiales morbos. Sanguis earum claritatem visus facit, 2 suffusionesque oculorum tollit. Et contra serpentium omnium et araneorum ac similium venena auxiliatur, servato sanguine in farina pilulis factis, et quum opus sit in vino datis. Felle testudinum cum Attico melle glaucomata inungi prodest ; et scorpionum plagæ instillari. Tegumenti cinis vino et oleo subactus pedum rimas hulceraque sanat. Squamæ e summa parte derasæ, et in potu datæ, Venerem cohibent. Eo magis hoc mirum, quoniam totius tegumenti farina accendere traditur libidinem. Urinam 3 earum aliter quam in vesicis dissectarum, inveniri posse non arbitror : et inter ea hoc quoque esse, quæ portentosa Magi demonstrent, adversus aspidum ictus singulare, efficaciore tamen, ut aiunt, cimicibus admixtis. Ova durata illinuntur strumis, et hulceribus frigore aut adustione factis. Sorbentur in stomachi doloribus. Marinarum 4 carnes admixtæ ranarum carnibus contra salamandras præclare auxiliantur. Neque est testudine aliud salamandræ adversius. Sanguine alopeciarum inanitas, et porrigo, omniaque capitis hulcera curantur. Inarescere cum oportet, lenteque ablui. Instillatur et dolori aurium cum lacte mulierum. Adversus comitiales morbos manditur cum polline frumenti ; miscetur autem sanguinis heminis tribus, aceti hemina ; datur et suspirio-

de ce sang avec une hémine de vinaigre (17). On le donne aussi dans l'asthme, mais avec une hémine de vin. Pour ce dernier cas, on le donne encore avec la farine d'orge, mêlé aussi à du vinaigre; et de ce mélange on fait prendre gros comme une fève : cela se prend matin et soir (18); puis, au bout de quelques jours, deux fois le soir. Dans l'accès même de l'épilepsie, s'il n'est pas violent, on fait desserrer les dents au malade, pour lui instiller de ce sang dans la bouche. Dans le spasme, on le donne en lavement avec du castoréum. Quiconque se frotte trois fois par an les dents avec du sang de tortue n'en souffre jamais. Ce sang dissipe l'asthme et ce qu'on nomme orthopnée; pour cette dernière affection, on le donne dans la polenta. Le fiel de tortue éclaircit la vue, efface les cicatrices, guérit les amygdalites, les angines, et toutes les affections de la bouche. Il est spécifique pour les ulcères rongeants de cette partie et des testicules. Appliqué aux narines, il fait redresser sur leurs pieds les épileptiques; mêlé au vinaigre avec la vieille peau des couleuvres, c'est un remède unique pour la suppuration des oreilles : quelques-uns ajoutent du fiel de bœuf et du bouillon de tortue, mettant également une vieille peau de couleuvre; mais ils font consommer la tortue dans du vin. Le fiel appliqué avec du miel guérit toutes les affections des yeux (19). Le fiel de la tortue de mer, avec le sang de la tortue de rivière et du lait, guérit même les cataractes. Le fiel teint les cheveux des femmes. Contre la salamandre, il suffit de boire le bouillon de la chair de tortue. La troisième espèce de tortue vit dans la bourbe et les marais. Cette tortue a la carapace (20) semblable au plastron, et non pas bombée; elle est désagréable à voir.

Cependant on en tire aussi quelques secours médicinaux; on en jette trois dans un feu de sarment; aussitôt que leurs écailles s'ouvrent, on les retire du feu; alors on arrache leur chair, qu'on fait cuire dans un conge d'eau avec un peu de sel. On fait cuire jusqu'à réduction au tiers, et cette décoction s'administre à l'intérieur pour la paralysie et la goutte. Le fiel évacue la pituite et le sang corrompu; bu dans de l'eau froide, il resserre le ventre. Les tortues de la quatrième espèce vivent dans les rivières. On les dépouille de leur écaille; on broie leur graisse avec l'herbe nommée aizoon, en y joignant de l'huile de lis et de la graine de lis. Avec cette préparation on oint les malades, excepté la tête, avant l'accès, puis on les enveloppe bien et on leur fait boire de l'eau chaude : cette recette guérit, dit-on, la fièvre quarte. On ajoute que la tortue doit être prise au quinzième jour de la lune, pour qu'on y trouve plus de graisse, et que le malade doit être oint le seizième (21). Le sang de cette même espèce de tortue, versé goutte à goutte sur la tête, dissipe la céphalalgie; il guérit aussi les scrofules. Quelques-uns recommandent de recevoir dans un vaisseau de terre neuf le sang de la tortue, que l'on renverse sur le dos, et à laquelle on coupe la tête avec un couteau de cuivre; ils disent que le sang ainsi recueilli, de quelque espèce qu'il provienne, est bon pour l'érysipèle, pour les ulcères humides de la tête et les verrues. Les mêmes auteurs assurent que la fiente de toutes les tortues dissipe les tumeurs. Ajoutons une particularité, tout incroyable qu'elle est : quelques-uns prétendent que des navires qui portent la patte droite d'une tortue marchent plus lentement.

XV. Maintenant nous allons ranger les poissons

---

sis, sed cum hemina vini additur : his et cum hordeacea farina, aceto quoque admixto, ut sit quod devoretur fabæ magnitudine. Hæc singula et matutina et vespera dantur, dein post aliquot dies bina vespera. Comitialibus instillatur ore diducto, his qui modice corripiantur. Spasmo cum castoreo clystere infunditur. Quod si dentes ter anno colluantur testudinum sanguine, immunes a dolore fiunt. Et anhelitus discutit, quasque orthopnœas vocant : ad has in polenta datur. Fel testudinum claritatem oculorum facit : cicatrices extenuat : tonsillas sedat, et anginas, et omnia oris vitia. Privatim nomas illis : item testium. Naribus illitum comitiales erigit, attollitque. Idem cum vernatione anguium aceto admixto, unice purulentis auribus prodest. Quidam bubulum fel admiscent, decoctarumque carnium testudinis succum, addita æque vernatione anguium. Sed vino testudinem excoquunt. Oculorum utique vitia omnia fel inunctum cum melle emendat: suffusiones etiam marinæ fel cum fluviatilis sanguine, et lacte. Capillos mulierum inficitur felle. Contra salamandras, vel succum decoctæ bibisse satis est. Testudinum est tertium genus in cœno et paludibus viventium. Latitudo bis et in dorso pectori similis, nec convexo curvata calyce, ingrata visu. Ex hac quoque tamen aliqua contingunt auxilia. Tres namque in succensa sarmenta conjectæ, dividentibus se tegumentis rapiuntur : tum evulsæ carnes earum coquuntur in aquæ congio, sale modica addita, ita decoctarum ad tertias partes succus, paralysin et articularios morbos sentientibus bibitur. Detrahit item fel pituitas, sanguinemque vitiatum. Sistitur ab eo remedio alvus aquæ frigidæ potu. Ex quarto genere testudinum, quæ sunt in amnibus, divulsarum pingui cum aizoo herba tuso, admixto unguento et semine lilii, ante accessiones si perungantur ægri, præter caput, mox convoluti calidam aquam bibant, quartanis liberari dicuntur. Hanc testudinem quinta decima luna capi oportere, ut plus pinguium reperiatur. Verum ægrum sexta decima luna perungi. Ex eodem genere testudinum sanguis instillatus cerebro capitis dolores sedat : item strumas. Sunt qui testudinum sanguine cultro æreo supinarum capitibus præcisis, excipi novo fictili jubent: ignem sacrum, cujuscumque generis sanguine illini : item capillis hulcera manantia, et verrucas. Iidem promittunt testudinum omnium fimo panos discuti. Et licet incredibile dictu sit, aliqui tradunt tardius ire navigia, testudinis pedem dextrum vehentia.

XV. Hinc deinde in morbos digeremus aquatilia, non

par maladies, non que nous ignorions que l'exposition de toutes les propriétés d'un animal est plus agréable et excite plus d'admiration ; mais la méthode que nous suivons est plus utile ; elle offre les remèdes par maladies ; et, de fait, tel remède convient à tel individu et ne convient pas à tel autre, et tel remède se trouve en tel lieu plus facilement qu'en tel autre.

1  XVI. (v.) Nous avons dit en quelle contrée se produisait le miel vénéneux (XXI, 44) : la chair de la dorade en est l'antidote. Le miel, même pur, cause quelquefois de l'anorexie, et une indigestion qui est très grave : coupez les pattes, la tête et la queue d'une tortue, faites-la bouillir, et vous vous guérirez, d'après Pélops. Dans le même cas (22), Apellès prescrit le scinque. Ce qu'est le scinque, nous l'avons dit (VIII, 38 ; XXVIII, 30). Nous avons aussi indiqué à plusieurs reprises combien les menstrues des femmes sont vénéneuses (VII, 
2 13 ; XXVIII, 23) ; le surmulet, comme nous l'avons rapporté (XXVIII, 23, 5), en amortit les effets. Ce même poisson, en topique ou en aliment, est bon contre la pastenague, contre les scorpions terrestres et marins, contre les dragons et les araignées phalanges. La tête fraîche de ce poisson, incinérée, est souveraine contre tous les poisons, et en particulier contre les champignons. On dit que si on enduit de sang de renard une étoile de mer, et qu'on la cloue aux linteaux supérieurs de la porte ou à la porte même avec un clou d'airain, les maléfices ne pourront être introduits dans la maison, ou, introduits, seront neutralisés.

1  XVII. Les blessures faites par les dragons marins (la vive) et les scorpions marins (une scorpène) se guérissent par leur chair même, appliquée sur la lésion ; les morsures des araignées se guérissent de même. En somme, contre tout venin introduit soit en boisson, soit par une piqûre, soit par une morsure, il n'est point de meilleur remède que le bouillon de dragon marin et de scorpion marin. La médecine tire aussi du secours des poissons séchés. Si on a été mordu par un serpent ou piqué par une bête venimeuse, on se trouve bien de manger du poisson salé, de boire des coups de vin pur, et de rejeter le tout par le vomissement vers le soir. Cette recette réussit surtout contre le lézard chalcis, et les serpents céraste, seps (XXIII, 29), élops (23) et dipsas. Contre le scorpion il faut prendre le poisson salé en plus grande quantité, ne pas le vomir, et endurer la soif qu'il cause. On l'emploie aussi en topique sur la plaie. On ne connaît pas de remède plus efficace contre la morsure du crocodile. La sardine est bonne en particulier contre la morsure du serpent prester. On emploie encore le poisson salé en topique, contre la morsure du chien enragé ; et quand même la plaie n'aurait pas été brûlée à l'aide du fer, et le corps évacué à l'aide de clystères, cela seul suffirait. Le poisson salé est un topique, dans du vinaigre, contre le dragon marin. Le cybium (IX, 18, 2) a la même propriété. Contre le venin du piquant avec lequel blesse le dragon marin, on emploie en topique ou le dragon marin lui-même, ou sa cervelle entière.

XVIII. Le bouillon des grenouilles de mer 1 (baudroies), cuites au vin et au vinaigre, s'administre à l'intérieur contre les venins, contre le venin de la grenouille de buisson et contre les salamandres. Manger la chair des grenouilles de rivière, ou en boire le bouillon, est bon et contre le lièvre marin et contre les serpents susdits ; contre les scorpions, on s'en sert dans du vin. Démocrite assure que si on arrache la langue à une

---

quia ignoremus gratiorem esse universitatem animalium, majorisque miraculi : sed hoc utilius est vitæ ; contributa habere remedia, quom aliud alii prosit, aliud alibi facilius inveniatur.

1  XVI. (v.) Venenatum mel diximus ubi nasceretur. Auxilio est piscis aurata in cibo. Vel si ex melle sincero fastidium cruditasve, quæ sit gravissima, incidat; testudinem circumcisis pedibus, capite, cauda, decoctam, antidotum esse, auctor est Pelops, scincum Apelles. Quid esset scincus, diximus : sæpius vero, quantum venefi-
2 cii in menstruis mulierum. Contra omnia ea auxilietur, ut diximus, mullus. Item contra pastinacam et scorpiones terrestres marinosque, et dracones, et phalangia illitus sumtusve in cibo. Ejusdem recentis e capite cinis contra omnia venena, privatim contra fungos. Mala medicamenta inferre negant posse, aut certe nocere, stella marina vulpino sanguine illita, et affixa limini superiori, aut clavo æreo januæ.

1  XVII. Draconis marini scorpionumque ictus, carnibus earum impositis : item araneorum morsus sanantur. In summa contra omnia venena, vel potu, vel ictu, vel morsu noxia, succus earum e jure decoctarum, efficacissimus habetur. Sunt et servatis piscibus medicinæ, salsamentorumque cibus prodest a serpente percussis, et contra bestiarum ictus, mero subinde hausto, ita ut ad vesperam cibus vomitione reddatur. Peculiariter a chalcide, ceraste, aut quas sepas vocant, aut elope, dipsadeve percussis. Contra scorpionem largius sumi, sed non evomi salsamenta prodest, ita ut sitis toleretur : et imponere eadem plagis convenit. Contra crocodilorum quidem morsus non aliud præsentius habetur. Privatim contra presteris morsum sarda prodest. Imponuntur salsamenta et contra canis rabiosi : vel si non sint ferro ustæ plagæ, corporaque clysteribus exinanita, hoc per se sufficit. Et contra draconem marinum ex aceto imponuntur. Idem et cybio effectus. Draco quidem marinus ad spinæ suæ, qua ferit, venenum, ipse impositus, vel cerebro toto prodest.

XVIII. Ranarum marinarum ex vino et aceto decoctarum 1 succus contra venena bibitur, et contra ranæ rubetæ venenum, et contra salamandras. E fluviatilibus, si carnes edantur jusve decoctarum sorbeatur, prosunt et contra leporem marinum, et contra serpentes supra dictas. Contra scorpiones, ex vino. Democritus quidem tradit, si

LIVRE XXXII.

grenouille vivante, sans aucune des parties auxquelles elle tient, et si, après avoir laissé retomber la grenouille dans l'eau, on applique cette langue, à l'endroit où le cœur bat, sur une femme endormie, cette femme répondra vrai à toutes les inter-
2 rogations. Les mages disent bien d'autres choses; et si leurs assertions étaient vraies, il faudrait regarder les grenouilles comme bien plus utiles à la société que les lois. En effet, on les perce avec un roseau qui va des parties naturelles à la bouche; le mari fiche le roseau dans le sang menstruel de la femme, et celle-ci se dégoûte de ses amants (24). Voici qui est avéré : la chair de grenouille mise à l'hameçon est un excellent appât pour les pourpres. On dit que la grenouille a deux foies (XI, 76); qu'il faut les exposer aux fourmis, et que le foie attaqué par ces insectes est un antidote contre tous les poisons. Il est des grenouilles vivant seulement dans les buissons; pour cette raison on les nomme buissonnières, comme nous avons dit (VIII, 48); les Grecs leur donnent le nom de phrynes; ce sont les plus grosses de toutes; elles ont comme deux cornes, et sont pleines de maléfices. Les auteurs en racontent à l'envi des merveilles; si on les apporte au sein
3 du peuple, le silence s'établit. Si on jette dans de l'eau bouillante un petit os qu'elles ont au côté droit, le vase devient froid, et ne peut plus se réchauffer qu'on n'ait ôté ce petit os. On se le procure en exposant la grenouille aux fourmis, qui en rongent les chairs; on garde ces petits os un à un dans l'huile (25). Il y en a un autre dans le côté gauche; jeté dans de l'eau, il paraît la faire bouillir; on le nomme apocynon (ἀπὸ κυνός, repousse-chien); il arrête la furie des chiens. Mis dans la boisson, il excite l'amour et les querelles; en amulette, il est aphrodisiaque. Au contraire, l'osselet du côté droit est un puissant réfrigérant : celui-ci, attaché au malade dans de la peau d'un agneau fraîchement écorché, guérit la fièvre quarte et les autres fièvres; il réprime l'amour. La rate de ces grenouilles est un antidote contre les poisons qu'on fait avec elles. Leur fiel est encore plus efficace (26).

XIX. Il est une couleuvre qui vit dans l'eau : 1 ceux qui font la chasse des crocodiles portent sur eux la graisse et le fiel de cette couleuvre : c'est pour eux, dit-on, un merveilleux secours, ces monstres n'osant rien entreprendre contre un pareil préservatif, qui est encore plus efficace si on y mêle l'herbe potamogiton (XXVI, 33). Les écrevisses de rivières, fraîches, pilées et bues dans de l'eau, ou leur cendre conservée, sont utiles contre tous les poisons, en particulier contre les piqûres des scorpions, avec du lait d'ânesse, ou, si l'on n'en a pas, avec du lait de chèvre ou tout autre lait. Il faut aussi y ajouter du vin. Ces mêmes écrevisses, broyées avec du basilic, tuent les scorpions. Elles ont la même vertu contre les 2 morsures de tous les animaux venimeux, et en particulier contre la musaraigne, les couleuvres, le lièvre marin et la grenouille buissonnière. Leur cendre conservée est bonne pour ceux que met en danger l'hydrophobie, à la suite de la morsure d'un chien enragé (27). Quelques-uns y ajoutent de la gentiane, le tout administré dans du vin. Si l'hydrophobie est déclarée, on fait des pastilles avec cette cendre et du vin, et on les donne à prendre. Si on attache ensemble dix écrevisses avec une poignée de basilic, les mages prétendent que tous les scorpions du lieu se rassembleront autour de ces écrevisses. Sur les piqûres de scorpion, ils appliquent avec le basilic les écrevisses 3 mêmes ou leur cendre. Les écrevisses de mer

---

quis extrahat ranæ viventi linguam, nulla alia corporis parte adhærente, ipsaque dimissa in aquam, imponat supra cordis palpitationem mulieri dormienti, quæcumque
2 interrogaverit, vera responsuram. Addunt etiamnum alia Magi, quæ si vera sunt, multo utiliores vitæ existimentur ranæ, quam leges. Namque arundine transfixa natura per os, et surculus in menstruis defigatur a marito, adulterorum tædium fieri. Carnibus earum in hamum additis, præcipue purpuras certum est allici. Jecur ranæ geminum esse dicunt, objicique formicis oportere : eam partem, quam appetant, contra omnia venena esse pro antidoto. Sunt quæ in vepribus tantum vivunt, ob id rubetarum nomine, ut diximus, quas Græci phrynos vocant, grandissimæ cunctarum, geminis veluti cornibus, plenæ veneficiorum. Mira de his certatim tradunt auctores. Illatis in
3 populum silentium fieri. Ossiculo, quod sit in dextro latere, in aquam ferventem dejecto, refrigerari vas, nec postea fervere, nisi exemto. Id inveniri objecta rana formicis, carnibusque erosis : singula in oleum addi. Et aliud esse in sinistro latere, quo dejecto fervere videatur : apocynon vocari : canum impetus eo cohiberi, amorem concitari, et jurgia, addito in potionem. Venerem adalli- gatum stimulare. Rursus a dextro latere refrigerari ferventia. Hoc et quartanas sanari adalligato in pellicula agnina recenti, aliasque febres. Amorem inhiberi. Ex iisdem his ranis lien contra venena, quæ fiant ex ipsis, auxiliatur. Jecur vero etiam efficacius.

XIX. Est colubra in aqua vivens : hujus adipem et fel ha- 1 bentes qui crocodilos venentur, mire adjuvari dicunt, nihil contra bellua audente. Efficacius etiamnum, si herba potamogiton misceatur. Cancri fluviatiles triti potique ex aqua recentes, seu cinere adservato, contra venena omnia prosunt, privatim contra scorpionum ictus cum lacte asinino : vel si non sit, caprino, vel quocumque. Addi et vinum oportet. Necant eos triti cum ocimo admoti. Eadem vis con- 2 tra venenatorum omnium morsus, privatim scytalen, et angues, et contra leporem marinum, ac ranam rubetam. Cinis eorum servatus prodest pavore potus periclitantibus ex canis rabiosi morsu. Quidam adjiciunt gentianam, et dant in vino. Nam si jam pavor occupaverit, pastillos vino subactos devorandos ita præcipiunt. Decem vero cancris cum ocimi manipulo alligatis, omnes qui ibi sint scorpiones ad eum locum coituros Magi dicunt : et cum ocimo ipsos cineremve eorum percussis imponunt. Minus in omnibus 3

ont moins de vertu dans tous ces cas (28). Thrasyllus dit que rien n'est plus opposé aux serpents que les écrevisses; que les cochons piqués se guérissent en en mangeant; que quand le soleil est dans le signe du Cancer les serpents sont au supplice. La chair, crue ou cuite, des escargots de rivière est bonne contre les piqûres des scorpions ; plusieurs, à cet effet, en gardent de salée. On s'en sert aussi en topique sur la plaie même. Le coracin (ix, 32) est un poisson particulier au Nil, il est vrai ; mais nous écrivons pour l'univers entier. La chair de ce poisson, en topique, est bonne pour les piqûres des scorpions. Parmi les poissons venimeux il faut ranger le porc marin (xxxii, 9 et 7, 4), qui a dans le dos un piquant causant de très-vives souffrances : le remède est le limon ramassé sur le corps même de ce poisson.

1 XX. Dans l'hydrophobie, suite de la morsure d'un chien enragé, on frotte la face avec de l'huile de veau marin, laquelle est plus efficace si l'on y joint de la moelle d'hyène, de l'huile de lentisque, et de la cire. Un remède contre la morsure des murènes, c'est la cendre de leur tête calcinée. La pastenague sert aussi de remède à la blessure qu'elle fait : on réduit en cendre l'individu qui a piqué ou toute autre, et on applique cette cendre dans du vinaigre. Si on veut en manger, il faut lui ôter du dos tout ce qui est safrané, et retrancher la tête entière. On ne doit la laver que médiocrement, non plus que les testacés ; autrement on ôte l'agrément de la saveur. Le poison du lièvre marin est détruit par des hippocampes (ix, 1) pris en breuvage. Les hérissons de mer sont excellents contre le dorycnium (xxi, 105). Le bouillon en est particulièrement bon à ceux qui ont été empoisonnés par le suc du carpathium (29). La décoction des écrevisses de mer passe pour efficace contre le dorycnium ; elle l'est surtout contre le venin du lièvre marin.

XXI. (vi.) Ce venin est aussi combattu par 1 les huîtres. Ce que j'ai déjà dit des huîtres (ix, 79) ne peut paraître suffisant, puisqu'il s'agit d'un mets qui a (30) la palme sur la table des riches. Elles se plaisent aux eaux douces, et aux lieux où plusieurs fleuves se jettent dans la mer ; aussi (31) celles de la haute mer sont petites et peu nombreuses : cependant il s'en produit dans des rochers et des endroits fort éloignés des eaux douces, témoin les environs de Grynium et de Myrina. Elles suivent généralement dans leur croissance le cours de la lune, comme nous l'avons dit dans le chapitre relatif aux productions marines (ix, 50, 2) ; mais c'est surtout au commencement de l'été et quand le soleil pénètre dans les bas-fonds, qu'elles sont pleines de lait (ix, 74, 6). Voici sans doute la raison pour laquelle 2 les huîtres de la haute mer sont plus petites : l'opacité de l'eau arrête leur croissance, et les tient dans un état de tristesse et de dégoût. Les huîtres varient en couleur, rousses en Espagne, brunes en Illyrie, noires de chair et d'écaille à Circéi. Dans tout pays on estime davantage celles qui sont grasses sans être gluantes, et remarquables par leur épaisseur plutôt que par leur largeur. Elles doivent avoir été pêchées, non dans un lieu fangeux (32) ou sablonneux, mais sur un fond ferme; le ligament qui les attache à la coquille doit être court et non charnu ; l'huître ne doit pas être frangée (33) sur le bord, et doit tenir tout entière dans le creux de la coquille. Les 3 gourmets ajoutent un caractère : c'est que l'huître soit bordée d'un filet couleur de pourpre. A ce signe ils les reconnaissent comme de bonne qualité, et les nomment callibléphares (belles-paupières).

---

his marini prosunt. Thrasyllus auctor est, nihil æque adversari serpentibus, quam cancros, suesque percussas hoc pabulo sibi mederi. Quum sol sit in Cancro, torqueri serpentes. Ictibus scorpionum et carnes fluviatilium cochlearum resistunt crudæ vel coctæ. Quidam ob id salsas quoque adservant. Imponunt et ipsis plagis. Coracini pisces Nilo quidem peculiares sunt : sed et nos hæc omnibus terris demonstramus. Carnes eorum adversus scorpiones valent impositæ. Inter venena sunt piscium, porci marini spinæ in dorso, cruciatu magno læsorum : remedio est limus ex reliquo piscium eorum corpore.

1 XX. Canis rabidi morsu potum expavescentibus, faciem perungunt adipe vituli marini. Efficacius, si medulla hyænæ, et oleo e lentisco, et cera misceatur. Murænæ morsus ipsarum capitis cinere sanantur. Et pastinaca contra suum ictum remedio est, cinere suo ex aceto, illito, vel alterius. Cibi causa extrahi debet e dorso ejus, quidquid simile est croco, caputque totum : et hanc autem, et omnia testacea modice collui in cibis, quia saporis gratia perit. E lepore marino veneficium restinguunt poti hippocampi. Contra dorycnium echini maxime prosunt : et iis qui succum Carpathii biberint, præcipue jure sumto. Et cancri marini decocti jus contra dorycnium efficax habetur. Peculiariter vero contra leporis marini venena.

XXI. (vi.) Et ostrea adversantur iisdem. Nec potest 1 videri satis dictum esse de his, quum palma mensarum divitum tribuatur illis. Gaudent dulcibus aquis, et ubi plurimi influunt amnes : ideo pelagia parva et rara sunt. Gignuntur tamen et in petrosis, carentibusque aquarum dulcium adventu, sicut circa Grynium et Myrinam. Grandescunt sideris quidem ratione maxime, ut in natura aquatilium diximus : sed privatim circa initia æstatis, multo lacte prægnantia, atque ubi sol penetret in vada. Hæc videtur causa, quare minora in alto reperiantur. 2 Opacitas cohibet incrementum, et tristitia minus appetunt cibos. Variant coloribus, rufa Hispaniæ, fusca Illyrico, nigra et carne et testa Circeiis. Præcipua vero habentur in quacumque gente, spissa, quam saliva sua lubrica, crassitudine potius spectanda, quam latitudine : neque in lutosis capta, neque in arenosis, sed solido vado, spondylo brevi atque non carnoso, nec fibris laciniosa, ac tota in alvo. Addunt peritiores notam, ambiente purpureo crine 3 fibras, eoque argumento generosa interpretantur, calliblephara appellantes. Gaudent et peregrinatione transferri

Les huîtres se trouvent bien de voyager, et d'être transportées dans des eaux nouvelles; ainsi l'on prétend que les huîtres de Brindes (34), parquées dans l'Averne, tout en conservant leur goût propre, prennent la saveur de celles du lac Lucrin (ix, 79). Voilà ce que nous avons à dire sur l'huître même. Parlons maintenant des diverses provenances de ce coquillage, et ne frustrons aucune plage de la gloire qui lui appartient. Mais nous parlerons par une bouche étrangère, par celle d'un homme qui a été le plus habile de notre temps en cette matière; voici les propres paroles de Mucianus : « Les huîtres de Cyzique sont plus grandes que celles du Lucrin, plus douces que celles de la Bretagne, plus sapides que celles du Médoc, plus piquantes que celles de Leptis, plus pleines que celles de Lucus (iii, 4, 1), plus sèches que celles de Coryphas (v, 32, 2), plus tendres que celles de l'Istrie, plus blanches que celles de Circéi. » Mais, n'en déplaise à Mucianus, il n'en est pas de plus agréables ni de plus délicates que ces dernières. D'après les historiens d'Alexandre, il y a dans la mer des Indes des huîtres d'un pied; chez nous, le nomenclateur (35) de je ne sais quel prodige a nommé certaines huîtres tridacnes (trois fois mordu), voulant faire entendre qu'elles étaient si grosses, qu'il fallait y mordre à trois reprises. Nous rassemblons ici toutes les propriétés médicales des huîtres : elles sont souveraines pour rétablir l'estomac; elles remédient au dégoût. La sensualité a imaginé de les frapper de neige, confondant ainsi ce qui se trouve au sommet des montagnes et au fond de la mer. Elles relâchent doucement le ventre. Cuites avec du vin miellé, elles guérissent le ténesme qui est sans ulcération. Elles détergent les ulcérations de la vessie. Cuites toutes closes dans leurs écailles, elles sont merveilleuses pour les catarrhes. La cendre des écailles, incorporée dans du miel, est bonne pour la luette et les amygdales. On s'en sert dans de l'eau pour les parotides, les tumeurs, les duretés des mamelles, les ulcères de la tête. Les femmes s'en servent pour effacer leurs rides. On en saupoudre les parties brûlées; c'est un bon dentifrice. Dans du vinaigre, elle guérit les démangeaisons et les éruptions pituiteuses. Pilée crue, la coquille guérit les scrofules et les engelures des pieds. Les pourpres sont bonnes contre les poisons.

XXII. Quant aux algues marines, Nicandre dit que c'est une thériaque (bonne contre les serpents). Il y en a de plusieurs espèces, comme nous avons dit (xxvi, 66), savoir, l'algue à feuille longue et large, l'algue à feuille rouge, l'algue à feuille frisée. La plus estimée est celle qui se rencontre dans la mer de Crète, près de la terre, sur les rochers. On l'emploie dans la teinture des laines, et elle fixe la couleur d'une manière indélébile. Nicandre recommande de la donner dans du vin.

XXIII. (vii.) La cendre de l'hippocampe (ix, 1), mêlée à du nitre et à du saindoux, ou avec du vinaigre seulement, guérit l'alopécie. La poudre d'os de sèche sert à préparer (36) la peau à l'application des médicaments nécessaires. On guérit encore l'alopécie par la cendre du rat de mer (ix, 35), avec de l'huile; par le hérisson marin calciné avec sa chair; par le fiel du scorpion marin (xxxii, 17); par la cendre de trois grenouilles qu'on calcine vives dans un pot, appliquée avec du miel, et mieux avec de la poix liquide. On noircit les cheveux avec des sangsues qu'on a laissées se putréfier soixante jours dans du vin noir. D'autres recommandent de mettre un setier de sangsues et deux setiers de vinaigre dans un vase de

---

que in ignotas aquas. Sic Brundisina in Averno compasta, et suum retinere succum, et a Lucrino adoptare creduntur. Hæc sint dicta de corpore. Dicemus et de nationibus, ne fraudentur gloria sua littora : sed dicemus aliena lingua, quæque peritissima hujus censuræ in nostro ævo fuit. Sunt ergo Muciani verba, quæ subjiciam : « Cyzicena majora Lucrinis, dulciora Britannicis, suaviora Medulis, acriora Lepticis, pleniora Lucensibus, sicciora Coryphantenis, teneriora Istricis, candidiora Circeiensibus. » Sed his neque dulciora, neque teneriora esse ulla compertum est. In Indico mari Alexandri rerum auctores pedalia inveniri prodidere. Necnon inter nos nepotis cujusdam nomenclator tridacna appellavit; tantæ magnitudinis intelligi cupiens, ut ter mordenda essent. Dos eorum medica hoc in loco tota dicatur. Stomachum unice reficiunt : fastidiis medentur; addititaque luxuria frigus obrutis nive, summa montium et maris ima miscens. Molliunt alvum leniter. Eadem quoque cocta cum mulso, tenesmo, qui sine exhulceratione sit, liberant. Vesicarum hulcera quoque repurgant. Cocta in conchis suis uti clausa venerint, mire distillationibus prosunt. Testæ ostreorum cinis uvam sedat, et tonsillas, admixto melle. Eodem modo parotidas, panos, mammarumque duritias, capitum hulcera ex aqua; cutemque mulierum extendit. Inspergitur et ambustis. Et dentifricio placet. Pruritibus quoque et eruptionibus pituitæ ex aceto medetur. Crudæ si tundantur, strumas sanant, et perniones pedum. Purpuræ quoque contra venena prosunt.

XXII. Et algam maris theriacen esse, Nicander tradit. Plura ejus genera, uti diximus : longo folio et latiore, rubente, aliave crispo. Laudatissima, quæ in Creta insula juxta terram in petris nascitur; tingendis etiam lanis ita colorem alligans, ut elui postea non possit. E vino jubet eam dari.

XXIII. (vii.) Alopecias replet hippocampi cinis, nitro et adipe suillo mixtus, aut sincerus ex aceto. Præparat autem sepiarum crustæ farina medicamentis cutem; replet et muris marini cinis cum oleo : item echini cum carnibus suis cremati : fel scorpionis marini. Ranarum quoque trium, si vivæ in olla concrementur, cinis cum melle : melius cum pice liquida. Capillum denigrant sanguisugæ, quæ in nigro vino diebus lx computruere. Alii in aceti sextariis duobus sanguisugarum sextarium in vase plumbeo jubent putrescere totidem diebus, mox illini in sole.

plomb, de laisser ce mélange se putréfier pendant soixante jours, et de s'en frotter les cheveux au soleil. D'après Sornatius, cette préparation est si pénétrante, que si on s'en servant on n'a pas la précaution de tenir de l'huile dans la bouche, les dents deviennent noires. La cendre du test des murex et des pourpres s'applique utilement avec du miel sur les ulcères de la tête; la poudre de la coquille du conchylion (coquillage à pourpre), même non calcinée, fournit avec l'eau un bon topique. Dans la céphalalgie on emploie le castoréum avec le peucédanum (xxv, 70) et l'huile rosat.

1 XXIV. La graisse de tous les poissons, tant d'eau douce que de mer, fondue au soleil et incorporée avec du miel, est excellente pour éclaircir la vue; il en est de même du castoréum avec le miel. Le fiel du callionyme guérit les taies et les excroissances des yeux. De tous les poissons c'est celui qui a le plus de fiel, opinion que Ménandre exprime aussi dans ses Comédies. Ce poisson s'appelle aussi uranoscope, parce qu'il a les yeux placés sur la tête. Le fiel de coracin (IX, 32) éclaircit la vue. Le fiel du scorpion de mer roux (XXXII, 17), avec de l'huile vieille ou du miel attique, dissipe les cataractes commençantes; il faut faire l'onction trois fois, en laissant
2 quelques jours d'intervalle. La même substance enlève les taies. On prétend que le surmulet en aliment affaiblit la vue. Le lièvre marin est par lui-même vénéneux, mais sa cendre empêche de repousser, après avulsion, les cils nuisibles des paupières; pour cet usage les plus petits lièvres marins valent le mieux. On emploie aussi les pétoncles salés, broyés avec de la résine de cèdre. Le sang des grenouilles nommées diopètes et calamites, appliqué avec de la larme de vigne sur les paupières, après l'avulsion des cils,

produit le même effet. La poudre d'os de sèche appliquée avec du lait de femme guérit le gonflement et la rougeur des yeux; appliquée seule, elle dissipe les granulations. Ceux qui pratiquent 3 cette opération renversent les paupières; ils ne laissent le médicament que peu de temps; après l'avoir enlevé, ils oignent la partie avec de l'huile rosat, et adoucissent l'inflammation par un cataplasme de pain. La même poudre appliquée dans du vinaigre guérit la nyctalopie. Cette substance, réduite en cendre, fait sortir la cataracte; elle guérit les taies, avec du miel; les ptérygions, avec du sel et de la cadmie, de chaque une drachme. Elle dissipe aussi les taies chez les bêtes de somme. On dit que si l'on frotte les paupières avec les petits os de ce poisson, on les guérit. Les hérissons de mer, dans du vinaigre, font disparaître les épinyctides. Il faut les brûler avec des peaux de vipères et avec des grenouilles, et saupoudrer les boissons avec cette poudre, au dire des mages, qui promettent d'éclaircir la vue à l'aide de cette préparation. On 4 donne le nom d'ichthyocolle à un poisson dont la peau est gluante; la colle qu'on en tire porte le même nom; cette colle enlève les épinyctides. Quelques-uns prétendent que l'ichthyocolle se fait avec le ventre du poisson, et non, comme la colle du taureau, avec la peau. On estime l'ichthyocolle du Pont. Elle est blanche, sans veines, sans écailles, et se fond très-rapidement. Pour l'employer il faut la couper en petits morceaux, la faire tremper dans de l'eau ou du vinaigre pendant un jour et une nuit, puis la piler avec des cailloux de mer, pour qu'elle se fonde plus facilement. On assure qu'elle est bonne dans les 5 douleurs de tête, et pour effacer les rides de la peau. L'œil droit d'une grenouille (37) pour l'œil

---

Sornatius tantam vim hanc tradit, ut nisi oleum ore contineant qui tingunt, dentes quoque eorum denigrari dicat. Capitis hulceribus, muricum vel purpurarum testae cinis cum melle utiliter illinitur : conchyliorum, vel si non urantur, farina ex aqua : doloribus, castoreum cum peucedano et rosaceo.

1 XXIV. Omnium piscium fluviatilium marinorumque adeps liquefactus sole admixto melle, oculorum claritati plurimum confert : item castoreum cum melle. Callionymi fel cicatrices sanat, et carnes oculorum supervacuas consumit. Nulli hoc piscium copiosius, ut existimavit Menander quoque in Comoediis. Idem piscis et uranoscopos vocatur ab oculo, quem in capite habet. Et coracini fel excitat visum. Et marini scorpionis rufi cum oleo vetere aut melle Attico incipientes suffusiones discutit : inungi 2 ter oportet intermissis diebus. Eadem ratio albugines oculorum tollit. Mullorum cibo aciem oculorum hebetari tradunt. Lepus marinus ipse quidem venenatus est, sed cinis ejus in palpebris pilos inutiles, evulsos cohibet. Et ad hunc usum utilissimi minimi : item pectunculi salsi triti cum cedria : et ranæ, quas diopetes, et calamitas vocant, sanguis earum cum lacryma vitis si evulso pilo palpebris

illinatur. Oculorum tumorem ruboremque sepiae cortex cum lacte mulierum illitus sedat : et per se scabritias emendat. Invertunt itaque genas id agentes, et medica- 3 mentum auferunt post paulum, rosaceoque inungunt, et pane imposito mitigant. Eodem cortice et nyctalopes curantur, in farinam trito et ex aceto illito. Extrahit ex aqua mas ejus cinis. Cicatrices oculorum cum melle sanat, pterygia cum sale et cadmia singulis drachmis. Emendat et albugines oculorum jumentorum. Aiunt et ossiculo ejus genas, si terantur, sanari. Echini ex aceto epinyctidas tollunt. Eumdem comburi cum viperinis pellibus ranisque, et cinerem aspergi potioni jubent Magi, claritatem visus promittentes. Ichthyocolla appellatur piscis, cui glutinosum est 4 corium; idemque nomen glutino ejus. Hoc epinyctidas tollit. Quidam ex ventre, non e corio, fieri dicunt ichthyocollam, ut glutinum taurinum. Laudatur Pontica, candida, et carens venis squamisque, et quae celerrime liquescit. Madescere autem debet concisa in aqua, aut in aceto nocte ac die : mox tundi marinis lapidibus, ut facilius liquescat. Utilem eam in capitis doloribus affirmant, 5 et tetanothris. Ranae dexter oculus dextri, sinister laevi, suspensi e collo nativi coloris panno, lippitudines sanant.

droit, l'œil gauche pour l'œil gauche, suspendu au cou avec une étoffe d'une laine non teinte, guérissent l'ophthalmie. Si on arrache les yeux pendant la conjonction de la lune (38), portés également en amulette dans une coquille d'œuf, ils guérissent les taies. Le reste de la grenouille, en topique, dissipe les meurtrissures. On dit que les yeux d'une écrevisse portés en amulette au cou guérissent l'ophthalmie. Il est une petite grenouille vivant surtout dans les roseaux et dans les herbages, muette, de couleur verte, et quand les bœufs l'avalent gonflant leur ventre. Si on râcle avec une spatule l'humeur de son corps et qu'on en frotte les yeux, cela, dit-on, éclaircit la vue. Quant à la chair même, on en fait un topique en cas de douleur des yeux. Autre recette : On jette quinze grenouilles dans un vase de terre neuf, on les transperce avec un jonc; on mêle l'humeur qui s'écoule alors avec la larme de la vigne blanche (*bryonia cretica*, L.), et, après avoir ôté les cils nuisibles, on guérit les paupières, instillant avec une aiguille cette préparation dans les endroits où étaient les cils arrachés. Mégès préparait un dépilatoire des paupières en faisant mourir et putréfier dans du vinaigre des grenouilles; et pour cela il employait surtout les grenouilles variées qui naissent en grand nombre pendant les pluies d'automne. On pense que la cendre de sangsues appliquée dans du vinaigre produit le même effet; il faut les calciner dans un vase de terre neuf. Le foie de thon (39) desséché, à la dose de quatre deniers, en onction avec de l'huile de cèdre pendant neuf mois, fait tomber les poils.

1 XXV. Le fiel du poisson appelé batia (raie), frais ou même gardé dans du vin, est très-bon pour les oreilles, ainsi que celui du bacchus (IX, 28), que quelques-uns nomment myxon, et celui du callionyme (uranoscope) instillé avec de l'huile rosat, ou le castoréum avec le suc de pavot. Il y a un animal dit pou de mer (IX, 71); on recommande de le broyer et de l'instiller avec du vinaigre dans les oreilles. La laine teinte avec la pourpre est à elle seule très-utile dans ces cas ; quelques-uns l'humectent avec du vinaigre et du nitre. Il en est 2 qui recommandent particulièrement contre tous les maux d'oreilles un cyathe d'excellent garum, avec plus d'un cyathe et demi de miel et un cyathe de vinaigre : on fait cuire le tout à un feu doux (40) dans un gobelet neuf ; on ôte de temps en temps l'écume avec une plume, et quand il cesse de s'en produire, on instille cette préparation tiède. Si les oreilles sont tuméfiées, les mêmes auteurs recommandent d'adoucir d'abord le mal avec le suc de coriandre. La graisse de grenouille, instillée, apaise sur-le-champ les douleurs. Le jus d'écrevisse de rivière avec de la farine d'orge est très-efficace pour les plaies des oreilles. La cendre de coquilles de murex avec du miel, ou de conchylion (XXXII, 23) avec du vin miellé, guérit les parotides.

XXVI. On calme les maux de dents en scari- 1 fiant les gencives avec les os du dragon marin (la vive), ou en se frottant une fois par an les dents avec la cervelle de chien de mer cuite et gardée dans de l'huile. Il est aussi très-bon de scarifier (41) les gencives avec le piquant de la pastenague ; on le broie encore, et, appliqué avec de l'ellébore blanc, il fait tomber les dents sans douleur. On compte parmi les remèdes la cendre de poisson salé calciné dans un vase de terre, à laquelle on ajoute du marbre en poudre. Le vieux cybium (IX, 18, 2), brûlé (42) dans un vase neuf, puis broyé, est bon aussi pour le mal de dents. On recommande également les arêtes de

---

Quod si per coitum lunæ cruantur, albuginem quoque, alligati similiter in putamine ovi. Reliquæ carnes impositæ suggillationem rapiunt. Cancri etiam oculos adalligatos collo mederi lippitudini dicunt. Est parva rana in arundinetis et herbis maxime vivens, muta ac sine voce, viridis, si forte hauriatur, ventres boum distendens. Hujus corporis humorem specillis derasum claritatem oculis inunctis narrant afferre; ipsasque carnes doloribus ocu-
6 lorum superponunt. Ranas etiam quindecim conjectas in fictile novum juncis configunt quidam ; succoque earum, qui ita effluxerit, admiscent vitis albæ lacrymam, atque ita palpebras emendant, inutilibus pilis exemtis, acu instillantes hunc succum in vestigia evulsorum. Meges psilothrum palpebrarum faciebat in aceto enecans putrescentes, et ad hoc utebatur multis variisque per aquationes autumni nascentibus. Idem præstare sanguisugarum cinis ex aceto illitus putatur. Comburi eas oportet in novo vase. Idem thynni jecur siccatum pondere x. IV cum oleo cedrino peruncis pilis novem mensibus.

1 XXV. Auribus utilissimum batiæ piscis fel recens, sed et inveteratum vino : item bacchi, quem quidam myxona vocant : item callionymi cum rosaceo infusum : vel casto- reum cum papaveris succo. Vocant et in mari pediculos, eosque tritos instillari ex aceto auribus jubent. Et per se conchylio infecta lana magnopere prodest. Quidam aceto et nitro madefaciunt. Suntque qui præcipue contra omnia 2 aurium vitia laudent gari excellentis cyathum, mellis dimidio amplius, aceti cyathum in calyce novo leni pruna decoquere, subinde spuma pennis detersa, et postquam desierit spumare, tepidum infundere. Si tumeant aures, coriandri succo prius mitigandas iidem præcipiunt. Ranarum adeps instillatus, statim dolores tollit. Cancrorum fluviatilium succus cum farina hordeacea aurium vulneribus efficacissime prodest. Parotides muricum testæ cinere cum melle, vel conchyliorum ex mulso curantur.

XXVI. Dentium dolores sedantur ossibus draconis marini scarificatis gingivis : cerebro caniculæ in oleo decocto adservatoque, ut ex eo dentes semel anno colluantur. Pastinacæ quoque radio scarificari gingivas, et in dolore utilissimum. Conteritur is, et cum elleboro albo illitus, dentes sine vexatione extrahit. Salsamentorum etiam fictili vase combustorum cinis, addita farina marmoris, inter remedia est. Et cybia vetera exusta in novo vase, dein trita, prosunt doloribus. Æque prodesse dicuntur omnium

tout poisson salé calcinées, broyées et appliquées.
2 On fait cuire une grenouille dans une hémine de vinaigre, on se lave les dents avec ce suc, et on le garde dans la bouche. Si l'on avait de la répugnance pour cette pratique, Sallustius Dionysius faisait suspendre par les pattes de derrière des grenouilles, de manière que l'humeur découlât de leur bouche dans du vinaigre bouillant, et il faisait répéter cela sur plusieurs grenouilles; à ceux qui avaient l'estomac moins susceptible, il faisait manger les grenouilles dans leur jus. On croit que cette recette guérit surtout les dents mâchelières, et que le vinaigre, préparé comme il a été dit plus haut, raffermit surtout les dents mobiles. Pour ce dernier cas, quelques-uns font macérer dans une hémine de vin deux grenouilles auxquelles on a coupé les pattes, et ils recommandent de laver avec cette préparation les dents
3 branlantes. D'autres conseillent d'attacher les grenouilles entières à la mâchoire; d'autres font cuire dix grenouilles dans trois setiers de vinaigre jusqu'à réduction au tiers, à l'effet de raffermir les dents mobiles. Certains ont fait cuire les cœurs de trente-six grenouilles dans un setier de vieille huile, sous une tourtière de cuivre, et ils ont instillé ce liquide dans l'oreille du côté douloureux de la mâchoire. D'autres ont appliqué sur les dents le foie d'une grenouille, cuit et broyé avec du miel. Toutes les préparations susdites sont plus efficaces avec la grenouille de mer (baudroie). Si les dents sont cariées et donnent une mauvaise odeur, on recommande de faire sécher de la chair d'un cétacé (43) dans un four pendant la nuit, puis d'y ajouter un poids égal de sel, et d'employer ce mélange en dentifrice. Les Grecs nomment enhydris (44) une couleuvre vivant dans l'eau. Avec les quatre dents supérieures (45) de cet animal on scarifie les gencives, quand la douleur occupe les dents supérieures, et *vice versa*; d'autres se bornent à employer la dent canine. On emploie encore la cendre des écrevisses. Quant a la cendre des murex, elle est un dentifrice.

XXVII. On traite les lichens et les lèpres par la graisse de veau marin, par la cendre de mènes (*sparus mœna*) (46) avec trois oboles de miel, par le foie de la pastenague cuit dans de l'huile, par la cendre d'hippocampe ou de dauphin appliquée avec de l'eau. Après l'excoriation produite, on emploie un traitement cicatrisant. Quelques-uns rôtissent un foie de dauphin dans un vase de terre jusqu'à ce qu'il s'en écoule une graisse semblable à de l'huile, et ils font des onctions avec cette graisse. La cendre de la coquille des murex ou des conchylions (XXXII, 23), en topique avec du miel, efface les taches du visage chez les femmes. Elle étend et polit la peau; pour cela on l'applique sept jours, et au huitième on fait une fomentation avec du blanc d'œuf. Au genre du murex appartiennent les coquilles appelées par les Grecs coluthies ou coryphies (47); également turbinées, mais beaucoup plus petites, elles ont plus d'efficacité; elles entretiennent la bonne odeur de la bouche. L'ichthyocolle efface 2 les rides de la peau, et l'étend; pour cela on la fait cuire dans l'eau pendant quatre heures, puis on la broie, et on la réduit en consistance de miel. Ainsi préparée, on la met dans un vase neuf. Quand on veut s'en servir, on en prend quatre drachmes, auxquelles on ajoute deux drachmes de soufre, deux d'anchuse et huit d'écume d'argent (litharge); on arrose ce mélange d'eau, et on broie le tout ensemble. On applique sur le visage cet enduit, qu'on enlève par ablution au bout de quatre heures. La cendre des os de sèche guérit le lentigo et les autres taches du visage. Elle enlève les chairs fongueuses, et guérit les ulcères

---

2 salsamentorum spinæ combustæ, tritæque, et illitæ. Decoquuntur et ranæ singulæ in aceti heminis, ut dentes ita colluantur, contineaturque in ore succus. Si fastidium obstaret, suspendebat pedibus posterioribus eas Sallustius Dionysius, ut ex ore virus deflueret in acetum fervens, idque e pluribus ranis. Fortioribus stomachis ex jure mandendas dabat. Maxillaresque ita sanari dentes præcipue putant, mobiles vero supra dicto aceto stabiliri. Ad hoc quidam ranarum corpora binarum præcisis pedibus in vini hemina macerant, et ita colui dentium labantes jubent.
3 Aliqui totas adalligant maxillis. Alii denas in aceti sextariis tribus decoxere ad tertias partes, ut mobiles dentium stabilirent. Necnon XXXVI ranarum corda in olei veteris sextario sub æreo testo discoxere, ut infunderent per aurem dolentis maxillæ. Alii jecur ranæ decoctum et tritum cum melle imposuere dentibus. Omnia supra scripta ex marina rana efficaciora. Si cariosi et fœtidi sunt, cetum in furno arefieri per noctem præcipiunt : postea tantumdem salis addi, atque ita fricari. Enhydris vocatur a Græcis colubra in aqua vivens. Hujus quatuor dentibus superioribus in dolore superiorum gingivas scarificant, inferiorum inferioribus. Aliqui canino tantum earum contenti sunt. Utuntur et cancrorum cinere : nam muricum cinis dentifricium est.

XXVII. Lichenas et lepras tollit adeps vituli marini : 1 mænarum cinis cum mellis obolis ternis : jecur pastinacæ in oleo decoctum : hippocampi, aut delphini cinis ex aqua illitus. Exhulcerationem sequi debet curatio, quæ perducit ad cicatricem. Quidam delphini jecur in fictili torrent, donec pinguitudo similis oleo fluat, ac perungunt. Muricum vel conchyliorum testæ cinis maculas in facie mulierum purgat cum melle illitus, cutemque erugat, extenditque, septenis diebus illitus, ita ut octavo candido ovorum foveatur. Muricum generis sunt, quæ vocant Græci coluthia, alii coryphia, turbinata æque, sed minora multo, efficaciora etiam, et oris halitum custodientia. Ich-2 thyocolla erugat cutem extenditque, in aqua decocta horis quatuor, dein contusa, et subacta ad liquorem usque mellis. Ita præparata in vase novo conditur, at in usu quatuor drachmis ejus binæ sulphuris, et anchusæ totidem, octo spumæ argenteæ adduntur, aspersaque aqua teruntur una. Sic illita facies post quatuor horas abluitur. Medetur et lentigini cæterisque vitiis, ex ossibus sepiarum cinis. Idem

humides. On traite les affections psoriques avec une grenouille cuite dans cinq hémines d'eau de mer; il faut laisser réduire la décoction jusqu'à la viscosité (48) du miel. (VIII.) L'alcyoneum est une production de la mer : quelques-uns pensent qu'il vient du nid des alcyons et des céyx (le mâle de l'alcyon); d'autres, de la concrétion de l'écume marine; d'autres, du limon ou d'une certaine substance lanugineuse que la mer fournit. Il y en a de quatre sortes : l'alcyoneum cendré, serré, à odeur forte; l'alcyoneum mou, plus doux au toucher, et dont l'odeur ressemble à celle de l'algue; l'alcyoneum vermiculé et blanc; l'alcyoneum poreux, et semblable à une éponge pourrie. Le meilleur est celui qui est presque pourpre; on l'appelle aussi Milésien; mais plus il est blanc, moins on l'estime. Les alcyoneum ont pour propriété d'excorier et de déterger. Pour s'en servir, on les fait calciner, et on les applique sans huile. Ils enlèvent merveilleusement les lèpres, les lichens, le lentigo, avec du lupin et deux oboles de soufre. On se sert aussi de l'alcyoneum pour les taies. Andréas a employé pour les lèpres la cendre d'écrevisses avec de l'huile; Attale, pour les ulcérations de la bouche, la graisse fraîche de thon.

XXVIII. La saumure des mènes (XXXII, 27) et la cendre de leurs têtes, avec du miel, guérit les scrofules. Pour le même mal il est bon de se faire piquer, sans blessure cependant, avec le petit os de la queue du poisson de mer appelé rhina (squatine) (49); il faut faire cela tous les jours, jusqu'à ce que la cure soit complète. La même propriété appartient au piquant de la pastenague et au lièvre marin en topique; mais l'emploi de ces deux moyens ne doit durer qu'un instant. On se sert encore des écailles du hérisson de mer, broyées et appliquées avec du vinaigre; des écailles de la scolopendre de mer (IX, 67), dans du miel; de l'écrevisse de rivière, broyée ou calcinée, avec du miel. On a un secours merveilleux dans l'os de la sèche broyé, et appliqué avec du vieux oing. Pour les parotides on emploie aussi cette préparation, ainsi que le foie du saurus (50), poisson de mer. On va jusqu'à broyer avec du vieux oing des fragments de jarres à salaisons pour les parotides et les scrofules; on emploie de même la cendre de murex dans de l'huile. On traite les roideurs du cou par le pou de mer en boisson à la dose d'une drachme, par le castoréum pris avec du poivre dans du vin miellé, mêlé à une décoction de grenouilles dans de l'huile et du sel, afin qu'on avale le jus de ces grenouilles. On traite de même l'opisthotonos et le tétanos; pour le spasme on ajoute du poivre. La cendre des têtes de mènes salées, en topique dans du miel, guérit l'angine. Il en est de même du suc de grenouilles bouillies dans du vinaigre : ce suc est bon aussi pour les amygdales. Les écrevisses de rivière broyées, une pour une hémine d'eau, guérissent l'angine, en gargarisme, ou en breuvage dans du vin et de l'eau chaude. Le garum appliqué sur la luette avec une cuiller la guérit. Les silures frais ou salés, en aliment, font du bien à la voix.

XXIX. Les surmulets gardés provoquent le vomissement, broyés et pris en breuvage. Le castoréum avec un peu d'ammoniac, pris à jeun dans du vinaigre miellé, est très-bon pour l'asthme. La même potion, dans du vinaigre miellé chaud, calme les spasmes de l'estomac. Des grenouilles cuites sur le plat dans leur jus, comme du poisson, passent pour guérir la toux. On les suspend par les pattes, on reçoit leur bave dans un plat, on les ouvre, on leur ôte les entrailles,

---

et carnes excrescentes tollit et humida hulcera. Psoras tollit rana decocta in heminis quinque aquæ marinæ : exco- qui debet, donec sit lentitudo mellis. ( VIII. ) Fit in mari et halcyoneum appellatum, e nidis, ut aliqui existimant, halcyonum et ceycum : ut alii, e sordibus spumarum crassescentibus : alii, e limo, vel quadam maris lanugine. Quatuor ejus genera : cinereum, spissum, odoris asperi : alterum molle, lenius, odore fere algæ : tertium candidioris vermiculi : quartum pumicosius, spongiæque putri simile. Pæne purpureum, quod optimum, hoc et Milesium vocatur. Quo candidius autem, hoc minus probabile est. Vis eorum, ut exhulcerent, purgent. Usus tostis et sine oleo. Mire lepras, lichenas, lentigines tollunt cum lupino, et sulphuris duobus obolis. Halcyoneo utuntur et ad oculorum cicatrices. Andreas ad lepras cancri cinere cum oleo usus est : Attalus thynni adipe recenti ad oris hulcera.

XXVIII. Mænarum muria, et capitum cinis cum melle sanat strumas. Pungi piscis ejus, qui rhina in mari appellatur, ossiculo e cauda, ita ut non vulneret, prodest. Id faciendum quotidie, donec percurentur. Eadem vis et passinacæ radio, et lepori marino imposito, ita ut celeriter removeantur : echini testis contusis et ex aceto illitis : item scolopendræ marinæ e melle : cancro fluviatili contrito vel combusto ex melle. Mirifice prosunt et sepiæ ossa cum axungia vetere contusa et illita. Sic et ad parotidas utuntur, et sauri piscis marini jocineribus. Quin et testis cadi salsamentarii tusis cum axungia vetere, muricumque cinere ex oleo ad parotidas strumasque. Rigor cervicis mollitur marinis, qui pediculi vocantur, drachma pota : castoreo poto cum pipere ex mulso mixto ranis decoctis ex oleo et sale, ut sorbeatur succus. Sic et opisthotono medentur, et letano : spasticis vero pipere adjecto. Anginas mænarum salsarum ex capitibus cinis ex melle illitus abolet : ranarum decoctarum ex aceto succus : hic et contra tonsillas prodest. Cancri fluviatiles triti singuli in heminam aquæ anginis medentur gargarizati : aut e vino, et calida aqua poti. Uvæ medetur garum cochlearibus subditum. Vocem siluri recentes, salsive, in cibo sumti adjuvant.

XXIX. Vomitiones mulli inveterati tritique in potione concitant. Suspiriosis castorea cum Hammoniaci exigua portione ex aceto mulso jejunis utilissima potu. Eadem potio spasmos stomachi sedat ex aceto mulso calido. Tussim sanare dicuntur piscium modo e jure decoctæ in pati-

et on les confit. Il y a une petite grenouille qui monte sur les arbres, et qui de là coasse; si on lui crache dans la bouche et qu'on la lâche ensuite, cela guérit, dit-on, la toux. On recommande aussi pour l'hémoptysie de broyer la chair d'un escargot cru, et de la boire dans de l'eau chaude.

1 XXX. (IX.) Pour les douleurs du foie on fait périr le scorpion marin (une scorpène) dans du vin que l'on boit. La chair de la conque longue (ou strombe; XXXII, 39), prise dans du vin miellé et de l'eau en égale quantité, ou, s'il y a fièvre, dans de l'eau miellée, produit le même effet. On calme les douleurs de côté avec des hippocampes administrés grillés, avec les têthes, semblables (51) aux huîtres, pris en aliment. Dans la coxalgie on donne en lavement de la saumure de silure. On administre pendant quinze jours trois oboles de conques délayées dans deux setiers de vin.

1 XXXI. Le jus de silures et la torpille en aliment relâchent le ventre. Il y a un chou marin (XX, 38) semblable au chou cultivé; mauvais pour l'estomac, il purge très-facilement; mais à cause de son âcreté on le fait cuire avec de la viande grasse. Le court-bouillon de tous les poissons est relâchant; il est diurétique aussi, surtout avec du vin. Le meilleur se fait avec le scorpion marin, l'iulis (*labrus iulis*) et tous les saxatiles, pourvu qu'ils n'aient ni mauvaise odeur ni graisse (52); il faut les faire cuire avec de l'aneth, de l'ache, de la coriandre, du poireau, de l'huile et du sel. Le vieux cybium (IX, 18) est purgatif aussi; il évacue en particulier les crudi-
2 tés, la pituite et la bile. Il en est de même des myax (moules), dont nous allons exposer ici toute l'histoire naturelle. Ils se réunissent en tas comme les murex (IX, 60), et vivent au milieu des algues. Ils sont les meilleurs en automne, et là où beaucoup d'eau douce vient se mêler à la mer; aussi estime-t-on le plus ceux d'Égypte. À mesure que l'hiver avance, ils contractent de l'amertume et une coloration rouge. Leur jus passe pour évacuer le ventre et la vessie, déterger les intestins, ouvrir toutes les voies, purger les reins, diminuer le sang et la graisse. Aussi sont-ils très-bons aux hydropi- 3 ques, aux femmes lors de leurs menstrues, aux ictériques, aux goutteux et à ceux qui souffrent des flatuosités, ainsi que dans l'obésité (53), dans les maladies de la bile, de la pituite, du poumon, du foie, de la rate, et dans les rhumatismes. Le seul inconvénient, c'est qu'ils irritent la gorge et émoussent la voix. Ils guérissent les ulcères qui sont serpigineux ou qui ont besoin d'être détergés, ainsi que les carcinomes. Calcinés comme les murex et appliqués avec du miel, ils guérissent les morsures faites par les chiens ou par les hommes, les lèpres, le lentigo. Leur cendre, lavée, remédie aux brouillards de la vue, aux granulations (54), aux tales, aux affections des gencives et des dents, aux éruptions pituiteuses. Les myax servent d'antidote pour le dorycnion et l'opocarpathon (XXXII, 20). Les 4 myax se subdivisent en deux espèces : les mitules, qui ont un goût de sel et une odeur forte; les myisces, plus ronds, un peu plus petits, garnis d'aspérités, et qui ont la coquille plus mince et la chair d'une saveur plus douce. La cendre des mitules, comme celle des murex, a une vertu caustique, et s'emploie pour les lèpres, le lentigo et les taches; on la lave comme le plomb, pour l'épaississement des paupières, pour les taies, pour les brouillards de la vue, pour les ulcères

---

nis ranæ. Suspensæ autem pedibus, quum destillaverit in patinam saliva earum, exenterari jubentur, abjectisque interaneis condiri. Est rana parva arborem scandens, atque ex ea vociferans : in hujus os si quis exspuat, ipsamque dimittat, tussi liberari narratur. Præcipiunt et cochleæ crudæ carnem tritam bibere ex aqua calida in tussi cruenta.

XXX. (IX.) Jocineris doloribus scorpio marinus in vino necatur, ut inde bibatur. Conchæ longæ carnes ex mulso potæ cum aqua, pari modo : aut si febres sint, ex aqua mulsa. Lateris dolores leniunt hippocampi tosti sumti, tetheaque similia ostreo in cibo sumta : ischiadicorum, muria siluri clystere infusa. Dantur autem conchæ ternis obolis dilutæ in vini sextariis duobus per dies quindecim.

1 XXXI. Alvum emollit silurus e jure, et torpedo in cibo. Et olus marinum simile sativo : stomacho inimicum, alvum facillime purgat : sed propter acrimoniam cum pingui carne coquitur. Et omnium piscium jus. Idem et urinas ciet, e vino maxime. Optimum e scorpionibus et iulide, et saxatilibus, nec virus resipientibus, nec pinguibus. Coqui debent cum anetho, apio, coriandro, porro, additis oleo et sale. Purgant et cybia vetera, privatimque cruditates, 2 pituitam, bilemque trahunt. Purgant et myaces, quorum natura tota in hoc loco dicetur. Acervantur muricum modo, vivuntque in algosis, gratissimi autumno, et ubi multa dulcis aqua miscetur mari, ob id in Ægypto laudatissimi. Procedente hieme, amaritudinem trahunt, coloremque rubrum. Horum jus traditur alvum et vesicas exinanire, interanea distringere, omnia adaperire, renes purgare, sanguinem adipemque minuere. Itaque utilissimi 3 sunt hydropicis, mulierum purgationibus, morbo regio, articulario, inflationibus; item obesis, fellis, pituitæ, pulmonis, jocineris, splenis vitiis, rheumatismis. Fauces tantum vexant, vocemque obtundunt. Hulcera quæ serpant, aut sint purganda, sanant. Item carcinomata. Cremati autem, ut murices, et morsus canum hominumque cum melle, lepras, lentigines. Cinis eorum lotus emendat caligines, scabritias, albugines, gingivarum et dentium vitia, eruptiones pituitæ : et contra dorycnium aut opocarpathon antidoti vicem obtinent. Degenerant in duas 4 species : in mitulos, qui salem virusque resipiunt : myiscas, quæ rotunditate differunt, minores aliquanto atque hirtæ, tenuioribus testis, carne dulciores. Mituli quoque, ut murices, cinere causticam vim habent : et ad lepras, lentigines, maculas. Lavantur quoque plumbi modo ad genarum crassitudines, et oculorum albugines, caliginesque, atque in aliis partibus sordida hulcera, capitisque pusu-

sordides des autres parties, pour les pustules de la tête. Avec la chair on fait un topique pour les morsures des chiens. Quant aux pélorides (XXXII, 53, 4), elles relâchent le ventre; de même le castoréum, à la dose de deux drachmes, dans de l'eau miellée. Ceux qui veulent une action plus forte ajoutent une drachme de la racine sèche du concombre cultivé et deux drachmes d'aphronitre. Les têthes (55) dissipent les tranchées et les gonflements; on les trouve suçant les feuilles marines; c'est plutôt une sorte de champignon qu'un poisson. Ils guérissent le ténesme et les affections des reins. Il naît dans la mer une absinthe (XXVII, 29) nommée par quelques-uns seriphium; elle se trouve principalement dans le voisinage de Taposiris d'Égypte. Plus petite que l'absinthe terrestre, elle purge et débarrasse le ventre des animaux parasites. La sèche aussi est purgative; on la donne à manger, cuite avec de l'huile, du sel et de la farine. Les mènes (XXXII, 27) salées, appliquées à l'ombilic avec du fiel de taureau, sont laxatives. Le jus de poissons cuits sur un plat avec des laitues dissipe le ténesme. Les écrevisses de rivière broyées et (56) bues dans de l'eau resserrent le ventre et sont diurétiques; dans du vin blanc et privées de leurs pattes, elles chassent les calculs, à la dose de trois oboles, avec de la myrrhe et de l'iris, de chaque une drachme (57). Le castoréum avec la graine de daucus et de persil, une pincée de chaque, dans quatre cyathes de vin miellé chaud, dissipe l'iléus et les flatuosités; les tranchées, avec de l'aneth dans du vin. Les érythins, en aliment, resserrent le ventre. On traite la dyssenterie par les grenouilles cuites avec la scille et disposées en trochisque, ou par leur cœur broyé avec du miel, comme le prescrit Nicératus. Pour la jaunisse il faut vivre avec du poisson salé et poivré, en s'abstenant de toute autre chair.

XXXII. On guérit la rate avec une sole en topique, avec une torpille, avec le turbot vivant, qu'on laisse aller ensuite à la mer. Le scorpion marin, étouffé dans du vin, est un spécifique pour les affections vésicales et calculeuses, ainsi que la pierre qu'on trouve dans sa queue, prise à la dose d'une obole; le foie de l'enhydris (XXXII, 26, 3); la cendre des blendies (58), avec de la rue. On trouve aussi dans la tête du bacchus (IX, 28) des espèces de petites pierres; prises dans de l'eau, elles sont souveraines pour les calculeux. On recommande l'ortie de mer bue dans du vin, le poumon marin cuit dans de l'eau. Les œufs de sèche sont diurétiques, et dissipent les humeurs pituiteuses des reins. Les écrevisses de rivière, broyées dans du lait d'ânesse, guérissent très-bien les ruptures et les convulsions. Les hérissons de mer, broyés avec leurs épines et bus dans du vin (59), chassent les calculs; il faut une hémine de vin pour chaque hérisson. On continue ce breuvage jusqu'à ce que les bons effets s'en manifestent. La chair du hérisson est d'ailleurs un aliment profitable pour cette maladie. Les peignes de mer en aliment purgent la vessie; les mâles sont appelés par les uns donax (roseau), par les autres aules (tuyau); les femelles, onyx (ongle). Les mâles sont diurétiques, les femelles ont la chair plus douce et sont d'une seule couleur. Les œufs de sèche sont également diurétiques, et purgent les reins.

XXXIII. Pour l'entérocèle on emploie le lièvre marin (60) broyé avec du miel. Le foie (61) de la couleuvre d'eau (XXXII, 19 et 26, 3) et celui de l'hydre (XXIX, 22), broyés et en breuvage, sont bons pour les calculeux. On guérit (62) la coxalgle avec le silure salé, en lavement, après avoir préalablement évacué le ventre. Si le siége est écorché, on y applique de la cendre de têtes de muge et de surmulet; on les calcine dans un vase de terre; l'application doit se faire avec du miel. La cendre de têtes de mènes (xxxii, 27) est bonne pour les rhagades et les condylomes, ainsi que la cendre de têtes de pélamides (xxxii, 53, 6) salées ou de cybium (ix, 18), avec du miel. La torpille en topique guérit la chute du rectum. La cendre d'écrevisses de rivière, avec de l'huile et de la cire, guérit les crevasses au siége. Les écrevisses de mer produisent le même effet (63).

1 XXXIV. Le coraciu salé guérit les tumeurs, ainsi que les intestins et les écailles calcinées de l'ombre; le scorpion marin, bouilli dans du vin avec lequel on fomente la partie malade. Le test des hérissons de mer, broyé et appliqué avec de l'eau, combat les tumeurs commençantes. La cendre des murex et des pourpres s'emploie dans les deux cas, soit qu'il faille résoudre les tumeurs commençantes, soit qu'il faille les faire aboutir quand elles sont mûres. Quelques-uns composent ainsi ce topique : cire et encens, vingt drachmes ; écume d'argent (litharge), quarante; cendre de murex, dix; huile vieille, une hémine.
2 Tout poisson salé, cuit, appliqué seul, est utile. Les écrevisses de rivière, pilées, dissipent les pustules des parties génitales, ainsi que la cendre de têtes de mènes, et la chair de mènes cuite et appliquée. La cendre de têtes de perche salée, avec du miel, produit le même effet; ou bien la cendre de têtes de pélamide (xxxii, 53, 6), ou bien la cendre de peau de squatine. C'est cette peau qu'on emploie, avons-nous dit (ix, 14), à polir le bois. Ainsi la mer fournit des secours même à l'art du menuisier. On se sert encore des smarides (*sparus smaris*) en topique; de la cendre de test de murex ou de pourpre, avec du miel : ces coquillages sont plus efficaces calcinés avec leur chair. Les poissons salés cuits avec du miel éteignent en particulier les charbons des parties génitales. Pour (64) le testicule relâché on fait un topique avec la bave d'escargot (xxx, 22, 2).

XXXV. On remédie à l'incontinence d'urine 1 par les hippocampes grillés et pris plusieurs fois en aliment; par l'ophidion (65), petit poisson semblable au congre, qu'on donne avec un oignon de lis; par de petits poissons qu'on retire du ventre de celui qui les a avalés, et qu'on calcine : il faut boire cette cendre dans de l'eau. On recommande aussi de brûler (xxx, 22) des escargots d'Afrique avec leur chair, et d'en avaler la cendre dans du vin de Signia.

XXXVI. Pour la goutte et les maladies des 1 articulations on se sert de l'huile dans laquelle ont bouilli des intestins de grenouilles. On se sert aussi de la cendre de grenouilles buissonnières avec de la vieille graisse; quelques-uns ajoutent de la cendre d'orge, et mettent égale dose de ces trois ingrédients. On recommande aussi pour la goutte aux pieds de frotter la partie malade avec un lièvre marin frais; de se chausser avec des souliers de peau de castor, principalement de castor du Pont, ou bien de peau de veau marin, animal dont la graisse est utile aussi, de même que le bryon, dont nous avons parlé (xxvii, 33); il ressemble à la laitue, mais il a les feuilles plus rugueuses, et est sans tige. La propriété en est 2 styptique; en topique, il adoucit les fluxions goutteuses. Il en est de même de l'algue, dont nous avons aussi parlé (xxvi, 66); il faut avoir la précaution de ne pas l'appliquer sèche. On guérit les engelures avec le poumon marin, avec

---

ex siluro infusa clystere, evacuata prius alvo. Sedis attritus cinis e capite mugilum mullorumque; comburontur autem in fictili vase : illini cum melle debent. Item capitis mænarum cinis et ad rhagadas, et ad condylomata utilis : sicut pelamidum salsarum capitum cinis, vel cybiorum cum melle. Torpedo apposita procidentis interanei morbum ibi coercet. Cancrorum fluviatilium cinis ex oleo et cera, rimas in eadem parte emendat : item et marini cancri pollent.

1 XXXIV. Panos salsamenta coracini discutiunt : sciænæ interanea et squamæ combustæ : scorpio in vino decoctus, ita ut foveantur ex illo. At echinorum testæ contusæ et ex aqua illitæ, incipientibus panis resistunt. Muricum vel purpurarum cinis utroque modo, sive discutere opus sit incipientes, sive concoctos emittere. Quidam ita componunt medicamentum : ceræ et thuris drachmas xx, spumæ argenti xl, cineris muricum x, olei veteris heminam.
2 Prosunt per se salsamenta cocta. Cancri fluviatiles triti verendorum pusulas discutiunt : cinis ex capite mænarum : item carnes decoctæ et impositæ. Similiter percæ salsæ e capite cinis melle addito. Pelamidum capitis cinis, aut squatinæ piscis cutis combusta. Hæc est, qua diximus lignum poliri : quia et e mari fabrilis usus exeunt. Prosunt et smarides illitæ : item muricum vel purpurarum testæ cinis cum melle : efficacius crematarum cum carnibus suis. Carbunculos verendorum privatim salsamenta cocta cum melle restinguunt. Testem, si descenderit, cochlearum spuma illini volunt.

XXXV. Urinæ incontinentiam hippocampi tosti et in 1 cibo sæpius sumti emendant. Item ophidion pisciculus congro similis cum lilii radice. Pisciculi minuti, ex ventre ejus qui devoraverit exemti, et cremati, ita ut cinis eorum bibatur ex aqua. Jubent et cochleas Africanas cum sua carne comburi, cineremque ex vino Signino dari.

XXXVI. Podagris articulariisque morbis utile est oleum, 1 in quo decocta sint ranarum intestina : et rubetæ cinis cum adipe vetere. Quidam et hordei cinerem adjiciunt, trium rerum æquo pondere. Jubent et lepore marino recenti podagram fricari. Fibrinis quoque pellibus calceari, maxime Pontici fibri. Item vituli marini; cujus et adeps prodest. Nec non et bryon, de quo diximus, lactucæ simile, rugosioribus foliis, sine caule. Natura est ei styptica, 2 impositumque lenit impetus podagræ. Item alga, de qua ipsa dictum est; observaturque in ea, ne arida imponat-

la cendre d'écrevisses de mer dans de l'huile, avec les écrevisses de rivière pilées, pétries dans de la cendre et de l'huile, et avec de la graisse de silure. Dans les articulations on calme les fluxions avec des grenouilles fraîches appliquées de temps en temps; quelques-uns recommandent de les mettre fendues par le milieu. Le suc des moules et des coquillages donne de l'embonpoint.

XXXVII. Les épileptiques, comme nous l'avons dit (VIII, 49), boivent de la présure de veau marin avec du lait de cavale ou d'ânesse, ou avec du suc de grenade; quelques-uns la prennent avec du vinaigre miellé; d'autres en font des pilules sans rien autre, et les avalent. Le castoréum, dans trois cyathes de vinaigre miellé, s'administre à jeun. En lavement, il est excellent pour ceux qui ont de fréquents accès (66): il faudra prendre deux drachmes de castoréum, un setier de miel et d'huile, et autant d'eau. Dans l'accès même, il est utile de le faire flairer avec du vinaigre. On donne encore le foie de la belette marine (la lote), et le sang de rat ou de tortue.

XXXVIII. (x.) On coupe les fièvres réglées en faisant manger du foie de dauphin avant l'accès; on fait mourir des hippocampes dans de l'huile rosat (67), avec laquelle on se frotte dans les fièvres froides; on les fait porter aussi en amulette aux malades. On fait porter de même dans un linge les petites pierres qu'on trouve dans la tête du poisson asellus (IX, 28) lors de la pleine lune. On attribue la même vertu à la plus longue dent du pagre de rivière (IX, 24), suspendue avec un cheveu, pourvu que le malade soit cinq jours sans voir celui qui aura attaché cet amulette. Pour guérir de la fièvre quarte, on choisit un carrefour; là, on fait bouillir dans de l'huile des grenouilles; on en jette les chairs, et on frotte les malades avec cette décoction. Il en est qui étouffent les grenouilles dans de l'huile, les attachent au malade à son insu, et le frottent avec l'huile. Le cœur des grenouilles porté en amulette diminue le froid des fièvres, ainsi que l'huile dans laquelle on a fait cuire leurs entrailles. Mais le meilleur remède pour les fièvres quartes, c'est de porter en amulette soit des grenouilles auxquelles on a retranché les doigts, soit le foie ou le cœur de la grenouille buissonnière (68) dans une étoffe de couleur cendrée. Les écrevisses de rivière broyées dans de l'huile et de l'eau sont utiles dans les fièvres, si avant l'accès on frotte le malade avec ce mélange; quelques-uns y ajoutent du poivre. D'autres recommandent dans les fièvres quartes de boire à la sortie du bain une décoction de ces écrevisses dans du vin, réduite au quart; d'autres prescrivent d'avaler l'œil gauche d'une écrevisse (69). Les mages promettent la guérison de la fièvre tierce si avant le lever du soleil on attache en amulette au malade les yeux d'écrevisses, qu'on rejette à l'eau ainsi aveuglées. Ils assurent que ces mêmes yeux portés en amulette, avec de la chair de rossignol dans un morceau de peau de cerf, chassent le sommeil et tiennent éveillé. Quand des malades tournent à la léthargie on leur fait flairer de la présure de baleine ou de veau marin; d'autres emploient chez les léthargiques le sang de tortue en topique; la fièvre tierce, dit-on, se guérit par les vertèbres de perches, portées en amulette. La fièvre quarte, par des escargots de rivière frais, en aliment; quelques-uns, pour cet usage, les conservent dans du sel, et les donnent, broyés, en breuvage.

XXXIX. Les strombes putréfiés dans du vinaigre excitent par leur odeur les léthargiques; ils

---

tur. Perniones emendat pulmo marinus, cancrique marini cinis ex oleo, item fluviatiles triti, sicque cinere et oleo subacti : et siluri adeps. Et in articulis, morborum impetus sedant ranæ subinde recentes impositæ : quidam dissectas jubent imponi. Corpus auget jus mitulorum et concharum.

XXXVII. Comitiales, ut diximus, coagulum vituli marini bibunt cum lacte equino, asininove, aut cum Punici succo, quidam ex aceto mulso. Nec non aliqui per se pilulas devorant. Castoreum in aceti mulsi cyathis tribus jejunis datur. His vero, qui sæpius corripiantur, clystere infusum mirifice prodest. Castorei drachmæ duæ esse debebunt, mellis et olei sextarius : et aquæ tantumdem. Ad præsens vero correptis olfactu subvenit cum aceto. Datur et mustelæ marinæ jecur : item muris, vel testudinum sanguis.

XXXVIII. (x.) Febrium circuitus tollit jecur delphini gustatum ante accessiones. Hippocampi necantur in rosaceo, ut perungantur ægri in frigidis febribus. Et ipsi alligantur ægris. Item ex asello pisce lapilli, qui plena luna inveniuntur in capite, alligantur in linteolo. Pagri fluviatilis longissimus dens capillo adalligatus, ita ut quinque die-bus eum qui alligaverit, non cernat æger : ranæ in trivio decoctæ oleo abjectis carnibus, peruncfos liberant quartanis. Sunt qui strangulatas in oleo, ipsas clam adalligent, oleoque eo perungant. Cor earum adalligatum frigora febrium minuit : et oleum, in quo intestina decocta sint. Maxime autem quartanis liberant, ablatis unguibus ranæ adalligatæ, et rubeta, si jecur ejus vel cor adalligetur in panno leucophæo. Cancri fluviatiles triti in oleo et aqua, perunctis ante accessiones in febribus prosunt. Aliqui et piper addunt. Alii decoctos ad quartas in vino a balineo egressis bibere suadent in quartanis. Aliqui vero sinistrum oculum devorare. Magi oculis eorum ante solis ortum adalligatis ægro, ita ut cæcos dimittant in aquam, tertianas abigi promittunt. Eosdem oculos cum carnibus lusciniæ in pelle cervina adalligatos, præstare vigiliam somno fugato tradunt. In lethargum vergentibus coagulo balænæ, aut vituli marini ad olfactum utuntur. Alii sanguinem testudinum lethargicis illinunt. Tertianis mederi dicitur et spondylus percæ adalligatus : quartanis cochleæ fluviatiles in cibo recentes. Quidam ob id asservant sale, ut dent tritas in potu.

XXXIX. Strombi in aceto putrefacti, lethargicos exci-

sont utiles aussi dans la maladie cardiaque (70). Les cachectiques (71) qui maigrissent et dépérissent se trouvent bien des têthes (XXXII, 30) avec la rue et le miel. On traite l'hydropisie par la graisse de dauphin fondue, qu'on fait boire avec du vin : comme cette substance a un goût répugnant, on y remédie en mettant sous les narines un peu d'essence ou d'odeur, ou en les obturant d'une manière quelconque. La chair de strombe, pilée et donnée dans trois hémines de vin miellé et autant d'eau, ou, s'il y a fièvre, dans de l'eau miellée, est bonne encore aux hydropiques, ainsi que le 2 jus d'écrevisses de rivière avec du miel. On emploie la grenouille d'eau cuite dans du vin vieux et de la farine, la chair en aliment et la décoction en breuvage, ou bien une tortue à laquelle on coupe les pattes, la tête, la queue, qu'on vide, et qu'on assaisonne suffisamment pour en ôter la fadeur. Les écrevisses de rivière, cuites dans leur jus, passent pour être bonnes aux phthisiques.

1 XL. La cendre d'écrevisses de mer ou de rivière, avec de l'huile, guérit les brûlures; avec de l'ichthyocolle et de la cendre de grenouilles (72), les brûlures faites par l'eau bouillante. Ce traitement fait même revenir les poils, pourvu que la cendre soit d'écrevisses de rivière (73); et on pense qu'il faut l'incorporer avec de la graisse d'ours et de la cire. La cendre de peau de castor est un bon topique. Des grenouilles vivantes, appliquées par le ventre, éteignent l'érysipèle : on recommande de les assujettir par les pattes de derrière, afin de les faire haleter davantage et de les rendre plus utiles. On se sert aussi de la cendre de têtes de silure, de la cendre de poisson salé, dans du vinaigre. On guérit le prurit et la gale, non-seulement de l'homme, mais encore des quadrupèdes, avec le foie de la pastenague cuit dans de l'huile.

XLI. L'opercule des pourpres, broyé, agglu- 1 tine les nerfs, même coupés en travers. Dans le tétanos on se trouve bien de prendre, dans du vin, de la présure de veau marin à la dose d'une obole, ainsi que de l'ichthyocolle. Pour le tremblement on se frotte avec du castoréum dans de l'huile. Je trouve que le surmulet pris en aliment attaque les nerfs.

XLII. Le poisson, en aliment, passe pour aug- 1 menter le sang. Le polype, broyé et appliqué, arrête les hémorragies; on ajoute sur ce dernier les particularités suivantes : Il rend de lui-même une saumure; par conséquent on est dispensé d'en mettre en le faisant cuire; il faut le couper avec un roseau; en effet, il est gâté par le fer, qui le détériore, étant de nature antipathique (74). Pour arrêter les hémorragies, on emploie encore en topique la cendre de grenouille ou le sang desséché; quelques-uns recommandent cette grenouille que les Grecs nomment calamite, parce qu'elle vit parmi les roseaux et les arbrisseaux; c'est la plus petite et la plus verte de toutes; on prescrit d'en employer le sang et la cendre. D'autres ordonnent, s'il s'agit d'une 2 épistaxis, d'injecter dans les narines la cendre de jeunes grenouilles d'eau ayant encore leur queue, calcinées dans un vase neuf. On use, en différentes circonstances, des sangsues pour ôter du sang; elles ont pour objet, comme les ventouses médicinales, de tirer le sang superflu et d'ouvrir les pores. L'inconvénient, c'est que tous les ans, vers la même époque, on sent renaître le besoin d'y avoir recours. Plusieurs médecins ont pensé que les sangsues pouvaient

---

tant odore. Prosunt et cardiacis. Cacheetis, quorum corpus macie conficitur, tethea utilia sunt cum ruta ac melle. Hydropicis medetur adeps delphini liquatus, cum vino potus. Gravitati saporis occurritur tactis naribus unguento, aut odoribus, vel quoquo modo obturatis. Strombi quoque carnes tritæ, et in mulsi tribus heminis pari modo aquæ, aut si febres sint, ex aqua mulsa datæ proficiunt. Item succus cancrorum fluviatilium cum melle.
2 Ranæ quoque aquaticæ in vino vetere et farre decoctæ, ac pro cibo sumtæ, ita ut bibatur ex eodem vase. Vel testudo decisis pedibus, capite, cauda, et intestinis exemtis, reliqua carne ita condita, ut citra fastidium sumi possit. Cancri fluviatiles ex jure sumti, et phthisicis prodesse traduntur.

1 XL. Adusta sanantur cancri marini vel fluviatilis cinere ex oleo : ichthyocolla ac ranarum cinere ea quæ ferventi aqua combusta sunt. Hæc curatio etiam pilos restituit cum cancrorum fluviatilium cinere. Putant utendum cum cera et adipe ursino. Prodest et fibrinarum pellium cinis. Ignes sacros restinguunt ranarum viventium ventres imposi : pedibus posterioribus pronas adalligari jubent, ut crebrore anhelitu prosint. Utuntur et silurorum capitum cinere, salsamentorum ex aceto. Pruritum scabiemque

non hominum modo, sed et quadrupedum efficacissime sedat jecur pastinacæ decoctum in oleo.

XLI. Nervos vel præcisos purpurarum callum, quo se 1 operiunt, tusum glutinat. Tetanicos coagulum vituli adjuvat in vino potum oboli pondere : item ichthyocolla. Tremulos castoreum, si ex oleo perungantur. Mullos in cibo inutiles nervis invenio.

XLII. Sanguinem fieri piscium cibo putant, sisti polypo 1 tuso illitoque. De quo et hæc traduntur : muriam ipsum ex sese emittere, et ideo non debere addi in coquendo : secari arundine : ferro enim infici, vitiumque trahere natura dissidente. Ad sanguinem sistendum et ranarum illinunt cinerem, vel sanguinem inarefactum. Quidam ex ea rana, quam Græci calamiten vocant, quoniam inter arundines fruticesque vivat, minima omnium et viridissima, sanguinem cineremque fieri jubent. Aliqui et nascentium 2 ranarum in aqua, quibus adhuc cauda est, in calyce novo combustarum cinerem, si per nares fluat, injiciendum. Diversus hirudinum, quas sanguisugas vocant, ad extrahendum sanguinem usus est. Quippe eadem ratio earum, quæ cucurbitularum medicinalium, ad corpora levanda sanguine, spiramenta laxanda, judicatur. Sed vitium, quod admissæ semel desiderium faciunt circa eadem tem-

être employées dans la goutte. Elles se détachent par satiété (75) et par le poids du sang qu'elles ont sucé, ou bien on les fait tomber en les saupoudrant de sel. Quelquefois cependant elles laissent leur tête dans la plaie, ce qui la rend incurable ; et cet accident a causé (76) la mort de plusieurs personnes, notamment de Messalinus (x, 27), patricien consulaire, qui s'était fait appliquer des sangsues aux genoux. Au lieu d'apporter un remède elles apportent un poison, et ce sont surtout les rousses que l'on redoute pour cela. Aussi on les coupe avec des ciseaux dès qu'elles ont commencé à sucer (77), et le sang coule ensuite comme par un tube. Les têtes des sangsues ainsi coupées se contractent peu à peu, et elles ne restent point dans la plaie. La sangsue est antipathique (XXIX, 17) aux punaises, que l'on tue à l'aide d'une fumigation de sangsues. La cendre de peau de castor, brûlée avec de la poix liquide, arrête les épistaxis ; on la pétrit avec du suc de poireau.

XLIII. Pour retirer (78) les traits engagés dans les chairs on emploie la cendre d'os de sèche, celle de test de pourpre dans de l'eau, la chair de poisson salé, les écrevisses de rivière broyées, la chair du silure de rivière en topique, fraîche ou salée : ce poisson se trouve dans le Nil (IX, 17) et dans d'autres fleuves ; sa cendre et sa graisse ont la même propriété ; la cendre de son épine dorsale tient lieu de spodium (XXXIV, 33).

XLIV. On traite les ulcères serpigineux ou fongueux par la cendre de têtes de mènes (XXXII, 27) ou de silures ; les carcinomes, par la tête de perche salée, ce qui est plus efficace si on ajoute du sel à la cendre de ces perches, et qu'on la pétrisse avec la sarriette à tête (XX, 65) et l'huile. La cendre d'écrevisses de mer brûlées avec du plomb arrête les carcinomes ; celle d'écrevisses de rivière, avec du miel et de la charpie de lin, est bonne aussi pour cet usage ; quelques-uns aiment mieux mêler à la cendre de l'alun et du miel. On traite les ulcères phagédéniques par le silure salé, et pilé avec de la sandaraque ; les ulcères cacoèthes, les nomes, les ulcères putrides, par le cybium (IX, 18) vieux. Les vers qui s'y engendrent se détruisent par le fiel de grenouille. On dilate et on dessèche les fistules en y introduisant de la chair de poisson salé avec une tente. Cette chair, pétrie en forme d'emplâtre et appliquée, dissipe en deux jours toutes les callosités et les ulcères putrides et serpigineux. L'alex (XXXI, 44) aussi déterge, dans de la charpie, les ulcères ; de même la cendre du test des hérissons de mer. Les coracins salés, en topique, dissipent les charbons ; il en est de même de la cendre des surmulets salés. Quelques-uns emploient la tête seulement du surmulet avec du miel ou la chair du coracin. La cendre des murex, avec de l'huile, enlève les tumeurs ; le fiel du scorpion marin, les cicatrices.

XLV. Pour ôter les verrues on emploie en topique le foie de glanis (IX, 67), la cendre de têtes de mènes broyée avec de l'ail (ces substances doivent être crues pour les thymia ou boutons verruqueux), le fiel du scorpion marin roux, les smarides broyées. L'alex bouilli et la cendre de mènes guérissent les ongles rugueux.

XLVI. Les femmes se procurent abondance de lait en prenant des glaucisques (79) dans leur jus, des smarides (XXXII, 27) dans de l'eau d'orge, ou bouillies avec du fenouil. La cendre de test de murex ou de pourpre, avec du miel, est efficace pour la guérison des mamelles. En topique (80), les écrevisses de rivière ou celles de mer ont la

---

pora anni semper ejusdem medicinæ. Multi podagris quoque admittendas censuere. Decidunt satiatæ, et pondere ipso sanguinis detractæ, aut sale adspersæ. Aliquando tamen affixa relinquunt capita, quæ causa vulnera insanabilia facit, et multos interimit, sicut Messalinum e consularibus patriciis, quum ad genua admisisset. Invehunt virus remedio verso ; maximeque rufæ ita formidantur. Ergo sangue orsas forficibus præcidunt : ac veluti siphonibus defluit sanguis ; paulatimque morientibus capita se contrahunt, nec relinquuntur. Natura earum adversatur cimicibus, et suffitu necat eos. Fibrinarum pellium cum pice liquida combustarum cinis, narium profluvia sistit, succo porri mollitus.

XLIII. Extrahit tela corpori inhærentia sepiarum testæ cinis : item purpurarum testæ ex aqua, salsamentorum carnes, cancri fluviatiles triti, siluri fluviatilis, qui et alibi quam in Nilo nascitur, carnes impositæ recentes sive salsæ. Ejusdem cinis extrahit, et adeps : et cinis spinæ ejus vicem spodii præbet.

XLIV. Ulcera quæ serpunt, et quæ in his excrescunt, ex capite mænarum cinis vel siluri coercet. Carcinomata percarum capita salsarum : efficacius, si cineri earum misceatur sal, et cunila capitata, oleoque subigantur. Cancri marini cinis usti cum plumbo, carcinomata compescit. Ad hoc et fluviatilis sufficit cum melle, lineaque lanugine. Aliqui malunt alumen melque miscere cineri. Phagedænæ siluro inveterato, et cum sandaracha trito : cacoethe, et nomæ, et putrescentia, cybio vetere sanantur. Vermes innati ranarum felle tolluntur : fistulæ aperiuntur, siccanturque salsamentis cum linteolo immissis. Intraque alterum diem callum omnem auferunt, et putrescentia hulcerum, quæque serpunt, emplastri modo subacta extilita. Et alex purgat hulcera, in linteolis conceptis. Item echinorum testæ cinis. Carbunculos coracinorum salsamenta illita discutiunt. Item mullorum salsamenti cinis. Quidam capite tantum utuntur cum melle, vel coracinorum carne. Muricum cinis cum oleo tumorem tollit : cicatrices fel scorpionis marini.

XLV. Verrucas tollit glani jecur illitum : capitis mænarum cinis cum allio tritus : ad thymia crudis utuntur : fel scorpionis marini rufi : smarides tritæ illitæ. Alex defervefacta unguium scabritiam, cinisque e capite mænarum extenuat.

XLVI. Mulieribus lactis copiam facit glauciscus e jure sumtus, et smarides cum ptisana sumtæ, vel cum feniculo decoctæ. Mammas ipsas muricum vel purpuræ testarum cinis cum melle efficaciter sanat. Item cancri fluviatiles illiti, vel marini. Pilos in mamma, muricum car-

même vertu. La chair de murex, en topique, guérit la maladie appelée poil (XXVI, 92). Les squatines en topique empêchent l'accroissement des mamelles. De la charpie enduite de graisse de dauphin et enflammée fait revenir les hystériques; il en est de même des strombes putréfiés dans du vinaigre. La cendre de tête de mène ou de perche, avec du sel, de la sarriette et de l'huile, guérit la matrice; en fumigation elle fait sortir l'arrière-faix. On instille la graisse de veau marin fondue dans les narines des femmes pâmées par suffocation hystérique; pour le même cas on emploie en topique la présure de cet animal dans de la laine. Le poumon marin en amulette procure très-bien l'écoulement des menstrues; il en est de même des hérissons de mer broyés vivants, et pris dans du vin doux. Les écrevisses de rivière broyées dans du vin, et avalées, arrêtent le flux menstruel. Le silure, particulièrement celui d'Afrique, en fumigation facilite (81), dit-on, l'accouchement. Les écrevisses prises dans de l'eau arrêtent le flux menstruel; avec de l'hysope elles procurent la bonne évacuation des règles. Si la mère suffoque dans l'accouchement (82), elles sont encore utiles en breuvage. On les administre, soit fraîches, soit sèches, en boisson, pour empêcher l'avortement. Hippocrate se sert (83), pour la purgation menstruelle et pour les fœtus morts, de cinq écrevisses qu'on broie avec la racine de patience, avec de la rue et du noir de fumée, et qu'on administre dans du vin miellé. Les écrevisses, cuites dans leur jus avec de la patience et de l'ache, facilitent la purgation menstruelle et donnent abondance de lait. Dans une fièvre accompagnée de douleurs de tête et de pulsations dans les yeux, chez les femmes, on dit qu'elles sont utiles, administrées dans du vin astringent. Le castoréum, dans du vin miellé, est bon pour les règles. Dans la suffocation hystérique on le fait flairer avec du vinaigre et de la poix, ou on en fait des trochisques qu'on emploie en pessaires. Pour l'arrière-faix, il est avantageux de s'en servir avec le panax dans quatre cyathes de vin, et quand on a souffert du froid, à la dose de trois oboles. Mais si une femme enceinte marche sur du castoréum ou sur un castor, on dit qu'elle avorte, et que si on en porte par-dessus elle, l'accouchement devient périlleux (84). Ce que je trouve au sujet de la torpille est merveilleux : si on la prend la lune étant dans la Balance, et qu'on la garde trois jours en plein air, elle procure dans la suite un accouchement facile toutes les fois qu'on l'apporte (85) près d'une femme en travail. Le piquant de la pastenague, attaché à l'ombilic, passe aussi pour favoriser l'accouchement; il faut l'arracher à une pastenague vivante, que l'on rejette ensuite dans la mer (86). Je trouve que ce qui est appelé ostracium par quelques-uns et par d'autres onyx (*opercule des murex*) (XXXII, 41), en fumigation, est très-bon pour les suffocations hystériques, qu'il a l'odeur du castoréum, et qu'il est plus efficace si on le brûle avec cette substance; que, incinéré, il guérit les vieux ulcères cacoèthes. Quant aux charbons et aux carcinomes des parties naturelles des femmes (87), rien, dit-on, n'est plus efficace qu'une écrevisse femelle broyée avec de la fleur de sel, après la pleine lune, et appliquée avec de l'eau.

XLVII. On emploie comme épilatoire le sang, le fiel, le foie du thon, soit frais, soit gardé; le foie même broyé, et conservé avec de la résine de cèdre dans une boîte de plomb. Salpé, la sage-femme, a indiqué ce moyen pour déguiser l'âge des jeunes esclaves. La même propriété appartient au poumon de mer, au sang et au fiel du

---

nes appositæ tollunt. Squatinæ illitæ crescere mammas non patiuntur. Delphini adipe linamenta accensa excitant vulvæ strangulatu oppressas. Item strombi in aceto putrefacti. Percarum vel mænarum capitis cinis admixto sale, et cunila, oleoque, vulvæ medetur : suffitione quoque secundas detrahit. Item vituli marini adeps instillatur igni naribus intermortuarum vulvæ vitio : et cum coagulo ejusdem in vellere imponitur. Pulmo marinus alligatus purgat egregie profluvia. Echini viventes tusi et in vino dulci poti. Sistunt et cancri fluviatiles triti in vino potique. Item siluri suffitu, præcipue Africi, faciliores partus facere dicuntur. Cancri ex aqua poti profluvia sistere : ex hyssopo purgare. Et si partus strangulet, similiter poti auxiliantur. Eosdem recentes vel aridos bibunt ad partus continendos. Hippocrates ad purgationes mortuosque partus utitur illis quinis cum lapathi radice rutæque et fuligine tritis, et in mulso datis potu. Iidem in jure cocti cum lapatho et apio, menstruas purgationes expediunt; lactisque ubertatem faciunt. Item in febri quæ sit cum capitis doloribus et oculorum palpitatione, mulieribus in vino austero poti prodesse dicuntur. Castoreum ex mulso potum purgationibus prodest; contraque vulvam olfactum cum aceto et pice, aut subditum pastillis. Ad secundas etiam uti eodem prodest cum panace in IV cyathis vini : et a frigore laborantibus ternis obolis. Sed si castoreum fibrumve supergrediatur gravida, abortum facere dicitur, et periclitari partu si superferatur. Mirum et quod de torpedine invenio : si capiatur, quum luna in Libra sit, triduoque asservetur sub dio, faciles partus facere postea, quoties inferatur. Adjuvare et pastinacæ radius adalligatus umbilico existimatur, si viventi ablatus sit, ipsa in mare dimissa. Invenio apud quosdam ostracium vocari, quod aliqui onychem vocant : hoc suffitum vulvæ penis mire resistere. Odorem esse castorei, meliusque cum eo ustum proficere. Vetera quoque hulcera et cacoethe ejusdem cinere sanari. Nam carbunculos et carcinomata in muliebri parte præsentissimo remedio sanari tradunt cancro femina, cum salis flore contuso, post plenam lunam, et ex aqua illito.

XLVII. Psilothrum est thynni sanguis, fel, jecur, sive recentia, sive servata. Jecur etiam tritum, mixtaque cedria plumbea pyxide asservatum. Ita pueros mangonizavit Salpe obstetrix. Eadem vis pulmoni marino : leporis marini sanguini et felli : vel si in oleo hic necetur. Cancri,

lièvre marin, et au lièvre marin même étouffé dans de l'huile ; à la cendre d'écrevisse et à la cendre de scolopendre de mer, avec de l'huile ; à l'ortie de mer, broyée dans du vinaigre scillitique ; à la cervelle de torpille, appliquée (88) avec 2 de l'alun le sixième jour de la lune. La sanie de la petite grenouille que nous avons décrite dans le traitement des yeux (xxxii, 24, 5) est un épilatoire très-efficace (89), si on l'applique récente; ainsi que la grenouille même, séchée, broyée, puis cuite dans trois hémines, jusqu'à réduction au tiers, ou cuite avec de l'huile en même quantité dans un vase de cuivre. D'autres composent un épilatoire avec quinze grenouilles, par le procédé employé dans le chapitre des yeux (xxxii, 24). Les sangsues grillées dans un vase de terre, et appliquées avec du vinaigre, ont la même propriété dépilatoire : cette fumée portée par ceux qui les grillent sur les punaises tue cet insecte (xxxii, 42, 3) (90). Je trouve des exemples de l'emploi, pendant plusieurs jours, du castoréum dans du miel, comme dépilatoire. Nul dépilatoire ne doit être appliqué qu'après l'évulsion préalable des poils.

1 XLVIII. On soulage considérablement les enfants qui sont dans la dentition et qui ont mal aux gencives, en frottant ces parties avec la cendre des dents d'un dauphin, ou en les touchant avec la dent même du dauphin. Une dent de cet animal, en amulette, empêche les terreurs soudaines ; la dent du chien de mer a la même propriété. Quant aux ulcères qui se produisent dans les oreilles ou dans toute autre partie du corps, on les guérit par le jus d'écrevisses de rivière avec de la farine d'orge. Ces écrevisses, broyées dans de l'huile, sont, en friction, utiles pour les autres maladies. Une éponge humectée souvent avec de l'eau froide, une grenouille appliquée par le dos sur la tête, sont des remèdes très-efficaces pour le siriasis des enfants ( inflammation cérébrale) : on assure qu'en retirant la grenouille on la trouve desséchée.

XLIX. Le surmulet étouffé dans du vin, ou 1 le poisson rubellio (ou érythin, ix, 23), ou deux anguilles, ou la grappe de mer (ix, 1, 3), pourris dans du vin, font, quand on boit de cette préparation, prendre le vin en aversion.

L. Comme anaphrodisiaques, on a l'échénéis 1 (ix, 41), la peau du côté gauche du front de l'hippopotame attachée dans de la peau d'agneau, le fiel (91) d'une torpille vivante appliqué sur les parties génitales. Sont au contraire aphrodisiaques, la chair d'escargots de rivière conservée dans du sel et administrée dans du vin, l'érythin pris en aliment, le foie d'une grenouille diopète ou calamite attaché dans de la peau de grue, une dent mâchelière de crocodile attachée au bras, ou encore un hippocampe, ou les nerfs d'une grenouille buissonnière attachés au bras droit. On cesse d'aimer une personne si l'on porte une grenouille buissonnière dans de la peau d'un mouton récemment écorché.

LI. Une décoction de grenouilles dans de l'eau, 1 et réduite jusqu'à consistance de liniment, guérit la gale des chevaux. On dit qu'un cheval ainsi traité n'est plus atteint de la gale. Salpé assure qu'un chien perd la faculté d'aboyer si on lui fait avaler dans un gâteau une grenouille vive.

LII. Parmi les productions des eaux il faut 1 aussi parler du calamochnus (xvi, 66, 3), nommé en latin adarca ; il s'engendre, autour des petits roseaux, du mélange de l'écume d'eau douce et de l'écume d'eau de mer. Il a une propriété échauffante. Aussi est-il bon dans les médicaments acopes ( délassants) et (92) contre les frissons. Il efface le lentigo sur le visage des 2 femmes. L'adarca nous donne occasion de parler

---

scolopendræ marinæ cinis cum oleo : urtica marina trita ex aceto scillite : torpedinis cerebrum cum alumine illitum 2 sexta luna. Ranæ parvæ, quam in oculorum curatione descripsimus, sanies efficacissimum psilothrum est, si recens illinatur : et ipsa arefacta ac tusa, mox decocta tribus heminis ad tertias, vel in oleo decocta æreis vasis : eadem mensura alii ex quindecim ranis conficiunt psilothrum, sicut in oculis diximus. Sanguisugæ quoque tostæ in vase fictili et ex aceto illitæ, eumdem contra pilos habent effectum. Et suflitus urentium eas necat cimices invectus. Castoreo quoque cum melle pro psilothro usi pluribus diebus reperiuntur. In omni autem psilothro evellendi prius sunt pili.
1 XLVIII. Infantium gingivis dentitionibusque plurimum confert delphini cum melle dentium cinis, et si ipso dente gingivæ tangantur. Adalligatus idem pavores repentinos tollit. Idem effectus et caniculæ dentis. Hulcera vero, quæ in auribus, aut ulla corporis parte fiant, cancrorum fluviatilium succus cum farina hordeacea sanat. Et ad reliquos morbos triti in oleo peruncti prosunt. Siriasesque infantium spongia frigida crebro humefacta, rana inversa adalligata efficacissime sanat, quam aridam inveniri affirmant.

XLIX. Mullus in vino necatus, vel piscis rubellio, vel 1 anguillæ duæ, item uva marina in vino putrefacta, iis qui inde biberint, tædium vini affert.
L. Venerem inhibet echeneis, et hippopotami frontis e si- 1 nistra parte pellis in agnina adalligata, fel torpedinis vivæ genitalibus illitum. Concitant cochlearum fluviatilium carnes sale adservatæ, et in potu ex vino datæ : erythini in cibo sumti : jecur ranæ diopetis vel calamitæ in pellicula gruis alligatum, vel dens crocodili maxillaris, annexus brachio, vel hippocampus, vel nervi rubetæ dextro lacerto adalligati. Amorem finit in pecoris recenti corio rubeta alligata.
LI. Equorum scabiem ranæ decoctæ in aqua extenuant, 1 donec illiniri possit. Aiunt ita curatos non repeti postea. Salpe negat canes latrare, quibus in offa rana viva data sit.
LII. Inter aquatilia dici debet et calamochnus, latine 1 adarca appellata. Nascitur circa arundines tenues e spuma aquæ dulcis ac marinæ, ubi se miscent. Vim habet causticam : ideo acopis utilis, et contra perfrictionum vitia. Tollit et mulierum lentigines in facie. Et calami simul dici 2 debent : phragmitis radix recens tusa luxatis medetur, et

aussi des roseaux. La racine du roseau phragmites (XVI, 66; XXIV, 50) pilée fraîche guérit les luxations ; en topique avec du vinaigre, elle guérit les douleurs dorsales. L'écorce du roseau cyprien, nommé aussi donax, incinérée, guérit l'alopécie et les vieux ulcères. Les feuilles sont bonnes pour l'extraction des corps étrangers enfoncés dans les chairs, et pour l'érysipèle. La fleur de sa panicule entrée dans l'oreille rend sourd (XXIV, 50). L'encre de la sèche a tant de force, que, au dire d'Anaxilaus, si on en met dans une lampe, la lumière est changée, et toutes les personnes paraissent des Éthiopiens. La grenouille buissonnière, cuite dans de l'eau et donnée en breuvage, guérit les maladies des pourceaux, comme fait aussi la cendre d'une grenouille quelconque. Si on frotte du bois avec un poumon marin, ce bois paraît tout en feu, tellement qu'il pourrait servir de torche.

1 LIII. (XI.) Après avoir complété l'exposition des propriétés des animaux aquatiques, il ne paraît pas hors de propos de donner la liste des poissons vivant dans le sein de tant de mers si vastes, qui s'enfoncent dans l'intérieur des terres à une profondeur de tant de milliers de pas, et qui, presque aussi grandes que le monde même, en occupent l'extérieur. Ces animaux sont au nombre de cent soixante-quatorze espèces (93). Je les indiquerai nom par nom, ce qu'on ne saurait faire à l'égard des animaux terrestres et des oiseaux. En effet, nous ne connaissons pas les quadrupèdes ni les oiseaux de l'Inde entière, de la Scythie, de l'Éthiopie et des déserts; et cependant pour l'homme même les variétés que nous avons pu 2 trouver sont très-nombreuses. Ajoutons Taprobane et les autres îles de l'Océan dont on raconte des fables. Certes on conviendra qu'il est impossible de comprendre toutes les espèces d'animaux dans un seul tableau. Mais dans l'Océan, tout immense qu'il est, il n'existe rien qui ne soit connu ; et, chose singulière, les productions que la nature a cachées dans les profondeurs sont les moins ignorées. Commençons par les monstres. On trouve les arbres, les physétères, les baleines (IX, 3), les pristes (IX, 2), les tritons (IX, 4), les néréides, les éléphants, les hommes marins, les roues (IX, 3), les orques (IX, 5), les béliers (IX, 4), les musculus (IX, 88), d'autres béliers (IX, 67) en forme de poisson, les dauphins (IX, 7), et les veaux marins (IX, 15) célébrés par Homère (Od., IV, 436), les tortues qui servent au luxe (IX, 13), les cas- 3 tors qu'emploie la médecine (XXXII, 13), et au genre desquels appartient la loutre (mais ce dernier animal n'entre jamais dans la mer, et nous ne parlons ici que des animaux marins). Ajoutons les chiens de mer (IX, 70), les dromons (94), les raies cornues (IX, 40), les épées, les scies, les hippopotames (VIII, 39) et les crocodiles (VIII, 37) communs à la mer, à la terre et aux fleuves; et les suivants, communs à la mer seulement et aux fleuves : thons, thynnides (thons femelles), silures, coracins, perches. A la mer seule appartiennent l'esturgeon (IX, 27), la dorade (IX, 25), l'aselle (IX, 28), l'acharne (perca labrax), l'aphye (anchois), l'alopex (95) (IX, 67), l'anguille, l'araignée, le boca (96), la batie (raie), le bacchus (IX, 28), la grenouille de mer (IX, 40), les belones ou aiguilles (IX, 57) (97), le balane (sorte de moule), le corbeau, le citharus le moins estimé des turbots, le chalcis 4 (IX, 71), le cobio (ou goblus), le callarias (IX, 28), de l'espèce des aselles, s'il n'était plus petit ; le colias (98) de Parium et celui de Sexita (nom d'une ville de la Bétique), les plus petits des lacertes, le colias des Palus-Méotides, qui est un peu plus gros; le cybium, c'est le nom, quand elle est coupée par morceaux, de la pélamide qui au bout de quarante jours remonte du Pont dans les Palus-Méotides ;

spinæ doloribus ex aceto illita. Cyprii vero, qui et donax vocatur, cortex alopeciis medetur ustus, et hulceribus veteratis : folia extrahendis quæ infixa sint corpori, et igni 3 sacro. Paniculæ flos si aures intravit, exsurdat. Sepiæ atramento tanta vis est, ut in lucerna addito Æthiopas videri, ablato priore lumine, Anaxilaus tradat. Rubeta excocta aqua, potui data, suum morbis medetur : vel cujusque ranæ cinis. Pulmone marino si confricetur lignum, ardere videtur, adeo ut baculum ita praeluceat.

1 LIII. (XI.) Peracta aquatilium dote, non alienum videtur indicare per tot maria, tam vasta, et tot millibus passuum terræ infusa, extraque circumdata mensura pæne ipsius mundi, quæ intelligantur animalia centum septuaginta quatuor omnino generum esse, eaque nominatim complecti : quod in terrestribus volucribusque fieri non quit. Neque enim omnis Indiæ, Æthiopiæque, aut Scythiæ, desertorumve novimus feras aut volucres, quum hominum ipsorum multo plurimæ sint differentiæ, quas in- 2 venire potuimus. Accedat his Taprobane, insulæque aliæ Oceani fabulosæ narratæ. Profecto conveniet non posse omnia genera in contemplatione universam vocari. At hercules in tanto mari Oceano quæcumque nascuntur, certa sunt, notioraque, quod miremur, quæ profundo natura mersit. Ut a belluis ordiamur, arbores, physeteres, balænæ, pristes, Tritones, Nereides, elephanti, homines qui marini vocantur, rotæ, orcæ, arietes, musculi, et alii piscium forma arietes, delphini, celebresque Homero vituli. Luxuriæ vero testudines, et medicis fibri, quorum e ge- 3 nere lutras nusquam mari accepimus mergi, tantum marina dicentes. Jam caniculæ, dromones, cornutæ, gladii, serræ ; communesque mari, terræ, amni, hippopotami, crocodili : et amni tantum ac mari, thynni, thynnides, siluri, coracini, percæ. Peculiares autem maris, acipenser, aurata, asellus, acharne, aphya, alopex, anguilla, araneus. Boca, batia, bacchus, batrachus, belonæ, quos aculeatos vocamus, balanus. Corvus, citharus, e rhomborum genere pessimus : chalcis, cobio, callarias, asellorum generis, 4 ni minor esset : colias sive Parianus, sive Sexitanus a patria Bætica, lacertorum minimi : ab iis Mæotici : cybium, ita vocatur concisa pelamis, quæ post XL dies a Ponto in Mæotin revertitur : cordyla, et hæc pelamis pusilla, quum in Pontum e Mæotide exit, hoc nomen habet : cantharus,

la cordyle (ix, 18), très-petite pélamide qui prend ce nom quand du Palus-Méotide elle gagne le Pont; le canthare, le callionyme ou uranoscope (xxxii, 24), le cinède (99), seul poisson qui soit jaune ; la cnide que nous nommons ortie (ix, 68), les différentes espèces d'écrevisses (ix, 51), les chames (100) striées, les chames unies, les chames pélorides, différant par l'espèce et par la rondeur ; les chames glycymérides, plus grosses que les précédentes ; les coluthies ou coryphies (101) (xxxii, 27), les différentes espèces de coquillage, parmi lesquelles sont les huîtres perlières ; les cochlées (ix, 51, 5), dans la classe desquelles sont les pentadactyles ; les hélix et les actinophores (102), avec lesquels on chante (il faut mettre à part les cochlées rondes, dont on se sert pour mesurer l'huile) ; le concombre marin (ix, 1), le cynops, le cammarus (103), le cynosdexia (104), le dragon (la vive) (quelques-uns le distinguent du dracunculus ; il ressemble à la gerricule, et porte aux branchies des aiguillons tournés vers la queue ; il blesse comme le scorpion quand on le prend avec la main), l'érythin, l'échénéis (ix, 41), le hérisson de mer, l'éléphant noir (homard), espèce de langouste ayant quatre pattes bifides et de plus deux bras à double articulation, et portant des pinces dentelées ; le faber (ix, 32) ou zeus, le glaucisque (105), le glanis (ix, 67), le congre, la gerris (106), le galéos (un squale) (ix, 70), le garus (xxxi, 43), le hippus (107), le hippurus (ix, 24), l'hirondelle (ix, 43), le halipleumon (ix, 71), l'hippocampe (ix, 1, 3), le hépar, l'hélacatène (108), l'ictinus ou milan (ix, 43), l'iulis (109) (*labrus iulis*), le genre des lacertes, le calmar volant (ix, 45), la langouste, la lanterne (ix, 43), le liparis, le lamyre (110), le lièvre marin (ix, 72 ; xxxii, 3), le lion (ix, 51), qui a les bras de l'écrevisse et le corps de la langouste ; le surmulet, le merle de mer (ix, 20, 4), renommé parmi les saxatiles, le muge, le mélanure, la mène (ix, 42), le méryx (111), la murène, le mys (ix, 56, 4), le mitule (xxxii, 31), le myisque (xxxii, 31), le murex (ix, 61), l'oculata (112), l'ophidion (xxxii, 35), les huîtres, les oties (patelles), l'orcyn, qui est la plus grande des pélamides (elle ne revient pas dans le Palus-Méotide ; elle ressemble au tritomon (113), et gagne à vieillir) ; l'orbe (xxxii, 5, 4), l'orthragorisque (xxxii, 9) ; le phagre (ix, 24), le phycis (ix, 42), poisson saxatile ; la pélamide (ix, 18) (la plus grosse espèce se nomme apolecte ; elle est plus dure que le tritomon) (114), le porc (ix, 17), le phthir (115), le passer ou carrelet (ix, 36), la pastenague (ix, 40), diverses espèces de poulpes (ix, 48), les peignes (ix, 51) (c'est en été qu'ils sont le plus gros et le plus noirs ; les plus estimés sont ceux de Mitylène, de Tyndaris, de Salone, d'Altinum, d'Antium, de l'île de Pharos (v, 34), près d'Alexandrie en Égypte), les pétoncles, les pourpres, les percides (116), les pinnes (ix, 66), les pinnotères (ix, 51) ; la rhine (ix, 40) ou squatus des Latins, le turbot, le scare (ix, 29), qui tient aujourd'hui le premier rang, la sole, le sarge (ix, 30), la squille (*cancer squilla*), la sarda, nom que l'on donne à une espèce de longue pélamide qui vient de l'Océan, le scombre (ix, 19), la saupe (ix, 32), le spare, la scorpène, le scorpion, le scladée, la sciène (ix, 24) (117), la scolopendre (ix, 67), le smyre, la sèche, le strombe ou conque, le solen ou aulos, ou donax (xxxii, 32), ou onyx, ou dactyle (ix, 51 et 87) ; le spondyle (118), la smaride (xxxii, 34), l'étoile (ix, 86), l'éponge ; le tourd (ix, 20), célèbre parmi les saxatiles ; le thon, le thranis, nommé par d'autres xiphias ; la thrissa (119), la torpille (ix, 67), les têthes (xxxii, 30), le tritomon (120), pélamide d'une grande

---

callionymus, sive uranoscopus, cinædi, soli piscium lutei : cnide, quam nos urticam vocamus, cancrorum genera, chemæ striatæ, chemæ læves, chemæ pelorides, generis varietate distantes et rotunditate : chemæ glycymerides, quæ sunt majores, quam pelorides : coluthia sive coryphia : concharum genera, inter quæ et margaritiferæ : cochleæ, quarum generis pentadactyli, item helices, ab his, actinophoræ dicuntur quibus cantant : extra hæc sunt rotundæ in olearió usu cochleæ: cucumis, cynops, cammarus, cynosdexia. Draco : quidam aliud volunt esse dracunculum : est autem gerriculæ similis : aculeos in branchiis habet ad caudam spectantes, sic ut scorpio lædit, dum manu tollitur. Erythinus, echeneis, echinus, elephanti locustarum generis nigri, pedibus quaternis bisulcis : præterea brachia duo binis articulis, singulisque forficibus denticulatis. Faber sive zeus. Glaucisci, glanis, gonger, gerres, galeos, garus. Hippus, hippuros, hirundo, halipleumon, hippocampos, hepar, helacatenes. Ictinus, iulis. Lacertorum genera, loligo volitans, locustæ, lucernæ, liparis, lamyrus, lepus, leones, quorum brachia cancris similia sunt, reliqua pars locustæ. Mullus, merula inter saxatiles laudata, mugil, melanurus, mæna, meryx, muræna, mys, mitulus, myiscus, murex. Oculata, ophidion, ostrea, otia : orcynus : hic est pelamidum generis maximus, neque redit in Mæotin, similis tritomi, vetustate melior : orbis, orthragoriscus. Phager, phycis, saxatilium : pelamis : earum generis maxima apolecte vocatur, durior tritomo : porcus, phthir, passer, pastinaca : polyporum genera : pectines maximi et nigerrimi æstate, laudatissimi Mitylenis, Tyndaride, Salonis, Altini, Antii, in insula Alexandriæ in Ægypto : pectunculi, purpuræ, percides, pinna, pinnoteræ. Rhina quem squatum vocamus : rhombus. Scarus principalis hodie : solea, sargus, scilla, sarda : ita vocatur pelamis longa, ex Oceano veniens : scomber, salpa, sparus, scorpæna, scorpio, sciadeus, sciæna, scolopendra, smyrus, sepia, strombus, solen, sive aulos, sive donax, sive onyx, sive dactylus : spondylus, smarides, stella, spongia. Turdus inter saxatiles nobilis : thynnus, thranis, quem alii xiphiam vocant : thrissa, torpedo, tethea : tritomon pelamidum generis magni : ex eo terna cybia fiunt. Veneriæ, uva. Xiphiæ.

LIV. His adjiciemus ab Ovidio posita nomina, quæ

espèce, et dont on fait trois cybium ; la conque de Vénus (IX, 52), la grappe (IX, 1), le xiphias (IX, 1).

LIV. A cette énumération nous ajouterons les noms indiqués dans le poëme d'Ovide, et qu'on ne trouve dans aucun autre auteur ; mais peut-être ces espèces appartiennent au Pont-Euxin, sur les côtes duquel il commença, dans le dernier temps de sa vie, ce poëme resté inachevé : ce sont : le bœuf, le cercyre vivant dans les rochers, l'orphus (IX, 24) (121), l'érythin rouge, le sparule (122), les mormyres diaprées, le chrysophrys (123) de couleur d'or ; en outre, la perche (124), le bouc, le mélanure, qui plaît par sa queue (125) ; l'épode, fort large. Entre autres particularités remarquables sur les poissons, Ovide dit que la channe (126) (IX, 23) conçoit d'elle-même, que le glaucus (IX, 25) ne paraît jamais en été, que le pompile (IX, 47) accompagne les vaisseaux dans leur traversée, que le chromis (IX, 42) fait un nid sur les eaux. Il dit aussi que l'hélops (127) est inconnu à nos mers, montrant l'erreur de ceux qui prennent l'esturgeon pour l'hélops. Beaucoup,

entre toutes les chairs de poissons, ont donné la palme à la chair de l'hélops. Nous terminerons cette liste par l'indication de plusieurs poissons qui ne sont mentionnés par aucun auteur : tel est le poisson nommé en latin sudis, en grec sphyræna (pieu ou marteau), dont le nom indique la forme du museau. C'est une des plus grandes espèces ; il est rare, mais assez bon. On donne le nom de jambon à une espèce de conque très-commune autour des îles du Pont-Euxin. On les trouve plantées toutes droites dans le sable, présentant l'aspect d'un jambon allongé fiché en terre ; elles sont béantes là où l'eau est limpide, cherchant ainsi à saisir leur proie. Cette ouverture n'a pas moins d'un pied ; les bords sont garnis de dents très-minces en forme de peigne ; à l'intérieur, au lieu de ligament, il y a un grand morceau de chair. Dans l'île d'Ænaria, j'ai vu une hyène de mer qu'on avait prise. En outre, la mer rejette certaines substances qui sont comme des excrétions et qui ne méritent pas d'être relatées, tenant plutôt de la nature des algues que de celle des animaux.

apud neminem alium reperiuntur : sed fortassis in Ponto nascuntur, ubi id volumen supremis suis temporibus inchoavit : bovem, cercyrum in scopulis viventem, orphum, rubentemque erythinum, sparulum, pictas mormyras, aureique coloris chrysophryn. Præterea percam, tragum, et placentem cauda melanurum, epodas lati generis. Præter hæc insignia piscium tradit channen ex se ipsa concipere, glaucum æstate numquam apparere, pompilum qui semper comitetur navigiorum cursus, chromin qui nidificet in aquis. Helopem quoque dicit esse nostris incognitum undis : ex quo apparet falli eos, qui eumdem acipenserem existimaverunt. Helopi palmam saporis inter pisces multi dedere. Sunt præterea a nullo auctore nominati, sudis latine appellatus, Græcis sphyræna, rostro similis nomine, magnitudine inter amplissimos, rarus, sed non degener. Appellantur et pernæ concharum generis, circa Pontias insulas frequentissimæ. Stant velut suillo crure longo in arena defixæ, hiantesque, qua limpitudo est, pedali non minus spatio, cibum venantur. Dentes in circuitu marginum habent pectinatim spissatos. Intus pro spondylo grandis caro est. Et hyænam piscem vidi in Ænaria insula captum. Exeunt præter hæc purgamenta aliqua relatu indigna, et algis potius annumeranda, quam animalibus.

# NOTES DU TRENTE-DEUXIÈME LIVRE.

N. B. C'est ici que commence le manuscrit de Bamb. et la collation qu'en a faite M. Ian, ainsi que les notes si érudites et si sagaces qu'il y a jointes. J'en ai largement usé.

(1) Odynolytes Vulg. — Odinolytes Bamb. — Ce mot vient non de ὀδυνολύτης, mais de ὠδινολύτης.
(2) Potentia naturæ atque effectu Vulg. — Potentia naturæ vique et effectu Bamb.
(3) Quin et sine hoc Vulg. — Quid non et sine hoc Bamb.
(4) Et tactu quidem Vulg. — Ne tactu quidem Bamb.
(5) Mitulos marinos Vulg. — Marinos omittit Bamb.
(6) On ne sait ce qu'est l'Anthias.
(7) Infixam Vulg. — Infixo Reg. II, Sillig.
(8) Anguillas : hæ et inaures Vulg. — Anguillæ : et inaures Bamb.
(9) Contra ad Vulg. — Ad omittit Bamb.
(10) Le poisson porc est le même que l'orbe ou poisson mole ou meule dont il vient d'être parlé, ch. V.
(11) On trouve dans Placidus cette glose-ci : Pollinctum, funereum aut sepultum; pollinctores enim funeratores dicuntur (Mai, *Class. Aut.* t. VI, p. 569, in-8°).
(12) In curalio Vulg. — In om. Bamb.
(13) Itaque et Vulg. — Ita et Bamb.
(14) Antipathiam Vulg. — Antiphatian (sic) Bamb.
(15) Castores Vulg. — Castoras Bamb.
(16) Naturæque proprietatem Vulg. — Figuræque proprietatem Bamb.
(17) Sanguis heminis tribus, aceti hemina ; vino addito ; his et cum Vulg. — Sanguinis heminis tribus, aceti hemina ; datur et suspiriosis, sed cum hemina vini additur ; his et cum Bamb., Sillig.
(18) Et vespertina Vulg. — Et vespera Bamb.
(19) Emendat : suffusiones etiam. Marinæ felle cum fluviatilis sanguine et lacte, capillus mulierum inficitur. Fel contra salamandras vel succum Vulg. — Emendat : suffusiones etiam marinæ fel cum fluviatilis sanguine et lacte. Capillus mulierum inficitur felle. Contra salamandras vel succum Bamb.
(20) Latitudo in his dorso Vulg. — Latitudo his et in dorso Bamb.
(21) Perungi tradunt Vulg. — Tradunt om. Bamb.
(22) Scincumque Apelles Vulg. — Que om. Bamb.
(23) L'élops est un serpent nommé par Nicandre, *Ther.* p. 35; mais cet auteur le range parmi les serpents inoffensifs.
(24) Adulteriorum Vulg. — Adulterorum Bamb.
(25) Singula in solium addi Vulg. — Singula in oleum addi Bamb.
(26) Amorem inhiberi eo. Item ex his ranis lien contra venena, quæ fiant ex ipsis. XIX. Auxiliatur vero etiam efficacius colubra in aqua Vulg. — Amorem inhiberi. Ex iisdem his ranis lien contra venena, quæ fiant ex ipsis, auxiliatur. Jecur vero etiam efficacius. XIX. Est colubra in aqua Bamb.
(27) Morsibus Vulg. — Morsu Bamb.
(28) Prosunt, ut Thrasyllus auctor est. Nihil autem æque Vulg. — Prosunt. Thrasyllus auctor est nihil æque Bamb.
(29) C'est ce que Dioscoride nomme τὸν τῆς καρπάσου ὀπὸν (*Alexiph.*, 13). On ne sait ce que c'est.
(30) Attributur Vulg. — Tribuatur Bamb.
(31) Ideo pelagia Bamb. — Ideo om. Vulg.
(32) Luto Vulg. — Lutosis Bamb.
(33) Lacinioso Vulg. — Laciniosa Bamb.

(34) Brundisiana Vulg — Brundisina Bamb.
(35) Esclave chargé de nommer à son maître les visiteurs.
(36) Præparant autem sepiarum crustæ farina medicamentis cutem; et muris marini Vulg. — Præparat autem sepiarum crustæ farina medicamentis cutem ; replet et muris marini Bamb.
(37) Ranæ dexter oculus dextro, sinistro lævus Vulg. — Ranæ dexter oculus dextri, sinister lævi Bamb.
(38) Coitum ranæ Vulg. — Coitum lunæ Bamb.
(39) Idem tæniæ jecur Vulg. — Idem thynni jecur Bamb.
(40) Lenta pruna Vulg. — Leni pruna Bamb.
(41) Scarificare Vulg. — Scariphari Bamb.
(42) Elata Vulg. — Exusta Vet. Dalech. — *Exusta* est proposé aussi par Hardouin, proposition confirmée par les passages parallèles de Galien, Κατὰ Τόπους, V, p. 486, et de Marcellus Empiricus, XIII, p. 97.
(43) Centum Vulg. — Celum Bamb.
(44) On a remarqué, avec juste raison, que Pline donne ici des dents canines à un animal qu'il appelle couleuvre. Malgré cette dénomination abusive, on pense qu'il s'agit de la loutre.
(45) Quatuor dentium Vulg. — Quatuor dentibus Bamb.
(46) Murænarum Vulg. — Mænarum Bamb.
(47) Corythia Vulg. — Coryphia Bamb.
(48) Crassitudo Vulg. — Lentitudo Bamb.
(49) Rana Vulg. — Rhina Bamb.
(50) Le sauros, ou lacerte, ou lézard, est un poisson dont parle Élien, *Hist.* XII, 25. On ne sait à quelle espèce il répond.
(51) Similis Vulg. — Similia Vet. Dalech. — D'après Pline, les tèthes (τὰ τήθεα) paraissent être un mollusque. Plus loin, ch. XXXI, il semble plutôt désigner un zoophyte.
(52) Nec pinguibus Bamb., Sill. — Nec pinguibus om. Vulg.
(53) Item prodesse fellis Vulg. — Item obesis, fellis Bamb.
(54) Caligines, scabritias, albugines Bamb., Sill. — Scabritias, albugines om. Vulg.
(55) Tetheæ... hæ... sugentes... eædem Vulg. — Tethea... hæc Bamb. — Sugentia Vet. Dalech. — Eædem doit être corrigé même sans mss.
(56) Et ex aqua Bamb. — Et om. Vulg.
(57) Cient in vino alvum. Ademtis brachiis calculos pellunt tribus obolis cum myrrha triti, singulis eorum drachmis Vulg. — Cient ; in vino albo ademtis brachiis calculos pellunt tribus obolis cum myrrha et iride, singulis earum drachmis Bamb.
(58) Le blendie paraît être le βλέννος d'Oppien, I, 108, poisson ressemblant aux *gobius*.
(59) Contusi in vino Vulg. — Contusi et e vino Bamb.
(60) Marinus Bamb. — Marinus om. Vulg.
(61) Jecur quoque Vulg. — Quoque om. Bamb.
(62) Ischiadicos autem Vulg. — Autem om. Bamb.
(63) Ex olea et cera, rimas in eadem parte emendat. Item et marini cancri polline Vulg. — Ex oleo et cera, rimas in eadem parte emendat : item et marini cancri pollent Bamb.
(64) At testem Vulg. — At om. Bamb.
(65) On ne sait quel est le poisson ophidion.

(66) Corripiuntur Vulg. — Corripiantur Bamb.
(67) Roseo Vulg. — Rosaceo Bamb.
(68) Et rubetæ. Jecur ejus vel cor adalligatur Vulg. — Et rubetæ, si jecur ejus vel cor adalligetur Bamb. — Rubeta est fourni par Vet. Dalech.
(69) Devorari jubent. Magi quoque oculis Vulg. — Devorare. Magi oculis Bamb.
(70) Voy. livre XI, note 20.
(71) Cachecticis Vulg. — Cachectis Bamb.
(72) Cinere et ea quæ ferventi Vulg. — Cinere ex oleo : ichthyocolla ac ranarum cinere ea quæ ferventi Bamb., Sillig.
(73) Ranarum fluviatilium Vulg. — Cancrorum fluviatilium Bamb. — Putantque utendum Vulg. — Putant utendum Bamb.
(74) Desinente Vulg. — Dissidente Bamb.
(75) Decidunt satietate Vulg. — Decidunt satiatæ Bamb., Brotier.
(76) Interimit Vulg. — Interemit Bamb.
(77) Invehunt virus remedio verso ; maximeque rufæ ita formidantur. Ergo sugentia ora forficibus præcidunt Vulg. — Des manuscrits ont *inveniunt* au lieu de *invehunt.* De là Pintianus a proposé de lire : *in veneni virus remedio verso*; M. Ian : *in vehemens virus*, conjecture qu'il croit cependant moins bonne que celle de Pintianus. Bamberg a : invenit virus remedio verso ; maxime rufa ( sic) ita formidantur ergo sugere urfas (sic) forficibus præcidunt. M. Ian dit que *sugere* ne peut s'expliquer, et, changeant *urfas* en *ut eas*, il lit : *maxime rufæ. Ita formidantur ergo sugentes, ut eas forficibus præcidant.* Pour moi, *sugere* m'a mis sur la voie, et m'a montré que *urfas* est pour *orsas.* Quant à *invehunt, ou inveniunt, ou invenit*, je pense qu'il faut lire : in vim et virus remedio verso. Cependant, cette conjecture ne me paraissant pas assez sûre, je conserve le texte de Vulg.
(78) Extrahunt tela corpori inhærentia sepiarum testæ ex aqua Vulg. — Extrahit tela corpori inhærentia sepiarum testæ cinis : item purpurarum testæ Bamb., Sillig.
(79) On ne sait ce qu'est le glaucisque, ni si c'est le même que le glaucus ; on a assimilé celui-ci tantôt à la liche vadigo, tantôt au maigre.
(80) Sanat. Cancri fluviatiles illiti, vel marini, pilos in mamma vel muricum Vulg. — Sanant ( sic ). Item cancri illiti fluviatiles, vel marini. Pilos in mamma muricum Bamb.
(81) Partus fieri Vulg. — Partus facere Bamb.
(82) Stranguletur Vulg. — Strangulet Bamb.
(83) Utitur illis, cum quinis lapathi radicibus, cum ruta et fuligine tritis et in mulso datis potui Vulg. — Utitur illis quinis cum lapathi radice rutæque, et fuligine tritis, et in mulso datis potu Bamb. — Le passage d'Hippocrate est *de Morb. mulierum*, I, 128.
(84) Periclitari partus Vulg. — Periclitari partu Bamb.
(85) Inferetur Vulg. — Inferatur Bamb.
(86) Ipsaque denuo in mare Vulg. — Ipsa in mare Bamb.
(87) Mulierum parte Vulg. — Muliebri parte Bamb.
(88) Alumine illito Vulg. — Alumine illitum Bamb.
(89) Efficacissime Vulg. — Efficacissimum Bamb.
(90) Le texte de Vulg. a *invectas*, qui ne donne aucun sens, et qui d'ailleurs devrait être *invectos*, à cause de *cimices.* Des mss. ont *invecta.* Bamberg a *invice.* M. Ian conjecture soit *invicem* ( Comp. XXIX, 17), ou *unice*, ou *in veste.* Je lis *invectus.*
(91) Felve Vulg. — Fel Bamb.
(92) Acopis additur contra Vulg. — Acopis utilis et contra Bamb.
(93) Plusieurs manuscrits, entre autres Bamberg, ont cent quarante-quatre. D'autres ont cent soixante-quatre.

(94) On paraît entendre par là une sorte de crabe ou d'écrevisse. On lit dans Bamb. drinones.
(95) Alopecias Vulg. — Alopex Bamb.
(96) Box Vulg. — Boca Bamb. — Ce poisson, d'après Rondelet, se nomme bogue sur les côtes de la Méditerranée. — Batis Vulg. — Batia Bamb. — Voy. XXXII, 25.
(97) Belone Vulg. — Belonæ Bamb.
(98) Le colias paraît être quelque espèce de thon.
(99) On ne sait ce qu'est le cinède.
(100) Chamæ Vulg. — Chemæ Bamb. — C'est le grec χῆμαι. La même différence entre Vulg. et Bamberg se trouve partout où ce mot se rencontre.
(101) Corythia Vulg. — Coryphea Bamb. — Voy. XXXII, 27, 1.
(102) Pentadactyli, melicembales, echinophoræ Vulg. — Pentedactyli, item helices, ab his actinophoræ Bamb.
(103) Cynops, cammarus Bamb. — Cynops, cammarus om. Vulg. — On ne sait ce qu'est le cynops. Quant au cammarus, c'est quelque crustacé.
(104) On ne sait ce qu'est le cynosdexia.
(105) Voy. note 79.
(106) La gerris ou gerricule, sorte de poisson qui, d'après Pline, ressemble à la vive; on en faisait des salaisons.
(107) Le hippus ou cheval est un poisson de mer indéterminé.
(108) Le hépar ou foie est indéterminé. L'hélacatène ou quenouille était un gros poisson de mer dont on faisait des salaisons.
(109) Ictinus, iuliis ( sic ) Bamb. — Ictinus, iulis om. Vulg. — L'hélacatène de Vulg. manque dans Bamberg. — Sunt lacertorum Vulg. — Sunt om. Bamb.
(110) On ne sait ce qu'est ni le liparis ni le lamyre. Des mss. portent lepris; le fait est que dans Hésychius lelepris est le nom d'un poisson.
(111) Le méryx ou le ruminateur est regardé comme un scare, parce que le scare est dit ruminer.
(112) Poisson indéterminé.
(113) Tritoni Vulg. — Tritomi Bamb.
(114) Tritone Vulg. — Tritomo Bamb.
(115) Phorcus, phthitarus Vulg. — Porcus, phthir Bamb. — Le phthir est un poisson de mer indéterminé.
(116) *Percides* est probablement un mot altéré ; du moins, comme dit Hardouin, on ne comprend pas en quoi la *percide* diffère de la *perca.*
(117) La sciadée et le sciène paraissent être des ombres. Le smyre est inconnu.
(118) Sorte de mollusque.
(119) Thassa Vulg. — Thrissa Bamb. — La thrissa paraît être l'alose.
(120) Triton pelamidum generis magni : ex eo uræa cybia fiunt Vulg. — Tritomon pelamidum generis magni : ex eo terna cybia fiunt Bamb.
(121) Orphum rubentem : rhacinumque Vulg. — Orphum rubentemque erythinum Bamb.
(122) Pullum Vulg. — Iulum Bamb. — Sparulum Brot., ex Ovid., *Hal.* v. 106.
(123) Chryson Vulg. — Chrysophryri (sic) Bamb. — Chrysophryn Brot., ex Ovid., v. 109.
(124) Parvum Editt. Vett. — Parum Bamb. — Percam pro parvum conjicit Harduinus, ex Ov., v. 112.
(125) Cauda labrum Vulg. — Caudam labrum Bamb. — Melanurum est une conjecture de Hardouin appuyée sur le vers 113 du Pseudo-Ovide, conjecture que M. Ian approuve, et fortifie du passage d'Isidore, *Orig.* XII, 6, 27 : Melanurus eo quod caudam nigram habet et pinnas nigras.
(126) Channem Vulg. — Channen Bamb.
(127) D'après M. Ajasson de Grandsagne, l'hélops est l'esturgeon russe, tandis que l'acipenser est l'esturgeon ordinaire.

# LIVRE XXXIII.

1 I. Nous allons parler maintenant des métaux, la richesse par excellence, et le signe de la valeur des choses. L'industrie, pour divers motifs, fouille le sein de la terre. Ici elle creuse pour satisfaire l'avarice, et va chercher l'or, l'argent, l'électrum, le cuivre ; là, pour satisfaire le luxe, elle poursuit les pierres précieuses employées à décorer les murailles ou à parer les mains ; ailleurs, elle sert un courage furieux en extrayant le fer, plus à gré que l'or même au milieu de la guerre et du carnage. Nous suivons toutes les veines de la terre, et, vivant sur les excavations que nous avons faites, nous nous étonnons que parfois elle s'entr'ouvre ou qu'elle tremble ! comme si l'indignation ne suffisait pour arracher de pareils châtiments à cette mère sacrée ! Nous pénétrons dans ses entrailles, nous cherchons des richesses dans le séjour des mânes : ne semble-t-il pas qu'elle ne soit ni assez bienfaisante ni assez féconde là 2 où nos pieds la foulent (1) ? Et ce n'est guère pour aller chercher des remèdes que nous entreprenons ces travaux. Quel est en effet celui qui dans de pareilles fouilles s'est proposé la médecine pour but ? Et de fait c'est à sa superficie qu'elle produit les substances médicinales, comme les céréales (2), prodigue et facile pour tout ce qui nous est utile. Les substances qu'elle a cachées dans ses profondeurs, qui ne sont pas produites avec rapidité, voilà ce qui nous pousse, voilà ce qui nous conduit dans les régions infernales. En se laissant aller à l'imagination, que l'on calcule combien il faudra de siècles pour mettre fin à ces travaux qui l'épuisent, et jusqu'où pénétrera notre cupidité ! Combien notre vie serait innocente, combien heureuse, combien même voluptueuse, si nous ne désirions que ce qui se trouve à la surface de la terre, en un mot, que ce qui est à notre portée !

II. On extrait l'or, et avec l'or la chrysocolle, 1 ainsi nommée d'après ce métal (3), afin qu'elle paraisse plus précieuse. C'était peu d'avoir trouvé une substance aussi pernicieuse à la société, il a fallu que cette espèce de sanie de l'or fût aussi une chose de prix. Ailleurs la cupidité cherchait de l'argent, elle rencontre du minium ; s'applaudissant, en attendant, de sa trouvaille, elle imagine l'emploi de cette terre rouge. O que de prodigalité (4) dans l'esprit de l'homme ! de combien de façons n'avons-nous pas augmenté la valeur des choses ! L'art du dessin s'est appliqué à l'or et à l'argent ; et en les ciselant (5) nous avons rendu ces métaux plus précieux. L'homme a appris à défier la nature. Les passions vicieuses ont donné un nouvel essor à l'art : on s'est plu à graver sur les coupes des 2 images luxurieuses, et à boire dans des obscénités. Puis ces métaux ont passé de mode, on s'en est dégoûté ; l'or et l'argent étaient trop communs : on a extrait de la terre encore les vases murrhins et les vases de cristal, dont la fragilité même fait tout le prix : ce fut une preuve d'opulence, et la vraie gloire du luxe, de posséder ce qui pouvait périr tout entier dans un moment. On ne s'est pas arrêté là : nous buvons dans une masse de pierreries, nous enchâssons des émeraudes dans nos

## LIBER XXXIII.

1 I. Metalla nunc, ipsæque opes, et rerum pretia dicentur, tellurem intus exquirente cura multiplici modo : quippe alibi divitiis foditur, quærente vita aurum, argentum, electrum, æs : alibi deliciis gemmas et parietum digitorumque pigmenta : alibi temeritati ferrum, auro etiam gratius inter bella cædesque. Persequimur omnes ejus fibras, vivimusque super excavatam, mirantes dehiscere aliquando, aut intremiscere illam, ceu vero non hoc etiam indignatione sacræ parentis exprimi possit. Imus in viscera ejus, et in sede Manium opes quærimus, tamquam parum 2 benigna fertilique, qua calcatur. Et inter hæc minimum remediorum gratia scrutamur : quoto enim cuique fodiendi causa medicina est ? Quanquam et hæc summa sui parte tribuit, ut fruges, larga facilisque in omnibus quæcumque prosunt. Illa nos premunt, illa nos ad inferos agunt, quæ occultavit atque demersit, illa quæ non nascuntur repente. Mens ad inane evolans reputet quæ deinde futura sit finis sæculis omnibus exhauriendi eam : quousque penetratura avaritia. Quam innocens, quam beata, immo vero et delicata esset vita, si nihil aliunde, quam supra terras, concupisceret, breviterque nisi quod secum est !

II. Eruitur aurum, et chrysocolla juxta, ut pretiosior 1 videatur, nomen ex auro custodiens. Parum erat unam vitæ invenisse pestem, nisi in pretio esset auri etiam sanies. Quærebat argentum avaritia : boni consuluit interim invenisse minium, rubentisque terræ excogitavit usum. Heu prodiga ingenia ! quot modis auximus pretia rerum ? Accessit ars picturæ, et aurum argentumque cælando cariora fecimus. Didicit homo naturam provocare. Auxere et artem vitiorum irritamenta. In poculis libidines cælare 2 juvit, ac per obscenitates bibere. Abjecta deinde sunt hæc, et sordere cæpere : et auri argentique nimium fuit. Murrhina et crystallina ex eadem terra effodimus, quibus pretium faceret ipsa fragilitas. Hoc argumentum opum, hæc vera luxuriæ gloria existimata est, habere quod posset statim totum perire. Nec hoc fuit satis : turba gemmarum

coupes; pour nous enivrer, nous aimons à tenir dans nos mains les richesses de l'Inde, et l'or n'est plus qu'un accessoire.

III. (1.) Plût aux dieux qu'on pût bannir à jamais de la société cette faim maudite de l'or, pour me servir de l'expression employée par les écrivains les plus célèbres; l'or, objet des invectives de toutes les nobles âmes; l'or, découvert pour la perte de l'humanité! Heureux le siècle où il n'y avait de commerce que de simples échanges en nature! C'est ce qui se pratiquait du temps de la guerre de Troie, s'il en faut croire Homère. Les besoins de la vie avaient, je pense, amené ce commerce; aussi Homère (*Il.*, VII, 472) dit-il que les uns faisaient des achats (6) avec des cuirs de bœuf, les autres avec du fer, avec des dépouilles enlevées aux ennemis. Toutefois il est lui-même admirateur de l'or; et il rapporte, évaluant le prix des objets, que Glaucus échangea des armes d'or valant cent bœufs pour les armes de Diomède, qui n'en valaient que neuf (*Il.*, VI, 234). C'est par le même mode d'évaluation que les amendes portées par les anciennes lois, même à Rome, sont, non pas en argent, mais en bétail.

IV. Celui-là commit le crime le plus funeste à la société, qui mit le premier un anneau d'or à son doigt. Quel fut le coupable, la tradition ne le dit pas; car je regarde comme fabuleux tout ce qu'on raconte de Prométhée (XXXVII, 1): je sais que l'antiquité l'a représenté avec un anneau de fer; mais elle a voulu figurer une chaîne, et non pas un ornement. Quant à l'anneau de Midas, qui, tourné le chaton en dessous rendait invisible, c'est (qui ne le voit?) un conte encore plus fabuleux. Ce sont donc les mains, et justement les mains gauches, qui ont mis l'or en faveur, non pas du moins les mains romaines, qui portaient pour tout ornement l'anneau de fer (7), insigne de la vertu guerrière. Il n'est pas facile de dire quel était l'usage suivi par les rois de Rome: la statue de Romulus, au Capitole, n'a pas d'anneau; les autres statues, même celle de Lucius Brutus, n'en ont pas non plus; mais on en voit aux statues de Numa et de Servius Tullius. Cette absence d'anneau m'étonne, surtout chez les Tarquins, qui étaient originaires de la Grèce (XXXV, 5); or, c'est de la Grèce que vient l'usage des anneaux, quoique encore aujourd'hui, à Lacédémone, on n'en porte que de fer. Cependant Tarquin l'Ancien, cela est constant, est le premier qui donna une bulle d'or, et il la donna à son fils pour avoir tué un ennemi avant d'avoir quitté la robe prétexte: depuis, l'usage s'est établi de donner pour ornement une pareille bulle aux enfants de ceux qui ont servi dans la cavalerie, et une simple courroie aux autres. C'est pour cela que je m'étonne de voir la statue de Tarquin sans anneau. Au reste, je trouve des discussions sur le nom même de l'anneau. Le nom donné par les Grecs est dérivé du doigt (δακτύλιον); le nom donné par nos ancêtres, de l'ongle (ungulus); depuis, les Grecs et les Latins ont appelé les anneaux symboles. Ce qui est certain, c'est que pendant longtemps, même les sénateurs romains n'eurent point d'anneaux d'or. En effet, l'État en donnait seulement à ceux qu'on envoyait en ambassade chez les nations étrangères, probablement parce qu'on remarquait que parmi les étrangers les hommes de grande dignité en portaient. Mais, à moins d'avoir reçu de l'État un anneau d'or, ce n'était point l'usage d'en porter, et d'ordinaire on triomphait sans cet ornement: en sorte que le triomphateur, sur la tête de qui on tenait par derrière une couronne étrusque d'or (XXI, 4), n'avait au

---

potamus, et smaragdis teximus calices: ac temulentiæ causa tenere Indiam juvat: et aurum jam accessio est.

III. (1.) Utinamque posset e vita in totum abdicari, sacrum fame, ut celeberrimi auctores dixere, proscissum conviciis ab optimis quibusque, et ad perniciem vitæ repertum: quantum feliciore ævo, quum res ipsæ permutabantur inter se, sicut et Trojanis temporibus factitatum Homero credi convenit. Ita enim, ut opinor, commercia victus gratia invecta. Alios coriis boum, alios ferro captivisque rebus emtitasse tradit; quanquam et ipse mirator auri, æstimationes rerum ita ferit, ut centum boum arma aurea permutasse Glaucum diceret cum Diomedis armis novem boum. Ex qua consuetudine multa legum antiquarum pecore constat, etiam Romæ.

IV. Pessimum vitæ scelus fecit, qui id primus induit digitis. Nec hoc quis fecerit traditur. Nam de Prometheo omnia fabulosa arbitror, quanquam illi quoque ferreum anulum dedit antiquitas: vinculumque id, non gestamen, intelligi voluit. Midæ quidem anulum, quo circumacto habentem nemo cerneret, quis non etiam fabulosiorem fateatur? Manus et prorsus sinistræ maximum auctoritatem conciliavere auro, non quidem romanæ, quarum in more ferreum erat, ut virtutis bellicæ, insigne. De regibus romanis non facile diverim. Nullum habet Romuli in Capitolio statua, nec præter Numæ Serviique Tullii alia, ac ne Lucii quidem Bruti. Hoc in Tarquiniis maxime miror, quorum e Græcia fuit origo, unde hic anulorum usus venit, quanquam etiam nunc Lacedæmone ferreo utuntur. Sed et a Prisco Tarquinio omnium primo filium, quum in prætextæ annis occidisset hostem, bulla aurea donatum constat: unde mos bullæ duravit, ut eorum qui equo meruissent filii, insigne id haberent, cæteri lorum. Et ideo miror Tarquinii ejus statuam sine anulo esse. Quanquam et de nomine ipso ambigi video: Græci a digitis appellavere, apud nos prisci ungulum vocabant: postea et Græci, et nostri symbolum. Longo certe tempore ne senatum quidem Romanorum habuisse aureos manifestum est. Siquidem his tantum qui legati ad exteras gentes ituri essent, anuli publice dabantur: credo, quoniam ita exterorum honoratissimi intelligebantur. Neque aliis uti mos fuit, quam qui ex ea causa publice accepissent: vulgoque sic triumphabant. Et quum corona ex auro Etrusca sustineretur a tergo, anulus tamen in digito ferreus erat æque triumphantis et servi fortasse coronam sustinentis. Sic

doigt qu'un anneau de fer, semblable peut-être à celui de l'esclave qui tenait la couronne. C'est ainsi que C. Marius triompha de Jugurtha. On rapporte qu'il ne prit l'anneau d'or qu'à son troisième consulat (an de Rome 651). Ceux même qui avaient reçu l'anneau d'or à l'occasion d'une ambassade ne le portaient qu'en public, et reprenaient l'anneau de fer dans l'intérieur de la maison. De là vient qu'encore aujourd'hui on envoie en cadeau à la fiancée un anneau de fer, qui même est sans pierre. Je ne vois pas non plus qu'on ait connu les anneaux au temps d'Ilion; du moins Homère n'en fait pas mention : car s'il parle (*Il.*, VI, 168) de tablettes envoyées en qualité de lettres (XIII, 21), d'étoffes renfermées dans des coffrets (*Od.*, VIII, 424, 443, 447), de vases d'or et d'argent, il indique que tout cela est marqué par le propriétaire à l'aide d'un nœud et non d'un anneau. Il ne dit pas non plus que les chefs tirant au sort à qui répondrait à la provocation (*Il.*, VII, 175) aient fait usage d'anneaux; et quand il énumère les produits de la forge des dieux (*Il.*, XVIII, 40), il n'est pas, à cette origine, question d'anneaux ; il ne parle que d'agrafes et d'objets servant à la toilette des femmes, tels que

6 des boucles d'oreilles. Certes le premier qui imagina de porter des anneaux ne le fit qu'avec hésitation; et il mit cet ornement à la main gauche, qu'on tient cachée ; au lieu que sûr que la chose était honorable il l'eût étalé à la main droite. Si la gêne a pu être comptée pour quelque chose, cette gêne, plus grande à la main gauche, qui tient le bouclier, montrerait aussi que l'usage de l'anneau a dû être tardif. Le même Homère (*Il.*, XVII, 52) parle d'hommes portant de l'or dans les cheveux, ce qui me fait douter si l'usage des anneaux est dû aux hommes ou aux femmes.

1 V. A Rome il n'y eut pendant longtemps que très peu d'or. Le fait est qu'après la prise de la ville par les Gaulois, lorsqu'on traita de l'achat de la paix, on ne put ramasser (8) que mille livres pesant d'or. Je n'ignore pas que sous le troisième consulat de Pompée il se perdit deux mille livres pesant d'or qui étaient dans le trône de Jupiter Capitolin, et qui y avaient été déposées par Camille; d'où on a généralement inféré que la rançon de la ville avait été de la même somme. Mais 2 cet excédant de mille livres provenait du (9) butin fait sur les Gaulois, grossi de l'or dont ils avaient dépouillé les temples de la portion de Rome occupée par eux. On sait d'ailleurs que les Gaulois étaient dans l'usage de porter de l'or sur eux dans les combats, témoin l'histoire de Torquatus. Il est donc évident que ce qui fut pris sur les Gaulois et ce qu'ils avaient enlevé aux temples ne fit que doubler la somme de la rançon ; et c'est ce que l'augure entendait lorsqu'il répondit que Jupiter Capitolin avait rendu le double. Ajoutons en passant, puisqu'il est question d'anneaux, que l'officier préposé à la garde de Jupiter Capitolin ayant été arrêté brisa dans sa bouche le chaton de son anneau, et expira sur-le-champ, faisant disparaître le seul témoin du vol. Ainsi 3 donc, l'an de Rome 364, lors de la prise de la ville, il s'y trouvait au plus deux mille livres d'or; et cependant le cens y avait déjà compté cent cinquante-deux mille cinq cent soixante-treize têtes libres. Dans cette même Rome, trois cent sept ans plus tard, l'or que C. Marius le fils enleva du temple du Capitole incendié et des autres temples, et qu'il transporta à Préneste, montait à treize mille livres : c'est du moins la somme figurant sur l'inscription dans le triomphe de Sylla, qui rapporta à Rome cette dépouille, et de plus six mille livres d'argent. Le même Sylla avait la veille porté en triomphe quinze mille

---

triumphavit de Jugurtha C. Marius : aureumque non ante 5 tertium consulatum sumsisse traditur. Hi quoque, qui ob legationem acceperant aureos, in publico tantum utebantur his : intra domos vero, ferreis. Quo argumento etiam nunc sponsæ muneri ferreus anulus mittitur, isque sine gemma. Equidem nec Iliacis temporibus ullos fuisse anulos video : nusquam certe Homerus dicit, quum et codicillos missatos epistolarum gratia indicet, et conditas arcis vestes, ac vasa aurea argenteaque, et ea colligata nodi, non anuli, nota. Sortiri quoque contra provocationem duces non anulis tradit. Fabricam etiam deum fibulas, et alia muliebris cultus, sicut inaures, in primordio facti-6 tasse, sine mentione anulorum. Et quisquis primus instituit, cunctanter id fecit, lævisque manibus, latentibusque induit : quum, si honos securus fuisset, dextra fuerit ostentandus. Quod si impedimentum potuit in eo aliquod intelligi, etiam serioris manus usus argumentum est, majus in læva fuisse, qua scutum capitur. Est quidem apud eumdem Homerum virorum crinibus aurum implexum : ideo nescio an prior usus a feminis cœperit.

1 V. Romæ ne fuit quidem aurum nisi admodum exiguum, longo tempore. Certe quum a Gallis capta Urbe pax emeretur, non plus quam mille pondo potuere effici. Nec ignoro duo millia pondo auri perisse Pompeii tertio consulatu, e Capitolini Jovis solio, a Camillo ibi condita, et ideo a plerisque existimari duo millia pondo collata. Sed quod 7 accessit, ex Gallorum præda fuit, detractumque ab his in parte captæ Urbis delubris. Gallos autem cum auro pugnare solitos, Torquatus indicio est. Apparet ergo Gallorum templorumque tantumdem, nec amplius fuisse : quod quidem in augurio intellectum est, quum Capitolinus duplum reddidisset. Illud quoque obiter indicare convenit, quoniam de anulis sermonem repetimus, ædituum custodiæ ejus comprehensum, fracta in ore anuli gemma, statim exspirasse, et indicio ita exstinctum. Ergo ut maxime 3 duo tantum millia pondo, quum capta est Roma anno CCCLXIV, fuere, quum jam capitum liberorum censa essent CLII millia, quingenti LXXIII. In eadem post annos CCCVII, quod ex Capitolinæ ædis incendio cæterisque omnibus delubris C. Marius filius Præneste detulerat, tredecim millia pondo : quæ sub eo titulo in triumpho transtulit Sylla, et argenti VI millia. Idem ex reliqua omni victoria pridie

livres d'or et cent quinze mille livres d'argent, fruit de ses autres conquêtes.

1 VI. Il ne paraît pas que l'usage des anneaux ait été commun avant le temps de Cn. Flavius, fils d'Annius. Ce Flavius publia la liste des jours fastes, sur lesquels les citoyens étaient journellement obligés d'interroger un petit nombre de grands personnages. Il était fils d'un affranchi, et il avait été lui-même scribe d'Appius Cæcus, sur le conseil duquel il avait recueilli ces jours en consultant continuellement, et en interprétant avec sagacité les réponses. La publication de cette liste lui acquit tant de faveur auprès du peuple, qu'il fut nommé édile curule avec Q. Anicius de Préneste, qui peu d'années auparavant était ennemi de Rome, à l'exclusion de C. Pœtelius et de Domitius, dont les pères avaient été consuls (ans de Rome 428 et 432). Ce ne fut pas 2 tout; on le fit en même temps tribun du peuple. Cela suscita une telle indignation, que, au rapport de nos plus anciennes Annales, les anneaux furent déposés (10). On pense communément que l'ordre équestre en fit autant; mais c'est une erreur. En effet, ce qui a induit à ajouter aux sénateurs les chevaliers, c'est l'addition : « Les phalères (11) furent même déposées. » Il est relaté aussi dans les Annales que les anneaux furent déposés par la noblesse, et non par le sénat tout 3 entier. Cela se passait sous le consulat de P. Sempronius (12) et de L. Sulpicius (l'an de Rome 449). Flavius voua un temple à la Concorde s'il réconciliait les ordres avec le peuple; et comme pour cette dépense on ne vota point de fonds de l'État, il fit construire avec les amendes infligées aux usuriers une chapelle d'airain dans la Grécostase (VII, 60, 1), qui alors était au-dessus des Comices. Il grava sur une table d'airain que cette chapelle avait été dédiée deux cent quatre ans (13) après le temple du Capitole. Ainsi cela se passa quatre cent 4 quarante-huit ans après la fondation de Rome, et c'est là le premier fait qui montre un usage commun des anneaux. Un second fait, qui est de la deuxième guerre punique, témoigne que cet usage était devenu général; sans cela, comment Annibal aurait-il pu envoyer ces trois boisseaux d'anneaux à Carthage? C'est par un anneau disputé dans une enchère que commencèrent les inimitiés entre Cæpion et Drusus (XXVIII, 41), d'où vinrent la guerre sociale (II, 85) et tant de désastres. Cependant, alors 5 même tous les sénateurs n'avaient pas d'anneaux d'or, puisque, d'après les souvenirs de nos grands-pères, beaucoup de citoyens qui avaient même été préteurs conservèrent l'anneau de fer (14) jusqu'à la fin de leurs jours. C'est ce que Fenestella rapporte de Calpurnius (XXII, 6) et de Manilius, qui avait été lieutenant de C. Marius dans la guerre de Jugurtha. Beaucoup d'historiens disent la même chose de ce L. Fufidius à qui Scaurus a adressé l'histoire de sa vie. Dans la famille des Quintius, personne, pas même les femmes, ne portait d'or; et aujourd'hui encore la plus grande partie des peuples de la terre, même de ceux qui vivent sous notre empire, ne connaissent pas l'usage des anneaux. Ni dans l'Orient ni en Égypte on ne se 6 sert de sceau, et maintenant encore toute la garantie est dans l'écriture. En cela comme en tout le reste, le luxe a introduit différentes modes : les uns ont enchâssé dans les anneaux des pierres jetant les feux les plus vifs, et on a chargé ses doigts du patrimoine d'une famille opulente, comme nous le dirons dans le livre des pierreries; les autres ont gravé diverses figures, en sorte que tantôt l'or et tantôt la matière fait de la bague un objet de prix. Pour certaines pierres, le

---

transtulerat auri pondo XV millia, argenti pondo centum et quindecim millia.

1 VI. Frequentior autem usus anulorum non ante Cn. Flavium, Annii filium, deprehenditur. Hic namque publicatis diebus fastis, quos populus a paucis principum quotidie petebat, tantam gratiam plebis adeptus est (alioqui libertino patre genitus, et ipse Appii Cæci scriba, cujus hortatu exceperat eos dies, consultando assidue sagaci ingenio, promulgaveratque), ut ædilis curulis crearetur cum Q. Anicio Prænestino, qui paucis ante annis hostis fuisset, præteritis C. Pœtelio et Domitio, quorum patres consules 2 fuerant. Additum Flavio, ut simul et tribunus plebis esset. Quo facto tanta indignatio exarsit, ut « anulos abjectos » in antiquissimis reperiatur annalibus. Fallit plerosque, quod tum et equestrem ordinem id fecisse arbitrantur. Etenim adjectum hoc quoque, « sed et phalera posita, » propterea que nomen equitum adjectum est. Anulos quoque depositos a nobilitate, in Annales rela-3 tum est, non a senatu universo. Hoc actum P. Sempronio, L. Sulpicio consulibus. Flavius vovit ædem Concordiæ, si populo reconciliasset ordines. Et quum ad id pecunia publica non decerneretur, ex multatitia feneratoribus condemnatis ædiculam æream fecit in Græcostasi, quæ tunc supra Comitium erat. Inciditque in tabella ærea eam ædem, ducentis quatuor annis post Capitolinam, dedicatam. Ita CCCCXLVIII 4 a condita Urbe gestum est : et primum anulorum vestigium exstat : promiscui autem usus alterum secundo Punico bello : neque enim aliter potuissent trimodia illa anulorum Carthaginem ab Hannibale mitti. Inter Cæpionem quoque et Drusum ex anulo in auctione venali, inimicitiæ cœpere : unde origo socialis belli, et exitia rerum. Ne 5 tum quidem omnes senatores habuerunt : utpote quum memoria avorum multi prætura quoque functi, in ferreo consenuerint, sicut Calpurnium et Manilium, qui legatus Caii Marii fuerat Jugurthino bello, Fenestella tradit ; et multi L. Fufidium illum, ad quem Scaurus de vita sua scripsit : in Quintiorum vero familia aurum, ne feminas quidem, habere mos fuerit : nullosque omnino anulos major pars gentium hominumque, etiam qui sub imperio nostro degunt, hodieque habeat. Non signat Oriens aut Ægyp-6 tus, etiam nunc litteris contenta solis. Multis hoc modis, ut cætera omnia, luxuria variavit, gemmas addendo exquisiti fulgoris, censuque opimo digitos onerando, sicut dicemus in gemmarum volumine : mox et effigies varias cæ-

luxe défend de les entamer par le burin; et il commande de les porter unies, afin qu'on n'aille pas croire qu'on se serve de ces anneaux pour cacheter. Ou bien encore il veut que certaines pierres, même du côté qui regarde le doigt, ne soient pas cachées par l'or; et par mille petits cailloux il ôte du prix à ce métal. D'autres, au contraire, ne mettent point de pierreries, et ne scellent qu'avec l'or même. Cette mode date du règne de l'empereur Claude. Aujourd'hui il n'y a pas jusqu'aux esclaves qui n'entourent d'or le fer de leurs anneaux; d'autres même en portent d'or pur. Cet abus vient de l'île de Samothrace (IV, 23, 9), comme le nom de ces anneaux le fait connaître (15). Les anneaux se portaient d'abord à un seul doigt, à celui qui est à côté du plus petit; c'est ce que nous voyons dans les statues de Numa et de Servius Tullius: ensuite on en a mis au doigt le plus voisin du pouce, mode qu'on a suivie, même pour les statues des dieux; plus tard on eut la fantaisie d'en orner même le petit doigt. Dans les Gaules et dans la Bretagne on en mettait, dit-on, au doigt du milieu. Aujourd'hui ce doigt est le seul qu'on excepte; les autres doigts en sont chargés. On a même de plus petits anneaux pour les petites phalanges, et des gens en mettent trois au seul petit doigt. D'autres n'en portent qu'un seul à ce même doigt: c'est là le cachet d'un cachet qui, soigneusement renfermé comme un objet rare et trop précieux pour être profané en servant d'anneau, se tire de l'écrin comme d'un sanctuaire; en sorte qu'en ne portant qu'un anneau au petit doigt, on indique fastueusement qu'on en a sous clef de plus précieux. Quelques-uns font parade du poids de leurs anneaux; d'autres seraient fatigués s'ils en avaient plus d'un à la fois; certains, dans leur sollicitude pour leurs pierreries, roulent en anneau une mince lame d'or et en remplissent l'intérieur d'une matière légère, pensant par là diminuer les risques d'une chute. D'autres renferment des poisons sous les pierres précieuses, comme fit Démosthène, le plus grand orateur de la Grèce, et portent des bagues afin de pouvoir mourir. Enfin, les anneaux servent à la plupart des crimes commis par la cupidité. Quel n'était pas le bonheur de nos ancêtres et l'innocence d'un temps où rien ne se cachetait! Aujourd'hui il faut sceller avec l'anneau les aliments et les boissons, pour prévenir les vols: voilà le service qu'ont rendu ces légions d'esclaves, cette tourbe étrangère logée dans nos maisons, si nombreuse, qu'il faut un nomenclateur pour nous rappeler les noms de nos serviteurs. Il y a loin de là aux mœurs de nos aïeux: alors on n'avait qu'un esclave appelé Marcipore ou Lucipore du nom de son maître, et prenant avec lui nourriture commune; aussi n'était-il pas besoin de se garder dans la maison contre ceux qui l'habitaient: aujourd'hui nous nous procurons à grands frais des mets qui nous seront volés, et ceux qui nous les voleront. Ce n'est plus même assez de mettre les clefs sous cachet; on dérobe l'anneau d'un homme endormi ou mourant; et les affaires les plus graves de la vie dépendent de ce petit instrument: depuis quand, on ne le sait. Cependant on peut, ce semble, en admettre l'importance chez les étrangers dès le temps de Polycrate, tyran de Samos, qui recouvra par la capture d'un poisson cet anneau favori qu'il avait jeté à la mer. Polycrate fut mis à mort vers l'an 230 de Rome. L'usage de l'anneau doit avoir pris de l'extension avec l'usure; ce qui le prouve, c'est l'habitude vulgaire de tirer son anneau en signe d'arrhes,

---

laudo, ut alibi ars, alibi materia esset in pretio. Alias deinde gemmas violari nefas putavit : ac ne quis signandi causam in anulis esse intelligeret, solidas induit. Quasdam vero neque ab ea parte quæ digito occultatur, auro clusit, auroque millibus lapillorum vilius fecit. Contra vero multi nullas admittunt gemmas, auroque ipso signant: id Claudii Cæsaris principatu repertum. Nec non et servitia jam ferrum auro cingunt : alia per sese mero auro decorant: cujus licentiæ origo nomine ipso in Samothrace id institutum declarat. Singulis primo digitis geri mos fuerat, qui sunt minimis proximi: sic in Numæ et Servii Tullii statuis videmus. Postea pollici proximo induere, etiam decorantium simulacris : dein juvit et minimo dare. Galliæ Britanniæque in medio dicuntur usæ. Hic nunc solus excipitur : cæteri omnes onerantur, atque etiam privatim articuli minoribus aliis. Sunt qui tres uni minimo congerant: alii vero et huic unum tantum, quo signantem signent. Conditus ille, ut res rara, et injuria usus indigna, velut e sacrario promitur : et unum in minimo digito habuisse, pretiosioris in recondito supellectilis ostentatio est. Jam alii pondera eorum ostentant. Aliis plures quam unum gestare labor est. Alii bracteas infarcire leviore materia, propter casum, tutius gemmarum sollicitudini putant. Alii sub gemmis venena cludunt, sicut Demosthenes summus Græciæ orator, anulosque mortis gratia habent. Denique ut plurimum opum scelera anulis fiunt. Quæ fuit illa priscorum vita, qualis innocentia, in qua nihil signabatur? At nunc cibi quoque ac potus anulo vindicantur a rapina. Hoc profecere mancipiorum legiones, et in domo turba externa, ac servorum quoque causa nomenclator adhibendus. Aliter apud antiquos, singuli Marcipores Luciporesve dominorum gentiles, omnem victum in promiscuo habebant : nec ulla domi custodia a domesticis opus erat; nunc rapiendæ comparantur epulæ, pariterque qui rapiant eas. Et claves quoque ipsas signasse non est satis : gravatis somno aut morientibus anuli detrahuntur : majorque vitæ ratio circa hoc instrumentum esse cœpit, incertum a quo tempore. Videmur tamen posse in externis auctoritatem ejus rei intelligere, circa Polycratem Sami tyrannum, cui dilectus ille anulus in mare abjectus capto relatus est pisce, ipso circiter CCXXX annum Urbis nostræ interfecto. Celebratior quidem usus cum fenore cœpisse debet : argumento est consuetudo vulgi, ad sponsiones etiamnum aulo exsiliente, tracta ab eo tempore, quo nondum erat arrha ve-

habitude qui remonte sans doute au temps où c'était le gage le plus prompt à trouver. Nous pouvons donc pleinement affirmer que chez nous l'usage de la monnaie est antérieur à celui des anneaux. Nous parlerons bientôt de la monnaie (XXXIII, 13).

1 VII. Les anneaux, quand l'usage en fut adopté, distinguèrent l'ordre équestre du peuple, comme la tunique distinguait le sénat (16) de ceux qui portaient l'anneau : toutefois, cette dernière distinction ne s'est introduite que tard ; et nous trouvons dans les auteurs que la tunique laticlave était portée même par les crieurs publics (*præco*), témoin le père de Lucius Ælius Stilon, qui valut à son fils le surnom de Præconinus. Mais les anneaux ont véritablement inséré entre le peuple et les sénateurs un ordre intermédiaire, qui est le troisième. Le titre de chevalier, dû jadis au cheval militaire, est maintenant attribué à un certain cens (17); et cela n'est pas ancien : quand le dieu Auguste régla les décuries, la plupart des juges portaient l'anneau de fer, et on les appelait, non chevaliers, mais juges ; le nom de chevaliers était réservé aux escadrons composés 2 de ceux à qui l'État fournissait un cheval. Il n'y eut aussi dans le commencement que quatre décuries de juges, et à peine chaque décurie renfermait-elle mille personnes, attendu que les provinces n'étaient pas encore admises à cette charge. Il s'est conservé quelque chose de cette exception, puisque encore aujourd'hui les nouveaux citoyens ne remplissent pas les fonctions de juges dans les décuries. (II.) Les décuries elles-mêmes furent distinguées par différents noms : tribuns du trésor, élus et juges. De plus, il y avait les neuf cents, choisis parmi toutes les décuries pour garder les scrutins à suffrages dans les co

mices : dénominations ambitieuses qui ne servaient qu'à diviser l'ordre, l'un se vantant d'être un des neuf cents, tandis que l'autre se qualifiait d'élu ou de tribun.

VIII. Enfin, la neuvième année du règne de 1 Tibère l'ordre équestre fut réuni en un seul corps. Un décret fixa le droit de porter l'anneau, sous le consulat de C. Asinius Pollion et de C. Antistius Vétus, l'an de Rome 775. Chose étrange, ce fut un incident presque futile qui donna lieu à ce changement : C. Sulpicius Galba, cherchant, jeune encore, à se faire un nom auprès du prince en poursuivant les teneurs de tavernes, vint se plaindre au sénat, disant que les délinquants échappaient d'ordinaire à la punition, grâce à leur anneau ; sur quoi il fut statué que nul n'aurait le droit de porter l'anneau si lui (18), son père et son aïeul paternel, tous de condition libre, n'avaient possédé quatre cent mille sesterces (84,000 fr.) de bien, et n'avaient été, aux termes de la loi Julia sur les théâtres, admis à s'asseoir dans les quatorze rangées de siéges. Par la suite on se mit à bri- 2 guer en masse l'anneau équestre ; et à cause de ces distinctions l'empereur Caligula créa une cinquième décurie. Le faste en est venu (19) au point que les décuries, qu'on ne pouvait compléter sous le dieu Auguste, sont aujourd'hui plus qu'au complet, et qu'on voit de toutes parts des gens ne faire qu'un saut de l'esclavage à l'anneau d'or, ce qui n'était jamais arrivé jadis, puisque même des chevaliers et des juges se reconnaissaient à l'anneau de fer. Cet abus devint si fréquent, que Flavius Proculus, un des chevaliers, déféra à l'empereur Claude, alors censeur, quatre cents prévenus pour cette cause. Ainsi, tandis qu'on veut distinguer l'ordre équestre d'avec les simples citoyens de condition libre, il est envahi par les esclaves.

---

locior : ut plane affirmare possimus, nummos ante apud nos, mox cœpisse anulos. De nummis paulo post dicetur.

1 VII. Anuli distinxere alterum ordinem a plebe, ut semel cœperant esse celebres, sicut tunica ab anulis senatum : quanquam et hoc sero : vulgoque purpura latiore tunicæ usos invenimus etiam præcones, sicut patrem Lucii Ælii Stilonis, Præconini ob id cognominati. Sed anuli plane medium ordinem, tertiumque, plebi et patribus inseruere : quod antea militares equi nomen dederant, hoc nunc pecuniæ indices tribuunt. Nec pridem id factum : divo Augusto decurias ordinante, major pars judicum in ferreo anulo fuit : iique non equites, sed judices vocabantur. Equitum nomen subsistebat in turmis equorum publico-
2 rum. Judicum quoque non nisi quatuor decuriæ fuere primo : vixque singula millia in decuriis inventa sunt, nondum provinciis ad hoc munus admissis : servatumque in hodiernum est, ne quis e novis civibus in iis judicaret. (II.) Decuriæ quoque ipsæ pluribus discretæ nominibus fuere, tribunorum æris, et selectorum, et judicum. Præter hos etiamnum nongenti vocabantur, ex omnibus selecti ad custodiendas cistas suffragiorum in comitiis. Et divisus hic quoque ordo erat superba usurpatione nominum :

quum alius se nongentum, alius selectum, alius tribunum appellaret.

VIII. Tiberii demum principatus nono anno in unita- 1 tem venit equester ordo : anulorumque auctoritati forma constituta est, C. Asinio Pollione, C. Antistio Vetere coss. anno Urbis conditæ DCCLXXV, quod miremur, futili pæne de causa, quum C. Sulpicius Galba, dum juvenalem famam apud principem popinarum pœnis aucupatur, questus esset in senatu, vulgo institores ejus culpæ defendi anulis. Hac de causa constitutum, ne cui jus id esset ; nisi qui ingenuus ipse, patre avoque paterno sestertia CCCC census fuisset, et lege Julia theatrali in XIV ordinibus sedisset. Postea gregatim insigne id appeti cœptum : pro- 2 pterque hæc discrimina Caius princeps decuriam quintam adjecit : tantumque enatum est fastus, ut quæ sub divo Augusto impleri non potuerant decuriæ, non capiant eum ordinem, passimque ad ornamenta ea etiam servitute liberati transiliant : quod antea numquam erat factum, quoniam in ferreo anulo equites judicesque intelligebantur : adeoque promiscuum id esse cœpit, ut apud Claudium Cæsarem, in censura ejus, unus ex equitibus Flavius Proculus, quadringentos ex ea causa reos postulare[t]

8 Les Gracques furent les premiers qui attachèrent à l'ordre équestre le titre de juges, cherchant à la fois une popularité séditieuse et l'abaissement du sénat. Après la chute des Gracques, l'autorité du nom équestre se fixa, à travers les incidents variés des séditions, sur les publicains, qui pendant quelque temps furent les hommes de la troisième classe (20). Enfin M. Cicéron consolida le nom équestre lors de son consulat et de la conspiration de Catilina, se vantant sans cesse d'être sorti de cet ordre, et le faisant l'objet spécial de ses prévenances, pour s'en concilier l'appui. C'est depuis ce temps que les chevaliers ont définitivement formé le troisième corps de l'État, et que le nom de l'ordre équestre a été ajouté à la formule : le sénat et le peuple romain ; et si aujourd'hui même l'ordre équestre n'est nommé qu'après le peuple, c'est qu'il n'a été constitué que le dernier (21).

1 IX. La dénomination des chevaliers, même de ceux qui la tenaient de leur service dans la cavalerie (22), a souvent varié : ils furent nommés célères sous Romulus et les rois, puis flexumines, ensuite trossules, parce qu'ils avaient pris, sans aucun secours de l'infanterie, une ville d'Étrurie nommée Trossulum, et située à neuf mille pas en deçà de Volsinies. Cette dernière désignation subsista jusqu'après la mort de C. Gracchus ; du moins trouve-t-on ce fait attesté dans les écrits de Junius, surnommé Gracchanus, à cause de son amitié pour ce tribun : « Quant à ce qui regarde l'ordre équestre, dit Junius, on donnait à ses membres le nom de trossules ; on leur donne maintenant celui de chevaliers, et nombre de chevaliers rougissent d'être appelés trossules, parce qu'ils ne connaissent pas le sens de cette dénomination. » Et après cela Junius en expose la raison, que j'ai indiquée plus haut, et ajoute que, bon gré mal gré, ils sont encore appelés trossules (23).

X. L'or est le sujet de quelques autres distinctions, qui ne doivent pas non plus être omises. Nos aïeux donnèrent des colliers d'or aux troupes auxiliaires et aux étrangers, mais ils n'en donnèrent jamais que d'argent aux citoyens ; de plus, ils donnèrent des bracelets aux citoyens, et jamais aux étrangers (24).

XI. Quant aux couronnes d'or, ce qui doit paraître étonnant, ils en ont accordé même (25) aux citoyens. Je n'ai trouvé nulle part le nom du premier qui en reçut une ; mais on sait qui le premier décerna cette distinction. D'après L. Pison, ce fut le dictateur A. Postumius (an de Rome 323) : ayant forcé le camp des Latins auprès du lac Régille, il accorda, sur le produit du butin, une couronne d'or à celui qui avait le plus contribué à ce succès. L. Lentulus, consul (an de Rome 479), en donna une du poids de cinq livres à Servius Cornelius Merenda, après la prise d'une ville samnite. Pison Frugi en décerna une à son fils ; mais, la prenant sur ses propres deniers, il lui en légua la valeur par la première clause de son testament.

XII. (III.) Dans les sacrifices, pour honorer les dieux, on n'a rien imaginé de plus que de dorer les cornes des victimes, mais des grandes seulement, qu'on leur immole. Le luxe de l'or fit parmi les militaires de grands progrès ; et l'on a des lettres de M. Brutus, écrites (26) des plaines de Philippes, où il s'indigne contre les agrafes d'or portées par les tribuns. Mais (27) toi-même, Brutus, tu n'as pas parlé de l'or que les femmes portent

---

ita dum separatur ordo ab ingenuis, communicatus est cum servitiis.

3 Judicum autem appellatione separari eum ordinem, primi omnium instituere Gracchi, discordi popularitate in contumeliam senatus : mox ea debellata, auctoritas nominis varie seditionum eventu circa publicanos substitit : et aliquamdiu tertiae sortis viri publicani fuere. Marcus Cicero demum stabilivit equestre nomen in consulatu suo, Catilinanis rebus, ex eo se ordine profectum esse celebrans, ejusque vires peculiari popularitate quaerens. Ab illo tempore plane hoc tertium corpus in republica factum est, cœpitque adjici senatui populoque romano, et equester ordo. Qua de causa et nunc post populum scribitur, quia novissime cœptus est adjici.

1 IX. Equitum quidem etiam nomen ipsum saepe variatum est, in his quoque qui id ab equitatu trahebant. Celeres sub Romulo regibusque appellati sunt : deinde flexumines : postea trossuli, quum oppidum in Tuscis citra Volsinios passuum IX M. sine ullo peditum adjumento cepissent ejus vocabuli : idque duravit ultra C. Gracchum. Junius certe, qui ab amicitia ejus Gracchanus appellatus est, scriptum reliquit his verbis : « Quod ad equestrem ordinem attinet, antea trossulos vocabant, nunc equites vocant : ideoque quia non intelligunt trossulos nomen quid valeat, multos pudet eo nomine appellari. » Et causam quae supra indicata est exponit invitosque etiamnum tamen trossulos vocari.

X. Sunt adhuc aliquae non omittendae in auro differentiae. Auxilia quippe et externos torquibus aureis donavere, at cives non nisi argenteis. Praeterque, armillas civibus dedere, quas non dabant externis.

XI. Iidem (quod magis miremur) coronas ex auro dedere et civibus. Quis primus donatus sit ea, non inveni equidem : sed quis primum donaverit, a L. Pisone traditur A. Postumius dictator : apud lacum Regillum castris Latinorum expugnatis, ei cujus maxime opera capta essent, hanc coronam ex praeda is dedit. Item L. Lentulus cos. Servio Cornelio Merendae, Samnitium oppido capto : sed huic quinque librarum. Piso Frugi filium ex privata pecunia donavit : eamque coronam testamento ei praelegavit.

XII. (III.) Deorum vero honori in sacris nihil aliud excogitatum est, quam ut auratis cornibus hostiae, majores dumtaxat, immolarentur. Sed in militia quoque in tantum adolevit haec luxuria, ut M. Bruti e Philippicis campis epistolae reperiantur frementes, fibulas tribunicias ex auro geri. At hercules, idem tu, Brute, mulierum pedibus

aux pieds; nous aussi, nous avons taxé de crime celui qui le premier a érigé un anneau en décoration personnelle. Eh bien, soit (28) : que les hommes même aient aujourd'hui des bracelets d'or sous la dénomination d'or dardanien, parce que cet usage est venu de Dardanie, bracelets qu'on nomme virioles dans la Celtique, et viries dans la 2 Celtibérie; que les femmes portent de l'or aux bras, aux doigts, au cou, aux oreilles, aux tresses de leurs cheveux; que des chaines d'or courent autour de leur corsage; que dans le secret de la nuit (29) des sachets de perles soient suspendus à leur cou, pour que dans le sommeil même elles se sentent en possession de pierres inestimables; mais faut-il donc encore que l'or revête leurs pieds, et doit-il, entre la stole des matrones et la tunique plébéienne, établir un ordre équestre femelle? Nous autres hommes agissons plus modestement en donnant cette parure à de jeunes pages, dont la riche apparence attire tous les regards dans les bains publics. Au reste, la mode s'introduit parmi les hommes même de porter au doigt l'ef3 figie d'Harpocrate et de divinités égyptiennes. Le règne de Claude vit naître une autre distinction : c'était celle de porter sur l'anneau le portrait du prince gravé en or; ceux-là seuls avaient ce droit qui l'avaient obtenu de ses affranchis : cela donna lieu à une multitude de délations que le salutaire avènement de Vespasien a rendues impossibles, ce prince ayant déclaré que l'image de l'empereur appartenait à tout le monde. Nous n'en dirons pas davantage sur les anneaux d'or et sur leur usage.

1 XIII. Le second crime envers l'humanité fut commis par celui qui le premier frappa un denier en or, crime dont l'auteur est également inconnu. Le peuple romain, avant la défaite de Pyrrhus (an de Rome 479), n'avait pas de monnaie d'argent. L'as de cuivre pesait exactement une livre (30), d'où les noms encore subsistants de *libella* et de *dupondius*. De là aussi les amendes fixées en cuivre de poids; de là aussi, dans les comptes, les mots *expensa*, *impendia*, *dependere*; de 2 là encore le nom de la solde des soldats, *stipendia*, c'est-à-dire *stipis pondera*, ainsi que ceux de *dispensatores* et *libripendes*. C'est par un reste de ces usages qu'encore aujourd'hui dans les contrats dits de mancipation la balance est requise. Le roi Servius le premier mit une empreinte aux pièces de cuivre; avant lui on ne se servait à Rome que de métal sans empreinte, selon Timée. Ce fut le bétail (*pecus*) qui figura sur cette ancienne monnaie, d'où le nom de pecunia (XVIII, 3, 3). Le cens le plus élevé sous ce roi fut de cent dix mille as : ceux qui possédaient ce capital formèrent la première classe. L'argent ne fut frappé que l'an de Rome 485, sous le consulat de Q. Ogulnius (31) et de C. Fabius, cinq ans avant la première guerre punique. On fixa la valeur du 3 denier à dix livres de cuivre, du quinarius à cinq, et du sesterce à deux et demie. Le poids réel de la livre de cuivre fut diminué durant la première guerre punique, la république ne pouvant faire face à ses dépenses; et il fut décrété qu'on frapperait des as de deux onces. On gagna de la sorte cinq sixièmes, et on liquida les dettes. La marque de ces nouveaux as fut sur une face un Janus à deux faces, sur l'autre un éperon de navire. Le triens (tiers d'un as) et le quadrans (quart) furent marqués d'un vaisseau. Le quadrans se nommait auparavant *teruncius*, comme étant de trois onces. Plus tard, Annibal serrant 4 Rome de près, sous la dictature de Q. Fabius Maximus, on fit les as d'une seule once, et il fut

---

aurum gestari tacuisti. Et nos sceleris arguimus illum, qui primus auro dignitatem per anulos fecit. Habeant in lacertis jam quidem et viri, quod e Dardanis venit, itaque et Dardanium vocabatur; viriolæ Celticæ dicuntur : viriæ Celtibericæ; habeant feminæ in armillis digitisque totis, collo, auribus, spiris : discurrant catenæ circa latera, et in secreto margaritarum sacculi e collo dominarum auro pendeant, ut in somno quoque unionum conscientia adsit : etiamne pedibus induitur, atque inter stolam plebemque hunc medium feminarum equestrem ordinem facit? Honestius viri pædagogiis id damus : balineasque dives puerorum forma convertit. Jam vero etiam Harpocratem, statuasque Ægyptiorum numinum, in digitis viri quoque 3 portare incipiunt. Fuit et alia Claudii principatu differentia in solis his, quibus admissionem liberti ejus dedissent, imaginem principis ex auro in anulo gerendi, magna criminum occasione : quæ omnia salutaris exortus Vespasiani imperatoris abolevit, æqualiter publicando principem. De annulis aureis eorumque usu hactenus dictum sit.

1 XIII. Proximum scelus fecit, qui primus ex auro denarium signavit : quod et ipsum latet auctore incerto. Populus romanus ne argento quidem signato, ante Pyrrhum regem devictum usus est. Libralis ( unde etiam nunc libella dicitur, et dupondius ) appendebatur assis. Quare æris gravis pœna dicta. Et adhuc expensa in rationibus dicuntur : item impendia, et dependere. Quin et militum 2 stipendia; hoc est, stipis pondera, dispensatores, libripendes dicuntur : qua consuetudine in his emtionibus, quæ mancipi sunt, etiam nunc libra interponitur. Servius rex primus signavit æs. Antea rudi usos Romæ Timæus tradit. Signatum est nota pecudum : unde et pecunia appellata. Maximus census CX M. assium fuit illo rege : et ideo hæc prima classis. Argentum signatum est anno Urbis CCCCLXXXV, Q. Ogulnio, C. Fabio coss., quinque annis ante primum bellum Punicum. Et placuit denarium pro decem libris æris 3 valere, quinarium pro quinque, sestertium pro dupondio ac semisse. Librale autem pondus æris imminutum bello Punico primo, quum impensis respublica non sufficeret : constitutumque ut asses sextantario pondere ferirentur. Ita quinque partes factæ lucri, dissolutumque æs alienum. Nota æris fuit ex altera parte Janus geminus, ex altera rostrum navis : in triente vero et quadrante, rates. Quadrans antea teruncius vocatus a tribus unciis. Postea Hannibale 4 urgente, Q. Fabio Maximo dictatore, asses unciales facti.

réglé que le denier d'argent vaudrait seize as, le quinarius huit, et le sesterce quatre, ce qui fit pour la république un gain de la moitié; toutefois, dans la solde des troupes le denier continua à être donné pour dix as. L'empreinte (32) sur la monnaie d'argent fut un bige et un quadrige, d'où ces pièces furent appelées bigats et quadrigats. La loi de Papirius, bientôt après, réduisit les as à une demi-once. Livius Drusus, étant tribun du peuple (an de Rome 663), mit dans la monnaie d'argent un huitième de cuivre. Ce que nous nommons présentement victoriat fut frappé en vertu de la loi Clodia. Autrefois les victoriats venaient d'Illyrie, et ils n'étaient reçus que comme matière de commerce. Le nom vient de l'empreinte, qui représente une Victoire. La monnaie d'or fut frappée soixante-deux ans après la monnaie d'argent, chaque scrupule d'or valant vingt sesterces; ce qui fit par livre, au compte des sesterces d'alors, neuf cents sesterces (33). Depuis il fut réglé qu'on frapperait des deniers d'or à raison de quarante deniers par livre. Insensiblement les princes diminuèrent le poids de ces deniers; la plus grande diminution fut sous Néron, qui en fit frapper quarante-cinq à la livre.

XIV. L'invention de la monnaie ouvrit à l'avarice une nouvelle source par l'usure, cette manière de gagner sans rien faire. La cupidité, que dis-je! la soif de l'or se changea, sans transition (34), en une rage véritable; et l'on vit Septimuléius charger de plomb la tête, mise au prix de son pesant d'or, de Caïus Gracchus, dont il était l'ami, la porter à Opimius (XIV, 16), et, dans son parricide, escroquer encore la république. Déjà ce n'était plus tel ou tel Romain, c'était Rome entière dont le nom était devenu infâme par l'avarice, quand Mithridate fit verser de l'or fondu dans le gosier d'Aquilius, son prisonnier : voilà ce qu'amène la cupidité. Pour rougir de notre siècle il suffit de songer à ces noms récents tirés du grec et qu'on forge tous les jours, afin de désigner des vases d'argent à bordure ou à doublure d'or, et aux indignes usages pour lesquels se vendent ces objets tant d'or que dorés; surtout si l'on se rappelle que Spartacus avait défendu dans son camp de porter de l'or ou de l'argent, tant des esclaves fugitifs de Rome l'emportaient en noblesse d'âme sur les Romains! L'orateur Messala a laissé par écrit que Marc-Antoine, le triumvir, employait des vases d'or (35) pour les besoins les plus sales; reproche qui ferait rougir même Cléopâtre. Jusque-là chez les étrangers le comble de la licence avait été le luxe du roi Philippe, qui plaçait habituellement sous son oreiller une coupe d'or, et celui d'Agnon de Téos, lieutenant d'Alexandre le Grand, qui portait des clous d'or à sa chaussure. Il était réservé au sage Antoine d'utiliser l'or en outrageant la nature : ô homme digne d'être proscrit, mais par Spartacus (36)!

XV. Un de mes étonnements, c'est que le peuple romain ait toujours imposé aux nations vaincues des tributs en argent et jamais en or : témoin Carthage, qui, vaincue avec Annibal, dut payer seize mille livres pesant d'argent annuellement pendant cinquante ans, en tout huit cent mille livres (37), mais point d'or. Ce n'était pas pourtant qu'il y eût disette d'or dans le monde. Déjà (38) Midas et Crésus en avaient possédé des quantités immenses; déjà Cyrus, dans la conquête de l'Asie, avait fait un butin de trente-quatre mille livres de ce métal, sans compter les vases d'or, les

---

placuitque denarium sedecim assibus permutari, quinarium octonis, sestertium quaternis. Ita respublica dimidium lucrata est. In militari tamen stipendio semper denarius pro decem assibus datus. Notæ argenti fuere bigæ atque quadrigæ : et inde bigati quadrigatique dicti. Mox lege Papiria semunciales asses facti. Livius Drusus in tribunatu plebis octavam partem æris argento miscuit. Qui nunc Victoriatus appellatur, lege Clodia percussus est. Antea enim hic nummus ex Illyrico advectus, mercis loco habebatur. Est autem signatus Victoria, et inde nomen. Aureus nummus post annum LXII percussus est, quam argenteus, ita ut scrupulum valeret sestertiis vicenis : quod effecit in libras, ratione sestertiorum, qui tunc erant, sestertios DCCCC. Post hæc placuit X. XL signari ex auri libris : paulatimque principes imminuere pondus : minutissime Nero ad XLV.

XIV. Sed a nummo prima origo avaritiæ, fœnore excogitata, quæstuosaque segnitia. Nec paulatim exarsit rabie quadam, non jam avaritia, sed fames auri : utpote quum Septimuleius Caii Gracchi familiaris, auro rependendum caput ejus excisum ad Opimium tulerit, plumboque in os addito parricidio suo rempublicam etiam circumscripserit : nec jam Quiritium aliquo, sed universo nomine romano infami, rex Mithridates Aquilio duci capto aurum in os infudit : hæc parit habendi cupido. Pudet intuentem tantum nomina ista, quæ subinde nova græco sermone excogitantur, expresso argenteis vasis auro aut incluso : quibus deliciis veneunt tam inaurata quam aurea : quum sciamus interdixisse castris suis Spartacum, ne quis aurum haberet, aut argentum. Tanto fuit plus animi fugitivis nostris. Messala orator prodidit, Antonium triumvirum aureis usum vasis in omnibus obscenis desideriis, pudendo crimine, etiam Cleopatræ. Summa apud exteros licentiæ fuerat, poculo aureo pulvinis subdito, Philippum regem dormire solitum : Agnonem Teium Alexandri Magni præfectum aureis clavis suffigere crepidas. Antonius sophus contumelia naturæ utilitatem auro fecit, o dignum proscriptione, sed Spartaci.

XV. Equidem miror populum romanum victis gentibus in tributo semper argentum imperitasse, non aurum : sicut Carthagini cum Hannibale victæ argenti octingenta millia pondo, XVI annua in quinquaginta annos, nihil auri. Nec potest videri penuria mundi id evenisse. Jam Midas et Crœsus infinitum possederant. Jam Cyrus devicta Asia pondo XXXIV millia invenerat, præter vasa aurea, aurumque factum, et in eo folia ac platanum, vitemque.

ouvrages en or, et, entre autres, des feuilles d'arbres, un platane, une vigne, victoires qui lui valurent aussi cinq cent mille talents d'argent et la coupe de Sémiramis, dont le poids était 2 de quinze talents : or, d'après Varron, le talent égyptien pèse quatre-vingts livres. Déjà avait régné dans la Colchide le descendant d'Æétès, Salaucès (39), qui, ayant trouvé une terre vierge, en retira, dit-on, une grande quantité d'or et d'argent, dans la contrée des Suanes : cette Colchide est d'ailleurs célèbre par ses toisons d'or. On parle encore des chambres d'or, des poutres d'argent, des colonnes, des pilastres du même métal, qu'il posséda après la défaite de Sésostris, roi d'Égypte; Sésostris si orgueilleux, que tous les ans, dit-on, il attelait à son char, parmi les rois qu'il avait soumis, celui que le sort avait désigné, et se faisait ainsi traîner en triomphe.

1   XVI. Et nous aussi nous avons fait des choses que la postérité regardera (40) comme fabuleuses. César, alors édile et depuis dictateur, donnant des jeux funèbres en l'honneur de son père, fut le premier qui n'admit que l'argent pour le service de l'arène; et pour la première fois les condamnés aux bêtes combattirent avec des lances d'argent, ce qu'imitent maintenant de simples villes municipales. Aux jeux de C. Antonius, toute la décoration du théâtre fut d'argent. Lucius Muréna en fit autant. L'empereur Caligula fit paraître dans le cirque un échafaud chargé de cent vingt-quatre mille livres pesant d'argent. Claude, son successeur, triomphant de la Bretagne, indiqua par les inscriptions, parmi les couronnes d'or, une de sept cents livres (41) fournie par l'Espagne citérieure, et une de neuf cents fournie par la Gaule chevelue. Néron, qui le suivit, fit revêtir d'or le théâtre de Pompée pour un seul jour, celui où (12) il le montra à Tiridate, roi d'Arménie. Et qu'était-ce que ce théâtre, comparé à la maison d'or (xxxvi, 24, 8) dans laquelle il avait comme enclos la ville de Rome ?

XVII. Sous le consulat de Sextus Julius et de 1 Lucius Aurélius (an de Rome 597), sept ans avant la troisième guerre punique, il y avait dans le trésor du peuple romain seize mille huit cent dix livres d'or, vingt-deux mille soixante-dix livres d'argent, et en espèces 10,285,400 sesterces. Sous le consulat de Sextus Julius et de Lucius Marcius, c'est-à-dire au commencement de la guerre sociale (11,85), il y avait un million six cent vingt mille huit cent vingt-neuf livres pesant d'or. César, lors de sa première entrée dans Rome, pendant (43) la guerre civile qui porte son nom, tira du trésor public quinze mille livres (44) en lingots d'or, trente-cinq mille en lingots d'argent, et en numéraire quarante millions de sesterces. Jamais l'État ne fut plus riche. Paul Émile, après la défaite du roi Persée (45), versa au trésor public, du produit du butin fait en Macédoine, deux cent trente millions de sesterces. C'est depuis cette époque que le peuple romain a cessé de payer l'impôt.

XVIII. Les lambris dorés que l'on voit maintenant, même dans les maisons particulières, furent vus pour la première fois dans le Capitole après la destruction de Carthage, pendant la censure de Lucius Mummius (an de Rome 612). De là ce luxe a gagné les voûtes et les murailles mêmes, que de nos jours on dore comme des vases : grande différence avec le siècle où Catulus (xix, 6) ne fut pas, à beaucoup près, unanimement approuvé d'avoir doré les tuiles d'airain du Capitole (46).

XIX. Nous avons nommé, dans le septième li-

---

Qua victoria argenti quingenta millia talentorum reportavit, et craterem Semiramidis, cujus pondus quindecim ta-
2 lenta colligebat. Talentum autem Ægyptium pondo LXXX patere Varro tradit. Jam regnaverat in Colchis Salauces, Æetæ soboles, qui terram virginem nactus, plurimum argenti aurique eruisse dicitur in Suanorum gente, et alioqui velleribus aureis inclyto regno. Sed et illius aureæ cameræ, et argenteæ trabes narrantur, et columnæ, atque parastaticæ, victo Sesostri Ægypti rege, tam superbo, ut prodatur annis quibusque sorte reges singulos e subjectis jungere ad currum solitus, atque ita triumphare.

1  XVI. Et nos fecimus, quæ posteri fabulosa arbitrarentur. Cæsar, qui postea dictator fuit, primus in ædilitate munere patris funebri, omni apparatu arenæ argenteo usus est : ferasque argenteis hastis incessivere tum primum noxii, quod etiam in municipiis æmulantur. C. Antonius ludos scena argentea fecit, item L. Muræna, et Caius princeps in Circo pegma duxit, in quo fuere argenti pondo CXXIV. Claudius successor ejus, quum de Britannia triumpharet, inter coronas aureas, VII c pondo habere, quam contulisset Hispania citerior, IX c quam Gallia Comata, titulis indicavit. Hujus deinde successor Nero, Pompeii theatrum operuit auro in unum diem, quo Tiridati regi Armeniæ ostenderet. Et quota pars ea fuit aureæ domus ambientis Urbem?

XVII. Anni in ærario populi romani fuere, Sex. Julio, 1 L. Aurelio coss., septem annis ante bellum Punicum tertium, pondo $\overline{\text{XVI}}$ DCCCX, argenti $\overline{\text{XXII}}$ LXX, et in numerato LXII LXXXV CCCC. Item Sex. Julio, L. Marcio coss., hoc est, belli socialis initio, auri $\overline{\text{XVI}}$ XX DCCCXXIX. C. Cæsar primo introitu Urbis civili bello suo ex ærario protulit laterum aureorum XV M., argenteorum XXXV, et in numerato, H-S. $\overline{\text{CCCC}}$. Nec fuit aliis temporibus respublica locupletior. Intulit Æmilius Paulus, Perseo rege victo, e Macedonica præda H-S. $\overline{\text{MM CCC}}$, a quo tempore populus romanus tributum pendere desiit.

XVIII. Laquearia, quæ nunc et in privatis domibus 1 auro teguntur, post Carthaginem eversam primo inaurata sunt in Capitolio, censura L. Mummii. Inde transiere in cameras quoque et parietes, qui jam et ipsi tamquam vasa inaurantur : quum sua ætas varia de Catulo existimaverit, quod tegulas æreas Capitolii inaurasset.

XIX. Primos inventores auri, sicut metallorum fere 1 omnium, septimo volumine diximus. Præcipuam gratiam

vre (VII, 57), ceux qui ont les premiers découvert l'or et la plupart des métaux. Ce qui a donné à l'or le premier rang, ce n'est pas, je pense, la couleur, qui dans l'argent est plus claire et plus semblable à l'éclat du jour; aussi l'argent est-il préféré pour les enseignes militaires, parce qu'il brille de plus loin; et ceux qui s'imaginent qu'on a prisé dans l'or la couleur des étoiles se sont manifestement trompés, puisque cette couleur n'est pas la plus recherchée dans les pierreries et autres matières précieuses. Ce n'est pas non plus pour sa pesanteur ou sa malléabilité qu'on l'a préféré aux autres métaux; car pour ces deux qualités il est inférieur au plomb. C'est que, seul dans la nature, il ne souffre aucun déchet par le feu, et qu'il est en sûreté jusqu'au milieu des incendies et des bûchers; et même, plus souvent on le soumet au feu plus il s'améliore. De fait, une épreuve de l'or, c'est que soumis au feu il prenne une couleur ignée, et soit incandescent : cette épreuve se nomme *obrussa*. La première marque de bonté dans l'or, c'est d'être très-difficile à fondre. De plus, chose merveilleuse! réfractaire au feu le plus violent de charbon de bois (47), il entre très-promptement en fusion à un feu de paille; et pour le purifier il faut le
2 faire cuire avec du plomb. Une autre raison plus considérable de l'estime où il est, c'est que le frottement lui fait éprouver très-peu de déchet, tandis que l'argent, le cuivre et le plomb laissent des traces, et salissent les mains par les parcelles qui s'en détachent. Nulle autre matière n'est plus extensible; nulle autre ne se prête à une division poussée plus loin, puisqu'une seule once d'or se partage en plus de sept cent cinquante feuilles de quatre doigts de long sur autant de large. Les plus épaisses feuilles se nomment feuilles de

Préneste, gardant encore aujourd'hui ce nom, en considération de l'excellente dorure de la statue de la Fortune dans cette ville. Les secondes en épaisseur sont appelées feuilles questoriennes. On trouve en Espagne de petites masses d'or qu'on nomme strigiles. Seul entre tous (48), on le rencontre à l'état de pépite ou de paillettes : à la différence des autres métaux, qui, pour être 4 formés, doivent passer par le feu, cet or est or immédiatement, et il est complétement élaboré dès qu'il est trouvé. C'est là l'or natif; l'autre dont nous parlerons est un produit de l'art. De plus, ni rouille, ni vert-de-gris, il ne contracte rien qui en altère la qualité ou en diminue le poids. Il est réfractaire à l'action du sel et du vinaigre, qui triomphent de toutes choses; enfin on le file et on le tisse comme de la laine, et sans laine. Verrius nous apprend que Tarquin l'Ancien triompha revêtu d'une tunique d'or. Pour moi, j'ai vu Agrippine, femme de l'empereur Claude, assise à côté de ce prince au spectacle qu'il donnait d'un combat naval, et couverte d'un habit militaire d'or, tissé sans aucune autre matière. Quant aux étoffes attaliques (VIII, 74, 2), il y a longtemps qu'on y fait entrer de l'or en fil ; c'est une invention des rois de l'Asie.

XX. Sur le marbre, et sur les matières qui ne 1 peuvent être fortement chauffées, on l'applique avec un blanc d'œuf; sur le bois, à l'aide d'une composition collante nommée leucophoron : nous dirons en son lieu (XXXV, 17) ce qu'elle est et comment elle se prépare. Le moyen convenable pour dorer le cuivre serait d'employer le vif argent ou du moins l'hydrargyre. Mais ces substances, comme nous le dirons en en faisant l'histoire (XXXIII, 32 et 41), sont l'objet de falsifications. Pour pratiquer cette dorure on tourmente le cuivre, on le

huic materiæ fuisse arbitror, non colore, qui in argento clarior est, magisque diei similis, et ideo militaribus signis familiarior, quoniam is longius fulget : manifesto errore eorum, qui colorem siderum placuisse in auro arbitrantur, quum in gemmis aliisque rebus non sit præcipuus. Nec pondere, aut facilitate materiæ prælatum est cæteris
2 metallis, quum cedat per utrumque plumbo. Sed quia rerum uni nihil igne deperit, tuto etiam in incendiis rogisque. Quinimo quo sæpius arsit, proficit ad bonitatem; auricque experimentum ignis est, ut simili colore rubeat, ignescatque : id ipsum obrussam vocant. Primum autem bonitatis argumentum est, quam difficillime accendi. Præterea mirum, propæ violentissimæ ligni indomitum, palea citissime ardescere : atque ut purgetur, cum plumbo coqui.
3 Altera causa pretii major, quam minimum usu deteri, quum argento, ære, plumbo, lineæ producantur, manusque sordescant decidua materia. Nec aliud laxius dilatatur, aut numerosius dividitur, utpote cujus unciæ in septingenas et quinquagenas, pluresque bracteas, quaternum utroque digitorum, spargantur. Crassissimæ ex his Prænestinæ vocantur, etiamnum retinentes nomen, Fortunæ inaurato ibi fidelissimo simulacro. Proxima bractea quæs-

toria appellatur. Hispania strigiles vocat auri parvulas massas. Super omnia, solum in massa aut ramento capitur; quum cætera in metallis reperta igni perficiantur, hoc 4 statim aurum est, consummatamque materiam protinus habet, quum ita invenitur. Hæc enim inventio ejus naturalis est : alia quam dicemus, coacta. Super cætera non rubigo ulla, non ærugo, non aliud ex ipso quod consumat bonitatem, minuatve pondus. Jam contra salis et aceti succos 5 domitores rerum, constantia : superque omnia netur, ac texitur lanæ modo, et sine lana. Tunica aurea triumphasse Tarquinium Priscum Verrius docet. Nos videmus Agrippinam Claudii principis, edente eo navalis prælii spectaculum, assidentem ei, indutam paludamento, auro textili sine alia materie. Attalicis vero jampridem intexitur, invento regum Asiæ.

XX. Marmori et iis quæ candefieri non possunt, ovi 1 candido illinitur : ligno, glutini ratione composita : leucophoron vocant. Quid sit hoc, aut quemadmodum fiat, suo loco docebimus. Æs inaurari argento vivo, aut certe hydrargyro, legitimum erat : de quibus, ut dicemus, illorum naturam reddentes, excogitata fraus est. Namque æs cruciatur in primis, accensumque restinguitur sale, aceto,

fait rougir, on l'éteint dans du sel, du vinaigre et de l'alun, puis on le nettoie de toute scorie, et on juge qu'il est suffisamment décapé lorsqu'il est bien resplendissant; après quoi on le chauffe de nouveau, afin que, ainsi dompté, il puisse, à l'aide d'un amalgame de pierre-ponce, d'alun et de vif-argent, recevoir les feuilles d'or qu'on applique. L'alun a la même propriété pour épurer le cuivre que le plomb pour épurer l'or, comme nous l'avons dit (XXXIII, 19, 2) (49).

1 XXI. (IV.) L'or se trouve dans le monde romain ; et nous n'avons pas besoin de parler de l'or extrait dans l'Inde par des fourmis (XI, 36, 3), ou en Scythie par des griffons (50) (VII, 2, 2). Chez nous on se procure l'or de trois façons : on le trouve en paillettes dans les fleuves, le Tage en Espagne (IV, 35, 3), le Pô en Italie, l'Hèbre en Thrace, le Pactole en Asie, le Gange dans l'Inde. Il n'est point d'or plus parfait, étant ainsi poli par le 2 mouvement et le frottement des eaux. En second lieu, on creuse des puits pour l'extraire, ou on va le chercher dans l'éboulement des montagnes (51). Exposons ces deux procédés. Ceux qui cherchent l'or en enlèvent d'abord le ségulle : le ségulle est une terre qui indique le gisement; là est la veine; on lave le sable, et on estime la richesse de la veine par le résidu du lavage. Quelquefois on rencontre de ces veines aurifères à fleur de terre, rare bonne fortune dont on a vu récemment un exemple en Dalmatie, sous le règne de Néron ; cette veine fournissait par jour cinquante livres. L'or (52) ainsi trouvé à la superficie est appelé alutatium (XXXIV, 47), quand par-dessous existe 3 une terre aurifère. Au reste, les montagnes d'Espagne, arides, stériles et impropres à toute autre production, sont contraintes par l'homme de fournir cette production précieuse. L'or extrait des puits est nommé par les uns *canalicium*, par les autres *canaliense*. Il est adhérent à du sable de marbre, et il ne brille pas à la surface; et, différent de celui qui brille en grain sur le saphir oriental (XXXVII, 39), la pierre thébaïque (XXXVI, 13, 2) et d'autres pierres précieuses, il est engagé dans les molécules du marbre. Ces canaux de veines circulent le long des parois des puits; de là le nom d'or *canalicium*. Les galeries sont soutenues avec des piliers de bois. La 4 masse extraite est battue, lavée, brûlée, moulue en farine. On donne le nom d'apistacudes à l'argent qui sort du fourneau (53). Les impuretés que le fourneau rejette s'appellent, comme celles de tous les métaux, scories. Cette scorie d'or est une seconde fois battue, et chauffée dans des creusets de tasconium. Le tasconium est une terre blanche, semblable à l'argile ; c'est la seule substance capable de supporter l'action du soufflet (54), du feu, et de l'ébullition des matières. La troisième méthode surpasse les travaux des 5 géants. A l'aide de galeries conduites à de longues distances, on creuse les monts à la lueur des lampes, dont la durée sert de mesure au travail; et de plusieurs mois on ne voit pas le jour. Ces mines se nomment arrugies (55) : souvent il se forme tout à coup des crevasses, des éboulements qui ensevelissent les ouvriers. Certes, il peut paraître moins téméraire d'aller chercher des perles et des pourpres (56) dans les profondeurs de la mer, et nous avons su faire la terre plus fatale que les eaux. En conséquence, on laisse des voûtes nombreuses pour soutenir les montagnes. Dans les deux méthodes on ren- 6 contre des barrières de silex ; on les brise avec le feu et le vinaigre (XXIII, 27, 4). Mais comme dans les souterrains la vapeur et la fumée suffo-

---

alumine. Postea exarenatur, an satis recoctum sit, splendore deprehendente : iterumque exhalatur igni, ut possit edomitum, mixtis pumice, alumine, argento vivo, inductas accipere bracteas. Alumen in purgando vim habet, qualem esse diximus plumbo.

1 XXI. (IV.) Aurum invenitur in nostro orbe : ut omittamus Indicum, a formicis, aut apud Scythas grypis erutum. Apud nos tribus modis : fluminum ramentis, ut in Tago Hispaniæ, Pado Italiæ, Hebro Thraciæ, Pactolo Asiæ, Gange Indiæ. Nec ullum absolutius aurum est, ut cursu 2 ipso tritusque perpolitum. Alio modo puteorum scrobibus effoditur, aut in ruina montium quæritur. Utraque ratio dicetur. Aurum qui quærunt, ante omnia segullum tollunt : ita vocatur indicium. Alveus hic est : arenæque lavantur, atque ex eo quod resedit, conjectura capitur. Invenitur aliquando in summa tellure protinus, rara felicitate : ut nuper in Dalmatia principatu Neronis, singulis diebus etiam quinquagenas libras fundens. Cum ita inventum est in summo cespite, alutatium vocant, si et aurosa 3 tellus subest. Cætero, montes Hispaniæ aridi sterilesque, et in quibus nihil aliud gignatur, huic bono coguntur fertiles esse. Quod puteis foditur, canalicium vocant, alii canaliense ; marmoris glareæ inhærens, non illo modo, quo in Oriente sapphiro atque Thebaico, aliisque in gemmis scintillat, sed micas amplexum marmoris. Vagantur hi venarum canales per latera puteorum, et huc illuc, inde nomine invento, tellusque ligneis columnis suspenditur. Quod effossum est, tunditur, lavatur, uritur, molitur in 4 farinam. Apitascudem vocant argentum, quod exit a fornace : sudorisque, qui e camino jactatur, spurcitia, in omni metallo scoria appellatur. Hæc in auro tunditur, iterumque coquitur. Catini fiunt ex tasconio. Hoc est terra alba similis argillæ. Neque enim alia flatum, ignemque et ardentem materiam tolerat. Tertia ratio opera vicerit Gi- 5 gantum. Cuniculis per magna spatia actis cavantur montes ad lucernarum lumina. Eadem mensura vigiliarum est : multisque mensibus non cernitur dies. Arrugias id genus vocant : siduntque rimæ subito, et opprimunt operatos : ut jam minus temerarium videatur e profundo maris petere margaritas atque purpuras : tanto nocentiores fecimus terras. Relinquuntur itaque fornices crebri montibus sustinendis. Occursant in utroque genere silices. Hos igni et 6 aceto rumpunt. Sæpius vero, quoniam in cuniculis vapor et fumus strangulat, cædunt fractariis CL libras ferri agen-

queraient les mineurs, ils prennent plus souvent le parti de briser la roche à l'aide de machines (57) armées de cent cinquante livres de fer; puis ils enlèvent les fragments sur les épaules jour et nuit, se les passant de proche en proche à travers les ténèbres. Les mineurs placés à l'entrée sont les seuls qui voient le jour. Si le silex paraît avoir trop d'épaisseur, le mineur (58) en suit le flanc, et il le tourne. Toutefois, le silex n'est pas l'obstacle le plus difficile : il est une terre, espèce d'argile mêlée de gravier (on la nomme terre blanche), qu'il est presque impossible d'entamer. On l'attaque avec des coins de fer et avec les mêmes maillets que plus haut; rien au monde n'est plus dur; mais la soif de l'or est plus dure encore, et en vient à bout. L'opération faite, on attaque en dernier lieu les piliers des voûtes.
7 L'éboulement s'annonce; celui-là seul qui s'en aperçoit est le veilleur placé au sommet de la montagne : celui-ci, de la voix et du geste (59), rappelle les travailleurs, et fait lui-même retraite. La montagne brisée tombe au loin avec un fracas que l'imagination ne peut concevoir, et un souffle d'une force incroyable. Les mineurs, victorieux, contemplent cette ruine de la nature. Cependant il n'y a pas encore d'or; on n'a pas même su s'il y en avait quand on s'est mis à fouiller, et pour tant de périls et de dépenses (60)
8 il suffit d'espérer ce qu'on désirait. Un autre travail égal, et même plus dispendieux, est de conduire du sommet des montagnes, la plupart du temps d'une distance de cent milles, les fleuves, pour laver ces débris éboulés. On appelle ces canaux corruges, du mot *corrivatio*, je pense. Là encore il y a mille travaux (61): il faut que la pente soit rapide, afin que l'eau se précipite plutôt qu'elle ne coule; aussi l'amène-t-on des points les plus élevés. A l'aide d'aqueducs, on passe les vallées (62) et les intervalles. Ailleurs on perce des rochers inaccessibles, et on les force à recevoir de grosses poutres. Celui qui perce ces rochers est suspendu par des cordes; de sorte qu'en voyant de loin ce travail, on croit avoir sous les yeux des bêtes sauvages, que dis-je? des oiseaux d'une nouvelle espèce. Ces hommes, presque toujours suspendus, sont employés à niveler la pente, et ils tracent l'alignement que suivra le corruge; et là où il n'y a pas place (63) pour poser le pied, des rivières sont conduites par la main de l'homme. Le lavage est mauvais quand l'eau qui arrive charrie de la boue; cette boue est appelée *urium* : or, pour se préserver de l'*urium*, on fait passer (64) l'eau à travers des pierres siliceuses et du gravier. A la prise d'eau, sur le front sourcilleux des montagnes, on creuse des réservoirs de deux cents pieds de long sur autant de large et de dix de profondeur. On y a laissé cinq ouvertures, d'environ trois pieds carrés. Le réservoir rempli, on ôte les bondes, et le torrent s'élance avec une telle force, qu'il entraîne des quartiers de roc. En plaine est un autre travail : 10 on creuse des canaux qu'on nomme *agoges* pour le passage de l'eau. De distance en distance, le courant est ralenti par une couche d'ulex. L'ulex est semblable au romarin épineux, et propre à retenir l'or. Les côtés sont fermés avec des planches; et s'il y a un ravin à franchir, le canal est soutenu en l'air. La terre (65), conduite de la sorte, arrive jusqu'à la mer; la montagne écroulée se dissout, et de cette façon l'Espagne a déjà reculé au loin ses rivages. C'est aussi en des canaux de ce genre que dans le premier procédé on lave les matières extraites avec un labeur immense; sinon, les puits seraient bientôt obstrués. L'or

---

tibus : egeruntque humeris noctibus ac diebus, per tenebras proximis tradentes : lucem novissimi cernunt. Si longior videtur silex, latus sequitur fossor, ambitque. Tamen in silice facilior existimatur opera. Est namque terra ex quodam argillæ genere, glareæ mixta (candidam vocant) prope inexpugnabilis. Cuneis eam ferreis aggrediuntur, et iisdem malleis : nihilque durius putant, nisi quod inter omnia auri fames durissima est. Peracto opere, cervices
7 fornicum ab ultimo cædunt. Dat signum ruina, eamque solus intelligit in cacumine montis ejus pervigil. Hic voce, nutu evocari jubet operas, pariterque ipse devolat. Mons fractus cadit ab sese longe, fragore qui concipi humana mente non possit, et flatu incredibili. Spectant victores ruinam naturæ. Nec tamen adhuc aurum est; nec sciere esse, quum foderc. Tantaque ad pericula et impendia sa-
8 tis fuit causa, sperare quod cuperent. Alius par labor, ac vel majoris impendii, flumina ad lavandam hanc ruinam jugis montium ducere obiter a centesimo plerumque lapide. Corrugos vocant, a corrivatione, credo. Mille et hic labores : præceps esse libramentum oportet, ut ruat verius quam fluat : itaque altissimis partibus ducitur. Convalles
9 et intervalla substructis canalibus junguntur. Alibi rupes inviæ cæduntur, sedemque trabibus cavatæ præbere coguntur. Is, qui cædit, funibus pendet, ut procul intuentibus species ne ferarum quidem, sed alitum fiat. Pendentes majore ex parte librant, et lineas itineri prædicunt : quaque insistentis vestigiis hominis locus non est, amnes trahuntur ab homine. Vitium lavandi, et si fluens amnis lutum importet; id genus terræ urium vocant. Ergo per silices calculosve ducunt, et urium evitant. Ad capita dejectus in superciliis montium piscinæ cavantur : ducenos pedes in quasque partes, et in altitudinem denos. Emissaria in his quina, pedum quadratorum ternum fere linquuntur, et repleto stagno, excussis obturamentis erumpit torrens tanta vi, ut saxa provolvat. Alius etiamnum in 10 plano labor. Fossæ per quas profluant, cavantur : agogas vocant : eæ sternuntur gradatim ulice. Frutex est roris marini similis, asper, aurumque retinens. Latera cluduntur tabulis, ac per prærupta suspenduntur. Canali ita profluens terra in mare labitur, ruptusque mons diluitur, ac longe terras his de causis a mari promovit Hispania. In priore genere, quæ exhauriuntur immenso labore, ne occupent puteos, in hoc rigantur. Aurum arrugia quæsitum non coquitur, sed statim suum est. Inveniuntur ita massæ. Nec 11

obtenu par l'arrugie n'a pas besoin d'être fondu; 11 il est or tout aussitôt. On en trouve des blocs; les puits en fournissent même qui dépassent dix livres. Les Espagnols nomment ces blocs palacres ou palacranes; l'or en très-petit grain, ils le nomment baluce. On fait sécher ensuite l'ulex, on le brûle, et on en lave la cendre sur un lit d'herbe où l'or se dépose. Suivant quelques-uns, l'Asturie, la Galice et la Lusitanie fournissent de cette façon, par an, vingt mille livres pesant d'or. Dans cette production l'Asturie est pour la 12 part la plus considérable. Il n'y a nulle part ailleurs un exemple d'une fécondité pareille, continuée (66) pendant tant de siècles. J'ai dit plus haut (III, 24, 5) qu'un antique sénatus-consulte avait défendu aux mineurs d'attaquer l'Italie: sans cette loi, aucune terre ne serait plus productive en métaux. Il existe une loi censoriale relative aux mines d'or d'Ictimules, dans le territoire de Vercelles, par laquelle il était défendu aux fermiers de l'État d'employer plus de cinq mille (67) ouvriers à l'exploitation.

1 XXII. Il y a encore un moyen de faire de l'or: c'est avec l'orpiment (XXXIV, 56). Ce minéral s'extrait en Syrie pour les peintres; il est, à fleur de terre, de couleur d'or, mais fragile comme les pierres spéculaires. Il avait excité des espérances chez Caligula, qui était si avide d'or: ce prince fit fondre une grande quantité d'orpiment; il obtint de l'or excellent, mais en si petite proportion, qu'il y avait de la perte (or c'est sa cupidité qui lui en avait fait faire l'épreuve), bien que la livre d'orpiment ne coûtât que quatre deniers: depuis lui personne n'a renouvelé cet essai.

1 XXIII. Tout or contient de l'argent en proportion variable: quelquefois un dixième (68), ici un neuvième, ailleurs un huitième. Dans la seule mine qu'on nomme Albicrate (69), et qui est dans la Gaule, l'argent ne fait que le trente-sixième; aussi cette mine l'emporte sur les autres. Quand la proportion de l'argent est un cinquième, l'or se nomme électrum. On trouve des parcelles (70) d'électrum dans l'or appelé canaliense (XXXIII, 21). On fait aussi de l'électrum artificiel (IX, 65) en mêlant de l'argent et de l'or. S'il y a plus d'un cinquième d'argent, le mélange ne résiste pas sur l'enclume. L'électrum a été estimé aussi: témoin Homère (*Od.*, IV, 71) qui représente le palais de Ménélas comme brillant d'or, d'électrum, d'argent et d'ivoire. Lindos, 2 dans l'île de Rhodes, a un temple de Minerve où Hélène consacra une coupe d'électrum. L'histoire ajoute qu'elle avait été moulée sur le sein d'Hélène. Une propriété de l'électrum, c'est d'être aux lumières plus éclatant que l'argent. L'électrum natif a de plus la vertu de déceler les poisons: des iris semblables à l'arc-en-ciel se dessinent sur la coupe, avec un bruissement semblable à celui de la flamme; on a ainsi deux indices.

XXIV. La première statue d'or massif sans 1 aucun creux, antérieure même aux statues de bronze massif nommées holosphyrates (faites toutes au marteau), fut, dit-on, érigée dans le temple de la déesse Anaïtis (nous avons dit (V, 20) à quelle région ce nom appartient). La statue était en grande vénération chez les peuples de la contrée. Elle fut enlevée durant la guerre de Marc-Antoine contre les Parthes. On a retenu à ce sujet un bon mot d'un vétéran de Bologne: Il avait le dieu Auguste à dîner; l'empereur lui demanda s'il était vrai que le premier qui avait mis la main sur la statue de la divinité avait expiré

---

non in puteis etiam denas excedentes libras. Palacras Hispani, alii palacranas: iidem quod minutum est, balucem vocant. Ulex siccatus uritur, et cinis ejus lavatur substrato cespite herboso, ut sidat aurum. Vicena millia pondo ad hunc modum annis singulis Asturiam atque Gallæciam et Lusitaniam præstare quidam prodiderunt, ita ut plurimum 12 Asturia gignat. Neque in alia parte terrarum tot sæculis perseveravit hæc fertilitas. Italiæ parci vetere interdicto patrum, diximus: alioqui nulla fecundior metallorum quoque erat tellus. Exstat lex censoria Ictimulorum aurifodinæ, Vercellensi agro, qua cavebatur, ne plus quinque millia hominum in opere publicani haberent.

1 XXII. Aurum faciendi est etiamnum una ratio ex auripigmento, quod in Syria foditur pictoribus, in summa tellure, auri colore, sed fragili, lapidum specularium modo: invitaveratque spes Caium principem avidissimum auri: quamobrem jussit excoqui magnum pondus: et plane fecit aurum excellens, sed ita parvi ponderis, ut detrimentum sentiret, illud propter avaritiam expertus; quanquam auripigmenti libræ X. IV permutarentur: nec postea tentatum ab ullo est.

1 XXIII. Omni auro inest argentum vario pondere, alibi decuma, alibi nona, alibi octava parte. In uno tantum Galliæ metallo, quod vocant Albicratense, tricesima sexta portio invenitur: ideo cæteris præest. Ubicumque quinta argenti portio est, electrum vocatur. Scobes eæ reperiuntur in Canaliensi. Fit et cura electrum argento addito. Quod si quintam portionem excessit, incudibus non resistit. Et electro auctoritas, Homero teste, qui Menelai regiam auro, electro, argento, ebore fulgere tradit. Mi- 2 nervæ templum habet Lindos, insulæ Rhodiorum, in quo Helena sacravit calycem ex electro. Adjicit historia, mammæ suæ mensura. Electri natura est, ad lucernarum lumina clarius argento splendere. Quod est nativum, et venena deprehendit. Namque discurrunt in calycibus arcus, cælestibus similes, cum igneo stridore; et gemina ratione prædicunt.

XXIV. Aurea statua prima omnium nulla inanitate, et 1 antequam ex ære aliqua illo modo fieret, quam vocant holosphyraton, in templo Anaitidis posita dicitur (quo sit situ terrarum nomen hoc significavimus), numine gentibus illis sacratissimo. Direpta est Antonii Parthicis rebus: scitumque narratur dictum unius veteranorum Bononiæ, hospitali divi Augusti cœna, quum interrogaretur, esset ne

frappé de cécité et de paralysie. Le vétéran répondit qu'Auguste soupait justement avec la jambe de la déesse; qu'il avait, lui, porté le premier coup, et que toute sa fortune venait de ce butin. En fait de statues d'hommes, Gorgias de Léontium, le premier, se dressa à Delphes dans le temple une statue d'or et massive, vers la soixante-dixième olympiade, tant on faisait fortune à enseigner l'art oratoire.

1 XXV. L'or est de plusieurs façons efficace dans les remèdes. On l'applique aux blessés et aux enfants, pour rendre moins nuisibles les maléfices dirigés contre eux. Lui-même il agit comme maléfice lorsqu'on en passe sur la tête, principalement sur la tête des poulets et des agneaux. Le remède est de laver de l'or, et d'asperger avec l'eau ceux qu'on veut préserver. On le torréfie aussi dans un vase de terre avec un poids double de sel, triple de misy; puis de nouveau avec deux parties de sel et une de la pierre nommée schiste. De cette façon il donne des propriétés actives aux substances torréfiées en même temps, tout en restant pur et intact.

2 Le résidu est une cendre que l'on conserve dans un vase de terre, et qu'on détrempe dans de l'eau pour l'appliquer sur les lichens de la face; on détache ce liniment en se lavant avec une décoction de fèves; cette cendre guérit encore les fistules et les hémorroïdes. Avec de la poudre de pierre ponce elle amende les ulcères putrides et de mauvaise odeur. L'or bouilli dans du miel avec la nielle, et appliqué sur le nombril, relâche doucement le ventre. M. Varron assure que l'or fait disparaître les verrues.

1 XXVI. (v.) La chrysocolle est un liquide coulant dans les puits dont nous avons parlé (XXXIII, 21) le long des filons d'or, et formant par les froids de l'hiver des concrétions aussi dures que la pierre ponce. On a remarqué que la meilleure se produisait dans les mines de cuivre, et que celle des mines d'argent avait le second rang. On en trouve aussi dans les mines de plomb, mais elle est inférieure même à celle des mines d'or. Dans toutes ces mines on fait une chrysocolle artificielle fort inférieure à la chrysocolle native. Le procédé consiste à introduire doucement (71) de l'eau dans une veine de métal pendant tout l'hiver, jusqu'en juin, et à laisser sécher le tout en juin et juillet (72), ce qui montre clairement que la chrysocolle n'est qu'une veine métallique qui s'est putréfiée. La chrysocolle native diffère sur- 2 tout de l'autre par sa consistance; on la nomme chrysocolle jaune : et cependant on la teint elle-même avec la plante appelée lutum (*reseda luteola*). Elle a, comme le lin et la laine, la propriété de prendre la teinture; voici le procédé : On la broie dans un mortier; on la passe par un tamis fin; on la moud encore pour la passer par un tamis plus fin : ce qui ne passe pas est remis au mortier, puis à la meule. La poudre, au fur et à mesure, est mise dans des augets où on la fait macérer dans du vinaigre, afin que tout ce qui reste de dur se dissolve. On pile de nouveau; on lave dans des vases en forme de conques, et on fait sécher. On procède alors à la teinture de la chrysocolle avec l'alun-schiste (XXXV, 52) et l'herbe susdite; ainsi on la peint avant qu'elle serve à peindre. Il importe qu'elle soit absorbante, et qu'elle se prête à la manipulation. En effet, si elle ne prend pas la couleur, on y ajoute du scytane et du turbyste (73) : c'est le nom qu'on donne à des substances qui la forcent à absorber la matière colorante.

XXVII. Ainsi teinte, les peintres la nomment 1

verum, eum qui primus violasset hoc numen, oculis membrisque captum exspirasse? Respondit enim, tum maxime Augustum de crure ejus cœnare, seque illum esse, totumque sibi censum ex ea rapina. Hominum primus et auream statuam et solidam Gorgias Leontinus Delphis in templo sibi posuit, LXX circiter Olympiade. Tantus erat docendæ oratoriæ artis quæstus!

1 XXV. Aurum plurimis modis pollet in remediis; vulneratisque, et infantibus applicatur, ut minus noceat, quæ inferantur, veneficia. Est et ipsi superlato vis malefica, gallinarum quoque et pecorum feturis. Remedium est abluere illatum, et spargere eos, quibus mederi velis. Torretur et cum salis gemino pondere, triplici miseos, et rursum cum duabus salis portionibus, et una lapidis, quem schiston vocant : ita virus tradit rebus una crematis
2 in fictili vase, ipsumque purum et incorruptum. Reliquus cinis servatus in fictili, et ex aqua illitus, lichenas in facie sanat. Lomento eum convenit ablui. Fistulas etiam sanat, et quæ vocantur hæmorrhoides. Quod si tritus pumex adjiciatur, putria hulcera et tetri odoris emendat. Ex melle vero decoctum cum melanthio, et illitum umbilico, leniter solvit alvum. Auro verrucas curari M. Varro auctor est.

XXVI. (v.) Chrysocolla humor est in puteis, quos diximus, per venam auri defluens, crassescente limo rigorius hibernis usque in duritiam pumicis. Laudatiorem eamdem in ærariis metallis, et proximam in argentariis fieri compertum est. Invenitur et in plumbariis, vilior etiam auraria. In omnibus autem iis metallis fit et cura, multum infra naturalem illam : immissis in venam aquis leniter hieme tota, usque in junium mensem : dein siccatis junio et julio : ut plane intelligatur nihil aliud chrysocolla, quam vena putris. Nativa duritia maxime distat; luteam vocant. 2 Et tamen illa quoque herba, quam lutum appellant, tingitur. Natura est, quæ lino lanæve, ad succum bibendum. Tunditur in pila, deinde tenui cribro cernitur : postea molitur, ac deinde tenuius cribratur. Quidquid non transmeat, repetitur in pila, dein molitur. Pulvis semper in catinos digeritur, et ex aceto maceratur, ut omnis duritia solvatur : ac rursus tunditur; dein lavatur in conchis, siccaturque. Tunc tingitur alumine schisto, et herba supra dicta, pingiturque, antequam pingat. Refert quam bibula docilisque sit. Nam nisi rapuit colorem, adduntur scytanum atque turbystum : ita vocant medicamentum sorbere cogentia.

orobitis. Ils en distinguent deux sortes : la jaune, qui se conserve en poudre, et la liquide, qui est en dissolution. Ces deux espèces se fabriquent à Chypre. La plus estimée se fait en Arménie, la seconde en Macédoine; mais c'est l'Espagne qui en fournit le plus. On recherche surtout celle qui (74) a la nuance du blé en herbe, dans sa verdure la plus fraîche. Déjà on a vu, dans les spectacles de Néron, l'arène du cirque sablée avec de la chrysocolle, quand l'empereur, vêtu d'une étoffe de même couleur, devait en personne conduire un char. La foule ignorante des ouvriers distingue la chrysocolle en trois espèces : l'âpre, qui vaut sept deniers (5 fr. 74) la livre; la moyenne, qui en vaut cinq ; la broyée, qu'ils nomment aussi herbacée, qui en vaut trois. Avant d'employer la première, qui est graveleuse, on met un enduit d'atrament et de parætonium (XXXV, 12 et 18), qui la font tenir et qui en rendent la nuance plus douce. Le parætonium étant très-gras, et, à cause de sa viscosité, très-tenace, est mis d'abord, puis couvert d'une couche d'atrament, lequel empêche que le parætonium, par sa blancheur, ne rende la chrysocolle pâle. On pense que la chrysocolle lutea est ainsi appelée de l'herbe lutum (*reseda luteola*), laquelle, broyée avec du bleu, est vendue pour de la chrysocolle: c'est de toutes les chrysocolles la plus mauvaise et la plus trompeuse.

XXVIII. On emploie aussi cette substance dans la médecine. Avec la cire et l'huile, elle sert à mondifier les plaies; seule et en poudre, elle les dessèche et les resserre. On la donne en électuaire avec du miel dans l'angine et l'orthopnée. C'est, de plus, un vomitif. On la fait entrer dans les collyres pour effacer les cicatrices des yeux, et dans les emplâtres verts pour adoucir les douleurs et faire disparaître les cicatrices. Cette chrysocolle, les médecins la nomment acesis; elle diffère de l'orobitis.

XXIX. Les orfèvres emploient aussi la chrysocolle pour souder l'or ; et c'est de cette chrysocolle, dit-on, que toutes les substances d'un vert semblable (75) ont reçu ce nom. On la mélange à cet effet avec du vert-de-gris, de l'urine d'un garçon impubère, et du nitre. On la pile avec un pilon de cuivre dans un mortier de cuivre : on appelle en latin ce mélange santerna. L'or dit argenteux se soude par la santerne, ce que l'on reconnaît quand il devient brillant par l'application de cette substance. Au contraire, l'or cuivreux se contracte, s'émousse, et ne prend que difficilement la soudure : pour ce dernier or on fait une soudure particulière, en ajoutant au mélange ci-dessus indiqué de l'or et un septième d'argent, le tout broyé ensemble.

XXX. A ce propos groupons quelques faits, pour présenter à la fois toutes les merveilles de la nature. On soude l'or au moyen de la chrysocolle, le fer au moyen de l'argile, le cuivre en masse au moyen de la calamine, le cuivre en lame au moyen de l'alun, le plomb ainsi que le marbre au moyen de la résine, le plomb noir au plomb blanc (XXXIV, 47, 48 et 49), et le plomb blanc avec lui-même à l'aide de l'huile, l'étain (XXXIV, 48) à l'aide de la limaille de cuivre, l'argent à l'aide de l'étain. Le bois de pin est excellent pour fondre le cuivre et le fer; mais le papyrus d'Égypte a aussi la même propriété. Le feu de paille fond l'or; l'eau allume la chaux et la pierre de Thrace ; cette dernière s'éteint avec de l'huile. Les matières qui éteignent le mieux le feu sont le vinaigre, la glu et les œufs. La terre n'est nullement combustible. Un charbon brûlé et éteint n'en brûle que mieux allumé de nouveau.

---

XXVII. Quum tinxere, pictores orobitin vocant, ejusque duo genera faciunt : luteam, quæ servatur in lomentum : et liquidam, globulis sudore resolutis. Hæc utraque genera in Cypro fiunt. Laudatissima in Armenia, secunda in Macedonia, largissima in Hispania. Summa commendationis, ut colorem in herba segetis virentis quam simillime reddat : visumque jam est Neronis principis spectaculis arenam Circi chrysocolla sterni, quum ipse concolori panno auriguturus esset. Indocta opificum turba tribus eam generibus distinguit : asperam, quæ taxatur in libras denariis VII : mediam, quæ denariis quinis : attritam, quam et herbaceam vocant, quæ X. III. Sublinunt autem arenosam, priusquam inducant, atramento, et parætonio. Hæc sunt tenacia ejus et colori blanda. Parætonium, quoniam est natura pinguissimum, et propter lævorem, tenacissimum : atramento aspergitur, ne parætonii candor pallorem chrysocollæ afferat. Luteam putant a luto herba dictam, quam ipsam cæruleo subtritam, pro chrysocolla inducunt, vilissimo genere atque fallacissimo.

XXVIII. Usus chrysocollæ et in medicina est ad purganda vulnera cum cera et oleo. Eadem per se arida siccat et contrahit Datur et in angina, orthopnœæve, lingenda cum melle. Concitat vomitiones : miscetur et collyriis ad cicatrices oculorum : ac viridibus emplastris, ad dolores mitigandos, et cicatrices trahendas. Hanc chrysocollam medici acesin appellant, quæ non est orobitis.

XXIX. Chrysocollam et aurifices sibi vindicant agglutinando auro: et inde omnes appellatas similiter virentes dicunt. Temperatur autem ea Cypria ærugine, et pueri impubis urina, addito nitro. Teritur Cyprio ære in Cypriis mortariis: santernam vocant nostri. Ita ferruminatur aurum, quod argentosum vocant: signumque est, si addita santerna nitescit. E diverso ærosum contrahit se, hebetaturque, et difficulter ferruminatur. Ad id glutinum fit, auro et septima parte argenti ad supradicta additis, unaque contritis.

XXX. Contexi par est reliqua circa hoc, ut universa naturæ contingat admiratio. Auri glutinum est tale. Argilla ferro, cadmia æris massis, alumen laminis, resina plumbo et marmori: sed plumbum nigrum albo jungitur, ipsumque album sibi oleo. Item stannum æramentis, stanno argentum. Pineis optime lignis æs ferrumque funditur: sed et Ægyptia papyro : paleis aurum. Calx aqua accenditur, et Thracius lapis: idemque oleo restinguitur. Ignis autem aceto maxime et visco, et ovo. Terra minime

1 XXXI. (VI.) Venons maintenant à l'argent, la seconde folie des hommes. On ne l'obtient qu'à l'aide de puits. Là où il est rien n'en indique l'existence, ce minerai n'offrant pas de paillettes brillantes comme fait l'or. C'est une terre tantôt rousse, tantôt cendrée (76). On ne peut le fondre (XXXIV, 47 et 53) qu'en y ajoutant du plomb noir ou de la galène (c'est ainsi qu'on nomme une veine de plomb, laquelle, le plus souvent, se trouve près des veines d'argent). Par l'opération du feu le plomb se précipite, et l'argent surnage comme l'huile sur l'eau. Presque toutes nos provinces fournissent de l'argent; mais le plus beau est celui d'Espagne. L'argent s'y trouve, comme l'or, dans les terrains stériles et même montagneux. Partout où on en rencontre une veine, on est sûr 2 qu'une autre n'est pas loin. Au reste, cette particularité se remarque pour tous les autres métaux; et c'est probablement de là que vient chez les Grecs le mot de métal (μετ' ἄλλον, l'un après l'autre). Chose singulière! les puits ouverts en Espagne par Annibal sont encore exploités, et conservent le nom de ceux qui ont découvert le gisement. Un de ces puits, nommé encore présentement Bebulo, fournissait à Annibal trois cents livres pesant par jour. La montagne est déjà excavée d'espace de quinze cents pas; et, dans tout cet espace, des Aquitains, debout jour et nuit, se relevant d'après la durée des lumières, épuisent les eaux et donnent naissance à un fleuve. La veine d'argent qu'on trouve la première se nomme crudaria. Chez les anciens la fouille d'une mine d'argent cessait dès qu'on trouvait une couche 3 d'alun; on n'allait pas au delà. Mais depuis que tout récemment on a rencontré sous l'alun un filon de cuivre il n'y a plus de limites (77) aux espérances. Les exhalaisons des mines d'argent sont mortelles à tous les animaux, et surtout aux chiens. Moins l'or et l'argent ont de consistance, plus ils sont beaux. On s'étonne généralement que des lignes tracées avec l'argent soient noires (XXXIII, 19, 3).

XXXII. On trouve dans ces mêmes mines une 1 pierre qui vomit une matière éternellement liquide, et nommée vif-argent. C'est un dissolvant pour toutes choses. Il ronge et perce les vases, à travers lesquels il transsude par sa propriété destructive. Toutes les matières surnagent le vif-argent, excepté l'or, qui est la seule substance qu'il attire à soi; aussi est-il excellent pour isoler l'or : on le secoue vivement dans des vases de terre avec ce métal, et il en repousse toutes les impuretés qui y sont mêlées. Une fois qu'il a ainsi rejeté les choses étrangères (78), il ne reste plus qu'à le séparer lui-même de l'or; pour cela on le met dans des nouets de peau assouplie, à travers lesquels il transsude, laissant l'or dans toute sa pureté. Par la même propriété, quand on dore le cuivre, il retient avec beaucoup de force les feuilles d'or sous lesquelles on le met. Mais lorsque la feuille est simple ou trop mince, la nuance pâle du vif-argent fait reconnaître la fraude. Aussi ceux qui ont pratiqué cette fraude ont-ils remplacé le vif-argent par le blanc d'œuf, et bientôt après par l'hydrargyre, dont nous parlerons en son lieu (XXXIII, 42). Au reste, il n'a pas été trouvé beaucoup de vif-argent.

XXXIII. Dans les mines d'argent on rencontre 1 une matière qu'on peut appeler, à proprement parler, pierre d'écume. Elle est blanche, luisante, sans être transparente; elle porte le nom de stimmi, de stibi (79), d'alabastrum, de larbason (antimoine). On en distingue deux sortes, l'un mâle, l'autre femelle. Le stibi femelle est plus estimé; le

---

flagrat. Carboni major vis exusto, iterumque flagranti.
1 XXXI. (VI.) Ab his argenti metalla dicantur, quæ sequens insania est. Nonnisi in puteis reperitur, nullaque sui spe nascitur: nullis, ut in auro, lucentibus scintillis. Terra est alias rufa, alias cineracea. Excoqui non potest, nisi cum plumbo nigro, aut cum vena plumbi. Galenam vocant, quæ juxta argenti venas plerumque reperitur. Et eodem opere ignium descendit pars in plumbum, argentum autem superne innatat, ut oleum aquis. Reperitur in omnibus pæne provinciis, sed in Hispania pulcherrimum : id quoque in sterili solo, atque etiam montibus : et ubicumque una in-
2 venta vena est, non procul invenitur alia. Hoc quidem et in omni fere materia: unde metalla Græci videntur dixisse. Mirum, adhuc per Hispanias ab Hannibale inchoatos puteos durare, sua ab inventoribus nomina habentes. Ex queis Bebulo appellatur hodique, qui CCC pondo Hannibali subministravit in dies, ad mille quingentos jam passus cavato monte, per quod spatium Aquitani stantes diebus noctibusque egerunt aquas lucernarum mensura, amnemque faciunt. Argenti vena, quæ in summo reperta est, crudaria appellatur. Finis antiquis fodiendi solebat esse
3 alumen inventum : ultra nihil quærebatur. Nuper inventa æris vena infra alumen nullam finem spei fecit. Odor ex argenti fodinis inimicus omnibus animalibus, sed maxime canibus. Aurum argentumque quo mollius, eo pulchrius. Lineas ex argento nigras produci plerique mirantur.
XXXII. Est et lapis in his venis, cujus vomica liquoris 1 æterni argentum vivum appellatur; venenum rerum omnium. Exest ac perrumpit vasa permanans tabe dira. Omnia ei innatant, præter aurum : id unum ad se trahit. Ideo et optime purgat, cæteras ejus sordes exspuens crebro jactatu fictilibus in vasis : ita vitiis abjectis, ut ipsum ab auro discedat, in pelles subactas effunditur, per quas sudoris vice defluens, purum relinquit aurum. Ergo et quum æra inaurantur, sublitum bracteis pertinacissime retinet. Verum pallore detegit simplices aut prætenues bracteas. Quapropter id furtum quærentes, ovi liquore candido usum eum adulteravere : mox et hydrargyro, de quo suo dicemus loco. Et alias argentum vivum non largum inventum est.
XXXIII. In iisdem argenti metallis invenitur, ut pro- 1 prie dicamus, spumæ lapis candidæ nitentisque, non lamen translucentis, stimmi appellant, alii stibi, alii alabastrum, alii larbason. Duo ejus genera, mas et femina.

mâle est plus rude, plus âpre, moins pesant, moins brillant et plus sablonneux ; la femelle au contraire est brillant, friable, et se fend en lames, au lieu de se séparer en globules.

1 XXXIV. Il est de propriété astringente et réfrigérante. On l'emploie surtout pour les yeux ; et il a été nommé par la plupart platyophthalmon, parce que, faisant paraître les yeux plus grands, il est employé dans les préparations callibléphariques des femmes. Il guérit les fluxions des yeux, et les ulcères de ces organes: on s'en sert en poudre, avec de la poudre d'encens et de la gomme ; il arrête aussi le sang qui s'écoule (80) du cerveau. En poudre, il est très-efficace (81) contre les plaies récentes, et contre les anciennes morsures de chien. Il est bon contre les brûlures par le feu, mêlé à de la graisse, de l'écume d'ar-
2 gent, de la céruse et de la cire. Pour le préparer, on le brûle dans une tourtière, après l'avoir entouré de fumier de bœuf ; puis on l'éteint avec du lait de femme, et on le broie dans un mortier avec de l'eau de pluie. De temps en temps la partie trouble est transvasée dans un vaisseau de cuivre, et purifiée avec du nitre. On reconnaît le marc à ce qu'il est très-semblable à du plomb, et occupe le fond du mortier ; on le rejette. Le vaisseau dans lequel (82) ont été transvasées les parties troubles reste la nuit couvert d'un linge. Le lendemain, on décante ce qui surnage, ou on l'enlève avec une
3 éponge. Le dépôt qui s'y forme est regardé comme la fleur. On l'expose au soleil, couvert d'un linge, sans le laisser entièrement dessécher. Alors on le broie de nouveau dans un mortier, et on le divise en trochisques. Dans toute cette opération, l'important est de brûler le stibi convenablement, de manière à ne pas le changer en plomb. Quelques-

uns pour le faire cuire emploient non du fumier, mais de la graisse ; d'autres le broient en l'imbibant d'eau, le passent dans un linge plié en trois, jettent le marc, transvasent la partie liquide et recueillent tout ce qui s'en dépose, pour s'en servir dans les emplâtres et dans les collyres.

XXXV. La scorie d'argent est appelée par les 1 Grecs helcysma ; elle a des propriétés astringentes et réfrigérantes ; comme le molybdène, dont nous parlerons à l'article du plomb (XXXIV, 53), on la fait entrer dans les emplâtres, surtout pour la cicatrisation des plaies. Contre le ténesme et la dyssenterie on la donne en lavement avec l'huile de myrte. On l'incorpore dans les médicaments nommés lipares (XXIII, 81, 2), pour les ulcères fongueux, pour les écorchures, pour les ulcérations humides de la tête. Les mines fournissent aussi ce qu'on nom- 2 me écume d'argent. Il y en a de trois sortes : la meilleure nommée chrysitis, la seconde argyritis, la troisième molybditis. La plupart du temps ces trois nuances se trouvent dans la même masse. L'écume d'argent la plus estimée est celle de l'Attique, puis celle de l'Espagne. La chrysitis se prépare avec la terre argentifère elle-même ; l'argyritis, avec l'argent ; la molybditis s'obtient par (83) la fonte du plomb, travail qui se fait à Pouzzoles, et qui a valu à cette substance le nom qu'elle a. Toutes les écumes d'argent se font 3 ainsi : on fond la matière à traiter ; le produit coule d'un réservoir supérieur dans un réservoir inférieur, d'où on l'enlève avec des brochettes de fer, en l'exposant de nouveau à la flamme pour la rendre légère. C'est une véritable écume de la matière en fusion, comme le nom l'exprime. Elle diffère de la scorie comme l'écume diffère du marc : l'une est une impureté de la matière

---

Magis probant feminam : horridior est mas, scabriorque, et minus ponderosus, minusque radians et arenosior : femina contra nitet, friabilis, fissurisque, non globis, dehiscens.

1 XXXIV. Vis ejus adstringere et refrigerare : principalis autem circa oculos ; namque ideo etiam plerique platyophthalmon id appellavere, quoniam in callblepharis mulierum dila et oculos. Et fluxiones inhibet oculorum, exhulcerationesque, farina ejus ac thuris, gummi admixto. Sistit et sanguinem è cerebro profluentem. Efficacissime et contra recentia vulnera, et contra veteres canum morsus inspersa farina ; et contra ambusta igni, cum adipe, ac
2 spuma argenti, cerussaque, et cera. Uritur autem offis bubuli fimi circumlitum in clibanis : dein restinguitur mulierum lacte, teriturque in mortariis, admixta aqua pluvia. Ac subinde turbidum transfunditur in æreum vas, et mundatur nitro. Fæx ejus intelligitur plumbosissima, quæque subsedit in mortario abjiciturque. Dein vas, in quod turbida transfusa sunt, opertum linteo per noctem relinquitur, et postero die quod innatat, effunditur, spongiave
3 tollitur. Quod ibi subsedit, flos intelligitur, ac linteo interposito in sole siccatur, non ut perarescat : iterumque in mortario teritur, et in pastillis dividitur. Ante omnia autem urendi modus necessarius est, ne plumbum fiat. Quidam non fimo utuntur coquentes, sed adipe. Alii tritum in aqua triplici linteo saccant, fæcemque abjiciunt, idque quod defluxit, transfundunt, quidquid subsidat colligentes : emplastris quoque et collyriis miscent.

XXXV. Scoriam in argento Græci vocant helcysma. Vis 1 ejus adstringere et refrigerare corpora. Additur emplastris, ut molybdæna, de qua dicemus in plumbo, cicatricibus maxime glutinandis, et contra tenesmos dysenteriasque, infusa clysteribus cum myrteo oleo. Addunt et in medicamenta, quæ vocant liparas, ad excrescentia hulcerum, aut ex attritu facta, aut in capite manantia. Fit in 2 iisdem metallis et quæ vocatur spuma argenti. Genera ejus tria : optima quam chrysitin vocant : secunda, quam argyritin : tertia, quam molybditin. Et plerumque omnes hi colores in iisdem tubulis inveniuntur. Probatissima est attica, proxima Hispaniensis. Chrysitis ex vena ipsa fit, argyritis ex argento, molybditis e plumbi ipsius fusura, quæ fit Puteolis, et inde habet nomen. Omnis autem fit 3 excocta sua materia ex superiori catino defluens in inferiorem, et ex eo sublata veruculis ferreis, atque in ipsa flamma convoluta, ut sit modici ponderis. Est autem, ut ex nomine ipso intelligi potest, fervescentis materiæ spuma.

qui se purifie, l'autre de la matière qui s'est purifiée. Il en est qui distinguent deux espèces d'écume, qu'ils nomment stérélytis et peumène, et font une troisième espèce du molybdène, dont nous parlerons à l'article du plomb (XXXIV, 53). Pour employer l'écume il faut la recuire; et pour cette seconde cuisson on concasse les pains en morceaux qui puissent passer par une bague; on l'enflamme, et on la soumet à l'action du soufflet; puis, pour en ôter les charbons et la cendre, on la lave avec du vinaigre ou du vin, ce qui l'éteint en même 4 temps. Si c'est l'argyritis, on recommande, pour lui donner de la blancheur, de la concasser en morceaux gros comme une fève, et de la cuire dans un vase de terre avec de l'eau, après y avoir mis dans un linge blanc de l'orge et du blé nouveaux, qu'on laisse jusqu'à ce que la pellicule s'en aille. Puis on broie le tout dans des mortiers pendant six jours en l'arrosant d'eau froide trois fois par jour, et, sur la fin, avec de l'eau chaude et du sel gemme, à la dose d'une obole pour une livre d'écume. Le dernier jour on renferme dans un vase de plomb. D'autres font cuire avec des fèves blanches et de l'orge mondé, puis sèchent au soleil; quelques-uns, avec de la laine blanche et des fèves, jusqu'à ce que celle-ci ne noircisse (84) plus la laine: alors ils ajoutent le sel gemme, changent l'eau de temps en temps, et dessèchent pendant les quarante jours les plus 5 chauds de l'été. Il en est qui font cuire l'écume dans une panse de cochon, l'en ôtent pour la frotter de nitre, et, suivant la méthode précédente, la broient dans un mortier avec du sel; d'autres, sans la faire cuire, la broient avec du sel et la lavent avec de l'eau. On se sert de l'écume d'argent dans les collyres, en liniment, pour effacer chez les femmes la laideur des cicatrices, les taches, et pour laver les cheveux. Elle est siccative, émolliente, réfrigérante, tempérante, purgative. Elle remplit les ulcères, elle adoucit les tumeurs, et on l'incorpore aux emplâtres destinés à cet usage, ainsi qu'aux emplâtres lipares ci-dessus dits (85). Avec de la rue, du myrte et du vinaigre, elle dissipe les érysipèles; avec des baies de myrte et de la cire, les engelures.

XXXVI. (VII.) C'est aussi dans les mines d'argent qu'on trouve le minium, aujourd'hui substance colorante très-estimée; autrefois, chez les Romains, non-seulement la plus estimée de toutes, mais même employée à des usages sacrés. Verrius énumère les auteurs dont le témoignage établit qu'on était dans l'usage de peindre, les jours de fête, avec du minium la face de la statue même de Jupiter (XXXV, 45, 4), ainsi que le corps des triomphateurs, et que Camille triompha ainsi; que c'est par le même motif religieux qu'il est encore aujourd'hui employé à colorer les parfums du dîner triomphal, et qu'un des premiers soins des censeurs est de charger un entrepreneur de peindre en vermillon la statue de Jupiter. Je ne m'explique pas bien la raison de cet usage: cependant il est de fait qu'aujourd'hui même le minium est recherché par les Éthiopiens; que les grands chez ces peuples s'en teignent tout le corps, et que c'est la couleur que l'on donne là aux statues des dieux. Cela m'engage à traiter ce sujet en détail.

XXXVII. Théophraste rapporte que quatre-vingt-dix ans avant l'archontat de Praxibule à Athènes, date qui répond à l'an de Rome 349 (86), le minium fut découvert par l'Athénien Callias, qui au commencement espérait obtenir de l'or en soumettant au feu du sable rouge des mines d'argent; que telle fut l'origine du minium; que de

---

Distat a scoria, quo potest spuma a fæce distare. Alterum purgantis se materiæ, alterum purgatæ vitium est. Quidam duo genera faciunt spumæ, quæ vocant sterelytida et peumenem: tertium molybdænam, in plumbo dicendam. Spuma ut sit utilis, iterum coquitur, confractis tubulis ad magnitudinem anulorum: ita accensa follibus, ad separandos carbones cineremque abluitur aceto aut vino, simulque 4 restinguitur. Quod si sit argyritis, ut candor ei detur, magnitudine fabæ contracta, in fictili coqui jubetur ex aqua, addito in linteolis tritico et hordeo novis, donec ea purgentur. Postea sex diebus terunt in mortariis, ter die abluentes aqua frigida : et quum desinant, calida, addito sale fossili, in libram spumæ obolo. Novissimo die condunt in plumbeo vase. Alii cum faba candida ac ptisana coquunt, et in sole siccant. Alii in lana candida cum faba, donec lanam non denigret. Tunc salem fossilem adjiciunt, subinde aqua mutata, siccantque diebus XL calidissimis æstatis. 5 Nec non in ventre suillo in aqua coquunt, exemtamque nitro fricant, et ut supra, terunt in mortariis cum sale. Sunt qui non coquant, sed cum sale terant, et adjecta aqua abluant. Usus ejus ad collyria, et litu ad muliebrium cicatricum fœditates tollendas, maculasque, et abluendum capillum. Vis autem siccare, mollire, refrigerare, temperare, purgare, explere hulcera, tumores lenire : talibusque emplastris additur et liparis supra dictis. Ignes etiam sacros tollit cum ruta, myrtoque, et aceto : itemque perniones cum myrtis et cera.

XXXVI. (VII.) Invenitur in argentariis metallis minium quoque, et nunc inter pigmenta magnæ auctoritatis, et quondam apud Romanos non solum maximæ, sed etiam sacræ. Enumerat auctores Verrius, quibus credere sit necesse, Jovis ipsius simulacri faciem diebus festis minio illini solitam, triumphantumque corpora : sic Camillum triumphasse. Hac religione etiam nunc addi in unguenta cœnæ triumphalis, et a censoribus in primis Jovem miniandum locari. Cujus rei causam equidem miror : quanquam et hodie id expeti constat Æthiopum populis, totosque eo tingi proceres, huncque ibi deorum simulacris colorem esse. Quapropter diligentius persequemur omnia de eo.

XXXVII. Theophrastus XC annis ante Praxibulum Atheniensium magistratum (quod tempus exit in Urbis nostræ CCCXLIX annum) tradit inventum minium a Callia Atheniense, initio sperante aurum posse excoqui arenæ rubenti in metallis argenti : hanc fuisse originem ejus. Reperiri

son temps on en trouvait déjà en Espagne, mais dur et graveleux; qu'on en trouvait aussi en Colchide, sur un certain rocher inaccessible, d'où on le faisait tomber à coups de traits; que ce n'était là qu'un faux minium; que le meilleur venait des champs cilbiens (v, 31, 9), au-dessus d'Éphèse; que le sable qui le fournit est de couleur écarlate, qu'on broie ce sable; que, ainsi réduit en poudre, on le lave; que le dépôt qui se forme est lavé une seconde fois; que de là naît une différence dans la préparation, les uns fabriquant (87) du minium par un seul lavage, d'autres par plusieurs, et que le meilleur minium est celui qui a subi plus d'une lotion.

1 XXXVIII. Je ne suis pas surpris de la vogue de la couleur rouge : dès le temps de la guerre de Troie on recherchait la rubrique; témoin Homère, qui signale des vaisseaux décorés de cette façon (*Il.*, II, 637), lui qui d'ailleurs parle peu de peinture et de fard. Les Grecs nomment la rubrique milton, et le minium cinnabre (88). De là vient l'erreur que j'ai signalée (xxix, 8, 8) : on fait confusion avec la substance appelée par les Indiens cinnabre, et qui est la sanie du dragon écrasé par le poids de l'éléphant mourant, mélangée avec le sang des deux animaux, comme nous l'avons dit (VIII, 12). C'est la seule couleur qui en peinture rende parfaitement le sang. Le cinnabre indien est excellent dans les antidotes et les médicaments; mais les médecins, sous prétexte de ce nom de cinnabre (89), lui substituent le minium, qui est un poison, comme nous le dirons bientôt (XXXIII, 41).

1 XXXIX. Les anciens peignaient avec le cinnabre ces tableaux d'une seule couleur qu'on nomme encore aujourd'hui monochromes (XXXV, 5). On peignait aussi avec le minium d'Éphèse; mais il a été abandonné, à cause des soins qu'exigeait l'entretien de tels tableaux. D'ailleurs on reprochait (90) au cinnabre et au minium un éclat trop dur. Les peintres passèrent donc à l'emploi de la rubrique et de la sinopis, desquelles nous parlerons en lieu et place (XXXV, 13 et suiv.). On falsifie le cinnabre avec du sang de chèvre et des sorbes broyées. Le véritable revient à 50 sesterces la livre (10 fr. 50).

XL. D'après Juba, le minium est une des pro- 1 ductions de la Carmanie; d'après Timagène, de l'Éthiopie aussi : mais Rome n'en reçoit d'aucune de ces deux contrées; il ne nous en vient guère que d'Espagne. Le minium le plus célèbre vient du territoire de Sisapon, en Bétique; cette mine fait partie du domaine de l'État. Rien n'est gardé avec plus de soin : il n'est pas permis de réduire et d'affiner le minium sur place : on l'envoie à Rome, en mine et sous cachet, au poids d'environ 10,000 livres par an. C'est à Rome qu'on le lave. Une loi a fixé le prix de la vente, pour qu'il ne devienne pas trop cher. Ce prix est de 70 sesterces par livre (14 fr. 70). Mais on le falsifie de plusieurs façons, ce qui donne de grands bénéfices à la compagnie exploitante. Il est, en effet, une au- 2 tre espèce de minium qui se trouve dans presque toutes les mines d'argent, ainsi que dans celles de plomb. On l'obtient en calcinant des pierres qu'on rencontre dans les filons: ce n'est pas la pierre dont nous avons appelé le flux vif-argent (XXXIII, 32), car celle-ci calcinée fournit elle-même de l'argent; mais ce sont des pierres qu'on trouve avec elle. On reconnaît à leur couleur ces pierres, qui ne contiennent même pas de plomb; elles ne deviennent rouges que dans le fourneau. On les calcine et on les pulvérise. C'est là le minium de seconde qualité, connu de très-peu de personnes, et très-inférieur aux sables natifs dont nous

---

autem jam tum in Hispania, sed durum et arenosum : item apud Colchos in rupe quadam inaccessa, ex qua jaculantes decuterent : id esse adulterum : optimum vero supra Ephesum Cilbianis agris. Arenam cocci colorem habere : hanc teri, dein lavari farinam, et quod subsidat, iterum lavari. Differentiam artis esse, quod alii minium faciant prima lotura : apud alios id esse dilutius, sequentis autem loturæ optimum.

1 XXXVIII. Auctoritatem colori fuisse non miror. Jam enim Trojanis temporibus rubrica in honore erat, Homero teste, qui naves ea commendat, alias circa picturas pigmentaque rarus. Milton vocant Græci : miniumque, cinnabarim. Unde natus error, indico cinnabaris nomine. Sic enim appellant illi saniem draconis elisi elephantorum morientium pondere, permixto utriusque animalis sanguine, ut diximus. Neque alius est color, qui in picturis proprie sanguinem reddat. Illa cinnabaris antidotis medicamentisque utilissima est. At hercule medici, quia cinnabarim vocant, pro ea utuntur hoc minio, quod venenum esse paulo mox docebimus.

1 XXXIX. Cinnabari veteres, quæ etiam nunc vocant monochromata, pingebant. Pinxerunt et Ephesio minio, quod derelictum est, quia curatio magni operis erat. Præterea utrumque nimis acre existimabatur. Ideo transiere ad rubricam, et sinopidem, de quibus suis locis dicam. Cinnabaris adulteratur sanguine caprino, aut sorbis tritis. Pretium sinceræ, nummi quinquaginta.

XL. Juba minium nasci et in Carmania tradit : Tima- 1 genes et in Æthiopia. Sed neutro ex loco invehitur ad nos, nec fere aliunde, quam ex Hispania. Celeberrimum ex Sisaponensi regione in Bætica, minimio metallo vectigalibus populi romani, nullius rei diligentiore custodia. Non licet id ibi perficere excoquique. Romam perfertur vena signata, ad dena millia fere pondo annua. Romæ autem lavatur : in vendendo, pretio statuta lege, ne modum excederet, H-S. LXX in libras. Sed adulteratur multis modis, unde præda societati. Namque est alterum genus in omnibus fere argentariis, itemque plumbariis metallis, quod fit exusto lapide venis permixto, non ex illo, cujus vomicam argentum vivum appellavimus ( is enim et ipse in argentum excoquitur) : sed ex aliis simul repertis. Steriles etiam plumbi deprehenduntur suo colore, nec nisi in fornacibus rubescentes exustiæ tunduntur in farinam. Et hoc est secundarium minium perquam paucis notum, multum infra na-

a avons parlé: C'est avec cette seconde espèce qu'on falsifie le vrai minium dans les laboratoires de la compagnie. On le falsifie aussi avec le syricum. Nous dirons en son lieu (xxxv, 24) comment se fait le syricum. Ce qui montre qu'on met une couche de syricum par-dessous le minium, c'est le bas prix qu'on paye. Le minium se prête aussi d'une autre façon au vol : Les peintres lavent de temps en temps leurs pinceaux chargés de cette substance; le minium tombe au fond de l'eau; c'est autant de gagné pour le voleur. Le vrai minium doit avoir l'éclat de l'écarlate. Celui de seconde qualité appliqué sur les murailles se ternit par l'humidité, et cependant c'est une espèce de rouille métallique. Dans les mines de Sisapon les filons sont uniquement composés de minium et sans 4 argent; ce minium se cuit comme l'or. On essaye le minium avec de l'or en incandescence : celui qui est falsifié (91) noircit, tandis que la couleur du vrai n'est pas altérée. Je trouve aussi qu'on le sophistique avec de la chaux, et que si on n'a pas d'or on reconnaît aussitôt la fraude par un procédé analogue, à l'aide d'une lame de fer chauffée à blanc. La peinture au minium craint l'action du soleil et de la lune. Le préservatif est de sécher la muraille, d'appliquer dessus à la brosse une couche de cire punique fondue avec de l'huile et très-chaude, de faire ressuer la croûte en approchant des charbons allumés, puis d'aplanir avec des bougies, et d'essuyer avec des linges bien propres, comme on fait pour un marbre qu'on 5 veut rendre brillant. Ceux qui broient le minium dans les laboratoires s'enveloppent le visage de vessies non soufflées, qui, tout en leur permettant de voir à travers, les empêchent d'aspirer cette poussière mortelle. Le minium est employé aussi par les copistes dans les livres (92); il fait ressortir les lettres, soit sur l'or, soit sur le marbre; ce qu'on utilise même pour les tombeaux.

XLI. (VIII.) L'industrie a trouvé moyen de tirer du minium de seconde qualité l'hydrargyre, qui tient lieu de vif-argent. Nous nous sommes un peu plus haut réservé d'en parler. L'hydrargyre se prépare de deux façons : on pile du minium et du vinaigre avec des pilons de cuivre et dans des mortiers de cuivre, ou bien on met du minium dans un vase de fer renfermé dans une marmite de terre; on y adapte un couvercle; on lute avec de l'argile; ensuite on allume du feu sous la marmite; on pousse le feu avec des soufflets, et enfin on recueille le produit attaché au vase, lequel devient semblable à l'argent pour la couleur, et à l'eau pour la liquidité. Facilement l'hydrargyre se partage en gouttes, et s'échappe en globules qui fuient. Il est reconnu que c'est un poison; par conséquent, je regarde comme téméraire l'emploi des recettes médicinales où il entre du minium. Peut-être faut-il excepter les applications sur la tête ou le ventre (93), pour arrêter les hémorrhagies ; mais il faut prendre garde que rien ne pénètre dans les viscères et ne touche à la plaie; en tout autre cas, je n'en conseillerai jamais l'usage.

XLII. Aujourd'hui on ne dore guère que l'argent à l'aide de l'hydrargyre; cependant on devrait l'employer de même à la dorure du cuivre : mais la fraude, si ingénieuse dans toutes les parties de l'industrie, a imaginé d'y substituer une substance moins coûteuse, comme nous l'avons dit (XXXIII, 32).

XLIII. A propos de l'or et de l'argent, il faut parler de la pierre nommée coticula (pierre de touche). Jadis, selon Théophraste, on n'en trouvait que dans le fleuve Tmolus; aujourd'hui on en

trouve partout. Les uns la nomment héraclienne, les autres lydienne. On la rencontre en morceaux de médiocre grosseur, ne dépassant pas quatre pouces de long sur deux de large. La face qui a été tournée du côté du soleil vaut mieux que celle qui touchait à la terre. Les experts, quand ils ont frotté avec cette pierre comme avec une lime le minerai pour en détacher quelques parcelles (94), disent aussitôt combien ce minerai renferme d'or, d'argent ou de cuivre, à un scrupule près; et cette épreuve merveilleuse est infaillible.

1 XLIV. Il y a deux espèces d'argent : si une parcelle d'argent mise sur une pelle de fer chauffée à blanc reste blanche, le métal est bon; si elle devient rousse, il est inférieur; si elle devient noire, il ne vaut rien. Mais la fraude a encore trouvé moyen de rendre l'épreuve incertaine : on garde la pelle de fer dans de l'urine d'homme; la parcelle d'argent, absorbant à mesure qu'elle brûle, offre une blancheur menteuse. Une autre épreuve de l'argent poli, c'est l'haleine de l'homme : l'argent fin se couvre d'un nuage qui se dissipe promptement.

1 XLV. (ix.) On avait cru que le plus pur argent seul était susceptible de se laminer et d'être converti en miroir; longtemps les efforts de la fraude avaient été vaincus (95); mais maintenant elle sait falsifier l'argent des miroirs. Certes c'est une propriété singulière qu'a ce métal de renvoyer les images, propriété qu'on attribue généralement à la répercussion de l'air réfléchi vers les yeux. Par la même propriété, les miroirs dont un fréquent polissage a diminué l'épaisseur, et qui sont devenus un peu concaves, agrandissent démesu-
2 rément les images : tant il y a de différence suivant que le miroir repousse ou reçoit la répercussion de l'air. Il y a plus : on fabrique des coupes dont l'intérieur est taillé en facettes comme autant de miroirs, de sorte qu'un seul individu s'y regardant, il se produit un peuple d'images. On a imaginé aussi des miroirs qui donnent des images monstrueuses, comme ceux qui sont consacrés dans le temple de Smyrne. Cela tient à la configuration du miroir, et le résultat diffère beaucoup, suivant qu'il est concave et en forme de coupe, ou en forme de bouclier de Thrace; suivant que le milieu est déprimé ou relevé, suivant que le plan est transversal ou oblique, horizontal ou vertical, la configuration du miroir qui reçoit faisant subir aux ombres qui arrivent des altérations correspondantes; car l'image 3 n'est autre chose que l'ombre réfléchie par la clarté de la matière qui reçoit (96). Pour en finir ici avec les miroirs, ajoutons que les meilleurs chez nos ancêtres étaient ceux de Brindes, formés d'un mélange d'étain et de cuivre. On préféra ensuite ceux d'argent : Pasitèles (97) en fit le premier, du temps du grand Pompée. Tout récemment on a cru donner plus de netteté à l'image en appliquant par derrière une feuille d'or.

XLVI. L'Égypte (98) colore l'argent pour voir 1 dans les vases son dieu Anubis; au lieu de ciseler ce métal, elle le peint. De là cet usage a passé même aux statues triomphales, et, chose singulière, l'argent privé de son éclat devient plus cher. Cette matière colorante se compose ainsi : On mêle avec l'argent deux tiers de cuivre de Chypre très-fin, nommé coronaire, et autant de soufre vif que d'argent. On fait cuire le tout dans un vase de terre luté avec de l'argile; la cuisson est achevée quand le couvercle se détache de lui-même. On noircit aussi l'argent avec un jaune d'œuf durci; mais cette teinte s'en va avec du vinaigre et de la craie. Antoine le triumvir mit 2 dans le denier d'argent un alliage de fer. Le cuivre entre dans la composition de la fausse monnaie.

---

que latitudinis non excedentes. Quod a sole fuit in his, melius quam quod a terra. His coticulis periti, quum e vena ut lima rapuerunt experimentum, protinus dicunt quantum auri sit in ea, quantum argenti vel æris, scripulari differentia, mirabili ratione, non fallente.

1 XLIV. Argenti duæ differentiæ. Batillis ferreis candentibus ramento imposito, quod candidum permaneat, probatur. Proxima bonitas rufo, nulla nigro. Sed experimento quoque fraus intervenit : servatis in virorum urina batillis, inficitur ita ramentum obiter dum uritur, candoremque mentitur. Est aliud experimentum politi, et in halitu hominis, si sudet protinus, nubemque discutiat.

1 XLV. (ix.) Laminas duci, et specula fieri non nisi ex optimo posse credimus : fuerat id integrum, sed id quoque jam fraude corrumpitur. Sed natura mira est imagines reddendi, quod repercusso aere atque in oculos regesto fieri convenit. Eadem vi in speculis usu polita crassitudine, paulumque propulsa dilatatur in immensum magnitudo ima-
2 ginum. Tantum interest repercussum illum respuat, an excipiat. Quin etiam pocula ita figurantur, exsculptis intus crebris ceu speculis, ut vel uno intuente, populus totidem imaginum fiat. Excogitantur et monstrifica, ut in templo Smyrnæ dicata. Id evenit figura materiæ : plurimumque refert concava sint et poculi modo, an parmæ Threcidicæ, media depressa an elata, transversa an obliqua, supina an recta, qualitate excipientis figuræ torquente venientes umbras. Nec enim est aliud illa imago, quam digesta claritate 3 materiæ excipientis umbra. Atque ut omnia de speculis peragantur hoc loco, optima apud majores fuerant Brundisina, stanno et ære mistis. Prælata sunt argentea. Primus fecit Pasiteles Magni Pompeii ætate. Nuper credi cœptum, certiorem imaginem reddi, auro opposito aversis.

XLVI. Tingit Ægyptus argentum, ut in vasis Anubim 1 suum spectet; pingitque, non cælat argentum. Transit inde materia ad triumphales statuas; mirumque, crescit pretium fulgoris excæcati. Id autem fit hoc modo : miscentur argento tertiæ æris Cyprii tenuissimi, quod coronarium vocant, et sulphuris vivi, quantum argenti. Conflantur ita in fictili circumlito argilla. Modus coquendi, donec se ipsa opercula aperiant. Nigrescit et ovi indurati luteo, ut tamen aceto et creta deleatur. Miscuit denario 2 triumvir Antonius ferrum. Miscentur æra falsæ monetæ.

D'autres diminuent le poids : la règle est de tailler 84 deniers à la livre. Ces fraudes firent trouver l'art d'essayer les deniers. La loi qui ordonna ces essais fut si agréable au peuple, que chaque quartier dédia une statue en pied à Marius Gratidianus. Chose bizarre ! dans l'art du monnayage seul, on fait étude des falsifications; on contemple un échantillon de faux denier, et une pièce fausse s'achète au prix de plusieurs deniers de bon aloi.

1 XLVII. (x.) Les anciens n'avaient pas de nombre au delà de cent mille; aussi aujourd'hui encore compte-t-on par multiples de cent mille, et l'on dit dix fois cent mille, ou plus. Cela a été dû à l'usure et à la monnaie; de là aussi le terme d'*æs alienum* ( dette), dont nous nous servons. Plus tard vinrent les surnoms de Riches (*Dives*); mais il est bon de noter que le premier qui reçut ce surnom avait fait banqueroute à ses créanciers. M. Crassus, de la même famille, prétendait qu'un homme n'était pas riche, qui ne pouvait entre-
2 tenir une légion de son revenu. Il possédait deux cents millions de sesterces ( 42,000,000 fr.) en biens-fonds, le plus riche des Romains après Sylla. Ce ne fut pas assez pour lui, il eut soif de tout l'or des Parthes; et (99) s'il est vrai qu'il a pris le premier place dans les souvenirs de l'opulence, cependant (il y a plaisir à stigmatiser cette avidité insatiable) nous avons connu, dans la suite, des affranchis plus opulents que lui; trois par exemple à la fois sous le règne de Claude : Pallas, Calliste et Narcisse. Mais laissons-les, comme s'ils étaient encore maitres de l'empire, et parlons de C. Cæcilius Claudius Isidorus, qui, sous le consulat de C. Asinius Gallus et de C. Marcius Censorinus (an de Rome 746), le 6 des calendes de février (le 27 janvier), rédigea son testament, où il déclare que, bien qu'ayant perdu beaucoup par la guerre civile, cependant il laisse quatre mille cent seize esclaves, trois mille six cents paires de bœufs, deux cent cinquante-sept mille têtes d'autre bétail, et, en espèces, 60,000,000 de sesterces (12,600,000 fr.). Il ordonna que 1,100,000 sesterces ( 230,000 fr.) fussent dépensés pour ses funérailles. Que l'on additionne ces richesses immenses, que seront-elles à côté de celles de Ptolémée, qui, au dire de Varron, pendant l'expédition de Pompée en Judée, entretint à ses dépens huit mille cavaliers, et donna un repas de mille couverts, où il y avait autant de coupes d'or, et où l'on changeait de plat à chaque mets ? Et 3 ce Ptolémée, que sera-t-il à côté du Bithynien Pythius ( car je ne parle pas ici de rois), qui donna à Darius ces célèbres (100) platane et vigne d'or, et qui traita les troupes de Xerxès, c'est-à-dire sept cent quatre-vingt-huit mille hommes, promettant en outre la solde et le blé pour cinq mois, à condition que de ses cinq enfants, qui faisaient partie de la levée (101), un seul au moins fût laissé à sa vieillesse? Et derechef que sera Pythius lui-même, comparé au roi Crésus? Quelle triste démence n'est-ce pas de convoiter une chose qui, ou bien a été le partage d'esclaves, ou bien n'a pu être atteinte par les rois eux-mêmes !

XLVIII. Le premier exemple de contribution 1 volontaire du peuple à Rome date du consulat de Sp. Postumius et de Q. Marcius ( an de Rome 568) : l'argent était alors tellement abondant, que le peuple se cotisa pour fournir à L. Scipion de quoi célébrer les jeux. Quant à la cotisation d'un sixième d'as pour les funérailles d'Agrippa Ménénius, elle fut plutôt un honneur et une nécessité à cause de la pauvreté du personnage qu'une largesse;

---

Alii e pondere subtrahunt, quum sit justum LXXXIV e libris signari. Igitur ars facta denarios probare, tam jucunda lege plebi, ut Mario Gratidiano vicatim totas statuas dicaverit : mirumque, in hac artium sola vitia discuntur, et falsi denarii spectatur exemplar ; pluribusque veris denariis adulterinus emitur.
1 XLVII. (x.) Non erat apud antiquos numerus ultra centum millia : itaque et hodie multiplicantur hæc, ut decies centena millia, aut sæpius dicantur. Fœnus hoc fecit, nummusque percussus : et sic quoque æs alienum etiamnum appellatur. Postea Divites cognominati ; dummodo notum sit, eum qui primus acceperit hoc cognomen, decoxisse creditoribus suis. Ex eadem gente M. Crassus negabat locupletem esse, nisi qui reditu annuo legionem tueri
2 posset. In agris sestertium $\overline{MM}$ possedit, Quiritium post Syllam ditissimus. Nec fuit satis, nisi totum Parthorum esurisset aurum : atque ut memoriam quidem opum occupaverit ( juvat enim insectari inexplebilem istam habendi cupidinem), multos postea cognovimus servitute liberatos opulentiores ; pariterque tres Claudii principatu, Pallantem, Callistum, et Narcissum. Atque ut hi omittantur, tamquam adhuc rerum potiantur, C. Asinio Gallo, C. Marcio Censorino coss., a. d. VI kal. febr. C. Cæcilius Claudius Isidorus testamento suo edixit, quamvis multa civili bello perdidisset, tamen relinquere servorum quatuor millia centum sedecim : juga boum tria millia sexcenta, reliqui pecoris cc quinquaginta septem millia : in numerato II-S. DC. Funerari se jussit H-S. XI. Congerant excedentes numerum opes, quota tamen portio erunt Ptolemæi? quem Varro tradit, Pompeio res gerente circa Judæam, octona millia equitum sua pecunia toleravisse : mille convivas, totidem aureis potoriis, mutantem vasa cum ferculis, saginasse. Quota vero ille ipse ( neque enim de regibus 3 loquor) portio fuit Pythii Bithyni, qui platanum auream vitemque nobiles illas Dario regi donavit : Xerxis copias, hoc est, septies centena LXXXVIII millia hominum excepit epulo, stipendium quinque mensium frumentumque pollicitus, ut e quinque liberis in delectu senectuti suæ unus saltem concederetur? Hunc quoque ipsum aliquis comparet Crœso regi. Quæ, malum, amentia est, id in vita cupere, quod aut etiam servis contigerit, aut ne in regibus quidem invenerit finem !
XLVIII. Populus romanus stipem spargere cœpit, Sp. 1 Postumio, Q. Marcio coss. Tanta abundantia pecuniæ erat, ut eam conferret L. Scipioni, ex qua is ludos fecit. Nam quod Agrippæ Menenio sextantes æris in funus contulit, honoris id necessitatisque propter paupertatem Agrippæ, non largitionis esse dixerim.

1 XLIX. (XI.) Les goûts se montrent singulièrement (102) inconstants pour les vases d'argent. Aucun atelier n'a longtemps la vogue; et l'on recherche tantôt les vases firmiens, tantôt les clodiens, tantôt les gratiens : c'est ainsi que le nom des boutiques passe sur nos tables. Maintenant nous recherchons des anaglyptes, et des vases ciselés en relief autour de la peinture des lignes (103). Il y a plus, nous en chargeons nos tables par l'intermédiaire (104) des *repositorium* qui servent à supporter les mets. Nous en entaillons d'autres (105), afin qu'il se soit gaspillé par la lime autant d'argent qu'il est possible. L'orateur Calvus se plaignait que l'on fît des casseroles d'argent; mais nous, nous avons imaginé de couvrir nos voitures d'argent ciselé; et, de notre temps, Poppée, femme de Néron, a eu l'idée de ferrer en or ses mules favorites.

1 L. Le second Scipion l'Africain laissa à son héritier trente deux livres pesant d'argent, lui qui dans son triomphe des Carthaginois fit porter quatre mille trois cent quatre-vingts livres de ce métal. Voilà ce que possédait en argent Carthage tout entière, cette rivale de Rome pour l'empire du monde. Combien de tables romaines en ont depuis étalé davantage! Après la destruction de Numance, le même Scipion l'Africain fit à ses soldats, le jour de son triomphe, une largesse de sept deniers (5 fr. 74) par tête. O guerriers dignes d'un tel général, puisqu'ils s'en contentèrent! Son frère l'Allobrogique posséda, le premier de tous, mille livres pesant d'argent. Mais Livius Drusus, dans son tribunat du peuple, en possédait dix mille. Qu'un vieillard triomphateur ait été noté par les censeurs pour cinq livres d'argent, c'est ce qui paraît aujourd'hui une fable.
2 Il paraît également fabuleux que Catus Ælius, consul, visité par les ambassadeurs étoliens, qui le trouvèrent dînant avec de la vaisselle de terre, ait refusé la vaisselle d'argent qu'ils lui envoyèrent, et n'ait eu jusqu'à la fin de sa vie que deux coupes de ce métal; encore lui avaient-elles été données en récompense de son courage par Paul-Émile, son beau-père, après la défaite de Persée. Nous lisons que les ambassadeurs carthaginois 3 dirent n'avoir vu nulle part autant de bienveillance mutuelle qu'à Rome; car partout où ils avaient dîné ils avaient reconnu la même argenterie. Mais de nos jours (et cela est à ma connaissance) le fils d'un chevalier romain d'Arles, un homme issu d'une famille qui portait la fourrure, Pompéius Paulinus avait une argenterie (106) pesant douze livres, à l'armée, dans une guerre contre les nations les plus farouches.

LI. Il y a longtemps que l'on plaque entièrement en argent les lits des femmes et certains *triclinium* (lits de table à trois places). Carvilius Pollion (IX, 13), chevalier romain, est, dit-on, le premier qui ait orné d'argent les triclinium, mais sans les plaquer ni leur donner la forme de Délos, et en leur donnant la forme carthaginoise. Il en fit aussi de la même façon avec de l'or. Bientôt après vinrent les lits d'argent à la forme de Délos. La guerre civile de Sylla fit expier tous ces raffinements.

LII. En effet, ils avaient paru peu avant cette 1 guerre, ainsi que les plats d'argent de cent livres pesant, dont il y avait alors plus de cinq cents à Rome, et qui, objet de convoitise, firent proscrire plusieurs citoyens. C'est une honte pour nos annales que de tels vices aient été comptés parmi les causes de cette guerre civile. Notre siècle a fait mieux : sous l'empire de Claude, son esclave Drusillanus, nommé Rotundus, intendant de l'Es-

pag..e citérieure, eut un plat d'argent de cinq cents pesant. Pour le fabriquer on avait construit un atelier tout exprès. Ce plat était accompagné de huit autres, pesant chacun deux cent cinquante (107) livres. Dites-moi, combien fallait-il d'esclaves comme lui pour les porter, ou à qui prétendait-il 2 donner à dîner? Cornélius Népos rapporte que avant la victoire de Sylla il n'y avait à Rome que deux triclinium garnis d'argent. Fenestella, qui mourut la dernière année du règne de Tibère, dit avoir vu naître les repositorium plaqués d'argent; il ajoute que les repositorium garnis d'écaille de tortue (ɪx, 13) parurent vers le même temps; qu'un peu avant lui ils étaient de bois, ronds, massifs, et ne dépassaient guère en grandeur les tables ; que pendant son enfance on commença à les faire carrés, de pièces de rapport, et revêtus d'érable ou de citre (xɪɪɪ, 29); qu'ensuite on garnit d'argent les angles (108) et les lignes de jointure; qu'enfin, dans sa jeunesse, on employa le terme de tambour, et que d'après la balance (109) on nomma plateau ce que les anciens avaient nommé magide.

1 LIII. Mais ce n'est pas seulement la quantité de l'argenterie qui fait fureur (110), on se passionne encore plus, s'il est possible, pour la main d'œuvre ; et cela date de loin, il faut le dire à la décharge de notre âge. C. Gracchus eut des dauphins payés à raison de 5,000 sesterces (1,050 fr.) la livre. L. Crassus l'Orateur acheta 100,000 sesterces (21,000 fr.) deux coupes ciselées par Mentor; toutefois il avoua que par honte il n'avait jamais osé s'en servir. On sait que le même avait payé des vases 6,000 sesterces (1,260 fr.) la livre. La conquête de l'Asie introduisit le luxe en Italie. En effet, L. Scipion dans son triomphe fit montre de mille quatre cent cinquante livres pesant d'argent ciselé et de quinze cents en vases d'or, l'an de Rome 565. Mais ce qui porta un coup 2 encore plus rude aux mœurs, ce fut la donation qu'Attale fit de l'Asie : le legs de ce prince mort fut plus funeste que la victoire de Scipion ; car dès lors il n'y eut plus de retenue à Rome pour l'achat des objets de prix qui se vendirent à l'encan d'Attale. C'était l'an 622 ; et pendant les cinquante-sept années intermédiaires la ville s'était instruite à admirer, que dis-je ? à aimer les richesses étrangères. Les mœurs reçurent aussi un choc violent de la conquête de l'Achaïe, qui dans cet intervalle même, l'an de Rome 608, amena, afin que rien ne manquât, les statues et les tableaux. La même époque vit naître le luxe et périr Carthage ; et, par une coïncidence fatale, on eut à la fois et (111) le goût et la possibilité de se précipiter dans le vice. Quelques-uns même des anciens ont cherché à se recommander par le luxe ; et C. Marius, après sa victoire sur les Cimbres, but, dit-on, à plein canthare, à l'exemple de Bacchus ; Marius, ce paysan d'Arpinum, ce soldat devenu général.

LIV. (xɪɪ.) Qu'on ait fait des statues d'argent 1 pour la première fois en l'honneur du dieu Auguste à une époque d'adulation, on le croit ; mais c'est une erreur. Je trouve dans mes lectures que dans le triomphe du grand Pompée on fit montre d'une statue d'argent de Pharnace, premier roi du Pont ; d'une de Mithridate Eupator, et de chars d'or et d'argent. Quelquefois l'or est même remplacé par l'argent : ainsi quand par luxe des plébéiennes ont à leur chaussure des boucles d'or, l'or n'est plus bien porté, et la mode le proscrit (xxxɪɪɪ, 12). Nous avons vu nous-même Arel-

dus, dispensator Hispaniæ citerioris, quingenariam lancem habuit, cui fabricandæ officina prius exædificata fuerat : et comites ejus, octo ccl librarum : quæso, ut quam multi eas conservi ejus inferrent, aut quibus cœnantibus ?
2 Cornelius Nepos tradit ante Syllæ victoriam duo tantum triclinia Romæ fuisse argentea. Repositoriis argentum addi sua memoria cœptum, Fenestella, qui obiit novissimo Tiberii Cæsaris principatu. Sed et testudinea tum in usum venisse. Ante se autem paullo, lignea, rotunda, solida : nec multo majora, quam mensas vel quidem puero, quadrata, et compacta, aut acere operta, aut citro cœpisse. Mox additum argentum in angulos, lineasque per commissuras. Tympana vero se juvene appellata, tum a stateris et lances, quas antiqui magidas appellaverant.

1 LIII. Nec copia tantum argenti furit vita, sed validius pæne manipretiis : idque jam pridem, ut ignoscamus nobis. Delphinos quinis millibus sestertium in libras emtos C. Gracchus habuit. Lucius vero Crassus Orator duos scyphos Mentoris artificis manu cælatos sestertiis c. Confessus tamen est, numquam se his uti propter verecundiam ausum. Constat eumdem sestertium vɪ millibus in singulas libras vasa emta habuisse. Asia primum devicta luxuriam misit in Italiam. Siquidem Lucius Scipio transtulit in triumpho argenti cælati pondo ᴍccccʟ. Et vasorum aureorum pondo ᴍᴅ anno conditæ Urbis quingentesimo sexagesimo quinto. Eadem Asia donata multo etiam gravius 2 afflixit mores , inutiliorque victoria illa hæreditas Attalo rege mortuo fuit. Tum enim hæc emendi Romæ in auctionibus regiis verecundia exemta est, Urbis anno sexcentesimo vigesimo secundo, mediis quinquaginta septem annis erudita civitate amare etiam, non solum admirari, opulentiam externam : immenso et Achaicæ victoriæ momento ad impellendos mores, quæ et ipsa hoc intervallo, anno Urbis sexcentesimo octavo parta, signa et tabulas pictas invexit, ne quid deesset : pariterque luxuria nata est, et Carthago sublata : ita congruentibus fatis, ut et liberet amplecti vitia, et liceret. Petiere et dignationem hinc aliqui veterum. C. Marius post victoriam Cimbricam cantharis potasse Liberi patris exemplo traditur, ille arator Arpinas, et manipularis imperator.

LIV. (xɪɪ.) Argenti usum in statuas primum divi Augusti 1 in adulatione temporum transisse, falso existimatur. Jam enim triumpho Magni Pompeii reperimus translatam Pharnacis, qui primus regnavit in Ponto, argenteam statuam : item Mithridatis Eupatoris, et currus aureos argenteosque. Argentum succedit aliquando et auro, luxu feminarum 2 plebis compedes sibi ex eo facientium, quas induere aureas mos tritior vetat. Vidimus et ipsi Arellium Fuscum ( motum equestri ordine, ob insignem calumniam, quum celebritate assectarentur adolescentium scholæ ), ex argento

llus Fuscus, qui fut rayé de l'ordre équestre pour le grief étrange d'attirer à sa suite en foule la jeunesse des écoles, nous l'avons vu porter des anneaux d'argent. Mais à quoi bon recueillir ces faits, tandis que les soldats, dédaignant l'ivoire même, ont la garde de leur épée en argent ciselé, et qu'on entend le cliquetis des chaînettes (112) d'argent sur le fourreau et des plaques sur le baudrier; tandis que l'on s'assure de la continence des pages avec des boucles d'argent; tandis que les femmes au bain méprisent tout autre siége que des siéges d'argent; tandis que le même métal sert à la table et aux usages les plus vils? Oh! si Fabricius voyait ce luxe et ces bains des femmes, où elles se baignent avec les hommes, et qui sont tellement pavés d'argent qu'il n'y a pas place à poser le pied! Fabricius, dis-je, qui ne voulait pas qu'un général d'armée eût d'autre argenterie qu'une coupe et une salière! Oh! s'il voyait les récompenses de la valeur ou se fabriquer avec ces objets, ou être brisées pour se transformer en ces objets! Voilà les mœurs du siècle: nous rougissons de Fabricius.

1 LV. Chose singulière! la ciselure de l'or (113) n'a illustré personne; celle de l'argent a illustré beaucoup d'artistes. Toutefois le plus célèbre ciseleur d'argent est Mentor, dont nous avons parlé plus haut (VII, 39, 2); on ne cite de lui que quatre couples de vases, et l'on dit qu'il n'existe plus aujourd'hui un seul de ces morceaux: tous ont péri dans l'incendie du temple de Diane à Éphèse, ou dans celui du Capitole. Varron a écrit qu'il (114) possédait une statue d'airain de la main de cet artiste. Les plus admirés après lui sont Acragas, Boethus et Mys. On voit aujourd'hui des morceaux de tous ces artistes dans l'île de Rhodes: de Boethus, dans le temple de Minerve à Lindos; d'Acragas, dans le temple de Bacchus à Rhodes même, des coupes représentant en ciselures des bacchantes et des centaures (115); de Mys, dans le même temple, un Silène et des Amours; d'Acragas, une chasse de grande 2 réputation, sur des coupes. Après eux on vante Calamis, Antipater et Stratonicus, qui posa, disait-on, plutôt qu'il ne le cisela, sur un vase, un Satyre accablé par le sommeil. Puis on renomme Tauriscus de Cyzique (XXXVI, 4, 21), Ariston et Eunicus, tous deux de Mitylène; Hécatée; et, vers l'époque du grand Pompée, Pasitèles (116), Posidonius d'Éphèse, Lædus Stratiate (117), qui cisela des batailles et des guerriers; Zopyre, qui représenta l'Aréopage et le Jugement d'Oreste sur deux coupes estimées 12,000 sesterces (2,520 fr.). Plus tard vint Pythéas, dont un ouvrage se ven- 3 dit sur le pied de 10,000 sesterces (2,100 fr.) les deux onces (118): c'était une pièce de rapport appartenant à une coupe, et représentant l'Enlèvement du Palladium par Ulysse et Diomède. Il grava aussi sur de petits gobelets des scènes de cuisine connues sous le nom de magirisciæ (μάγειρος, cuisinier), mais si faciles à endommager en raison de leur délicatesse, qu'il n'était pas même possible d'en prendre des copies (119). Teucer eut aussi de la réputation pour les incrustations. Tout à coup l'art s'est tellement perdu, qu'aujourd'hui l'on ne recherche plus que les morceaux anciens, et que l'autorité s'attache à des ciselures usées (120) au point qu'on n'en distingue pas les figures. L'argent s'altère par le contact des eaux minérales et même par l'action des vents de mer, comme dans l'intérieur de l'Espagne.

LVI. Dans les mines d'argent et d'or se trou- 1 vent encore deux matières colorantes, le sil et l'azur. Le sil est, à proprement parler, un limon; le meilleur est celui que l'on nomme sil attique;

---

anulos habentem. Et quid hæc attinet colligere, quum capuli militum, ebore etiam fastidito, cælentur argento, 3 vaginæ catellis, baltei laminis crepitent? Jam vero pædagogia ad transitum virilitatis custodiantur argento: feminæ laventur, et, nisi argentea, solia fastidiant: eademque materia et cibis, et probris serviat. Videret hæc Fabricius, et stratas argento mulierum balineas, ita ut vestigio locus non sit, cum viris lavantium: Fabricius, inquam, qui bellicosos imperatores plus quam pateram et salinum ex argento habere vetabat. Videret hinc dona fortium fieri, aut in hæc frangi. Heu mores! Fabricii nos pudet.

1 LV. Mirum auro cælando inclaruisse neminem, argento multos. Maxime tamen laudatus est Mentor, de quo supra diximus. Quatuor paria ab eo omnino facta sunt: ac jam nullum exstare dicitur, Ephesiæ Dianæ templi, aut Capitolini incendiis. Varro se et æreum signum ejus habuisse scripsit. Proximi ab eo admiratione Acragas, et Boethus, et Mys fuere. Exstant hodie omnium opera in insula Rhodiorum: Boethi apud Lindiam Minervam: Acragantis in templo Liberi patris in ipsa Rhodo, Bacchas Centaurosque cælati scyphi; Myos in eadem æde, Silenus, et Cupidines. 2 Acragantis et venatio in scyphis magna fama. Post hos celebratus est Calamis et Antipater: quique Satyrum in phiala gravatum somno collocavisse verius, quam cælasse dictus est, Stratonicus. Mox Cyzicenus Tauriscus. Item Ariston et Ennicus Mitylenæi laudantur, et Hecatæus: et circa Magni Pompeii ætatem Pasiteles, Posidonius Ephesius, Lædus Stratiates, qui prælia armatosque cælavit: Zopyrus, qui Areopagitas, et judicium Orestis, in duobus scyphis H-S. XII æstimatis. Fuit dein Pytheas, cujus duæ 3 unciæ x. venierunt. Ulysses et Diomedes erant in phialæ emblemate, Palladium surripientes. Fecit idem et cocos magiriscia appellatos, parvulis potoriis, sed e quibus ne exemplaria quidem liceret exprimere, tam opportuna injuriæ subtilitas erat. Habuit et Teucer crustarius famam: subitoque ars hæc ita exolevit, ut sola jam vetustate censeatur, usuque attritis cælaturis, ne figura discerni possit, auctoritas constet. Argentum medicatis aquis inficitur, atque etiam afflatu salso, sicut in mediterraneis Hispaniæ.

LVI. In argenti et auri metallis nascuntur etiamnum 1 pigmenta, sil et cæruleum. Sil proprie limus est. Optimum ex eo quod Atticum vocatur. Pretium in pondo libras x. II. Proximum marmorosum, dimidio Attici pretio. Tertium genus est pressum, quod alii Scyricum vocant ex insula

il coûte 2 deniers (1 fr. 64) la livre. Vient ensuite le sil marbré, qui coûte moitié moins que l'attique. La troisième espèce est le sil foncé, que d'autres nomment scyrique (121), parce qu'il vient de l'île de Scyros. Il y a enfin celui de l'Achaïe, que les peintres emploient pour les ombres; il se vend deux sesterces (0 fr. 42) la livre. Le sil nommé lucide, et qui vient des Gaules, se vend 2 sesterces de moins (0 fr. 31). On emploie ce dernier, ainsi que le sil attique, pour exprimer les clairs. Pour les compartiments (xxxv, 1, 3 et 13, 2) on n'emploie que le sil marbré, parce que le marbre qu'il renferme résiste à l'âcreté de la chaux. On 2 en extrait aussi de montagnes situées à vingt milles de Rome. On calcine celui-ci, et, ainsi préparé, on le donne pour du sil foncé; mais on reconnaît qu'il est faux et calciné à son âcreté, et (122) à ce qu'il tombe en poussière. Polygnote et Micon, les premiers, ont employé le sil dans la peinture, mais seulement le sil attique. L'âge suivant le réserva pour les clairs, et appliqua aux ombres le scyrique et le lydien. Le lydien s'achetait à Sardes; maintenant il n'est plus en usage (123).

1 LVII. (xiii.) L'azur est un sable. Autrefois on en distinguait trois espèces : l'égyptien, le plus estimé de tous; le scythique, qui se délaye facilement, et qui broyé donne quatre couleurs, une plus claire, une plus foncée, une plus épaisse, une plus ténue (124); enfin le cyprien, qu'on préfère maintenant à ce dernier. Depuis, on y a ajouté l'azur de Pouzzoles et celui d'Espagne, des fabriques s'étant établies dans ces lieux. Tout azur passe par la teinture, et doit sa couleur à son herbe (le pastel), du suc de laquelle il s'imbibe. Du reste, la manipulation est la même que pour la chrysocolle (xxxiii, 26). Avec l'azur on fait ce qu'on nomme le lomentum : pour cela on lave et on pile l'azur (125). Le lomentum est plus clair; il se vend 10 deniers (8 fr. 20) la livre; l'azur, 8 deniers (6 fr. 56). On l'em- 2 ploie sur la craie, car il ne tient pas sur la chaux. L'azur vestorien, ainsi appelé du nom de l'inventeur, est une découverte récente. Il se fait avec la partie la plus fine de l'azur égyptien; le prix en est de 10 deniers la livre. L'azur de Pouzzoles s'emploie de même, et de plus pour les fenêtres. On le nomme cylon (126). Il n'y a pas longtemps que l'on commence à apporter à Rome l'azur indien (xxxv, 27); on le vend 8 deniers la livre. Les peintres s'en servent pour faire trancher, c'est-à-dire pour séparer les ombres de la lumière (xxxv, 11). Il est encore un lomentum de très-bas aloi, nommé par quelques-uns lomentum pilé; il se vend 5 as. L'azur est bon, si, mis sur un charbon, il s'enflamme. Pour sophistiquer l'azur, on fait bouillir dans de l'eau des violettes sèches, et on en exprime le suc à travers un linge sur de la craie d'Érétrie. En médecine l'azur a la propriété 3 de mondifier les plaies; aussi l'incorpore-t-on dans les emplâtres et dans les caustiques. Quant au sil, il se broie très-difficilement : comme médicament, il est légèrement mordant et astringent, et il cicatrise les ulcères. On le brûle dans des vases de terre pour qu'il soit de bon usage. Les prix que j'ai indiqués jusqu'à présent varient, je ne l'ignore pas, suivant les lieux; ils changent aussi presque tous les ans, changements dus soit aux conditions de la navigation (127), soit à la quantité des approvisionnements, soit à l'enchérissement causé par quelque puissant accapareur; témoin Démétrius accusé sous le règne de Néron, devant les consuls par tout le commerce de la droguerie. Cependant il était nécessaire d'indiquer, ici les prix les plus usuels à Rome, afin de donner une idée de la valeur des choses.

---

Scyro. Jam quidem et ex Achaia, quo utuntur ad picturæ umbras. Pretium in libras, H-S. bini. Dupondiis vero detractis, quod lucidum vocant, e Gallia veniens : hoc autem et Attico ad lumina utuntur : ad abacos non nisi marmoroso, quoniam marmor in eo resistit amaritudini calcis.
2 Effoditur et ad xx ab Urbe lapidem, in montibus. Postea uritur, pressum appellantibus qui adulterant. Sed esse falsum exustumque amaritudine apparet, et quoniam resolutum in pulverem est. Sile pingere instituere primi Polygnotus et Micon, Attico duntaxat. Hoc sequuta ætas ad lumina usa est : ad umbras autem Scyrico et Lydio. Lydium Sardibus emebatur, quod nunc omittunt.

1 LVII. (xiii.) Cæruleum arena est. Hujus genera tria fuere antiquitus : Ægyptium, quod maxime probatur. Scythicum, hoc diluitur facile, quumque teritur, in iv colores mutatur, candidiorem nigrioremve et crassiorem tenuioremque. Præfertur huic etiamnum Cyprium. Accessit his Puteolanum et Hispaniense, arena ibi confici cœpta. Tingitur autem omne, et in sua coquitur herba, bibitque succum. Reliqua confectura eadem quæ chrysocollæ. Ex cæruleo fit, quod vocatur lomentum, perficitur id lavando terendoque : hoc est cæruleo candidius. Pretia ejus, x. x. in libras; cærulei, x. viii. Usus in creta, calcis 2 impatiens. Nuper accessit et Vestorianum ab auctore appellatum. Fit ex Ægyptii levissima parte : pretium ejus x. x. in libras. Idem et Puteolani usus, præterque ad fenestras : vocant cylon. Non pridem apportari et Indicum est cœptum, cujus pretium x. viii in libras. Ratio in pictura ad incisuras, hoc est, umbras dividendas ab lumine. Est et vilissimum genus lomenti, quidam tritum vocant, quinis assibus æstimatum. Cærulei sinceri experimentum in carbone, ut flagret : fraus, viola arida decocta in aqua, succoque per linteum expresso in cretam Eretriam. Vis 3 ejus in medicina, ut purget ulcera. Itaque et emplastris adjiciunt : item causticis. Teritur autem difficillime sil. In medendo leviter mordet, astringitque, et explet ulcera. Uritur in fictilibus, ut prosit. Pretia rerum, quæ usquam posuimus, non ignoramus alia in aliis locis esse, et omnibus pæne annis mutari, prout navigatione constiterint, aut ut quisque mercatus sit, aut aliquis prævalens manceps annonam flagellet : non obliti Demetrium a tota sepiasia Neronis principatu accusatum apud consules : poni tamen necessarium fuit, quæ plerumque erant Romæ, ut exprimeretur auctoritas rerum.

# NOTES DU TRENTE-TROISIÈME LIVRE.

(1) Quaqua secatur Vulg. — Qua calcatur Bamb.
(2) Tribuit, ut minima parte facilisque Vulg. — Tribuit, ut fruges, larga facilisque Bamb.
(3) Videatur, non natura. Parum Vulg. — Videatur, nomen ex auro custodiens. Parum Bamb.
(4) Prodigiosa Vulg. — Prodiga Bamb.
(5) Pictura ad aurum et argentum, quæ cælando Vulg. — Picturæ, et aurum argentumque cælando Bamb.
(6) Mutasse Vulg. — Emtitasse Bamb.
(7) Quarum mere ferreum id erat Vulg. — Quarum in more ferrei erant Bamb. (ferrent erat Monac. Cod). — De là M. Ian conjecture que *id* de Vulg. doit être omis.
(8) Potuere effici Bamb. — Effici om. Vulg.
(9) Ex Gallorum præda Bamb. — Ex om. Vulg.
(10) Quo facto tanta senatus indignatione exarsit, ut anulos ab eo abjectos fuisse in antiquissimis Vulg. — Quo facto tanta indignatione exarsit, ut anulos abjectos in antiquissimis Bamb. — M. Ian pense qu'il faut prendre la leçon de Bamb., en mettant *indignatio* au lieu d'*indignatione*; et, de fait, plus bas Pline dit que ce fut non pas le sénat, mais la noblesse, qui déposa ses anneaux.
(11) Les phalères étaient des colliers de gemmes ou de camées. Voyez A. de Longpérier, *Nouvelles Observations sur un ornement représenté au revers de quelques monnaies gauloises. Dissertation sur les phalères*, p. 17.
(12) P. Sempronio Longo Vulg. — Longo om. Bamb.
(13) Trecentis quatuor Vulg. — Ducentis quatuor Brotier. — Niebuhr, *Hist. R.*, I, p.,296, approuve ce chiffre. Bamb. a CCIII.
(14) In ferro Vulg. — In ferreo Bamb., Brotier.
(15) L'anneau de Samothrace, Samothracius anulus, était d'or, mais avait une tête en fer.
(16) Senatum tantum Vulg. — Tantum om. Bamb.
(17) Pecuniæ judices Vulg. — Pecuniæ indices Bamb.
(18) Nisi cui ingenuo ipsi, patre avoque paterno Vulg. — Nisi qui ingenuus ipse patre avo paterno Bamb. — Sedendi Vulg. — Sedisset Bamb.
(19) Natum Vulg. — Enatum Bamb.
(20) Tertiæ vires publicani Vulg. — Tertiæ sortis viri publicani Bamb. — M. Ian recommande la leçon de Bamb., en citant, de Pline, VII, 4 : Ejusdem sortis... puerum ; et VII, 49 : Tum diversæ sortis viri.
(21) « Ces derniers mots : qua de causa... adjici, ne sont qu'en partie confirmés par les médailles (Eckhel, VI, p. 126). » (Egger, *Examen critique des historiens anciens de la vie et du règne d'Auguste* ; Paris, 1844, p. 184.) « Cette dernière phrase semble l'addition de quelque copiste ignorant. Il est remarquable, en effet, que nous n'avons aucune inscription où l'on voie les chevaliers après le peuple et le sénat. » (Laboulaye, *Essai sur les lois criminelles des Romains* ; Paris, 1845, p. 224.)
(22) Qui ad equitatum trahebantur Vulg. — Qui id ab equitatu trahebant Bamb.
(23) Eo nomine appellari. Et causam quæ supra indicata est exponit invitosque etiamnum tamen Bamb., Editt. Vett., Sillig. — Tout cela est omis dans Vulg.
(24) Quas non habent externi Vulg. — Quas non dabant externis Bamb.
(25) Dedere civibus Vulg.— Dedere et civibus Bamb. — Non inveni : sed Vulg. — Non inveni equidem : sed Bamb.

(26) In Philippicis campis Vulg. — E Philippis (sic) campis Bamb.
(27) Ita hercules : idem enim tu, Brute Vulg. — At hercules, idem tu, Brute Edit. princeps.
(28) Fecit, ut habeant in lacertis jam pridem et viri Vulg. — Fecit. Habeant in lacertis jam quidem et viri Bamb. — Dardanum Vulg. — Dardanium Bamb.
(29) Latera, et inserta margaritarum pondera e collo Vulg. — Latera, et in secreto margaritarum sacculi e collo Bamb., Brotier.
(30) Librales.... appendebantur asses Vulg. — Libelirari (sic)... adpendebatur assis Bamb.
(31) Q. Fabio consule Vulg. — Q. Ogulnio, C. Fabio coss. Bamb., Brotier, Sill. — Q. Ogulnius et C. manquent dans Vulg. — Æris, quinarium Vulg. — Æris valere, quinarium Bamb.
(32) Nota argenti Vulg. — Notæ argenti Bamb. — Papiriana Vulg. — Papiria Bamb.
(33) Au lieu de DCCCC, Bamb. a CCCC. J'ai rapporté ce chiffre différent, parce que le passage actuel a été la croix des commentateurs. D'après Hardouin, neuf cents exprime le gain que fit l'État en donnant au scrupule d'or la valeur de vingt sesterces.
(34) Hæc paulatim Vulg. — Nec paulatim Bamb., Brotier.
(35) Usum in omnibus Vulg. — Usum vasis in omnibus Bamb., Brotier. — Summæ apud Vulg. — Summa apud Bamb.
(36) Antonius apud nos in contumeliam naturæ vilitatem auro fecit, proscriptione dignum, sed Spartaci Vulg. — Antonius solus contumeliæ naturæ utilitatem auro fecit, o dignum proscriptionem (sic), sed Spartaci Bamb. — Sophus, au lieu de solus, est donné par le ms. de Munich, qui a aussi contumelia. Sophus est recommandé par M. Ian. J'ai, du reste, pris la leçon de Bamberg, qui seule donne du trait à cette phrase, et qui par conséquent s'accommode très-bien de *sophus*.
(37) Argenti XII M. pondo annua Vulg. — Argenti octingena millia pondo annua Bamb. — M. Ian, remarquant que le ms. de Voss. a *aut annua*, pense que *aut* doit être pour XVI. 50 fois 16 faisant 800, sa conjecture, combinée avec la leçon de Bamberg, me paraît très-sûre.
(38) Nam Midas Vulg. — Jam Midas Cod. Victor., Brotier.
(39) Salauces et Esubopes Vulg. — Saulaces Æetæ sobolis Bamb. — Sesostre Vulg. — Sesostri Bamb.
(40) Arbitrentur Vulg. — Arbitrarentur Bamb. — Argenteis vasis Vulg. — Argenteis hastis Vet. Dalech., Gronov., Brotier.
(41) VII pondo Vulg. — VII C pondo Brot. — IX quam Vulg. — IX C quam Bamb. — Brotier.
(42) Quod Tiridati Vulg. — Quo Tiridati Bamb.
(43) Urbis in civ.li Vulg. — Urbis civili Bamb.
(44) XXV M. Vulg. — XV M. Bamb., Brotier.
(45) Perseo victo Vulg. — Perseo rege victo Bamb.
(46) Inaurasset primus. XIX. Inventores Vulg. — Inaurasset. XIX. Primos inventores Bamb.
(47) Igni indomitum Vulg. — Ligni indomitum Bamb.
(48) Massas, quod super Vulg. — Massas. Super Bamb.

(49) Talem qualem Vulg. — Talem om. Bamb., Brotier, Sillig.
(50) Gryphis Vulg. — Grypis Bamb.
(51) Montium. Quare utraque Vulg. — Montium quæritur. Utraque Bamb.
(52) Gummi inventum est in summo cespite, alutatium si et auro ea tellus subest Vulg. — Cum ita inventum est in summo cæspite, talutium vocant, si et aurosa tellus subest Bamb.
(53) Farinam ac pilis cudunt. Vocant argentum Vulg. — Farinam apitascudem vocant argentum Bamb. — M. Ian remarque que Pline ne se sert jamais de la locution *pilis cudere*; que, de plus, ce qui a été *moulu* n'a plus besoin d'être *pilé* dans un mortier; qu'enfin le texte de Vulg. dit : *vocant argentum*. Or, la matière en question n'est pas seulement nommée argent; elle est en effet de l'*argent*, comme Pline le dit lui-même un peu plus bas (chap. XXIII). En conséquence il recommande la leçon *apitascudem* de Bamb., ou *apitascudem* d'autres mss., qui est sans doute quelque nom barbare, comme plus haut *alutatium*.
(54) Afflatum Vulg. — Flatum Bamb.
(55) Le fer était nommé *arruzi* dans l'ancien haut allemand; voyez Grimm, *Gesch. der teutschen Sprache*, t. I, p. 10; Leipsig, 1848. Je fais ce rapprochement, parce que l'on sait que les noms des métaux permutaient entre eux dans les langues européennes, témoin æs, cuivre, et Eisen, fer.
(56) Atque purpuras Bamb. — Ces mots sont omis dans Vulg.
(57) Fracturis CL libras fere agentibus Vulg. — Fractariis CL libras ferri agentibus Bamb. — Cette leçon est confirmée par *iisdem malleis*, qui se trouve quelques lignes plus bas.
(58) Fossa Vulg. — Fossor Bamb.
(59) Voce ictuve Vulg. — Voce, nutu Bamb.
(60) Les éditions et les mss. portaient *incendia*. Gronovius conjectura *impendia*, conjecture adoptée par Hardouin, confirmée par Bamberg.
(61) Credo : nimirum et hic labor est. Præcepisse libramentum oportet, ut furat is qua influat Vulg. — Credo. Mille et hic labores : præceps esse libramentum oportet, ut ruat verius quam fluat Bamb. (Sillig, sauf *isse* au lieu de *esse* ).
(62) Convallis Vulg. — Convalles Bamb.
(63) Itaque insistentis vestigiis hominis locus non est. Manus trahunt omne vitium in sportis. Id genus terræ urium vocant Vulg. — Quaque insistentis vestigiis hominis locus non est, amnes trahuntur ab homine. Vitium lavandi, et si fluens amnis lutum importet; id genus terræ urium vocant Bamb. ( Sillig, sauf *manes* au lieu de *amnes*; il dit que Bamberg a *manes*, et que *amnes* est une conjecture due à M. Ian : il n'en est rien; la collation de M. Ian porte *amnes*).
(64) Ducuntur Vulg. — Ducunt Bamb. — Ducentos Vulg. — Ducenos Bamb.
(65) Suspenduntur, canali ita profluente de terra in mare. His de causis Vulg. — Suspenduntur. Canali ita profluens terra in mare labitur, ruptusque mons diluitur, ac longe terras his de causis Bamb., Sillig.
(66) Perseverat, donné par Bamb., manque dans Vulg.
(67) Quinque millibus Vulg. — Quinque millia Bamb.
(68) Dena Vulg. — Decuma Bamb.
(69) Bamb. lit albucrarense.
(70) Scrobes Vulg. — Scobes Bamb.
(71) Leviter Vulg. — Leniter Bamb.
(72) In junio et julio Vulg. — In om. Bamb.
(73) On ne sait ce que sont le scytane et le turbyste.
(74) Ut colorem Bamb. — Ut om. Vulg.
(75) Appellatam similiter utentes Vulg. — Appellatas similiter virentes Bamb.

(76) Alia ...alia Vulg. — Alias ...alias Bamb.
(77) Alumen alba finem Vulg. — Alumen nullam finem Bamb.
(78) In vasis vestibus injectis. Sed ut ipsum Vulg. — In vasis : ita vitiis abjectis, ut ipsum Editt. Vett.
(79) Stibium Vulg. — Stibi Bamb.
(80) Defluentem Vulg. — Profluentem Bamb.
(81) Efficacior Vulg. — Efficacissime Bamb. — Inspersus Vulg. — Inspersa Bamb.
(82) In quo Vulg. — In quod Bamb. — Spongiaque Vulg. — Spongea (sic) ve Bamb. — Linteolo Vulg. — Linteo Bamb.
(83) E plumbi Bamb. — E om. Vulg.
(84) Denigrent Vulg. — Denigret Bamb.
(85) Talibusque emplastris supra dictis ignes etiam Vulg. — Talibusque emplastris additur et liparis supra dictis. Ignes etiam Bamb. ( Sillig, qui om. *que*).
(86) 249 dans les anciennes éditions, 349 d'après Barbarus et Brotier, 439 d'après Casaubon ad Theophr. *Charact.*, et Clinton, *Fasti Hellen.*, Oxon.; 1824, p. 1824. — Arena rubente Vulg. — Arenæ rubenti Bamb.
(87) Faciunt Vulg. — Faciant Bamb.
(88) Minium quidam, cinnabari Vulg. — Miniumque cinnabarim Bamb.
(89) Cinnabarin Vulg. — Cinnabarim Bamb., Sillig.
(90) Existimatur Vulg. — Existimabatur Bamb.
(91) Fucatum enim Bamb. — Enim om. Vulg.
(92) Voluminibus Vulg. — Voluminum Bamb.
(93) Fortassis, illito capite ventreve, sanguinem sistendum Vulg. — Fortassis inlito capiti ventrive sanguinem sistit Bamb. — Illitum est donné par les anciennes éditions.
(94) Rapuerint Vulg. — Rapuerunt Bamb.
(95) Posse creditum fuerat. Id quoque jam Vulg. — Posse credimus; fuerat id integrum, sed id quoque jam Bamb.
(96) Claritas materiæ excipientis umbram Vulg. — Claritate materiæ accipientis umbram Bamb. — M. Ian accepte la leçon de Bamb., en changeant *umbram* en *umbra*.
(97) Praxiteles Vulg. — Pasiteles Bamb., Sillig.
(98) Tingit et Ægyptus Vulg. — Et om. Bamb. — Anubem Vulg. — Anubim Bamb.
(99) Atque in memoriam quidem optimum occupavit : juvat enim insectari inexplebilem istam habendi cupidinem. Multos postea Vulg. — Atque ut memoriam quidem opum occupaverit, juvat enim insectari inexplebilem istam habendi cupidinem, multos postea Bamb,. Sillig.
(100) Nobilem illam Vulg. — Nobiles illas Bamb.
(101) Senectuti suæ in delectu. — In delectu senectuti suæ Bamb., Brotier.
(102) Mira Vulg. — Mire Bamb.
(103) Les anaglyptes ou anaglyphes sont des vases ciselés en relief. Quant à la peinture des lignes, je ne comprends que vaguement ce que Pline a voulu dire par là.
(104) Imponimus, et ad Vulg. — Et om. Bamb. — Sillig a supprimé *in* devant *mensas*, d'après Ciacc., Tricl., p. 146. *In* manque dans certains mss., et entre autres dans Bamb. Pour moi, j'ai gardé le texte de Vulg., sous-entendant *vasa argentea* avec *imponimus*. Le *repositorium* était un ustensile où l'on plaçait les mets que l'on servait. Voyez la description d'un *repositorium* dans Pétrone, *Sat.*, p. 117.
(105) Interradimus latera : et interest quam plurimum Vulg. — Interradimus alia ut quam plurimum Bamb.
(106) Quod XII pondo argenti habuisset Vulg. — XII pondo argenti habuisse Bamb.
(107) DCCCL Vulg. — CCL Bamb.
(108) Angulis Vulg. — Angulos Bamb.
(109) Appellata stateras, et lances Vulg. — Appellata, tum a stateris et lances Bamb.

(110) Furuit Vulg. — Furit Bamb., Brotier.
(111) Ut et liberet Bamb., Sillig. — Et om. Vulg.
(112) Catillis Vulg. — Catellis Bamb.
(113) In auro Vulg. — In om. Bamb.
(114) Varro set (sic) æreum Bamb. — *Set* se décompose en *se et*; *se* manque dans Vulg. — Ab eo in admiratione Vulg. — In om. Codd. Regg, I, II, Sillig.
(115) Bacchæ centaurique cælati in scyphis Vulg. — Bacchas centaurosque cælati scyphi Sillig. — Cette leçon s'appuie sur Bamb., qui a : *Centauros bacchasque cælati scyphi*. — Et Silenum Vulg. — Et om. Bamb., Sillig. — Venatus Vulg. — Venatio Bamb.
(116) Praxiteles Vulg. — Pasiteles Bamb., Sillig.
(117) Voyez, pour les variantes et les conjectures relatives à ce nom manifestement altéré, l'article *Lædus* dans l'*Index* des artistes, à la fin de ce volume.
(118) Binæ Vulg. — Duæ Bamb., Sillig. — D'après Brotier, *duæ unciæ* signifient non deux onces en poids, mais deux pouces en dimension. Le fait est que l'expression latine se prête à cette double interprétation.
(119) Exempla Vulg. — Exemplaria Bamb, Sillig.
(120) Usque adeo attritis Vulg. — Usuque attritis Bamb.
(121) Vulg. a *Syrico* et *Syro*. Les anciennes éditions ont *Scyrico* et *Scyro*, leçon confirmée par Bamb., qui a *Styrico* et *Styro*.
(122) Et quoniam Bamb. — Et om. Vulg.
(123) Obmutuit Vulg. — Omittunt Edit. Princeps, Brotier, Sillig.
(124) Et crassiorem tenuioremque Bamb. — Ces mots, qui sont dans l'édition Princeps, que Sillig a reçus (*crassiorem tenuioremve*), et qui sont nécessaires, manquent dans Vulg.
(125) Terendove Vulg. — Terendoque Bamb.
(126) Cœlon Vulg. — Cylon Bamb.
(127) Navigationes Vulg. — Navigatione Bamb.

# LIVRE XXXIV.

I. (1.) Parlons maintenant des mines de cuivre, métal placé au troisième rang pour la valeur et pour l'usage. Encore estime-t-on l'airain de Corinthe plus que l'argent, et, peu s'en faut, plus que l'or même. Le nom de cuivre reste aussi consacré dans la finance, comme nous l'avons dit (XXXIII, 13 et 48). De là les expressions *æra militum* (solde des soldats), *tribuni ærarii* (tribuns du trésor), *ærarium* (trésor public), *obærati* (obérés), *ære diruti* (soldats privés de leur paye par punition). Nous avons indiqué (XXXIII, 13) combien de temps le peuple romain employa seulement le cuivre comme monnaie. D'ailleurs, un autre fait antique atteste pour ce métal une estime contemporaine de Rome : c'est que le troisième collége établi par le roi Numa fut composé des fondeurs de cuivre.

II. Le filon étant exploité comme pour les métaux précédents, on soumet le minerai à l'action du feu. Le cuivre se tire encore d'une pierre cuivreuse appelée cadmie (XXXIV, 22). On renomme le cuivre d'outre-mer (1). On renommait jadis celui de la Campanie, qui a cédé la prééminence au cuivre du territoire de Bergame, à l'extrémité de l'Italie. On dit même que depuis peu il en a été trouvé dans la province Germanique. (II.) On en obtient aussi de la pierre dite chalcitis (2), dans l'île de Chypre, où s'est faite la découverte du cuivre. Bientôt le cuivre de Chypre tomba dans le discrédit, parce qu'il s'en rencontra de supérieur en d'autres pays, surtout l'aurichalcum (3), qui fut longtemps le meilleur et le plus recherché. Il y a bien des années qu'on ne trouve plus d'aurichalcum, la terre étant épuisée. Après celui-là le meilleur cuivre a été le Sallustien, qu'on tirait du territoire des Centrons, dans les Alpes; il ne dura guère lui-même, et il fut remplacé par le cuivre Livien, dans les Gaules. L'un et l'autre avaient été dénommés d'après les propriétaires de la mine : le premier, d'après Salluste, ami du dieu Auguste; le second, d'après la femme de ce prince. Le cuivre Livien a bientôt manqué; cette mine est, en effet, aujourd'hui du plus mince rapport. Maintenant toute la vogue s'est portée vers le cuivre Marien (4), appelé aussi cuivre de Cordoue; après le cuivre Livien, c'est celui qui absorbe le mieux la cadmie, et il approche, dans les sesterces et les doubles as, de l'excellente qualité de l'aurichalcum : quant aux as, on n'y emploie que le cuivre de Chypre. Telles sont les espèces renommées de cuivre naturel.

III. Les autres espèces sont artificielles (5). J'en traiterai en lieu et place, indiquant cependant tout d'abord la plus célèbre. Autrefois le cuivre était mêlé à l'or et à l'argent, et cependant le travail était plus précieux que la matière. Aujourd'hui on ne saurait dire lequel vaut le moins. Chose singulière! tandis que le prix des ouvrages n'a plus de bornes, la dignité de l'art est anéantie. Et en effet (6), on s'est mis à exercer, comme tout le reste, pour l'amour du gain un art qui jadis ne s'exerçait que pour la gloire; aussi

## LIBER XXXIV.

I. (1.) Proxima dicantur æris metalla, cui et in usu proximum est pretium : immo vero ante argentum, ac pæne etiam ante aurum, Corinthio. Stipis quoque auctoritas, ut diximus. Hinc æra militum : tribuni ærarii et ærarium, obærati et ære diruti. Docuimus, quamdiu populus romanus ære tantum signato usus sit. Sed et alia vetustas æqualem Urbi auctoritatem ejus declarat, a rege Numa collegio tertio ærariorum fabrum instituto.

II. Vena quo dictum est modo effoditur, ignique perficitur. Fit et e lapide æroso, quem vocant cadmiam. Celebritas trans maria, et quondam in Campania, nunc in Bergomatium agro, extrema parte Italiæ; feruntque nuper etiam in Germania provincia repertum. (II.) Fit et ex alio lapide, quem chalcitim vocant in Cypro, ubi prima fuit æris inventio : mox vilitas præcipua, reperto in aliis terris præstantiore, maximeque aurichalco, quod præcipuam bonitatem admirationemque diu obtinuit. Nec reperitur longo jam tempore, effeta tellure. Proximum bonitate fuit Sallustianum in Centronum Alpino tractu, non longi et ipsum ævi : successitque ei Livianum in Gallia. Utrumque a metallorum dominis appellatum : illud ab amico divi Augusti; hoc a conjuge, velocis defectus. Livianum quoque certe admodum exiguum invenitur. Summa gloria nunc in Marianum conversa, quod et Cordubense dicitur. Hoc a Liviano cadmiam maxime sorbet, et aurichalci bonitatem imitatur in sestertiis dupondiariisque, Cyprio suo assibus contentis. Et hactenus nobilitas in ære naturalis se habet.

III. Reliqua genera cura constant, quæ suis locis reddentur, summa claritate ante omnia indicata. Quondam æs confusum auro argentoque miscebatur, et tamen ars pretiosior erat : nunc incertum est pejor hæc sit, an materia : mirumque, quum ad infinitum operum pretia creverint, auctoritas artis exstincta est. Quæstus enim causa, ut omnia, exerceri cœpta est, quæ gloriæ solebat. Ideo

était-il attribué aux dieux, alors que les chefs même des nations cherchaient la gloire par cette voie. Le procédé pour fondre le bronze précieux est tellement perdu, que depuis longtemps c'est à peine si le hasard donne quelquefois (7) ce que l'art donnait toujours. De ces airains renommés dans l'antiquité, celui de Corinthe est le plus recherché; le hasard en fit l'alliage dans l'embrasement qui suivit la prise de cette ville. La passion de bien des gens pour cet airain a été surprenante; car on rapporte que la seule cause pour laquelle Antoine proscrivit (8) Verrès, que Cicéron avait fait condamner, fut que Verrès avait refusé de lui céder ses bronzes de Corinthe. Pour moi, je pense que la plupart n'affectent de se connaître en airain de Corinthe que pour se distinguer, et qu'au fond ils n'y entendent pas plus que les autres; je vais le prouver en peu de mots. Corinthe fut prise la troisième année de la 158ᵉ olympiade (9), l'an de Rome 608; or, plus d'un siècle avant il avait cessé d'y avoir de ces statuaires célèbres dont aujourd'hui toutes les statues sont dites en airain de Corinthe. C'est pourquoi, pour réfuter nos prétendus connaisseurs, je marquerai l'époque des artistes, et, par la correspondance que je viens d'indiquer, il sera facile de passer des olympiades aux années de Rome. Il n'y a vraiment d'airain de Corinthe que les vases transformés par nos élégants tantôt en plats, tantôt en lampes et tantôt en cuvettes, sans égard pour ces objets précieux. On a trois espèces d'airain de Corinthe : le blanc, qui approche tout à fait de l'éclat de l'argent, parce que la proportion de ce métal y a dominé; le second, où la couleur jaune de l'or a prévalu; le troisième, où les trois métaux sont alliés par parties égales. Il est encore une quatrième espèce d'airain, dont on ne peut rendre raison, bien que la main de l'homme en fasse l'alliage; mais la fortune y a aussi une part (10) : cet airain, précieux pour les diverses espèces de statues, a la teinte du foie, et pour cela il est nommé hepatizon; de beaucoup inférieur à l'airain de Corinthe, il l'emporte cependant sur ceux d'Égine et de Délos, qui longtemps ont tenu le premier rang.

IV. L'airain le plus anciennement célèbre fut celui de Délos. On venait de tous les côtés de la terre aux marchés de cette île, dont les fabricants l'employaient à faire des pieds et des supports de lits de table. Ce fut par là qu'il fut d'abord mis en vogue, puis il s'éleva aux statues des dieux et aux effigies des hommes et des animaux.

V. L'airain d'Égine eut ensuite le plus de renom. Égine est une île qui ne produit pas d'airain, mais qu'ont rendue célèbre les alliages préparés dans ses ateliers. C'est là que fut pris le bœuf d'airain placé aujourd'hui dans le forum Boarium à Rome. Il peut servir d'échantillon pour l'airain d'Égine. Un échantillon pour celui de Délos est le Jupiter placé au Capitole, dans le temple de Jupiter Tonnant. Miron employait l'airain d'Égine, Polyclète celui de Délos. Contemporains et condisciples, leur rivalité s'étendait jusqu'à la matière dont ils se servaient.

VI. (III.) À Égine on ne travaillait spécialement que les bobèches des candélabres, comme à Tarente les fûts; ainsi deux fabriques en partageaient l'honneur. On n'a pas honte de mettre à des chandeliers un prix égal à la solde d'un tribun militaire; des chandeliers, dont le nom vient évidemment de chandelle. Un de ces chandeliers fut vendu avec un singulier acces-

---

etiam deorum adscripta operi, quum proceres gentium claritatem et hac via quæererent : adeoque exolevit fundendi æris pretiosi ratio, ut jamdiu ne fortuna quidem in ea jus artis habeat. Ex illa autem antiqua gloria Corinthium maxime laudatur : hoc casus miscuit, Corintho, quum caperetur, incensa : mireque circa id multorum affectatio fuit : quippe quum tradatur, non alia de causa Verrem, quem Cicero damnaverat, proscriptum esse ab Antonio, quam quod Corinthiis se ei cessurum negavisset. At mihi major pars eorum simulare eam scientiam videtur, ad segregandos se a cæteris magis, quam intelligere aliquid ibi subtilius : et hoc paucis docebo. Corinthus capta est Olympiadis CLVIII anno tertio, nostræ Urbis DCVIII : quum ante sæcula fictores nobiles esse desissent, quorum ista omnia signa hodie Corinthia appellant. Quapropter ad coarguendos eos ponemus artificum ætates. Nam Urbis nostræ annos ex supradicta comparatione Olympiadum colligere facile erit. Sunt ergo vasa tantum Corinthia, quæ isti elegantiores modo in esculenta transferunt, modo in lucernas, aut trulleos, nullo munditiarum respectu. Ejus tria genera : candidum, argento nitore quam proxime accedens, in quo illa mixtura prævaluit : alterum, in quo auri fulva natura : tertium, in quo æqualis omnium temperies fuit. Præter hæc est, cujus ratio non potest reddi, quanquam hominis manu, sed et ad fortunam temperatur; simulacris signisque illud suo colore pretiosum, ad jocineris imaginem vergens, quod ideo hepatizon appellant, procul a Corinthio : longe tamen ante Ægineticum atque Deliacum, quæ diu obtinuere principatum.

IV. Antiquissima æris gloria Deliaco fuit, mercatus in Delo concelebrante toto orbe, et ideo cura officinis, tricliniorum pedibus fulcrisque. Ibi prima nobilitas æris. Pervenit deinde ad deum simulacra, effigiemque hominum, et aliorum animalium.

V. Proxima laus Æginetico fuit. Insula et ipsa, nec æs gignens, sed officinarum temperatura nobilitata. Bos æreus inde captus in foro boario est Romæ. Hoc erit exemplar Æginetici æris : Deliaci autem Jupiter in Capitolio in Jovis Tonantis æde. Illo ære Myron usus est, hoc Polycletus, æquales atque condiscipuli. Æmulatio iis et in materia fuit.

VI. (III.) Privatim Ægina candelabrorum superficiem dumtaxat elaboravit, sicut Tarentum scapos. In his ergo juncta commendatio officinarum est. Nec pudet tribunorum militarium salariis emere, quum ipsum nomen a candela-

soire: le crieur public Théon fit un lot de ce chandelier et de l'esclave Clésippe, foulon de son métier, bossu d'ailleurs et désagréable à voir. Gegania (11) acheta le lot 50,000 sesterces (10,500 f.); elle fit parade à table de son emplette, et exposa cet esclave, nu, à la risée des convives ; puis, saisie d'une passion effrénée, elle le reçut dans son lit, et, bientôt après, dans son testament. Devenu immensément riche, Clésippe révéra ce chandelier comme une divinité : nouveau contingent aux histoires sur l'airain de Corinthe. Toutefois les mœurs furent vengées : il fit élever à la défunte un magnifique mausolée, qui gardera éternellement au-dessus du sol le souvenir de l'infamie de Gegania. Si on donne généralement à ces candélabres le nom de candélabres de Corinthe, quoiqu'il soit constant qu'aucun n'est de Corinthe, c'est qu'on se rappelle que Mummius (XXXIII, 53) détruisit cette ville; mais on oublie que sa victoire dispersa en même temps les bronzes provenant de (12) plusieurs villes de l'Achaïe.

1 VII. Les anciens faisaient en airain les seuils même et les portes des temples. Je trouve que Cnéius Octavius, qui fut décoré du triomphe naval pour avoir vaincu Persée ( an de Rome 586 ), fit élever au cirque Flaminien un double portique appelé Corinthien, parce que les chapiteaux des colonnes étaient d'airain. Je trouve encore que le temple même de Vesta fut couvert d'airain de Syracuse. C'est également en airain de Syracuse que sont les chapiteaux des colonnes du Panthéon placés par M. Agrippa. Les particuliers opulents ont aussi employé ce genre de luxe. Le questeur Sp. Carvilius, entre autres chefs d'accusation, reprocha à Camille d'avoir des portes d'airain à sa maison.

VIII. Quant aux lits de table, aux buffets 1 et aux monopodes en airain, ce fut, selon L. Pison, Cn. Manlius qui, après sa conquête de l'Asie, les apporta (13) le premier lors de son triomphe, qui eut lieu l'an de Rome 567. D'après Valérius Antias, L. Crassus, héritier de l'orateur L. Crassus, vendit beaucoup de ces lits garnis d'airain. On fabriquait en airain des chaudières de trépieds nommées delphiques, parce qu'on en faisait surtout des offrandes à Apollon de Delphes. Les lustres, soit suspendus, soit portant les lumières comme les arbres leurs fruits, plaisaient aussi dans les temples. Tel est celui du temple d'Apollon Palatin, qu'Alexandre le Grand avait enlevé lors de la prise de Thèbes, et consacré au même dieu dans la ville de Cyme.

IX. (IV.) L'art ensuite se mit communément 1 à représenter les dieux. Je trouve que la première statue en bronze, faite à Rome, est celle de Cérès ; les frais en furent pris sur le pécule de Sp. Cassius, qui, aspirant à la royauté, fut mis à mort par son père. Des statues des dieux l'airain passa aux statues et à la représentation des hommes, de diverses façons. Les anciens leur donnaient une teinte avec du bitume, ce qui rend d'autant plus surprenant qu'ensuite on se soit plu à les dorer. Je ne sais si cette dernière invention est (14) romaine ; toujours est il qu'à Rome même elle n'est pas ancienne. On ne faisait ordinairement de représentations que d'hommes méritant l'immortalité par quelque action éclatante. Ce fut d'abord pour les victoires dans les jeux sacrés, et surtout les jeux Olympiques. Là il était d'usage de consacrer la statue de tous ceux qui avaient remporté un prix. Quant à ceux 2 qui avaient vaincu trois fois, on leur érigeait

---

2 rum lumine impositum appareat. Accessio candelabri talis fuit : Theonis jussu præconis Clesippus fullo, gibber præterea et alio fœdus aspectu : emente id Gegania sestertiis quinquaginta ; eademque ostentante convivio emtum, ludibrii causa nudatus, atque impotentia libidinis receptus in torum, mox in testamentum, prædives, numinum vice illud candelabrum coluit, et hanc Corinthiis fabulam adjecit : vindicatis tamen moribus nobili sepulcro, per quod æterna supra terras Geganiæ dedecoris memoria duraret. Sed quum esse nulla Corinthia candelabra constet, nomen id præcipue in his celebratur, quoniam Mummii victoria Corinthum quidem diruit, sed e compluribus Achaiæ oppidis simul æra dispersit.

1 VII. Prisci limina etiam ac valvas ex ære in templis factitavere. Invenio et a Cn. Octavio, qui de Perseo rege navalem triumphum egit, factamque porticum duplicem ad Circum Flaminium, quæ Corinthia sit appellata a capitulis æreis columnarum. Vestæ quoque ædem ipsam Syracusana superficie tegi placuisse. Syracusana sunt in Pantheo capita columnarum a M. Agrippa posita. Quin etiam privata opulentia eo modo usurpata est. Camillo inter crimina objecit Sp. Carvilius quæstor, quod ærata ostia haberet in domo.

VIII. Nam triclinia ærata, abacosque, et monopodia 1 Cn. Manlium Asia devicta primum invexisse triumpho suo, quem duxit Urbis anno DLXVII, L. Piso auctor est. Antias quidem L. Crassum hæredem L. Crassi oratoris, multa etiam triclinia ærata vendidisse. Ex ære factitavere et cortinas tripodum nomine Delphicas, quoniam donis maxime Apollinis Delphici dicabantur. Placuere et lychnuchi pensiles in delubris, aut arborum modo mala ferentium lucentes : qualis est in templo Apollinis Palatini, quod Alexander Magnus Thebarum expugnatione captum in Cyme dicaverat eidem deo.

IX. (IV.) Transiit deinde ars ubique vulgo ad effigies deo- 1 rum. Romæ simulacrum ex ære factum Cereri primum reperio ex peculio Sp. Cassii, quem regnum affectantem pater ipsius interemerat. Transiit et ab diis ad hominum statuas atque imagines multis modis. Bitumine antiqui tinguebant eas, quo magis mirum est placuisse auro integere. Hoc nescio an romanum fuerit inventum : certe etiam Romæ non habet vetustatem. Effigies hominum non solebant exprimi, nisi aliqua illustri causa perpetuitatem merentium, primo sacrorum certaminum victoria, maximeque Olympiæ : ubi omnium qui vicissent, statuas dicari mos erat. Eorum vero, qui ter ibi superavissent, ex membris 2

une statue qui était leur portrait : ce genre de statues est appelé iconique. Je ne sais si ce ne sont pas les Athéniens qui les premiers ont dressé des statues aux frais du public, et cela à l'occasion des tyrannicides Harmodius et Aristogiton. Le meurtre d'Hipparque eut lieu l'année où les rois furent chassés de Rome. Par une émulation honorable, cet usage a été ensuite universellement adopté. Les places publiques de toutes les villes municipales se sont ornées de statues ; le souvenir des personnages s'est perpétué, et l'on a inscrit le détail de leurs fonctions, que la postérité lira sur le socle de leurs statues, et non plus seulement sur leurs tombeaux. Bientôt les maisons particulières et les atrium sont devenus autant de places publiques, et les clients se sont mis à honorer ainsi leurs patrons.

1 X. (v.) Anciennement les statues étaient dédiées revêtues de la toge ; on eut ensuite le goût des figures nues tenant une pique, d'après les statues d'éphèbes de gymnases, qui sont nommées Achilléennes. La coutume des Grecs est de ne rien voiler ; mais, au contraire, l'usage romain et militaire est de mettre une cuirasse aux statues. César, étant dictateur, se laissa dédier dans son forum une statue cuirassée. Quant aux statues couvertes à la manière des Luperques, elles sont d'aussi fraîche date que celles qu'on vient de produire en public vêtues d'un manteau. Mancinus s'en fit faire une dans le costume 2 qu'il portait lorsqu'il fut livré (15). Des écrivains ont remarqué que le poëte L. Accius se fit dresser dans le temple des Muses une statue très-grande, quoiqu'il fût très-petit. Les statues équestres sont en recommandation chez les Romains, qui, sans contredit, ont reçu cet usage des Grecs. Mais en Grèce on n'en érigeait qu'aux vainqueurs dans les jeux sacrés, pour la course à cheval ; puis on en érigea aux vainqueurs dans la course des chars à deux chevaux ou à quatre chevaux. De là l'usage chez nous des chars pour les statues des triomphateurs. Cet usage n'est venu que tard ; et parmi ces chars c'est le dieu Auguste qui le premier a fait figurer des chars à six chevaux et des chars traînés par des éléphants.

XI. Il n'y a pas longtemps non plus qu'on a [1] représenté sur un char à deux chevaux ceux qui, après leur préture, avaient fait en char le tour du Cirque. L'usage des colonnes est plus ancien ; témoin la colonne en l'honneur de C. Mænius, vainqueur des anciens Latins, auxquels, suivant un traité, le peuple romain (16) donnait le tiers du butin. Ce fut lui qui, dans son consulat, l'an de Rome 416, fixa à la tribune aux harangues les éperons des vaisseaux pris sur les Antiates. On [2] éleva aussi une colonne à C. Duillius, qui le premier triompha pour une bataille navale gagnée sur les Carthaginois ( an de Rome 493), colonne subsistant encore aujourd'hui dans le Forum. Une colonne fut élevée à P. Minucius, préfet des grains, hors de la porte Trigémine, à l'aide d'une cotisation d'un douzième (xviii, 4) : je crois que c'est le premier honneur de cette espèce accordé par le peuple ; auparavant il l'avait été par le sénat, récompense éclatante si elle n'avait eu un commencement frivole. Quant à la statue d'Attus Navius (xv, 20, 3), elle était devant le palais du sénat ; la base en fut brûlée lors de l'incendie de ce palais, aux funérailles de Publius Clodius. Une statue fut érigée par décret public dans la place des Comices, en l'honneur d'Hermodore d'Éphèse, traducteur, pour les décemvirs, des lois qu'ils rédigeaient. Une autre cause, un autre titre firent dresser à M. Horatius Coclès la statue qui subsiste encore aujourd'hui : ce fut d'a-

---

ipsorum similitudine expressa, quas iconicas vocant. Athenienses nescio an primi omnium Harmodio et Aristogitoni tyrannicidis publice posuerint statuas. Hoc actum est eodem anno, quo et reges Romæ pulsi. Excepta deinde res est a toto orbe terrarum humanissima ambitione. Et jam omnium municipiorum foris statuæ ornamentum esse cœpere, prorogarique memoria hominum, et honores legendi ævo basibus inscribi, ne in sepulcris tantum legerentur. Mox forum et in domibus privatis factum atque in atriis. Honos clientum instituit sic colere patronos.

1 X. ( v. ) Togatæ effigies antiquitus ita dicabantur. Placuere et nudæ tenentes hastam, ab ephœborum e gymnasiis exemplaribus, quas Achilleas vocant. Græca res est, nihil velare : at contra romana ac militaris, thoracas addere. Cæsar quidem dictator loricatam sibi dicari in foro suo passus est. Nam Lupercorum habitu factæ, tam novitiæ sunt, quam quæ nuper prodiere pænulis indutæ. Manci- 2 nus eodem habitu sibi statuit, quo deditus fuerat. Notatum ab auctoribus, et L. Accium poetam in Camenarum æde maxima forma statuam sibi posuisse, quum brevis admodum fuisset. Equestres vero statuæ romanam celebrationem habent, orto sine dubio a Græcis exemplo. Sed illi celetas tantum dicabant in sacris victores. Postea vero et qui bigis, vel quadrigis vicissent. Unde et nostri currus nati in his qui triumphavissent. Serum hoc, et in his non nisi a divo Augusto sejuges, sicut et elephanti.

XI. Non vetus et bigarum celebratio in his qui prætura 1 functi curru vecti essent per Circum. Antiquior columnarum, sicut C. Mænio, qui devicerat priscos Latinos, quibus ex fœdere tertias prædæ populus romanus præstabat, eodemque in consulatu in suggestu Rostra devictis Antiatibus fixerat anno Urbis cccxvi. Item Caio Duillio, qui 2 primus navalem triumphum egit de Pœnis, quæ est etiam nunc in foro. Item P. Minucio præfecto annonæ, extra portam Trigeminam, unciaria stipe collata, nescio an primo honore tali a populo, antea enim a senatu erat : præclara res, nisi frivolis cœpisset initiis. Namque et Atti Navii statua fuit ante Curiam, cujus basis conflagravit Curia incensa Publii Clodii funere. Fuit et Hermodori Ephesii in comitio, legum, quas decemviri scribebant, interpretis, publice dicata. Alia causa, alia auctoritas, M. Horatii Coclitis sta-

voir seul repoussé du pont Sublicius les ennemis. Je ne suis pas surpris non plus qu'on en ait élevé à la Sibylle près de la tribune aux harangues, et même trois : une, placée par Sextus Pacuvius Taurus, édile du peuple, et deux par M. Messala. Je croirais que celles-ci et celle d'Attus Navius, posées du temps de Tarquin l'Ancien, furent les premières, si dans le Capitole il n'y en 3 avait pas des rois qui l'ont précédé. (VI.) Entre ces dernières, les statues de Romulus et de Tatius (17) sont sans tunique, ainsi que celle de Camille, dans la place aux harangues. La statue équestre de Q. Marcius Trémulus, devant le temple des Castors (18), était vêtue de la toge : il avait vaincu deux fois les Samnites, et, par la prise d'Anagnia, affranchi le peuple de l'impôt pour la solde militaire. Entre les plus anciennes statues sont celles de Tullus Clœlius, de Lucius Roscius, de Spurius Nautius, de C. Fulcinius, tous tués par les Fidénates dans leur ambassade : elles sont dans la place aux harangues. La république décernait ordinairement cet honneur à tout Romain mis à mort contre le droit des gens ; tel fut le cas de P. Junius et de Titus Coruncanius, tués par l'ordre de Teuca (19), reine des Illyriens. N'omettons pas ce qui est noté dans les *Annales,* que ces deux statues éle-
4 vées dans le Forum avaient trois pieds : c'était alors la dimension en honneur. Je n'oublierai pas non plus (20) Cn. Octavius, à cause d'un mot du sénatus-consulte (21) : le roi Antiochus disant qu'il lui ferait réponse, Octavius, avec une baguette qu'il tenait par hasard, traça un cercle autour du roi, et le força de répondre avant de sortir de ce cercle ; il fut tué dans cette ambassade, et le sénat lui décerna une statue *dans l'endroit le plus voyant* (oculatissimo) : elle est (22) sur la place aux harangues. Je trouve qu'on décerna aussi une statue à la vierge vestale Taracia Caia ou Suffetia, avec la permission de l'ériger où elle voudrait ; addition qui n'est pas moins honorable pour elle que d'avoir eu, quoique femme, une statue décernée. Voici, dans (23) les propres termes des *Annales,* pourquoi elle l'obtint : « Pour avoir fait présent au peuple du champ du Tibre. »

XII. Je trouve aussi qu'on érigea des statues 1 à Pythagore et à Alcibiade dans les angles de la place des Comices, Apollon Pythien, lors de la guerre Samnite (an de Rome 441), ayant ordonné de dresser dans un lieu fréquenté une statue au plus brave des Grecs, et une autre au plus sage. Elles subsistèrent jusqu'à ce que le dictateur Sylla fît bâtir en cet endroit le palais du sénat. Il est étonnant que les sénateurs d'alors aient préféré pour la sagesse Pythagore à Socrate, préféré par le même dieu à tous les sages (VII, 31, 10) ; ou pour le courage Alcibiade à tant d'autres, ou qui que ce soit à Thémistocle pour ces deux qualités. Le but 2 des colonnes était d'élever au-dessus des autres hommes ceux à qui on les dressait. C'est aussi la signification des arcs triomphaux, invention nouvelle : au reste, ce genre d'honneur a pris naissance chez les Grecs. C'est aussi à un Grec, je pense, qu'on a élevé le plus de statues : Démétrius de Phalère, à Athènes ; elles étaient au nombre de trois cent soixante ; l'année ne comptait pas encore davantage de jours ; elles furent bientôt après mises en pièces. A Rome les tribus en avaient élevé dans tous les quartiers, comme nous l'avons dit (XXXIII, 46), à C. Marius Gratidianus ; elles les renversèrent lors de l'entrée de Sylla.

XIII. Les statues pédestres sont restées sans 1 aucun doute longtemps en honneur à Rome,

quoique l'origine des statues équestres soit fort ancienne, et que l'honneur en ait été accordé même à des femmes (24) par la statue équestre érigée à Clélie, comme si ce n'était pas assez de l'avoir ornée de la toge; et pourtant Lucrèce et Brutus, qui avaient chassé les rois, et par le fait de qui Clélie s'était trouvée parmi les 2 otages, n'avaient point eu de statue. Je croirais (car il est vraisemblable que Tarquin érigea les statues d'Attus Navius et de la Sibylle, et que les rois s'érigèrent à eux-mêmes leurs propres statues), je croirais, dis-je, que la statue de Clélie et celle d'Horatius Coclès ont été les premières dédiées au nom du public, si Pison ne disait que la statue de Clélie avait été élevée par ceux qui avaient été (25) en otage avec elle, Porsenna (26) les ayant rendus par honneur pour elle. Au contraire, Annius Fetialis rapporte que la statue équestre qui était vis-à-vis le temple de Jupiter Stator, dans le vestibule de la maison de Tarquin le Superbe, représentait Valéria, fille du consul Valérius Publicola; que Valéria seule s'échappa, seule traversa le Tibre à la nage, les autres otages qui (27) étaient envoyés à Porsenna ayant péri dans une embuscade dressée par Tarquin.

1 XIV. Selon L. Pison, sous le second consulat de M. Æmilius et de C. Popilius (an de Rome 596), les censeurs P. Cornélius Scipion et M. Popilius firent enlever toutes les statues rangées autour du Forum et représentant les magistrats sortis de charge (28), excepté celles qui avaient été érigées par décret du peuple ou du sénat. Ils firent même fondre la statue que s'était élevée à lui-même auprès du temple de la Terre Sp. Cassius (xxxiv, 9), qui avait aspiré à la tyrannie; car ces hommes sages prenaient même en cela des mesures contre l'ambition. Nous avons des vociférations de Caton pendant sa censure, où il se plaint que dans les provinces on élève des statues à des femmes romaines. Il ne put cependant empêcher qu'à Rome même on n'en dressât, par exemple à Cornélie, mère des Gracques et fille du premier Scipion l'Africain. Elle est représentée assise et remarquable à sa chaussure sans courroies. Cette statue, qui était dans le portique public de Métellus, est maintenant dans les édifices d'Octavie.

XV. La première statue dressée à Rome aux frais 1 d'une cité étrangère le fut à C. Ælius, tribun du peuple. Il avait fait passer une loi contre Stenius Statilius Lucanus, qui avait deux fois ruiné Thurium : pour cela les Thuriens décernèrent à Ælius une statue et une couronne d'or. Plus tard les mêmes décernèrent une statue à Fabricius (xxxiii, 54), qui les avait délivrés d'un siége. Cet exemple fut de toute part imité par les nations, ainsi devenues clientes; et toute distinction fut si bien mise en oubli, qu'on voit la statue d'Annibal en trois endroits d'une ville dans l'enceinte de laquelle, seul de tous nos ennemis, il a lancé un javelot.

XVI. (vii.) Que l'art de la statuaire ait été 1 anciennement familier à l'Italie, c'est ce que montre l'Hercule consacré, dit-on, par Évandre dans le Forum aux Bœufs; on le nomme l'Hercule triomphal, et dans les triomphes il est revêtu d'un costume de triomphateur. On en a encore la preuve dans le Janus double, dédié par le roi Numa; on l'honore comme président à la paix et à la guerre, et les doigts en sont figurés de manière qu'indiquant trois cent soixante-cinq jours (29), ou, en d'autres termes, l'année, ils le font reconnaître pour le dieu de l'âge et du temps (30). Il y 2

---

1 XIII. Pedestres sine dubio Romæ fuere in auctoritate longo tempore. Equestrium tamen origo perquam vetus est, cum feminis etiam honore communicato Clœliæ statua equestri, ceu parum esset toga eam cingi : quum Lucretiæ, ac Bruto, qui expulerant reges, propter quos Clœlia 2 inter obsides fuerat, non decernerentur. Hanc primam cum Coclitis publice dicatam crediderim : Atto enim ac Sibyllæ Tarquinium, et reges sibi ipsos posuisse verisimile est : nisi Clœliæ quoque Piso traderet ab his positam, qui una obsides fuissent, redditis a Porsenna in honorem ejus. E diverso Annius Fetialis, equestrem, quæ fuerit contra Jovis Statoris ædem in vestibulo Superbi domus, Valeriæ fuisse Publicolæ consulis filiæ: eamque solam refugisse, Tiberimque tranavisse, cæteris obsidibus, qui Porsennæ mittebantur, interemtis Tarquinii insidiis.

1 XIV. Lucius Piso prodidit, M. Æmilio, C. Popilio II consulib., a censoribus P. Cornelio Scipione, M. Popilio, statuas circa forum eorum qui magistratum gesserant, sublatas omnes, præter eas quæ populi aut senatus sententia statutæ essent. Eam vero quam apud ædem Telluris statuisset sibi Sp. Cassius, qui regnum affectaverat, etiam conflatam a censoribus. Nimirum in ea quoque re ambitioni providebant illi viri. Exstant Catonis in censura vociferationes, mulieribus romanis in provinciis statuas poni. Nec tamen potuit inhibere, quo minus Romæ quoque ponerentur, sicuti Corneliæ Gracchorum matri, quæ fuit Africani prioris filia. Sedens huic posita, soleisque sine amento insignis, in Metelli publica porticu : quæ statua nunc est in Octaviæ operibus.

XV. Publice autem ab exteris posita est Romæ C. Ælio, 1 tribuno plebis, lege perlata in Stenium Statilium Lucanum, qui Thurinos bis infestaverat : ob id Ælium Thurini statua et corona aurea donaverunt. Iidem postea Fabricium donavere statua, liberati obsidione : passimque gentes in clientelas ita receptæ : adeo discrimen omne sublatum, ut Hannibalis etiam statuæ tribus locis visantur in urbe, cujus intra muros solus hostium emisit hastam.

XVI. (vii.) Fuisse autem statuariam artem familiarem 1 Italiæ quoque et vetustam, indicant, Hercules ab Evandro sacratus, ut produnt, in foro boario, qui triumphalis vocatur, atque per triumphos vestitur habitu triumphali. Præterea Janus geminus a Numa rege dicatus, qui pacis bellique argumento colitur, digitis ita figuratis, ut trecentorum sexaginta quinque dierum nota per significatio-

a aussi des statues du genre toscan dispersées dans le monde, lesquelles ont été certainement faites en Étrurie. Je penserais que les statues toscanes ne représentaient que des divinités, si Métrodore de Scepsis, surnommé Misoromæus à cause de sa haine pour les Romains, ne nous reprochait d'avoir pris Volsinies pour ses deux mille statues. Il me paraît surprenant, l'origine des statues étant aussi ancienne en Italie, qu'on ait de préférence consacré dans les temples des effigies des dieux en bois ou en argile (XXXV, 45) jusqu'à la conquête de l'Asie, qui introduisit le luxe. Quant à l'origine de l'art d'exprimer les ressemblances, il sera plus à propos d'en parler lorsque nous parlerons de ce que les Grecs appellent plastice (art de modeler en argile). Le modelage est antérieur à la statuaire. Celle-ci a eu un développement infini, comme on peut le voir en maint et maint livre, si l'on est curieux d'embrasser non pas tout (car qui pourrait tout embrasser?), mais plus que nous ne faisons.

XVII. Sous l'édilité de M. Scaurus il y eut trois mille statues sur la scène d'un théâtre construit seulement pour un temps (XXXVI, 2). Mummius, après la conquête de l'Achaïe, en remplit la ville, lui qui ne devait pas laisser (31) de dot à sa fille; car pourquoi ne pas dire ce qui est à sa décharge? Les Lucullus en transportèrent aussi beaucoup. Mucianus, trois fois consul, a rapporté qu'il y a encore à Rhodes trois mille statues; et on pense qu'il n'en reste pas moins à Athènes, à Olympie, à Delphes. Quel mortel pourrait en rendre compte? ou de quelle utilité en serait la connaissance? Cependant il y aura plaisir à dire quelque chose sur les morceaux les plus célèbres, et sur ceux qu'une circonstance particulière a rendus remarquables, et à nommer les artistes illustres. Il en est même quelques uns dont il serait impossible d'énumérer toutes les productions : témoin Lysippe (VII, 38), auteur, dit-on, de quinze cents morceaux, tous d'une perfection telle, qu'un seul suffirait pour illustrer un artiste. On en sut le nombre après sa mort, quand son héritier ouvrit son coffre; car il avait coutume, sur le prix qu'il recevait pour chaque figure, de mettre à part un denier d'or. L'art est arrivé à des prodiges de succès et de hardiesse. Pour preuve de succès je citerai un seul exemple, et encore d'une figure ne représentant ni un dieu ni un homme (32) : Notre génération a vu dans le Capitole, avant le dernier incendie de cet édifice par les Vitelliens, un chien en bronze léchant sa blessure : on jugera combien ce morceau, placé dans la chapelle de Junon, était d'un travail excellent et d'une imitation parfaite, non-seulement par le lieu sacré où il avait été mis, mais encore par la nouveauté du cautionnement : aucune somme ne paraissant (33) suffisante, un décret ordonna que les gardiens en répondraient sur leur tête.

XVIII. Pour la hardiesse, il y en a des exemples innombrables, puisque nous voyons qu'on a imaginé d'énormes statues nommées colossales, et égales à des tours. Tel est, dans le Capitole, l'Apollon transporté d'Apollonie (IV, 27, 1), ville du Pont, par M. Lucullus; il a trente coudées, et a coûté 500 talents (2,460,000 fr.). Tel est dans le champ de Mars le Jupiter consacré par le dieu Claude César, et qui paraît petit à cause du voisinage du théâtre de Pompée (34). Tel est encore celui de Tarente, fait par Lysippe, et haut de quarante coudées. Chose merveilleuse dans cette

---

nem anni, temporis et ævi esse deum indicent. Signa quoque Tuscanica per terras dispersa, quæ in Etruria factitata non est dubium. Deorum tantum putarem ea fuisse, ni Metrodorus Scepsius, cui cognomen a romani nominis odio inditum est, propter duo millia statuarum Volsinios expugnatos objiceret: mirumque mihi videtur, quum statuarum origo tam vetus in Italia sit, lignea potius, aut fictilia deorum simulacra in delubris dicata, usque ad devictam Asiam, unde luxuria. Similitudines exprimendi quæ prima fuerit origo, in ea quam plasticen Græci vocant, dici convenientius erit : etenim prior, quam statuaria, fuit. Sed hæc ad infinitum effloruit multorum voluminum opere, si quis plura persequi velit : omnia enim quis possit?

XVII. In M. Scauri ædilitate tria millia signorum in scena tantum fuere temporario theatro. Mummius devicta Achaia replevit Urbem, non relicturus filiæ dotem. Cur enim non cum excusatione ponatur? Multa et Luculli invexere. Rhodi etiamnum tria millia signorum esse, Mucianus ter consul prodidit : nec pauciora Athenis, Olympiæ, Delphis superesse credantur. Quis ista mortalium persequi possit? aut quis usus noscendi intelligatur? Insignia tamen maxime, et aliqua de causa notata, voluptarium sit attigisse, artificesque celebratos nominavisse : singulorum quoque inexplicabili multitudine, quum Lysippus ad MD opera fecisse dicatur, tantæ omnia artis, ut claritatem possent dare vel singula. Numerum apparuisse defuncto eo, quum thesaurum effregisset hæres : solitum enim ex manipretio cujusque signi denarios seponere aureos singulos. Evecta supra humanam fidem ars est successu, mox et audacia. In argumentum successus unum exemplum afferam, nec deorum hominumve similitudinis expressæ. Ætas nostra vidit in Capitolio, priusquam id novissime conflagravit a Vitellianis incensum, in cella Junonis, canem ex ære vulnus suum lambentem : cujus eximium miraculum et indiscreta veri similitudo, non solum intelligitur, quod ibi dicata fuerat : verum et nova satisdatione : nam quoniam summa nulla par videbatur, capite tutelarios cavere pro ea, instituti publici fuit.

XVIII. Audaciæ innumera sunt exempla. Moles quippe excogitatas videmus statuarum, quas colosseas vocant, turribus pares. Talis est in Capitolio Apollo, translatus a M. Lucullo ex Apollonia Ponti urbe, XXX cubitorum, quingentis talentis factus : talis in campo Martio Jupiter, a divo Claudio Cæsare dicatus, qui devoratur Pompeiani theatri vicinitate : talis et Tarenti factus a Lysippo XL cu-

statue ! elle est en équilibre, de telle façon qu'il est possible, dit-on, de la mouvoir du doigt, sans qu'aucune tempête puisse la renverser : on prétend qu'à la vérité l'artiste y a pourvu en plaçant à une petite distance une colonne du côté où il fallait principalement rompre le vent. La grandeur de cette statue et la difficulté de la mouvoir empêchèrent Fabius Verrucosus d'y toucher, quand il transporta, du même endroit, 3 l'Hercule qui est au Capitole. Mais, de tous, le plus admiré est le colosse du Soleil à Rhodes, fait par Charès de Linde, élève de Lysippe, nommé ci-dessus. Il avait soixante-dix coudées de hauteur. Cette statue fut renversée, cinquante-six ans après, par un tremblement de terre. Tout abattue qu'elle est, elle excite l'admiration : peu d'hommes en embrassent le pouce ; les doigts sont plus gros que la plupart des statues. Le vide de ses membres rompus ressemble à de vastes cavernes. Au dedans on voit des pierres énormes, par le poids desquelles l'artiste avait affermi sa statue en l'établissant. Elle fut achevée, dit-on, en douze ans, et coûta 300 talents (1,476,000 fr.), produit (35) des machines de guerre abandonnées par le roi Démétrius, qu'ennuya la longueur du 4 siége de Rhodes (36). La même ville a cent autres colosses plus petits, mais dont un seul suffirait pour illustrer tout lieu où on le placerait. Outre ceux-là, elle a cinq colosses de dieux faits par Bryaxis. L'Italie aussi a produit des colosses ; du moins voyons-nous dans la bibliothèque du temple d'Auguste l'Apollon Toscan, qui a cinquante pieds du gros orteil à la tête, et dans lequel on ne sait ce qui est le plus admirable du bronze ou de la beauté du travail. Sp. Carvilius, vainqueur des Samnites qui combattaient après

avoir prêté un serment spécial, fit faire avec leurs cuirasses, leurs cuissards et leurs casques, un Jupiter qui est au Capitole. Les dimensions en sont telles, qu'il est vu par le Jupiter Latial. De (37) 5 la limaille de cette statue il fit faire la sienne, qui est aux pieds de celle du dieu. On admire aussi dans le Capitole deux têtes consacrées par le consul P. Lentulus : l'une faite par Charès, nommé ci-dessus, l'autre par Décius ; mais cette dernière perd tant à la comparaison, qu'elle paraît l'ouvrage du plus mauvais des artistes (38). La dimension de toutes les statues de ce genre a 6 été surpassée de notre temps par le Mercure que Zénodore a fait pour la cité gauloise des Arvernes, au prix de 400,000 sesterces (84,000 f.) pour la main-d'œuvre, pendant dix ans. Ayant suffisamment fait connaître là son talent, il fut mandé par Néron à Rome, où il exécuta le colosse destiné à représenter ce prince (39). Cette statue, haute de cent dix pieds, est aujourd'hui un objet de culte, ayant été consacrée au Soleil après la condamnation des crimes de Néron. Nous admirions dans son atelier la parfaite ressemblance, non-seulement du modèle d'argile, mais encore des essais en petit, premières esquisses de l'ouvrage. Cette statue montra que le secret de la composition 7 de l'airain [précieux] était perdu ; car d'une part Néron était disposé à fournir l'or et l'argent, et d'autre part Zénodore ne le cédait à aucun des anciens statuaires pour l'art de modeler et de ciseler. Pendant qu'il travaillait à la statue des Arvernes, il copia, pour Dubius Avitus (40), gouverneur de la province, deux coupes ciselées par Calamis, que Germanicus César, qui les aimait beaucoup, avait données à son précepteur Cassius Silanus, oncle d'Avitus. L'imitation était si

---

2 bitorum. Mirum in eo, quod manu, ut ferunt, mobilis (ea ratio libramenti est), nullis convellatur procellis. Id quidem providisse et artifex dicitur, modico intervallo, unde maxime flatum opus erat frangi, opposita columna. Itaque propter magnitudinem difficultatemque moliendi, non attigit eum Fabius Verrucosus, quum Herculem, qui est 3 in Capitolio, inde transferret. Ante omnes autem in admiratione fuit Solis colossus Rhodi, quem fecerat Chares Lindius, Lysippi supra dicti discipulus. Septuaginta cubitorum altitudinis fuit. Hoc simulacrum post quinquagesimum sextum annum terræ motu prostratum, sed jacens quoque miraculo est. Pauci pollicem ejus amplectuntur. Majores sunt digiti, quam pleræque statuæ. Vasti specus hiant defractis membris. Spectantur intus magnæ molis saxa, quorum pondere stabiliverat constituens. Duodecim annis tradunt effectum ccc talentis, quæ contigerant ex apparatu re4 gis Demetrii relicto, moræ tædio, obsessa Rhodo. Sunt alii minores hoc in eadem urbe colossi centum numero : sed ubicumque singuli fuissent, nobilitaturi locum : præterque hos deorum quinque, quos fecit Bryaxis. Factitavit colossos et Italia. Videmus certe Tuscanicum Apollinem in bibliotheca templi Augusti, quinquaginta pedum a pollice, dubium ære mirabiliorem, an pulchritudine. Fecit et Sp. Carvilius Jo-

vem, qui est in Capitolio, victis Samnitibus sacrata lege pugnantibus, e pectoralibus eorum, ocreisque et galeis. Amplitudo tanta est, ut conspiciatur a Latiario Jove. E reliquiis limæ suam statuam fecit, quæ est ante pedes simulacri 5 ejus. Habent in eodem Capitolio admirationem et capita duo, quæ P. Lentulus consul dicavit : alterum a Charete supra dicto factum : alterum fecit Decius, comparatione in tantum victus, ut artificum minime probabilis videatur. Verum omnem amplitudinem statuarum ejus generis vicit 6 ætate nostra Zenodorus, Mercurio facto in civitate Galliæ Arvernis, per annos decem, H-S. cccc manipretio. Postquam satis ibi artem approbaverat, Romam accitus est a Nerone, ubi destinatum illius principis simulacro colossum fecit, cx pedum longitudine, qui dicatus Soli venerationi est, damnatis sceleribus illius principis. Mirabamur in officina non modo ex argilla similitudinem insignem : verum et ex parvis admodum surculis, quod primum operis instar fuit. Ea statua indicavit interisse fundendi æris scien-7 tiam, quum et Nero largiri aurum argentumque paratus esset, et Zenodorus scientia fingendi cælandique nulli veterum postponeretur. Statuam Arvernorum quum faceret, provinciæ Dubio Avito præsidente, duo pocula Calamidis manu cælata, quæ Cassio Silano avunculo ejus, præceptori

parfaite, qu'à peine pouvait-on apercevoir quelque différence avec l'original. Ainsi, plus Zénodore avait de supériorité dans son art, plus on peut reconnaître que le secret de l'airain était 8 perdu. (VIII.) La plupart sont tellement épris des bronzes dits de Corinthe, qu'ils les emportent en voyage, comme l'orateur Hortensius pour le Sphinx qu'il s'était fait donner par Verrès accusé. Ce fut cette figure qui, dans les débats du procès, lui attira un mot de Cicéron. Hortensius ayant dit qu'il ne comprenait pas les énigmes, Vous devriez les comprendre, dit Cicéron, puisque vous avez chez vous le Sphinx. L'empereur Néron faisait porter partout où il allait une Amazone dont nous parlerons ; et, peu de temps auparavant, C. Cestius, consulaire (an de Rome 787), faisait voiturer une statue qu'il eut même avec lui dans une bataille. La tente d'Alexandre le Grand était, dit-on, d'ordinaire soutenue par des statues dont deux sont consacrées devant le temple de Mars Vengeur, et deux devant le palais.

1   XIX. De plus petites statues et d'autres représentations ont illustré une multitude presque innombrable d'artistes. A leur tête toutefois est Phidias Athénien, par le Jupiter qu'il a fait à Olympie. Cette statue est, il est vrai, d'ivoire et d'or; mais il a fait aussi des ouvrages de bronze. Il florissait dans la 83ᵉ olympiade (41), vers l'an 300 de Rome. Il eut pour contemporains et pour émules Alcamène, Critius, Nésiotès (42), Hégias. Il y eut ensuite dans la 87ᵉ olympiade Agéladès, Callon (43), Gorgias le Lacédémonien ; puis, dans la 90ᵉ Polyclète, Phradmon (44), My-
2  ron, Pythagore, Scopas, Parélius. Polyclète eut pour disciples Argius, Asopodorus, Alexis, Aristide, Phryuon, Dinon, Athénodore, Déméas (45) de Clitor; Myron eut pour disciple Lycius. Dans la 95ᵉ olympiade, fleurirent Naucydès, Dinomènés, Canachus, Patroclès; dans la 102ᵉ, Polyclès, Céphisodotus (46), Léocharès, Hypatodore ; dans la 104ᵉ, Praxitèle, Euphranor ; dans la 107ᵉ, Échion (47), Thérimachus; dans la 114ᵉ, Lysippe (VII, 38), contemporain d'Alexandre le Grand ; de plus, Lysistrate (48) son frère, Sthen- 3 nis (49), Euphronidès, Sostrate, Ion, Silanion, qui présente cette particularité singulière d'être devenu célèbre sans maître : il eut pour disciple Zeuxiade (50); dans la 121ᵉ (51), Eutychidès (XXXVI, 4, 22), Euthycrates, Laïppus (52), Céphisodotus, Timarque, Phyromaque. L'art s'éteignit ensuite, puis eut une renaissance dans la 156ᵉ (53) olympiade, où parurent des artistes bien inférieurs sans doute aux précédents, mais pourtant estimés : Antée, Callistrate, Polyclès, Athénée, Callixène, Pythoclès, Pythias, Timoclès. Ayant ainsi indiqué les époques des artistes 4 les plus célèbres, je passerai rapidement en revue les plus éminents ; la foule des autres sera dispersée çà et là. Les plus célèbres, quoique n'appartenant pas précisément à la même époque, ont concouru ensemble par des Amazones qu'ils avaient faites. Quand on dédia ces statues dans le temple de Diane d'Éphèse, on convint, pour savoir quelle était la meilleure, de s'en rapporter au jugement des artistes eux-mêmes, qui étaient présents ; il fut évident que c'était celle que chacun avait jugée la première après la sienne. De cette façon celle de Polyclète fut placée au premier rang, au second celle de Phidias, au troisième celle de Crésilas (54), au quatrième celle

---

suo Germanicus Cæsar adamata donaverat, æmulatus est, ut vix ulla differentia esset artis. Quantoque major in Zenodoro præstantia fuit, tanto magis deprehendi æris obli-
8 teratio potest. (VIII.) Signis, quæ vocant Corinthia, plerique in tantum capiuntur, ut secum circumferant, sicut Hortensius orator Sphingem Verri reo ablatam. Propter quam Cicero illo judicio in altercatione neganti ei se ænigmata intelligere, respondit debere, quoniam sphingem domi haberet. Circumtulit et Nero princeps Amazonem, de qua dicemus : et paulo ante C. Cestius consularis signum, quod secum etiam in prælio habuit. Alexandri quoque Magni tabernaculum sustinere traduntur solitæ statuæ, ex quibus duæ ante Martis Ultoris ædem dicatæ sunt, totidem ante regiam.
1  XIX. Minoribus simulacris signisque innumera prope artificum multitudo nobilitata est. Ante omnes tamen Phidias Atheniensis, Jove Olympiæ facto, ex ebore quidem et auro : sed et ex ære signa fecit. Floruit autem Olympiade LXXXIII, circiter CCC nostræ Urbis anno. Quo eodem tempore æmuli ejus fuere Alcamenes, Critius, Nesiotes, Hegias. Et deinde Olympiade LXXXVII Agelades, Callon, Gorgias Lacon; rursus XC Polycletus, Phradmon, My-
2 ron, Pythagoras, Scopas, Parelius. Ex his Polycletus discipulos habuit Argium, Asopodorum, Alexim, Aristidem, Phrynonem, Dinonem, Athenodorum, Demeam Clito-
rium : Myron, Lycium. Nonagesima quinta Olympiade floruere Naucydes, Dinomenes, Canachus, Patrocles. Centesima secunda, Polycles, Cephisodotus, Leochares, Hypatodorus. Centesima quarta, Praxiteles, Euphranor. Centesima septima, Echion, Therimachus. Centesima quartadecima, Lysippus fuit, quum et Alexander Magnus. Item 3 Lysistratus frater ejus, Sthennis, Euphronides, Sostratus, Ion, Silanion : in hoc mirabile, quod nullo doctore nobilis fuit. Ipse discipulum habuit Zeuxiadem. Centesima vicesima prima, Eutychides, Euthycrates, Laippus, Cephisodotus, Timarchus, Phyromachus. Cessavit deinde ars, ac rursus Olympiade centesima quinquagesima sexta revixit, quum fuere longe quidem infra prædictos, probati tamen, Antæus, Callistratus, Polycles, Athenæus, Callixenus, Pythocles, Pythias, Timocles. Ita distinctis celeberrimo- 4 rum ætatibus, insignes raptim transcurram, reliqua multitudine passim dispersa. Venere autem et in certamine laudatissimi, quanquam diversis ætatibus geniti, quoniam fecerant Amazonas : quæ quum in templo Ephesiæ Dianæ dicarentur, placuit eligi probatissimam, ipsorum artificum, qui præsentes erant, judicio, quum apparuit eam esse, quam omnes secundam a sua quisque judicassent. Hæc est Polycleti, proxima ab ea Phidiæ, tertia Cresilæ, quarta Cydonis, quinta Phradmonis.
Phidias præter Jovem Olympium, quem nemo æmu- 5

de Cydon, au dernier celle de Phradmon.

5 Phidias, outre le Jupiter Olympien, qui n'a point de rival, a fait en ivoire aussi une Minerve debout dans le Parthénon, à Athènes; en airain, outre l'Amazone susdite, une Minerve d'une beauté si rare, qu'on l'a surnommée la Belle. Il a fait aussi un porte-clefs, une autre Minerve dédiée par Paul-Émile (55) dans le temple de la Fortune de chaque jour, à Rome; de plus (56), deux figures en manteau que Catulus plaça dans le même temple; enfin une statue colossale nue. Il passe avec raison pour avoir le premier découvert et démontré la toreutique.

6 Polyclète de Sicyone, disciple d'Agéladas, a fait le Diadumène (Mitré), figure de jeune homme pleine de mollesse, célèbre par le prix de cent talents (492,000 fr.), et le Doryphore, figure d'enfant pleine de vigueur, et nommée (57) Canon par les artistes, qui en étudient le dessin comme une sorte de loi; de sorte que, seul entre tous, il passe pour avoir fait l'art même (58) dans une œuvre d'art. Il est aussi l'auteur de l'homme qui se frotte (59), de l'homme nu qui provoque à jouer aux osselets, de deux enfants nus aussi (60) et jouant aux osselets (on les nomme Astragalizontes, ils sont dans l'atrium de Titus : la plupart regardent cet ouvrage comme ce qu'il y a de 7 plus parfait); d'un Mercure qui était à Lysimachie; d'un Hercule Hageter (61) qui est à Rome, prenant les armes; de la statue d'Artémon, surnommé Périphorétos (porté en litière). Il passe pour avoir porté la statuaire au plus haut degré, et perfectionné la toreutique, que Phidias a inventée. Une découverte qui lui appartient, c'est d'avoir imaginé de faire tenir les statues sur une seule jambe. Varron dit (62) cependant que ses figures sont carrées, et faites presque toutes sur le même patron.

8 Myron, né à Éleuthères, et lui-même (63) élève d'Agéladas, est devenu fameux surtout par sa génisse, célébrée dans des vers fort connus; car la plupart du temps on doit moins sa renommée à son propre génie qu'à celui des autres. Il a aussi fait un chien, un Discobole, un Persée, des scieurs, un Satyre admirant des flûtes, une Minerve, des pentathles aux combats de Delphes, des pancratiastes, un Hercule qui est auprès du grand Cirque, dans la maison du grand Pompée. Érinne nous apprend par ses vers qu'il avait fait un monument à une cigale et à une sauterelle. Il est l'auteur d'un Apollon enlevé 9 à Éphèse par le Triumvir Antoine et rendu aux Éphésiens par le dieu Auguste, qui fut averti en songe. Il paraît le premier avoir varié la vérité des types (64); il est plus fécond que Polyclète et plus exact à observer les proportions. Toutefois, ne s'attachant qu'aux formes, il n'a pas rendu les sentiments de l'âme; de plus, il n'a pas traité avec plus de soin les cheveux et le pubis que n'avait fait la grossière antiquité.

Pythagore, de Rhegium en Italie, l'a emporté 10 sur lui par son Pancratiaste placé à Delphes, statue par laquelle il a aussi surpassé sa propre statue de Léontiscus (65). Il a fait la statue du coureur Astylus, que l'on montre à Olympie; un jeune Libyen tenant des tablettes, à Olympie aussi; un homme nu portant des pommes. A Syracuse, on a de lui un homme qui boite : en le regardant, on croit sentir la douleur de la plaie. Il a fait un Apollon et le serpent que le dieu tue

latur, fecit et ex ebore æque Minervam Athenis, quæ est in Parthenone adstans. Ex ære vero præter Amazonem supra dictam, Minervam tam eximiæ pulchritudinis, ut formæ cognomen acceperit. Fecit et Cliduchum, et aliam Minervam, quam Romæ Paulus Æmilius ad ædem Fortunæ hujusque diei dedicavit. Item duo signa, quæ Catulus in eadem æde posuit, palliata : et alterum colossicon nudum : primusque artem toreuticen aperuisse atque demonstrasse merito judicatur.

6 Polycletus Sicyonius Ageladæ discipulus, Diadumenum fecit molliter juvenem, centum talentis nobilitatum : idem et Doryphorum viriliter puerum fecit, et quem canona artifices vocant, lineamenta artis ex eo petentes, velut a lege quadam : soluque hominum artem ipsam fecisse, artis opere judicatur. Fecit et distringentem se, et nudum talo incessentem : duosque pueros item nudos talis ludentes, qui vocantur Astragalizontes : et sunt in Titi imperatoris atrio : 7 quo opere nullum absolutius plerique judicant. Item Mercurium, qui fuit Lysimachiæ : Herculem, qui Romæ, hagetera arma sumentem : Artemona, qui Periphoretos appellatus est. Hic consummasse hanc scientiam judicatur, et toreuticen sic erudisse, ut Phidias aperuisse. Proprium ejusdem, ut uno crure insisterent signa, excogitasse : quadrata tamen ea esse ait Varro, et pæne ad unum exemplum.

8 Myronem Eleutheris natum, Ageladæ et ipsum discipulum, bucula maxime nobilitavit, celebratis versibus laudata : quando alieno plerique ingenio magis, quam suo, commendantur. Fecit et canem, et discobolon, et Persea, et Pristas, et Satyrum admirantem tibias, et Minervam : Delphicos pentathlos, pancratiastas : Herculem etiam, qui est apud Circum maximum in æde Pompeii Magni. Fecisse et cicadæ monumentum ac locustæ carminibus suis Erinna significat. Fecit et Apollinem, quem a triumviro Antonio 9 sublatum restituit Ephesiis divus Augustus, admonitus in quiete. Primus hic multiplicasse veritatem videtur, numerosior in arte, quam Polycletus, et in symmetria diligentior : et ipse tamen corporum tenus curiosus, animi sensus non expressisse; capillum quoque et pubem non emendatius fecisse, quam rudis antiquitas instituisset.

Vicit eum Pythagoras Rheginus ex Italia, pancratiaste 10 Delphis posito. Eodem vicit et Leontiscum. Fecit stadiodromon Astylon, qui Olympiæ ostenditur : et Libyn puerum tenentem tabellam, eodem loco, et mala ferentem nudum. Syracusis autem claudicantem : cujus hulceris dolorem sentire etiam spectantes videntur. Item Apollinem, serpentemque ejus sagittis confici : citharœdum qui Dicæus appellatus est, quoniam quum Thebæ ab Alexandro caperentur, aurum a fugiente conditum, sinu ejus celatum esset.

de ses flèches; un joueur de lyre, appelé Dicée (*le Juste*), parce que, lors de la prise de Thèbes par Alexandre, de l'or déposé dans le sein de cette figure par quelque fugitif y demeura caché. Cet artiste le premier a exprimé les tendons et les veines, et soigné davantage la chevelure.

11 Il y a eu aussi un autre Pythagore de Samos qui fut d'abord peintre, et dont on voit sept statues nues auprès du temple de la Fortune de chaque jour, et la statue d'un vieillard ; ces morceaux sont estimés. On dit qu'il ressemblait, à s'y méprendre, au Pythagore de Rhégium, et que Sostrate fut l'élève de ce dernier et le fils de sa sœur.

12 Duris affirme (66) que Lysippe de Sicyone ne fut l'élève de personne, et que, d'abord ouvrier en cuivre, il fut déterminé à se risquer par une réponse du peintre Eupompe : celui-ci, à qui on demandait quel parmi ses prédécesseurs il prenait pour modèle, dit, en montrant une multitude d'hommes, qu'il fallait imiter la nature même,
13 et non un artiste. Lysippe était très-fécond, et c'est, comme nous l'avons dit (XXXIV, 17, 2), celui de tous les statuaires qui a fait le plus d'ouvrages, entre autres un homme qui se frotte : M. Agrippa avait placé cette statue devant ses bains ; elle plut singulièrement à l'empereur Tibère, et, quoiqu'il sût se commander au commencement de son règne, il ne put résister à la tentation de la faire mettre dans sa chambre à coucher, après avoir substitué une autre figure. Mais le peuple romain se révolta tellement là contre, qu'il demanda à grands cris dans le théâtre la restitution de l'Apoxyomène ; et l'empereur fit
14 remettre à la place cette statue, ses délices. Lysippe est célèbre encore par une joueuse de flûte dans l'ivresse, par des chiens et une chasse, et surtout par un quadrige avec le Soleil, tel que les Rhodiens le représentent. Il fit aussi beaucoup de statues d'Alexandre le Grand, à commencer dès l'enfance de ce prince. Néron, qui aimait beaucoup l'Alexandre enfant, le fit dorer; puis cet ornement ayant fait perdre les finesses de l'art, on enleva l'or, et, ainsi dédorée, on estimait (67) cette statue plus précieuse, même avec les cicatrices qui restaient, et avec les rayures dans lesquelles l'or s'était attaché. Le même statuaire a fait un 15 Héphestion, l'ami d'Alexandre, attribué par quelques-uns à Polyclète, bien que ce dernier soit antérieur de près de cent ans. Il a fait encore une chasse d'Alexandre qui a été consacrée à Delphes ; à Athènes un Satyre (68); l'escadron d'Alexandre, dans lequel il a figuré les amis de ce prince, tous avec une ressemblance parfaite : Métellus, après la conquête de la Macédoine, a transporté cet escadron à Rome. Il est aussi l'auteur de quadriges de plusieurs espèces. Il passe pour avoir fait faire de grands progrès à la statuaire en exprimant les détails de la chevelure, en donnant aux têtes moins de volume que les anciens, en faisant le corps plus svelte et moins charnu, ce qui semblait rendre ses figures plus grandes. Nul n'observa mieux que lui cette 16 partie de l'art pour laquelle la langue latine n'a point de mot, la symétrie, modifiant par une méthode nouvelle et inconnue la taille carrée des statues anciennes ; et il se plaisait à dire que les anciens avaient représenté les hommes tels qu'ils étaient, et lui tels que l'idéal les montrait. Ce qui paraît lui être propre, c'est une finesse qu'il a portée jusque dans les moindres détails.

Il eut pour fils et pour élèves d'habiles artistes, 17 Laïppe (69) et Bœdas (70), mais surtout Euthy-

---

Hic primus nervos et venas expressit, capillumque diligentius.
11 Fuit et alius Pythagoras Samius, initio pictor, cujus signa ad ædem Fortunæ hujusque diei septem nuda, et senis unum, laudata sunt. Hic supradicto facie quoque indiscreta similis fuisse traditur : Rhegini autem discipulus et filius sororis fuisse Sostratus.
12 Lysippum Sicyonium Duris negat ullius fuisse discipulum, sed primo ærarium fabrum, audendi rationem cœpisse pictoris Eupompi responso. Eum enim interrogatum, quem sequeretur antecedentium, dixisse demonstrata hominum multitudine, naturam ipsam imitandam esse, non
13 artificem. Plurima ex omnibus signa fecit, ut diximus, fecundissimæ artis, inter quæ distringentem se, quem Marcus Agrippa ante thermas suas dicavit, mire gratum Tiberio principi : qui non quivit temperare sibi in eo, quanquam imperiosus sub inter initia principatus, transtulitque in cubiculum, alio ibi signo substituto : quum quidem tanta populi romani contumacia fuit, ut magnis theatri clamoribus reponi Apoxyomenon flagitaverit, princepsque, quanquam
14 adamatum, reposuerit. Nobilitatur Lysippus et temulenta tibicina, et canibus ac venatione. In primis vero quadriga cum Sole Rhodiorum. Fecit et Alexandrum Magnum multis operibus, a pueritia ejus orsus. Quam statuam inaurari jussit Nero princeps, delectatus admodum illa. Dein quum pretio perisset gratia artis, detractum est aurum : pretiosiorque talis existimabatur, etiam cicatricibus operis atque concisuris, in quibus aurum hæserat, remanentibus. Idem fecit Hephæstionem Alexandri Magni amicum, quem 15 quidam Polycleto adscribunt, quum is centum prope annis ante fuerit. Idem Alexandri venationem, quæ Delphis sacrata est : Athenis Satyrum : turmam Alexandri, in qua amicorum ejus imagines summa omnium similitudine expressit. Hanc Metellus Macedonia subacta transtulit Romam. Fecit et quadrigas multorum generum. Statuariæ arti plurimum traditur contulisse, capillum exprimendo, capita minora faciendo, quam antiqui : corpora graciliora, siccioraque, per quæ proceritas signorum major videretur.
Non habet latinum nomen symmetria, quam diligentissime 16 custodivit, nova intactaque ratione quadratas veterum staturas permutando : vulgoque dicebat, ab illis factos, quales essent, homines : a se, quales viderentur esse. Propriæ hujus videntur esse argutiæ operum, custoditæ in minimis quoque rebus.

Filios et discipulos reliquit laudatos artifices, Laippum, 17 et Bœdam, sed ante omnes Euthycratem : quanquam is

crate. Toutefois ce dernier, rivalisant avec son père plutôt en précision qu'en élégance, préféra l'austérité à la grâce ; aussi a-t-il très-bien rendu l'Hercule à Delphes, Alexandre, le chasseur Thespis, les Thespiades (71) ; il est auteur d'un combat de cavalerie, d'une statue de Trophonius dans l'antre de l'oracle, de plusieurs (72) quadriges de Médée, d'un cheval muselé, de chiens de chasse.

18 Tisicrate, lui aussi de Sicyone, fut, il est vrai, élève d'Euthycrate ; mais il se rapprocha davantage du genre de Lysippe, à tel point qu'on distingue à peine des statues de ce maître plusieurs des siennes, comme un vieillard thébain, le roi Démétrius, Peucestès, sauveur d'Alexandre le Grand, et digne d'une si grande gloire.

19 Les artistes qui nous ont transmis ces détails dans leurs écrits sur l'art vantent singulièrement aussi Téléphanès de Phocée, inconnu d'ailleurs, parce que, ayant vécu dans la Thessalie, ses ouvrages y sont restés cachés. Leurs suffrages l'égalent à Polyclète, à Myron, à Pythagore. Ils vantent, de lui, Larisse, Spintharus le pentathle, et un Apollon ; d'autres pensent que la cause de son obscurité fut non pas d'avoir vécu en Thessalie, mais de s'être donné aux ateliers des rois Xerxès et Darius.

20 Praxitèle, plus heureux et aussi plus célèbre dans le marbre, a fait cependant, en airain même (73), de très-beaux ouvrages : l'Enlèvement de Proserpine, Cérès Catagusæ (ramenant sa fille des enfers), Bacchus, l'Ivresse, et avec elle un Satyre célèbre que les Grecs surnomment Periboetos (le Renommé), les statues qui étaient devant le temple du Bonheur, une Vénus qui périt avec le temple dans un incendie sous le règne de Claude, et qui égalait sa Vénus de marbre (xxxvi, 4, 9), si renommée dans le monde entier. Il est encore 21 l'auteur de la Stéphuse (femme tressant des couronnes), de la Spilumène (femme malpropre), d'un esclave portant du vin, des tyrannicides Harmodius et Aristogiton (statues que Xerxès avait enlevées, et qu'Alexandre le Grand, après la conquête de la Perse, renvoya aux Athéniens), d'un jeune Apollon qui guette avec une flèche un lézard se glissant près de lui, et qu'on appelle Sauroctone. On admire de lui deux statues exprimant des sentiments opposés, une matrone en pleurs et une courtisane dans la joie : on pense que cette dernière est Phryné ; on prétend voir dans la statue l'amour de l'artiste, et sur le visage de la courtisane la récompense.

Une statue témoigne aussi de la bonté de son 22 cœur : il a fait le cocher dans un quadrige de Calamis, pour que cet artiste ne parût pas moins bien réussi dans la représentation de l'homme qu'il ne faisait dans celle des chevaux. Ce même Calamis a exécuté aussi d'autres quadriges et des biges, et pour les chevaux il est toujours resté sans rival. Mais qu'on ne croie pas qu'il ait été inférieur aux autres dans la figure d'homme ; il n'y a point d'Alcmène plus célèbre que la sienne.

Alcamène (xxxvi, 4, 5), élève de Phidias, a fait 23 des statues de marbre, et en airain un pentathle nommé Encrinomenos (l'Approuvé) ; Aristide, élève de Polyclète, des quadriges et des biges. On estime la Lionne d'Amphicrate (74) : une courtisane appelée la Lionne (vii, 23) (Leæna), que son habileté à jouer de la lyre avait mise dans l'intimité d'Harmodius et d'Aristogiton, souffrit la torture jusqu'à la mort, sans révéler leur complot de

---

constantiam patris potius æmulatus, quam elegantiam, austero maluit genere, quam jucundo placere. Itaque optime expressit Herculem Delphis, et Alexandrum, Thespin venatorem, et Thespiadas : prælium equestre : simulacrum Trophonii ad oraculum : quadrigas Medeæ complures : equum cum fiscinis : canes venantium.

18 Hujus porro discipulus fuit Tisicrates, et ipse Sicyonius, sed Lysippi sectæ propior, ut vix discernantur quædam signa : ceu senex Thebanus, Demetrius rex, Peucestes Alexandri Magni servator, dignus tanta gloria.

19 Artifices, qui compositis voluminibus condidere hæc, miris laudibus celebrant et Telephanem Phoceum, ignotum alias, quoniam in Thessalia habitaverit, ubi latuerint opera ejus : alioqui suffragiis ipsorum æquatur Polycleto, Myroni, Pythagoræ. Laudant ejus Larissam, et Spintharum pentathlon, et Apollinem. Alii non hanc ignobilitatis fuisse causam, sed quoniam se regum Xerxis atque Darii officinis dediderit, existimant.

20 Praxiteles quoque marmore felicior : ideo et clarior fuit. Fecit tamen et ex ære pulcherrima opera : Proserpinæ raptum : item Catagusam, et Liberum patrem, et Ebrietatem, nobilemque una Satyrum, quem Græci Periboeton cognominant. Signa etiam, quæ ante Felicitatis ædem fuere, Veneremque, quæ cum ipsa æde incendio cremata est Claudii principatu, marmoreæ illi suæ per terras inclytæ parem. Item Stephusam, Spilumenen, Œnophorum : Har- 21 modium et Aristogitonem tyrannicidas, quos a Xerxe Persarum rege captos victa Perside Atheniensibus remisit Magnus Alexander. Fecit et puberem Apollinem subrepenti lacertæ comminus sagitta insidiantem, quem Sauroctonon vocant. Spectantur et duo signa ejus diversos affectus exprimentia, flentis matronæ, et meretricis gaudentis. Hanc putant Phrynen fuisse, deprehenduntque in ea amorem artificis, et mercedem in vultu meretricis.

Habet et simulacrum benignitas ejus. Calamidis enim 22 quadrigæ aurigam suum imposuit, ne melior in equorum effigie defecisse in homine crederetur. Ipse Calamis et alias quadrigas bigasque fecit, equis semper sine æmulo expressis. Sed ne videatur in hominum effigie inferior, Alcmena nullius est nobilior.

Alcamenes Phidiæ discipulus et marmorea fecit, et 23 æreum pentathlon, qui vocatur Encrinomenos. At Polycleti discipulus Aristides quadrigas, bigasque. Amphicratis Leænæ laudatur. Scortum hæc lyræ cantu familiare Harmodio et Aristogitoni, consilii eorum de tyrannicidio, usque ad mortem excruciata a tyrannis, non prodidit. Quam-

tuer les tyrans. Les Athéniens, voulant l'honorer sans cependant rendre un tel hommage à une courtisane, firent exécuter la figure de l'animal dont elle portait le nom, et, pour signifier l'idée du monument, ils ordonnèrent que cette lionne fût représentée sans langue.

24 Bryaxis a fait Esculape et Séleucus, Bœdas, un homme qui adore; Baton (75), un Apollon et une Junon qui sont à Rome dans le temple de la Concorde.

Crésilas (76) a fait un blessé mourant, dans l'expression duquel on peut voir ce qui lui reste de vie, un Périclès Olympien digne d'un tel surnom. Ce qu'il y a de merveilleux dans cet art, c'est qu'il rend les hommes célèbres plus célèbres encore. Céphisodote a fait une Minerve admirable qui est dans le port d'Athènes, et, au même endroit, un autel dans le temple de Jupiter-Sauveur, auquel peu d'ouvrages sont compa-
25 rables. Canachus a fait un Apollon nu, surnommé Philésien, qui est dans le temple de Didyme (v, 31, 1); ce morceau est en bronze d'Égine. Il a fait un cerf tellement équilibré sur ses pattes, qu'on peut passer un fil de lin par-dessous; les doigts et le talon, mordant alternativement le sol, s'y fixent; et les parties de l'avant et de l'arrière sont tellement endentées, que l'impulsion suffit pour porter le cerf tantôt sur une de ces parties, tantôt sur l'autre. Il a fait encore des enfants conduisant chacun un cheval. Chæréas a fait Alexandre le Grand et son père Philippe; Ctésilaüs (77), un Doryphore et une Amazone blessée.

26 Démétrius est auteur d'une Lysimaque qui fut soixante-quatre ans prêtresse de Minerve; d'une Minerve appelée Musicienne, parce que les sons de la lyre font vibrer les dragons de sa Gorgone; de Simon à cheval, qui le premier a écrit sur l'équitation. Dédale, estimé aussi entre les artistes qui ont fait des ouvrages en argile, est auteur de deux enfants en bronze qui se frottent. Dinomènès a fait Protésilas, et Pythodème le lutteur.

On a d'Euphranor (xxxv, 40, 4) l'Alexandre 27 Pâris, estimé parce qu'on y reconnaît tout à la fois et le juge des déesses, et l'amant d'Hélène, et cependant le meurtrier d'Achille. De lui sont, à Rome, la Minerve nommée Catulienne, dédiée au-dessous du Capitole par Q. Lutatius Catulus; la statue du Bon Succès, tenant de la main droite une coupe, de la gauche un épi et un pavot; une Latone nouvellement accouchée, tenant Apollon et Diane : elle est dans le temple de la Concorde. Il a fait des quadriges, des biges, un porte-clefs d'une forme excellente, la Vertu, la Grèce, toutes deux colossales, une femme qui admire et adore, un Alexandre et un Philippe sur des 28 quadriges. Eutychidès a fait une statue de l'Eurotas (iv, 8), de laquelle plusieurs ont dit que le travail était plus coulant que le fleuve même. D'Hégias on vante une Minerve, le roi Pyrrhus, une cavalcade d'enfants, Castor et Pollux placés devant le temple de Jupiter Tonnant; d'Hégésias, un Hercule à Parium (v, 40, 1), colonie; d'Isidore, un homme immolant un bœuf (78).

Lycius fut élève de Myron, et il a fait un en- 29 fant soufflant un feu qui s'éteint, morceau digne de son maître; il a fait aussi les Argonautes; Léocharès, un aigle ravissant Ganymède, sachant qui il enlève et pour qui, et prenant garde de blesser sa proie même à travers ses vêtements; l'Autolycus, enfant vainqueur au pancrace, le même pour lequel Xénophon a écrit son Banquet; ce Jupiter Tonnant qui est au Capitole, digne

---

obrem Athenienses et honorem habere ei volentes, nec tamen scortum celebrasse, animal nominis ejus fecere : atque ut intelligeretur causa honoris, in opere linguam addi ab artifice vetuerunt.
24 Bryaxis Æsculapium et Seleucum fecit. Bœdas adorantem. Baton Apollinem, et Junonem, qui sunt Romae in Concordiae templo.
Cresilas vulneratum deficientem, in quo possit intelligi, quantum restet animae : et Olympium Periclem dignum cognomine : mirumque in hac arte est, quod nobiles viros nobiliores fecit. Cephisodotus Minervam mirabilem in portu Atheniensium, et aram ad templum Jovis Servato-
25 ris in eodem portu, cui pauca comparentur. Canachus Apollinem nudum, qui Philesius cognominatur in Didymaeo, Æginetica aeris temperatura. Cervumque una ita vestigiis suspendit, ut linum subter pedes trahatur, alterno morsu digitis calceoque retinentibus solum, ita vertebrata dente utrisque in partibus, ut a repulsu per vices resiliat. Idem et Celetizontas pueros. Chaereas Alexandrum Magnum, et Philippum patrem ejus fecit. Ctesilaus Doryphoron, et Amazonem vulneratam.
26 Demetrius Lysimachen, quae sacerdos Minervae fuit annis sexaginta quatuor. Idem et Minervam, quae Musica appellatur, quoniam dracones in Gorgone ejus ad ictus citharae

tinnitu resonant. Idem equitem Simonem, qui primus de equitatu scripsit. Daedalus et ipse inter fictores laudatus, pueros duos distringentes se fecit. Dinomenes Protesilaum, et Pythodemum luctatorem.

Euphranoris Alexander Paris est : in quo laudatur, 27 quod omnia simul intelligantur, judex dearum, amator Helenae, et tamen Achillis interfector. Hujus est Minerva Romae, quae dicitur Catuliana, infra Capitolium a Quinto Lutatio Catulo dicata : et simulacrum Boni Eventus, dextra pateram, sinistra spicam ac papaver tenens. Item Latona puerpera, Apollinem et Dianam infantes sustinens, in aede Concordiae. Fecit et quadrigas bigasque, et Cliduchon eximia forma : et Virtutem, et Graeciam, utrasque colosseas, mulierem admirantem et adorantem. Item Alexan- 28 drum et Philippum in quadrigis. Eutychides Eurotam, in quo artem ipso amne liquidiorem plurimi dixere. Hegiae Minerva Pyrrhusque rex laudatur : et Celetizontes pueri, et Castor et Pollux, ante aedem Jovis Tonantis ; Hegesiae, in Pario colonia Hercules ; Isidori Buthytes.

Lycius Myronis discipulus fuit, qui fecit dignum praecep- 29 tore puerum sufflantem languidos ignes, et Argonautas. Leochares aquilam, sentientem quid rapiat in Ganymede, et cui ferat, parcentem unguibus etiam per vestem : puerum Autolycon pancratio victorem, propter quem Xeno-

de toute louange; un Apollon ceint du diadème. Lyciscus est auteur du Lagon, où l'on voit la malice et la fourberie du jeune esclave; Lycus, d'un esclave brûlant des parfums.

30 Le jeune taureau de Ménechme est pressé sous le genou, et a la tête renversée. Ce même Ménechme a écrit sur son art.

Naucydès est connu par son Mercure, par le Discobole, et par le sacrificateur d'un bélier. Naucérus a fait un lutteur haletant; Nicératus, Esculape et Hygie, qui sont dans le temple de la Concorde à Rome.

31 Le quadrige fait par Phyromaque (79) est conduit par Alcibiade. Polyclès est auteur d'un hermaphrodite célèbre; Pyrrhus, d'une Hygie et d'une Minerve. Phénix, disciple de Lysippe, a fait [l'Athlète] Épithersès.

Styppax (80), de Chypre, est renommé pour un seul ouvrage, le Splanchnoptès (XXII, 20), qui représente un jeune esclave de Périclès l'Olympien faisant rôtir des entrailles, et soufflant le feu à pleine joue. Silanion a coulé en bronze la figure d'Apollodore, statuaire lui-même : cet Apollodore soignait excessivement ses ouvrages, et, juge rigoureux pour lui-même, il lui arrivait souvent de briser des statues achevées, ne pouvant se satisfaire au gré de sa passion pour l'art;

32 aussi fut-il surnommé l'Insensé. Silanion a exprimé ce caractère : ce n'est pas un homme, c'est le mécontentement qu'il a représenté en airain. Il a fait aussi un très-bel Achille, un maître de gymnase exerçant des athlètes. Strongylion a fait une Amazone surnommée Eucnémos, à cause de la beauté de ses jambes, et que, pour cette raison, Néron faisait porter avec lui dans ses voyages. Il est auteur d'un jeune enfant,

statue favorite du Brutus de Philippes. Ce goût de Brutus a fait donner son nom à cette statue.

Théodore, qui a fait le labyrinthe à Samos, a 33 coulé en airain sa propre statue. Cet ouvrage, outre la ressemblance admirable, est célèbre par sa grande délicatesse : la figure tient une lime de la main droite; de la main gauche elle tenait avec trois doigts un petit quadrige si exigu (VII, 21), qu'une mouche, qu'il avait faite en même temps, couvrait de ses ailes les chevaux, le char et le cocher; ce petit quadrige avait été transporté à Préneste (XXXIII, 5).

Xénocrate, élève de Tisicrate ou, suivant d'autres, d'Euthycrate, les a surpassés tous deux par le nombre de ses ouvrages; il a écrit sur son art.

Plusieurs artistes ont représenté les combats 34 d'Attale et d'Eumène contre les Gaulois : Isigone, Phyromaque (81), Stratonicus, Antigone, qui a composé des livres sur la statuaire. Boethus, quoique ayant mieux réussi dans la ciselure en argent, a fait un très-bel enfant qui étrangle une oie. De toutes les figures dont j'ai parlé, les plus célèbres sont désormais dédiées par l'empereur Vespasien dans le temple de la Paix et dans les autres monuments qu'il a élevés : elles avaient été enlevées violemment par Néron, apportées à Rome, et disposées dans les boudoirs de sa maison dorée (XXXVI, 24, 8).

Il y a en outre des artistes célèbres par l'égale 35 valeur de leurs ouvrages, dont aucun cependant n'est de premier ordre : Ariston, qui a aussi ciselé l'argent; Callidès (82), Ctésias, Cantharus de Sicyone, Dionysodorus, élève de Critius (83); Déliadès, Euphorion, Eunicus et Hécatée, tous deux ciseleurs d'argent; Lesboclès, Prodorus, Pythodicus, Polygnote, qui a été aussi un peintre des

---

phon Symposion scripsit : Jovemque illum Tonantem in Capitolio, ante cuncta laudabilem : item Apollinem diadematum. Lyciscus Lagonem puerum subdolæ ac fucatæ vernilitatis. Lycus et ipse puerum suffitorem.

30 Menæchmi vitulus genu premitur, replicata cervice; ipseque Menæchmus scripsit de sua arte.

Naucydes Mercurio, Discobolo, et immolante arietem censetur. Naucerus luctatorem anhelantem fecit. Niceratus Æsculapium, et Hygiam, qui sunt in Concordiæ templo Romæ.

31 Phyromachi quadriga regitur ab Alcibiade. Polycles Hermaphroditum nobilem fecit. Pyrrhus Hygiam, et Minervam : Phœnix Lysippi discipulus, Epithersen.

Styppax Cyprius uno celebratur signo, Splanchnopté. Periclis Olympii vernula hic fuit, exta torrens, ignem oris pleni spiritu accendens. Silanion Apollodorum fudit, fictorem et ipsum, sed inter cunctos diligentissimum artis, et inimicum sui judicem, crebro perfecta signa frangentem, dum satiari cupiditate artis non quit, et ideo insanum cognominatum. Hoc in eo expressit, nec hominem ex ære fecit, sed iracundiam : et Achillem nobilem. Item Epistaten exercentem athletas : Strongylion Amazonem, quam ab excellentia crurum Eucnemon appellant, ob id in comitatu Neronis principis circumlatam. Item fecit puerum, quem

amando Brutus Philippensis cognomine suo illustravit.

Theodorus, qui labyrinthum fecit Sami, ipse se ex ære 33 fudit, præter similitudinem mirabilem fama magnæ subtilitatis celebratus. Dextra limam tenet, læva tribus digitis quadrigulam tenuit, translatam Præneste, tantæ parvitatis, ut totam eam currumque et aurigam integeret alis simul facta musca.

Xenocrates Tisicratis discipulus : aut, ut alii, Euthycratis, vicit utrosque copia signorum, et de sua arte composuit volumina.

Plures artifices fecere Attali et Eumenis adversus Gallos 34 prælia; Isigonus, Phyromachus, Stratonicus, Antigonus, qui condidit volumina de sua arte. Boethi, quanquam argento melioris, infans eximie anserem strangulat. Atque ex omnibus, quæ retuli, clarissima quæque jam sunt dicata a Vespasiano principe in templo Pacis, aliisque ejus operibus, violentia Neronis in Urbem convecta, et in sellariis domus aureæ disposita.

Præterea sunt æqualitate celebrati artifices; sed nullis 35 operum suorum præcipui. Ariston, qui et argentum cælare solitus est, Callides, Ctesias, Cantharus Sicyonius, Dionysodorus Critii discipulus, Deliades, Euphorion, Eunicus, et Hecatæus, argenti cælatores; Lesbocles, Prodorus, Pythodicus, Polygnotus : idem pictor e nobilissimis. Item ex cæ-

plus célèbres (84); enfin deux autres ciseleurs, Stratonicus et Scymnus, qui fut élève de Critius.

Je vais énumérer maintenant ceux qui ont travaillé dans un même genre : Apollodore, Androbule, Asclépiodore, Alevas, ont fait des philosophes; Apellas, également, et de plus des femmes qui adorent. Antignote (85) a traité aussi les sujets de l'homme qui se frotte et des tyrannicides Harmodius et Aristogiton. Antimaque et Athénodore ont fait des femmes de noble extraction; Aristodème, des lutteurs, des biges avec un cocher, des philosophes, de vieilles femmes, le roi Séleucus : son Doryphore a aussi sa grâce particulière.

Il y a eu deux Céphisodote. Du premier est le Mercure nourrissant Bacchus enfant. Il a fait aussi un homme qui harangue, la main élevée. On ne sait qui c'est. Le second a fait des philosophes. Colotès (xxxv, 34, 1), qui travailla au Jupiter Olympien avec Phidias, a fait des philosophes, ainsi que Cléon, Cenchramis, Calliclès et Céphis. Chalcosthénès a traité les sujets de comédiens et d'athlètes.

Daïppus (86) a traité le sujet du paralytique; Daïphron, Démocrite et Dæmon, le sujet des philosophes.

Épigone, qui a travaillé dans presque tous les genres susdits, s'est distingué par une figure qui sonne de la trompette, et par un enfant qui caresse d'une manière touchante sa mère tuée. On vante la femme qui admire, d'Eubulus; l'homme comptant sur ses doigts, d'Eubulidès (87).

Micon est renommé pour des athlètes; Ménogène, pour des quadriges.

Nicératus, qui a traité tous les genres susdits, a représenté Alcibiade, et sa mère Démarate sacrifiant à la lumière des lampes (88).

Piston a mis une femme sur un bige de Tisicrate. Il est auteur du Mars et du Mercure qui sont à Rome dans le temple de la Concorde. Personne ne loue Périllus : plus cruel que Phalaris, il fit à ce tyran un taureau, promettant qu'un brasier allumé dessous ferait mugir l'homme qu'on y enfermerait. Le premier il fit l'épreuve de ce supplice, par une cruauté juste cette fois. Voilà à quoi, de la représentation des dieux et des hommes, il ravalait un art qui n'a rien d'inhumain ! Était-ce donc pour qu'il procurât des instruments de supplice, que tant d'hommes avaient travaillé à le fonder? Aussi les ouvrages de Périllus ne sont-ils conservés que pour qu'en les voyant chacun en déteste l'auteur.

Sthennis (89) a fait une Cérès, un Jupiter, une Minerve, qui sont à Rome dans le temple de la Concorde; des matrones qui pleurent, qui adorent, qui sacrifient; Simon, un chien et un archer; Stratonicus, le ciseleur déjà nommé, et l'un et l'autre Scopas (90), des philosophes.

On a des athlètes, des hommes armés, des chasseurs, des sacrificateurs, de Baton (91), Euchir, Glaucidès, Héliodore, Hicanus, Lophon, Lyson, Léon, Ménodorus, Myagrus, Polycrate, Polyidus (92), Pythocrite, Protogène, qui fut aussi peintre des plus célèbres (93), comme nous le dirons (xxxv, 36, 19), Patroclès, Pollis (94), Posidonius d'Éphèse, célèbre aussi dans la ciselure d'argent, Périclyménus, Philon, Siménus, Timothée, Théomnestus, Timarchidès, Timon, Tisias, Thrason.

De tous, Callimaque est le plus remarquable à cause de son surnom. Toujours prompt à se blâmer, il ne pouvait cesser de retoucher (95) ses

latoribus Stratonicus, Scymnus, qui fuit Critii discipulus.

Nunc percensebo eos, qui ejusdem generis opera fecerunt, ut Apollodorus, Androbulus, Asclepiodorus, Alevas, philosophos : Apellas et adorantes feminas : Antignotus et Perixyomenon, tyrannicidasque supra dictos : Antimachus, Athenodorus feminas nobiles : Aristodemus et luctatores bigasque cum auriga, philosophos, anus, Seleucum regem. Habet gratiam suam hujus quoque Doryphorus.

Cephisodoti duo fuere : prioris est Mercurius, Liberum patrem in infantia nutriens. Fecit et concionantem manu elata : persona in incerto est. Sequens philosophos fecit. Colotes, qui cum Phidia Jovem Olympium fecerat, philosophos. Item Cleon, et Cenchramis, et Callicles, et Cephis : Chalcosthenes et comœdos, et athletas.

Daippus Paralyomenon; Daiphron, et Democritus, et Dæmon, philosophos.

Epigonus omnia fere prædicta imitatus præcessit in tubicine, et matri interfectæ infante miserabiliter blandiente. Eubuli mulier admirans laudatur; Eubulidis, digitis computans.

Micon athletis spectatur : Menogenes, quadrigis.

Nec minus Niceratus, omnia, quæ cæteri, aggressus, repræsentavit Alcibiadem, lampadumque accensu matrem ejus Demaraten sacrificantem.

Tisicratis bigæ Piston mulierem imposuit : idemque fecit Martem et Mercurium, qui sunt in Concordiæ templo Romæ. Perillum nemo laudat sæviorem Phalaride tyranno, cui taurum fecit, mugitus hominis pollicitus igne subdito, et primus eum expertus cruciatum, justiore sævitia. In hoc a simulacris deum hominumque devocaverat humanissimam artem. Ideone tot conditores ejus elaboraverant, ut ex ea tormenta fierent? Itaque una de causa servantur opera ejus, ut quisquis illa videat, oderit manus.

Sthennis Cererem, Jovem, Minervam fecit, qui sunt Romæ in Concordiæ templo. Idem flentes matronas, et adorantes, sacrificantesque. Simon canem et sagittarium fecit. Stratonicus cælator ille philosophos, et Scopas uterque.

Athletas autem, et armatos, et venatores, sacrificantesque, Baton, Euchir, Glaucides, Heliodorus, Hicanus, Lophon, Lyson, Leon, Menodorus, Myagrus, Polycrates, Polyidus, Pythocritus, Protogenes, idem pictor e clarissimis, ut dicemus : Patrocles, Pollis, Posidonius, qui et argentum cælavit nobiliter, natione Ephesius : Periclymenus, Philon, Simenus, Timotheus, Theomnestus, Timarchides, Timon, Tisias, Thrason.

Ex omnibus autem maxime cognomine insignis est Callimachus, semper calumniator sui, nec finem habentis diligentiæ, ob id Catatexitechnos appellatus, memorabili

ouvrages ; aussi fut-il nommé Catatexitechnos (96) (gâte-ouvrage), exemple mémorable de la nécessité de mettre une limite au travail. On a de lui des Lacédémoniennes dansant, ouvrage correct, mais dans lequel la correction a effacé toute la grâce. Quelques-uns disent qu'il fut aussi peintre. Caton, lors de son expédition de l'île de Chypre, n'excepta de la vente que la statue de Zénon. Il ne fut séduit ni par le bronze ni par le travail, mais c'était la statue d'un philosophe ; véritable puérilité que nous avons voulu faire connaître en passant (VII, 31, 4).

42 En parlant des statues il ne faut pas en oublier une, bien que d'un auteur incertain : elle est près de la tribune aux harangues ; c'est un Hercule revêtu de la tunique, le seul qui soit à Rome dans ce costume (97) : la figure est contractée, et le bronze exprime l'agonie du héros dans cette tunique. Cette statue porte trois inscriptions : la première nous apprend que ce morceau fit partie des dépouilles conquises par L. Lucullus, impérator ; la seconde, que le fils de Lucullus, encore pupille, l'a consacrée en vertu d'un sénatus-consulte ; la troisième, que T. Septimius Sabinus, édile curule, l'a rendue au public, de propriété particulière qu'elle était. Telle est la rivalité dont cette statue a été l'objet, tel est le prix qu'on y a attaché.

1 XX. Revenons maintenant aux différentes espèces du cuivre et à ses alliages. Le cuivre coronaire de Chypre s'aplatit en lames, et, teint avec du fiel de taureau, il offre l'apparence de la dorure dans les couronnes portées par les histrions. Mêlé à l'or dans la proportion d'une once pour six scrupules d'or, et battu en feuilles très-minces, c'est le pyrope flamboyant (clinquant). Le cuivre en règle se fait dans d'autres mines que celles de Chypre, ainsi que le cuivre de chaudron ; avec cette différence que le cuivre de chaudron est simplement fondu et se briserait sous le marteau, tandis que le cuivre en règle est malléable, ou ductile comme d'autres disent, propriété qui appartient à tout le cuivre de Chypre. Dans les autres mines, ce qui fait cette différence entre le cuivre en règle et le cuivre de chaudron, c'est le travail : en effet, tout cuivre soigneuse- 2 ment purifié au feu et recuit devient du cuivre en règle. Dans les autres espèces on accorde la palme au cuivre de Campanie, très-estimé (98) pour les ustensiles et les vases. Ce dernier se prépare de plusieurs façons : à Capoue on le fond non avec du feu de charbon, mais avec du feu de bois ; après l'avoir arrosé d'eau froide, on le nettoie dans un crible en chêne ; on le fait passer plusieurs fois au feu de cette façon, et, en dernier lieu, on y ajoute dix livres de plomb argentaire d'Espagne par cent livres ; par là il devient doux, et prend la couleur agréable que l'huile et le soleil donnent aux autres espèces. On fabrique un cuivre semblable à celui de la Campanie dans plusieurs parties de l'Italie et des provinces ; mais là on y ajoute huit livres de plomb et on le recuit au charbon (99), à cause de la pénurie de bois. C'est dans la Gaule surtout, où le cuivre se fond entre des pierres rougies au feu, qu'on voit quelle différence produit la manière d'opérer. En effet, ce procédé le brûle, et le rend noir et cassant ; d'ailleurs on ne le passe au feu qu'une fois ; or cette opération, répétée, le rend beaucoup meilleur. (IX.) Il n'est pas non plus hors de propos de remarquer que par un grand froid tout cuivre se fond mieux. Pour les statues et pour 3 les tables, voici l'alliage dont on se sert : On fond d'abord le métal, puis on ajoute à la fonte un tiers de cuivre de hasard, c'est-à-dire qui ait

exemplo adhibendi curæ modum. Hujus sunt saltantes Lacænæ, emendatum opus, sed in quo gratiam omnem diligentia abstulerit. Hunc quidam et pictorem fuisse tradunt. Non ære captus, nec arte, unam solummodo Zenonis statuam, Cypria in expeditione non vendidit Cato, sed quia philosophi erat, ut obiter hoc quoque noscatur tam inane exemplum.

42 In mentione statuarum est et una non prætereunda, licet auctoris incerti, juxta Rostra, Herculis tunicati, sola eo habitu Romæ, torva facie, sentiensque suprema in tunica. In hac tres sunt tituli : L. Luculli imperatoris, de manubiis : alter, pupillum Luculli filium ex S. C. dedicasse : tertius, T. Septimium Sabinum ædilem curulem ex privato in publicum restituisse. Tot certaminum tantæque dignationis simulacrum id fuit.

1 XX. Nunc revertemur ad differentias æris et mixturas. In Cyprio coronarium tenuatur in laminas : taurorumque felle tinctum, speciem auri in coronis histrionum præbet. Idemque in uncias additis auri scrupulis senis, prætenui pyropi bractea ignescit. Regulare et in aliis fit metallis, itemque caldarium. Differentia, quod caldarium funditur tantum, malleis fragile, quibus regulare obsequitur, ab aliis ductile appellatum, quale omne Cyprium est. Sed et in cæteris metallis, cura distat a caldario. Omne enim pur- 2 gatis diligentius igni vitiis, excoctisque, regulare est. In reliquis generibus palma Campano perhibetur utensilibus, vasis probatissimo. Pluribus fit hoc modis. Namque Capuæ liquatur non carbonis ignibus, sed ligni, purgaturque roboreo cribro, perfusum aqua frigida, ac sæpius simili modo coquitur, novissime additis plumbi argentarii hispaniensis denis libris in centenas æris. Ita lentescit coloremque jucundum trahit, qualem in aliis generibus æris adfectant oleo ac sole. Fit Campano simile in multis partibus Italiæ, provinciisque. Sed octonas plumbi libras addunt, et carbone recoquunt propter inopiam ligni. Quantum ea res differentiæ afferat, in Gallia maxime sentitur, ubi inter lapides candefactos funditur. Exurente enim coctura nigrum atque fragile conficitur. Præterea semel recoquunt : quod sæpius fecisse, bonitati plurimum confert. (IX.) Id quoque notasse non ab re est, æs omne frigore magno melius fundi. Sequens temperatura statuaria est, eademque tabularis, 3 hoc modo : massa proflatur in primis, mox in proflatum additur tertia portio æris collectanei, hoc est, ex usu coemti. Peculiare in eo condimentum attritu domiti, et con-

déjà servi : ce cuivre a une qualité particulière venant du frottement qui l'a dompté; l'habitude de l'écurage semble l'avoir adouci. On ajoute encore sur cent livres de fonte douze livres et demie de plomb argentaire. On appelle cuivre à faire des moules un alliage de cuivre très-tendre, parce qu'on y ajoute un dixième de plomb noir et un vingtième de plomb argentaire ; en cet état il prend le mieux la couleur dite grécanique. La dernière espèce est celle qu'on nomme cuivre de marmite, à cause de l'usage auquel on l'emploie. Pour la préparer, on ajoute sur cent livres de cuivre trois ou quatre livres de plomb, argentaire. Avec le cuivre de Chypre mélangé de plomb on fait la couleur de pourpre dans les prétextes des statues.

XXI. Le cuivre se couvre plus rapidement de vert-de-gris nettoyé que négligé, à moins qu'on ne le frotte d'huile. On dit qu'il se conserve parfaitement sous la poix liquide. Depuis longtemps on a transporté à l'airain l'emploi de perpétuer les monuments : c'est sur des tables d'airain qu'on grave les lois de l'État.

XXII. (x.) Les mines de cuivre fournissent de nombreux secours à la médecine : en effet, on voit là tous les ulcères se guérir très-promptement; toutefois c'est la cadmie qui est utile surtout. Il s'en fait sans doute aussi dans les fourneaux à argent, et cette dernière est plus blanche et moins pesante; mais elle n'est nullement comparable à la cadmie de cuivre. On distingue de celle-ci plusieurs sortes : la pierre dont on extrait le cuivre se nomme cadmie; indispensable au fondeur, elle n'est d'aucun emploi en médecine; c'est encore la cadmie qui, renaissant dans les fourneaux, y trouve avec une autre origine le 2 même nom. Elle est le produit de la partie la plus atténuée de la matière que sépare l'action de la flamme et du soufflet; et elle s'attache, en raison de sa légèreté, à la voûte et aux parois des fourneaux. La plus légère se trouve à l'orifice supérieur du fourneau, par où la flamme s'exhale ; on la nomme capnitis; elle est brûlée, et, par son extrême légèreté, elle ressemble à la braise incinérée. La meilleure est celle du dedans, suspendue à la voûte, et appelée pour cette raison botryitis (en grappe); plus pesante que la précédente, elle est plus légère que les suivantes. On en distingue deux espèces par la couleur; la moins bonne est de couleur cendrée; la rouge est la meilleure. Cette dernière, friable, est excellente pour les médicaments ophthalmiques. Une troisième cad- 3 mie s'amasse sur les côtés des fourneaux, n'ayant pu, à cause de sa pesanteur, s'élever jusqu'à la voûte : on la nomme placitis, nom qui lui vient de son apparence même; car, aplatie (100), elle offre plutôt l'aspect d'une croûte que d'une pierre ponce. En dedans elle est de diverses couleurs; elle vaut mieux pour les granulations et pour effacer les cicatrices. On en reconnaît deux espèces : l'onychis (101), au dehors presque bleue, au dedans offrant des taches qui jouent l'onyx ; et l'ostracitis, toute noire, la plus sale de toutes; excellente pour les plaies. Toute la cadmie des 4 fourneaux de l'île de Chypre est mise au premier rang. Les médecins la font recuire sur un feu de charbon : quand elle est incinérée, ils éteignent dans du vin amminéen (xiv, 16, 1) celle qu'on destine aux emplâtres, et dans du vinaigre celle qu'on prépare pour les affections psoriques. Quelques-uns la brûlent, après l'avoir pilée, dans des marmites de terre cuite, la lavent dans des mortiers, et puis la sèchent. Nymphodore prend de la cadmie naturelle (ou minerai) aussi pesante et aussi dense qu'il est possible, la brûle sur du charbon,

---

suetudine nitoris veluti mansuefacti. Miscentur et plumbi argentarii pondo duodena ac selibræ, centenis proflati. Appellatur etiamnum et formalis temperatura æris tenerrimi, quoniam nigri plumbi decima portio additur, et argentarii vigesima : maximeque ita colorem bibit, quem græcanicum vocant. Novissima est, quæ vocatur ollaria, vase nomen hoc dante, ternis aut quaternis libris plumbi argentarii in centenas æris additis. Cyprio si addatur plumbum, colos purpuræ fit in statuarum prætextis.

1 XXI. Æra extersa rubiginem celerius trahunt, quam neglecta, nisi oleo perungantur. Servari ea optime in liquida pice tradunt. Usus æris ad perpetuitatem monumentorum jam pridem translatus est, tabulis æreis, in quibus publicæ constitutiones inciduntur.

1 XXII. (x.) Metalla æris multis modis instruunt medicinam, utpote quum hulcera omnia ibi ocyssime sanentur. Maxime tamen prodest cadmia. Fit sine dubio hæc et in argenti fornacibus, candidior ac minus ponderosa, sed nequaquam comparanda ærariæ. Plura autem genera sunt. Namque ut ipse lapis, ex quo fit æs, cadmia vocatur, fusuris necessarius, medicinæ inutilis : sic rursus in forna- 2 cibus exsistit, aliamque nominis sui originem recipit. Fit autem egesta flammis atque flatu tenuissima parte materiæ, cameris lateribusve fornacum pro quantitate levitatis applicata. Tenuissima est in ipso fornacum ore, qua flammæ eructantur, appellata capnitis, exusta, et nimia levitate similis favillæ. Interior optima, cameris dependens, et ab eo argumento botryitis cognominata : ponderosior hæc priore, levior porro sequuturis. Duo ejus colores : deterior cinereus, puniceus melior, friabilis, oculorumque medicamentis utilissima. Tertia est in lateribus for- 3 nacum, quæ propter gravitatem ad cameras pervenire non potuit. Hæc dicitur placitis, et ipsa ab argumento, planitie crusta verius, quam pumex, intus varia, ad psoras utilior, et ad cicatrices trahendas. Fluunt ex ea duo alia genera : onychis extra pæne cærulea, intus onychitæ maculis similis. Ostracitis tota nigra, et e cæteris sordidissima, vulneribus maxime utilis. Omnis autem cadmia in Cypri 4 fornacibus optima, iterumque a medicis coquitur carbone puro; atque ubi in cinerem rediit, exstinguitur vino ammineo, quæ emplastra præparatur : quæ vero ad psoras, aceto. Quidam in ollis fictilibus tusam urunt, ac lavant in mortariis, postea siccant. Nymphodorus lapidem ipsum quam gravissimum spississimumque urit pruna, et exustum

l'éteint dans du vin de Chios, la pile, la passe par un linge, la pulvérise dans un mortier, la fait macérer dans de l'eau de pluie, pulvérise le sédiment qui se forme (102), jusqu'à ce que la substance devienne semblable à de la céruse, et n'offense en rien les dents. La préparation d'Iollas est la même; seulement il choisit la cadmie naturelle (calamine) la plus pure.

1 XXIII. La cadmie a pour propriété de dessécher, de cicatriser, d'arrêter les fluxions, de mondifier les ptérygions et les croûtes des yeux, de faire disparaître les granulations; en un mot, elle a tous les effets que nous attribuerons au plomb. Le cuivre, lui-même, brûlé est employé dans tous ces cas, et en outre pour l'albugo et les cicatrices des yeux. Avec du lait il guérit les ulcérations des yeux; aussi (103) les Égyptiens en font-ils un collyre en le broyant sur des pierres 2 dures. Pris dans du miel, il est vomitif. Le cuivre de Chypre se brûle dans des vases de terre crue, avec quantité égale de soufre; on lute le couvercle, et on laisse ces vases au feu jusqu'à ce que la terre en soit cuite. Quelques-uns ajoutent du sel; d'autres substituent l'alun au soufre; d'autres enfin n'ajoutent rien, se contentent d'arroser de vinaigre le cuivre. La cuisson finie, on le pile dans un mortier de pierre thébaïque (XXXIII, 21, 2); on le lave dans de l'eau de pluie; on pile de nouveau dans une nouvelle eau plus abondante, et on attend qu'il se fasse un dépôt. On recommence cette opération plusieurs fois, jusqu'à ce que la couleur du dépôt soit celle du minium; alors on le fait sécher au soleil, et on le garde dans une boîte de cuivre.

1 XXIV. (XI.) La scorie de cuivre se lave de la même manière; l'action en est moins énergique que celle du cuivre même. La fleur de cuivre aussi est employée en médecine. On la tire du cuivre déjà fondu, qu'on porte dans d'autres fourneaux; là, l'action active des soufflets fait naître dans le métal des écailles semblables à de la balle de millet: c'est de la fleur de cuivre. Ces écailles tombent, quand les pains de cuivre refroidis dans l'eau deviennent rouges. Ces pains donnent aussi ce qu'on nomme lépis; cela sert à sophistiquer la fleur, pour laquelle de la sorte on vend la lépis. La lépis (104) n'est autre chose que les écailles que le marteau détache des clous forgés avec les pains de cuivre. Toutes ces substances se trouvent surtout dans les ateliers de Chypre: la seule différence, c'est qu'on fait tomber la lépis en frappant les pains, tandis que la fleur tombe d'elle-même.

XXV. Il y a une autre espèce d'écailles, plus 1 déliées, sorte de duvet qu'on détache de la surface du métal; on la nomme stomoma. Les médecins (je leur en demande pardon) ne connaissent aucune de ces substances; la plupart en ignorent même les noms: tant s'en faut qu'ils sachent préparer les médicaments, préparation qui était jadis le propre de la médecine. Aujourd'hui, toutes les fois qu'ayant mis la main sur un livre de recettes, ils veulent composer avec cela quelque prescription, c'est-à-dire faire l'épreuve du livre aux dépens des malheureux malades, ils s'en rapportent aux droguistes, qui altèrent tout par leurs sophistications. Depuis 2 longtemps ils achètent même les emplâtres et les collyres tout faits, et c'est par leur entremise que s'écoulent les drogues avariées ou falsifiées. La lépis et la fleur se brûlent sur des plats d'argile ou de cuivre; ensuite on les lave comme il a été dit plus haut, et on les emploie dans les mêmes cas; de plus, pour les excroissances char-

---

Chio vino restinguit, tunditque, mox linteo cribrat, atque in mortario terit, mox aqua pluvia macerat, iterumque terit quod subsedit, donec cerussæ simile fiat, nulla dentium offensa. Eadem Iollæ ratio: sed quam purissimum lapidem eligit.

1 XXIII. Cadmiæ effectus siccare, persanare, sistere fluxiones, pterygia et sordes oculorum purgare, scabritiem extenuare, et quidquid in plumbi effectu dicemus. Et æs ipsum ad omnia eadem utitur: præterque, albugines oculorum et cicatrices. Ulcera quoque oculorum cum lacte sanat, itaque Ægyptii collyrii modo terunt in co- 2 ticulis. Facit et vomitiones e melle sumtum. Uritur autem Cyprium in fictilibus crudis cum sulphuris pari pondere, circumlito spiramento, in caminis, donec vasa ipsa percoquantur. Quidam et salem addunt, alii alumen pro sulphure, alii nihil, sed aceto tantum aspergunt. Ustum teritur mortario Thebaico, aqua pluvia lavatur, iterumque adjecta largiore teritur, et dum considat, relinquitur: hoc sæpius, donec ad speciem minii redeat. Tunc siccatum in sole, in ærea pyxide servatur.

1 XXIV. (XI.) Et scoria æris simili modo lavatur, minore effectu, quam æs ipsum. Sed et æris flos medicinæ utilis est. Fit ære fuso, et in alias fornaces translato: ibi flatu crebriore excutiuntur velut milii squamæ, quas vocant florem. Cadunt autem, quum panes æris aqua refrigerantur rubentque. Similiter ex eis fit, quam vocant lepida, et adulteratur flos, ut squama veneat pro eo. Est autem squama æris decussa vi clavis, in quos panes ærei ferruminantur. In Cypri maxime officinis omnia. Differentia hæc est, quod squama excutitur ictibus iisdem panibus: flos cadit sponte.

XXV. Squamæ est alterum genus subtilius, ex summa 1 scilicet lanugine decussum, quod vocant stomoma. Atque hæc omnia medici (quod pace eorum dixisse liceat) ignorant, pars major et nomina: in tantum a conficiendis medicaminibus absunt, quod esse proprium medicinæ solebat. Nunc quoties incidere in libellos, componere ex his volentes aliqua, hoc est, impendio miserorum experiri commentaria, credunt seplasiæ omnia fraudibus corrumpenti. Jam 2 quidem facta emplastra et collyria mercantur; tabesque mercium, aut fraus seplasiæ sic exteritur. Et squama autem, et flos uruntur in patinis fictilibus aut æreis, deinde lavantur, ut supra, ad eosdem usus; et amplius ad narium carnosa vitia; itemque sedis; et gravitates aurium, per

nues des narines et du siége; pour la dureté d'ouïe, en les soufflant dans l'oreille à l'aide d'un tube; pour les affections de la luette, en les incorporant à de la farine; avec du miel, elles guérissent les amygdales. Avec le cuivre blanc, on fait une écaille beaucoup moins efficace que celle de Chypre. On fait aussi tremper préalablement les clous et les pains de cuivre dans de l'urine d'enfant. Quelques-uns détachent l'écaille, la pilent, et la lavent dans de l'eau de pluie. On la donne aux hydropiques, à la dose de deux drachmes, dans une hémine (0 litr., 27) de vin miellé. En liniment, on l'incorpore à la fleur de farine.

XXVI. On fait aussi un grand emploi du vert-de-gris. Il se prépare de plusieurs manières : tantôt on le détache tout formé du minerai (105) d'où on tire le cuivre par le feu; tantôt on perce le cuivre blanc, on le suspend dans des tonneaux, sur du vinaigre; ces tonneaux sont fermés avec un couvercle de cuivre; le vert-de-gris ainsi obtenu est bien meilleur que celui que donnent les écailles. Quelques-uns plongent des vases de cuivre blanc dans des pots de terre remplis de vinaigre (106), et ils les raclent au bout de dix jours. D'autres les couvrent de marc de raisin, et les raclent après un nombre pareil de jours. D'autres arrosent de vinaigre la limaille de cuivre, et la remuent plusieurs fois par jour avec des spatules, jusqu'à dissolution complète. D'autres aiment mieux triturer cette même limaille avec du vinaigre, dans des mortiers de cuivre. Mais la méthode la plus prompte, c'est de jeter dans du vinaigre des rognures de cuivre coronaire. On sophistique le vert-de-gris, surtout celui de Rhodes, avec du marbre pilé; d'autres se servent de pierre-ponce ou de gomme; mais la falsification qui trompe le plus, c'est le noir de cordonnier. On reconnaît les autres en mâchant la substance, qui craque sous la dent; pour cette dernière on emploie une pelle à feu. Le vert-de-gris pur garde sa couleur; falsifié avec le noir, il devient rouge. On se sert encore de papyrus macéré préalablement avec de la noix de galle : le papyrus noircit immédiatement, dès qu'on y applique du vert-de-gris. On le reconnaît aussi à la vue : falsifié, il n'est pas d'un vert franc. Mais, soit pur, soit sophistiqué, le mieux est de le laver (107), de le faire bien sécher, de le calciner dans un plat de terre neuf, et de le remuer jusqu'à incinération complète; puis on le triture, et on le garde pour le besoin. Quelques-uns le calcinent dans des vases de terre crue, qu'ils laissent sur le feu jusqu'à ce que la terre soit cuite; d'autres ajoutent de l'encens mâle. On lave le vert-de-gris comme la cadmie. Il est excellent dans les collyres, l'action mordante de cette substance étant avantageuse dans le larmoiement; mais il est nécessaire de laver avec de la charpie imbibée d'eau chaude, jusqu'à ce que la sensation âcre cesse de se faire sentir.

XXVII. On donne le nom d'hiéracium à un collyre dont voici, essentiellement, la composition : prenez quatre onces de sel ammoniac, deux de vert-de-gris de Chypre, deux de noir de cordonnier qu'on nomme chalcanthe, une de misy, six de safran : tout cela, trituré dans du vinaigre de Thasos, est formé en trochisques, remède excellent contre les cataractes commençantes, contre les nuages, les granulations, les albugo et les maladies des paupières. On incorpore le vert-de-gris cru dans les emplâtres vulnéraires. Avec de l'huile, il est merveilleux (108) pour les ulcérations de la bouche, des gencives et des lèvres; en cérat, il mondifie et cicatrise. Le vert-de-gris

fistulas in eas flatu impulsa; et uvas oris, farina admota. Tollit et tonsillas cum melle. Fit et ex candido que squama longe Cypria inefficacior. Nec non urina pueri prius macerant clavos, panesque. Quidam vero excussam squamam terunt, et aqua pluvia lavant. Dant et hydropicis eam duabus drachmis in mulsi hemina, et illinunt cum polline.

1 XXVI. Æruginis quoque magnus usus. Sed pluribus fit ea modis. Namque et lapidi, ex quo coquitur æs, deraditur : et ære candido perforato, atque in cadis super acetum suspenso, æreo obturatis operculo, multo probatiore, quam si hoc idem squamis fiat. Quidam vasa ipsa candidi æris fictilibus condunt in acetum, raduntque x die. Alii vinaceis contegunt, totidemque post dies radunt. Alii delimatam æris scobem aceto spargunt, versantque spathis 2 sæpius die, donec absumatur : eamdemque scobem alii terere in mortariis æreis ex aceto malunt. Ocyssime vero contingit coronariorum recisamentis in acetum additis. Adulterant marmore trito maxime Rhodiam æruginem, alii pumice, aut gummi. Præcipue autem fallit atramento sutorio adulterata. Cætera enim dente deprehenduntur, stridentia in freudendo. Experimentum in batillo ferreo : 3 nam quæ sincera est, suum colorem retinet : quæ mixta atramento, rubescit. Deprehenditur et papyro, galla prius macerato : nigrescit enim statim ærugine illita. Deprehenditur et visu, maligne virens. Sed sive sinceram, sive adulteratam, aptissimum est elui siccatamque in patina nova uri et versari, donec favilla fiat : postea teritur et reconditur. Aliqui in crudis fictilibus urunt, donec figlinum percoquatur. Nonnulli et thus masculum admiscent. Lavatur autem ærugo, sicut cadmia. Vis ejus collyriis oculorum aptissima, delacrymationibus mordendo proficiens. Sed, ablui necessarium penicillis calidis, donec rodere desinat.

XXVII. Hieracium vocatur collyrium, quod ita maxime constat : temperatur autem id Hammoniaci unciis quatuor, æruginis Cypriæ duabus, atramenti sutorii, quod chalcanthum vocant, totidem : misyos vero una, croci sex. Hæc omnia trita aceto Thasio colliguntur in pilulas, excellentis remedii, contra initia glaucomatum et suffusionum, contra caligines, et scabritias, et albugines, ac genarum vitia. Cruda autem ærugo vulnerariis emplastris miscetur. Oris etiam gingivarumque ulcerationes mirifice emendat, et labiorum hulcera cum oleo. Quod si et cera addatur, purgat, et ad cicatricem perducit. Ærugo et callum fistularum erodit, viliorumque circa sedem, sive per se, sive cum

consume aussi les callosités des fistules et celles qui naissent (109) autour du fondement, soit seul, soit appliqué avec le sel ammoniac, soit introduit sous forme liquide dans les fistules. Pétri avec un tiers de térébenthine, il (110) fait disparaître les lèpres.

XXVIII. (XII.) Il est une autre espèce de vert-de-gris qu'on nomme scolex. On l'obtient en triturant, dans un mortier de cuivre de Chypre, de l'alun et du sel, ou un poids égal de nitre, avec du vinaigre blanc aussi fort que possible. Cette opération ne se fait que dans les jours les plus chauds, vers le lever du Chien. On triture le tout jusqu'à ce que le mélange devienne vert et prenne un aspect vermiculé, d'où le nom qu'il porte. Pour l'avoir meilleur et plus beau, on mêle à deux parties de vinaigre une partie d'urine d'enfant impubère. Le scolex a dans les médicaments le même emploi que la santerne, qui, avons-nous dit (XXXIII, 29), sert à souder l'or; et, l'un ot l'autre, le même que le vert-de-gris. On obtient aussi du scolex (111) natif en raclant le minerai de cuivre, dont nous allons parler maintenant.

XXIX. Ce minerai, duquel on tire (112) le cuivre par le feu comme de la cadmie, se nomme Chalcitis. Il diffère de la cadmie, en ce qu'on le taille à la superficie du sol, dans des pierres exposées à l'air, tandis que la cadmie se trouve dans des couches profondes. De plus, la chalcitis devient aussitôt friable, étant molle de sa nature, et ressemblant à un duvet condensé. Autre différence : la chalcitis est un mélange de trois substances, le cuivre, le misy et le sory; nous traiterons de chacun en lieu et place. Les veines de cuivre qu'elle renferme sont oblongues. On estime la chalcitis à couleur de miel, à veines minces et sinueuses, friable, et n'offrant pas de gravier. On pense que la récente est meilleure, parce que 2 en vieillissant elle se transforme en sory. Elle a la propriété de réprimer les excroissances sur les plaies, d'arrêter le sang, et, en poudre, d'exercer une action astringente sur les gencives, la luette et les amygdales. Dans un pessaire de laine, on l'emploie pour les affections de la matrice. Avec du suc de poireau, on l'incorpore dans les emplâtres destinés aux parties génitales. On la fait tremper pendant quarante jours dans du vinaigre que contient un vase de terre luté avec du fumier; elle prend une couleur safranée; alors, mêlée à un poids égal de cadmie, elle compose le remède appelé psorique. Que si on met une partie de cadmie sur deux de chalcitis, le remède devient plus actif, et bien plus actif encore si pour former le mélange (113) on se sert de vinaigre au lieu de vin. Pour tous ces usages la chalcitis calcinée est plus efficace.

XXX. Le sory d'Égypte est le plus estimé, l'emportant de beaucoup sur ceux de Chypre, d'Espagne et d'Afrique. Toutefois, pour les affections des yeux (114) quelques-uns préfèrent celui de Chypre. Mais, quelle que soit la provenance, le meilleur est celui qui a l'odeur la plus forte, et qui trituré devient gras, noir et spongieux. Il est tellement mal supporté par l'estomac, que chez quelques-uns par la seule voie de l'odorat il excite le vomissement. Tel est le sory d'Égypte. Celui des autres provenances, concassé, devient luisant comme le misy; il est plus graveleux. Tenu dans la bouche, en collutoire, il est bon pour les douleurs de dents, pour les ulcères malins de la bouche, et pour les affections serpigineuses. On le brûle sur les charbons comme la chalcitis.

XXXI. Le misy, au rapport de quelques-uns,

---

Hammoniaco illita, vel collyrii modo in fistulas adacta : eadem cum resinæ terebinthinæ tertia parte subacta, lepras tollit.

XXVIII. (XII.) Est et alterum genus æruginis, quam vocant scoleca: in Cyprio ære hoc, trito alumine et sale, aut nitro pari pondere, cum aceto albo quam acerrimo. Non fit hoc nisi æstuosissimis diebus circa Canis ortum. Teritur autem, donec viride fiat, contrahatque se vermiculorum specie, unde et nomen. Quod vitium ut emendetur, duæ partes quæ fuere aceti, miscentur urina pueri impubis. Idem antem in medicamentis et santerna efficit, qua diximus aurum ferruminari, ususque utriusque, qui æruginis. Scolex fit et per se, derasus ab ærario lapide, de quo nunc dicemus.

XXIX. Chalcitin vocant lapidem, ex quo et ipso æs coquitur. Distat a cadmia, quod illa super terram ex subdialibus petris cæditur, hæc ex obrutis. Item, quod chalcitis friat se statim, mollis natura, ut videatur lanugo concreta. Est et alia distinctio, quod chalcitis tria genera continet, æris, et misyos, et soryos, de quibus singulis dicemus suis locis. Habet autem æris venas oblongas. Probatur mellei coloris, gracili venarum discursu, friabilis, nec lapidosa. Putant et recentem utiliorem esse, quoniam inveterata sory fiat. Vis ejus ad excrescentia in hulceribus, sanguinem sistere, gingivas, uvam, tonsillas farina compescere. Vulvæ quoque vitiis in vellere imponitur. Cum succo vero porri verendorum additur emplastris. Maceratur autem in fictili aceto circumlito fimo diebus XL, et colorem croci trahit. Tunc admixto cadmiæ pari pondere, medicamentum efficit, psoricon dictum. Quodsi duæ partes chalcitidis tertia cadmiæ temperentur, acrius hoc idem fiet : etiamnum vehementius, si aceto, quam vino temperetur. Tosta vero efficacior fit ad eadem omnia.

XXX. Sory Ægyptium maxime laudatur, multum superato Cyprio, Hispaniensi, et Africo : quanquam oculorum curationi quidam utilius Cyprium putent : sed in quacumque natione optimum, cui maximum virus in olfactu, trituque pinguiter nigrescens, et spongiosum. Stomacho res contraria in tantum, ut quibusdam olfactu modo vomitiones moveat. Et Ægyptium quidem tale : alterius nationis contritum splendescit, ut misy, et est lapidosius. Prodest autem et dentium dolori, si contineatur, atque colluat : et oris hulceribus gravibus, quæque serpunt. Uritur carbonibus, ut chalcitis.

se fait par la calcination de la pierre dans des fosses, étant une sorte de poudre jaune qui a besoin d'être mêlée à la cendre du bois de pin; mais, dans le fait, il se trouve tout formé sur la pierre susdite en masses compactes qu'il faut détacher (115). Le meilleur vient des ateliers de l'île de Chypre; les marques en sont d'avoir la cassure brillante comme l'or, et trituré d'offrir une apparence graveleuse ou terreuse comme la chalcitis. Le misy est employé dans l'affinage de l'or. On l'injecte avec de l'huile rosat dans les oreilles qui suppurent; on l'applique dans de la 2 laine sur les ulcères de la tête; il dissipe les granulations invétérées des paupières; il est bon surtout pour les amygdales, les angines et les suppurations. Pour ces cas, prenez seize drachmes de misy, et faites cuire avec addition de miel dans une hémine de vinaigre, jusqu'à ce que le mélange devienne filant; c'est la préparation la plus efficace dans les cas susdits. Toutes les fois qu'il est nécessaire d'en atténuer la force, on y ajoute du miel. Des fomentations avec le misy et le vinaigre consument les callosités des fistules. Il entre dans les collyres; il arrête le sang, les ulcères serpigineux, les ulcères putrides; il consume les chairs bourgeonnantes. Il est particulièrement utile dans les affections des organes de la virilité; il arrête la métrorrhagie.

1 XXXII. Les Grecs ont établi par le nom la parenté du cuivre avec le noir de cordonnier : ils nomment en effet ce noir, chalcanthe. Il n'est point de substance qui soit aussi singulière. On le tire, en Espagne, de puits ou d'étangs pleins d'une eau chargée de cette dissolution; cette eau, mêlée à une quantité égale d'eau douce, est mise sur le feu; puis on la transvase dans des bassins en bois; au-dessus de ces bassins sont des barres immobiles, d'où pendent des cordes qui y sont tenues plongées par des pierres : le limon s'y attache, et, se formant en grains d'apparence vitreuse, il représente une espèce de grappe. Retiré, le chalcanthe sèche pendant trente jours. Il est 2 bleu, d'un luisant parfait, et on le prendrait pour du verre. Dissous, il forme le noir employé pour teindre le cuir. Il se fait encore de plusieurs façons : on creuse, dans un sol qui en contient, des fosses aux parois desquelles suintent des gouttes que le froid de l'hiver concrète; ce chalcanthe s'appelle stalagmias; c'est le plus pur de tous. Quand il est d'un violet tirant sur le blanc (116), on le nomme lonchoton. Autre moyen : on creuse la roche en auges; l'eau de pluie y amène le limon, qui se concrète. On l'obtient aussi comme le sel, en soumettant à l'action du soleil le plus ardent l'eau douce qu'on a amenée; de là, suivant quelques-uns, deux espèces de chalcanthe : le fossile et l'artificiel. Ce dernier est plus pâle, et moins il est coloré, moins il vaut. En 3 médecine on estime surtout celui de Chypre. On le donne comme anthelmintique à la dose d'une drachme dans du miel. Il purge la tête, dissous et instillé dans les narines. Il fait vomir, pris avec du miel ou de l'eau miellée. Il guérit les granulations, les douleurs, les nuages des yeux et les ulcérations de la bouche. Il arrête l'épistaxis et le flux hémorroïdal. Avec la graine de jusquiame, il fait sortir les os fracturés. Appliqué sur le front avec un plumasseau, il suspend l'épiphora. Il est efficace dans les emplâtres pour 4 mondifier les plaies (117) et les chairs bourgeonnantes des ulcères. Le simple contact de sa décoction guérit la luette. Avec de la graine de lin, on le met par-dessus les emplâtres pour ôter les douleurs.

1 XXXI. Misy aliqui tradiderunt fieri exusto lapide in scrobibus, flori ejus luteo miscente se ligni pinei favilla. Revera autem e supradicto fit lapide, concretum natura, discretumque vi : optimum in Cypriorum officinis : cujus notæ sunt friati aureæ scintillæ, et quum teratur, arenosa natura, sive terrea, chalcitidi similis. Hoc admiscent, qui aurum purgant. Utilitas ejus infusi cum rosaceo auribus 2 purulentis : et in lana impositi, capitis hulceribus. Extenuat etiam scabritias oculorum inveteratas. Præcipue utile tonsillis, contraque anginas, et suppurata. Ratio, ut sedecim drachmæ in hemina aceti coquantur addito melle, donec lentescat. Sic ad supradicta utile est. Quoties opus sit molliri vim ejus, mel adspergitur. Erodit et callum fistularum, ex aceto foventium : et collyriis additur. Sistit et sanguinem, hulceraque serpant, quæve putrescant. Absumit et excrescentes carnes. Peculiariter virilitatis vitiis utile : et feminarum profluvium sistit.

1 XXXII. Græci cognationem æris nomine fecerunt et atramento sutorio. Appellant enim chalcanthum. Nec ullius æque mira natura est. Fit in Hispaniæ puteis stagnisve, id genus aquæ habentibus. Decoquitur, admixta dulci pari mensura, et in piscinas ligneas funditur. Immobilibus su- per has transtris dependent restes lapillis extentæ, quibus adhærescens limus, vitreis acinis imaginem quamdam uvæ reddit. Exemtum ita siccatur diebus XXX. Color est cæ- 2 ruleus, perquam spectabili nitore, vitrumque esse creditur : diluendo fit atramentum tingendis coriis. Fit et pluribus modis; genere terræ eo in scrobes cavato : quarum e lateribus distillantes hiberno gelu stirias, stalagmian vocant : neque est purius aliud. Sed ex eo, candidum colorem sentiente viola, lonchoton appellant. Fit et in saxorum catinis, pluvia aqua corrivato limo gelante. Fit et salis modo, flagrantissimo sole admissas dulces aquas cogente. Ideo duplici quidam differentia, fossile aut factitium appellant : hoc pallidius, et quantum colore, tantum bonitate deterius. Probant maxime Cyprium in medicinæ usu. Su- 3 mitur ad depellenda ventris animalia drachmæ pondere cum melle. Purgat et caput dilutum : ac naribus instillatum : item stomachum, cum melle aut aqua mulsa sumtum. Medetur et oculorum scabritiei, doloriue, et caligini, et oris hulceribus. Sistit et sanguinem narium : item hæmorrhoidum. Extrahit ossa fracta cum semine hyoscyami. Suspendit epiphoras, penicillo fronti imposito. Efficax et 4 in emplastris ad purganda vulnera, et excrescentia hulce-

Le chalcanthe blanchâtre est préféré au chalcanthe violet dans un seul cas (118) : c'est quand il s'agit de l'insuffler dans les oreilles, pour remédier à la dureté de l'ouïe. Seul, en topique, il guérit les plaies, mais il laisse une coloration aux cicatrices. On a imaginé récemment d'en saupoudrer la gueule des ours et des lions qui paraissent dans l'arène : la vertu astringente de cette substance est telle, que ces animaux ne peuvent mordre.

1 XXXIII. (XIII.) On trouve aussi dans les fourneaux à cuivre le pompholyx et la spode : ce qui les distingue, c'est que le pompholyx se prépare par le lavage, tandis que la spode ne se lave pas. Quelques-uns ont nommé pompholyx la partie blanche et la plus légère, disant que c'est la cendre du cuivre et de la cadmie; que la spode est plus noire et plus pesante, qu'on la détache des parois des fourneaux, et qu'elle se trouve mêlée d'étincelles éteintes et parfois de char-
2 bons. Le pompholyx, arrosé de vinaigre, développe une odeur cuivreuse, et si on en met sur la langue, le goût est détestable. Il est bon pour toutes les compositions ophthalmiques, quelle que soit l'affection des yeux, et on s'en sert dans tous les cas où on emploie la spode; la seule différence, c'est que la force de celle-ci est plus mitigée. Il entre aussi dans les emplâtres auxquels on demande une action légèrement réfrigérante et siccative. Pour tous ces usages, celui qui a été lavé avec du vin est préférable.

1 XXXIV. La spode de Chypre est la meilleure; on l'obtient en faisant fondre la cadmie et la pierre à cuivre; cette substance est la partie la plus légère de toute la fonte (119); elle s'envole des fourneaux, et va s'attacher aux toits, où elle se distingue de la suie, car elle est blanche. Les parties moins blanches indiquent une combustion incomplète ; c'est ce que quelques-uns nomment pompholyx. Les parcelles rouges ont plus d'âcreté, et sont tellement corrosives que si, en les lavant, il en entre dans les yeux, la vue est perdue. Il y a aussi une spode couleur de miel, ce qui indique que le cuivre y domine. Toute spode gagne à être lavée. On la nettoie d'a- 2 bord avec une plume; puis le lavage emporte le plus gros. On écrase entre les doigts les grains durs. La spode qu'on a lavée avec le vin est de la force convenable. L'espèce de vin produit ici quelque différence : lavée avec un vin doux, on la regarde comme moins propre à entrer dans les collyres ; mais elle est plus efficace pour les ulcères humides, pour les ulcérations humides de la bouche, et pour tous les médicaments qu'on prépare contre la gangrène. Il se fait aussi dans les fourneaux pour l'argent une spode qu'on nomme lauriotis; mais celle qu'on dit la meilleure pour les yeux est la spode qui vient de l'or. C'est ici surtout qu'on peut admirer l'industrie humaine : pour ne pas aller fouiller les mines, elle a, parmi les objets les plus communs, découvert à la spode un succédané d'égales vertus.

XXXV. C'est l'antispode; on nomme ainsi la 1 cendre soit du figuier, soit du figuier sauvage, soit des feuilles de myrte avec les pousses les plus tendres, soit de l'olivier sauvage, soit de l'olivier cultivé (120), soit du cognassier, soit du lentisque. On en fait encore avec des mûres loin de maturité, c'est-à-dire blanches, séchées au soleil, ou avec des brins de buis, ou de pseudocypérus ( XXI, 70), ou de ronce, ou de térébenthinier, ou d'œnanthe. On a trouvé la même vertu à la cendre de

---

rum. Tollit et uvas, vel si decocto tangantur. Cum lini quoque semine superponitur emplastris ad dolores tollendos : quodque ex eo candicat, in uno usu præfertur violaceis, si gravitati aurium per fistulas inspiretur. Vulnera etiam per se illitum sanat, sed tinguit cicatrices : nuperque inventum, ursorum in arena et leonum ora inspargere illo : tantaque est vis in adstringendo, ut non queant mordere.
1 XXXIII. (XIII.) Etiamnum in ærariis reperiuntur, quæ vocant pompholygem et spodon. Differentia, quod pompholyx lotura paratur, spodos illota est. Aliqui id quod sit candidum levissimumque, pompholygem dixere : et esse æris et cadmiæ favillam. Spodon nigriorem ponderosioremque esse, derasam parietibus fornacum, mixtis scintillis,
2 aliquando et carbonibus. Hæc aceto accepto odorem æris præstat, et si tangatur lingua, saporem horridum. Convenit oculorum medicamentis, quibuscumque vitiis occurrens, et ad omnia, quæ spodos : hoc solum distat, quod hujus elutior vis est. Additur et in emplastra, quibus lenis quæritur refrigeratio et siccatio. Utilior ad omnia quæ vino lota est.
1 XXXIV. Spodos Cypria optima. Fit autem liquescentibus cadmia, et ærario lapide. Levissimum hoc est flaturæ totius, evolatque e fornacibus, et tectis adhærescit, a fuligine distans candore. Quod minus candidum ex eo, immaturæ fornacis argumentum est : hoc quidam pompholygem vocant. Quod vero rubicundius ex iis invenitur, acriorem vim habet, exhulceratque adeo, ut quum lavatur, si oculos attingat, excæcet. Est et mellei coloris spodos, in qua plurimum æris intelligitur. Sed quodcumque genus 2 lavando fit utilius : purgatur ante penna, dein crassiore lotura. Digitis scabritiem exterunt. Media vis ejus est, quæ vino lavatur. Est aliqua et in genere vini differentia. Leni enim lota collyriis oculorum minus apta putatur. Eadem efficacior hulceribus quæ manant, vel oris quæ madent, et omnibus medicamentis, quæ parantur contra gangrænas. Fit et in argenti fornacibus spodos, quam vocant lauriotin. Utilissima autem oculis affirmatur, quæ fiat in arariis: nec in alia parte magis est vitæ ingenia mirari. Quippe ne inquirenda essent metalla, vilissimis rebus utilitates easdem excogitavit.
XXXV. Antispodon vocant cinerem fici arboris, vel ca- 1 prifici, vel myrti foliorum cum tenerrimis ramorum partibus, vel oleastri, vel oleæ, vel cotonei mali, vel lentisci. Item ex moris immaturis, id est, candidis, in sole arefactis : vel e buxi coma, vel pseudocyperi, aut rubi, aut terebinthi, vel œnanthes. Taurini quoque glutinis, aut lin-

colle de taureau ou de linge. Toutes ces matières se mettent dans des pots de terre crue, qu'on laisse dans les fours jusqu'à ce que la terre soit cuite.

XXXVI. C'est encore dans les forges de cuivre que se fait le smegma (121). Lorsque le cuivre est déjà fondu et qu'il ne manque rien à la cuisson, on ajoute des charbons qu'on allume peu à peu (122); puis soudainement, sous l'action plus véhémente des soufflets, jaillit une espèce de pailles de cuivre. Le sol qui les reçoit doit être pavé.

XXXVII. On distingue facilement du smegma la substance qui provient des mêmes forges, et que les Grecs nomment diphryge, parce qu'elle est deux fois calcinée. La diphryge a une triple origine : on l'obtient, dit-on, d'une pierre pyrite qu'on fait brûler dans un fourneau jusqu'à ce que la calcination la convertisse en terre rouge. On la tire encore en Chypre du limon d'une certaine caverne d'abord séché, puis chauffé par degrés à un feu de sarments. En troisième lieu, elle se fait dans les fourneaux à cuivre, par un résidu qui tombe au fond. Ainsi les différentes substances se comportent différemment : le cuivre même coule dans les bassins (123), les scories vont hors du fourneau, la fleur se sublime, la diphryge reste. D'après quelques-uns, il est dans le minerai soumis au feu (124) des morceaux réfractaires qui se soudent entre eux ; le cuivre bouillonne autour de ce bloc, qui n'entre pas en fusion, à moins qu'on ne le transporte dans un autre fourneau : c'est comme un nœud dans le minerai ; ce qui en reste après la fusion se nomme diphryge. L'emploi de cette substance en médecine est le même que pour les précédentes ; elle est siccative, elle consume les excroissances et déterge énergiquement. On l'éprouve sur la langue : la bonne diphryge la sèche immédiatement au simple contact, et laisse un goût de cuivre.

XXXVIII. Nous n'omettrons pas une chose singulière relative au cuivre : La famille Servilia, illustre dans les Fastes, nourrit avec de l'or et de l'argent un triens de cuivre qui dévore de l'un et de l'autre. Je n'en connais ni l'origine ni la nature, et je citerai là-dessus les paroles mêmes du vieux Messala : « La famille des Servilius possède un triens sacré, auquel ils font tous les ans un sacrifice avec beaucoup de soin et de magnificence. On prétend qu'on l'a vu tantôt croître, tantôt décroître, et que cela sert de pronostic pour la grandeur ou la décadence (125) de la famille. »

XXXIX. (xiv.) Maintenant nous avons à parler des mines de fer, pour l'homme l'instrument le meilleur et le pire. C'est avec le fer que nous labourons la terre, que nous plantons les arbres, que nous taillons les hautains (126), que nous dressons les vergers, que nous forçons tous les ans la vigne à se rajeunir en retranchant les branches décrépites ; c'est avec le fer que nous bâtissons les maisons, que nous taillons les pierres, et tant d'autres services que nous en retirons. Mais c'est aussi le fer qu'on emploie pour la guerre, pour le meurtre et le brigandage, nonseulement de près, mais encore lancé de loin et volant dans les airs, mu, soit par les machines, soit par le bras, et souvent même empenné. C'est là, suivant moi, de tous les méfaits de l'esprit humain le plus criminel. Quoi ! pour que la mort parvînt plus rapidement à l'homme, nous lui avons donné des ailes, et nous avons fait voler le fer ! Qu'ainsi le mal qu'il produit ne soit pas imputé à la nature ; et quelques faits ont prouvé que le fer pouvait ne servir qu'à des usages innocents. Dans

---

teorum cinerem, similiter pollere inventum est. Uruntur omnia ea crudo fictili in fornacibus, donec figlina percoquantur.

XXXVI. In ærariis officinis et smegma fit, jam liquato ære atque percocto, additis etiamnum carbonibus, paulatimque accensis : ac repente vehementiori flatu exspuitur æris palea quædam. Solum, quo excipiatur, esse stratum debet.

XXXVII. Facile ab ea discernitur, quam in iisdem officinis diphrygem vocant Græci, ab eo quod bis torreatur : cujus origo triplex. Fieri enim traditur ex lapide pyrite cremato in caminis, donec excoquatur in rubricam. Fit et in Cypro ex luto cujusdam specus arefacto prius, mox paulatim circumdatis sarmentis. Tertio fit modo in fornacibus æris fæce subsidente. Differentiæ siquidem, quod æs ipsum in catinos defluit, scoria extra fornaces, flos supernatat, diphryges remanet. Quidam tradunt in fornacibus globos lapidis qui coquatur, ferruminari : circa hunc æs fervere, ipsum vero non percoqui, nisi translatum in alias fornaces, et esse nodum quemdam materiæ. Id quod ex cocto supersit, diphryges vocari. Ratio ejus in medicina similis supra dictis : siccare, et excrescentia consumere, et perpurgare. Probatur lingua, ut eam siccet tactu statim, saporemque æris reddat.

XXXVIII. Unum etiamnum æris miraculum non omittemus. Servilia familia illustris in Fastis, trientem æreum pascit auro et argento, consumentem utrumque. Origo atque natura ejus incomperta est mihi. Verba ipsa de ea re Messalæ senis ponam : « Serviliorum familia habet trientem sacrum, cui summa cum cura magnificentiaque sacra quotannis faciunt : quem ferunt alias crevisse, alias decrevisse videri, et ex eo aut honorem, aut deminutionem familiæ significari. »

XXXIX. (xiv.) Proxime indicari debent metalla ferri, optimo pessimoque vitæ instrumento. Siquidem hoc tellurem scindimus, arbores serimus, arbusta tondemus, ponimus pomaria, vites squalore deciso annis omnibus cogimus juvenescere. Hoc exstruimus tecta, cædimus saxa, omnesque ad alios usus ferro utimur. Sed eodem ad bella, cædes, latrocinia, non comminus solum, sed etiam missili volucrique, nunc tormentis excusso, nunc lacertis, nunc vero pennato : quam sceleratissimam humani ingenii fraudem arbitror. Siquidem, ut ocyus mors perveniret ad hominem, alitem illam fecimus, pennasque ferro dedimus. Quam-

le traité que Porsenna accorda au peuple romain après l'expulsion des rois, nous trouvons la clause expresse que les Romains n'emploieront (127) le fer que pour la culture des champs. De très-anciens auteurs (128) disent que les stylets de fer pour l'écriture étaient regardés comme dangereux. Nous avons du grand Pompée, dans son troisième consulat, un édit qui, à propos du tumulte causé par la mort de Clodius, défend qu'il y ait aucune arme dans Rome.

1 XL. Cependant, grâce à l'industrie humaine, des usages plus doux n'ont pas manqué au fer. L'artiste Aristonidas, voulant exprimer sur Athamas le repentir succédant à la fureur après qu'il a précipité son fils Léarque, mêla le cuivre et le fer, afin que la rougeur de la confusion fût rendue par la rouille qui se distinguait à travers l'éclat du cuivre : cette statue existe aujourd'hui encore à Thèbes (129). On a dans la même ville un Hercule de fer, œuvre d'Alcon, conduit à employer ce métal par la patience du dieu dans les travaux. Nous voyons aussi à Rome des coupes de fer consacrées dans le temple de Mars Vengeur. Autant la nature s'est montrée bonne en limitant la puissance du fer, qu'elle punit par la rouille, autant elle s'est montrée prévoyante en ne mettant (130) entre les mains de l'homme que ce qu'il y a de plus funeste à l'humanité.

1 XLI. Les mines de fer se trouvent presque partout ; l'île même d'Ilva ( Elbe ), sur la côte d'Italie, en produit. Les terres ferrugineuses se reconnaissent (131) sans difficulté à leur couleur. Le minerai (132) se traite de la même manière que celui de cuivre ; seulement, en Cappadoce, on se demande s'il est un présent de l'eau ou de la terre ; car ce n'est qu'arrosé avec l'eau d'un certain fleuve, que le minerai donne du fer dans les fourneaux. Les variétés de fer sont nombreuses. La 2 première cause en est dans les différences du sol ou du climat. Certaines terres ne donnent qu'un fer mou, et approchant du plomb (133) ; d'autres, un fer cassant et cuivreux, détestable pour les roues et les clous, auxquels le fer mou convient ; un autre n'est bon qu'en petits morceaux : on l'emploie pour les clous des bottines ; un autre est très-sujet à la rouille. Tous ces fers s'appellent strictures (*gueuses*), terme dont on ne se sert pas pour les autres métaux, et qui vient de *stringere aciem* ( *tirer l'acier, fer forgé.* ) Les fourneaux 3 aussi établissent une grande différence (134) : on y obtient un certain noyau de fer servant à fabriquer l'acier dur, ou, d'une autre façon, les enclumes compactes et les têtes de marteau. Mais la différence la plus grande provient de l'eau dans laquelle on plonge le fer incandescent : cette eau, dont la bonté varie suivant les lieux, a rendu fameuses pour la fabrication du fer certaines localités, telles que Bilbilis (135) et Turiasson en Espagne, et Côme en Italie, bien que ces endroits n'aient pas de mines de fer. Mais de tous les fers la palme est à celui de la Sérique, qui nous l'envoie avec ses étoffes et ses pelleteries. Le second 4 rang appartient à celui des Parthes. Ce sont les seuls fers où il n'entre que de l'acier ; tous les autres sont mélangés d'un fer plus mou. Dans l'empire romain, en certains endroits, le filon donne du fer de cette qualité, comme en Norique ; c'est le procédé de fabrication en d'autres, comme à Sulmone ; c'est la qualité de l'eau dans les lieux que nous avons cités plus haut (136). Il est aussi à observer que pour aiguiser il vaut mieux arroser la pierre avec de l'huile qu'avec de l'eau :

---

obrem culpa ejus, non naturæ fiat accepta. Aliquot experimentis probatum est, posse innocens esse ferrum. In fœdere, quod expulsis regibus populo romano dedit Porsenna, nominatim comprehensum invenimus, ne ferro nisi in agricultura uteretur. Et stylo scribere intutum, vetustissimi auctores prodiderunt. Magni Pompeii in tertio consulatu exstat edictum, in tumultu necis Clodianæ, prohibentis ullum telum esse in Urbe.

1 XL. Et tamen ipsa non defuit honorem mitiorem habere ferro quoque. Aristonidas artifex quum exprimere vellet Athamantis furorem Learcho filio præcipitato residentem pœnitentia, æs, ferrumque miscuit, ut rubigine ejus per nitorem æris relucente, exprimeretur verecundiæ rubor. Hoc signum exstat Thebis hodierno die. Est in eadem urbe et ferreus Hercules, quem fecit Alcon, laborum dei patientia inductus. Videmus et Romæ scyphos e ferro dicatos in templo Martis Ultoris. Obstitit eadem naturæ benignitas, exigentis a ferro ipso pœnas rubigine, eademque providentia nihil in rebus mortalibus facientis, quam quod esset infestissimum mortalitati.

1 XLI. Ferri metalla ubique propemodum reperiuntur, quippe insula etiam Italiæ Ilva gignente : minimaque difficultate agnoscuntur, colore ipso terræ manifesto. Ratio eadem excoquendis venis. In Cappadocia tantum quæstio est, aquæ an terræ fiat acceptum, quoniam perfusa certo fluvio terra, neque aliter ferrum e fornacibus reddit. Differentia ferri numerosa. Prima in genere terræ cælive. Aliæ 2 molle tantum, plumboque vicinum subministrant ; aliæ fragile et ærosum, rotarumque usibus et clavis maxime fugiendum, cui prior ratio convenit. Aliud brevitate sola placet, clavisque caligariis : aliud rubiginem celerius sentit. Stricturæ vocantur hæ omnes, quod non in aliis metallis, a stringenda acie vocabulo imposito. Et fornacum 3 magna differentia est : nucleusque quidam ferri excoquitur in his ad indurandam aciem, alioque modo ad densandas incudes, malleorumve rostra. Summa autem differentia in aqua est, cui subinde candens immergitur. Hæc alibi atque alibi utilior nobilitavit loca gloria ferri, sicut Bilbilim in Hispania et Turiassonem, Comum in Italia, quum ferraria metalla in his locis non sint. Ex omnibus autem generibus palma Serico ferro est. Seres hoc cum vestibus suis 4 pellibusque mittunt. Secunda Parthico : neque alia genera ferri ex mera acie temperantur : cæteris enim admiscetur mollior complexus. In nostro orbe aliubi vena bonitatem hanc præstat, ut in Noricis : aliubi factura, ut Sulmone : aqua, ubi diximus. Quippe quum in exacuendo oleariæ

l'huile rend le tranchant plus fin. Chose singulière! dans la calcination du minerai, le fer devient liquide comme de l'eau, et, par le refroidissement, il devient spongieux. On est dans l'habitude d'éteindre dans l'huile les menus fragments de fer, de peur que l'eau ne les rende durs et cassants. Le sang humain se venge du fer, qui, lorsqu'il en a été mouillé, est plus promptement (137) attaqué par la rouille.

XLII. Nous parlerons en son lieu (XXXVI, 25) de la pierre d'aimant, et de la sympathie qu'elle a pour le fer. Seul, ce métal emprunte à la pierre d'aimant des forces qu'il garde pendant longtemps, devenant capable de saisir un autre morceau de fer; et l'on peut voir retenus de la sorte toute une série d'anneaux. Le vulgaire ignorant appelle fer vif ce fer aimanté. Les blessures en sont plus dangereuses. La pierre d'aimant se trouve aussi dans la Cantabrie : non ce véritable aimant qui est en roches continues, mais un aimant en fragments disséminés qu'on nomme bullations. Je ne sais si cette espèce est aussi propre à la fusion du verre (XXXVI, 66); personne n'en a encore fait l'expérience; toujours est-il qu'elle communique au fer la même force. L'architecte Dinocharès (138) avait entrepris de faire la voûte du temple d'Arsinoé, à Alexandrie, en pierre d'aimant, afin que la statue en fer de cette princesse parût y être suspendue en l'air. La mort de l'architecte et du roi Ptolémée (139), qui avait ordonné le monument en l'honneur de sa sœur (VI, 32), empêcha ce projet d'être exécuté.

XLIII. De tous les métaux c'est le fer qui est en plus grande abondance. Sur la côte de la Cantabrie que baigne l'Océan, il est une montagne très-élevée qui, chose incroyable, est tout entière de fer; nous en avons parlé en décrivant l'Océan (IV, 34). (XV.) Le fer soumis à l'action du feu se gâte, si on ne le forge au marteau. Rouge, il n'est pas apte à être forgé; il faut qu'il commence à passer au blanc. Enduit de vinaigre ou d'alun, il devient semblable au cuivre. On le protège contre la rouille avec la céruse, le gypse et la poix liquide, préparation que les Grecs nomment antipathie. Quelques-uns prétendent qu'il y a en cela quelque cérémonie religieuse, et que dans la ville nommée Zeugma (V, 21), sur l'Euphrate, est une chaîne de fer qu'Alexandre avait employée là à la construction d'un pont (140), et dont les anneaux renouvelés sont attaqués par la rouille, tandis que les anneaux primitifs en sont exempts.

XLIV. Ce n'est pas seulement par son tranchant que le fer fournit des remèdes; en traçant un cercle avec (141) le fer autour des adultes et des enfants, ou en faisant tourner trois fois autour d'eux un instrument pointu, on les protège contre les maléfices. En clouant au seuil des clous arrachés d'un tombeau, on écarte les visions nocturnes. En piquant légèrement avec un fer qui a blessé un homme, on guérit les douleurs subites de côté ou de poitrine qui sont pongitives. Quelques affections sont guéries par la cautérisation avec le fer rouge, en particulier la morsure du chien enragé; et même quand la maladie est établie, quand l'hydrophobie existe, on guérit immédiatement le mal en brûlant la plaie. On échauffe aussi la boisson (142) en y éteignant un fer chauffé à blanc, et cette boisson se prend dans beaucoup d'affections, notamment dans la dyssenterie.

XLV. La rouille elle-même est comptée parmi les remèdes; et c'est ainsi, dit-on, qu'A-

---

cotes aquariæque differant, et oleo delicatior fiat acies : mirumque, quum excoquatur vena, aquæ modo liquari ferrum, postea in spongias frangi. Tenuiora ferramenta oleo restingui mos est, ne aqua in fragilitatem durentur. A ferro sanguis humanus se ulciscitur. Contactum namque eo, celerius rubiginem trahit.

XLII. De magnete lapide suo loco dicemus, concordiaque quam cum ferro habet. Sola hæc materia vires ab eo lapide accipit; retinetque longo tempore, aliud apprehendens ferrum, ut anulorum catena spectetur interdum : quod imperitum vulgus appellat ferrum vivum, vulneraque tali asperiora fiunt. Lapis hic et in Cantabria nascitur, non ille magnes verus caute continua, sed sparsa bullatione, ita appellant : nescio an vitro fundendo perinde utilis : nondum enim expertus est quisquam : ferrum utique inficit eadem vi. Magnete lapide Dinochares architectus Alexandriæ Arsinoes templum concamerare inchoaverat, ut in eo simulacrum ejus e ferro pendere in aere videretur. Intercessit mors et ipsius, et Ptolemæi regis, qui id sorori suæ jusserat fieri.

XLIII. Metallorum omnium vena ferri largissima est. Cantabriæ maritimæ parte, quam Oceanus alluit, mons præruptæ altus, incredibile dictu, totus ex ea materia est, ut in ambitu Oceani diximus. (XV.) Ferrum accensum igni, nisi duretur ictibus, corrumpitur. Rubens non est habile tundendo, neque antequam albescere incipiat. Aceto aut alumine illitum fit æri simile. A rubigine vindicatur ceruss a, et gypso, et liquida pice. Hæc est temperatura a Græcis antipathia dicta. Ferunt quidam et religione quadam id fieri. Et exstare ferream catenam apud Euphratem amnem, in urbe quæ Zeugma appellatur, qua Alexander Magnus ibi junxerit pontem, cujus anulos, qui refecti sint, rubigine infestari, carentibus ea prioribus.

XLIV. Medicina e ferro est et alia, quam secandi. Namque circumscribi circulo, terve circumlato mucrone, et adultis et infantibus prodest contra noxia medicamenta : et præfixisse in limine e sepulcro evulsos clavos adversus nocturnas lymphationes. Pungique leviter mucrone, quo percussus homo sit, contra dolores laterum pectorumque subitos, qui punctionem afferant. Quædam ustione sanantur : privatim vero canis rabidi morsus. Quippe etiam prævalente morbo, expavescentesque potum, usta plaga illico liberantur. Calefit etiam ferro candente potus, in multis vitiis, privatim vero dysentericis.

chille (xxv, 19) guérit Télèphe, employant soit une lance d'airain, soit une arme de fer; du moins on le représente détachant la rouille avec son glaive. D'ordinaire on obtient la rouille du fer en raclant de vieux clous avec un fer mouillé. Elle est coagulante, siccative, astringente; en topique, elle guérit les alopécies. On s'en sert avec la cire et l'huile de myrte, pour les granulations des paupières et les pustules de tout le corps; avec le vinaigre, pour le feu sacré; dans des linges, pour la gale et les paronychies et les excroissances des doigts (143). En pessaire, sur de la laine, elle arrête les pertes. Délayée dans du vin et pétrie avec de la myrrhe, on l'applique sur les plaies récentes; avec du vinaigre, sur les condylomes. En topique, elle soulage les goutteux.

1 XLVI. On emploie aussi l'écaille de fer qu'on tire de l'acier ou des lances tranchantes; elle est très-semblable pour l'effet à la rouille, mais plus active : aussi l'administre-t-on contre les fluxions des yeux. Elle arrête le sang, le sang que le fer surtout fait couler; elle guérit les pertes; on en fait un topique pour les maladies de la rate (144). Elle réprime les hémorroïdes et les ulcères serpigineux; elle est bonne pour les paupières, qu'on en saupoudre légèrement. Ce qui la recommande le plus, c'est l'emploi qu'on en fait dans l'emplâtre humide, pour mondifier les plaies et les fistules, pour consumer toute callosité (145), pour réparer les chairs sur les os dénudés. En voici la composition : six oboles de poix, deux (146) drachmes de terre cimoliée, deux drachmes de cuivre en poudre, deux drachmes d'écaille de fer, six drachmes de cire, un setier d'huile; on y ajoute du cérat, quand on veut mondifier ou remplir les plaies.

XLVII. (xvi.) Passons à l'histoire du plomb. 1 Il y en a de deux sortes, le noir et le blanc. Le blanc est très-précieux; les Grecs l'ont appelé cassitéros, et ils ont répandu la fable qu'on le tirait des îles de l'océan Atlantique, et qu'on l'apportait dans des barques d'osier revêtues de cuir (vii, 57). On sait présentement que la Lusitanie et la Gallicie le produisent. C'est un sable à fleur de terre, de couleur noire, qu'on ne reconnaît qu'au poids. Il est entremêlé de petits graviers, surtout dans les torrents desséchés. Les 2 mineurs lavent ce sable, et calcinent le dépôt (147) dans des fourneaux. On trouve aussi de ce plomb dans les minerais d'or nommés alutia (148). L'eau qu'on fait passer détache des graviers noirs, variés de blanc quelque peu, et aussi pesants que l'or. Aussi restent-ils avec ce métal dans les corbeilles dans lesquelles (149) on recueille l'or; puis l'action des fourneaux les sépare de l'or, ils se fondent, et deviennent le plomb blanc. On ne fait pas de plomb noir en Gallicie, bien que la Cantabrie toute voisine en ait en abondance, et n'en ait point d'autre; le plomb blanc ne donne pas non plus d'argent, bien que le plomb noir en donne. Deux morceaux de plomb noir ne peuvent être soudés sans du plomb blanc (xxxiii, 30); le plomb blanc ne peut l'être au plomb noir sans huile; deux morceaux de plomb blanc ne peuvent l'être ensemble sans du plomb noir. Le plomb blanc a été estimé dès le temps de la guerre de Troie; témoin Homère, qui le nomme cassitéros (*Il.* xi, 25, et xxiii, 561). Le plomb noir a deux origines : 3 ou bien il provient d'un filon qui lui est propre,

1 XLV. Est et rubigo ipsa in remediis, et sic Telephum proditur sanasse Achilles, sive id ærea, sive ferrea cuspide fecit. Ita certe pingitur eam decutiens gladio. Sed rubigo ferri deraditur humido ferro clavis veteribus. Potentia ejus ligare, siccare, sistere. Emendat alopecias illita. Utuntur et ad scabritias genarum, pusulasque totius corporis, cum cera et oleo myrteo : at ignes vero sacros ex aceto : item ad scabiem, paronychia digitorum et pterygia, in linteolis. Sistit et feminarum profluvia imposita velleribus. Plagis quoque recentibus vino diluta, et cum myrrha subacta, et condylomatis ex aceto prodest. Podagras quoque illita lenit.

1 XLVI. Squama quoque ferri in usu est ex acie, aut mucronibus, maxime simili, sed acriore vi, quam rubigo : quamobrem et contra epiphoras oculorum assumitur: sanguinemque sistit, quum vulnera maxime ferro fiant. Sistit et feminarum profluvia. Imponitur et contra lienium vitia. Hæmorrhoidas compescit, hulcerumque serpentia. Et genis prodest, farinæ modo adspersa paulisper. Præcipua tamen commendatio ejus in hygremplastro ad purganda vulnera fistulasque, et omne callum erodendum, et rasis ossibus carnes recreandas. Componitur hoc modo : picis oboli sex, Cimoliæ cretæ drachmæ duæ: æris tusi drachmæ duæ: squamæ ferri, totidem: ceræ, sex : olei sexta-

rius. His adjicitur, quum sunt repurganda vulnera aut replenda, ceratum.

XLVII. (xvi.) Sequitur natura plumbi. Cujus duo ge- 1 nera, nigrum, atque candidum. Pretiosissimum candidum, a Græcis appellatum cassiteron, fabuloseque narratum in insulas Atlantici maris peti, vitilibusque navigiis circumsutis corio advehi. Nunc certum est, in Lusitania gigni, et in Gallæcia : summa tellure arenosa, et coloris nigri : pondere tantum ea deprehenditur. Interveniunt et minuti calculi, maxime torrentibus siccatis. Lavant eas arenas 2 metallici, et quod subsedit, coquunt in fornacibus : invenitur et in aurariis metallis, quæ alutia vocant : aqua immissa eluente calculos nigros paulum candore variatos, quibus eadem gravitas quæ auro . et ideo in calathis, quibus aurum colligitur, remanent cum eo ; postea caminis separantur, conflatique in album plumbum resolvuntur. Non fit in Gallæcia nigrum, quum vicina Cantabria nigro tantum abundet : nec ex albo argentum, quum fiat ex nigro. Jungi inter se plumbum nigrum sine albo non potest, nec hoc ei sine oleo. Ac ne album quidem secum sine nigro. Album habuit auctoritatem et Iliacis temporibus, teste Homero, cassiteron ab illo dictum. Plumbi nigri origo du- 3 plex est : aut enim sua provenit vena, nec quidquam aliud ex se parit; aut cum argento nascitur, mixtisque venis

lequel alors ne contient que du plomb, ou bien le filon lui est commun avec l'argent, et les deux métaux coulent du même minerai. Le liquide qui coule le premier dans les fourneaux est appelé étain; celui qui coule le second, argent; ce qui reste dans le fourneau, galène, ce qui est la troisième partie constituante du minerai calciné. Cette galène, soumise elle-même à la fusion, donne le plomb noir avec un déchet de deux neuvièmes (150).

1 XLVIII. (xvii.) L'étain, appliqué aux vases de cuivre, leur ôte le goût cuivreux, et empêche le vert-de-gris de s'y former; le poids du vase, chose singulière, n'augmente pas. On a fait autrefois, comme nous l'avons dit (xxxiii, 45), à Brindes, avec l'étain, des miroirs très-estimés, jusqu'à ce que tout le monde, même les servantes, se soit mis à se servir de miroirs d'argent. Aujourd'hui on contrefait l'étain en mêlant un tiers de cuivre blanc et deux de plomb blanc; on le contrefait encore en faisant fondre ensemble du plomb blanc et du plomb noir, livre pour livre. Quelques-uns nomment aujourd'hui ce mélange étain argentaire. On nomme aussi étain tertiaire celui dans lequel entre un tiers de 2 plomb blanc sur deux de plomb noir; il coûte 10 deniers (8 fr. 20 c.) la livre; on l'emploie pour souder les tuyaux. Les plus fripons, ajoutant à l'étain tertiaire une partie égale de plomb blanc, le nomment étain argentaire, et ils emploient ce mélange pour toute espèce d'étamage; ils le vendent 60 deniers (49 fr. 20 c.) les cent livres (151). Le plomb blanc, pur, se vend 10 deniers la livre; le plomb noir, 7 (5 fr. 74 c.). Le plomb blanc a plus de sécheresse; au contraire, le plomb noir est tout humidité; aussi le plomb blanc, sans être mélangé, n'est propre à rien; il ne peut non plus servir à souder l'argent, ce métal se fondant avant lui. On assure (152) que si on allie au plomb blanc moins de plomb noir qu'il ne faut dans la soudure, le plomb blanc corrode l'argent. On étame le cuivre avec le plomb blanc de telle sorte qu'on peut à peine le distinguer de l'argent: c'est une invention gauloise; on nomme ces ouvrages en cuivre, étamures. Plus tard, on s'est 3 mis à étamer de la même façon avec de l'argent, particulièrement les ornements des chevaux et les harnais des attelages. Cette application s'est faite dans la ville d'Alise (153); le mérite de l'invention primitive appartient aux Bituriges. Puis on a orné semblablement les voitures dites esséda, vehicula, petorrita. De la même façon un vain luxe est arrivé jusqu'aux ornements, non pas seulement argentés, mais aussi dorés; et ce qui passait pour une merveille sur une coupe est mis à s'user dans les voitures! cela s'appelle du savoir-vivre. On essaye le plomb blanc sur du papyrus: il faut que, fondu, il paraisse en déterminer la rupture par son poids, non par sa chaleur. L'Inde n'a ni cuivre ni plomb; elle se les procure en retour de ses perles et de ses pierres précieuses.

XLIX. Nous employons le plomb noir en 1 tuyaux et en lames. On l'extrait avec un grand travail en Espagne et dans toute la Gaule; mais dans la Bretagne il est tellement abondant à la superficie même du sol, qu'une loi spontanément portée défend d'en fabriquer plus d'une certaine mesure. Les variétés du plomb noir se nomment plomb d'Ovète, plomb de Caprarie, plomb d'Oléastre. Ils ne diffèrent aucunement, pourvu que la scorie (154) ait été bien calcinée. Ces mines sont les seules qui, chose singulière, abandonnées, deviennent plus productives. L'air, s'y infusant en 2 liberté par les orifices élargis, paraît produire ce

---

conflatur. Ejus qui primus fluit in fornacibus liquor, stannum appellatur: qui secundus, argentum: quod remansit in fornacibus, galena, quæ est tertia portio additæ venæ. Hæc rursus conflata, dat nigrum plumbum deductis partibus nonis duabus.

1 XLVIII. (xvii.) Stannum illitum æneis vasis, saporem gratiorem facit, et compescit æruginis virus: mirumque, pondus non auget. Specula quoque ex eo laudatissima, ut diximus, Brundisii temperabantur, donec argenteis uti cœpere et ancillæ. Nunc adulteratur stannum addita æris candidi tertia portione in plumbum album. Fit et alio modo; mixtis albi plumbi nigrique libris. Hoc nunc aliqui argentarium appellant. Iidem et tertiarium vocant, in quo duæ ni-
2 gri portiones sunt, et tertia albi. Pretium ejus in libras x. x. Hoc fistulæ solidantur. Improbiores ad tertiarium additis æquis partibus albi, argentarium vocant; et eo quæ volunt incoquunt. Pretia hujus faciunt in pondo c lx x. Albo per se sincero pretia sunt x. x; nigro septem. Albi natura plus aridi habet: contraque, nigri tota humida est. Ideo album nulli rei sine mixtura utile est. Neque argentum ex eo plumbatur, quoniam prius liquescit argentum. Confirmantque, si minus albo nigri, quam satis sit, misceatur, erodi ab eo argentum. Album incoquitur æreis operibus Galliarum invento, ita ut vix discerni possit ab argento, eaque incoctilia vocant. Deinde et argentum incoquere simili 3 modo cœpere equorum maxime ornamentis, jumentorumque jugis, in Alesia oppido: reliqua gloria Biturigum fuit. Cœpere deinde et esseda, et vehicula, et petorrita exornare: similique modo ad aurea quoque, non modo argentea, staticula inanis luxuria pervenit: quæque in scyphis cerni prodigium erat, hæc in vehiculis atteri, cultus vocatur. Plumbi albi experimentum in charta est, ut liquefactum pondere videatur, non calore, rupisse. India neque æs, neque plumbum habet, gemmisque suis ac margaritis hæc permutat.

XLIX. Nigro plumbo ad fistulas laminasque utimur, labo- 1 riosius in Hispania eruto, totasque per Gallias: sed in Britannia summo terræ corio adeo large, ut lex ultro dicatur, ne plus certo modo fiat. Nigri generibus hæc sunt nomina: Ovetanum, Capariense, Oleastrense. Nec differentia ulla, scoria modo excocta diligenter. Mirumque in his solis metallis, quod derelicta fertilius revivescunt. Hoc videtur fa- 2 cere laxatis spiramentis ad satietatem infusus aer, æque ut feminas quasdam fecundiores facere abortus. Nuper id

résultat; c'est ainsi que l'avortement semble rendre certaines femmes plus fécondes. On en a eu dernièrement la preuve en Bétique, dans la mine de Santare. On l'affermait 200,000 deniers (164,000 fr.) par an; puis, ayant été abandonnée, elle est affermée maintenant 255,000 (209,000 fr.). De la même façon, la mine Antonienne, dans la même province, est parvenue à un revenu de 400,000 livres pesant. Il est remarquable que si l'on met de l'eau dans un vase de plomb, il ne fond pas; et que si dans cette même eau on jette un caillou ou un quadrans de cuivre, le feu attaque le vase (155).

1 L. (XVIII.) Dans la médecine on emploie le plomb seul pour aplanir les cicatrices; des lames de plomb attachées aux lombes et aux reins (156) arrêtent par leurs qualités réfrigérantes les désirs vénériens. On dit que l'orateur Calvus réprima par ce moyen des pollutions nocturnes qui devenaient une véritable maladie, et conserva par là, pour le travail et l'étude, les forces dont ces rêves le privaient. Néron empereur, puisque les dieux l'avaient permis, ne chantait pas sans se mettre une plaque de plomb sur la poitrine; et il a montré que cela servait à entretenir la voix.

2 Pour les usages médicaux on fait cuire le plomb dans des plats de terre cuite; on met un lit de soufre pulvérisé (157), des lames minces de plomb par-dessus, et on les recouvre d'un mélange de soufre et de fer. Pendant la cuisson le vase doit être exactement fermé: en effet, les fourneaux à plomb produisent des vapeurs nuisibles, meurtrières, surtout pour les chiens, qu'elles tuent très-promptement. Les vapeurs de tous les métaux sont mortelles pour les mouches et les moucherons. Aussi n'a-t-on pas dans les mines de ces insectes incommodes. Quelques-uns mêlent, pour cette préparation, de la limaille de plomb avec le soufre; d'autres préfèrent la céruse au soufre. On fait aussi par le lavage une préparation de plomb (158) pour la médecine: on bat avec un pilon de plomb, un mortier de plomb, après y avoir mis de l'eau de pluie, et on continue jusqu'à ce que cela s'épaississe; puis on ôte avec 3 des éponges l'eau qui surnage; la partie la plus épaisse est mise à sécher, et on la divise en trochisques. Quelques-uns triturent ainsi la limaille de plomb; d'autres ajoutent en sus de la plombagine; d'autres, soit du vinaigre, soit du vin, soit de la graisse, soit de l'huile rosat. Certains aiment mieux triturer dans un mortier de pierre, et surtout de pierre thébaïque, avec un pilon de plomb; de cette façon la préparation devient plus blanche. Quant au plomb calciné, on le lave comme le stibi (XXXIII, 34) et la cadmie (159). Il est astringent, répressif et cicatrisant. On s'en sert aussi dans les compositions ophthalmiques, surtout contre la procidence des yeux, pour remplir les vides des plaies, pour guérir les excroissances, les rhagades du siège, les hémorrhoïdes, les condylomes. Pour ces dernières affections, c'est 4 surtout la préparation par lavage qui est bonne; mais pour les ulcères serpigineux ou sordides, c'est la cendre du plomb calciné; et l'emploi en est aussi avantageux que celui de la cendre de papyrus brûlé (XXIV, 51). On calcine le plomb dans des plats, par lames menues, avec du soufre; on remue avec des verges de fer ou des baguettes de férule, jusqu'à ce que le plomb fondu se change en cendre; puis, après le refroidissement, on le pulvérise. D'autres calcinent la limaille dans un vase de terre crue, qu'ils laissent au feu jusqu'à ce que la terre soit cuite. Quelques-uns mêlent de la céruse en quantité égale, ou de

l'orge, et triturent comme il vient d'être dit pour le plomb cru; ils préfèrent le plomb ainsi trituré à la spode de Chypre.

LI. La scorie du plomb est employée aussi (160). La meilleure est celle qui approche le plus de la couleur jaune sans vestiges de plomb, ou qui a l'apparence du soufre et n'est point terreuse. On la concasse dans des mortiers, puis on la lave jusqu'à ce que l'eau prenne une couleur jaune; on la transvase dans un vaisseau propre, et cela à plusieurs reprises, jusqu'à ce qu'il se fasse un dépôt, qui est une substance très-utile. Cette substance a les mêmes effets que le plomb, mais elle est plus active. Admirons l'expérience humaine, qui n'a rien laissé sans l'essayer de mille façons, pas même la lie et les résidus dégoûtants des choses!

LII. On fait une spode de plomb de la même manière que la spode de cuivre de Chypre (xxxiv, 34). On lave avec de l'eau de pluie dans des linges d'un tissu lâche, on sépare la partie terreuse en transvasant, on passe au crible, et on triture. Quelques-uns aiment mieux ôter la partie pulvérulente avec des plumes, et la triturer dans un vin odorant.

LIII. La molybdène (xxxIII, 31) est ce que nous avons appelé en un autre endroit galène, minerai commun de l'argent et du plomb. Elle est d'autant meilleure qu'elle approche davantage de la couleur de l'or, et qu'elle s'éloigne le plus de l'apparence du plomb; elle est friable et médiocrement pesante. Cuite dans l'huile, elle prend la couleur du foie. Elle s'attache aux fourneaux où on fond l'or et l'argent; on (161) la nomme métallique. La plus estimée est celle qui se fait à Zéphyrium (en Cilicie). On estime les molybdènes qui sont le moins terreuses et le moins pierreuses; on les calcine et on les lave comme la scorie de plomb. On les fait entrer dans les onguents lipares (gras) pour adoucir et rafraîchir les plaies, et dans les emplâtres qu'on ne fixe pas avec un bandage, mais qui, en liniment, cicatrisent les plaies chez les personnes délicates et dans les parties les plus molles. La composition est : trois livres de molybdène, une livre de cire et trois hémines d'huile. Si c'est pour un vieillard, on ajoute à l'huile du marc d'olive. On en fait aussi une composition avec l'écume d'argent et la scorie de plomb, pour la dyssenterie et le ténesme : on l'emploie chaude, en fomentation.

LIV. Le psimmythium, c'est-à-dire la céruse, est fourni aussi par les forges de plomb; la meilleure céruse vient de Rhodes. On la fait de rapures de plomb très-menues, qu'on met au-dessus d'un vase rempli de très-fort vinaigre; ces rapures se dissolvent ainsi. Ce qui tombe dans le vinaigre est séché, moulu, tamisé, mêlé (162) de nouveau à du vinaigre, divisé en trochisques, et séché au soleil en été. Autre procédé : On met du plomb dans des jarres de vinaigre, qu'on tient bouchées pendant dix jours; on racle l'espèce de moisissure qui se forme sur le plomb, puis on le remet, et cela jusqu'à ce que tout soit consommé. Ce qui a été raclé est trituré, tamisé, calciné dans des plats, et remué avec une brochette jusqu'à ce que la substance roussisse (163) et devienne semblable à de la sandaraque; puis on lave à l'eau douce jusqu'à ce que tous les petits nuages aient disparu; enfin on sèche comme il a été dit plus haut, et on divise en trochisques. Les propriétés de la céruse sont les mêmes que celles des substances dont il vient d'être parlé, mais elle est plus douce (164); de plus, les femmes l'em-

---

Aliqui cerussam miscent pari mensura, aut hordeum, teruntque, ut in crudo dictum est, et præferunt sic tritum plumbum spodio Cyprio.

LI. Scoria quoque plumbi in usu est. Optima, quæ ad luteum maxime colorem accedit, sine plumbi reliquiis, aut sulphuris specie, et terra carens. Lavatur hæc in mortariis minutim fracta, donec aqua luteum colorem trahat, et transfunditur in vas purum, idque sæpius, usque dum subsidat, quod utilissimum est : eosdemque effectus habet, quos plumbum, sed acriores. Mirari succurrit experientiam vitæ, ne fæce quidem rerum, excrementorumque fœditate intentata iis modis.

LII. Fit et spodium ex plumbo eodem modo, quo ex Cyprio ære diximus. Lavatur in linteis raris aqua cælesti, separaturque terrenum transfusione, cribratumque teritur. Quidam pulverem pennis detergere malunt, ac terere in vino odorato.

LIII. Est et molybdæna, quam alio loco galenam vocavimus, vena argenti plumbique communis. Melior hæc, quanto magis aurei coloris, quantoque minus plumbosa, friabilis, et modice gravis. Cocta cum oleo, jocineris colorem trahit. Adhærescit et auri, et argenti fornacibus : hanc metallicam vocant. Laudatissima quæ in Zephyrio fiat. Probantur minime terrenæ, minimeque lapidosæ : coquuntur lavanturque scoriæ modo. Usus in liparas, ad lenienda refrigerandaque hulcera : emplastrisque, quæ non alligantur : sed illita ad cicatricem perducunt, in teneris corporibus mollissimisque partibus. Compositio ejus est libris tribus, et ceræ libra una, olei tribus heminis, quod in senili corpore cum fracibus additur. Temperatur et cum spuma argenti, et scoria plumbi, ad dysenteriam, et tenesmum, fovendo calida.

LIV. Psimmythium quoque, hoc est, cerussam, plumbariæ dant officinæ. Laudatissimum in Rhodo. Fit autem ramentis plumbi tenuissimis super vas aceti asperrimi impositis, atque ita distillantibus. Quod ex eo cecidit in ipsum acetum, arefactum molitur et cribratur, iterumque aceto admixto in pastillos dividitur, et in sole siccatur æstate. Fit et alio modo : addito in urceos aceti plumbo, obturatos per dies x, derasoque ceu situ, ac rursus rejecto, donec deficiat materia. Quod derasum est, teritur et cribratur, et coquitur in patinis, misceturque rudiculis donec rufescat, et simile sandarachæ fiat. Dein lavatur dulci aqua, donec nubeculæ omnes eluantur. Siccatur similiter postea, et in pastillos dividitur. Vis ejus eadem, quæ supradictis : lenissima tantum ex omnibus : præterque ad candorem femi-

ploient pour se blanchir le teint. Prise à l'intérieur, c'est un poison, comme l'écume d'argent. Cuite une seconde fois, la céruse roussit.

1 LV. Nous avons déjà exposé presque toutes les propriétés de la sandaraque. On la trouve dans les mines d'or et dans les mines d'argent. Elle est d'autant meilleure qu'elle est plus rousse, d'une odeur plus forte, plus pure et plus friable. Elle est bonne pour déterger, réprimer, échauffer, corroder. La propriété qu'elle possède au plus haut degré est de mortifier. En topique, dans du vinaigre, elle guérit l'alopécie. Elle entre dans les compositions ophthalmiques. Prise avec du miel, elle mondifie la gorge, et rend la voix claire et harmonieuse (165). Administrée dans quelque aliment avec la térébenthine, elle est un remède précieux dans l'asthme et dans la toux ; brûlée avec du cèdre, elle guérit par sa vapeur les mêmes affections.

LVI. L'arsenic provient aussi des mêmes sub- 1 stances. Le meilleur est de la couleur du plus bel or (166); celui qui est plus pâle, ou semblable à la sandaraque, est moins estimé. Il en est un troisième, qui participe du jaune de l'or et de la couleur de la sandaraque. Les deux dernières espèces sont écailleuses; la première est sèche, pure, et se fend selon la direction de ses veines, très-déliées. L'arsenic a les mêmes propriétés que la sandaraque, mais il est plus actif; aussi entre-t-il dans les caustiques et les épilatoires. Il enlève les carnosités des doigts, les polypes des narines, les condylomes et toutes les excroissances. Pour en augmenter la vertu, on le torréfie dans un vase de terre neuf jusqu'à ce qu'il change de couleur.

narum. Est autem lethalis potu, sicut spuma argenti. Postea cerussa ipsa si coquatur, rufescit.

1 LV. Sandarachæ quoque propomodum dicta natura est, Invenitur autem et in aurariis, et in argentariis metallis; melior quo magis rufa, quoque magis virus redolens, ac pura, friabilisque. Valet purgare, sistere, excalfacere, perrodere. Summa ejus dos septica. Explet alopecias ex aceto illita. Additur oculorum medicamentis. Fauces purgat cum melle sumta, vocemque limpidam et canoram facit. Suspiriosis tussientibusque jucunde medetur, cum resina terebinthina in cibo sumta. Suffita quoque cum cedro, ipso nidore iisdem medetur.

LVI. Et arsenicum ex eadem est materia. Quod opti- 1 mum, coloris etiam in auro excellentis : quod vero pallidius aut sandarachæ simile est, deterius existimatur. Est et tertium genus, quo miscetur aureus color sandarachæ. Utraque hæc squamosa. Illud vero siccum, purumque, gracili venarum discursu fissile. Vis eadem quæ supra, sed acrior. Itaque et causticis additur, et psilothris. Tollit et pterygia digitorum, carnesque narium, et condylomata, et quidquid excrescit. Torretur, ut validius prosit, in nova testa, donec mutet colorem.

# NOTES DU TRENTE-QUATRIÈME LIVRE.

(1) In Asia Vulg. — Trans maria Bamb.
(2) Chalciten Vulg. — Chalcitim Bamb.
(3) Maximeque Bamb. — Que om. Vulg. — L'aurichalcum ( cuivre d'or) ou orichalcum ( cuivre de montagne), tel que Pline l'indique, n'est pas connu.
(4) On croit que ce nom vient des monts Mariens, aujourd'hui Sierra-Morena.
(5) Artificio constant Vulg. — Cura constant Bamb.
(6) Quæstus causa enim Vulg. — Quæstus enim causa Bamb.
(7) In ære Vulg. — In ea re Bamb.
(8) Proscriptum cum eo ab Vulg. — Proscriptum esse ab Bamb., Brotier.
(9) CLXI Vulg. — CLVIII Bamb., Brot., Sillig.
(10) Quamquam hominis manu facta dederit fortuna : temperamentum simulacro signisque, illud Vulg. — Quamquam hominis manus et ad fortunam temperatur in simulacris signisque illud Bamb. — M. Ian propose de lire *manu sed ad fortunam temperatur in*. Je reçois cette lecture, sauf *in* que je rejette avec Vulg. ; et du reste je change la ponctuation.
(11) La famille Géganienne était une famille illustre de Rome.
(12) E compluribus Bamb. — E om. Vulg.
(13) Invenisse Vulg. — Invexisse Bamb., Sillig.
(14) Fuit Vulg. — Fuerit Bamb., Brotier, Sillig.
(15) Deditus est Vulg. — Deditus fuerat Bamb.
(16) Romanus populus Vulg. — Populus romanus Bamb.
(17) Romuli et Tatii sine Bamb., Sillig. — Romuli est sine Vulg.
(18) Les deux frères, Castor et Pollux.
(19) Ce nom paraît altéré; c'est Teutana dans Florus et Jornandès. Brotier a Teusa ; le mss. de Munich, Teuta.
(20) Præteribo et Bamb. — Et om. Vulg.
(21) Unum scilicet Vulg. — Bamb. et d'autres mss. ont *sc.*, qui doit être interprété par : *Senatusconsulti*.
(22) Eaque est Bamb. — Eaque est om. Vulg.
(23) In ipsis Vulg. — In om. Bamb.
(24) Communicato. Clœliæ enim statua est equestris Vulg. — Communicato Clœliæ statua equestri Bamb., Sillig.
(25) Fuerant Vulg. — Fuissent Bamb., Sillig.
(26) Bamberg met partout *Porsina*, et il paraît que c'est la véritable leçon. Voyez Clusius, *Dict. des noms propres*.
(27) Quæ Vulg. — Qui Bamb., Sillig.
(28) Gesserunt Vulg. — Gesserant Bamb.
(29) Trecentorum quinquaginta quinque Vulg. — CCCLXV Bamb.
(30) Ævi se deum indicaret Vulg. — Ævi esse deum indicent Bamb.
(31) Urbem : ipse excessit non relicturus Vulg. — Ipse excessit om. Bamb.
(32) Hominisve Vulg. — Hominumve Bamb.
(33) Nam quoniam Bamb. — Quoniam om. Vulg.
(34) Qui vocatur Pompeianus a vicinitate theatri Vulg. — Qui devoratur Pompeiani theatri vicinitate Bamb., Sillig.
(35) Contigerant Vulg. — Contigerant Bamb.
(36) Obsessa Rhodo Bamb. — Obsessæ Rhodo Sillig. — C'est la leçon conseillée par M. Ian. — Ob. Rhodo om. Vulg.

(37) E reliquiis Bamb. — E om. Vulg.
(38) Artificium minime probabilis artificis videatur Vulg. — Artificum minime probabilis videatur Bamb., Sillig.
(39) Simulacrum, colossum Vulg. — Simulacro colossum Bamb., Sillig.
(40) Vibio Avito Vulg. — Dubio Avito Bamb., Sillig.
(41) LXXXIV Vulg. — LXXXIII Bamb., Brot.
(42) Critias Vulg. — Nestocles Vulg. — Nesiotes Bamb., Sill. — Voyez la liste des artistes, au mot Critius.
(43) Callon, Polycletus, Phradmon Vulg. — Polycletus, Phradmon om. Bamb., Sill.
(44) Rursus XC Polycletus, Phradmon Bamb., Sillig. — Rursus... Phradmon om. Vulg.
(45) Damiam Vulg. — Demeam Bamb., Brot., Sillig.
(46) Cephissodotus Vulg. — Cephisodotus Bamb., Sillig. — Cette différence d'orthographe se trouve aussi plus bas.
(47) Bamb. a : *Aetion* ; et M. Ian, rapprochant *Aetione*, qui se trouve dans Cicéron, *Brut*. 18, 70, pense qu'il faut lire partout dans Pline, au lieu de Échion, Aétion, nom d'un peintre contemporain d'Alexandre le Grand.
(48) Lysistratus, et frater ejus Vulg. — Lysistratus, frater ejus Bamb., Sillig.
(49) Sthenis Vulg. — Tenis Bamb. — Bamberg a plus loin ( XXXIV, 19, 40 ) Sthennis ; forme que recommande M. Keil., *Anal.*, p. 221.
(50) Fuit ipse. Discipulos habuit Zeuxim et Iadem Vulg. — Fuit. Ipse discipulum habuit Zeuxiadem Bamb., Sill.
(51) Centesima vicesima Vulg. — CXXI Bamb., Sillig.
(52) Dahippus Vulg. — Laippus Bamb., Sillig. — Pyromachus Vulg. — Voyez à ce nom l'*Index* des artistes.
(53) Quinta Vulg. — Sexta Bamb., Sillig.
(54) Ctesilai Vulg. — Clesilæ Bamb. — Cresillæ Cod. Monac.
(55) Æmilius Paulus Vulg. — Paulus Æmilius Bamb., Sillig.
(56) Ideo duo Vulg. — Item duo Bamb., Sillig.
(57) La phrase de Pline, ambiguë, ne permettrait pas de distinguer si le Doryphore est la même statue que le Canon ; mais nous savons par Cicéron, *Brut*. 86, § 296, qu'il en est ainsi.
(58) Artem ipse Vulg. — Artem ipsam Bamb., Sillig.
(59) Se Bamb., Sillig. — Se om. Vulg.
(60) Talis nudos Vulg. — Nudos talis Bamb., Vulg.
(61) Alexetera Vulg. — Hagetera Bamb. — Ἀγητήρ est un surnom d'Hercule. Voyez Sillig, *Catal.*, au mot Polyclète.
(62) Tradit Vulg. — Ait Bamb.
(63) Et ipsum Ageladæ Vulg. — Ageladæ et ipsum Bamb., Sillig.
(64) Varietatem Vulg. — Veritatem Bamb., Sillig.
(65) Eundem vicit et Leontinus, qui fecit. — Eodem vicit et Leontiscum ; fecit Bamb, Sillig. — J'ai suivi l'interprétation de M. Ian.
(66) Lysippum Sicyonium Duris negat, Tullius fuisse discipulum affirmat ; sed primo Vulg. — Lysippum Sicyonium Duris negat ullius fuisse discipulum, sed primo Bamb., Sillig.
(67) Existimatur Vulg. — Existimabatur Bamb.
(68) Athenis Satyrorum turmam : Alexandrum amico-

rumque ejus imagines summa omnium similitudine expressit. Has Metellus Vulg. — Athenis Satyrum : turmam Alexandri, in qua amicorum ejus imagines summa omnium similitudine expressit. Hanc Metellus Bamb., Sillig.

(69) Dahippum Vulg. — Laippum Bamb., Sillig.

(70) Bedam Vulg. — Bœdam Bamb. — M. Keil, *Analect.*, p. 212, recommande l'orthographe Bœdam.

(71) M. Sillig, *Catal.*, conjecture Thestin et Thestiadas. Dans Bamb. *et Thespiadas* manque; et on y lit *Therpis* au lieu de *thespin*; M. Ian se demande s'il ne faudrait pas lire *Thespiis venatorem*.

(72) M. Sillig., ib., conjecture *in Elide* au lieu de *Medeæ*. Dans Bamb. *Medeæ* manque; M. Ian pense qu'on pourrait, au lieu de *Medeæ*, lire, *in æde ejus* : dans le temple de Trophonius.

(73) Et ex Bamb. — Et om. Vulg.

(74) Tisicrates Vulg. — Amphicrates Bamb., Sillig.

(75) Batton Vulg. — Baton Bamb. — M. Keil (*Anal.*, p. 214 ) approuve cette orthographe.

(76) Ctesilaus Vulg. — Cresilas Bamb.

(77) Desilaus Vulg. — Ctesilaus Bamb., Sillig.

(78) Tonantis, Hegesiæ. In Pario colonia Hercules Isidori. Eleuthereus Lycius Vulg. — Tonantis Agesiæ in Paro colonia Hercules Isidoti Buthytes. Lycius Bamb. — La leçon que j'ai suivie est celle que M. Ian propose. M. Sillig l'a adoptée aussi, sauf Hegesiæ au lieu de Hegesiæ.

(79) Pyromachi Vulg. — Voyez l'*Index* des artistes, au nom de Phyromachus.

(80) Stipax Vulg. — Styppax Bamb., Keil, *Anal.*, p. 219.

(81) Pyromachus Vulg.

(82) Calliades Vulg. — Callides Bamb.

(83) Critiæ Vulg. — Critæ Bamb. — Voyez note 42.

(84) Iidem pictores nobilissimi Vulg. — Idem pictor e nobilissimis Bamb.

(85) Antigonus Vulg. — Antignotus Bamb., Sillig.

(86) Dahippus Vulg. — Daippus Sillig. — Perixyomenon Vulg. — Paralyomenon Edit. Princeps, Brot., Sillig.

(87) Blandiente. Eubolidis digitis Vulg. — Blandiente. Eubuli mulier admirans laudatur; Eubulidis digitis Bamb., Sillig.

(88) Lampadeque accensa Vulg. — Lampadumque accensu Bamb.

(89) Sthenis Vulg. — Sthennis Bamb.

(90) Et Scopas Vet. Dalech. — Et om. Vulg. — Utraque Vulg. — Uterque Bamb., Editt. Vett. — M. Ian dit dans ses notes : « En recevant *uterque*, leçon de Bamb. et des anciennes éditions avant Hermolaüs Barbarus, on lève la difficulté relative à l'époque de Scopas. Mais cette leçon n'est pas compatible avec le texte de Vulg. Il faut donc ou refaire ainsi ce qui précède : *Idem flentes matronas. Adorantes sacrificantesque Simon. Canem et sagittarium fecit Stratonicus cælator ille. Philosophos Scopas uterque*; ou admettre qu'il y a une lacune. En tout cas, la leçon de Vulg. (*utraque*) n'est pas acceptable. » Je crois qu'on peut, sans changer aussi violemment la disposition du texte, recevoir *uterque*; il suffit de prendre le *et* donné par Vet. Dalech.

(91) Batton Vulg. — Voyez note 75.

(92) Polydorus Vulg. — Polydus Bamb.

(93) Idem pictura clarissimus Vulg. — Idem pictor e clarissimis Bamb.

(94) Polis Vulg. — Pollis Bamb. — Cette orthographe est approuvée par M. Keil, ib., p. 222.

(95) Nec finem habens Vulg. — Nec finem habentis Bamb.

(96) Cacizotechnos Vulg. — Calatexitechnus ( sic ) Bamb. — M. Sillig, *Catal.*, s'appuyant sur des mss. qui, comme Bamb., s'éloignent de la forme de Vulg., et sur l'expression de Denys d'Halicarnasse : κατάχειν τὰς τέχνας (*De Vi Demosth.*, t. VI, p. 1114), lit calatexitechnus.

(97) Tunicati, Eleo habitu Vulg. — Tunicati, solá eo habitu Bamb., Sillig. — Sentienteque Vulg. — Sentiensque Bamb., Sillig.

(98) Perhibetur ... oleo et sole. Fit Campano Bamb., Sillig. — Perhibetur.... oleo et sole. Fit Campano om. Vulg.

(99) Et bene recoquunt Vulg. — Et carbone recoquunt Bamb., Sillig.

(100) Planitie Bamb. — Planitie om. Vulg.

(101) Onychitis Vulg. — Onychis Bamb.

(102) Subsidit Vulg. — Subsedit Bamb. — Similis Vulg. — Simile Bamb. — Actio Vulg. — Ratio Bamb.

(103) Idque Vulg. — Itaque Bamb.

(104) Veneat decussa vi. clavis Vulg. — Veneant (sic) pro eo. Est autem squama æris decussa vi clavis Bamb., Sillig.

(105) Et e lapide Vulg. — Et lapidi Bamb., Brotier.

(106) Aceto Vulg. — Acetum Bamb.

(107) Est siccatam in patina Vulg. — Est elui siccatamque in patina Bamb.

(108) Oris etiam Bamb. et Editt. Vett. — Etiam om. Vulg. — Hulcerationes Vulg. — Hulcerationes Bamb.

(109) Vitiorumque quæ Vulg. — Quæ om. Bamb.

(110) Eademque Vulg. — Que om. Bamb., Sillig.

(111) Scolecia... derasa Vulg. — Scolex.... derasus Bamb.

(112) Ex quo ipsum æs Vulg. — Ex quo et ipso æs Bamb.

(113) Temperentur Vulg. — Temperetur Bamb.

(114) Oculorum quoque curationi Vulg. — Quoque om. Bamb. — Putant Vulg. — Putent Bamb.

(115) Discretumque et optimum Vulg. — Discretumque vi Bamb. — Dans Bamb. *et optimum in Cypriorum* est omis. M. Ian conseille de lire *vi* de Bamb., au lieu de *et* de Vulg.: j'ai suivi son avis.

(116) Sentientem violam Vulg. — Sentiente viola Bamb.

(117) Hulcera Vulg. — Vulnera Bamb.

(118) In eo usu Vulg. — In uno usu Bamb.

(119) Levissimum hoc afflatur et ocyus Vulg. — Levissimum hoc est flaturæ totius Bamb.

(120) Vel oleæ Bamb. — Vel oleæ om. Vulg.

(121) Spegma Vulg. — Smegma Bamb.

(122) Flatuque accensis Vulg. — Paulatimque accensis Bamb.

(123) Catino Vulg. — Catinos Bamb.

(124) Coquantur Vulg. — Coquatur Bamb.

(125) Diminutionem Vulg. — Deminutionem Bamb., Brotier, Sillig.

(126) *Arbusta* signifie les plants d'arbres auxquels on marie la vigne. — Scindimus, serimus arbusta, ponimus pomaria Vulg. — Scindimus, arbores serimus, arbusta tondemus Bamb.

(127) Uterentur Vulg. — Uteretur Bamb.

(128) Ut vetustissimi Vulg. — Ut om. Bamb., Sillig.

(129) Bamb. a *hodie Rhodi*, au lieu de *Thebis hodierne die*; leçon que M. Ian approuve. Il pense que *hodie Rhodi* a été changé par les copistes en *hodierno die*; cela fait, un correcteur a ajouté le nom de la ville ( correction suggérée par ce qui suit : *in eadem urbe*); et il a été conduit à désigner Thèbes , parce qu'Athamas avait été roi de Thèbes.

(130) Faciente Vulg. — Facientis Codd. mss. ap. Harduinum. — Quod esset Bamb. — Esset om. Vulg.

(131) Cognoscuntur ipso colore Vulg. — Agnoscuntur colore ipso Bamb.

(132) Sed ratio Vulg. — Sed om. Bamb.

(133) Vicinius Vulg. — Vicinum Bamb.

(134) Maxima Vulg. — Magna Bamb. — Nucleusque quidem Vulg. — Nucleusque quidam Bamb. — Aliquæ modo Vulg. — Alioque modo Bamb.

(135) Bilbilin Vulg. — Bilbilim Bamb.

(136) Ut Sulmone aqua, uti diximus Vulg. — Ut Sulmone aqua ubi diximus Bamb. — La ponctuation véritable de la leçon de Bamb. a été indiquée par M. Ian. — Oleares Vulg. — Oleariæ Bamb.
(137) Celerius subinde Vulg. — Subinde om. Bamb.
(138) Ce nom est écrit Timochares dans Bamb.
(139) Ptolemæi regis Bamb. — Regis om. Vulg.
(140) Junxerat Vulg. — Junxerit Bamb. — Refecti sunt Vulg. — Refecti sint Bamb.
(141) Circulos Vulg. — Circulo Bamb.
(142) Potus Bamb. — Aqua Vulg.
(143) Paronychia digitorum et pterygia Bamb. — Digitorum et pterygia om. Vulg.
(144) Lienum Vulg. — Lienium Bamb.
(145) Omnem callum Vulg. — Omne callum Edit. princeps, Brotier, Sillig.
(146) Cretæ drachmæ sex Vulg.— Cretæ drachmæ duæ Bamb., Brot. — Squamæ ferreæ Vulg. — Squamæ ferri Bamb.
(147) Subsidit Vulg. — Subsedit Bamb.
(148) Aluta Vulg. — Alutia Brot. e Cod. Reg. n° V. — Alutias Bamb. — M. Hœfer dit (*Hist. de la chimie*, 1, p. 133) : « Quant au métal que l'on rencontrait dans les mines d'or (*alutia*), et qui, après le lavage du minerai, se présentait sous la forme de calculs noirs, variés de taches blanches, à peu près du même poids que l'or, et se trouvant pêle-mêle avec les sables aurifères au fond des corbeilles destinées à recueillir ce métal, ce n'est là certainement pas l'étain. Quel était alors ce métal blanc, et aussi pesant que l'or? Ce métal ne pouvait être que le platine. D'ailleurs, il n'est pas étonnant que les anciens aient connu le platine, puisque ce métal se rencontre souvent dans les mines d'or, et qu'il se présente, ainsi que l'or, avec l'aspect qui le caractérise. »
(149) In quibus Vulg. — In om. Bamb.
(150) Nonis duabus Bamb. — Nonis om. Vulg.
(151) Ces chiffres, qui, du reste, varient dans les manuscrits, paraissent tout à fait fautifs. Dans les cent livres de ce mélange entrent, d'après le dire de Pline, cinquante livres d'étain tertiaire, lesquelles, seules, se vendraient, à raison de 10 deniers la livre, 500 deniers.
(152) Confirmant quod Vulg. — Confirmantque Cod. Chiffl.
(153) Alexia Vulg. — Alesia Bamb., Brot., Sillig.
(154) Ulla scoriæ, modo sit excocta Vulg. — Ulla scoria modo excocita (sic) Bamb.
(155) Vas peruri Vulg. — Vas om. Bamb., Brot.
(156) Renum Vulg. — Renium Bamb.
(157) Sulphuris minuto Vulg.—Sulphure minuto Bamb.
(158) Lotura plurimi usus Vulg. — Lotura plumbi usus Bamb.
(159) Lavatur et teritur ut cadmia Vulg. — Lavatur ut stibi et cadmia Editt. Vett.
(160) In usu est, optimaque quæ Vulg. — In usu est. Optima, quæ Bamb.
(161) Et hanc Vulg. — Et om. Bamb.
(162) Mixto Vulg. — Admixto Bamb.
(163) Rubescat Vulg. — Rufescat Bamb.
(164) Levissima Vulg. — Lenissima Bamb. — Potus, sicut spumæ Vulg. — Potu, sicut spuma Bamb.
(165) Vocemque limpidam et canoram facit Bamb. — Vocem..... facit om. Vulg.
(166) In auro, excellentius Vulg. — In auro excellentis Bamb., Sillig.

# LIVRE XXXV.

1 I. Nous avons exposé presque complétement l'histoire naturelle des métaux qui constituent les richesses et des substances qui en dépendent, liant tellement les choses, que nous avons présenté à la fois le nombre immense des compositions médicinales qu'ils fournissent, les mystères des officines (XXXIII, 38; XXXIV, 35), et les procédés minutieux de la ciselure (XXXIII, 55), de la statuaire (XXXIV, 9) et de la teinture (XXXIII, 36). Restent les terres et les pierres, formant une série peut-être plus nombreuse, et sur chacune desquelles on a écrit, les Grecs particulièrement, plusieurs volumes. Pour nous, nous persévérons dans une brièveté utile à notre objet, sous la condition (1) de n'omettre rien de nécessaire, ni aucune substance
2 naturelle. (I.) Achevons d'abord ce que nous avons encore à dire sur la peinture, art jadis illustre, alors que les rois et les peuples le recherchaient, et illustrant ceux dont il daignait retracer l'image pour la postérité. Mais aujourd'hui il est complétement expulsé par le marbre, et même par l'or; on ne se contente pas de revêtir des murailles entières, on découpe le marbre, et on représente des objets et des ani-
3 maux avec des pièces de marqueterie. Déjà même les trumeaux de marbre ne nous plaisent plus, ni ces portions de montagne que la scie étend (2) dans nos chambres à coucher; nous nous sommes mis à peindre même la pierre. C'est une invention du temps de l'empereur Claude. Sous Néron on a imaginé d'incruster dans le marbre des taches qui n'y étaient pas, et d'en varier ainsi l'uniformité, afin que celui de Numidie (XXXVI, 8) offrît des ovales et que celui de Synnade (V, 29, 4) fût veiné de pourpre, tels enfin que le luxe aurait voulu que la nature les produisît. C'est ainsi que l'on supplée au défaut des carrières, et le luxe ne cesse de se tourmenter, pour perdre dans les incendies le plus qu'il est possible.

II. (II.) La peinture, qui transmettait à la 1 postérité la ressemblance la plus parfaite des personnages (3), est complétement tombée en désuétude. On consacre des écussons de bronze, des effigies d'argent; insensible à la différence des figures, on change les têtes des statues, et là-dessus depuis longtemps courent des vers satiriques, tant il est vrai que tous aiment mieux attirer les regards sur la matière employée, que de se faire connaître. Et cependant on tapisse les galeries de vieux tableaux, on recherche les effigies étrangères; mais pour soi-même on n'estime que le métal de l'effigie, afin sans doute qu'un héritier la brise, et (4) que le lacet d'un voleur la saisisse. Ainsi, aucun portrait 2 n'étant vivant, on laisse, l'image de sa fortune, et non la sienne. Ces mêmes gens ornent les palestres, les salles d'exercice, de portraits d'athlètes; ils ont dans leur chambre à coucher et portent avec eux le portrait d'Épicure; ils font des sacrifices, chaque vingtième lune, en l'honneur de la naissance de ce philosophe, et observent chaque mois la fête nommée icade (vingtaine) : ce sont ceux-là justement qui ne veulent pas être connus même de leur vivant.

## LIBER XXXV.

1 I. Metallorum, quibus opes constant, agnascentiumque eis, natura indicata propemodum est : ita connexis rebus, ut immensa medicinæ silva, officinarumque tenebræ, et morosa cælandi fingendique, ac tingendi subtilitas simul dicerentur. Restant terræ ipsius genera lapidumque, vel numerosiore serie, plurimis singula a Græcis præcipue voluminibus tractata. Nos in iis brevitatem sequemur utilem instituto, modo nihil necessarium aut naturale omit-
2 tentes. (I.) Primumque dicemus quæ restant de pictura, arte quondam nobili, tunc quum expeteretur a regibus populisque, et illos nobilitante, quos esset dignata posteris tradere : nunc vero in totum marmoribus pulsa, jam quidem et auro; nec tantum ut parietes toti operiantur, verum et interasso marmore vermiculatisque ad effigies re-
3 rum et animalium crustis. Non placent jam abaci, nec spatia montis in cubiculo dilatata : cœpimus et lapidem pingere. Hoc Claudii principatu inventum : Neronis vero, maculas quæ non essent, crustis inserendo, unitatem variare, ut ovatus esset Numidicus, ut purpura distingueretur Synnadicus, qualiter illos nasci optarent deliciæ. Montium hæc subsidia deficientium : nec cessat luxuria id agere, ut quam plurimum incendiis perdat.

II. (II.) Imaginum quidem pictura, qua maxime similes 1 in ævum propagabantur figuræ, in totum exolevit. Ærei ponuntur clypei, argenteæ facies, surdo figurarum discrimine, statuarum capita permutantur, vulgatis jam pridem salibus etiam carminum. Adeo materiam malunt conspici omnes, quam se nosci. Et inter hæc pinacothecas veteribus tabulis consuunt, alienasque effigies colunt, ipsi honorem non nisi in pretio ducentes, ut frangat hæres, furisque detrahat laqueus. Itaque nullius effigie vivente, ima- 2 gines pecuniæ, non suas, relinquunt. Iidem palæstras athletarum imaginibus, et ceromata sua exornant, et vultus Epicuri per cubicula gestant, ac circumferunt secum. Natali ejus vicesima luna sacrificant, feriasque omni mense custodiunt, quas icadas vocant, hi maxime qui se ne viven-

Oui, sans doute, la mollesse a perdu les arts; et comme les âmes sont sans physionomie, on né-
3 glige aussi la représentation des corps. Il en était autrement chez nos ancêtres : on n'étalait dans les atrium ni des statues d'artistes étrangers, ni des bronzes, ni des marbres ; mais des bustes en cire étaient rangés chacun dans une niche particulière, images toujours prêtes à suivre les convois de famille; et jamais un mort ne manquait d'être accompagné de toutes les générations qui l'avaient précédé. Les titres étaient rattachés par
4 des lignes aux portraits : les tablinum (5) (archives) étaient remplis des mémoires et des actes des choses faites en leurs magistratures; au dehors et autour du seuil étaient d'autres images de ces hommes héroïques (6), dans les dépouilles ennemies qui y étaient suspendues, sans qu'il fût permis à un acquéreur de les déplacer; et les maisons même triomphaient encore après avoir changé de maître. C'était là une stimulation puissante, et les murs reprochaient chaque jour à un possesseur lâche son intrusion dans le triomphe
5 d'autrui. Nous avons de l'orateur Messala un morceau plein d'indignation, où il défendait qu'on mît parmi les images de sa famille les images étrangères des Lévinus. Un motif semblable dicta au vieux Messala ces livres qu'il a composés sur les Familles, lorsque, ayant traversé l'atrium de Scipion Pomponianus, il vit que, grâce à une adoption testamentaire, les Salutions (VII, 10, 4) (tel était (7) le surnom) s'étaient, à la honte des Africains, accolés au nom des Scipions. Mais que les Messalas me le pardonnent : usurper même par un mensonge les images d'hommes illustres, c'était montrer quelque amour de leurs vertus, et beaucoup plus honnête que de mériter que nul n'ambitionnât la nôtre. Il ne faut pas omet- 6 tre ici une invention nouvelle : maintenant (8) on consacre en or, en argent, ou du moins en bronze, dans les bibliothèques, ceux dont l'esprit immortel parle encore en ces mêmes lieux ; on va même jusqu'à refaire d'idée les images qui n'existent plus ; les regrets prêtent des traits à des figures que la tradition n'a point transmises (9), comme il est arrivé pour Homère. C'est, je pense, pour un homme la plus grande preuve du succès, que ce désir général de savoir quels ont été ses traits. L'idée de réunir ces portraits est, à Rome, due à Asinius Pollion, qui le premier, en ouvrant une bibliothèque, fit des beaux génies une propriété publique. Fut-il aussi précédé en cela par les rois d'Alexandrie et de Pergame, qui fondèrent à l'envi des bibliothèques? c'est ce que je ne saurais dire. Que la passion (10) des por- 7 traits ait existé jadis, cela est prouvé, et par Atticus l'ami de Cicéron, qui a publié un ouvrage sur cette matière, et par M. Varron, qui eut la très-libérale idée d'insérer dans ses livres nombreux, non-seulement les noms, mais, à l'aide d'un certain moyen (11), les images de sept cents personnages illustres. Varron voulut sauver leurs traits de l'oubli, et empêcher que la durée des siècles ne prévalût contre les hommes. Inventeur d'un bienfait à rendre jaloux même les dieux, non-seulement il a donné l'immortalité à ces personnages, mais encore il les a envoyés par toute la terre, afin que partout on pût les croire présents (12).

III. (III.) Ceux à qui Varron a rendu ce 1 service n'appartenaient pas à sa famille. Le premier qui établit l'usage de dédier les écussons des siens en son nom privé, dans un

---

tes quidem nosci volunt. Ita est profecto ; artes desidia perdidit : et quoniam animorum imagines non sunt, negligun-
3 tur etiam corporum. Aliter apud majores in atriis hæc erant quæ spectarentur, non signa externorum artificum, nec æra, aut marmora : expressi cera vultus singulis disponebantur armariis ; ut essent imagines, quæ comitarentur gentilitia funera ; semperque defuncto aliquo totus aderat familiæ ejus, qui umquam fuerat, populus. Stem-
4 mata vero lineis discurrebant ad imagines pictas. Tabulina codicibus implebantur, et monumentis rerum in magistratu gestarum. Aliæ foris et circa limina animorum ingentium imagines erant, affixis hostium spoliis, quæ nec emtori refigere liceret, triumphabantque etiam dominis mutatis ipsæ domus : et erat hæc stimulatio ingens, exprobrantibus tectis, quotidie imbellem dominum intrare in alienum
5 triumphum. Exstat Messalæ oratoris indignatio, qua prohibuit inseri genti suæ Levinorum alienam imaginem. Similis causa Messalæ seni expressit volumina illa, quæ de Familiis condidit, quum Scipionis Pomponiani transisset atrium, vidissetque adoptione testamentaria Salutiones (hoc enim fuerat cognomen), Africanorum dedecore irrepentes Scipionum nomini. Sed pace Messalarum dixisse liceat : etiam mentiri clarorum imagines, erat aliquis virtutum amor : multoque honestius, quam mereri, ne quis suas expeteret. Non est prætereundum et novitium inven- 6 tum. Siquidem nunc ex auro argentove, aut certe ex ære in bibliothecis dicantur illi, quorum immortales animæ in locis iisdem loquuntur : quin immo etiam quæ non sunt, finguntur, pariuntque desideria non traditos vultus, sicut in Homero evenit. Quo majus (ut equidem arbitror) nullum est felicitatis specimen, quam semper omnes scire cupere, qualis fuerit aliquis. Asinii Pollionis hoc Romæ inventum, qui primus bibliothecam dicando, ingenia hominum rem publicam fecit. An priores cœperint Alexandriæ et Pergami reges, qui bibliothecas magno certamine instituere, non facile dixerim. Imaginum amorem flagrasse quondam 7 testes sunt et Atticus ille Ciceronis, edito de his volumine, et Marcus Varro benignissimo invento, insertis voluminum suorum fecunditati, non nominibus tantum septingentorum illustrium, sed et aliquo modo imaginibus : non passus intercidere figuras, aut vetustatem ævi contra homines valere, inventor muneris etiam diis invidiosi, quando immortalitatem non solum dedit, verum etiam in omnes terras misit, ut præsentes esse ubique credi possent.

III. (III.) Et hoc quidem alienis ille præstitit. Suorum vero 1 clypeos in sacro vel publico privatim dicare primus insti-

lieu consacré ou dans un lieu public, fut, à ce que je trouve, Appius Claudius, qui fut consul avec P. Servilius (13) l'an de Rome 259 : il plaça ses aïeux dans le temple de Bellone; il voulut qu'ils fussent en un lieu élevé, pour être vus, et que les titres de leurs dignités fussent inscrits. Beau spectacle, surtout quand la foule des enfants (14), représentée par de petites images, montre les rejetons destinés à continuer la lignée; personne alors ne regarde ces écussons sans plaisir et sans intérêt.

IV. Après Claudius, M. Æmilius (VII, 54, 2), collègue dans son consulat de Q. Lutatius, plaça de semblables images, non-seulement dans la basilique Æmilienne, mais aussi dans sa maison : usage vraiment martial. En effet, les images étaient sur des boucliers semblables à ceux qu'on portait à Troie (15); c'est de là aussi qu'elles ont pris le nom de *clypeus* (écu, écusson), et non, comme le veut la subtilité fourvoyée des grammairiens, de *cluere* (être célèbre) : inspiration toute militaire du courage, que de représenter sur un bouclier l'image de celui qui s'en servait.

Les Carthaginois ont fait en or et les boucliers et les portraits, et ils les portaient (16) avec eux dans les camps : le fait est que Marcius, vengeur des Scipions en Espagne, trouva, après avoir forcé le camp d'Asdrubal, un bouclier semblable qui appartenait à ce général. Ce bouclier resta suspendu au-dessus de la porte du Capitole jusqu'au premier incendie de ce temple (XXXIII, 5). Au reste, on a remarqué que nos ancêtres avaient à cet égard si peu de souci, que sous le consulat de L. Manlius et de Q. Fulvius, l'an de Rome 575, M. Aufidius, à qui la garde du Capitole avait été affermée, avertit le sénat que des boucliers passés en compte pour boucliers de cuivre depuis quelques lustres, étaient d'argent.

V. La question des commencements de la peinture est obscure, et n'appartient pas au plan de cet ouvrage. Les Égyptiens assurent que cet art fut inventé chez eux six mille ans avant de passer en Grèce : c'est évidemment une vaine prétention. Parmi les Grecs, les uns disent qu'il fut découvert à Sicyone, les autres à Corinthe, tous convenant que les commencements en furent de circonscrire par une ligne l'ombre d'un homme. Voilà quel en a été le premier état. Dans le second, on employa une seule couleur, procédé dit monochrome, après que des procédés plus compliqués eurent été découverts; encore aujourd'hui la peinture monochrome est en usage. L'invention du dessin au trait est attribuée à Philoclès d'Égypte, ou à Cléanthe de Corinthe. Les premiers qui le pratiquèrent furent Ardicès (17) de Corinthe et Téléphane de Sicyone : ces artistes, sans se servir encore (18) d'aucune couleur, jetaient dès lors des traits dans l'intérieur du contour; aussi était-on dans l'usage d'ajouter le nom du personnage figuré. Le premier qui inventa l'art de colorier ces dessins, et c'est avec des tessons broyés de pots d'argile, fut Cléophante de Corinthe. Nous dirons bientôt (XXXV, 43) que ce Cléophante est différent (19) de l'artiste du même nom qui, selon Cornélius Népos, suivit en Italie Démarate, père du roi romain Tarquin l'Ancien. Démarate fuyait Corinthe, pour échapper aux violences du tyran Cypsèle.

VI. Déjà, en effet, la peinture était parfaite, même en Italie : il est certain du moins qu'il existe encore aujourd'hui à Ardée, dans des temples, des peintures plus vieilles que Rome. Rien ne paraît plus merveilleux que ces peintures, qui, sans être protégées par un toit, ont,

tuit (ut reperio) Appius Claudius, qui consul cum P. Servilio fuit anno Urbis CCLIX. Posuit enim in Bellonæ æde majores suos : placuitque in excelso spectari, et titulos honorum legi. Decora res, utique si liberum turba parvulis imaginibus ceu nidum aliquem sobolis pariter ostendat : quales clypeos nemo non gaudens favensque aspicit.

IV. Post eum M. Æmilius, collega in consulatu Quinti Lutatii, non in basilica modo Æmilia, verum et domi suæ posuit, id quoque Martio exemplo. Scutis enim, qualibus apud Trojam pugnatum est, continebantur imagines : unde et nomen habuere clypeorum : non ut perversa grammaticorum subtilitas voluit, a cluendo. Origo plena virtutis, faciem reddi in scuto cujusque, qui fuerit usus illo. Pœni ex auro factitavere et clypeos, et imagines, secumque in castris vexere. Certe captis eis talem Asdrubalis invenit Marcius, Scipionum in Hispania ultor : isque clypeus supra fores Capitolinæ ædis usque ad incendium primum fuit. Majorum quidem nostrorum tanta securitas in ea re annotatur, ut L. Manlio, Qu. Fulvio coss., anno Urbis DLXXV, M. Aufidius tutelæ Capitolii redemtor docuerit patres, argenteos esse clypeos, qui pro æreis per aliquot jam lustra assignabantur.

V. De picturæ initiis incerta, nec instituti operis quæstio est. Ægyptii sex millibus annorum apud ipsos inventam, priusquam in Græciam transiret, affirmant, vana prædicatione, ut palam est. Græci autem alii Sicyone, alii apud Corinthios repertam, omnes umbra hominis lineis circumducta. Itaque talem primam fuisse : secundam singulis coloribus, et monochromaton dictam, postquam operosior inventa erat : duratque talis etiam nunc. Inventam linearem dicunt a Philocle Ægyptio, vel Cleanthe Corinthio. Primi exercuere Ardices Corinthius, et Telephanes Sicyonius, sine ullo etiamnum hi colore, jam tamen spargentes lineas intus. Ideo et quos pingerent, adscribere institutum. Primus invenit eas colorare, testa, ut ferunt, trita, Cleophantus Corinthius. Hunc eodem nomine alium fuisse, quam quem tradit Cornelius Nepos sequutum in Italiam Demaratum, Tarquinii Prisci romani regis patrem, fugientem a Corintho injurias Cypseli tyranni, mox docebimus.

VI. Jam enim absoluta erat pictura etiam in Italia. Exstant certe hodieque antiquiores Urbe picturæ Ardeæ in ædibus sacris, quibus equidem nullas æque demiror, tam longo ævo durantes in orbitate tecti, veluti recentes. Si-

malgré une si longue durée, conservé leur fraîcheur. Lanuvium offre également une Atalante et une Hélène peintes près l'une de l'autre par un même artiste; elles sont nues, toutes deux d'une très-grande beauté, mais en l'une des deux on reconnaît une vierge : elles ne sont pas endommagées, quoique le temple soit en ruines. L'empereur Caligula, épris de ces figures, voulut les faire enlever; mais la nature de l'enduit ne le permit pas. Il subsiste à Cæré des peintures encore plus anciennes; et quiconque les examinera avec attention conviendra qu'aucun art n'est arrivé aussi promptement à la perfection, puisque, manifestement, il n'existait pas du temps de la guerre de Troie.

VII. (IV.) Chez les Romains aussi cet art fut honoré de bonne heure; car c'est de lui que les Fabius Pictor, d'une très-illustre maison, ont tiré leur surnom; et le premier qui l'ait eu peignit lui-même le temple du Salut l'an de Rome 450; peinture qui a duré jusqu'à notre époque, et qui a brûlé avec le temple (20), sous le règne de l'empereur Claude. Peu après on a célébré la peinture du temple d'Hercule dans le marché aux bœufs, ouvrage du poëte Pacuvius; il était fils de la sœur d'Ennius, et la gloire de cet art s'accrut à Rome de la gloire de l'artiste sur la scène. Plus tard il ne se trouva plus dans des mains honorables, à moins qu'on ne veuille citer de notre temps Turpilius, chevalier romain de la Vénétie, duquel il existe encore de beaux ouvrages à Vérone. Il peignit de la main gauche; on n'en connaît pas d'exemple avant lui. Titidius Labéon (21), mort il y a peu de temps, dans un âge très-avancé, ancien préteur, et même ayant géré le proconsulat de la Gaule Narbonaise, tirait vanité des petits tableaux qu'il exécutait; mais cela était un objet de ridicule et de risée. A propos de la peinture, je ne dois pas omettre une délibération célèbre de personnes du premier rang : Q. Pédius, personnage honoré du consulat et du triomphe, eut pour petit-fils Q. Pédius, donné par le dictateur César pour cohéritier à Auguste; cet enfant étant muet de naissance (22), l'orateur Messala, à la famille de qui la grand'mère appartenait, proposa de lui enseigner la peinture, et cet avis fut approuvé par le dieu Auguste : l'enfant y avait fait de grands progrès quand il mourut. Mais celui qui à Rome donna le plus de vogue à la peinture fut, si je ne me trompe, M. Valérius Maximus Messala, qui le premier exposa un tableau sur le côté de la curie Hostilie, l'an de Rome 490. Le tableau représentait la bataille qu'il avait gagnée en Sicile sur les Carthaginois et Hiéron. L. Scipion en fit autant; et il exposa dans le Capitole un tableau représentant la victoire qu'il avait remportée en Asie. Cela, dit-on, déplut à son frère Scipion l'Africain, non sans raison; car le fils de ce dernier avait été fait prisonnier dans (23) la bataille. Lucius Hostilius Mancinus, qui le premier était entré dans Carthage lors de l'assaut, offensa également Scipion Émilien en exposant dans la place publique un tableau représentant le plan de cette ville et les attaques; il se tenait auprès pour en expliquer le détail au peuple venant voir, complaisance qui lui valut le consulat à l'élection suivante. Dans les jeux donnés par Claudius Pulcher, la scène fit beaucoup admirer l'art de la peinture : les corbeaux, trompés par l'image, s'abattirent sur les décorations qui représentaient des tuiles.

VIII. La vogue des tableaux étrangers, à

---

militer Lanuvii, ubi Atalanta, et Helena, comminus pictæ sunt nudæ ab eodem artifice, utraque excellentissima forma, sed altera ut virgo : ne ruinis quidem templi concussæ. Caius princeps eas tollere conatus est, libidine accensus, si tectorii natura permisisset. Durant et Cære, antiquiores et ipsæ : fatebiturque, quisquis eas diligenter æstimaverit, nullam artium celerius consummatam, quum Iliacis temporibus non fuisse eam appareat.

VII. (IV.) Apud Romanos quoque honos mature huic arti contigit. Siquidem cognomina ex ea Pictorum traxerunt Fabii clarissimæ gentis, princepsque ejus cognominis ipse ædem Salutis pinxit anno Urbis conditæ CCCCL, quæ pictura duravit ad nostram memoriam, æde ea Claudii principatu exusta. Proxime celebrata est, in foro boario æde Herculis, Pacuvii poetæ pictura. Ennii sorore genitus hic fuit : clarioremque eam artem Romæ fecit gloria scenæ. Postea non est spectata honestis manibus : nisi forte quis Turpilium equitem romanum e Venetia nostræ ætatis velit referre, hodieque pulchris ejus operibus Veronæ exstantibus. Læva is manu pinxit, quod de nullo ante memoratur. Parvis gloriabatur tabellis, exstinctus nuper in longa senecta, Titidius Labeo prætorius, etiam proconsulatu provinciæ Narbonensis functus. Sed ea res in risu et contumelia erat. Fuit et principum virorum non omittendum de pictura celebre consilium. Quum Qu. Pedius, nepos Qu. Pedii consularis triumphalisque, a Cæsare dictatore cohæredis Augusto dati, natura mutus esset, eum Messala orator, ex cujus familia pueri avia erat, picturam docendum censuit, idque etiam divus Augustus comprobavit. Puer magni profectus in ea arte obiit. Dignatio autem præcipua Romæ increvit, ut existimo, a M. Valerio Max. Messala, qui princeps tabulam picturæ prælii, quo Carthaginienses et Hieronem in Sicilia devicerat, proposuit in latere curiæ Hostiliæ, anno ab Urbe condita CCCCXC. Fecit hoc idem et L. Scipio, tabulamque victoriæ suæ Asiaticæ in Capitolio posuit : idque ægre tulisse fratrem Africanum tradunt, haud immerito, quando filius ejus illo prælio captus fuerat. Non dissimilem offensionem et Æmiliani subiit Lucius Hostilius Mancinus, qui primus Carthaginem irruperat, situm ejus oppugnationesque depictas proponendo in foro, et ipse adsistens populo spectanti singula enarrando : qua comitate proximis comitiis consulatum adeptus est. Habuit et scena ludis Claudii Pulchri magnam admirationem picturæ, quum ad tegularum similitudinem corvi decepti imagine advolarent.

VIII. Tabulis autem externis auctoritatem Romæ pr

Rome, daté de L. Mummius, à qui sa victoire valut le surnom d'Achaïque. En effet, pour vendre le butin il fit des lots (24), et le roi Attale donna 600,000 sesterces (126,000 fr.) d'un tableau d'Aristide représentant Bacchus ; Mummius, surpris de la grandeur de la somme, et soupçonnant qu'il y avait dans ce tableau quelque vertu qu'il ne connaissait pas, rompit le marché malgré toutes les plaintes d'Attale, et plaça le tableau dans le temple de Cérès : ce fut, je crois, le premier tableau étranger rendu public à Rome. Je trouve qu'ensuite l'usage devint commun d'en exposer dans le Forum ; de là la plaisanterie de l'orateur Crassus. Plaidant sous les Vieilles Boutiques, il interpella un témoin ; le témoin, relevant l'interpellation : Dites donc, Crassus, qui vous pensez que je sois ? Semblable à celui-ci, répondit-il en montrant, dans un tableau, un Gaulois qui tirait très-vilainement la langue. Il y avait aussi dans le Forum le tableau de ce vieux berger avec son bâton, au sujet duquel l'envoyé des Teutons, interrogé combien il l'estimait, répondit qu'il ne voudrait pas de l'original vivant, même gratis.

IX. Mais celui qui mit principalement en honneur l'exposition publique des tableaux fut le dictateur César, en consacrant Ajax et Médée (VII, 39) au-devant du temple de Vénus Génitrix. Après lui ce fut M. Agrippa, homme cependant plus voisin de la rusticité que des raffinements : du moins on a de lui un discours magnifique et digne du plus grand citoyen, sur l'avantage de rendre publics tous les tableaux et toutes les statues, ce qui aurait mieux valu que de les tenir exilés dans les maisons de campagne. Toutefois cette vertu si rudoyante acheta de la ville de Cyzique, au prix de 3,000 deniers (2,460 fr.) (24*), deux tableaux, l'un d'Ajax, l'autre de Vénus. Il avait aussi fait encadrer dans des marbres, à l'endroit le plus chaud de ses thermes, de petits tableaux, qu'on a enlevés depuis peu avant de réparer le bâtiment.

X. Le dieu Auguste a fait plus que personne : dans le forum de son nom, à l'endroit le plus apparent, il a exposé deux tableaux représentant : l'un la guerre, l'autre un triomphe. Dans le temple de son père César, il a placé les Dioscures, la Victoire, et d'autres tableaux que nous citerons dans l'énumération des artistes. En la curie qu'il a consacrée dans les comices, il a fait encadrer dans les murs deux tableaux : une Némée assise sur un lion, tenant une palme ; près d'elle est un vieillard debout, avec son bâton ; au-dessus est peint un bige. Nicias (xxxv, 40, 7) a écrit sur ce tableau qu'il l'avait fait à l'encaustique : telle est l'expression dont il s'est servi. Dans le second tableau, on admire la ressemblance d'un fils adolescent avec son vieux père, malgré la différence de l'âge qui a été observée ; au-dessus plane un aigle qui tient un serpent dans ses serres. Philocharès atteste qu'il est l'auteur de cet ouvrage : merveilleuse puissance de l'art, à en juger seulement par ce tableau, puisque, grâce à Philocharès, le sénat et le peuple romain contemplent depuis tant de siècles Glaucion et son fils Aristippe, personnages du reste tout à fait obscurs. L'empereur Tibère, quoique prince très-peu gracieux, a exposé, dans le temple qu'à son tour il consacra à Auguste, des tableaux que nous indiquerons bientôt (xxxv, 40, 7).

XI. (v.) Nous nous en tiendrons là sur la dignité d'un art qui expire. Nous avons dit de quelles couleurs uniques les premiers artistes se

---

blice fecit primus omnium Lucius Mummius, cui cognomen Achaici victoria dedit : namque quum in præda vendenda res distraxisset, et rex Attalus VI sestertium emisset tabulam Aristidæ, Liberum patrem, pretium miratus, suspicatusque aliquid in ea virtutis, quod ipse nesciret, revocavit tabulam, Attalo multum querente, et in Cereris delubro posuit : quam primam arbitror picturam externam Romæ publicatam. Deinde video et in foro positas vulgo. Hinc enim ille Crassi oratoris lepos agentis sub Veteribus, quum testis compellatus instaret : Dic ergo, Crasse, qualem me reris? Talem, inquit, ostendens in tabula pictum inficetissime Gallum exserentem linguam. In foro fuit et illa pastoris senis cum baculo, de qua Teutonorum legatus respondit, interrogatus, quanti eum æstimaret, sibi donari nolle talem vivum, verumque.

IX. Sed præcipuam auctoritatem fecit publice tabulis Cæsar dictator, Ajace et Medea ante Veneris Genetricis ædem dicatis. Post eum M. Agrippa, vir rusticitati propior quam deliciis. Exstat certe ejus oratio magnifica, et maximo civium digna, de tabulis omnibus signisque publicandis : quod fieri satius fuisset, quam in villarum exsilia pelli. Verum eadem illa torvitas tabulas duas Ajacis et Veneris mercata est a Cyzicenis x. III. In Thermarum quoque calidissima parte marmoribus incluserat parvas labellas, paulo ante quum reficerentur, sublatas.

X. Super omnes divus Augustus in foro suo celeberrima in parte posuit tabulas duas, quæ belli pictam faciem habent et triumphum. Idem Castores ad Victoriam posuit, et quas dicemus sub artificum mentione, in templo Cæsaris patris. Idem in Curia quoque, quam in Comitio consecrabat, duas tabulas impressit parieti : Nemeam sedentem supra leonem, palmigeram ipsam, adstante cum baculo sene, cujus supra caput tabula bigæ dependet. Nicias scripsit se inussisse : tali enim usus est verbo. Alterius tabulæ admiratio est, puberem filium seni patri similem esse, salva ætatis differentia, supervolante aquila draconem complexa. Philochares suum opus esse testatus est : immensa, vel unam si quis tantum hanc tabulam æstimet, potentia artis, quum propter Philocharem, ignobilissimos alioqui Glaucionem filiumque ejus Aristippum, senatus populusque romanus tot sæculis spectet. Posuit et Tiberius Cæsar minime comis imperator, in templo ipsius Augusti, quas mox indicabimus.

XI. (v.) Hactenus dictum sit de dignitate artis morientis.

sont servis, quand nous avons parlé de ces (25) couleurs à propos des métaux (xxxiii, 39); on donne le nom de monochrome à ce genre de peinture (26). Nous dirons plus bas, en énumérant les artistes, quels ensuite ont fait des inventions, quelles ont été ces inventions, et à quelles époques (27), le plan de notre ouvrage exigeant que nous traitions d'abord de la nature des couleurs. Enfin, l'art sortit de son chaos; il inventa la lumière et les ombres, et par cette différence les couleurs se firent ressortir l'une l'autre. Puis (28) on ajouta l'éclat, lequel est autre que la lumière. On nomma ce qui est entre l'éclat ou la lumière et les ombres (29), ton (clair-obscur); et la réunion des couleurs dans leur passage de l'une à l'autre, harmogé.

1 XII. (vi.) Les couleurs sont ou sombres ou vives; elles le sont ou par leur nature ou par leur mélange. Les couleurs vives, fournies au peintre par le maître, sont le minium, l'arménium, le cinabre, la chrysocolle, l'indigo, le purpurissum. Les autres couleurs sont foncées. De quelque espèce qu'elles soient, les unes sont naturelles, les autres artificielles : la sinopis, la rubrique, le parætonium, le mélinum, l'érétrie, l'orpiment, sont naturels; les autres sont artificielles, d'abord celles dont nous avons parlé à propos des métaux, puis, parmi les couleurs communes, l'ocre, la céruse brûlée, la sandaraque, la sandyx, le syricum, l'atramentum.

1 XIII. La sinopis a d'abord été trouvée dans le royaume du Pont; le nom (30) qu'elle porte lui vient de la ville de Sinope. Il y en a aussi en Égypte, dans les îles Baléares, en Afrique; mais la meilleure est dans l'île de Lemnos et dans la Cappadoce; on l'extrait de cavernes; on préfère celle qui adhère au roc. L'intérieur de la masse est de la couleur de la sinopis; le dehors est tacheté; les anciens s'en servaient pour l'éclat (xxxv, 11). Il y a trois espèces de sinopis : la rouge, la rouge-pâle, et l'intermédiaire. Le prix de la meilleure est de trois deniers (2 fr. 46) la livre. On s'en sert, soit pour peindre au pinceau, soit pour colorer le bois. Celle qui vient d'Afrique se vend huit as (40 cent.) la livre; on la nomme cicerculum. La plus rouge de toutes s'em- 2 ploie avec avantage pour les buffets; celle qui est d'une couleur plus foncée et tout à fait sombre se vend aussi huit as : elle sert pour les bases des buffets. En médecine, la sinopis est adoucissante; elle entre facilement dans les emplâtres et les cataplasmes, soit sèche, soit liquide. On l'emploie contre les ulcères placés dans les lieux humides, tels que la bouche, le siége. En lavement, elle arrête le flux de ventre. Bue à la dose d'un denier, elle arrête les pertes; brûlée et appliquée, dans du vin surtout, elle guérit les granulations des paupières.

XIV. Quelques-uns ont prétendu que la si- 1 nopis n'était qu'une rubrique de seconde qualité : ils ont en effet regardé comme rubrique de première qualité la terre de Lemnos; celle-ci approche beaucoup du minium, et elle a été très-vantée chez les anciens, ainsi que l'île qui la produit; on ne la vendait que cachetée, ce qui la fit appeler sphragis. On l'emploie en couche sous le vermillon, et à le falsifier. En médecine on en fait grand cas. En liniment autour des yeux, elle adoucit les fluxions et les douleurs de ces organes; elle empêche le flux de l'égilops (31); on l'administre à l'intérieur, dans du vinaigre, contre l'hémoptysie; on la fait boire aussi pour les affections de

---

Quibus coloribus singulis primi pinxissent, diximus, quum de his pigmentis traderemus in metallis : monochromata ea genera picturæ vocantur. Qui deinde, et quæ invenerint, et quibus temporibus, dicemus in mentione artificum, quoniam indicare naturas colorum, causa instituti operis prior est. Tandem se ars ipsa distinxit, et invenit lumen atque umbras, differentia colorum alterna vice sese excitante. Postea deinde adjectus est splendor, alius hic quam lumen : quod inter hæc et umbram esset, appellaverunt tonon : commissuras vero colorum et transitus, harmogen.

1 XII. (vi.) Sunt autem colores austeri, aut floridi. Utrumque natura, aut mixtura evenit. Floridi sunt, quos dominus pingenti præstat, minium, Armenium, cinnabaris, chrysocolla, Indicum, purpurissum. Cæteri austeri. Ex omnibus alii nascuntur, alii fiunt. Nascuntur sinopis, rubrica, parætonium, melinum, Eretria, auripigmentum. Cæteri finguntur, primumque quos in metallis diximus. Præterea e vilioribus, ochra, cerussa usta, sandaracha, sandyx, Syricum, atramentum.

1 XIII. Sinopis inventa est primum in Ponto : nomen a Sinope urbe. Nascitur et in Ægypto, Balearibus, Africa : sed optima in Lemno, et in Cappadocia, effossa e speluncis. Quæ saxis adhæsit, excellit. Glebis suus color, extra maculosus : hacque usi sunt veteres ad splendorem. Species sinopidis tres, rubra, et minus rubens, et inter has media. Pretium optimæ in libras x. iii. Usus ad penicillum, aut si lignum colorare libeat. Ejus, quæ ex Africa venit, octoni asses : cicerculum appellant. Quæ magis cæte- 2 ris rubet, utilior abacis. Idem pretium ejus, quæ pressior vocatur, et est maxime fusca. Hujus usus ad bases abacorum. In medicina vero blandus, emplastrisque, et malagmatis, sive sicca compositione ejus, sive liquida, facilis : contra hulcera in humore sita, veluti oris, sedis. Alvum sistit infusa : feminarum profluvia, pota denarii pondere. Eadem adusta siccat scabritias oculorum, e vino maxime.

XIV. Rubricæ genus in ea voluere intelligi quidam se- 1 cundæ auctoritatis. Palmam enim Lemniæ dabant, minio proxima hæc est, multum antiquis celebrata, cum insula, in qua nascitur. Nec nisi signata venumdabatur : inde et sphragidem appellavere. Hac minium subliunt adulterantque. In medicina, præclara res habetur. Epiphoras enim oculorum mitigat et dolores circumlita. Ægilopia manare prohibet. Sanguinem rejicientibus ex aceto datur bibenda : bibitur et contra lienum reniumque vitia, et purgationes feminarum. Item et contra venena, et serpentium ictus ter-

la rate et des reins (32), et pour les pertes ; on l'emploie de même contre les poisons, et contre les blessures faites par les serpents terrestres et marins ; aussi entre-t-elle dans tous les antidotes.

XV. Parmi les autres rubriques, celles d'Égypte et d'Afrique sont très-utiles aux ouvriers en bois, parce qu'elles sont le mieux absorbées par les peintures.

XVI. Les mines de fer (33) produisent aussi l'ocre. Brûlée dans des pots neufs, bien lutés, l'ocre donne la rubrique ; plus elle a été calcinée, mieux cela vaut. Toutes les rubriques sont siccatives ; aussi sont-elles bonnes dans les emplâtres, même pour l'érysipèle.

XVII. Une demi-livre de sinopis du Pont, dix livres de sil brillant (XXXIII, 56), deux livres de mélinum de Grèce, le tout mêlé et trituré ensemble pendant douze jours, donne le leucophoron (XXXIII, 20), c'est-à-dire un mordant qu'on emploie pour fixer l'or sur le bois.

XVIII. Le parætonium est ainsi appelé du lieu où il se trouve en Égypte. On dit que c'est une écume de la mer solidifiée avec le limon, et effectivement on y rencontre de petites coquilles. Il y en a aussi dans l'île de Crète et à Cyrène. A Rome on le falsifie avec de la terre cimoliée, bouillie et épaissie. Le meilleur se vend un denier (0, fr. 82) les six livres. De toutes les couleurs blanches c'est la plus grasse et la plus durable pour les enduits, à cause de son poli.

XIX. Le mélinum est blanc aussi ; le meilleur vient de l'île de Mélos. Il s'en trouve à Samos ; mais ce dernier n'est pas employé par les peintres, vu qu'il est trop gras. Ceux qui l'extraient se couchent à terre, pour en chercher les veines entre les pierres. En médecine il a le même emploi que la craie d'Érétrie. De plus, il sèche la langue par son contact ; il fait tomber les poils, il rend les cheveux plus fins. On le vend un sesterce (0 fr., 21) la livre. La céruse est une troisième couleur dans la classe des couleurs blanches ; nous en avons traité à propos des minerais de plomb (XXXIV, 54). Il y avait aussi une céruse native que l'on trouvait à Smyrne, dans le domaine de Théodotus ; les anciens s'en servaient pour peindre les navires. Maintenant toute la céruse se fait avec du plomb et du vinaigre, comme nous l'avons dit.

XX. La découverte de l'usta (brûlée) est due au hasard, de la céruse ayant été brûlée dans des vases lors (34) de l'incendie du Pirée. Le premier qui s'en servit fut Nicias, nommé plus haut (XXXV, 10) ; aujourd'hui on regarde comme la meilleure celle d'Asie, appelée aussi purpurea. L'usta se vend six deniers (4 fr. 92) la livre. On en fabrique aussi à Rome, en calcinant du silis marbré, qu'on éteint dans le vinaigre. Sans l'usta on ne peut ombrer.

XXI. L'érétrie tire son nom du territoire qui la produit (IV, 21, 2). Nicomaque et Parrhasius s'en sont servis. Elle est réfrigérante et émolliente ; cuite, elle cicatrise les plaies ; elle est surtout bonne comme siccatif, ainsi que pour les douleurs de tête et pour faire découvrir les suppurations internes : on reconnaît, en effet, qu'il y a du pus si l'érétrie appliquée mouillée sur la peau ne se dessèche pas.

XXII. La sandaraque et l'ocre, d'après Juba, sont des productions de Topaze, île de la mer Rouge ; mais il ne nous en vient pas (35). Nous avons dit comment se fait la sandaraque (XXXIV, 55). On fabrique aussi de la fausse sandaraque en calcinant de la céruse dans un fourneau. La couleur de cette substance doit être celle de la

---

restrium marinorumque, omnibus ideo antidotis familiaris.

XV. Ex reliquis rubricæ generibus, fabris utilissima Ægyptia et Africana, quoniam maxime sorbentur picturis.

XVI. Nascitur autem et in ferrariis metallis ochra : ex ea fit exusta rubrica in ollis novis luto circumlitis. Quo magis arsit in caminis, hoc melior. Omnis autem rubrica siccat, ideoque et emplastris convenit, igni etiam sacro.

XVII. Sinopidis Ponticæ selibra, silis lucidi libris x et melini Græciensis duabus mixtis tritiusque una per dies XII, leucophoron fit, hoc est, glutinum auri, quum inducitur ligno.

XVIII. Parætonion nomen loci habet ex Ægypto : spumam maris esse dicunt solidatam cum limo : et ideo conchæ minutæ inveniuntur in eo. Fit et in Creta insula, atque Cyrenis. Adulteratur Romæ creta Cimolia decocta, conspissataque. Pretium optimo in pondo sex X, I. E candidis coloribus pinguissimum, et tectoriis tenacissimum propter lævorem.

XIX. Melinum candidum et ipsum est, optimum in Melo insula. In Samo quoque nascitur : sed eo non utuntur pictores propter nimiam pinguitudinem. Accubantes effodiunt ibi, inter saxa venas scrutantes. In medicina eumdem usum habet, quem Eretria creta. Præterea linguam tactu siccat. Pilos detrahit et mitigat. Pretium in libras sestertii singuli. Est et colos tertius e candidis, cerussæ, cujus rationem in plumbi metallis diximus. Fuit et terra per se in Theodoti fundo inventa Smyrnæ, qua veteres ad navium picturas utebantur. Nunc omnis ex plumbo et aceto fit, ut diximus.

XX. Usta casu reperta est in incendio Piræei, cerussa in orcis cremata. Hac primus usus est Nicias supra dictus. Optima nunc Asiatica habetur, quæ et purpurea appellatur. Pretium ejus in libras X. vi. Fit et Romæ cremato sile marmoroso, et restincto aceto. Sine usta non fiunt umbræ.

XXI. Eretria terræ suæ habet nomen. Hac Nicomachus et Parrhasius usi. Refrigerat, emollitque. Explet vulnera, si coquatur, ad siccanda præcipue utilis, et capitis doloribus, et ad deprehendenda pura. Subesse enim intelligunt, si ex aqua illita non arescat.

XXII. Sandaracham et ochram Juba tradit in insula Rubi maris Topazo nasci : sed inde non perveniuntur ad nos. Sandaracha quomodo fieret, diximus. Fit et adulterina ex

flamme; elle coûte cinq as (0 fr., 25.) la livre.

XXIII. Brûlée avec une portion égale de rubrique, elle se transforme en sandyx; cependant je vois que Virgile a pris la sandyx pour une herbe, dans ce vers (Ecl. iv, 45) : La sandyx d'elle-même revêtira les agneaux paissants. Elle se vend la livre, moitié moins que la sandaraque; ce sont les deux (36) couleurs les plus pesantes.

XXIV. Le syricum est parmi les couleurs artificielles; on l'emploie, comme nous l'avons dit (xxxiii, 40), en couche sous le minium. On le fait en mélangeant la sinopis et la sandyx.

XXV. Nous rangerons également le noir parmi les couleurs artificielles, quoiqu'il soit aussi une terre ayant une double origine. Tantôt il suinte comme une saumure, tantôt pour le préparer on recherche une terre qui est de couleur de soufre. Il y a eu des peintres qui sont allés tirer des sépulcres des charbons à demi brûlés. Tout cela est inutile et nouveau. On fabrique, en effet, le noir de plusieurs façons, avec la fumée (37) que donne la combustion de la résine ou de la poix; aussi a-t-on construit pour cela des laboratoires qui ne laissent pas cette fumée s'échapper. Le noir le plus estimé se fait de cette façon, avec le pinus teda; on le falsifie avec le noir de fumée des fourneaux et des bains, et c'est de celui-là qu'on se sert pour écrire les livres. Il en est qui calcinent la lie de vin desséchée; et ils assurent (38) que si la lie est d'un bon vin, le noir ainsi obtenu ressemble au noir indien. Polygnote et Micon, très-célèbres peintres d'Athènes, en ont préparé avec le marc de raisin, le nommant (39) tryginon (τρύξ, lie). Apelle a imaginé d'en préparer avec l'ivoire brûlé, et lui a donné le nom d'éléphantinum. On apporte aussi de l'Inde le noir indien (encre de Chine?), dont jusqu'à présent la composition m'est inconnue. Les teinturiers en font avec une efflorescence noire qui s'attache aux chaudières de cuivre. On l'obtient encore en brûlant le bois du pinus teda, et en triturant les charbons dans un mortier. Les sèches, par une propriété merveilleuse, ont un noir, mais on ne s'en sert pas. La préparation de tout noir se complète au soleil : du noir à écrire, par l'addition de la gomme; du noir à enduit par l'addition de la colle. Le noir, dissous dans du vinaigre, s'efface difficilement.

XXVI. Parmi les autres couleurs qui, avons-nous dit (xxxv, 12), sont, à cause de leur cherté, fournies par les maîtres, au premier rang est le purpurissum; il se fait avec la craie à brunir l'argent. On le teint en même temps que les étoffes de pourpre, et il prend la couleur plus vite que les laines. Le meilleur est celui qui, jeté le premier dans la chaudière bouillante, s'imbibe des sucs encore dans toute leur force. Le second en qualité est celui que donne la même chaudière après l'extraction du premier. A chaque nouveau bain la qualité va en diminuant (40), le liquide devenant moins chargé de couleur. Si on préfère (41) le purpurissum de Pouzzoles à ceux de Tyr, de la Gétulie et de la Laconie, d'où viennent cependant les pourpres les plus précieuses, c'est qu'il s'imbibe surtout d'hysginum (ix, 65, 3), et qu'on le force à absorber la garance. Le moins bon des purpurissum vient de Canusium. Le purpurissum se vend depuis un denier (0 fr. 85) jusqu'à trente (24 fr. 60) la livre. Ceux qui peignent, mettant sur une couche de sandyx du purpurissum avec de l'œuf, donnent à leur couleur l'éclat du minium; s'ils veulent faire du pourpre, ils met-

---

cerussa in fornace cocta. Colos esse debet flammeus. Pretium in libras, asses quini.

XXIII. Hæc si torreatur æqua parte rubrica admixta, sandycem facit. Quanquam animadverto Virgilium existimasse herbam id esse, illo versu,

Sponte sua sandyx pascentes vestiet agnos.

Pretium in libras, dimidium ejus, quod sandaracæ. Nec sunt alii duo colores majoris ponderis.

XXIV. Inter factitios est et Syricum, quo minium sublini diximus. Fit autem sinopide et sandyce mixtis.

XXV. Atramentum quoque inter factitios erit, quanquam est et terra geminæ originis. Aut enim salsuginis modo emanat, aut terra ipsa sulphurei coloris ad hoc probatur. Inventi sunt pictores, qui e sepulchris carbones infectos effoderent. Importuna hæc omnia ac novitia. Fit enim e fuligine pluribus modis, resina vel pice exustis. Propter quod officinas etiam ædificavere, fumum eum non emittentes. Laudatissimum eodem modo fit e tedis. Adulteratur fornacum balinearumque fuligine, quo ad volumina scribenda utuntur. Sunt qui et vini fæcem siccatam excoquant : affirmantque, si ex bono vino fæx fuerit, Indici speciem id atramentum præbere. Polygnotus et Micon celeberrimi pictores Athenis, e vinaceis fecere : tryginon appellantes. Apelles commentus est ex ebore combusto facere, quod elephantinum vocavit. Apportatur et Indicum ex India, inexploratæ adhuc inventionis mihi. Fit etiam apud infectores ex flore nigro, qui adhærescit æreis cortinis. Fit et e tedis ligno combusto, tritusque in mortario carbonibus. Mira in hoc sepiarum natura : sed ex his non fit. Omne autem atramentum sole perficitur, librarium gummi, tectorium glutino admixto. Quod autem aceto liquefactum est, ægre eluitur.

XXVI. E reliquis coloribus, quos a dominis dari diximus, propter magnitudinem pretii, ante omnes est purpurissum e creta argentaria : cum purpuris pariter tingitur, bibitque eum colorem celerius lanis. Præcipuum est primum, fervente aheno rudibus medicamentis inebriatum. Proximum, egesto eo, addita creta in jus idem. Et quoties id factum est, elevatur bonitas pro numero, dilutiore sanie. Quare Puteolanum potius laudetur, quam Tyrium, aut Gætulicum, vel Laconicum, unde pretiosissimæ purpuræ, causa est, quod hysgino maxime inficitur, rubiamque cogitur sorbere. Vilissimum a Canusio. Pretium huic a singulis denariis in libras ad triginta. Pingentes sandyce subita, mox ovo inducentes purpurissum, fulgorem mi-

tent du purpurissum avec de l'œuf sur une couche de bleu (XXXIII, 57).

XXVII. Après cette couleur, l'indigo tient le premier rang ; il vient de l'Inde, et c'est un limon adhérent à l'écume des joncs. Broyé, il est noir ; mais, délayé, il donne une teinte magnifique de bleu pourpré. Une autre espèce de bleu est ce qui surnage sur les chaudières des teinturiers en pourpre, c'est l'écume de la pourpre. Les falsificateurs teignent avec le vrai indigo la fiente de pigeon, ou colorent avec du pastel la craie de Sélinonte ou la craie annulaire (XXXV, 30). On éprouve l'indigo avec le charbon : celui qui est pur produit une belle flamme couleur de pourpre, et la fumée a une odeur marine ; quelques-uns, par cette raison, croient qu'on le récolte sur les écueils. Le prix de l'indigo est de vingt (42) deniers (16 fr. 40) la livre. En médecine, il apaise les frissons et les fluxions, et dessèche les plaies.

XXVIII. L'Arménie envoie la substance qui porte son nom. C'est une pierre qui se teint comme la chrysocolle (XXXIII, 26). Le meilleur arménium (43) est celui qui approche le plus de la chrysocolle, en tirant sur le bleu. On le vendait d'ordinaire trente sesterces (6 fr. 30) la livre ; mais on a trouvé en Espagne un sable qui reçoit la même préparation, ce qui a fait tomber l'arménium à six deniers (4 fr. 92). Il diffère du bleu par un peu de blancheur, ce qui en fait une couleur plus tendre. En médecine, on ne l'emploie que pour entretenir les poils, et particulièrement les cils (bol d'arménie).

XXIX. On se sert depuis peu de deux couleurs nouvelles ; elles sont au rang des moins chères (44). L'une est un vert nommé appien ; notons qu'il (45) simule la chrysocolle, comme si beaucoup de contrefaçons de cette substance ne figuraient pas déjà ici. Le vert appien se fait avec une craie verte ; il vaut un sesterce (0 fr. 21) la livre.

XXX. L'autre couleur s'appelle annulaire (XXXV, 27) ; c'est un blanc dont on se sert pour donner de la lumière aux figures de femmes. Il se fait aussi avec de la craie, à laquelle on mêle les verroteries que le peuple porte à ses anneaux ; de là vient le nom d'annulaire.

XXXI. (VII.) Des couleurs, celles qui aiment un enduit sec et qui refusent de prendre sur un enduit humide sont le purpurissum, l'indigo, le bleu, le mélinum, l'orpiment, le vert appien, la céruse. On teint les cires avec ces mêmes couleurs pour les peintures à l'encaustique. Cela ne peut se pratiquer sur les murailles ; mais cela est commun sur les vaisseaux de guerre, et même, à présent, sur les bâtiments de transport. En effet, nous décorons ces dangereux véhicules : qu'on ne s'étonne donc pas si nous peignons aussi les bûchers, et si nous faisons conduire, dans des chars pompeux, des gladiateurs qui vont à la mort, ou du moins au carnage. A la vue de cette variété de tant de couleurs, on se complaît à admirer l'antiquité.

XXXII. C'est avec quatre couleurs seules, le mélinum (XXXV, 19) pour les blancs, le sil attique pour les jaunes, la sinopis du Pont pour les rouges, l'atrament pour les noirs, qu'Apelle, Échion, Mélanthius, Nicomaque, ont exécuté des œuvres immortelles, peintres si célèbres, dont un seul tableau s'achetait aux prix des trésors des villes. Aujourd'hui que la pourpre est employée à peindre les murailles, et que l'Inde nous envoie le limon de ses fleuves (XXXV, 27) et le sang de ses dragons et de ses élé-

---

nii faciunt. Si purpuram facere malunt, cæruleum sublinunt, mox purpurissum ex ovo inducunt.

XXVII. Ab hoc maxima auctoritas Indico. Ex India venit, arundinum spumæ adhærescente limo : quum teritur, nigrum : at in diluendo mixturam purpuræ cæruleique mirabilem reddit. Alterum genus ejus in purpurariis officinis innatans cortinis : et est purpuræ spuma. Qui adulterant, vero Indico lingunt stercora columbina : aut cretam Selinusiam : vel anulariam vitro inficiunt. Probatur carbone : reddit enim, quod sincerum est, flammam excellentis purpuræ : et, dum fumat, odorem marin. Ob id quidam e scopulis id colligi putant. Pretium Indico, x. xx in libras. In medicina Indicum rigores et impetus sedat, siccatque hulcera.

XXVIII. Armenia mittit, quod ejus nomine appellatur. Lapis est hic quoque chrysocollæ modo infectus : optimumque est, qui maxime vicinum est, communicato colore cum cæruleo. Solebant libræ ejus tricenis nummis taxari. Inventa per Hispanias arena est, similem curam recipiens. Itaque ad denarios senos vilitas rediit. Distat a cæruleo candore modico, qui teneriorem hunc efficit colorem. Usum in medicina ad pilos tantum alendos habet, maximeque in palpebris.

XXIX. Sunt etiamnum novitii duo colores, e vilissimis : viride quod Appianum vocatur, et chrysocollam mentitur, ceu parum multa dicta sint mendacia ejus. Fit ex creta viridi, æstimatum sertertiis in libras.

XXX. Anulare quod vocant, candidum est, quo muliebres picturæ illuminantur. Fit et ipsum ex creta, admixtis vitreis gemmis ex vulgi anulis, unde et anulare dictum.

XXXI. (VII.) Ex omnibus coloribus cretulam amant, udoque illini recusant, purpurissum, Indicum, cæruleum, Melinum, auripigmentum, Appianum, cerussa. Ceræ tinguntur iisdem coloribus ad eas picturas, quæ inuruntur, alieno parietibus genere, sed classibus familiari, jam vero et onerariis navibus : quoniam et pericula expingimus, ne quis miretur et rogos pingi ; juvatque pugnaturos ad mortem, aut certe cædem, speciose vehi. Qua contemplatione tot colorum tanta varietate subit antiquitatem mirari.

XXXII. Quatuor coloribus solis immortalia illa opera fecere : ex albis Melino, ex silaceis Attico, ex rubris Sinopide Pontica, ex nigris atramento, Apelles, Echion, Melanthius, Nicomachus, clarissimi pictores, quum tabulæ eorum singulæ oppidorum venirent opibus. Nunc et purpuris in parietes migrantibus et India conferente fluminum

phants (xxxiii, 38), la peinture ne fait plus de chefs-d'œuvre. Donc tout a été meilleur quand les ressources étaient moindres. Oui, il en est ainsi ; et cela parce que, comme nous l'avons dit plus haut (xxxv, 2, 2), on s'attache à la valeur de la matière, et non à celle du génie.

1 XXXIII. Je n'omettrai pas une folie de notre siècle en fait (46) de peinture : l'empereur Néron s'était fait peindre d'une proportion colossale, de cent vingt pieds, sur de la toile ; chose inconnue jusqu'alors. Ce tableau était à peine achevé, que la foudre tomba dessus et le consuma, avec la plus grande partie des jardins de Maius, où il était. Un des affranchis de ce prince, donnant à Antium le spectacle des gladiateurs, garnit (47), comme on sait, les portiques publics de peintures où étaient les portraits réels des gladiateurs et de tous les employés. A Antium, depuis des siècles, on a un goût décidé pour la peinture. Ce fut C. Térentius Lucanus qui le premier fit peindre, pour les exposer en public, des combats de gladiateurs : en l'honneur de son aïeul, qui l'avait adopté, il donna pendant trois jours trente paires de gladiateurs dans le Forum, et exposa le tableau de ce combat dans le bois de Diane.

1 XXXIV. (viii.) Maintenant j'énumérerai aussi brièvement qu'il me sera possible les peintres célèbres ; car il n'entre pas dans le plan de notre ouvrage de donner là-dessus des développements. C'est pourquoi il suffira pour beaucoup de les nommer, pour ainsi dire, en passant (48), et à l'occasion de certains autres : pour les ouvrages renommés soit existants, soit perdus, il faudra toujours en parler, au moins sommairement. L'exactitude des Grecs est ici en défaut : ils n'ont placé les peintres que plusieurs olympiades après les statuaires et les toreutes. Le premier peintre qu'ils nomment est de la quatre-vingt-dixième olympiade ; cependant on rapporte que Phidias lui-même avait d'abord été peintre, et qu'il peignit à Athènes l'Olympium (49) ; et l'on convient en outre que, dans la quatre-vingt-troisième olympiade, son frère Panænus peignit à Élis (xxxvi, 55) l'intérieur du bouclier de la Minerve faite par Colotès, élève de Phidias, et son aide pour l'exécution du Jupiter Olympien (xxxiv, 19, 5). Ajoutons encore ceci : Il est également avéré 2 que (50) Candaule, le dernier roi lydien de la race des Héraclides, lequel est dit aussi Myrsile, paya au poids de l'or un tableau du peintre Bularque (vii, 39), qui représentait la bataille des Magnésiens, tant la peinture était déjà estimée. Ce fait doit coïncider avec l'époque de Romulus : en effet, Candaule mourut dans la dix-huitième olympiade, ou, comme quelques-uns le prétendent, l'année même de la mort de Romulus ; ce qui démontre, si je ne me trompe, que dès lors l'art était renommé et parfait. S'il 3 faut admettre cette conclusion, il en résulte que les commencements de la peinture remontent beaucoup plus haut, et que ceux (dont on ne fixe pas l'époque) qui ont peint des monochromes doivent être reportés à une date plus reculée : Hygiænon (51), Dinias, Charmadas, et celui qui le premier distingua (52) les sexes dans la peinture, Eumare d'Athènes, qui se hasarda à imiter toutes sortes de figures ; enfin Cimon de Cléonée, qui développa les inventions d'Eumare. Cimon 4 inventa les catagraphes, c'est-à-dire les têtes de profil ; et il imagina de varier les visages de ses figures, les faisant regarder ou en arrière, ou en

---

suorum limum, et draconum, et elephantorum saniem, nulla nobilis pictura est. Omnia ergo meliora tunc fuere, quum minor copia. Ita est, quoniam, ut supra diximus, rerum, non animi, pretiis excubatur.

1 XXXIII. Et nostræ ætatis insaniam in pictura, non omittam. Nero princeps jusserat colosseum se pingi cxx pedum in linteo, incognitum ad hoc tempus. Ea pictura quum peracta esset, in Maianis hortis, accensa fulmine cum optima hortorum parte conflagravit. Libertus ejus quum daret Antii munus gladiatorium, publicas porticus occupavit pictura, ut constat, gladiatorum, ministrorumque omnium veris imaginibus redditis. Hic multis jam sæculis summus animus in pictura. Pingi autem gladiatoria munera, atque in publico exponi cœpta a C. Terentio Lucano. Is avo suo, a quo adoptatus fuerat, triginta paria in foro per triduum dedit, tabulamque pictam in nemore Dianæ posuit.

1 XXXIV. (viii.) Nunc celebres in ea arte quam maxima brevitate percurram : neque enim instituti operis est talis exsecutio. Itaque quosdam velut in transcursu, et in aliorum mentione obiter nominasse satis erit, exceptis operum claritatibus, quæ et ipsa conveniet attingi, sive exstant, sive intercidere. Non constat sibi in hac parte Græcorum diligentia, multas post Olympiadas celebrando pictores, quam statuarios, ac toreutas ; primumque Olympiade nonagesima, quum et Phidiam ipsum initio pictorem fuisse tradatur, Olympiumque Athenis ab eo pictum : præterea in confesso est, octogesima tertia fuisse Panænum fratrem ejus, qui clypeum intus pinxit, Elide, Minervæ, quam fecerat Colotes Phidiæ discipulus, et in faciendo Jove Olympio adjutor. Quid quod in confesso perinde est, Bular- 2 chi pictoris tabulam, in qua erat Magnetum prælium, a Candaule rege Lydiæ Heraclidarum novissimo, qui et Myrsilus vocitatus est, rependam auro ? Tanta jam dignatio picturæ erat. Id circa ætatem Romuli acciderit necesse est : duo enim de vicesima Olympiade interiit Candaules : aut, ut quidam tradunt, eodem anno, quo Romulus, nisi fallor, manifesta jam tum claritate artis atque absolutione. Quod 3 si recipi necesse sit, simul apparet multo vetustiora principia esse ; eosque qui monochromata pinxerint (quorum ætas non traditur), aliquanto ante fuisse : Hygiænontem, Diniam, Charmadam, et qui primus in pictura marem feminamque discreverit, Eumarum Atheniensem, figuras omnes imitari ausum : quique inventa ejus excoluerit, Cimonem Cleonæum. Hic catagrapha invenit, hoc est, obli- 4 quas imagines : et varie formare vultus, respicientes,

haut, ou en bas. Il marqua (53) les articulations des membres; il exprima les veines, et en outre indiqua les plis et les sinuosités dans le vêtement. Panænus, frère de Phidias, représenta même la bataille livrée à Marathon entre les Athéniens et les Perses. L'emploi des couleurs était déjà si commun et l'art si parfait, que Panænus avait, dit-on, fait ressemblants les chefs qui commandaient dans cette bataille : du côté des Athéniens, Miltiade, Callimaque, Cynægire (54); du côté des barbares, Datis, Artapherne.

1 XXXV. (IX.) Bien plus, on ouvrit, du temps que Panænus fleurissait, des concours de peinture à Corinthe et à Delphes; ce furent les premiers, et Panænus disputa le prix avec Timagoras de Chalcis, qui l'emporta sur lui aux jeux Pythiques: on le voit par d'anciens vers de Timagoras lui-même, l'erreur des chroniques n'est pas douteuse. Après ceux-ci, et toujours avant la quatre-vingt-dixième olympiade, d'autres furent célèbres, comme Polygnote de Thasos, qui le premier peignit les femmes avec des vêtements brillants, leur mit sur la tête des mitres de différentes couleurs : il contribua beaucoup aux progrès de la peinture, car le premier il ouvrit la bouche des figures, il fit voir les dents, et introduisit l'expression dans les visages, à la place de l'ancienne roideur. Il y a de lui, dans le por-
2 tique de Pompée, un tableau placé jadis devant la curie de Pompée. Ce tableau représente un homme avec un bouclier; on ne sait si cet homme monte ou descend. Il a peint le temple de Delphes; à Athènes, le portique appelé Pœcile; et il a travaillé gratuitement à ce dernier ouvrage avec Micon (XXXIII, 56), qui, lui, se faisait payer. Aussi Polygnote eut-il plus de considération; et les amphictyons (VII, 87), qui forment le conseil général de la Grèce, décrétèrent qu'il aurait des logements gratuits. Il y eut un autre Micon, surnommé le Jeune, dont la fille Timarète exerça aussi la peinture.

XXXVI. Dans la quatre-vingt-dixième olympiade vécurent Aglaophon, Céphisodorus, Hérillus (55), Évenor, père et maître d'un très-grand peintre dont nous parlerons en son temps, de Parrhasius. Tous ces artistes sont déjà recommandables, non pas assez toutefois pour que nous devions nous y arrêter dans notre marche vers ceux qui furent les lumières de l'art. Parmi ces lumières brilla tout d'abord Apollodore d'Athènes, dans la quatre-vingt-treizième (56) olympiade. Le premier il sut rendre la physionomie; le premier, à juste titre, il contribua à la gloire du pinceau. Il y a de lui un prêtre en adoration, et un Ajax foudroyé; cet ouvrage est aujourd'hui à Pergame. Il n'y a pas avant lui un tableau qui puisse attacher les regards.

Les portes de l'art étaient ouvertes par Apollodore; Zeuxis d'Héraclée les franchit l'an quatre de la quatre-vingt-quinzième olympiade, et le pinceau, car c'est encore du pinceau que nous parlons (57), le pinceau, qui commençait déjà à s'enhardir arriva entre ses mains à beaucoup de gloire. Quelques auteurs l'ont placé mal à propos dans la quatre-vingt-neuvième (58) olympiade, date qu'il faut réserver pour Démophile d'Himère, et Nésée (59) de Thasos; car il fut l'élève de l'un des deux, on ne sait pas lequel. Apollodore, ci-dessus nommé, fit sur ce peintre un vers (60) où il disait que Zeuxis gardait pour lui l'art qu'il avait ravi aux autres. Zeuxis acquit tant de richesses, que, dans la pa-

---

suspicientes, et despicientes. Articulis membra distinxit. Venas protulit, præterque in veste et rugas, et sinus invenit. Panænus quidem, frater Phidiæ, etiam prælium Atheniensium adversum Persas apud Marathona factum pinxit. Adeo jam colorum usus increbruerat, adeoque ars perfecta erat, ut in eo prælio iconicos duces pinxisse tradatur, Atheniensium Miltiadem, Callimachum, Cynægirum : Barbarorum Datim, Artaphernem.

1 XXXV. ( IX. ) Quinimo certamen picturæ etiam florente eo institutum est Corinthi ac Delphis; primusque omnium certavit cum Timagora Chalcidense, superatus ab eo Pythiis : quod et ipsius Timagoræ carmine vetusto apparet, chronicorum errore non dubio. Alii quoque post hos clari fuere ante nonagesimam Olympiadem, sicut Polygnotus Thasius, qui primus mulieres lucida veste pinxit, capita earum mitris versicoloribus operuit, plurimumque picturæ primus contulit. Siquidem instituit os aperire, dentes ostendere, vultum ab antiquo rigore variare.
2 Hujus est tabula in porticu Pompeii, quæ ante curiam ejus fuerat : in qua dubitatur, ascendentem cum clypeo pinxerit, an descendentem. Hic Delphis ædem pinxit : hic et Athenis porticum, quæ Pœcile vocatur, gratuito, quum partem ejus Micon mercede pingeret : unde major huic auctoritas. Siquidem Amphictyones, quod est publicum Græciæ concilium, hospitia ei gratuita decrevere. Fuit et alius Micon, qui minoris cognomine distinguitur : cujus filia Timarete et ipsa pinxit.

XXXVI. Nonagesima autem Olympiade fuere Aglaophon, 1 Cephisodorus, Herillus, Evenor pater Parrhasii, et præceptor maximi pictoris, de quo suis annis dicemus : omnes jam illustres, non tamen, in quibus hærere expositio debeat, festinans ad lumina artis; in quibus primus refulsit Apollodorus Atheniensis nonagesima tertia Olympiade. Hic primus species exprimere instituit, primusque gloriam penicillo jure contulit. Ejus est sacerdos adorans, et Ajax fulmine incensus, qui Pergami spectatur hodie : neque ante eum tabula ullius ostenditur, quæ teneat oculos.

Ab hoc artis fores apertas Zeuxis Heracleotes intravit, 2 Olympiadis nonagesimæ quintæ anno quarto, audentemque jam aliquid penicillum (de hoc enim adhuc loquimur) ad magnam gloriam perduxit, a quibusdam falso in octogesima nona Olympiade positus, quum fuisse necesse est Demophilum Himeræum, et Nesea Thasium; quoniam utrius eorum discipulus fuerit, ambigitur. In eum Apollodorus supra dictus versum fecit, « artem ipsis ablatam Zeuxin ferre secum. » Opes quoque tantas acquisivit, ut in 3

rade qu'il en fit, il parada à Olympie avec son nom brodé en lettres d'or dans les tessères (compartiments carrés) de ses manteaux. Plus tard il se détermina à donner ses ouvrages, parce que, disait-il, aucun prix n'était suffisant pour les payer. C'est ainsi qu'il donna une Alcmène aux Agrigentins (61), un Pan à Archélaüs. Il fit une Pénélope, dans laquelle respire la chasteté. Il a fait aussi un athlète, dont il fut si content, qu'il écrivit au bas ce vers devenu célèbre : « On en médira plus facilement 4 qu'on ne l'imitera. » Son Jupiter (62) sur le trône, entouré des dieux, est magnifique, ainsi que l'Hercule enfant qui étouffe les serpents en présence d'Amphitryon et de sa mère Alcmène tout effrayée. Toutefois, on lui reproche (63) d'avoir fait ses têtes et ses articulations trop fortes. Au reste, son désir de bien faire était extrême : devant exécuter pour les Agrigentins un tableau destiné à être consacré dans le temple de Junon Lacinienne, il examina leurs jeunes filles nues, et en choisit cinq, pour peindre d'après elles ce que chacune avait de plus beau. Zeuxis a fait aussi des monochromes en blanc.

5 Il eut pour contemporains et pour émules Timanthès, Androcyde, Eupompe, Parrhasius. (x.) Ce dernier, dit-on, offrit le combat à Zeuxis. Celui-ci apporta des raisins peints avec tant de vérité, que des oiseaux vinrent (64) les becqueter; l'autre apporta un rideau si naturellement représenté, que Zeuxis, tout fier de la sentence des oiseaux, demanda qu'on tirât enfin le rideau, pour faire voir le tableau. Alors, reconnaissant son illusion, il s'avoua vaincu avec une franchise modeste, attendu que lui n'avait trompé que des oiseaux, mais que Parrhasius avait trompé un artiste, qui était Zeuxis.

On dit encore que Zeuxis peignit plus tard 6 un enfant qui portait des raisins : un oiseau étant venu les becqueter, il se fâcha avec la même ingénuité contre son ouvrage, et dit : « J'ai mieux peint les raisins que l'enfant; car si j'eusse aussi bien réussi pour celui-ci, l'oiseau aurait dû avoir peur. » Il a fait aussi des figures en argile, les seuls ouvrages que Fulvius Nobilior (an de Rome 666) laissa à Ambracie, lorsque de cette ville il transporta les Muses à Rome. On a à Rome, de la main de Zeuxis, une Hélène, dans les portiques de Philippe, et, dans le temple de la Concorde, un Marsyas lié.

Parrhasius d'Éphèse contribua beaucoup (65), 7 lui aussi, au progrès de la peinture. Il a le premier observé la proportion, mis de la finesse dans les airs de tête, de l'élégance dans les cheveux, de la grâce dans la bouche, et, de l'aveu des artistes, il a remporté la palme pour les contours. C'est dans la peinture l'habileté suprême (66) : rendre, en peignant les corps, le milieu des objets, c'est sans doute beaucoup, mais c'est en quoi plusieurs ont réussi; au lieu que faire les extrémités des corps, bien terminer le contour de la peinture finissante, se trouve rarement exécuté avec succès; car l'extrémité doit tourner et finir 8 de façon à promettre autre chose derrière elle, et à faire voir même ce qu'elle cache. Tel est le mérite que lui ont accordé Antigone et Xénocrate, qui ont écrit sur la peinture; et en beaucoup d'autres points (67) ils ne confessent pas, ils exaltent son habileté. Il reste des dessins de lui sur ses tablettes et dans son portefeuille, et on dit que des artistes en profitent. Cependant, comparé à lui-même, il paraît moins heureux à exprimer le milieu des corps. Il a peint aussi le Peuple

---

ostentatione earum, Olympiæ aureis litteris in palliorum tesseris intextum nomen suum ostentarit. Postea donare opera sua instituit, quod a nullo satis digno pretio permutari posse diceret, sicuti Alcmenam Agrigentinis, Pana Archelao. Fecit et Penelopen, in qua pinxisse mores videtur; et athletam : adeoque sibi in illo placuit, ut versum subscriberet, celebrem ex eo, « Invisurum aliquem faci-
4 lius, quam imitaturum. » Magnificus est et Jupiter ejus in throno, adstantibus diis : et Hercules infans dracones strangulans, Alcmena matre coram pavente et Amphitryone. Reprehenditur tamen ceu grandior in capitibus articulisque : alioqui tantus diligentia, ut Agrigentinis facturus tabulam, quam in templo Junonis Laciniæ publice dicarent, inspexerit virgines eorum nudas, et quinque elegerit, ut quod in quaque laudatissimum esset, pictura redderet. Pinxit et monochromata ex albo.

5 Æquales ejus et æmuli fuere Timanthes, Androcydes, Eupompus, Parrhasius. (x.) Descendisse hic in certamen cum Zeuxide traditur. Et quum ille detulisset uvas pictas tanto successu, ut in scenam aves advolassent, ipse detulisse linteum pictum, ita veritate repræsentata, ut Zeuxis, alitum judicio tumens, flagitaret tandem remoto linteo ostendi picturam; atque intellecto errore concederet palmam ingenuo pudore, quoniam ipse volucres fefellisset, Parrhasius autem se artificem.

Fertur et postea Zeuxis pinxisse puerum uvas ferentem, 6 ad quas quum advolasset avis, eadem ingenuitate processit iratus operi, et dixit : « Uvas melius pinxi, quam puerum : nam si et hoc consummassem, avis timere debuerat. » Fecit et figlina opera, quæ sola in Ambracia relicta sunt, quum inde Musas Fulvius Nobilior Romam transferret. Zeuxidis manu Romæ Helena est in Philippi porticibus : et in Concordiæ delubro Marsyas religatus.

Parrhasius Ephesi natus, et ipse multa contulit. Primus 7 symmetriam picturæ dedit, primus argutias vultus, elegantiam capilli, venustatem oris, confessione artificum in lineis extremis palmam adeptus. Hæc est in pictura summa subtilitas. Corpora enim pingere et media rerum, est quidem magni operis, sed in quo multi gloriam tulerint. Extrema corporum facere, et desinentis picturæ modum includere, rarum in successu artis invenitur. Ambire enim 8 debet se extremitas ipsa, et sic desinere, ut promittat alia post se ; ostendatque etiam quæ occultat. Hanc ei gloriam concessere Antigonus et Xenocrates, qui de pictura scripsere : prædicantes quoque, non solum confitentes, alia multa. Graphidis vestigia exstant in tabulis ac membranis

9 athénien, et l'emblème est ingénieux : il lui fallait (68), en effet, le montrer léger, colère, injuste, inconstant; d'un autre côté, facile à toucher, doux, compatissant, plein de grandeur, glorieux, humble, hardi, timide, et tout cela en même temps. Il peignit le Thésée qui est à Rome au Capitole, un capitaine de vaisseau cuirassé, et, dans un tableau qui est à Rhodes, Méléagre, Hercule, Persée. Ce tableau, frappé trois fois de la foudre, n'a pas été effacé; cela augmente l'admiration 10 qu'il excite. Il a peint un Archigalle, tableau que Tibère aima beaucoup. Ce prince, d'après Décius Éculéon, le paya 60,000 sesterces (12,600 fr.), et le plaça dans sa chambre à coucher. Il a peint une nourrice crétoise qui tient un enfant dans ses bras, Philiscus, Bacchus, avec la Vertu debout, à côté; deux enfants, dans lesquels on voit la sécurité et la simplicité de leur âge; un prêtre, qui a près de lui un enfant avec un encensoir et une couronne. Il y a encore de lui deux tableaux très-célèbres : l'un représente un coureur armé, disputant le prix de la course; on croit le voir suer : l'autre, un coureur armé déposant ses armes; on croit le voir haleter. On vante son Énée, Castor et Pollux, représentés dans un même tableau; Télèphe, Achille, Aga-
11 memnon, Ulysse. Artiste fécond, mais qui a usé avec plus d'insolence et d'orgueil que nul autre de la gloire de ses talents. Il se donna des surnoms, s'appelant Abrodiète (vivant dans le luxe), et, dans d'autres vers (69), se déclarant prince de la peinture, conduite par lui, disait-il, à la perfection. Surtout il se prétendait un rejeton d'Apollon, et se vantait d'avoir peint l'Hercule qui est à Linde tel qu'il lui était souvent apparu dans le sommeil. A Samos, mis, par une grande majorité de suffrages, après Timanthe pour un tableau d'Ajax et du jugement des armes, il dit qu'il souffrait, au nom du héros, de le voir vaincu une seconde fois par un indigne adversaire. Il peignit aussi de petits tableaux obscènes, se délassant par ce badinage impudique.

Quant à Timanthe, il eut surtout de l'esprit. 12 Son Iphigénie a été célébrée par les éloges des orateurs (Cic., *de Orat.* 22, § 74) : l'ayant représentée debout, près de l'autel où elle va périr, il peignit la tristesse sur le visage de tous les assistants, et surtout de l'oncle; et, ayant épuisé tous les caractères de la douleur, il voila le visage du père, ne trouvant plus possible de lui donner l'expression convenable. On a encore d'autres preuves de son esprit, par exemple, son petit tableau du Cyclope dormant : pour faire sentir la taille du géant, il a peint des Satyres qui en mesurent le pouce avec un thyrse. C'est le seul (70) dont les ouvrages donnent à entendre plus qu'il n'a peint; et quoique le plus grand art s'y manifeste, on sent cependant qu'il y a encore plus d'esprit. Il a peint un héros, qui est un ouvrage très-parfait, et a porté au plus haut point l'art de peindre les figures héroïques : cet ouvrage est actuellement à Rome, dans le temple de la Paix.

Du même temps, Euxénidas eut pour élève 13 Aristide, illustre artiste; et Eupompe eut pour élève Pamphile, maître d'Apelle. Il y a d'Eupompe un vainqueur dans un combat gymnique, tenant une palme. Sa réputation fut si grande qu'il fit école, et que, au lieu de deux genres admis précédemment, le grec et le genre dit asiatique, une subdivision faite dans le genre

---

ejus, ex quibus proficere dicuntur artifices. Minor tamen videtur, sibi comparatus, in mediis corporibus exprimendis. Pinxit et Demon Atheniensium, argumento quoque
9 ingenioso. Debebat namque varium, iracundum, injustum, inconstantem : eumdem exorabilem, clementem, misericordem, excelsum, gloriosum, humilem, ferocem fugacemque, et omnia pariter ostendere. Idem pinxit Thesea, qui Romæ in Capitolio fuit : et Navarchum thoracatum. Et in una tabula, quæ est Rhodi, Meleagrum, Herculem, Persea. Hæc ibi ter fulmine ambusta, neque obliterata, hoc ipso
10 miraculum auget. Pinxit et Archigallum : quam picturam amavit Tiberius princeps : atque, ut auctor est Decius Eculeo, LX sestertiis æstimatam, cubiculo suo inclusit. Pinxit et Cressam nutricem, infantemque in manibus ejus : et Philiscum, et Liberum patrem adstante Virtute, et pueros duos, in quibus spectatur securitas, et ætatis simplicitas : item sacerdotem adstante puero cum acerra et corona. Sunt et duæ picturæ ejus nobilissimæ : Hoplitites alter, in certamine ita decurrens, ut sudare videatur : alter arma deponens, ut anhelare sentiatur. Laudantur et Æneas, Castorque ac Pollux in eadem tabula : item Telephus,
11 Achilles, Agamemnon, Ulysses. Fecundus artifex, sed quo nemo insolentius et arrogantius sit usus gloria artis : namque et cognomina usurpavit, Abrodiætum se appellando, aliisque versibus principem artis, et eam ab se consummatam. Super omnia Apollinis se radice ortum : et Herculem, qui est Lindi, talem a se pictum, qualem sæpe in quiete vidisset. Ergo magnis suffragiis superatus a Timanthe Sami, in Ajace armorumque judicio, herois nomine se moleste ferre dicebat, quod iterum ab indigno victus esset. Pinxit et minoribus tabellis libidines, eo genere petulantis joci se reficiens.

Nam Timanthi vel plurimum adfuit ingenii. Ejus enim 12 est Iphigenia, oratorum laudibus celebrata, qua stante ad aras peritura, quum mœstos pinxisset omnes, præcipue patruum, et tristitiæ omnem imaginem consumsisset, patris ipsius vultum velavit, quem digne non poterat ostendere. Sunt et alia ingenii ejus exemplaria, veluti Cyclops dormiens in parvula tabella : cujus et sic magnitudinem exprimere cupiens, pinxit juxta Satyros, thyrso pollicem ejus metientes. Atque in unius hujus operibus intelligitur plus semper, quam pingitur : et quum ars summa sit, ingenium tamen ultra artem est. Pinxit et heroa absolutissimi operis, artem ipsam complexus viros pingendi : quod opus nunc Romæ in templo Pacis est.

Euxenidas hac ætate docuit Aristidem præclarum artificem : Eupompus Pamphilum Apellis præceptorem. Est Eupompi victor certamine gymnico palmam tenens. Ipsius auctoritas tanta fuit, ut diviserit picturam in genera tria, quæ ante eum duo fuere : Helladicum, et quod Asiaticum

grec en donna trois, les genres ionique, attique et sicyonique : Eupompe était de Sicyone.

14 On a de Pamphile une alliance, la bataille de Phlionte, la victoire des Athéniens (71), Ulysse sur son vaisseau. Il était Macédonien. Ce fut le premier peintre qui eût étudié toutes les sciences, surtout l'arithmétique et la géométrie, sans lesquelles il soutenait que la peinture ne pouvait être parfaite. Il n'a enseigné à personne à moins d'un talent : il prenait 500 deniers par an (410 fr.) (72); Apelle et Mélanthius lui payè-
15 rent ce prix. C'est grâce à l'autorité de cet artiste que, d'abord à Sicyone et ensuite dans toute la Grèce, on apprit avant toute chose aux enfants libres la graphique, c'est-à-dire à peindre sur du buis, et que cet art fut reçu comme le premier acheminement aux arts libéraux. Le fait est que l'art de la peinture fut toujours en honneur; des hommes libres l'ont exercé, et même des hommes de haut rang, et constamment il a été défendu de l'enseigner aux esclaves : c'est pourquoi ni en peinture ni en toreutique on n'a aucun ouvrage célèbre fait par un esclave.

16 Dans la cent septième olympiade vécurent Échion et Thérimaque (xxxiv, 19, 2), qui furent célèbres. Il y a de beaux tableaux d'Échion : un Bacchus; la Tragédie et la Comédie; Sémiramis arrivant du rang d'esclave (73) au trône; une vieille femme portant des lampes, et une jeune mariée remarquable par sa pudeur.

17 Mais tous les peintres précédents et suivants ont été surpassés par Apelle de Cos, dans la cent douzième olympiade. A lui seul presque il a plus contribué au progrès de la peinture que tous les autres ensemble; et il a publié des livres sur les principes de cet art. Il eut surtout la grâce en partage. Il y avait de son temps de très-grands peintres : il admirait leurs ouvrages, il les comblait d'éloges, mais il disait qu'il leur manquait cette grâce qui était à lui (74) (ce que les Grecs nomment charis); qu'ils possédaient tout le reste, mais que pour cette partie seule (75) il n'avait point d'égal. Il s'attribua encore un autre mérite : 18 admirant un tableau de Protogène d'un travail immense et d'un fini excessif, il dit que tout était égal entre lui et Protogène, ou même supérieur chez celui-ci; mais qu'il avait un seul avantage, c'est que Protogène ne savait pas ôter la main de dessus un tableau : mémorable leçon, qui apprend que trop de soin est souvent nuisible. Sa candeur ne fut pas moindre que son talent : il convenait de la supériorité de Mélanthius (76) pour l'ordonnance, et d'Asclépiodore pour les mesures, c'est-à-dire pour la distance qui doit être entre les objets (77).

On sait ce qui se passa entre Protogène et lui : 19 Protogène résidait à Rhodes; Apelle, ayant débarqué dans cette île, fut avide de connaître les ouvrages d'un homme qu'il ne connaissait que de réputation; incontinent il se rendit à l'atelier. Protogène était absent, mais un grand tableau était disposé sur le chevalet pour être peint, et une vieille femme le gardait. Cette vieille répondit que Protogène était sorti, et elle demanda quel était le nom du visiteur : « Le voici, » répondit Apelle; et, saisissant un pinceau, il traça avec de la couleur, sur le champ du tableau, une ligne d'une extrême ténuité. Protogène de retour, la vieille lui raconte ce qui s'était passé. L'artiste, 20 dit-on, ayant contemplé la délicatesse du trait,

---

appellabant. Propter hunc qui erat Sicyonius, diviso Helladico tria facta sunt, Ionicum, Sicyonium, Atticum.

14. Pamphili cognatio, et prælium ad Phliuntem, et victoria Atheniensium : item Ulysses in rate. Ipse Macedo natione, sed primus in pictura omnibus litteris eruditus, præcipue arithmetice et geometrice, sine quibus negabat artem perfici posse. Docuit neminem talento minoris, annuis x. d.;
15 quam mercedem ei Apelles et Melanthius dedere. Et hujus auctoritate effectum est Sicyone primum, deinde et in tota Græcia, ut pueri ingenui ante omnia graphicen, hoc est, picturam in buxo docerentur, recipereturque ars ea in primum gradum liberalium. Semper quidem honos ei fuit, ut ingenui exercerent, mox ut honesti : perpetuo interdicto ne servitia docerentur. Ideo neque in hac, neque in toreutice, ullius qui servierit opera celebrantur.
16 Clari etiam cvii Olympiade exstitere Echion et Therimachus Echionis sunt nobiles picturæ, Liber pater, item Tragœdia et Comœdia : Semiramis ex ancilla regnum adipiscens, anus lampadas præferens, et nova nupta verecundia notabilis.
17 Verum omnes prius genitos futurosque postea superavit Apelles Cous, Olympiade cxii. Picturæ plura solus prope, quam cæteri omnes, contulit, voluminibus etiam editis, quæ doctrinam eam continent. Præcipua ejus in arte ve- nustas fuit, quum eadem ætate maximi pictores essent : quorum opera quum admiraretur, collaudatis omnibus, deesse iis illam suam Venerem dicebat, quam Græci Charita vocant : cætera omnia contigisse, sed hac sola sibi neminem parem. Et aliam gloriam usurpavit, quum Proto- 18 genis opus immensi laboris ac curæ supra modum anxiæ miraretur. Dixit enim, omnia sibi cum illo paria esse, aut illi meliora : sed uno se præstare, quod manum ille de tabula non sciret tollere : memorabili præcepto, nocere sæpe nimiam diligentiam. Fuit autem non minoris simplicitatis, quam artis. Nam cedebat Melanthio de dispositione, Asclepiodoro de mensuris, hoc est, quanto quid a quoque distare deberet.

Scitum est, inter Protogenem et eum quod accidit. 19 Ille Rhodi vivebat : quo quum Apelles adnavigasset, avidus cognoscendi opera ejus fama tantum sibi cogniti, continuo officinam petiit. Aberat ipse, sed tabulam amplæ magnitudinis in machina aptatam picturæ, anus una custodiebat. Hæc Protogenem foris esse respondit : interrogavitque, a quo quæsitum diceret. « Ab hoc, » inquit Apelles : arreptoque penicillo lineam ex colore duxit summæ tenuitatis per tabulam. Reverso Protogeni, quæ gesta erant, anus indicavit. Ferunt artificem protinus contemplatum subti- 20 litatem, dixisse Apellem venisse : non enim cadere in alium

dit aussitôt qu'Apelle était venu, nul autre n'étant capable de rien faire d'aussi parfait. Lui-même alors, dans cette même ligne, en traça une encore plus déliée avec une autre couleur, et sortit en recommandant à la vieille de la faire voir à l'étranger, s'il revenait, et de lui dire : « Voilà celui que vous cherchez. » Ce qu'il avait prévu arriva : Apelle revint, et (78), honteux d'avoir été surpassé, il refendit les deux lignes avec une troisième couleur, ne laissant plus possible même le trait le plus subtil. Protogène, s'avouant vaincu, vola au port chercher son hôte. On a jugé à propos de conserver à la postérité cette planche admirée de tout le monde, mais 21 surtout des artistes. J'entends dire qu'elle a péri dans le dernier incendie qui consuma le palais de César sur le mont Palatin. Je me suis arrêté jadis (79) devant ce tableau, ne contenant rien dans son vaste contour que des lignes qui échappaient à la vue, paraissant comme vide au milieu de plusieurs excellents ouvrages, mais attirant les regards par cela même, et plus renommé que tout autre morceau.

22 Apelle avait une habitude à laquelle il ne manquait jamais : c'était, quelque occupé qu'il fût, de ne pas laisser passer un seul jour sans s'exercer en traçant quelque trait ; cette habitude a donné lieu à un proverbe. Quand il avait fini un tableau, il l'exposait sur (80) un tréteau à la vue des passants, et, se tenant caché derrière (81), il écoutait les critiques qu'on en faisait, préférant le jugement du public, comme plus exact que le sien. On rapporte qu'il fut repris par un cordonnier, pour avoir mis à la chaussure une anse de moins en dedans. Le lendemain, le même cordonnier, tout fier de voir le succès de sa remarque de la veille et le défaut corrigé, se mit à critiquer la jambe : Apelle, indigné, se montra, s'écriant qu'un cordonnier (82) n'avait rien à voir au-dessus de la chaussure; ce qui a également passé en proverbe. Apelle avait de l'aménité 23 dans les manières, ce qui le rendit particulièrement agréable à Alexandre le Grand : ce prince venait souvent dans l'atelier, et, comme nous avons dit (VII, 38), il avait défendu, par un décret, à tout autre artiste de le peindre. Un jour, dans l'atelier, Alexandre parlant beaucoup peinture sans s'y connaître, l'artiste l'engagea doucement au silence, disant qu'il prêtait à rire aux garçons qui broyaient les couleurs ; tant ses talents l'autorisaient auprès d'un prince d'ailleurs irascible. Au reste, Alexandre donna (83) une marque très-mémorable de la considération 24 qu'il avait pour ce peintre : Il l'avait chargé de peindre nue, par admiration de la beauté, la plus chérie de ses concubines, nommée Pancaste (84); l'artiste à l'œuvre devint amoureux (85); Alexandre, s'en étant aperçu, la lui donna : roi grand par le courage, plus grand encore par l'empire sur soi-même, et à qui une telle action ne fait pas moins d'honneur qu'une victoire ; en effet, il se vainquit lui-même. Non-seulement il sacrifia en faveur de l'artiste ses plaisirs, mais encore ses affections, sans égard même pour les sentiments que dut éprouver sa favorite en passant des bras d'un roi dans ceux d'un peintre. Il en est qui pensent (86) qu'elle lui servit de modèle pour la Vénus Anadyomène.

Apelle, bon même pour ses rivaux, mit, le pre- 25 mier, Protogène en réputation à Rhodes. Protogène était sans renommée dans son pays, c'est ce qui arrive d'ordinaire : Apelle lui ayant demandé quel prix il mettait à des ouvrages qui étaient là, terminés, il en dit je ne sais quel prix fort mo-

---

tam absolutum opus : ipsumque alio colore tenuiorem lineam in illa ipsa duxisse : præcepisseque abeuntem, si redisset ille, ostenderet, adjiceretque hunc esse quem quæreret : atque ita evenit. Revertitur enim Apelles, et vinci erubescens, tertio colore lineas secuit, nullum relinquens amplius subtilitati locum. At Protogenes victum se confessus, in portum devolavit, hospitem quærens : placuitque sic eam tabulam posteris tradi, omnium quidem,
21 sed artificum præcipuo miraculo. Consumtam eam priore incendio domus Cæsaris in Palatio audio : spectatam nobis ante spatiose nihil aliud continentem, quam lineas visum effugientes, inter egregia multorum opera inani similem, et eo ipso allicientem, omnique opere nobiliorem.
22 Apelli fuit alioqui perpetua consuetudo, numquam tam occupatam diem agendi, ut non lineam ducendo exerceret artem, quod ab eo in proverbium venit. Idem perfecta opera proponebat in pergula transeuntibus, atque ipso post tabulam latens, vitia quæ notarentur auscultabat, vulgum diligentiorem judicem, quam se præferens: ferunique a sutore reprehensum, quod in crepidis una intus pauciores fecisset ansas : eodem postero die, superbo emendatione pristinæ admonitionis, cavillante circa crus,

indignatum prospexisse, denuntiantem, ne supra crepidam sutor judicaret, quod et ipsum in proverbium venit. Fuit 23 enim et comitas illi, propter quam gratior Alexandro Magno erat, frequenter in officinam ventitanti : nam, ut diximus, ab alio pingi se, vetuerat edicto. Sed et in officina imperite multa disserenti silentium comiter suadebat, rideri eum dicens a pueris qui colores tererent. Tantum erat auctoritati juris in regem, alioqui iracundo ; quanquam Alexander honorem ei clarissimo perhibuit exemplo: nam- 24 que quum dilectam sibi ex pallacis suis præcipue, nomine Pancasten, nudam pingi ob admirationem formæ ab Apelle jussisset, eumque dum paret, captum amore sensisset, dono eam dedit : magnus animo, major imperio sui : nec minor hoc facto, quam victoria aliqua. Quippe se vicit, nec torum tantum suum, sed etiam affectum donavit artifici : ne dilectæ quidem respectu motus, ut quæ modo regis fuisset, modo pictoris esset. Sunt qui Venerem Anadyomenen illo pictam exemplari putent.

Apelles et in æmulis benignus. Protogeni dignatio- 2 nem primus Rhodi constituit. Sordebat ille suis, ut plerumque domestica : percontantique quanti liceret opera effecta, parvum nescio quid dixerat : at ille quin-

dique; Apelle en offrit 50 talents (246,000 fr.), et répandit le bruit qu'il les achetait pour les vendre comme siens. Par là il fit comprendre aux Rhodiens le mérite de leur peintre, et il ne leur céda les tableaux qu'après qu'ils y eurent mis un plus haut prix.

Il peignit le portrait avec une telle ressemblance, qu'Apion le grammairien a écrit à ce sujet un fait incroyable : un de ces gens qui font métier de deviner d'après les traits du visage, et qu'on appelle métoposcopes, avait sur ces portraits deviné les années de la mort ou déjà arrivée, ou future, de ceux qu'ils représentaient. Apelle avait été mal avec Ptolémée, tous deux étant de la suite d'Alexandre : Ptolémée régnant en Égypte, Apelle fut jeté à Alexandrie par la violence d'une tempête ; des rivaux engagèrent par fraude un bouffon du roi à l'inviter; Apelle vint au dîner du roi : Ptolémée, indigné, et lui montrant ses officiers chargés de faire les invitations, lui demanda lequel d'entre eux l'avait invité. L'artiste prit au foyer un charbon éteint, et traça sur la muraille une image que le roi reconnut pour celle du bouffon dès les premiers traits.

Apelle fit aussi le portrait du roi Antigone, qui était borgne, et, usant d'un moyen, trouvé jadis (87), de cacher les défauts, il le fit de profil ; de la sorte, ce qui manquait réellement à la personne semblait ne manquer qu'à la peinture, et il ne montra de la face que le côté qu'il pouvait montrer tout entier. Il y a parmi ses ouvrages des figures de mourants. De fait, il n'est pas facile de dire quelles sont les plus excellentes de ses productions.

La Vénus Anadyomène, c'est-à-dire sortant de la mer, a été consacrée par le dieu Auguste dans le temple de son père César. Ce tableau a été célébré par des vers grecs qui l'ont vaincu, mais illustré (88). Le bas de cette figure ayant été endommagé, on ne put trouver personne capable de la restaurer ; ainsi ce dommage même tourna à la gloire de l'artiste. Le temps et la pourriture détruisirent ce tableau ; et Néron, pendant son règne, le remplaça par un autre, de la main de Dorothée. Apelle avait commencé aussi (89), pour les habitants de Cos, une autre Vénus qui aurait surpassé même sa première; mais la mort jalouse l'empêcha de l'achever, et personne ne se trouva qui voulût la continuer en suivant l'esquisse. Il a peint aussi, dans le temple de Diane d'Éphèse, Alexandre le Grand tenant la foudre, tableau qui fut payé 20 talents d'or (environ 1,000,000 fr.) (90); la main et la foudre semblent sortir du tableau. Que les lecteurs se souviennent que tous ces ouvrages furent exécutés avec quatre couleurs (xxxv, 32). Pour payer ce dernier morceau, on ne compta pas les pièces d'or, on en couvrit le tableau (91).

Il a peint aussi la pompe de Mégabyse, prêtre de Diane d'Éphèse; un Clitus à cheval, courant au combat : un écuyer lui présente un casque qu'il demande. Il est inutile d'énumérer combien de fois il a peint Alexandre et Philippe. On admire de lui, à Samos, un Habron ; à Rhodes, un Ménandre, roi de Carie, et un Ancée ; à Alexandrie, Gorgosthène le tragédien ; à Rome, Castor et Pollux, avec la Victoire et Alexandre le Grand ; une figure de la Guerre les mains liées derrière le dos, et à côté Alexandre sur un char triomphal : ces deux tableaux avaient été consacrés par le dieu Auguste, avec une modestie de bon goût, dans

---

quagenis talentis poposcit : famamque dispersit, se emere, ut pro suis venderet. Ea res concitavit Rhodios ad intelligendum artificem : nec nisi augentibus pretium, cessit.

Imaginem adeo similitudinis indiscretæ pinxit, ut (incredibile dictu) Apion grammaticus scriptum reliquerit, quemdam ex facie hominum addivinantem (quos Metoposcopos vocant) ex iis dixisse aut futuræ mortis annos, aut præteritæ. Non fuerat ei gratia in comitatu Alexandri cum Ptolemæo : quo regnante, Alexandriam vi tempestatis expulsus, subornato fraude æmulorum plano regio invitatus, ad regis cœnam venit ; indignantique Ptolemæo, et vocatores suos ostendenti, ut diceret a quo eorum invitatus esset, arrepto carbone exstincto e foculo, imaginem in pariete delineavit, agnoscente vultum plani rege, ex inchoato protinus. Pinxit et Antigoni regis imaginem altero lumine orbam, prius excogitata ratione vitia condendi : obliquam namque fecit, ut quod corpori deerat, picturæ potius deesse videretur : tantumque eam partem e facie ostendit, quam totam poterat ostendere. Sunt inter opera ejus et exspirantium imagines. Quæ autem nobilissima sint, non est facile dictu.

Venerem exeuntem e mari divus Augustus dicavit in delubro patris Cæsaris, quæ Anadyomene vocatur, versibus græcis tali opere, dum laudatur, victo, sed illustrato. Hujus inferiorem partem corruptam qui reficeret, non potuit reperiri. Verum ipsa injuria cessit in gloriam artificis. Consenuit hæc tabula carie : aliamque pro ea Nero principatu substituit suo, Dorothei manu. Apelles inchoaverat et aliam Venerem Cois, superaturus etiam suam illam priorem. Invidit mors peracta parte : nec qui succederet operi ad præscripta lineamenta, inventus est. Pinxit et Alexandrum Magnum, fulmen tenentem, in templo Ephesiæ Dianæ, viginti talentis auri. Digiti eminere videntur, et fulmen extra tabulam esse. Legentes meminerint omnia ea quatuor coloribus facta. Manipretium ejus tabulæ in nummo aureo mensura accepit, non numero.

Pinxit et Megabyzi sacerdotis Dianæ Ephesiæ pompam : Clitum equo ad bellum festinantem : galeam poscenti armigerum porrigentem. Alexandrum et Philippum quoties pinxerit, enumerare supervacuum est. Mirantur ejus Habronem Samii, et Menandrum regem Cariæ Rhodii. Item Ancæum : Alexandriæ Gorgosthenem tragœdum : Romæ Castorem et Pollucem, cum Victoria et Alexandro Magno. Item Belli imaginem, restrictis ad terga manibus, Alexandro in curru triumphante. Quas utrasque tabulas divus Augustus in fori sui partibus celeberrimis dicaverat simplicitate moderata. Divus Claudius

le lieu le plus fréquenté du forum de son nom ; le dieu Claude crut mieux faire d'effacer dans l'un et l'autre tableau la tête d'Alexandre, pour y substituer celle du dieu Auguste. On lui attribue aussi l'Hercule vu par derrière, dans le temple d'Antonia (92); et, chose très-difficile, la peinture fait voir plutôt qu'elle ne promet le visage du dieu. Il a peint un héros nu, et par cette peinture il a défié la nature elle-même.

32 Il existe ou il a existé de lui un cheval qu'il exposa dans un concours public. Pour ce tableau (93) Apelle en appela du jugement des hommes à celui des bêtes; car, s'apercevant que ses rivaux l'emportaient par leurs brigues, il montra à des chevaux amenés le tableau de chacun : les chevaux ne hennirent qu'à la vue de celui d'Apelle; et depuis on ne cesse de citer cette épreuve
33 triomphante de la peinture. Apelle a fait un Néoptolème combattant à cheval contre les Perses, Archélaüs (94) avec sa femme et sa fille, Antigone cuirassé, cheminant à cheval. Les maîtres de l'art préfèrent à tous ses autres ouvrages le même roi à cheval, et une Diane au milieu d'un chœur de jeunes filles qui célèbrent un sacrifice; tableau où il paraît avoir surpassé les vers d'Homère ( Od., VI, 102 ), qui décrit le même sujet. Il peignit aussi ce qui ne peut se peindre, le tonnerre, la foudre et les éclairs (95) : tableaux connus sous le nom de Bronte, Astrape, Ceraunobolia.

34 Ses inventions dans l'art ont été utiles à tous ; une cependant n'a pu être imitée par personne : ses tableaux terminés, il mettait dessus une encre si légère, que, tout en donnant par le reflet plus de vivacité aux couleurs, tout en les préservant de la poussière et des ordures, elle ne se laissait voir que lorsqu'on était assez près pour y toucher. Quelque subtile que fût cette encre, Apelle en retirait le grand avantage d'adoucir l'éclat des couleurs, trop vif pour l'œil ; c'était comme si on eût vu de loin le tableau à travers la pierre spéculaire. Ce procédé donnait aussi, sans qu'on sût comment, un ton plus foncé aux couleurs trop brillantes.

Il eut pour contemporain Aristide de Thèbes. 35
Celui-ci, le premier de tous, peignit les sentiments, et représenta l'homme moral ; ce que les Grecs nomment ethe ( l'éthique ) ; il exprima aussi les troubles de l'âme ; son coloris est un peu dur. C'est de lui le tableau où l'on voit, dans la prise d'une ville, une mère blessée et mourante : l'enfant se traîne en rampant vers le sein maternel; la mère paraît s'en apercevoir, et craindre qu'il ne tette le sang, au lieu du lait déjà tari. Alexandre avait fait transporter ce tableau à Pella, sa patrie. Aristide peignit aussi un combat contre les Perses ; ce tableau contient cent figures; il avait fait prix à 10 mines (690 fr. ) pour chacune d'elles avec Mnason, tyran d'Élatée. Il a fait des 36 quadriges lancés, un suppliant qui a presque la voix; des chasseurs avec leur gibier; Léontion (96), maîtresse d'Épicure; l'Anapauomène [c'est-à-dire Byblis ], morte d'amour pour son frère ; Bacchus et Ariane, qu'on voit à Rome dans le temple de Cérès ; un tragédien et un enfant, dans le temple d'Apollon : ce tableau fut gâté par la maladresse du peintre que M. Junius, alors préteur, avait chargé de le nettoyer, vers l'époque des jeux Apollinaires. On voyait dans le temple de la Foi, au Capitole, un vieillard donnant des leçons de lyre à un enfant. Il a peint aussi un malade, sur les éloges duquel on ne tarit point. Il excellait (97) tellement dans son art, que le roi Attale donna,

---

pluris existimavit, in utrisque excisa facie Alexandri, divi Augusti imaginem subdere. Ejusdem arbitrantur manu esse et in Antoniæ templo Herculem aversum : ut, quod est difficillimum, faciem ejus ostendat verius pictura, quam promittat. Pinxit et heroa nudum : eaque pictura naturam ipsam provocavit.

32 Est et equus ejus, sive fuit, pictus in certamine : quo judicium ad mutas quadrupedes provocavit ab hominibus: namque ambitu æmulos prævalere sentiens, singulorum picturas inductis equis ostendit : Apellis tantum equo adhinnivere, idque et postea semper illius experimentum
33 artis ostentatur. Fecit et Neoptolemum, ex equo adversus Persas, Archelaum cum uxore et filia, Antigonum thoracatum cum equo incedentem. Peritiores artis præferunt omnibus ejus operibus eumdem regem sedentem in equo : Dianam sacrificantium virginum choro mixtam : quibus vicisse Homeri versus videtur id ipsum describentis. Pinxit et quæ pingi non possunt, tonitrua, fulgura, fulgetraque : Bronten, Astrapen, Ceraunobolian appellant.

34 Inventa ejus et cæteris profuere in arte. Unum imitari nemo potuit ; quod absoluta opera atramento illinebat ita tenui, ut id ipsum repercussu claritates colorum excitaret, custodiretque a pulvere et sordibus, ad manum intuenti demum appareret. Sed et cum ratione magna : ne colorum claritas oculorum aciem offenderet, veluti per lapidem specularem intuentibus e longinquo : et eadem res nimis floridis coloribus austeritatem occulte daret.

Æqualis ejus fuit Aristides Thebanus. Is omnium pri- 35 mus animum pinxit, et sensus hominis expressit, quæ vocant Græci ethe : item perturbationes : durior paulo in coloribus. Hujus pictura est, oppido capto ad matris morientis e vulnere mammam adrepens infans : intelligiturque sentire mater et timere, ne emortuo lacte sanguinem lambat. Quam tabulam Alexander Magnus transtulerat Pellam in patriam suam. Idem pinxit prælium cum Persis, centum homines ea tabula complexus, pactusque in singulos mnas denas a tyranno Elatensium Mnasone. Pinxit et currentes quadrigas, et supplicantem pæne cum 36 voce : et venatores cum captura : et Leontion Epicuri, et Anapauomenen, propter fratris amorem. Item Liberum patrem, et Ariadnen, spectatos Romæ in æde Cereris : tragœdum, et puerum, in Apollinis : cujus tabulæ gratia interiit pictoris inscitia, cui tergendam eam mandaverat M. Junius prætor sub die ludorum Apollinarium. Spectata est et in æde Fidei in Capitolio imago senis cum lyra puerum docentis. Pinxit et ægrum sine fine laudatum. Tau-

dit-on, cent talents (492,000 fr.) d'un seul de ses tableaux.

37 Protogène, comme nous l'avons dit, fleurit dans le même temps. Il était de Caunus, ville sujette des Rhodiens. Une grande pauvreté au début, une application extrême à son art, furent cause de son peu de fécondité. On ne sait pas avec certitude de qui il fut l'élève; quelques-uns disent même qu'il peignit des vaisseaux jusqu'à l'âge de cinquante ans. La preuve, disent-ils, c'est que, peignant dans la célèbre ville d'Athènes le propylée du temple (98) de Minerve, où il a fait deux beaux navires, le Paralus et l'Ammoniade (99), nommée par quelques-uns Nausicaa, il plaça de petits navires longs dans ce que les peintres appellent hors-d'œuvre; voulant montrer par là d'où ses ouvrages étaient partis pour arriver à cette citadelle, temple de la gloire.

38 Parmi ses compositions, on donne la palme à l'Ialysus, qui est à Rome, consacré dans le temple de la Paix. Tant qu'il y travailla, il vécut, dit-on, de lupin trempé, qui satisfaisait à la fois sa faim et sa soif, afin que son esprit ne s'émoussât pas par une nourriture trop délicate. Pour défendre ce tableau des dégradations et de la vétusté, il y mit quatre fois la couleur (100), afin qu'une couche tombant, l'autre lui succédât. Il y a dans ce tableau un chien fait d'une manière singulière, car c'est le hasard qui l'a peint : Protogène trouvait qu'il ne rendait pas bien (101) la bave de ce chien haletant, du reste satisfait, ce qui

39 lui arrivait très-rarement, des autres parties. Ce qui lui déplaisait, c'était l'art, qu'il ne pouvait pas diminuer et qui paraissait trop, l'effet s'éloignant de la réalité : c'était de la peinture, ce n'était pas de la bave. Il était inquiet, tourmenté; car, dans la peinture il voulait la vérité, et non les à peu près. Il avait effacé plusieurs fois, il avait changé de pinceau, et rien ne le contentait; enfin, dépité contre l'art, qui se laissait trop voir, il lança son éponge sur l'endroit déplaisant du tableau : l'éponge replaça les couleurs dont elle était chargée, de la façon qu'il souhaitait, et dans un tableau le hasard reproduisit la nature.

40 A son exemple, Néalcès, dit-on, réussit à rendre l'écume d'un cheval : il lança pareillement son éponge, lorsqu'il peignit un homme retenant un cheval qu'il flatte. De la sorte, Protogène a enseigné même à se servir du hasard (102). A cause de cet Ialysus (103), qu'il craignit de brûler, le roi Démétrius ne fit pas mettre le feu au seul endroit par où Rhodes pût être prise; et en épargnant une peinture il manqua l'occasion de la victoire.

41 Protogène habitait alors un petit jardin situé dans un faubourg, c'est-à-dire dans le camp même de Démétrius. Les combats ne firent pas diversion; et il n'interrompit en aucune façon ses travaux commencés, si ce n'est appelé par le roi, qui lui demanda comment il restait avec tant d'assurance hors des murs : « Je sais, répondit l'artiste, que vous faites la guerre aux Rhodiens, et non aux arts. Le roi mit des gardes pour le protéger; et, non content de l'avoir épargné, il voulut veiller sur lui. Pour ne point le déranger en le faisant venir trop souvent, il alla, lui ennemi, le visiter; et, abandonnant le soin de sa victoire, au milieu des armes et de l'attaque des murs, il contemplait les travaux d'un artiste. On dit encore aujourd'hui, du tableau que Protogène fit dans cette circonstance, qu'il le peignit sous le glaive : c'est le

42 Satyre, nommé Anapauomenos, auquel, pour

---

tumque arte valuit, ut Attalus rex unam tabulam ejus centum talentis emisse tradatur.

37 Simul, ut dictum est, Protogenes floruit. Patria ei Caunus, gentis Rhodiis subjectæ. Summa ejus paupertas initio, artisque summa intentio, et ideo minor fertilitas. Quis eum docuerit, non putant constare. Quidam et naves pinxisse usque ad annum quinquagesimum : argumentum esse, quod quum Athenis celeberrimo loco Minervæ delubri propylæon pingeret, ubi fecit nobilem Paralum et Ammoniada, quam quidam Nausicaam vocant, adjecerit parvulas naves longas in iis, quæ pictores parerga appellant : ut appareret a quibus initiis ad arcem ostentationis

38 opera sua pervenissent. Palmam habet tabularum ejus Ialysus, qui est Romæ, dicatus in templo Pacis : quem quum pingeret, traditur madidis lupinis vixisse, quoniam simul famem sustinerent et sitim, ne sensus nimia dulcedine obstrueret. Huic picturæ quater colorem induxit, subsidio injuriæ et vetustatis, ut decidente superiore inferior succederet. Est in ea canis mire factus, ut quem pariter casus pinxerit. Non judicabat se exprimere in eo spumam anhelantis, quum in reliqua omni parte (quod dif-

39 ficillimum erat) sibi ipse satisfecisset. Displicebat autem ars ipsa, nec minui poterat, et videbatur nimia, ac longius a veritate discedere, spumaque illa pingi, non ex ore nasci ; anxio animi cruciatu, quum in pictura verum esse, non verisimile vellet : absterserat sæpius, mutaveratque penicillum, nullo modo sibi approbans. Postremo iratus arti, quod intelligeretur, spongiam eam impegit inviso loco tabulæ, et illa reposuit ablatos colores, qualiter cura optabat, fecitque in pictura fortuna naturam. Hoc exemplo 40 similis et Nealcem successus in spuma equi, similiter spongia impacta, sequutus dicitur, quum pingeret poppyzonta retinentem equum. Ita Protogenes monstravit et fortunam. Propter hunc Ialysum, ne cremaret tabulam Demetrius rex, quum ab ea parte sola posset Rhodum capere, non incendit; parcentemque picturæ fugit occasio victoriæ. Erat tunc Protogenes in suburbano hortulo suo, hoc est, Demetrii castris. Neque interpellatus præliis in- 41 choata opera intermisit omnino : nisi accitus a rege interrogatusque, qua fiducia extra muros ageret, respondit, scire se cum Rhodiis illi bellum esse, non cum artibus. Disposuit ergo rex in tutelam ejus stationes, gaudens quod posset manus servare, quibus jam pepercerat : et ne sæpius avocaret, ultro ad eum venit hostis, relictisque victoriæ suæ votis, inter arma et murorum ictus spectavit artificem. sequuturque tabulam ejus temporis hæc fama,

marquer mieux la sécurité dont il jouissait alors, il mit une flûte à la main. Il a peint aussi une Cydippe, un Tlépolème, le poëte tragique Philiscus en méditation, un athlète, le roi Antigone, la mère (104) d'Aristote. Ce philosophe lui conseillait de peindre les actions d'Alexandre le Grand, à cause de la mémoire éternelle qui leur était réservée. L'impulsion de son génie, et un certain caprice d'artiste, le portèrent de préférence aux sujets dont je viens de parler. Ses derniers ouvrages furent un Alexandre et le dieu Pan. Il a fait aussi des figures de bronze, comme nous l'avons dit (XXXIV, 19, 40).

43 Du même temps vivait Asclépiodore, admiré d'Apelle pour les proportions. Le tyran Mnason lui donna pour les douze dieux 30 mines par dieu. Ce même Mnason paya à Théomneste 20 mines (1,380 fr.) (105) par figure de héros.

44 Nous devons ici une place à Nicomaque, fils et élève d'Aristodème. Il a peint l'enlèvement de Proserpine, tableau qui était au Capitole, dans le temple de Minerve, au-dessus de la chapelle de la Jeunesse. Un autre tableau (106) de lui se voyait également au Capitole, où Plancus (XIII, 5) imperator l'avait placé : c'était une Victoire s'élevant dans les airs sur un quadrige. C'est lui qui le premier donna à Ulysse un bonnet. Il a fait aussi Apollon et Diane, la Mère des dieux (II, 6,7) assise sur un lion, le célèbre tableau des Bacchantes près desquelles se glissent (107) des Satyres, une Scylla qui est maintenant à Rome, dans le temple de la Paix. Nul artiste ne travailla 45 avec plus de célérité. On dit, en effet, qu'il avait passé un marché avec Aristrate, tyran de Sicyone, pour peindre dans un délai déterminé le monument qu'Aristrate élevait au poëte Télestès : il n'arriva que peu de jours avant le terme; le tyran, irrité, voulait le faire punir; mais dans ce peu de jours Nicomaque eut achevé son travail avec autant de succès que de promptitude. Il eut pour élèves son frère Aristide, son fils Aristoclès, et Philoxène d'Érétrie, qui a peint pour le roi Cassandre un tableau représentant une bataille d'Alexandre et de Darius, ouvrage qui ne le cède à aucun autre. Philoxène a peint aussi une bambochade dans laquelle trois Silènes font la débauche à table. Imitant la célérité de son maître, il inventa même un certain genre de peintures plus courtes et ramassées (des grotesques) (108).

On joint à ces artistes Nicophane, peintre élé- 46 gant et soigné : peu lui sont comparables pour l'agrément; mais pour le style noble et sévère il est bien loin de Zeuxis et d'Apelle. Persée, qui fut élève d'Apelle, et à qui cet artiste adressa son livre sur la peinture, appartient (109) aussi à cette époque. Aristide de Thèbes (110) eut pour élèves et pour fils Nicéros et Ariston. Ce dernier a fait un Satyre couronné et tenant une coupe; il eut pour élèves Antorides et Euphranor, duquel (111) nous parlerons bientôt.

XXXVII. C'est ici le lieu d'ajouter ceux qui se 1 sont rendus célèbres dans le pinceau par des ouvrages d'un genre moins élevé. De ce nombre fut Piræicus (112), inférieur à peu de peintres pour l'habileté. Je ne sais s'il s'est fait tort par le choix de ses sujets : toujours est-il que, se bornant à des sujets bas, il a cependant, dans cette bassesse, obtenu la plus grande gloire. On a de lui des boutiques de barbier et de cordonnier, des ânes, des provisions de cuisine, et autres choses sem-

---

42 quod eam Protogenes sub gladio pinxerit. Satyrus hic est, quem Anapauomenon vocant, ne quid desit temporis ejus securitati, tenentem tibias. Fecit et Cydippen, Tlepolemon, Philiscum tragœdiarum scriptorem meditantem, et athletam, et Antigonum regem, et matrem Aristotelis philosophi : qui ei suadebat ut Alexandri Magni opera pingeret, propter æternitatem rerum. Impetus animi et quædam artis libido in hæc potius eum tulere. Novissime pinxit Alexandrum, ac Pana ; fecit et signa ex ære, ut diximus.

43 Eadem ætate fuit Asclepiodorus, quem in symmetria mirabatur Apelles. Huic Mnason tyrannus pro duodecim diis dedit in singulos mnas tricenas : idemque Theomnesto in singulos heroas mnas vicenas.

44 His adnumerari debet Nicomachus, Aristodemi filius ac discipulus. Pinxit hic raptum Proserpinæ, quæ tabula fuit in Capitolio in Minervæ delubro, super ædiculam Juventatis. Et in eodem Capitolio, quam Plancus imperator posuerat, victoria quadrigam in sublime rapiens. Hic primus Ulyssei addidit pileum. Pinxit et Apollinem et Dianam, deumque Matrem in leone sedentem : item nobiles Bacchas obreptantibus Satyris : Scyllamque, quæ nunc est Romæ in templo Pacis. Nec fuit alius in ea arte velocior.

45 Tradunt namque conduxisse pingendum ab Aristrato Sicyoniorum tyranno, quod is faciebat Telesti poëtæ, monumentum, præfinito die, intra quem peragertur : nec multo ante venisse, tyranno in pœnam accenso : paucisque diebus absolvisse, celeritate et arte mira. Discipulos habuit Aristidem fratrem, et Aristoclem filium, et Philoxenum Eretrium, cujus tabula nullis postferenda, Cassandro regi picta, continuit Alexandri prælium cum Dario. Idem pinxit lasciviam, in qua tres Sileni comessantur. Hic celeritatem præceptoris sequutus, breviores etiamnum quasdam picturæ compendiarias invenit.

Adnumeratur his et Nicophanes elegans et concinnus, 46 ita ut venustate ei pauci comparentur. Cothurnus ei et gravitas artis multum a Zeuxide et Apelle abest. Apellis discipulus Perseus, ad quem de hac arte scripsit, hujus fuit ætatis. Aristidis Thebani discipuli fuerunt et filii, Niceros, et Ariston, cujus est Satyrus cum scypho coronatus; discipuli, Antorides et Euphranor, de quo mox dicemus.

XXXVII. Namque subtexi par est minoris picturæ ce- 1 lebres in penicillo, e quibus fuit Pyræicus : arte paucis postferendus : proposito, nescio an destruxerit se : quoniam humilia quidem sequutus, humilitatis tamen summam adeptus est gloriam. Tonstrinas, sutrinasque pinxit, et asellos, et obsonia, ac similia : ob hoc cognominatus Rhyparographos, in iis consummatæ voluptatis. Quippe eæ

blables, ce qui le fit surnommer Rhyparographe. Ses tableaux font un plaisir infini, et ils se sont vendus plus cher que de très-grands morceaux
2 de beaucoup d'autres. Au contraire, un seul de Sérapion, exposé sous les Vieilles Boutiques, couvrait, dit Varron, tous les Mæniens (113). Ce peintre réussissait très-bien pour les décorations, mais ne pouvait peindre une figure d'homme, tandis que Dionysius n'a peint que des hommes, aussi fut-il surnommé Anthropographe. Callielès a fait aussi de petits ouvrages. Calatès (114) traita en petit des sujets comiques. Antiphile travailla dans l'un et l'autre genre; car il a fait une très-belle Hésione, Alexandre et Philippe avec Minerve, ouvrages qui sont dans l'école des portiques d'Octavie; et dans le portique de Philippe il y a de lui un Bacchus, un Alexandre enfant, Hippolyte effrayé à la vue du taureau lancé contre lui; dans le portique de Pompée, Cadmus et
3 Europe. D'un autre côté, il a peint une figure habillée ridiculement (115), à laquelle il donna le nom plaisant de Gryllus, ce qui fit appeler grylles ces sortes de peintures. Antiphile était né en
4 Égypte, et avait eu pour maître Ctésidème. Il convient de ne point passer sous silence le peintre du temple d'Ardée (xxxv, 6), honoré du droit de bourgeoisie dans cette ville, et de cette inscription en vers qui est sur la peinture même : « Ces peintures, digne ornement de ces augustes lieux, du temple de Junon, reine et épouse (116) du dieu suprême, sont l'œuvre de Plautius Marcus Cleœtas, originaire d'Alalie (117), que la ville d'Ardée célèbre aujourd'hui et célèbrera toujours,
5 à cause de ses talents. » Ces vers sont écrits en anciens caractères latins. Il ne faut pas non plus faire tort à un Ludius, du temps du dieu Auguste : celui-ci, le premier, imagina de décorer les murailles de peintures charmantes, y représentant des maisons de campagne, des portiques, des arbrisseaux taillés, des bois, des bosquets, des collines, des étangs, des euripes, des rivières, des rivages, au souhait de chacun ; des personnages qui se promènent ou qui vont en bateau, ou qui arrivent à la maison rustique, soit sur des ânes, soit en voiture; d'autres pêchent, tendent des filets aux oiseaux, chassent, ou même font la vendange. On voit dans ces peintures de belles maisons de campagne, dont l'accès est marécageux ; des gens qui portent des femmes sur leurs épaules, et qui ne marchent qu'en glissant et en tremblant; et mille autres sujets de ce genre plaisants et ingénieux. Le même artiste a le premier décoré les édifices non couverts (hypæthres, promenoirs) de peintures représentant des villes maritimes qui font un effet, très-agréable et à très-peu de frais. Mais il n'y a 6 de gloire que pour les artistes qui ont peint des tableaux, et c'est ce qui rend encore plus respectable (118) la prudence de l'antiquité. En effet, alors les murs et les maisons ne s'ornaient pas pour les seuls possesseurs, de peintures qui fixées en un lieu ne pouvaient être sauvées d'un incendie. Protogène se contentait d'une cabane dans son jardin ; il n'y avait point de peintures sur les crépis d'Apelle; on ne s'était pas avisé de peindre des murailles entières. Chez tous (119) ces artistes l'art ne veillait que pour les villes, et un peintre appartenait à toute la terre. Un peu avant le dieu Auguste, Arellius fut célèbre à Rome; mais il profana son art par un sacrilége insigne : toujours amoureux de quelque femme, il donnait aux déesses qu'il peignait les traits de ses maîtresses : aussi en faisait-on le compte dans ses 7 tableaux. Fabullus vivait dernièrement ; c'était

---

2 pluris veniere, quam maximæ multorum. E diverso Mæniana, inquit Varro, omnia operiebat Serapionis tabula sub Veteribus. Hic scenas optime pinxit, sed hominem pingere non potuit. Contra Dionysius nihil aliud, quam homines pinxit, ob id Anthropographus cognominatus. Parva et Callicles fecit : item Calates comicis tabellis : utraque Antiphilus. Nam et Hesionam nobilem pinxit, et Alexandrum ac Philippum cum Minerva, qui sunt in schola in Octaviæ porticibus : et in Philippi, Liberum patrem, Alexandrum puerum, Hippolytum tauro emisso expavescentem : in Pompeia vero Cadmum et Europen. Idem jocoso nomine Gryllum deridiculi habitus pinxit.
3 Unde hoc genus picturæ grylli vocantur. Ipse in Ægypto
4 natus didicit a Ctesidemo. Decet non sileri et Ardeatis templi pictorem, præsertim civitate donatum ibi, et carmine, quod est in ipsa pictura his versibus :

Dignis digna loca picturis condecoravit,
Reginæ Junoni', Supremi conjugi', templum,
Plautiu' Marcu' Cleœtas Alalia exoriundus,
Quem nunc et post semper ob artem hanc Ardea laudat.

5 Eaque sunt scripta antiquis litteris latinis : non fraudando et Ludio, divi Augusti ætate, qui primus instituit amœnissimam parietum picturam, villas et porticus, ac topiaria opera, lucos, nemora, colles, piscinas, euripos, amnes, littora, qualia quis optaret, varias ibi obambulantium species, aut navigantium, terraque villas adeuntium asellis aut vehiculis. Jam piscantes, aucupantesque, aut venantes, aut etiam vindemiantes; sunt in ejus exemplaribus nobiles palustri accessu villæ, succollatis sponsione mulieribus, labantes trepidique feruntur : plurima præterea tales argutiæ facetissimi salis : idemque subdialibus maritimas urbes pingere instituit, blandissimo aspectu, minimoque impendio. Sed nulla gloria artificum est, nisi 6 eorum qui tabulas pinxere : eoque venerabilior antiquitatis prudentia apparet. Non enim parietes excolebant dominis tantum, nec domos uno in loco mansuras, quæ ex incendiis rapi non possent. Casula Protogenes contentus erat in hortulo suo. Nulla in Apellis tectoriis pictura erat. Nondum libebat parietes totos pingere. Omnium eorum ars urbibus excubabat, pictorque res communis terrarum erat. Fuit et Arellius Romæ celeber paulo ante divum Augustum : nisi flagitio insigni corrupisset artem, semper alicujus feminæ amore flagrans, et ob id deas pingens, sed dilectarum imagine. Itaque in pictura ejus scorta 7

un personnage grave, sévère, et en même temps un peintre fleuri et boursouflé (120). De lui était une Minerve qui, de quelque côté qu'on la regardât, regardait le spectateur. Il ne peignait que peu d'heures par jour, et cela avec gravité; car il ne quittait jamais la toge, même sur les échafauds. La maison dorée (XXXVI, 24, 8) de Néron fut la prison des ouvrages de ce peintre; aussi n'en voit-on guère (121) ailleurs. Après lui Cornélius Pinus et Accius Priscus furent en réputation. Ils peignirent le temple de l'Honneur et celui de la Vertu, que restaurait l'empereur Vespasien Auguste. Priscus (122) approchait davantage des anciens.

1 XXXVIII. (XI.) N'omettons pas, à propos de peinture, une anecdote célèbre touchant Lépidus: pendant son triumvirat, les magistrats de je ne sais quel lieu le logèrent dans une maison entourée de bois. Le lendemain il se plaignit à eux, avec menaces, de n'avoir pu dormir, à cause du chant des oiseaux. On tendit autour de l'emplacement une très-longue bande où un dragon était peint: cet épouvantail fit, dit-on, taire les oiseaux, et l'on sut dès lors qu'on pouvait par ce moyen les empêcher de chanter.

1 XXXIX. On ne sait pas au juste qui inventa la peinture en cire et à l'encaustique (XXXV, 41). Quelques-uns en attribuent la découverte à Aristide (XXXV, 36, 35), et le perfectionnement à Praxitèle. Cependant il y a eu des peintures à l'encaustique un peu plus anciennes, par exemple de Polygnote, de Nicanor et d'Arcésilas, tous trois de Paros. De plus, Lysippe a écrit sur une de ses peintures d'Égine : Ἐνέκαεν (123) (Lysippe a brûlé); ce qu'il n'aurait certainement pas fait si l'encaustique n'eût été inventée.

XL. On rapporte aussi que Pamphile (XXXV, 1 36, 14), maître d'Apelle, non seulement peignit à l'encaustique, mais encore enseigna cet art à Pausias de Sicyone, le premier qui s'y soit rendu célèbre. Celui-ci était fils de Bryès (124), qui fut son premier maître. Il peignit au pinceau, à Thespies, des murs qu'on restaurait, et qui avaient jadis été peints par Polygnote. Par la comparaison, il fut trouvé de beaucoup inférieur; mais il n'avait pas lutté avec le peintre ancien dans son genre à lui. Il imagina le premier de peindre les lambris. Avant lui on ne décorait pas de la sorte les appartements. Il peignit de 2 petits tableaux, et surtout des enfants. Ses rivaux disaient que c'était parce que l'encaustique est un procédé d'une exécution lente : lui, voulant donner aussi à son art une réputation de célérité, peignit en un seul jour un tableau connu sous le nom d'hémérésios (d'un jour), qui représente un enfant. Dans sa jeunesse, il fut amoureux de Glycère, sa compatriote, inventrice de couronnes de fleurs ; et, rivalisant de talent avec sa maîtresse, il amena l'encaustique à reproduire toute la variété des fleurs ; enfin il la peignit elle-même assise, avec une couronne. C'est un de ses tableaux les plus renommés; il est appelé par les uns Stephaneplocos (tresseuse de couronnes), par les autres Stephanopolis (vendeuse), parce que Glycère avait gagné sa vie à vendre des couronnes. Une copie de ce tableau (une copie se dit apographon) fut achetée 2 talents par L. Lucullus, à Athènes, pendant les Dionysiaques.

Pausias fit aussi de grands tableaux, par 3 exemple, le sacrifice de bœufs qui se voyait dans

numerabantur. Fuit et nuper gravis ac severus, idemque floridus et tumidus pictor Fabullus. Hujus erat Minerva, spectantem adspectans, quacumque adspiceretur. Paucis diei horis pingebat, id quoque cum gravitate, quod semper togatus, quanquam in machinis. Carcer ejus artis domus aurea fuit : et ideo non exstant exemplaria alia magnopere. Post eum fuere in auctoritate Cornelius Pinus et Accius Priscus, qui Honoris et Virtutis ædes imperatori Vespasiano Augusto restituenti pinxerunt : Priscus antiquis similior.

1 XXXVIII. (XI.) Non est omittenda in picturæ mentione celebris circa Lepidum fabula. Siquidem in triumviratu quodam loco deductus a magistratibus in nemorosum hospitium, minaciter cum iis postero die expostulavit, somnum ademtum sibi volucrum concentu. At illi draconem in longissima membrana depictum circumdedere loco : eoque terrore aves tum siluisse narratur, et postea cognitum est ita posse compesci.

1 XXXIX. Ceris pingere, ac picturam inurere quis excogitaverit, non constat. Quidam Aristidis inventum putant, postea consummatum a Praxitele. Sed aliquanto vetustiores encausticæ picturæ exstitere, ut Polygnoti, et Nicanoris, et Arcesilai Pariorum. Lysippus quoque Æginæ picturæ suæ inscripsit, Ἐνέκαεν : quod profecto non fecisset, nisi encaustica inventa.

XL. Pamphilus quoque Apellis præceptor non pinxisse 1 tantum encausta, sed etiam docuisse traditur Pausian Sicyonium primum in hoc genere nobilem. Bryetis filius hic fuit, ejusdemque primo discipulus. Pinxit et ipse penicillo parietes Thespiis, quum reficerentur quondam a Polygnoto picti; multumque comparatione superatus existimabatur, quoniam non suo genere certasset. Idem et lacunaria primus pingere instituit, nec cameras ante eum taliter adornari mos fuit. Parvas pingebat tabellas, maximeque pueros. Hoc æmuli eum interpretabantur facere, quoniam tarda picturæ ratio esset illa. Quamobrem arti daturus et celeritatis famam, absolvit uno die tabellam, quæ vocata est hemeresios, puero picto. Amavit in juventa Glyceram municipem suam, inventricem coronarum : certandoque imitatione ejus, ad numerosissimam florum varietatem perduxit artem illam. Postremo pinxit illam sedentem cum corona, quæ e nobilissimis ejus tabula appellata est Stephaneplocos, ab aliis Stephanopolis, quoniam Glycera venditando coronas sustentaverat paupertatem. Hujus tabulæ exemplar, quod apographon vocant, L. Lucullus duobus talentis emit Dionysiis Athenis.

Pausias autem fecit et grandes tabulas, sicut spectatam 3 in Pompeii porticibus boum immolationem. Eam enim picturam primus invenit, quam postea imitati sunt multi, æquavit nemo. Ante omnia quum longitudinem bovis

les portiques de Pompée. Il a inventé des artifices de peinture que beaucoup ont imités depuis, et que personne n'a égalés. Le premier, c'est qu'il montra un bœuf dans la longueur, tout en le peignant de face, non de flanc; et malgré cette situation on reconnaissait très-bien les dimensions de l'animal. Puis, tandis que les autres peintres font en blanc les points qui doivent paraître en saillie, et en noir les parties enfoncées (125), il fit, lui, en noir le bœuf tout entier, et sut dans l'ombre même trouver une ombre (126). Rare effort de l'art, que de montrer le relief sur une seule teinte, et la solidité du tout avec des parties brisées par le raccourci! Pausias passa, lui aussi, sa vie à Sicyone; et cette ville fut longtemps la patrie de la peinture. Dans la suite, tous les tableaux de Sicyone furent vendus publiquement pour le payement des dettes de la cité, et transportés à Rome sous l'édilité (an de Rome 678) de Scaurus (xxxvi, 24,10).

4 Après lui, dans la cent quatrième olympiade (127), se distingua par-dessus tous les autres Euphranor de l'Isthme, dont nous avons déjà parlé parmi les statuaires (xxxiv, 19,27). Il a fait et des colosses, et des ouvrages en marbre, et des coupes; studieux et laborieux plus que personne, excellent dans tous les genres, et constamment égal à lui-même. Il paraît le premier avoir exprimé la dignité dans les héros, et bien entendu la proportion. Cependant, en général (128), il a fait les corps trop grêles, les têtes et les articulations trop grosses. Il a aussi composé des traités sur 5 la proportion et sur les couleurs. Ses ouvrages sont : un combat de cavalerie, les douze dieux, un Thésée, au sujet duquel il disait que celui de Parrhasius avait été nourri de roses, le sien de chair. Il y a de lui à Éphèse des tableaux fameux : Ulysse attelant, dans sa folie simulée, un bœuf avec un cheval; des hommes en manteau, qui réfléchissent; un capitaine remettant son épée dans le fourreau.

Du même temps vivait Cydias. L'orateur Hor- 6 tensius donna 144,000 sesterces (30,240 fr.) de son tableau des Argonautes, pour lequel il fit construire exprès un bâtiment dans sa terre de Tusculum.

Antidote fut élève d'Euphranor. Il y a de lui à Athènes un combattant armé d'un bouclier, un lutteur et un joueur de flûte, qui est au nombre des ouvrages les plus renommés.

Il fut plus exact que fécond. Son coloris était 7 sévère. Sa principale gloire est son élève Nicias, Athénien. Celui-ci peignit très-bien les femmes. Il observa la lumière et les ombres, et s'appliqua surtout à faire ressortir les figures hors du tableau. Ses ouvrages sont : une Némée, apportée d'Asie à Rome par Silanus, et placée, comme nous l'avons dit (xxxv, 10), dans le sénat; un Bacchus, dans le temple de la Concorde; un Hyacinthe, qu'Auguste, charmé de ce tableau, rapporta après la prise d'Alexandrie, et qui pour cette raison a été consacré dans son temple par l'empereur Tibère; enfin, une Diane. A Éphèse est le tombeau de Mégabyse, prêtre de Diane (xxxv, 36,30); à Athènes, la Nécromancie, décrite par Homère (*Od.*, iv). Nicias refusa de vendre ce dernier 8 tableau au roi Attale pour le prix de 60 talents (285,200 fr.); et il aima mieux en faire présent à sa patrie, riche qu'il était. Il a fait de grands tableaux; de ce nombre : Calypso, Io, Andromède, un très-bel Alexandre, qui est dans les portiques de Pompée, et une Calypso assise. A ce

---

ostendere vellet, adversum eum pinxit, non transversum : et abunde intelligitur amplitudo. Dein quum omnes, quæ volunt eminentia videri, candicanti faciant colore, quæ condunt, nigro : hic totum bovem atri coloris fecit, umbræque corpus ex ipsa dedit, magna prorsus arte in æquo exstantia ostendens, et in confracto solida omnia. Sicyone et hic vitam egit, diuque fuit illa patria picturæ. Tabulas inde e publico omnes propter æs alienum civitatis addictas, Scauri ædilitas Romam transtulit.

4 Post eum eminuit longe ante omnes Euphranor Isthmius, olympiade centesima quarta, idem qui inter fictores dictus est a nobis. Fecit et colossos, et marmorea, ac scyphos scalpsit, docilis ac laboriosus ante omnes, et in quocumque genere excellens, ac sibi æqualis. Hic primus videtur expressisse dignitates heroum, et usurpasse symmetriam. Sed fuit in universitate corporum exilior, capitibus articulisque grandior. Volumina quoque composuit de 5 symmetria et coloribus. Opera ejus sunt, equestre prælium, duodecim dii : Theseus, in quo dixit, eumdem apud Parrhasium rosa pastum esse, suum vero carne. Nobiles ejus tabulæ Ephesi, Ulysses simulata vesania bovem cum equo jungens : et palliati cogitantes : dux gladium condens.

6 Eodem tempore fuit et Cydias, cujus tabulam Argonautas H-S cxliv Hortensius orator mercatus est, eique ædem fecit in Tusculano suo.

Euphranoris autem discipulus fuit Antidotus. Hujus est clypeo dimicans Athenis, et luctator, tibicenque inter pauca laudatus.

Ipse diligentior, quam numerosior, et in coloribus se- 7 verus, maxime inclaruit discipulo Nicia Atheniensi, qui diligentissime mulieres pinxit. Lumen et umbras custodivit, atque ut eminerent e tabulis picturæ, maxime curavit. Opera ejus, Nemea advecta ex Asia Romam a Silano, quam in curia diximus positam. Item Liber pater in æde Concordiæ : Hyacinthus, quem Cæsar Augustus delectatus eo secum deportavit Alexandria capta : et ob id Tiberius Cæsar in templo ejus dicavit hanc tabulam : et Diana. Ephesi vero est Megabyzi sacerdotis Ephesiæ Dianæ sepulcrum : Athenis Necromantia Homeri. Hanc 8 vendere noluit Attalo regi talentis sexaginta, potiusque patriæ suæ donavit, abundans opibus. Fecit et grandes picturas, in quibus sunt Calypso, et Io, et Andromeda : Alexander quoque in Pompeii porticibus præcellens, et Calypso sedens. Huic eidem adscribuntur quadrupedes. Prosperrime canes expressit. Hic est Nicias, de quo dicebat Praxiteles interrogatus, quæ maxime opera sua probaret in marmoribus. quibus Nicias manum admovisset :

même peintre (129) on attribue des quadrupèdes. Il a très-heureusement représenté les chiens. C'est ce Nicias au sujet de qui Praxitèle, interrogé lesquels de ses marbres lui plaisaient le plus, répondit : « Ceux où Nicias a mis la main, » tant il estimait son vernis. On ne sait trop si c'est celui-ci, ou un autre de même nom, qu'on place dans la cent douzième olympiade.

9 On compare, on préfère même jusqu'à un certain point à Nicias Athénion de Maronée (IV, 18, 3), élève de Glaucion de Corinthe. Son coloris était plus austère; et, avec cette austérité, plus agréable; en sorte qu'on voit par sa peinture combien il était savant dans son art. Il peignit, dans le temple d'Éleusis, Phylarque; à Athènes, une assemblée de famille qu'on nomme Syngénicon; un Achille déguisé en fille et reconnu par Ulysse, tableau à six personnages; et, ce qui a le plus contribué à sa célébrité, un palefrenier avec un cheval. S'il n'était pas mort jeune, nul ne lui serait comparable.

10 Le Macédonien Héraclide a aussi un nom. D'abord il peignit des vaisseaux; il se retira, le roi Persée ayant été pris, à Athènes, où était à la même époque Métrodore, à la fois peintre et philosophe, et très-renommé dans la peinture et la philosophie. Le vainqueur de Persée, Paul-Émile, ayant demandé aux Athéniens de lui envoyer le philosophe le plus estimé pour l'éducation de ses enfants, et un peintre pour peindre son triomphe, ils choisirent Métrodore, déclarant qu'il était éminemment propre à remplir cette double tâche, ce que Paul-Émile trouva
11 effectivement. Timomaque de Byzance, du temps de César, peignit un Ajax et une Médée, qui ont été placés par le dictateur dans le temple de Vénus Génitrix, et payés 80 talents (393,600 fr.) (M. Varron évalue le talent attique à 6,000 deniers). On vante encore de Timomaque Oreste, Iphigénie en Tauride, Lecythien, maître de voltige; une famille noble; deux hommes en manteau, se disposant à parler, l'un debout, l'autre assis. Cependant c'est dans sa Gorgone que l'art paraît l'avoir particulièrement favorisé.

Aristolaüs, fils (130) et disciple de Pausias, fut 12 au nombre des peintres les plus sévères. On a de lui : Épaminondas, Périclès, Médée, la Vertu, Thésée, l'image du peuple athénien, un sacrifice de bœufs. Il y en a qui estiment aussi Nicophanes (131), élève du même Pausias, pour une exactitude sentie des seuls artistes. Du reste, il était dur dans son coloris, et donnait beaucoup dans le jaune (le sil; XXXIII, 56). Quant à Socrate, ses tableaux plaisent avec raison à tout le monde. Tels sont : Esculape avec ses filles, Hygie, Æglé, Panacée, et Iaso; et son Paresseux, qu'on appelle Ocnos : il fait une corde qu'un âne ronge à mesure.

Jusqu'ici j'ai cité les artistes les plus excel- 13 lents dans l'un ou l'autre genre; mais je ne passerai pas sous silence ceux du second rang. Aristoclidès a peint le temple d'Apollon à Delphes. Antiphile est renommé pour un jeune garçon soufflant un feu qui éclaire et l'appartement, d'ailleurs fort beau, et le visage de l'enfant; pour un atelier de fileuses en laine, où des femmes se hâtent toutes d'achever leur tâche; pour une chasse du roi Ptolémée, mais surtout pour un très-beau Satyre couvert d'une peau de panthère, et qu'on nomme Aposcopeuon (épiant); Aristophon, pour Ancée, blessé par le sanglier, et Astypale, compagne de sa douleur; et pour (132)

---

tantum circumlitioni ejus tribuebat. Non satis discernitur, alium eodem nomine, an hunc eumdem quidam faciant olympiade centesima duodecima.

9 Niciæ comparatur, et aliquanto præfertur Athenion Maronites, Glaucionis Corinthii discipulus, et austerior colore, et in austeritate jucundior, ut in ipsa pictura eruditio eluceat. Pinxit in templo Eleusine Phylarchum, et Athenis frequentiam, quam vocavere Syngenicon. Item Achillem virginis habitu occultatum, Ulysse deprehendente, et in una tabula, sex signa; quaque maxime inclaruit, agasonem cum equo. Quod nisi in juventa obiisset, nemo ei compararetur.

10 Est nomen et Heraclidi Macedoni. Initio naves pinxit ; captoque rege Perseo Athenas commigravit, ubi eodem tempore erat Metrodorus pictor, idemque philosophus, magnæ in utraque scientia auctoritatis. Itaque quum L. Paulus devicto Perseo petisset ab Atheniensibus, ut sibi quam probatissimum philosophum mitterent ad erudiendos liberos, itemque pictorem ad triumphum excolendum. Athenienses Metrodorum elegerunt, professi eumdem in utroque desiderio præstantissimum : quod ita Paulus quoque judicavit. Timomachus Byzantius Cæsaris dictatoris ætate Ajacem et Medeam pinxit, ab eo in Veneris Genetricis æde positas, octoginta talentis venumdatas.

Talentum Atticum x. vi taxat M. Varro. Timomachi æque laudantur Orestes, Iphigenia in Tauris, Lecythion agilitatis exercitator, cognatio nobilium : palliati, quos dicturos pinxit, alterum stantem, alterum sedentem. Præcipue tamen ars ei favisse in Gorgone visa est.

Pausiæ filius et discipulus Aristolaus e severissimis 12 pictoribus fuit : cujus sunt, Epaminondas, Pericles, Medea, Virtus, Theseus : imago Atticæ plebis, boum immolatio. Sunt quibus et Nicophanes ejusdem Pausiæ discipulus placeat diligentia, quam intelligunt soli artifices, alias durus in coloribus, et sile multus. Nam Socrates jure omnibus placet. Tales sunt, cum Æsculapio filiæ, Hygia, Ægle, Panacea, Iaso, et piger, qui appellatur Ocnos, spartum torquens, quod asellus arrodit.

Hactenus indicatis in genere utroque proceribus, non 13 sileantur et primis proximi. Aristoclides, qui pinxit ædem Apollinis Delphis. Antiphilus puero ignem conflante laudatus, ac pulchra alias domo splendescente, ipsiusque pueri ore : item lanificio, in quo properant omnium mulierum pensa : Ptolemæo venante. Sed nobilissimo Satyro cum pelle pantherina, quem Aposcopeuonta appellant. Aristophon Anceo vulnerato ab apro, cum socia doloris Astypale : numerosaque tabula, in qua sunt Priamus, Helena, Credulitas, Ulysses, Deiphobus, Do-

un tableau à beaucoup de personnages, où sont Priam, Hélène, la Crédulité, Ulysse, Déiphobe, la Ruse. Androbius a peint Scyllis coupant les ancres de la flotte des Perses; Artémon, une Danaé qu'admirent des brigands, la reine Stratonice, Hercule et Déjanire : mais ses plus beaux ouvrages sont, dans les portiques d'Octavie, Hercule dépouillé sur le mont Œta, en Doride, de ce qu'il avait de mortel, et entrant au ciel du consentement des dieux; et l'aventure de Laomédon avec Hercule et Neptune. Alcimaque a peint Dioxippe vainqueur dans le pancrace à Olympie, sans poussière, en grec aconiti. Cœnus a peint des écussons (133).

15 Ctésiloque, élève d'Apelle, s'est rendu célèbre par une peinture burlesque représentant Jupiter accouchant de Bacchus, ayant une mitre en tête et criant comme une femme, au milieu des déesses qui font l'office d'accoucheuses; Cléon, par un Cadmus; Ctésidème, par la prise d'Œchalie, et par une Laodamie. Clésidès est connu par un tableau injurieux pour la reine Stratonice : cette princesse ne lui ayant pas fait une réception honorable, il la peignit se roulant avec un pêcheur qui passait pour être son amant. Il exposa ce tableau dans le port d'Éphèse, et s'enfuit à toutes voiles. La reine ne voulut pas qu'on enlevât le tableau, à cause de l'extrême ressemblance des deux figures. Cratinus (134) a peint des comédiens à Athènes, dans le Pompion.

16 Il y a d'Eutychidès une Victoire conduisant un char à deux chevaux. Eudore s'est fait remarquer par une décoration de théâtre; il a fait aussi des figures de bronze.

Hippus (135) est cité pour un Neptune et une Victoire. Habron a peint l'Amitié, la Concorde, et des figures de dieux. Léontiscus a représenté Aratus vainqueur, avec un trophée, et une joueuse de lyre; Léon, une Sapho.

Néarque (136) a fait une Vénus entre les 17 Grâces et les Amours, un Hercule triste et repentant de son accès de fureur; Néalcès, une Vénus. C'était un artiste ingénieux et inventif : peignant une bataille navale entre les Égyptiens et les Perses, et voulant faire comprendre qu'elle se livrait dans le Nil, dont l'eau est semblable à celle de la mer, il fit voir par un emblème ce que l'art ne pouvait rendre, en peignant sur la rive un âne qui boit, et un crocodile qui le guette.

Œnias a peint une assemblée de famille. 18

Philiscus a peint l'atelier d'un peintre, où un enfant souffle le feu; Phalérion, une Scylla.

Simonide a fait Agatharchus et Mnémosyne.

Simus est auteur d'un jeune homme se reposant, d'une boutique de foulon (137), d'un personnage célébrant la grande fête de Minerve, et d'une Némésis excellente.

Théodore (138) est auteur : d'un homme faisant des onctions; du meurtre de Clytemnestre et d'Égisthe par Oreste; de la guerre de Troie en une suite de tableaux, qui sont à Rome dans le portique de Philippe; d'une Cassandre, qui est dans le temple de la Concorde; de Léontium, maîtresse d'Épicure, dans l'attitude de la méditation; enfin du roi Démétrius; Théon, d'un Oreste furieux, de Thamyras le joueur de lyre; Tauriscus, d'un Discobole, d'une Clytemnestre, d'un petit dieu Pan, de Polynice redemandant son royaume, et de Capanée.

En parlant de ces artistes, il ne faut pas ou- 20 blier un fait remarquable : Érigonus, broyeur de couleurs pour le peintre Néalcès, fit lui-même

---

lus. Androbius pinxit Scyllin ancoras Persicæ classis præcidentem. Artemon Danaen, mirantibus eam prædonibus : reginam Stratonicen, Herculem et Dejaniram : nobilissimas autem, quæ sunt in Octaviæ operibus : Herculem ab Œta monte Doridos exuta mortalitate consensu deorum in cælum euntem : Laomedontis circa Herculem et Neptunum historiam. Alcimachus Dioxippum, qui pancratio Olympia citra pulveris iactum (quod vocant aconiti) vicit : Cœnus stemmata.

15 Ctesilochus Apellis discipulus petulanti pictura innotuit, Jove Liberum parturiente depicto mitrato, et muliebriter ingemiscente inter obstetricia dearum : Cleon Cadmo : Ctesidemus Œchaliæ expugnatione, et Laodamia. Clesides reginæ Stratonices injuria. Nullo enim honore exceptus ab ea, pinxit volutantem cum piscatore, quem reginam amare sermo erat : eamque tabulam in portu Ephesi proposuit : ipse velis raptus est. Regina tolli vetuit, utriusque similitudine mire expressa. Cratinus comœdos Athenis in Pompio pinxit.

16 Eutychidis bigam regit Victoria. Eudorus scena spectatur : idem et ex œre signa fecit.

Hippus, Neptuno et Victoria. Habron Amicitiam et Concordiam pinxit, et deorum simulacra. Leontiscus Aratum victorem cum tropæo : psaltriam. Leon Sappho.

Nearchus Venerem inter Gratias et Cupidines : Hercu- 17 lem tristem insaniæ pœnitentia. Nealces Venerem, ingeniosus et solers in arte. Siquidem quum prælium navale Ægyptiorum et Persarum pinxisset, quod in Nilo, cujus aqua est mari similis, factum volebat intelligi, argumento declaravit, quod arte non poterat. Asellum enim in littore bibentem pinxit, et crocodilum insidiantem ei.

Œnias Syngenicon. 18

Philiscus officinam pictoris, ignem conflante puero. Phalerion Scyllam.

Simonides Agatharchum, et Mnemosynen. Simus juvenem requiescentem, officinam fullonis, Quinquatrus celebrantem : idemque Nemesin egregiam.

Theodorus inungentem : idem ab Oreste matrem et 19 Ægisthum interfici : bellumque Iliacum pluribus tabulis, quod est Romæ in Philippi porticibus : et Cassandram, quæ est in Concordiæ delubro : Leontium Epicuri cogitantem : Demetrium regem. Theon Orestis insaniam, Thamyram citharœdum. Tauriscus Discobolum, Clytæmnestram, Paniscum, Polynicen regnum repetentem, et Capanea.

Non omittetur inter hos insigne exemplum. Namque

tant de progrès, qu'il a eu à son tour un élève célèbre, Pasias, frère du statuaire Éginète. Mais ce qui est surtout curieux et digne de remarque, c'est qu'on admire plus que les productions terminées les derniers morceaux des artistes, ceux même qu'ils ont laissés imparfaits, comme l'Iris d'Aristide, les Tyndarides de Nicomaque, la Médée de Timomaque, et ce tableau d'Apelle dont nous avons déjà parlé, la Vénus. En effet, on y considère l'esquisse laissée et les pensées même de l'artiste; une certaine douleur intervient pour faire priser davantage le travail, et on regrette la main arrêtée par la mort dans l'exécution.

21 Il est encore des artistes qui, bien que loin d'être sans renom, ne peuvent cependant être nommés qu'en passant : Aristocydes (139), Anaxandre, Aristobule le Syrien; Arcésilaus, fils de Tisicrate (XXXIV, 19, 18 et 39); Corybas, élève de Nicomaque; Charmantidès (140), élève d'Euphranor; Dionysodorus (141), Colophonien, Diogènes (142), qui vécut avec le roi Démétrius; Euthymidès, Héraclide Macédonien, Milon (143) de Soles, élève du statuaire Phyromaque (144); Mnésithée, Sicyonien; Mnasitimus, fils et élève d'Aristonidas (XXXIV, 40); Nessus, fils d'Habron (XXXV, 36, 30; XXXV, 40, 16); Polémon Alexandrin, Théodore Samien et Stadiée, ces deux derniers élèves de Nicosthène; Xénon, Sicyonien, élève de Néoclès.

22 Des femmes aussi ont peint : Timarète, fille de Micon, a fait une Diane qui est à Éphèse, et qui appartient aux plus anciens monuments de la peinture; Irène, fille et élève du peintre Cratinus, une jeune fille qui est à Éleusis, Calypso, un vieillard, et le charlatan Théodore; Alcisthène, un danseur; Aristarète, fille et élève de Néarque,

un Esculape. Lala (145) de Cyzique, qui resta toujours fille, travailla à Rome, du temps de la jeunesse de M. Varron, tant au pinceau que sur l'ivoire au poinçon; elle fit surtout des portraits de femme : on a d'elle, à Naples, une vieille dans un grand tableau; elle fit aussi son propre portrait au miroir. Personne en peinture n'eut la 23 main plus prompte, avec tant d'habileté toutefois, que ses ouvrages se vendaient beaucoup plus cher que ceux des deux plus habiles peintres de portraits de son temps, Sopolis (146) et Dionysius, dont les tableaux remplissent les galeries. Une certaine Olympias peignit aussi : on ne sait d'elle autre chose, sinon qu'elle eut Autobulus pour élève.

XLI. Il est certain qu'il y avait anciennement 1 deux manières de peindre à l'encaustique (XXXV, 39), savoir, avec la cire, et sur l'ivoire avec le cestre ou poinçon. Elles furent les seules jusqu'à ce que l'on eût commencé à peindre les vaisseaux; alors fut ajoutée la troisième manière, que voici : on fond les cires au feu, et on emploie le pinceau, sorte de peinture qui, dans les vaisseaux, ne s'altère ni par le soleil, ni par l'eau salée, ni par les vents (147).

XLII. En Égypte on teint les étoffes par un 1 procédé fort singulier. Blanches d'abord, on les foule, puis on les enduit non de couleurs, mais de mordants, qui ainsi appliqués n'apparaissent pas sur les étoffes; alors on plonge celles-ci dans une chaudière de teinture bouillante, et on les retire un instant après entièrement teintes : ce qu'il y a de merveilleux, c'est que, n'y ayant qu'une seule couleur dans la chaudière, l'étoffe qui en sort est de différentes couleurs, suivant la nature des mordants; et ces couleurs ne peuvent plus être enlevées par le lavage. Ainsi la chau-

---

Erigonus tritor colorum Nealcæ pictoris in tantum ipse profecit, ut celebrem etiam discipulum reliquerit Pasiam, fratrem Æginetæ fictoris. Illud vero perquam rarum ac memoria dignum, etiam suprema opera artificum imperfectasque tabulas, sicut Irin Aristidis, Tyndaridas Nicomachi, Medeam Timomachi, et quam diximus, Venerem Apellis, in majori admiratione esse, quam perfecta. Quippe in iis lineamenta reliqua, ipsæque cogitationes artificum spectantur : atque in lenocinio commendationis dolor est : manus, quum id agerent, exstinctæ desiderantur.

21 Sunt etiam non ignobiles quidem, in transcursu tamen dicendi : Aristocydes, Anaxander, Aristobulus Syrus, Arcesilaus Tisicratis filius, Corybas Nicomachi discipulus, Charmantides Euphranoris, Dionysodorus Colophonius, Diogenes qui cum Demetrio rege vixit, Euthymides, Heraclides Macedo, Milon Soleus Phyromachi statuarii discipulus, Mnesitheus Sicyonius, Mnasitimus Aristonidæ filius et discipulus, Nessus Habronis filius, Polemon Alexandrinus, Theodorus Samius, et Stadieus, Nicosthenis discipuli : Xenon Neoclis discipulus Sicyonius.

22 Pinxere et mulieres : Timarete Miconis filia, Dianam in tabula, quæ Ephesi est antiquissimæ picturæ. Irene Cratini pictoris filia et discipula, puellam quæ est

Eleusine, Calypso, senem et præstigiatorem Theodorum : Alcisthene saltatorem : Aristarete Nearchi filia, et discipula, Æsculapium. Lala Cyzicena perpetuo virgo, Marci Varronis juventa, Romæ et penicillo pinxit, et cestro in ebore, imagines mulierum maxime, et Neapoli anum in grandi tabula : suam quoque imaginem ad speculum. Nec 23 ullius velocior in pictura manus fuit : artis vero tantum, ut multum manipretio antecederet celeberrimos eadem ætate imaginum pictores, Sopolim et Dionysium, quorum tabulæ pinacothecas implent. Pinxit et quædam Olympias : de qua hoc solum memoratur discipulum ejus fuisse Autobulum.

XLI. Encausto pingendi duo fuisse antiquitus genera 1 constat, cera, et in ebore, cestro, id est, viriculo, donec classes pingi cœpere. Hoc tertium accessit, resolutis igni ceris penicillo utendi, quæ pictura in navibus nec sole, nec sale, ventisque corrumpitur.

XLII. Pingunt et vestes in Ægypto inter pauca mira- 1 bili genere, candida vela postquam attrivere, illinentes non coloribus, sed colorem sorbentibus medicamentis. Hoc quum fecere, non apparet in velis : sed in cortinam pigmenti ferventis mersa, post momentum extrahuntur picta : mirumque, quum sit unus in cortina colos, ex illo alius atque alius fit in veste, accipientis medicamenti qualitate

XLIII. (xii.) En voilà assez et trop sur la peinture. Il convient maintenant de parler de l'art de modeler, ou plastique. Dibutades de Sicyone, potier de terre, fut le premier qui inventa, à Corinthe, l'art de faire des portraits avec cette même terre dont il se servait, grâce toutefois à sa fille : celle-ci, amoureuse d'un jeune homme qui partait pour un lointain voyage, renferma dans des lignes l'ombre de son visage projeté sur une muraille par la lumière d'une lampe; le père appliqua de l'argile sur ce trait, et en fit un modèle qu'il mit au feu avec ses autres poteries. On rapporte que ce premier type se conserva dans le Nymphæum jusqu'à la destruction (148) de Corinthe par Mummius (xxxiv, 3) (an de Rome 608).

2 D'autres prétendent que les premiers inventeurs de la plastique furent Rhœcus et Théodore, à Samos, longtemps avant l'expulsion des Bacchiades hors de Corinthe; que Démarate, qui s'enfuyait de cette ville, et qui, en Étrurie, donna le jour à Tarquin l'Ancien, roi du peuple romain, était accompagné des modeleurs Euchir, Diopus (149) et Eugramme, et que ces artistes transmirent la plastique à l'Italie. L'invention de Dibutades serait alors d'avoir mêlé de la rubrique à l'argile, ou d'avoir modelé avec de la terre rouge (150). Il fut aussi le premier qui plaça des figures sur le bord des toits; il les nomma d'abord prostypa (151) ( c'est-à-dire peu proéminentes ); puis le même artiste les fit proéminentes, ectypa. De là vinrent les ornements du faîtage des temples. C'est à cause de lui que les artistes en ce genre ont été appelés plastes.

XLIV. Le premier qui fit un portrait d'homme 1 avec du plâtre moulé sur le visage même, et qui redressa cette première image à l'aide de cire coulée dans le plâtre, fut Lysistrate de Sicyone, frère de Lysippe dont nous avons parlé (xxxiv, 19, 12). Ce fut lui aussi qui s'appliqua à rendre la ressemblance; avant lui, on ne s'étudiait qu'à faire les plus belles têtes possible. Le même artiste imagina, pour les statues, d'en faire le modèle (152); et cette idée eut tant de vogue, qu'on ne fit ni figure ni statue sans un modèle en argile; d'où il paraît que la statuaire en marbre est antérieure à l'art de couler le bronze (xxxvi, 4, 5).

XLV. Les modeleurs les plus célèbres ont été 1 Damophile et Gorgase, l'un et l'autre peintres également. Ils ont orné de leurs ouvrages dans ces deux genres le temple de Cérès à Rome, près du grand Cirque. Une inscription en vers grecs apprend (153) que les ouvrages de droite sont de Démophile, et ceux de gauche de Gorgase. Varron dit qu'avant la construction de ce temple tout était toscan (xxxiv, 16) dans les temples, et qu'en réparant celui-ci on scia les peintures qui étaient sur les murailles, et qu'on les encadra ; de plus, que les figures qui étaient sur le faîte furent dispersées. Chalcosthène fit à Athènes des 2 ouvrages en terre crue, dans le lieu qui, du nom de son atelier, est appelé Céramique. Varron rapporte avoir connu à Rome un nommé Posis, qui faisait des fruits et des raisins si ressemblants, qu'on ne pouvait, à la vue, les distinguer des fruits véritables. Le même auteur vante Arcésilaüs lié avec Lucius Lucullus (xxxv, 40, 2), et dont

---

mutatus. Nec postea ablui potest : ita cortina non dubie confusura colores, si pictos acciperet, digerit ex uno, pingitque dum coquit. Et adustæ vestes firmiores fiunt, quam si non urerentur.

1 XLIII. (xii.) De pictura satis superque : contexuisse his et plasticen conveniat. Ejusdem opere terræ fingere ex argilla similitudines, Dibutades Sicyonius figulus primus invenit Corinthi, filiæ opera : quæ capta amore juvenis, illo abeunte peregre, umbram ex facie ejus ad lucernam in pariete lineis circumscripsit : quibus pater ejus impressa argilla typum fecit, et cum ceteris fictilibus induratum igni proposuit : eumque servatum in Nymphæo, donec Corinthum Mummius everterit, tradunt.

2 Sunt qui in Samo primos omnium plasticen invenisse Rhœcum et Theodorum tradant, multo ante Bacchiadas Corintho pulsos. Demaratum vero ex eadem urbe profugum, qui in Etruria Tarquinium Priscum regem populi romani genuit, comitatos fictores Euchira, Diopum et Eugrammum : ab iis Italiæ traditam plasticen. Dibutadis inventum est, rubricam addere, aut ex rubra creta fingere : primusque personas tegularum extremis imbricibus imposuit, quæ inter initia prostypa vocavit. Postea idem ectypa fecit. Hinc et fastigia templorum orta : propter hunc plastæ appellati.

XLIV. Hominis autem imaginem gypso e facie ipsa 1 primus omnium expressit, ceraque in eam formam gypsi infusa emendare instituit Lysistratus Sicyonius, frater Lysippi, de quo diximus. Hic et similitudinem reddere instituit : ante eum, quam pulcherrimas facere studebant. Idem et de signis effigies exprimere invenit : crevitque res in tantum, ut nulla signa, statuæve, sine argilla fierent. Quo apparet antiquiorem hanc fuisse scientiam quam fundendi æris.

XLV. Plastæ laudatissimi fuere Damophilus et Gor- 1 gasus, iidemque pictores : qui Cereris ædem Romæ ad Circum maximum utroque genere artis suæ excoluerunt, versibus inscriptis græce, quibus significarent a dextra opera Damophili esse, ab læva Gorgasi. Ante hanc ædem Tuscanica omnia in ædibus fuisse, auctor est M. Varro. Ex hac, quum reficeretur, crustas parietum excisas tabulis marginatis inclusas esse : item signa ex fastigiis dispersa. Fecit et Chalcosthenes cruda opera Athenis, 2 qui locus ab officina ejus Ceramicos appellatur. M. Varro tradit sibi cognitum Romæ Posim nomine, a quo facta poma et uvas, ut non posses adspectu discernere a veris. Idem magnificat Arcesilaum, Lucii Luculli familiarem, cujus proplasmata pluris venire solita artificibus ipsis,

les modèles se vendaient d'ordinaire plus cher aux artistes eux-mêmes que les ouvrages des autres.

3 Il ajoute que ce modeleur exécuta une Vénus Génitrix qui est dans le forum de César, mise en place avant d'être achevée, tant on avait hâte de la dédier; que (154) ce même artiste convint avec Lucullus de faire, pour 60,000 sesterces (12,600 fr.), une figure de la Félicité, figure dont on fut privé par la mort de l'un et de l'autre; qu'Octave, chevalier romain, voulant faire faire une coupe, Arcésilaüs lui en vendit le modèle en plâtre un talent (4,920 fr.). Varron loue encore Pasitélès, qui disait la plastique mère de la ciselure, de la statuaire et de la sculpture, et qui, bien qu'excellent dans tous ces arts, n'exécuta jamais rien qu'il n'eût d'abord modelé. En outre, il dit que l'art de modeler fut cultivé en Italie et surtout en Étrurie, et que de Frégelles fut appelé Turianus (155), avec qui Tarquin l'Ancien fit marché pour la figure de Jupiter, qui

4 devait être consacrée dans le Capitole; que ce Jupiter était d'argile, et que pour cette raison on était dans l'habitude de le peindre en minium (XXXIII, 36); que le quadrige placé sur le faîte de ce temple, et dont nous avons souvent parlé, était d'argile; que le même artiste a exécuté l'Hercule qui porte encore aujourd'hui à Rome le nom de la matière dont il est fait. Telles étaient dans ce temps les plus belles statues des dieux; et Rome n'a pas à se plaindre de ceux qui ont adoré des divinités d'argile : l'or et l'argent, ils ne le travaillaient pas même pour les dieux.

1 XLVI. Il reste (156) en plusieurs lieux de tels simulacres. A Rome et dans les municipes on voit encore de nombreux faîtes de temple d'un travail admirable, et, en raison de l'art et de la longue durée, plus respectables que l'or, ou du moins plus purs. Aujourd'hui même, au milieu de nos richesses, dans les sacrifices on offre les premières libations, non dans des vases murrhins ou de cristal, mais dans des simpules (157) (petites coupes). Oui, la bienfaisance de la terre paraîtra inexprimable à quiconque en appréciera tous les détails. Sans même parler des céréales, du vin, des fruits, des herbes, des arbustes, des médicaments, des métaux, présents qu'elle nous prodigue et dont nous avons déjà traité, la poterie seule, à cause du perpétuel emploi qu'on en fait, satisferait nos exigences : tonneaux pour contenir les vins, tuyaux pour conduire les eaux, boules creuses faites en mamelon pour les bains, briques simples et briques doubles pour soutenir les toits; usages en raison desquels le roi Numa établit un septième collége pour les ouvriers en terre. Quelques-uns même ont mieux aimé être 2 enterrés en des cercueils de terre cuite, par exemple M. Varron, à la pythagoricienne, avec des feuilles de myrte, d'olivier et de peuplier noir. La majeure partie du genre humain se sert de vases de terre. On cite la poterie de Samos comme excellente pour la vaisselle de table. La même vogue appartient à Arretium en Italie, 3 et, pour les gobelets seulement, à Surrentum, à Asta, à Pollentia, à Sagonte en Espagne, à Pergame en Asie. La ville de Tralles en Asie (158), et en Italie celle de Modène, donnent aussi leur nom à leurs poteries en terre; car ce genre de produits rend célèbres des localités, et les fabriques à roue qui ont du renom expédient leurs ouvrages de tous côtés, par terre et par mer. A Érythres, dans un temple, on montre aujourd'hui encore deux amphores consacrées, à cause du peu d'épaisseur de leurs parois. Elles sont dues au défi entre un maître et son élève, à

---

3 quam aliorum opera. Ab hoc factam Venerem Genetricem in foro Cæsaris, et priusquam absolveretur, festinatione dedicandi positam. Eidem a Lucullo H-S. lx signum Felicitatis locatum, cui mors utriusque inviderit. Octavio equiti romano cratera facere volenti, exemplar e gypso factum talento. Laudat et Pasitelem, qui plasticen matrem statuariæ, scalpturæque, et cælaturæ esse dixit : et quum esset in omnibus his summus, nihil umquam fecit, antequam finxit. Præterea elaboratam hanc artem Italiæ, et maxime Etruriæ : Turianumque a Fregellis accitum, cui locaret Tarquinius Priscus effigiem Jovis in Capitolio
4 dicandam. Fictilem eum fuisse, et ideo miniari solitum : fictiles in fastigio templi ejus quadrigas, de quibus sæpe diximus. Ab hoc eodem factum Herculem, qui hodieque materiæ nomen in Urbe retinet. Hæ enim tum effigies deum erant laudatissimæ. Nec pœnitet nos illorum, qui tales deos coluere. Aurum enim et argentum ne diis quidem conficiebant.

1 XLVI. Durant etiamnum plerisque in locis talia simulacra. Fastigia quidem templorum etiam in Urbe crebra, et municipiis, mira cælatura, et arte ævique firmitate sanctiora auro, certe innocentiora. In sacris quidem etiam inter has opes hodie non murrhinis crystallinisve, sed fictilibus prolibatur simpulis. Inenarrabili terræ benignitate, si quis singula æstimet : etiam ut omittantur in frugum, vini, pomorum, herbarum, fruticum, medicamentorum, metallorum generibus, beneficia ejus, quæ adhuc diximus : vel assiduitate satiant figlinarum opera, doliis ad vina excogitatis, ad aquas tubulis, ad balineas mammatis, ad tecta coctilibus laterculis frontatisque : ob quæ Numa rex septimum collegium figulorum instituit. Quin et defunctos sese multi fictilibus solis condi 2 maluere : sicut M. Varro, Pythagorico modo, in myrti et oleæ atque populi nigræ foliis. Major quoque pars hominum terrenis utitur vasis. Samia etiamnum in esculentis laudantur. Retinet hanc nobilitatem et Arretium in Italia : et calicum tantum, Surrentum, Asta, Pollentia : in Hispania Saguntum, in Asia Pergamum. Habent et 3 Tralles ibi opera sua, Mutina in Italia : quoniam et sic gentes nobilitantur. Hæc quoque per maria terrasque ultro citroque portantur, insignibus rotæ officinis. Erythris in templo hodieque ostenduntur amphoræ duæ propter tenuitatem consecratæ, discipuli magistrique certamine, uter tenuiorem humum duceret. Cois laus maxima : Adrianis

qui ferait en terre le vase le plus mince. Les vases de Cos sont les plus beaux, ceux d'Adria les plus solides. Il y a eu à propos de ces vases quelques exemples de sévérité : nous lisons que Q. Coponius fut condamné pour brigue, parce qu'il avait gratifié d'une amphore à vin celui qui avait droit de porter le suffrage. Faisons intervenir le luxe même pour accorder quelque autorité à la poterie : le tripatinum (159) était, d'après Fénestella, le plus haut degré du faste en fait de festins; or, ce tripatinum consistait en un plat de murènes, un plat de poissons appelés loups (bars), et un plat de poissons appelés myxons (XXXII, 25); les mœurs penchant déjà vers leur déclin, préférables cependant encore à 4 celles des philosophes de la Grèce. En effet, on rapporte que les héritiers d'Aristote vendirent à l'encan soixante-dix plats. J'ai dit (160), en parlant des oiseaux (X, 72), qu'un seul plat de l'acteur tragique Ésope lui fut vendu 100,000 sesterces (21,000 fr.) : je ne doute pas que le lecteur ne se soit indigné à ce récit, mais c'était peu de chose. Vitellius, empereur, fit faire, au prix d'un million de sesterces, un plat pour lequel il avait fallu construire un four en rase campagne; ainsi donc le luxe en vint à cet excès, de payer plus cher un vase de terre qu'un vase murrhin. C'est à cause de ce plat que Mucianus, consul pour la seconde fois, reprocha dans un discours accusateur, à la mémoire de Vitellius, ces espèces d'étangs, plats non moins détestables que le plat empoisonné d'Asprénas, qui, selon l'accusation de Cassius Severus, donna la mort à cent trente 5 personnes (XXIII, 47). Ces ouvrages procurent de la célébrité à des villes aussi, par exemple Rhégium et Cumes. Les prêtres de la Mère des dieux, qu'on nomme Galles, se rendent eunuques avec un tesson de terre de Samos ; autrement ils mourraient des suites de l'opération, si nous en croyons M. Cælius, qui ajoute qu'il faudrait avec de tels tessons couper la langue à certains impudiques : reproche sanglant qui semblait d'avance s'appliquer à ce même Vitellius. Que n'a pas imaginé l'industrie ? On utilise les pots cassés, de telle façon que, pilés et avec addition de chaux, ils deviennent plus solides et plus durables, sorte d'ouvrages dits de Signia; on a même appliqué cette préparation au carrelage des appartements.

XLVII. (XIII.) Mais la terre fournit encore 1 d'autres ressources. Qui, en effet, ne serait émerveillé de voir la partie la plus vile de la terre, celle que pour cela on appelle poussière sur les collines de Pouzzoles, être opposée aux flots de la mer, et, aussitôt après l'immersion, devenir une seule et même pierre inattaquable aux eaux, et durcissant de jour en jour, surtout si on y mêle du ciment de Cumes ? Une terre de sembla- 2 ble propriété se trouve dans le territoire de Cyzique ; là c'est non pas une poussière, mais la terre même, que l'on coupe par blocs de toutes grosseurs : plongée dans la mer, on l'en retire ayant la dureté de la pierre. Même chose se voit, dit-on, aux environs de Cassandrie ; et dans la fontaine de Gnide, qui est douce, la terre se pétrifie en huit mois. D'Orope jusqu'à Aulis, toute terre que la mer atteint se convertit en roche. Le sable le plus fin du Nil ne diffère pas beaucoup de la poussière pouzzolane. On s'en sert, non pour résister à la mer et briser le choc des flots, mais pour dompter le corps par les exercices de la palestre. C'est du moins pour cela que Patrobius, affranchi de l'empereur Néron, en faisait venir. De plus, je trouve que Léonnatus, Cratère

---

firmitas : nonnullis circa hoc severitatis quoque exemplis. Q. Coponium invenimus ambitus damnatum, quia vini amphoram dedisset dono ei, cujus suffragii latio erat. Atque ut luxu quoque aliqua contingat auctoritas figlinis, tripatinum, inquit Fenestella, appellabatur summa cœnarum lautitia. Una erat murænarum, altera luporum, tertia myxonis piscis, inclinatis jam scilicet moribus, ut tamen eos præferre Græciæ etiam philosophis possimus. 4 Siquidem in Aristotelis hæredum auctione LXX patinas venisse traditur. Nos quum unam Æsopi tragœdiarum histrionis in natura avium diceremus sestertiis C stetisse, non dubito indignatos legentes. At Hercules, Vitellius in principatu suo X sestertiis condidit patinam, cui faciendæ fornax in campis exædificata erat : quoniam eo pervenit luxuria, ut etiam fictilia pluris constent, quam murrhina. Propter hanc Mucianus altero consulatu suo, in conquestione, exprobravit patinarum paludes Vitellii memoriæ; non illa fœdiore, cujus veneno Asprenati reo Cassius Severus accusator objiciebat, interiisse CXXX con- 5 vivas. Nobilitantur iis oppida quoque, ut Rhegium et Cumæ. Samia testa Matris deum sacerdotes, qui Galli vocantur, virilitatem amputare, nec aliter citra perniciem, M. Cælio credamus, qui linguam sic amputandam objecit gravi probro, tamquam et ipse jam tunc eidem Vitellio malediceret. Quid non excogitavit ars ? fractis etiam testis utendo sic, ut firmius durent tusis calce addita, quæ vocant Signina. Quo genere etiam pavimenta excogitavit.

XLVII. (XIII.) Verum et ipsius terræ sunt alia com- 1 menta. Quis enim satis miretur, pessimam ejus partem, ideoque pulverem appellatum in Puteolanis collibus, opponi maris fluctibus : mersumque protinus fieri lapidem unum inexpugnabilem undis, et fortiorem quotidie, utique si Cumano misceatur cæmento ? Eadem est terræ natura 2 et in Cyzicena regione : sed ibi non pulvis, verum ipsa terra qualibet magnitudine excisa et demersa in mare, lapidea extrahitur. Hoc idem circa Cassandriam produnt fieri : et in fonte Gnidio dulci, intra octo menses terram lapidescere. Ab Oropo quidem Aulida usque quidquid terræ attingitur mari, mutatur in saxa. Non multum a pulvere Puteolano distat e Nilo arena tenuissimi sui parte, non ad sustinenda maria fluctusque frangendos, sed ad debellanda corpora palæstræ studiis. Inde certe Patrobio, Neronis principis liberto advehebatur. Quin et Leonnato, et Cratero, ac Meleagro Alexandri Magni ducibus

et Méléagre, généraux d'Alexandre le Grand, faisaient transporter de ce sable avec les autres provisions militaires; mais je n'en dirai pas (161) davantage là-dessus, non plus que sur ces préparations de cire et de terre que notre jeunesse emploie dans ses exercices, se fortifiant le corps, mais perdant la vigueur de l'âme.

1 XLVIII. (XIV.) Hé quoi! n'y a-t-il pas en Afrique et en Espagne des murailles de terre, dites murailles de forme, parce qu'on les jette en moule entre deux parois, plutôt qu'on ne les construit? Elles durent pendant des siècles, inattaquables à la pluie, au vent, au feu, et plus solides que tous les ciments. L'Espagne voit encore les guérites d'Annibal et les tours de terre (II, 73) placées sur le sommet des montagnes. Les glacis qu'on emploie pour fortifier les camps, et (162) les digues qu'on oppose à l'impétuosité des fleuves, sont aussi de cette matière. Qui ne sait que des parois en bois sont crépies en argile, et que des murs sont construits en brique crue?

1 XLIX. Les briques doivent être tirées non d'un sol sablonneux ou graveleux, encore moins d'un sol pierreux, mais d'un sol crayeux et blanc, ou contenant de la rubrique. Si l'on emploie une terre sablonneuse, au moin faut-il que ce soit du gravier mâle (XXXI, 28). Le printemps est la meilleure saison pour les façonner; elles se fendent, si on les travaille au solstice d'été. On ne les emploie dans les édifices que vieilles de deux ans; et même la matière dont on les fait doit avoir macéré avant d'être mise en œuvre. Il y a trois genres de brique : la lydienne, que nous employons, longue d'un pied et demi, large d'un pied (163); le tétradoron et le 2 pentadoron. Les anciens Grecs appelaient doron ce que nous appelons palme; et par suite ils appelaient doron aussi un don, parce que c'est la main (palma) qui le donne. Ainsi ces briques ont quatre et cinq palmes, d'après leur nom même. La largeur est la même. Les Grecs emploient la brique plus petite dans les constructions privées; la brique plus grande, dans les constructions publiques. A Pitane en Asie, et à Maxilla et Calentum, villes de l'Espagne ultérieure (164), on fait des briques qui, desséchées, flottent sur l'eau : la matière en est une pierre ponce, excellente quand on peut la pétrir. Les Grecs ont préféré les mu- 3 railles de brique partout où ils n'ont pas trouvé du silex à employer. En effet, les murailles de brique durent éternellement, quand elles sont bien d'aplomb. Aussi (165) avec les briques ont-ils construit des édifices publics et des palais pour les rois : à Athènes, le mur qui regarde le mont Hymette; à Patras, les temples de Jupiter et d'Hercule, entourés cependant de colonnes de pierre avec des architraves; à Tralles, le palais d'Attale; à Sardes, celui de Crésus, dont on a fait la Gérusie; à Halicarnasse, celui de Mausole, édifices qui subsistent encore. Muræna et 4 Varron, dans leur édilité, firent scier à Lacédémone une belle fresque peinte sur une muraille de brique; on la renferma dans des cadres de bois, et on la transporta à Rome pour orner les comices. La fresque, admirable par elle-même, fut encore plus admirée à cause du transport. En Italie aussi il y a des murs de brique, à Arretium et à Mévanie. A Rome on ne fait point de constructions de ce genre, parce qu'un mur d'un pied et demi ne porterait pas plus d'un étage; or, il est défendu qu'un mur mitoyen ait plus d'épaisseur, les règles de la mitoyenneté ne le permettant pas.

sabulum hoc portari cum reliquis militaribus commerciis reperio; plura de hac parte non dicturus, non Hercules magis, quam de terræ usu in ceromatis, quibus exercendo juventus nostra corpora, vires animorum perdidit.

1 XLVIII. (XIV.) Quid? non in Africa Hispaniaque ex terra parietes, quos appellant formaceos, quoniam in forma circumdatis utrimque duabus tabulis inferciuntur verius, quam instruuntur, ævis durant, incorrupti imbribus, ventis, ignibus, omnique cæmento firmiores? Spectat etiam nunc speculas Hannibalis Hispania, terrenasque turres jugis montium impositas. Hinc et cespitum natura, castrorum vallis accommodata, contraque fluminum impetus aggeribus. Illini quidem crates parietum luto, et lateribus crudis exstrui, quis ignorat?

1 XLIX. Lateres non sunt e sabuloso, neque arenoso, multoque minus calculoso ducendi solo : sed e cretoso et albicante, aut ex rubrica : vel si jam ex sabuloso, e masculo certe. Finguntur optime vere : nam solstitio rimosi fiunt. Ædificiis non nisi bimos probant. Quin et intritam ipsam eorum, prius quam fingantur, macerari oportet. Genera eorum tria : Lydion, quo utimur, longum sesquipedem, latum pedem : alterum tetradoron : tertium pentado-
2 ron. Græci enim antiqui doron palmum vocabant, et ideo dora munera, quia manu darentur. Ergo a quatuor et quinque palmis, prout sunt, nominantur. Eadem est latitudo. Minore in privatis operibus, majore in publicis utuntur in Græcia. Pitanæ in Asia, et in ulteriore Hispania, civitatibus Maxilva et Calento, fiunt lateres, qui siccati non merguntur in aqua. Sunt enim e terra pumicosa, quum subigi potest, utilissima. Græci, præterquam ubi e 3 silice fieri poterat structura, parietes lateritios prætulere. Sunt enim æterni, si ad perpendiculum fiant. Ideo et publica opera et regias domos sic struxere : murum Athenis, qui ad montem Hymettum spectat : Patris, ædes Jovis et Herculis, quamvis lapideas columnas et epistylia circumdarent : domum Trallibus regiam Attali : item Sardibus Crœsi, quam gerusian fecere : Halicarnassi, Mausoli : quæ etiam nunc durant. Lacedæmone quidem excisum la- 4 teritiis parietibus opus tectorium, propter excellentiam picturæ, ligneis formis inclusum, Romam deportavere in ædilitate, ad comitium exornandum, Muræna et Varro. Quum opus per se mirum esset, translatum tamen magis mirabantur. In Italia quoque lateritius murus Arretii et Mevaniæ est. Romæ non fiunt talia ædificia, quia sesquipedalis paries non plus quam unam contignationem tolerat : cautumque est, ne communis crassior fiat, nec intergerivorum ratio patitur.

L. (XV.) Hæc sint dicta de lateribus. In terræ autem

LIVRE XXXV.

s'emploie dans le bain; on prend deux parties de miel pour une d'alun. Il dissipe la mauvaise odeur et les sueurs des aisselles. On le prend en pilules pour guérir les affections de la rate et pour expulser le sang par l'urine. Incorporé au nitre et à la nielle (XX, 71), il guérit la gale.
4 Il est une espèce d'alun concret que les Grecs nomment schistos : il se divise en filaments blanchâtres; aussi quelques-uns lui ont-ils donné, de préférence, le nom de trichitis. On le tire de la pierre qui fournit le cuivre (174), et nommée chalcitis (XXXIV, 2); et c'en est une sorte d'exsudation coagulée en écume. Ce genre d'alun est moins siccatif, et il arrête moins (175) les humeurs nuisibles au corps. Mais en infusion, ou en application, il est très-utile pour les affections des oreilles. Si on le tient dans la bouche en l'humectant de salive, il est bon pour les ulcérations de cette partie, et pour les maux de dents. On l'incorpore utilement dans les médicaments destinés aux yeux, et aux parties génitales des
5 deux sexes. On le fait cuire dans des plats jusqu'à ce qu'il cesse d'être liquide. Il est un autre alun moins actif (176); on le nomme strongyle. Il en est de deux espèces : le fongueux, qui se dissout facilement dans tout liquide, et dont on ne fait aucun cas, et le poreux, qui vaut mieux. Celui-ci est percé de trous comme une éponge, de forme globuleuse, et approchant de l'alun blanc. Il a quelque chose de gras; il est sans gravier, friable, et ne noircissant pas les doigts. On le calcine seul sur des charbons, jusqu'à incinération com-
6 plète. Le plus actif de tous les aluns est celui qu'on appelle mélinum, à cause de l'île de Mélos, comme nous venons de dire. Aucun n'a plus de force pour resserrer, noircir et durcir; aucun n'est plus compacte. Il ôte les granulations des yeux. Calciné, il vaut mieux pour les fluxions oculaires; c'est de cette façon aussi qu'on l'emploie pour les affections prurigineuses. C'est un hémostatique, à l'intérieur (177) et à l'extérieur. Avec du vinaigre, en topique sur une partie qu'on a épilée, il change en un duvet doux le poil qui y renaît (178). La qualité générale des aluns est d'être astringents, d'où le nom qu'ils portent en grec; c'est pourquoi ils sont très-bons pour les affections des yeux. Avec de la graisse, l'alun arrête 7 les écoulements de sang; c'est ainsi qu'on l'emploie pour les ulcérations des enfants : de la même façon il réprime les ulcères putrides, et dessèche les éruptions chez les hydropiques. Avec le suc de grenade, il guérit les affections des oreilles, les aspérités des ongles, les duretés des cicatrices, les ptérygions, les engelures; avec le vinaigre ou avec la noix de galle, à dose égale et calcinée, les ulcères phagédéniques; avec le suc de chou, les lèpres; avec deux parties de sel, les affections serpigineuses; avec l'eau, les lentes et les autres animaux parasites des cheveux. Avec l'eau aussi, il est bon pour les brûlures; 8 avec la partie séreuse de la poix, pour les éruptions furfuracées. On le donne en lavement dans la dyssenterie; en gargarisme, il réprime la luette et les amygdales. Dans toutes les maladies pour lesquelles nous avons indiqué les autres espèces d'alun, on regarde comme plus efficace celui qui est apporté de Mélos. Nous venons de dire quelle est l'importance de cette substance pour ses applications à l'industrie, pour la préparation du cuir et des laines.

LIII. A la suite nous allons traiter isolément de toutes les espèces de terres qu'on emploie en mé-

---

inficiatur galla : ideoque hoc vocant paraphoron. Vis liquidi aluminis adstringere, indurare, rodere. Melle admixto sanat oris hulcera, papulas, pruritusque. Hæc curatio fit in balineis duabus mellis partibus, tertia aluminis. Virus alarum sudoresque sedat. Sumitur pilulis contra lienis vitia, pellendumque per urinam sanguinem. Emendat et 4 scabiem nitro ac melanthio admixtis. Concreti aluminis unum genus schiston appellant Græci, in capillamenta quædam canescentia dehiscens. Unde quidam trichitin potius appellavere. Hoc fit e lapide, ex quo et æs : chalcitin vocant : ut sit sudor quidam ejus lapidis in spumam coagulatus. Hoc genus aluminis minus siccat minusque sistit humorem inutilem corporibus. Sed auribus magnopere prodest infusum, vel illitum, vel oris hulceribus, dentibusque, si saliva cum eo contineatur. Et oculorum medicamentis inseritur apte, verendisque utriusque sexus.
5 Coquitur in patinis, donec liquari desinat. Inertioris est alterum generis, quod strongylen vocant. Duæ ejus species, fungosum atque omni humore dilui facile : quod in totum damnatur. Melius pumicosum, et foraminum fistulis spongiæ simile, rotundumque natura, candido propius : cum quadam pinguitudine, sine arenis, friabile, nec inficiens nigritia. Hoc coquitur per se carbonibus puris, donec cinis fiat. Optimum ex omnibus quod Melinum vocant ab insula 6 Melo, ut diximus. Nulli vis major neque adstringendi, neque denigrandi, neque indurandi. Nullum spissius. Oculorum scabritias extenuat : combustum utilius epiphoris inhibendis. Sic et ad pruritus corporis. Sanguinem quoque sistit intus potum, foris illitum. Vulsis pilis ex aceto illitum, renascentes mollit in lanuginem. Summa omnium generum vis in adstringendo : unde nomen Græcis. Ob id oculorum vitiis aptissima sunt. Sanguinis fluxiones inhibet cum adipe. Sic et infantium hulcera. Putrescentia hulce- 7 rum compescit cum adipe, et hydropicorum eruptiones siccat. Et aurium vitia cum succo punici mali : et unguium scabritias, cicatricumque duritias, et pterygia, ac perniones : phagedænas hulcerum ex aceto, aut cum galla, pari pondere cremata : lepras cum succo olerum : cum salis vero duabus partibus, vitia quæ serpunt: lendes et alia capillorum animalia, permixtum aquæ. Sic et ambustis prodest, et furfuribus corporum cum sero picis : infunditur et 8 dysentericis : uvam quoque in ore comprimit, ac tonsillas. Ad omnia, quæ in cæteris generibus diximus, efficacius intelligitur ex Melo advectum : nam ad reliquos usus vitæ in coriis lanisque perficiendis, quanti sit momenti, significatum est.

decine. (XVI.) On distingue deux terres de Samos, l'une nommée collyre, l'autre aster. Pour être estimée, la première doit être fraîche, légère, et collant à la langue; la seconde est plus compacte; elle est blanche. Toutes deux se brûlent et se lavent. Il en est qui préfèrent la première. Elles sont bonnes dans l'hémoptysie. On les incorpore dans les emplâtres siccatifs et dans les compositions ophthalmiques.

LIV. La terre d'Érétrie présente autant de différences : en effet il y en a une blanche et une cendrée; cette dernière est préférée en médecine. La bonne doit être molle, et si avec on trace une raie sur le cuivre, y laisser une marque violette. Les vertus et l'usage de cette terre en médecine ont été exposés à l'article des couleurs (XXXV, 21).

LV. Toutes les terres ( c'est ici le lieu où nous le dirons ) se lavent à grande eau et se sèchent au soleil; puis on les triture dans l'eau, ou les abandonne à elles-mêmes jusqu'à ce qu'elles se déposent et qu'on puisse en former des pains; on les fait cuire dans des creusets, qu'on agite souvent (179).

LVI. Parmi les substances médicamenteuses est la terre de Chios; elle est blanche, et a les mêmes propriétés que celle de Samos. On l'emploie surtout en cosmétique pour les femmes; de même la terre de Sélinonte. Celle-ci est d'une couleur laiteuse, et se délaye très-promptement dans l'eau. Délayée dans le lait, on l'emploie pour reblanchir les murailles. La pnigitis, très-semblable à la terre d'Érétrie, est seulement en masses plus grosses, et colle à la langue. Elle agit comme la terre cimolíée, moins énergiquement cependant. L'ampélitis ressemble beaucoup au bitume. On en reconnaît la bonté quand elle se fond dans l'huile comme la cire, et quand, grillée, elle garde sa couleur noire. Elle est émolliente et résolutive ; de plus, on l'incorpore aux médicaments, principalement à ceux qui ont pour objet d'embellir les paupières et de noircir les cheveux.

LVII. (XVII.) Il y a plusieurs genres de craies, parmi lesquels on compte deux terres cimolíées employées en médecine, l'une blanche, l'autre tirant sur le purpurissum (XXXV, 26). Toutes deux, humectées avec du vinaigre, résolvent les tumeurs et arrêtent les fluxions. Elles guérissent les panus et les parotides, et, en topique, les lichens et les pustules. Si on y ajoute de l'aphronitre, de l'huile de cyprus (180) (XII, 51) et du vinaigre, elles dissipent l'enflure des pieds : il faut faire ce traitement au soleil, et au bout de six heures laver la partie avec de l'eau salée. Avec de l'huile de cyprus et de la cire, elle est bonne pour les gonflements du testicule. La craie a aussi une vertu réfrigérante, et en liniment elle arrête les sueurs excessives; aussi, prise avec du vin, dans un bain, elle guérit les papules. On vante surtout celle de Thessalie. On en trouve dans la Lycie, près de la ville de Bubon. La terre cimolíée a encore un autre emploi, à savoir, pour les étoffes. Celle qu'on apporte de Sardaigne, et qu'on nomme sarde, n'est bonne que pour les tissus blancs; on ne s'en sert pas pour les étoffes de couleur. C'est la moins estimée de toutes les terres cimolíées. On estime davantage celle d'Ombrie et celle qu'on nomme roche. La roche a la propriété de grossir en trempant dans l'eau ; elle se vend au poids; la sarde, à la mesure. L'ombrique ne sert qu'à donner du lustre aux étoffes. Il ne sera pas hors de propos de dire quelques

---

LIII. Ab his per se omnia ad medicinas pertinentia terræ genera tractabimus. (XVI.) Samiæ duæ sunt, quæ collyrium, et quæ aster appellantur. Prioris laus, ut recens sit et levis, linguæque glutinosa : altera glebosior, candida : utraque uritur, ac lavatur. Sunt qui præferant priorem. Prosunt sanguinem exspuentibus : emplastrisque quæ siccandi causa componuntur, oculorum quoque medicamentis miscentur.

LIV. Eretria totidem differentias habet. Namque et alba est, et cinerea, quæ præfertur in medicina. Probatur mollitie, et quod, si ære perducatur, violaceum reddit colorem. Vis et ratio ejus in medendo dicta est inter pigmenta.

LV. Lavatur omnis terra ( in hoc enim loco dicemus) perfusa aqua siccataque solibus : iterum ex aqua trita ac reposita, donec considat, et digeri possit in pastillis. Coquitur in calycibus crebro concussis.

LVI. Est in medicaminibus et Chia terra candicans : effectus ejusdem, qui Samiæ. Usus ad mulierum maxime cutem : idem et Selinusiæ. Lactei coloris est hæc, et aqua dilui celerrima : eademque lacte diluta, et tectoriorum albaria interpoluntur. Pnigitis Eretriæ simillima est, grandioribus tantum glebis, et glutinosa : cui effectus idem qui Cimoliæ, infirmior tamen. Bitumini simillima est ampelitis; experimentum ejus, si ceræ modo accepto oleo liquescat, et si nigricans color maneat tostæ. Usus ad molliendum discutiendumque : ad hæc medicamentis additur, præcipueque in callilepharis et inficiendis capillis.

LVII. (XVII.) Cretæ plura genera. Ex iis Cimoliæ duo ad medicos pertinentia, candidum, et ad purpurissum inclinans. Vis utrique ad discutiendos tumores, et sistendas fluxiones aceto assumto. Panos quoque et parotidas cohibet : et lichenas illita, pusulasque. Si vero aphronitrum et cyprum adjicias et acetum, et podum tumores : ita ut in sole curatio hæc fiat, et post sex horas aqua salsa abluatur. Testium tumoribus cypro et cera addita prodest. Et refrigerandi quoque natura cretæ est : sudoresque immodicos sistit illita. Atque ita papulas cohibet ex vino assumta in balineis. Laudatur maxime Thessalica : nascitur et in Lycia circa Bubonem. Est et alius Cimoliæ usus in vestibus : nam Sarda, quæ affertur e Sardinia, candidis tantum assumitur, inutilis versicoloribus : et est vilissima omnium Cimoliæ generum : pretiosior Umbrica, et quam vocant saxum. Proprietas saxi, quod crescit in macerando : atque pondere emitur, illa mensura. Umbrica non

mots sur cet objet; car il existe la loi Métilia (181), relative aux foulons, et que les censeurs C. Flaminius et L. Æmilius firent porter par le peuple, tant nos ancêtres mettaient de soin à toutes 4 choses. Voici donc l'ordre des manipulations : D'abord on lave l'étoffe à l'aide de la sarde, puis on l'expose à une fumigation de soufre; ensuite on nettoie à la terre cimoliée les étoffes qui sont de bon teint (182). Les étoffes de mauvais teint se reconnaissent à l'action du soufre, qui les noircit, et en décompose la couleur. Quant aux couleurs solides et riches, la terre cimoliée les rend plus tendres, donne de l'éclat et de la fraîcheur à leurs nuances assombries par le soufre. La roche vaut mieux après le soufre pour les étoffes blanches; elle est ennemie des étoffes de couleur. En Grèce, au lieu de terre cimoliée, on se sert de gypse de Tymphée (IV, 3; XXXVI, 59).

1 LVIII. Il est une autre craie nommée argentaire (XVII, 4, 4), parce qu'elle rend l'éclat à l'argent. Il en est encore une autre de très-peu de valeur, avec laquelle nos ancêtres traçaient dans le cirque la ligne marque de la victoire, et blanchissaient les pieds des esclaves à vendre, amenés d'outre-mer (183); tels furent Publius, créateur de la scène mimique; Manilius Antiochus, son cousin, créateur de l'astronomie; et Stabérius Éros, créateur de la grammaire, que nos aïeux virent arriver tous trois par le même vaisseau. (XVIII.) Mais pourquoi citer ces noms, recom- 2 mandés du moins par un certain mérite littéraire? Tels Rome a vu dans le marché aux esclaves Chrysogonus, affranchi de Sylla; Amphion, de Q. Catulus; Héron, de L. Lucullus; Démétrius, de Pompée; Augé, affranchie de Démétrius, ou, comme on l'a cru aussi, de Pompée; Hipparque, affranchi de Marc-Antoine; Ménas et Ménécrate, de Sextus Pompée; et dans la suite bien d'autres qu'il est superflu d'énumérer, enrichis du (184) sang des Romains et des cruautés des proscriptions. La craie est la marque de 3 ces troupeaux d'esclaves à vendre, et l'opprobre de la fortune insolente. Nous les avons vus, ces hommes, tellement puissants que même les ornements prétoriens leur furent décernés par le sénat, sur l'ordre d'Agrippine, femme de l'empereur Claude; et peu s'en fallut qu'ils ne fussent renvoyés, avec les faisceaux ornés de lauriers aux lieux d'où ils étaient venus les pieds blanchis de craie.

LIX. (XIX.) Il y a encore des espèces de 1 terres particulières; nous en avons déjà parlé (V, 7; III, 11) : mais ici il faut en indiquer les qualités. La terre de l'île Galate, et des environs de Clupée en Afrique, tue les scorpions; celle des Baléares et d'Ébuse, les serpents.

---

nisi polieudis vestibus assumitur. Neque enim pigebit hanc quoque partem attingere, quum lex Metilia exstet fullonibus dicta, quam C. Flaminius, L. Æmilius censores 4 dedere ad populum ferendam : adeo omnia majoribus curæ fuere. Ergo ordo hic est : primum abluitur vestis Sarda, dein sulphure suffitur : mox desquamatur Cimolia, quæ est coloris veri. Fucatus enim deprehenditur, nigrescitque, et funditur sulphure. Veros autem et pretiosos colores emollit Cimolia, et quodam nitore exhilarat coutristatos sulphure. Candidis vestibus saxum utilius a sulphure, inimicum coloribus. Græcia pro Cimolia Tymphaico utitur gypso.

1 LVIII. Alia creta argentaria appellatur, nitorem argento reddens. Est et vilissima, qua circum præducere ad victoriæ notam, pedesque venalium trans maria advectorum denotare instituerunt majores : talemque Publium mimicæ scenæ conditorem, et astrologiæ consobrinum ejus Manilium Antiochum, item grammaticæ Staberium Erotem, eadem nave advectos videre proavi (XVIII.) Sed quid hos refero aliquo litterarum honore com- 2 mendatos? Talem in catasta videre Chrysogonum Syllæ, Amphionem Q. Catuli, Heronem L. Luculli, Demetrium Pompeii, Augenque Demetrii, quanquam et ipsa Pompeii credita est : Hipparchum M. Antonii, Menam et Menecratem Sex. Pompeii : aliosque deinceps, quos enumerare jam non est, sanguine Quiritium et proscriptionum licentia ditatos. Hoc est insigne venalitiis gregibus, opprobrium- 3 que insolentis fortunæ : quod et nos adeo potiri rerum vidimus, ut prætoria quoque ornamenta decerni a senatu, jubente Agrippina Claudii Cæsaris, viderimus libertis : tantumque non cum laureatis fascibus remitti illo, unde cretatis pedibus advenissent.

LIX. (XIX.) Præterea sunt genera terræ proprietatis suæ, 1 de quibus jam diximus : sed et hoc loco reddenda natura. Ex Galata insula, et circa Clupeam Africæ scorpiones necat : Balearis et Ebusitana serpentes.

# NOTES DU TRENTE-CINQUIÈME LIVRE.

(1) Instituti modo, nihil Vulg. — Instituto, modo nihil Bamb., Sillig.

(2) Delitentia Vulg. — Dilatantia Bamb. — Dilatata Ricc., Sillig. — L'adoption de *dilatata* est conseillée par M. Ian.

(3) Imaginum quidem pictura quam maxime similes in ævum propagabantur figuræ : quod in totum Vulg. — Imaginum quidem pictura qua maxime similes in deum (sic) propagabantur figuræ, in totum Bamb. (Sillig, in ævum ).

(4) Furisque Bamb., Brot., Sill. — Que om. Vulg.

(5) Tablina Vulg. — Tabulina Bamb.

(6) Limina domitarum gentium imagines Vulg. — Limina animorum ingentium imagines Bamb., Sillig.

(7) Ei fuerat Vulg. — Ei om. Bamb., Brot., Sillig.

(8) Siquidem non solum ex auro Vulg. — Si quidem non ex auro Bamb., Edit. Princeps, Sillig. — La négation ne me paraît pas admissible ; elle contredit le contexte même. Les manuscrits se partagent entre deux leçons : *non* et *non solum*. *Solum* semble être une correction suggérée par la difficulté de comprendre *non* ; *non*, à son tour, semble être une faute de copiste pour *nunc*. C'est du moins la conjecture (que j'adopte) de M. Ian, qui cite des exemples de confusion entre *non* et *nunc* dans les mss. mêmes de Pline.

(9) Traditi Vulg. — Traditos Bamb., Brot., Sillig.

(10) Amore Vulg. — Amorem Bamb.

(11) Voyez sur cette invention de Varron un mémoire de M. Deville ( *Examen d'un passage de Pline relatif à une invention de Varron*, dans *Précis analytique des travaux de l'Académie royale des sciences, belles-lettres et arts de Rouen*, année 1847 ). D'après ce savant, les portraits de Varron étaient gravés en relief sur une planche de métal ou autre matière, dans le système de notre gravure sur bois, dont les traits et le dessin sont réservés en relief. Les graveurs de médailles qui existaient à Rome à l'époque où écrivait Varron, et qui ont produit de si beaux types de monnaies que nous admirons encore, étaient tous trouvés sous sa main pour réaliser son invention. Ces portraits étaient figurés au simple trait ; c'est le moins qu'on puisse admettre. On peut croire, en s'autorisant de l'exemple du monnayage qui s'opérait, au temps de Varron, par la percussion au marteau ou à la main, que ce procédé était appliqué à la reproduction de ces images. A raisonner par analogie avec nos cachets antiques, la matière employée pour cette gravure devait être du bronze. Quant à la matière colorante servant à l'impression, M. Deville incline à croire qu'elle n'était autre que le minium, tant cette couleur était affectionnée par les anciens.

(12) Ut præsentes esse ubique et claudi possent Vulg. — Ut præsentes esse ubique credi possent Edit. Princeps.

(13) P. Servilio Bamb. — P. om. Vulg.

(14) Liberorum Vulg. — Liberum Bamb. — Turba Bamb., Gronov., et al. Editt. ante Hard.—Turba om. Vulg.

(15) Pugnatum est Bamb. — Est om. Vulg.

(16) Tulere Vulg. — Vexere Bamb.

(17) Aradices Bamb. — M. Keil, ib., p. 223, conjecture Aridices.

(18) Etiamnum hi Bamb., Brotier. — Hi om. Vulg.

(19) Hunc aut eodem nomine alium fuisse, quem tradit Vulg.—Hunc eodem nomine alium fuisse quam tradit Bamb.,

Sillig. M. Ian, réunissant les deux leçons, lit *quam quem*. J'ai suivi ici Bamb. ; mais il me paraît certain, quelque leçon qu'on prenne, que ce passage est impossible à concilier avec XXXV, 43, auquel Pline se réfère. Là il n'est plus question de Cléophante. M. Schultz (Jahn, *Ann.* XI, p. 77) propose de lire : *Hunc autem eumdem alio nomine*. Mais cela même ne remédie pas à la difficulté. Ou bien il faut admettre que Pline a complètement oublié sa promesse.

(20) Æde ea Bamb. — Ea om. Vulg.

(21) Titedius Bamb. — Titidius Ian, Sillig. — Antistius Vulg.

(22) Qu. Pedius... quum natura Vulg. — Cumque Pedius... natura Bamb. — M. Ian lit *quum Qu.*; ce que je suis.

(23) In illo Vulg. — In om. Bamb., Sillig.

(24) Res distraxisset, et Vet. Dalech. — Res distraxisset, et om. Vulg.

(24*) Les mss. portent $\overline{XIII}$, c'est-à-dire 3,000 deniers ; somme qui paraît bien exiguë. D'autres lisent 300,000 deniers, c'est-à-dire 246,000 fr.

(25) De his Bamb. — His om. Vulg.

(26) Metallis. Qui monochromata genera picturæ vocaverint Vulg. — Metallis. Qui mox neogrammataea genera picturæ vocantur Bamb. — M. Ian propose de lire : *metallis. Qui quæ monochromata genera picturæ vocantur* ; et il sous-entend *pinxerint*. Je pense qu'il faut supprimer *qui*, introduit facilement par erreur à cause du *qui* suivant, décomposer *mox neogrammataea* de Bamb. en *monochromata ea*, et prendre *vocantur* de ce même ms. Pline répète ce qu'il a déjà dit, XXXIII, 39 : *cinnabari veteres, quæ etiam nunc vocant monochromata, pingebant* ; et XXXV, 5 : *secundum singulis coloribus et monochromaton dictam*.

(27) Et quæ quibus temporibus invenerint Vulg. — Et quæ invenerint et quibus temporibus Bamb., Edit. Princeps, Brot.

(28) Postea deinde Bamb., Sillig. — Postea om. Vulg.

(29) Quem quia inter hoc et umbram Vulg. — Quod inter hæc et umbras Bamb.

(30) Inde nomen Vulg. — Inde om. Edit. Princ., Sillig.

(31) Ægilopas Vulg. — Egilopia Bamb.

(32) Renum Vulg. — Renium Bamb.

(33) Nascitur autem et in ferrariis metallis. XVI. Ex ea fit ochra exusta Vulg. — XVI. Nascitur autem et in ferrariis metallis ochra : ex ea fit exusta Cod. Tolet., Sillig.

(34) Est in incendio Bamb. — Est in om. Vulg.

(35) Nasci : inde nunc pervehuntur Vulg. — Nasci : sed inde non pervehuntur Bamb.

(36) Alii duo Bamb., Brot., Sillig. — Duo om. Vulg.

(37) Et fuligine Vulg. — E fuligine Bamb.

(38) Affirmant Vulg. — Affirment Bamb.

(39) Appellant Vulg. — Appellantes Bamb.

(40) Levatur Vulg. — Elevatur Bamb.

(41) Laudatur... purpuræ. Causa est Vulg. — Laudetur... purpuræ, causa est Bamb.

(42) X. X Vulg. — X. XX Bamb.

(43) Optimusque est, qui maxime vicinus Vulg. — Optimumque est, qui maxime vicinum Bamb., Editt. Vett.

(44) Et vilissimi Vulg. — E vilissimis Bamb.

(45) Et quod chrysocollam Vulg. — Quod om. Bamb.,

Edit. Princeps, Sillig. — Dicta sint Bamb., Sillig. — Dicta om. Vulg.

(46) Ex pictura Vulg. — In pictura Bamb.

(47) Investivit Vulg. — Occupavit Bamb., Sillig.

(48) Vel in Vulg. — Velut in Edit. Princeps, Brotier.

(49) Olympium, de Pline, désigne le temple de Jupiter Olympien d'après Sillig., *Catal. Art.*, p. 348, et Ian. D'après Hardouin, c'est Périclès, dit l'Olympien. Enfin, il faut remarquer que le ms. de Bamberg a *clypeum* au lieu d'*Olympium*, de sorte que, d'après cette leçon, il s'agirait de la peinture du bouclier de cette statue.

(50) A Candaule Bamb., Brotier. — A om. Vulg.

(51) Hygiemonen Vulg. — Hygiæmontem Editt. Vett. — M. Keil, ib., p. 103, préfère Hygiæmontem.

(52) Discrevit Vulg. — Discreverit Bamb., Sillig. — Excoluit Vulg. — Excoluerit Bamb., Sillig.

(53) Articulis etiam Vulg. — Etiam om. Bamb., Sillig.

(54) Cynegirum Vulg. — Cynægirum Bamb.

(55) Erillus Bamb. — Phrylus Vulg. — Filius Editt. Vett. — M. Keil, ib., p. 205, conjecture Perillus. Mais il n'y a rien à changer à la leçon de Bamb. : Ἤριλλος est dans Diog. Laert. 7, 37, 165.

(56) Nonagesima quarta Vulg. — XCIII Bamb., Brotier, Sillig.

(57) Bamb. a *loquamur*.

(58) M. Sillig a mis la soixante-dix-neuvième olympiade, appuyé sur certains mss. qui portent ce chiffre.

(59) Neseam Thasium Vulg. — Nese athasium (sic) Bamb. — De cette leçon M. Keil (ib, p. 224) conclut qu'il faut lire *Nesea Thasium* (Νησαέα, de Νησεύς).

(60) Versus Vulg. — Versum Bamb.

(61) Agragantinis Vulg. — Agrigentinis Brot. ex Codd. — Acragantinis Sillig. — Agragentinis Bamb.

(62) Est et Bamb. — Et om. Vulg.

(63) Deprehenditur tamen Zeuxis grandior Vulg. — Reprehenditur tamen ceo grandior Bamb.

(64) Advolaverit Vulg. — Advolassent Bamb.

(65) Constituit Vulg. — Contulit Bamb.

(66) Sublimitas Vulg. — Subtilitas Bamb.

(67) Confitentes. Alia multa graphidis Vulg. — La ponctuation que j'ai adoptée a été proposée par M. Ian.

(68) Volebat Vulg. — Debebat Cod. Monac., Sillig. — On a fait beaucoup de conjectures pour concevoir comment Parrhasius avait réussi. M. Quatremère de Quincy (*Recueil de dissertations archéologiques*) suppose un animal monstrueux à pattes et à corps d'oiseau portant plusieurs têtes, dont chacune avait un des caractères énoncés par Pline.

(69) Aliisque verbis Vulg. — Aliisque versibus Bamb. — C'est dans des vers rapportés par Athénée, XII, 543, que Parrhasius se surnommait Abrodiæte; c'est aussi dans des vers cités par le même auteur qu'il se déclarait le prince de la peinture.

(70) In omnibus ejus Vulg. — In unius hujus Bamb.

(71) La victoire des Athéniens. Peut-être la bataille navale gagnée par Chabrias près de Naxos l'an 1er de la 101e olymp.

(72) Neminem minoris talento annis decem Vulg. — Neminem talento minoris, annuis X. D Bamb., Sillig. — M. Ian, qui approuve la leçon de Bamberg, observe que 500 deniers font en douze ans 6,000 deniers, c'est-à-dire un talent.

(73) Sémiramis, aussi bien qu'Omphale, est le type de ces hiérodules qui jouaient un si grand rôle dans le culte licencieux des divinités asiatiques, dit M. Raoul-Rochette, *Premier Mémoire sur l'Hercule assyrien et phénicien*, dans : *Mémoires de l'Institut national de France*, t. XVII, p. 231, note 2.

(74) Iis unam venerem Vulg. — Iis illam suam venerem Bamb., Sillig.

(75) Soli Vulg. — Sola Bamb.

(76) Amphioni Vulg. — Melanthio Bamb., Brotier, Sillig.

(77) A quo Vulg. — A quoque Bamb., Sillig.

(78) Sed vinci Vulg. — Et vinci Bamb. — Ce passage de Pline a beaucoup embarrassé les interprètes. D'après M. Quatremère de Quincy (ib.), Apelle fit un dessin au trait (*linea*), par exemple, une académie; puis Protogène dessina une autre académie avec un trait encore plus délicat. Enfin, Apelle coupa les deux académies par une troisième, dont le trait était si délié et si fin qu'on ne pouvait aller au delà. D'après d'autres interprètes, Apelle fit une académie au trait; Protogène suivit ce même trait avec une autre couleur, et en fit un second plus fin et plus correct. Enfin Apelle suivit ce second trait par un troisième, encore supérieur en correction et en finesse. Les commentateurs sont pour la plupart d'avis que *linea* signifie non une simple ligne, mais un dessin au trait, un contour. Ce trait fut fait, bien entendu, avec le pinceau.

(79) Spectatam olim tanto spatio nihil Vulg. — Spectatam nobis ante spatiose nihil Bamb.

(80) In pergula Bamb. — In om. Vulg.

(81) Atque post ipsam tabulam Vulg. — Atque ipse post tabulam Bamb, Sillig.

(82) Sutor judicaret Bamb., Sillig. — Sutor om. Vulg.

(83) Præbuit Vulg. — Perhibuit Bamb., Brotier, Sillig.

(84) Campaspen Vulg. — Pancaspen Bamb. — Le nom de cette femme est dans Élien, *Var. Hist.*, XII, 34, Παγχάστη, dont s'éloigne fort peu la leçon de Bamb., que M. Ian conseille de prendre.

(85) Eumque tum pari Vulg. — Eumque dum paret Bamb, Brotier, Sillig.

(86) Putant Vulg. — Potent Bamb.

(87) Primus Vulg. — Prius Bamb., Brotier.

(88) Brotier a mis : *non victo*; et la plupart de ceux qui ont examiné ce passage partagent l'avis de Brotier et pensent que Pline n'a pu dire que la Vénus d'Apelle avait été vaincue par la pièce de vers dont elle avait été l'objet. Mais on remarquera que les mss. sont unanimes pour rejeter la négation; et si l'on compare un passage de Pline relatif à la vache de Myron, XXXIV, 19, 8, où il dit que « Myron « est devenu fameux surtout par sa génisse, célébrée dans « des vers fort connus; *car la plupart du temps on doit « moins sa renommée à son propre génie qu'à celui des « autres*, » on ne sera moins disposé à introduire ici une négation qu'aucun manuscrit n'autorise.

(89) Et aliam Bamb., Sillig. — Et om. Vulg.

(90) Talentis auri Bamb., Brotier. — Auri om. Vulg.

(91) Tabulæ pretium accepit aureos mensura non numero Vulg. — Manipretium ejus tabulæ in nummo aureo mensura accepit, non numero Bamb. — D'après Brotier, ce tableau a dû avoir environ seize pieds de haut sur dix de large.

(92) Bamb. a *Annæ templo*. On ne connaît pas plus le temple d'Anna que celui d'Antonia. Cependant Ovide, *Fast.*, III, 523, parle d'Anna Perenna.

(93) Quod judicium Vulg. — Quo judicium Bamb.

(94) Archelaüs, nommé commandant de Suse, Arrien, *Exped. Al.*, III, 16, 15.

(95) Tonitrua fulgetraque Vulg. — Tonitrua, fulgura fulgetraque Edit. Princeps, Brot.

(96) Et Leontionem pictorem Vulg. — Et Leontion Epicuri Bamb., Sillig.

(97) Qua in arte tantum valuit Vulg. — Tantumque arta valuit Bamb.

(98) Delubro Vulg. — Delubri Bamb., Brotier.

(99) Hammoniada Vulg. — Ammoniada est recommandé par Sillig (*Cat. Art.*, p. 392) et par Ian.

(100) D'après le dire d'artistes, Pline s'est mal exprimé : il ne peut s'agir d'une quadruple couche de couleur, mais il doit être question de quatre couches de vernis. — Decedente Vulg — Decidente Bamb.

(101) Anhelantis posse Vulg. — Posse om. Bamb., Brotier, Sillig.

(102) Canem ita monstravit Vulg. — Canem om. Bamb., Sillig. — Et fortuna Vulg. — Et fortunam Bamb., Sillig.

(103) Cremaret tabulas Vulg. — Cremaret tabulam Bamb., Brotier, Sillig.

(104) Et imaginem matris Vulg. — Et matrem Bamb., Sillig.

(105) Centenas Vulg. — Vicenas Bamb., Brotier.

(106) Capitolio alia Vulg. — Alia om. Bamb., Sillig.

(107) Arreptantibus Vulg. — Obreptantibus Bamb.

(108) Picturæ vias et compendiarias Vulg. — Picturæ compendiarias Bamb., Edit. Princeps, Brotier, Sillig.

(109) Fuerat Vulg. — Fuit Editt. ante Hard.

(110) Aristides thebani discipulus. Fuerunt et filii Vulg. — Aristidis thebani discipuli fuerunt et filii Bamb.

(111) De quibus Vulg. — De quo Bamb.

(112) Pyreicus Vulg. — Piræicus Ian, et Keil (*Anal.*, p. 224).

(113) Il paraît que les *mæniens* étaient des sortes de balcons, de balustrades, ainsi nommés d'un certain Mænius qui en avait fait construire.

(114) Calodes Vulg. — Calates Bamb., Brotier, Sillig.

(115) Ridiculi Vulg. — Derediculi Bamb., Brotier, Sillig.

(116) Junonis supremi conjugis Vulg. — Junoni' supremi conjugi' Sillig.

(117) Marcus Ludius Helotas Ætolia oriundus Vulg. — Plautius Marcus Cloetas alata esse oriundus Bamb. — Plautiu' Marcu' Cleœtas Alalia exoriundus Sillig. ex conject.

(118) Venerabilior apparet antiquitas Vulg. — Venerabilior antiquitatis prudentia apparet Bamb., Brot., Sillig.

(119) Omnis eorum Vulg. — Omnium eorum Bamb., Brotier.

(120) Floridus, humilis rei pictor Amulius Vulg. — Floridus umidus pictor famulus Bamb. — M. Ian propose de lire *et tumidus*, renvoyant pour l'emploi de ce mot à Quint., XII, 10, 12. Le manuscrit de Munich a *Fabius*; l'édition Princeps a Fabullus, ce que recommandent M. Sillig., *Cat. Art.*, p. 215, et M. Ian.

(121) Exempla Vulg. — Exemplaria Cod. Monac. — Exemplaria est recommandé par Sillig et Ian.

(122) Sed Priscus Vulg. — Sed om. Bamb.

(123) Ἐνέκαυσεν Vulg. — Enecaen Bamb.

(124) Brictis Vulg. — Bryetis Bamb. — M. Keil, ib., p. 224, approuve *Bryetis*.

(125) Candicantia faciant, coloremque condant nigro Vulg. — Candicanti faciant colore, quæ condunt, nigro Bamb.

(126) Ex ipso Vulg. — Ex ipsa Bamb.

(127) La date assignée à Euphranor fait difficulté. Ici et ailleurs (XXXIV, 19, 2), Pline le place dans la 104e olympiade: cependant ce peintre paraît appartenir à la seconde ou tout au moins à la première génération après Apelle; et Apelle est de la 112e. C'est ce qui a engagé Falconet (t. IV, p. 234) à recommander la leçon du manuscrit de Saint-Pétersbourg, qui met Euphranor dans la 151e olympiade. — Marmora Vulg. — Marmorea Bamb., Sillig.

(128) In universitate Codd., Sillig. — In om. Vulg.

(129) Huic quidem Vulg. — Huic fidem Codd. — M. Ian remarque avec sagacité qu'il faut lire *eidem*, l'*e* ayant été changé en *f*.

(130) Et filius Vulg. — Et om. Bamb., Brotier.

(131) Mechopanes Vulg. — Nicophanes Bamb.

(132) Au lieu d'Ulisses, M. Sillig, d'après Bamb. et d'autres manuscrits, met Ulyxes.

(133) Contti Nemeæa Vulg. — Cœnus Stemmata Bamb., Sillig. — Les *Stemmata* sont des écussons où étaient peints des portraits, *pictos vultus* de Juvénal, VIII, 2.

(134) Craterus Vulg. — Cratinus Bamb., Brotier, Sillig.

— Pompeo Vulg. — Pompeio Bamb. — Pompio Codd. Barb.

(135) Hippias Vulg. — Hyppis Codd. Hard. — Ipis Cod. Monac. — Hyppus Bamb. — M. Keil, ib., p. 227, pense qu'il faut lire Hippus ou Hippys.

(136) Nicearchus Vulg. — Nearchus Bamb.

(137) Requiescentem in officina fullonis Vulg. — Requiescentem, officinam fullonis Bamb., Brotier.

(138) Et inungentem Vulg. — Et om. Bamb.

(139) Aristonides Vulg. — Aristocydes Bamb.

(140) Carmanides Vulg. — Charmanides Bamb. — Charmantides, Keil, ib., p. 208.

(141) Dionysiodorus Vulg. — Dionysodorus Codd. Regg.

(142) Discaogenes Bamb. — D'après cette leçon, M. Keil, ib., p. 208, conjecture qu'on doit lire Dicæogenes. — Euthymedes Vulg. — Euthymides Bamb. — Euthymides est recommandé par M. Keil, ib.

(143) Mydon Vulg. — Milon Bamb., Sillig.

(144) Pyromachi Vulg.

(145) Iaia Bamb. — Voy. l'*Index des artistes*, au mot *Lala*. — Perpetua Vulg. — Perpetuo Cod. Reg. II, Sillig.

(146) Sopolin Vulg. — Sopolim Bamb.

(147) Voy. le mémoire de M. Cartier sur la peinture encaustique des anciens, dans la *Revue archéologique*, t. III, 1845. D'après cet érudit, indépendamment de l'encaustique sur l'ivoire à l'aide du cestre, les anciens pratiquaient ainsi l'encaustique : ils dissolvaient dans du blanc d'œuf les cires qu'ils coloraient, ils se servaient du pinceau pour peindre avec ces cires, et enfin ils les exposaient à l'action de la chaleur.

(148) Everteret Vulg. — Everterit Bamb.

(149) Diopum Bamb. — Diopum om. Vulg.

(150) Ex rubrica cretam Vulg. — Ex rubra creta Bamb.

(151) Protypa Vulg. — Prostypa Bamb. (Salmasius ex conjectura), Brotier.

(152) Effigiem Vulg. — Effigies Bamb.

(153) Significarunt Vulg. — Significarent Bamb., Sillig.

(154) Deinde eidem Vulg. — Deinde om. Bamb.

(155) Vulcaniveis accitum Bamb. — M. Ian conjecture qu'il faut lire Vulcanium Veiis accitum.

(156) Nunc Vulg. — Etiamnum Bamb.

(157) Simpuviis Vulg. — Sin puls (sic) Bamb. — Il faut lire simpulis, comme le recommande M. Ian.

(158) Ibi Bamb. — Ibi om. Vulg. — Le manuscrit de Bamb. a trailis (sic), de sorte qu'on ne sait s'il s'agit de Tralles en Lydie, ou de Trallis en Carie.

(159) Le manuscrit de Bamberg a *tripatinium*, ce qui est peut-être la vraie leçon.

(160) Nam nos Vulg. — Nam om. Bamb.

(161) Non sum dicturus Vulg. — Non dicturus Bamb., Sillig.

(162) Contraque Bamb. — Que om. Vulg.

(163) Longum sesquipede, latum pede Vulg. — Longum sesquipedem, latum pedem Bamb.

(164) Ulterioris Hispaniæ Vulg. — Ulteriore Hispania Bamb., Brotier. — M. de Humboldt a présenté, au nom de M. Ehrenberg, de l'Académie des sciences de Berlin, des échantillons de briques cuites, d'une légèreté extrême, et, à l'état de pureté, insubmersibles dans l'eau. La matière de ces briques, appelées à Berlin *briques à infusoires*, est une couche, terreuse en apparence, de neuf à douze mètres d'épaisseur, remplie entièrement d'animaux infusoires encore vivants et à carapaces siliceuses ; couche qui se trouve à une profondeur de trois à quatre mètres sous le pavé, dans plusieurs parties de la capitale de Prusse, comme aussi près des bords de quelques lacs. Le mélange terreux de la couche à infusoires ne s'élève pas à 4 pour 100. Les briques à infusoires, fortement cuites et vitrifiées, nagent sur l'eau : on les enduit de cire, pour que l'expérience réussisse plus longtemps. Les anciens connais-

saient ces briques qui surnagent. Pline en a parlé liv. XXXV, chap. 14. (*Comptes rendus des séances de l'Académie des Sciences*, 1842, 2ᵉ semestre, t. XV, p. 649.)

(165) De eo et Vulg. — Ideo et Bamb. — Sic struxere Bamb. — Sic om. Vulg.

(166) Gleba : quo solum ex omnibus generibus medici utuntur. Solum (cætera enim liquore constant, et conficiuntur oleo incocta) vivum effoditur, translucetque et viret. Alterum genus Vulg. — Gleba : solum ex omnibus medici utuntur : alterum genus cetera enim liquore constant, et conficiuntur oleo incocta : vivum effoditur translucetque et viret : solo ex omnibus generibus medici utuntur. Alterum genus Bamb. — M. Ian fait remarquer que la répétition qui se trouve dans Bamb. montre quel est le véritable texte.

(167) Candens in calyce novo Vulg. — Addens in calycem vini Bamb.

(168) Harpacticon vocatur Vulg. — Harpax ita vocatur Bamb. — Avellendi Vulg. — Præbendi Bamb. — M. Ian conjecture *prehendendi*; ce que j'ai admis, et ce qui est indiqué par *harpax*. Mais le texte n'est pas sûr.

(169) Etiam ei Vulg. — Etiam om. Bamb.

(170) Liquorisque oleacei Vulg. — Oleique liquoris Bamb.

(171) Generi Vulg. — Generibus Bamb. — Ejus vis ignium naturæ cognata Vulg. — Ejus vis et ignium cognata Bamb.

(172) Diximus et tingui solitas ex eo statuas et illini Vulg. — Diximus et tingui solitum æs eo statuasque illini Bamb.

(173) Aut ab eo dissimilis Vulg. — Aut adeo dissimilis Bamb.

(174) Et chalcitim Vulg. — Et hes : chalcitim Bamb. — M. Ian voit *æs* dans *hes*; ce que j'approuve.

(175) Aluminis minus sistit humorem Vulg. — Aluminis minus siccat minusque sistit humorem Bamb., Sillig.

(176) Interioris Vulg. — Inertioris Bamb.

(177) In totum Vulg. — Intus totum Bamb. — M. Ian conjecture *intus potum*, ce que j'admets.

(178) Renascentem mollit lanuginem summam. Omnium Vulg. — Renascentes mollit in lanuginem. Summa omnium Bamb.

(179) Concussu Vulg. — Concussis Bamb., Brotier.

(180) Et nitrum Vulg. — Et cyprum Bamb.

(181) Lex Metella Vulg. — Lex Metilia Bamb., Sillig.

(182) D'après Hardouin, *quæ est coloris veri* se rapporte à *cimolia*. Mais il y aurait, ce me semble, si tel était le sens, *quæ sit*. Pour moi, je rapporte ce membre de phrase à *vestis*.

(183) Trans mare Vulg. — Trans maria Bamb.

(184) E sanguine Vulg. — E om. Bamb.

# LIVRE XXXVI.

**1** I. (1.) Il reste à parler des pierres, la plus grande folie de notre temps, quand même nous ne dirions rien des pierreries, des succins, des cristaux et des murrhins. Tout ce dont nous avons traité jusqu'au présent livre peut paraître créé pour l'homme; mais les montagnes, la nature les avait faites pour elle-même, afin de protéger par une sorte de construction les entrailles de la terre, afin de dompter la violence des fleuves, de briser les flots de la mer, et de contenir par ce qu'elle avait de plus dur les éléments **2** les plus turbulents. Et nous, nous coupons ces masses, nous les transportons sans autre intérêt que celui de nos plaisirs; ces masses que jadis c'était une merveille d'avoir franchies. Nos aïeux regardaient presque comme un prodige le passage des Alpes par Annibal et puis par les Cimbres. Maintenant ces monts sont taillés pour nous livrer mille espèces de marbre. On ouvre les promontoires à la mer; on travaille à niveler le globe. Nous enlevons les barrières destinées à séparer les nations; nous construisons des vaisseaux pour transporter des marbres; et à travers les flots, le plus terrible élément de la nature, nous faisons voyager les cimes des montagnes: fureur plus pardonnable cependant que d'aller chercher jusque dans la région des nuages des vases pour rafraîchir les boissons, et d'aller creuser des roches voisines du ciel pour boire dans **3** la glace. Qu'on réfléchisse, quand on entend dire le prix de ces choses, quand on voit ces masses rouler et s'avancer, qu'on réfléchisse combien de gens vivent (1) plus heureux sans ces superfluités. Pour quelle utilité ou pour quel plaisir les mortels se font-ils les agents ou plutôt les victimes de tant de travaux, si ce n'est afin de reposer entre des pierres tachetées? comme si les ténèbres de la nuit ne privaient pas la moitié de la (2) vie de cette sorte de jouissance!

II. En faisant ces réflexions, on est pris d'une **1** grande honte même pour l'antiquité. Il existe des lois censoriales (VIII, 82) défendant de servir sur les tables des glandes de porc, des loirs, et autres délicatesses inutiles à mentionner; et aucune n'a été rendue qui défendît d'importer des marbres et de traverser les mers pour cet objet. (II.) Mais, dira-t-on peut-être, c'est qu'alors on n'en importait point. Cela est faux. Du temps de l'édilité de M. Scaurus (XXXVI, 24) on vit porter trois cent soixante colonnes pour décorer un théâtre temporaire, destiné à servir un mois tout au plus; et les lois se sont tues. C'était sans doute indulgence pour les plaisirs publics. Mais, juste- **2** ment, pourquoi cette indulgence? par quel chemin les vices s'introduisent-ils plus que par le chemin public? par quelle autre voie en effet (3) les ivoires, l'or, les pierreries, ont-ils passé dans l'usage particulier? Est-il rien qu'on ait réservé pour les dieux? Mais soit, accordons qu'on ait eu de l'indulgence pour les plaisirs publics: pourquoi a-t-on gardé le silence lorsque d'énormes colonnes de marbre luculléen (XXXVI, 8), hautes de

## LIBER XXXVI.

**1** I. (1.) Lapidum natura restat, hoc est, præcipua morum insania; etiam ut gemmæ cum succinis, atque crystallinis, murrhinisque sileantur. Omnia namque, quæ usque ad hoc volumen tractavimus, hominum causa genita videri possint. Montes natura sibi fecerat ad quasdam compages telluris visceribus densandas, simul ad impetus fluminum domandos, fluctusque frangendos, ac minime quietas par- **2** tes coercendas durissima sui materia. Cædimus hos, trahimusque, nulla alia, quam deliciarum, causa, quos transcendisse quoque mirum fuit. In portento prope majores habuere Alpes ab Hannibale exsuperatas, et postea a Cimbris: nunc ipsæ cæduntur in mille genera marmorum: promontoria aperiuntur mari, et rerum natura agitur in planum. Evehimus ea, quæ separandis gentibus pro terminis constituta erant: navesque marmorum causa fiunt: ac per fluctus, sævissimam rerum naturæ partem, huc illuc portantur juga, majore etiamnum venia, quam quum ad frigidos potus vas petitur in nubila, cæloque proximæ rupes cavantur, ut bibatur glacie. Secum quisque cogitet, **3** quum pretia horum audiat, quum vehi trahique moles videat, quam sine his multorum sit beatior vita: ista facere, immo verius pati mortales, quos ob usus, quasve ad voluptates alias, nisi ut inter maculas lapidum jaceant? ceu vero non tenebris noctium dimidia parte vitæ cujusque gaudia hæc auferentibus.

II. Ingens ista reputantem subit etiam antiquitatis rubor. **1** Exstant censoriæ leges, glandia in cœnis gliresque, et alia dictu minora apponi vetantes. Marmora invehi, et maria hujus rei causa transiri, quæ vetaret, lex nulla lata est. (II.) Dicat fortassis aliquis: Non enim invehebantur. Id quidem falso. Trecentas LX columnas M. Scauri ædilitate ad scenam theatri temporarii, et vix uno mense futuri in usu, viderunt portari silentio legum. Sed publicis nimirum indulgentes voluptatibus. Idipsum cur? aut qua ma- **2** gis via irrepunt vitia, quam publica? Quo enim alio modo in privatos usus venere ebora, aurum, gemmæ? aut quid omnino diis relinquimus? Verum esto, indulserint publicis voluptatibus: etiamne tacuerunt maximas earum, atque

trente-huit pieds, furent placées dans l'atrium de Scaurus? Et cela ne s'est fait ni en secret, ni à la dérobée; l'entrepreneur des égouts publics se fit donner caution pour le dommage que pouvait occasionner le transport (4) de ces colonnes jusqu'au mont Palatin. A la vue d'un si mauvais exemple, n'était-ce pas le cas de veiller à la conservation des mœurs? Cependant les lois se turent quand ces masses énormes, amenées dans une maison particulière, passèrent devant le faîte en argile (xxxv, 43 et 45) des temples des dieux.

1 III. (III.) Et l'on ne dira pas que Scaurus, par une sorte de premier essai du vice, surprit la candeur d'une cité simple encore, et peu en garde contre de pareils maux. Déjà L. Crassus (xvII, 1), l'orateur, celui qui le premier eut des colonnes de marbre étranger sur ce même mont Palatin (elles étaient en marbre de l'Hymette, au nombre de six seulement, et n'avaient pas plus de douze pieds), L. Crassus avait été nommé à cause de cela, dans une querelle, par M. Brutus, la Vénus du Palatin. Sans doute nos pères ont passé par là-dessus, les mœurs étant vaincues; et voyant que ce qui était défendu l'était vainement, à des 2 lois inutiles ils préférèrent l'absence de lois. Ceux qui viendront après nous démontreront que nous avons valu mieux que nos pères. Qui, en effet, a dans son atrium d'aussi énormes colonnes? Mais avant de parler des marbres nous pensons devoir mettre sous les yeux la valeur des hommes qui les ont travaillés. Passons donc d'abord en revue les artistes.

1 IV. (IV.) Les premiers de tous qui se distinguèrent en sculptant le marbre furent Dipœnus et Scyllis, nés dans l'île de Crète. Les Mèdes avaient encore l'empire; Cyrus n'avait pas commencé de régner en Perse : c'était par conséquent vers la cinquantième olympiade. Ils allèrent à Sicyone, qui fut longtemps la patrie de tous les ateliers en ce genre de travaux (5). Les Sicyoniens avaient fait prix avec eux pour des statues de dieux; mais avant qu'elles fussent achevées les artistes se plaignirent d'un tort, et se retirèrent chez les Étoliens. Aussitôt Sicyone fut affligée par la stérilité et la famine, et plongée dans la consternation. Les habitants demandant un remède, Apollon Pythien répondit que leurs maux cesseraient si Dipœnus et Scyllis achevaient les statues des dieux; ce qu'on obtint à force d'argent et de soumissions. Ces statues étaient celles d'Apollon, de Diane, d'Hercule et de Minerve : cette dernière fut depuis frappée de la foudre.

(v.) Quand ces deux artistes parurent (6), il y 2 avait déjà eu dans l'île de Chios, Melas, sculpteur, puis son fils Micciadès et enfin son petit-fils Archennus, dont les fils Bupalus et Athenis (7) furent très-célèbres dans cet art. Ces deux derniers étaient contemporains du poëte Hipponax, qui a certainement vécu dans la soixantième olympiade. Si on fait le calcul en remontant dans cette famille jusqu'au bisaïeul, on trouvera que la sculpture a commencé (8) avec l'ère des olympiades. Hipponax était remarquablement laid. Les deux artistes, par forme de plaisanterie, exposèrent son portrait à la risée du public; Hipponax, indigné, distilla contre eux l'amertume de ses vers, si bien que, selon quelques-uns, ils se pendirent de désespoir : mais cela est faux. En effet, ils firent 3 postérieurement nombre de statues dans les îles voisines, par exemple à Délos, mettant à ces ouvrages une inscription en vers, dont le sens était que Chios était fameuse non-seulement par ses vignes (xIV, 9), mais encore par les œuvres des fils d'Archennus (9). Les Lases montrent aussi

---

adeo duodequadragenum pedum, Lucullei marmoris in atrio Scauri collocari? nec clam illud occulteque factum est. Satisdari sibi damni infecti coegit redemtor cloacarum, quum in Palatium ex traherentur. Non ergo in tam malo exemplo moribus caveri utilius fuerat? Tacuere tantas moles in privatam domum trahi præter fictilia deorum fastigia.

1 III. (III.) Nec potest videri Scaurus rudi et hujus mali improvidæ civitati obrepsisse quodam vitii rudimento. Jam enim L. Crassum oratorem illum, qui primus peregrini marmoris columnas habuit in eodem Palatio, Hymettias tamen nec plures sex, aut longiores duodenum pedum, M. Brutus in jurgiis ob id Venerem Palatinam appellaverat. Nimirum ista omisere, moribus victis : frustraque interdicta quæ vetuerant cernentes, nullas potius, quam 2 irritas, esse leges maluerunt. Sed et qui sequentur, meliores esse nos probabunt. Quis enim tantarum hodie columnarum atrium habet ? Sed prius, quam de marmoribus dicamus, hominum in iis proferenda judicamus pretia. Ante igitur artifices percensebimus.

1 IV. (IV.) Marmore scalpendo primi omnium inclaruerunt Dipœnus et Scyllis, geniti in Creta insula, etiamnum Medis imperantibus, priusque quam Cyrus in Persis regnare inciperet, hoc est, Olympiade circiter L. Ii Sicyonem se contulere, quæ diu fuit officinarum omnium talium patria. Deorum quorumdam simulacra publice locaverant Sicyonii, quæ prius quam absolverentur, artifices injuriam questi abierunt in Ætolos. Protinus Sicyonem fames invasit ac sterilitas, mœrorque dirus. Remedium petentibus Apollo Pythius affuturum respondit, si Dipœnus et Scyllis deorum simulacra perfecissent. Quod magnis mercedibus obsequiisque impetratum est. Fuere autem simulacra ea Apollinis, Dianæ, Herculis, Minervæ, quod e cælo postea tactum est.

(v.) Quum ii essent, jam fuerat in Chio insula Melas 2 sculptor, dein filius ejus Micciades, ac deinde nepos Archennus, cujus filii Bupalus et Athenis clarissimi in ea scientia fuere, Hipponactis poetæ ætate, quem certum est LX Olympiade fuisse. Quod si quis horum familiam ad proavum usque retro agat, inveniet artis ejus originem cum Olympiadum initio cœpisse. Hipponato notabilis fœditas vultus erat : quamobrem imaginem ejus lascivia jocorum ii proposuere ridentium circulis. Quod Hipponax indignatus, amaritudinem carminum distrinxit in tantum, ut credatur aliquibus ad laqueum eos compulisse : quod falsum est. Complura enim in finitimis insulis simulacra 3 postea fecere, sicut in Delo, quibus subjecerunt carmen, non vitibus tantum censeri Chium, sed et operibus Archen-

une Diane de leur façon; et à Chios même on a parlé d'une Diane faite par eux, qui est placée très haut, et dont le visage paraît sévère quand on entre et gai quand on sort. Il y a de leurs ouvrages à Rome sur le faîte du temple d'Apollon Palatin, et dans presque tous les monuments élevés par le dieu Auguste. Il y en eut aussi de leur père à Délos et à Lesbos. Les œuvres de Dipœnus remplissaient Ambracie, Argos, Cléones. Tous ces artistes n'ont employé que le marbre 4 blanc de Paros, nommé d'abord lychnites, parce que, dit Varron, on le taillait dans les carrières à la lumière des lampes. Depuis on en a découvert beaucoup d'autres plus blancs, et récemment encore dans les carrières de Lune. On rapporte de celui de Paros un fait merveilleux : dans un bloc qu'on fendit avec des coins, apparut une figure de Silène.

5 N'oublions pas de remarquer que la sculpture est de beaucoup antérieure (XXXV, 44) à la peinture et à la statuaire en airain; que l'une et l'autre ont commencé à Phidias, dans la quatre-vingt-deuxième olympiade, c'est-à-dire environ trois cent trente-deux ans après. On dit que Phidias lui-même a travaillé le marbre, et qu'il y a de lui à Rome, dans les édifices d'Octavie (XXXV, 37 et 40), une Vénus d'une merveilleuse beauté. Ce qui est certain, c'est qu'il fut le maître d'Alcamène (XXXIV, 19), Athénien, sculpteur des plus renommés. Il y a de ce dernier à Athènes beaucoup d'ouvrages dans les temples, et hors des murs une célèbre Vénus dite Vénus des Jardins : on dit que Phidias lui-même y mit la der-
6 nière main. Phidias eut aussi pour élève Agoracrite de Paros, qu'il aima (10) à cause de sa jeunesse : c'est pourquoi on prétend qu'il mit plusieurs de ses propres ouvrages sous le nom de son élève. Les deux élèves concoururent ensemble pour une Vénus; et Alcamène l'emporta, non par la supériorité de son œuvre, mais par le suffrage de la ville, qui prit parti pour le concitoyen contre un étranger. Aussi dit-on qu'Agoracrite vendit sa figure sous condition qu'elle ne serait pas à Athènes, et qu'il la nomma Némésis; elle fut placée à Rhamnonte (IV, 11), canton de l'Attique, et M. Varron a donné la préférence à cette statue sur toutes les autres. On voit encore dans la même ville (11), au temple de la Grande Mère, un ouvrage d'Agoracrite.

Chez tous les peuples auxquels est arrivée la 7 renommée du Jupiter Olympien, Phidias (XXXIV, 19) est sans contestation un très-illustre artiste. Mais, pour que ceux-là même qui n'ont pas vu ses ouvrages sachent qu'à raison il est loué, nous citerons de petites particularités qui montrent seulement combien il était ingénieux. Nous n'invoquerons pour cela ni la beauté du Jupiter Olympien, ni la grandeur de sa Minerve d'Athènes, qui a vingt-six coudées et qui est d'ivoire et d'or; mais sur la face convexe du bouclier (12) de la déesse il a gravé le combat des Amazones; sur la partie concave de ce même bouclier, la bataille des dieux et des géants; sur les semelles (13), celle des Lapithes et des Centaures : tant avec lui l'art se logeait dans les plus petits espaces. Il a nommé naissance de Pandore ce qu'il 8 a gravé sur la base (14). Là sont vingt dieux naissants; la Victoire surtout est admirable. Les connaisseurs admirent aussi le serpent, et, sous la lance même, le sphinx d'airain. Cela soit dit (15) en passant d'un artiste qui n'est jamais assez loué; cela soit dit aussi pour faire connaître que

---

ni filiorum. Ostendunt et Lasi Dianam manibus eorum factam. Et in ipsa Chio narrata est operis eorum Dianæ facies in sublimi posita, cujus vultum intrantes tristem, exeuntes hilaratum putant. Romæ signa eorum sunt in Palatina æde Apollinis in fastigio, et in omnibus fere quæ divus Augustus fecit. Patris quoque eorum et Deli fuere opera, et in Lesbo insula. Dipœni quidem Ambracia, Ar-
4 gos, Cleonæ, operibus refertæ fuere. Omnes autem tantum candido marmore usi sunt e Paro insula, quem lapidem cœpere lychniten appellare, quoniam ad lucernas in cuniculis cæderetur, ut auctor est Varro : multis postea candidioribus repertis, nuper etiam in Lunensium lapicidinis. Sed in Pariorum mirabile proditur, gleba lapidis unius cuneis dividentium soluta, imaginem Sileni exstitisse.
5 Non omittendum, hanc artem tanto vetustiorem fuisse, quam picturam, aut statuariam, quarum utraque cum Phidia cœpit LXXXII Olympiade, post annos circiter trecentos triginta duos. Et ipsum Phidiam tradunt scalpsisse marmora, Veneremque ejus esse Romæ in Octaviæ operibus eximiæ pulchritudinis. Alcamenem Atheniensem (quod certum est) docuit in primis nobilem, cujus sunt opera Athenis complura in ædibus sacris, præclaraque Venus extra muros, quæ appellatur Aphrodite ἐν Κήποις. Huic summam manum ipse Phidias imposuisse dicitur.

Ejusdem discipulus fuit Agoracritus Parius, et ætate gra- 6 tus. Itaque e suis operibus pleraque nomini ejus donasse fertur. Certavere autem inter se ambo discipuli in Venere facienda : vicitque Alcamenes non opere, sed civitatis suffragiis, contra peregrinum suo faventis. Quare Agoracritus ea lege signum suum vendidisse traditur, ne Athenis esset, et appellasse Nemesin. Id positum est Rhamnunte pago Atticæ, quod M. Varro omnibus signis prætulit. Est et in Matris Magnæ delubro eadem civitate Agoracriti opus.

Phidian clarissimum esse per omnes gentes, quæ Jovis 7 Olympii famam intelligunt, nemo dubitat : sed ut merito laudari sciant, etiam qui opera ejus non viderunt, proferemus argumenta parva et ingenii tantum. Neque ad hoc Jovis Olympii pulchritudine utemur, non Minervæ Athenis factæ amplitudine, quum sit ea cubitorum viginti sex; ebore hæc et auro constat : sed in scuto ejus Amazonum prælium cælavit intumescente ambitu : in parmæ ejusdem concava parte deorum et gigantum dimicationem : in soleis vero Lapitharum et Centaurorum : adeo momenta omnia capacia artis illi fuere. In basi autem quod cælatum 8 est, Pandoras genesin appellavit : ibi dii sunt xx numero nascentes, Victoria præcipue mirabili. Periti mirantur et serpentem, ac sub ipsa cuspide æream sphingem. Hæc sint obiter dicta de artifice numquam satis laudato : simul ut

cette richesse de génie fut égale jusque dans les petites choses.

9 En parlant des statuaires nous avons indiqué l'époque de Praxitèle (xxxiv, 19), qui, par la gloire de ses ouvrages de marbre, a surpassé jusqu'à lui-même. Il y a des ouvrages de lui à Athènes dans le Céramique. Mais avant toutes les statues (16) non-seulement de Praxitèle, mais de l'univers entier, est sa Vénus, qui a fait entreprendre à bon nombre de curieux le voyage de Gnide. Il en avait fait deux; il les vendit ensemble : l'une était vêtue, et par cette raison fut choisie par les habitants de Cos, qui avaient le choix; la seconde ne coûtait pas plus cher, mais ils crurent faire preuve de sévérité et de pudeur. Les Gnidiens achetèrent la statue rebutée : la différence 10 est immense pour la réputation. Dans la suite le roi Nicomède voulut l'acheter des Gnidiens, promettant de payer toute leur dette publique, qui était énorme; mais ils aimèrent mieux tout endurer, et avec raison; car par cette figure Praxitèle a fait la gloire de Gnide. Le petit temple où elle est placée est ouvert de tous côtés, afin que la figure puisse être vue en tous sens, la déesse même (17) y aidant, à ce qu'on croit. Au reste, de quelque côté qu'on la voie, elle est également admirable. Un individu, dit-on, se passionna pour elle, se tint caché pendant la nuit dans le temple, et se livra à sa passion, dont la trace est restée dans une tache. Il y a aussi à Gnide d'autres statues de marbre d'artistes célèbres : un Bacchus de Bryaxis, un autre Bacchus de Scopas, et une Minerve du même; et ce qui ne prouve pas le moins en faveur de la Vénus de Praxitèle, c'est qu'au milieu de tels ouvrages on la cite 11 seule. De Praxitèle est encore un Cupidon reproché à Verrès par Cicéron, celui-là même pour lequel on faisait le voyage de Thespies, et qui est maintenant dans les écoles d'Octavie (xxxv, 37). Du même est un autre Cupidon nu, placé à Parium, colonie sur la Propontide, aussi beau que la Vénus de Gnide, et outragé comme elle. Cette figure produisit le même effet sur les sens d'Alcétas (18) de Rhodes, et une semblable trace d'amour y a été laissée. A Rome on possède de Praxitèle Flore, Triptolème, Cérès, dans les jardins Serviliens (19); les statues du Bon Succès (xxxiv, 19) et de la Bonne Fortune, dans le Capitole; des Ménades et celles qu'on appelle Thyades, des Caryatides, dans le même lieu; un Silène, dans les monuments d'Asinius Pollion, un Apollon, un Neptune.

Céphisodote (20), fils de Praxitèle, fut héritier 12 de son talent. Pergame possède de lui un groupe renommé de lutteurs, excellent ouvrage, où les doigts s'impriment plutôt sur un vrai corps que sur du marbre. A Rome ses ouvrages sont : une Latone, dans le temple du mont Palatin; une Vénus, dans les monuments d'Asinius Pollion; et dans le temple de Junon, à l'intérieur des portiques d'Octavie, un Esculape et une Diane.

Scopas est leur rival de gloire. Il a fait une 13 Vénus, le Désir et un Phaéthon (21), honorés à Samothrace des cérémonies les plus saintes. Il a fait aussi l'Apollon Palatin, une Vesta assise, fort estimée, et qui est dans les jardins Serviliens; deux porte-flambeaux (22) qui sont à côté d'elle; les pareils sont dans les monuments d'Asinius Pollion, où sont aussi des Canéphores du même. Mais les plus renommés de ses ouvrages sont dans le temple de Cn. Domitius, au cirque Flaminien : Neptune, Thétis, Achille, les Néréides, assises sur

---

noscatur illam magnificentiam æqualem fuisse et in parvis.
9 Praxitelis ætatem inter statuarios diximus, qui marmoris gloria superavit etiam semet. Opera ejus sunt Athenis in Ceramico : sed ante omnia est, non solum Praxitelis, verum et in toto orbe terrarum, Venus, quam ut viderent, multi navigaverunt Gnidum. Duas fecerat, simulque vendebat, alteram velata specie, quam ob id quidem prætulerunt, quorum conditio erat, Coi, quum alteram etiam eodem pretio detulisset, severum id ac pudicum arbitrantes : re-
10 jectam Gnidii emerunt, immensa differentia famæ. Voluit eam postea a Gnidiis mercari rex Nicomedes, totum æs civitatis alienum, quod erat ingens, dissoluturum se promittens. Omnia perpeti maluere, nec immerito : illo enim signo Praxiteles nobilitavit Gnidum. Ædicula ejus tota aperitur, ut conspici possit undique effigies, dea favente ipsa, ut creditur, facto. Nec minor ex quacumque parte admiratio est. Ferunt amore captum quemdam, quum delituisset noctu, simulacro cohæsisse, ejusque cupiditatis esse indicem maculam. Sunt in Gnido et alia signa marmorea illustrium artificum : Liber pater Bryaxidis : et alter Scopæ, et Minerva : nec majus aliud Veneris Praxiteliæ specimen,
11 quam quod inter hæc sola memoratur. Ejusdem est et Cupido objectus a Cicerone Verri, ille propter quem Thespiæ visebantur, nunc in Octaviæ scholis positus. Ejusdem et alter nudus in Pario colonia Propontidis, par Veneri Gnidiæ nobilitate, et injuria. Adamavit enim eum Alcetas Rhodius, atque in eo quoque simile amoris vestigium reliquit. Romæ Praxitelis opera sunt, Flora, Triptolemus, Ceres in hortis Servilianis : Boni Eventus, et Bonæ Fortunæ simulacra in Capitolio : item et Mænades, et quas Thyadas vocant, et Caryatidas : et Sileni in Pollionis Asinii monumentis, et Apollo, et Neptunus.
Praxitelis filius Cephisodotus et artis hæres fuit. Cujus 12 laudatum est Pergami symplegma nobile, digitis corpori verius, quam marmori, impressis. Romæ ejus opera sunt : Latona in Palatii delubro : Venus in Pollionis Asinii monumentis : et intra Octaviæ porticus in Junonis æde Æsculapius, ac Diana.
Scopæ laus cum his certat. Is fecit Venerem, et Po- 13 thon, et Phaethontem, qui Samothrace sanctissimis cærimoniis coluntur. Item Apollinem Palatinum, Vestam sedentem laudatam in Servilianis hortis, duosque lampteras circa eam, quorum pares in Asinii monumentis sunt, ubi et Canephoros ejusdem. Sed in maxima dignatione Cn. Domitii delubro in circo Flaminio Neptunus ipse, et Thetis, atque Achilles, Nereides supra delphinos et cete, et

des dauphins, des cétacés et des chevaux marins ; les Tritons, le cortége de Phorcus, des baleines (23) et beaucoup d'autres figures marines toutes d'une même main ; ouvrage admirable, quand même il eût occupé la vie entière de l'artiste. Outre les ouvrages susdits et ceux que nous ne connaissons pas, il y a encore de lui un Mars colossal, assis, dans le temple de Brutus Callaïcus (vainqueur de la Gallicie), auprès du même cirque ; de plus, dans le même endroit, une Vénus nue antérieure à celle de Praxitèle, et qui ferait la gloire de tout autre lieu.

15 A Rome, il est vrai, elle est effacée par la multitude (24) des ouvrages ; et de grandes masses de devoirs et d'affaires détournent chacun d'une telle contemplation. En effet, l'admiration de l'art demande le loisir et un lieu profondément silencieux. C'est par une raison de ce genre qu'on ignore l'auteur de cette Vénus consacrée par l'empereur Vespasien dans son temple de la Paix, et digne de la réputation des anciens

16 temps. Même hésitation au sujet du groupe dans le temple d'Apollon Sosien, les enfants mourants de Niobé (25) : est-il de Scopas ou de Praxitèle ? De même la statue de Janus consacrée dans le temple de ce dieu par Auguste et apportée d'Égypte, duquel de ces deux artistes est-elle ? Au reste, désormais l'or la recouvre. On se fait la même question sur le Cupidon tenant un foudre, dans la curie d'Octavie (xxxv, 37) : la seule chose qu'on affirme, c'est qu'il est le portrait d'Alcibiade, le plus beau des Athéniens à cet âge.

17 Il y a dans ces écoles d'Octavie beaucoup d'ouvrages qui plaisent, quoique les auteurs en soient inconnus : quatre Satyres ; l'un porte sur ses épaules (26) Bacchus revêtu de la palla (robe) ;

l'autre porte semblablement la déesse Libera ; le troisième empêche un enfant de pleurer ; le quatrième donne à boire à un autre enfant dans une coupe ; et deux Zéphyres encore qui de leur souffle gonflent leurs vêtements. On n'est pas moins incertain sur les auteurs des figures placées dans les Clôtures [du champ de Mars], Olympus et Pan, Chiron et Achille ; et pourtant la renommée les juge assez belles pour que les gardiens en répondent sur la vie.

18 Scopas eut pour contemporains et pour rivaux Bryaxis, Timothée et Léocharès, desquels il faut parler en même temps, parce qu'ils ont travaillé ensemble au Mausolée (27) : on appelle ainsi le tombeau érigé par Artémise à son mari Mausole, petit roi de Carie, mort l'an deux de la cent sixième olympiade. C'est surtout grâce à ces artistes que cet ouvrage est compté entre les sept merveilles. Il a au midi et au nord soixante-trois pieds ; les fronts sont moins étendus. Le circuit est en tout de quatre cent onze pieds (28) ; la hauteur est de vingt-cinq coudées. Il est entouré de trente-six colonnes. On l'a nommé Ptérou (29).

19 Le côté du levant a été travaillé par Scopas ; celui du nord par Bryaxis ; du midi, par Timothée ; du couchant, par Léocharès. Avant l'achèvement, la reine (30) mourut ; mais les artistes ne quittèrent pas leur ouvrage avant de l'avoir terminé, pensant que c'était là un monument de leur gloire et de celle de l'art. Aujourd'hui encore ces artistes se disputent la palme. Un cinquième y a aussi coopéré. Au-dessus du Ptéron est (31) une pyramide aussi haute que l'édifice inférieur. Formée de vingt-quatre degrés en retraite, elle se termine par une plate-forme où est un quadrige de marbre fait par Pythis.

---

14 hippocampos sedentes. Item Tritones, chorusque Phorci, et pistrices, ac multa alia marina, omnia ejusdem manus, præclarum opus, etiam si totius vitæ fuisset. Nunc vero præter supra dicta, quæque nescimus, Mars est etiamnum sedens colosseus ejusdem, in templo Bruti Callaici apud circum eumdem. Præterea Venus in eodem loco nuda Praxiteliam illam antecedens, et quemcumque alium locum nobilitatura.

15 Romæ quidem multitudo operum eam obliterat, ac magni officiorum negotiorumque acervi omnes a contemplatione tali abducunt : quoniam otiosorum et in magno loci silentio apta admiratio talis est. Qua de causa ignoratur artifex ejus quoque Veneris, quam Vespasianus imperator in operibus Pacis suæ dicavit, antiquorum dignam

16 fama. Par hæsitatio est in templo Apollinis Sosiani, Niobæ liberos morientes, Scopas an Praxiteles fecerit : item Janus pater in suo templo dicatus ab Augusto, ex Ægypto advectus, utrius manus sit, jam quidem et auro occultatus. Similiter in curia Octaviæ quæritur de Cupidine fulmen tenente. Id demum affirmatur, Alcibiadem

17 esse principem forma in ea ætate. Multa in eadem schola sine auctoribus placent. Satyri quatuor, ex quibus unus Liberum patrem palla velatum humeris præfert ; alter Li-

beram similiter : tertius ploratum infantis cohibet : quartus cratere alterius sitim sedat : duæque Auræ velificantes sua veste. Nec minor quæstio est in Septis, Olympum et Pana, Chironemque cum Achille, qui fecerint : præsertim quum capitali satisdatione fama judicet dignos.

18 Scopas habuit æmulos eadem ætate, Bryaxin, et Timotheum, et Leocharem, de quibus simul dicendum est, quoniam pariter cælavere Mausoleum. Sepulcrum hoc est ab uxore Artemisia factum Mausolo Cariæ regulo, qui obiit Olympiadis centesimæ sextæ anno secundo. Opus id ut esset inter septem miracula, ii maxime artifices fecere. Patet ab austro et septemtrione sexagenos ternos pedes, brevius a frontibus, toto circuitu pedes quadringentos undecim : attollitur in altitudinem viginti quinque cubitis : cingitur columnis triginta sex. Pteron vocavere. Ab oriente 19 cælavit Scopas, a septemtrione Bryaxis, a meridie Timotheus, ab occasu Leochares : priusque quam peragerent, regina obiit. Non tamen recesserunt, nisi absoluto jam, id gloriæ ipsorum artisque monumentum judicantes : hodieque certant manus. Accessit et quintus artifex : namque supra pteron pyramis altitudine inferiorem æquat, vigintiquatuor gradibus in metæ cacumen se contrahens. In summo est quadriga marmorea, quam fecit Pythis. Hæc

Cette addition donna à tout l'ouvrage une hauteur de cent quarante pieds (32).

20 On a à Rome, de Timothée, une Diane placée sur le mont Palatin dans le temple d'Apollon; Aulanius Évander en a refait la tête. On admire encore beaucoup un Hercule de Ménestrate, et une Hécate placée, à Éphèse, dans le temple de Diane, derrière le sanctuaire. Les gardiens du temple recommandent aux curieux de prendre garde à leurs yeux en la regardant, tant est grand le rayonnement du marbre. On ne met pas au-dessous les Grâces qui sont dans les Propylées d'Athènes; elles ont été faites par un Socrate autre que le peintre (XXXV, 40,12), le même selon quelques-uns. Quant au Myron (XXXIV, 19, 2 et 8) qui s'est illustré dans le bronze, on a de lui à Smyrne une vieille femme ivre, ouvrage des plus renommés. Asinius Pollion, qui était d'un caractère vif et ardent, voulut aussi que ses édifices attirassent
21 les regards; il y plaça : les Centaures portant des Nymphes, d'Arcésilas (33); les Thespiades, de Cléomène; l'Océan et Jupiter, d'Eniochus (34); les Appiades, de Stéphanus; des Hermérotes, de Tauriscus, non pas le ciseleur (XXXIII, 55), mais celui de Tralles; un Jupiter Hospitalier, de Pamphile, élève de Praxitèle; Zéthus, Amphion, Dircé, un taureau et le lien, tout cela d'un seul bloc de marbre : ce morceau, d'Apollonius et de Tauriscus, a été apporté de Rhodes (35). Ces deux artistes ont établi une rivalité entre leur père dans la sculpture et leur père naturel, déclarant que si Ménécrate semblait être leur père, leur père
22 véritable était Artémidore. Dans le même lieu on vante un Bacchus d'Eutychidès. Au portique d'Octavie est un Apollon placé dans le temple de ce dieu, et œuvre de Philiscus le Rhodien; de plus, Latone, Diane, les neuf Muses, et un autre Apollon nu. L'Apollon qui, dans le même temple, tient une lyre, est de Timarchidès. A l'intérieur du portique d'Octavie, dans le temple de Junon, sont une statue de la déesse par Dionysius, une autre par Polyclès (XXXIV, 19,3), une Vénus par Philiscus : les autres figures sont de Pasitélès (36). Le même Polyclès et le fils de Timarchidès Dionysius ont fait le Jupiter qui est dans le temple voisin. Le Pan et l'Olympus luttant, dans le même lieu, sont d'Héliodore; c'est le second groupe de ce genre célèbre dans le monde. Dédale (37) a 23 fait une Vénus au bain, et Polycharme une Vénus debout. Par la place honorable que l'ouvrage de Lysias occupe, on voit combien il était estimé : le dieu Auguste, le consacrant à la mémoire de son père Octavius, le plaça sur le mont Palatin, au sommet de l'arc qu'il fit élever, dans une édicule entourée de colonnes : c'est un char à quatre chevaux, avec Apollon et Diane, le tout d'un seul bloc. Je lis qu'on vante l'Apollon de Calamis le ciseleur (XXXIV, 19, 22), les pugilistes de Dercylidès, et l'historien Callisthène d'Amphistrate, statues placées dans les jardins Serviliens.

Il n'y a pas beaucoup d'autres artistes en re- 24 nom. Car, pour certains chefs-d'œuvre faits en commun, le nombre des auteurs a été un obstacle à la réputation de chacun d'eux, un seul ne pouvant en recueillir toute la gloire, et plusieurs ne pouvant être cités au même titre : tel est le Laocoon, dans le palais de Titus, morceau préférable à toutes les productions soit de la peinture, soit de la statuaire; il est d'un seul bloc, ainsi que les enfants et les replis admirables des serpents. Ce groupe a été fait de concert par trois excellents artistes, Agésandre, Polydore et Athé-

---

adjecta centum quadraginta pedum altitudine totum opus includit.
20 Timothei manu Diana Romæ est in Palatio, Apollinis delubro, cui signo caput reposuit Aulanius Evander. In magna admiratione est et Hercules Menestrati : et Hecate Ephesi in templo Dianæ post ædem, in cujus contemplatione admonent ædituí parcere oculis, tanta marmoris radiatio est. Non postferuntur et Charites in propylæo Atheniensium, quas Socrates fecit, alius ille quam pictor : idem, ut aliqui putant. Nam Myronis illius, qui in ære laudatur, anus ebria est Smyrnæ in primis inclyta. Pollio Asinius, ut fuit acris vehementiæ, sic quoque spectari mo-
21 numenta sua voluit. In iis sunt Centauri nymphas gerentes Arcesilæ, Thespiades Cleomenis, Oceanus et Jupiter Eniochi, Appiades Stephani, Hermerotes Taurisci, non cælatoris illius, sed Tralliani. Jupiter hospitalis Pamphili Praxitelis discipuli. Zethus et Amphion ac Dirce et taurus, vinculumque ex eodem lapide, a Rhodo advecta opera Apollonii et Taurisci. Parentum ii certamen de se fecere : Menecratem videri professi, sed esse naturalem Artemidorum.
22 Eodem loco Liber pater Eutychidis laudatur. Ad Octaviæ vero porticum Apollo Philisci Rhodii in delubro suo. Item Latona et Diana, et Musæ novem, et alter Apollo nudus. Eum, qui citharam in eodem templo tenet, Timarchides fecit. Intra Octaviæ vero porticus, in æde Junonis, ipsam deam Dionysius, et Polycles aliam : Venerem eodem loco Philiscus : cætera signa Pasiteles. Idem Polycles et Dionysius Timarchidis filius Jovem, qui est in proxima æde, fecerunt. Pana et Olympum luctantes, eodem loco Heliodorus, quod est alterum in terris symplegma nobile : Ve- 23 nerem lavantem mox Dædalus : stantem Polycharmus. Ex honore apparet in magna auctoritate habitum Lysiæ opus, quod in Palatio super arcum divus Augustus honori Octavii patris sui dicavit, in ædicula columnis adornata. Id est quadriga currusque, et Apollo ac Diana ex uno lapide. In hortis Servilianis reperio laudatos, Calamidis Apollinem illius cælatoris, Dercylidis Pyctas, Amphistrati Callisthenem historiarum scriptorem.

Nec multo plurium fama est, quorumdam claritati in 24 operibus eximiis obstante numero artificum, quoniam nec unus occupat gloriam, nec plures pariter nuncupari possunt, sicut in Laocoonte, qui est in Titi imperatoris domo, opus omnibus et picturæ, et statuariæ artis præponendum. Ex uno lapide eum ac liberos draconumque mirabiles nexus de consilii sententia fecere summi artifices, Agesander, et Polydorus, et Athenodorus Rhodii. Similiter 25

25 nodore, Rhodiens. De même les palais des Césars sur le mont Palatin ont été remplis de statues magnifiques par Cratère associé à Pythodore, par Polydeucès (38) associé à Hermolaüs, par un autre Pythodore associé à Artémon : quant à Aphrodisius de Tralles, il travailla seul. Le Panthéon d'Agrippa a été décoré par Diogène d'Athènes, et les Caryatides qui sont aux colonnes de ce temple passent pour des chefs-d'œuvre, ainsi que les statues posées sur le faîte : mais à cause de la hauteur, ces statues sont moins appréciées.

26 Sans honneur et exclu de tous les temples est l'Hercule, auquel les Carthaginois sacrifiaient tous les ans une victime humaine; il est debout, à terre, au-devant de l'entrée du portique des Nations. Il y avait près du temple du Bonheur les statues des Thespiades, dont une, d'après Varron, inspira de l'amour au chevalier romain Junius Pisciculus. Elles sont admirées aussi par Pasitélès (xxxv, 45), qui a composé cinq livres sur les ouvrages les plus renommés dans tout l'univers. Cet artiste, né sur la côte grecque (39) de l'Italie, et ayant reçu le droit de cité romaine avec les villes de cette contrée, a fait le Jupiter d'ivoire qui est dans le temple de Métellus, sur le chemin du champ de Mars. Se trouvant un jour au port où étaient des bêtes féroces d'Afrique, et regardant à travers les barreaux de la cage un lion qu'il figurait, il arriva qu'une panthère s'échappa d'une autre cage, au grand danger de cet artiste si scrupuleux. On dit qu'il a fait beaucoup d'autres ouvrages, sans (40) spécifier nominativement quels ils sont.

27 Arcésilaüs aussi (xxxv, 45) est vanté par Varron. Cet auteur rapporte avoir eu de lui une lionne de marbre et des Amours ailés jouant avec elle, les uns la tenant en laisse, les autres la faisant boire dans (41) une corne, d'autres lui chaussant des brodequins; le tout d'un seul bloc. Il dit aussi que les quatorze Nations, autour du théâtre de Pompée, sont de Coponius.

28 Je lis que Canachus, vanté parmi les statuaires en bronze (xxxiv, 19, 25), a fait des ouvrages en marbre. Il ne faut pas oublier non plus Sauras (42) et Batrachus, Lacédémoniens, qui ont fait les temples renfermés dans les portiques d'Octavie. Quelques-uns pensent qu'ils étaient fort riches, et qu'ils avaient construit ces ouvrages à leurs dépens, espérant y inscrire leur nom, mais que, l'inscription leur ayant été refusée, ils y suppléèrent en un autre lieu et d'une autre façon : toujours est-il qu'aujourd'hui encore on voit gravés sur les tores des colonnes un lézard et une grenouille, emblèmes (43) de leurs noms. Il est constant que dans le temple de Jupiter les peintures ainsi que tous les ornements se rapportaient au culte d'une déesse; voici comment : le temple de Junon étant achevé, les portefaix chargés du transport des figures se méprirent, dit-on; par religion on laissa subsister l'erreur, comme si les dieux eux-mêmes eussent fait cet échange : aussi le temple de Junon offre-t-il, de son côté, les ornements qui devaient appartenir à Jupiter.

29 De petits ouvrages en marbre ont aussi donné de la réputation à leurs auteurs : Myrmécidès, qui a fait un quadrige et le cocher couverts des ailes d'une mouche (vii; 21), et Callicrate, qui a fait des fourmis dont les ailes et les pattes échappent à la vue.

1 V. (vi.) Nous nous en tiendrons là sur les sculpteurs en marbre (44) et sur les artistes les plus renommés. A ce propos je remarquerai que les

Palatinas domos Cæsarum replevere probatissimis signia, Craterus cum Pythodoro, Polydeuces cum Hermolao, Pythodorus alius cum Artemone, et singularis Aphrodisius Trallianus. Agrippæ pantheum decoravit Diogenes Atheniensis : et Caryatides in columnis templi ejus probantur inter pauca operum : sicut in fastigio posita signa, sed propter altitudinem loci minus celebrata.

26 Inhonorus est, in templo ullo Hercules, ad quem Pœni omnibus annis humana sacrificaverunt victima, humi stans, ante aditum porticus Ad nationes. Sitæ fuere et Thespiades ad ædem Felicitatis, quarum unam adamavit eques Romanus Junius Pisciculus, ut tradit Varro : admiratur et Pasiteles, qui et quinque volumina scripsit nobilium operum in toto orbe. Natus hic in Græca Italiæ ora, et civitate romana donatus cum iis oppidis, Jovem fecit eboreum in Metelli æde, qua Campus petitur. Accidit ei, quum in navalibus, ubi feræ Africanæ erant, per caveam intuens leonem cælaret, ut ex alia cavea panthera erumperet, non levi periculo diligentissimi artificis. Fecisse opera complura dicitur : quæ fecerit, nominatim non refertur.

27 Arcesilaum quoque magnificat Varro, cujus se marmoream habuisse leænam tradit, aligerosque ludentes cum ea Cupidines, quorum alii religatam tenerent, alii cornu cogerent bibere, alii calcearent soccis, omnes ex uno lapide. Idem et a Coponio xiv nationes, quæ sunt circa Pompeii, factas auctor est.

28 Invenio et Canachum laudatum inter statuarios, fecisse marmorea. Nec Sauram atque Batrachum obliterari convenit, qui fecere templa Octaviæ porticibus inclusa, natione ipsi Lacones. Quidam et opibus præpotentes fuisse eos putant, ac sua impensa construxisse, inscriptionem sperantes. Qua negata, hoc tamen alio loco et modo usurpasse. Sunt certe etiamnum in columnarum spiris inscalpta nominum eorum argumento lacerta atque rana. In Jovis æde exstitisse picturam, cultusque reliquos omnes femineis argumentis constat. Etenim facta Junonis æde, quum inferrentur signa, permutasse geruli traduntur : et id religione custoditum, velut ipsis Diis sedem ita partitis. Ergo et in Junonis æde cultus est, qui Jovis esse debebat.

29 Sunt et in parvis marmoreis famam consequuti, Myrmecides, cujus quadrigam cum agitatore cooperuit alis musca : et Callicrates, cujus formicarum pedes atque alia membra pervidere non est.

1 V. (vi.) Hæc sint dicta de marmoris scalptoribus, sum-

marbres tachetés n'étaient point en vogue. On fit des statues en marbre de Thasos, l'une des Cyclades, et aussi en marbre de Lesbos; celui-ci est un peu plus livide que l'autre. Lepoëte Ménandre, très-fidèle peintre du luxe, est le premier qui ait parlé, et encore rarement, des taches de diverses couleurs, et en général de l'emploi des marbres. On mettait des colonnes de ce genre dans les temples, non par une raison de magnificence (on n'y songeait pas encore), mais parce qu'on 2 ne pouvait en trouver de plus solides. C'est ainsi que fut commencé à Athènes le temple de Jupiter Olympien, dont Sylla fit transporter les colonnes pour le Capitole. Cependant il y avait une distinction entre la pierre et le marbre, dès le temps d'Homère même. Le poëte parle en effet du coup d'un bloc de marbre (*Il.*, xvi, 735), mais il n'en dit pas davantage; et dans les maisons royales les plus ornées (45), outre l'airain, l'or, l'électrum et l'argent, il ne signale que l'ivoire 3 (xxxiii, 23). Les premiers marbres tachetés furent, je pense, trouvés dans les carrières de Chio; les habitants les employèrent aux murs de leur ville, et ils s'attirèrent une plaisanterie de Cicéron : ils montraient à tout le monde ces murailles comme magnifiques : « J'admirerais bien plus, dit-il, que vous les eussiez faites en pierre de Tibur. » Ce qu'il y a de certain, c'est que la peinture n'aurait pas été aussi honorée, ou plutôt ne l'aurait pas été du tout, si les marbres variés eussent été en vogue.

1 VI. Je ne sais s'il faut attribuer à la Carie l'invention de l'art de scier le marbre (46) en tablettes. L'exemple le plus ancien de cette pratique, à ma connaissance, est fourni par le palais de Mausole à Halicarnasse : les murailles, en brique, sont recouvertes en marbre de Proconnèse. Mausole mourut la seconde année de la cent sixième (47) olympiade, l'an de Rome 402.

VII. Le premier qui à Rome revêtit en 1 marbre les murs de sa maison tout entière fut, au dire de Cornélius Népos, sur le mont Cælius, Mamurra, né à Formies, chevalier romain et préfet des ouvriers de Jules César dans les Gaules. Tel fut, pour que (48) rien ne manque à l'indignité, l'homme qui donna l'exemple; c'est en effet ce Mamurra déchiré par les vers de Catulle de Vérone : sa maison, en vérité (49), disait plus clairement que Catulle lui-même qu'il avait tout ce qu'avait eu la Gaule Chevelue. Le même Népos ajoute que Mamurra le premier eut toutes les colonnes de sa maison en marbre massif de Caryste (iv, 21, 2) ou de Lune (50).

VIII. M. Lépidus, consul avec Q. (51) Catulus, 1 fit, le premier, dans sa maison les seuils en marbre de Numidie, et il fut grandement blâmé. Son consulat tombe l'an de Rome 676. C'est la première trace que je trouve de l'importation du marbre numidique, non en colonnes toutefois ou en feuilles, comme il vient d'être dit pour le marbre de Caryste, mais en blocs et pour un très-vil usage. Quatre ans environ après ce Lépidus, L. Lucullus, consul, donna, comme il paraît, son nom au marbre lucullien. Il était charmé de ce marbre, et le premier il l'introduisit dans Rome. Au reste, c'est un marbre noir, et dépourvu des taches ou des couleurs qui recommandent les autres. On le trouve dans l'île 2 de Chio (52), et c'est presque le seul marbre qui ait été dénommé d'après un amateur. Entre les con-

---

maque claritate artificum : quo in tractatu subit mentem non fuisse tum auctoritatem maculoso marmori : fecere e Thasio Cycladum insularum, æque et e Lesbio : lividius hoc paulo. Versicolores quidem maculas, et in totum marmorum apparatum Menander etiam diligentissimus luxuriæ interpres, primus et raro attigit. Columnis demum utebantur in templis, nec lautitiæ causa, nondum ista intelligebantur; sed quia firmiores aliter statui non 2 poterant. Sic est inchoatum Athenis templum Jovis Olympii, ex quo Sylla Capitolinis ædibus advexerat columnas. Fuit tamen inter lapidem atque marmor differentia jam et apud Homerum. Dicit enim marmoreo saxo percussum : sed hactenus. Regias quoque domos quum lautissime præter æs, aurum, electrum, argentum, ebore tantum 3 adornans. Primum (ut arbitror) versicolores istas maculas Chiorum lapicidinæ ostenderunt, quum exstruerent muros, faceto in id M. Ciceronis sale : omnibus enim ostentabant, ut magnificum. Multo, inquit, magis mirarer, si Tiburtino lapide fecissetis. Et Hercules, non fuisset picturæ honos ullus ; non modo tantus, in aliqua marmorum auctoritate.

1 VI. Secandi in crustas nescio an Cariæ fuerit inventum. Antiquissima, quod equidem inveniam, Halicarnassi Mausoli domus Proconnesio marmore exculta est, lateritiis parietibus. Is obiit Olympiadis cvi anno ii, urbis Romæ anno ccccii.

VII. Primum Romæ parietes crusta marmoris operuisse 1 totius domus suæ in Cælio monte Cornelius Nepos tradidit Mamurram Formiis natum, equitem Romanum, præfectum fabrum C. Cæsaris in Gallia : ne quid indignitati desit tali auctore inventa re. Hic namque est Mamurra Catulli Veronensis carminibus proscissus, quem, ut res est, domus ipsius clarius, quam Catullus, dixit habere, quidquid habuisset Comata Gallia. Namque adjecit idem Nepos, eum primum totis ædibus nullam nisi e marmore columnam habuisse, omnes solidas e Carystio aut Lunensi.

VIII. M. Lepidus Q. Catuli in consulatu collega, primus 1 omnium limina ex Numidico *marmore* in domo posuit magna reprehensione. Is fuit consul anno Urbis DCLXXVI. Hoc primum invecti Numidici marmoris vestigium invenio, non in columnis tamen crustisve : ut supra Carystii : sed in massa ac vilissimo liminum usu. Post hunc Lepidum ferme quadriennio L. Lucullus consul fuit, qui nomen (ut apparet ex re) Luculleo marmori dedit, admodum delectatus illo : primusque Romam invexit, atrum alioqui : quum cætera maculis aut coloribus commendentur. Nascitur autem in Chio insula, solumque 2 pæne hoc marmor ab amatore nomen accepit. Inter hos

sulats de ces deux personnages se place, je pense, le théâtre de M. Scaurus avec ses murailles de marbre ; je ne saurais dire si elles étaient en marbre plaqué (53) ou en marbre massif et poli, comme est aujourd'hui le temple de Jupiter Tonnant dans le Capitole ; car je ne trouve jusqu'alors aucune trace de marbre plaqué en Italie.

1 IX. Mais, quel que soit l'inventeur (54) de l'art de scier le marbre et de multiplier ainsi le luxe, il fut ingénieux inopportunément. Le sciage se fait par le sable, et paraît se faire par le fer : la scie ne fait que presser le sable dans un sillon très-fin, et c'est en le promenant dans ce sillon qu'elle coupe. Le sable d'Éthiopie est le plus recherché pour cette opération : car, grief de surcroît, il faut aller chercher en Éthiopie de quoi tailler un marbre, que dis-je ? jusque dans l'Inde, où la sévérité des anciennes mœurs trouvait in-
2 digne d'aller chercher même les perles. Ce sable de l'Inde est au second rang ; l'autre est plus doux ; il fait la tranche sans rien de raboteux, au lieu que le sable indien donne une tranche moins unie : mais on recommande aux polisseurs de frotter le marbre avec ce dernier sable calciné. Le sable de Naxos a le même défaut, ainsi que le sable de Coptos, dit sable d'Égypte. Tels furent les sables que les anciens employèrent à scier le marbre. Depuis on a trouvé un sable non moins bon dans un bas-fond de la mer Adriatique, qui est à sec à marée basse seulement ; ce qui l'a
3 rendu difficile à découvrir. Au reste, la fraude des ouvriers s'est enhardie à scier avec toutes sortes de sable de rivière indifféremment. Très-peu de propriétaires reconnaissent le tort qu'on leur fait ainsi. En effet, un sable plus gros fait un trait plus large, détruit plus de marbre et laisse plus de travail à faire au polissage, qui de la sorte fait perdre aux feuilles de leur épaisseur. On donne (55) le dernier poli avec le sable thébaïque, et avec un sable fait de la pierre poreuse ou de la pierre ponce.

X. ( VII. ) Pour polir les statues de marbre, ainsi que pour tailler et user les pierres précieuses, on a longtemps donné la préférence à la pierre naxienne : on appelle ainsi une pierre à aiguiser qu'on trouve dans l'île de Chypre ; depuis, la vogue a passé aux pierres à aiguiser qui viennent (56) d'Arménie.

XI. Les marbres sont trop connus pour qu'il importe d'en énumérer les variétés et les couleurs, et trop nombreux pour que cela soit facile. Quel est le lieu, en effet, qui n'ait pas son marbre particulier ? Au reste, nous avons indiqué les variétés les plus célèbres dans nos livres géographiques. Tous pourtant ne se forment pas dans les carrières ; plusieurs sont épars aussi à la surface du sol, et quelques-uns même (57) des plus précieux, comme le marbre lacédémonien vert, le plus gai de tous, comme aussi l'augustéen (58) et ensuite le tibérien trouvés pour la première fois en Égypte, sous les règnes d'Auguste et de Tibère. Ces deux marbres diffèrent de l'ophite en ce que l'ophite a des taches semblables à celles des serpents, d'où lui vient le nom qu'il porte, et diffèrent entre eux en ce qu'ils ont les taches disposées différemment, l'augustéen les ayant ondoyantes et en boucles, le tibérien les ayant blanches, disséminées, et non disposées en boucles. On n'a en ophite que des colonnes extrêmement petites. Il y en a deux variétés, l'une blanche et tendre, l'autre dure et tirant sur le noir. On dit que, portées en amulette, toutes deux guérissent les

---

primum, ut arbitror, marmoreos parietes habuit scena M. Scauri, non facile dixerim secto, an solidis g'ebis polito, sicuti est hodie Jovis Tonantis ædes in Capitolio. Nondum enim secti marmoris vestigia invenio in Italia.

1 IX. Sed quisquis primus invenit secare, luxuriamque dividere, importuni ingenii fuit. Arena hoc fit, et ferro videtur fieri, serra in prætenui linea premente arenas, versandoque, tractu ipso secante. Æthiopica ad hæc maxime probatur. Nam id quoque accessit, ut ad Æthiopas usque peteretur, quod laceret marmora : immo vero in Indos, quo margaritas quoque peti severis moribus in-
2 dignum erat. Hæc proxime laudatur : mollior tamen, quæ Æthiopica. Illa nulla scabritie secat : indica non æque lævigat : sed ea combusta polientes marmora fricare jubentur. Simile et Naxiæ vitium est, et Coptidi, quæ vocatur Ægyptia. Hæc fuere antiqua genera marmoribus secandis. Postea reperta est arena non minus probanda, ex quodam Adriatici maris vado, æstu nudante, observa-
3 tione non facili. Jam quidem quacumque arena secare e fluviis omnibus fraus artificum ausa est : quod dispendium admodum pauci intelligunt. Crassior enim arena laxioribus segmentis terit, et plus erodit marmoris, majusque opus scabritia politura relinquit. Ita sectæ attenuantur crustæ. Rursus Thebaica polituris accommodatur, et quæ fit e poro lapide, aut e pumice.

X. ( VII. ) Signis e marmore poliendis, gemmisque etiam scalpendis atque limandis, Naxium diu placuit ante alia : ita vocantur cotes in Cypro insula genitæ. Vicere postea ex Armenia invectæ.

XI. Marmorum genera et colores non attinet dicere in tanta notitia : nec facile est enumerare in tanta multitudine. Quoto cuique enim loco non suum marmor invenitur ? Et tamen celeberrimi generis dicta sunt in ambitu terrarum cum gentibus suis. Non omnia tamen in lapidicinis gignuntur, sed multa et sub terra sparsa : pretiosissimi quidem generis, sicut Lacedæmonium viride, cunctisque hilarius. Sic et Augusteum, ac deinde Tiberium, in Ægypto Augusti ac Tiberii primum principatu reperta. Differentiaque eorum est ab ophite, quum sit illud serpentium maculis simile, unde et nomen accepit : quod hæc maculas diverso modo colligunt, Augusteum undatim crispum in vertices, Tiberium sparsa, non convoluta canitie. Neque ex ophite columnæ, nisi parvæ admodum, in-
2 veniuntur. Duo ejus genera, molle candidum, nigricans durum. Dicuntur ambo capitis dolores sedare adalligati,

douleurs de tête et les morsures des serpents. Quelques-uns recommandent l'ophite blanc, porté en amulette contre la phrénitis et le léthargus ; mais contre les serpents d'autres vantent de préférence l'ophite appelé téphrias, à cause de sa couleur cendrée. Il est aussi un marbre memphite, appelé ainsi du lieu où on le trouve ; il a de l'analogie avec les pierres précieuses. Pour s'en servir, on le broie et on l'applique avec du vinaigre sur les parties à cautériser ou inciser : la partie s'engourdit, et ne sent pas la douleur. Le porphyrite, que produit aussi l'Égypte, est rouge. Celui qui est parsemé de points blancs se nomme leptopsephos. Les carrières peuvent fournir des blocs des plus grandes dimensions. Vitrasius Pollion, procurateur de l'empereur Claude, fit venir d'Égypte à Rome, pour le prince, des statues de cette pierre, innovation qui ne fut guère goûtée ; toujours est-il que personne ne l'a imitée. Les Égyptiens aussi ont trouvé en Éthiopie la pierre qu'ils nomment basanite (59) (XXXVI, 38), et qui a la couleur et la dureté du fer, d'où le nom qu'ils lui ont donné (βάσανος, pierre de touche). On n'en a jamais vu de bloc plus gros que celui qui a été dédié par l'empereur Vespasien Auguste dans le temple de la Paix ; il représente le Nil avec seize enfants qui jouent alentour, symbole des seize coudées auxquelles doit parvenir le Nil dans sa crue la plus avantageuse. On raconte qu'il se trouve à Thèbes, dans le temple de Sérapis, un bloc assez semblable, consacré, pense-t-on, à la statue de Memnon, qu'on dit rendre un son au contact des rayons du soleil levant.

XII. Nos anciens ont pensé que l'onyx se trouvait seulement (60) dans les montagnes de l'Arabie ; mais Sudines savait qu'il s'en trouve aussi en Carmanie : on en a fait d'abord des vases à boire, puis des pieds de lit et des sièges. Cornélius Népos rapporte que grand fut l'étonnement quand P. Lentulus Spinther (an de Rome 691) montra des amphores en onyx aussi grandes que des barils de Chio : « Cinq ans après, ajoute-t-il, j'ai vu des colonnes de cette matière hautes de trente-deux pieds. » Plus tard on en rabattit ; car quatre médiocres colonnes furent placées par Cornélius Balbus (an de Rome 741) dans son théâtre, comme une merveille remarquable. Pour nous, nous en avons vu 2 trente plus grandes dans la salle à manger qu'avait fait construire Calliste (XXXIII, 47), cet affranchi de Claude, connu par son pouvoir. (VIII.) Quelques-uns nomment cette pierre alabastrite (XXXVII, 54) ; on en fait des vases à parfums, parce qu'elle passe (61) pour les préserver de toute corruption (XIII, 3). Calcinée, elle entre dans les emplâtres. On la trouve aux environs de Thèbes d'Égypte et de Damas de Syrie. Celle de Damas est plus blanche que les autres. On a donné la palme entre tous les albâtres à celui de la Carmanie, puis à celui de l'Inde, et finalement à ceux de Syrie et d'Asie. Le plus commun est celui de la Cappadoce, dépourvu de tout éclat. On recherche le plus les albâtres couleur de miel, qui ont des taches disposées en tourbillons, et qui ne sont point transparents. On regarde comme défectueux la couleur de corne, le blanc, et tout ce qui se rapproche du verre.

XIII. Plusieurs pensent que pour la conservation des parfums l'albâtre ne l'emporte guère sur les pierres lygdines trouvées à Paros. La grosseur de ces pierres ne dépasse jamais le volume d'un plat ou d'une coupe. Autrefois il n'en

---

et serpentium ictus. Quidam phreneticis ac lethargicis adalligari jubent candicantem. Contra serpentes autem a quibusdam laudatur præcipue ex his, quem tephriam appellant, a colore cineris. Vocatur et Memphites a loco, gemmantis naturæ. Hujus usus conteri ; et iis, quæ urenda sint aut secanda, ex aceto illini. Obstupescit ita corpus, 3 nec sentit cruciatum. Rubet porphyrites in eadem Ægypto: ex eo candidis intervenientibus punctis, Leptopsephos vocatur. Quantislibet molibus cædendis sufficiunt lapicidinæ. Statuas ex eo Claudio Cæsari procurator ejus in Urbem ex Ægypto advexit Vitrasius Pollio, non admodum probata novitate. Nemo certe postea imitatus est. Invenit eadem Ægyptus in Æthiopia, quem vocant basaniten, fer-4 rei coloris atque duritiæ : unde et nomen ei dedit. Numquam hic major repertus est, quam in templo Pacis ab imperatore Vespasiano Augusto dicatus : argumento Nili, XVI liberis circa ludentibus, per quos totidem cubita summi incrementi augentis se amnis intelliguntur. Non absimilis illi narratur in Thebis delubro Serapis, ut putant, Memnonis statuæ dicatus : quem quotidiano solis ortu contactum radiis crepare dicunt.

1 XII. Onychen in Arabiæ tantum montibus, nec usquam aliubi, nasci putavere nostri veteres : Sudines in Carmania. Potoriis primum vasis inde factis, dein pedibus lectorum sellisque. Nepos Cornelius tradit magno fuisse miraculo, quum P. Lentulus Spinther amphoras ex eo Chiorum magnitudine cadorum ostendisset : post quinquennium deinde triginta duorum pedum longitudine columnas vidisse se. Variatum in hoc lapide postea est. Namque pro miraculo insigni quatuor modicas in theatro suo Cornelius Balbus posuit. Nos ampliores triginta vidimus in cœna- 2 tione, quam Callistus Cæsaris Claudii libertorum potentia notus sibi exædificaverat. (VIII.) Hunc aliqui lapidem alabastriten vocant, quem cavant ad vasa unguentaria, quoniam optime servare incorrupta dicatur. Idem exustus emplastris convenit. Nascitur circa Thebas Ægyptias, et Damascum Syriæ. Hic cæteris candidior : probatissimus vero in Carmania, mox in India : jam quidem et in Syria Asiaque. Vilissimus autem et sine ullo nitore in Cappadocia. Probantur quam maxime mellei coloris, in verticibus maculosi, atque non translucidi. Vitia in iis, corneus color aut candidus, et quidquid simile vitro est.

XIII. Paulum distare ab eo in unguentorum fide multi 1 existimant, Lygdinos in Paro repertos : amplitudine, qua lances craterasque non excedant, antea ex Arabia tantum advehi solitos, candoris eximii.

venait que d'Arabie; elles sont d'un blanc admirable.

2   On fait encore grand cas de deux pierres de nature contraire : la coralitique, trouvée en Asie, en blocs de deux coudées au plus, est d'un blanc approchant de l'ivoire, et a quelque ressemblance avec cette substance; l'alabandique, au contraire, est noire; elle est ainsi nommée du lieu qui la produit, quoiqu'il en vienne aussi à Milet : elle est d'un noir tirant sur le pourpre. Fusible au feu (62), elle est employée dans la composition du verre. La pierre thébaïque, parsemée de gouttes d'or, se trouve dans la partie de l'Afrique appartenant à l'Égypte ; les molettes qu'elle fournit sont, par leurs qualités physiques, très-propres à broyer les ingrédients des collyres. Aux environs de Syène de la Thébaïde est la pierre syénite, qu'on nommait autrefois pyrrhopœcile (63).

1   XIV. Les rois ont comme à l'envi fait avec cette pierre des espèces de soliveaux qu'ils ont appelés obélisques, et consacrés à la divinité du Soleil. En effet, ces obélisques représentent les rayons de l'astre, et c'est aussi ce qu'exprime le nom égyptien.

2   Le premier de tous, Mesphrès (64), qui régnait dans la ville du Soleil, éleva un pareil monument; ce fut sur l'ordre d'un songe : cela même est écrit sur l'obélisque; car les gravures et les figures que nous y voyons sont des lettres égyptiennes.

3   Puis d'autres rois (65) en firent tailler : de ces obélisques, Sothis en dressa dans la même ville quatre, hauts de quarante-huit coudées; Rhamsès (66), celui qui régnait à l'époque de la prise de Troie, un de cent quarante coudées (67). Le même prince, ayant quitté le lieu où était le palais de Mnévis, érigea un autre obélisque haut de cent vingt coudées (68), mais d'une grosseur prodigieuse, les faces ayant onze coudées. (ix.) On dit que cent vingt mille hommes furent employés à ce travail. Quand il s'agit de dresser l'obélisque, 4 le roi, craignant qu'on n'employât pas des machines assez fortes pour le poids, et voulant accroître le péril pour accroître la vigilance des ingénieurs, fit attacher son propre fils au sommet, afin que le salut du prince profitât en même temps à la pierre. Ce monument a toujours excité l'admiration, et quand le roi Cambyse força la ville, les incendies (69) étant arrivés jusqu'au pied de l'obélisque, ce prince ordonna de les éteindre, et eut pour cette masse énorme des égards qu'il n'avait pas eus pour la ville.

Il y a encore deux autres obélisques érigés l'un 5 par Zmarrès (70), l'autre par Raphius, sans caractères inscrits, et hauts de quarante-huit coudées. Ptolémée Philadelphe en érigea un de quatre-vingts coudées à Alexandrie; le roi Necthébis (71) l'avait fait tailler sans caractères inscrits, et c'était une opération bien plus difficile de le transporter et de le dresser, que de le tailler. Quelques-uns rapportent qu'il fut amené sur un radeau par l'architecte Satyrus; Callixenus (72) dit qu'il le fut par Phœnix. On amena par un canal le Nil jusqu'à l'obélisque couché; deux bateaux larges, portant, 6 en blocs d'un pied de la même pierre que l'obélisque, un chargement double de sa masse, et par conséquent de son poids, furent conduits sous le monument, qui reposait par ses deux extrémités sur les deux rives du canal; puis on ôta les blocs de pierre : les deux bateaux se relevèrent, et chargèrent du fardeau qui leur était destiné. On 7 le posa sur six dés taillés (73) dans la même mon-

---

2   Magnus et duobus contrariæ inter se naturæ honos : Coralitico in Asia reperto, mensuræ non ultra bina cubita, candore proximo ebori, et quadam similitudine. E diverso niger est Alabandicus terræ suæ nomine, quanquam et Mileti nascens, ad purpuram tamen magis aspectu declinante. Idem liquatur igni, acfunditur ad usum vitri. Thebaicus interstinctus aureis guttis, invenitur in Africæ parte Ægypto adscripta, coticulis ad terenda collyria quadam utilitate naturali conveniens. Circa Syenen vero Thebaidis Syenites, quem antea pyrrhopœcilon vocabant.

1   XIV. Trabes ex eo fecere reges quodam certamine, obeliscos vocantes, Solis numini sacratos. Radiorum ejus argumentum in effigie est, et ita significatur nomine Ægyptio.

2   Primus omnium id instituit Mesphres, qui in Solis urbe regnabat, somnio jussus : hoc ipsum inscriptum in eo : etenim sculpturæ illæ effigiesque, quas videmus, Ægyptiæ sunt litteræ.

3   Postea et alii excidere reges : statuit eos in supra dicta urbe, Sothis quatuor numero, quadragenum octonum cubitorum longitudine. Rhamses autem is, quo regnante Ilium captum est, cxxxx cubitorum. Idem digressus inde, ubi fuit Mnevidis regia, posuit alium, longitudine quidem cxx cubitorum, sed prodigiosa crassitudine, undenis per latera cubitis. (ix.) Opus id fecisse dicuntur cxx m. hominum. Ipse rex, quum subrecturus esset, vereretur que ne machinæ ponderi non sufficerent, quo majus periculum curæ 4 artificum denuntiaret, filium suum adalligavit cacumini, ut salus ejus apud molientes prodesset et lapidi. Hac admiratione operis effectum est, ut quum oppidum id expugnaret Cambyses rex, ventumque esset incendiis ad crepidines obelisci, exstingui juberet molis reverentia, qui urbis nullam habuerat.

Sunt et alii duo, unus a Zmarre positus, alter a Ra- 5 phio sine notis, quadragenum octonum cubitorum. Alexandriæ statuit unum octoginta cubitorum Ptolemæus Philadelphus, exciderat eum Necthebis rex purum : majusque opus fuit in devehendo statuendove multo, quam in excidendo. A Satyro architecto aliqui devectum tradunt rate : Callixenus a Phœnice, fossa perducto usque ad jacentem obeliscum Nilo : navesque duas in latitudinem patulas, 6 pedalibus ex eodem lapide ad rationem geminati per duplicem mensuram ponderis oneratas; ita ut subirent obeliscum pendentem extremitatibus suis in ripis utrinque : postea egestis laterculis allevatas naves excepisse onus. Statutum autem in sex talis e monte eodem, et artificem 7

tagne, et l'artiste reçut en don cinquante talents. Cet obélisque fut placé par le roi susdit dans l'Arsinoéum, en témoignage de son amour pour sa femme Arsinoé, qui était aussi sa sœur (74). Plus tard, comme il gênait le port, Maxime, préfet d'Égypte, le fit transporter sur la place publique, après en avoir retranché le sommet, voulant y substituer un faîte doré, intention qui resta sans effet.

8  Il y a encore à Alexandrie, près du port, dans le temple de César, deux obélisques de quarante-deux coudées, taillés par le roi Mesphrès (75). L'entreprise la plus difficile, ce fut de faire venir des obélisques à Rome. Les vaisseaux qu'on y employa ont eux-mêmes excité l'admiration. Le dieu Auguste avait consacré à perpétuité, à Pouzzoles, dans le port, comme un monument merveilleux, le vaisseau qui apporta (76) le premier obélisque; mais ce vaisseau fut détruit par 
9  un incendie. Quant à celui que l'empereur Caligula avait employé pour transporter l'autre obélisque, il fut conservé pendant quelques années; c'était le bâtiment le plus merveilleux qu'on eût jamais vu en mer: le dieu Claude le fit venir à Ostie après avoir élevé dessus (77) des tours en terre de Pouzzoles (xxxv, 47), et le coula dans l'intérêt du port qu'il construisait. Puis il fallut faire d'autres bâtiments pour conduire l'obélisque par le Tibre, ce qui donna lieu de connaître que ce fleuve n'a pas moins d'eau que le Nil.

10  L'obélisque dressé par le dieu Auguste dans le grand Cirque avait été taillé par le roi Semenpsertée (78), sous le règne duquel Pythagore voyagea en Égypte : il a quatre-vingt-cinq pieds (79) et neuf pouces, non compris la base, qui est de la même pierre. Celui qu'il a mis (80) dans le champ de Mars a neuf pieds de moins; il a été taillé sous Sésostris. Tous deux, chargés d'inscriptions, contiennent l'interprétation des choses de la nature selon la philosophie des Égyptiens.

XV. (x.) De celui qui est dans le champ de 1 Mars le dieu Auguste fit une admirable application : pour marquer l'ombre projetée par le soleil, et reconnaître ainsi les longueurs des jours et des nuits, on étendit un lit de pierre dans un tel rapport avec l'obélisque, que l'ombre fût égale à ce lit le jour du solstice d'hiver, à midi; puis, pour chaque jour, l'ombre subissait des décroissements et, plus tard, des accroissements correspondants à des règles d'airain incrustées dans la pierre : construction mémorable, et digne du génie fécond du mathématicien Novus (81). Celui-ci plaça au haut de l'obélisque une boule dorée dont l'ombre se ramassait sur elle-même, au lieu que l'ombre projetée par la pointe même s'étendait énormément : on dit que ce procédé lui fut suggéré par l'aspect de la tête humaine. Au reste, depuis trente ans environ, les observations ont cessé d'être justes; soit que le soleil lui-même ait changé son cours par quelque dérangement survenu dans le ciel; soit que la terre entière ait été un peu déplacée (82) de son centre, comme j'entends dire qu'on l'a remarqué aussi en d'autres lieux; soit que des tremblements de terre bornés à Rome aient fait fléchir le gnomon; soit que les inondations du Tibre aient fait tasser les fondements de l'obélisque, quoiqu'on prétende que ces fondements sont aussi profonds que l'aiguille est haute.

(xi.) Le troisième (83) obélisque à Rome [celui 3 de Caligula ] est au Vatican, dans le cirque de Caligula et de Néron. C'est le seul qui ait été fracturé quand on le dressa; il a été fait par Nuncoréo,

---

donatum talentis quinquaginta. Hic fuit in Arsinoeo positus a rege supra dicto, munus amoris in conjuge eademque sorore Arsinoe. Inde eum navalibus incommodum Maximus quidem præfectus Ægypti transtulit in forum, reciso cacumine, dum vult fastigium addere auratum, quod postea omisit.

8  Et alii duo sunt Alexandriæ ad portum in Cæsaris templo, quos excidit Mesphres rex quadrageniis binum cubitorum. Super omnia accessit difficultas mari Romam devehendi, spectatis admodum navibus. Divus Augustus eam quæ priorem advexerat, miraculi gratia Puteolis navalibus perpetuis dicaverat : sed incendio consumta est.
9  Divus Claudius aliquot per annos asservatam eam, qua Caius Cæsar importaverat, omnibus quæ unquam in mari visæ sunt, mirabiliorem, in ipsa turribus Puteolano ex pulvere exædificatis, perductam Ostiam, portus gratia mersit. Alia ex hoc cura navium, quæ Tiberi subveherent. Quo experimento patuit, non minus aquarum huic amni esse, quam Nilo.
10  Is autem obeliscus, quem divus Augustus in Circo magno statuit, excisus est a rege Semenpserteo, quo regnante Pythagoras in Ægypto fuit, lxxxv pedum, et dodrantis, præter basim ejusdem lapidis : is vero, quem in campo Martio, novem pedibus minor, a Sesostride. Inscripti ambo rerum naturæ interpretationem Ægyptiorum philosophin continent.

XV. (x.) Ei qui est in campo, divus Augustus addidit 1 mirabilem usum ad deprehendendas solis umbras, dierumque ac noctium ita magnitudines, strato lapide ad magnitudinem obelisci, cui par fieret umbra, brumæ confectæ die, sexta hora; paulatimque per regulas (quæ sunt ex ære inclusæ) singulis diebus decresceret, ac rursus augesceret : digna cognitu res et ingenio fecundo Novi mathematici. Is apici auratam pilam addidit, cujus umbra 2 vertice colligeretur in seipsa, alias enormiter jaculante apice, ratione, ut ferunt, a capite hominis intellecta. Hæc observatio triginta jam fere annis non congruit, sive solis ipsius dissono cursu, et cæli aliqua ratione mutato, sive universa tellure aliquid a centro suo emota, ut deprehendi et in aliis locis accipio : sive Urbis tremoribus, ibi tantum gnomone intorto : sive inundationibus Tiberis sedimento molis facto : quanquam ad altitudinem impositi oneris in terram quoque dicantur acta fundamenta.

(xi.) Tertius est Romæ in Vaticano, Caii et Neronis 3

fils de Sésosis. Il en reste un autre du même prince, de cent coudées de haut, que, sur l'ordre d'un oracle, il consacra au Soleil, après avoir perdu et recouvré la vue.

1 XVI. (XII.) En passant parlons aussi des pyramides de cette même Égypte, oiseuse et folle ostentation de la richesse de ses rois. En effet, disent la plupart, les rois n'eurent, pour les construire, d'autre motif que de ne pas donner l'argent à des successeurs ou à des rivaux complotants, ou de ne pas laisser le peuple dans l'inaction. La vanité des Égyptiens s'est beaucoup exercée en ce genre de construction, et il existe des restes de nombre de pyramides demeurées imparfaites. Une pyramide se voit encore dans le nome Arsinoïte; deux dans le nome Memphitique, non loin du labyrinthe, duquel aussi nous parlerons (XXXVI, 2 19); deux, dans l'emplacement où fut le lac de Mœris (V, 9), cet immense étang creusé de main d'homme, et cité par les Égyptiens parmi les travaux merveilleux et mémorables : on dit que les sommets en sont apparents au-dessus de l'eau (84). Les trois autres, dont la renommée a rempli l'univers, et qui véritablement sont en vue de toutes parts pour les navigateurs du fleuve, sont situées dans la partie africaine, sur une montagne pierreuse et stérile, entre la ville de Memphis et ce que nous avons dit être nommé Delta, à moins de quatre mille pas du Nil, à sept mille cinq cents pas de Memphis, auprès du bourg nommé Busiris, dont les habitants sont habitués à grimper jusqu'à leur cime.

1 XVII. Au-devant d'elles est le sphinx, plus admirable peut-être, sur lequel on a gardé le silence (85), et qui est la divinité locale des habitants. Ils pensent que c'est le tombeau du roi Armaïs, et prétendent qu'il a été amené là : mais ce n'est que le roc même travaillé sur place ; et pour le culte on peint en rouge (86) la face du monstre. La circonférence de la tête, par le front, est de cent deux pieds; le corps est long de cent quarante-trois, et, depuis le ventre jusqu'au sommet de la tête, haut de soixante-deux pieds.

La plus grande pyramide est en pierre d'A- 2 rabie. On dit que trois cent soixante mille (87) hommes y ont travaillé pendant vingt ans, et que les trois furent terminées en soixante-dix-huit ans et quatre mois. Ceux qui ont écrit sur les pyramides sont Hérodote, Évhémère, Duris de Samos, Aristagoras, Dionysius, Artémidore, Alexandre Polyhistor, Butorides, Antisthènes, Démétrius, Démotélès, Apion. Entre tous ces auteurs il y a désaccord sur ceux qui ont fait les pyramides, le sort, en cela très-juste, ayant fait oublier les noms des promoteurs d'œuvres aussi vaines. Quelques-uns de ces écrivains ont 3 rapporté que 1600 talents avaient été dépensés pour les navets, les aulx et les oignons. La plus grande pyramide occupe huit jugères de terrain; les quatre angles sont à égale distance, la largeur de chaque côté étant de huit cent quatre-vingt-trois pieds. La hauteur, du sol au sommet, est de sept cent trente-cinq (88). La plate-forme du sommet a seize pieds et demi de pourtour. Les quatre faces de la seconde ont chacune sept cent vingt-sept pieds et demi (89). La troisième est moindre que les deux précédentes, mais elle est beaucoup plus belle. Construite en pierre d'Éthiopie, elle s'élève ayant entre les angles trois cent soixante-trois pieds. Il ne reste aux environs au- 4 cune trace de construction. C'est un sable nu tout autour, à grains lentiformes, et tel qu'on en

---

principum circo, ex omnibus unus omnino fractus est in molitione, quem fecerat Sesosidis filius Nuncoreus. Ejusdem remanet et alius centum cubitorum, quem post cæcitatem visu reddito, ex oraculo Soli sacravit.

1 XVI. (XII.) Dicantur obiter et pyramides in eadem Ægypto, regum pecuniæ otiosa ac stulta ostentatio. Quippe quum faciendi eas causa a plerisque tradatur, ne pecuniam successoribus aut æmulis insidiantibus præberent, aut, ne plebs esset otiosa : multa circa hoc vanitas illorum hominum fuit, vestigiaque complurium inchoatarum exstant. Una est in Arsinoite nomo, duæ in Memphite, non pro-
2 cul labyrintho, de quo et ipso dicemus. Totidem ubi fuit Mœridis lacus, hoc est, fossa grandis, sed Ægyptiis inter mira ac memoranda narrata; harum cacumina extra aquam eminere dicuntur. Reliquæ tres, quæ orbem terrarum implevere fama, sane conspicuæ undique adnavigantibus, sitæ sunt in parte Africæ, monte saxeo sterilique, inter Memphim oppidum, et quod appellari diximus Delta, a Nilo minus quatuor millia passuum, a Memphi VII M D, vico apposito, quem vocant Busirin, in quo sunt assueti scandere illas.

1 XVII. Ante has est sphinx, vel magis narranda, de qua siluere, numen accolentium. Armain regem putant in ea conditum, et volunt invectam videri. Est autem saxo naturali elaborata, et rubrica facies monstri colitur. Capitis per frontem ambitus centum duos pedes colligit, longitudo pedum CXLIII est, altitudo a ventre ad summam apsidem in capite, LXII.

Pyramis amplissima ex Arabicis lapicidinis constat. 2 Trecenta LX hominum millia annis XX eam construxisse produntur. Tres vero factæ annis LXXVIII et mensibus IV. Qui de iis scripserint, sunt Herodotus, Euhemerus, Duris Samius, Aristagoras, Dionysius, Artemidorus, Alexander Polyhistor, Butorides, Antisthenes, Demetrius, Demoteles, Apion. Inter omnes eos non constat a quibus factæ sint, justissimo casu obliteratis tantæ vanitatis auctoribus. Aliqui ex his prodiderunt, in raphanos, et allium, ac 3 cæpas, mille sexcenta talenta erogata. Amplissima octojugera obtinet soli, quatuor angulorum paribus intervallis, per octingentos octoginta tres pedes singulorum laterum, altitudo a cacumine ad solum pedes DCCXXV colligit; ambitus cacuminis pedes XVI s. Alterius intervalla singula per quatuor angulos pedes DCCXXVII s. comprehendunt. Tertia minor quidem prædictis, sed multo spectatior. Æthiopicis lapidibus, assurgit CCCLXIII pedibus inter angulos. Vestigia ædificationum nulla exstant. Arena late 4 pura circum, lentis similitudine, qualis in majori parte Africæ. Quæstionum summa est, quanam ratione in tan-

voit dans la majeure partie de l'Afrique. Un difficile problème, c'est de savoir comment les matériaux ont été portés à une si grande hauteur : selon les uns, on éleva des monceaux de nitre et de sel à mesure que la construction avançait, et quand elle fut terminée, on les fit fondre en amenant les eaux du Nil. Selon d'autres, on éleva des ponts en briques faites en terre, qu'on répartit, l'édifice achevé (90), entre les maisons des particuliers; car, disent-ils, le Nil n'a pu être amené là, étant beaucoup plus bas. Dans la plus grande pyramide est un puits de quatre-vingt-six coudées; on pense qu'il reçut l'eau du fleuve. Le moyen de mesurer la hauteur des pyramides et autres édifices semblables, fut trouvé par Thalès de Milet : il mesura l'ombre à l'heure où elle
5 est égale aux corps. Telles sont ces merveilleuses pyramides. Et enfin, pour qu'on ne s'extasie pas sur l'opulence (91) des rois, la plus petite, mais la plus célèbre, a été construite par une courtisane, par Rhodope. Cette femme partagea l'esclavage et la couche d'Ésope le fabuliste; et la plus grande merveille, c'est qu'une courtisane ait pu, à son métier, amasser de si grandes richesses (92).

1 XVIII. Un autre monument qu'on vante, c'est la tour faite par un roi dans l'île de Pharos, à l'entrée du port d'Alexandrie. Elle coûta, dit-on, 800 talents (3,936,000 fr.). A ce propos je ne dois pas omettre la magnanimité du roi Ptolémée, qui permit à l'architecte Sostrate de Gnide d'inscrire son nom sur l'édifice même (93). Ce phare sert à signaler par son feu aux navires, dans leur marche nocturne, les bas-fonds et l'entrée du port. De pareils feux sont allumés aujourd'hui en divers lieux, tels (94) qu'Ostie et Ravenne. Le risque est de prendre pour une étoile ces feux non interrompus, parce que de loin ils en ont l'aspect. C'est ce même architecte qui passe pour avoir le premier exécuté un promenoir suspendu, lequel est à Gnide.

XIX. (XIII.) Parlons aussi des labyrinthes, 1 l'ouvrage peut-être le plus prodigieux auquel les hommes aient employé l'argent, et nullement chimérique, comme on pourrait l'imaginer.

On voit encore en Égypte, dans le nome d'Héracléopolis, un labyrinthe, le plus ancien de tous, et construit, dit-on, il y a quatre mille six cents ans par le roi Pétésuccus ou Tithoës. Cependant Hérodote dit que c'est l'ouvrage de douze (95) rois, dont Psammétique resta le dernier. On ne convient pas de la cause qui le fit bâtir. Démotélès prétend que c'était le palais de Mothérudès; Lycéas en fait le tombeau du roi Mœris; plusieurs disent que c'est un monument consacré au Soleil, opinion qui est la plus généralement reçue.

Que Dédale ait pris modèle sur ce labyrinthe 2 pour faire celui de Crète, cela n'est pas douteux; mais il n'en reproduisit que la centième partie, c'est-à-dire celle qui renferme des circuits, des rencontres et des détours inextricables. Il ne faut pas, le comparant à ce que nous voyons sur les pavés en mosaïque, ou dans les campagnes artificielles livrées aux jeux des enfants, y voir un espace étroit, où l'on peut faire plusieurs milliers de pas en se promenant; mais il faut entendre un édifice offrant des portes nombreuses et de fausses issues qui ramènent sans cesse sur ses pas le visiteur égaré. Ce labyrinthe est le second, celui d'Égypte étant le premier. Le troisième est celui de Lemnos; le quatrième, celui d'Italie. Tous sont couverts de voûtes en pierre 3

---

tam altitudinem subvecta sint cæmenta. Alii enim nitro ac sale adaggeratis cum crescente opere, ac peracto fluminis irrigatione dilutis : alii lateribus e luto factis exstructos pontes, peracto opere lateribus in privatas domos distributis. Nilum enim non putant rigare potuisse multo humiliorem. In pyramide maxima est intus puteus octoginta sex cubitorum, flumen illo admissum arbitrantur. Mensuram altitudinis earum omniumque similium deprehendere, invenit Thales Milesius umbram metiendo, qua b hora par esse corpori solet. Hæc sunt pyramidum miracula : supremumque illud, ne quis regum opes miretur, minimam ex his, sed laudatissimam, a Rhodope meretricula factam. Æsopi fabularum philosophi conserva quondam et contubernalis hæc fuit, majore miraculo tantas opes meretricio esse conquisitas.

1 XVIII. Magnificatur et alia turris a rege facta in insula Pharo, portum obtinente Alexandriæ, quam constitisse octingentis talentis tradunt : magno animo, ne quid omittamus, Ptolemæi regis, quod in ea permiserit Sostrati Gnidii architecti structura ipsa nomen inscribi. Usus ejus, nocturno navium cursu ignes ostendere, ad prænuntianda vada, portusque introitum : quales jam compluribus locis flagrant, sicut Ostiæ ac Ravennæ. Periculum in continuatione ignium, ne sidus existimetur, quoniam e longinquo similis flammarum aspectus est. Hic idem architectus primus omnium pensilem ambulationem Gnidi fecisse traditur.

XIX. (XIII.) Dicamus et labyrinthos, vel portentosis- 1 simum humani impendii opus, sed non, ut existimari potest, falsum.

Durat etiamnunc in Ægypto in Heracleopolite nomo, qui primus factus est ante annos, ut tradunt, quater mille sexcentos a Petesucco rege, sive Tithoe. Quanquam Herodotus totum opus XII regum esse dicit, novissimique Psammetichi. Causam faciendi varie interpretantur. Demoteles regiam Motherudis fuisse, Lyceas sepulchrum Mœridis, plures Soli sacrum id exstructum, quod maxime creditur.

Hinc utique sumsisse Dædalum exemplar ejus laby- 2 rinthi, quem fecit in Creta, non est dubium, sed centesimam tantum portionem ejus imitatum, quæ itinerum ambages, occursusque, ac recursus inexplicabiles continet : non, ut in pavimentis puerorumve ludicris campestribus videmus, brevi lacinia millia passuum plura ambulationis continentem, sed crebris foribus inditis, ad fallendos occursus, redeundumque in errores eosdem. Secundus hic fuit ab Ægyptio labyrinthus : tertius in Lemno : quartus

polie ; à l'entrée de celui d'Égypte, ce qui me surprend, les colonnes sont en marbre de Paros, dans le reste en marbre syénite. La construction est si solide, qu'elle défie l'action des siècles, même aidée des Héracléopolitains, qui ont singulièrement ravagé cet ouvrage détesté. En détailler la position et les diverses parties est impossible. En effet, il est partagé en régions et en préfectures qu'on appelle (96) nomes. Ces nomes sont au nombre de seize, et autant de vastes palais y sont attribués. En outre, il renferme des temples de tous les dieux de l'Égypte, quinze chapelles de Némésis, plusieurs pyramides de quarante coudées, dont la base occupe six aroures (97). Déjà fatigué de marcher, le visiteur arrive à l'inextricable entrecroisement des routes. On trouve des salles sur des montées (98), des portiques d'où l'on descend par quatre-vingt-dix degrés ; au dedans, des colonnes de porphyre, des figures de dieux, des images de rois, des effigies monstrueuses. Quelques-uns des palais sont tellement disposés, qu'au moment où l'on en ouvre les portes, un bruit terrible de tonnerre éclate à l'intérieur. La majeure partie de ces édifices se traverse dans les ténèbres. En dehors du mur des labyrinthes, s'élèvent d'autres masses d'édifices qu'on nomme ptéron. Puis encore sont des demeures souterraines où l'on arrive par des galeries. Un seul personnage a fait à ce labyrinthe quelques réparations, c'est Circummon (99), eunuque du roi Necthebis, cinq cents ans avant Alexandre le Grand. On dit aussi que, tandis que les voûtes en pierres carrées s'élevaient, il les faisait soutenir par des poutres d'épine (xxiv, 65) bouillies dans de l'huile. En voilà assez sur les labyrinthes d'Égypte et de Crète.

Celui de Lemnos est semblable ; seulement il est plus remarquable (100), à cause de ses cent-cinquante colonnes, dont les fûts dans l'atelier étaient si parfaitement suspendus, qu'un enfant suffisait pour faire aller le tour où on les travaillait. Il a été construit par les architectes Smilis, Rhœcus et Théodore. Il en subsiste encore aujourd'hui des restes, misérables il est vrai ; mais ceux de Crète et d'Italie ont complétement disparu.

Quant à ce dernier, que Porsenna (101), roi d'Étrurie, s'était fait construire pour lui servir de tombeau, il convient d'en parler. On verra que la vanité des rois étrangers est surpassée par celle des rois d'Italie. Mais comme l'invraisemblance passe toutes les bornes, nous emprunterons, pour le décrire, les paroles mêmes de M. Varron : « Porsenna, dit-il, fut enseveli au-dessous de la ville de Clusium, dans le lieu où il avait fait construire un monument carré (102) en pierres carrées. Chaque face est longue de trois cents pieds, haute de cinquante. La base, qui est carrée, renferme un labyrinthe inextricable. Si quelqu'un s'y engageait (103) sans un peloton de fil, il ne pourrait retrouver l'issue. Au-dessus de ce carré sont cinq pyramides, quatre aux angles, une au milieu, larges à leur base (104) de soixante-quinze pieds, hautes de cent (105) cinquante ; tellement coniques qu'à leur sommet toutes portent un globe d'airain, et un chapeau unique auquel sont suspendues, par des chaînes, des sonnettes qui, agitées par le vent, rendent un son prolongé, comme jadis à Dodone. Au-dessus du globe sont quatre autres pyramides, hautes chacune de cent pieds. » Par-dessus ces dernières pyramides

---

3 in Italia. Omnes lapide polito fornicibus tecti : Ægyptius, quod miror equidem, introitu lapide e Pario columnis, reliquis e Syenite : molibus compositis, quas dissolvere ne sæcula quidem possint ; adjuvantibus Heracleopolitis, qui id opus invisum mire infestavere. Positionem operis ejus singulasque partes enarrare non est, quum sit in regiones divisum, atque in præfecturas, quas vocant nomos, sedecim nominibus earum, totidem vastis domibus attributis : præterea templa omnium Ægypti deorum contineat, superque Nemeses quindecim ædiculis incluserit, pyramides complures quadragenarum ulnarum, senas radice aruras obtinentes. Fessi jam eundo perveniunt ad viarum illum inexplicabilem errorem. Quin et cœnacula clivis excelsa, porticusque descenduntur nonagenis gradibus : intus columnæ de porphyrite lapide, deorum simulacra, regum statuæ, monstriferæ effigies. Quarumdam autem domorum talis est situs, ut adaperientibus fores, tonitruum intus terribile exsistat. Majore autem in parte transitus est per tenebras : aliæque rursus extra murum labyrinthi ædificiorum moles ; pteron appellant. Inde aliæ perfossis cuniculis subterraneæ domus. Refecit unus omnino pauca ibi Circummon spado Necthebis regis, ante Alexandrum Magnum annis quingentis. Id quoque traditur, fulsisse trabibus spinæ oleo incoctæ, dum fornices quadrati lapidis assurgerent. De Ægyptio et Cretico labyrinthis, satis dictum est.

Lemnius similis illis, columnis tantum centum quinquaginta memorabilior fuit : quarum in officina turbines ita librati pependerunt, ut puero circumagente tornarentur. Architecti illum fecere Smilis et Rhœcus et Theodorus. Indignæ exstant adhuc reliquiæ ejus, quum Cretici Italicique nulla vestigia exstent.

Namque et Italicum dici convenit, quem fecit sibi Porsenna rex Etruriæ sepulcri causa, simul ut externorum regum vanitas quoque ab Italis superetur. Sed quum excedat omnia fabulositas, utemur ipsius M. Varronis in expositione ejus verbis : Sepultus est, inquit, sub urbe Clusio : in quo loco monumentum reliquit lapide quadrato quadratum : singula latera pedum lata tricenum, alta quinquagenum : inque basi quadrata intus labyrinthum inextricabilem : quo si quis introierit sine glomere lini, exitum invenire nequeat. Supra id quadratum pyramides stant quinque, quatuor in angulis, in medio una, imæ latæ pedum quinum septuagenum, altæ centenum quinquagenum : ita fastigiatæ, ut in summo orbis æneus et petasus unus omnibus sit impositus, ex quo pendent exapta ca-

et sur une plate-forme unique étaient cinq pyramides, dont Varron a eu honte de marquer la hauteur. Cette hauteur, suivant les fables étrusques, était la même que celle du monument tout entier. Quelle vaine démence de chercher la gloire par des dépenses qui ne doivent servir à personne, et d'épuiser en outre les ressources d'un royaume pour un honneur dont, en définitive, la plus grande part revient à l'artiste!

XX. (xiv.) Nous lisons aussi qu'à Thèbes d'Égypte un jardin, que dis-je? la ville tout entière était suspendue, les rois pouvant, par-dessous, faire sortir des armées sans qu'aucun habitant s'en aperçût. Ce qui augmente cette merveille, c'est que le fleuve traverse la ville par le milieu. Mais s'il en eût été ainsi Homère sans aucun doute en aurait parlé, lui qui a célébré les cent portes de Thèbes.

XXI. Un monument de la magnificence grecque (106) et digne d'une véritable admiration, c'est le temple de Diane à Éphèse, élevé en deux cent vingt ans par toute l'Asie. On l'assit sur un sol marécageux, pour le mettre à l'abri des tremblements de terre et des crevasses qu'ils produisent. D'un autre côté, pour que les fondements d'une masse aussi considérable ne posassent pas sur un terrain glissant et peu solide, on établit d'abord un lit de charbon broyé et de la laine par-dessus. Le temple entier a quatre cent vingt-cinq pieds de long et deux cent vingt de large (107), cent vingt-sept colonnes faites par autant de rois, hautes de soixante pieds. De ces colonnes, trente-six sont sculptées; une l'a été par Scopas. L'architecte qui présida à l'ouvrage fut Chersiphron. Le grand prodige (108) dans cette entreprise, c'est d'avoir élevé si haut les architraves; il en vint à bout avec des sacs pleins de sable, qu'il dressa en un plan incliné dépassant le sommet des colonnes; puis il vida peu à peu les sacs inférieurs, et les architraves vinrent insensiblement s'asseoir en leur place. La plus grande difficulté fut au frontispice même, qu'il plaçait au-dessus de la porte d'entrée. C'était une masse énorme; elle ne se posa pas d'aplomb; l'artiste, désespéré, songeait à se donner la mort : on dit que, tourmenté par ces pensées et fatigué, il aperçut pendant la nuit, en songe, la déesse pour laquelle se faisait le temple, et qui l'exhorta à vivre, lui annonçant qu'elle avait arrangé la pierre. En effet, le lendemain la promesse se trouva accomplie, et la pierre semblait s'être mise d'aplomb par son propre poids. Les autres ornements du temple rempliraient par leurs descriptions plusieurs livres; mais ils n'ont rien de commun avec l'histoire de la nature.

XXII. (xv.) Il subsiste aujourd'hui même à Cyzique un temple en pierres polies, dans lequel l'artiste a mis sous tous les joints du fil d'or, se proposant de consacrer à l'intérieur un Jupiter d'ivoire, couronné par un Apollon de marbre. Et, en effet, les joints brillent (109) par ces très-minces filets; et l'or, quoique ainsi dissimulé, donne un léger reflet qui, outre le mérite de l'artiste, rehausse les figures, et se fait sentir dans le prix de l'ouvrage.

XXIII. Dans la même ville est une pierre dite fugitive. Les Argonautes, qui s'en servaient en guise d'ancre, l'y ont laissée. Cette pierre, qui s'est souvent enfuie du Prytanée (ainsi se nomme le lieu où elle est) a été finalement scellée avec du plomb. Dans cette ville encore, auprès de la porte

---

tenis tintinnabula, quæ vento agitata, longe sonitus referant, ut Dodonæ olim factum. Supra quem orbem quatuor pyramides insuper singulæ stant altæ pedum centenum. Supra quas uno solo quinque pyramides, quarum altitudinem Varronem puduit adjicere. Fabulæ Hetruscæ tradunt eamdem fuisse, quam totius operis : adeo vesana dementia quæsisse gloriam impendio nulli profuturo. Præterea fatigasse regni vires, ut tamen laus major artificis esset.

XX. (xiv.) Legitur et pensilis hortus, immo vero totum oppidum Ægyptiæ Thebæ, exercitus armatos subter educere solitis regibus, nullo oppidanorum sentiente. Etiamnum hoc minus mirum, quam quod flumine medium oppidum interfluente. Quæ si fuissent, non dubium est Homerum dicturum fuisse, quum centum portas ibi prædicaret.

XXI. Græcæ magnificentiæ vera admiratio exstat templum Ephesiæ Dianæ ducentis viginti annis factum a tota Asia. In solo id palustri fecere, ne terræ motus sentiret, aut hiatus timeret. Rursus ne in lubrico atque instabili fundamenta tantæ molis locarentur, calcatis ea substravere carbonibus, dein velleribus lanæ. Universo templo longitudo est ccccxxv pedum, latitudo ducentorum viginti, columnæ centum viginti septem a singulis regibus factæ, lx pedum altitudine : ex iis xxxvi cælatæ, una a Scopa. Operi præfuit Chersiphron architectus. Summa miraculi, epistylia tantæ molis attolli potuisse. Id consecutus est ille æronibus arena plenis, molli clivo super capita columnarum exaggerato, paulatim exinaniens imos, ut sensim opus in cubili sederet. Difficillime hoc contigit in limine ipso, quod foribus imponebat. Etenim ea maxima moles fuit : nec sedit in cubili, anxio artifice; mortis destinatione suprema : traditumque in ea cogitatione fessum nocturno tempore in quiete vidisse præsentem deam, cui templum fiebat, hortantem ut viveret : se composuisse lapidem : atque ita postero die apparuit, et pondere ipso correctus videbatur. Cætera ejus operis ornamenta plurium librorum instar obtinent, nihil ad speciem naturæ pertinentia.

XXII. (xv.) Durat et Cyzici delubrum, in quo filum aureum commissuris omnibus politi lapidis subjecit artifex, eboreum Jovem dicaturus intus, coronante eum marmoreo Apolline. Translucent ergo juncturæ tenuissimis capillamentis, lenique afflatu simulacra refovente, præter ingenium artificis, ipsa materia, quamvis occulta, in pretio operis intelligitur.

XXIII. Eodem in oppido est lapis, fugitivus appellatus : Argonautæ eo pro ancora usi, ibi reliquerant. Hunc e Prytaneo, ita vocatur locus, sæpe profugum vinxere plumbo. Eadem in urbe juxta portam, quæ Tra-

nommée Trachia, sont sept tours qui répètent un grand nombre de fois la voix qui les frappe. Ce phénomène, que les Grecs ont nommé écho, tient à la configuration des lieux, et se produit particulièrement dans les vallons. L'écho à Cyzique est l'effet d'un hasard; mais à Olympie il y a un écho artificiel et merveilleux dans un portique qu'on nomme Heptaphonon, parce qu'il répète sept 2 fois la voix. A Cyzique aussi est le Buleutérion (sénat), vaste édifice sans une seule cheville de fer, la charpente étant tellement disposée, que, sans étais, on ôte et replace les poutres. Cette même disposition existe à Rome dans le pont Sublicius; et on en a fait un point de religion, depuis qu'on eut tant de peine à le rompre pendant qu'Horatius Coclès (XXXIV, 11, 2) en défendait l'abord.

1 XXIV. Mais il convient enfin de passer aux merveilles de notre ville, d'examiner ce qu'ont produit les forces et la docilité de huit cents ans (110), et de montrer que là encore l'univers est vaincu. Autant pour ainsi dire de victoires pour Rome, on le verra, que de merveilles citées; mais si l'on en considère la totalité, si on en fait pour ainsi dire un bloc, il semblera (111), à l'aspect de cette grandeur se dressant, qu'on parle d'un autre monde tout entier réuni en un seul lieu.

2 Si le vaste cirque construit par le dictateur César, large d'un stade (180 mètres), long de trois, occupant avec les constructions adjacentes quatre jugères (un hectare), et pouvant recevoir deux cent soixante mille spectateurs assis, mérite d'être mis au nombre des grands monuments, ne mettrons-nous pas au nombre des monuments magnifiques la basilique de Paulus avec ses admirables colonnes phrygiennes, le forum du dieu Auguste et le temple de la Paix de l'empereur Vespasien Auguste, les plus beaux ouvrages que jamais l'univers ait vus, ainsi que le toit du Diribitorium (112) (lieu où l'on payait les soldats), construit par Agrippa, sans oublier qu'auparavant l'architecte Valérius d'Ostie avait couvert à Rome le théâtre aux jeux de Libon?

Nous admirons les pyramides des rois, et le 3 terrain seulement pour la construction du Forum a été acheté par le dictateur César 100 millions de sesterces (21 millions de fr.). Que si la dépense touche des esprits captivés par l'avarice, P. Clodius, qui fut tué par Milon, habitait une maison qui lui avait coûté 14,800,000 sesterces (3,148,000 fr.); ce qui certes ne m'étonne pas moins que les folies des rois. Quant à Milon lui-même, il avait pour 70 millions de sesterces (14,700,000 fr.) de dettes; et cela me paraît à compter parmi les extravagances de l'esprit humain. Mais alors les vieillards admiraient l'immensité de la terrasse [de Tarquin le Superbe], les fondations exorbitantes du Capitole, et les égouts, de tous les ouvrages le plus grand, puisque des montagnes furent percées, que, à l'instar de cette Thèbes dont nous venons de parler (XXXVI, 20), Rome se trouva suspendue, et qu'on naviqua par-dessous.

M. Agrippa étant édile, en sortant du consulat, 4 y fit affluer par des conduits sept rivières. Ces rivières, lancées comme des torrents impétueux, forcées d'enlever et d'entraîner toutes les immondices, gonflées en outre par la masse des eaux pluviales, battent le fond et les flancs des canaux; parfois même le Tibre débordé y entre en remontant (113), et, dans l'intérieur, les deux courants

---

chia vocatur, turres VII acceptas voces numerosiore repercussu multiplicant: nomenque huic miraculo Echo est a Græcis datum. Hoc quidem natura locorum evenit, et plerumque convallium: ibi casu accidit. Olympiæ autem arte, mirabili modo, in porticu, quam ob id heptaphonon 2 appellant, quoniam septies eadem vox redditur. Cyzici et buleuterion vocant ædificium amplum, sine ferreo clavo, ita disposita contignatione, ut eximantur trabes sine fulturis, ac reponantur. Quod item Romæ in ponte Sublicio religiosum est, posteaquam Cocle Horatio defendente ægre revulsus est.

1 XXIV. Verum et ad urbis nostræ miracula transire conveniat, octingentorumque annorum dociles scrutari vires, et sic quoque terrarum orbem victum ostendere: quod accidisse toties pæne, quot referentur miracula, apparebit: universitate vero acervata, et in quemdam unum cumulum conjecta, non alia magnitudo exsurget, quam si mundus alius quidam in uno loco narraretur.

2 Nam ut circum maximum a Cæsare dictatore exstructum longitudine stadiorum trium, latitudine unius, sed cum ædificiis jugerum quaternum, ad sedem CCLX millium, inter magna opera dicamus, nonne inter magnifica basilicam Pauli columnis e Phrygibus mirabilem, forumque divi Augusti, et templum Pacis Vespasiani imperatoris Augusti, pulcherrima operum, quæ umquam vidit orbis, non et tectum Diribitorii ab Agrippa facti, quum theatrum ante texerit Romæ Valerius Ostiensis architectus ludis Libonis?

Pyramidas regum miramur, quum solum tantum foro 3 exstruendo HS millies Cæsar dictator emerit: et si quidem impensæ movent captos avaritia animos, P. Clodius, quem Milo occidit, sestertium centies et quadragies octies domo emta habitaverit: quod equidem non secus, ac regum insaniam, miror. Itaque et ipsum Milonem sestertium septingenties æris alieni debuisse, inter prodigia animi humani duco. Sed tunc senes aggeris vastum spatium, et substructiones insanas Capitolii mirabantur: præterea cloacas: operum omnium dictu maximum, suffossis montibus, atque, ut paulo ante retulimus, urbe pensili, subterque navigata.

A M. Agrippa in ædilitate post consulatum, per meatus 4 corrivati septem amnes, cursuque præcipiti torrentium modo rapere atque auferre omnia coacti, insuper mole imbrium concitati, vada ac latera quatiunt: aliquando Tiberis retro infusus recipitur, pugnantque diversi aquarum impetus intus: et tamen obnixa firmitas resistit. Trahuntur moles superne tantæ, non succumbentibus 5 cavis operis: pulsant ruinæ sponte præcipites, aut im-

se livrent un combat : néanmoins la solidité de la construction résiste. Des poids énormes sont traînés par-dessus, et les voûtes ne fléchissent pas. Des maisons qui s'écroulent spontanément ou que les incendies font tomber, viennent les frapper; le sol est ébranlé par les tremblements de terre; et cependant ces égouts construits par Tarquin l'Ancien durent depuis sept cents ans (114), sans avoir pour ainsi dire souffert. N'omettons pas une particularité mémorable, quand ce ne serait que parce que les plus célèbres historiens l'ont omise : Tarquin l'Ancien construisait cet ouvrage par les mains de la plèbe ; et comme on redoutait également la longueur et le danger de ces travaux , le suicide était devenu fréquent. Les Romains échappant ainsi à ces corvées, le roi imagina un remède singulier, et dont on ne trouve d'exemple ni avant ni après : il fit mettre en croix le corps de tous ceux qui s'étaient donné la mort, et les livra en spectacle aux citoyens, en proie aux bêtes 6 et aux oiseaux. L'honneur, propre à la nation romaine, et qui plus d'une fois a rétabli des batailles désespérées, vint ici encore au secours; mais à cette époque les hommes en furent la dupe: vivants ils eurent honte d'une telle ignominie, comme si morts ils l'eussent dû ressentir. On dit que Tarquin fit l'égout assez spacieux pour qu'une voiture amplement chargée de foin pût y passer.

7   Tout ce que nous venons de rapporter est peu de chose, et avant d'aller plus loin il faut mettre en regard une seule merveille. Sous le consulat ( an de Rome 676 ) de M. Lépidus et de Q. Catulus il n'y avait pas à Rome, au dire des auteurs les plus exacts, de maison plus belle que celle de Lépidus lui-même; après moins de trente-cinq ans cette même maison n'était pas au centième rang Si l'on veut en faire l'estimation, que l'on calcule les masses de marbre, les travaux des peintres , les dépenses royales, et cent maisons, toutes le disputant à la plus belle et à la plus renommée, toutes vaincues (115) dans la suite jusqu'à nos jours par mille et mille autres maisons. Sans doute les incendies punissent le luxe; mais, malgré ces destructions, rien ne peut faire comprendre dans les mœurs actuelles qu'il y a quelque chose de plus périssable que l'homme lui-même.

Au reste, tous ces édifices ont été vaincus par 8 deux maisons. Deux fois nous avons vu la ville entière envahie par les palais des princes Caligula et Néron : encore ce dernier, pour que rien ne manquât, fit-il dorer la sienne. Étaient-ce donc là les demeures de ceux qui ont fait si grand cet empire (116), qui laissaient la charrue et l'humble foyer pour subjuguer les nations, pour remporter les triomphes, et dont les champs occupaient moins de terrain que les boudoirs de ces princes?

On se met à songer quelle portion de ces pa- 9 lais impériaux étaient les emplacements que la république accordait à ses généraux invincibles pour la construction de leurs maisons. Le suprême honneur de ces concessions, ce fut, comme nous le voyons, après tant de services pour L. (117) Valerius Publicola, qui fut le premier consul avec L. Brutus, comme nous le voyons aussi pour son frère, qui, étant pareillement consul, avait vaincu deux fois les Sabins ; ce fut, dis-je, que le décret contint en sus le droit qui leur était accordé d'avoir leur porte ouvrant en dehors, et battant sur le terrain public. Tel était le privilége le plus insigne, même pour les maisons triomphales.

Nous ne souffrirons pas que ces deux Né- 10 rons (118) jouissent même de ce genre de gloire,

---

pactæ incendiis : quatitur solum terræ motibus : durant tamen a Tarquinio Prisco annis nec prope inexpugnabiles : non omittendo memorabili exemplo , vel eo magis, quoniam celeberrimis rerum conditoribus omissum est : quum id opus Tarquinius Priscus plebis manibus faceret, esseique labor incertum longior an periculosior, passim conscita nece, Quiritibus tædium fugientibus, novum et inexcogitatum antea posteaque remedium invenit ille rex ; ut omnium ita defunctorum figeret crucibus corpora spectanda civibus, simul et feris volucribusque laceranda. 6 Quamobrem pudor rom. nominis proprius, qui sæpe res perditas servavit in præliis, tunc quoque subvenit ; sed illo tempore imposuit, jam erubescens, quum puderet vivos, tamquam pudituros esset exstinctos. Amplitudinem cavis eam fecisse proditur, ut vehem feni large onustam transmitteret.

7   Parva sunt cuncta, quæ diximus, et omnia uni comparanda miraculo, antequam nova attingam. M. Lepido, Q. Catulo coss., ut constat inter diligentissimos auctores, domus pulchrior non fuit Romæ quam Lepidi ipsius. At hercule intra annos xxxv eadem centesimum locum non obtinuit. Computet in hac æstimatione, qui volet, marmorum molem, opera pictorum, impendia regalia, et cum pulcherrima laudatissimaque certantes centum domos : posteaque ab innumerabilibus aliis in hunc diem victas. Profecto incendia puniunt luxum : nec tamen effici potest, ut mores aliquid ipso homine mortalius intelligant.

Sed eas omnes duæ domus vicerunt. Bis vidimus ur- 8 bem totam cingi domibus principum , Caii et Neronis, et hujus quidem, ne quid deesset, aurea. Nimirum sic habitarunt illi, qui hoc imperium fecere tantum, ad vincendas gentes triumphosque referendos ab aratro aut foco exeuntes, quorum agri quoque minorem modum obtinuere, quam sellariæ istorum.

Subit vero cogitatio, quota portio harum fuerint arcæ 9 illæ, quas invictis imperatoribus decernebant publice ad ædificandas domos : summusque illarum honos erat, sicut in L. Valerio Publicola, qui primus consul fuit cum L. Bruto, post tot merita, et fratre ejus, qui bis in eodem magistratu Sabinos devicerat, adjici decreto, ut domus eorum fores extra aperirentur, et janua in publicum rejiceretur. Hoc erat clarissimum insigne inter triumphales quoque domos.

Non patiar istos duos Nerones, ne hac quidem gloria 10 famæ frui : docebimusque etiam insaniam eorum victam privatis operibus M. Scauri, cujus nescio an ædilitas

et nous montrerons que leurs extravagances ont été surpassées par les constructions d'un simple citoyen, de M. Scaurus. Je ne sais si son édilité ne fut pas le plus grand fléau des mœurs (119), et si ce n'est pas un plus grand crime à Sylla d'avoir donné tant de puissance à son beau-fils, que d'avoir proscrit tant de citoyens. Il fit dans son édilité, et seulement pour durer quelques jours, le plus grand ouvrage qui ait jamais été fait de main d'homme, 1 même pour une destination perpétuelle. C'était un théâtre à trois étages, ayant trois cent soixante colonnes, et cela dans une ville où six colonnes de marbre d'Hymette, chez un citoyen très-considérable (XVII, 1, 4; XXXVI, 3), avaient excité des murmures. Le premier étage était en marbre; le second en verre, genre de luxe dont il n'y a plus eu d'exemple; le troisième, en bois doré. Les colonnes du premier étage avaient, comme nous l'avons dit (XXXVI, 2), trente-huit pieds. Des statues d'airain au nombre de trois mille étaient, ainsi que nous l'avons indiqué (XXXIV, 17), pla-
12 cées entre les colonnes. L'enceinte contenait quatre-vingt mille spectateurs; et cependant le théâtre de Pompée, bien que la ville se soit beaucoup agrandie et que la population ait beaucoup augmenté, suffit grandement avec ses quarante mille places. Le reste de l'appareil, en étoffes attaliques, en tableaux et autres ornements de la scène, était si considérable, que, Scaurus ayant fait porter dans sa maison de Tusculum ce que ne réclamait pas son luxe de chaque jour, et ses esclaves ayant brûlé la maison par vengeance, la perte fut de 100 millions de sesterces (21 millions de fr.).
13 La considération de telles prodigalités m'entraîne, et me force à sortir de mon sujet, et à y joindre une autre extravagance, encore plus grande, touchant le bois. C. Curion, qui mourut pendant la guerre civile dans le parti de César, donnait des jeux funèbres en l'honneur de son père. Il ne pouvait surpasser Scaurus en richesses et en magnificence : en effet, il n'avait pas Sylla pour beau-père et pour mère Métella, adjudicataire des biens des proscrits; il n'avait pas pour père M. Scaurus, tant de fois prince de la cité, et gouffre qui avait englouti les dépouilles des provinces dans les coalitions avec Marius. Déjà Scaurus le fils ne pouvait plus rivaliser avec lui-même; et de cet incendie de tant d'objets apportés de toutes les parties de l'univers il avait du moins tiré l'avantage que personne à l'avenir ne lutterait de folie avec lui. Force fut à Curion de devenir 14 ingénieux, et d'imaginer quelque chose (120). Voyons donc ce qu'il inventa; apprenons à nous applaudir de nos mœurs, et, retournant l'expression (121), disons-nous des hommes de l'ancien temps. Il fit construire deux théâtres en bois, très-spacieux et juxtaposés, chacun en équilibre et tournant sur un pivot : avant midi, pour le spectacle des jeux, ils étaient adossés, afin que le bruit d'une des deux scènes ne gênât pas l'autre; l'après-midi, tournant tout à coup, ils se trouvaient face à face, les fonds se séparaient, les angles se réunissaient, et il se formait un amphithéâtre pour des gladiateurs moins compromis que le peuple romain ainsi promené. Car ici que 15 faut-il admirer de préférence, l'inventeur ou l'invention, l'exécuteur ou l'auteur du projet, celui qui osa imaginer une telle entreprise ou celui qui osa s'en charger, celui qui obéit ou celui qui commanda? Mais ce qui est par-dessus tout, c'est la frénésie du peuple, osant s'asseoir sur un siége aussi peu solide et aussi dangereux. Le voilà, ce peuple vainqueur de la terre, conquérant de l'univers entier, qui régit les nations et les royau-

---

maxime prostraverit mores, majusque sit Syllæ malum, tanta privigni potentia, quam proscriptio tot millium. Hic fecit in ædilitate sua opus maximum omnium, quæ umquam fuere humana manu facta, non temporaria 11 mora, verum etiam æternitatis destinatione. Theatrum hoc fuit. Scena ei triplex in altitudinem CCCLX columnarum, in ea civitate, quæ sex Hymettias non tolerat sine probro civis amplissimi. Ima pars scenæ e marmore fuit : media e vitro, inaudito etiam postea genere luxuriæ : summa, e tabulis inauratis. Columnæ, ut diximus, imæ duodequadragenum pedum. Signa ærea inter columnas, 12 ut indicavimus, fuerunt tria millia numero. Cavea ipsa cepit hominum LXXX millia : quum Pompeiani theatri toties multiplicata Urbe, tantoque majore populo, sufficiat large quadraginta millibus. Sed et reliquus apparatus tantus Attalica veste, tabulis pictis, cæteroque choragio fuit, ut in Tusculanam villam reportatis quæ superfluebant quotidiani usus deliciis, incensa villa ab iratis servis, concremaretur ad H-S millies.
13 Aufert animum, et a destinato itinere digredi cogit contemplatio tam prodigæ mentis, aliamque connecti majorem insaniam e ligno. C. Curio, qui bello civili in Cæsarianis partibus obiit, funebri patris munere, quum opibus apparatuque non posset superare Scaurum (unde enim illi vitricus Sylla, et Metella mater proscriptionum sectrix? unde M. Scaurus pater, toties princeps civitatis, et Marianis sodalitiis rapinarum provincialium sinus?), quum jam ne ipse quidem Scaurus comparari sibi posset, quando hoc certe incendii illius præmium habuit, convectis ex orbe terrarum rebus, ut nemo postea par esset insaniæ illi. Ingenio ergo utendum suo Curioni et aliquid excogi- 14 tandum fuit : operæ pretium est scire quid invenerit, et gaudere moribus nostris, ac verso modo nos vocare majores. Theatra duo juxta fecit amplissima e ligno, cardinum singulorum versatili suspensa libramento, in quibus utrisque antemeridiano ludorum spectaculo edito inter sese aversis, ne invicem obstreperent scenæ : repente circumactis ut contra starent, postremo jam die, discedentibus tabulis, et cornibus in se coeuntibus faciebat amphitheatrum, et gladiatorum spectacula edebat, ipsum magis auctoratum populum rom. circumferens. Quid enim mire- 15 tur quisque in hoc primum? inventorem, an inventum, artificem, an auctorem? ausum aliquem hoc excogitare, an suscipere? parere, an jubere? Super omnia erit populi furor, sedere ausi tam infida instabilique sede. En hic est ille terrarum victor, et totius domitor orbis, qui gentes et

mes, qui envoie des lois aux contrées étrangères, et qui fait pour ainsi dire partie des dieux immortels à l'égard du genre humain, le voilà suspendu dans une machine, et applaudissant au péril même qu'il court! Quel mépris est-ce là pour la vie des hommes! Pourquoi se plaindre de la journée de Cannes? Quelle catastrophe pouvait arriver! Que des villes soient englouties par la terre s'entr'ouvrant, c'est une calamité douloureuse pour l'humanité entière; et voici que tout le peuple romain, embarqué pour ainsi dire sur deux navires, est porté sur deux pivots! il assiste au spectacle de son propre danger, près de périr en un moment, si le mécanisme se dérange! C'est donc pour avoir le droit de secouer les tribus suspendues, que le tribun cherche dans ses discours (122) la faveur populaire? Aux Rostres, que n'osera-t-il pas auprès de ceux à qui il a pu persuader de venir à son théâtre? A vrai dire, dans les jeux funèbres donnés sur le tombeau de son père, c'est le peuple romain tout entier qu'il a fait combattre. Les pivots s'étant fatigués et dérangés, il varia sa munificence. Le dernier jour, gardant la forme d'amphithéâtre, et coupant l'espace en deux scènes par le milieu, il fit paraître des athlètes; puis, la séparation ayant été enlevée tout à coup de chaque côté, il fit combattre ceux de ses gladiateurs qui avaient été victorieux. Et pourtant Curion n'était ni roi, ni chef de nation, ni même remarquable pour son opulence, lui qui n'eut d'autre fortune que la discorde des grands.

17 Mais venons à des merveilles que rien ne surpasse aux yeux d'un juste appréciateur (123). Q. Martius Rex, chargé par le sénat de réparer les conduits des eaux Appia, Anio et Tépula, ajouta, durant sa préture même, une nouvelle eau qui porte son nom (xxxi, 24), et pour laquelle il fit percer des montagnes. Agrippa, dans son édilité (124) (xxxi, 24), y joignit l'eau Vierge, réunit et restaura les anciens canaux, fit sept cents abreuvoirs, cent cinq fontaines jaillissantes, cent trente réservoirs, la plupart magnifiquement ornés. Sur toutes ces constructions il plaça trois cents statues d'airain ou de marbre, quatre cents colonnes de marbre, et tout cela en un an. Il ajoute lui-même, dans la commémoration de son édilité, que des jeux de cinquante-neuf jours furent célébrés, et que cent soixante-dix bains gratuits furent ouverts. Depuis, le nombre à Rome s'en est augmenté à l'infini.

Les aqueducs précédents ont été surpassés par 18 le dernier travail que commença Caligula et que Claude acheva. En effet, les sources Curtia, Cærulea et Nouvel-Anio (125), furent amenées d'une distance de quarante milles à une telle hauteur, qu'elles fournissent de l'eau à toutes les collines de la ville. Ces constructions ont coûté 55,500,000 sesterces (11,655,000 fr.). Si l'on fait attention à la quantité d'eau livrée au public pour les bains, pour les piscines, pour les maisons, pour les euripes, pour les jardins, les faubourgs, les maisons de campagne; si l'on calcule le trajet parcouru (126), les arcades construites, les montagnes percées, les vallées comblées, on avouera que rien n'est plus admirable dans l'univers entier.

Au nombre des travaux les plus mémorables, 19 je rangerai une autre entreprise du même Claude, bien qu'elle ait été abandonnée à cause de la haine que lui portait son successeur: je veux parler du percement de la montagne pour vider

---

regna diribet, jura externis mittit, deorum quædam immortalium generi humano portio, in machina pendens, ad periculum suum plaudens. Quæ vilitas animarum ista? aut quæ querela de Cannis? Quantum mali potuit accidere! Hauriri urbes terræ hiatibus, publicus mortalium
16 dolor est. Ecce populus romanus universus velut duobus navigiis impositus, binis cardinibus sustinetur, et se ipsum depugnantem spectat, periturus momento aliquo luxatis machinis: et per hoc quæritur tribuniciis concionibus gratia, ut pensiles tribus quatiat, in Rostris quid non ausurus apud eos, quibus hoc persuaserit? Vera namque confitentibus populus romanus funebri munere ad tumulum patris ejus depugnavit universus. Variavit hanc suam magnificentiam fessis turbatisque cardinibus: et amphitheatri forma custodita, novissimo die duabus per medium scenis athletas edidit, raptisque e contrario repente pulpitis eodem die victores e gladiatoribus suis produxit. Nec fuit rex Curio, aut gentium imperator, non opibus insignis, ut qui nihil in censu habuerit, præter discordiam principum.

17 Sed dicantur vera æstimatione invicta miracula. Q. Marcius Rex, jussus a senatu aquarum Appiæ, Anienis, Tepulæ, ductus reficere, novam a nomine suo appellatam cuniculis per montes actis intra præturæ suæ tempus adduxit. Agrippa vero in ædilitate, adjecta Virginea qua,

cæteris corrivatis atque emendatis, lacus septingentos fecit: præterea salientes centum quinque: castella centum triginta, complura etiam cultu magnifica: operibus iis signa trecenta ærea aut marmorea imposuit, columnas ex marmore quadringentas, eaque omnia annuo spatio. Adjicit ipse in ædilitatis suæ commemoratione, et ludos undesexaginta diebus factos, et gratuita præbita balinea centum septuaginta, quæ nunc Romæ ad infinitum auxere numerum.

Vicit antecedentes aquarum ductus novissimum impen-18 dium operis inchoati a Caio Cæsare, et peracti a Claudio. Quippe a lapide quadragesimo ad eam excelsitatem, ut in omnes Urbis montes levarentur, influxere Curtius atque Cæruleus fontes et Anien novus. Erogatum in id opus sestertium LV D. Quod si quis diligentius æstimaverit aquarum abundantiam in publico, balineis, piscinis, domibus, euripis, hortis, suburbanis, villis, spatia venientis, exstructos arcus, montes perfossos, convalles æquatas, fatebitur nihil magis mirandum fuisse in toto orbe terrarum.

Ejusdem Claudii inter maxime memoranda equidem 19 duxerim, quamvis destitutum successoris odio, montem perfossum ad lacum Fucinum emittendum, inenarrabili profecto impendio, et operarum multitudine per tot annos: quum aut corrivatio aquarum, qua terrenus mons erat,

le lac Fucin. Les dépenses furent immenses, et les bras employés pendant tant d'années, innombrables. Là où la montagne était terreuse, on rencontrait de l'eau qu'il fallait épuiser par le haut (127) à l'aide de machines; ailleurs, c'était la roche vive qu'il fallait trancher : et tout cela se faisait à l'intérieur, dans les ténèbres, opérations que ceux-là seuls qui les ont vues peuvent se figurer, et que la parole humaine ne suffirait pas à exposer.

20. Je passe sous silence le port d'Ostie, les routes pratiquées à travers (128) les montagnes, la mer Tyrrhénienne séparée du lac Lucrin (III, 9, 9) par un môle, et tant de ponts construits à si grands frais. Parmi beaucoup d'autres merveilles de l'Italie, en voici une qui a pour garant Papirius Fabianus, très-savant dans les choses de la nature : c'est que le marbre croît dans les carrières. Ceux qui les exploitent affirment aussi que ces plaies des montagnes se comblent spontanément. S'il en est ainsi, on peut compter que les marbres ne manqueront jamais au luxe (129).

1. XXV. (XVI.) Quand on quitte les marbres pour passer aux autres pierres remarquables, l'aimant, sans aucun doute, s'offre au premier rang. Qu'y a-t-il, en effet, de plus merveilleux? et où la nature montre-t-elle plus de malice? Elle avait donné, comme nous l'avons dit (XXXVI, 23), aux rochers une voix répondant à l'homme, et même lui coupant la parole. Qu'y a-t-il de plus inerte qu'une pierre brute? mais voilà qu'elle lui accorde le sentiment et des mains. Quoi de plus dur et de plus rebelle que le fer? mais voilà qu'il cède et se laisse gouverner. En effet, il est attiré par la pierre aimant : ce métal qui dompte toutes choses se précipite vers je ne sais quoi d'occulte ; dès qu'il est voisin de l'aimant, il s'y jette (130), il y est retenu, et l'embrasse étroitement; propriété 2 qui a fait donner à l'aimant l'autre nom de sidéritis. Quelques-uns le nomment héracléon. Il a été appelé magnès, au dire de Nicandre, du nom de celui qui l'a découvert, et qui l'a trouvé sur le mont Ida. En effet, on le rencontre çà et là ; ce qui arrive aussi en Espagne. Ce Magnès fit, dit-on, cette découverte en menant paître ses bœufs, les clous de ses souliers et le bout ferré de sa houlette étant devenus adhérents. Sotacus reconnaît cinq espèces d'aimant : l'éthiopique ; celui de la Magnésie, contrée limitrophe de la Macédoine sur la droite de la route du lac Bœbéis; celui du territoire d'Hyettos (131), en Béotie ; celui des environs d'Alexandrie de Troade ; enfin celui de la Magnésie d'Asie. La première distinc- 3 tion entre les aimants, c'est le sexe, mâle ou femelle ; la seconde, c'est la couleur. Les aimants de la Magnésie macédonienne sont d'un roux tirant sur le noir; ceux de la Béotie sont plus roux que noirs ; ceux de la Troade sont noirs, femelles, et par conséquent sans force. Le plus mauvais de tous est celui de la Magnésie d'Asie; il est blanc, n'attire pas le fer, et ressemble à une pierre ponce. L'expérience a montré que plus l'aimant est (132) bleu, mieux il vaut. L'éthiopique a la palme sur tous les autres ; il se paye au poids de l'argent; on le tire du Zimiri de l'Éthiopie; c'est le nom d'une contrée sablonneuse. Là aussi se trouve l'aimant hématite, de couleur de sang, et qui, broyé, donne la teinte du sang et celle du safran. L'hématite n'a pas la même propriété que l'aimant pour attirer le fer. On reconnaît l'ai- 4 mant éthiopique à ce qu'il attire aussi les autres aimants. Au reste, tous les aimants entrent dans les compositions ophthalmiques pour une dose

egereretur in verticem machinis, aut silex cæderetur : omniaque intus in tenebris fierent, quæ neque concipi animo, nisi ab iis qui videre, neque humano sermone enarrari possunt.

20. Nam portus Ostiensis opus prætereo : item vias per montes excisas : mare Tyrrhenum a Lucrino molibus seclusum : tot pontes tantis impendiis factos. Et inter plurima alia Italiæ miracula, ipsa marmora in lapicidinis crescere auctor est Papirius Fabianus, naturæ rerum peritissimus : exemptores quoque affirmant compleri sponte illa montium ulcera. Quæ si vera sunt, spes est numquam defutura luxuriæ.

1. XXV. (XVI.) A marmoribus digredienti ad reliquorum lapidum insignes naturas, quis dubitet in primis magnetem occurrere? quid enim mirabilius? aut qua in parte naturæ major improbitas? Dederat vocem saxis, ut diximus, respondentem homini, immo vero et obloquentem. Quid lapidis rigore pigrius? Ecce sensus manusque tribuit illi. Quid ferri duritia pugnacius? Sed cedit, et patitur mores : trahitur namque a magnete lapide, domitrixque illa rerum omnium materia ad inane nescio quid currit, atque ut propius venit, adsilit, teneturque, amplexuque hæret.

2. Sideritin ob hoc alio nomine appellant, quidam Heracleon. Magnes appellatus est ab inventore (ut auctor est Nicander), in Ida repertus : namque et passim invenitur, ut in Hispania quoque. Invenisse autem fertur, clavis crepidarum et baculi cuspide hærentibus, quum armenta pasceret. Quinque genera magnetis Sotacus demonstrat : Æthiopicum : e Magnesia Macedoniæ conterminu, Bœbeida lacum petentibus dextra : tertium in Hyetto Bœotiæ : quartum circa Alexandriam Troadem : quintum in Magnesia Asiæ. Differentia prima, mas sit an femina : proxima in colore. 3 Nam qui in Magnesia Macedonica reperiuntur, rufi nigrique sunt. Bœotius vero rufi coloris plus habet, quam nigri. Is qui in Troade invenitur, niger est et feminei sexus, ideoque sine viribus. Deterrimus autem in Magnesia Asiæ, candidus neque attrahens ferrum, similisque pumici. Compertum tanto meliores esse, quanto sint magis cærulei. Æthiopico laus summa datur, pondusque argento rependitur. Invenitur hic in Æthiopiæ Zimiri : ita vocatur regio arenosa. Ibi et hæmatites magnes sanguinei coloris, sanguinemque reddens, si teratur, sed et crocum. In attrahendo ferro non eadem hæmatitæ natura, quæ magneti. Æthiopici argumen- 4 tum est, quod magnetem quoque alium ad se trahit. Omnes autem ii oculorum medicamentis prosunt, ad suam quisque portionem, maximeque epiphoras sistunt. Sanant et adusta

particulière à chacun. Ils arrêtent surtout les fluxions des yeux. Calcinés et pulvérisés, ils guérissent les brûlures. Dans l'Éthiopie aussi est une montagne, non loin du Zimiri, où l'on trouve la pierre théamède. Cette pierre rejette et repousse toute espèce de fer. Nous avons plusieurs fois parlé des propriétés attractives et répulsives (xx, 1 et 98).

XXVI. Dans l'île de Scyros (iv, 23,2) est une pierre (ii, 106,13) qui, dit-on, flotte (133) sur l'eau étant entière, et tombe au fond étant broyée.

XXVII. (xvii.) A Assos de la Troade (ii, 98) est la pierre sarcophage, qui se fend et se lève par feuille. Il est constant que les corps morts mis dans cette pierre s'y consument en quarante jours, excepté les dents. Mucien écrit que de plus elle pétrifie les miroirs, les strigiles, les habits, les chaussures qu'on enterre avec les morts. Il y a en Lycie et dans l'Orient des pierres de même nature qui, attachées à des personnes vivantes, consument leurs chairs.

XXVIII. La pierre chernitès, moins active, conserve les corps sans les consumer; elle ressemble beaucoup à l'ivoire : de cette substance, dit-on, était le cercueil de Darius. La pierre appelée porus est très-semblable au marbre de Paros par la blancheur et la dureté, n'étant que (134) moins pesante. Théophraste mentionne aussi en Égypte une pierre transparente qu'il dit semblable à la pierre de Chio; peut-être existait-elle de son temps, car des pierres (135) s'épuisent et de nouvelles se trouvent. La pierre d'Assos, salée au goût, guérit la goutte : on tient les pieds dans un vase de cette matière. De plus, dans les carrières de cette pierre tous les maux de jambe guérissent, tandis que dans toutes les mines les jambes deviennent malades.

On donne le nom de fleur de pierre d'Assos à une pierre molle au point de tomber en poussière, et efficace dans quelques cas. Elle ressemble à une pierre ponce rousse. Mêlée à de la cire de Chypre (136), elle guérit les affections des mamelles. Avec de la poix ou de la résine, elle dissipe les écrouelles et les tumeurs. En électuaire, elle est bonne pour la phthisie. Avec du miel elle cicatrise les vieux ulcères et ronge les excroissances. On s'en sert contre les morsures des animaux. Elle dessèche les plaies rebelles et suppurantes. On en fait des cataplasmes pour la goutte aux pieds, en y mêlant de la bouillie de fève.

XXIX. (xviii.) Théophraste et Mucianus pensent qu'il y a des pierres qui en enfantent d'autres. Théophraste rapporte qu'on trouve de l'ivoire fossile, tant blanc que noir; que la terre produit des os, et qu'il est des pierres osseuses. Aux environs de Munda en Espagne, où le dictateur César défit Pompée, on voit des pierres offrant, toutes les fois qu'on les brise, l'image de la paume de la main. Il est des pierres noires qui ont autant de vogue que les marbres, témoin la pierre Ténarienne. Varron dit que la pierre noire en Afrique est plus ferme que celle d'Italie, et que le coranus blanc (137) est plus dur que le marbre de Paros. Le même Varron écrit que le silex de Luna se laisse scier; que celui de Tusculum éclate dans le feu; que le silex noirâtre du territoire sabin brille, si on l'arrose d'huile; que les pierres meulières ont été trouvées à Volsinie. Parmi les prodiges, je lis qu'il est fait mention de meules se mouvant d'elles-mêmes.

XXX. Nulle part la pierre meulière n'est comparable à celle de l'Italie; je dis pierre et non pas roche. Il y a des provinces où elle manque

---

cremati tritique. Alius rursus in eadem Æthiopia non procul inons gignit lapidem theamœden, qui ferrum omne abigit, respuitque. De utraque natura sæpius diximus.

XXVI. Lapidem e Scyro insula integrum fluctuari tradunt, eumdem comminutum mergi.

XXVII. (xvii.) In Asso Troadis sarcophagus lapis fissili vena scinditur. Corpora defunctorum condita in eo, absumi constat intra xl diem, exceptis dentibus. Mucianus specula quoque, et strigiles, et vestes, et calciamenta illata mortuis lapidea fieri, auctor est. Ejus generis et in Lycia saxa sunt, et in Oriente, quæ viventibus quoque adalligata, erodunt corpora.

XXVIII. Mitior est autem servandis corporibus, nec absumendis chernites, ebori simillimus, in quo Darium conditum ferunt : Parioque similis candore et duritia, minus tantum ponderosus, qui porus vocatur. Theophrastus auctor est et translucidi lapidis in Ægypto, quem Chio similem ait : quod fortassis tunc fuerit, quoniam et desinunt, et novi reperiuntur. Assius gustu salsus podagras lenit, pedibus in vas ex eo cavatum inditis. Præterea omnia crurum vitia in iis lapicidinis sanantur, quum in metallis omnibus crura vitientur. Ejusdem lapidis flos appellatur, in farinam mollis, ad quædam perinde efficax. Est autem similis pumici rufo.

Admixtus ceræ Cypriæ mammarum vitia emendat : pici autem resinæve, strumas et panos discutit. Prodest et phthisicis linctu. Cum melle vetera hulcera ad cicatrices perducit : excrescentia erodit. Et ad bestiarum morsus utilis. Repugnantia curationi, ac suppurata siccat. Fit et cataplasma ex ad podagricis, mixto fabæ lomento.

XXIX. (xviii.) Idem Theophrastus et Mucianus esse aliquos lapides qui pariant, credunt. Theophrastus auctor est ebur fossile candido et nigro colore inveniri, et ossa e terra nasci, invenirique lapides osseos. Palmati circa Mundam in Hispania, ubi Cæsar dictator Pompeium vicit, reperiuntur, idque quoties fregeris Sunt et nigri, quorum auctoritas venit in marmora, sicut Tænarius. Varro nigros ex Africa firmiores esse tradit, quam in Italia. E diverso albos coranos duriores, quam Parios. Idem Lunensem silicem serra secari : at Tusculanum dissilire igni. Sabinum fuscum addito oleo etiam lucere. Item molas versatiles Volsiniis inventas. Aliquas et sponte motas invenimus in prodigiis.

XXX. Nusquam hic utilior, quam in Italia, gignitur : lapisque, non saxum, est. In quibusdam vero provinciis omnino non invenitur. Sunt quidam in eo genere molliores, qui et cote lævigantur, ut procul intuentibus ophitæ videa

entièrement. Quelques pierres de ce genre sont tendres, se laissent polir avec la pierre à aiguiser, et peuvent de loin présenter l'apparence de l'ophite. C'est la pierre la plus résistante; car les autres espèces de pierres sont comme le bois, et supportent mal la pluie, le soleil et le froid. Quelques-unes ne supportent pas l'action de la lune; d'autres se rouillent par l'effet du temps, ou changent leur couleur blanche en couleur olivâtre. (XIX.) Quelques-uns nomment la pierre meulière pyrite, parce qu'elle a beaucoup de feu. Mais il est une autre pyrite qui ressemble au cuivre : on la trouve, dit-on, en Chypre, et dans les mines qui avoisinent le promontoire d'Acamas (138) (v,35,1). Cette pyrite de Chypre a deux variétés, l'une de couleur d'argent, l'autre de couleur d'or. Les procédés pour les cuire varient. Les uns leur donnent deux et trois (139) cuissons dans le miel, jusqu'à ce que le liquide ait disparu ; d'autres les calcinent d'abord sur des charbons, puis les traitent par le miel, et enfin les lavent comme le cuivre. Les propriétés médicales qu'elles possèdent sont d'échauffer, de dessécher, de résoudre, 2 d'atténuer, de faire suppurer les duretés. On les emploie crues et pulvérisées, pour les écrouelles et les furoncles. Quelques-uns font encore une troisième espèce de pyrite avec la pierre que nous appelons vive; elle contient beaucoup de feu et est très-pesante. Cette pierre est très-nécessaire aux éclaireurs militaires : frappée avec un clou ou avec une autre pierre, elle donne des étincelles qui, reçues sur du soufre, de l'amadou ou des feuilles sèches, fournissent (140) du feu plus vite qu'on ne saurait dire.

1  XXXI. L'ostracite ressemble aux écailles d'huître. On s'en sert en guise de pierre ponce pour polir la peau. En boisson, elle est hémostatique. A l'extérieur, avec du miel, elle guérit les plaies et les douleurs des mamelles. L'amiante ressemble à l'alun (xxxv, 52), et ne perd rien au feu. Il rend impuissants tous les maléfices, particulièrement ceux des mages.

XXXII. Le géode est ainsi appelé, parce qu'il 1 renferme de la terre à l'intérieur. Excellent pour les compositions ophthalmiques, on l'emploie aussi pour les affections des mamelles et des testicules.

XXXIII. La pierre mélitités rend un suc doux 1 et miellé. Broyée et mêlée à la cire, elle guérit les éruptions pituiteuses, les taches du corps et les ulcérations de la gorge ; elle fait disparaître les épinyctides, et, en pessaire, dans de la laine (141), les douleurs de matrice.

XXXIV. La pierre gagate (jais) porte le nom de 1 la ville et du fleuve Gages, en Lycie. On dit qu'à Leucolla (v, 26) la mer l'expulse, et qu'on en recueille dans une étendue de douze stades. Elle est noire, unie, poreuse, ne différant guère du bois, légère, fragile, et, frottée, d'une odeur désagréable. Les marques que l'on fait avec cette pierre sur les poteries ne s'effacent pas. Brûlée, elle exhale une odeur sulfureuse. Chose singulière, l'eau l'enflamme, l'huile l'éteint. Enflammée, elle chasse les serpents et dissipe l'hystérie. En fumigation, elle fait reconnaître l'épilépsie et la virginité. En décoction dans du vin, elle guérit les maux de dents; mêlée à la cire, les écrouelles. Les mages, dans l'opération qu'on appelle axinomancie (divination par la hache), se servent, dit-on, de cette pierre, et assurent qu'elle ne se brûle pas si ce qu'on désire doit arriver.

XXXV. La pierre spongite (142) se trouve dans 1 les éponges et s'y forme. Quelques-uns la nomment técolithe, parce qu'elle guérit les affections de vessie. Prise dans du vin, elle dissout les calculs.

---

possint. Neque est alius firmior : quando et lapidis natura, ut lignum, similiter imbres solesque aut hiemes non patitur, in aliis atque aliis generibus. Sunt qui et lunam non tolerent, et qui vetustate rubiginem trahant, coloremve candidum oleo mutent. (XIX.) Molarem quidam pyriten vocant, quoniam sit plurimus ignis illi : sed est alius etiamnum pyrites similitudine aeris. In Cypro eum reperiri volunt, et in metallis, quae sunt circa Acamanta, unum argenteo colore, alterum aureo. Coquuntur varie, ab aliis iterum tertiumque in melle, donec consumatur liquor : ab aliis pruna prius, dein melle, et postea lavantur, ut aes. Usus eorum in medicina excalfacere, siccare, discutere, 2 extenuare duritias in pus mollire. Utuntur et crudis tusique ad strumas atque furunculos. Pyritarum etiamnum aliqui genus unum faciunt, plurimum habens ignis, quos vivos appellamus, et ponderosissimi sunt. Hi exploratoribus castrorum maxime necessarii, qui clavo vel altero lapide percussi scintillas edunt : quae exceptae sulphure aut fungis aridis, vel foliis, dicto celerius ignem praebent.

1  XXXI. Ostracitae similitudinem testae habent. Usus eorum pro pumice ad laevigandam cutem. Poti sanguinem sistunt : et illiti cum melle hulcera, doloresque mammarum sanant. Amiantus alumini similis, nihil igni deperdit. Hic veneficiis resistit omnibus, privatim magorum.

XXXII. Geoden ex argumento appellant, quoniam complexus est terram, oculorum medicamentis utilissimum : item mammarum ac testium vitiis.

XXXIII. Melitites lapis succum remittit dulcem mellitumque. Tusus et cerae mixtus, eruptionibus pituitae, maculisque corporis medetur, et faucium exhulcerationi. Epinyctidas tollit, et vulvarum dolores impositus vellere.

XXXIV. Gagates lapis nomen habet loci et amnis Gagis 1 Lyciae. Aiunt et in Leucolla expelli mari, atque intra XII stadia colligi. Niger est, planus, pumicosus, non multum a ligno differens, levis, fragilis : odore, si teratur, gravis. Fictilia ex eo juscripta non delentur. Quum uritur, odorem sulphureum reddit : mireumque, accenditur aqua, oleo restinguitur. Fugat serpentes ita, recreatque vulvae strangulationes. Deprehendit sonticum morbum et virginitatem suffitus. Idem ex vino decoctus, dentibus medetur, strumisque cerae permixtus. Hoc dicuntur uti magi in ea, quam vocant axinomantiam, et peruri negant, si eventurum sit, quod aliquis optet.

XXXV. Spongitae lapides inveniuntur in spongiis, et 1

XXXVI. La pierre phrygienne porte le nom du pays qui la produit. C'est une masse poreuse. On la calcine, après l'avoir préalablement arrosée de vin. On active le feu avec des soufflets jusqu'à ce qu'elle rougisse, puis on l'éteint avec du vin doux. Cette opération se fait trois fois. La pierre phrygienne ne sert que pour la teinture des étoffes.

XXXVII. (xx.) Le schiste et l'hématite ont des analogies. L'hématite se trouve dans les mines. Brûlée, elle imite la couleur du minium. Elle se brûle comme la pierre phrygienne, mais ne s'éteint pas avec du vin. On reconnaît que l'hématite a été falsifiée avec du schiste, à des veines rouges et à la friabilité. Elle est merveilleuse pour les meurtrissures des yeux. En boisson, elle arrête les pertes. Les hémoptoïques en prennent aussi en boisson avec du suc de grenade. Elle est efficace dans les maux de vessie. On la boit dans du vin, pour les blessures faites par les serpents. Dans tous ces cas, la pierre nommée schiste a moins d'efficacité. Toutefois, parmi les schistes, le plus avantageux est celui qui ressemble au safran. Dans du lait de femme, il est particulièrement bon pour les ulcérations de la cornée (143), et il arrête très-bien la procidence des yeux. Telle est l'opinion des auteurs les plus récents.

XXXVIII. Sotacus, un des plus anciens auteurs, parle, outre l'aimant (xxxvi, 25), de cinq espèces d'hématites. Il donne la palme à l'hématite d'Éthiopie, très-bonne pour les compositions ophthalmiques et pour celles qu'on nomme panchrestes, ainsi que pour les brûlures. La seconde espèce se nomme, dit-il, androdamas. Elle est noire, remarquable par sa pesanteur et sa dureté, ce qui lui a valu le nom qu'elle porte. On la trouve particulièrement en Afrique ; elle attire l'argent, le cuivre, le fer. On la reconnaît sur une pierre à aiguiser en pierre basanite (xxxvi, 11, 4). En effet, elle rend une liqueur couleur de sang. C'est un remède excellent pour les affections du foie. Il fait la troisième espèce avec l'hématite d'Arabie, d'une dureté égale, rendant à peine, sur la pierre à aiguiser mouillée, une liqueur qui parfois ressemble au safran. Il nomme la quatrième espèce élatitès (144) quand elle est crue, miltitès quand elle est calcinée : bonne pour les brûlures, et, pour tous les emplois, plus efficace que la rubrique (xxxv, 14). La cinquième espèce est nommée schistos. Elle arrête le flux hémorroïdal. En somme, il recommande de prendre à jeun pour les affections du sang toutes les hématites, à la dose de trois drachmes, triturées dans de l'huile. Le même auteur rapporte qu'il y a un schistos (xxxvi, 37) d'un autre genre que les hématites ; il le nomme (145) anthracite. Cette substance, dit-il, est noire, et se trouve en Afrique. Usée sur la pierre à aiguiser mouillée, elle rend, par le côté qui tenait à la terre, une couleur noire ; par l'autre, une couleur safranée. C'est un excellent ingrédient pour les compositions ophthalmiques.

XXXIX. (xxi.) Les aétites, en raison du nom qu'elles portent, ont une grande réputation. Elles se trouvent dans les nids d'aigles, comme nous l'avons dit livre dix (x, 4). On prétend qu'il y en a toujours deux, l'une mâle, l'autre femelle ; que sans elles les espèces d'aigles dont nous avons parlé n'engendrent pas, et que pour cette raison il n'y a jamais que deux petits. On en distingue quatre espèces : l'aétite d'Afrique est petite, molle, renfermant dans son intérieur et

---

sunt nativi. Quidam eos lecolithos vocant, quoniam vesicæ medentur : calculos rumpunt in vino poti.

XXXVI. Phrygius lapis gentis nomen habet. Est autem gleba pumicosa. Uritur ante vino perfusus, flaturque follibus, donec rubescat, ac rursus dulci vino exstinguitur, et hoc ternis vicibus : tingendis vestibus tantum utilis.

XXXVII. (xx.) Schistos et hæmatites cognationem habent. Hæmatites invenitur in metallis : ustus minii colorem imitatur. Uritur ut Phrygius, sed non restinguitur vino. Adulteratum schisto hæmatiten discernunt venæ rubentes, et friabilis natura. Oculis cruore suffusis mire convenit. Sistit profluvium mulierum potus. Bibunt eum et qui sanguinem rejecerunt, cum succo punici mali. Et in vesicæ vitiis efficax. Bibitur et in vino contra serpentium ictus. Infirmior ad omnia hæc eadem est, quem schiston appellant. Sed in iis commodior croco similis : peculiaris explendis oculorum lacunis in lacte muliebri : procidentesque oculos præclare cohibet. Hæc est sententia eorum, qui nuperrime scripsere.

XXXVIII. Sotacus e vetustissimis auctoribus quinque genera hæmatitarum tradit, præter magnetem. Principatum dat ex iis Æthiopico, oculorum medicamentis utilissimo, et iis quæ panchresta appellant : item ambustis. Alterum androdamanta dicit vocari, colore nigro, pondere ac duritia insignem, et inde nomen traxisse, præcipueque in Africa repertum. Trahere autem in se argentum, æs, ferrum. Experimentum ejus esse in cote ex lapide basanite. Reddere enim succum sanguineum, et esse ad jocineris vitia præcipui remedii. Tertium genus Arabici facit, simili duritie, vix reddentis succum ad cotem aquariam, aliquando croco similem. Quarti generis elatiten vocari, quamdiu crudus sit : coctum vero miltiten, utilem ambustis, ad omnia utiliorem rubrica. Quinti generis schiston, hæmorrhoidas reprimentem. In totum autem hæmatitas omnes tritos in oleo trium drachmarum pondere a jejunis sumendos, ad vitia sanguinis. Idem auctor, schiston alterius generis quam hæmatiten tradit, quem vocat anthraciten. Nasci in Africa nigrum, attritum aquariis cotibus reddere ab ea parte, quæ fuerit ab radice, nigrum colorem : ab altera, croci. Ipsum utilem esse oculorum medicamentis.

XXXIX. (xxi.) Aetitæ lapides ex argumento nominis magnam famam habent. Reperiuntur in nidis aquilarum, sicut in decimo volumine diximus. Aiunt binos inveniri, marem et feminam : nec sine iis parere, quas diximus, aquilas : et ideo binos tantum. Genera eorum quatuor. In Africa nascentem pusillum ac mollem, intra se et velut in

pour ainsi dire dans son ventre une argile suave et blanche. Elle est friable, et on la regarde comme femelle. L'aétite mâle se trouve (146) en Arabie; elle est dure, semblable à la noix de galle, ou roussâtre, et renferme dans son intérieur une pierre dure. La troisième appartient à l'île de Chypre; elle ressemble par la couleur à celle d'Afrique; mais elle est plus grosse et aplatie, tandis que les autres sont globuleuses. Elle a dans son intérieur un sable agréable et de petites pierres. Elle-même est tendre au point de se laisser écraser sous les doigts. La quatrième se nomme taphiusienne; elle se produit auprès de Leucade, à Taphiuse, localité qui est à la droite de ceux qui font voile d'Ithaque à Leucade (147). On en rencontre dans les fleuves une blanche et ronde; elle a dans son intérieur une pierre nommée callimus, et qui est tout ce qu'il y a de plus tendre. Toutes les aétites attachées aux femmes grosses ou aux femelles pleines, dans de la peau d'animaux sacrifiés, empêchent les avortements. Il faut les laisser tout le temps de la grossesse, jusqu'au moment de la parturition; autrement il y aurait procidence (148) de la matrice; mais si on ne les ôte à ce moment, l'enfantement ne se fait pas.

1 XL. La pierre samienne vient (149) de la même île que la terre samienne, dont nous avons parlé (xxxv, 53). On s'en sert pour polir l'or. On s'en sert aussi en médecine avec le lait, de la façon que nous avons dit plus haut (xxxvi, 37), pour les ulcérations des yeux, et (150) aussi pour les anciens larmoiements. A l'intérieur, elle est bonne contre les affections de l'estomac; elle apaise les vertiges; elle remet les esprits ébranlés. Quelques-uns pensent qu'elle est utile dans l'épilepsie et la dysurie. On l'incorpore dans les médicaments dits acopes (délassants). Elle se reconnaît à sa pesanteur et à sa blancheur. On prétend (151) qu'en amulette elle empêche l'avortement.

XLI. La pierre arabe ressemble à l'ivoire. Calcinée, elle s'emploie en dentifrice. Elle guérit particulièrement les hémorroïdes : pour cela on la met sur de la charpie, et par-dessus on applique des compresses.

XLII. Il ne faut pas omettre l'histoire de la pierre ponce. On donne, il est vrai, ce nom aux pierres rongées qu'on suspend dans les édifices appelés musées, pour simuler artificiellement des grottes. Mais (152) les pierres ponces employées pour polir la peau, par les femmes, que dis-je? par les hommes, et qui servent aussi, comme on lit dans Catulle (Épigr. 1), à polir les livres, se trouvent (et ce sont les plus estimées) à Mélos, à Nisyros, et dans les îles Éoliennes. Pour être bonnes, elles doivent être blanches, très-peu pesantes, poreuses et sèches autant que possible, friables, et ne donnant pas de sable quand on les frotte. En médecine elles sont atténuantes et siccatives après la troisième (153) calcination, opération qu'on fait avec du charbon pur, en les éteignant à chaque fois avec du vin blanc. Puis on les lave comme la cadmie (xxxiv, 22), on les fait sécher, et on les conserve dans un endroit aussi sec que possible. Cette poudre s'emploie surtout dans les compositions ophthalmiques. Elle modifie doucement les ulcérations des yeux, les cicatrise et les corrige. Quelques-uns aiment mieux, après (154) la troisième calcination, les laisser refroidir que les éteindre, puis les triturer dans du vin. On les incorpore aussi dans les emplâtres, pour les ulcérations de la tête et des parties génitales.

---

alvo habentem argillam suavem, candidam : ipsum friabilem, quem feminei sexus putant. Marem autem, qui in Arabia nascatur, durum, gallæ similem, aut subrutilum, 2 in alvo habentem durum lapidem. Tertius in Cypro invenitur, colore illis in Africa nascentibus similis, amplior tamen atque dilatatus : cæteris enim globosa facies. Habet in alvo arenam jucundam et lapillos : ipse tam mollis, ut etiam digitis frietur. Quarti generis Taphiusius appellatur, nascens juxta Leucadem, in Taphiusa, qui locus est dextra 3 navigantibus ex Ithaca ad Leucadem. Invenitur in fluminibus candidus et rotundus. Huic est in alvo lapis, qui vocatur callimus, nec quidquam tenerius. Aetitæ omnes gravidis adalligati mulieribus, vel quadrupedibus, in pelliculis sacrificatorum animalium, continent partus, non, nisi parturiant, removendi : alioqui vulvæ excidunt. Sed nisi parturientibus auferantur, omnino non pariunt.

1 XL. Est et lapis Samius in eadem insula, ubi terram laudavimus, poliendo auro utilis. Utilis et in medicina oculorum hulceribus cum lacte, quo supra dictum est modo, et contra veteres lacrymationes. Prodest et contra vitia stomachi potus : vertigines sedat : mentes commotas restituit. Quidam et morbis comitialibus utiliter dari putant, et ad urinæ difficultates. Acopis etiam miscetur. Probatur gravitate et candore. Volunt et partus contineri adalligato eo.

XLI. Arabus lapis ebori similis, dentifriciis accommodatur crematus. Privatim hæmorrhoidas sanat cum lanugine linteorum, linteolis insuper impositis.

XLII. Non prætermittenda est et pumicum natura. Appellantur quidem ita et erosa saxa, in ædificiis, quæ musea vocant, dependentia, ad imaginem specus ore reddendam : sed ii pumices, qui sunt in usu corporum lævigandorum feminis, jam quidem et viris, atque, ut ait Catullus, libris, laudatissimi sunt in Melo, Nisyro, et Æoliis insulis. Probatio in candore minimoque pondere, et ut quam maxime spongiosi aridique sint, ac teri faciles, nec arenosi in fricando. Vis eorum in medicina, extenuare, siccare, trina ustione, ita ut torreantur carbone puro, ac toties vino restinguantur albo. Lavantur deinde, ut cadmia, et 2 siccati conduntur, quam minime uliginoso loco. Usus farinæ ejus oculorum maxime medicamentis : hulcera purgat eorum leniter, expletque cicatrices, et emendat. Quidam a tertia ustione refrigeratos potius quam restinctos, terere malunt ex vino. Adduntur et in malagmata, capitum verendorumque hulceribus. Utilissima fiunt ex his dentifricia. Theophrastus auctor est, potores in certamine bibendi præsu-

On fait avec cette poudre les meilleurs dentifrices. D'après Théophraste, les buveurs qui vont faire assaut prennent auparavant de cette poudre, mais ils courent des dangers s'ils ne s'emplissent de vin tout à la fois (155) : cette substance a une telle vertu réfrigérante, que, jetée dans une cuve qui fermente, elle fait cesser la fermentation.

1 XLIII. (XXII.) Les auteurs se sont occupés des pierres propres à faire des mortiers, sans se borner même aux mortiers dans lesquels on pile les substances médicinales ou les couleurs. Pour cet usage ils ont mis au premier rang la pierre étésienne ; au second, la pierre thébaïque que nous avons nommée pyrrhopœcile (156) (XXXVI, 13), et que quelques-uns appellent psaronium ; au troisième rang, la pierre chrysite, qui tient de la pierre chalazienne : mais les médecins préfèrent la pierre basanite ; en effet, cette pierre ne rend rien. Quant aux pierres qui rendent un suc, on les regarde comme bonnes pour les compositions ophthalmiques ; et c'est la raison qui fait surtout rechercher la pierre d'Éthiopie pour ces compo-
2 sitions. On assure que la pierre ténarienne, la pierre punique et l'hématite, améliorent les compositions dans lesquelles entre le safran ; que le suc rendu par une autre pierre ténarienne qui est noire, et par la pierre de Paros, ne convient pas aussi bien à la médecine ; que le suc qui vient de l'alabastrite égyptien ou de l'ophite blanc est préférable. C'est l'espèce d'ophite (157) avec laquelle on fait des vases et même des barils.

1 XLIV. L'île de Siphnos produit une pierre qu'on creuse et qu'on tourne pour en faire des ustensiles propres soit (158) à cuire, soit à servir les aliments. Nous savons que la pierre verte de Côme en Italie s'emploie aux mêmes usages. Mais ce qui est singulier dans celle de Siphnos, c'est que, chauffée dans l'huile, elle noircit et devient dure, étant naturellement très-molle, tant les qualités des pierres sont différentes. Quant à la mollesse, il y en a des exemples très-remarquables au delà des Alpes. Dans la province Belgique est une pierre blanche qu'on coupe avec la même scie que le bois, et même plus facilement ; on en fait des tuiles et des faîtières, ou, si l'on veut, l'espèce de toitures qu'on nomme pavonacée. Voilà les pierres qui peuvent se couper.

XLV. Quant à la pierre spéculaire, puisqu'on 1 la range aussi parmi les pierres (159), elle se fend avec beaucoup plus de facilité, et on la partage en feuilles aussi minces qu'on veut. Autrefois l'Espagne citérieure seule la fournissait, et non pas même toute la contrée, mais un rayon de cent milles environ autour de la ville de Segobrica. Maintenant on en trouve dans l'île de Chypre, en Cappadoce, en Sicile ; et, tout récemment, on en a découvert en Afrique. A toutes (160) on préfère les pierres spéculaires de l'Espagne. Celles de la Cappadoce sont très-délicates, très-grandes, mais ternes. On en trouve aussi en Italie, dans le ter- 2 ritoire de Bologne ; elles sont petites, tachetées, englobées dans du silex ; cependant elles sont évidemment de même nature. La pierre spéculaire s'extrait en Espagne de puits très-profonds (161). On en trouve aussi sous terre, qui sont renfermées dans la roche ; tantôt on les extrait sans difficulté, tantôt il faut tailler le roc vif. Mais le plus souvent la pierre spéculaire est fossile ; elle se trouve isolée, sous forme de fragments dont aucun n'a encore dépassé cinq pieds en longueur. Quelques-uns pensent que c'est une liqueur de la terre qui se congèle comme le cristal. Ce qui 3 montre manifestement que cette pierre est le résultat d'une pétrification, c'est que quand des ani-

---

mere farinam eam : sed nisi universo potu impleantur, periclitari : tantamque refrigerandi naturam esse, ut musta fervere desinant pumice addito.

1 XLIII. (XXII.) Auctoribus curæ fuere lapides mortariorum quoque, nec medicinalium tantum, aut ad pigmenta pertinentium. Etesium lapidem in iis præfulere cæteris : mox et Thebaicum, quem pyrrhopœcilon appellavimus : aliqui psaronium vocant. Tertium ex chalazio chrysiten. Medici autem et basaniten. Hic enim lapis nihil ex sese remittit. Ii autem lapides qui succum reddunt, oculorum medicamentis utiles existimantur : ideoque Æthiopici 2 maxime ad ea probantur. Tænarium vero lapidem et Pœnicum, et hæmatiten iis medicamentis prodesse tradunt, quæ ex croco componantur : ex alio Tænario, qui niger est, et ex Pario lapide, non æque medicis utilem : potiorem ex alabastrite Ægyptio, vel ex ophite albo. Est enim hoc genus, ex quo vasa et cados etiam faciunt.

1 XLIV. In Siphno lapis est, qui cavatur tornaturque in vasa vel coquendis cibis utilia, vel ad esculentorum usus : quod et in Comensi Italiæ lapide viridi accidere scimus. Sed in Siphnio singulare, quod excalfactus oleo nigrescit, durescitque, natura mollissimus. Tanta qualitatum diffe-

rentia est. Nam mollitiæ et trans Alpes præcipua sunt exempla. In Belgica provincia candidum lapidem serra, qua lignum, facillusque etiam, secant, ad tegularum et imbricum vicem : vel si libeat, ad quæ vocant pavonacea tegendi genera. Et hi quidem sectiles sunt.

XLV. Specularis vero (quoniam et hic lapidis nomen 1 obtinet) faciliore multo natura finditur in quamlibet tenues crustas. Hispania hunc olim citerior tantum dabat, nec tota, sed intra centum millia passuum circa Segobricam urbem : jam et Cyprus, et Cappadocia, et Sicilia, et nuper inventum Africa : postferendos tamen omnes Hispaniæ ; Cappadocia, mollissimos et amplissimæ magnitudinis, sed obscuros. Sunt et in Bononiensi Italiæ parte breves, 2 maculosi, complexu silicis alligati, quorum tamen apparet natura similis. Puteis in Hispania effodiatur profunda altitudine. Necnon et saxo inclusus sub terra invenitur, extrahiturque, aut exciditur. Sed majori parte fossili natura, absolutus segmenti modo, numquam adhuc quinque pedum longitudine amplior. Humorem hunc terræ quidam autumant crystalli modo glaciari. Et in lapidem concrescere 3 manifesto apparet, quod quum feræ decidere in puteis tales, medullæ in ossibus earum post unam hiemem in

maux tombent dans les puits d'extraction, la moelle de leurs os se transforme en pierre spéculaire au bout d'un hiver. On trouve parfois aussi de la pierre spéculaire noire. Mais la blanche a la propriété merveilleuse de résister, tout en étant d'une mollesse connue, à l'action du soleil et du froid. Le temps ne la dégrade pas, comme beaucoup de matériaux; elle n'a à craindre que les accidents (162). On a trouvé un usage pour les rognures: on en parsème le grand Cirque à l'époque des jeux, pour lui donner une blancheur agréable.

XLVI. Sous le règne de Néron, on trouva en Cappadoce une pierre de la dureté du marbre, blanche, et transparente même là où des veines rousses se rencontraient; ce qui la fit nommer phengite. Néron reconstruisit avec cette pierre le temple de la Fortune nommé Séia (XVIII, 2, 2), temple qui avait été consacré par le roi Servius, et qu'il renferma dans sa maison dorée (XXXVI, 24, 8). Là, même les ouvertures fermées, on avait pendant le jour la clarté du dehors; non toutefois de la même manière qu'avec la pierre spéculaire, la lumière paraissant non pas transmise, mais renfermée. Il y a aussi en Arabie, au dire de Juba, une pierre diaphane comme le verre, qu'on emploie (163) en guise de pierre spéculaire.

XLVII. Passons maintenant aux pierres dont les ouvriers se servent, et commençons par la pierre à aiguiser le fer. Celle-ci est de plusieurs sortes: la crétoise eut longtemps le plus grand renom; puis vint celle de la Laconie, tirée du mont Taygète, toutes deux ayant besoin d'huile. Quant à celles dont on se sert avec l'eau, le premier rang appartenait à la pierre de Naxos, le second à celle d'Arménie; nous avons parlé de l'une et de l'autre (XXXVI, 10). Celle de Cilicie est excellente, tant à l'eau qu'à l'huile; celle d'Arsinoé (V, 35; V, 22), à l'eau seulement. On en a trouvé en Italie qui à l'eau affilent parfaitement le tranchant. Les contrées d'au delà des Alpes en fournissent aussi: on les nomme passernices. Au quatrième rang sont celles qui mordent sur le fer avec la salive de l'homme; on s'en sert dans les boutiques des barbiers, mais elles n'ont guère d'autre emploi, à cause de la facilité avec laquelle elles se brisent: en ce genre, les laminitanes (164) (III, 2, 1) de l'Espagne citérieure sont les meilleures.

XLVIII. Parmi le grand nombre des pierres qui restent est le tuf. Il ne convient pas aux constructions, parce qu'il est mou et peu durable. Cependant il est des localités qui n'ont pas d'autres matériaux, par exemple Carthage en Afrique. L'air de la mer le ronge (165), le vent l'emporte en poussière, la pluie le dégrade; mais l'industrie protége les murailles avec la poix; un enduit de chaux les corroderait; de là ce bon mot: Les Carthaginois se servent de la poix pour leurs maisons et de la chaux pour leurs vins (166) (XIV, 24). En effet, c'est avec cette dernière substance qu'ils les adoucissent. Autour de Rome on trouve d'autres pierres molles, dans les cantons de Fidène et d'Albe. En Ombrie aussi et en Vénétie se trouve une pierre blanche que l'on coupe avec la scie à dents. Ces pierres, faciles à travailler, sont aussi de durée, pourvu qu'elles soient à couvert. La pluie, la gelée, les brouillards les font tomber par morceaux; elles ne résistent pas non plus à l'humidité et à l'air de la mer. La pierre de Tibur supporte tout, excepté la grande chaleur, qui la fait éclater.

XLIX. Le silex noir est généralement le meilleur. Cependant en quelques localités c'est le silex rougeâtre, et dans quelques autres le silex blanc, par exemple aux environs de Tarquinies,

---

eamdem lapidis naturam figurantur. Invenitur et niger aliquando. Sed candido natura mira, quum sit mollitia nota, perpetiendi soles rigoresque: nec senescit, si modo injuria absit; quum hoc etiam in cæmentis multorum generum accidat. Invenere et alium usum in ramentis quoque, Circum maximum ludis Circensibus sternendi, ut sit in commendatione candor.

XLVI. Nerone principe in Cappadocia repertus est lapis duritia marmoris, candidus atque translucens, etiam qua parte fulvæ inciderant venæ, ex argumento phengites appellatus. Hoc construxerat ædem Fortunæ, quam Seiam appellant, a Servio rege sacratam, aurea domo complexus. Quare etiam foribus opertis interdiu claritas ibi diurna erat, alio quam specularium modo, tamquam inclusa luce, non transmissa. In Arabia quoque esse lapidem vitri modo translucidum, quo utantur pro specularibus, Juba auctor est.

XLVII. Nunc ad operarios lapides transisse conveniat, primumque cotes ferro acuendo. Multa earum genera: Creticæ diu maximum laudem habuere: secundam Laconicæ ex Taygeto monte, utræque oleo indigentes. Inter aquarias Naxiæ laus maxima fuit: mox Armeniacæ, de quibus diximus. Ex oleo et aqua Ciliciæ pollent, ex aqua Arsinoeticæ. Repertæ sunt et in Italia aqua trahentes aciem acerrimo effectu. Necnon et trans Alpes, quas passernices vocant. Quarta ratio est saliva hominis proficientium, in tonstrinarum officinis, inutilis fragili mollitia. Laminitanæ ex Hispania citeriore in eo genere præcipuæ.

XLVIII. E reliqua multitudine lapidum, tofus ædificiis inutilis est mortalitate mollitiæ. Quædam tamen loca non alium habent, sicut Carthago in Africa. Exestur halitu maris, fricatur vento, et verberatur imbri. Sed cura tuentur picando parietes, quoniam et tectorii calce roditur: sciteque dictum est, ad tecta eos pice, ad vina calce uti, quoniam sic musta condiunt. Alia mollitia circa Romam Fidenati, et Albano. In Umbria quoque et Venetia, albus lapis dentata serra secatur. Hi tractabiles in opere, laborem quoque tolerant, sub tecto dumtaxat. Aspergine et gelu pruinisque rumpuntur in testas: nec contra humores et auram maris robusti. Tiburtini ad reliqua fortes, vapore dissiliunt.

XLIX. Nigri silices optimi: quibusdam in locis et rubentes. Nonnumquam vero et albi, sicut in Tarquiniensi Anicianis lapicidinis circa lacum Volsiniensem. Et in Statoniensi sunt, quibus ne ignes quidem nocent. Iidem et in

dans les carrières d'Anicius, près du lac de Volsinie. Dans le territoire de Statonia, il en est auquel le feu (167) même ne porte aucune atteinte. Ces mêmes pierres ciselées dans les monuments supportent sans dégradation l'action du temps. On en fait des moules pour la fonte du cuivre. Il y a encore un silex vert, résistant très-bien au feu; mais nulle part il n'est abondant, et là où on le trouve il se présente sous forme de pierre et non de roche. Parmi les autres, le silex pâle est rarement bon pour les constructions. Globuleux, résistant aux accidents, il ne faut pas y compter dans les bâtisses, à moins qu'il ne soit beaucoup retenu. Le silex des rivières n'offre pas plus de sûreté; il a toujours un aspect humide.

L. Quand on se défie (168) d'une pierre, la précaution à prendre est de l'enlever en été, et de ne l'employer dans les constructions qu'au bout de deux ans, après qu'elle a été faite aux saisons. Celles qui se trouvent avariées s'utilisent dans les fondements; celles qui ont résisté peuvent s'employer avec confiance, même à découvert.

LI. Les Grecs font (169) une espèce de briquetage avec des pierres dures ou des cailloux d'égale dimension. Ce genre de construction est ce qu'ils nomment isodomon. Si les matériaux sont d'inégale dimension, la construction se nomme pseudisodomon. Le troisième genre se nomme emplecton : les parties de montre sont seules égalisées, le reste est construit à l'aventure. Il faut que les pierres chevauchent l'une sur l'autre alternativement, de sorte que le milieu d'une pierre pose sur la ligne d'assemblage de deux autres, et cela dans le plein même de la muraille, si la chose est possible; sinon sur les deux faces du moins. Quand on remplit le dedans de la muraille de fragments, la bâtisse se nomme diamicton (170). La construction en losange, très-usuelle à Rome, est sujette à se crevasser. Les constructions doivent être faites à l'équerre et au niveau, et être d'aplomb.

LII. (XXIII.) Pour (171) la construction des citernes il faut cinq parties de sable pur et graveleux, sur deux parties de la chaux la plus vive, et des fragments de silex pesant au plus une livre. Ainsi établis, on foule le fond et les parois avec des maillets ferrés. Le mieux est d'avoir des citernes doubles, de façon que les impuretés (172) s'arrêtent dans la première, et que, se filtrant, l'eau passe aussi pure que possible dans la seconde.

LIII. Caton le Censeur (*De re rust.*, XXXVIII) n'approuve point la chaux faite de pierres de différentes couleurs. La pierre blanche donne la meilleure. La chaux faite de pierres dures vaut mieux pour les bâtisses; celle de pierres poreuses, pour les enduits. Pour ces deux emplois on rejette la chaux faite avec la silice. La pierre extraite des carrières fournit de meilleure chaux que celle qu'on prend sur les rives des fleuves. La chaux de la pierre meulière est la meilleure, parce que cette pierre est naturellement plus grasse que les autres. Chose singulière, de voir une substance qui, ayant passé par le feu, s'allume dans l'eau!

LIV. Il y a trois espèces de sable : le fossile, auquel on doit ajouter un quart de chaux, le fluvial et le marin, auxquels on doit en ajouter un tiers. L'addition d'un tiers de poterie pilée rend le mortier meilleur. De l'Apennin au Pô, on ne trouve pas de sable fossile, non plus qu'au delà des mers.

LV. La cause de la ruine de tant d'édifices à Rome, c'est que, par une épargne frauduleuse de chaux, les moellons sont réunis sans ce qui doit les souder. Plus la chaux fusée est vieille, mieux elle vaut. Dans les lois qui réglaient an-

---

monumentis scalpti, contra vetustatem quoque incorrupti permanent. Ex iis formae fiunt, in quibus aera funduntur. Est et viridis silex, vehementer igni resistens, sed nusquam copiosus : et ubi invenitur, lapis, non saxum, est. E reliquis pallidus in caemento raro utilis. Globosus, contra injurias fortis, sed ad structuram infidelis, nisi multa suffrenatione devinctus. Nec certior fluviatilis, semper veluti madens.

L. Remedium est in lapide dubio, aestate eum eximere, nec ante biennium inserere tecto, domitum tempestatibus. Quae ex eo laesa fuerint, in subterranea structura aptantur utilius. Quae restiterint, tutum est vel caelo committere.

LI. Graeci e lapide duro, aut silice aequato struunt veluti lateritios parietes. Quum ita fecerunt, isodomon vocant genus structurae. At quum inaequali crassitudine structa sunt coria, pseudisodomon. Tertium est emplecton, tantummodo frontibus politis : reliqua fortuito collocant. Alternas coagmentationes fieri, ut commissuras antecedentium medii lapides obtineant, necessarium est in medio quoque pariete, si res patiatur : si minus, utique a lateribus. Medios parietes farcire fractis caementis, diamicton vocant. Reticulata structura, qua frequentissime Romae struunt, rimis opportuna est. Structuram ad normam et libellam fieri, et ad perpendiculum respondere oportet.

LII. (XXIII.) Cisternas arenae purae et asperae quinque partibus, calcis quam vehementissimae duabus construi convenit, fragmentis silicis non excedentibus libras. Ita ferratis vectibus calcari solum, parietesque similiter. Utilius geminas esse, ut in priore vitia consident, atque per colum in proximam transeat maxime pura aqua.

LIII. Calcem e vario lapide Cato Censorius improbat. Ex albo melior. Quae ex duro, structurae utilior : quae ex fistuloso, tectoriis. Ad utrumque damnatur ex silice. Utilior eadem ex effosso lapide, quam ex ripis fluminum collecto. Utilior e molari, quia est quaedam pinguior natura ejus. Mirum, aliquid, postquam arserit, accendi aquis.

LIV. Arenae tria genera. Fossitia, cui quarta pars calcis addi debet : fluviatili aut marinae, tertia. Si et testae tusae tertia pars addatur, melior materia erit. Ab Apennino ad Padum non invenitur fossitia, nec trans maria.

LV. Ruinarum Urbis ea maxime causa, quod furto calcis sine ferrumine suo caementa componuntur. Intrita

ciennement (173) les constructions, il est dit que l'entrepreneur n'emploiera pas de chaux de moins de trois ans : aussi aucune crevasse n'est venue défigurer les enduits des anciennes murailles. A l'égard de l'enduit extérieur, il n'est pas suffisamment brillant, à moins de trois couches de mortier de sable et de deux couches de mortier de marbre. Dans les lieux marécageux ou voisins de la mer, on substituera au mortier de sable un mortier de tessons broyés. En Grèce, on pétrit dans un mortier avec des pilons de bois l'enduit préparé au sable qu'on (174) va mettre à la maison. On reconnaît que le mortier au marbre est bien préparé lorsqu'il ne s'attache plus à la truelle. Au contraire, si l'on ne veut que crépir, il faut que la chaux qui a trempé longtemps tienne à la truelle comme de la colle. Pour cet usage il ne faut faire tremper la chaux qu'en mottes. A Élis (175) est un temple de Minerve dans lequel Panænus, frère de Phidias, a mis un enduit composé, dit-on, de lait et de safran; aussi cet enduit donne-t-il une odeur et un goût de safran si, même aujourd'hui, on le frotte avec le pouce humecté de salive.

LVI. Moins des colonnes (176) sont espacées, plus elles paraissent grosses. On en distingue de quatre ordres : les doriques, dont la grosseur au pied est le sixième de la hauteur; les ioniques, où cette grosseur est le neuvième; les toscanes, où elle est le septième; et les corinthiennes, qui ont la même proportion que les ioniques : mais elles diffèrent, parce que les chapiteaux sont aussi hauts que le pied est large; aussi paraissent-elles plus sveltes : dans les ioniques (177), la hauteur du chapiteau n'est qu'un tiers de l'épaisseur du pied. Autrefois la règle voulait que les colonnes eussent en hauteur le tiers de la largeur du temple auquel on les destinait. Ce fut dans le temple de Diane d'Éphèse, avant l'incendie, qu'on mit pour la première fois aux colonnes des tores et des chapiteaux, et on régla que les colonnes auraient en diamètre la huitième partie de leur hauteur; que les tores auraient en hauteur moitié de ce même diamètre; enfin, que l'extrémité supérieure du fût aurait en diamètre un septième de moins que l'extrémité inférieure. Outre ces quatre sortes de colonnes, on donne le nom d'attiques à des colonnes quadrangulaires à faces égales.

LVII. (XXIV.) La chaux s'emploie beaucoup en médecine. On la choisit récente; elle ne doit pas avoir été mouillée. Elle est caustique, résolutive, attractive; elle réprime les mouvements des ulcères qui deviennent serpigineux, mêlée à du vinaigre et à de l'huile rosat; puis, incorporée à de la cire et à de l'huile rosat (178), elle les mène à cicatrisation. Avec de la graisse de porc ou de la résine liquide, dans du miel, c'est un remède pour les luxations et les écrouelles.

LVIII. La malthe se fait avec de la chaux récente en mottes, qu'on éteint dans du vin; on triture cette chaux avec de la graisse de porc et des figues; on en applique deux couches (179). C'est de tous les enduits le plus tenace; il est plus dur que la pierre. Avant d'appliquer la malthe on frotte d'huile la muraille.

LIX. Le gypse a du rapport avec la chaux; il y en a plusieurs espèces. L'un est une pierre calcinée; tel est celui de Syrie et de Thurium. Un autre s'extrait de la terre, comme en Chypre et dans la Perrhébie (180) (IV, 3). Celui de Tymphée (IV, 3) est à fleur de terre. La pierre que l'on calcine doit ne différer guère de l'alabastrite ou du

---

quoque quo vetustior, eo melior. In antiquorum ædium legibus invenitur, ne recentiore trima uteretur redemtor. Ideo nullæ tectoria eorum rimæ fœdavere. Tectorium quidem, nisi quod ter arenato et bis marmorato inductum est, non satis splendoris habet. Uliginosa, et ubi salsugo vitiat, testacco subluni utilius. In Græcia tectoris etiam arenatum quo inducturi sunt, prius in mortario ligneis vectibus subigunt. Experimentum marmorati est in subigendo, donec rutro non cohæreat. Contra in albario opere, ut macerata calx ceu glutinum hæreat. Macerari nonnisi ex gleba oportet. Elide ædes est Minervæ, in qua frater Phidiæ Panænus tectorium induxit lacte et croco subactum, ut ferunt: ideoque si teratur in eo hodieque saliva pollice, odorem crocique saporemque reddit.

LVI. Columnæ eædem densius positæ crassiores videntur. Genera earum quatuor. Quæ sextam partem altitudinis in crassitudine ima habent, Doricæ vocantur : quæ nonam, Ionicæ : quæ septimam, Tuscanicæ. Corinthiis eadem ratio, quæ Ionicis : et differentia, quoniam capitulis Corinthiarum eadem est altitudo, quæ colligitur crassitudine ima : ideoque graciliores videntur : Ionicis enim capituli altitudo, tertia pars est crassitudinis. Antiqua ratio erat columnarum altitudinis, tertia pars latitudinum delubri. In Ephesiæ Dianæ æde, quæ prius fuit, primum columnis spiræ subditæ, et capitula addita : placuitque altitudinis octava pars in crassitudine, et ut spiræ haberent crassitudinis dimidium, septimæque partes detraherentur summarum crassitudini. Præter has sunt, quæ vocantur Atticæ columnæ, quaternis angulis, pari laterum intervallo.

LVII. (XXIV.) Calcis et in medicina magnus usus. Eligitur recens, nec adspersa aquis : urit, discutit, extrahit, incipientesque serpere ulcerum impetus coercet. Aceto et rosaceo mixta atque illita; mox cera ac rosaceo temperata perducit ad cicatricem. Luxatis quoque cum adipe suillo, aut liquida resina ex melle medetur : eadem compositione et strumis.

LVIII. Maltha e calce fit recenti. Gleba vino restinguitur : mox tunditur cum adipe suillo et ficu, duplici liniamento : quæ res omnium tenacissima, et duritiam lapidis antecedens. Quod malthatur, oleo perfricatur ante.

LIX. Cognata calci res gypsum est. Plura ejus genera. Nam e lapide coquitur, ut in Syria ac Thuriis : et e terra foditur, ut in Cypro, ac Perrhæbia : e summa tellure et Tymphaicum est. Qui coquitur lapis, non dissimilis alabastritæ esse debet, aut marmoroso. In Syria durissimos

marbre. En Syrie on choisit pour cette opération les pierres les plus dures, et on les calcine avec de la bouse de vache pour accélérer la cuisson. L'expérience a prouvé que le meilleur gypse se fait avec la pierre spéculaire, ou avec une pierre ayant comme elle des feuillets écailleux. Il faut employer le gypse aussitôt après l'avoir détrempé, car il se durcit très-vite (181). Toutefois il se laisse de nouveau triturer et réduire en poudre. Le gypse est excellent pour faire les crépissages, et pour orner les écussons et les couronnements des édifices. Il est au sujet du gypse un fait mémorable : C. Proculéius (VII, 46), qui jouissait de l'amitié de l'empereur Auguste, avala du gypse dans une très-violente douleur d'estomac, et se donna la mort.

LX. (XXV.) Les carrelages sont une invention des Grecs, qui arrivèrent à en faire une sorte de peinture, jusqu'au temps où les mosaïques en prirent la place. Dans ce dernier genre l'artiste le plus célèbre fut Sosus, qui fit à Pergame l'Asarotos œcos (maison non balayée); on la nomme ainsi, parce qu'il avait représenté en petits carreaux (182) teints de différentes couleurs les débris du repas qu'on a coutume d'enlever avec le balai, et qui là semblent avoir été laissés. On y admire une colombe qui boit, et dont la tête jette de l'ombre sur l'eau; on en voit d'autres qui s'épluchent au soleil, sur le bord d'un canthare.

LXI. Je crois que les premiers carrelages sont ceux que nous nommons maintenant barbariques et sous-couverts; en Italie ce pavage se faisait avec la hie, du moins on peut le comprendre par le nom même qu'il porte (pavimentum). Le premier carrelage en maille (183) fut fait à Rome dans le temple de Jupiter Capitolin, après le commencement de la troisième guerre punique. Que les carrelages aient été communs et très-goûtés avant la guerre des Cimbres, c'est ce qu'indique ce vers de Lucilius : « Un carrelage orné avec art de couleurs et de dessins. »

LXII. Les Grecs ont inventé les toits en terrasse. Cette toiture est bonne (184) dans les contrées chaudes, mais elle manque le but dans les pays où les pluies se gèlent. On commence par faire deux lits de linteaux; on (185) en cloue les extrémités, pour qu'il ne survienne point d'inflexion; on étend sur ce plancher un hourdage neuf auquel on a ajouté un tiers de tessons pilés, puis on met un second hourdage épais d'un pied, dans lequel on a fait entrer deux cinquièmes de chaux, et que l'on foule avec la hie. Alors on étend le noyau qui est une couche épaisse de six doigts, et sur le tout on pose un lit de grandes pierres (186) plates, épaisses de deux doigts au moins. La pente de ce carrelage sera d'un pouce et demi par dix pieds. On unira bien la surface avec une pierre à polir. On pense que le plancher ne doit pas être en ais de chêne, parce que ce bois s'infléchit. On croit à propos de le recouvrir d'un lit de fougère et de paille, pour qu'il sente moins l'action de la chaux. Il est nécessaire de faire avant le hourdage un lit des pierres globuleuses. On construit de même les carrelages de mosaïque en forme d'épi.

LXIII. Il ne faut pas omettre non plus une espèce de carrelage, le carrelage à la grecque. On hie le sol; on met un hourdage ou un lit de tessons, puis une couche, fortement foulée, de charbon, de sable, de chaux et de cendre mêlés ensemble; à cette couche, la règle et le niveau à la main, on donne une épaisseur d'un demi-pied. La surface alors a l'aspect du sol; mais

---

ad id eligunt, coquunturque cum fimo bubulo, ut celerius urantur. Omnium autem optimum fieri compertum est e lapide speculari, squamamve talem habente. Gypso madido statim utendum est, quoniam celerrime coit : tamen rursus tundi et in farinam resolvi patitur. Usus gypsi in albariis, sigillis ædificiorum et coronis gratissimus. Exemplum illustre, C. Proculeium, Augusti Cæsaris familiaritate subnixum, in maximo stomachi dolore gypso poto, conscivisse sibi mortem.

LX. (XXV.) Pavimenta originem apud Græcos habent elaborata arte, picturæ ratione, donec lithostrota expulere eam. Celeberrimus fuit in hoc genere Sosus, qui Pergami stravit quem vocant asaroton œcon, quoniam purgamenta cœnæ in pavimento, quæque everri solent, veluti relicta, fecerat parvis e tessellis tinctisque in varios colores. Mirabilis ibi columba bibens, et aquam umbra capitis infuscans. Apricantur aliæ scabentes sese in canthari labro.

LXI. Pavimenta credo primum facta quæ nunc vocamus barbarica, atque subtegulanea, in Italia fistucis pavita : hoc certe ex nomine ipso intelligi potest. Romæ scutulatum in Jovis Capitolini æde primum factum est post tertium Punicum bellum initum. Frequentata vero pavimenta ante Cimbricum magna gratia animorum, indicio est Lucilianus ille versus : « Arte pavimento, atque emblemate vermiculato. »

LXII. Subdialia Græci invenere, talibus domos contegentes : facile tractu tepente, sed fallax, ubicumque imbres gelant. Necessarium binas per diversum coassationes substerni, et capita earum præfigi ne torqueantur, et ruderi novo tertiam partem testæ tusæ addi. deinde rudus, in quo duæ quintæ calcis misceantur, pedali crassitudine fistucari. Tunc nucleo crasso sex digitos induci, et tessera grandi non minus alta duos digitos strui. Fastigium vero servari in pedes denos sesquuncem : ac diligenter cote despumari : quernis axibus contabulari, quia torquentur, inutile putant : immo et filicem aut paleam substerni melius esse, quo minor vis calcis perveniat. Necessarium et globosum lapidem subjici. Similiter fiunt spicata testacea.

LXIII. Non negligendum est etiamnum unum genus Græcanici. Solo fistucato injicitur rudus aut testaceum pavimentum : dein spisse calcatis carbonibus inducitur, sabulo, calce, ac favilla mixtis : materia crassitudine semipedali ad regulam et libellam exigitur, et est forma

si on y fait passer la pierre à polir, on lui donne l'apparence d'un carrelage noir.

1 LXIV. Les mosaïques furent en usage (187) dès le temps de Sylla ; du moins voit-on encore aujourd'hui un carrelage en petits segments qu'il fit faire à Préneste, dans le temple de la Fortune. Puis les carrelages passèrent du sol aux parois, et on les fit de verre. C'est une invention récente : la preuve, c'est qu'Agrippa, aux Thermes qu'il construisit à Rome, fit peindre à l'encaustique (xxxv, 9) les murailles en terre cuite dans les pièces chauffées (188), et, dans le reste, orner les crépis ; et sans aucun doute il eût orné les pièces en mosaïque de verre, si cette mosaïque avait été dès lors inventée, ou du moins si les parois du théâtre de Scaurus où elle figura, comme nous avons dit (xxxvi, 24, 11), elle avait passé aux appartements. A ce propos il nous faut traiter du verre.

1 LXV. (xxvi.) Il est dans la Syrie une contrée nommée Phénicie (v, 17), confinant à la Judée, et renfermant, entre les racines du mont Carmel, un marais qui porte le nom de Cendevia. On croit qu'il donne naissance au fleuve Bélus (v, 19), qui, après un trajet de cinq mille pas, se jette dans la mer auprès de Ptolémaïs, colonie. Le cours en est lent, l'eau malsaine à boire (189), mais consacrée aux cérémonies religieuses. Ce fleuve limoneux et profond ne montre qu'au reflux de la mer le sable qu'il charrie. Alors, en effet, ce sable, agité par les flots, se sépare des 2 impuretés et se nettoie. On pense que dans ce contact les eaux de la mer agissent sur lui, et que sans cela il ne vaudrait rien. Le littoral sur lequel on le recueille n'a pas plus de cinq cents pas, et pendant plusieurs siècles ce fut la seule localité qui produisit le verre. On raconte que des marchands de nitre y ayant relâché, préparaient, dispersés sur le rivage, leur repas ; ne trouvant pas de pierres pour exhausser leurs marmites, ils employèrent à cet effet des pains de nitre de leur cargaison : ce nitre soumis à l'action du feu avec le sable répandu sur le sol, ils virent couler des ruisseaux transparents d'une liqueur inconnue, et telle fut l'origine du verre.

LXVI. Depuis, comme l'industrie est ingé- 1 nieuse et avisée, on ne se contenta pas de mêler du nitre au sable, et on imagina d'y incorporer la pierre aimant, dans la pensée qu'elle attire à elle le verre fondu comme le fer. De la même façon on se mit à introduire, dans la fonte, divers cailloux luisants, puis des coquillages et des sables fossiles. Des auteurs disent que le verre de l'Inde se fait avec du cristal brisé, et que pour cela aucun ne peut lui être comparé. Pour la fonte on emploie du bois léger et sec, et on ajoute du cuivre de Chypre et du nitre, surtout du nitre d'Ophir. On le fond, comme le 2 cuivre, dans des fourneaux contigus, et on obtient des masses noirâtres, d'un aspect gras. Le verre fondu est tellement pénétrant, qu'avant même qu'on l'ait senti il coupe jusqu'aux os toutes les parties du corps qu'il touche. Ces masses se fondent de nouveau dans des fourneaux, où on lui donne la couleur ; puis tantôt on le souffle, tantôt on le façonne au tour, tantôt on le cisèle comme l'argent. Jadis Sidon était célèbre pour ses verreries ; on y avait même inventé des miroirs de verre. Telle fut anciennement la fabrication de ce produit. Aujourd'hui, à l'embouchure du fleuve (190) Vulturne, en Italie, sur la côte, dans un espace de six mille pas, entre Cumes et Liternum, on recueille un sable blanc très-tendre ;

---

terrena. Si vero cote depolitum est, nigri pavimenti visum obtinet.

1 LXIV. Lithostrota cœptavere jam sub Sylla : parvulis certe crustis exstat hodieque, quod in Fortunæ delubro Præneste fecit. Pulsa deinde ex humo pavimenta in cameras transiere, e vitro : novitium et hoc inventum. Agrippa certe in Thermis, quas Romæ fecit, figlinum opus encausto pinxit in calidis : in reliquis albaria adornavit : non dubie vitreas facturus cameras, si prius inventum id fuisset, aut a parietibus scenæ, ut diximus, Scauri, pervenisset in cameras. Quamobrem et vitri natura indicanda est.

1 LXV. (xxvi.) Pars est Syriæ, quæ Phœnice vocatur, finitima Judææ, intra montis Carmeli radices paludem habens, quæ vocatur Cendevia. Ex ea creditur nasci Belus amnis, quinque м pass. spatio in mare perfluens, juxta Ptolemaidem coloniam. Lentus hic currit, insaluber potu, sed cærimoniis sacer, limosus, vado profundus. Non nisi refuso mari arenas fatetur : fluctibus enim volutatæ ni- 2 tescunt, detritis sordibus. Tunc et marino creduntur adstringi morsu, non prius utiles. Quingentorum est passuum non amplius littoris spatium, idque tantum multa per sæcula gignendo fuit vitro. Fama est, appulsa nave mercatorum nitri, quum sparsi per littus epulas pararent, nec esset cortinis attollendis lapidum occasio, glebas nitri e nave subdidisse. Quibus accensis permixta arena litoris, translucentes novi liquoris fluxisse rivos, et hanc fuisse originem vitri.

LXVI. Mox ut est astuta et ingeniosa solertia, non fuit 1 contenta nitrum miscuisse : cœptus addi et magnes lapis : buonium in se liquorem vitri quoque, ut ferrum, trahere creditur. Simili modo et calculi splendentes multifariam cœpti uri : deinde conchæ, et fossiles arenæ. Auctores sunt, in India e crystallo fracta fieri, et ob id nullum comparari Indico. Levibus autem aridisque lignis coquitur, addito Cyprio, ac nitro, maxime Ophirio. Continuis 2 fornacibus, ut æs, liquatur, massæque fiunt colore pingui nigricantes. Acies tanta est quacumque, ut citra ullum sensum ad ossa consecet, quidquid afflaverit corporis. Ex massis rursus funditur in officinis, tingiturque. Et aliud flatu figuratur, aliud torno teritur, aliud argenti modo cælatur, Sidone quondam iis officinis nobili : siquidem etiam specula excogitaverat. Hæc fuit antiqua ratio vitri. Jam vero et in Vulturno amne Italiæ, arena alba nascens, sex м pass. littore, inter Cumas atque Liternum, quæ mollissima est, pila molaque teritur. Dein miscetur tribus 3

3 on le broie au mortier et à la meule; ensuite on y mêle trois parties de nitre, soit au poids, soit à la mesure; le mélange étant en fusion, on le fait passer dans d'autres fourneaux : là il se prend en une masse à laquelle on donne le nom d'ammonitre. Cette masse est mise en fusion, et elle donne du verre pur et des pains de verre blanc. Cet art a passé même (191) en Gaule et en Espagne, où l'on traite le sable de la même façon. On raconte que sous le règne de Tibère on imagina une mixture qui donnait un verre malléable, et que toute la fabrique de l'artiste fut détruite pour empêcher l'avilissement du cuivre, de l'argent et de l'or. Ce bruit a été longtemps plus répandu que le fait n'est certain; mais qu'importe? Du temps de Néron on a trouvé un procédé de vitrification qui fit vendre 6,000 sesterces (1,260 fr.) deux coupes assez petites qu'on nommait ptérotes (ailées) (192).

1 LXVII. Au verre appartiennent les vases obsidiens, assez semblables à la pierre qui a été découverte en Éthiopie par Obsidius. Cette pierre est très-noire, quelquefois transparente, mais d'une transparence mate, de sorte que, attachée comme miroir à la muraille, elle rend plutôt l'ombre que l'image des objets. Beaucoup en font des bijoux. J'ai vu en obsidienne des statues massives du dieu Auguste, qui prisait fort cette substance demi-transparente. Lui-même a consacré comme des merveilles, dans le temple de la Concorde, quatre éléphants de pierre obsidienne.

2 L'empereur Tibère rendit aux Héliopolitains, pour leurs cérémonies, une statue de Ménélas en pierre obsidienne, trouvée (193) dans la succession d'un préfet d'Égypte. Cela montre qu'il faut reporter plus haut qu'on ne le fait l'usage de cette substance, confondue aujourd'hui avec le verre à cause de la ressemblance. D'après Xénocrate, l'obsidienne se trouve dans l'Inde; dans le Samnium, en Italie; et, en Espagne, sur les côtes de l'Océan. On fabrique, par le moyen d'une teinture, de l'obsidienne pour divers ustensiles de table, et un verre entièrement rouge, opaque, qu'on nomme hématinon. On fait aussi du verre blanc, du verre imitant le murrhin, imitant l'hyacinthe, le saphir, de toutes les couleurs en un mot. Nulle substance n'est 3 plus maniable, nulle ne se prête mieux aux couleurs; mais le plus estimé est le verre incolore et transparent, parce qu'il ressemble le plus au cristal. Pour boire il a même chassé les coupes d'argent et d'or; mais, à moins qu'on n'y verse d'abord du liquide froid, il ne résiste pas à la chaleur; et cependant des boules de verre remplies d'eau, opposées aux rayons du soleil (XXXVII, 10,2), s'échauffent tellement, qu'elles brûlent des étoffes. Le verre en fragments ne fait que se souder au feu; pour le fondre entièrement, il faudrait le broyer. La verrerie fait divers objets de verre coloré, par exemple les pièces d'échiquier qu'on nomme abaculi; ces objets offrent même quelquefois plusieurs nuances. Le verre fondu avec le soufre se durcit en pierre.

LXVIII. Après avoir parcouru tout ce que 1 crée le génie, grâce à l'art reproduisant la nature (194), il nous faut considérer avec admiration qu'il n'est presque rien où le feu n'intervienne. (XXVII.) Le feu reçoit des sables, et il rend, ici du verre, là de l'argent, ailleurs du minium, ailleurs le plomb et ses variétés, ailleurs des substances colorantes, ailleurs des médicaments. Par le feu des pierres se résolvent en cuivre (XXXIV, 2); par

---

partibus nitri pondere vel mensura, ac liquata in alias fornaces transfunditur. Ibi fit massa, quæ vocatur ammonitrum : atque hæc recoquitur, et fit vitrum purum, ac massa vitri candidi. Jam vero et per Gallias Hispaniasque simili modo arenæ temperantur. Ferunt Tiberio principe excogitatum vitri temperamentum, ut flexibile esset : ut totam officinam artificis ejus abolitam, ne æris, argenti, auri metallis pretia detraherentur : eaque fama crebrior diu, quam certior fuit. Sed quid refert? Neronis principatu reperta vitri arte, quæ modicos calices duos, quos appellabant pterotos, H-S. sex millibus venderet.

1 LXVII. In genere vitri et Obsidiana numerantur, ad similitudinem lapidis, quem in Æthiopia invenit Obsidius, nigerrimi coloris, aliquando et translucidi, crassiore visu, atque in speculis parietum pro imagine umbras reddente. Gemmas multi ex eo faciunt : vidimusque et solidas imagines divi Augusti, capti materiæ hujus crassitudine : dicavitque ipse pro miraculo in templo Concor-

2 diæ Obsidianos quatuor elephantos. Remisit et Tiberius Cæsar Heliopolitarum cærimoniis repertam in hereditate ejus qui præfuerat Ægypto, Obsidianam imaginem Menelai. Ex quo apparet antiquior materiæ origo, nunc vitri similitudine interpolata. Xenocrates Obsidianum lapidem in India et in Samnio Italiæ, et ad Oceanum in Hispania nasci tradit. Fit et tincturæ genere Obsidianum, ad escaria varia vasa, et totum rubens vitrum, atque non translucens, hæmatinon appellatum. Fit et album, et murrhinum, aut hyacinthos sapphirosque imitatum, et omnibus aliis coloribus. Nec est illa nunc materia sequa- 3 cior, aut etiam picturæ accommodatior. Maximus tamen honos in candido translucentibus, quam proxima crystalli similitudine. Usus vero ad potandum argenti metalla et auri pepulit. Est autem caloris impatiens, ni præcedat frigidus liquor : quum addita aqua vitreæ pilæ sole adverso, in tantum excandescant, ut vestes exurant. Fragmenta teporata agglutinantur tantum : rursus tota fundi non queunt, præterquam abrupta sibimet. Tingit ars, veluti quum calculi fiunt, quos quidam a baculos appellant, aliquos etiam pluribus modis versicolores. Vitrum sulphuri concoctum ferruminatur in lapidem.

LXVIII. At peractis omnibus, quæ constant ingenio, 1 arte naturam faciente, succurrit mirari, nihil pæne non igni perfici. (XXVII.) Ignis accipit arenas, ex quibus alibi vitrum, alibi argentum, alibi minium, alibi plumbi genera, alibi pigmenta, alibi medicamenta fundit. Igne lapides in æs solvuntur, igne ferrum gignitur ac domatur, igne

le feu, le fer est produit et dompté; par le feu, l'or est purifié (195); par le feu est calcinée la pierre qui va, en ciment, assurer la solidité de nos demeures. Certaines matières doivent être soumises plus d'une fois à son action; et la même substance qui donne un produit à la première cuite en donne un différent à la seconde, et un troisième à la troisième (xxxiv, 47). Le charbon, c'est après avoir passé par le feu, après avoir été éteint, qu'il commence à avoir de la force, puissant surtout alors qu'on le croit mort. Immense et fallacieuse portion de la nature, et de laquelle on ne sait si elle ne crée pas plus qu'elle ne détruit!

LXIX. Les feux ont aussi une vertu médicinale. Dans les maladies pestilentielles qui proviennent de l'obscurcissement du soleil, il est certain que des feux allumés (196) sont d'un secours très-varié : Empédocle et Hippocrate l'ont prouvé dans divers lieux. Le feu soulage dans les convulsions ou les contusions des viscères, d'après M. Varron; je le citerai textuellement : « La lessive, dit-il, est la cendre du foyer. Or, cette cendre prise intérieurement remédie aux mauvais coups; on le voit chez les gladiateurs, qui, les jeux finis, se reconfortent par ce breuvage. » Le charbon, genre de maladie qui a emporté récemment, comme nous l'avons dit (xxvi, 4), deux personnages consulaires, se guérit avec du charbon de chêne, broyé dans du miel. Tant il est vrai que des choses de rebut et déjà nulles pour ainsi dire renferment encore quelques remèdes, témoin le charbon, témoin la cendre !

LXX. Je n'omettrai pas non plus un fait unique, relatif au foyer, et célèbre dans l'histoire romaine. Sous le règne de Tarquin l'Ancien, on rapporte que tout à coup dans son foyer apparurent des parties génitales mâles en cendre; que la servante de la reine Tanaquil, la captive Ocrisie, qui était assise là, se leva enceinte, et qu'elle mit au monde Servius Tullius, successeur de Tarquin. On ajoute que, étant au berceau dans le palais, la tête de l'enfant parut un jour tout en flamme, et qu'il passa pour le fils du Lare domestique; aussi institua-t-il les fêtes Compitales, qui sont des jeux en l'honneur des (197) dieux Lares.

---

aurum perficitur, igne cremato lapide cæmenta in tectis ligantur. Alia sæpius uri prodest. Eademque materia aliud gignit primis ignibus, aliud secundis, aliud tertiis : quando ipse carbo vires habere incipit restinctus, atque interiisse creditus, majoris fit virtutis. Immensa et improba rerum naturæ portio : et in qua dubium sit, plura absumat, an pariat.

LXIX. Est et ipsis ignibus medica vis. Pestilentiæ, quæ solis obscuratione contrahitur, ignes si fiant, multiformiter auxiliari certum est. Empedocles et Hippocrates id demonstravere diversis locis. Ad convulsa interiora viscera, aut contusa, ut M. Varro : ipsis enim verbis ejus utar : « Lix cinis est, inquit, foci. Inde enim cinis luxatis potus medetur : ut licet videre gladiatores, quum deluserunt, hac juvari potione. » Quin et carbunculum genus morbi, quo duos consulares nuper absumtos indicavimus, quernus carbo tritus cum melle sanat. Adeo in rebus damnatis quoque, ac jam nullis, sunt aliqua remedia, ut in carbone ecce et cinere.

LXX. Non præteribo et unum foci exemplum, romanis litteris clarum. Tarquinio Prisco regnante tradunt repente in foco ejus comparuisse genitale e cinere masculini sexus, eamque, quæ insederat ibi, Tanaquilis reginæ ancillam Ocrisiam captivam, consurrexisse gravidam. Ita Servium Tullium natum, qui regno successit. Inde et in regia cubanti puero caput arsisse visum, creditumque Laris familiaris filium : ob id Compitalia ludos Laribus primum instituisse.

# NOTES DU TRENTE-SIXIÈME LIVRE.

(1) Fuerit beatior Vulg. — Sit beatior Bamb., Sillig.
(2) Dimidiæ parti Vulg. — Dimidia parte Bamb.
(3) Illa venere Vulg. — Illa om. Bamb.
(4) Palatium extraherentur Vulg. — Palatium eæ traherentur Bamb. — Cavere Vulg. — Caveri Bamb.
(5) Omnium metallorum Vulg. — Omnium talium Bamb.
(6) Fuerant Vulg. — Fuerat Bamb. — Malas Vulg. — Melas Bamb. — Cette leçon est approuvée par M. Keil, *Analecta*, p. 197. — Anthermus Chius Vulg. — Archennus ex Schol. Aristoph. *Av.* 573, Sillig. — Archermus Bamb. — Chius om. Bamb.
(7) Anthermus Vulg. — Athenis Pintianus, Hard. in prima Edit., Boeck *Corp. Inscr.*, I, p. 872, Sillig.
(8) Origine Vulg. — Initio Bamb.
(9) Anthermi Vulg. — Archermi Bamb. — Archenni Sillig. — Iasii Vulg. — Lasii Bamb. — Lasi Cod. Reg. II, Sillig.
(10) Ei ætate Vulg. — Et ætate Bamb., Sillig.
(11) In eadem Vulg. — In om. Bamb.
(12) Sed scuto ejus in quo Amazonum Vulg. — Sed in scuto ejus Amazonum Bamb. — Intumescente ambitu parmæ : ejusdem Vulg. — Intumescente ambitum parvæ ejusdem Bamb. — M. Ian conjecture, du texte de Bamb., qu'on peut lire : *intumescente ambitu : parva ejusdem concava parte*, etc., c'est-à-dire : *dans une petite portion de la partie concave*. En effet, il remarque que, dans Vulg., *parmæ* fait un mauvais effet à la suite de *scutum* dans la même phrase. Cela me paraît vrai ; mais je crois pouvoir corriger le texte autrement ; je garde *parmæ*, mais je le rattache à ce qui suit ; et dans *ambitum* de Bamb., je lis *ambitu in*. *In* me semble nécessaire, pour répondre à *in scuto, in soleis*.
(13) C'est sur les *semelles*, lesquelles s'attachaient avec des courroies, que Phidias avait ciselé le combat des Lapithes et des Centaures. Ces semelles pouvaient avoir une dizaine de pouces d'épaisseur dans la statue colossale de Minerve.
(14) Base Vulg. — Basi Bamb., Brotier, Sillig.
(15) Hæc sunt Vulg. — Hæc sint Bamb.
(16) Omnia et non solum Vulg. — Omnia est non solum Bamb.
(17) Effigies deæ, favente ipsa Vulg. — Effigies, dea favente ipsa Bamb.
(18) Alchidas Vulg. — Alcetas Bamb. — Alchedas Cod. Monac. — Alcetas est un nom qu'on trouve dans les auteurs.
(19) Hortis Servilii Vulg. — Hortis Servilianis Bamb.
(20) Cephissodorus Vulg. — Cephisidotus Bamb. — Cephisodotus Sillig. — Symplegma signum nobile Vulg. — Signum om. Bamb.
(21) *Et Phaethontem* manque dans Bamb. M. Sillig, *Catal. Art.*, p. 411, avait proposé de le supprimer. Mais dans une édition de Pline il conserve ce mot, et se réfère à Hésiode, *Theog.*, 986-991.
(22) Chametærus Vulg. — Hardouin explique ce mot par : *Socias humi sedentes*. — Campteras Bamb. — Camiteras Cod. Monac. — Lampteras Ian (conf. *Odyss.*, Σ, 307, et T, 63, et Casaubon in *Athen.*, p. 629 ), Sillig. — Vulg. a *duas* et *quarum* ; la plupart des manuscrits (ce que suivent Ian et Sillig) ont *duos* et *quorum*.

(23) Pristes Vulg. — Pistrices Bamb., Sillig.
(24) Magnitudo Vulg. — Multitudo Bamb. — Contemplatione talium Vulg. — Contemplatione tali Cod. Monac.
(25) Nioben cum liberis morientem Vulg. — Niobæ liberos morientes Bamb.
(26) Veneris præfert Vulg. — Umeri præfert Bamb. — Humeris præfert Cod. Monac., Edit. Princeps. — M. Ian recommande, bien qu'avec un certain doute, *humeris*. Ce qui me décide, c'est *similiter* qui indique que, dans la phrase précédente, le mode de porter avait été désigné. A la vérité *ulnis*, qui a été conjecturé aussi, conviendrait mieux avec *præfert* ; mais on peut entendre que *præfert* s'applique au satyre qui est en tête des autres.
(27) Mausoleum. Sepulcrum hoc est ab uxore Artemisia factum Bamb., Editt. Vett., Sillig. — Mausoleum... factum om. Vulg.
(28) CCCCXL Bamb.
(29) Pteron vocavere circumitum Bamb. ( circuitum Cod. Monac. ).
(30) Regina Artemisia, quæ mariti memoriæ id opus exstrui jusserat, obiit Vulg. — Artemisia... jusserat om. Bamb., Edit. Vett., Sillig.
(31) Æquavit Vulg. — Æqual Bamb.
(32) Beaucoup de mss. et d'éditions portent 100 pieds, au lieu de 140. — Le texte de Pline a embarrassé grandement les auteurs qui ont essayé de se faire, d'après ce texte, une idée du mausolée. Il faut prendre pour terme de comparaison le tombeau de Syphax ( Voyez-en une figure dans les *Mém. de l'Acad. des Inscriptions*, t. XXVI) et celui de Mylasa ( Voyez-en la figure dans le Mémoire de M. Newton, *the classical Museum, part XVI* ) ; car évidemment ces monuments sont non pas semblables, mais analogues. Voici comment je conçois le plan du mausolée : 1° un massif quadrangulaire, ayant 63 pieds sur les faces du midi et du nord ; les faces de l'est et de l'ouest sont plus courtes, et ont par exemple 42 pieds chaque ; 2° un pourtour de 36 colonnes entourant ce massif, et ayant de parcours 411 pieds ; la face la plus longue a pieds 113,25, et la face la plus courte a pieds 92,125 ; entre le massif et la colonnade est un intervalle de pieds 25,125 ; 3° les colonnes et le massif sont réunis par le faîte, comme dans le monument de Syphax ; 4° cet ensemble de constructions est le *pteron* ; 5° sur ce *pteron* est une pyramide tronquée, quadrangulaire, et au haut de laquelle on peut monter à l'aide de 24 degrés en retraite ; 6° enfin, sur la plate-forme de cette pyramide, un quadrige de marbre. Si pour l'élévation du tout on prend le nombre cent, le pteron a pieds 37,50, la pyramide 37,50, et le quadrige, avec la figure que certainement il portait, 25. Si on prend le nombre 140, il faut supposer un soubassement d'une quarantaine de pieds de hauteur.
(33) Archesitæ Vulg. — Arcesilæ Bamb., Sillig.
(34) Entochi Vulg. — Eniochi Bamb. — Hippiades Vulg. — Appiades Bamb., Sillig. — Les Appiades étaient des statues de divinités dont on avait décoré les aqueducs amenant les eaux de la source Appienne.
(35) A Rhodo Bamb. — A om. Vulg.
(36) Praxiteles Vulg. — Pasiteles Cod. Reg. II, Sillig. — Timarchidis filii Vulg. — Idem Polycles et Dionysius Timarchidis filius Bamb.

(37) Lavantem se sed dædalsas stantem Bamb. — Lavantem sese de dalsa stautem Cod. Reg. II. — M. Sillig, *Cat. Art.*, 359, conjecture : *lavantem se, sed et aliam stantem;* M. Ian : *sese, ad ædem aliam stantem.* La conjecture qui se présente à mon esprit est que *Dædalsas* est un nom d'artiste, altéré sans doute, et en place duquel on peut lire Dædalus. Dédale était un statuaire. Voy. XXXIV, 19, 26.

(38) Polydectes Vulg. — Pollideuches Cod. Monac. — Polydeuches Bamb. — Polydeuces Cod. Tolet. — M. Keil, ib. p. 226, pense qu'il faut lire Polydeuces.

(39) In Græcia Italiæ ora Vulg. — In Græca Italiæ ora Bamb.

(40) Sed quæ Vulg. — Sed om. Bamb.
(41) E cornu Vulg. — E om. Bamb.
(42) Sauron Vulg. — Sauran Sill. — Sauram Bamb.
(43) Argumenta Vulg. — Argumento Bamb., Sillig.
(44) Marmorum Vulg. — Marmoris Bamb.
(45) Laudatissime Vulg. — Lautissime Bamb.
(46) Secandi marmor Vulg. — Marmor om. Bamb.
(47) Bamb. a ol. CVII ; Brotier a ol. C, attendu que la 106ᵉ olym. pour le décès de Mausole ne peut se concilier avec l'âge de Scopas, qui travailla au mausolée, et qui est attribué à la 90ᵉ. ( Voy. pour cette difficulté l'article Scopas à l'*Index des Artistes*.) — Anno CCCCIV Vulg. — Anno CCCCII Cod. Colb., Sillig. — Anno CDIII Bamb. — Anno CCCLXXV Brotier.

(48) Neque indignatio sit tali Vulg. — Ne quid indignitati desit tali Bamb.

(49) Quem et res et domus Vulg. — Quem, ut res est, domus Bamb.

(50) Luniensi Bamb. — Ce ms. a aussi plus loin cette orthographe.

(51) Q. Catuli Bamb. — Q. om. Vulg.
(52) In Nili insula Vulg. — In Chio insula Brotier ex Isid. *Origg.*, XVI, 5, 17, Sillig — In Milo insula Ed. Princeps. — In Melo insula Pintianus, Ian, *Obss. crit.*, p. 31. — In Heo insula Bamb. — Pæne horum marmorum Vulg. — Pæne hoc marmore Bamb. — M. Ian recommande *hoc marmor*, d'après Isid. ib.

(53) Sectos, an solidis glebis positos Vulg. — Secto, an solidis glebis polito Bamb. — Invenerat Italia Vulg. — Invenio in Italia Bamb., Brotier, Sillig.

(54) Primum Vulg. — Primus Bamb.
(55) Rursusque Vulg. — Que om. Bamb.
(56) Vectæ Vulg. — Invectæ Bamb.
(57) Quædam Vulg. — Quidem Bamb.
(58) Augustum Vulg. — Augusteum Edit. Princeps, Brotier, Sillig. — Augustæum Bamb. — Tibereum Bamb.
(59) Basalten Vulg. — Basaniten Bamb.
(60) Onychen etiam tum in Arabiæ montibus Vulg. — Onychen in Arabia tantum montibus Bamb. — Germania Vulg. — Carmania Bamb., Brotier.
(61) Dicitur Vulg. — Dicatur Bamb.
(62) Idemque Vulg. — Que om. Bamb. — Adscriptæ Vulg. — Adscripta Bamb.
(63) Pyropœcilon Vulg. — Pyrhopœcilon Edit. Princeps, Gronov., Brotier, Sillig. — Pyrhopœcilion Bamb.
(64) Mestres Vulg. — Mespheres Bamb. — Mesphres Zoega de Obel. p. 10, Sillig. — Bamberg a un peu plus bas *Mesphres*.
(65) Postea et alii regum in supra dicta urbe, Sothis Vulg. — Postea et alii excidere reges, statuit eos in supra dicta urbe Sesothes Bamb.
(66) Ramises Vulg. — Ramsesis autem Bamb. — **Bamberg doit être lu sans doute :** Rhamses is autem.
(67) Quadraginta Vulg. — CXXXX Bamb.
(68) Longitudine undecenis pedibus per latera cubitis quatuor Vulg. — Longitudine quidem CXX cubitorum, sed prodigiosa crassitudine, undenis per latera cubitis Bamb., Sillig.

(69) Incendio Vulg. — Incendiis Bamb., Sillig. — Exstingui ignem Vulg. — Ignem om. Bamb.
(70) Smarre Vulg. — Zmarre Bamb., Sillig. — Eraphio Vulg. — Phio Bamb. — Raphio Codd. Regg. II, III, Sillig.
(71) Quem exciderat Vulg. — Exciderat eum Cod. Monac., Brotier. — Nectabis Vulg. — Necthebis Bamb., Brotier. — Nectabis Sillig.
(72) Callisthenes Vulg. — Callixenus Bamb., Brotier, Sillig. — Perducta Vulg. — Perducto Bamb. — E Nilo Vulg. — E om. Bamb.
(73) Excisos autem sex talos in monte Vulg. — Statutum autem in sex talis e monte Bamb.
(74) In conjugem eamdemque sororem Arsinoen Vulg. — In conjuge eademque sorore Arsinoe Bamb., Sillig.
(75) Mestres Vulg. — Mesphres Bamb.
(76) Eam quæ priorem Bamb., Sillig. — Eam quæ om. Vulg. — Miraculique Vulg. — Que om. Bamb., Sillig. — Asservatam eam Cod. Monac., Sillig. — Eam om Vulg.
(77) In ipsa turribus Bamb. — In ipsa om. Vulg. — Subvehant Vulg. — Subveherent Cod. Vaticanus 3533, Sillig.
(78) Semneserteo Vulg. — Semenpserteo Palat. 1559, Sillig. — Spemetnepserphreo Bamb.
(79) Centum viginti quinque Vulg. — LXXXV Bamb., Sillig.
(80) Qui est in campo Vulg. — Quem in campo Bamb., Sillig.
(81) Fecundo mathematici. Apici Vulg. — Fecundi (fecundo Sillig) novi mathematici. Is Apici Bamb., Sillig. — M. Ian conjecture qu'on pourrait lire Novii (ou Nonii, comp. Tac., *Annal.*, XI, 22 ; Suet., *Cæs.*, 17, et *Aug.*, 50).
(82) Dimota Vulg. — Emota Bamb., Brotier.
(83) Tertius est Bamb. — Est om. Vulg. — Factus Vulg. — Fractus Bamb., Sillig. — Imitatione ejus Vulg. — In molitione Codd. Politiani, Sillig. — Sesostridis Vulg. — Sesosidis Codd. multi, Sillig.
( 84, 85 et 86 ) Sed Ægyptus.... narrat (narrato Codd. Regg.) harum cacumina extrema, quæ eminere dicuntur Vulg. — Sed Ægyptiis ..... narratio : harum cacumina extra aquam eminere dicuntur Bamb. — M. Ian change *narrato* de Bamb. en *narrata* ; ce que Sillig a mis dans son édition, suivant, du reste, le texte de Bamb.
(87) Narranda, quasi silvestre Vulg. — Narranda de qua siluere Bamb., Sillig. — Amasin Vulg. — Armain Codd. Regg., Sillig. — Harmain Bamb.
(88) Elaborata et lubrica. Capitis monstri ambitus per frontem centum duos Vulg. — Elaborata. Rubrica facies monstri colitur. Capitis per frontem ambitus centum duos Bamb., Sillig.
(89) LXVI Vulg. — LX Bamb.
(90) Ad solum pedes DCCXXV colligit; ambitus cacuminis Bamb., Sillig. — Ad solum .... cacuminis om. Vulg. — XV S Vulg. — XVI S Bamb., Sillig.
(91) Pares Vulg. — Pedes Bamb.
(92) Exstructos pontes, peracto opere lateribus Bamb., Sillig. — Exstructos ... lateribus om. Vulg.
(93) Opus Vulg. — Opes Bamb.
(94) Conquisitas quæstu Vulg. — Quæstu om. Bamb.
(95) Structuræ ipsius Vulg. — Structura ipsa Bamb.
(96) Ut Vulg. — Sicut Bamb.
(97) XII regum Bamb., Sillig. — XII om. Vulg.
(98) Vocavi Vulg. — Vocant Bamb.
(99) Radicum oras Vulg. — Radice aruras Bamb., Sillig. — L'aroure était un carré dont le côté avait 100 coudées égyptiennes.
(100) Prius excelsa Vulg — Clivis excelsa Bamb., Sillig. — Ascenduntur Vulg. — Descenduntur Bamb., Brotier, Sillig. — Gradibus omnes Vulg. — Omnes om. Bamb.
(101) Charemon Bamb. — Nectabis Vulg. — Necthebis Bamb., Brotier.

(102) Mirabilior Vulg. — Memorabilior Bamb., Brotier, Sillig. — Zmilus Vulg. — Milus Bamb. — Smilis Sillig; Voy. Heyne, *Opusc. acad.*, V, 342; Thiersch, *Epoch.*, p. 45; Müller, *Ægin.*, p. 99. — Rholus Vulg. — Rhœcus Bamb., Sillig. — Indigena. Exstantque adhuc Vulg. — Indignæ exstantque adhuc Bamb. — M. Ian lit : indignæ exstant adhuc, leçon que M. Sillig a suivie.

(103) Le manuscrit de Bamb. écrit constamment *Porsina*. — M. Quatremère de Quincy ( *Recueil de dissertations archéologiques*, Paris, 1836) a essayé d'expliquer la construction du tombeau de Porsenna. Suivant M. Quatremère, ce tombeau est situé au pied de Clusium ( sub urbe Clusio ); les pyramides ne sont pas superposées l'une à l'autre, mais elles sont sur des plans en retraite; chacune d'elles porte au sommet un globe d'airain et un chapeau.

(104) Quadrato quadratum Bamb., Brotier, Sillig.— Quadratum om. Vulg.

(105) Improperet Vulg. — Introierit Bamb.

(106) In imo Vulg. — Imæ Bamb.

(107) Centum Vulg. — Centenum Bamb.

(108) Græcæ Bamb., Sillig. — Græcæ om. Vulg. — Le ms. de Bamb. et celui de Munich ont : *cent vingt ans*.

(109) Bamberg a 325 pieds de long et 225 de large ; le ms. de Munich a 120 de large.

(110) Summa miracula Vulg. — Summa miraculi Bamb., Sillig.

(111) Translucet ergo pictura Vulg. — Translucent ergo juncturæ Bamb., Sillig.

(112) Nongentorumque Vulg. — Octingentorum Bamb., Brotier.

(113) Exsurgit Vulg. — Exsurget Bamb.

(114) Unquam Pantheon Jovi Ultori ab Agrippa factum Vulg. — Unquam vidit orbis, non ut tectum dilibitori ab Agrippa factis Bamb. — M. Ian a recommandé cette leçon de Bamb., sauf les corrections qu'il a indiquées. M. Sillig les a adoptées.

(115) Infusi recipiunt fluctus Vulg. — Infusus recipitur Bamb. — Moles internæ Vulg. — Moles supernæ Bamb. — Causis operis Vulg. — Caüis Cod. Mouac. — Cautis Bamb. —Reines., *Varr. Lectt.*, lib. II, cap. 7, p. 175, a proposé de lire *cavis*, ce que M. Ian approuve.

(116) DCCC Vulg. — DCC Cod. Reg., Brotier, Sillig.

(117) Posteaque eas Vulg. — Eas om. Bamb.

(118) Fecere, tantas ad Vulg. — Fecere tantum, ad Bamb.

(119) P. Valerio Sillig.

(120) Non patiemur duos Caios vel duos Nerones Vulg. — Non patiar istos duos Nerones Bamb.

(121) Mores civiles Vulg. — Civiles om. Bamb.

(122) Suo Curionis et aliquid excogitandum Bamb., Sillig — Suo... excogitandum om. Vulg.

(123) Nostro modo Vulg. — Verso modo Bamb.

(124) In tribuniciis Vulg. — Iu om. Bamb. — Faceret. Qualis hic in Rostris Vulg. — Quatiat, in Rostris Bamb.

(125) Miracula, quæ Q. Marcius Rex fecit. Is jussus Vulg. — Miracula. Q. Marcius Rex jussus Vet. Dalech. — Bamberg a la même leçon, sauf Q., qui manque.

(126) Ædilitate sua Vulg. — Sua om. Bamb.

(127) Et Anien novos Bamb. — MM. Ian et Sillig lisent *Anien novus*. Brotier a mis dans son édition *et Anio Novus*.

(128) Spatioque advenientis Vulg. — Spatia venientis Bamb.

(129) Vertice Vulg. — Verticem Bamb.

(130) Inter montes Vulg. — Per montes Bamb.

(131) Defuturam luxuriam Vulg. — Defutura luxuriæ Bamb.

(132) Assistit Vulg. — Adsilit Bamb. — Complexuque Vulg. — Amplexuque Bamb.

(133) Hyrietico Vulg. — Hyetto Bamb.

(134) Sunt magis Vulg. — Sint magis Bamb.

(135) Fluctuare Vulg. — Fluctuari Bamb., Sillig.

(136) Minus tamen Vulg. — Minus tantum Bamb.

(137) Et ii Vulg. — Ii om. Bamb. — Vase ex eo cavate Vulg. — Vas ex eo cavatum Bamb.

(138) Æri cyprio Vulg. — Ceræ cypriæ Bamb. — Ad cicatricem Vulg. — Ad cicatrices Bamb.

(139) Albos tornis Vulg. — Albos coranos Bamb. — Comp. Isid. Hisp., *Origg.*, XVI, 4, 31 : *Coranus albus est, duriorque Pario*.

(140) Acarnaniam Vulg. — Acamenta Bamb. — Acamanta Cod. Tolet.

(141) Tertioque Vulg. — Tertiumque Bamb. — Humorem extenuare Vulg. — Humorem om. Bamb. — Duritias nimias Vulg. — Duritias in pus Bamb.

(142) Trahunt Vulg. — Præbent Editt. ante Hard. — Præbet Bamb.

(143) Velleri Vulg. — Vellere Bamb.

(144) Spongiæ Vulg. — Spongitæ Bamb.

(145) Peculiarius splendet. Proficit oculorum lacrymis Vulg. — Peculiaris explendis oculorum lacunis Bamb.

(146) Elatites, c'est-à-dire couleur de sapin, ἐλάτη, *abies*. Bamberg a *hepatiten* (couleur de foie).

(147) Vocant Vulg. — Vocat Bamb.

(148) Nascitur Vulg. — Nascatur Bamb.

(149) Leucadem, ubi est mons Taphius, qui locatus est dextra navigantibus Vulg. — Leucadem, in Taphinsa, qui locus est dextra navigantibus Editt. Vett., Sillig. — Ex Ithaca ad Leucadem Bamb., Sillig. — Ex Ithaca om. Vulg.

(150) Excidium fit Vulg. — Excidunt Bamb.

(151) Est et Bamb. — Et om. Vulg.

(152) Et contra Bamb. — Et om. Vulg.

(153) Vulvas et partus contineri adalligatio eo tradunt Vulg. — Volunt et partus contineri adalligato eo Bamb.

(154) Sed et Vulg. — Et om. Bamb.

(155) Tertia Vulg. — Trina Bamb.

(156) A tertia Bamb. — A om. Vulg. — Etiam ad malagmata Vulg. — Et in malagmata Bamb.

(157) Immenso Vulg. — Universo Bamb. — M. Ian renvoie, pour cet emploi d'*universus*, à XVII, 2, 4.

(158) Pyropœcilon Vulg. — Pyropœcilon Bamb.

(159) Genus ophitis Vulg. — *Ophitis* me paraît une glose passée dans le texte, et à supprimer. — Etiam et cados Vulg. — Et cados etiam Bamb.

(160) Vasa vel Bamb. — Vel om. Vulg. — Quod et Bamb. — Et om. Vulg.

(161) Lapis Vulg. — Lapidis Bamb.

(162) Omnes tamen Vulg. — Tamen omnes Bamb. — Hispaniæ et Cappadociæ Vulg. — Hispaniæ : Cappadocia Bamb. — Mollissimis Vulg. — Mollissimos Cod. Tolet. — Obscuris Vulg. — Obscuros Bamb.

(163) Similis eis qui in Hispania puteis effodiuntur Vulg. — Similis. Puteis in Hispania effoditur Bamb.

(164) Injuria non arsit Vulg. — Injuria absit Bamb.

(165) Utuntur Vulg. — Utantur Bamb.

(166) Flaminitanæ Vulg. — Laminitanæ Bamb.

(167) Exercetur Vulg. — Exestus Bamb. — M. Ian conjecture *exestur*, que j'adopte.

(168) Vinum Vulg. — Vina Bamb. — In Liguria quoque, Umbria Vulg. — In Umbria quoque Bamb. — Vitruve, II, 7, d'où Pline a tiré tout ceci, ne parle pas de la Ligurie.

(169) Ignis quidem nocet Vulg. — Ignes quidem nocent Bamb.

(170) Rubro Vulg. — Dubio Bamb. — Eum inserere Vulg. — Eum om. Bamb.

(171) Construunt Vulg. — Struunt Bamb. — Fecerint Vulg. — Fecerunt Bamb. — Coria Bamb. — Coria om. Vulg. — Patitur Vulg. — Patiatur Bamb.

(172) Diatonichon Bamb. — M. Ian conjecture διάτοιχον, qui signifierait : *du milieu de la muraille.*
(173) Et cisternos Vulg. — Et om. Bamb.
(174) Considant aquæ Vulg. — Aquæ om. Bamb.
(175) Antiquarum Vulg. — Antiquorum Bamb. — Nulla Vulg. — Nullæ Bamb. — Nisi quod Bamb. — Quod om. Vulg.
(176) Quod inducturi Vulg. — Quo inducturi Bamb. — Comp. un peu plus haut : *ter arenato et bis marmorato inductum est.*
(177) In Ælide Vulg. — In om. Bamb., Sillig.
(178) Columnæ in æde Vulg. — Columnæ eædem Bamb.
(179) Ionici enim Vulg. — Ionicis Bamb. — Dianæ æde, de qua prius fuit sermo Vulg. — Dianæ æde, quæ prius fuit Bamb.
(180) Mixta atque illita; mox cera ac rosaceo Bamb., Sillig. — Mixta..... rosaceo om. Vulg.
(181) Linamento Vulg. — Liniamento Edit. Princeps, Brotier, Sillig.
(182) Perrhæbis Vulg. — Perrhæbia Bamb. — Cum fimo Bamb. — Cum om. Vulg.
(183) Coit ac siccatur Vulg. — Ac siccatur om. Bamb., Brotier, Sillig.
(184) Testulis Vulg. — Tessellis Bamb.
(185) Sculpturatum Vulg — Scutolatum (sic) Bamb.
(186) Facile Bamb. — Facile om. Vulg.
(187) E Bamb. — De cet e M. Ian fait *et*. — Et om. Vulg.
(188) Et ex tessera Vulg. — Ex om. Bamb. — Despumare : quernisque axibus contabulare. Quæ torquentur, inutilia putent Vulg. — Despumari : quernis axibus contabulari, quia torquentur, inutile putant Bamb.
(189) Acceptavere Vulg. — Cœptavere Bamb.
(190) In calidis Bamb. — In calidis om. Vulg.
(191) Insalubri Vulg. — Insaluber Bamb. — Nunc et a marino Vulg. — Tunc et marino Bamb.
(192) Vulturno mari Vulg. — Vulturno amne Bamb.
(193) Et per Bamb. — Et om. Vulg.
(194) Voy. sur ce sujet un mémoire de M. Deville : *Examen de deux passages de Pline relatifs à l'art de la verrerie* (extrait des *Mémoires de la Société des antiquaires de Normandie*, t. IV, in-4°, 2ᵉ série). M. Deville y fait voir que ce n'est pas l'art de la verrerie, ainsi que l'avaient cru quelques érudits, qui fut inventé sous Néron, et que l'invention de cet art se perd dans l'antiquité la plus reculée. Suivant lui, les vases *ptérotes* étaient des vases où la matière était réduite à une ténuité extrême, *nimbus vitreus*, comme dit Martial (*Epigr.* XIV, 112). D'autres avaient pensé que *pterote* signifiait *garni d'anses en forme d'ailes.*
(195) Repertam ibi Vulg. — Ibi om. Bamb.
(196) Artem natura faciente Vulg. — Arte naturam faciente Vulg.
(197) Igne aurum perficitur Bamb. — Igne aurum perficitur om. Vulg.
(198) Ignis suffitu Vulg. — Ignes si fiant Bamb. — Interiora Bamb. — Interiora om. Vulg.
(199) Et ludos Vulg. — Et om. Bamb.

# LIVRE XXXVII.

I. Pour qu'il ne manque rien à l'ouvrage que nous avons entrepris, il nous reste à parler des pierreries. La majesté de la nature s'y présente pour ainsi dire en abrégé, et, dans l'opinion de bien des gens, elle n'est nulle part plus admirable, tant on attache de prix à la variété, aux nuances, à la matière, à la beauté; et, pour certaines pierres (1), on va jusqu'à regarder comme un sacrilége d'y porter le burin. Il y a tel de ces joyaux qui passe pour inestimable et sans tarif dans les richesses humaines; de sorte qu'aux yeux du grand nombre il suffit de je ne sais quelle pierre pour avoir la contemplation suprême et absolue de la nature. Nous avons dit jusqu'à un certain point, en parlant de l'or et des anneaux (xxxiii, 4), quelle a été l'origine des pierreries, et comment a commencé cette fièvre excessive d'admiration. Les fables en font dériver le premier usage de la roche du Caucase, d'après l'interprétation que les destins donnèrent aux liens de Prométhée ; et elles rapportent qu'un fragment de cette roche ayant été renfermé dans du fer et porté au doigt, ce fut le premier anneau et le premier joyau.

II. (1.) Ainsi commença la vogue des pierres précieuses; et cette passion alla si loin, que Polycrate de Samos (xxxiii, 6, 10), tyran respecté, qui commandait aux îles et aux côtes voisines, reconnaissant lui-même que son bonheur était excessif, crut l'expier assez en sacrifiant volontairement une seule pierre. Il voulait par là balancer ses comptes (2) avec l'inconstance de la fortune, et par cet unique chagrin croyait se racheter suffisamment de l'envie de la déesse. Las d'un bonheur continu, il s'embarque, et, en haute mer (3), jette son anneau dans les flots. Mais un poisson d'une grosseur merveilleuse, et pour cela dévolu au roi, avala cette bague comme si c'était un aliment, et, présage sinistre, la rendit dans la cuisine du prince par la main de la Fortune traîtresse. Il paraît que cette pierre était une sardoine (xxxvii, 23); du moins, si l'en en croit les dires, c'est celle qu'on montre à Rome dans le temple de la Concorde (4). Elle a été donnée par [Livie] Augusta; elle est enfermée dans une corne d'or, et c'est presque la moindre à côté d'une foule d'autres qu'on préfère.

III. Après cette bague, la renommée parle de celle d'un autre roi (5), de ce Pyrrhus qui fit la guerre aux Romains. C'était, dit-on, une agathe sur laquelle on voyait les neuf Muses et Apollon tenant la lyre, non par un travail de l'art, mais par un produit spontané de la nature ; et les veines étaient disposées de telle façon que chaque Muse avait même ses attributs particuliers. Passé ces deux pièces, les auteurs ne font guère mention d'aucun joyau célèbre. On trouve seulement que le joueur de flûte Isménias avait coutume de porter plusieurs belles pierres, et sa vanité est le sujet d'une anecdote : une émeraude sur laquelle était gravée [la Danaïde] Amymone fut mise en vente dans l'île de Chypre au prix de six deniers d'or; il ordonna qu'on la lui achetât. Mais le marchand

## LIBER XXXVII.

1. Ut nihil instituto operi desit, gemmæ supersunt, et in arctum coacta rerum naturæ majestas, multis nulla sui parte mirabilior. Tantum tribuunt varietati, coloribus, materiæ, decori; violari etiam signis quasdam nefas ducentes. Aliquas vero extra pretia ulla, taxationemque humanarum opum arbitrantes, ut plerisque ad summam absolutamque rerum naturæ contemplationem satis sit una aliqua gemma. Quæ fuerit origo gemmarum, et quibus initiis in tantum admiratio hæc exarserit, diximus quadamtenus in mentione auri anulorumque. Fabulæ primordium a rupe Caucasea tradunt : Promethei vinculorum interpretatione fatali : primumque saxi hujus fragmentum inclusum ferro, ac digito circumdatum, hoc fuisse anulum, et hoc gemmam.

II. (1.) His initiis coepit auctoritas, in tantum amorem elata, ut Polycrati Samio severo insularum ac littorum tyranno, felicitatis suæ, quam nimiam fatebatur etiam ipse, satis piamenti in unius gemmæ voluntario damno videretur, si una fortunæ volubilitate parla fecisset : planeque ab invidia ejus abunde se redimi putaret, si hoc unum doluisset. Assiduo ergo gaudio lassus, provectus navigio in altum, anulum mersit. At illum piscis eximia magnitudine regi natus, escæ vice raptum, ut faceret ostentum, in culinam domini rursus Fortunæ insidiantis manu reddidit. Sardonychem eam gemmam fuisse constat : ostenduntque Romæ, si credimus, in Concordiæ delubro, cornu aureo Augustæ dono inclusam, et novissimum prope locum, tot prælatis, obtinentem.

III. Post hunc anulum regis alterius in fama est gemma, Pyrrhi illius, qui adversus Romanos bellum gessit. Namque habuisse traditur achaten, in qua novem Musæ et Apollo citharam tenens spectarentur, non arte, sed sponte naturæ ita discurrentibus maculis, ut Musis quoque singulis redderentur insignia. Nec deinde alia, quæ tradatur, magnopere gemmarum claritas exstat apud auctores : præterquam Ismeniam choraulem, multis fulgentibusque uti solitum, comitante fabula vanitatem ejus. Indicato in Cypro sex aureis denariis smaragdo, in quo fuerat

ayant diminué le prix, lui renvoya deux deniers; Isménias dit que ce marchand était un maladroit, et qu'il avait beaucoup fait perdre au mérite de la pierre. C'est grâce à lui, ce semble, que les musiciens ont voulu faire juger de leur mérite par ce genre de luxe. Ainsi Dionysodore, son contemporain et son rival, l'imita pour ne pas paraître au-dessous de lui ; ainsi Nicomaque, qui était au troisième rang parmi les musiciens de ce temps, eut, dit-on, beaucoup de pierreries, mais choisies sans goût. Ces exemples, qui se trouvent comme par hasard (6) au commencement de ce livre, vont à l'adresse de ceux qui, se piquant d'une pareille magnificence, mettent leur vanité là où les joueurs de flûte la mettaient.

IV. La pierre de Polycrate qu'on voit ici est intacte et sans ciselure. Longtemps après ce prince, du temps d'Isménias, il paraît qu'on se mit à graver les émeraudes. L'usage de ce genre de gravure est établi incontestablement par un édit d'Alexandre le Grand défendant (VII, 38) à tout autre que Pyrgotèle, le plus habile sans doute en cet art, de graver son portrait sur pierre précieuse (7); après Pyrgotèle, Apollonidès et Cronius y excellèrent, comme aussi Dioscurides, qui grava de cette façon l'effigie très-ressemblante (8) du dieu Auguste, effigie que les empereurs depuis emploient comme cachet. Le dictateur Sylla usa toujours d'un cachet représentant Jugurtha livré. Les auteurs rapportent que cet Espagnol d'Intercatia (III, 4, 10) dont Scipion Æmilien tua le père après défi employait un cachet où ce combat était représenté. De là la plaisanterie si connue de Stilon Præconinus demandant : Qu'aurait-il donc fait si son père avait tué Scipion? Le dieu Auguste, au commencement, cachetait avec un sphinx. Il en avait trouvé deux (9) parfaitement semblables parmi les bagues de sa mère. Pendant les guerres civiles ses amis employèrent, en son absence, un de ces sphinx pour cacheter les lettres et les édits que les circonstances obligeaient de donner en son nom, et ceux qui les recevaient disaient assez spirituellement que ce sphinx apportait des énigmes. La grenouille de Mécène était aussi fort redoutée pour les levées d'impôts (10). Dans la suite, Auguste, pour éviter les sarcasmes touchant son sphinx, cacheta avec une figure d'Alexandre le Grand.

V. Une collection de pierres porte le nom étranger de dactyliothèque. Le premier qui en eut une à Rome fut Scaurus (XXXVI, 24, 10), beau-fils de Sylla. Longtemps il n'y en eut pas d'autre, jusqu'à ce que le grand Pompée consacrât au Capitole, entre autres dons, celle du roi Mithridate; d'après M. Varron et d'autres auteurs de ce temps, elle l'emportait de beaucoup sur celle de Scaurus. Imitant cet exemple, le dictateur César consacra six dactyliothèques dans le temple de Vénus Génitrix, et Marcellus, fils d'Octavie, une dans le temple d'Apollon Palatin (11).

VI. Mais c'est la victoire de Pompée qui commença à tourner le goût vers les perles et les pierreries; comme celle de L. Scipion (XXXIII, 53) et de Cn. Manlius (XXXIV, 8) l'avait tourné vers l'argent ciselé, les étoffes Attaliques et les lits de table garnis de bronze; comme celle de L. Mummius, vers l'airain de Corinthe et les tableaux. (II.) Pour faire connaître la chose plus clairement, je citerai textuellement ce qui est dit dans les Actes mêmes des triomphes de Pompée. A son troisième triomphe, où il triompha des pirates, de l'Asie, du Pont, des nations et des rois énumérés

---

sculpta Amymone, jussisse numerari : et quum duo relati essent, imminuto pretio, male hercules curatum, dixisse : multum enim detractum gemmæ dignitati. Hic videtur instituisse, ut omnes musicæ artis hac quoque ostentatione censerentur, veluti Dionysodorus æqualis ejus et æmulus, ut sic quoque par videretur. Tertius, qui eodem tempore fuit inter musicos, Nicomachus multas gemmas habuisse traditur, sed nulla peritia electas : forte quædam his exemplis initio voluminis oblatis adversus istos, qui sibi hanc ostentationem arrogant, ut palam sit eos tibicinum gloria tumere.

IV. Polycratis gemma, quæ demonstratur, illibata intactaque est. Isméniæ ætate, multos post annos, apparet scalpi etiam smaragdos solitos. Confirmat hanc eamdem opinionem edictum Alexandri Magni, quo vetuit in gemma se ab alio scalpi, quam a Pyrgotele, non dubie clarissimi artis ejus. Post eum Apollonides et Cronius in gloria fuere : quique divi Augusti imaginem simillime expressit, qua postea principes signant, Dioscurides. Sylla dictator, traditione Jugurthæ semper signavit. Est apud auctores, et Intercatiensem illum, cujus patrem Scipio Æmilianus ex provocatione interfecerat, pugnæ ejus effigie signasse : vulgato Stilonis Præconini sale, quidnam fuisse facturum eum, si Scipio a patre ejus interemtus esset. Divus Augustus inter initia sphinge signavit. Duas in matris anulis indiscretæ similitudinis invenerat. Altera per bella civilia, absente ipso, amici signavere epistolas et edicta, quæ ratio temporum nomine ejus reddi postulabat, non infaceto lepore accipientium, ænigmata afferre eam sphingem. Quin etiam Mæcenatis rana, per collationes pecuniarum in magno terrore erat. Augustus postea ad evitanda convicia sphingis, Alexandri Magni imagine signavit.

V. Gemmas plures, quod peregrino appellant nomine dactyliothecam, primus omnium habuit Romæ privignus Syllæ Scaurus. Diuque nulla alia fuit, donec Pompeius Magnus eam quæ Mithridatis regis fuerat, inter dona in Capitolio dicaret, ut M. Varro aliique ejusdem ætatis auctores confirmant, multum prælatam Scauri. Hoc exemplo Cæsar dictator sex dactyliothecas in æde Veneris Genetricis consecravit : Marcellus Octavia genitus in æde Palatini Apollinis unam.

VI. Victoria tamen illa Pompeii primum ad margaritas gemmasque mores inclinavit : sicut L. Scipionis et Cn. Manlii ad cælatum argentum, vestes Attalicas, triclinia ærata : sicut L. Mummii, ad Corinthia et tabulas pictas. (II.) Id uti planius noscatur, verba ex ipsis Pompeii trium-

au septième livre de cet ouvrage (vii, 7), et qu'il célébra sous le consulat de M. Pison et de M. Messala (an de Rome 693), la veille des calendes d'octobre (le 30 septembre), le jour anniversaire de sa naissance (12), Pompée fit passer sous les yeux des Romains un échiquier avec ses pièces, fait de deux pierres précieuses, large de trois pieds, long de quatre (et pour qu'on ne doute pas que la nature s'épuise (13), car on ne voit aujourd'hui aucune pierre approchant de cette grandeur, j'ajouterai que cet échiquier (14) portait une lune d'or du poids de trente livres); trois lits de table ornés de perles; des vases d'or et de pierreries suffisants pour garnir neuf buffets; trois statues d'or, Minerve, Mars et Apollon; trente-trois couronnes de perles; une montagne d'or carrée, avec des cerfs, des lions et des fruits de tout genre, entourée d'une vigne d'or; un muséum (15) en perles, au haut duquel était une horloge; un portrait de Pompée fait en perles. Oui, de Pompée! Ce front noble et découvert (16), ce visage qui respirait l'honnêteté et imprimait le respect à toutes les nations, le voilà en perles; la sévérité des mœurs est vaincue, et véritablement c'est le luxe qui triomphe. Certes (17), le surnom de Grand n'aurait pas appartenu longtemps à Pompée parmi les hommes de ce temps s'il avait ainsi triomphé lors de sa première victoire. Ton portrait en perles, ô grand Pompée, cette superfluité si coûteuse et inventée pour les femmes! en perles, toi à qui il n'aurait pas été permis d'en porter! Est-ce ainsi que ton prix se rehaussait? Les trophées que tu as élevés dans les Pyrénées (vii, 27) ne sont-ils pas une image de toi plus ressemblante? Certes, ce portrait en perles eût été quelque chose d'indigne et d'ignominieux, s'il ne fallait pas plutôt y voir un menaçant (18) présage de la colère des dieux, et si l'on ne comprenait clairement que dès lors cette tête chargée des richesses de l'Orient était montrée sans le reste du corps. Mais combien le surplus de son triomphe fut digne d'un héros! A la république (19) 2,000 talents (9,840,000 fr.) furent donnés; aux lieutenants et aux questeurs qui avaient défendu les côtes de la mer, 1,000 talents; aux soldats, 6,000 sesterces (1260 fr.) par tête. Toutefois il rendit plus excusable le luxe de l'empereur Caligula, qui, outre tant d'autres (20) vanités féminines, portait des brodequins ornés de perles, et de l'empereur Néron, qui en garnissait le sceptre et le masque des histrions et les lits destinés à ses plaisirs. Ainsi nous n'avons plus, ce semble, le droit de blâmer et les coupes ornées de pierreries, et les différents meubles enrichis de même, et les anneaux qui en étincellent (21); car y a-t-il un luxe qui ne puisse passer pour plus innocent?

VII. Cette même victoire introduisit pour la première fois dans Rome les vases murrhins; et Pompée le premier, à la suite de ce triomphe, consacra à Jupiter Capitolin des coupes (22) et des vases de cette matière, qui bientôt passa aux usages ordinaires de la vie. On en fit même des buffets et des plats. Cette sorte de luxe augmente chaque jour, puisqu'un vase murrhin dont la capacité n'excédait pas trois setiers a été vendu 70 talents (344,400 fr.). Un consulaire qui se servait de cette coupe il y a quelques années se passionna tellement pour elle, qu'il en rongea le bord. Ce dommage n'a fait qu'en augmenter le prix, et il n'y a point aujourd'hui de vase murrhin qui se cote plus haut. On peut juger (23) combien ce même personnage engloutit d'argent en vases

---

phorum actis subjiciam. Ergo tertio triumpho, quem de piratis, Asia, Ponto, gentibusque et regibus in septimo operis hujus volumine indicatis, M. Pisone, M. Messala consulibus, pridie kalend. octob., natali die egit, transtulit alveum cum tesseris lusorium e gemmis duabus, latum pedes tres, longum pedes quatuor (et ne quis effoetas res dubitet, nulla gemmarum magnitudine hodie prope ad hanc amplitudinem accedente, in eo fuit luna aurea pondo xxx): ex margaritis lectos tricliniares tres: vasa ex auro et gemmis abacorum novem: signa aurea tria, Minervæ, Martis, et Apollinis: coronas ex margaritis triginta tres: montem aureum quadratum cum cervis et leonibus, et pomis omnis generis, circumdata vite aurea: museum ex margaritis, in cujus fastigio horologium erat: imago Cn. Pompeii e margaritis, illa relicino honore grata, illius probi oris venerandique per cunctas gentes, illa, inquam, ex margaritis, severitate victa, et veriore luxuriæ triumpho. Nunquam profecto inter illos viros durasset cognomen Magni, si prima victoria sic triumphasset. E margaritis, Magne, tam prodiga re, et feminis reperta, quam gerere te fas non sit, fieri tuos vultus? sic te pretiosum videri? Nonne illa similior tui est imago, quam Pyrenæi jugis imposuisti? Grave profecto foedumque probrum erat, ni verius sævum iræ deorum ostentum id credi oporteret, clareque intelligi posset, jam tum illud caput, Orientis opibus sine reliquo corpore ostentatum. Cætera triumphi ejusdem quam virilia! Duo millia talentum reipublicæ data: legatis et quæstoribus, qui oram maris defendissent, mille talenta: militibus singulis sena millia sestertium. Tolerabiliorem tamen fecit causam Caii principis, qui super cetera muliebria, socculos induebat e margaritis: et Neronis principis, qui sceptra et personas histrionum, et cubilia amatoria unionibus construebat. Quin immo etiam jus videmur perdidisse corripiendi gemmata potoria, et varia supellectilis genera, et anulos translucentes. Quæ enim non luxuria innocentior existimari possit?

VII. Eadem victoria primum in Urbem murrhina invexit: primusque Pompeius capides et pocula ex eo triumpho Capitolino Jovi dicavit: quæ protinus ad hominum usum transiere, abacis etiam escariisque vasis inde expetitis: excrescitque in dies ejus rei luxus, murrhino LXX talentis emto, capaci plane ad sextarios tres calice. Potavit ex eo ante hos annos consularis, ob amorem abroso ejus margine, ut tamen injuria illa pretium augeret: neque est hodie murrhini alterius præstantior indicatura.

de ce genre : ces vases, lorsque l'empereur Néron les enleva à ses enfants, remplirent, au delà du Tibre, dans les jardins du prince, un théâtre particulier où ils étaient exposés ; et ce théâtre rempli de spectateurs suffisait à Néron même quand il chantait, se préparant à paraître sur le théâtre de Pompée. J'ai vu (24) alors compter les débris d'un seul vase qu'on se plaisait à conserver dans une urne et à montrer, comme si c'eût été le corps d'Alexandre le Grand, pour exciter, je crois, les douleurs du monde et faire honte à la cruauté de 3 la fortune. T. Pétronius, consulaire, près de mourir, voulant par jalousie déshériter la table de Néron, cassa un bassin murrhin qui avait coûté 300 talents ( 1,476,000 fr.). Mais Néron, en sa qualité de prince, l'emporta sur tous : il acheta une seule coupe 300 talents. Chose bien digne de mémoire, qu'un empereur, que le père de la patrie ait bu à si haut prix.

1   VIII. Les murrhins viennent de l'Orient. On les trouve là en (25) plusieurs localités qui n'ont rien de remarquable, particulièrement dans l'empire des Parthes ; mais les plus beaux sont dans la Carmanie. On les croit formés d'une humeur qui s'épaissit sous terre par la chaleur. Ils ne surpassent jamais en grandeur de petits guéridons, et rarement ils sont assez épais pour des vases à boire de la grandeur indiquée ci-dessus (XXXVII, 7). L'éclat n'en est point vif, et ils sont plutôt luisants qu'éclatants ; mais on y estime particulièrement la variété des couleurs, et ces veines contournées qui s'y dessinent offrent les nuances du pourpre, du blanc, et d'une troisième couleur de feu où les deux autres se confondent, comme si par une sorte de transition la pourpre devenait blanche ou le lait devenait rouge (26). Quelques amateurs prisent surtout les extrémités et certains reflets, comme dans l'arc-en-ciel ; d'autres aiment des taches opaques ; pour eux c'est un défaut que la transparence ou la pâleur d'une partie quelconque. On estime encore les grains, les verrues qui ne font pas saillie, mais qui sont sessiles, comme on le voit le plus souvent sur le corps humain. L'odeur que cette pierre exhale est aussi un certain mérite.

IX. Une cause contraire produit le cristal. C'est 1 une forte congélation qui le condense ; du moins ne le trouve-t-on que là où les neiges d'hiver sont les plus glacées, et il est certain que c'est une glace. De là le nom qu'il porte en grec (κρύσταλλος, glace). L'Orient nous envoie aussi le cristal ; et même le cristal indien est le plus estimé. On trouve un cristal de très-peu de prix en Asie, autour d'Alabanda et d'Orthosie, dans les montagnes limitrophes, et en Chypre. Au contraire, on recherche le cristal des Alpes en Europe (27). D'après Juba, il y en a dans une certaine île de la mer Rouge, qui est près de la côte arabique et qu'on nomme Necron (île des morts), et dans une île voisine qui produit des topazes ( VI, 34, 1 ) ; Pythagore, préfet du roi Ptolémée, en tira, dit-il, un bloc de cristal d'une coudée. Cornélius Bocchus rapporte qu'en Lusitanie on en trouve (28) aussi des blocs d'un poids extraordinaire, en creusant dans les monts Ammaens des puits jusqu'au niveau de l'eau (XXXVII, 43). Ce que raconte Xéno- 2 crate d'Éphèse est merveilleux : il assure qu'en Asie et en Chypre on découvre du cristal avec la charrue : en effet, on avait cru qu'il ne s'en trouvait que parmi les rochers, et jamais dans les lieux terreux. Ce que dit le même Xénocrate est plus

2 Idem in reliquis generis ejus quantum voraverit, licet æstimare ex multitudine, quæ tanta fuit, ut auferente liberis ejus Nerone Domitio, theatrum peculiare trans Tiberim in hortis exposita occuparent : quod a populo impleri canente se, dum Pompeiano præludit, etiam Neroni satis erat. Vidi tunc annumerari unius scyphi fracti membra : quæ in dolorem, credo, sæculi invidiamque fortunæ, tamquam Alexandri Magni corpus, in conditorio servari, 3 ut ostentarentur, placebat. T. Petronius consularis moriturus, invidia Neronis principis, ut mensam ejus exheredaret, trullam murrhinam trecentis talentis emtam fregit. Sed Nero, ut par erat principem, vicit omnes, trecentis talentis capidem unam parando. Memoranda res tanti imperatorem patremque patriæ bibisse.

1   VIII. Oriens murrhina mittit. Inveniuntur enim ibi pluribus locis, nec insignibus, maxime Parthici regni : præcipua tamen in Carmania. Humorem putant sub terra calore densari. Amplitudine numquam parvos excedunt abacos : crassitudine raro, quanta dicta sunt potoria. Splendor his sine viribus : nitorque verius, quam splendor. Sed in pretio varietas colorum, subinde circum agentibus se maculis in purpuram candoremque, et tertium ex utroque ignescentem, veluti per transitum coloris purpura candescente aut lacte rubescente. Sunt qui maxime in iis laudent extremitates, et quosdam colorum repercussus, quales in cælesti arcu spectantur. His maculæ pingues placeut : translucere quidquam, aut pallere, vitium est. Item sales, verrucæque non eminentes, sed ut in corpore etiam plerumque sessiles. Aliqua et in odore commendatio est.

IX. Contraria huic causa crystallum facit, gelu vehe- 1 mentiore concreto. Non aliubi certe reperitur, quam ubi maxime hibernæ nives rigent : glaciemque esse certum est : unde et nomen Græci dedere. Oriens et hanc mittit, quoniam Indicæ nulla præfertur. Nascitur et in Asia vilissima circa Alabanda, et Orthosiam, finitimisque montibus, item in Cypro. Sed laudata in Europa Alpium jugis. Juba auctor est, et in quadam insula Rubri maris ante Arabiam sita nasci quae Necron vocetur, et in ea juxta gemmam topazion ferat, cubitalemque effossam a Pythagora Ptolemæi regis præfecto : Cornelius Bocchus et in Lusitania, perquam mirandi ponderis Ammaensibus jugis, depressis ad libramentum aquæ puteis. Mirum et quod Xenocrates 2 tradit Ephesius, aratro in Asia et Cypro excitari. Non enim inveniri in terreno, nec nisi inter cautes creditum fuerat. Similius vero est, quod idem Xenocrates tradit, torrentibus sæpe deportari. Sudines vero negat, nisi ad meridiem spectantibus locis nasci : quod certum est : non enim repe-

vraisemblable, à savoir que les torrents en entraînent souvent. Sudinès prétend qu'il n'en vient que dans les lieux regardant le midi, ce qui est certain : en effet, on n'en rencontre point dans les endroits humides, quelque froid que soit le climat, là même où les rivières se glacent jusqu'au fond. Pour qu'il se produise, il faut nécessairement l'eau de pluie et de la neige pure (29); aussi ne supporte-t-il pas la chaleur, et on ne s'en sert que pour boire froid. Il n'est pas facile de pénétrer pourquoi il a six angles et six faces, d'autant plus que les angles n'ont pas toujours la même apparence. Quant au poli des faces, il est tel qu'aucun art ne peut l'égaler.

1 X. Le plus gros bloc que nous ayons encore vu est celui que l'impératrice Livie consacra dans le Capitole : il pèse environ cent cinquante livres (30). Xénocrate dit avoir vu un vase de cristal qui tenait une amphore ; d'autres parlent d'un vase en cristal des Indes (31) tenant quatre setiers. Pour moi, je puis assurer comme chose certaine qu'il se produit du cristal dans des rochers des Alpes, d'un accès si difficile d'ordinaire qu'il faut se suspendre à des cordes pour l'extraire. Les gens experts en reconnaissent la présence à certains signes et indices. Le cristal est sujet à plusieurs défauts : une sorte de soudure raboteuse, des taches en forme de nébulosité, quelque dépôt intérieur qu'on n'y saurait soupçonner, quelque centre ou noyau (XVI, 76, 3) très-dur et très-cassant, et ce qu'on appelle des grains de sel. Des cristaux ont une rouille de couleur rousse ; d'autres, des filaments semblant une fêlure : les artistes cachent ce défaut par la ciselure. Les cristaux sans défauts ne se cisèlent pas (32) : on les nomme acenteta (non piqués); ils sont, non de la couleur de l'é-
2 cume, mais de celle d'une eau limpide. Enfin on fait cas de la pesanteur. Je lis chez des méde-2 cins (33) que le meilleur cautère est une boule de cristal recevant les rayons du soleil (XXXVI, 67). Le cristal est aussi un objet de folie : une dame romaine qui n'était pas riche acheta (34), il y a peu d'années, 150,000 sesterces (31,500 fr.) un bassin de cristal. Néron, à la nouvelle que tout était perdu, brisa contre terre, dans l'excès de sa colère, deux coupes de cristal. Ainsi se vengea-t-il (35), punissant son siècle en empêchant qu'aucun autre ne bût dans ces vases. Le cristal brisé ne peut en aucune façon se raccommoder. Présentement on fait des vases de verre qui ressemblent merveilleusement au cristal ; et néanmoins, chose étonnante, le cristal, loin de diminuer de prix, a augmenté.

XI. Après le cristal vient, parmi les objets de 1 luxe, le succin, qui n'est pourtant recherché encore que des femmes. Ces trois substances sont autant estimées que les perles : sans doute (36) pour les deux premières il y a quelques raisons, le cristal servant à boire frais, et le murrhin à boire frais ou chaud ; mais quant au succin, le luxe même n'a pu encore imaginer aucune justification. C'est ici l'occasion (37) de dévoiler les mensonges des Grecs : que le lecteur ait quelque patience, et nous laisse exposer tout ce qu'ils ont rapporté de merveilleux ; cela aussi importe à notre instruction. Phaéthon ayant été foudroyé, ses sœurs pleu- 2 rèrent tant qu'elles furent changées en peupliers ; et tous les ans leurs larmes produisent l'électrum sur les bords de l'Éridan, que nous nommons le Pô ; l'électrum, ainsi appelé parce que le soleil porte le nom d'Élector. Tel est le récit de plusieurs poëtes, et les premiers qui l'aient fait sont, je pense, Eschyle, Philoxène, Nicandre, Euripide, Satyre. Le témoignage de l'Italie dément tout cela.

ritur in aquosis, quanquam in regione præglida, vel si ad vada usque glacientur amnes. Cælesti humore, puraque nive id fieri necesse est : ideo caloris impatiens, nisi frigido potui abdicatur. Quare sexangulis nascatur lateribus, non facile ratio iniri potest : eo magis quod neque mucronibus eadem species est, et ita absolutus est laterum lævor, ut nulla id arte possit æquari.

1 X. Magnitudo amplissima adhuc visa nobis erat, quam in Capitolio Livia Augusta dicaverat, librarum circiter CL. Xenocrates auctor est, vas amphorale visum : et alii qui, ex India sextariorum quatuor. Nos liquido affirmare possumus, in cautibus Alpium nasci, adeo inviis plerumque, ut fune pendentes eam extrahant. Peritis signa et indicia nota sunt. Infestantur plurimis vitiis: scabro ferrumine, maculosa nube, occulta aliqua vomica, præduro fragilique centro : item sale appellato. Est et rufa aliquibus rubigo : aliis capillamentum rimæ simile. Hoc artifices cælatura occultant. Quæ vero sine vitio sunt, pura esse malunt, acenteta appellantes : nec spumæ colore, sed
2 limpidæ aquæ. Postremo auctoritas in pondere est. Invenio apud medicos, quæ sunt urenda corporum, non aliter utilius id fieri putare, quam crystallina pila adversis oppo- sita solis radiis. Alius hic furor, H·S. CL M trullam unam non ante multos annos mercata matre familias, nec divite. Item Nero, amissarum rerum nuncio accepto, duos calyces crystallinos in suprema ira fregit illisos. Hæc fuit ultio sæculum suum punientis, ne quis alius ex his biberet. Fragmenta sarciri nullo modo queunt. Mire ad similitudinem accessere vitrea, sed prodigii modo, ut suum pretium auxerint crystalli, non diminuerint.

XI. Proximum locum in deliciis, feminarum tamen ad- 1 huc tantum, succina obtinent : eamdemque omnia hæc, quam gemmæ, auctoritatem : sane priora illa aliquibus de causis, crystallina frigido potu, murrhina utroque. In succinis causam ne deliciæ quidem adhuc excogitaverunt. Occasio est vanitatis Græcorum detegendæ. Legentes modo æquo perpetiantur animo, quum hoc quoque intersit vitæ, scire nos quidquid illi prodidere mirandum. Phae- 2 thontis fulmine icti sorores fletu mutatas in arbores populos, lacrymis electrum omnibus annis fundere juxta Eridanum amnem, quem Padum vocamus : et electrum appellatum, quoniam sol vocitatus sit Elector, plurimi poetæ dixere, primique, ut arbitror, Æschylus, Philoxenus, Nicander, Euripides, Satyrus. Quod esse falsum, Italiæ testimonio patet.

De moins inexacts ont dit que dans la mer Adriatique étaient les îles Électrides, où le Pô apportait 3 le succin (38). Mais il est certain qu'il n'y eut jamais d'îles de ce nom dans ces parages, et que sur cette côte il n'est aucune île où les eaux du Pô puissent porter quelque chose. Quant à Eschyle plaçant l'Éridan en Ibérie, c'est-à-dire l'Espagne, et lui donnant le nom de Rhône ; quant à Euripide et à Apollonius faisant arriver par une embouchure commune dans l'Adriatique le Rhône et le Pô, on leur pardonnera plus aisément, étant aussi ignorants en géographie (39), d'avoir ignoré la provenance du succin. D'autres auteurs plus retenus ont dit (ce qui n'est pas moins faux) qu'au fond du golfe Adriatique, sur des rochers inaccessibles, sont des arbres qui rendent cette gomme (40) 4 vers le lever du Chien. Théophraste a dit qu'on le retirait de terre en Ligurie ; Charès, que Phaéthon mourut en Éthiopie, sur le territoire d'Ammon ; que pour cela il y a là un temple et un oracle, et aussi de l'électrum ; Philémon, qu'il est fossile, qu'on l'extrait en Scythie dans deux localités qui fournissent un succin blanc et un succin couleur de cire, nommés électrum ; que dans un autre endroit il est roux, et nommé subalternicum. Démostrate nomme le succin lyncurion (XXXVII, 13), et prétend qu'il provient de l'urine des lynx ; que l'urine des mâles en donne un roux et comme de feu, et celle des femelles, un blanc et moins fort ; d'autres l'ont nommé langurium, et ont dit qu'il y avait 5 en Italie des bêtes appelées languries. Zénothémis nomme langa ces mêmes bêtes, et il les fait vivre sur les bords du Pô. Sudinès place dans la Ligurie un arbre produisant le succin, opinion qui est partagée par Métrodore. Sotacus a cru qu'il découlait en Bretagne de pierres qu'il nomme électrides. Pythéas rapporte que les Guttons (IV, 28, 2), nation germanique, habitent, dans un espace de 6,000 stades, les bords du Mentonomon (on nomme ainsi un bas-fond de l'Océan) ; qu'à une journée de navigation est l'île d'Abalus, où les vagues jettent le succin au printemps (41) ; que cette substance est une sorte d'excrément de la mer congelée ; que les habitants s'en servent en guise de bois, et en vendent aux Teutons, leurs voisins. Timée a admis cette opi- 6 nion, mais il a nommé l'île Basilie. Philémon a nié (42) que l'électrum rendit de la flamme. Nicias prétend que c'est un suc des rayons du soleil ; que ces rayons, au moment du coucher de l'astre, lancés avec plus de force sur la terre, y laissent une sueur grasse qui, enlevée par les marées de l'Océan (43), est rejetée sur le littoral de la Germanie. D'après le même auteur, il se produit en Égypte du succin de la même façon : on l'y nomme sacal ; de même dans l'Inde, où on le préfère à l'encens ; dans la Syrie les femmes en font des bouts de fuseaux, et on le nomme (44) harpax, parce qu'il attire à lui les feuilles, les pailles et les franges des vêtements. Selon Théo- 7 chreste, le flux de l'Océan le rejette au pied des promontoires des Pyrénées, opinion adoptée aussi par Xénocrate, qui a écrit tout récemment sur ce sujet et qui vit encore (45). Asarubas raconte que près de la mer Atlantique est le lac Céphisias, nommé (46) par les Maures Électrum ; que, ce lac étant échauffé par le soleil, le limon donne l'électrum, qui surnage. Mnaseas appelle Sicyon une certaine localité de l'Afrique, et Crathis, un fleuve qui, sortant d'un lac, va se jeter dans l'Océan : ce lac est fréquenté (47) par des oiseaux qu'il nomme méléagrides et pénélopes ; c'est là

qu'il fait naître l'électrum, de la façon indiquée un peu plus haut. D'après Théomène, auprès de la grande Syrte sont le jardin des Hespérides et l'étang nommé Électrum (48); sur le bord sont des peupliers, du haut desquels le succin tombe dans l'eau ; les filles des Hespérides l'y viennent recueillir. D'après Ctésias, il y a dans les Indes un fleuve nommé Hypobarus, nom qui signifie *portant tous les biens* (49) : ce fleuve va du nord dans l'océan Oriental, où il se jette près d'un mont couvert d'arbres qui produisent l'électrum ; ces arbres se nomment siptachores, mot dont la signification est *très-douce suavité*. D'après Mithridate, sur la côte de Germanie est une île nommée Oséricta, et couverte d'une espèce de cèdres d'où le succin découle sur des pierres. Xénocrate prétend que cette substance porte en Italie non-seulement le nom de succin, mais encore celui de thyon ( XIII, 30, 4 ); qu'en Scythie, car il en vient aussi là, elle se nomme sacrium ; que d'autres la font naître en Numidie. Mais celui qui les surpasse tous, c'est Sophocle le poëte tragique ; ce qui m'étonne quand je considère l'imposante gravité de ses tragédies, et de plus l'illustration de sa vie, sa naissance dans les hautes classes d'Athènes, ses exploits et ses commandements militaires. D'après lui, le succin est produit au delà de l'Inde par les larmes des oiseaux méléagrides pleurant Méléagre. Comment ne pas être surpris qu'il ait cru un tel conte, ou qu'il ait espéré le faire croire aux autres ? Est-il même un enfant assez ignorant pour s'imaginer que des oiseaux pleurent annuellement, que des larmes soient aussi abondantes, et que des volatiles aillent de la Grèce, où Méléagre est mort, le pleurer dans les Indes ? Quoi donc, dira-t-on, est-ce que les poëtes ne font pas beaucoup de récits non moins fabuleux ? Mais avancer sérieusement une telle absurdité sur une chose aussi commune que l'ambre, qu'on apporte tous les jours (50), et pour laquelle il est si facile d'être convaincu de mensonge, c'est se moquer tout à fait du monde, et conter effrontément des fables intolérables.

(III.) Il est certain que le succin se produit 11 dans les îles de l'océan Septentrional, que les Germains le nomment glessum, et que pour cette raison les Romains, pendant que Germanicus avait une flotte dans ces parages (51), ont donné le nom de Glessaria (IV, 30, 2) à une de ces îles qui, dans la langue des barbares, porte le nom d'Austravia. Le succin se forme d'une moelle qui découle d'une sorte de pin, comme la résine découle des pins et la gomme des cerisiers (52). C'est d'abord une liqueur qui sort en abondance, puis se congèle ou par le froid, ou par la chaleur, ou par l'action de la mer (53) quand les grandes marées l'enlèvent de ces îles ; du moins il est rejeté sur la côte, roulant dans les flots où il paraît être suspendu, sans aller au fond. Nos anciens, ayant pensé que c'était le suc d'un arbre, l'ont nommé pour cela succin. Ce qui prouve qu'il provient 12 du pin, c'est que frotté il exhale l'odeur de cet arbre, et qu'enflammé il brûle à la façon et avec l'odeur des torches résineuses. Il est apporté (54) par les Germains dans la Pannonie principalement ; de là les Vénètes, que les Grecs nommaient Hénètes, l'ont mis en vogue, les Vénètes voisins de la Pannonie, et vivant autour de la mer Adriatique. La fable (55) qui y a rattaché le Pô a une cause évidente : aujourd'hui encore les paysanes transpadanes portent un collier de suc-

eadem, qua supra dictum est. Theomenes, juxta Syrtim magnam hortum Hesperidum esse et stagnum Electrum ; ibi arbores populos, quarum e cacuminibus in stagnum cadat, colligi vero a virginibus Hesperidum. Ctesias Indis flumen esse Hypobarum, quo vocabulo significetur omnia bona eum ferre : fluere a septemtrione in Exortivum oceanum juxta montem silvestrem arboribus electrum ferentibus. Arbores eas, siptachoras vocari, qua appellatione significetur praedulcis suavitas. Mithridates in Germaniae littoribus esse insulam, vocarique eam Osericiam, cedri genere silvosam : inde defluere in petras. Xenocrates non succinum tantum in Italia, verum etiam thyon vocari, a Scythis vero sacrium, quoniam et ibi nascatur. Alios putare in Numidia gigni. Super omnes est Sophocles tragicus poeta, quod equidem miror tanta gravitate cothurni, et praeterea vitae fama, alias principe loco genitus Athenis, rebus gestis, exercitu ducto. Hic ultra Indiam fieri dixit e lacrymis meleagridum avium Meleagrum deflentium. Quod et credidisse eum, vel sperasse aliis persuaderi posse, quis non miretur ? quamve pueritiam tam imperitam posse reperiri, quae avium ploratus annuos credat, lacrymasve tam grandes, avesque e Graecia, ubi Meleager periit, ploratum isse in Indos ? Quid ergo? non multa aeque fabulosa produnt poetae ? Sed hoc ea in re, quae quotidie invehatur atque abundet, et hoc mendacium coarguat, serio quemquam dixisse, summa hominum contemtio est, et intoleranda mendaciorum impunitas.

(III.) Certum est gigni in insulis Septemtrionalis 11 oceani : et a Germanis appellari glessum : itaque et a nostris unam insularum ob id Glessariam appellatam, Germanico Caesare ibi classibus res gerente, Austraviam a barbaris dictam. Nascitur autem defluente medulla pinei generis arboribus, ut gummis in cerasis, resina in pinis. Erumpit humoris abundantia : densatur rigore vel tepore, aut mari, quum intumescens aestus rapuit ex insulis : certe in littora expellitur, ita volubile, ut pendere videatur, neque considere in vado. Arboris succum esse prisci nostri credidere, ob id succinum appellantes. Pineae autem arboris esse indicio est pineus in attritu odor, et quod accensum tedae modo ac nidore flagret. Affertur a Germanis in Pannoniam maxime : et inde Veneti primum, quos Graeci Henetos vocaverunt, famam rei fecere, proximi Pannoniae, et agentes circa mare Adriaticum. Pado vero annexa fabula est evidente causa, hodieque Transpadanorum agrestibus feminis, monilium vice succina gestantibus, maxime decoris gratia, sed et medicinae : quando tonsillis

cin comme ornement sans doute, mais aussi comme remède : en effet, on pense qu'il est bon pour les affections des amygdales et du cou, cette partie et les chairs voisines étant sujettes à des maladies que différentes sortes d'eaux produisent dans le voisinage des Alpes (56). De Carnonte en Pannonie jusqu'à la côte de Germanie d'où l'on apporte le succin, il y a environ six cents milles, ce qui n'est bien connu que depuis peu ; et le chevalier romain qu'envoya pour se procurer du succin Julianus, entrepreneur des jeux de gladiateurs donnés par l'empereur Néron, est encore vivant. Ce chevalier parcourut le littoral et les marchés du pays, et rapporta une telle quantité de succin, que les filets destinés à protéger le podium contre les bêtes féroces étaient attachés avec des boutons de cette substance (57), et que les armes, les bières et tout l'appareil, pour un jour, était en succin. Le plus gros morceau qu'il apporta pesait treize livres. Il est certain que le succin vient aussi dans l'Inde. Archélaüs, qui a régné en Cappadoce, raconte que de ce pays-là on en apporte qui est brut, et adhérent à de l'écorce de pin ; on le polit en le faisant chauffer dans de la graisse de cochon de lait. Ce qui prouve qu'il est d'abord à l'état liquide, c'est qu'on voit à l'intérieur, grâce à sa transparence, différents objets, tels que des fourmis, des moucherons, des lézards. Il est évident que ces objets (58), retenus par le succin encore liquide, y sont restés renfermés quand il a été durci.

XII. Il y a plusieurs sortes de succin. Le blanc est celui qui a la meilleure odeur ; mais ni le succin blanc ni le succin couleur de cire n'ont beaucoup de prix : le succin roux est le plus estimé, surtout lorsqu'il est transparent. Cependant il ne doit pas avoir un brillant trop vif. On veut que cet éclat ressemble au feu, mais ne soit pas le feu lui-même. Le succin le plus recherché est le Falerne, ainsi appelé parce qu'il a la couleur du vin de ce crû ; il est transparent et d'un doux éclat. Certaines espèces se recommandent par la nuance tendre du miel cuit. Mais il faut savoir aussi qu'on peut lui donner la couleur qu'on veut : on le teint avec le suif de chevreau et la racine d'orcanette ; on le teint même en pourpre. Au reste, quand par le frottement des doigts il a reçu une chaleur vivifiante, il attire à soi la paille, les feuilles sèches, les écorces, comme la pierre d'aimant attire le fer (59). Les morceaux de succin dans l'huile brûlent avec une flamme plus claire et plus durable que les mèches d'étoupes de lin. Tel est le prix exorbitant de cet objet de luxe, qu'une toute petite effigie humaine en succin se vend plus cher que des hommes vivants et vigoureux. Certes ce n'est pas assez d'une seule censure : dans les objets dits corinthiens on aime le cuivre mêlé à l'or et à l'argent ; dans les objets ciselés, l'habileté et le génie de l'artiste. Nous avons dit ce qui recommande les murrhins et le cristal. Les perles (60) se portent aux oreilles, les pierreries aux doigts. En un mot, dans toutes ces superfluités vicieuses il y a toujours ou parade ou usage. Mais dans le succin (61) rien ne plaît, sinon le sentiment du luxe. Domitius Néron, entre tant d'autres extravagances, avait donné le nom de succins aux cheveux de sa femme Poppée, et il les avait même ainsi appelés dans une pièce de vers ; car (62) on ne manque jamais de beaux noms pour des défauts corporels : depuis ce moment, la couleur du succin fut une troisième couleur recherchée par les dames. Le succin n'est pourtant pas sans quelque usage en

---

creditur resistere, et faucium vitiis, vario genere aquarum juxta Alpes infestante guttura ac vicinas carnes. Sexcentis fere m pass. a Carnunto Pannoniæ abesse littus id Germaniæ, ex quo invehitur, percognitum nuper ; vivitque eques romanus, missus ad id comparandum a Juliano curante gladiatorium munus Neronis principis, qui hæc commercia et littora peragravit, tanta copia invecta, ut retia arcendis feris podium protegentia succinis nodarentur : arma vero, et libitina, totusque unius diei apparatus esset e succino. Maximum pondus is glebæ attulit xiii librarum. Nasci et in India certum est. Archelaus, qui regnavit in Cappadocia, illinc pineo cortice inhærente tradit adveni rude, polirique adipe suis lactentis incoctum. Liquidum primo destillare, argumento sunt quædam intus translucentia, ut formicæ, aut culices, lacertæque, quæ adhæsisse musteo non est dubium, et inclusa induresceute eodem remansisse.

XII. Genera ejus plura. Candida odoris præstantissimi. Sed nec his, nec cereis pretium : fulvis major auctoritas. Ex iis etiamnum amplior translucentibus, præterquam si nimio ardore flagrent : imaginem igneam inesse, non ignem, placet. Summa laus Falernis a vini colore dictis, molli fulgore perspicuis. Sunt et in quibus decocti mellis lenitas placeat. Verum hoc quoque notum fieri oportet, quocunque libeat, tingi : hœdorum sevo, et anchusæ radice : quippe etiam conchylio inficiuntur. Cæterum, attritu digitorum accepta caloris anima, trahunt in se paleas ac folia arida et philyras, ut magnes lapis ferrum. Ramenta quoque ejus oleo addito flagrant diliucidius diutiusque, quam lini medulla. Taxatio in deliciis tanta, ut hominis quamvis parva effigies, vivorum hominum vigentiumque pretia superet : prorsus ut castigatio una non sit satis. In Corinthiis æs placet auro argentoque mixtum, in cælatis ara et ingenia. Murrhinorum et crystallinorum diximus gratiam : uniones capite circumferuntur, gemmæ digitis : in omnibus denique aliis vitiis ostentatio aut usus placet : in succinis sola deliciarum conscientia. Domitius Nero in cæteris vitæ suæ portentis, capillos quoque conjugis suæ Poppææ in hoc nomen adoptaverat, quodam etiam carmine succina appellando, quoniam nullis vitiis desunt pretiosa nomina : ex eo tertius quidam hic color coepit expeti a matronis. Usus tamen succinorum invenitur aliquis in medicina : sed non ob hoc feminis placent. Infantibus adalligari amuleti ratione prodest. Callistratus

médecine ; mais ce n'est pas pour cette raison qu'il plaît aux femmes. Porté en amulette, il est utile aux enfants. D'après Callistrate, il est bon à tout âge contre la folie et la dysurie, soit en breuvage, soit en amulette. Cet auteur a créé une nouvelle variété, appelant chrysélectrum un succin qui est de couleur d'or (63), et qui offre le matin les nuances les plus agréables. Ce succin attire très-rapidement la flamme, et s'il est près du feu, il s'allume promptement. D'après Callistrate, il guérit les fièvres et les maladies, porté au cou ; les affections de l'oreille, trituré avec du miel et de l'huile rosat ; les obscurcissements de la vue, broyé avec du miel attique ; les affections de l'estomac, en poudre prise seule, ou bue dans de l'eau avec le mastic. Enfin le succin est d'un grand usage pour imiter les pierreries qui sont transparentes, particulièrement les améthystes ; car, comme nous venons de le dire, on le teint en toutes couleurs.

XIII. Passons immédiatement au lyncurium, dont nous force à parler l'opiniâtreté de certains auteurs ; car ceux qui ne prétendent pas que c'est une sorte de succin (64) veulent du moins que ce soit une pierre précieuse ; ils assurent que le lyncurium est le produit de l'urine du lynx et d'une sorte de terre, cet animal couvrant son urine aussitôt qu'il l'a rendue, jaloux qu'il est de l'utilité que les hommes en retireraient (VIII, 57) ; qu'il a la même nuance que le succin couleur de feu, et qu'il se prête à la gravure ; qu'il attire non-seulement les feuilles et les pailles, mais encore des lamelles de cuivre et de fer ; ce que Théophraste a cru, sur la foi de Dioclès (65). Pour moi, je regarde tout ce détail comme une fable, et je pense que de notre temps il n'a jamais été question de pareille pierre. Que dire alors des vertus médicinales du lyncurium, à savoir que pris en boisson il fait sortir les calculs de la vessie, et que bu dans du vin, ou même porté en amulette, il guérit l'ictère ?

XIV. Maintenant nous allons parler des vraies pierreries, commençant par les plus renommées. Et nous ne nous bornerons pas à cela ; mais, pour être plus utile au monde (66), nous réfuterons en passant les indignes mensonges des mages, car c'est surtout au sujet des pierres précieuses qu'ils ont débité leurs fables et dépassé tous les prodiges, par la séduisante apparence des remèdes tirés de ces substances.

XV. (IV.) Le plus grand prix, non-seulement parmi les pierres précieuses, mais encore entre toutes les choses humaines, est attribué au diamant. Pendant longtemps cette pierre n'a été connue que des rois et même de très-peu de rois, ne se trouvant que dans les mines d'or, et fort rarement. On la nommait nodosité de l'or (67), et on pensait qu'elle accompagnait toujours ce métal, et ne naissait qu'avec lui. Les anciens ont cru que le diamant ne se trouvait que dans les mines d'Éthiopie, entre le temple de Mercure et l'île Méroé ; et ils ont dit qu'il n'était jamais plus gros qu'une graine de concombre, ou qu'il n'avait plus la couleur. Aujourd'hui on en connaît de six sortes. Le diamant indien prend naissance non dans les mines d'or, mais dans une substance assez semblable au cristal. De fait, comme le cristal, il est transparent, à six pans unis, et se termine en pointe, formé qu'il est, chose merveilleuse (68), de deux parties opposées, comme si on avait réuni par leur base deux cônes. Quant à la grosseur, elle est celle d'une amande d'aveline. Le diamant d'Arabie (69) ressemble à celui de l'Inde ; seulement il est plus petit ; il se forme de la

---

et cuicumque aetati contra lymphationes prodesse tradit, et urinae difficultatibus potum, adalligatumque. Hic differentiam novam attulit, appellando chryselectrum, quod sit coloris aurei, et matutino gratissimum aspectu, rapacissimum ignium, et si juxta fuerit, celerrime ardescens. Hoc collo adalligatum, mederi febribus et morbis : tritum cum melle ac rosaceo, aurium vitiis : et si cum melle Attico conteratur, oculorum quoque obscuritatibus. Stomachi etiam vitiis vel per se farina ejus sumta, vel cum mastiche ex aqua pota. Succina etiam gemmis, quae sunt translucidae, adulterandis magnum habent locum, maxime amethystis, quum omni ; ut diximus, colore tingantur.

XIII. De lyncurio proxime dici cogit auctorum pertinacia. Quippe, etiam si non electrum id esse contendunt, lyncurium tamen gemmam esse volunt. Fieri autem affirmant ex urina quidem lyncis, sed e genere terrae, protinus eo animali urinam operiente, quoniam invideat hominum usui. Esse autem, qualem in igneis succinis, colorem, scalpique. Nec folia tantum aut stramenta ad se rapere, sed aeris etiam ac ferri laminas, quod Diocli quidem Theophrastus credit. Ego falsum id totum arbitror, nec visam in aevo nostro gemmam ullam ea appellatione ; et quod de medicina simul proditur, calculos vesicae eo poto elidi, et morbo regio occurri, si ex vino bibatur, aut si portetur etiam.

XIV. Nunc gemmarum confessa genera dicemus, a laudatissimis orsi. Nec vero id solum agemus, sed majore utilitate vitae obiter coarguemus magorum infandam vanitatem, quando illi vel plurima prodidere de gemmis, medicinae ex his blanda specie prodigia transgressi.

XV. (IV.) Maximum in rebus humanis, non solum inter gemmas, pretium habet adamas, diu non nisi regibus et iis admodum paucis cognitus ; ita appellabatur auri nodus, in metallis repertus, perquam raro : comes auri, nec nisi in auro nasci videbatur. Veteres eum in Aethiopum tantum metallis inveniri existimavere, inter delubrum Mercurii, atque insulam Meroen : dixeruntque non ampliorem cucumis semine, aut colore dissimilem inveniri. Nunc genera ejus sex noscuntur : Indici, non in auro nascentis, sed quadam crystalli cognatione. Siquidem et colore translucido non differt, et laterum sexangulo laevore turbinatus in mucronem e duabus contrariis partibus, quo magis miremur, ut si duo turbines latissimis suis partibus jungantur : magnitudine vero etiam avellanae nucleis. Si-

même façon. Les autres diamants ont la pâleur de l'argent, et ils ne naissent (70) qu'au milieu de l'or le plus parfait. L'essai de tous ces diamants se fait sur l'enclume ; et ils résistent si bien aux coups, que le fer rebondit et que l'enclume même se fend. En effet, la dureté en est incroyable : de plus, ils triomphent de l'action du feu et ne s'échauffent jamais ; c'est cette force indomptable qui leur a fait donner le nom qu'ils portent en grec (71). On donne le nom de cenchros à une espèce de diamant qui est de la grosseur du millet. On nomme macédonien le diamant qui se trouve dans les mines d'or de Philippe ; celui-là égale la grosseur d'une graine de concombre. Vient ensuite le diamant de Chypre, qu'on rencontre dans cette île ; il tire sur la couleur du cuivre (72), et il est quant aux vertus médicinales, dont nous parlerons, le plus efficace de tous. Après celui-là est le diamant sidéritès ; il a l'éclat métallique du fer, pèse plus que tous les autres, mais en diffère par ses propriétés : en effet, il se brise sous le marteau, et on peut le percer avec un autre diamant ; ce qui arrive également à celui de Chypre. Aussi, pour le dire brièvement, ce sont des bâtards qui n'ont du diamant que le nom. Au reste, ces phénomènes que nous avons essayé d'enseigner (73) dans tout le cours de cette histoire, touchant les affinités et les répugnances des choses, ou, en grec, les antipathies et les sympathies, ne se manifestent nulle part plus clairement. En effet, cette force invincible qui méprise les deux agents naturels les plus violents, le fer et le feu (74), cède au sang de bouc ; mais il faut employer ce sang récent et chaud, y faire tremper le diamant, en outre frapper force coups ; et même alors se brisent les enclumes et les marteaux de fer (75),

s'ils ne sont des meilleurs. A quel esprit ingénieux ou à quel hasard doit-on la connaissance de cette particularité? ou quelle conjecture conduisit à faire une expérience aussi mystérieuse, et en se servant du plus immonde des animaux? Une telle invention, sans doute, est toute due à la bonté des dieux ; et nulle part il ne faut chercher les raisons de la nature, il faut chercher seulement sa volonté. Lorsqu'on réussit à casser le diamant, il se brise en fragments si petits, qu'on les aperçoit à peine ; ils sont recherchés par les graveurs (76), qui les enchâssent dans du fer, et, par ce moyen, entament aisément les substances les plus dures. Le diamant a une si grande antipathie pour l'aimant, que mis auprès il ne lui permet pas d'attirer le fer, ou bien si l'aimant a déjà attiré le métal, le diamant saisit le fer et le lui enlève. Le diamant, de plus, neutralise les poisons, dissipe les troubles d'esprit, chasse les vaines terreurs ; ce qui lui a fait donner par quelques-uns le nom d'ananchite (77) (sans-cauchemar). Métrodore de Scepsis, seul à ma connaissance, dit qu'on trouve du diamant dans la Germanie et dans l'île Basilie, qui produisent du succin ; et ce diamant, il le préfère à celui d'Arabie ; mais qui pourrait douter de la fausseté de ce récit?

XVI. Le second rang après le diamant appartient chez nous aux perles de l'Inde et de l'Arabie, desquelles nous avons traité dans le neuvième livre (IX, 54 et suiv.), à propos des substances marines.

(v.) Le troisième est attribué aux émeraudes pour plusieurs raisons. Il n'est point de couleur plus agréable à l'œil ; car, bien que la vue se fixe avidement sur le vert des herbes et du feuillage, on goûte infiniment plus de plaisir à contempler

---

milis est huic Arabicus, minor tantum, similiter et nascens : cæteris pallor argenti, et in auro non nisi excellentissimo natalis. Incudibus hi deprehenduntur, ita respuentes ictum, ut ferrum utrimque dissultet, incudesque etiam ipsæ dissiliant. Quippe duritia inenarrabilis est, simulque ignium victrix natura, et numquam incalescens. Unde et nomen græca interpretatione indomita vis accepit. Unum ex iis vocant cenchron, milii magnitudine. Alterum Macedonicum in Philippico auro repertum : hic est cucumis semini par. Post hos Cyprius vocatur in Cypro repertus, vergens in æreum colorem, sed in medica vi, de qua dicemus, efficacissimus. Post hunc est siderites ferrei splendoris, pondere ante cæteros, sed natura dissimilis. Nam et ictibus frangitur, et alio adamante perforari potest : quod et Cyprio evenit : breviterque, ut degeneres, nominis tantum auctoritatem habent. Idque, quod totis voluminibus his docere conati sumus, de discordia rerum concordiaque, quam antipathiam ac sympathiam appellavere Græci, non aliter clarius intelligi potest. Siquidem illa invicta vis duarum violentissimarum naturæ rerum, ferri ignisque, contemtrix, hircino rumpitur sanguine ; neque aliter quam recenti calidoque macerata, et sic quoque multis ictibus : tunc etiam, præterquam eximias

incudes malleosque ferreos frangens. Cujus hoc ingenio inventum? quove casu repertum? aut quæ fuit conjectura experiendi rem immensi secreti, et in fœdissimo animalium? Numinum profecto muneris talis inventio omnis est. Nec quærenda in ulla parte naturæ ratio, sed voluntas. Et quum feliciter rumpere contigit, in tam parvas frangitur crustas, ut cerni vix possint. Expetuntur hæ sculptoribus, ferroque includuntur, nullam non duritiam ex facili cavantes. Adamas dissidet cum magnete lapide in tantum, ut juxta positus ferrum non patiatur abstrahi : aut si admotus magnes apprehenderit, rapiat, atque auferat. Adamas et venena irrita facit, et lymphationes abigit, metusque vanos expellit a mente : et ob id quidam eum ananchiten vocavere. Metrodorus Scepsius, in eadem Germania et Basilia insula nasci, in qua et succinum, quod equidem legerim, solus dicit : et præfert Arabicis : quod falsum esse quis dubitet?

XVI. Proximum apud nos Indicis Arabicisque margaritis pretium est, de quibus in nono diximus volumine inter res marinas.

(v.) Tertia auctoritas smaragdis perhibetur pluribus de causis. Nullius coloris aspectus jucundior est. Nam herbas quoque virentes frondesque avide spectamus :

des émeraudes, aucune nuance verte n'étant verte
si on la compare à cette pierre. De plus, entre
toutes les pierreries, c'est la seule qui repaisse
l'œil sans le rassasier; et même, quand on s'est
fatigué en regardant avec attention quelques objets, on se récrée la vue en la portant sur une
émeraude : les lapidaires n'ont rien qui leur repose mieux les yeux, tant cette douce nuance
verte calme la fatigue de l'organe. De plus, vues
de loin, les émeraudes paraissent plus grosses,
communiquant à l'air ambiant une teinte verte.
Ni le soleil, ni l'ombre, ni les lumières, rien ne
les change; elles ont toujours un éclat modéré;
elles laissent pénétrer le regard, transmettant facilement, pour leur épaisseur, la lumière, ce qui
nous plaît même dans l'eau. Le plus souvent les
émeraudes sont concaves, pour réunir les rayons
lumineux. Aussi y a-t-il une convention qui les
protège : on ne les grave pas. Au reste, la dureté
des émeraudes de Scythie et d'Égypte est telle,
qu'il ne serait pas possible de les entamer. Quant
aux émeraudes plates, elles renvoient les images
à la façon des miroirs. L'empereur Néron regardait avec une émeraude (78) les combats des gladiateurs.

XVII. Il y a douze sortes d'émeraudes. Les
plus renommées sont les scythiques, ainsi appelées du pays où on les trouve. Nulle n'a une couleur plus foncée et moins de défauts; et autant
les émeraudes l'emportent sur le reste des pierres, autant l'émeraude de Scythie (79) l'emporte
sur les autres espèces. Les émeraudes bactriennes, voisines par le lieu de la provenance, le sont
aussi par le rang. Elles se recueillent, dit-on,
dans les fissures des rochers, lorsque soufflent les
vents étésiens. Alors elles reluisent, mises à découvert (80) sur le sol par l'action de ces vents,
qui agitent beaucoup les sables. Mais on assure qu'elles sont bien plus petites que celles de
Scythie. Au troisième rang est l'émeraude d'Égypte qu'on extrait des rochers, dans des collines
aux environs de Coptos, ville de la Thébaïde. Les 2
autres sortes d'émeraudes se rencontrent dans
les mines de cuivre. De là vient que le premier
rang parmi ces dernières appartient aux émeraudes de Chypre. Le mérite de celles-ci consiste
dans une nuance claire (81) qui n'a rien de faible,
mais qui a quelque chose d'humide et de gras,
et dans une transparence qui imite celle de la
mer. De la sorte (82) elles sont à la fois diaphanes
et luisantes, c'est-à-dire qu'elles réfléchissent la
lumière et laissent pénétrer la vue. On raconte
que dans l'île de Chypre, sur le tombeau d'un
petit roi nommé Hermias, auprès des pêcheries,
était un lion de marbre avec des yeux en émeraude. L'éclat qui en sortait pénétrait si avant
dans la mer, que les thons épouvantés s'enfuyaient. Les pêcheurs s'étonnèrent longtemps
de cette fuite nouvelle du poisson ; à la fin ils mirent au lion d'autres yeux.

XVIII. Il faut, les prix étant si exorbitants (83), 1
signaler aussi les défauts des émeraudes. Il y
a, il est vrai, des défauts communs à toutes;
mais d'autres, comme les défauts dans l'espèce
humaine, sont propres à certaines provenances.
Ainsi les émeraudes de Chypre ne sont pas d'un
vert uniforme; dans la même émeraude des parties sont plus ou moins vertes, et la pierre ne présente pas partout cette nuance foncée et irréprochable de l'émeraude de Scythie. D'autres sont
parsemées d'ombres qui en ternissent la couleur,
et cet aspect terne est condamné, même quand la
nuance en est claire. Les défauts font distinguer
les émeraudes en diverses sortes. Quelques-unes

smaragdos vero tanto libentius, quoniam nihil omnino
viridius comparatum illis viret. Præterea soli gemmarum
contuitu oculos implent, nec satiant. Quin et ab intentione alia obscurata, aspectu smaragdi recreatur acies.
Scalpentibusque gemmas non alia gratior oculorum refectio est : ita viridi lenitate lassitudinem mulcent. Præterea longinquo amplificantur visu, inficientes circa se repercussum aera : non sole mutati, non umbra, non lucernis, semperque sensim radiantes, et visum admittentes,
ad crassitudinem sui facilitate translucida : quod etiam
in aquis nos juvat. Iidem plerumque et concavi, ut visum
colligant. Quapropter decreto hominum iis parcitur, scalpi
vetitis. Quanquam Scythicorum Ægyptiorumque duritia
tanta est, ut nequeant vulnerari. Quorum vero corpus
extensum est, eadem, qua specula, ratione supini imagines rerum reddunt. Nero princeps gladiatorum pugnas
spectabat in smaragdo.

XVII. Genera eorum duodecim : nobilissimi Scythici,
ab ea gente in qua reperiuntur, appellati. Nullis major
austeritas, nec minus vitii. Et quantum smaragdi a gemmis
distant, tantum Scythicus a cæteris smaragdis. Proximam
laudem habent, sicut et sedem, Bactriani; quos in commissuris saxorum colligere dicuntur Etesiis flantibus.
Tunc enim tellure deoperta internitent, quia iis ventis
maxime arenæ moventur. Sed hos minores multo Scythicis esse tradunt. Tertium locum Ægyptii habent, qui
eruuntur circa Copton oppidum Thebaidis in collibus, ex
cautibus. Reliqua genera in metallis ærariis inveniuntur. 2
Quapropter principatum ex iis Cyprii obtinent : dosque
eorum est in colore liquido, nec diluto, verum ex humido
pingui, quaque perspicitur, imitante translucidum maris :
pariterque ut transluceat et niteat, hoc est, ut colorem
expellat et aciem recipiat. Ferunt in ea insula tumulo reguli Hermiæ, juxta cetarias, marmoreo leoni fuisse inditos
oculos ex smaragdis, ita radiantibus etiam in gurgitem, ut
territi refugerent thynni : diu mirantibus novitatem piscatoribus, donec mutavere oculis gemmas.

XVIII. Sed et vitia demonstrari oportet in tam prodigis 1
pretiis. Sunt quidem omnium eadem. Quædam tamen rationum peculiaria, sicut in homine. Ergo Cyprii varie
glauci, magisque ac minus in eodem smaragdo aliis partibus tenorem illum Scythicæ austeritatis non semper custodiunt. Ad hoc quibusdam intercurrit umbra, surdusque
fit color, qui improbatur, etiam dilutior. Hinc genera di-

sont obscures, et on les nomme aveugles; d'autres ont une densité qui en altère la transparence; d'autres ne sont pas d'une nuance uniforme (84); d'autres sont déshonorées par des nuages qu'il ne faut pas confondre avec les ombres dont il vient 2 d'être question : en effet, le nuage est le défaut de l'émeraude blanchâtre, laquelle n'est pas verte partout, mais offre au dedans ou à la surface une blancheur qui arrête la vue. Voilà les défauts dans la couleur, voici les défauts dans la substance : ce sont des filaments, des grains, le plomb. Après les espèces citées on vante les émeraudes d'Éthiopie, qui se trouvent, suivant Juba, à trois journées de marche de Coptos. Elles sont d'un vert vif, mais il s'en rencontre peu qui soient nettes et d'une couleur uniforme. Démocrite met dans cette classe les émeraudes hermiéennes (85) et celles de Persé. Suivant lui, les premières sont convexes et rebondies; les secondes n'ont pas de transparence, mais la nuance uniforme en est agréable; elle satisfait la vue sans la laisser pénétrer, et ces émeraudes ressemblent aux yeux des chats et des panthères, qui brillent sans être transparents; au soleil elles perdent de leur lustre; elles reluisent à l'ombre, et l'éclat s'en fait voir plus loin que celui des autres. Le vice de toutes ces émeraudes, c'est d'avoir une couleur de fiel ou d'huile verte (86). Au soleil elles sont, il est vrai, claires et limpides, mais elles ne sont pas vertes.
3 Ces défauts sont sensibles surtout dans les émeraudes de l'Attique. On les trouve dans les mines d'argent, en un lieu nommé Thoricos (IV, 11, 2). Elles sont toujours moins grasses et sont plus belles de loin que de près. Elles ont souvent le plomb, c'est-à-dire qu'au soleil elles ont une apparence plombée. Une particularité remarquable, c'est que quelques-unes vieillissent, perdent peu

à peu la couleur verte, et s'altèrent au soleil. Après les émeraudes attiques, viennent les éme- 4 raudes de Médie, celles qui offrent le plus de teintes variées (87); quelquefois même elles se rapprochent du saphir. Elles sont ondées et représentent des objets naturels, par exemple des pavots, des oiseaux, des nageoires, des cheveux et choses semblables. Celles qui ne sont pas d'abord entièrement vertes deviennent plus belles par le moyen du vin et de l'huile; il n'y en a pas de plus grosses.
Je ne sais si la ville de Chalcédoine produit en- 5 core des émeraudes, depuis que les mines de cuivre de cette localité sont épuisées. Au reste, ces émeraudes ont toujours été très-petites et de très-peu de valeur (88). Fragiles, d'une couleur incertaine, elles ressemblaient aux plumes vertes de la queue des paons et du cou des pigeons. Plus ou moins brillantes suivant l'angle sous lequel on les regardait, elles offraient des veines et des écailles. Un défaut leur était particulier : c'était ce qu'on nommait en grec sarcion, c'est-à-dire carnosité. La montagne, proche Chalcédoine, qui les fournissait, est appelée Smaragdités. D'après Juba, une émeraude qu'on nomme (89) cholas sert en Arabie à l'ornement des édifices, ainsi que la pierre nommée par les Égyptiens alabastrite. D'après le même auteur, les montagnes les plus voisines, par exemple le mont Taygète (90), en fournissent de semblables à celles de la Médie; on en trouve aussi en Sicile.
XIX. On range parmi les émeraudes la pierre 1 appelée tanos. Elle vient de la Perse; elle est d'un vert désagréable, et sale au dedans. On joint aussi aux émeraudes le calchosmaragdos de Chypre, troublé par des veines cuivrées. Au rapport de Théophraste, les livres égyptiens racon-

stinguuntur. Sunt aliqui obscuri, quos vocant cæcos : alii densi, nec e liquido translucidi : quidam varii : quidam nubecula improbati. Aliud est hoc, quam umbra, de qua dixi-
2 mus. Nubecula enim albicantis est vitium, quum viridis non pertransit aspectus, sed aut intus occurrit, aut excipit in fine visum candor. Hæc coloris vitia : illa corporis, capillamentum, sal, plumbago. Ab iis Æthiopici laudantur a Copto dierum trium itinere, ut auctor est Juba, acriter virides, sed non facile puri aut concolores. Democritus in hoc genere ponit Hermiæos, et Persicos : illos intumescentes pinguiter : Persicos vero non translucidos, sed jucundi tenoris, visum implere, quem non admittant, felium pantherarumque oculis similes : namque et illos radiare, nec perspici : eosdem in sole hebetari in umbra refulgere, et longius, quam cæteros, nitere. Omnium horum etiamnum vitium, quod fellis colorem, aut acris olei habet. In sole dilu-
3 cidi quidem, ac liquidi, sed non virides. Hæc vitia in Atticis maxime sentiuntur, in argentariis metallis repertis, in loco qui Thoricos vocatur, semper minus pingues, et longinquo speciosiores. Frequens et iis plumbago, hoc est, ut in sole plumbei videantur. Illud peculiare, quod quidam ex his senescunt, paulatim viriditate evanida, et sole lædun-

tur. Post hos Medici; plurimum varietatis habent, interdum et e sapphiro. Ii sunt fluctuosi, ac rerum imagines complexi, ut verbi gratia papaverum, aut avium, pinnarumque vel capillorum, aut similium. Qui non omnino virides nascuntur, vino et oleo meliores fiunt : neque est aliorum magnitudo amplior.
Calchedonii nescio an in totum exoleverint, postquam me- 5 talla æris ibi defecerunt : et semper tamen vilissimi fuere, minimique. Iidem fragiles, sed colore incerti, et virentium in caudis pavonum columbarumque collo plumis similes, ad inclinationem magis aut minus lucidi, venosi quidem squamosique. Peculiare erat in his vitium sarcion appellatum : hoc est, quædam gemmæ caro. Mons juxta Calchedonem, in quo legebantur, Smaragdites vocatus est. Juba est auctor, smaragdum, quem cholan vocent, in Arabia ædificiorum ornamentis includi, et lapidem, quem alabastriten Ægyptii vocent; complures vero et in proximis montibus ut in Taygeto erui, Medicis similes, et alios in Sicilia.
XIX. Inseritur smaragdis et quæ vocatur tanos, e Persis 1 veniens gemma, ingrate viridis, atque intus sordida. Item chalcosmaragdos e Cypro, turbida æreis venis. Theophrastus tradit in Ægyptiorum commentariis reperiri, regi

tent qu'un roi de Babylone envoya au roi d'Égypte, en présent (91), une émeraude longue de quatre coudées, et large de trois. Le même auteur dit qu'en Égypte, dans un temple de Jupiter, était un obélisque fait de quatre émeraudes, lequel avait quarante coudées de hauteur, et de largeur quatre coudées à une extrémité et deux
2 à l'autre; qu'au moment où il écrit il y a à Tyr, dans le temple d'Hercule, une grosse colonne (92) d'une seule émeraude, si toutefois c'est une vraie émeraude; qu'en effet on trouve de fausses émeraudes, et qu'on a vu à Chypre un bloc moitié émeraude, moitié jaspe, le liquide n'ayant pas encore été totalement transformé. Apion, surnommé Plistonicès, a laissé depuis peu par écrit qu'il y avait, encore de son temps, dans le labyrinthe d'Égypte, un Sérapis colossal fait d'une émeraude, et haut de neuf coudées.
1 XX. Plusieurs croient le béril de même nature que les émeraudes, ou du moins d'une nature analogue. L'Inde le produit, et on en trouve rarement ailleurs. Les lapidaires taillent tous les bérils en figure hexagone, parce que la nuance, qui en est terne dans sa muette uniformité (93), s'anime du reflet produit par les angles. Taillés autrement (94), ils n'ont pas d'éclat. Les plus estimés sont ceux qui imitent le vert d'une mer calme. Au second rang sont les chrysobérils; un peu plus pâle (95), l'éclat qu'ils jettent tire sur la couleur de
2 l'or. Au troisième rang est un béril assez semblable, mais plus pâle; quelques-uns en font un genre particulier, et le nomment chrysoprasus. Au quatrième rang sont les bérils tirant sur l'hyacinthe; au cinquième, les bérils nommés acroïdes (couleur de ciel); au sixième, les bérils couleur de cire; au septième, les bérils oléagineux, c'est-à-dire couleur d'huile; au dernier, ceux qui ressemblent presque au cristal. Ceux-ci ont des filaments et des taches, et ils perdent insensiblement de leur éclat, défauts du reste qu'on rencontre dans toutes les espèces de pierres. Les Indiens aiment singulièrement les bérils longs, et disent que c'est la seule pierre qui veuille être portée sans or; à cet effet, après les avoir percés, ils les enfilent avec des crins d'éléphant. Ils s'accordent (96) pour ne pas perforer ceux qui sont absolument sans défaut, et se contentent d'en enchâsser les extrémités dans de petites bossettes d'or. Ils aiment mieux en faire des cylindres que des 3 pierres à bagues, parce que ce qui leur plaît le plus, c'est la longueur. Quelques-uns pensent que les bérils sont naturellement anguleux; que percés ils deviennent plus agréables, parce qu'ainsi on ôte le blanc qu'ils ont au dedans, et que l'or dont on les garnit en ce cas en relève l'éclat (97), ou simplement parce qu'en en diminuant l'épaisseur on en augmente la transparence. Outre les défauts ci-dessus énumérés (XXXVII, 18), les bérils sont sujets à peu près aux mêmes imperfections que les émeraudes, et de plus à des taches en forme d'ongle. On pense qu'il se trouve parfois des bérils dans le monde romain, aux environs du Pont-Euxin. Les Indiens, en colorant le cristal, ont trouvé moyen d'imiter diverses pierres précieuses, et surtout le béril.
XXI. (VI.) Les opales diffèrent à la fois très-peu 1 et beaucoup (98) des bérils, et ne le cèdent qu'aux émeraudes. C'est aussi l'Inde seule qui en est la mère. Formées de ce qui fait le mérite des pierreries les plus précieuses, elles ont offert à la description des difficultés infinies; car en elles se trouve le feu subtil de l'escarboucle, l'éclat purpurin de l'améthyste, le vert de mer de l'é-

eorum a rege Babylonio missum smaragdum muneri IV cubitorum longitudine, et trium latitudine. Et fuisse apud eos in Jovis delubro obeliscum e IV smaragdis, XL cubitorum longitudine, latitudine vero in parte quatuor, in parte
2 duorum. Se autem scribente, esse in Tyro Herculis templo stelen amplam e smaragdo, nisi potius pseudosmaragdus sit. Nam et hoc genus reperiri, et in Cypro inventum ex dimidia parte smaragdum, ex dimidia jaspidem, nondum humore in totum transfigurato. Apion cognominatus Plistonices, paulo ante scriptum reliquit, esse etiam nunc in labyrintho Ægypti colosseum Serapim e smaragdo novem cubitorum.
1 XX. Eamdem multis naturam aut certe similem habere beryllis videntur. India eos gignit, raro alibi repertos. Poliuntur omnes sexangula figura artificum ingeniis, quoniam hebes unitate surda color repercussu angulorum excitetur. Aliter politi non habent fulgorem. Probatissimi sunt ex iis, qui viriditatem puri maris imitantur. Proximi, qui vocantur chrysoberylli, paulo pallidiores,
2 sed in aureum colorem exeunte fulgore. Vicinum genus huic est, sed pallidius, et a quibusdam proprii generis existimatur, vocaturque chrysoprasus. Quarto loco numerantur hyacinthizontes. Quinto, quos aeroides vocant. Post eos autem cerini: ac deinde oleagini, hoc est, colore olei. Postremi crystallis fere similes. Hi capillamenta habent, sordesque: alioqui evanidi: quæ sunt omnium vitia. Indi mire gaudent longitudine eorum, solosque gemmarum esse prædicant, qui carere auro malint: ob id perforatos elephantorum setis religant. Convenit non oportere perforari, quorum sit absoluta bonitas, umbilicis tantum ex auro capita comprehendentibus. Ideo cylindros ex iis facere 3 malunt, quam gemmas, quoniam est summa commendatio in longitudine. Quidam et angulosos putant statim nasci, et perforatos gratiores fieri medulla candoris exemta, aditoque auri repercussu, aut omnino castigata, causa perspicuitatis, crassitudine. Vitia, præter jam dicta, eadem fere, quæ in smaragdis, et pterygia. In nostro orbe aliquando circa Pontum inveniri putantur. Indi et alias quidem gemmas crystallum tingendo adulterare repererunt, sed præcipue beryllos.
XXI. (VI.) Minimum iidemque plurimum ab iis differunt opali, smaragdis tantum cedentes. India sola et horum est mater: atque in pretiosissimarum gemmarum gloria compositi, maxime inenarrabilem difficultatem de-

meraude; et toutes ces teintes y brillent, merveilleusement fondues. Parmi les auteurs (99), les uns ont comparé l'effet général des opales à l'arménium (xxxv, 28), couleur employée par les peintres; les autres, à la flamme du soufre qui brûle, ou à celle d'un feu sur lequel on jette de l'huile. Il se trouve des opales de la grosseur d'une aveline, et il y a parmi nous à ce sujet une anecdote mémorable. Aujourd'hui encore existe une opale pour laquelle Antoine proscrivit le sénateur Nonius, fils de ce Nonius Struma que le poëte Catulle (*Carm.*, LIII) s'indignait de voir assis sur la chaise curule, et aïeul de Servilius Nonianus que nous avons vu consul. Ce Nonius proscrit fuyait, n'emportant de tout son bien que son anneau, estimé (100), cela est sûr, 2 millions de sesterces (420,000 fr.). Singulière cruauté, singulière passion du luxe chez Antoine, qui proscrivait pour une pierre précieuse; et non moins singulière obstination (101) chez Nonius, qui s'éprenait de la cause de sa proscription, tandis qu'on voit les brutes même s'arracher les parties du corps (VIII, 47) pour lesquelles elles se savent en péril.

XXII. Les défauts de l'opale sont une couleur tirant sur celle de la fleur nommée héliotrope, ou sur celle du cristal ou sur celle de la grêle, le grain de sel, une surface raboteuse, des points qui arrêtent l'œil. Il n'est pas de pierre que les Indiens imitent mieux; ils emploient le verre coloré, et c'est à s'y méprendre. On ne reconnaît la tromperie qu'au soleil: les opales fausses, exposées aux rayons de cet astre et tenues entre un doigt et le pouce, ne donnent qu'une seule et même couleur, qui est bornée au corps de la pierre; les opales vraies offrent des nuances successives, donnent des reflets plus vifs, tantôt dans un sens, tantôt dans un autre (102), et projettent un éclat lumineux sur les doigts. Cette pierre, à cause de sa grande beauté, a été nommée par la plupart pædéros. Il est des auteurs qui du pædéros font une espèce particulière, appelée, disent-ils, par les Indiens sangénon. On assure (103) que des pædéros se trouvent aussi en Égypte, en Arabie, dans le Pont (ceux-ci sont les moins estimés), en Galatie, à Thasos et en Chypre. Cette pierre a la beauté de l'opale, mais l'éclat en est moins vif, et il est rare qu'elle ne soit pas raboteuse. La nuance en est de bleu de ciel et de pourpre; le vert de l'émeraude y manque. On préfère celles dont l'éclat est assombri par une couleur vineuse, à celles qui tirent sur le clair de l'eau.

XXIII. Les pierreries dont nous avons parlé jusqu'à présent sont reconnues comme supérieures aux autres, et cela surtout grâce au sénatus-consulte des dames. Il y a moins de certitude sur celles dont le jugement appartient aussi aux hommes. En effet, le prix (104) de chaque pierre dépend du caprice de chacun, et surtout de la rivalité, comme, par exemple, quand l'empereur Claude portait des émeraudes et des sardoines. Le premier Romain qui ait porté une sardoine est Scipion l'Africain l'Ancien, comme le dit l'historien Démostrate; depuis lors cette pierre est en grande estime chez les Romains (105); aussi en parlerons-nous immédiatement après les opales. Jadis la sardoine (sardonyches), comme le nom l'indique, était caractérisée par une partie blanche reposant sur la sarde comme l'ongle humain repose sur la chair, cette partie et la sarde étant toutes deux transparentes. Telles sont les sardoines indiennes, au rapport d'Isménias, de Démostrate, de Zénothémis, de Sotacus. Les deux derniers

---

derunt. Est enim in iis carbunculi tenuior ignis, est amethysti fulgens purpura, est smaragdi virens mare, et cuncta pariter incredibili mixtura lucentia. Alii summam fulgoris Armenio, colori pigmentorum, æquavere; alii sulphuris ardentis flammæ, aut ignis oleo accensi. Magnitudo nucem avellanam æquat, insigni apud nos historia. Siquidem exstat hodieque hujus generis gemma, propter quam ab Antonio proscriptus Nonius senator est, filius Strumæ Nonii ejus, quem Q. Catullus poeta in sella curuli visum indigne tulit: avusque Servilii Noniani, quem consulem vidimus: ille proscriptus fugiens, hunc e fortuna sua omnibus anulum abstulit secum, quem certum est sestertio vicies æstimatum. Sed mira Antonii feritas atque luxuria, propter gemmam proscribentis, nec minus Nonii contumacia, proscriptionem suam amantis, quum etiam feræ abrosas partes corporis relinquant, propter quas se periclitari sciant.

XXII. Vitia opali, si color in florem herbæ, quæ vocatur heliotropium, exeat, aut crystallum, aut grandinem: si sal interveniat, aut scabritia, aut puncta oculis occursantia: nullosque magis India similitudine indiscreta vitro adulterat. Experimentum in sole tantum. Falsis enim contra radios libratis, digito ac pollice unus atque idem translucet colos in se consumtus. Veri fulgor subinde variat, et modo ex hoc plus modo ex illo spargit, et fulgor lucis in digitos funditur. Hanc gemmam propter eximiam gratiam plerique appellavere pæderota. Sunt et qui privatum genus ejus faciunt, sangenonque ab Indis vocari dicunt. Nasci dicitur et in Ægypto, et in Arabia, et vilissima in Ponto. Item in Galatia, ac Thaso, et Cypro. Quippe opali gratiam habet: sed mollius nitet, raro non scaber. Summa coloris ex aere et purpura constat: viriditas smaragdi deest; constatque melior illa, cujus fulgor vini colore fuscatur, quam qui diluitur aqua.

XXIII. Hactenus de principatu convenit, mulierum maxime senatusconsulto. Minus certa sunt, de quibus et viri judicant. Singulorum enim libido singulis pretia facit, præcipueque æmulatio, velut quum Claudius Cæsar smaragdos induebat, et sardonychas. Primus autem Romanorum sardonyche usus est prior Africanus, ut in historia tradit Demostratus, et inde Romanis gemmæ hujus auctoritas. Quamobrem proximum ei dabimus locum. Sardonyches olim, ut ex nomine ipso apparet, intelligebantur candore in sarda, hoc est, velut carnibus ungue homini imposito, et utroque translucido. Tales esse Indicas tradunt, Ismenias, Demostratus, Zenothemis, Sotacus: hi quidem duo

nomment sardoines aveugles toutes celles qui ne sont pas diaphanes. Celles qui aujourd'hui ont pris ce nom n'offrent aucune trace de la sarde, et viennent de l'Inde ou de l'Arabie (106); et on s'est mis à caractériser les sardoines par diverses couleurs, savoir : le noir ou l'azur pour le fond, et pour l'ongle le vermillon entouré (107) d'un blanc gras, de sorte que le blanc passe au vermillon, non sans laisser entrevoir une teinte de pourpre. Zénothémis écrit que les Indiens n'estimaient pas les sardoines, quoiqu'ils en eussent d'assez grosses pour faire des poignées d'épée; que dans l'Inde les torrents les mettent à nu, et que c'est dans le monde romain qu'elles ont été d'abord recherchées, parce que, seules presque parmi les pierres qu'on grave, elles n'enlèvent
3 pas la cire en formant le cachet. Notre exemple a été persuasif pour les Indiens, qui maintenant en font cas. Chez eux le peuple les perce et les porte, mais seulement en collier; c'est à quoi l'on connaît aujourd'hui les sardoines de l'Inde. Les sardoines d'Arabie sont remarquables par un cercle d'une blancheur éclatante, et assez large, qui brille non dans les endroits creusés de la pierre, ni sur les pans, mais dans les points saillants mêmes, soutenu qu'il est par un fond très-noir (108). Ce fond, dans les sardoines indiennes, est couleur de cire ou de corne, avec un cercle blanc aussi.
4 On y trouve un certain reflet de l'arc-en-ciel. La surface est plus rouge que le têt d'une langouste. On rejette les sardoines qui ont les défauts dits miel ou lie de vin; on rejette aussi celles dont le cercle blanc s'étend, et n'est pas nettement arrêté, ou bien est coupé irrégulièrement par quelque autre couleur. En effet, on n'aime pas qu'une interposition étrangère vienne déranger la régularité de quoi que ce soit. Il y a aussi des sardoines d'Arménie, estimées, sauf que le cercle en est pâle.

XXIV. Il faut traiter maintenant de l'onyx 1 même, à cause de son nom, partie de celui de la sardoine. Ce nom, attribué à un marbre de Carmanie, est devenu celui d'une pierre. Sudinès dit que l'onyx-pierrerie a une portion blanche semblable à un ongle humain, et de plus les couleurs de la chrysolithe, de la sarde et du jaspe. Suivant Zénothémis, l'onyx indien présente différentes nuances, une couleur de feu, une teinte noire, une teinte cornée avec des veines blanches qui les cerclent comme une sorte d'œil, ou (109) des veines obliques qui les traversent. Sotacus parle d'un onyx d'Arabie différent des autres : l'onyx indien a de petits feux entourés chacun d'une zone blanche ou de plusieurs, et présente une disposition différente de la sardoine indienne, qui a des points, tandis qu'ici ce sont des cercles. Au contraire, l'onyx d'Arabie est noir, avec des 2 zones blanches. Satyrus dit qu'il y a des onyx de l'Inde charnus, tenant en partie de l'escarboucle, en partie de la chrysolithe et de l'améthyste; il rejette toutes ces variétés. Suivant lui, le véritable onyx a des veines nombreuses et variées, avec des zones laiteuses ; toutes ces nuances, qui passent de l'une à l'autre, donnant une teinte qu'on ne peut décrire, et se fondant en un ensemble harmonieux et d'un aspect charmant. Ne différons pas non plus l'histoire de la sarde, dont le nom entre dans celui de la sardoine; mais préalablement traitons des pierres couleur de feu.

XXV. (VII.) Au premier rang est l'escarboucle, 1 ainsi nommée à cause de sa ressemblance avec le feu; et néanmoins elle ne ressent point les at-

---

reliquas omnes, quæ non transluceant, cœcas appellantes. Quæ nunc nomen abstulere, nullo sardarum vestigio, Indicæ vel Arabicæ sunt. Cœperuntque pluribus hæ gemmæ coloribus intelligi, radice nigra, aut cæruleum imitante, et ungue minium, redimitum candido pingui, nec sine quadam spe purpuræ candore in minium transeunte. Has Indis non habitas in honore Zenothemis scribit : tantæ illas magnitudinis, ut inde capulos factitarent. Etenim constat ibi torrentibus detegi. Et placuisse in nostro orbe initio, quoniam solæ prope gemmarum scalptæ ceram non auferrent.
3 Persuasimus deinde et Indis, ut ipsi quoque iis gauderent : utiturque perforatis utique vulgus, tantum in collo : et hoc est nunc Indicarum argumentum. Arabicæ excellunt candore circuli prælucido atque non gracili, neque in recessu gemmæ, aut in dejectu ridente, sed in ipsis umbonibus nitente, præterea substrato nigerrimi coloris. Et hoc in Indicis cereum aut corneum invenitur, etiam circuli
4 albi : quædam in iis cælestis arcus anhelatio est. Superficies vero locustarum maris crustis rubentior. Jam melleæ, aut fæculentæ ( hoc enim nomen est vitio), improbantur : et si zona alba fundat se, non colligat. Simili modo, si ex alio colore in se admittat aliquid enormiter. Nihil enim in sua sede alieno interpellari placet. Sunt et Armeniacæ, cætero probandæ, sed pallida zona.

XXIV. Exponenda est et onychis ipsius natura, propter 1 nominis societatem : hoc in gemmam transilit ex lapide Carmaniæ. Sudines dicit in gemma esse candorem unguis humani similitudine : item chrysolithi colorem, sardæ, et iaspidis. Zenothemis Indicam onychem plures habere varietates, igneam, nigram, corneam, cingentibus candidis venis oculi modo, intervenientibus quarumdam et obliquis venis. Sotacus et Arabicam onychem tradit : sed eam a cæteris distare, quod Indica igniculos habeat, albis cingentibus zonis, singulis, pluribusve, aliter quam in sardonyche Indica. Illic enim momentum esse, hic circulum. Arabicas onychas nigras inveniri candidis zonis. Satyrus 2 carnosas esse Indicas, parte carbunculi, parte chrysolithi, et amethysti, totumque id genus abdicat. Veram autem onychem plurimas variasque cum lacteis zonis habere venas, omnium in transitu colore inenarrabili, et in unum redeunte concentum, suavitate grata. Nec sardæ naturâ differenda est, dividuæ ex eodem nomine : obiterque ardentium gemmarum indicanda.

XXV. ( VII. ) Principatum habent carbunculi, a simi- 1 litudine ignium appellati, quum ipsi non sentiant ignes, ob id a quibusdam acausti vocati. Horum genera, Indici,

teintes de la flamme, ce qui l'a fait appeler par quelques-uns acauste (110). On en distingue deux espèces : l'indienne et la garamantique qu'on nomme aussi carthaginoise, à cause de l'opulence de la grande Carthage. On y joint l'éthiopique et l'alabandique ; celle-ci se trouve près d'Orthosie (v, 29, 6), ville de Carie (111), mais on la taille à Alabanda. De plus, chaque espèce se subdivise en escarboucles mâles, d'un éclat plus vif, et en escarboucles femelles, d'un éclat plus faible. Parmi les escarboucles mâles, on en voit aussi qui ont un feu plus clair ; d'autres l'ont plus sombre ; d'autres brillent par une lumière étrangère, et au soleil sont plus étincelantes que les autres.

2 Les plus estimées sont les améthystizontes, c'est-à-dire celles dont les feux, à l'extrémité, tirent sur le violet de l'améthyste ; à la seconde place sont les escarboucles nommées sitites, qui brillent d'un éclat qui leur est naturel (112). Partout où on les trouve, c'est par la réverbération du soleil. Satyrus dit que les escarboucles de l'Inde ne sont pas nettes ; qu'elles sont presque toujours sales, et toujours d'un éclat étiolé (113) ; que les éthiopiques sont grasses, ne projettent ni ne répandent de lumière, mais brûlent d'un feu concentré. D'après Callistrate, l'éclat d'une escarboucle posée à terre doit être blanc, avec un nuage aux extrémités, et rouge comme du feu quand on la tient en l'air ; d'où le nom d'escarboucle blanche qu'on trouve dans beaucoup d'auteurs. Les escarboucles indiennes, qui ont un éclat plus languissant et plus terne, se nomment lithizontes ; les carthaginoises sont beaucoup plus petites ; dans l'Inde il y en a qui, creusées, tiennent jusqu'à un setier. D'après Archélaüs, les escarboucles carthaginoises sont d'un aspect plus sombre ; mais exposées à la lumière du feu ou du soleil, et présentées obliquement, elles rayonnent plus que les autres ; à l'ombre (114), dans les maisons, elles paraissent pourpres ; en plein air, couleur de flamme ; aux rayons du soleil, scintillantes ; quand on cachète avec ces escarboucles, la cire se fond, même à l'ombre. Plusieurs auteurs ont écrit que les escarboucles indiennes sont plus blanches que les carthaginoises, et que, au contraire de celles-ci, l'éclat en diminue quand on les incline ; qu'en outre, dans les escarboucles mâles de Carthage, à l'intérieur, brillent des points lumineux comme des étoiles, tandis que les femelles jettent au dehors tout leur éclat ; que les escarboucles d'Alabanda sont plus sombres que les autres, et raboteuses. Les environs de Milet (115) et la Thrace en fournissent de même couleur que les alabandiques, et que le feu n'en altère aucunement. D'après Théophraste (*De lapid.*, p. 7), on en trouve aussi à Orchomène d'Arcadie et à Chios ; celles d'Orchomène sont plus sombres, et on en fait des miroirs ; celles de Trézène sont de diverses couleurs, et parsemées de taches blanches ; il y en a à Corinthe, mais (116) celles-ci sont plus pâles et tirent sur le blanc ; il en vient aussi par Marseille. Bocchus a écrit qu'on en trouvait de fossiles dans le territoire d'Olisipon, et qu'on les extrayait avec grand labeur, le terrain étant argileux et brûlé par le soleil.

XXVI. Rien de plus difficile que de distinguer les différentes sortes d'escarboucles, tant l'art des lapidaires peut en dénaturer les nuances en les forçant à refléter les couleurs des montures. On dit (117) qu'il est possible de donner du brillant aux escarboucles qui en manquent, en les faisant macérer pendant quatorze jours dans du vinaigre, et que le brillant ainsi acquis dure quatorze mois. On contrefait parfaitement les escarboucles avec le verre, mais on reconnaît la tromperie avec la

et Garamantici, quos et Carchedonios vocavere, propter opulentiam Carthaginis magnæ. Adjiciunt Æthiopicos et Alabandicos, in Orthosia Cariæ nascentes, sed qui perficiantur Alabandis. Præterea in omni genere masculi appellati acrius, at feminæ languidius refulgentes. In masculis quoque observant liquidioris alios flammæ, nigrioris alios, et quosdam ex alio lucidos, ac magis cæteris in sole
2 flagrantes. Optimos vero amethystizontas, hoc est, quorum extremus igniculus in amethysti violam exeat : proximos illis, quos vocant sitias, innato fulgore radiantes. Inveniri autem ubicumque, maxime solis repercussu. Satyrus Indicos non esse claros dicit, ac plerumque sordidos ac semper fulgoris retorridi : Æthiopicos pingues, lucemque non emittentes, aut fundentes, sed convoluto igne flagrare. Callistratus fulgorem carbunculi debere candidum esse positi, extremo visu nubilantem : si attollatur, exardescentem : ob id a plerisque hunc carbunculum candidum vocari. Qui languidius ac lividius lucent Indicis lu-
3 cent, lithizontas appellari. Carchedonios multo minores esse : Indicos etiam in sextarii unius mensuram cavari. Archelaus, Carchedonios nigrioris aspectus esse, sed igne, vel sole, et inclinatione acrius, quam cæteros, excitari. Eosdem obumbrante tecto purpureos videri, sub cælo flammeos, contra radios solis et scintillare : ceras signantibus his liquescere, quamvis in opaco. Multi Indicos Carchedoniis candidiores esse, et e diverso inclinatione hebetari scripsere : etiamnum in Carchedoniis maribus stellas intus ardere, feminas fulgorem universum fundere extra se. Alabandicos cæteris nigriores esse sca-
4 briosque. Et circa Miletum nascuntur et in Thracia coloris ejusdem, ignem minime sentientes. Theophrastus auctor est, et in Orchomeno Arcadiæ inveniri, et in Chio. Illos nigriores, e quibus et specula fieri. Esse et Trœzenios varios intervenientibus maculis albis : item Corinthios, sed pallidiores, et candidos ; a Massilia quoque importari. Bocchus et in Olisiponensi erui scripsit, magno labore, ob argillam soli adusti.

XXVI. Nec est aliud difficilius, quam discernere hæc genera : tanta est in eis occasio artis, subditis per quæ translucere cogantur. Aiunt hebetiores in aceto maceratos quatuordecim diebus nitescere, totidem mensibus durante fulgore. Adulterantur vitro simillime : sed cote depre-

pierre à aiguiser, comme pour toutes les pierreries artificielles. En effet, les pierres artificielles sont plus tendres, fragiles, ont à l'intérieur une sorte de limaille, et sont moins pesantes. Quelquefois aussi elles offrent de petites bulles qui brillent comme l'argent.

XXVII. On trouve dans la Thesprotie une pierre fossile nommée anthracitis, et semblable au charbon. Ceux qui ont écrit qu'on en rencontrait aussi dans la Ligurie se sont trompés, je pense, à moins qu'il n'y en eût peut-être de leur temps. On dit qu'il en est d'entourées d'une veine blanche, et dont la couleur est de feu comme celle des pierres décrites plus haut. Chose singulière ! jetées dans le feu, elles s'éteignent et paraissent mortes ; au contraire, arrosées d'eau, elles deviennent flamboyantes.

XXVIII. Il faut rapprocher de l'anthracitis le sandarésus, dit par quelques-uns garamantitès. On en trouve dans l'Inde en un lieu nommé Sandarésus ; on en trouve aussi dans l'Arabie méridionale. Ce qui le recommande surtout, c'est qu'un feu intérieur (118), pour ainsi dire placé derrière une substance transparente, brille d'étoiles qui semblent des gouttes d'or ; étoiles qui doivent toujours partir du dedans, jamais de la surface. De plus, des idées religieuses sont attachées à cette pierre, à cause du rapport (119) qu'elle a avec les astres ; en effet, elle est constellée, et offre à peu près le nombre et la disposition des Hyades ; c'est pourquoi les Chaldéens l'emploient dans leurs cérémonies. Ici aussi les mâles se distinguent par une teinte foncée et vigoureuse qui se communique aux objets mis auprès. On dit même que ceux de l'Inde font mal à la vue. Le feu des sandarésus femelles est plus doux, brillant (120) plutôt que flamboyant. Il en est qui préfèrent le sandarésus de l'Arabie à celui de l'Inde, et qui le disent ressemblant à une chrysolithe enfumée. Isménias prétend que le sandarésus est trop tendre pour être poli, et qu'à cause de cela il se vend cher (121) ; des auteurs le nomment sandarica. Le point sur lequel tous sont d'accord, c'est que plus le nombre des étoiles y est grand, plus cette pierre a de prix. La ressemblance du nom fait qu'on la confond parfois avec le sandasel, appelé par Nicandre sandaréséon, et par d'autres sandaréson. Quelques-uns, qui conservent son nom au sandarésus, appellent le sandasel sandastron ; suivant eux, on trouve le sandastron aussi dans l'Inde ; il porte le nom de la localité qui le fournit ; il a la couleur de la pomme ou de l'huile verte, et personne n'en fait cas.

XXIX. On range encore parmi les pierres ardentes la lychnis, ainsi dénommée parce que c'est surtout (122) à la lueur des lampes qu'elle est agréable. Elle se trouve aux environs d'Orthosie, dans toute la Carie et dans les localités voisines ; mais la plus estimée vient de l'Inde. Quelques-uns ont nommé escarboucle moins vive la lychnis qui est au second rang, et qui ressemble aux fleurs dites de Jupiter (123) (XXI, 33, 1, et 39, 1). On distingue aussi d'autres variétés (124) : une a le rayonnement de la pourpre, une autre celui de l'écarlate. Je trouve aussi que cette pierre, échauffée par le soleil ou par le frottement des doigts, attire les pailles et les filaments (125) de papier.

XXX. La pierre carthaginoise (126) exerce, dit-on, la même action ; cependant elle est de beaucoup inférieure aux précédentes. On la trouve chez les Nasamons, dans les montagnes ; elle provient, suivant les habitants, d'une pluie divine. On la découvre au clair de lune, surtout quand l'astre est dans son plein. Carthage en était jadis

---

henduntur, sicut aliæ gemmæ factitiæ : mollior enim materia, et fragilis : et centrosa scobe deprehenduntur, et pondere, quod minus est vitreis : aliquando et pustulis argenti modo relucentibus.

XXVII. Est et anthracitis appellata in Thesprotia fossilis, carbonibus similis. Falsum arbitror, quod et in Liguria nasci tradiderunt, nisi forte tunc nascebantur. Esse in iis et præcinctæ candida vena traduntur : harum igneus color, ut superiorum, est : peculiare quidem, quod jactatæ in ignem velut intermortuæ exstinguuntur, contra aquis perfusæ exardescunt.

XXVIII. Cognata est huic sandaresus, quam aliqui Garamantiten vocant : nascitur in India, loco ejusdem nominis. Gignitur et in Arabia ad meridiem versa. Commendatio summa, quod velut in translucido ignis obtentus stellantibus fulget intus aureis guttis, semper in corpore, numquam in cute. Accedit religio narrata, a siderum cognatione, quoniam fere stellarum Hyadum et numero, et dispositione stellantur, ob id Chaldæis in cærimoniis habitæ. Et hic mares austeritas distinguit, quodam vigore apposita tingens. Indicæ quidem etiam hebetare visus dicuntur. Blandior feminis flamma : allucens magis,

quam accendens. Sunt qui præferant Arabicas Indicis, fumidoque chrysolitho illas similes dicant. Ismenias vero negat poliri sandareson, propter teneritatem : et ob id magno venire. Sunt qui sandaricas vocent. Inter omnes constat, quantum numero stellarum accedat, tantum et pretio accedere. Affert errorem aliquando similitudo nominis, sandasel, quod Nicander sandareseon vocat, alii sandareson. Quidam vero hanc sandastron, illam sandaresum : in India nascentem illam quoque, et loci nomen custodientem : mali colore, aut olei viridis, omnibus improbatam.

XXIX. Ex eodem genere ardentium, lychnis appellata a lucernarum accensu, tum præcipuæ gratiæ. Nascitur circa Orthosiam, totaque Caria, ac vicinis locis : sed probatissima in Indis. Quidam remissiorem carbunculum esse dixerunt secundum bonitate, quæ similis esset Jovis appellatis floribus. Et alias invenio differentias : unam quæ purpura radiat : alteram quæ cocco : a sole excalfactas, aut digitorum attritu, paleas, et chartarum fila ad se rapere.

XXX. Hoc idem et Carchedonia facere dicitur, quamquam multo vilior prædictis. Nascitur apud Nasamonas in montibus, ut incolæ putant, imbre divino. Invenitur ad

le dépôt. Archélaüs dit qu'il en vient aussi en Égypte, aux environs de Thèbes, et qu'elles sont fragiles, veinées, et semblables à des charbons qui s'éteignent. Je trouve dans les auteurs qu'autrefois on employait cette pierre et la lychnitis à faire des vases à boire. Au reste, toutes les pierres ardentes opposent une résistance extrême à la gravure, et, servant de cachet, emportent une partie de la cire.

1 XXXI. Au contraire, la sarde se grave et cachète très-bien (127), la sarde, dont le nom fait partie de celui de la sardoine. Cette pierre est commune. On la trouva d'abord auprès de Sardes ; mais les plus estimées viennent des environs de Babylone, où, en entamant (128) certaines carrières, on les rencontre adhérentes à la roche, en forme de cœur. On dit que cette production fossile s'est épuisée en Perse ; mais plusieurs autres lieux en fournissent, par exemple Paros et Assos. L'Inde a trois espèces de sardes : une rouge, une seconde qu'on nomme pione à cause de son aspect gras (129), une troisième sous laquelle on met des feuilles d'argent.
2 Les sardes indiennes sont transparentes ; les arabiques sont plus opaques. On en trouve aussi autour de Leucade d'Épire et en Égypte, qu'on garnit en dessous de feuilles d'or. Parmi ces sardes, les mâles ont un éclat plus vif ; celui des femelles est plus faible et plus mat. Anciennement aucune pierre n'était plus en usage : du moins est-ce de celle-là qu'on fait parade dans les comédies de Ménandre et de Philémon. De toutes les pierres transparentes (130), c'est celle qui, mouillée, se ternit le plus lentement ; mais de tous les liquides l'huile agit le plus sur elles. On fait peu de cas des sardes couleur de miel, et encore moins des sardes couleur de poterie.

XXXII. (VIII.) La topaze est encore aujour- 1 d'hui en très-grande estime, à cause de son beau vert ; et même, au moment de la découverte, on la préféra à toutes les autres pierres. Il arriva (131) que des pirates trogodytes abordèrent dans une île d'Arabie appelée Cytis (VI, 34, 2), après avoir souffert de la faim et de la tempête ; et, arrachant des herbes et des racines, ils mirent à découvert des topazes : tel est le sentiment d'Archélaüs. Juba prétend que l'île Topaze (VI, 34, 1) est dans la mer Rouge, à un jour de navigation du continent ; que, entourée de brouillards et souvent cherchée par les navigateurs, elle a pris de cette circonstance le nom qu'elle porte ; qu'en effet topazin signifie chercher, en langue trogodyte ; que de là Philémon, préfet du roi, en fit venir 2 pour la première fois, et les donna à la reine Bérénice, mère de Ptolémée II, et (132) qu'elles plurent beaucoup à cette princesse ; qu'ensuite on fit avec cette pierre, à Arsinoé, femme de Ptolémée Philadelphe, une statue de quatre coudées, qui fut consacrée dans le temple appelé temple d'Or. D'après les auteurs les plus modernes, on trouve aussi des topazes auprès d'Alabastrum en Thébaïde. Ils en distinguent deux espèces, la prasoïde et la chrysoptère, qui ressemble à la chrysoprase ; en effet, toutes les topazes tirent sur la couleur du suc de porreau. La topaze est la plus grosse des pierres précieuses ; c'est la seule aussi qui cède à l'action de la lime. On polit les autres avec la pierre de Naxos (XXXVI, 10) et la pierre à aiguiser. La topaze s'use même à porter.

XXXIII. Après elle parlons d'une pierre plus 1 semblable par l'apparence que par le prix, la callaïs, qui est d'un vert pâle. Elle se trouve en arrière de l'Inde, chez les Phycares, habitants

---

repercussum lunæ, maxime plenæ. Carthaginem quondam deportabatur. Archelaus et in Ægypto circa Thebas nasci tradit, fragiles, venosas, morientibus carbonibus similes. Potoria vasa et ex hoc lapide, et ex lychnite factitata invenio. Omnia autem hæc genera sculpturæ contumaciter resistunt, partemque ceræ in signo tenent.
1 XXXI. E diverso ad hæc sarda utilissima, quæ nomen cum sardonyche communicavit. Ipsa gemma vulgaris, et primum Sardibus reperta, sed laudatissima circa Babylona, quum lapicidinæ quædam appellantur, hærens in saxo cordis modo. Hoc metallum apud Persas defecisse traditur. Sed inveniuntur compluribus aliis locis, sicut in Paro, et Asso. In India trium generum : rubræ, et quas pionas vocant a pinguitudine : tertium, quod argenteis
2 bracteis sublinitur. Indicæ perlucent : crassiores sunt Arabicæ. Inveniuntur et circa Leucada Epiri, et in Ægypto, quæ bractea aurea sublinuntur. Et in his autem mares excitatius fulgent : feminæ pigriores sunt, et crassius nitent. Nec fuit alia gemma apud antiquos usu frequentior. Hac certe apud Menandrum et Philemonem fabulæ superbiunt. Nec ullæ translucentium tardius suffusæ humore hebetantur, oleoque magis, quam alio liquore. Damnantur ex iis melleæ, et validius testaceæ.

XXXII. (VIII.) Egregia etiamnunc topazio gloria est, 1 suo virenti genere, et quum reperta est, prælatæ omnibus. Accidit in Arabiæ insula, quæ Cytis vocatur, in quam devenerant Trogodytæ prædones fame et tempestate fessi, ut, quum herbas radicesque effoderent, eruerent topazion. Hæc Archelai sententia est. Juba Topazon insulam, in Rubro mari a continente diei navigatione abesse tradit, nebulosam, et ideo quæsitam sæpe navigantibus, ex ea causa nomen accepisse. Topazin enim Trogodytarum lingua significationem habere quærendi. Ex hac primum 2 importatam Berenicæ reginæ, quæ fuit mater sequentis Ptolemæi, a Philemone præfecto regis, mire placuisse : et inde factam statuam Arsinoæ Ptolemæi Philadelphi uxori, quatuor cubitorum, sacratam in delubro, quod Aureum cognominabatur. Recentissimi auctores et circa Thebaidis Alabastrum oppidum nasci dicunt : et duo ejus genera faciunt, prasoïden atque chrysopteron, similem chrysopraso. Ejus enim tota similitudo ad porri succum dirigitur. Est autem amplissima gemmarum. Eadem sola nobilium limam sentit : cæteræ Naxio et cotibus poliuntur. Hæc et usu alteritur.

XXXIII. Comitatur eam similitudine propior, quam auc- 1 toritate, callais, e viridi pallens. Nascitur pos aversa In-

du Caucase, chez les Saces et les Dahes. Elle est d'une grosseur remarquable, mais pleine de trous et de saletés. Celle de Carmanie est beaucoup plus nette et plus belle. Dans les deux contrées, elle se rencontre sur des rochers inaccessibles et glacés ; elle y fait saillie comme un œil, et n'y tient que faiblement, paraissant plutôt apposée qu'adhérente à la roche. Des hommes habitués au cheval et mauvais piétons ne se soucient pas de gravir 2 jusque-là ; d'ailleurs le danger les effraye. C'est pourquoi ils attaquent la callaïs de loin, à coups de fronde, et la font tomber avec la mousse qui l'entoure. C'est le tribut qu'ils payent, c'est (133) l'ornement qu'ils se plaisent le plus à porter au cou et aux doigts ; c'est leur fortune, c'est leur gloire ; et ils se vantent de toutes les pierres qu'ils ont abattues depuis leur enfance. Mais en cela le succès est variable : quelques-uns, du premier coup, en font tomber de très-belles, et plusieurs vieillissent (134) sans en abattre une seule. Telle est la chasse de la callaïs. La taille donne la forme à ces pierres ; du reste, elles se cassent aisément.
3 Les plus estimées (135) ont la couleur de l'émeraude ; cela montre néanmoins que ce qui plaît en elles leur est étranger. L'or dans lequel on les enchâsse les relève, et il n'est pas de pierre à laquelle ce métal aille mieux. Les plus belles callaïs perdent leur couleur si on laisse tomber dessus de l'huile, des essences ou du vin pur ; les moins belles la conservent mieux. Il n'est point de pierre plus aisée à contrefaire à l'aide du verre. Des auteurs disent qu'on en trouve en Arabie, dans le nid de l'oiseau nommé mélancoryphe.

1 XXXIV. Il y a plusieurs autres sortes de pierres vertes. La prase appartient aux pierres communes. De la prase ordinaire se distingue une seconde espèce marquée de points sanguinolents, et une troisième portant trois raies blanches. A toutes ces espèces on préfère la chrysoprase, qui, elle aussi, a la couleur du suc de poireau, mais dont la nuance va un peu de la topaze à l'or : la grosseur en est telle, qu'on en fait même des coupes, et très-souvent (136) des cylindres.

XXXV. L'Inde, qui produit ces pierres, produit 1 aussi le nilion. Celui-ci a un éclat terne, fugace, et, quand on y fixe les yeux, trompeur. Sudinès dit qu'on en trouve aussi dans le Syvérus, rivière de l'Attique. La couleur en est celle d'une topaze enfumée, ou quelquefois d'une topaze couleur de miel. D'après Juba, l'Éthiopie en produit sur les rives du fleuve que nous nommons Nil ; et de là viendrait le nom qu'il porte.

XXXVI. La molochite n'est pas transparente ; 1 elle est d'un vert plus foncé et plus mat que l'émeraude ; le nom lui vient de la mauve, dont elle a la couleur. Elle est bonne pour faire des cachets ; et elle est douée d'une vertu médicale naturelle qui la rend propre à préserver les enfants des dangers qui les menacent (137). On la trouve en Arabie.

XXXVII. Le jaspe est vert, et souvent dia- 1 phane. Quoique le cédant à plusieurs pierreries, il a conservé la renommée qu'il avait dans l'antiquité. Plusieurs contrées produisent le jaspe : l'Inde, un jaspe semblable à l'émeraude ; l'île de Chypre, un jaspe dur et d'un glauque mat ; la Perse, un jaspe bleu de ciel, et qu'on appelle pour cette raison aérizuse ; tel est aussi le jaspe caspien. Le jaspe est bleu sur les rives du Thermodon (138) ; pourpre en Phrygie ; d'un pourpre bleu, triste et sans rayonnement, en Cappadoce. Amisos en fournit un semblable au jaspe indien. 2

---

diæ, apud incolas Caucasi montis Phycaros, apud Sacas et Dahas, amplitudine conspicua, sed fistulosa ac sordium plena. Sincerior multo præstantiorque in Carmania. Utrobique autem in rupibus inviis et gelidis, oculi figura extuberans, leviterque adhærens, nec ut agnata petris, sed ut apposita. Quamobrem scandere ad eam pigritia pedum 2 equestres populos tædet, simul et periculum terret. Ergo fundis e longinquo incessunt, et cum toto musco excutiunt. Hoc vectigal, hoc gestamen in cervice ac digitis gratissimum. Hic census, hæc gloria a pueritia dejectorum numerum prædicantium, in quo varia fortuna. Quidam ictu primo cepere præclaras, multi ad senectam nullas. Et venatus quidem callaidis talis. Sectura formantur, alias 3 fragiles. Optimis color smaragdi : ut tamen appareat, alienum esse quod placeat. Inclusæ decorantur auro, aurumque nullæ magis decent. Quæ sunt earum pulchriores, oleo, unguento, et mero colorem deperdunt. Viliores constantius repræsentant : neque est imitabilior alia mendacio vitri. Sunt qui in Arabia inveniri eas dicant in nidis avium, quas melancoryphos vocant.

1 XXXIV. Viridantium et alia plura sunt genera. Vilioris est turbæ prasius : cujus alterum genus sanguineis punctis abhorret : tertium est virgulis tribus distinctum candidis. Præfertur his chrysoprasius, porri succum et ipsa referens, sed hæc paulum declinans a topazio in aurum. Huic et amplitudo ea est, ut cymbia etiam ex ea fiant : cylindri quidem creberrimi.

XXXV. India et has generat, et nilion, fulgore hebeti 1 ac brevi, et quum intueare, fallaci. Sudines dicit et in Syvero Atticæ flumine nasci. Est autem color fumidæ topazii, aut aliquando melleæ. Juba in Æthiopia gigni tradit, in littoribus amnis, quem Nilum vocamus, et inde nomen trahere.

XXXVI. Non translucet molochites, spissius virens, et 1 crassius quam smaragdus, a colore malvæ nomine accepto, reddendis laudata signis, et infantium custodia, quodam innato contra pericula ipsorum medicamine. Nascitur in Arabia.

XXXVII. Viret, et sæpe translucet iaspis, etiamsi 1 victa a multis, antiquitatis tamen gloriam retinens. Plurimæ ferunt eam gentes : smaragdo similem Indi : Cypros duram glaucoque pingui : Persæ aeri similem : ob id vocatur aerizusa. Talis et Caspia est : cærulea, circa Thermodontem amnem : in Phrygia, purpurea ; in Cappadocia, ex purpura cærulea, tristis atque non refulgens. Amisos Indicæ: 2 similem mittit, Calchedon turbidam. Sed minus refert na-

Celui de Chalcédoine est trouble. Mais il vaut mieux distinguer les qualités que les provenances. Le premier est celui qui a quelque chose (139) de la pourpre; le second, de la rose; le troisième, de l'émeraude. Les Grecs ont donné à chacune de ces espèces des noms appropriés. Le quatrième est nommé par eux Borée; il ressemble au matin d'un jour d'automne, et c'est celui qu'on nomme aérizuse. On trouve aussi un jaspe qui ressemble à la sarde, et un autre qui imite la couleur de la violette. Les autres espèces ne sont pas moins nombreuses, mais toutes sont ou trop bleues (140), ou semblables au cristal, ou ayant la couleur des **2** sébestes (XV, 12). Il y a encore le jaspe térébinthacé; dénomination impropre, je pense, car ce jaspe est comme composé de plusieurs autres jaspes. Les plus belles de ces pierres se portent (141) dans un chaton ouvert, dont l'or n'embrasse que les bords de la pierre. On regarde comme des défauts un éclat de peu de durée, un éclat visible de loin, le grain de sel, et toutes les défectuosités communes aux autres pierres (XXXVII, 18). On fait de faux jaspes avec du verre; on les reconnaît à ce qu'ils jettent leurs feux au loin, au lieu de les concentrer en eux-mêmes. La pierre appelée sphragis ne diffère pas du jaspe; elle n'appartient au domaine commun des pierreries que parce qu'elle est très-bonne pour faire des cachets. **4** (IX.) Tout l'Orient, dit on, porte les jaspes en amulettes (142). Parmi les jaspes, la variété qui ressemble à l'émeraude est souvent coupée transversalement au milieu par une ligne blanche : on la nomme grammatias; celle qui offre plusieurs lignes, polygrammos. Je ne manquerai pas (143) de signaler en passant les mensonges des mages, qui prétendent que cette pierre est avantageuse à ceux qui ont des harangues à faire. Il y a le jaspe joint à l'onyx, et nomme jasponyx. Il y a le jaspe qui tient comme des nuages, et qui imite les flocons de neige; le jaspe étoilé, à points rutilants; le jaspe semblable au sel de Mégare (144) (XXXI, 41, 3), et le jaspe comme enfumé qu'on nomme capnias. Nous avons vu un jaspe de quinze pouces de long, dont on fit une effigie de Néron portant cuirasse.

XXXVIII. Nous consacrerons aussi un paragraphe particulier au cyanos (*pierre bleue*), nom (145) qui a été appliqué tout à l'heure à un jaspe, à cause de sa couleur bleue. Le plus beau est le cyanos de Scythie, puis celui de Chypre, enfin celui d'Égypte. On l'imite très-bien avec le verre coloré; et cette invention, due à un roi d'Égypte, a été, à sa gloire, consignée dans les livres. Le cyanos se divise aussi en mâle et en femelle. Quelquefois il est parsemé d'une poussière dorée, mais autrement que le saphir (146).

XXXIX. Le saphir (147), en effet, brille de points dorés. Il est bleu, rarement avec une teinte pourprée. Les plus beaux viennent de la Médie. Aucune espèce n'est transparente. Au reste, cette pierre ne vaut rien pour la gravure, à raison de durillons cristallins qui s'y rencontrent. Les saphirs bleu de mer sont regardés comme mâles.

XL. Faisons à la suite une autre catégorie des pierres purpurines, et de celles dont la nuance dérive de la pourpre. Au premier rang sont les améthystes de l'Inde. Mais on en trouve aussi dans cette partie de l'Arabie qui est limitrophe de la Syrie et qu'on nomme Pétrée, dans la petite Arménie, en Égypte, et en Galatie; celles de Thasos et de Chypre sont les moins pures et les moins estimées. Le nom qu'elles portent vient, dit-on, de ce que l'éclat qu'elles jettent, arrivant jusqu'à la limite de la couleur du vin, passe

---

tiones, quam bonitates, distinguere. Optima ergo, quæ purpuræ aliquid habet : secunda, quæ rosæ : tertia, quæ smaragdi. Singulis autem Græci nomina ex argumento dedere. Quarta apud eos vocatur Borea, cælo autumnali matutino similis : et hæc erit illa, quæ vocatur aerizusa. Similis est et sardæ, imitata et violas. Non minus multæ species reliquæ, sed omnes in vitium cæruleæ, aut crys-**3** tallo similes, aut myxis. Item terebinthizusa, improprio, ut arbitror, cognomine, velut e multis ejusdem generis composita gemmis. Quamobrem præstantiores funda cluduntur patentes, nec præterquam margines auro amplectente. Vitium est et brevis in iis nitor et longe splendens, et sal, et omnia quæ in cæteris. Et vitro adulterantur : quod manifestum fit, quum extra fulgorem spargunt, atque non in se continent. Nec diversæ, quas sphragidas vocant, publico gemmarum dominio iis tantum dato, quoniam optime **4** signent. (IX.) Totus vero Oriens pro amuleto gestare eas tradunt. Quæ ex iis smaragdo similis est, sæpe transversa linea alba media præcingitur, et grammatias vocatur : quæ pluribus, polygrammos. Libet obiter vanitatem magicam hic quoque coarguere, quoniam hanc concionantibus utilem esse prodiderunt. Est et onychi juncta, quæ iasponyx vocatur : et nubem complexa, et nives imitata. Est et stellata rutilis punctis : est et sali similis Megarico : et veluti fumo infecta, quæ capnias vocatur. Magnitudinem iaspidis quindecim unciarum vidimus : formatamque inde effigiem Neronis thoracatam.

XXXVIII. Reddetur et per se cyanos, accommodato paulo ante et iaspidi nomine a colore cæruleo. Optima Scythica, dein Cypria, postremo Ægyptia. Adulteratur maxime tinctura, idque in gloriam regis Ægypti adscribitur, qui primus eam tinxit. Dividitur autem et hæc in mares feminasque. Inest ei aliquando et aureus pulvis, non qualis sapphiris.

XXXIX. In iis enim aurum punctis collucet. Cæruleæ sapphiri, rarumque ut cum purpura. Optimæ apud Medos : nusquam tamen perlucidæ. Præterea inutiles sculpturæ, intervenientibus crystallinis centris. Quæ sunt ex iis cyanei coloris, mares existimantur.

XL. Alius ex hoc ordo purpureis dabitur, et ab illis descendentibus. Principatum amethysti Indicæ tenent. Sed in Arabiæ quoque parte, quæ finitima Syriæ Petrææ vocatur, et in Armenia minore, et in Ægypto, et in Galatia reperiuntur : sordidissimæ autem vilissimæque, in Thaso et Cypro.

au violet avant d'y atteindre, ou de ce qu'elles ont dans leur pourpre quelque chose qui n'est pas complètement flamboyant (148), mais qui va s'amortissant et tirant sur une nuance vineuse. 2 Toutes les améthystes sont d'un violet transparent, et faciles à graver. Celles de l'Inde ont dans la perfection la nuance de la pourpre la plus riche, et les teinturiers en pourpre ne désirent que d'attraper cette belle nuance (IX, 62, 3). Elles répandent cette teinte d'une façon gracieuse et douce à la vue, et ne la lancent pas aux yeux comme les escarboucles. Une variété approche de la couleur de l'hyacinthe ; les Indiens nomment sacon cette couleur, et sacondion cette améthyste. Une autre variété a une couleur plus claire (149), et se nomme sapénos ; on la nomme aussi pharanitis, du nom du pays où on la trouve, 3 qui est limitrophe de l'Arabie. La quatrième variété est couleur de vin. La cinquième tire sur le cristal ; elle est presque blanche, la nuance pourpre y manquant. On n'en fait pas de cas (150) ; car une belle améthyste doit avoir, regardée de bas en haut, un certain éclat purpurin, légèrement nuancé de rose, avec un reflet d'escarboucle. Quelques-uns nomment de préférence ces améthystes pædéros ; d'autres, antéros ; beaucoup, paupière de Vénus. Les mages menteurs assurent que l'améthyste empêche l'ivresse, croyant sans doute que cela est bien en rapport avec l'apparence et la couleur de cette pierre ; de là, 4 disent-ils, le nom qu'elle a. De plus, si on y inscrit les noms de la lune et du soleil (151), et qu'on la porte suspendue au cou avec des poils de cynocéphale ou des plumes d'hirondelle, elle préserve des maléfices. Elle procure, de quelque façon qu'on la porte (152), un favorable accès auprès des rois ; elle détourne la grêle et les sauterelles, si on récite une prière qu'ils indiquent. Quant aux émeraudes, ils leur ont attribué de semblables vertus, à la condition d'y graver des aigles ou des scarabées. Sans doute ce n'est pas sans un sentiment de mépris et de moquerie pour le genre humain qu'ils ont écrit de pareils contes.

XLI. L'hyacinthe diffère beaucoup de l'améthyste ; cependant elle en dérive pour la nuance. Ce qui fait la différence, c'est que l'éclat violacé, si vif dans l'améthyste, est atténué dans l'hyacinthe. Agréable au premier coup d'œil, il s'évanouit avant de satisfaire ; bien loin de rassasier les yeux, il les atteint à peine, et il pâlit plus rapidement que la fleur de même nom.

XLII. L'Éthiopie, qui produit les hyacinthes, produit aussi les chrysolithes, transparentes et à éclat doré ; mais on préfère celles de l'Inde, et, pourvu qu'elles ne soient pas de diverses nuances, celles de Tibara. Les plus mauvaises sont celles d'Arabie, car elles sont troubles, marbrées ; l'éclat en est interrompu (153) par des taches nuageuses, et même celles qui se trouvent être limpides semblent remplies de leur propre limaille. Les meilleures sont celles qui, mises auprès de l'or, lui donnent une teinte blanchâtre et une certaine nuance d'argent. On enchâsse les belles dans des chatons à jour ; quant aux autres, on met une feuille de laiton par-dessous (154). Toutefois ces pierres ont cessé d'être employées comme pierreries.

XLIII. On donne le nom de chrysélectre à une certaine pierre (155) tirant sur la couleur de l'électrum, mais qui n'est agréable que le matin (XXXVII, 76, 1). On reconnaît les chrysélectres du Pont à leur légèreté. Quelques-unes sont dures et rousses, d'autres tendres et sales. Bocchus assure qu'on en a trouvé en Espagne aussi, dans le lieu où il dit qu'on a rencontré du cristal fossile (XXXVII, 9), en creusant des puits jusqu'au niveau de l'eau. Il ajoute avoir vu une chrysolithe du poids de douze livres.

1 XLIV. Il existe des leucochryses; une veine blanche les traverse. Il y a la variété capnias, la variété semblable au verre et ayant un reflet de safran. On les imite avec le verre (156), au point que l'œil ne peut les distinguer; mais le toucher découvre la fraude : les fausses ne sont pas aussi froides que les vraies.

1 XLV. Au même genre appartiennent les mélichryses, ainsi nommées parce qu'il semble qu'un miel pur passe à travers un or diaphane. Elles viennent de l'Inde. Quoique dures, elles sont fragiles, et non sans mérite (157). L'Inde aussi produit le xuthos, qui n'y est recherché que par le peuple.

1 XLVI. A la tête des pierres blanches est le pædéros; toutefois on peut demander à quelle couleur (158) il appartient. Le nom (XXXVII, 22 et 40) en a été tant de fois donné à de belles pierreries, qu'il est devenu, par privilège, synonyme de beauté. Il y a toutefois une sorte de pædéros qui mérite spécialement un si beau nom; car il réunit la transparence du cristal, le vert particulier de l'air, et en même temps la pourpre et un certain reflet de vin doré (159), reflet qui se montre à l'œil toujours le dernier, mais toujours entouré d'une couronne de pourpre. Ce pædéros paraît pénétré et de chacune de ces nuances isolément, et de 2 toutes à la fois. Nulle pierre n'a une plus belle eau; nulle ne captive plus agréablement et plus doucement les yeux. Le pædéros le plus recherché vient de l'Inde, où on l'appelle sagénon; au second rang est celui d'Égypte, qui se nomme syénite; au troisième rang est celui d'Arabie, mais il est raboteux. Celui du Pont et celui de l'Asie ont le rayonnement plus tendre; la substance même est plus tendre dans ceux de la Galatie, de la Thrace et de Chypre. Les défauts pour les pædéros sont d'avoir peu de vivacité, ou d'être troublés par des couleurs étrangères, et de plus les défauts communs à toutes les pierres (XXXVII, 18).

XLVII. Le second rang des pierres blanches est 1 à l'astérie, ce qu'elle doit à une propriété naturelle : elle tient renfermée en elle-même une certaine lumière, comme dans une prunelle. Cette lumière pour ainsi dire mobile à l'intérieur, elle la transmet suivant les degrés d'inclinaison, tantôt par un point, tantôt par un autre. Opposée au soleil, elle darde des rayons blancs, à la façon d'une étoile (160); de là le nom qu'on lui a donné. Elle est difficile à graver. On préfère celle de la Carmanie à celle de l'Inde.

XLVIII. La pierre nommée astrion (161) est 1 également blanche, ressemblant au cristal; on la trouve dans l'Inde et sur les côtes de la Pallène. Au centre brille comme une étoile, dont la lumière ressemble à celle de la lune dans son plein. Quelques-uns attribuent le nom qu'elle porte à ce que mise à l'opposite des astres elle se saisit de leur lumière et la renvoie. Ces auteurs ajoutent que la plus belle est celle de la Carmanie, et que celle-là est sans défaut; qu'on nomme céraunie (162) une variété inférieure, et que la moins estimée ressemble à la lumière d'une lampe.

XLIX. On vante encore l'astroïtès; et ceux 1 qui s'occupent des arts magiques assurent que Zoroastre en a célébré les vertus merveilleuses dans la magie.

---

Ponticas deprehendit levitas. Quædam in iis duræ sunt rufæque, quædam molles et sordidæ. Bocchus auctor est, et in Hispania repertas, quo in loco crystallum dicit ad libramentum aquæ puteis depressis erutam, chrysolithon xu pondo a se visam.

1 XLIV. Fiunt leucochrysi, interveniente candida vena. Sunt in hoc genere capniæ. Sunt et vitreis similes, veluti croco refulgentes. Vitro adulterantur, ut visu discerni non possint, tactus deprehendit, tepidior in vitreis.

1 XLV. In eodem genere sunt melichrysi, qui veluti per aurum sincero melle translucent. Has India mittit, quanquam in duritia fragiles, non ingratas. Eadem et xuthon parit, plebeiam sibi gemmam.

1 XLVI. Candidarum dux est pæderos: quanquam potest quæri, in quo colore numerari debeat, toties jactati per alienas pulchritudines nominis : adeo ut decoris prærogativa in vocabulo facta sit. Est et suum genus exspectatione tanta dignum. Coeunt quippe intus translucida crystallus, viridis suo modo aer, simulque purpura, et quidam vini aurei nitor, semper extremus in visu, sed semper purpura coronatus : madere videtur et singulis his et pariter omni-
2 bus. Nec gemmarum ulla est liquidior, captis jucunda suavitate oculis. Laudatissima est in Indis, apud quos sagenon vocatur. Proxima apud Ægyptios, ubi Syenites. Tertia in Arabia, verum scabra. Mollius radiat Pontica et Asiatica. Ipsæ vero molliores sunt Galatica, et Thracia, et Cypria. Vitia earum languor, aut alienis turbari coloribus, et quæ cæterarum.

XLVII. Proxima candicantium est asteria, principatum 1 habens proprietate naturæ, quod inclusam lucem pupillæ modo quamdam continet, ac transfundit eam inclinatione, velut intus ambulantem ex alio atque alio loco reddens, eademque contraria soli regerens candicantes radios in modum stellæ, unde nomen invenit, difficilis ad coelandum. Indicæ præfertur in Carmania nata.

XLVIII. Similiter candida est, quæ vocatur astrion, 1 crystallo propinqua, in India nascens, et in Pallenes littoribus : intus a centro ceu stella lucet fulgore lunæ plenæ. Quidam causam nominis reddunt, quod astris opposita fulgorem rapiat, ac regerat, Optimam in Carmania gigni, nullique obnoxiam vitio. Cerauniam eam vocari, quæ inde deterior. Pessimam lucernarum lumini similem.

XLIX. Celebrant et astroitem, mirasque laudes ejus 1 in magicis artibus Zoroastrem cecinisse, qui circa eas diligentes sunt, produnt.

1 L. Sudinès dit que l'astrobole ressemble à des yeux de poisson, et qu'au soleil il a un rayonnement blanc.

1 LI. Au nombre des pierres blanches est encore la pierre nommée céraunie, qui absorbe la lumière des astres. Elle est cristalline, d'un reflet bleu, et se trouve en Carmanie. Zénothémis avoue qu'elle est blanche; mais il dit qu'elle a à l'intérieur une étoile qui va de côté et d'autre. Suivant lui, il y a des céraunies de peu d'éclat (163), dans lesquelles on fait naître cette étoile par une macération de quelques jours dans le nitre et le vinaigre, étoile qui s'éteint au bout d'autant de mois que la macération a duré de jours. Sotacus distingue deux autres variétés de céraunies, une noire et une rouge. Il dit qu'elles ressemblent à des haches; que parmi ces pierres (164) celles qui sont noires et rondes sont sacrées; que par leur moyen on prend les villes et les flottes, et qu'on les nomme bétules; mais qu'on nomme céraunies celles qui sont longues. On prétend qu'il y a encore une autre espèce de céraunie extrêmement rare, et recherchée par les mages pour leurs opérations (165), attendu qu'elle ne se trouve que dans un lieu frappé de la foudre.

1 LII. Dans ces auteurs, après la céraunie c'est la pierre nommée iris qui a le plus de renom. On la trouve fossile dans une certaine île de la mer Rouge, qui est à soixante mille pas de la ville de Bérénice. Elle est en partie cristal. Aussi quelques-uns ont-ils dit qu'elle était la racine du cristal. Ce n'est pas sans raison qu'on la nomme iris : frappée des rayons du soleil, dans un lieu couvert, elle projette sur la muraille voisine toutes les apparences, toutes les couleurs de l'arc-en-ciel, changeant continuellement de teintes, et excitant l'admiration par cette grande variété. Il est certain qu'elle est hexaèdre comme le cristal. Suivant quelques-uns (166), il s'en trouve qui ont les faces raboteuses et les angles inégaux, et qui, exposées au soleil, à découvert, dispersent les rayons qui tombent sur elles; mais d'autres, projetant la lumière autour d'elles, éclairent les objets voisins. Au reste, l'iris ne renvoie les couleurs, comme nous avons dit (167) (XXXVII, 25, 3), que quand elle est en un lieu couvert; ce qui montre qu'elles ne sont pas dans cette pierre, mais qu'elles sont le produit de la réverbération des murailles. La plus belle est celle qui donne les arcs les plus grands, et les plus semblables à l'arc-en-ciel. Il est encore une autre iris tout à fait semblable du reste, sinon qu'elle est très-dure. Horus dit que calcinée et pilée celle-ci guérit la morsure de l'ichneumon, et qu'elle vient de la Perse.

1 LIII. La pierre nommée léros (168) a un aspect semblable, mais ne produit pas les mêmes effets; c'est une espèce de cristal, qui a en travers une tache blanche et noire.

1 LIV. Ayant traité des pierreries principales (169) suivant l'ordre des couleurs, nous allons parler des autres suivant l'ordre alphabétique.

(x.) L'agathe était très-estimée; aujourd'hui on n'en fait aucun cas. On la trouva d'abord en Sicile, auprès d'un fleuve qui porte le même nom; depuis, on l'a rencontrée en plusieurs localités. Elle l'emporte en grosseur sur les autres et offre un grand nombre de variétés, d'après lesquelles varient les surnoms (170); on distingue : la jaspagathe, la céragathe, la sardagathe, l'hæmagathe, la leucagathe, la dendragathe, qui est comme décorée d'arbustes (171); l'autagathe qui calcinée répand une odeur de myrrhe; la coralloagathe, parsemée, comme le saphir, de gouttes

---

1 L. Astrobolon Sudines dicit oculis piscium similem esse, et radiare candido, in sole.
1 LI. Est inter candidas et quæ ceraunia vocatur, fulgorem siderum rapiens. Ipsa crystallina, splendoris cærulei, in Carmania nascens. Albam esse Zenothemis fatetur, sed habere intus stellam concursantem. Fieri et hebetes cerauniâs, quas nitro et aceto per aliquot dies maceratas concipere stellam eam, quæ post totidem menses relanguescat. Sotacus et alia duo genera fecit cerauniæ, nigræ rubentisque, ac similes eas esse securibus : ex his, quæ nigræ sint et rotundæ, sacras esse, urbes per illas expugnari et classes, easque betulos vocari : quæ vero longæ sunt, ceraunias. Faciunt et aliam raram admodum, et magorum studiis expetitam, quoniam non aliubi inveniatur, quam in loco fulmine icto.
1 LII. Proximum cerauniæ nomen apud eos habet, quæ appellatur iris. Effoditur in quadam insula Rubri maris, quæ distat a Berenice urbe sexaginta millia pass., cætera sui parte crystallus. Itaque quidam radicem crystalli esse dixerunt. Vocatur ex argumento iris. Nam sub tecto percussa sole, species et colores arcus cælestis in proximos parietes ejaculatur, subinde mutans, magnaque varietate admirationem sui augens. Sexangulum esse, ut crystallum, constat. Sed aliqui scabris lateribus, et angulis inæquali- 2 bus dicunt, in sole aperto projectas, radios in se cadentes discutere : aliquas vero ante se projecto nitore adjacentia illustrare. Colores vero non nisi ex opaco, ut diximus, reddunt, nec ut ipsæ habeant, sed ut repercussu parietum elidant : optimaque, quæ maximos arcus facit, simillimosque cælestibus. Est et alia iris, cætero similis, at prædura : quam Horus crematam tusamque ad ichneumonum morsus remedio esse, nasci autem in Perside tradit.
LIII. Similis est aspectu, sed non ejusdem effectus, 1 quæ vocatur leros, alba nigraque macula in transversum distinguente crystallum.
LIV. Expositis per genera colorum principalibus gem- 1 mis, reliquis litterarum ordine explicabimus.
(x.) Achates in magna fuit auctoritate, nunc in nulla. Reperta primum in Sicilia juxta flumen ejusdem nominis, postea plurimis locis, excedens amplitudine, varietatibus numerosa mutantibus cognomina ejus. Vocatur enim iaspachates, cerachates, sardachates, hæmachates, leucachates, dendrachates, quæ velut arbusculis insignis est : autachates, quum uritur, myrrham redolens : coralloachates guttis aureis sapphiri modo sparsa, qualis copiosissima in Creta, sacra appellata. Putant eam contra araneorum et 2

d'or, très-commune en Crète, où on la nomme sacrée; on la regarde comme bonne contre les blessures faites par les araignées et les scorpions. Je ne répugne pas à attribuer une telle propriété aux agathes de Sicile; car dès qu'on commence à respirer l'air de cette île le venin des scorpions se trouve neutralisé. Les agathes qu'on rencontre dans l'Inde ont la même vertu, et bien d'autres qui sont merveilleuses. Elles offrent les images de fleuves, de bois, de bêtes de somme, de chariots, de harnois et d'ornements pour les chevaux. Les médecins en font des molettes. La vue seule en est bonne pour les yeux; tenues dans la bouche, elles calment la soif. Les agathes de Phrygie n'ont point de vert. Celles qu'on trouve à Thèbes, en Égypte, n'ont point de veines rouges et blanches. Celles-ci aussi sont efficaces contre les scorpions. La même vertu appartient à celles de Chypre. Il y a des gens qui recherchent surtout la transparence du verre dans ces pierres. On en trouve encore dans la Trachinie (172), autour du mont Œta, sur le Parnasse, à Lesbos, à Messène (celles-ci sont semblables aux fleurs qui bordent les chemins), et à Rhodes. Les mages font d'autres distinctions : celles qui offrent l'apparence de la peau du lion ont, disent-ils (173), de l'efficacité contre les scorpions; en Perse, avec des fumigations de ces agathes, on détourne les tempêtes, les ouragans, et on arrête le cours des fleuves; on reconnaît si elles ont cette vertu, lorsque, jetées dans les chaudières bouillantes, elles les refroidissent; mais pour qu'elles servent, il faut les attacher avec des poils de crinière de lion. Quant à celle qui ressemble à la peau de l'hyène, les mages l'ont en abomination, comme répandant la discorde dans les maisons. Suivant eux, l'agathe d'une seule couleur rend les athlètes invincibles : on la reconnaît a ce que jetée (174) dans une chaudière pleine d'huile avec des substances colorantes, elle donne au bout de deux heures de cuisson la couleur uniforme du minium au mélange. L'acopos ressemble au nitre; elle est poreuse, et marquée de points d'or : l'huile qu'on a fait bouillir avec, employée en onction, dissipe la lassitude, si nous en croyons ce qu'on dit. L'alabastritis (175) (XXXV, 12) vient d'Alabastrum en Égypte, et de Damas en Syrie; elle est d'une teinte blanche, qu'entrecoupent différentes couleurs; calcinée avec du sel fossile et pulvérisée, elle passe pour guérir les maux de la bouche et des dents. On nomme alectorie une pierre trouvée dans le gésier des gallinacés. Elle a l'apparence du cristal, et est grosse comme une fève. On prétend que Milon de Crotone la portait sur lui dans les combats, ce qui le rendait invincible. L'androdamas a l'éclat de l'argent, comme le diamant (XXXVII, 15); il est quadrangulaire, et toujours semblable à des pièces de marqueterie. Selon les mages, il est ainsi nommé parce qu'il dompte la colère et la violence des hommes. Les auteurs ne disent pas si l'argyrodamas est la même pierre ou non. L'antipathes noire, n'est pas transparente. On éprouve cette pierre en la faisant bouillir dans du lait : elle le rend couleur de myrrhe (176). Peut-être quelqu'un s'est-il attendu à trouver quelque vertu incroyable dans cette pierre, vu que, au milieu de tant de substances douées de propriétés antipathiques, elle est la seule qui ait la possession du nom. Les mages prétendent qu'elle est secourable contre les fascinations. L'arabique est très-semblable à l'ivoire, et on s'y tromperait, n'était la dureté qui lui est propre. On pense (177) que ceux qui en portent se guérissent des douleurs nerveuses. L'aromatitis aussi est produite,

---

scorpionum ictus prodesse. Quod in Siculis utique crediderim, quoniam primum ejus provinciæ afflatu scorpionum pestis exstinguitur. Et in India inventæ contra eadem pollent, et aliis magnis miraculis. Reddunt enim species fluminum, nemorum, et jumentorum, etiam esseda, et stabula, et equorum ornamenta. Medici coticulas inde faciunt. Spectasse etiam prodest oculis. Sitim quoque sedant in os additæ. Phrygiæ viridia non habent. Thebis Ægyptiis repertæ carent rubentibus venis et albis. Et hæ quoque contra scorpiones validæ. Eadem auctoritas et Cypriis est. Sunt qui maxime probent vitream perspicuitatem in his. Reperiuntur et in Trachinia circa Œtam, et in Parnasso, et in Lesbo, ac in Messene, similes limitum floribus, et in Rhodo. Aliæ apud magos differentiæ. Leoninæ pelli similes, potentiam habere contra scorpiones dicunt. In Persis vero suffitu earum tempestates averti et presteras, flumina sisti. Argumentum esse, si in ferventes cortinas additæ refrigerent: sed ut prosint, leoninis jubis alligandas: nam hyænæ pelli similem abominantur, discordialem domibus. Eam vero, quæ unius coloris sit, invictam athletis esse. Argumentum ejus, quod in ollam plenam olei coniecta cum pigmentis, et intra duas horas subfervefacta, unum colorem ex omnibus faciat minii. Acopos nitro similis est, pumicosa, aureis guttis stellata. Cum hac oleum subfervefactum perunctis lassitudinem (si credamus) solvit. Alabastritis nascitur in Alabastro Ægypti, et in Syriæ Damasco, candore interstincto variis coloribus. Hæc cremata cum fossili sale ac trita, gravitates oris et dentium extenuare dicitur. Alectorias vocant in ventriculis gallinaceorum inventas, crystallina specie, magnitudine fabæ: quibus Milonem Crotoniensem usum in certaminibus, invictum fuisse videri volunt. Androdamas argenti nitorem habet, ut adamas, quadrata, semperque tessellis similis. Magi putant nomen impositum ab eo, quod impetus hominum, et iracundias domet. Eadem sit, an alia, argyrodamas, auctores non explicant. Antipathes nigra non translucet. Experimentum ejus si coquatur in lacte : facit enim hoc myrrhæ simile : immensum quiddam in hoc fortassis aliquis expectet, in tot exemplis uni possessione hujus nominis data. Eam contra effascinationes auxiliari magi volunt. Arabica ebori simillima est : et hoc videretur, nisi abnueret duritia; hanc putant contra dolores nervorum prodesse habentibus. Aromatitis et ipsa in Arabia traditur gigni, sed et in Ægypto circa Philas, ubique lapidosa, et

dit-on, par l'Arabie; cependant on en trouve en Égypte, à Philé (178). Elle est partout pierreuse; elle a la couleur et l'odeur de la myrrhe, ce qui 7 la fait rechercher par les reines. L'asbeste (XIX, 4) vient dans les montagnes de l'Arcadie; il est de couleur de fer. Suivant Démocrite, l'Arabie produit l'aspilate, de couleur de feu; les individus malades de la rate doivent la porter attachée avec des poils de chameau; elle se trouve dans le nid de certains oiseaux d'Arabie. Il ajoute qu'on rencontre dans le même pays, à Leucopetra, une autre aspilate, de couleur d'argent, rayonnante, qui en amulette (179) est bonne contre les dérangements d'esprit. Il rapporte que l'Inde et, dans la Perse, le mont Acidane (180) produisent l'atizoé, d'un éclat argenté, de la longueur de trois doigts, de la forme d'une lentille, d'une odeur agréable, et nécessaire aux mages quand ils consacrent un roi. L'augitès paraît à beaucoup d'auteurs n'être pas (181) dif-
8 férente de la callaïs. L'amphitane, autrement appelée chrysocolle, se trouve dans cette partie de l'Inde où les fourmis déterrent l'or. Elle ressemble à de l'or, et est quadrangulaire. On assure qu'elle a la propriété de l'aimant; mais de plus on lui attribue le pouvoir d'attirer l'or. L'aphrodisiace est d'un blanc tirant sur le roux. L'apsyctos, échauffée par le feu, reste chaude pendant sept jours; elle est noire, pesante, et coupée de veines rouges; on la croit bonne contre les froids. D'après Iacchus, l'égyptilla est une pierre blanche, coupée d'une ligne rouge et d'une ligne noire; l'égyptilla du vulgaire est une pierre dont la partie inférieure est noire, et dont la supérieure est bleue. Le nom qu'elle porte vient du lieu qui la produit (182).

LV. Les balanites sont de deux sortes, l'une verdâtre, l'autre semblable à l'airain de Corinthe; la première vient de Coptos (183), la seconde de la Troglodytique. Toutes deux sont coupées au milieu par une veine de feu. Coptos envoie aussi les batrachites, l'une de couleur de grenouille, l'autre de couleur d'ébène, une autre d'un noir tirant sur le rouge. Le baptès est tendre, et d'une odeur excellente. L'œil de Bélus est blanchâtre, et a comme une prunelle noire qui brille au milieu d'un reflet d'or. Cette pierre, à cause de sa beauté, est consacrée au dieu le plus révéré des Assyriens. Quant au bélus lui-même, il se trouve à Arbelles, d'après Démocrite, de la grosseur d'une noix; il ressemble à du verre. Le baroptène ou barippe est noir, avec des marques blanches et couleur de sang; porté en amulette (184), on le rejette comme produisant des monstruosités. Le botrytès est tantôt noir, tantôt couleur de pampre (185), et semblable à un raisin qui se forme. Zoroastre nomme bostrichitès une pierre qui ressemble à des cheveux de femme. La bucardie, semblable à un cœur de bœuf, ne se trouve qu'à Babylone. La brontée (186) ressemble à une tête de tortue; elle tombe, à ce qu'on pense, avec le tonnerre; et s'il faut croire ce qu'on en dit, elle éteint les objets enflammés par la foudre. La bolos se trouve dans l'Ibère (187) (III, 4, 4); elle ressemble à une motte de terre.

LVI. La cadmitis ne diffère (188) de l'ostracitis (XXXVII, 65) que par les bulles bleues dont parfois celle-ci est entourée. La callaïs imite le saphir, mais elle est moins foncée, et tire sur la couleur de l'eau du bord de la mer (XXXVII, 33). La capnitis fait, selon quelques-uns, une espèce particulière; selon la plupart, c'est un jaspe enfumé (189), comme nous l'avons dit en son lieu (XXXVII, 37). La cappadocienne se trouve en Phrygie aussi (190), et ressemble à l'ivoire. On nomme callaïnes des pierres qui tirent sur la cou-

---

7 myrrhæ coloris, et odoris, ob hoc reginis frequentata. Asbestos in Arcadiæ montibus nascitur, coloris ferrei. Aspilaten Democritus in Arabia gigni tradit, ignei coloris. Eam oportere cameli pilo spleuicis alligari : invenirique in nido Arabicarum alitum. Et aliam eodem nomine ibi in Leucopetra nasci argentei coloris, radiantem, contra lymphatum habentium. Atizoen in India et in Perside Acidane monte nasci, argenteo nitore fulgentem, magnitudine trium digitorum, ad lenticulæ figuram, odoris jucundi, necessariam magis regem constituentibus. Augites multis non alia videtur esse, quam quæ callais. Amphitane alio nomine appellatur chrysocolla, in Indiæ parte, ubi formicæ eruunt aurum, in qua invenitur auro similis quadrata figura : affirmaturque natura ejus, quæ magnetis : nisi quod trahere quoque aurum traditur. Aphrodisiace ex candido rufa est. Apsyctos septenis diebus calorem tenet excalfacta igni, nigra ac ponderosa, distinguentibus eam venis rubentibus. Putant prodesse contra frigora. Ægyptilla Iacchus intelligit, per album sarda nigraque vena transeunte ; vulgus autem nigra radice, cærulea facie : nomen a loco.

LV. Balanitæ duo genera habent, subvirides, et Corinthii æris similitudine. Illa e Copto, hæc ex Troglodytica veniens, medias secante flammea vena. Coptos et batrachitas mittit : unam ranæ similem colore : alteram ebeni : tertiam rubentis e nigro. Baptes, mollis alioqui, odore excellens. Beli oculus albicans pupillam cingit nigram, e medio aureo fulgore lucentem. Hæc propter speciem sacratissimo Assyriorum deo dicatur. Aliam autem quam Belum vocant, in Arbelis nasci, Democritus tradit, nucis juglandis magnitudine, vitrea specie. Baropteuos sive barippe, nigra, sanguineis et albis notis : adalligata, projicitur, velut portentosa. Botryites alia nigra est, alia pampinea, incipienti uvæ similis. Zoroastres crinibus mulierum similiorem bostrychiten vocat. Bucardia bubulo cordi similis, Babylone tantum nascitur. Brontea capiti testudinum : e louitribus cadit, ut putant : restinguitque fulmine icta, si credimus. Bolœ in Ibero inveniuntur, glebæ similitudine.

LVI. Cadmitis eadem est, quam ostracitin vocant : nisi quod hanc cæruleæ interdum cingunt bullæ. Callais sapphirum imitatur, candidior, et littoroso mari similis. Capnitis quibusdam videtur suum genus habere, pluribus iaspidis fumidæ, ut suo loco diximus. Cappadocia et in Phrygia nascitur, ebori similis. Callainas vocant e turbido callaino. Ferunt

leur de la callaïs, mais qui sont troubles. On en trouve toujours (191), dit-on, plusieurs attachées ensemble. La catochitis est une pierre de Corse, plus grosse que les autres, et merveilleuse, si on dit la vérité : elle retient comme de la gomme la main qui s'y applique. La catoptritis (192) se trouve en Cappadoce ; blanche, on s'y voit comme dans un miroir. La cépitis ou cépolatitis est blanche, avec des veines qui viennent s'entrelacer en un seul nœud. La céramitis (193) a la couleur de la poterie. La cinædie se trouve dans le cerveau d'un poisson du même nom (XXXII, 53). Elle est blanche, oblongue et douée d'une vertu merveilleuse, si toutefois la chose est vraie : elle annonce à l'avance l'état de la mer par sa teinte nuageuse ou pure. La céritis est de couleur de cire ; le circos, de la couleur de l'épervier ; la corsoïdès ressemble à des cheveux blancs ; la coralloagathe (XXXVII, 54), à du corail parsemé de gouttes d'or ; la corallis, qui ressemble à du minium, se trouve dans l'Inde et à Syène. La cratéritis (194) a une couleur intermédiaire entre la chrysolithe et l'électrum : elle est excessivement dure. La crocallis représente une cerise. La cyitis (195) se trouve aux environs de Coptos, est blanche, et semble avoir au dedans une pierre dont on entend le bruit. La chalcophone est noire; frappée, elle résonne comme l'airain ; et on conseille aux tragédiens de la porter sur eux. Les chélidoines sont de deux sortes, toutes deux avec la couleur de l'hirondelle d'un côté ; les unes sont purpurines de l'autre côté, et les autres ont cette partie purpurine semée de taches noires (196). La chélonie est l'œil de la tortue indienne, de toutes les pierres la plus prodigieuse, selon les impostures des mages : ils promettent que si, après s'être lavé la bouche avec du miel (197), on la met sur la langue, on aura la science de l'avenir pendant un jour tout entier, à la pleine ou à la nouvelle lune ; avant le lever du soleil, pendant le décours ; de six heures à midi, les autres jours. Il y a aussi les chélonitis, qui ressemblent à des tortues, et desquelles ils promettent beaucoup pour calmer les orages : quant à celle (198) qui est parsemée de gouttes d'or, jetée avec un scarabée dans l'eau, elle excite une tempête. La chloritis est de couleur herbacée : suivant les mages, elle se trouve dans le gésier de la bergeronnette, et elle s'engendre avec cet oiseau ; ils recommandent de l'enchâsser dans du fer, pour certaines merveilles qu'ils promettent, suivant leur coutume. La choaspitis, ainsi nommée du fleuve Choaspès (VI, 31), est verte avec un reflet doré. La chrysolampis, produit de l'Éthiopie, est pâle le jour, et couleur de feu la nuit. La chrysopis paraît être de l'or. La céponidès se trouve à Atarné de l'Éolide (199), aujourd'hui un bourg, autrefois une ville. Elle offre diverses couleurs, est transparente, et ressemble tantôt à du verre, tantôt à du cristal, tantôt à du jaspe ; celles même qui sont ternes sont tellement luisantes, qu'on s'y voit comme dans un miroir.

LVII. La daphnie est indiquée par Zoroastre contre l'épilepsie. La diadochos ressemble au béril. La diphyès est double, blanche et noire, mâle et femelle, une simple ligne séparant les caractères des deux sexes. La dionysias est noire et dure, avec des taches rouges. Elle donne le goût du vin à l'eau dans laquelle on la pile, et elle passe pour empêcher l'ivresse. La draconitès ou dracontie provient du cerveau des dragons ; mais elle n'est fine qu'autant qu'on coupe le cerveau sur l'animal vivant, attendu que l'animal, se sentant mourir, la gâte par envie ; en conséquence, on coupe la tête au dragon pendant son

---

plures simul semper inveniri conjunctas. Catochitis Corsicæ lapis est, cæteris major : mirabilis, si vera traduntur, impositam manum veluti gummi retinens. Catoptritis e Cappadocia provenit, candore imaginem regerens. Cepitis, sive cepolatitis, candida est, venarum nodis coeuntibus in unum. Ceramitis, testæ colorem habet. Cinædiæ inveniuntur in cerebro piscis ejusdem nominis, candidæ et oblongæ, eventuque mirandæ, si modo est fides, præsagire eas habitum maris, nubilo colore aut tranquillitate. Ceritis ceræ similis est : circos accipitri : corsoides canitiei hominis : coralloachates corallo aureis guttis distinctæ. Corallis minio similis gignitur in India et Syene. Crateritis inter chrysolithum et electrum colorem habet, præduræ naturæ. Crocallis cerasum repræsentat. Cyitis circa Copton nascitur candida, et videtur intus habere petram, quæ sentiatur etiam crepitu. Chalcophonos nigra est, sed illisa æris tinnitum reddit, tragœdis, ut suadent, gestanda. Chelidoniæ duorum sunt generum : hirundinum colore ; ex altera parte purpurea, et alia in purpura nigris interpellantibus maculis. Chelonia oculus est Indicæ testudinis, vel portentosissima magorum mendaciis. Melle enim colluto ore, linguæ impositam futurorum scientiam præstare promittunt : quintadecima luna, et silente, tota die : decrescente vero, ante solis ortum : cæteris diebus, a prima in sextam horam. Sunt et chelonitides testudinum similes, ex quibus ad tempestates sedandas multa vaticinantur. Eam vero, quæ sit aureis guttis, cum scarabæo dejectam in aquam ferventem tempestates commovere. Chloritis herbacei coloris est, quam dicunt magi inveniri in motacilla avi ventre, congenitam ei : ferroque includi jubent, ad quædam prodigiosa moris sui. Choaspitis a flumine dicta est viridis, fulgoris aurei. Chrysolampis in Æthiopia nascitur, pallida die, et in nocte ignea. Chrysopis aurum videtur esse. Ceponides in Æolide Atarne, nunc pago, quondam oppido, nascuntur, multis coloribus translucentes, alias vitreæ, alias crystallinæ, alias iaspideæ. Sed et sordidis tantus est nitor, ut imagines reddant, ceu specula.

LVII. Daphniam Zoroastres morbis comitialibus demonstrat. Diadochos beryllo similis est. Diphyes duplex, candida ac nigra, mas ac femina, genitale utriusque sexus distinguente linea. Dionysias nigra ac dura mixtis rubentibus maculis : ex aqua trita saporem vini facit, et ebrietati resistere putatur. Draconites, sive dracontia, e cerebro fit draconum : sed nisi viventibus abscisso numquam gem-

sommeil. Sotacus, qui a écrit avoir vu cette pierre chez un roi, raconte que ceux qui en cherchent sont sur un char à deux chevaux; qu'à la vue du dragon ils répandent des drogues assoupissantes (200), et coupent la tête de l'animal ainsi endormi. Suivant lui, cette pierre est blanche et diaphane; elle ne se laisse ni polir ni graver.

1 LVIII. L'encardie se nomme aussi ariste. Il y en a trois sortes : la première, noire, où fait saillie l'effigie d'un cœur; la seconde est verte, et offre l'apparence d'un cœur; la troisième présente un cœur noir, et du reste est blanche. L'énorchis est blanche; fendue (201), les fragments offrent l'image des testicules. Suivant Zoroastre, l'exébène est belle et blanche; les orfévres s'en servent pour brunir l'or. L'éristalis, qui est blanche, offre des teintes rouges quand on l'incline. L'érotylos, nommée aussi amphicome et hiéromnémon, est vantée par Démocrite (202) pour l'art de la divination.

2 L'eumécès, produit de la Bactriane, ressemble au silex; mise sous le chevet, elle donne des visions nocturnes qui ont le caractère d'oracles. L'eumithrès est nommée par les Assyriens pierre de Bélus, le plus saint de leurs dieux; elle est de couleur porracée, et recherchée pour les superstitions. L'eupétalos offre quatre couleurs, le bleu, le rouge de feu, le minium et le vert pomme. L'euréos (203) ressemble à un noyau d'olive; elle est striée à la façon des coquillages, et n'est pas fort blanche. L'eurotias semble cacher sa couleur noire sous une sorte de moisissure. L'eusébès est la pierre qui servit, dit-on, à faire dans le temple d'Hercule, à Tyr (204), un siége duquel les hommes pieux seuls se levaient facilement. L'épimélas est une pierre blanche, avec des reflets noirâtres à la surface.

1 LIX. La galaxias, nommée par quelques-uns galactitès, ressemble aux pierres qui viennent d'être nommées; seulement elle est coupée de veines couleur de sang ou blanches. La galactitis n'a qu'une seule couleur (205), celle du lait. On la nomme encore leucogée, leucographitis, synnephitis; broyée dans l'eau, elle prend d'une façon remarquable l'aspect et le goût du lait ; on dit qu'elle donne beaucoup de lait aux nourrices ; qu'attachée au cou des enfants elle produit chez eux beaucoup de salive, et que mise dans la bouche elle se fond. On dit encore qu'elle ôte la mémoire; le Nil et l'Achéloüs la fournissent (206). Quelques-uns appellent galactitès l'émeraude environnée de veines blanches. La gallaïque res- 2 semble à l'argyrodamas; elle est un peu plus sale; on trouve les gallaïques deux à deux ou trois à trois. La gasidane vient de la Médie; elle est de couleur d'orobe, et comme parsemée de fleurs; on en trouve également à Arbelles; on dit que cette pierre aussi conçoit (xxxvi, 89; xxxvii, 56, n° 3), et qu'en la secouant on lui arrache l'aveu de cette conception, qui dure trois mois. La glossopètre, semblable a la langue de l'homme, ne s'engendre point, dit-on, dans la terre, mais tombe du ciel pendant les éclipses de lune; elle est nécessaire à la sélénomantie (207); mais nous avons été rendus incrédules par la vanité d'une promesse comme celle-ci, à savoir que cette pierre fait cesser les vents. La gorgonie n'est pas autre chose que le corail (208), qui a été nommé ainsi parce que, de mou qu'il est dans la mer, il prend à l'air la dureté de la pierre; les mages affirment qu'elle combat les foudres et les typhons. La goniée, d'après eux, nous venge de nos ennemis, promesse aussi mensongère que toutes les autres.

LX. L'héliotrope se trouve en Éthiopie, en

mescit, invidia animalis mori se sentientis. Igitur dormientibus amputant. Sotacus, qui visam eam gemmam sibi apud regem scripsit, bigis vehi quærentes tradit : et viso dracone spargere somni medicamenta, atque ita sopitis præcidere. Esse autem candore translucido, nec postea poliri, aut artem admittere.

1 LVIII. Encardia cognominatur et ariste : una, in qua nigra effigies cordis eminet : altera eodem nomine, viridi colore, cordis speciem repræsentat : tertia cor nigrum ostendit, reliqua sui parte candida. Enorchis candida est, divisisque fragmentis testium effigiem repræsentat. Exebenum Zoroastres speciosam et candidam tradit, qua aurifices aurum poliunt. Eristalis quum sit candida, ad inclinationes rubescere videtur. Erotylos, eadem amphicome, et hieromnemon, Democrito laudatur in argumentis divinationum. Eumeces in Bactris nascitur, silici similis : sed 2 capiti supposita visa nocturna oraculi modo reddit. Eumithren Beli gemmam, sanctissimi deorum sibi, Assyrii appellant, porracei coloris, superstitionibus gratam. Eupetalos quatuor colores habet, cæruleum, igneum, minii, mali. Eureos nucleo olivæ similis est, striata concharum modo, non adeo candida. Eurotias situ videtur operire nigritiam. Eusebes ex eo lapide est, ex quo traditur in Tyro Herculis templo facta sedes, ex qua pii facile surgebant.

Epimelas fit, quum candida gemma superne nigricat colos.

LIX. Galaxiam aliqui galactiten vocant, similem proxime 1 dictis, sed intercurrentibus sanguineis, aut candidis venis. Galactitis ex uno colore lactis est. Eamdem leucogæam et leucographitim appellant, et synnephitim, tritam lactis succo ac sapore notabilem. In educatione nutricibus lactis fecunditatem : infantium quoque alligata collo salivam facere dicitur, in ore autem liquescere. Eamdem memoriam adimere dicunt. Mittunt eam Nilus et Achelous amnes. Sunt qui smaragdum albis venis circumligatum galactiten vocent. Gallaica argyrodamanti similis est, paulo 2 sordidior : inveniuntur autem binæ vel ternæ. Gasidanem Medi mittunt, coloris orobini, veluti floribus sparsam. Nascitur et in Arbelis. Hæc quoque gemma concipere dicitur, et intra se partum fateri concussa, concipere autem trimestri spatio. Glossopetra linguæ similis humanæ non in terra nasci dicitur, sed deficiente luna cælo decidere, selenomantiæ necessaria. Quod ne crederemus, promissi quoque vanitas fecit : ventos enim ea comprimi narrant. Gorgonia nihil aliud est, quam curalium : nominis causa, quod in duritiam lapidis mutatur emollitum in mari. Fulminibus et typhoni resistere affirmant. Goniæam eadem vanitate inimicorum poenas efficere promittunt.

Afrique, en Chypre; il est de couleur porracée, et veiné de rouge. Il a été nommé ainsi parce que mis dans un vase d'eau il donne un reflet couleur de sang aux rayons du soleil qui y tombent (209). L'héliotrope d'Éthiopie surtout produit ce phénomène. Cette pierre hors de l'eau reçoit comme un miroir l'image du soleil, et lorsque cet astre s'éclipse montre la lune qui passe au-devant. Elle aussi (210) offre un exemple le plus manifeste peut-être de l'impudence des mages : suivant eux, mise avec la plante héliotrope, et aidée de certaines incantations, elle rend invisible celui qui la porte. L'héphestitis, quoique rayonnante, a aussi la propriété des miroirs pour réfléchir les images; on la reconnaît quand mise dans de l'eau bouillante elle la refroidit aussitôt, ou quand exposée (211) aux rayons du soleil elle allume le bois sec; on la trouve à Corycus. L'hermuædœon (212) (parties génitales d'Hermès) est appelée ainsi à cause des parties génitales qu'elle présente sur un fond tantôt blanc, tantôt noir, tantôt pâle, avec un cercle couleur d'or. L'hexécontalithe, d'une multitude de couleurs, quoique petite, a été pour cette raison ainsi nommée; on la trouve dans la Troglodytique (213). L'hiéracitis offre tout entière, alternativement, comme des plumes de milan et des plumes noires. L'hammitis ressemble à des œufs de poisson; il y en a une variété qu'on dirait composée de nitre, et qui pourtant est très-dure. La corne d'Hammon est une des gemmes les plus révérées de l'Éthiopie; de couleur d'or, représentant une corne de bélier, on assure qu'elle procure des rêves prophétiques. L'hormésion est une des pierres les plus agréables à voir; de couleur de feu, elle jette des rayons dorés, terminés à leurs extrémités par une lumière blanche. Les hyénies viennent, dit-on, de l'œil de l'hyène; et c'est pour cela qu'on va à la chasse de cet animal; placées sous la langue d'un homme, elles lui font, si nous voulons le croire, prédire l'avenir. Les plus belles hématites (xxxvi, 25) viennent de l'Éthiopie; mais on en trouve aussi en Arabie et en (214) Afrique : cette pierre est de couleur de sang; on prétend, n'oublions pas de le noter, qu'elle fait découvrir les embûches des barbares. Zachalias de Babylone, dans les livres qu'il dédia au roi Mithridate, attribuant (215) aux pierres précieuses un rôle dans les destinées humaines, ne se contente pas de décorer celle-ci du pouvoir de guérir les maux des yeux et du foie, mais encore il la recommande pour le succès des demandes adressées aux princes; il la fait intervenir dans les procès et les jugements, et prétend même qu'elle est salutaire à un blessé (216) perdant son sang dans les batailles. Il y a une autre hématite nommée menui par les Indiens et xanthos par les Grecs; elle est d'un jaune tirant sur le blanc.

LXI. Les dactyles de l'Ida, en Crète, ont la couleur du fer et la forme du pouce humain. L'ictérias ressemble à la peau livide (217), et à cause de cela passe pour bonne contre l'ictère. Une autre ictérias est moins foncée; une troisième ressemble à une feuille verte; plus large que les précédentes, elle ne pèse presque rien, et a des veines livides. La quatrième est de la même couleur, mais les veines sont noires. La pierre de Jupiter est blanche, fort légère et tendre; on la nomme aussi drosolithe (pierre de rosée) (218). L'indienne porte le nom de la contrée qui la produit; elle est roussâtre; quand on la frotte il en sort une sueur purpurine. Il y a une autre indienne qui est blanche, d'un aspect pulvérulent. L'ion, des

---

1 LX. Heliotropium nascitur in Æthiopia, Africa, Cypro, porracei coloris, sanguineis venis distincta. Causa nominis, quoniam dejecta in vas aquæ, fulgorem solis accedentem sanguineo repercussu mutat, maxime Æthiopica. Eadem extra aquam speculi modo solem accipit, deprehenditque defectus, subeuntem lunam ostendens. Magorum impudentiæ vel manifestissimum in hac quoque exemplum est, quoniam admixta herba heliotropio, quibusdam additis 2 præcantationibus, gerentem conspici negent. Hephæstitis quoque speculi naturam habet in reddendis imaginibus, quanquam rutilans. Experimentum est, si ferventem aquam addita statim refrigeret : aut si in sole apposita aridam materiam accendat. Nascitur in Coryco. Hermuædœum, ex argumento virilitatis in candida gemma vel nigra, et aliquando pallida, ambiente circulo aurei coloris, appellatur. Hexecontalithos in parva magnitudine multicolor, hoc sibi nomen adoptavit. Reperitur in Troglodytica regione. Hieracitis alternat tota milvinis nigrisque velut plumis. Hammitis ovis piscium similis est, et alia velut 3 nitro composita, prædura alioqui. Hammonis cornu inter sacratissimas Æthiopiæ gemmas, aureo colore, arietini cornus effigiem reddens, promittitur prædivina somnia repræsentare. Hormesion inter gratissimas aspicitur, ex igneo colore radians auro, portante secum in extremitatibus candidam lucem. Hyæniæ ex oculis hyænæ, et ob id invasæ, inveniri dicuntur : et, si credimus, linguæ hominis subditæ futura præcinere. Hæmatites in Æthiopia quidem principalis, sed et in Arabia et in Africa invenitur, sanguineo colore, non omittenda promissis ad coarguendas barbarorum insidias. Zachalias Babylonius in his libris quos scripsit ad regem Mithridatem, humana gemmis attribuens fata, hanc non contentus oculorum et jocinerum medicina decorasse, a rege etiam aliquid petituris 4 dedit, et litibus judiciisque interposuit : in præliis etiam exsangui salutare pronuntiavit. Est et alia ejusdem generis, quæ vocatur menui ab Indis, xanthos appellata Græcis, e fulvo caudicans.

LXI. Idæi dactyli in Creta, ferreo colore pollicem humanum exprimunt. Icterias cuti luridæ similis, ideo existimatur salubris contra regios morbos. Est et alia eodem nomine liquidior. Tertia folio viridi similis, latior prioribus, pæne sine pondere, venis luridis. Quartum genus in eodem colore nigris venis discurrentibus. Jovis gemma candida est, non ponderosa, tenera; hanc et drosolithon appellant. Indica gentium suarum habet nomen, subrufo colore, in attritu sudorem purpureum manat. Alia eodem

Indes, est violet; mais il est rare que cette nuance y brille sans rien laisser à désirer (219).

LXII. La lépidotis imite par ses diverses couleurs les écailles des poissons. La lesbias, ainsi nommée de Lesbos qui la produit, se trouve aussi dans l'Inde. La leucophthalme, rutilante d'ailleurs, a du blanc et du noir qui lui donnent l'apparence d'un œil. La leucopœcile est d'un blanc semé de gouttes de vermillon (220) tirant sur l'or. La libanochrus a l'apparence de l'encens; mais elle rend une humeur comme du miel. La limoniatis paraît être la même que l'émeraude. Quant à la liparée (221), tout ce qu'on en dit, c'est que employée en fumigation elle fait venir toutes les bêtes sauvages. La lysimaque ressemble au marbre de Rhodes, avec des veines d'or; en la polissant on la réduit beaucoup de volume, pour en faire disparaître les défauts. La leucochryse est une chrysolithe parsemée de blanc (222).

LXIII. Quant à la memnonie, ce qu'elle est, on ne le dit pas. La médée est noire; la découverte en est attribuée à la fabuleuse (223) magicienne : elle a des veines de couleur d'or; elle rend une humeur couleur de safran, et a le goût du vin. La méconitès représente un pavot. La mithrax vient de la Perse et des montagnes le long de la mer Rouge; de diverses couleurs, elle offre, exposée au soleil, des reflets variés. La morochthis (224), porracée, rend une humeur laiteuse. Des morions, celui de l'Inde est très-noir, transparent, et se nomme pramnion; celui dans lequel se mêle la couleur du rubis vient d'Alexandrie, et de Chypre celui dans lequel se mêle la couleur de la sarde. Tyr et la Galatie en produisent aussi. Xénocrate rapporte qu'on en trouve au pied des Alpes. Toutes ces gemmes sont propres à la gravure ectype (xxxv, 43). La myrrhitès a la couleur de la myrrhe, à peine l'apparence d'une gemme (225), et frottée l'odeur d'un parfum et même du nard. La myrmécias, noire, a des éminences semblables à des verrues. La myrsinitès a la couleur du miel, l'odeur du myrte. Une pierre est dite mésoleucos quand une ligne blanche la traverse par le milieu, et mésomélas quand c'est une ligne noire, quelle que soit la couleur de la gemme.

LXIV. La nasamonitis est couleur de sang, avec des veines noires. La nébritis, consacrée à Bacchus, a été ainsi appelée de sa ressemblance avec les nébrides (peaux de cerfs) portées par le dieu. Il y a d'autres nébritis qui sont noires. La nympharène porte le nom d'une ville et d'un peuple de la Perse; elle ressemble aux dents de l'hippopotame.

LXV. L'olca, dont le nom est barbare, plaît par ses nuances noires, rousses, vertes et blanches (226). L'ombrie, appelée par quelques-uns notie, tombe, dit-on, avec les pluies et les foudres, comme la céraunie et la brontée; on lui attribue le même effet qu'à la brontée (xxxvii, 55); on ajoute que mise sur les autels elle empêche les offrandes de brûler. L'onocardie est semblable au coccus (écarlate); on n'en dit rien de plus (227). L'oritis, de forme globuleuse, appelée aussi par quelques-uns sidéritis, est inaltérable au feu. L'ostracias ou ostracitis ressemble à un têt; une variété, plus dure, ressemble à l'agathe, si ce n'est que l'agathe par le polissage prend un aspect gras : cette variété est d'une si grande dureté, qu'on grave les autres gemmes avec ses fragments. L'ostritis (228) a le nom et l'apparence de l'huître. L'ophicardèle, nom donné par les barbares, est noire et terminée par deux lignes blanches. Nous avons

---

nomine candida, pulvereo aspectu. Ion apud Indos violacea est, sed rarum ut saturo colore luceat.

LXII. Lepidotis squamas piscium variis coloribus imitatur. Lesbias Lesbi patriæ nomen habens : invenitur et in India. Leucophthalmos rutila alias, oculi speciem candidam, nigramque continet. Leucopœcilos candorem minii guttis ex auro distinguit. Libanochrus thuris similitudinem ostendit, sed succum mellis. Limoniatis eadem videtur, quæ smaragdus. De liparea hoc tantum traditur, suffita ea omnes bestias evocari. Lysimachus Rhodio marmori similis est aureis venis : politur ex majore amplitudine in angustias, ut inutilia exterantur. Leucochrysos fit e chrysolitho interalbicante.

LXIII. Memnonia qualis sit, non traditur. Medea nigra est, a Medea illa fabulosa inventa : habet venas aurei coloris : sudorem reddit croci, saporem autem vini. Meconitæ papaver exprimit. Mithrax a Persis accepta est, et Rubri maris montibus : multicolor, contra solem varie refulgens. Morochthis porracea, lacte sudat. Morio in India, quæ nigerrimo colore translucet, vocatur Pramnion : in qua miscetur et carbunculi colos, Alexandrinum; ubi sardæ, Cyprium. Nascitur et in Tyro, et in Galatia. Xenocrates et sub Alpibus nasci tradit. Hæ sunt gemmæ, quæ ad ectypas scalpturas aptantur. Myrrhites myrrhæ colorem habet, faciemque minime gemmæ : odorem unguenti attrita, etiam nardi. Myrmecias nigra habet eminentias similes verrucis. Myrsinites melleum colorem habet, myrti odorem. Mesoleucos est, mediam gemmam candida distinguente linea. Mesomelas, nigra vena quemlibet colorem secante per medium.

LXIV. Nasamonitis est sanguinea, nigris venis. Nebritis Libero Patri sacra, nomen traxit a nebridum ejus similitudine. Sunt et aliæ nigræ generis ejusdem. Nympharena urbis et gentis Persicæ nomen habet, similis hippopotami dentibus.

LXV. Olca barbari nominis, e nigro et fulvo viridique, et candido placet. Ombria, quam aliqui notiam vocant, sicut ceraunia et brontea, cadere cum imbribus et fulminibus dicitur : eumdemque effectum habere, quem brontea, narratur. Præterea in aras addita ea, libamenta non amburi. Onocardia cocco similis est, neque aliud de ea traditur. Oritis globosa specie, a quibusdam et sideritis vocatur, ignes non sentiens. Ostracias, sive ostracitis, est testacea; durior altera, achatæ similis, nisi quod achates politura pinguescit : duriori tanta inest vis, ut aliæ gemmæ scalpantur fragmentis ejus. Ostritidi ostrea nomen et similitudinem dedere. Ophicardelon barbari vocant, nigrum colorem binis lineis albis includentibus. De obsidiano

parlé de l'obsidienne (229) dans le livre précédent (xxxvi, 67). On trouve des gemmes de même nom et de même couleur, non-seulement dans l'Éthiopie et l'Inde, mais encore dans le Samnium, s'il faut en croire certains auteurs, et sur les bords de l'océan Espagnol.

1 LXVI. Le panchrus est composé de presque toutes les couleurs. Le pangonius n'a pas plus d'un doigt de long : ce qui empêche (230) de le prendre pour un cristal, c'est qu'il a un plus grand nombre d'angles. Métrodore ne dit point ce qu'est le panéros; mais il rapporte des vers de la reine Timaris sur cette pierre (231), vers dédiés à Vénus, qui ne manquent pas d'élégance, et d'où l'on peut conclure que l'on attribuait à cette pierre une vertu fécondante : quelques-uns la nomment 2 pansébaste. Les pontiques sont de plusieurs sortes : une, étoilée et offrant des gouttes tantôt sanglantes, tantôt dorées, est rangée parmi les pierres sacrées; une autre, au lieu d'étoiles, a des lignes de même couleur; une autre offre des images de montagnes et des vallées. La phlogine, nommée aussi chrysitis (232), ressemble à l'ocre d'Attique, et se trouve en Égypte. La phœnicitis est dite ainsi à cause de sa ressemblance avec une datte; la phycitis, à cause de sa ressemblance avec une algue. On nomme périleucos une pierre où le blanc descend de la circonférence au centre. Les pæanitides (233), nommées par quelques-uns gæanides, conçoivent, dit-on, et produisent, et sont bonnes pour les femmes qui accouchent; elles naissent (234) en Macédoine, près du monument de Tirésias; elles ressemblent à de l'eau congelée.

1 LXVII. La gemme du soleil est blanche, et, comme cet astre, elle projette circulairement des rayons éclatants. Les Chaldéens trouvent la sagde attachée aux navires; elle est de couleur de poireau. L'île de Samothrace donne son nom à une pierre qu'elle produit, noire, légère, et semblable à du bois. La sauritis se trouve, dit-on, dans le ventre d'un lézard vert, fendu avec un roseau. La sarcitis représente de la chair de bœuf. La sélénitis est blanche, diaphane, avec un reflet couleur de miel; elle renferme une image de la lune, image tour à tour dans le cours et le décours, suivant les phases; on la trouve en Arabie. La sidéritis ressemble au fer; elle entre- 2 tient la discorde entre les plaideurs. La sidéropœcile, que produit l'Éthiopie, en est une variété caractérisée par des gouttes de diverses couleurs. La spongitis a le nom et l'apparence d'une éponge. La synodontitis vient du cerveau du poisson nommé synodonte. La syrtitis (235) vient de la côte des Syrtes; mais maintenant on en trouve aussi sur celle de la Lucanie : elle est de couleur de miel, avec un reflet safrané; à l'intérieur elle contient des étoiles d'un faible éclat. La syringitis, semblable à l'entre-nœud d'un tuyau de blé, est creuse d'un bout à l'autre.

LXVIII. Le trichrus vient d'Afrique; il est noir, 1 mais rend trois humeurs : à la racine, une couleur noire (236); au milieu, du sang; au sommet, de l'ocre. La télirrhize est de couleur cendrée ou rousse, avec un fond blanc. La télicardie a la couleur du cœur; les Perses, dont le pays la produit, en font leurs délices; ils la nomment muchula. La thracie est de trois sortes : une verte, une autre plus pâle, une troisième à gouttes de sang. La téphritis a l'apparence du croissant de la lune nouvelle, mais elle est de couleur cendrée. La técolithe ressemble à un noyau d'olive; elle

---

lapide diximus superiore libro. Inveniuntur et gemmæ eodem nomine ac colore, non solum in Æthiopia Indiaque, sed etiam in Samnio, ut aliqui putant, et in littoribus Hispaniensis oceani.

1 LXVI. Panchrus fere ex omnibus coloribus constat. Pangonius non longior digito, ne crystallus videatur, numero plurium angulorum facit. Paneros qualis sit, a Metrodoro non dicitur : sed carmen Timaridis reginæ in eam dicatum Veneri non inelegans ponit, ex quo intelligitur additam 2 ei fecunditatem. Quidam hanc pansebaston vocant. Ponticarum plura sunt genera. Est stellata nunc sanguineis, nunc auratis guttis, quæ inter sacra habetur. Alia pro stellis ejusdem coloris lineas habet, alia montium convallumque effigies. Phloginos, quem et chrysitim vocant, ochræ Atticæ assimilata, invenitur in Ægypto. Phœnicitis ex balani similitudine appellatur. Phycitis algæ. Perileucos, fit ab ora gemmæ ad radicem usque candido descendente. Pæanitides, quas quidam gæanidas vocant, prægnantes fieri et parere dicuntur, mederique parturientibus. Natalis iis in Macedonia juxta monumentum Tiresiæ, specie aquæ glaciatæ.

1 LXVII. Solis gemma candida est, et ad speciem sideris in orbem fulgentes spargit radios. Sagdam Chaldæi adhærescentem navibus inveniunt, prasini coloris. Samothracia insula ejusdem nominis gemmam dat nigram, ac sine pondere, ligno similem. Sauritin in ventre viridis lacerti arundine dissecti tradunt inveniri. Sarcitis bubulas carnes repræsentat. Selenitis ex candido translucet melleo fulgore, imaginem lunæ continens, redditque eam in dies singulos, crescentis minuentisque numeris : nascitur in Arabia. Si- 2 deritis ferro similis, litigio illata discordias facit : quæque nascitur in Æthiopia sideropœcilos, ex ea fit, variantibus guttis. Spongitis spongiæ nomen repræsentat. Synodontitis e cerebro piscium est, qui synodontes vocantur. Syrtitides in littore Syrtium, jam quidem et in Lucaniæ inveniuntur, e melleo colore croco refulgentes : intus autem stellas continent languidas. Syringitis stipulæ internodio similis, perpetua fistula cavatur.

LXVIII. Trichrus ex Africa nigra est, sed tres succos 1 reddit, a radice nigrum, medio sanguinem, summo ochram. Telirrhizos cinerei coloris aut rufi, candidis radicibus spectatur. Telicardios colore cordis. Persas, apud quos gignitur, magnopere delectat : muchulam appellant. Thracia trium generum est, viridis, aut pallidior, tertia sanguineis guttis. Tephritis, novæ lunæ speciem habet curvatæ in cornua, quamvis cinerei coloris. Tecolithos

n'est pas estimée comme gemme, mais elle brise et expulse les calculs quand on s'en frotte.

1 LXIX. Le cheveu de Vénus est une pierre très-noire et luisante; on y voit comme un cheveu roux. La véientane est une pierre italienne trouvée à Véies; elle est noire, mais bordée d'une ligne blanche.

1 LXX. La zauthène, d'après Démocrite, se trouve dans la Médie; elle a la couleur de l'électrum; pilée dans du vin de palmier avec du safran, elle se ramollit comme de la cire, et exhale une odeur très-suave. La zmilampis se trouve dans l'Euphrate; elle ressemble au marbre de Proconnèse; le milieu en est vert de mer. La zoranisceos se trouve dans le fleuve Indus; c'est, dit-on, la pierre des mages : voilà tout ce qu'on en rapporte.

1 LXXI. (XI.) Outre le classement par ordre alphabétique, il en est encore un autre que je vais exposer, et qui est tiré de rapports variés. Ainsi les parties du corps donnent les noms suivants : le foie, à l'hépatitis; les graisses nombreuses des divers animaux, à la stéatitis. On connaît le rein d'Adad, l'œil d'Adad, le doigt d'Adad : c'est un dieu adoré des Syriens. Le triophtbalme se trouve avec l'onyx; il présente en même temps trois yeux d'homme.

1 LXXII. D'autres pierreries tirent leur nom des animaux : la carcinias, de la couleur de l'écrevisse de mer; l'échitis, de la couleur de la vipère; la scorpitis, de la couleur ou de l'aspect du scorpion; la searitis, du scare; la triglitis, du mulet (poisson); l'ægophtbalme, qui ressemble à un œil de chèvre; une autre, à un œil de cochon. La geranitis rappelle le cou de la grue; l'hiéracitis, celui de l'épervier; l'aétitis est de la couleur de l'aigle à queue blanche; la myrmécitis offre à son intérieur l'image d'une fourmi rampante; la cantharias, d'un scarabée. La lycophthalme est de quatre couleurs : le roux, le sanglant; au milieu, le noir entouré d'un cercle blanc; c'est comme l'œil des loups, auquel elle ressemble complétement. Le taos est semblable au paon; et celle que je trouve être appelée chélidoine, à l'aspic.

LXXIII. L'hammochryse offre une ressemblance avec du sable, mais du sable mêlé de grains d'or. La cenchritis ressemble à des grains de millet répandus çà et là. La dryitis tire son nom des troncs d'arbre; elle brûle comme du bois. La cissitis, dans un fond blanc diaphane, a des feuilles de lierre qui l'occupent entièrement. La narcissitis a des marbrures, et l'odeur du narcisse. La cyaméé est noire; cassée, elle produit quelque chose de semblable à une fève. La pyren a été ainsi nommée du noyau de l'olive; elle paraît parfois contenir comme des arêtes de poisson. La phænicitis est dénommée d'après la datte (237). La chalazias a la blancheur et la forme des grains de grêle, et la dureté du diamant; on raconte que, mise dans le feu, elle garde sa température froide. La pyritis est noire, il est vrai; mais si on la frotte avec le doigt elle le brûle. La 2 polyzone est noire, et traversée par plusieurs zones blanches. Dans l'astrapie, sur un fond noir ou bleu, courent au milieu comme les rayons de la foudre. Dans la phlogitis, il semble qu'à l'intérieur brûle sans sortir une espèce de flamme. Dans l'anthracitis, des étincelles paraissent quelquefois voler çà et là. L'enhydros est toujours parfaitement ronde, blanche et lisse; mais quand on la remue on y sent à l'intérieur le flot d'un liquide,

---

oleæ nucleus videtur : neque est ei gemmæ honos, sed ungentium calculos frangit pellitque.

1 LXIX. Veneris crinis nigerrimi nitoris continet speciem rufi crinis. Veientana Italica gemma est, Veiis reperta, nigram materiam distinguente limite albo.

1 LXX. Zanthenem in Media nasci Democritus tradit, electri colore, et si quis terat in vino palmeo, et croco, ceræ modo lentescere, odore magnæ suavitatis. Zmilampis in Euphrate nascitur, Proconnesio marmori similis, medio colore glauco. Zoranisceos in Indo flumine nascitur : magorum gemma esse narratur : neque aliud amplius de ea.

1 LXXI. (XI.) Est etiamnum alia distinctio, quam equidem fecerim, subinde variata expositione. Siquidem a membris corporum habent nomina : hepatitis a jocinere : steatitis singulorum animalium adipe numerosa. Adadunephros, ejusdem oculus, ac digitus dei : et hic colitur a Syris. Triophtbalmos cum onyche nascitur, tres hominis oculos simul exprimens.

† LXXII. Ab animalibus cognominantur, carcinias marini cancri colore, echitis viperæ, scorpitis scorpionis aut colore, aut effigie : scaritis scari piscis, triglitis mulli, ægophthalmos caprino oculo : item alia suillo : et a gruis collo geranitis, hieracitis accipitris. Aetitis a colore aquilæ candicante cauda. Myrmecitis innatam repentis formicæ effigiem habet, scarabæorum cantharias. Lycophthalmos quatuor est colorum, ex rutilo sanguinea : in medio nigrum candido cingitur, ut luporum oculi, illis per omnia similis. Taos pavoni est similis, item aspidi, quam vocari chelidoniam invenio.

LXXIII. Arenarum similitudo est in hammochryso, † velut auro arenis mixto. Cenchritis milii granis velut sparsis. Dryitis e truncis arborum : hæc et ligni modo ardet. Cissitis in candido perlucet ederæ foliis, quæ totam tenent. Narcissitis venis et odore distincta. Cyamea nigra est, sed fracta ex se fabæ similitudinem parit. Pyren ab olivæ nucleo dicta est : huic aliquando inesse piscium spinæ videntur. Phænicitis ut balanus. Chalazias grandinum et candorem, et figuram habet, adamantinæ duritiæ. Narrant etiam in ignes additæ manere suum frigus : pyritis nigra quidem, sed attritu digitos adurit. Polyzonos nigra multis 2 zonis candicat. Astrapiæ in nigro aut cyaneo, discurrunt e medio fulminis radii. In phlogitide intus ardere quædam videtur flamma, quæ non exeat. In anthracitide scintillæ discurrere aliquando videntur. Enhydros semper rotunditatis absolutæ, in candore est lævis, sed ad motum fluc-

3 comme dans les œufs. La polytrique est verte et chevelue ; mais elle fait, dit-on, tomber les cheveux. La léontie et la pardalie ont été ainsi nommées de la peau du lion et de celle de la panthère. On a dénommé la drosolithe (238) d'après la rosée, la chrysolithe d'après sa couleur dorée ; la chrysoprase, d'après sa couleur herbacée ; la mélichros, d'après sa couleur de miel (mais de cette dernière il y a plusieurs espèces) ; la mélichlore (239), d'après ses deux nuances, l'une jaune, l'autre couleur de miel ; la crocias, d'après un certain reflet safrané ; la polias, d'après sa ressemblance avec une chevelure blanche ; la spartopolias, avec une chevelure blanche éclaircie ;
4 la rhoditis, d'après la rose ; la melitis, d'après sa couleur pomme ; la chalcitis, d'après sa couleur de cuivre ; la sycitis, d'après sa couleur de figue. Mais il n'y a pas de raison au nom de la borsycitis, qui sur un fond noir offre comme des branches et des feuilles blanches ou couleur de sang ; non plus que dans la gémite, où l'on voit comme deux mains blanches entrelacées dans la pierre. On dit dans l'hydromancie que l'anancitis (240) évoque les images des dieux, et que la synochitis retient les ombres des spectres infernaux qui ont été évoquées ; que la dendritis blanche enfouie sous un arbre qu'on veut couper empêche le tranchant de la hache de s'émousser. Il y en a bien d'autres, encore plus merveilleuses, auxquelles les barbares ont donné des noms, tout en confessant que ce sont de simples pierres (241) ; mais nous avons déjà réfuté assez d'horribles mensonges.
1 LXXIV. (XII.) Des pierreries naissent : il s'en forme tout à coup de nouvelles qui n'ont point de nom, comme jadis une (242) qu'on trouva dans les mines d'or de Lampsaque : elle parut si belle, qu'on l'envoya au roi Alexandre, comme le rapporte Théophraste (*De lapid.*). Les cochlides même, aujourd'hui si communes, sont plutôt artificielles que naturelles : elles proviennent de grosses mottes qui se trouvent en Arabie, et qui (243), dit-on, cuisent dans du miel sept jours et sept nuits sans interruption ; de la sorte toute la partie terreuse et mauvaise étant ôtée, la motte nettoyée et pure est semée, par d'ingénieux artistes, de veinures variées et de taches diversement configurées, selon le goût des acheteurs. Jadis on en faisait (244) de si grosses, qu'en Orient elles servaient de frontaux aux chevaux des rois, et de pendants en place de phalères (XXXIII, 6, 2). Au reste, 2 toutes les pierreries deviennent plus brillantes en cuisant avec du miel, et surtout du miel de Corse, quoique généralement elles redoutent les substances âcres. Quant aux pierres dont on varie les nuances, et qui doivent à l'imagination humaine de prendre un aspect nouveau, elles se désignent, quand elles n'ont pas de nom généralement admis, par celui de physes (φύσις, nature), comme si on voulait y attacher l'admiration qui appartient aux œuvres de la nature. Au reste, ce serait chose interminable que de rapporter tous les noms. Aussi je ne songe pas à les énumérer, d'autant plus que des milliers de ces noms sont dus à la vanité grecque. J'ai décrit les plus nobles des pierreries ; j'ai signalé même, parmi les pierres peu estimées, les espèces rares ; il a suffi d'indiquer celles qui méritent une mention. Toutefois il sera bon d'avertir le lecteur que, suivant le nombre varié des taches et des inégalités, suivant les différents contours et les différentes nuances des veinures, les noms ont souvent changé (245) pour une substance qui restait la même la plupart du temps.

LXXV. Nous ferons maintenant quelques observations générales sur toutes les pierreries,

---

3 luat intus in ea veluti in ovis liquor. Polytrichos in viridi capillatur, sed defluvia comarum facere dicitur. Sunt et a leonis pelle et pantheræ nominatæ, leontios, pardalios : ros appellavit drosolithum, colos chrysolithum aureus, chrysoprasum herbaceus, mellens melichrota : quamvis plura ejus genera sint : melichloron geminus, parte flavus, parte melleus : crocian croci similitudinem quamdam spargens : polian canities, spartopolian rarior. Rhoditis
4 a rosa est. Melitis, mali coloris : chalcitis, æris : sycitis, fici. Ratio nominum non est in borsycite, in nigro ramosa, candidis aut sanguineis frondibus : nec gemite, velut in petra candidis manibus inter se complexis. Anancitide in hydromantia dicunt evocari imagines deorum : synochitide umbras inferorum evocatas teneri : dendritide alba defossa sub arbore, quæ cædatur, securis aciem non hebetari. Et sunt multo plures, magisque monstrificæ, quibus barbari dedere nomina, confessi lapides esse. Nobis satis erit in his coarguisse dira mendacia.
1 LXXIV. (XII.) Gemmæ nascuntur et repente novæ, ac sine nominibus : sicut olim Lampsaci in metallis aurariis una inventa, quæ propter pulcritudinem Alexandro regi missa fuit, ut auctor est Theophrastus. Cochlides quoque, nunc vulgatissimæ, fiunt verius, quam nascuntur : in Arabia repertis ingentibus glebis, quas melle excoqui tradunt septenis diebus noctibusque sine intermissione : ita omni terreno, vitiosoque decusso, purgatam puramque glebam, artificum ingenio varie distribui in venas, ductusque macularum, quam maxime vendibili ratione sectantium : quondamque tantæ magnitudinis factas, ut equis regum in Oriente frontalia, atque pro phaleris pensilia facerent. Et alias omnes gemmas mellis decoctu nitescunt, præcipue 2 Corsici : in omni alio usu acrimoniam abhorrentes. Quæ variæ sunt, et ad novitatem accedere calliditate ingeniorum contigit, ut non.en usitatum non habeant, physes appellant, velut ipsius naturæ admirationem in iis venditantes, quum finis nominum non sit, quæ persequi non equidem cogito, innumeris ex Græca vanitate conficta. Indicatis nobilibus gemmis, etiam plebeiis rariorum generum, dicta dignas distinxisse satis erat. Illud modo meminisse conveniet, increscentibus varie maculis ac verrucis, linearumque interveniente multiplici ductu et colore, mutari sæpius nomina in eadem plerumque materia.

LXXV. Nunc communiter ad omnium gemmarum observationem pertinentia dicemus, opiniones secuti aucto-

# LIVRE XXXVII.

nous appuyant sur les opinions des auteurs. On préfère les pierres unies à celles qui ont des creux ou des reliefs; on estime le plus la forme ovale, puis la forme lenticulaire, en troisième lieu celles qui sont plates (246) ou rondes; les anguleuses sont les moins recherchées. Il est fort difficile de discerner les vraies des fausses, car on a trouvé le moyen de transformer des pierreries vraies en fausses d'une autre espèce. On fait des sardoines avec trois sortes de pierres qu'on agglutine, et cela de telle façon que la fraude ne peut se découvrir; le noir, le blanc, le vermillon (XXXVII, 23) qu'on accole, sont pris tous dans des pierres d'élite. Il y a même des livres, qu'à la vérité je ne veux pas indiquer, dans lesquels est expliquée la manière de donner au cristal la couleur de l'émeraude ou d'autres pierres transparentes, de faire une sardoine avec une sarde, et ainsi des autres : il n'y a point, en effet (247), de fraude où l'on gagne plus.

LXXVI. (XIII.) Nous, au contraire, car il convient de prémunir le luxe même contre les tromperies, nous indiquerons des moyens généraux de reconnaître les pierres fausses, outre ceux dont nous avons déjà parlé séparément à propos de chaque espèce principale de pierrerie. On prétend que les pierres transparentes doivent s'éprouver le matin, et tout au plus jusqu'à la quatrième heure (dix heures); au delà de ce terme, l'épreuve ne vaut plus rien. Les épreuves se font de plusieurs manières. D'abord on pèse la pierre; les vraies (248) sont plus pesantes. On apprécie le froid : les vraies sont senties plus froides dans la bouche. Puis on en examine la substance même; car au dedans des pierres fausses on voit des vésicules; de plus, surface raboteuse, filaments (249) (XXXVII, 18 et 20), reflet inégal, éclat qui s'éteint avant d'arriver jusqu'à l'œil. La meilleure façon d'éprouver une pierrerie, c'est d'en détacher un fragment et de le broyer sous une lame de fer; mais les marchands de pierreries ne veulent pas permettre cette épreuve, non plus que celle de la lime. La limaille de la pierre obsidienne (XXXVI, 67) ne mord pas (250) sur les pierres fines. Les fausses ne supportent pas la gravure qui se fait avec les pierres blanches. Au reste, il y a de si grandes différences de dureté, que les unes ne peuvent être gravées avec le fer, et que les autres ne permettent l'emploi que d'un instrument émoussé; mais toutes sont entamées par le diamant. On facilite beaucoup l'opération en chauffant le foret. Les rivières qui roulent des pierreries sont l'Acésinès et le Gange. Quant aux contrées, aucune n'en produit autant que l'Inde.

LXXVII. A ce terme, ayant traité de toutes les œuvres de la nature, il convient d'établir quelque comparaison tant entre les choses qu'entre les pays : or, dans le monde entier et sous la vaste étendue de la voûte céleste, il n'est pas de contrée plus belle, et qui pour toute chose (251) mérite mieux le premier rang dans la nature, que l'Italie, reine et seconde mère du monde; l'Italie, que recommandent ses hommes, ses femmes, ses généraux, ses soldats, ses esclaves, sa supériorité dans les arts, et les génies éclatants qu'elle a produits. Ajoutons sa situation, la salubrité et la douceur de son climat, l'accès facile qu'elle offre à toutes les nations, ses côtes si riches en ports, les vents salutaires qui y soufflent; avantages (252) dus à une situation qui, intermédiaire entre le levant et le couchant, l'allonge dans le sens le plus favorable. Ajoutons encore l'abondance de ses eaux, la fraîcheur de ses forêts, ses montagnes entrecou-

---

rum. Cavæ aut extuberantes viliores videntur æqualibus. Figura oblonga maxime probatur : deinde quæ vocatur lenticula : postea epipedos et rotunda : angulosis autem minima gratia. Veras a falsis discernendi magna difficultas : quippe quum inventum sit, ex veris gemmis in alterius generis falsas traducere. Sardonyches e ternis glutinantur gemmis, ita ut deprehendi ars non possit : aliunde nigro, aliunde candido, aliunde minio : sunt is omnibus in suo genere probatissimis. Quin immo etiam exstant commentarii auctorum, quos non equidem demonstrarim, quibus modis ex crystallo tingantur smaragdi, aliæque translucentes, sardonyx e sarda, item cæteræ ex aliis. Neque enim est ulla fraus vitæ lucrosior.

LXXVI. (XIII.) Nos contra rationem deprehendendi falsas demonstrabimus (quando etiam luxuriam adversus fraudes muniri decet) : præter illa, quæ in principalibus quibusque generibus privatim diximus. Translucentes matutino probari censent : aut si necesse est, in quartam horam, postea vetant. Experimenta pluribus modis constant. Primum pondere, graviores enim sunt veræ : dein frigore eædem, namque in ore frigidiores sentiuntur : post hæc corpore. Fictitiis pusulæ in profundo apparent, scabritia in cute, et capillamenta, fulgoris inconstantia, et prius quam ad oculos perveniat, desinens nitor. Decussi fragmenti paulum, quod in lamina ferrea teratur, efficacissimum experimento excusant mangones gemmarum. Recusant similiter et limæ probationem. Obsidianæ fragmenta veras gemmas non scarificant. Fictitiæ, scarificationes candicantium fugiunt : tantaque differentia est, ut aliæ ferro scalpi non possint, aliæ non nisi retuso, verum omnes adamante. Plurimum vero in his terebrarum proficit fervor. Gemmiferi amnes sunt Acesines et Ganges : terrarum autem omnium maxime Indis.

LXXVII. Et jam peractis omnibus naturæ operibus, discrimen quoddam rerum ipsarum atque terrarum facere conveniat. Ergo in toto orbe et quacumque cæli convexitas vergit, pulcherrima est, omnibusque rebus merito principatum naturæ obtinens, Italia, rectrix parensque mundi altera, viris, feminis, ducibus, militibus, servitiis, artium præstantia, ingeniorum claritatibus, jam situ ac salubritate cæli atque temperie, accessu cunctarum gentium facili, littoribus portuosis, benigno ventorum afflatu (quod contigit positione procurrentis in partem utilissimam, et inter ortus occasusque medias) : aquarum copia, nemo-

pèces, l'innocuité de ses animaux sauvages, la fertilité de son sol, la richesse de ses pâturages. Les objets de première nécessité ne se trouvent meilleurs en aucun pays : céréales, vins, huiles (253), toisons, lin, étoffes, taureaux. Quant aux chevaux, je remarque que pour les courses on n'en préfère aucuns à ceux de l'Italie. Pour les mines d'or, d'argent, de cuivre, de fer, tant qu'il fut permis (254) de les exploiter, elle ne le céda à aucun pays. Maintenant, demeurant grosse de ces métaux, elle prodigue, pour tous trésors, des liqueurs variées, des céréales et des fruits délicieux. Immédiatement après l'Italie, si on excepte les régions fabuleuses de l'Inde, je suis disposé à placer l'Espagne, pour tout son littoral du moins ; elle est (255), il est vrai, stérile en partie ; mais là où elle est productive elle donne en abondance les céréales, l'huile, le vin, les chevaux, les métaux de tout genre. Pour tout cela la Gaule lui est égale ; mais l'Espagne l'emporte par le spart (xix, 7), produit de ses déserts ; par la pierre spéculaire, par des couleurs, objet de luxe ; par l'ardeur au travail, par ses esclaves robustes, par la force infatigable des hommes, par leur caractère résolu. Quant aux choses elles-mêmes, on attache le plus grand prix, parmi les productions marines, aux perles ; parmi les objets qui se trouvent à la surface de la terre, au cristal ; parmi ceux de l'intérieur de la terre, au diamant, aux émeraudes, aux pierreries, aux murrhins ; parmi les choses que la terre enfante, à l'écarlate, au laser ; parmi celles que le feuillage fournit, au nard, aux étoffes de la Sérique ; en fait d'arbres, au citre ; en fait d'arbrisseaux, au cinname, à la cannelle, à l'amome ; en fait de sucs d'arbres ou d'arbrisseaux, au succin, à l'opobalsamum, à la myrrhe, à l'encens ; en fait de racines, au costus. Parmi les êtres qui respirent, le plus grand prix appartient, chez les animaux terrestres, aux dents d'éléphant ; chez les animaux marins, à l'écaille de tortue ; en fait de fourrures, aux peaux que teignent les Sères, et au poil des chèvres d'Arabie, que nous avons appelé ladanum ; en fait de choses appartenant à la fois à la terre et à la mer, aux coquilles qui donnent la pourpre. Quant aux oiseaux, excepté les cimiers des casques et la graisse des oies de Commagène, on ne note rien de remarquable qu'ils fournissent. N'oublions pas de consigner que l'or, objet de la folle convoitise de tous les hommes, tient à peine le dixième rang parmi les objets précieux, et que l'argent, avec lequel l'or s'achète, n'a guère que le vingtième.

Salut, ô Nature, mère de toutes choses ! et daigne m'être favorable, à moi qui, seul entre tous les Romains, t'ai complétement célébrée !

rum salubritate, montium articulis, ferorum animalium innocentia, soli fertilitate, pabuli ubertate. Quidquid est, quo carere vita non debeat, nusquam est præstantius : fruges, vinum, oleum, vellera, lina, vestes, juvenci. Ne equos quidem in trigariis præferri ullos vernaculis animadverto. Metallis auri, argenti, æris, ferri, quamdiu licuit exercere, nullis cessit terris : et nunc intra se gravida pro omni dote varios succos, et frugum pomorumque sapores fundit. Ab ea, exceptis Indiæ fabulosis, proximam equidem duxerim Hispaniam, quacumque ambitur mari ; quamquam squalidam ex parte, verum, ubi gignit, feracem frugum, olei, vini, equorum metallorumque omnium generum, ad hæc pari Gallia. Verum desertis suis sparto vincit Hispania et lapide speculari, pigmentorum etiam deliciis, laborum excitatione, servorum exercitio, corporum humanorum duritia, vehementia cordis. Rerum autem ipsarum maximum est pretium in mari nascentium, margaritis ; extra tellurem, crystallis ; intra, adamanti, smaragdis, gemmis, murrhinis ; e terra vero exeuntibus, in cocco, lasere ; in fronde, nardo, Sericis vestibus ; in arbore, citro ; in frutice, cinnamo, casia, amomo ; arboris aut fruticis succo, in succino, opobalsamo, myrrha, thure ; in radicibus, costo. Ex iis quæ spirare convenit, animalibus in terra maximum dentibus elephantorum, in mari testudinum cortici, in tergore pellibus, quas Seres inficiunt, et Arabiæ caprarum villo quod ladanum vocavimus ; ex iis quæ terrena et maris, conchyliis purpuræ. Volucrum naturæ, præter conos bellicos et Commagenum anserum adipem, nullum adnotatur insigne. Non prætereundum est, auro, circa quod omnes mortales insaniunt, decimum vix esse in pretio locum, argento vero, quo aurum emitur, pæne vicesimum.

Salve, parens rerum omnium, Natura ; teque nobis Quiritium solis celebratam esse numeris omnibus tuis, fave.

# NOTES DU TRENTE-SEPTIÈME LIVRE.

(1) Gemmas nefas Vulg. — Quasdam nefas Bamb.
(2) Paria faceret Vulg. — Paria fecisset Bamb.
(3) Profectus Vulg. — Provectus Bamb.
(4) In Concordiæ Bamb. — In om. Vulg. — Augusti Vulg. — Augustæ Bamb.
(5) Anulum regia fama est gemmæ Pyrrhi Vulg. — Anulum regis alterius in fama est gemma, Pyrrhi Bamb.
(6) Sorte Vulg. — Forte Bamb.
(7) Il faut noter que Bamb. a *hac gemma*, c'est-à-dire *sur émeraude*. Ce qui précède : *apparet scalpi etiam smaragdos solitos*, semble demander cette leçon ; cependant elle n'est soutenue ni par ce que Pline lui-même dit, VII, 38, ni par ce que les autres auteurs rapportent de l'édit en question.
(8) Similem Vulg. — Simillime Bamb. — Signabant Vulg. — Signant Edit. Princeps, Brotier. — Sinant Bamb. — Dioscorides Vulg. — Dioscurides Bamb. — Dioscurides est l'orthographe des pierres gravées.
(9) Jam indiscretæ Vulg. — Jam om. Codd. Regg., Brotier.
(10) Collationem Vulg. — Collationes Bamb.
(11) In Palatina Apollinis cella Vulg. — In æde Palatini Apollinis Bamb.
(12) Die natalis sui Vulg. — Natali suo Bamb.
(13) Quis de ea re dubitet Vulg. — Quis effetas (sic) res dubitet Bamb.
(14) In ea Vulg. — In eo Bamb. — Ex margaritis lectos Bamb. — Ex margaritis om. Vulg.
(15) On ne sait si ce museum était une chapelle dédiée aux Muses, ou quelque espèce d'armoire servant de *musée*.
(16) Illa regio honore grata Vulg. — Illa relicino honore grata Bamb.
(17) Triumpho profecto inter molles viros Vulg. — Triumpho nunquam profecto inter illos viros Bamb. — Triumphasses Vulg. — Triumphasset Bamb. — Hinc fieri Vulg. — Hinc om. Bamb.
(18) Sævum Vet. Dalech. — Seum (sic) Bamb. — Sævum om. Vulg. — Id credi Bamb. — Id om. Vulg.
(19) Reipublicæ et quæstoribus qui oram maris defendissent, mille talentum Vulg. — Hs duo millia reipublicæ datum, legatis et quæstoribus qui oras maris defendissent, hs mille Bamb. — M. Ian, qui remarque que dans les manuscrits *hs* signifie parfois *talent*, conseille la leçon que j'ai admise.
(20) Super omnia Vulg. — Super cetera Bamb.
(21) Genera, anulos transeuntes Vulg. — Genera et anulos Cod. Monac. — Translucentes Bamb.
(22) Lapides Vulg. — Capides Bamb.
(23) Licet existimare Vulg. — Licet æstimare Cod. Monac. — In om Vulg.
(24) Satis erat : qui vidit tunc Vulg. — Satis erat. Vidi tunc Bamb., Brotier. — Fracta Vulg. — Fracti Bamb.
(25) Ibi in Vulg. — In om. Bamb. — Nusquam Vulg. — Numquam Bamb. — Quanta dictum est vasi potorio Vulg. — Quanta dicta sunt potoria Bamb.
(26) In purpura aut rubescente lacteo Vulg. — Purpura candescente aut lacte rubescente Vet. Dalech.
(27) Europæ Vulg. — Europa Bamb.
(28) Lusitania nasci Vulg. — Nasci om. Bamb.
(29) Parvaque nive Vulg. — Puraque nive Bamb. — Impatiens, non nisi frigido potui abdicatur Vulg. — Impatiens, nisi frigido potui abdicatur Bamb. — Inveniri Vulg. — Iniri Bamb.
(30) Quinquaginta Vulg. — CL Bamb.
(31) India crystallum Vulg. — Crystallum om. Bamb. — Nasci, atque adeo inviis, ut plerumque fune Vulg. — Nasci, adeo inviis plerumque, ut fune Bamb.
(32) Puras Vulg. — Pura Editt. Vett., Brotier.
(33) Invenio apud Bamb. — Apud om. Vulg. — Posita solis Vulg. — Opposita solis Bamb.
(34) Mercatam a matre Vulg. — Mercata matre Bamb.
(35) Fuit ratio Vulg. — Fuit vitio Bamb. — Dans *vitio*, donné aussi par d'autres manuscrits, M. Ian voit *ultio*, conjecture qui me semble fort bonne.
(36) Sane majorem Vulg. — Sane priora illa Bamb. — Crystallina et murrhina, rigidi potus utraque Vulg. — Crystallina frigido potus, myrrhina utroque Bamb. — Voyez Martial, Epigr. XIV, 113 : Si calidum potas, ardenti myrrha Falerno convenit, et melior fit sapor inde mero.
(37) Vanitas Græcorum diligentiæ Vulg. — Vanitatis Græcorum detergendæ Bamb. — Ægre perpetiantur me de ortu eorum Vulg. — Æquo perpetiantur ablimo Bamb. — Les mots de Vulg. : *me de ortu eorum*, manquent dans Bamb., omission que M. Ian approuve ; en même temps, au lieu de *ablimo*, il lit *animo*. — Scire posteros quidquid Vulg. — Scire non quidquid Bamb. — Au lieu de *non*, M. Ian lit *nos*.
(38) Dilaberetur Padus Vulg. — Delaberetur Pado Bamb.
(39) Orbis ignorantia Vulg. — Ignorantia orbis Bamb.
(40) Hoc effunderent gummi Vulg. — Hanc effunderent gummim Bamb., Brotier.
(41) Vere Vulg. — Per ver Bamb.
(42) Philemon ait Vulg. — Philemon negavit Bamb., Editt. Vett.
(43) In ea parte Oceani relinquere, deinde æstatibus Vulg. — In ea relinquere, Oceani deinde æstibus Bamb.
(44) Vocare Vulg. — Vocari Cod. Monac.
(45) Scripsit. Vivit adhuc Asarubas, qui tradidit Vulg. — Scripsit vivitque adhuc. Asarubas tradit Bamb.
(46) Vocant Vulg. — Vocent Bamb.
(47) Vocat : et vere ibi nasci Vulg. — Vocat, vivere ; ibi nasci Bamb. — Dictum est de Electride lacu Vulg. — De Electride lacu om. Bamb.
(48) Hesperidum esse, ex quo in stagnum cadat Vulg. — Hesperidum esse et stagnum electrum ; ibi arbores populos, quarum e cacuminibus in stagnum cadat Bamb., Sillig.
(49) Omnia in se ferre bona Vulg. — Omnia bona eum ferre Bamb.
(50) Inveniatur Vulg. — Invehatur Bamb., Editt. Vett.
(51) Rem gerente Vulg. — Res gerente Bamb.
(52) Ut gummi in cerasis, resina pinis Vulg. — Ut gummis in cerasis, resina in pinis Bamb.
(53) Autumnali Vulg. — Aut mari Bamb. — Atque considere Vulg. — Neque considere Bamb. — Quod arboris Vulg. — Quod om. Bamb.
(54) Affirmatur Vulg. — Affertur Cod. Monac. — Germanis ideo maxime appetitam provinciam ; et inde advectos primum Vulg. — Germanis in Pannoniam maxime, et inde Veneti primum Bamb. — Quos Græci macatos

Vulg. — Quos Græci Enetos Brotier ex Codd. Regg. — Vocabant Vulg. — Vocaverunt Bamb. — Proximæ Vulg. — Proximi Bamb. — Pannoniæ, id accipientes Vulg. — Pannoniæ, et agentes Bamb.

(55) Pado vero annexæ fabulæ videtur causa Vulg. — Pado vero annexa fabula est evidente causa Bamb.

(56) Juxta Alpes Bamb. — Alpes om. Vulg. — Abest Vulg. — Abesse Bamb. — Nuper. Vidit enim eques Romanus Vulg. — Nuper; vivitque eques Romanus Bamb.

(57) Succino Vulg. — Succinis Bamb.

(58) Quas Vulg. — Quæ Bamb. — Inclusas induresscenti Vulg. — Inclusa durescente Bamb. — Eodem remansisse Bamb. — Eodem remansisse om. Vulg.

(59) Folia arida, quæ levia sunt : ac ut magnes lapis, ferri ramenta quoque. Succina oleo addita Vulg. — Folia arida et philyras, ut magnes lapis ferrum. Ramenta quoque ejus addito oleo Bamb.

(60) Uniones quod Vulg. — Quod om. Bamb.

(61) Deliciarum tantum Vulg. — Sola deliciarum Bamb.

(62) Appellando. Et quoniam Vulg. — Appellando, quoniam Bamb.

(63) Quasi coloris Vulg. — Quod sit coloris Bamb. — Gratissimi aspectus Vulg. — Gratissimum aspectu Vet. Dalech. — Voyez, pour le sens de *matutino*, XXXVII, 76.

(64) Electrum id esset, lyncurium tamen gemmam esse contendunt. Fieri autem ex urina quidem lyncis, sed egestam terra protinus bestia operiente eam, quoniam Vulg. — Electrum id esse contendunt, lyncurium tamen gemmam esse volunt. Fieri autem affirmant ex urina quidem lyncis, sed et (sic) genere terræ, protinus eo animali urinam operiente, quoniam Bamb. — Je prends la leçon de Bamb., changeant seulement *et* en *e*.

(65) Quod Diocles quidem et Theophrastus Vulg. — Quod Diocli quidam (sic) Theophrastus Bamb.

(66) Sed ad majorem utilitatem vitæ obiter coarguetur magorum infanda vanitas Vulg. — Sed etiam majore utilitatem coarguemus (sic) magorum infundam (sic) vanitatem Bamb. — J'ai suivi, dans la restitution de Bamb., M. Ian.

(67) Cognitus, auri modo in Vulg. — Cognitus it (sic) appellabatur auri nodus, in Bamb. — Ita est fourni par Cod. Chifflet.

(68) Mucronem : aut duabus contrariis partibus, ut si duo Vulg. — Mucrone, e duabus contrariis partibus, quo magis miremur, ut si duo Bamb. — M. Ian prend la leçon de Bamb., en lisant *mucronem*.

(69) Huic quidem Vulg. — Quidem om. Bamb.

(70) Natales Vulg. — Natalis Bamb.

(71) Indomita vis græca interpretatione Vulg. — Græca interpretatione indomita vis Bamb. — Cenchron, quod est milii Vulg. — Cenchron, milii Bamb. — Et hic est Vulg. — Et om. Bamb.

(72) In aerium colorem, sed in medicina, ut dicemus Vulg. — In æreum colorem, sed in medica vi, de qua dicemus Bamb.

(73) Docere et mandare Vulg. — Et mandare om. Bamb.

(74) Ignisque Vulg. — Igniumque Bamb.

(75) Malleosque ferreos Bamb. — Ferreos om. Vulg.

(76) Expetuntur a scalptoribus Vulg. — Expetuntur hæ scalptoribus Bamb.

(77) Anachiten Vulg. — Enaciten Sillig. — Ananciten Bamb. — M. Ian propose de lire *ananchiten*, de ἀ privatif et ἄγχομαι.

(78) In smaragdo Bamb. — In om. Vulg.

(79) Scythici Vulg. — Scythicus Bamb.

(80) Tellure deoperta Bamb. — Deoperta om. Vulg.

(81) Nec in colore Vulg. — Nec om. Bamb. — Perspiciatur Vulg. — Perspicitur Bamb., Brotier. — Translucidum mare Vulg. — Translucidum maris Bamb., Brotier.

(82) Pariterque translucentem colorem expellit, et aciem reficit Vulg. — Pariterque ut transluceat et niteat, hoc est, ut colorem expellat, aciem recipiat Bamb. M. Ian ajoute *et* devant *aciem*.

(83) Proclivi erratu Vulg. — Prodigis pretiis Bamb.

(84) Quidam varia nubecula Vulg. — Quidam varii : quidam nubecula Bamb.

(85) Hermeos Vulg. — Thermiæos Bamb. — M. Ian conseille de lire *hermiæos*, de Hermias, un petit roi. — Extumescentes Vulg. — Intumescentes Bamb. — Pinguiter Bamb. — Pinguiter om. Vulg.

(86) Aut æris habet Vulg. — Aut acris olei habet Bamb. — Et Atticis Vulg. — In Atticis Bamb.

(87) Viriditatis Vulg. — Varietatis Bamb., Brotier.

(88) Viles Vulg. — Vilissimi Bamb.

(89) Vocant Vulg. — Vocent Bamb.

(90) Vocant. Complures vero e proximo, Laconicos in Taygeto monte erui Vulg. — Vocent. Complures vero et in proximis montibus et in Taygeto erui Bamb.

(91) Munere Vulg. — Muneri Bamb.

(92) Stantem pilam Vulg. — Stelen amplam Bamb.

(93) Quoniam hebescunt, ni color surdus Vulg. — Quoniam hebes unitate surda color Bamb.

(94) Aliter enim Vulg. — Enim om. Bamb. — Fulgorem eumdem Vulg. — Eumdem om. Bamb.

(95) Et sunt paulo Vulg. — Et sunt om. Bamb. — Est pallidius Vulg. — Est, sed pallidius Bamb.

(96) Aliis convenit Vulg. — Aliis om. Bamb.

(97) Auro repercussa Vulg. — Auri repercussu Bamb.

(98) Minimum iidemque plurimum Bamb., Editt. Vett., Sillig. — Minimum iidemque om. Vulg. — Tamen cedentes Vulg. — Tantum Bamb.

(99) Alii summo fulgoris augmento colores pigmentorum Vulg. — Alii summam fulgoris arminii (sic) colori pigmentorum Bamb. — Sulphuris ardentem flammam, aut etiam ignis Vulg. — Sulphuris ardentis flammæ aut ignis Bamb.

(100) Sestertium viginti millibus æstimatum Vulg. — Sestertio vicies æstimatum Bamb.

(101) Nec minor Vulg. — Nec minus Bamb.

(102) Et plus huc illucque spargit Vulg. — Et modo ex hoc plus modo ex illo spargit Bamb.

(103) Traduntur nasci Vulg. — Nasci dicitur Bamb. — Vilissimi Vulg. — Vilissima Bamb.

(104) Facit, et præcipue regum. Claudius Vulg. — Facit, præcipueque æmulatio, velut cum Claudius Bamb.

(105) Romanis hanc gemmam fuisse celeberrimam Vulg. — Romanis gemmæ hujus auctoritatis Bamb. — M. Ian recommande la leçon de Bamb., en mettant *auctoritas* au lieu de *auctoritatis*.

(106) Appellantes, quæ nunc nomen abstulere. Nullo Vulg. — J'ai changé la ponctuation. — Vestigio arabiæ sunt Vulg. — Vestigio indicarum arabicæ sunt Bamb. — Au lieu de *indicarum* de Bamb., je lis *indicæ vel*, ce qui me paraît seul s'accorder avec la suite.

(107) Incretum Vulg. — Redimitum Bamb.

(108) Nigerrimo colore Vulg. — Nigerrimi coloris Bamb.

(109) Quarumdam ovulla obliquis Vulg. — Quarumdam et obliquis Bamb., Brotier.

(110) Acaustoe Bamb. — Pline avait sans doute écrit en grec ἄκαυστοι, régulièrement traduit par le copiste en lettres latines *acaustæ*. — Vocant Vulg. — Vocavere Bamb.

(111) Caute Vulg. — Cariæ Bamb.

(112) Vocant Syrtis pinnato fulgore Bamb. — M. Ian se demande s'il ne faudrait pas lire *syrtites*, de συρτός, humecté, et entendre *pinnato* dans le sens de *chatoyant comme des plumes*?

(113) Horridi Vulg. — Retorridi Bamb.

(114) Umbrante Vulg. — Obumbrante Bamb.

(115) Et circa Miletum Bamb. — Et circa Miletum om.

Vulg. — οὐ καίεται δὲ ὁ περὶ Μίλητον, dit Théophraste, *de Lapid.* § 32.

(116) Et pallidiores Vulg. — Sed pallidiores Bamb. — A Massilia quoque importari Bamb. (Brotier, *a* om.). — A Massilia quoque importari om. Vulg. — Ob argillam sole adustis saltibus Vulg. — Ob argillam soli adusti Bamb.

(117) Aiunt ab Æthiopibus Vulg. — Ab Æthiopibus om. Bamb.

(118) Obtentus, celantesque se transfulgent aureæ guttæ Vulg. — Obtentus stellantibus fulget intus aureis guttis Bamb.

(119) Cognatione, ab inspectoribus, quoniam Vulg. — Ab inspectoribus om. Bamb.

(120) Alliciens Vulg. — Allucens Bamb.

(121) Et ob id in magno errore sunt, qui sandaricas vocent Vulg. — Et ob id magno venire. Sunt qui has sandrisitas vocent Bamb. — Peut-être faut-il lire : *ob id non magno venire; in* dans Vulg. représentant le *non*, qui aurait été omis dans Bamb.

(122) Tamen præcipuæ Vulg. — Tum præcipuæ Bamb.

(123) In Indis, quam quidam remissiorem carbunculum esse dixerunt. Secunda bonitate quæ similis est Ionia, appellata a prælatis floribus Vulg. — In Indis quidam remissiorem carbunculum esse dixerunt, secundam bonitatem quæ similis esset iovis appellatis floribus Bamb. — M. Ian recommande le texte de Bamb., changeant toutefois *bonitatem* en *bonitate; de plus, au lieu de iovis*, il lit ἴοις. Cette correction est peut-être bonne; cependant je ne vois pas de raison décisive pour changer le texte, la fleur de Jupiter étant une fleur citée ailleurs par Pline.

(124) Et inter has invenio differentiam Vulg. — Et alias invenio differentias Bamb.

(125) Folia Vulg. — Fila Cod. Monac.

(126) Carchedonius Vulg. — Charcedonia Bamb.

(127) Ad hoc Vulg. — Ad hæc Bamb. — Babyloniam Vulg. — Babylona Bamb.

(128) Quædam aperirentur Vulg. — Quædam appellantur Bamb.

(129) Rubrum, et quod dionum vocant a magnitudine Vulg. — Rubræ, et quas pionias vocant a pinguitudine Bamb. — M. Ian recommande *pionias* ou *pionas*, de πίων. — Circa Ægyptum Vulg. — In Ægypto Bamb.

(130) Nec ulla est translucentium, quæ tardius suffuso humore hebetetur Vulg. — Nec ulla et (sic) translucentium tardius subfusae humore hebetantur Bamb.

(131) Id accidit in Arabiæ insula, quæ Cytis vocatur : in qua trogodytæ prædones, diutius fame et tempestate pressi, quum herbas radicesque effoderent, eruerunt topazion Vulg. — Accidit in Arabiæ insula, quæ Echitis vocabatur, in quam devenerant trogodytæ prædones fame et tempestate fessi, ut, cum herbas radicesque foderent, eruerunt topazon Bamb. — M. Ian corrige ce texte de Bamb., et conseille de le suivre.

(132) Ac mire Vulg. — Ac om. Bamb.

(133) Hoc est gestamen Vulg. — Est om. Bamb.

(134) Multi insectando nullas Vulg. — Multi ad senectam nullas Bamb.

(135) Optimus color smaragdi : ut tamen apparet, ex alieno est quod placeant Vulg. — Optimis color smaragdi: ut tamen appareat alienum esse quod placeat Bamb.

(136) Celerrime Vulg. — Creberrimi Bamb.

(137) Custodia quadam, innato Vulg. — Custodia, quodamque innato Bamb. — M. Ian recommande la leçon de Bamb. sans *que.*

(138) Thermodoontem Vulg. — Thermodontem Bamb. — Tristis atque non refulgens Bamb. — Tristis om. Vulg.

(139) Quidquam Vulg. — Aliquid Bamb.

(140) In vitio Vulg. — In vitium Bamb.

(141) Clauduntur Vulg. — Cluduntur Bamb.

(142) Pro amuletis traditur gestare eam, quæ ex iis smaragdo similis est, et per transversum linea Vulg. — Pro amuleto gestare eas traditur. Ea quæ ex his smaragdo similis est, sæpe transversa linea Bamb. — M. Ian, de la leçon de Bamb. ne rejette que *ea*.

(143) Licet Vulg. — Libet Bamb. — Onychipuncta Vulg. — Onychi juncta Bamb. — Et nives in summitate Vulg. — Et nives imitata Bamb.

(144) Et salem imitata Vulg. — Et sali similis megarico Cod. Monac.

(145) Accommodata gratia paulo ante nominato colore cæruleo Vulg. — Accommodato paulo ante et jaspidi nomine a colore cæruleo Bamb. — In gloria Vulg. — In gloriam Bamb. — Bamb. a : Idque in gloriam regum Ægypti adscribitur, et qui primus eam tinxit. De là M. Ian propose de lire : Postremo Ægyptia adulteratur maxime tinctura, ideoque in historia regum Ægyptiorum adscribitur, et qui primus eam tinxit. Il s'appuie sur Théophraste, *de Lapid.*, § 97 : Σκευαστὸς δ' ὁ Αἰγύπτιος, καὶ οἱ γράφοντες τὰ περὶ τοὺς βασιλεῖς καὶ τοῦτο γράφουσι, τίς πρῶτος βασιλεὺς ἐποίησε τεχνητὸν κυανόν.

(146) Qualis in sapphirinis Vulg. — Qualis sappiris Bamb.

(147) In sapphiris enim aurum punctis collucet cæruleis. Sapphirorum, quæ cum purpura, optimæ apud Medos Vulg. — In iis enim aurum punctis collucet cæruleæ sapphiri rarumque ut cum purpura optimæ Bamb.

(148) Colorem non accedunt : priusquam enim degustent, in violam desinit fulgor. Aliqua si quidem in illis purpura non ex toto in igneum Vulg. — Colorem accedens, priusquam eum degustet, in violam desinat : fulgorque quidam in illa purpuræ, non ex toto igneus Editt. Vett. — Colorem accedens, priusquam eum degustet, in viola desinat fulgor aliqui sit quiddam in purpura illa non ex poto (sic) igneum Bamb. — Isid. *Origg.*, XVI, 9 : Causam nominis ejus asserunt, quia sit quiddam in purpura illius, non ex toto igneum. — De ces leçons, M. Ian a refait un texte tel que je l'ai imprimé.

(149) Dilutior eadem Vulg. — Dilutior ex eodem Bamb.

(150) Hoc et Vulg. — Et om. Bamb. — Debet Vulg. — Debeat Bamb. — Veneris gemmam (genam Bamb.), quod maxime videtur decere et species et colos. Eas gemmas Vulg. — La ponctuation que j'ai suivie a été indiquée par Sauhmaise. Quant à *genam* au lieu de *gemmam*, c'est la bonne leçon; dans l'index de ce livre, Bamb. a : *afrodites belfaron*, c'est-à-dire Ἀφροδίτης βλέφαρον.

(151) Aut solis inseratur Vulg. — Ac solis inscribatur Bamb.

(152) Jam quoque adesse Vulg. — Jam vero quoque modo adesse Bamb.

(153) Et fulgentes interpellatæ Vulg. — Et fulgoris interpellati Bamb.

(154) Aurichalcum. XLIII. Jam etiam expertes gemmarum usu appellantur Vulg. — Orichalcum. Tametsi exiere jam de gemmarum usu. XLIII. Appellantur Bamb.

(155) Aliqui Vulg. — Aliquæ Bamb. — Jucundi Vulg. — Il faut *jucundæ*; ce mot manque dans Bamb.

(156) Vitrei vero ut visu Vulg. — Vitro adulterantur visu Bamb.

(157) In duritia fragiles. In eadem et xanthi, plebeia ibi gemma Vulg. — In duritia fragiles, non ingratas. Eadem et xuthon parit, plebeiam sibi gemmam Bamb.

(158) An in colore Vulg. — In quo colore Bamb. — Adeo ut Bamb. — Ut om. Vulg. — Facta est Vulg. — Facta sit Bamb. — Coeunt quippe Bamb. — Quippe om. Vulg.

(159) Vini ac croci nitor, semper extremus in visu, sed purpura coronatus, et his pariter omnibus Vulg. — Vini aurei nitor, semper extremus in visu, sed purpura semper coronatus : madere videtur et singulis his, et pariter omnibus Bamb. — Jucunda vanitate Vulg. — Jucunda suavitate Bamb. — Tenites Vulg. — Syenites Bamb. in Indice.

(160) In modum stellæ Bamb. — In modum stellæ om. Vulg.
(161) Astrios Vulg. — Astrion Bamb.
(162) Cerauniam enim Vulg. — Cerauniam etiam Bamb. — M. Ian lit *eam* pour *etiam*.
(163) Hebetes ceraunias Bamb. — Hebetes om. Vulg.
(164) Iis, quæ nigræ sunt et rotundæ, urbes expugnari Vulg. — Ex his, qua (sic) nigræ sint et rotundæ, sacras esse, urbes per illas expugnari Bamb.
(165) Et Parthorum magis quæsitam Vulg. — Et magorum studiis expetitam Bamb.
(166) Sed esse aliquas scabris Vulg. — Sed aliqui scabris Bamb.
(167) Ut diximus Bamb. — Ut diximus om. Vulg.
(168) Zeros Vulg. — Ieros Bamb. — Dans l'Index Bamb. a *Ieros*; ce qu'approuve M. Ian; voy. *Salmas*. E. Pl. p. 512. a. E. : «λῆρος vocabant limbum vel lorum in extremitate vestis. »
(169) Principalium Vulg. — Principalibus Bamb.
(170) Varietatibus numerosa. Multa et cognomina ejus Vulg. — Numerosa varietatibus mutantibus cognomina ejus Cod. Monac.
(171) Dendrachates, velut arbuscula insignis Vulg. — Quæ velut arbusculis insignis est Bamb.
(172) Et in Thracia, et circa Œtam Vulg. — Et in Trachinia circa Œtam Bamb. — Ac in Messene Bamb. — In om. Vulg.
(173) Dicuntur Vulg. — Dicunt Bamb. — Præterea fulmina. Argumentum Vulg. — Presteras (sic), flumina sisti. Argumentum Bamb.
(174) In olla plena olei cocta Vulg. — In ollam plenam olei conjectu (sic) Bamb.
(175) Alabastrites Vulg. — Alabastritis Bamb. — La terminaison eu *ites* appartient aux pierres, en *itis* aux gemmes. Voy. *Salmas*. E. Pl. p. 499, b. C.
(176) Simile immissa Vulg. — Immissa om. Bamb. — Immensum... data Bamb., Sillig. — Immensum... data om. Vulg.
(177) Hanc putant Bamb. — Hanc om. Vulg. — Aromalites Vulg. — Aromatitis Bamb.
(178) Pyras Vulg. — Filias Bamb. — Phinas Cod. Monac. — Saumaise a conjecturé Philas, et M. Ian l'approuve.
(179) Habendam Vulg. — Habentium Bamb.
(180) Perside ac Ida monte nasci tradit, argenteo Vulg. — Persidis Acidane monte, argenteo Bamb.
(181) Non alia Cod. Monac. — Non om. Vulg.
(182) Per alvum sarda, nigraque venis transeuntibus : vulgus autem in nigra radice cæruleam facit Vulg. — Pour trouver le texte que j'ai imprimé, il faut prendre : *per album* de Bamb.; *sarda nigraque vena transeunte* de Cod. Monac.; *nigra* sans *in* d'Isidore, *Origg*. XVI, 11, 3; *cærulea* de Bamb.; *facie* d'Isidore; enfin *nomen a loco*, qui manque dans Vulg., de Bamb.
(183) A Copto Bamb. — A om. Vulg.
(184) Nodis Vulg. — Notis Vet. Dalech. — Aliis sacra dicitur Vulg. — Adalligata projicitur Bamb.
(185) Pinea Vulg. — Pampinea Bamb.
(186) Bronte e capitibus testudinum Vulg. — Brontea capiti testudinum Bamb. — E tonitribus Bamb. — E om. Vulg. — Putantque ea Vulg. — Ut putant Cod. Monac. — Restingui Vulg. — Restinguit Codd. Barbar. — Que Bamb. — Que om. Vulg. — Ictum Vulg. — Icta Cod. Monac.
(187) Nimbo Vulg. — In hibero Bamb.
(188) Eadem esset Vulg. — Eadem est Cod. Monac.
(189) Plurimis spiris fumida Vulg. — Pluribus jaspidis fumida Bamb.
(190) Et in Phrygia Bamb. — Et om. Vulg.
(191) Simul semper Bamb. — Semper om. Vulg.
(192) Catopyritis e Cappadocia provenit. Cepitis, sive cepolatitis, candida est venarum nodis coeuntibus, candore imaginem regerens Vulg. — Catoptritis in Cappadocia provenit, candore imaginem regerens. Cepitis, sive cepolatitis, venarum coeuntibus lineis in unum Bamb.
(193) Ceramites Vulg. — Ceramitis Bamb., Brotier.
(194) Craterites Vulg. — Crateritis Bamb.
(195) Cytis Vulg. — Cyitis Bamb. — C'est la vraie leçon, de κύειν, *prægnans esse*; Saumaise l'avait déjà vu. — Strepitu Vulg. — Crepitu Bamb.
(196) Colore : et altera parte purpureæ nigris Vulg. — Colore : ex altera parte purpurea, et alia in purpura nigris Bamb., Sillig.
(197) Collutam et Vulg. — Colluto ore Bamb.
(198) Ea... scarabæo decocta et dejecta in aquam ferventem tempestates moveri Vulg. — Eam... scarabæo dejectam in aquam ferventem tempestates commovere Bamb.
(199) In Æolidis Vulg. — In Æolide Bamb.
(200) Somnifica Vulg. — Somni Bamb. — Opitis (leg. sopitis) Bamb. — Sopitis om. Vulg.
(201) Divisaque Vulg. — Divisisque Bamb.
(202) A Democrito Vulg. — A om. Bamb.
(203) Euneos Vulg. — Eureos Bamb. — L'ordre alphabétique exige *eureos*.
(204) Tyri in Herculis templo. — In Tyro Herculis templo Bamb. — Comp. XXXVII, 19. — Ex qua dii Vulg. — Ex qua pii Bamb.
(205) Ex Nilo colore Vulg. — Ex uno colore Bamb., Sillig. — Eamdem dicunt Vulg. — Dicunt om. Bamb. — Leucographiam Vulg. — Leucografitin Bamb. — Synophiten Vulg. — Sinefitin Cod. Monac. — Synnephitim, dit M. Ian, de συννεφής, leçon soutenue par Marbodeus, qui dit que cette pierre est *cineri similis*.
(206) Mittit eam et Achelous amnis Vulg. — Mittunt eam Nilus et Achelous amnes Bamb.; Sill.
(207) Memoriæ quoque necessaria Vulg. — Selenomantiæ necessaria Bamb. — Credamus Vulg. — Crederemus Bamb. — Facit Vulg. — Fecit Bamb.
(208) Corallium Vulg. — Curalitium Bamb. — M. Ian conseille *curalium*; comp. Salmas. E. Pl. p. 63, h. D. — Mutatur. Emollit maria Vulg. — Mutatur emollitum in mari Bamb.
(209) Fulgorem solis accendit sanguineo repercussu Vulg. — Fulgorem solis accendentem sanguineo repercussu mutat Cod. Monac. — En lisant *accedentem*, comme le conseille M. Ian, on a une leçon meilleure que celle de Vulg., qui est une conjecture de Saumaise. Compar. Isidor. *Origg*. XVI, 7, 12 : *radios solis mutat*.
(210) Manifestissimum hoc Vulg. — Manifestissimum in hac Bamb. — Quibusdam quoque Vulg. — Quoque om. Bamb.
(211) Addita Vulg. — Adposita Bamb.
(212) Horminodes Vulg. — Hermuædoen, in *Indice* Hermuædyon Bamb. — Viriditatis Vulg. — Virilitatis Bamb.
(213) Bamb. et Cod. Monac. ont trogodytice, orthographe qui se trouve aussi dans Vulg. XXXVII, 32, 1. — Tota Bamb. — Tota om. Vulg.
(214) Et in Africa Bamb. — In om. Vulg.
(215) Attribuit Vulg. — Adtribuens Bamb.
(216) Ex ea unqi Vulg. — Exangui Bamb.
(217) Aliti lurido Vulg. — Cute luridæ Bamb. — Lisez *cuti*.
(218) Hanc et drosolithon appellant Bamb. — Hanc... appellant om. Vulg.
(219) Raro saturo colore lucet Vulg. — Rarum ut satyro (sic) colore luceat Bamb.
(220) Candorem lineis ex auro Vulg. — Candorem minii guttis ex auro Bamb.
(221) Lipare Vulg. — Liparea Bamb.
(222) Politur ex marmore, amplitudine in angustias

coeunte, ut inutilia exterantur. Leucochrysos sicut crystallus albicat Vulg. — Politur ex majore amplitudine in angustias, ut inutilia exferantur (sic). Leucochrysos fit e chrysolitho interalbicante Bamb.

(223) Fabulose Vulg. — Fabulosa Bamb.

(224) Morochites Vulg. — Morothos, *in Indice* morocthis Bamb. — Dioscor. V, 152 : λίθος μόροχθος ὂν ἔνιοι γαλάξιαν κτλ.

(225) Facie minima gemma Vulg. — Faciemque minime gemmæ Bamb. — Unguenti Bamb. — Unguenti om. Vulg.

(226) E nigro fulvoque et candido Vulg. — E nigro et fulvo viridique et candido Bamb. — Brontia ( bis ) Vulg. — Brontea Bamb.

(227) Onocardia.... traditur Bamb., Sillig. — Onocardia.... traditur om. Vulg. — Ignem Vulg. — Ignes Bamb.

(228) Ostracitidi Vulg. — Ostritidi Vet. Dalech.

(229) Opsiano Bamb. — C'est l'orthographe que suit partout Bamb.

(230) Angulorum cavet Vulg. — Angulorum facit Bamb.

(231) In eadem Vulg. — In eam Bamb.

(232) Chrysiten Vulg. — Chrysitim Cod. Monac.

(233) Pæantides, quas quidam gemonidas vocant Vulg. — Pæanides quas quidam geanidas vocant Bamb. — M. Ian conseille *pæanitides et gæanidas.*

(234) Nam tales in Vulg. — Natalis is in Bamb. — Lisez *iis.* — Tiresiæ inveniuntur Vulg. — Inveniuntur om. Bamb.

(235) Syrtides Vulg. — Syrtitis Bamb. — Lucania Vulg. — Luycaniæ Bamb.

(236) Nitrum Vulg. — Nigrum Bamb.

(237) Fœnicitis ut balanus Bamb. — Phœnicitis ut balanus om. Vulg. — In ignem Vulg. — In ignes Bamb.

(238) Pardalios : colos appellavit chrysolithum aureum Vulg. — Bamb. a *drosolithum* et des lacunes; le Codex Monac. a aussi *drosolithum* et n'a pas *chrysolithum;* Isidore, Origg. XVI, 12, 2 : *Drosolithus varius : nominis causa, quia, si ad ignem applicetur, velut sudorem mittit.* De tout cela M. Ian conclut qu'il faut lire : *sudor ou ros appellavit drosolithum, colos chrysolithum,* etc.

(239) Melichloros est geminus Vulg. — Est om. Vet. Dalech. — *Melichloron* est une correction de M. Ian justifiée, comme on le verra, par ce qui suit. — Crocia, croci : polia, canitiem quamdam sparti indicat : eamdem duriorem, nigra spartopolios Vulg. — Crocian croci similitudinem quamdam spargentem polian canitiem, spartopolian rarior Bamb. — Dans Bamb. M. Ian lit *spargens* au lieu de *spargentem*, et *canities* au lieu de *canitiem.*

(240) Ananchitis Vulg. — Anancites Bamb.

(241) Bamb., après *lapides esse,* ajoute *non gemmas;* mais ce semble être une explication.

(242) Sicut olim Bamb. — Ut Vulg. — Olim om. Vulg.

(243) Quas melle Bamb. — Quas om. Vulg.

(244) Magnitudinis fecere Vulg. — Magnitudinis factas Bamb.

(245) Mutata Vulg. — Mutari Bamb.

(246) Cycloides Vulg. — Epicpedos Bamb. — Ce qui confirme la conjecture de Turnèbe, Advers. I, 2, qui lisait *epipedos.*

(247) Neque enim Bamb. — Enim om. Vulg.

(248) Si graviores Vulg. — Si om. Bamb., Sillig. — Enim.... frigidiores Bamb., Sillig. — Enim.... frigidiores om. Vulg.

(249) In capillamento Vulg. — Et capillamenta Bamb.

(250) Scarifant Bamb. — C'est pour ce verbe la forme ordinaire dans Bamb.

(251) Omnium, rebusque Vulg. — Omnibusque rebus Vet. Dalech.

(252) Etenim contingit procurrentis positio Vulg. — Quod contigit positione procurrentis Bamb.

(253) Olea Vulg. — Oleum Bamb.

(254) Libuit Vulg. — Licuit Bamb. — Terris Bamb. — Terris om. Vulg. — Et iis nunc in se gravida Vulg. — Et nunc intra se gravida Bamb. — Proxime quidem Vulg. — Proximam equidem Bamb.

(255) Quamquam.... fave Bamb., Sillig. — Quamquam.... fave om. Vulg.

### ADDENDA.

Mon savant confrère de l'Académie des inscriptions et belles-lettres, M. Guérard, a trouvé dans un manuscrit, et servant de garde, une page appartenant au texte de Pline et remontant au sixième ou septième siècle, autant qu'on en peut juger par les lettres; il a bien voulu m'aider à déchiffrer ce fragment, difficile à lire à cause qu'il est presque effacé. Ce fragment contient, du livre XVIII, les § 20, 21, 22 et 23. Il est très-conforme à notre texte ordinaire. Je n'y ai noté que *nudo* au lieu de *ruido* (XVIII, 23, 1). *Ruido* est un mot considéré comme douteux dans les lexiques.

# INDEX ET NOTICE

## DES ARTISTES CITÉS PAR PLINE.

*Acragas*, graveur sur argent. On ne sait au juste ni son âge, ni sa patrie. On voyait à Rhodes, dans le temple de Bacchus, du temps de Pline, des coupes dont les ciselures représentaient des bacchantes et des centaures; on avait aussi de lui des chasses sur des coupes, d'une grande réputation (xxxiii, 55).

*Æginète*. Ce nom a été pris pour un nom de pays, et on a pensé qu'il s'agissait d'un artiste né dans l'île d'Égine; mais le contexte de Pline montre que c'est un nom d'homme. Cet Æginète fut un modeleur, et frère du peintre Pasias. Néalcès eut pour broyeur de couleurs Érigone, qui devint peintre lui-même et qui eut pour élève Pasias. Or, Néalcès fut contemporain et ami d'Aratus de Sicyone. On peut donc croire qu'Æginète et Pasias ont fleuri vers la 140ᵉ olympiade (xxxv, 40, 20).

*Aétion*, peintre, contemporain d'Alexandre le Grand. M. Ian croit qu'il faut lire partout dans Pline Aétion, au lieu de Échion. Voyez ce nom; voyez aussi la note 46 du livre xxxiv.

*Agéladas*, d'Argos. Un sculpteur célèbre de ce nom fut le maître de Phidias, de Polyclète et de Myron; il fut Argien, et fleurit vers la 70ᵉ olympiade. Mais ce ne paraît pas être l'Agéladas de Pline, qui place le sien (xxxiv, 19, 1) dans la 87ᵉ olympiade. M. Sillig pense qu'il faut admettre l'existence de deux Agéladas. M. Raoul Rochette (*Lettre à M. Schorn*, p. 173) combat cette opinion : suivant lui, tous les ouvrages connus d'Agéladas sont renfermés entre la 61ᵉ et la 82ᵉ olympiade; ce qui convient au maître de Phidias. Un seul fait exception; c'est l'Hercule de Mélité, érigé à Athènes pour la fin de la grande peste, l'an 3ᵉ de la 87ᵉ olympiade. Ce fait est allégué par le Schol. d'Arist. *Ran.* 504. Mais en même temps le Scholiaste dit que cet Agéladas, auteur de l'Hercule, était d'Argos et maître de Phidias, ce qui implique contradiction; car l'Agéladas d'Argos aurait eu bien plus de cent ans dans la 87ᵉ olympiade. En conséquence M. Raoul-Rochette rejette le dire du Scholiaste et celui de Pline. Toutefois il fait remarquer que Pline a eu évidemment sous les yeux une notice semblable à celle qu'avait le Scholiaste.

*Agesander*, sculpteur, de Rhodes, exécuta avec Polydore et Athénodore, pour Titus, le Laocoon qui était dans le palais de ce prince, et qui nous a été conservé (xxxvi, 4, 24).

*Aglaophon*, de l'île de Thasos, peintre, que Pline (xxxv, 36, 1) met à la 90ᵉ olympiade. Il était petit-fils d'un autre Aglaophon qui fut peintre aussi, et qui fut père de Polygnote, peintre célèbre.

*Agoracrite*, de Paros, statuaire et sculpteur, disciple de Phidias (xxxvi, 4, 6).

*Alcamène*, statuaire et sculpteur, né à Limnes, quartier d'Athènes, fut disciple de Phidias, et jouit d'une très-grande réputation (xxxiv, 19, 1; xxxvi, 4, 5).

*Alcimaque*, peintre. Pline (xxxv, 40, 14) cite de lui un tableau représentant Dioxippe vainqueur au pancrace à Olympie. Comme ce Dioxippe vécut du temps d'Alexandre le Grand, le peintre doit être sans doute placé à la même époque.

*Alcisthène*, femme qui se livra à l'art de la peinture (xxxv, 40, 22).

*Alcon* fit à Thèbes un Hercule en fer, induit à cela par la patience du dieu dans les travaux (xxxv, 40, 1).

*Alevas* est mis par Pline au nombre des artistes qui ont le mieux représenté en airain les philosophes (xxxiv, 19, 36).

*Alexis*, statuaire, élève de Polyclète (xxxiv, 19, 2).

*Amphicratès*, statuaire, auteur de la Lionne, monument élevé en l'honneur de Leæna, associée à Harmodius et Aristogiton (xxxiv, 19, 23). Les éditions ont Tisicrates ; mais le manuscrit de Bamberg a Amphicrates.

*Amphion* (xxxv, 36, 18). Nom altéré, en place duquel il faut lire Mélanthius. Voy. ce mot.

*Amphistrate*, sculpteur. On avait de lui une statue de l'historien Callisthène; il vécut du temps d'Alexandre le Grand (xxxvi, 4, 23).

*Anaxandre*, peintre qui ne manquait pas de renom, et que Pline range parmi ceux qu'on ne cite qu'en passant (xxxv, 40, 21).

*Androbius*, peintre d'une époque ignorée, représenta le plongeur Scyllis coupant les ancres de la flotte des Perses (xxxv, 40, 13).

*Androbule*, statuaire, représenta très-heureusement les philosophes (xxxiv, 19, 36).

*Androcydès*, de Cyzique, peintre contemporain et rival de Zeuxis (xxxv, 36, 5). Voy. ce que Plutarque dit de lui (*Pélop.* xxv).

*Antæus* (xxxiv, 19, 3), statuaire assez renommé, et que Pline place à la 155ᵉ olympiade. M. Sillig écrit ce nom Antheus.

*Anthermus* (xxxvi, 4, 2). Dans les éditions de Pline on trouve Anthermus et son fils, de même nom. Ces deux noms sont altérés; il faut lire pour le premier Archemus, et pour le second Athenis, comme l'a fait M. Sillig dans son édition. Voy. ces noms.

*Antidotus* (xxxv, 40, 6), peintre, fut élève d'Euphranor, et eut pour élève le très-célèbre peintre Nicias d'Athènes; il fleurit vers la 111ᵉ olympiade.

*Antignotus* (xxxiv, 19, 36), statuaire. Son nom est, dans les anciennes éditions, Antigonus; mais M. Sillig lit Antignotus, leçon confirmée par le manuscrit de Bamberg. Il était probablement Athénien, et florissait dans le siècle d'Auguste ; il avait fait une statue du roi Rhescuporis, fils de Colys. Voy. Raoul-Rochette, *Lettre à M. Schorn*, p. 205.

*Antigonus* (xxxiv, 19, 34), statuaire. Sa patrie est inconnue ; il avait représenté les combats d'Attale et d'Eumène contre les Gaulois. Or, Attale vainquit les Gaulois la 2ᵉ année de la 135ᵉ olympiade (239 avant J. C.); c'est donc là l'époque d'Antigonus. Il avait composé des livres sur son art.

*Antimachus* (xxxiv, 19, 36), statuaire, dont la patrie et l'époque sont inconnues. Il avait fait des statues de femmes célèbres.

*Antipater* (xxxiii, 55), célèbre graveur sur argent.

*Antiphilus*, peintre, cité deux fois par Pline ( xxxv, 37 )

2 ; xxxv, 40, 13). Dans le premier passage, il est dit né en Égypte et élève de Ctésidème; dans le second, il est dit auteur d'une chasse du roi Ptolémée. Hardouin pense que ce sont deux artistes; mais, d'après M. Sillig, il est plus vraisemblable qu'il s'agit d'un seul et même peintre; car sa naissance en Égypte et ses travaux pour Ptolémée sont deux faits concordants. Il avait fait un portrait d'Alexandre enfant. Cette circonstance, et son tableau de Ptolémée, le premier roi grec de l'Égypte, déterminent l'époque où il a vécu. Il était célèbre aussi pour des tableaux plaisants, qui étaient sans doute des espèces de charges.

*Antorides* (xxxv, 36, 46), peintre contemporain du peintre Euphranor, et appartenant sans doute à la 110e olympiade.

*Apellas*, statuaire (xxxiv, 19, 16), auteur de statues représentant des femmes adorant les dieux. M. Sillig adopte l'opinion de Tölkenius (*Amalthea*, tom. III, p. 128), qui pense que la statue de femme adorant les dieux est celle de Cynisca qui avait remporté le prix à Olympie. Voyez dans Pausanias, III, 8, 1, l'histoire de Cynisca. Ce même auteur dit, VI, 1, 2, qu'Apellas avait fait la statue de cette femme. Cynisca étant la sœur d'Agésilas, roi de Sparte, qui mourut à l'âge de quatre-vingt-quatre ans en Égypte, la troisième année de la 104e olympiade, Apellas doit avoir fleuri de la 87e à la 95e olympiade, avant J. C. 430-400.

*Apelle*, de Cos selon les uns, de Colophon suivant les autres, d'Éphèse suivant d'autres. Le plus illustre des peintres de l'antiquité (xxxv, 36, 17). On sait qu'Alexandre n'avait voulu être peint que par lui.

*Aphrodisius*, de Tralles, sculpteur (xxxvi, 4, 25). Il travailla pour les empereurs, et vécut dans le premier siècle de l'ère chrétienne.

*Apollodore*, d'Athènes, peintre (xxxv, 36, 1), fleurit dans la 93e olympiade. Il est le premier, dit Pline, des anciens peintres dont les tableaux attachent nos yeux.

*Apollodore*, statuaire. Pline nomme cet artiste deux fois (xxxiv, 19, 31 et 36). La première fois, il nous apprend qu'Apollodore était un artiste très-difficile, et qui par désir de bien faire brisait souvent ses statues. La seconde fois, il le cite comme ayant exécuté en airain des philosophes. Silanion, qui vécut dans la 114e olympiade, avait fait la statue de cet artiste. M. Sillig en tire la conjecture qu'Apollodore était du même temps. Mais un marbre, dernièrement découvert à Athènes, porte le nom d'Apollodore en anciennes lettres attiques; ce qui recule cet artiste au delà de l'archontat d'Euclide, ou avant la 94e olympiade. Voy. Raoul-Rochette, *Lettre à M. Schorn*, p. 212. Au contraire, M. Lebas (Voyez la *Lettre de M. Schorn*, p. 443) pense que l'Apollodore de Pline est un Apollodore Phocéen, fils de Zénon, qui figure sur une inscription existant dans les ruines d'Érythrées.

*Apollonides*, graveur sur pierres (xxxvii, 4, 1). Il vécut après Pyrgotèle et Alexandre le Grand.

*Apollonius*, de Tralles, sculpteur (xxxvi, 4, 21), frère de Tauriscus.

*Arcésilas*, sculpteur (xxxvi, 4, 21). Ce nom est, dans les anciennes éditions, Archesilas. Hardouin avait conjecturé qu'il fallait lire Arcésilas, conjecture qui a été confirmée par le manuscrit de Bamberg. On ne sait quelles sont la date et la patrie de cet artiste.

*Arcésilaüs*, de Paros, peintre (xxxv, 39, 1). Il travailla aussi à l'encaustique. Il paraît avoir été contemporain de Polygnote (olympiade 80e).

*Arcésilaüs*, peintre (xxxv, 40, 21), fils de Tisicrate. Tisicrate fut un statuaire, le maître de Lysippe, et fleurit vers la 120e olympiade; son fils doit donc appartenir à la 128e. M. Sillig pense qu'Arcésilaüs était l'auteur d'un tableau représentant Léosthène tué dans la guerre lamiaque et ses fils.

*Arcésilaüs*, sculpteur (xxxv, 45, 2 ; xxxvi, 4, 27). Sa patrie est ignorée; il vécut dans le premier siècle avant l'ère chrétienne. Varron en avait fait un très-grand éloge.

*Archennus* (Voyez *Anthermus*), sculpteur très-célèbre (xxxvi, 4, 2). Il appartient à l'époque ancienne de l'art, qu'il contribua beaucoup à perfectionner; on le place vers la 50e olympiade.

*Ardicès*, de Corinthe, peintre (xxxv, 5, 2). Il est mis au nombre des plus anciens artistes qui, non contents d'un trait extérieur, commençaient à indiquer les formes par des traits intérieurs. M. Keil, *Anal.*, p. 223, pense qu'il faut lire Aridicès.

*Arellius*, peintre (xxxv, 37, 6). Il fut célèbre à Rome quelque temps avant le règne de l'empereur Auguste.

*Argius*, statuaire (xxxiv, 19, 2). Il avait eu pour maître Polyclète. M. Thiersch, *Epoch.* III, adnot., p. 80, pense que Pline s'est trompé; qu'Argius n'est pas un nom d'homme, et qu'il faut le joindre au nom suivant : Asopodore, Argien.

*Aristarète*, fille et élève de Néarchus (xxxv, 40, 22), peignit non sans quelque renommée; on avait d'elle un Esculape. On ne connaît ni sa patrie, ni son époque.

*Aristide*, statuaire (xxxiv, 19, 23), élève de Polyclète, se rendit célèbre par des ouvrages représentant des chars à quatre et à deux chevaux.

*Aristide*, de Thèbes, fils d'Aristodème, frère et élève de Nicomaque et d'Euxénidas, peintre très-célèbre (xxxv, 36, 45 et 46; xxxv, 8, 1 ; xxxv, 36, 13; xxxv, 40, 20; xxxv, 36, 35), contemporain d'Apelle. On avait de lui un grand nombre d'excellents ouvrages. Il avait aussi peint à l'encaustique. Dans les éditions (xxxv, 36, 46), on lui donne pour élève un Aristide; mais ce passage doit être corrigé d'après le manuscrit de Bamberg. Voyez la note qui y est relative.

*Aristobule*, de Syros, peintre de quelque renom (xxxv, 40, 21.)

*Aristoclès*, peintre (xxxv, 36, 45), fils et élève de Nicomaque, fleurit vers la 113e olympiade.

*Aristoclidès*, peintre (xxxv, 40, 13), d'une époque et d'une patrie incertaines, venait, dans l'estime commune, après les artistes du premier rang.

*Aristocydès*, peintre (xxxv, 40, 21); Pline le place au milieu des artistes qui n'étaient pas sans renom. Les éditions portent Aristonides ; mais le manuscrit de Bamb. a Aristocydès, leçon approuvée par M. Keil, *Anal.*, p. 207.

*Aristodème*, peintre (xxxv, 36, 44), père et maître de Nicomaque. On ignore sa patrie. Quant à l'époque, M. Sillig pense qu'il fleurit vers la 97e olympiade.

*Aristodème*, statuaire (xxxv, 40, 16). On ignore sa patrie; il avait fait le roi Séleucus en bronze. Or, Séleucus fut roi de la Babylonie la première année de la 117e olympiade, avant J. C. 312.

*Aristolaüs*, peintre (xxxv, 40, 12), fils et élève de Pausias. Il fut un des peintres les plus sévères; il fleurit vers la 118e olympiade.

*Ariston*, graveur et statuaire (xxxiii, 55, 2 ; xxxiv, 19, 35), de Mitylènes ; l'époque de cet artiste est ignorée.

*Ariston*, peintre (xxxv, 36, 46), fils et élève du très-célèbre peintre Aristide, et frère de Nicéros. Il eut pour élèves Antoridès et Euphranor. On avait de lui un Satyre couronné, avec une coupe.

*Aristonidas*, artiste (xxxiv, 40, 1); on avait de lui une statue en fer et en bronze, représentant Athamas dans son accès de fureur.

*Aristonidès*. Voy. *Aristocydès*.

*Aristophon*, peintre (xxxv, 40, 13). Il fut fils et élève d'Aglaophon, frère de Polygnote et père d'Aglaophon le Jeune. Très-vraisemblablement il était de l'île de Thasos.

*Artémon*, peintre (xxxv, 40, 14); on ignore sa patrie;

on ignore aussi son époque. Il avait peint une reine Stratonice; mais comme on ne sait laquelle, cette circonstance ne sert pas à déterminer l'âge où il a vécu.

*Artémon*, sculpteur (xxxvi, 4, 25), avait, avec un des Pythodorus, rempli d'excellentes statues les palais des Césars; il vivait donc dans le premier siècle de l'ère chrétienne.

*Asclépiodore*, peintre (xxxv, 36, 18 et 43), d'Athènes. Il fut contemporain d'Apelle, qui l'admirait, et reconnaissait sa supériorité sur lui-même pour les proportions.

*Asclépiodore*, statuaire (xxxiv, 19, 36). Pline le cite parmi les artistes qui avaient bien rendu les philosophes.

*Asopodore*, statuaire (xxxiv, 19, 2), probablement d'Argos, si l'on prend *Argium*, qui précède son nom dans le texte de Pline, pour un nom de pays, au lieu de le prendre pour un nom d'homme. Il eut Polyclète pour élève.

*Athénæus*, statuaire (xxxiv, 19, 3). Pline le met dans la 155$^e$ olympiade; mais M. Sillig conjecture qu'Athénæus n'est pas un nom propre, qu'il signifie *l'Athénien*, et doit être joint à Polyclès, qui précède immédiatement dans l'énumération de Pline.

*Athénion*, peintre (xxxv, 40, 9), né à Maronée; il balança la gloire de Nicias, et doit lui être de très-peu postérieur. S'il n'était mort jeune, dit Pline, nul ne lui serait comparable.

*Athénis*, sculpteur (xxxiv, 4, 2), fils d'Archennus (voy. ce nom). Dans les éditions, au lieu d'Athénis, on lit Anthermus (voy. ce mot). Athénis appartient à l'ancienne période de l'art.

*Athénodore*, statuaire (xxxiv, 19, 2 et 36), né à Clitor en Arcadie, élève de Polyclète l'Ancien: il fleurit vers la 93$^e$ olympiade. Pline le cite comme ayant fait de belles statues de femmes célèbres.

*Athénodore*, sculpteur (xxxvi, 4, 24), de Rhodes, auteur, avec Agésandre et Polydore, du Laocoon. Les inscriptions portent Athanodore.

*Aulanius Evander*, sculpteur et graveur (xxxvi, 4, 20), né à Athènes (Voy. Schol. Cruquianus, *ad Horatii Sat.* I, 3, 90); il vécut du temps d'Auguste; il avait refait la tête à une Diane du sculpteur Timothéus.

*Autobulus*, peintre (xxxv, 40, 23), élève d'Olympias, femme artiste. On ignore sa patrie et son époque.

*Baton*, statuaire (xxxiv, 19, 24 et 40). Son époque et sa patrie sont incertaines. Les éditions portent Batton.

*Batrachus*, architecte et sculpteur (xxxvi, 4, 28), Lacédémonien, fit avec Sauras les temples renfermés dans les Portiques d'Octavie. Il vécut du temps du grand Pompée.

*Bœdas*, statuaire (xxxiv, 19, 17 et 24), fils et élève de Lysippe, et frère de Laïppe. Ce nom est écrit dans les éditions Bédas.

*Boethus*, graveur et statuaire (xxxiii, 55, 1; xxxiv, 19, 34), né à Carthage, ou plutôt de Chalcédoine (Voy. Raoul-Rochette, *ib.*, p. 237). Il était plus célèbre par ses gravures sur argent que par ses statues. On ne sait quelle est son époque.

*Bryaxis*, statuaire et sculpteur (xxxiv, 18, 4; xxxiv, 19, 24; xxxvi, 4, 18 et 19), d'Athènes (Clem. Alex., *Protrept.* p. 31,D), contemporain de Scopas, quoique un peu plus jeune. Il fit en airain une statue de Séleucus, lequel ne peut être que celui qui fut roi de Syrie après la mort d'Alexandre, soit l'an 312 avant J. C. De plus, il travailla avec Scopas, Timothée et Léocharis, au Mausolée, qui fut commencé l'an 352. On a ainsi quarante ans pendant lesquels Bryaxis exerça son art; de sorte que, né par exemple en 372, il aurait été sexagénaire en 312. Tel est le calcul de M. Sillig.

*Bryès*, peintre (xxxv, 40, 1), père et premier maître de Pausias de Sicyone. Il fut donc contemporain de Pamphile, qui fut maître d'Apelle et de Pausias. Le nom de cet artiste est, dans les anciennes éditions, Briès.

*Bularque*, peintre (xxxv, 34, 2), artiste très-ancien; Pline le fait contemporain de Candaule, roi de Lydie, dont il établit la concordance chronologique avec Romulus.

*Bupalus*, sculpteur (xxxvi, 4, 2), de l'île de Chios, fils d'Archennus et père d'Athénis, appartient à l'art le plus ancien. Il eut une violente querelle avec Hipponax, poète célèbre.

*Calamis*, graveur, sculpteur et statuaire (xxxiii, 55, 2; xxxiv, 18, 7; xxxvi, 4, 23; xxxiv, 19, 22); il était auteur d'une statue d'Apollon Alexicacus, qui mit fin à la peste d'Athènes; or, cette peste finit l'an 429 avant J. C. D'un autre côté, Onatas le prit pour aide dans l'exécution du monument très-célèbre que Dinomène fit faire en mémoire de la victoire remportée par son père Hiéron à Olympie; or, Hiéron mourut la deuxième année de la 78$^e$ olympiade, avant J. C. 467. On a de la sorte, d'après M. Sillig, une trentaine d'années que l'on peut assigner en sûreté à Calamis. Ce fut un artiste très-habile et très-laborieux. Il avait employé le bronze, la pierre et l'argent; il était sans rival pour les chevaux; enfin, comme graveur sur argent, il tenait le premier rang après Mentor.

*Calatès*, peintre (xxxv, 37, 2). Sa patrie et son époque sont incertaines; cependant il est probable qu'il a fleuri du temps d'Alexandre le Grand. Il était auteur de tableaux comiques. Son nom est dans les éditions Caladès, Calacès et Colacès. M. Raoul-Rochette (*ib.*, p. 241) incline à lire Calades.

*Calliclès*, peintre (xxxv, 37, 2), auteur de petits tableaux; il paraît avoir vécu du temps d'Alexandre le Grand.

*Calliclès*, statuaire (xxxiv, 19, 37), de Mégare, fils de Théocosmus; il avait fait la statue de Diagoras, vainqueur au pugilat, à Olympie (Pausanias, VI, 7, 1). De là on conclut qu'il a fleuri vers la 95$^e$ olympiade.

*Callicratès*, sculpteur (xxxvi, 4, 29), de Lacédémone. Il avait fait des ouvrages d'une ténuité à peine croyable.

*Callidès*, statuaire et graveur sur argent (xxxiv, 19, 35). Son nom est dans les anciennes éditions Calliadès et Callias.

*Callimaque*, statuaire (xxxiv, 19, 41); il s'était aussi occupé de peinture et de gravure sur argent. Cet artiste, très-célèbre, d'une patrie inconnue, avait inventé un nouvel ordre de colonnes, l'ordre corinthien (Vitruve, IV, 1, 9); de là Winckelmann (*Opp.* I, p 382) a conclu que Callimaque fleurissait avant la 96$^e$ olympiade, époque à laquelle Scopas construisit à Tégée un temple de Minerve, orné de colonnes *corinthiennes*. Ce fut un artiste de grande réputation; cependant on lui reprochait de n'être jamais content de ce qu'il faisait, et d'y retoucher sans cesse. Cela lui avait valu le surnom de Catatexitechnos, *celui qui affaiblit l'art*, surnom qui est, dans les éditions depuis Hardouin, *Cacizotechnos*, *celui qui blâme l'art*; mais M. Sillig a montré que la bonne leçon était Catatexitechnos.

*Callistrate*, statuaire (xxxiv, 19, 3), d'une patrie incertaine, et placé par Pline à la 155$^e$ olympiade.

*Callixène*, statuaire (xxxiv, 19, 3), d'une patrie inconnue, fleurit vers la 155$^e$ olympiade.

*Callon*, statuaire (xxxiv, 19, 1). Il y a eu deux Callon, l'un de l'île d'Égine, beaucoup plus ancien, l'autre d'Élée, qui appartient à la 87$^e$ olympiade. C'est de ce dernier qu'il est question dans Pline.

*Calypso*, femme peintre (xxxv, 40, 22); on ignore sa patrie et son époque.

*Canachus l'ancien*, statuaire et sculpteur (xxxiv, 19,

25), auteur d'une statue colossale d'Apollon Philésien, placée dans le temple Didyméen, près de Milet. Cette statue fut emportée par Xerxès à Ecbatane, et rendue par Séleucus Nicator. Elle avait été faite avant la destruction de Milet, c'est-à-dire avant la troisième année de la 71e olympiade, ce qui donne l'époque de Canachus; cet artiste était de Sicyone.

*Canachus le jeune*, statuaire (xxxiv, 19, 2), de Sicyone aussi, est placé par Pline à la 95e olympiade. Pline (xxxvi, 4, 28) dit que Canachus avait aussi travaillé le marbre; on ne sait duquel des deux Canachus il veut parler.

*Cantharus*, statuaire et graveur sur argent (xxxiv, 19, 35), de Sicyone, fils d'Alexis, statuaire aussi. Il a fleuri vers la 128e olympiade.

*Carmanidès*. Voy. *Charmantidès*.

*Cenchramis*, statuaire (xxxiv, 19, 37), avait rendu heureusement les philosophes. On a trouvé à Athènes, sur une base de statue, une inscription mutilée où est xεv, qu'on ne peut guère compléter qu'en lisant Cenchramis. D'après la forme des lettres, cet artiste serait postérieur à l'archontat d'Euclide. Voy. Raoul-Rochette, *ib.*, p. 246. Dans cette inscription, Cenchramis est associé (ἐποίησαν) avec Polymnestus.

*Céphis*, statuaire (xxxiv, 19, 37), avait rendu heureusement les philosophes.

*Céphisodorus*, peintre (xxxv, 36, 1), est placé par Pline à la 90e olympiade.

*Céphisodotus l'ancien*, statuaire (xxxiv, 19, 21 et 37), d'Athènes, fleurit vers la 102e olympiade; sa sœur fut la première femme de Phocion (Plut., *Phoc.* 19).

*Céphisodotus le jeune*, statuaire et sculpteur (xxxvi, 4, 12), fils de Praxitèle et frère de Timarchus, fleurit vers la 120e olympiade.

*Chæreas*, statuaire (xxxiv, 19, 25), avait représenté Alexandre le Grand et son père Philippe.

*Chalcosthènes*, modeleur (xxxv, 45, 2), avait fait des ouvrages en terre à Athènes, dans le lieu appelé Céramique à cause de son atelier.

*Chalcosthènes*, statuaire (xxxiv, 19, 37); on ignore son époque et son pays.

*Charès*, statuaire (xxxiv, 18, 3 et 5), de Lindos, dans l'île de Rhodes, élève de Lysippe, auteur du colosse de Rhodes.

*Charmadas*, peintre (xxxv, 34, 3). Patrie et époque ignorées. Pline le range parmi les plus anciens artistes qui faisaient des peintures monochromes.

*Charmantides*, peintre (xxxv, 40, 21), élève d'Euphranor. Les éditions portent Carmanidès; mais M. Keil (*Analecta*, p. 208) propose de lire Charmantides; et le manuscrit de Bamberg a Charmanides.

*Chersiphron*, architecte (vii, 38, 1; xxxvi, 21, 2), de Gnosse, construisit avec son fils Métagène le premier temple de Diane d'Éphèse, brûlé par Erostrate, et non, comme le dit Pline par erreur, le second temple, si célèbre dans l'antiquité.

*Cimon*, peintre (xxxv, 34, 4), de Cléonée, compté parmi les plus anciens peintres, et l'un de ceux qui contribuèrent à perfectionner les procédés de l'art encore peu habile. On pense qu'il vécut vers la 80e olympiade, mais cela n'est pas complétement certain.

*Cléanthes*, peintre (xxxv, 5, 2), de Corinthe; il est placé au premier début de l'art. On prétend qu'il inventa le dessin linéaire.

*Cléœtas*, Plautius Marcus, peintre (xxxv, 37, 4), d'Atalie, avait orné de peintures un temple de Junon à Ardée. Une inscription en vieilles lettres latines le disait. Ce nom est, dans les éditions, Marcus Ludius Helotas; mais M. Sillig, aidé de diverses leçons fournies par les manuscrits, l'a changé en Plautius Marcus Cléœtas; ce qui a été subséquemment confirmé en partie par le manuscrit de Bamberg.

*Cléomène*, sculpteur (xxxvi, 4, 21); on avait de lui des Muses, qu'Asinius Pollion avait placées dans les monuments élevés par lui. Il vécut avant la destruction de Corinthe.

*Cléon*, peintre (xxxv, 40, 15); Pline cite de lui un Cadmus.

*Cléon*, statuaire (xxxiv, 19, 37), de Sicyone, vécut dans la 98e olympiade. Pausanias cite de lui une Vénus en airain (V, 17, 1), et deux statues de Jupiter (V, 21, 2).

*Cléophantus*, peintre (xxxv, 5, 2), de Corinthe, passait pour avoir inventé le premier à colorer les lignes du dessin. D'après Cornélius Népos, il avait suivi en Italie Démarate, père de Tarquin l'Ancien.

*Clésidès*, peintre (xxxv, 40, 15). Il avait fait un tableau satirique contre une certaine reine Stratonice, dont il n'avait pas été bien traité à son gré. La mention de cette reine permet seulement de reconnaître que Clésidès vécut après Alexandre le Grand. M. Ian demande s'il ne faudrait pas lire Ctésidès; en effet, le manuscrit de Bamberg a Etesidès; or, la confusion de *et* et de *ct* est facile.

*Coenus*, peintre (xxxv, 40, 14), d'une patrie et d'une époque ignorées, n'était pas compté parmi les peintres de premier ordre.

*Colotès*, statuaire (xxxiv, 19, 37; xxxv, 34, 1). D'après Pausanias (v, 20, 1), il était de l'île de Paros. Pline nous apprend que cet artiste avait aidé Phidias dans l'exécution du Jupiter-Olympien. D'un autre côté, Pausanias dit que Colotès fut élève de Pasitèle; or, Pasitèle fleurit du temps du grand Pompée. Il faut donc admettre, ou qu'il y a eu deux Colotès, ou qu'il y a eu deux Pasitèle. C'est cette seconde alternative qu'admet M. Sillig, ce Pasitèle, ancien maître de Colotès, étant d'ailleurs inconnu.

*Coponius*, sculpteur (xxxvi, 4, 27), de Rome, vécut du temps du grand Pompée.

*Corybas*, peintre (xxxv, 40, 21), d'une patrie inconnue; élève de Nicomaque. De cette façon l'époque de Corybas se trouve déterminée, car Nicomaque a vécu vers la 100e olympiade.

*Cratérus*, sculpteur (xxxvi, 4, 25), remplit, avec un des Pythodorus et d'autres artistes, de statues excellentes les palais des Césars; il vécut donc dans le premier siècle de l'ère chrétienne.

*Cratinus*, peintre (xxxv, 40, 15 et 22). On ignore sa patrie et son époque; on cite parmi ses élèves une femme, Irène, sa fille.

*Crésilas*, et non Ctésilaus, statuaire (xxxiv, 19, 4 et 24). Les manuscrits portent des leçons qui se rapprochent de Crésilas; et ce qui décide la question, comme l'a montré M. Raoul-Rochette, *ib.*, p. 262, c'est une inscription où l'on voit que Crésilas avait exécuté la statue de Diitrephès, général athénien, tué la troisième année de la 91e olympiade. Cela donne la date de Crésilas; il était probablement d'Athènes; cependant on cite aussi un Crésilas, de Cydon en Crète.

*Critius*, statuaire (xxxiv, 19, 1), fleurit dans la 83e olympiade. Son nom est, dans les manuscrits et les imprimés, Critias. Mais c'est Critius qu'il faut lire, cela est prouvé par des inscriptions trouvées récemment à Athènes; voy. Raoul-Rochette, *ib.*, p. 264. Critius fut un grand artiste et chef d'école. Il paraît avoir souvent travaillé avec Nésiotès, avant qui il est nommé dans les inscriptions. M. Rochette en conjecture que Critius était le maître de Nésiotès.

*Cronius*, graveur sur pierre (xxxvii, 4). Sa patrie et son époque sont inconnues; seulement Pline le place après Pyrgotèle.

*Ctésias*, statuaire et graveur sur argent (xxxiv, 19, 35). On ignore son pays et son époque.

*Ctésidème*, peintre (xxxv, 37, 4; xxxv, 40, 15). Il fut le maître d'Antiphile; or, Antiphile ayant fleuri dans la

106e olympiade, avant J. C. 386, on voit quelle est l'époque de Ctésidème.

**Ctésilaüs**, ou *Ctésilas*, fausse leçon pour Crésilas; voyez ce nom.

**Ctésilaüs**, statuaire (xxxiv, 19, 26). Les imprimés portent Désilaüs. M. Sillig (*Catal.*) a proposé de lire Ctésilaüs; mais il l'identifiait avec le Ctésilaüs, pour lequel il faut lire maintenant Crésilas. Toutefois la leçon Ctésilaüs pour Désilaüs est donnée par le manuscrit de Bamberg, ce qui m'engage à l'adopter. On ne connaît ni la patrie ni l'époque de cet artiste.

**Ctésilochus**, peintre (xxxv, 40, 15), avait été élève d'Apelle. C'est lui qui avait fait ce tableau comique représentant Jupiter en mal d'enfant pour Bacchus.

**Cydias**, peintre (xxxv, 40, 6), né à Cythnos, l'une des Cyclades, fleurit du temps d'Euphranor, c'est-à-dire, vers l'olympiade 104.

**Cydon**, statuaire (xxxiv, 19, 4); sa patrie est ignorée; il paraît avoir été à peu près contemporain de Phidias.

**Dædale** (vii, 57, 7; xxxvi, 19, 1). Sous ce nom il est vraisemblable que sont représentés les plus anciens artistes de la Grèce, ceux à qui étaient dus les commencements de l'art. Quant à Dédale lui-même, il est trop lié à la mythologie, aux histoires de Minos et de Thésée, pour qu'on sache rien de réel sur son compte. On avait, du temps de Pausanias, des statues qui lui étaient attribuées, et dont la forme était tout à fait archaïque.

**Dædale**, statuaire (xxxiv, 19, 26), de Sicyone, fils et élève de Patrocle, doit par conséquent avoir fleuri vers la 98e olympiade. Il a probablement été aussi sculpteur; du moins, au lieu de *Dædalum* de Vulg., et de *Dædalsas* de Bamb., j'ai lu Dædalsas (xxxvi, 4, 23).

**Dæmon**, statuaire (xxxiv, 19, 37). On ne connaît ni sa patrie, ni son époque. Il avait fait des statues de philosophes.

**Daïphron**, statuaire (xxxiv, 19, 37); époque et patrie ignorées; il avait aussi fait des philosophes.

**Daippus**, statuaire (xxxiv, 19, 37); il avait fait la statue d'un homme paralysé; son nom a été confondu avec celui de Laïppus (voy. ce mot); et même M. Sillig croit qu'il n'y a pas lieu de distinguer, et que ces deux noms appartiennent à un seul et même artiste.

**Damophilus**, peintre et modeleur (xxxv, 45, 1); il avait avec Gorgasus travaillé à un temple de Cérès à Rome, qui fut dédié l'an 493 de Rome.

**Décius**, statuaire (xxxiv, 18, 5), artiste romain; il paraît avoir vécu peu avant Publius Cornélius Lentulus Spinther, qui fut consul an de Rome 697, et qui porta la loi du rappel de Cicéron.

**Déliadès**, statuaire et graveur sur argent (xxxiv, 19, 35); sa patrie et son époque sont inconnues; on ne cite de lui aucune œuvre remarquable.

**Déméas**, statuaire (xxxiv, 19, 2), de Clitor en Arcadie, élève de Polyclète. Il exécuta avec d'autres artistes une offrande que les Lacédémoniens firent à Delphes pour la victoire remportée à Ægos-Potamos. Hardouin a Damias au lieu de Déméas.

**Démétrius**, statuaire (xxxiv, 19, 20). On ignore sa patrie et son époque. Il avait fait la statue de Simon, qui écrivit le premier *sur l'Art d'aller à cheval*, et qui est cité par Xénophon. Quintilien (XII, 10) dit que Démétrius s'était plus attaché dans ses statues à la ressemblance qu'à la beauté. M. Raoul-Rochette (*ib.*, p. 274) pense que le Démétrius est l'artiste cité par Lucien (*Philops.* 19 et 20) comme auteur de la statue de Pellichus, général corinthien, dont il est fait mention dans Thucydide (I, 19).

**Démocrite**, statuaire (xxxiv, 19, 37), de Sicyone, fleurit vers la 100e olympiade. On avait de lui des statues de philosophes.

**Démophile**, peintre (xxxv, 36, 2), d'Himère en Sicile, passait pour avoir été le maître de Zeuxis.

**Dercylidès**, sculpteur (xxxvi, 4, 23); on avait de lui, à Rome, dans les jardins Serviliens, des lutteurs en marbre.

**Désilaüs** (xxxiv, 19, 26), nom douteux. Les imprimés ont en effet Désilaüs. Mais le manuscrit de Bamberg a Ctésilaüs. Voy. *Ctésilaüs* n° 2.

**Dibutadès**, modeleur (xxxv, 43, 1), de Sicyone; quelques-uns lui attribuaient l'invention de l'art de modeler des figures en terre.

**Dicæogenes**. Voy. *Diogène*.

**Dinias**, peintre (xxxv, 34, 3), artiste très-ancien, dont la peinture était monochrome.

**Dinocharès**, architecte (v, 11, 3; vii, 38, 1; xxxiv, 42, 1), de Macédoine. Le nom de cet artiste est souvent écrit Dinocratès; c'est lui qui fit pour Alexandre le plan d'Alexandrie.

**Dinomènes**, statuaire (xxxiv, 19, 2), fleurit dans la 95e olympiade.

**Dinon**, statuaire (xxxiv, 19, 2), élève de Polyclète.

**Diogène**, sculpteur (xxxvi, 4, 25), d'Athènes, décora le Panthéon d'Agrippa. Il avait aussi exécuté de belles caryatides dans ce temple.

**Diogène**, peintre (xxxv, 40, 21). Il vécut avec le roi Démétrius; c'est Démétrius Poliorcète, qui prit le nom de roi la 3e année de la 118e olympiade, avant J. C. 306. Au lieu de *Diogènes* le manuscrit de Bamberg porte *Discaogenes*; M. Keil (*Analecta*, p. 208) en conclut que l'on doit lire *Dicæogenes*.

**Dionysius**, peintre (xxxv, 37, 2; xxxv, 40, 23). Il paraît avoir vécu dans le siècle qui a précédé l'ère chrétienne, et avoir travaillé à Rome. Il avait été surnommé Anthropographe, parce qu'il ne peignait que des figures humaines.

**Dionysius**, sculpteur (xxxvi, 4, 22), ne doit pas être confondu avec le Dionysius, statuaire d'Argos. Dionysius le sculpteur était fils de Timarchidès (voy. ce nom); il est donc postérieur à la 145e olympiade : il y avait de lui, à Rome, dans le Portique d'Octavie, une statue de Jupiter, faite en commun avec Polyclès (voy. ce nom).

**Dionysodorus**, peintre (xxxv, 40, 21), de Colophon.

**Dionysodorus**, statuaire et graveur sur argent (xxxiv, 19, 35), élève de Critius, fleurit vers la 93e olympiade.

**Diopus**, modeleur (xxxv, 43, 2), accompagna, avec Euchir et Eugramme, Démarate, fugitif de Corinthe. Ce nom manque dans les éditions; mais il est donné par le manuscrit de Bamb., et M. Keil, *ib.*, page 229, pense qu'il faut le recevoir.

**Dioscurides**, graveur (xxxvi, 4, 1). Il avait gravé sur pierre la figure d'Auguste, qui était extrêmement ressemblante. Cette pierre servit de cachet aux empereurs suivants.

**Dipœnus**, sculpteur (xxxvii, 4, 1), un des plus anciens artistes, fleurissait avant l'empire des Mèdes eût été renversé par Cyrus, c'est-à-dire dans la 50e olympiade. On avait de lui, du temps de Pline et de Pausanias, plusieurs statues.

**Dorothéus**, peintre (xxxv, 36, 28), vécut du temps de Néron, et avait fait, par l'ordre de ce prince, un tableau à l'imitation de la Vénus Anadyomène d'Apelle.

**Échion**, peintre (xxxv, 32, 1; xxxv, 36, 10). Il fleurit vers la 117e olympiade; il était compté parmi les plus grands artistes. Pline le met aussi parmi les statuaires (xxxiv, 19, 2). M. Ian croit qu'au lieu d'Échion il faut lire partout dans Pline Aétion. Voy. ce nom.

**Éniochus**, sculpteur (xxxvi, 4, 21). On ignore son époque et son pays. Son nom est dans les éditions Entochus, mais le manuscrit de Bamberg donne Éniochus.

*Epigonus*, statuaire (XXXIV, 19, 38). Pline cite de lui deux beaux morceaux.

*Erigonus*, peintre (XXXV, 40, 20), fleurit vers la 133° olympiade. Après avoir été broyeur de couleurs chez le peintre Néalcès, il devint lui-même un artiste distingué.

*Eubulides*, statuaire (XXXIV, 19, 38), Athénien, du dème de Cropia; son époque est incertaine, mais les caractères de deux inscriptions récemment trouvées à Athènes ne permettent pas de la faire remonter au delà de l'époque romaine; voy. Raoul-Rochette, *ib.*, p. 306. Il était fils d'un Euchir et père d'un Euchir.

*Eubulus*, statuaire (XXXIV, 19, 38). On avait de lui un morceau estimé, représentant une femme saisie d'étonnement.

*Euchir*, peintre (VII, 57, 14), parent de Dédale, et qu'on disait avoir inventé la peinture en Grèce.

*Euchir*, dit aussi *Euchirus*, modeleur (XXXV, 43, 2), accompagna avec Eugramme, en Étrurie, Démarate, qui s'enfuyait de Corinthe, olympiade 29°. Ces deux artistes passaient pour avoir enseigné la plastique à l'Italie.

*Euchir*, statuaire (XXXIV, 19, 40), père ou fils d'Eubulides (voy. ce nom).

*Eudorus*, peintre et statuaire (XXXV, 40, 16). Il était célèbre par ses décorations de théâtre.

*Eugramme*, modeleur (XXXV, 43, 2), avait, avec Euchir, accompagné Démarate dans sa fuite.

*Eumarus*, peintre (XXXV, 34, 3), d'Athènes, fut le premier qui dans un tableau fit reconnaître un homme d'avec une femme. Il vécut avant Cimon de Cléonée.

*Eunicus*, statuaire et graveur sur argent (XXXIII, 55, 2; XXXIV, 19, 35), de Mitylènes; époque incertaine.

*Euphorion*, statuaire et graveur sur argent (XXXIV, 19, 35). Pline ne cite de lui aucune œuvre remarquable.

*Euphranor*, peintre et statuaire (XXXIV, 19, 2 et 27; XXXV, 36, 46; XXXV, 40, 4 et suivants; 21 et suivant), de l'Isthme, fleurit dans la 104° olympiade; il avait eu pour maître dans l'art de la peinture Ariston. Ce fut un artiste d'un grand renom, dont on citait des œuvres très-remarquables, et entre autres un Pâris, où il avait montré à la fois le juge des déesses, l'amant d'Hélène et le meurtrier d'Achille. Il passait pour avoir le premier donné aux héros leur caractère de dignité, et fait valoir la proportion; mais on trouvait qu'il faisait le corps trop grèle, la tête et les membres trop forts. Il avait écrit sur son art.

*Euphronides*, statuaire (XXXIV, 19, 3), est placé dans la 104° olympiade.

*Eupompus*, peintre (XXXIV, 19, 12; XXXV, 36, 5), de Sicyone, contemporain et rival de Zeuxis, de Timanthe et de Parrhasius. Son autorité fut grande, car il créa une nouvelle école de peinture; avant lui il n'y en avait que deux, l'hellénique et l'asiatique. Eupompus fut cause qu'on divisa l'hellénique en deux; et il y eut trois écoles, l'ionienne, la sicyonienne, et l'athénienne.

*Eutychides*, peintre et sculpteur (XXXIV, 19, 3 et 28; XXXVI, 4, 22), de Sicyone, fleurit dans la 120° olympiade et fut élève de Lysippe. Il avait représenté l'Eurotas, et les amateurs disaient que la statue était plus liquide que la rivière elle-même.

*Eutychides*, peintre (XXXV, 40, 16); Pline cite de lui un bon morceau; pays et âge inconnus.

*Euthycrates*, statuaire (XXXIV, 19, 3, 17, et 33), fils et élève de Lysippe. Artiste très-célèbre, il imita plutôt la vigueur que l'élégance de son père, et il préféra un genre sévère à un genre agréable.

*Euthymides*, peintre (XXXV, 40, 21); âge et pays inconnus. Les éditions ont Euthymedes; le ms. de Bamberg a Euthymides, leçon approuvée par M. Keil (*Analecta*, p. 208).

*Euxenidas*, peintre (XXXV, 36, 13), fleurit vers la 100° olympiade, et fut le maître du très-célèbre peintre Aristide.

*Evénor*, peintre (XXXV, 36, 1), père et maître de Parrhasius, fleurit dans la 90° olympiade.

*Fabius*, peintre (XXXV, 7, 1), appartenait à la grande famille romaine des Fabius, et fut celui qui porta le premier le nom de *Pictor*, en le transmettant à la branche descendue de lui. Il avait fait, l'an de Rome 450, une peinture dans le temple du Salut. Cette peinture dura jusqu'au règne de l'empereur Claude, époque où elle fut détruite par l'incendie du temple.

*Fabullus*, peintre (XXXV, 37, 7), Romain, travailla presque uniquement à la décoration de la maison dorée de Néron. Il avait de la gravité et de la sévérité, mais aussi de la boursoufflure. Ce nom est, dans les anciennes éditions, Amulius. Mais l'édition princeps porte Fabullus; beaucoup de manuscrits ont, soit Famulus, soit Fabius; de là M. Sillig a conclu qu'il fallait lire Fabullus.

*Glaucides*, statuaire (XXXIV, 19, 40). Pline le cite parmi ceux qui avaient fait des athlètes, des soldats, etc.

*Glaucion*, peintre (XXXV, 40, 9), de Corinthe, maître d'Athénion de Maronée, vécut vers la 114° olympiade.

*Gorgasus*, peintre et modeleur (XXXV, 45, 1), travailla avec Damophilus à décorer le temple de Cérès à Rome auprès du grand Cirque. Voy. *Damophilus*.

*Gorgias*, statuaire (XXXIV, 19, 1), Lacédémonien, vécut vers la 87° olympiade.

*Habron*, peintre (XXXV, 40, 16). On ignore sa patrie et son époque; on avait de lui des statues de dieux; il fut père du peintre Nessus.

*Hécatée*, statuaire et graveur sur argent (XXXIII, 55, 2; XXXIV, 19, 35). Patrie et époque inconnues.

*Hégésias*, statuaire (XXXIV, 19, 28). Il y a du doute sur l'époque de cet artiste. Quintilien (XII, 10) dit : « Les statues de Callon et d'Hégésias sont dures, et ressemblent aux statues toscanes; celles de Calamis sont déjà moins roides. » De là on conclut qu'Hégésias est contemporain de Callon d'Égine, lequel fut contemporain de Canachus. D'un autre côté, Lucien (*Praec. rhetor.*, 9) le rapproche de Critius; or, Critius est postérieur à Callon d'Égine.

*Hégias*, statuaire (XXXIV, 19, 1), Athénien, contemporain d'Agéladas et de Critius, fleurit par conséquent vers la 83° olympiade.

*Héliodorus*, statuaire et sculpteur (XXXIV, 19, 40; XXXVI, 4, 22). On ignore son époque et sa patrie; il était du nombre de ces artistes qui avaient fait en airain des chasseurs, des sacrificateurs. On avait de lui, dans le Portique d'Octavia, un groupe en marbre qui représentait Pan et Olympus luttant ensemble; c'était un morceau fort admiré.

*Héraclide*, peintre (XXXV, 40, 10 et 21), de Macédoine. Après la défaite et la prise du roi Persée, il se retira à Athènes.

*Hérillus*, peintre (XXXV, 36, 1). Ce nom est, dans les imprimés, Phryllus; mais la leçon de Bamberg (Erillus) doit être reçue. Ce peintre, dont on ignore la patrie, est mis par Pline, à la 90° olympiade, à côté d'Aglaophon, de Céphisodore et d'Événor, père de Parrhasius, peintres déjà illustres, mais auxquels, dit Pline, il n'y a pas lieu de s'arrêter.

*Hermolaüs*, sculpteur (XXXVI, 4, 25), remplit, avec Polydeuces, d'excellentes statues les palais des Césars.

*Hicanus*, statuaire (XXXIV, 19, 40), était de ces artistes qui avaient fait des athlètes, des soldats, des sacrificateurs, etc.

*Hippus*, peintre (XXXV, 40, 16). Pline cite de lui une Victoire et un Neptune. Ce nom était, dans les anciennes éditions, Iphis. Hardouin voyant que l'ordre alphabétique voulait un mot commençant par un H, et trouvant dans ces manuscrits Hyppis, a introduit Hippias. Le manuscrit de Bamberg a Hyppus; de là M. Keil, p. 227, conclut qu'il faut lire Hippus ou Hippys.

*Hygiænon*, peintre (xxxv, 34, 8), très-ancien artiste, et rangé parmi ceux qui peignirent des monochromes. Les anciennes éditions portent ce nom. Des manuscrits suivis par Hardouin ont Hygiémon.

*Hypatodorus*, statuaire (xxxiv, 19, 1), fleurit avec Polyclès et Céphisodote dans la 102e olympiade. Il avait fait une Minerve en airain colossale, et placée à Aliphère en Arcadie.

*Iades*, fausse leçon. Voy. *Zeuxiades*.

*Iaia*. Voy. *Lala*.

*Ion*, statuaire (xxxiv, 19, 3), fleurit dans la 114e olympiade.

*Irène*, peintre (xxxv, 40, 22), fille et élève du peintre Cratinus; il y avait d'elle à Éleusis un tableau représentant une jeune fille.

*Isidorus*, statuaire (xxxiv, 19, 28). On avait de lui un morceau représentant un prêtre sacrifiant un bœuf. Le manuscrit de Bamberg a Isidotus, leçon que M. Keil, p. 216, préfère; mais une inscription, découverte il y a peu de temps sur l'emplacement du forum à Cumes, porte Ἰσίδωρος. La même inscription porte qu'Isidore était de Paros et fils de Numenius, du moins si cet Isidore de l'inscription est bien celui de Pline. Voy. Raoul-Rochette, *ib.*, p. 337.

*Isigonus*, statuaire (xxxiv, 19, 34), avait, avec d'autres artistes, représenté les combats d'Attale et d'Eumène contre les Gaulois. Il fleurit vers la 135e olympiade.

*Labéon*, peintre (xxxv, 7, 2), Romain, avait été préteur et proconsul de la province narbonnaise. Il se plaisait à faire de petits tableaux; mais cela excitait le rire et la moquerie. Les éditions le nomment Antistius; les manuscrits ne donnent point du tout ce nom; et le manuscrit de Bamberg a Titedius, ce qui est la même chose que Titidius; M. Ian, dans sa collation du manuscrit de Bamberg, remarque que ce personnage est peut-être le même que le Titidius Labéon dont parle Tacite, *Ann.* II, 85.

*Lædus Stratiatès*, graveur (xxxiii, 55, 2), grava, vers l'époque du grand Pompée, des guerriers et des batailles. Le nom est manifestement altéré. Des manuscrits ont Ledis Thracides; d'autres, Hieris Thracides; le manuscrit de Munich, Lidistratices; le manuscrit de Bamberg, Hedys Trachides. Saumaise, *Exercc. Plin.* p. 737 a. D. ed. Par. p. 1047, Hardouin et M. Sillig proposent Leostratides, et M. Thiersch, *Uber die Epochen der bild. Kunst*, p. 298, Lysistratides.

*Laippus*, statuaire (xxxiv, 19, 3 et 17), fils et élève de Lysippe; son nom est dans les éditions Daippus.

*Lala*, femme peintre (xxxv, 40, 22), de Cyzique, exécuta à Rome, du temps de la jeunesse de Varron, des peintures avec le pinceau. Elle peignit aussi sur l'ivoire. Elle avait fait de grands tableaux représentant des portraits de femmes; elle avait aussi fait son portrait en se regardant dans un miroir. Personne ne travaillait plus vite qu'elle, et ses œuvres se vendaient un prix très-élevé. Le manuscrit de Bamberg, au lieu de Lala, porte Iain. M. Keil, prenant en considération que Lala ne se trouve pas ailleurs, et que Iaia est dans une inscription latine (O. Jahn, *Specimen Epig.*, page 100), pense qu'il faut faire attention à la leçon de Bamberg.

*Léocharès*, statuaire et sculpteur (xxxiv, 19, 2 et 29; xxxvi, 4, 18), d'Athènes, fleurit avec Polyclès, Céphisodote et Hypatodore, dans la 102e olympiade. Ce fut un artiste très-célèbre, et dont on avait beaucoup de morceaux.

Il avait fait des statues d'or et d'ivoire de Philippe, d'Alexandre, d'Amyntas et d'Olympias. On vantait beaucoup un groupe représentant l'enlèvement de Ganymède par l'aigle de Jupiter.

*Léon*, peintre (xxxv, 40, 16), avait fait un portrait de Sapho.

*Léon*, statuaire (xxxiv, 19, 40), est un de ces artistes qui avaient fait des athlètes, des soldats, des chasseurs.

*Léontion* (xxxv, 36, 35). Les anciennes éditions portent Leontionem pictorem, d'où on a fait un peintre Léontion. Mais le manuscrit de Bamberg porte Leontion Epicuri, c'est-à-dire Léontium, la maîtresse d'Épicure.

*Léontiscus*, peintre (xxxv, 40, 16), avait représenté Aratus victorieux, avec un trophée. Il est vraisemblable dès lors que Léontiscus fut contemporain du célèbre chef de la ligue Achéenne.

*Lesboclès*, statuaire et peintre (xxxiv, 19, 35), rangé parmi ces artistes dont Pline ne cite aucun morceau capital.

*Lophon*, statuaire (xxxiv, 19, 40), rangé par Pline parmi les artistes qui avaient représenté des athlètes, des soldats, des chasseurs.

*Ludius*, peintre (xxxv, 37, 5), vécut du temps d'Auguste, et fut renommé surtout pour son habileté à décorer de paysages les murailles des appartements.

*Ludius* (xxxv, 37, 4). Ce nom a été changé par la critique en Cléetas; voy. ce mot.

*Lyciscus*, statuaire (xxxiv, 19, 29), avait représenté Lagon, enfant plein de ruse et de gentillesse; mais le manuscrit de Bamberg a, non pas Lyciscus, mais Lyciscum, de sorte que Lyciscus serait non pas le nom d'un artiste d'ailleurs inconnu, mais un morceau dû à Léocharès.

*Lycius*, statuaire (xxxiv, 19, 2 et 29), fils de Myron (Pausanias, I, 23, 8; V, 22, 2; Athénée, XI, page 486, D), et son élève. On avait de lui un enfant qui soufflait un feu presque éteint; ouvrage digne de son maître.

*Lycus*, statuaire (xxxiv, 19, 29), avait représenté un enfant qui brûle des parfums. Comme plusieurs bons manuscrits ont Lucius, Licius, Lycius, M. Sillig pense qu'il faut effacer le nom de Lycus du catalogue des artistes, et attribuer cette statue d'un enfant qui brûle des parfums à Lycius.

*Lysias*, sculpteur (xxxvi, 4, 23), avait fait, d'un seul bloc, un char à quatre chevaux, Apollon et Diane, morceau qu'Auguste consacra, en l'honneur de son père Octavius, dans une chapelle. Cela fait croire que cet artiste était contemporain d'Auguste.

*Lysippe*, statuaire (xxxiv, 19, 2; xxxiv, 19, 12; xxxiv, 17, 2; xxxiv, 18, 2), de Sicyone, un des artistes les plus célèbres de l'antiquité, vécut du temps d'Alexandre le Grand, qui même avait défendu qu'un autre que Lysippe fît sa statue en airain. Lysippe était d'une fécondité extraordinaire; on dit qu'il avait exécuté quinze cents morceaux. Il y avait de lui, à Tarente, un Jupiter colossal, de quarante coudées. Un Hercule colossal avait été transporté à Rome par Fabius Maximus, après la prise de Tarente. Il paraîtrait, d'après un mot de Pétrone (*Satyr.*, 88), que cet artiste, qui avait été favori d'Alexandre le Grand et qui lui survécut, mourut dans la misère.

*Lysippe*, peintre (xxxv, 39, 1), avait peint à l'encaustique. On ignore son pays; quant à son époque, on sait seulement qu'il était antérieur au peintre Aristide.

*Lysistratus*, statuaire (xxxiv, 19, 2; xxxv, 44, 1), de Sicyone, frère de Lysippe, s'attacha le premier, d'après Pline, à rendre en bronze la ressemblance. Avant lui on s'efforçait de faire la statue aussi belle que possible. Il imagina aussi de prendre des moules sur les statues; ce qui permettait de les reproduire.

*Lyson*, statuaire (xxxiv, 19, 40). Pline le range parmi ceux qui avaient fait des chasseurs, des sacrificateurs, des soldats; circonstance qui paraît montrer qu'il n'appartenait pas à la haute antiquité. Pausanias (I, 3, 4) nous apprend que cet artiste avait fait une statue représentant le peuple athénien.

*Malas.* Voy. *Mélas.*

*Méchopanès*, ancienne leçon, pour Nicophanes.

*Mélanthius*, peintre (xxxv, 32, 1; xxxv, 36, 15; txxv, 36, 18). Contemporain d'Apelle, élève avec lui de Pamphile. Pline le cite parmi ces artistes qui exécutèrent des ouvrages immortels avec quatre couleurs seulement. Apelle le reconnaissait pour supérieur à lui dans la disposition d'un tableau. Ce nom est Amphion dans les anciennes éditions.

*Mélas*, sculpteur (xxxvi, 4, 2), de Chios, paraît avoir fleuri vers la 35$^e$ olympiade. Ce nom est Malas dans les éditions.

*Menæchmus*, statuaire (xxxiv, 19, 30), de Sicyone; on avait de lui un groupe représentant un taureau pressé par le genou d'un homme. Il avait écrit sur son art, et fleurissait vers la 114$^e$ olympiade.

*Ménécrates*, sculpteur (xxxvi, 4, 21). On ignore son époque et sa patrie; il fut le maître d'Apollonius et de Tauriscus.

*Ménestratus*, sculpteur (xxxiv, 4, 20). Il y avait de lui un Hercule et une Hécate, à Éphèse, dans le temple de Diane; morceaux qui excitaient l'admiration. Il paraît avoir vécu vers l'époque d'Alexandre le Grand.

*Ménodorus*, statuaire (xxxiv, 19, 40), rangé par Pline parmi ces artistes qui avaient fait en airain des soldats, des athlètes, des sacrificateurs.

*Ménogènes*, statuaire (xxxiv, 19, 38), était remarquable pour les quadriges qu'il avait exécutés en airain.

*Mentor*, graveur sur argent (vii, 39, 2; xxxiii, 53, 1; xxxiii, 55, 1). Les vases qu'il avait ciselés jouissaient de la plus grande réputation. Quelques-uns périrent dans l'incendie du temple de Diane à Éphèse; ce qui prouve que cet artiste est antérieur à l'an 356 avant J. C. Du reste, on ignore son époque précise et sa patrie.

*Métrodorus*, peintre (xxxv, 40, 10). Il était en même temps philosophe. Paul-Émile, après la défaite de Persée, roi de Macédoine, demanda aux Athéniens un philosophe pour élever ses enfants, et un peintre pour décorer son triomphe; les Athéniens lui désignèrent Métrodorus comme propre à ce double emploi, et Paul-Émile l'accepta.

*Micciades*, sculpteur (xxxvi, 4, 2), de Chios, fils de Mélas et père d'Archennus, fleurit vers la 42$^e$ olympiade.

*Micon*, peintre (xxxiii, 56, 2; xxxv, 25, 2; xxxv, 35, 2), d'Athènes, fils de Phanochus, contemporain de Polygnote; ce qui le met vers la 80$^e$ olympiade. Il travailla aux peintures du Pœcile; il peignit le temple de Thésée; il fut employé avec Polygnote à décorer le temple des Dioscures à Athènes. Il fut surtout renommé à cause de son habileté à peindre les chevaux. D'après Pausanias (V, 9, 3), il avait aussi fait des statues en airain.

*Micon le jeune*, peintre (xxxv, 35, 2). On ignore son époque et sa patrie; sa fille Timarète se livra à la peinture.

*Micon*, statuaire (xxxiv, 19, 38), de Syracuse, fils de Nicératus, fleurit vers la 140$^e$ olympiade. Pline le vante pour ses statues d'athlètes.

*Milon*, peintre (xxxv, 40, 21), de Soles, élève du statuaire Pyromachus ou Phyromachus. Il paraît avoir fleuri vers la 128$^e$ olympiade. Les éditions ont Mydon; mais le manuscrit de Bamberg a Milon.

*Mnasitimus*, peintre (xxxv, 40, 21), fils et élève d'Aristonidès. On ignore sa patrie et son époque.

*Mnésithéus*, peintre (xxxv, 40, 21), de Sicyone, mis par Pline au rang des artistes qui n'étaient pas sans renom.

*Myagrus*, statuaire (xxxiv, 19, 40), rangé par Pline parmi ces artistes qui avaient fait des athlètes, des chasseurs, des sacrificateurs.

*Myrmécidès*, sculpteur (xxxvi, 4, 29). Cet artiste s'était particulièrement occupé de faire des ouvrages merveilleux par leur petitesse, par exemple un quadrige avec le cocher, groupe qu'une mouche couvrait de ses ailes.

*Myron*, statuaire et sculpteur (xxxiv, 5, 1; xxxiv, 19, 2 et 8; xxxvi, 4, 20), d'Éleuthères, élève d'Agéladas, fleurit dans la 87$^e$ olympiade. Cet artiste avait le premier varié le caractère des statues; il avait aussi amélioré la proportion; mais il s'était plus attaché à rendre la forme du corps que les sentiments de l'âme. Cicéron dit de lui (*Brutus*, 18, 70) : « Les statues de Myron ne sont pas encore amenées à la vérité parfaite; mais elles sont telles cependant, qu'on n'hésite pas à les dire belles. » Myron avait aussi exécuté des statues d'animaux; et il y avait de lui une génisse fort célèbre. Enfin, Martial (VI, 92) nous apprend que cet artiste avait gravé sur argent. D'après Pétrone (Sat., 88), Myron mourut tellement pauvre, que personne ne voulut être son héritier. Il fut père de Lycius, artiste célèbre.

*Mys*, graveur (xxxiii, 55, 1). Déjà contemporain de Phidias (olympiade 84, avant J. C. 444), il vécut jusqu'à l'époque de Parrhasius (olympiade 96, avant J. C. 396) (Pausanias, I, 28, 2). Il est rangé parmi les plus célèbres graveurs.

*Naucérus*, statuaire (xxxiv, 19, 30). On ignore sa patrie et son époque. On avait de lui un lutteur essoufflé. M. Keil aimerait mieux lire Nauclérus (*Analecta*, p. 217).

*Naucydes*, statuaire (xxxiv, 19, 2 et 30), d'Argos (Pausanias, VI, 1, 2), fils de Mothon (Pausanias, II, 22, 8). Pline cite de lui un Mercure, un discobole, et un homme immolant un bélier.

*Néalcès*, peintre (xxxv, 36, 40; xxxv, 40, 17 et 20), vécut du temps d'Aratus, avant J. C. 245. On ignore sa patrie. On citait de lui une composition ingénieuse : ayant à représenter un combat naval livré entre les Perses et les Égyptiens dans le Nil, dont l'eau est de même couleur que celle de la mer, Néalcès figura sur le rivage un âne venant boire, et un crocodile le guettant.

*Néarchus*, peintre (xxxv, 40, 17 et 22). Patrie et époque inconnues. Il eut pour fille et pour élève Aristarète. Il faut confondre avec Néarchus un Nicéarchus dont on avait une Vénus au milieu des Grâces et des Amours, et un Hercule plongé dans la tristesse après son accès de folie. En effet, le manuscrit de Bamberg a Nearchus là où les éditions ont Nicearchus.

*Néoclès*, peintre (xxxv, 40, 21). Patrie et époque inconnues. Il eut pour élève Xénon, de Sicyone.

*Nesée*, peintre (xxxv, 36, 2), de Thasos, fleurit vers la 79$^e$ olympiade. Quelques-uns prétendaient qu'il avait été maître de Zeuxis. Les éditions portent Neseam, venant de Neseas; mais il vaut mieux lire Nesea, de Neseus.

*Nésiotès* (xxxiv, 19, 1). Dans les anciennes éditions on lit Nestoclès; il faut lire Nésiotès, comme le porte le manuscrit de Bamberg et comme a fait M. Sillig. Mais, d'après les uns, Nésiotès signifiait *insulaire*, et était une épithète de Critius (voy. ce nom) qui précède; suivant d'autres, c'était le nom d'un artiste. Ce doute a été levé par une inscription trouvée à Athènes, où on lit Κρίτιος καὶ Νησιώτης; voy. Raoul-Rochette, *ib.*, p. 368. Une autre inscription porte Νησώτης; mais c'est évidemment une faute du graveur.

*Nessus*, peintre (xxxv, 40, 21), fils d'Habron. On ignore sa patrie et son époque. Cet artiste ne fut pas sans renom.

*Nestoclès*; fausse leçon des imprimés. Voy. *Nésiotès.*

*Nicanor*, peintre (xxxv, 39, 1), de Paros, peignit à l'encaustique un peu avant le peintre Aristide. Pline le nommant avec Polygnote, il est possible que Nicanor soit contemporain de cet artiste, qui vécut vers la 80ᵉ olympiade.

*Nicératus*, statuaire (xxxiv, 19, 30 et 38), d'Athènes, fils d'Euctémon (Tatien, c. *Græc.*, 53, p. 115, éd. Worth.), paraît avoir été contemporain d'Alcibiade ; du moins il le représenta en airain ainsi que sa mère Démarate, sacrifiant à la clarté des lampes. Il y avait de lui à Rome un Esculape et une Hygie.

*Nicéros*, peintre (xxxv, 36, 46), fils et élève d'Aristide de Thèbes, et frère d'Ariston, fleurit vers la 114ᵉ olympiade.

*Nicias*, peintre (xxxv, 10, 2 ; xxxv, 20, 1 ; xxxv, 40, 7), d'Athènes, fils de Nicomède (Pausanias, III, 19, 4). Il est très-probable qu'il y a eu deux Nicias. Pline dit que Nicias travailla dans l'atelier de Praxitèle à polir les statues ; ce qui le mettrait vers la 104ᵉ olympiade. Mais, d'autre part, il fut élève d'Antidote, lequel, à son tour, fut disciple d'Euphranor ; or, Euphranor ayant fleuri vers la 101ᵉ olympiade, Nicias se trouve reporté vers la 117ᵉ. Au reste, Pline lui-même remarque que, suivant certains auteurs, il y a eu deux Nicias. Le plus célèbre est le fils de Nicomède et vécut vers la 117ᵉ olympiade. Plusieurs de ses tableaux avaient été transportés à Rome. Il excellait à peindre les chiens.

*Nicomachus*, peintre (xxxv, 21, 1 ; xxxv, 32, 1 ; xxxv, 36, 44 ; xxxv, 40, 20 et 21), fils et élève d'Aristodémus. Il eut pour élèves Aristide, son frère, Aristoclès, son fils, et Philoxène, d'Érétrie. M. Sillig pense que cet Aristide, frère et élève de Nicomaque, est le célèbre Aristide de Thèbes, qui fut contemporain d'Apelle. Personne ne travailla avec plus de rapidité que Nicomaque. Tous ses tableaux furent exécutés avec quatre couleurs seulement. On avait à Rome plusieurs de ses tableaux, entre autres un enlèvement de Proserpine. Cependant cet artiste n'arriva pas à la renommée qu'obtinrent Apelle, Parrhasius, Protogène. Vitruve (III, préambule, § 2) dit que Nicomaque fut un de ces peintres qui ne manquèrent ni d'habileté ni d'ardeur au travail, mais dont le succès fut empêché soit par leur pauvreté, soit par la malignité de la fortune, soit par la rivalité envieuse de leurs émules.

*Nicophanès*, peintre (xxxv, 40, 46 ; xxxv, 40, 12). Sa patrie est ignorée. Il fut élève de Pausias, du moins si l'on admet l'identification de Nicophanès et de Méchopanès. Les éditions portent ce dernier nom, xxxv, 40, 12 ; mais ce nom ne paraît pas grec ; et, en place, le ms. de Bamberg a Nicophanes. De cette façon, la conjecture de ceux qui suppriment Méchopanès est appuyée sur la forte autorité de ce précieux manuscrit. Voy. Raoul-Rochette, *ib.*, p. 350 ; il conseille de rejeter Méchopanès.

*Nicosthène*, peintre (xxxv, 40, 21), On ignore son époque et sa patrie ; il eut pour élèves Théodore de Samos et Stadiée.

*Œnias*, peintre (xxxv, 40, 17). On ignore sa patrie et son époque.

*Olympias*, femme peintre (xxxv, 40, 23), de laquelle on ne rapporte que ceci : à savoir, qu'elle eut pour élève Autobulus.

*Pacuvius*, peintre (xxxv, 7, 1), de Rome, neveu d'Ennius. C'est le célèbre poète tragique. On vantait de lui un tableau placé dans le temple d'Hercule, sur le marché aux bœufs.

*Pamphilus*, peintre (xxxv, 36, 14 ; xxxv, 40, 1), d'Amphipolis en Macédoine, maître d'Apelle, de Mélanthius et de Pausias ; il enseigna même à ce dernier la peinture à l'encaustique. C'était un peintre très-versé dans toutes sortes de connaissances, et, en particulier, dans l'arithmétique et la géométrie, sans lesquelles il prétendait qu'on ne pouvait porter l'art à sa perfection Par son influence il obtint à Sicyone d'abord, puis dans toute la Grèce, que le dessin sur buis entrât dans l'éducation de tous les enfants de condition libre, et fût compté comme le premier degré des arts libéraux.

*Pamphilus*, sculpteur (xxxvi, 4, 21), élève de Praxitèle. On ignore sa patrie. Il y avait de lui une statue de Jupiter-Hospitalier, placée à Rome dans les constructions d'Asinius Pollion.

*Panænus*, peintre (xxxv, 34, 1 ; xxxvi, 55, 1), d'Athènes, cousin de Phidias. Il y avait de lui un tableau célèbre dans le Pœcile à Athènes : c'était la bataille de Marathon. tableau dans lequel l'artiste avait représenté d'une manière reconnaissable les généraux athéniens Miltiade, Callimaque, Cynægire, et les généraux des barbares, Datis et Artapherne. Pline signale cette circonstance comme indiquant le progrès que l'art avait déjà fait, et l'habileté avec laquelle on savait manier les couleurs.

*Pandémion*, sculpteur (xvi, 79, 2). D'après Mucien, c'était un artiste très-ancien, reculé jusque dans les temps mythologiques, et auteur de la statue en bois de la Diane d'Éphèse.

*Paralius* (xxxiv, 19, 1). Ce nom fait difficulté. Les manuscrits, outre Peralius, donnent Perelius et Perellus. M. Sillig pense qu'il faut lire Elius et le rapporter au nom précédent, qui est Scopas ; de sorte qu'on aura : Scopas d'Élis. Cette correction a pour objet de remédier à une double difficulté. La première, c'est que Pline place ici Scopas dans la 87ᵉ olympiade, tandis qu'ailleurs (en cela d'accord avec les autres historiens) il lui attribue des ouvrages qui ont été exécutés dans la 106ᵉ olympiade. La seconde, c'est qu'ici Pline en fait un statuaire en airain, tandis que le Scopas de la 106ᵉ olympiade est, de l'aveu de tous, un sculpteur en marbre. Partant de là, M. Sillig distingue deux Scopas, l'un d'Élis, statuaire, plus ancien et moins célèbre ; l'autre de Paros, et sculpteur.

*Parrhasius*, peintre (viii, 34, 3 ; xxxv, 21, 1 ; xxxv, 36, 1 ; xxxv, 36, 5 et suivants ; xxxv, 40, 5), d'Éphèse, fils et élève d'Évenor, paraît avoir fleuri vers la 96ᵉ olympiade. Cependant il y a deux difficultés : Pausanias (I, 28, 2) semble dans une phrase le faire contemporain de Phidias ; ce qui le reporterait vers la 84ᵉ olympiade ; mais M. Sillig regarde ce passage de Pausanias comme quelque interpolation fautive. La seconde difficulté, c'est que Sénèque (*Controv.* V, 10) dit : « Ce Parrhasius, peintre athénien (athénien, parce qu'il était devenu citoyen d'Athènes), acheta, lors de la vente que Philippe fit des Olynthiens captifs, un vieillard, le conduisit à Athènes, le mit à la torture, et peignit Prométhée sur ce modèle. L'Olynthien périt dans la torture. Le peintre expose son tableau dans le temple de Minerve. On l'accuse d'avoir outragé la religion. » Olynthe ayant été prise la deuxième année de la 108ᵉ olympiade, il faut admettre que Parrhasius exerça son art jusque-là ; ce qui n'est point impossible, quoique cela le mène à une extrême vieillesse. Cet artiste jouit de la plus grande réputation, et aucun n'en abusa avec plus d'orgueil et d'arrogance. Pline cite de lui beaucoup de tableaux encore conservés. Parrhasius avait exécuté des peintures licencieuses qui faisaient les délices de l'empereur Tibère.

*Pasias*, peintre (xxxv, 40, 20), frère d'Æginète le modeleur, élève de Néalcès, fleurit vers la 140ᵉ olympiade.

*Pasitèles*, statuaire, sculpteur et graveur (xxxiii, 45, 3 ; xxxiii, 55, 2 ; xxxv, 45, 3 ; xxxvi, 4, 26), naquit dans la Grande Grèce, reçut le droit de cité romaine, et vécut du temps du grand Pompée. Il avait composé une histoire, en cinq livres, des morceaux célèbres dans tout l'univers. Il n'exécutait jamais rien sans d'abord l'avoir modelé en terre, et disait que la plastique était la mère des autres arts. Il avait fait un Jupiter d'ivoire dans le temple de Métellus. Dessinant un lion dans la ménagerie, il faillit être victime de son exactitude : une panthère s'échappa, et mit ses jours en danger. Il fit le premier des miroirs d'argent.

*Patroclès*, statuaire (XXXIV, 19, 40), fleurit vers la 95e olympiade. Il paraît qu'il était de Sicyone; car Pausanias (VI, 3, 2) donne la qualification de Sicyonien à son fils et élève Dédale. Pline le compte parmi ces artistes qui avaient fait des athlètes, des chasseurs, des sacrificateurs.

*Pausias*, peintre (XXXI, 3, 1; XXXV, 40, 1, et 3 et 12), de Sicyone, contemporain d'Apelle, fils et d'abord élève de Bryès, et puis élève, pour l'encaustique, de Pamphile. Pausias est le premier qui se soit distingué dans ce genre. Ce fut aussi le premier qui peignit les lambris des appartements : avant lui, ce n'était pas l'usage de les orner ainsi. Quoiqu'il eût fait de grands tableaux, il se plaisait surtout aux petites compositions. L'antiquité a beaucoup parlé de lui et de sa maîtresse, la bouquetière Glycère : celle-ci s'ingéniait à faire les plus belles couronnes, le peintre à les représenter. Il y avait de lui un tableau fort célèbre, qu'on appelait *la Bouquetière*, parce que Pausias y avait représenté Glycère.

*Pédius* (Quintus), peintre (XXXV, 7, 3), petit-fils de Quintus Pédius personnage consulaire; il fut donné pour cohéritier à Auguste par Jules César. Cet enfant étant muet, Messala l'orateur, à la famille duquel la grand'mère de Pédius appartenait, pensa qu'il fallait lui faire apprendre la peinture, avis qui fut approuvé par l'empereur Auguste. Cet enfant mourut, ayant fait de grands progrès dans cet art.

*Périclyménus*, statuaire (XXXIV, 19, 40), d'une époque et d'une patrie inconnues, est mis par Pline au nombre de ces artistes qui avaient heureusement représenté des athlètes, des soldats, des chasseurs.

*Périllus*, statuaire (XXXIV, 19, 39), fabriqua pour le tyran Phalaris le taureau d'airain qui devait servir aux supplices, et dans lequel il fut jeté le premier.

*Persée*, peintre (XXXV, 36, 46), élève d'Apelle, qui lui avait dédié un livre sur la peinture. On ignore sa patrie.

*Phalérion*, peintre (XXXV, 40, 18); on ignore sa patrie et son époque. Il y avait de lui un tableau représentant Scylla.

*Phidias*, sculpteur, statuaire et peintre (VII, 39, 2; XXXIV, 19, 1; XXXIV, 19, 5 et suivants; XXXV, 34, 1; XXXVI, 4, 5 et suivants), d'Athènes, fils de Charmidas, frère de Plistænète et cousin de Panænus, fleurit vers la 84e olympiade. Quoique la vie de ce très-célèbre artiste ne soit pas bien connue, il paraît cependant, non pas qu'il fut mis à mort par les Éléens, mais qu'il mourut en prison à Athènes vers l'âge de cinquante six ans : il était accusé d'avoir outragé la religion pour s'être représenté lui-même, sous la figure d'un homme chauve, dans le combat des Amazones, figuré sur le bouclier de la statue de Minerve. Il avait fait un grand nombre de morceaux admirés, entre autres la Minerve du Parthénon et le Jupiter-Olympien, lequel, disait l'antiquité, n'avait jamais été égalé. Il passait pour avoir été élève d'Hippias et d'Agéladas; il avait eu lui-même pour élèves Agoracritus, Alcamènes et Colotès; de plus, il eut de Périclès l'intendance des grands monuments qui s'exécutèrent à Athènes.

*Philiscus*, peintre (XXXV, 40, 18); on avait de lui un tableau représentant l'atelier d'un peintre, où un enfant allumait du feu. On ne sait rien de plus sur cet artiste.

*Philiscus*, sculpteur (XXXVI, 4, 22), de Rhodes; on ignore son époque; deux statues de lui, Apollon et Vénus, étaient placées à Rome dans les édifices d'Octavie.

*Philocharès*, peintre (XXXV, 10, 2). Auguste avait placé dans la Curie un tableau de cet artiste représentant un vieillard et son fils, tous deux se ressemblant merveilleusement, sauf la différence de l'âge. Il paraît que ce Philocharès est le frère de l'orateur Eschine. A la vérité, Démosthène (*Falsa leg.*, p. 329, E, § 237, Bekk) le représente comme peignant des boîtes à parfums; mais Ulpien (*Ad Demosth.*, page 386, C) n'hésite pas à le ranger parmi les peintres excellents.

*Philoclès*, peintre (XXXV, 5, 2), d'Égypte. On lui attribue, à lui ou à Cléanthe de Corinthe, l'invention du dessin linéaire.

*Philon*, architecte (VII, 38, 1), célèbre pour avoir construit à Athènes un arsenal admirable, et suffisant à mille vaisseaux. Cet édifice fut brûlé lors de la prise d'Athènes par Sylla. Philon avait écrit sur les proportions des édifices sacrés et sur son arsenal du Pirée (Vitruve, VII, præf., § 12). On ne sait quand il a vécu.

*Philon*, statuaire (XXXIV, 19, 40), vécut du temps d'Alexandre le Grand; car il avait fait la statue d'Héphestion (Tatien, *Orat. adv. Gr.* 55, p. 121, éd. Worth). Pline le range parmi les artistes qui avaient fait des athlètes, des soldats, des sacrificateurs.

*Philoxénus*, peintre (XXXV, 36, 45), d'Érétrie, élève de Nicomaque; il fit pour Cassandre, roi de Macédoine, un tableau représentant le combat d'Alexandre avec Darius. On avait de lui une *charge*, où il représentait trois Silènes faisant la débauche à table.

*Phœnix*, architecte (XXXVI, 14, 5), amena, par les ordres de Ptolémée Philadelphe, à Alexandrie, un obélisque à l'aide d'un canal qu'il creusa jusqu'à l'obélisque, étendu sur le bord du Nil.

*Phœnix*, statuaire (XXXIV, 19, 31), élève de Lysippe (ce qui le met à la 120e olympiade), avait fait la statue d'Épitherses, célèbre pugiliste.

*Phradmon*, statuaire (XXXIV, 19, 1 et 4), d'Argos (Pausanias, VI, 8, 1), fleurit vers la 90e olympiade. Pline cite de lui une Amazone célèbre.

*Phrylus*. Voy. *Herillus*.

*Phrynon*, statuaire (XXXIV, 19, 2). Sa patrie est ignorée. Il eut pour maître Polyclète, ce qui le met vers la 93e olympiade.

*Phyromachus*, statuaire (XXXIV, 19, 3 et 31). On a trouvé dans une inscription le nom de Phyromachus; un statuaire nommé Phyromachus est cité dans l'*Anthologie*, IV, 12; enfin Diodore, *Excerpt.* p. 336, parle d'une statue d'Esculape par Phyromaque. Ces raisons font préférer, comme le veut M. Keil, *ib.*, p. 211, Phyromachus à Pyromachus, qui est la leçon des imprimés. Cet artiste, ayant travaillé aux sculptures du temple de Minerve-Poliade, à Athènes (Voy. Raoul-Rochette, *ib.*, p. 388), doit être celui qui avait représenté Alcibiade et sa mère.

*Phyromachus*, statuaire (XXXIV, 19, 34). Ici aussi les imprimés lisent Pyromachus. Cet artiste avait travaillé avec d'autres à représenter les combats d'Eumène et d'Attale contre les Gaulois, événement postérieur de cent trente ans à la construction du temple de Minerve-Poliade. Il paraît donc nécessaire de distinguer deux Phyromachus.

*Pictor*. Voy. *Fabius*.

*Pinus*, Cornélius, peintre (XXXV, 37, 7), de Rome, peignit, avec Accius Priscus, les temples de l'Honneur et de la Vertu, que restaurait l'empereur Vespasien.

*Piston*, statuaire (XXXIV, 19, 30); sa patrie est ignorée; il vécut vers la 126e olympiade; il avait mis sur un bige de Tisicrate (voy. ce nom) une statue de femme; il avait fait un Mars et un Mercure qui étaient dans le temple de la Concorde, à Rome.

*Polémon*, peintre (XXXV, 40, 21), d'Alexandrie. Pline le range parmi les artistes qui ne furent pas sans mérite. On ne sait rien de plus sur son compte.

*Pollis*, statuaire (XXXIV, 19, 40). Pline le range parmi les statuaires qui avaient fait des sacrificateurs, des athlètes, des soldats. On ne sait ni son époque ni son pays. Les éditions portent Polis, mais le manuscrit de Bamberg a Pollis, ce qui est approuvé par M. Keil (*Analecta*, p. 222).

**Polycharmus**, sculpteur (xxxvi, 4, 23). On ne sait ni sa patrie ni son époque. Pline cite de lui une Vénus debout.

**Polyclès**: il y a deux artistes de ce nom, l'un appartient à la 102ᵉ olympiade (xxxiv, 19, 2), l'autre est de la 145ᵉ (xxxiv, 19, 3). Pline cite de Polyclès une statue en airain représentant un hermaphrodite (xxxiv, 19, 31); on ne sait duquel des deux Polyclès est cette statue. Quant à la statue de Junon (xxxvi, 4, 22), elle était du Polyclès de la 145ᵉ olympiade; ce Polyclès avait, en effet, travaillé avec Dionysius, fils de Timarchidès. Or, Timarchidès est de la 145ᵉ; la statue faite en commun avec Dionysius (xxxvi, 4, 22) était un Jupiter. A la suite du nom du Polyclès de la 145ᵉ olympiade (xxxiv, 19, 3), Pline nomme Athénée, Athenæus. M. Sillig pense que Pline s'est mépris, et que, trouvant dans ses livres Ἀθηναῖος, il y a vu un nom propre au lieu d'un nom de pays. En effet, Pausanias (VI, 4, 3) nous apprend qu'un des Polyclès était Athénien.

**Polyclète**, statuaire (xxxiv, 5, 1; xxxiv, 19, 2; xxxiv, 19, 6 et 7); il y a eu deux Polyclète : l'un plus récent, d'Argos, élève et frère de Naucydès, florissant un peu avant la 100ᵉ olympiade; l'autre plus ancien, appartenant à la 90ᵉ. C'est de ce dernier que Pline parle. On le dit aussi d'Argos; mais Pline lui donne la qualification de Sicyonien; M. Sillig pense qu'étant réellement de Sicyone, sa résidence à Argos et les travaux qu'il y exécuta le firent considérer comme Argien. Il avait eu pour maître Agéladas, et pour élève, parmi plusieurs autres, Canachus le jeune. Cet artiste a été très-loué par l'antiquité; on vantait surtout sa statue de Junon faite d'or et d'ivoire, ouvrage consacré dans le temple de la déesse par les villes d'Argos et de Mycènes. On citait une statue de jeune homme que les artistes appelaient *la règle*, et qu'ils consultaient pour les proportions comme une sorte de loi. Il imagina le premier de faire tenir les statues sur un seul pied. Cependant Varron dit que ses statues avaient quelque chose de carré, et qu'elles étaient presque toutes sur le même modèle. Polyclète, comme la plupart des artistes de ce temps, était aussi habile architecte que statuaire. Son nom dans quelques manuscrits est Polyclitus, ce qui est plus correct, le grec étant Πολύκλειτος.

**Polycrate**, statuaire (xxxiv, 19, 40). On ignore sa patrie et son époque; cependant on a trouvé une inscription où figurent l'Athénien Timothée, et Polycr.... L'inscription est ici mutilée; mais on ne peut lire que Polycrate. On en conclut que Polycrate était contemporain du général Timothée. Voy. Raoul-Rochette, *ib.*, p. 389. Pline le range parmi les artistes qui avaient fait des athlètes, des soldats, des chasseurs.

**Polydeucès**, sculpteur (xxxvi, 4, 25), remplit avec Hermolaüs les palais des empereurs à Rome, d'excellentes statues. Son nom est dans les éditions Polydectes, mais dans le manuscrit de Tolède Polydeuces, dans celui de Bamberg Polydeuches, dans celui de Munich Pollideuches; M. Keil (*Analecta*, p. 226) pense qu'il faut lire Polydeucès.

**Polydorus**, sculpteur (xxxvi, 4, 24), de Rhodes, auteur, avec Agésander et Athénodore, du célèbre Laocoon. Le contexte où Pline parle de ces trois grands artistes semble montrer d'une façon incontestable qu'ils ont vécu dans le premier siècle de l'ère chrétienne.

**Polydorus**, fausse leçon pour *Polyidus*; voy. ce mot.

**Polygnote**, peintre et statuaire (vii, 57, 14; xxxiii, 56, 2; xxxiv, 19, 35; xxxv, 25, 2; xxxv, 35, 1; xxxv, 40, 1), de Thasos, mais ayant reçu le droit de cité à Athènes et pour cela qualifié quelquefois d'Athénien, fils et élève d'Aglaophon, fleurit vers la 80ᵉ olympiade. Les historiens ont parlé de sa liaison avec Elpinice, sœur de Cimon. Il est rangé parmi les peintres qui n'employèrent que quatre couleurs; cependant il apporta de notables modifications à la roideur antique. Le premier il peignit les femmes avec des habits de couleur claire; il mit sur leurs têtes des mitres de diverses couleurs; il ouvrit la bouche de ses figures, montra leurs dents, et varia l'expression uniforme que les anciens artistes donnaient aux physionomies. Il peignit à Athènes le Pœcile, à Delphes le temple. Il y avait à Rome un tableau de lui dans le Portique de Pompée.

**Polyidus**, statuaire (xxxiv, 19, 40), d'une époque et d'une patrie ignorées, est rangé parmi ces artistes qui firent des chasseurs, des soldats, des sacrificateurs. Son nom est dans les éditions Polydorus; mais le manuscrit de Bamberg porte Polyidus, nom d'ailleurs connu, et qui doit mériter la préférence; car Polyidus a bien pu être changé en Polydorus, nom très-vulgaire; mais Polydorus n'a pu être changé en Polyidus, nom beaucoup plus rare.

**Posidonius**, statuaire et graveur sur argent (xxxiii, 55, 2; xxxiv, 19, 40), d'Éphèse, vécut vers le temps du grand Pompée. Ses gravures sur argent avaient beaucoup de renom.

**Posis**, modeleur (xxxv, 45, 2), vécut à Rome dans le premier siècle avant l'ère chrétienne : il faisait des fruits artificiels, qu'à la vue on ne pouvait pas distinguer des fruits naturels.

**Praxitèle**, statuaire et sculpteur (vii, 39, 2; xxxiv, 19, 2; xxxiv, 19, 20, 21 et 22; xxxv, 40, 8; xxxvi, 4, 9), un des artistes les plus célèbres, fleurit vers la 104ᵉ olympiade. Il était Athénien, et appartenait au dème d'Eresidæ, situé sur la branche supérieure du Céphise, près de Céphisia; voy. Raoul-Rochette, *ib.*, p. 249. Il avait fait un grand nombre d'ouvrages; mais sa statue de Vénus, à Cnide, excita particulièrement l'admiration de l'antiquité. Le roi Nicomède voulut l'acheter, offrant aux Cnidiens de payer leurs dettes, qui étaient immenses. Ceux-ci refusèrent, aimant mieux tout souffrir que perdre une statue qui faisait leur gloire. Praxitèle employa le peintre Nicias au travail de ses statues. Quintilien (XII, 10) dit que c'est, avec Lysippe, l'artiste qui s'est le plus approché de la vérité; et l'auteur du livre *ad Herennium*, IV, 6, vante surtout les bras de ses statues. Il fut père de Céphisodotus le jeune et de Timarchus.

**Praxitèle**, peintre (xxxv, 39, 1), perfectionna la peinture à l'encaustique, inventée par Aristide. Ce qui empêche de confondre ce Praxitèle avec le précédent, c'est qu'il est postérieur à Aristide, lequel vécut dans la 110ᵉ olympiade, tandis que l'autre appartient à la 104ᵉ.

**Priscus**, Accius, peintre (xxxv, 37, 7), de Rome, peignit, avec Cornélius Pinus, les temples de l'Honneur et de la Vertu, que restaurait l'empereur Vespasien.

**Prodorus**, statuaire (xxxiv, 19, 35). On ignore sa patrie et son époque. Pline le range parmi ces artistes dont aucune œuvre n'eut une réputation exceptionnelle.

**Protogène**, peintre et statuaire (vii, 39, 1; xxxiv, 19, 40; xxxv, 36, 19; xxxv, 36, 37 et suivants; xxxv, 37, 7), de Caunus, cité sujette des Rhodiens, contemporain d'Apelle, qui même fit la fortune de cet artiste, longtemps ignoré de ses concitoyens. Apelle acheta très-cher un tableau de Protogène; et dès lors la renommée et le succès vinrent à ce dernier. On peut lire dans Pline l'anecdote relative à l'espèce de combat que se livrèrent ces deux peintres célèbres, et où Protogène se déclara vaincu. Lorsque Démétrius Poliorcète assiégea Rhodes, Protogène peignait, dans un faubourg de la ville, un de ses plus célèbres tableaux; il n'interrompit pas son travail, disant que le prince faisait la guerre aux Rhodiens, et non aux arts. Démétrius lui donna une garde pour le protéger; et on assure que, ne voulant pas attaquer Rhodes par un certain côté, de peur qu'un tableau de Protogène ne fût brûlé, cela lui fit manquer la prise de la ville.

**Pyræicus**, peintre (xxxv, 37, 1). On ignore son époque

## DES ARTISTES CITÉS PAR PLINE.

et sa patrie. Ce fut un peintre que nous appellerions *de genre* : il peignit des boutiques de barbiers, des boutiques de cordonniers, des ânes, des victuailles et choses semblables. Ces petits tableaux lui acquirent une réputation immense.

*Pyrgotèles*, graveur sur pierre (VII, 38, 1 ; XXXVII, 4, 1), l'artiste le plus célèbre de son temps en ce genre. Alexandre le Grand avait défendu qu'aucun autre graveur que Pyrgotèles ne le gravât, qu'aucun autre peintre qu'Apelle ne le peignît, qu'aucun autre statuaire que Lysippe ne le représentât en bronze.

*Pyromachus*. Voy. *Phyromacus*.

*Pyrrhus*, statuaire (XXXIV, 19, 31), avait fait Hygie et Minerve-Hygie. On a trouvé récemment à Athènes la base de cette dernière statue. Pyrrhus y est dit Athénien ; en outre, la forme des caractères de l'inscription prouve que Pyrrhus a fleuri dans le siècle de Périclès. Voy. Raoul-Rochette, *ib.*, p. 396. M. Rochette croit que l'*Hygiée* et la *Minerve-Hygiée* de Pyrrhus étaient placées à l'entrée de l'Acropole, et que la *Minerve-Hygiée* était la statue que fit élever Périclès en reconnaissance de la guérison miraculeuse d'un de ses domestiques. Voy. l'anecdote dans Pline (XXII, 20). M. Letronne (*Explication d'une inscription grecque*, dans : *Mémoires de l'Acad. des inscriptions et belles-lettres*, t. XV, 2ᵉ partie, 1845, p. 168) est du même avis.

*Pythagoras*, statuaire (XXXIV, 19, 2 et 10 et suivants), de Rhégium, en Italie, fleurit vers la 73ᵉ olympiade. En effet, il avait exécuté la statue du Crotoniate Astylus, qui remporta le prix de la course cette olympiade même. Cependant Pline place un Pythagoras à la 90ᵉ olympiade : s'agirait-il d'un Pythagoras différent du Pythagoras de Rhégium et du Pythagoras de Samos dont il va être parlé? Hardouin, en lisant : *eumdem vicit et Leontinus*, a introduit un troisième Pythagoras de Leontium ; mais, au lieu de *Leontinus*, le manuscrit de Bamberg porte *Leontiscum* ; or, nous savons par Pausanias (VI, 4, 2) que Pythagoras de Rhégium avait fait une statue de Leontiscus ; c'est donc la leçon *Leontiscum* qu'il faut recevoir. Pythagoras fut le premier qui exprima les ligaments et les veines, et qui travailla avec plus de soin les cheveux ; il eut pour neveu et pour élève Sostratus.

*Pythagoras*, d'abord peintre, puis statuaire (XXXIV, 19, 11), de Samos. Pline, d'après le contexte, fait évidemment Pythagoras de Samos contemporain de Pythagoras de Rhégium. Est-ce là en effet l'époque de cet artiste ? rien ne nous l'apprend. On avait à Rome plusieurs statues de lui.

*Pythéas*, graveur sur argent (XXXIII, 55, 3), vécut peu de temps après l'époque du grand Pompée ; il avait enrichi de gravures de très-petits vases, lesquels montèrent à un prix fort considérable.

*Pythias*, statuaire (XXXIV, 19, 3), vécut vers la 155ᵉ olympiade ; on ignore sa patrie.

*Pythis*, sculpteur (XXXIV, 4, 19), vécut vers la 107ᵉ olympiade. On ignore sa patrie. Un quadrige de marbre placé au sommet du Mausolée, l'une des merveilles de l'antiquité, était de sa main.

*Pythoclès*, statuaire (XXXIV, 19, 3), artiste estimé dont on ignore la patrie, fleurit vers la 155ᵉ olympiade.

*Pythocritus*, statuaire (XXXIV, 19, 40), rangé par Pline au nombre de ces artistes qui avaient fait des athlètes, des soldats, des chasseurs. On ignore sa patrie et son époque.

*Pythodicus*, statuaire (XXXIV, 19, 35), artiste fort estimé, mais dont il n'y avait à citer aucune œuvre exceptionnelle. On ignore son époque et sa patrie.

*Pythodorus*, sculpteur (XXXVI, 4, 25), remplit, avec Cratérus, de statues excellentes les palais des Césars à Rome.

*Pythodorus*, sculpteur (XXXVI, 4, 25), travailla, comme le précédent, aux palais des Césars ; il eut pour collaborateur Artémon.

*Rhœcus* (XXXV, 43, 2 ; XXXVI, 19, 6). Pline lui donne le titre de modeleur, *plastes* ; mais Pausanias (VIII, 14, 5 ; IX, 41, 1) nous apprend qu'il trouva avec Théodorus l'art de fondre l'airain : c'est un dire différent de celui de Pline. Il était né à Samos, et fils de Philæus. Pline dit qu'il vécut longtemps avant l'expulsion des Bacchiades de Corinthe. Or, les Bacchiades ont été chassés la 2ᵉ année de la 29ᵉ olympiade, avant J. C. 663, il faut sans doute reporter Rhœcus vers l'époque du commencement même de l'ère des olympiades. Rhœcus avait été aussi architecte ; car il coopéra avec Smilis et Théodorus à la construction du labyrinthe de Lemnos.

*Rholus* (XXXVI, 19, 6), fausse leçon pour *Rhœcus*.

*Satyrus*, architecte (XXXVI, 14, 5), amena, d'après quelques historiens, par les ordres de Ptolémée-Philadelphe, à Alexandrie, un obélisque de quatre-vingts coudées.

*Sauras*, sculpteur (XXXVI, 4, 28), avait exécuté, avec Batrachus, les temples enfermés à Rome dans les Portiques d'Octavie. Ils étaient tous deux Lacédémoniens, et vécurent du temps de Pompée le Grand. Ils avaient inscrit, d'une façon emblématique, leurs noms sur ces monuments, en y gravant un lézard (σαύρα) et une grenouille (βάτραχος).

*Scopas*, sculpteur (XXXVI, 4, 13 ; XXXVI, 21, 1), de Paros, un des plus célèbres artistes de l'antiquité, fleurit entre la 97ᵉ et la 107ᵉ olympiade. Plusieurs de ses statues étaient à Rome ; il avait travaillé, avec Bryaxis, Timothée et Léocharès, au Mausolée. Il y a sur Scopas des difficultés qui seront examinées à l'article suivant.

*Scopas*, statuaire (XXXIV, 19, 1 et 40). Pline est le seul qui fasse mention d'un Scopas, statuaire ; de plus, il place Scopas à la 90ᵉ olympiade. Or, le Scopas célèbre a vécu plus tard. De là M. Sillig a conjecturé qu'il y avait deux Scopas, l'un plus ancien, l'autre plus récent ; l'un statuaire, l'autre sculpteur. Cette conjecture est appuyée par un passage de Pline (XXXIV, 19, 40), où on lit *Scopas uterque*. *Utraque* est, à la vérité, donné par Hardouin ; mais *uterque* est la leçon des anciennes éditions, des manuscrits, et même du manuscrit de Bamberg. Cette leçon, si elle est bonne, indique l'existence de deux Scopas. M. Sillig pense que ce Scopas statuaire était d'Élis ; voy. ce qui en est dit au mot *Paralius*.

*Scyllis*, sculpteur (XXXVI, 4, 1), de Crète ; lui et Dipœnus furent les premiers sculpteurs célèbres ; ils appartiennent à la 50ᵉ olympiade, alors que les Mèdes avaient encore l'empire, et avant Cyrus. Ils allèrent s'établir à Sicyone, qui fut longtemps la patrie des arts.

*Scymnus*, graveur et statuaire (XXXIV, 19, 35), élève de Critius, vécut par conséquent après la 83ᵉ olympiade. On ne citait de lui aucune œuvre exceptionnelle. On ignore sa patrie.

*Sérapion*, peintre (XXXV, 37, 2). On ignore son époque et sa patrie. Inhabile à faire des figures humaines, il excellait dans les décorations.

*Silanion*, statuaire (XXXIV, 19, 3 et 31), d'Athènes, contemporain de Lysippe, fleurit par conséquent vers la 114ᵉ olympiade. Cet artiste présenta ceci de particulier, qu'il n'eut point de maître. Il eut pour élève Zeuxiades. Il avait fait en airain la statue d'Apollodorus, statuaire lui-même, qui, toujours mécontent de ses ouvrages, les brisait souvent dans ses accès d'impatience. Silanion avait réussi à représenter, dans sa statue, le caractère difficile et irascible de cet artiste.

*Siménus*, statuaire (XXXIV, 19, 40), rangé par Pline parmi les artistes qui avaient fait des athlètes, des chasseurs, des sacrificateurs. On ignore sa patrie et son époque.

M. Sillig doute que ce nom soit correct; le manuscrit de Bamberg a Suineons.

**Simon**, statuaire (xxxiv, 19, 40), d'Égine, fit, d'après Pausanias (V, 27, 7), avec Dionysius d'Argos, des chevaux et des cochers; l'époque de ces deux artistes est la 76ᵉ olympiade. Pline cite de Simon un chien et un archer.

**Simonides**, peintre (xxxv, 40, 18); on ignore son époque et sa patrie; il avait représenté Mnémosyne et Agatharchus. On ne sait qui est cet Agatharchus.

**Simus**, peintre (xxxv, 40, 18); on ignore sa patrie et son époque. On avait de lui un jeune homme au repos, un atelier de foulons célébrant la fête de Minerve, et une excellente Némésis.

**Smilis**, architecte (xxxvi, 19, 6), l'un des plus anciens artistes de la Grèce; il était d'Égine, et fils d'Euclides (Pausanias, VII, 4, 4). Il avait fait plusieurs statues en bois; son œuvre la plus célèbre était la Junon de Samos, en bois aussi. Il avait construit avec Rhœcus et Théodorus le célèbre labyrinthe de Lemnos. Son nom est dans les anciennes éditions *Zmilus*.

**Socrate**, peintre (xxxv, 40, 12), élève de Pausias; c'est du moins ce qui paraît résulter du texte de Pline. On avait de lui Esculape avec ses filles Hygie, Églé, Panacée et Iaso. On avait aussi de lui le Paresseux, qui tordait une corde de spart qu'un âne rongeait à mesure.

**Socrate**, sculpteur (xxxvi, 4, 20). On avait de lui des Grâces, placées, à Athènes, dans les Propylées. On attribue ordinairement ces statues au célèbre philosophe Socrate; mais Pline dit que quelques-uns les attribuaient à Socrate, le peintre.

**Sopolis**, peintre (xxxv, 40, 23). Il a vécu vers le milieu du premier siècle avant l'ère chrétienne; car Cicéron, *ad Attic.*, IV, 15, cite un Antiochus Gabinius, affranchi de Gabinius, comme un des peintres (*e pictoribus*) de Sopolis; c'était sans doute un élève de Sopolis. Voy. Raoul-Rochette, *ib.*, p. 315. On ignore la patrie de Sopolis. C'était un célèbre peintre de portraits; les galeries étaient pleines de ses tableaux.

**Sostratus**, statuaire (xxxiv, 19, 11), élève et neveu du statuaire Pythagoras de Rhégium. Comme celui-ci appartient à la 73ᵉ olympiade, on voit quelle est l'époque de son élève.

**Sostratus**, statuaire (xxxiv, 19, 3), contemporain de Lysippe, appartient par conséquent à la 114ᵉ olympiade. Vu cette date, il ne serait pas impossible, d'après M. Sillig, que ce Sostratus, statuaire, fût le célèbre architecte Sostratus qui bâtit le Phare à Alexandrie.

**Sostratus**, architecte (xxxvi, 18, 1), de Cnide, fils de Dexiphane, construisit le Phare à Alexandrie par les ordres de Ptolémée, fils de Lagus. Le nom de l'architecte était gravé sur ce monument: « Sostrate, fils de Dexiphane, Cnidien, aux dieux sauveurs, pour le salut des navigateurs. » Lucien, dans son livre *Sur la manière d'écrire l'histoire*, raconte que Sostratus ne mit cette inscription qu'à l'aide d'une ruse: il la grava sur la pierre, la recouvrit d'un enduit, et, sur cet enduit, inscrivit le nom du roi d'Égypte: le temps ayant fait tomber l'enduit, le nom de Sostrate reparut. Pline dit, au contraire, en louant la magnanimité du roi d'Égypte, que permission fut donnée à Sostratus d'inscrire son nom sur le monument. Sostrate avait construit, à Cnide, une terrasse couverte servant de promenoir (*ambulatio pensilis*), le premier monument de ce genre qui eût existé chez les Grecs.

**Sosus**, artiste en mosaïque (xxxvi, 60, 1); il y avait de lui à Pergame une salle très-renommée qu'on appelait la Salle non balayée: il y avait représenté, de manière à tromper l'œil, tout ce qui reste après un repas dans une salle qui a besoin du balai. On ignore son époque et son pays.

**Stadiée**, peintre (xxxv, 40, 21), élève de Nicosthène. On ignore son époque et son pays; cet artiste est rangé par Pline parmi ceux qui n'étaient pas sans renom.

**Stéphanus**, sculpteur (xxxvi, 4, 21). Il y avait de ses ouvrages à Rome dans les jardins de Pollion. On ignore son pays et son époque; cependant on a, dans les musées, des statues qui portent pour inscription: « Stéphanus, élève de Pasitèle, faisait, » et: « Ménélaüs, élève de Stéphanus, faisait. » M. Sillig pense qu'il s'agit en effet, dans ces inscriptions, du Stéphanus de Pline; et comme Pasitèle florissait vers l'an 50 avant Jésus-Christ, on voit quelle est la date de son élève.

**Sthennis**, statuaire (xxxiv, 19, 3 et 40), d'Olynthe, appartient avec Lysippe, Silanion et d'autres, à la 114ᵉ olympiade. Il y avait de lui à Rome plusieurs statues dans le temple de la Concorde. Son nom est dans les éditions *Sthenis*; mais le manuscrit de Bamberg a *Sthennis*. Ce nom est aussi écrit de cette façon dans une inscription. Voy. Raoul-Rochette, *ib*, p. 408.

**Stratonicus**, statuaire et graveur (xxxiii, 55, 2; xxxiv, 19, 35 et 40). On ignore son pays; mais comme Pline le cite parmi les artistes qui représentèrent les combats d'Attale et d'Eumène contre les Gaulois, il doit appartenir à la 126ᵉ olympiade. Pline dit que Stratonicus n'avait fait dans la statuaire aucune œuvre exceptionnelle; mais il rend plus de justice au talent du graveur, et il dit que sur une coupe il avait plutôt posé que ciselé un Satyre dormant.

**Strongylion**, statuaire (xxxiv, 19, 32). Une inscription, trouvée récemment à Athènes, prouve qu'il était l'auteur d'un monument en cuivre représentant le *cheval de bois*, et érigé à l'entrée de l'Acropole. Or, ce *cheval de bois* est déjà mentionné dans la pièce *des Oiseaux* d'Aristophane, d'où l'on peut inférer que cet artiste a fleuri vers la 91ᵉ olympiade, et qu'il était Athénien. Voy. Raoul-Rochette, *ib.*, p. 410. Il y avait de lui une Amazone, dite Eucnémos, à cause de la beauté de jambes, et que Néron faisait porter partout avec lui. Il avait aussi représenté un enfant, statue qui fit les délices de Brutus, et qui avait reçu un surnom à cause de cette particularité.

**Styppax**, statuaire (xxxiv, 19, 31), de Chypre, célèbre par une statue dite Splanchnoptès (*le rôtisseur d'entrailles*), représentant un esclave chéri de Périclès, et qui est occupé à faire rôtir des entrailles et à souffler le feu avec sa bouche. Ceci met Styppax vers la 84ᵉ olympiade. Son nom est Stipax dans les anciennes éditions; mais M. Keil (*Analecta*, p. 219) pense qu'il faut lire Styppax.

**Tauriscus**, graveur (xxxiii, 55, 2; xxxvi, 4, 21), de Cyzique. Pline ne dit que cela sur Tauriscus, et on n'en sait pas davantage.

**Tauriscus**, sculpteur (xxxvi, 4, 21), de Tralles. On ignore son époque. Il avait fait avec son père Apollonius, d'un seul bloc, Zéthus, Amphion et Dircé, avec le taureau et son lien. Ce groupe avait été apporté de Rhodes, et placé à Rome dans les constructions d'Asinius Pollion.

**Tauriscus**, peintre (xxxv, 40, 19). On ignore son époque et sa patrie. Il avait fait un Discobole, une Clytemnestre, un petit Pan, un Polynice redemandant son royaume, et un Capanée.

**Téléphanes**, peintre (xxxv, 5, 2), de Sicyone, un des plus anciens artistes de la Grèce. Il commença le premier avec Ardicès de Corinthe à pratiquer le dessin linéaire, sans colorier encore, mais en jetant déjà des traits dans l'intérieur du dessin. Aussi ces artistes mettaient-ils au bas de leurs dessins le nom de ce qu'ils avaient voulu représenter.

**Téléphanès**, statuaire (xxxiv, 19, 19), Phocéen, fleurit vers la 70ᵉ olympiade. Les auteurs qui ont écrit sur les arts l'ont beaucoup loué, et l'ont comparé à Polyclète, à

Myron, à Pythagore; ils ont cité de lui une Larisse et un Apollon. Cependant cet artiste était, du reste, complétement ignoré. On attribuait ce défaut de renom à ce qu'il avait habité la Thessalie, où ses ouvrages étaient demeurés cachés. D'autres en donnaient une cause différente, disant qu'il s'était constamment employé dans les ateliers des rois Xerxès et Darius.

*Teucer*, graveur (xxxiii, 55, 3). On ignore sa patrie et son époque; il s'était acquis du renom par ses œuvres.

*Théodorus*, peintre (xxxv, 40, 19), appartient à la 118ᵉ olympiade; on ignore sa patrie. Il avait représenté un homme qui fait des frictions, le meurtre de Clytemnestre et d'Égisthe par Oreste, la guerre d'Ilion en plusieurs tableaux qui étaient à Rome dans les Portiques de Philippe, Cassandre qui était dans le temple de la Concorde, Léontium la maîtresse d'Épicure, le roi Démétrius.

*Théodorus*, peintre (xxxv, 40, 21), de Samos, élève de Nicosthène. On ignore complétement son époque. Il ne fut pas sans renom; mais Pline ne le cite qu'en passant, avec plusieurs autres.

*Théodorus*, architecte (vii, 57, 7; xxxvi, 19, 6; xxxiv, 19, 33; xxxv, 43, 2), construisit avec Rhœcus et Smilis le labyrinthe de Lemnos. On lui attribuait, à lui et à Rhœcus, l'invention non pas de la plastique, c'est une erreur de Pline, mais de l'art de fondre l'airain, longtemps avant l'expulsion des Bacchiades de Corinthe; ce qui le reporte vers le commencement de l'ère des olympiades. D'après Pline, le Théodorus qui avait fait le Labyrinthe s'était représenté lui-même en airain à Samos, tenant de la main droite une lime, de la main gauche un petit quadrige. Ce petit quadrige, transporté à Préneste, était d'une telle ténuité, qu'une mouche, aussi en airain, couvrait de ses ailes le char et le cocher. On pense que ce morceau n'appartient pas au vieux Théodore de Samos.

*Théomnestus*, peintre (xxxv, 36, 43). On ignore son pays. Il était contemporain d'Apelle. Un certain tyran, Mnason, lui payait 20 mines chaque héros qu'il peignait.

*Théomnestus*, statuaire (xxxiv, 19, 40), de Sardes (Pausanias, VI, 15, 12). On ignore son époque. Pline le range parmi ces artistes qui avaient exécuté des athlètes, des chasseurs, des sacrificateurs.

*Théon*, peintre (xxxv, 40, 19), de Samos, vécut depuis l'époque de Philippe jusqu'à celle des successeurs d'Alexandre (Quintilien, XII, 10). Il excellait à peindre les sujets d'imagination; et Élien (V. H., II, 44) décrit un tableau de ce genre qui représentait un guerrier armé, marchant rapidement au secours de ses camarades. Pline cite de lui un tableau représentant la folie d'Oreste, et un autre représentant Thamyras, le joueur de lyre.

*Théricles* (xvi, 76, 7), de Corinthe; artiste qui faisait des vases en terre, en bois, en or. Il était de Corinthe, et vécut du temps d'Aristophane le poëte comique. Pline rapporte de lui qu'il avait fait, au tour, des vases en bois de térébinthinier.

*Thérimachus*, statuaire et peintre (xxxiv, 19, 2; xxxv, 36, 16), fleurit dans la 107ᵉ olympiade; on ignore son pays. Pline le cite avec Échion, et le range parmi les artistes de grand renom.

*Thrason*, statuaire (xxxiv, 19, 40); Pline le range parmi ces artistes qui avaient fait des soldats, des chasseurs, des sacrificateurs. Strabon, XIV, p. 621, dit que dans le temple d'Éphèse il y avait plusieurs morceaux de Thrason.

*Timagoras*, peintre (xxxv, 35, 1), de Chalcis. On connaît son époque, parce qu'il remporta l'avantage aux jeux Pythiens sur Panænus, cousin de Phidias; victoire qu'il célébra lui-même dans un poëme; il appartient donc à la 83ᵉ olympiade.

*Timanthes*, peintre (xxxv, 36, 5 et 12), de Sicyone, d'après Eustathe (ad Il. ω, 163, p. 1343, 60, éd. R.), ou de Cythnos, d'après Quintilien (II, 13), fut contemporain de Zeuxis et de Parrhasius; ce qui le place vers la 96ᵉ olympiade. Cet artiste passait pour un des plus ingénieux. On a beaucoup vanté son tableau représentant le sacrifice d'Iphigénie : il avait peint la tristesse sur toutes les figures, et, ne pouvant trouver rien de suffisant pour exprimer celle du père, il représenta Agamemnon se voilant la tête. Voulant, dans un tout petit tableau, faire comprendre la taille colossale du Cyclope, il peignit, auprès, des Satyres mesurant son pouce avec un thyrse. En un mot, dans ses tableaux il donnait toujours plus à comprendre qu'il n'avait figuré. Il excellait aussi à peindre les hommes, et il y avait de lui, à Rome, dans le temple de la Paix, un tableau admirable représentant un héros.

*Timarchidès*, sculpteur et statuaire (xxxv, 19, 40; xxxvi, 4, 22), d'Athènes (Pausanias, X, 34, 3). Pline le range parmi ces artistes qui avaient fait des athlètes, des soldats, des sacrificateurs. Pausanias nous apprenant qu'il avait fait avec Timoclès une statue d'Esculape à Élatée, et Timoclès appartient à la 155ᵉ olympiade, cela donne la date de Timarchidès. Il y avait de lui, à Rome, dans le temple d'Apollon près des Portiques d'Octavie, un Apollon tenant la lyre. Son fils Dionysius avait fait avec Polyclès un Jupiter de marbre placé à Rome dans le temple de ce dieu, voisin des Portiques d'Octavie.

*Timarchus*, statuaire (xxxiv, 19, 3), vécut dans la 120ᵉ olympiade; fils de Praxitèle, frère de Céphisodotus le jeune, avec lequel il fit les statues en bois de Lycurgue l'Athénien et de ses fils (Plutarque, Vitæ X Oratt., p. 843 et p. 258, t. IV, éd. W.).

*Timarète*, peintre (xxxv, 35, 2; xxxv, 40, 22), fille de Micon le jeune, dont l'époque est incertaine. Il y avait d'elle à Éphèse une Diane, qui appartenait à la peinture la plus ancienne.

*Timoclès*, statuaire (xxxiv, 19, 3), d'Athènes, appartient à la 155ᵉ olympiade; il fit avec Timarchidès un Esculape à Élatée (Pausanias, X, 34, 3).

*Timomachus*, peintre (vii, 39, 1; xxxv, 9, 1; xxxv, 40, 11), de Byzance, vécut du temps du dictateur César, pour qui il peignit Ajax et Médée. César plaça ces tableaux dans le temple de Vénus Génitrix; il les avait payés quatre-vingts talents (393,600 francs). Timomachus avait fait plusieurs autres tableaux; mais celui qui passait pour son chef-d'œuvre était la Gorgone.

*Timon*, statuaire (xxxiv, 19, 40). On ignore son époque et son pays. Pline le range parmi ces artistes qui avaient fait des athlètes, des chasseurs, des sacrificateurs.

*Timothéus*, sculpteur (xxxvi, 4, 18 et 20), travailla avec Scopas, Bryaxis et Léocharès au Mausolée; et il fut occupé à en décorer la face méridionale. Il y avait de lui, à Rome, sur le mont Palatin, dans le temple d'Apollon, une Diane à laquelle Aulanius Évander avait refait la tête. Cet artiste florissait vers la 107ᵉ olympiade. On ne sait s'il faut le regarder comme le même que le Timothéus, statuaire, que Pline (xxxiv, 19, 40) cite parmi les artistes ayant représenté des soldats et des chasseurs, ou s'il faut voir là deux personnages différents.

*Tisias*, statuaire (xxxiv, 19, 40), compté parmi les artistes qui avaient fait des athlètes, des soldats, des chasseurs. On ne sait ni son époque, ni son pays.

*Tisicratès*, statuaire (xxxiv, 19, 18 et 39; xxxv, 40, 21), de Sicyone, élève de Lysippe, ce qui le met vers la 120ᵉ olympiade. Il se tint plus près que les autres élèves de ce grand artiste du faire de son maître, à tel point qu'il y avait plusieurs ouvrages, tels que le Vieillard Thébain, le roi Démétrius, Peucestès qui sauva la vie à Alexandre le Grand, qu'on ne savait s'ils étaient de Lysippe ou de Tisicratès.

*Turianus*, modeleur (xxxv, 45, 3), appelé de Frégelles par Tarquin l'Ancien pour dédier l'effigie de Jupiter dans le Capitole. Mais le texte est douteux, les manuscrits varient, et M. Ian pense qu'il faudrait lire : Vulcanius, appelé de Véies. Voy. *Vulcanius.*

*Turpilius*, peintre (xxxv, 7, 2), chevalier romain, de la Vénétie, contemporain de Pline lui-même ; il avait exécuté plusieurs beaux tableaux qui étaient à Vérone. Il peignait de la main gauche, ce qui, remarque Pline, n'est dit d'aucun autre artiste.

*Valérius*, architecte (xxxvi, 24, 2), d'Ostie, couvrit à Rome le théâtre lors de la célébration des jeux de Libon. Scribonius Libon fut édile sous le consulat de Cicéron.

*Vulcanius*, modeleur : les éditions ont Turaniumque a Fregellis ; le manuscrit de Bamberg a Vulcaniveis ; ce que M. Ian lit Vulcanium Veiis. De la sorte, Vulcanius serait un nom d'artiste à substituer à Turanius (voy. ce mot) ; et cet artiste aurait été appelé non de Frégelles, mais de Véies.

*Xénocrates*, statuaire (xxxiv, 19, 33 ; xxxv, 36, 8). On ignore son pays. Il fut élève de Tisicratès, suivant les uns ; d'Euthycratès, suivant les autres. Il l'emporta sur ces deux artistes par le nombre des œuvres qu'il exécuta ; il avait aussi écrit sur son art. Il fleurit vers la 126ᵉ olympiade.

*Xénon*, peintre (xxxv, 40, 21), de Sicyone, élève de Néoclès ; Pline le range parmi les artistes qui n'étaient pas sans renom. On ignore son époque.

*Zénodorus*, statuaire (xxxiv, 18, 6), dont on ignore la patrie. Il exécuta pour la cité des Arvernes un Mercure colossal, qui, d'après Pline, dépassait toutes les statues de ce genre, et qu'on avait payé à l'artiste 40 millions de sesterces (8,400,000 fr.). Au lieu de 40 millions, d'autres lisent 4 millions de sesterces ; ce qui fait 840,000 fr. Le travail avait duré dix ans. Zénodorus, s'étant ainsi fait connaître par une œuvre aussi considérable, fut appelé à Rome par Néron, et chargé d'exécuter une statue colossale représentant ce prince, et haute de cent dix pieds. Pline dit avoir vu Zénodorus dans son atelier, travaillant au modèle en argile ; il ajoute que cette statue montra (mais il n'explique pas comment) que l'art de fondre le cuivre avait péri. Après la mort de Néron, la haine que ce prince inspirait fit consacrer sa statue au Soleil.

*Zeuxiadès*, statuaire (xxxiv, 19, 3), élève de Silanion. Silanion, contemporain de Lysippe, fleurit vers la 114ᵉ olympiade ; cela nous donne l'époque de Zeuxiadès ; on ne sait rien de plus sur cet artiste. Il y a aussi un Zeuxiadès, peintre de vase ; voy. Raoul-Rochette, *Lettre à M. Schorn*, p. 63. Dans les éditions on lit Zeuxim et Iadem. Le manuscrit de Bamberg a donné, en place, la bonne leçon, qui est Zeuxiadem.

*Zeuxis*, peintre (xxxv, 36, 2 et suivants), d'Héraclée, est compté parmi les artistes les plus illustres de la Grèce ; il fut élève, suivant les uns, de Démophile d'Himère ; suivant les autres, de Néséus de Thasos. Il commença à travailler dans la 95ᵉ olympiade, et perfectionna grandement l'art, tel qu'il l'avait reçu de ses prédécesseurs. Il acquit une fortune très-considérable ; et il en faisait ostentation en portant à Olympie des manteaux où son nom était brodé en lettres d'or ; puis il se mit à donner ses ouvrages, disant qu'on ne pourrait pas les payer assez cher : c'est ainsi qu'il fit cadeau d'une Alcmène aux Agrigentins et d'un Pan à Archélaüs, roi de Macédoine. Il avait représenté un athlète qui lui plaisait tellement, qu'il inscrivit sous le tableau un vers célèbre, dont le sens était qu'on envierait cette œuvre plus facilement qu'on ne l'imiterait. Pline vante un tableau représentant Jupiter sur son trône, et les dieux debout autour de lui ; et un autre représentant Hercule enfant qui étrangle les dragons, sous les yeux d'Alcmène et d'Amphitryon effrayés. Cependant on reprochait à Zeuxis de faire les têtes et les articulations trop grosses. On rapporte de lui des anecdotes qui paraissent fort douteuses. Ainsi on prétend que, dans une lutte avec Parrhasius, il apporta des raisins peints avec tant de succès, que des oiseaux s'en approchèrent. Parrhasius, au contraire, apporta un tableau représentant un rideau avec tant de fidélité, que Zeuxis, fier de son succès, demanda qu'on retirât le rideau, et qu'on montrât la peinture qui était derrière. L'erreur reconnue, il se confessa vaincu, disant qu'il avait trompé les oiseaux, mais que Parrhasius avait trompé un artiste. Il avait peint aussi des monochromes en blanc. Il avait fait des ouvrages en terre, et ce furent les seuls ouvrages d'art qui restèrent à Ambracie, quand Fulvius Nobilior transporta les Muses de cette ville à Rome.

*Zmilus*, fausse leçon. Voy. *Smilus.*

*Zopyrus*, graveur sur argent (xxxiii, 55, 2), représenta sur deux coupes l'Aréopage et le jugement d'Oreste. Ces coupes furent payées 12,000 sesterces (2,520 francs). Zopyrus vivait du temps de Pompée le Grand.

# INDEX GEOGRAPHIQUE.

*Nota.* Le lecteur est prévenu que pour l'orthographe des noms on suit l'orthographe latine.

## ACE

*Abala*, VI, 35, 2.
*Abali*, VI, 22, 4.
*Abalites*, golfe, VI, 34, 5.
*Abalus*, île, XXXVII, 11, 5.
*Abantias*, Eubée, IV, 21, 3.
*Abaortæ*, VI, 23, 7.
*Abarimon*, VII, 2, 3.
*Abaritan*, roseau, XVI, 66.
*Abas*, mont, V, 20, 1.
*Abdera*, III, 3, 3.
*Abdera* ( en Thrace ), IV, 18, 3; XXV, 53, 3.
*Abeatæ*, IV, 10, 2.
*Abellinates*, noix, XV, 24, 3.
*Abellinates*, Marses, III, 16, 6.
*Abellinates* Protropi, III, 16, 6.
*Abellinum*, ville, III, 9, 11.
*Abesamis*, VI, 32, 4.
*Abeste*, voy. *Parabeste* et la note.
*Abila*, Afrique, III, Proem. 5; V, 16, 1.
*Abila*, mont, V, 1, 18.
*Abnoba*, mont, IV, 24, 7.
*Abobrica*, IV, 34, 3.
*Aboccis*, VI, 35, 5.
*Abolani*, III, 9, 16.
*Aboriense*, ville, V, 4, 4.
*Aborigines*, Latium, III, 9, 4.
*Abrettini*, V, 32, 3.
*Abrincatui*, IV, 32, 1.
*Abrotonum*, V, 4, 2.
*Absarum*, fl., IV, 4, 4; 9, 1; 11, 1.
*Absidris*, VI, 30, 2.
*Absitæ*, VI, 4, 6.
*Absyrtides*, îles, III, 30, 2.
*Absyrtium*, île, III, 25, 2.
*Abutucense*, ville, V, 4, 4.
*Abydum*, V, 40. 1. — Abydus, II, 59, 3.
*Abydus* (en Égypte), V, 11, 1.
*Abziritanum*, ville, V, 4, 5.
*Abzoæ*, VI, 15, 3.
*Académie*, Athènes, XII, 5, 1.
*Acamas*, Cypre, V, 35, 1; XXXVI, 30, 1.
*Acampsis*, fl., VI, 4, 4.
*Acalandrum*, fl., III, 15, 3.
*Acanthien*, sel, XXXI, 41, 2.
*Acanthon*, mont, IV, 3, 2.
*Acanthus*, V, 29, 2.
*Acanthus*, autre, IV, 17, 5.
*Acanthus*, île, V, 44, 1.
*Acarnanie*, II, 92, 1; IX, 56 villes, IV, 2, 12.
*Accisi*, VI, 7, 2.
*Accitana*, col. III, 4, 9.
*Acdei*, VI, 7, 2.
*Ace*, Ptolemais, V, 17, 1.
*Acelum*, ville, III, 23, 5.
*Acerræ* Vatriæ, III, 19, 3.
*Acerrani*, III, 9, 11.
*Acervetis*, Calatis, IV, 18, 5.

## ACR

*Acesines*, fl., VI, 23, 1; XII, 11, 2; XVI, 65, 3; XXXVII, 76, 2.
*Acesinus*, fl., IV, 26, 3.
*Acestæi*, III, 14, 5.
*Achéens* (en Colchide), VI, 5, 2. — (en Thessalie), IV, 14, 1.
*Achæmenides*, VI, 26, 3.
*Achæens*, diverses tribus, VI, 12, 1. — port, IV, 26, 2; V, 33, 1. — station, IV, 18, 11.
*Achaïe*, province, IV, 6, 1; VIII, 68, 1; XIII, 36, 1; 37, 1; XVIII, 12, 6; XXV, 64, 1; XXVIII, 67, 1; XIII, 19, 1; XXXIII, 56, 1.
*Achaïe*, villes, XXXIV, 6, 2. — neuf montagnes, VI, 6, 1.
*Achaïe*, vaincue, XXXIV, 17, 1.
*Achaïque*, victoire, XXXIII, 53, 2.
*Achaïque*, ache, XIX, 46, 1.
*Achaïque*, Mummius, XXXV, 8, 1.
*Achais*, Cadusiens, VI, 18, 3.
*Achana*, fl., VI, 32, 6.
*Acharitanum*, ville, V, 4, 5.
*Acharne*, IV, 16, 1.
*Achates*, fl., III, 14, 4. — Sicile, XXXVII, 54, 1.
*Achelous*, rivière, II, 87, 1; IV, 2, 2; VIII, 17, 4; XI, 112, 1; XXXVII, 59, 1.
*Achéron*, rivière, III, 10, 2; IV, 1, 4.
*Acherontini*, III, 10, 2.
*Acherusia*, lac, IV, 1, 4. — marais, III, 9, 9. — caverne, VI, 1, 3.
*Achillea*, île, IV, 26, 2; 27, 1; V, 37, 1; X, 41, 3.
*Achilleon*, IV, 33, 2.
*Achilleos* Dromos, IV, 26, 2.
*Achisarmi*, VI, 35, 14.
*Achne*, Casos, V, 36, 1.
*Achoali*, VI, 32, 14.
*Acidanes*, montagne de la Perse, XXXVII, 54, 7.
*Acidule*, eau, XXXI, 5, 1.
*Acidule*, fontaine, XXXI, 5, 1.
*Acienses*, III, 9, 16.
*Acila*, VI, 32, 9.
*Acina*, VI, 35, 7.
*Acinippo*, III, 3, 11.
*Acis*, Siphnus, IV, 22, 2.
*Acitavones*, III, 24, 4.
*Acmodæ*, îles, IV, 30, 2.
*Acmonenses*, V, 29, 4.
*Acolitanum*, ville, V, 4, 5.
*Acone*, port, VI, 1, 3.
*Acontius*, mont, IV, 12, 1.
*Acra* Iapygia, III, 16, 2.
*Acrabatena*, en Judée, toparchie, V, 15, 1.
*Acræ*, IV, 26, 8.
*Acræphia*, IV, 12, 2.
*Acragas*, ou Agrigente, III, 14, 4.
*Acrenses*, III, 14, 5.

## ÆA

*Acritas*, promont. IV, 7, 1.
*Acroceraunium*, Épire, promont. III, 15, 2; 29, 2.
*Acroceraunians*, monts, III, 26, 4.
*Acrocérauniens*, monts, IV, 1, 2 et 3, 11, 2.
*Acrocorinthus*, IV, 6, 3.
*Acrotadus*, île, VI, 26, 4.
*Acrothon*, ville, IV, 17, 4.
*Actania*, île, IV, 27, 7.
*Actiacus* Mars, VII, 46, 2; XXXII, 1, 3.
*Actiaque*, guerre, XXI, 9, 1. — bataille, XIV, 28, 7.
*Actium*, col. IV, 2, 1; IX, 56, 4; XI, 75, 2; XIX, 5, 1.
*Actrida*, VI, 32, 16.
*Acytos*, Melos, IV, 23, 2.
*Adana*, V, 22, 2.
*Adanu*, île, VI, 34, 6.
*Addua*, rivière, II, 106, 2; III, 20, 4.
*Addua*, reçue par le lac Larius, III, 23, 4.
*Adesa*, fl., V, 28, 2.
*Ad gallinas*, XV, 40, 5.
*Adiabaræ*, VI, 35, 11.
*Adiabène*, VI, 10, 2 et 3. — commencement des Assyriens, VI, 16, 1. — partie de la Syrie, V, 13, 1.
*Adiabeni*, VI,10, 3; 17, 2. — bornés par le Tigre, VI, 31, 3.
*Adipson* Gerrhon, VI, 33, 4.
*Adonis*, fl., V, 17, 4.
*Adramytteos*, V, 32, 2.
*Adramyttos*, juridiction, V, 32, 2 et 3.
*Adramyttos*, XIII, 2, 2.
*Adrastia*, Parium, V, 40, 1.
*Adria*, mer, III, 20, 5.
*Adria*, col. III, 18, 1.
*Adria*, territoire, III, 18, 1; 19, 1.
*Adria*, amphores, XXXV, 46, 3. — poules, X, 74, 3.
*Adria*, vins, XIV, 8, 7.
*Adriatique*, mer, III, 6, 6; 20, 3; IX, 20, 5; XXXVII, 11, 2 et 3.
*Adriatique*, mer, ou Superum, III, 19, 2.
*Adriatique*, mer, et mer Ionienne, séparation, III, 16, 2.
*Adriatique*, mer, golfe, XIV, 8, 1 et 2. — bas-fonds, XXXVI, 9, 2.
*Adrumetum*, V, 3, 2.
*Aduliton*, ville, VI, 34, 4 et 5.
*Adunas*, fl., VI, 31, 9.
*Adunicates*, III, 5, 5.
*Adyrmachidæ*, V, 6, 1.
*Æa*, Colchide, VI, 4, 5.
*Æantion*, île, IV, 23, 10.
*Æantium*, V, 33, 3. — promontoire, IV, 16, 1.
*Æant*, golfe, VI, 33, 2.
*Æanum*, VI, 33, 5.

*Æas*, fl., III, 26, 4.
*Æas*, mont, VI, 33, 5.
*Æcani*, III, 16, 6.
*Æculani*, III, 16, 6.
*Ædepsos*, IV, 21, 2.
*Ædessa* (Macédoine), VI, 39, 6.
*Ægæ*, V, 32, 1.
*Ægæ* (Cilicie), V, 22, 1.
*Ægée*, mer, IV, 18, 13; IX, 20, 4.
*Æge* (Macédoine), IV, 17, 1.
*Ægetini*, III, 16, 7.
*Ægia*, vigne, XIV, 4, 18.
*Ægialeus*, mont, IV, 11, 2.
*Ægialia*, île, IV, 19, 2.
*Ægialus*, Achaïe, IV, 6, 1.
*Ægida*, ville III, 23, 2.
*Ægila*, île, IV, 19, 6.
*Ægilia*, île, IV, 22, 1.
*Ægilium*, voy. *Igilium*.
*Ægilodes*, golfe, IV, 8, 1.
*Ægilos*, Capraria, III, 12, 2.
*Ægimore*, autels, V, 7, 2.
*Ægina*, île, IV, 19, 6; XXXV, 39, 1; XXXIV, 6, 1.
*Æginétique*, fonte de l'airain, XXXIV, 19, 25.
*Æginétique*, airain, XXXIV, 3, 4 et seqq.
*Æginium*, IV, 17, 1.
*Ægion*, IV, 6, 1.
*Ægipa*, VI, 35, 15.
*Ægipans*, V, 1, 6; VI, 35, 19. — demi-bêtes, V, 8, 2.
*Ægira*, IV, 6, 1; XXVIII, 41, 1.
*Ægira*, Lesbos, V, 39, 1.
*Ægium*, X, 26, 1.
*Ægos*, fl., II, 59, 1; IV, 13, 10.
*Ægosthenienses*, IV, 11, 1.
*Ægusa*, île, III, 14, 6.
*Ægypte*, temple de tous les dieux, XXXVI, 19, 3.
*Ægypte*, extrémités, VI, 35, 6. — facilité, XVIII, 47, 1. — engrais, X, 75, 2. — inférieure, VI, 39, 2. — labyrinthe, XXXVII, 19, 2. — loups, XI, 36, 3. — mages, XXX, 5, 4. — nitrières, XXXI, 46, 6.
*Ægypte*, partie supérieure, XIX, 2, 6.
*Ægypte*, maladie particulière, éléphantiasis, XXVI, 5, 1.
*Ægypte*, peuple, II, 23, 2. — sujets aux vers intestinaux, XXVII, 120, 1. — préfecture, XIX, 2, 5. — pyramides, XXXVI, 16, 1 et seq. — reine Cléopâtre, IX, 58, 3. — religion, V, 6, 1. — roi Sésostris, XXXIII, 15, 2. — prêtres, XIX, 2, 7.
*Ægypte*, sable, XXXVI, 9, 2. — balanus, XII, 46, 2. — clematis, XXIV, 90, 1. — cyanos, XXXVII, 33, 1. — elate, XII, 62, 1. — fève, XVIII, 30, 5. — figuier, XIII, 14, 1; 16, 1. — gland, XV, 7, 5. — herbe cnicos, XXI, 53, 1. — lotos, XXIV, 2, 1. — grenades, XIII, 34, 1. — navigation, XXIV, 19, 1. — divinités, XXXIII, 12, 2. — papyrus, XXIV, 51, 1; XXXIII, 30, 1. — prunier, XIII, 19, 2. — ptisane, XVIII, 15, 1. — théorie, II, 21, 6. — rubrique, XXXV, 15, 1. — secte, XVIII, 57, 4. — épine, XIII, 20, 1; XXIV, 65, 1.
*Ægyptiennes*, couronnes, XXI, 3, 2.

— herbes, XXV, 5, 3. — lettres, XXXVI, 14, 2.
*Ægyptiens*, II, 79, 1; VII, 49, 2; 57, 2; 57, 5; 57, 9; 57, 12; X, 40, 1; XI, 70, 1; XXI, 101, 1; 103, 1; XXVIII, 28, 1; XXXV, 5, 1.
*Ægypte*, calames, XVI, 64, 1. — fleurs, XXI, 18, 2. — mois, VI, 26, 11. — rats, X, 85, 2. — émeraudes, XXXVII, 16, 2; 17, 1.
*Ægyptien*, obélisque, nom, XXXVI, 14, 1.
*Ægyptiens*, écrasent par la guerre l'Æthiopie, VI, 35, 5.
*Ægyptiens*, leurs livres, XXXII, 19, 1.
*Ægyptiens*, philosophie, XXXVI, 14, 10.
*Ægyptiens* et Perses, bataille navale, XXXV, 40, 17.
*Ægypte*, alun, XXVIII, 27, 7; 46, 2; 60, 2. — amidon, XVIII, 17, 1. — anis, XX, 73, 1. — bleu, XXXIII, 57, 1. — collyre, XXXIV, 23, 1. — coriandre, XX, 82, 1. — cumin, XIX, 47, 2; XX, 57, 1. — lin, XIX, 2, 6. — mer, II, 63, 3; V, 1, 1; 10, 5; 11, 3. — nitre, XXXI, 46, 7 et 9. — origan, XIX, 50, 1. — pavot, XIX, 54, 1. — porreau, XIX, 33, 2. — sory, XXXIV, 30, 1 et 2. — talent, XXXIII, 15, 2. — blé, XVIII, 12, 1.
*Ægypte*, cyperus, XXI, 70, 1. — jonc, XXI, 69, 4. — labyrinthe, XXXVI, 19, 3. — pierre, XXXVI, 43, 2. — mois Thiatis, XXVII, 80, 1.
*Ægypte*, plaine semblable en Inde, VI, 21, 5.
*Ægypte*, séparée par le Nil de l'Asie et de l'Afrique, V, 9, 2. — comptée parmi les îles, V, 9, 2.
*Ægypte*, II, 40, 2; 46, 4; 71, 2; VII, 3, 1 et 2; 4; 57, 3 et 5; 57, 14; VIII, 34, 1; 36, 1; IX, 32, 1; X, 74, 4; XI, 113, 1; XII, 51, 1; XIII, 6, 1; 9, 7; 10, 1; 32, 3; 37, 1; XIV, 22, 2; 29, 1; XV, 7, 1, 2, et 5; 31, 1; XVI, 41, 3; 76, 5 et 6; XVII, 2, 5; 3, 6; 30, 5 et 26; XVIII, 10, 2 et 8; 11, 1; 20, 6; 21, 1; 30, 5; 31, 1; 79, 1; XIX, 2, 1; XX, 35, 1; XXI, 51, 1; 69, 3; XXII, 82, 1; XXIII, 52, 1; 70, 1; XXIV, 44, 1; 67, 1; XXV, 5, 3; XXXI, 33, 1; 39, 6; 42, 1, 46, 4; XXXII, 31, 2, XXXIII, 46, 1; XXXV, 42, 1; 52, 2; XXXVI, 11, 3; 28, 1.
*Ægypte*, proche de l'Afrique, V, 9, 2.
*Ægyptus*, dans Homère, XIII, 31, 2. — n'existait pas du temps d'Homère, XIII, 27, 3.
*Ægypte*, cribles en papyrus, XVIII, 28, 1. — très-fertile en grains, XXI, 50, 1. — mère d'affections telles que le lichen, XXVI, 3, 2. — a l'ail et l'oignon parmi ses dieux, XIX, 32, 1. — adore les scarabées, XXX, 30, 2. — conserve les corps des défunts avec le cedrium, XVI, 21, 1.
*Ægypte*, n'est pas sujette aux tremblements, II, 82, 3. — un médecin en est appelé, XXIX, 30, 1.
*Ægypte*, palustre, XVIII, 47, 3.
*Ægypte* supérieure, VI, 35, 18. — au-dessus de l'Égypte, XII, 37, 4.
*Ægypte*, 20,000 villes, V, 11, 1. — bœuf Apis, VIII, 71, 1 et seqq.
*Ægyptilla* (gemme), XXXVII, 54, 8.
*Ægyptus*, nom du Nil dans Homère, V, 10, 4.
*Ælana*, V, 12, 2; VI, 32, 13.
*Ælaniticus*, golfe de la mer Rouge, V, 12, 2; VI, 32, 13; 33, 2.
*Ælenaticus*, golfe, VI, 32, 13.
*Æmilia*, voie, II, 85, 1; XVII, 35, 44; XIX, 1, 2.
*Æminium*, ville, et fl., IV, 35, 1 et 3.
*Æmona*, col. III, 28, 1.
*Æmonia*, Thessalie, IV, 14, 1.
*Ænare*, île, V, 38, 2.
*Ænaria*, île, III, 12, 3; VI, 60, 2; XXI, 5, 1; XXXII, 54, 3.
*Ænea*, sapin, XVI, 76, 2.
*Ænienses*, IV, 3, 1.
*Ænona*, II, 25, 2.
*Ænos* libre (Thrace), IV, 18, 4; XVII, 3, 5; XVIII, 12, 6.
*Æolienne*, île, Hiera, II, 110, 4.
*Æoliennes*, îles, II, 89, 2; III, 14, 6; XXXII, 11, 1; XXXVI, 42, 1.
*Æolienne*, nation, en Asie, VI, 2, 3.
*Æolium*, IV, 18, 11.
*Æolis*, V, 32, 1.
*Æpolium*, IV, 26, 1.
*Æquicoli*, XXV, 48, 1.
*Æquiculi*, III, 17, 2.
*Æquiculani*, III, 17, 1.
*Æria*, Crète, IV, 20, 1.
*Æria*, Thassos, IV, 23, 8.
*Æsepus*, fl., V, 40, 1.
*Æsinas*, fromage, XI, 97, 1.
*Æsinates*, III, 19, 2.
*Æsis*, fl., III, 19, 2.
*Æsius*, fl., V, 43, 9.
*Æstræenses*, IV, 17, 2.
*Æsulani*, III, 9, 16.
*Æsyros*, fl., V, 43, 1.
*Æstuaria* Onoba, III, 3, 1.
*Æthalia*, île, III, 12, 2.
*Æthalia*, Chios, V, 38, 1.
*Ætheria*, Æthiopie, VI, 35, 8.
*Æthiope*, Lesbos, V, 39, 1.
*Æthiopiens*, tribut payé aux rois de Perse, XII, 8, 1.
*Æthiopiens*, brûlés par la chaleur, II, 80, 1.
*Æthiopiens*, VIII, 27, 1; X, 2, 1; XIX, 2, 7; XXXVI, 9, 1.
*Æthiopiens* Aroteres, VI, 34, 5. — Asachæi, XIII, 13, 1. — Cynamolgi, VIII, 43, 1. — Daratitæ, V, 1, 10. — Perorsi, V, 1, 10 et 16. — Hesperii, VI, 35, 17 et 19; 36, 3; VIII, 32, 1.
*Æthiopiens*, partagés par Homère en deux, V, 8, 1.
*Æthiopiens*, leur céréale, XVIII, 24, 1.
*Æthiopiens*, derrière l'Égypte, V, 9, 2.
*Æthiopiens*, maritimes, VI, 35, 16.
*Æthiopiens*, chasseurs, VIII, 54, 5.
*Æthiopie*, II, 67, 4; VIII, 28, 1; 30, 1; 45, 1; 75, 2; 80, 2; X, 37, 1; 70, 1; XVII, 29, 5; XXVII,

## AFR

Æthiopie, 3, 1; XXXI, 5, 1; 14, 1; XXXIII, 40, 1; XXXVI, 11, 3; 67, 1; XXXVII, 35, 1; 42, 1; 56, 5.
Æthiopie, d'Æthiopie fille de Vulcain, VI, 35, 8. — limitrophe de l'Égypte, XIII, 28, 1. — écrasée par les guerres des Ægyptiens, VI, 35, 5.
Æthiopie, d'Hammon, XXXVII, 11, 4. — Troglodytis, XII, 42, 2.
Æthiopies, deux, V, 8, 1.
Æthiopie, ébène, XII, 8, 1.
Æthiopie, Éléphantine, XXIV, 102, 3.
Æthiopie, limite, XIII, 9, 3 et 5.
Æthiopie, plan apporté à Néron, XII, 8, 2.
Æthiopie, gemmes très-sacrées, XXXVII, 60, 3. — pluies, V, 10, 6. — pluies d'été, V, 10, 6. — Mages, XXV, V, 4. — barques pliantes, V, 10, 11. — sépulcres, XIX, 19, 3.
Æthiopie, Afrique au-dessous de l', XII, 49, 1.
Æthiopie, sable, XXXVI, 9, 1 et 2. — lionne, VIII, 45, 1. — olivier, XXIII, 35, 1.
Æthiopie, escarboucles, XXXVII, 25, 1; 26, 1. — pierres, XXXVI, 17, 3.
Æthiopiques, émeraudes, XXXVII, 18, 2. — autruches, X, 1, 1.
Æthiopique, cumin, XIX, 47, 2; XX, 57, 2; 58, 1. — héliotrope, XXXVII, 60, 1. — sili, XX, 17, 1.
Æthiopique, hæmatites, XXXVI, 38, 1. — pierre, XXXVII, 43, 2. — aimant, XXXVI, 25, 2, 3 et 4.
Æthiopiens, gens ayant la couleur des, XXII, 2, 1.
Æthiopiens, portant sur leurs épaules le lit funéraire d'un corbeau, X, 60, 2.
Æthiopiens, langue, V, 10, 3. — mines, XXXVII, 15, 1.
Æthiopiens, nations brûlées par le soleil comme les, VI, 22, 7.
Æthiopiens, monts, II, 87, 2. — vivent en partie de sauterelles, VI, 35, 17. — peuples, II, 23, 2; XXXIII, 36, 1. — 45 rois, VI, 35, 8. — pays, longueur et largeur, VI, 35, 18. — territoire, VII, 2, 13.
Æthræa, Rhodes, V, 36, 1.
Æthria, Thassos, IV, 23, 8.
Æthusa, île, III, 14, 6.
Æna, mont, III, 14, 3.
Ætna, pied de l', II, 106, 14.
Ætnenses, III, 14, 5.
Ætoliens, VII, 57, 9; XXXVI, 4, 1.
Ætolie, VII, 49, 1.
Ætolie, villes, IV, 3, 2.
Ætolien, ellébore, XXV, 21, 2.
Ætoliens, peuples, IV, 3, 1. — ambassadeurs, XXXIII, 50, 2.
Æx, écueil ou île, IV, 18, 13.
Afri, peuples, VIII, 57, 9; XX, 48, 1; XXIV, 71, 1.
Afri, éléphants, VIII, 9, 1; 11, 1.
Afrique, II, 48, 3; 62, 1; VIII, 23, 1; 34, 1; 73, 3; XI, 118, 1; XIII, 32, 1 et 2; 33, 1; XVI, 12, 1; XVIII, 12, 1; XXVI, 30, 1; XXXII, 13, 2; 14, 1.
Afrique, Lybie, V, 11, 1. — voisine de l'Æthiopie, VII, 10, 4. — sous

## AGA

l'Æthiopie, XII, 49, 1. — intérieure, XIII, 33, 1.
Afrique, proprement dite, V, 3, 1. — vieille et nouvelle, V, 3, 3. — cèdre, XVI, 76, 2. — n'a pas de cerfs, VIII, 51, 2. — fertile en céréales, XVII, 3, 6. — abonde en bêtes sauvages, V, 1, 8. — produit l'oryx, X, 94, 1. — apporte toujours quelque chose de nouveau, VIII, 17, 2. — ceux de ses peuples soumis à l'empire romain, V, 4, 4. — soumise, VII, 27, 1. — ne produit pas d'ours, VIII, 54, 5. — zea, XVIII, 29, 6.
Afrique, oignon, XIX, 32, 3.
Afrique, autre distinction, V, 3, 2.
Afrique, antiscorodon, XIX, 34, 2.
Afrique, déserts, IX, 12, 4. — fourneaux, XIV, 3, 6. — sol fécond en céréales, XV, 3, 2. — grains, XXII, 3, 1. — lac, XXXI, 39, 2. — longueur, VI 38, 3. — scorpions fléau de l'Afrique, XI, 30, 3.
Afrique, mesure, VI, 38, 5. — partie adjointe à l'Ægypte, XXXVI, 13, 2. — partie intérieure, XIII, 33, 1; XIV, 3, 4.
Afrique, proconsul, IX, 8, 4. — petits rois, XVIII, 5, 1.
Afrique, possédée par six propriétaires, VIII, 7, 3.
Afrique, déserts sans eau, XXXI, 39, 4. — solitudes, VII, 2, 25. — limite, le Nil, III, Procem. 4.
Afrique, truffes, XIX, 11, 2.
Afrique, séparée de l'Éthiopie par le Nil, V, 10, 3.
Afrique, demander excuse en nommant l', XXVIII, 5, 2.
Africaine, iris, XXI, 19, 2. — rubrique, XXXV, 15, 1.
Africains, escargots, IX, 82, 1; XXVIII, 59, 1; XXX, 15, 1 et 2; 19, 2; 22, 3 et 4; 43, 3; XXXII, 35, 1. — bêtes, XXXVI, 4, 26. — figues, XV, 19, 2 et 4. — panthère, VIII, 24, 1. — éponges, XXXI, 47, 5 et 6.
Africains, rats, XXX, 14, 1.
Africain, cumin, XX, 57, 2. — sparte, XXIV, 40, 1.
Africain, jonc, XXI, 72, 1.
Africain, triomphe de Pompée, VIII, 2, 1.
Afrique, silures, XXXII, 46, 5. — autruches, X, 1, 1.
Afrique, espèce de câprier, XIII, 44, 1. — cumin, XIX, 47, 1. — côte, IX, 8, 4. — miel, XI, 14, 1. — mer, III, 13, 1. — sory, XXXIV, 30, 1. — blé, XVIII, 12, 3. — vin, XIV, 11, 1.
Africus piscator (pêcheur africain), XVI, 70, 1.
Agacturi, VI, 32, 16.
Agamathæ, VI, 7, 2.
Agamede, V, 39, 1.
Agandei, VI, 7, 3.
Aganippe, fontaine, IV, 12, 1.
Aganzaga, VI, 17, 1.
Agasus, port, III, 16, 4.
Agatha Massiliensium, III, 5, 2.

## ALB

Agathussa, Telos, IV, 23, 3.
Agathyrnum, III, 14, 4.
Agathyrsi, IV, 26, 10.
Agesinates, IV, 23, 1.
Aglaminor, III, 3, 5.
Agoce, VI, 35, 2.
Agra, VI, 32, 13.
Agræ, IV, 10, 1.
Agræi, VI, 32, 11; 32, 16 et 18.
Agrigantini, XXXV, 36, 3 et 4.
Agragantinus fons, XXXV, 51, 2.
Agrigente, fromage estimé, XI, 97, 2.
Agrigente, VII, 57, 9; VIII, 64, 3.
Agrigentin, Acron, XXIX, 3, 1.
Agrigentin, sel, XXXI, 41, 3.
Agrani, ville, VI, 30, 3.
Agriophages, VI, 35, 17.
Agrippenses (Bithynie), V, 43, 3.
Agrippinensis colonia, IV, 31, 2.
Agrospi, VI, 35, 15.
Agugo, VI, 35, 3.
Aguntum, III, 27, 1.
Agylla, ville, III, 8, 2.
Agyrini, III, 14, 5.
Alabanda, V, 29, 7; XXXVII, 9, 1; 35, 1.
Alabanda, chanvre, XIX, 56, 2. — rose, XXI, 10, 2.
Alabanda, escarboucles, XXXVII, 25, 4.
Alabanda, juridiction, V, 29, 7. — pierre, XXXVI, 13, 2.
Alabanenses, III, 4, 9.
Alabastron, ville, V, 11, 2.
Alabastros, fl., V, 32, 3.
Alabastrum, ville de la Thébaïde, XXXVII, 32, 2, 54, 4.
Alachroes, Lotophages, V, 4, 3.
Alæu, îles, VII, 34, 5.
Alalia, XXXV, 37, 4.
Alana, VI, 35, 2.
Alani (Scythes), IV, 25, 1.
Atazon, fl., VI, 11, 1.
Alba, fl., III, 4, 5.
Alba Albensium, III, 17, 1.
Alba Helvia, XIV, 4, 19. — Helvorum, III, 5, 6.
Alba longa, III, 9, 11.
Alba Pompeia, III, 7, 3.
Albanenses (Hisp.) III, 4, 10.
Albani, III, 9, 16; VII, 27, 3.
Albani, sortis de Jason, VI, 15, 4.
Albanie, VII, 2, 4.
Albanie, limite, VI, 11, 1.
Albanie, villes, VI, 11, 1.
Albanie, roi, VIII, 61, 7.
Albanie, nation, VI, 11, 1.
Albanie, mer, VI, 15, 4.
Albe, vin, XIV, 4, 9; 8, 4; XXIII, 20, 1 et 2; 21, 1.
Albe, territoire, XIV, 4, 5. — mont, III, 9, 11 et 16; XV, 38, 1. — tuf, XXXVI, 48, 1.
Albanus, fl., VI, 15, 5.
Albense rus (campagne), XV, 21, 4.
Albenses, III, 9, 16.
Albenses, noix, XV, 34, 5.
Albenses Pompeiani, XVII, 3, 1.
Albi, monts, XVI, 60, 3. — en Crète, XXXI, 26, 1.
Albicratense, mine, XXXIII, 23, 1.
Albion, nom de la Bretagne, IV, 30, 1.
Albis, fl. IV, 28, 3.
Albium Ingaunum III, 7, 2.

*Albium* Intemelium, III, 7, 2.
*Albula*, fl., III, 18, 1.
*Albula*, fl., ou Tibre, III, 9, 1.
*Albulæ*, eaux près de Rome, XXXI, 6, 1.
*Album*, promontoire d'Afrique, III, Procem. 4.
*Album*, promont. en Phénicie, V, 17, 1.
*Alces*, fl., V, 43, 3.
*Ale* (Cilicie), V, 22, 2.
*Alea*, IV, 10, 1.
*Alebece* Reiorum, III, 5, 6.
*Aleii*, champs, V, 22, 1.
*Alele*, V, 5, 5.
*Aleniticus*, golfe, VI, 32, 13.
*Aleon*, fl., V, 31, 6.
*Alcos*, fl., XXXI, 10, 1.
*Aleria*, col. II, 12, 1.
*Aletini*, III, 16, 7.
*Aletium*, III, 16, 2.
*Aletrinates*, III, 9, 11.
*Aletrini*, III 16, 6.
*Alexandrie*, fondée en Égypte, XIII, 21, 1. — prise, XXXV, 40, 7. — soumise, IX, 59, 2.
*Alexandrie* (d'Égypte), II, 71, 2 et 3; V, 11, 3; 34, 1; VII, 38, 1; VIII, 74, 1; XIX, 1, 3; XX, 76, 3; XXXIV, 42, 1; XXXV, 36, 26 et 30; XXXVI, 14, 8; 18, 1; 25, 2.
*Alexandrie*, île en Égypte, XXXII, 53, 6.
*Alexandrie*, rois, XXXV, 2, 6. — région, V, 9, 3. — bas-fonds trompeurs, V, 34, 1.
*Alexandrie* (dans l'Ariane), VI, 25, 2.
*Alexandrie*, Arion, VI, 21, 6.
*Alexandrie* (autre dans l'Ariane, ce semble fondée par Léonnatus), VI, 26, 2.
*Alexandrie* d'Assyrie, VI, 16, 2.
*Alexandrie* (en Bactriane), VI, 18, 4; 25, 1.
*Alexandrie* (en Carmanie), VI, 27, 1.
*Alexandri*-oppidum au pied du Caucase, VI, 21, 7.
*Alexandrie*, Charax, VI, 31, 12.
*Alexandrie* (en Cilicie), V, 22, 1.
*Alexandrie*, de la Margiane, VI, 18, 1.
*Alexandrie*, des Paropamisades, VI, 25, 1.
*Alexandrie*, Troas, V, 33, 1; XXXVI, 25, 2.
*Alexandrine*, alica, XVIII, 29, 4.
*Alexandrin*, figuier d'Égypte, XIV, 19, 3; XV, 19, 2.
*Alexandrin* ou Idéen, figuier, XV, 19, 1.
*Alexandrin*, laurier, XV, 39, 3; XXIII, 80, 6; poires; XV, 16, 2. — vigne, XIV, 4, 19.
*Alexandrin*, pain, XX, 58, 1.
*Alexandrine*, graine d'ortie, XXII, 15, 5. — moutarde, XII, 14, 3. — blé, XVIII, 12, 3 et 4.
*Alexandrine*, amarante, XXI, 23, 1.
*Alexandrin*, mets, le corchorum, XXI, 106, 1.
*Alexandropolis* (Parthie), VI, 29, 2.
*Alexia*, ville, XXXIV, 48, 3.
*Alfaterni*, III, 9, 11; II, 17, 2.
*Alfellani*, III, 16, 6.
*Algidenses*, raiforts, XIX, 26, 3.

*Algidus*, mont, XVIII, 34, 3.
*Aliacmon*, fl., IV, 17, 1; XX, 51, 1; XXXI, 10, 1.
*Aliphiræi*, IV, 10, 2.
*Allantenses*, IV, 17, 2.
*Alliane*, région d'Italie, XIX, 2, 2.
*Allifani*, III, 9, 11.
*Allobroges*, XVIII, 20, 1; III, 5, 4.
*Allobrogique*, vigne, XIV, 4, 6.
*Allobrogique*, Scipion, XXXIII, 50, 1.
*Allobroges*, nation, VII, 51, 1.
*Allobroges*, Vienne, III, 5, 6.
*Almon*, Salmon, ville, IV, 15, 1.
*Almopii*, IV, 17, 2.
*Aloni*, VI, 30, 2.
*Alontigiceli*, III, 3, 9.
*Alope*, IV, 12, 3.
*Alopece*, île, IV, 26, 9; V, 38, 3.
*Alopes*, Éphèse, V, 31, 4.
*Alopeconnesus*, île, IV, 23, 9; XIX, 13, 1.
*Alaritæ*, IV, 17, 1.
*Aloros*, IV, 17, 1.
*Alostigi*, III, 3, 9.
*Alpes*, VIII, 79, 2; 81, 1; IX, 29, 2; X, 29, 2; 68, 1 et 2; XIV, 27, 1; XVI, 76, 2; XVIII, 12, 5; XXV, 30, 1; XXXI, 26, 1.
*Alpes* Carnicæ, III, 28, 2. — Centronicæ, Dalmaticæ, XI, 97, 1. — passées par Hannibal, et par les Cimbes, XXXVI, 1, 2. — maritimes, VIII, 59, 2; XIV, 4, 17; XXI, 69, 3. — Tridentinæ, III, 20, 7.
*Alpes*, terres au-dessous des, XVIII, 49, 6.
*Alpes*, contenant les Gaules, XII, 2, 3.
*Alpin*, aubour, arbre alpin, XVI, 31, 1.
*Alpines*, rivières, XXVII, 45, 1.
*Alpines*, vaches, VIII, 70, 4.
*Alpines*, nations depuis la mer supérieure jusqu'à l'inférieure, III, 24, 4.
*Alpins*, fleuves, III, 20, 3. — rats, VIII, 55, 1; X, 85, 2.
*Alpes*, fin, III, 6, 5. — parage, XXXIV, 2, 2.
*Alpes*, pentes bien exposées, XXI, 20, 1. — le plus haut sommet, III, 20, 3. — roches, XXXVI, 10, 1. — doubles portes, III, 21, 1.
*Alpes* grecques, habitants, III, 24, 2.
*Alpes*, peuples des, III, 24, 1 et seqq.
*Alpes*, nations dites chevelues, XI, 47, 1.
*Alpes*, sommets, XXXVII, 9, 1. — pentes qui s'adoucissent, III, 28, 1. — très-favorables à l'empire romain, III, 5, 1. — longueur et largeur, III, 23, 5. — versant, III, 24, 1.
*Alpes*, Préfet, X, 68, 2.
*Alpes*, pied, III, 21, 1; 23, 5; IX, 33, 1. — sommets, II, 65, 2.
*Alpesa*, III, 3, 11.
*Alphée*, rivière, II, 106, 3; IV, 6, 3; XXXI, 30, 2.
*Alphion*, lac, XXXI, 8, 1.
*Alsa*, fl., III, 22, 1.
*Alsidenæ*, oignons, IX, 32, 1.
*Alsium*, III, 6, 6; 8, 2.
*Allinum*, ville, III, 22, 1; XXXII, 53, 6.
*Aluntium*, III, 14, 4.
*Aluntium*, vin, XIV, 11, 1.
*Alutæ*, III, 25, 1.

*Alutrenses*, III, 23, 3.
*Alvona*, III, 25, 2.
*Alyzea*, IV, 2, 2.
*Amalchius*, océan, IV, 27, 4.
*Amandæ*, IV, 23, 8.
*Amantes*, III, 26, 4; 28, 2.
*Amantini*, IV, 17, 2.
*Amantini*, cité, III, 28, 2.
*Amanum*, port, IV, 34, 1.
*Amanus*, mont, V, 18, 2. — de Syrie, XII, 56, 1. — portes, V, 22, 1.
*Amardi*, VI, 19, 1.
*Amasia*, VI, 3, 1.
*Amasia* (autre), VI, 4, 1.
*Amassi*, VI, 7, 2.
*Amastris*, VI, 2, 1.
*Amatæ*, IV, 23, 7.
*Amathei*, VI, 32, 15.
*Amathus*, V, 35, 2.
*Amathusia*, Cypre, V, 35, 1.
*Amazones* Sauromatides, VI, 15, 4.
*Amazones*, mariages, VI, 7, 1. — nation, VI, 14, 3.
*Amazonicus*, mont, V, 27, 3.
*Amazonius*, mont, VI, 4, 1.
*Amazonium*, ville, VI, 4, 1.
*Ambiani*, IV, 31, 2.
*Ambilatri*, IV, 33, 1.
*Ambisuntes*, III, 24, 4.
*Ambitui*, V, 42, 1.
*Ambracia*, ville, IV, 1, 4; XXXV, 36, 6; XXXVI, 4, 3. — port, II, 87, 2. — caverne, XXXII, 73, 5.
*Ambraciotes* (vin), XIV, 9, 3.
*Ambracius*, golfe, II, 92, 1; IV, 1, 4; IV, 2, 1.
*Ambrysus*, IV, 4, 2.
*Amelas*, V, 28, 2.
*Ameria*, fondée 964 ans avant la guerre de Persée, III, 19, 3.
*Ameria*, poires, XV, 16, 2; 17, 2. — fruits, XV, 15, 2; 18, 1. — saules, XVI, 69, 1; XXIV, 37, 2.
*Ameria*, balais, XXIV, 41, 1.
*Amerini*, II, 58, 1; III, 19, 2.
*Ameriola*, III, 9, 16.
*Amilo*, fl., VIII, 1, 2.
*Amisius*, IV, 17, 28, 3.
*Amisenus*, golfe, VI, 2, 3.
*Amisos*, XXXVII, 37, 2.
*Amisum*, VI, 2, 3.
*Amiterne*, oignon, XIX, 32, 3.
*Amiterne*, III, 17, 2.
*Amiterne*, navets, XVIII, 35, 1; XIX, 25, 2.
*Amiterne*, territoire, XIV, 4, 14.
*Amithoscuta*, VI, 32, 9.
*Amitinenses*, III, 8, 3.
*Amitinum*, III, 19, 16.
*Ammaensia*, monts, XXXVII, 9, 1.
*Ammienses*, IV, 35, 6.
*Amminéenne*, vigne, XIV, 4, 2.
*Amminéen*, vin, XIV, 16, 1.
*Ammonii*, VI, 32, 10.
*Amnamethu*, île, VI, 32, 8.
*Amnestrum*, VI, 32, 17.
*Amnon*, fl., VI, 32, 9.
*Amorgos*, île, IV, 32, 4.
*Ampelœssa*, V, 16, 1.
*Ampelone*, VI, 32, 16.
*Ampelos*, XXXII, 9, 1. — (Crète), IV, 20, 3. — (Macédoine), IV, 17, 4.
*Ampelusia*, promont. V, 1, 2.
*Amphictyons* de la Grèce, VII, 37, 1.
*Amphilochii*, IX, 8, 6.

*Amphilochium* Argos, IV, 2, 2.
*Amphimalla*, IV, 20, 3.
*Amphipolis* (Macédoine), IV, 17, 5.
— Syrie, V, 21, 2. — Thrace, X, 10, 1.
*Amphissa*, IV, 4, 2.
*Ampræ*, VI, 32, 15.
*Amprentæ*, VI, 4, 4.
*Ampsaga*, fl., V, 1, 20 et 21.
*Amsancti*, II, 95, 3.
*Amycus*, port, V, 43, 3; XVI, 89, 1.
*Amyclæ*, IV, 8, 1; VIII, 43, 1. — détruite par les serpents, III, 9, 6.
*Amyclanus*, golfe, XIV, 8, 2.
*Amymone*, fontaine, IV, 9, 2.
*Amyzon*, V, 29, 7.
*Anactoria*, cité, IV, 1, 4.
*Anactoria*, Milet, V, 31, 1.
*Anadoma*, VI, 35, 1.
*Anagnia*, prise, XXXIV, 11, 3.
*Anagnini*, III, 9, 11.
*Anaitica*, région, V, 20, 1.
*Anaiticus*, lac, XVI, 64, 1.
*Anaitis*, déesse, XXXIII, 24, 1.
*Analitæ*, VI, 32, 14.
*Anaphe*, II, 89, 1; IV, 23, 5.
*Anariacæ*, VI, 18, 1.
*Anas*, fl., IV, 35, 5. — sépare la Lusitanie, III, 2, 1; 3, 1
*Anassum*, fl., III, 22, 1.
*Anatilia*, III, 5, 6.
*Anatiliens*, région, III, 5, 4.
*Anatis*, fl., V, 1, 8.
*Anazarbeni*, V, 22, 3.
*Anchiale* (Cilicie), V, 22, 1.
*Anchialum*, IV, 18, 7.
*Anchoa*, IV, 12, 2.
*Anclacæ*, VI, 7, 2.
*Ancona*, col., II, 74, 2; III, 18, 2; 19, 1.
*Ancone*, vins, XIV, 8, 7.
*Anconerius*, mont de la Maurétanie, XIII, 29, 3.
*Ancyra*, Galatie, V, 42, 2.
*Ancyra*, Phrygie, V, 41, 1.
*Andanis*, fl., VI, 27, 1.
*Andaræ*, VI, 22, 4.
*Andatis*, VI, 35, 15.
*Andegavi*, IV, 32, 1.
*Andera*, V, 33, 3.
*Anderæ*, VI, 35, 12.
*Anaetrium*, III, 26, 2.
*Andizetes*, III, 28, 1.
*Andologenses*, III, 4, 8.
*Andorisæ*, III, 3, 12.
*Andria*, V, 41, 1.
*Andriaca*, cité, V, 28, 1.
*Andricus*, fl., V, 22, 1.
*Androcalis*, VI, 35, 2.
*Androlitia*, voy. MANDROLYTIE.
*Andros* ou *Andrus*, île, II, 106, 11; IV, 22, 1; XXXI, 13, 1.
*Andros*, île Britannique, IV, 30, 2.
*Anemon*, fl., III, 20, 1.
*Anemurium*, V, 22, 3; 23, 1.
*Angaris*, voy. ANGARIS.
*Anhydros*, île, V, 38, 2.
*Anio*, fl., III, 9, 2; 17, 3; XXXVI, 24, 17.
*Antæopolites*, nomos, V, 9, 3.
*Antandros*, V, 32, 3; XVI, 57, 2; 81, 2.
*Antandros*, Andros, IV, 22, 1.
*Antariani*, VI, 19, 1.
*Antemnæ*, III, 9, 16.
*Anthane* IV 8, 1.

*Anthedon*, port, V, 14, 1; IV, 12, 1.
*Anthedon* (Syrie), V, 14, 1.
*Anthemus*, IV, 17, 4.
*Anthemus* (vers l'Euphrate), VI, 30, 2.
*Anthemus*, fl., VI, 5, 1.
*Anthemusa*, Samos, V, 37, 1
*Anthemusia*, V, 21, 1.
*Anthinæ*, îles, V, 38, 2.
*Anthium*, IV, 18, 7.
*Anthropophages*, IV, 26, 10; VI, 35, 17.
*Anthropophages*, Scythes, VI, 20, 1.
*Antianus*, golfe, III, 13, 2.
*Antias* Valérius, II, 111, 4.
*Antiates*, vaincus, XXXIV, 11, 1.
*Antibacchias*, île, VI, 34, 5.
*Antichthones*, VI, 24, 1.
*Anticyra*, IV, 4, 2; XXV, 21, 4.
*Anticyre*, produit l'Anticyricon, XXII, 64, 2.
*Antidalei*, VI, 32, 11.
*Antigonea*, IV, 10, 1.
*Antigonea* (Macédoine), IV, 17, 1.
*Antigonenses*, IV, 1, 2.
*Antigonia*, Troas, V, 33, 1.
*Antiliban*, mont, V, 17, 3; XII, 48, 1.
*Antiochène*, Syrie, V, 13, 2.
*Antiochi*, île, V, 35, 3.
*Antiochia* Arabe (Mésopotamie), VI, 30, 1.
*Antiochia* Callirhoe, Edessa, V, 21, 1.
*Antiochia* (Carie), V, 29, 6.
*Antiochiæ*, Charax, VI, 31, 2
*Antiochiæ*, à l'Euphrate, V, 21, 1.
*Antiochia*, de la Margiane, VI, 18, 2.
*Antiochia*, Nisibis, VI, 16, 2.
*Antiochia* (Pisidie), V, 24, 1.
*Antiochia* (Sittacène), VI, 31, 6.
*Antiochia* Syrie, V, 18, 1.
*Antiochia* (partie de la Syrie), V, 13, 1.
*Antiochia*, de la Syrie, XXI, 11, 2; XXIII, 5, 1. — libre, V, 18, 1.
*Antiochia* Trallis, V, 29, 6.
*Antiochia*, île, V, 44, 1.
*Antiochienses* (de Macédoine), IV, 17, 2.
*Antiochis*, II, 67, 2.
*Antiphellos*, V, 28, 1. — Antiphellus, XXXI, 47, 6.
*Anupodes*, IV, 26, 13.
*Antipolis*, III, 5, 5; XXXI, 43, 2.
*Antipolis*, aujourd'hui Janicule, III, 9, 16.
*Antirrhium*, promont., IV, 3, 2.
*Antissa*, II, 94, 1; V, 39, 1.
*Antium*, col., III, 9, 4; XXXII, 2, 3; XXXII, 53, 6; XXXV, 33, 1.
*Antixeni*, VI, 23, 8.
*Antobroges*, IV, 33, 2.
*Antoniopolitæ*, V, 30, 1.
*Anxani* Frentani, III, 17, 1.
*Anxantini*, III, 17, 1.
*Anxur*, Terracina, III, 9, 6.
*Aornos*, lieu dit, IV, 1, 2.
*Aorsi*, IV, 12, 2; 25, 1; VI, 18, 3.
*Aous*, fl., III, 26, 4.
*Apamea*, de Phrygie, XVI, 89, 2.
*Apamea* de Bithynie, V, 43, 3.
*Apamena*, col., en Bithynie, V, 43, 3.
*Apamena*, région, V, 31, 2.
*Apamentum*, vin, XIV, 9, 2
*Apamestini*, III, 16, 7.

*Apamia* (de Carie ou de Phrygie), V, 29, 4.
*Apamia*, en Célésyrie, V, 19, 1.
*Apamia*, de la Mesène, VI, 31, 3.
*Apamia*, Rhaphane, VI, 17, 1.
*Apamia*, de la Sittacène, VI, 31, 6; 32, 5.
*Apamia*, à Zeugma, VI, 30, 3
*Apamia*, en face Zeugma, V, 21, 2.
*Apamia*, fondée par le roi Séleucus, V, 33, 4.
*Apartheni*, VI, 7, 2.
*Apate*, VI, 32, 13.
*Apaturos*, VI, 6, 1.
*Apavortene*, VI, 18, 1.
*Apennins*, fromage, XI, 97, 1.
*Apennins*, fleuve, III, 20, 3.
*Apennins*, monts, III, 17, 3.
*Apennins*, la forêt Sila, III, 10, 3.
*Apennins*, chaîne très-considérable de l'Italie, III, 7, 3; XVI, 30, 1; 76, 2; XXXI, 26, 1; XXXVI, 54, 1.
*Aperopia*, île, IV, 19, 5.
*Apesantus*, mont, IV, 9, 2.
*Aphas*, fl., IV, 1, 4.
*Aphle*, bourg, VI, 31, 8.
*Aphrodisias*, IV, 18, 6.
*Aphrodisias* (en Carmanie), IV, 28, 4.
*Aphrodisias*, Gadis, IV, 36, 2.
*Aphrodisias*, promont., V, 29, 2.
*Aphrodisias*, région, V, 33, 2.
*Aphrodisienses*, V, 29, 7.
*Aphrodisium* (dans le Latium), III, 9, 5.
*Aphrodisium*, fl., XXXI, 7, 1.
*Aphrodites*, V, 11, 5.
*Aphroditopolites* nomos, V, 9, 3.
*Apia* ou Péloponnèse, IV, 5, 1.
*Apidanus*, fl., IV, 15, 2.
*Apiennates*, III, 19, 3.
*Apilas*, fl., IV, 17, 1.
*Apinæ* et Tricæ, châteaux en Espagne, III, 16, 5.
*Apiolæ*, ville, III, 9, 17.
*Apis*, bourg, VI, 6, 1.
*Apitami*, VI, 32, 8.
*Apollinares* Reii, III, 5, 6.
*Apollon*, ville (en Égypte), V, 11, 1.
*Apollon*, ville (en Éthiopie), VI, 35, 11.
*Apollon* Phæstius, port, IV, 4, 1.
*Apollon*, promont. V, 1, 20. — (en Afrique), V, 3, 1.
*Apollonia*, col., III, 26, 4.
*Apollonia*, Assos, V, 32, 3.
*Apollonia* (Crète), IV, 20, 3. — Macédoine), IV, 17, 4. — (autre en Macédoine), IV, 17, 5. — (Thrace), IV, 18, 3 et 7. — (Palestine), V, 14, 2. — (Pentapole), V, 5, 1. — (Pont), XXXI, 28, 5; XXXIV, 18, 1. — (Troade), V, 33, 3. — Thinias, VI, 13, 1.
*Apolloniates*, II, 110, 3. — (Carie), V, 29, 7. — Rhyndacus, V, 32, 3.
*Apolloniates*, territoire, XVI, 23, 3; XXIV, 25, 1; IV, 27, 1.
*Apolloniaticum*, XXXV, 51, 1.
*Apolloniates*, ville, III, 16, 2.
*Apollonidienses*, V, 33, 4.
*Apollonoshieritæ*, V, 30, 1.
*Apollopolites* nomos, V, 9, 3.
*Appia*, voie, XXIX, 5, 3.
*Appiani*, V, 29, 4.
*Apros*, col., IV, 18, 9 et 10.

## ARA

*Aprusa*, fl., III, 20, 1.
*Aprustani*, III, 15, 3.
*Apta Julia*, III, 5, 6.
*Apteron*, IV, 20, 3.
*Apulienne*, laine, VIII, 73, 1.
*Apuliennes*, brebis, VIII, 73, 1.
*Apuliens*, bulbes, XIX, 30, 2.
*Apulie*, XVII, 37, 13.
*Apulie*, surnommée Daunienne, III, 16, 4.
*Apuliens*, trois races, III, 16, 5.
*Apulien*, espèce de câprier, XIII, 44, 1.
*Apulienne*, côte, III, 30, 1.
*Apuscidamus*, lac, XXXI, 18, 1.
*Apyræ*, V, 28, 1.
*Aqua Regia*, IV, 1, 4.
*Aquæ Sextiæ*, III, 5, 6.
*Aquæ Statyellorum*, III, 7, 3.
*Aquenses Taurini*, III, 8, 3.
*Aquicaldenses*, III, 4, 6.
*Aquileia*, col., III, 22, 1.
*Aquiloni*, III, 16, 6.
*Aquinates* ou *Galliani*, III, 20, 2.
*Aquinum*, col., III, 9, 11; VII, 53, 3.
*Aquitains*, d'où le nom de la province, IV, 33, 1.
*Aquitains* (en Espagne), XXXIII, 31, 2.
*Aquitaine*, IX, 32, 1; XVIII, 25, 1.
*Aquitaine*, légat de la province, XXVI, 3, 2.
*Aquitaine*, Gaule, IV, 32, 1; IV, 33, 1.
*Aquitaine*, nation, XXXI, 2, 1.
*Aquitain*, golfe, IV, 33, 2.
*Araba*, VI, 35, 15.
*Arabes*, XII, 40, 1; XXV, 17, 1
*Arabes Ascitæ*, VI, 44, 7.
*Arabes Auxei*, VI, 33, 4 et 5.
*Arabes*, sauvages, VI, 33, 5.
*Arabes Arrei*, VI, 9, 1; 31, 3.
*Arabes Retavi*, V, 21, 1.
*Arabes Scenites*, V, 12, 1. — (et autres ibid.), V, 21, 2; XIII, 7, 5.
*Arabie* (description), VI, 32, 1 et seqq.
*Arabie*, II, 71, 3; 72, 1; VII, 16, 2; VIII, 78, 3; X, 2, 1; XII, 14, 2; 29, 1; 31, 1; 48, 1; XV, 28, 1; XXIV, 1, 4; XXVI, 30, 1; XXV, 5, 5; XXXVII, 33, 3; 36, 1; 40, 1.
*Arabie* citérieure, VI, 39, 3.
*Arabie* Eudemon, VI, 31, 12. — Pourquoi dite heureuse et fortunée, XII, 30, 1. — se trompe sur son surnom, XII, 41, 1. — est au delà de la bouche Pélusiaque du Nil, V, 12, 1. — portion qui sépare la Judée de l'Égypte, XII, 46, 1. — tournée au midi, XXXVII, 28, 1.
*Arabie* des Nomades, V, 15, 3.
*Arabie*, sucre, XII, 17, 1.
*Arabie*, chameaux, VIII, 26, 1.
*Arabie*, circuit, VI, 32, 13. — description, XIII, 28, 1. — richesses, XII, 30, 1. — fleuve, XXXII, 4, 1. — lézards, VIII, 60, 1. — Mages, XXIV, 102, 1. — mer, XII, 41, 2. — marbres, XXIV, 102, 1. — montagnes, XXXVI, 12, 1.
*Arabie*, particularités, XII, 38, 1.
*Arabie*, les gens y ont des tombries, XXVII, 101, 1.
*Arabie*, royaumes, VI, 31, 11.
*Arabie*, gland, XII, 46, 2. — gemme,

## ARC

XXXVII, 54, 6. — onyx, XXXVII, 34, 1 et 2. — résine, XIV, 25, 1. — épine, XXIV, 65, 1.
*Arabie*, oiseaux, XXXVII, 54, 7. — hyacinthes, XXXVII, 42, 1. — carrières, XXXVI, 17, 2. — mauves, XIX, 32, 1. — brebis, VIII, 72, 3. — sandareses XXXVII, 28, 2. — sardes, XXXVII, 31, 2. — sardoine, XXXVII, 23, 2 et 3.
*Arabie*, perles, IX, 56, 4.
*Arabie*, cresson, XIX, 44, 1.
*Arabie*, genre de câprier, XIII, 44, 1.
*Arabie*, diamant, XXXVII, 15, 2. — concombre, XX, 3, 2. — hæmatites, XXXVII, 38, 2. — nomos, V, 9, 3. — golfe, II, 67, 3 et 4; 68, 3; VI, 28, 1.
*Arabie*, scinque, XXVIII, 30, 1.
*Arabie*, ambassadeurs, VI, 31, 13.
*Arabus*, pierre, XXXVI, 41, 1.
*Arabis* Antiochia, VI, 30, 1.
*Arabricenses*, IV, 35, 6.
*Arachosia*, fl. et ville, VI, 25, 1.
*Arachosiens*, ville, VI, 21, 6.
*Arachotæ*, VI, 23, 9.
*Aracthus*, fl., IV, 1, 4.
*Aracia*, île, VI, 28, 4.
*Aracynthus*, mont, IV, 3, 2.
*Arados*, île, V, 34, 2.
*Aradus*, II, 106, 6; V, 17, 4.
*Aradus*, île, IV, 20, 5.
*Aræ* Herculis et Liberi Patris, Cyri, et Semiramidis (autels d'Hercule, de Bacchus, de Cyrus et de Sémiramis), VI, 18, 4.
*Aræ Sestianæ*, IV, 34, 5.
*Aræthyrea*, IV, 6, 2.
*Aramei*, Scythes, VI, 19, 1.
*Aranditani*, IV, 35, 6.
*Aranium*, VI, 33, 1.
*Araris*, fl. lent, III, 5, 2.
*Arauris*, fl., III, 5, 2.
*Arasenses*, V, 42, 2.
*Arausio*, col., III, 5, 6.
*Araxes*, fl., VI, 9, 1; 10, 1; 16, 2.
*Araxum*, prom., IV, 6, 2; 19, 4.
*Arba*, île, III, 25, 2.
*Arbalo*, XI, 18, 1.
*Arbela*, XXXVII, 55, 1; 59, 2.
*Arbelitis*, VI, 16, 1; 31, 6.
*Arbii*, VI, 18, 4.
*Arbii*, nation, VI, 25, 4.
*Arbis*, fl., VI, 28, 3; VII, 2, 23; IX, 2, 4. — ville, VI, 26, 2.
*Arca*, V, 16, 1.
*Arcadiens*, VIII, 49, 2; VIII, 34, 2 et 3. — (dans le Latium), III, 9, 4.
*Arcadie*, VII, 47, 1; 57, 14; VIII, 22, 1; IX, 34, 1; X, 96, 1; XIII, 11, 2; XIV, 22, 1; XVI, 19, 5; 20, 1; 93, 1; XXI, 31, 2; XXV, 30, 1; 53, 3; 70, 1; XXVIII, 93, 3; XXXI, 7, 1.
*Arcadie* (description), IV, 10, 1.
*Arcadie*, ville de Crète, XXXI, 30, 1.
*Arcadie*, concombre, XX, 3, 2. — monts, XXXVII, 54, 7. — raifort sauvage, XX, 12, 1.
*Arcadie*, Lusa, XXXI, 10, 1.
*Arcadie*, Nonacris, XXXI, 19, 2.
*Arcadie*, sapin, XVI, 76, 2.
*Arcadie*, ânes, VIII, 68, 1.
*Arcadie*, rois, VII, 49, 2.
*Archæopolis*, V, 31, 6.

## ARI

*Archelais*, Cappadoce, VI, 3, 1.
*Archelais* de Judée, vallée, XIII, 9.
*Archidemia*, fontaine, III, 14, 3.
*Archilachitæ*, IV, 26, 6.
*Archippe* des Marses, III, 17, 2.
*Archous*, fl., VI, 31, 6.
*Arcobricenses*, III, 4, 8.
*Archonesus*, île, IV, 23, 10.
*Arctonnesos* ou *Arconnesus*, île, V, 36, 2.
*Arctonnesos*, Cyzique, V, 40, 2.
*Ardea*, Latium, III, 9, 5; XXXV, 6, 1; 37, 4.
*Ardea*, temple, XXXV, 37, 4.
*Areatæ*, IV, 18, 2.
*Arecomici*, III, 5, 6.
*Aremorica* Aquitanica, IV, 31, 1.
*Arelate*, colon. de la 6e légion, III, 5, 6.
*Arelate*, territoire, X, 57, 1.
*Arene*, IV, 7, 1.
*Areni*, VI, 32, 14.
*Arenæ*, monts, III, 3, 1.
*Ardopage*, VII, 57, 9.
*Aréthuse*, fontaine, III, 14, 3. — fontaine de Syracuse, II, 106, 3; XXXI, 30, 2. — de Béotie, IV, 12, 1. — fontaine d'Eubée, IV, 21, 2.
*Arethusa*, lac de la grande Arménie, II, 106, 4; VI, 31, 1.
*Arethusa* (en Macédoine), IV, 17, 5. — (en Arabie), VI, 32, 16.
*Arethusii* (en Macédoine), IV, 17, 2. — (en Syrie), V, 19, 1.
*Aretina*, siligo, XVIII, 20, 3.
*Aretini Fidentes*, III, 8, 3.
*Aretini Julienses*, III, 8, 3.
*Aretini veteres*, III, 8, 3.
*Aretium*, XIV, 4, 13; XXVI, 55, 1.
*Areva*, fl., III, 4, 11.
*Arevaci*, III, 4, 2; III, 4, 11.
*Areus*, fl., V, 43, 1.
*Argæus*, mont, VI, 3, 1.
*Argaris*, mont, V, 14, 1.
*Argennos*, île, V, 37, 1.
*Argenté*, fleuve, III, 5, 5.
*Argentini*, III, 16, 7.
*Argenius*, VI, 26, 2.
*Argenusses*, îles, V, 39, 2.
*Argiæ*, île, V, 36, 2.
*Arginusa*, île, V, 38, 2.
*Arginussa*, VIII, 83, 1.
*Argos*, VII, 3, 3; XVI, 89, 1.
*Argos*, Falisque, colonie, III, 8, 2.
*Argos*, Phidon, VII, 57, 7.
*Argolique*, golfe, IV, 9, 1; IV, 19, 5.
*Argos*, VII, 57, 4; XXXVI, 4, 3.
*Argos* Amphilochicum, IV, 2, 2.
*Argos* Dipsion, Grèce, VII, 57, 9.
*Argos* Dipsium, Inachium, IV, 9, 2.
*Argos* Hippium, III, 16, 5; IV, 9, 1.
*Argyna*, IV, 4, 1.
*Argyre*, île (Inde), VI, 23, 11.
*Argyrippa*, III, 16, 5.
*Argyruntum*, III, 25, 2.
*Aria*, Chalceritis, VI, 13, 1.
*Ariacæ*, VI, 19, 1.
*Ariacos*, V, 40, 2.
*Arialdunum*, III, 3, 5.
*Ariane*, nation limitrophe de l'Inde, XII, 18, 1.
*Ariane* région, VI, 25, 2.
*Ariani*, XXIV, 102, 1.
*Arianos*, fl., VI, 20, 3.
*Aricie*, II, 111, 3; III, 9, 11; XIV, 3, 2.

## ARS

Aricie, porreaux, XIX, 33, 2.
Aricie, chou, XIX, 41, 4.
Aricie, vallée, XIX, 41, 5.
Arienates, III, 17, 3.
Arii, VI, 23, 9; XXXI, 39, 2.
Arimaspes, VI, 19, 1; VII, 2, 2.
Ariminum, territoire, X, 25, 1.
Ariminum, col. et fl. III, 20, 1; VII, 50, 3; XXVII, 106, 1.
Arimphæi, VI, 7, 1; 14, 2.
Arisbe, V, 33, 2. — (Lesbos), V, 39, 1.
Aristæum, IV, 18, 6.
Aristera, île, IV, 19, 5.
Arivates, III, 28, 2.
Arius, fl., VI, 25, 2.
Armalchar, voy. Narmalchan.
Armendon, IV, 20, 5.
Armene, VI, 2, 2.
Arménie, II, 72, 1; XXIV, 102, 2; XXXI, 19, 1; XXXIII, 27, 1; XXXV, 52, 2.
Arménie, grande, VI, 9, 1.
Arménie, petite, VI, 4, 3; 9, 1; XXXVII, 40, 1.
Arménie envoie l'Armenium, XXXV, 28, 1.
Arménie, prunes, XV, 12, 1.
Arménie, pierres à aiguiser, XXXVI, 47, 1. — sardonyches.
Arménie, laser, XIX, 15, 2.
Arménie et Ibérie confinant, VI, 15, 4.
Arménie, portes, V, 27, 2.
Arménie Otène, partie de l', XII, 28, 2.
Arménie, roi Tiridates, XXXIII, 16, 1.
Arménie, guerre, VII, 40, 1.
Arménie, triomphe, XXX, 6, 1.
Arméniens, XXXI, 39, 2.
Armenochalybes, VI, 4, 3; 11, 1.
Armistæ, III, 26, 3.
Armosata, VI, 10, 2.
Armozei, VI, 28, 4.
Armua, fl., V, 2, 1.
Armuzia, région, VI, 27, 1.
Arnates, III, 19, 2.
Arne, IV, 14, 2.
Arnus, fl., III, 8, 3.
Arocelitani, III, 4, 8.
Arocha, fl., III, 15, 2.
Aroei, V, 20, 2.
Aroei Arabes, VI, 9, 1; 30, 1; 31, 3.
Arosapes, fl., VI, 25, 2.
Aroteres, VI, 15, 4. — Æthiopes, VI, 34, 5. — Scythes, IV, 18, 5.
Arpani, III, 16, 6. — territoire, II, 98, 2.
Arpi, col., III, 16, 5.
Arpi (laboureur d'), XXXIII, 53, 2.
Arpinates, III, 9, 11.
Arraceni, VI, 32, 14.
Arræi, Sarmates, IV, 18, 2.
Arrechi, VI, 7, 1.
Arretium, XXXV, 46, 2; 46, 4.
Arrène, région, VI, 31, 3.
Arrotrebæ, IV, 34, 2.
Arsa, III, 3, 11.
Assagalitæ, VI, 28, 8.
Arsanias, fl., V, 20, 1; VI, 31, 3.
Arsanyas, fl., V, 20, 1.
Arsennaria, V, 1, 19.
Arsi, VI, 32, 13.
Arsia, fl., III, 6, 6; 29, 2. — fin de l'Italie, III, 23, 2.

## ASI

Arsinoe (Égypte), V, 12, 2. — au golfe Charanda, VI, 33, 4. — (Cilicie), V, 22, 2. — (Chypre), V, 35, 2. — (Pentapolitane), V, 5, 1 et 2. — ville de la mer Rouge, V, 12, 2.
Arsinoe, pierres à aiguiser, XXXVI, 47, 1.
Arsinoitæ, deux nomos, V, 9, 4.
Arsinoites, nomos, XXXVI, 16, 1.
Artabaritæ, VI, 35, 17.
Artabrum, promontoire, II, 112, 1; IV, 35, 1.
Artacabane, VI, 25, 2.
Artacæon, île, V, 44, 1.
Artace, port, V, 40, 1.
Artacoana, VI, 25, 2.
Artaxata, VI, 10, 2.
Artemis, Rhene, IV, 22, 4.
Artemisia, île, III, 12, 2.
Artemisium, IV, 21, 2.
Artemisius, mont, IV, 10, 1
Artemita, VI, 30, 1.
Artemita, île, IV, 2, 2.
Artemius, mont, IV, 9, 2.
Arthedon, V, 37, 3.
Arthitæ, III, 26, 3.
Artigula, île, VI, 35, 7.
Artynia, étang, V, 40, 2.
Arua, III, 3, 7.
Arvernes, IV, 33, 1.
Arvernes, cité de la Gaule, XXXIV, 18, 6.
Arvernes, nation, VII, 51, 1.
Arvernes, province, XXXIV, 18, 7.
Arvernes, territoire, XIV, 3, 7.
Arvifium, vin, XIV, 9, 2.
Arunci, III, 3, 11.
Arunda, III, 3, 11.
Arycandus, fl., V, 28, 1.
Asachæ, VI, 35, 14.
Asachæi, Éthiopiens, VIII, 12.
Asæi, VI, 19, 1.
Asampatæ, VI, 7, 3.
Asana, fl., V, 1, 13.
Asangæ, VI, 23, 3.
Asar, VI, 35, 15.
Asbystæ, V, 3, 4.
Ascalon, de Judée, XII, 51, 1; XIX, 32, 1. — ville libre, V, 14, 1.
Ascalon, oignon, XIX, 32, 1; II, 3 et 5.
Ascandalis, V, 28, 2.
Ascania de la Phrygie, V, 40, 4.
Ascania, île, IV, 23, 5.
Ascaniennes, îles, V, 38, 3.
Ascanium, fl., V, 40, 4.
Ascanius, lac, V, 43, 1; XXXI, 46, 5. — port, V, 32, 1. — golfe, V, 43, 1.
Aschilacæ, V, 32, 3.
Ascitæ, VI, 32, 11.
Ascitæ, Arabes, VI, 34, 7.
Ascomarci, VI, 7, 2.
Ascrivium, III, 26, 3.
Asculum, triomphe, VII, 44, 1.
Asculum, col., III, 18, 2.
Asel, VI, 35, 15.
Asegi, III, 23, 8.
Asgilia, île, VI, 32, 7.
Asie, II, 48, 2; XIII, 35, 1; XIV, 25, 6; XVII, 35, 26.
Asie, toute l', XXXVI, 21, 1; XVI, 79, 1.
Asie, proprement dite, V, 28, 3.
Asie, presqu'une île, VI, 2, 3.

## AST

Asie, distincte de la Perse, XV, 13, 1.
Asie tient à la Libye, V, 9, 1.
Asie vaincue, XXXIII, 5, 1; 53, 1; XXXIV, 16, 2. — vaincue par Cyrus, XXXIII, 15, 1.
Asie donnée, XXXIII, 53, 2. — la dernière des provinces du peuple romain, VII, 27, 4.
Asie, fin, V, 43, 4. — longueur, V, 38, 3. — mesure, VI, 38, 5. — rois, XII, 31, 2; XXXIII, 19, 5.
Asie, douze villes renversées dans une nuit, II, 86, 1.
Asiani, XXI, 98, 1.
Asiatique, céruse, XXXV, 20, 1. — ciguë, XXV, 95, 3.
Asiatique, juridiction, V, 25, 1.
Asiatiques, fruits, XV, 11, 1.
Asiatique, pæderos, XXXVII, 46, 2.
Asiatique, victoire de Scipion, XXXV, 7, 4.
Asiatique, genre de peinture, XXXV, 36, 13.
Asiatique, mer, V, 28, 3.
Asido Cæsariana, III, 3, 7.
Asinæus, golfe, IV, 19, 5.
Asine, ville, IV, 7, 1.
Asines, fl., III, 14, 3.
Asirinates, III, 19, 2.
Asoi, VI, 23, 8.
Asopis, IV, 6, 2.
Asopis, Eubée, IV, 21, 3.
Asopus, fl., V, 29, 3.
Aspendum, V, 26, 1; XXXI, 39, 1.
Asphaltites, lac de Judée, II, 106, 4; V, 15, 2 et seqq.; VII, 13, 3.
Aspis, île, IV, 19, 6.
Aspis, île dans la mer Lycienne, V, 35, 3.
Aspledon, IV, 12, 2.
Asseriates, III, 23, 3.
Assesiates, III, 25, 1.
Assorini, III, 14, 5.
Assos, pierre, XXVIII, 27, 4; XXXVI, 28, 1.
Assos, Troade, II, 98, 1; V, 32, 3; XXXVI, 27, 1; XXXVII, 31, 1.
Assyrie, XIII, 9, 1; XVIII, 66, 2.
Assyrie, dite auparavant Adiabene, V, 13, 1.
Assyrie, bombyx, XI, 25, 1; XI, 27, 2. — pommier, XII, 7, 1; XVI, 59, 1.
Assyrie, lettres, VII, 57, 2.
Assyrie, roi Cyrus, XIX, 19, 1.
Assyrie (quand s'y lèvent les constellations), XVIII, 68, 6.
Assyriens, VII, 57, 12; XIII, 7, 1.
Assyrie, pomme d' (citron), XI, 115, 2.
Assyrie, commencement Adiabène, VI, 16, 1.
Assyrien, dieu, XXXVII, 55, 1. — langue, VI, 30, 1. — roi Horus, XXX, 51, 1.
Assyrien, Tarmoendas, XXX, 2, 2.
Asta, ville, III, 7, 3; XXXV, 46, 2.
Asta Regia, III, 3, 2.
Astabores, Nil, V, 10, 4.
Astacani, VI, 23, 10.
Astacene, de la Parthie, II, 109, 1.
Astacenus, golfe, V, 43, 1.
Astaces, fleuve du Pont, II, 106, 10.
Astacum, V, 43, 2.
Astapus, Nil, V, 10, 3.

*Astelephas*, fl., VI, 4, 6.
*Asteria*, Delos, IV, 22, 3. — Rhodos, V, 36, 1.
*Asterion*, mont, IV, 9, 2.
*Asteris*, île, IV, 19, 4.
*Astice*, région, IV, 18, 7.
*Astigi*, vetus, III, 3, 9.
*Astigi*, ou Julienses, III, 3, 5.
*Astigi* colonie, III, 3, 8.
*Astigi* juridiction, III, 3, 8.
*Astomes*, VII, 2, 18.
*Astrabe*, île, IV, 23, 3.
*Astragus*, fl., VII, 2, 24.
*Astron*, fl., V, 32, 3.
*Astura*, XXXII, 1, 3.
*Astura*, île, III, 12, 2. — fl. et île, III, 9, 5.
*Asturia*, IV, 34, 4; IV, 35, 7; XXXIII, 21, 11.
*Asturie*, nation, VIII, 67, 1.
*Asturica*, ville des Asturiens, III, 4, 12.
*Asturiens*, monts, III, 2, 2. — peuples, III, 4, 12. — région, IV, 34, 2.
*Astusapes*, Nil, V, 10, 4.
*Astypalée*, île, IV, 23, 5; VIII, 59, 2.
*Astypalée*, escargot, XXX, 11, 1; 15, 2; 43, 3.
*Astyre*, V, 32, 2.
*Asum*, IV, 20, 3.
*Asylum* des Perses, VI, 31, 9.
*Atabuli*, Æthiopes, VI, 35, 11.
*Atabyria*, Rhodes, V, 36, 1.
*Atalante*, île, IV, 23, 6.
*Atarne* de l'Æolide, XXXVII, 56, 5.
*Atarnea*, V, 32, 2.
*Atarnei*, Scythes, VI, 7, 3.
*Atax*, fl., III, 5, 2.
*Atellani*, III, 9, 11.
*Atenates*, III, 15, 3.
*Ater*, mont, V, 5, 5.
*Aternus*, fl., III, 17, 1; 18, 1. — embouchure, III, 6, 6.
*Ateste*, XVII, 26, 5. — dans le territoire des Venètes, III, 23, 3.
*Atesui*, IV, 32, 1.
*Athamans*, IV, 3, 1.
*Athamas*, IV, 15, 1. — mont, XX, 94, 1.
*Atharrabites*, nomos, V, 9, 3.
*Athanæ*, VI, 32, 7.
*Athènes*, VII, 30, 2; 31, 3; 57, 4; X, 14, 1; XIII, 2, 2; 46, 1; XV, 5, 1; XVI, 89, 2; XVIII, 68, 10; XIX, 19, 2; XXI, 6, 1; XXIX, 7, 1; XXXI, 28, 4; XXXIV, 17, 1; 19, 5; 12, 2; 19, 15; XXXV, 25, 2; 35, 2; 36, 37; 40, 6 et 9; 49, 3; XXXVI, 5, 2; 4, 5, 6 et 9.
*Athènes* libre, IV, 11, 2.
*Athènes*, VI, 32, 16.
*Athéniens*, V, 33, 2; II, 79, 1; VII, 37, 1; XI, 15, 4; XXXIV, 9, 2; 19, 21 et 23.
*Athéniens*, fondèrent Scylletium, III, 15, 1.
*Athéniens*, n'ont pas de vers intestinaux, XXVII, 120, 1.
*Athéniens*, vent Sciron, II, 46, 3.
*Athéniens*, Æschines, VII, 31, 1. — Alcamenes, XXXVI, 4, 5. — Apollodorus, XXXV, 36, 1. — Aristæus, VII, 57, 8. — Aristomachus, XIII, 47, 1 et 2. — Buzyges, VII, 57, 8. — Callias, XXXIII, 37, 1. — Corœbus, VII, 57, 7. — Diogenes,

XXXVI, 4, 25. — Erichthonius, VII, 57, 6. — Eumarus, XXXV, 34, 3. — Eumolpus, VII, 57, 8. — Nicias, XXXV, 40, 7. — Pericles, VII, 57, 17. — Phidias, XXXIV, 19, 1. — Polygnotus, VII, 57, 14. — Sophocles, XXXVII, 11, 9.
*Athénien*, peuple, XXXV, 36, 8. — généraux, XXXV, 34, 4. — général, II, 9, 3. — magistrat, III, 9, 5; XXXIII, 37, 1. — monuments, VIII, 69, 5.
*Athéniens*, malheurs, XVI, 66, 4. — napy, XIX, 54, 1. — peine, XXV, 95, 1. — port, XXXIV, 19, 25. — bataille contre les Perses, XXXV, 34, 4. — Périclès, le chef, XXII, 20, 1. — propylée, XXXVI, 4, 20.
*Athéniens*, rites, XVIII, 14, 1. — Thesmophories, XXIV, 38, 1. — victoire, XXXV, 36, 14.
*Athènes*, Académie, XII, 5, 1; XXXI, 3, 1. — Arsenal, VII, 38, 1. — Céramique, XXXV, 45, 2. — fontaines d'Æsculape, II, 106, 2. — gymnase, VII, 37, 1. — Hymette, XIX, 55, 1. — ports unis, IV, 11, 1. — Pompium, XXXV, 40, 15.
*Athènes*, figuier prodrome, XVI, 49, 1.
*Athènes*, Ioniens partis d', V, 31, 3.
*Athenopolis*, III, 5, 5.
*Athesis*, fl., III, 20, 7.
*Athos*, mont, IV, 17, 4; VII, 2, 20.
*Athos*, où il projette son ombre, IV, 23, 8.
*Athribis*, V, 11, 5.
*Athyras*, fl., IV, 18, 8.
*Atina*, III, 23, 4.
*Atinas*, champ, II, 106, 3.
*Atinas*, Petreius, XXII, 6, 1.
*Atinates*, III, 9, 11; 16, 5; 17, 1.
*Atlantes*, V, 8, 2.
*Atlantia*, Æthiopie, VI, 35, 8.
*Atlantici* (Gaule Narb.), III, 5, 6.
*Atlantique*, mer, îles, XXXIV, 47, 1.
*Atlantique*, mer, II, 92, 1; III, 10, 4; VI, 34, 6; VI, 36, 3; XXXVII, 11, 7.
*Atlantique*, Océan, IV, 35, 2; III, Proœm. 4; III, 2, 1; 1, 2.
*Atlas*, mont, XIII, 29, 1; XXV, 38, 1; XXVII, 1, 2. — mont, objet de beaucoup de fables, V, 1, 5. — récits de personnages considérables de Rome, V, 1, 11. — peut paraître accessible, V, 1, 12. — récit de Suétonius Paullinus, V, 1, 14. — arbres particuliers à l'Atlas, V, 1, 14.
*Atraces*, IV, 3, 1.
*Atramitiæ*, VI, 32, 12. — canton des Sabéens, XII, 30, 1.
*Atramitique*, myrrhe, XII, 35, 2.
*Atrani*, III, 16, 6.
*Atrax*, fl., IV, 3, 1.
*Atrax* (Thessalie), VI, 15, 1.
*Atrebates*, IV, 31, 2.
*Atria*, ville des Étrusques, III, 20, 6. — d'où mer Adriatique, III, 20, 6.
*Atria*, marais, III, 20, 6.
*Atropatène*, VI, 16, 2.
*Atropateni*, VI, 13, 1.
*Attacone*, VI, 20, 3.
*Attacori*, IV, 26, 12.

*Attalenses*, V, 33, 4.
*Attalenses* (Galatie), V, 42.
*Attali*, brigands, VI, 30, 8.
*Attalia*, V, 32, 1.
*Attasini*, VI, 18, 3.
*Attegua*, III, 3, 5.
*Attelebussa*, île, V, 35, 3.
*Attene*, VI, 32, 6.
*Atteva*, VI, 35, 5.
*Attique*, VII, 57, 1; X, 41, 3; XXI, 37, 1; XXIV, 4, 1; XXVII, 120, 1; dite jadis Acte, IV, 11, 1.
*Attique*, ciguë, XXV, 95, 3. — drachme, XXI, 109, 1. — laine, XXIX, 9, 4. — ocre, VII, 66, 2. — région, X, 15, 2. — écume d'argent, XXXIII, 35, 2.
*Attiques*, colonnes, XXXVI, 56, 1.
*Attique*, fl., Syverus, XXXVII, 35, 1.
*Attiques*, sources, IV, 11, 2. — brebis, XXIX, 10, 1. — cantori, XXXV, 4, 6.
*Attique*, image du peuple de l', XXXV, 40, 12.
*Attique* (constellations se levant), XVIII, 74, 1 et seqq. — (époque de leur lever), XVIII, 60, 6.
*Attiques*, VII, 57, 9.
*Attiques*, émeraudes, XXXVII, 18, 3.
*Attique*, hormenum, XX, 43, 1. — miel, XI, 11, 1; XIV, 25, 2; XX, 51, 4; XXI, 31, 1; XXV, 50, 1; XXIX, 38, 5 et 6; XXX, 16, 1. — genre de peinture, XXXV, 36, 13. — sil, XXXIII, 56, 1. — thym, XXI, 31, 2.
*Attique*, sel, XXXI, 41, 3.
*Attidiates*, III, 19, 2.
*Attinates*, III, 16, 6.
*Attubi*, III, 3, 8.
*Attusa*, V, 40, 3.
*Auchetæ*, IV, 26, 10.
*Auchetæ*, Scythes, VI, 7, 3.
*Audaristenses*, IV, 17, 2.
*Audenates*, III, 17, 2.
*Aufidus*, fl., III, 16, 3.
*Aufinates*, Cismontani, III, 17, 1.
*Augurina*, Segeda, III, 3, 5.
*Augusta* Bracarum, IV, 34, 4.
*Augusta*, Cilicie, V, 22, 3.
*Augusta* Emerita, IV, 35, 5. — Firma, III, 3, 8. — Gemella, III, 3, 8. — Julia Gaditana, IV, 36, 2. — Prætoria, III, 6, 5; 21, 1. — Taurinorum, III, 21, 1. — Tricastinorum, III, 5, 6. — Vagiennorum, III, 7, 3.
*Augustani*, Astures, III, 4, 12. — Cerretani, III, 4, 6. — Setabitani, III, 4, 9.
*Augusti* forum, VII, 54, 4.
*Augustobrigenses*, IV, 35, 6.
*Augutturi*, VI, 25, 3.
*Augyla*, V, 4, 2; 8, 3.
*Aulerci* C nomani, IV, 32, 1.
*Aulerci* Eburovices, IV, 32, 1.
*Aulis*, XXXV, 47, 2. — (Eubée), IV, 12, 2. — temple de Diane, XVI, 79, 3.
*Aulocrenæ*, V, 29, 4.
*Aulocrène*, mont, V, 31, 2.
*Aulocrène*, région, XVI, 89, 2.
*Aulon*, IV, 7, 5.
*Aulon*, ou canal de Cilicie, V, 35, 2.
*Aunios*, île, IV, 34, 3.

## BAB — BAL — BEL

*Aurelia* Carissa, III, 3, 12.
*Aureum* cornu ou corne d'or, IX, 20, 2.
*Aurinini*, ou Saturnins, III, 8, 3.
*Aurunci* (Latium), III, 9, 4.
*Auruspi*, VI, 35, 14.
*Ausaritis*, myrrhe, XII, 35, 2.
*Ausaritæ*, VI, 32, 11.
*Ausci*, IV, 33, 1.
*Auseculani*, III, 16, 6.
*Ausetani*, III, 4, 5 et 6.
*Ausones*, premiers occupants, III, 15, 1.
*Ausones* (Latium), III, 9, 4.
*Ausonienne*, mer, III, 10, 4; 15, 1; 30, 1; XIV, 8, 9.
*Austrania*, île, IV, 27, 7.
*Austravia*, île, XXXVII, 11, 11.
*Autacæ*, VI, 7, 2.
*Autei*, VI, 32, 15.
*Autei*, Arabes, VI, 33, 4 et 5.
*Autels*, voy. Aræ.
*Authiandæ*, VI, 7, 2.
*Autololes*, V, 1, 17. — Gætules, V, 1, 9.
*Autololes*, nation, V, 1, 5.
*Automate*, Cyclade, II, 89, 1.
*Automate*, île, IV, 23, 4.
*Automela*, VI, 23, 5.
*Autrigones*, III, 4, 11.
*Auximates*, III, 9, 12; 18, 2.
*Avantici*, III, 5, 7.
*Avatiques*, ville, III, 5, 4.
*Avellani*, III, 9, 11.
*Avenio* Cavarum, III, 5, 6.
*Aventin*, mont, XV, 40, 5; XIX, 19, 6.
*Averne*, lac, III, 9, 9; XXXI, 3, 1; 18, 1; XXXII, 21, 3.
*Aves*, fl., V, 1, 21.
*Aveugles*, ville des, Chalcédoine, V, 43, 2.
*Avinense*, ville, V, 4, 5.
*Axantos*, île, IV, 30, 2.
*Axenus*, mer du Pont, VI, 1, 1.
*Axiacæ*, nommés d'après le fleuve, IV, 26, 1.
*Axius*, fl. de Macédoine, IV, 17, 1; XXXI, 10, 1.
*Axon*, fl., V, 29, 1.
*Aza*, VI, 10, 2.
*Azali*, III, 28, 2.
*Azanium*, mer, VI, 32, 10; VI, 34, 4.
*Azanius*, golfe, VI, 28, 1.
*Azarei*, VI, 33, 5.
*Azibintha*, IV, 23, 5.
*Azochis*, VI, 30, 2.
*Azones*, VI, 30, 2.
*Azotus*, V, 14, 1.
*Azuritanum*, ville, V, 4, 4.

## B

*Babba*, col., V, 1, 5.
*Babia*, XIV, 8, 9.
*Babylone*, VII, 57, 5; VIII, 74, 2; IX, 8, 5; XII, 19, 1; XIII, 9, 2; 46, 1; XVIII, 46, 5; XXIV, 102, 4; XXXI, 39, 7; XXXV, 51, 1; XXXVII, 55, 2.
*Babylone*, jadis capitale de la Chaldée, V, 21, 5. — (description) VI, 30, 4 et seqq. — XXXVII, 31, 1.

*Babylone*, lac, XXXI, 30, 5.
*Babylone*, région, XXIV, 119, 1. — arrosements, IX, 83, 1.
*Babylonie*, VI, 30, 3 et 4.
*Babylonie*, partie de la Syrie, V, 13, 1.
*Babylonie*, Seleucia, XVIII, 47, 3.
*Babylonie*, champ en feu, II, 110, 3.
*Babyloniens*, lits de table, VIII, 74, 3.
*Babylonien*, cresson, XX, 50, 3.
*Babyloniens*, II, 79, 1; 81, 1; VII, 57, 3; XVII, 9, 1; XXX, 2, 2.
*Babylonien*, jonc, XXI, 72, 1.
*Babylonien*, roi, XXXVII, 19, 1.
*Babylonien*, Zachalias, XXXVII, 60, 4.
*Babytace*, VI, 33, 7.
*Bacascami*, VI, 32, 15.
*Bacchias*, île, VI, 34, 5.
*Bachilitæ*, VI, 32, 15.
*Bachina*, île, V, 38, 3.
*Bactra*, XXIV, 102, 4.
*Bactra* Zariaspa, VI, 17, 3; 18, 3.
*Bactri*, XII, 13, 1; VI, 18, 3; XVIII, 12, 6; 50, 2; XXXI, 39, 2; XXXVII, 58, 2.
*Bactrie*, VIII, 26, 1.
*Bactriane*, émeraude, XXXVII, 17, 1.
*Bactriane*, région, VI, 25, 1.
*Bacuntius*, fl., III, 28, 2.
*Badanatha*, VI, 32, 14.
*Bæbro*, III, 3, 5.
*Bæculonenses*, III, 4, 6.
*Bæsippo*, III, 3, 12.
*Bæsippo*, port, III, 3, 2.
*Bætarreni*, V, 19, 1.
*Bæterræ*, VII, 8, 8.
*Bætique*, III, 2, 1; 3, 1 et seqq. X, 60, 3; XI, 76, 1; XV, 12, 2; XVII, 3, 6; 19, 2; XVIII, 15, 1; XXIX, 29, 2; XXXII, 53, 4; XXXIII, 40, 1; XXXIV, 49, 2.
*Bætique* abonde en minium, III, 4, 15.
*Bætique* Carteia, XXXI, 43, 2.
*Bætique*, proconsul, IX, 48, 1.
*Bætique*, terre, XV, 3, 2.
*Bætique*, sel, XXXI, 41, 3.
*Bætis*, fl., III, 3, 1 et 4. — d'abord navigable à Cordoue, III, 3, 6.
*Bætulo*, III, 4, 5.
*Bæturia*, III, 3, 10.
*Bæturia*, autre, III, 3, 11.
*Bagada*, VI, 35, 1.
*Bagou*, jardin, XIII, 9, 2.
*Bagrada*, fl., V, 3, 1; VIII, 14, 1.
*Baiæ*, XIV, 8, 4.
*Baie*, contrée, IX, 81, 1.
*Baianum*, IX, 8, 2; 79, 1.
*Baiæ*, lac, XIV, 8, 2. — golfe, II, 106, 6; XXXI, 2, 2.
*Baiæ*, port, III, 9, 9.
*Balanea*, V, 18, 1.
*Balari* (Sardaigne), III, 32, 1.
*Balbura*, IV, 28, 3.
*Balcea*, V, 33, 3.
*Baléares*, îles, VIII, 59, 2; 81, 1; 83, 2; X, 68, 1; 69, 1; XIX, 30, 1. — deux, XXXV, 13, 1. — frondeurs, III, 11, 1.
*Baléares*, grue, XI, 44, 2.
*Baléares*, vin, XIV, 8, 10.
*Baléares*, escargots, XXX, 15, 2.
*Baléares*, VIII, 84, 2.

*Baléares*, mer, III, 10, 4. — froment, XVIII, 12, 4.
*Balearicus*, VII, 45, 4.
*Baléares*, terre, XXXV, 59, 1.
*Balesium*, III, 16, 3.
*Balinienses*, III, 9, 12.
*Balsa*, IV, 35, 4.
*Balsenses*, IV, 35, 6.
*Baltia*, île, IV, 27, 5.
*Bambotum*, fl., V, 1, 10.
*Bambyce*, V, 19, 1.
*Banasa*, col., V, 1, 5.
*Banasasæi*, VI, 32, 13.
*Baniure*, V, 1, 17.
*Bantini*, III, 15, 3.
*Barace*, port, VI, 26, 10.
*Baragaza*, VI, 34, 6.
*Baramalacum*, VI, 32, 14.
*Baraomalæ*, VI, 23, 7.
*Barbatia*, VI, 3, 2.
*Barbesula*, III, 3, 12.
*Barbesula*, ville et fleuve, III, 3, 2.
*Barce*, mont, V, 1, 9.
*Barce*, Ptolemais, V, 5, 2.
*Barcino*, col., III, 4, 5.
*Barderate*, ville, III, 7, 3.
*Barea*, III, 4, 2.
*Bargeni*, VI, 34, 7.
*Bargus*, fl., IV, 18, 12.
*Bargyla*, champs, V, 41, 2.
*Bargylus*, mont, V, 17, 4.
*Baris*, V, 42, 2.
*Barium*, III, 16, 3.
*Barpauna*, île, III, 12, 2.
*Barra*, III, 21, 3.
*Basabocates*, IV, 33, 1.
*Basag*, île, VI, 32, 8.
*Basilia*, île, IV, 27, 5; XXXVII, 11, 6; 15, 6.
*Basilicus*, golfe, V, 31, 1.
*Basilidæ* (peuple), IV, 26, 5 et 10.
*Basta*, ville, III, 16, 2.
*Basterbini*, III, 16, 7.
*Basternæ*, IV, 25, 2; 28, 3.
*Bastitania*, III, 3, 5; 4, 9.
*Bastuli*, Espagne citérieure, III, 4, 2. — Mentesani, III, 4, 9.
*Bastuli*, côte, III, 3, 3.
*Bataves*, IV, 31, 2.
*Bataves*, île très-célèbre, IV, 29, 1.
*Bateni*, VI, 18, 3.
*Batha*, VI, 35, 2.
*Bathymi*, VI, 32, 8.
*Bathynins*, fl., IV, 18, 8.
*Bathys*, fl., VI, 4, 4.
*Batinum*, fl., III, 18, 1.
*Batrasabbes*, VI, 32, 7.
*Batum*, fl., III, 10, 2.
*Baucidias*, île, IV, 19, 5.
*Bauli*, ville, III, 9, 9; IX, 81, 1.
*Bauma*, VI, 35, 3.
*Bavili*, XX, 76, 3.
*Bavo*, île, III, 30, 3.
*Bebiani*, Ligures, III, 16, 6.
*Bebriaque*, guerre, X, 69, 1.
*Bebryces*, Asie, V, 33, 4.
*Bebulo*, XXXIII, 31, 2.
*Bechires*, VI, 4, 2.
*Bedeses*, fl., III, 20, 1.
*Begerri*, IV, 33, 1.
*Belbina*, île, IV, 19, 5.
*Beleudi*, IV, 33, 1.
*Belges*, XV, 15, 2; XVI, 64, 2.
*Belgique*, Gaule, IV, 31, 1; VII,

17, 1. — province, XXXVI, 44, 1.
Belgiques, cerises, XV, 30, 1.
Belgiques, roseaux, XVI, 65, 2.
Belgites, III, 28, 2.
Belinna, IV, 15, 1.
Belippo, III, 3, 12.
Belitani, III, 4, 7.
Bellovaci, IV, 31, 2.
Belo (Bétique), V, 1, 5.
Belon, III, 3, 2.
Belunum, III, 23, 2.
Belus, fleuve, XXXVI, 65, 1. — ruisseau, V, 17, 1.
Bembinadia, IV, 10, 1.
Benacus, lac, II, 106, 2; III, 23, 4; IX, 38, 2.
Beneventum, Italie, XXXII, 9, 1. — colonie des Hirpius, III, 16, 6.
Beni, IV, 18, 1.
Bercorcates, IV, 33, 1.
Berecyntus, contrée, V, 29, 6; XVI, 28, 2.
Berdriges, VI, 18, 3.
Beregrani, III, 18, 2.
Bérélides, îles, III, 13, 2.
Bérénice (Égypte), VII, 26, 8; 33, 15; XXXVII, 52, 1.
Bérénice première, VI, 34, 3.
Bérénice seconde, Panchrysos, VI, 34, 2.
Bérénice troisième, Épidires, VI, 34, 2.
Bérénice, ville des Troglodytes, II, 75, 2.
Bérénice (Pentapole), V, 5, 1.
Bergomates, III, 21, 3.
Bergomates, territoire, XXXIV, 2, 1.
Bergomum, III, 21, 3.
Bergos, île, IV, 30, 3.
Bermius, mont, IV, 15, 1.
Berœa (Macédoine), IV, 17, 1.
Berœnses (Syrie), V, 19, 1.
Berresa, VI, 35, 3.
Berunenses, III, 23, 3.
Berytus, raisin, XV, 18, 7.
Berytus, vin, XIV, 9, 2.
Berytus, col., V, 17, 3.
Besara, III, 3, 12.
Besbicos, île, V, 44, 1.
Besses, tribus nombreuses, IV, 18, 1.
Betasi, IV, 31, 2.
Beterræ, col., III, 5, 6.
Betlephehene, V, 15, 1.
Bibaga, île, VI, 23, 11.
Bibali, III, 4, 14.
Bidinu, III, 14, 5.
Bilbilis, Espagne, XXXIV, 41, 3.
Billis, fl., VI, 1, 3.
Bipedimui, IV, 33, 1.
Bisaltæ, nation, IV, 5, 1; 18, 1.
Bisambritæ, VI, 23, 8.
Bisanthe, IV, 18, 4.
Bisgargitani, III, 4, 6.
Bisone, IV, 18, 5.
Bistons, nation, IV, 18, 3.
Bithyniens, V, 43, 4.
Bithynia, île, V, 44, 1.
Bithyniens, des Thyniens, V, 41, 1.
Bithynie, V, 40, 2; XVI, 76, 2; XXXI, 18, 2.
Bithynie, roi, VIII, 61, 2.
Bithynie, champignons, XXII, 47, 2.
Bithynion, V, 43, 3.
Bithyniens, roi Prusias, VII, 15, 2.
Bithynien, fromage XI, 97, 2.

Bithynien, Pythius, XXXIII, 47, 3.
Bituriges, vigne, XIV, 4, 7.
Bituriges, XIX, 2, 1; XXXIV, 48, 3.
Bituriges Cubi, IV, 33, 1.
Bituriges Ubisci, IV, 33, 1.
Bizya, Thrace, X, 34, 1. — citadelle des rois de Thrace, IV, 18, 9.
Blanda, ville, III, 10, 2.
Blandæ, III, 4, 5.
Blascon, île, III, 11, 3.
Blemmyes, V, 8, 2 et 3.
Blendium, port, IV, 34, 2.
Blerani, III, 8, 3.
Boagrius, fl., IV, 12, 3.
Boarium forum (marché aux bœufs), Rome, X, 41, 3; XXVIII, 3, 3.
Bocchorum, ville, III, 11, 1.
Bochiana, VI, 35, 1.
Bodincomagum, ville, III, 20, 8.
Bodincus, fl.; III, 20, 8.
Bodiocasses, IV, 32, 1.
Bodiontici, III, 5, 7.
Bœa, IV, 9, 1.
Bœbeis, lac, IV, 15, 2; XXXVI, 25, 2.
Bœotiens, XXV, 37, 1.
Bœotie, X, 38, 1; 41, 3; XVII, 38, 1; XVIII, 12, 1; XXXI, 11, 1. — contrée, IV, 11, 2; 12, 1. — de la Hellade, XVIII, 56, 1.
Bœotie, Thébains, XXVII, 120, 1.
Bœotie, concombres, XIX, 23, 5. — navets, XIX, 25, 1 et 2.
Bœotie, blé, XVIII, 12, 3.
Bœotiens, X, 24, 3.
Bœotie, aimant, XXXVI, 25, 3.
Bœotien, Tychius, VII, 57, 5.
Bogudiana, Mauritanie, V, 1, 19.
Boii, Gaule lyonnaise, IV, 32, 1.
Boii, passés au delà des Alpes, III, 21, 2. — dans la huitième région de l'Italie, III, 20, 2.
Boion, IV, 13, 1.
Boii, déserts, III, 27, 1.
Bolani, III, 9, 16.
Bolbitique, bouche du Nil, V, 11, 5.
Bolbulæ, îles, V, 38, 2.
Bolingæ, VI, 23, 7.
Bologne. Voy. BONONIA.
Bomarei, VI, 18, 4.
Bombos, fl., V, 22, 3.
Bomitæ, V, 18, 2.
Bononia, col, III, 20, 1.
Bononiensis Fullonius, VII, 49, 6.
Bononiensis, partie de l'Italie, XXXVI, 45, 2.
Booscœte, V, 40, 3.
Borcani, III, 16, 6.
Borcobe, IV, 18, 6.
Borgodi, VI, 32, 7.
Borion, promont., V, 4, 3.
Bormanni, III, 5, 6.
Boron, VI, 35, 1.
Borru, fl., VI, 25, 3.
Borysthenes, fl., peuple et ville, IV, 26, 2.
Borysthenes, fl., IX, 17, 2; XXIV, 102, 4; XXXI, 29, 1. — où il prend naissance, IV, 26, 10.
Bosenses (Sardaigne), III, 13, 2.
Bosphores, deux, II, 92, 1; IV, 24, 4; VI, 1, 2.
Bosphore, gorge, VI, 1, 3.
Bosphore, II, 31, 1; V, 43, 4; IX, 25, 1; XXV, 57, 1; XXXI, 29, 1. — Cimmérien, VI, 1, 3; 5, 3;

XVI, 59, 2. — de Thrace, IV, 24, 2; V, 43, 2; IX, 20, 1; 56, 4.
Botrys, V, 17, 4.
Botticei, IV, 18, 1.
Bovianum vetus, et un autre des Undécumans, III, 17, 1.
Bovillæ, III, 9, 11.
Bracari, III, 4, 14.
Bracares, Augusta, IV, 34, 4.
Bracares, villes, III, 4, 14. — juridiction, IV, 34, 3.
Braccata Gallia, III, 5, 1.
Brachmanes, VI, 21, 9.
Bragæ, île, VI, 32, 8.
Brana, III, 3, 12.
Branchides, oracle, V, 31, 1.
Brancosi, VI, 23, 6.
Brattia, île, III, 30, 3.
Brauron, IV, 11, 2.
Bregmenteni, V, 33, 4.
Bretagne et Bretons, Voy. BRITANNI et BRITANNIA.
Breuci, III, 28, 1.
Breuni, III, 24, 4.
Brigantinus, lac, IX, 29, 2.
Brigiani, III, 24, 4.
Brilessus, mont, IV, 11, 2.
Briletum, XI, 73, 2; XI, 81, 1.
Brindas, voy. BRUNDISIUM.
Britanni (en Belgique), IV, 31, 2.
Britannia, IV, 20, 5; IV, 30, 1 et seqq.; IX, 57, 1; XV, 30, 1; XVII, 4, 1 et 2; XXX, 4, 1; XXXIV, 49, 1; XXXVII, 11, 5. — libre, XXV, 6, 5. — (Claude en triomphe), XXXIII, 16, 1.
Britanniæ, XXXIII, 6, 8. — touchent à l'Océan, XXV, 6, 5.
Britannia, chenalopex, X, 29, 1.
Britannique, herbe, XXV, 6, 4.
Britanniques, huitres, XXXII, 21, 4.
Britanniques, côtes, n'étaient pas encore assujetties, IX, 79, 2.
Britanniques, perles, IX, 57, 1.
Britannique, océan, IV, 33, 2.
Britanni, leurs femmes, XXII, 2, 4. — leurs barques d'osier, IV, 30, 3.
Briullitæ, V, 31, 1.
Brixellum, VII, 50, 3.
Brixentes, III, 24, 4.
Brixia, col., III, 23, 3.
Brixias, fl., VI, 31, 10.
Brixillum, col., III, 20, 1.
Brodiontii, III, 24, 4.
Brundisium, huitres, XXXII, 21, 3.
Brundisium, miroirs, XXXIII, 45, 3; XXXIV, 48, 1.
Brundisium, IX, 79, 2; X, 72, 1; XVII, 35, 11. — port célèbre, III, 16, 3. — source dans le port, II, 106, 10.
Brundulus, port, III, 20, 7.
Brutium, poix, XIV, 25, 6; XVI, 22, 1; XXIV, 93, 1 et 2.
Brutium, chou, XIX, 41, 4.
Brutium, peuples du, habitant l'intérieur des terres, III, 15, 3.
Brutium, littoral, III, 10, 2.
Brutium, territoire, III, 10, 1.
Bryazon, V, 43, 1.
Bryazum, baigné par l'Olachas fl., XXXI, 18, 2.
Bryges, V, 4, 1.
Bryllion, V, 40, 4.
Brysæ, IV, 18, 1.

*Bubassus*, région, V, 29, 2.
*Bubastites*, nomos, V, 9, 3.
*Bubeium*, V, 5, 7.
*Bubetani*, III, 9, 16.
*Bubon*, V, 28, 3. — Lycie, XXXV, 57, 2.
*Buca*, III, 17, 1.
*Bucephala*, ville, VI, 23, 8.
*Bucephalus*, IV, 9, 2.
*Bucinna*, ile, III, 14, 6.
*Bucolium*, IV, 10, 1.
*Budini*, IV, 26, 10.
*Budroæ*, iles, IV, 20, 5.
*Buges*, lac, IV, 26, 4. — Buges, fl., IV, 26, 4.
*Bulenses*, IV, 4, 2.
*Buliones*, III, 26, 4.
*Bulla* Regia, V, 2, 1.
*Bullidensis*, col., IV, 17, 2.
*Buni*, III, 25, 1.
*Duprasium*, IV, 6, 1.
*Bura*, IV, 6, 1; VI, 30, 2
*Burchana*, ile, IV, 27, 7.
*Burgundiones*, IV, 28, 2.
*Burnistæ*, III, 25, 1.
*Burnum*, III, 26, 2.
*Bursaonenses*, III, 4, 8.
*Busiris*, V, 11, 5. — bourg, XXXVI, 16, 2.
*Busirites*, nomos, V, 9, 3.
*Buthrotum*, col., IV, 1, 4.
*Buticum*, lin, XIX, 2, 6.
*Butoa*, ile, IV, 20, 5.
*Butos*, V, 11, 5.
*Butrium*, des Umbriens, III, 20, 1.
*Butua*, III, 26, 3.
*Butuntinenses*, III, 16, 7.
*Burentum*, ville, III, 10, 1.
*Buzæ*, VI, 23, 6.
*Buzeri*, IV, 4, 2.
*Buzygæus*, mont, IV, 15, 1.
*Byblis*, Melos, IV, 23, 3.
*Byblos*, IV, 17, 4.
*Byzacium*, XVII, 3, 12. — campagne d'Afrique, XVIII, 21, 1.
*Byzacium*, habitants, V, 3, 2.
*Byzance*, VII, 10, 1; IX, 20, 2. — libre, IV, 18, 8.
*Byzance*, port, IX, 20, 2.
*Byzantin* Timomachus, XXXV, 40, 11.

## C

*Cabalaca*, VI, 11, 1.
*Cabalia*, région, V, **28**, 3. — Pamphylie, V, 42, 2.
*Cabasites*, nomos, V, 9, 3.
*Cabellio*, III, 5, 6.
*Cabirus*, fl., IV, 25, 3.
*Cabyletæ*, IV, 18, 1.
*Cacidari*, VI, 19, 1.
*Cacyrini*, III, 14, 5.
*Cadara*, péninsule, IX, 2, 7.
*Cadeuma*, VI, 35, 2.
*Cadistus*, mont, IV, 20, 3.
*Cadmus*, mont, V, 31, 7.
*Cadrusi*, VI, 25, 1.
*Caduemi*, V, 30, 1.
*Cadurces*, IV, 33, 2; XIX, 2, 1.
*Cadurces*, matelas, XIX, 2, 5
*Cadusii*, VI, 18, 3.
*Cæciæ*, iles, IV, 19, 6.
*Cæcubes*, vins, XIV, 8, 2; XVII, 67, 1; XXIII, 20, 2.

*Cæcubes*, vignes, XVII, 3, 6
*Cæcubes*, champs, II, 96, 2; III, 9, 7; XIV, 5, 5.
*Cædici*, III, 17, 2.
*Cælestini*, III, 19, 3.
*Cælius*, mont de Rome, XXXVI, 7, 1.
*Cæne*, ile, III, 14, 6.
*Cænica*, région, IV, 18, 9.
*Cænici*, IV, 18, 1.
*Cænina*, III, 9, 16.
*Cænicenses*, III, 5, 6.
*Cænys*, promontoire, III, 10, 3.
*Cære*, ville, III, 8, 2; XXXV, 6, 1.
*Cæretanus*, fl., III, 8, 2.
*Cæruleus*, source, XXXVI, 24, 18.
*Cæsani*, VI, 32, 16.
*Cæsaraugusta*, col., III, 4, 7.
*Cæsarea*, dans la petite Arménie, VI, 10, 2.
*Cæsarea*, de Cappadoce, VI, 3, 1.
*Cæsarea* (de Cilicie), V, 22, 3.
*Cæsarea*, col. (Mauritanie), V, 1, 20. — temple d'Isis, V, 10, 1.
*Cæsarea* (Palestine), V, 14, 2.
*Cæsarea*, de Panéas, V, 15, 2; 16, 1.
*Cæsarea*, col., Pisidie, V, 24, 1.
*Cæsari* Venales, III, 4, 9.
*Cæsariana* Narbonensis, IV, 35, 5.
*Cæsarienses* (Ionie), V, 31, 9.
*Cæsarobricenses*, IV, 35, 6.
*Cæsene*, III, 20, 2.
*Cæsene*, vin, XIV, 8, 7.
*Cagulatæ*, VI, 32, 12.
*Caicandrus*, ile, VI, 28, 3.
*Caicus*, fl., V, 32, 1. — origine, V, 33, 3.
*Caieta*, port, III, 9, 6.
*Cainas*, fl., VI, 21, 9.
*Calabre*, Messapie des Grecs, III, 16, 1.
*Calabre*, côte, III, 30, 1.
*Calæu*, ile, VI, 32, 8.
*Calagurilani*, ou Fibularenses, III, 4, 8. — ou Nassici, III, 4, 7.
*Calamines*, eaux, II, 96, 2.
*Calamissus*, IV, 4, 1.
*Calamos*, V, 17, 4.
*Calatiæ*, III, 9, 11.
*Calatis*, IV, 18, 5.
*Calauria*, ile, IV, 19, 5.
*Calchedon*, IX, 20, 1 et 2; XXXVII, 18, 5; 37, 2. — libre, V, 43, 2.
*Calchedon*, émeraudes, XXXVII, 18, 5.
*Cale*, V, 33, 3.
*Calédonienne*, forêt, IV, 30, 1.
*Calentum*, XXXV, 49, 2.
*Calenum*, vin, XIV, 8, 5.
*Calenum*, champ, III, 9, 7.
*Calenum*, III, 9, 11.
*Calenum*, territoire, II, 106, 11.
*Calenus* Olenus, XXVIII, 4, 1.
*Caleti*, XIX, 2, 1.
*Caletranus*, territoire, III, 8, 3.
*Calingæ*, VI, 21, 9; 22, 1; VII, 2, 23.
*Calingii*, VI, 32, 16.
*Calingum*, promont., VI, 23, 2.
*Calinipaxa*, VI, 21, 8.
*Caliordi*, IV, 26, 6.
*Calissæ*, VI, 22, 4.
*Callenses*, III, 3, 10.
*Callet*, III, 3, 9; 3, 12.
*Callidromus*, mont, IV, 14, 2.
*Callichorum*, fl., VI, 1, 3.
*Calliope*, des Parthes, VI, 17, 2; 29, 2.

*Callipia*, fontaine, V, 31, 5.
*Callipolis*, Auxa, III, 16, 2.
*Callipolis*, Naxos, IV, 22, 5.
*Callirrhoe*, fontaine, V, 15, 3. — fontaine de l'Attique, IV, 11, 2.
*Callirhoe*, Edessa, V, 21, 1.
*Calliste*, de Thera, IV, 23, 4.
*Calpas*, port, VI, 1, 3.
*Calpe*, mont, III, 3, 2.
*Calpe*, d'Afrique, VI, 1, 1.
*Calpe*, d'Europe, III, Prœm. 5. — d'Espagne, III, 1, 3.
*Calucones*, III, 24, 4.
*Calucula*, III, 3, 9.
*Calycadnus*, fl., V, 22.
*Calydna*, ile, IV, 23, 5; V, 36, 1; XI, 13, 1.
*Calydon*, IV, 3, 1.
*Calymna*, ile, IV, 23, 5.
*Calynda*, V, 29, 1.
*Calypso*, ile, III, 15, 2.
*Camacæ*, VI, 19, 1.
*Camæ*, VI, 19, 2.
*Camaldunum*, ville de Bretagne, II, 77, 2.
*Camari*, ile, VI, 32, 9.
*Camarina*, ville, III, 14, 4.
*Camatullici*, III, 5, 5.
*Cambalidus*, mont, VI, 31, 8.
*Cambari*, fl., VI, 20, 3.
*Cambolectri*, III, 5, 6.
*Cambolectri* Agesinates, IV, 33, 1.
*Cambusis*, VI, 35, 5.
*Cambyses*, fl., VI, 15, 5.
*Cambysu*, ville, VI, 33, 2.
*Camelani*, III, 19, 2.
*Camelides*, iles, V, 37, 1.
*Camenes*, ou muses, temple à Rome, XXXIV, 10, 2.
*Camerium*, III, 9, 16.
*Camertes*, III, 19, 2.
*Camina*, ile, IV, 23, 5.
*Camirus*, V, 36, 1.
*Cammanene*, VI, 3, 2.
*Campanie*, sertula, XXI, 29, 1. — rose, XXI, 10, 2 et 5. — siligo, XVIII, 20, 2.
*Campaniens*, III, 9, 8; XIV, 4, 12.
*Campanie*, II, 72, 1; X, 53, 1; XII, 48, 2; XIII, 6, 1; XIV, 8, 9; 27, 3; XV, 30, 1; XVII, 3, 1; 11, 2, 15, 2; XVIII, 16, 1; 19, 1; 24, 1; 29, 1; 52, 1; XIX, 2, 4; 23, 3; XXI, 10, 3; XXII, 32, 2; XXV, 8, 1; XXX, 52, 1; XXXI, 2, 1; 4, 1; XXXII, 8, 1; XXXIV, 2, 1.
*Campanie*, heureuse, III, 9, 7.
*Campanie*, campagnes du Labour, XVII, 3, 3.
*Campanie*, Nesis, XIX, 42, 1.
*Campanie*, côte, IX, 29, 1. — pêcheurs, XXV, 54, 3. — campagne Literaine, XIV, 5, 3.
*Campanie*, parage, II, 51, 2. — villa Pausilype, IX, 78, 1.
*Campanie*, vin, XXIII, 24, 1.
*Campanie*, cuivre, XXXIV, 20, 2.
*Campanie*, territoire, III, 9, 17; XIV, 3, 1; XXXV, 50, 1. — campagne, XVIII, 29, 3. — pont, XIV, 8, 3. — golfe, II, 89, 3.
*Campestris* Julia Babba, V, 1, 5.
*Camponi*, IV, 33, 1.
*Camuni*, III, 24, 1 et 4.
*Canæ*, V, 32, 2.

Canatus, fl., V, 32, 1.
Canama, III, 3, 7.
Canaria, ile, VI, 37, 3.
Canarii, V, 1, 15.
Canas, V, 28, 2.
Canastræum, promont., IV, 17, 3.
Canatha, V, 16, 1.
Cancauna, région, VI, 32, 8.
Canchlei, Arabes, V, 12, 1.
Candari, VI, 18, 3.
Candaviæ, monts, III, 26, 4.
Candei, VI, 34, 1.
Candidum, promont., V, 3, 1.
Candrogari, VI, 35, 15.
Candyba, V, 28, 2.
Cane, dans la région de l'encens, VI, 2, 9.
Canis, fl., VI, 32, 8.
Cannes, VII, 29, 5; XXXVI, 24, 15. — célèbre par le tombeau du nom Romain, XV, 20, 2.
Cannenses, célèbres par la défaite des Romains, III, 16, 6.
Cannes, bataille de, VII, 54, 1.
Cannenufates, ile, IV, 29, 1.
Canopique cyprus, XII, 51, 1.
Canopique (bouche) du Nil, V, 11, 5; 34, 1.
Canopique, ville, V, 4, 4.
Canopitanum, V, 4, 5.
Cantabras, fl., VI, 23, 1.
Cantabres, III, 4, 4 et 11; XXV, 47, 1.
Cantabrie, XXXI, 18, 2; XXXIV, 42, 1; 43, 1; 47, 2.
Cantabres, sept peuples, III, 4, 10.
Cantabres, région, IV, 34, 2.
Cantaces, VI, 25, 1.
Canteci, VI, 7, 3.
Cantharolethrus, localité, XI, 34, 2.
Cantocaptæ, VI, 7, 2.
Canum, ville, V, 11, 2.
Canusium, III, 16, 3 et 5; VIII, 73, 1 et 2; XXXV, 26, 2.
Capenates, III, 8, 3.
Caper, fl., V, 29, 3.
Caperenses, IV, 35, 6.
Capeus, golfe, VI, 32, 6.
Caphareum, promont. IV, 21, 1.
Caphyæ, bois d'Arcadie, XVI, 88, 1.
Capillati, voy. Chevelus.
Capina, ile, VI, 32, 8.
Capissa, VI, 25, 1.
Capissene, VI, 25, 1.
Capitalia, mont, VI, 23, 5.
Capitole, sanctuaire, X, 16, 1. — fondements, XXXVI, 24, 3. — temple, XII, 42, 6.
Capitole, temple, XXXV, 4, 2; XXXVI, 5, 2. — incendie du temple, XXXIII, 5, 3.
Capitole, montée du, XIX, 6, 1.
Capitolin, Jupiter, XXXIII, 5, 1 et 2.
Capitole, II, 5, 6; VII, 29, 3; 44, 3; 45, 3; 54, 3; VIII, 65, 2; XI, 103, 2; XVII, 38, 4; XVIII, 4, 2; XXVII, 28, 1; XXVIII, 5, 1; 14, 4; XXIX, 14, 1; XXXIII, 4, 2; 18, 1; XXXIV, 11, 2; 18, 2, 4 et 5; 19, 27; XXXV, 4, 2; 7, 4; 36, 36 et 44; XXXVI, 5, 1; 10, 1; XXXVI, 4, 11; 8, 2.
Capitole, défendu par les oies, X, 26, 1. — brûlé du temps de Sylla, XIII, 27, 3. — dédié, XIX, 6, 1.

— brûlé par les Vitelliens, XXXIV, 17, 3. — commencé avec le produit du butin, III, 9, 17.
Capitole, incendies, XXXIII, 55, 1.
Capitulum Hernicum, III, 9, 11.
Capori, IV, 34, 3.
Capotes, mont, V, 20, 1.
Cappadoce, laitues, XIX, 38, 2 et 4.
Cappadoces, XXV, 28, 1; XXVII, 11, 1; 31, 1.
Cappadoce, V, 42, 1; VIII, 69, 4; XV, 7, 6; XVIII, 73, 3; XXV, 36, 1; XXVIII, 23, 2; XXXI, 39, 1, 3 et 7; 41, 2; XXXIV, 41, 1; XXXV, 13, 1; XXXVI, 12, 2; 45, 1; XXXVII, 37, 1; 56, 2.
Cappadoce, gemme, XXXVII, 56, 1.
Cappadoce, jujubes, XXI, 27, 1.
Cappadoce, XXIV, 102, 2 et 3.
Cappadoce, longueur et largeur, VI, 8, 2. — ville, VI, 3, 1. — roi Archélaüs, XXXVII, 11, 13.
Cappadoces, nation, VI, 2, 2.
Cappadox, fl., VI, 3, 2.
Cappagum, III, 3, 12.
Capraria, ile, III, 11, 2; 12, 2; VI, 37, 1 et 3.
Capraria, plomb, XXXIV, 49, 1.
Caprasia, bouche, III, 20, 6.
Caprées, célèbre comme citadelle de Tibère, III, 12, 3
Caprées, escargots, XXX, 15, 2.
Capsitani, V, 4, 5.
Capoue, VII, 53, 3; XIII, 2, 1; XIV, 8, 9. — colonie établie par Auguste, XVIII, 29, 5.
Capoue, colonie mise à son ressort, XIV, 8, 3.
Caralitani, III, 13, 2.
Caralitanum, promontoire, III, 13, 1 et 2.
Carambis, promont. d'Asie, IV, 26, 7; VI, 2, 2; X, 30, 2.
Carambusis, fl., VI, 14, 2.
Caranitis, préfecture, V, 20, 1.
Carastasei, VI, 7, 2.
Carbilesi, IV, 18, 1.
Carbonaria, embouchure, III, 20, 7.
Carbula, III, 3, 6.
Carcasum, III, 5, 6.
Carcathiocerta, VI, 10, 2.
Carchedoniens, Voy. Carthaginois.
Carcine, IV, 26, 4.
Carcines, fl., III, 15, 2.
Carcinites, golfe, IV, 26, 4.
Cardalena, région, VI, 32, 8
Cardamine, ile, VI, 34, 1.
Cardamyle, IV, 8, 1.
Cardia, III, 18, 10.
Carduchi, VI, 17, 2.
Cardytenses, V, 19, 1.
Carene, V, 32, 2.
Carensses, III, 4, 8.
Carentini, supérieurs et inférieurs, III, 17, 1.
Cares, VII, 57, 9.
Caresa, ile, IV, 20, 6.
Caresus, fl., V, 33, 2.
Caretha, ile, V, 35, 3.
Carica, V, 31, 3.
Carie, V, 29, 1; XII, 61, 1; XIX, 49, 1; XXXI, 30, 2; XXXVI, 4, 18; 6, 1; XXXVII, 25, 1, et 29, 1.
Carie de Car, VII, 57, 12.
Carie, roi, IX, 10, 1.

Carie, roi Ménandre, XXXV, 36, 30.
Carie, craie. XVIII, 73, 4.
Carie, bœufs, VIII, 70, 4.
Carietes, III, 4, 10.
Carina, V, 41, 1.
Carina, mont, XXI, 46, 1.
Carini, IV, 28, 2.
Cariosvelites, IV, 32, 1.
Caripeta, VI, 32, 18.
Carissa Regia, III, 3, 12.
Carissanum, château, II, 57, 2.
Carmacæ, VI, 7, 2.
Carmani, XII, 40, 1.
Carmanie, XII, 31, 2; 37, 4; XXXIII, 40, 1; XXXVI, 12, 1; XXXVII, 8, 1; 24, 1; 33, 1; 47, 1; 48, 1; 51, 1.
Carmanie, coin, VI, 28, 3. — côte, VI, 27, 1. — port, VI, 32, 7.
Carmel, mont, le pied, XXXVI, 65, 1.
Carmel, promont., et ville, V, 17, 1.
Carnæ, VI, 7, 2.
Carne, V, 18, 1.
Carniques, Alpes, III, 28, 1.
Carniou, IV, 10, 1.
Carnon, VI, 32, 14.
Carniens, région, III, 22, 2.
Carnuntum, IV, 25, 1. — de Pannonie, XXXVII, 11, 13.
Carnuti, IV, 32, 1.
Carpasium, V, 35, 2.
Carpathos, mer de, II, 111, 2; V, 28, 3; 36, 1; IX, 29, 1.
Carpathe, ile, V, 36, 1. — Carpathos, XXVIII, 32, 1. — Carpathum, IV, 23, 5.
Carpentoracte, III, 5, 6.
Carpetans, monts, III, 2, 2.
Carpetans, III, 4, 8.
Carpétanie, XIX, 47, 2.
Carpétanie, capitale, III, 4, 9.
Carpi, V, 3, 2.
Carrei, VI, 32, 14. et 18.
Carrhes, célèbre par la défaite de Crassus, V, 21, 1.
Carriata, VI, 32, 14.
Carriuensis, territoire en Espagne, II, 106, 11.
Carseolani, III, 17, 1.
Carseolanum, XVII, 35, 49.
Carsulani, III, 19, 2.
Cartana, VI, 25, 1.
Carteia, III, 3, 2; IX, 48, 3; XXXI, 43, 2.
Carteia, côte, III, 3, 14.
Cartenna, col., V, 1, 19.
Carteria, ile, V, 38, 3.
Carthæa, IV, 20, 6.
Carthage, temple de Junon, VI, 36, 4.
Carthage; Mancinus y pénètre le premier, XXXV, 7, 4.
Carthage, tribut imposé, XXXIII, 15, 1.
Carthaginois, VII, 57, 16.
Carthaginois, vaincus par Messala, XXXV, 7, 3.
Carthaginois, territoire, en Espagne, III, 3, 4.
Carthaginoise, Espagne citérieure, portion, XIX, 7, 1.
Carthaginoises, escarboucles, XXXVII, 25, 1 et 3; 30, 1.
Carthage la grande, son opulence, XXXVII, 25, 1.

*Carthage*, ouvrir les portes, XXVI, 9, 2.
*Carthage*, port, VII, 21, 1. — golfe, V, 7, 2.
*Carthage*, au temps de sa puissance, II, 67, 3.
*Carthage*, VII, 7, 1; XXXIII, 6, 4; 50, 1; XIII, 34, 1.
*Carthage*, la grande, V, 1, 4; XIX, 43, 1. — fondée par les Tyriens, V, 17, 2. — rivale de Rome, V, 17, 2. — prise, XIV, 5, 1; XVIII, 5, 1. — détruite, X, 60, 3; XV, 20, 2. — renversée, XXXIII, 18, 1. — ôtée, XXXIII, 53, 2.
*Carthage*, col., sur les ruines de Carthage la grande, V, 3, 2.
*Carthaginois*. Voy. aussi Poeni et Punique.
*Carthage*, d'Espagne, III, 4, 9; XVIII, 18, 2; XIX, 11, 2; XXI, 10, 5.
*Carthage*, nouvelle, III, 4, 2; 11, 1; XIX, 8, 2. — œuvre des Carthaginois, III, 4, 4.
*Carthage*, Spartaire, XXXI, 43, 2.
*Cartris*, péninsule, IV, 27, 7.
*Carusa*, VI, 2, 3.
*Caryanda*, V, 29, 5.
*Caryanda*, île, V, 36, 3.
*Carynia*, XIV, 22, 1.
*Caryste*, marbre, IV, 21, 2; XXXVI, 7, 1; 8, 1.
*Caryste*, Dioclès (de), XXVI, 6, 2.
*Caryste*, ville, IV, 21, 2. — en Eubée, XVIII, 12, 6.
*Casamarri*, VI, 35, 14.
*Casandra*, île, VI, 28, 4.
*Cascantenses*, III, 4, 8.
*Casien*, Jupiter, son temple, V, 14, 1.
*Casilinum*, restes, III, 9, 17.
*Casilinum*, VIII, 82, 3.
*Casinum*, territoire, II, 106, 7.
*Casinum*, III, 9, 11; VII, 3, 3.
*Casiri* (Inde), IV, 20, 3.
*Casius*, fl., VI, 15, 5.
*Casius*, mont de Séleucie, XII, 55, 1; X, 39, 1. — (en Syrie), V, 18, 2.
*Casius*, mont (en Arabie), V, 12, 1; 14, 1.
*Casmonates*, III, 7, 1.
*Casos*, île, V, 36, 1.
*Caspasius*, fl., VI, 19, 2.
*Caspien*, peuple, VI, 17, 3.
*Caspien*, jaspe, XXXVII, 37, 1.
*Caspiennes*, portes, V, 27, 2; VI, 12, 2; XXXI, 39, 2.
*Caspiennes*, portes ou Caucasiennes, VI, 15, 6. — autres, VI, 15, 6.
*Caspiens*, VI, 15, 5.
*Caspienne*, vue de la mer, VI, 10, 3.
*Caspienne*, mer, II, 67, 2; VI, 15, 1.
*Caspienne*, mer, vient de l'Océan, VI, 10, 3.
*Caspien*, golfe, II, 68, 3.
*Cassandria*, II, 59, 3. — col., IV, 17, 4; XXXV, 47, 2.
*Cassera*, IV, 17, 5.
*Cassien*, Jupiter, son temple, IV, 19, 1.
*Cassiopæi*, IV, 1, 2.
*Cassiope*, IV, 19, 1.
*Cassiopique*, fougère, XXVII, 55, 2.
*Cassipolis*, IV, 22, 1.
*Cassitérides*, îles, IV, 36, 1; VII, 57, 7.
*Castabula*, V, 22, 3; VI, 3, 1.

*Castabalenses*, VIII, 61, 1.
*Castalie*, fontaine, IV, 4, 1.
*Casthanæa*, IV, 16, 1.
*Casthenes*, golfe, IV, 18, 8.
*Castologi*, IV, 31, 2.
*Castors*, leur temple à Rome, X, 60, 1; XXXIV, 11, 3.
*Castra* Cæcilia (en Lusitanie), IV, 35, 5.
*Castra* Cornelia, V, 3, 2; 4, 4.
*Castra* gemina, III, 3, 9.
*Castra* Hannibalis, III, 15, 1.
*Castra* Julia (en Lusitanie), IV, 35, 5.
*Castra* Prætoria, III, 9, 14.
*Castra* vinaria, III, 3, 5.
*Castrimonienses*, III, 9, 11.
*Castrum* Julium, III, 3, 12.
*Castrum* novum, III, 6, 9; 8, 2; 18, 1.
*Castulonenses*, III, 4, 9.
*Castulon*, limite, III, 4, 15.
*Casuentillani*, III, 19, 2.
*Casus*, île, IV, 23, 3.
*Casventum*, fl., III, 15, 3.
*Casyrus*, mont, VI, 31, 10.
*Catabanes*, Arabes, V, 12, 1.
*Catabani*, VI, 32, 11.
*Catabathmos*, V, 5, 2 et 8.
*Catacecaumenites* (vin), XIV, 9, 2.
*Catadupi* Æthiopes, V, 10, 4.
*Catadupi*, nation, VI, 35, 1.
*Catali*, III, 24, 1.
*Cataonie*, VI, 3, 2.
*Catarœi*, VI, 32, 7.
*Catari*, III, 28, 2.
*Catarractes*, fl., V, 26, 1.
*Cataseti*, VI, 7, 3.
*Catenates*, III, 24, 4.
*Cathurcludi*, VII, 2, 17.
*Cathei*, monts, VI, 7, 2.
*Catina*, colonie, III, 14, 3. — brise, VII, 60, 3.
*Catoni*, VI, 7, 3.
*Cattuzi*, IV, 18, 6.
*Caturiges*, Insubriens exilés, III, 21, 1.
*Caturiges*, leurs descendants, IV, 7, 1.
*Cavares*, III, 5, 4.
*Cavares*, Avenio, III, 5, 6.
*Caucadæ*, VI, 7, 2.
*Caucase*, roche, XXXVII, 1, 2.
*Caucase*, front, XII, 14, 1. — sommets, VI, 15, 2; 16, 1. — branche, VI, 31, 8.
*Caucase*, portes, VI, 12, 1 et 2.
*Caucases*, montagnes, VI, 15, 4 et 5.
*Caucase*, VI, 21, 5. — mont, XXXVII, 33, 1.
*Caucase*, Groucasus, VI, 19, 1
*Causences*, III, 4, 10.
*Cauchæ*, VI, 31, 3.
*Caudini*, III, 16, 6.
*Caulina*, vins, XIV, 8, 9.
*Caulon*, ville, III, 15, 1.
*Caunites*, sel, XXXI, 45, 2.
*Caunos*, V, 29, 1; XI, 47, 1.
*Caunus*, soumise aux Rhodiens, XXXV, 36, 37.
*Caura*, III, 3, 7.
*Cauranani*, VI, 32, 16.
*Caurenses*, IV, 35, 6.
*Cauros*, Andrus, IV, 22, 1.
*Caystrus*, fl., V, 31, 4.
*Cea*, île, ou Ceos, II, 94, 1; IV, 20, 6; XVI, 50, 1; XXXI, 12, 1.
*Cea*, Cos, V, 36, 3.
*Cebanus*, fromage, XI, 97, 1.

*Cebrenia*, V, 33, 1.
*Cecinna*, fl., III, 8, 1.
*Cecropie*, citadelle d'Athènes, VII, 57, 4.
*Cecryphalos*, île, IV, 19, 5.
*Cediæ*, XIV, 8, 3.
*Ceditius*, champ, XI, 97, 1.
*Cedrei*, Arabes, V, 12, 1.
*Celadussa*, Rhene, IV, 22, 4.
*Celadussæ*, îles, III, 30, 3.
*Celænæ*, Apamia, V, 29, 4; 41, 1; XXXI, 16, 1.
*Celegeri*, III, 29, 1.
*Celeia*, III, 27, 1.
*Celenderitis*, région, V, 22, 2.
*Celsenses*, III, 4, 7.
*Celtes*; ont pénétré en Espagne, III, 3, 3.
*Celti*, III, 3, 7.
*Celtiberi* Arevaci, III, 4, 2.
*Celtibérie*, VIII, 68, 4; XVIII, 18, 2.
*Celtibérie*, capitale, III, 4, 9.
*Celtibérie*, limite, III, 4, 11.
*Celtibériens*, venus de la Lusitanie, III, 3, 10.
*Celtique*, Gaule, IV, 31, 1.
*Celtiques*, dépouilles, VIII, 3, 1.
*Celtique* (La), de la Scythie, VI, 14, 2.
*Celtiques*, virioles, XXXIII, 12, 1.
*Celtici*, IV, 35, 4.
*Celtici*, en Espagne, III, 4, 13. — ceux qui touchent la Lusitanie, III, 3, 10. — Mirobrigenses, IV, 35, 6. — Neriæ, IV, 34, 3. — Præsamarci, III, 34, 3.
*Celtique*, nard, XIV, 19, 6. — promont. IV, 34, 3; 35, 2.
*Cema*, mont des Alpes, III, 5, 5.
*Cemelion*, ville, III, 7, 1.
*Cenæum*, promont., IV, 21, 1.
*Cenchreæ*, IV, 5, 2.
*Cenchreis*, île, IV, 19, 6.
*Cendevia*, marais, V, 17, 1; XXXVI, 65, 1.
*Cennesseri*, VI, 32, 15.
*Cénomans*, IV, 32, 1. — ont habité près de Marseille, III, 23, 3.
*Cénomans*, territoire, III, 23, 3.
*Centrones*, III, 24, 3.
*Centrones*, dans les Alpes, XXXIV, 2, 2.
*Centroniques*, Alpes, XI, 97, 1.
*Centuripæ*, XXXI, 41, 2.
*Centuripini*, III, 14, 5.
*Centuripinum*, safran, XXI, 17, 1.
*Ceos*, île, IV, 20, 6; XI, 26, 1.
*Cephalenia*, île, IV, 19, 3; XI, 32, 4; XXXII, 9, 1.
*Cephalœdis*, III, 14, 4.
*Cephalonesos*, IV, 27, 2.
*Cephalotomes* ou coupe-têtes, VI, 5, 2.
*Cephisias*, lac, XXXVII, 11, 7.
*Cephisus*, rivières, II, 106, 10; IV, 4, 1; 12, 2 et 3; XVI, 66, 4 et 6. — fontaine, IV, 11, 2.
*Cepi*, des Milésiens, VI, 6, 1.
*Ceramique* à Athènes, XXXV, 45, 2; XXXVI, 4, 9.
*Ceramicus*, golfe, V, 29, 5; 36, 3.
*Ceramus*, V, 29, 7; 36, 2.
*Ceranæ*, V, 41, 1.
*Cerastis*, Chypre, V, 35, 1.
*Cerasus*, IV, 4, 2.
*Cerauni*, III, 26, 2.
*Ceraunens*, monts, VI, 10, 2, 11, 1; XV, 36, 1.

Ceraunien, mont, V, 27, 3.
Ceraunus, fl., VI, 3, 2.
Cerbalus, fl., III, 16, .
Cerbani, VI, 32, 11 et 18.
Cerbérion, VI, 6, 1.
Cercetæ, VI, 5, 2.
Cerceti, mont, IV, 15, 2.
Cercetius mont, V, 37, 1.
Cerciæ, îles, V, 38, 2.
Cercina, île, V, 7, 1.
Cercinitis, île, V, 7, 2.
Cercalis Ebura, III, 3, 5.
Cerealini Mariani, III, 9, 11.
Cerinthus, IV, 21, 2. — Eubée, XVIII, 73, 4.
Cermorum, ville, IV, 17, 5.
Cermorum, golfe, IV, 17, 5.
Cerne, île d'Afrique, X, 9, 2; VI, 36, 1 et 2.
Céron, fontaine, XXXI, 3, 1.
Cerretani, III, 4, 5. — ou Juliani, ou Augustani, III, 4, 6.
Ceruma, VI, 35, 3.
Cescum, ville, XXXI, 12, 1.
Cesi, VI, 23, 3.
Cessero, III, 5, 6.
Cestria, IV, 1, 4.
Cestrini, IV, 1, 2.
Cetarini, III, 14, 5.
Cetius, fl., V, 33, 3.
Cetriboni, VI, 23, 3.
Chabrias, le camp de, V, 14, 1.
Chabura, fontaine, XXXI, 22, 2; XXXII, 7, 1.
Chadæi, VI, 32, 8.
Chadisia, ville et fl., VI, 3, 2.
Chæronea, IV, 12, 2.
Chæronia, XVI, 66, 4.
Chalæon, port, IV, 4, 1.
Chalastra, IV, 17, 3.
Chalastra, nitre, XXXI, 46, 2 et 9.
Chalce, île, V, 36, 2.
Chalceritis, VI, 13, 1.
Chalcia, île, IV, 23, 5.
Chalcia, îles des Rhodiens, XVII, 3, 6.
Chalcidien, Timagoras, XXXV, 35, 1.
Chalcidiens, Cumes des, III, 9, 9.
Chalcidène de Syrie, V, 19, 1.
Chalcidique, craie, XVIII, 73, 4. — férule, XXI, 29, 1. — figuier, XV, 19, 2 et 3.
Chalcidiques, coqs, X, 24, 3.
Chalcidis, île dans la Propontide, III, 44, 1.
Chalcidis, lac, XVIII, 30, 5.
Chalcis, Eubée, IV, 21, 3.
Chalcis, Eubée, XI, 74, 1; IV, 21, 2; XXXI, 46, 5.
Chalcis (en Arabie), VI, 32, 16.
Chalcis, sur le Belus, V, 19, 1.
Chalcis, île, IV, 19, 2.
Chalcis, mont, IV, 3, 1.
Chalcodotis, d'Eubœe, IV, 21, 3.
Chaldéenne, secte, XVIII, 57, 4.
Chaldéens, VI, 32, 4; XVIII, 66, 1; XXXVII, 67, 1. — cérémonies, XXXVII, 28, 1.
Chaldéens, lever des constellations pour les, XVIII, 68, 6.
Chaldéens, doctrine, VI, 30, 6. — troisième doctrine, VI, 30, 6.
Chaldéens, infestés par qui, XI, 32, 2.
Chaldéens, peuples, leur capitale, VI, 30, 4.
Chaldone, promont., VI, 32, 6.

Chalonitis, VI, 30, 6. — avec Ctésiphon, VI, 31, 5.
Chalybes, VI, 4, 2; VII, 57, 6; VI, 34, 7; VIII, 82, 1.
Chambades, mont, V, 27, 2.
Champs de mars, VII, 45, 3; XXXIV, 18, 1; XXXVI, 4, 26; XXXVI, 14, 10.
Champs de pierres, III, 5, 4; XXI, 31, 2.
Chaones, d'où Chaonie, IV, 1, 2.
Chaonie, XXXI, 39, 7.
Characène, partie de l'Élymaïde, VI, 31, 11.
Characeni (en Taurique), IV, 26, 6.
Characeni, roi, VI, 32, 4 et 5.
Charadrus, V, 18, 1.
Charax, VI, 26, 5; XII, 40, 1. — description, VI, 31, 12.
Charbanus, mont, VI, 31, 7.
Charies, fl., VI, 4, 6.
Charmæi, VI, 32, 14.
Charmes, roi des, VI, 23, 6.
Charon, fosses, II, 95, 2.
Charybde, mer tourbillonnante, III, 14, 2.
Chateni, VI, 32, 6.
Chatramotitæ, VI, 32, 11 et 18.
Chatti, IV, 28, 2.
Chauci, grands et petits, XVI, 1, 2.
Chauci, nations, IV, 28, 2. — îles, IV, 29, 1.
Chelidoniæ, îles, II, 106, 6; V, 35, 3. — îles d'Asie, IX, 85, 1.
Chelidonium, promontoire, V, 27, 1.
Chelonates, prom. IV, 6, 2.
Chelonitis, île, VI, 32, 8.
Chelonophagi, VI, 28, 3; IX, 12, 4.
Cherronesus, ville des Héracléotes, IV, 24, 5.
Cherronesus, sur la Propontide, XI, 73, 2.
Cherronesus, Taurique, XIX, 30, 2.
Chersonesus, des Rhodiens, XXXI, 20, 1.
Chersonesus, IV, 18, 4; XVIII, 12, 3; XXXI, 30, 2.
Cherusci, IV, 28, 2.
Chesius, fl., V, 37, 1.
Chevelus, peuples alpins, III, 7, 1. — habitants des Alpes, XI, 47, 1. — tribus nombreuses, III, 24, 3.
Chevelue, Gaule. Voy. COMATA.
Chilmanense, ville, V, 4, 4.
Chimæra, mont, II, 110, 1; V, 28, 1.
Chimera, château, IV, 1, 4.
Chimerion, IV, 15, 1.
Chios, figuier, XV, 19, 1.
Chios, mastic, XII, 66, 1; XXIV, 74, 1.
Chios, terre, XXXV, 56, 1. — habitants, VI, 26, 4.
Chios, carrières, XXXVI, 5, 3.
Chios, habitants de, XVII, 37, 17.
Chios, barils, XXXVI, 12, 1.
Chios, libre, V, 38, 1. — île, XVIII, 17, 1; XXI, 28, 4; XXXVI, 4, 2 et 3; XXXVI, 8, 2; XXXVII, 25, 4. — ville, XVI, 6, 2.
Chios, amidon, XVIII, 17, 1.
Chios, marbre, V, 38, 1.
Chios, vin, XIV, 9, 1; XIV, 17, 1 et 2; XXXIV, 22, 4.
Chios, pierre, XXXVI, 28, 1.
Chirogrylium, île, V, 35, 3.

Chisiotosagi, VI, 21, 9.
Chlamydia, Delos, IV, 22, 3.
Chlorus, fl., V, 22, 1.
Choani, VI, 32, 16.
Choara, VI, 17, 2.
Choaspes, fl., (en Médie), VI, 31, 4; XXIV, 102, 2; XXXI, 21, 4.
Choaspitis (gemme), XXXVII, 56, 4.
Choatræ, VI, 7, 1.
Choatras, mont, V, 27, 2.
Choma, V, 28, 2.
Chomari, VI, 18, 3.
Chora (en Égypte), XIII, 9, 3. — chora d'Alexandrie, VI, 39, 2.
Chorasmii, VI, 18, 3.
Chordule, port, VI, 4, 2.
Choromandæ, VII, 2, 17.
Chorsari, Perses, VI, 19, 1.
Chrysa, V, 32, 2 et 3.
Chrysa, île, IV, 20, 5.
Chryse, île (en Inde), VI, 23, 11.
Chryse, promont., VI, 20, 3.
Chrysei, VI, 23, 3.
Chrysoceras, promont., IV, 18, 8.
Chrysopolis, V, 43, 3.
Chrysorrhoas, fl., V, 16, 1.
Chrysorrhoas, Gendos, V, 43, 1.
Chrysorrhoas, fl. (dans le Pont), VI, 4, 6.
Chrysorrhoas, Pactole, fl., V, 30, 1.
Chypre. Voy. CYPRE.
Chytri, V, 35, 2.
Chytrophoria, V, 31, 6.
Cibarci, IV, 34, 2.
Cibilitani, IV, 35, 6.
Cibotos, Apamia, V, 29, 4.
Cibyra, V, 22, 2.
Cibyrate, monts, V, 29, 1.
Cibyra jurisdictio, V, 29, 3.
Cicæ, îles, IV, 34, 3.
Cicimeni, VI, 7, 1.
Ciconas, de l'Inde, VI, 20, 3.
Cicons, fleuve, II, 106, 5.
Cicons, région, IV, 18, 4.
Cicynethus, île, IV, 23, 7.
Cidamum, V, 5, 5 et 6.
Cigurri, III, 4, 12.
Cilbiani, monts, V, 31, 4.
Cilbians, champs, XXXIII, 37, 1.
Cilbians, inférieurs et supérieurs, V, 31, 9.
Cileni, IV, 34, 3.
Cilices Mandaeudeni, V, 32, .
Cilicie, près de la Syrie, V, 22, 1 et seq.; XI, 116, 1; VIII, 76, 3; XIII, 9, 6; XVI, 12, 1; XVIII, 30, 5; XXII, 11, 1; 42, 1; XXXI, 8, 1; 12, 1.
Cilicie, laitue, XIX, 38, 4.
Cilicie, smilax, XVI, 63, 1.
Cilicie, pierres à aiguiser, XXXVI, 47, 1. — figuier, XVI, 49, 1. — portes, V, 22, 2.
Cilicie, limite, V, 22, 5.
Cilicie, monts, XXIV, 102, 7; XXV, 20, 1.
Cilicie, la population sujette aux vers intestinaux, XXVII, 120, 1.
Cilicie, safran, XXI, 17, 1.
Cilicie, hyssope, XIV, 19, 7; XXV, 87, 1.
Cilicie, parfum d'iris, XXI, 19, 3.
Cilicie, mer, V, 26, 1; 35, 1.
Cilicie, vin, XIV, 11, 1.
Cilicie, Aulon ou canal, V, 35, 2.

## CIS

*Cilla*, V, 32, 2.
*Cillaba*, V, 5, 5.
*Cimbres*, IV, 27, 7; 28, 2; XXVI, 9, 1; XXXVI, 1, 2. — taillés en pièces, VIII, 61, 2.
*Cimbres*, guerre, II, 58, 1; XVI, 57, 2; XXII, 6, 1; XXXVI, 61, 1.
*Cimbres*, victoire, VII, 22, 1; XXXIII, 53, 2.
*Cimbres*, promontoire, II, 67, 1; IV, 27, 6 et 7.
*Cimbres*, battus par Quintus Catulus avec Caius Marius, XVII, 1, 2.
*Ciminia*, forêt, II, 98, 2.
*Cimmériens*, Scythes, VI, 14, 3.
*Cimmérien*, Bosphore, largeur, IV, 26, 9.
*Cimmeris*, Antandros, V, 32, 3.
*Cimmerium*, ville, III, 9, 9; VI, 6, 1.
*Cimmérien*, Bosphore, IV, 24, 9; glacé et passé à pied, IV, 24, 9; VI, 5, 3; XVI, 59, 2.
*Cimoliæ*, craie, XX, 81, 3; XXI, 81, 1; XXVI, 74, 1; XXVIII, 28, 3; 46, 1; XXIX, 35, 1; XXXI, 46, 11; XXXIV, 46, 1; XXXV, 56, 1; 57, 1. — emploi, XXXV, 57, 1 et seqq.
*Cimolis*, VI, 2, 2.
*Cimolus*, île, IV, 23, 3.
*Cinædopolis*, île, V, 36, 3.
*Cinara*, île, IV, 23, 3.
*Cingilla*, V, 21, 1.
*Cingulani*, III, 9, 11; 18, 2.
*Cinia*, ville, III, 11, 1.
*Cinyps*, fl. et région, V, 4, 2.
*Cinyria*, V, 35, 2.
*Cios*, fl. et ville, V, 40, 4.
*Circæum*, en Colchide, VI, 4, 5.
*Circeii*, huître, XXXII, 21, 4.
*Circeii*, territoire, XIX, 40, 3.
*Circeii*, II, 87, 1; III, 9, 4, 5 et 6; XV, 36, 1; XXV, 5, 2; XXXII, 21, 2.
*Circeii*, îles d'après Homère, III, 9, 5.
*Circius*, mont, V, 27, 2.
*Circumpadans*, Italie, XVIII, 25, 1; 30, 3.
*Circumpadane*, vins, XIV, 25, 3.
*Circumpadane*, brebis, VIII, 73, 1.
*Cirque* (à Rome), VIII, 6, 2; 7, 2, 20, 1; 65, 1 et 3; 66, 1; XVIII, 2, 2; XXI, 5, 1; XXXIII, 16, 1; XXXIV, 11, 1.
*Cirque*, le grand, XXXVI, 14, 10.
*Cirque*, le très-grand, XXXIV, 19, 8; XXXVI, 45, 3; XXXV, 45, 1. — bâti par Cæsar, XXXVI, 24, 2.
*Cirque*, de Caius et de Néron, XXXVI, 15, 3. — Flaminius, XXXIV, 7, 1; XXXVI, 4, 13 et 14. — du Vatican, XVI, 76, 5
*Cirrha*, ville, IV, 4, 1.
*Cirrha*, champs, IV, 4, 1.
*Cirta*, col., V, 2, 1.
*Cisalpine*, Italie, XVII, 2, 9.
*Cisamum*, IV, 20, 3.
*Cisipades*, nation, V, 4, 2.
*Cisori*, VI, 35, 16.
*Cispii*, VI, 35, 17.
*Cissa*, IV, 18, 10.
*Cissa*, île, III, 30, 2.
*Cisserussa*, île, V, 36, 2.
*Cissianthi*, VI, 14, 3.
*Cissiens*, monts, VI, 7, 2.

## CŒ

*Cisthène*, V, 32, 2.
*Cithæron*, bois du, IV, 12, 1.
*Citharista*, port, III, 5, 5.
*Cithenus*, chaîne du, VI, 17, 2.
*Citium*, sel, XXXI, 41, 1.
*Citium*, V, 35, 2. — en Cypre, XXXI, 39, 2.
*Clæon*, fontaine, XXXI, 16, 1.
*Clampetiæ*, III, 10, 2.
*Claricæ*, IV, 18, 2.
*Clarien*, Apollon, son temple, V, 31, 5. — antre, II, 106, 12.
*Claritas* Julia, III, 3, 8.
*Classica*, col., III, 5, 5.
*Classitæ* Silici, VI, 30, 2.
*Claterna*, II, 20, 2.
*Claudia*, III, 27, 1.
*Claudia*, préfecture, III, 8, .
*Claudiopolis*, de Cappadoce, V, 21, 3.
*Claudius*, mont, III, 28, 2.
*Clazomenæ*, V, 31, 6; XXXI, 43, 2; XXXII, 9, 1.
*Clazoméniens*, vers le Tanaïs, VI, 7, 1.
*Clazoménien*, vin, XIV, 9, 1.
*Clazoménien*, Anaxagoras, II, 59, 1. — Artémon, VII, 57, 10. — Hermotimus, VII, 53, 1.
*Cleonæ*, IV, 6, 1; 10, 1; XXXVI, 4, 3.
*Cleonæ* (en Macédoine), IV, 17, 4.
*Cleonæ*, navets, XIX, 25, 2.
*Cleonæ*, Cimon, XXXV, 34, 5.
*Clibanus*, V, 23, 1.
*Clibanus*, mont, III, 15, 2.
*Clides*, îles, V, 35, 2.
*Climax* Megale ou Grande-Échelle, VI, 29, 4.
*Clisobora*, VI, 22, 6.
*Clitermia* Larinatum, III, 16, 4.
*Cliternini*, III, 17, 1.
*Clitorium*, IV, 10, 1.
*Clitorias*. fl., IX, 34, 1. — lac et puits, XXXI, 13, 1.
*Clitorius* Damias, XXXIV, 19, 2.
*Clodia* fossa, III, 20, 7.
*Clostra* Romana. III, 9, 5.
*Cluana*, III, 18, 2.
*Cludrus*, fl., V, 29, 6.
*Clunia*, III, 4, 11.
*Clunia*, juridiction, III, 4, 10.
*Clupea*, V, 3, 2; 7, 2; XXXV, 59, 1.
*Clusini*, XIV, 4, 14.
*Clusini* veteres, III, 8, 3.
*Clusini* novi, III, 8, 3.
*Clusiolum*, III, 19, 3.
*Clusium*, VIII, 82, 1; XVIII, 12, 3; XXXVI, 19, 7.
*Clusium*, siligo, XVIII, 20, 3.
*Cnemis*, IV, 12, 3.
*Coboris*, île, VI, 32, 9.
*Cobus*, fl., VI, 4, 6.
*Cocanicus*, lac, XXXI, 39, 1 et 5.
*Cocinthos*, III, 6, 5.
*Cocinthum*, III, 15, 1.
*Cocondæ*, VI, 23, 6.
*Cocossates*, IV, 33, 1.
*Cocylium*, V, 32, 2.
*Codani*, VI, 32, 13.
*Codanus*, golfe, IV, 27, 8.
*Cœle* Syria, V, 13, 1; 17, 3; XXI, 72, 1.
*Cœlæ*, îles, V, 38, 3.
*Cœlerini*, III, 4, 14.
*Cœletæ*, IV, 18, 2.
*Cœlina*, III, 23, 4.

## COM

*Cœlium*, III, 16, 3.
*Cœlos*, port, IV, 18, 12; 23, 9.
*Cogamus*, fl., V, 30, 1.
*Colapiani*, III, 28, 1.
*Colapis*, fl., III, 28, 2.
*Colarni*, IV, 35, 6.
*Colchi*, X, 67, 1; XXXIII, 15, 2; 37, 1.
*Colchi*, ont fondé Colchinium, III, 26, 3. — Oricum, III, 26, 4. — Polam, III, 23, 2.
*Colchide*, solitudes, VI, 11, 1.
*Colchide*, le fleuve Surius, II, 106, 5. — les peuples, VI, 4, 4.
*Colchinium*, III, 26, 3.
*Colchis*, près du Phase, fleuve, XXV, 100, 1.
*Colchide*, Médée, XXV, 5, 2.
*Colentini*, III, 26, 2.
*Colentum*, île, III, 25, 2.
*Coliacum*, promont., VI, 24, 6.
*Colica*, région du Pont, VI, 5, 1.
*Collatia*, III, 9, 16.
*Collatini*, III, 16, 6.
*Colligat*, VI, 35, 15.
*Collina* (portion de Rome), XVIII, 3, 5.
*Collina*, porte, XV, 20, 2.
*Collippo*, IV, 35, 1.
*Collodes*, île, III, 13, 2.
*Colobona*, III, 3, 7.
*Colocasitis*, île, V, 34, 4.
*Colone* (en Æolide), V, 32, 3.
*Colonia* Agrippinensis, IV, 31, 2.
*Colonis*, île, IV, 19, 5.
*Colopena*, région, VI, 3, 1.
*Colophon*, II, 106, 12; V, 31, 5.
*Colophon*, résine, XIV, 25, 2; XXVI, 66, 1.
*Colophoniens*, VIII, 61, 1.
*Colophoniens*, Myrlea des, V, 40, 3.
*Colophon*, scammonée, XXVI, 38, 1.
*Colophonien*, Dionysiodorus, XXXV, 40, 21.
*Colossæ*, V, 41, 1; XXXI, 20, 1.
*Colpe*, V, 31, 6.
*Colpusa*, Calchedon, V, 43, 2.
*Colubæ*, VI, 22, 4.
*Colubraria*, III, 11, 1.
*Colubraria*, île, produit des serpents, III, 11, 2.
*Columbaria*, île, III, 12, 2.
*Comacina*, III, 5, 6.
*Comana*, en Cappadoce, VI, 3, 1; 4, 1.
*Comans*, VI, 18, 3.
*Comata*, Gaule, XI, 47, 1; IV, 31, 1; XVIII, 20, 1; XXXIII, 16, 1; XXXVI, 7, 1.
*Comenses* (de Galatie), V, 42, 2.
*Come*, ville, III, 21, 3; XXXIV, 41, 3.
*Come*, territoire, II, 106, 12.
*Come*, pierre, XXXVI, 44, 1.
*Comice*, angles du, XXXIV, 12, 1.
*Comice*, à Rome, VII, 54, 3; XV, 20, 3; XXXIII, 6, 3; XXXIV, 11, 2; XXXV, 10, 1; 49, 4.
*Comini*, III, 17, 2.
*Commagène*, noix de galle, XVI, 9, 1; XXIV, 5, 1.
*Commagène*, II, 108, 1; V, 13, 1; 20, 2 et 3; X, 28, 1; 63, 1; XXIX, 13, 1.
*Commagène*, limite, V, 21, 1.
*Commona*, île, V, 38, 2.
*Complutenses*, III, 4, 8.

*Compsani*, III, 16, 6.
*Concordia Julia*, III, 3, 10.
*Concordia*, col., III, 22, 1.
*Concordienses* (en Lusitanie), IV, 35, 6.
*Condigramma*, VI, 25, 3.
*Condochates*, fl., VI, 22, 1.
*Conimbrica*, IV, 35, 1.
*Conisium*, V, 33, 3.
*Conium*, V, 41, 1.
*Conopon diabasis*, IV, 24, 8.
*Consaburenses*, III, 4, 9.
*Consentia*, ville, III, 10, 2.
*Consentia*, vins, XIV, 8, 9.
*Consentia*, territoire, XVI, 5o, 2.
*Consilinum castrum*, III, 15, 1.
*Consoranni*, IV, 33, 1.
*Constantia Julia*, III, 3, 10.
*Constantia Julia Osset*, III, 3, 7.
*Constantia Julia Zilis*, V, 1, 3.
*Consuanetes*, III, 24, 4.
*Consuarani*, III, 5, 1.
*Contestania*, III, 4, 2 et 3.
*Contributa Julia*, III, 3, 10.
*Convallis*, île, VI, 37, 1.
*Convenæ*, IV, 33, 1.
*Coos*, ville dans l'île Calydna, IV, 23, 5.
*Coos*, île, XIII, 2, 2; XXIX, 2, 1.
*Copæ*, IV, 12, 2; VII, 57, 17.
*Cophanti*, II, 110, 2.
*Cophen*, VI, 25, 1.
*Cophes*, fl., VI, 21, 7; 23, 9; 25, 3.
*Coptis*, sable, XXXVI, 9, 2.
*Coptites* Apollobeches, XXX, 2, 5.
*Coptites nomos*, V, 9, 3.
*Coptos*, XIII, 5o, 1. — marché, V, 11, 1. — ville, X, 49, 3. — de la Thébaïde, XXXVII, 17, 1; 18, 2; 55, 1; 56, 3.
*Coracesium*, V, 22, 3.
*Coralitique*, pierre en Asie, XXXVI, 13, 2.
*Corambis*, VI, 35, 2.
*Corani*, sortis de Dardanus, III, 9, 11.
*Coranitæ*, VI, 32, 16.
*Corasiæ*, îles, IV, 23, 3.
*Coraxi*, VI, 5, 1.
*Coraxiques*, monts, VI, 10, 1; VI, 15, 5.
*Coraxique*, mont, V, 27, 3.
*Coraxi*, nation, II, 105, 1.
*Corcyra*, île, IV, 19, 1.
*Corcyra Melæna*, île, III, 3o, 3.
*Cordoue*, colonie III, 3, 6; XIX, 43, 1.
*Cordoue*, cuivre, XXXIV, 2, 2.
*Cordoue*, juridiction, III, 3, 5 et 10.
*Cordueni*, VI, 17, 2.
*Cordylusa*, île, V, 36, 2.
*Corense*, littoral, III, 3, 1.
*Coressus*, IV, 20, 6.
*Coretus*, golfe du Palus-Méotide, IV, 26, 4.
*Corfinienses*, III, 17, 1.
*Corfinium* ou *Corfou*, VII, 54, 7.
*Coricæ*, îles, IV, 20, 5.
*Corinenses*, III, 16, 6.
*Corineum*, V, 35, 2.
*Corinium*, III, 25, 2.
*Corinthe*, objets de, XXXVII, 6, 1. — où le cuivre plaît, mélangé à l'or et à l'argent, XXXVII, 12, 2. — airain, IX, 65, 1. — candélabres, XXXIV, 6, 2. — statues, XXXIV, 18, 8. —

statues, vases, etc., XXXIV, 3, 3.
*Corinthien*, portique, à Rome, XXXIV, 7, 1.
*Corinthe*, golfe, entrée, IV, 3, 2.
*Corinthiennes*, colonnes, XXXVI, 56, 1.
*Corinthiens*, XXXV, 5, 1 et 2.
*Corinthe*, escarboucles, XXXVII, 25, 4.
*Corinthe*, navets, XIX, 25, 1.
*Corinthiens*, Apollonie, leur colonie, III, 26, 4.
*Corinthien*, Aminocles, VII, 57, 16.
— Glaucion, XXXV, 40, 9. — Hyperbius, VII, 57, 7.
*Corinthe*, détruite par Mummius, XXXIV, 6, 2; XXXV, 43, 1.
*Corinthe*, col., IV, 5, 3; XIII, 2, 1; XXXV, 35, 1. — prise, XIV, 5, 1; XXXIV, 3, 3.
*Corinthe*, et la région environnante, XXIV, 42, 1.
*Coriolani*, III, 9, 16.
*Cormalus*, fl., V, 32, 3.
*Cornacates*, III, 28, 2.
*Corne*, colline, XVI, 91, 1.
*Cornelia Castra*, V, 3, 2; 4, 4.
*Corneliani Ligures*, III, 16, 6.
*Corniculum*, III, 9, 16.
*Corolia*, VI, 32, 12.
*Corone*, golfe, IV, 7, 1
*Coronea*, IV, 12, 2.
*Coronis*, île, IV, 19, 2.
*Corpilli*, IV, 18, 1.
*Corseæ*, îles, V, 37, 1.
*Corsi*, XV, 38, 1.
*Corsi* (en Sardaigne), III, 13, 2.
*Corse*, île, III, 12, 1; VIII, 75, 1; XV, 39, 3; XVI, 28, 2; 76, 2; XXXVII, 56, 1.
*Corse*, cire, XXI, 49, 1.
*Corse*, miel, XXX, 10, 1; XXXVII, 74, 2.
*Corticata*, île, IV, 34, 3.
*Cortonenses*, III, 4, 8; 8, 3.
*Coryceon*, promont., V, 31, 5.
*Corycus*, antres, XXXI, 20, 1.
*Corycus*, XXXVII, 60, 2. — mont de Cilicie, IV, 20, 4; XIII, 20, 1; XXI, 17, 1; XXXI, 30, 2. — port et caverne, V, 22, 2.
*Corymbia*, Rhodes, V, 36, 1.
*Corydalla*, V, 28, 1.
*Corynæum*, promont., V, 31, 6.
*Coryphanta*, V, 43, 1.
*Coryphanta*, huîtres, XXXII, 21, 4.
*Coryphas*, V, 32, 2.
*Coryphasium*, IV, 9, 2.
*Cos*, île, V, 36, 3; XI, 27, 1; XVII, 30, 5.
*Cos*, raisin, XV, 18, 7.
*Cos*, amphores, XXXV, 46, 3.
*Cos*, gens de, XIV, 10, 1; XXXV, 36, 29; XXXVI, 4, 9.
*Cos*, vin, XIV, 10, 2; XXIII, 14, 1; XXVII, 27, 1.
*Cos*, vin; en faire avec du vin d'Italie, XIV, 10, 2.
*Cosa*, littoral, III, 12, 2.
*Coscinus*, V, 29, 7.
*Cosenum*, fl., V, 1, 9.
*Cosoagus*, fl., VI, 22, 1.
*Cossa Volcientium*, III 8, 2.
*Cossæi*, VI, 31, 8.
*Cussetania*, III, 4, 4.

*Costobocci*, VI, 7, 1.
*Cosyra*, île, III, 14, 6; V, 7, 2.
*Cosyri*, VI, 21, 9.
*Cothon*, îles, IV, 19, 5.
*Cotieri*, VI, 19, 1.
*Cotinussa*, de Gadès, IV, 36, 2.
*Cotta*, de Mauritanie, V, 1, 2; XXXII, 6, 1.
*Cottæ*, VI, 7, 1.
*Cottianes*, les cités, III, 24, 3 et 5.
*Cottonara*, région, VI, 26, 10.
*Cotyaion*, V, 41, 1.
*Cotyorum*, VI, 4, 2.
*Cragus*, promont., V, 28, 2.
*Crambussa*, île, V, 35, 3.
*Cranaos*, V, 29, 6.
*Cranda*, V, 35, 2.
*Crania*, IV, 3, 2.
*Cranon*, IV, 15, 1.
*Cranon* (en Magnésie), IV, 16, 1.
*Cranon*, fontaine, XXXI, 17, 1.
*Cranon*, de Thessalie, X, 15, 1.
*Craspedites*, golfe, V, 43, 2.
*Cratais*, fl., III, 10, 3.
*Crathis*, fl., III, 15, 2; XXXI, 9, 1; 10, 1; XXXVII, 11, 7.
*Craugiæ*, îles, IV, 19, 6.
*Cremmyon*, IV, 11, 1.
*Cremniscos*, IV, 26, 1.
*Cremona*, col., III, 23, 3; VII, 29, 5.
*Creon*, mont, V, 39, 2.
*Cressa*, port, V, 29, 2.
*Crète*, île, IV, 20, 1 et seqq; VII, 16, 1; 57, 6; 57, 13; VIII, 83, 3; X, 41, 1; XII, 5, 2 et 3; 55, 1; XIII, 9, 1; 36, 1; 48, 1; XV, 10, 1; 31, 1; XVI, 46, 1; 60, 3; XXI, 46, 1; 69, 4; XXIV, 32, 1; 96, 1; XXV, 53, 2; 64, 1; XXVI, 66, 1; XXVII, 17, 1; 74, 1; 115, 1; XXXI, 26, 1; 30, 1; XXXII, 22, 1; XXXV, 18, 1; XXXVI, 4, 1; 19, 2. — cèdre, XVI, 76, 2.
*Crète*, monts Dicte, XXIV, 102, 4.
*Crète*, roi Minos, VI, 32, 14.
*Crète*, aristoloche, XXV, 54, 1. — cire, XXI, 49, 1. — ciguë, XXV, 95, 3. — ciprès, XXIV, 61, 1. — férule, XXI, 29, 1.
*Crète*, oignons, XIX, 32, 2. — pierres à aiguiser, XVIII, 67, 9; XXXVI, 47, 1.
*Crète*, acoron, XXV, 100, 1. — amidon, XVIII, 17, 1. — anis, XX, 73, 1. — heraclium, XX, 69, 1. — miel, XI, 14, 1; XXIX, 38, 2. — nard, XII, 26, 3. — origan, XXI, 30, 2. — vin cuit, XX, 79, 1. — sili, XX, 18, 1. — vin, IV, 11, 1.
*Crète*, mer, III, 10, 4; IV, 18, 14; 20, 2.
*Crète*, daucus, XXV, 64, 2. — jonc, XI, 69, 1. — labyrinthe, XXXVI, 19, 5 et 6.
*Crétois*, VII, 57, 10.
*Crétoise*, nourrice, tableau de Parrhasius, XXXV, 36, 10.
*Crexa*, île, III, 25, 3.
*Crialon*, ville, V, 11, 2.
*Crinovolum*, III, 19, 3.
*Crissa*, IV, 4, 2.
*Crissa*, golfe, IV, 4, 1.
*Criteusi*, VI, 35, 12.

*Crithone*, IV, 18, 10.
*Criumetopon*, promont., IV, 20, 2 et 4; 26, 7; X, 30, 2.
*Crobizi*, IV, 26, 1.
*Crocala*, île, VI, 23, 11.
*Crocodilon*, ville, V, 17, 1.
*Crocrodilopolites*, nomos, V, 9, 4.
*Crocodilus*, mont, V, 22, 1.
*Crocylea*, île, IV, 19, 3.
*Crommyonesos*, île, V, 38, 3.
*Cromna*, VI, 2, 1; IX, 83, 2.
*Cronia*, Bithynie, V, 40, 3.
*Cronium*, mer, IV, 27, 4; 30, 2.
*Crotone*, ville, III, 15, 2.
*Crotone Terina*, III, 10, 2.
*Crotoniates*, Milon, XXXVII, 54, 5.
*Cruni* (en Thrace), IV, 18, 5.
*Crunæ*, promontoire, VI, 5, 3.
*Crusa*, île, V, 36, 3.
*Crustumerium*, III, 9, 16.
*Crustumia*, poires, XV, 16, 1.
*Crustumina*, XXIII, 62, 1.
*Crustumina*, territoire, II, 98, 2; III, 8, 3.
*Crustumium*, fl., III, 20, 1.
*Crya*, des fugitifs, V, 29, 1.
*Cryeon*, îles, V, 35, 3.
*Crynis*, fl., V, 43, 1.
*Cryos*, fl., V, 31, 8.
*Cryptos*, Cypre, V, 35, 1.
*Ctesiphon*, VI, 30, 6.
*Cubulterini*, III, 9, 11.
*Cucios*, fontaine, VI, 34, 5.
*Culici Flamonienses*, III, 23, 3.
*Cullu*, ville, V, 2, 1.
*Cumes*, XVIII, 29, 3; XXXVI, 66, 2. — (en Italie), XXXV, 46, 5. — des Chalcidiens, III, 9, 9.
*Cumes*, chou, XIX, 41, 4.
*Cumes*, littoral, XIX, 2, 4.
*Cumania*, VI, 12, 1.
*Cumes*, territoire, XVII, 38, 1.
*Cumes*, ciment, XXXV, 47, 1. — lin, XIX, 2, 4.
*Cumerum*, promontoire, III, 18, 2.
*Cumi*, V, 35, 15.
*Cuneus*, promont., IV, 35, 4.
*Cunici*. Voy. TUCIM.
*Cuniculaires*, îles, III, 13, 1.
*Cupra*, III, 18, 2.
*Cuprenses Montani*, III, 18, 2.
*Curenses*, III, 17, 2.
*Curetes*, VII, 57, 13.
*Curetis Acarnanie*, IV, 2, 1.
*Curetis*, Crète, IV, 20, 1.
*Curie*, à Rome, VII, 45, 2; 54, 3; 60, 1; XXXV, 40, 7. — dans le Comice, XXXV, 10, 1. — brûlée, XXXIV, 11, 2.
*Curie*, Hostilie, XXXV, 7, 3.
*Curie*, d'Octavie, XXXVI, 4, 16.
*Curie*, de Pompée, XXXV, 35, 2.
*Curie*, où Sylla la construisit, XXXIV, 12, 1.
*Curias*, V, 35, 2.
*Curiates*, III, 19, 3.
*Curictæ*, III, 25, 1.
*Curite*, ville, III, 11, 93, 1.
*Curtius*, fontaine, XXXVI, 24, 28.
*Curubis*, V, 3, 2.
*Cusvetani*, III, 9, 16.
*Cutilies*, eaux, II, 96, 2. — chez les Sabins, III, 17, 3; XXXI, 6, 1; 32, 1.
*Cyane*, fontaine, III, 14, 3.

*Cyaneæ*, îles, IV, 27, 1; VI, 13, 1.
*Cyaneæ*, en Lycie, V, 28, 2.
*Cyaneos*, fl., en Colchide, VI, 4, 5.
*Cybotus*, mont, II, 93, 1.
*Cychri*, en Thrace, XXXI, 19, 2.
*Cyclades*, îles, IV, 22, 1; XIII, 47, 4; XXXVI, 5, 1.
*Cyclades et Sporades*, îles, IV, 23, 6.
*Cyclopes*, VII, 2, 1; 57, 6 et 7.
*Cyclopis*, île, V, 36, 2.
*Cyclopes*, trois écueils, III, 14, 3.
*Cydara*, IV, 11, 4, 6.
*Cydnus*, fl., V, 22, 2. — de Cilicie, XXXI, 8, 1.
*Cydon*, IV, 20, 3.
*Cydonea*, île, II, 106, 12; V, 39, 2.
*Cydoniates*, région, VIII, 83, 3.
*Cygnus*, ville, IV, 4, 6.
*Cylipenus*, golfe, IV, 27, 7.
*Cylissos*, IV, 20, 3.
*Cyllantique*, parage, V, 42, 2.
*Cyllène*, mont, IV, 10, 1.
*Cyllène d'Arcadie*, X, 45, 1; XXV, 8, 1.
*Cyllène*, golfe, IV, 6, 2.
*Cyme* (en Éolide), V, 32, 1; XXXIV, 8, 1.
*Cymothoe*, fontaine, IV, 6, 1.
*Cynæthia*, IV, 10, 1.
*Cynæthos*, île, IV, 23, 3.
*Cynæthus*, Délos, IV, 22, 3.
*Cynamolgi*, VI, 35, 17.
*Cynamolgi, Æthiopes*, VIII, 43, 1.
*Cynopolis*, V, 11, 5.
*Cynopolites*, nomos, V, 9, 3.
*Cynos*, fl., VI, 32, 7.
*Cynossema*, IV, 19, 11.
*Cynthia*, Délos, IV, 22, 3.
*Cynthius*, mont, IV, 22, 3.
*Cyparissa*, IV, 7, 1.
*Cyparissia*, Samos, V, 37, 1.
*Cyparissius*, golfe, IV, 7, 1.
*Cyphanta*, port, IV, 9, 1.
*Cypre*, fourneaux pour le cuivre, XI, 42, 1; XXXIV, 22, 4. — figuier, XVI, 49, 1. — ateliers, XXXIV, 24, 1; 31, 1.
*Cypre*, vert de gris, XXXIII, 29, 1; XXXIV, 27, 1. — roseau, XXIV, 50, 2. — cire, XX, 87, 4; XXIV, 14, 1; XXVII, 28, 5. — cyanos, XXXVII, 38, 1. — figuier, XIV, 19, 3. — figuier de Cypre en Crète, XIII, 15, 1. — laurier, XV, 39, 1. — magie, XXX, 2, 6. — mûres, XXIII, 70, 1. — mortier, XXXIII, 29, 1. — pædéros, XXXVII, 46, 2. — résine, XIV, 25, 2. — térébenthine, XXIV, 22, 2. — spodos, XXXIV, 34, 1. — squame, XXXIV, 25, 2. — vigne, XIV, 2, 1.
*Cypre*, expédition de Caton, XXXIV, 19, 41.
*Cypre*, légation, VII, 31, 4.
*Cypre*, oignons, XIX, 32, 1.
*Cypre*, pierres à aiguiser, XXXVI, 10, 1.
*Cypriennes*, îles, V, 35, 3.
*Cypriens*, VII, 57, 17.
*Cypre*, émeraudes, XXXVII, 17, 2; 18, 1.
*Cypriens*, roi Cinyras, VII, 49, 1.
*Cypre*, cuivre, XII, 60, 1; XXXIV, 20, 1 et 3. — ail, XIX, 34, 2. —

amaracum, XXI, 93, 1. — bleu, XXXIII, 57, 1. — chalcanthe, XXXIV, 32, 3. — ladanum, XII, 37, 2 et 3; XXVI, 47, 1. — miel, XI, 14, 1. — sori, XXXIV, 30, 1. — spodium, XXXIV, 50, 4. — blé, XVIII, 12, 4. — vin, XIV, 9, 2.
*Cypre*, agate, XXXVII, 54, 2. — diamant, XXXVII, 15, 3. — roseau, XXXII, 52, 2. — sel, XXXI, 41, 1. — Sphagnos, XII, 50, 1.
*Cyprien*, Styppax, XXXIV, 19, 31.
*Cypre*, île, XII, 61, 1; XXVIII, 81, 2; XXXIII, 27, 1; XXXVI, 45, 1; 59, 1; XXXVII, 22, 2; 37, 1; 40, 1.
*Cypre*, les cerfs y passent de Cilicie, VIII, 50, 4.
*Cypre*, V, 35, 1; VII, 57, 4; XII, 5, 2; 51, 1; 55, 1; XIII, 2, 6; 7, 4; 9, 7; XVI, 76, 6; XXVI, 30, 1; XXVIII, 6, 1; XXXI, 39, 2; XXXV, 52, 1; XXXVI, 30, 1; XXXVII, 9, 1.
*Cypsella*, IV, 18, 4.
*Cyrènes*, VIII, 83, 2; XI, 32, 4; XIX, 15, 2; XXI, 10, 5; XXXV, 18, 1.
*Cyrénaïque*, VIII, 33, 1; X, 41, 4; XIII, 30, 5; 33, 1.
*Cyrénaïque*, Afrique, V, 5, 8; XIII, 9, 7.
*Cyrénaïque*, province, II, 44, 4; V, 4, 3; 5, 1; XII, 50, 1; XIX, 12, 1; 15, 1.
*Cyrénaïque*, région, VIII, 82, 2; XI, 35, 5; XVI, 61, 1; XVII, 30, 5; XIX, 16, 1.
*Cyrénaïque*, parage, XXXI, 39, 4.
*Cyrénaïque*, safran, XXI, 17, 1 et 2. — laser, XIX, 15, 2.
*Cyrénaïque*, silphion, XXII, 48, 1.
*Cyrénaïque*, territoire, V, 5, 3. — concombre, XX, 3, 2. — limite, V, 5, 8.
*Cyrene*, V, 5, 1 et 2; XV, 31, 1; XVIII, 50, 2.
*Cyrenenses*, VII, 57, 17.
*Cyrnaba*, golfe, VI, 20, 3.
*Cyrni*, nation indienne, VII, 2, 20.
*Cyrnos*, île, IV, 19, 3.
*Cyrnos*, Corsica, III, 12, 1.
*Cyrrhestæ* (en Macédoine), IV, 17, 1.
*Cyrrhestice*, V, 19, 1.
*Cyrrhus*, V, 19, 1.
*Cyrus*, fl., VI, 9, 1; 10, 1; 15, 4 et 5; 17, 3.
*Cytæ*, IV, 26, 8.
*Cytæum*, IV, 20, 3.
*Cythère*, île, IV, 19, 5.
*Cythnos*, île, IV, 22, 2; XIII, 47, 4.
*Cytinum*, IV, 13, 1.
*Cytis*, île, VI, 34, 2. — île d'Arabie, XXXVII, 32, 1.
*Cytoriens*, monts, XVI, 28, 2.
*Cytorus*, mont, VI, 2, 1.
*Cyzique*, amaracus, XIII, 2, 8. — huîtres, XXXII, 21, 4. — région, XXXV, 47, 2.
*Cyzicéniens*, XXXV, 9, 1.
*Cyzique*, marbre, XI, 2, 2.
*Cyzicénien*, Taurisens, XXXIII, 55, 2.
*Cyzicum*, V, 40, 2; XXXVI, 22, 1; 23, 1.

Cyzicus, XIII, 2, 1; XVII, 38, 4;
XXXI, 16, 1.

## D

Dabanegoris, région, VI, 32, 8.
Daces, Gètes, IV, 25, 1; VI, 39, 9; XXII, 2, 1.
Daces, note d'origine, VII, 10, 1.
Dædala, V, 29, 1.
Dædaleon, île, V, 35, 3.
Dæsitiates, III, 26, 2.
Dahæ, VI, 19, 1; XXXVII, 33, 1.
Dalmates, III, 26, 1.
Dalmatie, III, 28, 1; XXXI, 43, 2; XXXIII, 21, 2.
Dalmatie, commencement, III, 26, 1. — côte, II, 44, 4.
Dalmatiques, Alpes, XI, 97, 1.
Damanitani, III, 4, 8.
Damas, prunes, XV, 12, 2.
Damascene, Syrie, V, 13, 1.
Damas de Syrie, V, 16, 1; XIII, 12, 1; XXXVI, 12, 2.
Damascus, mont, XIII, 10, 1
Damea, Apamia, V, 33, 4.
Damnia, VI, 32, 9.
Dandagula, VI, 23, 2.
Dandari, VI, 7, 1.
Daneon, port, VI, 33, 2.
Dangalæ, VI, 25, 1.
Danube, source, XXXI, 19, 1. — cours, IV, 24, 7 et suiv.
Daorizi, III, 26, 2.
Daphissa, IV, 15, 1.
Daphnis, île, VI, 34, 4.
Daphnis en Phocide, IV, 12, 3.
Daphnus en Ionie, V, 31, 6.
Daphnusa, Thallusa, V, 38, 2.
Daræ, Gætuli, V, 1, 10.
Daras, fl., VI, 28, 4.
Darat, fl., V, 1, 19.
Daratitæ, Æthiopes, V, 1, 10.
Dardæ, VI, 22, 4. — Indiens, XI, 36, 3.
Dardanes en Épire, III, 29, 1; IV, 1, 3; 17, 1; XXXIII, 12, 1.
Dardania, Samothrace, IV, 23, 9.
Dardanium, ville, V, 33, 2 et 4.
Dardes, nation, III, 16, 5.
Dareium, VI, 18, 1.
Daremæ, VI, 34, 7.
Dari, VI, 23, 4.
Daritis, partie de l'Ariane, VI, 25, 4.
Daron, VI, 35, 13.
Darræ, VI, 32, 8.
Dascusa, V, 20, 1.
Dascylos, V, 40, 3.
Daselis, VI, 35, 2.
Dasibari, fl., V, 5, 7.
Dassaretæ, III, 26, 4; IV, 1, 3.
Datos, IV, 18, 3.
Davelli, VI, 35, 12.
Daulis, région, IV, 4, 2.
Daulotes, fontaine, VI, 32, 9.
Daunieus, leurs colonies, III, 16, 5.
Daunieus, limite, III, 16, 4.
Debris, ville, V, 5, 6 et 7.
Decapolis de Syrie, XV, 4, 3.
Décapolitane, région, V, 16, 1; 17, 3.
Deciani, III, 16, 7.
Deciates, III, 5, 5; 7, 1.
Decuma, III, 3, 6.
Decumans, colonie, III, 5, 2.

Decuni, III, 26, 1.
Deitania, III, 4, 2.
Délos, roches, XXXII, 9, 1.
Délos, gens de, X, 71, 1.
Délos, cuivre, XXXIV, 4, 1.
Délos, les Hyperboréens y envoient, IV, 26, 13.
Délos, île, II, 89, 1; 106, 9; IV, 22, 2; XIII, 2, 1; XVI, 89, 2; XXXIV, 4, 1; XXXVI, 4, 3.
Delphacia, île, V, 44, 1.
Delphes, II, 95, 3; VII, 30, 2; 32, 1; XIX, 26, 6; XXXIV, 17, 1; 19, 10, 15 et 17; XXXV, 35, 1 et 2; 40, 13. — ville, IV, 4, 1.
Delphes, laurier, XV, 39, 1; XXIII, 80, 5. — oracles, VII, 47, 1. — platane, XVI, 88, 1.
Delphes, table, VII, 58, 1.
Delphes, chaudières, XXXIV, 8, 1.
Delphes, un pentathle, sa statue, XXXIV, 19, 8.
Delphes, trésors, III, 20, 5.
Delphes, Apollon, XXXIV, 8, 1.
Delphini, port, III, 7, 2.
Delta, Égypte, III, 20, 7; V, 9, 2 et 5; 10, 10; XXXVI, 16, 2.
Delta, le haut du, V, 9, 4.
Demetrias, ville, IV, 15, 1.
Demonnesos, V, 44, 1.
Denda, III, 26, 4.
Dendros, île, IV, 19, 6.
Denna, VI, 35, 2.
Denselatæ, IV, 1, 3.
Denseletæ, IV, 18, 1.
Derangæ, VI, 23, 6.
Derasidæ, II, 91, 1.
Derasides, îles, V, 31, 3.
Derbices, VI, 18, 2.
Deremistæ, III, 26, 2.
Deretini, III, 26, 2.
Derrha, IV, 17, 3.
Dertona, col., III, 7, 3.
Dertusani, III, 4, 6.
Derxène, région, V, 20, 1.
Desuviates, III, 5, 4.
Devade, VI, 32, 8.
Develton, Deulton, IV, 18, 7.
Deximontani, VI, 26, 5.
Dia, île, IV, 20, 5.
Dia en Tauride, IV, 26, 8.
Dia, Naxos, IV, 22, 5.
Diabetæ, îles, V, 36, 2.
Diablindi, IV, 32, 1.
Diane, bois, XVI, 91, 1.
Dianeuses, III, 4, 9.
Dianitis, myrrhe, XII, 35, 2.
Dianium, III, 4, 3; 11, 1.
Dianium, île, III, 12, 2.
Diaphanes, fl., V, 22, 1.
Diarrheusa, ville, V, 38, 2.
Diarrhytus, Hippo, V, 3, 1.
Dibitach, VI, 31, 5.
Dicæa, IV, 17, 3.
Dicææ, IV, 18, 3.
Dicæarchia, Puteoli, III, 9, 9.
Dicte, monts de Crète, XXIV, 102, 4.
Dictynnæus, mont (en Crète), IV, 20, 4.
Didiri, VI, 11, 1.
Didymæ, îles, V, 35, 3; 38, 3.
Didymæn, Apollon, oracle, V, 31, 1.
Didymæum, XXXIV, 19, 25.
Didyme, île, III, 14, 7.
Diensis, col., IV, 17, 2.

Dieux, îles des, IV, 36, 1.
Digba, VI, 31, 1.
Digeri, IV, 18, 1.
Diglito, Tigris, fl., VI, 31, 1.
Dimastos, île, V, 36, 2.
Dimuri, VI, 23, 7.
Dindari, III, 26, 2.
Dindymis, Cyzique, V, 40, 2.
Dindymus, mont, V, 40, 2.
Dinia, ville, III, 5, 7.
Diobessi, IV, 18, 1.
Diocæsarea, en Cappadoce, VI, 3, 1.
Diodore, île, VI, 34, 5.
Diomède, île, III, 30, 1.
Diomède, île, X, 61, 2; XII, 3, 1.
Diomède, limite, XXV, 53, 3.
Diomède, promontoire, III, 26, 1.
Dion, V, 16, 1.
Dion (en Eubée), IV, 21, 2.
Dionysia, île, IV, 19, 2; V, 35, 3.
Dionysias, Naxos, IV, 22, 5.
Dionysopolis, IV, 18, 5 et 6.
Dionysopolitæ, V, 29, 4.
Dioryctos, localité, IV, 2, 1.
Dioscoridu, île, VI, 32, 10.
Dioscoron, île, III, 15, 2.
Dioscurias, VI, 5, 1 et 2.
Dioshieritæ, V, 31, 9.
Dioshieronitæ, V, 42, 2.
Diospage, V, 30, 2.
Diospolis, ou Dipolis, V, 18, 1.
Diospolis (en Égypte), VII, 57, 4.
Diospolis, Laodicea de Phrygie, V, 29, 3.
Diospolis, la grande, V, 11, 1.
Diospolites, nomos, V, 9, 3.
Dios Theodosia, II, 106, 11.
Dirce, fontaine, IV, 12, 1.
Direa, VI, 35, 1.
Dirini, III, 16, 6.
Ditiones, III, 26, 1.
Dium (en Crète), IV, 20, 3.
Doberi, IV, 17, 2.
Dochi, VI, 35, 12.
Docleate, fromage, XI, 97, 1.
Docleates, III, 26, 1.
Dodone, temple de Jupiter, IV, 1, 2.
Dodone, II, 106, 7; XXXVI, 19, 8.
Dolates, Salentini, III, 19, 2.
Dolicæ, îles, VI, 32, 9.
Doliche, Icaros, IV, 23, 1.
Dolichiste, île, V, 35, 3.
Doliones, Cyzique, V, 40, 2.
Doloncæ, IV, 18, 2.
Dolopes, IV, 3, 1.
Domatha, VI, 32, 14.
Domazanes, IV, 34, 7.
Donacesa, mont, IV, 15, 1.
Donusa, île, IV, 23, 3.
Dora, fontaine, VI, 32, 9.
Dorique, nation en Asie, VI, 2, 3.
Doriques, colonnes, XXXVI, 56, 1.
Doride, golfe, V, 29, 5.
Doride, mont Œta, XXXV, 40, 14.
Dorien, mode, II, 20, 2; VII, 57, 13.
Dorion, IV, 7, 1; V, 31, 6.
Doride, IV, 13, 1. — commence à la limite de la Carie, V, 29, 2.
Dorisci, VI, 25, 2.
Doriscus, localité, IV, 18, 4.
Doron (Cilicie), V, 22, 2.
Dorum, IV, 17, 1.
Dorylæi, V, 29, 4.
Dorylæum de Phrygie, V, 31, 8.
Dotion, IV, 16, 1.

## ECT — EMA — EPI

Dracon, mont, V, 31, 7.
Draconon, ile, IV, 23, 10.
Dramasa, nom indien du pôle austral, VI, 22, 6.
Drangæ, VI, 25, 3.
Dravus, fl., III, 28, 1.
Drepana, III, 14, 4.
Drepane, IV, 19, 1.
Drepanitani, III, 14, 5.
Drepanum, XXXII, 11, 1. — promontoire, III, 14, 3.
Drepanum, promont., en Inde, VI, 34, 6.
Drilo, fl., III, 26, 3.
Drilon, parties boisées, XXI, 19, 1.
Drimati, VI, 32, 9.
Drinium, fl., III, 29, 2.
Dromiscos, II, 91, 1.
Dromos Achilleos, IV, 26, 2.
Druentia, fl., III, 5, 2.
Drugeri, IV, 18, 1.
Druides, XVI, 95, 1.
Dryma, région, IV, 4, 2.
Drymodes, Arcadie, IV, 10, 1.
Drymusa, ile, V, 38, 2.
Dryopes, IV, 1, 2.
Dryopis, Thessalie, IV, 14, 1.
Dryusa, Samos, V, 37, 1.
Duatus, golfe, VI, 32, 8.
Dulichium, ile, IV, 19, 3.
Dulopolis, V, 29, 2.
Dumana, VI, 35, 1.
Dumma, ile, IV, 30, 3.
Duria, fl., IV, 25, 2.
Duria, deux fleuves, III, 20, 4.
Durius, ville royale, fournit une colonie, VI, 31, 12.
Durius, fl., IV, 34, 4; 35, 1 et 3.
Dusaritis, myrrhe, XII, 35, 2.
Dyme, col., IV, 6, 2.
Dyris, mont Atlas, V, 1, 13.
Dyrrachini, XIV, 4, 8.
Dyrrachium, ville d'Illyrie, III, 16, 3; XIX, 41, 7; XXXII, 9, 1. — colonie, III, 26, 4.

### E.

Ebliteens, monts, VI, 32, 8.
Ebode, VI, 32, 15.
Ebora, en Lusitanie, IV, 35, 5.
Ebura Cerealis, III, 3, 5.
Eburini, III, 15, 2.
Eurobritium, IV, 35, 1.
Eburovices Aulerci, IV, 32, 1.
Ebuse, chasse les serpents, III, 11, 2.
Ebuse, terre, III, 11, 2; XXXV, 59, 1.
Ebuse, ile, III, 11, 1; VIII, 83, 2; IX, 32, 1; XV, 21, 3; XIX, 30, 1.
Ebuse, produit des lapins, III, 11, 2.
Ecbatane, XXXI, 14, 1.
Ecbatane des Mèdes, VI, 16, 2; 31, 7, 1.
Ecbatane (en Médie), VI, 29, 5. — (en Phénicie), V, 17, 1.
Ecdippa, V, 17, 1.
Echetlienses, III, 14, 5.
Echinades, ile, II, 87, 1; IV, 19, 2.
Echinus, ville, IV, 14, 2.
Echinus, en Acarnanie, IV, 2, 1.
Echinussa, Cimolus, IV, 23, 3.
Ecole à Rome, XXXV, 37, 2. — d'Octavie, XXXVI, 4, 17.
Ecrectise, VI, 4, 6.
Ectini, III, 24, 4.

Edenates, III, 24, 4.
Edessa en Arabie, V, 21, 1.
Edetani, III, 4, 6.
Edétanie, région, III, 4, 3 et 7.
Edones, VI, 19, 1.
Edonis, IV, 18, 1.
Edonis, Antandros, V, 32, 3.
Edonus, mont, IV, 18, 12.
Edosa, IV, 35, 3.
Edro, port, III, 20, 7.
Egelasta d'Espagne, XXXI, 39, 5.
Egelestani, III, 4, 9.
Egnatia, ville, II, 111, 3; III, 16, 3.
Egovarri, IV, 34, 2.
Egra, VI, 32, 14.
Eguituri, III, 24, 4.
Eion, VI, 6, 1.
Elæa (en Éolide), V, 32, 1; 33, 4.
Elæa, ile dans la Propontide, V, 44, 1.
Elæus, IV, 18, 11.
Elæus, en Doride, V, 29, 5.
Elæussa ile, V, 38, 3.
Elamitæ, et ville du même nom, VI, 32, 12.
Elaphites, iles, III, 30, 3.
Elaphitis, ile, V, 38, 2.
Elaphonnesus, ile, V, 44, 1.
Elaphus, mont, VIII, 83, 1.
Elaphusa, ile, IV, 19, 2.
Elatea, ville, IV, 12, 3.
Elatée, tyran, XXXV, 36, 35.
Elatium, V, 21, 4.
Elatos, IV, 20, 3.
Elatum, fl., XXXI, 7, 1.
Elatus, mont, IV, 19, 4.
Elbocorii, IV, 35, 6.
Eldamarii, Arabes, VI, 30, 1.
Eldamarii, VI, 30, 1.
Elea, aujourd'hui Velia, III, 10, 1.
Electrides, les, III, 30, 2; IV, 30, 2; XXXVII, 11, 2.
Elegia d'Arménie, V, 20, 1.
Eleens, X, 40, 1.
Eleens, costume, XXXIV, 19, 42.
Elephantine, d'Æthiopie, XXIV, 102, 3. — de la Thébaïde, XVI, 33, 3.
Elephantis, ile, V, 10, 11.
Elethi, IV, 18, 1.
Eleusa, ile, IV, 19, 6; V, 22, 3; 35, 2.
Eleusine, tableau dans le temple, XXXV, 40, 9.
Eleusis, en Bœotie, II, 94, 1; IV, 11, 1.
Eleutheræ, IV, 12, 2; XXXIV, 19, 8.
Eleuthernæ, IV, 20, 3.
Eleutheros, fl., V, 17, 4.
Eleutherus, fl., IX, 12, 2.
Elice, II, 94, 1.
Elide, territoire, IV, 6, 3.
Elide, en Achaïe, II, 73, 2; IV, 6, 3; VII, 20, 1; XVI, 13, 2; XIX, 4, 3; 13, 1; XXI, 19, 3; XXV, 30, 1; XXVIII, 6, 4; XXXV, 34, 1; XXXVI, 55, 2.
Elopiæ, eaux, IV, 21, 2.
Elorum, fl., III, 14, 4.
Elorum, château de Sicile, XXXII, 7, 1.
Elusates, IV, 33, 1.
Elymæus, XII, 39, 1.
Elymais, VI, 28, 4; 31, 9. — jointe à la Perse, VI, 31, 10. — est humide, VI, 31, 10.
Emanici, III, 3, 10.

Emathia, Macédoine, IV, 17, 1.
Emerita Augusta, IV, 35, 6. — de Lusitanie, IX, 65, 3; XV, 4, 5.
Emerita, juridiction, IV, 35, 5.
Emesa, V, 21, 4.
Emeseni, V, 19, 1.
Emeum, VI, 35, 2.
Emischabales, VI, 32, 16.
Emmaum, toparchie, de Judée, V, 15, 1.
Emodus, chaine, VI, 21, 1; 24, 8.
Emodus, mont, V, 27, 2; VI, 21, 5.
Emporiæ, III, 4, 5.
Enæcadloæ, IV, 26, 3.
Enagora, ile, V, 35, 3.
Encheleæ, III, 25, 1.
Enderoduni, III, 26, 3.
Engadda, ville, V, 15, 4.
Enguini, III, 14, 5.
Eningia, ile, IV, 27, 6.
Enipeus, fl., IV, 15, 2.
Enispe, IV, 10, 1.
Enneacronos, IV, 11, 2. — à Athènes, XXXI, 28, 4.
Enosis, ile, III, 13, 2.
Entellini, III, 14, 5.
Eodanda, ile, VI, 32, 8.
Eordeæ, IV, 17, 1.
Eordenses, IV, 17, 2.
Epageritæ, VI, 5, 2.
Epagris, Andros, IV, 22, 1.
Epei, Elii, IV, 6, 3.
Epetini, III, 26, 2.
Ephèse, port, XXXV, 40, 15.
Ephèse, temple de Diane, II, 87, 2; VII, 38, 1; XXXVI, 56, 2. — temple, XVI, 79, 1; XXXIII, 55, 1; XXXIV, 19, 4; XXXVI, 4, 20; XXXVI, 21, 1. — sept fois rétabli, XVI, 79, 1.
Ephèse, Diane, XIV, 2, 1; XXXV, 40, 7.
Ephésiens, XXXV, 19, 9.
Ephésien, minium, XXXIII, 39, 1. — vin, XIV, 9, 2.
Ephésien, Hermodorus, XXXIV, 11, 2. — Parrhasius, XXXV, 36, 7. — Posidonius, XXXIII, 55, 2; XXXIV, 19, 40. — Xenocrates, XXXVII, 9, 2.
Ephèse, XXXIII, 37, 1. — œuvre des Amazones, V, 31, 4. — seconde lumière de l'Asie, V, 31, 9.
Ephyra, Corinthe, IV, 5, 3.
Ephyre, ile, IV, 19, 5.
Ephyri, IV, 3, 1.
Epicnémidiens, Locriens, IV, 12, 3.
Epicrane, fontaine, IV, 12, 1.
Epidamnum, col. III, 26, 4.
Epidaphnes, Antiochia, V, 18, 1.
Epidarum, V, 35, 2.
Epidaure, serpent amené d', XXIX, 22, 1.
Epidaure, ville, IV, 9, 2. — colonie, III, 26, 3.
Epidaurs, II, 91, 1.
Epidaurus Limera, IV, 9, 1.
Epidires Bérénice, VI, 34, 2.
Epimaranitæ, VI, 32, 8.
Epiphanenses (en Syrie), V, 19, 1.
Epiphania, de Cilicie, V, 22, 3.
Epiphania, sur l'Euphrate, V, 21, 1.
Epire, commencement, III, 26, 8.
Epire, V, 1, 2 et 3; VIII, 61, 1.
Epirote, Alexandre, III, 15, 3.

*Epire*, fruits, XV, 15, 2.
*Epirotes*, nations, IV, 17, 1.
*Epire*, bœufs, VIII, 70, 1.
*Epis*, VI, 35, 3.
*Episibrium*, III, 3, 5.
*Epitus*, mont, IV, 17, 3.
*Epium*, IV, 10, 1.
*Epopos*, mont, II, 89, 3.
*Epora*, III, 3, 6.
*Eporedia*, XXI, 26, 1; III, 21, 2.
*Equestris*, col., IV, 31, 2.
*Erannoboos*, fl., VI, 22, 1.
*Eranusa*, île, III, 15, a.
*Erasinus*, rivière en Argolide, II, 106, 3; IV, 9, 1.
*Eraton*, îles d', VI, 34, 1.
*Eravisci*, III, 28, 2.
*Erebenthodes*, île, V, 44, 1.
*Eresos*, V, 39, 1.
*Eretria* (en Eubée), IV, 21, 2.
*Erétrie*, craie, XXXIII, 57, 2; XXXV, 19, 1.
*Erétrien*, Philoxenus, XXXV, 36, 45.
*Erezii*, V, 32, 3.
*Ergavicenses*, III, 4, 8.
*Ergetini*, III, 14, 5.
*Erginus*, fl., IV, 18, 9.
*Ericusa*, île, III, 14, 7; IV, 19, 2.
*Eridan*, embouchure, III, 20, 5.
*Eridan*, fl., III, 20, 3.
*Eridan*, ou Pô, fl., XXXVII, 11, 2.
*Erineon*, IV, 13, 1.
*Erineos*, IV, 6, 1.
*Erizena*, région d'Asie, X, 60, 4.
*Eryannos*, fl., V, 32, 3.
*Erycini*, III, 14, 5.
*Erymanthus*, sources, XII, 57, 1.
*Erymanthus*, fl., IV, 10, 1.
*Erymanthus*. Voy. HERMANDUS.
*Erymnœ*, IV, 16, 1.
*Erythia*, Gadis, IV, 36, 2.
*Erythræ* (en Béotie), IV, 12, 2.
*Erythræ*, sur le fleuve Alcos, XXXI, 10, 1.
*Erythræ*, XXXII, 11, 1; XXXV, 46, 3.
*Erythrée*, myrrhe, XII, 35, 3.
*Erythrée* d'Asie, moutons, VIII, 73, 2.
*Erythréens*, VII, 57, 16.
*Erythrée*, mer, IV, 36, 2; VI, 28, 1.
*Erythræ*, temple d'Hercule, XI, 36, 3.
*Eryx*, mont, III, 14, 4.
*Esar*, VI, 35, 13.
*Esbonitæ*, Arabes, V, 12, 1.
*Escamus*, fl., III, 29, 1.
*Escua*, III, 3, 5.
*Esculetum*, XVI, 15, 1.
*Esernini*, III, 17, 2.
*Eserninus* Marcellus, XII, 5, 3.
*Espagne* et *Espagnols*. Voy. HISPANIA et HISPANI.
*Essedones*, IV, 26, 10.
*Essedones*, joints aux habitants de la Colchide, VI, 7, 2.
*Essedones* Scythæ, VI, 19, 1.
*Esséniens*, V, 15, 4.
*Esubiani*, III, 24, 4.
*Etaxalos*, île, VI, 32, 8.
*Etea*, IV, 20, 3.
*Etheleum*, fl., V, 41, 1.
*Ethini*, V, 4, 5.
*Etini*, III, 14, 15.
*Etrurie*, II, 53, 1; 54, 1; XIV, 4, 4; XVII, 2, 10; XVIII, 23, 1; XXIV, 95, 1; XXVIII, 4, 1; XXXIV, 16,

2; XXXV, 43, 2; 45, 3. — a souvent changé de nom, III, 8, 1.
*Étrurie*, et Ligurie, limites, XI, 97, 1.
*Étrurie*, roi Mézence, XIV, 14, 1. — Porsenna, XXXVI, 19, 7.
*Étrurie*, vins, XIV, 8, 7.
*Étrusque*, couronne, XXXIII, 4, 4. — science, II, 85, 1; X, 17, 2.
*Étrusques*, couronnes, XXI, 4, 1. — fables, XXXVI, 19, 9. — lettres, XXXVI, 87, 1.
*Étrusques*, VIII, 74, 2. — vaincus, IX, 63, 1.
*Étrusques*, Populonium, III, 8, 1.
*Eubée*, île, IV, 21, 1 et seqq. XI, 15, 4; XVI, 93, 1; XVII, 37, 13; XVIII, 12, 6; XXV, 53, 3; XXXI, 20, 1; XXXII, 9, 1. — des Béotiens, VI, 39, 6. — là est l'Euripe, II, 100, 1.
*Eubée*, Chalcis, XI, 74, 1.
*Eubée*, sapin, XVI, 76, 2.
*Eubée*, sel, XXXI, 41, 3.
*Euburiates*, III, 7, 1.
*Eucarpeni*, V, 29, 4.
*Euchatæ*, VI, 19, 1.
*Eudæmon*, Arabie, VI, 31, 12.
*Eudemia*, île, IV, 23, 7.
*Eudon*, fl., V, 29, 6.
*Euganéennes*, nations, III, 24, 1. — d'une race illustre, III, 24, 2.
*Euganéens*, III, 23, 3.
*Eulippa*, Thyatira, V, 31, 3.
*Eulœus*, fl., VI, 26, 5; 31, 9; XXXI, 21, 4. — description; les rois boivent de son eau, VI, 31, 9.
*Euménétique*, région, V, 31, 2.
*Eumenie*, de la Carie, V, 29, 6.
*Eumenia* (en Thrace), IV, 18, 6.
*Eupalia*, IV, 4, 1.
*Eupatoria*, VI, 2, 3.
*Euphorbeni*, V, 29, 4.
*Euphrate*, barré par les Orchéniens, VI, 31, 4.
*Euphrate*; on croit qu'il sort en Arabie, VI, 32, 16.
*Euphrate*, fl., V, 20, 1 et seqq. VI, 9, 1; 10, 1; XIII, 32, 4; XV, 34, 4; XVIII, 45, 5; 47, 3; XIX, 18, 1; XXXI, 21, 4; XXXIV, 43, 2; XXXVI, 70, 1. — mis en dérivations, VI, 30, 3. — se partage après Zeugma, V, 21, 4. — autour de Babylone, XIII, 22, 2. — croît comme le Nil, V, 21, 5. — vers Séleucie se réunit au Tigre, V, 21, 4. — lieu où fut une bouche de l'Euphrate, VI, 32, 6.
*Euphrate*, confluent, VI, 30, 5. — bouche, VI, 26, 5. — marais, VI, 28, 2. — rives, VIII, 84, 1.
*Eupilis*, lac, III, 23, 4.
*Euranium*, V, 29, 5.
*Eurome*, V, 29, 7.
*Europe*, nourrice du peuple vainqueur, III, 1, 1. — tiers de toute la terre, VI, 38, 5.
*Europe*, circuit, IV, 37, 1. — grandeur, VI, 38, 4. — second golfe, III, 15, 2. — troisième golfe, IV, 18, 12 et 14. — quatrième golfe, IV, 24, 1. — limite, le Tanaïs, III, Procem., 4.
*Europum* (en Parthie), VI, 29, 2.
*Europus*, IV, 17, 1; V, 21, 2.
*Eurotas*, fl., IV, 8, 1; XXXIV, 19, 20.

*Euryanassa*, île, V, 38, 2.
*Eurymedon*, fl., V, 26, 1.
*Eurymenæ*, XXXI, 20, 1.
*Eutane*, V, 29, 5.
*Euthene*, V, 29, 5.
*Eutychia*, île, IV, 23, 7.
*Euxin*, Pont, VI, 1, 1.
*Evanthia*, Trallis, V, 29, 6.
*Evarchus*, fl., VI, 2, 2.
*Evazæ*, VI, 7, 1.
*Evenus*, fl., IV, 5, 3; V, 32, 2.
*Evergetæ*, VI, 25, 3.
*Evia*, III, 3, 7.
*Evanus*, Peparethus, IV, 23, 7.
*Evonymitæ* Æthiopes, VI, 35, 7.
*Evonymos*, III, 14, 7.
*Exquilina* (partie de Rome), XVIII, 3, 5.
*Exusta*, île, VI, 34, 6.

## F

*Fabaria*, île, IV, 27, 7.
*Fabariæ*, îles, XVIII, 30, 4.
*Fabianus*, canton, XVII, 41, 1.
*Fabienses*, sur le mont Albain, III, 9, 11.
*Fabraterni*, vieux et nouveaux, III, 9, 11.
*Fagifulani*, III, 17, 2.
*Falarienses*, III, 18, 2.
*Falerne*, poires, XV, 16, 1.
*Falerne*, succin, XXXVII, 12, 1.
*Falerne*, vins, XXIII, 20, 1; 21, 1.
*Falerne*, raisins, XV, 4, 15.
*Falerne*, champs, III, 9, 7.
*Falerne*, vin, XIV, 8, 3; 16, 1; 17, 2; XXII, 43, 1; XXIII, 20, 1.
*Falerne*, territoire, IV, 4, 15; 8, 3.
*Falisca*, col., III, 8, 2.
*Falisques*, territoire, II, 106, 10. — VII, 2, 11.
*Falliénates*, III, 19, 2.
*Fama* Julia, III, 3, 10.
*Fanesii*, IV, 27, 5.
*Fanum* Fortunæ, col., III, 19, 2.
*Faventia*, Barcino, III, 4, 5.
*Faventia*, ou Vesci, III, 3, 5.
*Faventia*, lins, XIX, 2, 2 et 3.
*Faventini*, 20, 2.
*Favonienses* Nucerini, III, 19, 2.
*Feletrini*, III, 23, 3.
*Felicitas* Julia, IV, 35, 5.
*Feliginates*, III, 19, 3.
*Felsina* Bononia, III, 20, 1.
*Ferentinates*, III, 9, 11.
*Ferentinum*, III, 8, 3.
*Feritor*, fl., III, 7, 2.
*Feronia*, bois sacré, III, 8, 2.
*Fertinates*, III, 25, 1.
*Fertini*. Voy. FELETRINI.
*Fescennia*, III, 8, 3.
*Fesulæ*, III, 8, 3.
*Fesulæ*, peuple, VII, 11, 2.
*Fibularenses* Calaguritani, III, 4, 8.
*Ficana*, III, 9, 16.
*Ficaria*, île, III, 13, 2.
*Ficolenses*, III, 9, 11; 17, 2.
*Fidénè*, XVI, 5, 1.
*Fidène*, territoire, III, 9, 2; X, 41, 3. — tuf, XXXVI, 48, 1.
*Fidènes*, III, 9, 16; 17, 2; XXXIV, 11, 3.
*Fidentes* Aretini, III, 8, 3.
*Fidentia* Julia, III, 3, 5.

## FRI

Fidentini, III, 20, 2.
Firmanorum castellum, III, 18, 2.
Firmum Julium, III, 3, 3.
Fiscellus, mont, III, 17, 3.
Flaminia, voie, XV, 40, 4; XXIII, 49, 1.
Flaminius, Cirque, XXXIV, 7, 1.
Flamonienses Vanienses, III, 23, 3.
Flanates, III, 25, 1.
Flanaticus, golfe, III, 23, 1.
Flavia prima colonia, V, 14, 2.
Flaviobriga, col., IV, 34, 1.
Flaviopolis, col., IV, 18, 9.
Flavium Solvense, III, 27, 1.
Flevum, bouche du Rhin, IV, 29, 1.
Florentia, vigne, XIV, 4, 13.
Florius, fl., IV, 34, 3.
Fluentini, III, 8, 3.
Focunates, III, 24, 4.
Fontaines amères, VI, 33, 2.
Forath, VI, 32, 4.
Forentani, III, 9, 11; 16, 6.
Foretani, III, 23, 3.
Foretii, III, 9, 16.
Formiæ, ville, III, 9, 6; XXXVI, 7, 1.
Formio, rivière, III, 22, 2.
Foroappii, III, 9, 11.
Foroaugustana Libisosona, III, 4, 9.
Forobrentani, III, 19, 2.
Foroclodii, III, 8, 3.
Forocorneliensis, territoire, III, 20, 5.
Foroflaminienses, III, 19, 2.
Forofulvi, ville, III, 7, 3.
Forojulienses, XXXI, 44, 1. — Concubienses, III, 19, 2. — Transpadani, III, 23, 3.
Foroneronienses, III, 5, 6.
Foropopulienses, III, 9, 11.
Forosempronienses, III, 19, 10.
Forovibienses, territoire, III, 20, 3.
Fortunales, III, 3, 10.
Fortunées, îles, IV, 36, 1; VI, 37, 1 et 2.
Forum à Rome, II, 23, 4; XV, 20, 3; XXXIV, 11, 1; XXXV, 8, 1 et 2.
Forum, d'Appius, XIV, 8, 2.
Forum, d'Auguste, VII, 54, 4; XVI, 74, 3; XXII, 6, 3; XXXV, 10, 1; 36, 31; XXXVI, 24, 2.
Forum Boarium, à Rome, X, 41, 3; XXVIII, 3, 3; XXXIV, 5, 1; 16, 1; XXXV, 7, 1.
Forum Cæsaris, XVI, 87, 1; XXXV, 45, 3.
Forum Clodii, III, 20, 2.
Forum Cornelii, III, 20, 2.
Forum Decii, III, 17, 2.
Forum Julii, III, 5, 5.
Forum Julium, ou Illiturgi, III, 3, 6.
Forum Livii, III, 20, 2.
Forum novum, III, 17, 2.
Forum Popilii, III, 20, 2.
Forum Truentinorum, III, 20, 2.
Forum Voconii, III, 5, 6.
Fossa Clodia, III, 20, 7.
Fossa Neronis, XIV, 8, 2.
Fossæ, îles, III, 13, 1.
Fossæ Marianæ, III, 5, 4.
Fratuertium, III, 16, 3.
Fregellæ, XXXV, 45, 3.
Fregenæ, ville, III, 8, 2.
Freginates, III, 9, 11.
Frentana, région, III, 16, 4; 17, 1.
Frento, fl., III, 16, 4.
Frisiabones, IV, 29, 1; 31, 2.

## GAL

Frisons, XXV, 6, 5.
Frisons, îles, IV, 29, 1.
Frusinates, III, 9, 11.
Fucentes, III, 17, 1.
Fucin, lac, II, 106, 2; III, 17, 1 et 2; IX, 37, 1; XXXI, 24, 1; XXXVI, 24, 19.
Fulginates, III, 19, 2.
Fundana, vins, XIV, 8, 5.
Fundanus, lac, III, 9, 6.

### G

Gabala, XII, 55, 1.
Gabale, V, 18, 1.
Gabales, IV, 33, 1.
Gabalicus, territoire, XI, 97, 1.
Gabba, XII, 40, 1.
Gabe, V, 16, 1.
Gabellus, fl., III, 20, 4.
Gabeni, V, 19, 1.
Gabiensis, territoire, II, 96, 1.
Gabini, III, 9, 11.
Gabri, VI, 7, 2.
Gadagale, VI, 35, 2.
Gadara, V, 16, 1.
Gades, II, 67, 1, 2 et 3; III, 3, 1; IV, 36, 1; IX, 32, 1; XIX, 1, 3; XXIX, 8, 4. — fondée par les Tyriens, V, 17, 2.
Gades, Corn. Balbus né à, V, 5, 6.
Gades, temple d'Hercule, II, 100, 1; XIX, 22, 2.
Gadir, Gadis, IV, 36, 2.
Gades, détroit, III, Proœm. 4; 1, 1.
Gades, ville, IV, 36, 2. — côte, IX, 4, 3.
Gades, Arganthonius de, VII, 49, 3.
Gades, juridiction, III, 3, 12.
Gades, Océan, II, 106, 5; IX, 3, 1; 4, 2; 5, 1.
Gades, première, IV, 36, 2.
Gætules, nations, V, 1, 17.
Gætules, V, 8, 1; VIII, 7, 2; 21, 1; XXV, 58, 1.
Gætules, Autololes, V, 1, 9. — Daræ, V, 1, 10.
Gætules, brigands, X, 94, 2.
Gætulie, entière, V, 4, 5; VIII, 19, 1.
Gætulie, de la Mauritanie Césarienne, XXI, 45, 1.
Gætulique, pourpre, VI, 36, 4.
Gætulique, purpurissum, XXXV, 26, 2.
Gætulique, littoral, IX, 60, 3.
Gagæ, V, 28, 1.
Gagaude, île, VI, 35, 7.
Gages, fl., de Lycie, XXXVI, 34, 1.
Galanis, en Phénicie, II, 93, 1.
Galasa, V, 16, 1.
Galata, île, III, 14, 6; V, 7, 2; XXXV, 59, 1.
Galates, VIII, 64, 5.
Galatie, V, 42, 1; XIV, 11, 1; XV, 7, 6; XVI, 12, 1; XXIV, 67, 1; XXV, 17, 1; XXXII, 13, 2; XXXVII, 22, 2; 40, 1; XL, 8, 1.
Galatie, écarlate, IX, 65, 3; XXII, 3, 1.
Galatie, acacia, XXIV, 67, 2.
Galatie, laine, XXIX, 9, 4.
Galatie, pæderos, XXXVII, 46, 2.
Galatie, rue, XX, 51, 1.
Galatie, abrotonum, XXI, 92, 1.
Galatie, acoron, XXV, 100, 1.

## GAL

Galatini, III, 14, 5.
Galilée, V, 15, 1.
Gallæ, VI, 35, 2.
Gallæci, III, 4, 14.
Gallæcia ou Gallicie, IV, 34, 4; IX, 2, 4; XXXIII, 21, 11; XXXIV, 47, 1 et 2.
Gallaique, nation en Espagne, VIII, 67, 1.
Galleti, IV, 32, 1.
Galli ou Gaulois, VIII, 28, 1; 61, 6; XXII, 75, 1; XXIV, 112, 1; XXV, 25, 1; 31, 1; 59, 1; XXXII, 11, 3. — Rome prise par les Gaulois, III, 9, 5; XXXIII, 5, 1.
Galli; font des cribles avec des crins de cheval, XVIII, 28, 1. — empoisonnent leurs flèches, XXVII, 76, 1.
Galli (Circumpadani), XXVI, 26, 1.
Galli, (en Galatie), V, 42, 1.
Gallia ou Gaule, VIII, 34, 4; 74, 2; X, 68, 1; XII, 50, 1; XVI, 13, 2; 20, 1; 31, 1; XVII, 4, 1, 2 et 3; XXI, 97, 1; XXII, 82, 1.
Gallia, Belgique, VII, 17, 1. — Celtique et Lyonnaise, IV, 31, 1. — Chevelue, IV, 31, 1; XI, 47, 1; XVIII, 20, 1; XXXIII, 11, 1; XXXVI, 7, 1. — Narbonnaise, IV, 31, 1.
Gallia septentrionale, IX, 39, 1.
Gallia voisine de l'Océan septentrional, X, 66, 1.
Gallia Togata, III, 19, 1.
Galliæ, ou les Gaules, XIV, 29, 1; XVI, 13, 1; XVIII, 11, 1; 25, 1; 57, 7; XIX, 2, 1; XXVIII, 5, 3; XXIX, 12, 1; XXX, 4, 1; XXXI, 39, 7; XXXIII, 6, 8; XXXVI, 66, 3. — entières, XXXIV, 49, 1. — contenues par les Alpes, XII, 2, 3. — ne sont pas sujettes aux tremblements, II, 82, 3. — toutes les Gaules tissent des voiles, XIX, 2, 1.
Galliæ, nom que dans les Gaules on donne à la marne, XVII, 4, 5. — nation à l'opposite des Indiens, VI, 21, 2.
Gallia, cité des Tungres, XXXI, 8, 2.
Gallia, un envoyé, IX, 4, 1.
Gallia, mine, XXXIII, 23, 1.
Gallia, Proconsul, II, 67, 4.
Gallia; Posidonius la mesurait à partir du Favonius, VI, 21, 2. — ce que les Gaules admirent, XVI, 95, 1. — fromage des Gaules, goût, VI, 97, 2. — circuit, II, 67, 1. — longueur et largeur, IV, 31, 1. — invention, XXXIV, 48, 2. — matelas, etc., XIX, 2, 5. — savon, XXVIII, 51, 2. — vastes biensfonds, XVIII, 67, 10.
Gallia, oignon, XIX, 32, 3. — culture, XVII, 35, 47. — frêne, XVI, 83, 2. — pastinaca, XIX, 27, 1. — taille des vignes, XVII, 35, 44. — saule, XVI, 69, 1. — siligo, XVIII, 20, 3. — tarière, XVII, 25, 2. — vigne, XIV, 4, 15. — pommes, XV, 11, 1. — annonce du tumulte gaulois, III, 24, 5. — alauda, mot gaulois, XI, 44, 2.
Gallia. agaric, XXV, 57, 1. — pastel, XXII, 2, 1. — néflier, XV, 22, 1. — nard, XII, 26, 3 et 4; 27, 1;

XIII, 2, 10; XIV, 19, 5; XXI, 79, 1; XXVII, 28, 4 et 5. — bourre, VIII, 73, 3. — froment, XVIII, 12, 3. — mer des Gaules, III, 10, 4. — territoire gaulois autour d'Ariminum, III, 19, 1. — littoral gaulois, III, 19, 1. — asperge des Gaules, XXI, 50, 1. — océan gaulois, IX, 3, 1. — golfe des Gaules, XXXII, 11, 1. —, Gaulois montant au Capitole, XXIX, 14, 1. — butin, XXXIII, 5, 2. — combats avec Attale et Eumène, XXXIV, 19, 34. — druides des Gaulois, XXIV, 62, 1. — Gaulois assiégés par Cassandre, XXXI, 30, 1. — les Gaulois combattent ornés d'or, XXXIII, 5, 2. — Gaulois peint trèsmal, XXXV, 8, 2.
*Gallitalutæ*, VI, 23, 7.
*Gallitæ*, III, 24, 4.
*Gallus*, fl., V, 42, 3; VI, 1, 3. — fl. de Phrygie, XXXI, 5, 1.
*Galmodroesi*, VI, 22, 4.
*Gamala*, V, 14, 2.
*Gamalæ*, en Phénicie, II, 93, 1.
*Gambreves*, VI, 35, 2.
*Gamphasantes*, V, 8, 2.
*Gangarides* Calingæ, VI, 22, 1.
*Gange*, plus grand que l'Indus, VI, 21, 5.
*Gange*, fl., VI, 22, 4; IX, 2, 1; 17, 3; XII, 26, 1; XXXIII, 21, 1; XXXVII, 76, 2.
*Gange*, fl., origine, VI, 22, 1 et seqq. — source, VII, 2, 18.
*Gangre*, IV, 2, 3.
*Ganos*, ville, IV, 18, 9.
*Garama*, capitale des Garamantes, V, 5, 6.
*Garamantes*, V, 4, 1; VIII, 61, 1; 70, 3; XIII, 33, 1. — la route qui mène chez eux est inextricable, V, 5, 7.
*Garamantes*, escarboucle, XXXVII, 25, 1.
*Garamantites* (pierre), XXXVII, 28, 1.
*Garamantes*, Matelgæ, ville des, V, 5, 6.
*Garesci*, IV, 17, 2.
*Garganus*, mont, III, 16, 4.
*Gargaphie*, fontaine, IV, 12, 1.
*Gargara*, mont, V, 32, 3. — et ville, V, 32, 3.
*Garnæ*, port, III, 16, 4.
*Garode*, île, VI, 35, 15.
*Garsauritis*, VI, 3, 2.
*Garunna*, fl., IV, 31, 1.
*Gasani*, VI, 32, 8.
*Gaudæ*, IV, 18, 2.
*Gaudos*, île, IV, 20, 6.
*Gaugamela*, VI, 30, 2.
Gaule et Gaulois, Voyez GALLIA et GALLI.
*Gaulopes*, VI, 32, 6.
*Gaulos*, île, III, 14, 6; V, 7, 2.
*Gauratæ*, VI, 26, 4.
*Gaurus*, vignes, XIV, 4, 15.
*Gaurus*, monts, III, 9, 7.
*Gaurus*, vin, XIV, 8, 3.
*Gaurus*, mont, XIV, 8, 4.
*Gaza*, V, 14, 1. — en Judée, XII, 32, 5.
*Gaza* (près des Troglodytes), VI, 34, 5.

*Gazæ*, dans l'Atropatène, VI, 16, 2.
*Gazacena*, région, VI, 3, 1.
*Gazatæ*, V, 19, 1.
*Gazelum*, VI, 2, 2.
*Gaziura*, fl., IV, 26, 5.
*Gebadei*, VI, 33, 5.
*Gebanitæ*, VI, 32, 11; XII, 32, 5; 35, 2; 42, 3.
*Gebenna*, mont, III, 5, 1; IV, 31, 1.
*Gebes*, fl., V, 40, 3.
*Gedranitæ*, VI, 32, 15.
*Gédrosiens*, VI, 23, 9; 25, 1; IX, 2, 4; XII, 18, 1; XIII, 9, 7.
*Gédrosie*, XXI, 36, 1.
*Gedrusi*, VI, 25, 3 et 4.
*Gela*, en Sicile, XXXI, 39, 1; 41, 2.
*Gelæ*, VI, 18, 2.
*Gelani*, III, 14, 5.
*Gelas*, fl., III, 14, 4.
*Gelduba*, château, XIX, 28, 1.
*Gélon*, fontaine, XXXI, 16, 1.
*Gélons*, IV, 26, 10.
*Gemella* Augusta, III, 3, 8.
*Gemellenses*, III, 4, 9.
*Gemelli*, collines, III, 14, 3.
*Gemitorii* gradus, ou gémonies, VIII, 61, 3.
*Gemmines*, III, 24, 4.
*Gendos*, fl., V, 43, 1.
*Genesaras*, lac, V, 15, 2.
*Genetæ*, VI, 4, 2.
*Geusora*, VI, 35, 3.
*Gêne*, ville, III, 7, 2. — de Ligurie, XIV, 8, 7.
*Genua* Urbanorum, III, 3, 8.
*Genusini*, III, 16, 6.
*Geoaris*, île, IV, 19, 2.
*Georgi*, IV, 26, 3; VI, 14, 3.
*Ger*, fl., V, 1, 15.
*Geræstos*, ville, IV, 21, 2.
*Geræstum*, promont., IV, 21, 1.
*Geranea*, IV, 11, 1.
*Gerania*, IV, 8, 1; 18, 6.
*Geretæ*, III, 23, 8.
*Gergithos*, V, 32, 2.
*Germani* Oretani, III, 4, 9.
*Germains*, XXVIII, 51, 2; XXXVII, 11, 12. — le nom des Scythes passe aux Germains, IV, 25, 2. — cinq races germaines, IV, 28, 2.
*Germanie*, VII, 20, 1; X, 27, 2; 35, 1; XIX, 2, 2; 26, 4; 28, 1; XXXI, 17, 1. — province, XXXIV, 2, 1. — au delà du Rhin, XXV, 6, 4. — non toute connue, IV, 28, 1. — limitrophe de la Scythie, VIII, 15, 1.
*Germanie*, XXXI, 39, 7.
*Germanie* supérieure, plaines, XIX, 42, 1.
*Germanie*, ruches, XI, 14, 1. — nations dans la Belgique, IV, 31, 2. — camp des légions, IV, 37, 2. — littoral, XXXVII, 11, 9. — étendue de la côte, IV, 28, 1. — pâturages, XVII, 3, 2. — peuples, XVIII, 44, 1. — pirates, XVI, 76, 6. — forêt Hercynienne, XVI, 76, 1.
*Germanie*, remplie toute de forêts, XVI, 2, 1.
*Germanie*, longée par une flotte, II, 67, 1.
*Germanie*, nations, IV, 28, 1.
*Germanicopolis*, V, 40, 3.
*Germanique*, mer, IV, 30, 2.
*Gerontia*, île, IV, 23, 7.

*Gerra*, VI, 32, 6.
*Gerraïcus*, golfe, VI, 32, 6.
*Gerrhæ*, en Arabie, XXXI, 39, 1.
*Gerrhon*, VI, 33, 4.
*Gerrhus*, fl., IV, 26, 5.
*Gerundenses*, III, 4, 6.
*Gescliton*, VII, 2, 2.
*Gessoriacum*, des Morins, IV, 30, 1.
*Gessoriacum*, canton, IV, 31, 2.
*Gessorienses*, III, 4, 8.
*Gessus*, fl., V, 31, 3.
*Gètes*, IV, 18, 2. — Daces, IV, 25, 1.
*Géthone*, IV, 23, 9.
*Gétone*, île, V, 38, 3.
*Getta*, V, 17, 1.
*Gigarta*, V, 17, 4.
*Gigartho*, fontaine, V, 37, 1.
*Gigemoros*, mont, IV, 18, 12.
*Gindareni*, V, 19, 1.
*Gissa*, île, III, 25, 2.
*Glanis*, fl., III, 9, 1 et 2. — Liris, fl., III, 9, 6.
*Glanum* Livii, III, 5, 6.
*Glari*, VI, 32, 8.
*Glauconnesos*, IV, 22, 1.
*Glaucus*, fl., V, 29, 1 et 6; VI, 4, 6.
*Glessaria*, île, IV, 27, 7; XXXVII, 11, 11.
*Glessariæ*, îles, IV, 30, 2.
*Glinditiones*, III, 26, 2.
*Glissas*, IV, 12, 2.
*Gnide*, Vénus, VII, 39, 2; IX, 41, 2; XXXII, 1, 5; XXXVI, 4, 9 et 11.
*Gnide*, oignons, XIX, 32, 1.
*Gnidiens*, VII, 39, 2; XXXVI, 4, 9 et 10.
*Gnide*, roseaux, XVI, 64, 1.
*Gnidiens*, ville dans l'île de Corcyre, III, 30, 3.
*Gnide*, écarlate, XXVII, 46, 1. — grain, XIII, 35, 1; XV, 7, 4. — huile du grain, XXIII, 45, 1. — vin, XIV, 9, 2.
*Gnide*, fontaine, XXXV, 47, 2.
*Gnide*, Ctésias, II, 110, 1. — Sostratus, XXXVI, 18, 1.
*Gnide*, V, 29, 1; XII, 61, 1; XIII, 16, 1; XXXVI, 4, 9; 18, 1.
*Gnossus*, Ctésiphon, VII, 38, 1. — Épiménides, VII, 49, 1; 53, 2.
*Gnossus*, IV, 20, 3.
*Gobæa*, port, VI, 32, 3.
*Gogari*, VI, 7, 2.
*Gogiarei*, VI, 23, 6.
*Golgi*, V, 35, 2.
*Gomphi*, IV, 15, 1.
*Gophnitica*, toparchie de Judée, V, 15, 1.
*Gophoa*, VI, 35, 1.
*Gora*, VI, 35, 2.
*Goralus*, fontaine, VI, 32, 8.
*Gorditanum*, promontoire, III, 13, 2.
*Gardiu-come*, V, 40, 3.
*Gordium*, capitale de la Galatie, V, 42, 1.
*Gordyéens*, monts, VI, 12, 1; VI, 31, 3.
*Gordynie*, IV, 17, 1.
*Gorgades*, îles, VI, 36, 3.
*Gortyna*, IV, 10, 1. — (en Crète), IV, 20, 3; XII, 5, 2.
*Grabæi*, III, 26, 3.
*Graccuritani*, III, 4, 8.

*Græciochantæ*, VI, 3o, 6.
*Græcostasis*, VII, 60, 1; XXXIII, 6, 3.
*Græcula*, fruit, XV, 15, 2. — rose, XXI, 10, 4; XXVI, 27, 2. — vigne, XIV, 4, 5.
*Graiques*, portes, des Alpes, III, 21, 1.
*Granique*, fl., V, 40, 1. — V, 33, 2.
*Granis*, fl., VI, 26, 5.
*Granucomatæ*, V, 19, 1.
*Grateæ*, îles, III, 3o, 3.
*Graucome*, VI, 35, 2.
*Gravii*, IV, 34, 3.
*Graviscæ*, III, 8, 2; XXXII, 11, 1; vins, XIV, 3, 7.
*Grecs*, crédulité, VIII, 34, 3. — secte, XVIII, 57, 4. — vanité, XIX, 26, 6; XXXVII, 74, 2. — exemple de la vanité, II, 112, 10. — mensonges, XXVIII, 29, 1. — théorie d'invention grecque, VI, 39, 1.
*Grecs*, avoine, XVIII, 42, 1. — poires, XV, 16, 2; 17, 2. — rose, XXXI, 10, 4. — saules, XVI, 69, 1. — vins grecs néfastes, XIV, 23, 1.
*Grecs*, ne voilent rien, XXXIV, 10, 1.
*Grecs*, laitues, XIX, 38, 2.
*Grecs*, lettres, VIII, 3, 1. — vieilles lettres, VII, 58, 1.
*Grecs*, noix, XI, 7, 1; XVI, 59, 3.
*Grecs*, pressoir, XVIII, 74, 6.
*Grecs*, pavé, XXXVI, 63, 1.
*Grecs*, couleur, XXXIV, 20, 3.
*Grecs*, figure de leurs lettres, XXI, 38, 3.
*Grecs*, pères de tous les vices, XV, 5, 1. — race très-portée à se vanter, III, 6, 4. — sentence sur eux, XXIX, 8, 10. — ce qu'en dit Caton, XXIX, 7, 1.
*Grecs*, auteurs, XVII, 16, 2.
*Grecs*, en Campanie, III, 9, 8.
*Grèce*, VII, 57, 2 et 14; XIII, 35, 1; XIV, 25, 6; XVII, 6, 1; XVIII, 31, 1.
*Grèce*, ainsi dite du roi Græcus, IV, 14, 1. — victoire de Salamine, II, 22, 3. — époque de sa splendeur, XVIII, 12, 2.
*Grèce*, Hellas, IV, 11, 1.
*Grèce*, dite Argos Dipsion, VII, 57, 5.
*Grèce*, grande, III, 6, 4; 15, 1. — sur le littoral de l'Italie, XXXVI, 4, 26.
*Grèce*, statue d'Euphranor, XXXIV, 19, 27.
*Grèce*, fables, XII, 5, 2. — fables errantes, V, 5, 1. — génies, XXIX, 5, 5. — langues, XXV, 6, 1. — mensonges, V, 1, 4. — philosophes, XXXV, 46, 3. — assemblée générale, XXXV, 35, 2. — le roi le plus ancien, VII, 57, 3.
*Grèce*, arbres malheureux, XIII, 37, 1.
*Grèce*, otides, X, 29, 2.
*Grèce*, ses populations n'ont pas de vers intestinaux, XXVII, 120, 1.
*Grèce*, mer de la, IV, 18, 14.
*Grecque*, Sinopis, XXXV, 17, 1.
*Grec*; que n'ont-ils pas essayé, XVII, 4, 1? — il faut user de mots grecs, II, 13, 2.
*Grecque*, menuiserie, XVI, 82, 1.
*Grecs*, gymnases, XXVIII, 13, 1. — monuments, VIII, 69, 4.
*Grecs*; Caton veut qu'on les chasse d'Italie, VII, 31, 4.

*Grecs*, étant chassés de l'Italie, XXIX, 8, 2.
*Grec et Grecque enterrés vifs*, XXVIII, 3, 3.
*Grec*, miel, XXIX, 11, 6.
*Grecque*, laine, VIII, 73, 1.
*Grec*, vin, XIV, 16, 1; 17, 1. — Grec, vers, XXVII, 75, 1.
*Grec*, le plus brave, le plus sage, XXXIV, 12, 1.
*Gridinum*, fl., VI, 18, 3.
*Groucasus*, Caucasus, V, 19, 1.
*Grumbestini*, III, 16, 7.
*Grumentini*, III, 15, 3.
*Grumentum*, XIV, 8, 9.
*Grylios*, fl., XV, 32, 2.
*Grynia*, V, 32, 1.
*Grynium*, XXXII, 21, 1.
*Guberui*, IV, 31, 2.
*Gunugi*, col., V, 1, 19.
*Guttalus*, fl., IV, 28, 3.
*Guttons*, IV, 28, 2. — nation germanique, XXXVII, 11, 5.
*Gyaros*, île, IV, 23, 2; VIII, 82, 2. — Cyclade, VIII, 43, 1.
*Gygès*, étang, V, 3o, 1.
*Gymnasiæ*, Baléares, III, 11, 1.
*Gymnètes*, VI, 35, 12; VII, 2, 21.
*Gymnètes Pharusii*, V, 8, 1.
*Gynæcocratumeni*, VI, 7, 1.
*Gynæcopolites nomos*, V, 9, 3.
*Gyrei*, VI, 32, 15.
*Gyri*, mont, V, 5, 7.
*Gyrton*, IV, 16, 1.
*Gystate*, VI, 35, 1.
*Gytheates*, golfe, IV, 8, 1.

## H

*Habessus*, V, 28, 1.
*Hadranitani*, III, 14, 5.
*Hadylius*, mont, IV, 12, 1.
*Hæbudes*, îles, IV, 30, 2.
*Hæmus*, sommet, IV, 1, 3.
*Hæmus*, mont, IV, 17, 5; IV, 18, 1 et 6. — sources, XXXI, 3o, 1.
*Halcyone*, mont, IV, 17, 3. — ville, IV, 12, 3.
*Halesini*, III, 14, 5.
*Halesus*, fl., V, 31, 5.
*Haliartus*, IV, 12, 2.
*Halicarnassus*, V, 29, 5; XXXV, 49, 3; XXXVI, 6, 1.
*Halycienses*, III, 14, 5.
*Halycirna*, IV, 3, 2.
*Haliserne*, 33, 3.
*Halizones*, V, 40, 3.
*Halmydessos*, IV, 18, 7.
*Halmyris*, lac, IV, 24, 8.
*Halone*, île, II, 89, 1; V, 38, 2. — dans la Propontide, V, 44, 1.
*Halonesos*, île, IV, 23, 9.
*Halonnesi*, en face la Troglodytique, VI, 34, 1.
*Halos*, ville, IV, 14, 2.
*Halydienses*, V, 29, 7.
*Halys*, fl., VI, 2, 2; 2, 10.
*Humazitos*, V, 29, 5; 33, 1.
*Hamaxobii*, IV, 25, 1.
*Hamirei*, II, 32, 15.
*Hammæen*, littoral, VI, 32, 8.
*Hammanientes*, V, 5, 4.
*Hammodara*, VI, 35, 2.
*Hammon*, elate, XII, 62, 1.

*Hammon*, cyperus, XXI, 7o, 1.
*Hammon*, nomos, V, 9, 3.
*Hammon*, temple en Æthiopie, VI, 35, 8.
*Hammon*, oracle, V, 5, 1; 9, 3 et 5; XXXI, 39, 4.
*Hannibal*, camp, III, 15, 1.
*Hannibal*, petite île, III, 11, 2.
*Hannibal*, tours, II, 73, 1.
*Harmastes*, VI, 12, 1.
*Harmastis*, VI, 11, 1.
*Harmatotrophi*, VI, 18, 3.
*Harpasa*, ville d'Asie, II, 98, 1; V, 29, 7.
*Harpasus*, fl., V, 29, 7.
*Hebata*, VI, 3o, 3.
*Hebdomecontacometæ*, VI, 35, 2.
*Hebrus*, fl., IV, 18, 1, 2 et 4; XVII, 3, 5.
*Hebrus*, fl. de Thrace, XXXIII, 21, 1.
*Hecatompylos*, VI, 17, 2.
*Hecatompylos*, des Parthes, VI, 21, 6.
*Hecatompylos*, capitale d'Arsace, VI, 29, 2.
*Hedui*, IV, 32, 1; XVII, 4, 5.
*Hedypnus*, fl., VI, 31, 9.
*Helbo*, île, V, 35, 3.
*Helène*, île, IV, 20, 6; XXI, 33, 1.
*Helène*, île (Sporade), IV, 23, 1.
*Heleni*, IV, 34, 3.
*Heleon*, IV, 12, 2.
*Helgas*, V, 40, 3.
*Helice*, IV, 6, 1.
*Helicon*, mont, IV, 4, 2; XXV, 21, 2.
*Helicon*, bois, IV, 12, 1.
*Heliopolitæ*, XXXVI, 67, 2.
*Heliopolites nomos*, V, 9, 3.
*Helium*, bouche du Rhin, IV, 29, 1.
*Helladique*, genre de peinture, XXXV, 36, 13.
*Hellade*, figuier, XVI, 49, 1.
*Hellade*, XVIII, 10, 8. — où elle commence, IV, 11, 1.
*Hellade*, Thessalie, IV, 14, 1.
*Hellas*, ville, IV, 14, 2.
*Hellènes*, IV, 14, 1.
*Hellespontii*, V, 32, 3.
*Hellespont*, IV, 18, 11; 24, 2; V, 40, 1; VIII, 83, 1; IX, 69, 2; XVI, 88, 1. — où il prend son essor, V, 33, 4.
*Hellopes*, IV, 1, 2.
*Helmodenes*, VI, 32, 15.
*Helos*, V, 31, 6. — localité, IV, 7, 1.
*Helvenaque*, vigne, XIV, 11, 4.
*Helvétie*, XII, 2, 3.
*Helvétiens*, IV, 31, 2.
*Helvien*, territoire, XIV, 3, 7.
*Helviens*, Alba, III, 5, 6.
*Hemasini*, III, 26, 3.
*Hemuatæ*, VI, 32, 14.
*Heneti*, VI, 2, 1.
*Heniochi*, VI, 18, 3. — Ampreutæ, VI, 4, 4. — Sanni, VI, 4, 3. — nations, VI, 4, 6; 5, 2. — plusieurs races, VI, 12, 1.
*Héniochiens*, monts, VI, 10, 1.
*Hennenses*, III, 14, 5.
*Hephæstia*, à Lemnos, IV, 23, 8.
*Hephæstiades*, îles, III, 14, 6.
*Hephæstiens*, monts, II, 110, 1.
*Hephæstium*, en Lycie, V, 28, 1.
*Heptaporus*, fl., V, 33, 2.
*Hequæsi*, III, 4, 14.
*Heraclea*, chez les Cadusiens, VI, 18, 3.

*Heraclea*, en Carie, V, 29, 7.
*Heraclea* Cherronesos, IV, 26, 6.
*Heraclea*, en Crète, IV, 20, 3.
*Heraclea* Latmus, V, 31, 3.
*Heraclea*, de Macédoine, IV, 17, 1.
*Heraclea*, autre en Macédoine, IV, 17, 5.
*Heraclea*, du Pont, VI, 1, 3; IX, 83, 2; XV, 39, 3; XVI, 89, 1; XXI, 44, 1; XXVII, 2, 1.
*Heraclea*, ville à l'embouchure du Rhône, III, 5, 3.
*Heraclea* Sintica, IV, 17, 2.
*Heraclea*, en Syrie, V, 18, 1.
*Heraclea*, en Thrace, IV, 18, 3 et 5.
*Heraclea* Trachin, IV, 14, 2.
*Heracleopolita*, XXXV, 19, 3.
*Heracleopolites* nomos, V, 9, 4; XXXVI, 19, 1.
*Héracléote*, territoire, en Éolide, V, 32, 2.
*Héracléote*, Zeuxis, XXXV, 36, 2.
*Héracléote*, heraclium, XX, 69, 1. — origan, XX, 62, 1.
*Héracléotique*, bouche du Nil, V, 11, 5; X, 49. 2.
*Heracleum*, en Colchide, VI, 5, 2.
*Heracleus*, fl., VI, 4, 4.
*Heraclia*, d'Acarnanie, IV, 2, 1.
*Heraclia*, Siris, III, 15, 3.
*Héraclienne*, pierre, XXXIII, 43, 1.
*Herœa*, IV, 10, 1.
*Heras* lutra, île, III, 13, 2.
*Heratemis*, VI, 26, 4.
*Herbanum*, III, 8, 3.
*Herbessenses*, III, 14, 5.
*Herbitenses*, III, 14, 5.
*Herbulenses*, III, 14, 5.
*Herculanea*, figuier, XV, 19, 3.
*Herculaneus*, ruisseau, XXXI, 25, 1.
*Herculanium*, ville, III, 9, 9.
*Hercule*, autel, V, 1, 4. — colonnes, II, 67, 1; III, Procm., 5; V, 1, 2; VI, 39. 2; XIII, 4, 1; XIX, 1, 3; XXVII, 1, 2; XXIX, 8, 4. — îles, III, 13, 2. — port, III, 10, 2.
*Hercule*, ville, dans une île du Nil, V, 9, 4.
*Hercule* Monœcus, port, III, 7, 1.
*Hercuniates*, III, 28, 2.
*Hercynienne*, XVI, 2, 2. — forêt, IV, 25, 1. — en Germanie, X, 67, 1. — chaîne, IV, 28, 3.
*Herdonienses*, III, 16, 6.
*Hermandus*, fl., VI, 25, 1.
*Hermesia*, V, 31, 6.
*Hermione*, IV, 9, 2.
*Hermiones*, IV, 28, 2.
*Hermione*, territoire, IV, 19, 5.
*Hermisium*, IV, 26, 9.
*Hermocapelitœ*, V, 33, 4.
*Hermonassa*, VI, 6, 1.
*Hermontites* nomos, V, 9, 3.
*Hermopolites* nomos, V, 9, 3.
*Hermunduri*, IV, 28, 2.
*Hermus*, fl., V, 31, 7.
*Hernicum* Capitulum, III, 9, 11.
*Hernique*, territoire, III, 9, 11.
*Hérodium*, toparchie de Judée, V, 15, 1.
*Heroopolites* nomos, V, 9, 4.
*Heroopolitique*, golfe de la mer Rouge, V, 12, 2.
*Heroum*, VI, 32, 13; VI, 33, 2.
*Herticei*, VI, 7, 3.

*Hesidrus*, fl., VI, 21, 8.
*Hespérides*, dans la Pentapole, V, 5, 1.
*Hespérides*, jardins, V, 1, 3; XIX, 15, 3; 19, 1; 22, 2; XXXVII, 11, 8.
*Hespérides*, îles, VI, 36, 4.
*Hespériens*, Æthiopiens, VI, 35, 17 et 19; 36, 3.
*Hesperion* ceras, VI, 35, 19; 36, 3 et 4.
*Hesperium*, promont., V, 1, 10.
*Hesperius*, mont d'Æthiopie, II, 110, 3.
*Hesperu* ceras, VI, 36, 4.
*Hestiœotis*, XXXI, 9, 1.
*Hibernie*, largeur et longueur, IV, 30, 2.
*Hiera*, automate, IV, 23, 4.
*Hiera*, île, Æolienne, II, 110, 4.
*Hiera*, Cyclade, II, 89, 1.
*Hiera* (à Lesbos), V, 39, 1.
*Hiera*, Therasia, île, III, 14, 7.
*Hieracia*, île, III, 23, 3.
*Hieracometœ*, V, 33, 4.
*Hierapolis*, en Asie, II, 95, 3. — en Crete, IV, 20, 3. — en Syrie, V, 19; XXXII, 8, 1.
*Hierapolitœ*, en Phrygie, V, 29, 3.
*Hierapytna*, IV, 20, 3.
*Hiera* sycaminos, VI, 35, 6.
*Hieras*, fl., V, 43, 3.
*Hiericus*, toparchie de Judée, V, 15, 1; XIII, 9, 4.
*Hierocepia*, île, V, 35, 2.
*Hierolophienses*, V, 33, 4.
*Hieromiaces*, fl., V, 16, 1.
*Hieronesos*, île, III, 14, 6.
*Hieros*, fl., V, 32, 3.
*Hieros*, ville et fl., VI, 5, 3.
*Hierosolyma*, V, 15, 1; XXVII, 5, 2.
*Hilesion*, IV, 12, 2.
*Hilleviones*, IV, 27, 6.
*Himantopodes*, V, 8, 2 et 3.
*Himera*, avec un fl., III, 14, 4.
*Himera*, Demophilus, XXXV, 36, 2.
*Himerte*, Lesbos, V, 39, 1.
*Hipparenum*, VI, 30, 6.
*Hippi* (en Ionie), V, 31, 6.
*Hippini*, V, 29, 6.
*Hippo* dirutus, Diarrhytus, V, 3, 1; IX, 8, 4.
*Hippo* regius, V, 2, 1.
*Hippo* nova, III, 3, 5.
*Hippo*, maintenant Vibo, III, 10, 2.
*Hippocrène*, fontaine de Bœotie, IV, 12, 1.
*Hipponenses*, IX, 8, 4.
*Hippone*, golfe, V, 3, 1.
*Hipponnesos*, V, 36, 3.
*Hippopodes*, IV, 27, 5.
*Hipporeœ*, VI, 35, 12.
*Hippos*, V, 16, 1.
*Hippos*, fl., (en Colchide), VI, 4, 5.
*Hippuri*, port, VI, 24, 4.
*Hippuris*, île, IV, 23, 5.
*Hirminium*, fl., III, 14, 4.
*Hirpes*, les, passent sur un bûcher embrasé sans se brûler, VII, 2, 11.
*Hirpins*, II, 95, 3; III, 16, 1.
*Hirpins*, monts, III, 16, 3
*Hispalis*, juridiction, III, 3, 7 et 10.
*Hispalis*, puits, II, 100, 2.
*Hispalis*, colonie, III, 3, 7.
*Hispalum* promont., VI, 34, 4.
*Hispana*, vigne, la meilleure de celles qui ont peu de renom, XIV, 4, 17.
*Hispani*, font des cribles avec du lin, XVIII, 28, 1.

*Hispania*, II, 43, 2; III, 2, 1; VIII, 75, 1; 81, 1; 83, 2; X, 68, 1; XIII, 6, 1; XV, 7, 1; XVI, 20, 1; 76, 3; 79, 3; XVII, 35, 11; XVIII, 73, 4; XXI, 43, 1; XXII, 82, 1; XXV, 46, 1; XXXI, 40, 1; XXXIII, 19, 3; 21, 10; 27, 1; 31, 1; 37, 1; 40, 1; XXXIV, 49, 1; XXXV, 52, 2; XXXVI, 25, 2; 67, 2; XXXVII, 43, 1. — remplie de mines, III, 4, 15. — César en triomphe, XIV, 17, 2. — Caton en triomphe, XIV, 14, 3.
*Hispania*, citérieure, III, 4, 1; XIX, 1, 3; 7, 1; XXXI, 39, 5; XXXIII, 16, 1; XXXVI, 45, 1; 47, 1. — Taraconaise, IV, 34, 1.
*Hispania*, ultérieure, VII, 27, 1; XXXV, 49, 2.
*Hispania*, citérieure, sept juridictions, III, 4, 1. — longueur, III, 4, 15. — largeur, III, 4, 15.
*Hispaniœ*, VIII, 54, 5; IX, 19, 1; XIV, 4, 8; 29, 1; XVI, 6, 1; XVIII. 57. 7; XIX, 30, 1; XXIV, 68, 1; XXV, 47, 1; XXXIII, 31, 2; XXXV, 28, 1; XXXVI, 66, 3.
*Hispania* citérieure, prince de l', XXII, 57, 2.
*Hispania*, Bavilus, XX, 76, 3. — prince, XX. 81, 4.
*Hispania* citérieure, dispensateur, XXXIII, 52, 1.
*Hispania*, description, IV, 34, 1 et seqq. — louange, XXXVII, 77, 2. — circuit, IV, 35, 7. — méditerranée, XV, 1, 1; XXXIII, 55, 3. — flanc et front, IV, 35, 2 et 4. — monts arides et stériles, XXXIII, 21, 3.
*Hispania*, le nom vient de panis, pain, III, 3, 3.
*Hispania*, Vespasien lui accorde le droit du Latium, III, 4, 15.
*Hispania*, les pauvres, XVI, 12, 1.
*Hispania*, outardes, X, 29, 2. — bleu, XXXIII, 57, 1. — juments, XVI, 36, 1. — miel, XI, 8, 1. — huitres, XXXII, 21, 2. — poix, XIV, 25, 6. — sel, XXXI, 45, 3. — sory, XXXIV, 30, 1. — spart, XXIV, 40, 1. — écume d'argent, XXXIII, 35, 2. — vins, XIV, 8, 10.
*Hispania*, vendangeur, XVII, 40, 1.
*Hispania*, naufrages, II, 67, 3.
*Hispania*, Océan, XXXVII, 65, 2.
*Hispania*, triomphe de César, XIV, 17, 2.
*Hispania*, mer, III, 10, 4.
*Hispaniense*, bouches du Rhône, III, 5, 3.
*Hispellum*, col., III, 19, 2.
*Histi*, VI, 19, 1.
*Histonium*, ville, III, 17, 1.
*Holmia*, Seleucia, V, 22, 3.
*Holmœ*, V, 22, 2.
*Holopyxos*, IV, 20, 3.
*Homerita*, VI, 32, 15 et 18.
*Homolion*, IV, 16, 1.
*Homona*, V, 23, 1.
*Homonades*, V, 23, 1.
*Horata*, VI, 23, 5.
*Horisius*, fl., V, 40, 3.
*Hormenium*, IV, 16, 1.
*Hortanum*, III, 8, 3.

*Hortenses*, III, 9, 16.
*Hostilia*, bourg sur le Pô, XXI, 43, 1.
*Hyampolis*, IV, 12, 3.
*Hyantes*, Béotiens, IV, 12, 2.
*Hybanda*, île d'Ionie, II, 91, 1.
*Hybla*, mont de Sicile, XI, 13, 1.
*Hyblenses*, III, 14, 5.
*Hyda*, V, 29, 2.
*Hydaspes*, fl., VI, 21, 7; 23, 1.
*Hyde*, V, 25, 1.
*Hyde*, Sardes, V, 30, 1.
*Hydissenses*, V, 29, 7.
*Hydrelitæ*, V, 29, 3.
*Hydreum*, VI, 26, 7.
*Hydreuma*, VI, 26, 7.
*Hydruntum*, ville, III, 16, 2.
*Hydrussa*, Andros, IV, 22, 1.—Ceos, IV, 20, 6.— Tenos, IV, 22, 1.
*Hyettos*, de Béotie, XXXVI, 25, 2.
*Hyetussa*, île, V, 36, 2.
*Hyi*, VI, 31, 8.
*Hylæi*, ( en Scythie ), IV, 26, 5.
*Hylæum*, mer, IV, 26, 3.
*Hylas*, fl., V, 40, 4.
*Hylatæ*, V, 19, 1.
*Hyle*, IV, 12, 2.
*Hyllis*, péninsule, III, 26, 1.
*Hyllus*, fl., V, 31, 8.
*Hymani*, III, 25, 1.
*Hymette*, marbre, XVII, 1, 4.— colonne, XXXVI, 3, 1; 24, 11.
*Hymette*, mont, IV, 11, 2; XXXV, 49, 3.— Athènes, XIX, 55, 1.— mont de l'Attique, XI, 13, 1.
*Hymos*, île, V, 36, 2.
*Hynidos*, V, 29, 7.
*Hypæa*, île des Stéchades, III, 11, 3.
*Hypæpeni*, V, 31, 9.
*Hypanis*, fl., IV, 26, 3, 5 et 10.— dans le Pont, XI, 43, 1.
*Hypasis*, fl., II, 75, 6; VI, 21, 7; 23, 1.
*Hypaton*, ville, VI, 35, 3.
*Hyperboréens*, IV, 26, 11; VI, 14, 2; 20, 3.
*Hypere*, île, IV, 23, 4.
*Hyperia*, fontaine, IV, 15, 1.
*Hyperis*, VI, 26, 4.
*Hypius*, mont, V, 43, 1.
*Hypobarus*, fl., XXXVI, 11, 8.
*Hypsa*, fl., III, 14, 4.
*Hypsaltæ*, IV, 18, 1.
*Hypsizorus*, mont, IV, 17, 5.
*Hytanis*, fl., VI, 21, 8.
*Hyrcaniens*, VI, 15, 1; 18, 1; VIII, 25, 1.
*Hyrcaniens*, Macédoniens, V, 31, 9.
*Hyrcanie*, monts, XXXI, 26, 1.
*Hyrcanie*, XV, 19, 1.
*Hyrcanie*, vallées, XII, 18, 1.
*Hyrcanie*, mer, V, 27, 2; VI, 15, 1; 18, 1.
*Hyrie*, IV, 12, 2.
*Hyrie*, Zacynthus, IV, 19, 3.
*Hyrini*, III, 16, 6.
*Hyrmine*, IV, 6, 2.
*Hysiæ*, IV, 6, 1.
*Hytanis*, VI, 26, 3.

I

*Ialysus*, V, 36, 1.
*Iambe*, île, VI, 33, 5.
*Iapydes*, III, 22, 2; 25, 1.
*Iapydie*, III, 23, 1.
*Iapydie*, limite, III, 25, 2.
*Iapygie*, III, 16, 5.
*Iapygia Acra*, III, 16, 2.
*Iapygie*, promontoire, III, 16, 3.
*Iapyx*, fl., III, 16, 3.
*Iasi*, III, 28, 1.
*Iasii*, XXXVI, 4, 3.
*Iasius*, golfe, V, 29, 5; 31, 1.
*Iasonius*, fl., VI, 4, 3.
*Iassius*, golfe, IX, 10, 1.
*Iassos*, ville, IX, 8, 5.
*Iasus*, V, 29, 5.
*Iatii*, VI, 18, 3.
*Iazyges*, Sarmates, IV, 25, 1.
*Ibérie*, VI, 4, 4; VII, 27, 3; XX, 95, 1.
*Ibérie et Arménie*, limite, VI, 15, 4.
*Ibérie*, villes, VI, 11, 1.— portes, VI, 15, 6.
*Ibérienne*, mer, III, 2, 2; 10, 4.
*Ibères*, venus en Espagne, III, 3, 3.
*Ibères*, nation, VI, 11, 1.— ville, VI, 12, 1.
*Iberus*, fl., III, 4, 4.— sources, IV, 34, 2.— arrose une colonie, III, 4, 7.
*Iberus*, fl., se jette dans le Cyrus, VI, 11, 1.
*Ibettes*, fl., V, 37, 1.
*Icarienne*, mer, IV, 18, 4.
*Icarius*, IV, 11, 2.
*Icaros*, île, IV, 23, 1; V, 37, 1.
*Icarus*, fl., VI, 19, 2.
*Icarusa*, fl., VI, 5, 3.
*Icatalæ*, VI, 7, 2.
*Ichaneuses*, III, 14, 5.
*Ichara*, île, VI, 32, 6.
*Ichnæ*, IV, 17, 1.
*Ichnusa*, Sardaigne, III, 13, 3.
*Ichthyoessa*, IV, 23, 1.
*Ichthyophages*, XV, 7, 4.— en Arabie, VI, 32, 8.— en Inde, VI, 25, 4; 26, 3.— Orites, VI, 25, 4.— nagent comme des poissons, VI, 34, 7.
*Ichthyophages*, îles, VI, 32, 8.
*Ichthys*, promontoire, IV, 6, 3.
*Iconium*, tétrarchie, V, 25, 1.
*Iconium*, Cilicie, V, 22, 3.
*Icosium*, V, 1, 20.
*Icositans*, III, 4, 2.
*Ictimules*, mines d'or, XXXIII, 21, 12.
*Ida*, XXXVI, 25, 2.— mont en Éolide, V, 32, 2.— mont de la Troade, XIII, 12, 1; XVI, 19, 5; 24, 1; XXVII, 3, 1.
*Ida*, herbe, XXVII, 69, 1.— figuier, XV, 19, 1.— laurier, XV, 39, 3; XXIII, 80, 6.— poix, XIV, 25, 6.
*Ida*, Dactyles, VII, 57, 6.— en Crète, XXXVII, 61, 1.
*Ida*, mont, XVI, 60, 3.
*Ida*, ronce de l', XVI, 71, 1; XXIV, 75, 1.
*Ida*, mont, en Crète, IV, 20, 4.
*Idalium*, V, 35, 2.
*Idomenenses*, IV, 17, 2.
*Idumée*, où elle commence, V, 14, 1.
*Iebba*, V, 17, 1.
*Ietenses*, III, 14, 5.
*Ieterus*, fl., III, 29, 1.
*Igilgili*, col., V, 1, 20.
*Igilium*, île, III, 12, 2.

*Iguvini*, III, 19, 2; XXIII, 49, 2.
*Iguvinum*, en Italie, XV, 7, 6.
*Ilerdenses*, III, 4, 7.
*Ilergaons*, III, 4, 3.
*Ilergetes*, III, 4, 4.
*Iletia*, IV, 15, 1.
*Iliberi*, Liberini, III, 3, 5.
*Ilienses*, en Sardaigne, III, 13, 2.
*Ilienses*, ville, XVI, 88, 1.
*Ilionenses*, III, 9, 11.
*Ilipa*, Ilia, III, 3, 7.
*Ilipula*, ou Laus, III, 3, 5.
*Ilipula minor*, III, 3, 9.
*Ilisanitæ*, VI, 32, 15.
*Ilissus*, fl., IV, 23, 8.— localité, IV, 11, 2.
*Ilium*, X, 37, 1.— jouissant de l'exemption, V, 33, 2.— pris sous le règne de Rhamsès, XXXVI, 14, 3.— aux temps d'Ilion, III, 14, 6, XIII, 1, 1; XXXIII, 4, 5; XXXIV, 47, 2; XXXV, 6, 1.— guerre d'Ilion, XVI, 87, 1; XXXV, 40, 19.
*Iletia*, île, XV, 38, 2.
*Illiberis*, III, 5, 1.
*Illici*, III, 4, 2.
*Illicitanus*, golfe, III, 4, 2.
*Illiturgi*, III, 3, 6.
*Illurco*, III, 3, 5.
*Illyrie*, iris, XIII, 2, 8; XXI, 19, 1 et 2.
*Illyrie*, escargots, IX, 82, 1.— huîtres, XXXII, 21, 2.— longueur et largeur, III, 29, 2.— le littoral présente plus de mille îles, III, 30, 2.— rébellion, VII, 46, 2.
*Illyrie*, III, 6, 7; 25, 1; VII, 49, 2; XI, 106, 1; XII, 27, 1; XXV, 34, 1; XXVI, 55, 1; XXXIII, 13, 5.
*Illyriens*, II, 106, 8; VII, 2, 8.
*Illyriens* proprement dits, VII, 37, 1.
*Illyriens*, roi, XXV, 34, 1.— la reine Teuca, XXXIV, 11, 3.
*Illyris*, île, V, 35, 3.
*Ilorci*, III, 3, 4.
*Ilorcitani*, III, 4, 9.
*Ilva*, île, III, 12, 2.— île d'Italie, XXXIV, 41, 1.
*Iluro*, III, 4, 5.
*Imacarenses*, III, 14, 5.
*Imaduchi*, VI, 7, 2.
*Imaus*, région du mont, VII, 2, 3.
*Imaus*, mont, branche des monts Riphées, V, 27, 2; VI, 21, 5 et 9.— signifie neigeux, VI, 21, 9.
*Imbarus*, mont, V, 22, 3.
*Imbrasus*, fl., V, 37, 1.
*Imbros*, île, IV, 23, 7.
*Imityi*, VI, 7, 2.
*Imitys*, II, 17, 1.
*Imma* en Commagène, V, 21, 1.
*Inachus*, fl., IV, 9, 1.
*Inalpins*, peuples, portant beaucoup de noms, III, 5, 7; 7, 1.
*Inapæi*, VI, 7, 3.
*Inarime*, Ænaria, III, 12, 3.
*Incia*, fl., III, 20, 4.
*Indiens*, VIII, 25, 1; 61, 6; IX, 54, 1; X, 2, 1; XII, 15, 2; 22, 1; 48, 1; XIV, 19, 3; XV, 7, 4; XVIII, 22, 1; XXXI, 18, 1; XXXII, 11, 1; XXXVII, 20, 2 et 3; 37, 1; 61, 1.— donnés en don, II, 67, 4.
*Indiens*, Nomades, VII, 2, 18.— Orsceus, VIII, 34, 1.— septentrio-

naux, XI, 36, 3. — limitrophes de l'Arie, XII, 18, 1.
*Indiens,* divisés en castes, VI, 22, 2.
*Indiens,* philosophes, VI, 22, 2.
*Inde,* VII, 2, 13; VIII, 31, 1; 78, 3; X, 70, 1; XI, 35, 3; XII, 16, 1; 19, 1; 41, 2; XV, 31, 1; XVII, 30, 5; XXI, 8, 1; XXIV, 1, 4; XXXVI, 5, 1; XXXII, 3, 2; XXXVI, 12, 2; 67, 2; XXXVII, 11, 13; 28, 1; 31, 1.
*Inde,* tiers de la terre, VI, 21, 4. — reçoit le Favonius, VI, 21, 3. — n'a ni cuivre ni plomb, XXXIV, 48, 3. — rapprochée par le lucre, VI, 26, 6. — vaincue, VIII, 2, 1. — aux terres de l'Inde, XXXI, 14, 1. — les Indes, VIII, 51, 1; 52, 1.
*Inde,* revers, XXXVII, 33, 1. — commencement, VI, 17, 3. — limon de ses fleuves, XXXV, 32, 1. — forêts, XXVIII, 45, 2.
*Inde,* améthyste, XXXVII, 40, 1. — sable, XXXVI, 9, 2. — roseau, XVI, 65, 3. — cinnabre, XXIX, 8, 8. — cristal, XXXVII, 9, 1. — cypira, XXI, 70, 2. — ébène, XII, 8, 1. — gemme, XXXVII, 61, 1. — myrrhe, XII, 35, 4. — navigation, VI, 26, 9. — olive, XII, 14, 1. — onyx, XXXVII, 24, 1. — épine, XII, 10, 1. — tortue, XXXVII, 56, 3. — vigne labrusca, XII, 28, 1.
*Inde,* fourmis, XI, 36, 3. — hyacinthes, XXXVII, 42, 1. — perles, XXXII, 11, 1. — marchandises, VI, 19, 2; XIX, 2, 1. — sandaresus, XXXVII, 28, 2. — sarde, XXXVII, 31, 2. — sardonyches, XXXVII, 23, 2 et 3.
*Inde,* bœufs, VIII, 30, 2; 70, 1. — calames, XVI, 65, 2. — escarboucles, XXXVII, 25, 1 et 3. — éléphants, VIII, 8, 1; 9, 1; IX, 4, 3. — montagnes, VI, 23, 5. — rois, VI, 21, 3. — perles, IX, 56, 2; XXXII, 11, 2. — toiles supérieures à celles de l'Inde, XII, 22, 1.
*Inde,* or, XXXIII, 21, 1. — azur, XXXIII, 57, 2. — nom du cinnabre, XXXIII, 38, 1. — littoral, XIV, 5, 5. — lycium, XXIV, 77, 1 et 2. — mer, II, 67, 2; VI, 21, 1; IX, 3, 1; 12, 1; XXXII, 21, 4. — millet, XVIII, 10, 4. — nard, XII, 26, 1; XIII, 2, 8. — poivre, XIX, 19, 8. — nitre, XXXVI, 66, 1.
*Inde,* diamant, XXXVII, 15, 2. — âne, XI, 45, 5; 106, 1. — bois, XII, 15, 1. — océan, VI, 14, 1; IX, 54, 1. — scinque, XXVIII, 30, 1.
*Indiens,* description, XII, 28, 1. — aruspices et prophètes, XXXII, 11, 3. — sages, XII, 12, 1. — hommes, XXXII, 11, 2. — langues, VI, 25, 4; XII, 14, 2. — étables, VIII, 9, 1.
*Inde,* à l'opposite de la Gaule, VI, 21, 2. — où elle commence, VI, 21, 1 et seqq. — promont. Lepteacra, VI, 34, 6.
*Indigetes,* III, 4, 4.

*Indus,* fl., VI, 21, 7; 22, 7; 23, 1, 3 et 7; XII, 25, 1; XIX, 5, 1; XXIV, 102, 4; XXXVII, 70, 1.
*Indus,* fl., limite de l'Inde à l'occident, VI, 21, 1. — plus petit que le Gange, VI, 21, 5. — sources de l'Indus, VI, 18, 4. — vaste étendue, VI, 21, 5.
*Indus,* fl., en Carie, V, 29, 1.
*Industria,* ville, III, 7, 3; 20, 8.
*Inférieure,* mer, III, 10, 4.
*Ingævones,* IV, 27, 6; 28, 2.
*Ingauni,* Ligures, III, 6, 8.
*Ingaunum Albium,* III, 7, 2.
*Inopus,* fontaine, II, 106, 9.
*Insubriens;* ont fondé Milan, III, 21, 2. — leur territoire, X, 41, 2. — les Caturiges sont des Insubriens exilés, III, 21, 3.
*Intemelium Albium,* III, 7, 2.
*Interamna,* en Umbrie, XVIII, 67, 11.
*Interamnates,* III, 17, 2. — Nartes, III, 19, 2. — Succasini, III, 9, 11.
*Interannienses,* IV, 35, 6.
*Intercatienses,* III, 4, 10.
*Intercatiensis,* XXXVII, 4, 2.
*Iol,* Cæsarea, V, 1, 20.
*Iolcos,* VII, 57, 14. — Iolcus, IV, 16, 1.
*Iomanes,* fl., VI, 21, 8; 22, 7; 23, 3.
*Ioniens,* XIII, 16, 1. — venus d'Athènes, V, 3, 3.
*Ionie,* V, 31, 1; XIII, 16, 1.
*Ionie,* capitale Milet, V, 31, 1. — limite, V, 31, 8.
*Ioniens,* région sacrée pour eux, V, 31, 3. — en Asie, VI, 2, 3.
*Ioniques,* colonnes, XXXVI, 56, 1.
*Ionique,* chapiteau, XXXVI, 56, 1.
*Ionique,* genre de peinture, XXXV, 36, 13.
*Ionienne,* mer, et Adriatique, limite, III, 16, 2. — mer, III, 14, 2; 29, 2; 30, 1 et 3; IV, 18, 14; XII, 3, 1.
*Ionien,* attagen, X, 68, 1.
*Ioniennes,* lettres, VII, 58, 1.
*Ios,* île, IV, 23, 2 et 4.
*Ipasturgi,* III, 3, 6.
*Iranime,* III, 23, 4.
*Iria,* ville, III, 7, 3.
*Irine,* île, IV, 19, 5.
*Iris,* fl., VI, 3, 1; 4, 1.
*Irrhesia,* île, IV, 23, 7.
*Isara,* fl., III, 5, 2; VII, 51, 1.
*Isarci,* III, 24, 4.
*Isari,* VI, 21, 9.
*Isaura,* V, 23, 1.
*Isaures,* V, 23, 1.
*Iscia,* île, III, 13, 3.
*Iseum,* temple, V, 10, 1.
*Isis,* île consacrée à, X, 49, 3.
*Isis,* ville, V, 11, 5.
*Isis,* port, VI, 34, 5.
*Isis,* fl., VI, 4, 4.
*Ismaron,* 18, 3.
*Ismenus,* fl., IV, 12, 1.
*Ispalenses,* III, 4, 8.
*Issa,* île, III, 30, 3.
*Issœi,* III, 26, 2.
*Issatis,* VI, 17, 2; 29, 2.
*Issi,* VI, 7, 3.
*Issos,* golfe, II, 112, 2. — golfe de Cilicie, V, 22, 1; VI, 2, 3.
*Issos,* V, 22, 1.
*Istævons,* IV, 28, 2.

*Ister,* fl., IX, 20, 5.
*Ister,* le grand, III, 27, 1. — embouchures, IV, 18, 7; 24, 7 et 8.
*Isthme,* Euphranor de l', XXXV, 40, 4.
*Isthme,* IV, 5, 1. — autre, IV, 11, 10.
*Isthme,* ceux qui ont tenté de le percer, IV, 5, 2.
*Isthme,* XV, 9, 1.
*Istrie,* VIII, 73, 2; XVI, 26, 1. — description, III, 23, 1 et seqq. — limite, III, 22, 2.
*Istrie,* terre, XV, 3, 2. — huîtres, XXXII, 21, 4. — territoire, III, 30, 2.
*Istrie,* soumise par Tuditanus, III, 23, 2.
*Istropolis des Milésiens,* IV, 18, 5.
*Istrum,* fl., salé, III, 22, 2.
*Isuali,* VI, 35, 17.
*Isura,* île, VI, 32, 8.
*Italica,* ville, III, 3, 7.
*Italienne,* Circé, XXV, 5, 2.
*Italiens,* anciens, III, 10, 1.
*Italie,* XI, 30, 4; XII, 51, 1; XVI, 13, 2; 24, 12; XVII, 6, 1; XVIII, 4, 1; XXV, 5, 2; 21, 5. — sa distance aux pays qui sont autour, III, 6, 7. — fertile en métaux, III, 24, 5. — produit tous les arbres d'usage général, XIV, 1, 1. — combien elle arme de soldats, III, 24, 5. — victorieuse de tous, XIII, 2, 10.
*Italie* Circumpadane, XVIII, 25, 1; 30, 3. — Cisalpine, XVII, 2, 9. — Subalpine, XVI, 22, 3. — Transpadane, X, 41, 2; XVI, 26, 1; XVII, 35, 38; XVIII, 12, 3; 49, 6; XIX, 3, 2.
*Italie;* a déjà le poirier, XII, 14, 4; XVI, 59, 1. — foudres fréquents en Italie, II, 51, 2. — est toujours pour ainsi dire en printemps ou en automne, II, 51, 2.
*Italie,* ancienne limite, III, 22, 2. — extrémité, XXXIV, 2, 1. — finit au fleuve Arsia, III, 23, 2.
*Italie,* famine et soif, VII, 46, 2.
*Italien,* droit, III, 4, 9.
*Italie,* procédé, XVIII, 57, 6. — éloge, III, 6, 1 et seqq.; XXXVII, 77, 1.
*Italie,* littoral, IX, 29, 2. — Italie, épargnée, XXXIII, 21, 12. — ne connaît pas l'araignée phalange, XXIX, 27, 1. — le stellion n'y nuit pas, XXIX, 28, 1. — opinion sur l'épuisement de l'Italie, XVII, 3, 12.
*Italie,* nations et villes, III, 24, 3. — largeur, III, 23, 5. — onze régions, III, 6, 8. — première région, III, 9, 10 et 16. — seconde, III, 16, 1 et 6. — troisième, III, 10, 1; 15, 3. — quatrième, III, 17, 1. — cinquième, III, 18, 1. — sixième, III, 19, 1. — septième, III, 8, 1. — huitième, III, 20, 1; VII, 50, 4. — neuvième, III, 7, 3. — dixième, II, 74, 2; III, 22, 1. — suburbaine, VII, 9, 2. — le terroir le plus fertile, XVII, 3, 7. — nombril, III, 17, 3.
*Italie,* auster humide, II, 48, 1.
*Italie;* a la palme des céréales, XVIII, 29, 1. — garance, XIX, 17, 1. — opinion, XVII, 19, 1. — les faux, XVIII, 67, 9. — absinthe, XXVII,

28, 1. — cáprier, XX, 59, 1. — froment, XVIII, 12, 1 et 2. — droit italien, III, 25, 1. — labyrinthe italien, XXXVI, 19, 6 et seqq.
*Itanum*, promont., IV, 20, 5.
*Ithaque*, île, IV, 19, 3; VIII, 83, 2; XXXVI, 39, 2.
*Ithacesiæ*, îles, III, 13, 3.
*Ithome*. IV, 7, 1.
*Itucci*, col., III, 3, 12.
*Ituréens*, V, 19, 1.
*Iulis*, ville de l'île de Céos, IV, 20,
*Isgi*, une des nations à partir des monts Émodus, VI, 21, 9.

## J

*Jadera*, col., III, 25, 2.
*Jadoni*, IV, 34, 2.
*Jamnea*, deux, V, 14, 1.
*Jamno*, ville, III, 11, 2.
*Janicule*, dans Rome, III, 9, 16; XIII, 27, 1; XVI, 15, 1.
*Jaxartes*, fl., VI, 17, 3; 18, 4. — embouchure, VI, 15, 1.
*Joppe*, de Judée, IX, 4, 3.
*Joppe*, de Phénicie, V, 14, 1.
*Joppe*, toparchie de la Judée, V, 15, 1.
*Jotape*, V, 22, 2.
*Jourdain*, description, V, 15, 2.
*Judée*, XIII, 9, 4 et 6; XXIV, 50, 1; XXVI, 38, 2; XXVII, 5, 2; XXVIII, 23, 3; XXXI, 18, 3; XXXIII, 47, 2. — s'étend en longueur et en largeur, V, 15, 2. — célèbre par ses palmiers, XIII, 6, 1.
*Judée*, résine, XIV, 25, 2.
*Judée*, rites, XXXI, 44, 1.
*Judée*, dix toparchies, V, 15, 1. — lac, XXXV, 51, 1. — possède seule le baume, XII, 54, 1.
*Juifs*, nation remarquable par son mépris des dieux, XIII, 9, 5. — cruels envers eux-mêmes, XII, 54, 2. — Pompée en triomphe, VII, 27, 3. — Moïse, XXXI, 2, 6.
*Julia* Campestris Babba, V, 1, 5.
*Julia* Castra, IV, 35, 5.
*Julia* Constantia, V, 1, 3.
*Julia* Constantia, Osset, III, 3, 7.
*Julia* Felix, col., V, 17, 3.
*Julia* Felicitas, IV, 35, 5.
*Julia* Fidentia, III, 3, 6.
*Julia* Liberalitas, IV, 35, 5.
*Julia* Scarabantia, III, 27, 1.
*Julia* Traducta, V, 1, 2.
*Juliani* Cerretani, III, 4, 6.
*Julias*, en Galilée, V, 15, 2.
*Julienses*, V, 29, 4.
*Julienses* Aretini, III, 8, 3.
*Julienses*, ou Astigi, III, 3, 5.
*Julienses* Carnorum, III, 23, 3.
*Julienses* Teari, III, 4, 6.
*Julii* Genius, III, 3, 7.
*Juliobrica*, III, 4, 4 et 10.
*Juliobrigenses*, leur port, IV, 34, 2.
*Juliopolis*, en Égypte, VI, 26, 7.
*Juliopolis*, Gordiucome, V, 40, 3.
*Juliopolitæ*, V, 43, 2.
*Julium* Præsidium, IV, 35, 5.
*Junon*, île, VI, 37, 1 et 2.
*Junon*, île, Gadis, IV, 36, 2.
*Junon*, promontoire, III, 3, 2.
*Junon*, bois sacré, XVI, 57, 2.

*Jupiter*, fontaine, II, 106, 7.
*Jupiter* Hammon, étang, II, 106, 8.
*Jupiter* indigète, bois sacré, III, 9, 4.
*Jupiter*, ville, en Égypte, V, 11, 1.
*Jura*, mont, III, 5, 1.
*Jura*, mont, IV, 31, 1.
*Jura*, sapin, XVI, 76, 2.

## L

*Labatanis*, île, VI, 32, 9.
*Labeatæ*, III, 26, 3.
*Labecia*, VI, 32, 17.
*Labican*, territoire, III, 9, 11.
*Laboriæ*, XVIII, 29, 3.
*Laborin*, territoire campanien, III, 9, 8; XVII, 3, 3.
*Labrandéen*, Jupiter, fontaine, XXXII, 7, 1.
*Lacédémone*, II, 78, 1; XVI, 13, 2; XXXIII, 4, 2; XXXV, 49, 4.
*Lacédémonienne*, Lampido, VII, 42, 1.
*Lacédémoniens*, VII, 57, 9; X, 24, 3; XI, 70, 2; XXXII, 9, 1. — perdirent l'empire de la Grèce, II, 26, 1.
*Lacédémoniens*, roi, VII, 30, 2.
*Lacédémonien*, marbre vert, XXXVI, 11, 1. — coureur, VII, 20, 1.
*Lacetans*, III, 4, 5 et 8.
*Lacétanie*, en Espagne, XXV, 6, 2.
*Lacibi*, III, 3, 12.
*Lacinia*, Junon, XXXV, 36, 4.
*Lacinienses*, III, 25, 1.
*Lacinium*, III, 6, 5. — promontoire, III, 15, 2; 16, 1.
*Lacippo*, III, 3, 12.
*Lacobricenses*, III, 4, 10.
*Laconiens*, sculpteurs, XXXVI, 4, 28.
*Laconie*, VI, 39, 4; XVII, 39, 5. — abonde en simples, XXV, 53, 3. — ciguë, XXV, 95, 3. — région, IX, 60, 3. — siligo, XVIII, 20, 6. — chiennes, X, 83, 6 et 7. — pierre à aiguiser, XXXVI, 47, 1. — figuier, XVI, 49, 1. — laitues, XIX, 38, 1. — pourpres, XXI, 22, 1. — roseaux, XVI, 66, 3. — coucombres, XIX, 23, 5. — émeraudes, XXXVII, 18, 5. — purpurissum, XXXV, 26, 2. — territoire, IV, 8, 1. — Laconiens ont fondé Tarente, III, 16, 1.
*Laconiennes* dansantes, morceau de Callimaque, XXXIV, 19, 41.
*Laconicum* Ossigi, III, 3, 6.
*Laconimurgi*, III, 3, 10.
*Lacutures*, choux, XIX, 41, 5.
*Lade*, Late, île, V, 37, 1.
*Ladon*, fl., IV, 10, 2.
*Læana*, VI, 32, 13.
*Læanitique*, golfe, VI, 32, 13.
*Læstrygons*, VII, 2, 1. — leur demeure, III, 9, 6.
*Læstrygoniens*, champs, III, 14, 3.
*Lagarins*, vins, XIV, 8, 9.
*Lagia*, Delos, IV, 22, 3.
*Lagnus*, golfe, IV, 27, 7.
*Lagous*, fl., VI, 7, 2.
*Lagusa*, île, V, 35, 3.
*Lagussæ*, îles, V, 38, 3.
*Lagyrani*, IV, 26, 8.
*Lalaisi*, III, 23, 1.
*Laletans*, vins, XIV, 8, 10.
*Laletans*, III, 4, 4.
*Lambrus*, fl., III, 20, 4.

*Lamia*, IV, 14, 2.
*Lamiæ*, îles, V, 38, 3.
*Laminitans*, III, 4, 9.
*Laminitan*, territoire, III, 2, 1.
*Laminitanes*, pierres à aiguiser, XXXVI, 47, 1.
*Lampe*, IV, 10, 1.
*Lampens*, mont, IV, 10, 1.
*Lamponia*, île, IV, 23, 9.
*Lampsacum*, V, 40, 1; XIX, 13, 1; XXXVII, 74, 1.
*Lampsemandus*, île, V, 36, 3.
*Lancienses*, III, 4, 14; IV, 35, 6.
*Lanise*, île, IV, 23, 5.
*Lanos*, fl., II, 20, 5.
*Lanuenses*, III, 17, 1.
*Lanuvium*, VIII, 82, 1; XXXV, 6, 1.
*Laodicea*, libre, V, 18, 1; XVII, 38, 2.
*Laodicea* d'Asie, VIII, 73, 1.
*Laodicea* en Médie, VI, 29, 4.
*Laodicea* en Mésopotamie, VI, 30, 1.
*Laodicea* de Phrygie, V, 29, 3.
*Laodicea* de Syrie, XII, 61, 1; XXI, 11, 2.
*Laodicea* de Syrie, montagnes, XXIII, 5, 1.
*Laodiceni*, près du Liban, V, 19, 1.
*Lapethos*, V, 35, 2.
*Lapidei* campi, ou champs de pierres, III, 5, 4.
*Lapithes*, leur séjour, IV, 15, 2. — combat, XXXVI, 4, 7.
*Lapsias*, fl., V, 43, 3.
*Larendani*, VI, 32, 11.
*Larinates* Frentani, III, 16, 6.
*Larine*, fontaine, IV, 11, 2.
*Larisse* en Éolide, V, 32, 1. — autre en Éolide, V, 32, 3. — en Arabie, VI, 32, 16. — en Macédoine, XXXI, 32, 3. — en Thessalie, IV, 15, 1; XVII, 3, 5.
*Larisséens*, en Syrie, V, 19, 1.
*Larius*, lac, II, 106, 2; III, 23, 4; IX, 33, 1; X, 41, 2.
*Larnenses*, III, 4, 8.
*Larnum*, fl., III, 4, 5.
*Larymna*, IV, 12, 2 et 3; V, 29, 2.
*Lasia*, île, IV, 19, 5; V, 35, 3.
*Lasia*, Andrus, IV, 22, 1.
*Lasias*, Lesbos, V, 39, 1.
*Lasos*, IV, 20, 3.
*Lastigi*, III, 3, 11.
*Latera*, étang, IX, 9, 1.
*Latiarius*, Jupiter, XXXIV, 18, 4.
*Latines*, villes, III, 5, 5 et 6. — histoire, XI, 45, 1. — langue, XVIII, 5, 1.
*Latine*, peuples de condition, III, 14, 5. — lettres latines antiques, XXXV, 37, 5. — appellation latine manquant, XXI, 26, 1. — fêtes latines, XXVII, 28, 1.
*Latiniensēs*, III, 9, 16. — vins, XIV, 8, 7.
*Latins*, XIV, 14, 1. — Latini prisci. XXXIV, 11, 1. — nations du droit latin, III, 24, 1. — langage latin, XXIX, 1, 1. — camp des Latins, XXXIII, 11, 1. — ville ayant le droit des Latins, III, 5, 1. — villes ayant le droit des anciens Latins, III, 4, 1, 6 et 8. — nom latin, XI, 103, 2; XXVI, 62, 1. — territoire latin, III, 9, 2 et 11. — Latium donné, V,

1, 20. — Latium donné à des villes, III, 3, 1; 24, 3. — premier aliment du Latium, XVIII, 19, 2.
*Latium*, lettres, VII, 31, 9. — langage, III, 3, 1.
*Latium*, droit du, III, 4, 15. — droit du vieux Latium, III, 4, 9; IV, 35, 5.
*Latium*, VII, 44, 1; 57, 3; X, 20, 2; XIV, 4, 12. — au-dessous des Sabins, III, 17, 3.
*Latium* antique, III, 9, 4. — cinquante-trois peuples en ont disparu, III, 9, 17. — territoire ajouté au Latium, III, 9, 6.
*Latmos* de Carie, VIII, 84, 1. — mont, V, 31, 2.
*Latopolites*, nomos, V, 9, 3.
*Latovici*, III, 20, 2.
*Latris*, île, IV, 27, 7.
*Laud*, fl., V, 1, 18.
*Laurentum*, ville, III, 9, 4; XIV, 4, 15.
*Lauron*, vins, XIV, 8, 10.
*Laus*, rivière, III, 10, 1.
*Laus*, ou Ilipula, III, 3, 5.
*Laus* Pompeia, III, 21, 2.
*Lavinii*, III, 9, 11.
*Lazi*, VI, 4, 4.
*Lea*, VI, 35, 1.
*Lea*, île, IV, 23, 5.
*Leanites*, et golfe Léanitique, VI, 32, 13.
*Lebade*, V, 31, 6.
*Lebadia* de Béotie, IV, 12, 1; VIII, 83, 3.
*Lebaida*, lac, XVI, 66, 4.
*Lebedos*, V, 31, 5.
*Lebena*, IV, 20, 3.
*Labinthus*, île, IV, 23, 4.
*Lebuni*, III, 4, 13.
*Lecheæ*, IV, 5, 2; 6, 1.
*Lechieni*, VI, 34, 1.
*Lecton*, promont., V, 32, 3; 41, 1. — de la Troade, IX, 29, 1.
*Lelantus*, fl., IV, 21, 2.
*Lelegeis*, Milet, V, 31, 1.
*Leleges*, Locriens, IV, 12, 3.
*Leman*, lac, II, 106, 2; III, 5, 2.
*Lemnus*, rubrique, XXVIII, 24, 1; XXIX, 33, 2; XXXV, 14, 1.
*Lemnos*, labyrinthe, XXXVI, 19, 2 et 6.
*Lemnos*, île, IV, 23, 8; XI, 35, 5; XXXV, 13, 1.
*Lemovices*, IV, 33, 1.
*Lenéotique*. Voy. Ténéotique.
*Leo nicenses*, III, 4, 8.
*Leontini*, III, 14, 3; XXXI, 19, 2. — champs de Sicile, XVIII, 21, 1.
*Leontia*, Gorgias, XXXIII, 24, 1. — Pythagoras, XXXIV, 19, 10.
*Leontopolis*, V, 11, 5.
*Leontopolites*, nomos, V, 9, 3.
*Leontos*, ville, V, 17, 4.
*Leoomne*, mont, IV, 17, 3.
*Lepethymnus*, mont, V, 36, 2.
*Leponiens*, III, 24, 2 et 4.
*Lepreon* d'Arcadie, IV, 10, 1.
*Lepria*, île, V, 38, 2.
*Leprion*, IV, 6, 3.
*Lepsia*, III, 26, 2.
*Lepteacra*, promont., VI, 34, 6.
*Leptis*, huîtres, XXXII, 21, 4.
*Leptis*, V, 3, 2; XXXI, 43, 2;

XXXII, 9, 1. — fondée par les Tyriens, V, 12, 2.
*Leptis*, autre, surnommée la Grande, V, 4, 2; XVIII, 51, 1.
*Lerina*, île, III, 11, 3.
*Lerne*, IV, 9, 1.
*Lero*, île, III, 11, 3.
*Leros*, île, IV, 23, 3.
*Leros*, île, V, 36, 2.
*Lesbienne*, gemme, XXXVII, 62, 1.
*Lesbien*, marbre, XXXVI, 5, 1. — vin, XIV, 9, 1; 17, 2.
*Lesbien*, Phaon, XXII, 9, 1.
*Lesbos*, île, V, 39, 1; XIII, 38, 1; XVI, 19, 3; XXXVI, 4, 3; XXXVII, 54, 3.
*Lesura*. mont, XI, 97.
*Letandros*, IV, 23, 2.
*Lete*, IV, 17, 3.
*Lethon*, fl., V, 5, 1.
*Letoia*, île, IV, 19, 4.
*Leucade*, péninsule, IV, 2, 1.
*Leucadiens*, en Syrie, V, 19, 1.
*Leucade*, littoral, IV, 2, 1. — vin, XIV, 9, 3.
*Leucæ*, îles, V, 39, 2.
*Leucæthiopes*, V, 8, 1.
*Leucas*, ville, IV, 2, 2; XXI, 19, 3; XXXVI, 39, 2; XXXVII, 31, 2.
*Leucasia*, île, III, 13, 3.
*Leucates*, promont., IV, 2, 1.
*Leuce*, île, IV, 20, 5.
*Leuce*, autre île, IV, 20, 5.
*Leuce*, en Ionie, V, 31, 8.
*Leuci*, IV, 31, 2.
*Leucogéens*, coteaux, XVIII, 29, 5; XXXV, 50, 1. — sources, XXXI, 8, 2.
*Leucolithi*, V, 25, 1.
*Leucolla*, V, 26, 1; XXXVI, 34, 1.
*Leucolla*, île, V, 35, 3.
*Leucopetra*, III, 6, 5; XXXVI, 54, 7. — promontoire, III, 10, 3.
*Leucophrys*, Tenedos, V, 39, 2.
*Leucopolis*, V, 29, 5.
*Leucosyriens*, VI, 3, 2.
*Leucothea*, V, 11, 1.
*Leucothea*, fontaine, V, 37, 1. — île, III, 13, 1.
*Leuetra*, IV, 8, 1.
*Leuni*, IV, 34, 3.
*Leupas*, port, VI, 32, 9.
*Leuphitorga*, VI, 35, 1.
*Levi*, III, 21, 2.
*Lexianæ*, VI, 32, 11.
*Lexoviens*, IV, 32, 1.
*Liban*, mont, V, 17, 3; XII, 48, 1; XXIV, 102, 4.
*Libarna*, ville, III, 7, 3.
*Liberalitas* Julia, IV, 35, 5.
*Liberini*, III, 3, 5.
*Libethra*, fontaine, IV, 16, 1.
*Libici*, III, 21, 2.
*Libique*, bouche du Rhône, III, 5, 3.
*Libisosona* Foroaugustana, III, 4, 9.
*Libistos*, IV, 18, 6.
*Librosus*, colline de la Tauride, II, 106, 11.
*Liburnæ*, îles, III, 30, 3.
*Liburniens*, dans la Gaule Togata, III, 19, 1.
*Liburnie*, VIII, 73, 2. — limite, III, 26, 1.
*Liburniques*, îles, III, 30, 3.
*Liburniens*, III, 25, 1.

*Liburniens*, quatorze cités, III, 25, 1.
*Libyægyptiens*, V, 8, 1.
*Libyphéniciens*, V, 5, 2.
*Libye*, VIII, 19, 1. — Afrique, V, 1, 1. — Mareotis, V, 6, 1.
*Libyen*, enfant, statue, XXXIV, 19, 10.
*Libye*, peuplier, XVI, 35, 1. — rats, X, 94, 1. — asperge, XX, 43, 1. — mer, V, 1, 1.
*Libyson*, tour, III, 13, 3.
*Libyssa*, V, 43, 2.
*Licates*, III, 24, 4.
*Lichades*, îles, IV, 20, 6.
*Licini* forum, III, 21, 3.
*Ligauni*, III, 5, 5.
*Ligeris*, fleuve célèbre, IV, 32, 1.
*Liguriens*, aux abords de l'Italie, III, 6, 1. — Bebiani, III, 16, 6. — Corneliani, III, 16, 6. — Vagienni, III, 20, 3.
*Ligurie* de Gêne, XIV, 8, 7; XI, 97, 1; XIV, 25, 3; XVI, 69, 1; XVII, 2, 10; XXXVI, 48, 1; XXXVII, 11, 5; 27, 1. — maritime, voisine des Alpes, XV, 18, 6. — montagnes, XIX, 50, 1. — limite, III, 7, 2.
*Liguriens*, les plus célèbres, III, 7, 1. — langue, III, 20, 8. — race antique, III, 21, 1.
*Ligustique*, côte, III, 7, 1.
*Ligustique*, mer, II, 46, 4; III, 10, 4; 12, 1; 24, 3.
*Ligustini*, X, 34, 2.
*Lilea*, IV, 4, 1; 12, 3.
*Lilæus*, fl., V, 43, 1.
*Lilybée*, promontoire, III, 14, 2 et 4; VII, 21, 1.
*Limæa*, fl., IV, 35, 3.
*Limia*, fl., IV, 34, 4.
*Limici*, III, 4, 14.
*Limnus*, IV, 19, 2.
*Limyra*, fl. et ville, V, 28, 1.
*Limyra*, fontaine, XXXI, 18, 2.
*Lindienne*, Minerve, XXXII, 55, 1.
*Lindien*, Chares, XXXIV, 18, 3.
*Lindus*, dans Rhode, V, 36, 1; XXXIII, 23, 2; XXXV, 36, 11.
*Lingons*, IV, 31, 2.
*Linitima*, VI, 35, 3.
*Linus*, fontaine, XXXI, 7, 1.
*Liothasien*, navet, XIX, 25, 1.
*Lipara*, île, III, 14, 6; XXXI, 32, 3; XXXV, 52, 2.
*Liparéens*, îles des, III, 14, 6.
*Liparis*, fl., V, 22, 3.
*Liquentia*, fl., III, 22, 1. — et port, III, 22, 1.
*Liria*, fl., III, 5, 2.
*Lirinates*, III, 9, 11.
*Liris*, fleuve, II, 106, 6; III, 9, 4 et 6.
*Lissa*, île, III, 30, 3; V, 1, 2.
*Lissum*, ville, III, 26, 4.
*Litæ* de Macédoine, XXXI, 46, 2.
*Liternum*, campagne de Campanie, XIV, 6, 3; XVI, 85, 1.
*Liternum*, III, 9, 9; XXXVI, 66, 2.
*Livias*, vallée de Judée, XIII, 9, 4.
*Liviopolis*, VI, 4, 3.
*Lixos*, col., V, 1, 3. — estuaire de Lixos, XIX, 22, 2.
*Lixus*, fl., V, 1, 4; XXXII, 6, 1.
*Locres*, territoire, XI, 32, 4.

*Locres* et Crotone, II, 98, 2.
*Locriens* en Italie, II, 62, 1; VII, 48, 1.
*Locriens* Épicnémidiens, IV, 12, 3. — Ozoles, IV, 4, 1. — Zéphyriens, III, 10, 3.
*Longs murs*, IV, 18, 10; XIII, 46, 1.
*Longopori*, IV, 35, 16.
*Longula*, III, 9, 16.
*Lopadusa*, ile, III, 14, 6; V, 7, 2.
*Lopsi*, III, 25, 1.
*Lopsica*, III, 25, 2.
*Loretum* dans l'Aventin, XV, 40, 5.
*Loryma*, localité, V, 29, 2.
*Lotophagitis*, ile, V, 7, 1.
*Lotophages*, V, 4, 3.
*Lubieni*, VI, 1, 1.
*Lubienses*, III, 4, 8.
*Luca*, col., III, 8, 1.
*Lucanie*, vins, XIV, 8, 9.
*Lucaniens*, II, 57, 1; VIII, 6, 1. — proviennent du chef Lucius, III, 10, 1. — soumis par Calchas, III, 16, 5.
*Lucanie*, XXXVII, 67, 2. — territoire, III, 10, 1.
*Lucanien*, Stenius, XXXIV, 15, 1.
*Lucenses* des Marses, III, 17, 1.
*Lucentum*, III, 4, 3.
*Luceria*, col., III, 16, 5.
*Lucine*, cour de, à Rome, XVI, 85, 1.
*Lucrin*, huîtres, IX, 79, 2; XXXII, 21, 4.
*Lucrin*, lac, III, 9, 9; IX, 8, 2; XXXII, 21, 3; XXXVI, 24, 20.
*Lucus*, juridiction, III, 4, 13; IV, 34, 2. — huîtres, XXXII, 21, 4.
*Lucus* Augusti, III, 5, 6. — Feroniæ, III, 8, 2. — Jovis Indigetis, III, 9, 4.
*Lumberitani*, III, 4, 8.
*Luna*, ville célèbre par son port, III, 8, 1. — d'Étrurie, XIV, 8, 7. — marbre, XXXVI, 7, 1. — fromage, XI, 97, 1. — silex, XXXVI, 29, 1. — carrières, XXXVI, 4, 4.
*Lupia*, III, 16, 3.
*Lursenses*, III, 4, 8.
*Lusa* d'Arcadie, XXXI, 10, 1.
*Lusitanie*, cerises, XV, 30, 1.
*Lusitaniens*, IV, 35, 4.
*Lusitanie*, VIII, 67, 1; 73, 2; XXXIII, 21, 11; XXXIV, 47, 1; XXXVII, 9, 1. — commence au Durius, IV, 35, 1.
*Lusitanie*, d'où ce nom, III, 3, 3. — longueur et largeur, IV, 35, 7. — grains, XXII, 3, 1.
*Lusitanie*, Emerita, XV, 4, 5.
*Lutevani*, III, 5, 6.
*Luxia*, fl., III, 3, 1.
*Lycabettus*, mont, IV, 11, 2.
*Lycæus*, mont, et temple de Jupiter Lycéen, IV, 10, 1.
*Lycaones*, V, 29, 4; XXX, 45, 1.
*Lycaonie*, V, 25, 1; VIII, 69, 5.
*Lycaonie*, l'Obigène en est une partie, V, 42, 3.
*Lycastum*, VI, 3, 2.
*Lycastus*, (en Crète), IV, 20, 2.
*Lycide*, V, 33, 3.
*Lyciens*, V, 27, 1.
*Lycie*, VIII, 83, 1; XIV, 22, 2; XXXI, 47, 6; XXXV, 57, 2; XXXVI, 27, 1.

*Lycie*, gouverneur, XIII, 27, 3. — légat, XII, 5, 1. — cèdre, XII, 61, 1. — montagnes, XVI, 59, 2; XXI, 12, 1. — combien de villes, V, 28, 2. — Myres en Syrie, XXXII, 8, 1. — safran, XXI, 17, 1. — mer, V, 27, 1. — Jason, VIII, 61, 2.
*Lycomède*, lac, V, 4, 2.
*Lycon*, ville, V, 11, 2.
*Lycopolites* nomos, V, 9, 3.
*Lycos*, fl., V, 17, 4; 20, 1.
*Lyctus*, IV, 20, 3.
*Lycus*, fleuve d'Asie, II, 106, 3; V, 29, 3; VI, 3, 1 et 2; IX, 83, 2.
*Lycus*, fleuve de Cilicie, V, 22, 1.
*Lycus*, fl., chez les Léontins, XXXI, 19, 2.
*Lycus*, fl., Rhyndacus, V, 40, 2.
*Lycus*, fl., venant d'Arménie, VI, 30, 2.
*Lydda*, toparchie de Judée, V, 15, 1.
*Lydiens*, en Étrurie, III, 8, 1.
*Lydiens*, VII, 57, 6.
*Lydie*, V, 30, 1; XXXI, 19, 1. — roi Candaules, XXXV, 34, 2. — figuier, XV, 19, 2. — eucens, XVI, 59, 1. — modes musicaux, VII, 57, 13. — tuiles, XXXV, 49, 1. — marum, XII, 53, 1. — aphronitre, XXXI, 46, 7. — sil, XXXIII, 56, 2. — pierre, XXXIII, 43, 1.
*Lydiens*, Marsyas leur chef, III, 17, 2.
*Lydien*, Scythès, VII, 57, 6.
*Lygdamum*, V, 33, 3.
*Lygdine*, pierre, XXXVI, 13, 1.
*Lygos*, Byzance, IV, 18, 8.
*Lymphorta*, VI, 25, 3.
*Lyncestæ*, IV, 17, 2.
*Lyncestis*, eau, II, 106, 11.
*Lyon*, col., IV, 32, 1. — Gaule lyonnaise, IV, 31, 1; 32, 1. — littoral de la Gaule lyonnaise, IV, 4, 2.
*Lyrnessos*, Tenedos, V, 39, 2.
*Lyrnessus*, V, 26, 1; 32, 2.
*Lysias*, V, 29, 6.
*Lysimachia*, IV, 18, 9 et 10.
*Lysimachia* (en Éolide), V, 32, 2.
*Lysimachia*, XXXIV, 19, 7.
*Lystreni*, V, 42, 2.
*Lytarmis* promont., VI, 14, 2.

## M

*Macæ*, V, 5, 4.
*Macæ*, en Arabie, VI, 26, 4.
*Macaria*, Cypre, V, 35, 1. — Lesbos, V, 39, 1. — Rhode, V, 36, 1.
*Macaron*, ile, Crète, IV, 20, 1.
*Maccocalingæ*, VI, 21, 9.
*Macédonien*, Heraclides, XXXV, 40, 1.
*Macédoniens*, du ressort d'Adramytteos, V, 32, 3. — Caducées, V, 30, 1.
*Macédoniens*, Hyrcaniens, V, 31, 9.
*Macédoniens*, (en Mésopotamie), VI, 30, 1.
*Macédoine*, IV, 17, 1 et seqq; XI, 112, 2; XII, 57, 1; XIII, 12, 1; XVI, 19, 5; 24, 1; 41, 2; 76, 2; XVIII, 30, 3; XX, 51, 1; XXV, 11, 1; XXXI, 10, 1; 19, 3; 46, 4; XXXIII, 27, 1; XXXV, 52, 1; XXXVII, 66, 2. — soumise, XXXIV, 19, 15.

*Macédoine*, la province commence au Lissus, III, 26, 4.
*Macédoine*, Pella, XXXI, 28, 3.
*Macédoine*, cerises, V, 30, 2. — chlamyde, V, 11, 3. — fougère, XXVII, 55, 3. — iris, XXI, 19, 1. — poix, XVI, 23, 3. — butin, XXXIII, 17, 1. — mer, IV, 18, 14. — diamant, XXXVII, 15, 3. — armes des Macédoniens, II, 67, 2. — port des Macédoniens, en Inde, VI, 28, 4. — Séleucie Babylonienne suit les mœurs des Macédoniens, VI, 30, 5.
*Macédonique*, VII, 45, 3 et 5.
*Macestos*, fl., V, 40, 2.
*Machærus*, citadelle de Judée, V, 15, 3.
*Machia*, ile, IV, 23, 4.
*Machlyes*, VII, 2, 7.
*Machorbe*, port, VI, 32, 8.
*Maci*, VI, 25, 1.
*Macistum*, IV, 10, 1.
*Macistus*, mont, IV, 39, 2.
*Macomades*, V, 3, 2.
*Macra*, fl., III, 7, 2.
*Macra*, ile, IV, 27, 2.
*Macra*, Eubée, IV, 21, 3.
*Macrales*, III, 9, 16.
*Macris*, Chios, V, 38, 1. — Eubée, IV, 21, 3. — Icaros, IV, 23, 1.
*Macris*, ile, V, 35, 3. — (autre île dans la mer de Lycie), V, 35, 3.
*Macrobes*, (en Æthiopie), VI, 35, 12. — en Inde, VII, 2, 20 et 21. — en Macédoine, IV, 17, 4.
*Macrocéphales*, VI, 4, 2.
*Macrocremniens*, monts, IV, 26, 1.
*Macron* Tichos, IV, 18, 4.
*Macrones*, VI, 4, 2; 11, 1.
*Macum*, VI, 35, 1.
*Macurebi*, V, 1, 21.
*Macynia*, IV, 3, 1.
*Macynium*, mont, IV, 3, 2.
*Madura*, voy., VI, note 18.
*Mæander*, fl., V, 29, 4 et 6.
*Mæander*, II, 87, 2.
*Mæander*, fl., description, V, 30, 1; 31, 2.
*Mæandrie*, IV, 1, 4.
*Mæandropolis*, V, 29, 6.
*Mænalus*, mont, IV, 10, 1.
*Mænariæ*, iles, III, 11, 2; 12, 2.
*Mænienne*, colonne, VII, 60, 1.
*Mæniana*, à Rome, XXXV, 37, 2.
*Mænoba*, avec un fleuve, III, 3, 2.
*Mæones*, peuple vers le Tanaïs, VI, 7, 1.
*Mæonie*, Lydie, V, 30, 1. — capitale, Sipylum, V, 31, 6.
*Mæoniens*, V, 30, 1.
*Mæotes*, VII, 26, 10. — Palus-Mæotique, II, 67, 2. — colias des Palus-Méotides, XXXII, 53, 4.
*Mæotiques*, VI, 7, 1.
*Mæotis*, lac, VI, 6, 1; XXXII, 53, 4. — golfe, IV, 26, 4. — embouchure, V, 9, 1. — palus, X, 10, 1; XXV, 43, 1; XXVII, 1, 2.
*Mæotis*, Temerinda, VI, 7, 1.
*Mæsia*, forêt d'Italie, VIII, 83, 1.
*Mægæa*, fontaine, III, 14, 3.
*Magarsos*, V, 22, 1.
*Magase*, VI, 35, 2.
*Magedа*, VI, 35, 1.

*Magelli*, III, 7, 1.
*Magellini*, III, 14, 5.
*Mages* (en Médie), VI, 29, 5.
*Magnésie*, IV, 16, 1; XXXI, 30, 2; 32, 3.
*Magnésie*, d'Asie, XXXVI, 25, 2 et 3.
*Magnésie*, Macédonique, XXXVI, 25, 2 et 3.
*Magnésie*, du Méandre, V, 31, 3.
*Magnésie*, de Thessalie, V, 31, 3.
*Magnètes*, à Sipylum, V, 31, 9. — bataille, XXXV, 34, 2.
*Magnopolis*, VI, 3, 1.
*Mago*, ville, III, 11, 2.
*Magoa*, VI, 31, 9.
*Magog*, V, 19, 1.
*Magora*, VI, 35, 3.
*Magoras*, fl., V, 17, 3.
*Magusa*, en Éthiopie, VI, 35, 3.
*Magusa*, en Arabie, VI, 32, 17.
*Maius*, jardins de, XXXV, 33, 1.
*Malaca*, avec un fleuve, III, 3, 2.
*Malacha*, en Espagne, V, 1, 19.
*Malchu*, île, VI, 34, 6.
*Malea*, IX, 69, 2.
*Malée*, promont., IV, 8, 1; 10, 2.
*Maleventum*, Beneventum, III, 10, 6.
*Maléa*, mont, II, 75, 3; VI, 22, 6.
*Maliaque*, golfe, IV, 12, 3.
*Maliande*, Bithynie, V, 40, 3.
*Malli*, VI, 21, 9.
*Mallos*, V, 22, 1.
*Mallos*, en Éthiopie, VI, 35, 1 et 2.
*Mallus*, mont, VI, 21, 9.
*Maltecoræ*, VI, 23, 4.
*Malthace*, île, IV, 19, 2.
*Malvana*, fl., V, 1, 18.
*Mama*, VI, 35, 2.
*Mamblia*, VI, 35, 3.
*Mamertins*, vins, XIV, 8, 6; 17, 2.
*Mamertins*, de Messana, III, 14, 2.
*Mammisée*, tétrarchie, V, 19, 1.
*Mamortha*, V, 14, 2.
*Mamuda*, VI, 35, 2.
*Manais*, fl., VI, 25, 3.
*Manates*, III, 9, 16.
*Mandacadeni*, V, 32, 3.
*Mandalum*, lac, VI, 34, 4.
*Mandarei*, VI, 7, 3.
*Mandei*, VI, 21, 9.
*Mandi*, VII, 2, 22.
*Mandragæus*, fl., VI, 19, 2.
*Mandrolytie*, V, 31, 3.
*Mandruēni*, VI, 18, 3.
*Mandrum*, fl., VI, 18, 3.
*Manduria*, ville, II, 106, 4.
*Mania*, VI, 29, 3.
*Manteium*, en Cappadoce, VI, 4, 1. — des Colophoniens, V, 31, 5. — près d'Éphèse, V, 31, 4. — autre, V, 31, 5.
*Mantinea*, IV, 9, 1; 10, 1.
*Mantua* des Étrusques, III, 23, 3.
*Maraces*, IV, 3, 1.
*Marane*, VI, 32, 12.
*Marathe*, île, IV, 19, 2.
*Marathesium*, V, 31, 3.
*Marathon*, IV, 11, 2; XXV, 37, 1. — bataille, XXXV, 34, 4.
*Marathos*, V, 17, 4.
*Marathus*, XII, 55, 1.
*Marathusa*, IV, 1, 9.
*Marathussa*, île, V, 38, 2.
*Maratiani*, VI, 18, 3.

*Marchadæ*, VI, 33, 2.
*Marchubii*, V, 4, 5.
*Mardani*, Arabes, VI, 30, 1.
*Mardes*, XXXI, 39, 2.
*Mardes*, VI, 31, 8.
*Mardes* en Colchide, VI, 5, 2.
*Mardes*, VI, 18, 2.
*Mer morte*, en Scythie, IV, 27, 4.
*Maréotes*, V, 6, 1.
*Maréotides*, vignes, XIV, 4, 15.
*Maréotis*, Libye, V, 6, 1; 9, 4.
*Maréotis*, lac, V, 11, 3 et 4.
*Mareu*, îles, VI, 34, 1.
*Margiana*, VI, 18, 2.
*Margis*, fl., III, 29, 1.
*Margus*, fl., VI, 18, 2.
*Mariaba*, VI, 32, 12, 14, 16 et 17.
*Mariammitani*, V, 19, 1.
*Mariana*, col., III, 12, 1.
*Mariani*, Cereatini, III, 9, 11.
*Marien*, cuivre, XXXIV, 2, 2.
*Marici*, III, 21, 2.
*Marigeri*, VI, 35, 14.
*Maritima*, ville, III, 5, 4.
*Marium*, V, 35, 2.
*Marius*, fosses de, III, 5, 4.
*Marma*, VI, 32, 2.
*Marmarique*, genre de câprier, XIII, 44, 1.
*Marmaridæ*, V, 5, 3; 6, 1.
*Maro*, colline, III, 14, 3.
*Marohæ*, VI, 23, 4.
*Maronea*, VI, 18, 3. — vin, XIV, 6, 1.
*Maronites*, Athémon, XXXV, 40, 9.
*Marrucini*, XV, 21, 3. — Téatins, III, 17, 1. — territoire, II, 85, 2; XVII, 38, 4.
*Marsaciens*, îles des, IV, 29, 1.
*Marseille*, Voy. MASSILIA.
*Marses*, XVII, 35, 15; XXI, 45, 1; XXVIII, 6, 1; XXXI, 24, 1. — domptent les serpents, XXV, 5, 2. — guerre, VII, 3, 2; VIII, 82, 1; IX, 79, 1; XV, 36, 2; XXII, 6, 2; XXV, 21, 4. — nation, VII, 2, 7. — chant, XXVIII, 4, 5.
*Marsyas*, fontaine en Phrygie, XXXI, 16, 1.
*Marsyas*, fl., V, 19, 1; 21, 1; 29, 4.
*Martialium Sacili*, III, 3, 6.
*Maruccæi*, VI, 18, 3.
*Marus*, fl., IV, 25, 2.
*Maruvii*, III, 17, 1.
*Maryandine*, golfe, VI, 1, 3.
*Masada*, château, V, 15, 4.
*Masatat*, fl., V, 1, 9.
*Masati*, V, 1, 9.
*Masei*, Arabes, VI, 30, 2.
*Massæsyli*, V, 1, 17 et 19; XXI, 45, 1.
*Massæsylie*, X, 9, 2.
*Massagetes*, VI, 19, 1.
*Massala*, VI, 32, 15.
*Massaliotique*, bouche du Rhône, III, 5, 3.
*Massice*, bourg, V, 21, 4.
*Massiques*, vins, XIV, 8, 4.
*Massiques*, monts, III, 9, 8.
*Massilia* des Phocéens, III, 5, 4; VII, 54, 7; XIV, 2, 1; 8, 8; XXXVII, 25, 4. — Cénomans près de Marseille, III, 23, 3. — sils, XX, 18, 1.
*Massiliens*, voisins des Stéchades, III, 11, 3. — Nicée fondée par les Massiliens, III, 7, 1.

*Massiliens*, Crinas, Charmis, XXIX, 5, 3 et 4. — Pythéas, II, 77, 2; 99, 6.
*Massiliens*, Athenopolis, III, 5, 5.
*Massycites*, mont, V, 28, 1.
*Massyli*, V, 4, 5.
*Mastaurenses*, V, 31, 9.
*Mastramela*, étang, III, 5, 4.
*Mastusia*, IV, 18, 11.
*Mastusia*, mont, V, 31, 7.
*Mastya* des Milésiens, VI, 2, 1.
*Matelgæ*, V, 5, 6.
*Mateolani*, III, 16, 6.
*Matera*, ville, V, 4, 5.
*Mathatæi*, VI, 32, 15.
*Mathitæ*, VI, 35, 12.
*Matiani*, VI, 18, 3.
*Matilicates*, III, 19, 2.
*Matium*, IV, 20, 3.
*Matium* en Colchide, VI, 4.
*Matroum* de Smyrne, XVI, 50, 2.
*Mattiaques*, sources, XXXI, 17, 1.
*Maumarum*, VI, 35, 3.
*Maures*, V, 1, 17; XVI, 70, 1; XXXVII, 11, 7. — près du mont Atlas, XIII, 29, 1.
*Mauritanie*, II, 77, 2; VIII, 1, 2. — Mauretania, XVIII, 30, 4; XIX, 22, 1; XXXI, 43, 2. — Césarienne, V, 1, 19; XXI, 45, 1. — citérieure, XIII, 29, 3. — eaux, V, 5, 4. — borne, VI, 35, 1. — maritime, IX, 56, 4. — bois, VIII, 1, 2. — jadis des royaumes, V, 1, 2. — deux provinces, V, 1, 2. — Juba, VI, 34, 6. — le roi Ptolémée, XIII, 29, 2. — Cotta, XXXII, 6, 1.
*Maurusiens*, V, 1, 17.
*Mavis*, ville des Écaliques, V, 8, 2.
*Mavitania*, région, III, 4, 2.
*Maxeras*, fl., VI, 18, 2.
*Maxilua*, XXXV, 49, 2.
*Maxulla*, col., V, 5, 2.
*Mazaca*, Cæsarea, VI, 3, 1.
*Mazacæ*, VI, 7, 2.
*Mazæi*, III, 26, 1.
*Mazara*, fl., III, 14, 4.
*Mécybernéen*, golfe, IV, 17, 4.
*Médeon*, IV, 12, 2.
*Mèdes*, de chez qui vient la medica, luzerne, XVIII, 43, 1; XIII, 36, 1; XXX, 2, 2; XXXI, 46, 1; XXXVII, 39, 1; 59, 2.
*Mèdes*, en Épire, IV, 1, 2.
*Mèdes*, en Thrace, IV, 18, 1.
*Médie*, XII, 19, 1; 28, 2; XXXVII, 70, 1.
*Médie*, capitale Echatane, VI, 17, 1. — laser, XIX, 15, 2. — citrons, XV, 14, 1. — citronnier, XII, 7, 1. — montagnes, XII, 61, 1. — émeraudes, XXXVII, 18, 4 et 5. — silphion, XXII, 48, 1. — lac, XXXI, 18, 1. — villes, VI, 17, 1. — région, VI, 10, 8. — site, VI, 29, 3. — Sarmates du Tanaïs, descendants des Mèdes, VI, 7, 1.
*Medimni*, VI, 35, 12.
*Mediolanensis*, Torquatus, XIV, 28, 5.
*Mediolanum*, Milan, fondé par les Insubriens, III, 21, 2. — Torquatus, de Milan, XIV, 28, 5.
*Mediomatrici*, IV, 31, 2.
*Medma*, III, 10, 2.
*Medmassa*, V, 29, 5.

*Medocus*, deux, fl., III, 20, 7.
*Medoe*, île, VI, 35, 15.
*Medubricenses*, IV, 35, 6.
*Médules*, huîtres, XXXII, 21, 4.
*Medulli*, III, 24, 4.
*Medullia*, III, 9, 16.
*Megabari*, VI, 35, 11 et 12.
*Mégale*, île, V, 38, 3; 44, 1.
*Megallæ*, VI, 23, 3.
*Megalopolis*, IV, 10, 1.
*Megalopolitains*, II, 110, 3.
*Megara*, col., IV, 11, 1.
*Mégares*, XVI, 76, 4. — Nicias, VII, 57, 6. — ciguë, XXV, 95, 3. — bulbes, XIX, 30, 1; XX, 40, 3. — territoire, XVII, 4, 1. — sel, XXXI, 41, 3; XXXVII, 37, 4. — golfe, IV, 19, 6.
*Megari*, VI, 23, 7.
*Megarice*, V, 43, 2.
*Megarice*, Heraclea Cherronesos, IV, 26, 7.
*Megaris*, île, III, 12, 8.
*Megaris* (en Sicile), III, 14, 3.
*Megaris*, région, IV, 11, 1.
*Megatichos* (en Éthiopie), VI, 35, 2.
*Megisba*, étang, VI, 24, 5.
*Megista*, île, V, 35, 3.
*Melæna*, Cephalenia, IV, 19, 3.
*Melæna*, Corcyra, III, 30, 3.
*Melænæ*, IV, 10, 1.
*Melamphyllos*, mont, IV, 18, 12.
*Melamphyllos*, Samos, V, 37, 1.
*Melanchlæni*, VI, 5, 1.
*Melane*, île, V, 38, 2.
*Melano*, île, V, 36, 3.
*Melanthius*, fl., VI, 4, 3.
*Melas*, rivière en Béotie, II, 106, 10.
*Melas*, fl., VI, 4, 2.
*Melas*, fl., borne de la Cilicie, V, 22, 3.
*Melas*, fl., et golfe, IV, 18, 4.
*Melas*, golfe, IV, 18, 10 et 12.
*Melcomani*, III, 26, 2.
*Meldi*, IV, 32, 1.
*Meles*, fl., V, 31, 7.
*Melibæa*, ville, IV, 16, 1.
*Meligunis*, île, III, 14, 6.
*Melita* (en Attique), IV, 11, 2.
*Melita* (en Cappadoce), VI, 3, 1.
*Melita*, île, III, 14, 6.
*Melita*, île, sur la côte d'Illyrie, III, 30, 3.
*Melita*, IV, 16, 1.
*Melitéens*, chiens, XXX, 14, 1. — petits chiens, III, 30, 3.
*Mélitène*, VI, 3, 2.
*Mélitène*, de Cappadoce, V, 20, 1.
*Mellaria*, III, 3, 11.
*Mellaria*, bourg d'Espagne, III, Proœm., 4; 3, 2.
*Meloessa*, III, 15, 2.
*Melogonis*, île, III, 14, 6.
*Mélos*, île, IV, 23, 3; XXXI, 32, 3; XXXV, 19, 1; 50, 1; 52, 2; XXXVI, 42, 1. — coqs, X, 24, 3. — Simonide, VII, 24, 2; 57, 2. — Dionysodorus, II, 112, 10.
*Melpes*, fl., III, 10, 1.
*Melpum*, ville, III, 21, 3.
*Melzita*, ville, V, 4, 5.
*Memini*, III, 5, 6; XVIII, 20, 1.
*Memnones*, VI, 35, 12.
*Memphis*, II, 87, 2; VIII, 71, 2 et 3; XIII, 19, 2; XV, 13, 2; XVI,

33, 3; XXXI, 39, 2; 41, 2; 46, 6; XXXVI, 16, 2.
*Memphis*, capitale des rois d'Égypte, V, 9, 5.
*Memphites nomos*, V, 9, 4; XXXVI, 16, 1. — ophites, XXXVI, 11, 2.
*Menanini*, III, 14, 5.
*Ménapiens*, IV, 31, 2.
*Mendæ*, IV, 17, 4.
*Mendésique*, bouche du Nil, V, 11, 5. — parfum, XIII, 2, 1 et 4. — nomos, V, 9, 3.
*Mendeteros*, V, 36, 2.
*Menelaites nomos*, V, 9, 3.
*Meninx*, île, V, 7, 1. — d'Afrique, IX, 60, 3.
*Menismini*, VII, 2, 24.
*Menoba*, fl., III, 3, 7 et 9.
*Menobardi*, VI, 10, 3.
*Menosca*, IV, 34, 1.
*Menotharus*, fl., VI, 7, 2.
*Mentesans*, III, 4, 2. — ou Oritans, III, 4, 9. — ou Bastules, III, 4, 9.
*Mentonomon*, estuaire, XXXVII, 11, 5.
*Mentores*, III, 25, 1.
*Mephitis*, temple de, II, 95, 3.
*Mercure*, ville, en Égypte, V, 11, 2.
*Mercure*, promontoire, III, 14, 2; V, 3, 1.
*Mergentiai*, III, 19, 2.
*Mérinates*, III, 16, 6.
*Meritus*, mont, IV, 18, 12.
*Merobrica*, IV, 35, 4.
*Méroé*, II, 71, 3; 75, 2; 77, 1; V, 10, 4; XII, 8, 2; XXIV, 102, 3. — île, XXXVII, 15, 1. — ville et île, VI, 35, 8.
*Mérope*, Cos, V, 36, 3.
*Meropia*, Siphnus, IV, 22, 2.
*Meropis*, Cos, V, 36, 3.
*Merucra*, III, 3, 9.
*Merula*, fl., III, 7, 2.
*Merus*, mont, VI, 23, 9; XVI, 62, 1.
*Mésabatène*, VI, 31, 8, 9.
*Mesæ*, V, 23, 7.
*Mésagèbes*, VI, 35, 12.
*Mesammones*, V, 5, 3.
*Mèse*, île des Stéchades, III, 11, 3.
*Mesembria*, IV, 18, 1.
*Mésène*, VI, 31, 3 et 5.
*Mésogites* (vin), XIV, 9, 2.
*Mésopotamie*, (partie de la Syrie), V, 13, 1; XXXI, 22, 2; XXXII, 7, 1. — population d'origine assyrienne, V, 21, 1. — appartient toute aux Assyriens, VI, 30, 1. — commencement, VI, 9, 1. — capitale, VI, 30, 8. — préfecture, V, 21, 1. — limites d'après Agrippa, VI, 31, 11.
*Mesotimolitæ*, V, 30, 1.
*Messa*, (en Thrace), IV, 18, 7.
*Messalum*, ville, XII, 30, 2.
*Messana*, jouissant du droit de cité romaine, III, 14, 2. — en Sicile, II, 101, 1; XIV, 8, 6; XXXI, 28, 5.
*Messanicus*, fl., III, 20, 5.
*Messapie*, des Grecs, Calabre, III, 16, 1.
*Messapia*, ville, III, 16, 1.
*Messapiens*, XXXI, 10, 1.
*Messeis*, fontaine, IV, 15, .
*Messène*, IV, 7, 1; VI, 39, 4; XXXVII, 54, 3.

*Messeniani*, VI, 7, 1.
*Messénie*, IV, 7, 1; XXV, 30, 1; XXVII, 3, 1.
*Messéniens*, à Zancle, III, 14, 5.
*Messénien*, Aristomènes, XI, 70, 2. — Midias, VII, 57, 9.
*Metagonitis*, Numidie, V, 2, 1.
*Metallinensis*, col., IV, 35, 5.
*Métapine*, bouche du Rhône, III, 5, 3.
*Metapontum*, III, 15, 3; XIV, 2, 1.
*Metaurenses*, III, 19, 2.
*Metaurus*, fl., III, 10, 2; 14, 6; 19, 2.
*Metelites nomos*, V, 9, 3.
*Méthone*, IV, 7, 1; 16, 1.
*Methora*, VI, 22, 6.
*Méthoriques*, désert des, VI, 25, 3.
*Méthurides*, îles, IV, 19, 6.
*Methydrium*, IV, 10, 1.
*Methymna*, V, 39, 1.
*Metina*, île, III, 11, 3.
*Metropolitæ*, V, 29, 4.
*Metropolitæ* (en Ionie), V, 31, 9.
*Metubarris*, île, III, 28, 2.
*Mévanate*, territoire, XIV, 14.
*Mévanates*, III, 19, 2.
*Mevania*, XXXV, 49, 4.
*Mevanionenses*, III, 19, 2.
*Michoe*, Troglodytique, VI, 34, 1.
*Mictis*, île, IV, 30, 3.
*Midæi*, V, 29, 4.
*Midnion*, V, 41, 1.
*Midoe*, Troglodytique, VI, 34, 1.
*Mieza*, IV, 17, 1. — en Macédoine, XXXI, 20, 1.
Milan. Voy. MEDIOLANUM.
*Milésiens*, ont fondé Cios, V, 40, 4.
*Milésiens*, à Cyzique, V, 40, 2. — à Istropolis, IV, 18, 5. — à Odessus, IV, 18, 6. — à Panticapée, IV, 26, 8. — colonie en Arabie, VI, 32, 16.
*Milésien*, Anaximander, VII, 57, 12. — Cadmus, VII, 57, 12. — Thalès, II, 9, 1; XXXVI, 17, 4.
*Milet*, capitale de l'Ionie, V, 31, 1; XVII, 37, 11; XXXVI, 13, 2; XXXVII, 25, 4. — laine, XXIX, 9, 4. — région, XI, 32, 4. — rose, XXI, 10, 2 et 5. — brebis, VIII, 73, 1. — halcyoneum, XXXII, 27, 4.
*Miletopolis*, IV, 26, 2; V, 40, 2.
*Miletopolitæ*, en Éolide, V, 32, 3.
*Miletos*, en Éolide, V, 32, 2. — en Crète, IV, 20, 3.
*Milichie*, fontaine, III, 14, 3.
*Miltopæ*, station, III, 16, 3.
*Milyæ*, V, 25, 1; 42, 2.
*Mimallis*, Mélos, IV, 23, 3.
*Mimas*, mont, V, 31, 5.
*Mincius*, rivière, II, 106, 2; III, 20, 4; IX, 38, 2.
*Minéens*, VI, 32, 12, 14 et 18; XII, 30, 2. — myrrhe, XII, 35, 2. — encens, XII, 30, 1.
*Minerve*, promontoire, III, 9, 10.
*Minius*, fl., IV, 34, 3; 35, 3.
*Minoïs*, Paros, IV, 22, 4.
*Minoum*, IV, 20, 3.
*Minturnes*, col., III, 9, 6.
*Minyeus*, IV, 15, 1.
*Mirobrica*, III, 3, 11.
*Mirobrigenses*, IV, 35, 6.
*Misène*, territoire, XVIII, 7, 1. — ville, III, 9, 9.

*Misua*, ville, V, 3, 2.
*Misulam*, V, 4, 5.
*Mitylène*, XIII, 2, 6; XIX, 13, 1; XXXII, 63, 6.
*Mityléniens*, V, 33, 2. — graveurs, XXXIII, 55, 2.
*Mitylene*, V, 39, 1.
*Mizæi*, VI, 31, 7.
*Mizi*, grands et petits, VI, 32, 9.
*Modogalinga*, île, VI, 22, 4.
*Modubæ*, VI, 22, 4.
*Modunda*, VI, 35, 15.
*Modura*, VI, 26, 10.
*Mœchindira*, VI, 35, 1.
*Mœnus*, fl., de Germanie, IX, 17, 2.
*Mœris*, lac, V, 9, 4; 11, 2; XXXVI, 16, 1.
*Mæsiens*, III, 29, 1; IV, 18, 2.
*Mœsie*, III, 29, 1; XV, 19, 4. — concombres, XIX, 23, 2. — nations, IV, 1, 3.
*Mogrus*, fl., VI, 4, 4.
*Maludæ*, VI, 22, 4.
*Molosses*, IV, 1, 2 et 4.
*Molycria*, IV, 3, 1.
*Mona*, île, II, 77, 2; IV, 30, 2.
*Monades*, nation, III, 16, 5.
*Monapia*, île, IV, 30, 2.
*Monèdes*, VI, 22, 6.
*Monesi*, IV, 33, 1.
*Monocaleni*, III, 24, 1.
*Monocoli*, VII, 2, 16.
*Monœcus*, Hercule, port, III, 7, 1.
*Monoleus*, lac, VI, 34, 3.
*Mont Sacré*, à Rome, XIX, 19, 6.
*Mopsopia*, V, 26, 1.
*Mopsos*, V, 22, 1.
*Morges*, Éphèse, V, 31, 4.
*Morgètes*, III, 10, 1.
*Mormarusa*, IV, 27, 4.
*Morimène*, VI, 3, 2.
*Morins*, IV, 31, 2; X, 27, 2; XII, 3, 1. — à l'extrémité du monde, XIX, 2, 1.
*Morins*, Gessoriacum, IV, 30, 1. — port, IV, 37, 2.
*Moriseni*, IV, 18, 2.
*Morosgi*, IV, 34, 1.
*Morte*, mer, en Scythie, IV, 27, 4.
*Moruni*, IV, 23, 4.
*Morylli*, IV, 17, 2.
*Mosa*, fl., IV, 28, 3; 29, 1.
*Moscheni*, IV, 10, 3.
*Mosches*, VI, 4, 4. — pays, VI, 11, 1.
*Moschique*, mont, V, 27, 3.
*Mossylique*, promont., VI, 34, 6.
*Mossylique*, port, VI, 34, 5.
*Mossyni*, V, 33, 4; VI, 4, 2.
*Muciens*, autels, II, 98, 2.
*Mulelacha*, promont., V, 1, 8.
*Mulierum portus*, IV, 18, 8.
*Mulon*, VI, 35, 9.
*Munda*, fl., IV, 35, 3.
*Munda*, en Espagne, XXXVI, 29, 1. — prise avec le fils de Pompée, III, 3, 8.
*Munienses*, III, 9, 16.
*Murgentins*, III, 14, 5. — vigne de Sicile, XIV, 4, 12. — vin, XIV, 5, 2.
*Murgis*, limite de la Bétique, III, 3, 3.
*Musagores*, trois îles, IV, 20, 5.
*Museum*, à Stagire, XVI, 57, 2.
*Musis*, fl., VI, 10, 1.
*Mussini*, V, 4, 5.

*Matina* col., III, 20, 1; XIV, 4, 13; XXXV, 46, 2. — territoire, II, 96, 1; 111, 3. — siége, X, 53, 1. — calamités, II, 25, 1.
*Mutucumenses*, III, 9, 16.
*Mutuscæi*, III, 17, 2.
*Mutustratini*, III, 14, 5.
*Mutycenses*, III, 14, 5.
*Muza*, port, VI, 26, 9.
*Musiris*, VI, 26, 9.
*Mya*, île, V, 36, 3.
*Myanda*, V, 22, 9.
*Mycalessus*, IV, 12, 2.
*Mycalessus*, mont, IV, 12, 1.
*Mycènes*, IV, 9, 1.
*Myconiens*, XI, 47, 1. — vin, XIV, 9, 2.
*Myconos*, île, IV, 22, 2.
*Mygdones*, V, 33, 2.
*Mygdones*, de Macédoine, IV, 17, 2.
*Mygdonie*, d'Asie, V, 41, 1.
*Mygdonie*, d'Assyrie, VI, 16, 2.
*Mylæ*, II, 101, 1; III, 14, 4; XXXI, 28, 5.
*Mylæ*, îles, IV, 20, 5.
*Mylasa*, V, 29, 6. — chanvre, XIX, 56, 2.
*Myle*, V, 22, 2.
*Myndos*, V, 29, 5.
*Myonnesos*, île, V, 38, 2.
*Myoshormos*, VI, 33, 5.
*Myra*, de Lycie, XXXII, 8, 1.
*Myriandros*, ville de Syrie, II, 112, 2; V, 18, 2.
*Myrina* (en Crète), IV, 20, 3.
*Myrina*, à Lemnos, IV, 23, 8; V, 32, 1; XXXII, 21, 1.
*Myrlea*, V, 40, 3.
*Myrmeces*, écueils, V, 31, 8.
*Myrmecium*, IV, 26, 9.
*Myrmidones*, IV, 14, 1.
*Myrsos*, VI, 35, 2.
*Myrtilis*, IV, 35, 4 et 5.
*Myrto*, mer de, IV, 9, 3; 18, 13; 22, 1.
*Mysecras*, fl., VI, 32, 9.
*Mysiens*, V, 33, 3. — venus d'Europe, V, 41, 1. — mont Olympe dit Mysien, V, 40, 2.
*Mysie*, XXIV, 102, 3. — Éolide, V, 32, 1. — Teuthranie, V, 33, 3. — commencement, V, 40, 3. — scammonée, VI, 38, 1.
*Mysomacédoniens*, V, 31, 9.
*Mystia*, III, 15, 1.
*Mystique*, vin, XIV, 9, 2.
*Mystus*, île, IV, 19, 2.
*Myus*, V, 31, 3.

# N

*Nabades*, nation, V, 1, 21.
*Nabar*, fl., V, 1, 21.
*Nabatæa*, XXI, 72, 1.
*Nabatéens*, VI, 32, 3. — Arabes, V, 12, 1. — voisins de la Syrie, XII, 37, 1. — Troglodytes, XII, 44, 1.
*Nabrum*, fl., VI, 26, 2.
*Nagia*, VI, 32, 11.
*Namarini*, IV, 34, 2.
*Nannetes*, IV, 32, 1.
*Nantuates*, III, 24, 4.
*Napæi*, VI, 19, 1.
*Napata*, VI, 35, 5, 7 et 11.
*Napita*, VI, 7, 2.

*Nar*, fl., III, 9, 2; 17, 3.
*Naracustoma*, IV, 24, 8.
*Narbo*, Martius, III, 5, 2. — narbonnaise, Gaule, IV, 31, 1. — province, II, 46, 4; III, 5, 1; 10, 4; VIII, 73, 3; IX, 9, 1; 26, 1; XIV, 3, 4; 4, 19; 8, 8; 11, 3; XVII, 2, 10; 5, 1; XVIII, 51, 2; XIX, 1, 3; XXI, 31, 2; XXXI, 2, 1. — province narbonnaise, proconsulat, XXXV, 7, 2. — charbon, maladie particulière de la Narbonnaise, XXVI, 4, 1. — vigne de Narbonne, XIV, 4, 19.
*Naræa*, IV, 23, 5.
*Naresii*, III, 26, 2.
*Nariandus*, V, 29, 5.
*Narmalchan*, VI, 30, 3.
*Narnia*, III, 19, 2. — territoire, XXXI, 28, 5.
*Naro*, fl., III, 26, 3.
*Narona*, col., III, 26, 2. — parties boisées, XXI, 19, 1.
*Narraga*, fl., VI, 30, 6.
*Narthecusa*, II, 91, 1. — île, V, 36, 2.
*Narycienne*, poix, XIV, 25, 6.
*Narycion*, IV, 12, 3.
*Nasamons*, V, 5, 3; VII, 2, 6 et 7; XIII, 32, 1; XXXVII, 30, 1.
*Nasamonitis*, gemme, XXXVII, 64, 1.
*Nasaudum*, VI, 35, 1.
*Nasotiani*, VI, 18, 3.
*Naspercenites*, vin, XIV, 9, 3.
*Nassici*, Calaguritani, III, 4, 7.
*Natabudes*, V, 4, 4.
*Nathabur*, fl., V, 5, 7.
*Natisus*, fl., III, 22, 1.
*Naubarum*, IV, 26, 4.
*Naucratique*, bouche du Nil, V, 11, 5.
*Naucratis*, V, 11, 5; XXXI, 46, 6.
*Naucratites*, nomos, V, 9, 3.
*Naulochos*, île, IV, 20, 5.
*Naulochum*, IV, 4, 2; V, 31, 3.
*Naulochum*, promont., en Bithynie, V, 43, 3.
*Naumachæi*, VI, 32, 9.
*Naupactum*, IV, 3, 2; IX, 8, 6.
*Nauportus*, rivière, III, 22, 3.
*Nausthatmus*, port, III, 14, 4.
*Navectabe*, VI, 35, 15.
*Navilubio*, fl., IV, 34, 2.
*Navos*, VI, 35, 15.
*Naxiens*, III, 14, 5.
*Naxium*, XXXVII, 32, 2.
*Naxos*, Tauromenium, III, 14, 3.
*Naxos*, île, IV, 22, 5; XI, 74, 1; XXI, 69, 4. — sable, XXXVI, 9, 2. — pierres à aiguiser, XXXVI, 47, 1. — jonc, XXI, 69, 4.
*Nazerins*, tétrarchie, V, 19, 1.
*Nea*, ville de Troade, II, 97, 1.
*Nea*, île, II, 89, 1; IV, 23, 7.
*Nea*, Paphos, V, 35, 2.
*Neætus*, fl., III, 15, 2.
*Neandros*, V, 32, 2.
*Neapolis*, en Afrique, V, 3, 2.
*Neapolis*, autre, en Afrique, V, 4, 2.
*Neapolis* de Campanie, XXXII, 11, 1.
*Neapolis* des Chalcidiens, Parthénope, III, 9, 9; IX, 80, 1; XIII, 2, 1; XVIII, 29, 5; XXXI, 8, 2. — ornée de monuments, XXIX, 5, 2.
*Neapolis* de Samarie, V, 14, 2.
*Neapolis*, en Thrace, IV, 18, 3.

*Néapolitane*, châtaigne, XV, 25, 2. — coings, XV, 10, 1.
*Néapolitans* de Galatie, V, 42, 2.
*Néapolitans* de Sardaigne, III, 13, 2.
*Néapolitan*, territoire, XVII, 26, 5; XXXV, 50, 1.
*Nebris*, île, Elaphonnesos, V, 44, 1.
*Nebrissa* Veneria, III, 3, 7.
*Necanidon*. Voy. NELCANIDON.
*Necron*, île, XXXVII, 9, 1.
*Nedinates*, III, 23, 3.
*Nee*, V, 33, 1.
*Negligemela*, V, 5, 7.
*Negra*, VI, 32, 17.
*Nelcanidon portus*, VI, 26, 10.
*Neleus*, fontaine, XXXI, 9, 1.
*Neli*, VI, 33, 2.
*Nelo*, fl., IV, 34, 2.
*Nemaloni*, III, 24, 4.
*Nemausum* des Arécomiques (Nimes), III, 5, 6. — villes de la juridiction, III, 5, 7. — territoire, IX, 9, 1. — fromage, XI, 97, 1.
*Némée*, contrée, IV, 10, 1. — jeux, XIX, 46, 1; XXXV, 40, 14.
*Nementuri*, III, 24, 4.
*Nemetes*, IV, 31, 2.
*Néminie*, fontaine, II, 106, 18.
*Nemus Dianæ*, XXXV, 33, 1.
*Neocæsarea* en Cappadoce, VI, 3, 1.
*Neontichos*, V, 32, 1.
*Neoris*, VI, 11, 1.
*Nepet*, III, 8, 3.
*Neptune*, temple, XXXI, 30, 2.
*Nequinum*, III, 19, 2.
*Nereæ*, VI, 23, 6.
*Neretini*, III, 16, 7.
*Neriæ*, Celtici, IV, 34, 3.
*Nerigos*, île, IV, 30, 3.
*Neripi*, VI, 7, 3.
*Neritis*, Leucadia, IV, 2, 1.
*Neritus*, mont, IV, 19, 4.
*Nertobriga*, III, 3, 10.
*Nerusi*, III, 24, 4.
*Nervesia*, bourg, XXV, 48, 1.
*Nerviens*, VI, 31, 2.
*Nesactium*, ville, III, 23, 2.
*Nesca*, VI, 32, 17.
*Nesei*, VI, 23, 6.
*Nesis* de Campanie, XIX, 42, 1.
*Nesos* en Eubée, IV, 21, 2.
*Nessa*, VI, 32, 15.
*Nestus*, fl., VIII, 17, 4; IV, 18, 1 et 3.
*Netini*, III, 14, 5; 16, 6.
*Netriolum*, III, 19, 3.
*Neuri*, IV, 26, 10.
*Nevris*. Voy. NEBRIS.
*Nicæa* de Bithynie, V, 43, 1.
*Nicæa*, autre, V, 43, 1.
*Nicæa*, fondée par les Marseillais, III, 7, 1.
*Nicasia*, île, IV, 23, 1.
*Nicéen*, Isigonus, VII, 2, 4 et 8.
*Nicephorion*, fl., VI, 31, 3.
*Nicephorium*, V, 21, 1. — dans le voisinage de l'Euphrate, VI, 30, 2.
*Nicias*. Voy. INCIA.
*Nicomédie* de Bithynie, V, 43, 2.
*Nicopolis*, dans la petite Arménie, VI, 10, 2. — en Bithynie, V, 43, 2.
*Nicopolitane*, cité, IV, 2, 1.
*Nigris*, fontaine, V, 10, 2. — origine du Nil, VIII, 32, 1.
*Nigris*, fl., V, 4, 5; 8, 2.
*Nigrites*, Æthiopiens, V, 8, 1.

*Nigræ*, VI, 35, 17.
*Nil*, eau, XIII, 23, 3. — eaux, XIII, 32, 3. — eau semblable à la mer, XXXV, 40, 17. — son eau est seule bonne à boire, VI, 33, 3. — emblème, 16 enfants, etc., XXXVI, 11, 4. — agrès sur le Nil, VI, 24, 2. — origine, VIII, 32, 1. — sources et description, V, 10, 1 et suiv. — inondation, V, 10, 6. — hauteurs de l'inondation, V, 10, 8. — île, nome héracléopolite, V, 9, 4. — inondation, XXIV, 105, 1. — sept embouchures très-célèbres, sur douze, V, 11, 5. — partie inférieure, XVI, 70, 1. — arrosements, XIII, 32, 3; XXXI, 29, 1. — bords, XII, 51, 1. — partage, V, 9, 5. — digue opposée au Nil, X, 49, 2.
*Nil*, en Égypte, III, 20, 7; VII, 57, 15; VIII, 37, 1; 38, 1 et 2; 39, 1; 61, 6; IX, 17, 1; 84, 2; XIII, 45, 1; XXI, 51, 1; 58, 1; XXXI, 39, 6; 42, 1; 46, 4; XXXII, 19, 4; XXXV, 47, 2; XXXVI, 14, 9; 17, 4; XXXVII, 35, 1; 59, 1. — limite de l'Afrique, III, Proœm. 4. — venant de marais, VI, 35, 10. — remplit le rôle d'un laboureur, XVIII, 47, 1. — fécondant, VII, 3, 1. — apporte du limon, XVIII, 45, 5. — lieu où son bruit assourdit les gens, VI, 35, 5.
*Nilis*, lac, V, 10, 1.
*Ninive*, sur le Tigre, VI, 16, 2.
*Niobe*, fontaine, IV, 9, 2.
*Niphates*, mont, V, 27, 2.
*Nisæa*, VI, 29, 2.
*Nisibis*, VI, 16, 2.
*Nisicastæ*, VI, 35, 16.
*Nisitæ*, VI, 35, 16.
*Nisives*, V, 4, 5.
*Nisyros* dans Calydne, V, 36, 2.
*Nisyros*, île, V, 36, 1; XXIV, 69, 1. — pierres ponces, XXXVI, 42, 1.
*Niteris*, nation, V, 5, 7.
*Nitrias*, VI, 26, 9.
*Nivaria*, île, VI, 37, 3.
*Noa*, VI, 35, 1.
*Noæni*, III, 14, 5.
*Nobundæ*, VI, 23, 6.
*Nocheti*, VI, 32, 7.
*Noega*, ville, IV, 34, 2.
*Noela*, IV, 34, 3.
*Nola*, col., III, 9, 11; XXII, 6, 2.
*Nomades* (en Æthiopie), VI, 30, 8; 35, 2; VII, 2, 24. — Arabes, V, 15, 3; VI, 32, 2. — de l'Inde, VI, 20, 3; VII, 2, 18. — Numides, V, 2, 1. — Parthes, VI, 29, 2. — Scénites, VI, 32, 4. — (en Scythie), IV, 26, 3, 5 et 10; VI, 15, 3.
*Nomentanes*, vignes, XIV, 4, 3.
*Nomentans*, III, 9, 11; 17, 2. — territoire, XIV, 5, 4.
*Nonacris*, en Arcadie, II, 106, 11; XXXI, 19, 2.
*Nonacris*, mont, IV, 10, 1.
*Nonagria*, Andros, IV, 22, 1.
*Norbani*, III, 16, 7.
*Norbe*, III, 9, 16.
*Norbensis*, col., IV, 35, 5.
*Noreia*, III, 23, 4.
*Norensis*, III, 13, 2.

*Noricum*, XXI, 20, 1.
*Noriques*, III, 24, 1; XXXIV, 41, 4. — touchent aux Rhætes, III, 27, 1.
*Noscopium*, V, 28, 2.
*Notitæ*, VI, 30, 6.
*Notium*, V, 31, 5; 36, 2.
*Notienne*, ou Méridionale, mer, III, 10, 4.
*Novana*, col., III, 18, 2.
*Novanus*, fl., II, 106, 9.
*Novaria*, III, 21, 2. — laboureur, XVII, 35, 48.
*Novem pagi*, III, 8, 3.
*Nubéens*, VI, 32, 1. — Éthiopiens, VI, 35, 14.
*Nuceria*, ville, III, 9, 9; XVI, 57, 2.
*Nucerini* Favonienses, III, 19, 2.
*Nucerie*, territoire, III, 9, 9.
*Nuditanum*, III, 3, 5.
*Nulo*, mont, VII, 2, 14.
*Numana*, III, 18, 2.
*Numance*, IV, 34, 4. — détruite, X, 60, 3; XXXIII, 50, 1. — poires, XV, 16, 2.
*Numantins*, célèbres, III, 4, 10. — guerre, VIII, 14, 2.
*Numestrani*, III, 15, 3.
*Numicius*, rivière, III, 9, 4.
*Numides*, Nomades, V, 2, 1.
*Numidie*, province, V, 2, 1; XIX, 19, 3; XXXVII, 11, 9. — partie de l'Afrique, X, 67, 1. — limite, V, 2, 1. — poires, XV, 16, 2. — oiseaux, X, 67, 1. — cèdres, XVI, 79, 3. — ours, VIII, 54, 5. — marbre, V, 2, 1; XXXVI, 8, 1. — pierre XXXV, 1, 3.
*Numinienses*, III, 9, 16.
*Nupsia*, VI, 35, 1.
*Nupsis*, VI, 35, 2.
*Nursia*, habitants, III, 17, 2. — navets, XIX, 25, 2. — territoire, XVIII, 34, 3.
*Nus*, fl., XXXI, 12, 1.
*Nymphæa*, île, V, 37, 1.
*Nymphæa*, Cos, V, 36, 3.
*Nymphæum*, cratère, II, 110, 3.
*Nymphæum*, II, 96, 3; III, 26, 4.
*Nymphæum*, de Cilicie, V, 22, 2. — en Tauride, IV, 26, 8. — près du Tigre, VI, 31, 2.
*Nymphæum*, promont., III, 26, 3.
*Nymphæus*, fl., III, 9, 5. — mont, IV, 15, 1.
*Nymphais*, île, V, 35, 3.
*Nympharena*, gemme, XXXVII, 64, 1.
*Nymphes*, lit des, VI, 26, 3. — étang, XXXI, 19, 1.
*Nysa* (en Carie), V, 29, 6.
*Nysa* (en Inde), VI, 23, 9.
*Nysa*, Scythopolis, V, 16, 1.
*Nysa*, mont de l'Inde, VIII, 60, 1. — lierre, XVI, 62, 3.
*Nyssos*, IV, 17, 4.

## O

*Oasites*, deux nomes, V, 9, 4.
*Obigène*, V, 42, 3.
*Obrimas*, fl., V, 29, 4.
*Obulco*, III, 3, 2.
*Obulcula*, III, 3, 9.
*Ocalee*, IV, 12, 2.
*Occidentaux*, peuples, XIV, 29, 1.
*Océan*, îles, XXVII, 1, 2.

Océan septentrional, îles, XVIII, 30, 4. — îles objets de récits fabuleux, XXXII, 53, 2.
Océan Atlantique, IV, 35, 2. — irruption dans les mers intérieures, III, Procem. 4. — Britannique, IV, 33, 2. — oriental, XXXVII, 11, 8. — Gaulois, III, 2, 2; IV, 33, 2. Espagnol, XXXVII, 65, 2. — méridional, VI, 35, 16. — de l'Orient, XIII, 48, 1. — septentrional, IV, 27, 3; IX, 30, 1; XXXVII, 11, 11.
Ocelenses, IV, 35, 6.
Ocelis, d'Arabie, VI, 26, 9.
Ocha, IV, 21, 2.
Ochani, VI, 18, 3.
Ocharius, fl., VI, 7, 3.
Ocinus, fl., VI, 18, 4; XXXI, 39, 2.
Ocila, XII, 42, 3.
Ocra, III, 23, 4.
Ocriculani, III, 19, 2.
Octavani, colonie, III, 5, 5.
Octodurenses, III, 24, 3.
Octulani, III, 9, 16.
Odessus des Milésiens, IV, 18, 6.
Odia, île, IV, 23, 2.
Odomantes, IV, 18, 1.
Odomboeræ, VI, 23, 5.
Odryses, nation, IV, 18, 1.
OEa, ville, V, 4, 2. — habitants, V, 5, 8.
OEandenses, V, 42, 2.
OEanthe, IV, 4, 1.
OEcalices, VI, 35, 17.
OEchalie, IV, 7, 1; 21, 2; XXXV, 40, 15.
OEdipodia, fontaine, IV, 12, 1.
OEneates, vin, XIV, 9, 3.
OEniandos, V, 22, 3.
OEnien, bois, V, 28, 2.
OEnoa, détruite, IV, 11, 1.
OEnoanda, V, 28, 3.
OEnoe, Sicinus, île, IV, 23, 3.
OEnoue, Égine, IV, 19, 6.
OEnotrides, îles, III, 13, 3.
OEnotriens, en Italie, III, 10, 1.
OEnussa, île, V, 38, 2.
OEnussæ, îles, IV, 19, 4.
OEscus, fl., III, 29, 1.
OEsyma, IV, 18, 3.
OEta, mont, IV, 13, 1; XXV, 21, 2; XXXVII, 54, 3. — mont de la Doride, XXXV, 40, 14. — hellébore, XXV, 21, 2.
OEtéens, IV, 19, 1.
Oglasa, île, III, 12, 1.
Ogygie, île, III, 15, 2.
Ogyris, île, VI, 32, 10.
Olabi, VI, 35, 12.
Olachas, fl., XXXI, 18, 2.
Olarso, III, 4, 16; IV, 34, 1.
Olbia, Nicæa, V, 43, 1.
Olbia, Olbiopolis, IV, 26, 3.
Olbia, de Pamphylie, V, 26, 1.
Olbiopolis, IV, 26, 2.
Olbuenses, III, 25, 1.
Olchinium, III, 26, 3.
Oleastro, III, 3, 12. — plomb, XXXIV, 49, 1.
Olenum, VI, 6, 2.
Oliaros, île, IV, 22, 4.
Olisipo, IV, 35, 4 et 5; VIII, 67, 1. — promontoire, IV, 35, 1.

habitants, IX, 4, 1. — territoire, XXXVII, 25, 4.
Olizon, IV, 16, 1.
Olliculani, III, 9, 16.
Ollius, rivière, II, 106, 2; III, 20, 4; V, 32, 2.
Oloessa, Rhode, V, 36, 1.
Olophyxos, IV, 17, 4.
Olostræ, IV, 23, 6.
Oluros, château, IV, 6, 1.
Olympe, de Mysie, V, 40, 2.
Olympie, VI, 39, 4; VII, 22, 1; 48, 1; 57, 14; VIII, 34, 3; XV, 5, 1; XVI, 89, 2; XXXIV, 9, 1; 17, 1; 19, 1; XXXV, 36, 3; XXXVI, 23, 2. — jeux, XXXV, 40, 14. — contrée, II, 106, 3. — victoire à Olympie, X, 83, 9. — cavales, XXVIII, 49, 3. — autel, X, 12, 1. — jeux sacrés, XXIX, 34, 2.
Olympus, mont en Ionie, V, 31, 7.
Olympus, mont, IV, 15, 2; XXXI, 28, 4. — de Bithynie, V, 43, 1. — mont à Lesbos V, 39, 2. — mont de Lycie, XXI, 17, 1. — de Macédoine, VIII, 83, 3; XVI, 28, 2. — de Mysie, V, 40, 2.
Olympus, Ossa, etc., XXXI, 26, 1.
Olympus, où croît le laurier, XVI, 59, 2.
Olympus, ville, V, 28, 1.
Olynthos, IV, 18, 3; XI, 34, 1; XVIII, 73, 4.
Olyros, IV, 12, 2.
Omanæ, VI, 32, 7.
Omani, VI, 32, 4 et 7.
Ombites nomos, V, 9, 3.
Ombrios, île, VI, 37, 2.
Omiras, fl., Euphrates, V, 20, 2.
Omnæ, VI, 32, 7.
Omœnus, île, VI, 32, 8.
Onchestos, IV, 12, 1.
Onchobrice, île, VI, 32, 8.
Onenses, III, 4, 6.
Oningis, III, 3, 9.
Onisia, île, IV, 20, 5.
Onoba, III, 3, 6.
Onoba, estuaires, III, 3, 1.
Onobrisates, IV, 33, 1.
Onochonus, fl., IV, 15, 2.
Onuphites nomos, V, 9, 3.
Oones, îles, IV, 27, 5.
Opharitæ, VI, 7, 2.
Opharus, fl., VI, 7, 3.
Ophiogènes, VII, 2, 5.
Ophiophages, VI, 33, 1.
Ophire, nitre, XXXVI, 66, 1.
Ophiussa, île, V, 44, 1. — Colubraria, III, 11, 2. — Rhode, V, 36, 1. — Tyra, IV, 26, 1.
Ophiussa, île, IV, 20, 5. — Tenos, IV, 22, 1.
Ophradus, fl., VI, 25, 3.
Opitergium, III, 23, 3. — monts, III, 22, 1.
Opontien, golfe, IV, 12, 3.
Oponte (ville), IV, 12, 3.
Oponte, et herbe opontienne, XXI, 64, 1.
Oppidum novum, V, 1, 20.
Oracla, île, VI, 26, 4.
Orani, VI, 7, 2.
Oratelli, III, 24, 4.
Oraturæ, VI, 23, 5.

Oraxus, sources, XVIII, 29, 5.
Orbelus, mont, IV, 17, 2.
Orcades, îles, IV, 30, 2.
Oreheni, VI, 30, 6; 31, 4.
Orchomène, lin, XIX, 2, 7.
Orchomène, lac, XVI, 66, 4.
Orchomenos, d'Arcadie, XXXVII, 25, 4; XXV, 37, 1.
Orchomenos, fl., XXXI, 11, 1.
Orchomenum, IV, 10, 1.
Orchomenos, IV, 15, 1; VIII, 83, 2.
Ordabæ, IV, 23, 7.
Ordesus, port, IV, 26, 1.
Ordymnus, mont, V, 39, 2.
Oreges, mont, V, 27, 2.
Orei, Arabes. Voy. Aroei.
Oreon regio. Voy. Aroei.
Oreos, IV, 21, 2.
Oreste, port, III, 10, 2.
Orestes, libres, IV, 17, 2.
Oretans, monts, III, 2, 2.
Oretans, III, 4, 2.
Oretans, surnommés Germains, III, 4, 9.
Oretes, peuples de l'Inde, II, 75, 3.
Orcum, vin d', XIV, 9, 3.
Organagæ, VI, 23, 7.
Orgas, fl., V, 29, 4.
Orge, fontaine dans la province Narbonnaise, XVIII, 51, 2.
Orgenomesci, VI, 34, 2.
Orgocyni, IV, 26, 6.
Orgus, fl., III, 20, 4.
Ori, VI, 26, 3.
Oricum, III, 26, 4.
Orient, XXX, 1, 2, XXXVII, 8, 1; 9, 1. — peuples, XI, 109, 1; XVI, 85, 1. — rois, IX, 58, 3.
Orientales, côtes, V, 7, 1.
Orientale, mer, X, 30, 1.
Oriental, Océan, VI, 14, 1.
Orine, toparchie de Judée, V, 15, 1.
Orippo, III, 3, 7.
Oritæ, VII, 2, 23.
Oritans, Mentesans, III, 4, 9.
Oritanum, IV, 21, 2.
Ornithon, ville, V, 17, 2.
Oroandes, mont, V, 27, 2. — région, V, 42, 2.
Oroatis, fl., VI, 28, 4; 31, 10.
Orobii, III, 21, 3.
Oromansaci, IV, 31, 2.
Oromenus, mont, XXXIII, 39, 3.
Orontes, nation, IV, 30, 2.
Orontes, rivière de Syrie, II, 106, 2; V, 18, 1 et 2.
Oropus, IV, 11, 2; XXXV, 47, 2.
Orsa, mont, VI, 32, 8.
Orséens, Indiens, VIII, 31, 1.
Orsima, VI, 35, 3.
Orosines, fl., IV, 18, 7.
Orsinus, fl., V, 29, 6.
Ortaceas, fl., VI, 31, 10.
Ortaugurea, IV, 18, 3.
Orthe, IV, 16, 1.
Orthophantæ, VI, 30, 6.
Orthosia, V, 17, 4; XXXVII, 9, 1; 25, 1; 29, 1.
Orthosia, en Carie, V, 29, 6.
Orthronienses, V, 29, 7.
Ortona, III, 17, 1.
Ortopula, III, 25, 2.
Ortospanum, VI, 21, 6.
Ortygia, Délos, IV, 22, 3. — Éphèse, V, 31, 4.

Oruros, limite de l'Empire Romain, VI, 30, 3.
Orxulæ, VI, 22, 4.
Osca, III, 3, 5.
Oscenses, III, 4, 7.
Osques, en Campanie, III, 9, 8. — dans le Latium, III, 9, 4.
Oseriates, III, 28, 2.
Osericta, île, XXXVII, 11, 9.
Osii, VI, 23, 8.
Osintias, région, III, 3, 11.
Osiris, temple, V, 11, 1.
Osismii, IV, 32, 1.
Osquidates, IV, 33, 1.
Ossa, mont, IV, 15, 2.
Ossa, XXXI, 26, 1.
Osset, ou Julia Constantia, III, 3, 7.
Ossigerdenses, III, 4, 8.
Ossigi Laconicum, III, 3, 6.
Ossigitania, III, 3, 4.
Ossonoba (en Lusitanie), IV, 35, 4.
Osteodes, île, III, 14, 6.
Ostie, II, 46, 4; VII, 3, 1; XIX, 1, 3; XXXVI, 18, 1. — colonie, III, 9, 4. — porreaux, XIX, 33, 2. — mures, XV, 27, 1.
Ostie, côte, IX, 29, 1. — port, IX, 5, 3; XVI, 76, 6; XXXVI, 24, 20. — Valerius, XXXVI, 24, 2.
Ostippo, III, 3, 9.
Ostracine, V, 14, 1.
Ostrani, III, 19, 2.
Otène, partie de l'Arménie, VI, 16, 2; XII, 28, 2.
Otesini, III, 20, 2.
Othryonei, IV, 17, 2.
Othrys, mont, IV, 15, 2.
Otris, V, 21, 5.
Oubli, fleuve de l', IV, 35, 3.
Ovetum, plomb, XXXIV, 49, 1.
Oxiæ, îles, IV, 19, 2.
Oxiens, brigands, VI, 31, 7.
Oxubii, III, 5, 5.
Oxus, fl., VI, 18, 3. — et lac, VI, 18, 3; XXXI, 39, 2; 41, 2. — fl., embouchure, VI, 15, 1.
Oxybii, III, 7, 1.
Oxydracæ, VI, 18, 3.
Oxyopum, V, 33, 3.
Oxyrynchites nomos, V, 9, 3.
Ozoles, Locriens, IV, 4, 1.
Ozuæi, III, 26, 3.

## P

Pacensis colonia, ou Forum Julii, III, 5, 5.
Pax, en Lusitanie, juridiction, IV, 35, 5.
Pachynum, promontoire, III, 14, 2 et 4.
Pactius, fl., III, 16, 3.
Pactole, fl., V, 30, 1; XXXIII, 21, 1.
Pactyæ, îles, V, 35, 3.
Pactye, IV, 18, 10.
Pacyris, fl., IV, 26, 4.
Padi, fontaine, II, 105, 9.
Padinates, III, 20, 2.
Padus, Pô, endroit où il commence à être navigable, III, 21, 1.
Padus, fl., IX, 17, 1; XII, 8, 2; XIV, 3, 2; XVI, 70, 1; XXI, 43, 1; XXXIII, 21, 1; XXXVI, 54, 1. — gorges du Pô, III, 22, 2. — le fleuve le plus riche d'Italie, III, 2, 3. —

provient du mont Vésule, III, 20, 3.
Padusa, fl., III, 20, 5.
Pædopides, fl., VI, 1, 3.
Pæonie, IV, 17, 1; VIII, 16, 1. — nations, IV, 17, 2.
Pæsicæ, VI, 19, 1.
Pæsici, III, 4, 12; IV, 34, 2.
Pæstum, golfe, III, 10, 1.
Pæstum, ville, III, 10, 1.
Pæsuri, IV, 35, 1.
Pagæ, de Béotie, IV, 4, 2.
Pagæi, IV, 11, 1.
Pagasæ, ville, IV, 15, 1. — sources, XXXI, 39, 2. — golfe, IV, 15, 1; 23, 7.
Pagida, ruisseau, V, 17, 1.
Pagoargas, VI, 35, 3.
Pagræ, V, 19, 1.
Palæbyblos, V, 17, 4.
Palæmyndus, V, 29, 5.
Palæogoni, VI, 24, 1.
Palæotrium, IV, 17, 4.
Palæpaphos, V, 35, 2.
Palæscamander, V, 33, 1.
Palæscepsis, V, 32, 2.
Palæsimundum, fl., et ville, VI, 24, 5 et 6.
Palæstine, Syrie, XII, 40, 1. — où elle commence, V, 14, 1. — touche les Arabes, V, 13, 1. — limites, V, 14, 2.
Palæstine, Arbelitis, VI, 31, 6.
Palætyros, V, 17, 2.
Palamedium, V, 32, 3.
Palantium, IV, 10, 1.
Palatin, Apollon, temple, XXXVI, 4, 3; XXXVII, 5, 1. — quartier de Rome, XVIII, 3, 5. — palais palatin des Césars, XXXVI, 4, 24.
Palatine, Vénus, XXXVI, 3, 1.
Palatin, Apollon, XXXIV, 8, 1; XXXVI, 4, 13.
Palatium, à Rome, IV, 10, 1; VII, 58, 1; XVII, 1, 2; XVIII, 4, 2; XXXV, 36, 21; XXXVI, 2, 2; 3, 1; 4, 12 et 20. — temple, XII, 42, 6.
Palibothra, VI, 21, 8; 22, 5 et 6.
Palinurum, promontoire, III, 10, 1.
Pallantias, lac, V, 4, 3.
Pallantini, III, 4, 10.
Pallène, IV, 10, 1; 17, 3; XXXVII, 48, 1.
Pallon, VI, 32, 16.
Palma, ville, III, 11, 1. — territoire, III, 18, 1; 19, 1.
Palmaria, île, III, 12, 2.
Palmira, ville, V, 21, 3. — solitudes, V, 21, 2 et 4.
Palo, fl., III, 7, 1.
Palsatium, III, 23, 4.
Palsum, fl., V, 1, 10.
Paltoænses, III, 16, 7.
Paltos, V, 18, 1.
Paluogges, VI, 35, 14.
Pamisus, fl., IV, 7, 1; 15, 2.
Pamphagi, VI, 35, 17.
Pamphylie, V, 23, 1; 26, 1; XI, 116, 1; XII, 55, 2; XXI, 19, 3. — Cabalia, V, 42, 2. — mer, V, 26, 1; 35, 1. — hyssope, XXV, 87, 1.
Panætolium, mont, IV, 3, 2.
Panchaia, VII, 57, 6; X, 2, 2.
Panchrysos, Bérénice, VI, 34, 2.

Panda, VI, 18, 4.
Pandæ, nation, VI, 23, 6. — limites, VI, 25, 3.
Pandateria, île, III, 12, 2.
Pandore, VII, 2, 21.
Pandosia, IV, 1, 4. — ville des Lucaniens, III, 15, 3.
Paneas, fontaine, V, 15, 2. — tétrarchie, V, 16, 1.
Pangée, mont, IV, 18, 1 et 3; VII, 57, 6; XXI, 10, 3.
Panhormitan, roseau, XVI, 66, 6.
Panhormum, III, 14, 4.
Panhormum (en Crète), IV, 20, 3.
Panhormus, IV, 18, 12.
Panhormus, port, IV, 6, 1.
Panionie, V, 31, 3.
Panissa, fl., IV, 18, 7.
Pannonie, III, 28, 1; XXI, 20, 1.
Pannonies, XXXVII, 11, 12 et 13. — localités fertiles en glands, III, 28, 1.
Pannoniques, guerres, VII, 46, 2. — quartiers d'hiver, IV, 25, 1.
Panopolis, V, 11, 2.
Panopolites, nomos, V, 9, 3.
Pantaenses, V, 33, 4.
Pantagies, fl., III, 14, 3.
Pantanus, lac, III, 16, 4.
Panthéon à Rome, IX, 58, 5; XXXIV, 7, 1. — élevé par Agrippa à Jupiter Vengeur, XXXVI, 24, 2.
Panticapée, ville, XVI, 59, 2. — des Milésiens, IV, 26, 8. — habitants, VI, 7, 1.
Panticapes, fl., IV, 26, 3.
Pantomatrium, IV, 20, 3.
Panysus, fl., IV, 18, 6.
Paphien, Nicoclès, XI, 63, 2.
Paphlagonie, IX, 83, 3; XI, 70, 1. — nation, VI, 2, 1.
Paphos, II, 97, 1.
Paphos Nea, V, 35, 1.
Parabeste, V, 25, 1.
Paradisus, fl., en Cilicie, V, 22, 3.
Paradisus, ville, V, 19, 1.
Parætaceni, VI, 29, 5; 31, 5.
Parætonium en Égypte, XXXV, 18, 1. — région, V, 5, 3.
Paragenitæ, IV, 10, 2.
Parapiani, VI, 25, 1.
Parapotamie, XII, 61, 1; VI, 31, 5.
Parasangæ, VI, 23, 3.
Parasinum, ville, II, 98, 1.
Pardistila de l'Inde, ou Tardisila, XXIV, 102, 1.
Paredoni, VI, 17, 2.
Parenta, VI, 35, 2.
Parentium, ville, III, 23, 2.
Paria, île, V, 34, 2.
Paricani, VI, 18, 3.
Paridion, V, 29, 2.
Parisiens, IV, 32, 1.
Parium, col., V, 40, 1; IV, 8, 10; XXXIV, 19, 28. — sur l'Hellespont, VII, 2, 5. — colonie de la Propontide, XXXVI, 4, 11. — Arcesilaüs, etc. XXXV, 39, 1. — colias, espèce de thon, XXXII, 53, 4.
Parma, col., III, 20, 1; VII, 50, 3. — Cassius, XXXI, 8, 1.
Parnasse, mont, IV, 4, 1; XV, 40, 1; XIX, 16, 1; XXIV, 118, 1 et 2; XXV, 53, 2; XXXI, 26, 1;

## PAT

XXXVII, 54, 3. — sapin, XVI, 76, 2. — hellébore, XXV, 21, 2.
*Paropamisadæ*, VI, 23, 9; 25, 1.
*Paropamisus*, fl., IV, 27, 4. — mont, V, 27, 2; VI, 18, 4; 21, 5; 23, 1.
*Paropini*, III, 14, 5.
*Parorœi*, IV, 17, 2.
*Paroreatæ*, IV, 10, 2.
*Paros*, île, IV, 22, 4; XVI, 47, 1; XXXII, 9, 1; XXXVI, 4, 4; 13, 1; XXXVII, 3:, 1. — carrières, XXXVI, 4, 4. — Agoracrite, XXXVI, 4, 6. — pierre, XXXVI, 19, 3; 28, 1; 29, 1; 43, 2.
*Parparus*, mont, IV, 9, 2.
*Parrhasien*, Demænetus, VIII, 34, 3.
*Parrhasie*, IV, 10, 1.
*Parrhasiens*, VI, 18, 3.
*Parthalis*, capitale, VI, 22, 1.
*Partheni*, III, 26, 3 et 4.
*Parthenia*, Samos, V, 37, 1.
*Parthenias*, fl., VI, 31, 3.
*Parthénie*, V, 31, 6.
*Parthénion*, localité, IV, 18, 3.
*Parthenium*, IV, 10, 1; V, 33, 3. — promontoire, II, 91, 1; IV, 26, 7.
*Parthenius*, fl., en Paphlagonie, VI, 2, 2. — mont, IV, 10, 1. — port, III, 10, 2.
*Parthenoarusa*, Samos, V, 37, 1.
*Parthenon*, à Athènes, XXXIV, 19, 5.
*Parthenope*, Neapolis, III, 9, 9.
*Parthenopolis*, IV, 18, 6.
*Parthenopolis*, en Bithynie, V, 43, 1.
*Parthes*, VII, 44, 1; X, 71, 2; XI, 32, 1; 35, 6; XII, 39, 1; XIII, 22, 1; XIV, 19, 3; 28, 5; XXIX, 25, 1. — Nomades, VI, 29, 2.
*Parthie*, XXVII, 59, 1. — fut toujours au pied des montagnes, VI, 29, 2. — capitale, Hecatompylos, VI, 17, 2. — déserts, VI, 17, 2. — affaires parthiques, VI, 31, 14, — expédition d'Antoine, XXXIII, 24, 1. — largeur de l'empire parthe, VI, 30, 8. — fer, XXXIV, 41, 4. — empire, XXXVII, 8, 1. — silphion, XXII, 48, 1. — pain, XVIII, 27, 1. — or, XXXIII, 47, 2. — nations, VII, 73, 3; XXX, 30, 5. — nom et royaumes, VI, 28, 4; 29, 1. — peuples, XI, 115, 1. — seigneurs, XII, 7, 2. — rois, XXI, 36, 1; XXXI, 21, 4. — parfum préparé pour les rois parthes, XIII, 2, 10. — royaumes, VI, 16, 1; 17, 2; XII, 40, 1. — Séleucie des Parthes, X, 67, 1.
*Parthusi*, VI, 31, 8.
*Parthyène*, VI, 29, 2.
*Paryadres*, monts, V, 27, 2; VI, 9, 1; 11, 1.
*Pasargadæ*, VI, 26, 4.
*Pasini*, ville, III, 25, 2.
*Pasiræ*, VI, 26, 2.
*Pasires*, VI, 25, 4.
*Pasitigris*, fl., VI, 31, 3, 4 et 8; XII, 39, 1.
*Passagarde*, château, VI, 29, 5.
*Passala*, île, V, 36, 3.
*Passalæ*, VI, 22, 4.
*Pastona*, V, 20, 1.
*Pataga*, VI, 35, 1.
*Patage*, île, IV, 23, 4.

## PEL

*Patala*, port de l'Inde, II, 75, 3.
*Patale*, île, VI, 23, 1, 6 et 11; XII, 25, 1.
*Patami*, VI, 32, 1.
*Patara*, V, 28, 2.
*Patavium*, champs, III, 20, 7. — eaux chaudes, II, 106, 7. — sources, XXXI, 32, 3. — marécages, XIV, 19, 7. — ville, III, 23, 3.
*Pateronnesos*, île, IV, 23, 10.
*Pathyssus*, fl., IV, 25, 1.
*Patis*, VI, 35, 2.
*Patmos*, île, IV, 23, 3.
*Patræ*, col., IV, 5, 3; XXXV, 49, 3; XXXVI, 4, 3.
*Patricia*, col., Corduba, III, 3, 6.
*Paulo* ou *Paulon*. Voy. PALO.
*Pausilypum*, villa de Campanie, IX, 78, 1.
*Pausulani*, III, 18, 2.
*Paxæ*, îles, IV, 19, 1.
*Pédalie*, V, 22, 2.
*Pedani*, III, 9, 16.
*Pedasum*, V, 29, 5.
*Pedasus*, Adramytteos, V, 32, 2.
*Pedatriræ*, VI, 23, 6.
*Pédicules*, territoire, III, 16, 3. — villes, III, 16, 3.
*Pedna*, île, V, 39, 2.
*Pegaseum*, étang, V, 31, 4.
*Peguntium*, III, 26, 2.
*Pegusa*, Gnidos, V, 29, 2.
*Peiso*, lac, III, 27, 1.
*Pela*, île, V, 38, 2.
*Pelagones*, IV, 17, 2.
*Pélagonie*, IV, 17, 1.
*Pélasges*, VII, 57, 3. — en Étrurie, III, 8, 1. — en Italie, III, 10, 1. — du Latium, III, 9, 4. — fondateurs d'Agylla, III, 8, 2. — laurier, XV, 39, 3.
*Pélasgie*, Lesbos, V, 39, 1. — Péloponnèse, IV, 5, 1.
*Pelasgis*, Arcadie, IV, 10, 1
*Pelasgium* Argos, IV, 14, 1.
*Pele*, île, XXXII, 9, 1.
*Pelenaria*, VI, 35, 3.
*Pelendones*, IV, 34, 4. — des Celtibères, III, 4, 10.
*Pélignien*, lin, XIX, 2, 5.
*Péligniens*, III, 17, 1; XI, 14, 1. — lins, III, 19, 2. — monts, XXXI, 24, 1.
*Pelios* ou *Pelius*, mont, II, 65, 2; IV, 15, 2; VII, 57, 11; XII, 15, 2. — en Thessalie, XXV, 53, 3.
*Pella*, col., IV, 17, 1. — de Macédoine, XXXI, 28, 3. — patrie d'Alexandre le Grand, XXXV, 36, 35.
*Pella*, dans la Décapole syrienne, V, 16, 1.
*Pellacontas*, fl., VI, 30, 2.
*Pellæus*, bourg, VI, 31, 10.
*Pellaon*, III, 23, 4.
*Pellénéens*, château, IV, 6, 1.
*Pellenæus*, mont, V, 38, 1.
*Pelopia*, Thyatira, V, 31, 3.
*Péloponnèse*, littoral labouré par les mers, IV, 9, 3. — guerre, XXIX, 2, 1; XXX, 2, 6. — littoral, II, 106, 3; IV, 9, 5; 1; VII, 3, 1; X, 15, 2; XVIII, 10, 8; XXIX, 6, 1. — étendue, IV, 10, 2.
*Pelorum*, promontoire, III, 10, 3; 14, 2.

## PER

*Pelteni*, V, 25, 1; 29, 4.
*Peltuinates*, III, 17, 1.
*Pelusiaque*, route, VI, 33, 4. — lin, XIX, 2, 6. — bouche du Nil, V, 11, 5.
*Pelusium*, X, 45, 1; XXXI, 39, 3.
*Pemma*, VI, 35, 2.
*Pénée*, embouchure, IV, 16, 1.
*Pénée*, fl., IV, 15, 2 et 3; XXV, 37, 1.
*Penius*, fl., II, 106, 3.
*Penius*, fl., et ville en Colchide, VI, 4, 6.
*Pentapolitane*, région, V, 5, 1.
*Pentedactylos*, mont, VI, 34, 1.
*Peparethus*, île, IV, 23, 7. — vin, XIV, 9, 3.
*Perée*, Judée, V, 15, 1.
*Percote*, V, 40, 1.
*Perga*, V, 26, 1.
*Pergame*, juridiction, V, 33, 4. — coqs, X, 25, 1. — rois, XXXV, 2, 6. — parchemin, XIII, 21, 2. — ville très-célèbre d'Asie, V, 33, 3; XXXV, 36, 1; 46, 2; XXXVI, 4, 12; 60, 1.
*Pergamum* (en Crète), IV, 20, 3.
*Perimulæ*, promont., VI, 23, 2; IX, 54, 1.
*Perinthus*, IV, 18, 9.
*Perirrheusa*, île, V, 38, 2.
*Péristérides*, îles, V, 38, 3.
*Perne*, II, 91, 1.
*Perorsis*, IV, 8, 1; VI, 35, 17. — Æthiopes, V, 1, 10 et 16
*Perperenæ*, XXXI, 20, 1.
*Perpereni*, V, 32, 2.
*Perrhæbes*, IV, 1, 2; 3, 1; XXXVI, 59, 1.
*Perses*, X, 85, 1; XII, 40, 1; XIII, 18, 1; XXX, 4, 1; XXXVII, 19, 1; 37, 1; 54, 3; 68, 1. — ont habité le bord de la mer Rouge, VI, 29, 4. — comptent par schœnes et parasanges, VI, 30, 7.
*Perses*, Chorsares, VI, 19, 1.
*Perses*, asile, VI, 31, 9. — guerres faites par Darius, XIX, 43, 1. — parfums allant de droit aux Perses, XIII, 1, 1, — royaume des Perses, maintenant des Parthes, VI, 16, 1. — roi, XXVI, 9, 1 et 2. — Xerxès, XXXIV, 19, 21. — rois, XXIV, 102, 2 et 5. — combat naval des Perses et des Égyptiens, XXXV, 40, 17. — Perses arrivés en Espagne, III, 3, 3. — Nympharene, ville et nation perse, XXXVII, 64, 1. — noix, XV, 24, 1. — pommes, XV, 11, 1. — victoire, VII, 22, 1. — ancres de la flotte perse coupées, XXXV, 40, 13. — émeraudes, XXXVII, 18, 2. — côté perse de l'Arabie, XXIV, 102, 1. — guerre, XVIII, 28, 1. — mer, VI, 16, 1; XII, 20, 1; XXXII, 11, 1. — napy, XXVII, 113, 1. — silphium, XIX, 15, 5. — golfe, IV, 28, 1 et 2; 29, 4; 36, 1. — golfe de la mer Rouge, IX, 54, 1. — limite, II, 110, 2. — laser, XIX, 15, 2. — Mages, XXV, 5, 4. — rois, XII, 8, 1.
*Perse*, XII, 20, 1; XXI, 45, 1; XXIV, 102, 4; XXX, 2, 1. — entière,

XIII, 9, 1. — riche jusqu'au luxe, VI, 28, 4.
Persepolis, VI, 29, 4.
Persica, arbre d'Égypte, XIII, 17, 1.
Perusia, III, 8, 3. — querelle, VII, 46, 2. — chevalier romain, XXVI, 3, 1.
Pesinus, V, 42, 2.
Peta, VI, 35, 1.
Petaliæ, îles, IV, 23, 6.
Peteon, IV, 12, 2.
Petilia, III, 15, 2.
Petra, des Nabatéens, VI, 32, 3. — myrobolan, XII, 46, 2. — hypericum, XII, 54, 5.
Pétrée, limitrophe de la Syrie, XXXVII, 40, 1.
Petrini, III, 14, 5.
Petrites, vin, XIV, 9, 2.
Petrocori, IV, 33, 2.
Peuce, île, IV, 24, 7.
Peucetia, Calabre, III, 16, 1.
Peucetiæ, III, 25, 1.
Peucini, (dans la Germanie), IV, 28, 3.
Peucolais, VI, 25, 3.
Peucolaitæ, VI, 23, 8.
Peucolaitis, VI, 21, 7.
Phacussa, île, IV, 23, 1.
Phæacia, IV, 19, 1.
Phæstius, Apollon, port, IV, 4, 1.
Phæstum, IV, 4, 1.
Phæstum (en Crète), IV, 20, 3.
Phalacra, XIV, 4, 19.
Phalacrum, promont., IV, 19, 2.
Phalanna, IV, 16, 1.
Phalara, ville, IV, 12, 3.
Phalasarne, IV, 20, 3.
Phalere, port, IV, 11, 1.
Phalère, Démétrius, XXXIV, 12, 2. — fontaine, II, 166, 3.
Phalesina, IV, 18, 3.
Phaliges, VI, 35, 14
Phanæ, îles, V, 38, 2.
Phanagoria, VI, 6, 2.
Phanarœa, VI, 4, 1.
Pharæ, IV, 20, 3.
Pharan, améthyste, XXXVII, 40, 2.
Pharbæthites nomos, V, 9, 3.
Pharbætos, V, 11, 5.
Pharia, île, sur la côte d'Illyrie, III, 30, 3.
Pharmacias, fl., V, 43, 3.
Pharmacusa, île, IV, 23, 5.
Pharnacea, VI, 4, 3.
Pharnacotis, fl., VI, 25, 3.
Pharnaques, race en Æthiopie, VII, 2, 9.
Pharos, île, II, 87, 1; XXXVI, 18, 1. — jointe à Alexandrie par un pont, XIII, 21, 2.
Pharos, île, V, 34, 1. — en Égypte, XI, 30, 4.
Pharsale, VII, 26, 1; XXVI, 9, 2.
Pharsale, champs, IV, 15, 1; VIII, 21, 2. — guerre, V, 10, 9. — Philonicus, VIII, 64, 1. — cité libre, IV, 15, 1.
Pharusii, V, 1, 10. — jadis Perses, V, 8, 3. — Gymnetes, V, 8, 1; VI, 35, 17 et non pas Pharusos, comme il y a dans le texte.
Phaselis, II, 110, 1; V, 26, 1. — huile, XXIII, 49, 1. — vallée de Judée XIII, 9, 4; XXI, 11, 2.

Phaselus, XIII, 2, 1.
Phasians oiseaux, X, 67, 1.
Phasis, fl., VI, 4, 4. — et ville, VI, 5, 5; VIII, 50, 8; XIX, 19, 3; XXV, 100, 1; XXVI, 28, 1. — oiseaux, X, 67, 1.
Phatarei, VI, 7, 3.
Phatnitique, bouche du Nil, V, 11, 5.
Phaturites nomos, V, 9, 3.
Phausia, des Rhodiens, XXXI, 20, 1.
Phazaca, VI, 17, 1.
Phazania, V, 5, 5. — Phazanii, V, 5, 5.
Phegium, mont d'Éthiopie, II, 93, 1.
Phellus, V, 28, 1.
Phellusa, île, V, 39, 2.
Pheneum, IV, 10, 1.
Pheneum, d'Arcadie, XXXI, 29, 1; XXXI, 30, 2.
Pheneus, fl., XXV, 8, 1; XXXI, 19, 1.
Pheræ, IV, 15, 1. — localité, IV, 6, 1.
Pheræ, en Béotie, IV, 12, 2.
Phere, en Laconie, IV, 8, 1.
Phéréen, Iason, VII, 51, 1.
Phiala, source du Nil, V, 10, 6; VIII, 71, 3.
Phila, île, III, 11, 3.
Philadelpheni, de Lydie, V, 30, 1.
Philadelphia, d'Arabie, V, 16, 1.
Philæ, île, V, 10, 10. — XXXVII, 54, 6.
Philænes, autels, V, 4, 3.
Phileros, IV, 17, 3.
Philippes, bataille, VII, 46, 1.
Philippes, Brutus, XXXIV, 19, 32.
Philippes, col., IV, 18, 3; XVI, 57, 2; XVII, 3, 5; XVIII, 44, 5; XXXI, 46, 1. — en Grèce, XXI, 10, 3. — champs, XXXIII, 12, 1. — or, XXXVII, 15, 3.
Philippopolis, en Thrace, IV, 18, 2.
Philiscum, V, 21, 4.
Philistines, fosses, III, 20, 7.
Philocalea, VI, 4, 3.
Philomelienses, V, 25, 1.
Philos, île, VI, 28, 4.
Philotera, VI, 33, 5.
Phinelon, IV, 17, 4.
Phinopolis, IV, 18, 7.
Plinopolis, n'existe plus, V, 43, 4.
Phintia, fontaine de Sicile, XXXI, 18, 1.
Phinton, île, III, 13, 1.
Phlegra, IV, 17, 3.
Phlegréens, champs, III, 9, 9, XVIII, 29, 3.
Phlegrœn, safran, XXI, 17, 1.
Phlionte, château, IV, 6, 2. — bataille, XXXV, 36, 14.
Phlygone, IV, 12, 2.
Phocée, limite de l'Ionie, V, 31, 8.
Phocéens, leurs descendants, III, 4, 5.
Phocaria, île, IV, 20, 6.
Phoce, île, IV, 20, 5.
Phocide, port Partheniu, III, 10, 2.
Phocéen, Téléphanes, XXXIV, 19, 19.
Phodo, VI, 32, 14.
Phœbe, île, V, 44, 1.
Phœnicie, VII, 57, 2 et 5; IX, 26, 1; 51, 1; XII, 2, 9, 6; 11, 1; XXI, 69, 4; XXII, 42, 1; XXX, 2, 5; XXXVI, 65, 1. — des Phéniciens sont arrivés en Espagne, III, 3, 3. — Phéniciens, VII, 57, 10 et 17. — mer, V, 13, 2; 34, 2;

IX, 12, 2. — jonc, XXI, 69, 4. — sphagnos, XII, 50, 1. — grande gloire des Phéniciens, V, 13, 2. — Cadmus, VII, 57, 6.
Phœnice, île, III, 11, 3. — Ios, IV, 23, 2. — Tenedos, V, 39, 2.
Phœnicusa, île, III, 14, 7.
Phœnix, fl., IV, 15, 2.
Pholegandros, IV, 23, 1.
Pholoe, XXV, 30, 1.
Pholoe, mont et ville, IV, 10, 1.
Phorinéen, vin, XIV, 10, 2.
Phorontis, V, 29, 7.
Phruri, VI, 20, 3.
Phrygiens, VII, 57, 8; VIII, 74, 2; XXX, 45, 1. — Bryges, V, 41, 1.
Phrygiennes, colonnes, XXXVI, 24, 2.
Phrygie, V, 41, 1; VII, 57, 13; VIII, 69, 5; XI, 45, 2; XII, 27, 1; XIII, 11, 2; XIV, 20, 1; XVII, 37, 14; XIX, 49, 1; XXXI, 39, 1; XXXVII, 37, 1; 56, 1. — les habitants n'ont pas de vers intestinaux, XXVII, 120, 1. — Gallus, fl., de Phrygie, XXXI, 5, 1. — mode phrygien et asiatique, VII, 57, 13. — montagnes, XVI, 59, 2. — étoffes, VIII, 74, 2. — agate, XXXVII, 54, 2. — amaracus, XXI, 39, 1. — pierre, XXXVI, 36, 1; 37, 1. — mode phrygien, II, 20, 2. — sel, XXXI, 41, 1. — nation, VII, 57, 11.
Phryx, Delos, VII, 57, 6.
Phthemphu nomos, V, 9, 3.
Pthia, IV, 14, 2.
Pthinthienses, III, 14, 5.
Pthiotæ, IV, 14, 2.
Pthiotide, montagnes, IV, 15, 1.
Pthirophagi, VI, 4, 6.
Pthuris, IV, 35, 5.
Phycari, XXXVI, 33, 1.
Phycus, promont., IV, 20, 4; V, 5, 2.
Phygela, V, 31, 1.
Phylacei, IV, 17, 1.
Phylace, en Magnésie, IV, 16, 1.
Phyle, île, IV, 23, 4.
Phyrites, fl., V, 31, 4.
Phycella, IV, 17, 4.
Pialæ, VI, 19, 1.
Picentia, ville de Salerne, III, 9, 17.
Picenum, vignes, XIV, 4, 15. — olives, XV, 4, 4. — pain d'alica dû au Picenum, XVIII, 27, 2. — habitants, III, 18, 1. — viennent des Sabins, III, 18, 1. — poires, XV, 16, 2. — territoire, III, 9, 17. — Picenum, XVIII, 7, 5; XXVII, 83, 1. — territoire, II, 106, 5; XIV, 4, 14.
Pici, VI, 7, 2.
Pictones, IV, 33, 1; XVII, 4, 5.
Pide, VI, 35, 2.
Pidibotæ, VI, 35, 2.
Pidosus, île, V, 36, 3.
Pieres, IV, 17, 1.
Pierie, de Macédoine, IV, 17, 1. — poix, XIV, 25, 6.
Pieria Seleucia, V, 13, 2; 18, 1.
Pieris, IV, 15, 1.
Pierus, mont, IV, 15, 2.
Pietas, Julia, col., III, 23, 2.
Piguntiæ. Voy. Peguntium.
Pinara, V, 22, 2; 28, 2.
Pinara, île, IV, 19, 2.

## PLU

Pinaritæ, V, 19, 1.
Pinarus, fl., V, 22, 1.
Pindasus, mont, V, 33, 3.
Pinde, mont, IV, 1, 2; 15, 2. — l'Acheloüs vient du Pinde, IV, 2, 2.
Pindicitora, VI, 35, 3.
Pindus, ville, IV, 15, 2.
Pingus, fl., III, 29, 1.
Pinnenses, III, 17, 1.
Pion, mont, V, 31, 4.
Pioniæ, V, 33, 3.
Pionitæ, V, 32, 3.
Pirée, port, II, 87, 2; IV, 11, 1. — incendie, XXXV, 20, 1.
Pirene, fontaine, IV, 5, 3.
Pisæ, VII, 54, 2; XIV, 4, 15.
Pisæ, col., en Étrurie, III, 8, 1. — siligo, XVIII, 20, 2.
Piséens, ville des, IV, 6, 3.
Pisans, eaux chaudes, II, 106, 7. — territoire, XVIII, 29, 1.
Pisaurum, col., et rivière, III, 19, 2. — Daphnis, VII, 40, 1.
Piscenæ, III, 5, 6; VIII, 73, 3.
Pisidæ, V, 24, 1.
Pisidie, XII, 55, 1; XVI, 12, 1. — moulagnes, XXV, 20, 1. — iris, XXI, 19, 2.
Pisinates, III, 19, 3.
Pisistrate, île, V, 38, 2.
Pistorium, III, 8, 3.
Pitaium, V, 29, 5.
Pitane ou Pithane, IV, 8, 1; V, 32, 1. — en Asie, XXXV, 49, 2. — Apollonius, XXIX, 38, 1.
Pitara, VI, 35, 7.
Pithecusæ, îles, II, 89, 4.
Pitinum, territoire, II, 106, 9.
Pitonia, fontaine, XXXI, 24, 1.
Pitulans, Pisuertes, III, 19, 2.
Pitulum, ville, III, 9, 16.
Pityodes, île dans la Propontide, V, 44, 1.
Pityonesos, île, IV, 19, 2.
Pityus, VI, 5, 2.
Pityusa, île, IV, 19, 5. — Chios, V, 38, 1. — Lampsaque, V, 40, 1. — Milet, V, 31, 1.
Pityusæ, îles, III, 11, 1.
Placentia, VII, 29, 5; 50, 4; VIII, 61, 3. — col., III, 20, 1.
Placia, V, 40, 2.
Placia, en Tauride, IV, 26, 7.
Planaria, île, III, 21, 1; VI, 37, 1.
Planasia, île, III, 12, 2.
Planctæ, îles, VI, 13, 1.
Plangenses, III, 19, 3.
Planona, ou Flanona, III, 25, 2.
Platage, île, IV, 23, 4.
Plataneus, fl., V, 43, 1.
Platanodes, promont., IV, 6, 3.
Platæ, IV, 10, 2; VII, 57, 17.
Platea, île, IV, 23, 5.
Plateæ, îles, V, 38, 3.
Plate, île, V, 38, 3.
Platea, Paros, IV, 22, 4.
Plateis, île, IV, 19, 5.
Platiæ, îles, IV, 20, 5.
Pleninenses, III, 18, 2.
Pletenissum, V, 26, 1.
Plevron, IV, 3, 2.
Plitaniæ, îles, V, 38, 3.
Plotæ, îles, IV, 19, 4.
Plumbqrii, Medubricenses, IV, 35, 6.
Pluvialia, île, VI, 37, 1.

## PON

Pô. Voy. Padus.
Podalia, V, 28, 2.
Podalium, promontoire, V, 29, 1.
Pœcile, portique d'Athènes, XXXV, 35, 2.
Pœeessa, IV, 20, 6.
Pœeassa, Rhodes, V, 36, 1.
Pœmaneni, V, 32, 3.
Pœni, II, 86, 1; VII, 57, 8; VIII, 21, 2; XIX, 9, 1; XXXII, 50, 1; XXXV, 4, 1. — ont fait des sacrifices humains, XXXVI, 4, 26. — Pœni en Sicile, VIII, 6, 1; 7, 1. — pierre pœnique, XXXVI, 43, 2. — guerre portée en Espagne, XIX, 7, 1. — général, VI, 36, 4. — Carthagène ouvrage des Pœni, III, 4, 4. — côte Pœnique dans la Bétique, III, 3, 3. — les Pœni pénètrent en Espagne, III, 3, 3. — on dit que les Pœni ont passé par les portes Pœnines des Alpes, III, 21, 1. — Magon, XVIII, 5, 1.
Pœnines, portes des Alpes, III, 21, 1.
Pola, col., III, 23, 2.
Polemonium, VI, 4, 2.
Polendos, île, IV, 23, 10.
Polichnæl, V, 32, 3.
Politorium, ville, III, 9, 16.
Politice Orgas, V, 32, 2.
Pollentia Carrea, III, 7, 5.
Pollentia, ville, III, 11, 1.
Pollentia, près des Alpes, VIII, 73, 2; XXXV, 46, 2.
Pollentini Urbesalvia, III, 18, 2.
Polluscini, III, 9, 16.
Polyægos, île, IV, 23, 4.
Polydora, île, V, 44, 1.
Polymedia, V, 32, 5.
Polyrrhenium, IV, 20, 3.
Polytelia, VI, 30, 2.
Pomanus, fl., VI, 25, 3.
Pometia, III, 9, 16.
Pometia Suessa, VII, 15, 2.
Pompeia Alba, III, 7, 3.
Pompéians, vins, XIV, 8, 9. — vigne, IV, 4, 12.
Pompéian, municipe, II, 52, 2.
Pompeii, III, 9, 9; XIV, 4, 14; XXXI, 43, 2.
Pompeiopolis, de Cilicie, V, 22, 2.
Pompeiopolis, en Cappadoce, VI, 2, 3.
Pompelonenses, III, 4, 8.
Pompion d'Athènes, XXXV, 40, 15.
Pomponiana, île, III, 11, 3.
Pomptins, Marais, III, 9, 6. — Marais Pontins, XVII, 3, 6; XXVI, 9, 2.
Poneropolis, IV, 18, 2.
Pont Campanus, XIV, 8, 3.
Pont, gouffre, II, 105, 1. — embouchure, IX, 51, 1. — forme, IV, 24, 1 et seqq.; II, 48, 2; VIII, 68, 1; IX, 83, 2 et 3; XI, 19, 1; XII, 27, 1; 28, 2; XV, 30, 1; XVI, 76, 2; XVII, 37, 14; XXI, 45, 1; XXII, 11, 1; XXV, 27, 1; XXVII, 105, 1; XXXII, 13, 2; XXIII, 54, 1; XXXV, 52, 2; XXXVII, 20, 3. — coule toujours dans la Propontide, II, 100, 2. — le vent Cæcias sur le Pont, II, 48, 1. — Pont-Euxin, jadis Axenus, IV, 24, 3; VI, 1, 1; IX, 18, 1; 19, 1; 20, 1 et 3. — golfe, II, 63, 3.
Pont, royaume, aristoloche, XXV

## PRA

54, 3. — cire, XV, 18, 6; XXI, 49, 1. — ichthyocolle, XXXII, 24, 4. — mastic, XII, 36, 1; XIV, 25, 6. — pæderos, XXXVII, 46, 2. — sinopis, XXXV, 17, 1. — canards, XXV, 3, 1; XXIX, 33, 2. — chryselectre, XXXVII, 43, 1. — gemmes, XXXVII, 66, 1. — nations, XVIII, 25, 1. — noix, XV, 24, 1. — habitants, XIX, 26, 3. — castors, VIII, 47, 1; XXXII, 36, 1. — rats, VIII, 55, 1; X, 93, 3. — absinthe, XIV, 19, 7; XXVI, 58, 2. — érable, XII, 31, 2. — acorum, XXV, 100, 1. — hellébore, XXV, 21, 2. — littoral, IV, 18, 5. — miel, XXVII, 5, 4. — froment, XVIII, 12, 1.
Pontia, île, III, 13, 3.
Pontiæ, îles, III, 13, 2; XXXII, 54, 3.
Pontificense Obulco, III, 3, 6.
Populonium, XIV, 2, 1. — des Étrusques, III, 8, 1.
Porcifera, fl., III, 7, 2.
Poroselene, île, V, 38, 1; VIII, 83, 2.
Porphyrione, île, V, 44, 1.
Porphyris, Cythère, IV, 19, 5. — Nisyros, V, 36, 1.
Portes, Caspiennes, Caucasiennes, Ibériennes, VI, 15, 6; 17, 2. — de Médie, VI, 17, 1. — de Syrie, V, 18, 2.
Porthmos, en Eubée, IV, 21, 2.
Porthmos, détroit de Cadix, III, 10, 4.
Portique, aux Nations, XXXVI, 4, 26. — d'Agrippa, III, 3, 14. — de Pompée, XXXV, 35, 2.
Portus magnus, V, 1, 19.
Posidea, en Éolide, V, 32, 1.
Posideus, lit du Nil, V, 34, 1.
Posidium, IV, 17, 5. — promont., en Ionie, V, 31, 1. — et ville, V, 31, 1. — en Syrie, V, 18, 1.
Posidonia, ville, III, 10, 1.
Posingæ, VI, 23, 6.
Potamos, ville, IV, 11, 2.
Potentia, III, 18, 2.
Potentia Pollentia, III, 7, 3.
Potentini, III, 15, 3.
Potidæa, II, 59, 3. — Cassandria, IV, 17, 4.
Potniæ, XXV, 53, 3.
Præcian, vin, XIV, 8, 2.
Præneste, XIII, 2, 1; XXXVI, 64, 1; XXXIII, 5, 3. — petit quadrige qui y fut transporté, XXXIV, 7, 33. — rose, XXI, 10, 2 et 5. — voie, XXXI, 25, 1. — amandes, XV, 24, 1. — lamelles, XXXIII, 19, 3. — noix, XVII, 21, 1. — habitants, III, 9, 11. — champs, XIX, 30, 3. — préteur, XVII, 16, 4. — Anicius, XXXII, 6, 1.
Præpeshnilius, île, IV, 22, 2.
Præsamarci, IV, 34, 3.
Præsidium Julium, IV, 35, 5.
Præter caput saxi, V, 5, 8.
Prætoria Augusta, III, 6, 5; 21, 1.
Prætutian, territoire, III, 18, 1; 19, 1.
Prætutiens, vins, XIV, 8, 7; 9, 2.
Pramnien, vin, XIV, 6, 2.
Prasiane, île, VI, 23, 1. — nation, VI, 24, 2.
Prasiens (en Inde), VI, 22, 5 et 7.
Pratitæ, VI, 17, 2. — Mèdes, VI, 29, 2.

## PTO

*Prés* Quinctiens, XVIII, 4, 4.
*Preti*, VI, 22, 4.
*Priantæ*, IV, 18, 2.
*Priaponnesos*, V, 36, 3.
*Priapos*, île, V, 38, 2.
*Priapus*, ville d'Asie, IV, 24, 2; V, 40, 1.
*Priene*, V, 31, 3. — scammonée, XXVI, 38, 1.
*Prille*, fl., III, 8, 2.
*Primis*, VI, 35, 2 et 5.
*Prinas*, VI, 21, 9.
*Prinoessa*, île, IV, 19, 2.
*Prion*, mont, V, 36, 3.
*Privernates*, III, 9, 11. — vins, XIV, 8, 5.
*Probalinthos*, IV, 11, 1.
*Procerastis*, Calchedon, V, 43, 2.
*Prochyta*, île, II, 89, 3; III, 12, 3.
*Proconnésien*, marbre, XXXVI, 6, 1; XXXVII, 70, 1. — Zoroastre, XXX, 2, 4. — esclave proconnésienne, VII, 9, 1.
*Proconnesus*, V, 44, 1; VII, 53, 2.
*Procusæ*, îles, V, 38, 2.
*Progne*, île, V, 36, 2.
*Prophthasia*, VI, 25, 3.
*Prophthasia*, des Dranges, VI, 21, 6.
*Propontide* ( colonie sur la ), Parium, XXXVI, 4, 11.
*Propontide*, IV, 24, 2; V, 40, 1; IX, 20, 1 et 3; 49, 1; XI, 73, 2.
*Propylée*, des Athéniens, XXXVI, 4, 20.
*Prosda*, VI, 35, 2.
*Prosopites*, nomos, V, 9, 3.
*Prote*, île, IV, 19, 2.
*Prote*, île, des Stœchades, III, 11, 3.
*Protesilas*, temple, IV, 18, 11.
*Prusa*, au pied de l'Olympe, V, 43, 1.
*Prusa*, autre, au pied du mont Hypius, V, 43, 1.
*Prytaneum*, XXXVI, 23, 1.
*Psamathe*, fontaine, IV, 9, 2; 12, 1.
*Psammathus*, IV, 8, 1.
*Pselcis*, VI, 35, 5.
*Psesii*, VI, 7, 1.
*Pseudopylæ*, îles, VI, 34, 5.
*Psile*, île, V, 38, 2.
*Psillis*, fl., VI, 1, 3.
*Psillos*, île, V, 37, 1.
*Psitaras*, fl., VI, 20, 3.
*Psophidien* Aglaus, VII, 47, 1.
*Psophis*, IV, 10, 1.
*Psophis*, d'Arcadie, XII, 57, 1.
*Psylles*, VIII, 38, 4; XI, 30, 3; XXI, 45, 3; XXV, 76, 1; XXVIII, 6, 1. — nation, VII, 2, 5.
*Psyra*, île, V, 36, 3.
*Psytalia*, île, IV, 20, 6.
*Ptelea*, Éphèse, V, 31, 4.
*Ptéléon*, IV, 7, 1; 12, 2; V, 31, 6. — bois, IV, 15, 1.
*Ptenethu* nomos, V, 9, 3.
*Pterophoros*, région, IV, 26, 10.
*Pteros*, île, VI, 32, 9.
*Ptoembari*, VI, 35, 14.
*Ptoemphanæ*, VI, 35, 14.
*Ptolemæus*, fl., VI, 33, 4.
*Ptolemaïs* ( en Égypte ), V, 11, 2.
*Ptolemaïs* Epitheras, VI, 34, 3.
*Ptolemaïs* ( dans la Pentapole ), V, 5, 1 et 2.
*Ptolemaïs* ( en Phénicie ), V, 17, 1; XXXVI, 65, 1.

## PYR

*Ptolemaïs*, sur le bord de la mer Rouge, II, 75, 2.
*Ptychia*, île, IV, 19, 2.
*Pucinum*, vins, XIV, 8, 1; XVII, 3, 6.
*Pucinum*, château et vin, III, 22, 2.
*Pullaria*, île, III, 30, 2.
*Punique*, armée, VIII, 5, 3.
*Puniques*, guerres, VII, 21, 1; VIII, 14, 1; XVIII, 6, 3. — première guerre, VII, 45, 1; 60, 1 et 3; XVI, 74, 4; XXXIII, 13, 3. — seconde, XVI, 74, 4; XXI, 6, 1; XXXIII, 6, 4. — troisième, X, 71, 1; XV, 20, 2; XXXIII, 17, 1; XXXVI, 61, 1.
*Punique*, camp, XV, 20, 2. — cire, XXI, 49, 1 et 2; XXXIII, 40, 4. — langue, IV, 36, 2; XVIII, 5, 1. — arbres, XV, 11, 1. — le plus haut point de la puissance punique, V, 1, 7. — pomme, XIII, 34, 1.
*Purpurariæ*, îles, VI, 37, 2.
*Puteoles*, coteau, XXXV, 47, 1. — bleu, XXXIII, 57, 2. — purpurissum, XXXV, 26, 2. — territoire, II, 95, 2. — poussière, ou pouzzolane, XVI, 76, 6; XXXV, 47, 2; XXXVI, 14, 9. — golfe, III, 12, 3.
*Puteoles*, col., III, 9, 9; VIII, 3, 1; IX, 8, 2; XIV, 8, 4; XVIII, 29, 3 et 5; XIX, 1, 3; XXI, 2, 1; 3, 1; 8, 2; XXXIII, 35, 2; XXXVI, 14, 8.
*Pydaras*, fl., IV, 18, 8.
*Pydna*, IV, 17, 1 et 3.
*Pygmées*, nation, IV, 18, 6; X, 30, 1; VII, 2, 19. — ( en Éthiopie ), VI, 35, 10. — ( en Carie ), V, 29, 6. — ( en Inde ), VI, 22, 7.
*Pylæ*, îles, VI, 34, 5.
*Pylæ*, IV, 11, 1.
*Pylæméniens*, nation, VI, 2, 1.
*Pylène*, IV, 3, 2.
*Pyloros*, IV, 20, 3.
*Pylos*, IV, 7, 1.
*Pyndis*, VI, 35, 3.
*Pyra*, XXV, 21, 2.
*Pyræ*, ville, III, 9, 6.
*Pyræi*, III, 26, 3.
*Pyramus*, fl., V, 22, 1.
*Pyrénéenne*, Vénus, III, 4, 5.
*Pyrénées*, chaîne, III, 2, 1; IV, 34, 1; XXXVII, 6, 3. — monts, XV, 28, 2; XXXI, 2, 1. — sépare l'Espagne et la Gaule, III, 4, 15. — prolongement, IV, 31, 1. — promontoires, XXXVII, 7. — pied, III, 4, 5. — bois, IV, 33, 1. — province qui y tient, III, 2, 2.
*Pyrénæus*, XIV, 8, 8. — in Pyrenæo, VII, 27, 1.
*Pyrgenses*, IV, 10, 2.
*Pyrgi*, ville, III, 8, 2.
*Pyrnos*, V, 29, 1.
*Pyrogeri*, IV, 18, 1.
*Pyrpile*, Delos, IV, 22, 3.
*Pyrrha* ( en Carie ), V, 29, 7.
*Pyrrha*, II, 94, 2; IV, 4, 2; 16, 2; 21, 2; V, 28, 2.
*Pyrrha* ( à Lesbos ), V, 39, 1.
*Pyrrhæa*, XXXI, 7, 1.
*Pyrrhéen*, bois, XVI, 19, 3.
*Pyrrho*, île, V, 30, 3.

## RHÆ

*Pystira*, île, V, 38, 3.
*Pythia*, XXXV, 35, 1.
*Pythionia*, île, IV, 19, 2.
*Pythien*, oracle, VII, 57, 14.
*Pythien*, Apollon, XXXIV, 12, 1; XXXVI, 4, 1.
*Pythonos* come, X, 31, 2.
*Pythopolis*, V, 43, 1.
*Pyxirates*, Euphrate, fl., V, 20, 1.
*Pyxites*, fl., VI, 4, 3.
*Pyxus*, ville, III, 10, 1.

## Q

*Quariates*, III, 5, 5.
*Quarqueni*, III, 23, 3.
*Quatuorsignani*, IV, 33, 1.
*Querqueni*, III, 4, 14.
*Querquetulana*, porte, XVI, 15, 1.
*Querquetulans*, III, 9, 16.
*Quirites*, XVI, 15, 1; 57, 2; XVIII, 8, 4; 28, 1; XXXVI, 24, 5; XVI, 57, 2. — un des Quirites, XXXIII, 14, 1. — le plus riche des Quirites, XXXIII, 47, 2. — enrichis du sang des Quirites, XXXV, 58, 2. — ayant reçu le droit des Quirites, V, 5, 6. — droit des Quirites, XXIX, 6, 1. — un très-petit nombre de Quirites, XXIX, 2, 2. — mode des Quirites, XI, 55, 3. — vos Quirites, I, préf. 1.
*Quiza* Xenitana, V, 2, 19.

## R

*Rami*, VI, 7, 2.
*Ramisi*, VI, 32, 1.
*Rarungæ*, VI, 23, 4.
*Ratanæum*, III, 26, 2.
*Ratumena*, porte, VIII, 65, 2.
*Raunonia*, île, IV, 27, 3.
*Raurica*, col., IV, 31, 2.
*Raurici*, IV, 31, 2.
*Rauricum*, ville des Gaules, IV, 24, 7.
*Ravenna*, III, 20, 4 et 5; IX, 79, 2; XIX, 19, 5; XXXVI, 18, 1. — ville des Sabins, III, 20, 1. — territoire, XIV, 4, 12. — jardins, XIX, 42, 4.
*Ravi*, VI, 32, 15.
*Reate*, III, 17, 3. — marais, II, 106, 5. — marécages, XXXI, 8, 2. — habitants, III, 17, 2. — ânes, VIII, 68, 4. — territoire, II, 96, 1 et 2; II, 106, 10; III, 17, 3; VIII, 64, 4; IX, 82, 1.
*Rediculi*, champ, X, 60, 2.
*Regia* Carissa, III, 3, 12.
*Regiates*, III, 20, 2.
*Regillus*, lac, XXXIII, 11, 1.
*Regina*, III, 3, 12.
*Regium* Lepidi, III, 20, 2.
*Reii* Apollinares, III, 5, 6.
*Remais*, IV, 31, 2. — campagnes, XIX, 36, 3.
*Resistos*, IV, 18, 10.
*Restituta* Julia, III, 3, 10.
*Retavi*, Arabes, V, 21, 1.
*Retovium*, lins, XIX, 2, 2 et 3.
*Rhacotes*, Alexandrie, V, 11, 3.
*Rhadamæi*, VI, 32, 15.
*Rhadata*, VI, 35, 1.
*Rhætiens*, III, 24, 1. — issus des Toscans, III, 24, 1.
*Rhætie*, IX, 29, 1; XVI, 26, 1; 74, 2.

— de la Gaule, XVIII, 48, 2. — largeur, IV, 28, 1. — subjuguée, IV, 28, 1. — villes, III, 23, 3. — vins, XIV, 8, 7. — vigne, XIV, 4, 6 et 17. — raisins, XIV, 3, 6,
*Rhamnia*, IV, 20, 3.
*Rhamnus*, bourg, IV, 11, 2. — bourg de l'Attique, XXXVI, 4, 6.
*Rhaphana*, dans la Décapole, V, 16, 1.
*Rhaphane* Apamia, VI, 17, 1.
*Rhaphea*, V, 14, 1.
*Rhebas*, fl., VI, 1, 3.
*Rhedones*, IV, 32, 1.
*Rhegium*, situé sur l'épaule de l'Italie, III, 6, 5. — d'où le nom, III, 14, 1; XXXV, 46, 5. — colonne, III, 10, 1 et 3. — territoire, XI, 32, 4. — Pythagore, XXXIV, 19, 10.
*Rhemnia*, VI, 35, 1.
*Rhene*, île, IV, 22, 4.
*Rhemus*, fl., du Bolonais, XVI, 65, 2.
*Rhenus*, le petit, fl., XXX, 20, 4.
*Rhesperia*, île, V, 38, 2.
*Rhesus*, fl., V, 33, 2; VI, 1, 3.
*Rhin*, fl., IV, 28, 3; 29, 1; IX, 17, 1; XXV, 6, 4; XXXI, 17, 1. — sur la limite de l'empire, XII, 43, 3. — origine, III, 24, 2. — rives, XV, 30, 2. — embouchures, IV, 29, 1. — château bâti sur le Rhin, XIX, 28, 1.
*Rhinnea*, île, VI, 32, 8.
*Rhinocolura*, V, 14, 1.
*Rhion*, promont., IV, 3, 2.
*Rhitymna*, IV, 20, 3.
*Rhizinium*, III, 26, 3.
*Rhizus*, IV, 16, 1.
*Rhoali*, V, 21, 2.
*Rhoas*, V, 29, 3.
*Rhoas*, fl., VI, 4, 6.
*Rhoda*, des Rhodiens, III, 5, 2.
*Rhodanus*. Voy. RHÔNE.
*Rhodapha*, VI, 21, 8.
*Rhode*, fl., IV, 26, 1.
*Rhodes*, le colosse du soleil, XXXIV, 18, 3. — elops, IX, 79, 2. — coqs, X, 24, 2. — il n'est pas de jour où on n'y voie le soleil, II, 62, 1. — vert de gris, XXXIV, 26, 2. — craie, XXIV, 1, 3. — figuier, XV, 19, 2. — vigne, XIV, 4, 18. — éponges, XXXI, 47, 6. — colle, XXVIII, 71, 1. — Rhodiens, VII, 31, 1; 54, 3; 57, 17; XXXV, 36, 25, 30, 39 et 41. — Æantium fondé par les Rhodiens, V, 33, 3. — Chersonèse des Rhodiens, XXXI, 20, 1. — fontaine, XXXI, 30, 2. — île, XIX, 2, 5; XXXIII, 23, 2; 55, 1. — Chalcie, île des Rhodiens, XVII, 3, 6. — îles, V, 36, 1; XXIV, 69, 1. — soleil des Rhodiens, XXXIV, 19, 14. — marbre, XXXVII, 62, 1. — vin, XIV, 10, 2. — cyperus, XXI, 70, 1. — Rhodien Alcetas, XXXVI, 4, 11. — Philiscus, XXXVI, 4, 22. — autres, XXXVI, 4, 24. — Rhodes, II, 71, 2 et 3; 89, 1; V, 36, 1; VII, 39, 1; X, 41, 1; XIII, 2, 2; 16, 1; XV, 13, 1; XVI, 47, 1; XXXIII, 55, 1; XXXVII, 17, 1; 54, 1; XXXVI, 4, 21; XXXVII, 54, 3.
*Rhodiopolis*, en Lycie, V, 28, 1.
*Rhodius*, fl., V, 33, 2.

*Rhodope*, mont, III, 29, 1; IV, 17, 2; 18, 2. — hauteur, IV, 1, 3.
*Rhodussa*, V, 35, 3.
*Rhodussæ*, îles, V, 44, 1.
*Rhœdias*, fl., IV, 17, 1.
*Rhœtéens*, rivages, V, 33, 2.
*Rhœtienses*, VIII, 43, 1.
*Rhoge*, île, V, 35, 3.
*Rhône*, Rhodanus, fl., le plus fecondant des Gaules, II, 106, 2; III, 5, 2. — source, III, 24, 2. — embouchure, III, 11, 3. — fosses partant du Rhône, III, 5, 4.
*Rhosos*, V, 18, 2.
*Rhoxalani*, IV, 25, 1.
*Rhymmici*, IV, 19, 1.
*Rhymozoli*, VI, 7, 2.
*Rhyndacus*, fl., V, 32, 3; 40, 2. — gorges, V, 44, 1.
*Rhypara*, île, V, 37, 1.
*Rhytion*, IV, 20, 3.
*Ricina*, île, IV, 30, 2.
*Ricinenses*, III, 18, 2.
*Ripa*, III, 3, 6.
*Ripepora*. Voy. RIPA et EPORA.
*Riphearma*, VI, 32, 15.
*Riphées*, chaine, IV, 27, 6. — monts, IV, 24, 6; VI, 5, 1; 7, 1; 14, 1 et 2.
*Rira*, fl., IV, 18, 7.
*Risardir*, port, V, 1, 9.
*Rome*, capitale de l'Univers, III, 6, 1. — éloge, III, 6, 3. — Dieu qui la protège, XXVIII, 4, 4. — prise par les Gaulois, III, 9, 5. — an CCCLXIV, XXXIII, 9, 3. — où elle est maintenant, XV, 36, 1. — couverte de bardeaux, XVI, 15, 1. — jour anniversaire, XI Cal. de mai, XVIII, 66, 2. — fondateur, VIII, 22, 1. — autre nom de Rome, III, 9, 11.
*Rome*, citadelle, XVI, 79, 3. — sept collines, III, 9, 13. — mesure, III, 9, 13 et seqq. — temple d'Apollon Sosien, XIII, 11, 2. — Janicule, III, 9, 16. — temple d'Hercule dans le forum Boarium, X, 41, 3. — portique de Livie, XIV, 3, 2. — construction des maisons, XXXVI, 51, 1. — garde de Rome, XIV, 28, 6. — prise par les Senonais, III, 20, 2. — près de Rome les cerises et les châtaignes viennent mal, XVI, 59, 3.
*Romains*, armes, V, 1, 11; VI, 31, 14; 32, 17; 35, 4 et 5. — en Bretagne, IV, 30, 1. — ont pénétré dans une grande partie de l'Arabie, XII, 31, 1. — calcul, II, 112, 9. — nation, VII, 41, 1. — gravité, XXIII, 19, 1; XXIX, 8, 2. — langue, XXXI, 3, 2. — majesté, XV, 5, 1. — peuple, X, 24, 3. — rites, XXVIII, 7, 4. — produit romain, l'alica, XXII, 61, 1. — luxe, IX, 56, 1. — légions, X, 5, 1. — lettres, XXXVI, 70, 1. — immense majesté de la paix romaine, XXVII, 1, 2. — rois, XV, 40, 1; XIX, 19, 1; XXXIII, 4, 2. — faisceaux, X, 24, 3. — vieux romains, XXIX, 9, 1. — le premier Romain qui ait traité d'astronomie, II, 9, 1. — l'honneur propre aux Romains, XXXVI, 24, 6. — haine du nom romain, XXXIV, 16, 2. — combien on doit aux Romains, XXX, 4, 1.

— foires romaines, XXVIII, 5, 6. — nom romain devenu infâme, XXXIII, 14, 1. — îles découvertes par les armes romaines, IV, 27, 7. — les dieux paraissent avoir donné au monde les Romains comme un second soleil, XXVII, 1, 2. — Romains pris à la défaite de Crassus et conduits à Antioche de la Parthie, VI, 18, 2. — forum, XIX, 6, 1. — empire, III, 5, 1. — jugement, XVI, 19, 5. — roi, III, 9, 4; XXXV, 5, 2.
*Romatinum*, fl., III, 22, 1.
*Romulensis* colonia, III, 3, 7.
*Rosea*, canton des Sabins, XIX, 56, 2. — campagnes, XVII, 3, 7.
*Rosphodusa*, IV, 27, 2.
*Rostres*, VII, 60, 1 et 3; X, 60, 1; XXXII, 11, 2 et 3; 19, 42; XXXVI, 24, 16.
*Rouge*, mer, îles, IX, 12, 1. — golfe Persique, IX, 54, 1. — littoral, XIV, 5, 5. — mer Rouge ou Persique, V, 12, 1; VI, 28, 1; IX, 31, 1; 56, 2; XII, 1, 2; 20, 1; XIII, 48, 1; 50, 1; XXIV, 1, 4; XXXI, 21, 1; XXXII, 11, 1; XXXVI, 32, 1. — plus haute que l'Égypte, VI, 33, 3. — des oliviers y croissent, II, 106, 5.
*Rubeas*, promont., IV, 27, 4.
*Ruber*, fontaine, XXXI, 5, 1.
*Rubicon*, fl., jadis limite de l'Italie, III, 20, 1.
*Rubrensis*, lac, III, 5, 2.
*Rubricatum*, fl., III, 4, 4.
*Rubustini*, III, 16, 6.
*Rucinates*, III, 24, 4.
*Rudiæ*, III, 16, 3.
*Rugusci*, III, 24, 4.
*Rusadir*, V, 1, 18.
*Rusazus*, col., V, 1, 20.
*Ruscino*, III, 5, 1.
*Rusconiæ*, col., V, 1, 20.
*Rusellana*, col., III, 8, 2.
*Rusicade*, V, 2, 1.
*Ruspina*, V, 3, 2; XV, 21, 3.
*Rusucurium*, V, 1, 20.
*Ruteni*, III, 5, 6; IV, 33, 2; XIX, 2, 1.
*Rutuba*, fl., III, 7, 2.
*Rutubis*, port, V, 1, 9.
*Rutules*, dans le Latium, III, 9, 4; XIV, 14, 1.

**S**

*Saba*, région de l'encens, XII, 30, 1. — Sabéens, XII, 33, 1; 40, 2. — les plus célèbres des Arabes, à cause de l'encens, VI, 32, 11 et 18. — Scénites, VI, 32, 9.
*Sabéens*, Sembraca, ville, XII, 35, 2. — marché, VI, 32, 9. — îles, VI, 32, 8. — canton, Atramites, XII, 30, 1.
*Sabarbares*, V, 4, 5.
*Sabaria*, col., III, 27, 1.
*Sabata*, VI, 31, 6.
*Sabatha*, VI, 32, 12.
*Sabelli*, III, 17, 1. — chou, XIX, 41, 5.
*Sabins*, XIV, 4, 15; XV, 4, 1; 11, 1; XXXI, 2, 1; XXXVI, 24, 9. — dits Sévins, à cause de leur piété, III, 17, 3. — les Sabins et l'enlève-

ment des filles, XV, 36, 1; 38, 1.
— les pasteurs enlevèrent les Sabines, XVI, 30, 3. — coteaux, XIV, 4, 7. — territoire, XIX, 56, 2. — pierre, XXXVI, 29, 1.
*Sabis*, fl., VI, 27, 1.
*Sabota*, VI, 32, 12; XII, 32, 5.
*Sabrata*, V, 3, 3.
*Sacæ*, VI, 19, 1; XXXVII, 33, 1.
*Sacassani*, VI, 11, 1.
*Sacili* Martialium, III, 3, 6.
*Sacré*, promontoire, II, 112, 1; IV, 35, 4.
*Sæpinates*, III, 17, 2.
*Sæpone*, III, 3, 11.
*Saganos*, fl., VI, 28, 4.
*Sagaricus*, golfe, IV, 26, 1.
*Sagaris*, fl., VI, 1, 3.
*Sagis*, une des bouches du Pô, III, 20, 6.
*Sagra*, fl., III, 15, 1.
*Saguntia*, III, 3, 12; 4, 11.
*Saguntum*, III, 4, 3; XXXV, 46, 2. — figues, XV, 19, 4.
*Saguntus*, VII, 3, 2; XVI, 79, 3.
*Saguti*, golfe, V, 1, 8.
*Sai*, VI, 35, 13.
*Saiace*, VI, 32, 14.
*Sais*, V, 11, 5.
*Saites*, près de la Susiane, VI, 31, 8.
*Saites* nomos, V, 9, 3. — saitique, papier, XIII, 23, 2; 24, 1. — préfecture, XXVIII, 31, 1.
*Sala*, fl., V, 1, 5 et 8.
*Sala*, en Mauritanie, V, 1, 5.
*Salabastræ*, VI, 23, 5.
*Salacia*, dite impériale, IV, 35, 4 et 5.
*Salacia*, en Lusitanie, VIII, 73, 2.
*Salæ*, nation, VI, 4, 6.
*Salaminiæ*, îles, V, 35, 2.
*Salaminieus*, VII, 57, 16. — sel, XXXI, 41, 1.
*Salamine*, île, IV, 20, 6; V, 35, 2; VII, 17, 1. — victoire, II, 22, 3.
*Salaphitanum*, ville, V, 4, 5.
*Salapia*, ville, III, 16, 4.
*Salaria*, voie, XXXI, 41, 5.
*Salarienne*, châtaigne, XV, 25, 2.
*Salariensis*, col., III, 4, 9.
*Salassi*, III, 24, 2 et 4; XVIII, 49, 6. — Augusta Prætoria, III, 21, 1.
*Salde*, col., V, 1, 20.
*Salduba*, en Bétique, III, 3, 2.
*Salduba*, Cæsaraugusta, III, 4, 7.
*Sale*, étang, V, 31, 6.
*Salentins*, III, 10, 4.
*Salentinum*, II, 111, 3. — promontoire, III, 16, 4. — territoire, II, 106, 4; III, 16, 1. — olive, XV, 6, 1.
*Salerne*, cachette de L. Plotius, XIII, 5, 1.
*Salluvii*, III, 5, 6; 7, 1.
*Sallyi*, III, 21, 2.
*Salmani*, VI, 30, 2.
*Salmon* (en Thessalie), IV, 15, 1.
*Salona*, col., III, 26, 1.
*Salonæ*, XXXII, 53, 6.
*Salsos*, fl., VI, 28, 4.
*Salsum*, fl., VI, 32, 6.
*Saltus* Galliani, III, 20, 2.
*Saltuares*, îles, II, 96, 3.
*Salutariensis*, Cæsaris, III, 3, 12.
*Samarabriæ*, III, 23, 8.
*Samarie*, villes, V, 14, 2. — région, V, 14, 1.

*Sambracate*, île, VI, 32, 9. — et ville, VI, 32, 9.
*Sambri*, VI, 35, 14.
*Sambruceni*, VI, 23, 8.
*Same*, île, IV, 19, 3.
*Samiens*, VII, 57, 17; XXXV, 36, 30. — Duris, XXXVI, 17, 2. — Elpis, VIII, 21, 3. — Polycrates, XXXVII, 2, 1. — Theodorus, VII, 57, 7; XXXV, 40, 21. — pierre, XXXVI, 40, 1.
*Sammei*, VI, 32, 15.
*Sammonium*, promont., IV, 20, 2 et 4.
*Samnagenses*, III, 5, 6.
*Samnites*, XIV, 14, 3. — dits Sabelles, et, par les Grecs, Saunites, III, 17, 1. — vaincus, XXXIV, 18, 4. — deux fois vaincus, XXXIV, 11, 3. — guerre, XXXIV, 12, 1. — armures, VII, 19, 1. — guerre, XVI, 5, 1. — envoyés, XIX, 26, 6. — ville, XXXIII, 11, 1.
*Samnium*, XXXVI, 67, 2; XXXVII, 65, 2.
*Samornion*, Ephese, V, 31, 4.
*Samos*, île, V, 37, 1; VIII, 21, 5; XXXV, 19, 1; 36, 11; 43, 2. — labyrinthe, XXXIV, 19, 33. — tyran, XXXIII, 6, 10. — grenades, XIII, 34, 1. — terre, XXVIII, 53, 1; 77, 3; XXXI, 46, 10. — remèdes tirés de la terre de Samos, XXXV, 53, 1. — tesson, XXXV, 46, 5. — vases, XXXV, 46, 2.
*Samosata*, II, 108, 1. — capitale de la Commagène, V, 20, 3.
*Samothrace*, île, IV, 23, 9; XXV, 70, 1; XXXIII, 6, 7; XXXVI, 4, 13. — Zancles, XI, 63, 2. — île, XXXVII, 67, 1. — gemme, XXXVII, 67, 1. — oignons, XIX, 32, 1.
*Sanda*, fl., IV, 34, 2.
*Sandaleon*, île, V, 39, 2.
*Sandalios*, île, V, 37, 1.
*Sandaliotis*, Sardaigne, III, 14, 3.
*Sandura*, VI, 35, 1.
*Sangarium*, fl., V, 42, 3; VI, 1, 3.
*Sanisera*, III, 11, 2.
*Sanni*, Heniochi, VI, 4, 3. — nation, XXI, 45, 1.
*Sannigæ*, VI, 4, 6.
*Santarensis*, mine, XXXIV, 49, 2.
*Santones*, IV, 33, 1. — absinthe, XXVII, 28, 1. — littoral, IX, 4, 2.
*Saoces*, mont, IV, 23, 9.
*Sapæi*, IV, 18, 1.
*Sape*, VI, 35, 13.
*Sapei*, VI, 7, 3.
*Saphar*, capitale, VI, 26, 9.
*Sapirene*, île, VI, 33, 5.
*Sapis*, fl., III, 20, 1.
*Sarangæ*, VI, 18, 3.
*Saraparæ*, VI, 18, 3.
*Sardabal*, fl., V, 1, 21.
*Sardaigne*, île, III, 13, 1; XVI, 12, 1; XX, 45, 1; XXVIII, 42, 2; XXX, 52, 1; XXXV, 52, 2. — promontoire opposé à la Sardaigne, V, 3, 1. — craie, XXXV, 57, 2. — habitants, XXX, 52, 1. — mer, III, 10, 4. — froment, XVIII, 12, 3.
*Sardemisus*, mont, V, 26, 1.

*Sardes*, V, 30, 1; VII, 57, 5; XII, 31, 2; XV, 23, 1; XIX, 32, 2; XXXIII, 56, 2; XXXV, 49, 3; XXXVII, 31, 1. — oignons, XIX, 32, 1. — juridiction, V, 30, 1. — glands de Sardes ou châtaigner, XV, 25, 2.
*Sardiates*, III, 26, 1.
*Sardons*, peuple, III, 5, 1.
*Sarepta*, V, 17, 2.
*Sargarausene*, VI, 3, 2.
*Sarmates*, IV, 25, 1; VI, 15, 4; VIII, 65, 3; XXII, 2, 1; XXVI, 63, 2. — Arræi, IV, 18, 2. — sur le Caucase, VI, 5, 2. — issus des Mèdes, au Tanaïs, II, 112, 6; VI, 7, 1. — nations, XVIII, 24, 1. — déserts, IV, 25, 2.
*Sarnaca*, V, 33, 3.
*Sarnus*, rivière, III, 9, 9.
*Saronique*, golfe, IV, 5, 2; IV, 9, 2.
*Sarophages*, VI, 23, 7.
*Saros*, fl., de Cilicie, V, 22, 2.
*Sarpédon*, promontoire, V, 22, 2.
*Sarranates*, III, 19, 2.
*Sarsinates*, III, 19, 2.
*Sarunètes*, III, 24, 2.
*Sarus*, fl., V, 3, 1.
*Sasina*, port, III, 16, 1.
*Sason*, île, III, 30, 3.
*Sassæi*, III, 26, 3.
*Sassumini*, IV, 33, 1.
*Sasuri*, VI, 22, 4.
*Satarchei*, VI, 7, 3.
*Sataros*, Patara, V, 28, 2.
*Satricum*, ville, III, 9, 16.
*Saturne*, temple à Rome, XV, 20, 4. — lac et puits, XXXI, 18, 1. — promontoire, III, 4, 2.
*Saturnia*, là où est Rome maintenant, III, 9, 16.
*Saturnini*, ou Aurinini, III, 8, 3.
*Satyri*, V, 1, 6; 8, 2 et 3; VI, 35, 19; VII, 2, 17.
*Saunitæ*, III, 17, 1.
*Sauromates*, IV, 25, 1; 26, 10; VI, 5, 2. — beaucoup de noms, VI, 15, 3. — au-dessus du Borysthène, VII, 2, 4.
*Savo*, fl., III, 9, 9.
*Savus*, rivière, III, 22, 3; 28, 1 et 2.
*Saxinæ*, VI, 34, 7.
*Scalabis*, col., IV, 35, 5. — juridiction, IV, 35, 5.
*Scaldis*, fl., IV, 28, 1; 31, 1 et 2.
*Scamander*, fl., V, 33, 1.
*Scamandria*, V, 33, 2.
*Scammos*, VII, 33, 1.
*Scandia*, île, IV, 30, 3.
*Scandita*, île, IV, 23, 7.
*Scandinavie*, IV, 27, 6.
*Scandinavie*, île, VIII, 16, 1.
*Scantate*, VI, 32, 35.
*Scantiæ*, eaux, II, 111, 2.
*Scaptia*, III, 9, 16.
*Scarabantia* Julia, III, 27, 1.
*Scardona*, III, 26, 1. — juridiction, III, 25, 1.
*Scarphia*, IV, 12, 3; 20, 6.
*Scatebra*, fl., II, 106, 7.
*Scelatiti*, V, 1, 9.
*Sceneos*, XXXIV, 6.
*Scénites*, Arabes, V, 12, 1; 21, 2; XVI, 30, 8; VI, 32, 2 et 9; XIII, 7, 5.

*Scepsis*, région, V, 32, 2; XI, 80, 2. — Metrodorus, VII, 24, 2; XXVIII, 23, 2; XXXIV, 16, 2; XXXVII, 15, 6.
*Schœria*, IV, 19, 1.
*Scherini*, III, 14, 5.
*Schinussa*, île, IV, 23, 1.
*Schœnitas*, port, IV, 9, 2.
*Schœnos*, en Béotie, IV, 12, 2.
*Schœnus*, port, IV, 11, 1. — golfe, V, 29, 2.
*Sciapodes*, VII, 2, 16.
*Sciathos*, île, IV, 23, 7.
*Scioessa*, mont, IV, 6, 1.
*Scione*, IV, 17, 3.
*Sciron*, roches, IV, 11, 1.
*Scirtari*, III, 26, 2.
*Scodra*, ville, III, 26, 3.
*Scolos*, IV, 12, 2.
*Scope*, île, V, 35, 4.
*Scopelos*, île, V, 38, 3.
*Scopelos*, île, dans la Propontide, V, 44, 1.
*Scopelos*, autre île, V, 38, 3.
*Scopius*, mont, IV, 17, 2.
*Scopius*, fl., V, 43, 3.
*Scordisci*, III, 28, 2.
*Scotusa*, IV, 18, 2.
*Scotussa*, XXXI, 14, 1.
*Scotussæi*, IV, 17, 2.
*Scultenna*, fl., III, 20, 4.
*Scydra*, IV, 17, 1.
*Scylace*, V, 40, 2.
*Scylacium*, Scylletium, III, 15, 1.
*Scylla*, écueil, III, 14, 2. — la rivière Cratais, mère de Scylla, III, 10, 3.
*Scyllaceus*, golfe, III, 15, 1.
*Scyllæum*, ville, III, 10, 3.
*Scyrique*, sil, XXXIII, 56, 1.
*Scyritæ*, VII, 2, 18.
*Scyros*, île, IV, 23, 1 et 7; XXXIII, 56, 1; XXXVI, 26, 1. — pierre, II, 106, 3. — mine, XXXI, 20, 1.
*Scytala*, VI, 33, 5. — concombres, IX, 23, 5.
*Scythes*, IV, 18, 2; VIII, 66, 3; X, 50, 2; XI, 115, 2; XXV, 44, 1; XXVI, 87, 7; XXIX, 21, 1; XXXI, 39, 2; XXXIII, 21, 1; XXXVII, 11, 9. — contrée, VI, 14, 1. — anthropophages, VII, 2, 1 et 3. — Aroteres, IV, 18, 5. — Auchetæ, VI, 7, 3. — Cimmériens, VI, 14, 3. — touchent au Pont, III, 29, 1. — Sacæ, VI, 19, 1. — Satarchæ, IV, 26, 6. — colonie de Scythes, V, 16, 1. — dégénérés, IV, 25, 1. — nations, IV, 25, 1 et seqq. — leur nom passe aux Sarmates, IV, 25, 2. — tarandus, VIII, 52, 1. — Anacharsis, VII, 57, 7.
*Scythie*, VIII, 15, 1; X, 70, 1; XI, 30, 4; XXV, 43, 1; XXVII, 14, 1; XXXVII, 11, 4. — Sendica, IV, 26, 5. — la foudre n'y tombe pas, II, 51, 1. — cyanos, XXXVII, 38, 1. — langue, IV, 27, 4. — parage, II, 67, 1. — forme de l'arc scythique, IV, 24, 3; 26, 7. — monts, VI, 22, 1. — émeraudes, XXXVII, 16, 2; 17, 1; 18, 1. — azur, XXXIII, 57, 1. — cavalerie, VIII, 64, 3. — mont, V, 27, 3. —

océan, VI, 14, 1; 15, 1. — golfe, VI, 15, 3.
*Scythopolis*, V, 16, 1.
*Scythotauri*, IV, 26, 6.
Sea, VI, 35, 3.
*Sebaste* de Samarie, V, 14, 3.
*Sebasteni* (de Galatie), V, 42, 2.
*Sebastia*, en Cappadoce, VI, 3, 1.
*Sebastopolis*, château, VI, 4, 6.
*Sebastopolis* (en Cappadoce), VI, 3, 1.
*Sebastopolis*, château, VI, 4, 6.
*Sebastopolis* (en Cappadoce), VI, 3, 1.
*Sebastopolis*, Myrina, V, 32, 1.
*Sebennytes* nomos, V, 9, 3; XIII, 21, 2.
*Sebennytique*, bouche du Nil, V, 11, 5. — vin, XIV, 9, 2.
*Sebinus*, lac, III, 23, 4.
*Secande*, VI, 35, 15.
*Secundani*, colonie, III, 5, 6.
*Secundum*, VI, 35, 15.
*Secusiavi*, IV, 32, 1.
*Secusses*, III, 24, 1.
*Sediboniates*, IV, 33, 1.
*Seduni*, III, 24, 4.
*Segusma*, VI, 35, 2.
*Segeda* Augurina, III, 3, 5.
*Segesta*, de Sicile, XXXI, 32, 3.
*Segesta* Tigulìorum, III, 7, 2.
*Segestani*, III, 14, 5.
*Segeste* Carnorum, III, 23, 4.
*Segestica*, île, III, 28, 2.
*Segienses*, III, 4, 8.
*Segisamajulienses*, III, 4, 10.
*Segisamonenses*, III, 4, 10.
*Segobrica*, ville, XXXVI, 45, 1.
*Segobrigenses*, III, 4, 9.
*Segovellauni*, III, 5, 4.
*Segovia*, III, 4, 11.
*Segusio*, III, 21, 1.
*Selachusa*, île, IV, 19, 6.
*Selambina*, III, 3, 3.
*Selenuntes*, deux rivières, V, 31, 5.
*Selenusium*, froment, XVIII, 12, 2.
*Seleucenses*, de Galatie, V, 42, 2.
*Seleucia* d'Assyrie, XIII, 29, 7.
*Seleucia*, Babylonienne, VI, 30, 5; 31, 3 et 7; XVIII, 47, 3.
*Seleucia*, sur le Belus, V, 19, 1.
*Seleucia* (de Cilicie), V, 22, 8.
*Seleucia*, dans l'Elymaïde, VI, 31, 10.
*Seleucia*, sur l'Euphrate, V, 19, 1; VI, 30, 5.
*Seleucia*, la grande, VI, 17, 1.
*Seleucia* (en Mésopotamie), VI, 30, 1.
*Seleucia*, des Parthes, X, 67, 1.
*Seleucia* Pieria, V, 13, 2; 18, 1; VI, 38, 1.
*Seleucia* (de Syrie), XIII, 11, 2.
*Seleucia*, Trallis, V, 29, 6.
*Seleucis*, II, 67, 2.
*Selge*, huile, XV, 7, 6; XXIII, 49, 1.
*Selinonte*, ville, III, 14, 4. — habitants, III, 14, 5.
*Sélinonte* (de Cilicie), V, 22, 2.
*Sélinonte*, craie, XXXV, 27, 1. — terre, XXXV, 56, 1.
*Selinus*, fl., V, 33, 3.
*Selletæ*, IV, 18, 2.
*Selli*, IV, 1, 2.
*Selymbria*, IV, 18, 9; XXIX, 2, 7.
*Semberritæ*, île, VI, 35, 14 et 15.
*Sembonitis*, VI, 35, 13 et 15.

*Sembracena*, myrrhe, XII,
*Semellitani*, III, 14, 5.
*Seminethos*, V, 29, 6.
*Semirus*, fl., III, 15, 2.
*Sena*, col., III, 8, 2.
*Senia*, III, 25, 2.
*Sonnates*, IV, 33, 1.
*Senogallia*, III, 19, 2.
*Senones*, IV, 32, 1. — prirent Rome, III, 20, 2.
*Senta*, caverne, II, 44, 4.
*Sentinates*, III, 19, 2.
*Senum*, ville, III, 16, 2.
*Separi*, III, 26, 2.
*Sepias*, promont., IV, 16, 1.
*Sepiussa*, île, V, 36, 3.
*Seplasia*, XVI, 18, 1; XXXIV, 25, 1.
*Septa*, (à Rome), XXXVI, 4, 17.
*Septem fratres*, V, 1, 18.
*Septempedani*, III, 18, 2.
*Septemtrion*, peuples, XVI, 64, 1. — région, X, 29, 2.
*Septimani*, colonie, III, 5, 6.
*Sequana*, fl., IV, 31, 1.
*Séquanes*, IV, 31, 2. — territoire, XIV, 3, 7.
*Serbi*, VI, 7, 1.
*Sere*, VI, 35, 2.
*Sères*, XII, 41, 2; XXXIV, 41, 4. — description, VI, 20, 2 et seqq., VI, 24, 8. — on va chercher des vêtements chez eux, XII, 1, 2. — Macrobes, VII, 2, 20. — fer, XXXIV, 41, 3. — océan, VI, 15, 2. — arbres qui portent de la laine, XII, 8, 1.
*Seria*, ville, III, 3, 10.
*Seriphus*, île, IV, 22, 2; VIII, 83, 2. — absinthe, XXVII, 29, 1; XXXII, 31, 5.
*Serippo*, III, 3, 11.
*Serrapilli*, III, 28, 1.
*Serretes*, III, 28, 1.
*Serri*, VI, 5, 2.
*Serrium*, mont, IV, 18, 4.
*Servitians*, vins, XIV, 8, 9.
*Sesamum*, V, 2, 1.
*Sesanium*, VI, 35, 1 et 2.
*Sessites*, fl., III, 20, 4.
*Sestians*, autels, IV, 34, 2.
*Sestinates*, III, 19, 2.
*Sestos*, ville, X, 6, 1.
*Sestos*, et Abydos, IV, 18, 11.
*Setabis*, IX, 2, 1.
*Sétabitans*, ou Augustans, III, 4, 9.
*Setæ*, VI, 22, 3.
*Setheries*, fl., VI, 5, 3.
*Sethroites* nomos, V, 9, 3.
*Setia*, III, 9, 11. — territoire, III, 9, 7; XIV, 5, 5. — vin, XIV, 8, 3; XXIII, 21, 1.
*Seurbi*, IV, 34, 3.
*Seutlusa*, île, V, 36, 2.
*Sevini*, ainsi appelés à cause de leur piété, III, 17, 3.
*Sevinas*, lac, II, 106, 2.
*Sevo*, mont, IV, 27, 6.
*Sexitan*, colias, XXXII, 53, 4.
*Sexitani*, VI, 33, 1.
*Sextani*, colonie, III, 5, 6.
*Sexti Firmum*, III, 3, 3.
*Sextiæ aquæ*, XXXI, 2, 1.
*Siambis*, île, IV, 30, 2.
*Siarum*, III, 3, 7.
*Sibaræ*, VI, 23, 7.
*Sibdæ*, V, 29, 5.

*Sibi*, Apate, VI, 32, 13.
*Sibyllates*, IV, 33, 1.
*Sicanes*, III, 9, 16.
*Sicanie*, Sicile, III, 14, 1.
*Sicca*, col., V, 2, 1.
*Sicendos*, lac de Thessalie, VIII, 83, 3.
*Sicile*, île, III, 14, 1 et seqq.; VII, 57, 1; 59, 1; VIII, 6, 1; XI, 14, 1; XVIII, 7, 5; 12, 1 et 6; XXI, 57, 1; XXIX, 4, 1; XXXI, 28, 5; 39, 1; XXXV, 51, 2; XXXVI, 45, 1. — reconquise, VII, 27, 1. — coings, XXIII, 54, 3. — l'air en neutralise les scorpions, XXXVI, 54, 2. — détroit, XIX, 1, 3. — écueil, XXXII, 9, 1.
*Sicile*, petite, Naxos, IV, 22, 5.
*Sicinus*, île, IV, 23, 3.
*Sicoris*, fl., III, 4, 7.
*Sicules*, bette, XIX, 40, 1. — nation, XXI, 35, 1. — naufrages, VII, 46, 1. — escargots, XXX, 15, 2.
*Sicules*, XVII, 35, 45.3 — dans la Gallia Togata, III, 19, 1. — en Italie, III, 10, 1. — dans le Latium, III, 9, 4. — guerre, VII, 53, 4. — menuiserie, XVI, 82, 1. — abrotonum, XXI, 92, 1. — guerre, IX, 22, 1. — ciel, XI, 30, 3. — détroit, III, 7, 3; 10, 3. — mer, III, 10, 4; IV, 18, 14; X, 47, 2; XXXII, 11, 1. — miel, XI, 13, 1. — froment, XVIII, 12, 3. — Gorgias, VII, 49, 3.
*Siculotæ*, III, 26, 2.
*Sicum*, III, 26, 1.
*Sicyon*, lieu d'Afrique, XXXVII, 11, 7.
*Sicyone*, II, 73, 2; IV, 6, 1; VII, 57, 4; XIII, 49, 1; XIX, 55, 1; XXI, 3, 1; XXXV, 5, 1; 36, 15. — habitants, XXXVI, 4, 1. — tyran Aristratus, XXXV, 36, 45. — peinture, XXXV, 36, 13. — vin, XIV, 9, 2.
*Sicyoniens*, XXXV, 40, 21; 43, 1; 44, 1. — Cantharus, XXXIV, 19, 35. — Lysippus, XXXIV, 19, 12. — Polycletus, XXXIV, 19, 6. — Tisicrates, XXXIV, 19, 18.
*Side*, V, 26, 1.
*Side*, étang, XXXI, 18, 1.
*Sidene*, VI, 4, 2.
*Sidemum*, fl., VI, 4, 2.
*Sideris*, fl., VI, 18, 1.
*Sidicinum* Teanum, III, 9, 11. — olives, XV, 4, 4.
*Sidon*, XII, 55, 1; XIII, 2, 7; XXXVI, 66, 1. — ville maritime de Syrie, XXXV, 51, 1. — fabrique le verre, IV, 17, 2.
*Sidonien*, Antipater, VII, 52, 2.
*Sidus*, ville, IV, 11, 1.
*Sidusa*, île, V, 38, 2.
*Sidyma*, 28, 2.
*Siga*, V, 1, 19.
*Sigeum*, V, 33, 3. — ville, V, 33, 1. — promont., IV, 18, 11.
*Signia*, vin, XIV, 8, 5. — ouvrages, XXXV, 46, 5. — poires, XV, 16, 2. — habitants, III, 9, 11. — ciment, XVII, 4, 5. — vin, XXIII, 21, 1; XXXII, 35, 1.
*Signias*, mont, V, 29, 4.

*Sila*, forêt, III, 10, 3.
*Silarum*, fl., II, 106, 5.
*Silbiani*, V, 29, 4.
*Sileni*, VI, 23, 7.
*Silici* classitæ, VI, 30, 2. — des montagnes, VI, 30, 2.
*Silis*, fl., III, 22, 1. — Jaxartes fl., VI, 18, 4. — Tanais, VI, 7, 1.
*Silures*, nation, IV, 30, 2.
*Silvi*, nation sauvage, VI, 11, 1.
*Silvini*, III, 16, 6.
*Simena*, V, 28, 1.
*Simittuense*, ville, V, 4, 4.
*Simois*, joint au Xanthe, V, 33, 1.
*Simyra*, V, 17, 4.
*Sindos*, ville, VI, 5, 3.
*Sindus*, Indus, fl., VI, 23, 1.
*Singæ*, VI, 23, 4.
*Singames*, fl., VI, 4, 6.
*Singara*, V, 21, 1.
*Singili*, III, 3, 5.
*Singos*, IV, 17, 4.
*Singulis*, fl., III, 3, 6 et 8.
*Sinnaus*, lac, II, 106, 12.
*Sinonia*, île, III, 12, 2.
*Sinope*, Sinuessa dans le Latium, III, 9, 6.
*Sinope*, col., VI, 2, 2. — dans le Pont, XXXV, 13, 1.
*Sinuessa*, XIV, 8, 3. — dans le Latium adjoint, III, 9, 6. — eaux, XXXI, 4, 1. — territoire, II, 95, 2.
*Siphæ*, IV, 4, 2.
*Siphnus*, île, IV, 22, 2; XXXVI, 44, 1. — pierre, XXXVI, 44, 1.
*Siphnus*, Melos, IV, 23, 3.
*Sipontum*, III, 16, 4.
*Sipylum*, V, 31, 6. — en Magnésie, II, 93, 1.
*Siraci*, IV, 26, 2.
*Sirbitum*, VI, 35, 16.
*Sirbon*, lac, V, 14, 1.
*Sirène*, tombeau, III, 9, 9. — promontoire, II, 90, 1. — demeure, III, 9, 10.
*Sirini*, III, 15, 3.
*Siris*, Nil, V, 10, 4.
*Sirmiens*, cité des, III, 28, 1.
*Sirmium*, ville, III, 28, 2.
*Sirnides*, îles, IV, 20, 5.
*Sisapo*, III, 3, 11. — minimum, XXXIII, 40, 2. — contrée, XXXIII, 40, 1.
*Siscia*, col., III, 28, 1 et 2.
*Sisolenses*, III, 9, 16.
*Sithone*, IV, 17, 5.
*Sithonii*, IV, 18, 2.
*Sitia*, III, 3, 6.
*Sitiogagus*, fl., VI, 26, 4.
*Sittaca*, ville, XII, 39, 1.
*Sittace*, des Grecs, VI, 31, 6.
*Sittacene*, II, 110, 2; VI, 31, 6.
*Sittians*, Cirta, V, 2, 1.
*Smaragdites*, mont, XXXVII, 18, 5.
*Sminthée*, temple, V, 32, 3.
*Smyrne*, III, 1, 7; VII, 3, 3; XXXII, 45, 2; XXXV, 19, 1; XXXVI, 4, 20. — matronum, XVI, 50, 2. — contrée, XIV, 6, 2. — hyssope, XXV, 87, 1. — juridiction, V, 31, 9. — Marcion, XXVIII, 7, 3.
*Smyrna* Trachea, Ephèse, V, 31, 4.
*Sodii*, VI, 11, 1.
*Sogdiani*, VI, 18, 4.
*Sogiontii*, III, 14, 4.

*Solanidæ*, îles, VI, 32, 8.
*Soleadæ*, VI, 23, 8.
*Soleil*, fontaine, II, 106, 8; V, 5, 1.
*Soleil*, ville célèbre en Égypte, V, 11, 2. — non loin de Memphis, VI, 34, 8. — fondée par les Arabes, VI, 34, 8.
*Soleil*, île, VI, 24, 6; 26, 3. — promontoire, V, 1, 9. — ville en Égypte, XXXVI, 14, 2 et 3. — dans la Panchaïe, X, 2, 2.
*Soles* de Cilicie, V, 22, 2; 35, 2; XIII, 2, 2; XXXI, 14, 1. — Milon, XXXV, 40, 21. — Aristomaque, XI, 9, 1.
*Soletum*, ville abandonnée, III, 16, 3.
*Solimnia*, île, IV, 23, 7.
*Solinates*, III, 19, 3.
*Solitans*, escargots, IX, 82, 1; XXX, 15, 2.
*Solobriasæ*, VI, 23, 6.
*Solonates*, III, 20, 2.
*Solorius*, mont, III, 2, 2.
*Solus*, en Sicile, III, 14, 4.
*Solvense* Flavium, III, 27, 1.
*Solymi*, Pisidæ, V, 24, 1; 33, 4.
*Sonautes*, fl., VI, 1, 3.
*Sondræ*, VI, 23, 8.
*Sontini*, III, 15, 3.
*Sonus*, fl., VI, 22, 1.
*Sophene*, partie de la Syrie, V, 13, 1; VI, 16, 1.
*Sopheni*, VI, 10, 3.
*Sophonia*, II, 91, 1.
*Sora*, col., III, 9, 11.
*Soractes*, mont, II, 95, 2; VII, 2, 11; XXXI, 19, 2.
*Soractia*, VI, 32, 4.
*Sorgæ*, VI, 23, 7.
*Sosirate*, VI, 31, 10.
*Sotira*, VI, 4, 1.
*Sottiates*, IV, 33, 1.
*Spalathra*, IV, 16, 1.
*Spalei*, VI, 7, 3.
*Spartaire*, Carthage, XXXI, 43, 2.
*Sparte*, IV, 8, 1.
*Sperchios*, ville, IV, 13, 1.
*Sperchius*, fl., IV, 14, 2.
*Sphagiæ*, îles, IV, 19, 4.
*Spina*, ville, III, 20, 5; 21, 3.
*Spinétique*, bouche du Pô, III, 20, 5.
*Spintum*, VI, 35, 3.
*Spiræum*, promont. IV, 9, 2; 19, 6.
*Spoletini*, III, 19, 2.
*Spoletum*, XI, 73, 2.
*Spondolici*, VI, 7, 3.
*Sporades*, îles, IV, 23, 1.
*Sporades* et Cyclades, îles, IV, 23, 6.
*Stabies*, ville, III, 9, 16. — eaux, XXXI, 5, 1. — territoire, XXXII, 8, 1.
*Stabulum*, V, 33, 3.
*Stadia*, Gnidos, V, 29, 2.
*Stadisis*, VI, 35, 5.
*Stagira*, IV, 17, 5.
*Stagires*, dans le Musée, XVI, 57, 2.
*Statans*, vins, XIV, 8, 5; XXIII, 21, 1.
*Statonia*, habitants, III, 9, 3. — vins, XIV, 8, 7. — territoire, II, 96, 2; XXXVI, 49, 1.
*Statyellæ*, en Ligurie, XXXI, 2, 1.
*Statyellæ*, Aquæ, III, 7, 3.
*Stauri*, VI, 18, 1.
*Steganos*, île, V, 36, 2.
*Steganus*, bras du Nil, V, 34, 1.

*Stelendene*, V, 21, 4.
*Stenæ deiræ*, îles, VI, 34, 1.
*Stentor*, port, IV, 18, 4.
*Stéphane*, mont, IV, 15, 1.
*Stéphane*, en Paphlagonie, VI, 2, 2.
*Stéphane*, Præneslins, III, 9, 11.
*Stéphane*, Samos, V, 37, 1.
*Steria*, IV, 11, 2.
*Stiria*, île, V, 35, 2.
*Stlupini*, III, 25, 1.
*Stobi*, ville, IV, 17, 1.
*Stœchades*, îles, III, 11, 3; XXXII, 11, 1.
*Stœnos*, III, 24, 2.
*Stoidis*, île, VI, 28, 3; IX, 54, 1.
*Strabellini*, III, 16, 6.
*Stratoclia*, VI, 6, 1.
*Stratonice*, en Perse, VI, 30, 2.
*Stratonicea*, V, 29, 7.
*Straton*, île, VI, 34, 5.
*Straton*, tour, V, 14, 2.
*Stratos*, fl., VI, 18, 1.
*Stratos*, ville, IV, 2, 2.
*Strongyle*, île, III, 14, 7; XXXV, 52, 2.
*Strongyle*, île dans la mer de Lycie, V, 35, 3.
*Strongyle*, Naxos, IV, 22, 5.
*Strophades*, îles, IV, 19, 4.
*Struthopodes*, VII, 2, 17.
*Strymon*, fl., IV, 17, 5; XXI, 58, 1; XXII, 12, 1.
*Strymonis*, Bithynie, V, 40, 3.
*Stura*, fl., III, 20, 4.
*Sturium*, île, III, 11, 3; IV, 29, 1.
*Sturnini*, III, 16, 7.
*Symphalis* d'Arcadie, fl., II, 106, 7.
*Stymphalum*, IV, 10, 1.
*Styx*, en Arcadie, II, 106, 11; XXXI, 19, 1. — eau vénéneuse, XXX, 53, 2.
*Suanenses*, III, 8, 3.
*Suanetes*, III, 24, 4.
*Suani*, VI, 4, 6. — nation, XXXIII, 15, 2.
*Suari*, VI, 22, 6; 25, 3.
*Suarni*, VI, 12, 1.
*Suasa*, VI, 35, 3.
*Suasani*, III, 19, 2.
*Subalpini*, monts, XXV, 34, 1.
*Subertani*, III, 8, 3.
*Subi*, fl., III, 4, 4.
*Sublaqueum*, III, 17, 3.
*Sublicius*, pont de Rome, XXXIV, 11, 2.
*Subocrini*, III, 24, 1.
*Subsolani*, monts de l'Inde, VII, 2, 17.
*Subur*, fl., V, 1, 5 et 8.
*Subur*, ville, III, 4, 4.
*Suburra*, quartier de Rome, XVIII, 3, 5.
*Succabar*, col., V, 1, 20.
*Succasses*, IV, 33, 1.
*Succubo*, III, 3, 5.
*Suche*, IV, 34, 4.
*Sucrana*, III, 3, 9.
*Sucro*, fl., III, 4, 3; 11, 1.
*Sue*, dans des rochers, VI, 30, 2.
*Sueconi*, IV, 31, 2.
*Suel*, III, 3, 2.
*Suelleni*, VI, 32, 14.
*Suelteri*, III, 5, 5.
*Suemus*, fl., IV, 18, 12.
*Suertæ*, VI, 23, 7.
*Suessa*, col., III, 9, 11.

*Suessa* Pometia, VII, 15, 2.
*Suessiones*, IV, 31, 2.
*Suessulani*, III, 9, 11.
*Suetri*, III, 5, 5; 24, 4.
*Suèves*, IV, 25, 2; 28, 2. — roi, II, 67, 4.
*Suffenates*, III, 17, 2.
*Suillates*, III, 19, 2.
*Sulci*, promontoire, III, 13, 2. — habitants, III, 13, 2.
*Sulmo*, III, 9, 16; XXXIV, 41, 4. — habitants, III, 17, 1. — territoire, XVII, 41, 1.
*Summara*, VI, 35, 15.
*Sunium*, promont., IV, 11, 2; XXI, 29, 1.
*Sunuci*, IV, 31, 2.
*Superequani*, III, 17, 1.
*Supérieure* et inférieure, mer, III, 23, 5.
*Sura*, V, 21, 4.
*Suræ*, VI, 23, 4.
*Surdaones*, III, 4, 7.
*Surium*, fl. de Colchide, II, 106, 5.
*Surium*, ville et fl., VI, 4, 5.
*Surrentium*, promont., V, 1, 9.
*Surrentum*, ville, III, 9, 10; XXXV, 46, 2. — vins, XIV, 8, 4; XXIII, 20, 1 et 2; 21, 1. — cruches, XIV, 4, 12. — coteaux, XIV, 4, 2. — monts, III, 9, 7.
*Suse*, VI, 26, 5. — des Parthes, XXV, 95, 3. — de Perse, XXIV, 102, 4. — capitale des Perses, VI, 31, 7 et 8. — à Suse, la Tour blanche, II, 110, 2.
*Susiane*, VI, 26, 5; VI, 31, 7. — habitants, VI, 31, 7 et 8.
*Sutrina*, col., III, 8, 2.
*Syagrum*, promont., VI, 26, 5; VI, 32, 10.
*Sybaris*, fl., XXXI, 9, 1; 10, 1. — et ville, III, 15, 2; XVI, 33, 3. — détruite, VII, 22, 1.
*Sybarites*, VIII, 64, 4.
*Sybota*, île, IV, 19, 2.
*Sycaminum*, V, 17, 1.
*Syce*, île, V, 38, 2.
*Sycussa*, île, V, 38, 2.
*Sydopta*, VI, 35, 2.
*Sydracæ*, terme des expéditions d'Alexandre, XII, 12, 1.
*Syene*, ville, II, 75, 1 et 2; VI, 35, 1; XXXVI, 56, 2. — d'Égypte, VI, 39, 9. — de Thébaïde, XXXVI, 13, 2. — limite de l'empire, XII, 8, 2.
*Syenites*, VI, 35, 1.
*Syenites*, pierre, XXXVI, 13, 2; 19, 3.
*Syenites*, gemme, XXXVII, 46, 2.
*Sygaros*, île, VI, 32, 13.
*Syllana* colonia Urbana, XIV, 8, 3.
*Symæthii*, III, 14, 3.
*Symæthum*, fl., III, 14, 3.
*Symbari*, III, 15, 4.
*Symbolon*, port, IV, 26, 7.
*Syme*, île, V, 36, 2.
*Symplégades*, îles, IV, 27, 1; VI, 13, 1.
*Syndraci*, VI, 25, 1.
*Synhietæ*, VI, 7, 3.
*Synnada*, V, 29, 3. — pierre, XXXV, 1, 3.
*Syracuse*, col., III, 14, 3; X, 75, 2; XXXI, 30, 2; XXXII, 7, 1;

XXXIV, 19, 10. — prise, VII, 38, 1. — airain, XXXIV, 7, 1. — territoire, III, 14, 3; XVII, 3, 5. — la fontaine Aréthuse, II, 106, 3. — Syracusain Ménandre, VIII, 5, 5. — Mentor, VIII, 21, 3. — habitants, VII, 57, 16. — il n'y a point de jour où le soleil demeure complètement voilé, II, 62, 1.
*Syrbotæ*, VI, 35, 12; VII, 2, 23.
*Syrecæ*, VI, 34, 7.
*Syrien*, VII, 57, 2 et 10; VIII, 84, 1; XIII, 9, 6; XXVIII, 57, 1; XXXVII, 71, 1.
*Syrie*, VIII, 23, 1; 75, 1; 84, 1; XI, 35, 5; XII, 48, 1; XIII, 9, 7; 10, 1; 12, 1; 13, 1; 22, 2; XV, 14, 1; XVI, 21, 1; 23, 3; 92, 1; XVII, 3, 5; 35, 26; XVIII, 30, 5; 47, 3; XXI, 35, 1; XXII, 42, 1; XXIV, 42, 1; 50, 1; XXVI, 30, 1; XXVII, 59, 1; XXIX, 13, 1 et 2; XXXIII, 21, 1; XXXVI, 59, 1.
— cèdre, XVI, 76, 1. — pays très-puissant, V, 13, 1. — Syrie et Asie, XXXVI, 12, 2. — Syria Antiochia, V, 18, 1. — Syria Cœle, V, 17, 3; XXI, 72, 1. — Syria Palæstina, XII, 40, 1. — Syrie au-dessus de la Phénicie, XII, 55, 1. — gland, XIII, 46, 1. — élate, XII, 62, 1. — résine, XIV, 25, 2. — térébenthine, XXIV, 22, 2. — silique, XIV, 19, 3. — vigne, XIV, 4, 17. — silique, XXIII, 79, 1. — térébinthiniers, XVI, 76, 7. — bœufs, VIII, 70, 4. — raiforts, XIX, 26, 3. — rhus Syriaca, XXIV, 79, 1. — nard, XII, 26, 3 et 4. — longueur et largeur de la Syrie, V, 13, et seq. — la Pétrée en est limitrophe, XXXVII, 40, 1. — littoral, XV, 7, 6; XXVII, 9, 1. — Commagène partie de la Syrie, X, 28, 1. — Portes syriennes, V, 18, 2.
*Syrie*, les habitants ne sont pas sujets aux lombrics, XXVII, 120, 1. — gouvernée par l'Éthiopie, VI, 35, 5. — lions, VIII, 17, 4. — poires, XV, 16, 1. — envoyé, XXXV, 21, 4. — montagnes voisines de la Syrie, VIII, 83, 1. — huile, XXIII, 49, 1. — froment, XVIII, 12, 1. — Syrien Phérécyde, VII, 52, 2; VII, 57, 14. — légumes abondants, XX, 16, 1.
*Syrie* (près d'Éphèse), II, 91, 1.
*Syrie*, île, V, 31, 4.
*Syrieni*, VI, 23, 6.
*Syrium*, fl., V, 43, 3.
*Syrmatæ*, VI, 18, 3.
*Syrnos*, île, IV, 23, 3.
*Syros*, île, IV, 22, 4.
*Syrtes*, d'Afrique, VIII, 76, 3; IX, 69, 2; XIII, 32, 1. — marée dans les Syrtes, II, 99, 7. — deux Syrtes, V, 4, 2 et 3. — les grandes Syrtes, V, 5, 4; VII, 2, 5. — grandes Syrtes près du Nil, VI, 37, 16. — Syrtes en Élymaïde, VI, 31, 10. — arbre des Syrtes, XXIV, 2, 1. — déserts, VIII, 11, 1. — grande Syrte XXXVII, 11, 8. — Syrte plus grande, V, 4, 2; XIX, 5, 3. —

## TAR — TEA — TEU

Syrte plus petite, V, 3, 3; V, 4, 1.
— littoral, XXXVII, 67, 2.
Syrtibolos, contrée, VI, 29, 4.
Syrtides, gemmes, XXXVII, 67, 2.
Syverus, fl. d'Attique, XXXVII, 35, 1.

## T

Tabidium, ville, V, 5, 7.
Tabis, promont., VI, 20, 1.
Tabraca, V, 2, 1.
Tacape, cité d'Afrique, V, 3, 2; XVIII, 51, 1. — territoire, XVI, 50, 2.
Tacatua, V, 2, 1.
Tacompsos, VI, 35, 1 et 2.
Tacompsos, autre, VI, 35, 3.
Tader, fl., III, 3, 4; 4, 2.
Tadiates, III, 17, 2.
Tadinates, III, 19, 2.
Tadnos, fontaine, VI, 33, 5.
Tadu, île, VI, 35, 8.
Tænare, littoral, IX, 8, 7. — pierre, XXXVI, 29, 1; 43, 2. — ville, IV, 8, 1. — promont., IV, 7, 1.
Tage, III, 4, 9; IV, 35, 3; VIII, 67, 1; XXXII, 21, 1.
Tageste, ville, V, 4, 5.
Tagori, VI, 7, 3.
Talabrica, IV, 35, 1.
Talarenses, III, 14, 5.
Tallusa, île, V, 38, 1.
Taluctæ, VI, 22, 4.
Tama, VI, 35, 7.
Tamarici, IV, 34, 3. — sources, XXXI, 18, 2.
Tamaseus, V, 35, 2.
Tammacum, VI, 32, 17.
Tamna, VI, 32, 11.
Tamuda, fl., V, 1, 18.
Tanagra, peuple libre, IV, 12, 2. — coqs, X, 24, 2.
Tanaïs, fl., IV, 24, 6; VI, 7, 1. — limite de l'Europe, III, Procem. 4. — bouche, II, 112, 6. — Jaxartes, fl., VI, 18, 4. — Silis, VI, 7, 1.
Tanaitæ, VI, 7, 3.
Tanarus, fl., III, 20, 4.
Tanetani, III, 20, 2.
Tanites, nomos, V, 9, 3.
Tanitique, lin, XIX, 2, 6. — bouche du Nil, V, 11, 5.
Tantalis, ville, II, 93, 1.
Tantalis, Sipylum, V, 31, 6.
Tantarene, VI, 35, 1.
Taphiæ, îles, IV, 19, 2.
Taphias, île, IV, 19, 2.
Taphiassus, IV, 3, 1.
Taphiusa, île, XXXVI, 39, 2.
Taphra, V, 4, 2.
Taphre, en Tauride, IV, 26, 6, 9 et 10.
Taphros, détroit, III, 13, 1.
Tapori, IV, 35, 6.
Taposiris, d'Égypte, XXVII, 29, 1; XXXII, 31, 5.
Taprobane, île, VI, 23, 10; 24, 1; VII, 2, 23; IX, 54, 1; XXXII, 53, 2. — reléguée hors du monde, VI, 24, 9.
Tapyri, VI, 18, 1.
Tarachie, île, IV, 19, 2.
Taranei, III, 14, 2.
Tarbelli, IV, 33, 1; XXXI, 2, 1.
Tarente, châtaignes, XV, 25, 2. — cyprès, XVI, 60, 2. — figuier, XV,

19, 3. — laine, XXIX, 9, 4. — myrte, XV, 37, 1; XVII, 11, 2. — poires, XV, 16, 2; 18, 3. — pourpre, IX, 63, 1. — vins, XIV, 8, 9. — noix, XV, 25, 2. — habitants, IX, 8, 6. — raisins, XIV, 4, 15. — territoire, X, 41, 2. — port, III, 16, 3. — sel, XXXI, 41, 1 et 2. — golfe, III, 66, 1. — ville, III, 16, 1; VIII, 83, 1 et 2; XXXIV, 6, 1; 18, 1.
Targines, fl., III, 15, 2.
Tarichea, V, 15, 2.
Tarinates, III, 17, 2.
Tariona, château, III, 26, 1.
Tariotes, contrée, III, 26, 1.
Tarne, fontaine de Lydie, V, 30, 1.
Tarnis, fl., IV, 33, 2.
Tarpeium, VII, 45, 3; XXVIII, 4, 1.
Tarquiniens, III, 8, 3. — territoire, VIII, 78, 2; IX, 82, 1; XXXVI, 49, 1. — lac, II, 96, 3.
Tarracina, XIV, 4, 12.
Tarraco, col., III, 4, 4; XIX, 2, 4. — juridiction, III, 4, 6. — vins, XIV, 8, 10. — province, III, 2, 1.
Tarragenses, III, 4, 8.
Tarsatica, III, 25, 2.
Tarsuras, fl., VI, 4, 6.
Tarsos, de Cilicie, V, 22, 1 et 2; XIII, 2, 2.
Tartarum, canal, III, 20, 7.
Tartessos, III, 3, 2. — Gadis, IV, 36, 2. — roi, VII, 49, 1.
Tarvisans, monts, III, 22, 1.
Tarus, fl., III, 20, 4.
Tarusates, IV, 33, 1.
Tarusconienses, III, 5, 6.
Tasconi, III, 5, 6.
Tatta, sel, XXXI, 41, 1; 45, 2.
Taveni, VI, 32, 14.
Tavium, V, 42, 2.
Taulantii, III, 26, 3.
Taurania, a péri, III, 9, 17.
Taures Scythes, IV, 26, 2.
Taures, cité des, IV, 26, 7. — Librosus, colline, II, 106, 11. — péninsule, II, 98, 1.
Taurini, XV, 9, 1. — au pied des Alpes, XVIII, 40, 1.
Taurini Aquenses, III, 8, 3.
Taurinorum Augusta, III, 21, 1.
Taurique, Chersonèse, XIX, 30, 2. — Scythie, IV, 26, 6.
Taurisani, III, 23, 3.
Taurisques, III, 24, 2; 28, 2. — Noreia, III, 23, 4.
Tauroentum, III, 10, 2.
Tauromenium, col., III, 14, 3. — vins, XIV, 8, 6. — coteaux, XIV, 4, 5. — euripe, II, 100, 1.
Taurunum, ville, III, 28, 2.
Taurus, bras du Nil, V, 34, 1.
Taurus, mont, V, 20, 2 et 3; 27, 1; 31, 7; XXV, 87, 1; XXXI, 5, 1.
Taurusci, maintenant Norici, III, 24, 1.
Taxillæ, VI, 23, 8.
Taygete, mont, II, 81, 1; IV, 8, 1; XXXVI, 47, 1; XXXVII, 18, 5.
Tazata, VI, 19, 3.
Teanum, d'Apulie, III, 16, 4. — habitants, III, 16, 5.

Teanum Sidicinum, III, 9, 11; XXXI, 5, 1.
Teari, ou Julienses, III, 4, 6.
Tearus, fl., IV, 18, 7.
Teate, des Marrucins, III, 17, 1.
Techedia, île, IV, 23, 5.
Tectosages, en Galatie, V, 42, 1 et 2.
Tectosages Volcæ, III, 5, 2 et 6.
Tectosages, Toulousains, III, 5, 6.
Tecum, fl., III, 5, 11.
Tedanium, fl., III, 25, 2.
Teganusa, île, IV, 19, 5.
Tegea, IV, 10, 1.
Tegium, V, 33, 3.
Telamon, port, III, 8, 2.
Telanes, figues, XV, 19, 4.
Telandria, île, V, 35, 3.
Telandrus, V, 28, 2.
Teleboides, îles, IV, 19, 2.
Telendos, île, V, 35, 3.
Telethrius, mont en Eubée, XXV, 53, 3.
Telini, III, 9, 11.
Tellene, III, 9, 16.
Telmesique, vin, XIV, 9, 2.
Telmessus, fl., V, 29, 1.
Telmessus, V, 28, 2 et 3; 29, 5 — ville très-religieuse, XXX, 2, 3.
Telos, île, IV, 23, 5.
Tembrogius, fl., VI, 1, 3.
Temenitis, fontaine, III, 14, 3.
Temerinda, Mœotis, VI, 7, 1.
Temese, Temsa, III, 10, 2.
Temnos, en Æolide, V, 32, 1.
Temnos, d'Ionie, a péri, V, 32, 2.
Tempe, IV, 15, 3. — en Thessalie, XVI, 92, 1; XXXI, 19, 3.
Tempsa, XIV, 8, 9.
Tempsis, VII, 49, 2.
Tems, III, 10, 2.
Tenedos, île, II, 106, 9; V, 39, 2.
Teneotique, papier, XIII, 23, 2.
Tenos, île, IV, 22, 1.
Tentyris, V, 11, 1. — île du Nil, XXVIII, 6, 2. — lin, XIX, 2, 6.
Tentyrites, VIII, 38, 2.
Tentyrites nomos, V, 9, 3.
Tenupsis, VI, 35, 14.
Teos, île, V, 38, 2. — Agno, XXXIII, 14, 3.
Tepula, eau, XXXVI, 24, 17.
Teredon, bourg, VI, 32, 4.
Tereses, III, 3, 10.
Tergedum, VI, 35, 7.
Tergeste, col., III, 22, 2. — golfe, III, 22, 2.
Tergilani, III, 15, 3.
Terias, fl., III, 14, 3.
Terina, des Crotoniates, III, 10, 2. — golfe, III, 10, 2; 15, 1.
Termera, V, 29, 5.
Termes, III, 4, 11; V, 31, 7.
Terracina, II, 56, 2; III, 9, 6; XVI, 59, 3.
Tervium, III, 18, 1.
Tessara, VI, 35, 2.
Tetragonis, VI, 25, 1.
Tetranaulochus, VII, 18, 1.
Teuchira, Arsinoe, V, 5, 2.
Teurnia, III, 27, 4.
Teutani, nation grecque, III, 8, 2.
Teuthranie, II, 87, 2. — région, V, 33, 3.
Teuthranie, V, 33, 3.
Teutobodiaci, V, 42, 1.

*Teutons*, IV, 28, 2; XXVI, 9, 1;
   XXXVII, 11, 5. — envoyé,
   XXXV, 8, 1.
*Teutria*, île, V, 30, 1.
*Thali*, VI, 5, 3.
*Thallusa*, île, V, 38, 2.
*Thaludæi*, VI, 32, 8.
*Thamar*, fl., VI, 32, 9.
*Thamna*, toparchie de Judée, V, 15, 1.
*Thamudeni*, VI, 32, 14.
*Thapsacus*, V, 22, 2.
*Thapsus* (en Afrique), V, 3, 2; VII, 26, 1.
*Tharne*, XI, 73, 2; 81, 1.
*Thasie*, région, XVI, 11, 1.
*Thasos*, raisin, XIV, 9, 2; 22, 2. —
   noix, XV, 24, 5. — vignes, XIV,
   4, 15. — habitants, VII, 57, 17.
   — vinaigre, XXXIV, 27, 1. —
   marbre, XXXVI, 5, 1. — vin,
   XIV, 9, 1; 16, 1. — Thasien Ne-
   seus, XXXV, 36, 2. — Philiscus,
   XI, 9, 1. — Polygnote, XXXV,
   35, 1.
*Thasos*, île, XIV, 4, 5; XIV, 19, 7;
   22, 1; XXXVII, 22, 2; 40, 1. —
   ou Thassos, VI, 23, 8.
*Thatice*, VI, 35, 1.
*Thaumacie*, IV, 16, 1.
*Theangela*, V, 29, 5.
*Thébaïque*, sable, XXXVI, 9, 3. —
   gland, XII, 46, 1. — palmier, XV,
   34, 5; XXIII, 51, 1. — cumin, XIX,
   47, 2. — mortier, XXXIV, 23, 2;
   50, 3. — froment, XVIII, 12, 4.
   — pierre, XXXIII, 21, 2; XXXVI,
   13, 2; 43, 1. — sel, XXXI, 45, 3.
*Thébaïde*, ville, Alabastrum, XXXVII,
   32, 2. — Coptos, XXXVII, 17, 1.
   — contrée, XVIII, 47, 3. — Syène,
   XXXVI, 13, 2. — limitrophe de
   l'Éthiopie, V, 9, 3; XII, 46, 1;
   XIII, 9, 5 et 6; XVI, 33, 3.
*Thébais*, fl., V, 29, 6.
*Thebasa*, V, 25, 1.
*Thebaseni*, V, 42, 2.
*Thèbe* en Éolide, V, 32, 2.
*Thèbes* d'Égypte, XXXVI, 20, 1;
   XXXVII, 30, 1; 54, 2. — temple
   de Sérapis, XXXVI, 11, 4. — aux
   cent portes, V, 11, 1.
*Thèbes* de Béotie, IV, 12, 1; VII,
   57, 5; X, 34, 1; XIII, 19, 1; XVI,
   87, 1; XXXIV, 40, 1. —fondée par
   les Sidoniens, V, 17, 2. — siège, VIII,
   64, 2. — prise, XXXIV, 8, 1. —
   emportée par Alexandre, VII, 30, 1;
   XXXIV, 8, 1. — Thébaine Olym-
   pias, XXVIII, 77, 1 et 6. — élève
   du Thébain Aristide, XXXV, 36, 46.
   — les Thébains sont sujets aux vers
   intestinaux, XXVII, 120, 1. —Thébain Aristide, XXXV, 36, 35. —
   Tirésias, VII, 57, 12. — statue d'un
   vieillard thébain, XXXIV, 19, 18.
*Thèbes* de Corse, IV, 4, 2.
*Thèbes* de Lucanie, III, 15, 3.
*Thèbes*, Thessalie, IV, 15, 1.
*Thelpusa*, IV, 10, 1.
*Themiscyra*, VI, 4, 1. — région, VI, 3, 2; XXIV, 102, 5.
*Themisones*, V, 29, 3.
*Themisteas*, promont., VI, 28, 4.
*Thenæ*, IV, 3, 2; VI, 35, 2.
*Theodosia* (en Tauride), IV, 26, 8.

*Theon ochema*, II, 110, 4; V, 1, 10;
   VI, 35, 19.
*Thera*, île, II, 89, 1; IV, 23, 4. —
   cyperus, XXI, 70, 1.
*Theramne*, IV, 8, 1.
*Therapnæ*, IV, 20, 3.
*Therasia*, île, III, 14, 7; IV, 23, 4.
   Cyclade, II, 89, 1.
*Therionarce*, île, V, 36, 2.
*Thermæ*, col., III, 14, 4.
*Thermaïque*, golfe, IV, 23, 7; 17, 5.
*Therme*, IV, 17, 3.
*Thermes* d'Agrippa, XXXIV, 19, 13;
   XXXV, 9, 1; XXXVI, 64, 1.
*Thermodon*, fl., VI, 4, 1; XI, 19, 1;
   XXXVII, 37, 1.
*Thermopyles*, IV, 14, 2.
*Therothoes*, VI, 34, 7.
*Thespiades*, de Cléomène, XXXVI, 4, 21.
*Thespies* (en Magnésie), IV, 16, 1;
   XXXV, 40, 1; XXXVI, 4, 11. —
   libre, IV, 12, 1.—fontaine, XXXI, 7, 1.
*Thesprotes*, IV, 1, 2.
*Thesprotie*, XXXVII, 27, 1.
*Thessalie*, IV, 14, 1; VII, 3, 2; VIII,
   43, 1; X, 15, 1; 31, 2; XVI,
   41, 2; XVII, 3, 5; XVIII, 30, 3;
   XXV, 37, 1; 53, 3; XXVII, 42, 1;
   XXXIV, 19, 19. — craie, XXXV,
   57, 2. — Tempe, XVI, 92, 1;
   XXXI, 19, 3. — eunuque, XII, 5, 3.
*Thessalienne*, Catanance, XXVII,
   35, 1. — sable, XXX, 2, 3. —
   nymphæa, XXVI, 90, 4. — mères
   thessaliennes, XXX, 2, 3. — Thes-
   saliens, VII, 57, 11. — invention,
   VIII, 70, 7. — Echecrate, X, 83, 9.
*Thessalis*, Bithynie, V, 40, 3.
*Thessaloce*, V, 31, 3.
*Thessalonique*, libre, IV, 17, 3.
*Theudalis*, V, 3, 1.
*Theudense*, ville, V, 4, 5.
*Thia*, île, IV, 23, 4. — Cyclade, II, 89, 1.
*Thibiens*, VII, 2, 9.
*Thimanei*, VI, 32, 14.
*Thinites* nomos, V, 9, 3.
*Thisbe*, IV, 12, 2.
*Thoar*, ville, V, 7, 1.
*Thomna*, XII, 32, 5.
*Thoricos*, localité, XXXVII, 18, 3. —
   promont., IV, 11, 2.
*Thoronos*, IV, 19, 1.
*Thospites*, lac, VI, 31, 2.
*Thraces*, III, 29, 1; XXII, 12, 1.
*Thrace*, IV, 18, 1 et seqq.; VIII, 42, 2;
   X, 10, 1; XI, 34, 2; XII, 27, 1;
   XVII, 3, 6; XVIII, 73, 4; XIX,
   12, 1; XXV, 45, 1; XXXI, 19, 2;
   46, 1. — nation, V, 41, 2. — gem-
   me, XXXVII, 68, 1. — helix, XVI,
   62, 4. — pæderos, XXXVII, 46, 2.
   — partie de la Thrace, II, 59, 1. —
   littoral, XIV, 6, 1. — écu, XVI,
   62, 1. — navets, XIX, 25, 2. —
   froment, XVIII, 12, 1 et 5. —
   Bosphore, IV, 24, 2; IX, 20, 1.
   — pierre, XXXIII, 30, 1. — My-
   lyens descendants des Thraces, V,
   25, 1. — Studiosus de Thrace, XI,
   99, 2. — Thamyras, VII, 57, 13.

— bouclier, XXXIII, 45, 2. —
   Thrace livrée à la magie, XXX, 2, 4.
*Thrie*, champ de, IV, 11, 2.
*Thrius*, IV, 10, 2.
*Thronium*, IV, 12, 3.
*Thryon*, IV, 7, 1.
*Thule*, île, II, 77, 2; 112, 7; IV,
   30, 3; VI, 39, 9. — un seul jour
   et une seule nuit, VI, 39, 9.
*Thumata*, VI, 32, 5.
*Thunusidense*, ville, V, 4, 4.
*Thurium*, ville, III, 15, 2; XII, 8, 2;
   XXXI, 9, 1; 43, 2; XXXVI, 29, 5.
   — vins, XIV, 8, 9. — habitants,
   XXXIV, 15, 1. — côteaux, XIV,
   4, 15. — territoire, XVI, 33, 3.
*Thusci* ou Toscans, III, 19, 1; 20, 6
   — en Campanie, III, 9, 8. — nom
   grec, III, 8, 1. — Mantoue, III, 23, 3.
*Thussagetæ*, IV, 26, 10.
*Thyamis*, fl., IV, 1, 4.
*Thyatira*, ville, V, 31, 3. — habi-
   tants, V, 33, 4.
*Thyatira*, île, IV, 19, 2.
*Thydonos*, V, 29, 7.
*Thymbre*, V, 33, 3.
*Thymnias*, golfe, V, 29, 2.
*Thyni*, IV, 18, 2; V, 41, 1; 43, 4.
*Thynias*, IV, 18, 7.
*Thynias*, île, V, 44, 1.
*Thynias*, Apollonia, VI, 13, 1.
*Thynos*, V, 22, 1.
*Thyrea*, localité, IV, 8, 1.
*Thyrides*, îles, IV, 19, 5.
*Thysdritanum*, oppidum (et non
   comme dans le texte, Thusdrita-
   num), V, 4, 5. — citoyen, VII, 3, 3.
*Thyssus*, IV, 17, 4.
*Tiara*, XIX, 7, 1.
*Tiare*, V, 33, 3. — habitants, V, 33, 4.
*Tibara*, hyacinthes, XXXVII, 42, 1.
*Tibareni*, IV, 4, 2.
*Tiberias*, V, 15, 2.
*Tibigense*, V, 4, 4.
*Tibre*, ville des Césars sur le Tibre,
   XV, 40, 4. — embouchure, III,
   6, 6; 12, 2. — champ du Tibre,
   XXXIV, 11, 4. — fleuve, III, 8, 2;
   XXXII, 13, 2; XXXVI, 14, 9; 24, 4.
*Tiberis*, auparavant dit Tybris, III,
   9, 1. — le Tibre entre deux ponts,
   IX, 79, 2.
*Tibur*, habitants, III, 17, 2; XIV, 4,
   14; XVI, 87, 1; XVII, 26, 3;
   XXXI, 24, 1. — figuier, XV, 19, 2.
   — pierre, XXXVI, 5, 3; 48, 1.
*Tichis*, fl., III, 4, 5.
*Ticinum*, non loin du Pô, III, 21, 2.
*Ticinus*, rivière, II, 106, 2; III, 20, 4;
   VII, 29, 5.
*Tifata*, III, 9, 16.
*Tifernates*, Tibérins, III, 19, 2.
*Tifernus*, fl., III, 16, 4; 17, 1.
*Tigavæ*, V, 1, 20.
*Tigense*, ville, V, 4, 5.
*Tigranocerta*, VI, 10, 2.
*Tigre*, Ninive sur le Tigre, VI, 16, 2.
   — Tigris signifie flèche en mède,
   VI, 31, 1. — Tigre, fl., VI, 9, 1;
   XVIII, 45, 5; 47, 3; XXXI, 21, 4.
   — en Mésopotamie, II, 106, 3. —

ainsi nommé à cause de sa rapidité, VI, 31, 1. — description, VI, 31, 1 et seqq.
*Tigulia*, III, 7, 2.
*Tilaventum*, fl., III, 22, 1.
*Timachi*, III, 29, 1.
*Timachus*, fl., III, 29, 1.
*Timavus*, fl., dans le territoire d'Aquilée, II, 106, 3 et 9; III, 22, 2. — source, XIV, 8, 1. — bouches, III, 30, 2.
*Timici*, V, 1, 20.
*Timolus*, mont, ou Tmolus, V, 30, 1.
*Timoniacenses*, V, 42, 2.
*Tingi*, V, 1, 2.
*Tinia*, fl., III, 9, 1.
*Tiparenus*, île, IV, 19, 5.
*Tipasa*, V, 1, 20.
*Tiphicense*, ville, V, 4, 5.
*Tiquadra*, île, III, 11, 2.
*Tirida*, IV, 18, 3.
*Tiris*, île, III, 15, 2.
*Tiristasis*, IV, 18, 10.
*Tiryntha*, IV, 9, 1.
*Tirynthe*, VIII, 84, 1.
*Tirynthii*, VII, 57, 5.
*Tisanusa*, V, 29, 2.
*Tissinenses*, III, 14, 5.
*Titanus*, fl., V, 32, 1.
*Tithrone*, IV, 4, 2.
*Titium*, fl., III, 23, 2: 25, 1 et 2.
*Tium*, VI, 1, 3.
*Tlos*, V, 28, 2.
*Tmolites*, vin, XIV, 9, 1.
*Tmolus*, mont. V, 30, 1; 31, 7; VII, 49, 6.
*Tmolus*, fl., XXIII, 43, 1.
*Toani*, VI, 32, 11.
*Tochari*, VI, 20, 3.
*Togata*, Gallia, III, 19, 1.
*Togienses*, III, 23, 3.
*Togisonus*, fl., III, 20, 7.
*Tole*, IV, 35, 13.
*Tolerienses*, III, 9, 16.
*Toletani*, III, 4, 9.
*Tolistobogi*, V, 42, 1 et 2.
*Tollentinates*, III, 18, 2.
*Tolosani* (Toulouse), IV, 33, 2. — des Tectosages, III, 5, 6.
*Tomabei*, VI, 32, 11.
*Tomarus*, mont, IV, 1, 2; 3, 2.
*Tomi*, IV, 18, 5.
*Tonderos*, fl., VI, 25, 2.
*Topazos*, île de la mer Rouge, VI, 34, 1; XXXV, 22, 1; XXXVII, 32, 1.
*Topiris*, IV, 18, 3.
*Toralliba*, île, VI, 23, 11.
*Toretæ*, VI, 5, 3.
*Tornadotus*, fl., VI, 31, 6.
*Tornates*, IV, 33, 1.
*Torone*, IV, 17, 4; IX, 51, 4; 69, 2. — habitants, IV, 17, 2.
*Torone*, lac, XVIII, 30, 5.
*Tortuni*, IV, 10, 2.
*Toxandri*, IV, 31, 2.
*Trachea* Smyrna, Ephèse, V, 31, 4.
*Tracheotis* Seleucia, V, 22, 3.
*Trachia*, porte à Cyzique, XXXVI, 23, 1.
*Trachie*, île, IV, 19, 2.
*Trachin* Heraclea, IV, 14, 2.
*Trachinie*, XXXVII, 54, 3.
*Trachinienne*, rose, XXI, 10, 2.
*Trachonitis*, V, 16, 1.

*Tractari*, IV, 26, 6.
*Traducta* Julia, col., V, 1, 2.
*Tragase*, sel, XXXI, 41, 2 et 3.
*Tragia*, île, IV, 23, 5.
*Tragiæ*, îles, V, 37, 1.
*Tragurium*, III, 26, 2.
*Tralles*, VII, 3, 2; XVII, 38, 4; XXXV, 46, 2. — Aphrodisius, XXXVI, 4, 25. — Tauriscus, XXXVI, 4, 21. — capitale d'Attale, XXXV, 49, 3.
*Trallicon*, V, 29, 7.
*Trallis* (en Carie), V, 29, 6.
*Transalpine*, Gaule, XXII, 3, 1.
*Transmontani*, Astures, III, 4, 12.
*Transpadane*, Italie, X, 41, 2; XVII, 35, 38; XVIII, 12, 3; 49, 6; XIX, 3, 2. — contrée, III, 21, 1. — habitants, XVII, 5, 1; XVIII, 34, 2; 56, 4. — paysannes, XXXVII, 11, 12.
*Transrhénans*, ennemis, XIX, 2, 2.
*Trapeza*, promont., V, 33, 4; V, 40, 1.
*Trapezopolitæ*, V, 29, 7.
*Trapezus*, VI, 4, 3.
*Trasymène*, lac, II, 86, 1; VII, 29, 5; XV, 20, 2.
*Trebani*, III, 9, 11.
*Trebelliques*, vins, XIV, 8, 9.
*Trebia*, fl., III, 20, 4; VII, 29, 5; XV, 20, 2; XVI, 5, 3.
*Trébiates*, III, 19, 2.
*Trebula*, vins, XIV, 8, 9. — habitants, III, 9, 11.
*Trebulani* Mutuscæi et Suffenates, III, 17, 2.
*Trécasses*, IV, 32, 1.
*Treienses*, III, 18, 2.
*Trères*, IV, 17, 1.
*Tréventinates*, III, 17, 2.
*Treveri* (Trèves), IV, 31, 2. — territoire, XI, 109, 2; XVIII, 49, 6.
*Triare*, pays, VI, 11, 1.
*Triballi*, III, 29, 1; IV, 1, 3; 17, 1; VII, 2, 8.
*Tribochi*, IV, 31, 2.
*Tribulium*, III, 26, 2.
*Trica* et *Apina*, III, 16, 5.
*Tricastins*, Augusta, III, 5, 6.
*Tricca*, IV, 15, 1.
*Tricolli*, III, 5, 4.
*Tricorii*, pays, III, 5, 4.
*Tricoryphos*, mont, VI, 32, 8.
*Tridentines*, Alpes, III, 20, 7.
*Tridentini*, III, 23, 3.
*Trieris*, V, 17, 4.
*Trifolium*, vins, XIV, 8, 9.
*Trigemina*, porte, XVIII, 4, 1; XXXIV, 11, 2.
*Trimontium*, IV, 18, 2.
*Trinacria*, île, III, 14, 1.
*Trinacria*, Rhodes, V, 36, 1.
*Trinium*, fl., III, 17, 1.
*Triopia*, Gnide, V, 29, 2.
*Tripolis*, château et fl., VI, 4, 3.
*Tripolis*, de Syrie, V, 17, 4.
*Tripolitans*, en Lydie, V, 30, 1.
*Tripolitique*, vin, XIV, 9, 2.
*Triquetra*, Sicile, III, 14, 1 et 2.
*Trispithami*, VII, 2, 19.
*Tritea*, IV, 4, 2.
*Tritienses*, IV, 10, 2.
*Tritium*, III, 4, 11.
*Triton*, marais et fl., V, 4, 3.
*Triton*, Nil, V, 10, 4.

*Triulatti*, III, 24, 4.
*Thriumphale* Ipasturgi, III, 3, 6.
*Triumpilini*, III, 24, 1 et 4.
*Troade*, au-dessus de la Phrygie, V, 41, 1. — Lectos, promontoire, IX, 29, 1. — limite, V, 40, 3.
*Troade*, V, 32, 1; 33, 1; X, 85, 2; XXXI, 32, 3.
*Troade*, Alexandria, XXXVI, 25, 2 et 3.
*Trocmi*, V, 42, 1 et 2.
*Trœzen*, IV, 9, 2; XXXI, 8, 1.
*Trœzène*, en Carie, V, 29, 7.
*Trœzénienne*, escarboucle, XXXVII, 25, 4.
*Trœzénien*, vin, XIV, 22, 1.
*Trœzénien*, territoire, IV, 19, 5.
*Trœzenien*, Ardalus, VII, 57, 13.
*Trogilia*, V, 31, 3.
*Trogiliæ*, îles, V, 37, 1.
*Troglodytes*, II, 106, 8; V, 5, 4; VII, 2, 16; IX, 12, 4; XI, 45, 2; XII, 30, 1; 33, 1; 44, 1; 46, 1. — au-dessus de l'Éthiopie, VII, 2, 23. — en Afrique, V, 8, 1 et 3; VI, 32, 11. — limitrophes de l'Éthiopie, VIII, 8, 2; 11, 1. — parmi les Scythes, IV, 25, 1. — nations, VI, 34, 7. — îles, XIII, 52, 2. — ville, II, 75, 2.
*Troglodytique*, pays, XII, 14, 2; XXXVII, 55, 1; 60, 2. — gland, XII, 46, 1. — myrrhe, XII, 35, 2 et 4. — région, II, 71, 2; 76, 1; VI, 34, 1. — explorée par Ptolémée Philadelphe, VI, 33, 4. — Hydreum, VI, 26, 8. — Éthiopie, XII, 42, 2. — myrrhe, VI, 34, 5.
*Trogodytes*, XXXI, 15, 1; XXXVII, 32, 1.
*Troie*, VII, 57, 10; XXXV, 4, 1. — combats sous Troie, V, 31, 4. — ruine, XVI, 79, 3. — Vénètes issus de race troyenne, III, 23, 3. — temps de Troie, XIII, 21, 2; XXI, 10, 1; 17, 3; XXIX, 1, 2; XXX, 2, 3; XXXIII, 1, 1; 38, 1. — guerres, VI, 35, 5; VII, 57, 2, 11 et 14; XVI, 79, 3; XIX, 6, 2; XXX, 2, 1 et 2.
*Tropina*, VI, 23, 2.
*Trossulum*, XXXIII, 9, 1.
*Truentinorum* forum, III, 20, 2.
*Truentum*, ville, avec une rivière, III, 18, 1.
*Tuati vetus*, III, 3, 5.
*Tuberum*, fl., VI, 26, 2.
*Tuburbis*, col., V, 4, 4.
*Tuburnicense*, ville, V, 4, 4.
*Tubusuptus*, col., V, 1, 20.
*Tucca*, V, 1, 20.
*Tucci*, col., III, 3, 8.
*Tucim*, III, 11, 1.
*Tuder*, col., III, 19, 2. — vigne, XIV, 4, 13. — habitants, II, 58, 1.
*Tuficum*, III, 19, 2.
*Tugia*, bois, III, 3, 4.
*Tungres*, IV, 31, 2. — cité de la Gaule, XXXI, 8, 2.
*Tunis*, ville, V, 4, 5.
*Turcæ*, VI, 7, 1.
*Turduli* Barduli, IV, 35, 6. — anciens, IV, 35, 1 et 4. — nations, VII, 15, 4. — côte, III, 3, 3.
*Turiasonenses*, III, 4, 7.

Turiasso, XXXIV, 41, 3.
Turiga, III, 3, 10.
Turium, fl., III, 4, 3.
Turmentini, III, 16, 6.
Turmogidi, III, 4, 10.
Turobrica, III, 3, 11.
Turocelum, III, 19, 3.
Turones, IV, 32, 1.
Turres Hannibalis, II, 73, 1.
Turrus, fl., III, 22, 1.
Tusca, fl., V, 2, 1; 3, 1.
Tuscaniques, ouvrages, XXXV, 45, 1.
— statues, XXXIV, 16, 2. — colonnes, XXXVI, 56, 1. — Apollon, XXXIV, 18, 4.
Tuscaniensis, III, 8, 3.
Tusci (Toscans), II, 55, 2; X, 3, 6; XIV, 4, 13; XVIII, 49, 5; XXXIII, 9, 1. — territoire, III, 9, 17. — lettres, II, 53, 1. — mer, III, 6, 6; 10, 4; VI, 39, 6. — golfe, II, 89, 2.
Tusculum, oignon, XIX, 32, 1 et 3. — mûres, XV, 27, 1, — violette, XXI, 14, 1. — villa, XXXVI, 24, 12. — villa de Sylla, puis de Cicéron, XXII, 6, 2. — habitants, III, 9, 11. — Consul, VII, 44, 1.
Tusculanum, II, 98, 2; XVI, 69, 3.
Tusculanum, d'Hortensius, XXXV, 40, 6. — territoire, XVI, 91, 1. — pierre, XXXVI, 29, 1.
Tusdritanum. Voy. THYSDRITANUM.
Tussagetæ, VI, 7, 1.
Tutienses, III, 9, 16.
Tutini, III, 16, 7.
Tyana, VI, 3, 1.
Tyde, château, IV, 34, 3.
Tydii, VI, 7, 2.
Tylos, îles, XII, 22, 1. — île, VI, 32, 6; XII, 21, 1; XVI, 80, 2. — Petite Tylos, XII, 21, 1.
Tymbriani, V, 25, 1.
Tymphéens, IV, 3, 1; 17, 2. — plâtre, XXXV, 57, 4; XXXVI, 59, 1.
Tyndaris, col., III, 14, 4. — en Sicile, II, 94, 1; VI, 4, 5; XXXII, 53, 6.
Tynidrumense, ville, V, 4, 4.
Typanei, IV, 10, 2.
Tyr, IX, 60, 3; XXXVII, 58, 2. — jadis une île, V, 17, 2. — temple d'Hercule, XXXVII, 19, 2. — pourpre dibaphe, IX, 63, 2. — pourpres, XXI, 22, 1. — originaires de la mer Érythrée, IV, 36, 2. — roi, VII, 49, 2. — écarlate, IX, 65, 3. — purpurissum, XXXV, 26, 2. — vin, XIV, 9, 2. — couleur, XXII, 3, 1.
Tyra, fl., et ville, IV, 26, 1. — nation, en Arabie, VI, 33, 2.
Tyriasianses, III, 14, 5.
Tyragetæ, IV, 26, 1.
Tyrienses de Lycaonie, V, 25, 1.
Tyrissa, IV, 17, 1.
Tyrrhéniens, en Étrurie, III, 8, 1. — mer, III, 10, 4; XXXVI, 24, 20. — Pisæus, VII, 57, 17.

## U

Uberæ, VI, 22, 4.
Ubii, IV, 31, 2; XVII, 4, 5.
Uceni, III, 24, 4.
Ucis, deux villes, V, 4, 4.
Ucultuniacum, III, 3, 10.
Udini, Scythes, VI, 15, 4.
Uduba, fl., III, 4, 3.
Ufens, fl., III, 9, 6.
Uliarus, île, IV, 33, 2.
Ulmanetes, IV, 31, 2.
Ulubrenses, III, 9, 11.
Ulurtini, III, 16, 6.
Ulusubritanum, ville, V, 4, 5.
Ulvernates, III, 9, 11.
Ulysse, port, III, 14, 3.
Umbræ, VI, 23, 6.
Umbranici, III, 5, 6.
Umbriens, II, 79, 1; XVII, 35, 15; XXXI, 40, 1. — (en Étrurie) III, 8, 1. — (en Campanie) III, 9, 8. — nation très-ancienne dire Ombrii par les Grecs, III, 19, 1.
Umbrie, XI, 97, 1; XIV, 4, 14; XVIII, 67, 11; XXXVI, 48, 1. — parage, III, 8, 2. — craie, XXXV, 57, 2 et 3.
Umbritta, VI, 23, 7.
Umbro, fl., navigable, III, 8, 2.
Undecumani, III, 17, 1.
Unelli, IV, 32, 1.
Urannimal, VI, 32, 16.
Uranopolis, IV, 17, 4.
Urbana, colonie de Sylla, XIV, 8, 3.
Urbanates, III, 20, 2.
Urbanates Hortenses, III, 19, 2.
Urbesalvia, Pollentini, III, 18, 2.
Urbi, VI, 25, 3.
Urbis, VI, 35, 3.
Urci, III, 4, 2.
Urgao, ou Alba, III, 3, 5.
Urgia, III, 3, 12.
Urgi, territoire, III, 2, 1.
Urgo, île, III, 12, 2.
Uri, VI, 23, 7.
Uria, ville, III, 16, 4.
Urium, fl., III, 3, 1.
Urpanus, fl., III, 28, 2.
Ursentini, III, 15, 3.
Urso, col., III, 3, 8.
Usalita, ville, V, 4, 4.
Usar, fl., V, 1, 21.
Uscardei, VI, 7, 2.
Usibalci, VI, 37, 17.
Usidicani, III, 19, 3.
Uthina, col., V, 4, 4.
Utique, XVI, 79, 3. — en Afrique, V, 3, 1; XI, 73, 1; XXXI, 39, 6. — fondée par les Tyriens, V, 17, 2. — Caton, VII, 31, 4. — ptisane, XVIII, 15, 1.
Utidorsi, VI, 15, 4.
Utus, fl., III, 29, 1.
Uxama, III, 4, 11.

## V

Vacca, fl., IV, 35, 1.
Vacceens, III, 4, 2; XVI, 76, 3. — villes, III, 4, 10.
Vacuna, bois, III, 17, 3.
Vada Sabatia, port, III, 7, 2.
Vada Volaterrana, III, 8, 1.
Vadei, VI, 32, 13.
Vadimon, lac, II, 96, 2.
Vaga, ville, V, 4, 4. — autre, V, 4, 5.
Vagiennes, Ligures, III, 24, 3. — montagnards, III, 24, 3. — Augusta, III, 7, 3.
Valdasus, fl., III, 28, 2.
Valentia, col., III, 4, 3.
Valentia, de la Gaule, III, 5, 6.
Valentia, d'Afrique, V, 1, 5.
Valentini, III, 16, 7.
Valentini, en Sardaigne, III, 13, 2.
Valentinum Forofulvi, III, 7, 3.
Valerienses, III, 4, 9.
Vali, VI, 7, 1.
Valii, VI, 35, 17.
Vallœi, IV, 17, 1.
Valli, VI, 12, 1.
Vamacures, V, 4, 5.
Vangiones, IV, 31, 2.
Vannius, roi des Suèves, IV, 25, 2.
Varbari, III, 23, 3.
Varciani, III, 28, 2.
Vardéens, dévastateurs de l'Italie, III, 26, 2.
Vardules, III, 4, 10 et 11. — villes, IV, 34, 1.
Varetatæ, VI, 23, 5.
Varia Apula, III, 16, 1.
Varia, ville, III, 4, 4.
Varini, IV, 28, 2.
Varracini, XVII, 35, 49.
Varramus, fl., III, 22, 1.
Varvarini, III, 25, 1.
Varus, fl., III, 5, 1 et 5; 6, 6.
Vascones, III, 4, 5. — forêts, IV, 34, 1.
Vasio, III, 5, 6.
Vassei, IV, 33, 1.
Vatican, VIII, 14, 2; XVI, 87, 1; XVIII, 4, 4; XXXVI, 15, 3. — champ, III, 9, 2. — cirque, XVI, 76, 5.
Vatrenus, fl., III, 20, 5. — port, III, 20, 5.
Vatusique, fromage, XI, 97, 1.
Veamini, IV, 24, 4.
Vectones, III, 4, 2.
Vectis, île, IV, 30, 2.
Vediauti, ville, III, 7, 1.
Vegium, III, 25, 2.
Veiens, II, 98, 2. — territoire, III, 9, 2. — gemme, XXXVII, 69, 1. — habitants, III, 8, 3. — Veies, VIII, 65, 2; XXXVII, 69, 1. — prise par Camille, III, 21, 3.
Velauni, III, 24, 4.
Veleiacium, VII, 50, 4.
Velia, ou Élée, III, 10, 1.
Véliates, III, 7, 1.
Velienses, III, 4, 10; 9, 16.
Velinus, lac, II, 62, 1; 106, 5; III, 17, 3; XXXI, 5, 1.
Veliternum, VIII, 59, 2. — campagne, XII, 5, 2. — vins, XIV, 8, 5. — habitants, III, 9, 11.
Vellates, IV, 33, 1.
Vélocasses, IV, 32, 1.
Venafrum, col., III, 9, 11. — territoire, XV, 3, 1; XVII, 3, 6; XXXI, 5, 1.
Venales Cæsari, III, 4, 9.
Venami, IV, 33, 1.
Venaria, île, III, 12, 2.
Veneni, III, 7, 1.
Veneria Nebrissa, III, 3, 7.
Vénètes, IV, 32, 1; XXVI, 26, 1. — viennent des Hénètes, VI, 2, 1. — issus de race troyenne, III, 23, 3.
Vénétie, III, 22, 1; XVII, 35, 38; XXXV, 7, 2; XXXVI, 48, 1. —

10ᵉ région de l'Italie, II, 74, 2.
— dans une partie de la Vénétie, VI, 39, 8. — territoire, III, 23, 3.
*Vénètes*, îles, dans la Gaule lyonnaise, IV, 23, 2.
*Venetulani*, III, 9, 16.
*Veunenses*, III, 4, 10.
*Vennonètes*, III, 24, 2 et 4.
*Vénostes*, III, 24, 4.
*Vénus*, ville et promont., de Cilicie, V, 22, 2. — en Égypte, V, 11, 1. — autre en Égypte, V, 11, 2.
*Vénus* Pyrénéenne, III, 4, 5.
*Venusia*, col., III, 16, 5.
*Venusini*, III, 16, 6.
*Veragri*, III, 24, 4.
*Verbanus*, lac, II, 106, 2 ; III, 23, 4 ; IX, 33, 1.
*Vercellæ*, ville, III, 21, 2. — territoire, XXXIII, 21, 12.
*Vereasucca*, IV, 34, 2.
*Veretini*, III, 16, 7.
*Vergentum*, III, 3, 7.
*Vergoanum*, ville, III, 11, 3.
*Vergunni*, III, 24, 4.
*Vernodubrum*, fl., III, 5, 1.
*Veromandui*, IV, 31, 2.
*Verona*, III, 23, 3 ; XXXV, 7, 2. — territoire, IX, 38, 2 ; XIV, 3, 6 ; 8, 7 ; XV, 14, 1 ; XVIII, 29, 1. — Catulle, XXXVI, 7, 1.
*Verrucini*, III, 5, 5.
*Vertacomacori*, III, 21, 2.
*Verulani*, III, 9, 11.
*Vescellani*, III, 16, 6.
*Vesci*, ou Faventia, III, 3, 5.
*Vescitania*, pays, III, 4, 7.
*Vesentini*, III, 8, 3.
*Vésionicates*, III, 19, 2.
*Vespéries*, IV, 34, 1.
*Vestini* Angulani, III, 17, 1. — fromage, XI, 97, 1.
*Vesulus*, mont, III, 20, 3.
*Vésuni* (en Afrique), V, 1, 17.
*Vésuve*, mont, III, 9, 9 ; XIV, 4, 2 et 12.
*Vetera*, Rome, XXXV, 8, 2 ; 37, 2.
*Vettones*, IV, 34, 4 ; 35, 4. — en Espagne, XXV, 46, 1.
*Vettonenses*, III, 19, 2.
*Vetulonienses*, III, 8, 3.
*Vetulonii*, en Étrurie, II, 106, 7.
*Vianiomina*, III, 27, 1.
*Viatienses*, III, 4, 9.
*Vibelli*, III, 7, 1.
*Viberi* Lepontii, III, 24, 2 et 4.
*Vibi* forum, III, 21, 1.
*Vibinates*, III, 16, 6.
*Vibo* Valentia, III, 10, 2. — golfe, III, 10, 2.

*Vicetia*, III, 23, 3.
*Victoire*, port, IV, 34, 2.
*Viducasses*, IV, 32, 1.
*Vieillards*, Port des, IV, 18, 8.
*Vieillards*, Temple des, XXXII, 7, 1.
*Vienna*, des Allobroges, II, 46, 4. — habitants, XIV, 6, 4. — territoire, XIV, 3, 7.
*Viminale*, colline à Rome, XVII, 1, 2.
*Vimitellarii*, III, 9, 16.
*Vinaria* castra, III, 3, 5.
*Vindelici*, III, 24, 1. — quatre peuples, III, 24, 4.
*Vindili*, IV, 28, 2.
*Vindinates*, III, 19, 2.
*Vior*, fl., V, 1, 13.
*Virgilienses*, III, 4, 9.
*Virovesca*, III, 4, 11.
*Virtus* Julia, III, 3, 8.
*Virunum*, III, 27, 1.
*Visense*, ville, V, 4, 5.
*Vistillus*, ou Vistula, fl., IV, 28, 3.
*Vistula*, fl., IV, 25, 2 ; 27, 7.
*Visurgis*, fl., IV, 28, 3.
*Viticini*, ville, III, 17, 2.
*Vitis*, fl., III, 20, 1.
*Vitellenses*, III, 9, 16.
*Viventani*, III, 19, 2.
*Voconii* forum, III, 5, 6.
*Vocontiens*, III, 5, 4 ; XIV, 11, 3 ; XXIX, 12, 2. — territoire, II, 59, 3. — cité, III, 5, 6. — nation, VII, 18, 2. — canton, III, 21, 2.
*Vogesus*, mont, XVI, 76, 2.
*Volane*, bouche du Pô, III, 20, 6.
*Volaterre*, gué de, III, 8, 1 ; 12, 1. — habitants, III, 8, 3. — territoire, X, 41, 3. — Cæsina, X, 34, 2 ; XI, 77, 1.
*Volcæ*, près de Marseille, III, 23, 3.
*Volcæ*, Tectosages, III, 5, 2 et 6.
*Volcentani*, III, 15, 3.
*Volcentini* Etrusci, III, 8, 3.
*Volcienses*, Cossa, III, 8, 2.
*Vologesocerta*, VI, 30, 6.
*Volsinii*, habitants, III, 8, 3. — lac, XXXVI, 49, 1. — ville d'Étrurie, II, 54, 1. — des Étrusques, II, 53, 2 ; XXXIII, 9, 1 ; XXXVI, 29, 1. — prise, XXXIV, 16, 2.
*Volsques*, dans le Latium, III, 9, 4.
*Volubile*, V, 1, 5.
*Vomanus*, fl., III, 18, 1.
*Voturi*, V, 42, 1.
*Vulcanale*, XVI, 86, 1.
*Vulcaniennes*, îles, III, 14, 6.
*Vulgientes*, III, 5, 6.
*Vulturnum*, ville et rivière, III, 9, 9.
*Vulturnus* fl. XVII, 1, 5 ; XXXVI, 66, 2.

X

*Xanthe*, ville et fl., en Lycie, V, 28, 2. — rivière près d'Ilium, II, 106, 10. — joint au Simoïs, V, 33, 1.
*Xenitana* Quiza, V, 1, 19.
*Xoites* nomos, V, 9, 3.
*Xylenopolis*, VI, 26, 1.
*Xylopolitæ*, IV, 17, 2.
*Xystiani*, V, 29, 7.

Z

*Zacynthe*, bitume, XXXV, 55, 1. — Zacynthe, île, IV, 19, 3 ; XVI, 79, 3.
*Zageræ*, VI, 34, 7.
*Zagrus*, mont, VI, 31, 5 ; XII, 39, 1.
*Zama*, en Afrique, XXXI, 12, 1 ; V, 4, 5.
*Zamareni*, VI, 32, 15.
*Zamne*, VI, 36, 3.
*Zancles* des Messéniens, III, 14, 5.
*Zancle*, IV, 7, 1.
*Zao*, promontoire, III, 5, 5.
*Zarangæ*, VI, 25, 3.
*Zarax*, IV, 9, 1.
*Zariaspa*, Bactra, VI, 17, 3 ; VI 17, 1.
*Zarotis*, fl., VI, 26, 5.
*Zela*, VI, 3, 1.
*Zela*, en Thrace, IV, 18, 9.
*Zelia*, V, 40, 1.
*Zéphyre*, IV, 20, 5.
*Zephyria*, Melos, IV, 23, 3.
*Zephyrium*, XXXIV, 53, 1.
*Zephyrium*, promont., III, 10, 3.
*Zephyrium* (de Cilicie), V, 22, 1.
*Zephyrium* (en Tauride), IV, 26, 8.
*Zephyrium*, Halicarnassus, II, 91, 1.
*Zerbis*, fl., VI, 30, 2.
*Zethis*, VI, 27, 1.
*Zeugitane*, pays, V, 3, 1.
*Zeugma*, sur l'Euphrate, V, 13, 2 ; 21, 1 ; XXXIV, 43, 2. — Apamia à Zeugma, VI, 30, 3.
*Ziela*, VI, 4, 1.
*Zigæ*, VI, 7, 1.
*Ziga*, IV, 18, 6.
*Zigerus*, port, VI, 26, 6.
*Zilis*, col., V, 1, 3.
*Zimara*, V, 20, 1.
*Zimiris*, d'Éthiopie, XXXVI, 25, 3.
*Zingi*, VI, 7, 1.
*Ziras*, fl., IV, 18, 5.
*Zoelæ*, III, 4, 12. — lin, XIX, 2, 4.
*Zone*, IV, 18, 4.
*Zoroanda*, VI, 31, 2.
*Zotale*, III, 18, 2.
*Zoton*, VI, 35, 2.
*Zurachi*, VI, 32, 7.

# INDEX

## DES NOMS DE DIEUX, D'HOMMES ET DE FEMMES.

### ÆMI

*Absyrtus*, frère de Médée, III, 30, 2.
*Acastus*, VII, 57, 15.
*Acca Laurentia*, XVIII, 2, 1.
*Accius*, L., poëte, XXXIV, 10, 2. — dans le Praxidique, XVIII, 55, 2.
*Accius Priscus*, XXXV, 37, 7.
*Achille*, statues, XXXIV, 10, 1.
*Achille*, XXXIV, 45, 1. — guérit Téléphe, XXV, 19, 1. — caché sous l'habit d'une jeune fille, XXXV, 40, 9. — avec Chiron, statue, XXXVI, 4, 17. — de Parrhasius, XXXV, 36, 11. — de Silanion XXXIV, 19, 31. — temple consacré à Achille, X, 41, 3. — lance, XVI, 24, 1. — meurtrier d'Achille, XXXIV, 19, 27. — peuples, XXX, 2, 3. — tombeau, IV, 26, 2. — flotte, V, 33, 2.
*Achilléenne*, éponge, IX, 69, 1.
*Acilium*, carrefour, XXIX, 6, 1.
*Acilius*, M'. II, 59, 1. — Cos. II, 57, 1 ; VII, 36, 1.
*Acilius Sthenelus*, XIV, 5, 3.
*Acragas*, graveur, XXXIII, 55, 1.
*Acrisius*, VII, 57, 9.
*Acron*, Agrigentin, XXIX, 4, 1.
*Actæon*, XI, 45, 1.
*Adadus*, dieu des Syriens, XXXVII, 71, 1.
*Adonis*, jardins, XIX, 19, 1.
*Æacus*, VII, 57, 7.
*Ædemon*, affranchi, V, 1, 11.
*Æetes*, père de Salauces, XXXIII, 15, 2.
*Ægæon*, VII, 57, 16.
*Ægialus Vetulenus*, XIV, 5, 3.
*Ægimius*, VII, 49, 1.
*Ægineta*, modeleur, XXXV, 40, 29.
*Ægisthe*, tué par Oreste, XXXV, 40, 19.
*Ægle*, de Socrate, XXXV, 40, 12.
*Æglosthenes*, IV, 22, 3.
*Ælius*, C., trib. du peuple, XXXIV, 15, 1.
*Ælius Catus*, XXXIII, 50, 2.
*Ælius*, P., cos., XVIII, 46, 3.
*Ælius Gallus*, VI, 32, 17.
*Ælius Stilo*, IX, 59, 2. — Præconinus, XXXIII, 7, 1.
*Ælius Tubero*, VII, 53, 1 ; X, 20, 2.
*Æmilia*, Basilique, XXXV, 4, 1.
*Æmilia*, voie, XIX, 2, 2.
*Æmilianus*, Scipion, V, 1, 8 ; VII, 28, 1 ; VIII, 18, 2 ; X, 60, 3 ; XXII, 6, 3 ; XXVI, 9, 2 ; XXXV, 7, 4.
*Æmilius*, L., censeur, XXXV, 57, 3.
*Æmilius*, Paulus, L., cos. III, 24, 5 ;

### AGR

IV, 17, 6 ; XXIX, 6, 1 ; XXXIII, 17, 1 ; XXXIV, 19, 5.
*Æmilius*, M., cos., XXXIV, 14, 1.
*Æmilius*, Q. Lepidus, VII, 54, 2.
*Énée*, nourrice, III, 12, 3. — Énée de Pharrhasius, XXXV, 36, 10.
*Éole*, roi, III, 14, 7 ; VII, 57, 12.
*Æschine*, orateur, VII, 31, 1. — Athénien, XXVIII, 10, 1.
*Æschyle*, poëte, X, 3, 2 ; 44, 1 ; XXXVII, 11, 2 et 3. — très-ancien poëte, XXV, 5, 2.
*Æsculape*, temple, XX, 100, 1 ; IV, 9, 2. — fille, XXXV, 40, 2. — fontaine à Athènes, II, 106, 2. — invention, XXX, 12, 1. — école, VII, 50, 2. — temple, XXIX, 8, 2. — Æsculape, XXV, 5, 4 ; XXIX, 1, 2 ; 2, 1 ; 22, 1. — d'Aristarète, XXXV, 40, 2. — de Bryaxis XXXIV, 19, 23. — de Céphisodore XXXVI, 4, 12. — de Niceratus, XXXIV, 19, 30.
*Ésope*, fabuliste, XXXVI, 17, 5.
*Ésope*, acteur tragique, XXXV, 46, 4 ; IX, 59, 1. — son plat, XXXV, 46, 4 et suiv.
*Æsopus Clodius*, X, 72, 1.
*Æthiops*, fils de Vulcain, VI, 35, 8.
*Ætolus*, VII, 57, 9.
*Afranius*, L., consul, II, 67, 4.
*Africain*, Scipion, exil, XIV, 5, 4. — sa fille Cornélie, XXXIV, 14, 1. — famille des Africains, XXXV, 2, 5 ; XXI, 7, 1. — le premier Africain, VII, 31, 5 ; XVI, 85, 1. — ses mânes, XXXV, 7, 4. — le second Africain, V, 3, 3 ; VII, 45, 4 ; 59, 1 ; XV, 38, 1 ; XVI, 5, 3 ; XXXIII, 50, 1 sqq.
*Agamemnon*, XVI, 38, 1. — de Parrhasius, XXXV, 36, 11.
*Agatharchides*, VII, 2, 5.
*Agatharchus*, de Simonides, XXXV, 40, 18.
*Agathocle*, XXII, 44, 2.
*Agelade* (statuaire), XXXIV, 19, 6 et 8.
*Agesander*, sculpteur, XXXVI, 4, 24.
*Aglaophon*, peintre, XXXV, 36, 1.
*Aglaus*, Psophidius, VII, 47, 1.
*Agno*, de Téos, XXXIII, 14, 3.
*Agoracritus*, sculpteur, XXXVI, 4, 6.
*Agriopas*, VIII, 34, 3.
*Agrippa*, M., III, 3, 14 ; 14, 1 ; 15, 2 ; IV, 18, 7 ; 20, 4 ; 24, 4 ; 25, 2 ; 28, 2 ; 31, 1 ; 35, 7 ; V, 6, 2 ; 12, 2 ; 28, 3 ; VI, 21, 2 ; 33, 1 ; 35, 18 ;

### ALC

38, 2 ; VII, 46, 1 ; XIV, 28, 7 ; XVI, 3, 1 ; 76, 5 ; XXIII, 27, 4 ; XXXI, 24, 1 ; XXXIV, 7, 1 ; 19, 13 ; XXXVI, 24, 2 et 3. — dans son édilité, XXXVII, 4, 2. — homme plus voisin de la rusticité que de la délicatesse, XXXV, 9, 1. — ses malheurs, VII, 6, 3 et sqq. — sa rudesse, XXXV, 9, 1. — mémoires, III, 3, 1. — Panthéon, XXXVI, 4, 25. — théâtre, XXXVI, 24, 4.
*Agrippa*, Menenius, XXXIII, 48, 1.
*Agrippa*, Postumus, VII, 46, 1 et sqq. — relégation, VII, 46, 2.
*Agrippine*, de Germanicus, VII, 11, 1.
*Agrippine*, de Claude, X, 43, 3 ; X, 59, 2 ; XXXIII, 19, 5 ; XXXV, 58, 3. — mère de Néron, VII, 6, 1 ; 15, 4 ; XXII, 46, 1. — femme de Passienus, mère de Néron, XVI, 91, 1.
*Agrippines*, les deux, VII, 6, 2.
*Agrius*, Philiscus, XI, 9, 1.
*Ahenobarbus*, Domitius, VIII, 54, 5. — consul, XVII, 1, 1.
*Ajax*, XXI, 38, 3. — frappé par la foudre, XXXV, 36, 1. — son tombeau, V, 33, 3. — tableau, VII, 39, 1 ; XXXV, 9, 1. — de Parrhasius, XXXV, 36, 11. — de Timomaque, XXXV, 40, 11.
*Ajax*, nom d'un éléphant, VIII, 5, 1.
*Albinus*, censeur, VII, 49, 4.
*Albinus*, Sp., XVIII, 8, 4. — Postumius, XI, 71, 1.
*Albutius*, médecin, XXIX, 5, 2.
*Alcæus*, XXII, 43, 1.
*Alcamène*, sculpteur, XXXVI, 4, 6. — statuaire, XXXIV, 19, 1.
*Alcetas*, de Rhodes, XXXVI, 4, 11.
*Icibiade*, XIV, 28, 5.
*Alcibiade*, statue, XXXIV, 12, 1. — de Niceratus, XXXIV, 19, 31 et 38. — de Phyromachus, XXXIV, 19, 31. — statue à Rome, XXXIV, 12, 1.
*Alcimachus*, peintre, XXXV, 40, 14.
*Alcinoüs*, jardins, XIX, 19, 1.
*Alcippe*, VII, 3, 2.
*Alcisthène*, femme peintre, XXXV, 40, 2.
*Alcman*, poëte, XI, 39, 1.
*Alcmène*, XXVIII, 17, 1. — de Calamis, XXXIV, 19, 22. — de Zeuxis, XXXV, 36, 3 et sqq.
*Alcon*, médecin, XXIX, 8, 6.
*Alcon*, statuaire, XXXIV, 40, 1.

## AMP — ANT — APO

*Alevas*, statuaire, XXXIV, 19, 36.
*Alexandre* le Grand, II, 72, 1 ; 73, 1 ; IV, 24, 1 ; V, 11, 3 ; 17, 2 ; 29, 5 ; 31, 7 ; 36, 3 ; 40, 2 ; VI, 15, 6 ; 16, 1 ; 17, 3 ; 18, 1 ; 19, 4 ; 25, 1 ; 26, 5 ; 29, 4 ; 30, 1 sqq. ; 31, 12 ; 36, 1 ; VII, 2, 3 ; 27, 1 ; 30, 1 ; 38, 1 ; 57, 16 ; VIII, 17, 3 ; 50, 7 ; 61, 7 ; 64, 1 ; IX, 2, 4 ; 8, 5 ; X, 85, 1 ; XII, 18, 1 ; 32, 4 ; 54, 4 ; XIII, 1, 1 ; 30, 5 ; XIV, 7, 1 ; XV, 13, 2 ; XVIII, 12, 2 ; XXI, 24, 1 ; XXX, 2, 6 ; XXXIV, 8, 1 ; XXXV, 36, 23 ; XXXVI, 19, 5 ; XXXVII, 73, 1. — le plus illustre de tous les rois, VIII, 17, 3 ; 32, 4. — années écoulées depuis Bacchus jusqu'à lui, VI, 21, 5. — conquiert l'Arabie, XII, 32, 4. — ambassade à lui envoyée par les Romains, III, 9, 4. — pont, XXXIV, 43, 1. — à Suses, VI, 26, 5. — époque, VI, 24, 1. — autels, VI, 18, 4. — autres autels, VI, 28, 4. — armes, VI, 21, 3. — flotte, VI, 26, 2 ; 31, 8. — flottes, XII, 42, 1. — compagnons, VI, 21, 4 ; XVI, 80, 2. — corps, XXXVII, 7, 2. — lettres, VI, 21, 4. — cheval, VI, 23, 8. — terme de ses expéditions, XII, 12, 1. — itinéraire, VI, 21, 6. — terme de son itinéraire, VI, 21, 8. — soldats, XIII, 9, 1 sqq. ; 51, 1. — Pella sa patrie, XXXV, 36, 35. — bataille contre Darius, XXXV, 36, 45. — auteurs qui ont écrit son histoire, XXXII, 21, 4. — chasse, XXIV, 19, 2. — victoires, II, 67, 3 ; 72, 1 ; XII, 10, 1 ; 12, 1 ; XIII, 21, 1. — Alexandre le Grand, de Chæreas, XXXIV, 19, 25. — d'Euthycrate, XXXIV, 19, 17. — de Lysippe, XXXIV, 19, 14. — de Nicias, XXXV, 40, 7. — de Protogène, XXXV, 36, 42. — Alexandre enfant d'Antiphile, XXXV, 37, 2. — Alexandre tenant la foudre, d'Apelle, XXXV, 36, 29. — Alexandre triomphant sur un char, d'Apelle, XXXV, 36, 31. — Alexandre en quadrige, d'Euphranor, XXXIV, 19, 27. — Alexandre et Philippe, d'Antiphile, XXXV, 37, 2. — d'Apelle, XXXV, 36, 30.
*Alexandre*, Cornelius, III, 21, 3 ; VII, 49, 2 ; XIII, 39, 1 ; XVI, 6, 2. — Polyhistor, IX, 56, 4 ; XXXVI, 17, 2.
*Alexandre* d'Épire, III, 15, 3.
*Alexandre* Pâris, d'Euphranor, XXXIV, 19, 2.
*Alexis*, statuaire, XXXIV, 19, 2.
*Alfius*, Flavius, IX, 8, 2 et 3.
*Alyattes*, roi, II, 9, 1.
*Amasis*, roi d'Ægypte, V, 11, 11 ; XIX, 2, 3.
*Ambustus*, Fabius, VII, 42, 1.
*Aminocles*, VII, 57, 16.
*Amometus*, VI, 20, 3.
*Amphiaraus*, VII, 57, 12 ; XVI, 87, 1.
*Amphicrates* (statuaire), XXXIV, 19, 2.
*Amphictyon*, VII, 57, 12.
*Amphilochus*, livre, XVIII, 43, 2.
*Amphion*, VII, 57, 13 sqq. ; XXXVI, 4, 2 1.

*Amphion*, affranchi de Catulus, XXXV, 58, 1.
*Amphion*, peintre, XXXV, 36, 18.
*Amphistratus*, sculpteur, XXXVI, 4, 23.
*Amphitryon*, XXXV, 36, 4.
*Amphitus*, VI, 5, 2.
*Amulius*. Voy. FABULLUS.
*Amymone*, sur une émeraude, XXXVII, 3, 1.
*Anacharsis*, VII, 57, 7 et 17.
*Anacreon*, poëte, VII, 5, 3 ; 49, 1.
*Anadyomène*, Vénus, XXXV, 36, 24.
*Anaxagoras*, II, 59, 2. — Clazoménien, II, 59, 1.
*Anaxander*, peintre, XXXV, 40, 21.
*Anaxarchus*, VII, 23, 1.
*Anaxilaus*, XIX, 4, 2 ; XXV, 95, 3 ; XXVIII, 49, 3 ; XXX, 22, 4 ; XXXII, 52, 3 ; XXXV, 50, 3.
*Anaximander*, II, 6, 3 ; 78, 1 ; 81, 1 ; IV, 20, 1 ; VII, 57, 12 ; XVIII, 57, 5.
*Anaximène*, II, 78, 1.
*Ancæus*, blessé par un sanglier, XXXV, 40, 13.
*Ancæus*, d'Apelle, XXXV, 36, 3 sq.
*Ancus Marcius*, roi, XXXI, 24, 1 ; XXXI, 41, 5.
*Andreas*, XX, 76, 3 ; XXII, 49, 2 ; XXXII, 27, 4.
*Androbius*, peintre, XXXV, 40, 13.
*Androbulus*, statuaire, XXXIV, 19, 36.
*Androcyde*, XIV, 7, 1 ; XVII, 37, 18 ; XXXV, 36, 5.
*Andromeda*, affranchie de Julia Augusta, VII, 16, 13.
*Andromède*, fables, VI, 35, 5. — liens, V, 14, 21. — os du monstre transportés à Rome, IX, 4, 3. — de Nicias, XXXV, 40, 8.
*Angerona*, déesse, représentée avec un bandeau sur la bouche, III, 9, 12.
*Anicius*, poires, XV, 18, 3.
*Anicius*, carrières, XXXVI, 49, 1.
*Anicius*, Q. Prænestinus, XXXIII, 6, 1.
*Annæus* Gallio, XXXI, 33, 1.
*Annæus*, Sénèque, IX, 78, 1 ; XIV, 5, 5 ; XXIX, 5, 4.
*Annæus*, Serenus, XXII, 46, 1.
*Annius*, père de Flavius, XXXIII, 6, 1.
*Annius*, Fetialis, XXXIV, 13, 2.
*Annius Milo*, T., II, 57, 2.
*Annius*, Plocamus VI, 24, 4.
*Antæus*, statuaire, XXXIV, 19, 3.
*Antée*, roi, V, 1, 3 ; XXVIII, 2, 4. — palais, V, 1, 3.
*Anthermus*. Voy. ARCHERMUS.
*Anthus*, VIII, 34, 2.
*Antias*, Valerius, III, 9, 17 ; XIII, 27, 2 ; XXXIV, 8, 1.
*Anticlide*, VII, 57, 1 ; IV, 22, 4.
*Antidotus*, peintre, XXXV, 40, 6.
*Antigénide*, joueur de flûte, XVI, 66, 7.
*Antignotus*, statuaire, XXXIV, 19, 36.
*Antigone*, roi, XII, 31, 1 ; XIII, 22, 2 ; VII, 57, 16. — d'Apelle, XXXV, 36, 8. — de Protogène, XXXV, 36, 42.
*Antigonus*, statuaire ; avait écrit sur son art, XXXIV, 19, 34.
*Antimachus*, statuaire, XXXIV, 19, 36.

*Antiochus*, roi, vaincu, XIII, 5, 1.
*Antiochus*, frère d'Achæus, VI, 18, 3.
*Antiochus* le Grand, roi de Syrie, VI, 10, 3 ; XX, 100, 1.
*Antiochus*, fils de Séleucus, VI, 18, 2 ; 21, 3 ; 25, 2 ; 32, 9.
*Antiochus*, roi, II, 67, 2 ; VI, 18, 4 ; VIII, 5, 1 ; 64, 5 ; XVIII, 70, 1 ; XXXIV, 11, 4.
*Antiochus*, roi, fils d'Apame, VI, 31, 6.
*Antiochus*, roi, guéri, VII, 37, 1 ; XXIX, 3, 1.
*Antiochus* Épiphane, VI, 32, 6.
*Antiochus*, cinquième roi, VI, 31, 12.
*Antiochus* Manilius, XXXV, 58, 1.
*Antipater*, VIII, 5, 1 ; XXX, 53, 2.
*Antipater* Cælius, II, 67, 4.
*Antipater*, de Sidon, VII, 52, 2.
*Antipater*, graveur, XXXIII, 55, 2.
*Antiphilus*, peintre, XXXV, 37, 2.
*Antiphilus*, autre peintre, XXXV, 40, 13.
*Antisthène*, XXXVI, 17, 2.
*Antistius Vetus*, cos., XXXI, 3, 2 ; XXXIII, 8, 1.
*Antoine*, guerre, II, 30, 1.
*Antoine*, mine, XXXIV, 49, 1.
*Antoine*, le vaisseau prétorien, XXXII, 1, 3.
*Antonia*, de Drusus, VII, 18, 3 ; IX, 81, 1.
*Antonia*, temple, XXXV, 36, 5 sqq.
*Antonius*, C., collègue de Cicéron en son consulat, VIII, 79, 1 ; XXXIII, 16, 1.
*Antoine* (Marc), II, 31, 2 ; VII, 31, 8 ; 43, 1 ; 46, 1 ; VIII, 21, 1 ; IX, 58, 4 ; 59, 1 ; X, 53, 1 ; XIV, 28, 7 ; XIX, 5, 1 ; XXI, 9, 1 ; XXXI, 8, 1 ; XXXIII, 24, 1 ; XXXV, 58, 2 ; XXXVII, 21, 1. — consul, VIII, 7, 2. — triumvir, VII, 10, 5 ; XXXIII, 14, 2 ; XXXIV, 3, 2, 19, 19.
*Antonius Castor*, XXV, 5, 1.
*Antonius Musa*, XXIX, 5, 1 ; XXX, 39, 5.
*Antorides*, peintre, XXXV, 36, 46.
*Anubis*, d'Égypte, XXXIII, 46, 1.
*Anystis*, VII, 20, 1.
*Apame*, mère du roi Antiochus, VI, 31, 6.
*Apellas*, statuaire, XXXIV, 19, 36.
*Apelle*, de Cos, peintre, VII, 38, 1 sqq. ; XXVIII, 30, 1 ; XXXV, 25, 2 ; XXXV, 37, 6 ; 40, 15.
*Apelle* faisait, I, Procem, 21. — élève de Pamphilus, XXXV, 36, 1.
*Apelles*, médecin, XXXII, 16, 1.
*Aphrodisius*, de Tralles, XXXVI, 4, 25.
*Aphrodite* ἐν κήποις, XXXVI, 4, 5.
*Apirius*, procédé culinaire, XIX, 41, 7. — luxe, XIX, 41, 1.
*Apicius*, M., VIII, 77, 5 ; IX, 30, 3 ; X, 68, 1.
*Apion*, grammairien, I, Procem., 20. — célèbre, XXIV, 102, 6 ; XXX, 6, 2 ; XXXI, 18, 2 ; XXXII, 9, 1 ; XXXV, 36, 26 ; XXXVI, 17, 2. — Plistonices, XXXVII, 19, 2.
*Apis*, bœuf, VIII, 71, 1.
*Apollon*, adoré par les Hyperboréens, IV, 26, 13 et 14.
*Apollon* Capitolin, apporté par Lu-

cullus, IV, 27, 1. — laurier consacré, XII, 2, 1; XV, 40, 1. — prémisses des récoltes, IV, 26, 14. — Arabus, fils d'Apollon, VII, 57, 5. — Phœmonoe, fille d'Apollon, X, 3, 2 — temple à Delphes, XXXV, 40, 13. — Palatin, XXXVI, 4, 3. — temple à Rome, XXXV, 36, 36. — cella, XXXVII, 5, 1. — temple sur le Palatium, XXXVI, 4, 20. — temple à Rhodes, XXXVI, 4, 21. — fontaine, XXXII, 8, 1. — Hydreum, VI, 26, 1 sq. — oracle, IV, 4, 2. — promont. en Afrique, V, 3, 1. — temple, IV, 2, 1. — à Delphes, XIX, 26, 6. — à Utique, XVI, 79, 3. — caverne d'Apollon Clarien, II, 106, 12. — temple, V, 31, 5. — port d'Apollon Phæstius, IV, 4, 1. — Apollon, XXI, 38, 3. — à Delphes, VII, 30, 2. — Delphique, XXXIV, 8, 1. — Didyméen, VI, 18, 4. — d'ivoire, VII, 57, 4. — de marbre, à Cyzique, XXXVI, 22, 1. — Palatin, XXXIV, 4, 13; XXXIV, 8, 1. — Philésius, XXXIV, 19, 26 — Pythien, VII, 31, 10; 34, 1; XXXIV, 12, 1; XXXVI, 14, 1. — Sauroctonos, XXXIV, 19, 9. — Sosianus, XIII, 11, 1; XXXVI, 4, 15. — Tuscanicus, XXXIV, 18, 2. — lieu où Marsyas lutta contre Apollon, V, 29, 4. — Apollon et Diane, d'un seul bloc, XXXVI, 4, 23. — Apollon sur une agate, XXXVII, 3, 1. — Apollon, statue au Capitole, XXXIV, 4, 11. — Apollon apporté de Séleucie, XIII, 11, 1. — Apollon, des fils d'Archennus, XXXVI, 4, 2. — de Batton, XXXV, 19, 24. — de Calamis, XXXVI, 4, 23. — diadémé, de Léocharès, XXXIV, 19, 9. — de Myron, XXXIV, 19, 9. — de Nicomaque, XXXV, 36, 44. — de Philiscus, XXXVI, 4, 23. — de Praxitèle, XXXVI, 4, 23. — de Pythagoras, XXXIV, 19, 10. — Palatin, de Scopas, XXXVI, 4, 13. — de Téléphanes, XXXIV, 19, 19. — de Timarchides, XXXVII, 5, 22.

Apollabèches, XXX, 2, 5.
Apollodorus, XI, 30, 3; XX, 34, 2; XXI, 69, 4; XXII, 8, 1; 15, 1; 29, 3.
Apollodorus, sectateur de Démocrite, XXIV, 102, 6.
Apollodorus, de Citium, XX, 13, 2.
Apollodorus, grammairien, VII, 37, 1.
Apollodorus, médecin, XIV, 9, 2.
Apollodorus, Tarentin, XX, 13, 2.
Apollodorus, peintre, XXXV, 36, 1.
Apollodorus, statuaire, XXXIV, 19, 36; 19, 31.
Apollonides, VII, 2, 8.
Apollonides, sculpteur, XXXVII, 4, 1.
Apollonius, XXVIII, 2, 4.
Apollonius, de Pitane, XXIX, 38, 1.
Apollonius, poëte, XXXVII, 11, 3.
Apollonius, sculpteur, XXXVII, 4, 21.
Apollophanes, XXII, 29, 3.
Aponius M., VII, 50, 4.
Appiades, statues, XXVI, 4, 21.

Appienne, eau, XXXVI, 24, 17.
Appienne, voie, X, 60, 3; XXIX, 5, 2 sqq.
Appiennes, pommes, XV, 15, 1.
Appius, de la famille Claudia, XV, 15, 3. — Claudius Cos., XV, 1, 1; XXXV, 3, 1. — Cæcus, XXXIII, 6, 1. — forum, XIV, 8, 2.
Appius Junius Cos., VIII, 61, 3.
Ap. Saufeius, VII, 54, 4.
Apronianes, cerises, XV, 30, 1.
Apronius L., XI, 85, 1.
Apuleia, femme de Lépide, VII, 36, 2.
Apuscorus, XXX, 2, 2.
Aquilius C., XVII, 1, 2. — général, XXXIII, 14, 1.
Aquilius Gallus, VII, 54, 5.
Arabantiphocus, XXX, 2, 2.
Arabus, VII, 57, 5.
Arachne, VII, 57, 5.
Aratus, de Léontiscus, XXXV, 40, 16.
Arcesilas, sculpteur, XXXVI, 4, 21.
Arcesilaus, peintre, XXXV, 39, 1.
Arcesilaus, modeleur, XXXV, 45, 2. — sculpteur, XXXVI, 4, 27.
Arcesilaus, peintre, fils de Tisicrate, XXXV, 40, 21.
Archagathus, fils de Lysanias, XXIX, 6, 1.
Archelaus, auteur, VIII, 76, 3; 81, 1; XVIII, 5, 1; XXVIII, 6, 4; 10, 1; XXXV, 36, 33; XXXVII, 30, 1; 32, 1. — roi de Cappadoce, XXXVII, 11, 13.
Archelaus, d'Apelle, XXXV, 36, 33.
Archemachus, VII, 57, 16.
Archennus, sculpteur, XXXVI, 4, 2.
Archibius, XVIII, 70, 1.
Archigallus, de Parrhasius, XXXV, 36, 10.
Archiloque, poëte, VII, 30, 2.
Archimède, géomètre, VII, 38, 1.
Ardalus, VII, 57, 13.
Ardices, Corinthien, XXXV, 5, 2.
Arellius Fuscus, XXXIII, 54, 2.
Arellius, peintre, XXXV, 37, 6.
Arescon, Arescusa, VII, 3, 3.
Arganthonius, roi, VII, 49, 1 et sqq.
Argius, statuaire, XXXIV, 19, 2.
Argus, XVI, 89, 1.
Ariadne, d'Aristide, XXXV, 36, 3.
Arion, IX, 8, 1.
Aristæus, VII, 57, 8. — en Thrace, XIV, 6, 1.
Aristagoras, XXXVI, 17, 2.
Aristander, XVII, 38, 2.
Aristarète, fille de Nearchus, XXXV, 40, 22.
Aristeas, Proconnésien, VII, 2, 2. — son âme, VII, 53, 2.
Aristides, IV, 21, 3; XXXV, 39, 1; XXXV, 40, 20.
Aristides, peintre, frère de Nicomachus, XXXV, 36, 45 et 46; VII, 39, 1; XXXV, 8, 1; 36, 13; 40, 20; 36, 35.
Aristides, statuaire, XXXIV, 19, 23.
Aristippe, tableau, XXXV, 10, 2.
Aristobulus, Syrien, peintre, XXXV, 40, 21.
Aristoclès, peintre, XXXV, 36, 45.
Aristoclides, XXXV, 40, 13.
Aristocréon, V, 10, 1; VI, 35, 1.
Aristocritus, V, 37, 1.

Aristocydès, peintre, XXXV, 40, 21.
Aristodemus, peintre, XXXV, 36, 44. — statuaire, XXXIV, 19, 36.
Aristogiton, VII, 23, 1; XXXIV, 9, 2. — médecin, XXVII, 14, 1.
Aristogiton, XXXIV, 19, 23. — statue de Praxitèle, XXXIV, 19, 20.
Aristolaüs, fils de Pausias, XXXV, 40, 12.
Aristomachus, XIV, 24, 1; XIX, 26, 4.
Aristomachus, Athénien, XIII, 47, 1.
Aristomachus, de Soles, XI, 9, 1.
Aristomènes, XI, 70, 1.
Ariston, graveur et statuaire, XXXIII, 55, 2; XXXIV, 19, 35. — peintre, XXXV, 36, 46.
Aristonidas, artiste, XXXIV, 40, 1.
Aristophanes, grammairien, VIII, 5, 5.
Aristophane, poëte, XXII, 38, 1. — prince de l'ancienne comédie, XXI, 16, 1.
Aristophon, peintre, XXXV, 40, 13.
Aristote, II, 23, 1; 60, 1; 101, 1; IV, 22, 1; 23, 3; V, 37, 1; VII, 2, 7; 30, 1; 57, 6; VIII, 17, 3; 44, 1; 84, 1; IX, 6, 1; 40, 1; 41, 2; X, 15, 1; 85, 2; XI, 112, 1; 114, 1; XXVIII, 14, 2; XXIX, 3, 1; XXX, 2, 1; 53, 2. — philosophe, XXXV, 36, 42. — son éloge, VIII, 17, 3. — immense sagacité, XVIII, 77, 4. — sa fille, mère d'Érasistrate, XXIX, 3, 1. — héritiers, XXXV, 46, 4. — sa mère peinte par Protogène, XXXV, 36, 42.
Aristratus, tyran de Sicyone, XXXV, 36, 45.
Armais, roi d'Égypte, XXXVI, 17, 1.
Arruntius, médecin, XXIX, 5, 2. — les Arruntius, XXIX, 5, 2.
Arsace, capitale, VI, 29, 2.
Arsinoé, sœur de Philadelphe, VI, 33, 4. — sœur et femme de Philadelphe, XXXVI, 14, 7. — temple, XXXIV, 42, 1.
Artaphernes, général perse, XXXV, 34, 4.
Artemidorus, II, 112, 1; IV, 24, 4; 37, 1; V, 6, 2; 9, 1; 10, 11; 35, 1; VI, 15, 2; 22, 7; 32, 13; 38, 2; XXXVI, 17, 2.
Artemidorus, sculpteur, XXXVI, 4, 18 sqq.
Artemis Ilithyia, XXV, 36, 1.
Artémise, reine, XXXVI, 4, 19. — femme de Mausole, XXV, 36, 1.
Artémon, VII, 57, 10; XXVIII, 2, 4.
Artémon, plébéien, VII, 10, 30.
Artémon, peintre, XXXV, 40, 14.
Artémon, sculpteur, XXXVI, 4, 25.
Artémon, de Polyclète, XXXIV, 19, 7.
Asarubas, XXXVII, 11, 7.
Asclépiades de Pruse, III, 37, 2; XXII, 26, 1; XXIII, 19, 1; 26, 4; XXVI, 9, 5; XXIX, 5, 1. — détails sur lui, XXVI, 7, 1 sqq. — célèbre médecin, XXV, 3, 2. — son école, XIV, 9, 2; 20, 10; XXII, 61, 1.
Asclepiodorus, peintre, XXXV, 36, 18 et 43.

## AUG — BER — CÆL

*Asclepiodorus*, statuaire, **XXXIV**, 19, 36.
*Asconius* Pedianus, VII, 49, 5.
*Asdrubal*, XXXV, 4, 1.
*Asinius* Celer, IX, 31, 1.
*Asinius* Gallus, cos., XIII, 29, 1; XXXIII, 47, 2.
*Asinius* Pollion, I, Procem., 24; VII, 31, 7. — cos., XXXIII, 8, 1; XXXV, 2, 6. — monuments, XXXVI, 4, 11 sqq.
*Asopodorus*, statuaire, XXXIV, 19, 2.
*Asprenas*, XXXV, 46, 4. — famille, XXX, 20, 3.
*Astylos* stadiodromos, XXXIV, 19, 10.
*Astynomus*, III, 35, 1 et 2.
*Astypale*, d'Aristophon, XXXV, 40, 13.
*Atabyrius*, roi de Rhode, V, 36, 2.
*Atalante*, peinture, XXXV, 6, 1.
*Atargatis*, V, 19, 1.
*Aterius*, A., cos., VII, 29, 1.
*Athamas*, VII, 57, 9; XX, 94, 1. — fureur, XXXIV, 40, 1.
*Athenæus*, statuaire, XXXIV, 19, 3.
*Athenion*, peintre, XXXV, 40, 9.
*Athenis*, sculpteur, XXXVI, 4, 2.
*Athenodorus*, sculpteur, XXXIV, 19, 2; 19, 36.
*Athenodore*, sculpteur, XXXVI, 4, 24.
*Atilius* Regulus C., cos., III, 24, 5; XVIII, 6, 3.
*Atlas*, II, 6, 3. — fils de Libye, VII, 57, 12.
*Attale*, palais, XXXV, 49, 3. — combats contre les Gaulois, XXXIV, 19, 34. — tuniques attaliques, XXXIII, 19, 5. — étoffes attaliques, VIII, 74, 2; XXXVI, 24, 12. — Attalus Philométor, XVIII, 5, 1. — roi, VII, 39, 1; VIII, 74, 2; XXXVIII, 5, 5; XXXIII, 53, 2; XXXV, 36, 37; 40, 8.
*Attalus*, médecin, XXXII, 27, 4.
*Atteius* Capito, XIV, 15, 1; XVIII, 28, 1.
*Atticus*, XVII, 10, 2. — ami de Cicéron, XXXV, 2, 7.
*Attinius* C. Labeo, VII, 45, 5.
*Attus* Navius, XV, 20, 3; XXXIV, 11, 2.
*Aufidius*, VI, 10, 2.
*Aufidius* Bassus, I, Procem., 15.
*Aufidius* Lurco, X, 23, 1.
*Aufidius* M., XXXV, 4, 2.
*Aufidius*, trib. du peuple, VIII, 24, 1.
*Aufustius* C., VII, 54, 2.
*Auge*, affranchie de Démétrius, XXXV, 58, 2.
*Augeas*, roi, XVII, 6, 1.
*Augurinus* Minucius, XVIII, 4, 1.
*Augusta*, femme d'Auguste, XII, 42, 6.
*Augusta* Julia, VII, 16, 3.
*Augusta*, papier, XIII, 24, 2. — laurier, XV, 39, 1; XVII, 11, 1.
*Auguste*, sa sœur Octavie, III, 3, 14. — son fils, II, 67, 3. — don, XXXVII, 2, 2. — forum, VII, 54, 4; XXXVI, 24, 2. — lettres, XXI, 6, 1. — monuments, XIII, 26, 1. — temple, XXXV, 10, 2; 40, 7. — trophée, III, 24, 2. — derniers moments du dieu Auguste, VII, 3, 1. — forum, XVI, 74, 3. — marbre, XXXVI,

11, 1. — Auguste César, XXXV, 40, 7. — dans sa première jeunesse, II, 28, 1. — consul, XIX, 6, 1; VII, 11, 2. — le dieu Auguste, II, 2, 4 et 8; 23, 4; 67, 1; 71, 2; III, 3, 14; 6, 14; VI, 31, 4; 35, 5; VII, 3, 1; 8, 64, 2 et 3; 11, 1; 16, 2; 19, 2; 31, 6; 49, 5; VIII, 24, 1; 64, 3; 74, 1; 81, 2; IX, 4, 1; 8, 2; 22, 1; 39, 2; 63, 1; X, 30, 3; XI, 54, 2; 73, 2; 75, 2; XII, 6, 1; 42, 6; XIII, 23, 1; XIV, 8, 2; XV, 14, 1; 39, 2; 40, 4; XVIII, 7, 5; 21, 1; 29, 5; 38, 1; XIX, 38, 4; XXII, 6, 3; XXIII, 27, 4; XXV, 2, 1; 38, 1; XXIX, 5, 1; XXXIII, 7, 1; 8, 2; 24, 1; 54, 1; XXXIV, 10, 2; 19, 9; XXXV, 7, 3; 10, 1; 36, 31; 37, 5; 40, 7; XXXVI, 4, 3; 14, 10; 15, 1; 24, 2; 67, 1; XXXVII, 4, 1. — hôte de Pollion, XXII, 53, 2. — détails sur lui, VII, 46, 1 sqq.
*Aulanius* Evander, XXXVI, 4, 20
*A*. (Aulus), VIII, 7, 2.
*Aulus* Manlius, VII, 54, 4.
*Aulus* Pompeius, VII, 54, 3.
*Aurelius* L., cos., XXXIII, 17, 1.
*Autobulus*, peintre, XXXV, 40, 23.
*Autolycos*, enfant, XXXIV, 19, 29.
*Aviola*, consulaire, VII, 53, 1.
*Avitus* Dubius, président de la province des Arvernes, XXXIV, 18, 7.
*Axius* L., X, 53, 1.
*Axius*, Q., VIII, 68, 1.
*Azonaces*, XXX, 2, 1.

## B

*Bacchantes*, XXXV, 36, 44.
*Bacchiades*, chassés de Corinthe, XXXV, 43, 2.
*Bacchus*, lierre, XVI, 62, 30. — Voy. Liber Pater.
*Dæbius* Tamphilus, XIII, 27, 1.
*Bæton*, VI, 21, 5; 22, 6; VII, 2, 3.
*Balbillus*, XIX, 1, 3.
*Balbus* Cornelius, XXXVI, 12, 2.
*Balbus* Cornelius, neveu et oncle, V, 5, 6.
*Balbus* Cornelius, cos., VII, 44, 1. — L., cos., II, 89, 1.
*Basilis*, XXXV, 35, 6.
*Bassus* Lecanius, XXVI, 4, 1.
*Baton*, statuaire, XXXIV, 19, 24 et 40.
*Batrachus*, sculpteur, XXXVI, 4, 28.
*Bebius*, Tamphilus, préteur, VII, 54, 3. — juge, VII, 54, 3.
*Bebryx*, roi, XVI, 89, 1.
*Belus*, Jupiter, temple, VI, 30, 4. — œil de Bélus, gemme, XXXVII, 55, 1. — Dieu des Assyriens, XXXVII, 55, 1; 58, 2.
*Bellerophon*, VII, 57, 10; XIII, 27, 3.
*Bellone*, temple, XXXV, 3, 1.
*Bérénice*, fille, sœur et mère de vainqueurs aux jeux olympiques, VII, 42, 1.
*Bérénice*, reine, mère de Philadelphe, VI, 33, 5; XXXVII, 32, 1.
*Bérénice*, chevelure de, constellation, II, 70, 2.
*Berosus*, astronome, VII, 37, 1; 50, 1; 57, 3.

*Bestia*, Calpurnius, XXVII, 2, 1.
*Bialcon*, XXVIII, 80, 1.
*Bibaculus*, I, Procem., 19.
*Bion*, VI, 35, 15 et sqq. — Cæcilius, XXVIII, 57, 1.
*Bocchus*, Mauritanie, V, 1, 19 sqq. — roi, VIII, 5, 6.
*Bocchus* Cornelius, XVI, 79, 3; XXXVII, 9, 1; 25, 4.
*Bochus* Labéon, XI, 60, 1.
*Bœdas*, statuaire, XXXIV, 19, 24.
*Bœthus*, graveur, XXXIII, 55, 1. — statuaire, XXXIV, 19, 34.
*Bœus*, X, 3, 2.
*Bogudiane*, Mauritanie, V, 1, 19.
*Bonne Fortune*, de Praxitèle, XXXVI, 4, 11.
*Bon Succès*, statue, XXXIV, 19, 27.
*Bon Succès*, de Praxitèle, XXXVI, 4, 11.
*Brutus*, Callaicus, temple, XXXVI, 4, 14.
*Brutus*, statue, XXXIV, 13, 1.
*Brutus* L., premier consul, XV, 40, 2; XXXIII, 4, 2; XXXVI, 24, 9.
*Brutus* M. XXXIII, 12, 1; XXXVI, 3, 1.
*Brutus* Decimus, X, 53, 1.
*Brutus* de Philippes, XXXIV, 19, 32
*Bryaxis*, XXXIV, 18, 4; 19, 24; XXXVI, 4, 18 et 19.
*Bryazus*, dieu, XXXI, 18, 2.
*Bryes*, peintre, père de Pausias, XXXV, 40, 1.
*Bubulcus*, de la famille des Junius, XVIII, 3, 2.
*Bucephalus*, nom de cheval, VIII, 64, 1.
*Bularchus*, peintre, VII, 39, 1; XXXV, 34, 2.
*Bupalus*, sculpteur, XXXVI, 4, 2.
*Burbuleius*, VII, 10, 4.
*Buteon*, famille, X, 9, 1.
*Butorides*, XXXVI, 17, 2.
*Buzyges*, VII, 57, 8.
*Bythus*, de Dyrrachium, XXVIII, 23, 5.

## C

*Cadmus*, VII, 57, 1 et sq.
*Cadmus*, premier écrivain en prose, V, 31, 1.
*Cadmus*, VII, 57, 1 et suiv. — d'Antiphile, XXXV, 37, 2. — de Cléon, XXXV, 40, 15.
*Cæcilia*, Caia, XXXIII, 74, 1.
*Cæcilianes*, cerises, XV, 30, 1. — laitue, XIX, 38, 3.
*Cæcilius*, Bion, XXVIII, 57, 1.
*Cæcilius* M. Voy. Cælius.
*Cæcilius* Denter, VII, 29, 1.
*Cæcilius* Q., II, 33, 1.
*Cæcilius* Rufus. Voy. Cælius.
*Cæcilius* Claudius Isidorus, XXXIII, 47, 2. — dans ses commentaires, XXIX, 27, 1.
*Cæcina* Largus, XVII, 1, 2.
*Cæcina*, de Volaterre, X, 34, 2.
*Cælus*, père de Dokius, VII, 57, 4.
*Cælius*, III, 23, 5; XXXI, 18, 1.
*Cælius* Antipater, II, 67, 4.
*Cælius* Rufus, M., VII, 50, 5.
*Cælius* M., XXVII, 2, 1; XXXV, 46, 5.

41.

Cœlius, sénateur, VIII, 61, 3.
Cœpio Q., XXI, 10, 3; XXVIII, 41, 1; XXXIII, 6, 4.
Cæsar, père d'Auguste, II, 23, 2 sq. — dictateur, II, 30, 1; IV, 5, 12; VII, 31, 9; 54, 2; VIII, 7, 3; 20, 1; 27, 1; 64, 2; 70, 7; XI, 71, 1; XIV, 17, 2; XIX, 6, 1; 15, 2; XXVIII, 4, 7; XXXIII, 17, 1; XXXIV, 10, 1; XXXV, 7, 3; 9, 1; 40, 7; XXXVI, 7, 1; 24, 2; XXXVII, 5, 1. — en Gaule, XXXVI, 7, 1. — édile, XXXIII, 16, 1. — régularisa l'année, XVIII, 57, 4. — parut plus grand que Pompée, VII, 27, 1 et seqq. — son éloge, VII, 25, 1. — ides de mars funestes à César, XVIII, 65, 1. — âme de César parmi les divinités, II, 3, 4. — guerres civiles, XVII, 38, 4. — repas triomphaux, IX, 81, 1. — temple, XXXV, 36, 28. — maison, XXXV, 36, 21. — forum, XVI, 86, 1; XXXV, 45, 3. — soldats, XXVI, 9, 2. — piscines, IX, 78, 1; X, 89, 1. — affaires, VII, 27, 4. — temple à Alexandrie, XXXVI, 14, 5. — villas, XXXII, 7, 1. — guerre de César et de Pompée, II, 23, 3. — Jules César, XIV, 16, 1. — censeur, XIII, 5, 1. — le dieu Jules, IX, 57, 1; XV, 20, 4; XIX, 41, 7. — railleries contre lui, ib. — lettres, ib.
Cæsar, Auguste, XVI, 3, 1.
Cæsar, deux, l'un père du dictateur César, VII, 54, 2.
Cæsarienne, flotte, XXXII, 1, 3.
Cæsar Vopiscus, XVII, 3, 7.
Cæsar, le premier, ainsi appelé de l'opération pratiquée sur l'utérus, VII, 7, 1.
Cæsons, d'où vient leur nom, VII, 7, 1.
Cæsonia, femme de Caligula, VII, 4, 1.
Caia Cæcilia, VIII, 74, 1.
Caia Taracia, XXXIV, 11, 4.
Caius Cæsar, fils d'Auguste, II, 67, 3; VI, 31, 14; IX, 58, 2; XII, 31, 1; XXXII, 4, 1.
Caius, Caligula, IV, 5, 2. — jeux donnés par lui, XI, 99, 2. — fils de Germanicus, V, 2, 2; VII, 6, 2; IX, 31, 1; 58, 1; XI, 54, 3; 73, 1; XII, 5, 1; XIII, 4, 13; XIV, 6, 3; 8, 4; XVI, 76, 1; XXXII, 1, 3; XXXIII, 8, 2; 16, 1; XXXV, 6, 1; XXXVI, 14, 9; 24, 8; XXXVII, 6, 4. — cirque de Caligula et de Néron, XXXVI, 15, 3.
Calamis, graveur, sculpteur, statuaire, XXXII, 55, 2; XXXIV, 18, 7; XXXVI, 4, 23; XXXIV, 19, 22.
Calates, peintre, XXXV, 37, 2.
Caligula. Voy. Caius.
Callias, Athénien, XXXIII, 37, 1.
Calliclès, peintre, XXXV, 37, 2.
Callicles, statuaire, XXXIV, 19, 37.
Callicrates, VII, 21, 1. — sculpteur, XXXVI, 4, 29.
Callidemus, IV, 21, 3.
Callidès, statuaire, XXXIV, 19, 35.
Callimachus, statuaire. XXXIV, 19, 41.

Callimachus, général athénien, XXXV, 34, 4.
Callimachus, médecin, XXI, 9, 1.
Callimachus, III, 25, 1; 30, 3; IV, 19, 1; 22, 1; 23, 3; V, 4, 3; VII, 48, 1; XXII, 44, 1; XXV, 106, 1; XXXI, 5, 1.
Calliphanes, VII, 2, 7.
Callippus, XVIII, 74, 5.
Callisthènes, XXXVI, 14, 6. — historien, XXXVI, 4, 23.
Callistratus, statuaire, XXXIV, 19, 3.
Callistrate; écrivit sur les pierres précieuses, XXXVII, 12, 3; 25, 2.
Callistus, sous le règne de Claude, XXXIII, 47, 2. — affranchi de Claude, XXXVI, 12, 2.
Callixenus, statuaire, XXXIV, 19, 3.
Callixenus, écrivain, XXXVI, 14, 5.
Callon, statuaire, XXXIV, 19, 1.
Calpetanus, médecin, XXIX, 5, 2. — les Calpetanus, ibid.
Calpurnius, XXXIII, 6, 5.
Calpurnius Bestia, XXVII, 2, 1.
Calpurnius Flamma, XXII, 6, 1.
Calvinus Egnatius, X, 68, 2.
Calvus Licinius, VII, 50, 5.
Calvus, orateur, XXXIII, 49, 1; XXXIV, 50, 1.
Calypso, femme peintre, XXXV, 40, 22.
Calypso, de Nicias, XXXV, 40, 8.
Cambyses, roi, XXXVI, 14, 4.
Camelius, médecin, XIX, 38, 4.
Camille, statue sans tunique, XXXIV, 11, 3. — Camille, XXXIII, 5, 1; 36, 1; XXXIV, 7, 1. — prit Véies, III, 21, 3.
Campaspe. Voy. Pancaste.
Canachus, l'ancien, statuaire, XXXIV, 19, 25; XXXVI, 4, 28.
Canachus, le jeune, statuaire, XXXIV, 19, 2.
Candace, reine, VI, 35, 8.
Candaules, roi, VII, 39, 1. — roi de Lydie, XXXV, 34, 3.
Canopus, pilote de Ménélas, V, 34, 1.
Cantharus, Sicyonien, XXXIV, 19, 35.
Cantharidæ, VII, 53, 2.
Capanée, de Tauriscus, XXXV, 40, 19.
Capito Atteius, XIV, 15, 1; XVIII, 28, 1.
Capito Oppius, VII, 13, 1.
Capitolinus, XVI, 5, 3; VII, 39, 2.
Car, VII, 57, 12.
Carbo Cn. Cos., VII, 49, 5. — Cos. III, VII, 50, 5. — Papirius, Cn., VII, 15, 1. — imperator, VIII, 82, 1.
Carneades, VII, 31, 9; XXV, 21, 4.
Carvilius Pollio, IX, 13, 1; XXXIII, 51, 1.
Carvilius Sp., XXXIV, 7, 1.
Cascellius, VIII, 61, 3.
Cassandra, de Théodore, XXXV, 40, 19.
Cassandre, roi, XXXI, 30, 1. — tableau fait pour lui, XXXV, 36, 45.
Cassius Dionysius, XI, 15, 2.
Cassius C. Censor, XVII, 38, 4.
Cassius L., cos., X, 17, 1.

Cassius Hemina, XIII, 27, 1; XXIX, 6, 1; XXXII, 10, 2.
Cassius Longinus, cos., VII, 3, 3.
Cassius Parmensis, XXXI, 8, 1.
Cassius Sp., XXXIV, 9, 1; 14, 1.
Cassius Severus, VII, 10, 5; XXXV, 46, 4.
Cassius Silanus, XXXIV, 18, 7.
Cassius, médecin, XXIX, 5, 2. — les Cassius, ibid.
Castor et Pollux, II, 37, 2.
Castor et Pollux, etc., d'Apelle, XXXV, 36, 3. — d'Hégias, XXXIV, 19, 28. — de Parrhasius, XXXV, 36, 10. — les Castors romains, VII, 22, 1. — les Castors, tableau, XXXV, 10, 1. — les Castors, leur temple, X, 60, 1; XXXIV, 11, 3.
Castor Antonius, XX, 66, 1; 98, 2; XXIII, 83, 1; XXV, 5, 1; XXVI, 33, 1.
Catagusa, de Praxitèle, XXXIV, 19, 20.
Catatexitechnos, surnom de l'artiste Callimaque, XXXIV, 19, 41.
Catienus Plotinus, VII, 36, 2.
Catilina, VII, 29, 4; 31, 9. — prodiges, II, 52, 2. — affaire, XXXIII, 8, 3.
Caton, M. I, Proœm., 7; III, 23, 3; 24, 1; VIII, 5, 1; XIV, 12, 1; 14, 3; 19, 4; 25, 7; XV, 7, 1; 8, 1; 13, 1; 15, 1; 16, 2; 19, 4; 20, 1; 21, 3; 22, 1; 24, 4; 37, 1; 39, 1; XVI, 38, 1; 60, 1; 67, 1; 69, 1; 75, 1; 84, 1; XVII, 3, 8; 6, 5; 14, 2; 16, 3; 19, 1; 21, 2; 24, 8; 25, 1; 26, 2; 29, 1; 35, 14 et sqq.; 37, 6; 47, 5; XVIII, 3, 2; 5, 1; 6, 1; 7, 4; 8, 4; 17, 1; 42, 1; 46, 1; 49, 1; 61, 2; 65, 6; 71, 1; 77, 5; XIX, 19, 7; 30, 1; 41, 1; XXIII, 37, 1; XXV, 2, 1; XXVI, 58, 2; XXVIII, 4, 7; 79, 1; XXIX, 6, 1; 8, 1 et sqq.; XXXIV, 14, 1; 19, 41. — le premier de la famille Porcia, VII, 28, 1. — homme très-éminent, XVI, 75, 1. — maître de toutes les bonnes disciplines, XXV, 2, 1. — Caton, censeur, VIII, 78, 1; XXXIV, 14, 1. — Censorius, I, Proœm, 7; VII, 12, 1; XXIII, 3, 52, 1; XIX, 6, 1; XXXVI, 53, 1. — de la discipline militaire, I, Proœm., 23. — Caton étant mort l'année suivante, XV, 20, 2. — avis sur les olives, XV, 16, 2. — accusé, VIII, 74, 3. — son éloge, XIV, 5, 1 et suiv.
Caton, L., cos., III, 9, 17.
Caton, d'Utique, VII, 12, 1; 31, 3; XXIX, 30, 4. — Utique illustrée par sa mort, V, 3, 1.
Catulle, I, Proœm., 2; XXXVI, 7, 1. — poëte, XXXVII, 21, 2. — Véronais, XXVIII, 4, 5. — satire, XXXVI, 7, 1.
Catulus, Q., XVII, 1, 2. — Lutatius, XXXIV, 19, 5. — Cos., X, 25, 1; XIX, 6, 1; XXII, 6, 1; XXXIII, 18, 1; XXXIV, 19, 27; XXXVI, 8, 1; 24, 7.
Catus, Ælius, XXXIII, 50, 2.
Catus, les, VII, 31, 10.
Cecrops, VII, 57, 4.

*Celebothras*, roi, VI, 26, 10.
*Celer*, Asinius, IX, 31, 1.
*Celer*, Metellus, Q., II, 67, 4.
*Celse*, Cornelius, X, 74, 6; XIV, 4, 11; XX, 14, 1; XXI, 104, 1; XXVII, 108, 1.
*Cenchramis*, statuaire, XXXIV, 19,37.
*Censorinus*, Marcius, XXXIII, 47, 2.
*Centaretus*, VIII, 64, 5.
*Cepheus*, roi d'Æthiopie, VI, 35, 5.
*Cephis*, statuaire, XXXIV, 19, 37.
*Cephisodorus*, peintre, XXXV, 36, 1.
*Cephisodote*, deux, XXXIV, 19, 37.
*Cephisodotus*, statuaire, XXXIV, 19, 24.
*Cephisodotus*, statuaire et sculpteur, fils de Praxitèle, XXXVI, 4, 12.
*Ceraunus*, Ptolemæus, VI, 12, 2.
*Cérès*, pendu pour satisfaire à la déesse, XVIII, 3, 4. — temple à Rome, XXXV, 36, 36; 45, 1. — temple, XXXV, 6, 1. — statue, XXXIV, 9, 1. — lutte avec Bacchus, III, 9, 7. — Cérès, VII, 57, 1. — Cérès autre, VII, 57, 1.
*Cérès* de Praxitèle, XXXVI, 4, 11. — de Sthennis, XXXIV, 19, 39.
*Cestius*, C., cos., X, 60, 3. — consulaire, XXXIV, 18, 8.
*Cethegus*, Cornelius, XIII, 27, 1. — Cos., XIX, 45, 1. — les Cethegus, XIII, 29, 1.
*Ceto*, fabuleuse, V, 14, 3.
*Chabrias*, camp, V, 14, 3.
*Chœreas*, Athénien, XX, 99, 1.
*Chœreas*, statuaire, XXXIV, 19, 25.
*Chalcas*, III, 16, 5.
*Chalcosthènes*, modeleur, XXXV, 45, 2.
*Chalcosthènes*, statuaire, XXXIV, 19, 37.
*Chalcus*, VII, 57, 9.
*Chares*, XXXVII, 11, 4.
*Chares*, statuaire, de Lindos, XXXIV, 18, 3 et 5.
*Charmadas*, VII, 24, 1.
*Charmadas*, peintre, XXXV, 34, 3.
*Charmantides*, peintre, XXXV, 40, 21.
*Charmis*, de Marseille, XXIX, 5, 4; 8, 6.
*Chersiphron*, architecte, VII, 38, 1; XXXVI, 21, 2.
*Chilon*, Lacédémonien, VII, 32, 1; 54, 1.
*Chiron*, XXV, 14, 7; 57, 5; 16, 1; 19, 1; 30, 1. — médecin, XXX, 2, 3. — avec Achille, statue, XXXVI, 4, 17.
*Chironienne*, pyxacanthe, XII, 15, 1.
*Chorœbus*, VII, 57, 7.
*Chrysermus*, XXII, 32, 4.
*Chrysippus*, médecin, XX, 8, 3; 33, 1; 36, 2; 44, 1; 48, 1; XXII, 40, 1; XXVI, 6, 2; XXIX, 3, 1.
*Chrysippus*, philosophe, XXX, 30, 6.
*Chrysogonus*, affranchi de Sylla, XXXV, 58, 2.
*Cicéron*, I, Proœm., 7 et 8. — Cicéron, M. Tullius, VII, 31, 8. — Tullius affirme, XXXIV, 19, 12. — de la République, I, Proœm., 7 et 8. — son livre de *Admirandis*, XXXI, 8, 2; 28, 5. — seconde lumière des lettres, XVII, 3, 11. — fit condamner Verrès, XXXIV, 3, 2. —

contre Verrès, XXXIV, 18, 7. — consul, IX, 63, 2. — Cicéron, VII, 2, 10; 21, 1; 44, 1; XVIII, 60, 1; XXIX, 16, 1; 29, 1; XXX, 52, 1; XXXI, 3, 1; XXXIII, 8, 3; XXXVI, 4, 11; 5, 3. — simplicité, I, Proœm. 17. — eaux de Cicéron, XXXI, 3, 1. — table, XIII, 29, 1; 30, 5. — autographes, XIII, 4, 2; 26, 1. — vers, XVIII, 61, 1. — villa, XXII, 6, 2. — consulat, XVIII, 61, 1. — son ami Atticus, XXXV, 2, 7. — éloge, VII, 31, 8.
*Cicéron*, les, d'où vient ce nom, XVIII, 3, 2.
*Cicéron*, fils de Marcus, XIV, 28, 7. — consul, XXII, 6, 3.
*Cilix*, VII, 57, 7.
*Cimon*, peintre, XXXV, 34, 4.
*Cincinnatus*, Quinctius, XVIII, 4, 4.
*Cineas*, envoyé de Pyrrhus, VII, 24, 1; XIV, 3, 2.
*Cinyra*, VII, 57, 5.
*Cinyras*, roi des Cypriens, VII, 49, 1.
*Cipus*, XI, 45, 1.
*Circé*, XXX, 2, 3. — déesse, XIII, 30, 4. — Italienne, XXV, 5, 2. — fils de Circé, VII, 2, 7.
*Circummon*, eunuque, XXXVI, 19, 5.
*Claudia*, VII, 35, 1.
*Claudien*, papier, XIII, 24, 2.
*Claudius*, règne, VI, 24, 4; VIII, 21, 1; XXXIII, 12, 3; 47, 2; XXXIV, 19, 20; XXXVI, 7, 10. — censure, VII, 49, 6; X, 2, 3. — colonie, III, 37, 1. — histoires, XII, 39, 1. — consulat, II, 31, 2.
*Claudius* César, II, 23, 3; III, 20, 5; V, 1, 2; 11, 4; VI, 3, 1; 5, 3; 10, 2; 12, 2; 31, 3; VII, 3, 2; VIII, 65, 1; XI, 54, 3; XIII, 24, 1; XXIX, 5, 2; XXXIII, 6, 7; 8, 2; 12, 2; 16, 1; 19, 3; XXXVI, 11, 3; 12, 2; 24, 18; XXXVII, 23, 1. — Cos., VII, 49, 5. — Claudius princeps, V, 10, 9; VII, 49, 5; VIII, 7, 4; 14, 2; IX, 5, 3; XI, 73, 1; XII, 5, 3; XVI, 76, 6; XXII, 46, 1; XXIX, 8, 6. — Claudius dieu, III, 26, 1; V, 1, 20; VII, 16, 2; VIII, 25, 1; XXIX, 12, 2; XXXIV, 18, 1; XXXV, 36, 1; XXXVI, 14, 9.
*Claudius* Ap., cos., XV, 1, 1; XXXV, 3, 1; 2, 7.
*Claudius* Cœcus, XV, 1, 1.
*Claudius* Marcellus, III, 23, 4.
*Claudius* Pulcher, VIII, 7, 2; XXI, 4, 1. — jeux, XXV, 7, 4.
*Cléanthes*, Corinthien, XXXV, 5, 2.
*Cleemporus*, XXII, 44, 2. — médecin, XXIV, 101, 1.
*Cléobulus*, V, 38, 1.
*Cleœtas*, Plautius Marcus, peintre, XXXV, 37, 4.
*Cleombrotus*, de Céos, VII, 37, 1.
*Cleomènes*, sculpteur, XXXVI, 4, 21.
*Cleon*, peintre, XXXV, 40, 15.
*Cleonae*, statuaire, XXXIV, 19, 37.
*Cleonas*, XXXVI, 4, 2 et 4.
*Cleonœus*, XXXV, 34, 4.
*Cleopatre*, reine d'Égypte, IX, 58, 2. — prise, IX, 58, 2; XIX, 5, 1; XXI, 9, 1; XXXIII, 14, 3.

*Cleophantus*, XX, 15, 1; XXIV, 92, 2.
*Cleophantus*, peintre, XXXV, 5, 2.
*Cleostratus*, II, 6, 3.
*Clesides*, peintre, XXXV, 40, 15.
*Clesippus*, foulon, XXXIV, 6, 2.
*Clitarchus*, III, 9, 5; VI, 15, 1; 36, 1; VII, 2, 22; X, 70, 1.
*Clitus*, d'Apelle, XXXV, 36, 30.
*Clodia*, loi, XXXIII, 13, 5.
*Clodia*, femme d'Ofilius, VII, 49, 5.
*Clodiens*, vases, XXXIII, 49, 1.
*Clodius*, P., funérailles, XXXIV, 11, 2. — tué par Milon, XXXVI, 24, 3. — mort, XXXIV, 39, 2.
*Clodius*, Æsopus, X, 72, 1. — fils d'Æsopus, IX, 59, 1.
*Clodius*, Servius, XXV, 7, 3.
*Clœlia*, statue équestre, XXXIV, 13, 1 et sqq.
*Clœlius*, Tullus, XXXIV, 11, 3.
*Closter*, VII, 57, 5.
*Cluacina*, Vénus, XV, 36, 1.
*Clymenus*, roi, XXV, 33, 1.
*Clytemnestre*, de Tauriscus, XXXV, 40, 19.
*Cocles*, M. Horatius, XXXIV, 11, 2; XXXVI, 23, 2. — statue, XXXIV, 13, 2.
*Cocles*, signification de ce surnom, XI, 55, 3.
*Cœnus*, peintre, XXXV, 40, 14.
*Colotes*, statuaire, XXXIV, 19, 37; XXXV, 34, 1.
*Columella*, VIII, 63, 2; XV, 18, 6; XVII, 6, 2; 30, 8; 35, 8; XVIII, 12, 6; XIX, 23, 4.
*Cominienne*, olive, XV, 4, 1; 6, 1.
*Commiades*, XIV, 24, 1.
*Concorde*, temple, XXXIII, 6, 3; XXXV, 36, 6; 40, 6; XXXVII, 2, 2. — temple à Rome, XXXIV, 19, 27; XXXVI, 67, 1. — à Rome, XXXIV, 19, 24; XXXVI, 67, 2.
*Congus*, Junius, I, Proœm. 6.
*Conopas*, VII, 16, 3.
*Considia*, fille de Servilius, XXIV, 28, 2.
*Consingis*, reine, VIII, 61, 2.
*Contia*, olive, XV, 4, 1.
*Copiola*, Galeria, VII, 49, 5.
*Coponius*, sculpteur, XXXVI, 4, 27.
*Coponius*, Q., XXXV, 46, 3.
*Corax*, cocher blanc, VIII, 65, 1.
*Corax*, Terentius, VII, 54, 4.
*Carbulo*, général, II, 72, 1. — Cos., VII, 4, 1. — Domitius, VI, 8, 1; 15, 6 et sqq.
*Corculus*, les, VII, 31, 10.
*Corelliane*, châtaigne, XV, 25, 2; XVII, 26, 5.
*Corellius*, chevalier rom., XVII, 26, 5.
*Corfidius*, VII, 53, 7.
*Cornelia*, famille, VII, 55, 1. — famille Cornelia des Scipions, VII, 12, 1.
*Cornelia*, mère des Gracques, VII, 15, 2; 36, 2; XXXIV, 14, 1.
*Cornelius*, Orfitus, cons., II, 31, 2.
*Cornelius*, Cn., cos., X, 2, 3; XVIII, 46, 3.
*Cornelius*, Alexander, III, 21, 3; VII, 49, 1; XIII, 39, 1; XVI, 6, 2.
*Cornelius*, Balbus, V, 5,6; VII, 44, 1; XXXVI, 12, 2.

*Cornelius* Balbus l'ancien, V, 5, 6.
*Cornelius* Boechus, XXXVII, 9, 1.
*Cornelius* Celsus, X, 74, 6; XIV, 4, 11; XXVII, 108, 1.
*Cornelius* Cethegus, XIII, 27, 1. — cos., XIX, 45, 1.
*Cornelius* Cossus, cos., XVI, 5, 1.
*Cornelius* Gallus, VII, 54, 5.
*Cornelius* Lentulus, cos., XXX, 3, 1.
*Cornelius* Merenda, XXXIII, 11, 1.
*Cornelius* Nepos, II, 67, 4; III, 1, 5; 21, 3; 23, 5; IV, 24, 4; V, 1, 4; VI, 2, 1; 12, 2; 36, 2; IX, 28, 1; 63, 1; XIII, 32, 1; XVI, 15, 1; XXXIII, 5, 2; XXXVI, 7, 1; 12, 1. — mort sous le règne d'Auguste, X, 30, 3.
*Cornelius* Pinus, peintre, XXXV, 37, 7.
*Cornelius* Rufus, VII, 51, 1.
*Cornelius* P. Scipio, censeur, XXXIV, 14, 1.
*Cornelius* Tacitus, chevalier rom., VII, 17, 1.
*Cornelius* Valerianus, X, 2, 3; XIV, 3, 1.
*Cornutus* Manilius, XXVI, 3, 2.
*Corœbus*, Athénien, VII, 57, 6.
*Coruncanus*, VIII, 77, 1; XXXIV, 11, 3.
*Corvinus* Messala, VII, 24, 2.
*Corvinus* Valerius, VII, 49, 4.
*Corybas*, élève de Nicomachus, XXXV, 40, 21.
*Cossicius* L., VII, 3, 3.
*Cossinus*, chevalier rom., XXIX, 30, 1.
*Cossus* Cornelius, cos., XVI, 5, 1.
*Cotta* Messalinus, X, 27, 1.
*Cottiennes*, cités, III, 24, 5.
*Crantor*, I, Procem., 17.
*Crassus*, Carrhes célèbre par la défaite de, V, 2, 1. — défaite, VI, 18, 3. — Crassus le riche, XXI, 4, 1. — Crassus M., XV, 38, 1; XXXIII, 47, 1. — tué par les Parthes, II, 57, 1.
*Crassus* L., cos., XVII, 1, 1.
*Crassus* L., orateur, IX, 7, 9; XXXIII, 53, 1; XXXV, 8, 2; XXXVI, 3, 1.
*Crassus* L., héritier de L. Crassus l'orateur, XXXIV, 8, 1.
*Crassus*, aïeul du Crassus tué en Parthie, VII, 18, 3.
*Crassus* Licinius, censeur, III, 5, 1; XIV, 16, 1. — cos., VII, 3, 3; XXX, 3, 1.
*Craterus*, un des généraux d'Alexandre le Grand, XXXV, 47, 3.
*Craterus* Monoceros, X, 60, 4.
*Craterus*, sculpteur, XXXVI, 4, 25.
*Crates*, IV, 20, 1.
*Crates* de Pergame, VII, 2, 5.
*Cratevas*, XIX, 50, 1; XX, 26, 2; XXIV, 102, 6; XXV, 4, 1; 26, 1.
*Cratinus*, peintre, XXXV, 40, 15 et 22.
*Cremutius*, X, 37, 1; XVI, 45, 17.
*Cresilas*, statuaire, XXXIV, 19, 4 et 24.
*Cressa*, XXXV, 36, 10.
*Crète*, nymphe, IV, 20, 1.
*Crinas*, de Marseille, XXIX, 5, 3.
*Crispinus* Hilarus, VII, 11, 2.

*Crispus* Passienus, XVI, 91, 1.
*Crispus* Vibius, XIX, 1, 3.
*Critius*, statuaire, XXXIV, 19, 1; 19, 35.
*Critobulus*, VII, 37, 1.
*Critodemus*, VII, 57, 3.
*Criton*, XVIII, 74, 3.
*Crocus*, XVI, 63, 1.
*Crœsus*, palais, XXXV, 49, 3. — son fils, XI, 112, 4. — Crœsus, XXXIII, 15, 1. — roi, XXXIII, 47, 3.
*Cranius*, graveur, XXXVII, 4, 1.
*Ctesias*, Cnidien, II, 110, 1; VII, 2, 15.
*Ctesias*, statuaire, XXXIV, 19, 35.
*Ctesibius*, VII, 38, 1; XXXI, 18, 1; XXXVII, 11, 8.
*Ctesidemus*, peintre, XXXV, 37, 4; 40, 15.
*Ctesilaus*, fausse leçon pour Crésilas.
*Ctesilaus*, statuaire, XXXIV, 19, 25.
*Ctesilochus*, élève d'Apelle, XXXV, 40, 15.
*Cupidons*, les statues, XXXV, 40, 16; XXXVI, 4, 27. — fontaine de Cupidon, XXXI, 16, 1. — Cupidon tenant la foudre, XXXVI, 4, 16. — Cupidon de Praxitèle, XXXVI, 4, 11.
*Curiaces*, VII, 3, 1.
*Curion*, C., XXXVI, 24, 13, et 16.
*Curion*, père, VII, 10, 5. — famille des Curions, VII, 42, 1.
*Curius* Apollon, XXXII, 8, 1.
*Curius*, IX, 58, 2.
*Curius* M., VII, 15, 1; XVIII, 4, 3; XIX, 26, 6. — Manius, VII, 51, 1.
*Cursor* Papirius, XVII, 16, 4.
*Curtius*, XV, 20, 4.
*Cydias*, peintre, XXXV, 40, 6.
*Cydippe*, XXXV, 36, 42.
*Cydon*, statuaire, XXXIV, 19, 4.
*Cynægirus*, général Athénien, XXXV, 34, 4.
*Cypselus*, tyran, XXXV, 5, 2.
*Cyrus*, autels, VI, 18, 4. — sépulcre, VI, 29, 4. — roi, VI, 25, 1; VII, 24, 1; 57, 14. — roi d'Assyrie, XIX, 9, 1. — régna en Perse, XXXVI, 4, 1.
*Cytheris*, VIII, 21, 2.

## D

*Dædale*, VII, 57, 7; XXXVI, 19, 1 et seqq. — son fils Iapyx, III, 116, 3.
*Dædalus*, statuaire, XXXIV, 19, 26; XXXVI, 4, 23.
*Dæmon*, statuaire, XXXIV, 19, 37.
*Daiphron*, statuaire, XXXIV, 19, 37.
*Daippus*, statuaire, XXXIV, 19, 37.
*Dalion*, VI, 35, 16 et sqq.
*Damastes*, VII, 49, 2 et 5; 57, 16.
*Damasus*, frère de Démocrite, XVIII, 78, 1.
*Damion*, XX, 40, 2.
*Damocrates*, médecin, XXIV, 28, 2; XXV, 49, 1.
*Damon*, VII, 2, 9; XXIV, 120, 3.
*Damophilus*, peintre et modeleur, XXXV, 45, 1.
*Danaé*, laurier, XV, 39, 3.
*Danaé*, mère de Persée, III, 9, 3. — d'Arténion, XXXV, 40, 14.

*Danaus*, VII, 57, 5 et sq.
*Dando*, VII, 49, 2.
*Daphnis*, île, VI, 34, 4.
*Daphnis*, grammairien, VI, 40, 1.
*Dardanus*, Troyen, III, 9, 11. — de Phénicie, XXV, 2, 5.
*Darius*, roi des Perses, XIII, 1, 1. — vaincu par Alexandre, VI, 16, 1. — tableau représentant la bataille de Darius et d'Alexandre, XXXV, 36, 45.
*Darius*, fils d'Hystaspe, VI, 31, 7; 33, 2. — père de Xerxès, IV, 24, 1. — roi, VI, 29, 5. — roi des Perses, VII, 30, 1; XXXIII, 47, 3; XXXVI, 28, 1. — ses ateliers, XXXIV, 19, 19.
*Datis*, général des Perses, XXXV, 34, 4.
*Daunus*, beau-père de Diomède, III, 16, 3.
*Décimianes*, poires, XV, 16, 1.
*Decimus* Brutus, X, 53, 1.
*Decimus* Saufeius, VII, 54, 5.
*D. Silanus*, XVIII, 5, 1.
*Decius*, les, père et fils, XXVIII, 3, 3.
*Decius* P., père, XVI, 5, 1.
*Decius* Eculeo, XXXV, 36, 10.
*Decius* Mus P., XXII, 5, 1.
*Decius*, statuaire, XXXIV, 18, 5.
*Déjanira*, d'Artémon, XXXV, 40, 14.
*Déiphobe*, d'Aristophon, XXXV, 40, 13.
*Délas*, VII, 57, 6.
*Déliades*, statuaire, XXXIV, 19, 35.
*Delphus*, VII, 57, 12.
*Demœnetus*, Parrhasien, VIII, 34, 3.
*Démarate*, de Niceratus, XXXIV, 19, 38.
*Demaratus*, père de Tarquin, XXXV, 5, 2. — de Tarquin l'ancien, 43, 2.
*Démeas*, statuaire, XXXIV, 19, 2.
*Démétrius*, roi, son undécirème, XVI, 76, 6. — Démétrius fils d'Antigone, VII, 16. — roi, IV, 5, 2; XXXIV, 18, 4; XXXV, 36, 40. — Poliorcète, VII, 39, 1. — Démétrius de Théodore, XXXV, 40, 19. — de Tisicrate, XXXIV, 19, 18.
*Démétrius* de Phalère, XXXIV, 12, 2.
*Démétrius*, écrivain, XXXVI, 17, 2.
*Démétrius*, affranchi de Pompée, XXXV, 58, 2.
*Démétrius*, accusé devant les consuls, XXXIII, 57, 3.
*Démétrius*, statuaire, XXXIV, 19, 26.
*Démétrius*, physicien, VIII, 21, 1. — sur le quaternaire, XXVIII, 17, 5.
*Démocrite*, II, 5, 1; VII, 56, 2; VIII, 22, 1; XI, 28, 2; XIII, 47, 2; XIV, 4, 1; XV, 40, 5; XVII, 2, 11; 11, 2; XVIII, 8, 7; 45, 3; 62, 2; 68, 9; 74, 3; 75, 1; 78, 1; XX, 9, 1; 13, 3; 53, 3; XXI, 36, 1; XXIV, 102, 1; XXV, 5, 4; XXVI, 9, 3; XXVII, 114, 1; XXVIII, 2, 3; 16, 1; 42, 4; XXIX, 22, 1; XXX, 2, 5; XXXII, 18, 1; XXXVI, 17, 18, 2; 54, 1; 55, 1; 58, 1; 70, 1.
*Democritus*, statuaire, XXXIV, 19, 37.

*Demodamas*, VI, 18, 4.
*Demophilus*, peintre, XXXV, 36, 2.
*Démosthène*, VII, 31, 1. — très-grand orateur, XXXIII, 6, 9.
*Demostratus*, XXXVII, 11, 4; 23, 1.
*Bemotelès*, XXXVI, 17, 2; 19, 1.
*Dentatus* Curius, VII, 15, 1.
*Dentatus* Siccius, VII, 29, 1; XVI, 5, 3.
*Deuter* Cæcilius, VII, 29, 1.
*Derceto*, V, 19, 1.
*Dercylides*, sculpteur, XXXVI, 4, 23.
*Diagoras*, XX, 76, 1 et sq.
*Diane*, d'Éphèse, XIV, 2, 1; XXXIV, 19, 4; XXXVI, 21, 1. — d'un seul bloc, XXXVI, 4, 23. — d'Éphèse, statue, VII, 39, 2. — des fils d'Archennus, XXXVI, 4, 1. — d'Apelle, XXXV, 36, 30. — de Céphisodore, XXXVI, 4, 12. — de Nicias, XXXV, 40, 7. — de Nicomachus, XXXV, 36, 44. — de Philiscus, XXXVI, 4, 22. — de Timarète, XXXV, 40, 22. — de Timotheus, XXXVI, 4, 20. — Diane d'Éphèse, temple, VII, 38, 1; XXXVI, 56, 2. — temple, V, 31, 5; XVI, 79, 1; XXXIII, 55, 1; XXXV, 36, 30; 40, 7. — bois sacré, XIV, 91, 1. — bois, XXXV, 33, 1. — temple à Sagonte, XVI, 79, 1. — temple très-auguste en Susiane, VI, 31, 9.
*Dibutades*, modeleur, XXXV, 43, 1.
*Dicæarchus*, II, 65, 2.
*Dicæus*, musicien, XXXIV, 19, 10.
*Didyméen*, Apollon, VI, 18, 4.
*Dieuchès*, XX, 15, 1; 33, 1; 73, 3; XXIII, 29, 1; XXXIV, 92, 2.
*Dinias*, peintre, XXXV, 34, 3.
*Dino*, X, 70, 1.
*Dinocharès*, architecte, V, 11, 3; XXXIV, 42, 1; VII, 38, 1.
*Dinoménès*, statuaire, XXXIV, 19, 2.
*Dinon*, statuaire, XXXIV, 19, 2.
*Dioclès*, XX, 9, 1; 17, 1; 23, 2; 40, 3; 51, 7; 83, 1; 96, 1; XXI, 35, 1; 105, 3; XXIII, 17, 1; XXIV, 120, 1; XXXVII, 13, 1. — de Caryste, XXVI, 6, 2. — médecin, XXII, 63, 1.
*Diodore*, île, VI, 34, 1.
*Diodore*, bibliothèque, I, Proœm., 19.
*Diodore*, dialecticien, VII, 54, 1.
*Diodotus* Petronius, XX, 39, 2. 1; 48, 1; XXIV, 92, 2; XXV, 64, 1; XXIX, 39, 7.
*Diogène*, Athénien, sculpteur, XXXVI, 4, 25.
*Diogène*, cynique, VII, 18, 3.
*Diogène*, peintre, XXXV, 40, 21.
*Diognetus*, VI, 21, 6.
*Diomède*, oiseaux, X, 61, 1.
*Diomède*, III, 20, 5; XXXIII, 3, 1. — fonda Argos Hippium, III, 16, 5. — en ciselure, XXXIII, 55, 4. — son beau-père Daunus, III, 16, 3. — île, XII, 3, 1. — tombeau, *ibid*. — monument, III, 30, 1. — tombeau et temple, X, 61, 2.
*Diomède*, écurie, IV, 18, 3.
Διόνυσος κεχηνώς, VIII, 21, 5.
*Dionysius*, IV, 21, 3; V, 36, 3; XX, 44, 1; 83, 1; XXII, 32, 1; XXV,

4, 1; XXXVI, 17, 2. — Periegetes, VI, 31, 14.
*Dionysius*, II, 104, 2; VII, 31, 1; VIII, 64, 5; XII, 3, 1; 5, 3. — l'ancien, III, 15, 2.
*Dionysius* Cassius, XI, 15, 2.
*Dionysius*, envoyé par Philadelphe, VI, 21, 3.
*Dionysius*, médecin, XX, 9, 1.
*Dionysius*, sculpteur, XXXVI, 4, 22.
*Dionysius*, peintre, XXXV, 37, 2; 40, 23.
*Dionysius* Sallustius, XXXII, 26, 2.
*Dionysodorus*, de Mélos, II, 112, 10.
*Dionysodorus*, médecin, XXXVII, 3, 2.
*Dionysodorus*, peintre, XXXV, 40, 21.
*Dionysodorus*, statuaire, XXXIV, 19, 35.
*Diopus*, modeleur, XXXV, 43, 2.
*Dioscurides*, graveur, XXXVII, 4, 1.
*Diotimus*, Thébain, XXVIII, 23, 6.
*Dioxippus*, d'Alcimachus, XXXV, 40, 4.
*Dipœnus*, sculpteur, XXXVI, 4, 1.
*Dirce* et Taurus, XXXVI, 4, 21.
*Dives*, riche, surnom, XXXIII, 47, 1.
*Dokius*, fils du Ciel, VII, 57, 4.
*Dolabella*, P., II, 31, 2.
*Dolabellianes*, poires, XV, 16, 1.
*Domitius*, temple, XXXVI, 4, 13.
*Domitius* Cn., II, 32, 1; XIV, 14, 2.
*Domitius*, cos., XXXIII, 6, 1.
*Domitius* L., VII, 54, 7.
*Domitius* Ahenobarbus, VIII, 54, 5. — cos., XVII, 1, 1 et sqq.
*Domitius* Corbulo, VI, 8, 1.
*Domitius* Nero, II, 23, 3; IV, 5, 2; 10, 2; 15, 4; VII, 15, 4; XI, 96, 2; XXXVII, 7, 3; 12, 3.
*Domitius* Piso, I, Proœm., 13.
*Dorotheus*, dans ses vers, XXII, 45, 1.
*Dorotheus*, peintre, XXXV, 36, 28.
*Dosiades*, IV, 20, 1.
*Dositheus*, XVIII, 74, 3.
*Dossennus* Fabius, XIV, 15, 1.
*Drusilla* Livia, XV, 40, 4.
*Drusillanus* Rotundus, XXXIII, 52, 1.
*Drusus*, tribun du peuple, XXVIII, 41, 1. — Livius, XXXIII, 13, 5; 50, 1. — le plus célèbre des tribuns du peuple, XXV, 21, 4.
*Drusus*, frère de Tibère, VII, 20, 3; XXXIII, 6, 4.
*Drusus* Cæsar, X, 60, 1; XIV, 28, 6; XXIX, 8, 5. — fils de Tibère, XIX, 4, 1.
*Drusus*, sa femme Antonia, VII, 18, 3; IX, 81, 1.
*Dubius* Avitus, président de la province des Arvernes, XXXIV, 18, 7.
*Duillius* C., XXXIV, 11, 2. — Imperator, XVI, 74, 4.
*Duris*, VII, 2, 23; VIII, 61, 2; XXXIV, 19, 12. — de Samos, XXXVI, 17, 2.

E

*Eaclis*, VII, 57, 6.
*Echecrates*, Thessalien, X, 83, 9.
*Echion*, peintre, XXXV, 32, 1; 36, 16. — statuaire, XXXIV, 19, 2.

*Eculeo* Decius, XXXV, 36, 10.
*Egnatius* Calvinus, X, 68, 2.
*Egnatius* Mecenius, XIV, 14, 2.
*Elephantis*, XXVIII, 23, 4.
*Elipertius* Optatus, IX, 29, 1.
*Elpenor*, tombeau, XV, 36, 1.
*Elpis*, de Samos, VIII, 21, 3.
*Empédocle*, physicien, XXIX, 4, 7; XXX, 2, 2; XXXVI, 69, 1.
*Endymion*, II, 6, 13.
*Eniochus*, sculpteur, XXXVI, 4, 21.
*Ennius* Q., VII, 29, 1; 31, 4; XXXV, 7, 1. — très-ancien poëte, XVIII, 19, 2.
*Epaminondas* d'Aristolaus, XXXV, 40, 12.
*Epeus*, VII, 57, 10.
*Ephorus*, IV, 21, 3; 36, 2; V, 38, 1; VI, 36, 2; VII, 49, 2.
*Epicharmus*, VIII, 57, 2; XX, 34, 4; 36, 3.
*Épicure*, sa maîtresse Léontium, XXXV, 40, 19. — visage, XXXV, 2, 2. — maître dans l'art du loisir, XIX, 19, 2.
*Épicuriens*, I, Proœm. à la fin.
*Épidius*, C., XVII, 38, 2.
*Épigènes*, VII, 50, 1; 57, 3; XXXI, 21, 3.
*Epigonus*, statuaire, XXXIV, 19, 38.
*Épiménides*, de Gnosse, VII, 49, 2; 53, 2.
*Epiphanes* Antiochus, VI, 32, 6.
*Épistates*, XXXIV, 19, 32.
*Épitherses*, de Phœnix, XXXIV, 19, 31.
*Eraphius*. Voy. Raphius.
*Érasistrate*, son école, XX, 34, 1. — médecin, XIV, 9, 1; XX, 40, 1; 76, 3. — Érasistrate, XXII, 38, 1; 44, 1; XXIV, 47, 3; XXV, 35, 1; XXVI, 6, 2; XXIX, 3, 1.
*Ératon*, préfet d'Égypte, VI, 34, 1.
*Ératosthènes*, II, 76, 1; 112, 8; III, 10, 4; V, 6, 2; 9, 1; 33, 6; 36, 1; VI, 1, 2; 15, 1; 24, 1; 28, 1; 33, 1; 34, 3; 35, 6; XII, 30, 1.
*Erichthonius*, Athénien, VII, 57, 6 et sq.; 57, 11.
*Erigonus*, peintre, XXXV, 40, 20.
*Erinna*, dans ses vers, XXXIV, 19, 9.
*Eros* Stulierius, XXXV, 58, 1.
*Erythras*, roi, VI, 28, 1; 32, 1; VII, 57, 16.
*Estia*, temple, V, 43, 3.
*Etereianes*, châtaignes, XV, 25, 2; XVII, 26, 5.
*Etereius*, XVII, 26, 5.
*Eubulides*, statuaire, XXXIV, 19, 38.
*Eubulus*, statuaire, XXXIV, 19, 38.
*Euchir*, VII, 57, 14.
*Euchir*, modeleur, XXXV, 43, 2.
*Euchir*, statuaire, XXXIV, 19, 40.
*Euctémon*, XVIII, 57, 5.
*Eudemus*, XXIX, 8, 5.
*Eudicus*, XXXI, 9, 1.
*Eudorus*, peintre et statuaire, XXXV, 40, 16.
*Eudoxus*, II, 48, 1; VI, 36, 1; XVIII, 74, 3; XXX, 2, 1; XXXI, 13, 1.
*Eudoxus*, un certain, II, 67, 3.
*Eugrammus*, modeleur, XXXV, 43, 2.
*Eumarus*, peintre, XXXV, 34, 3.
*Eumène*, roi, sa bibliothèque, XIII,

21, 2. — batailles contre les Gaulois, XXXIV, 19, 34.
Eumolpus, VII, 57, 8.
Eunicus, graveur. XXXIII, 55, 2; XXXIV, 19, 35.
Eupalamus, VII, 57, 17.
Eupator, roi, XXV, 29, 1.
Euphorbe, médecin, XXV, 38, 1 et sqq.
Euphorion, statuaire, XXXIV, 19, 35.
Euphranor, peintre et statuaire, XXXV, 40, 4 et sqq. 21 et sqq.; 36, 46; XXXIV, 19, 2 et 27.
Euphronides, statuaire, XXXIV, 19, 3.
Euphronius, XIV, 24, 1.
Eupompus, peintre, XXXIV, 19, 12; XXXV, 36, 5.
Euripide, poëte, XXII, 38, 1; XXXVII, 11, 2. — son tombeau, XXXI, 19, 12.
Europe, avec Jupiter, etc. XII, 5, 2. — d'Antiphile, XXXV, 37, 2.
Euryalus, VII, 57, 4.
Euthycrates, statuaire, XXXIV, 19, 3. — son élève, XXXIV, 19, 33.
Euthymènes, VII, 17, 1.
Euthymides, peintre, XXXV, 40, 21.
Euthymus, pugiliste, VII, 48, 1.
Eutychides, peintre, XXXV, 40, 16.
Eutychides, statuaire et sculpteur, XXXIV, 19, 3 et 28; XXXVI, 4, 22.
Eutychis, VII, 3, 2.
Euxenidas, peintre, XXXV, 36, 13.
Evagon, XXVIII, 6, 1.
Evander, XXXIV, 16, 1.
Evander Aulanius, XXXVI, 4, 20.
Evanthes, VIII, 34, 1.
Evenor, XX, 73. 3; XXI, 105, 4.
Evenor, père de Parrhasius, XXXV, 36, 1. — statue du *Bon succès*, XXXIV, 19, 27.
Evhemère, XXXVI, 17, 1.

### F

Fabianus, II, 46, 1; 105, 1; IX, 8, 1; XII, 9, 1; XV, 2, 1; XIV, 68, 11; XXIII, 30, 1.
Fabianus Papirius, XXXVI, 24, 20.
Fabius, les, d'où ce nom, XVIII, 3, 1. — les Fabius Pictor, XXXV, 7, 1. — famille des Fabius, VII, 42, 1.
Fabius Ambustus, VII, 42, 1.
Fabius Dossennus, XIV, 15, 1.
Fabius Gurges, VII, 42, 1.
Fabius Q. II, 29, 1.
Fabius Q. Maximus, VII, 49, 2; 54, 2; VIII, 25, 1. — Cos, VII, 51, 1; 54, 2; XXII, 5, 2. — dictateur, XXXIII, 13, 4.
Fabius C., consul, XXXIII, 13, 2.
Fabius Pictor, X, 34, 2; XIV, 14, 2.
Fabius Rullianus, VII, 42, 1.
Fabius, sénateur, préteur, VII, 5, 1.
Fabius Verrucosus, XXXIV, 18, 2.
Fabius Vestalis, VII, 60, 2.
Fabius, auteur, VII, 46, 3; VIII, 34, 3.
Fabricius, IX, 58, 2; XXXIII, 54, 3; XXXIV, 15, 1.
Fabullus, I, Procem., 2.
Fabullus, peintre, XXXV, 37, 7.
Fannius, atelier, XIII, 28, 1. — papier, XIII, 24, 1.

Fannius C., cos., loi, X, 71, 1. — Fannius C., II, 32, 1.
Faunus, roi, XVII, 6, 1.
Fausta, une certaine, VII, 3, 1.
Faustian, territoire, XIV, 8, 3 et sqq.
Félicité, temple, XXXIV, 19, 20; XXXVI, 4, 26. — statue, XXXV, 45, 3.
Felix Russatus, VII, 54, 7.
Felix Sylla, XXII, 6, 3; XVIII, 7, 1.
Felix : Galeria Felix, VII, 50, 4.
Fenestella, VIII, 7, 1; 74, 1; IX, 30, 2; 59, 2; XV, 1, 1; XXXIII, 6, 5; 52, 2; XXXV, 46, 3.
Feronia, temple, II, 56, 2.
Petialis Annius, XXXIV, 13, 2.
Fidustius M., VII, 43, 1.
Firmians, vases, XXXIII, 49, 1.
Flaccus, surnom, XI, 50, 1.
Flaccus, censeur, VII, 49, 4.
Flaccus Fulvius, VII, 35, 1.
Flaccus Horace, X, 74, 2.
Flaccus Pompeius, XV, 24, 5.
Flaccus Verrius, XXXVII, 4, 4.
Flaminius, Cirque, XXXVI, 4, 13.
Flaminius C., censeur, XXXV, 57, 1.
Flamininus, cos., XIX, 45, 1.
Flamma Calpurnius, XXII, 6, 1.
Flavia prima, colonie établie par Vespasien, V, 14, 3.
Flavianus, proconsul d'Afrique, XIX, 8, 1.
Flavius C., XIX, 1, 3.
Flavius Alfius, IX, 8, 1.
Flavius, fils d'Amius, XXXIII, 6, 1.
Flavius Proculus, XXXIII, 8, 1.
Flore de Praxitèle, XXXVI, 4, 11.
Foi, temple, XXXV, 36, 36.
Fonteius, cos., II, 72, 1; VII, 20, 1.
Fortuna Seia, XXXVI, 49, 1. — temple, VIII, 74, 1. — Fortune de ce jour, temple, XXXIV, 19, 5. — temple à Præneste, XXXVI, 64, 1. — statue, VIII, 74, 3. — statue, XXXIII, 19, 3.
Frondicius, XVII, 1, 5.
Frugi Piso, XXXIII, 11, 1.
Fufidius, XXXIII, 6, 5.
Fulcinius C., XXXIV, 11, 3.
Fullonius T., VII, 49, 6.
Fulvius L., XIV, 41, 1; XXI, 6, 1.
Fulvius Flaccus, VII, 35, 1.
Fulvius Hirpinus, IX, 82, 1.
Fulvius Lupinus, VIII, 78, 2.
Fulvius Nobilior, XXXV, 36, 6.
Fulvius Q., cos., XXXV, 4, 2.
Furius Cresinus, XVIII, 8, 3.
Fuscus Arellius, XXXIII, 54, 2.
Fusius, VII, 19, 2.

### G

Gabburas, VII, 18, 2.
Gabienus, VII, 53, 4.
Galba, imp., III, 5, 7. — Sulpicius, XXXIII, 8, 1.
Galeria Copiola, VII, 49, 5.
Galeria, VII, 50, 4.
Galeria, villa, X, 25, 1.
Galerius, XIX, 1, 3.
Galles, de la Mère des dieux, XI, 109, 1.
Gallio Annæus, XXXI, 33, 1.
Gallus Ælius, VI, 32, 17.
Gallus Aquilius, VII, 54, 5.

Gallus Asinius, XIII, 29, 1; XXXIII, 47, 2.
Gallus Cornelius, VII, 54, 5.
Gallus Sulpicius, II, 19, 2.
Ganymèdes, de Léocharès, XXXIV, 19, 29.
Gegania, XXXIV, 6, 2.
Gellianus, III, 17, 2.
Gellius, VII, 57, 2 et 6.
Gelon, tyran, VI, 61, 2.
Genita Mana, XXIX, 14, 1.
Gentius, roi des Illyriens, XXV, 34, 1.
Germanicus Cæsar, poëme, VIII, 64, 3. — Caïus Cæsar, fils de Germanicus, V, 1, 2. — Néron, fils de Germanicus, VIII, 61, 3. — Germanicus Cæsar, II, 25, 1; VIII, 2, 1; 71, 2; X, 60, 1; XI, 71, 2; XXV, 6, 4; XXXIV, 18, 7; XXXVII, 11, 11.
Geryons, IV, 36, 3.
Gestius, XV, 15, 1.
Glance, joueuse d'instrument pour le roi Ptolémée, X, 26, 1.
Glaucias, XX, 99, 1; XXI, 102, 1; XXIV, 91, 1.
Glaucides, statuaire, XXXIV, 19, 40.
Glaucion, peintre, XXXV, 40, 9.
Glaucion, tableau, XXXV, 10, 2.
Glaucus, XXII, 35, 1.
Glaucus, XXXIII, 3, 1.
Glycère, bouquetière, XXI, 3, 1. — inventrice de couronnes, XXXV, 40, 2 et sqq.
Gnatius, de Pisaure, VII, 40, 1.
Gobar, préfet, VI, 30, 3.
Gorgasus, modeleur, XXXV, 45, 1.
Gorgias, Léontin, XXXIII, 24, 1. — de Sicile, VII, 49, 3.
Gorgias, statuaire, XXXIV, 19, 1.
Gorgone, statue, de Timomaque, XXXIV, 40, 11. — séjour des Gorgones, VI, 36, 3.
Gorgosthènes, d'Apelle, XXXV, 36, 30.
Gracchanus Junius, XXXIII, 9, 1.
Gracilis Turranius, III, 1, 4.
Gracques, les, XXXIII, 8, 3. — Tibérius et Caïus, XIII, 26, 1. — Gracchus C., I, Procem., 8; XXXIII, 9, 1; 14, 1; 53, 1. — tribun du peuple, XIV, 6, 2. — le père des Gracques, VII, 36, 2. — leur mère, VII, 11, 1; 15, 2. — leur mère Cornélie, XXXIV, 14, 1.
Græcinus, XIV, 4, 11; XVI, 90, 1.
Græcus, roi, IV, 14, 1.
Granius, XXVIII, 9, 1.
Gratianus, vases, XXXIII, 49, 1.
Gratidianus Marius, XXXIII, 46, 1; XXXIV, 12, 2.
Galussa, petit roi, VIII, 10, 4.
Gurges Fabius, VII, 42, 1.
Gurges Vulcatius, VII, 54, 2.
Gyges, roi, VII, 47, 1. — Lydien, VII, 57, 14.

### H

Habron, peintre, XXXV, 40, 16.
Habron, d'Apelle, XXXV, 36, 30.
Hammon, temple, XIII, 33, 1; XXIII, 30, 4. — oracle, V, 9, 2; XII, 49, 1; XXXI, 39, 4.

*Hannibal*, I, Proœm., 24 ; V, 43, 1;
VII, 3, 2; 29, 4; VIII, 7, 1; 82, 3;
XI, 73, 1; XV, 20, 2; XVI, 79, 3;
XVII, 1, 5: XXXIII, 6, 4; 13, 4;
15, 1; 31, 2; XXXVI, 1, 1. —
chassé d'Italie, XXII, 5, 2. — année où il fut vaincu, XVIII, 46, 3.
— sa maitresse, III, 16, 4. —
camp, III, 15, 3. — petite ile, III,
11, 2. — guerites, XXXV, 48, 1.
— statue à Rome, XXXIV, 15, 1.
— tombeau, V, 43, 2. — tours,
II, 73, 1.
*Hannon*, II, 67, 3. — général carthaginois, V, 1, 7. — célèbre Carthaginois, VIII, 21, 2. — général,
VI, 36, 4.
*Harmodius*, sa maitresse, XXXIV,
19, 23. — Harmodius, VII, 23, 1;
XXXIV, 9, 2. — de Praxitèle,
XXXIV, 19, 21.
*Harpalus*, XVI, 62, 1.
*Harpocrates*, XXXIII, 12, 2.
*Haterius* Q., VII, 54, 5.
*Hécate*, XXII, 44, 1.
*Hecatœus*, IV, 27, 4 ; VI, 20, 3.
*Hecatœus*, ciseleur, XXXIII, 55, 2;
XXXIV, 19, 35.
*Hecate*, de Ménestrate, XXXVI, 4, 20.
*Hector*, VII, 50, 5.
*Hécube*, tombeau, IV, 18, 11.
*Hegesias*, VII, 57, 16.
*Hegesias*, statuaire, XXXIV, 19, 28.
*Hegesidemus*, IX, 8, 6.
*Hegias*, statuaire, XXXIV, 19, 1.
*Hélène*, XXI, 91, 1; XXV, 5, 3;
XXXIII, 23, 2. — d'Homère, XXIII,
23, 1. — peinte, XXXV, 6, 1.
— de Zeuxis, XXXV, 36, 6. —
d'Aristophon, XXXV, 40, 13. —
larmes, XXI, 33, 1. — amant,
XXXIV, 19, 27.
*Helica*, Helvétien, XII, 2, 2.
*Heliodorus*, statuaire et sculpteur,
XXXIV, 19, 40; XXXVI, 4, 22.
*Hellanicus*, IV, 22, 4 ; VII, 49, 2.
*Hellen*, VII, 57, 12. — roi, IV, 14, 1.
*Hémina* Cassius, XIII, 27, 1; XVIII,
2, 2; XXIX, 6, 1; XXXII, 10, 1.
*Héphæstion*, ami d'Alexandre le Grand,
XXXIV, 19, 15.
*Heraclides*, les rois, XXXV, 34, 2.
*Heraclides*, IV, 23, 4 ; XX, 17, 1;
73, 4.
*Heraclides*, médecin, XXII, 8, 1.
*Heraclides*, peintre, XXXV, 40, 10
et 24.
*Héraclide*, livre, VII, 53, 2.
*Heraclitus*, VII, 18, 3.
*Hercule*, IV, 17, 6; VII, 9, 1; 27, 1;
57, 14; VII, 89, 2; XVII, 6, 1;
XXV, 12, 1; 30, 1; 37, 1. — n'y
a-t-il eu qu'un seul Hercule? XI,
17, 1. — enfant, étranglant les dragons, XXXV, 36, 4. — enleva les
troupeaux des Géryons, IV, 36, 3.
— tira Cerbère, XXXV, 2, 1. —
adoré au Taprobane, VI, 24, 9. —
Alcmène accouchant d'Hercule,
XXVIII, 17, 5. — passa par les
Alpes, III, 15, 8. — Hercule
triumphal consacré par Évandre,
XXXV, 16, 1. — Hercule au Capitole, XXXIV, 18, 2. — Hercule
de fer, XXXIV, 40, 1. — Hercule

carthaginois, etc., XXXVI, 4, 26.
— Hercule allant au ciel, XXXV,
40, 14. — Hercule vu par derrière,
d'Apelle, XXXV, 36, 31. — Hercule d'Euthycrate, XXXIV, 19,
17. — d'Isidore, XXXIV, 19, 28.
— de Ménestrate, XXXVI, 4, 20.
— de Myron, XXXIV, 19, 8. — de
Nicéarque, XXXV, 40, 17. — de
Parrhasius, XXXV, 36, 8 et sq. —
de Polyclète, XXXIV, 19, 6. —
de Turianus, XXXV, 45, 4. —
Hercule et Déjanire d'Artemon,
XXXV, 40, 14. — travaux d'Hercule en Afrique, V, 1, 6. — reine,
fille d'Hercule, VI, 23, 6. — honneurs décrétés à Hercule par la Grèce,
VII, 37, 1. — peuplier, consacré à
Hercule, XII, 2, 1. — temple à Érythres, XI, 36, 3. — à Patras en
Achaïe, XXXV, 49, 3. — à Rome,
X, 41, 3 ; XXXV, 71, 7. — autels,
V, 1, 4 ; VI, 18, 4. — combat avec
Antée, V, 1, 3. — colonnes, II,
112, 1. — compagnons, V, 8, 3.
— suite, III, 24, 2. — armée, ibid.
*Hercule*, temple à Gadès, II, 100, 1 ;
XIX, 22, 2. — travaux, bornes,
III, 1, 5. — nœud, XXVIII, 17, 1.
— patrie, IV, 12, 1. — roche,
XXXII, 8, 1. — combats, III,
5, 4. — temple à Tyr, XXXVII,
19, 1 ; 58, 1. — Hercule en tunique,
statue à Rome, XXXIV, 19, 42.
*Hercule*, rustique, VII, 19, 2.
*Herdicius* C., VII, 4, 1.
*Herennius* M., II, 52, 2. — Cos.,
XIX, 15, 2.
*Herillus*, peintre, XXXV, 36, 1.
*Hermias*, enfant, IX, 8, 6.
*Hermias*, petit roi en Chypre,
XXXVII, 17, 2; 18, 2.
*Hermippus*, XXX, 2, 1.
*Hermodorus*, d'Éphèse, XXXIV,
11, 2.
*Hermolaus*, sculpteur, XXXVI, 4,
25.
*Hermontinus*, de Clazomène, VII,
53, 1.
*Hérodes*, roi, V, 14, 3.
*Hérodote*, II, 87, 1; V, 10, 8; 14, 2;
VII, 2, 2 ; VIII, 4, 1; XII, 8, 1;
40, 1; 42, 1; XXXVI, 17, 1;
19, 1.
*Héron*, affranchi de Lucullus, XXXV,
58, 2.
*Hérophile*, oracle de la médecine,
XI, 88, 2 ; XXV, 5, 5 ; 23, 2;
XXVI, 6, 2 ; XXIX, 5, 1.
*Hésiode*, VII, 49, 1; 57, 6; X, 83, 2;
XIV, 1, 2; XV, 1, 2; XVI, 11, 1;
XXI, 21, 1; 68, 1; 84, 1; XXII,
32, 1; 33, 1; 43, 1; XXV, 5, 3;
XXVIII, 19, 2. — a traité le premier de l'agriculture, XVIII, 56, 5.
— astronomie, XVIII, 57, 1.
*Hésione*, d'Antiphile, XXXV, 37, 2.
*Hesperis*, sa fille, IV, 20, 1.
*Hicanus*, statuaire, XXXIV, 19, 40.
*Hicesius*, XIV, 24, 1; XX, 17, 1;
XXII, 18, 1. — médecin recommandable, XXVII, 14, 1.
*Hiéron*, roi, VIII, 61, 2 ; XVI, 74, 1;
XVIII, 5, 1 ; XXXV, 9, 9.
*Hilarus* Crispinus, VII, 11, 2.

*Hilarus* Ofilius, VII, 54, 6.
*Himilcon*, II, 67, 2.
*Hipparchus*, affranchi de Marc-Antoine, XXXV, 58, 2.
*Hipparque*, II, 9, 1; 10, 2; 24, 1;
79, 1. — admirable, II, 112, 9.
*Hippias*, peintre. Voy. *Hippus*.
*Hippocrate*, médecin, VII, 37, 1;
XX, 13, 3; 22, 1; 23, 2; 34, 1;
51, 7; 58, 1; 83, 1; 84, 8; 93, 1;
XXII, 15, 3; 32, 4; 35, 1; 66, 1;
XXIV, 92, 4 ; XXV, 18, 2 ; XXVI,
76, 1; 90, 5; XXVIII, 14, 4;
XXIX, 3, 3; 30, 3; 38, 7; XXX,
2, 6; XXXVI, 69, 1. — prince
de la médecine, VII, 52, 1. — trèsillustre médecin, XVIII, 15, 1. —
son éloge, XXVI, 6, 2 et sq.
*Hippolyte*, d'Antiphile, XXXV, 37, 2.
*Hipponax*, poète, XXXVI, 4, 2.
*Hippus*, VII, 57, 17.
*Hippus*, peintre, XXXV, 40, 16.
*Hirpinus* Fulvius, IX, 82, 1.
*Hirtius* C., IX, 81, 1.
*Hister* Palpelius, Cos., X, 16, 2.
*Homère*, Iliade, VII, 21, 1. — tombeau, IV, 23, 2. — Hélène d'Homère, XXIII, 23, 1. — Homère,
II, 4, 4; 46, 1; 87, 1; III, 9, 5;
15, 2; IV, 6, 2; 14, 1; 15, 3;
19, 1; V, 8, 1; 10, 4; 33, 2;
40, 1; VII, 21, 1; 50, 5; VIII,
73, 3; 74, 2; X, 70, 2; XIII, 21, 2;
27, 3; 30, 4; XIV, 6, 1; XVI,
4, 1; 8, 1; 24, 1; XVII, 6, 1;
XVIII, 7, 2; 19, 1; XXI, 10, 1;
68, 1; 91, 1; XXII, 27, 1; XXIII,
30, 4; XXIV, 40, 1; XXV, 5, 3;
8, 4; 38, 1; XXVIII, 4, 6; XXIX,
8, 11; XXX, 2, 2; 6, 2; XXXI,
32, 1; XXXII, 14, 1; XXXIII,
3, 1; 4, 5; 23, 1; 38, 1; XXXIV,
47, 3; XXXV, 36, 40; 40, 8;
XXXVI, 5, 2; 20, 1. — Homère,
ancien de plus de mille ans, VII,
16, 2. — père des sciences, XXV,
5, 3. — source où l'on puise, XVII,
3, 10. — son éloge, VII, 30, 1. —
son portrait n'a pas été transmis,
XXXV, 2, 6.
Honneur et Vertu, temple, XXXV,
37, 7.
*Horace* Flaccus, X, 74, 1.
*Horaces*, les, VII, 3, 1.
*Horatius* M. Coclès, XXXIV, 11, 2;
XXXVI, 23, 2.
*Horatius* C., de famille patricienne,
VI, 99, 1.
*Hortensius* Q., VIII, 78, 2. — dictateur, XVI, 15, 1.
*Hortensius*, orateur, X, 23, 1 ; XIV,
17, 2; XXXIV, 18, 8; XXXV,
40, 6.
*Hortensius*, noblesse, IX, 80, 1. —
piscine, IX, 81, 1.
*Horus*, roi des Assyriens, XXX, 51, 1;
XXXVI, 52, 2.
*Hostilia* Curia, XXXV, 7, 3.
*Hostilius* Mancinus, XXXV, 7, 4.
*Hostilius* Tullus, II, 54, 19 ; IX, 63, 1;
XVI, 5, 1; XXVIII, 4, 1.
*Hostus* Hostilius, XVI, 5, 1.
*Hyacinthe*, XXI, 38, 3. — de Nicias,
XXXV, 40, 7.
*Hygiænon*, peintre, XXXV, 34, 3.

## JUB

*Hygie*, de Niceratus, XXXIV, 19, 30.
— de Pyrrhus, XXXIV, 19, 31. —
de Socrate, XXXV, 40, 12.
*Hyginus*, XIII, 47, 4; XVI, 84, 1;
XVIII, 63, 1; XIX, 27, 1; XX,
45, 1; XXI, 29, 1.
*Hylas*, X, 18, 1.
*Hypatodorus*, statuaire, XXXIV,
19, 1.
*Hyperbius*, VII, 57, 2 et sqq., 6 et sqq.,
17 et sqq.
*Hyrcanus*, nom d'un chien, VIII,
61, 2.

## I

*Iacchus*, XIII, 54, 8.
*Ialysus*, de Protogène, XXXV, 36, 38.
*Iapyx*, roi, fils de Dédale, III, 16, 3.
*Iaso*, de Socrate, XXXV, 40, 12.
*Icare*, VII, 57, 17.
*Icétidas*, médecin, XXVIII, 23, 6.
*Ilus*, tombeau, XVI, 88, 1.
*Ilithyia Artemis*, XXV, 36, 1.
*Imperiosus*, cos., XXII, 5, 1.
*Io*, changée en vache, XVI, 89, 1.
*Io*, de Nicias, XXXV, 40, 8.
*Iollas*, XX, 73, 1; 76, 1; XXXIV,
22, 4.
*Ion*, statuaire, XXXIV, 19, 3.
*Iphiclès*, frère d'Hercule, VII, 9, 1.
*Iphigénie*, de Timanthe, XXXV,
36, 11. — Iphigénie, en Tauride,
de Timomaque, XXXV, 40, 11.
*Irène*, femme peintre, XXXV, 40, 22.
*Iseum*, à Cæsarée, en Mauritanie, V,
10, 2.
*Isiaques*, XXVIII, 29, 1.
*Isis*, île consacrée à Isis, X, 49, 3.
*Isidorus Cæcilius*, XXXIII, 47, 2.
*Isidorus*, II, 112, 1; IV, 5, 1; 30, 1;
37, 1; V, 6, 2; 9, 1; 35, 1; 37, 1;
39, 1; 43, 4.
*Isidorus*, statuaire, XXXIV, 19, 28.
*Isigonus*, VII, 2, 8.
*Isigonus*, statuaire, XXXIV, 19, 34.
*Ismenias*, choraules, XXXVII, 3, 1;
4, 1; 23, 2.
*Isocrates*, VII, 31, 1.
*Ivresse*, l', statue de Praxitèle, XXXIV,
19, 20.

## J

*Janus*, Pater, consacré par Auguste en
son temple, XXXVI, 4, 16. — Janus Geminus, statue, XXXII,
13, 4. — apporté d'Égypte,
XXXIV, 16, 1.
*Jason*, III, 9, 17; VII, 57, 16.
*Jason*, Lycien, VIII, 61, 2.
*Jason*, de Phères, VII, 51, 1.
*Jeunesse*, temple, XXIX, 14, 1;
XXXV, 36, 44.
*Juba*, roi, V, 10, 11; VI, 26, 1; 30, 7;
31, 13; 32, 8; 34, 6; 35, 1; 37, 3;
VIII, 4, 1; 5, 5; 13, 1; 45, 1;
64, 3; IX, 56, 4; X, 61, 1; XII,
22, 1; 31, 1; 40, 1; XIII, 7, 5;
9, 6; 29, 1; 52, 1; XV, 28, 1;
XXV, 5, 4; XXXI, 15, 1; XXXII,
4, 1; XXXIII, 4, 1; XXXV,
22, 1; XXXVI, 46, 1; XXXVII,
9, 1; 18, 5; 32, 1; 35, 1. — père
de Ptolémée, V, 1, 16. — capitale,
V, 1, 20.

## JUP

*Jugurtha*, XXXIII, 4, 4. — extradition, XXXVII, 4, 1. — guerre,
IX, 59, 2; XXXIII, 6, 5.
*Julia Augusta*, VII, 16, 3; X, 76, 1.
— fille d'Auguste, XXI, 6, 1. —
femme de Tibère, XIX, 29, 1. —
ses adultères, VII, 6, 2.
*Julia*, petite-fille d'Auguste, VII, 16, 3.
*Julia*, loi, XXXII, 8, 1.
*Julianus*, chargé de veiller à des jeux
donnés par Néron, XXXVII, 11, 13.
*Julius C.*, médecin, VII, 54, 4.
*Julius L.*, II, 29, 1.
*Julius Cæsar L.*, censeur, XIII, 5, 1;
XIV, 16, 1.
*Julius L.*, cos., XXIX, 6, 1.
*Julius Lupus*, XXXV, 36, 1.
*Julius Rufus*, consulaire, XXVI, 4, 1.
*Julius*, sex. cos., II, 85, 1; XXXIII,
17, 1.
*Julius Viator*, VII, 18, 1.
*Julius Vindex* défenseur de la liberté
contre Néron, XX, 57, 1.
*Junianes*, cerises, XV, 30, 1.
*Junius*, famille des, XVIII, 3, 2.
*Junius Congus*, I, Proœm. 6.
*Junius L.*, Cos., XV, 1, 1.
*Junius M.* préteur, XXXV, 36, 36.
*Junius Gracchanus*, XXXIII, 9, 1.
*Junius Ap.*, cos. VIII, 61, 3.
*Junius P.*, XXXIV, 11, 3.
*Junius Pisciculus*, XXXVI, 4, 26.
*Junius Silanus*, cos., II, 89, 2.
*Junon*, de Batton, XXXIV, 19, 24.
— de Dionysius, XXXVI, 4, 22.
— de Polyclès, XXXVI, 4, 22. —
Junon, XXXI, 22, 2. — Argienne,
III, 9, 17. — Lacinienne, II, 111, 3;
XXXV, 36, 4. — reine, XXXV,
37, 4. — fontaine dont Junon fut
arrosée, XXXI, 22, 1. — temple,
II, 55, 3; XXXVI, 4, 22. — cella,
XXXIV, 17, 3. — Junon Argienne,
temple, III, 9, 17. — à Rome,
XXXVI, 4, 12. — à Carthage, III,
9, 1. — à Métaponte, XIV, 2, 1.
— Junon Lacinienne, autel, II,
111, 3.
*Jupiter*, Bacchus né de sa cuisse, VI,
23, 9. — Scythes fils de Jupiter,
VII, 57, 9. — aigle, X, 4, 3. — la
table de Jupiter balayée avec la verveine, XXV, 59, 1. — caverne,
XVI, 46, 1. — jardin, XXXI, 28, 4.
— Jupiter Optimus Maximus,
XXVIII, 4, 1; XV, 40, 1. — effigie
dans le Capitole, XXXV, 45, 4. —
statue, XIV, 2, 1. — statue en bois
de vigne, XXXIII, 36, 1. — temple
à Patras, XXXV, 49, 3. — temple
en Égypte, XXXVII, 19, 1. —
Jupiter Bélus, VI, 30, 4. — temple
à Rome, XXXVI, 4, 28, 61, 1. —
Jupiter Casien, V, 14, 1. — Jupiter
Casien, temple, IV, 19, 1. — Jupiter de Dodone, IV, 1, 2. — Jupiter Hammon, IV, 9, 3. — Heroum,
X, 6, 1. — Jupiter Indigète, III,
9, 4. — Jupiter Labrandéen,
XXXII, 7, 1. — Jupiter Lycéen,
IV, 10, 1. — Jupiter Olympien,
IV, 6, 3. — Jupiter Olympien,
temple à Athènes, XXXVI, 5, 2.
— Jupiter Sauveur, XXXIV, 19, 24.
— Jupiter Stator, XXXVI, 13, 2.

## LAO

— Jupiter Stratius, XVI, 89, 1. —
Jupiter Tonnant, XXXIV, 5, 1;
19, 29; XXXVI, 8, 1. — chêne
consacré, XII, 2, 1; XVI, 5, 1. —
libation d'un peu de vin vouée à
Jupiter, XIV, 14, 3. — élever des
trophées à Jupiter, VI, 32, 9. —
Jupiter Fagutal, XVI, 15, 1. — Jupiter Vengeur, XXXIV, 24, 2. —
Jupiter nourri de lait de chèvre,
XXVIII, 33, 1. — Jupiter Élicius,
II, 54, 1. — parjurer Jupiter Foudroyant, II, 5, 5. — Jupiter lance
les foudres, II, 53, 1. — Jupiter
avec Europe, XII, 5, 2. — Jupiter
Olympien fait par Colotès avec Phidias, XXXIV, 19, 1. — passer
contrat pour colorer en minium la
statue de Jupiter, XXXIII, 36, 1.
— faveur obtenue de Jupiter, X,
39, 1.
*Jupiter* Opt. Max. XV, 40, 1. — le
plus grand des dieux, VII, 48, 1. —
mettant au monde Bacchus, tableau,
XXXV, 40, 15. — Jupiter Assabinus, XII, 42, 4. — Jupiter Capitolin, VII, 39, 1; XXXVII, 7, 1.
— qui est au Capitole, XXXIV,
18, 1. — d'ivoire, XXXVI, 4, 28.
— d'ivoire à Cyzique, XXXVI,
22, 1. — Lycéen, VIII, 34, 3. —
Olympien à Rome, VII, 39, 1. —
Pompeianus, XXXIV, 18, 1. —
Hospitalier, de Pamphile, XXXVI,
4, 21. — Olympien, de Phidias,
XXXIV, 19, 5; XXXV, 34, 1;
XXXVI, 4, 7.
*Jupiter*, fait à Olympie par Phidias,
XXXIV, 19, 5. — de Sthennis,
XXXIV, 19, 40. — du fils de Timarchides, XXXVI, 4, 22. — de
Zeuxis, XXXV, 36, 4. — Tonnant,
de Léocharès, XXXIV, 19, 29. —
Juppiter et l'Océan, d'Éniochus,
XXXVI, 4, 21.
*Juventius Thalna*, VII, 54, 3.

## L

*Labeo*, X, 17, 1.
*Labeo Titidius*, XXXV, 7, 2.
*Labeo Attinius*, VII, 45, 3.
*Labéon Bochus*, les, XI, 60, 1.
*Laberius*, poète de mimes, IX, 28, 1.
*Lactucinus*, les, dans la famille Valeria, XIX, 19, 9.
*Lacydes*, philosophe, X, 26, 1.
*Lædusstratiates*, graveur, XXXIII,
55, 2.
*Lælius*, XIV, 15, 1.
*Lænas*, cos., VII, 60, 4.
*Lænius Strabo*, X, 72, 1.
*Lagon*, de Lyciscus, XXXIV, 19, 29.
*Laippus*, statuaire, XXXIV, 19, 31
et 17.
*Lais*, XXVIII, 23, 4.
*Lala*, de Cyzique, XXXV, 40, 22.
*Lamia L.*, VII, 53, 1.
*Lampido*, Lacédémonienne, VII, 42, 1.
*Laocoon*, etc., d'un seul bloc, XXXVI,
4, 24.
*Laodamia*, de Ctésidème, XXXV,
40, 15.
*Laodice*, femme du roi Antiochus,
VII, 10, 3.

*Laomédon*, d'Artémon, XXXV, 40, 14.
*Largus* Cæcina, XVII, 1, 3.
*Larissa*, de Téléphanes, XXXIV, 19, 19.
*Lartius* Licinius, XIX, 11, 2; XXXI, 18, 3.
*Lathurus*, roi, II, 67, 4. — Ptolémée, VI, 35, 10.
*Latone*, de Céphisodore, XXXVI, 4, 12. — de Philiscus, XXXVI, 4, 22. — Latone, tenant Apollon et Diane enfants, XXXIV, 19, 27.
*Latoüs*, Pamphila, fille de, XI, 26, 1.
*Latro* Porcius, XX, 57, 1.
*Laurea* Tullius, XXXI, 3, 2.
*Laurentia* Acca, XVIII, 2, 1.
*Leæna*, courtisane, VII, 23, 1. — de Tisicrate, XXXIV, 19, 23.
*Learchus*, fils d'Athamas, XXXIV, 40, 1.
*Lecanius* Bassus, consulaire, XXVI, 4, 1.
*Lecythion*, de Timomachus, XXXV, 40, 11.
*Lenæus* Pompeius, XV, 39, 1; XXIV, 41, 1; XXV, 3, 1; 7, 3.
*Lentulus*, d'où ce nom, XVIII, 3, 2.
*Lentulus*, cos., VII, 10, 4; XXX, 3, 1.
*Lentulus* L., cos., XXXIII, 11, 1.
*Lentulus* P., cos., XXXIV, 18, 1.
*Lentulus* Spinther, IX, 63, 2; XIX, 6, 1; XXXVI, 12, 1.
*Leocharès*, statuaire et sculpteur, XXXIV, 19, 2 et 29; XXXVI, 4, 18.
*Léon*, peintre, XXXV, 40, 16.
*Léon*, statuaire, XXXIV, 19, 40.
*Léonides*, maître d'Alexandre, XII, 32, 4.
*Léonnatus*, VI, 26, 2. — un des généraux d'Alexandre, XXXV, 47, 1.
*Leontiscus*, peintre, XXXV, 40, 16.
*Leontiscus*, statue de Pythagoras de Rhégium, XXXIV, 19, 10.
*Leontium*, maîtresse d'Épicure, XXXV, 36, 35; 40, 19.
*Lepidus*, famille des, VII, 10, 1.
*Lepidus*, XXXVI, 24, 7.
*Lepidus* Æmilius, VII, 54, 3.
*Lepidus* M., II, 31, 2; VII, 36, 2; 54, 7. — cos., X, 25, 1; XXXVI, 8, 1. — triumvir, XXXV, 38, 1. — maître de cavalerie, VII, 46, 1.
*Lesboclès*, statuaire, XXXIV, 19, 35.
*Levinus*, famille des, XXXV, 2, 5.
*Liber* pater, IV, 7, 6; V, 16, 1; VI, 21, 5; 23, 9; VII, 27, 1; 30, 2; 57, 1; VIII, 2, 1; 21, 3; 31, 1; XII, 42, 1; XVI, 4, 1; 62, 1; 63, 2; 79, 2; XXIV, 1, 1; XXXI, 13, 1; XXXIII, 53, 2; 55, 1; XXXV, 40, 15; XXXVII, 64, 1. — Liber pater, tableau, XXXV, 8, 1. — statue, XXXV, 4, 17. — d'Antiphile, XXXV, 37, 2. — d'Aristide, XXXV, 36, 36. — de Bryaxis, XXXVI, 4, 22. — d'Echion, XXXV, 36, 16. — d'Eutychidès, XXXVI, 4, 22. — de Nicias, XXXV, 40, 7. — de Parrhasius, XXXV, 36, 10. — de Praxitèle, XXXIV, 19, 2. — de Scopas, XXXVI, 4, 10. — ses autels, VI, 8, 1. — temple, II, 106, 11. — patrie, Thèbes, IV, 12, 1. —

combat avec Cérès, III, 9, 7. — roi habillé comme Bacchus, VI, 24, 10.
— Liberi patres, XI, 17, 1. — Bacchus nourri par Mercure, XXXIV, 19, 37.
*Libera*, statue, XXXVI, 4, 17.
*Libon*, ses jeux, XXXVI, 24, 2.
*Libyas*, VII, 57, 12.
*Licerianes*, poires, XV, 16, 1.
*Licinienne*, olive, XV, 4, 1; 6, 1.
*Liciniens*, les, VII, 12, 1.
*Licinius* P., cos, X, 2, 3.
*Licinius* Cæcina, XX, 76, 3.
*Licinius* Calvus, VII, 50, 5.
*Licinius* Crassus, P., cos., VII, 3, 1. — censeur, XIII, 5, 1; XIV, 16, 1; XXX, 3, 1; XXXI, 2, 2.
*Licinius* Lartius, XIX, 11, 2; XXXI, 18, 3.
*Licinius* Macer, XXXII, 3, 2; 5, 4.
*Licinius* Muræna, IX, 80, 1.
*Licinius* Mucianus, VII, 3, 1; IX, 31, 1. — trois fois consul, XII, 5, 1.
*Licinia*, famille des Stolons, XVII, 1, 5.
*Licinius* Stolo, XVIII, 4, 3.
*Linus*, VII, 57, 13.
*Liparus*, roi, III, 14, 7.
*Livia* Drusilla, puis Augusta, XV, 40, 4. — Livia Augusta, X, 76, 1; XIII, 21, 3; XIV, 8, 1; XXXVII, 10, 1. — Livia, femme d'Auguste, VII, 11, 1; XXXIV, 2, 2.
*Livia*, femme de Drusus Cæsar, XXIX, 8, 5.
*Livia*, femme de Rutilius, VII, 49, 5.
*Livia*, figue, XV, 19, 3.
*Livia*, portique à Rome, XIV, 3, 2.
*Livia*, papier, XIII, 24, 2.
*Livian*, cuivre, XXXIV, 2, 1 et sqq.
*Livius* Drusus, XXXIII, 13, 4. — trib. pl., XXXIII, 50, 1.
*Lollia* Paulina, IX, 58, 1.
*Lollius* M., IX, 58, 2.
*Longinus* Cassius, cos., VII, 3, 1.
*Lophon*, statuaire, XXXIV, 19, 40.
*Lotapeas*, XXX, 2, 6.
*Lucceia*, actrice, VII, 49, 5.
*Lucilius*, vers, XXXVI, 61, 1. — poète, VIII, 74, 2; I, Proœm., 6.
*Lucina*, XVI, 85, 1.
*Lucius*, père des Lucaniens, III, 10, 1.
*Lucrèce*, statue, XXXIV, 13, 1.
*Lucculléen*, marbre, XXXVI, 2, 2; 8, 1.
*Lucullus*, les, VIII, 7, 2; XXXIV, 17, 1.
*Lucullus*, II, 108, 1; VIII, 78, 2; IX, 80, 1; XIV, 17, 1; XV, 30, 1; XVIII, 7, 1; XXVI, 14, 4; XXXIV, 19, 42; 18, 1; XXXV, 40, 2; 45, 3; XXXVI, 8, 1. — proconsul de la Bétique, IX, 48, 1. — général très-illustre, XXV, 7, 3.
*Lucullus* M., IV, 27, 1; XXXIV, 18, 1.
*Ludius*, peintre, XXXV, 37, 5.
*Lupinus* Fulvius, VII, 78, 2.
*Lupus* Julius, XIX, 2, 5.
*Lurco* Aufidius, X, 23, 1.
*Luscinus*, les, XI, 55, 3.
*Lutatia*, cerise, XV, 30, 1.
*Lutatius* Catulus, XXXIV, 19, 27. — cos., XXXV, 4, 1.

*Luxorius* Priscus, VII, 40, 2
*Lycaon*, VII, 57, 11 et 14.
*Lyceas*, XXXVI, 19, 1.
*Lyciscus*, statuaire, XXXIV, 19, 29.
*Lycius*, statuaire, XXXIV, 19, 29, et sq.
*Lycomèdes*, V, 4, 2.
*Lycus*, XXXI, 14, 1; 19, 2.
*Lycus*, Napolitain, XX, 83, 1.
*Lycus*, statuaire, XXXIV, 19, 29.
*Lyncée*, vue perçante, II, 15, 2 et 13.
*Lysandre*, roi des Lacédémoniens, VII, 30, 2.
*Lysanias*, père d'Archagathus, XXIX, 6, 1.
*Lysias*, sculpteur, XXXVI, 4, 23.
*Lysimache*, statue de Démétrius, XXXIV, 19, 26.
*Lysimachus*, VIII, 21, 1. — roi, VIII, 61, 2; XXV, 35, 1.
*Lysippe*, école, XXXIV, 19, 2. — son frère Lysistratus, XXXV, 44, 1. — statuaire, XXXIV, 18, 2; VII, 38, 1; XXXIV, 19, 12. — on dit qu'il fit 1500 morceaux, XXXIV, 17, 2. — de Sicyone, XXXIV, 19, 12.
*Lysippus*, peintre, XXXV, 39, 1.
*Lysistratus*, statuaire, frère de Lysippe, XXXV, 44, 1; XXXIV, 19, 2.
*Lyson*, statuaire, XXXIV, 19, 40.

## M

*Macedonicus*, VII, 45, 3 et sqq.
*Macer* Licinius, XXXII, 3, 2; 5, 4.
*Macerio* Attinius, VII, 45, 3.
*Macrinus* Viscus, XI, 90, 2.
*Mæcenas* C., VII, 46, 1; 52, 2; VIII, 68, 4; IX, 8, 1; XIX, 57, 2. — grenouille, XXXVII, 4, 2. — vins, XIV, 8, 7.
*Mæcenas* Melissus, XXVIII, 17, 4.
*Mænia*, colonne, VII, 60, 1.
*Mænius* C., XXXIV, 11, 1.
*Magon*, XVII, 11, 3; 16, 1; 19, 1; 30, 2; XVIII, 23, 1; XXI, 68, 2. — général carthaginois, XVIII, 5, 1; 7, 3.
*Malas*. Voy. MELAS.
*Mamilius* Sura, XVIII, 42, 1.
*Mamurra*, chevalier rom., XXXVI, 7, 1.
*Mana* Genita, XXIX, 14, 1.
*Mancinus*, XXXIV, 10, 1. — Hostilius, XXXV, 7, 4.
*Manilius*, VII, 7, 1. — l'écrivain le plus diligent des Romains, X, 2, 1 et sqq.
*Manilius*, lieutenant de Caius Marius, XXXIII, 6, 5. — cos. XXII, 6, 3.
*M'* (Manius), VII, 15, 1; XVIII, 4, 1.
*Manius* Curius, VII, 56, 1; XVI, 73, 1; XVIII, 4, 3; XIX, 26, 6.
*Manius* Maximus, VII, 16, 3.
*M'* Juventius, VII, 54, 3.
*Manius* Persius, I, Proœm, 6.
*Manlius*, XV, 15, 1.
*Manlius* Cn., XXXIV, 8, 1; XXXVII, 6, 1.
*Manlius* Capitolinus, VII, 29, 3.
*Manlius* L., cos., XXXV, 4, 2.
*Manlius* Torquatus, VII, 54, 4.
*Marcus*, fils de Caton, XXIX, 7, 1,

*Marcellus*, théâtre, VII, 36, 2; VIII, 25, 1. — ses vœux suspects, VII, 46, 2. — fils d'Octavie, sœur d'Auguste, XIX, 6, 1; XXXVII, 5, 1.
*Marcellus* C., cos., II, 9, 1; 57, 2.
*Marcellus* M., VII, 25, 1; 38, 1; XI, 73, 1.
*Marcellus* Claudius, III, 23, 4.
*Marcellus* Eserninus, XII, 5, 3.
*Marcellus* Vectius, II, 85, 2; XXXVII, 38, 4.
*Marcia*, eau, XXXI, 24, 1.
*Marcia*, princesse des dames romaines, II, 52, 2.
*Marcion* de Smyrne, XXVIII, 7, 1.
*Marcius* C. Censorinus, cos., XXXIII, 47, 2.
*Marcius*, VII, 33, 1.
*Marcius* Ancus, XXXI, 24, 1. — roi, XXXI, 41, 5.
*Marcius* L., cos., II, 85, 1; III, 4; XXXIII, 17, 1.
*Marcius* M'., XVIII, 4, 1.
*Marcius* Philippus, censeur, VII, 60, 3.
*Marcius* Q., II, 31, 2. — Rex Q., XXXI, 24, 1; XXXVI, 24, 17. — censeur, XXVI, 4, 1. — Q., cos., XXXIII, 48, 1.
*Marcius*, vengeur des Scipions, XXXV, 4, 2.
*Marcius* Tremulus Q., statue, XXXIV, 11, 3.
*Mareas*, préfet d'Égypte, VI, 34, 1.
*Marianus* Valérius, XIX, 1, 3.
*Marius* C., II, 34, 1; III, 12, 1; VII, 55, 1; X, 17, 1; XI, 73, 1; XXXIII, 53, 2. — Cos., VII, 49, 5; XXII, 6, 1. — second consulat, X, 5, 1. — cos. III, II, 58, 1; VII, 50, 5. — sept fois consul, XI, 104, 1; XVIII, 1, 1. — défit les Cimbres, XVII, 1, 1. — triompha de Jugurtha, XXXIII, 4, 4. — consul III, XXXIII, 4, 4. — son lieutenant, XXXIII, 6, 5. — fosses, III, 5, 4. — coalitions, XXXVI, 24, 13.
*Marius*, fils de C. Marius, XXXIII, 5, 3.
*Marius* Gratidianus, XXXIII, 46, 1; XXXIV, 12, 2.
*Marmarus*, XXX, 2, 2.
*Maronites*, XXXV, 40, 9.
*Mars* vengeur, XXXIV, 40, 1. — foudroyant, XXX, 2, 3. — île consacrée, VI, 13, 1. — immoler à Mars un bœuf blanc, XXX, 5, 1. — père d'Ætolus, VII, 57, 9. — Hyperbius, VII, 57, 16. — statues, XXXVII, 6, 2. — temple, XXXIV, 18, 8. — Mars de Piston, XXXIV, 19, 39. — Mars colossal de Scopas, XXXVI, 4, 14.
*Marsyas*, XXI, 6, 1. — Phrygien, VII, 57, 13. — chef des Lydiens, III, 17, 2. — lieu de son combat avec Apollon, V, 29, 4. — vaincu par Apollon, XVI, 89, 2. — Marsyas lié, de Zeuxis, XXXV, 36, 6.
*Marsus*, fils de Circé, VII, 2, 7.
*Massinissa*, roi, V, 2, 1; VII, 12, 1; 49, 2.
*Masurius*, VII, 4, 3; 44, 1; X, 8, 1; XV, 38, 1; 40, 2; XVI, 30, 3; XXVIII, 37, 7.
*Matius*, XV, 15, 1.

*Matius* C., XII, 6, 1.
*Mausole*, son palais, XXXVI, 6, 1; maison royale, XXXV, 49, 3. — roi, XXV, 36, 1. — petit roi de Carie, XXXVI, 4, 18.
*Maximus* Fabius, XXXIII, 13, 4. — Fabius Q., VII, 49, 2; 51, 1; 54, 2.
*Maximus* M'., VII, 16, 3.
*Maximus*, préfet d'Égypte, XXXVI, 14, 7.
*Mecenius* Egnatius, XIV, 14, 2.
*Mechopanes*. Voy. NICOPHANES.
*Médée*, II, 109, 1; XXXVII, 63, 1. — de Colchide, XXV, 5, 1. — sœur d'Absyrte, III, 30, 2. — en tableau, VII, 39, 1; XXXV, 9, 1. — d'Aristolaus, XXXV, 40, 12. — de Timomachus, XXXV, 40, 11. — quadriges, XXXIV, 19, 17.
*Medias*, ses hôtes, X, 15, 2.
*Medius*, XX, 13, 3.
*Megabyzus*, prêtre de Diane, XXXV, 36, 30; 40, 7.
*Megalenses*, fêtes, VII, 37, 1.
*Mégasthènes*, VI, 21, 3; 22, 6; 24, 1; VII, 2, 14; VIII, 14, 1.
*Méges*, XXXII, 24, 6.
*Mela*, de l'ordre équestre, XIX, 33, 3.
*Mélampus*, VII, 33, 1; X, 70, 2. — sa renommée, XXV, 21.
*Mélanthius*, peintre, XXXV, 32, 1; 36, 15; 36, 18.
*Mélas*, sculpteur, XXXVI, 4, 2.
*Méléagre*, XXXVII, 11, 10. — tombeau, X, 38, 1. — Méléagre de Parrhasius, XXXV, 36, 9.
*Méléagre*, un des généraux d'Alexandre, XXXV, 47, 1.
*Mélissus* Mæcenas, XXVIII, 17, 4.
*Melius* Sp., XVIII, 4, 1.
*Memnon*, roi d'Éthiopie, VI, 35, 5. — palais, V, 11, 1; X, 37, 1. — tombeau, X, 37, 1. — statue, XXXVI, 11, 4.
*Ménœchmus*, IV, 21, 3.
*Ménœchmus*, statuaire, XXXIV, 19, 30.
*Ménandre*, XVIII, 14, 1; XX, 93, 1; XXIII, 81, 1; XXX, 2, 3; XXXII, 24, 1; XXXVI, 35, 1; XXXVII, 31, 2. — poète grec, XIX, 34, 3. — poète comique, VII, 31, 1.
*Ménandre*, de Syracuse, VIII, 5, 5.
*Ménandre*, roi de Carie, XXXV, 36, 30.
*Ménas*, affranchi de Sex. Pompée, XXXV, 58, 2.
*Ménas* Ticinius, VII, 59, 1.
*Ménécrates*, XI, 7, 1.
*Ménécrates*, affranchi de Sex. Pompée, XXXV, 58, 2.
*Ménécrates*, sculpteur, XXXVI, 4, 21.
*Ménélas*, son pilote Canopus, V, 34, 1. — image, XXXVI, 67, 2. — palais, XXXIII, 23, 2.
*Ménénius* Agrippa, XXXIII, 48, 1.
*Ménestratus*, sculpteur, XXXVI, 4, 20.
*Ménodorus*, statuaire, XXXIV, 19, 40.
*Ménogènes*, cuisinier, VII, 10, 3.
*Ménogènes*, histrion, VII, 10, 5.
*Ménogènes*, statuaire, XXXIV, 19, 38.

*Menou*, VII, 57, 3.
*Mentor*, artiste, VII, 39, 2; XXXIII, 53, 1; 55, 1.
*Mentor*, de Syracuse, VIII, 21, 3.
*Méphitis*, temple, II, 95, 3.
*Mercure*, VII, 57, 2; XXV, 8, 5; 18, 1. — temple en Éthiopie, XXXVII, 15, 1. — nourrissant Bacchus, XXXIV, 19, 37. — Mercure de Céphisodote, XXXIV, 19, 37. — de Naucydes, XXXIV, 19, 30. — de Piston, XXXIV, 19, 39. — de Polyclète, XXXIV, 19, 7. — de Zénodore, XXXIV, 18, 6.
*Mère* des dieux, V, 42, 3; VII, 35, 1; XI, 109, 1; XVIII, 4, 2. — assise sur un lion, XXXV, 36, 44. — temple, XIV, 6, 2. — prêtres, V, 42, 3; XXXV, 46, 5. — astre, II, 6, 8.
*Mère* (La grande), temple, XXXVI, 4, 6. — prêtre, II, 95, 3.
*Mérenda* Cornélius, XXXIII, 11, 1.
*Mesphrès*, roi égyptien, XXXVI, 14, 1 et 8.
*Messala*, XIV, 8, 9.
*Messala* Corvinus, VII, 24, 2.
*Messala* M., censeur, XVII, 38, 4; VII, 10, 4. — cos., VII, 27, 3; VIII, 54, 5; XXXIV, 11, 2; XXXVII, 6, 6.
*Messala*, orateur, X, 27, 1; XXXIII, 14, 2; XXXV, 2, 5; 7, 2.
*Messala* Rufus, VII, 53, 1.
*Messala*, le vieux, XXXIV, 38, 1; XXXV, 2, 5.
*Messala* Valérius, cos., VII, 60, 3.
*Messala* Valérius Max., XXXV, 7, 3.
*Messala*, les, XXXV, 2, 5.
*Messalina*, femme de Claude, X, 83, 1; XXIX, 5, 2 et sqq.
*Messalinus*, consulaire, XXXII, 42, 3.
*Messalinus* Cotta, X, 27, 1.
*Metella*, mère de Scaurus, XXXVI, 24, 13.
*Metellus*, temple, XXXVI, 4, 26.
*Metellus*, portique, XXXIV, 14, 1.
*Metellus* Celer Q., II, 67, 4.
*Metellus*, cos., VII, 10, 4.
*Metellus* L., VII, 45, 1; VIII, 6, 2; XVIII, 4, 3. — pontife, VII, 49, 4; XI, 65, 3.
*Metellus* Q., VII, 45, 3. — Macédonique, VII, 11, 2. — ayant soumis la Macédoine, XXXIV, 19, 16.
*Metellus* Scipion, VIII, 74, 3. — personnage consulaire, X, 27, 1.
*Methymathus*, VII, 12, 1.
*Metilia* (Loi), XXXV, 57, 1.
*Metrodorus*, V, 38, 1; VII, 14, 1; XX, 81, 4; XXV, 4, 1; XXXVII, 11, 5; XXXVI, 1. — de Scepsis, III, 20, 8; VII, 24, 2; XXVIII, 23, 2; XXXIV, 16, 2; XXXVII, 15, 6.
*Metrodorus*, peintre et philosophe, XXXV, 40, 10.
*Mézence*, roi d'Étrurie, XIV, 14, 1.
*Micciades*, sculpteur, XXXVI, 4, 2.
*Micon*, peintre, XXXIII, 56, 2; XXXV, 25, 2; 35, 2.
*Micon* le Jeune, XXXV, 35, 2. — sa fille Timarète, XXXV, 40, 22.
*Micon*, statuaire, XXXIV, 19, 38.

*Micton*, XX, 96, 3.
*Midacritus*, VII, 57, 7.
*Midas*, Phrygien, VII, 57, 13; XXXIII, 4, 1; 15, 1. — son anneau, XXXIII, 4, 1.
*Midias*, VII, 57, 9.
*Miletus*, XXVIII, 2, 4.
*Milon*, athlète, VII, 19, 3. — Crotoniate, XXXVII, 54, 5.
*Milon* Annius, II, 57, 2. — qui tua Clodius, XXXVI, 24, 3. — jugement, II, 57, 2.
*Milon*, peintre, XXXV, 40, 21.
*Miltiade*, général athénien, XXXV, 34, 4.
*Minerve*, XVI, 79, 2; 89, 2; XXII, 20, 1; XXIV, 116, 1; XXV, 16, 1. — Minerve d'Amulius, XXXV, 37, 7. — de Céphisodote, XXXIV, 14, 24. — de Colotes, XXXV, 34, 1. — d'Euphranor, XXXIV, 19, 27. — d'Hégias, XXXIV, 19, 28. — Lindienne, XXXIII, 23, 2; 55, 1. — de Myron, XXXIV, 19, 9. — de Phidias, XXXIV, 19, 5; XXXVI, 4, 7. — de Pyrrhus, XXXIV, 19, 31. — de Scopas, XXXVI, 4, 10. — de Sthennis, XXXIV, 19, 40. — Minerve musicienne, statue, XXXIV, 19, 26. — Minerve de seize coudées, XXXVI, 4, 7. — temple à Élis, XXXVII, 55, 1. — temple, VII, 27, 2. — à Athènes, XXXV, 36, 4. — à Rome, XXXV, 36, 38. — temple à Lindes, XXXIII, 23, 2. — à Rhodes, XIX, 2, 5. — bois et temples, X, 14, 1. — prêtresse, XXXIV, 19, 26. — statue, XXXVI, 4, 1. — statue frappée de la foudre, XXXVI, 4, 1. — statue, XXXVII, 6, 2. — île consacrée, IV, 23, 7. — vœu fait à Minerve, VII, 27, 3. — on ne lui immole pas de chèvre, VIII, 76, 4. — olivier consacré, XII, 2, 1. — tableau consacré, VII, 58, 1.
*Minos*, VII, 57, 17. — roi de Crète, VI, 32, 14.
*Minucius* P., XXXIV, 11, 2. — Augurinus, XVIII, 4, 1.
*Mirmillo*, bouvier, VII, 10, 5.
*Mithridate*, VII, 27, 3; 37, 2; XVI, 59, 3; XXIII, 77, 3; XXV, 26, 1; XXXIII, 14, 1; XXXVII, 11, 9; 60, 4; 5, 1. — Eupator, VI, 2, 3; XXXIII, 54, 2. — roi de vingt-deux nations, VII, 24, 1. — le plus grand roi de son temps, XXV, 3, 1 et seqq. — victoire sur Mithridate, XV, 30, 1. — antidote, XXIX, 8, 8. — guerre, II, 96, 2; VI, 19, 2; VII, 31, 3. — triomphe sur Mithridate, XII, 9, 1. — statue de Mithridate Eupator, XXXIII, 54, 2. — dactyliothèque, XXXVII, 5, 1.
*Mithridate*, autre, VI, 5, 3.
*Mnaseas*, XXXVII, 11, 7.
*Mnasitimus*, peintre, XXXV, 40, 21.
*Mnason*, tyran d'Élatée, XXXV, 36, 35 et 40.
*Mnésidès*, XX, 76, 5.
*Mnésigiton*, VII, 57, 16.
*Mnésitheus*, médecin, XXI, 9, 1.
*Mnesitheus*, peintre, XXXV, 40, 21.
*Mnevis*, son palais, XXXVI, 14, 5.

*Mœris*, roi d'Égypte, VI, 9, 4. — tombeau, XXXVI, 19, 1.
*Monoceros* Craterus, X, 60, 4.
*Moschion*, Grec, XIX, 26, 6.
*Mothlerudes*, roi, XXXVI, 19, 1.
*Moyse*, XXX, 2, 6.
*Mucianus*, IV, 2, 1; 24, 4; V, 9, 4; 20, 1; 34, 2; 36, 1; VII, 49, 6; VIII, 76, 2; 80, 1; IX, 10, 1; 4, 9; 85, 3; XI, 63, 2; XXI, 17, 2; XXXI, 13, 1; 16, 1; XXXII, 21, 4; XXXVI, 27, 1; 29, 1. — Licinius, VII, 3, 3; IX, 31, 1; 41, 12. — en son second consulat, XXXV, 46, 4. — trois fois consul, III, 9, 6; VIII, 3, 1; XII, 5, 1; XIII, 27, 3; XIV, 6, 2; XVI, 79, 1; XIX, 2, 5; XXVIII, 5, 7; XXXIV, 17, 1.
*Mucius*, augur, X, 8, 1.
*Mucius* Felix M., fils de Marcus, de la tribu Galeria, VII, 50, 4.
*Mucius* Q., II, 31, 2.
*Mulviane*, espèce d'olive, XV, 10, 1.
*Mummius* L., XXXIV, 6, 2; 17, 1. — Achaicus, XXXV, 8, 1. — censeur, XXXIII, 18, 1. — détruisit Corinthe, XXXV, 43, 1.
*Munatius* P., XXI, 6, 1.
*Muræna* L., XXXIII, 16, 1; XXXV, 49, 4.
*Muræna* Licinius, IX, 80, 1.
*Mus* Décius, XXXII, 5, 1.
*Musa*, médecin, XIX, 38, 4; XXIX, 39, 7. — Antonius, XXV, 38, 1; XXIX, 5, 1.
*Musæus*, XXI, 21, 1; 84, 1; XXV, 5, 3.
*Muses*, lieu de naissance, IV, 12, 11.
*Myagrus*, statuaire, XXXIV, 19, 40.
*Mydon*, peintre. Voy. MICON.
*Myiagros*, dieu, X, 40, 1.
*Myiodes*, dieu, XXIX, 34, 2.
*Myrmecides*, VII, 21, 2.
*Myrmecides*, sculpteur, XXXVI, 4, 29.
*Myron*, statuaire, XXXIV, 5, 1; 19, 2. — ses ouvrages, XXXIV, 19, 8 et sqq. — sculpteur, XXXVI, 4, 20.
*Myrsilus*, III, 13, 3; IV, 22, 1.
*Myrsilus*, Candaules, XXXV, 34, 2.
*Mys*, graveur, XXXIII, 55, 1.
*Mysticus*, pantomime, VII, 54, 5.

## N

*Nævius* Pollio, VII, 16, 2.
*Narcisse*, l'enfant de la fable, XXI, 75, 1.
*Narcisse*, affranchi de Claude, XXXIII, 47, 2.
*Nasica* Scipion, VII, 60, 4; 34, 1.
*Naucerus*, statuaire, XXXIV, 19, 30.
*Naucydes*, statuaire, XXXIV, 19, 2 et 30.
*Nausicrates*, VII, 58, 1.
*Nautius* Spurius, XXXIV, 11, 3.
*Navarchus*, XXXV, 36, 9.
*Navius* Attus, XV, 20, 3; XXXIV, 11, 2; 13, 2.
*Néalcès*, peintre, XXXV, 36, 40; 40, 17 et 20.
*Nearchus*, peintre, XXXV, 40, 17 et 22.
*Nearchus*, VI, 26, 1; 27, 1; 28, 2; 30, 7.

*Necepsos*, II, 21, 4; VII, 50, 1.
*Necthebis*, roi, XXXVI, 14, 5; 19, 5.
*Némée* de Nicias, XXXV, 40, 7. — assise sur un lion, XXXV, 10, 1.
*Némésis*, XXXVI, 19, 3. — bois, XI, 103, 1. — Némésis, XXXVIII, 5, 1. — d'Agoracrite, XXXVI, 4, 6.
*Néoclès*, peintre, XXXV, 40, 21.
*Néoptolème* d'Apelle, XXXV, 36, 33.
*Nepos* Cornelius, II, 67, 4; III, 1, 5; 21, 3; 23, 5; IV, 24, 4; V, 1, 4; VI, 2, 1; 12, 2, 6; IX, 28, 1; 63, 1; X, 30, 3; XIII, 32, 1; XVI, 15, 1; XXXIII, 52, 2; XXXV, 5, 2; XXXVI, 7, 1; 12, 1. — habitant des bords du Pô, III, 22, 2.
*Neptune*, jour de sa fête, XVIII, 35, 1. — prêtre, IX, 8, 5. — temple, XXXI, 30, 2. — trophées, VI, 32, 9. — Neptune, IX, 22, 1. — d'Hippias, XXXV, 40, 16. — de Praxitèle, XXXVI, 4, 11. — de Scopas, XXXVI, 4, 10.
*Néron*, VII, 40, 1; XI, 54, 3; XIII, 43, 3; XX, 57, 1; XXXIV, 13, 5; 16, 1; 21, 2; 57, 3; XXXIV, 18, 6; XXXV, 36, 28. — Néron Domitius, II, 23, 3; 85, 2; IV, 5, 2; 10, 2; VII, 6, 2; XI, 96, 2; XXXVII, 7, 2; 12, 3.
*Néron*, prince, II, 85, 2; VI, 15, 6; VIII, 7, 3; 74, 3; XII, 8, 2; XIII, 4, 2; XVI, 86, 1; XVII, 38, 4; XVIII, 2, 1; 7, 3; 21, 1; XIX, 6, 2; 15, 1; 33, 1; XXVIII, 50, 1; XXIX, 30, 1; XXX, 5, 2; XXXI, 23, 2; XXXIV, 18, 8; XXXV, 33, 1; 47, 1; XXXVI, 24, 7; 46, 1; XXXVII, 6, 4; 11, 13. — prince puis qu'ainsi les dieux l'ont voulu, XVI, 76, 4; XXXIV, 50, 1. — Néron beau-fils de Passienus, XVI, 19, 1. — chantant au théâtre, XXXVI, 7, 3. — poison du monde, XXII, 46, 1. — ennemi du genre humain, VII, 6, 1 et 2. — songea à guerroyer contre les Éthiopiens, VI, 35, 4. — recevant la nouvelle que tout était perdu, XXXVII, 10, 2. — règne, XI, 109, 2; XVI, 84, 3; XXIX, 5, 3; XXXV, 1, 3; XXXVI, 66, 3. — cirque, XXXVI, 15, 3. — explorateurs, VI, 35, 6. — fosse, XIV, 8, 2. — dernières années, II, 106, 12. — crimes condamnés, XXXIV, 18, 8 et sq. — succession, VII, 11, 2. — amphithéâtre, XVI, 76, 4; XIX, 6, 2. — sa femme Poppée, XXXIII, 49, 1. — jardins, XXXVII, 7, 2. — incendie, XVII, 1, 4. — esclave, XIII, 4, 1. — gardes, XXII, 47, 1. — violence, XXXIV, 19, 34.
*Néron* Drusus, X, 76, 1.
*Néron*, fils de Germanicus, VIII, 61, 3.
*Neseus*, peintre, XXXV, 36, 2.
*Nesiotes*, statuaire, XXXIV, 19, 1.
*Nessus*, peintre, XXXV, 40, 21.
*Nicæus*, pugiliste, VII, 50, 1.
*Nicandre*, XX, 13, 2; 96, 3; XXI, 106, 1; XXII, 15, 1; 32, 1; 35, 1; XXVI, 00, 1; XXX, 25, 1; XXXII, 22, 1; XXXVI, 25, 2;

XXXVII, 28, 3. — poëte, XXXVII, 11, 2.
Nicator Seleucus, VI, 21, 8; 30, 5.
Nicanor, peintre, XXXV, 39, 1.
Nicanor, préfet de Mésopotamie, VI, 30, 1.
Nicearchus. Voy. NEARCHUS.
Niceratus, XXXII, 31, 7.
Niceratus, statuaire, XXXIV, 19, 30.
Niceros, peintre, XXXV, 36, 46.
Nicias, XXXVII, 11, 6.
Nicias, peintre, XXXV, 10, 2. — peignit à l'encaustique, XXXV, 20, 1. — Athénien, XXXV, 40, 7 et seqq.
Nicias, général athénien, II, 9, 3.
Nicias de Mégare, VII, 57, 5.
Nicocles, XI, 63, 2.
Nicodorus, magistrat athénien, III, 9, 5.
Nicomachus, musicien, XXXVII, 3, 2.
Nicomachus, peintre, XXXV, 21, 1; 32, 1; 36, 44. — ses Tyndarides, XXXV, 40, 20. — son élève Corybas, XXXV, 40, 21.
Nicomède, roi, VIII, 61, 2; 65, 5. — de Bithynie, VII, 39, 2.
Nicophanes, peintre, XXXV, 36, 46; 40, 12.
Nicosthène, peintre, XXXV, 40, 21.
Niger Sextius, XX, 84, 4.
Niger Trebius, IX, 41, 2; 48, 1; XXXII, 6, 1.
Nigidius, VII, 13, 4; VIII, 77, 1; 82, 3; IX, 88, 1; X, 17, 1; 19, 1; 52, 3; XI, 34, 1; 52, 1; XVI, 8, 6; XXIX, 21, 1; 39, 5; XXX, 24, 2.
Niobé et ses enfants, XXXVI, 4, 16.
Nobilior Fulvius, XXXV, 36, 6.
Nomius, affranchi de César, XIII, 29, 2.
Nonianus Servilius, XXVIII, 5, 7; XXXVII, 21, 2.
Nonius, sénateur, XXXVII, 21, 2.
Nonius Struma, XXXVII, 21, 2.
Novellius Torquatus, XIV, 28, 5.
Novus, mathématicien, XXXVI, 15, 1.
Numa, roi, II, 54, 1; XIV, 14, 1; XVIII, 2, 2; 69, 5; XXXII, 10, 1; XXXIII, 4, 2; 6, 7; XXXIV, 1, 1; 16, 1; XXXV, 46, 1. — à Rome, XIII, 27, 1. — ses livres, XXVIII, 4, 1. — livres de ses décrets, XIII, 27, 1.
Numenius, gouverneur de la Mésène, VI, 32, 9.
Nuncoreus, fils de Sésosis, XXXVI, 15, 3.
Nymphe jalouse d'Hercule, XXV, 37, 1.
Nymphodorus, VII, 2, 8.
Nysa, nourrice de Bacchus, V, 16, 1.

# O

Obsidius, et Obsidiane, XXXVI, 67, 1.
Obsidianes, gemmes, XXXVII, 76, 2.
Océan, père du Soleil, VII, 57, 6.
Ocella, XI, 55, 3.
Ocrisia, servante, XXXVI, 70, 1.
Octavie, mère de Marcellus, XXXVI, 5, 18. — sœur d'Auguste, XIX, 6, 1. — Curie, XXXVI, 4, 5 et 16. — monuments, XXXIV, 14, 1;
XXXV, 40, 14; XXXVI, 4, 5. — portique, XXXV, 37, 2; XXXVI, 4, 12 et seqq. — écoles, XXXVI, 4, 11.
Octavius, cos., II, 23, 2.
Octavius Cn., II, 35, 1; XXXIV, 7, 1; 11, 4.
Octavius, chevalier romain, XXXV, 45, 3.
Octavius, père d'Auguste, XXXVI, 4, 23.
OEnias, peintre, XXXV, 40, 17.
OEnophorus, statue, XXXIV, 19, 21. — de Praxitèle, XXXIV, 19, 21.
OEnotrius, frère de Peucetius, III, 16, 1.
Ofilius, mari de Clodia, VII, 49, 5.
Ofilius Hilarus, VII, 54, 6.
Ogulnius Q., consul, XXXIII, 13, 2.
Olenius, enfant, X, 26, 1.
Olenus Calenus, XXVIII, 4, 1.
Olympias, de Thèbes, XX, 84, 4; XXVIII, 77, 1.
Olympias, femme peintre, XXXV, 40, 23.
Olympien Jupiter, de Phidias, XXXVI, 4, 7.
Olympus et Pan luttants, XXXVI, 4, 17 et 22.
Onesicritus, II, 75, 1; VI, 30, 7; VII, 2, 21; XII, 18, 1; XV, 19, 1. — amiral d'Alexandre, VI, 24, 1; 26, 1; 28, 2.
Opilius, XXVIII, 7, 3.
Opimien, vin, XIV, 16, 1.
Opimius, II, 29, 1; XXXIII, 14, 1. — cos., XIV, 6, 2.
Opion, XX, 17, 1; XXII, 38, 1.
Oppius Capito, VII, 13, 1.
Ops, temple, XI, 65, 3.
Optatus Elipertius, IX, 79, 1.
Orata Sergius, IX, 79, 1 et 2.
Oreste de Théodore, XXXV, 40, 29. — de Timomachus, XXXV, 40, 11. — folie d'Oreste, par Théon, XXXV, 40, 19. — son corps, VII, 16, 1. — jugement, XXXIII, 55, 2.
Orfitus, VII, 4, 2.
Orfitus Cornelius, cos., II, 31, 2.
Orion, son corps, VII, 16, 1.
Orodes, VI, 18, 2.
Orphée, ses pères, IV, 18, 2. — Orphée, VII, 57, 12; XX, 15, 2; XXV, 5, 3; XXVIII, 5, 4; XXX, 2, 3.
Osiris, temple, V, 11, 1.
Osthanes, XXVIIII, 19, 2; 77, 9; XXIX, 80, 1; XXX, 2, 4; 5, 1.
Osthanes second, XXX, 2, 6.
Othon M., XIII, 4, 2.
Otus, son corps, VII, 16, 1.
Ovide, poëte, XXX, 12, 1; XXXII, 5, 1; XXXII, 54, 1.

# P

Pacuvius, poëte, peintre, XXXV, 7, 1.
Pacuvius Taurus Sex., XXXIV, 11, 2.
Pœtus, les, XI, 55, 3.
Pœzon, eunuque, VII, 40, 2.
Paix, temple, XII, 42, 6; XXXIV, 19, 34; XXXV, 36, 12; XXXVI, 11, 4; 24, 2. — constructions faites par Vespasien, XXXVI, 4, 15.
Palæmon, Rhemmius, XIV, 5, 4.
Palamède, VII, 57, 2 et seqq.; VII, 57, 11 et sqq.
Pallas, affranchi de Claude, XXXIII, 47, 2.
Palpelius Hister, cos., X, 16, 2.
Pamphila, fille de Latous, XI, 26, 1.
Pamphilus, mime, VII, 10, 4.
Pamphilus, maître d'Apelle, XXXV, 36, 14; 40, 1.
Pamphilus, élève de Praxitèle, XXXVI, 4, 21.
Pan et Olympus luttants, XXXVI, 4, 17 et 22. — Pan fils de Mercure, VII, 57, 13. — statue, XXXVI, 4, 3. — Pan de Protogène, XXXV, 36, 42. — de Zeuxis, XXXV, 36, 3. — un petit Pan de Tauriscus, XXXV, 40, 19.
Panacée, fille d'Esculape, XXV, 11, 1. — de Socrate, XXXV, 40, 12.
Pancaste, maîtresse d'Alexandre le Grand, XXXV, 36, 24.
Pandemios, XVI, 79, 2.
Pandion, roi, VI, 26, 10.
Panœnus, frère de Phidias, XXXV, 34, 1; XXXVI, 55, 1.
Panœtius, I, Proœm., 17.
Pausa C. Servilius, VII, 54, 3.
Pansa P., VII, 54, 3.
Pansa, les, XI, 105, 1.
Papinius Sex., cos., XV, 14, 1.
Papiriane, loi, XXXIII, 13, 4.
Papiriane, horloge, VII, 60, 3.
Papirius Carbo Cn., VII, 15, 1.
Papirius Cn., II, 33, 1.
Papirius Cursor, VII, 60, 1; 16, 4.
Papirius L. Imp., VII, 4, 3; XIV, 14, 3.
Papirius Fabianus, XXXVI, 24, 20.
Papirius Maso, XV, 38, 1.
Paralus, VII, 57, 16.
Parelius, statuaire, XXXIV, 19, 1.
Páris Alexandre, d'Euphranor, XXXIV, 19, 27.
Parmeniscus, XVIII, 74, 3.
Parrhasius, fils d'Evenor, XXXV, 36, 1 et sqq. — peintre, VIII, 34, 3; XXXV, 21, 1; 36, 5 et sqq; 40, 5.
Pasias, peintre, XXXV, 40, 20.
Pasines, roi des Arabes, VI, 31, 13.
Pasitèle, sculpteur, XXXV, 45, 3; XXXVI, 4, 26; XXXIII, 55, 2. — fit le premier des miroirs d'argent, XXXIII, 45, 3.
Passienus Crispus, XVI, 91, 1.
Paterculus, la fille de, VII, 35, 1.
Patrobius, affranchi de Néron, XXXV, 47, 1.
Patrocles, amiral, VI, 21, 3.
Patrocles, statuaire, XXXIV, 19, 40.
Patroclus, nom d'un éléphant, VIII, 5, 4.
Paulina Lollia, IX, 58, 1.
Paulinus Pompeius, XXXIII, 50, 2.
Paulinus Suetonius, cos., V, 1, 14.
Paulus Æmilius, II, 9, 1; IV, 17, 6; XXXIII, 17, 1; XXXIV, 19, 5; XXXV, 40, 1.
Paulus L., XVIII, 20, 4; XXVI, 4, 1; XXXI, 8, 2.
Paulus L., XXXV, 4, 1. — censeur, VII, 60, 3. — cos., II, 57, 2.
Paulus, sa basilique, XXXVI, 24, 2.

*Pausias*, peintre, XXI, 3, 1. — Sicyonien, XXXV, 40, 1 et 3; et 12.
*Pedanius* L., X, 16, 1.
*Pedianus* Asconius, VII, 49, 6.
*Pedius* Q., XXXV, 7, 3.
*Pelethronius*, V, 57, 11.
*Pélops*, III, 8, 1; XXXII, 16, 1. — sa côte, XXVIII, 6, 4.
*Pénélope*, de Zeuxis, XXXV, 36, 3.
*Penthésilée*, VII, 57, 10.
*Périandre*, tyran, IX, 41, 2.
*Périclès*, Athénien, VII, 57, 17. — prince des Athéniens, XXII, 20, 1. — d'Aristolaüs, XXXV, 40, 12.
*Periclymenus*, statuaire, XXXIV, 19, 40.
*Perillus*, statuaire, XXXIV, 19, 39.
*Perpenna* M., VII, 49, 3.
*Persée*, fils de Danaé, III, 9, 4. — ancêtre d'Alexandre, XV, 13, 2. — travaux en Afrique, V, 1, 6. — de Myron, XXXIV, 19, 8. — de Parrhasius, XXXV, 36, 9.
*Persée*, guerre, III, 19, 3; XVII, 38, 4; XXXIII, 17, 1. — roi, XXXIII, 50, 2; XXXIV, 7, 1; XXXV, 40, 10. — vaincu, XXXIII, 17, 1. — vaincu par Paul Émile, II, 9, 1.
*Persée*, élève d'Apelle, XXXV, 36, 46.
*Perses*, fils de Persée, VII, 57, 9.
*Persius* Manius, I, Procem. 6.
*Petesuccus*, roi, XXXVI, 19, 1.
*Petilius* Q., XIII, 27, 2.
*Petisie*, pomme, XV, 15, 1.
*Petosiris*, II, 21, 4; VII, 50, 1.
*Petreius* Cn., d'Atine, XXII, 6, 1.
*Petrichus*, II, 96, 3. — dans son poëme, XXII, 40, 1.
*Petronius* Diodotus, XX, 32, 1; XXV, 64, 1.
*Petronius* P., préfet d'Égypte, VI, 35, 5.
*Petronius* T., consulaire, XXXVII, 7, 3.
*Peucestes*, sauveur d'Alexandre le Grand, XXXV, 19, 18.
*Peucetius*, frère d'OEnotrus, III, 16, 1.
*Phaéthon*, foudroyé, XXXVII, 11, 1. — mourut en Éthiopie, XXXVII, 11, 2 et sqq. — châtiment, III, 20, 3. — Phaéthon, de Scopas, XXXVI, 4, 13.
*Phalaris*, VII, 57, 9. — tyran, XXXIV, 19, 39.
*Phalérion*, peintre, XXXV, 40, 18.
*Phanias*, physicien, XXII, 15, 5.
*Phaon*, Lesbien, XII, 9, 1.
*Pharnace*, roi, XXV, 14, 1. — statue d'argent, XXXIII, 54, 1.
*Phedius*, VII, 47, 1.
*Phemonoé*, fille d'Apollon, X, 3, 2.
*Phérécyde*, de Syros, VII, 52, 2; 57, 14. — maître de Pythagore, II, 81, 2.
*Phidias*, son élève, XXXV, 34, 1. — Athénien, XXXIV, 19, 1. — sculpteur, XXXVI, 4, 5 et suiv.; VII, 39, 2; XXXIV, 19, 5 et sqq.; XXXV, 34, 1.
*Phidon*, VII, 57, 7.
*Philadelphe*, VI, 21, 3. — Ptolémée, VI, 35, 3; XXXVI, 14, 4; XXXVII, 32, 2.
*Philémon*, IV, 27, 4; XXXVII, 11, 4; 31, 2.

*Philémon*, préfet du roi d'Égypte, XXXVII, 32, 2.
*Philésien*, Apollon, XXXIV, 19, 25.
*Philetærus*, roi, XXV, 28, 1.
*Philinus*, VIII, 21, 6.
*Philippe*, roi, XXXIII, 14, 3. — ébranlant la Grèce, II, 27, 1. — flèche tirée de son œil, VII, 37, 2. — statue de Chæreas, XXXIV, 19, 25. — en quadriges, d'Euphranor, XXXIV, 19, 28.
*Philippe*, noblesse, IX, 80, 1. — Portique, XXXV, 36, 6; 37, 2; 40, 19.
*Philippide*, VII, 20, 1.
*Philippus*, XVIII, 74, 3.
*Philippus*, Marcius, censeur, VII, 60, 3.
*Philiscus*, peintre, XXXV, 40, 18.
*Philiscus*, auteur de tragédies, XXXV, 36, 42.
*Philiscus*, Rhodien, sculpteur, XXXVI, 4, 22.
*Philiscus*, de Thasos, XI, 9, 1.
*Philiscus*, de Parrhasius, XXXV, 36, 10.
*Philistide*, IV, 36, 2. — de Mallos, IV, 20, 1.
*Philistion*, XX, 15, 1; 34, 2; 48, 3.
*Philistus*, VIII, 64, 5.
*Philocharès*, peintre, XXXV, 10, 2.
*Philoclès*, peintre égyptien, XXXV, 5, 2.
*Philométor* Attalus, roi, XVIII, 5, 1.
*Philon*, architecte, VII, 38, 1.
*Philon*, statuaire, XXXIV, 19, 40.
*Philonicus*, de Pharsale, VIII, 64, 1.
*Philonide*, V, 35, 1; VII, 20, 1.
*Philonide*, coureur, II, 73, 2.
*Philopator* Ptolémée, VII, 57, 16.
*Philostephanus*, VII, 57, 16.
*Philoxenus*, Érétrien, peintre, XXXV, 36, 45.
*Philoxenus*, poète, XXXVII, 11, 2
*Philyra*, VII, 57, 5.
*Phœnix*, architecte, XXXVI, 14, 5.
*Phœnix*, statuaire, XXXIV, 19, 31.
*Phorcus*, chœur, XXXVI, 4, 14.
*Phoroneus*, VII, 57, 2.
*Phradmon*, statuaire, XXXIV, 19, 1 et 4.
*Phrylus*. Voy. HERILLUS.
*Phryné*, de Praxitèle, XXXIV, 19, 21.
*Phrynon*, statuaire, XXXIV, 19, 2.
*Phylarchus*, VII, 2, 9; VIII, 64, 5; X, 96, 1.
*Phylarchus*, d'Athénion, XXXV, 40, 9.
*Phyllis*, se pendit, XVI, 45, 1.
*Phyromachus*, statuaire, XXXIV, 19, 3 et 31 et 34; XXXV, 40, 21.
*Pictor*, XXIX, 39, 7.
*Pictor* Fabius, les, X, 34, 2; XIV, 14, 2.
*Pictor* Fabius, XXXV, 7, 1.
*Pictoreus*, VII, 49, 2.
*Picus*, roi, X, 20, 2.
*Piété*, temple, VII, 36, 1.
*Pilumnus*, XVIII, 3, 1.
*Pindare*, II, 9, 2. — poëte VII, 30, 1.
*Pinus* Cornelius, peintre, XXXV, 37, 7.
*Pisæus*, VII, 57, 10 et sqq.; VII, 57, 17.
*Pisciculus* Junius, XXXVI, 4, 26.
*Pisistrate*, îles, V, 38, 2.

*Piso* Domitius, I, Præf., 13.
*Piso* Frugi, XXXIII, 11, 1.
*Piso* L., II, 54, 1; III, 23, 23; VIII, 6, 2; XV, 38, 1; XVI, 74, 4; XXVIII, 4, 1; XXXIII, 11, 1. — comme dit Pison, XVIII, 8, 3. — Pison rapporte, XXXIV, 28, 1; 14, 1. — grave auteur, XVII, 38, 4. — ses annales, II, 54, 1. — ses mémoires, XIII, 27, 2.
*Piso* M., cos., VII, 27, 3; VIII, 54, 5; XXXVII, 6, 2.
*Pison*, accusé par Vitellius, XI, 71, 2.
*Pison*, d'où vient ce nom, XVIII, 3, 2.
*Pison*, préfet de Rome, XIV, 28, 5.
*Piston*, statuaire, XXXIV, 19, 39.
*Plancus*, surnom, XI, 105, 1.
*Plancus* L., II, 31, 2; IX, 58, 5. — deux fois consul, XIII, 5, 1. — imperator, XXXV, 36, 44. — orateur, VII, 10, 4.
*Platon*, II, 92, 1; XXX, 2, 1. — des corpuscules, etc., XXII, 51, 2. — éloge, VII, 31, 1. — essaim d'abeilles sur sa bouche, XI, 18, 1. — république, I, Præf., 17.
*Plaute*, XIX, 19, 2. — dans l'Aulularia, XVIII, 28, 1. — comédies, XIV, 15, 1; 16, 1 et sq.; XXIX, 14, 1.
*Plautius* Q., cos., X, 2, 3.
*Plautus*, surnom, XI, 105, 1.
*Plinianes*, cerises, XV, 30, 1.
*Plistonices* Apion, XXXVII, 19, 2.
*Plistonicus*, XX, 13, 2; 48, 3.
*Plocamus* Annius, VI, 24, 4.
*Plotinus*, VII, 36, 2.
*Plotius* L., XIII, 5, 1.
*Pœtelius* C., cos., XXXIII, 6, 1.
*Polemon*, peintre, XXXV, 40, 21.
*Polémon*, roi, XXV, 28, 1.
*Pollion* Asinius, I, Præf. à la fin; XXXIII, 8, 1; XXXV, 2, 6, — monuments, XXXVI, 4, 11 et sq.
*Pollion* Carvilius, IX, 13, 1; XXXIII, 51, 1.
*Pollion* Nævius, VII, 16, 2.
*Pollion* Romilius, XXII, 53, 2.
*Pollion* Vedius, IX, 39, 2; 78, 1.
*Pollion* Vitrasius, XXXVI, 11, 3.
*Pollis*, statuaire, XXXIV, 19, 40.
*Pollux*, VI, 5, 2.
*Pollux* et Castor, II, 37, 2; XXXV, 36, 10. — Pollux d'Hégias, XXXIV, 19, 2.
*Polybe*, III, 10, 1; IV, 36, 1; 37, 1; V, 4, 1; 6, 2; VI, 36, 2; 38, 1; VIII, 10, 4. — compagnon de Scipion l'Émilien, VIII, 18, 1. — historien, V, 1, 8.
*Polybe*, probablement un médecin, XXI, 47, 6.
*Polycharmus*, sculpteur, XXXVI, 4, 23.
*Polyclès*, statuaire, de la 102e olympiade, XXXIV, 19, 2.
*Polyclès*, statuaire, de la 145e olympiade, XXXIV, 19, 3.
*Polyclès*, auteur d'une statue d'Hermaphrodite, XXXIV, 19, 8.
*Polyclès*, auteur d'une statue de Junon en marbre et, de concert avec Dionysius, d'un Jupiter, XXXVI, 4, 22.
*Polyclète*, statuaire, XXXIV, 5, 1;

19, 2 et suiv. — ses ouvrages, XXXIV, 19, 6 et sq. — son élève, XXXIV, 19, 5.
*Polycrate*, tyran de Samos, XXXIII, 6, 10; XXXVII, 2, 1; 4, 1.
*Polycrates*, statuaire, XXXIV, 19, 40.
*Polycritus*, XXXI, 14, 1.
*Polydamas*, VII, 50, 5.
*Polydeuces*, sculpteur, XXXVI, 4, 25.
*Polydore*, son tombeau, IV, 18, 4.
*Polydorus*, sculpteur, XXXVI, 4, 24. — statuaire, XXXIV, 19, 35.
*Polygnotus*, VII, 57, 14.
*Polygnotus*, peintre et statuaire, XXXIII, 56, 2; XXXIV, 19, 35; XXXV, 25, 2; 35, 1; 40, 1.
*Polyhistor* Alexandre, IX, 56, 4; XXXVI, 17, 1.
*Polyidus*, statuaire, XXXIV, 19, 40.
*Polynice*, de Tauriscus, XXXV, 40, 19.
*Pomone*, XXIII, 1, 1.
*Pompée* le Grand, de son temps, XXII, 61, 1; XXVI, 5, 1; 7, 1. — temple, XXXIV, 19, 8; XXXVII, 4, 27. — guerres civiles, II, 23, 2; XVII, 38, 3. — guerre des pirates, III, 16, 3. — flottes, III, 16, 3. — second consulat, VIII, 7, 2. — troisième consulat, XV, 1, 2; XXXIII, 5, 1. — consulat, XXXIV, 39, 2. — Portique et Curie, XXXV, 35, 2. — Portique, XXXV, 40, 3, et 9. — Théâtre, XXXIII, 16, 1; 54, 1; XXXIV, 18, 1; XXXVII, 7, 2. — triomphe, VIII, 2, 1. — procès-verbal de ses triomphes, XXXVII, 6, 1 et suiv. — tombeau, V, 14, 1. — Pompée le Grand, III, 4, 1; 19, 17; V, 10, 9; VI, 19, 2; 30, 3; VII, 3, 2; 10, 3; 31, 7; 49, 5; VIII, 7, 3; 20, 1; 24, 1; 28, 1; 34, 4; IX, 80, 1; 82, 1; XII, 9, 1; 54, 1; XVI, 3, 1; XVIII, 7, 3; XX, 52, 1; XXIII, 77, 1; XXV, 3, 1; 3, 2; XXXIII, 45, 3; 47, 2; 54, 1; 55, 2; XXXVII, 5, 1. imperator, VII, 27, 1 et suiv. — son éloge, VII, 26, 1 et suiv. — surnom de grand, XXXVII, 6, 3.
*Pompeia*, loi, III, 24, 5.
*Pompéien*, portique, XXXV, 37, 2.
*Pompéienne*, figue, XV, 19, 3.
*Pompéien*, chou, XIX, 41, 4.
*Pompéienne*, guerre civile, X, 53, 1.
*Pompéien*, théâtre, XXXVI, 24, 12.
*Pompéien* Jupiter, XXXIV, 18, 1.
*Pompeius* Cn., fils de Pompée le Grand, XXXVI, 29, 1. — pris, III, 3, 9.
*Pompeius* Sextus, VII, 53, 3; IX, 22, 1; XXXV, 58, 2.
*Pompeius* Aulus, VII, 54, 3.
*Pompeius* Flaccus, XV, 24, 5.
*Pompeius* Lenæus, XV, 39, 1; XXV, 3, 1.
*Pompeius* Paulinus, XXXIII, 50, 3.
*Pompeius* Strabo, VII, 44, 1. — père du grand Pompée, VII, 10, 1.
*Pomponianes*, poires, XV, 16, 1.
*Pomponianus* Scipion, XXXV, 2, 5.
*Pomponius*, VII, 4, 2.
*Pomponius* M., VII, 49, 5.
*Pomponius*, consulaire, VII, 18, 3.
*Pomponius*, poète, XIV, 6, 3.
*Pomponius* Secundus, XIII, 26, 1.
*Pomponius* Sextus, XXII, 59, 1.

*Popilius* C., cos., XXXIV, 14, 1.
*Popilius* M., censeur, XXXIV, 14, 1.
*Poppée*, femme de Néron, XI, 96, 2; XII, 41, 1; XXVIII, 50, 1; XXXIII, 49, 1; XXXVII, 12, 4.
*Poppæus*, cos., VII, 49, 5.
*Porcia*, famille, VII, 28, 1.
*Porcius* C., cos., II, 57, 1.
*Porcius* L., II, 29, 1.
*Porcius* M., II, 31, 2.
*Porcius* Latro, XX, 57, 1.
*Porsenna*, roi d'Étrurie, II, 54, 1; XXXIV, 13, 1; XXXVI, 19, 7.
*Posidianes*, eaux, XXXI, 2, 2.
*Posidonius*, II, 21, 1; VI, 21, 2; VII, 31, 3.
*Posidonius* d'Éphèse, graveur et statuaire, XXXIII, 55, 2; XXXIV, 19, 40.
*Posion*, VII, 16, 2.
*Posis*, modeleur, XXXV, 45, 2.
*Postumia*, loi, XIV, 14, 1.
*Postumius* Albinus, XI, 71, 1.
*Postumius* A., VIII, 7, 2. — dictateur, XXXIII, 11, 1.
*Postumius* Sp., II, 31, 2. — cos., XXXIII, 48, 1.
*Postumius* Tubertus, XV, 38, 1.
*Potulan*, vin, XIV, 8, 6.
*Præconinus*, XXXIII, 7, 1. — Stilo, XXXVII, 4, 2.
*Praxagoras*, XX, 13, 2; 23, 3; 26, 4.
*Praxagoras*, médecin, XXVI, 6, 2.
*Praxibulus*, magistrat athénien, XXXIII, 37, 1.
*Praxitèles*, statuaire et sculpteur, VII, 39, 2; XXXIV, 19, 2; 19, 20 et 21 et 22; XXXV, 39, 1; 40, 8; XXXVI, 4, 9, et suiv. — sa Vénus, XXXVI, 4, 10.
*Praxitèle*, peintre, XXXV, 39, 1.
*Priam*, d'Aristophon, XXXV, 40, 13.
*Priscus* Accius, peintre, XXXV, 37, 7.
*Priscus* Lutorius, VII, 40, 2.
*Priscus* Tarquin, XV, 1, 1; XXXIII, 19, 5; XXXIV, 11, 2; XXXV, 5, 2; 43, 2; 45, 3; XXXVI, 70, 1.
*Procilius*, VIII, 2, 1.
*Proculeius* C., VII, 46, 2; XXXVI, 59, 2.
*Proculus* Flavius, XXXIII, 8, 1.
*Prodicus*, XXIX, 2, 1.
*Prodorus*, statuaire, XXXIV, 19, 35.
*Prœtides* (Les) furieuses, XXV, 21, 1.
*Prœtus*, V, 57, 9.
*Prométhée*, VII, 57, 7 et 17; XXXIII, 4, 1; XXXVII, 1, 2.
*Proserpine*, enlèvement, XXXV, 36, 44. — de Praxitèle, XXXIV, 19, 20.
*Protée*, XXX, 2, 2.
*Protesilas*, temple, IV, 18, 12. — tombeau, XVI, 88, 1. — de Dinomène, XXXIV, 19, 26.
*Protogène*, peintre, VII, 39, 1; XXXV, 36, 19; 36, 37 et suivants; 37, 6. — statuaire et peintre, XXXIV, 19, 40.
*Prusias*, roi de Bithynie, VII, 15, 3.
*Psammeticus*, roi d'Égypte, VI, 35, 13; XXXVI, 19, 1.
*Psyllus*, roi, VII, 2, 5.
*Ptolémée*, roi, VII, 37, 1; VIII, 5, 5; X, 26, 1; XIV, 9, 2; XXI, 96, 1; XXXI, 39, 4; XXXVI, 9, 1.

*Ptolémée*, fils de Lagus, roi d'Égypte, XXXV, 36, 26; XXXVI, 18, 1.
*Ptolémée*, fils d'Antiochus, XXIX, 3, 1.
*Ptolémée* Céraunus, VI, 12, 2.
*Ptolémée* Lathurus, VI, 35, 10.
*Ptolémée* Philadelphe, VI, 33, 4; 34, 3; VII, 57, 16; IX, 2, 3; XXXVI, 14, 5. — Arsinoé, sa sœur, XXXIV, 42, 1. — Ptolémée le second, XXXVII, 32, 2. — Philadelphe, XXXVII, 32, 2.
*Ptolémée* Philopator, VII, 57, 16. — Tryphon, VII, 57, 16.
*Ptolémée* Soter, VII, 57, 16.
*Ptolémée* chassant, d'Antiphile, XXXV, 40, 13.
*Ptolémée*, roi de Mauritanie, V, 1, 11; XIII, 29, 2.
*Ptolémée*, fils de Juba, V, 1, 16.
*Ptolémée* (Les) régnant, XII, 31, 2; 37, 4.
*Ptolémée*, roi; sa bibliothèque, XIII, 21, 2.
*Ptolémée*, homme privé, XXXIII, 47, 2.
*Publicola* Valérius, XXXVI, 24, 9. — cos., XXXIV, 13, 2.
*Publiclus*, affranchi, VII, 10, 3.
*Publius*, auteur de mimes, VIII, 77, 5. — créateur de la scène mimique, XXXV, 58, 1.
*Pulcher* Claudius, VIII, 7, 1; XXI, 4, 1; XXXV, 7, 4.
*Pyreicus*, peintre, XXXV, 37, 1.
*Pyrène*, III, 3, 3.
*Pyrgotèle*, ciseleur, VII, 38, 1; XXXVII, 4, 1.
*Pyrodes*, VII, 57, 7.
*Pyromachus*. Voy. PHYROMACHUS.
*Pyrrhon*, VII, 18, 3.
*Pyrrhus*, roi d'Épire, III, 16, 3; VII, 2, 12; 24, 1; VIII, 6, 1; XI, 71, 1; 77, 1; XIV, 3, 2. — fit la guerre aux Romains, VII, 60, 1. — batailles, VIII, 7, 1. — vaincu, XXXIII, 13, 1. — son pouce, XXVIII, 6, 4. — Pyrrhus, d'Hégias, XXXIV, 19, 28.
*Pyrrhus*, en Crète, VII, 57, 13.
*Pyrrhus*, statuaire, XXXIV, 19, 31.
*Pyrrhus*, nom d'un chien, VIII, 61, 2.
*Pythagore*, de Samos, II, 6, 7; XX, 33, 1; 39, 3; 51, 3; 83, 1; 87, 1; XXI, 68, 2; XXIV, 102, 1; XXVIII, 6, 3; XXX, 2, 5; XXIV, 72, 1; 99, 1; 101, 1; 102, 1. — philosophe, XIX, 30, 2. — homme ingénieux, II, 19, 1; 20, 1. — en Égypte, XXXVI, 14, 10. — disciple de Phérécyde, II, 81, 2. — sa statue à Rome, XXXIV, 12, 1. — philosophie, XIII, 27, 2. — sentence, XVIII, 30, 2. — Pythagoriciens, XXII, 9, 1. — livres pythagoriciens, XIII, 27, 2. — façon pythagoricienne, XXXV, 46, 1.
*Pythagore*, gymnaste, XXIII, 63, 4.
*Pythagore* de Rhegium, statuaire, XXXIV, 19, 2, 10 et suiv.
*Pythagore* de Samos, statuaire, XXXIV, 19, 11 et suiv.
*Pythagoras*, préfet du roi Ptolémée, XXXVII, 9, 1.

Pytheas, de Marseille, II, 77, 2 ; 99, 6 ; IV, 27, 5 ; 30, 1 ; XXXVII, 11, 5.
Pytheas, graveur, XXXIII, 55, 3.
Pythias, statuaire, XXXIV, 19, 3.
Pythis, sculpteur, XXXVI, 4, 19.
Pythius, Bithynien, XXXIII, 47, 2.
Pythoclès, statuaire, XXXIV, 19, 3.
Pythocritus, statuaire, XXXIV, 19, 40.
Pythodemus, de Dinomène, XXXIV, 19, 26.
Pythodicus, statuaire, XXXIV, 19, 35.
Pythodorus, sculpteur, XXXVI, 4, 25.
Pythodorus, sculpteur, différent du précédent, XXXVI, 4, 25.
Pythus, VII, 57, 14.

## Q

Quinctiens, près, XVIII, 4, 4.
Quinctius (Famille des), XXXIII, 6, 5.
Quinctius C., cos., VII, 36, 1.
Quinctius Cincinnatus, XVIII, 4, 4.
Quinctius Flamininus, cos., XIX, 45, 1.
Quinctius Scapula, VII, 54, 5.
Quirianes, pommes, XV, 15, 1.
Quirinus, temple, VII, 60, 1 ; XV, 36, 2. — c'est-à-dire Romulus, XV, 36, 2.

## R

Rabirius, XXVIII, 21, 3.
Rachias, VI, 24, 5.
Raphius, roi d'Égypte, XXXVI, 14, 5.
Ratumena, VIII, 65, 2.
Rebilus, cos., VII, 54, 2.
Regulus Attilius, XVIII, 6, 3. — imperator, VIII, 14, 1.
Remus, XV, 20, 3.
Rhadamanthus, VII, 57, 2. — frère de Minos, VI, 32, 15.
Rhamsès, roi d'Égypte, XXXVI, 14, 3.
Rhemmius Palæmon, XIV, 5, 4.
Rhodope, courtisane, XXXVI, 17, 5.
Rhœcus, modeleur et architecte, XXXV, 43, 2 ; XXXVI, 19, 6.
Rhœtus, chef, III, 24, 1.
Romilius Pollio, XXII, 53, 2.
Romilius, T., VII, 29, 2.
Romulus, III, 9, 13 ; IX, 63, 1 ; XIV, 14, 2 ; XV, 36, 2 ; XVI, 5, 1 ; XVIII, 2, 1 ; XXXIII, 4, 2 ; 9, 1 ; XXXV, 34, 2. — sa statue sans tunique, XXXIV, 11, 3. — Romulus et Rémus, XV, 20, 3.
Roscius L., statue, XXXIV, 11, 3.
Roscius, VII, 31, 8.
Roscius, histrion, VII, 40, 1.
Rotundus Drusillanus, XXXIII, 52, 1.
Rubricus, médecin, XXIX, 5, 2.
Rubrius, histrion, VII, 10, 4.
Rufus Cœlicius, VII, 50, 5.
Rufus Cornelius, VII, 51, 1.
Rufus Julius, XXVI, 4, 1.
Rufus Messala, VII, 53, 1.
Rufus Sicilius, VII, 4, 1.
Rufus Tarius, XVIII, 7, 1.
Rullianus Fabius, VII, 41, 1.
Rullus Servilius, VIII, 78, 1.
Rusatus Felix, VII, 54, 7.
Rusticellus Hercules, VII, 19, 2.
Rutilius, II, 29, 1 ; VII, 36, 2.
Rutilius, mari de Livia, VII, 49, 5.

## S

Sabinus T. Septimius, XXXIV, 19, 42.
Sabinus Tiro, XIX, 57, 2.
Sabinus Titius, VIII, 61, 3.
Sabis, dieu des Arabes, XII, 32, 5.
Salauces, XXXIII, 15, 2.
Salluste (Les jardins de), VII, 16, 2.
Sallustius, ami d'Auguste, XXXIV, 2, 2.
Sallustien, cuivre, XXXIV, 2, 2.
Sallustius Dionysius, XXXII, 26, 2.
Salonienne, branche, VII, 12, 1.
Salonius, client de Caton, VII, 12, 1.
Salpe, XXVIII, 7, 3 ; 18, 2 ; 23, 5 ; 80, 1. — sage-femme, XXXII, 47, 1 ; 51, 1.
Salutio, Scipio, XXXV, 2, 5 ; VII, 10, 4.
Salut, temple, XXXV, 7, 1.
Salvius, VII, 19, 2.
Sammula, VII, 49, 6.
Sangus, temple, VIII, 74, 1.
Sappho, XXII, 9, 1. — de Léon, XXXV, 40, 16.
Sarpedon, lettre, XIII, 27, 3.
Saserna, père et fils, XVII, 35, 37.
Saturne, père de Chiron, VII, 57, 5. — statue à Rome, XV, 7, 6. — temple, XV, 20, 4. — lac, XXXI, 18, 1 et 2. — Saturne, III, 3, 3.
Saturninus Volusius, VII, 12, 1 ; 49, 3 ; XI, 90, 2.
Satyre, d'Ariston, XXXV, 36, 46.
Satyre, sur une fiole, XXXIII, 55, 2.
Satyrus, XXXVI, 24, 2 ; 25, 2.
Satyrus, architecte, XXXVI, 14, 5.
Satyrus, poète, XXXVII, 11, 2.
Saufeius Ap., VII, 54, 4.
Saufeius Decimus, VII, 54, 5.
Sauras, sculpteur, XXXVI, 4, 28.
Scævola Q., VIII, 20, 1 ; XIV, 15, 1 ; VII, 7, 1.
Scandianes, poires, XV, 17, 2 et sqq.
Scandius, XV, 15, 1.
Scantianes, pommes, XV, 15, 1.
Scantiane, vigne, XIV, 5, 2.
Scapula Quinctius, VII, 54, 5.
Scaurus (Les), XI, 105, 1.
Scaurus M., édilité, VIII, 24, 1 ; XXXIV, 17, 1 ; XXXV, 40, 3 ; XXXVI, 2, 1 ; 24, 10. — atrium, XXXVI, 2, 1. — théâtre, XXXVI, 8, 2 ; 64, 1. — Scaurus M., VIII, 40, 1 ; IX, 4, 1 ; 3 ; XXXVI, 3, 1. — beau-fils de Sylla, XXXVI, 24, 10 et sqq. ; XXXVII, 5, 1. — Mémoires, XXXIII, 6, 5.
Scaurus M., le père, prince de la cité, VII, 40, 1 ; XXXVI, 24, 13. — consul, et bientôt prince, II, 55, 3 ; VIII, 82, 3.
Sceptianes, pommes, XV, 15, 1.
Scipion L., VII, 24, 1 ; XXXIII, 48, 1 ; 53, 2 ; XXXV, 7, 4 ; XXXVII, 6, 1.
Scipion Æmilianus, V, 1, 8 ; VII, 28, 1 ; VIII, 18, 1 ; X, 60, 3 ; XXII, 6, 3 ; XXVI, 9, 2 ; XXXVII, 41, 2.
Scipion l'Africain, l'Ancien, VII, 7, 1.
Scipion Allobrogicus, XXXIII, 50, 1.
Scipion Asiaticus L., I, préf., 8.

Scipion Metellus, VIII, 74, 3. — consulaire, X, 27, 1.
Scipion Nasica, VII, 34, 1 ; 60, 4.
Scipion Pomponianus, XXXV, 2, 5.
Scipion Salutio, VII, 10, 4.
Scipion Serapio, VII, 10, 3 ; XXI, 7, 1.
Scipion, flotte, XVI, 74, 4. — bûcher, III, 3, 4. — cassette, VII, 26, 1.
Scipions (Tarragone, œuvre des), III, 4, 4. — Marcius, vengeur des Scipions, XXXV, 4, 2.
Scopas, graveur, XXXVI, 21, 1. — sculpteur, XXXV, 4, 13.
Scopas, statuaire, XXXIV, 19, 1 et 40.
Scribonius C., II, 35, 1.
Scrofa, XVII, 35, 37.
Scyllis, sculpteur, XXXVI, 4, 1.
Scyllis, d'Andronide, XXXV, 40, 13.
Scymnus, graveur, XXXIV, 19, 35.
Scythes, fils de Jupiter, VII, 57, 9.
Sebosus, VI, 35, 6. — Statius, VI, 36, 4 ; IX, 17, 3.
Secundilla, VII, 16, 2.
Secundus Pomponius, XIII, 26, 1.
Sedigitæ (sœurs), XI, 99, 1.
Sedigitus Volcatius, XI, 99, 1.
Segesta, déesse, XVIII, 2, 2.
Seia, déesse, XVIII, 2, 2.
Seia Fortuna, XXXVI, 46, 1.
Seius M., X, 27, 1 ; XV, 1, 2.
Séjan, VII, 40, 2. — sa fin, VIII, 74, 3.
Seleucus, roi, II, 67, 2 ; V, 33, 4 ; VI, 17, 2 ; 18, 13 ; 21, 8 ; XVI, 59, 2. — Nicator, VI, 12, 2 ; 21, 8. — fondateur d'Apamée, V, 21, 1 ; 33, 4.
Seleucus, roi d'Aristodème, XXXIV, 19, 36. — de Bryaxes, XXXIV, 19, 24.
Seleucus, père d'Antiochus, VI, 18, 1 et 4.
Semenpserteus, roi d'Égypte, XXXVI, 14, 9.
Sémiramis, VI, 3, 1 ; 25, 1 ; 32, 4 ; VII, 57, 16. — de servante devenant reine, XXXV, 36, 16. — autels, VI, 18, 4. — coupe, XXXIII, 15, 1. — cheval, VIII, 64, 3. — jardins, XIX, 19, 1.
Sempronius, cos., XXXIII, 6, 3.
Sénèque, VI, 21, 5 ; IX, 78, 1 ; XIV, 5, 5 ; XXIX, 5, 4.
Sentius C., préteur, XIV, 17, 1.
Septimius T. Sabinus, XXXIV, 19, 42.
Septimuleius, XXXIII, 14, 1.
Seranus (Famille des), XIX, 2, 2.
Seranus, XVIII, 4, 4.
Scrapio Scipion, VII, 10, 3 ; XXI, 7, 1.
Serapion, peintre, XXXV, 37, 2.
Serapis, temple à Thèbes, XXXVI, 11, 4. — Sérapis, en émeraude, XXXVII, 19, 2.
Serenus Annæus, XXII, 47, 1.
Sergia, olive, XV, 4, 1 ; 6, 1.
Sergius M., son éloge, VII, 29, 4 et sqq.
Sergius Orata, IX, 79, 1.
Sertorius Q., VII, 27, 1 ; VIII, 50, 7 ; XXII, 6, 3.
Servator Jupiter, XXXIV, 19, 24 et 25.
Servilia famille, XXXIV, 38,

*Serviliens*, jardins, XXXVI, 4, 11 et 13.
*Servilius*, XVI, 5, 3. — cos., XXXV, 3, 1.
*Servilius* Damocrates, XXV, 49, 1.
*Servilius* Nonianus, XXVIII, 5, 7; XXXVII, 21, 2.
*Servilius* P., mag. equit., VII, 29, 3.
*Servilius* M., cos., X, 60, 3. — consulaire, XXIV, 28, 2.
*Servilius* Pansa, VII, 54, 3.
*Servilius* Rullus, VIII, 78, 1.
*Servius* Clodius, XXV, 7, 3.
*Servius* Cornelius Merenda, XXXIII, 11, 1.
*Servius* Sulpicius, cos., II, 57, 1; XXVIII, 5, 4.
*Servius* Tullius, II, 111, 4; VIII, 74, 1. — roi, XVIII, 3, 4; XXXIII, 4, 2; 6, 7; 13, 2; XXXVI, 46, 1; 70, 1.
*Sésosis*, père de Nuncoreus, XXXVI, 15, 3.
*Sésostris*, roi d'Égypte, VI, 33, 2; 34, 5; XXXIII, 15, 2; XXXVI, 14, 9.
*Severus* Cassius, VII, 10, 5; XXXV, 46, 4.
*Sévianes*, poires, XV, 16, 2.
*Sextius*, XVI, 20, 1; XVIII, 68, 10; XX, 50, 2; XXVIII, 30, 1; 34, 1; XXIX, 23, 3; XXXII, 13, 1. — Niger, XX, 84, 4.
*Sextus* Pompeius, IX, 22, 1.
*Sextus* Pomponius, XXII, 57, 1.
*Sibylle*, VII, 33, 1; XIII, 27, 3. — trois statues, XXXIV, 11, 2 et 13.
— prescriptions, III, 21, 1. — oracles, XVIII, 69, 6. — livres, VII, 35, 1; XVII, 38, 3.
*Siccius* Dentatus, VII, 29, 1; XVI, 5, 3; XXII, 5, 1.
*Silanion*, statuaire, XXXIV, 19, 3 et 31.
*Silanus* D., XVIII, 5, 1.
*Silanus* Junius, cos., II, 89, 1.
*Silanus*, proconsul, II, 35, 1; XXXV, 40, 7.
*Silanus* Cassius, XXXIV, 18, 7.
*Silanus* M., VII, 11, 2.
*Silènes*, trois, XXXV, 36, 45. — Silène, son image, XXXVI, 4, 4 et 11. — en ciselure, XXXIII, 55, 1.
*Silenus*, auteur, IV, 36, 2; VII, 57, 8; XVI, 63, 2.
*Silius* P., cos., VIII, 61, 3.
*Silons* (Les), XI, 59, 1.
*Silvain*, image, XV, 20, 4.
*Simenus*, statuaire, XXXIV, 19, 40.
*Simon*, statuaire, XXXIV, 19, 40.
*Simon*, cavalier, statue, XXXIV, 19, 26.
*Simonide*, VII, 57, 13. — lyrique, VII, 24, 2; 57, 2 et 3.
*Simonide*, peintre, XXXV, 40, 18.
*Simonide* le jeune, VI, 35, 6.
*Simus*, surnom, XI, 59, 1.
*Simus*, médecin, XXI, 88, 2; XXII, 32, 5.
*Simus*, peintre, XXXV, 40, 18.
*Simon*, VII, 57, 11.
*Sirène* Leucasia, III, 13, 3. — chant des Sirènes, XXX, 2, 2.
*Smilax*, vierge, XVI, 63, 1.
*Smilis*, architecte, XXXVI, 19, 6.
*Smyrna*, Amazone, VI, 31, 7; VII, 13, 3.

*Socrate*, VII, 31, 9; 18, 1; XXXIV, 12, 1.
*Socrate*, peintre, XXXV, 40, 12.
*Socrate*, sculpteur, XXXVI, 4, 20.
*Sogdonacus*, VI, 31, 13.
*Sol*, fils de l'Océan, VII, 57, 6.
*Solon* de Smyrne, XX, 83, 1; 86, 1.
*Sophocle*, VII, 54, 1; XXII, 32, 4. — poëte, XVIII, 12, 2; XXII, 32, 4. — tragique, VII, 30, 2; XXXVII, 11, 9. — de haute naissance, XXXVII, 11, 9. — sa renommée, etc., XXXVII, 11, 9.
*Sopolis*, peintre, XXXV, 40, 23.
*Soranus* Valerius, III, 9, 11.
*Sornatius*, XXXII, 23, 1.
*Sosianus* Apollon, XIII, 11, 1; XXXVI, 4, 15.
*Sosigène*, II, 6, 10; XVIII, 57, 4.
*Sosimène*, XX, 73, 4.
*Sostratus*, statuaire, XXXIV, 19, 11.
*Sostratus*, statuaire, différent du précédent, XXXIV, 19, 3.
*Sostratus*, architecte, de Cnide, XXXVI, 18, 1.
*Sosus*, artiste en mosaïque, XXXVI, 60, 1.
*Sotacus*, XXXVI, 26, 2; 38, 1; XXXVII, 11, 5; 23, 2; 24, 1; 51, 1; 57, 2.
*Sothis*, roi dans la ville du Soleil, XXXVI, 14, 3.
*Sotira*, sage-femme, XXVIII, 23, 6.
*Spartacus*, XV, 38, 1; XXXIII, 14, 2.
*Spilumène*, de Praxitèle, XXXIV, 19, 21.
*Spintarus* de Téléphanes, XXXIV, 19, 19.
*Spinther*, VII, 10, 4.
*Spinther* Lentulus, IX, 63, 2; XIX, 6, 1; XXXVI, 12, 1.
*Sp.* Albinus, XVIII, 8, 4.
*Sp.* Melius, XVIII, 4, 1.
*Sp.* Postumius, XXXIII, 48, 1.
*Spurius* Nautius, XXXIV, 11, 3.
*Staberius* Eros, XXXV, 58, 1.
*Stadieus*, peintre, XXXV, 40, 21.
*Staphylus*, V, 36, 3; VII, 57, 8.
*Statilia*, VII, 49, 5.
*Statilius* Stenius, XXXIV, 15, 1.
*Statius* Sebosus, VI, 36, 4; IX, 17, 3.
*Stenius* Statilius, XXXIV, 15, 1.
*Stentor*, port, IV, 18, 4.
*Stephanio*, VII, 49, 6.
*Stephanus*, sculpteur, XXXVI, 4, 21.
*Stephusa*, de Praxitèle, XXXIV, 19, 21.
*Stercutus*, roi, XVII, 6, 1.
*Stertinius* Q., XXIX, 5, 2.
*Stesichorus*, II, 9, 2; X, 43, 2.
*Sthenelus* Acilius, XIV, 5, 3.
*Sthennis*, statuaire, XXXIV, 19, 3 et 40.
*Stilo* Ælius, IX, 59, 2; XXXIII, 7, 1. — Præconinus, XXXVII, 4, 2.
*Stilpon*, VII, 54, 1.
*Stolo* Licinius, XVIII, 4, 3. — les Stolons de la famille Licinia, XVII, 1, 5.
*Strabons*, à cause du strabisme, VII, 13, 3; 21, 1.
*Strabon* Lænius, X, 72, 1.
*Strabon* Pompeius, VII, 44, 1.
*Strabons* (Les), XI, 55, 3.
*Stratonice*, reine, XXXV, 40, 14. — peinture d'Artémon, XXXV, 40, 15.

*Stratonicus*, graveur, XXXIII, 55, 2; XXXIV, 19, 40. — statuaire, XXXIV, 19, 35.
*Strongylion*, statuaire, XXXIV, 19, 32.
*Struma* Nonius, XXXVII, 21, 2.
*Studiosus*, Thrace, XI, 99, 2.
*Styppax*, statuaire, XXXIV, 19, 31.
*Sudines*, IX, 56, 4; XXXVI, 12, 1; XXXVII, 35, 1; 60, 1.
*Suetonius* Paulinus, cos., V, 1, 14.
*Suffetia*, vestale, XXXIV, 11, 4.
*Suillius* Rufus, VII, 4, 2.
*Sulpicia*, fille de Paterculus, VII, 35, 1.
*Sulpicius* Galba, XXXIII, 8, 1.
*Sulpicius* Gallus, II, 9, 1; 19, 1.
*Sulpicius* Servius, cos., II, 57, 1; XXVIII, 5, 4.
*Sulpicius* L., cos., XXXIII, 6, 3.
*Sulpicius* Q., cos., VII, 49, 5.
*Summanus*, dieu, II, 53, 1. — temple, XXIX, 14, 1.
*Superbus* Tarquinius, III, 9, 15; VII, 63, 2; XIII, 27, 3; XIX, 19, 1; 53, 2. — palais, XXXVI, 13, 2.
*Sura* Mamilius, XVIII, 42, 1.
*Sura*, proconsul, VII, 10, 5.
*Surus*, nom d'un éléphant, VIII, 5, 1.
*Sylla*, VII, 43, 1; XXXIII, 5, 3; 47, 2; XXXVI, 5, 2; 64, 1; XXXVII, 5, 1. — heureux, VII, 44, 1; XVIII, 7, 1; XXII, 6, 2. — lieutenant, III, 9, 17. — dictateur, II, 55, 3; III, 12, 1; VII, 55, 1; VIII, 20, 1; XI, 39, 1; XXII, 6, 2; XXVI, 86, 1; XXXIV, 12, 2; XXXVII, 4, 1. — beau-père de Scaurus, XXXIV, 24, 13. — victoire, XXXIII, 52, 2. — temps, IX, 59, 2; XIII, 27, 3. — guerre civile, XXXIII, 50, 1. — Pompée, partisan de Sylla, VII, 27, 1.
*Sylla* L., cos., avec Auguste, VII, 11, 2.
*Syllana* colonia Urbana, XIV, 8, 3.
*Syphax*, capitale, V, 1, 19.
*Syriation*, XX, 53, 2.

## T

*Tacitus* Cornelius, chevalier rom., VII, 17, 1.
*Tamphilus*, VII, 54, 3.
*Tamphilus* Bæbius, XIII, 27, 1.
*Tanaquil*, reine, XXXVI, 70, 1.
*Taracia* Caia, XXXIV, 11, 4.
*Tarius* Rufus, XVIII, 7, 4.
*Tarmoendas*, XXX, 2, 2.
*Tarpeius* Sp., cos., VII, 29, 1.
*Tarquin* (Les), XXXIII, 4, 2.
*Tarquin* L., roi, III, 9, 15. — Priscus, XV, 1, 1; XXXIII, 4, 2; 19, 5; XXXIV, 11, 2; 13, 1; XXXV, 5, 2; 43, 2; 45, 3; XXXVI, 24, 3; 70, 1.
*Tarquin* Superbus, chaussée, III, 9, 14. — Superbus, VIII, 63, 2; XIII, 27, 3; XIX, 19, 1; 53, 2.
*Tauriscus*, graveur, de Cyzique, XXXIII, 55, 2; XXXVI, 4, 21.
*Tauriscus*, peintre, XXXV, 40, 19.
*Tauriscus* de Tralles, sculpteur, XXXVI, 4, 21.
*Tauron*, II, 2, 17.
*Taurus* Pacuvius, XXXIV, 11, 5.
*Telchius*, VI, 6, 2.

*Téléphane*, statuaire, Phocéen, XXXIV, 19, 19.
*Téléphane*, peintre, de Sicyone, XXXV, 5, 2.
*Télèphe*, XXV, 19, 1; XXXIV, 45, 1. — de Parrhasius, XXXV, 36, 11.
*Telestus*, poëte, XXXV, 36, 45.
*Térée*, crime, IV, 18, 9; X, 34, 1.
*Terentia*, VII, 49, 5.
*Terentius* Cn., XIII, 27, 1.
*Terentius* M. F., VII, 50, 3.
*Terentius* Corax, VII, 54, 4.
*Terentius* Lucanus, XXXV, 33, 1.
*Tergilla*, XIV, 28, 7.
*Terpander*, VII, 57, 13.
*Terre* (Tellus), temple, XXXIV, 14, 1.
*Tertulla*, VII, 50, 4.
*Teuca*, reine d'Illyrie, XXXIV, 11, 3.
*Teucer*, XXV, 20, 1.
*Teucer*, ciseleur, XXXIII, 55, 3.
*Thalès*, de Milet, II, 9, 1; XVIII, 57, 5.
*Thalna* Juventius, VII, 54, 3.
*Thamyras*, de Thrace, VII, 57, 13. — de Théon, XXXV, 40, 19.
*Thémison*, auteur du premier ordre, XIV, 21, 1; XXV, 23, 2; 39, 1; XXIX, 5, 1.
*Thémistocle*, XXXIV, 12, 1.
*Theochrestus*, XXXVII, 12, 7.
*Théocrite*, chant magique, XXVIII, 4, 5.
*Theodorus*, XX, 40, 1; XXIV, 120, 3.
*Theodorus*, peintre, XXXV, 40, 19.
*Theodorus*, peintre, de Samos, XXXV, 40, 21.
*Theodorus*, architecte, de Samos, VII, 57, 7; XXXIV, 19, 6; XXXIV, 19, 33; XXXV, 43, 2.
*Theodorus*, charlatan, XXXV, 40, 22.
*Theodorus*, son fonds de terre à Smyrne, XXXVII, 46, 2.
*Théomène*, XXXVII, 11, 8.
*Theomnestus*, peintre, XXXV, 36, 43.
*Theomnestus*, statuaire, XXXIV, 19, 40.
*Théon*, peintre, XXXV, 40, 19.
*Théon*, crieur, XXXV, 6, 2.
*Théophraste*, I Préf. 23; III, 9, 5; VII, 54, 5 et 14; VIII, 43, 1; 49, 1; 54, 2; 69, 3; 82, 2; IX, 8, 6; 83, 1; X, 41, 4; XI, 116, 1; XIII, 30, 5; XV, 1, 1; 3, 4; 40, 5; XVI, 62, 1; XVII, 37, 8; XIX, 10, 1; 48, 1; XX, 3, 1; XXI, 9, 1; 68, 1; XXV, 5, 5; 32, 1; XXVI, 63, 2. — auteur grave, XXVII, 40, 2; XXVIII, 4, 6; 15, 1; XXXI, 9, 1; 14, 1; 16, 1; 19, 1; 40, 1; 46, 1; XXXIII, 37, 1; 58, 1; XXXVI, 29, 1; XXXVII, 11, 4; 13, 1; 19, 1; 25, 4; 74, 1.
*Theopompe*, II, 110, 3; III, 9, 5; 15, 3; IV, 1, 2; VII, 49, 2; XXXI, 13, 1; 14, 1; 19, 1.
*Théricles*, XVI, 76, 7.
*Thérimachus*, statuaire, XXXIV, 19, 2; XXXV, 36, 16.
*Thésée*, VII, 57, 9 et suiv.; XXII, 44, 1. — d'Aristolaüs, XXXV, 40, 12. — d'Euphranor et de Parrhasius, XXXV, 40, 5. — de Parrhasius, XXXV, 36, 9.
*Thespis* et Thespiades, statues, XXXIV, 19, 17.
*Thespiades*, statues, XXXVI, 4, 21.

*Thessalus*, médecin, XXIX, 5, 3.
*Thessalus*, roi, IV, 14, 1.
*Thétis*, de Scopas, XXXVI, 4, 13.
*Thoas*, VII, 57, 6; VIII, 22, 1.
*Thrason*, VII, 57, 5.
*Thrason*, statuaire, XXXIV, 19, 40.
*Thracyllus*, XXXII, 19, 3.
*Thucydide*, III, 13, 1; VII, 57, 16. — général, VII, 31, 2.
*Thylon*, XXV, 5, 4.
*Tibère*, Caprée, III, 12, 3. — pensées, VII, 46, 3. — règne, XXVI, 6, 1; XXXIII, 52, 2. — neuvième année, XXXIII, 8, 1. — Tibère Aug., XIX, 41, 2; 42, 1. — Tibère César, I, Préf., 20; II, 86, 1; X, 76, 1; XI, 54, 2; XIV, 3, 1; 8, 4; XV, 21, 1; 40, 3; XVI, 74, 3; 76, 4; XXI, 10, 3; XXVI, 6, 1; XXVIII, 5, 2; XXX, 4, 1; XXXV, 10, 2; 40, 7; XXXVI, 67, 2. — Tibère prince, IX, 4, 1; X, 60, 1; XIII, 27, 3; 29, 2; XV, 16, 2; XIX, 23, 1; 28, 1; 33, 1; XXXV, 19, 13; XXXV, 36, 10; XXXVI, 66, 3. — Tibère, le plus sévère des hommes, XXVIII, 5, 2. — Tibère Claudius, prince, IX, 29, 1; XIV, 28, 5. — fils d'Auguste, XXVI, 3, 1; 6, 1 sq. — imperator, XXII, 46, 1; XXVI, 6, 1. — Tibère Néron, VII, 20, 1. — sa retraite, VII, 46, 2.
*Tibérien*, marbre, XXXVI, 11, 1 et suiv.
*Tiburtus*, fondateur de Tibur, XVI, 87, 1.
*Ticinius* Menas, VII, 59, 1.
*Tigrane*, VII, 27, 3.
*Timæus*, II, 6, 9; III, 13, 1; IV, 27, 4; 30, 3; 36, 2. — mathématicien, V, 10, 6; XVI, 34, 1; XXXIII, 13, 2; XXXVII, 11, 6.
*Timagène*, III, 23, 5; XXXIII, 40, 1.
*Timagoras*, peintre, XXXV, 35, 1.
*Timanthe*, peintre, XXXV, 36, 5 et 12.
*Timarchide*, sculpteur, XXXVI, 4, 22. — statuaire, XXXIV, 19, 40.
*Timarchus*, XI, 63, 2.
*Timarchus*, statuaire, XXXIV, 19, 3.
*Timarète*, XXXV, 35, 2. — fille de Micon le jeune, XXXV, 40, 22.
*Timaris*, reine, XXXVII, 66, 1.
*Timaristus*, XXI, 105, 4.
*Timocles*, statuaire, XXXIV, 19, 3. XXXV, 40, 11. — sa Médée et son Ajax, XXXV, 9, 1.
*Timon*, VII, 18, 3.
*Timon*, statuaire, XXXIV, 19, 40.
*Timosthène*, V, 9, 1; 35, 1; VI, 5, 1· 33, 1; 35, 6.
*Timotheus*, VII, 57, 13.
*Timotheus*, sculpteur, XXXVI, 4, 18. — statuaire, XXXIV, 19, 40.
*Tiphys*, VII, 57, 17.
*Tiresias*, VII, 57, 12. — monument, XXXVII, 66, 2.
*Tiridate*, roi d'Arménie, VII, 40, 1; XXX, 6, 1; XXXIII, 16, 1.
*Tiro* Sabinus, XIX, 57, 2.
*Tisias*, statuaire, XXXIV, 19, 40.
*Tisicrate*, de Sicyone, XXXIV, 19, 18. — bige, XXXIV, 19, 39.

— père d'Arcésilaüs le peintre, XXXV, 40, 21.
*Tite-Live*, historien, I, Préf., 12; III, 1, 5; 23, 5.
*Tithoes*, roi, XXXVI, 19, 1.
*Titidius* Labéon, peintre, XXXV, 7, 2.
*Titius*, personnage prétorien, XXXI, 8, 1.
*Titius* Sabinus, VIII, 61, 3.
*Titus*, emp., II, 22, 2; XXXIV, 19, 6. — son palais, XXXVI, 4, 24.
*Tlepolème*, XX, 73, 5; XXXV, 36, 42. — de Praxitèle, XXXVI, 4, 11.
*Toranius*, marchand d'esclaves, VII, 10, 5.
*Torquatus*, VIII, 74, 2; XXXIII, 5, 2. — Manlius, VII, 54, 4.
*Torquatus* Novellius, XIV, 28, 5.
*Trebius* Niger, IX, 41, 2; 48, 1; X, 20, 2; XVIII, 4, 2; XXXII, 6, 1.
*Tremulus* Marcius Q., XXXIV, 11, 3.
*Triarius*, VI, 4, 1.
*Triptolème*, VII, 57, 8. — pièce de théâtre, XVIII, 12, 2. — statue de Praxitèle, XXXVI, 4, 11.
*Tritannus*, VII, 19, 1.
*Trogus* (Trogue-Pompée), III, 3, 1; X, 51, 3; XI, 94, 1; 114, 2; XVII, 9, 1; XXXI, 47, 6.
*Trophonius*, oracle et image, XXXIV, 19, 17. — dieu, XXXI, 11, 1.
*Tryphon* Ptolemæus, VII, 57, 16.
*Tubéron*, VII, 53, 1; X, 20, 2; XVIII, 66, 1. — Q., cos., VIII, 25, 1.
*Tubertus* Postumius, XV, 38, 1.
*Tuccia*, vestale, XXVIII, 19, 3.
*Tuccius* Valla, VII, 54, 4.
*Tuditanus*, I, Préf. 6; XIII, 27, 2. — soumit les Istriens, III, 23, 1.
*Tullius* M., chevalier romain, VII, 16, 3.
*Tullius* Laurea, XXXI, 2, 1.
*Tullius* Servius, II, 111, 4; VII, 74, 1; XXXIII, 4, 2; 6, 7; XXXVI, 70, 1.
*Tullus* Cluelius, XXXIV, 11, 3.
*Tullus* Hostilius, II, 54, 1; IX, 63, 1; XVI, 5, 1; XXVIII, 4, 1.
*Turianus*, modeleur, XXXV, 45, 3.
*Turpilius*, chevalier rom., XXXV, 7, 2.
*Turranius* Gracilis, III, 1, 4; IX, 4, 3; XVIII, 75, 1.
*Turranianes*, poires, XV, 16, 2.
*Tychius*, VII, 57, 5.
*Tyndareus*, XXIX, 1, 2.
*Tyndarides*, de Nicomachus, XXXV, 40, 20.
*Typhon*, roi, II, 23, 2.
*Tyrrhenus*, VII, 57, 17.
*Tyrrhenus*, roi, III, 8, 1.

# U

*Ulysse*, XXVIII, 4, 6. — découvrant Achille, XXXV, 40, 9. — sur une ciselure, XXXIII, 55, 3. — Ulysse, d'Aristophon, XXXV, 40, 13. — de Parrhasius, XXXV, 40, 5. — folie simulée, d'Euphranor, XXXV, 40, 5. — sur son vaisseau, de Pamphile, XXXV, 36, 14. — on lui met le bonnet, XXXV, 36, 44. — voyages, XXX, 2, 2. — vaisseau, IV, 19, 2. — guérite, III, 13, 3.
*Umbricius*, X, 7, 1.

## V

*Vacia*, surnom, XI, 105, 1.
*Vacins*, médecin, XIX, 8, 5.
*Valens* Vectius, XXIX, 5, 2.
*Valens* Vinnius, VII, 19, 2.
*Valeria*, VII, 15, 1. — fille de Publicola, XXXIV, 13, 2.
*Valeria*, famille, XIX, 19, 9.
*Valerianus*, III, 17, 3. — Cornelius, X, 2, 3; XIV, 13, 1.
*Valerius* d'Antium, II, 111; 4.
*Valerius*, architecte, XXXVI, 24, 2.
*Valerius* C., cos., XIX, 15, 2.
*Valerius* Corvinus, VII, 49, 4.
*Valerius* L., II, 34, 1.
*Valerius* M., XV, 38, 1.
*Valerius* Marianus, XIX, 1, 3.
*Valerius* Max. Messala, XXXV, 7, 3. — Messala, cos., VII, 60, 3.
*Valerius* Publicola, XXXVI, 24, 9.
*Valerius* Soranus, I, Préf. 3, 9, 11.
*Valgius* C., XXV, 2, 1.
*Valla* Tuccius, VII, 54, 4.
*Vannius*, roi, IV, 25, 1.
*Varus*, surnom, XI, 105, 1.
*Varus*, défaite, VII, 46, 3.
*Varron*, M. I, Préf. 13; II, 3, 3; III, 3, 3; 15, 1; 16, 3; 17, 3; 26, 2; IV, 20, 6; 22, 3; 24, 4; 35, 3; VI, 15, 3; 19, 2; VII, 2, 5; 6, 1; 16, 3; 19, 2; 21, 1; 53, 3; 59, 1; 60, 3; VIII, 68, 1; 74, 1; IX, 82, 1; X, 53, 1; XIII, 21, 1; 27, 1; XIV, 5, 2; 14, 1; 17, 2; XV, 8, 2; 18, 2; XVI, 3, 1; 50, 2; 75, 1; XVII, 6, 4; XVIII, 4, 2; 30, 2; XIX, 2, 2; XX, 20, 4; 54, 1; 82, 2; XXII, 6, 3; 53, 2; 69, 1; XXV, 7, 3; XXVI, 8, 1; XXVIII, 4, 7; 15, 1; 17, 1; XXXI, 5, 1; 8, 1; 18, 1; 19, 2; 41, 5; XXXII, 15, 2; 25, 2; 47, 2; 55, 1; XXXIV, 19, 7; 45, 1; XXXV, 2, 7; 40, 11; 46, 1; 49, 4; XXXVI, 4, 4; 19, 7 et sqq., 29, 1; 69, 1; XXXVII, 5, 1. — détermine le temps, XVIII, 69, 5. — âgé de 80 ans, XVIII, 15 1. — âgé de 88 ans, XXIX, 18, 1. — commandant de la flotte dans la guerre des Pirates, III, 16, 3. — jeunesse, XXXV, 40, 11. — image de Varron dans une bibliothèque, VII, 31, 7. — ses livres des *Antiquités humaines*, XIII, 27, 2.
*Vatinius*, surnom, XI, 105, 1.
*Vectius* Marcellus, II, 85, 3; XVII, 38, 4.
*Vectius* Valens, XXIX, 5, 2.
*Vedius* Pollio, IX, 39, 2; 78, 1.
*Vejove*, image, XVI, 79, 3.
*Ventidius* P., VII, 44, 1.
*Vénus*, le myrte, XII, 2, 1; XV, 36, 2. — temple, II, 97, 1. — lac, XXXII, 8, 1. — image, VII, 35, 1. — jardins, XIX, 19, 2. — au Panthéon, IX, 58, 5. — Venus extra muros, XXXVI, 4, 5. — Vénus Cluacine, XV, 36, 1. — Venus Genitrix, II, 23, 4; VII, 39, 1; XXXV, 45, 2. — Venus Genitrix,

temple, VIII, 64, 3; XXXV, 9, 1; 40, 1; XXXVII, 5, 1; VII, 39, 1; VIII, 7, 2.
*Vénus* Gnidienne, VII, 39, 2. — temple à Gnide, IX, 41, 2. — Vénus Murcia, XV, 36, 3. — Venus Palatine, XXXVI, 3, 1. — Venus Victrix, VIII, 7, 2; XV, 38, 1. — Venus Victrix, temple, VIII, 7, 2. — Vénus entre les Grâces et les Cupidons, XXXV, 40, 17. — de Nicearchus, XXXV, 40, 17. — Vénus Anadyomène, d'Apelle, XXXV, 36, 25; 40, 20. — Venus Genitrix, d'Arcésilaüs, XXXV, 45, 3. — Vénus, de Céphisodore, XXXVI, 4, 12. — de Néalcès, XXXV, 40, 17. — de Phidias, XXXVI, 4, 5. — Gnidienne de Praxitèle, VII, 39, 1; XXXIV, 19, 20; XXXVI, 4, 10. — Vénus, de Philiscus, XXXVI, 4, 22. — Vénus se baignant, de Polycharmus, XXXVI, 4, 24. — Vénus, de Scopas, XXXVI, 4, 12.
*Vénus*, le cicer de, XVIII, 32, 1.
*Veraniolus*, I, Préf., 2.
*Verres*, XXXIV, 18, 7. — Cicéron lui reproche un Cupidon, XXXVI, 4, 10. — condamné par Cicéron, XXXIV, 3, 2.
*Verrius* Flaccus, VII, 54, 1; VIII, 6, 1; IX, 39, 2; XVIII, 11, 1; XXVIII, 4, 4; XXXIII, 19, 5; 36, 1.
*Verrucosus* Fabius, XXXIV, 18, 2.
*Vertu* (La), d'Aristolaüs, XXXIV, 40, 12. — debout, XXXV, 36, 10.
*Vespasien*, Auguste, II, 5, 4; XII, 42, 6. — empereur, III, 4, 15; V, 1, 2; 14, 8; XXXIII, 12, 3; XXXV, 36, 15; XXXVI, 4, 25; 11, 3; 24, 2. — les Vespasiens censeurs, IV, 50, 3. — les Vespasiens empereurs, II, 10, 3; III, 9, 13; XII, 54, 1; XXXII, 12, 3; XXXIV, 19, 53. — Vespasien régnant, XXXV, 37, 7.
*Vesta* assise, de Scopas, XXXVI, 4, 13. — temple, VII, 45, 2; XXXIV, 7, 1.
*Vestalis* Fabius, VII, 60, 2.
*Vestilia*, VII, 4, 1.
*Vestorian* bleu, XXXIII, 57, 2.
*Vetulenus* Ægialus, XIV, 5, 3.
*Vetus* Antistius, XXXI, 3, 2; XXXIII, 8, 1.
*Viator* Julius, VII, 18, 2.
*Vibius* Crispus, XIX, 1, 3.
*Vibius*, homme du peuple, VII, 10, 3.
*Victoriat*, espèce de monnaie, XXXIII, 13, 5.
*Vindex* Julius, XX, 57, 1.
*Vinnius* Valens, VII, 19, 2.
*Vipsanius*, cos., VII, 20, 1; VIII, 72, 1.
*Virgile*, sa probité, I, Préf., 1. — vers, VII, 31, 6. — chant magique, XXVIII, 4, 5. — autographe, XIII, 26, 1. — Virgile, VIII, 65, 3; XI, 23, 1; XII, 8, 1; XIV, 1, 1; 5, 3, 7; 8, 7; 25, 6; XV, 2, 1; 16, 2; 17, 1; XVI, 56, 1; XVII, 2, 8; 3, 4; 23, 1; 24, 4; XVIII, 7, 2; 30, 3; 45, 1; 49, 1; 56, 2; 57, 3;

65, 5; 71, 1; 72, 3; 75, 1; XIX, 19, 9; XXII, 77, 1; XXVIII, 4, 5; 80, 1; XXIX, 8, 11. — sur le sandyx, XXXV, 23, 1.
*Viscus* Macrinus, XI, 90, 2.
*Vitelliens*, XXXIV, 17, 3.
*Vitellius*, discours, XI, 71, 2.
*Vitellius* L., XV, 21, 4; 24, 5.
*Vitellius* régnant, XXXV, 46, 4.
*Vitrasius* Pollio, XXXVII, 11, 3.
*Volcatius*, VIII, 61, 3.
*Volcatius* Sedigitus, XI, 9, 9.
*Vologesus*, roi, VI, 30, 2 et sqq.
*Volumnius* P., cos., VII, 57, 1.
*Volusius* Saturninus, VII, 12, 1; 49, 3; XI, 90, 2.
*Volusius* Saturninus, cos., VII, 12, 1.
*Vopiscus* Cæsar, XXXVII, 3, 7.
*Vulcain*, père d'Æthiops, VI, 35, 8. — jour de fête, XVIII, 35, 1; XI, 15, 1; II, 111, 3. — île consacrée, III, 14, 7.
*Vulcatius* Gurges, VII, 54, 2.

## X

*Xanthus*, XXV, 5, 4.
*Xenagoras*, VII, 57, 16; XXXIV, 19, 33; XXXVII, 11, 7; 9, 2.
*Xénocrate*, XX, 54, 3; 82, 2; XXI, 105, 5; XXII, 32, 5; 33, 5; 43, 1; XXVII, 62, 1; XXXVI, 67, 2; XXXVII, 63, 2; XXXVII, 10, 1.
*Xénocrate*, a écrit sur la peinture, XXXIV, 19, 33; XXXV, 38, 8.
*Xénocrate*, statuaire, XXXVI, 67, 2.
*Xénon*, peintre, XXXV, 40, 21.
*Xenophilus*, musicien, VII, 51, 3.
*Xénophon*, VII, 49, 1. — général, XVIII, 5, 1. — Symposion, XXXIV, 19, 29.
*Xénophon*, de Lampsaque, VI, 36, 4; VII, 49, 1.
*Xerxès*, roi des Perses, IV, 17, 4; 18, 3; 24, 1; XVII, 38, 2; XXX, 2, 4; XXXIII, 47, 3; XXXIV, 19, 21; XXXV, 19, 19. — ateliers, XXXIV, 19, 19.
*Xerxès* romain, Lucullus, IX, 80, 1.

## Z

*Zachalias*, XXXVII, 60, 4.
*Zancles*, XI, 63, 2.
*Zaratus*, XXX, 2, 2.
*Zenodorus*, statuaire, XXXIV, 18, 6.
*Zénon*, XXII, 44, 2. — statue, XXXIV, 19, 41. — livres, XXV, 21, 4.
*Zénothemis*, XXXIV, 18, 7; XXXVII, 11, 4; 23, 1; 24, 1.
*Zethus* et Amphion et Dircé, etc., XXXVI, 4, 21.
*Zeuxiade*, statuaire, XXXIV, 19, 3.
*Zeuxis*, peintre, XXXV, 36, 2 et suiv.
*Zmarrès*, roi d'Égypte, XXXVI, 14, 5.
*Zopyrus*, graveur, XXXIII, 55, 2.
*Zoroastre*, VII, 15, 8; XI, 97, 2; XVIII, 55, 2; XXX, 2, 1; XXXVII, 55, 2; 49, 1; 57, 1; 58, 1.
*Zoroastre*, autre, de Proconnèse, XXX, 2, 4.

# INDEX

## DES NOMS DE PLANTES,

### TANT ANCIENS QUE MODERNES,

## ET DE QUELQUES PRODUITS VÉGÉTAUX.

### ACO

*Abies* excelsa, DC., XVI, 18, 1. — pectinata, XVI, 18, 2.
*Abricot*, XV, 11, 1.
*Absinthe*, espèces, description, propriétés, XXVII, 28, 1 et suiv.
*Absinthe* maritime, ou seriphium, description, propriétés, XXVII, 29, 1.
*Acacia* catechu, Willd., XII, 15, 2. — acacia nilotica, Delile, XIII, 19, 1; 20, 1. — acacia seyal, Delile, XIII, 50, 1.
*Acacia*, blanc, acacia noir, description et graines, XXIV, 67, 1.
*Acanos*, espèce d'éryngion suivant quelques-uns, propriétés, XXII, 10, 1.
*Acanthe*, deux espèces; pædéros, melamphyllos, propriétés, XXII, 34, 1.
*Acanthus* spinosus, L., XXII, 34, 1. — acanthus mollis, L., XXII, 34, 1.
*Acanthion* ou épine blanche, propriétés, XXIV, 66, 1.
*Acarna* gummifera, L., XXI, 56, 1.
*Acer* pseudoplatanus, L.; acer creticum; acer campestre, XVI, 26, 1. — acer opalus, L., XXIV, 112, 1.
*Aceras* anthropophora, R., XXVI, 63, 1.
*Achæmenis* ou hippophobas, herbe magique, XXIV, 102, 1. — merveille, XXVI, 9, 1.
*Ache*, culture, XIX, 46, 1. — propriétés médicales, XX, 44, 1 et suiv.
*Achillea* millefolium, B., XXIV, 93, 1; XXV, 19, 1. — achillea tomentosa; achillea magna, XXV, 19, 1.
*Achilleos*, herbe due à Achille, XXV, 19, 1.
*Achilleos*, vraie, description, XXV, 19, 1.
*Achilleos*, autre, description, XXV, 19, 2.
*Acinos*, plante mangée en Égypte, XXI, 52, 2. — propriétés médicales, XXI, 101, 1.
*Aconit*, en abondance à Acone, VI, 1, 3.

### ÆTH

— anecdote, XXVII, 2, 1. — violence, XXVII, 2, 2 et 3. — emploi médical, XXVII, 2, 4 et 5. — description, XXVII, 2, 5. — ou cammaron, ou thélyphonon, ou myoctonos, XXVII, 2, 5. — étymologie, XXVII, 2, 5.
*Aconitum* napellus, L., XXI, 30, 1.
*Acorna*, a un duvet épineux, XXI, 56, 1.
*Acoron*, description, propriétés, XXV, 100, 1.
*Acorus* calamus, L. XXV, 100, 1.
*Actæa*, description, propriétés, XXVII, 26, 1.
*Actæa* spicata, L., XXVII, 26, 1.
*Acté*, sureau suivant quelques-uns, hièble suivant d'autres, XXVI, 73, 2.
*Adamantis*, herbe magique, XXIV, 102, 2.
*Adarca*, naît sur l'écorce des roseaux, XVI, 66, 3. — propriétés, XX, 88, 1; XXXII, 52, 2.
*Adiante*, ne perd pas ses feuilles, XXI, 60, 1.
*Adiantum*, ou callitrichos, ou polytrichos, propriétés, XXII, 30, 1 et suiv.
*Adiantum* capillus Veneris, L., XXI, 60, 1. — adiantum trichomanes, XXV, 86, 1.
*Adonium* : Pline paraît avoir pris ce nom pour une espèce d'abrotonum; Voy. la note, XXI, 34, 1.
*Adrachné*, XIII, 40, 1; XVI, 33, 2.
*Ægilops*, herbe nuisible aux céréales, XVIII, 44, 5. — emploi pour les yeux, XXV, 93, 1.
*Ægilops* ovata, L., XVIII, 44, 5; XXV, 93, 1.
*Ægilops*, autre, XXI, 63, 1.
*Ægolethron*, plante meurtrière à différents animaux, XXI, 44, 1.
*Æschynomène*, herbe magique, XXIV, 102, 6.
*Æthiopis*, ou merois, herbe magique, XXIV, 102, 3. — prodige, XXVI, 9, 1.

### ALI

*Æthiopis*, autre, description, emploi médical, XXVII, 3, 1.
*Agaric*, agaricus officinalis, L., vient sur les arbres à gland, XVI, 13, 1. — description, propriétés, XXV, 57, 1.
*Ageraton*, description, propriété, XXVII, 4, 1.
*Aglaophotis*, ou marmoritis, herbe magique, XXIV, 102, 1.
*Agrifolium*, propriétés, XXIV, 72, 1.
*Agrimonia* eupatorium, L., XXV, 29, 1.
*Agrostema* coronaria, L., XXI, 10, 4. — agrostema flos Jovis, L., XXI, 33, 1.
*Ail*, espèces, XIX, 34, 1. — culture, XIX, 34, 2 et 3. — ulpicum ou antiscorodon, XIX, 34, 2. — conservation, XIX, 34, 5. — ail sauvage, XIX, 34, 5. — propriétés énergiques, XX, 23, 1 et suiv.
*Airelle*, XVI, 31, 1.
*Aizoon*, XIX, 58, 1; XXIV, 105, 1. — ou sempervivum, deux espèces, le grand, joubarbe des toits, buphthalmos, zoophthalmos, stergethron, hypogeson, ambroisie, ameriumos, le grand sedum, œil, digitellus; le petit, ou érithales, ou trithales, chrysothales, isoetes, description, XXV, 102, 1. — propriétés, XXV, 103, 1 et 2.
*Ajuga* iva, L., XXI, 103, 1; XXIV, 20, 1. — ajuga chia, XXIV, 20, 1.
*Alaterne*, XVI, 45, 1.
*Alcea*, bonne pour le strangurie, XXVI, 50, 2. — description, propriétés, XXVII, 6, 1.
*Alcibion*, propriétés, XXVII, 22, 1.
*Alectophoros*, description, propriétés, XXVII, 23, 1.
*Algue*, venant à la surface de la mer pendant la canicule, IX, 25, 1.
*Algue*, rousse, propriétés, XXVII, 25, 1.
*Algue*, XIII, 48, 1, XXXII, 22, 1.
*Alica*, grain, XVIII, 27, 2. — prépara-

## AMU

tion très-estimée, XVIII, 29, 1, 2 et 3. — se fait avec la zea, XVIII, 29, 4. — fausse alica et graneum, XVIII, 29, 6. — historique, et emploi médical, XXII, 61, 1.
*Alimon*, dit asphodèle par quelques-uns, description et propriétés, XXII, 33, 1 et 2.
*Alisma*, ou damasonion, ou lyron, description, bon contre les grenouilles, XXV, 77, 1.
*Alisma* plantago, L., XXV, 77, 1.
*Allium* victorialis, L.. XII, 26, 2. — allium arenarium, L., XIX, 34, 5. — allium ursinum, L., XIX, 34, 5. — allium ampeloprason, L., XXIV, 86, 2. — allium magicum, L., XXV, 8, 1.
*Alnus* glutinosa, XVI, 27, 1.
*Aloès*, description, emploi médical, XXVII, 5, 1 et suiv.
*Aloès*, bois d', XII, 44, 1.
*Alopecuros*, plante à épi, XXI, 61, 1.
*Alsine*, ou myosoton, description, emploi médical, XXVII, 8, 1.
*Althæa*, propriétés médicales, XX, 84, 6.
*Althæa* officinalis, L., XX, 84, 6. — althæa cannabina, L., XX, 97, 1.
*Alus*, ou symphyton, description, propriétés, XXVII, 24, 1.
*Alypon*, description, emploi médical, XXVII, 7, 1.
*Alyssos*, description et propriétés, XXIV, 57, 1.
*Amande*, XV, 24, 4. — variétés, XV, 24, 5. — huile d'amandes, XXIII, 42, 1.
*Amandes amères*, propriétés, XXIII, 75, 1 et 2.
*Amaracus*, ou marjolaine, XXI, 33, 1. — ou sampsuchum, histoire, XXI, 35, 1. — propriétés, XXI, 93, 1. — huile, XXI, 93, 1.
*Amarante*, passe-velours, XXI, 23, 1.
*Amarantus* blitum, L., XX, 93, 1.
*Ambrosia*, ou botrys, ou artemisia, description, propriétés, XXVII, 21, 1.
*Ambrosia* maritima, L., XXVII, 21, 1.
*Ammi*, le même que le cumin éthiopique suivant quelques-uns, propriétés médicales, XX, 58, 1.
*Ammi* visnaga, L., XX, 58, 1. — ammi majus, L., XXV, 64, 2.
*Ammoniaque*, gomme, arbre qui la produit, XII, 49, 1. — métopion, thrauston, phyrama, XII, 49, 1. — propriétés médicales, XXIV, 14, 1.
*Amomis*, XII, 28, 2.
*Amomum*, XII, 28, 1.
*Amomum* cardamomum, L., XII, 29, 1.
*Ampeloprason*, description et propriétés, XXIV, 86, 2.
*Ampelos* Chironia, XXV, 16, 1.
*Ampelos* agria, description, propriétés, XXVII, 27, 1.
*Amurca*, altération de l'huile, XV, 3, 1; XV, 4, 1. — propriétés utiles. XV, 8, 1.

## ANT

*Amyris* kafal, Forsk., XII, 33, 1. — amyris kataf, XII, 44, 1.
*Anacampseros*, herbe magique, XXIV, 102, 6.
*Anagallis* arvensis, L., XXI, 52, 2; XXV, 92, 1.
*Anagallis*, ou corchoron, ou mouron, deux espèces, propriétés pour les yeux, XXV, 92, 1 et 2.
*Anagyris* fœtida, L., XXVII, 13, 1.
*Anagyros*, ou acopos, description, propriétés, XXVII, 13, 1.
*Anchusa*, ou orcanette, plante tinctoriale, XXI, 59, 1. — teinture, XXII, 23, 1. — propriétés, XXII, 23, 1.
*Anchuse*, fausse, ou echis ou doris, propriétés, XXII, 24, 1.
*Anchusa* italica, Retz, XXV, 40, 1. — anchusa tinctoria, L., XXVII, 37, 1.
*Andrachné*, pourpier, XIII, 40, 1.
*Andrachné* sauvage, ou illecebra, description, bonne pour les yeux, XXV, 103, 1.
*Andropogon* schœnanthus, XII, 48, 1. — andropogon nardus, XIV, 19, 6. — andropogon ischæmum, L., XXV, 45, 1.
*Androsaces*, description, propriétés XXVII, 9, 1.
*Androsæmon*, ou ascyron, description, propriétés, XXVII, 10, 1 et 2.
*Anémone*, fleur d'une bulbe sauvage, XXI, 38, 1. — anémone à couronne, XXI, 94, 1. — anémones médicinales, XXI, 94, 1 et suiv. — confondue avec l'argémone et avec le rhœas, XXI, 94, 3.
*Anemone* limonia, XXI, 38, 2.
*Anemone* coronaria, L., XXI, 94, 1. — anemone apennina, XXI, 94, 1. — anemone hortensia, XXI, 94, 1.
*Aneth*, propriétés, XX, 74, 1.
*Anethum*, graveolens, L., XX, 74, 1. — anethum feniculum, L., XX, 95, 1.
*Anis*, propriétés médicales, XX, 72, 1. dit anicetum, XX, 72, 1. — suite des propriétés médicales, XX, 73, et suiv.
*Anonyme*, description, propriétés, XXVII, 14, 1.
*Anthalium*, plante alimentaire d'Égypte, XXI, 52, 1; 103, 1.
*Anthemis*, plante à tige droite, XXI, 59, 1. — ou leucanthemis ou leucanthemum ou eranthemon, ou chamæmelon, ou melanthemon, propriétés, XXII, 26, 1 — anthemis pourpre, XXII, 26, 2. — ou anthemum, XXVI, 55, 1.
*Anthemis* rosea, Sibth., XXII, 26, 2.
*Anthriscus*, plante alimentaire, XXI, 52, 2. — propriétés, XXII, 38, 2.
*Anthylion*, description, propriété XXVI, 51, 1.
*Anthyllis* barba Jovis, L., XVI, 31, 1.
*Anthyllus*, deux espèces, propriétés, XXI, 103, 1. — ou anthyllis, XXVI, 51, 1.
*Antirrhinon*, ou anarrhinon, ou ly-

## ARB

chnis sauvage, description, propriétés, XXV, 80, 1.
*Antirrhinum* asarina, L., XXV, 69, 1. — antirrhinum majus, L, XXV, 80, 1.
*Aparine*, ou omphacocarpos, ou philanthropos, description, propriété, XXVII, 15, 1.
*Aphaca*, description, propriétés, XXVII, 21, 1.
*Aphace*, plante mangée en Égypte, XXI, 52, 2.
*Apharce*, XIII, 41, 1.
*Apiastrum*, vénéneux, XX, 45, 1.
*Apiastrum*, ou mélisse, XXI, 41, 1.
*Apios* ischas, purgatif, XXVI, 46, 1.
*Apium* graveolens, L., XIX, 37, 2. — apium petroselinum, L., XIX, 37, 2.
*Apocynum*, description et propriétés, XXIV, 58, 2.
*Apollinaris*, XXV, 17, 1. — propriétés, XXVI, 87, 1.
*Appendix*, vinettier, propriétés, XXIV, 70, 1.
*Aproxis*, herbe magique, XXIV, 101, 1.
*Aquifolia*, ou smilax, XVI, 8, 1. petite yeuse aquifolia, XVI, 12, 1. — autre, XVI, 33, 2. — arbre dit aquifolia, propriétés, XXIV, 72, 1.
*Arachis* hypogea, L., XXI, 52, 1.
*Arachis*, plante alimentaire, XXI, 52, 1.
*Aracos*, plante alimentaire, XXI, 52, 1.
*Arbousier*, unedo, comaron, mémécylon, XV, 28, 1. — fruit, difficile à digérer, XXIII, 79, 1.
*Arbres*, fournirent les premiers aliments, XII, 1, 2. — ont été les temples des divinités, XII, 2, 1. — mille usages, XII, 2, 2. — grands arbres de l'Inde, XII, 8, 1. — arbre semblable au térébinthinier, XII, 13, 1. — arbres singuliers d'Égypte, XIII, 19, 2. — arbres à laine de l'Éthiopie, XIII, 28, 1. — arbres marins, XIII, 48, 1. — arbres pour ainsi dire civilisés, XVI, 32, 1. — arbres donnant plusieurs produits, XVI, 52, 1. — disposition des branches, XVI, 53, 1. — branches avortant, XVI, 54, 1. — écorce, XVI, 55, 1. — racines, XVI, 56, 1. — arbres déracinés qui reprennent, XVI, 57, 1. — prodiges, XVI, 57, 1. — reproduction, spontanée, par graine, par bourgeon, XVI, 58, 1. — transplantation, XVI, 59, 1. — influence des pluies, XVI, 61, 1. — écorce, XVI, 72, 1. — humeur et graisse qui sont sous l'écorce, aubier, XVI, 72, 1. — chair des arbres, fibres, veines, XVI, 73, 1. — couleur, XVI, 73, 2. — époque où l'on doit couper les bois, XVI, 74, 1. — faits historiques, XVI, 74, 4. — préceptes de Caton sur le bois, XVI, 75, 1. — arbres qui coupés laissent fluer un liquide, XVI, 76, 1. — défauts des bois, XVI, 76, 3. — écorce recouvrant des armures, XVI, 76, 4. — faits singuliers sur les bois, XVI, 76, 4, 5 et 6. — qualités des bois

XVI, 76, 7 et 8. — moyen de faire du feu avec des morceaux de bois, XVI, 77, 1. — flexibilité, densité, XVI, 77, 2. — carie, XVI, 78, 1. — bois les plus durables, faits curieux, XVI, 79, 1. — bêtes qui attaquent les bois, XVI, 80, 1. — bois qui s'incurvent ou qui se fendent, XVI, 81, 1. — bois qui sont les plus forts dans la position verticale, XVI, 82, 1. — bois employés pour la marqueterie, XVI, 83, 1. — bois aisés à travailler, XVI, 84, 1. — Âges de certains arbres, XVI, 85, 1 ; 86, 1 ; 87, 1 ; 88, 1 ; 89, 1. — arbres à vie très-courte, XVI, 90, 1; — arbres aimés par certains personnages, XVI, 91, 1.

*Arbres* à laine, XII, 8, 1. — arbres singuliers, XII, 20, 1. — arbres de Tylos, XII, 21, 1. — arbres à laine, XII, 21, 1. — arbre à duvet, XII, 22, 1. — arbre de Tylos qui semble dormir, XII, 23, 1. — arbres marins, XIII, 51, 1. — arbres improductifs par la faute du terroir, XVI, 47, 1. — prix excessif de certains arbres, XVII, 1, 2. — surnoms fournis par les arbres, XVII, 1, 5. — production considérable, XVII, 1, 6. — exposition, XVII, 2, 1. — influences des saisons et des intempéries, XVII, 2, 2. — influences du terroir, XVII, 3, 1. — arbres reproduits par les soins de l'homme, XVII, 9, 1. — reproduits par semis, XVII, 10, 1. — arbres qui ne dégénèrent pas, de quelque manière qu'on les reproduise, XVII, 11, 1. — manière de semer certains arbres, XVII, 11, 1 ; 14, 2. — reproduction par rejetons venant de la racine, XVII, 12, 1. — transplantation, XVII, 12, 2 ; XVII, 14, 4. — reproduction par stolons arrachés à l'arbre, XVII, 13, 1. — arbres venant de plant, XVII, 15, 2. — règles de la transplantation hors des pépinières, XVII, 16, 1. — intervalles à mettre entre les plants, XVII, 17, 1 ; 19, 1 et 2. — influences de l'ombre de certains arbres, XVII, 18, 1. — influence du dégoutter des arbres, XVII, 19, 1. — lenteur et rapidité de certains arbres à croître, XVII, 20, 1. — reproduction par provignage, XVII, 21, 1. — reproduction par greffe, XVII, 22, 1. — greffe par inoculation, XVII, 23, 1. — greffe par fente, XVII, 24, 1. — greffe par écusson, XVII, 26, 1. — autres modes de reproduction, XVII, 27, 1. — bouture, XVII, 28, 1. — époque des plantations, XVII, 30, 4. — époque de la pousse des bourgeons, XVII, 30, 6. — époques de plantation pour l'Italie, XVII, 30, 7. — nouvelle greffe inventée par Columelle, XVII, 30, 8. — déchaussement, XVII, 37, 1, 2 et 3. — maladies XVII, 37, 1, 2 et 3. — vers, XVII, 37, 4. — sidération, XVII, 37, 5. —

maladies goutteuses, XVII, 37, 7. — chenilles, XVII, 37, 11. — influences temporaires, ou locales, qui nuisent, XVII, 37, 13. — feuilles fanées qui reverdissent, XVII, 37, 14. — lésions qui sont du fait des hommes, XVII, 37, 15 et 16. — dent des bêtes, XVII, 37, 17. — les arbres se tuent réciproquement, XVII, 37, 18. — monstruosités, XVII, 38, 1. — prodiges, XVII, 38, 2, 3 et 4. — remèdes des maladies, XVII, 39, 1 et 2. — arrosement, XVII, 40, 1. — scarification, XVII, 42, 1. — perforation, XVII, 43, 1. — les remèdes ne doivent pas engendrer des maladies, XVII, 45, 1. — traitement des plaies des arbres, XVII, 47, 1. — différentes recettes pour les maladies de certains arbres, XVII, 47, 1 et 2. — certains arbres gagnent à être maltraités, XVII, 47, 2. — autres recettes, XVII, 47, 2 et 3. — remèdes indiqués par Caton, XVII, 47, 4. — fourmis, fléau des arbres, XVII, 47, 5.

*Arbrisseau* vénéneux, XII, 18, 1. — arbrisseau marin, XIII, 49, 1. — arbrisseaux marins à feuille de porreau, de laurier, de thym, XIII, 49, 1.

*Arbutus* integrifolia, Lam., XIII, 40, 1. — arbutus adrachné, L. ; arbutus unedo, XVI, 32, 2.

*Arctium* lappa, L., XXV, 58, 1 ; 66, 1 ; XXVII, 16, 1.

*Arction*, ou arcturus, description, propriétés, XXVII, 16, 1.

*Argémone*, trois espèces, description, propriétés, XXV, 56, 1.

*Arianis*, herbe magique, XXIV, 102, 3.

*Ariena*, fruit d'un figuier indien, XII, 12, 1.

*Aris*, description, propriétés, XXIV, 94, 1.

*Aristoloche*, ou pomme de terre, quatre espèces, description, propriétés, XXV, 54, 1 et suiv. — venin de la terre, XXV, 54, 3. — polyrrhizos, XXV, 54, 3. — bonne pour l'ozène, XXV, 104, 1.

*Aristolochia* pallida, W., XXV, 54, 1. — aristolochia parvifolia, Sibth., XXV, 54, 1. — aristolochia bœtica, XXV, 54, 1. — aristolochia pistolochia, L., XXV, 54, 2.

*Arroche*, propriétés, XX, 83, 1 et 2.

*Arsenogonon*, fait concevoir des garçons, XXVI, 91, 1.

*Artemisia*, d'où vient ce nom, XXV, 36, 1. — trois espèces, description, XXV, 36, 1. — troisième espèce, ou botrys, ou ambrosia, XXV, 36, 1.

*Artemisia* arborescens, L., XXV, 36, 1. — a. campestris, L., XXV, 36, 1. — a. camphorata, L., XXV, 36, 1. — a abrotonum, XXI, 92, 1. — artemisia santonica, XXVII, 28, 1. — artemisia maritima, XXVII, 29, 1.

*Artichaut*, XIX, 43, 1. — propriétés, XX, 99, 1.

*Arum*, XIX, 30, 3. — ou clematis, distinction d'avec le dracontium, XXIV, 91, 1. — mâle et femelle, propriété, XXIV, 92, 1 et suiv.

*Arum* colocasia, XIX, 30, 3 ; XXI, 51, 1 ; XXIV, 91, 1. — arum dracunculus, XXIV, 91, 1. — arum italicum, Lamark, XXIV, 93, 2. — arum maculatum, L., XXIV, 93, 2. — arum arisaron, XXIV, 94, 1 ; XXVII, 36, 1. — arum serpentaria, L., XXV, 6, 3.

*Arundo* phragmites, L. ; arundo donax, L. ; arundo epigeios, L., XVI, 66, 1.

*Asaron*, ou nard des champs, XXI, 16, 1. — asaret, propriétés médicales, XXI, 78, 1.

*Asarum* europæum, L., XXI, 16, 1 ; XII, 27, 1.

*Ascyron*, et ascyroïdes, ou androsæmon, description, propriétés, XXVII, 20, 1.

*Asclepias* nigra, L., XXIV, 89, 1. — asclepias vincetoxicum, L., XXVII, 18, 1.

*Asclepias*, description, propriétés, XXVII, 18, 1.

*Aspalathos*, XII, 52, 1 ; XXI, 73, 1.

*Aspalax*, plante indéterminée, XIX, 31, 1.

*Asparagus* acutifolius, L. ; XIX, 42, 5 ; XX, 43, 1. — asparagus aphylle, XXI, 54, 1.

*Asperge*, XIX, 42, 1. — asperge sauvage ou corruda, XIX, 42, 1. — espèce plus rude et croissant en Germanie, XIX, 42, 1. — culture, XIX, 42, 2 et 3. — propriétés médicales, XX, 42, 1 et 2.

*Asperge* sauvage ou corruda, XIX, 19, 5 ; 42, 5 ; XVI, 67, 1. — propriétés médicales, XX, 43, 1. — asperge de Lybie ou ormeneum, XX, 43, 1.

*Asperge* épineuse, XXI, 54, 1.

*Asperugo* procumbens, L., XXVII, 80, 1.

*Asphodèle*, ce qu'on en mange, XXI, 68, 1. — historique, XXI, 68, 1. — anthericon, XXI, 68, 2. — ou albucus ou hastula regia, XXI, 68, 2. — propriétés, XXII, 32, 1 et suiv.

*Aspidium* lonchitis, L., XXVI, 48, 2. — aspidium filix mas, L., XXVII, 55, 1.

*Asplenium* trichomanes, L., XXII, 30, 1 ; XXVII, 111, 1. — asplenium ceterach, L., XXV, 20, 1. — asplenium adiantum nigrum, L., XXVII, 48, 1.

*Asplenum*, ou hemionion, description, propriétés, XXVII, 17, 1.

*Assa* fœtida de la Cyrénaïque, V, 5, 3.

*Aster* amellus, L., XXVI, 58, 2 ; XXVII, 19, 1.

*Aster*, description, propriétés, XXVII, 19, 1.

*Astragalus* creticus, L., XIII, 36, 1 ; XXV, 76, 1 ; XXVII, 97, 1.

*Astragalus*, description, arrête le cours de ventre, XXVI, 29, 1.
*Asyla*, ou ferus oculus, remède contre l'anagallis femelle, XXV, 92, 2.
*Ateramon*, ou teramon, herbe nuisible à la fève, XVIII, 44, 6.
*Athamanta* cretensis, L., XXV, 64, 1.
*Atractylis* gummifera, XII, 36, 1; XXII, 21, 1.
*Atractylis*, ou cnicos, XXI, 53, 1. — ou phonos, rend un suc couleur de sang, XXI, 56, 2.
*Atriplex* hortensis, L., XX, 83, 1. — atriplex halimus, L., XXII, 33, 1.
*Atropa* mandragora, XXV, 94, 1.
*Aubour*, XVI, 31, 1.
*Aubrietia* deltoidea, Dc., XXII, 64, 2.
*Aune*, XVI, 27, 1. — propriétés médicales, XXIV, 46, 1.
*Aunée*, emploi comme aliment, XIX, 29, 1, — propriétés médicales, XX, 19, 1.
*Aurone*, ou abrotonum, XXI, 34, 1. — deux espèces, propriétés médicales, XXI, 92, 1.
*Avellane*, ou aveline, XV, 24, 3. — propriétés, XXIII, 78, 1.
*Avena* fatua, XXI, 63, 1.
*Avoine*, maladie du blé, aliment dans le nord, XVIII, 44, 1. — emploi médical, XXII, 79, 1.
*Azalea* pontica, XXI, 44, 1.

## B

*Bacchar*, distinction, XXI, 16, 1. — ou perpressa, propriétés médicales, XXI, 77, 1.
*Balanites* ægyptiaca, Delile, XIII, 17, 1.
*Ballota* nigra, L., XX, 89, 2; XXVII, 30, 1.
*Ballote*, ou mélamprasion, description, propriétés, XXVII, 30, 1.
*Balsamum* opobalsamum, XII, 54, 1.
*Bambos* arundinacea, Lam., XVI, 65, 3.
*Barbe* de Jupiter, arbre, XVI, 31, 1.
*Bardeaux*, les meilleurs, XVI, 15, 1. — historique, XVI, 15, 1.
*Basilic*, XX, 48, 1.
*Batis*, marin, XXI, 50, 1.
*Batis*, des jardins, ou asperge des Gaules, XXI, 50, 1.
*Batis*, propriétés médicales, XXI, 101, 1.
*Batrachion*, XXV, 109, 1; XXVI, 90, 4.
*Baume*, provenance, XII, 54, 1. — espèces, euthéristes, trachy, eumeces, XII, 54, 3. — récolte, XII, 54, 1. — sarments, écorce, XII, 54, 5. — larme, XII, 54, 6. — épreuve, XII, 54, 7. — huile de baume, emploi médical, XXIII, 47, 1.
*Bdellium*, XII, 19, 1.
*Béchion*, ou tussilage, description, propriétés, XXVI, 16, 1. — le même que le chamælouce d'après quelques-uns, XXVI, 16, 1.
*Béchion*, autre, salvia suiv. quelques-uns, bon pour la toux, XXV, 17, 1.
*Bellion*, fleur jaune, XXI, 25, 1.

*Bellis*, ou pâquerette, XXVI, 13, 1. — description, XXVI, 13, 1.
*Bellis* perennis, L., XXVI, 13, 1.
*Ben* (Huile de), emploi médical, XXIII, 45, 1.
*Berberis* vulgaris, L., XXIV, 70, 1.
*Betonica* alopecurus, L., XXV, 46, 1.
*Bette*, espèces, XIX, 40, 1. — emploi, XIX, 40, 2. — propriétés médicales, XX, 27, 1.
*Bette* sauvage, ou limonion ou nevroïdes, description et propriétés, XX, 28, 1.
*Blé*, emploi du blé dans les cérémonies religieuses, XVIII, 2, 2; 3, 2. — récompense donnée en blé, XVIII, 3, 1. — variétés, XVIII, 12, 1. — blés qu'on importe à Rome, XVIII, 12, 3. — rapport du poids du pain à celui du blé, XVIII, 12, 3. — différences en raison de la paille, XVIII, 12, 5. — blé de deux mois, XVIII, 12, 6. — espèces de froment, XVIII, 19, 1. — adoreum, siligo, froment; arinca; zéa, olyra, tiphé, far, XVIII, 19, 1 et 2. — siligo, XVIII, 20, 1. — ce que donne en pain un poids de farine de siligo, XVIII, 20, 3. — froment et similago, sorte de sémoule, XVIII, 20, 4. — le siligo ne mûrit pas tout à la fois, XVIII, 20, 5. — arinca, XVIII, 20, 6. — siligo de Laconie, XVIII, 20, 6. — zéa et tiphé, XVIII, 20, 6. — fécondité du blé, XVIII, 21, 1. — maladie, XVIII, 44, 1. — mal que font les vents, XVIII, 44, 2. — insectes nuisibles aux blés, XVIII, 44, 2. — pluies nuisibles, XVIII, 44, 3. — plantes nuisibles, XVIII, 44, 4. — remèdes contre ce qui nuit aux céréales, XVIII, 45, 1 et suiv. — emploi médical de la farine, XXII, 60, 1.
*Blette*, propriétés, XX, 93, 1.
*Bluet*, XXI, 24, 1.
*Bolet* (oronge et fausse oronge), anecdote, XXII, 46, 1. — danger, XXII, 46, 2 et 3.
*Botrys*, ou ambrosia, ou artemisia, description, propriétés, XXVII, 31, 1.
*Bouleau*, arbre de la Gaule, XVI, 30, 3.
*Brabyla*, prune de damas, propriétés, XXVII, 32, 1.
*Brassica* rapa, L. XVIII, 33, 1. — brassica napobrassica, L., XX, 11, 1. — brassica eruca, L., XX, 49, 1.
*Bratus*, arbre aromatique, XII, 39, 1.
*Britannica*, herbe employée à la guérison de la stomacace et de la scélétyrbe (espèce de scorbut), XXV, 6, 4.
*Brochon*, ou bdellium, XII, 19, 1.
*Bromos*, ou avoine, emploi médical, XXII, 79, 1.
*Brotera* corymbosa, L., XXII, 21, 3.
*Bruyère*, XIII, 35, 1.
*Brye* sauvage, XIII, 37, 1.
*Bryn*, deux espèces, sauvage et cultivée, description et propriétés, XXIV, 42, 1 et suiv.

*Bryon*, XII, 50, 1. — du peuplier blanc, du cèdre, XII, 61, 1. — bryon de mer, XIII, 49, 1. — bryon marin, description, propriétés, XXVII, 33, 1.
*Bryonia* cretica, L., XXIII, 16, 1. — bryonia alba, L., XXIII, 17, 1.
*Buglosse*, ou euphrosyne, propriété, XXV, 40, 1.
*Buis* (buxus sempervirens, L), XVI, 28, 1.
*Bulbes*, espèces, XIX, 30, 1. — récolte, XIX, 30, 3. — emploi médical, XX, 40, 1 et suiv.
*Bulbe* émétique, ou jonquille, XX, 41, 1.
*Bulbine*, propriétés médicales, XX, 41, 1.
*Bunias* erucago, L., XX, 10, 1.
*Bunias*, espèce de navet, XX, 11, 1.
*Buphthalmos*, ou cachla, propriété, XXV, 42, 1.
*Bupleuron*, description, propriétés, XXII, 35, 1. — emploi, XXVII, 34, 1.
*Rupleuron* hablense, XXII, 35, 1.
*Buprestis*, plante alimentaire; erreur de Pline, Voy. la note 10, XXII, 36, 1.
*Butomus* umbellatus, L., XXV, 63, 1.

## C

*Cacalia*, ou léontice, description, bonne pour la tête, XXV, 85, 1.
*Cacalia* verbascifolia, Sibth., XXV, 85, 1.
*Cachrys*, production du rouvre, XVI, 11, 1.
*Cachrys* libanotis, L., XX, 96, 1. — cachrys sicula, XXI, 30, 1.
*Cachrys* du romarin, XXIV, 60, 1.
*Cacis*, XXIV, 74, 1.
*Cactus*, spécial à la Sicile, XXI, 57, 1.
*Cactus* opuntia, L., XXI, 64, 1.
*Cadytas*, plante grimpante, XVI, 92, 1.
*Cæsalpinia* pulcherrima, L., XXI, 36, 1.
*Calabrice*, arbrisseau, XVII, 14, 5.
*Calamochnus*, XXXII, 52, 2.
*Calamus* odorant, XII, 48, 1.
*Calendula* officinalis, L., XXI, 15, 1. — calendula arvensis, L., XXV, 33, 1.
*Calla* palustris, L., XXIV, 93, 2.
*Callicia*, herbe magique, XXIV, 99, 1.
*Callithrix*, description, propriétés, XXV, 86, 1. — bon pour les calculs, XXVI, 55, 1.
*Calsa*, description, propriétés, XXVII, 36, 1.
*Calsa*, autre, ou anchusa, ou rhinochisia, description, propriétés, XXVII, 37, 1.
*Caltha*, XXI, 15, 1.
*Campanula* ramosissima, Sibth., XXIII, 65, 1.
*Canaria*, croyance superstitieuse, XXV, 51, 1.
*Cancame*, XII, 44, 1.
*Cantabrique*, description, propriétés, XXV, 47, 1.
*Capnos*, ou pied de poule, descrip-

tion, bonne pour les yeux, XXV, 98, 1.
Capnos, autre, description, bonne pour les yeux, XXV, 99, 1.
Câprier, XIII, 41, 1. — semis, XIX, 48, 2. — propriétés médicales, XX, 59, 1 et suiv. — ou cynosbatos, XXIV, 74, 1.
Capsella bursa pastoris, L., XXVII, 113, 1.
Capsicum annuum, L., XX, 66, 1.
Cardame, XIX, 35, 2.
Cardamome, XII, 29, 1.
Carduus marianus, L., XXII, 42, 1. — carduus tenuiflorus, L., XXVII, 39, 1. — carduus pycnocephalus, L., XXVII, 41, 1. — carduus leucographus, L., XXVII, 78, 1.
Carlina corymbosa, L., XXI, 56, 1.
Caroubier, XIII, 16, 1.
Carouges, XV, 26, 1. — caractère, XV, 34, 5. — propriétés médicales, XXIII, 79, 1.
Carpinus ostrya, L., XIII, 37, 1. — carpinus betulus, XVI, 26, 1.
Carthamus tinctorius, L., XXI, 53, 1. — carthamus lanatus, L., XXI, 53, 1.
Carum carvi, L., XIX, 49, 1.
Carvi, semis, XIX, 49, 1.
Casia, récit merveilleux, XII, 42, 1. — histoire, XII, 43, 1. — transplantée, XVI, 59, 2.
Casia indigène, XII, 43, 3.
Casignète, ou dionysonymphas, herbe magique, XXIV, 102, 5.
Cassyta filiformis, XIII, 46, 1.
Catanance, emploi dans les filtres, XXVII, 35, 1.
Caucalis, plante alimentaire, XXI, 52, 2. — description, propriétés, XXII, 40, 1.
Cèdre, petit cèdre, deux espèces, XIII, 11, 1.
Cèdre, grand, deux espèces, XIII, 11, 1. — cédrelate, XIII, 11, 1. — propriétés, XVI, 11, 1. — pisselæon ou huile de cèdre, XXIV, 11, 3. — cédrides ou fruit du cèdre, XXIV, 12, 1.
Celosia cristata, L., XXI, 22, 1.
Celtis australis, L., XIII, 32, 1.
Celtis ou lotus, XIII, 32, 1.
Cemos, emploi dans les filtres, XXVII, 35, 1.
Centaurea dalmatica, Petter., XXI, 56, 1; XXII, 18, 1; XXVII, 62, 1. — centaurea solstitialis, XXI, 56, 1. — centaurea·nigra, XXI, 59, 1; XXVII, 64, 1. — centaurea spinosa, XXII, 14, 1; XXVII, 66, 1. — centaurea centaurium, L., XXV, 14, 1; XXV, 30, 1.
Centaurée, ou chironion, description, propriétés, XXV, 30, 1.
Centaurée, autre, ou fiel de la terre, ou exacon, description, propriétés, XXV, 31, 1.
Centaurée, autre, ou triorchis, opinion de Théophraste, XXV, 32, 1.

Centunculus, ou clematis, description, propriétés, XXIV, 88, 1.
Cepæa, description, bonne pour la vessie, XXVI, 52, 1.
Ceratia, arrête le cours de ventre, XXVI, 34, 1.
Ceratitis, ou pavot sauvage, XX, 78, 1.
Ceratonia siliqua, L., XIII, 16, 1.
Céréales, division, XVIII, 10, 1. — racines, XVIII, 10, 2. — tige, XVIII, 10, 3, — chevelure, XVIII, 10, 4. — grain, XVIII, 10, 4. — épis, XVIII, 10, 5. — maturation, XVIII, 10, 8. — enveloppes, XVIII, 10, 9. — poids comparatif des grains; XVIII, 11, 1. — procédés pour piler les grains, XVIII, 23, 1. — exubérance des céréales et remède, XVIII, 45, 4. — remède fournis par les céréales, XXII, 57, 1 et suiv. — par l'olyra ou épeautre, XXII, 57, 3. — par la farine de zéa et du blé de trois mois, XXII, 58, 3. — boissons fournies par les céréales, XXII, 82, 1.
Cerfeuil, ou pæderos, XIX, 54, 1.
Cérinthe, plante bonne pour les abeilles, XXI, 41, 1.
Cérinthe major, L., XXI, 41, 1. — cérinthe aspera, L., XXVII, 110, 1.
Cerise, XV, 29, 2. — variétés, XV, 30, 1 et 2. — propriétés, XXIII, 72, 1.
Cerisier, transplantation en Europe, XV, 30, 1. — arbre exotique, XII, 7, 1.
Ceronia, XIII, 16, 1.
Chalceos, plante à duvet épineux, XXI, 56, 1.
Chalcetum, bon pour le foie, XXVI, 25, 1.
Chamæacte, bon pour l'hydropisie, XXVI, 73, 2.
Chamæcissos, XVI, 62, 7; XXIV, 49, 1. — propriétés, XXIV, 84, 1.
Chamæcyparissos, propriétés, XXIV, 86, 1.
Chamædaphne, ou pervenche, XXI, 39, 1. — propriétés, XXI, 99, 1.
Chamædaphne, laurier-nain, propriétés, XXIV, 81, 1.
Chamædrys, ou trixago, description, propriétés, XXIV, 80, 1.
Chamædrys, XIV, 19, 9.
Chamæleon, sans aiguillon ou feuille, XXI, 56, 1. — deux espèces, blanc ou ixia, XXII, 2, 1. — noir ou ulophyton, ou cynozolon, XXII, 21, 3.
Chamæleuce, ou farfarum, ou farfugium, description, propriétés, XXIV, 85, 1.
Chamæmyrsine, ou oxymyrsine (petit houx), huile, emploi médical, XXIII, 45, 1.
Chamæpeuce, description et propriétés, XXIV, 86, 1.
Chamæpitys, ou abiga, description, propriétés, XXIV, 20, 1 et 2.
Chamæpitys, autre, XXIV, 20, 1.
Chamæpitys, autre, XXIV, 20, 1.
Chamærepes, XIII, 9, 1.

Chamæreps humilis, L., XIII, 9, 1.
Chamærops, description, bon pour les douleurs de côté, XXVI, 27, 1.
Chamæsyce, propriétés médicales, XXIV, 83, 1.
Chamélée, XIII, 35, 1. — propriétés, XXIV, 82, 1.
Champignon, danger, XXII, 47, 1. — cuisson, XXII, 47, 3. — antidotes, XXIX, 33, 1.
Chanvre, variétés, XIX, 56, 1 et 2. — grandeur, XIX, 56, 2.
Chanvre des forêts, propriétés, XX, 97, 1.
Chardon, revenu considérable que donne cette culture, XIX, 43, 1. — deux espèces de chardons sauvages, propriétés, XX, 99, 1. — chardon ou scolymus, XX, 99, 1; XXI, 56, 3.
Charitoblepharon, sorte de corail, XIII, 52, 1.
Charme, XVI, 26, 1.
Châtaigne, XV, 25, 1. — originaire de Sardes, XV, 25, 2. — marron, XV, 25, 2. — variétés, XV, 25, 2. — employée par les femmes dans leurs jeûnes, XV, 25, 1. — propriétés, XXIII, 78, 1.
Châtaignier, amélioré par la greffe, XVII, 26, 5. — plantation pour échalas, XVII, 34, 1. — semis, XVII, 34, 2.
Châtaigne d'eau, XXI, 58, 1.
Cheiranthus cheiri, L., XXI, 14, 1. — cheiranthus tristis, L., XXI, 18, 3.
Chélidoine, description, propriétés, XXV, 50, 1.
Chélidoine, autre, XXV, 50, 1.
Chelidonium majus, L., XXV, 50, 1.
Chêne marin, XIII, 49, 1.
Chêne, fournit les couronnes, XVI, 3, 1. — historique des couronnes de chêne, XVI, 4, 1; 5, 1. — yeuse, XVI, 8, 1. — smilax ou aquifolia, XVI, 8, 1. — hemeris, XVI, 8, 4. — ægilops, XVI, 8, 4. — haliphlœos, ou liège, XVI, 8, 5. — produit la noix de galle, XVI, 9, 1. — rouvre, ses produits, XVI, 10, 1; 11, 1. — yeuse produit l'écarlate, XVI, 12, 1. — ægilops, son produit XVI, 13, 1. — excroissances du chêne, feuille et gland, propriétés médicales, XXIV, 7, 1.
Chenopodium scoparia, L., XXV, 19, 2. — chenopodium botrys, L., XXVII, 31, 1.
Chervis, XIX, 28, 1.
Chevelure d'isis ou corail noir, XIII, 52, 1.
Chicorée, culture, XIX, 39, 1. — propriétés médicales, XX, 29, 1. — dite ambula, XX, 29, 1. — d'Égypte, XXI, 52, 1.
Chicorée sauvage ou cichorium, XIX, 39, 1. — propriétés médicales XX, 30, 1.
Chicorée sauvage, autre, ou hedypnois, XX, 30, 1.
Chondrilla juncea, L., XXI, 52, 2.

*Chou*, au premier rang des plantes potagères, XIX, 41, 1. — espèces, XIX, 41, 1. — cyma ou petite tige de chou, XIX, 41, 2. — mets recherché, XIX, 41, 3. — variétés XIX, 41, 4 et 5. — il se garde vert, XIX, 41, 6. — propriétés médicales, XX, 33, 1 et suiv. — division des Grecs, XX, 33, 1 et 2. — opinion de Caton sur l'emploi du chou en médecine, XX, 34, 1 et 2. — la cyma est la partie la plus agréable à manger, XX, 35, 1.
*Chou* halmyride, XIX, 41, 6.
*Chou* sauvage ou erratique ou pétré, description et propriétés médicales, XX, 36, 1 et suivantes.
*Chou* sauvage, autre, ou lapsana, XX, 37, 1.
*Chou* marin, est purgatif, XX, 38, 1.
*Chrysanthemum* segetum, L., XXI, 25, 1. — ch. coronarium, L., XXV, 42, 1.
*Chrysanthème*, bonne pour la vessie, XXVI, 55, 1.
*Chrysippea*, bonne contre les tumeurs, XXVI, 59, 1.
*Chrysocome* ou chrysitis, fleur jaune, XXI, 26, 1. — propriétés médicales, XXI, 85, 1.
*Chrysocome* linosiris, L., XXI, 26, 1.
*Chrysolachanum*, description, propriétés, XXVII, 43, 1.
*Chrysolochanum*, autre, description, propriétés XXVII, 43, 1.
*Ciboule*, XIX, 35, 2.
*Cicer*, XVIII, 23, 1. — propriétés, médicales, XXII, 72, 1 et 2.
*Cicercula*, XVIII, 32, 1. — propriétés médicales, XXII, 72, 1.
*Cichorium* intybus, L., XX, 30, 1. — cichorium endivia, L., XX, 32, 1.
*Cichorium* d'Égypte, XXI, 52, 1.
*Cici*, XV, 7, 1.
*Ciguë*, emploi, XXV, 83, 1. — à Athènes, XXV, 95, 1. — emploi, XXV, 95, 1 et suiv.
*Cinara* carduncellus, DC., XX, 99, 1. — cinara scolymus, L., XX, 99, 1; XXI, 56, 3. — cinara cardunculus, L., XXI, 57, 1.
*Cinnamome*, XII, 41, 1. — récit merveilleux, XII, 42, 1. — ou cinname, XII, 42, 2. — récolte, XII, 42, 4. — variétés, XII, 42, 5. — commerce, XII, 42, 6. — cinname camaque, XII, 63, 1.
*Circæa*, description, propriétés, XXVII, 38, 1.
*Circæa* lutetiana, L., XXVII, 38, 1.
*Cirsion*, description, propriétés, XXVII, 29, 1.
*Cirsium* spinosissimum, DC., XXI, 56, 1.
*Cissus* vitiginea, L., XII, 28, 1.
*Cissos* erythranos, propriétés, XXIV, 49, 1.
*Cisthos*, description et propriétés, XXIV, 48, 1.
*Cisthus* pilosus, L., XXIV, 48, 1. — cisthus salvifolius, L., XXIV, 48, 1.

*Cistus* ladaniferus, XII, 37, 1.
*Citre*, V, 1, 12. — tables de citre, XIII, 29, 1. — qualités de ces tables, XIII, 30, 1. — durée éternelle du bois de citre, XIII, 30, 5. — huile de citre; emploi médical, XXIII, 45, 1.
*Citronnier*, XII, 7, 1; XIII, 31, 1. — propriétés médicales du citron, XXIII, 56, 1.
*Citrus* medica, L., XIII, 31, 1.
*Clematis*, plante semblable au smilax, propriétés, XXIV, 49, 2.
*Clematis* viticella, L., XXIV, 49, 2.
*Clematis*, ou échite, ou lagine, ou petite scammonée, description, propriétés, XXIV, 89, 1.
*Clematis* d'Égypte, ou daphnoïde, ou polygonoïde, XXIV, 90, 1.
*Clematis*, ou arum, distinction d'avec le dracontium, XXIV, 91, 1.
*Clinopodion*, ou cléonicion ou zopyron, ou ocymoïdes, description, propriétés, XXIV, 87, 1.
*Clinopodion* Plumieri, XXIV, 87, 1.
*Clymenus*, description, propriétés, XXV, 33, 1.
*Clymenus*, des Grecs; description, XXV, 33, 1.
*Cneoron*, XIII, 35, 1. — cneoron ou casia, XXI, 29, 1.
*Cneoron*, deux espèces, XXI, 30, 2.
*Cnestron*, XIII, 35, 1.
*Cnicos*, ou carthame, XXI, 53, 1. — autre, ou atractylis, XXI, 3, 1. — secours contre les animaux venimeux et champignons, XXI, 97, 1.
*Cnicus* spinosa, L., XXIV, 68, 1.
*Cnicus* acarna, L., XXI, 56, 1.
*Cnidium*, graines du (daphne gnidium, L.), huile, emploi médical, XXIII, 45, 1.
*Coagulum* terrestre, propriété, XXVII, 43, 1.
*Coccus*, ou kermès végétal, XXII, 3, 1. — propriétés médicales, XXIV, 4, 4.
*Coccus*, de Gnide, description, propriété, XXVII, 46, 1.
*Coccygie*, XIII, 41, 1.
*Cochlearia* armoracia, L., XIX, 26, 3.
*Coing*, cotonée, cydonien, struthée, XV, 10, 1. — propriétés, XXIII, 54, 1 et suiv.
*Colchique*, remède contre le, XXVIII, 33, 5.
*Colocase*, ou cyamos, du Nil, plante, alimentaire, XXI, 51, 1. — propriétés, XXI, 102, 1.
*Coloquinte*, propriétés médicales, XX, 8, 1 et suiv.
*Combretum*, XXI, 16, 1. — propriétés médicales, XXI, 77, 1.
*Concombre*, histoire, XIX, 23, 1. — pépon ou potiron, XIX, 23, 2. — mélopépon ou melon, XIX, 23, 4. — culture, XIX, 24, 1 et suiv. — propriétés médicales, XX, 5, 1. — propriétés médicales du pépon, XX, 6, 1.
*Concombre* sauvage, XX, 2, 1. — le suc s'en nomme élatérion, XX, 2, 1

et 2. — préparation de l'élatérion, XX, 3, 1. — propriétés, XX, 3, 2.
*Concombre* à serpent, propriétés médicales, XX, 4, 1.
*Condrilla*, plante alimentaire, XXI, 52, 2. — ou condrillon, description, et propriétés, XXII, 46, 1.
*Condurdum*, bon pour les écrouelles, XXVI, 14, 1.
*Conferve* des rivières, propriété, XXVII, 45, 1.
*Conium* maculatum, L., XXV, 95, 3.
*Convallaria* multiflora, L., XXV, 107, 1. — c. bifolia, L., XXVI, 34, 1.
*Convolvulus* scoparius, L., XII, 52, 1. — convolvulus soldanella, L., XX, 38, 1. — convolvulus sepium, XXI, 11, 1. — convolvulus cantabrica, L., XXV, 47, 1. — convolvulus scammonia, L., XXVI, 38, 1. — convolvulus althæoides, L., XXVII, 79, 1. — c. dorycnium, L., XXVIII, 33, 5.
*Conyza*, deux espèces, description, XXI, 32, 1. — conyza femelle ou libanotis, XXI, 32, 1.
*Coracesia*, herbe magique, XXIV, 99, 1.
*Corchorus*, plante mangée en Égypte, XXI, 52, 2. — propriétés, XXI, 96, 1.
*Corchorus* olitorius, L., XXI, 96, 1.
*Cordia* myxa, XIII, 10, 1.
*Coriandre*, propriétés médicales, XX, 82, 1 et 2.
*Coriandrum* sativum, L., XX, 82, 1.
*Coriaria* myrtifolia, L., XXIV, 54, 1.
*Coris* monspeliensis, L., XXVII, 24, 1.
*Cornus* mas, L., XV, 31, 1.
*Cornouille*, XV, 31, 1.
*Coronilla* securidaca, L., XVIII, 44, 5; XXVII, 95, 1.
*Coronopus*, plante rampante, XXI, 59, 1. — propriétés, XXII, 22, 1.
*Corydalis* digitata, Pers., XXV, 98, 1.
*Costus*, costus arabicus, L., XII, 25, 1.
*Cotinus*, arbrisseau, XVI, 30, 1.
*Cotylédon*, description, remède pour les yeux, XXV, 101, 1.
*Cotyledon*, autre, description, XXV, 101, 1.
*Cotyledon* umbilicus, L., XXV, 101, 1.
*Coudrier*, employé pour les torches, XVI, 30, 3.
*Courge*, culture, XIX, 24, 1 et suiv.
*Courge* sauvage, nommée somphos, XX, 7, 1.
*Couronne* d'Alexandre, sorte de laurier, XV, 39, 3.
*Cracca*, sorte de légume, XVIII, 41, 1.
*Crambe* maritima, L., XIX, 41, 6.
*Cratægos*, ou cratægon, le même que l'aquifolia, XXVII, 40, 1.
*Cratægonon*, description, propriété, XXVII, 40, 1.
*Crepis*, plante inconnue, XXI, 59, 1.
*Cressa* cretica, L., XXI, 103, 1; XXVI, 51, 2.

*Cresson*, XIX, 44, 1. — propriétés médicales, XX, 50, 1 et suiv. — autre énumération des propriétés médicales, XX, 70, 1.
*Crethmos*, emploi pour les yeux, XXV, 96, 1. — mets servi par Hecale, XXVI, 50, 1. — description, XXVI, 50, 1. — bon pour la strangurie, XXVI, 50, 1 et 2. — recommandé dans les maladies des femmes, XXVI, 90, 5.
*Crithmum* maritimum, XXI, 50, 1; XXV, 96, 1.
*Crocis*, herbe magique, XXIV, 102, 6.
*Crocodilion*, description, propriétés, XXVII, 41, 1.
*Croton* tinctorium, L., XXII, 29, 2.
*Crucianella* monspeliaca, L., XXVII, 40, 1.
*Cucifera* thebaica, Delile, ou douma, XIII, 18, 1.
*Cuculus*, ou strumus, ou strychnos, emploi médical, XXVII, 44, 1.
*Cucumis* sativus, L., XIX, 23, 1. — cucumis melo, L., XIX, 23, 4. — cucumis flexuosus, L., XX, 4, 1. — cucumis colocynthis, XX, 8, 1.
*Cucurbita* pepo, L., XIX, 23, 2; 24, 1; XX, 6, 1.
*Cucus* d'Égypte, XIII, 18, 1.
*Cuisse* de bœuf, propriété, XXVII, 56, 1.
*Cumin*, condiment, XIX, 47, 1. — propriétés médicales, XX, 57, 1 et suiv.
*Cumin* d'Éthiopie, XX, 57, 2.
*Cumin* sauvage, propriétés, XX, 57, 3.
*Cuminum* cyminum, L., XX, 57, 1.
*Cunila* bubula, dite aussi panacée, propriétés médicales, XX, 61, 1.
*Cunila* des poules ou origan héracléotique, propriétés, XX, 62, 1.
*Cunila* mâle ou cunilago, propriétés, XX, 63, 1.
*Cunila* molle, propriétés, XX, 64, 1.
*Cunila* libanotis, propriété, XX, 64, 1.
*Cunila* cultivée, ou sarriette, propriétés, XX, 65, 1.
*Cupressus* sempervirens, L., XIII, 29, 3; XVI, 60, 1.
*Curcuma* longa, L., XXI, 70, 1.
*Cuscuta* europea, L., XXII, 78, 1.
*Cuscuta* epithymum, L., XXVI, 35, 1.
*Cyanus* ou bluet, XXI, 24, 1.
*Cycas* circinalis, XIII, 9, 6.
*Cyclamen* græcum, Lamark, XXV, 67, 1.
*Cyclaminum*, fleurit deux fois, XXI, 28, 1.
*Cyclaminos*, ou tubérosité de terre, bonne contre les serpents, emploi superstitieux, XXV, 67, 1 et 2.
*Cyclaminos*, autre, description, bonne contre les serpents, XXV, 68, 1.
*Cyclaminos*, autre, ou chamæcissos, propriétés, XXV, 69, 1.
*Cydonia* vulgaris, Lam., XV, 10, 1.
*Cynanchum* erectum, L., XXIV, 59, 2.
*Cynocéphalie*, ou osirites, plante divinatoire, XXX, 6, 2.

*Cynodon* dactylon, Pers., XXIV, 119, 1.
*Cynoglosse*, propriétés, XXV, 41, 1.
*Cynoglosse*, autre, propriétés, XXV, 41, 1.
*Cynoglossum* pictum, Ait., XXV, 41, 1.
*Cynorrhoda*, XXIV, 74, 1. — guérit la rage, XXV, 6,2; 77, 1.
*Cynosbatos*, ou cynospastos, ou nevrospastos (cacis), propriétés, XXIV, 74, 1.
*Cynops*, plante à épi, XXI, 61, 1.
*Cynosorchis*, ou orchis, description, propriétés, XXVII, 42, 1.
*Cyperus* papyrus, L., XIII, 21, 1. — cyperus fastigiatus, Forsk., XIII, 45, 1. — cyperus esculentus, L., XXI, 52, 1. — cyperus longus, L., XXI, 70, 1.
*Cyperus*, ou jonc triangulaire, non distingué par quelques-uns du cypirus, XXI, 69, 4.
*Cyperus* ou souchet, XXI, 70, 1. — propriétés, XXI, 70, 2.
*Cypira*, plante de l'Inde, XXI, 70, 2.
*Cypirus*, ou glaïeul, racine bonne à manger, XXI, 67, 1; 68, 3. — jonc triangulaire ou cyperus, ou cypirus, XXI, 69, 4. — le cypirus est le glaïeul, XXI, 69, 4. — emploi et propriétés, XXI, 69, 4 et 5. — cypirus ou glaïeul en Égypte, XXI, 70, 1.
*Cyprès* femelle sauvage, XIII, 29, 3. — exotique, XVI, 60, 1. — signification, XVI, 60, 1. — plantation de cyprès, dot des filles, XVI, 60, 2. — huile de cyprès, emploi médical, XXIII, 45, 1. — propriétés médicales des feuilles et de la racine, XXIV, 10, 1 et 2.
*Cyprus*, XII, 51, 1. — huile, feuilles, fleurs, emploi médical, XXIII, 46, 1.
*Cytinus* hypocisthis, L., XX, 79, 1; XXIV, 48, 1.
*Cytise*, excellent fourrage, XIII, 47, 1.
*Cytisus* laburnum, XVI, 31, 1.

## D

*Damasonium*, ou alcea, bon pour les écrouelles, XXVI, 12, 1.
*Daphne* gnidium, XII, 44, 3; XIII, 35, 1; XXI, 29, 1; XXVII, 46, 1. — daphne cneorum, L., XXI, 30, 2. — daphne laureola, L., XXIII, 80, 6. — daphne oleoides, XXIV, 82, 1.
*Daphnoide*, XII, 43, 3. —
*Daphnoides* ou laurier sauvage, XV, 39, 3. — emploi médical, XXIII, 80, 6.
*Datte*, nommée dablan, XIII, 7, 5. — syagres, margarides, sandalides, XIII, 9, 3. — caryotes, adelphides, patètes, XIII, 9, 4. — chydées, XIII, 9, 5. — datte coïx, XIII, 9, 6. — tragemata, halan, XIII, 9, 6. — emploi médical, XXIII, 51, 1.
*Daucus* guttatus, Sibth., XIX, 17, 1. — daucus carota, L., XX, 15, 1;

XXI, 50, 1; XXV, 64, 2. — daucus gingidium, L., XX, 16, 1.
*Daucus*, XIX, 27, 1. — deux espèces principales, XXV, 64, 1. — emploi contre les serpents, XXV, 64, 1 et suiv.
*Daucus*, autre, XXV, 64, 2.
*Daucus*, ou staphylinos, XXV, 64, 2.
*Delphinium* peregrinum, L., XXI, 98, 1. — delphinium staphisagria, L., XXIII, 13, 1.
*Dentaria* enneaphylla, L., XXVII, 54, 1.
*Dictame*, description, propriétés, XXV, 53, 1 et suiv.
*Digitale* pourprée, XXI, 77, 1.
*Dipsacus* silvestris, L., XXV, 108, 1. — dipsacus pilosus, L., XXVII, 62, 1.
*Dipsacos*, description, propriétés, XXVII, 47, 1.
*Dodecathéon*, propriétés, XXV, 9, 1.
*Doronichum* pardalianches, L., XXVII, 2, 5.
*Dorycnion*, remède contre le, XXVIII, 33, 5.
*Dracontion*, distinction d'avec l'arum, XXIV, 91, 1. — propriétés, XXIV, 92, 1. — trois espèces, propriétés, XXIV, 93, 2 et 3.
*Dracunculus* de la troisième espèce, propriétés, XXIV, 93, 2.
*Dracunculus*, distinction avec le dracontion, XXIV, 91, 1. — propriétés de la graine, XXIV, 92, 1. — description, XXIV, 93, 1.
*Dracunculus*, nouvellement découvert, propriétés, XXV, 6, 3.
*Dryopteris*, description, propriétés, XXVII, 48, 1.
*Dryophonon*, description, propriétés, XXVII, 49, 1.

## E

*Ébénier*, de l'Inde, très-estimé, XII, 8, 1. — montré à Rome par Pompée, XII, 9, 1. — deux espèces, XII, 9, 1. — emploi médical, XXIV, 52, 1.
*Écarlate*, vient sur l'yeuse, XVI, 12, 1.
*Écarlate*, graine d', la plus estimée, IX, 65, 3.
*Échalotte*, ou oignon ascalonien, XIX, 32, 2.
*Echinophora* tenuifolia, L., XXV, 11, 1.
*Échinopode*, XI, 8, 1.
*Echios*, description, emploi, XXV, 58, 1.
*Echios*, autre, emploi, XXV, 58, 1.
*Echios* personata, ou grande bardane, description, emploi, XXV, 58, 1.
*Echium* rubrum, L., XXI, 60, 1; XXII, 24, 1; XXV, 58, 1. — echium creticum, XXII, 25, 1. — echium rubrum, Jacq., XXVII, 22, 1. — echium italicum, L., XXVII, 73, 1.
*Écorce*, emploi de diverses écorces, XVI, 14, 1.
*Elaphoboscon*, ou panais, description

et propriétés, XXII, 37, 1; XXV, 52, 1.
*Élate*, XII, 62, 1. — palmier, emploi médical, XXIII, 53, 1.
*Élatine*, description, propriétés, XXVII, 50, 1.
*Élélisphacos*, ou sphacos, espèce de sauge, propriétés médicales, XXII, 71, 1.
*Éléomiel*, substance végétale, XV, 7, 6. — emploi médical, XXIII, 50, 1.
*Ellébore*, ou mélampodion, XXV, 21, 1. — deux espèces, le blanc et le noir, XXV, 21, 1. — propriétés, XXV, 21, 2 et suiv. — danger dans l'antiquité, XXV, 21, 4. — emploi du noir, XXV, 22, 1. — emploi du blanc, XXV, 23, 1. — précautions, XXV, 24, 1 et 2. — emplois divers, XXV, 25, 1.
*Elléborine*, arbrisseau, XIII, 35, 1.
*Empetros*, ou calcifraga, description, propriétés, XXVII, 51, 1.
*Encens* (Pays de l'), XII, 30, 1. — forme de l'arbre, XII, 31, 1. — récolte, XII, 32, 1. — carphéote et dathiate, XII, 32, 2. — stagonie, atome, orobie, XII, 32, 3. — commerce, XII, 32, 5. — l'arbre de l'encens a vécu en Lydie, XVI, 59, 2.
*Endive* erratique, ou intubum erraticum, XXI, 52, 1.
*Enneaphyllon*, description, propriétés, XXVII, 54, 1.
*Éon*, arbre avec lequel fut fait le vaisseau Argo, XIII, 39, 1.
*Ephedra distachya*, L., XXII, 17, 1; XXVII, 91, 4. — ephedra fragilis, L., XXVI, 20, 1; 83, 1.
*Ephedra*, ou anabasis, description, bonne pour la toux, XXVI, 20, 1. — ou ephedrum, XXVI, 77, 1.
*Éphéméron*, description, XXV, 107, 1. — ou colchique, XXVIII, 45, 4.
*Epilobium hirsutum*, L., XXVI, 69, 1.
*Epimédion*, description, propriétés, XXVII, 53.
*Épineux*, arbrisseau, semblable à l'ébène, XII, 10, 1. — épine donnant une graine très-amère, XII, 15, 1. — autre épine, XII, 18, 1. — épine causant la cécité, XII, 18, 1. — épine d'Égypte, XIII, 19, 1; 20, 1. — épine babylonienne, XIII, 46, 1. — épine du pays au delà de Coptos, XIII, 50, 1. — épine blanche, qui se mange, XV, 34, 5.
*Épine blanche*, employée en couronne, XXI, 39, 2. — propriétés, XXIV, 66, 1.
*Épine blanche* dite acanthion, XXIV, 66, 1.
*Épineuses*, plantes, XXI, 54, 1.
*Épine d'Égypte*, propriétés, XXIV, 65, 1.
*Épine vulgaire*, ou aspalathe, ou à foulon, propriétés, XXIV, 68, 1.
*Épine sauvage blanche*, de la hauteur d'un arbre, XII, 52, 1; XXIV, 68, 1.
*Epipactis*, XIII, 35, 1.

*Epipactis*, ou elléborine, propriétés, XXVII, 52, 1.
*Epipactis grandiflora*, Sm., XXIV, 118, 1.
*Épipétron*, plante mangée en Égypte, XXI, 52, 2.
*Épithymon*, ou hippophéon, description, propriétés, XXVI, 35, 1.
*Equisetis*, XVIII, 67, 8. — ou equisetum, ou hippuris, description, propriétés astringentes, XXVI, 83, 1.
*Equisetum*, autre, ou hippuris, ou ephedros, ou anabase, description, propriétés astringentes, XXVI, 83, 2.
*Equisetum fluviatile*, L., XVIII, 67, 8. — equisetum telmateia, XXVI, 33, 1; XXVI, 83, 2. — equisetum limosum, XXVI, 83, 1. — equisetum pallidum, Bory, XXVII, 91, 3.
*Érable*, XVI, 26, 1. — glinos; zygia, XVI, 26, 1. — tubérosités ou bruscum et molluscum, XVI, 27, 1. — propriétés médicales, XXIV, 31, 1.
*Erica arborea*, L., XIII, 35, 1; XXIV, 39, 1.
*Érice*, XIII, 35, 1. — emploi médical, XXIV, 39, 1.
*Erigeron viscosum*, L., XIX, 50, 1; XX, 63, 1; XXI, 32, 1. — erigeron graveolens, L., XXI, 32, 1.
*Erigeron*, ou séneçon, description, propriétés, XXV, 106, 1 et 2.
*Érinéon*, herbe, emploi médical, XXIII, 65, 1.
*Ériophoron* (eriophorum angustifolium, L.), sorte de bulbe employée à faire des étoffes, XIX, 10, 1.
*Eriphia*, propriété, XXIV, 103, 1.
*Ers*, culture, XVIII, 38, 1. — insectes qui lui nuisent, XVIII, 44, 6. — propriétés médicales, XXII, 73, 1.
*Erucaria aleppica*, XIX, 35, 2.
*Ervilia*, XVIII, 23, 2.
*Éryngion*, plante épineuse, XXI, 54, 1. — ou érynge, propriétés médicales, XXII, 8, 1 et 2.
*Éryngion blanc* ou centum capita, propriétés, XXII, 9, 1 et 2.
*Eryngium viride*, L., XXII, 8, 1. — eryngium cyaneum, Sibth., XXII, 8, 1. — eryng. maritimum, L., XXII, 8, 1. — eryng. campestre, XXII, 9, 1.
*Erysisceptrum*, ou sceptrum, XII, 52, 1.
*Erysisceptrum*, ou adipsathéon, ou diacheton, description, propriétés, XXIV, 69, 1.
*Erysimum*, ou irio, XVIII, 22, 1. — ou vela, propriétés médicales, XXII, 75, 1.
*Érysithales*, description, propriétés, XXVI, 85, 1.
*Erythræa centaurium*, Pers., XXV, 31, 1.
*Erythrodanus*, ou garance, propriétés, XXIV, 56, 1.
*Erythronium*, dens canis, L., XXV, 26, 1.
*Eupatoire*, description, propriété, XXV, 29, 1.

*Euphorbe*, ainsi nommée du nom du médecin du roi Juba, V, 1, 16. — récolte et propriétés, XXV, 38, 1 et 2.
*Euphorbia paralias*, L., XX, 80, 1; XXVI, 41, 1. — e. peplis, L., XX, 81, 1; XXVII, 93, 1. — euphorbia spinosa, XXII, 14, 1. — euphorbia pityusa, L., XXIV, 21, 1. — euphorbia chamæsyce, L., XXIV, 83, 1. — euphorbia officinarum, L., XXV, 38, 1. — e. helioscopia, L., XXVI, 42, 1. — e. aleppica, L., XXVI, 43, 1. — e. platyphyllos, L., XXVI, 44, 1. — e. dendroides, L., XXVI, 45, 1. — e. apios, L., XXVI, 46, 1. — e. lathyris, L., XXVII, 71, 1.
*Euphrasia odontites*, L., XXVII, 84, 1.
*Euplée*, opinion superstitieuse, XXV, 81, 1.
*Evax pygmæus*, L., XXVI, 79, 1; XXVII, 72, 1.
*Evonymos*, XVIII, 38, 1.
*Evonymus europæus*, XIII, 38, 1.
*Excœcaria agallochum*, L., XII, 18, 1.
*Exedum*, ou nodia, ou mularis, propriétés, XXIV, 115, 1.

F

*Fagonia cretica*, L., XXI, 58, 1.
*Fagus silvatica*, Lamarck, XVI, 7, 1.
*Faîne*, XVI, 7, 1.
*Farrago*, ou fourrage, culture, XVIII, 41, 1.
*Fenouil*, propriétés, XX, 95, 1.
*Fenouil sauvage*, ou hippomarathron, ou myrsineum, XX, 96, 1.
*Fenugrec*, ou silicie, culture, XVIII, 39, 1. — emploi médical de la farine, XXII, 58, 3. — ou telis, ou carphos, ou buceras, ou ægoceras, propriétés, XXIV, 120, 1 et suiv.
*Ferula communis*, L., XIII, 42; XX, 75, 1; XX, 98, 1. — ferula nodiflora, L., XIII, 42, 1. — ferula persica, L., XX, 75, 1.
*Férule*, XIII, 42, 1. — férule qui se mange, XV, 34, 5. — la graine se confit, XIX, 56, 2. — propriétés médicales, XX, 93, 1 et 2.
*Feuilles*, XVI, 32, 1. — arbres ne perdant pas leurs feuilles, XVI, 33, 1. — chute des feuilles, XVI, 34, 1. — feuilles qui changent, XVI, 35, 1. — particularité merveilleuse, XVI, 36, 1. — emploi des feuilles, XVI, 37, 1. — forme, XVI, 38, 6. — signes que donnent les feuilles pour les travaux agricoles, XVIII, 68, 2 et suiv.
*Fève*, farine ou lomentum, XVIII, 30, 1. — cérémonies religieuses, referiva, XVIII, 30, 2. — histoire, XVIII, 30, 3. — emploi médical, XXII, 69, 1.
*Fève d'Égypte*, XVIII, 30, 5.
*Ficus indica*, L., XII, 11, 1. — ficus sycomorus, XIII, 14, 1.

*Figue* carique, figue cottane, XIII, 10, 1. — variétés, XV, 19, 1. — anecdote de Caton, XV, 20, 1. — maturité, caprification, XV, 21, 1. — qualités, XV, 21, 3. — anecdote de Crassus, XV, 21, 4. — propriétés diététiques et médicales, XXIII, 63, 3 et suiv.
*Figuier* indien, merveille, XII, 11, 1. — autre nommé pala, XII, 12, 1. — figuier égyptien, XIII, 14, 1. — figuier de Chypre, XIII, 15, 1. — figuier ceronia, XIII, 16, 1. — figuier de mer, XIII, 49, 1. — plantation du figuier, XV, 19, 4. — anciens figuiers à Rome, XV, 20, 3. — caprification, XVII, 44, 1. — insectes qui l'attaquent, XVII, 44, 1 et 2. — propriétés médicales, XXIII, 62, 1 et suiv.
*Figuier* sauvage, emploi médical, XXIII, 64, 1 et suiv.
*Figuier*, abritant un escadron, VII, 2, 13.
*Filago* gallica, L., XXIV, 113, 1.
*Fleurs*, odeurs, XXI, 18, 1 et suiv. — trois couleurs principales, XXI, 22, 1. — rouge de coccus; couleur d'améthyste et ianthine; couleur conchylienne, XXI, 22, 1 et 2. — fleurs non employées avant l'époque d'Alexandre, XXI, 24, 1. — fleurs de printemps, XXI, 38, 1. — fleurs d'été, XXI, 39, 1. — ordre des fleurs, XXI, 39, 2.
*Fleur* de Jupiter, XXI, 33, 1.
*Floraison*, fécondation, XVI, 39, 1. — indice du printemps, XVI, 40, 1. — arbres qui ne fleurissent pas, XVI, 40, 2. — bourgeonnement, XVI, 41, 1. — époque du bourgeonnement, XVI, 42, 1. — deux floraisons, XXI, 40, 1. — floraison successive, XXI, 60, 1.
*Fougère*, échardes, XXIV, 50, 1. — fougère, première espèce, ou pteris ou hlechnos, description, propriétés, XXVII, 55, 1 et suiv.
*Fougère*, deuxième espèce, ou thelypteris, ou nymphæa pteris, description, propriétés, XXVII, 55, 1.
*Fraise*, XV, 28, 1. — fraisier, XXI, 50, 1.
*Framboisier*, XVI, 71, 1. — propriétés, XXIV, 75, 1.
*Frankenia* pulverulenta, L., XXVII, 51, 1.
*Fraxinus* excelsior, DC., XVI, 24, 1. — fraxinus ornus, L., XVI, 30, 2.
*Frêne*, XVI, 24, 1. — bumelia, XVI, 24, 1. — contraire aux serpents, XVI, 24, 3. — propriétés médicales, XXIV, 30, 1.
*Fritillaria* pyrenaica, L., XXVI, 63, 1.
*Fruit*, diversité, XV, 9, 1. — fruit de Vérone, XV, 14, 1. — conservation des fruits, XV, 18, 1-17. — baies et fruits charnus, XV, 27, 1. — fruits à grain, XV, 29, 1. — des baies, XV, 29, 2. — saveurs des fruits, XV, 32, 1. — odeurs, XV, 32, 2; 33, 2. — variété de leurs sucs, XV, 33, 1. — caractère des fruits, XV, 34, 1. — époque de la maturité, XVI, 43, 1. — arbres qui donnent des fruits toute l'année, XVI, 44, 1. — arbres sans fruits, XVI, 45, 1. — fruits qui tombent, XVI, 46, 1. — disposition des fruits sur l'arbre, XVI, 48, 1; 49, 1. — arbres qui donnent des fruits deux fois et trois fois, XVI, 50, 1. — la fertilité des arbres varie suivant l'âge, XVI, 51, 1. — maladies des fruits, XVII, 37, 10 et 12. — vertus médicinales des fruits, XXIII, 1, 1.

*Fucus* ericoides, L., XIII, 49, 1. — fucus vesiculosus, L., XIII, 49, 1. — fucus uvarius, L., XIII, 49, 1.
*Fulvienne*, herbe, diurétique, XXVI, 57, 1.
*Fumaria* officinalis, L., XXV, 99, 1. — fumaria capreolata, L., XXVII, 70, 1.
*Fustet*, XIII, 41, 1; XVI, 30, 1.

G

*Gabalium*, XII, 45, 1.
*Galbanum*, bubon galbanum, L., XII, 56, 1. — propriétés médicales, XXIV, 13, 1.
*Galeopsis*, ou galeobdolon, ou galion, description, propriétés, XXVII, 57, 1.
*Galium* aparine, L., XVIII, 44, 4; XXI, 64, 1; XXIV, 116, 1; XXVII, 15, 1.
*Galle* (Noix de), XVI, 9, 1. — propriétés, XXIV, 5, 1.
*Gallidraga*, description, propriétés, XXVII, 62, 1.
*Garance*, emploi dans la teinture, XIX, 17, 1. — ou erythrodanos, XXIV, 56, 1.
*Gariophyllon*, plante indéterminée, XII, 15, 1.
*Gelotophyllis*, herbe magique, XXIV, 102, 4.
*Genêt*, propre à la teinture, XVI, 30, 2. — fait des liens, XXIV, 40, 1. — doute sur le spart et les sparta, XXIV, 40, 1. — propriétés médicales, XXIV, 40, 1 et 2.
*Genista* tinctoria, L., XVI, 30, 2. — genista acanthoclada, L., XXIV, 69, 1.
*Genévrier*, propriétés médicales, XXIV, 36, 1.
*Gentiane*, description, propriété, XXIV, 34, 1.
*Géranion*, sorte de truffe, XIX, 12, 1. — bon dans les maladies des femmes, XXVI, 90, 6.
*Geum* rivale, L., XXI, 25, 1. — geum urbanum, L., XXVI, 21, 1.
*Geum*, ou benoîte, description, bonne pour le poumon, XXVI, 21, 1.
*Gingembre*, XII, 14, 2.

*Gingidion*, propriétés médicales, XX, 16, 1.
*Githago* segetum, L., XXI, 98, 1.
*Gladiolus* segetum, L., XXI, 17, 3; 38, 3. — gladiolus communis, L., XXV, 89, 1.
*Glaïeul*, XXI, 38, 2. — autre, ou cypirus, XXI, 67, 1; 68, 3.
*Gland*, XVI, 6, 1. — variétés, XVI, 8, 1. — qualités nutritives, XVI, 8, 6. — propriétés médicales, XXIV, 3, 2.
*Glastum*, ou guède, XXII, 2, 1. — les femmes des Bretons s'en teignent le corps, XXII, 2, 1.
*Glaucium* flavum, L., XX, 78, 1; XXVII, 59, 1.
*Glaucion*, description, propriétés, XXVII, 59, 1.
*Glaux*, ou eugalactos, description, propriétés, XXVII, 58, 1.
*Glechoma* hederacea, XVI, 62, 7; XXIV, 49, 1.
*Globularia* alypum, L., XXVII, 7, 1.
*Glu*, se fait avec les graines du gui, XVI, 94, 1. — propriétés médicales, XXIV, 6, 1.
*Glycyside*, ou pæonia, ou pentorobos, deux espèces, description, propriétés, XXVII, 60, 1 et suiv.
*Gnaphalium* sanguineum, L., XXI, 16, 1. — gnaphalium stœchas, L., XXI, 24, 1. — gnaphalium leontopodium, XXVII, 35, 1.
*Gnaphalion*, ou chamæzelon, description, propriétés, XXVII, 61, 1.
*Gomme*, d'Égypte, XIII, 20, 1. — du sarcocolle, XXIV, 64, 1. — propriétés, XXIV, 64, 1. — gomme acacia, préparation, propriétés, XXIV, 67, 1 et 2.
*Gossypium* arboreum, XII, 21, 1. — gossypium herbaceum, XII, 22, 1.
*Gramen* ou chiendent, description, propriétés, XXIV, 118, 1 et suiv.
*Gramen*, autre, XXIV, 118, 1.
*Gramen* à pointes, ou dactylon, trois espèces, description, propriétés, XXIV, 119, 1.
*Gramen* de la Bactriane, propriété, XXIV, 119, 1.
*Gratteron*, XVIII, 44, 4.
*Greffes* singulières, XV, 17, 1. — prescription religieuse, XV, 17, 1.
*Grenade* ou pomme punique, XIII, 34, 1. — balauste, XIII, 34, 1. — propriétés médicales, XXIII, 57, 1. — tannages des cuirs, XXIII, 57, 2. — stomatice, XXIII, 58, 1 et 2. — cytinus ou premiers bourgeons, emploi médical, XXIII, 59, 1. — balaustes, XXIII, 60, 1.
*Grenadier* sauvage, emploi médical, XXIII, 61, 1.
*Gromphæna*, bonne pour l'hémoptysie, XXVI, 23, 1.
*Gui*, nuisible aux arbres, XVI, 92, 1. — espèces, XVI, 93, 1. — admiration des Gaulois pour cette plante, XVI, 95, 1. — propriétés médicales, XXIV, 6, 1.

*Guimauve*, propriétés, XX, 84, 6.
*Gypsophila* struthium, L., XIX, 15, 1.

## H

*Habitat* des arbres, plaines ou hauteurs, XVI, 30, 1. — lieux humides, XVI, 31, 1.
*Hadrolobon*, ou bdellium, XII, 19, 1.
*Hadros hærum*, espèce de nard, XII, 26, 2.
*Halicacabon*, diverses espèces, XXI, 95, 3, 4 et 5.
*Halus*, ou cotonea, bonne pour les douleurs de côté, XXVI, 26, 1.
*Haricots* ou phaséoles, XVIII, 33, 1.
*Hedisarum* alhagi, XII, 18, 1.
*Helenium*, description, XXI, 33, 1. — propriétés, XXI, 91, 1.
*Helianthes*, ou heliocallis, herbe magique, XXIV, 102, 5.
*Héliotrope*, plante à floraison successive, XXI, 60, 1. — merveille, XXII, 29, 1. — tricoccum ou tournesol, XXII, 29, 2. — hélioscope, XXII, 29, 2. — propriétés, XXII, 29, 2 et suiv.
*Helleborus* orientalis, L., XXV, 21, 1.
*Helxine*, plante à duvet épineux, XXI, 56, 1. — sert à teindre les laines, XXII, 19, 1.
*Helxine*, autre, ou perdicium, ou siderilis, ou parthenium, propriétés, XXII, 19, 1.
*Helxine*, différente de l'alsine, emploi médical, XXVII, 8, 1.
*Hemerocalles*, propriétés médicales, XXI, 90, 1.
*Hemerocallis* fulva, L., XXI, 90, 1. — hemerocallis liliastrum, L., XXVII, 98, 1.
*Henné*, XII, 51, 1.
*Heracleum* sphondylium, L., XII, 58, 1.
*Héraclion* sidérion, description, propriété, XXV, 15, 1.
*Herbe* impie, description, propriétés, XXIV, 113, 1.
*Herbe* dont la découverte est attribuée à Minerve, XXV, 16, 1.
*Herbe* semblable au verbascum, ou blattaria, XXV, 60, 1.
*Herbe* blanche, semblable au panic, nuisible aux céréales, XVIII, 44, 4.
*Herbe* poussant au dedans d'un crible, propriété, XXIV, 109, 1.
*Herbe* poussant sur les fumiers, propriété, XXIV, 110, 1.
*Herbe* qui chasse d'un champ de mil ou de panic les étourneaux et les moineaux, XVIII, 45, 3.
*Herbes* magiques, XXIV, 99, 1. — railleries sur ces herbes, XXVI, 9, 1 et suiv.
*Herbe* à la laine, saponaire, propriété, XXIV, 103, 1.
*Herbe* militaire, propriété, XXIV, 104, 1.
*Herbe* née sur la tête d'une statue, propriété, XXIV, 106, 1.

*Herbe* née au bord des ruisseaux, propriété, XXIV, 107, 1.
*Herbe* sur laquelle les chiens urinent, propriété, XXIV, 111, 1.
*Hermesias*, composition médicale, XXIV, 102, 5.
*Hesperis*, a plus d'odeur la nuit, XXI, 18, 3.
*Hestiatoris*, ou protomedia, herbe magique, XXIV, 102, 4.
*Hêtre*, XVI, 7, 1. — feuilles, propriétés médicales, XXIV, 9, 1.
*Hibiscum*, employé en médecine, XIX, 27, 1. — propriétés médicales, XX, 14, 1. — appelé mauve sauvage ou plistoloche, XX, 14, 1.
*Hièble*, XXIV, 35, 1. — chasse les serpents, XXV, 71, 1.
*Hippace*, propriété, XXV, 44, 1.
*Hippomarathron*, ou fenouil sauvage, XX, 96, 1.
*Hippomarathron* de Dioclès, XX, 96, 1.
*Hippophaes*, a des épines aux nœuds, XXI, 54, 1.
*Hippophæston*, XVI, 92, 1. — description, propriétés, XXVII, 66, 1.
*Hippophyes*, description et propriétés, XXII, 14, 1.
*Hippophyes*, autre, XXII, 14, 1.
*Hippuris*, description, propriétés astringentes, XXVI, 83, 2.
*Hirculus*, nard, XII, 26, 4.
*Holcus* sorghum, L., XVIII, 10, 4.
*Holcus* ou aristida, description, propriétés, XXVII, 63, 1.
*Holochrysi* ou immortelle, XXI, 24, 1. — ou heliochrysos, XXI, 38, 2. — ou holochrysos, propriétés, XXI, 85, 1. — ou heliochrysum, description et propriétés, XXI, 96, 1.
*Holoschœnos*, espèce de jonc, XXI, 69, 2.
*Holosteon*, description, propriétés, XXVII, 65, 1.
*Holosteum* umbellatum, L., XXVII, 65, 1.
*Hordeum* murinum, L., XXVII, 63, 1.
*Horminum*, XVIII, 22, 1. — deux espèces, propriétés médicales, XXII, 76, 1.
*Horminum* sauvage, excite les désirs vénériens, XXVI, 61, 1.
*Houblon*, XXI, 50, 1.
*Houx*, XVI, 33, 2. — ou agrifolium, propriétés, XXIV, 72, 1.
*Huile*, fabrication, XV, 2, 1. — qualité suivant les provenances, XV, 3, 1. — dépend de l'état de l'olive, XV, 3, 3. — propriété; râclures d'huile des gymnases, XV, 5, 1. — fabrication de l'huile, XV, 6, 3. — vieille huile, XV, 7, 6. — anecdote de Démocrite et de Sextus, XVIII, 68, 9. — usages médicaux des huiles, XXIII, 39, 1. — omphacium ou huile verte, XXIII, 39, 1. — huile rosat, emploi médical, XXIII, 45, 1. — huile dite gleucinum, emploi médical, XXIII, 46, 1.
*Huiles* artificielles, XV, 7, 1. — de

ricin, XV, 7, 1. — d'amandes, XV, 7, 2. — de noix, XV, 7, 3. — avec les châtaignes, le sésame et le riz, XV, 7, 4. — de poisson, XV, 7, 4. — œnanthine, XV, 7, 4. — selgitique, XV, 7, 6; XXIII, 49, 1. — huile herbacée, emploi médical, XXIII, 49, 1.
*Hyacinthe*, XXI, 17, 3. — fable d'Ajax, XXI, 38, 3. — employée à la teinture écarlate, XXI, 97, 1. — propriétés, XXI, 97, 1.
*Hyoscyamus* reticulatus, L., XXV, 17, 1. — h. niger, XXV, 17, 1. — h. aureus, XXV, 17, 2. — h. albus, XXV, 17, 2.
*Hyoseris* lucida, L., XXI, 52, 2.
*Hyoseris*, description, propriétés, XXVII, 64, 1.
*Hypécoon*, description, propriétés, XXVII, 68, 1.
*Hypecoum* procumbens, L., XXVII, 68, 1.
*Hypericum* de Petra, servant à falsifier le baume, XII, 54, 5.
*Hypéricon*, ou chamæpitys, ou corion, description, plante diurétique, XXVI, 53, 1.
*Hypéricon*, autre, ou coris, XXVI, 54, 1.
*Hypericum* olympicum, L., XXV, 13, 1; XXV, 28, 1. — hypericum crispum, L., XXVI, 53, 1. — hypericum coris, L., XXVI, 54, 1. — hypericum origanifolium, L., XXVII, 4, 1. — hypericum perfoliatum, Wild., XXVII, 10, 1. — hypericum perforatum, L., XXVII, 20, 1. — hypericum hircinum, L., XXVII, 115, 1.
*Hyphéar*, sorte de gui, XVI, 93, 1.
*Hypochæris*, plante alimentaire, XXI, 52, 2.
*Hypocisthis*, XX, 79, 1; XXIV, 48, 1. — ou orobéthron, propriétés, XXVI, 31, 1.
*Hypoglossa*, description, propriétés, XXVII, 67, 1.
*Hysope*, propriétés, XXV, 87, 1.

## I

*Iasione*, ou liseron, XXI, 65, 1. — fleur blanche dite concilium, XXII, 39, 1. — propriétés, XXII, 39, 1.
*Iberis*, description, propriétés, XXV, 49, 1 et 2.
*Iberis* amara, L., XXV, 49, 1.
*Idæa*, description, propriétés, XXVII, 69, 1.
*If*, XVI, 20, 1. — smilax, XVI, 20, 1. — propriété, XXIV, 72, 1.
*Ilex* aquifolia, L., XXIV, 72, 1.
*Illecebra*, emploi contre les inflammations, XXVI, 79, 1.
*Immortelle*, XXI, 24, 1.
*Inguinalis*, ou argémone, emploi superstitieux, XXVI, 58, 2.
*Inula* helenium, L., XIX, 29, 1; XX, 19, 1.
*Irion* ou érysimon ou vela, XXII, 75, 1.
*Iris*, n'entre pas dans les couronnes,

## LAD

XXI, 19, 1. — espèces : raphanitis et rhizotomos, XXI, 19, 2. — récolte et propriétés, XXI, 19, 2 et 3. — iris roux, XXI, 83, 1. — propriétés médicales, XXI, 83, 1 et suiv. — xyris ou iris sauvage, propriétés, XXI, 83, 3.
*Iris fœtidissima*, L., XXI, 83, 3.
*Iris sisyrinchium*, L., XIX, 30, 2.
*Isatis tinctoria*, L., XXII, 2, 1.
*Isatis*, bonne pour le foie, XXVI, 22, 1. — la même que le polium suivant quelques-uns, XXVI, 22, 1.
*Ischæmon*, description, propriétés, XXV, 45, 1.
*Isopyron*, ou phasiolos, description, propriétés, XXVII, 70, 1.
*Iton*, sorte de truffe, XIX, 12, 1.
*Ivraie*, XVIII, 44, 6. — farine, emploi médical, XXII, 58, 3 ; 77, 1.

## J

*Jonc* tellement grand que chaque entre-nœud fournit un canot, VII, 2, 13. — jonc odorant, XII, 48, 1. — jonc palustre, emploi, XVI, 70, 1. — jonc employé à faire des cordes, XIX, 9, 1. — jonc dit mariscus, ou grand jonc, récolte, XXI, 69, 1. — jonc marin, ou oxyschœnos, XXI, 69, 1. — trois espèces de joncs, XXI, 69, 1. — jonc femelle ou melancranis, XXI, 69, 2. — holoschœnos, XXI, 69, 2. — emploi des joncs, XXI, 69, 3. — jonc triangulaire ou cyperus, non distingué par beaucoup du cypirus, XXI, 69, 4. — propriétés médicales du jonc, XXI, 71, 1.
*Jonc* odorant, propriétés médicales, XXI, 72, 1.
*Jujube*, XV, 14, 1.
*Juncus maximus*, L., XXI, 16, 1. — juncus maritimus, L., XXI, 69, 1.
*Juniperus communis*, L., XIII, 11, 1. — juniperus oxycedrus, L., XIII, 11, 1. — juniperus lycia, juniperus phœnicea, L., XIV, 19, 9. — juniperus sabina, L., XVII, 21, 2.
*Jusquiame*, huile de, emploi médical, XXIII, 49, 1. — ou hyoscyanos, ou apollinaire, ou altercum, ou altercangenon, XXV, 17, 1. — diverses espèces, propriétés, XXV, 17, 1 et suiv.

## L

*Labrum venereum*, bon pour les dents, XXV, 108, 1.
*Labrusca*, ou vigne sauvage, porte l'œnanthe, XXIII, 14, 1. — propriétés, XXIII, 14, 3.
*Labrusca*, autre, XXIII, 15, 1.
*Lactoris*, propriété, XXIV, 104, 1.
*Ladanum*, XII, 37, 1. — leda ou ledanum, XII, 37, 3. — ou ledon, ou toxicon, propriétés, XXVI, 30, 1.
*Ladanum*, croissant dans les blés, XXVI, 30, 1.

## LAU

*Lagœcia cuminoides*, XX, 57, 3.
*Lagopus*, ou trèfle, arrête le cours de ventre, XXVI, 34, 2.
*Laitue*, espèces, XIX, 38, 1. — pricris, XIX, 38, 2. — meconis, laitue pourprée ou cæciliane, astytis, XIX, 38, 3. — emploi médical, XIX, 38, 4. — culture, XIX, 39, 2. — propriétés médicales de la première laitue sauvage, XX, 24, 1. — de la seconde ou cæsapon, XX, 25, 1. — laitue sauvage dite hieracia, XX, 26, 1. — propriétés du suc de toutes les laitues, XX, 26, 1 et suiv.
*Lamium*, espèce d'ortie, propriétés, XXII, 16, 1.
*Lamium maculatum*, L., XXII, 16, 1 ; XXVII, 77, 1. — lamium striatum, L., XXVII, 77, 1.
*Lanaria annua*, L., XXVII, 113, 1.
*Langue*, herbe, propriétés, XXIV, 108, 1.
*Lapathum*, XIX, 31, 1. — lapathum sauvage, emploi, XIX, 60, 2. — lapathum sauvage ou oxalis, ou rumex, ou cantherinum, XX, 85, 1. — oxylapathum, XX, 85, 1. — hydrolapathum, XX, 85, 2. — hippolapathum, XX, 85, 2. — propriétés, XX, 85, 2. — lapathum cultivé, propriétés, XX, 86, 1. — bulapathum, XX, 86, 1.
*Lappa* ou gratteron, XXI, 64, 1.
*Lappa canaria*, propriétés, XXIV, 116, 1.
*Lapsana*, emploi en cas de disette, XIX, 41, 7. — propriétés, XX, 37, 1.
*Larix europæa*, XVI, 19, 1.
*Laserpitium* ou silphion, histoire, XIX, 15, 1 et suiv. — laser, nom du suc, XIX, 15, 1. — récolte du suc, XIX, 15, 4 et 5. — caractères du suc, XIX, 16, 1. — natt de la pluie, propriétés, XXII, 48, 1. — propriétés du suc, XXII, 49, 1 et suiv.
*Laserpitium*, autre, XIX, 16, 1.
*Laserpitium chironium*, L., XXV, 12, 1.
*Latacé*, herbe magique, XXVI, 9, 1.
*Latanier*, XIII, 9, 1.
*Lathyris*, description, propriétés, XXVII, 71, 1.
*Lathyrus cicera*, XVIII, 10, 7 ; 23, 2. — lathyrus sativus, L., XVIII, 32, 1. — lathyrus aphaca, XVIII, 44, 5. — lathyrus amphicarpos, L., XXI, 52, 1. — lathyrus tuberosus, L., XXI, 52, 1.
*Laurier* de mer, XIII, 50, 1.
*Laurier*, consacré aux triomphes, XV, 39, 1. — baccalia, XV, 39, 2. — spadonien, XV, 39, 2. — chamædaphné, alexandrin, idéen, hypoglottion, danaé, carpophyllon, hypelate, XV, 39, 3. — daphnoïde, XV, 39, 3. — il est pacifique, XV, 40, 1. — considérations religieuses, XV, 40, 2. — anecdote, XV, 40, 4. — laurea, nom de la feuille de laurier, XV, 40, 4. — huile de laurier, emploi médical, XXIII, 43, 1. — propriétés médicales du laurier, XXIII, 80, 1 et suiv.

## LIG

*Laurier*-tin, XV, 39, 1.
*Laurier*-rose, XVI, 33, 1.
*Laurus casia*, XII, 43, 1 ; 43, 3.
*Lavandula stœchas*, L., XXVI, 27, 1 ; XXVII, 107, 1.
*Lavatera arborea*, XIX, 22, 1.
*Lawsonia inermis*, L., XII, 51, 1.
*Lecanora parella*, Ack., XXVI, 10, 2.
*Légumes*, racine, XVIII, 10, 2. — tiges, XVIII, 10, 6. — feuilles, XVIII, 10, 7. — floraison, XVIII, 10, 7. — poids comparatif des fèves, XVIII, 11, 1. — histoire, XVIII, 30, 1. — récolte, XVIII, 33, 1. — impôt sur les légumes, XIX, 19, 6.
*Lemna minor*, L., XXII, 70, 3.
*Lemonium*, emploi, XXV, 61, 1.
*Lentille*, XVIII, 31, 1. — emploi médical, XXII, 70, 1 et suiv.
*Lentille* d'eau, propriétés, XXII, 70, 3.
*Lentisque*, XV, 31, 1. — vers de Cicéron, XVIII, 61, 1. — huile, emploi médical, XXIII, 45, 1. — emploi médical, mastic, XXIV, 28, 1 et 2.
*Leontodon palustre*, XXI, 31, 1. — leontodon taraxacum, L., XXI, 52, 2.
*Leontopetalon*, ou rhapeion, description, propriétés, XXVII, 72, 1.
*Leontopodion*, ou leuceoron, ou doripetron, ou thoribetron, arrête le cours de ventre, XXVI, 34, 1. — emploi contre les inflammations, XXVI, 79, 1.
*Leonurus marrubiastrum*, L, XXVI, 36, 1.
*Lepidium*, culture, XIX, 51, 1. — propriétés, XX, 36, 1 et 2. — autre énumération des propriétés, XX, 50, 1.
*Lepidium latifolium*, L., XIX, 51, 1. — lepidium sativum, L., XX, 50, 1. — lepidium draba, L., XXVII, 49, 1.
*Leucacanthos*, plante à duvet épineux, XXI, 56, 1. — ou leucacantha, ou phyllos, ischias, ou polygonatos, propriétés, XXII, 18, 1.
*Leucanthemum*, ou camomille, XXI, 34, 1. — propriétés, XXI, 93, 1.
*Leucas*, propriétés, XXVII, 77, 1.
*Leuce*, ou mesoleucon, description, propriétés, XXVII, 77, 1.
*Leucographis*, emploi, XXVII, 78, 1.
*Libanotis*, à l'odeur de l'encens, XIX, 62, 1. — histoire, XIX, 62, 1 et 2.
*Lichen*, description, bon pour les maladies de peau, XXVI, 10, 1.
*Lichen*, autre, description, XXVI, 10, 2.
*Lichen*, mousse, propriétés, XXVI, 69, 1.
*Liége*, XVI, 13, 2. — propriétés médicales, XXIV, 8, 1.
*Lierre*, historique, XVI, 62, 1. — espèces, XVI, 62, 2. — propriétés médicales, XXIV, 47, 1 et suiv.
*Lierre*, semblable aux ronces sauvages, XXI, 30, 1.
*Lierre*, de terre, XVI, 62, 7.
*Ligusticum*, XIX, 50, 1. — nom différemment appliqué, XIX, 50, 1.

— propriétés médicales, XX, 60, 1.
*Ligustrum* vulgare, L., XVI, 31, 1;
XXI, 29, 1. — lignusticum levisticum,
L., XIX, 50, 1; XX, 60, 1.
*Limeum*, propriétés vénéneuses,
XXVII, 76, 1,
*Limodorum*, plante qui tue le cumin,
XIX, 57, 1.
*Limodorum* abortivum, Sw., XXVI,
62, 1.
*Lin*, éloge, XIX, 1, 2 et suiv. — exécration contre celui qui appliqua le
lin à la navigation, XIX, 4, 5. —
culture, XIX, 2, 1. — tissus, XIX,
2, 1 et 2. — fil, XIX, 2, 3 et suiv.
— maturité, XIX, 3, 1. — rouissage,
XIX, 3, 2. — sérançage, XIX, 3, 3.
— teinture du lin, XIX, 5, 1. — toiles de lin employées comme tentures des théâtres, XIX, 6, 1. — dans
le cavedium, XIX, 6, 2. — graine de
lin, propriétés médicales, XX, 92, 1
et 2.
*Linaria* græca, Bory, XXVII, 50, 1.
*Lingulaca*, bonne pour la tête, XXV,
84, 1.
*Linozostis*, ou parthénion, ou mercuriale, ou hermupoa, description, propriétés, XXV, 18, 1 et suiv.
*Lis*, parfum lirinon, XXI, 11, 1. — lis
rouge ou crinon, XXI, 11, 1. — mode
particulier de reproduction, XXI,
43, 1. — propriétés médicales, XXI,
74, 1 et 2. — huile de lis, ou de Phasélis, ou de Syrie, emploi médical,
XXIII, 49, 1.
*Lis* pourpre, XXI, 12, 1
*Liseron*, description, XXI, 11, 1.
*Lithospermum* fruticosum, L., XXII,
25, 2. — lithospermum tenuiflorum,
L., XXVII, 74, 1.
*Lithospermon*, ou ægonychon, ou diospyron, ou héracléos, description,
propriétés, XXVII, 74, 1 et 2.
*Lollium* perenne, L., XXII, 65, 1.
*Lonchitis*, description, XXV, 88, 1. —
bonne pour la rate, XXVI, 48, 2.
*Lonicera* periclymenum, L., XXV,
33, 1; 68, 1; XXVII, 94, 1.
*Loranthus* europæus, L., XVI, 93, 1.
*Lotometra*, propriétés, XXII, 28, 1.
*Lotus* ou celtis, XIII, 32, 1. — anecdote, XVII, 1, 2.
*Lotus*, ou fève grecque, XVI, 53, 2. —
propriétés médicales, XXIV, 2, 1.
*Lotus*, des Lotophages, XIII, 32, 2.
*Lotus*, herbe, XIII, 32, 3. — ou mélilot, XXI, 59, 1. — autre, XXI, 83, 1.
— propriétés du lotus mélilot, XXII,
27, 1.
*Lotus*, du genre des plantes marécageuses, XIII, 32, 3.
*Lotus* de l'Euphrate, XIII, 32, 4.
*Lotus* d'outre-mer, XVI, 53, 1.
*Lotus* ornithopodioides, XXI, 58, 1.
*Lupin*, histoire, XVIII, 36, 1 et suiv.
— propriétés médicales, XXII, 74, 1
et suiv. — huile de lupin, emploi
médical, XXIII, 49, 1.
*Lupinus* albus, L., XV, *, 5

*Lutum* tinctorial, XXXIII, 26, 2.
*Luzerne*, culture, XVIII, 43, 1.
*Lycapsos*, description, propriétés,
XXVII, 73, 1.
*Lychnis*, XXI, 10, 4. — couleur de feu,
propriétés, XXI, 98, 1.
*Lychnis* sauvage, propriétés, XXI,
98, 1.
*Lychnis* dioica, L., XXVI, 24, 1.
*Lycion*, ou cachou, XXI, 15, 2. — préparation, propriétés, XXIV, 77, 1.
*Lycium* europæum, L., XXIV, 77, 1.
*Lycopodium* selago, L., XXIV, 62, 1.
*Lysimachia*, description, propriétés,
XXV, 35, 1.
*Lysimachia* atropurpurea, L., XXV,
35, 1.

## M

*Macir*, XII, 16, 1.
*Madrepora* acetabulum, L., XXVII,
9, 1.
*Magydaris*, sorte de laserpitium,
XIX, 16, 1.
*Malacha*, ou bdellium, XII, 19, 1.
*Maldocon*, ou bdellium, XII, 19, 1.
*Malobathron*, fournit une huile parfumée, XII, 59, 1. — emploi médical, XXIII, 48, 1.
*Malope* malachoides, L., XXVII, 6, 1.
*Malundrum*, description, bonne pour
le foie, XXVI, 24, 1.
*Malva* sativa, L., XX, 84, 1.
*Mandragore*, ou circæum, entre dans
les compositions ophthalmiques,
XXV, 94, 1. — deux espèces, description, emploi, XXV, 94, 1 et suiv. —
propriété anesthésique, XXV, 94, 4.
*Marathrum*, ou fenouil, XX, 43, 1.
*Marchantia* polymorpha, L., XXVI,
10, 2.
*Marjolaine*, ou amaracus, XXI, 33, 1.
*Marrube*, ou prasion, ou linostrophon,
ou philopæs, ou philochares, propriétés, XX, 89, 1 et suivants.
*Ma rube* noir, XX, 89, 2.
*Marrubium* vulgare, L., XX, 89, 1.
— marrubium pseudodictamnus,
L., XXV, 53, 1.
*Marsilea* quadrifolia, L., XXVII, 53, 1.
*Marum*, XII, 53, 1.
*Massaris*, sorte de parfum fourni par
la vigne, XXIII, 5, 1.
*Mastic*, XII, 36, 1.
*Mastos*, plante bonne pour les mamelles, XXVI, 92, 1.
*Matthiola* incana, XII, 22, 1; XXI,
14, 1; XXI, 38, 1.
*Mulcicaria* chamomilla, XXII, 26, 1.
*Mauve* arborescente, XIX, 22, 1.
*Mauve*, cultivée et sauvage, propriétés médicales, XX, 84, 1 et suivants.
*Medica*, ou luzerne, XVIII, 43, 1.
*Medicago* arborea, L., XIII, 47, 1.
*Médion*, description, propriétés,
XXVII, 79, 1.
*Médique*, pomme, ou citron, XV,
13, 14.
*Mélanthion*, XXVII, 70, 1.
*Mélèse*, ou larix, XVI, 19, 1. — l'es-

pèce ægis, ne se fendant jamais, est
employée par les peintres pour leurs
tableaux, XVI, 73, 3.
*Mélilot*, XIII, 32, 3. — description,
XXI, 29, 1. — vient partout, XXI,
37, 1. — propriétés médicales, XXI,
87, 1.
*Melilotus* officinalis, XIII, 32, 3. —
melilotus cærulea, L., XXI, 63, 1.
*Melissa* officinalis, L., XXI, 41, 1.
*Melissophyllon*, ou apiastrum, XX,
45, 1. — ou mélisse, XXI, 48, 1. —
ou mélittène, propriétés médicales,
XXI, 86, 1. — aimé des abeilles,
XXI, 86, 1.
*Mentastrum*, XX, 50, 2. — propriétés
médicales, XX, 52, 1 et 2.
*Menthe*, XIX, 37, 1. — variétés,
XIX, 47, 1. — culture, XIX, 47,
1. — propriétés médicales, XX, 53,
1 et suiv.
*Mentha* gentilis, L., XIX, 37, 1; XX,
56, 1. — mentha aquatica, L., XIX,
55, 1. — mentha tomentosa, d'Urv.,
XIX, 57, 1; XX, 50, 2; XX, 52, 1.
— mentha pulegium, XX, 54, 1. —
mentha hirsuta, DC., XX, 91, 1.
*Mercurialis* annua, L., XXV, 18, 1.
— mercurialis perennis, XXVI, 91,
1; XXVII, 100, 1.
*Merois*, herbe magique, XXIV, 102,
3; XXVI, 9, 2.
*Mesosphærum*, nard, XII, 26, 2.
*Mespilus* germanica, L.; mespilus
cotoneaster, L., XV, 22, 1. — mespilus pyracantha, L., XXIV, 70, 1.
*Métopion*, XII, 49, 1; 54, 7.
*Meum*, description et propriétés, XX,
94, 1.
*Meum* athamanticum, Jacq., XX,
94, 1.
*Micocoulier*, XIII, 32, 1.
*Microspharum*, nard, XII, 26, 2.
*Mil*, XVIII, 22, 1. — emploi comme
aliment, XVIII, 24, 1. — emploi
médical, XXII, 62, 1.
*Miliaria*, ou cuscute, emploi médical, XXII, 78, 1.
*Millefeuille*, description, propriétés,
XXIV, 95, 1.
*Mimosa* nilotica, L., XXIV, 67, 1.
*Minyas*, ou corysidia, herbe magique,
XXIV, 100, 1.
*Misy* ou truffe blanche, XIX, 12, 1.
*Mithridatia*, description, XXV, 26, 1.
— ou mithridation, XXV, 79, 1.
*Molemonium*, bon pour le foie, XXVI,
25, 1.
*Molon*, ou syron, description, bon
contre la toux, XXVI, 10, 1.
*Moly*, description, XXV, 8, 1.
*Molybdæna*, ou plumbago, description, bonne pour les yeux, XXV,
97, 1.
*Momordica* elaterium, L., XX, 2, 1.
*Morille* (morchella esculenta), XIX,
14, 1.
*Moringa* oleifera, Lam., XII, 46, 1.
*Mousse* sèche et blanche, superstition,
XXVII, 75, 1.

*Moutarde*, salutaire au corps, XIX, 54, 1. — trois espèces, XX, 87, 1. — propriétés, XX, 87, 1 et suiv.
*Mûres*, sur les ronces, XV, 27, 1. — composition panchrestos, ou stomatice, ou artériaque, XXIII, 71, 1. — emploi médical, XXIII, 71, 1 et suiv.
*Mûrier*, floraison et fruit, XV, 27, 1.
*Mûrier* d'Égypte et de Chypre, XIII, 14, 1; 15, 1. — emploi médical, XXIII, 70, 1.
*Muscari* comosum, XXV, 82, 1.
*Myagros*, description, propriétés, XXVII, 81, 1.
*Mycoderma* vini, XIV, 27, 3.
*Myophonon* ou aconit, XXI, 30, 1.
*Myosotis* lappula, L., XXV, 41, 1.
*Myosotis*, ou myosota, description, propriétés, XXVII, 80, 1.
*Myosotis*, différente du myosoton, XXVII, 8, 1.
*Myrice*, XIII, 37, 1. — ou érice, ou tamarix, propriétés médicales, XXIV, 41, 1.
*Myriophyllon*, description, propriétés, XXIV, 95, 1.
*Myriophyllum* spicatum, L., XXIV, 95, 1.
*Myrobolan*, provenance, XII, 46, 1. — palmier, emploi médical, XXIII, 52, 1.
*Myrrhe*, XII, 33, 1. — arbre, XII, 34, 1. — récolte, XII, 35, 1. — espèces, XII, 35, 2. — myrrhe de l'Inde, XII, 36, 1.
*Myrrhis*, ou smyrrhiza, ou myrrha, description, propriétés, XXIV, 97, 1.
*Myrte*, baie employée comme condiment, XV, 35, 1. — antiquités, XV, 36, 1. — espèces, XV, 37, 1. — vin de myrte, XV, 37, 1. — il est entré dans les choses de la guerre, XV, 38, 1. — huile de myrte, emploi médical, XXIII, 44, 1. — emploi médical, XXIII, 81, 1 et suiv. — vin de myrte, emploi médical, XXIII, 82, 1.
*Myrte* sauvage ou petit houx, emploi médical, XXIII, 83, 1.
*Myxa*, XIII, 10, 1.

## N

*Narcisse*, XXI, 12, 1. — deux espèces de narcisses, propriétés médicales, XXI, 75, 1. — huile de narcisse, emploi médical, XXIII, 49, 1.
*Narcissus* serotinus, L., XXI, 12, 1. — narcissus poeticus, L., XXI, 12, 1. — narcissus tazetta, L., XXI, 12, 1.
*Nard*, XII, 26, 1. — pseudo-nard, XII, 26, 1. — de Syrie, de Gaule, de Crète, XII, 26, 3.
*Nard* celtique, propriétés médicales, XXI, 79, 1.
*Nard* des champs, distinct du baccbar, XXI, 18, 1; XXI, 79, 1.
*Narthex* et narthecya, XIII, 42, 1

*Natrix*, description, propriétés, XXVII, 83, 1.
*Navets*, époque de les semer, XVIII, 35, 1. — espèces, XIX, 25, 1 et 2. — deux espèces distinguées par les Grecs, XX, 11, 1.
*Nèfles*, anthédon, sétanie, gauloise, XV, 22, 1. — propriétés, XXIII, 73, 1.
*Neottia* spiralis, L., XXVII, 52, 1.
*Nepeta*, propriétés médicales, XX, 56, 1.
*Nepeta* scordotis, L., XXV, 27 1.
*Nerion* oleander, L., XVI, 33, 1.
*Nesslia* paniculata, Desv., XXVII, 81, 1.
*Nielle*, XVIII, 44, 4; 45, 4. — sert aux boulangers, XIX, 52, 1. — propriétés médicales, XX, 71, 1 et 2.
*Nigella* sativa, L., XX, 71, 1; XXVII, 70, 1.
*Nigina*, description, propriétés, XXVII, 82, 1.
*Noix*, XV, 24, 1. — symbole nuptial, XV, 24, 1. — brou, XV, 24, 2. — huile de noix, emploi médical, XXIII, 45, 1. — emploi médical, XXIII, 77, 1 et suiv.
*Noix*, nom donné aussi aux châtaignes, XV, 25, 1.
*Noyer*, transplanté de Perse, XV, 24, 2. — portant deux fois l'an, XV, 24, 5. — produit la pesanteur de tête, XXIII, 77, 1.
*Noyer* grec ou amandier, XI, 7, 1. — emploi médical, XXIII, 76, 1.
*Nyctegreton*, ou nyctalops, plante merveilleuse, XXI, 36, 1.
*Nymphæa* nelumbo, L., XIII, 32, 3; XVII, 30, 5. — nymphæa lotus, L., XXII, 28, 1. — nymphæa alba, L., XXV, 37, 1. — nymphæa lutea, L., XXV, 37, 1.
*Nymphæa*, ou héracléon, ou rhopalon, ou madon, description, propriétés, XXV, 37, 1.
*Nymphæa*, autre, description, XXV, 37, 1.

## O

*Occhi*, semblable au figuier, XII, 18, 1.
*Ocimum*, XIX, 35, 1. — semis, XIX, 36, 2. — propriétés médicales, XX, 48, 1 et suiv. — ocimum sauvage, XX, 48, 5.
*Ocynum*, sorte de fourrage, XVIII, 42, 1.
*Odontitis*, description, propriétés, XXVII, 84, 1.
*Œnanthe*, l'empêcher de monter en graine, XXI, 38, 2. — description et propriétés, XXI, 95, 1.
*Œnanthe*, sorte de préparation faite avec la vigne, emploi médical, XXIII, 5, 1. — huile d'œnanthe, propriétés, XXIII, 40, 1.
*Œnotheras*, ou onuris, description, plante exhilarante, XXVI, 69, 1.
*Œnotheris*, herbe magique, XXIV, 103, 6.

*Œtum*, plante d'Égypte qui se mange, XXI, 52, 1.
*Oignon*, différentes espèces, XIX, 32, 1. — ascalonien ou échalotte, XIX, 32, 2. — culture, XIX, 32, 2, 3 et 4. — propriétés médicales, XX, 20, 1 et suiv.
*Olivier* de l'Inde, XII, 14, 1. — olivier d'Arabie fournissant l'enhæmon, XII, 38, 1. — olivier de mer, XIII, 50, 1 — historique, XV, 1, 1. — terroir, climat, espèces, XV, 2, 1 — couronne d'olivier, XV, 5, 1. — plantation, XV, 6, 1. — chèvre nuisible, XV, 8, 2. — olivier sauvage, excroissances dite phaunos, XVI, 92, 1. — reproduction de l'olivier, XVII, 29, 1. — plantation, XVII, 30, 1. — espèces suivant les terrains, XVII, 30, 2 et 3. — plantation d'oliviers qui franchit une grande route, XVII, 38, 4. — feuilles, emploi médical, XXIII, 34, 1. — fleurs, cendre ou spodium, XXIII, 35, 1. — olivier sauvage, propriétés médicales, XXIII, 38, 1 et 2.
*Olive*, pausia, orchite, radius, XV, 4, 1. — époque de la récolte, XV, 4, 2. — rapport de l'huile avec la grosseur, olive phauliennne, XV, 4, 3. — olives de table, colymbades, XV, 4, 4. — confire, XV, 6, 2. — garder, XV, 6, 2. — propriétés, XXIII, 36, 1. — colymbades ou olives confites, XXIII, 36, 1. — marc d'olive, propriétés médicales, XXIII, 37, 1 et 2.
*Olusatrum*, ou hipposelinum ou smyrnium, XIX, 48, 1. — propriétés médicales, XX, 46, 1.
*Omphactum*, deux espèces, l'une venant de l'olive et l'autre du raisin, XII, 60, 1. — emploi médical de l'omphacium de raisin, XXIII, 4, 1. — omphacium d'olive, propriétés, XXIII, 39, 1.
*Onobrychis*, description, propriétés, XXIV, 98, 1.
*Onobrychis* caput galli, L., XXIV, 98, 1.
*Onochili*, plante à floraison successive, XXI, 60, 1.
*Onochiles*, ou anchusa, ou arcebion, ou onochelis, ou rhexia, ou enchrysa, propriétés, XXII, 25, 1.
*Onochiles*, plante semblable à l', propriétés, XXII, 25, 2.
*Ononis*, a des épines, XXI, 54, 1. — ou arrête-bœuf, XXI, 58, 1. — ou anonis, description, emploi médical, XXVII, 12, 1.
*Ononis* antiquorum. L., XXI, 58, 1. — ononis natrix, L., XXVII, 83, 1.
*Onopordon* illyricum, L., XXI, 56, 1. — onopordon acanthium, L., XXII, 10, 1; XXIV, 66, 1; XXVII, 87, 1.
*Onopordon*, propriétés, XXVII, 87, 1.
*Onopyxos*, plante à duvet épineux, XXI, 56, 1.
*Onosma*, description, propriétés, XXVII, 86, 1.

*Onosma* echioides, L., XXVII, 86, 1.
*Ophiuse*, herbe magique, XXIV, 102, 3.
*Ophrys*, description, rend noirs les cheveux, XXVI, 93, 1.
*Ophrys* bifolia, L., XXVI, 93, 1.
*Opobalsamum*, XII, 54, 4.
*Opuntia*, ou cactus, XXI, 64, 1.
*Orchis*, ou séraplas, description, XXVI, 62, 1. — ou satyrion, XXVI, 62, 1. — première espèce, XXVI, 62, 1. — deuxième espèce, ou satyrios orchis, XXVI, 62, 2. — propriétés, XXVI, 62, 2.
*Orchis*, autre, XXVI, 62, 1.
*Orchis* undulatifolia, Biv., XXVI, 62, 1. — orchis morio, L., XXVI, 62, 1.
*Orge*, se sème la première, XVIII, 13, 1. — très-ancien aliment, XVIII, 14, 1 et 2. — tisane, XVIII, 15, 1. — farine, XVIII, 18, 1. — grain, XVIII, 18, 2. — propriétés médicales de la farine d'orge, XXII, 48, 1 et suiv. — suc d'orge en pastilles, XXII, 65, 1.
*Origanum* heracleoticum, L., XX, 62, 1. — origanum creticum, L., XX, 67, 1. — origanum majorana, L., XXI, 35, 1. — origanum dictamnus, L., XXV, 53, 1. — origanum smyrnæum, L., XXV, 87, 1.
*Origan*, propriétés médicales, XX, 67, 1.
*Origan* héracléotique, ou prasion, propriétés médicales, XX, 69, 1 et suiv.
*Orme* (ulmus campestris, L.), XVI, 29, 1. — semis, XVII, 15, 1. — transplantation, XVII, 15, 2. — propriétés médicales, XXIV, 33, 1.
*Orne*, XVI, 30, 2.
*Ornithogale*, plante alimentaire, XXI, 62, 1.
*Ornithogalum* pyrenaicum, L., XIX, 30, 1. — ornithogalum umbellatum, L., XIX, 30, 2; XXI, 62, 1. — ornithogalum nutans, XXV, 82, 1.
*Ornithopus* compressus, XXVII, 35, 1.
*Orobanche*, XVIII, 44, 5. — ou cynomorion; on la mange, XXII, 80, 1.
*Orobus* sessilifolius, Sibth., XXVI, 29, 1.
*Orsinum*, fausse lecture de Pline, voyez la note, XXI, 39, 1.
*Ortie*, feuilles piquantes, XXI, 54, 1. — description, piqûre, remèdes, XXI, 55, 1 et 2. — huile, XXII, 15, 1. — propriétés, XXIII, 15, 1 et suiv. — orties distinguées suivant les saisons, XXII, 16, 1.
*Ortie* marine, bonne pour les calculeux, XXIV, 56, 1.
*Osier*, à Rome, XVI, 15, 1.
*Ostryer*, XIII, 37, 1.
*Ostrys*, XIII, 37, 1.
*Osyris*, description, propriétés, XXVII, 88, 1.
*Osyris* alba, L., XXVII, 88, 1.

*Othonna*, description, propriétés, XXVII, 85, 1.
*Oxalis*, ou lapathum, XX, 85, 1.
*Oxalis* acetosella, L., XXVII, 89, 1.
*Oxycedros*, XIII, 11, 1.
*Oxymyrsine*, ou ruscus, propriétés, XXIII, 83, 1. — ou acoron sauvage, XXV, 100, 1.
*Oxys*, description, propriétés, XXVII, 79, 1.
*Ozenitis*, espèce de nard, XII, 26, 1.

## P

*Pæonia*, ou pentorobon, ou glycyside, description, propriétés, XXV, 10, 1. — ou pivoine, XXVI, 82, 1.
*Pæonia* officinalis, L., XXV, 10, 1.
*Pala*, figuier indien indéterminé, XII, 12, 1.
*Paliurus*, XIII, 33, 1. — graine dite zura, propriétés, XXIV, 71, 1.
*Paliurus* acutus, L., XXIV, 71, 1.
*Palmier*, vin de palmier, VI, 32, 18. — palmier adipsos, XII, 47, 1. — pays, XIII, 6, 1. — terroir; espèces; sexes; fécondation, XIII, 7, 1. — bouture, pépinière, XIII, 8, 1. — palmier employé pour la charpente, XIII, 9, 1 : — palmiers de l'Afrique intérieure, XIII, 33, 1. — palmier des mers, XIII, 49, 1. — emploi des feuilles, XVI, 37, 1.
*Panaces*, ou asclépion, ou panax ; suc dit bucolicon, XXV, 11, 1.
*Panaces* deuxième, ou héracléon, ou origan sauvage d'Hercule, XXV, 12, 1. — ou achilleos, XXV, 19, 1.
*Panaces* troisième, ou chironion, description, XXV, 13, 1.
*Panaces* quatrième, ou centaurion, ou pharnacéon, description, XXV, 14, 1.
*Panais* cultivé, XIX, 27, 1. — propriétés médicales, XX, 15, 2.
*Panais*, ou élaphoboscon, propriétés, XXII, 37, 1.
*Panais* sauvage, ou staphylinos, XIX, 27, 1. — propriétés médicales, XX, 16, 2.
*Panais* des prés, XXI, 50, 1.
*Panax*, provenance, XII, 57, 1. — a le goût du poivre, XIX, 62, 1.
*Panic*, XVIII, 22, 1. — aliment, XVIII, 25, 1. — emploi médical, XXII, 63, 1.
*Panicum* miliaceum, L., XVIII, 10, 3.
*Pancration*, ou petite scille, description, propriétés, XXVII, 92, 1.
*Pancratium* maritimum, L., XXVII, 92, 1.
*Papaver* rhœas, L., XX, 77, 1. — papaver argemone, L., XXV, 56, 1.
*Papyrus*, arbre, XIII, 21, 1. — histoire naturelle; usage, XIII, 22, 1. — on le mange, XV, 34, 5. — emploi médical, XXIV, 51, 1.
*Parietaria* diffusa, L., XXI, 94, 1 ; XXII, 23, 1; XXVII, 8, 1. — parietaria officinalis, L., XXII, 19, 1. —

parietaria cretica, L., XXVII, 8, 1.
*Pariétaire*, XXII, 19, 1.
*Parthenium*, plante alimentaire, XXI, 52, 2. — ou leucanthes, ou amnacus, ou perdicium, ou muralis, propriétés, XXI, 94, 1.
*Passerina* hirsuta, L., XXIV, 20, 1.
*Pastinaca* opopanax, XII, 57, 1. — pastinaca sativa. L., XIX, 27, 1 ; XXII, 37, 1 ; XXV, 52, 1. — pastinaca latifolia silvestris, XX, 14, 1.
*Patience* (rumex), XI, 8, 1.
*Pavot*, en honneur chez les Romains, XIX, 53, 2. — trois espèces cultivées, XX, 76, 1. — suc, propriétés médicales, XX, 76, 1. — opium, XX, 76, 2. — diacode, XX, 76, 3. — pavot noir, XX, 76, 4. — méconium plus faible que l'opium, XX, 76, 5. — caractères de l'opium, XX, 76, 5.
*Pavot* rhœas et erratique, propriétés, XX, 77, 1.
*Pavot* sauvage ou ceratitis, pavot cornu, propriétés médicales, XX, 78, 1. — préparation diacode et artériaque, XX, 79, 1.
*Pavot* sauvage, ou héraclion, ou aphron, propriétés, XX, 79, 1.
*Pêcher*, arbre exotique, XII, 7, 1. — pêche, duracine, gauloise, asiatique, XV, 11, 1. — pêche précoce ou abricot, XV, 11, 1. — fruit exotique, XV, 13, 1. — propriétés des pêches, XXIII, 64, 1.
*Peigne* de Vénus, propriété, XXIV, 114, 1.
*Pelicinus*, description, propriétés, XXVII, 95, 1.
*Penæa* sarcocolla, XIII, 20, 1.
*Peplis*, ou pourpier sauvage, propriétés, XX, 81, et suiv.
*Peplis*, ou syce, ou méconion, ou mecon aphrodes, description, propriétés, XXVII, 93, 1.
*Perdicium*, plante indéterminée, XXI, 62, 1. — ou parthénion, XX, 94, 1. — ou urcéolaire, ou astericum, XXII, 20, 1. — d'où vient le nom de parthenium, XXII, 20, 1.
*Pericarpum*, deux espèces, description, antidote, XXV, 82, 1.
*Pericarpum* deuxième, XXV, 82, 1.
*Periclymenum*, description, propriétés, XXVII, 94, 1.
*Perpressa*, plante bonne pour les calculeux, XXVI, 55, 1.
*Persea*, ou persique, arbre d'Égypte, XV, 13, 1 et 2.
*Persica*, arbre d'Égypte, XIII, 17, 1.
*Persolata*, ou arcion, grande bardane, emploi contre les serpents, XXV, 66, 1.
*Persolata*, plante inconnue, XXI, 98, 1.
*Pervenche*, plante topiaire, XXI, 39, 2.
*Petilium*, recommandable par la couleur, XXI, 25, 1.
*Peucedanum*, description, emploi contre les serpents, XXV, 70,

*Peucedanum* officinale, L., XXV, 70, 1. — peucedanum silaus, L., XXVI, 56, 1.
*Peuplier*, espèces, XVI, 35, 1. — propriétés médicales, XXIV, 32, 1.
*Pézique*, ou morille, XIX, 14, 1.
*Phalaris*, description, propriétés, XXVII, 102, 1.
*Phalaris* nodosa, L., XXVII, 102, 1.
*Phalangites*, ou phalangion, ou leucanthémon, ou leucacantha, description, propriétés, XXVII, 98, 1.
*Phellandrion*, description, propriétés, XXVII, 101, 1.
*Pheos* ou stœbe, a des épines, XXI, 54, 1.
*Philanthropos*, ou gratteron, propriété, XXIV, 116, 1.
*Phlomis* fruticosa, L, XXV, 60, 1; 73, 1. — phlomis lychnitis, L., XXV, 74, 1.
*Phlomis*, deux espèces, description, bonne contre les scorpions, XXV, 74, 1.
*Phlomis*, troisième espèce, XXV, 74, 1.
*Phlomos* femelle, XXV, 74, 1.
*Phlox*, fleur brillante, XXI, 33, 1. — ou violette couleur de flamme, XXI, 38, 1.
*Phœnicea*, ou hordeum murinum, emménagogue, XXII, 65, 1.
*Phœnix* dactylifera, XII, 62, 1; XIII, 6, 1.
*Phrynion*, ou nevras, ou potérion, bon contre les grenouilles, XXV, 76, 1.
*Phu*, nard, XII, 26, 3. — propriétés médicales, XXI, 80, 1.
*Phycos*, plante marine, XIII, 48, 1.
*Phyllanthes*, plante à tige droite, XXI, 59, 1.
*Phyllirea* angustifolia, L., XIII, 41, 1.
*Phyllon*, mâle et femelle, propriétés sur la conception, XXVII, 100, 1.
*Physalis* alkekengi, L., XXI, 95, 1. — physalis somnifera, XXI, 95, 5.
*Phyteuma*, employé dans les filtres, XXVII, 99, 1.
*Picris*, plante amère, XXI, 65, 1. — propriétés, XXII, 31, 1.
*Picris* asplenioides, XXII, 31, 1.
*Pimpinella* saxifraga, L., XXI, 52, 2; XXII, 40, 1.
*Pin*, couronne de pin, XV, 9, 1. — espèces, XVI, 16, 1. — pinaster, XVI, 17, 1. — picea, XVI, 18, 1. — teda, XVI, 19, 2. — sycé, production du teda, XVI, 19, 2. — picea, propriétés médicales, XXIV, 19, 1. — teda, propriétés médicales, XXIV, 27, 1.
*Pinus* cedrus, L., XIII, 11, 1. — pinus pinea, L, XVI, 16, 1. — silvestris, L., XVI, 11, 1. — pinus mugho; pinus cembro, XVI, 19, 1.
*Piperitis*, ou siliquastrum, propriétés médicales, XX, 66, 1.
*Pistache* de terre, XXI, 52, 1.
*Pistachier*, XIII, 10, 1. — transporté en Italie et en Espagne, XV, 24, 5. — propriétés des pistaches, XXIII, 78, 1.
*Pistacia* lentiscus, L., XII, 36, 1. — pistacia vera, XIII, 10, 1. — pistacia terebinthus, XIII, 12, 1.
*Pistana*, ou flèche, propriété, XXI, 68, 3.
*Pistia* stratiotes, L., XXIV, 105, 1.
*Pityuse*, description, propriétés, XXIV, 21, 1.
*Plantago* cynops, XXI, 61, 1. — plantago lagopus, L, XXI, 61, 1; XXV, 39, 1. — plantago altissima, L., XXV, 39, 1. — plantago psyllium, L., XXV, 90, 1.
*Plantain*, deux espèces, propriétés, XXV, 39, 1.
*Plantes* avec lesquelles on se farde le visage et se teint le corps, XXII, 2, 1.
*Plantes* avec lesquelles les Gaulois teignent les étoffes, XVI, 31, 1; XXII, 3, 1 et suiv.
*Plantes*, étude des, XXV, 1, 1 et 2; 2, 1. — application des plantes aux antidotes, XXV, 3, 1 et 2. — description des plantes, XXV, 4, 1. — plantes représentées par la peinture, XXV, 4, 1. — description verbale des plantes, XXV, 5, 1. — opérations merveilleuses des plantes, XXV, 5, 2 et 3. — reproches sur l'insouciance dans l'étude des plantes, XXV, 6, 1. — ambition de donner son nom à des plantes, XXV, 7, 1. — ont fourni les premiers remèdes, XXVI, 6, 2.
*Platane*, premier arbre exotique donné à l'Italie, XII, 3, 1. — arrosé de vin, XII, 4, 1. — platanes énormes, XII, 5, 1. — espèce de platane ne perdant jamais ses feuilles, XII, 5, 2. — platane nain, XII, 6, 1. — propriétés médicales, XXIV, 29, 1.
*Platanus* orientalis, XII, 3, 1.
*Plumbago* europæa, L., XXV, 97, 1.
*Poire* de livre, XV, 11, 1. — variétés nombreuses, XV, 16, 1. — forme, XV, 17, 1. — propriétés, XXIII, 62, 1.
*Poireau*, XIX, 33, 1. — poireau à tête, XXIX, 33, 2. — suc de poireau, XIX, 33, 3. — propriétés médicales, XX, 21, 1 et suiv. — propriétés du poireau à tête, XX, 22, 1.
*Pois-chiche*, variétés, XVIII, 32, 1: — gousses, XVIII, 33, 1.
*Pois*, gousses, XVIII, 33, 1.
*Poivrier*, XII, 14, 1. — poivrier en Italie, XV, 59, 2.
*Poivrier* d'Italie, qu'on croit être le daphné thymelea, XII, 14, 4.
*Poix*, résine, térébenthine, mastic : arbres qui produisent ces substances, XIV, 25, 1. — spagas, XIV, 25, 2. — emploi pour la préparation des vins, XIV, 25, 3. — poix la plus estimée pour cet objet, XIV, 25, 6. — huile de poix, XV, 7, 6. — s'obtient de la téda, XVI, 21, 1. — préparation, XVI, 22, 1, — poix dite crapula, XVI, 22, 2. — zopissa, XVI, 23, 1. — récolte de la poix, XVI, 23, 2. — huile de poix, emploi médical, XXIII, 50, 1. — poix et résines, propriétés médicales, XXIV, 22, 1 et suiv.; 23, 1 et 2. — palimpissa ou poix deux fois bouillie, XXIV, 25, 1. — pissasphalte ou mélange de poix et de bitume, XXIV, 25, 1. — zopissa ou poix râclée des navires, XXIV, 26, 1.
*Polemenia*, ou philetæris, ou chiliodynama, description, XXV, 28, 1. — bonne contre les insectes venimeux, XXV, 72, 1.
*Potion*, deux espèces, XXI, 21, 1. propriétés merveilleuses et médicales, XXI, 84, 1 et 2.
*Polyacanthos*, plante à duvet épineux, XXI, 56, 1.
*Polyanthemum*, ou batrachion, propriétés, XXVII, 90, 1.
*Polycnémon*, description, cicatrisant, XXVI, 88, 1.
*Polygala*, description, propriétés, XXVII, 96, 1.
*Polygala* venulosa, Sibth., XXVII, 96, 1.
*Polygonum* convolvulus, L., XXIV, 88, 1. — polygonum aviculare, L., XXVII, 91, 1; 104, 1.
*Polygonus*, XXVI, 90, 6; XXVII, 84, 1. — ou sanguinaria, XXVII, 91, 1. — plusieurs espèces, calligonon, polygonaton, teuthalis, carcinethron, clema, myrtopetalon, XXVII, 91, 1 et 2. — propriétés, XXVII, 91, 3.
*Polygonon*, dit oréon, description, propriétés, XXVII, 91, 3.
*Polygonon* sauvage, description, propriétés, XXVII, 91, 4.
*Polypodium*, plante grimpante, XVI, 92, 1. — ou filicula, relâche le ventre, XXVI, 37, 1.
*Polypodium* vulgare, L., XXVI, 37, 1.
*Polypogon* monspeliensis, XXI, 61, 1.
*Polyrrhizon*, description, XXVII, 103, 1.
*Polythrix*, description, bon pour les cheveux, XXV, 83, 1.
*Pomme* erratique, bonne pour les calculeux, XXVI, 56, 1.
*Pomme* de pin, térentine, sappinie, pityis, XV, 9, 1. — pignons bouillis, nommés aquicèles, XV, 9, 1. — phthir, phthirophoros, XVI, 19, 6. — emploi médical, XXIII, 74, 1.
*Pomme* de Perse ou pêche, XV, 11, 1.
*Pomme*, variétés produites par la culture et la greffe, XV, 15, 1. — propriétés diététiques, XXIII, 54, 1; 55, 1.
*Pommier* d'Assyrie ou citronnier, XII, 7, 1.
*Populus* alba, L.; nigra, tremula, XVI, 35, 1.
*Potagères*, plantes, remarques généra-

les, XIX, 31, 1. — celles qui lèvent le plus vite, XIX, 35, 1. — graines, XIX, 36, 1. — reproduction par rejeton, XIX, 36, 3. — plantes qui n'ont pas de variétés, qui en ont, XIX, 37, 1. — plantes potagères qui se sèment en compagnie d'autres, XIX, 53, 1 et 2. — maladies des plantes potagères, XIX, 57, 1. — préservation contre les maladies et les insectes, XIX, 58, 1, 2 et 3. — remède particulier pour certaines plantes, XIX, 59, 1. — différence des sucs et des saveurs, XIX, 61, 1.
*Potamogéton*, description, propriétés, XXVI, 33, 1.
*Potamogéton*, autre, XXVI, 33, 1.
*Potamogetum* natans, XXVI, 33, 1.
*Potentilla* reptans, L., XXV, 62, 1.
*Poterium* spinosum, L., XXI, 54, 1; XXII, 13, 1. — ou phrynion, ou nevras, XXVII, 97, 1.
*Pothos*, deux espèces, XXI, 39, 1.
*Potiron*, XIX, 23, 2.
*Pouliot*, propriétés médicales, XX, 54, 1.
*Pouliot* sauvage, ou gléchon, ou bléchon, ou dictame, propriétés médicales, XX, 55, 1.
*Pourpier* sauvage, ou peplis, propriétés, XX, 81, 1 et suiv.
*Prason*, plante marine, XIII, 48, 1.
*Primula* officinalis, L., XXV, 9, 1.
*Proserpinaca*, bonne pour l'angine, XXVI, 11, 1. — propriétés, XXVII, 104, 1.
*Prunier* égyptien, XIII, 19, 1.
*Prunier*, variétés très-nombreuses, XV, 12, 1. — prunier sauvage, XV, 13, 1. — propriétés médicales, XXIII, 66, 1. — prunes sauvages, propriétés, XXIII, 68, 1.
*Pseudobunion*, description, propriétés, XXIV, 96, 1.
*Pseudo*-cypre, XVII, 20, 1.
*Pseudo*-dictame, description, propriétés, XXV, 53, 1 et 2.
*Psoralea* bituminosa, L., XXI, 30, 1.
*Psyllion*, ou cynoides, ou crystallion, ou sicelicon, ou cynomyia, description, bon pour la tête, XXV, 90, 1.
*Pteris* aquilina, L., XXVII, 55, 1.
*Pternix*, plante agréable au goût, XXI, 57, 1.
*Pycnocomon*, description, propriétés, XXVI, 36, 1. — emploi contre les furoncles, XXVI, 77, 1.
*Pyracantha*, propriétés, XXIV, 76, 1.
*Pyracanthe* de Chiron, fournit le lycium, XXIV, 77, 1.
*Pyros* achné, XIII, 35, 1.
*Pyxacanthe* chironien, XII, 15, 2.

## Q

*Quercus* ballota, L ; sessiliflora, Smith ; robur, L.; esculus, L.; cerris, XVI, 6, 1 et 2. — ilex ; suber, XVI, 8, 1. — pubescens, XVI, 8, 4. —
ægilops, XVI, 8, 4. — coccifera, XVI, 12, 1; XXII, 3, 1.
*Quinquefolium*, ou quintefeuille, ou pentapetes, ou pentaphyllon, emploi, XXV, 62, 1.

## R

*Radicule*, servant au nettoyage des laines, XIX, 18, 1. — ou struthion, propriétés, XXIV, 58, 1.
*Raifort*, propriétés, XIX, 26, 1. — espèces, XIX, 26, 2 et 3. — semis, XIX, 26, 4. — culture, XIX, 26, 5 et 6. — antipathie pour la vigne, XIX, 26, 6. — propriétés médicales, XX, 13, 1 et suiv. — huile de raifort, emploi médical, XXIII, 49, 1.
*Raifort* sauvage, ou agrion, ou armon, ou armoracia, XIX, 26, 3. — celui d'Arcadie, XX, 12, 1.
*Raisin*, duracin, XIV, 3, 5. — bumaste, XIV, 3, 5. — dactyle, XIV, 3, 5. — leptorage, XIV, 3, 6. — préparations diverses, XIV, 3, 6 et 7. — thasien, æthale, peuce, XIV, 9, 2. — sticha, apian, XIV, 11, 2. — thasien d'Égypte, XIV, 22, 2. — echolas, XIV, 22, 2. — propriétés et emploi médical, XXIII, 6, 1; 7, 1. — pépins, propriétés, XXIII, 9, 1. — marc, propriétés, XXIII, 10, 1. — raisin thériacal, propriétés, XXIII, 11, 1. — raisin sec ou astaphis, propriétés, XXIII, 12, 1.
*Ranunculus* ficaria, L., XXV, 50, 1. — r. asiaticus, L., XXV, 109, 1. — r. lanuginosus, L., XXV, 109, 1. — r. muricatus, L., XXV, 109, 1. — r. aquatilis, XXV, 109, 1. — r. polyanthémos, L., XXVII, 90, 1.
*Raphanus* sativus, L., XIX, 26, 1.
*Rave*, XVIII, 33, 1. — emploi, XVIII, 34, 1. — espèces, XVIII, 34, 1. — époque de semer, XVIII, 35, 1. — remarque sur les raves, XIX, 25, 1. vertus médicinales, XX, 9, 1.
*Rave* sauvage, XX, 10, 1.
*Réglisse*, calme la faim et la soif, XI, 119, 1. — a des épines, XXI, 54, 1. — prise par quelques-uns pour une espèce d'éryngion, XXII, 11, 1. — préparation et propriétés, XXII, 11, 1 et 2. — dite adipsos, XXII, 11, 2.
*Renoncule* ou batrachion, quatre espèces, XXV, 109, 1. — strumea, XXV, 109, 2.
*Reseda* undata, L., XXII, 64, 2. — r. phyteuma, L., XXVII, 90, 1. — r. alba, XXVII, 106, 1. — r. luteola, XXXIII, 26, 2.
*Reseda*, prescription superstitieuse, XXVII, 106, 1.
*Rhacoma*, ou rhubarbe, description, propriétés, XXVII, 95, 1.
*Rhamnus* lotus, L., XIII, 32, 2. — Rhamnus spina Christi, Wild., XIII, 33, 1. — rhamnus alaternus, L., XVI, 45, 1. — rhamnus infectorius, L., XVII, 14, 5. — rhamnus saxatilis, L., XXIV, 76, 1. — rhamnus oleoides, XXIV, 76, 1.
*Rhamnos* des Grecs, deux espèces, propriétés, XXIV, 76, 1.
*Rheum* rhaponticum, L., XXVII, 105, 1.
*Rhinanthus* crista galli, L., XXVII, 23, 1.
*Rhizophora* mangle, XII, 20, 1.
*Rhododendron*, nérion, rhododaphné, XVI, 33, 1. — on lui attribue la propriété vénéneuse de certains miels, XXI, 45, 1. — laurier-rose, propriétés, XXIV, 53, 1.
*Rhodora*, description, propriétés, XXIV, 112, 1.
*Rhus* coriaria, L., XIII, 13, 1; XXIV, 54, 1. — rhus cotinus, L., XIII, 41, 1.
*Rhus* ou sumac, description, propriétés, stomatice, XXIV, 54, 1. — rhus erythros ou graine, emploi médical, XXIV, 55, 1.
*Rhus* sauvage, XXIV, 54, 1.
*Ricinus* communis, ricin, XV, 7, 1.
*Ricin* (Huile de), propriétés et emploi, XXIII, 41, 1.
*Riz*, XVIII, 13, 1.
*Romarin* (ros marinus), XI, 15, 1; XIX, 62, 1. — ou cachrys, propriétés, XXIV, 59, 1; 60, 1.
*Ronce*, XVI, 71, 1 — églantier, XVI, 71, 1, — ronce idéenne, XVI, 71, 1.
*Ronce*, propriétés, XXIV, 73, 1 et suiv.
*Ronce*, porte des roses, excroissance, propriétés, XXIV, 74, 1. — rose de la ronce, propriétés, XXIV, 74, 2.
*Roquette*, propriétés, XIX, 44, 1. — propriétés médicales, XX, 49, 1, — euzomon, condiment où entre la roquette, XX, 49, 1.
*Rosa* canina, L., XVI, 71, 1,
*Rose*, développement, XXI, 10, 1. — espèces, XXI, 10, 2 et suiv. — rosa græcula, XXI, 10, 4. — culture, XXI, 10, 5 et 6. — propriétés médicales, XXI, 73, 1. — suc de rose, XXI, 73, 2.
*Rose* grecque ou lychnis, XXI, 10, 4.
*Roseau*, quoique né dans les marécages, aime la pluie, IX, 23, 2. — divers emplois, XVI, 64, 1. — décide les guerres de l'Orient, XVI, 65, 1. — variétés, XVI, 66, 1. — employé à soutenir les vignes, XVI, 67, 1, — plantation, XVII, 33, 2. — employé dans les vignobles, XVII, 33, 2. — emploi médical, XXIV, 50, 1 et 2; XXXII, 52, 2.
*Rosmarinus* officinalis, L., XIX, 62, 1.
*Rouille*, maladie des céréales et des vignes, XVIII, 44, 4; XVIII, 45, 4. — causes, XVIII, 68, 10.
*Rubia* tinctorum, L., XIX, 17, 1; XXIV, 56, 1.
*Rubia* lucida, XXIV, 57, 1.
*Rubus* fruticosus, L., XVI, 71, 1. — rubus idæus, L., XVI, 71, 1.
*Rubus* idæus, propriétés, XXIV, 75, 1.

Rue (ruta graveolens, L.), superstition sur la rue volée, XIX, 37, 1. — histoire, XIX, 45, 1. — propriétés médicales, XX, 51, 1 et suiv.
Rumbotinus ou populus, XIV, 3, 2; XXIV, 112, 1.
Rumex, XIX, 60, 2. — ou lapathum, XX, 85, 1.
Rumex bucephalophorus, L., XIX, 60, 2. — rumex crispus, L., XX, 85, 1. — rumex patientia, L., XX, 85, 1. — rumex maritimus, L., XX, 85, 2. — rumex aquaticus, L., XX, 85, 2; XXV, 6, 4; 13, 1. — rumex scutatus, XX, 86, 1.
Ruscus aculeatus, L., petit houx, XV, 7, 3; XXI, 50, 1; XXIII, 83, 1. — ruscus hypoglossum, fragon, XV, 39, 2; XXVII, 67, 1. — ruscus racemosus, XV, 39, 3. — ruscus hypophyllum, XV, 39, 3.
Ruscus, plante fournissant de quoi manger, XXI, 50, 1. — propriétés médicales, XXI, 100, 1.

## S

Sabine, XVII, 21, 2. — ou brathy, deux espèces, propriétés, XXIV, 01, 1.
Sacopenium, employé à sophistiquer le laser, XIX, 52, 1.
Sacopenium d'Italie, XX, 75, 1.
Sacopenium d'outre-mer, propriétés médicales, XX, 75, 1.
Safran, sauvage et cultivé, XXI, 17, 1. — emploi et propriétés, XXI, 17, 1 et suiv. — mode de pousser, XXI, 66, 1. — emploi médical, XXI, 81, 1. — onguent de safran, ou crocomagma, XXI, 82, 1.
Sagapenum, propriétés médicales, XX, 75, 1.
Sagittaria sagittæfolia, L., XXI, 68, 3.
Saliunca, n'entre pas dans les couronnes, XXI, 20, 1. — propriétés médicales, XXI, 83, 3.
Salix capræa, salix vitellina, L., XVI, 31, 1.
Salsepareille d'Europe, XVI, 63, 1.
Salsola tragus, L., XIII, 37, 1; XXVII, 116, 1.
Salvia ou sauge, propriétés médicales, XXII, 71, 1.
Salvia pomifera, L., XXII, 71, 1. — salvia calycina, L., XXII, 71, 1. — salvia horminum, L., XXVI, 61, 1. — salvia æthiopis, L., XXVII, 3, 1.
Sambucus nigra, L., XXIV, 35, 1. — sambucus ebulus, L., XXIV, 35, 1.
Samolus, consacré par les druides, XXIV, 63, 1.
Samolus valerandi, L., XXIV, 63, 1.
Sampsuchum, ou marjolaine, XXI, 35, 1.
Sanguin, arbrisseau, propriétés médicales, XXIV, 43, 1.
Santolina chamæcyparissos, L., XXI, 92, 1; XXIV, 86, 1. — santolina maritima, L., XXVII, 61, 1.

Sapin faux, XVI, 18, 1, — sapin, XVI, 18, 2. — emploi du bois, XVI, 76, 1.
Sapinus, fusterna, XVI, 76, 1.
Sapin de mer, XIII, 49, 1.
Saponaire, XXIV, 104, 1,
Sarcocolle, XIII, 20, 1. — propriétés, XXIV, 78, 1.
Sari, XIII, 45, 1.
Sarriette, XIX, 50, 1. — propriétés médicales, XX, 65, 1.
Satureia thymbra, L., XX, 65, 1.
Satyrion, XXV, 54, 3, — description, XXVI, 63, 1. — propriétés aphrodisiaques, XXVI, 63, 1 et 2.
Satyrion, autre, ou érythraïcon, XXVI, 63, 1.
Saule, épithète que lui donne Homère, XVI, 46, 1. — emplois, XVI, 68, 1. — excellente culture, XVI, 69, 1. — variétés, XVI, 69, 1. — plantation, XVII, 32, 1. — employé dans les vignobles, XVII, 32, 2. — emploi médical, XXIV, 37, 1 et suiv.
Saxifraga media, Gouan, XXV, 101, 1.
Scabiosa ambrosioides, Sibth., XXVI, 77, 1.
Scammonée, récolte du suc, propriétés, XXVI, 38, 1 et 2.
Scandix, ou tragopogon, plante alimentaire, XXI, 52, 2. — propriétés, XXII, 38, 1.
Scandix pecten Veneris, L., XXII, 38, 1; XXIV, 114, 1. — scandix australis, L., XXII, 58, 2. — scandix odorata, L., XXIV, 97, 1.
Scilla maritima, L., XIX, 30, 1. — scilla autumnalis, L., XXI, 39, 1.
Scille épiménidienne, bonne à manger, XIX, 30, 1.
Scille, XIX, 30, 1. — différentes espèces, bulbine, sétanion, pythion, acrocorion, ægilops, sisyrinchion, XIX, 30, 2. — emploi médical, XX, 39, 1 et suiv.
Scirpus palustris, L., XVI, 70, 1. — scirpus holoschœnus, L., XXI, 69, 2.
Scolopendre, XXV, 84, 1.
Scolopendrium officinarum, Willd., XXIV, 108, 1.
Scolymus, plante à duvet épineux, XXI, 56, 1.
Scolymus, plante alimentaire et médicinale, XXII, 43, 1.
Scolymus appartenant au genre des chardons, XXI, 56, 3.
Scolymus maculatus, L., XXI, 56, 1; XXII, 43, 1; XXV, 61, 1.
Scopa royale, XXI, 15, 1. — scopa regia, XXV, 19, 2.
Scordotis ou scordion, décrite par Mithridate, XXV, 27, 1.
Scordotis, autre, propriétés, XXV, 27, 1.
Scorpion, herbe, propriété, XXII, 17, 1.
Scorpion, autre, XXII, 17, 1.
Scorpiurus sulcata, L., XXII, 17, 1.
Scrophularia chrysanthemifolia, L., XXV, 15, 1. — scrophularia peregrina, L., XXVII, 57, 1.

Scythice ou réglisse, XXV, 43, 1.
Sébestier, XIII, 10, 1.
Securidaca ou pélécinon, herbe nuisible à la lentille, XVIII, 44, 5.
Sedum rupestre, L., XXI, 52, 2. — sedum amplexicaule, DC., XXV, 102, 1. — sedum stellatum, L., XXV, 103, 1. — sedum cepæa, L., XXVI, 52, 1. — sedum acre, L., XXVI, 79, 1.
Seigle ou asia, culture, XVIII, 40, 1.
Selago, consacrée par les druides, XXIV, 62, 1.
Sélinon, oréosélinon, héléosélinon, ou céleri sauvage, propriétés, XX, 46, 1. — pétrosélinon ou persil, propriétés, XX, 47, 1. — busélinon, propriétés, XX, 47, 1.
Senecio vulgaris, L., XXV, 106, 1.
Sensvé, aimé des abeilles, XXI, 41, 1.
Sennebiera coronopus, Poir., XXVII, 58, 1.
Serapias lingua, L., XXV, 88, 1.
Serichatum, XII, 45, 1.
Seris, semblable à la laitue, propriétés médicales, XX, 32, 1.
Serpolet, XIX, 55, 1. — cultivé et sauvage, XX, 90, 1. — propriétés médicales, XX, 90, 1.
Serratula chamæpeuce, L., XXIV, 86, 1.
Sertula ou mélilot, XXI, 29, 1.
Sésame, XVIII, 22, 1. — huile, VI, 32, 18. — emploi médical, XXII, 64, 1. — huile, emploi médical, XXIII, 49, 1.
Sésamoïde, plante purgative, XXII, 64, 2.
Sésamoïde, autre, ou anticyricon, plante vomitive, XXII, 64, 1.
Seseli tortuosum, L., XII, 58, 1; XX, 18, 1. — seseli annuum, L., XIX, 37, 2; XX, 46, 1. — seseli hippomarathrum, L., XX, 96, 1.
Seseli; tordylion, graine du seseli, XX, 87, 2.
Sideritis, ou millefeuille, description, XXIV, 19, 1 et 2.
Sideritis, autre, description, XXV, 19, 2.
Silaus, description, bon pour la vessie, XXVI, 56, 1.
Silene inflata, L., XX, 79, 1. — silene vespertina, XXI, 33, 1. — silene sibthorpiana, XXI, 39, 1. — silene otites, L., XXI, 39, 1. — silene gallica, L., XXV, 58, 1.
Siler, XVI, 31, 1. — propriétés médicales, XXIV, 44, 1.
Sili, espèces, XX, 18, 1. — propriétés médicales, XX, 18, 2.
Siliquastrum ou piperitis, XIX, 62, 1. — propriétés médicales, XX, 66, 1.
Silis, XII, 58, 1.
Silphion, Voy. laserpitium, XIX, 15, 1.
Silybum marianum, L., XXI, 56, 1.
Silybum, plante alimentaire, XXII, 42, 2. — évacue la bile, XXVI, 25, 1.
Sinapis incana, XIX, 41, 7; XX, 37, 1.
Sinon, propriété, XXVII, 109, 3.

*Sion*, description, propriétés, XXII, 41, 1. — ou laver, guérit les tranchées, XXVI, 32, 1.
*Siser*, plante alimentaire, XIX, 28, 1.
*Siser* erratique, propriétés médicales, XX, 17, 1.
*Sison* amomum, L., XXVII, 109, 3.
*Sisymbrium* irio, L., XVIII, 10, 7; 22, 1. — sisymbrium nasturtium, XX, 91, 1.
*Sisymbrium*, de Thrace, XIX, 55, 1. — sisymbrium sauvage, XX, 91, 1. — sisymbrium des lieux humides, XX, 91, 1. — propriétés, XX, 91, 1 et 2.
*Sium* latifolium, L., XXII, 41, 1. — sium sisarum, L., XIX, 28, 1.
*Smilax* ou aquifolia, XVI, 8, 1. — autre, XVI, 20, 1.
*Smilax*, XVI, 63, 1. — smilax aspera, L., XVI, 63, 1.
*Smilax* ou nicophoros, propriétés, XXIV, 49, 1 et 2.
*Smyrnion*, XX, 72, 1. — description, propriétés, XXVII, 109, 1 et 2.
*Smyrnium* olusatrum, L., XIX, 37, 2; 48, 1. — smyrnium perfoliatum, L., XIX, 62, 1; XX, 72, 1; XXVII, 109, 1.
*Solanum* nigrum, L., XX, 51, 8; 95, 1. — solanum villosum, L., XXI, 95, 2. — solanum melongena, XXI, 95, 5.
*Solanum* ou strychnos, propriété, XXVII, 108, 1.
*Sonchus* ou laitron, deux espèces, propriétés, XXII, 44, 1 et 2.
*Sonchus* oleraceus, L., XXII, 44, 1. — sonchus oleraceus, var. asper, L., XXII, 44, 1. — sonchus palustris, L., XXVI, 25, 1.
*Sorbes*, XV, 23, 1.
*Sorbus* domestica, L., XV, 23, 1.
*Sorghum* aleppense, L., XXIV, 119, 1.
*Souchet*, XXI, 70, 1.
*Sparganion*, emploi contre les serpents, XXV, 63, 1.
*Spart*, XI, 8, 1. — pris dans le sens de lin, XIX, 6, 2. — emploi du spart, XIX, 7, 1. — préparation, XIX, 8, 1. — historique, XXIV, 40, 1. — graine dite sparton, elle est purgative, XXIV, 40, 2.
*Spartium* horridum, L., XXI, 73, 1. — spartium junceum, L., XXIV, 40, 1.
*Sphagnos*, XII, 50, 1. — ou sphacos, ou bryon, propriétés médicales, XXIV, 17, 1.
*Spiræa*, employée dans les couronnes, XXI, 29, 1.
*Spiræa* filipendula, L., XXI, 95, 1. — spiræa ulmaria, L., XXIV, 112, 1.
*Spondylion*, férule, XII, 58, 1. — propriétés médicales, XXIV, 16, 1.
*Stachys*, description, propriétés, XXIV, 86, 2.
*Stachys* germanica, L., XXIV, 86, 2.
*Stagonitis*, XII, 56, 1.
*Staphisaigre*, ou astaphis, ou staphis

agria, ou uva taminia, propriétés, XXIII, 13, 1.
*Staphylea* pinnata, L., XVI, 27, 1.
*Staphylinos*, ou panais errant, propriétés médicales, XX, 15, 1 et suiv.
*Staphylodendron*, XVI, 27, 1.
*Statice* limonium, L., XX, 28, 1; XXVI, 22, 1. — statice armeria, L., XXVI, 33, 1.
*Statice*, arrête le cours de ventre, XXVI, 33, 1.
*Stelephuros* ou oryx ou plantain, XXI, 61, 1.
*Stephanomelis*, astringente, XXVI, 84, 1.
*Stipa* tenacissima, L., XIX, 7, 1.
*Stœbe* ou phléon, propriétés, XXII, 13, 1.
*Stœchas*, bonne pour les douleurs de côté, XXVI, 27, 1. — description, propriétés, XXVII, 107, 1.
*Stratiotes*, description, propriétés, XXIV, 105, 1.
*Strobon* ou lodanum, XII, 37, 52.
*Strobus*, arbre odoriférant, XII, 40, 1.
*Struthion*, XIX, 18, 1. — ou radicule, propriétés, XXIV, 58, 1.
*Strychnos*, XX, 51, 8.
*Strychnos*, plante alimentaire, XXI, 52, 2; 95, 1. — autre espèce, XXI, 95, 2. — plante vénéneuse, ou dorycnion, ou manicon, XXI, 95, 3. — ou érythron, ou nevras, ou perisson, XXI, 95, 3.
*Strychnos*, autre, ou halicacabus, ou vesicaria, XXI, 95, 1. — autre halicacabon, ou morion, ou moly, vantée par quelques médecins, XXI, 95, 4. — autre, XXI, 95, 5. — remèdes contre cette plante, XXI, 95, 5.
*Styrax*, XII, 40, 2. — provenance, XII, 55, 1. — propriétés médicales, XXIV, 15, 1.
*Styrax* officinale, L., XII, 55, 1.
*Sucre*, XII, 17, 1.
*Sumac*, XIII, 13, 1. — ou rhus, propriétés médicales, XXIV, 54, 1; 55, 1.
*Sureau*, XVI, 30, 2. — deux espèces : l'une plus sauvage, l'autre dite chamæacte ou helios, XXIV, 35, 1. — propriétés médicales, XXIV, 35, 1 et suiv.
*Sycomore*, VIII, 14, 1.
*Symphytum*, ou grande consoude, bon pour l'entérocèle, XXVI, 49, 3.

## T

*Tamarix*, XIII, 37, 1.
*Tamarix* gallica, L., XIII, 37, 1. — tamarix orientalis, Forsk., XIII, 37, 1. — tamarix africana, Desfont., XXIV, 41, 1. — tamarix africana, L., XXIV, 42, 1. — tamarix orientalis, Delile, XXIV, 42, 1.
*Tamnus*, XXI, 50, 1.

*Tamnus* communis, L., XXI, 50, 1; XXVII, 27, 1.
*Tarum*, XII, 44, 1.
*Taxa*, XV, 39, 2.
*Taxus* baccata, XVI, 20, 1.
*Téléphion*, description, propriétés, XXVII, 110, 1.
*Térébinthinier*, XIII, 12, 1. — résine qu'il fournit, XVI, 23, 3. — propriétés médicales, XXIV, 18, 1.
*Tetralix*, fleurit en été, XXI, 56, 1.
*Teucria*, bonne pour le foie, XXVI, 19, 2.
*Teucrium* marum, XII, 54, 1. — teucrium polium, L., XXI, 21, 1; 60, 1. — teucrium montanum, L., XXI, 21, 1. — teucrium lucidum, L., XXIV, 80, 1; XXV, 20, 1. — teucrium chamædrys, L., XIV, 19, 9; XXVI, 27, 1. — teucrium scordion, L., XXV, 27, 1.
*Teucrion*, ou hémionion, ou splénion, description, propriétés, XXV, 20, 1.
*Teucrion*, autre, description, propriétés, XXV, 20, 1.
*Thalassègle* ou potamantis, herbe magique, XXIV, 102, 4.
*Thalictrum* flavum, L., XXVII, 112, 1.
*Thalitruum*, description, propriétés, XXVII, 112, 1.
*Thapsia* garganica, L., XIII, 43, 1. — thapsia silphium, L., XIX, 15, 1.
*Thapsie*, XIII, 43, 1.
*Theangelis*, herbe magique, XXIV, 102, 4.
*Thélygonon*, fait concevoir des filles, XXVI, 91, 1. — ou crataeogonos, XXVII, 40, 1.
*Thélyphonon*, bon contre les scorpions, XXV, 75, 1.
*Theombrotion*, ou semnion, herbe magique, XXIV, 102, 2.
*Therionarca*, herbe magique, XXIV, 102, 3.
*Therionarca*, autre, description, bonne contre les serpents, XXV, 65, 1.
*Thésion*, semblable au glaïeul, XXI, 67, 1. — propriétés, XXII, 31, 1.
*Thlaspi*, première espèce, description, propriétés, XXVII, 113, 1.
*Thlaspi*, autre, description, propriétés, XXVII, 113, 1.
*Thryallis*, plante à épi, XXI, 61, 1.
*Thym*, deux espèces ; histoire ; influence sur le miel, XXI, 31, 1 et 2. — propriétés médicales, XXI, 89, 1.
*Thymélée*, XIII, 35, 1.
*Thymus* graveolens, L., XX, 68, 1. — thymus serpyllum, L., XX, 90, 1. — thymus glabratus, LK., XX, 90, 1. — thymus acinos, L., XXI, 52, 2. — thymus incanus, XXI, 91, 1.
*Thuya* articulata, Desfont., XIII, 29, 1.
*Thyon* ou thya, XIII, 30, 4.
*Thyssalium*, n'est pas différent de l'ache, XXV, 90, 2.

*Tilia* europæa, XVI, 25, 1.
*Tilleul*, XVI, 25, 1. — propriétés médicales, XXIV, 34, 1.
*Tiphyon* ou scille, XXI, 39, 1.
*Tithymale* ou mécon, ou paralion, propriétés médicales, XX, 80, 1. — ou herbe au lait, ou laitue de chèvre, XXVI, 39, 1. — encre sympathique, XXVI, 39, 1. — characias, propriétés, XXVI, 39, 1. — deuxième, ou myrsinites, ou caryites, propriétés, XXVI, 40, 1. — troisième, ou paralios, ou tithymalis, propriétés, XXVI, 41, 1. — quatrième, ou helioscopios, propriétés, XXVI, 42, 1. — cinquième, ou cyparissias, propriétés, XXVI, 43, 1. — sixième, ou platyphyllos, ou corymbites, ou amygdalites, propriétés, XXVI, 44, 1. — septième, ou cobios, ou leptophyllos, propriétés, XXVI, 45, 1.
*Tordylon*, ou syréon, propriété, XXIV, 117, 1.
*Tordylium* officinale, L., XXIV, 117, 1.
*Tournesol*, XXII, 29, 1.
*Trachinia*, promesse superstitieuse, XXVII, 114, 1.
*Tragacanthe*, arbrisseau, XIII, 36, 1.
*Tragion*, XIII, 36, 1.
*Tragon*, arbrisseau, XIII, 37, 1.
*Tragonis* ou tragion, description, propriétés, XXVII, 115, 1.
*Tragopogon picroides*, L., XX, 26, 1. — tragopon crocifolium, L., XXVII, 117, 1.
*Tragopogon* ou corne, description, propriétés, XXVII, 117, 1.
*Tragorigan*, propriétés médicales, XX, 58, 1.
*Tragos*, sorte de blé, XVIII, 20, 6. — tragum, sorte de tisane faite avec le froment, XVIII, 16, 1.
*Tragos*, ou scorpion, plante, description, propriétés, XXVII, 116, 1.
*Trapa natans*, L., XXI, 58, 1; XXII, 12, 1.
*Trèfle*, deux espèces, XXI, 30, 1.
*Trèfle* minyanthes ou asphaltion, XXI, 30, 1.
*Trèfle* oxytriphyllon, XXI, 30, 1.
*Trèfle*, propriétés médicales, XXI, 88, 1 et 2.
*Tribulus*, XVIII, 44, 4 ; XXI, 58, 1. — a des épines, XXI, 54, 1. — ou châtaigne d'eau, XXI, 58, 1.
*Tribulus*, deux autres espèces, XXI, 58, 1. — propriétés, XXII, 2, 1.
*Tribulus terrestris*, L., XXI, 58, 1.
*Trichomanes*, description, propriétés, XXVII, 111, 1.
*Trifolium arvense*, L., XXVI, 34, 2.
*Trinia dioica*, Gaud., XXIV, 96, 1.
*Tripolium*, description, bonne pour le foie, XXVI, 22, 1.
*Triticum dicoccum*, XVIII, 10, 5. — t. hibernum, L., XVIII, 20, 1 ; 20, 6. — t. spelta, L., XVIII, 20, 6. — t. monococcum, L., XVIII, 20, 6. — t. repens, L., XXIV, 118, 1.

*Trixago*, XXIV, 80, 2. — propriété, XXVI, 88, 1.
*Troène*, XVI, 31, 1. — propriétés médicales, XXIV, 45, 1.
*Truffe*, chose merveilleuse, XIX, 11, 1. — particularités, XIX, 13, 1.
*Truffe* blanche ou misy, XIX, 12, 1.
*Trychnos* ou strychnos, XXI, 95, 1.
*Tuber niveum*, Desfont., XIX, 12, 1.
*Tubère*, arbre indéterminé, deux espèces, XV, 14, 1.
*Tussilago farfara*, L., XXIV, 85, 1.

## U

*Ulex*, XXXIII, 21, 10.
*Ulva lactuca*, L., XIII, 49, 1 ; XXVII, 33, 1.
*Uva taminia*, propriété, XXVI, 88, 1.
*Uvularia amplexifolia*, L., XXVII, 69, 1.

## V

*Vaccinium*, employé par les marchands d'esclaves, XVI, 31, 1.
*Vaccinium myrtilus*, L., XVI, 31, 1.
*Valeriana spica*, XII, 26, 1. — v. celtica, XII, 26, 3 ; XXI, 20, 1. — v. italica, XII, 26, 3. — valeriana Dioscoridis, Sibth., XXI, 80, 1.
*Végétales*, substances, les propriétés en varient suivant l'ancienneté, XXVII, 118, 1. — suivant l'époque de la récolte et l'exposition, XXVII, 119, 1.
*Veratrum album et nigrum*, L., XXV, 21, 1.
*Verbascum limnense*, L. XXI, 61, 1. — v. thapsus, L., XXV, 73, 1. — v. sinuatum, L., XXV, 73, 1. — v. lychnitis, L., XXVI, 17, 1.
*Verbascum*, deux espèces, XXV, 73, 1.
*Verbascum*, autre, XXV, 73, 1.
*Verbena supina*, XXV, 59, 1. — verbena officinalis, XXV, 59, 1.
*Verveine*, ou hié abotane, ou peristereos, emploi dans les cérémonies, XXV, 59, 1. — deux espèces, description, emploi superstitieux, XXV, 59, 1 et 2. — ou peristereos, description, propriétés, XXV, 78, 1. — ou aristaéreon, XXV, 60, 1.
*Vesce*, culture, XVIII, 37, 1. — insectes qui lui nuisent, XVIII, 44, 6.
*Vettonica*, ou serratula, ou cestros, ou psychotrophon, description, propriétés, XXV, 46, 1.
*Viburnum tinus*, L., XV, 39, 1.
*Vicia villosa*, L, XVIII, 41, 1. — vicia cracca, L., XXVII, 21, 1.
*Vigne*, psythienne, XII, 10, 1. — la vigne donne à l'Italie la supériorité, XIV, 2, 1. — bois, XIV, 2, 1. — faits curieux sur la grandeur de certaines vignes, XIV, 3, 1. — vignes rampantes, XIV, 3, 4. — sigue du commandement, XIV, 3, 8. — variétés, XIV, 4, 1. — amminéenne, cinq espèces, XIV, 4, 2. — nomentane, XIV, 4, 3. — apiane (muscat), XIV, 4, 4.

— petite grecque, XIV, 4, 5. — eugénie, XIV, 4, 5. — rhétique et allobrogique, XIV, 4, 6. — fécénienne, XIV, 4, 7. — visule, XIV, 4, 7. — helvole, XIV, 4, 8. — précie, XIV, 4, 8. — basilique ou cocolobis, XIV, 4, 8. — albuelis, XIV, 8, 9. — inerticule, XIV, 4, 9. — helvénaque, émarque, XIV, 4, 10. — spionienne ou spinéenne, XIV, 4, 12. — venicule ou sircule ou stacule, XIV, 4, 12. — murgentine ou pompéienne, XIV, 4, 12. — herconienne, XIV, 4, 12. — mœrique, XIV, 4, 12. — tudernis, et florence-tudernis, XIV, 4, 13. — talpane, étésiaque, conséminie, XIV, 4, 13. — irtiole, bannanique, XIV, 4, 14. — triburline, oléagine, pumule, XIV, 4, 14. — vinaciole, XIV, 4, 15. — tarentine, capnias, bucconiatis, tarropie, XIV, 4, 15. — pharienne, prusinienne, XIV, 4, 15. — streptos, thésienne, maréotide, lagée, XIV, 4, 15. — ambrosiaque, duracine, orthampelos, dactylide, colombine, bimammie, tripédanée, XIV, 4, 16. — scirpule, autre rhétique, amminéenne, noire ou syriaque, espagnole, XIV, 4, 17. — treille, et espèces de table, XIV, 4, 18. — vigne d'Égium, rhodienne, onciale, picine, stephanitis, foraine, cendrée, rabuscule, asinusque, alopecis, alexandrine, narbonique, XIV, 4, 18. — préceptes de Caton ; vignes qu'il nomme, XIV, 5, 1. — l'Apicius de Lucanie, XIV, 5, 2. — vigne scantienne, XIV, 5, 3. — production de certains vignobles, XIV, 5, 3. — vigne thériaque, libanienne, aspendios, XIV, 22, 1 et 2. — greffe de la vigne, XVII, 25, 1. — maladies, XVII, 37, 8. — végétaux et substances qu'elle ne peut souffrir, XVII, 37, 18. — insectes attaquant la vigne, XVII, 47, 4 et 5. — charbon qui la dévaste, XVIII, 68, 8. — omphacium, œnanthe et massaris, fournis par la vigne, XXIII, 2, 1. — emploi médical de la vigne, XXIII, 3, 1 et suivants. — la fleur de vigne dégoûte la volaille de toucher au raisin, XXIII, 7, 2. — sarments, emploi médical, XXIII, 8, 1.
*Vigne* blanche, ou ampeloleuce, ou ophiostaphylon, ou mélothron, ou psilothrum, ou archozostis, ou cedrostis, ou madon (bryone), propriétés médicales, XXIII, 16, 1, et suiv.; XXXII, 24, 6.
*Vigne* noire, ou bryone, ou chironia, ou gynécanthe, ou apronia, propriétés médicales, XXIII, 17, 1.
*Vigne* marine, XIII, 49, 1.
*Vignobles* sur arbres, XVII, 15, 3. — reproduction, XVII, 35, 1. — bouture, XVII, 35, 3. — plant, XVII, 35, 4. — terroir, XVII, 35, 6. — manière particulière de planter la vigne, XVII, 35, 8. — gouvernement de la vigne, XVII, 35, 10. — vigne sur

hautain, XVII, 35, 11. — disposition du vignoble, XVII, 35, 12 et 13. — plantation dans une terre forte, XVII, 35, 14. — dans une terre médiocre, XVII, 35, 15. — des meilleurs échalas, XVII, 35, 17. — la vigne monte sur la treille, XVII, 35, 18. — ôter au bois, XVII, 37, 20. — nature du sol à considérer, XVII, 35, 21. — mode de tailler, XVII, 35, 22. — deux espèces de pousses, XVII, 35, 23. — âge, XVII, 35, 24. — vignes sans échalas, XVII, 35, 25. — les différentes espèces doivent être séparées, XVII, 35, 27. — façons, XVII, 35, 28. — épamprement, XVII, 35, 30. — taille de la vigne après la vendange, XVII, 35, 31. — préceptes de Caton sur la culture de la vigne, XVII, 35, 34. — deux greffes pour la vigne, XVII, 35, 36. — culture de la vigne sur les arbres, XVII, 35, 37. — espèces d'arbres employées à cet effet, XVII, 35, 38. — espacement des arbres, XVII, 35, 39. — le plant vif et le provin conviennent seuls, dans la culture sur hautain, XVII, 35, 41. — drageon ou vieux cep, employé pour la reproduction, XVII, 35, 42. — ne pas se hâter de tailler la vigne nouvelle, XVII, 35, 43. — pratiques vicieuses, XVII, 35, 45. — culture gauloise, XVII, 35, 47. — méthode qui tient le milieu entre le provin et le plant vif, XVII, 35, 48. — labourer profondément les vignobles sur hautains, XVII, 35, 50. — remarques astrologiques sur la taille de la vigne, XVII, 36, 1. — dix vignerons suffisent à la culture de cent jugères, XVII, 36, 1. — vignobles qu'on est obligé d'arroser à cause de l'âpreté des vins, XVII, 41, 1.

Vin d'Albe, XIV, 8, 9. — de Maronée, très-fort, XIV, 6, 1. — praminien, XIV, 6, 2. — d'Opimius, XIV, 6, 2. — prix de vins très-vieux, XIV, 6, 3. — vin poissé, XIV, 6, 4. — propriété; le vin est le sang de la terre, XIV, 7, 1. — qualités; vin de Pucinum, ou précien, XIV, 8, 1. — de Setia, XIV, 8, 2. — le cécube a disparu, XIV, 8, 2. — falerne, gauran, faustien, XIV, 8, 2. — vin d'Albe au troisième rang, de Surrente, vin Massique, de Stata, de Cales, de Fondi, de Veliterne, de Priverne, de Signia, XIV, 8, 5. — mamertin, au quatrième rang, potulan, XIV, 8, 6. — de Taurominium, XIV, 8, 6. — de Prætutia, d'Ancone, palmésien, de Césène, de Mécène, rhétique, d'Adria, latinien, de Gravisque, de Statonie, de Luna, de Gênes, de Marseille, de Beziers, de la Narbonnaise, XIV, 8, 7, et 8. — de Tarente, de Servitie, de Consentia, de Tempsa, de Babie, de Lucanie, Thurium, de Lagarie, trébellique, caulin, trifolin, de Pompéies, laletans; de Tarragone, de Lauron, des Baléares, XIV, 8, 9, et 10. — le meilleur vin est celui du crû, plaisanterie, XIV, 8, 10. — vins d'outremer, de Thasos, de Chios, arvisien, de Lesbos, de Clazomène, du Tmolus, de Sicyone, de Chypre, de Telmesse, de Tripoli, de Beryte, de Tyr, le sébennytique, hippomantien, mystique, cantharite, gnidien, catacécauménite, pétrite, myconien, mésogite, éphésien, d'Apamée, protagion, naspercénite, orétique, œneate, leucadien, ambrasiote, de Péparèthe, XIV, 9, 1 et 2. — vins artificiels, bios, coum et leucocoum, tethalassomenon, de Rhodes, phorineen, XIV, 10, 1 et 3. — couleur des vins, XIV, 11, 1. — psythien, mélampsythien, XIV, 11, 1. — scybilite, aluntium, siréen, sapa, hepsema, defrutum, XIV, 11, 1 et 2. — aïgleucos, XIV, 11, 2. — aïgleucos naturel, XIV, 11, 4. — diachyton, mélitite, protrope ou mère goutte, XIV, 11, 4. — deuteria, lora ou piquette, XIV, 12, 1. — sur quatre-vingts espèces de vin, l'Italie en produit les deux tiers, XIV, 13, 1. — anecdotes historiques sur le vin, XIV, 14, 1. — temetum, ancien nom du vin en latin, XIV, 14, 2. — vins aromatisés, XIV, 15, 1. — vogue des vins d'outre-mer à Rome, XIV, 16, 1. — combien de vins on servait dans les repas, XIV, 17, 1. — action de la canicule et de la navigation sur les vins, XIV, 22, 2. — prescriptions religieuses, XIV, 23, 1. — apprêt des vins, XIV, 24, 1. — moût servant à la conservation des vins, XIV, 25, 4. — cendre, même usage, XIV, 25, 5. — épreuve par le plomb, XIV, 25, 7. — le vin s'évente, XIV, 26, 1. — lie brûlée, XIV, 26, 1. — méthodes pour conserver le vin, fûts de bois, vases de terre, cellier, XIV, 27, 2. — merveilles, XIV, 22, 1. — moûts, propriétés, XXIII, 18, 1. — des propriétés des vins, XXIII, 19, 1. — comparaison diététique des vins d'Italie, XXIII, 20, 1 et 2; 21, 1. — propriétés générales du vin, XXIII, 22, 1 et suiv. — boire du vin, préceptes, XXIII, 23, 1 et suiv. — usage médical du vin, XXIII, 24, 1 et suiv. — vin, ressource unique dans la maladie cardiaque, XXIII, 25, 1. — vins artificiels, propriétés, XXIII, 26, 1 et 2. — sapa ou moût cuit, propriétés, XXIII, 30, 1. — lie de vin, propriétés médicales, XXIII, 31, 1 et 2. — lie de la sapa, emploi médical, XXIII, 33, 1.

Vins artificiels : œnanthin, XIV, 18, 1. — adynamæ, XIV, 19, 1. — avec la graine de millet, le lotus arbre, le lotus herbe, XIV, 19, 2. — avec les dattes, avec la figue, avec la caroube, la pomme, la poire, les grenades, les nèfles, les pignons de la pomme de pin, le myrte, XIV, 19, 3 et 4. — sycite, palmiprime, catorchite, XIV, 19, 3. — myrtidanum, XIV, 19, 4. — vins faits avec les plantes cultivées dans les jardins, XIV, 19, 5. — vins aromatiques dont la composition ne diffère guère de celle des parfums, XIV, 19, 6. — vin d'absinthe et d'autres herbes médicinales, XIV, 19, 7. — vins avec différentes herbes, XIV, 19, 8. — scyzin, itæomelis, lectisphagites, dont la recette est perdue, XIV, 19, 8. — vins d'arbrisseaux, XIV, 19, 9.

Vins de grains, en Gaule, en Espagne, en Égypte, XIV, 29, 1.

Vin miellé, propriétés, XXII, 53, 1. — mélitites, boisson faite avec le moût et le miel, propriétés, XXII, 54, 1.

Vinaigre fait avec la figue de Chypre, XIV, 15, 3. — emploi médical du vinaigre, XXIII, 27, 1 et suiv. — Cas remarquable sur Agrippa, XXIII, 27, 4. — lie du vinaigre, emploi médical, XXIII, 32, 1.

Vinaigre scillitique, emploi médical, XXIII, 28, 1.

Vinca pervinca ou chamædaphné, propriétés, XXI, 99, 1.

Vinca minor, L., XXI, 99, 1; XXIV, 90, 1.

Violettes, XXI, 14, 1. — violette blanche, XII, 22, 1. — violette blanche, pourpre, jaune, XXI, 14, 1. — propriétés médicales, XXI, 76, 1.

Violette blanche, annonce le printemps, XXI, 38, 1. — violette ion, pourprée, phlox, XXI, 38, 1.

Viola odorata, L., XXI, 14, 1.

Viscum album, L., XVI, 93, 1.

Vitex, ou lygos, ou agnos, description, propriétés médicales, XXIV, 38, 1 et suiv.

Vitex agnus, L., XXIV, 38, 1.

X

Xiphion ou phasganion, différent du lonchitis, XXV, 88, 1. — description, bon pour la tête, XXV, 89, 1.

Z

Zimpiberi ou zingiberi, gingembre XII, 14, 2.

Ziziphora capitata, L., XXVI, 88, 1.

Zizyphus vulgaris, Lam., XV, 14, 1. — zizyphus lotus, Desfont., XVI, 53, 1.

Zoster, plante marine, XIII, 48, 1

# TABLE DES MATIÈRES

## CONTENUES DANS L'OUVRAGE.

*Abeilles*, merveilles, XI, 4, 1. — vie en commun, 4, 2. — hivernage, 5, 1. — leurs travaux, 5, 2. — commosis, pissoceros, propolis, 6, 1. — érithace ou sandaraque ou cérinthe, nourriture des abeilles pendant qu'elles travaillent, 7, 1. — cire ; plantes influant sur le goût du miel, 8, 1. — hommes épris des abeilles, 9, 1. — règle de leur travail, 10, 1. — bourdons, 11, 1. — palais pour les chefs. 12, 1. — génération mystérieuse, 16, 1. — développement, 16, 2. — ruches faites de corne transparente pour l'observation, 16, 3. — du roi des abeilles, 16, 4. — culte des abeilles pour lui, 17, 1. — essaim, 17, 2. — présages, 18, 1. — abeille laronnesse, 18, 2. — bataille entre les essaims, 18, 3. — espèces d'abeilles, 19, 1. — aiguillon, 19, 2. — leurs ennemis, 19, 3. — maladies, 20, 1. — ce qui leur nuit, 21, 1. — ce qui leur plaît, 22, 1. — reproduction par un animal mort, 23, 1. — abeille maçonne ou bombyx, 25, 1.

*Abeilles*, plante qu'il faut semer pour elles, XXI, 41, 1. — cornouiller dangereux, 42, 1. — ruches qu'on fait voyager, 43, 1. — remèdes contre leurs piqûres, 45, 3. — disposition des ruches, 47, 1. — ruches en pierre spéculaire pour observer le travail des abeilles, 47, 1. — défense contre les insectes, 47, 2. — ce qu'il faut faire quand les abeilles manquent d'aliments, 48, 1.

*Acanthyllis*, oiseau, nid, X, 50, 1. — ou acanthis (chardonneret ?), 95, 3.

*Acatium*, espèce de navire, IX, 49, 1.

*Acharne*, perca labrax, XXXII, 53, 3.

*Achlis*, animal de la Scandinavie ; manière de le prendre, VIII, 16, 1.

*Acopos*, sorte de gemme, XXXVII, 54, 4.

*Actinophore*, coquillage, XXXII, 53, 4.

*Adad*, rein d' ; œil d' ; doigt d' ; (sorte de gemmes) XXXVII, 71, 1.

*Adonis*. Voy. EXOCOETE.

*Ægithus*, espèce d'épervier, antipathie pour l'âne, X, 95, 2.

*Ægophthalme*, sorte de gemme, XXXVII, 72, 1.

*Æs*, ou cuivre, emploi dans la langue latine, XXXIII, 47, 1 ; XXXIV, 1, 1.

*Aëtite*, ou gangite, pierre entrant dans la construction de l'aire de l'aigle, X, 4, 1.

*Aétite*, pierre, XXXVI, 39, 1 et suiv.

*Aetitas*, sorte de gemme, XXXVII, 72, 1.

*Africus*, vent, II, 46, 1 ; VI, 26, 11.

*Agate*, variétés, XXXVII, 54, 1 et suiv.

*Agriculture*, surnoms tirés de l', XVIII, 3, 1, 2 et 3. — peine capitale contre les vols de moissons, 3, 4. — honneur ; tribus rustiques, 3, 5. — grands hommes qui cultivaient de leurs mains, 4, 4 et 5. — infécondité de l'agriculture entre les mains d'esclaves, 4, 5. — auteurs qui ont donné des préceptes, 5, 1, — principaux axiomes, 6, 1 et suiv. — juste rapport entre la terre et la maison, 7, 1, — localité salubre, 7, 2. — mesure dans l'étendue de la terre, 7, 3. — métayers, 7, 4 — trop bien cultiver, 7, 5 — comment cultiver avec le plus de fruit, 8, 1. — anecdote, 8, 3. — préceptes généraux, XVIII, 8, 5. — histoire des grains, 9, 1. — règles abrégées d'agriculture, 62, 1.

*Aigle*, non frappé par la foudre, II, 56, 1. — six espèces, X, 3, 1. — melanæetos ou valeria, pygargue, morphnos ou percnos ou plancus ou anataria, percnoptère ou oripélarge, gnesios et enfin haliæete, 3, 1 et suiv. — chasse ses petits, 4, 3. — meurt de faim, 4, 3. — l'aigle devient exclusivement l'enseigne de la légion, 5, 1. — animaux qu'il poursuit, 5, 2. — attachement d'un aigle, 6, 1. — ponte, 79, 6.

*Aigle*, poisson, IX, 40, 1.

*Aigrette*, variétés, XI, 44, 1.

*Aiguille*, ou belone, poisson, IX, 76, 1

*Ailes*, XI, 94, 1.

*Aimant*, XXXIV, 42, 1. — variétés, propriétés, XXXVI, 25, 1 et suiv.

*Aines*, tuméfaction, remèdes, XXVIII, 61, 3 ; XXX, 22, 5.

*Airain de Corinthe*, IX, 65, 1. — détails historiques, XXXIV, 3, 1 et suiv. — chandeliers dits à tort d'airain de Corinthe, 6, 1. — passion pour les bronzes de Corinthe, 18, 3.

*Aisselles*, procédé pour les épiler, XXX, 13, 1.

*Alabandique*, pierre, XXXVI, 13, 2.

*Alabatritis*, sorte de gemme, XXXVII, 54, 4.

*Alabète*, poisson, V, 10, 1.

*Albâtre*, variétés, XXXVI, 12, 2.

*Albinos*, VII, 2, 4.

*Alce*, dans le Nord, VIII, 16, 1.

*Alcyon* (Nid de l'), II, 47, 4. — martin-pêcheur, X, 47, 1. — alcyoneum, emploi médical, XXXII, 27, 3 et 4.

*Alcyoniens*, jours, II, 47, 4.

*Alectorie*, pierre à propriété magique, XXXVII, 54, 5.

*Alex*, sorte de garum, emploi culinaire ; emploi médical, XXXI, 44, 1 et 2.

*Alica*, délicieuse, III, 9, 8.

*Alluvion*, des fleuves, VI, 31, 13.

*Alopex* de mer. Voy. RENARD MARIN.

*Alphabétique* (Ordre) des lieux de l'Italie, I, 6, 8.

*Alphos*, maladie cutanée contre laquelle sont bonnes les eaux du lac Alphion, XXXI, 8, 1.

*Alun*, espèces, préparation, emploi médical, XXXV, 52, 1 et suiv.

*Ambre*, rejeté par les flots au printemps, IV, 27, 3.

*Ame* : croire à la persistance de l'âme est une folie, VII, 56, 1.

*Amendes*, imposées en moutons ou en bœufs, XVIII, 3, 3.

*Amendes*, évaluées en bétail, XXXIII, 3, 1.

*Améthystes*, espèces, XXXVII, 40, 1 et suiv. — mensonges des mages, 40, 4.

*Amiante*, XXXVI, 31, 1.

*Amias*, poisson, IX, 19, 1.

*Amidon*, préparation, XVIII, 17, 1. — propriétés médicales, XXII, 67, 1.

*Amphimalle*, vêtement de laine, a commencé du temps de Pline, VIII, 73, 4.

*Amphitane*, ou chrysocolle, sorte de gemme, XXXVII, 54, 9.

*Amulettes*, pour toute une maison, XXX, 24, 1. — contre les puces, 25, 1.
*Anancitis*, sorte de gemme, XXXVII, 73, 4.
*Anchois*, naissent de l'écume de mer, IX, 74, 5. — aphye, XXXII, 53, 3.
*Androdamas*, sorte de gemme, XXXVII, 54, 5.
*Androgynes*, VII, 2, 7.
*Ane* sauvage en Asie et en Afrique, VIII, 16, 1.
*Ane* domestique, prix, VIII, 68, 1. — portée, 68, 2. — produit de l'élève des ânes, 68, 4.
*Ange*, poisson, IX, 40, 1. — ou rhine, ou squatus, XXXII, 53, 7.
*Angine*, traitement, XXVI, 11, 1. — remèdes, XXVIII, 51, 1. — remèdes magiques, XXX, 12, 1 et suiv.
*Anguille*, du Gange, de trente pieds, IX, 2, 1. — particularités, 38, 1. — peau d'anguilles, fouet pour les enfants, 39, 2.
*Animaux* (Histoire des), VII, 1, 1. — instinct des animaux qui leur fait reconnaître le danger, VIII, 5, 1. — c'est de l'homme seul qu'ils attendent des secours, 21, 5. — remèdes indiqués par les animaux, 41, 1 et suiv. — moyens divers employés par les animaux pour se préserver, 41, 3 et suiv. — présages fournis par les animaux, 42, 1. — villes et nations détruites par des animaux, 43, 1. — les animaux domestiques ont à l'état sauvage une espèce correspondante, 79, 1. — animaux qui ne sont ni privés ni sauvages, 82, 1. — animaux cantonnés non seulement dans un même pays, mais encore dans une même localité, 83, 1 et suiv. — animaux inoffensifs pour les indigènes et dangereux pour les étrangers, 84, 1. — animaux marins, réflexions, IX, 1, 1. — animaux marins si gros dans la mer des Indes, qu'ils ne peuvent se mouvoir, 2, 4. — mâchoires et os d'animaux marins servant de porte et de charpente, 2, 4. — animaux marins laissés à sec sur la plage, 4, 2. — animaux aquatiques, leurs téguments, 14, 1. — animaux aquatiques vivipares, 15, 1. — animaux aquatiques privés de la vue en naissant, 77, 1. — accouplement, X, 83, 2. — d'autant moins féconds qu'ils sont plus gros, 83, 4. — petits informes, 83, 5. — petits aveugles, 83, 6. — conception, 83, 8. — animaux sauvages qui apprivoisés ne produisent pas, 83, 10. — les vivipares naissent la tête première, 84, 1. — origine occulte et mystérieuse de certains animaux, 86, 1. — animaux qui naissent sans génération, 87, 1. — sens des animaux, toucher, goût, etc., 88, 1 ; 89, 1 ; 90, 1 ; 91, 1. — manière de manger, 91, 1. — nourriture solide, 92, 1 ; 93, 1. — boire, 94, 1. — antipathies, 95, 1. — sympathies, 96, 1. — sommeil, 97, 1. — animaux qui deviennent vénéneux par leur alimentation, XI, 116, 1.
*Anneau* d'or, détails historiques, XXXIII, 4, 1 et suiv. — anneau de fer longtemps en usage à Rome, 4, 5. — la noblesse romaine, par indignation, dépose ses anneaux, 6, 1 et suiv. — anecdotes sur les anneaux d'or, 6, 4 et suiv. — détails sur les anneaux à pierres précieuses, 6, 6. — mode, 6, 7. — doigts où on les porte, 6, 7, 8 et 9. — danger qu'entraînent les anneaux, 6, 9 et suiv. — on tire son anneau en signe d'arrhes, 6, 11. — les anneaux distinguent l'ordre équestre, 7, 1 et suiv. ; 8, 1 et suiv. — effigies portées sur des anneaux, 12, 3. — origine des pierres dans les anneaux, XXXVII, 1, 2. — bagues ornées de pierreries ; historique, 2, 1 et 2 ; 3, 1 et 2 ; 4, 1 et 2. — collection de bagues, ou dactyliothèques, 5, 1 ; 6, 1.
*Année* (La grande), II, 6, 11.
*Annulaire*, couleur blanche, XXXV, 30, 1.
*Anthias* sacer, IX, 24, 1.
*Anthias*, poisson, pêche. IX, 85, 1. — coupe la ligne, XXXII, 5, 3.

*Anthracitis*, sorte de gemme, XXXVII, 27, 1.
*Anthropophages*, VI, 20, 1 ; VII, 2, 1. — buvant dans des crânes humains et portant les chevelures de leurs ennemis, VII, 2, 4.
*Antilope*, du genre des chèvres, VIII, 79, 2. — Voy. ORYX.
*Antimoine*, ou stimmi, ou stibi, ou alabastrum, ou larbason, XXXIII, 33, 1. — emploi médical, 34, 1 et 2.
*Antipathes*, sorte de gemme, XXXVII, 54, 6.
*Antiquités*, titre d'ouvrage. Préf. 19.
*Antispode*, préparation végétale, emploi médical, XXXIV, 35, 1.
*Aparctias*, vent, II, 46, 2.
*Apheliotes*, vent, II, 46, 1.
*Aphrodisiace*, sorte de gemme, XXXVII, 54, 8.
*Aphrodisiaques* et anaphrodisiaques, XXVI, 60, 1 ; 61, 1 ; 62, 1 et 2 ; 63, 1 et 2 ; XXVIII, 80, 1 ; XXX, 49, 1 et 2 ; XXXII, 50, 1.
*Aphye* ou anchois, XXXII, 53, 3.
*Aplysia*, IX, 72, 1.
*Apode*, martinet, hirundo apus, X, 55, 1.
*Appel*, Préf., 8.
*Apsides*, II, 13, 2.
*Apsyctos*, sorte de gemme, XXXVII, 54, 8.
*Apua*, ou aphye, poisson servant à préparer l'alex, XXXI, 44, 1.
*Aquilon*, vent, II, 46, 2.
*Araignée* : phalange, loup, rhagion, astérion, phalange bleue, myrmécion, tétragnathes, description ; leur venin, remèdes, XXIX, 27, 1 et suiv. — toile, propriétés, 38, 11 et 12.
*Araignée*, antipathie avec le serpent, X, 95, 3. — diverses espèces, XI, 28, 1. — toile, 28, 3. — sa manière de chasser, 28, 5. — accouplement, 29, 1.
*Araignée* de mer, dangereuse par son aiguillon, IX, 72, 1.
*Arbre*, animal marin, IX, 3, 1 ; XXXII, 53, 1.
*Arc* scythique, IV, 24, 3.
*Arc-en-ciel* ; c'est un rayon de soleil repoussé, II, 60, 1. — particularités, 60, 1.
*Archers* mis sur les navires qui font le voyage annuel de l'Inde, VI, 26, 6.
*Argent*, quantités, XXXIII, 5, 3. — colliers, 10, 1. — tribut imposé aux vaincus en argent, 15, 1. — jeux publics où tout l'appareil fut en argent, 16, 1. — extraction, 31, 1 et suiv. — épreuves de l'argent, 44, 1. — miroirs d'argent, 45, 1. — ou colore l'argent, 46, 1. — vases d'argent ciselés, 49, 1. — argenterie, 50, 1. — lits plaqués, lits d'argent, 51, 1. — plats d'argent énormes, 52, 1. — chefs-d'œuvre d'argenterie, 53, 1 et suiv. — statues d'argent, 54, 1 et suiv. — parures en argent, de meilleur ton, 54, 2 et suiv. — bains pavés d'argent, 54, 3. — illustres ciseleurs en argent, 55, 1 et suiv. — cet art est perdu, 55, 3. — copie de coupes ciselées, XXXIV, 18, 7.
*Argent* (Scories d'), emploi médical, XXXIII, 35, 1.
*Argent* (Écume d'), chrysitis, argyritis, molybditis, préparation, emploi médical, XXXIII, 25, 1 et suiv.
*Argestes*, vent, II, 46, 2.
*Argo* (Le vaisseau), descendu dans l'Adriatique ; porté à dos d'hommes par delà les Alpes, III, 22, 3.
*Argonauta* argo, IX, 47, 1.
*Argyrodamas*, sorte de gemme, XXXVII, 54, 5.
*Armenium*, couleur, XXXV, 28, 1.
*Aromatitis*, sorte de gemme, XXXVII, 54, 6.
*Aronde*, poisson, IX, 43, 1. — ou hirondelle, XXXII, 53, 5.
*Arsenic*, emploi médical, XXXIV, 56, 1.
*Artères*, XI, 88, 2. — ne contiennent pas de sang, XI, 89, 1.
*Articulations*, XI, 101, 1. — sens du mouvement, 102, 1.
*Articulations*, douleurs, foulures, remèdes magiques, XXX, 23, 3.
*Arts* (Les), titre d'ouvrage, Préf. 19.

## CONTENUES DANS L'OUVRAGE.

*Art* (L'), petit nombre de types qu'il a créés par rapport à ceux de la nature, VII, 1, 8.
*Asbeste* ou lin vif, propriétés, XIX, 4, 1 et 2; XXXVII, 54, 7.
*Ascension* des planètes, II, 14, 5.
*Aselle*, poisson, IX, 25, 1. — très-estimé, 28, 1. — deux espèces, le callarias et le bacchus, 28, 1. — a des pierres dans la tête, XXXII, 38, 1.
*Aspic*, intelligence, X, 96, 1.
*Aspic*, badje, effet de son venin, remède, XXIX, 18, 1.
*Aspilate*, sorte de gemme, XXXVII, 54, 7.
*Astérie*, sortes de gemme, XXXVII, 47, 1.
*Asthme*, remèdes, XXVIII, 55, 1. — remèdes magiques, XXX, 16, 1. — remèdes tirés des poissons, XXXII, 29, 1.
*Astrapie*, sorte de gemme, XXXVII, 73, 2.
*Astres*, fixés au monde, II, 6, 1. — distance des astres à la terre, II, 19, 1.
*Astrion*, sorte de gemme, XXXVII, 48, 1.
*Astrobole*, sorte de gemme, XXXVII, 50, 1.
*Astroïtes*, sorte de gemme, XXXVII, 49, 1.
*Astrologie*, ce qu'elle dit sur la durée de la vie, VII, 50, 1. — réfutation par l'exemple d'hommes nés au même moment, 50, 5.
*Astronomie*, appliquée à l'agriculture, XVIII, 56, 5. — difficultés, 57, 1. — trois écoles, chaldéenne, égyptienne, grecque, 57, 4. — correction de l'année, 57, 5. — divergences des auteurs sur le lever et le coucher des constellations, 57, 7. — tout le système repose sur le lever des astres, leur coucher et le commencement des saisons, 58, 1. — quatre saisons; leur commencement précis, 59, 1 et 2. — ce qu'il faut faire au solstice d'hiver, 63, 1. — du solstice d'hiver au favonius, 64, 1. — du favonius à l'équinoxe du printemps, 65, 1 et suiv. — à l'équinoxe du printemps, 66, 1. — pléiades, 67, 1. — signes terrestres qui font reconnaître le printemps, 67, 1. ce qu'il faut faire au lever des pléiades, 67, 3. — après le lever des pléiades, 67, 4 et 5. — aux calendes de juin, 67, 6 et 7. — solstice d'été; travaux, 68, 1 et suiv. — constellations qui se lèvent après le solstice d'été, 68, 5 et suiv. — importance de cette époque pour les travaux agricoles, 68, 8. — dommages causés par les influences célestes, 69, 1 et suiv. — voix lactée, 69, 2. — trois époques redoutables pour les récoltes, 69, 5. — lever de l'Aigle, 69, 8. — considérations sur les influences célestes, 69, 10 et 11. — préservatifs contre les influences célestes, 70, 1. — travaux agricoles après le solstice d'été, 71, 1. — commencement de l'automne, lever des constellations, 74, 1 et suiv. — travaux agricoles, 74, 5. — notions sur la lune, 75, 1. — notions sur les vents, orientation, 76, 1. — orientation des champs, 77, 1 et suiv. — présages des mauvais temps, 78, 1 et suiv. — présages de la lune, 79, 1 et suiv. — présages des étoiles, 80, 1. — présages donnés par le tonnerre, 81, 1. — donnés par les nuages, 82, 1; 84, 1.
*Astronomie*, inventée par Bélus, VI, 30, 4. — observations d'astronomie chez les Babyloniens, VII, 57, 3.
*Atizoé*, sorte de gemme, XXXVIII, 54, 7.
*Atrament*, ou noir de cordonnier, ou chalcanthe, préparation, emploi médical, XXXIV, 32, 1 et suiv.
*Attilus*, poisson du Pô, IX, 17, 1.
*Augites*, sorte de gemme, XXXVII, 54, 7.
*Augure* : entreprise de mauvais augure, IV, 5, 2. — de famine, VII, 3, 1. — augure de la guerre des Marses, 3, 2. — mauvais augure, qu'un enfant naisse avec des dents, ou une fille avec les organes sexuels fermés, 15, 2.
*Auster*, vent, II, 46, 1; VI, 26, 11.
*Autan*, vent, II, 44, 2.
*Auteurs* consultés par Pline, mis en tête de l'*Histoire naturelle*, Préf. 16. — auteurs les plus renommés surpris par Pline transcrivant les anciens mot pour mot et sans les nommer, Préf. 17. — Pline ne suit aucun auteur de préférence dans la géographie, il choisit les plus sûrs, III, Proœm., 2. — premiers auteurs grecs qui ont parlé de Rome, III, 9, 5.
*Autruche*, stupidité; œufs, X, 1, 2.
*Avortement*, moyen magique de l'empêcher, XXX, 49, 1.
*Azur*, différentes espèces, XXXIII, 57 1. — azur indien, 57, 2. — emploi médical, 57, 3.

## B

*Bacchanales*, III, 3, 3.
*Bacchus*, espèce d'aselle, IX, 28, 1. — ou myxon, XXXII, 25, 1. — petites pierres dans sa tête, 32, 1.
*Balane*, sorte de moule, XXXII, 53, 4.
*Balanites*, sorte de gemme, XXXVII, 55, 1.
*Baleines* de quatre jugères, IX, 2, 1. — le plus gros animal de la mer des Indes, 3, 1. — combat contre les orques, 5, 1. — évents, 6, 1. — n'ont pas de branchies, 6, 3.
*Banquets* funéraires, prescription de Numa, XXXII, 10, 1.
*Baptes*, sorte de gemme, XXXVII, 55, 1.
*Bar*, poisson, IX, 24, 1.
*Barbe*, usage de se faire la barbe, VII, 59, 1.
*Baroptène*, ou barippe, sorte de gemme, XXXVII, 55, 2.
*Barques* d'osier et de cuir, IV, 30, 3. — barques qui se plient pour être portées sur les épaules, V, 10, 11. — barques faites de papyrus, VI, 24, 2. — barques ayant une proue à l'avant et à l'arrière, 24, 3. — barques faites d'un seul arbre, 26, 10.
*Barrage* de l'Euphrate, VI, 31, 4.
*Basanite*, gros bloc dédié dans le Temple de la Paix, XXXVI, 11, 4.
*Basilic*, serpent redoutable, VIII, 33, 1.
*Basilic*, venin et remèdes, XXIX, 19, 1.
*Batia*, ou raie, poisson bon pour les maladies des oreilles, XXXII, 25, 1.
*Bâtisses* : précautions à prendre quand on se défie d'une pierre, XXXVI, 50, 1. — briquetage en pierre des Grecs, 51, 2. — construction usuelle à Rome, 51, 1. — qualités des mortiers, 55, 1. — carrelages, 60, 1; 61, 1; 62, 1. — toits en terrasse, 62, 1 et 2.
*Batrachites*, sorte de gemme, XXXVII, 55, 1.
*Baudroie*, IX, 40, 1.
*Bécasse*, X, 54, 1.
*Belette*, ne traverse pas une certaine route, VIII, 83, 2.
*Belette*, utile contre les serpents, XXIX, 16, 1.
*Belette* marine. Voy. Mustèle.
*Bélier* marin, IX, 4, 2. — agit en brigand, 67, 3.
*Bélone*, poisson, IX, 76, 1.
*Belus*, sorte de gemme, XXXVII, 55, 1.
*Bérils*, espèces, XXXVII, 20, 1 et suiv.
*Bernard* l'ermite, IX, 51, 2.
*Beurre*, XI, 96, 3.
*Beurre*, emploi alimentaire et médical, XXVIII, 35 1.
*Bibliothèque*, titre de l'histoire de Diodore, Préf. 20. — première bibliothèque publique, VII, 31, 7.
*Bienfait* (Le) et la Peine, dieux uniques suivant Démocrite, II, 5, 1.
*Bièvre*. Voy. Castor.
*Bile*, noire, cause de la folie, XI, 75, 1. — ictère, 75, 1. — vésicule de fiel, 75, 2.
*Bison* à crinière, VIII, 15, 1.
*Bithyes*, nom de certaines sorcières chez les Scythes, VII, 2, 9.
*Bitume* produit par le lac Asphaltite, V, 15, 3. — fabrique de bitume, VI, 26, 5.
*Bitume*, provenances, emploi médical, XXXV, 51, 1 et suiv.
*Biures*, animaux qui rongent les vignes en Campanie, XXX, 51, 1.

*Blaireau*, son artifice pour se défendre, VIII, 58, 1.
*Blattes*, vivant dans les ténèbres, XI, 34, 2.
*Blattes*, diverses espèces; mylœcos : emploi médical, XXIX, 39, 7 et 8.
*Blendies*, animal marin, XXXII, 32, 1.
*Boa*. Voy. SERPENT, VIII, 14, 2.
*Boa*, serpent, remède qu'il fournit, XXIX, 38,
*Boa*, éruption, remèdes, XXIV, 35, 3 ; XXVI, 73, 2 ; XXVIII, 75, 1.
*Boca*, poisson, XXXII, 53, 3.
*Bodincus* en gaulois veut dire sans fond, III, 20, 8.
*Bœuf* sauvage de Scythie, VIII, 15, 1. — bœuf à une et à trois cornes en Éthiopie, 30, 2. — bœuf à une corne en Inde, 31, 1. — bœufs de l'Inde, de la taille des chameaux, 70, 1. — les bœufs de l'Épire sont en Europe les plus vantés, 70, 1. — taureau, fécondation, 70, 1. — portée, 70, 2. — lait, 70, 4. — bœufs à bosse en Carie, 70, 4. — punition d'un homme pour avoir tué un bœuf hors de propos, 70, 4. — description du taureau, 70, 5. — combat contre les taureaux, 70, 6. — règle des sacrificateurs pour l'admission du veau, 70, 7. — ce que faisait le sénat quand on annonçait qu'un bœuf avait parlé, 70, 7. — bœuf Apis adoré en Égypte, 71, 1 et suiv.
*Bœuf*, poisson, IX, 40, 1. — nommé par Ovide, XXXII 54, 1.
*Boisson* aux cent herbes, en Espagne, XXV, 47, 1.
*Bolides*, II, 25, 2 ; 35, 1.
*Bolos*, sorte de gemme, XXXVII, 55, 2.
*Bombyx*, ou abeille maçonne, XI, 25, 1.
*Bombyx*, fournit l'étoffe dite bombycine, XI, 26, 1. — bombyx de Cos, 27, 1. — bombyx d'Assyrie, 27, 2.
*Bonase*, animal de Péonie, se défend en lançant sa fiente, VIII, 16, 1.
*Bonheur*, réponse des oracles, VII, 47, 1.
*Borée*, II, 46, 2.
*Borsycitis*, sorte de gemme XXXVII, 73, 4.
*Bostrichites*, sorte de gemme, XXXVII, 55, 2.
*Botryites*, sorte de gemme, XXXVII, 55, 2,
*Bouc*, bizarres prescriptions des mages sur cet animal, XXVIII, 56, 1.
*Bouc* ou tragos, poisson, XXXII, 54, 2.
*Bouche*, bec, lèvres, mâchoire, XI, 60, 1.
*Bouche*, mauvaise odeur, remèdes, XXV, 110, 1. — ulcérations, remèdes, XXVIII, 51, 1. — remèdes magiques, XXX, 9, 1. — remèdes tirés des poissons, XXXII, 27, 4.
*Boucliers* ardents, météore, II, 34, 1. — bouclier d'amazone, III, 6, 5.
*Boule* dorée, mise au haut d'un obélisque pour empêcher l'ombre de se disperser, XXXVI, 15, 2.
*Bouquetin*, du genre des chèvres, VIII, 79, 2.
*Bouvier*, constellation, II, 41, 4.
*Brave* : nations les plus braves de l'Italie, III, 17, 1.
*Briques*, XXXV, 49, 1 et suiv. — briques flottant sur l'eau, 49, 2.
*Brontée*, sorte de gemme, XXXVII, 55, 2.
*Bronze*: divers bronzes, XXXIV, 3, 1. — airain de Corinthe, 3, 1 et suiv. — airain de Délos, 4, 1. — airain d'Égine, 5, 1. — candélabres en airain d'Égine; anecdote, 6, 1 et 2. — seuils, portes, toitures en airain, 7, 1. — lits de table, buffets, monopodes, lustres en airain, 8, 1. — statues en airain, 9, 1 et suiv. — colonnes en airain, 11, 1 et 2. — le secret de la composition de l'airain est perdu, 18, 7.
*Brouillards*, II, 61, 1.
*Bruant*, ou anthus, X, 57, 1.
*Brûlures*, remèdes végétaux, XXVI, 80, 1. — remèdes animaux, XXVIII, 71, 1. — remèdes magiques, XXX, 35, 1. — remèdes tirés des animaux et productions aquatiques, XXXII, 40, 1.
*Bubale*, VIII, 15, 1.
*Bubétiens*, ceux qui célébraient des jeux pour les bœufs, XVIII, 3, 4.
*Bucardie*, sorte de gemme, XXXVII, 55, 2.
*Buccin*, espèce de pourpre, IX, 61, 1. — le buccin n'entre pas dans la teinture conchylienne, 64, 1.
*Bulle* d'or, ornement, XXXIII, 4, 2.
*Bupreste*, insecte, remède contre le lichen de la face, XXX, 10, 2 et 3.
*Butéon* ou buse, recherché sur les tables, X, 69, 1
*Butor* ou taureau, oiseau, X, 57, 1.

C

*Cachalot*, IX, 4, 3.
*Cachexie*, remèdes, XXXII, 39, 1.
*Cadmie*, produit des mines de cuivre, XXXIV, 22, 1. — diverses cadmies, préparation, 22, 1 et suiv. — emploi médical, 23, 1 et suiv.
*Cadmitis*, sorte de gemme, XXXVII, 56, 1.
*Cadran* sciothérique, II, 78, 1. — cadran solaire apporté à Rome, VII, 60, 2. — un autre apporté de Sicile ne concordait pas avec les heures, 60, 3.
*Cæcias*, vent, II, 46, 2 ; vent de l'Hellespont, II, 46, 4.
*Caille*, ses voyages, X, 33, 1. — bannie des tables, 33, 4.
*Calendrier* de César, ce que signifient dans ce calendrier les constellations, XVIII, 64, 1 et suiv.
*Callaïne*, sorte de gemme, XXXVII, 56, 1.
*Callaïs*, sorte de gemme, XXXVII, 33, 1 et suiv.
*Callarias*, espèce d'ascelle, IX, 28, 1. — plus petit que les ascelles, XXXII, 53, 4.
*Callionyme*, ou uranoscope, poisson, bon pour les taies, XXXII, 24, 1.
*Calmar*, IX, 44, 1. — voltige hors de l'eau, 45, 1. — calmars énormes, 48, 5. — calmar volant (loligo volitans), XXXII, 53, 6.
*Caméléon*, description, VIII, 51, 1.
*Caméléon*, détails, propriétés, fables, XXVIII, 29, 1 et suiv.
*Canelopardalis*. Voy. GIRAFE, VIII, 27, 1.
*Canal* comblé par les sables qu'amoncelaient les vents, IV, 2, 1. — canal projeté à travers l'isthme de Corinthe, 5, 5. — canal pratiqué pour faire communiquer un lac avec la mer, 26, 4. — canal projeté en arrière du mont Mimas, V, 31, 5. — canal projeté entre le Bosphore-Cimmérien et la mer Caspienne, VI, 12, 2. — canal venant de l'Euphrate, 30, 5. — canal entre le Nil et la mer Rouge, VI, 33, 2.
*Canard*, X, 54, 2.
*Cancer* gammarus, cancer pagurus, cancer mænas, IX, 51, 1. — cancer bernardus, IX, 51, 2.
*Cancres*, hivernent, IX, 50, 1. — diverses espèces, 51, 1. carabes, homards, maies, pagures, héracléotiques, 51, 1. marchent à reculons, 51, 3.
*Canicule*, constellation, II, 40, 1.
*Canicule*, poisson de mer dangereux, sa lutte contre les pêcheurs d'éponges, IX, 70, 2.
*Canopus*, grande étoile, VI, 24, 7.
*Canthare*, poisson, XXXII, 53, 4.
*Cantharides*, portent leur contre-poison, XI, 41, 2.
*Cantharides*, danger de leur emploi médical, XXIX, 30, 1. — description, 30, 2. — propriétés médicinales, 30, 3. — vente d'une grande quantité de cantharides, 30, 3.
*Cantharis*, sorte de scarabée rongeant les blés, XVIII, 44, 3.
*Capnitis*, sorte de gemme, XXXVII, 56, 1.
*Cappadocienne*, sorte de gemme, XXXVII, 56, 1
*Carcinias*, sorte de gemme, XXXVII, 72, 1.
*Carcinome*, remèdes, XXVIII, 74, 2.
*Cardiaque*, maladie, remèdes, XI, 71, 2, et la note 20 ; XXXII, 39, 1.

*Carpathium*, sorte de poison, XXXII, 20, 1.
*Carrelet*, ou passer, poisson, IX, 36, 1.
*Carte* de l'Éthiopie mise sous les yeux de Néron, XII, 8, 2.
*Castor*, se châtre lui-même, coupe les arbres, ressemble à la loutre, VIII, 47, 1. — détails sur la poche du castoreum, XXXII, 13, 1. — castoreum, emploi médical, 13, 2 et suiv. — urine, médicament utile, 13, 4.
*Catablepas*, animal de l'Éthiopie, VIII, 32, 1.
*Catarractes*, ou oiseaux de Diomède, X, 61, 1.
*Catochitis*, sorte de gemme, XXXVII, 56, 1.
*Catoptritis*, sorte de gemme, XXXVII, 56, 2.
*Cavaliers*, araignées de mer, IX, 51, 1.
*Cavales*, propriété merveilleuse de la liqueur qui s'échappe après qu'elles ont été saillies, XXVIII, 49, 3.
*Cavernes* fatidiques, II, 95, 3.
*Célia*, boisson faite avec les céréales, XXII, 82, 1.
*Cenchritis*, sorte de gemme, XXXVII, 73, 1.
*Cendre*, employée comme engrais, XVII, 5, 1.
*Censoriales* (Lois), XXXVI, 2, 1.
*Centrine*, insecte qui attaque le figuier, XVII, 44, 1.
*Cépitis*, ou cépolatitis, sorte de gemme, XXXVII, 56, 2.
*Céponides*, sorte de gemme, XXXVII, 56, 5.
*Cépus*, animal d'Éthiopie, VIII, 28, 1.
*Céramitis*, sorte de gemme, XXXVII, 56, 2.
*Céraunie*, sorte de gemme, XXXVII, 51, 1. — dite bétule, 51, 1.
*Cercles*, en rapport avec les zones, tropiques, ligne équinoxiale, II, 70, 1.
*Cercopithèques*, à tête noire, animal d'Éthiopie, VIII, 30, 1.
*Cercyre*, poisson vivant dans les rochers, XXXII, 54, 1.
*Cerf*, a enseigné les propriétés du dictame à l'homme, VIII, 41, 1. — les cerfs ont leur malice, 50, 1. — portée, 50, 2. — allaitement, 50, 2. — manière de courir, 50, 3. — traversent les mers à la nage, 50, 4. — leur bois, 50, 4. — biche blanche, 50, 7. — ennemis des serpents, 50, 7. — vivent longtemps, 50, 7. — préservent des maladies fébriles, 50, 8. — les cerfs du mont Élaphonte ont l'oreille fendue, 83, 1.
*Cerf-volant*, lucanus cervus, XI, 34, 1.
*Ceria*, boisson faite avec les céréales, XXII, 82, 1.
*Ceritis*, sorte de gemme, XXXVII, 56, 2.
*Céruse*, ou psimmythium, préparation, emploi médical, XXXIV, 54, 1 et 2. — couleur, XXXV, 19, 1.
*Cerveau*, battements forts du cerveau indice de science future, VII, 15, 5.
*Cerveau* de l'homme, XI, 49, 1. — siége des sens, 49, 2. — de là part le sommeil, 49, 2.
*Cervoise*, boisson faite avec les céréales, XXII, 82, 1.
*Cétacé* énorme, XXXII, 4, 1.
*Ceyx*, sorte d'oiseau, XXXII, 27, 3.
*Chacal*, X, 83, 6.
*Chair*, partagée sur la montagne d'Albe, III, 9, 16.
*Chalazias*, sorte de gemme, XXXVII, 73, 1.
*Chalcédoine*, ou pierre carthaginoise, XXXVII, 30, 1.
*Chalcis*, poisson sujet aux insectes, IX, 71, 1. — production, IX, 74, 7.
*Chalcitis*, minéral duquel on tire le cuivre, emploi médical, XXXIV, 29, 1 et 2.
*Chalcitis*, sorte de gemme, XXXVII, 73, 4.
*Chalcophone*, sorte de gemme, XXXVII, 56, 3.
*Chameaux*, servant au voyage de Coptos, VI, 26, 7. — chameaux, gros bétail de l'Orient, VIII, 26, 1. — deux espèces, une bosse, deux bosses, 26, 1. — on les châtre, 26, 2.
*Chameau*, remèdes qu'il fournit, XXVIII, 26, 1.
*Chames*, sorte de coquillage, XXXII, 53, 4. — pélorides, glycymérides, 53, 4.
*Chamois*, du genre des chèvres VIII, 79, 2.

*Champs* (Prêtres des), XVIII, 2, 1. — jugère, 2, 1; 3, 1, — joug, labour d'une paire de bœufs en un jour, 3, 1. — actus, étendue que deux bœufs pouvaient labourer tout d'une haleine, 3, 1. — récompense donnée en terre, 3, 1. — cinq cents jugères limite de la propriété foncière, 4, 3. — sept jugères possession convenable à un bon citoyen, 4, 3.
*Champs* de violettes, titre d'ouvrages, Préf., 18.
*Champs* de pierres près du Rhône, III, 5, 4.
*Chane*, poisson, IX, 23, 1. — a une vulve, 77, 1. — conçoit d'elle-même, XXXII, 54, 2.
*Charbon*, maladie propre à la Narbonnaise, s'introduit en Italie, XXVI, 4, 1. — remède, XXVIII, 74, 3. — remèdes magiques, XXX, 33, 1. — le charbon de bois en est le remède, XXXVI, 69, 1.
*Charbon* de bois, XXXVI, 68, 1.
*Chardonneret*, X, 57, 1.
*Charpentes* qu'on peut démonter, XXXVI, 23, 2.
*Chat* d'or servant de divinité, VI, 35, 1. — chat vit six ans, X, 83, 7.
*Château*, les Africains n'habitent guère que des châteaux, V, 1, 1. — châteaux de la nation des Homonades, 23, 1.
*Chaüs*. Voy. LOUP-CERVIER, VIII, 28, 1.
*Chaussée* de Tarquin le Superbe, III, 9, 15. — chaussée de deux stades joignant des îles à la terre, V, 31, 6. — île jointe au continent, 40, 2.
*Chauve-souris*, vivipare, X, 81, 1.
*Chauve-souris*, propriétés magiques, XXIX, 26, 2.
*Chaux*, qualités, XXXVI, 53, 1. — emploi médical, 57, 1.
*Chélidoine*, sorte de gemme, XXXVII, 56, 3; 72, 1.
*Chélonie*, sorte de gemme, XXXVII, 56, 3.
*Chelonitis*, sorte de gemme, XXXVII, 56, 4.
*Chenalopex* ou anser armatus ægyptius, X, 29, 1.
*Cheneros* ou souchet, anas clypeata, X, 29, 1.
*Chenilles*, redoutables aux arbres, XVII, 37, 11. — aux céréales, XVIII, 44, 4.
*Chernites*, pierre, XXXVI, 28, 1.
*Cheval* ailé en Éthiopie, VIII, 30, 1.
*Cheval* sauvage dans le Nord, VIII, 16, 1.
*Cheval* domestique, chevaux remarquables de certains personnages et traits historiques, VIII, 64, 1 et suiv. — intelligence, 65, 1. — augures fournis par les chevaux, 65, 2. — qualités des chevaux suivant les services, 65, 3. — portée, 66, 1. — cavales concevant par le souffle du vent, 67, 1. — anciennement le cheval servait d'enseigne à la légion, X, 5, 1.
*Cheveu* de Vénus, sorte de gemme, XXXVII, 69, 1.
*Cheveux*, XI, 47, 1. — calvitie, 47, 2. — disposition des cheveux, 48, 1.
*Cheveux* (Plantes bonnes pour les), XXVI, 93, 1. — maladies des cheveux, remèdes tirés des animaux, XXVIII, 46, 1 et suiv. — alopécie, décoloration, teinture, remèdes, XXIX, 34, 1 et suiv. — moyen de les empêcher de blanchir, XXX, 46, 2. — remèdes tirés des poissons, XXXII, 23, 1.
*Chèvre*, portée, VIII, 76, 1. — intelligence, 76, 2. — signes à rechercher dans les boucs et dans les chèvres, 76, 2. — chèvres sans cornes, 76, 2. — les chèvres respirent par les oreilles, 76, 3. — dent nuisible aux arbres, 76, 4.
*Chevreau*, constellation, influence sur les saisons, II, 39, 2.
*Chevreuil*, du genre des chèvres, VIII, 79, 2.
*Chiens* meurent dans une certaine île, VI, 32, 13. — chien servant de roi, 35, 14. — divers traits relatifs aux chiens, VIII, 61, 1 et suiv. — leur mémoire, 61, 4. — habileté à la chasse, 61, 5. — force incroyable du chien d'Albanie, 61, 6. — portée, 62, 1. — sujets à la rage,

VIII, 63, 1. — remède, la racine du cynorrhodon, 63, 2. — un chien parla, 63, 2. — différentes espèces, X, 83, 6.
*Chien enragé*, remèdes contre sa morsure, XXVIII, 43, 1. — chiens, punition qu'on leur fait souffrir à Rome, XXIX, 14, 1. — remèdes fournis par le chien, et maladies où ils conviennent, 14, 1 et suiv. — chien enragé, morsure, remèdes, 32, 1 et suiv. — ver à la langue du chien enragé, 32, 3. — urine du chien, effet nuisible, 32, 5. — chiens de Mélita, XXX, 14, 1. — moyen d'ôter au chien la faculté d'aboyer, XXXII, 51, 1.
*Chien de mer* rend dangereuse la pêche des perles, IX, 55, 1.
*Chlamyde* macédonienne, V, 11, 3.
*Chlorée*, oiseau, X, 95, 1.
*Chlorion* ou loriot, X, 45, 1.
*Chloritis*, sorte de gemme, XXXVII, 56, 4.
*Choaspitis*, sorte de gemme, XXXVII, 56, 4.
*Chrome*, poisson, IX, 24, 1. — chromis fait un nid sur les eaux, XXXII, 54, 2.
*Chryselectre*, sorte de gemme, XXXVII, 43, 1.
*Chrysocolle*, dénommée d'après l'or, XXXIII, 2, 1. — description, 26, 1. — chrysocolle artificielle, 26, 2. — manipulation, 26, 2. — emploi dans les arts, 27, 1 et 2. — orobitis, 27, 1. — emploi médical, 28, 1. — on s'en sert pour souder l'or, 29, 1. — santerna, 29, 1.
*Chrysolampis*, sorte de gemme, XXXVII, 56, 4.
*Chrysolithe*, sorte de gemme, XXXVII, 42, 1.
*Chrysophrys*, poisson de couleur d'or, XXXII, 54, 1.
*Chrysopis*, sorte de gemme, XXXVII, 56, 5.
*Chrysoprase*, sorte de gemme, XXXVII, 73, 3.
*Cicatrices*, comment on les blanchit, XXVIII, 76, 1; XXX, 41, 1.
*Ciel*, cœlum vient de cælare, ciseler, II, 3, 3. — n'est pas d'un poli uniforme, on y découvre toutes sortes de figures, 3, 2 et 3. — au-dessous de la lune, 38, 1. — siège des brouillards, des pluies, des orages, etc., 38, 2.
*Cigales*, nations qui en mangent, XI, 32, 1. — leur développement, 32, 2.
*Cigognes*, jadis servies sur la table, X, 30, 3. — voyages, 31, 1.
*Cils*, maladies qu'ils causent, remèdes, XXIX, 37, 1.
*Cinædie*, sorte de gemme, XXXVII, 56, 2.
*Cinède*, poisson jaune, XXXII, 53, 4.
*Cinnabre*, confondu par erreur avec le minium, emploi dans les arts et en médecine, XXXIII, 38, 1; 39. 1.
*Cinnamologos*, oiseau, X, 50, 2.
*Cinnamome*, lieu où on l'apporte, VI, 34, 5.
*Circius*, vent de la Narbonnaise, II, 46, 4.
*Circos*, sorte de gemme, XXXVII, 56, 2.
*Cire*, préparation, XXI, 49, 1. — espèces, 49, 1 et 2. — emploi médical, XXII, 55, 1. — compositions où entrent la cire, 56, 1 et 2.
*Ciselure*, XXXIII, 55, 1 et suiv.
*Cissitis*, sorte de gemme, XXXVII, 73, 1.
*Citerne*, construction, XXXVI, 52, 1.
*Citharus*, le moins estimé des turbots, XXXII, 53, 4.
*Civilisation* entravée par les progrès du luxe, XIV, 1, 2 et 4.
*Civilisatrice* (Action) de l'Italie sur le monde, III, 6, 2.
*Clarigation*, cérémonie, XXII, 3, 3.
*Clémence*, divinité, II, 5, 1.
*Clepsydre*, la première à Rome, VII, 60, 4.
*Climats* (Influence des) sur les populations, II, 80, 1.
*Clupea* ficta, IX, 71, 1.
*Clupée*, petit poisson qui tue l'attilus, IX, 17, 2.
*Cobio* ou gobius, poisson, XXXII, 53, 4.
*Cochlées*, coquillage, diverses espèces, XXXII, 53, 4.
*Cochlides*, sorte de pierres artificielles, XXXVII, 74, 1.
*Cochon* de mer, IX, 17, 2.
*Cœur*, meurt le dernier, XI, 69, 1. — siège de l'intelligence, XI, 69, 2. — variétés, 70, 1. — croissance et décroissance du cœur chez l'homme, 70, 1. — examiné dans les sacrifices, 71, 1. — le cœur ne brûle pas sur le bûcher quand la personne est morte de la maladie cardiaque ou du poison, 71, 2.
*Colias*, poisson, de l'espèce des lacertes, XXXII, 53, 4.
*Colle*, employée dans le plaqué, XVI, 83, 1.
*Collections*, inflammations, contusions, remèdes, XXVI, 79, 1.
*Colonnes*, règles, XXXVI, 56, 1.
*Colonnes* de pierre portant des inscriptions, VI, 34, 5.
*Colum*, maladie nouvelle sous Tibère, XXVI, 6, 1.
*Coluthies* ou coryphies, coquillage appartenant au genre murex, bonnes pour la peau, XXXII, 27, 1.
*Comète*, II, 22, 1. — détails sur les comètes, 23, 1. — astres pleins de présages, 23, 2. — temple élevé dans Rome à une comète qu'on disait avoir reçu l'âme de César, 23, 4.
*Commagène*, sorte de préparation qui se fait avec la graisse d'oie, XXIX, 13, 1 et 2.
*Commerce* de l'Inde, ce qu'il coûte à l'Empire romain, VI, 26, 6. — commerce d'encens et de parfums, 26, 9. — commerce de l'Arabie, 32, 14. — commerce de l'Inde en butte aux pirates, 34, 7.
*Conception*, VII, 5, 1 et 2. — époque où elle est le plus facile, 14, 1. — signe de l'aptitude à concevoir, 14, 1.
*Conception*, XXVI, 91, 1.
*Concessions* de terrain, III, 6, 8.
*Conchylies*, couleur, IX, 60, 3. — atelier de teinture conchylienne, 61, 1. — teintures des étoffes conchyliennes, 64, 1. — remèdes, XXXII, 23, 1.
*Concombre*, animal marin, IX, 1, 3; XXXII, 53, 5.
*Concorde*, divinité, II, 5, 1.
*Congélation*, diminue le liquide, II, 61, 2.
*Congre*, IX, 24, 1.
*Conque* longue, ou strombe, bonne pour le foie, XXX, 30, 1. — conque de Vénus, IX, 52, 2; XXXII, 1, 5; 53, 7.
*Consolation* sur la mort de sa fille par Cicéron, Préf. 17.
*Constellations*, II, 41, 4.
*Coq*, chante pendant la nuit, X, 24, 1. — coqs de combat, 24, 2 et 3. — consulté, 24, 3. — castration, 25, 1. — prodige, 25, 1.
*Coquilles* variées, description, IX, 52, 1. — coquille de Vénus, 52, 2. — servent au luxe, 53, 1.
*Coracin*, du lac Nilis, V, 10, 1. — poisson, IX, 24, 1. — bolty, IX, 32, 1.
*Corail*, variétés, XXXII, 11, 1 et suiv. — d'où vient le nom, 11, 2. — estimé des Indiens, 11, 3. — emploi médical, 11, 4.
*Corail*, ou gorgonie, XXXVII, 59, 2.
*Coraliticae*, pierre, XXXVI, 13, 1.
*Corallis*, sorte de gemme, XXXVII, 56, 2.
*Coralloagathe*, sorte de gemme, XXXVII, 56, 2.
*Coranus*, pierre, XXXVI, 29, 1.
*Corbeau*, poisson, XXXII, 53, 4.
*Corbeau*, oiseau, augures, X, 15, 1 et suiv. — corbeau parlant, 60, 1 et suiv. — intelligence, 60, 4.
*Cormoran*, phalacrocorax, X, 68, 1.
*Corne* d'abondance, titre d'ouvrage, Préf. 18.
*Corne* d'Hammon, XXXVII, 60, 3.
*Corneille*, oiseau, X, 14, 1.
*Cornes*, de diverse configuration, XI, 45, 1.
*Corsoïdes*, sorte de gemme, XXXVII, 56, 2.
*Corus*, vent, II, 46, 2. — pouvant faire aller de la mer Rouge à Cadix, VI, 34, 6.
*Coryza*, remèdes magiques, XXX, 11, 1.
*Cosses* ou vers des arbres, XVII, 37, 4. — emploi médical, XXX, 39, 3.
*Cosson*, naissant dans le buis, XI, 38, 1.
*Côté* (Douleurs de), remèdes, XXVI, 18, 1; 19, 1; 20, 1;

XXVI, 21, 1 ; 22, 1 ; 23, 1. — remèdes magiques, XXX, 18, 1. — remèdes tirés des poissons, XXXII, 30, 1.
*Cotisations* volontaires, XXXIII, 48, 1.
*Cou* et nuque, XI, 67,1
*Cou*, douleurs, torticolis, remèdes, XXVIII, 52, 1.
*Coucou*, X, 11, 1.
*Couleurs*, XXXV, 12, 1. — emploi dans les arts, 31, 1. — les anciens peintres n'employaient que quatre couleurs, 32, 1.
*Couleuvre* d'Esculape, remèdes qu'elle fournit, XXIX, 22, 1.
*Couleuvre* d'eau, préservatif contre les crocodiles, XXXII, 19, 1.
*Couronnes* (Fleurs à tresser les), XXI, 1, 1. — couronnes minces, stroppes, strophioles, 2, 1. — couronnes de fleurs, dites égyptiennes; corolles, 3, 1 et 2. — couronnes de métal; lemniques, 4, 1. — couronnes gagnées dans les jeux, 5, 1. — sévérité romaine pour les couronnes, 6, 1. — un seul personnage honoré de fleurs par le peuple romain , 7, 1. — couronnes de roses ; couronnes cousues , 8, 1. — écrits sur les couronnes ; 9, 1. — couronne empoisonnée, 9, 2. — couronnes plaisant par la variété, 27, 1. — couronnes à feuilles, 28, 1. — diverses fleurs employées dans les couronnes, 29, 1; 30, 1 et 2 ; 33 , 1. — couronnes de gazon, prix et condition, XXII, 4, 1 et 2. — historique sur la couronne de gazon, 5, 1 et 2 ; 6, 1, 2 et 3. — plantes qui y entraient; réflexions personnelles, 7, 1, 2 et 3.
*Couronne* d'étoiles autour du soleil, II, 28, 1. — autour de la lune et de grandes étoiles, II, 28, 1.
*Course* rapide, exemples, VII, 20, 1.
*Cousins*, insectes, naissent d'un liquide qui s'aigrit, IX, 74, 5. — cousins ou moucherons aiment les acides, X, 90, 2.
*Coxalgie*, remède magique, XXX, 18, 1 ; 22, 2. — remèdes tirés des poissons, XXXII, 33, 1.
*Craie*, espèces, emploi médical, XXXV, 57, 1 et suiv. — sert à lustrer les étoffes, 57, 3 et 4. — craie argentaire, 58, 1. — la craie est la marque des esclaves à vendre, 58, 1 et suiv.
*Crâne* (Os du), XI, 48, 1.
*Crateritis*, sorte de gemme, XXXVII, 56, 2.
*Crécerelle*, falco tinnunculus, X, 52, 6.
*Crêtes*, XI, 54, 1.
*Cristal*, provenances, XXXVII, 9, 1 et suiv. — blocs, 10, 1, — qualités, 10, 2. — cristal fossile, 43, 1.
*Crocallis*, sorte de gemme, XXXVII, 56, 3.
*Crocias*, sorte de gemme, XXXVII, 73, 3.
*Crocodile*, du lac Nilis, V, 10, 1. — crocodiles infestant les fossés d'une ville, et ne permettant le passage que sur un pont, VI, 23, 5, — n'a pas de langue, VIII, 37, 1. — la femelle dépose ses œufs toujours au delà du point de l'inondation du Nil, 37, 1. — ses rapports avec le roitelet, 37, 2. — est tué par les dauphins, 38, 1. — attaqué par les Tentyrites , 38, 2. — montrée à Rome, 40, 1. — Le crocodile n'attaque personne pendant les sept jours de la fête du bœuf Apis, 70, 3.
*Crocodile*, propriétés merveilleuses, fables que l'on conte, remèdes qu'il fournit, XXVIII, 28, 1 et suiv. — crocodilée, 28, 1.
*Crocodile* de terre, remèdes qu'il fournit, XXVIII, 28, 1 et 3.
*Crocotte*, animal d'Éthiopie, VIII, 30, 1.
*Crocute*, produit de l'accouplement de la hyène avec la lionne, VIII, 45, 1.
*Crustacés*, trente espèces, IX, 16, 1.
*Cuivre*, trouvé d'abord à Chalcis, IV, 21, 3.
*Cuivre*, mines, XXXIV, 1, 1. — collége des fondeurs de cuivre, institué par Numa, 1, 1. — qualités, 2, 1 et 2. — différentes espèces, 20, 1 et suiv. — alliages, 20, 2 et suiv. — manière de le défendre contre le vert-de-gris,

XXXIV, 21, 1. — scorie, fleur, écaille, emploi médical, 24, 1. — autre écaille, ou stomoma, emploi médical, 25, 1 et suiv. — triens de cuivre, conservé superstitieusement par une famille romaine, 38, 1.
*Cupidité* (Progrès de la), parmi les Romains, XXXIII, 14, 1 et suiv.
*Cyamée*, sorte de gemme, XXXVII, 73, 1.
*Cyanos*, sorte de gemme, XXXVII, 38, 1.
*Cychrame*, oiseau, voyage, X, 33, 3.
*Cygnes*, voyages, X, 32, 1. — ne chantent pas en mourant, 32, 1.
*Cyitis*, sorte de gemme, XXXVII, 56, 3.
*Cymbale* (La) du monde, Préf. 20.
*Cynips*, fléau des chiens, XI, 40, 1.
*Cynocéphale*, sorte de singe, VI, 35, 7. — entretenus en troupeaux, VII, 2, 24.
*Cynops*, poisson, XXXII, 53, 5.
*Cynosdexia*, poisson, XXXII, 53, 5.
*Cyprin* de mer, IX, 25, 1. — production, 74, 7.

## D

*Dactyles* ou dails, coquillage, IX, 87, 1 ; XXXII, 53, 7.
*Dactyle* de l'Ida, sorte de gemme, XXXVII, 61, 1.
*Daim*, du genre des chèvres, VIII, 79, 2.
*Daphnie*, sort de gemme, XXXVII, 57, 1.
*Dasypode*, espèce de lièvre, VIII, 81, 3. — sujet à superfétation, X, 83, 8.
*Dauphin*, attaquant les crocodiles, VIII, 38, 1. — n'a pas de branchies, IX, 6, 3. — le plus rapide des animaux, 7, 1. — va par couples, 7, 2. — les dauphins aiment le nom de Simon, parce qu'ils sont simi, camards, 7, 2. — ami de l'homme et de la musique, 8, 1. — différentes anecdotes, 8, 2 et suiv. — pêchent en compagnie avec l'homme, 9, 1. — autre exemple de ce genre, 10, 1. — témoignages sur l'intelligence du dauphin, 10, 1. — petit dauphin nuisible aux poissons, 20, 1.
*Défaillances*, aliénation et vertiges, remèdes magiques, XXX, 16, 2. — délire et cauchemar, remèdes magiques, 24, 2.
*Delphinus* gangeticus, IX, 17, 3.
*Delphinus* orca, XXX, 5, 1 ; 67, 3.
*Déluge*, ville plus ancienne que le déluge, V, 14, 2
*Démangeaisons*, remède, XXX, 41, 1.
*Dendritis*, sorte de gemme, XXXVII, 73, 4.
*Dent*, époques des dentitions, VII, 15, 1. — résistent au feu, 15, 3. — carie, 15, 3. — règlent l'articulation des sons, 15, 3. — donnent des présages, 15, 4. — dents surnuméraires, signe de longévité, 15, 4.
*Dents*, X, 61, 1. — dents venimeuses des serpents, XI, 62, 1. — variétés des dents, 62, 3. — dentition, 63, 1. — âge des animaux marqué par les dents, 64, 1. — dents à une seule mâchoire, 85, 1.
*Dents*, maladies, remèdes végétaux, XXV, 105 et suiv. — remèdes animaux, XXVIII, 49, 1 et suiv. — remèdes magiques, XXX, 8, 1 et suiv. — remèdes tirés des poissons, XXXII, 26, 1 et suiv.
*Désert*, îles désertes, IV, 23, 10. — déserts remplis de sables et de serpents, V, 4, 1.
*Diadochos*, sorte de gemme, XXXVII, 57, 1.
*Dialecticiens*, critiquant Pline, Préf. 22.
*Diamant*, espèces, XXXVII, 15, 1 et suiv.
*Diapasma*, espèce de parfum, XIII, 3, 1.
*Diaphragme*, phrenes ou præcordia, XI, 77, 1. — intervient dans le chatouillement, 77, 2. — rire dans les blessures du diaphragme, 77, 2.
*Dieu*, folie d'en chercher l'image ou la forme, II, 5, 1. — folie de croire qu'il y en ait un nombre infini, 5, 1. — stupidité de croire qu'il y a des mariages entre les dieux, qu'il y en a de vieux, de jeunes, etc., 5, 3. — l'homme

qui sert ses semblables est un dieu pour eux, II, 5, 4. — cause suprême, s'occupe-t-elle ou ne s'occupe-t-elle pas des affaires humaines, 5, 6. — il est bon de croire que les dieux s'en occupent, 5, 10. — dieux portés au doigt, 5, 6. — choses impossibles à Dieu, 5, 11. — Dieu sujet continuel de controverses, 5, 11.

*Digression* des planètes, II, 14, 5.

*Dimensions* du ciel, II, 21, 2. — suivant le calcul égyptien, 21, 5.

*Dionysias*, sorte de gemme, XXXVII, 57, 1.

*Dioptre*, instrument, II, 69, 1.

*Diphryge*, substance cuivreuse, emploi médical, XXXIV, 37, 1 et 2.

*Diphyes*, sorte de gemme, XXXVII, 57, 1.

*Distance* de la terre aux nuages, à la lune, au soleil, suivant Posidonius, II, 21, 1.

*Divination* par la hache, ou axinomantie, XXXVI, 34, 1. — sélénomantie, XXXVII, 59, 2. — hydromantie, 73, 4.

*Doigts* (Maladies des), remèdes, XXVI, 14, 1. — excroissances, remèdes, XXVIII, 52, 1. — ongles, verrues, maladies, remèdes magiques, XXX, 23, 5 et 6. — envies et excroissances, 37, 1.

*Doigts*, XI, 99, 1. — sédigités, 99, 1. — animaux qui ont des doigts, 101, 1.

*Doques*, ou poutres, météore, II, 26, 1.

*Dorade*, IX, 25, 1. — remède contre l'indigestion du miel, XXXII, 16, 1.

*Draconites*, ou dracontie, sorte de gemme, XXXVII, 57, 2.

*Dracuncule*, poisson qu'on distingue du dragon ou vive, XXXII, 53, 5.

*Dragon*, combat du dragon et de l'éléphant, VIII, 12, 1.

*Dragon*, marin ou vive, IX, 43, 1. — sa chair guérit la plaie qu'il a faite, le bouillon est un antidote, XXXII, 17, 1.

*Dragon*, propriétés magiques, XXIX, 20, 1 et 2. — dragon peint, servant d'épouvantail aux oiseaux, XXXV, 38, 1.

*Drepanis*, oiseau indéterminé, XI, 107, 1.

*Droguistes*, XXXIV, 25, 1. — mystères des officines, XXXIII, 38, 1.

*Droit* des alliés, III, 3, 6 ; 4, 1.

*Droit* des colonies, III, 4, 7.

*Droit* de liberté, V, 4, 5.

*Droit* des tributaires, III, 4, 7 ; IV, 35, 5 ; V, 4, 5.

*Droit* italique, III, 4, 9.

*Droit* de cité romaine, III, 4, 1 ; 13, 2 ; 14, 6 ; 26, 3 ; IV, 17, 1 ; V, 1, 20 ; 4, 4.

*Droit* de colonie, V, 1, 20.

*Droit* d'immunité ou exemption, III, 3, 8 ; 4 2 ; 24, 1 ; IV, 4, 1 ; V, 1, 19.

*Droit* des Latins, III, 4, 3 ; 14, 5 ; 24, 1 ; IV, 35, 5.

*Droit* des vieux Latins, III, 4, 1 ; IV, 35, 6.

*Droit* du Latium, III, 1, 1.

*Dromon*, animal marin, XXXII, 53, 3.

*Drosolithe*, sorte de gemme, XXXVII, 73, 3.

*Dryitis*, sorte de gemme, XXXVII, 73, 1.

*Dugongs*, IX, 2, 4.

*Duretés* du corps, remèdes, XXVIII, 70, 1.

*Dysenterie*, et maladie cœliaque, remèdes magiques, XXX, 19, 1 et suiv.

*Dysurie* des bêtes de somme, moyen magique de la guérir, XXX, 50, 1.

# E

*Eale*, animal d'Éthiopie, VIII, 30, 2.

*Eau*, merveilles des eaux, II, 106, 1. — eaux douces se surnageant, 106, 1. — cours d'eau gagnant le fond de la mer, 106, 3. — cours d'eau devenant souterrains, 106, 3. — eaux ne laissant rien s'enfoncer, 106, 4. — niveaux ne changeant jamais, 106, 4. — eaux pétrifiantes, 106, 5. — eaux chaudes, 106, 6. — eaux douces dans la mer, 106, 6 et 10. — variations de température dans certaines sources, 106, 7 et 8. — cours d'eau se gonflant et tarissant alternativement, 106, 9 ; 106, 12. — eaux qui colorent, 106, 10. eaux rendant noir le lait des juments, 106, 10. — eau annonçant par les déplacements les variations de la récolte, 106, 10. — eau enivrante, 106, 11. — eau ayant le goût du vin, 106, 11. — eau causant la mort, 106, 11. — eaux, l'une absorbant, l'autre repoussant tout, 106, 11. — eau chaude ne coulant qu'au printemps, 106, 12. — eau amère, 106, 12. — eau procurant le don d'oracles, 106, 12. — cours d'eau remontant vers leur source, 106, 12. — propriétés remarquables de l'eau, 106, 13, 14 et 15. — eau jaillissant, malgré sa tendance vers le bas, 106, 15. — eau bouillante et glaciale alternativement, V, 5, 6. — eau douce amenée du fond de la mer, 34, 2. — eau que boivent les rois de Perse, VI, 31, 9.

*Eau*, secours fournis à la médecine par les choses de l'eau, XXXI, 1, 1. — prépondérance de l'eau, 1, 1 et 2, — eaux thermales, 2, 1 et 2. — eau thermale découverte dans la villa de Cicéron, 3, 1 et 2. — diverses eaux médicamenteuses, 4, 1 ; 5, 1 ; 6, 1 ; 7, 1 ; 8, 1. — diverses propriétés utiles ou nuisibles, 8, 1 et 2 ; 9, 1 ; 10, 1 ; 11, 1 ; 12, 1 ; 13, 1 ; 14, 1 ; 15, 1 ; 16, 1 ; 17, 1. — récits merveilleux, présages, 18, 1 et suiv. ; 19, 1 et suiv. — propriétés de pétrification, 20, 1. — quelles sont les meilleures eaux, 21, 1 et suiv. — défauts des eaux, 22, 1. — moyens de juger des qualités de l'eau, 23, 1 et suiv. — eau bouillie, avantages, 23, 2 et 3. — eau froide arrête les hémorragies, 23, 3. — eaux excellentes amenées à Rome, 24, 1 ; 25, 1. — manière de rechercher les eaux, 26, 1. — indices des eaux, 27, 1 et 2 ; 28, 1 et suiv. — singularités de la température des eaux, 28, 3 et suiv. — variations des eaux suivant la saison et le sol, 29, 1. — influence des bois, de la culture, des tremblements de terre sur les eaux, 30, 1 et suiv. — particularités merveilleuses, 30, 2 et 3. — conduite des eaux, 31, 1 et 2. — eaux thermales, emploi, 32, 1 et suiv. — eau de mer, emploi médical, 33, 1 et suiv. — eau de mer artificielle, 34, 1. — moyens de suppléer à l'eau douce manquant dans une navigation, 37, 1. — écume de l'eau de mer, emploi médical, 38, 1.

*Échanges*, faits en nature, XXXIII, 3, 1.

*Échénéis*. Voy. REMORA.

*Échinomètre*, sorte d'oursin, IX, 51, 4.

*Echinus* cidaris, IX, 51, 4.

*Echitis*, sorte de gemme, XXXVII, 72, 1.

*Échos* remarquables, XXXVI, 23, 1 et 2.

*Éclair*, simultané avec le tonnerre, II, 55, 1. — éclairs sans tonnerre, 55, 4.

*Éclipses* du soleil et de la lune, II, 7, 1. — théorie, 9, 1. — effroi produit par les éclipses, 9, 3. — notions générales sur les éclipses, 10, 1. — d'une durée prodigieuse, 10, 1.

*Écorchures* dues à l'équitation, remèdes, XXVIII, 61, 3.

*Écrevisses*, propriétés et merveilles, XXXII, 19, 1 et suiv.

*Écrouelles*, remèdes végétaux, XXVI, 12, 1 ; 13, 1 ; 14, 1. — remèdes animaux, XXVIII, 51, 2. — remèdes magiques, XXX, 12, 2 et suiv. — remèdes tirés des poissons, XXXII, 28, 1 et suiv.

*Écureuil*, prévoit le mauvais temps, VIII, 58, 1.

*Écusson*, ou clypeus, XXXV, 4, 1 et 2.
*Effraye*, ægolius, strix flammea, X, 79, 6.
*Egyptilla*, sorte de gemme, XXXVII, 54, 8.
*Electrum*, alliage d'or et d'argent, IX, 65, 1; XXXIII, 23, 1 et 2.
*Éléments*, quatre, feu, air, eau et terre, II, 4, 1.
*Éléphant*, importance de ces animaux pour les Indiens, VI, 22, 3. — éléphants de l'île de Taprobane, 24, 1. — chasse des éléphants, 34, 3. — peuple vivant de chair d'éléphant, 35, 12. — éléphants sans oreilles, 35, 14. — remarques sur le caractère moral de l'éléphant, VIII, 1, 1. — éléphants attelés et dressés, 2, 1. — intelligence des éléphants, 3, 1. — défenses des éléphants, 4, 1. — éléphants sauvages, marchent en troupe, 5, 3. — éléphants sensibles aux distinctions, 5, 3 et 4. — pudeur, attachement, 5, 5. — éléphant de guerre, 6, 1. — éléphants dans le Cirque, 7, 1 et suiv. — éléphants sauvages, comment ils se défendent, 7, 4. — manière de chasser les éléphants, 8, 1, — comment on les dompte, 9, 1. — le cri du cochon les épouvante, 9, 1. — ceux de l'Inde supérieurs à ceux de l'Afrique, 9, 1. — portée, vie, maladies, trompe, rat odieux, 10, 1 et 2. — peau, 10, 3. — prix de leurs défenses, 10, 4. — on mange le cartilage de leur trompe, 10, 4. — lieux où on les trouve, 11, 1. — combat de l'éléphant et du dragon, 12, 1.
*Éléphant*, remèdes qu'il fournit, XXVIII, 24, 1.
*Éléphant* marin, IX, 4, 2.
*Éléphant* noir, espèce de langouste, XXXII, 53, 5.
*Éléphantiasis*, maladie nouvelle en Italie, XXVI, 5, 1.
*Éloge* de Titus, Préf. 3, 4 et 5.
*Élops*, un des noms de l'esturgeon, IX, 27, 1. — de Rhodes, 79, 2. — ou hélops, d'après Ovide est inconnu à nos mers, ce qui montre qu'il n'est pas le même que l'esturgeon, XXXII, 54, 2.
*Élucubration*, titre d'un ouvrage, Préf. 19.
*Émeraudes* en parure, IX, 58, 1.
*Émeraudes*, reposent la vue, XXXVII, 16, 1 et 2. — diverses espèces, 17, 1 et 2. — défauts, 18, 1. — tanos, et chalcosmaragdos, pierres rangées parmi les émeraudes, 19, 1. — émeraudes de dimensions énormes, 19, 1 et 2.
*Émerillon* ou æsalon, X, 95, 3.
*Émouchet* ou nisus, X, 95, 2.
*Encardie*, ou ariste, sorte de gemme, XXXVII, 58, 1.
*Encaustique*, XXXV, 39, 1; 40, 1. — trois manières, 41, 1.
*Encyclopédie*, Préf. 11.
*Enfants* naissant les pieds les premiers, VII, 6, 1. — enfants dont les mères meurent en leur donnant le jour, 7, 1. — enfants et petits-enfants nombreux, 11, 2. — on ne brûle pas le corps d'un enfant mort avant que les dents aient percé, 15, 4. — enfants à développement précoce, dits ἐκτράπελοι, 17, 1.
*Enfants*, maladies, remèdes, XXVIII, 78, 1 et 2. — remèdes magiques, XXX, 47, 1 et suiv. — remèdes tirés des animaux et productions aquatiques, XXXII, 48, 1.
*Engoulevent*, caprimulge, X, 56, 1.
*Enhydris*, couleuvre d'eau, remèdes qu'elle fournit, XXXII, 26, 3.
*Enhydros*, sorte de gemme, XXXVII, 73, 2.
*Enorchis*, sorte de gemme, XXXVII, 58, 1.
*Enveloppe* des animaux, cuir, XI, 93, 1. — plumes, écailles, carapace, 94, 1. — poils, 94, 1.
*Épaules*, douleur, remède, XXX, 13, 1.
*Épée*, poisson de mer, IX, 1, 3. — xiphias, ou espadon, perce les vaisseaux, XXXII, 6, 1.
*Épervier*, seize espèces : entre autres l'œgithus, le triorchis ou buteo, l'epileus, X, 9, 1 et 2. — les éperviers chassent avec les hommes, 10, 1. — éperviers de nuit ou cymindis, 10, 1.
*Épicuriens* critiquent Pline, Préf. 22.

*Épilatoires*, XXX, 46, 1 et 2; XXXII, 47, 1 et 2.
*Épilepsie*, remèdes, XXVI, 70, 1. — sang de gladiateur, bu chaud, XXVIII, 2, 1. — remèdes animaux, 63, 1 et 2. — remèdes magiques, XXX, 27, 1 et suiv. — remèdes tirés des animaux et productions aquatiques, XXXII, 37, 1.
*Epimelas*, sorte de gemme, XXXVII, 58, 2.
*Épines* et autres corps engagés dans les chairs, remèdes, XXVIII, 76, 1. — remèdes magiques, XXX, 42, 1. — remèdes tirés des animaux et productions aquatiques, XXXII, 43, 1.
*Épinyctides*, remèdes, XXX, 39, 2.
*Épiploon*, XI, 80, 1.
*Épître* familière à Titus, Préf. 1.
*Épode*, poisson fort large, XXXII, 54, 2.
*Éponges*, divisées en trois genres : tragos, manos et achilléennes, IX, 69, 1. — elles mangent, 69, 2. — éponge aplysie, 69, 3. — pêche des éponges, 70, 1. — danger, 70, 2.
*Éponges*, division et description, XXXI, 47, 1. — emploi médical, 47, 2 et suiv. — dans le pansement des plaies elles remplacent la laine, 47, 4.
*Époptides*, livre de Valerius Soranus, Préf. 26.
*Éporédie*, mot gaulois, signifiant bon écuyer, III, 21, 2.
*Épulon*, César est nommé Épulon, XIV, 17, 2.
*Eristalis*, sorte de gemme, XXXVII, 58, 1.
*Erotylos*, ou amphicome, ou hiéromnémon, sorte de gemme, XXXVII, 58, 1.
*Erreurs* géographiques causées par les changements de délimitation, III, 3, 13, — erreur sur les portes Caucasiennes, VI, 12, 1. — erreur touchant les portes Caspiennes, 15, 6.
*Érysipèle*, remèdes végétaux, XXVI, 74, 1. — zoster, 74, 1. — remèdes animaux, XXVIII, 69, 1. — remèdes magiques, XXX, 32, 1. — grenouilles utiles, XXXII, 40, 1.
*Erythacus*, oiseau, X, 44, 1.
*Érythin* a une vulve, IX, 77, 1. — érythin ou rubellio, fait prendre le vin en aversion, XXXII, 49, 1. — rouge, 54, 1.
*Escarboucle*, V, 5, 4.
*Escarboucle*, espèces, XXXVII, 25, 1 et suiv. — fraudes, 26, 1.
*Escargots* ont deux sommeils, VIII, 59, 2. — aquatiques et terrestres, IX, 51, 6. — production, 74, 9. — parcs, 82, 1. — variétés, grosseur énorme, 82, 1.
*Escargots*, leurs cornes ou tentacules, XI, 45, 3.
*Escargots*, diverses espèces, XXX, 1 et suiv. — escargot dit acérate, 15, 3. — remèdes qu'ils fournissent, 15, 1 et suiv. — emploi dans les maladies des femmes, 43, 3 et 4. — escargots de rivière, propriétés, XXXII, 19, 3.
*Esclaves*, prix de quelques esclaves, VII, 40, 1.
*Esox*, poisson du Rhin, IX, 17, 1.
*Espérance*, divinité, II, 5, 1.
*Estomac*, XI, 78, 1. — variétés de conformation; jabot, gésier, 79, 2.
*Estomac*, ulcérations, hématémèse, remèdes, XXVIII, 54, 1. — remèdes magiques, XXX, 15, 1 et suiv.
*Estuaire*, par lequel on explique les contes du jardin des Hespérides, V, 1, 3.
*Esturgeon*, estimé chez les anciens, IX, 27, 1.
*Étain*; étamage, miroirs, XXXIV, 48, 1 et suiv.
*Étangs* bordant le rivage près de Narbonne, III, 5, 2.
*Éternuements*, indice de l'avenir, II, 5, 8.
*Étésiens*, vents, V, 10, 6. — de l'Inde, VI, 21, 3. — d'Égypte, 26, 7.
*Étoffe* fine pour les femmes inventée dans l'île de Céos, IV, 20, 6.
*Étoile* (L') de chacun, II, 5, 8.
*Étoiles* fixes, visibles de jour pendant les éclipses ou dans

les puits profonds, II, 11, 2. — étoiles nouvelles, 24, 1.
— catalogue des étoiles, 24, 2. — étoiles semblant se détacher, 36, 1. — étoiles brillant autour des javelots, sur les navires, 37, 1; nommées Hélène, Castor et Pollux, 37, 1. — apparaissant sur la tête d'un homme, 37, 2. — seize cents étoiles notées pour leur grandeur ou quelque autre remarque, 41, 4.

*Étoile*, animal marin, (asterias) n'a pas de sentiment, IX, 71, 1. — description, 86, 1. — amulette, XXXII, 16, 2.

*Étourneaux*, émigrent, X, 35, 1. — étourneau parlant, 59, 3.

*Eumèces*, sorte de gemme, XXXVII, 58, 1.
*Eumithres*, sorte de gemme, XXXVII, 58, 2.
*Eupétalos*, sorte de gemme, XXXVII, 58, 2.
*Eureos*, sorte de gemme, XXXVII, 58, 2.
*Euronotus*, vent, II, 46, 3.
*Eurotias*, sorte de gemme, XXXVII, 58, 2.
*Eurus*, vent, II, 46, 1.
*Eusèbes*, sorte de gemme, XXXVII, 58, 2.
*Exebène*, sorte de gemme, XXXVII, 58, 1.
*Exemples*, titre d'ouvrage, Préf. 19.
*Exocœte* ou adonis, poisson d'Arcadie; on lui attribue de la voix, IX, 34, 1.

# F

*Faber* ou zeus, poisson, IX, 32, 1.
*Fables* grecques, IV, 1, 14. — le théâtre s'en est souvent déplacé, V, 5, 1.
*Face*; l'homme seul a une face, XI, 51, 1.
*Fanal* d'Alexandrie, V, 34, 1.
*Fascinateurs* (Familles de), VII, 2, 3. — ont la pupille double, 2, 8 et 9.
*Fauchage*, XVIII, 67, 8. — faux et pierres à aiguiser, 67, 9 et 10. — combien de fauchages, 67, 11.
*Faunes* ou cauchemar, XXV, 10, 1.
*Favonius*, vent, II, 46, 2.
*Fébrifuge*, ou lexipyrète, XX, 76, 4.
*Femme*: peuple indien gouverné par des femmes, VI, 23, 6. — femmes changées en hommes, VII, 3, 3. — femme déclarée la plus vertueuse, 35, 1. — femme qui fut fille, épouse et mère de roi, 42, 1.
*Femmes* (Maladies des), XXVI, 90, 1. — remèdes fournis par le corps de la femme, XXVIII, 20, 1 et suiv. — lait de femme, emploi, 21, 1 et suiv. — salive, 22, 1. — reproduction et critique des extravagances débitées sur le sang menstruel, 23 et suiv. — horreurs et infamies, 24, 1. — menstrues et matrice, remèdes animaux, 77, 1 et suiv. — conception, 77, 3. — accouchements, 77, 8 et 9. — maladies, remèdes magiques, XXX, 43, 1 et suiv. — matrice; accouchement, remèdes magiques, 44, 1. — lait, mamelle; règles, matrice, etc.: remèdes tirés des animaux et productions aquathiques, XXXII, 46, 1 et suiv.
*Fer*, biens et maux, XXXIV, 39, 1 et 2. — statues de fer, 40, 1. — mines de fer, 41, 1. — fourneaux, 41, 3. — qualités, 41, 3 et suiv. — fer aimanté, 42, 1; — abondance, 43, 1 et 2. — emploi superstitieux du fer, 44, 1. — écaille de fer, emploi médical, 46, 1.
*Feu*, quatrième élément, II, 107, 1. — limon en feu jeté par un étang, 108, 1. — montagnes en feu, 110, 1 et 4. — feux allumés en différentes localités, 110, 2. — piscine en feu, 110, 3. — feu brûlant au milieu d'un bois, 110, 3. — îles en feu avec la mer environnante, 110, 4. — le feu s'engendre-lui-même, 111, 1. — énumération des feux, 111, 1 et 2. — feu que les pluies activent, 111, 2. — feux s'allumant en diverses circonstances, 111, 3. — feux subits apparaissant dans les eaux et sur le corps humain, 111, 4 — découverte du feu, IV, 22, 3.

— le feu artisan des formes du corps, VI, 35, 9. — usage du feu inconnu à certains peuples, 35, 10.
*Feu*, intervient presque en tout, XXXVI, 68, 1. — vertu médicinale, 69, 1.
*Ficédule*, muscicapa atricapilla, X, 44, 1.
*Fiel*, emploi médical, XXVIII, 40, 1.
*Fièvre*, déesse, II, 5,2.
*Fièvres*, remèdes végétaux, XXVI, 71, 1. — remèdes animaux, XXVIII, 66, 1 et 2. — remèdes magiques, XXX, 29, 1 et 2; 30, 1 et suiv. — remèdes tirés des animaux et productions aquatiques, XXXII, 38, 1 et suiv.
*Filtre*, XXXII, 50, 1.
*Fistules*, remèdes, XXVI, 78, 1. — traitement, XXXII, 44, 2.
*Flexibula*, titre d'une satire de Varron, Préf. 19.
*Floralia*, XVIII, 69, 5.
*Flottable* (rivière), III, 9, 2.
*Flûtes* (Fabrication des), XVI, 66, 5, et 6.
*Foi*, divinité, II, 5, 1.
*Foie*, dans les sacrifices, XI, 73, 1. — renferme la bile, 74, 1. — nombre des lobes, variable chez certains animaux, XI, 76, 1.
*Foie*, maladies, remèdes végétaux, XXVI, 22, 1; 24, 1; 25, 1. — remèdes animaux, XXVIII, 55, 1. — remèdes magiques, XXX, 16, 1 et suiv. — remèdes tirés des poissons, XXXII, 30, 1.
*Foin*, qui nuisible sur place ne l'est pas ailleurs, II, 98, 2.
*Force* physique extraordinaire, exemples, VII, 19, 1. — force morale, 23, 1.
*Forêts*, merveilles des forêts en Germanie, XVI, 2, 1.
*Fornacales*, fête de la torréfaction du blé, XVIII, 2, 2.
*Fortune* (Mauvaise), divinité, II, 5, 2. — fortune adorée par la plupart des hommes, 5, 7. — variations, VII, 43, 1. — compensations, 44, 1 et suiv.; 45, 1 et suiv.; 46, 1.
*Fossé*, tracé pour servir de limite entre deux provinces, V, 3, 3.
*Fossiles*, divers, XXXVI, 29, 1.
*Foudres*, projetés par les planètes supérieures et surtout par Jupiter, II, 18, 1. — foudres aveugles, foudres interprètes du destin, 43, 2. — foudre suivant les saisons et les pays, 51, 1 et 2. — espèces différentes de foudres, singularités, 52, 1. — distinction des foudres, suivant les Étrusques, 53, 1 — foudres intérieurs venant de la terre, 53, 1 — foudres de familles, 53, 3. — on obtient la descente des foudres, 54, 1. — rites pour l'évocation de la foudre, 54, 2. — interprétation de la foudre, 54, 2. — pour l'observation de la foudre, les Étrusques divisent le ciel en seize parties, 55, 2. — manière dont la foudre tue, 55, 4. — choses à l'abri de la foudre, 56, 1. — tours détruites par la foudre, 56, 1. — la foudre frappe en un même jour les deux statues d'un athlète, l'une à Locres, l'autre à Olympie, ce qui lui donna des honneurs divins de son vivant, VII, 48, 1.
*Foulures*, remèdes, XXVIII, 62, 3.
*Fourmis* (Œufs de) remède, XXIX, 39, 1. — fourmis d'Hercule remède du tentigo, XXX, 10, 2.
*Fourmis*, ont une société politique, XI, 36, 1. — travail, 36, 2.
*Fourmi* Indienne, ses cornes; sa passion pour l'or, XI, 36, 3.
*Foyer*, histoire merveilleuse, XXXVI, 70, 1.
*Fractures*, remède, XXVIII, 65, 1. — remèdes magiques, XXX, 40, 1.
*Frelons*, leurs nids, XI, 24, 2.
*Fresque*, sur une muraille en brique, sciée et transportée, XXXV, 49, 4.
*Fromages*, XI, 97, 1. — les plus estimés, 97, 1.
*Fromages*, propriétés médicales, XXVIII, 34, 1. — moyen de les préserver, XXX, 50, 1.
*Fumier*, antiquité, XVII, 6, 1. — diverses espèces, 6, 2.

## CONTENUES DANS L'OUVRAGE.

— emplois suivant les terroirs, XVII, 6, 4. — disposé par tas, 8, 1. — précautions à prendre pour fumer les arbres, 46, 1. — théorie de l'engrais, XVIII, 53, 1.
*Furet*, chasse le lapin, VIII, 81, 2.
*Furet*, ou ictis, utile contre les serpents, XXIX, 16, 1. — ou belette sauvage; maléfices qu'on prépare avec, XXIX, 33, 1.
*Furoncles*, remèdes, XXVI, 77, 1; XXVIII, 70, 1. — remèdes magiques, XXX, 34, 1.

## G

*Galactites*, sorte de gemme, XXXVII, 58, 1.
*Galactitis*, ou leucogée, ou leucographitis, ou synnephitis, sorte de gemme, XXXVII, 59, 1.
*Galaxias*, sorte de gemme, XXXVII, 59, 1.
*Gale*, remède, XXVIII, 75, 1. — autre, XXXII, 40, 1. — gale des chevaux, 51, 1.
*Galéos*, poisson, antipathie avec la pastenague, XXXII, 12, 1.
*Galgule*, oiseau, X, 50, 1.
*Galgule*, ou icterus, sorte d'oiseaux, XXX, 28, 1.
*Gallaïque*, sorte de gemme, XXXVII, 59, 2.
*Garum* des alliés, espèce de condiment, IX, 30, 3.
*Garum*, sorte de condiment très-recherché des anciens, préparation, XXXI, 43, 1 et 2.
*Garus*, poisson, XXXII, 53, 5.
*Gasidane*, sorte de gemme, XXXVII, 59, 2.
*Gausape*, vêtement de laine, commença du temps du père de Pline, VIII, 73, 4. — la tunique laticlave en forme de gausape est toute récente, 74, 4.
*Geai*, X, 59, 2.
*Gecko* (stellion), XI, 31, 1.
*Gélinotte*, ou attagen, X, 68, 1.
*Gémite*, sorte de gemme, XXXVII, 73, 4.
*Gémursa*, maladie qui a cessé, XXVI, 5, 1.
*Génération*; antipathies et particularités, VII, 11, 1. — époque, 12, 1.
*Génie*, spécial à chaque homme, II, 5, 3.
*Génitoires*, XI, 109, 1. — hermaphrodisme, 109, 1. — testicules, 110, 1.
*Géode*, pierre, XXXVI, 32, 1.
*Geranitis*, sorte de gemme, XXXVII, 72, 1.
*Gerricule*, poisson, XXXII, 53, 5.
*Gerris*, poisson, XXXII, 53, 5.
*Giraffe* ou nabu, ou camelopardalis, ou mouton sauvage, d'Éthiopie, VIII, 27, 1.
*Glanis*, poisson, IX, 67, 3.
*Glaucisque*, poisson, augmente le lait, XXXII, 46, 1.
*Glaucus*, poisson, IX, 25, 1. — ne paraît jamais en été, XXXII, 54, 2.
*Glossopètre*, sorte de gemme, XXXVII, 59, 2.
*Glottide*, oiseau, sa manière de voyager, X, 33, 3.
*Gnomonique* (Invention de la), II, 78, 1.
*Gobius*, IX, 42, 1.
*Golfes* principaux de l'Europe, III, 1, 3. — fin du premier golfe de l'Europe, 10, 4. — premier golfe de l'Europe, 14, 7. — second golfe de l'Europe, 15, 2. — troisième golfe de l'Europe, IV, 1, 1. — golfe de Coron, 7, 1. — golfes qui découpent le Péloponnèse, 9, 2. — fin du troisième golfe de l'Europe, 18, 14. — quatrième golfe de l'Europe, 24, 1. — golfes rares sur la côte d'Afrique, V, 1, 1. — Golfe formé par un cap du mont Barce, 1, 9. — vaste golfe limité par le Taurus, 27, 1. — golfe inconnu en Éthiopie, VI, 34, 5.
*Gonflements*, remèdes, XXVIII, 70, 1; XXIX, 33, 1.
*Goniée*, sorte de gemme, XXXVII, 59, 2.
*Gorge*: amygdale, XI, 66, 1. — trachée-artère, 66, 1. — pharinx, 66, 1. — épiglotte, 66, 1. — gosier, 68, 1. — œsophage, 68, 1.

*Gosier*, corps engagés dans le, remèdes, XXVIII, 51, 1.
*Goujons*, saisis par la glace, IX, 83, 3.
*Goutte*, remèdes, XXVIII, 62, 1 et suiv. — remèdes magiques, XXX, 23, 1 et suiv. — remèdes tirés des animaux et productions aquatiques, XXXII, 36, 1 et 2.
*Graccule*, choucas rouge, X, 41, 2.
*Graisse* et suif, XI, 85, 1. — homme qui s'est fait dégraisser, 85, 1.
*Graisse* de porc, emploi médical, XXIII, 37, 1 et suiv. — graisse d'ours, bonne pour les cheveux, 46, 1. — graisse d'oie servant à faire la Commagène, XXIX, 13, 1. — graisse d'autruche, préférable à la graisse d'oie, 30, 3. — graisse d'oie, préparation, 39, 1.
*Grammairiens*, critiquent Pline, Préf. 22.
*Grappe*, œufs de sèche, IX, 1, 3. — fait prendre le vin en aversion, XXXII, 49, 1.
*Gravelle* pileuse, XI, 83, 1.
*Grêle*, particularité, II, 61, 1.
*Grenouille* buissonnière, VIII, 48, 1. — accouplement, têtards, IX, 74, 3.
*Grenouilles* et rubètes, remèdes contre leur venin, XXV, 76 et suiv.
*Grenouilles*, propriétés diverses, XXXII, 18, 1. — merveilles qu'en racontent les mages, 18, 2 et 3. — autres propriétés, 24, 5 et suiv.; 26, 1 et suiv. — grenouille montant sur les arbres, 29, 1.
*Grenouilles* de mer (baudroie), poisson, IX, 40, 1. — antidote, XXXII, 18, 1.
*Griffon*, animal ailé, extrayant l'or, VII, 2, 2. — oiseau fabuleux, X, 70, 1.
*Grillons* et taupes-grillons, XI, 34, 2.
*Grillon*, vertus magiques, XXIX, 39, 5.
*Grive*, engraissement, X, 30, 3. — émigre, 35, 1. — grive parlant, 59, 2.
*Gromphena*, oiseau inconnu de Sardaigne, XXX, 52, 1.
*Grossesse* : durée; viabilité, VII, 4, 1 et 2 et 3.
*Grues* mettant en fuite les pygmées, IV, 18, 6. — ordre du départ, X, 30, 1. — recherchée pour la table, 30, 3.
*Grue*, demoiselle, ardea virgo, vipion, X, 69, 1.
*Guenons*, leur sang guérit le lion, VIII, 19, 5.
*Guêpe* ichneumon, X, 95, 2; XI, 24, 2. — nids, 24, 1.
*Guêpes* et frelons, remèdes contre leurs piqûres, XXIX, 29, 2.
*Guépier*, merops apiaster, X, 51, 1.
*Guerre*, a procuré la découverte de la plupart des pays, V, 10, 1.
*Gymnosophistes*, se tiennent sur un seul pied toute la journée, VII, 2, 14.
*Gypse*, qualités, XXXVI, 59, 1.

## H

*Hæmatopode*, oiseau, X, 64, 1.
*Haleine*, odeur, X, 115, 1.
*Halieutique*, ouvrage d'Ovide, XXXII, 5, 1.
*Halipleumon*. Voy. POUMON DE MER.
*Hammitis*, sorte de gemme, XXXVII, 60, 2.
*Hammochryse*, sorte de gemme, XXXVII, 73, 1
*Harpé*, oiseau, X, 95, 2.
*Hasards*, heureux ou malheureux, VII, 51, 1.
*Hélacatène*, animal marin, XXXII, 53, 6.
*Héliotrope*, sorte de gemme, XXXVII, 60, 1.
*Hélix*, coquillage, XXXII, 53, 4.
*Hélops*, poisson. Voy. ÉLOPS.
*Hématite*, pierre, XXXVI, 37, 1; 38, 1 et 2; XXXVII, 60, 3. — menui ou xanthos, 60, 4.
*Hémérobion*, ou éphémère, sorte d'insecte, XI, 43, 1.
*Hémoptysie*, remèdes magiques, XXX, 16, 2 et 3.
*Hémorragie*, remèdes, XXVIII, 73 1. — remèdes ma-

giques, XXX, 36, 1. — remèdes tirés des animaux et productions aquatiques, XXXII, 42, 1 et suiv.
*Hémostatiques* et astringents, XXVI, 82, 1; 83, 1 et 2; 84, 1.
*Hepar*, animal marin, XXXII, 53, 6.
*Hepatitis*, sorte de gemme, XXXVII, 71, 1.
*Hephestitis*, sorte de gemme, XXXVII, 60, 2.
*Hercule*, nom donné par quelques-uns à la planète Mars, II, 6, 5.
*Hérédité* corporelle, VII, 10, 1. — due à l'imagination, 10, 2.
*Hérisson*, description, VIII, 56, 1. — chasse, 56, 2. — utile à l'homme, 56, 3.
*Hérisson* de mer. Voy. OURSIN.
*Hermuædæon*, sorte de gemme, XXXVII, 60, 2.
*Hernie*, entérocèle, remèdes, XXXII, 33, 1.
*Héron*, trois espèces, le blanc, l'asterias, le pellos, X, 79, 6.
*Herpès*, animal bon pour les ulcères serpigineux, XXX, 39, 4.
*Heure*, division des heures, VII, 60, 1. — manière de les annoncer chez les Romains, 60, 1. — on apporte un cadran solaire à Rome, 60, 2. — on y apporte une clepsydre, 60, 4.
*Hexécontalithe*, sorte de gemme, XXXVII, 60, 2.
*Hibou*, propriétés magiques, XXIX, 26, 1 et 2.
*Hieracitis*, sorte de gemme, XXXVII, 60, 2.
*Hieracium*, sorte de collyre, XXXIV, 27, 1 et 2.
*Hippalus*, vent du couchant d'été, VI, 26, 5 et 9.
*Hippocampe*, syngnathus hippocampus, antidote du lièvre marin, XXXII, 20, 1. — guérit l'alopécie, 23, 1.
*Hippomane*, substance que le poulain apporte en naissant, VIII, 66, 2.
*Hippomane*, vertu dans les maléfices, XXVIII, 49, 3.
*Hippopotame*, V, 1, 10. — cuir, VI, 34, 4. — animal du Nil, VIII, 39, 1. — dévaste les moissons, 39, 1. — montré à Rome, 40, 1. — a enseigné la saignée aux hommes, 40, 1.
*Hippopotame*, substances et remèdes qu'il fournit, XXVIII, 31, 1.
*Hippurus*, poisson, IX, 24, 1; XXXII, 53, 5.
*Hippus*, poisson, XXXII, 53, 5.
*Hirondelle* : ville odieuse aux hirondelles, IV, 18, 9. — a indiqué les propriétés de la chelidoine, VIII, 41, 2. — les hirondelles émigrent, X, 34, 1. — leurs nids, X, 49, 1 et suiv. — indociles, X, 62, 1.
*Hirondelle*, hachée menu, remède contre les serpents, XXIX, 26, 1. — préparation superstitieuse contre les maux d'yeux, 38, 9. — autre superstition, XXX, 12, 1.
*Hirondelle* de mer. Voy. ARONDE.
*Histoire* naturelle ( Livres de l' ), sujet de l'épître familière à Titus, Préf. 1. — écrite pour l'humble vulgaire, les artisans, les agriculteurs, Préf. 5. — n'admet ni digressions, ni discours, ni événements merveilleux, Préf. 9. — œuvre sans modèle chez les Romains ni les Grecs, Préf. 10. — contient vingt mille faits dignes de conservation, Préf. 13. — extraite de deux mille volumes, Préf. 13.
*Histoire* du temps, commencée par Pline, Préf. 15. — Histoire de Néron, par Pline, II, 106, 12.
*Holosphyrate*, statue, XXXIII, 24, 1.
*Holothuria* pentactes, IX, 1, 3. — l'holothurie n'a pas de sentiment, 71, 1.
*Homeromastyx* ou zoïles, Préf. 22.
*Homme* : influence d'un homme sur la destinée d'un peuple, IV, 17, 6. — hommes à pieds de cheval, 27, 5. — hommes se couvrant de leurs oreilles, 27, 5. — hommes privés de la voix, V, 7, 3. — hommes sans têtes, ayant la bouche et les yeux à la poitrine, 7, 3. — hommes ayant des courroies pour pieds, 7, 3. — hommes monstrueux, sans nez, sans lèvre supérieure, sans langue, avec la bouche close, ne parlant que par signes, VI, 35, 9. — déclamation sur la misère de l'homme, VII, 1, 1 et suiv. — hommes ayant les pieds tournés en sens contraire des nôtres, 2, 3. — salive de l'homme, poison pour les serpents, 2, 7. — toute espèce de venin est dans l'homme, 2, 10. — hommes ayant les pieds à rebours, 2, 14. — hommes à tête de chien, 2, 15. — hommes privés de cou et ayant les yeux dans les épaules, 2, 16. — hommes ayant des trous pour narines et des pieds flexibles comme des serpents, 2, 18. — hommes ayant le pied long d'une coudée, les femmes l'ayant très-petit, 2, 17. — apparences d'hommes s'évanouissant dans les déserts, 2, 25. — à trois ans un homme a la moitié de sa taille, 16, 1. — hommes géants, 16, 2. — hommes nains, 16, 3. — la longueur est la même d'une main à l'autre que de la tête aux pieds, 17, 2. — le côté droit est le plus fort, 17, 2. — les mâles plus pesants que les femelles, 18, 1. — les cadavres des hommes flottent sur le dos, ceux des femmes sur le ventre, 18, 1. — hommes sans moelle dans les os, 18, 2. — particularités sur certains hommes, 18, 3. — force d'esprit, 25, 1. — talents militaires, 26, 1; 27, 1. — courage militaire, 29, 1 et suiv. — génie, 30, 1; 31, 1 et suiv. — sagesse, 31, 10; 32, 1. — don de divination, 33, 1. — vertu, 34, 1; 35, 1. — tendresse, 36, 1. — connaissances dans les divers arts, 37, 1; 38, 1; 39, 1. — bonheur, 41, 1. — déification d'un homme, 48, 1. — durée de la vie, 49, 1 et suiv. — coït, X, 83, 1. — l'homme est le seul animal qui soit bipède, qui ait des clavicules, des épaules, XI, 98, 1. — la nourriture la plus simple est ce qui convient le mieux, 117, 1. — remarque sur la digestion, 118, 1. — boulimie, 118, 1. — éviter les excès de table, 119, 1.
*Hommes* dont l'existence est un poison, XVIII, 1, 3. — remèdes fournis par l'homme, XXVIII, 2, 1. — remèdes horribles et odieux, 2, 1 et suiv. — remèdes véritables, 2, 5. — nature magique de certains hommes, 7, 1 et suiv. — salive, propriétés et pratiques, 7, 1 et suiv. — morsure de l'homme, 8, 1. — dent humaine antidote, 8, 1; 9, 1. — cheveux, propriétés et pratiques superstitieuses, 9, 1. — vertus de diverses parties, 9, 2. — sang, vertus, 10, 1. — affections guéries par le coït, 10, 2. — eau du bain de pieds, vertus, 10, 2. — débris des morts, emploi superstitieux, 11, 1 et 2. — rêveries des mages, 12, 1 et 2. — râclures du corps des athlètes, et autres ordures, 13, 1 et 2. — remèdes qui dépendent de la volonté humaine, 14, 1 et suiv. — éternuments, 15, 1. — plaisirs de l'amour, 16, 1. — remarques superstitieuses sur différentes attitudes, 17, 1 et suiv. — différentes pratiques, 17, 2 et suiv. — tuer un homme et manger de sa chair, pratique religieuse, XXX, 4, 1.
*Homme* marin, l'existence en est certifiée, IX, 4, 2.
*Honneur*, divinité, II, 5, 1.
*Honneur*, propre à la nation romaine, XXXVI, 24, 6.
*Hormesion*, sorte de gemme, XXXVII, 60, 3.
*Huîtres*, dépourvues de sentiment, IX, 71, 1. — naissent d'une vase qui se corrompt, 74, 5. — humeur fécondante, 74, 6. — parcs, 79, 1. — antidote du lièvre marin, XXXII, 21, 1. — suivent dans leur croissance le cours de la lune, 21, 1. — caractère de la bonne huître, 21, 2. — calliblépharts, 21, 3. — provenances, 21, 4. — huîtres tridacnes, 21, 4. — propriétés médicales, 21, 5. — frappées de neige, 21, 5.
*Humain* (Genre), VII, 1, 7. — va en se rappetissant, 16, 1.
*Humaine* (Fragilité), VII, 5, 3.
*Huppe*, oiseau, X, 44, 1.
*Hyacinthe*, gemme, XXXVII, 41, 1.
*Hyades* ou sucules, constellation pluvieuse, II, 39, 2; 41, 4.

## CONTENUES DANS L'OUVRAGE.

*Hybrides*, impropres à la génération, VIII, 69, 3. — emploi de cette expression dans Cicéron, 79, 1.
*Hydrargyre*, préparation, XXXIII, 41, 1. — emploi dans les arts, 42, 1.
*Hydre*, serpent d'eau très-venimeux, XXIX, 22, 2.
*Hydromel*, préparation, XIV, 20, 1. — propriétés, XXII, 51, 1 et 2; 52, 1; XXXI, 36, 1.
*Hydropisie*, remèdes végétaux, XXVI, 73, 1. — remèdes animaux, XXVIII, 68, 1. — remèdes magiques, XXX, 31, 1. — remèdes tirés des animaux et productions aquatiques, XXXII, 39, 1 et 2.
*Hyène*, choses merveilleuses, VIII, 44, 1. — nombreuses en Afrique, 46, 1.
*Hyene*, propriétés merveilleuses, remèdes qu'elle fournit, XXVIII, 27, 1 et suiv.
*Hyène* de mer vue par Pline, XXXII, 54, 3.
*Hyénie*, sorte de gemme, XXXVII, 60, 3.

### I

*Ibis*, X, 40, 1. — a enseigné le clystère, VIII, 44, 1.
*Ibis* noir, scolopax falcinellus, X, 45, 1. — dans les Alpes, 68, 1.
*Ichneumon*, fait la guerre à l'aspic, VIII, 36, 1. — au crocodile, 37, 1. — vit six ans, X, 83, 7.
*Ichthyocolle*, sorte de poisson dont la peau est gluante, XXXII, 24, 4.
*Ichthyocolle*, colle de poisson, emploi dans les maladies des yeux, XXXII, 24, 4.
*Icterias*, sorte de gemme, XXXVII, 61, 1.
*Ictinus*. Voy. MILAN MARIN.
*Ile* : îles nées soudainement dans la mer, II, 89, 1. — îles arrachées du continent, 90, 1. — îles jointes à la terre, 91, 1. — îles toujours flottantes, 96, 2.
*Ileus*, remèdes magiques, XXX, 20, 1. — autres, XXXII, 31, 7.
*Immussule*, oiseau, petit du vautour, X, 8, 1.
*Impôt*, le peuple romain cesse de le payer, XXXIII, 17, 2.
*Incendiaire*, oiseau dit aussi spinturnix ou clamatoire ou prohibitoire, X, 17, 1.
*Incendies* célestes, météore, II, 27, 1.
*Indienne*, sorte de gemme, XXXVII, 61, 1.
*Indigo*, XXXV, 27, 1.
*Inscription* suspensive dont usaient les peintres et les sculpteurs, Préf. 20. — ouvrages où l'inscription n'était pas suspensive, Préf. 21. — inscription de la statue de Tuditanus, III, 23, 2. — inscription du trophée des Alpes, 24, 4.
*Insectes*, admiration qu'ils inspirent, XI, 1, 1. — respiration, 2, 1. — point de chair; vitalité; sens, 3, 1. — ailes, 33, 1. — ailes recouvertes d'une écaille, 34, 1. — aiguillons, 34, 3. — pattes, 35, 1. — la plupart produisent un vermisseau, 36, 1. — nombre septénaire dans les insectes, 43, 1.
*Insectes* venimeux qui se mettent dans les légumes, XXII, 81, 1.
*Insectes* venimeux, remèdes, XXV, 72, 1 et suiv.
*Intelligence*, divinité, II, 5, 1.
*Interlunes*, préceptes sur le bois et les cheveux, XVI, 75, 1.
*Intestin* grêle, lactes ou hillæ, XI, 79, 1. — gros intestin, 79, 1.
*Inventions*, auteurs des diverses inventions, VII, 57, 1 et suiv.
*Ion*, sorte de gemme, XXXVII, 61, 1.
*Iris*, sorte de gemme, XXXVII, 52, 1 et 2.
*Itinéraires* (Les) d'Alexandre le Grand, VI, 17, 3. — itinéraires discordants touchant la côte de l'Indus, 23, 2.
— trois itinéraires de l'Égypte à la mer Rouge, 33, 3.

*Iulis*, labrus iulis; le court-bouillon en est relâchant, XXXII, 31, 1.
*Ivoire*, tribut imposé aux Éthiopiens, XII, 8, 1. — fossile, XXXVI, 29, 1.
*Ivrognerie*, XIV, 28, 1. — peinture de l'ivrognerie à Rome, 28, 2. — anecdotes, 28, 5, 6 et 7. — moyens d'en guérir, XXX, 51, 1; XXXII, 49, 1.

### J

*Jais*, XXXVI, 34, 1.
*Jambes*, longueur, XI, 108, 2.
*Jambon*, espèce de conque commune autour des îles du Pont-Euxin, XXXII, 54, 3.
*Jardins*, éloge, XIX, 19, 1. — histoire, 19, 2 et 3. — merveilles et déclamation, 19, 4 et 5. — jardin bien soigné, 19, 7. — économie qu'apporte un jardin, 19, 8. — jardins sur les fenêtres, 19, 8. — le jardin doit être annexé à la maison, 20, 1. — productions, 21, 1; 22, 1 et 2. — arrosage, 60, 1.
*Jaspe*, XXXVII, 37, 1 et suiv.
*Jaunisse*, remèdes végétaux, XXVI, 76, 1. — remèdes animaux, XXVIII, 64, 1. — remèdes magiques, XXX, 28, 1. — autre, XXXII, 31, 7.
*Jeux* d'Olympie constituant les fastes de la Grèce, IV, 6, 3. — jeux quinquennaux de l'isthme de Corinthe, IV, 9, 2.
*Joues*, XI, 58, 1. — fossette, 59, 1.
*Jours*, longueur des, II, 77, 1. — détermination diverse des jours, 79, 1. — jour de six mois, IV, 26, 13.
*Jumeaux*, et accouchements multiples, VII, 3, 1 et 4. — un mourant par avortement, et l'autre vivant, 8, 1.
*Junon*, spécial à un homme, II, 5, 3.
*Jupiter*, planète, au-dessous de Saturne, révolution en douze ans, II, 6, 5.
*Jupiter* ou Mercure et les autres rendus dignes de risée par l'explication de la nature, II, 5, 6.
*Jupiter*, pierre de, ou drosolithe, XXXVII, 61, 1.
*Juridiction* (conventus), quatre sièges de, en Bétique, III, 3, 1. — de Cordoue, 3, 6 et 11. — d'Hispalis, 3, 7. — de Cadix, 3, 12. — sept juridictions dans l'Espagne Citérieure, 4, 1. — juridiction de Tarragone, 4, 6. — juridiction de Saragosse, 4, 7. — juridiction de Carthagène, 4, 9 — juridiction de Clunie, 4, 10. — juridiction d'Asturica, 4, 12. — juridiction de Lucus, 4, 13. — juridiction des Bracares, 4, 14. — juridiction de Scardona, 26, 1. — juridiction de Narona, 26, 2. — trois juridictions en Lusitanie, IV, 35, 5. — juridiction de la Bétique, étendue en Afrique, V, 1, 3. — juridiction de la province d'Asie, 25, 1. — juridiction de Cibyre, 29, 3. — juridiction de Synnade, 29, 4. — juridiction d'Apamée, 9, 4. — juridiction d'Halicarnasse, 9, 5. — juridiction de Sardes, 30, 1. — juridiction de Smyrne, 31, 9. — juridiction d'Adramyttéos, 32, 2. — juridiction, 33, 4.

### K

*Keras* Amalthias, titre d'ouvrage, Préf. 18.
*Kérion*, titre d'ouvrage, Préf. 18.

### L

*Labourage*, procédés, XVIII, 47, 1. — espèces de socs, 48, 1. — règles du labour, 49, 1 et suiv. — prévariquer, mot tiré du labourage, 49, 1. — nombre des labours, 49, 5. — procédé suggéré par les dévastations de la guerre, 49, 6. — herser, biner, sarcler, 50, 1.
*Labrus* niloticus, IX, 32, 1. — labrus iulis, XXXII, 31, 1.
*Labyrinthe*, d'Égypte, bâti sans bois, V, 11, 2.
*Labyrinthes* : d'Égypte, XXXVI, 19, 1 et suiv. — de

Crète, XXXVI, 19, 2. — de Lemnos, 19, 6. — de Porsenna, 19, 7 et suiv.
*Lacertes*, genre de poisson, probablement le même que le saurus, XXXII, 53, 6.
*Laine* des forêts des Sères, travail dont elle est l'objet, étoffe qu'on en fabrique, VI, 20, 2.
*Laine*, différentes qualités, VIII, 73, 1. — tonte, 73, 2. — bourre de laine, 73, 3. — feutre fait de laine, 73, 3. — laine pour les matelas, 73, 3. — différentes étoffes de laine, 73, 4. — teinture, 73, 4. — laine sur la quenouille de Tanaquil, 74, 1. — étoffes ondées, 74, 1. — étoffes sororiculées, 74, 1. — toges à poil ras et toges phryxianes, 74, 1. — étoffes serrées, préparées avec le pavot, 74, 1. — robes prétextes, 74, 2. — trabée portée par les rois de Rome, 74, 2. — étoffes brodées dès le temps d'Homère, 74, 2. — étoffes brodées à l'aiguille dites phygioniennes, 74, 2. — étoffes brodées avec des fils d'or, dites attaliques, 74, 2. — étoffes brodées de Babylone, 74, 2. — brocarts, 74, 2. — étoffes à carreaux de la Gaule, 74, 2. — prétexte qui dura depuis les rois de Rome jusqu'à Séjan, 74, 3. — laines teintes sur l'animal vivant, 74, 3.
*Laine*, remèdes qu'elle fournit, et maladies où l'on s'en sert, XXIX, 9, 2 et suiv. — crasse des moutons et suint, remèdes, 10, 1 et suiv.
*Lait*, XI, 96, 1. — présure, 96, 2.
*Lait* des différents animaux, propriétés alimentaires, XXVIII, 33, 1 et suiv. — caillé, 33, 3. — emploi médical, 33, 4 et suiv. — remarques sur le lait d'ânesse, 45, 1. — lait caillé dans l'estomac, nuisible, 45, 1. — lait d'ânesse, employé comme cosmétique, 50, 1.
*Lamentins*, IX, 2, 4.
*Lamie*, poisson, IX, 40, 1.
*Lamprillon*, IX, 17, 2.
*Lamproie*, poisson des Gaules, IX, 39, 1.
*Lampyride*, lampyris noctiluca, XI, 34, 2.
*Lampyrides* ou cicindèles, ou vers luisants, indice de la maturité de l'orge, XVIII, 66, 4.
*Lamyre*, poisson, XXXII, 53, 6.
*Langages*, multiplicité des, chose merveilleuse, VII, 1, 8.
*Langoustes*, de quatre coudées en Inde, IX, 1, 1. — description, 50, 1.
*Langue*, configuration diverse, XI, 65, 1.
*Langue*, maladies, remèdes, XXVIII, 51, 1.
*Lanterne*, poisson, IX, 43, 1.
*Lapins*, VIII, 80, 1. — aflament les Baléares, 80, 1. — petits tirés du ventre de la mère, mets très-agréable, nommé laurices, 80, 1.
*Lares*, II, 5, 2.
*Laticlave*, distingue le sénat, XXXIII, 7, 1.
*Latitudes* des planètes, II, 13, 7.
*Lentes*, remède, XXIX, 35, 1.
*Léontie*, sorte de gemme, XXXVII, 73, 3.
*Léontephonos*, son urine mortelle au lion, VIII, 57, 1.
*Lepidotis*, sorte de gemme, XXXVII, 62, 1.
*Lepispodia*, IX, 51, 1.
*Lèpres*, remèdes, XXXII, 27, 1.
*Leros*, sorte de gemme, XXXVII, 53, 1.
*Lérot*, hiverne, VIII, 82, 4.
*Lesbias*, sorte de gemme, XXXVII, 62, 1.
*Léthargie*, remèdes, XXVIII, 67, 1; XXX, 29, 2. — remèdes tirés des animaux aquatiques, XXXII, 39, 1.
*Lettres*, invention des, V, 13, 2. — lettres chez les différents peuples, VII, 57, 2. — paraissent d'une antiquité immémoriale, 57, 3. — lettres ioniennes reçues par les nations, 58, 1.
*Leucochryse*, sorte de gemme, XXXVII, 44, 1.
*Leucocrote*, animal d'Éthiopie, VIII, 30, 2.
*Leucophoron*, sorte de mordant, XXXV, 17, 1.
*Leucophthalme*, sorte de gemme, XXXVII, 62, 1.

*Leucopœcile*, sorte de gemme, XXXVII, 62, 1.
*Levain*, préparation, XVIII, 26, 1.
*Lézards*, ont enseigné une herbe bonne contre les blessures faites par les serpents, VIII, 41, 2. — ennemis des escargots, 60, 1. — ne couvent pas leurs œufs, X, 85, 2.
*Lézard*, maléfice qu'il fournit, XXIX, 22, 1. — lézard dit seps ou chalcidice, guérit les morsures de chien, 32, 5. — emploi superstitieux pour les yeux, 38, 10. — lézard chalcis, XXXII, 17, 1.
*Libanochrus*, sorte de gemme, XXXVII, 62, 1.
*Libonotus*, vent, II, 46, 3.
*Libs*, vent, II, 46, 2.
*Liburnique*, sorte de vaisseau, IX, 47, 1.
*Lichen*, maladie nouvelle du visage, XXVI, 2, 1; traitement, 3, 1. — remèdes, 10, 1 et 2. — lichens du visage, remèdes, XXVIII, 49, 3. — remèdes tirés des poissons, XXXII, 27, 1 et suiv.
*Lichen*, espèce de durillon qui se forme au genou du cheval, XXVIII, 49, 2.
*Lièvres*, de diverses espèces, VIII, 81, 1. — naissent pour être la proie de tous, 81, 3. — étoffes de poil de lièvre, 81, 3. — s'apprivoisent rarement, 81, 3.
*Lièvre* marin, poison dangereux, IX, 72, 1. — propriétés de son venin, XXXII, 3, 1.
*Lièvre* marin, antidote contre le, XXIX, 33, 2.
*Limaces*, leur naissance, IX, 74, 7.
*Limaçon* marin, IX, 1, 3. — ou hippocampe, XXXII, 20, 1.
*Limite* dernière connue entre l'Europe et l'Asie, IV, 24, 6.
*Limoniatis*, sorte de gemme, XXXVII, 62, 1.
*Lion* : crinière, VIII, 17, 1. — se venge de l'adultère commis par la lionne avec le pard, 17, 2. — portée, 17, 4. — deux espèces de lions, 18, 1. — mœurs, 18, 1. — lions attaquant les villes, et mis en croix, 18, 2. — clémence, 19, 1. — queue indice des sentiments du lion, 19, 2. — courage, 19, 3. — manière de se battre, 19, 4. — ce qui l'effraye, 19, 5. — maladie et remède, 19, 5. — lions dans le Cirque, 20, 1. — capture des lions, 21, 1. — lions attelés, 21, 2. — exemples de la clémence des lions, 21, 3.
*Lion*, remèdes qu'il fournit, XXVIII, 25, 1.
*Lion*, sorte de crustacé, XXXII, 53, 6.
*Liparée*, sorte de gemme, XXXVII, 62, 1.
*Liparis*, poisson, XXXII, 53, 5.
*Littérature* et fables de la Grèce, lieux où elles ont jeté leur première lueur, IV, 1, 1.
*Localités* : les noms seuls des localités sont énoncés, III, prœm., 2.
*Loche*, cobitis fossilis, IX, 83, 2.
*Loir*, animal à demi sauvage; on en fait des garennes, VIII, 82, 3 et 4. — on ne peut introduire dans ces garennes, que des loirs de la même forêt, 82, 4. — hivernent, 82, 4.
*Loir*, préparation d'un loir contre les maux d'oreille, XXIX, 39, 2.
*Loirs*, prohibés par les lois censoriales, XXXVI, 2, 1.
*Lombaires*, douleurs, remèdes, XXVIII, 56, 1. — remèdes magiques, XXX, 18, 1.
*Lomentum*, couleur, XXXIII, 57, 1.
*Longévité*, exemples, VII, 49, 3 et suiv. — centenaires et au delà se trouvant dans une portion de l'Italie, 50, 3.
*Lophius* piscatorius, IX, 40, 1.
*Lote*, gadus lota, IX, 29, 2.
*Loup-cervier* ou chaus ou rufius, VIII, 28, 1. — oublie les aliments, s'il tourne la tête, 34, 4.
*Loup*. — louve allaitant les fondateurs de Rome, VIII, 22, 1. — le regard des loups est nuisible, 34, 1. — fable du loup-garou, 34, 2 et 3. — poil de la queue du loup, philtre, 34, 4. — le loup fournit un présage favorable, 34, 4. — anciennement le loup servait d'enseigne à la légion, X, 5, 1.

*Loup*, poisson, IX, 24, 1. — très-estimé, 28, 1. — aide les pêcheurs, X, 10, 1.
*Luette*, maladies, remèdes magiques, XXX, 11, 1.
*Lumière* extraordinaire, se montrant pendant la nuit, II, 33, 1.
*Lune*, le plus admirable des astres, II, 6, 12. — a enseigné tout ce qu'on sait sur le ciel, 6, 14. — théorie de la lune, 11, 1. — distance de la lune à la terre, 19, 2. — trois lunes vues à la fois, 32, 1. — agit sur les huîtres et les testacés, sur les lobes du foie de la souris, sur la fourmi, 41, 3; sur les affections des yeux de certaines bêtes de somme, 41, 3. — est l'astre du souffle vital, 102, 1. — le sang de l'homme augmente et diminue avec elle, 102, 2. — astre femelle et mou, 104, 1. — putréfie les cadavres, 104, 3. — visibilité de la lune en Taprobane, VI, 24, 7.
*Luxations*, topiques, XXVI, 75, 1. — remèdes, XXVIII, 70, 1.
*Luxe*, XXXIII, 2, 1 et 2.
*Luxe*, activité du, pour tout rechercher, V, 1, 12. — luxe haïssable, VI, 24, 8.
*Lycaon*, animal de l'Inde, VIII, 52, 1.
*Lychnitis*, sorte de gemme, XXXVII, 29, 1.
*Lycophthalme*, sorte de gemme, XXXVII, 72, 1.
*Lyncurium*, produit de l'urine du lynx, XXXVII, 13, 1.
*Lynx* en Éthiopie, VIII, 30, 1. — son urine se cristallise, et produit le lyncurium, pierre précieuse, 57, 2.
*Lynx*, remèdes qu'il fournit, XXVIII, 32, 1.
*Lysimaque*, sorte de gemme, XXXVII, 62, 1.

## M

*Macropodia*, IX, 51, 1.
*Magie*, caractère, XXX, 1 et 2. — historique, 2, 1 et suiv. — sectes diverses, 2, 5 et 6. — traces de magie chez les nations italiennes, 3, 1. — expulsée de la Gaule et réfugiée en Bretagne, 4, 1. — diverses espèces de magie, 5, 1 et 2. — excuses que donnent les mages en cas d'insuccès, 6, 1. — preuve de la vanité de la magie : Néron y a renoncé, 5, 1 et 2; 6, 1 et 2. — indignes mensonges des mages, XXXVII, 14, 1.
*Magiriscies*, ou scènes de cuisine, XXXIII, 55, 3.
*Magma*, lie de parfum, XIII, 3, 1.
*Mains*, XI, 98, 1.
*Maladies* qui font le plus souffrir, XXV, 7, 2 et 3. — nouvelles en Italie, XXVI, 1, 1; 2, 1; 3, 1; 4, 1; 5, 1; 6, 1. — maladies particulières à certains peuples, XXVII, 120, 1.
*Maladies*, ont des règles et des époques, VII, 51, 4. — exemples de maladies, 52, 2.
*Maléfices*, remèdes contre les, XXVIII, 44, 1. — amulette contre les maléfices, XXXII, 16, 2.
*Malthe*, sorte d'enduit, XXXVI, 58, 1.
*Mamelles*, XI, 95, 1.
*Mamelles*, maladies, remèdes, XXVI, 92, 1. — remèdes magiques, XXX, 45, 1.
*Mantichore*, animal à trois rangs de dents, VIII, 30, 3.
*Manuels*, titre d'ouvrage, Préf. 18.
*Mapalia*, ou maisons des Numides, se transportant sur des chariots, V, 2, 1.
*Maquereau*, IX, 19, 1. — ou scombre, XXXII, 53, 7.
*Marbres*, dans l'Espagne citérieure, III, 4, 15. — de Caryste, IV, 21, 3. — de Paros, IV, 22, 4. — marbre numidique, V, 2, 1. — de Chios, V, 38, 1. — marbre de Cyzique, V, 44, 1. — marbre semblable à l'écaille de tortue, VI, 24, 9.
*Marbre*, décore les lambris, XXXV, 1, 2 et 3. — colonnes de marbre, XXXVI, 2, 1 et suiv.; 3, 1. — sculpture du marbre, 4, 1. — ouvrages extrêmement ténus en marbre, 4, 29. — marbre, de diverses nuances, 5, 1 et suiv. — sciage du marbre, XXXVI, 6, 1. — on revêt de marbre les murs des maisons, 7, 1. — marbre luculléen, 8, 1 et 2. — procédé du sciage, 9, 1 et suiv. — variétés de marbre, 11, 1 et suiv. — le marbre croît dans les carrières, 24, 20.
*Marche*, XI, 105, 1.
*Marché* célèbre, IV, 22, 2. — marché des Phrygiens, V, 40, 4. — marché où les Romains faisaient négoce avec cent trente interprètes, VI, 5, 1. — marché de l'Inde 26, 9. — marché des Troglodytes, 34, 4.
*Marée*, causée par le soleil et la lune, II, 99, 1. — prouve le passage des astres sous la terre, 99, 3. — variation de l'action de la lune, 99, 4. — les marées de l'Océan sont les plus grandes, 99, 6. — marées particulières en certains lieux, 100, 1. — influence des marées sur des puits et des fontaines, 100, 1 et 2. — aucun animal ne meurt qu'au reflux, 101, 1. — marées dans les estuaires de la Méditerranée, V, 1, 4.
*Marne*, engrais des Gaules, XVII, 4, 1. — espèces, leucargile, acaunumarga, glissomarga, 4, 1, 3 et 4. — emplois, 4, 5.
*Mars*, planète, révolution en deux ans, II, 6, 5.
*Matelas*, invention gauloise, VIII, 73, 4.
*Mausolée*, une des merveilles du monde, XXXVI, 4, 18 et 19.
*Méchir*, mois égyptien, VI, 26, 11.
*Méconites*, sorte de gemme, XXXVII, 63, 1.
*Médecine*, ancienne, fondée sur la connaissance des plantes, XXVI, 6, 2. — amenée par Asclépiade à la recherche des causes, et rendue conjecturale, 7, 1. — révolution produite par Asclépiade, 8, 1 et 2. — haute antiquité, XXIX, 1, 1 et 2. — oubli et résurrection, 1, 2. — les anciennes règles sont changées, 3, 1. — secte empirique, 4, 1. — secte d'Hérophile, qui introduit l'étude du pouls, 5, 1. — écoles qui suivent, 5, 1. — médecins célèbres à Rome, et fortune qu'ils font, 5, 2 et suiv. — charlatanisme grec, 5, 5. — premier médecin à Rome, 6, 1. — médecine grecque proscrite par Caton, 7, 1. — invective contre la médecine et les médecins, 8, 1 et suiv. — exemples de crimes commis par des médecins, 8, 5.
*Médecins*, ne savent plus préparer les médicaments, XXXIV, 25, 1 et 2.
*Médée*, sorte de gemme, XXXVII, 63, 1.
*Medusa*, ortie de mer, IX, 68, 1.
*Mélancolie*, remèdes, XXVIII, 67, 1.
*Mélancoryphe*, X, 44, 1.
*Mélancoryphe*, oiseau dans le nid duquel on trouve la callaïs, XXXVII, 33, 3.
*Mélanure*, poisson, ne mord pas à l'hameçon, XXXII, 8, 1. — plaît par sa queue, 54, 2.
*Méléagrides*, ou pintades, X, 38, 1.
*Méléagrides*, oiseaux pleurant Méléagre, XXXVII, 11, 7 et 10.
*Mélichlore*, sorte de gemme, XXXVII, 73, 3.
*Mélichros*, sorte de gemme, XXXVII, 73, 3.
*Mélichryse*, sorte de gemme, XXXVII, 45, 1.
*Melinum*, couleur blanche, XXXV, 19, 1.
*Melitis*, sorte de gemme, XXXVII, 73, 4.
*Melitites*, pierre, XXXVI, 33, 1.
*Memnonides*, oiseau, X, 37, 1.
*Memnonie*, sorte de gemme, XXXVII, 63, 1.
*Mémoire*, VII, 24, 1.
*Mène*, poisson, IX, 42, 1. — saumure des mènes, bonne pour les scrofules, XXXII, 28, 1.
*Mensonge* : remarques sur les mensonges de certains grands personnages romains, qui ont gouverné des provinces éloignées, V, 1, 12.
*Menstrues*, VII, 13, 1. — effets du sang menstruel, 13, 2 et suiv.

*Menstrues*, propriétés venimeuses, remèdes, XXXII, 16, 1 et 2.
*Menuiserie*, art de la, XXXII, 34, 2.
*Mer*; extension de la navigation dans les mers du globe, II, 67, 1. — retraite de la mer, 87, 1. — les mers se purgent à la pleine lune, 101, 1. — explications de la salure de la mer, 104, 1. — mer devenue douce par un prodige 104, 2. — évaluation de la profondeur de la mer, 105, 1. — mers qui découpent le Péloponnèse, IV, 9, 3. — amertume de la mer vaincue par le Danube, 24, 8. — opinion sur l'origine des mers intérieures, 27, 2. — déclamation sur la part si grande faite à la mer, VI, 1, 1. — la mer produit des puces et des poux, IX, 71, 1. — elle produit aussi des poissons, 72, 1.
*Mercure*, planète, nommée aussi Apollon; révolution en 339 jours; ne s'écarte pas du soleil de plus de 23 degrés, II, 6, 10. — pourquoi, 14, 1.
*Mère des dieux*, V, 42, 3.
*Merle*, poisson, IX, 20, 4. — poisson renommé, XXXII, 53, 6.
*Merle*, oiseau, émigre, X, 35, 1. — merle blanc, X, 45, 1.
*Merveilles*, racontées de différents animaux, XXVIII, 81, 1 et suiv. — diverses merveilles naturelles, XXXIII, 30, 1. — merveilles de Rome : cirque, basiliques, forum, temples, diribitorium, terrasse de Tarquin le Superbe, égouts, maisons particulières, maison de Caligula, maison de Néron, aqueducs, percement d'une montagne pour vider le lac Fucin, port d'Ostie, môles, routes, XXXVI, 24, 1 et suiv.
*Meryx*, poisson, XXXII, 53, 6.
*Meses*, vent, II, 46, 3.
*Mésoleucos*, et mésomélas, sorte de gemme, XXXVII, 63, 2.
*Mesures* géographiques, incertaines, IV, 26, 14.
*Métaux*, tirés des entrailles de la terre, XXXIII, 1, 1. — étymologie, 31, 2.
*Meules* tournant d'elles-mêmes, XXXVI, 29, 1.
*Meulières*, pierres, XXXVI, 30, 1.
*Meurtrissures*, remèdes, XXVIII, 72, 1.
*Miel*, vient de l'air, XI, 12, 1. — les miels les plus renommés, 13, 1; 14, 1. — trois espèces de miel, 14, 2. — variétés suivant les saisons, et les plantes, 15, 1. — troisième espèce, 15, 3. — taille des ruches, 15 5.
*Miel* vénéneux, XXI, 44, 1. — signes de l'empoisonnement, 44, 2. — remèdes, 44, 2. — miel causant la folie, 45, 1. — rayons vénéneux en partie, 46, 1. — miel merveilleux, 46, 1. — emploi médical du miel, XXII, 50, 1. — antidote du miel vénéneux, XXIX, 31, 1. — miel vénéneux, remèdes tirés des poissons, XXXII, 16, 1. — miel causant l'anorexie, remède, 16, 1.
*Milan* marin, poisson, IX, 43, 1. — milvago, XXXII, 6, 1. — ou ictinus, 53, 6.
*Milan*, oiseau très-rapace, X, 12, 1.
*Milandre*, poisson, XXXII, 12, 1.
*Mille-pieds*, ou centipède, ou multipède, ou oniscus, ou tylos, bon pour les maladies d'oreille, XXIX, 39, 3.
*Mille-pieds*, ou seps, ou scolopendre, bon pour les oreilles, XXIX, 39, 4.
*Mines* de fer, III, 11, 2. — sénatusconsulte interdisant l'exploitation des mines de l'Italie, 24, 5.
*Minium*, emploi religieux, XXXIII, 36, 1. — préparation 37, 1. — dit cinnabre chez les Grecs. — estimé où était la couleur rouge, 38, 1. — emploi dans les arts, 39, 1. — provenance, préparation, prix, 40, 1 et suiv. — danger, 40, 5. — employé par les copistes, 40, 5. — emploi médical dangereux, 41, 1.
*Minotaure* servait jadis d'enseigne à la légion, X, 5, 1.
*Miroir* concave, produisant le feu, II, 111, 2.
*Miroirs*, fabrication, XXXIII, 45, 1 et suiv.

*Misy*, substance cuivreuse, emploi médical, XXXIV, 31, 1 et 2.
*Mithrax*, sorte de gemme, XXXVII, 63, 1.
*Mitre*, coiffure des Arabes, VI, 32, 19.
*Modelage*, ou plastique, XXXIV, 16, 3. — histoire, XXXV, 43, 1 et 2. — ressemblance cherchée, 44, 1. — modeleurs les plus célèbres, 45, 1 et suiv. — simulacres en argile, 46, 1.
*Moelle*, XI, 86, 1.
*Moelle*, emploi médical, XXVIII, 39, 1.
*Mœurs*, ruinées par les victoires, XXXIII, 53, 1 et 2. — mœurs antiques, 54, 3.
*Moineau*, X, 52, 4.
*Mole* ou meule, poisson, XXXII, 5, 4.
*Môles*, chez les femmes, VII, 13, 1.
*Molochite*, sorte de gemme, XXXVII, 36, 1.
*Molybdène*, ou galène, emploi médical, XXXIV, 53, 1 et 2.
*Monde* ou ciel, II, 1, 1. — sacré, éternel, immense, 1, 1. — folie d'en chercher l'étendue, 1, 2. — a la forme d'un globe parfait, 2, 1. — tourne en 24 heures, 3, 1. — chemine sans bruit, 3, 2. — monde veut dire ornement, comme κόσμος en grec, 3, 3. — mesure du monde trouvée, grâce aux ombres, VI, 34, 3. — comparaison de la grandeur des diverses parties du monde, 38, 3. — le monde doit finir par la combustion, VII, 16, 1.
*Monédule*, choucas, corvus monedula, X, 41, 2.
*Monnaie*, détails historiques sur la monnaie à Rome, XXXIII, 13, 1 et suiv. — ouvre à la cupidité une nouvelle voie, 14, 1 et suiv. — fausse monnaie, essayage, 46, 1.
*Monochromes*, XXXV, 11, 1.
*Monstrueux*, enfantements, VII, 3, 2.
*Montagnes*, mesure des, exécutée par Dicéarque sur l'ordre des rois, II, 65, 2. — montagnes, l'une attirant, l'autre repoussant le fer, 98, 1. — montagnes en forme de croissant, III, 6, 1. — mesure de l'Hémus, IV, 18, 2. — mesure du Casius, V, 18, 3.
*Morion*, sorte de gemme, XXXVII, 63, 2.
*Mormyre*, poisson diapré, XXXII, 54, 1.
*Morochthis*, sorte de gemme, XXXVII, 63, 1.
*Morsure*, d'animaux divers, remèdes, XXVIII, 43, 1.
*Mort*, signes de, VII, 52, 1. — singularités sur la mort, 53, 1 et suiv. — morts apparentes, 53, 2. — suffocations hystériques prises pour la mort, 53, 2. — morts subites, 54, 1 et suiv. — morts bizarres, 54, 7. — la mort, principal bienfait de la nature, 56, 3.
*Mort*, apparition des morts, miracle, VII, 53, 5. — usage de brûler les morts non ancien chez les Romains, 55, 1.
*Mortiers* à piler; quelles sont les meilleures pierres, XXXVI, 43, 1.
*Mosaïque*, XXXVI, 60, 1. — en verre, 64, 1.
*Moucherons* produits par les substances qui aigrissent, XI, 41, 2.
*Mouches*, bonnes pour l'alopécie, XXIX, 34, 1 et 2. — singularité, 34, 2.
*Mouettes*, nid, X, 48, 1.
*Mouflon*, VIII, 75, 1; XXX, 52, 1.
*Moules*, coquillage, leur naissance, IX, 74, 5. — énormes, XXXII, 4, 1. — myax ou moules, propriétés médicales, 31, 2. — les myax se divisent en mitules et en myisces, 31, 4; 53, 6.
*Mousse* marine, emploi médical, XXXI, 38, 1.
*Mouton*, très-estimé pour sa laine et comme victime, VIII, 72, 1. — génération, 72, 1. — agneaux d'hiver préférables, 72, 2. — dans cette espèce on considère surtout la bouche du mâle, 72, 3. — deux espèces de mouton 72, 3. — caractères indiquant qu'une brebis a de la race, 75, 1. — caractère des moutons, 75, 2.
*Moutons* marins, IX, 2, 4.

*Muge*, saute avec beaucoup de force, IX, 21, 1. — très-salace, 26, 1.
*Mule*, son sabot est le seul que ne corrode pas l'eau du Styx, XXX, 53, 2.
*Mulet*, né d'un âne et d'une cavale ; *hinnus*, né d'un cheval et d'une ânesse, VIII, 69, 1 et suiv. — mules qui ont mis bas, cela est regardé comme prodige, 69, 3. — *ginnus*, produit d'un mulet et d'une cavale, 69, 4. — mulet né d'une cavale et d'un onagre, 69, 4. — mulet ayant vécu quatre-vingts ans, 69, 5.
*Mulle*, poisson ( mullus barbatus ; mullus surmuletus ), IX, 30, 1. — prix prodigieux, 31, 1. — poids énorme, 31, 1. — mulle ou surmulet, remède contre la pasténague, XXXII, 12, 1. — surmulet, antidote du sang menstruel et d'autres venins, XXXII, 16, 2.
*Murailles*, règles à Rome, XXXV, 49, 4.
*Murène*, IX, 24, 1. — opinion vulgaire sur leur accouplement, 39, 1. — mâle dit myrus, 39, 1. — viviers, 81, 1. — anecdote, 81, 1. — les murènes ne sont que femelles, XXXII, 5, 4. — manière de les tuer, 5, 4. — cendre de la murène utile contre la morsure de ce poisson, 20, 1.
*Murex* de Gétulie, V, I, 12. — particulier, retardant les vaisseaux, IX, 41, 2 ; XXXII, 1, 5. — murex variés, IX, 52, 1. — murex à teinture, manière de vivre, 60, 1. — substance colorante, 60, 1. — dentifrice, XXXII, 27, 3. — ostracium ou onyx, opercule du murex, 46, 5.
*Murrhins*, vases ; prix excessifs, XXXVII, 7, 1 et suiv. — qualités, 8, 1.
*Musaraigne*, remèdes contre sa morsure, XXX, 7, 1.
*Muscule*, poisson qui dirige la baleine, IX, 88, 1.
*Musmon* (mouflon), animal de la Corse, VIII, 75, 1.
*Mustèle*, ou lote, poisson, IX, 29, 2. — belette marine, XXXII, 37, 1.
*Myax*. Voy. MOULES.
*Myrmecias*, sorte de gemme, XXXVII, 63, 2.
*Myrmecitis*, sorte de gemme, XXXVII, 72, 1.
*Myrrhe* de la Troglodytique, VI, 34, 5.
*Myrrhites*, sorte de gemme, XXXVII, 63, 2.
*Myrsinites*, XXXVII, 63, 2.
*Mys*, sorte de coquillage, IX, 56, 4 ; XXXII, 53, 6.
*Myxon*, poisson. Voy. BACCHUS.

## N

*Nabu*. Voy. GIRAFE, VIII, 27, 1.
*Naphthe :* nature du ou de la naphthe (1), II, 109, 1.
*Narcissitis*, sorte de gemme, XXXVII, 73, 1.
*Nasamonitis*, sorte de gemme, XXXVII, 64, 1.
*Nativité* (La) fait tout, II, 5, 8.
*Nature*, divinité répandue partout, II, 95, 3. — compensations dans la lutte de la nature, V, 20, 3. — malignité de la nature, VI, 1, 1. — puissance et majesté de la nature vue dans son ensemble, VII, 1, 7. — la nature a rendu très-féconds les animaux inoffensifs, VIII, 81, 3.
*Nature*, n'engendre rien sans un secret dessein, XXII, 1, 1. — adieu à la nature, XXXVII, 77, 3.
*Nauplius*, animal semblable à la sèche et naviguant dans un coquillage, IX, 49, 1.
*Nautile*, ou pompile, animal marin, IX, 47, 1.
*Navigation* plus sûre par la science, II, 45, 4. — autour de l'Afrique, 67, 3. — navigation de la flotte d'Alexandre, VI, 26, 5. — navigation des Romains en Inde, VI, 26, 6, 9, et 10. — navigation autour de l'Afrique, opinion de Juba, VI, 34, 6.
*Nebritis*, sorte de gemme, XXXVII, 64, 1.
*Négociants* romains, VI, 32, 5 et 7. — négociants en Éthiopie, 34, 5.

(1) Ce mot est féminin dans les anciennes éditions du *Dictionnaire de l'Académie*, et masculin dans la dernière. Il n'y a aucune raison pour le faire masculin.

*Neige*, particularités, II, 61, 1. — ne tombe pas en haute mer, 106, 14.
*Néréide*, animal marin, IX, 4, 1 et 2.
*Nerfs* (tendons et nerfs), XI, 88, 1.
*Nerfs* et articulations, maladies, remèdes, XXVI, 81, 1. — douleurs, remèdes animaux, XXVIII, 72, 1. — remèdes magiques, XXX, 36, 1. — coupés en travers, remèdes, XXXII, 41, 1.
*Nez*, XI, 59, 1.
*Nilion*, sorte de gemme, XXXVII, 35, 1.
*Nitre :* vapeurs de nitre, VI, 31, 1.
*Nitre*, production et fabrication, XXXI, 46, 1 et suiv. — écume de nitre, 46, 6 et 7. — caractères du nitre, 46, 8. — propriétés des nitrières, 46, 8 et 9. — emploi culinaire et médical, 46, 9 et suiv. — fleur de nitre, 46, 14.
*Noir*, différentes espèces, XXXV, 25, 1 et 2. — noir indien, 25, 2.
*Nomenclature* du monde et de la nature, III, proœm, 3.
*Nomes* ou préfectures urbaines de l'Égypte, V, 9, 3.
*Noms* de mauvais augure changés, III, 16, 6 ; 26, 4.
*Notus*, vent, II, 46, 3.
*Nuages* sont des corps, II, 42, 2. — diversement colorés, 61, 3.
*Numération* des anciens, XXXIII, 47, 1.
*Nympharène*, sorte de gemme, XXXVII, 64, 1.

## O

*Obélisques*, consacrés au soleil, XXXVI, 14, 1. — historique, 14, 2 et suiv. — obélisques transportés à Rome, 14, 3 et suiv. ; 15, 1 et suiv. — un obélisque sert à Rome de gnomon, 15, 1.
*Observations* superstitieuses, diverses, XXVIII, 6, 3 et 4. — autres du même genre, XXX, 53, 1 et suiv.
*Obsidienne*, pierre, XXXVI, 67, 1, — fausse obsidienne, 67, 2.
*Océan*, irruption de l', dans les terres, III, 1, 2.
*Ocre*, XXXV, 16, 1 ; 22, 1.
*Oculata*, poisson, XXXII, 53, 6.
*Odeurs*, remarques générales sur les odeurs des fleurs, XXI, 18, 1 et suiv.
*Œil*, variétés suivant les animaux, XI, 52, 1. — couleur, 53, 1. — variété dans la vue, 54, 1. — singularités, 54, 2 et 3. — regard, 54, 4. — larmes, 54, 5. — cornée, pupille, 55, 1. — cataracte, 55, 2. — on ferme les yeux aux mourants, 55, 2. — disposition de l'œil chez différents animaux, 55, 4. — paupières, 56, 1. — clignotement, 54, 3, et 57, 1.
*Œil-de-Belus*, sorte de gemme, XXXVII, 55, 1.
*Œil-de-cochon*, sorte de gemme, XXXVII, 72, 1.
*Œnanthe*, oiseau, X, 45, 1.
*Œstrus*, espèce de grosse abeille qui met les autres en fuite, XI, 16, 1.
*Œufs* clairs, ou hypénémiens, ou zéphyriens, ou cynosures, X, 80, 1.
*Œufs*, remèdes qu'ils fournissent, et maladies où l'on s'en sert, XXIX, 11, 1 et suiv.
*Œufs* de serpents, idées superstitieuses ; un chevalier romain en est victime, XXIX, 12, 1 et 2.
*Offices* de Cicéron, Préf. 17.
*Offrandes* de lait et de gâteaux salés, Préf. 9.
*Oie*, vigilance, attachement, X, 26, 1. — foie gras des oies, 27, 1. — duvet, 27, 2. — ganta, 27, 2. — graisse d'oie de Commagène, 28, 1. — voyages, 32, 1. — accouplement et ponte, 79, 4.
*Oies*, honneurs que les Romains leur rendent, XXIX, 14, 1. — sang d'oie, propriétés, XXIX, 33, 1.
*Oiseaux* emmenés en mer par les navigateurs et qui, lâchés de temps en temps, servent de guides vers la terre, VI, 24, 3. — histoire, X, 1, 1. — caractère tiré des pieds,

X, 13, 1. — oiseaux inconnus, décrits dans le rituel étrusque, 17, 1. — oiseaux sortant de l'œuf la queue la première, 18, 1. — petits oiseaux pourvus d'ongles crochus, 20, 1. — généralités sur les oiseaux à ongles crochus, 21, 1. — oiseaux dont on consulte le chant ou le vol, 22, 1. — émigrations, 32, 1; 33, 1. — temps où ils se montrent, 36, 1. — limites marquées à différents oiseaux, 41, 1 et suiv. — changements d'apparence suivant les saisons, 42, 1. — ponte, 46, 1. — oiseau particulier à la Scythie, 50, 2. — vol, 54, 1. — instincts, 56, 1. — nourriture, 65, 1. — oiseau particulier à la Germanie, jaseur? 67, 1. — volières, 72, 1. — génération, 73, 1. — œufs, 74, 1 et suiv.; 75, 1 et suiv. — éclosion artificielle des œufs, 75, 2; 76, 1. — vol, XI, 107, 1.

*Oiseaux* de nuit : noctua, bubo, hulotte, X, 16, 1. — la noctua se défend contre les oiseaux, 19, 1.

*Olea*, sorte de gemme, XXXVII, 65, 1.

*Olympias*, vent, II, 46, 4.

*Ombre* (Théorie de l'), II, 8, 4. — état des ombres suivant les lieux, 75, 1. — ombres projetées vers le midi, 76, 1. — ombre d'une montagne projetée à 87,000 pas, IV, 23, 8. — Étonnement des Taprobaniens sur les ombres à Rome, VI, 24, 7. — direction des ombres, 34, 3. — ombres égales et théorie des parallèles, 39, 1.

*Ombrie*, sorte de gemme, XXXVII, 65, 1.

*Onagres*, où sont les plus beaux, VIII, 69, 5. — poulains bons à manger, appelés lalisions, 69, 5.

*Ongles*, XI, 101, 1.

*Ongles* : disposition des ongles chez les animaux tels que les panthères, VIII, 17, 1.

*Ongles*, affections, remèdes, XXVIII, 52, 1. — ongles rugueux, XXXII, 45, 1.

*Ongles* de mer, XI, 51, 6.

*Onocardie*, sorte de gemme, XXXVII, 65, 1.

*Onocrotale*, pélican, X, 66, 1.

*Onyx*, pierre, provenance; colonnes en onyx, XXXVI, 12, 1 et 2.

*Onyx*, pierrerie, XXXVII, 24, 1 et 2.

*Opales*, beauté, XXXVII, 21, 1. — anecdote, 21, 2. — défauts, 22, 1. — pæderos, sorte d'opale, 22, 2.

*Ophicardèle*, sorte de gemme, XXXVII, 65, 2.

*Ophidion*, petit poisson, semblable au congre, XXXII, 35, 1.

*Ophiocephalus*, IX, 35, 1.

*Ophion*, ou mouflon, animal propre à la Sardaigne, XXX, 52, 1.

*Ophite*, sorte de pierre, propriétés, XXXVI, 11, 2. — dont on fait des barils, 43, 2.

*Opocarpathum*, sorte de poison, XXVIII, 45, 1; XXXII, 31, 3.

*Oporice*, sorte de composition médicale, XXIV, 79, 1.

*Or*, en horreur à un certain peuple, VI, 31, 7.

*Or*, invective, XXXIII, 3, 1. — emploi ancien, 4, 6. — détails historiques sur les quantités d'or, à Rome, 5, 1 et suiv. — colliers d'or, 10, 1. — couronnes d'or, 11, 1. — on dore les cornes des victimes, 12, 1. — le luxe met de l'or partout, 12, 1 et suiv. — denier d'or, 13, 3. — indigne usage, 14, 2 et 3. — énumération de richesses en or, 15, 1; 17, 1 et 2. — or en couronnes et en décorations, 16, 1. — lambris dorés, tuiles d'airain dorées, 18, 1. — qualités qui ont fait donner à l'or le premier rang, 19, 1 et suiv. — épreuve obrussa, 19, 2. — ductilité, 19, 3 et 4. — tissu d'or, 19, 5. — procédé pour l'appliquer sur les matières qu'on ne peut chauffer fortement, 20, 1. — dorure du cuivre, 20, 1. — détails sur l'extraction et la préparation de l'or, 21, 1 et suiv. — on fait de l'or avec l'orpiment; déception, 22, 1. — tout or contient de l'argent, 23, 1. — statues en or massif, 24, 1. — emploi médical de l'or, 25, 1 et 2. — lits plaqués en or, XXXIII, 51, 1. — or porté par les plébéiennes, et dédaigné par les patriciennes, 54, 1.

*Orbe*, poisson, XXXII, 5, 4.

*Orbona*, déesse, II, 5, 2.

*Ordre* équestre, détails historiques, XXXIII, 7, 1 et suiv.; 8, 1 et suiv. — juges, tribuns du trésor, élus, neuf cents, 7, 2. — différentes dénominations des chevaliers, Célères, Flexumines, Trossules, 9, 1.

*Oreilles*, disposition suivant les animaux, XI, 50, 1.

*Oreilles*, maladies des, remèdes tirés des animaux, XXVIII, 48, 1 et suiv.; 39, 1 et suiv. — remèdes tirés des poissons, XXXII, 25, 1.

*Oritis*, ou sidéritis, sorte de gemme, XXXVII, 65, 1.

*Ornithies*, vents, II, 47, 1; 48, 3.

*Orphus*, poisson, IX, 24, 1. — nommé par Ovide, XXXII, 54, 1.

*Orque*, ennemie de la baleine, IX, 5, 1. — prise dans le port d'Ostie, 5, 3.

*Orthragoriscos*, poisson, XXXII, 9, 1.

*Orties* de mer, ont une sorte de sentiment, IX, 68, 1. — ou cnide, XXXII, 53, 4.

*Ortygomètre*, oiseau, X, 33, 2.

*Oryx*, animal qui fixe ses regards sur la canicule, quand elle se lève, II, 40, 2. — ou antilope, VIII, 79, 2. — fournit à boire aux Géluliens, X, 94, 1.

*Os*, XI, 87, 1. — arêtes, XI, 87, 1. — cartilages, 87, 1.

*Ossifrage*, oiseau, recueille les petits aiglons chassés par leurs parents, X, 4, 2.

*Ostracite*, pierre, XXXVI, 31, 1.

*Ostracitis*, ou ostracias, gemme, XXXVII, 65, 2.

*Ostritis*, sorte de gemme, XXXVII, 65, 2.

*Ote*, oiseau suivant Pline, XI, 107, 1.

*Oties*, ou patelles, animal marin, XXXII, 53,

*Otus*, ou asion, stryx otus, oiseau imitateur, accompagne les cailles, X, 33, 4.

*Ouïe*, phénomène relatif à l'ouïe, VII, 22, 1.

*Ouragan*, II, 49, 1, — ecnephias, 49, 1. — typhon, 49, — tourbillon, 50, 1. — prester, 50, 1. — trombe, 50, 2.

*Ours*, description, hivernage, VIII, 54, 1 et suiv. — la tête est la partie la plus faible, 54, 4. — leur cervelle contient un maléfice, 54, 5. — ours de Numidie exposés dans le Cirque, 54, 5.

*Ourse* (la grande), II, 41, 4. — vue du mont Malée, VI, 22, 6. — les marins macédoniens revoient la grande Ourse, VI, 26, 3.

*Oursin*, IX, 51, 4. — présage la tempête, 51, 4. — ou hérisson de mer, XXXII, 20, 1.

*Outarde* ou otide, X, 29, 1.

*Oxalme*, sorte de saumure, propriétés médicales, XXIII, 29, 1.

*Oxygala*, propriétés, XXVIII, 36, 1.

*Oxymel*, préparation, XXV, 21, 1. — propriétés médicales, XXIII, 29, 1.

*Ozène*, remèdes, XXV, 104, 1.

*Ozène*, sorte de poulpe, IX, 48, 1.

## P

*Padi*, nom gaulois des pins, III, 20, 8.

*Pænitide*, ou gæanide, sorte de gemme, XXXVII, 66, 2.

*Pæderos*, sorte de gemme, confusion des noms, XXXVII, 46, 1. — beauté, 46, 2.

*Pagre*, poisson, IX, 24, 1. — ou phagre, XXXII, 53, 6.

*Paillasse*, concher des anciens, VIII, 73, 4.

*Paille*, anciennement on dormait sur la paille, XVIII, 3, 5.

*Pain*, variétés, XVIII, 17, 1. — pain d'alica, 27, 2. — boulangers, 28, 1. — tamis et blutoires, 28, 1. — emploi médical du pain, XXII, 68, 1 et 2.

*Paix* romaine, majesté et bienfait de la, XXVII, 1, 1 et 2

*Panchrus*, sorte de gemme, XXXVII, 66, 1.
*Pandectes*, titre d'ouvrage, Préf. 18.
*Paneros*, ou pansébaste, sorte de gemme, XXXVII, 66, 1.
*Pangonius*, sorte de gemme, XXXVII, 66, 1.
*Panthère* (Clémence d'une), VIII, 21, 6. — robe bigarrée, 23, 1. — sa manière de chasser, 23, 1. — a sur l'épaule une tache semblable à la lune, 23, 1. — panthères apportées en Italie, 24, 1.
*Paon*, amateur de louanges, X, 22, 2. — quand servi sur les tables, 23, 1. - accouplement et ponte, 79, 3.
*Papier*, historique, XIII, 21, 1. — fabrication; sortes, 23, 1. — noms et qualités des différents papiers, 24, 1. — défauts, 25, 1. — collage, 26, 1. — autographes, 26, 1. — antiquité du papier, 27, 1. — disette de papier, 27, 3.
*Papillon* du chou, XI, 37, 1.
*Papillon* que la lumière attire compté parmi les substances malfaisantes, XXVIII, 45, 5.
*Parætonium*, couleur blanche, XXXV, 18, 1.
*Paralysie*, remède magique, XXX, 26, 1,
*Parallèles*, ou lieux où les ombres sont égales, VI, 39, 1. 1$^{er}$ parallèle, 39, 2. — 2$^e$ parallèle, 39, 3. — 3$^e$ parallèle, 39, 4. — 4$^e$ parallèle, 39, 5. — 5$^e$ parallèle, 39, 6. — 6$^e$ parallèle, 39, 7. — 7$^e$ parallèle, 39, 8. — les modernes n'ont divisé en trois parallèles le reste de la terre, et établi avant le premier deux autres parallèles, 39, 9.
*Parasange*, mesure persane; l'évaluation en varie, VI, 30, 8.
*Pards*, VIII, 17, 1. — s'accouplent avec les lionnes, 17, 2. — pards, mâles des panthères, 23, 1. — en embuscade, X, 94, 2.
*Pardalie*, sorte de gemme, XXXVII, 73, 3.
*Parfums*, fabrique de, IV, 23, 3.
*Parfum*, détails historiques, XIII, 1, 1. — provenances et fabrication, 2, 1. — parfum de Mendes, 2, 4. — Megalium, 2, 7. — foliatum ou parfum de nard, 2, 8. — parfum royal, 2, 10. — s'améliorent en vieillissant, 3, 1. luxe et raffinements, 4, 1. — usage chez les Romains, 5, 1.
*Paroles*, et charmes magiques, XXVIII, 3, 1 et suiv. — formule du dévouement des Décius, 3, 3. — formule pour enterrer vifs un Grec et une Grecque, 3, 3. — exemples confirmatifs, 3, 4. — histoires sur la puissance magique des formules, 4, 1 et suiv. — charmes divers, 4, 5 et suiv. — croyance générale à cette influence, 5, 1 et suiv.
*Parotides*, remèdes, XXXII, 25, 2.
*Passer*. Voy. CARRELET.
*Pastenague*, IX, 40, 1. — ou trygon, aiguillon dangereux, 72, 1. — antipathie avec le galeos, XXXII, 12, 1. — la cendre de pastenague est bonne contre la piqûre de ce poisson, XXXII, 20, 1.
*Pâte*, longtemps les Romains ont vécu de pâte et non de pain, XVIII, 19, 2.
*Pâturage*, mot du langage administratif qui comprend tous les revenus publics, XVIII, 3, 3.
*Pégase*, animal d'Éthiopie, VIII, 30, 1. — oiseau fabuleux, X, 70, 1.
*Peignes* de mer, IX, 51, 6. — sautent hors de l'eau, 52, 2. — divisés en donax, aules et onyx, XXXII, 32, 2. — quels sont les meilleurs, 53, 6.
*Peine* (La) et le Bienfait, divinités uniques suivant Démocrite, II, 5, 1.
*Peinture*, jadis illustre, XXXV, 1, 2. — tombée en désuétude, 2, 1. — commencements, 5, 1 et 2. — antiquité en Italie, 6, 1. — peinture honorée de bonne heure à Rome, 7, 1 et suiv. — vogue des tableaux étrangers, 8, 1. — exposition en des lieux publics, 8, 2; 9, 1; 10, 1 et 2. — succession des progrès, 11, 1. — histoire et énumération des peintres illustres, 34, 1 et suiv.; 35, 1 et 2; 36, 1 et suiv. — peintres de genre, 37, 1 et suiv.

— peintres romains, XXXV, 37, 6 et 7. — peintre en cire et à l'encaustique, histoire, 39, 1; 40, 1. — suite de l'énumération des peintres, 40, 1 et suiv. — artistes du second rang, 40, 13 et suiv. — femmes peintres, 40, 22.
*Pélamide*. Voy. THON.
*Pélorides*, sorte de coquillage, XXXII, 31, 5. — ou chames, 53, 4.
*Pendre* (N'y a-t-il pas de quoi se), proverbe, Préf. 23.
*Pénélopes*, oiseaux, XXXVII, 11, 7.
*Pennatula* filosa, IX, 21, 1.
*Pentadactyles*, coquillage, XXXII, 53, 4.
*Pépinière*, conditions d'une bonne pépinière, XVII, 14, 1.
*Perca* cabrilla, IX, 23, 1; 77, 1. — perca labrax, 24, 1; XXXII, 53, 3. — perca scriba, IX, 24, 1; 77, 1.
*Perche* de mer, IX, 24, 1.
*Percides*, poissons, XXXII, 53, 6.
*Perdrix*, X, 51, 2. — perdrix grises récemment arrivées en Italie, 69, 1.
*Périleucos*, sorte de gemme, XXXVII, 66, 2.
*Perles*, VI, 32, 6. — déclamation, IX, 53, 1 et 2. — provenance, 54, 1. — nacre, 54, 2. — formation, 54, 3. — influence du soleil et de l'âge, 53, 4. — la nacre coupe la main du pêcheur, 55, 1. — les nacres ont une reine comme les abeilles, 55, 2. — les perles s'usent par l'usage, 56, 1. — unio, margarita, 56, 1. — différences dans la blancheur, 56, 2. — boucles d'oreille, 56, 3. — une perle est le licteur d'une femme, 56, 3. — perles du Bosphore de Thrace, dites mys, 56, 4. — perles d'Arabie, d'Acarnanie, d'Actium, de Mauritanie, 56, 4. — grosseur, 57, 1. — cuirasse consacrée par César, faite en perles de Bretagne, 57, 1. — parure prodigieuse, 58, 1. — perle et repas de Cléopâtre, 58, 3 et 4. — perles avalées par l'acteur Clodius et ses convives, 59, 1. — les perles s'introduisent à Rome, 59, 2. — emploi du mot *unio*, 59, 2. — propriété presque éternelle, 60, 1.
*Perles*, en ornements, XXXVII, 6, 4. — le second rang leur appartient, 6, 1.
*Perroquet*, VI, 35, 7. — en indien, sittace, X, 58, 1.
*Peste*, inconnue en certaines localités, II, 98, 2.
*Pétoncle*, se lance comme un trait, IX, 45, 1.
*Petromyzon* branchialis, IX, 17, 2.
*Phalères*, sont déposées par la noblesse romaine, XXXIII, 6, 2.
*Phalérides*, oiseau, X, 67, 1.
*Phares*, XXXVI, 18, 1.
*Pharicon*, sorte de poison, XXVIII, 45, 1.
*Phengite*, pierre, XXXVI, 46, 1. — autre pierre diaphane, 46, 1.
*Phénicoptère*, ou flamand, X, 68, 1.
*Phénix*, oiseau douteux, X, 2, 1. — période astronomique, 2, 2. — faux phénix, 2, 3.
*Phénix*, la cendre et le nid fournissent des remèdes, XXIX, 9, 1.
*Phénomènes météorologiques*, fracas des armes et son de trompette entendus dans le ciel; armes célestes se heurtant; ciel en feu, II, 58, 1.
*Phlogine*, ou *Chrysitis*, sorte de gemme, XXXVII, 66, 2.
*Phlogitis*, sorte de gemme, XXXVII, 73, 2.
*Phœnicias*, vent, II, 46, 2.
*Phœnicitis*, sorte de gemme, XXXVII, 66, 2.
*Phœnicure*, oiseau, X, 44, 1.
*Pholades*, IX, 51, 6.
*Phoque*, IX, 6, 3.
*Phrénésie*, remèdes, XXVI, 72, 1. — ou phrénitis, remèdes magiques, XXX, 29, 1.
*Phthir*, poisson, XXXII, 53, 1.
*Phthiriasis*, remèdes, XXVI, 86, 1; XXX, 50, 1.
*Phthisie*, remèdes, XXVIII, 67, 1 et 2. — remèdes magi-

ques, XXX, 26, 1. — utilité de la navigation, XXXI, 33, 1. — écrevisses utiles, XXXII, 39, 2.
*Phycis*, poisson, IX, 42, 1 — poisson saxatile, XXXII, 53, 6.
*Phycitis*, sorte de gemme, XXXVII, 66, 2.
*Physes*, sortes de pierres artificielles, XXXVII, 74, 2.
*Physétère* ou souffleur, XXXII, 53, 1.
*Physionomie*, indice du moral, XI, 114, 2.
*Pic*, oiseau, augure, X, 20, 1. — nid, 50, 1.
*Pie*, oiseau récemment arrivé dans les environs de Rome, X, 41, 2. — parle, 59, 1.
*Pied*, conformation, XI, 105, 1. — corne du pied, 106, 1. — oiseaux digités; palmipèdes, 107, 1. — ergots, 107, 1. — pieds des insectes, 108, 1.
*Pieds*, engelures, crevasses, oignons, etc.; remèdes, XXVIII, 62, 2 et suiv. — remèdes magiques, XXX, 23, 1 et 3.
*Pierre* tombée du ciel, II, 59, 1. — prédite, dit on, par Anaxagore, 59, 1. — pierres tombées du ciel; Pline en a vu, 59, 3.
*Pierres* précieuses, polissage, XXXVI, 10, 1. — prix immense qu'on y attache, XXXVII, 1, 1 et 2. — collection de pierres précieuses, ou dactyliothèques, 5, 1; 6, 1. — variations de la mode, 23, 1. — les pierres ardentes résistent à la gravure et cachètent mal, 30, 1. — pierres vertes, 34, 1. — pierres purpurines, 40, 1. — pierres blanches, 46, 1. — rangées par ordre alphabétique, 54, 1. — origine des dénominations, 71, 1; 72, 1; 73, 1. — pierreries qui naissent, 74, 1. — manière d'en aviver les nuances, 74, 2. — préférences, 75, 1. — fabrication de pierres fausses, 75, 2. — moyens généraux de reconnaître les pierres fausses, 76, 1 et 2.
*Pierres* gravées, XXXVII, 4, 1 et 2.
*Pierre* de Siphnos, se travaille au tour, XXXVI, 44, 2.
*Pierre* verte de Côme, XXXVI, 44, 1.
*Pierre* de touche, XXXIII, 43, 1.
*Pierres*, la plus grande folie du temps, XXXVI, 1, 1 — pierres qui en enfantent d'autres, 29, 1. — pierres noires, 29, 1. — coranus blanc, 29, 1. — singularités, 29, 1. — inégalité de résistance, 30, 1. — pierres qui rendent un suc, 43, 1 et 2. — pierres molles, 44, 1; 48, 1.
*Pierre* à aiguiser, de Naxos, XXXVI, 10, 1. — d'Arménie, 10, 1. — pierres à aiguiser le fer, 47, 1.
*Pierre* phrygienne, sert à la teinture, XXXVI, 36, 1.
*Pierre* samienne, emploi médical, XXXVI, 40, 1.
*Pierre* arabe, XXXVI, 41, 1; XXXVII, 54, 6.
*Pierre* fugitive, XXXVI, 23, 1.
*Pierre* de Syros, flotte sur l'eau, XXXVI, 26, 1.
*Pierre* d'Assos, XXXVI, 28, 1 et 2.
*Pierre* transparente d'Égypte, XXXVI, 28, 1.
*Pierre* de Chio, XXXVI, 28, 1.
*Pigeons* ramiers émigrent, X, 35, 1. — durée de leur vie, 52, 3.
*Pigeons*, X, 52, 1. — sentiment de la gloire, 52, 5. — messagers, 53, 1. — pigeonniers, 53, 1. — accouplement et ponte, 79, 1.
*Pigeon* haché menu, remède contre les serpents, XXIX, 26, 1.
*Pinne*, coquillage, sa manière de pêcher, IX, 66, 1.
*Pinnotère*, se cache dans les coquilles, IX, 51, 2. — avertit la pinne, 66, 1.
*Piqûres* de différents animaux venimeux, remèdes, XXXII, 16, 1; 17, 1.
*Pirates* attaquant les navires allant en Inde, VI, 26 6.
*Plaies* et ulcères, remèdes, XXVI, 87, 1 et suiv.; 88, 1; XXVIII, 74, 1 et 2. — remèdes magiques, XXX, 39, 1. — remèdes tirés des animaux et productions aquatiques, XXXII, 44, 1 et suiv.
*Plan* des portes Caspiennes, VI, 15, 6.
*Planètes*, marchent contrairement à la révolution du monde, II, 6, 4. — planètes supérieures, 12, 1. — inférieures, 12, 3. — leur hauteur due aux apsides, 13, 2; due à la différente élévation des apsides, 13, 5; due aux apparences, 13, 6. — théorie des planètes, 13, 9, 10 et 11. — remarques diverses sur les planètes, 15, 1. — leur couleur, 16, 1.
*Plataniste*, poisson du Gange, IX, 17, 3.
*Platée*, spatule, platalea leucorodia, X, 56, 1.
*Pléiades*, II, 41, 1.
*Pleuronectes* rhombus, IX, 24, 1. — pleuronectes platessa, 36, 1.
*Pline* à son temps pris par les fonctions publiques; consacre les heures de la nuit à la composition, de son *Histoire Naturelle*, Préf. 14. — détails qu'il se procure sur la géographie de certaines contrées, VI, 8, 1. — a composé un livre sur l'exercice équestre du javelot, VIII, 65, 3.
*Plomb* blanc de l'île Mictis, IV, 30, 3.
*Plomb* blanc, ou cassiteros, XXXIV, 47, 2.
*Plomb*, extraction, XXXIV, 47, 1 et suiv. — variétés, emploi, 49, 1 et suiv. — emploi médical, 50, 1 et suiv. — scorie, emploi médical, 51, 1.
*Plomb*, sorte de maladie des yeux, XXV, 97, 1.
*Plongeons*, nid, X, 48, 1.
*Pluies* et vents (Causes diverses des), II, 42, 1. — pluies de lait et de sang, 57, 1. — pluies de chair, 57, 1. — pluies de fer, 57, 2. — pluies de laine, 57, 2. — pluie de briques cuites, 57, 2. — pluie de sable lancée par l'Etna, 106, 15.
*Poids*, rapport des poids grecs avec les poids romains, XXI, 99, 1.
*Poisons* inventés par les hommes, remèdes végétaux, XXV, 79, 1. — remèdes animaux, XXVIII, 45, 1 et suiv. — antidotes contre les mauvaises drogues et les flèches empoisonnées, XXIX, 33, 2 et 3. — antidotes tirés des poissons, XXXII, 18, 1.
*Poissons*, instinct, XXXII, 5, 1 et suiv.
*Poisson*, Alexandre défend aux Ichthyophages de se nourrir de poisson, VI, 25, 4. — discussion sur la respiration des poissons, IX, 6, 1 et suiv. — 74 espèces, 16, 1. — poisson des fleuves de Germanie, semblable au cochon de mer, 17, 2. — les poissons croissent rapidement dans le Pont-Euxin, 19, 1. — poissons qui entrent ou n'entrent pas dans le Pont-Euxin, 20, 3 et suiv. — petit poisson s'attachant au thon et à l'épée, 21, 1. — augures fournis par des poissons, 22, 1. — femelles plus grosses que les mâles, 23, 1. — espèces sans mâles, 23, 1. — sommeil, 23, 1. — aiment l'huile et la pluie, 23, 2. — effet du froid, 24, 1. — poissons ayant une pierre dans la tête, 24, 1. — poissons saxatiles, 24, 1. — effet du chaud, 25, 1. — variations dans la bonté, 32, 1. — branchies, 33, 1. — écailles singulières, 33, 1. — poissons venant à terre, 35, 1. — changent d'eau pour frayer, 35, 1. — formes diverses, 36, 1. — nageoires, 37, 1. — poissons plats, 37, 1; 40, 1. — cartilages, arêtes, 40, 1. — poissons σελάχη, 40, 1. — poissons qui n'ont pas de sang : mous, crustacés, testacés, 44, 1. — intelligence des poissons : leur manière de prendre leur proie, 67, 1 et suiv. — poissons plats, leur présence annonce qu'il n'y a pas de bêtes malfaisantes, 70, 3. — sommeil des poissons troublé par les insectes, 71, 1. — on ne leur connaît point de maladies épizootiques, 73, 1. — génération, accouplement, ponte, 74, 1 et suiv. — poissons d'espèces différentes ne s'accouplent pas entre eux, excepté l'ange et la raie, 74, 6. — poissons cartilagineux, sont vivipares et conçoivent des œufs, 75, 1. — longévité, 78, 1. — viviers magnifiques, 80, 1. — poissons singuliers, 83, 1. — poissons qu'on trouve en terre, 83, 2 et 3. — antipathies et sympathies, 88, 1. — adresse des poissons à échapper aux pièges, XXXII, 5, 1 et suiv. — poisson venant manger à la main, 8, 1. —

donnant des présages, XXXII, 9, 1. — singularités, 9, 1.
— règlement de Numa sur le poisson de mer, 10, 1. —
poissons salés sont des antidotes, 17, 1.
*Poitrine*, XI, 82, 1.
*Poivre*, d'où on l'apporte, VI, 26, 10.
*Poix* fossile, XVI, 23, 3.
*Polenta*, XVIII, 14, 1. — emploi médical, XXII, 59, 1.
*Potias*, sorte de gemme, XXXVII, 73, 3.
*Polype*, ou plutôt poulpe, comment il faut le faire cuire, XXXII, 42, 1.
*Polythrique*, sorte de gemme, XXXVII, 73, 3.
*Polyzone*, sorte de gemme, XXXVII, 73, 2.
*Pommes* d'or, ce qui reste du bois qui les produisait, V, 1, 4.
*Pompholyx*, substance cuivreuse, emploi médical, XXXIV, 33, 1 et 2.
*Pompile*. Voy. NAUTILE.
*Pompile*, accompagne les vaisseaux, XXXII, 54, 2.
*Ponce*, pierre, XXXVI, 42, 1 et suiv.
*Pont* projeté entre les côtes d'Italie et celles de la Grèce, au point où la mer est la plus étroite, III, 16, 3. — pont de mille pieds, IV, 1, 4. — pont de vaisseau, 24, 2. — pont jeté sur le Bosphore de Thrace, 24, 2. — pont sur l'Euphrate, V, 20, 2. — autre pont sur l'Euphrate, 21, 2. — pont unissant l'île du Phare à Alexandrie, 34, 1. — cent vingt ponts sur le Phare, VI, 4, 5.
*Pontique*, sorte de gemme, XXXVII, 66, 2.
*Population* de l'Asturie, III, 4, 12. — population de la juridiction de Lucus, 4, 13. — population de la juridiction de Bracarum, 4, 14. — population de l'Italie, 24, 5.
*Porc*, époque de sa chaleur, VIII, 77, 1. — durée de sa vie, 77, 2. — maladies, 77, 3. — intelligence, 77, 4. — castration des truies, 77, 4. — on développe le foie de la truie pour la cuisine, 77, 5. — variété de goûts qu'offre la viande de porc, 77, 5. — ventre de truie ou sumen, 77, 5. — les porcs s'accouplent sans peine avec les sangliers, 79, 1.
*Porcs*, remèdes pour leurs maladies, XXXII, 52, 3. — glandes de porc, XXXVI, 2, 1.
*Porc*, poisson qui grogne, XXXII, 9, 1 ; 53, 6.
*Porc-épic*, description, VIII, 53.
*Porphyrion*, poule sultane, fulica porphyrio, X, 63, 1.
*Porphyrite*, pierre rouge d'Égypte ; peu goûtée en statues, XXXVI, 11, 3.
*Porrigo*, remèdes, XXIX, 35, 1.
*Portraits* d'athlètes, d'Épicure, XXXV, 2, 2 — ancien usage dans les familles romaines, 2, 3 et suiv. — portraits consacrés dans les bibliothèques, 2, 6 et 7. — invention de Varron pour multiplier les portraits, 2, 7. — portraits dédiés dans des lieux publics, 3, 1. — portraits sur les clypeus ou écussons, 14, 1 et 2. — portrait colossal de Néron, 33, 1. — portraits des gladiateurs, 33, 1. — ressemblance, 34, 26. — portrait fait en perle, XXXVII, 6, 2.
*Porus*, pierre, XXXVI, 28, 1.
*Poterie*, XXXV, 46, 1 et suiv. — plats énormes, 46, 4 et suiv.
*Pou* de mer, bon pour les maladies d'oreille, XXXII, 25, 1.
*Poules*, ont des pratiques religieuses, X, 17, 1. — engraissement, 71, 1. — couveuses, 74, 6. — poule qui a couvé des œufs de cane, 76, 2. — bonnes poules, 77, 1. — pépie, 78, 1.
*Poules* de Numidie, numida maleagris, X, 67, 1.
*Poulpe*, n'a pas de nageoires, IX, 37, 1. — poisson mou, 44, 1. — diverses espèces, 46, 1. — les congres lui rongent les bras, 46, 2. — ses bras coupés repoussent, 46, 2. — remarques sur le poulpe, 48, 1. — sa manière de prendre les coquillages, 48, 2. — poulpe énorme, 48, 3 et suiv.

*Pouls*, règle la conduite de la santé, XI, 88, 2.
*Poumon*, XI, 72, 1.
*Poumons*, ulcérations, hémoptysie ; remèdes, XXVIII, 53, 1 et 2. — remède magique, XXX, 14, 1.
*Poumon*, animal marin, IX, 71, 1. — ou halipleumon, XXXII, 53, 5.
*Poumon* marin, fait paraître tout en feu le bois qu'on en frotte, XXXII, 52, 3.
*Pourpres*, coquillage ; déclamation, IX, 53, 1 et 2. — manière de vivre, 60, 1. — substance colorante, 60, 2. — la plus belle pourpre, 60, 3. — détails, 60, 4. — atelier de teinture en pourpre, 61, 1. — buccin, espèce de pourpre, 61, 1. — variétés de pourpres, 61, 3. — capture, 61, 4. — préparation, 62, 1. — pourpre écarlate, 62, 3. — pourpre tyrienne, 62, 3. — usage de la pourpre à Rome, 63, 1. — tyrienne dibaphe, 63, 2. — prix, 64, 1. — combinaisons diverses, 65, 1 et 2.
*Poussière*, employée pour mûrir les raisins, XVII, 5, 1.
*Pouzzolane*, XXXV, 47, 1 et suiv.
*Prairies*, titre d'ouvrage, Préf. 18.
*Prase*, gemme, espèces, XXXVII, 34, 1.
*Pratiques* religieuses et superstitieuses, de diverse nature, XXVIII, 5, 3 et suiv.
*Printemps*, sacré (un), III, 18, 1.
*Printemps* ouvre les mers aux navigateurs, II, 47, 1.
*Pristes* de deux cents coudées, IX, 2, 1. — le plus gros animal marin de la mer des Indes, 3, 1.
*Prix* (Bas) de certaines denrées, XVIII, 4, 1, 2 et 3. — variation du prix des substances minérales, XXXIII, 57, 3. — choses auxquelles on attache le plus grand prix, XXXVII, 77, 3.
*Probité* du gouvernement romain admiré à Taprobane, cause de l'égalité du poids des deniers, VI, 24, 5.
*Providence* (La) des dieux a choisi l'Italie pour régir le monde, III, 6, 2.
*Psette*, IX, 24, 1.
*Psore*, traitement, XXXII, 27, 2.
*Ptisane*, préparation d'orge, XVIII, 15, 1. — emploi médical, 66, 1.
*Publicité* de l'épître de Pline à Titus, Préf. 2.
*Pudicité*, divinité, II, 5, 1.
*Puits*, vapeurs malfaisantes, XXXI, 28, 2 et 3.
*Punaises*, remèdes fournis par cet insecte, XXIX, 27, 1 et 2.
*Purgation*, poissons et productions marines qui la provoquent, XXXII, 31, 1 et suiv.
*Purpurissum*, couleur, XXXV, 26, 1 et 2.
*Pygargue*, animal du genre des chèvres, VIII, 79, 2.
*Pyrale*, infestant la vigne, remède, XVII, 47, 4.
*Pyralis*, insecte, X, 95, 2. — ou pyrauste, XI, 42, 1.
*Pyramides*, les tours nommées pyramides, V, 11, 2.
*Pyramides*, XXXVI, 16, 1 et 2. — historique, 17, 2 et suiv.
*Pyren*, sorte de gemme, XXXVII, 73, 1.
*Pyrite*, variété, emploi médical, XXXVI, 30, 1 et 2. — sert aux éclaireurs militaires à allumer du feu, 30, 2.
*Pyritis*, sorte de gemme, XXXVII, 73, 2.
*Pyrrhocorax*, oiseau, X, 68, 1.

## Q

*Quadrupèdes* sans oreilles, en un certain pays, VI, 35, 24.
*Queue*, XI, 111, 1.

## R

*Raie*, IX, 40, 1. — raie cornue, 40, 1 ; 43, 1. — raia aquila, 40, 1. — raie cornue, XXXII, 53, 3.
*Rasoir* ou rason, poisson, XXXII, 5, 4.
*Rat* du Pont, VIII, 55, 1. — rat blanc du Pont, gerboise, 55, 1. — rat du Pont ruminé, X, 93, 3.

*Rat* des Alpes, VIII, 55, 1. — marmotte, X, 85, 2.
*Rat* d'Égypte, VIII, 55, 1. — rat de la Cyrénaïque, 82, 2.
— rat d'Égypte, souris du Caire, *mus cahiriticus*, X, 85, 2.
*Rat* ordinaire, augures qu'il a donnés, VIII, 82, 1. — rat vendu 200 deniers, 82, 3. — moitié animal, moitié limon en Égypte, IX, 84, 1. — animal indocile, X, 62, 1. — multiplication prodigieuse, 85, 1.
*Rat*, propriété magique de son foie, XXIX, 15, 1.
*Rat* de mer, fait ses œufs hors de l'eau, IX, 76, 1. — guérit l'alopécie, XXXII, 23, 1.
*Rate*, XI, 80, 1.
*Rate*, maladies, remèdes végétaux, XXVI, 48, 1. — remèdes animaux, XXVIII, 57, 1 et 2. — remèdes magiques, XXX, 17, 1. — remèdes tirés des poissons, XXXII, 32, 1.
*Recettes*, incantations, charmes, pour les arbres, pour la grêle, etc., XVII, 47, 6.
*Récolte*, abondance en certaines années, XVIII, 4, 1, 2 et 3. — manières de faire la moisson, 72, 1. — conservation des grains, 73, 1 et suiv. — vendange, 74, 5.
*Récoltes* qui engraissent, qui épuisent la terre, XVII, 7, 1.
*Récusation* (Droit de), Préf. 6.
*Refroidissements*, remèdes magiques, XXX, 25, 1.
*Régions* produisant le froid et recélant l'aquilon glacial, IV, 26, 10. — région où sont les gonds du monde, 26, 11.
*Reins*, XI, 81, 1.
*Religieuses* (Pratiques) touchant certaines parties du corps humain, XI, 103, 1.
*Remèdes* fournis par les animaux, XXVIII, 1, 1 et 2.
*Remora* (echeneis remora), arrête les vaisseaux; sert dans les philtres, IX, 41, 1. — anecdotes sur l'echeneis, XXXII, 1, 1 et suiv. — amulette, 1, 5.
*Renard* marin, IX, 67, 3. — ou alopex, XXXII, 53, 3.
*Renard*, sa guerre avec l'émouchet, X, 95, 2.
*Renne*, chez les Scythes, VIII, 52, 1. — description, 52, 2.
*Repositorium*, sorte de meuble, XXXIII, 49, 1; 52, 1.
*République* de Cicéron, Préf. 6 et 17.
*Ressemblances* extraordinaires entre des gens qui n'étaient rien l'un à l'autre, VII, 10, 3 et 4, et 5.
*Rétrogradation* des planètes, II, 14, 4.
*Rhine*, poisson. Voy. ANGE.
*Rhinocéros*, cornes de, VI, 34, 4. — ennemi de l'éléphant, VIII, 29, 1.
*Rhoditis*, sorte de gemme, XXXVII, 73, 4.
*Richesses*, exemples de richesses, XXXIII, 47, 1 et suiv.
*Rire* : un seul homme a ri le jour de sa naissance, VII, 15, 5.
*Rites* mystérieux défendant de prononcer l'autre nom de Rome, III, 9, 11.
*Roche* mobile, II, 98, 1.
*Roitelet* ou trochilos, ses rapports avec le crocodile, VIII, 37, 2. — antipathie avec l'aigle, X, 95, 1.
*Rosée*, ne tombe ni par la gelée, ni par la chaleur, ni par le vent, II, 61, 1. — localités, 62, 1.
*Rossignol*, X, 43, 1 et suiv. — rossignol parlant, 59, 3.
*Roue*, animal marin, IX, 3, 1.
*Rouget* ou érythin, poisson, IX, 23, 1.
*Rouget* ou mulle, IX, 30, 1.
*Rouille*, emploi médical, XXXIV, 45, 1.
*Route* de la flotte d'Alexandre, VI, 26, 1. — route en Inde découverte du temps de Pline, 26, 1.
*Royaume*, c'est le nom que les Parthes donnent à leurs provinces, VI, 29, 1.
*Rubigalia*, XVIII, 69, 5.
*Rubrique*, dite miltos par les Grecs, XXXIII, 38, 1.
*Rubrique*, ou sinopis, préparation, emploi médical, XXXV, 13, 1 et 2.
*Rubrique* de Lemnos, emploi médical, XXXV, 14, 1.
*Rubrique* d'Égypte et d'Afrique, XXXV, 15, 1.

*Rubrique*, provenant de l'ocre, XXXV, 16, 1.
*Rufius*. Voy. LOUP-CERVIER, VIII, 28, 1.
*Ruptures*, convulsions et chutes, remèdes, XXVI, 85, 1; XXVIII, 72, 1. — remèdes magiques, XXX, 22, 2.

## S

*Sable* marin, emploi médical, XXXI, 38, 1. — emploi pour le sciage du marbre, XXXVI, 9, 1 et suiv. — emploi dans les mortiers, 54, 1.
*Sacrifice* : époque où certains animaux sont purs pour être immolés, VIII, 77, 2.
*Sagde*, sorte de gemme, XXXVII, 87, 1.
*Sagmina* des calamités publiques, XXII, 3, 3.
*Saisons*, leurs variations, les unes réglées, les autres fortuites, II, 39, 1.
*Salamandre*, X, 86, 1.
*Salamandre*, sa puissance malfaisante, récits merveilleux, XXIX, 23, 1 et suiv. — antidote, les cantharides, XXIX, 29, 2.
*Samothrace*, sorte de gemme, XXXVII, 67, 1.
*Sandaraque*, provient des mines d'or et d'argent, emploi médical, XXXIV, 55, 1. — couleur, XXXV, 22, 1. — fausse sandaraque, 22, 1.
*Sandaresus*, ou garamantites, ou sandarica, sorte de gemme, XXXVII, 28, 1 et 2.
*Sandasel*, ou sandareseon, ou sandareson, ou sandastron, sorte de gemme, XXXVII, 28, 2.
*Sandyx*, couleur, XXXV, 23, 1. — autre, de Virgile, 23, 1.
*Sang*, influence sur le naturel, XI, 90, 1. — variations suivant les affections morales, 91, 1. — la subtilité de l'esprit en dépend, 92, 1. — les animaux hibernants n'ont pendant leur sommeil que quelques gouttes de sang autour du cœur, 91, 1.
*Sang* de différents animaux, emploi médical, XXVIII, 31, 1. — sang de taureau, poison, 45, 5. — aliment augmentant le sang, XXXII, 42, 1.
*Sanglier*, dépiste le chasseur, VIII, 77, 4. — recherché sur la table, 78, 1. — parcs pour les sangliers, 78, 2. — portée, 78, 3. — autrefois le sanglier servait d'enseigne à la légion, X, 5, 1.
*Sanglier* de l'Inde ou babiroussa, VIII, 78, 3.
*Sangsue*, sanguisuga, nom, nouveau au temps de Pline, de l'*hirudo*, VIII, 10, 2. — désole l'éléphant, en s'introduisant dans sa trompe, 10, 2. — leur naissance, IX, 74, 7.
*Sangsues*, remèdes contre leur piqûre, XXIX, 29, 2. — application, XXXII, 42, 2. — accidents, 42, 3. — antipathique aux punaises, 42, 3.
*Sanqualis*, oiseau qu'on dit le petit de l'ossifrage, X, 8, 1.
*Saphir*, XXXVII, 39, 1.
*Sarcitis*, sorte de gemme, XXXVII, 67, 1.
*Sarcophage*, pierre, II, 98, 1; XXXVI, 27, 1.
*Sarde*, sorte de gemme, espèces, XXXVII, 31, 1 et 2.
*Sardoines*, XXXVII, 23, 1 et suiv.
*Sargus*, poisson accompagnant le mulle, IX, 30, 2. — production, 74, 7. — se délivre de la ligne, 85, 3.
*Saronide*, nom ancien du chêne en grec, IV, 9, 2.
*Satrapies*, VI, 23, 9.
*Saturne*, l'astre le plus élevé, II, 6, 4. — révolution de trente ans, II, 6, 4.
*Saumon* de rivière, préféré dans l'Aquitaine, IX, 32, 1.
*Saumure*, emploi médical, XXXI, 44, 3.
*Saupe*, poisson, IX, 32, 1. — production, 74, 7.
*Sauritis*, sort de gemme, XXXVII, 67, 1.
*Saurus*, poisson de mer, bon pour les parotides, XXXII, 28, 2.
*Sauterelles*, servant d'aliment, VI, 35, 17.
*Sauterelle*, production, XI, 35, 1. — fléau de la colère céleste, 35, 4. — mets agréable pour les Parthes, 34, 6.

*Sauterelles* attelabes, remèdes contre les piqûres d'insectes, XXIX, 29, 2.
*Saveurs*, différences, XV, 32, 1 et 2.
*Savon*, inventé dans les Gaules, XXVIII, 51, 2. — emploi, 51, 2.
*Scarabées*, s'accouplent, XI, 23, 1. — scarabée lucanien, 34, 1. — scarabées roulant des pelotes de fumier, 34, 1. — scarabées dorés, 34, 2.
*Scarabée*, regardé rend la vue plus perçante, XXIX, 38, 12. — dit taureau ou pou de terre, emploi magique contre les scrofules, XXX, 12, 5.
*Scare* ( scarus cretensis ), poisson le plus estimé du temps de Pline, IX, 29, 1. — moyen employé pour le propager sur la côte d'Italie, 29, 1.
*Scaritis*, sorte de gemme, XXXVII, 72, 1.
*Schêne*, mesure itinéraire, V, 11, 4 ; 20, 2. — d'une valeur incertaine, VI, 30, 8.
*Schiste*, pierre, XXXVI, 37, 1. — ou anthracite, 38, 2.
*Sciadée*, poisson, XXXII, 53, 7.
*Sciæna* cirrhosa, IX, 24, 1.
*Sciæne*, poisson, IX, 24, 1 ; XXXII, 53, 7.
*Scie*, animal marin, IX, 1, 3.
*Sciences*, peu cultivées, non par défaut de récompenses, mais parce que les mœurs du temps n'y poussent pas, II, 45, 3.
*Scinque*, entre dans les antidotes, VIII, 38, 1.
*Scinque*, ou crocodile de terre, remèdes qu'il fournit, XXVIII, 30, 1.
*Sciron*, vent, II, 46, 3.
*Scolopendre*, insecte, XI, 3, 2. — sans aile, 34, 3.
*Scolopendre*, contraire aux punaises, XXIX, 17, 2.
*Scolopendres* marines, revomissent l'hameçon, IX, 67, 3. — sert comme épilatoire, XXXVII, 47, 1.
*Scomber* sarda, IX, 19, 1.
*Scombre*. Voy. MAQUEREAU.
cope, petit dux, strix scops, X, 70, 2.
*Scorpène*, poisson, XXXII, 53, 7.
*Scorpion*, terre qui la tue, V, 7, 2.
*Scorpions*, production, XI, 30, 1. — venin, 30, 1.
*Scorpions*, remèdes contre leurs piqûres, XXVIII, 42, 5, et 6 ; XXIX, 28, 1 ; 29, 1 et 2.
*Scorpion* de mer (une scorpène), production, IX, 74, 7. — antidote, XXXII, 17, 1. — poisson, 53, 7.
*Scorpitis*, sorte de gemme, XXXVII, 72, 1.
*Sculpture*, marbre, histoire et énumération des artistes, XXXVI, 4, 1 et suiv.
*Scytane*, mordant employé dans la préparation de la chrysocolle, XXXIII, 26, 2.
*Sèche*, œufs de, ou grappe, IX, 1, 3. — ne se trouve pas dans le Pont-Euxin, 20, 4. — poisson mou, 44, 1. — liqueur noire, 45, 1. — sèches énormes, 48, 5. — guérit l'alopécie, XXXII, 23, 1.
*Sel*, blocs de sel employés aux constructions, V, 5, 4. — tours faites avec des blocs cubiques de sel, VI, 32, 6.
*Sel*, production, XXXI, 39, 1 et suiv. ; 41, 1. — variétés, 41, 1 et suiv. — propriétés, 41, 3 et suiv. — don de six mille boisseaux de sel, 41, 5. — emploi médical, 45, 1 et suiv.
*Sel* ammoniac, XXXI, 39, 4.
*Sel*, fleur de sel, substance propre à l'Égypte ; huile qui en sort, XXXI, 42, 1 et 2.
*Selenitis*, sorte de gemme, XXXVII, 67, 1.
*Seleucides*, oiseau faisant la guerre aux sauterelles, X, 39, 1.
*Semailles* ; semence, qualités, XVIII, 54, 1. — quantité, 55, 1. — époque, 58, 1. — règles, 60, 1. — semailles d'hiver, 61, 1. — semence rendant cent pour un, V, 3, 2.
*Septentrion*, vent, II, 46, 2.
*Serpents* amenés par les fleuves, VI, 31, 10. — serpents de l'Éthiopie, VIII, 13, 1. — serpents assez grands pour avaler un cerf ou un œuf ; pour attirer les oiseaux passant au-dessus d'eux, VIII, 14, 1. — serpent assiégé par Régulus, 14, 1. — serpent boa, énorme en Italie, 14, 2. — homme sauvé par un serpent, 22, 1. — espèces innombrables, 35, 1. — cérastes, amphisbène, javelot, aspic, 35, 1 et 2. — les serpents se cachent dans le creux des arbres ou des rochers, 59, 1. — serpent aveugle, son ventre se fend, IX, 76, 1. — génération, ovipare, X, 82, 1. — serpent à pattes d'oie, XI, 107, 1.
*Serpents*, morsures des, remèdes végétaux, XXV, 55, 1 et suiv. — remèdes animaux, XXVIII, 42, 1 et suiv. ; XXIX, 15, 1 ; 16, 1 ; 17, 1 ; 22, 1 ; 24, 1 ; 25, 1 ; 26, 1. — serpent céraste, seps, élops, dipsas, prester, XXXII, 17, 1.
*Serviettes* de Catulle, Préf. 2.
*Seuil* de la mer Intérieure (détroit de Cadix), III, procem., 5.
*Sexculisses* ( Ulisse et demi ), titre d'une satire de Varron, Préf. 19.
*Sheltopusik* ou pteropus, XI, 107, 1.
*Sideritis*, sorte de gemme, XXXVII, 67, 2.
*Sideropœcile*, sorte de gemme, XXXVII, 67, 2.
*Siége*, maladies, remèdes végétaux, XXVI, 58, 2. — remèdes animaux, XXVIII, 61, 1 et suiv. — remèdes magiques, XXX, 22, 1 et 2. — remèdes tirés des poissons, XXXII, 33, 1.
*Sil*, emploi dans la peinture, XXXIII, 56, 1.
*Silex*, qualités, XXXVI, 49, 1.
*Silure* V, 10, 1. — silure (silurus glanis), poisson du Nil, IX, 17, 1. — poisson féroce, 17, 2. — assoupi par le tonnerre, 25, 1. — ruse, 67, 3. — silure mâle veille sur les œufs, 75, 1.
*Singe*, à corps blanc, VIII, 31, 1. — description, 80, 1. — intelligence, 80, 1. — cynocéphales et satyres, 80, 2. — callitriches, 80, 2. — ressemblance avec l'homme, XI, 100, 1.
*Sirène* (Tombeau d'une), III, 9, 9 ; 13, 3. — animal fabuleux, X, 70, 1.
*Siriasis*, maladie des enfants, XXX, 47, 1.
*Smarides*, poisson, employé en topique, XXXII, 34, 2.
*Smegma*, substance cuivreuse, XXXIV, 36, 1.
*Smyre*, poisson, XXXII, 53, 7.
*Sol*, caractères qui font reconnaître les qualités du sol, XVII, 3, 2. — particularités, 3, 5. — terre amère ou maigre, 3, 8. — terre cariée, 3, 9. — parfum de la terre, 3, 11. — jachère, 3, 11. — facilité du labour, 3, 12.
*Sole*, poisson, XXXII, 53, 7.
*Soleil*, son orbite est de 360 degrés, II, 6, 6. — pour qu'il revienne à son point de départ, il faut ajouter à l'année un quart de jour, 6, 6. — preuves de son immensité, 8, 1. — quatre époques pour le cours du soleil, équinoxes, solstices, 17, 1. — distance du soleil à la lune, 19, 2. — le soleil paraît avec un arc, 29, 1, avec un cercle rouge, 29, 1. — plusieurs soleils vus à la fois, 31, 1. — influence des passages du soleil sur les plantes et les animaux, 41, 1. — fait tourner le tournesol, 41, 2. — le soleil est un astre mâle, 103, 1. — régions où il n'a qu'un lever et un coucher, IV, 26, 11. — soleil poursuivi d'imprécation, V, 8, 2. — soleil aperçu du haut d'une montagne d'un côté, tandis que la nuit était de l'autre, 18, 3. — action du soleil sur la coloration des peuples indiens, VI, 22, 7.
*Soleil*, gemme du, XXXVII, 67, 1.
*Solen*, ou aulos, ou donax, ou onyx, ou dactyle, coquillage, XXXII, 53, 7.
*Solipuga*, ou solpuga, sorte de fourmi venimeuse, XXIX, 29, 2.
*Solstice* d'été, agit sur l'olivier, le peuplier blanc et le saule, II, 41, 1. — d'hiver, sur le pouliot desséché, 41, 2.
*Sommeil*, ce qui le provoque, XXVIII, 79, 1. — soporatifs magiques, XXX, 48, 1. — moyen de l'empêcher, XXX, 48, 1.

*Songes,* X, 98, 1. — question de la prévision par les songes, 98, 1.
*Sory,* substance cuivreuse, emploi médical, XXXIV, 30, 1 et 2.
*Souffleur,* animal de l'Océan des Gaules, IX, 3, 1. — ou physétère, XXXII, 53, 2.
*Soufre,* espèces, emploi médical, XXXV, 50, 1 et suiv.
*Sourcils,* moyens de les noircir, XXX, 46, 2.
*Souris,* hivernent, VIII, 82, 3. — auspices interrompus par le cri des souris, 82, 3. — en guerre avec le héron, X, 95, 2.
*Spartopolias,* sorte de gemme, XXXVII, 73, 3.
*Sparule,* poisson, XXXII, 54, 1.
*Sparus* erythrinus, IX, 24, 1. — sparus chromis, 24, 1. — sparus aurata, 25, 1. — sparus salpa, 32, 1. — sparus mœna, 42, 1 ; XXXII, 27, 1. — sparus sinaris, 34, 2. — le spare, 53, 7.
*Spéculaire,* pierre, extraction, usages, XXXVI, 45, 1 et suiv.
*Sphéricité* des gouttes d'eau, II, 65, 3. — de l'Océan, 65, 5.
*Sphingie,* sorte de singe, VI, 34, 4 ; 35, 7.
*Sphinx,* animal d'Éthiopie, VIII, 30, 1.
*Sphinx* colossal, XXXVI, 17, 1.
*Spode,* substance cuivreuse, emploi médical, XXXIV, 31, 1 et 2.
*Spode,* de plomb, emploi médical, XXXIV, 52, 1.
*Spondyle,* poisson, XXXII, 53, 7.
*Spongite,* ou técolithe, pierre, XXXVI, 35, 1.
*Spongitis,* sorte de gemme, XXXVII, 67, 2.
*Squalus* pristis, IX, 1, 3. — squalus squatina, 40, 1. — squales ont des cartilages, 40, 1. — vivipares, ovipares, 40, 1. — ruse, 67, 3.
*Squatine* ou ange, poisson bon dans une affection des mamelles, XXXII, 46, 1.
*Squatus,* poisson, Voy. ANGE.
*Squille,* cancer squilla, XXXII, 53, 7.
*Squirrhe* dans le ventre des hommes, VII, 13, 1.
*Stade,* évaluation en pas et en pieds romains, II, 21, 1.
*Stations* de l'itinéraire de Coptos, VI, 26, 7.
*Statuaire,* airain, détails historiques, époques, XXXIV, 19, 1 et suiv.
*Statues* en marbre, polissage, XXXVI, 10, 1,
*Statues* en airain, détails historiques, XXXIV, 9, 1. — costume, 10, 1 et 2. — sur un char, 11, 1. — vieilles statues d'airain à Rome, 11, 2 et suiv. — hauteur, trois pieds, 11, 3. — statues de personnages grecs à Rome, 12, 1 et 2. — nombreuses statues élevées à un personnage, 12, 2. — vieilles statues pédestres et équestres élevées à Rome aux dépens du public, 13, 1 et 2. — l'autorité fait enlever plusieurs de ces anciennes statues, 14, 1. — statues érigées aux frais d'une cité étrangère, 15, 1. — antiquité de la statuaire en Italie, 16, 1 et 2. — nombre immense, 17, 1. — détails sur les morceaux les plus célèbres, 17, 1 et suiv. — colosses, 18, 1 et suiv.
*Statues,* on en change les têtes, XXXV, 2, 1.
*Statue* en ivoire, XXXIV, 19, 5.
*Statues* en argile, XXXIV, 16, 2.
*Statues* en bois, XXXIV, 16, 2.
*Steatitis,* sorte de gemme, XXXVII, 71, 1.
*Stellion,* dépouille sa vieille peau, VIII, 49, 1.
*Stellion,* sa nourriture, XI, 31, 1.
*Stellion,* ou colotes, ou ascalabotes, ou galéotes, bon contre les scorpions, XXIX, 28, 1.
*Stoïciens,* critiquent Pline, Préf. 22.
*Stratégies,* ou gouvernements, IV, 18, 1. — stratégies arméniennes, VI, 10, 2.
*Strepsicéros,* animal du genre des chèvres, VIII, 79, 2.
*Strigile,* instrument pour les oreilles, XXIX, 39, 2.

*Strombes,* coquillage, XXXII, 39, 1. — ou conques, 53, 7.
*Subis,* oiseau qui brise les œufs de l'aigle, X, 17, 1.
*Subjugus,* animal du reste inconnu, XXX, 52, 1.
*Subsolanus,* vent, II, 46, 1.
*Succin,* examen des récits sur l'origine du, XXXVII, 11, 1 et suiv. — electrum, 11, 2. — lyncurion, 11, 4. — provenance réelle, 11, 11 et suiv. — grande quantité, 11, 13. — variétés, 12, 1 et suiv. — cheveux de Poppée nommés succins, 12, 3. — propriétés, 12, 3 et 4.
*Sudis* ou sphyræna, poisson fort gros et assez bon, XXXII, 54, 3.
*Suif,* emploi médical, XXVIII, 38, 1.
*Superfétation,* VII, 9, 1. — chez le lièvre et le dasypode, VIII, 81, 3.
*Surmulet,* poisson. Voy. MULLE.
*Surnuméraires,* membres, XI, 113, 1.
*Sycitis,* sorte de gemme, XXXVII, 73, 4.
*Syénite,* ou pyrrhopœcile, pierre, XXXVI, 13, 2.
*Symétrie,* dans les figures, XXXIV, 19, 16.
*Sympathie,* et antipathie des choses, XX, 1, 1 et 2. — des arbres entre eux, des plantes et des bêtes, de différentes substances, XXIV, 1, 1 et suiv.
*Syngnathus* hippocampus, IX, 1, 3. — bon contre le lièvre marin, XXXII, 20, 1. — syngnathus acus, IX, 76, 1.
*Synochitis,* sorte de gemme, XXXVII, 73, 4.
*Synodonte,* poisson, XXXVII, 67, 2.
*Synodontitis,* sorte de gemme, XXXVII, 67, 2.
*Syricum,* couleur, XXXV, 24, 1.
*Syringitis,* sorte de gemme, XXXVII, 67, 2.
*Syrtitis,* sorte de gemme, XXXVII, 67, 2.

## T

*Table* de l'*Histoire Naturelle* faite par Pline, Préf., 25.
*Table* du cours des astres dressée pour six cents ans, II, 9, 2.
*Tableau* de l'univers exposé dans un portique, III, 3, 14.
*Tablettes,* titre d'ouvrage, Préf. 18.
*Talus* ou astragale, os du pied, XI, 106, 1.
*Taon* ou asile, XI, 34, 3. — naît d'un excès d'humidité, 38, 1.
*Taos,* sorte de gemme, XXXVII, 72, 1.
*Taret* ( teredo navalis ), XI, 1, 4.
*Tarets* ou térédons, insectes qui attaquent les bois, XVI, 80, 1.
*Tatouage,* VI, 4, 2 ; XXII, 2, 1.
*Taupes,* moyen de les tuer, XVII, 47, 6. — animal le plus précieux aux yeux de la magie, XXX, 7, 1.
*Taureau,* constellation, II, 41, 4.
*Taureau* sauvage, le plus farouche animal de l'Éthiopie, VIII, 30, 3.
*Teignes,* variétés de cet insecte, XI, 41, 1.
*Teignes,* attaquent le figuier, XVII, 44, 2.
*Teinture,* XXXIII, 36, 1. — procédés égyptiens, XXXV, 42, 1.
*Télicardie,* ou muchula, sorte de gemme, XXXVII, 68, 1.
*Télirrhize,* sorte de gemme, XXXVII, 68, 1.
*Tempêtes,* causées par les feux des étoiles, II, 43, 1 ; par les exhalaisons de la terre, 43, 2.
*Temples* magnifiques, XXXVI, 21, 1 et 2 ; 22, 1.
*Temps,* mauvais : présages fournis par les feux, XVIII, 84, 1. — par les eaux, 85, 1. — par les montagnes et les forêts, 86, 1. — par les animaux, 87, 1. — par les troupeaux, 88, 1. — par les fourmis, 88, 1. — par le trèfle, 89, 1. — par les plats où l'on sert la viande, 90, 1.
*Ténesme,* remèdes, XXVIII, 59, 1. — autres, XXXII, 31, 6.
*Ténia,* long de trente pieds, XI, 38, 1.

*Tentes*, de poil de chèvre, VI, 32, 2.
*Tephritis*, sorte de gemme, XXXVII, 68, 1.
*Terre* (Éloge de la ), II, 63, 1. — notre ignorance de la nature de la terre, 64, 1. — elle est ronde, 64, 1. — débat entre le vulgaire et les savants sur les antipodes, 65, 1. — quelques-uns croient la terre semblable à une pomme de pin, 65, 1. — distributions des eaux dans la terre, 66, 1. — terre entourée par la mer, 65, 2, — portion occupée par la mer, 68, 1 et 3. — zones, 68, 1. — la terre est au milieu de l'univers, 69, 1. — phénomènes qui résultent de la sphéricité de la terre, 71, 1. — éclipses non visibles partout, 72, 1. — le jour et la nuit ne sont jamais les mêmes en même temps pour toute la terre, 73, 1. — le même cadran solaire ne peut servir partout, 74, 1. — visibilité des constellations, 75, 3. — terres naissant soudainement dans la mer, 88, 1. — terres englouties par la mer, 92, 1. — le continent atlantique englouti, 92, 1. — la terre se dévore elle-même, 93, 1 ; 94, 1. — choses singulières et utiles qu'offre la terre, 95, 1. — lieux où il ne pleut jamais, 97, 1. — lieu où les restes des sacrifices ne se corrompent jamais, 97, 1. — terre qui cicatrise, 98, 1. — terres d'où l'on ne peut enlever ce qu'on y a mis, 98, 2. — terre où le froment semé ne pousse pas, 98, 2. — dimension de la terre habitée de l'est à l'ouest par mer, 112, 1 ; par terre, 112, 3. — dimension de la terre habitée, du sud au nord, ou largeur, 112, 5. — d'après Pline les évaluations des savants sont trop petites pour le nord, 112, 7. — évaluations de la circonférence entière de la terre, 112, 8. — autre évaluation, 112, 10. — la terre est la quatre-vingt-seizième partie du monde entier, 113, 1. — est divisée en trois parties, III, procem., 4.
*Terre* (Éloge de la), XVIII, 1, 1. — varier la culture suivant la terre, 46, 1. — jachère, 50, 3. — fécondité extraordinaire d'un certain canton, 51, 1. — ordre des soles, 52, 1. — déclamation sur le mal qu'on lui fait en la fouillant pour les métaux, XXXIII, 1, 1 et 2. — murailles en terre, XXXV, 48, 1.
*Terre de Samos*, emploi médical, XXXV, 53, 1.
*Terre de Chios*, emploi médical, XXXV, 56, 1.
*Terre* cimolée, XXXV, 57, 1.
*Terres* médicales, XXXV, 53, 1. — préparation, 55, 1.
*Terres* particulières, XXXV, 59, 1.
*Terre* d'Érétrie, couleur, emploi médical, XXXV, 21, 1.
*Testacés*, dépourvus de sentiment, IX, 71, 1.
*Testicules*, maladies, remèdes végétaux, XXVI, 58, 1. — remèdes animaux, XXVIII, 60, 3. — testicules et parties génitales ; remèdes magiques, XXX, 22, 3. — hydrocèle, remèdes magiques, 22, 4.
*Tétanos*, opisthotonos, remèdes, XXVIII, 52, 1. — remède magique, XXX, 12, 1. — autre, XXXII, 41, 1.
*Tête*, tous les animaux qui ont du sang ont une tête, XI, 44, 1. — animaux qui n'ont pas de tête, 46, 1.
*Tête*, maladies et remèdes, XXV, 83, 1 et suiv. — maux de tête, remèdes, XXIX, 36, 1 et suiv. — fracture du crâne, remèdes, 36, 2. — céphalalgie, remède, XXXII, 23, 1.
*Téthes*, sorte de coquillage semblable aux huîtres, XXXII, 30, 1. — c'est plutôt une sorte de champignon qu'un poisson, 31, 5.
*Tétraon*, deux espèces, tetrao tetrix, tetrao urogallus, X, 29, 1.
*Tetrao lagopus*, ou lagopède, X, 68, 1.
*Tétrarchies*, en Syrie, V, 16, 1 ; 17, 3 ; 19, 1. — tétrarchie d'une partie de la Lycaonie, 25, 1.
*Thalassomeli*, propriétés, XXXI, 35, 1.
*Theamède*, pierre qui repousse le fer, XXXVI, 25, 4.
*Théâtre*, à trois étages, XXXVI, 24, 10 et suiv. — théâtre tournant sur pivot, 24, 13 et suiv.
*Thébaïque*, pierre, XXXVI, 13, 2.
*Thériaque*, espèce de thériaque renommée, XX, 100, 1.

*Thons*, prodigieusement abondants en la mer des Indes, IX, 2, 2. — très-gros poisson, 17, 1. — frayent dans le Pont-Euxin, 18, 1. — cordyles et pélamides, dénomination du thon en divers états, 18, 1. — mélandryes, apolectes, cybium, diverses préparations du thon, 18, 2. — les thons ne suivent pas les maquereaux, 19, 1. — entrée des thons dans le Pont-Euxin, 20, 1. — hivernage, 20, 3. — pompiles ou conducteurs, 20, 3. — pêche, 20, 5. — thons thynnides, XXXII, 53, 3. — cybium, nom de la pélamide remontant du Pont dans le Palus-Méotide, 53, 4. — cordyle, petite pélamide venant du Palus-Méotide, 53, 4. — orcyn, la plus grande des pélamides, 53, 6. — pélamide, la plus grosse espèce se nomme apolecte, 53, 6. — sarda, nom d'une longue pélamide, 53, 7. — tritomon, grande pélamide, dont on fait trois cybium, 53, 7.
*Thos*, espèce de loup, VIII, 52, 1.
*Thracie*, sorte de gemme, XXXVII, 68, 1.
*Thranis*, poisson. Voy. XIPHIAS.
*Thrascias*, vent, II, 46, 2.
*Thrissa* ou alose, XXXII, 53, 7.
*Tigre*, robe bigarrée, VIII, 23, 1. — tigre apprivoisé, 25, 1. — tigresse poursuivant le chasseur qui lui enlève ses petits, 25, 1.
*Tique*, vit de sang, XI, 40, 1.
*Tique*, propriétés magiques, XXX, 24, 1 et 2.
*Titres* merveilleux, donnés par les Grecs à leurs ouvrages, Préf. 18.
*Ton*, intervalle des astres, II, 20, 1.
*Tonsilles*, ou amygdales, maladies, remèdes, XXVIII, 51, 1. — remèdes magiques, XXX, 11, 1.
*Toparchies*, divisions de la Judée, V, 15, 1.
*Topaze*, XXXVII, 32, 1 et 2.
*Topiaire*, XV, 4, 14 ; 39, 2.
*Torches* flamboyantes, météore, II, 25, 1.
*Torcol*, iynx, XI, 107, 1.
*Torpille*, hiverne, IX, 24, 1. — a des cartilages, 40, 1. — propriété merveilleuse, XXXII, 2, 1.
*Tortue :* tortues énormes à Taprobane, VI, 24, 10. — leur chair sert de nourriture, et leur carapace de toit aux maisons, 28, 3. — respire et dort à terre, IX, 6, 3. — écaille si grande qu'elle forme un toit ou une barque, 12, 1. — capture, 12, 1 et suiv. — ponte, 12, 3. — tortues connues, 12, 4. — emploi de l'écaille comme ornement, 13, 1. — coloration artificielle de l'écaille, 65, 1. — division, XXXII, 14, 1. — emploi médical, 14, 1 et suiv. — une patte de tortue fait marcher les navires plus lentement, 14, 9. — remède contre l'indigestion, 16, 1.
*Tourbe*, employée au chauffage, XVI, 1, 4.
*Tourd*, poisson, IX, 20, 4. — renommé parmi les saxatiles, XXXII, 53, 7.
*Tourterelles* se cachent et perdent leurs plumes, X, 35, 1.
*Toux*, remèdes végétaux, XXVI, 15, 1 ; 16, 1 ; 17, 1. — remèdes animaux, XXVIII, 53, 1. — toux et catarrhes, remèdes magiques, XXX, 15, 3. — remèdes tirés des poissons, XXXII, 29, 1.
*Trachée-artère*, maladies, remèdes, XXVIII, 51, 1.
*Trachinus* draco, IX, 43, 1. — araignée de mer, 72, 1.
*Tragélaphe*, animal, VIII, 50, 8.
*Tragopan*, oiseau fabuleux, X, 70, 1.
*Tremblements* de terre, attribués à l'action des trois astres qui envoient les foudres, II, 81, 1. — prédiction d'un tremblement de terre, 81, 1 et 2. — la cause réside dans les vents, 81, 3. — effets des tremblements, 82, 1. — particularités, 82, 2 et 3. — les tremblements se font sentir dans la mer, 83, 1. — les puits préservatifs des tremblements, 84, 1. — variétés des tremblements, 84, 2. — choc de deux montagnes, 85, 1. — déplacement de prés et de champs, 85, 2. — les tremblements s'ac-

compagnent de débordements de la mer, II, 86, 1. — le plus grand tremblement de terre, 86, 1. — tremblement non senti durant une bataille, 86, 1. — annonce de catastrophes, 86, 2. — les tremblements produisent des terres nouvelles, 87, 1. — terrains tremblants sous les pas, 96, 1. — tremblements inconnus en certaines localités, 98, 2. — tremblements suivis de quarante jours sereins, 98, 2. — tremblements inconnus à Délos, IV, 22, 3.

*Tremblement*, maladie, remèdes, XXXII, 41, 1.

*Tribun* militaire et soldats prétoriens envoyés pour explorer la route jusqu'à Méroé, VI, 35, 4. — leur rapport à Néron, 35, 6.

*Trichias*, poisson, production, IX, 74, 7.

*Trichie*, poisson qui entre dans le Pont-Euxin et remonte dans le Danube, IX, 20, 4.

*Trichrus*, sorte de gemme, XXXVII, 68, 1.

*Trictinium*, lit de table, XXXIII, 51, 1.

*Trigla* volitans, IX, 43, 1. — trigla hirundo, 43, 1.

*Triglitis*, sorte de gemme, XXXVII, 72, 1.

*Triophthalme*, sorte de gemme, XXXVII, 71, 1.

*Triton*, vu à Lisbonne, IX, 4, 1.

*Trochilos*. Voy. ROITELET, VIII, 37, 2.

*Trochos*, poisson, se féconde lui-même, IX, 77, 1.

*Trompette* de sa propre renommée, homme, Préf. 22.

*Trophées* élevés par Pompée sur les Pyrénées, III, 4, 1. — trophée des Alpes, 24, 4. — double trophée élevé en un même lieu pour un combat naval et un combat de cavalerie livrés le même jour, VI, 32, 9.

*Troxalis*, insecte, remèdes, qu'il fournit, XXX, 16, 2.

*Trygon*. Voy. PASTENAGUE.

*Trygon*, oiseau, X, 18, 1.

*Tuf*, XXXVI, 48, 1.

*Tumeurs*, remèdes, XXVI, 59, 1. — remèdes tirés des poissons, XXXII, 34, 1 et 2.

*Turbot*, comment il se couche, IX, 36, 1.

*Turbyste*, mordant employé dans la préparation de la chrysocolle, XXXIII, 26, 2.

*Tursion*, poisson semblable au dauphin, IX, 11, 1.

*Tybi*, mois égyptien, VI, 26, 11.

## U

*Unicorne* ou monocéros, animal formidable, VIII, 31, 1.

*Uranoscope* ou callionyme, bon pour les yeux, XXXII, 24, 1.

*Ure* en Scythie, VIII, 15, 1.

*Urine*, remèdes qu'elle fournit, XXVIII, 18, 1 et suiv. — indice dans les maladies, 19, 1 et 2. — incontinence, remèdes tirés des animaux aquatiques, XXXII, 36, 1.

*Urus*, ou bison, XXVIII, 45, 2.

*Usta*, couleur, XXXV, 20, 1.

*Usure*, moyen de gagner sans rien faire, XXXIII, 14, 1.

*Utérus*, XI, 84, 1.

*Utile* (Préférer le mérite d'être) à l'avantage de plaire, Préf. 12.

## V

*Varices*, XI, 104, 1.

*Varices*, remèdes, XXVIII, 62, 3. — remèdes magiques, XXX, 23, 1.

*Vautour*, nid très-élevé, X, 7, 1.

*Vautour*, remède qu'il fournit contre les serpents, XXIX, 24, 1.

*Veau marin*, non frappé par la foudre, II, 56, 1. — amphibie, VIII, 49, 1. — respire et dort à terre, IX, 6, 3. — susceptible d'éducation, 15, 1. — remarque sur leur peau et leurs nageoires, 15, 2. — veau marin nuisible aux poissons, IX, 20, 1. — bon contre l'hydrophobie, XXXII, 20, 1.

*Véientane*, sorte de gemme, XXXVII, 69, 1.

*Veines*, le nœud en est à l'ombilic, XI, 89, 1.

*Vendange*, XVIII, 74, 5, 1 et suiv. — pressoir, 74, 6. — époque, 74, 9.

*Vent*, venant d'une exhalaison sèche de la terre, II, 44, 1; des fleuves, des golfes, de la mer tranquille, 44, 2; vents tropées, vents apogées, 44, 2. — venant des montagnes, 44, 3; de cavernes, 44, 4. — distinguer entre le souffle et le vent, 45, 1. — observations recueillies sur les vents par plus de vingt auteurs grecs, 45, 2. — division des vents, 46, 1. — époques où chaque vent commence 47, 1. — température des vents, 48, 1. — variétés des vents, 48, 3 et 4. — suivant Eudoxe, les vents et les autres phénomènes météorologiques reviennent les mêmes après une certaine révolution, 48, 5. — prédiction des vents d'après la couleur de la fumée d'un volcan, III, 14, 7.

*Ventre*, maladies, remèdes végétaux, XXVI, 28, 1 et 2; 29, 1; 30, 1; 31, 1; 32, 1; 33, 1; 34, 1 et suiv.; 35, 1; 36, 1; 37, 1; 38, 1; 39, 1 et suiv.; 40, 1; 41, 1; 42, 1; 43, 1; 44, 1; 45, 1; 46, 1; 47, 1. — remèdes animaux, XXVIII, 58, 1 et suiv. — cours de ventre, remèdes magiques, XXX, 20, 1 et suiv. — colique, remèdes magiques, 20, 3 et suiv. — maladies cachées des intestins, remèdes magiques, 20, 4. — relâcher le ventre, 21, 3. — remèdes tirés des poissons, XXXII, 31, 1 et suiv.

*Vénus*, planète, nommée aussi Junon, Isis, Mère des dieux, II, 6, 8. — Lucifer le matin, Hespérus le soir, identité reconnue par Pythagore, 6, 7. — révolution en 348 jours, 6, 9. — ne s'écarte pas du soleil de plus de 46 degrés, 6, 9. — pourquoi, 14, 1.

*Ver*, il n'y a que les vers qui s'attaquent aux morts, Préf. 14. — vers qu'on trouve dans la neige, XI, 41, 2.

*Vers*, bons à manger, XVII, 37, 4. — vers rouges pris sur les arbres, bons pour les maladies d'oreille, XXIX, 39, 3.

*Ver*, poisson du Gange, IX, 17, 3.

*Verbenæ* des sacrifices et des ambassades, XXII, 3, 3.

*Vermine* de diverse espèce, XI, 39, 1.

*Verre*, fabrication, XXXVI, 65, 1 et 2; 66, 1 et suiv. — verre malléable, 66, 3. — boule de verre remplie d'eau, brûlant par l'intermédiaire des rayons du soleil, 67, 3. — différentes espèces de verre, 67, 2 et 3. — pièces d'échiquier en verre, 67, 3.

*Verrues*, remèdes, XXVI, 89, 1; XXVIII, 62, 3; XXXII, 45, 1.

*Vert-appien*, XXXV, 29, 1.

*Vert-de-gris*, préparation, propriétés, XXXIV, 26, 1 et suiv. — autre, ou scolex, préparation, propriétés, 28, 1.

*Vertébrale*, colonne, XI, 67, 1.

*Vessie*, ne se cicatrise pas, XI, 83, 1.

*Vessie* et calculs, remèdes végétaux, XXVI, 49, 1; 50, 1; 51, 1; 52, 1; 53, 1; 54, 1; 55, 1; 56, 1; 57, 1. — remèdes animaux, XXVIII, 60, 1 et suiv. — remèdes magiques, XXX, 21, 1 et suiv. — remèdes tirés des poissons, XXXII, 32, 1 et 2; 33, 1.

*Vétilleurs*, Préf. 24.

*Vie*, fragile, VII, 51, 2.

*Vie*, signe de la durée de la vie, XI, 114, 1.

*Vif-argent*, remède contre le, XXVIII, 45, 1. — extraction et emploi, XXXIII, 32, 1.

*Ville*, 72 villes vendues en un même jour, IV, 17, 6.

*Ville* suspendue, XXXVI, 20, 1.

*Vinalia*, XVIII, 69, 5.

*Vipère*, le seul serpent qui s'enterre, VIII, 59, 1.

*Vipère*, remèdes qu'elle fournit, thériaque, XXIX, 21, 1. — échion, médicament fait avec la vipère, XXIX, 38, 3 et 4. — bouillon, 38, 4.

*Visage*, rides, boutons, teint, taches : remèdes et cosmétiques tirés des animaux, XXVIII, 50, 1 et suiv. — vitiligo, lichen, taches, meurtrissures, etc. : remèdes magiques, XXX, 10, 1 et suiv. — remèdes tirés des poissons, XXXII, 27, 1 et suiv.

*Viscères*, affections des, remèdes magiques, XXX, 14, 1.
*Vitiligo*, remèdes, XXX, 41, 1.
*Vitiparra*, oiseaux, X, 50, 1.
*Voix*, n'appartient qu'aux animaux pourvus d'un poumon, XI, 112, 1. — son produit par les insectes, 112, 1. — particularités, 112, 5.
*Volaille*, remèdes divers, et récits fabuleux, XXIX, 25, 1 et 2.
*Vomissement*, poissons et productions marines qui le provoquent, XXXII, 29, 1 ; 31, 1 et suiv.
*Vopiscus*, ce que signifie ce mot, VII, 8, 1.
*Voyageurs*, leur audace pacifique, VI, 38, 2.
*Vue* extraordinaire, VII, 21, 1.
*Vulturne*, vent, II, 46, 1 ; VI, 26, 11.
*Vulve* des truies, mets recherché des Romains, XI, 84, 1.

## X

*Xiphias*, poisson. Voy. ÉPÉE. — ou thranis, XXXII, 53, 7.
— xiphias gladius, IX, 1, 3.
*Xuthos*, sorte de gemme indienne, XXXVII, 45, 1.

## Y

*Yeux*, remèdes végétaux pour les affections des, XXV, 91, et suiv. — remèdes animaux, XXVIII, 47, 1 et suiv. — cataracte, obscurcissement, larmoiement, fluxions, taies, ægilops, ecchymoses, argema, vue basse, nyctalopie, etc. ; remèdes, XXIX, 38, 1 et suiv. — moyen d'avoir des enfants à yeux noirs, XXX, 46, 2. — remèdes tirés des poissons, XXXII, 24, 1 et suiv.

## Z

*Zanthène*, sorte de gemme, XXXVII, 70, 1.
*Zéphyr*, vent, II, 46, 2.
*Zeus* (zeus faber), poisson, IX, 32, 1.
*Zmilampis*, sorte de gemme, XXXVII, 70, 1.
*Zodiaque* (obliquité du) découverte, II, 6, 3 ; 17, 21. — théorie du zodiaque, 13, 7.
*Zoranisceos*, sorte de gemme, XXXVII, 70, 1.
*Zythum*, boisson avec les céréales, XXII, 82, 1.

# TABLE DES MATIÈRES

### CONTENUES

## DANS CE VOLUME.

| | Pages. | | Pages. |
|---|---|---|---|
| LIVRE XX. | 1 | LIVRE XXXI. | 348 |
| Notes du vingtième livre. | 41 | Notes du trente et unième livre. | 370 |
| LIVRE XXI. | 42 | LIVRE XXXII. | 371 |
| Notes du vingt-et-unième livre. | 73 | Notes du trente-deuxième livre. | 397 |
| LIVRE XXII. | 74 | LIVRE XXXIII. | 399 |
| Notes du vingt-deuxième livre. | 103 | Notes du trente-troisième livre. | 426 |
| LIVRE XXIII. | 104 | LIVRE XXXIV. | 429 |
| Notes du vingt-troisième livre. | 132 | Notes du trente-quatrième livre. | 459 |
| LIVRE XXIV. | 133 | LIVRE XXXV. | 462 |
| Notes du vingt-quatrième livre. | 164 | Notes du trente-cinquième livre. | 496 |
| LIVRE XXV. | 165 | LIVRE XXXVI. | 500 |
| Notes du vingt-cinquième livre. | 195 | Notes du trente-sixième livre. | 533 |
| LIVRE XXVI. | 196 | LIVRE XXXVII. | 537 |
| Notes du vingt-sixième livre. | 224 | Notes du trente-septième livre. | 571 |
| LIVRE XXVII. | 225 | INDEX et NOTICE des artistes cités par Pline. | 576 |
| Notes du vingt-septième livre. | 249 | INDEX GÉOGRAPHIQUE. | 591 |
| LIVRE XXVIII. | 250 | INDEX des noms de dieux, d'hommes et de femmes. | 640 |
| Notes du vingt-huitième livre. | 296 | | |
| LIVRE XXIX. | 297 | INDEX des noms de plantes, tant anciens que modernes, et de quelques produits végétaux. | 661 |
| Notes du vingt-neuvième livre. | 321 | | |
| LIVRE XXX. | 322 | TABLE DES MATIÈRES contenues dans l'ouvrage. | 681 |
| Notes du trentième livre. | 347 | | |

FIN.

www.ingramcontent.com/pod-product-compliance
Lightning Source LLC
Chambersburg PA
CBHW061952300426
44117CB00010B/1310